摄影 / 李军

2021
中共山西年鉴

中共山西省委主办
中共山西省委党史研究院 编

中央文献出版社

图书在版编目（CIP）数据

中共山西年鉴. 2021 / 中共山西省委主办, 中共山西省委党史研究院编. -- 北京 : 中央文献出版社,2021.12

ISBN 978-7-5073-4871-2

Ⅰ. ①中…　Ⅱ. ①中…　②中…　Ⅲ. ①中国共产党 - 工作 - 山西 - 2021 - 年鉴　Ⅳ. ①D235.25-54

中国版本图书馆CIP数据核字（2021）第281155号

中共山西年鉴（2021）

主　　办：中共山西省委
编　　者：中共山西省委党史研究院
责任编辑：韩　冰
出版发行：中央文献出版社
社　　址：北京市海淀区北四环西路69号
邮　　编：100080
网　　址：www.zywxpress.com
销售热线：83089313　83089394
经　　销：新华书店
印　　刷：山西省史志印业有限公司
开　　本：889 × 1194 mm　16开
字　　数：2027千字
印　　张：50.75
版　　次：2022年3月第1版
印　　次：2022年3月第1次印刷

ISBN 978-7-5073-4871-2
定　　价：310.00元

《中共山西年鉴》编审委员会

张　钧　共青团山西省委书记

张　强　中共大同市委副书记、市长

张岐云　山西省政协党组成员、秘书长

张新伟　中共太原市委副书记、市长

陈振亮　山西省人力资源和社会保障厅党组书记、厅长

武志远　山西省财政厅党组书记、厅长

郝永明　中共山西省委保密委员会办公室（省国家保密局）主任（局长）

姜四清　中共朔州市委书记

郭玉福　山西日报社社长

郭秀翔　中共山西省委党史研究院（山西省地方志研究院）副院长

郭海刚　山西省人大常委会党组成员、秘书长

黄岑丽　山西省妇女联合会党组书记、主席

曹荣湘　中共山西省委党史研究院（山西省地方志研究院）院长

雷健坤　中共阳泉市委书记

薛　荣　中共山西省直属机关工作委员会主持日常工作的副书记

2020 年 8 月 26 日，中共山西省委书记、省人大常委会主任楼阳生在观摩晋城市城市建设时与群众深入交流。

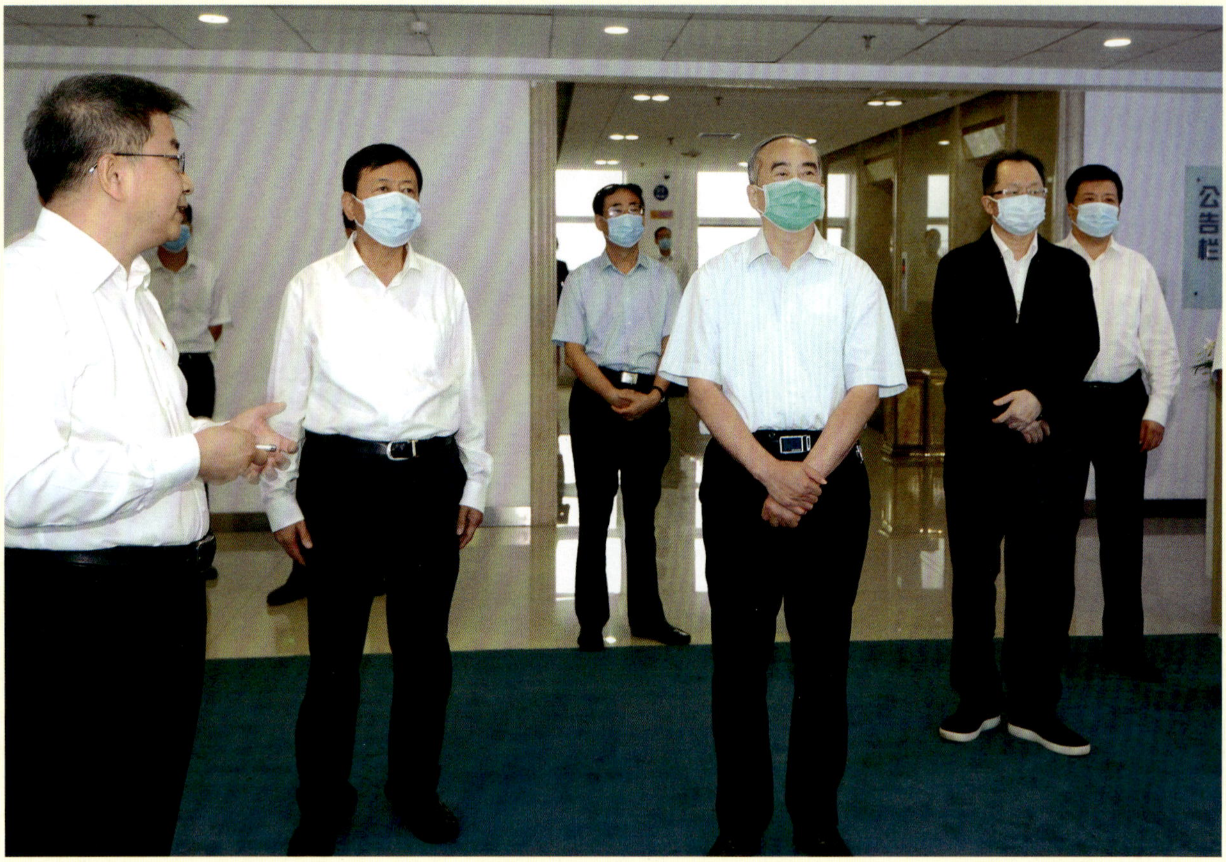

2020 年 8 月 18 日，中共山西省委副书记、省长林武（右三）在华远国际陆港集团山西商品电子交易中心调研传统物流设施数字化改造情况。

2020年9月16日，中共山西省委常委、省纪委书记、省监委主任王拥军（前排中）在太原市万柏林区调研西山环境整治情况。

2020年5月15日，中共山西省委常委、太原市委书记罗清宇（右二）在太原市汾东污水处理厂调研一期二步工程建设运行情况。

2020年6月23日,中共山西省委常委、统战部部长徐广国(中)在长治市党建工作联系点长治南烨集团调研民营企业转型发展情况。

2020年6月8日,中共山西省委常委、宣传部部长吕岩松(左二)在吕梁市兴县新时代文明实践中心调研。

2020年7月15日，中共山西省委常委、大同市委书记张吉福（中）在大同市云州区西坪镇唐家堡村黄花种植基地与村民一起采摘黄花。

2020年2月24日，中共山西省委常委、政法委书记商黎光（前排左二）在省女子监狱检查指导监管场所疫情防控工作。

2020年12月15日，中共山西省委常委、副省长、省级林长胡玉亭（前排右二）在关帝山国有林管理局调研林草生态建设和护林防火工作。

2020年6月23日，中共山西省委常委、省军区司令员韩强（中）在朔州市山阴县慰问困难党员。

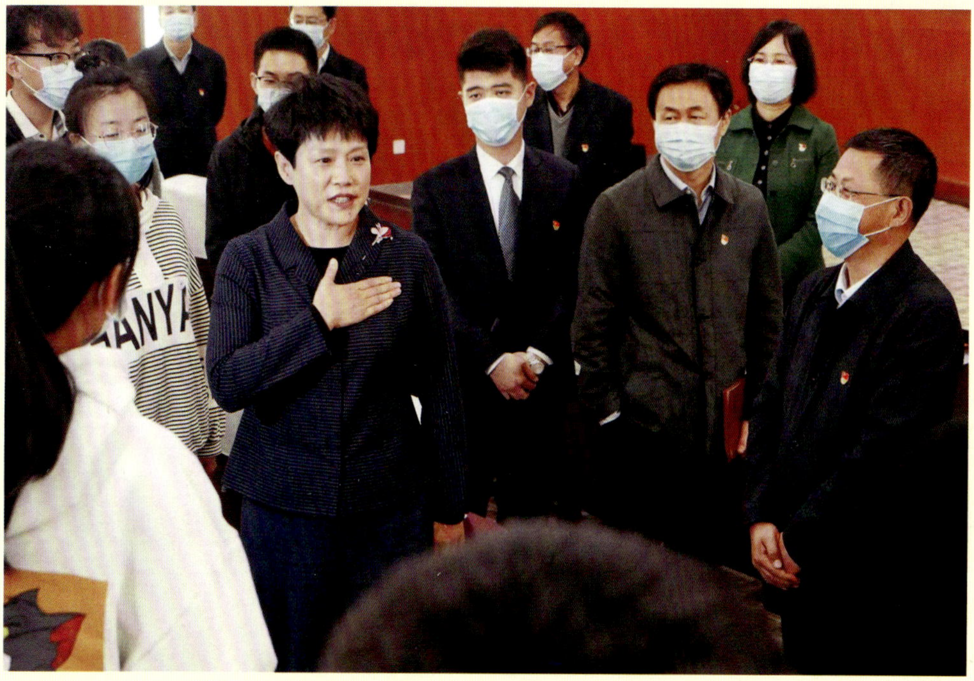

2020年11月16日，中共山西省委常委、组织部部长曲孝丽（中）在晋中学院宣讲党的十九届五中全会精神，并与师生代表互动交流。

2020年12月17日，中共山西省委常委、秘书长李凤岐（右一）在太原科技大学调研。

2020 年 6 月 28 日至 29 日，中共山西省委十一届十次全体会议在太原召开。
李联军　史晓波摄

2020 年 12 月 28 日至 30 日，中共山西省委十一届十一次全体会议暨省委经济工作会议在太原召开。
李兆民摄

编 辑 说 明

《中共山西年鉴》创办于2006年，是由中共山西省委主办、省委办公厅和省委党史研究院承办的大型资料工具书，按年度连续出版，及时跟进、准确记录和全面反映中共山西省委召开的重要会议、发布的重要文件、举行的重大活动、开展的重要工作和全省各市县、省直各部门党的建设及其他重要工作情况，为领导干部科学决策、指导工作提供借鉴，同时为广大读者了解山西、研究山西、建设山西提供服务。

《中共山西年鉴（2021）》以习近平新时代中国特色社会主义思想为指导，记录中共山西省委2020年1月1日至12月31日的工作实践，采用分类编排法，共设置栏目9个。所收资料主要由省委办公厅等省直有关部门和各市县提供，部分转载自《人民日报》《光明日报》《山西日报》。"中央领导关注山西"专栏内容按照中央政治局常委在前，其他中央领导依活动时间先后排序。省委常委调研照片由常委所在部门和省委办公厅提供，"人事变动"栏目资料由省委组织部、省人大常委会办公厅、省人社厅提供，"附录"部分由省统计局供稿。为了保持资料的完整性，山西省脱贫攻坚工作综述附录收入2021年表彰内容。各市县、省直各部门党组（党委）工作概况中统计数据和领导人员名单以各单位报送资料为准。省国家保密局对全书内容予以保密审查。

由于《中共山西年鉴（2021）》内容涉及面广，加之编辑水平所限，所收资料如有疏漏之处，恳请广大读者批评指正。

卷首语

2020年是山西发展史上极不平凡的一年。习近平总书记亲临山西视察，勉励我们在转型发展上率先蹚出一条新路来，是山西发展史上的重要里程碑。省委忠实践行领袖嘱托，团结带领全省人民，战胜了许多过去从未遇到过的困难挑战，解决了许多长期想解决而没有解决的难题，办成了许多过去想办而没有办成的大事，交出了夺取山西"战疫"重大战略成果、实现转型发展入轨并呈现强劲态势和全力决战脱贫攻坚、决胜全面建成小康社会"三份优秀答卷"，全省各项事业在新起点上实现了新发展、开创了新局面。这些成绩的取得，根本在于习近平总书记的领航掌舵，以习近平同志为核心的党中央的英明领导，习近平新时代中国特色社会主义思想的科学指引。

目　录

习近平总书记视察山西

中共山西省委工作概况

重 要 会 议

三、省委深改委（省综改委）会议

四、省委中心组会议

五、全省性会议

重 要 文 献

重　点　工　作

省委工作部门工作概况

省人大常委会党组工作概况

省政府党组工作概况

省政协党组工作概况

省纪律检查委员会、省监察委员会工作概况

省高级人民法院党组工作概况

省人民检察院党组工作概况

省政府厅局党组（党委）工作概况

省政府直属特设机构工作概况

省直其他有关单位工作概况

省政府派出机构党工委工作概况

省直属事业单位党组（党委）工作概况

群团组织党组工作概况

省管国有企业党委工作概况

中央驻晋单位党组（党委）工作概况

高等院校党委工作概况

市、县（市、区）委工作概况

人事变动

大事记

附　　录

习近平总书记视察山西

一、习近平总书记视察山西纪实

习近平总书记在山西考察时强调 全面建成小康社会 乘势而上书写新时代中国特色社会主义新篇章

中共中央总书记、国家主席、中央军委主席习近平近日在山西考察时强调，要全面贯彻党的十九大和十九届二中、三中、四中全会精神，坚持稳中求进工作总基调，坚持新发展理念，坚持以供给侧结构性改革为主线，扎实做好"六稳"工作，全面落实"六保"任务，努力克服新冠肺炎疫情带来的不利影响，在高质量转型发展上迈出更大步伐，确保完成决战决胜脱贫攻坚目标任务，全面建成小康社会，乘势而上书写山西践行新时代中国特色社会主义的新篇章。

初夏时节，三晋大地山峦叠翠，万物勃发。5月11日至12日，习近平在山西省委书记楼阳生和省长林武陪同下，先后来到大同、太原等地，深入农业产业基地、移民新村、文物保护单位、改革示范区和企业等，就统筹推进常态化疫情防控和经济社会发展工作、巩固脱贫攻坚成果进行调研。

11日下午，习近平首先来到大同市云州区，考察有机黄花标准化种植基地。大同黄花种植有600多年历史，是当地主导产业。近年来，在龙头企业、合作社引领下，黄花产量品质稳定，销路和价格也有保障，去年带动贫困户户均收入1万多元。习近平步入田间，察看黄花长势。正在劳作的村民们围拢过来，习近平向他们了解黄花的田间管理、市场价格、产品销路等。他指出，乡亲们脱贫后，我最关心的是如何巩固脱贫、防止返贫，确保乡亲们持续增收致富。希望把黄花产业保护好、发展好，做成大产业，做成全国知名品牌，让黄花成为乡亲们的"致富花"。习近平强调，中国共产党把为民办事、为民造福作为最重要的政绩，把为老百姓做了多少好事实事作为检验政绩的重要标准。离开种植基地，习近平来到邻近的云州区西坪镇坊城新村考察调研。这个村是易地搬迁村，有建档立卡贫困户77户158人，2018年开始入住以来，依靠发展黄花特色产业等实现了全部脱贫。习近平走进村技能培训服务站，了解新村易地扶贫搬迁情况，察看黄花产业相关产品展示，对大同市开展产业扶贫、就业扶贫，巩固脱贫攻坚成果的做法给予肯定。他指出，易地搬迁不仅是为了解决住得好的问题，更是为了群众能致富。要加强易地搬迁后续扶持，因地制宜发展乡村产业，精心选择产业项目，确保成功率和可持续发展。要把群众受益摆在突出位置，从产业扶持、金融信贷、农业保险等方面出台政策，为农村经济发展提供有力支持。基层党组织和党员干部既要当好乡村产业项目的组织者、推动者，又要当好群众利益的维护者。习近平对广大基层干部为帮助贫困人口脱贫所做的艰苦努力表示肯定。

在搬迁户白高山家，习近平察看了院落、客厅、厨房、卫生间等，并同一家人坐在炕沿儿上拉家常。白高山告诉总书记，过去他们住的是土窑洞，如今搬进了独门独院的大瓦房，就近务工，生活条件大为改善，去年儿子娶了媳妇，今年老两口就抱上了孙子，日子越过越红火。习近平高兴地说，共产党是一心一意为人民谋利益的，现在不收提留、不收税、不收费、不交粮，而是给贫困群众送医送药、建房子、教技术、找致富门路，相信乡亲们更好的日子还在后头。今年是决战决胜脱贫攻坚和全面建成小康社会的收官之年，要千方百计巩固好脱贫攻坚成果，接下来要把乡村振兴这篇文章做好，让乡亲们生活越来越美好。易地搬迁群众来自不同的村，由过去的分散居住变为集中居住。要加强社区建设和管理，加强社区环境整治，开展乡村精神文明建设和爱国卫生运动，确保群众既能住上新居所，又能过上新生活。

离开村子时，村民们向总书记道别。习近平祝愿乡亲们生活幸福美满。

傍晚时分，习近平来到云冈石窟考察。云冈石窟始建于1500多年前，是中外文化、中国少数民族文化和中原文化、佛教艺术与石刻艺术相融合的一座文化艺术宝库。习近平仔细察看雕塑、壁画，不时向工作人员询问石窟历史文化遗产保护等情况。他强调，云冈石窟是世界文化遗产，保护好云冈石窟，不仅具有中国意义，而且具有世界意义。历史文化遗产是不可再生、不可替代的宝贵资源，要始终把保护放在第一位。发展旅游要以保护为前提，不能过度商业化，让旅游成为人们感悟中华文化、增强文化自信的过程。要深入挖掘云冈石窟蕴含的各民族交往交流交融的历史内涵，增强中华民族共同体意识。游客们看到总书记，纷纷高呼："总书记好！"习近平向大家挥手致意，并叮嘱景区工作人员在常态化疫情防控下要加强引导、控制人流，避免因大规模人员聚集引发疫情复燃。

山西是全国第一个全省域、全方位、系统性的国家资源型经济转型综合配套改革试验区。12日上午，习近平来到山西转型综合改革示范区政务服务中心改革创新展厅，听取示范区建设和运营情况介绍，察看了创新产品展示。习近平强调，长期以来，山西兴于煤、困于煤，一煤独大导致产业单一。建设转型综合改革示范区，是党中央赋予山西的一项重大任务，也是实现山西转型发展的关键一招。山西要有紧迫感，更要有长远战略谋划，正确的就要坚持下去，久久为功，不要反复、不要折腾，争取早日蹚出一条转型发展的新路子。

随后，习近平前往太钢不锈钢精密带钢有限公司考察调研。这家企业依托先进生产工艺，以其"超薄、超平、超硬"的产品特性取得快速发展。习近平走进生产车间，察看企业转型升级产品展示，了解企业运行情况。在光亮机组前，习近平饶有兴致地观看了厚度仅有0.02毫米的不锈钢箔材"手撕钢"产品。习近平指出，产品和技术是企业安身立命之本。希望企业在科技创新上再接再厉、勇攀高峰，在支撑先进制造业发展方面迈出新的更大步伐。现在，全国防疫工作进入新阶段，既取得重大战略成果，同时面临外防输入、内防反弹的压力，希望企业不要麻痹松懈，继续抓紧抓实抓细各项防控措施，更好复工复产，做到安全生产、健康生产，把失去的时间抢回来，努力完成今年的目标任务。

汾河是山西的母亲河，也是黄河的第二大支流，在太原市区有9条主要支流。由于历史原因，汾河水一度受到严重污染。2017年6月，习近平在山西考察时提出让汾河"水量丰起来、水质好起来、风光美起来"的要求。为提升汾河水质、改善城市生态环境，太原市开展了"九河"综合治理工程，2018年全面完工。12日中午，习近平专程来到汾河太原城区晋阳桥段，听取太原市汾河及"九河"综合治理、流域生态修复等情况汇报，沿河岸边步行察看汾河水治理及两岸生态保护、城市环境建设等情况，对太原汾河沿岸生态环境的沧桑巨变表示欣慰。习近平指出，治理汾河，不仅关系山西生态环境保护和经济发展，也关系太原乃至山西历史文化传承。要坚持山水林田湖草一体化保护和修复，把加强流域生态环境保护与推进能源革命、推行绿色生产生活方式、推动经济转型发展统筹起来，坚持治山、治水、治气、治城一体推进，持续用力，再现"锦绣太原城"的盛景，不断增强太原的吸引力、影响力，增强太原人民的获得感、幸福感、安全感。河岸边，许多市民正在休闲健身，看到总书记来了，争相围拢上来向总书记问好。习近平祝大家身体健康、生活愉快。

12日下午，习近平听取了山西省委和省政府工作汇报，对山西各项工作予以肯定。习近平指出，当前我国外防输入压力持续加大，国内疫情反弹的风险始终存在。要绷紧疫情防控这根弦，坚持外防输入、内防反弹，完善常态化防控机制，坚决防止疫情新燃点，决不能前功尽弃。

习近平强调，要更加及时有效解决企业恢复生产经营面临的各种困难和问题，把扩大内需各项政策举措抓实，把实体经济特别是制造业做强做优，发挥重大投资项目带动作用，落实好能源革命综合改革试点要求，持续推动产业结构调整优化，实施一批变革性、牵引性、标志性举措，大力加强科技创新，在新基建、新技术、新材料、新装备、新产品、新业态上不断取得突破，持续在国企国资、财税金融、营商环境、民营经济、扩大内需、城乡融合等重点改革领域攻坚克难，健全对外开放体制机制，奋发有为推进高质量发展。

习近平指出，要牢固树立绿水青山就是金山银山的理念，发扬"右玉精神"，统筹推进山水林田湖草系统治理，抓好"两山七河一流域"生态修复治理，扎实实施黄河流域生态保护和高质量发展国家战略，加快制度创新，强化制度执行，引导形成绿色生产生活方式，坚决打赢污染防治攻坚战，推动山西沿黄地区在保护中开发、开发中保护。

习近平强调，要着力夯实农业农村基础，加大粮食生产政策支持力度，坚决守住耕地红线，深入推进农业供给侧结构性改革，加强农业农村基础设施建设。要做好剩余贫困人口脱贫工作，做好易地扶贫搬迁后续扶持，强化返贫监测预警和动态帮扶，推动脱贫攻坚和乡村振兴有机衔接。

习近平指出，要坚持以人民为中心的发展思想，扎实做好保障和改善民生工作，实实在在帮助群众解决实际困难，兜住民生底线，落实就业优先战略和积极的就业政策，突出做好高校毕业生、退役军人、农民工、城镇困难人员等重点群体就业工作，加快补齐这次疫情暴露出的公共卫生体系方面的短板弱项，推动社会治理重心向基层下移。

习近平强调，要充分挖掘和利用丰富多彩的历史文化、红色文化资源加强文化建设，坚持不懈开展社会主义核心价值观宣传教育，深入挖掘优秀传统文化，引导广大干部群众提升道德情操、树立良好风尚、增强文化自信。

习近平指出，要坚持以政治建设为统领，坚持不懈抓好党内政治生态建设，加强理想信念教育，巩固深化主题教育成果，严格遵守政治纪律和政治规矩，落实全面从严治党主体责任，一体推进不敢腐、不能腐、不想腐，增强基层党组织政治功能和组织力，坚决反对形式主义、官僚主义，旗帜鲜明同各种不正之风作斗争。

丁薛祥、刘鹤、何立峰和中央有关部门负责同志陪同考察。

（摘编自《人民日报》2020 年 5 月 13 日）

蹚出新路子　书写新篇章

——习近平总书记山西考察纪实

巍巍太行，绵绵吕梁，群山叠翠，汾河荡漾。

在决胜全面建成小康社会、决战脱贫攻坚的关键时刻，习近平总书记来到山西，进农村、访农户、看企业、察改革，就统筹推进常态化疫情防控和经济社会发展工作、巩固脱贫攻坚成果进行调研。

这是习近平总书记时隔 3 年再次到山西考察调研。他深情地说："到中央工作后，我一直关注着山西。"

他对山西这些年来在脱贫攻坚、转型发展、综合改革、生态保护、民生事业、管党治党等方面取得的成绩给予肯定，勉励山西百尺竿头更进一步，在高质量转型发展上迈出更大步伐，努力蹚出一条转型发展的新路子，乘势而上书写山西践行新时代中国特色社会主义的新篇章。

"忘忧草，脱贫宝"

"总书记，再过一个月这地里的黄花就到了盛花期，到时候一片金黄，可喜兴了！"

温暖的阳光洒在广袤的田野上，大同市云州区有机黄花标准化种植基地里的黄花苗已经长到尺把高，向着天空伸展开绿油油的叶子。

习近平总书记站在田间，望着眼前这一片希望的田野，脸上露出欣慰的笑容。

2020 年 5 月 11 日下午，习近平总书记抵达山西考察调研，首站来到大同。他强调，乡亲们脱贫后，我最关心的是如何巩固脱贫、防止返贫，确保乡亲们持续增收致富。一下车，总书记就直奔田间，深入了解当地黄花产业发展情况。

黄花又名萱草、忘忧草，既能食用，也能药用。大同黄花种植有 600 多年历史，近年来大力发展标准化、规模化种植，种植面积达到 26 万亩，年产值达 9 亿元，带动了 1.5 万多户贫困户脱贫致富。正如古话所讲："莫道农家无宝玉，遍地黄花是金针。"

村民们正在地里除草、松土，看到总书记来了，兴奋地围拢过来，高声向总书记问好。

习近平同大家攀谈起来：土地是不是流转了？一亩地能给多少钱？加上做工，一年下来能赚多少钱？

大家告诉总书记，土地流转后每亩地一年收入 500 元，在这里做工一天还能赚 150 元。这些年，在龙头企业、合作社引领下，黄花产量品质稳定，销路和价格也有保障，去年带动贫困户户均收入 1 万多元。

"原来不敢多种，现在基地办了加工厂，烘干、加工、储藏、销售都不愁了，黄花越种越多，收入也越来越多。"村民们兴奋地说。

听了大家的"致富经"，习近平十分高兴："我上个月去了陕西秦岭山区的一个村叫金米村，那里种木耳形成了产业化，我称赞他们是'小木耳大产业'。你们这里也是'小黄花大产业'，很有发展前途。"

他叮嘱当地干部，一定要保护好、发展好黄花这个产业，让它成为乡亲们致富的一个好门路，变成群众的"致富花"。"共产党人就要为民办事、为民造福，要扎扎实实为老百姓办实事办好事，为官一任、造福一方。"

在大同，黄花相关产品已经形成系列。黄花产品展厅里，黄花干、黄花酱、黄花饼、黄花制作的化妆品等各色产品琳琅满目。通过深加工，延长产业链，提升综合效益，当地老百姓走出了一条幸福路。展厅墙上贴着"忘忧草，脱贫宝"标语，生动诠释了黄花种植给乡亲们带来的好处。

习近平细致察看黄花产品，感慨地说："就是要立足本地实际，大力发展特色产业，把大同黄花做成全国知名品牌，让乡亲们富而忘忧。"

12 日下午，山西省委主要负责同志向总书记汇报了他们"将产业发展贯穿脱贫攻坚、全面小康和乡村振兴全过程"的发展思路。

习近平强调："山西山多地多、地貌多元、气候多样，这种独特的资源禀赋决定了山西农业的出路在于'特'和'优'。要深入推进农业供给侧结构性改革，提高农业综合效益和竞争力。"

"更好日子还在后头呢"

离黄花种植基地不远的西坪镇坊城新村，是一个易地扶贫搬迁村，近年来依靠易地扶贫搬迁和产业扶贫实现了稳定脱贫。

一排排白墙飞檐的平房小院，透出晋北传统民居的特色，朴素大方，整齐有致。

沿着宽敞整洁的水泥路，习近平总书记走进新村。

村党支部书记刘世贵告诉总书记，从 2018 年起，原大坊城村和西咀村的 210 户村民从世代居住的坡梁薄地、盐碱地上的土窑洞陆续搬到这里，乡亲们的生活发生了巨大变化。

走进村民白高山家，院子里种的蔬菜瓜果吸引了总书记的目光。

"这是西葫芦，这是黄瓜，这些西红柿已经开始挂果了，那两棵是苹果树。"白高山如数家珍。

"这些果菜够你们一家吃了。"总书记笑着说。

从客厅到厨房，从卧室到卫生间，习近平总书记看得十分详细。午后的阳光洒进小院，房间里更显明亮。吊顶、白墙、地砖，冰箱、彩电、燃气灶，与过去的土窑洞相比天壤之别。

白高山拿出一张老照片给总书记看，那是他搬进新村之前住了 40 多年的土窑洞。

习近平接过照片仔细端详,问道:“现在这房子住进来花了多少钱?”白高山告诉总书记,去年在政府的支持下,只花了1万元就住进了新房。

“搬出来后家里主要做什么?收入怎么样?”习近平接着问。

白高山的儿子白利军告诉总书记,搬到新村后,他在政府资助下上了职业培训学校,当起了电焊工,去年收入4万多元。

“现在外村姑娘都愿意往这嫁了吧?”总书记笑着问。

“可不是!如今生活好了,人家也愿意来了。儿子原来一直打光棍,去年找到了媳妇,今年我们老两口抱上了孙子。”白高山笑得合不拢嘴,“盖房子,娶媳妇,这是我们庄户人家一辈子的大事。我们打心底感谢共产党!”

“共产党就是为老百姓谋幸福的,现在不但不收提留、不收税、不收费、不交粮,还给困难乡亲送医送药、建房子、教技术、找致富门路。”望着幸福的一家人,习近平问道,“你们往后还有什么打算?”

“就是希望日子越过越好。”白高山说。

“一定会越过越好!更好日子还在后头呢!”总书记的话引来满屋欢笑声。

在12日下午举行的汇报会上,习近平总书记肯定了山西省实施易地扶贫搬迁取得的成效。他指出:“山西脱贫攻坚取得了决定性成就,58个贫困县全部摘帽,但仍有2万多贫困人口没有脱贫,有12万多存在返贫风险的已脱贫人口和致贫风险的边缘人口。要做好这些贫困人口脱贫工作,巩固和拓展产业就业扶贫成果,做好易地扶贫搬迁后续扶持,强化返贫监测预警和动态帮扶,推动脱贫攻坚和乡村振兴有机衔接。”

“让一泓清水入黄河”

初夏时节,汾河水势初涨、碧波荡漾。

汾河太原城区晋阳桥段,去年刚刚通车的晋阳桥横跨碧水之上,桥上车流不息,汾河两岸绿意正浓。

12日中午,习近平总书记来到这里,考察汾河流域生态修复和城市环境建设情况。

汾河,黄河第二大支流,山西的母亲河。2000多年前,古人就在这里留下“泛楼船兮济汾河,横中流兮扬素波”的优美诗句。然而,一个时期以来,由于流域内矿产过度开发,生态遭到极大破坏,汾河水质受到严重污染,一些河段甚至出现断流。

2017年6月,习近平总书记在山西考察时就强调:“一定要高度重视汾河的生态环境保护,让这条山西的母亲河水量丰起来、水质好起来、风光美起来。”他要求山西从转变经济发展方式、环境污染综合治理、自然生态保护修复、资源节约集约利用、完善生态文明制度体系等方面采取超常举措,全方位、全地域、全过程开展生态环境保护。

将近3年过去了,山西是否拿出了“超常举措”?效果又如何?

站在汾河岸边,习近平总书记结合展板听取太原市汾河及“九河”综合治理、流域生态修复等情况介绍。

“九河”,是指汾河在太原市区的9条主要支流,曾因生产生活污水直排河道而沦为臭水沟。围绕提升汾河水质、改善城市生态环境,近年来太原市实施了“九河”综合治理工程,控污、增湿、清淤、绿岸、调水“五策并举”。

太原市有关负责同志详细汇报:“我们严格流域节水,重点对大型灌区进行节水改造,对流域的13个超采区进行治理,地下水位已连续10年回升;汾河入黄口水质去年底稳定退出劣Ⅴ类;通过生态景观建设,九河水系南北两岸绿化带从无到有,扩宽至15米。”

听到汾河逐步实现了“水量丰起来、水质好起来、风光美起来”,总书记频频点头:“真是沧桑巨变!太原自古就有‘锦绣太原城,三面环山,一水中分’的美誉,如今锦绣太原的美景正在变为现实。”他指出,治理汾河,不仅关系山西生态环境保护和经济发展,也关系太原乃至山西历史文化传承。

汾河两岸,天朗气清,和风习习,远处的西山清晰可见。水面上,一些皮划艇运动员驾驶着红色小船疾驰而过。

总书记沿汾河东岸步行察看,不时驻足凝望:“过去都是忙着搞‘路桥隧、铁公机’,现在县一级都很注重城市的绿色改造,这是一个可喜的变化。城市建设水平体现了一个城市的经济实力、治理理念、市民素质,要坚持不懈抓下去。”

他在听取山西省委和省政府工作汇报时强调:“要切实保护好、治理好汾河,再现古晋阳汾河晚渡的美景,让一泓清水入黄河。”

山西考察期间,习近平总书记多次谈及绿色发展的重要性:“你们这里是华北水塔,京津冀的水源涵养地,是三北防护林的重要组成部分,是拱卫京津冀和黄河生态安全的重要屏障。”

他特别强调要弘扬“右玉精神”:“各级领导干部要有功成不必在我、功成必定有我的境界,不要搞急功近利的政绩工程,多做一些功在当代、利在长远、惠及子孙的事情。”

“努力蹚出一条转型发展的新路来”

山西是我国第一产煤大省、重要的能源重化工基地,为国家发展作出了重要贡献,但产业单一、结构不合理问题也十分突出,转型发展任务十分紧迫、十分艰巨。

新时代,党中央赋予山西建设国家资源型经济转型综合配套改革试验区的重大任务。山西成为全国第一个全省域、全方位、系统性的国家资源型经济转型综合配套改革试验区。2017年6月,习近平总书记来到山西考察,希望山西“用好这一机遇,真正走出一条产业优、质量高、效益好、可持续的发展新路”。2019年5月,总书记主持召开中央全面深化改革委员会第八次会议,审议通过了《关于在山西开展能源革命综合改革试点的意见》,支持山西通过综合改革试点,争当全国能源革命排头兵。

改革创新、转型发展进展如何?12日上午,习近平总书记来到山西转型综合改革示范区政务服务中心进行调研。

“这项改革是我2009年在山西调研时提出的课题。这件事，我始终很关注。”

展厅里浓缩了山西“凤凰涅槃”的不凡历程：体制机制改革、科学规划布局、改善营商环境、培育现代产业体系……一项项“硬核”科技成果，直观地展示了示范区培育新兴产业集群取得的新进展。总书记看得十分仔细。

“山西曾一煤独大，兴于煤也困于煤，经济结构过于单一，对自然生态破坏严重，也一度对政治生态造成恶劣影响，教训十分深刻。”习近平总书记语重心长地说，“对山西来说，转型发展既有紧迫感，更要有长远的战略谋划，不能等到资源枯竭了再来搞转型。”

习近平总书记对山西寄予厚望，“路子对了，就要坚持走下去，久久为功，不要反复、不要折腾。希望山西在转型发展上率先蹚出一条新路来。”

太钢不锈钢精密带钢有限公司的车间里，齿轮飞转，机器轰鸣。习近平总书记深入企业，实地察看转型发展的案例。

光亮机组前，习近平总书记驻足凝望，一条条薄如纸页的亮银色箔材，正随着开卷机向高温退火炉里缓缓传送。

正在生产的是一种超薄精密不锈带钢，厚度仅为0.02毫米，相当于普通A4纸的四分之一，可以轻易撕开，被形象地称为“手撕钢”。从“高大上”的航天航空、高端电子、新能源领域，到眼下时兴的折叠屏手机里都有它的身影。

“我们花了3年时间，经过700多次试验，总算研制成功，目前在世界上属于领先水平。”公司负责人自豪地说。

习近平拿起一片“手撕钢”仔细察看，用手指轻轻扭折了一下，不禁称赞：“工艺确实好，就像锡纸一样薄，百炼钢做成了绕指柔。”

太钢不锈钢精密带钢有限公司依靠“手撕钢”这一拳头产品取得快速发展，也折射出山西创新驱动、转型发展的深刻意义。

“太钢是山西乃至全国在钢铁制造领域一个很重要的企业，对山西经济结构调整优化和转型发展具有重要作用。”在生产车间门口，习近平总书记同围拢过来的职工代表亲切交流，“希望你们再接再厉，在高端制造业科技创新上不断勇攀高峰，在支撑先进制造业方面迈出新的更大步伐。”

近几年来，在中央政策支持下，山西战略性新兴产业、高技术产业增加值的增速已快于规模以上工业，非煤工业、制造业的增速已快于煤炭工业，产业结构、能源结构逐步优化，山西实施能源革命综合改革试点和建设国家资源型经济转型综合配套改革试验区的巨大效应正逐步显现。

习近平总书记在听取山西省委和省政府工作汇报时再次强调：“山西要落实好能源革命综合改革试点要求，持续推动产业结构调整优化，实施一批变革性、牵引性、标志性举措，从根本上摒弃粗放型发展方式。”

山西，一个曾经为煤所困的省份，正在描绘一幅新时代转型发展、绿色发展、高质量发展的美丽画卷！

（《人民日报》2020年5月14日　新华社记者　张晓松　朱基钗，本报记者　杜尚泽）

二、学习贯彻落实习近平总书记视察山西重要讲话重要指示

省委常委会召开扩大会议
认真学习贯彻习近平总书记
视察山西重要讲话重要指示
乘势而上　久久为功　在转型
发展上率先蹚出一条新路来

5月13日，省委常委会召开扩大会议，传达学习习近平总书记视察山西重要讲话重要指示，对全省兴起学习宣传热潮、抓好贯彻落实进行研究部署。省委书记楼阳生主持会议并讲话。他强调，要把学习宣传、贯彻落实习近平总书记视察山西重要讲话重要指示，作为当前和今后一个时期的首要政治任务，乘势而上，久久为功，在转型发展上率先蹚出一条新路来，交出一份让习近平总书记和党中央满意，让全省人民满意的优秀答卷，书写山西践行新时代中国特色社会主义的新篇章。

会议指出，今年是实现“两个一百年”奋斗目标的历史交汇之年，在习近平总书记2017年视察山西三周年即将来临之际、全国“两会”召开前夕，在全国战“疫”取得决定性战略成果，经济发展、社会生活有序全面恢复的关键时期，在山西转型发展的重要历史时刻，5月11日至12日，习近平总书记再次亲临山西，在大同、太原等地，深入农业产业基地、移民新村、文物保护单位、改革示范区和企业等，就统筹推进常态化疫情防控和经济社会发展工作、巩固脱贫攻坚成果进行视察，作出一系列重要指示，与基层干部群众亲切交流，听取山西省委和省政府工作汇报，发表重要讲话，充分体现了党的领袖对山西人民的最大关心，对山西工作的最大支持，全省上下备受鼓舞、倍感振奋、倍增信心。

会议对抓好学习宣传贯彻提出七点要求。一是学深悟透，进一步增强书写山西践行新时代中国特色社会主义新篇章的历史使命感和政治责任感。习近平总书记的重要讲话重要指示，对山西工作给予充分肯定，进一步明确了山西当前和今后一个时期的前进方向，明确了山西各项事业的重大任

务,明确了各级党员领导干部的职责要求,视野宏阔、思想深邃,情真意切、语重心长,具有极强的政治性、思想性、针对性和指导性。学习宣传贯彻习近平总书记重要讲话重要指示,是全省上下当前头等大事和首要政治任务,要迅速兴起热潮。省委常委会扩大会议先学一步,各级各部门党委(党组)要专题组织传达学习。要加大宣传力度,营造全省学习贯彻重要讲话重要指示的浓厚氛围,进一步凝聚正能量。要抓好贯彻落实,6月中旬召开省委全会,就贯彻落实工作研究制定实施方案、任务清单、标准要求,确保条条落实、件件落地、事事见效,真正把"两个维护"体现到行动上。要用习近平总书记重要讲话重要指示指导全省"十四五"规划建议和纲要编制工作,描绘好"转型出雏型"的蓝图。二是坚定转型,进一步在培育新动能、实现高质量发展上久久为功。坚持以习近平新时代中国特色社会主义思想为指引,把学习贯彻习近平总书记视察山西重要讲话重要指示,与学习贯彻"三篇光辉文献"结合起来,一体学习、一体贯彻,咬定转型不动摇,聚焦创新不散光,深化改革不惧难,追赶超越不懈怠,努力实现直道冲刺、弯道超车、换道领跑。既要有虚怀若谷、学习借鉴的谦逊精神,又要有敢为人先、先行先试的胆略气魄,奋力打造一流创新生态,按照产业生态的要求谋篇布局、招商引资,在新基建、新技术、新材料、新装备、新产品、新业态上不断取得突破,打造14个战略性新兴产业集群,心无旁骛坚定走下去,在转型发展上率先蹚出一条新路来。三是系统治理,进一步推进"两山七河一流域"生态修复。牢固树立绿水青山就是金山银山的理念,加强生态文明建设,保护好"华北水塔",发挥好京津冀生态屏障作用,持续推进重大生态治理修复工程建设,加强湖泊、大泉、湿地保护,建设山清水秀、天蓝地净的美丽山西。四是做特做优,进一步推进农业供给侧结构性改革。全力稳粮保供,坚决守住耕地红线,确保粮食安全,优化调整农业供给结构,立足"特"和"优"发展现代农业,打造农产品精深加工十大产业集群,打响"山西药茶"品牌,建好农谷,办好农大,把农业科研搞上去,努力实现农业基础设施现代化、农村生活设施便利化、基本公共服务均等化,全面改善农村农民生产生活条件。五是增进福祉,进一步做好保障和改善民生工作。坚决完成决战决胜脱贫攻坚目标任务,做实做好就业、增收、教育、技能、医疗、防疫、文化、体育、保障兜底等民生工作,让人民群众有更多的获得感、幸福感、安全感。六是常存敬畏,进一步保护好历史文物,切实加强文化建设。上对五千年文明负责、下对子孙后代负责,始终把保护放在第一位,把老祖宗留下的宝贵遗产、把大自然恩赐的宝贵资源保护好,以中华优秀传统文化熏陶人、滋养人,做好文旅、文创、文艺融合文章,加强云冈世界文化遗产研究,建设文化强省。七是立党为公,进一步以政治建设为统领,营造良好政治生态。深刻汲取系统性、塌方式腐败的沉痛教训,走过的弯路不能再走,付过的学费不能再付。各级党委(党组)要坚定扛起全面从严治党主体责任,坚持减存量、控增量,把严管严抓严惩落实到一体推进不敢腐、不能腐、不想腐之中,营造风清气正的政治生态。要把"抓基层、打基础"作为长远之计和固本之策,增强基层党组织政治功能和组织力,进一步夯实基层基础。

会议号召,全省各级党组织和广大党员干部群众要更加紧密地团结在以习近平同志为核心的党中央周围,深入学习贯彻习近平总书记视察山西重要讲话重要指示,在省委坚强领导下,乘势而上、蹄疾步稳,只争朝夕、久久为功,将转型综改进行到底,交出一份让习近平总书记和党中央满意,让全省人民满意的优秀答卷,书写山西践行新时代中国特色社会主义的新篇章。

省委常委,省人大常委会、省政府、省政协负责同志,省法院院长、省检察院检察长出席会议。省有关部门负责同志参加会议。

(《山西日报》2020年5月14日　杨　文)

楼阳生在中北大学宣讲习近平总书记视察山西重要讲话重要指示精神

在全省上下激情满怀,认真学习宣传贯彻习近平总书记视察山西重要讲话重要指示之际,5月14日上午,省委书记楼阳生来到中北大学,宣讲习近平总书记重要讲话重要指示精神,就推动全省各级各部门兴起学习宣传贯彻热潮,大力推进"六新"进行调研。他强调,要把学习宣传贯彻习近平总书记视察山西重要讲话重要指示作为首要政治任务,以高度的政治自觉和"两个维护"的实际行动,确保总书记重要讲话重要指示条条落实、件件落地、事事见效。省领导廉毅敏、吴伟参加调研。

习近平总书记视察时对我省转型发展给予充分肯定,希望山西在转型发展上率先蹚出一条新路来。近年来,中北大学深入实施"1331工程",在重点学科、重点实验室、重点创新团队建设方面取得积极成效。楼阳生听取中北大学"1331工程"仪器科学与技术一流学科建设、重点实验室、创新团队、科研项目介绍,询问科研人才合作和成果转化情况,希望进一步打通产学研,把领先技术优势转化为产业优势。得知该校与知名信创企业合作,建立人才培养联合基地,要求加快项目落地,让产业有科研支撑,科研有用武之地,人才有发展平台。山西省高分子复合材料工程技术研究中心是"1331工程"重点实验室,楼阳生认真察看生物降解纳米有机肥和石墨烯改性轮胎橡胶复合材料、重防腐涂料等创新成果展示,指出,材料是装备制造业的基石,要立足科技前沿,加强"卡脖子"技术研发,为转型发展作贡献。中北大学前沿交叉科学研究院依托优势学科、坚持需求导向,组建跨学院、跨学科、跨校际科研团队,开展前瞻研究。楼阳生了解射频滤波器、温度传感器、智能感知微系统等研发情况、应用前景,与团队负责人亲切交流，强调要加大科研支持力度，优化创新资源配置，强化对接服务保障，加快科技成果就地转化。楼阳生充分肯定中北大学在科技创新方面的努力和成效，勉励中北大学聚焦“六新”，瞄准前沿，勇攀高峰，加快向“双一流”大学目标迈进。

调研中，楼阳生主持召开座谈会，围绕高校学习宣传贯彻习近平总书记视察山西重要讲话重要指示，推进“六新”发展，听取太原理工大学、中北大学、太原科技大学、太原工业学院、山西能源学院和山西工程职业学院负责人有关情况汇报。楼阳生指出，在全国“两会”召开前夕，全国战“疫”取得决定性战略成果的关键时刻，山西转型发展取得积极成效、持续夯基垒台的重要时刻，习近平总书记亲临山西视察，站在新时代中国特色社会主义事业的全局和战略高度，为我们进一步指明了前进方向，进一步明确了下一步发展的六方面重要战略任务。要在高校迅速兴起学习宣传贯彻习近平总书记重要讲话重要指示的热潮，确保重要讲话重要指示在山西条条落实、件件落地、事事见效。

楼阳生指出，资源型地区经济转型发展是习近平总书记为我们指明的金光大道，国家资源型经济综合配套改革试验区是总书记和党中央赋予山西的重大使命、金字招牌，先行先试是总书记授予山西的“尚方宝剑”。此次视察习近平总书记对山西转型发展给予充分肯定，强调“路子对了，就要坚持走下去，久久为功，不要反复、不要折腾。希望山西在转型发展上率先蹚出一条新路来”，为山西未来发展描绘了美好蓝图。对山西转型发展、实施创新驱动、打造创新生态，习近平总书记提出“在新基建、新技术、新材料、新装备、新产品、新业态上不断取得突破”的“六新”要求，思想内涵丰富、博大精深，是习近平总书记关于创新驱动、科技强国、人才强国战略思想的重要组成部分和最新理论创新。我们要坚定不移坚持转型为纲，努力使先行先试成为先行发展的先机，用真金白银、一流成果为这块金字招牌增光添彩，聚焦“六新”写出转型发展新华章、蹚出一条新路来。全省高校、科研院所、广大科技工作者责任重大，使命光荣，舞台广阔、大有作为。围绕全省高校勇担使命，楼阳生提出五条要求。一要深学深悟、践行嘱托，勇担攀登科学高峰的使命。全省各类高校、职业院校，都要有勇攀科学高峰的高远志向和胆识气魄，不畏难险，敢于实现从零到一的突破，以十年磨一剑的静气和定力，坚韧不拔地把科研搞上去。要按照省委关于高校“三个调整优化”的要求，做强做优理工科大学，办名办好综合性大学，创建创办语言艺术类大学。理工科院校要敢于在“卡脖子”技术、原创性技术、颠覆性技术、前沿性技术、应用性技术方面研究攀登，力求在一些领域、学科先行突破，在高原上起高峰，带动整体水平提升。二要聚焦“六新”、着力转化，勇担为转型发展提供科技支撑的使命。立足服务山西转型发展大局，依托重点实验室、创新团队、协同创新中心等平台，加强新基建、新技术、新材料、新装备研发，发挥企业市场主体作用，实现技术、资本、管理有效聚合，企业、园区、孵化器有效承载，把优秀科技成果就地转化为新产品，培育新业态，打造转型发展竞争新优势。三要建优平台、目标前沿，勇担打造一流人才高地的使命。人才聚则事业兴，人才散则事业衰。要大力深入实施“1331工程”，建设一流高校、一流学科，依托一流平台、一流课题，吸引一流团队、一流人才，为各类人才包括本土优秀人才提供用武之地，加快补上人才短板。科研工作者要树立科学立身、科学报国的崇高理想追求，勇于挑战一流，敢于涉足最前沿领域，在转型发展中实现抱负和价值。四要创新机制、贯通节点，勇担发挥一流创新生态关键作用的使命。政产学研用，“研”是内核、是关键。要围绕打造一流创新生态，创新科研体制机制，加快重点实验室和工程技术研究中心布局，打造各类创新平台，加强应用基础研究，提高自主创新能力，抢占科技制高点。五要立足山西、面向未来，勇担立德树人、培养人才大军的使命。既要培养领军人物、高端人才，也要培养技工人才，努力打造一支数量充足、结构合理、素质优良、活力迸发的人才大军，更好为转型发展服务。楼阳生希望全省高校党委书记、校(院)长不负重托，不辱使命，在山西转型发展上率先蹚出一条新路中作出新的更大贡献。

中北大学参赛队在2020年国际大学生数学建模竞赛中首获特等奖并问鼎SIAM奖、AMS奖。座谈会后，楼阳生把贺信亲手交到学校负责人手中，对此表示祝贺，并对中北大学勇攀高峰、再创佳绩寄予殷切期望。

(《山西日报》2020年5月15日　杨文俊)

省社科理论界召开学习贯彻习近平总书记视察山西重要讲话重要指示研讨会

5月29日上午，省社科理论界学习贯彻习近平总书记视察山西重要讲话重要指示研讨会在太原召开。来自省社科理论界的专家学者、理论宣讲骨干、高校思政课教师代表40余人深入交流学习体会。

研讨会上，习近平总书记视察过的6个单位的代表、我省“六新”发展研究方面的专家围绕学习贯彻习近平总书记视察山西重要讲话重要指示，以及如何结合实际抓好贯彻落实作了发言。

大家一致表示，习近平总书记重要讲话重要指示，为我们做好各项工作指明了前进方向，提出了新的更高要求，我们一定要牢记习近平总书记嘱托，为我省在转型发展上率先蹚出一条新路来积极贡献力量。要深刻认识习近平总书记再次亲临山西视察的重大意义，将学习宣传、贯彻落实习近平总书记视察山西重要讲话重要指示，作为当前头等大事和首要政治任务，进一步增强“两个维护”的政治定力和政治能力。要在各自的工作实际中，深入贯彻落实习近平总书记视察山西重要讲话重要指示,把"两个维护"切实体现到行动上。要充分发挥哲学社会科学的思想引领作用,深化习近平总书记视察山西重要讲话重要指示的学习领悟和宣传阐释,努力推出有理论分量、思想含量的高质量成果,为服务我省转型发展作出贡献。要充分挖掘、研究、利用我省丰富多彩的历史文化、红色文化资源,加强云冈世界文化遗产研究。

(《山西日报》2020年6月1日　王立忠)

聚焦"六新"　服务山西转型发展

——山西省高校传达学习习近平总书记视察山西重要讲话重要指示

连日来,全省高校纷纷行动起来,掀起传达学习习近平总书记视察山西重要讲话重要指示的热潮。大家一致认为,学习贯彻落实习近平总书记视察山西重要讲话重要指示,高校责任重大,使命光荣,舞台广阔、大有作为。并一致表示,要把学习宣传贯彻习近平总书记视察山西重要讲话重要指示作为当前和今后一个时期的首要政治任务和头等大事,深学深悟,真学真用,推动习近平总书记视察山西重要讲话重要指示在高校落地生根,开花结果,同时坚决以习近平总书记视察山西重要讲话重要指示为根本遵循,落实立德树人根本任务,聚焦"六新",勇担使命,为全省转型发展贡献力量。

5月18日,山西大学召开校院两级中心组联学会议,传达学习习近平总书记视察山西重要讲话重要指示,并就抓好贯彻落实作出部署。会议要求,要聚焦"六新",主动谋事,主动做事,主动成事,提升学校在我省"蹚出一条转型发展的新路子"的参与度。要围绕我省高质量转型发展实践,以山西需求为导向,凝练特色研究方向,以优势学科群对接服务我省产业发展为基础,把好的科研成果在省内就地转化为新产品,服务山西地方经济社会发展;要围绕省委关于高校"三个调整优化"的战略部署,力争在"办名办好综合性大学"、学科学院调整优化、专业结构调整优化上蹚出一条新路子。

5月15日,太原理工大学召开专题会议,深入学习宣传贯彻习近平总书记视察山西重要讲话重要指示。会议指出,全校上下要提高站位、立说立行,迅速掀起学习宣传贯彻新高潮。要按照省委部署要求,勇于先行先试,大胆实践探索,在全面深化改革中走在前列,确保习近平总书记视察山西重要讲话重要指示在太原理工大学落实落地见效。全校师生要齐心同道、真抓实干,以习近平总书记提出的"办好中国的世界一流大学,必须有中国特色,扎根中国大地办大学"为引领,以"立德树人"为立身之本,走出一条太原理工大学的强校之路,在建设一流大学的征程中,蹚出新路子,书写新篇章。

从5月13日开始,中北大学连续召开常委会、校院(部、处)两级理论学习中心组学习、全校处级干部会议、民主党派人士座谈会、学生座谈会等,在全校掀起学习宣传习近平总书记视察山西重要讲话重要指示的热潮。会议要求,要以服务转型为纲,培养大量服务山西的人才;要把围绕14个产业集群开展科学研究和技术创新,作为学校为山西转型发展服务的突出点和重中之重。全校上下要拧成一股绳、心往一处想、劲往一处使,振奋精神、鼓足干劲,书写学校发展、学校服务山西转型发展的崭新篇章。

5月14日,山西医科大学党委理论学习中心组专题学习了习近平总书记视察山西重要讲话重要指示。会议提出在"六个深入"上狠抓落实:深入学习和宣传,做到学深悟透;深入推进"医工结合",做到深度融入;深入发展环境卫生学科,做好科技服务;深入推进文明校园建设,做好文化育人;深化以师生为中心的发展理念,做好民生保障;深化党的建设,营造干事创业的良好政治生态。通过深入学习、系统钻研,努力推动学校各项事业不断取得新发展、新突破、新成效。

5月21日,太原师范学院召开党委中心组(扩大)学习会,专题学习习近平总书记视察山西重要讲话重要指示。会议指出,全校上下要深学细悟、学深学透,深刻理解"六稳""六保"内涵,特别是"六新"要求,为学科平台建设、科技成果转化、科研项目攻关指明方向;要学用结合、学以致用,对照学校总体安排部署,厚植师范根基、深化改革创新、提升治理能效,用实实在在的工作成效回报习近平总书记的嘱托和期盼。

5月15日,山西师范大学党委中心组召开专题会议,传达学习习近平总书记视察山西重要讲话重要指示。会议要求,要坚持学用转化,奋发有为,推进高质量发展要求;要坚定改革信心,破除发展阻碍,进一步在学校各项改革上做出成绩;要聚焦"六新"要求,推进科研创新,提升科研水平;要坚持不懈抓好党的政治生态建设要求,巩固深化"不忘初心、牢记使命"主题教育成果,以抓好政治建设为统领,加强基层党组织建设,使党的组织优势转化为学校改革发展优势。

5月15日,山西中医药大学召开党委扩大会议,专题传达学习贯彻习近平总书记视察山西重要讲话重要指示。会议指出,要坚决贯彻落实"六新"要求,加大高层次人才引进力度,创新科研体制机制,优化学科结构和专业设置,推进医教协同、校院两级管理体制改革,推动学校走内涵、特色、创新发展之路。要持续推进中医药自信教育研究和实践,开展中医药自信社会教育网络服务,高质量完成好国家中医药管理局委托课题,为建设文化强省、打造一流创新生态贡献智慧。

5月15日,太原科技大学第一时间传达学习了习近平总书记视察山西重要讲话重要指示;5月21日,该校召开理论学习中心组(扩大)学习会和处级干部大会,再次进行专题学习。会议指出,全校各级党组织和广大党员干部要坚定不移把习近平总书记视察山西重要讲话重要指示作为全部工作的统领,围绕习近平总书记提出的"六新"要求,以及省委"三个调整优化"重大决策部署,扎实开展工作,着力提升办学水平和服务能力。全校各级党组织要自觉在我省经济社会发展大局中找准定位,蹚出一条高校改革发展的新路,为我省转型发展作出更大贡献。

5月15日，山西财经大学党委理论学习中心组会议，传达学习了习近平总书记视察山西重要讲话重要指示。会议指出，学深悟透习近平总书记视察山西重要讲话重要指示，充分发挥高校资源优势和人才优势，主动对接山西经济社会发展；要做好校内综合改革，为学校发展营造良好的政治生态；要勇担立德树人、培养人才的使命，更好为我省转型综改提供智力支持。

5月18日，山西传媒学院召开党委(扩大)会议，专题传达了习近平总书记视察山西重要讲话重要指示。会议指出，全校上下要迅速形成全方位、多形式、分层次、全覆盖学习宣传贯彻格局，推动习近平总书记视察山西重要讲话重要指示进教材、进课堂、进头脑。会议强调，要以习近平总书记视察山西重要讲话重要指示为指引，结合学校学科专业优势，围绕“六新”产业生态，深入实施“1331 工程”，进一步强化产教融合、校企合作，在深挖山西文化资源、融入山西旅游发展、助推山西文艺创作、促进山西文化产业上用心、用情、用力。

5月20日，晋中学院组织教职员工认真学习习近平总书记视察山西重要讲话重要指示，提出要坚持“学”字为先、“悟”字为上、“研”字为要、“干”字为重，确保条条落实、件件落地、事事见效，并强调要在三个方面下功夫：一是抓好学习教育，掌握做好新时代办学治校育人各项工作的“金钥匙”；二是抓好宣传引导，凝聚服务中心大局和促进更好发展正能量；三是抓好贯彻落实，推进全面完成年度重点工作任务、全面提高办学治校育人质量和服务山西与晋中贡献度、全面实现各项事业持续健康更好发展目标。

5月18日，山西大学商务学院专题学习了习近平总书记视察山西重要讲话重要指示。会议指出，要把学习贯彻习近平总书记视察山西重要讲话重要指示与学习贯彻“三篇光辉文献”结合起来，真学、真悟，讲实效。要结合学院工作实际，抓好贯彻落实，在转型发展上、深化教育教学改革上、优化专业结构和学科建设上，把学校的特色和优势继续下大力气办好办优，要补短板、强弱项，切实把学习成果转化为勇于担当的魄力和狠抓落实的能力。

5月15日，山西工商学院召开党委中心组会议，传达学习习近平总书记视察山西重要讲话重要指示。会议要求，全校师生要全动员、全方位、全覆盖抓好学习，要迅速掀起学习热潮，各级党员干部要自觉把增强“四个意识”、坚定“四个自信”、做到“两个维护”，切实落实到习近平总书记视察山西重要讲话重要指示的具体行动上。全体师生要深入学习习近平总书记视察山西重要讲话重要指示，不忘初心，胸有大势；从容自信，学习不止；担当有为，砥砺奋斗。

5月14日，山西省财政税务专科学校党委理论中心组(扩大)专题学习了习近平总书记视察山西重要讲话重要指示。会议指出，要把贯彻习近平总书记视察山西重要讲话重要指示作为当前和今后一段时间的首要政治任务，落实到学校各项工作中。要把学校当前和今后一段时间的重要工作抓实抓好，如在防控疫情的同时做好学生返校复学工作，把每项工作进行沙盘推演，既严又细做好防控；要加快推进学校“双高”建设工作，继续细化方案，抓紧落实和推进相关项目；要持续推进学校综合改革，积极进行内部管理改革，用新思想新思维新要求对标工作。

(《山西日报》2020年5月30日　李林霞)

省委召开务虚会暨中心组学习会 强化使命担当　勇于改革创新 推动全面转型　切实把习近平总书记视察山西重要讲话重要指示落到实处

6月1日，省委召开务虚会暨中心组学习会，围绕深入贯彻习近平总书记视察山西重要讲话重要指示，在转型发展上率先蹚出一条新路来进行学习交流研讨，明确落实举措。省委书记楼阳生主持会议并讲话，他强调，要进一步用习近平总书记视察山西重要讲话重要指示统一认识、武装思想，强化坚定扛起在转型发展上率先蹚出一条新路来的使命担当，勇于改革、勇于创新，敢为人先、先行先试，真正实现全面、系统、彻底的转型，为山西发展赢得未来。省委副书记、省长林武，省政协主席李佳出席会议。

会上，省委常委，省人大常委会、省政府、省政协有关负责同志作了交流发言，结合学习贯彻习近平总书记视察山西重要讲话重要指示谈认识、谈体会，深入思考分析，畅言观点思路，提出意见建议。通过广泛深入讨论，进一步统一了思想认识，强化了理论武装，凝聚了奋进共识。大家认为，习近平总书记重要讲话重要指示，为山西发展进一步指明了前进方向，提供了根本遵循，要结合实际持续学、深入悟、笃实行。省委“四为四高两同步”总体思路和要求完全符合习近平总书记重要讲话重要指示精神，切合山西实际，要胸怀两个大局，站在两个一百年交汇点的历史关口，前瞻三十年看问题谋对策，增强危机中育新机、变局中开新局的战略自信和必胜勇气，以埋头苦干的拼搏精神、真抓实干的具体举措、真金白银的实际成果，把转型综改试验区“金字招牌”擦得更亮，坚定沿着习近平总书记为我们指明的“金光大道”，奋力在转型发展上率先蹚出一条新路来，不辜负总书记的殷殷嘱托。

楼阳生在讲话中指出，大家的发言，在深入学习的基础上认真思考，言之有物、言之有理、言之意切，为开好省委全会奠定了思想基础。在山西转型发展的关键时刻，不到三年时间，习近平总书记再次亲临山西，具有重要里程碑意义。习近平总书记重要讲话重要指示，肯定了近年来山西各项工作，明确重大任务，提出殷切希望，是对山西的最大支持、最大关怀。按照省委部署，大家认真领会、深学深悟，越学越觉得思想深邃、博大精深,越学越觉得心里亮堂、信心满满,越学越觉得使命如山、责任重大。

楼阳生强调,习近平总书记要求山西在转型发展上率先蹚出一条新路来,是在新时代开启中国特色社会主义新征程的历史节点上,发出的新的号令。要站在“两个大局”的高度深刻理解这一重大指示的历史意义、赋予的历史使命,准确领会、全面把握核心要义,把思想统一到习近平总书记重要讲话重要指示上来,统一到“三篇光辉文献”上来,进一步坚定政治自觉和行动自觉。要对山西转型综改试验区这块金字招牌含金量深入再认识,深刻认识转型发展既是经济工作的纲,也是各项事业发展的纲;山西省国家资源型经济转型综合配套改革试验区是全国唯一的全省域、全方位、系统性的综改区,也是先行先试区。要增强政治责任感和历史使命感,发扬敢为人先、改革创新精神,以必胜敢胜勇胜的胆识气魄,先行先试、担当作为,着力解决结构性体制性素质性问题,彻底解决“两个过度依赖”问题,坚决从资源型经济中转出来,实现全方位转型。要践行新发展理念,坚决摒弃粗放发展方式,深化体制机制改革,依靠科技进步和劳动力素质提高,推进动力变革,努力实现高质量发展。

楼阳生指出,要把“六新”作为蹚新路的内涵、载体、抓手和重要标志,在抓好“六稳”“六保”的同时,聚焦“六新”系统谋划、全力推进,起好步、开好局。他强调,率先蹚出新路,既要通过深入学习统一思想、提高认识,更要以行动来体现和检验解放思想、先行先试,在实施变革性、牵引性、标志性重大举措上下功夫。要坚持有所为有所不为,聚焦14个战略性新兴产业,打造一流创新生态,在新兴产业、未来产业领域更多融入国内产业大循环。推动能源革命综合改革试点,把能源优势变成比较优势、竞争优势。实施创新驱动、科教兴省、人才强省战略,推动市场主体、科研院所开放合作,以一流课题、一流平台、一流环境,吸引一流人才、一流团队。实施“特”“优”战略,守住耕地红线,稳定粮食总产量,培育农产品精深加工十大产业集群,建设好山西农谷,发展现代农业。践行“两山”理论,全面推进“两山七河一流域”生态保护修复,进一步把汾河保护好、治理好,加强湖泊、大泉、湿地保护,建设山清水秀、天蓝地净的美丽山西。坚定文化自信,建设文化强省,让游山西读历史成为文旅融合发展的内涵支撑和载体路径。以改革开放破解发展难题,全面推动国资国企、开发区、金融等重点领域改革,健全对外开放体制机制,激发内生新动力,增强发展新动能。坚持人民至上、生命至上,全面强化就业优先政策,通过“人人持证、技能社会”稳就业促增收,兜牢民生底线,织牢织密公共卫生防护网,以“三零”单位创建为抓手,维护社会安全稳定。

楼阳生强调,各级各部门、各级领导干部要切实负起责任,强化结果导向,狠抓工作落实,发挥“头雁效应”,以“第一责任”领导和保障“第一要务”,以风清气正的政治生态推动形成活力迸发的创新生态,以全面从严治党新成效推进治理体系和治理能力现代化,不断提升治晋兴晋强晋能力和水平,在率先蹚出新路来的伟大实践中交出优秀答卷。楼阳生还就编制好“十四五”规划,以及近期要抓的重点工作,提出明确具体要求。

省委常委,省人大常委会、省政府、省政协负责同志,省法院院长、省检察院检察长出席会议。省直有关部门负责同志参加会议。

(《山西日报》2020年6月3日　本报记者)

中国共产党山西省第十一届委员会第十次全体会议　审议通过《中共山西省委关于贯彻落实习近平总书记视察山西重要讲话重要指示　在转型发展上率先蹚出一条新路来的实施方案》

中国共产党山西省第十一届委员会第十次全体会议,于2020年6月28日至29日在太原举行。

出席这次全会的有,省委委员74人,省委候补委员2人。省纪委常委和有关方面负责同志列席会议。在晋党的十九大基层代表、部分省第十一次党代会基层代表也列席会议。

全会由省委常委会主持。省委书记楼阳生代表省委常委会作重要讲话。

全会指出,今年5月11日至12日,习近平总书记亲临山西视察,发表重要讲话作出重要指示,勉励我们在转型发展上率先蹚出一条新路来,充分体现了党的领袖对山西人民的最大关心,充分体现了以习近平同志为核心的党中央对山西工作的最大支持,是山西发展史上的重要里程碑,具有重大现实意义和深远历史意义。回顾这些年山西走过的历程,每逢重要关头、关键时刻,习近平总书记都及时为我们把舵领航,指引山西实现了凤凰涅槃、浴火重生,并进而形成今天的良好局面。面向转型发展新征程新使命,全省上下要认真学习贯彻落实习近平总书记视察山西重要讲话重要指示,深刻领悟博大内涵,坚定扛起重大使命,持续推动习近平总书记重要讲话重要指示在三晋大地落地生根、开花结果。

全会提出,此次全会的任务是,坚持以习近平新时代中国特色社会主义思想为指导,对深入学习贯彻习近平总书记视察山西重要讲话重要指示进行全面部署,动员全省上下进一步强化思想武装、凝聚共识合力,保持战略定力、坚定必胜信念,为决胜全面建成小康社会、决战脱贫攻坚,在转型发展上率先蹚出一条新路来,乘势而上书写山西践行新时代中国特色社会主义的新篇章而努力奋斗。

全会要求,全省上下要牢记领袖嘱托,胸怀“两个大局”,深刻领会“在转型发展上率先蹚出一条新路来”的时代内涵,坚定扛起党中央赋予的重大历史使命。全会结合我国40多年"杀出一条血路来"的改革开放历史大进程，回顾了山西经济发展历程特别是工业结构的演变过程。指出，我省资源型经济积累的结构性、体制性、素质性矛盾，不仅造成了过度依赖煤炭产业、过度倚重煤炭价格的粗放发展方式，而且挤出了改革、挤出了创新、挤出了人才、挤出了山西发展的综合竞争力。强调，世上本无路，走的人多了便成了路。尤其很多时候，路是杀出来、蹚出来的。转型发展是山西发展的根本出路、唯一出路，舍此别无他途。我们要站在中华民族伟大复兴的战略全局和世界百年未有之大变局"两个大局"高度，纵观改革开放40多年来国家富强和山西发展轨迹，在从"血路"到"新路"的历史跨越中把握时代背景，更加深刻理解"在转型发展上率先蹚出一条新路来"这一重大指示要求蕴含的历史意义、赋予的历史使命，进一步增强学习贯彻落实的政治自觉和行动自觉。要在"率先"上抢先机，在"蹚出"上下苦功，在"新路"上勇探索，始终保持战略清醒，不反复、不折腾，以"功成不必在我"的精神境界和"功成必定有我"的历史担当，沿着习近平总书记指引的转型发展金光大道奋勇前进。

全会强调，要坚持把转型发展作为经济工作和各项事业的纲，勇于先行先试，推动全面转型。指出，转型发展本质上就是高质量发展，是新时代山西发展最鲜明的特征。必须始终坚持"四为四高两同步"总体思路和要求，紧紧围绕转型发展来谋篇布局、推动经济工作和各项事业，进一步增强改革的系统性整体性协同性，进一步提升工作的科学性预见性创造性，全面推动观念转型、经济转型、方式转型、路径转型、动力转型、结构转型、机制转型、管理转型，真正构建起"一切为了转型、一切服务转型"的工作格局，广泛凝聚起全省上下推动高质量转型发展的磅礴力量。

全会指出，习近平总书记在视察期间对我省提出的"在新基建、新技术、新材料、新装备、新产品、新业态上不断取得突破"的重大要求，是习近平总书记关于创新驱动、科技强国、人才强国战略思想的重要组成部分和最新理论成果。"六新"代表着先进生产力变革趋势，代表着新兴产业、未来产业发展方向，是现代化经济体系的重要组成部分，是综合实力和战略竞争力的重要标志，具有无比广阔的发展前景。强调，聚焦"六新"率先突破，必须成为山西"在转型发展上率先蹚出一条新路来"的方向目标、路径要求和战略举措。要紧跟国际科技发展前沿，洞察全球产业变革态势，以敢为人先的勇气胆识和换道领跑的竞争姿态，奋力在新兴产业上占据主动，在未来产业上把握先机。要围绕"六新"抓项目，开展关键共性技术攻关，加强产业链供应链招商，实施项目化、清单化管理，为项目落地投产见效提供全方位保姆式服务，让广大科技工作者、企业家能够心无旁骛地开展研发生产。要围绕"六新"建生态，围绕创新链，打造产业链，完善供应链，配置要素链，健全制度链，构建全生命周期服务的创新生态，尤其是要加强应用型研究，争取布局国家重点实验室、重大科研装备装置，加强和国内外高端研发机构合作组建各类创新平台，充分发挥企业和科研机构的主体作用。要围绕"六新"抓"双创"，按照"政府引导、市场化运作"模式，依托"智创城"构建一批全要素、低成本、便利化、开放式众创空间，在科技法律、财政金融、人力资源、成果转化、减税降费、权益保护、创业辅导等方面全方位提高服务水平和服务效率，不断激发创新活力。要围绕"六新"定标准，持续深化标准化改革，统筹抓好标准体系建设、体制机制创新、标准人才培养、标准化战略性研究等工作，聚焦"六新"重点领域，努力创制行业标准、国家标准、国际标准，不断以高标准提升"六新"质量效益。会议要求，要举全省之力，牢牢抓住未来5-10年的转型窗口期、关键期，坚决打赢打好"六新"攻坚战、争夺战。

全会强调，"十四五"时期，我省要实现"转型出雏型"的重要阶段性战略目标，决不能输在"十四五"规划的编制上。要把习近平总书记视察山西重要讲话重要指示精神作为根和魂，把创新驱动作为逻辑起点，把胸怀"两个大局"作为谋划工作的基本出发点，高起点高标准高质量编制"十四五"规划。要瞄准"十三五"规划实施和全面建成小康社会仍然存在的短板弱项，针对性制定措施、落实责任、精准攻坚，力争最好结果。要把定好位作为谋划山西未来发展的重要战略问题，从京津冀一体化重要成员、国家资源型经济转型综改试验区、新兴产业未来产业制造基地、内陆地区对外开放新高地、国际知名文化旅游目的地、特色优势有机旱作农业科研和功能食品生产基地、华北地区重要绿色生态屏障、拱卫首都安全"护城河"等方面深化研究。要科学编制"十四五"转型出雏型的规划蓝图，确保到2025年，一流创新生态、战略性新兴产业集群、绿色能源供应体系、支撑高质量转型发展的体制机制、生态文明制度体系、法治化国际化便利化营商环境、对外开放新高地、城乡融合发展形态、更加健全完善的民生保障体系、在全国发展大格局中的战略地位基本形成。要以变革性、牵引性、标志性举措确保转型出雏型，聚焦新兴产业、未来产业，实施非均衡发展战略；聚焦能源革命综合改革试点，实施优势转换战略；聚焦创新生态、创新驱动，实施换道领跑战略；聚焦平台团队、课题人才，实施创新驱动、科教兴省、人才强省战略；聚焦保耕稳粮、加工转化，实施农业"特""优"战略；聚焦生态建设、绿色发展，实施可持续发展战略；聚焦两侧协同、五链耦合，实施扩大内需战略；聚焦改革开路、制度开放，实施全面深化改革开放战略；聚焦文化自信、文旅融合，实施文化强省战略；聚焦解决民生之本问题，实施技能富民战略，为山西高质量转型发展再造新优势、构建新格局。

全会审议通过了《中共山西省委关于贯彻落实习近平总书记视察山西重要讲话重要指示 在转型发展上率先蹚出一条新路来的实施方案》。指出，出台实施方案，是确保习近平总书记重要讲话重要指示条条落实、件件落地、事事见效的关键举措。要深刻把握习近平总书记对山西工作提出的总体要求和重大任务，认真贯彻实施方案提出的6个方面、65条、334项落实举措。各级党委(党组)要对照实施方案要求，主动对号入座、对标对表，进一步强化目标导向、问题导向、结果导向，进一步明确具体举措、标准要求、完成时限，推动责任到位、措施到位、落实到位。

全会要求，全省广大党员干部特别是各级领导干部，要从把握本质和遵循规律、第一责任和第一要务、政治生态和创新生态、有形之手和无形之手、国内市场和国际市场、营商环境和创新资源、社会治理和社会活力、风险防化和本质安全、头雁效应和基层首创、立足当前和着眼长远等十个方面，深刻把握其辩证关系，以更高的站位、开阔的视野、过硬的本领、奋进的姿态，在转型发展上率先蹚出一条新路来的伟大实践中建功立业。

全会号召，全省上下要更加紧密地团结在以习近平同志为核心的党中央周围，在省委坚强领导下，广泛凝聚3700多万人民的智慧和力量，不畏艰险、勇攀高峰，敢于胜利、乘势而上，奋力书写山西践行新时代中国特色社会主义新篇章，交出一份让总书记和党中央满意、让全省人民满意的优秀历史答卷！

（《山西日报》2020年6月30日　本报记者）

感悟光辉思想的真理伟力
凝聚蹚转型新路磅礴力量

省直工委利用大讲堂、党课等各种形式开展宣讲，用通俗易懂的语言和事例，为党员干部宣讲习近平总书记视察山西重要讲话重要指示；

阳泉市依托阿里巴巴钉钉云直播平台，架构起覆盖全市机关、社区、企业、学校、农村、军营3万人的“讲师铸魂”钉钉学习平台，实现了宣讲全方位、无死角覆盖；

临汾市组织县市区宣讲团、宣讲小分队及专职宣讲员千余人，深入开展“七进”宣讲活动，推动习近平总书记视察山西重要讲话重要指示走入寻常百姓家；

……

强化理论武装，凝聚转型共识。5月以来，从机关到企业、从社区到学校、从田间地头到群众中间，一场场精彩的宣讲报告接二连三举行，全省兴起了深入学习宣传贯彻习近平总书记视察山西重要讲话重要指示的热潮，推动重要讲话重要指示在三晋大地落地生根、开花结果，凝聚起了乘势而上书写山西践行新时代中国特色社会主义新篇章的强大共识与干劲。

5月11日至5月12日，习近平总书记再次亲临山西视察并发表重要讲话作出重要指示，为新时代山西发展指明前进方向、明确发展目标、赋予重大使命，充分体现了党的领袖对山西人民的最大关心、对山西工作的最大支持，全省上下备受鼓舞、倍感振奋、倍增信心。思想是行动的先导，理论是实践的指南。学习宣传贯彻落实习近平总书记视察山西重要讲话重要指示，是当前和今后一个时期的首要政治任务。省委带头，把学习宣传贯彻重要讲话重要指示，作为头等大事和首要政治任务。5月13日，省委常委会召开扩大会议，对全省兴起学习宣传热潮、抓好贯彻落实进行研究部署。5月14日上午，省委书记楼阳生在中北大学宣讲习近平总书记重要讲话重要指示，推动全省各级各部门兴起学习宣传贯彻热潮。

按照省委部署，省委宣传部制定学习宣讲方案，在全省各地开展习近平总书记视察山西重要讲话重要指示主题宣讲，进一步引导全省广大干部群众把思想和行动统一到重要讲话重要指示上来。各市各工委按照安排，纷纷结合实际，依托各自微信公众号、新时代文明实践站（所）等平台，采取集中＋分散、线上＋线下、面对面讲授＋针对性问答等形式开展形式多样的主题宣讲，深受干部群众欢迎。

全省各地宣讲团成员认真备课，精心准备宣讲内容，先后走进机关、村镇、社区、企业、学校，以深入细致的宣讲、耐心透彻的解答，推动习近平总书记视察山西重要讲话重要指示入脑入心。临汾市讲师团成员王爱军说，在学懂弄通习近平总书记视察山西重要讲话重要指示的基础上，我们以饱满的热情、扎实的作风投入到基层宣讲工作中。“感到十分高兴和荣幸，同时也倍感压力和责任重大。”长治市讲师团成员史晋华参加宣讲后说，通过深情讲述在乡镇工作时帮扶一家贫困户脱贫的故事，增强了大家对夯实农业农村基础、实现乡村振兴的历史使命感和责任感。吕梁市交城县委党校教师刘琼说，通过与百姓“零距离”接触的方式，用事例鲜活地讲清楚了习近平总书记视察山西重要讲话重要指示的核心要义。

三晋大地迅速兴起了学习宣传贯彻习近平总书记视察山西重要讲话重要指示的热潮。7月12日至24日，省级示范宣讲团开展了15场示范宣讲并进行了网络直播，受众达286.31万人次，极大地提升了宣讲覆盖面。吕梁市组织309名基层理论宣讲员、老中青三支宣讲队伍、3226名农村宣传文化员、第一书记及各级扶贫工作队队员等共636个宣讲团，宣讲5900余场，受众60余万人次。朔州市组建市、县、乡、村四级宣讲团765支，宣讲2689场，受众112.8万人次。从城市到农村、从机关到基层，我省广大干部群众正以坚定的态度、务实的行动，深入学习贯彻习近平总书记视察山西重要讲话重要指示，感受光辉思想的真理力量。截至目前，全省共开展宣讲4.58万场，受众1006万人次。

在一次次接地气的宣讲中，在一次次的凝神聆听后，党的创新理论得到共鸣共情，信仰之基愈发坚固，转型信心更足，高质量发展劲头更大。在交城县梁家庄易地扶贫集中安置小区，小区居民听完宣讲后表示：“党的政策越来越好了，这种走进家门口的宣讲让我们老百姓心里感到很温暖。”广大干部群众纷纷表示，习近平总书记视察山西令人深受鼓舞、倍感振奋，接下来将深入贯彻习近平总书记视察山西重要讲话重要指示，并将其转化为做好各项工作的强大动力，用实际行动落实到具体工作之中。

共识在增进，思想在升华，力量在凝聚。当前，全省上下学习宣传贯彻习近平总书记视察山西重要讲话重要指示的热潮已经兴起，氛围日益浓厚，大家越学越觉得博大精深、心里亮堂，越学越觉得使命如山、责任重大。我省广大党员干部群众纷纷表示，要按照省委部署，全面抓好贯彻落实，坚定不移沿着习近平总书记指引的方向奋勇前进，在转型发展上率先蹚出一条新路来。

（《山西日报》2020年8月8日 李 炼）

忠实践行习近平总书记视察山西重要讲话重要指示打造"游山西、读历史"文化旅游品牌

2020年5月11日，习近平总书记在云冈石窟考察时深刻指出，要"让旅游成为人们感悟中华文化、增强文化自信的过程"。我们彰显文化自信、深化文旅融合，忠实践行习近平总书记视察山西重要讲话重要指示，在大力实施文化强省战略上迈出了新步伐，努力为山西在转型发展上率先蹚出一条新路来、乘势而上书写山西践行新时代中国特色社会主义的新篇章注入强大文化力量。

走进山西，就如同走进了中国历史博物馆，时时处处感受着中华文明的历史脉动。

游山西，就是在读地质构造运动史。在中国30多亿年的地质构造过程中，从太古代的五台运动、元古代的吕梁运动，到中生代的燕山运动，造就了山西独特的地貌形胜。沧海桑田般的构造变迁，不仅赋予了山西丰富的矿产资源，还赐予了山西众多珍贵的地质遗迹奇观，有世界级地质遗迹14处、国家级地质遗迹141处。太行山千峰竞秀、万壑争奇，集雄、奇、险、幽、秀、美于一体；吕梁山群峰逶迤、山势陡峻、植被多样，尽显雄浑厚重；北岳恒山地险山雄、叠嶂拔峙，被誉为北国万山之宗主。宁武万年冰洞诞生于300万年前的新生代第四纪冰川期，其内冰层万古不化，且与几百米外的"千年地火"遥相呼应，形成"冰火两重天"的神奇景观。

游山西，就是在读中华文明演进史。山西的版图，就像一枚写满文明密码的树叶。中华5000年文明都可以在山西15.6万平方公里的古老大地上找到印记。从垣曲"世纪曙猿"到芮城"西侯度圣火"，从"丁村遗址"到"陶寺遗址"，从战国荀子、盛唐柳宗元到北宋司马光、清代陈廷敬，文物遗迹数不胜数，历史名人灿若星辰。山西，就是一部浓缩的中华文明史诗。

游山西，就是在读黄河文化变迁史。黄河之魂在山西。"天下黄河一壶收"的壶口瀑布，以其壮观无比，呈现了中华母亲河博大胸襟和恢宏气度；黄河在山间奔腾盘旋七大湾，形成天下奇观乾坤湾，中华龙图腾由此滥觞。千百年来，黄河岸畔流传的后稷稼穑、嫘祖养蚕等动人故事，承载着源远流长的黄河农耕文明；从大禹治水到台骀治汾，从春秋时期智伯渠到清代汾河"八大堰"，形成了绵延不断的黄河治水文化。

游山西，就是在读长城军事斗争史。长城万里，华聚山西。从战国到明清，历代长城在山西都有遗存；纵横3500公里，星罗棋布于三晋大地4276处；形态十分完备，烽、燧、关、城、堡、卫构成了古代军事完整的防御体系。来到长城脚下，走进雁门关、偏头关、宁武关、娘子关、广武城，在这些暗淡了刀光剑影、远去了鼓角争鸣的雄关隘口，就会深深体悟到中华民族百折不挠、自强不息的奋斗精神。

游山西，就是在读民族融合发展史。山西地处中原农耕民族和北方游牧民族的交错带，自古以来就是民族融合的大熔炉。战国伊始，赵武灵王"胡服骑射"，开创民族融合、风气改革之先；魏晋时期，北魏孝文帝在平城大同开启汉化改革，推动五胡融入中原；洪洞大槐树更是见证了明朝洪武永乐年间的大移民。呈现给人们的是一幅时而金戈铁马、时而驼铃"胡"舞的民族融合壮丽画卷。

游山西，就是在读古代建筑艺术史。山西的古建遗存独步华夏，拥有6座国家级历史文化名城，111个国家级历史文化名镇名村，550个中国传统村落，36100多处地面文物古迹，531处国家级重点文物保护单位，宋辽金之前的地上木结构建筑120座，有世界现存最高最古老的木构塔建筑应县木塔，有国内仅存的四座唐代木建筑五台山南禅寺、佛光寺、平顺天台庵、芮城广仁王庙，有生动传神的晋祠北宋彩塑群像，有宏伟精美的永乐宫元代壁画。山西，就是一座瑰丽的"中国古建筑艺术宫殿"。

游山西，就是在读汇通天下晋商史。明清晋商纵横欧亚九千里、称雄商界五百年，开辟了南起福建、北达蒙俄、连接欧亚的国际贸易通道"万里茶路"，是历史上"一带一路"大商圈的重要组成部分；晋商创票号、立号规，创造了汇通天下的奇迹，留下了乔家大院、王家大院、常家庄园等美轮美奂的晋商大院，传承着"诚实守信、开拓进取、和衷共济、务实经营、经世济民"的晋商精神。

游山西，就是在读中国红色革命史。山西是著名的革命根据地，流淌着红色基因，传颂着英雄故事。红军东征在山西留下光辉足迹。抗日战争时期，中共中央北方局、八路军总部、三大主力师长期在此战斗，夺取了平型关大捷、夜袭阳明堡、百团大战等一场场伟大胜利，留下了左权麻田镇、武乡王家峪八路军总部、黄崖洞兵工厂等一个个革命旧址，锻造了伟大的抗战精神、太行精神。解放战争时期，英勇的人民解放军浴血奋战、力克顽敌，临汾战役开创了我军城市攻坚战的成功范例，太原战役拔掉了国民党反动派在华北的最后堡垒，推动了全国解放进程。英雄浩气长存，革命精神常青，激励着一代代三晋儿女为中华民族伟大复兴而不懈奋斗。

游山西，就是在读劳动人民创造史。自古以来，山西人民勤劳智慧、富于创造。不仅在科技领域先贤辈出，北宋刘羲叟创立《羲叟历法》，为天文学研究作出重要贡献；明代数学巨匠王文素编著了《算学宝鉴》，首开用珠算开高次方和解高次方程的先河；清代"医圣"傅山在中医专科、制药、养生等方面都取得不凡成就。而且在千百年来的生产生活实践中，涌现

出一代代杰出的民间艺人、能工巧匠、名医良才,创作出晋剧梆子、绛州鼓乐、威风锣鼓、河曲民歌、左权小花戏、孝义皮影戏、上党八音会等脍炙人口的表演艺术,形成了剪纸、面塑、木雕、堆锦、制陶、琉璃、酿造等传世绝技,留下了龟龄集、定坤丹、八珍汤等名药珍膳,特别是历代大师传承打造的珐华器、推光漆、澄泥砚"山西三宝",或雍容华美,或典雅精致,技艺精湛、底蕴深厚,广受世人珍爱。

游山西、读历史,山西之行一定会为中外游客带来无限精彩。山西一定会为大家提供一流的文旅产品和优质服务。要坚持以文促旅、以旅彰文,做足文旅深度融合文章,重点打好云冈、五台山、平遥古城三大世界文化遗产牌,做优黄河、长城、太行三大文旅板块,提升龙头景区带动力,增强旅游新业态竞争力,提高山西文化旅游影响力;要树立国际化理念,推行标准化、品牌化、智能化、定制化服务,让广大游客在山西吃得可口、住得舒适、行得顺畅、游得开心,真正感受宾至如归、服务优质,乘兴而来、满意而去;要加快黄河、长城、太行三个一号旅游公路建设,完善基础设施,实现城景通、景景通,形成"快进慢游深体验"的现代旅游综合交通体系;要坚持线上线下融合,用好云游山西平台,讲好中国故事,弘扬中华文化,推动山西文旅走向全国、走向世界,加快建设国际知名旅游目的地。

五千年文明看山西,游山西就是读历史。我们真诚邀请中外游客走进山西,亲近历史,感受文明,发现更有意义的精彩人生!

(《光明日报》2020 年 8 月 21 日　楼阳生)

三、习近平总书记视察山西重要讲话重要指示激励全省干部群众奋发有为

不负韶华　乘势而上

——习近平总书记在山西省考察重要讲话激荡干部群众奋斗豪情

孟夏时节,三晋大地沃土千里、草木葱茏,一派生机勃发景象。

5 月 11 日至 12 日,中共中央总书记、国家主席、中央军委主席习近平来到山西考察工作。这是习近平总书记和党中央对山西发展的高度重视,是对山西干部群众的亲切关怀!从雁漠古域到尧舜故土,从巍巍太行山到滔滔黄河畔,3700 万三晋儿女倍感温暖、备受激励、倍加振奋。

一句句问候、一声声叮嘱、一份份嘱托激荡起山西人民重整行装奋勇向前的磅礴力量。我省广大干部群众纷纷表示,要深入贯彻落实习近平总书记考察山西重要讲话精神,全面贯彻党中央决策部署,努力克服新冠肺炎疫情带来的不利影响,扎实做好"六稳"工作,全面落实"六保"任务,乘势而上书写山西践行新时代中国特色社会主义的新篇章。

千方百计巩固好脱贫攻坚成果,让乡亲们生活越来越美好

习近平总书记强调,中国共产党把为民办事、为民造福作为最重要的政绩,把为老百姓做了多少好事实事作为检验政绩的重要标准。

漫漫脱贫路,殷殷民生情。党的十八大以来,无论走到哪里,民生始终是习近平总书记心中最深的牵挂。习近平总书记在云州区,进农田、访农户、问民生,了解巩固脱贫攻坚成果工作情况。

小黄花大产业。云州区近年来通过以黄花为主导产业,带动百姓脱贫致富。"习近平总书记来山西,考察第一站就是有机黄花种植基地,作为从小一起伴随黄花产业发展的家乡人,深感荣幸。"云州区黄花产业发展办公室主任安一平说。"总书记近三年两次来山西考察指导工作,肯定我省脱贫攻坚工作并提出新的要求,更坚定了我们交好收官总账,决战完胜的信心决心。我们要坚决贯彻落实好总书记重要讲话和重要指示,一鼓作气,巩固成果,乘势而上,决战完胜!"省扶贫办主任刘志杰深有感慨。岢岚县宋家沟村第一书记杨涛说:"我会牢记总书记嘱托,用心、用情、用力做好驻村精准扶贫工作。"

脱贫摘帽是新生活新奋斗起点。省农业农村厅厅长鞠振说,全省农业农村部门将牢记习近平总书记殷殷嘱托,推动脱贫攻坚和乡村振兴有机衔接,巩固脱贫攻坚成果,推动乡村全面振兴,让农业强起来、让农村美起来、让农民富起来。团省委书记张钧表示,共青团一定会牢记使命,不负重托,动员青年投身脱贫攻坚一线,夯实乡村振兴"双争双兴"工程,在助力脱贫攻坚工作中创新业、建新功。

历史文化遗产是不可再生、不可替代的宝贵资源,要始终把保护放在第一位

习近平总书记强调,云冈石窟是世界文化遗产,保护好云冈石窟,不仅具有中国意义,而且具有世界意义。历史文化遗产是不可再生、不可替代的宝贵资源,要始终把保护放在第一位。发展旅游要以保护为前提,不能过度商业化,让旅游成为人们感悟中华文化、增强文化自信的过程。要深入挖掘

云冈石窟蕴含的各民族交往交流交融的历史内涵,增强中华民族共同体意识。

云冈石窟始建于1500多年前,是中外文化、中国少数民族文化和中原文化、佛教艺术与石刻艺术相融合的一座文化艺术宝库。11日傍晚时分,习近平总书记来到云冈石窟考察。“习近平总书记考察云冈石窟文物保护和利用,饱含了对中华优秀传统文化的深厚感情和对文化遗产保护工作的高度重视。”山西博物院院长、党委书记张元成表示,要认真学习贯彻习近平总书记考察山西重要讲话精神,充分挖掘文物所蕴含的价值,展示地域文化魅力,推动文明交流互鉴。

山西是文物大省,遗产资源丰厚,国保数量居全国第一。“总书记对保护好云冈石窟的重要指示,体现出他对文物工作的高度重视,也为我省文化遗产的保护和利用指明了方向。”省文物局副局长赵曙光表示。省翻译协会秘书长吴红星说:“要牢记总书记嘱托,让旅游成为人们感悟中华文化、增强文化自信的过程,推动中华文化走向世界。”省外事办党组成员、副主任梁淑娟表示,要进一步推动文化对外交流合作,精准服务我省转型发展。

久久为功,不要反复、不要折腾,争取早日蹚出一条转型发展的新路子

习近平总书记强调,长期以来,山西兴于煤、困于煤,一煤独大导致产业单一。建设转型综合改革示范区,是党中央赋予山西的一项重大任务,也是实现山西转型发展的关键一招。山西要有紧迫感,更要有长远战略谋划,正确的就要坚持下去,久久为功,不要反复、不要折腾,争取早日蹚出一条转型发展的新路子。

山西是全国第一个全省域、全方位、系统性的国家资源型经济转型综合配套改革试验区。建设转型综合改革示范区,是党中央赋予山西的一项重大任务,也是实现山西转型发展的关键一招。“我们将牢记习近平总书记的谆谆教导,把示范区的投资环境建设得更好,加快打造新兴产业集群,以优异的成绩回报习近平总书记的期望和嘱托。”山西转型综改示范区党工委书记张金旺说。

在示范区改革创新展厅,一件件展品展示了示范区新兴产业发展的新成果。对外联络宣传中心主任栗群在现场聆听了习近平总书记的重要讲话后,深有感触地说:“总书记殷切希望我们早日蹚出一条转型发展的新路子,我们要担当作为,为转型综改贡献力量。”山西智杰软件工程有限公司是综改区内一家科技软件企业,董事长韩温按捺不住内心的激动:“总书记时刻关心着山西转型升级,大大增强了我们干事创业的信心力量。”中国建设银行山西省分行智慧政务项目组成员表示,要聚焦转型综改,提供优质金融服务。“我们要着力推动千亿产业培育工程,不断提升产业基础能力和产业链现代化水平,推动传统制造业走好高端化、绿色化、智能化、集群化发展之路。”省工信厅党组书记、厅长朱鹏说。3年来,晋城开发区综合考评在全国前进10位。晋城市委常委、晋城经济技术开发区管委会主任范兆森深有体会地说:“我们将坚定不移沿着习近平总书记指引的方向前进,全力走好新时代开发区改革创新发展新长征。”

高质量转型发展并非坦途,前进征程上机遇与挑战并存。“要着力解决制约国资国企发展的结构性、体制性、素质性矛盾和问题,提升国有企业的治理水平与核心竞争力。”省国资运营公司董事长郭保民说。“要坚决消除影响综改示范区营商环境的制度阻碍和消极因素,严肃查处损害、破坏综改示范区营商环境的问题。”示范区纪工委纪检监察室副主任尹润卿表示。省商务厅厅长王宏晋说,要进一步深化“放管服”改革,推行“一窗受理、集成服务”“一枚印章管审批”等审批制度改革,推动开发区不断优化营商环境。

牢固树立绿水青山就是金山银山的理念,发扬“右玉精神”,坚持山水林田湖草一体化保护和修复

母亲河的保护,一直牵动着习近平总书记的心。汾河太原城区晋阳桥段,清风徐来、碧波荡漾。在这里,留下了习近平总书记考察调研的足迹。74岁的退休军人史生金正在汾河岸边健身,见到习近平总书记,他很激动。“有生之年能见到习近平总书记,我特别高兴,真是做梦都没有想到。”史生金说。省水利厅厅长常建忠表示,省水利厅将认真落实习近平总书记重要讲话精神,牢固树立绿水青山就是金山银山的理念,发扬“右玉精神”,以河湖长制为抓手,统筹推进山水林田湖草系统治理,抓好“两山七河一流域”生态修复,扎实实施黄河流域生态保护和高质量发展国家战略。省生态环境厅宣教中心主任王新力说:“我们将坚决贯彻总书记考察重要讲话精神,坚决打赢污染防治攻坚战。”

习近平总书记指出,治理汾河,不仅关系山西生态环境保护和经济发展,也关系太原乃至山西历史文化传承。近年来,清徐县牢记2017年习近平总书记视察山西时的殷殷嘱托,全力开展企业达标排放整治、农村污水收集处理、城市黑臭水体以及河道综合治理等工作,取得了明显成效。清徐县委书记王剑峰说:“我们要进一步坚持山水林田湖草一体化保护和修复,坚持治山、治水、治气、治城一体推进,持续用力,为再现‘锦绣太原城’的盛景作贡献,回报总书记的关心和鼓励。”“这次习近平总书记考察山西,对生态保护和污染防治提出重要指示。”襄汾县副县长鹿剑英说,襄汾作为临汾“一城三区”重要部分,抓好生态保护责无旁贷,要自觉扛起生态保护的政治责任,坚决打赢蓝天保卫战、碧水保卫战、净土保卫战。在汾河中上游山水林田湖草生态保护修复试点工程宁武段建设工地上,现场督战的宁武县委书记任宁虎信心满满地说:“宁武县将深入贯彻习近平生态文明思想和习近平总书记考察山西重要讲话精神,全面加快生态环境保护和修复治理,努力打造精品示范工程,提升汾河源头出水流量。”

在科技创新上再接再厉、勇攀高峰,在支撑先进制造业发展方面迈出新的更大步伐

习近平总书记在太钢不锈钢精密带钢有限公司考察调研时指出,产品和技术是企业安身立命之本。希望企业在科

技创新上再接再厉、勇攀高峰,在支撑先进制造业发展方面迈出新的更大步伐。

“总书记来到太钢精密带钢公司考察,让全体太钢人群情振奋,欢欣鼓舞。”太钢集团董事长高祥明说,“我们将认真学习总书记重要讲话精神,努力把太钢做强做优做大,为推动中国制造向中国创造转变、传统制造业转型升级贡献力量。”“大地控股成立以来,始终把创新作为治企之基、兴企之本、强企之策,才换来了企业的快速做优做强。”大地控股董事长屈忠让说,“习近平总书记的重要讲话更加坚定了企业前进的方向。大地控股将坚持创新为上,不断提升企业核心竞争力。”山西云时代技术有限公司董事长盛佃清说:“我们要抢抓全省国资国企改革的最后窗口期和数字经济发展的难得历史机遇期,建立以企业为主体、市场为导向、产学研深度融合的技术创新体系,更好地担负起云时代引领全省数字产业发展的历史使命。”

科技创新能力越强,抗风险能力就越强,发展动力也就越强。近年来,山西的科技创新取得很多成绩,正在以超常速度打造一流创新生态。“习近平总书记考察调研太钢不锈钢精密带钢有限公司,我们深受鼓舞。”省科技厅党组成员、副厅长牛青山说,“我们将深入学习领会习近平总书记重要讲话精神,大力开展关键核心技术和共性技术研发攻关,为我省高质量转型发展提供有力支撑。”全国人大代表、碳纤维学术带头人吕春祥说:“作为一名科技人员,我将继续坚守报国初心,发扬工匠精神,瞄准国家前沿技术和国家重点建设领域急需材料科研攻关。”

绷紧疫情防控这根弦,努力克服新冠肺炎疫情带来的不利影响,在高质量转型发展上迈出更大步伐

习近平总书记指出,要绷紧疫情防控这根弦,坚持外防输入、内防反弹,完善常态化防控机制,坚决防止疫情新燃点,决不能前功尽弃。

“作为一名来自基层的全国人大代表,作为一名一直奋战在抗击疫情一线的人民警察,我非常激动,备受鼓舞。”太原市公安局杏花岭分局三桥派出所副所长杨蓉表示,“我要把这深深的鼓舞转化成推动工作的强大动力,继续在工作岗位上做好常态化疫情防控下的群众工作,以实际行动践行好总书记重要讲话精神。”有着 17 年护士经历的方山县人民医院内二科护士长薛芳芳说:“作为基层医院的护士长,我要用真情真心服务好每一位患者,守护人民生命安全。”

疫情发生后,太原市抽调 825 名机关干部,组成 8 支疫情防控突击队,深入企业、社区一线开展精准帮扶。第四突击队队长张爱琴说:“我们将认真学习贯彻总书记重要讲话精神,用心用情继续做好企业的信息员、服务员,积极协调解决复工复产中的难点、堵点、痛点。”为抗击新冠肺炎疫情,中科潞安紫外光电公司率先启动紫外半导体领域的关键共性技术研究,并投产一批公共卫生杀菌消毒产品,公司董事长李晋闽说:“我们要扩大复工复产,为统筹推进常态化疫情防控和经济社会发展工作作出更大贡献。”山西高科华烨电子集团有限公司作为我省转型发展半导体产业标杆企业,旗下 7 家生产企业员工复工、复产率均已达到 100%,集团董事长李建明说,要坚持生产与防疫“两手抓”,开足马力保生产、精准施策促销售、谋划项目新发展,彰显作为省市转型发展标杆企业的责任与担当。

做好“六稳”工作,落实“六保”任务,就业居首。省人力资源和社会保障厅就业促进处处长贾新明说:“我们将深入学习贯彻习近平总书记重要讲话精神,积极落实就业优先战略和积极就业政策,统筹做好疫情防控下的稳就业各项工作。”省民政厅社会救助处处长任本文表示,解决好受疫情影响的困难群众基本生活,把党和政府保障基本民生的惠民政策落到实处。

广大企业感受到了习近平总书记的关怀。“我们民营企业有信心在省委省政府的领导下,克服新冠肺炎疫情带来的不利影响,加快复工复产,稳就业、促转型、谋发展。”全国政协委员、山西晋商民营联合投资控股股份有限公司董事长昝宝石说。山西全安是一家专门从事发明创造的高科技小微企业,公司董事长郭春平表示,一定不辜负习近平总书记的期望,树起“发明创造就是硬道理”的旗帜,继续开发原创技术,为完成今年的目标任务努力奋斗。省国资委主任冯志君说:“习近平总书记的重要讲话坚定了全省国资系统做强做优国有企业的信心和决心。省国资委将按照总书记的讲话要求,引导和督促省属企业进一步抓紧抓实抓细各项防控措施,进一步抢抓工时,堤内损失堤外补,把失去的时间抢回来。”

接力奔跑,仍需加劲冲刺;千年追寻,圆梦就在今朝。我省广大干部群众表示,一定要将习近平总书记的巨大关怀转化为前进动力,乘势而上夺取疫情防控和转型综改双胜利,贯彻落实“四为四高两同步”总体思路和要求,不断开创治晋兴晋强晋新局面,向党中央、向 3700 万山西人民交出合格答卷。

(《山西日报》2020 年 5 月 13 日 陈俊琦 杨文俊 杨彧 李志军 贺锴 孟苗 李全宏 孟婷 赵向南 杨文 李炼 邓伟强 高建华 张毅 沈佳 程国媛 王利强 张巨峰 刘瑞强 闫书敏 范珍)

完善常态化防控机制 奋力推进高质量发展

黄河奔腾,太行披绿,三晋大地一派生机盎然;殷殷嘱托,入脑入心,三晋儿女奋力书写新篇章。“坚决防止疫情新燃点,决不能前功尽弃”“努力克服新冠肺炎疫情带来的不利影响,在高质量转型发展上迈出更大步伐”。习近平总书记视察山西重要讲话重要指示,高瞻远瞩、定向领航,激励和鞭策全省广大干部群众以更大决心、更大作为夺取疫情防控和经济社会发展双胜利。

绷紧疫情防控这根弦，坚决防止疫情新燃点

“习近平总书记视察山西重要讲话重要指示，为我们做好当前常态化疫情防控工作提供了根本遵循。我们要坚决贯彻，切实抓好我省常态化疫情防控工作。”山西省卫健委党组书记、主任武晋表示，一要按照“面上放开、点上精准，关口内置、闭环管理”工作策略，织密扎牢疫情防控网。二要通过再排查和“两个一律”的“双保险”，牢牢守住防输入、防反弹、防进京底线。同时，要进一步完善各项工作机制，深入开展爱国卫生运动季活动，为人民群众生命安全、身体健康和全面复产复学复业提供有力保障。

“习近平总书记视察山西重要讲话重要指示，为我们做好常态化疫情防控工作指明了方向。”太原市晋源区委书记李永强介绍，晋源区将始终绷紧疫情防控这根弦，坚持外防输入、内防反弹不动摇，压紧压实党委政府主体责任、镇(街)属地管理责任、部门行业监管责任，健全完善责任链条，以各项常态化制度化举措，坚决防止疫情新燃点，为夺取疫情防控和经济社会发展“双战双胜”作出贡献。

5月13日，平遥县副县长王晓刚表示，“习近平总书记视察山西重要讲话重要指示，让我们深受鼓舞，深感责任重大。平遥县虽已连续两个半月没有疫情，但我们必须充分认识面临的输入风险，决不能有麻痹思想、松劲心态，坚决做到不获全胜不收兵。”

临汾市尧都区科技局2号家属楼小区是典型的“三无”小区。疫情期间，郝小红被居民选为“当家人”，带领大伙开展疫情防控工作。她说：“看到习近平总书记视察山西的新闻，我心情非常激动。作为一名共产党员，我一定耐心细致地开展工作，团结小区居民把‘安全网’筑得更加牢固。”

因紧邻景区，运城市盐湖区东郭村党支部书记刘红军对疫情防控格外上心。13日一大早，他就出了门。这两天村里要为每家饭店门口增加2个洗手台，刘红军每天紧盯进度。“我们一定筑牢疫情防控的各道关口，进一步完善常态化防控工作。只有全面战胜疫情，才能踏踏实实奔小康。”

及时有效解决困难问题，千方百计降低疫情影响

“习近平总书记视察山西重要讲话重要指示，为我们进一步做好工业企业复工复产工作提供了行动指南。”省工信厅运行监测服务处处长檀国榕表示，我们将进一步发挥职能作用，加大服务企业力度，及时有效协调解决企业生产经营中遇到的困难和问题；进一步加强供需对接，千方百计稳增长，推动产业链上下游协同复产达产，努力把疫情对工业经济运行影响降到最低，为全省经济平稳增长和高质量转型发展作出更大贡献。

路宽了，企业生产更顺了，经过3天的紧张施工，阳泉市开发区驼铃头园区内国药控股公司的路口改扩建工程已基本完工。驼铃头园区主任孙振业介绍，在入企走访时发现这个企业路口视野不好，影响车辆出入，就第一时间协调相关部门对路口进行了拓宽改造。他说：“习近平总书记再次强调要落实好能源革命综合改革试点。这是党和国家赋予山西的重任，也是人民群众的期望。这些年，我们引进了许多对转型发展有引领示范作用的高质量项目，我们一定要做好服务工作，继续完善健全相关体制机制，优化营商环境，推动经济高质量发展。”

“我们一定要牢记习近平总书记视察山西重要讲话重要指示，努力实现外贸外资稳中求进，消费市场扩容增量、开发区建设提质升级，为决战决胜脱贫攻坚，全面建成小康社会作出贡献。”吕梁市商务局局长陈爱保介绍，当地已经出台多项切实可行的支持措施，帮助企业降低疫情影响。目前，正组织开展“千万消费券欢乐购吕梁”促消费活动、吕梁特色农产品直播带货节等系列促销活动，千方百计促进消费回补，提振消费信心。

“要把扩大内需各项政策举措抓实，把实体经济特别是制造业做强做优。习近平总书记视察山西重要讲话重要指示高瞻远瞩，为我们指明了方向。我们开发区要继续发挥‘店小二’作用，践行‘企业有困难，干部来跑腿’的理念，全心全意帮扶企业。”朔州经济开发区管委会副主任麻祥说。他介绍，今年一季度，朔州经济开发区取得开门红。下一步，将继续全力支持帮扶，推动企业达产达效，扩能提质。

奋发有为推进高质量发展，乘势而上书写崭新篇章

省发改委党组书记、主任刘锋表示，省发展改革委将把学习贯彻习近平总书记视察山西重要讲话重要指示作为首要政治任务，坚决担起责任，全面履职尽责，坚持久久为功，加快建设一批基础性战略性牵引性强的重大工程项目，发挥好重大投资项目带动作用。深入推进能源革命综合改革试点，持续推动产业结构调整优化。加大改革创新力度，在新基建、新技术、新材料、新装备、新产品、新业态上不断取得突破，推动扩大内需、民营经济、承诺制改革等更多改革挺进全国第一方阵，奋力推动“十四五”转型出雏型，早日蹚出一条转型发展的新路子。

长治经济技术开发区是我省唯一的国家级军民融合示范基地。习近平总书记视察山西的消息传到这里，一个个热闹的施工现场更加沸腾。正在兴建的腾讯工业基地项目现场，长治经济技术开发区管委会主任李文斌说：“我们既感到责任重大，又充满信心和干劲，我们目前正开工的23个项目，大多是先进制造业和信息技术产业，下一步，我们一定要按照习近平总书记的要求，奋发有为，不断取得新突破。”

“习近平总书记视察山西重要讲话重要指示，让我们深受鼓舞，信心和干劲更足了。”晋城市能源局局长席学武说，“我们将坚持‘改革创新谋发展、奋发有为开新局’工作思路和导向，不断增强执行力，增强落实力，深入推进煤炭‘减、优、绿’，加大煤炭清洁高效利用，大力推进晋城煤层气示范基地建设提速和各项改革试点项目建设，不断推动能源产业高质量转型发展，在能源革命壮丽实践中谱写新篇章。”

"习近平总书记强调，在高质量转型发展上迈出更大步伐。云冈区将继续以能源革命为抓手，以传统产业转型升级和发展战略性新兴产业为核心，把高新技术嫁接、融合到传统产业中，为产业升级提供新动能。"大同云冈经济技术开发区管委会常务副主任杨圣河介绍，全区将以科技创新促结构转型，以高效服务为项目加油鼓劲，尽快再集中开工一批重点项目。

当下，忻州市"两下两进两拆双修一提升"城乡面貌提升专项行动正如火如荼进行。一大早，忻府区长征街办事处党工委书记周越宏来到利民西街改造现场，解决工作推进中的重点和难点问题。他说："我们一定坚决贯彻落实习近平总书记视察山西重要讲话重要指示，为高质量发展作出新的贡献。作为基层干部，就是要努力创优发展环境，推动高质量发展，解决发展中的突出问题，让高质量发展的成果惠及千家万户。"

(《山西日报》2020年5月14日　段伟华　王利强　秦　洋　张　毅　丁　国　刘瑞强　王少科　李家鸣　袁兆辉　王　荔　郭玉琴　裴云锋　郑　璐　冯文战　苏晓晨　池薇薇)

努力巩固和拓展产业就业扶贫成果　推动脱贫攻坚与乡村振兴有机衔接

习近平总书记视察唐家堡黄花基地后，极大鼓舞了当地群众的干劲，他们表示，要进一步扩大种植面积，延伸产业链条，提高黄花附加值，畅通销售渠道。

走进田间地头，了解农业特色产业种植发展情况；坐在农家炕头，问询搬迁百姓的生活和收入。温暖的关怀，深切的期望，有惦念，有欣慰，更有鼓励。脱贫攻坚是习近平总书记心里始终最牵挂的一件大事。"今年是决战决胜脱贫攻坚和全面建成小康社会的收官之年，要千方百计巩固好脱贫攻坚成果，接下来要把乡村振兴这篇文章做好，让乡亲们生活越来越美好。"习近平总书记视察山西重要讲话重要指示激励鼓舞我省广大干部群众，以更大决心、更强力度坚决完成脱贫攻坚目标任务，千方百计巩固和拓展产业就业扶贫成果，推动脱贫攻坚与乡村振兴有机衔接。

信心更坚定　靶心不变攻堡垒

"不到三年，习近平总书记两次来山西视察指导工作，对我省脱贫攻坚工作给予肯定并提出新的要求，更坚定了我们交好收官总账，决战完胜的信心决心。"省扶贫办主任刘志杰的话语掷地有声，他表示，要坚持减贫防贫两手抓，做好剩余2.16万贫困人口的脱贫工作。严格落实"四个不摘"重大要求，抓好易地搬迁后续扶持，持续推进问题整改，做优做强特色产业，抓好抓实技能培训，开展感恩奋进教育，狠抓乡村环境整治。把各项工作落实落细落地，将脱贫攻坚与全面小康、乡村振兴贯通起来，探索建立解决相对贫困长效机制，从规划、对象、政策、工作机制等方面，接续推进脱贫攻坚和乡村振兴有机衔接。

云州区的西坪镇坊城新村是一个易地扶贫搬迁村，近年来依靠易地扶贫搬迁和产业扶贫实现了稳定脱贫。"5月11日下午，习近平总书记来到我们西坪镇唐家堡黄花基地，与总书记近距离接触，真切感受到总书记的为民情怀，我非常激动，感觉浑身都是力量，有使不完的劲。"西坪镇党委书记闫红说，"我们要牢记总书记的嘱托，心往一处想，劲往一处使，把黄花产业保护好、发展好，做成大产业，做成全国知名品牌，让黄花真正成为乡亲们的'致富花'，高质量、高标准巩固脱贫成效，向乡村全面振兴迈进。"

吕梁山是我省脱贫攻坚的主战场，广大干部群众创造了一个个精准脱贫的"吕梁经验"，截至去年底，累计减贫58.5万人，贫困发生率降至0.18%。"习近平总书记再次视察山西振奋人心，为我们收官之年做好脱贫攻坚工作指明了方向。"吕梁市市长王立伟说，习近平总书记对统筹推进疫情防控和经济社会发展这场大战大考，确保完成决战脱贫攻坚任务目标、全面建成小康社会提出明确要求，我们要不折不扣抓好落实，在产业扶贫上出硬举措，在乡村旅游上见大成效，在脱贫攻坚和乡村振兴有机衔接上做大文章，确保高质量打赢脱贫攻坚战，全面建成小康社会。

偏关县是我省的深度贫困县之一，地处长城和黄河交汇处，有着丰富的旅游资源。这几天，水泉镇的党委书记李彦明正忙着走访贫困群众，逐户逐人开展细致排查，分析致贫原因、建立帮扶台账，一户一策解决问题。收听收看了习近平总书记视察山西的电视新闻后，他高兴地说："我们现在的劲头更大了，下一步，我们要以红门口地下长城景区为龙头，把红色资源串珠成链，全力打造全域旅游先行区、乡村旅游示范区、红色旅游体验区，叫响'水泉旅游'品牌。"

产业更精准　焦点不散抓落实

巩固脱贫、防止返贫，确保乡亲们持续增收致富，推动脱贫攻坚和乡村振兴有机衔接是当前脱贫攻坚的主要任务。5月14日一大早，大同市委常委、阳高县委书记冯晓雷便走进了龙泉镇花苑移民新村，宣讲习近平总书记视察山西重要讲话重要指示精神。冯晓雷说："习近平总书记重要讲话重要指示精神学得深一层，阳高怎么干的路径图就会细一分。下一步我们要通过完善高效问题整改体系、长效脱贫产业体系、内外联动帮扶体系、防范返贫预警体系，巩固提升脱贫成色。抓产业这个支撑点，在产业兴旺、生活富裕上衔接；抓环境提升这个着力点，在生态宜居上衔接；在人人持证，技能社会，推动阳高职业农民技能提升和体系建设上衔接；抓农村治理这个关键点，在治理有效、乡风文明上衔接。"

"隰县的玉露香梨、岚县的土豆、平顺的中药材……我省特色农产品众多，习近平总书记在云州区有机黄花标准化种植基地视察时，对我省发展特色农业，提高农业综合效益和竞争力提出了明确的要求，作为农村特色扶贫产业的参与者，给我增添了无穷的干劲和力量。”省农业农村厅乡村产业发展处处长马向荣说：“这些年，我省坚持‘一村一品一主体’和‘五有’产业扶贫思路，各县充分发挥当地资源优势，加快新品种、新技术推广，有力地推动特色产业发展。下一步，要谋划实施一批新产业新业态项目，在乡村旅游、电子商务等领域发力，推动一二三产融合发展，着力促进贫困群众增收。”

眼下正是岢岚县的农忙时节，宋家沟村的田间地头，三三两两的村民正在播种红芸豆和土豆。“总书记来山西第一站就去脱贫攻坚一线走访，我们很受鼓舞。我们要用好优惠政策，抓住发展机遇，大力扶持好本地特色产业，更好地带领村民发家致富。”村党支部书记雷文斌激动地说：“2017 年，习近平总书记曾到过宋家沟村，三年来，我们牢记习近平总书记的嘱托，大力发展旅游业、中药材种植、蔬菜大棚、育苗基地等新型产业，因户发展产业，因人精准施策，实现了搬得出、稳得住、能致富的目标，宋家沟村也变成了远近闻名的美丽乡村并成为国家 3A 级景区，老百姓尝到了发展产业的甜头，日子越过越好。我们相信，经过努力，像习近平总书记说的那样，老百姓更好的日子还在后头呢！”

习近平总书记与省人大代表、云州区志海黄花种植专业合作社负责人杨旗面对面聊黄花。至今杨旗的心情还难以平复，感慨良多：“习近平总书记和我聊黄花的种植、销售等话题，我深深地感到，他对农业、农村、农民真是太熟悉了。”杨旗说，“云州黄花比其他地方的饱满蕊多，又有火山边的富硒土滋养，品质一流，但过去受资金、人力等因素制约，每户只能种一两亩，没有形成大的产业。这些年，在龙头企业、合作社引领下，黄花产量品质稳定，销路和价格也有保障，黄花成了当地脱贫的主导产业，为带动贫困户增收立下了汗马功劳。我们一定继续发挥引领作用，做大做强黄花产业，让黄花成为老百姓幸福路上的‘致富花’。”

力量再汇聚　脱贫致富奔小康

“作为企业家，同样要把为社会作了多少贡献作为努力奋斗的目标。习近平总书记的嘱托对我来说不仅是一种激励，更是一种责任，扶贫工作拿起来就不放下，干起来就要做到底。”5 月 12 日晚，全国脱贫攻坚奖获得者、山西振东集团董事长李安平收听收看了习近平总书记视察山西的新闻后，对“中国共产党把为民办事、为民造福作为最重要的政绩，把为老百姓做了多少好事实事作为检验政绩的重要标准”这句话印象尤为深刻。李安平表示，下一步，他们要继续做好产业扶贫，创新扶贫模式，重点把山西药茶打造成农业产业提质发展的新亮点、乡村振兴和脱贫攻坚的新支撑。

龙头企业带动是产业扶贫、就业扶贫的好办法，贫困群众稳定增收的好途径。近年来，我省扶贫龙头经营实体持续开展“带得稳、带得准”产业扶贫带贫实践，有效带动贫困群众增收。榆社县河峪小米专业合作社理事长王建福说：“政府和金融部门对合作社支持不少，我也想着法儿地带着群众脱贫致富。采取‘合作社 + 基地 + 科研 + 农户’的发展模式，设定最低保护价和高于市场价相结合的办法收购农户的产品，切实增加贫困户收益。目前合作社与云簇、河峪、北寨三个乡镇的贫困户签订种植合同 1.5 万亩，带动贫困户 1637 户。”

“习近平总书记在我省视察的新闻我在电视和手机上看了好几遍，总书记对脱贫攻坚提出了新要求，也为我们的帮扶工作指明了方向，我们要用实际行动落实总书记的关怀和期望。”张海明是石楼县义牒镇张家塔村第一书记、工作队长。他说，这些天他们可忙了，一方面帮助群众联系种子化肥，保障春耕春播；另一方面为计划外出的务工人员联系务工地点，还为在县城周边临时务工人员联系业务。同时，还结合当前开展的爱国卫生运动季活动，在村里增设公益性岗位，让每家每户都有一名务工人员。

“技能改变人生，技能成就梦想。”我省连续多年将建档立卡农村贫困劳动力免费职业培训列为民生实事。“给贫困群众送医送药、建房子、教技术、找致富门路，我也得自加压力加油干，把党的好政策变成自己的好日子。”5 月 13 日，听着手机里的习近平总书记视察山西的新闻，正给梨树疏果的隰县阳头升乡青宿村贫困户王平眼角眉梢溢满喜气。“黄花是云州区乡亲们的‘致富花’，玉露香梨是隰县老百姓的‘脱贫果’。去年，我在自家地里做直播带货，卖了 400 多件梨。现在，我们的生活越来越好，会种梨让我们干活的劲头更足了，会卖梨让我们增收的心气更高了。”

（《山西日报》2020 年 5 月 15 日　李全宏　赵建军　冯文战　张丽媛　王秀娟　范　珍）

依靠创新深化改革　坚定目标久久为功　在转型发展上率先蹚出一条新路来

5 月 12 日，习近平总书记来到山西转型综合改革示范区，听取示范区建设和运营情况介绍，前往太钢不锈钢精密带钢有限公司，察看企业转型升级产品展示。深情话语、殷切嘱托，既鼓舞人心更激扬斗志。资源型地区经济转型发展，始终是习近平总书记心里牵挂的大事。“路子对了，就要坚持走下去，久久为功，不要反复、不要折腾。希望山西在转型发展上率先蹚出一条新路来。”习近平总书记视察山西重要讲话重要指示，极大地激励鼓舞我省广大干部群众，不能再依靠资源型经济老路子发展，而要以更大决心、更强力度将转型综改进行到底，奋力推进全省高质量转型发展。

深化改革不惧难，奋发有为推进高质量发展

疫情防控期间，省工商联以线上问卷调研方式，开展了“山西省民营企业受疫情影响专题调研”，全面了解山西民营企业受疫情影响情况。省委统战部副部长、省工商联党组书记刘海芸表示，习近平总书记视察山西重要讲话重要指示，

为全省民营经济发展指明了方向。省工商联要深入学习贯彻落实习近平总书记视察山西重要讲话重要指示,持续在优化营商环境、以商招商、加强企业家队伍建设等方面攻坚克难,深化改革创新,积极引导广大民营企业坚定发展信心、保持发展定力、鼓足发展干劲,在抓好疫情防控的基础上,推动民营企业更好恢复生产,把失去的时间抢回来。

5月13日,晋煤集团高宝钻探公司自主研制的首台国产化定向钻机的外销订单——LWZ15000定向钻机成功占领企业外部市场,进入安装调试阶段,标志着企业高端新兴产业建设取得重大进展。已连续奋战了两个月的高宝钻探公司技术部部长李雁龙激动地说:“总书记为山西指明了一条转型发展‘金光大道’,我们都是亲历者、受益者,我们誓将转型进行到底!”近年来,晋煤集团抢抓山西能源革命综合改革试点重大契机和煤成气增储上产三年行动计划,加速产业优化升级,加快新旧动能转换,争当全省能源革命“排头兵”。

习近平总书记要求山西持续在国企国资等重点改革领域攻坚克难,奋发有为推进高质量发展。省国资运营公司董事长郭保民表示:“我们将深入学习贯彻习近平总书记视察山西重要讲话重要指示,承担起授权出资人职责,充分发挥国有资本专业化运作平台功能,对内创优体制、自我革命,对外优化布局、加速重组,着力解决制约国资国企发展的结构性、体制性、素质性矛盾和问题。在持续做强煤炭产业的同时,培育若干与煤炭并驾齐驱的战略性新兴产业,从经济结构上破解‘一煤独大’。加快推进国有企业混合所有制改革,引进多种所有制经济成分,从股权结构上破解‘一股独大’,提升国有企业的治理水平与核心竞争力。”

“在新闻报道中看到总书记来到汾河太原城区晋阳桥段,视察汾河流域生态修复和城市环境建设情况,我的心情特别激动。锦绣太原城的众多建设项目凝聚着我们集团建设者的辛劳汗水。”山西建投集团水上运动中心项目副经理田泽龙说,“建投集团正处于产业转型和企业改革的关键节点,山西建筑产业现代化园区建设日新月异,混合所有制改革稳步推进,习近平总书记视察山西重要讲话重要指示为我们指明了前进的道路,我们将全力投入到新的任务中,咬定目标,久久为功,为把建投集团打造成为建筑全产业链航母巨舰、为山西早日蹚出一条转型发展的新路子贡献自己的全部力量。”

咬定转型不动摇,坚定不移将转型综改进行到底

建设转型综合改革示范区,是党中央赋予山西的一项重大任务,也是实现山西转型发展的关键一招。山西转型综改示范区管委会副主任董良激动地说:“我们一定牢记总书记的谆谆教诲和殷殷嘱托,坚定不移将转型综改进行到底,对表中央、对标先进、对接国际,持续深化‘三化三制’改革,不断优化‘六最’营商环境,加快推进招商引资和项目建设,再形成一批可复制可推广的制度性成果,早日培育出一批千亿级、百亿级新兴产业集群,为全省经济转型发展蹚出新路,做好示范。”

“总书记在不到三年的时间两次来山西视察,极大鼓舞了全省党员干部,也为全体纪检监察干部明确了工作方向和监督目标。”大同市委常委、纪委书记、市监察委员会主任梁晓旭表示,下一步,大同市纪检监察系统将以习近平总书记视察山西重要讲话重要指示为指导,结合工作实际,立足职能职责,全力为大同早日蹚出一条转型发展的新路子提供坚强保障。

大同市平城区委书记李继忠说:“总书记来大同视察,令我们备受鼓舞,平城区将乘势而上书写新时代中国特色社会主义新篇章。今年,平城区将紧扣省域副中心城市目标定位,围绕建设现代服务业集聚区、文旅融合发展示范区、城市精细管理样板区和幸福大同示范区,进一步强化责任担当,在高质量转型发展上迈出更大步伐,努力蹚出一条转型发展的新路子。”

“习近平总书记视察山西重要讲话重要指示振奋人心!”5月14日,正在晋能光伏有限公司帮助企业解决技术创新发展所面临困难及问题的晋中市工业和信息化局局长崔雪波表示,为激发企业创新活力及为企业改革发展提供内在动力,晋中将营造浓厚的科技创新氛围,对出台的政策意见进行多层次、全方位、立体式的宣传解读。同时,着力厚植产业竞争力,着眼当前推动新兴产业集群化、高端化,推动先进制造业“由弱变强”,重点打造培育八个百亿级以上产业集群,强势助推晋中市产业结构转型升级。

锦波生物扎根山西,专业致力于人源生物材料和抗病毒功能蛋白的原研创新。目前在100%人源III型胶原蛋白新材料和抗病毒功能蛋白新药技术上拥有国际领先成果及自主知识产权。公司董事长杨霞说:“总书记视察示范区,就是对我们示范区企业最大的鼓励和鞭策,我们一定不负总书记的厚望,久久为功,强科研、重原创,立志产业报国,为山西转型发展贡献力量。”

聚焦创新不散光,久久为功培育壮大新动能

5月的麦苗已经开始泛黄,运城市蓝红杂交小麦研究中心主任冯树英正在试验田中察看新培育的麦苗长势和育种情况。“这不仅是一块育种试验田,更是一块希望田。此次习近平总书记来山西视察,再次强调要加强科技创新,这给了我们巨大鼓舞!”冯树英说,“中国要强盛、要复兴,就一定要大力发展科学技术,坚定敢为天下先的志向,在独创独有上下功夫。下一步我们将加快补上人才短板,加快建设高标准试验田和实验室,为大面积推广杂交小麦铺平道路。”

山西见声科技有限公司落户山西转型综合改革示范区,近两年来,牢牢站在世界同行业技术的最前沿,完全自主知识产权可穿戴操作系统Long OS日渐成熟,国内首创“看见就是听见”智能助听眼镜即将上市。公司董事长任亚敏说:“我们将牢记总书记嘱托,坚定不移地走技术创新之路,继续加大科技研发力度,加快推出科技创新产品,助力山西高质量转型发展。”

科研工作贵在创新。太钢技术中心党委书记、主任南海表示:“我们科研人员将牢记总书记的嘱托,坚持自主创新,坚守报国初心,发扬工匠精神,瞄准国家前沿技术和国家重点建设领域急需材料,用勤奋的汗水浇灌创新的成果,用不懈的努力去摘取不锈钢皇冠上的一颗颗明珠,为太钢进一步走向世界作出更大的贡献。”精带公司党总支书记、经理王天翔说:“总书记来到公司视察,是对我们全体职工的极大鼓舞和鞭策。下一步,我们要认真学习贯彻习近平总书记视察山西重要讲话重要指示,努力做到疫情防控和生产经营两不误,进一步发扬工匠精神,勇攀科技创新高峰,增品种、提品质、创品牌,以新的业绩回报总书记的关怀和厚爱。”

习近平总书记在山西视察时强调,产品和技术是企业安身立命之本。希望企业在科技创新上再接再厉、勇攀高峰。山西云时代技术有限公司党委书记、董事长盛佃清表示,公司将抢抓全省国资国企改革的最后窗口期和数字经济发展的难得历史机遇期,建立以企业为主体、市场为导向、产学研深度融合的技术创新体系,加强科技创新研发,促进成果转化应用,全力打造数字产业创新生态,更好地担负起云时代引领全省数字产业,推动全省高质量转型发展的历史使命。

大地控股公司党委书记、董事长屈忠让说,习近平总书记视察山西重要讲话重要指示,让我们更加明确了企业前进的方向。下一步,大地控股将坚持创新为上,进一步加大研发投入,加强人才引进和科技创新力度,努力把大地控股打造成为省属国有企业创新生态的新高地,不断提升企业核心竞争力,在支撑山西转型综改和生态文明建设方面作出更大贡献。

(《山西日报》2020年5月16日 刘瑞强 杨彧 赵向南 赵志成 晋帅妮 张谦 冯文战 周明飞)

抓好“两山七河一流域”生态修复治理 坚决打赢污染防治攻坚战

黄河山西段流经4市19县,总长965公里,占黄河总长度的1/6。经过多年坚持不懈治理,汾河太原城区段良好生态环境与城市基础建设相得益彰,成为现代都市一条生态长廊。下一步,太原市将加快实施汾河四期湿地建设,让汾河景区继续北延约10公里,使汾河太原城区段实现全生态治理。

5月12日中午,习近平总书记专程来到汾河太原城区晋阳桥段,视察汾河流域生态修复和城市环境建设情况。习近平总书记指出,治理汾河,不仅关系山西生态环境保护和经济发展,也关系太原乃至山西历史文化传承。要坚持山水林田湖草一体化保护和修复,把加强流域生态环境保护与推进能源革命、推行绿色生产生活方式、推动经济转型发展统筹起来,坚持治山、治水、治气、治城一体推进,持续用力,再现“锦绣太原城”的盛景。连日来,习近平总书记在山西视察时关于生态环境保护的重要讲话重要指示在全省干部群众中引发强烈反响。大家纷纷表示,要认真学习贯彻落实习近平总书记视察山西重要讲话重要指示,牢固树立绿水青山就是金山银山的理念,坚决打赢污染防治攻坚战,书写山西生态环境保护新篇章。

鼓足干劲 再现汾河美丽风光

初夏的太原汾河景区,绿意葱茏,碧绿河水如一条玉带穿城而过,古老的城市因为汾河焕发出新的生机。在人口密集的市中心,形成如此规模的绿色景观生态长廊,对防洪排涝、净化空气、消除水体污染、调节气温等起到了重要作用。

作为汾河太原城区段治理美化工程建设和管理的参与者,太原市汾河景区管理委员会办公室主任侯刚见证了汾河景区如何从20余年前的杂草丛生、污水横流,经过三期改造后,变成如今长达33公里、贯穿太原市中心的绿色景观生态长廊。这一切都让他既感慨又自豪:“我们将按照习近平总书记视察山西重要讲话重要指示,加紧推进汾河景区四期建设,同时不断提高景区管理水平,为市民营造更加宜居的生活环境,让百姓共享美好生态成果。”

省生态环境厅水生态环境处处长孙鹏程对汾河生态环境的沧桑巨变也深有感触,他说:“汾河生态修复是按照总书记‘水量丰起来、水质好起来、风光美起来’的治汾方略不断努力的结果,是省委、省政府带领我们践行习近平生态文明思想的生动实践。我有幸参与到汾河流域水污染治理攻坚战,是人生之幸。我要在工作中全力践行习近平生态文明思想,致力水资源水环境水生态协调发展,为三晋河川恢复往日生机贡献力量。”

省直工委组织部干部龙婷的家乡在广西桂林,从小习惯了溪水潺潺、山清水秀,对水有着别样的情感。7年前她到太原工作,对汾河充满了好奇。她说:“那时的汾河虽然河道很宽,但却感觉少了自然之态。经过几年的治理,汾河有了翻天覆地的变化,走在汾河湿地公园,碧水涟涟,生机勃勃,河面上野鸭戏水,各种鸟儿觅食嬉戏。在熙攘的城市里,我们能看到人与自然共生共荣的和谐景象,觉得特别的欢欣和感动。”

说起汾河水质的变迁,吕梁市水利局河务科(河长制工作科)科长冯兴宏也很自豪,他说:“习近平总书记对汾河生态治理的关心,让我们备受鼓舞。3年来,围绕汾河治理,我们不仅加大汾河流域河长巡河频次和力度,而且引进无人机参与巡河巡察,构建了空地一体的智能河长巡河机制,同时推动了一批汾河干流河道生态综合治理工程,为汾河‘水量丰起来、水质好起来、风光美起来’作出了贡献。”

牢记嘱托 打好污染防治攻坚战

日前,我省以“夏病夏治、冬病夏治”为手段,启动了决战决胜蓝天保卫战夏季攻坚行动,向3大突出问题开刀,力争实现12个“清零”,推动大气环境质量持续稳定改善。数据显示，今年1月—3月，全省环境空气质量综合指数平均为6.16,同比下降17.1%。优良天数比例为63.7%,同比上升9.6个百分点。

省生态环境厅党组成员、副厅长刘大山说:“3年前,习近平总书记视察山西,对山西生态环境保护作出重要指示。3年来,我们在省委、省政府的坚强领导下,系统治理、科学治理、依法治理,推动山西生态环境面貌发生了历史性的转变。但我们深知,山西生态环境保护任重道远,必须继续改革创新,迎难而上,不断开拓新局面。要牢固树立‘绿水青山就是金山银山’理念,以严密的生态环保制度倒逼产业结构、能源结构、运输结构、用地结构的转型,坚决打赢污染防治攻坚战,促进山西生态环境保护和经济社会发展的共赢。”他表示,山西生态环境系统将继续贯彻落实习近平总书记视察山西重要讲话重要指示,坚持以习近平生态文明思想统领生态环境保护工作,努力建设美丽山西,让山清水秀的自然生态与风清气正的政治生态交相辉映。

在决战决胜打赢蓝天保卫战的关键时刻,习近平总书记来山西视察指导工作,更加坚定了我省环保人打赢蓝天保卫战的信心和决心。省生态环境厅大气环境处处长贺中伟说:“我们将牢记总书记嘱托,以只争朝夕的冲劲、久久为功的韧劲,全力推进打赢蓝天保卫战各项决战任务落地见效,将学习贯彻习近平总书记视察山西重要讲话重要指示体现到行动上,落实在效果上,让群众获得更多生态幸福感。”

近年来,晋城市紧盯环境质量改善这一核心,用好“两个抓手”,强力推进“七大专项整治行动”,强化“四个支撑”,努力推动经济发展与生态环保“双赢”。晋城市环境研究所所长王海峰说:“总书记的讲话铿锵有力,指示高屋建瓴,我的内心充满了感动。党的十八大以来,以习近平同志为核心的党中央高度重视生态文明建设,生态环境成了全中国最热的词汇,特别是近年来,我省吹响了打赢污染防治攻坚战的号角。作为生态环境系统的一员,我一定要认真学习贯彻习近平生态文明思想,为山西生态环境保护事业作出应有贡献。”

发扬“右玉精神” 书写生态环保新篇章

习近平总书记这次在山西视察,再次强调要发扬“右玉精神”。“右玉精神”如今成为激励三晋百姓不断追求生态美、环境美的强大动力。

太原市十五中退休教师吴毅去年带一家人回到刚参加工作时的驻地右玉,看到如今的满眼绿色不禁感慨,新中国成立以来,右玉县全县党员干部群众,坚持植树造林,改善生态环境,右玉从70年前的不毛之地变成如今的“塞上绿洲”,右玉就是习近平总书记“两山”理论在山西的具体实践,右玉的变化让人惊喜,靠着一张蓝图,一任接着一任干,勤劳朴素的右玉人民,经过坚持不懈的努力,创造了人类历史上的生态奇迹,也孕育了“右玉精神”。

5月的右玉县阳光明媚,站在小南山森林公园最高处满眼绿波荡漾。“习近平总书记此次视察山西再一次强调‘右玉精神’,让我们备受鼓舞。我们要牢固树立绿水青山就是金山银山的理念,继续发扬‘右玉精神’,坚持在发展中保护,在保护中发展。今年我们还要完成营造林5万亩、森林抚育0.6万亩,同步实现全县域宜林荒山基本绿化目标,推动生态环境质量持续改善,使绿水青山产生生态效益、经济效益、社会效益。”右玉县林业局局长刘占彪说。

党的十八大以来,我省启动实施“两山”生态修复工程,围绕生态修复机制创新试验区、山水林田湖草系统治理试验区、“一圈一带”生态修复先导区、生态保护修复助推脱贫攻坚先导区“四大定位”,全流域布局,按山系治理,整区域推进国土绿化,生态环境不断改善。

生态环境变好的同时，百姓也在绿水青山中富了起来。在长治市壶关县桥上乡前脑村,村民李其付的“前脑山庄”民宿已经开了4年,生意是一年比一年好。自从村里人居环境大整治后,这里就从“污水横流、泥泞不堪”变成了生态环境优美的古村。像李其付一样,许多村民纷纷捧起了旅游“金饭碗”,念起了生态“致富经”。李其付说:“俺们的生活是越来越好,这回总书记再次来山西视察,大家伙儿都特别高兴。”

(《山西日报》2020年5月17日 程国媛 范 珍 张丽媛 丁 园 闫书敏)

以人民为中心 扎实做好保障和改善民生工作

殷殷期盼,言犹在耳。谆谆嘱托,重如千钧。5月11日至12日，习近平总书记再次踏上他深情牵挂的黄土地视察指导工作。步入田间察看黄花长势、坐在炕沿与农户促膝谈心、来到生产线旁与职工亲切交流。一句句问候,牵挂的是人民群众的民生保障;一声声叮嘱,惦念的是百姓福祉安康。习近平总书记指出,要坚持以人民为中心的发展思想,扎实做好保障和改善民生工作,实实在在帮助群众解决实际困难,兜住民生底线,落实就业优先战略和积极的就业政策。我省广大干部群众表示,要在政治上维护核心,在行动上紧跟核心,坚决完成决战决胜脱贫攻坚目标任务,做实做好就业、增收、教育、技能、医疗、防疫、文化、体育、保障兜底等民生工作,加强和创新社会治理,让人民群众有更多的获得感、幸福感、安全感。

击鼓催征 推动脱贫攻坚和乡村振兴有机衔接

时隔3年,习近平总书记再次亲临山西,殷殷之情温暖着每一名贫困群众的心窝。

习近平总书记指出，要千方百计巩固好脱贫攻坚成果,把乡村振兴这篇文章做好。习近平总书记的话语,展现了共产党人的责任和担当。脱贫后如何让乡亲们的生活芝麻开花节节高,省农业农村厅驻村帮扶工作队队长李慧芳说:“要发挥新型农业经营主体和农民专业合作社带动作用,加大带贫力度和政策扶持力度，充分调动贫困户积极性和主动性，确保贫困群众持续稳定脱贫致富。”

人民日报驻山西记者周亚军长期关注云州区发展黄花产业助力脱贫攻坚，黄花菜大产业，人民致富好门路，这让他深刻感觉到，云州的未来一定更精彩，黄花的明天一定更美好。时光如水，深情如一。岢岚县宋家沟村第一书记杨涛时刻要求自己谨记第一书记的职责和使命，让老百姓感受到党员就在身边，用心、用情、用力做好驻村精准扶贫工作。

脱贫摘帽不是终点，而是新生活、新奋斗的起点。现在，我省 58 个贫困县已经全部脱贫摘帽，36.2 万贫困人口走出大山奔小康，贫困发生率已降至 0.1%以下，推动脱贫攻坚和乡村振兴有机衔接成为广大党员干部的奋斗指引。“要继续调整产业结构，坚持种植、养殖、小杂粮加工‘三轮驱动’，不断巩固脱贫攻坚产业支撑，啃下最后硬骨头。”武乡县墨镫乡党委书记安占伟表示。平顺县西沟乡西沟村通过推进红色和绿色生态旅游、农副土特产品加工、服饰床品生产三大产业，让贫困群众实现了有事做、有活干、有钱挣。“我们一定牢记嘱托，不负未来，推进西沟乡村振兴。”村党总支书记郭雪岗说。

踏石留印　为人民群众创造高品质生活

习近平总书记强调，中国共产党把为民办事、为民造福作为最重要的政绩，把为老百姓做了多少好事实事作为检验政绩的重要标准。实施全民技能提升培训、出台意见鼓励返乡入乡创业、不断扩大养老保险覆盖范围、改革缓解看病难看病贵问题……我省改善民生、惠及百姓的实事一件接着一件办、一年接着一年干，以创造高品质生活为引领发力“大民生”。

就业是最大的民生工程、民心工程、根基工程。疫情发生后，省退役军人事务厅多渠道促进退役军人就业。该厅就业创业处干部李劲表示，习近平总书记视察山西重要讲话重要指示，既是指引也是要求，要以只争朝夕、真抓实干的劲头，全力做好退役军人就业工作。“在防控、复工两手抓的关键时期，我们一定落实好总书记的重要指示，积极稳妥保障就业。”山西智杰软件工程有限公司董事长韩温表示，在为现有职工提供保障的基础上，企业会积极引进人才，持续增加就业机会。岚县将“岚县土豆宴厨师”“岚县面塑制作”两个市级劳务品牌与就业需求旺、培训意愿强的汽车驾驶、电工焊工、手工编织、烹饪面点相结合，开展“万人大培训”。“要全面推进‘人人持证、技能社会’建设，实现城乡劳动者更高质量、更充分就业。”该县人社局技能培训负责人梁文珍说。

“我们要深入学习贯彻习近平总书记视察山西重要讲话重要指示，恪守为民情怀，坚定为民担当，扎实做好保障和改善民生工作。”迎泽区委书记李慧说，要坚持补短板、堵漏洞、强弱项，持续提高基层医疗卫生服务水平。我省通过各级社会救助求助电话等，及时将符合条件的困难群众纳入城乡低保、特困人员救助供养、临时救助范围，让困难群众“求助有门、受助及时”。“我们要牢记总书记嘱托，聚焦脱贫攻坚、聚焦特殊群体、聚焦群众关切，兜牢织密基本民生保障网。”省民政厅社会救助处一级主任科员郭继光表示。

经济迈向高质量发展，更要注重提升发展的质感和温度。去年长治市推出深化基础教育改革十大行动，推进基础教育向优质、均衡、科学发展，到目前已基本完成校长聘任工作。长治八中校长尹明亮表示，要扎实践行为人民服务的宗旨，勇担立德树人的重任，办人民满意的教育。“今年要重点做好退役军人教育培训工作，搭建退役军人就业需求与企业用人需求精准对接平台，实现政府、企业和服务机构信息互通共享。”太原市退役军人事务局党组书记、局长崔燕表示。

打牢基础　推动社会治理重心向基层下移

基础不牢，地动山摇。习近平总书记指出，要加快补齐这次疫情暴露出的公共卫生体系方面的短板弱项，推动社会治理重心向基层下移。

疫情发生后，太原市抽调 825 名机关干部，组成八支突击队下沉企业、社区一线创新社会治理，开展精准帮扶。“推动党和国家各项政策落地的责任主体在基层，推进国家治理体系和治理能力现代化的基础性工作也在基层。”第四突击队队员马研说，疫情防控进一步推动了社会治理重心向基层下移，实现了政府治理和居民自治的良性互动。“疫情防控是对治理体系和治理能力的一次大考，彰显了我国强大的动员能力和制度优势。”队员王晓玉负责太原市尖草坪区名都社区疫情防控工作，让广大群众看到了党员先锋的示范作用。

“抗击新冠肺炎疫情的伟大实践充分证明了中国特色社会主义制度集中力量办大事的制度优势。共建共治共享的社会治理格局，让老百姓深切感受到这是一个伟大的时代。”党的十九大代表、吕梁公安民警袁子捷说。

在谈到如何加强和创新社会治理时，石楼县裴沟乡永由村党支部书记穆海则感慨地说：“基层党组织要坚持党建引领，鼓励广大党员发挥先锋模范作用，不断激发基层治理的活力。”山西弘韬律师事务所律师岳宇峰说，要不断完善党委领导、政府负责、民主协商、社会协同、公众参与、法治保障、科技支撑的社会治理体系，推动社会治理重心向基层下移。“要推动‘三零’单位创建，助力矛盾纠纷多元化解，让人民群众享有更多获得感、幸福感、安全感。”太钢集团退休干部赵香莲说。太原市公安局杏花岭分局三桥派出所社区民警杜国江认为，要把下社区转变为在社区，巩固疫情防控工作中的联防联控、各部门相互支撑、信息共享的社会管理治理模式，在实践中不断提高社会管控能力和服务人民群众水平。

（《山西日报》2020 年 5 月 18 日　杨文俊　杨　彧　赵向南　陈俊琦　杨　文　高建华　邓伟强　李　炼　闫书敏　李家鸣）

保护利用好历史文化遗产 增强中华民族共同体意识

“历史文化遗产是不可再生、不可替代的宝贵资源,要始终把保护放在第一位。发展旅游要以保护为前提,不能过度商业化,让旅游成为人们感悟中华文化、增强文化自信的过程。要深入挖掘云冈石窟蕴含的各民族交往交流交融的历史内涵,增强中华民族共同体意识。”习近平总书记视察山西重要讲话重要指示为山西建设文化强省指明了方向,激励鼓舞全省广大干部群众进一步保护好历史文物,切实加强文化建设,为书写山西践行新时代中国特色社会主义的新篇章砥砺奋进!

始终把保护放在第一位,在保护的基础上研究利用好文化遗产

“习近平总书记视察山西重要讲话重要指示为我省文物工作提供了行动指南,全省文博系统深受鼓舞,更加坚定了我们进一步做好文物工作的决心和信心。”省文物局党组书记、局长刘润民表示,将通过引入科技手段加强文物安全线上监管,组建线下巡查队伍开展现场巡检,实现文物安全监管全覆盖;通过挂牌督办、公益诉讼、曝光约谈等途径进一步压实地方政府文物保护主体责任,提升全省文物保护管理能力。“一定本着上对五千年文明、下对子孙负责的态度,不断做好全省文物保护工作,在高标准保护、高水平展示利用上走出一条符合我省实际的可持续发展之路。”

山西省工艺美术协会理事长李荣钢说:“习近平总书记对保护文化遗产、加强文化建设等方面的要求对文旅工作者是极大的鼓励和鞭策。山西是文化、文物、旅游、非遗大省,保护利用好这些宝贵资源是我们的责任和使命,我们一定要在传承和保护、开发和利用上创新思路、理念和举措。”

“要坚决贯彻落实习近平总书记视察山西重要讲话重要指示,深入挖掘文物背后所蕴含的历史文化内涵,把老天爷留下的自然资源、老祖宗留下的文物遗存、老革命留下的红色基因保护、利用、传承好。”太原市文物局党组书记刘玉伟激动地表示,作为省会城市,太原将打造红色、科技、经典、群众4个博物馆。

作为云冈石窟的掌门人、守护者,云冈石窟研究院院长张焯说:“习近平总书记对云冈石窟的保护、研究、利用都十分关心,而且提出了具体要求,更加坚定了我们坚持保护第一、在保护的基础上研究利用好的信心。在今后的工作中,我们一定谨记习近平总书记的嘱托,坚定不移把保护放在第一位,尽最大努力解决好云冈石窟千百年以来的风化问题,让云冈石窟的学术研究更深入透彻、科学严谨,使中华文化的特色和中外文化交流的历史更好地呈现出来。”

山西的文化遗产总量巨大,国家级重点文物保护单位就有531处,居全国首位。山西省美协常务副主席、秘书长李桂平说:“文化遗产的活态保护、活化利用成了山西文旅产业发展的重大课题。我们要时刻牢记习近平总书记的谆谆教诲,坚持守正创新,加大力度保护好文化遗产。只有使这些遗产‘活’起来,才能使文化旅游活起来,只有把这些文化遗产融入当代生活之中,才能真正传承下去。”

做好文旅文创文艺融合文章,让人们在其中感悟中华文化增强文化自信

连日来,山西出版传媒集团认真学习领会习近平总书记视察山西重要讲话重要指示,坚定文化自信,确立了今后重点任务。集团党委书记、董事长贾新田说:“集团把高质量发展作为持续发力的目标,明确55项重点任务。特别是要充分挖掘和利用丰富多彩的历史文化、红色文化资源,让这些宝贵资源以图书为载体走出山西、走向世界,让更多人感受到中国优秀传统文化的魅力。”

“山西是中华文化遗产的宝库,各类文化遗存非常丰富,这些文化遗产也是山西最重要的旅游资源。习近平总书记视察山西重要讲话重要指示为我省发展文旅产业提供了根本遵循。”山西省文化和旅游厅资源开发处处长师振亚说,“发展旅游业必须以文化遗产保护为前提,要在旅游业发展的过程中传承延续并不断丰富我们的优秀传统文化。旅游业具有产业与事业的双重属性,旅游业的发展要不断满足人民群众对美好生活的向往。旅游活动要寓教于乐,在旅游的过程中传播社会主义核心价值观,发挥增长见闻、开阔胸襟、陶冶情操的作用。在常态化疫情防控下,全省旅游景区要控制游客流量,避免大规模人员聚集;要以防控要求为契机,积极推进景区智慧化建设,全面推广分时段预约旅游。”

中央文史研究馆书画院研究员、山西省人民政府文史馆馆员李夜冰说:“中华传统文化博大精深,五千年文明孕育着丰厚的文化精华和养分。我们一定要贯彻落实习近平总书记视察山西重要讲话重要指示,坚定文化自信,构筑强大中国力量。景区开发不能遮蔽原真性的资源,割断延续性的文脉,丢失原生态环境。”

晋城市上党梆子剧院院长、国家一级演员陈素琴表示:“作为红色文化的践行者和追随者,我团将继续以文艺作品传承红色文化。目前正在策划、创作的现代戏《申纪兰》,就是以一种全新的艺术角度在传承红色文化,开展社会主义核心价值观宣传教育,引导广大干部群众提升道德情操、树立良好风尚、增强文化自信。”

铸牢中华民族共同体意识,增强民族向心力凝聚力

“铸牢中华民族共同体意识,增强民族向心力、凝聚力,对实现中华民族伟大复兴的中国梦具有重大现实意义和深远意义。”省作家协会党组书记、主席杜学文表示,山西是中华文明的主要发祥地,有丰富的历史文化、红色文化遗存,既

是中华文明发展演进的活化石，又是我们坚定文化自信、确立社会主义核心价值观的好教材，更是我们推动转型、促进发展的宝贵财富。“作为文学工作者，我们要进一步学习领会习近平总书记视察山西重要讲话重要指示，并自觉地落实到工作之中。要树立正确的历史观，充分认识中华民族在人类发展进程中的伟大贡献。要生动描写中华民族奋斗、创造、进步的辉煌历程，塑造鲜活的典型形象，讲好中国故事。要抓住重要节点、重大任务组织创作，继续推进抗击疫情、脱贫攻坚、转型综改、小康建设、建党100周年等主题创作，做好三晋百部历史文化人物传记及红色革命题材的创作，为全面建成小康社会作出积极的贡献。”

“民族交往交流交融是中华民族自我完善发展的强大推力。我国各民族在交往中加深了解，在交流中取长补短，在交融中和谐共赢。”中国书协理事、书法家赵望进说：“我们要牢记习近平总书记视察山西重要讲话重要指示，深入挖掘云冈石窟文化的历史内涵，积极推动云冈学的发展，充分发挥其在促进民族融合、增强文化自信、构建人类命运共同体中的积极作用。”

山西作为红色革命老区，红色文化资源丰厚。山西春秋电子音像出版社深耕八路军文化，用数字化的手段出版《八路军》《烽火中坚——八路军抗战将领》等全媒体出版物获得国家出版资助及奖项，让红色文化与新时代接轨。社长裴建平表示，在新时代数字化的大背景下，运用数字化技术创新出版理念，积极跨界合作，挖掘、整理、传播山西优质文化资源，以“精品化、数字化、国际化”的标准，助推山西优秀历史文化与世界文明进行对话，增强中华民族共同体意识。

北路梆子传承人、大同北路梆子剧团团长张彩平说：“我们要传承优秀传统文化，以戏剧为载体，宣传大同、描绘平城、图解千年古都的来龙去脉。我们创排的剧目《平城赋》就是讲述北魏时期多民族融合的辉煌历史。今后，我们将继续运用地域优势，挖掘云冈石窟各民族交往交流交融的历史，彰显民族凝聚力，讲好‘山西故事’‘中国故事’。”

（《山西日报》2020年5月19日　孙　蕊　李婷婷　孟　苗　安奋伟　史　莉）

坚定不移全面从严治党
持续不断净化政治生态

“共产党人就要为民办事、为民造福，要扎扎实实为老百姓办实事办好事，为官一任、造福一方。”“要坚持以政治建设为统领，坚持不懈抓好党内政治生态建设。”“落实全面从严治党主体责任，一体推进不敢腐、不能腐、不想腐。”习近平总书记视察山西重要讲话重要指示，情真意切、语重心长，具有极强的政治性、思想性、针对性和指导性，在三晋大地激荡起巨大回响。

连日来，我省干部群众全面兴起了学习贯彻习近平总书记视察山西重要讲话重要指示的热潮。大家纷纷表示，要深入学习、坚决贯彻习近平总书记关于坚持不懈抓好政治生态建设的重要要求，切实增强贯彻落实的自觉性和坚定性，奋发进取、狠抓落实，用实际行动践行“两个维护”，坚决贯彻省委“四为四高两同步”总体思路和要求，不辜负习近平总书记和党中央的殷殷嘱托，不辜负三晋父老乡亲的深切期盼。

加强理想信念教育，严格遵守政治纪律和政治规矩

初夏的三晋大地，和风送暖，山清水秀。连日来，三晋儿女沉浸在习近平总书记视察山西的激动与喜悦中。

“习近平总书记再次深入山西视察，对山西改革发展把脉定向，充分体现了总书记对山西工作的高度重视，饱含着对山西这块红色土地的深厚感情、对山西人民的深切关怀。”省委组织部副部长、老干部局局长张晓峰说，我们要把学习贯彻落实习近平总书记视察山西重要讲话重要指示作为当前和今后一个时期的首要政治任务，结合学习习近平总书记“三篇光辉文献”，学深悟透，兴起学习贯彻的热潮。各级老干部工作部门要坚持以政治建设为统领，引导老干部发挥优势，为打好全面建成小康社会收官之战，推进我省高质量转型发展作出更大贡献。

思想引领是发展的总开关，唯有从思想上破题，方能行稳致远。革命老区武乡县有15个乡（镇、区），乡乡建起了“讲习所”；328个行政村，村村办起了“小夜校”。武乡县墨镫乡党委书记安占伟说：“我们将按照总书记的要求，发挥革命老区红色文化资源优势，让党性教育从‘源’头润泽心田，红色基因从‘根’处赓续薪火。”

“学习习近平总书记视察山西重要讲话重要指示，心情非常激动。”长治市老干部宣讲团团长姜华文退休后发挥余热，进农村、到企业、入社区，成为基层理论宣讲“轻骑兵”，个人累计宣讲600余场，听众达8万余人次。他表示，习近平总书记再次来到山西视察，对山西的工作有着现实的和长远的指导意义，必将产生深远影响。我们要认真学习，深刻领会，并把它宣传到基层的千家万户。

旗帜鲜明讲政治，就要把贯彻落实党中央决策部署作为最基本的政治纪律和政治规矩。永济市委常委、市纪委书记、监委主任孙斌说：“我们始终把严明政治纪律和政治规矩放在首位，将‘两个维护’落实到监督检查、审查调查、追责问责等每一项具体工作中，探索制定了《落实全面从严治党“两个责任”指导手册》和《工作纪实》，聚焦关键少数，紧盯关键领域，指导党员干部不走‘弯路’。”

一体推进不敢腐、不能腐、不想腐，营造风清气正的政治生态

走过的弯路不能再走，付过的学费不能再付。习近平总书记视察山西时强调，落实全面从严治党主体责任，一体推进不敢腐、不能腐、不想腐。

山西综改示范区是全省域唯一的一体推进“三不”体制机制建设试点单位,正在省纪委监委的领导和指导下,认真扎实地开展制度建设。“总书记的重要讲话重要指示,进一步指明了全面从严治党的前进方向,具有极强的政治性、思想性、针对性和指导性。”综改示范区纪工委纪检监察室副主任尹润卿表示,我们将紧紧盯住“不敢腐”这个前提,坚决贯彻“控新、治旧、抓早、铲土”要求,采取建立健全纪检监察工作新机制、做实做细精准监督、聚焦重点从严查处、强化案件震慑作用、搭建大数据监督举报支撑平台等5类16项措施,以政治生态建设新成效和全面从严治党新的战略性成果,为贯彻落实党中央资源型地区经济转型发展重大决策部署提供有力保障。

“总书记再次视察山西,令人倍感振奋。总书记特别强调要坚持不懈抓好党内政治生态建设,落实全面从严治党主体责任,增强了我们坚决反对形式主义、官僚主义,旗帜鲜明同各种不正之风作斗争的信心和决心。”晋中市委统战部党派科科长、机关支部纪检委员郭晓伟表示,作为一名从事机关支部纪检工作的统战干部,要坚决按照习近平总书记视察山西重要讲话重要指示,发挥好监督保障执行、促进完善发展作用,协助党支部履行好主体责任,引导统一战线广大成员在助力山西高质量转型发展上体现更大作为。

全面从严治党永远在路上,反腐败斗争是一场输不起的斗争,决不能半途而废、功亏一篑。“习近平总书记视察山西时对坚持以政治建设为统领、坚持不懈抓好党内政治生态建设提出了重要要求,为我们进一步指明了机关党建工作方向。”省检察院党组副书记、副检察长崔国红说,我们将深入推进党组与驻院纪检组全面从严治党专题研究会商制度,一体推进不敢腐、不能腐、不想腐,坚决反对形式主义、官僚主义,为争创一流检察业绩提供坚强政治保证。

政治生态既是党风、政风、社会风气的综合体现,也是党员干部党性、觉悟、作风的综合体现。省市场监管局党组书记、局长张九萍说:“我们将坚决贯彻落实习近平总书记视察山西重要讲话重要指示,推动党建工作与市场监管业务深度融合,强化标本兼治,围绕行政审批权、登记注册权、监管执法权、检验检测权以及人事财务权等重点领域和关键岗位,规范工作流程,强化制度执行,不断扎紧织密制度的笼子,一体推进不敢腐、不能腐、不想腐机制建设。”

“习近平总书记视察山西重要讲话重要指示为我们开展各项工作指明了前进方向,必须常学常新、常悟常进。”太原市小店区委书记刘振华表示,我们要坚持不懈抓好党员干部教育和基层党组织建设,打造政治过硬、纪律严明、本领高强的干部队伍,坚决反对形式主义、官僚主义,一体推进不敢腐、不能腐、不想腐,持续营造风清气正的政治生态。

增强基层党组织政治功能和组织力,进一步夯实基层基础

欲筑室者,先治其基。习近平总书记视察山西时强调,要增强基层党组织政治功能和组织力,把抓基层强基础作为长远之计和固本之举,为加强基层党建指明了方向。

5月14日上午,兴县县委组织部专题学习习近平总书记视察山西重要讲话重要指示。副部长孙利军带领大家逐字逐句学习。孙利军说:“我们要进一步强化攻坚克难的责任担当,不断锐意进取、担当作为。目前要坚决做好选派机关事业单位干部到村担任党组织书记、农村党支部书记备案、落实‘十个清零’百日攻坚相关工作职责、抓党建促脱贫攻坚、促乡村振兴等工作,切实推动基层基础工作再上新台阶。”

使命重在担当,担当需要本领。阳泉市郊区李家庄乡汉河沟村党支部书记、村委会主任宋晓文说:“习近平总书记对基层干部的亲切关怀、暖心勉励,让我深受感动。”在抗击疫情期间,宋晓文主动请缨、连续奋战,村口设卡检查、登记出入车辆、测量行人体温,积极参加小区楼道、主要街道、公共区域喷洒消毒液等义务劳动。他表示,基层党组织也要认真找差补短,强化工作措施,通过基层基础工作提升促进整体工作水平提升。

阵地有了“党旗红”,群众有了“主心骨”。走进大同市新荣区德安家园小区,一幅时尚现代、整洁有序的生活场景映入眼帘。新荣区采煤沉陷区搬迁(第一期)联合党支部副书记张洪文说:“贫困群众搬到哪里,支部建设就跟进到哪里。新荣区今年3月积极探索成立采煤沉陷区搬迁(第一期)联合党支部,同步建立党群服务中心。”截至目前,联合党支部已接待服务群众100多人次,解决居民搬迁后生产生活难题96件。

“只有坚决反对形式主义、官僚主义,才能让基层干部有更多的时间抓学习、抓落实、抓整改,把更多的精力用于服务群众、推动发展。”沁水县纪委监委党风政风监督室主任田军亮表示,习近平总书记视察山西重要讲话重要指示为我们做好工作提供了根本遵循,指明了努力方向。我们将紧盯形式主义、官僚主义问题,持续强化监督执纪问责,巩固拓展“基层减负年”成果,营造求真务实、真抓实干良好氛围,以铁的纪律、铁的担当助力疫情防控和经济社会发展双胜利。

(《山西日报》2020年5月20日 陈俊琦 杨 彧 赵向南 闫书敏 邓伟强 孟 婷)

凝聚转型发展磅礴力量 书写履职尽责崭新篇章

“习近平总书记视察山西重要讲话重要指示高屋建瓴、深刻精辟,我们要以担当、实干、奉献,为夺取疫情防控和经济社会发展‘双胜利’贡献力量。”

“习近平总书记为山西未来发展描绘了美好蓝图,为我们进一步指明了前进方向,我们要持之以恒推进高质量转型发展。”

“确保习近平总书记视察山西重要讲话重要指示条条落

实、件件落地、事事见效,我们要在转型发展上率先蹚出一条新路来。”

……

栉风沐雨见肝胆,砥砺奋进续华章。全国“两会”召开前夕,习近平总书记再次亲临山西,就统筹推进常态化疫情防控和经济社会发展工作、巩固脱贫攻坚成果进行视察,充分体现了党的领袖对山西人民的最大关心,对山西工作的最大支持。习近平总书记视察山西重要讲话重要指示,让在晋全国人大代表和住晋全国政协委员备受鼓舞、倍感振奋、倍增信心。代表和委员们纷纷表示,要把学习贯彻习近平总书记视察山西重要讲话重要指示作为当前和今后一个时期的首要政治任务,坚定政治引领、精准建言资政、凝聚广泛共识、加强履职担当,为将转型综改进行到底,书写山西践行新时代中国特色社会主义的新篇章作出新贡献。

投身一线　统筹推进常态化疫情防控和经济社会发展工作

抓紧抓实抓细常态化疫情防控措施,有力有序有效推进经济社会发展。习近平总书记指出,要绷紧疫情防控这根弦,完善常态化防控机制,要更加及时有效解决企业恢复生产经营面临的各种困难和问题,把扩大内需各项政策举措抓实,把实体经济特别是制造业做强做优,持续推动产业结构调整优化。

日前,在西安市大同商会回大同考察招商对接期间,全国政协委员、山西晋商民营联合投资控股股份有限公司董事长昝宝石一直忙碌着洽谈招商引资事宜,他希望企业家把在西安学到的发展经验服务家乡,并且积极引进企业投资家乡。昝宝石说,在统筹推进常态化疫情防控和经济社会发展工作的关键时刻,习近平总书记视察山西重要讲话重要指示,为在晋全国人大代表和住晋全国政协委员高质量履职尽责指明了前进方向、注入了强劲动力。我们民营企业有信心在省委省政府的领导下,克服新冠肺炎疫情带来的不利影响,加快复工复产,稳就业、促转型、谋发展。昝宝石表示,要把生产经营可能面临的各种困难和问题想足想透,做好防疫常态化下的企业运营,稳定生产、稳定就业,把失去的时间夺回来。

“习近平总书记强调要更加及时有效解决企业恢复生产经营面临的各种困难和问题,把扩大内需各项政策举措抓实,这对我省高质量转型发展提出了具体要求。”如何在常态化疫情防控中高质量转型发展是全国人大代表、省市场监督管理局副局长李志强的重要关注点之一。

李志强表示,要认真学习习近平总书记视察山西重要讲话重要指示,深刻领会省委“四为四高两同步”总体思路和要求,切实植根于向人民向实践求真,倾心调研,准备提交“支持发展‘小店经济’促进稳就业”“支持中小企业疫后持续快速发展”“以产业基础高级化和产业链现代化打造山西产业创新生态”“加快推进新基建建设、助力山西高质量转型发展”等建议,以进一步彰显人大代表建言高质量转型发展的忠诚担当和使命情怀。

山西蓝顿旭美食品有限公司是一家专业从事薯类深加工的大型综合企业,也是首批“国家级疫情防控重点保障企业”。全国人大代表、蓝顿旭美食品有限公司董事长郝旭表示,公司将进一步抓紧抓实抓细各项防控措施,积极有序推进复工复产,做到安全生产、健康生产。

小土豆大产业,该公司当前正在深度推进“晋西北现代加工型马铃薯种植基地”建设,公司将以习近平总书记视察山西重要讲话重要指示为引领,推动马铃薯产业规模化、集约化、专业化持续发展。通过基地示范引领,加速山西马铃薯产业全面升级和农业现代化发展。

疫情期间,作为一名来自基层的全国人大代表,太原市公安局杏花岭分局三桥派出所副所长杨蓉一直奋战在抗击疫情一线,她表示,要继续在工作岗位上做好常态化疫情防控下的群众工作,以实际行动践行好习近平总书记视察山西重要讲话重要指示。

担当作为　持之以恒推进高质量转型发展

良好生态环境是民之所愿,是人民共有财富。习近平总书记指出,要牢固树立绿水青山就是金山银山的理念,发扬“右玉精神”,统筹推进山水林田湖草系统治理,抓好“两山七河一流域”生态修复治理,扎实实施黄河流域生态保护和高质量发展国家战略。

“习近平总书记指出,要发扬‘右玉精神’。我深受鼓舞、倍感自豪。”全国人大代表、右玉县威远镇张千户岭村村委会主任张宏祥说。

张宏祥所在的右玉县,地处我省西北部,近代生态环境恶劣。森林覆盖率由不到0.3%提高到54%,从历史上的“不毛之地”变成如今的“塞上绿洲”。作为土生土长的右玉人,张宏祥2012年放弃了IT行业高薪,回到家乡做起了养羊生意,他表示,人不负青山,青山定不负人。我们要积极践行“两山”理论,做大做久右玉羊肉品牌,为推动右玉高质量发展作出积极贡献。目前,张宏祥正在积极筹划打造农牧田园观光、生态旅游、美食体验为一体的旅游发展模式,让绿水青山真正变成金山银山。

“习近平总书记视察山西时对我省转型发展给予充分肯定,希望山西在转型发展上率先蹚出一条新路来。作为一名从事国防工业的军工人,我倍感振奋、倍增信心。”全国人大代表、全国劳动模范、山西柴油机工业有限责任公司总装试验二厂装配组组长孙涛激动地说。

孙涛被誉为舰艇“心脏”诊疗专家,他26年来一直奋战在发动机装配工岗位上,在海军舰船发动机试装领域创下许多“历史之最”。他说,今后要在岗位上积极发挥技能工人优势,为助力我省高质量转型发展作贡献。

全国政协委员、晋城市副市长梁丽萍一直在思考如何挖掘利用晋城红色文化资源,她建议利用《山西省红色文化遗址保护利用条例》和省政府《黄河长城太行三大品牌建设年行动方案》出台的良好机遇,把革命历史纪念设施、遗址和爱国主义教育基地保护、建设、开发、利用列入国民经济和社会发展计划,引导广大干部群众提升道德情操、树立良好风尚、增强文化自信,进一步做大做强文化产业,助力高质量转型发展。

近几年来,在中央政策支持下,山西战略性新兴产业、高技术产业增加值的增速已快于规模以上工业,非煤工业、制造业的增速已快于煤炭工业,产业结构、能源结构逐步优化,山西实施能源革命综合改革试点和建设国家资源型经济转型综合配套改革试验区的巨大效应正逐步显现。

习近平总书记提出"在新基建、新技术、新材料、新装备、新产品、新业态上不断取得突破"的"六新"要求,思想内涵丰富、博大精深,引发了代表委员的共鸣。昝宝石表示,要围绕我省"四为四高两同步"总体思路和要求,在省委省政府及各级地方政府的支持下,以创新为牵引、以转型为突破,筑牢企业生存的基础,激发企业发展的动力。特别是要抓住"新基建"的契机,围绕文化旅游、传统文化发扬、绿色能源、传统产业升级转型、5G时代新商业模式创新等领域,积极谋划、大胆开拓。

全国人大代表姚武江是阳煤集团的一位技术能手,他表示,作为一名人大代表,将时时刻刻严格要求自己,做好信息员、传递员,以正确的方式引导身边的工友扎实开展工作;作为创新工作室的带头人,将不断加强学习,在工作中不断勇攀高峰,在实践中不断增长技能本领,在创新上不断追求极致。

全国人大代表、碳纤维学术带头人吕春祥是太钢碳纤维首席科学家,他说,近年来山西的科技创新取得很多成绩,除了"手撕钢",还有以碳纤维为代表的碳基新材料。目前,山西已经实现了高端碳纤维产业化。"作为一名科研人员,我深切地感受到,山西正在以超常速度构建创新体系、打造创新生态、培育创新文化。我一定要进一步做好科技创新工作,不断实现产品更新换代,为山西新兴产业的壮大推广作出应有贡献。"

助力发展　扎实做好保障和改善民生工作

做好保障和改善民生工作至关重要。习近平总书记指出,要坚持以人民为中心的发展思想,扎实做好保障和改善民生工作。

全国政协委员、山西医科大学第一医院副院长韩清华一直为加快推进医药卫生体制改革、提升应对突发重大公共卫生事件的能力和水平建言献策。她表示,要认真学习贯彻习近平总书记视察山西重要讲话重要指示,将继续组织科普讲座,主办晋阳心血管病学术论坛,积极参加基层社区大型义诊活动及贫困地区支教活动,深入了解人民群众的需求,围绕医疗健康发展和医疗保障等热点问题认真思考、撰写文字材料,积极促进我省心血管疾病诊疗技术的发展,为健康中国建设贡献自己的力量。

疫情期间,全国人大代表、山西医科大学第二医院血液科主任杨林花根据实践经验,及时向山西省及国家有关部门提交了"在疫情尚未控制期要高度关注各种特殊疾病及患者的就医问题"的建议,得到国家卫健委和相关部门的高度关注。"老百姓关注的难点热点问题,就是我们履职工作的出发点和落脚点。"杨林花说。

习近平总书记指出,持续用力,再现"锦绣太原城"的盛景,不断增强太原的吸引力、影响力,增强太原人民的获得感、幸福感、安全感。"习近平总书记视察山西重要讲话重要指示,充分体现了人民领袖对山西生态文明建设的高度重视和对山西人民的亲切关怀,也是对我们坚定不移走生态优先、绿色发展之路的极大激励和鞭策。"全国人大代表、太原市市政公共设施管理处第二道排养护管理所水道三组组长王润梅说。

作为一名从事城市管理的代表,王润梅表示,要用实际行动践行习近平总书记的嘱托,坚守自己的岗位,守护好城市的地下动脉,尽自己最大的力量多为群众排忧解难,同时围绕提升城市管理水平,发挥好基层代表的作用。她建议,进一步拓展提升数字化城市管理平台功能,加快建设城市管理指挥调度系统,不断提升城市科学化智能化管理水平,为太原经济社会发展提供整洁、优美的市容环境,加快建设美丽太原,早日再现"锦绣太原城"的盛景。

关山万千重,山高人为峰。在晋全国人大代表和住晋全国政协委员纷纷表示,要积极议政建言、广泛凝聚共识,用汗水浇灌收获,以实干笃定前行,在省委坚强领导下,乘势而上、蹄疾步稳,只争朝夕、久久为功,将转型综改进行到底,交出一份让习近平总书记和党中央满意,让全省人民满意的优秀答卷,书写山西践行新时代中国特色社会主义的新篇章。

(《山西日报》2020年5月21日　邓伟强　赵向南　杨　文　陈俊琦　李　炼　高建华　闫书敏　杨文俊)

让黄花托起更加富裕美好的新生活

壮美的火山和多姿多彩的桑干河,以其特有的韵味装点着大地,见证着塞上云州的巨大变迁。初夏,田野里,阳光正好,一簇簇黄花孕育着无穷希望,人们用辛勤的汗水浇灌着诗意家园。

云州区西坪万亩黄花片区,是当地最具代表性的黄花种植基地。5月11日,习近平总书记来山西考察,第一站就来到这里。他走进田间地头,看望干部群众,详细了解黄花种植、管理、销售等情况,充分肯定了云州区立足优势产业,决胜脱贫攻坚的好经验好做法。习近平总书记的鼓励,让云州区干部群众信心百倍、激情满怀。

总书记肯定"小黄花,大产业,农民能致富"

11日下午3时许,习近平总书记一下车,就通过木栈道走进黄花地。微风掠过，大片黄花苗犹如绿色的波涛，摇曳着生机和希望。正在地里干活的农民们突然注意到，向他们走来的，是习近平总书记高大的身影，大家不约而同地围拢过来："总书记好！"

习近平总书记一边向大家招手，一边微笑着回应。田地里响起热烈的掌声。

正在黄花地里锄草的杨旗、杨泽林、谢文、安春霞、张丽等农民，真切地记住了习近平总书记的询问：这些黄花地是个人的还是合作社的？一亩地流转费用多少？你们干活能挣多少钱？黄花一年要浇5次水，费用高吗？

大家你一言我一语抢着回答，心情十分激动，高兴的话语中透露的，是对劳动的热爱，对黄花的熟悉，对党的惠民政策的感激，还有对习近平总书记由衷的爱戴。

这几年，大家依托种植黄花，有的实现了家门口就业，有的还成了年入百万元的合作社领头人。

下足"绣花"功夫扶植黄花产业

当地干部群众告诉记者，云州区的黄花产业，正是按照习近平总书记的嘱托，下足"绣花"功夫扶植培育起来的。云州黄花比其他地方的饱满蕊多，又有火山边的富硒土滋养，品质是一流的。这里发展黄花产业有传统、有优势、有特色，一亩收入高时能达到7000元，是种植传统大田作物的10多倍。但过去受资金、人力等因素制约，每户只能种1—2亩，没有形成大的产业。

近年来，云州区委区政府把黄花产业作为主导产业，立足产业扶贫，突出解决黄花发展"五难"：针对种黄花前3年没收益的情况，投入6800万元对贫困户每亩补贴1000元；黄花浇灌一年需要"五水"，他们坚持黄花种到哪里，水利配套跟到哪里，投资2.6亿元实施了农田水利项目，恢复节水灌溉6.2万亩；黄花采摘时需要大量人工，区里就联系山东、河南等地的采棉工前来，并引导本村和周边地区人员就地务工；建成地头加工车间、烘干设备、冷库、晾晒场，开放学校体育场地，帮助解决加工保存问题；采取财政出大头、农民出小头的办法，为黄花办理了灾害险和价格险，灾害险每亩保费300元，政府出250元，农民出50元。去年，全区农民获得保险赔付3700万元。

在黄花产业发展过程中，只要是群众发愁的事，就是政府要帮的事，就是干部服务的事。大同市出台10项"真金白银"的政策大力扶持，云州区委区政府饱含激情、持之以恒地服务和推动，短短几年时间，云州区黄花种植就从3万亩发展到17万亩，有109个黄花专业村获得了8个国家级品牌。目前，进入盛产期的黄花有9万亩，产值可达7亿元，仅此一项全区农民人均增收5000元。

在黄花产业发展过程中，云州区特别注重带动贫困户增收，以"支部+合作社+贫困户"的模式，创办了50家乡办、村办一体化合作社，3.3万贫困户有90%从黄花产业中受益。通过流转土地租金、采摘管理劳务收入、收益分红等，贫困户全部有了稳定收入。作为2012年列入国家燕山—太行山集中连片特困地区扶贫开发县（区），云州区原有贫困村80个、贫困人口32926人，2018年脱贫"摘帽"，贫困村全部退出，贫困发生率由30.8%降至0.53%。

了解到黄花产业给当地带来的巨大变化和丰厚收益，习近平总书记给予充分肯定，他高兴地说："小黄花，大产业，农民能致富。"

牢记总书记嘱托，在持续增收致富上下功夫

习近平总书记在考察中指出，乡亲们脱贫后，我最关心的是如何巩固脱贫、防止返贫，确保乡亲们持续增收致富。希望把黄花产业保护好、发展好，做成大产业，做成全国知名品牌，让黄花成为乡亲们的"致富花"。

习近平总书记的话语如阵阵暖流，温润着云州区每个人的心田。

近年来，在做大规模的同时，云州区着力延长黄花产业链，先后培育了15家龙头企业，开发了冰鲜、食品、文化、美容等9大类120多种黄花产品，如黄花饮料、黄花酱、黄花酒、黄花面膜、护手霜等，深受市场欢迎。

特别是针对黄花景观期长达40天，云州区大力发展黄花景观农业，打造了黄花观光点，举办了黄花消夏群众文化活动，与京东农场合作建设大同黄花菜小镇，与火山群、昊天寺融合发展乡村旅游业。投资3000万元打造的黄花田园综合体、6万亩桑干河湿地，加上配套的油菜花景观农业，形成了良好的生态效应，不仅带动了群众增收，还带动了全区的产业转型。

现在，云州区开始吸引越来越多的人士前来，去年接待游客197万人次，旅游总收入19亿元。今年还先后引进总投资达15亿元的4个康养项目。

云州区扶贫办主任张军说，党的好政策从多个方面改变了云州。黄花产业不仅增加了村民收入，而且集体经济通过合作社发展得到了壮大，乡村干部队伍得到了锻炼，农村党支部的战斗力、凝聚力不断增强。管理、加工、销售环节都有钱赚，乡村能够留得住人了。吉家庄村有12名年轻人回到村里，种植黄花3000亩，使该村在短短几年时间里变成了明星村，呈现出产业好、群众富、村庄美的前景。这样的村还有20多个。

云州区委书记王凤瑞告诉记者，云州区尽管在黄花产业上取得阶段性的成效，但对照习近平总书记要求，对照做大做强黄花产业的目标，对照人民群众的期望，还有很大距离。今后的工作中，要时刻牢记习近平总书记的嘱托，全面落实习近平总书记的指示，撸起袖子加油干，扑下身子抓落实，在脱贫路上再加劲，在黄花产业上再发力，真正走出"小黄花、大产业"的富民路，让老百姓过上更加富裕美好的新生活。

（《山西日报》2020年5月13日 贺 锴）

用奋斗点亮搬迁百姓更加美好的明天

绿荫环抱的坊城新村宁静整洁,墙上"搬迁全凭政策好、脱贫永远感党恩"的标语火红热烈,每个角落都温馨祥和,给人无限憧憬。3年多了,坊城新村的群众有太多的感激,想和党中央说;有太多的心里话,要告诉习近平总书记。

5月11日下午,敬爱的习近平总书记来到坊城新村,来到大家面前。他穿过村中心广场,走进村技能培训服务站了解产业脱贫情况;他走进农家,坐在炕沿儿上与村民们亲切地拉家常;他把关怀和勉励带给大家,激励着坊城新村的群众在脱贫路上再努力,用奋斗点亮移民新村更加美好的明天。

告别老窑洞,住进新家园

记者回访坊城新村时,今年66岁的村民白高山和老伴焦凤兰脸上还挂着激动的笑容。夫妻俩逢人便说:"捏了一辈子锄把子,没想到能见上总书记。他还到了我家里,今天真是个高兴日子。"

白高山说:"总书记在村里停了40来分钟,在我家就有一半时间。总书记坐在炕沿儿上和我们一家拉家常,我们感到非常亲切。"

白高山告诉记者:"我们最想和总书记说的,和总书记说得最多的就是房子。我老伴告诉总书记,以前一直住的是几十年前建的土窑洞,修修补补,很破旧,也不结实,一到大雨天,房顶上的蚂蚁洞就渗下水来,吓得一晚上不敢睡觉。我们还把土窑洞的照片递给总书记。总书记还看了灶台、壁挂炉、卫生间,边看边问,问得很仔细。听了我们的回答,他很高兴。"

总书记关心的房子问题,曾是村民们最大的心病

村党支部书记刘世贵告诉记者,坊城新村的村民,以前大多数都居住在20世纪50年代建造的土窑洞中,生活条件很艰苦,安全隐患非常大。改善住房条件和生活环境,曾是村民们最大的心愿。

党中央发出脱贫攻坚号令后,在各级政府和部门的大力关心支持下,由大坊城与西咀两村合并成200户440人的坊城新村,决定易地集中搬迁。新村于2015年开始规划设计,2016年9月开工,历经一年多的紧张施工,到2017年年底建成。

如今的坊城新村,一排排房屋整洁宜居,卫生室、图书室、党建室、文化活动室、技能培训服务站一应俱全,到处是松树、枣树、海棠树、山楂树,成了环境优美、人人羡慕的好村庄。

白高山的儿子名叫白利军,原来也住在土窑洞里,眼看30岁了娶不上媳妇。搬进新村后,他很快就娶了媳妇,孩子现在都一岁了。

白利军说:"总书记来我家时,看了我们挂在墙上的结婚照。我觉得,没有新房子就没有现在的好日子,我打心眼里感谢党的好政策,感谢总书记。"

新村新富路,人人有技能

在坊城新村,不论是墙上的"村有产业日子好,人有技能富路宽"的标语,还是悬挂在村技能培训服务站门上的"人人持证、技能社会"的大牌子,都在说明,提升工作技能,依靠劳动创富,已经成为坊城新村干部群众的共识,成为村"两委"今后工作的重心。

在坊城新村考察时,习近平总书记走进村技能培训服务站,了解新村易地扶贫搬迁情况,察看黄花产业和相关产品展示,对广大基层干部为帮助贫困人口脱贫所做的艰苦努力表示肯定。他指出,易地搬迁不仅是为了解决住得好的问题,更是为了群众能致富。

对移民新村群众来说,能不能稳定脱贫,关键要看是否有一个稳定的增收渠道。坊城新村建起后,村里按照"一村一品一主体"的发展战略,通过帮扶单位推动、合作社带动、村"两委"发动、农户行动,狠抓产业项目扶贫,已经发展主导产业黄花种植540亩,由本村世诚专业种植合作社集中经营管理,两个村的搬迁户都有固定的土地租金收益,还吸纳21名贫困户在合作社务工。同时,该村还退耕还林1200亩,种植经济林660亩,种植小杂粮290亩。

已在村里开展6年帮扶工作的第一书记陈巨文说,产业收入加上各种扶贫政策收益,坊城新村村民目前都有了稳定的收入来源。但这还不够,只有通过技能培训提升村民劳动本领,才能帮助村民实现高质量就业,让坊城新村的路子越走越宽,群众生活越来越好。

陈巨文说,按照习近平总书记要求,我们进一步明确抓技能也是抓扶贫、抓增收的理念,在宣传引导、技能培训、保障服务方面不断加大工作力度。根据村民特长,组织大家提升驾驶、修理、装修等多项技能,组织年轻妇女开展家政服务、粘花等技能培训,并通过多种渠道建立农村劳动力转移工作机制。去年以来,已帮助30多名有劳动能力的村民就近务工。

在村里,记者还见到了刘卫东、张圣伟两位外村的年轻人,他们在村里办起了电商服务点,联合当地有名的网红"八哥八嫂"进行网上直播售货,同时为村民提供电商技能培训服务。吸引他们来到这里的,是坊城新村良好的人居环境和创业环境。

如今,已经全部脱贫的坊城新村村民,期盼着涉农项目再多几个、惠农政策幅度再大些、就业门路再多些,帮助大家用劳动和汗水实现脱贫致富,创造幸福生活。他们还盼望,习近平总书记过几年能够再来坊城新村走一走、看一看,看看移民新村的群众如何用奋斗点亮更加美好的明天。

(《山西日报》2020年5月13日 贺 锴)

延续文明星火　照亮新的征程

初夏的大同，武州山微风和煦，十里河阳光灿烂，云冈石窟景区内草绿树青，游客络绎不绝。5月11日，习近平总书记在云冈石窟考察，他强调，云冈石窟是世界文化遗产，保护好云冈石窟，不仅具有中国意义，而且具有世界意义。历史文化遗产是不可再生、不可替代的宝贵资源，要始终把保护放在第一位。

亲切关怀，倍感振奋欣喜

5月11日傍晚，习近平总书记从东门进入云冈石窟景区。古车辙、各时期建筑、规模恢宏的石窟群……习近平总书记不时驻足停留观看，询问有关情况。

“看！是习近平总书记！”正在第8窟门前的大同市民李菊朝，突然看到了一个高大而熟悉的身影，对正认真听导游讲解的家人喊道。当日，李菊朝一家七口来云冈石窟游玩，没想到遇到了习近平总书记。“总书记好！”李菊朝一家惊喜不已，全都不由自主地喊了起来。

“总书记也亲切地向我们一家问好，还问我们是从哪里来的，门票是通过网上预订的还是在售票口买的，并叮嘱我们疫情期间要做好防护，不能聚集。”李菊朝说，“没想到总书记这么平易近人。我的外孙女今年10岁，总书记看到我外孙女，亲切地问她几岁了，在哪上学，脸上始终洋溢着慈祥的笑容。”

“习爷爷很亲切，我很喜欢习爷爷。”李菊朝的外孙女开心地说。

同样高兴的还有刚参加工作的大学毕业生牛慧楠和她的三位同事。牛慧楠说她真是没想到能见到习近平总书记，“能近距离接触总书记，我真是太激动了，当时都不知道该说什么话了！”

考察过程中，广大游客纷纷向习近平总书记问好。习近平总书记面带微笑，不断地向大家挥手致意。其间，他还叮嘱景区工作人员在常态化疫情防控下要加强引导、控制人流，避免因大规模人员聚集引发疫情复燃。

殷切嘱托，牢记职责使命

每到一处，习近平总书记都会仔细察看雕塑、壁画，并不时向工作人员询问石窟历史文化遗产保护等情况。云冈石窟研究院副院长崔晓霞负责为习近平总书记讲解，讲解过程中，习近平总书记不时向她提问，同她交流。“整个讲解过程中，我始终被总书记的一言一行深深感染着。从总书记的言谈举止中，我能够真切感受到他对文化保护的关心和对历史文化的重视。”崔晓霞激动地说。

云冈石窟始建于1500多年前，是我国三大石窟之一，位于大同市城西十六公里的武州山南麓、十里河北岸。石窟依山开凿，东西绵延一公里，现存大小窟龛254个，主要洞窟45座，造像5.9万余尊，是中外文化、中国少数民族文化和中原文化、佛教艺术与石刻艺术相融合的一座文化艺术宝库。1961年3月，被国务院公布为第一批全国重点文物保护单位。2001年12月，又被联合国教科文组织列入《世界文化遗产》名录。

考察过程中，习近平总书记走进洞窟仔细察看雕塑、壁画，详细询问石窟开凿历史、艺术风格、文物保护等情况。习近平总书记强调，云冈石窟是世界文化遗产，保护好云冈石窟，不仅具有中国意义，而且具有世界意义。

精心守护，让历史文脉更好地传承

云冈石窟古称为武州山石窟寺，郦道元《水经注》描述其盛况云：“凿石开山，因岩结构，真容巨壮，世法所稀，山堂水殿，烟寺相望，林渊锦镜，缀目新眺。”云冈石窟与我国诸多石窟比较，最具西来样式，胡风胡韵最为浓郁，后期营造的石窟又引领了中华佛教艺术本土化、世俗化、民族化的新风尚，这在中华艺术宝库中是独一无二的。

“去年8月在敦煌莫高窟考察调研时，总书记就提出要坚持保护优先的理念，这次在云冈石窟，总书记再次强调要始终把保护放在第一位，我们一定要牢记总书记的嘱托，在保护第一的基础上研究利用好云冈石窟这个人类文明的瑰宝。”云冈石窟研究院院长张焯说。

他介绍，以前由于周边环境恶劣，加上地质灾害等原因，云冈石窟的保护工作受到严重影响。2002年，云冈石窟启动防水保护工程；2007年5月，云冈石窟景区成为国家首批5A级旅游景区；2010年，云冈石窟景区进行了2.3平方公里范围的保护性改造；2012年6月，云冈石窟景区实施了“五华洞岩体加固及保护性窟檐建设工程”。与此同时，云冈石窟研究院还先后组建了文物保护修复研究室、彩塑壁画保护研究室、遗产监测中心、可移动文物修复室等，云冈石窟本体保护全面转入防渗水、防风化治理和日常维护，一系列行之有效的措施都对云冈石窟的保护工作起到了巨大作用。

“听取汇报后，总书记肯定了云冈保护工作，鼓励我们再接再厉，把云冈保护工作做得更好。他强调，发展旅游要以保护为前提，不能过度商业化。”崔晓霞说，“近年来，云冈石窟研究院深挖云冈艺术内涵，不断推动‘云冈学’向纵深发展。特别是2019年，历时7年完成的20卷本《云冈石窟全集》，代表了国内‘云冈学’研究的最高水平。”

习近平总书记对文化遗产的态度一以贯之，一再强调要把文化遗产精心守护好，让历史文脉更好地传承下去。

“总书记对云冈石窟的保护、研究、利用都十分关心，而且提出了具体要求，更加坚定了我们坚持保护第一、在保护的基础上研究利用好的信心。”张焯表示，一定要谨记习近平总书记的嘱托，坚定不移把保护放在第一位，尽最大努力解决好云冈石窟千百年以来的风化问题，让云冈石窟的学术研究更深入透彻、科学严谨，使中华文化的特色和中外文化交流的历史更好地呈现出来。

在聆听了习近平总书记的教诲后，当地干部一致认为，要在文物保护中善于发展，在文化传承中勇于创新，不断增强文物的生命力、可持续发展力，延续文明星火，照亮新的征程。

(《山西日报》2020 年 5 月 13 日　赵志成　冯文战)

坚定不移将转型综改进行到底

资源型地区经济转型发展是习近平总书记为山西指明的金光大道。

山西转型综合改革示范区(以下简称示范区)是省委、省政府深化转型综改的主战场主引擎。经过 3 年多时间的建设和发展，而今这里生机勃发，动力澎湃。

5 月 12 日上午 10 时，习近平总书记来到示范区政务服务中心考察调研。深深的关切、殷殷的寄语，极大地鼓舞和激励着奋战在转型综改一线的干部职工。他们表示，要沿着习近平总书记指引的金光大道，坚定地走下去，坚实地走出来，坚定不移将转型综改进行到底！

久久为功，加速新兴产业集群化发展

面积约 230 平方米的示范区政务服务中心改革创新展厅，一件件实物、一幅幅展板，反映了我省在信息技术应用创新产业、半导体产业、生物基材料等方面占据国际、国内行业高点的新技术、新成果。

在中国电科山西碳化硅材料产业基地展台前，听完示范区管委会主任李晋平的介绍，习近平总书记接过一片薄薄的高纯半绝缘 4H-SIC 单晶衬底，仔细地看了看。

这张形状如一张光盘大小、厚度仅 0.5 毫米的 4H-SIC 单晶衬底主要应用于 5G 通信和雷达。仅用 11 个月时间建成投产的该基地一期，将成为国内最大的碳化硅单晶衬底产业基地，有效带动我省半导体产业链的迅速发展。

围绕省委、省政府加快新兴产业集群化发展的重大战略决策，示范区大力培育“2+9”战略性新兴产业集群：打造合成生物、电子信息两个标志性、引领性产业集群；加快培育高端装备制造、新能源汽车、新材料、生物医药、航空航天、现代物流、绿色建材、新能源与节能环保、农产品精深加工等 9 个特色优势产业集群。

展厅内，陈设着山西合成生物产业生态园区采用生物基聚酰胺 56 材料制作的、更阻燃更耐磨的作训服；山西锦波生物医药股份有限公司生产的、填补国际空白的人源Ⅲ型胶原蛋白系列产品；山西生物质新材料产业研究院以农作物秸秆为原料生产的高纯度乳酸和高活性酶解木质素产品；拥有全球领先技术的中科潞安深紫外 LED 杀菌产品……李晋平介绍说：“习近平总书记走到展台前，边听边看，看得很仔细，和我们亲切交谈，肯定了我们取得的初步成绩。”李晋平表示，发挥山西的资源优势、能源优势，嫁接高新技术，引入一流科研团队，实现更高层次的转型发展，还需要我们驰而不息，久久为功。

先行先试，高质量转型迈大步

山西作为全国第一个全省域、全方位、系统性的国家资源型经济转型综合配套改革试验区，于 2017 年 2 月整合太原市、晋中市 8 个主要产学研园区，设立了山西转型综合改革示范区，总规划面积约 600 平方公里。

整合不是简单的叠加，而是一次脱胎换骨的革命。展厅内的电子大屏呈现了示范区先行先试、改革创新的最新成果：在政策体系方面，顶层设计了“3+26”政策体系，打造了精准、规范、廉洁、高效的政策兑现模式；在服务体系方面，“一话通办”提效率，“一网通办”管效能，打造了“一枚印章管审批、一个大厅管服务、一支队伍管执法”三个一平台。

回忆习近平总书记考察过程的点点滴滴，示范区党工委书记张金旺说：“习近平总书记为我们指明了一条发展的金光大道，这次专程来到示范区，令我们十分感动。在展厅，习近平总书记听取了示范区改革体制机制、打造六最营商环境、一网通办运行情况的汇报，还关切地询问这些改革措施落实得怎么样。在下一步的工作中，我们将牢记习近平总书记的嘱托，坚持目标导向，全力打造示范区。”

在推进高质量转型发展的征程上，甩开膀子加油干。示范区在加强疫情防控的同时，加快招商引资和项目建设，近期签约、开工、投产项目 62 个，预计总投资 880.4 亿元。

近距离见到了习近平总书记的示范区政务服务中心副主任张小芃接受记者采访时还是显得心潮澎湃：“我要以功成不必在我的精神境界，功成必定有我的历史担当，把习近平总书记的殷殷嘱托落实到实际工作中去，把我们的服务做得更好，把我们的营商环境打造得更优，把转型综改的金字招牌擦得更亮。”

坚定地沿着这条金光大道走下去

习近平总书记的到来给奋战在转型综改一线的广大干部职工坚定了信心，鼓足了干劲。

示范区以及省商务厅、省工信厅和省投资促进局 80 余名干部职工现场聆听了习近平总书记的重要讲话，亲身感受到了习近平总书记的领袖风范。

走在政务服务中心外的诚信广场上，示范区管委会综合办副主任刘素林心情激动，久久不能平静。他对记者说：“习近平总书记讲话时，现场掌声不断，大家深受鼓舞，十分振奋。”他表示，一定要把习近平总书记的教诲细化为具体的举措，更高标准地推进各项工作。

省工信厅大数据产业办公室主任王彦玮充满信心地说：“我们要以创新为引领，培育壮大新兴产业，打造 14 个标志性产业集群，推进传统产业转型升级，促进数字经济和实体经济深度融合，早日蹚出转型发展的新路子。”

加快资源型地区经济转型发展，使命在肩，奋斗有我。“沿着习近平总书记为我们指引的金光大道，全面贯彻落实省委‘四为四高两同步’总体思路和要求，在高质量转型发展的大道上阔步向前，以优异的成绩回报习近平总书记的期望和嘱托。”这是广大奋战在转型综改一线干部职工的心声。

大道向前，阳光正好！山西转型综改的明天也必将更加美好！

（《山西日报》2020 年 5 月 13 日　杨　彧）

加快建设全球最具竞争力不锈钢企业

初夏时节，草木葱郁、繁花似锦，一派欣欣向荣的景象。绿树掩映下的太钢不锈钢精密带钢有限公司现代化生产车间清洁而静谧，却在悄然间缔造着令人惊叹的业界奇迹。

5 月 12 日上午，习近平总书记走进这里的生产车间，了解企业防疫抗疫和生产运行情况，实地考察高端不锈钢产品的研发、生产、应用情况。

记者探访厂区时，碰到的每位职工脸上都洋溢着喜悦和兴奋的笑容，在各自的岗位上干劲十足。他们说：“总书记的到来让我们备受鼓舞、倍感振奋，我们要牢记总书记的嘱托，坚守自主创新、产业报国初心，勇担锻造大国重器使命，深化改革开放，强化创新驱动，为加快建设全球最具竞争力的不锈钢企业和世界一流大型企业集团而拼搏努力，不断夺取疫情防控和生产经营的新胜利。”

0.02 毫米的魅力

走进车间，“惟改革者进、惟创新者强、惟改革创新者胜”的大字格外醒目，下方的展台上，一件件不锈钢产品陈列摆放。“总书记来到这里后，停下脚步，细细端详，详细了解每件产品性能。”一旁的太钢集团党委书记、董事长高祥明告诉记者。

沿着生产线，习近平总书记边走边看边仔细询问，兴致盎然，不时驻足。

走到光亮退火线前，宽幅超薄精密不锈带钢即“手撕钢”吸引了习近平总书记的目光。

不锈钢精密带钢是指特殊极薄规格的冷轧不锈带钢，其厚度一般在 0.05 毫米至 0.5 毫米之间，厚度在 0.05 毫米以下的称为不锈钢箔带。宽幅软态不锈钢箔带由于高端应用领域对其厚度、精度、板型、表面、性能的要求极高，工艺技术复杂，生产控制难度大，长期以来，世界上只有极少数国家能够生产。

2016 年起，太钢成立宽幅超薄精密不锈带钢创新研发团队开展联合攻关。经过两年多的不懈努力，历经 700 多次的试验，先后攻克了 170 多个设备难题、450 多个工艺难题，实现了一系列关键工艺和生产制造技术的重大突破，于 2018 年成功生产出厚度 0.02 毫米、宽度 600 毫米的不锈钢精密带材，工艺技术和产品实物质量达到国际领先水平。

随后，习近平总书记与正在岗位上的企业职工廖席、邓小年、王向宇、刘珊珊亲切交谈起来。从这条生产线是干什么的，疫情对生产是否有影响，到疫情期间是否有感染，习近平总书记问得十分详细。廖席等人认真汇报。习近平总书记语重心长地叮嘱，要在做好疫情防控的基础上，继续好好干，把失去的时间抢回来。

走出生产线，习近平总书记微笑着与闻讯赶来的太钢职工亲切交流。习近平总书记强调，高新技术在山西蓬勃发展，太钢在技术创新方面不断进步，不断转型升级，我觉得很好。希望你们在不锈钢这个领域，不断勇攀高峰。现在，全国防疫工作进入新阶段，要在继续抓好各项防控措施的前提下，更好复工复产，做到安全生产、健康生产，力争把损失降到最低，努力完成今年的目标任务，为实现“两个一百年”奋斗目标作出贡献。

随着习近平总书记铿锵有力的话语，热烈的掌声和欢呼声不时响起，习近平总书记在大家的簇拥下走向中巴车。

廖席是“手撕钢”产品工程师，现场聆听了习近平总书记的讲话，他的心情格外激动，“总书记多次强调创新二字，在今后的工作中，我们要更加努力不断创新，在工艺技术上有更多突破，提升产品的科技含量，不辜负总书记的期望，为山西高质量转型发展贡献力量。”

“总书记来到精带公司，全体职工深受鼓舞，干劲更足。下一步，我们要认真学习贯彻总书记的讲话精神，努力做到疫情防控和生产经营两不误，以新的业绩回报总书记的关怀和厚爱。”精密带钢公司党总支书记、经理王天翔说。

闻新则喜　闻新则动　以新制胜

这几天，太钢生产“手撕钢”的精密带钢车间里，又一款新型不锈钢薄材正在开足马力生产。这款产品厚度控制在微米级以内，凭着又薄又平的特性，很快就签下了大订单。

发展汇聚着创新的力量，成就凝聚着奋斗的心血。从“手撕钢”到高端碳纤维，从笔尖钢到双相不锈钢螺纹钢筋，如今，太钢集团正在新材料产业的创新发展道路上激情迅跑。

高祥明深情地回忆起 3 年前，“2017 年 6 月，习近平总书记走进太钢集团山西钢科碳材料有限公司，实地察看高端碳纤维研发、生产情况，强调新材料产业是战略性、基础性产业，也是高技术竞争的关键领域。总书记一直勉励我们要奋起直追、迎头赶上，在创新方面继续加把劲，为中国制造作出更大贡献。3 年来，我们牢记总书记嘱托，不断在深化改革、创新发展上加劲发力。下一步，我们要以今天为新的起点，只争朝夕，奋力前行，扎扎实实把太钢的事情办好，开创高质量转型发展的新局面。”

抓创新就是抓发展，谋创新就是谋未来。近年来，太钢集团深入贯彻习近平总书记视察山西重要讲话精神，强化自主创新、深化供给侧结构性改革，坚持“闻新则喜、闻新则动、以新制胜”的创新理念和“鼓励创新、宽容失败、反对守成”的创新文化,大幅度调整优化钢铁产品结构,全力增品种、提质量、创品牌,一批高技术、高难度、高附加值的特色新产品正在发力,成为太钢抢占市场竞争制高点的突破口。目前,太钢集团的高端产品创效率达到80%,特殊钢产品中18种成为国内首创,26种市场占有率第一,40多种替代了进口,不锈钢出口量全球第一,企业自有的800多项不锈钢核心专利技术,有100多项世界领先。

"总书记详细了解了生产经营建设情况,并给予充分肯定。我们深刻领会到总书记对创新的重视,深刻认识到创新是引领发展的第一动力,接下来我们在创新上将进一步加大投入,激发全员创新活力潜力,研发出更多更广的关键产品,力争捷报频传。"太钢集团党委副书记、总经理高建兵信心满满。

"总书记来到太钢,既是厚爱,也是责任。我们要牢记嘱托,苦练技能,发扬工匠精神,继续努力,锻造精品。"光亮机组主操邓小年心潮澎湃。

"用我们的'火眼金睛'严把质量关,每件产品都让客户满意。"光亮机组检验工刘珊珊说。

大家你一言、我一语,交流着自己的心得感悟,千言万语汇成一个声音:以只争朝夕、不负韶华的时代紧迫感和创新使命感,在创新上下足功夫、鼓足干劲,拿出更多成果、更优成效、更大进步,推动公司创新驱动发展迈出坚实步伐,为山西夺取疫情防控和转型综改双胜利、为中国制造和中国创造贡献更大力量。

(《山西日报》2020年5月13日　张　毅)

保护"三晋母亲河"
再现"锦绣太原城"

初夏的太原汾河景区,万木并秀、绿意葱茏。放眼望去,蓝天碧水、两岸锦绣,宛若一条玉带穿城而过。

5月12日中午,习近平总书记来到汾河太原城区晋阳桥段察看生态环保和污染治理情况。这让正在汾河岸边散步、游玩的人们欣喜不已,也让当地的干部群众倍感振奋:"总书记对汾河修复与保护的关心和要求,更加坚定了我们走绿色发展之路的信念。"

大家表示,一定谨记习近平总书记嘱托,牢固树立绿水青山就是金山银山的理念,统筹推进山水林田湖草系统治理,抓好"两山七河一流域"生态修复治理,推动山西沿黄地区在保护中开发、开发中保护,增强三晋儿女的获得感、幸福感、安全感。

坚持生态保护优先

"总书记就是在这里听取汇报的。"万家寨水务控股集团党委书记、董事长陈耳东回忆当时的情景,既激动又兴奋。

在太原汾河景区三期水上运动中心楼前,摆放着3块展板,图文并茂展示了太原市汾河及"九河"综合治理、流域生态修复等情况。

汾河,孕育了三晋文明,是三晋儿女的母亲河,也是黄河的第二大支流。2017年6月,习近平总书记视察山西时特别要求,一定要高度重视汾河的生态环境保护,让这条山西的母亲河水量丰起来、水质好起来、风光美起来。

"牢记总书记的嘱托,3年来,我们统筹山水林田湖草系统治理,全面推进以汾河为重点的'七河'流域生态保护与修复工程,汾河的生态环境明显改善。"陈耳东介绍。

回想起向习近平总书记汇报汾河太原城区段生态治理情况的情景,太原市住房和城乡建设局局长邵社教难掩激动之情。

他动情地说,习近平总书记关心的事情特别多。询问水上运动中心运动员的训练情况,晋阳古城的相关内容以及市民的休闲健身情况,从中能深切感受到习近平总书记对山西的关切和关爱。

汾河流经太原境内188公里,其中城区段43公里。近年来,太原市坚持汾河治理美化与两岸风貌管控相结合,突出自然性、人文性、服务性,在汾河一、二期治理的基础上,又启动了三期治理工程,并于2019年6月建成投用,形成全长33公里的城区段汾河景区。

邵社教介绍,景区的建设对防洪排涝、调节气温、增加湿度、水体净化、恢复生物多样性起到明显作用。眼下,10公里的四期工程正在抓紧推进。他表示:"总书记的嘱托是我们干好方方面面工作的根本遵循。下一步,我们将围绕总书记关于汾河生态环境保护和让汾河'水量丰起来,水质好起来,风光美起来'的殷切嘱托,铆足劲儿把各项工作做得更务实、更细致,让市民有更多的获得感、体验感和幸福感。"

加大汾河治污力度

"你看那汾河的水呀,哗啦啦啦流过我的小村旁……"山西民歌《人说山西好风光》脍炙人口,汾河美景令人印象深刻。

"汾河治,三晋兴"。为保一河清流,我省动作频频。2017年以来,汾河流域水质持续改善,劣V类水质断面不断减少。特别是今年2月,汾河流域国考断面首次全部达地表水V类及以上水质,实现了历史性突破。

陈耳东介绍,为了水质好起来,我省强化源头治污,采取"查勘、监测、溯源、治理"对流域2039个入河排污口全面整治;实施综合治污,采取截污纳管、雨污分流、污水处理厂提标改造,面源污染治理等措施,重点解决了220处突出水环境问题;建立市界、县界断面水质交接制度,建设49个水质、水量自动化监测设施,实现了全流域市界、县界水质监测全覆盖。

他表示:"受到总书记的肯定与鼓励,我们干劲倍增。今后我们要按照'共同抓好大保护,协同推进大治理'的要求,持续用力,久久为功,早日把汾河建设成全省人民的'幸福河'!"

保护生态环境就是保护生产力,改善生态环境就是发展生产力。围绕提升汾河水质，沿线各市县不断探索，精准发力。

在太原市，先后分三期对汾河太原城区段进行了治理美化。经过持续治理，水域平均宽度300米，两岸景观绿地平均宽度150米，草坪、地被植物、水生植物达345万平方米，鸟类从最初常见的四五种增加至156种。

“九河”是汾河太原城区段的边山支流。邵社教介绍，治理前，“九河”存在防涝功能弱化、生态环境恶劣等一系列问题。2017年，在南沙河治理的基础上，太原市又开展了玉门河、小东流河等8条河的综合治理工程，2018年全面完工，形成了汾河到东西山地区的数条生态景观长廊，提高了市民生活质量。“经过我们不懈努力，相信在不远的将来，习近平总书记期望的再现‘锦绣太原城’的盛景就会变成现实。”

创造绿色品质生活

太原，自古就有“锦绣太原城”的美誉，也是华夏文明的一颗璀璨明珠。66岁的梁新文是太原市小店区木兰拳分会会员，说起太原的变化特别感慨，从污染严重的重工业城市到“全国宜居城市”，太原这些年发生了翻天覆地的变化。她说，现在的汾河景区三期水更清、树更绿、景更美，空气越来越清新。以前在村里练，现在只要有时间就会跑到汾河晋阳桥段来，一边练拳一边赏景，很是享受！

5月12日，梁新文在汾河景区水上运动区域练拳的时候，偶遇了在岸边察看汾河的习近平总书记。“看到总书记，大家争相向总书记问好。我激动得说不出话来，只知道使劲地鼓掌！总书记特别和蔼可亲，上车后还一直跟我们挥手致意。”

汾河景区三期北起祥云桥，南至迎宾桥南2公里，全长12.5公里，是一条极具现代感的生态长廊，吸引着众多市民前来休闲健身。

作为汾河景区建设的参与者，太原市汾河景区管理委员会办公室主任侯刚说，三期改造完成后，从绿化到彩化，从单一的生态景观到人文的观赏景观，汾河两岸的绿化景观品质得到提档升级。与前期的工程相比，一是水深由原来的2米加深至4米到7米左右；二是实现了全段旅游船只通航；三是体育健身场地增加。

35岁的杨威是太原市亲贤社区骑行队队员，他一直沉浸在与习近平总书记见面的喜悦之中：“到现在我都不敢相信是真的，平时都是在电视上见到总书记，没想到今天能够面对面见到！”

他告诉记者：“以前我们骑行很少来这儿，就是因为这里路不好走、环境也不太好。自从2017年总书记来过山西以后，这里的发展与变化有目共睹，水清了、路通了、景色也美了，对于我们骑行爱好者来说，这样的环境真是太好了。”

（《山西日报》2020年5月13日　赵建军　丁　园　范　珍）

牢记领袖殷殷嘱托
只争朝夕乘势而上

初夏时节，三晋大地山峦叠翠，万物勃发。

在全国两会召开之前，在全国战“疫”取得决定性战略成果，经济发展、社会生活有序全面恢复的关键时期，在山西转型发展的重要历史时刻，5月11日至12日，习近平总书记再次亲临山西、视察山西。这是党的领袖对山西人民的最大关心，是对山西工作的最大鼓舞和支持，必将指引我们在转型综改新征程上坚定走下去、坚实走出来，必将激励全省人民乘势而上书写山西践行新时代中国特色社会主义的新篇章。

习近平总书记始终深情牵挂着山西和这里的人民。2017年6月，总书记亲临山西视察，对山西提出“五项重大任务”。山西省委始终铭记习近平总书记谆谆教导，聚焦“三篇光辉文献”，确立“四为四高两同步”总体思路和要求，团结带领全省人民，坚定沿着习近平总书记指引的资源型地区经济转型发展“金光大道”砥砺前行、开拓新局。山西从一区域印证了习近平新时代中国特色社会主义思想的科学真理伟力。

此次考察期间，习近平总书记深入农业产业基地、移民新村、文物保护单位、改革示范区和企业等，就统筹推进常态化疫情防控和经济社会发展工作、巩固脱贫攻坚成果进行调研并作出一系列重要指示。总书记听取了山西省委和省政府工作汇报并发表重要讲话，对山西各项工作予以肯定，为山西指明了前进方向，明确了山西各项事业的重大任务，明确了各级党员领导干部的职责要求。这是做好山西工作的重要法宝。

学习宣传贯彻习近平总书记重要讲话重要指示，是全省上下当前头等大事和首要政治任务。全省上下要按照省委常委会扩大会议部署，在学深悟透上下功夫，迅速兴起学习宣传贯彻热潮。要孜孜不倦抓学习，坚持以习近平新时代中国特色社会主义思想为指引，把学习贯彻习近平总书记视察山西重要讲话重要指示，与学习贯彻“三篇光辉文献”结合起来，一体学习、一体贯彻，努力掌握做好新时代山西工作的“金钥匙”。加大宣传力度，营造全省学习贯彻重要讲话重要指示的浓厚氛围，进一步凝聚正能量。要抓好贯彻落实，研究制定实施方案、任务清单、标准要求，确保条条落实、件件落地、事事见效，真正把“两个维护”体现到行动上。要用习近平总书记重要讲话重要指示指导全省“十四五”规划建议和纲要编制工作，描绘好“转型出雏型”的蓝图。

深入领会贯彻习近平总书记视察山西重要讲话重要指示，要坚定转型，咬定转型不动摇，聚焦创新不散光，深化改革不惧难，追赶超越不懈怠，进一步在培育新动能、实现高质量发展上久久为功；牢固树立绿水青山就是金山银山的理念,系统治理,进一步推进“两山七河一流域”生态修复,持续推进重大生态治理修复工程建设,建设山清水秀、天蓝地净的美丽山西;全力稳粮保供,做特做优,进一步推进农业供给侧结构性改革,打造农产品精深加工十大产业集群,打响“山西药茶”品牌,努力实现“三化一改善”;坚持以人民为中心的发展思想,坚决完成决战决胜脱贫攻坚目标任务,做实做好就业、增收、教育、保障兜底等民生工作,让人民群众有更多的获得感、幸福感、安全感;增强文化自信,常存敬畏,进一步保护好历史文物,以中华优秀传统文化熏陶人、滋养人,做好文旅、文创、文艺融合文章,切实加强文化建设,建设文化强省;深刻汲取系统性、塌方式腐败的沉痛教训,各级党委(党组)坚定扛起全面从严治党主体责任,立党为公,坚持减存量、控增量,把严管严抓严惩落实到一体推进不敢腐、不能腐、不想腐之中,增强基层党组织政治功能和组织力,营造风清气正的政治生态。

牢记领袖殷殷嘱托,只争朝夕乘势而上。让我们更加紧密地团结在以习近平同志为核心的党中央周围,深入学习贯彻习近平总书记视察山西重要讲话重要指示,在省委坚强领导下,乘势而上、蹄疾步稳,只争朝夕、久久为功,将转型综改进行到底,在转型发展上率先蹚出一条新路来,交出一份让习近平总书记和党中央满意、让全省人民满意的优秀答卷,书写山西践行新时代中国特色社会主义的新篇章。

(《山西日报》2020 年 5 月 14 日　本报评论员)

牢记领袖殷殷嘱托
书写优秀历史答卷

一个时代有一个时代的历史使命,一个时代有一个时代的路径选择。习近平总书记在山西发出“在转型发展上率先蹚出一条新路来”的进军号令,赋予山西新的重大历史使命。

中共山西省委十一届十次全体会议坚持以习近平新时代中国特色社会主义思想为指导,对深入学习贯彻习近平总书记视察山西重要讲话重要指示进行全面部署,审议通过了《中共山西省委关于贯彻落实习近平总书记视察山西重要讲话重要指示　在转型发展上率先蹚出一条新路来的实施方案》。这次会议,对于动员全省上下进一步强化思想武装、凝聚共识合力,保持战略定力、坚定必胜信念,为决胜全面建成小康社会、决战脱贫攻坚,在转型发展上率先蹚出一条新路来,乘势而上书写山西践行新时代中国特色社会主义的新篇章而努力奋斗,具有极为重要的意义。

习近平总书记始终非常关注关心山西,大力支持山西。每逢山西发展的重要关头、关键时刻,习近平总书记都及时为我们把舵领航、指引方向。今年 5 月 11 日至 12 日,习近平总书记再次亲临山西视察,是党的领袖对山西人民的最大关心,是以习近平同志为核心的党中央对山西工作的最大支持,是山西发展史上的重要里程碑。习近平总书记视察山西重要讲话重要指示,与 2017 年习近平总书记视察山西重要讲话一脉相承、与时俱进,思想深邃、高屋建瓴,既肯定山西近三年的工作,又寄予了“在转型发展上率先蹚出一条新路来”的殷切期望,为山西发展进一步指明了前进方向、提供了根本遵循,是对山西转型发展和现代化道路的宏伟擘画,是指导我们做好当前和今后工作的纲领性文件,具有划时代意义。

回望来时路,山西之所以实现了凤凰涅槃、浴火重生,并进而形成今天的良好局面,根本在于我们有习近平总书记的英明领导和亲切关怀,有习近平新时代中国特色社会主义思想这一指路明灯和制胜法宝。展望新征程,坚持联系实际持续学、深入悟、笃实行,持续推动习近平总书记视察山西重要讲话重要指示在三晋大地落地生根、开花结果,我们就一定能够迎来光明的未来,实现转型复兴的伟大使命。

转型发展是山西发展的根本出路、唯一出路,舍此别无他途。改革开放 40 多年历程波澜壮阔,先驱者们“为改革开放杀出一条血路来”,走出了一条生路、活路、使中国富起来的路;在“两个一百年”奋斗目标的历史交汇期,习近平总书记指明的“新路”,就是国家富强之路、民族复兴之路、现代化实现之路。我们要牢记领袖嘱托,胸怀两个大局,深刻领会在“转型发展上率先蹚出一条新路来”的时代内涵,在“率先”上抢先机、在“蹚出”上下苦功、在“新路”上勇探索,奋力抵达转型成功的胜利彼岸。

“路子对了,就要坚持走下去,久久为功,不要反复、不要折腾。”我们要坚持省委提出的“四为四高两同步”总体思路和要求,坚持把转型作为山西经济工作和各项事业的纲,凝聚起推动转型发展的强大正能量,真正构建起“一切为了转型、一切服务转型”的工作格局,坚定不移将转型综改进行到底。我们要更加注重综合配套改革,更加注重先行先试,全面推动观念转型、经济转型、方式转型、路径转型、动力转型、结构转型、机制转型、管理转型。我们要把握全球大势,把创新驱动作为逻辑起点,以敢为人先的勇气胆识和换道领跑的竞争姿态,奋力在新兴产业上占据主动,在未来产业上把握先机,举全省之力坚决打赢打好“六新”攻坚战、争夺战。

转型发展,还要有长远的战略谋划。“十四五”时期,我们要实现“转型出雏型”的重要阶段性战略目标,从而为“十五五”基本实现转型、“十六五”全面完成转型奠定坚实基础,确保到 2035 年与全国同步基本实现社会主义现代化。我们要高起点高标准高质量编制“十四五”规划,牢牢把握“八个定位”,重点实施“十大战略”,以变革性、牵引性、标志性举措确保转型出雏型,在收好官、定好位、谋好篇基础上,打好牌、出好招、下好棋。同时,要加强领导、崇尚实干,统筹处理好把握本质和遵循规律、第一责任和第一要务、政治生态和创新生态、有形之手和无形之手、国内市场和国际市场、营商环境和创新资源、社会治理和社会活力、风险防化和本质安全、头雁效应和基层首创、立足当前和着眼长远等十个关系,确保转型发展行稳致远。

在转型发展上率先蹚出一条新路来，是山西面临的一场新的伟大革命，我们充满必胜信念！3700多万山西人民时刻牢记习近平总书记教诲和重托，沿着习近平总书记指引的金光大道奋勇前进，不畏艰险、勇攀高峰，敢于胜利、乘势而上，就一定能够在省委的坚强领导下，奋力书写山西践行新时代中国特色社会主义新篇章，交出一份让总书记和党中央满意、让全省人民满意的优秀历史答卷！

（《山西日报》2020年6月30日　本报评论员）

四、专题评论：学习贯彻习近平总书记视察山西重要讲话重要指示

在转型发展上率先蹚出一条新路来

——一论学习贯彻习近平总书记视察山西重要讲话重要指示

“路子对了，就要坚持走下去，久久为功，不要反复、不要折腾。希望山西在转型发展上率先蹚出一条新路来。”习近平总书记5月12日在山西转型综合改革示范区调研时的谆谆嘱托，让我们倍感亲切、备受鼓舞，进一步坚定了我们开创山西美好未来的必胜信念和忠实履行国家使命的责任担当。

资源型地区经济转型发展是习近平总书记为我们指明的金光大道，早在2009年来山西调研时就提出这项改革课题。新时代，党中央赋予山西建设国家资源型经济转型综合配套改革试验区的重大任务。山西成为全国第一个全省域、全方位、系统性的国家资源型经济转型综合配套改革试验区。2017年6月，习近平总书记来到山西考察，希望山西“用好这一机遇，真正走出一条产业优、质量高、效益好、可持续的发展新路”。2019年5月，总书记主持召开中央全面深化改革委员会第八次会议，审议通过了《关于在山西开展能源革命综合改革试点的意见》，支持山西通过综合改革试点，争当全国能源革命排头兵。在中央的政策支持下，近年来我们紧抓重大机遇，咬定青山不放松，以一系列积极成效为实现高质量转型发展奠定了重要基础。回望方知行渐远。沉甸甸的收获，不仅体现在产业结构、能源结构的逐步优化上，将转型综改进行到底已成为回荡在三晋大地上的强劲主旋律。在山西转型发展的重要历史时刻，习近平总书记的重要指示，为我们沿着这条金光大道坚定走下去、坚实走出来注入强劲动力。

率先蹚出一条新路来，要咬定转型不动摇。转型是山西发展的唯一出路。要始终把转型综改作为山西经济工作的纲，摆在经济工作的核心地位，着力形成“一切为了转型、一切服务转型”的工作格局，推动山西经济发展由资源驱动向创新驱动转变，由粗放发展向内涵发展转变，由一煤独大向多业支撑转变，确保到2025年转型出雏型、到2030年基本实现转型、到2035年转型全面实现。

率先蹚出一条新路来，要聚焦创新不散光。创新是引领发展的第一动力。要大力实施创新驱动、科教兴省、人才强省战略，抓好“111”“1331”“136”等重大工程，全力打造一流创新生态，久久为功培育壮大新动能，大抓产业特别是14个战略性新兴产业集群培育，实施一批变革性、牵引性、标志性举措，大力加强科技创新，在新基建、新技术、新材料、新装备、新产品、新业态上不断取得突破。

率先蹚出一条新路来，要深化改革不惧难。建设转型综合改革示范区，是党中央赋予山西的一项重大任务，也是实现转型发展的关键一招。要着力破解事关山西长远发展的矛盾难题、风险挑战，继续啃硬骨头、涉险滩，深化重点领域关键环节重大改革，实现各领域各环节改革举措有机衔接、有效贯通、同向发力，持续释放改革红利，助推高质量转型发展。

率先蹚出一条新路来，要追赶超越不懈怠。我国发展仍处于重要战略机遇期，经济稳中向好、长期向好的基本趋势没有改变，我们不进则退、慢进亦退。要秉持虚怀若谷、学习借鉴的态度，吸收、引进、消化“他山之石”；发扬先行先试、敢为人先的精神，以必胜、敢胜、勇胜的胆识气魄，把比较优势转化为后发优势、竞争优势，奋力实现直道冲刺、弯道超车、换道领跑。

转型发展是山西践行忠诚之路、为国担当之路、执着探索之路，也是3700万山西人民的干事创业之路、拼搏奉献之路、希望幸福之路。逐梦前行，路在脚下。

（《山西日报》2020年5月15日　本报评论员）

产品和技术是企业安身立命之本

——二论学习贯彻习近平总书记视察山西重要讲话重要指示

“工艺确实好，就像锡纸一样薄，百炼钢做成了绕指柔。”习近平总书记5月12日走进太钢不锈钢精密带钢有限公司生产车间，饶有兴致地观看了厚度仅有0.02毫米的不锈钢箔材“手撕钢”产品，强调“产品和技术是企业安身立命之本”。总书记的重要指示，体现了对山西推进转型发展的关怀和期许，进一步坚定了我们蹚出一条新路来的信心和决心。

产品是企业赖以生存的根本，是企业立于不败之地的法

宝,企业的竞争说到底是产品的竞争。在5月10日启动的云上2020年中国自主品牌博览会上,我省26家企业精彩亮相山西展馆,在线展示山西在特色农产品、先进装备制造、新能源汽车、战“疫”装备、通用航空、现代生物医药和大健康等领域的优势产品,“山西制造”“山西药茶”“山西三宝”等受到广泛关注。山西高质量转型发展,既需要一批“老字号”,也需要一批专精特新产品。要紧紧围绕产品这一企业的生命线、发展线,树立以质取胜的理念,立足产业基础和优势,增品种、提品质、创品牌,在巩固拓展已有产品优势的基础上,推出一批个性化、功能化、绿色化,适销对路、科技含量高、满足消费升级潮流的创新产品,开发一批填补国际国内空白的高端产品,让山西产品真正成为企业高质量发展、人民高品质生活的助推器,成为山西转型发展新路上一个个亮眼的标识。

技术是企业发展的坚强支撑,创新是引领企业进步的第一动力。主动拥抱科技革命,加快技术迭代、产业升级,才能在复杂激烈的科技竞争中立于不败之地、赢得发展机遇。要全力打造一流创新生态,积极构建以企业为主体、市场为导向,政产学研金服用深度融合的技术创新体系。要实施关键核心技术和共性技术突破工程,聚焦山西制造业参与全球竞争需要解决的重点技术难题,加快工业强基重点项目建设,着力实施百项关键技术研发、百项创新项目实施、百项技术推广示范“三个百项”,支持企业、科研院所等创新主体开展联合攻关和产业化,研发一批具有自主知识产权的技术和产品,提升工业基础能力。全省各级各类企业要聚焦新基建、新技术、新材料、新装备、新产品、新业态,努力在“卡脖子”技术、原创性技术、颠覆性技术、前沿性技术、应用性技术方面研究攀登,推动大企业实现“从有到强”的跃升,推动中小企业完成“从无到有”的突破,实现山西企业技术水平的整体提升。

“希望企业在科技创新上再接再厉、勇攀高峰,在支撑先进制造业发展方面迈出新的更大步伐”。习近平总书记对太钢集团、对山西先进制造业发展寄予厚望。从新中国第一炉不锈钢、第一张硅钢片、第一块电磁用纯铁,到打破日本产品对全球30多年垄断的“笔尖钢”,再到“手撕钢”突破了400毫米宽幅达到600毫米宽幅……正是依靠产品立身、技术立业,太钢集团填补了上百项我国钢铁工业的空白,逐步发展成为全球不锈钢行业领军企业。沿着习近平总书记指明的资源型地区经济转型发展的金光大道砥砺前行,不断夯实企业安身立命之本,在持续推动企业新产品开发、新技术攻坚上下非常之力、用恒久之功,就一定能够造就一批数量充足、结构优化、具有核心竞争力的产业劲旅、旗舰企业、领军企业家,为实现山西高质量转型发展提供坚实的支撑。

(《山西日报》2020年5月16日　本报评论员)

再现“锦绣太原城”盛景

——三论学习贯彻习近平总书记视察山西重要讲话重要指示

让汾河水量丰起来、水质好起来、风光美起来,是2017年6月习近平总书记视察山西时交给我们的重要使命。时隔近三年,总书记5月12日在太原调研时,对太原汾河沿岸生态环境的沧桑巨变表示欣慰,强调要“持续用力,再现‘锦绣太原城’的盛景”。习近平总书记的重要指示,充分体现了人民领袖对山西生态文明建设的高度重视和对山西人民的亲切关怀,也是对我们坚定不移走生态优先、绿色发展之路的极大激励和鞭策。

再现“锦绣太原城”盛景,要把汾河治理作为重中之重。以水定城、以水定地、以水定人、以水定产,既是保护水资源、水生态、水环境的题中之义,也是城市建设和发展必须遵循的原则。要牢记总书记殷殷嘱托,牢固树立绿水青山就是金山银山的理念,继续举全省之力推进汾河流域生态修复,切实保护好、治理好汾河。要坚持控污、增湿、清淤、绿岸、调水“五策并举”,在“九河”综合治理工程的基础上,加快推进汾河太原城区段第四期10公里湿地建设工程,进一步提高汾河水质,改善城市生态环境,全面消除劣V类断面,把汾河建成生态廊道、景观廊道、休憩廊道和文化廊道,“不断增强太原的吸引力、影响力,增强太原人民的获得感、幸福感、安全感”。

再现“锦绣太原城”盛景,要坚持系统治理,交出一份城市生态保护的优秀答卷。要坚持山水林田湖草一体化保护和修复,把创造优良人居环境作为中心目标,让城市再现绿水青山、更富特色和魅力。要坚持把加强流域生态环境保护与推进能源革命、推行绿色生产生活方式、推动经济转型发展统筹起来,科学布局生产空间、生活空间、生态空间,让良好生态环境成为实现高质量发展、高水平崛起、高标准保护、高品质生活的重要支撑。要坚持治山、治水、治气、治城一体推进,坚决打好污染防治攻坚战,建设天蓝、地静、水绿的美丽城市家园。

再现“锦绣太原城”盛景,要体现“让一泓清水入黄河”的责任担当。黄河山西段流经4市19县,总长965公里,占黄河总长度的1/6。作为黄河流域省份,我们要站在践行习近平生态文明思想和“两山”理论的政治高度,扎实实施黄河流域生态保护和高质量发展国家战略,大力弘扬“右玉精神”,保护好“华北水塔”,发挥好京津冀生态屏障作用,推动我省沿黄地区在保护中开发、开发中保护。“治理汾河,不仅关系山西生态环境保护和经济发展,也关系太原乃至山西历史文化传承。”我们要站在延续历史文脉、坚定文化自信的高度,从山西一域深入挖掘黄河文化蕴含的时代价值,讲好“黄河故事”的山西篇章。

“真是沧桑巨变！太原自古就有‘锦绣太原城，三面环山，一水中分’的美誉，如今锦绣太原的美景正在变为现实。”相信在习近平生态文明思想和习近平总书记视察山西重要讲话重要指示的科学指引下，协同推进经济高质量发展和生态环境高水平保护，我们就一定能“再现古晋阳汾河晚渡的美景，让一泓清水入黄河”，三晋大地必将重现山青、水秀、河畅、岸绿、景怡的秀美风光。

（《山西日报》2020 年 5 月 17 日　本报评论员）

以科技创新实现“六新”突破

——四论学习贯彻习近平总书记视察山西重要讲话重要指示

“大力加强科技创新，在新基建、新技术、新材料、新装备、新产品、新业态上不断取得突破。”习近平总书记 5 月 11 日至 12 日视察山西期间，对我省推动转型发展、实施创新驱动、打造创新生态作出重要指示，激励我们更好担负起在转型发展上率先蹚出一条新路来的历史使命。

科技是国家强盛之基，创新是民族进步之魂。党的十八大以来，我省深入贯彻落实习近平总书记关于科技创新的重要论述，实施“111”“1331”“136”等重大工程，创新生态不断优化，创新驱动力显著增强，多个国家级重大科技创新平台实现零的突破，取得一批有影响的科技创新成果。以数据中心、5G 网络为代表的新基建，以“晋华炉”、深层煤层气勘探开发为代表的新技术，以“手撕钢”、“笔尖钢”、碳化硅、砷化镓为代表的新材料，以新能源汽车、通用航空为代表的新装备……从研发到商用、从实验到量产，催生了一系列新产品、新业态，为山西高质量转型发展提供了战略新支点。大力加强科技创新，在“六新”上不断取得新突破，是山西转型发展的基础所在、支撑所在、希望所在。

实现“六新”突破，要立足转型大局，做好顶层设计。要坚定不移走好习近平总书记为我们指明的转型发展金光大道，咬定转型不动摇，努力使先行先试成为先行发展的先机，用一流科技成果为国家资源型经济转型综合配套改革试验区这块金字招牌增光添彩。要着眼夯基立制，完成好创新生态的顶层设计，搭建好创新体系、创新制度、创新政策框架，围绕 14 个标志性引领性产业集群，布局一批创新平台、一批重大技术、一批学科专业、一批标志性项目、一批重点园区、一批产业基金，真正构建起创新生态的四梁八柱。

实现“六新”突破，要勇攀科技高峰，建好创新平台。重点实验室、创新团队、协同创新中心以及中试基地、双创中心等，是开展原始创新、自主创新、基础研究的关键平台。要支持引导各类创新平台在“卡脖子”技术、原创性技术、颠覆性技术、前沿性技术、应用性技术方面研究攀登，积极抢占科技创新制高点。要充分发挥平台的引才聚才作用，加快造就数量多、结构优、素质高的科技创新人才队伍，不断增强我省创新高地建设的智力资本储备。

实现“六新”突破，要着眼产业发展，抓好企业创新。据统计，全球每年 70%以上的新技术新工艺来自世界五百强企业。一定程度上讲，企业的创新能力决定着整个经济的创新能力。要推动产学研深度融合，鼓励大企业加快创建企业技术中心、工程技术中心、产业技术创新联盟等高水平创新平台，着力实现规上企业创新全覆盖；引导中小企业通过与高校、科研院所、大企业携手合作或配套协作，积极组建小型研发机构，开展研发活动。要发挥企业市场主体作用，实现技术、资本、管理有效聚合，企业、园区、孵化器有效承载，把优秀科技成果就地转化为新产品，培育新业态，打造转型发展竞争新优势。

科技是国之利器，国家赖之以强，企业赖之以赢，人民生活赖之以好。牢记习近平总书记教导和嘱托，落实省委“四为四高两同步”总体思路和要求，全力打造一流创新生态，大力加强科技创新，着力实现“六新”突破，我们就一定能够在百舸争流的科技竞争中赢得山西机遇，写出转型发展新华章、蹚出一条新路来。

（《山西日报》2020 年 5 月 18 日　本报评论员）

有机衔接脱贫攻坚和乡村振兴

——五论学习贯彻习近平总书记视察山西重要讲话重要指示

“今年是决战决胜脱贫攻坚和全面建成小康社会的收官之年，要千方百计巩固好脱贫攻坚成果，接下来要把乡村振兴这篇文章做好，让乡亲们生活越来越美好。”习近平总书记近日在山西视察时，对推动脱贫攻坚和乡村振兴有机衔接作出重要指示，充分体现了人民领袖的强烈责任担当和深厚为民情怀，为我们做好新时代“三农”工作、谱写乡村全面振兴新篇章指明了前进方向、注入了精神动力。

党的十八大以来，我们把坚决打赢脱贫攻坚战作为全面建成小康社会的底线任务，将产业发展贯穿脱贫攻坚、全面小康和乡村振兴全过程，加快补齐补实“三农”领域短板，我省 58 个贫困县全部摘帽，贫困发生率降至 0.1%以下，脱贫攻坚取得了决定性成就。站在实现“两个一百年”奋斗目标的历史交汇点上，我们要牢记总书记殷殷嘱托，进一步巩固脱贫攻坚成果，努力实现乡村产业、人才、文化、生态、组织的全面振兴。

产业兴旺是解决农村一切问题的前提。推进“产业扶贫”与“产业振兴”衔接，要持续深化农业供给侧结构性改革，加快推动农业发展方式由生产型向市场型、由粗放型向集约型、由家庭型向融合型、由数量型向质量型、由“靠山吃山型”向“两山理论型”的转变，发展农产品精深加工十大产业集群，打造有机旱作农业和“山西药茶”品牌，将现代农业打造成高质量转型发展的支柱产业、富民产业。

人才振兴是乡村振兴的基础。推进"人才扶贫"与"人才振兴"衔接,要聚焦解决现代农业发展"谁来种""谁来养"的问题,深入推进"人人持证、技能社会"建设,实行更加积极、更加开放、更加有效的乡村人才政策,引导传统身份农民向新型职业农民转变,鼓励广大党员干部到农村一线实践锻炼、干事创业,强化乡村振兴的人才支撑。

乡风文明是乡村振兴的紧迫任务。推进"文化扶贫"与"文化振兴"衔接,要大力弘扬社会主义核心价值观,深入开展文明村镇、农村文明家庭、星级文明户等创建活动,推动公共文化服务向农村延伸、思想政治工作向农村覆盖、新时代文明实践向农村拓展,开展移风易俗、弘扬时代新风行动,打造和谐有序、安居乐业、创新创业的活力乡村。

生态宜居是乡村振兴的内在要求。推进"生态扶贫"与"生态振兴"衔接,要巩固和发展好生态这一乡村最大的发展优势,大力弘扬右玉精神,统筹山水林田湖草系统治理,加快推行乡村绿色发展方式,深入实施农村人居环境整治"四大工程"及农村改厕,打好农村污染防治攻坚战,做好退耕还林还草工作,建设美丽宜居宜业宜游的社会主义新农村。

治理有效是乡村振兴的重要保障。推进"党建扶贫"与"组织振兴"衔接,要坚持党建统领,突出政治建设,以党组织功能是否增强、党员干部素质是否提高、党的建设各项部署是否落实、党的建设对经济社会发展的保证作用是否明显、人民是否满意为尺度,全面检验农村基层党建工作成效;要完善"三治融合"乡村治理体系,全面推进"三零"村创建工作,进一步增强村民自治组织能力、推进法治乡村建设、发挥乡村德治作用。

脱贫摘帽不是终点,而是新生活、新奋斗的起点。深入贯彻落实习近平总书记视察山西重要讲话重要指示,有机衔接脱贫攻坚和乡村振兴,做好乡村全面振兴这篇大文章,乡亲们的生活就一定会越来越美好!

(《山西日报》2020 年 5 月 19 日　本报评论员)

推动社会治理重心向基层下移

——六论学习贯彻习近平总书记视察山西重要讲话重要指示

党的十九届四中全会围绕"坚持和完善共建共治共享的社会治理制度,保持社会稳定、维护国家安全",对推动社会治理和服务重心向基层下移作出部署。5月 11 日至 12 日,习近平总书记在我省视察时,再次强调"推动社会治理重心向基层下移",为我们持续提升基层治理能力和水平,不断完善党建引领、"三治融合"、多元参与的基层社会治理新格局指明了方向和路径,坚定了我们夯实治晋兴晋强晋、实现高质量转型发展安全稳定基石的信心和决心。

"党是领导一切的"。推动社会治理重心向基层下移,要坚持党建引领。加强基层党的建设、巩固党的执政能力,是贯穿社会治理和基层建设的一条红线。要大力推进基层党组织规范化建设,建强组织、选优班子、整顿软弱,更好发挥基层党组织的战斗堡垒作用和党员先锋模范作用。要通过兼职委员、志愿服务等方式,推动基层党建与基层社会治理相融合,不断延伸党组织辐射力,切实把党的理论优势、政治优势、制度优势、密切联系群众优势转化为社会治理的强大效能。

推动社会治理重心向基层下移,要推进自治、法治、德治"三治融合"。"三治融合"有利于积聚力量、凝聚人心,营造共建共治共享局面,最大限度激发基层发展活力。要坚持以自治为基础、法治为保障、德治为先导,不断优化基层治理体系,形成"大事一起干、好坏大家判、事事有人管"的生动局面。要注重发挥科技的支撑作用,更多运用互联网、大数据、人工智能、区块链等现代科技完善基层治理手段,推广"一部手机三晋通"等群众普遍点赞的智能化治理新模式。

推动社会治理重心向基层下移,要坚持以人民为中心的发展思想,充分调动社会各种主体参与积极性。基层治理的力量来自人民群众,智慧蕴藏于人民群众。要聚焦力量全覆盖,建好社区干部、网格员、志愿者等队伍,发挥群团组织、社会组织作用,发挥行业协会商会自律功能,通过每个社会单元的共同努力,汇聚起"山西之治"的强大合力。要深入开展"三零"单位创建工作,坚持控新治旧、标本兼治,把工作着眼点放到基层单位和治理末端、矛盾源头上来,深化问题联治、工作联动、平安联创,最大限度把各类矛盾纠纷、风险隐患化解在基层。

社会治理重心在基层,难点在基层,活力也在基层。近年来,在省委坚强领导下,我省基层社会治理取得长足进步,特别是在新冠肺炎疫情防控斗争中,全省 85 万多名党员、2.7 万多个基层党组织和 7000 多个临时党组织下沉到农村、社区,广大公安干警、基层网格员、志愿者挺身而出,日夜奋战,构筑起联防联控、群防群控的坚实防线。实践证明,基层强、社会稳、福祉增。深入学习贯彻习近平总书记视察山西重要讲话重要指示,坚持和发展新时代"枫桥经验",推动社会治理重心向基层下移,我们就一定能打造出加强和创新基层社会治理的"山西样本",提升治晋兴晋强晋能力和水平,确保人民安居乐业、社会安定有序,建设更高水平的平安山西。

(《山西日报》2020 年 5 月 20 日　本报评论员)

充分挖掘和利用文化资源

——七论学习贯彻习近平总书记视察山西重要讲话重要指示

"历史文化遗产是不可再生、不可替代的宝贵资源,要始终把保护放在第一位。""发展旅游要以保护为前提,不能过度商业化，让旅游成为人们感悟中华文化、增强文化自信的过程。”习近平总书记近日在山西视察时强调，要充分挖掘和利用丰富多彩的历史文化、红色文化资源加强文化建设，体现了人民领袖一以贯之热爱文化、珍惜文化的深沉情怀。充分挖掘和利用文化资源，对文化底蕴厚重的山西而言，意义极其重大。我们惟有学思践悟、躬身笃行，方能不负重托，不辱使命。

华夏古文明，山西好风光。充分挖掘和利用文化资源，山西优势明显，责无旁贷。三晋大地物华天宝，自古以来就有“表里河山”“天下莫强”之说，是当之无愧的文物大省、文化大省。国家级重点文物保护单位多达531处，高居全国第一；元代以前木结构建筑509处，占到全国的75%以上，被称为“中国古建筑博物馆”。山西还是具有光荣传统的革命老区、红色文化的重要聚集地。这些得天独厚的资源禀赋，是我们打造富有特色和魅力的文化旅游强省取之不尽、用之不竭的“富矿”。

充分挖掘和利用文化资源，要始终把历史文化遗产保护放在第一位。近年来，我省在全国省级层面率先启动“文明守望工程”，文物保护力度显著增强，文物管理能力明显提升。要常存敬畏，上对五千年文明负责，下对子孙后代负责，保护好老祖宗创造的不朽文化遗产。发展旅游，必须坚持“保护第一、生态优先、科学规划、有限开发”的原则，坚持以保护为前提，坚决杜绝破坏性开发，让山西的历史文化遗产“守得住”“活起来”。

充分挖掘和利用文化资源，要坚持以旅彰文、以文化人，引导广大干部群众提升道德情操、树立良好风尚、增强文化自信。要深入挖掘山西五千年文明发展所孕育的优秀传统文化，让“游山西就是读历史”成为广泛共识；大力传承山西这片红色土地上孕育的革命文化，保护好利用好各类革命遗址、遗存、遗迹，让太行精神、吕梁精神、右玉精神等革命精神得到广泛传播；与时俱进发展社会主义先进文化，通过太钢渣山公园、锡崖沟挂壁公路等生动载体，让人们深刻体悟社会主义建设的艰苦卓绝，凝聚起只争朝夕、不负韶华、越是艰险越向前的奋进力量。

充分挖掘和利用文化资源，要认真做好文旅、文创、文艺融合文章。要做优叫亮黄河、长城、太行“三大旅游板块”，推进“文化+”“旅游+”，用创意激活资源，培育发展全域游、研学游、自驾游、文化体验游等新业态，推动文旅产品融合、业态融合和产业重构，把文化旅游产业培育成我省转型发展的战略性支柱产业。要发挥旅游业对世界文化交流的特殊作用，既要持续打响五台山、云冈石窟、平遥古城三大世界文化遗产品牌，也要锻造更多国家级、国际化文化活动品牌，在文化交流互鉴中讲好山西故事。

敬畏历史才能创造历史，不忘本来才能开辟未来。牢记习近平总书记殷殷嘱托，充分保护和利用文化资源，激发穿越时空、直击人心的文化力量，我们就一定能够把文化资源优势转化为高质量转型发展的比较优势、竞争优势，坚定文化自信，增强文化自觉，乘势而上书写山西践行新时代中国特色社会主义的新篇章！

（《山西日报》2020年5月21日　本报评论员）

巩固脱贫　防止返贫

——八论学习贯彻习近平总书记视察山西重要讲话重要指示

“乡亲们脱贫后，我最关心的是如何巩固脱贫、防止返贫，确保乡亲们持续增收致富。”习近平总书记不到三年时间两次亲临山西视察，都要到贫困村了解情况，和贫困群众细算扶贫账、增收账，一直牵挂着老区脱贫攻坚工作和困难群众生活。当前，脱贫攻坚已经到了决战决胜的关键时期，巩固脱贫、防止返贫重任在肩，唯有真抓实干、勠力攻坚，方能行稳致远。

“胜非其难也，持之者其难也。”脱贫摘帽不是终点，而是新生活、新奋斗的起点。巩固脱贫、防止返贫，要保持扶贫政策相对稳定。今年的中央一号文件对巩固脱贫成果防止返贫作出部署，进一步明确了主要内容、方法途径，各级党组织必须结合实际认真贯彻落实。要保持脱贫攻坚政策稳定，对退出的贫困县、贫困村、贫困人口，既要扶上马，更要送一程，确保过渡期内严格做到摘帽不摘责任、摘帽不摘政策、摘帽不摘帮扶、摘帽不摘监管。

巩固脱贫、防止返贫，要坚决守住不发生群体性返贫致贫的底线。我省还存在一定数量的脱贫不稳定人口和边缘人口，再叠加疫情影响，巩固脱贫成果任务十分繁重。对剩余贫困人口，要“一户一案”“一户一策”落实开发式扶贫和保障性兜底政策；对脱贫不稳定户、边缘易致贫户、因疫情或其他原因收入骤减或支出骤增户，要着眼于防、立足于帮，健全监测预警机制，加强动态监测，采取针对性预防措施，做到“及早发现、事前预警，及时帮扶、事后跟踪”，决不等致贫了再脱贫、返贫了再补救。

巩固脱贫、防止返贫，要千方百计促增收。增收是脱贫的硬核力量。要狠抓产业发展，培育发展扶贫龙头企业等新型经营主体，围绕农产品精深加工十大产业集群因地制宜发展特色产业，完善益贫带贫机制，把产业振兴贯穿脱贫攻坚、全面小康、乡村振兴全过程。要狠抓就业培训，精准实施农村贫困群众技能培训，抓好“人人持证、技能社会”建设，通过培训提高农民就业能力，提高工资性收入水平。要狠抓教育扶贫，整合教育资源，做好控辍保学，坚持就近就便服从就优的原则办好教育，治穷病、挖穷根，阻断贫困代际传递。

巩固脱贫成果，要把作风建设贯穿工作始终。脱贫攻坚越到最后关头，越要加强作风建设。要持续深化五级书记遍访贫困对象行动，扎实开展驻村帮扶“十个清零”，夯实筑牢持续稳定增收基础。要加大督查力度，坚决杜绝形式主义、官僚主义，坚决防止急躁和厌战情绪，把全面从严治党要求贯穿脱贫攻坚全过程,确保脱真贫、真脱贫。要激发脱贫攻坚的内生动力,把扶贫与扶志扶智扶德紧密结合起来,引导贫困群众感恩奋进,用自己的双手创造美好生活。

脱贫攻坚战不是轻轻松松一冲锋就能打赢的。巩固脱贫、防止返贫,重在积厚成势、慎终如始。让我们更加紧密地团结在以习近平同志为核心的党中央周围,高质量完成脱贫攻坚目标任务,把脱贫作为奔向更加美好新生活的新起点,再接再厉,继续奋斗,让乡亲们的日子越过越红火!

(《山西日报》2020 年 5 月 22 日　本报评论员)

把为民办事、为民造福作为最重要的政绩

——九论学习贯彻习近平总书记视察山西重要讲话重要指示

"中国共产党把为民办事、为民造福作为最重要的政绩,把为老百姓做了多少好事实事作为检验政绩的重要标准。""共产党是一心一意为人民谋利益的……"习近平总书记近日视察山西期间的一个个温暖瞬间、一句句殷殷叮嘱,无不体现大国领袖一以贯之的人民立场、真挚深厚的为民情怀,激励全省广大党员干部不忘初心、牢记使命,更好肩负起为官一任、造福一方的责任担当。

为民办事、为民造福,是对我们党执政为民理念的生动阐释。全心全意为人民服务是我们党的根本宗旨。共产党人从站在党旗面前庄严宣誓的那一刻起,就把入党誓言深深镌刻在头脑里、融入血液中。党章昭示初心使命,誓言是最高的承诺。广大党员干部把为民办事、为民造福作为最重要的政绩,就是要学习感悟习近平总书记"我将无我、不负人民"的崇高情怀,始终把人民放在心中最高位置,以忠诚之心践行党的宗旨,以敬畏之心对待手中权力,以感恩之心服务人民群众,解决好"为了谁、依靠谁、我是谁"的问题,真正做到"一句誓言、一生作答"。

"人民对美好生活的向往就是我们的奋斗目标。"为民办事、为民造福,彰显共产党人的境界与担当。山西有悠久的历史和灿烂的文化,为共和国建设作出巨大贡献,当前正处于决胜全面小康和转型发展五年出雏型的重要历史关头,我们有责任让山西人民共享高质量发展成果,过上富裕幸福、积极向上、文明健康的高品质生活。全省 240 多万名党员都要把为山西人民谋福祉、为山西明天谋振兴、为实现中华民族伟大复兴的中国梦作出山西贡献作为共同的使命和情怀,和全省人民一道坚定扛起习近平总书记和党中央赋予我们的"在转型发展上率先蹚出一条新路来"的重大使命,按照省委"四为四高两同步"总体思路和要求,在推动高质量发展、实现高水平崛起、坚持高标准保护中创造高品质生活,把人民群众对美好生活的向往不断变成现实。

为民办事、为民造福,最重要的是扎扎实实为老百姓办好事办实事。今年是决胜全面建成小康社会、打赢精准脱贫攻坚战、实现"十三五"规划收官之年,我们要奋力夺取疫情防控和经济社会发展"双胜利",改革发展稳定任务非常繁重。广大党员干部要当好群众领路人,坚持敢字为先、干字当头,坚持守土尽责、迎难而上,团结带领全省 3700 万人民以超常规的举措应对不寻常的困难挑战,扎实做好"六稳"工作,全面落实"六保"任务,努力克服新冠肺炎疫情带来的不利影响,在高质量转型发展上迈出更大步伐,确保完成决战决胜脱贫攻坚目标任务,全面建成小康社会,努力创造经得起历史、实践和人民检验的新业绩。更要当好群众的贴心人,把人民群众的难点、痛点作为工作的切入点,落实好保障和改善民生各项政策,下大气力解决关系群众切身利益问题,以更大的决心、更硬的举措反对形式主义、官僚主义,坚决不做自以为领导满意却让群众失望的蠢事!

右玉历任县委书记"一张蓝图绘到底",让昔日"不毛之地"变成了"塞上绿洲",为共产党人想群众之所想、急群众之所急写下了温暖注脚。民之所望,政之所向。新时代,全省广大党员干部大力弘扬"右玉精神",始终把为民办事、为民造福作为最重要的政绩,竭尽全力察民情、知民需、解民忧、纾民困,就一定能够让广大群众不断享有实实在在的获得感幸福感安全感,不断夯实党执政的政治基础和群众基础。

(《山西日报》2020 年 5 月 23 日　本报评论员)

坚持不懈抓好党内政治生态建设

——十论学习贯彻习近平总书记视察山西重要讲话重要指示

习近平总书记近日在山西视察时强调,要"坚持以政治建设为统领,坚持不懈抓好党内政治生态建设",为我省一以贯之、坚定不移全面从严治党进一步指明了方向。我们要坚定落实总书记重要指示要求,坚持"严"的主基调毫不动摇,坚持不懈抓好党内政治生态建设,有力有效推动全面从严治党向纵深发展。

2017 年 6 月,习近平总书记视察山西时指出,山西政治生态已经由"乱"转"治",山西发展已经由"疲"转"兴",要求我们严肃党内政治生活,努力实现党内政治生态风清气正。遵照总书记指示要求,这几年省委坚持"治"不忘"危"、"兴"不忘"忧",确立"巩固、深化、提高"方针,持续构建良好政治生态,做到了管党治党和转型发展"两手硬"。实践告诉我们,正是有习近平总书记的英明领导、领航掌舵,我省党风廉政建设和反腐败斗争才能历经重大转折并不断引向深入,取得新的重大成果。保持零容忍的决心丝毫不动摇、打击腐败的力度丝毫不减弱、净化政治生态的努力丝毫不懈怠,方能不

负领袖期待、人民重托。

坚持不懈抓好党内政治生态建设，必须坚持以政治建设为统领，坚决做到"两个维护"。要上好"不忘初心、牢记使命"这堂首修课、必修课、终身课，把"两个维护"作为最高政治原则和根本政治规矩，始终以理论上的清醒保持政治上的坚定。要发扬斗争精神，坚决同一切"老好人、太平官、墙头草、泥菩萨"的思想行为作斗争，以过硬的党性践忠诚、担使命。要坚决纠治"四风"，推动结果导向成为一种工作理念、工作方法、工作制度，把干部干事创业的手脚从形式主义、官僚主义的桎梏、套路中解脱出来，形成求真务实、清正廉洁的新风正气。

坚持不懈抓好党内政治生态建设，必须坚决贯彻落实一体推进不敢腐、不能腐、不想腐的重要方略，永葆党的先进性和纯洁性。围绕强化不敢腐的震慑，继续坚持"老虎""苍蝇"一起打，违规、违纪、违法问题一起查，形成"控新、治旧、抓早、铲土"的标本兼治格局，巩固严惩腐败的高压态势。围绕扎紧不能腐的笼子，在党中央集中统一领导下，持续加强对权力运行的制约和监督，特别加强对各级"一把手"的监督，督促上级"一把手"抓好下级"一把手"，让意欲腐败者无机可乘。围绕增强不想腐的自觉，着力加强理想信念教育、提高党性觉悟、涵养廉洁文化，教育引导党员干部常学党章誓言、常照党纪国法、常思贪欲之害，筑牢拒腐防变的思想堤坝。

坚持不懈抓好党内政治生态建设，必须紧紧扭住责任制这个"牛鼻子"，把真管真严、敢管敢严、长管长严贯穿于管党治党全过程、落实到党的建设各方面。各级党委（党组）要坚持守土尽责、自觉担责、认真负责，各级党委（党组）书记要坚决负好主责、首责、全责，领导班子其他成员要严格落实"一岗双责"，各级纪检监察机关和广大纪检监察干部要履行好全面从严治党监督责任，确保主体责任和监督责任一贯到底。要把抓基层、打基础作为长远之计和固本之策，整治软弱涣散，增强政治功能和组织力，让每个基层党组织都成为党旗高高飘扬的战斗堡垒。

全面从严治党永远在路上。始终保持全面从严治党的定力和耐力，毫不动摇把"严"的主基调长期坚持下去，以"第一责任"领导和保障"第一要务"，我们就一定能以风清气正的政治生态推动形成活力迸发的创新生态，做到治"乱"不停步、治"本"年年有新进步，为乘势而上书写山西践行新时代中国特色社会主义的新篇章提供更加坚强的保障！

（《山西日报》2020 年 5 月 24 日　本报评论员）

五、专题评论：深入学习贯彻省委十一届十次全会精神

强化思想武装　凝聚转型共识

——一论深入学习贯彻省委十一届十次全会精神

思想是行动的先导，理论是实践的指南。

省委十一届十次全会对深入学习贯彻习近平总书记视察山西重要讲话重要指示进行全面部署。我们要坚持以习近平新时代中国特色社会主义思想为指导，把思想和行动统一到习近平总书记视察山西重要讲话重要指示上来，坚定落实省委十一届十次全会各项部署，进一步强化思想武装、凝聚转型共识，激发"在转型发展上率先蹚出一条新路来"的磅礴力量。

回顾这些年山西走过的历程，每逢重要关头、关键时刻，习近平总书记都及时为我们把舵领航，指引山西实现了凤凰涅槃、浴火重生，并进而形成今天的良好局面。今年 5 月 11 日至 12 日，习近平总书记再次亲临山西视察，发表重要讲话、作出重要指示，勉励我们在转型发展上率先蹚出一条新路来，充分体现了党的领袖对山西人民的最大关心，充分体现了以习近平同志为核心的党中央对山西工作的最大支持，是山西发展史上的重要里程碑。习近平总书记崇高的领袖风范、许党许国的使命担当、真挚至深的为民情怀、求真务实的工作作风和光辉思想的真理力量，极大增强了全省上下坚定不移将转型综改进行到底的信心和决心。

习近平总书记视察山西重要讲话重要指示，既指出了山西发展不平衡不充分的突出问题和疫情带来的风险挑战，又指明了山西发展面临的重大战略机遇；既提出了做好山西工作的总体要求，又明确了奋发有为推进高质量发展、坚定推进生态文明建设、着力夯实农业农村基础、扎实做好保障和改善民生工作、积极推进文化建设、坚持不懈抓好党内政治生态建设等六大任务……2017 年 6 月习近平总书记在山西视察时要求我们"真正走出一条产业优、质量高、效益好、可持续的发展新路"。时隔近三年，习近平总书记再次寄予我们"在转型发展上率先蹚出一条新路来"的殷切期望，对山西高质量转型发展提出了新的重大要求。

习近平总书记视察山西重要讲话重要指示，是对山西转型发展和现代化道路的宏伟擘画，是指导我们做好当前和今后工作的纲领性文件。全省上下要按照省委部署，把深入学习宣传贯彻习近平总书记视察山西重要讲话重要指示作为头等大事和首要政治任务，联系实际持续学、深入悟、笃实行，确保条条落实、件件落地、事事见效。要深刻把握习近平总书记对山西工作提出的总体要求和重大任务，聚焦《中共山西省委关于贯彻落实习近平总书记视察山西重要讲话重要指示在转型发展上率先蹚出一条新路来的实施方案》提出的 6 个方面、65 条、334 项落实举措，进一步强化目标导向、

问题导向、结果导向,进一步明确具体举措、标准要求、完成时限,推动责任到位、措施到位、落实到位、成效到位。

在转型发展上率先蹚出一条新路来,乘势而上书写山西践行新时代中国特色社会主义新篇章,需要凝聚各方面的智慧和力量。坚持以习近平新时代中国特色社会主义思想为指导,持续推动习近平总书记视察山西重要讲话重要指示在三晋大地落地生根、开花结果,我们就一定能够走好资源型经济地区转型发展的金光大道,担当好党中央赋予山西的光荣使命!

(《山西日报》2020 年 7 月 1 日　本报评论员)

转型发展是山西发展的根本出路、唯一出路

——二论深入学习贯彻省委十一届十次全会精神

“方向决定道路,道路决定命运。”省委十一届十次全会号召全省上下沿着习近平总书记指引的金光大道奋勇前进,强调转型发展是山西发展的根本出路、唯一出路,舍此别无他途。在转型发展上率先蹚出一条新路来,成为三晋大地上的时代强音。

习近平总书记今年 5 月再次亲临山西视察,勉励我们“在转型发展上率先蹚出一条新路来”。这是党的领袖对山西高质量转型发展提出的新的重大要求。习近平总书记指明的“新路”就是国家强盛之路、民族复兴之路、现代化实现之路。当前,山西正处于决胜全面小康和转型发展的重要历史关头,只有蹚出一条新路来,才能在危机中育新机、于变局中开新局,在高质量转型发展上迈出更大步伐,精彩书写山西践行新时代中国特色社会主义的新篇章。

“一切向前走,都不能忘记走过的路。”回望改革开放 40 多年来的山西经济发展历程,资源型经济积累的“一煤独大”结构性矛盾、“一股独大”体制性矛盾、创新不足素质性矛盾,不仅造成了过度依赖煤炭产业、过度倚重煤炭价格的粗放发展方式,而且挤出了改革、挤出了创新、挤出了人才、挤出了山西发展综合竞争力。自然禀赋和现实产业基础决定了山西是我国重要的能源基地,但纵观世界,有的地区因能源而富,但从未见因能源而强。历史告诉我们,走老路只能是歧路、死路,蹚新路才能赢得出路。自古华山一条路,舍此别无他途!

转型发展之路,越走越宽。2016 年以来,我们紧紧抓住中央赋予的重大政策机遇,推动煤炭“减”“优”“绿”,打出转型综改“组合拳”,推动山西经济实现了从断崖式下滑到稳中向好、再到转型发展呈现良好态势的转折。特别是今年以来,面对新冠肺炎疫情的冲击,全省上下咬定转型不动摇,基本实现了“正增长指标增幅高于全国平均水平、负增长指标降幅低于全国平均水平”的预期目标,一季度 8 项主要经济指标中有 6 项好于全国。实践充分证明,转型发展是能够走通、可以走好的路。只要我们坚持新发展理念,进一步强化转型担当,就一定能够厚积薄发,把比较优势培育转化为后发优势、竞争优势,走出转型新路。

很多时候,路是杀出来、蹚出来的。从“杀出一条血路”到“蹚出一条新路”,不同的时代赋予我们不同的历史使命。必须看到,转型发展并非一路坦途,而是一条滚石上山、披荆斩棘、艰辛探索之路。面向转型发展新征程新使命,我们要在“率先”上抢先机,用好先行先试的尚方宝剑,先人一步、快人一拍发展;要在“蹚出”上下苦功,敢于善于用改革办法,逢山开路、遇水架桥,特别要聚焦重点改革领域攻城夺隘、攻坚克难;要在“新路”上勇探索,聚焦新发展理念、新动能、新优势,着力实现“六新”突破,切实把转型发展的基点放在创新驱动上。

不积跬步无以至千里。我们坚信,始终牢记习近平总书记“在转型发展上率先蹚出一条新路来”的殷殷嘱托,深入践行省委“四为四高两同步”总体思路和要求,不反复、不折腾,步步为营、久久为功,山西发展必将迎来光明的未来。

(《山西日报》2020 年 7 月 2 日　本报评论员)

一切为了转型　一切服务转型

——三论深入学习贯彻省委十一届十次全会精神

“路子对了,就要坚持走下去,久久为功,不要反复、不要折腾。”习近平总书记的教诲温暖深切。省委十一届十次全会对深入学习贯彻习近平总书记视察山西重要讲话重要指示进行全面部署,再一次提出,真正构建起“一切为了转型、一切服务转型”的工作格局,坚定不移将转型综改进行到底。

转型发展是山西振兴崛起、实现现代化的唯一之路。一切为了转型,这是山西发展坚定的目标导向,我们要始终坚持“四为四高两同步”,把转型发展作为经济工作乃至各项事业的纲,紧紧围绕转型发展,谋划、摆布、推动经济工作和各项事业。

一切服务转型,这是山西发展根本的工作方法。要紧紧围绕转型发展,充分发挥各方面的积极性主动性创造性,广泛调动一切积极因素、一切建设性力量,凝聚起推动转型发展的强大正能量。唯有此,山西才能在转型发展上率先蹚出一条新路来。

一切为了转型,咬定转型不动摇。转型发展是旗帜、是方向。坚持转型为纲,必须落实项目为王,聚精会神抓项目,一心一意谋转型,用一个个项目为全面转型发展夯基垒台、架梁立柱、添砖加瓦。必须落实改革为要,敢于先行先试,谋求重点突破,在基础性、全局性、牵引性的重大改革上下功夫,用改革推动转型发展,用改革破解体制机制障碍,用改革化解矛盾风险挑战,用改革打通堵点痛点节点,用改革推动进一步扩大对外开放。必须落实创新为上,全力打造一流创新

生态，培植深厚创新沃土，让更多创新创业的活力潜力竞相迸发，让更多创新创业的团队市场主体蓬勃成长，让更多创新创业的要素资源充分涌入。

一切为了转型，实现转型的动力转换。发展新产业、培育新动能，是山西高质量转型发展的希望和出路所在。必须横下一条心，培育壮大战略性新兴产业。早在2017年6月视察山西时，习近平总书记就指出："实现资源型地区经济转型发展，形成产业多元支撑的结构格局，是山西经济发展需要深入思考和突破的重大课题。"今年5月视察期间，习近平总书记高瞻远瞩，定向领航，鲜明提出"在新基建、新技术、新材料、新装备、新产品、新业态上不断取得突破"的重大要求。聚焦"六新"率先突破，应当成为且必须成为山西在转型发展上率先蹚出一条新路来的方向目标、路径要求和战略举措。

一切服务转型，服务是理念、是方法。规划是最前瞻的服务。高起点高标准高质量编制"十四五"规划，在定好位、谋好篇的基础上，打好牌、出好招、下好棋，站在战略高度谋划和推动实施一批变革性、牵引性、标志性举措，为山西高质量转型发展再造新优势、构建新格局。

一切服务转型，更需要一批新时代的奋斗者。践行好习近平总书记的殷殷嘱托，完成好党中央赋予的重大使命，是一场大战大考。广大党员干部特别是各级领导干部，都要自觉而努力地提升境界，有更高的站位，胸怀"两个大局"，对国之大者心中有数，始终保持推动高质量转型发展的战略定力和工作韧劲，在转型发展上率先蹚出一条新路来的伟大实践中建功立业。

转型发展是山西践行忠诚之路、为国担当之路、执着探索之路。转型之途布满荆棘，转型步伐却从未停歇。坚持走下去，山西的转型之梦必将实现。

（《山西日报》2020年7月3日　本报评论员）

勇于先行先试　推动全面转型

——四论深入学习贯彻省委十一届十次全会精神

资源型地区经济转型发展是习近平总书记为我们指明的金光大道，国家资源型经济转型综合配套改革试验区是习近平总书记授予我们的金字招牌，先行先试是党中央赋予我们的"尚方宝剑"。省委十一届十次全会鲜明提出，沿着习近平总书记指引的转型发展金光大道奋勇前进，坚持把转型发展作为山西经济工作和各项事业的纲，勇于先行先试，推动全面转型。

先行先试是转型综改的灵魂所在。资源型地区经济转型发展是一个世界性难题，没有现成的经验可循，更没有成熟的模式可鉴。山西是全国第一个全省域、全方位、系统性的国家资源型经济转型综合配套改革试验区，如何在转型发展上率先蹚出一条新路来？各兄弟省份特别是资源型地区都在加快转型发展步伐，呈现出千帆竞发、百舸争流的局面，如何在竞争中赢得先机？先行先试是关键。聚焦"改革试验"，用好先行先试的"尚方宝剑"，勇探创新"无人区"、敢涉改革"深水区"、开辟转型"新特区"，就一定能把先行先试转化为发展先机，为全国乃至世界同类型地区经济转型发展贡献山西经验。

先行先试，既需要思想上先人一步、理念上高人一筹，更需要行动上快人一拍，做到直道冲刺、弯道超车、换道领跑。加速直道冲刺，拼的是速度，要加快进度推动传统产业改造升级，由中低端跃向中高端；实现弯道超车，拼的是技术，要加大力度推动产业产品实现人有我优、人优我特；敢于换道领跑，拼的是胆识，要抓住科技与产业变革机遇，在新兴产业、未来产业、新一代科技上超前布局、抢占先机。归根结底，就是要以先行先试的精神、态度和方法，在转型发展进程中把握风口、超越自我、赢得未来。

先行先试，彰显转型综改试验区的最大优势。转型发展不局限于资源型经济转型发展，而是以综合配套改革为主要特征的一个全方位、各领域、系统性的转型范畴。省委十一届十次全会重点谋划部署了八个方面的转型。其中，观念转型，就是要从思想深处牢固树立符合现代市场经济和转型发展要求的先进理念；经济转型，就是要推动资源型经济向创新型、市场型、开放型、数字型、生态型经济转变；方式转型，就是要摆脱以往粗放的发展方式，推动集聚、集约、内涵、绿色发展；路径转型，就是要打破路径依赖，在直道冲刺、弯道超车、换道领跑中走好转型进程；动力转型，就是要把转型发展的逻辑起点放在创新驱动上，从资源驱动加快转变到创新驱动；结构转型，就是要推进产业结构、多种所有制经济结构、人口结构、城乡结构等方面的转型；机制转型，就是要加快建立与高质量转型发展相适应的新体制新机制；管理转型，就是要统筹推进企业管理转型和政府管理方式转变。

转型发展本质上就是高质量发展，是新时代山西发展最鲜明的特征，是山西振兴崛起、实现现代化的必由之路。沿着习近平总书记指引的金光大道奋勇前进，擦亮转型综改的金字招牌，用好先行先试的"尚方宝剑"，我们就一定能不负党和人民的重托，在转型发展上率先蹚出一条新路来，乘势而上书写山西践行新时代中国特色社会主义的新篇章！

（《山西日报》2020年7月4日　本报评论员）

打赢打好"六新"攻坚战、争夺战

——五论深入学习贯彻省委十一届十次全会精神

创新是第一动力，抓创新就是抓发展、谋创新就是谋未来。

习近平总书记再次亲临山西视察，提出了"大力加强科技创新，在新基建、新技术、新材料、新装备、新产品、新业态上不断取得突破"的重大要求。省委十一届十次全会坚定落实习近平总书记重要指示,强调要把握全球大势,以敢为人先的勇气和胆识抢占先机,坚决打赢打好“六新”攻坚战、争夺战。

“六新”代表着先进生产力变革趋势,代表着新兴产业、未来产业发展方向。新兴产业、未来产业是技术和产业的高度融合,具有创新性、超前性、先导性、引领性和基础性特征,发展前景无比广阔。今年以来,习近平总书记多次强调要抓住产业数字化、数字产业化赋予的机遇,大力推进科技创新,抓紧布局战略性新兴产业、未来产业。发达国家已经把新兴产业、未来产业作为培育重点、竞争焦点,国内发达地区都在提前谋划、抓紧布局,我们决不能亦步亦趋、甘落人后。聚焦“六新”率先突破,应当成为且必须成为山西在转型发展上率先蹚出一条新路来的方向目标、路径要求和战略举措。

打赢打好“六新”攻坚战、争夺战,必须把创新驱动作为转型发展的逻辑起点。曾几何时,资源依赖型经济形成的发展理念、发展定位和发展路径,一步一步挤出了改革、挤出了创新、挤出了人才,挤出了山西发展的综合竞争力,创新能力不足的素质性矛盾严重制约山西发展。当前,单纯依赖传统要素驱动的时代早已成为过去,以“六新”突破为牵引,加快实现资源驱动向创新驱动的新旧动能转换,就能推动转型发展早日出现拐点,在换道抢滩、并跑领跑中赢得发展先机。

打赢打好“六新”攻坚战、争夺战,必须把新技术作为关键之关键。“六新”是一个高度关联、互为支撑、互为促进的有机系统,其中最核心的是新技术。无论是新基建、新业态的发展,还是新材料、新装备、新产品的研发,都离不开新技术的支撑。我们既要保持虚怀若谷、学习借鉴的谦逊态度,加快补齐创新能力不足的短板,主动拥抱新一轮科技革命;更要增强先行先试、敢为人先的胆识气魄,努力在关键共性技术、前沿引领技术、现代工程技术、颠覆性技术等方面寻求突破,积极抢占科技创新制高点。

打赢打好“六新”攻坚战、争夺战,要把落脚点放在为转型发展和现代化建设铸造强大引擎上。要围绕“六新”抓项目,加强产业链供应链招商,积极推动项目落地投产见效,强化“六新”发展的项目支撑。要围绕“六新”建生态,大力实施创新驱动、科教兴省、人才强省战略,把14个战略性新兴产业作为“六新”发展的关键着力点,积极构建全生命周期服务的创新生态。要围绕“六新”抓“双创”,按照“政府引导、市场化运作”模式,千方百计提高基数、创优服务,全方位激发“六新”活力。要围绕“六新”定标准,持续深化标准化改革,统筹抓好标准体系建设、体制机制创新、标准人才培养、标准化战略性研究等工作,通过创制行业标准、国家标准、国际标准提升“六新”质量效益。

聚焦“六新”率先突破、蹚出转型发展新路,方略已定,未来可期。牢记习近平总书记殷殷嘱托,举全省之力打一场“六新”攻坚战、争夺战,我们必将在资源型地区经济转型发展上抢占先行先机、赢得山西机遇,为转型综改这块金字招牌增光添彩。

(《山西日报》2020年7月5日　本报评论员)

科学编制“转型出雏型”的规划蓝图

——六论深入学习贯彻省委十一届十次全会精神

“规划科学是最大的效益,规划失误是最大的浪费,规划折腾是最大的忌讳。”“十四五”时期,是“两个一百年”奋斗目标的历史交汇期,是我省“转型出雏型”的发展关键期。省委十一届十次全会深入学习贯彻习近平总书记视察山西重要讲话重要指示,对高起点高标准高质量编制“十四五”规划作出全面部署,强调我省要实现“转型出雏型”的重要阶段性战略目标,决不能输在“十四五”规划的编制上。

经过多年努力,山西转型发展已经真正起步,并形成良好态势。山西经济发展已经站在新的起点上,肩负着“在转型发展上率先蹚出一条新路来”的历史使命,科学编制“转型出雏型”的规划蓝图至关重要。我们必须增强转型的紧迫感,牢牢把握转型发展的窗口期、关键期,确保“十四五”时期完成“转型出雏型”的目标任务,进而为“十五五”基本实现转型、“十六五”全面完成转型奠定坚实基础。

科学编制“转型出雏型”规划蓝图,关键在统一思想、提高认识、掌握方法。必须坚持以习近平新时代中国特色社会主义思想为指导,深入贯彻习近平总书记“三篇光辉文献”精神,把习近平总书记视察山西重要讲话重要指示作为规划编制工作的根和魂,按照省委“四为四高两同步”总体思路和要求,确保高质量转型发展沿着正确轨道前进;必须把胸怀“两个大局”作为基本出发点,维护和用好我国发展重要战略机遇期,在中华民族伟大复兴全局中作出山西贡献;必须把创新驱动作为逻辑起点,聚焦“六新”,培育形成战略性新兴产业、未来产业集群,推动产业转型早日出现拐点;必须坚持科学的编制方法,确保规划纲要与各专项规划同步编制、统筹推进,既要让规划纲要为专项规划提供思路方向,也要让专项规划为规划纲要提供专业支撑。

科学编制规划蓝图,要从战略上定好位。定位问题是战略问题。“十四五”乃至今后十五年、三十年,山西在全国格局和长远发展中究竟如何定位,乃是事关山西转型发展目标、方向、路径的根本问题。要拓宽视野、集思广益,从京津冀一体化重要成员、国家资源型经济转型综改试验区、新兴产业未来产业制造基地、内陆地区对外开放新高地、国际知名文化旅游目的地、特色优势有机旱作农业科研和功能食品生产基地、华北地区重要绿色生态屏障、拱卫首都安全“护城河”等方面深化研究。

科学编制规划蓝图,要从战术上谋好篇。2025年“转型出雏型”,是我省转型发展进程中的重要标志,要全盘谋划、统筹推进。重点在十个方面谋篇布局:确保到2025年,一流创新生态、战略性新兴产业集群、绿色能源供应体系、支撑高质量转型发展的体制机制、生态文明制度体系、法治化国际化便利化营商环境、对外开放新高地、城乡融合发展形态、更加健全完善的民生保障体系、在全国发展大格局中的战略地位基本形成。

科学编制规划蓝图，要从战法上打好牌、出好招、下好棋，以变革性、牵引性、标志性举措确保转型出雏型。重点实施非均衡发展战略，优势转换战略，换道领跑战略，创新驱动、科教兴省、人才强省战略，农业“特”“优”战略，可持续发展战略，扩大内需战略，全面深化改革开放战略，文化强省战略，技能富民战略等“十大战略”，为山西高质量转型发展再造新优势、构建新格局。

科学绘制蓝图，蹚出转型新路。“十四五”规划承上启下、继往开来，科学编制好“转型出雏型”规划蓝图，山西必将在高质量转型发展的新征程上行稳致远。

（《山西日报》2020 年 7 月 6 日　本报评论员）

崇尚实干精神　当好开路先锋

——七论深入学习贯彻省委十一届十次全会精神

大道至简，实干为要。习近平总书记在山西发出了“在转型发展上率先蹚出一条新路来”的进军号令，赋予山西新的重大历史使命。省委十一届十次全会号召全省上下在新的伟大实践中建功立业，要求各级领导干部不负韶华、只争朝夕，躬身入局、以上率下，干字当头、奋勇争先，当好开路先锋。

山西人素来不缺伟大的精神，不缺与时俱进、开风气之先的宝贵品格。习近平总书记两次视察山西时都提到“晋商精神”“右玉精神”，“晋商精神”很重要的一点就是开拓进取、敢为人先；“右玉精神”体现的是久久为功、利在长远，一张蓝图绘到底、一任接着一任干。我们还有太行精神、吕梁精神等宝贵精神财富，展示着三晋儿女宽厚勇毅、坚韧不拔的进取品格，自强不息、与时俱进的奋斗精神。“男儿不怕千般苦，女儿能绣万种花”，《人说山西好风光》里的这句歌词，就是对山西人民苦干、实干、拼命干的生动写照。孕育于三晋沃土的伟大精神烛照前进征程，做共和国忠诚脊梁的不懈追求世代相传，激励三晋儿女团结向前、奋斗不止，激励党员干部冲锋在前、担当奉献。

长风过隘口，奋斗正当时。在转型发展上率先蹚出一条新路来，是山西面临的一场新的伟大革命。深入学习贯彻习近平总书记视察山西重要讲话重要指示，我们要聚焦《实施方案》确定的 6 个方面、65 条、334 项举措，狠抓落实；牢牢抓住未来 5—10 年的转型窗口期、关键期，我们要举全省之力，坚决打赢打好“六新”攻坚战、争夺战；面对“十四五”乃至更长一个时期山西转型发展的新使命新任务，我们要步步为营，奋力实现“十四五”转型出雏型、“十五五”转型基本实现、“十六五”全面实现转型的重要阶段性战略目标。每一场战役，每一个目标，每一篇布局，都是在滚石上山、爬坡过坎，都要在危机中育新机、于变局中开新局，我们必须以更大的决心、必胜的信心，真抓实干、埋头苦干。惟有如此，才能践行好习近平总书记的殷殷嘱托，完成好党中央赋予的重大使命。

“绳短不能汲深井，浅水难以负大舟。”面对这样的大战大考，全省党员干部必须以“功成不必在我”的精神境界和“功成必定有我”的历史担当，始终保持推动高质量转型发展的战略定力和工作韧劲。具体而言，要在把握本质和遵循规律、第一责任和第一要务、政治生态和创新生态、有形之手和无形之手、国内市场和国际市场、营商环境和创新资源、社会治理和社会活力、风险防化和本质安全、头雁效应和基层首创、立足当前和着眼长远等十个方面，深刻领悟其辩证关系，以更高的站位、开阔的视野、过硬的本领、奋进的姿态，在转型发展上率先蹚出一条新路来的伟大实践中建功立业。

中国特色社会主义山西篇章是干出来的，3700 多万三晋儿女的幸福是奋斗出来的。沿着习近平总书记指明的转型发展金光大道坚定走下去、坚实走出来，崇尚实干精神、当好开路先锋，我们就一定能够精彩书写山西践行新时代中国特色社会主义的新篇章，创造出无愧于时代、无愧于人民、无愧于历史的新业绩！

（《山西日报》2020 年 7 月 7 日　本报评论员）

保持战略定力　坚定必胜信念

——八论深入学习贯彻省委十一届十次全会精神

习近平总书记今年 5 月再次亲临山西视察，赋予我们“在转型发展上率先蹚出一条新路来”的重大使命。对山西而言，这是一场新的伟大革命，我们要以什么样的精神状态去面对？当前，山西正处在决胜全面小康和转型发展的重要历史关头，如何实现这一重大使命？省委十一届十次全会强调，我们一定要保持战略定力、坚定必胜信念。

只要战略对，通过努力一定胜。党的十八大以来，习近平总书记多次强调要树立战略思维、保持战略定力。这次视察期间，习近平总书记再次深刻指出，“对山西来说，转型发展既有紧迫感，更要有长远的战略谋划，不能等到资源枯竭了再来搞转型。”“路子对了，就要坚持走下去，久久为功，不要反复、不要折腾。”这些重要指示，对我们保持战略定力、推动山西高质量转型发展提出了新的重大要求，给予我们极大信心、极大鼓舞。

保持战略定力、坚定必胜信念，根本在于我们有习近平总书记的领航掌舵、擘画指引，有党中央的英明领导、亲切关怀。回顾 40 多年山西经济发展历程特别是工业结构演变过程，特别是 2016 年以来山西经济从断崖式下滑到稳中向好再到转型发展呈现良好态势的转折，我们更加深刻地体会到，转型是山西发展的根本出路、唯一出路，走老路只能是歧路、死路,蹚新路才能赢得出路。这条新路,就是习近平总书记为我们指明的资源型地区经济转型发展的金光大道,我们必须坚定走下去、坚实走出来,舍此别无他途。

“惟其艰难,才更显勇毅;惟其笃行,才弥足珍贵。”资源型地区经济转型发展,是一个世界性难题;在转型发展上率先蹚出一条新路来,更是一个艰辛探索的过程。勇于先行先试、推动全面转型,重任在肩;聚焦“六新”突破、抢占先机主动,挑战重重;科学编制“十四五”规划、确保转型出雏型,路远且艰……转型发展不会是一路坦途,越是向前推进,遇到的阻力和压力会越来越大,面临的风险和挑战也会越来越多。没有坚强的战略定力、毅力与耐力,转型发展就难以顺利推进;缺乏转型必胜的信念、舍我其谁的魄力、逢山开路的意志,就难以到达转型成功的胜利彼岸。

一切为了转型,一切服务转型。从省委十一届十次全会的各项部署中,我们可以看到,“转型为纲”的导向更加鲜明地树立起来了。实践证明并将继续证明,省委坚持以习近平新时代中国特色社会主义思想为指导,重温“三篇光辉文献”,提出的“四为四高两同步”总体思路和要求,完全符合习近平总书记视察山西重要讲话重要指示,完全符合习近平总书记“在转型发展上率先蹚出一条新路来”的指示要求。在转型发展的新征程上,只要我们坚定落实习近平总书记对山西工作提出的总体要求和重大任务,坚定落实党中央及省委决策部署,咬定转型不动摇,聚焦创新不散光,深化改革不惧难,追赶超越不懈怠,就一定能够实现直道冲刺、弯道超车、换道领跑。

转型发展是新时代山西发展最鲜明的特征,也是山西振兴崛起、实现现代化的必由之路。沿着习近平总书记指引的金光大道奋勇前进,在转型发展上率先蹚出一条新路来,不反复、不折腾,步步为营、久久为功,我们就一定能够把宏伟蓝图变成美好现实,在转型发展大考中交出优秀历史答卷!

(《山西日报》2020 年 7 月 8 日　本报评论员)

中央领导关注山西

栗战书在山西调研时强调 人大工作要认真贯彻习近平法治思想　为全面建设社会主义现代化国家履职尽责

中共中央政治局常委、全国人大常委会委员长栗战书11月16日至18日在山西调研时强调，要认真学习贯彻习近平法治思想和中央全面依法治国工作会议精神，按照党的十九届五中全会的部署，依法履职，勇于担当，在全面建设社会主义现代化国家新征程中作出应有贡献。全国人大常委会秘书长杨振武，省委书记、省人大常委会主任楼阳生，省委副书记、省长林武陪同调研。

调研期间，栗战书深入运城、长治、晋中、太原等地人大代表联络站点、基层立法联系点和人大机关考察，召开人大代表、基层法治工作者、专家学者座谈会，了解人大工作，听取各方面意见建议；来到企业、城镇社区、转型综合改革示范区政务服务中心、汾河晋阳桥段，实地查看山西转型发展、科技创新、环境治理、古城保护情况；瞻仰八路军太行纪念馆，缅怀革命先烈；听取有关工作汇报，就学习贯彻习近平法治思想和习近平总书记对山西工作的重要指示精神、做好新时代人大工作进行座谈交流。

栗战书指出，中央全面依法治国工作会议最重大的成果，就是确立了习近平法治思想。这一重要思想是马克思主义法治理论中国化最新成果，是习近平新时代中国特色社会主义思想的重要组成部分，是全面依法治国的根本遵循和行动指南。全国人大和地方人大都要把学习宣传贯彻习近平法治思想作为当前和今后一个时期的重要政治任务，吃透基本精神、把握核心要义、明确工作要求，牢牢把握全面依法治国的政治方向、重要地位、工作布局、重点任务、重大关系、重要保障，发挥好在全面依法治国中的职能作用。要尊重代表主体地位，用好人大代表联系人民群众的制度机制和工作平台，畅通群众表达意愿、提出建议的渠道，更加密切联系群众，更好服务和保障代表依法履职，把各方面的智慧和力量凝聚到做好"十四五"时期经济社会发展工作上来。

栗战书充分肯定山西在改革创新、加强生态文明建设、推动高质量发展上取得的新成绩。他强调，要紧紧围绕贯彻落实习近平总书记对山西工作的重要指示要求，在转型发展上率先蹚出一条新路来。一要把山西发展放到国家战略全局和"十四五"规划中来谋划，融入国家大政方针和战略布局之中。二要坚持把转型发展作为经济工作和各项事业的总纲，做到抓纲带目、纲举目张。三要按照自立自强要求加强科技创新，奋发有为推进高质量发展。四要传承红色文化，弘扬太行精神、吕梁精神、右玉精神，培育和践行社会主义核心价值观，为山西各项事业发展注入强大动力。

全国人大民族委员会主任委员白春礼、全国人大外事委员会主任委员张业遂、全国人大常委会办公厅研究室主任宋锐，省领导罗清宇、李凤岐、郭迎光、卫小春、李悦娥、高卫东、岳普煜、李俊明参加有关活动。

栗战书在第二十六次全国地方立法工作座谈会上强调 认真学习贯彻习近平法治思想 为全面建设社会主义现代化国家提供法律保障

11月19日，中共中央政治局常委、全国人大常委会委员长栗战书在山西太原出席第二十六次全国地方立法工作座谈会并讲话。他强调，要认真学习贯彻习近平法治思想和中央全面依法治国工作会议精神,坚持党的领导、人民当家作主、依法治国有机统一,坚持科学立法、民主立法、依法立法,为全面建设社会主义现代化国家提供法律保障。全国人大常委会秘书长杨振武出席会议,省委书记、省人大常委会主任楼阳生致辞。

栗战书指出,中央全面依法治国工作会议最重大的成果是确立了习近平法治思想。这一重要思想,是在党的十八大以来进行伟大斗争、建设伟大工程、推进伟大事业、实现伟大梦想的实践中形成和丰富发展的,是顺应实现中华民族伟大复兴时代要求应运而生的重大理论创新成果,是马克思主义法治理论中国化最新成果,是习近平新时代中国特色社会主义思想的重要组成部分。这一重要思想,从历史和现实相贯通,国际和国内相关联,理论和实际相结合上深刻回答了新时代为什么实行全面依法治国、怎样实行全面依法治国等一系列重大问题,是新时代全面依法治国的根本遵循和行动指南。

栗战书强调,全国人大、地方人大在立法工作中都要增强"四个意识"、坚定"四个自信"、做到"两个维护",全面准确学习领会习近平法治思想,自觉把立法工作放在党和国家工作大局中来考虑、来谋划、来推进。一是在立法工作中,首要的是吃透习近平法治思想精髓要义,坚持党的领导,准确把握党中央精神,确保党的路线方针政策和决策部署在立法工作中得到全面贯彻落实,以法律来保障坚持中国特色社会主义道路不动摇,坚持和完善中国特色社会主义制度不动摇。二是坚持立法为了人民、依靠人民,回应人民群众对立法工作的新要求新期待,把体现人民利益、反映人民愿望、维护人民权益、增进人民福祉落实到全面依法治国各领域全过程。三是紧密结合地方实际,突出地方立法特色,善于通过"小切口"解决实际问题,可以搞一些"大块头",也要搞一些"小快灵",增强立法的针对性、适用性、可操作性。四是维护国家法治统一,处理好上位法和下位法关系,国家立法和地方立法既要相互补充、支持,又要协调统一,做到科学完备,确保地方性法规和国家法律、行政法规协调一致、有效衔接。五是坚持急用先行,区分轻重缓急,紧紧围绕党的十九届五中全会和中央全面依法治国工作会议提出的任务谋划立法项目,努力提高立法质量和效率。六是建设德才兼备的高素质立法工作队伍,推动立法队伍革命化、正规化、专业化、职业化建设,不断提高做好立法工作的能力和本领。

楼阳生在致辞中说,第二十六次全国地方立法工作座谈会在山西召开,对我省全面贯彻落实习近平法治思想和中央全面依法治国工作会议精神,推动法治山西建设,加强和改进人大工作,是有力的促进。山西省委高度重视人大工作,全面加强对人大工作的领导,始终保持人大工作正确方向。注重发挥人大常委会党组领导作用,支持和保证各级人大及其常委会依法行使职权。完善省委对立法工作重大问题决策的程序,推动人大把转型综改立法作为重中之重,探索社会治理和民生领域"小切口"立法,抓好保护性立法,努力做到以良法促发展、保善治、强创新、扬正气、惠民生。长期以来,全国人大常委会给予山西工作特别是人大工作有力指导和大力支持。我们将以此次座谈会为重要契机,深入学习宣传贯彻党的十九届五中全会精神,深入学习贯彻习近平法治思想,深入贯彻落实习近平总书记视察山西重要讲话重要指示,自觉把地方立法工作放在党和国家事业发展大局中来谋划、来推动,学习借鉴兄弟省区市的好经验好做法,进一步提高我省地方立法工作水平,进一步推进全省人大工作与时俱进、完善发展,为我省在转型发展上率先蹚出一条新路来,广泛凝聚力量,提供法治保障。

全国人大宪法和法律委员会、全国人大常委会法工委、常委会办公厅、各省区市人大常委会有关负责同志等参加会议。

刘鹤参加山西代表团审议政府工作报告

5月22日下午,十三届全国人大三次会议山西代表团举行全体会议,审议李克强总理所作的政府工作报告。山西团代表、中共中央政治局委员、国务院副总理刘鹤和代表们一起审议。代表团团长楼阳生主持并发言,代表团副团长林武发言。副团长郭迎光、王拥军、卫小春、王成参加审议。

刘鹤在参加山西代表团审议时说,完全赞成李克强总理所作的政府工作报告。报告体现了习近平新时代中国特色社会主义思想的要求,体现了全面建成小康社会的战略目标。我国新冠肺炎疫情防控取得重大战略成果,充分证明以习近平同志为核心的党中央坚强有力,英明果断,敢于担当,有预见性,有战略定力,也再次彰显了中国特色社会主义制度的显著优势。希望山西认真贯彻落实好习近平总书记在山西考察时的重要讲话精神,抓住转型发展的大好机遇,扎实推动经济转型升级,实现从产业结构单一到多元化,从要素驱动到创新驱动,从资源优势到制造和服务优势的战略性转变,走出转型发展的新路子。

楼阳生在发言中说,完全赞成李克强总理的工作报告。报告通篇坚持以习近平新时代中国特色社会主义思想为指导,直面严峻复杂的全球疫情和世界经济形势,总结工作实事求是,取得成绩令人振奋,工作部署具体有力,是中央经济工作会议精神、党中央关于统筹推进疫情防控和经济社会发展一系列决策部署的细化落实,是确保完成决战决胜脱贫攻坚目标任务、全面建成小康社会的路线图和任务书,是一个高举旗帜、积极进取、攻坚克难、凝聚人心的好报告,充分彰显了以习近平同志为核心的党中央驾驭复杂局面、化挑战为机遇的卓越执政智慧和超凡领导能力,彰显了党的领导和中国特色社会主义制度的显著优势。

楼阳生说,近些年来,山西牢记习近平总书记殷切嘱托,坚定沿着总书记为我们指明的金光大道砥砺奋进,推动资源型经济高质量转型发展呈现良好态势,经济总量触底反弹,连年进位，经济结构持续向好，新动能加速成长，质量效益稳步提升，重点领域改革取得新的突破，营商环境不断优化，生态环保成效显著，民生事业全面进步。特别是坚决贯彻党中央决策部署，统筹抓好疫情防控和转型发展各项工作，今年一季度，8项主要经济指标中有6项好于全国，1-4月全省固定资产投资增长超过去年同期水平，规上工业增加值连续两个月实现正增长。

楼阳生说，回顾山西这些年走过的历程，广大干部群众体会最深的，山西有今天的大好局面，根本在于习近平总书记的英明领导和亲切关怀。在决胜全面建成小康社会、决战脱贫攻坚的关键时刻，在全国“两会”召开之前，习近平总书记再次亲临山西视察，为我们进一步指明了前进方向，进一步明确了重大任务，给全省人民以极大鼓舞和激励。我们要以习近平总书记视察山西重要讲话重要指示为指路明灯、制胜法宝，忠实践行总书记的殷殷嘱托，全面贯彻党中央决策部署，沿着总书记指明的金光大道奋勇前行，咬定转型不动摇，聚焦创新不散光，深化改革不惧难，追赶超越不懈怠，从严治党不停步，努力在转型发展上率先蹚出一条新路来。围绕贯彻落实习近平总书记重要讲话重要指示，结合政府工作报告，楼阳生说，要聚焦“六新”，打造一流创新生态，加快布局培育新基建、新技术、新材料、新装备、新产品、新业态，深化能源革命综合改革试点，持续在重点改革领域攻坚克难，全面提升对外开放能级。要聚焦绿色，协调推进绿色生产、绿色发展、绿色生活，建立健全绿色法律和制度体系。要聚焦就业，实施“人人持证、技能社会”建设工程。要聚焦统筹，促进高水平崛起，积极争取把山西事关长远发展的重大事项列入国家的“十四五”规划。要聚焦“三农”，坚决完成决战决胜脱贫攻坚目标任务，健全脱贫攻坚、全面小康、乡村振兴贯通机制。要坚持以政治建设为统领，坚定扛起全面从严治党主体责任，持续营造风清气正的政治生态。楼阳生还就支持雄忻、太绥重点铁路客运专线建设、批准山西建设国家自贸区、把太原列入国家区域性中心城市等提出建议。他还就贯彻落实刘鹤同志讲话指示精神提出明确要求。

林武表示，完全赞成李克强总理代表国务院作的政府工作报告。报告以习近平新时代中国特色社会主义思想为指导，全面贯彻党的十九大和十九届二中、三中、四中全会精神，认真落实党中央统筹推进疫情防控和经济社会发展的决策部署，通篇贯穿了稳中求进工作总基调、新发展理念和高质量发展要求，是一个高举旗帜、直面困难、求真务实、凝心聚力的好报告。林武说，去年以来，面对复杂严峻的国际环境和突如其来的新冠肺炎疫情冲击，党中央高瞻远瞩、沉着应对，疫情防控阻击战取得重大战略成果，常态化疫情防控和经济社会发展“双统筹”稳步走向“双胜利”，向全世界展示了中国力量、中国精神、中国效率和负责任大国形象，极大激发了民族自豪感、自信心、凝聚力，进一步彰显了中国共产党领导和中国特色社会主义制度的显著优势，体现了我国国家治理体系和治理能力现代化水平，坚定了我们实现“两个一百年”奋斗目标和中华民族伟大复兴中国梦的信心决心。他说，山西和全国一样，经历了史无前例的考验，取得了来之不易的成绩。我们要以习近平新时代中国特色社会主义思想为指导，深入学习贯彻习近平总书记视察山西重要讲话重要指示，全面落实政府工作报告各项部署，按照省委“四为四高两同步”总体思路和要求，做好“六稳”工作，落实“六保”任务，打好“三大攻坚战”，决战脱贫攻坚，决胜全面小康，奋力完成“十三五”规划目标任务。作为国家能源革命综合改革试点省，我们要坚决担当起这一重大政治责任和重要历史使命，以高质量转型发展提升综合力，以市场化改革提升竞争力，以科技创新提升发展力，以开放合作提升影响力，加快五大基地建设，增强能源安全保障能力，提升绿色低碳发展水平，更好发挥山西在推进全国能源革命中的示范引领作用。他就国家在科技创新、产业转型、基础设施建设、生态修复治理等方面加大对山西的支持力度提出建议。

郭凤莲、刘锋、郝旭、武涛、高祥明、王俊飚、张宏祥、李晋平、杨林花代表分别围绕乡村振兴、转型综改、打造农产品品牌、能源革命综合改革试点、企业创新发展、金融支持转型发展、弘扬“右玉精神”推动脱贫攻坚、转型综改示范区建设、县乡医疗一体化改革等作了发言。

（《山西日报》2020年5月23日　杨　文）

胡春华在山西出席2020年中国农民丰收节主场活动时强调为全面实施乡村振兴战略汇聚更多力量

国务院副总理、中央农村工作领导小组组长胡春华9月22日在山西省出席2020年中国农民丰收节活动。他强调，要深入贯彻习近平总书记重要指示精神，认真落实党中央、国务院决策部署，切实形成全社会关注农业、关心农村、关爱农民的浓厚氛围，为促进乡村全面振兴汇聚更多力量。中央农办主任、农业农村部部长韩长赋主持，省委书记楼阳生致辞，省委副书记、省长林武出席。

胡春华来到运城市万荣县黄河农耕文明博览园，先后参观了特色农产品、产业扶贫等展览，与农民群众一起观看农民艺术表演、赶农民文化大集，并为2020年度“全国十佳农民”和第二届“最美农技员”颁发证书。

胡春华指出，习近平总书记连续三年向全国农民致以节日祝贺，充分体现了党中央对办好中国农民丰收节、促进乡村全面振兴的高度重视和殷切期望。今年农业发展面临很多困难挑战，夺取粮食和农业丰收极为不易、十分可贵，广大农民和基层干部付出了艰苦努力、作出了重要贡献。要围绕“庆丰收、迎小康”，通过举办农民丰收节，充分展示农业抗疫抗灾夺丰收成就和农村发展新气象新面貌,进一步调动亿万农民投身乡村振兴的积极性、主动性、创造性,依靠勤劳的双手创造更加美好的新生活。

在山西期间,胡春华还到临汾市洪洞县、曲沃县和运城市万荣县、芮城县,实地考察秋粮生产、农业科技、农村人居环境整治等工作。

楼阳生在致辞中说,此次丰收节主场活动首次走出北京,落地山西,充分体现了习近平总书记和党中央、国务院对我省的亲切关怀和大力支持。山西将以东道主身份,精心组织好各项活动,充分展现山西悠久灿烂的农耕文明、彰显特优的现代农业、缤纷多彩的丰收美景和广大农民脱贫致富奔小康的时代风采。并以此为契机,坚持农业农村优先发展,持续推动农业现代化、农民职业化,为在转型发展上率先蹚出一条新路来夯实"三农"基本盘,奋力谱写山西践行新时代中国特色社会主义新篇章。

国务院副秘书长高雨,国务院研究室副主任郭玮,农业农村部副部长于康震,省领导廉毅敏、郭迎光、王成、李武章参加有关活动。

黄坤明在山西调研时强调 以扎实的宣传思想工作 为开启社会主义现代化新征程 提供强大精神动力

12月4日至6日,中共中央政治局委员、中宣部部长黄坤明在山西调研时强调,宣传思想文化战线要深入学习宣传贯彻党的十九届五中全会精神,紧扣建成社会主义文化强国新目标,聚焦人民群众新期待,强化使命担当、锐意创新创造,以扎实的宣传思想工作为开启社会主义现代化新征程提供强大精神动力。省委书记楼阳生参加有关活动。

调研期间,黄坤明深入太原、大同云冈、朔州右玉和应县等地的企业、社区、村镇及宣传文化单位,了解五中全会精神学习宣传、历史文化遗产保护和基层思想政治工作情况,听取干部群众意见建议。

黄坤明指出,学习好宣传好贯彻好五中全会精神是宣传思想文化战线的重大政治任务,必须巩固良好态势、不断引向深入。要紧密联系经济社会发展实际,联系干部群众关心关切,坚持线上线下相结合,深入开展新闻、理论、文艺等宣传宣讲工作,推动全会精神入脑入心、落地落实。要把学习全会精神同学习习近平总书记《论党的宣传思想工作》结合起来,认真谋划新形势下宣传思想文化工作,坚定前进方向,明晰工作思路,明确重点任务,为做好当前和今后一个时期工作奠定坚实基础。

黄坤明强调,思想政治工作是我们党的传家宝,只能加强不能削弱。要聚焦用党的创新理论武装全党、教育人民这个首要任务,抓住理想信念教育这个根本,突出培育和践行社会主义核心价值观这个重点,扎实有效开展思想政治工作,把广大干部群众团结凝聚在中国特色社会主义伟大旗帜下。要深入研究企业职工、农民群众、青年学生等不同社会群体的思想特点和行为习惯,改进创新工作机制和手段方法,扩大覆盖面、增强亲和力,进一步激发干部群众的积极性、主动性、创造性。

黄坤明指出,文化遗产承载着民族的历史记忆,是我们必须珍视的宝贵财富。要始终把保护放在第一位,加强基础性研究、强化系统性保护,注重运用新技术新手段提高保护能力,更好地传承和延续历史文脉。要正确处理保护和利用的关系,科学推进文化和旅游融合发展,使历史文化遗产保护成果更多惠及广大群众。

中宣部副部长、国新办主任徐麟,国家文物局党组书记、局长刘玉珠陪同调研。省领导罗清宇、吕岩松、张吉福、李凤岐分别陪同调研。

(本栏目内容除注明出处的之外,均由省委办公厅提供)

中共山西省委工作概况

工作概况

省委书记　楼阳生

2020年5月11日至12日，习近平总书记亲临山西视察，发表重要讲话，作出重要指示，勉励山西在转型发展上率先蹚出一条新路来，充分体现了党的领袖对山西的殷切期望和高度信任，对山西工作的最大支持，对3700万山西人民的最大关心，是山西发展史上的重要里程碑，具有重大现实意义和深远历史意义。

一年来，省委坚持以习近平新时代中国特色社会主义思想为指导，全面贯彻党的十九大和十九届二中、三中、四中、五中全会精神，深入学习贯彻习近平总书记视察山西重要讲话重要指示，增强“四个意识”、坚定“四个自信”、做到“两个维护”，确保了党中央大政方针和各项决策部署在山西不折不扣得到全面落实。

2020年，省委牢牢扛起管党治党主体责任、维护安全稳定政治责任、推动高质量转型发展历史责任，坚持稳中求进工作总基调，坚持“四为四高两同步”（“四为”，指坚持转型为纲、项目为王、改革为要、创新为上；“四高”，指推动高质量发展、高水平崛起、高标准保护、高品质生活；“两同步”，指到2020年山西省与全国同步建成小康社会，到2035年与全国同步基本实现社会主义现代化。）总体思路和要求，召开十一届十次全会就深入学习贯彻习近平总书记视察山西重要讲话重要指示作出全面部署，召开十一届十一次全会审议通过“十四五”规划和二〇三五年远景目标建议，先后召开46次常委会议研究部署改革发展稳定民生和党的建设各项工作，统筹疫情防控和经济社会发展，交出了夺取山西“战疫”重大战略成果、实现转型发展入轨并呈现强劲态势和全力决战脱贫攻坚、决胜全面建成小康社会“三份优秀答卷”，在错综复杂的形势下保持了经济稳步向好、转型态势强劲、社会和谐稳定、政治生态风清气正的好局面。

一、忠实践行习近平新时代中国特色社会主义思想，自觉扛起在转型发展上率先蹚出一条新路来的重大政治责任和历史使命

始终坚持把学懂弄通做实习近平新时代中国特色社会主义思想作为政治使命。习近平总书记5月视察山西后，省委常委会5月13日第一时间传达学习，6月1日召开务虚会暨中心组学习会，6月28日召开全会，出台《实施方案》，在全省上下迅速兴起学习贯彻热潮。在全国率先出台中心组学习考核评价办法，省委中心组16次进行专题研讨，把学习贯彻习近平总书记视察山西重要讲话重要指示，与学习贯彻党的十九届四中、五中全会精神、《习近平谈治国理政》等结合起来，学深悟透、领会要义、坚决贯彻习近平总书记对山西作出的重要指示批示，跟进学习、融会贯通、认真落实习近平总书记对全党全国作出的重要指示要求和在各地视察发表的重要讲话，做到学思用贯通、知信行统一，开展宣讲7.21万场、受众1268万人次。2019年以来习近平总书记对山西工作的5次重要指示批示，作为党内政治要件全力落实，已全部办结。严格落实请示报告制度，2020年就党中央重大决定、重大部署贯彻落实情况和山西省重要工作安排以及人事任免、纪律处分等事项向党中央请示报告75件。

二、坚持“人民至上、生命至上”，团结一心、众志成城，全面夺取山西“战疫”重大战略成果

第一时间成立省疫情防控工作领导小组，启动一级响应，45次召开省委专题会议暨省疫情防控工作领导小组会议，制定实施一系列有力有效举措，火线组建重大传染性疾病防控与诊治省重点实验室，用36天时间消除本土新发病例，用52天时间实现本土病例清零，取得确诊病人“零病

亡”、医务人员“零感染”的“双零”佳绩。同时13批医疗队1516名医护人员支援湖北，一省担仙桃、天门、潜江三市，参与武汉有关医院重症病区、方舱医院等救治工作。全力拱卫首都，周密做好国际航班经停太原入境赴京防控工作，未发生境外入晋人员失控漏管现象，未发生境外输入关联疫情。

三、扎实做好“六稳”工作，全面落实“六保”任务，全力推动经济稳步复苏、稳中向好

及时出台针对性举措，领导入企包联，一企一策推动工业企业复工复产，一业一策推动服务业复商复市，全年减税降费1119.82亿元。加快产业发展稳基本，农产品精深加工十大产业集群逐步成势，药茶产业蓬勃发展，粮食总产量首次突破140亿公斤；强化工业运行要素保障，全年规上工业增加值增长5.7%，全国排名第8位；通过发放消费券等举措精准惠企、刺激消费、提振市场，引导新业态新模式健康发展。实施项目建设暨招商引资专项行动，四次开展开发区项目“三个一批”活动，一批转型项目和现代基础设施项目加快推进，郑太高铁、太原地铁2号线顺利通车。全年GDP增长3.6%，“十三五”规划纲要确定的目标任务基本完成。

四、聚焦“六新”突破，奋力在新兴产业、未来产业发展上把握先机、占据主动

习近平总书记要求我们“在新基建、新技术、新材料、新装备、新产品、新业态上不断取得突破”，省委牢记领袖嘱托，把“六新”率先突破作为战略牵引，着力实施创新驱动、科技兴省、人才强省战略，出台指导意见，召开全省科技大会，全力打造一流创新生态。实施“111”“1331”“136”工程，推进高校布局、学科学院、专业设置“三个优化调整”，加快构建战略性新兴产业创新生态子系统，完善以“智创城”为载体的双创体系。将14个标志性引领性产业集群作为主攻方向，逐一专题调研、精准培育。出台市场化实施方案，以每度0.3元的电价洼地助推构建起战略性新兴产业发展高地。出台建设人才强省优化创新生态若干举措，推出12条人才新政，引进152名海外高层次人才和3个创新团队，博士毕业生引进首次“破千”。全省有12项科技成果进入国家科学技术奖初评公示。

五、勇于先行先试，加快构建有利于高质量转型发展的体制机制和开放环境

深入推进能源革命综合改革试点，一批智能化煤矿、绿色开采试点加快推进，煤层气勘查开采管理办法正式出台，新能源和可再生能源装机占比达到31%。在全国率先对国资监管体制进行深度改革，新一轮省属国资国企优化布局战略重组基本收官，企业数量由28家调整至19家，形成能源产业“双航母”格局，重组组建一批新兴产业旗舰企业。金融领域主动排雷，对省农信社班子进行重大改组，对5家城商行进行合并重组。引深企业投资项目承诺制改革，全面推行“一枚印章管审批”。做好党政机构改革后半篇文章，推动事业单位实现整体性重塑。组织党政代表团到中科院、北大、清华学习考察，与科技部举行省部工作会商，签署合作协议26项，山西省—北京大学科创基地揭牌运行。上百家知名企业、金融机构、高校院所来晋商谈合作，凯赛生物、中科曙光等在山西省落地。晋阳湖集成电路和软件业峰会等活动形成广泛影响。

六、强化交总账、军令状意识，全面吹响决战完胜总攻号角，奋力书写脱贫攻坚“山西答卷”

层层压实主体责任，紧盯剩余贫困人口，精准施策，一户一案、一户一策落实开发式扶贫和保障性兜底政策，查缺补漏解决“三保障”问题。出台28条针对性措施，促就业兴产业助销售，有效克服疫情影响。把脱贫攻坚、全面小康和乡村振兴贯通起来，严格落实“四个不摘”重大要求，出台易地扶贫搬迁后续扶持措施，围绕“一老一小一青壮”，强保障防返贫、抓教育斩穷根、抓培训增技能，全生命周期巩固脱贫成果。继2019年底58个贫困县全部摘帽后，上半年2.16万未脱贫人口全部脱贫，12.4万脱贫不稳定和边缘易致贫“两类户”全部建立防止返贫监测和帮扶机制。

七、坚持以人民为中心的发展思想，强化普惠性基础性兜底性民生建设，促进人的全面发展

强力推动“人人持证、技能社会”建设，全省2440万劳动力全部建档立卡，32.43万人次取得各类技能证书，同比提高30.3%，城乡居民收入分别增长4.6%、7.6%。实施新时代基础教育改革发展行动计划，坚持就近就便服从就优原则，推动小学向乡镇以上集中、中学向县城集聚，改造乡镇寄宿制学校500所，建设认定普惠性幼儿园565所。县域医疗卫生一体化改革走在全国前列，山西白求恩医院区域医疗中心建设取得明显成效，出台建设中医药强省实施方案，基本公共卫生服务考核全国第七。出台建立城乡居民补充养老保险制度。

八、树牢“绿水青山就是金山银山”理念，治山治水治气治城一体推进，努力建设美丽山西

以太行山、吕梁山为重点广泛开展国土绿化彩化财化行动，全省森林覆盖率达到23.18%，历史性超过全国水平。以“汾河”为重点推进“七河”治理，实现“一泓清水入黄河”。坚决打好蓝天碧水净土保卫战，全年PM2.5平均浓度44微克/立方米，在京津冀及周边六省中仅次于北京，全省58个地表水国考断面全部退出劣Ⅴ类。确立“一主三副六市域中心”城镇化格局，召开城市工作会议，全面提升城市规划建设治理水平，开展市容市貌整治行动和“两下两进两拆”专项整治。以垃圾治理、污水治理和“厕所革命”为重点，农村人居环境整治三年行动取得明显成效。加快构建绿色生产生活方式，全面实施工业提标升级，燃煤机组超低排放改造全部完成，加强塑料污染治理实施办法出台。

九、扎实推进宣传思想工作，充分挖掘三晋文化“富矿”，加快建设文化强省

制定修订党委（党组）意识形态工作责任制实施细则、考核办法等制度机制，深入开展“2020清朗”等专项行动，组织600余万名师生同上“抗疫”主题思政课，筑牢学校、网络、宗教等重点领域意识形态安全防线。推动社会主义核心价值观入法入规形成常态机制，新创建示范点97个，6市县一次性获评全国文明城市。大力弘扬民族精神和时代精神，努力讲好山西抗疫故事、脱贫故事、转型故事。报业、广电、文艺院团、国有文资等改革有序推进，牵引文化事业加快发展。联动开展十大群众文化活动1700余场，惠及群众800余万人次。启动“游山西就是读历史”活动，持续打造黄河、长城、太行三大文旅融合板块，云冈石窟等文化遗产保护利用不断加强。

十、坚持和发展社会主义民主政治，稳步推进治理体系和治理能力现代化

出台新时代加强和改进人大工作的意见，推动人大探索“小切口”立法，全年制定或修改地方法规26件，出台法规性决定4件。出台新时代加强和改进人民政协工作的实施意见，制定政协协商工作计划，加强专门协商机构建设，首次探索开展网络议政、远程协商，政协社情民意信息工作继续保持全国第一方阵。推动统战工作提质增效、创新发展，完善民主党派省委会直接向省委提出建议“直通车”制度，实施民企转型助力工程，依法加强宗教管理，深化海外统战和侨务工作。推动法治山西、法治政府、法治社会一体建设，完成政府规章立法项目13件，加强宪法、民法典等法律宣传普及工作。

十一、践行总体国家安全观，加强和创新社会治理，建设更高水平的平安山西

始终把确保政治安全摆在首位，实施拱卫首都安全“护城河”工程，持续强化常态化严打整治机制。深入开展“三零”单位创建，助推全省信访量、安全生产事故、刑事案件同比下降。深刻汲取“8·29”“10·1”重大事故教训，开展全领域全覆盖全方位隐患排查整治，扭转了安全生产被动局面。全面加强基层社会治理，开展市域社会治理现代化试点，完善人民调解、行政调解、司法调解衔接联动机制。制定数字政府建设规划，“领导驾驶舱”“13710督办”系统助推行政效能显著提高，“一部手机三晋通”APP注册用户突破1000万。

十二、推进全面从严治党，构建良好政治生态，切实以“第一责任”领导保障“第一要务”

牢牢扛起管党治党主体责任，制定进一步加强政治监督实施意见，健全党委反腐败领导小组职责，加强对党委（党组）书记履行第一责任人职责、领导班子其他成员落实“一岗双责”的监督检查，全省党内问责党组织275个、党员领导干部2374人。持续加强基层基础工作，实施农村基层党建“整乡推进、整县提升”示范县乡创建行动，开展农村“带头人”队伍优化提升行动和村“两委”换届试点工作。狠抓干部队伍建设，制定贯彻落实全国党政领导班子建设规划纲要实施意见，部署开展“七大行动计划”，选派503名“85左右”“90左右”年轻干部到县乡任职，选拔201名乡镇书记到省市直单位副处级岗位任职。制定专门实施意见，一体推进不敢腐不能腐不想腐，高质量完成第七、八轮常规巡视，十一届省委巡视全覆盖进度达到94.98%。召开全省领导干部警示教育大会，出台落实中央八项规定精神正负面清单。

（郭　阳）

附一：

中国共产党山西省第十一届委员会组成人员名单

(2020.1.1-2020.12.31)

书　记：楼阳生

副书记：林　武

常　委：王拥军　罗清宇　徐广国　吕岩松　张吉福
廉毅敏（10月离职）　商黎光　胡玉亭　韩　强
曲孝丽　李凤岐（11月任职）

委　员：(按姓氏笔画为序)

王　亚	王　成	王　宏	王　纯	王　震
王一新	王立业	王立伟	王创民(10月涉嫌严重违纪违法,接受纪律审查和监察调查)	
王安庞	王利波	王拥军	王建明	王联辉
卢建明	白秀平	师　帅	曲孝丽	吕岩松
朱先奇	任建中	刘　杰	刘予强	刘志宏
刘志杰	刘宏新	刘润民	闫喜春	关建勋
孙大军	李中元	李凤岐	李正印	李建刚
李俊明	李晋平	李晓波	李福明	杨　司
吴俊清	汪　凡	张　葆(女)	张九萍(女)	张文栋
张吉福	张志川	张金旺	张建欣(女)	张瑞鹏
陈振亮	武　涛	武宏文	林　武	罗清宇
岳普煜	郑连生	赵建平	赵雁峰	胡玉亭
胡苏平(女)	姜四清	贺天才	耿彦波	徐广国
郭长青	郭迎光	郭保民	郭海刚	席小军
盛佃清	符惠明	商黎光	阎俊生	董一兵
楼阳生	廉毅敏(10月离职)		翟　红	翟振新
韩　强	薛延忠	薛维栋	霍红义	

候补委员：(按得票多少为序排列，得票相等的，按姓氏笔画为序排列)

郭　健　薛永辉

附二：

中国共产党山西省第十一届纪律检查委员会组成人员名单

（2020.1.1–2020.12.31）

省委常委、省纪委书记：王拥军

副书记：王　鹏　孟　萧　王帅红（5月任职）

常　委：何　青　高金喜　王帅红（5月调职）　孙京民　刘东光（6月兼任秘书长）　王晓鹏

委　员：（按姓氏笔画为序）

马　彪　王　珍　王　鹏　王帅红　王拥军　王建成
王晓鹏　王增信　牛榆生　朱晓东　任建华　刘东光
刘英魁　那志茂　孙京民　李　政　李吉山　李江龙
李曾贵　杨　宏　吴纪平　吴跃平　何　青　宋文斌
张晓永　张晓玲（女）　张稳科　陈学东　范晋昌　周计伟
周培斌　孟　萧　赵建平　赵建华　郝　权　荣　彰
荣奋刚　相里岩　姚安政　党志峰　高向新　高金喜
郭英杰　康吉仁　曾庆勇　董赤凡

附三：

2020年山西省党员队伍建设情况和党组织情况

党员队伍建设情况。截至2020年底，全省共产党员总数2571542名，比上年净增55802名。其中，妇女党员665294名，占党员总数25.87%；大专以上文化程度党员1248411名，占党员总数48.55%；35岁及以下党员508141名，占党员总数19.76%。从职业分布上看，党政机关党员196692名，占党员总数7.65%；企事业单位党员822135名，占党员总数31.97%；社会组织单位党员11981名，占党员总数0.47%；农牧渔民党员762532名，占党员总数29.65%；军人、武警党员0名，占党员总数0%；学生党员52022名，占党员总数2.02%；离退休党员563440名，占党员总数21.91%；其他职业党员162740名，占党员总数6.33%。2020年，全省申请入党人数87.17万人，其中被党组织确定为入党积极分子的32.55万名，列为发展对象的8.50万名。

党组织情况。山西省党的各级地方委员会共有129个，其中省级党委1个，市级党委11个，县（市、区）党委117个。基层党组织共有130519个，其中党委5794个，党总支7513个，支部117212个。城市街道基层党组织7056个，其中党委364个，党总支323个，支部6369个；乡镇基层党组织31477个，其中党委1440个，党总支1908个，支部28129个；国有企业基层党组织27854个，其中党委1681个，党总支1756个，支部24417个；非公经济组织基层党组织13987个，其中党委206个，党总支295个，支部13486个；事业单位基层党组织24954个，其中党委822个，党总支1517个，支部22615个；机关基层党组织20005个，其中党委956个，党总支1527个，支部17522个；社会组织基层党组织5792个，其中党委38个，党总支80个，支部5674个；其他基层党组织34851个，其中党委1931个，党总支2259个，支部30661个。

重要会议

一、中国共产党山西省第十一届委员会全体会议

中国共产党山西省第十一届委员会第十次全体会议

（会议内容见本书“习近平总书记视察山西”栏目）

中国共产党山西省第十一届委员会第十一次全体会议暨省委经济工作会议

2020年12月28日至30日，中国共产党山西省第十一届委员会第十一次全体会议暨省委经济工作会议在太原召开。

会议由省委常委会主持。省委书记楼阳生作了重要讲话。会议以习近平新时代中国特色社会主义思想为指导，全面贯彻党的十九大和十九届二中、三中、四中、五中全会精神，认真学习贯彻中央经济工作会议精神，贯彻落实习近平总书记视察山西重要讲话重要指示，听取和讨论了楼阳生受省委常委会委托作的工作报告，审议通过了《中共山西省委关于制定国民经济和社会发展第十四个五年规划和二〇三五年远景目标的建议》，表决通过了中国共产党山西省第十一届委员会第十一次全体会议决议。楼阳生就《建议（讨论稿）》向全会作了说明，关于明年经济工作作了全面部署。省委副书记、省长林武对明年经济工作作出具体部署。

会议充分肯定一年来省委常委会的工作。一致认为，一年来，省委常委会高举习近平新时代中国特色社会主义思想伟大旗帜，全面落实党的十九大和十九届二中、三中、四中、五中全会精神，深入学习贯彻习近平总书记视察山西重要讲话重要指示和“三篇光辉文献”，增强“四个意识”、坚定“四个自信”、做到“两个维护”，牢牢扛起管党治党主体责任、维护安全稳定政治责任、推动高质量转型发展历史责任，坚持稳中求进工作总基调，坚持“四为四高两同步”总体思路和要求，统筹疫情防控和经济社会发展，扎实做好“六稳”工作，全面落实“六保”任务，强力推动“六新”突破，全省高质量转型发展态势强劲，民生福祉持续增进，社会大局保持和谐稳定，党的建设和党领导的各项事业全面进步。

会议一致认为，正是在习近平总书记的亲切关怀、英明领导下，省委团结带领全省人民，锐意进取、开拓创新、攻坚克难，交出了夺取山西“战疫”重大战略成果、实现转型发展入轨并呈现强劲态势和全力决战脱贫攻坚、决胜全面建成小康社会“三份优秀答卷”，使山西工作在新起点上实现了新发展、开创了新局面。实践证明，有习近平总书记的领航掌舵，有以习近平同志为核心的党中央的英明领导，有习近平新时代中国特色社会主义思想的科学指引，我们无惧任何风浪、无畏任何挑战，山西转型发展必将坚定走下去、坚实走出来。

会议高度评价我省决胜全面建成小康社会取得的决定性成就，深入分析了我省经济社会发展面临的形势，提出了我省到二〇三五年与全国同步基本实现社会主义现代化的远景目标，“十四五”时期我省经济社会发展指导思想和必须遵循的原则，“十四五”时期我省经济社会发展战略定位和主要目标任务。

会议指出，“十四五”开局，全面建设社会主义现代化国家新征程开启，实现我省转型出雏型，必须在新发展阶段中全力把握新发展格局机遇，为转型发展蹚新路拓展战略空间；必须坚决贯彻新发展理念，把注意力集中到解决发展不充分不平衡不协调的问题上；必须勇于直道冲刺、弯道超车、换道领跑，推动高质量高速度发展；必须把创新放在转型发展全局中的核心位置，持续打造一流创新生态；必须促进人口结构优化和激发人才创新活力，为转型发展蹚新路提供强有力人才智力支撑；必须加快构建“一主三副六市域中心”城镇化格局，为高质量转型提供最大内需潜力和发展动能；必须坚持以人民为中心发展思想，以共同富裕为目标创造高品质生活；必须统筹发展和安全，坚决守住安全稳定底线红线；必须坚持党的全面领导，形成推动转型发展的强大合力。

会议充分肯定2020年经济工作成绩。指出，明年是我省

“十四五”转型出雏型开局之年，要进一步坚定在转型发展上率先蹚出一条新路来的信心决心，准确把握2021年经济形势和目标任务，确保“十四五”转型出雏型开好局起好步。要全面贯彻党的十九届五中全会和中央经济工作会议精神，深入贯彻落实习近平总书记视察山西重要讲话重要指示，按照省委“四为四高两同步”总体思路和要求，坚持稳中求进工作总基调，立足新发展阶段，贯彻新发展理念，紧抓构建新发展格局机遇，以推动高质量发展为主题，以深化供给侧结构性改革为主线，以转型综改试验区建设为统领，以改革创新为根本动力，以满足人民日益增长的美好生活需要为根本目的，坚持系统观念，巩固拓展疫情防控和经济社会发展成果，更好统筹发展和安全，统筹抓好“六稳”“六保”和“六新”发展，坚持扩大内需战略，全面打造一流创新生态，加快构建现代产业体系，持续提高制度型开放水平，努力实现高质量高速度发展，确保“十四五”转型出雏型开好局，以优异成绩庆祝建党100周年。

会议强调，做好明年经济工作，必须认真领会、准确把握党中央构建新发展格局战略决策的深刻内涵，深刻理解其蕴含的重塑性机遇性竞争性，在形成以国内大循环为主体、国内国际双循环相互促进的新发展格局中赢得战略主动、发展先机、核心竞争力，使我省进入国内大循环的中高端，成为国内大循环的关键环；必须科学设定发展目标，统筹当前与长远、质量与速度、现实与可能；必须准确把握明年经济形势和国家宏观政策取向，创造性贯彻落实中央大政方针，不断增强政策的精准性有效性，在“十四五”开局之年迈好第一步，见到新气象。重点抓好八个方面工作。一是着力抓好创新生态建设。坚持把创新放在转型发展全局中的核心位置，大力实施创新驱动、科教兴省、人才强省战略，打造科研高峰、创建学科高地，凝练一流课题、搭建一流平台，完善用人机制、引育一流人才，创优人才环境、形成人才高地，强化配套支撑、推动成果转化，以一流创新生态集聚创新资源，催生创新成果，提升区域整体创新能力和核心竞争力。二是大力培育市场主体和产业生态。要将规上工业企业净增1000家作为硬核任务，广泛开展“双创”活动，推动小微企业及个体工商户增量持续扩大。按照“个转企、小升规、规改股、股上市”思路，推动“四上”企业发展壮大。要把基础产业作为重要支撑持续做强做优，把新兴产业作为战略重点不断培育壮大，把未来产业作为抢占先机的关键所在超前布局突破，推动建链延链补链强链，构建产业生态。三是牢牢把握扩大内需这个战略基点。要把扩大内需战略同深化供给侧结构性改革有机结合起来，供需两侧，协同发力。更加重视发挥消费基础作用，补缺项，锻长板，创品牌，加快消费结构升级，打造国内国际消费目的地。以转型项目建设为抓手，不断增强投资塑造产业结构、完善基础设施、拉动需求增长的功能和作用。同时要重视外需拓展，开拓国际市场，更好利用外资，提升进出口质量和效益。四是坚定不移深化重点领域改革。要更加注重改革的系统集成、协同高效，聚焦“深水区”“硬骨头”，推进牵引性标志性重大改革，优化创新资源配置，实施碳达峰、碳中和山西行动，深化高等教育“三个调整优化”，深化国资国企改革，加快构建开放型经济新体制，推进太原都市区一体化发展，深化地方金融改革，扎实开展农村“三块地”改革试点，实施“五水综改”，改革文化体制，实施市县转型综合配套改革，加快形成有利于高质量转型发展的体制机制。五是推动脱贫成果巩固拓展同乡村振兴有效衔接。要始终把保耕稳粮作为农业发展的根本前提，落实藏粮于地、藏粮于技战略，牢牢守住耕地红线，坚决遏制耕地“非农化”，防止“非粮化”。开展良种攻关，在打好种业翻身仗中积极作为。深入实施农业“特”“优”战略，开展第一产业高质量发展行动，加快发展乡村旅游，助推农村一二三产融合发展。抓好村庄规划编制，持续改善农村人居环境。六是加快构建绿色生产绿色生活方式。统筹推进生态修复治理保护和绿色生产、绿色生活，持续抓好污染防治，着力抓好生态修复，加快形成绿色生产方式，依法构建绿色生活场景，让绿色发展广泛融入经济社会发展各领域。七是围绕全生命周期抓好普惠性民生。围绕“一老”，统筹抓好养老事业与养老产业发展，为老年人提供优质养老服务。围绕“一小”，优化基础教育布局，走出“就近就便服从就优”山西路径。围绕“一青壮”，加快“人人持证、技能社会”建设，以技能提升促进居民增收。八是深化“三零”创建和依法治理。巩固拓展“三零”创建工作，加强市域治理，切实增强在法治轨道上推进各项工作的能力水平，狠抓社会稳定风险防化，毫不放松抓好“外防输入、内防反弹”疫情防控工作，始终绷紧安全生产这根弦，坚决杜绝重特大安全生产事故发生，建设更高水平的平安山西。

会议指出，要贯彻新发展理念，三次产业协同发力，抓好投资提效、消费挖潜和进出口补短，开展比学赶超，努力实现增长目标，全力保持争先进位强劲态势。要打造一流创新生态，推进“六新”突破，引深三大创新工程，加强创新平台建设，促进融通创新，强化人才支撑，全力培育转型赶超优势。要构建现代产业体系，培育壮大新兴产业未来产业，改造提升传统产业，做强做优文化旅游业，加快发展现代服务业，全力提升产业竞争力。要统筹省属企业、驻晋央企、外资企业、民营企业、中小微企业和个体工商户协同联动、协调发展，激发市场主体活力。要全面深化改革开放，抓好能源革命、开发区提质增效、要素配置市场化改革、制度型开放等任务，全力增强转型发展动力。要开展乡村建设行动，分类推进乡村振兴重点帮扶县、整体推进县、先行示范县发展，深化农村改革，全力加快农业农村现代化。要统筹规划建设管理，提升太原首位度，加快省域副中心城市和市域中心建设，实施城市更新行动，全力推进新型城镇化。要加强生态治理修复，实施水土扎根、山川披绿、河湖扮靓工程，坚决完成环保约束性指标，全力建设美丽山西。要促进人的全面发展，加强公共服务供给，全力改善人民生活品质。要树牢安全发展理念，强化常态化疫情防控，加快构建公共卫生体系，严格落实安全生产责任制，深化安全生产专项整治三年行动，全力提升本质安全水平。要刀刃向内自我革命，优化精简审批事项，深化一枚印章管审批、证照分离等改革，加快数字政府建设，全力打造

“六最”营商环境。

会议强调,要加强党对经济工作的集中统一领导,提高各级领导干部驾驭新时代经济建设的能力和专业化水平,不断提高政治站位,提升专业本领,优化营商环境,强化智力支持,加强政策创设,强化担当作为,始终以党建“第一责任”领导和保障发展“第一要务”。

会议指出,政贵在行,事成于实。要把思想和行动统一到中央及省委的决策部署上来,抓好落实。抓落实的关键是要有解决方案。一要提高站位,胸怀大局,二要调查研究,掌握实情,三要厉行法治,出好实招,四要系统推进,重点突破,五要敏锐洞察,果敢果断,六要控新治旧,结果导向,七要躬身入局,担当作为,努力创造无愧于时代、无愧于人民、无愧于历史的新业绩。

会议号召,全省人民要更加紧密地团结在以习近平同志为核心的党中央周围,始终牢记习近平总书记的教诲和嘱托,在省委坚强领导下,坚定转型信念,保持战略定力,齐心协力、奋发有为,攻坚克难、敢于胜利,乘势而上奋力书写山西践行新时代中国特色社会主义新篇章。

省委委员、省委候补委员出席会议。不是省委委员、候补委员的现职省级领导同志,省军区、省武警总队主要负责同志,省纪委常委,省直各部门、中央驻晋单位和企业主要负责同志,各市、县(市、区)党政主要负责同志,省管国有企业、本科院校、省级以上开发区主要负责同志,在晋党的十九大基层代表、部分省第十一次党代会基层代表,在晋“两院”院士、专家学者、部分科研院所负责同志,部分民营企业主要负责同志,“三个一批”活动重大项目负责人列席会议。

二、省委常委会会议

省委常委会召开会议　传达贯彻全国宣传部长会议精神 听取省人大常委会、省政府、省政协、省法院、省检察院党组工作汇报　讨论政府工作报告

1月6日,省委常委会召开会议,传达全国宣传部长会议、全国离退休干部先进集体和先进个人表彰大会、全国老干部局长会议、全国扫黑除恶专项斗争视频会议精神,研究我省贯彻落实意见,听取省人大常委会、省政府、省政协、省法院、省检察院党组2019年度工作汇报,讨论省政府拟提请省十三届人大三次会议审议的《政府工作报告》稿,研究乡村治理工作。省委书记楼阳生主持会议。

会议指出,全国宣传部长会议深入学习贯彻习近平总书记关于宣传思想工作的重要论述,部署了2020年全党宣传思想工作的重点任务,要结合我省实际认真贯彻落实。过去一年,全省宣传思想战线牢牢把握学习宣传贯彻习近平新时代中国特色社会主义思想这个首要任务,紧扣庆祝新中国成立70周年这条主线,按照中央和省委部署要求,围绕中心、服务大局,开展了一系列有特色有声势的宣传活动,理论武装、舆论引导、文化惠民、文明创建、文旅融合等实现新突破,营造了高举旗帜、改革创新、干事创业的良好社会氛围。会议强调,做好今年全省宣传思想工作,要进一步推动习近平新时代中国特色社会主义思想深入人心,深入学习贯彻习近平总书记“三篇光辉文献”精神,联系实际学思践悟,打牢团结奋斗的共同思想基础。要紧扣决胜全面建成小康社会、决战脱贫攻坚,紧扣把转型综改进行到底,按照“四为四高两同步”总体思路和要求,搞好重大报道,推出重点作品,弘扬新风正气,推动工作创新,保持昂扬基调,为实现决胜全面建成小康社会目标任务提供坚强思想保证和强大精神动力。各级党委要负起领导宣传思想工作的政治责任,严格落实意识形态工作责任制,抓好建强宣传思想战线干部人才队伍。

会议指出,过去一年,在省委领导下,省人大常委会、省政府、省政协、省法院、省检察院党组深入学习贯彻习近平新时代中国特色社会主义思想,增强“四个意识”、坚定“四个自信”、做到“两个维护”,全面加强党的领导和党的建设,围绕大局履职尽责,为巩固拓展全省良好局面作出积极贡献。省人大常委会党组加强重点领域立法,在转型综改立法上取得重要突破,坚持监督与支持统一,有效推动法规实施,切实保障代表依法履职。省政府党组带头坚持省委领导,坚持依法行政,抓好省委决策部署贯彻落实,在国内外风险挑战明显上升的情况下,保持了经济持续健康发展和社会大局稳定。省政协党组坚持建言资政和凝聚共识双向发力,政治协商、民主监督、参政议政更加务实有效,汇聚起实现全面小康正能量。省法院、省检察院党组践行司法为民,深化司法体制改革,营造法治化营商环境,促进了社会治安稳定,为改革发展提供了法治保障。会议强调,今年是全面建成小康社会和“十三五”规划收官之年,省人大常委会、省政府、省政协、省法院、省检察院党组要在省委领导下,带头增强“四个意识”、坚定“四个自信”、做到“两个维护”,确保党中央决策部署和习近平总书记重要指示批示精神在山西落地见效。要坚持以政治建设为统领,严守党的政治纪律和政治规矩。要深入学习贯彻习近平总书记“三篇光辉文献”精神,落实“四为四高两同步”总体思路和要求,不断提升服务大局、依法依规依章程履职的能力和水平。要加强党组自身建设及机关党的建设,履行全面从严治党主体责任,坚决反对“四风”特别是形式主义、官僚主义,为各项事业发展提供坚强保障。

会议指出,过去一年,全省上下认真贯彻落实党中央和省委决策部署,统筹推进各项工作,高质量转型发展取得可喜成绩。做好今年政府工作,要以习近平新时代中国特色社会主义思想为指导,全面贯彻党的十九大和十九届二中、三中、四中全会精神,深入贯彻习近平总书记“三篇光辉文献”

精神，按照中央经济工作会议部署，紧扣全面建成小康社会目标任务，坚持稳中求进工作总基调，坚持新发展理念，坚持以供给侧结构性改革为主线，全面落实“四为四高两同步”总体思路和要求，加快建设现代化经济体系，坚决打好三大攻坚战，全面做好“六稳”工作，统筹推进稳增长、促改革、调结构、惠民生、防风险、保稳定各项工作，保持经济运行在合理区间，确保“十三五”规划圆满收官，确保我省与全国同步全面建成小康社会。

会议对全省老干部工作给予充分肯定。指出，要深入贯彻落实党的十九届四中全会精神，坚持和完善老干部政治建设、思想建设和党组织建设的制度机制，切实提高老干部工作质量。要重视发挥老干部的优势和作用，传承好、弘扬好老同志的宝贵精神财富。要落实好离退休干部各项待遇，做好特殊困难老同志帮扶工作，把党中央对广大老干部的关怀关爱落到实处。

会议指出，扫黑除恶专项斗争开展两年来，我省坚决贯彻党中央部署，坚持深挖整治和长效常治同步发力，取得重大成效，人民群众安全感满意度显著提升。要深入学习贯彻习近平总书记关于扫黑除恶的重要指示精神，紧扣三年为期总目标，增强必胜信心决心，确保斗争取得完胜。要把握阶段性特点，深入开展重点行业领域专项整治，严厉打击一切违法犯罪，荡涤一切污泥浊水，着力铲除黑恶犯罪滋生土壤，推动专项斗争不断取得新战果。要着眼依法严惩、标本兼治，强化制度建设，推动扫黑除恶工作常态化。要深入推进基层治理、系统治理、行业治理、源头治理、部门治理，夯实社会和谐稳定基石。

会议审议通过《关于加强和改进乡村治理的实施意见》。

会议还研究了其他事项。

省委常委会召开会议　学习贯彻习近平总书记在中央政治局专题民主生活会重要讲话精神

1月10日，省委常委会召开会议，学习贯彻中央政治局“不忘初心、牢记使命”专题民主生活会精神特别是习近平总书记重要讲话精神。与会同志在学习领会基础上作了交流发言。省委书记楼阳生主持会议，就深入学习贯彻提出要求。

会议指出，习近平总书记主持召开中央政治局“不忘初心、牢记使命”主题教育专题民主生活会并发表重要讲话，再次为全党树起了榜样。讲话思想深邃、内涵丰富、高瞻远瞩，具有很强的政治性、思想性、理论性、指导性，是不忘初心、牢记使命的生动党课教材，是闪耀着马克思主义真理光辉的又一重要文献，为持续推动不忘初心、牢记使命，不断深化党的自我革命、统揽“四个伟大”、进一步做好党和国家各项工作提供了重要遵循。这次集中学习使大家深受教育，深受洗礼，进一步锤炼了党性。联系党的十八大以来党和国家发生的历史性变革，联系山西近些年来走过的不平凡历程，与会同志进一步深切感到，习近平总书记领航掌舵中国特色社会主义事业乘风破浪、稳步前行，取得新的重大成就，展现了共产党人坚定的理想信念、人民领袖深切的为民情怀、马克思主义政治家高超的政治领导艺术。只要我们紧密团结在以习近平同志为核心的党中央周围，切实做到“两个维护”，就能夺取前进道路上一个又一个胜利。

会议指出，省委常委会要把学习领会习近平总书记重要讲话精神作为政治自觉和政治纪律，把贯彻落实习近平总书记重要讲话精神作为政治责任和政治使命，以主题教育为新的起点，以习近平总书记重要讲话为行动指南，增强“四个意识”、坚定“四个自信”、做到“两个维护”，以更高境界和扎实作风把初心使命见诸行动，把山西工作做得更好。一要用坚定的理想信念不断砥砺初心。时刻把牢理想信念“总开关”，在大是大非面前旗帜鲜明，在风浪考验面前无所畏惧，在各种诱惑面前立场坚定，在关键时刻让党信得过、靠得住、能放心。要上好不忘初心、牢记使命这堂“首修课”“必修课”“终身课”，在砥砺初心使命、践行入党誓词上发挥头雁效应。对习近平总书记重要讲话和指示批示，要及时跟进学、反复体悟学，做到入脑入心、融会贯通、指导实践。要在“三篇光辉文献”指引下，推动“四为四高两同步”总体思路和要求的落实，为山西人民谋福祉、为山西明天谋振兴。二要用真挚的人民情怀全力造福百姓。树牢以人民为中心的发展思想，想问题、办事情都要站在群众的立场上，切实把握民情、汇集民智，做到民有所呼，我们就要以实际行动有所应，让人民群众获得感、幸福感、安全感更加充实、更有保障、更可持续。三要用无畏的斗争精神勇于担当作为。面对新形势新任务新挑战，要以居安思危的政治清醒、坚如磐石的战略定力、勇于斗争的奋进姿态、越是艰险越向前的顽强意志，切实履行好“两个维护”之责、贯彻落实之责、转型发展之责、改善民生之责、维护稳定之责、管党治党之责。对风险挑战要挺在前头、勇敢面对，坚决反对和纠正不作为、慢作为甚至假作为问题。四要用管用的务实举措提高治理能力。深入贯彻落实党的十九届四中全会精神，坚决维护党中央权威和集中统一领导，坚决执行党和国家各项制度，带动全省各级自觉尊崇制度、严格执行制度、坚决维护制度，促进各项制度生根见效。要把山西工作放在党和国家事业全局中谋划推进，按照习近平总书记指示精神和党中央决策部署治晋兴晋强晋，完善各方面的工作举措和制度安排，不断提高治理本领。五要用严格的纪律规定不懈修身律己。教育引导全省党员干部深刻汲取系统性塌方式腐败教训，牢记走过的弯路决不能再走、付过的学费决不能再付，做到镜鉴常照、警钟长鸣。要时刻自重自省自警自励，做到慎独慎初慎微慎友，修身律己、廉洁齐家，无私无畏、干净干事，真正让党中央放心、让山西人民满意。

会议还研究了其他事项。

省委常委会召开会议　学习贯彻习近平总书记在十九届中央纪委四次全会重要讲话精神　传达贯彻全国统战部长会议精神　通过《省委常委会二〇二〇年工作要点》　审定重大改革项目

1月19日，省委常委会召开会议，传达学习习近平总书记在十九届中央纪委四次全会上的重要讲话精神和十九届中央纪委四次全会精神，研究我省贯彻落实意见，传达贯彻全国统战部长会议精神，讨论《省委常委会2020年工作要点》,审议《省委全面深化改革委员会2020年重大改革项目及责任分工》,研究文物工作。省委书记楼阳生主持会议。

会议指出,习近平总书记在中央纪委四次全会上的重要讲话,深刻总结新时代全面从严治党的历史性成就,深刻阐释我们党实现自我革命的成功道路、有效制度,深刻回答管党治党必须“坚持和巩固什么、完善和发展什么”的重大问题,作出了以全面从严治党新成效推进国家治理体系和治理能力现代化的战略部署,对推动全面从严治党向纵深发展具有重大指导意义。会议指出,过去一年,在中央纪委国家监委和省委领导下,全省纪检监察工作坚定稳妥、扎实有效,全面从严治党取得新的战略性成果,反腐败斗争压倒性胜利不断巩固拓展,纪检监察干部队伍忠诚干净担当的政治品质更加彰显。要深刻领会、全面贯彻习近平总书记提出的重要思想、重要任务和重大要求，贯彻落实中央纪委四次全会精神,按照“四为四高两同步”总体思路和要求,清醒认识反腐败斗争面临的形势任务,牢记净化政治生态仍然在路上、永远在路上,一以贯之、坚定不移推进全面从严治党。要突出抓好政治监督,不断增强“两个维护”的能力和效果,确保党中央政令畅通、令行禁止。要坚持控新治旧,有效化解存量、遏制增量,重点查处不收敛不收手的违纪违法问题。要加强权力运行各环节的制约和监督,创新日常监督、形成监督合力,压减权力设租寻租空间。既要把“严”的主基调长期坚持下去,又要善于做到“三个区分开来”,激励干部担当作为。要加强党对反腐败斗争的领导,层层压实主体责任，统筹推进纪检监察体制改革，加强纪检监察队伍建设。要深刻把握党风廉政建设规律，一体推进不敢腐、不能腐、不想腐，不断巩固发展反腐败斗争压倒性胜利，为决胜全面建成小康社会、决战脱贫攻坚提供坚强保障。会议决定近期召开省纪委十一届六次全会。

会议指出,过去一年,全省统一战线认真贯彻中央及省委决策部署,各领域统战工作取得新进展,统一战线事业呈现新气象。要贯彻落实全国统战部长会议部署,围绕习近平新时代中国特色社会主义思想和党的十九届四中全会精神这条主线,在统一战线领域开展主题教育活动,进一步夯实共同思想政治基础,彰显统一战线在国家制度建设和治理能力建设中的独特优势。要抓好党外人士培优、参政议政提质、和谐稳定促进、民企转型助力“四大工程”,有效服务全省工作大局。要把各方面力量更好团结起来,促进政党关系、民族关系、宗教关系、阶层关系、海内外同胞关系和谐。要重视党外干部和无党派代表人士干部培养使用。

会议审定《省委全面深化改革委员会2020年重大改革项目及责任分工》，听取我省复制推广深圳前海蛇口自贸片区制度创新经验(第二批)情况汇报,审定《山西省统筹推进自然资源资产产权制度改革的实施意见》。指出,要把“改革为要”贯穿于经济社会发展全方位、体现到各项工作全过程,最大限度激发各类创新创业创造主体的活力。要更加注重系统谋划、注重统筹推进、注重项目化管理、注重压实责任、注重结果导向，以重大改革项目牵引全面深化改革向纵深推进。要着力构建高质量发展的体制机制,增强高水平崛起的创新动能,完善高标准保护的制度体系,释放高品质生活的政策红利。要以项目化清单式管理为抓手推进改革,大胆先行先试,以结果导向检验改革落实程度、干部担当力度。省领导要领衔一批重大改革,各级党政主要负责同志要切实担起改革“第一责任人”职责。

会议指出,我省是文物大省,做好文物工作任务艰巨、责任重大。要深刻领会习近平总书记关于文物工作的重要论述和重要指示精神,按照全国文物局长会议的部署,以上对五千年文明负责、下对子孙后代负责的历史担当,把全省文物保护利用工作提高到新水平。要完善文物保护体系,牢牢守住文物安全底线,有序推进数字化保护。要把文物资源活化作为一件大事来抓,推进文化创意、文旅融合等加快发展。要科学论证、扎实工作,把重点文物保护利用工程纳入“十四五”规划。

会议通过《省委常委会2020年工作要点》。

会议还研究了其他事项。

省委常委会召开会议　坚决贯彻习近平总书记重要指示精神　全力做好新型冠状病毒感染肺炎疫情防控工作

1月23日,省委常委会召开会议,专题研究部署新型冠状病毒感染肺炎的疫情防控工作。省委书记楼阳生主持会议并强调,各级党委政府和各有关部门要认真学习贯彻习近平总书记重要指示和李克强总理批示精神,切实把思想和行动统一到党中央、国务院决策部署上来,统一到省委、省政府的具体部署上来，把人民群众生命安全和身体健康放在第一位,视疫情如命令,严防严控,联防联控,群防群控,确保防控工作依法、科学、有效,确保社会大局稳定,确保人民群众度过一个安定祥和的新春佳节。

会议指出,习近平总书记作出重要指示,李克强总理作出批示,充分体现了党中央、国务院对疫情防控工作的高度重视，明确了当前应对新型冠状病毒感染疫情的目标要求、重点任务、科学方法,为做好疫情防控提供了根本遵循。各级各有关方面要认真学习领会、坚决贯彻落实。

会议强调,随着春运流动人员增加,我省存在较大的输入和扩散风险,防控形势严峻。各级各部门要进一步强化风险意识,决不能麻痹大意、掉以轻心,密切关注疫情动向,用大概率思维应对小概率事件,科学防控,精准施策,切实把各项防控措施落到实处。一要抓源头防控,坚持关口前移,严把输入型疫情关口,加强医疗机构预检分诊,严格落实早发现、早诊断、早报告、早隔离、早治疗和就地处置的“五早一就”措施,坚决防范和遏制疫情扩散。二要抓重点场所,对机场、铁路、客运等交通枢纽和大型集贸市场、旅游景区景点以及其他人员密集场所等重点领域,加强疫情监测,落实通风消毒、体温检测、卫生检疫等措施,消除疫病传播风险。三要抓病例医治,各医院特别是定点医院要提高医疗救治能力,对感染新型冠状病毒患者，坚持集中患者、集中资源、集中专家、集中救治“四个集中”原则，全力以赴做好医治工作，努力不发生一例死亡病例。同时做好医护人员防护工作，让冲在一线的医护人员安全救治、安心救治。四要抓工作保障，落实防治物资、装备和经费，加强防护、消杀、检测、药物等防控物资储备，畅通调拨渠道，满足疫情防控需要。五要抓健康教育，科学宣传疫情防控知识，适时发布健康提示，提供健康咨询服务，倡导文明卫生习惯，不断提高群众的预防意识和预防能力。

会议强调，落实习近平总书记重要指示精神，全力做好防控疫情工作，是对各级各部门和党员领导干部的政治考验、责任考验、能力考验。要强化组织领导，立即启动联防联控机制，由省长任组长、分管副省长任第一副组长，省直各相关部门为成员单位，各市县比照省里成立领导小组，充分调动各方资源，形成疫情防控的铜墙铁壁。要强化属地责任，落实病例管控、疫情处置等各项工作要求和措施，严格执行值班值守制度和疫情日报、零报制度，各级领导干部要守土有责、守土尽责，做到反应迅速、措施有力、工作到位。要强化舆论引导，适时客观向社会通报疫情和防控工作进展，对互联网和自媒体等进行精准管控，引导公众不信谣不传谣，对造谣传谣、引发社会恐慌的依法严厉查处，坚决维护社会大局稳定。卫生健康战线要弘扬“敬佑生命、救死扶伤、甘于奉献、大爱无疆”精神，弘扬白求恩精神，忠于职守，不辱使命；同时，广大医护人员也要严格操作规程，避免感染，以确保在全力打好疫情防控遭遇战、阻击战、攻坚战中发挥主力军作用。

省委常委会召开会议　传达贯彻中央政法工作会议、全国组织部长会议和“扫黄打非”工作会议精神　听取全省安全生产工作情况汇报　审定《关于应对疫情支持中小企业共渡难关的若干措施》

2月6日，省委常委会召开会议，传达中央政法工作会议、全国组织部长会议、第三十三次全国“扫黄打非”工作会议精神，研究我省贯彻落实意见，听取全省安全生产工作情况汇报，审议《关于应对疫情支持中小企业共渡难关的若干措施》《政协山西省委员会2020年度协商计划》《关于深入开展“零上访零事故零案件”村(社区)、企业、单位创建工作的实施方案》，研究“三农”工作、构建创新生态、山西农业大学(省农科院)改革等工作。省委书记楼阳生主持会议。

会议指出，2019年，全省政法战线围绕为新中国成立70周年创造安全稳定社会环境这一主线，扎实做好各项工作，全面加强队伍建设，有力维护了全省社会和谐稳定。要深入学习贯彻习近平总书记对政法工作的重要指示和中央政法工作会议精神，牢固树立国家总体安全观，把维护政治安全放在首位，有效防范化解重大风险，发挥好首都“护城河”作用。要把扫黑除恶专项斗争持续引向深入，确保实现三年为期目标，总体工作继续走在全国前列。要结合实际深入推进市域社会治理现代化，完善社会治安防控体系，推动政法工作体制机制创新。在疫情防控期间，要依法打击各种扰乱市场秩序和社会秩序的不法行为，扎实做好社会面安全稳定工作。要进一步加强党对政法工作的领导，锻造高素质过硬政法队伍。会议强调，开展“零上访零事故零案件”村(社区)、企业、单位创建工作，是贯彻落实党的十九届四中全会精神、提升基层治理能力的重要抓手。要强化结果导向，落小单元、压实责任、前移关口、工作下沉，将各类苗头性倾向性问题化解在早、在小，努力做到矛盾不上交、平安不出事、服务不缺位。

会议指出，2019年，各级组织部门按照省委要求，精心组织推动“不忘初心、牢记使命”主题教育，加强领导班子和干部人才队伍建设，营造了干事创业、风清气正的良好氛围。要深入贯彻全国组织部长会议精神，坚持用习近平新时代中国特色社会主义思想武装党员干部头脑，深入学习贯彻习近平总书记“三篇光辉文献”，建立和落实“不忘初心、牢记使命”的制度，着力建设忠诚干净担当，想干事、能干事、干成事的领导班子和干部队伍，加大年轻干部培养选拔力度，以党建引领基层治理创新，为落实“四为四高两同步”总体思路和要求提供坚强组织保证。要在转型综改、全面小康、脱贫攻坚一线，在疫情防控一线考察和识别干部，树立鲜明用人导向。要坚持党管人才，优化和完善人才机制，用事业平台用才引才育才，以一流人才工作加快创新驱动发展。各级组织部门要坚持从严治部，做“两个维护”的表率。

会议指出，要严格落实意识形态工作责任制，持续巩固“扫黄打非”工作良好态势，盯住关键问题，网上网下合力，打好主动仗，不断净化网络生态，坚决扫除文化垃圾，营造积极健康向上的社会文化环境。

会议指出，2019年，全省安全生产形势总体平稳向好。但要清醒认识到，山西作为资源型地区和煤炭大省，安全生产这根弦须臾不可放松。要深入学习贯彻习近平总书记关于加强安全生产的重要批示精神和党中央、国务院决策部署，牢固树立以人民为中心的发展思想和安全发展理念，把安全生产贯穿改革发展稳定各方面全过程，确保各类安全生产事故持续下降，为决胜全面建成小康社会、决战脱贫攻坚营造良好安全环境，为高质量转型发展夯实安全基础。要坚持重点抓，始终把煤矿及尾矿库、非煤矿山作为重中之重，着力解决突出问题。要坚持从源头上抓，有效堵塞安全漏洞，牢牢掌握安全生产主动权。要坚持从短板上抓，落实问题导向，在集中整治和专项治理上下功夫。要坚持从本质安全上抓，全面提升技术、制度、管理等水平，扎实推进应急管理体系和治理能力现代化。要坚持从责任上抓，压实法人代表主体责任，强化追责问责。会议强调，要严格落实疫情防控期间安全生产措施，加强企业复产复工安全管理，深化隐患排查治理，加强应急值守工作。各级党委和政府要严格按照“四铁”要求，切实担负起“促一方发展，保一方平安”的政治责任。

会议指出，当前疫情防控正处于关键时期，出台《关于应对疫情支持中小企业共渡难关的若干措施》，从金融支持、租金减免、税费减免缓缴、社保支持、账款清欠、服务保障等方面提出具体措施，是帮助中小微企业增强信心、复工复产、渡过难关的“及时雨”。要加大宣传力度,强化督促检查,确保各项政策措施落到实处。要加强对中小微企业的预期引导,及时跟进研究解决新情况新问题。要密切监测全省经济运行状况,聚焦疫情对经济运行带来的冲击和影响,在全面落实各项防控措施的同时,进一步做好“六稳”工作,抓好脱贫攻坚、企业复工复产、重大项目建设、稳定居民消费等重点工作,动员全省上下为实现今年经济社会发展目标努力奋斗。

会议指出,省政协要围绕打造创新生态、创造高品质生活、提供“他山之石”等重点,把年度协商计划落到实处,为推进全省高质量转型发展更好发挥作用。

会议审议通过《关于抓好“三农”领域重点工作确保如期实现全面小康的实施意见》《关于加快推进农产品精深加工十大产业集群发展的意见》《关于加快构建山西省创新生态的指导意见》《关于实施“111”创新工程支撑引领高质量转型发展的意见》《山西省企业技术创新全覆盖工作推进方案》,审定《山西农业大学与山西省农业科学院合署改革实施方案》。

会议还研究了其他事项。

省委常委会召开会议　听取围绕深化政治监督开展专项监督检查情况汇报　研究国资国企改革、脱贫攻坚和金融工作　审定《省人大常委会2020年立法计划》《关于建设中医药强省的实施方案》

2月20日,省委常委会召开会议,听取省纪委关于围绕深化政治监督开展全省性专项监督检查情况汇报,审议《省人大常委会2020年立法计划》《山西省国资监管体制及国有资本投资、运营公司改革试点实施方案》《山西省脱贫攻坚领导小组2020年工作要点》《关于开展脱贫攻坚挂牌督战的实施方案》《关于建设中医药强省的实施方案》,研究金融工作,决定追授张志民、杨双宝同志“山西省优秀共产党员”称号。省委书记楼阳生主持会议。

会议指出,根据省委部署要求,省纪委监委围绕深化政治监督,聚焦贯彻落实习近平总书记重要讲话和重要指示批示精神、党中央及省委决策部署开展专项监督检查,有效推动了党的政治建设和各项事业发展。会议要求,对监督检查中发现的问题要建立台账,督促各单位整改到位,同时要深化规律性认识,创新政治监督的途径和方法,进一步提高政治监督水平。会议强调,要把“两个维护”作为强化政治监督的根本任务,实现政治监督具体化常态化,突出政治监督重点,增强政治监督实效,用好政治监督成果,督促落实全面从严治党责任,保证权力在正确轨道上运行,确保党员干部把增强“四个意识”、坚定“四个自信”、做到“两个维护”植根于思想中、落实到行动上,确保党中央及省委重大决策部署落地见效。当前要加强对夺取疫情防控和经济社会发展双胜利的监督检查。要压实各级党委(党组)政治监督主体责任,各级纪委(纪检监察组)要履行好监督专责,把政治监督与对领导干部政治素质的考察结合起来,不断提高领导干部从政治上分析、把握和处理问题的能力。

会议指出,2019年,省人大常委会围绕省委要求加强立法工作,有效促进了全省中心工作。要坚持党对立法工作的领导,围绕“四为四高两同步”总体思路和要求,坚持科学立法、民主立法、依法立法,坚持立法和改革决策相衔接,进一步加强转型综改、社会治理、民生事业等重点领域立法,针对疫情防控及时修订野生动物保护法实施办法,以高质量立法保障全省经济社会高质量发展。要加强对法规实施的监督检查,提高改革发展稳定各项工作的法治化水平。

会议指出,要着力推动国资监管从管企业向管资本转变,有效发挥国有资本投资、运营公司功能作用,优化国有资本布局结构,做强做优做大国有资本。要把国资国企改革作为今年重大改革任务,加大对市县国有企业改革的指导推动力度,以硬招实招攻坚难点问题,确保取得实质性突破。要加强国有企业党的建设,理顺国有企业管理体制,选优配强国有企业领导班子,为国有企业改革发展提供坚强保障。会议决定适时召开国资国企改革工作会议。

会议指出,今年是脱贫攻坚收官之年,要进一步强化“交总账”和“军令状”意识,认真落实2020年工作要点和挂牌督战实施方案,坚决克服疫情对脱贫攻坚的影响,确保高质量完成脱贫攻坚任务,向党中央、向全省人民交出优秀答卷。要下功夫补齐短板,抓好“两不愁三保障”和饮水安全等方面问题的整改,确保不留任何盲区和死角。要下功夫巩固提升,研究建立解决相对贫困的长效机制,始终把产业扶贫、就业扶贫、教育扶贫贯穿脱贫攻坚、乡村振兴、全面小康三件大事,充分发挥支撑作用。要下功夫搞好挂牌督战,紧盯深度贫困县和剩余贫困人口多、工作难度大的县,强化工作调度和督导检查。要下功夫抓好责任落实,细化各级责任清单,落实“双组长”等制度。要关心关爱扶贫干部,在脱贫攻坚主战场锻炼考察识别干部。

会议听取中国人民银行工作会议暨全国外汇管理工作会议精神汇报和全省农村信用社重点工作情况汇报。指出,要认真贯彻执行中央金融宏观调控政策及省委部署要求,进一步完善金融支持高质量转型发展的长效机制,引导各级金融机构积极服务实体经济发展,继续加大对中小微、民营、科创企业和产业转型、“三农”扶贫等领域的金融支持力度。当前要重点加强对疫情防控重点企业生产、企业复工复产的金融支持,帮助企业渡过难关。会议指出,要通过深化改革、加强管理,从根本上提升农信社稳健发展能力,充分发挥在“三农”金融服务中的主力军作用。要有重点推进改制化险工作,强化地方政府金融监管和属地风险处置责任,坚决守住不发生系统性区域性金融风险的底线。

会议指出,中医药大健康产业是大民生事业,对山西转型发展的战略举措具有重大意义。在抗击新冠肺炎疫情斗争中,我省中西医结合治疗成效明显,为全国疫情防控和患者救治贡献了“山西经验”。要围绕到2030年建成中医药强省目标,把中医药真正继承好、发展好、利用好,进一步造福三晋人民。建设中医药强省,首先要强在科研,下功夫把中医药科研搞上去，促进科研成果转化。要创新中医药产品，既要重视中医药验方发掘传承，又要提高标准化水平。要培育壮大中医药产业，建立从龙头企业到基地到农户的全产业链。要培养中医药名医，加强中医药人才队伍建设，实施国医名医培养工程。要健全中医药体制，推动管理体制、产学研体制改革创新。各级党委和政府要重视支持中医药发展，完善投入机制，落实政策保障，营造建设中医药强省的良好环境。

会议审定《关于追授张志民、杨双宝同志“山西省优秀共产党员”称号的决定》。

会议审议通过《全省信访问题控新治旧2020年十项行动方案》。

会议还研究了其他事项。

省委常委会召开会议　研究生态环境保护、汾河流域生态景观规划、打造创新生态和宗教等工作　听取全省干部队伍建设情况汇报

2月28日，省委常委会召开会议，审议生态环境保护有关情况报告和《汾河流域生态景观规划》，听取省政协党组创新生态专题调研、全省干部队伍建设、宗教工作及事业单位改革试点推进情况汇报，决定成立中共山西省委督查委员会。省委书记楼阳生主持会议。

会议指出，近年来，省委和省政府高度重视生态环境保护工作，狠抓中央生态环境保护督察“回头看”及大气污染防治专项督察反馈意见整改落实工作，全省生态环境质量持续改善，高质量发展的基础不断夯实。要深入学习贯彻习近平生态文明思想，精准对标污染防治攻坚战目标任务，保持方向不变、力度不减，突出精准治污、科学治污、依法治污，在全面压实主体责任上下功夫，在加快产业结构转型升级上出真招，在污染防治攻坚上打胜仗，在巩固深化整改成效上用气力，在构建生态环境治理体系上见成效。要全面实施“两山七河一流域”生态保护修复治理工程，一手抓减排治污净土，一手抓山水林田湖草生态系统修复，大力推进植树造林、退耕还林，通过高标准保护促进高质量发展、高水平崛起、高品质生活。

会议指出，制定汾河流域生态景观规划，是深入贯彻落实习近平总书记“三篇光辉文献”和关于汾河生态环境保护重要指示精神的重大举措，是使山西母亲河永续造福三晋人民的长远谋划。要放眼黄河流域生态保护和高质量发展，围绕让汾河“风光美起来”的目标，坚持生态环境保护、修复及功能开发有机结合，以水利工程为基础，以生态建设为主轴，打造从源头到入黄口、城区与农村有机衔接、自然景观与人文景观交相辉映的水利长廊、生态长廊、文旅长廊。要建立健全确保规划落实的体制机制，强化“省级抓总、市县抓落实”河长责任制，调动沿线市县积极性，引入市场机制，完善立法保护机制。要坚持久久为功、蹄疾步稳，做到每年有目标、有任务、有成效，积小胜为大胜，一张蓝图绘到底。要加强规划宣传，充分调动沿线广大群众保护建设汾河的积极性，让母亲河更健康、更靓丽。

会议指出，打造一流创新生态是推进高质量转型发展的战略之举。省政协党组关于创新生态的专题调研，成果丰硕，建议可行，体现了参政议政、建言献策的职能作用。要牢固树立创新为上理念，大力实施创新驱动、科教兴省、人才强省战略，积极借鉴兄弟省市经验，围绕规划引领创新、改革推动创新、政策激励创新、人才支撑创新和环境保障创新，进一步完善和细化打造创新生态的政策举措。会议决定适时召开全省科学技术大会。

会议指出，山西要与全国同步全面建成小康社会、同步基本实现现代化，必须有一支政治上靠得住、作风上过得硬、工作上有本领，数量充足、结构合理、素质优良、梯次完备的干部队伍。要以习近平新时代中国特色社会主义思想为指导，全面贯彻党的十九大和十九届二中、三中、四中全会精神，坚持党管干部原则，坚持新时期好干部标准，以政治过硬为前提，以实践锻炼为途径，以实绩实效为检验，把结果导向贯穿干部选育管用全过程，把制度执行力和治理能力体现到干部选育管用各方面，着力健全和落实科学精准的选贤任能制度，以贯彻落实《2019—2023年全国党政领导班子建设规划纲要》为重要抓手，下大力气建设忠诚干净担当，想干事、能干事、干成事的领导班子和干部队伍，为落实“四为四高两同步”总体思路和要求提供坚强干部保证。

会议充分肯定近年来我省宗教工作取得的成绩。指出，要深入学习习近平总书记关于宗教工作的重要论述和党中央的决策部署，始终保持宗教工作正确方向。要进一步加强党的宗教工作基本理论、方针政策和法律法规的学习培训，提高做好宗教工作的能力和水平。要强化法治思维，依法管理宗教事务。要加强党对宗教工作的领导，夯实基层基础工作。要加强宗教团体和代表人士队伍建设。

会议指出，深化事业单位改革是党政机构改革的重要组成部分。省交通厅、省水利厅、省能源局事业单位改革试点取得重要突破，积累了宝贵经验。要继续做好下半篇文章，着力破解难题，创新体制机制，确保改革到位。要全面贯彻中央深改委通过的《关于深化事业单位改革试点工作的指导意见》，坚持目标导向、问题导向、结果导向，实现涉改事业单位从“改头换面”到“脱胎换骨”的根本转变，为全省高质量转型发展增添活力。

会议指出，成立省委督查委员会是省委深入学习贯彻习近平总书记关于加强督促检查、狠抓工作落实的重要论述，贯彻落实党的十九届四中全会精神的重大举措。要加大对习近平总书记重要指示批示贯彻落实情况的督查力度，加大对党中央及省委决策部署贯彻落实情况的督查力度，加大对“四为四高两同步”重点任务的督查力度。要整合督查力量，优化督查机制，创新督查方法，深入一线督查，用好信息化手段，落实为基层减负的要求，有效促进工作落实和作风转变。

会议还研究了其他事项。

省委常委会召开会议　审议《关于深入贯彻落实党的十九届四中全会精神　推进山西治理现代化的实施方案》研究党的建设、政党协商、目标责任考核、爱国主义教育等工作

3月12日，省委常委会召开会议，审议《关于深入贯彻落实党的十九届四中全会精神推进山西治理现代化的实施方案》，审定《中共山西省委党建工作领导小组2020年工作要点》《山西省2020年政党协商计划》《年度目标责任考核改革方案》《山西省开发区考核办法》《山西省贯彻落实〈新时代爱国主义教育实施纲要〉若干措施》，听取国资监管体制改革推进情况汇报。省委书记楼阳生主持会议。

会议指出，党的十九届四中全会《决定》是坚持和完善“中国之制”、推动“中国之治”的行动纲领。省委全面贯彻中央精神，紧密结合我省实际，制定了推进山西治理现代化的实施方案，明确了总体要求、阶段目标和制度体系建设任务，对加强组织领导作出部署。会议强调，要坚持以习近平新时代中国特色社会主义思想为指导，着力固根基、扬优势、补短板、强弱项，围绕加强党的全面领导、建设法治山西平安山西、推进高质量发展、实现高水平崛起、坚持高标准保护、创造高品质生活等，构建系统完备、科学规范、运行高效、保障有力的制度体系，全面推进省域治理体系和治理能力现代化，努力在能源革命和解决资源型地区经济转型难题等方面作出山西实践，为治晋兴晋强晋提供有力制度支撑。要把贯彻党的十九届四中全会精神、推进山西治理现代化作为长期战略任务抓紧抓实，同时要逐年明确重点任务分步推进。2020年要重点抓好贯彻落实习近平总书记重要指示批示和党中央决策部署、不忘初心牢记使命、加强党的全面领导、一体推进不敢腐不能腐不想腐、打造一流创新生态、深化能源革命综合改革试点、以管资本为主加强国资监管、构建“六最”营商环境、深入推进“两山七河一流域”生态保护修复、强化公共安全应急管理等15项制度建设任务，强化改革创新、强化制度执行、强化宣讲教育，把制度优势更好转化为治理效能。

会议指出，抓好2020年党建工作，必须高举习近平新时代中国特色社会主义思想伟大旗帜，坚持以政治建设统领党的各项建设，把“两个维护”落实到具体工作中和实际行动上，牢牢把握党建工作的正确方向。要狠抓任务落实，健全党管干部、选贤任能制度，强化基层党组织政治功能和组织力，巩固拓展作风建设成效，实现纪检监察工作高质量发展，深化党的建设制度改革。要层层压实责任，各级党委(党组)要树牢抓好党建是最大政绩的理念，以落实“第一责任”保障“第一要务”，确保2020年全省党建工作再上新台阶，为统筹推进疫情防控和经济社会发展提供坚强政治保障、组织保障、纪律保障和干部人才保障。

会议指出，政党协商是社会主义协商民主体系的重要组成部分。要围绕“四为四高两同步”总体思路和要求，落实好政党协商的重点议题、实现形式和工作机制，支持民主党派加强协商能力建设，不断提高政党协商实效，更好为全省中心工作和发展大局服务。

会议指出，对目标责任考核进行改革，是省委推动工作落实、强化发展导向、转变领导作风的重大举措，对全局工作具有重要牵引作用。要按照市、省直单位、开发区三个类别，党建任务、发展任务、营商环境、专项工作四项指标实行分类分项考核。党的建设突出“全面”和“实效”，发展任务突出“转型”和“项目”，营商环境突出“三对”和“六最”，专项工作突出“履责”和“结果”，充分发挥目标责任考核的风向标、指挥棒、助推器作用。要创新考核方法，加大平时考核力度，改革实地考核，提高信息化水平，完善考核评价机制，既要严格考核，又不增加基层负担。要用好考核结果，以结果论英雄，通过考核识别发现好班子、好干部。要强化考核效应，在全省形成一切为了转型、一切服务转型的工作格局，激励干部队伍担当作为、争先进位。开发区的动态管理、班子调整、干部使用、绩效工资等要与考核结果“硬挂钩”，使之真正成为全省高质量转型发展主战场。

会议指出，要深刻把握党中央、国务院出台《新时代爱国主义教育实施纲要》的重大意义，把用习近平新时代中国特色社会主义思想武装全党、教育人民作为首要任务，使贯彻落实纲要的过程成为增强“四个意识”、坚定“四个自信”、做到“两个维护”的过程。要牢牢抓住青少年群体这一重点，将爱国主义教育贯穿于学校教育、出版读物、实践活动各环节，推动爱国主义教育进课堂、进教材、进头脑。要用好山西红色资源优势，大力弘扬太行精神、吕梁精神、右玉精神，运用黄河、长城、太行三大品牌彰显中国精神、民族文化、山西魅力，把爱国爱家乡的深厚情感体现到推动转型综改、决战脱贫攻坚和实现“两个同步”的生动实践中。要把爱国主义教育纳入意识形态工作责任制，营造全社会共同关心、共同参与的浓厚氛围。

会议指出，国资国企改革是牵引山西转型发展全局的重大改革。我省国资监管体制和国有资本授权经营体制改革取得良好开局。要按照中央精神和省委“分级授权、厘清职责、品字架构”的改革要求，将明确细化后的省国资委主要职责和省国资运营公司授权清单尽快落实到位，确保无缝衔接、高效运行，扎扎实实把改革引向深入。要对国有资本真正实现市场化、法治化、穿透式监管，推进国有资本“进、退、流、转、保”，实现国有资本布局优化、战略重组、做优做强，推动国有企业在转型综改中发挥引领和支柱作用。

会议还研究了其他事项。

省委常委会召开会议　传达贯彻《关于2019年中央政治局贯彻执行中央八项规定情况的报告》《关于解决形式主义突出问题为基层减负工作情况的报告》精神　审定《关于新时代加强和改进人民政协工作的实施意见》　研究农谷建设和社区居家养老工作

3月19日，省委常委会召开会议，传达学习《关于2019

年中央政治局贯彻执行中央八项规定情况的报告》《关于解决形式主义突出问题为基层减负工作情况的报告》精神，研究我省贯彻落实意见，听取2019年底全省建档立卡未脱贫老年户、推进社区居家养老服务发展、山西农谷和晋中国家农高区建设情况汇报，审定《关于新时代加强和改进人民政协工作的实施意见》，研究政府隐性债务防范化解工作。省委书记楼阳生主持会议。

会议指出，中央两个报告，反映了持续正风肃纪、加强作风建设的显著成效，进一步彰显了党中央坚持党要管党、全面从严治党的坚定决心，为全党作了表率、树了标杆。要提高政治站位，坚定向习近平总书记看齐、向党中央看齐的思想和行动自觉，把贯彻落实中央八项规定精神，深化拓展“基层减负年”工作，作为增强“四个意识”、坚定“四个自信”、做到“两个维护”的实际行动，作为作风建设的重要内容。要压实主体责任，各级党委（党组）要把严的思想、严的标准贯穿作风建设始终，持之以恒落实中央八项规定精神，驰而不息纠治“四风”特别是形式主义、官僚主义。要坚持认识论和方法论相统一，改革创新考核、督查办法，突出结果导向，用实绩说话，切实为基层减负。要坚持严管厚爱，加大干部正向激励力度，为担当的干部担当，为尽责的干部负责。省委常委会和省级领导班子要为全省各级作好表率，带头执行各项制度，带头改进会风文风、调查研究，以务实作风把中央决策部署落到实处，解决问题、推进工作，加快高质量转型发展。

会议指出，老年贫困户持续稳定脱贫，事关脱贫攻坚整体质量，事关全面小康社会成色。要认真贯彻落实决战决胜脱贫攻坚座谈会特别是习近平总书记重要讲话精神，针对老年贫困户的特殊性，对症下药、精准施策，从法规、政策、机制等方面深入研究，既要弘扬传统美德，又要引导子女尽好赡养义务，对独居、失能等老年贫困群体落实兜底保障等扶持政策，让老人安享晚年。做好老龄服务工作，让广大老年人过上有品质、有尊严的生活，是贯彻以人民为中心的发展思想，实现“高品质生活”的具体体现，既是重要民生问题，也是加快发展现代服务业的重要内容。要坚持市场化、专业化、社会化的路子，从需求侧入手，在供给侧发力，针对不同老年群体，构建全方位多层次养老服务体系，满足老年人多元化需求。要以社区居家养老为主要模式，坚持政策撬动、社区支持、企业运作，注重发挥市场主体作用，打造养老服务品牌，发展连锁经营，支持龙头企业拓展市场、做强做大。总结推广太原社区居家养老模式经验，加强顶层设计，构建政策体系，提高养老服务整体水平。探索符合农村实际的养老服务模式。发挥山西气候环境、有机食品、历史文化等独特优势，促进康养与体育、文旅融合发展，打响“康养山西、夏养山西”品牌，提供全生命周期健康服务。

会议指出，建设山西农谷，是贯彻落实习近平总书记关于山西要发展现代农业这篇大文章的龙头和抓手。近几年农谷建设取得明显成效，去年获批首批国家农业高新技术产业示范区，充分证明省委、省政府作出建设山西农谷的决策是正确的。要着眼实现“三年成势、五年成型”目标，聚焦“十个突破”，加快把山西农谷建设成为北方现代农业发展的高地，在服务乡村振兴、推动高质量转型发展中发挥引领带动作用。要加快科技创新，着力深化改革，围绕农业科技研发、农产品深加工、农业高新技术推广、农业农村农民现代化，坚持“谷城院”一体，产学研融合，加大招商引资、招才引智力度，开放引进国内外一流农业科研院所、研发团队，打造农业科技劲旅。统筹推进农技、农经、农机三支队伍改革。强化产业支撑，大力发展农产品精深加工产业集群。要强化交账意识，力争每年都有新突破。

会议指出，制定《关于新时代加强和改进人民政协工作的实施意见》，是贯彻落实党的十九届四中全会精神，更好发挥人民政协专门协商机构在国家治理体系中作用的具体举措。要深入贯彻落实习近平总书记关于加强和改进人民政协工作的重要思想，牢牢把握人民政协工作正确政治方向。要坚持建言资政和凝聚共识双向发力，协商内容要聚焦，建言献策要务实，凝聚共识要到位，提高政治协商、民主监督、参政议政水平，切实把政协制度优势转化为治理效能。要加强人民政协自身建设，政协党组要发挥好把方向、管大局、保落实的作用，发挥好政协常委会集体领导作用、专委会基础性作用，加强委员履职服务管理，提升机关服务保障水平。各级党委要加强对政协工作的领导。筹备好省委政协工作会议。

会议指出，地方政府债务风险防控事关经济社会发展大局。目前，我省政府债务风险总体可控。要认真贯彻党中央、国务院部署，强化地方党委政府责任，妥善处置化解债务风险，坚决守住不发生政府性债务风险的底线。

会议还研究了其他事项。

省委常委会召开会议　传达贯彻习近平总书记重要批示精神　部署做好耕地保护工作　审议《山西省煤层气勘查开采管理办法（草案）》《山西省转型项目建设2020年行动方案》《山西日报报业集团改革方案》《山西广播电视台改革方案》

3月30日，省委常委会召开会议，传达学习习近平总书记重要批示精神，研究部署耕地保护工作，审议通过关于全省2019年度目标责任考核等次评定及2020年度考核指标体系、《山西省煤层气勘查开采管理办法（草案）》《山西省转型项目建设2020年行动方案》《山西日报报业集团改革方案》《山西广播电视台改革方案》。省委书记楼阳生主持会议。

会议指出，耕地是最为宝贵的资源，关系子子孙孙的吃饭大事，必须保护好，绝不能有闪失。习近平总书记的重要批示，为我们坚决遏制乱占耕地乱象、坚决守住耕地保护红线提供了遵循，指明了方向。要深刻认识习近平总书记重要指示的深刻内涵和全局战略意义，切实增强政治责任感和工作使命感。要落实最严格的耕地保护制度，划定生态保护红线、永久基本农田、城镇开发边界“三条控制线”，完善相关法规政策，坚持控新治旧，加强监管，严格审批，保障农民合理建房需求。要逐村逐户核实，摸清现状底数，开展清查整治专项行动，依法依规分类处置，重点整治强占、多占、非法出售等恶意非法占地行为。要全面落实省负总责的要求,压实属地管理责任,把违法占有耕地行为作为监督执纪的重要内容,对包庇纵容、失职渎职造成耕地流失的严肃问责。

会议指出,要按照《年度目标责任考核改革方案》和《山西省开发区考核办法》要求,坚持分类分考、分别计奖,坚持目标导向、结果导向,进一步增强高质量转型发展的考核刚性,针对不同类型,对各市、省直单位、营商环境、开发区分别进行考核,把转型发展、开发区等"硬考核"举措落实落细,不断提升考核工作的科学化水平。要在激励先进、鞭策落后,干部识别、选拔任用,完善机制、做优考核上体现结果运用,建立健全与业绩挂钩的激励机制,营造以结果论英雄的浓厚氛围,更好发挥"指挥棒"和"助推器"作用。

会议指出,《山西省煤层气勘查开采管理办法(草案)》,是党中央授权山西的自主立法项目,是推动能源革命综合改革试点的重大举措,是我省煤成气增储上产三年行动计划的重要制度保障。要抓好办法实施,加快出台配套政策,发挥好《办法》对煤层气资源配置、勘查开采、企业投资的规范激励作用。要围绕煤成气增储上产三年行动计划目标任务,推动产业基地建设,加快煤层气开发利用,加强输气管网建设,激发煤层气全产业链活力,培育壮大煤层气产业集群。要加强矿区生态修复保护,实现绿色开采。

会议指出,项目是转型发展的硬支撑,是夺取疫情防控和经济社会发展双胜利的硬抓手。要按照省委总体部署,抓好《行动方案》落实,突出产业转型项目,抓好重大基础设施建设特别是岸港网新基建,持续扩大有效投资,推动全省高质量转型发展。要咬定项目建设和招商引资年度目标不松劲,聚焦实现上半年目标任务"双过半",聚焦"三个一批",深化细化六项常态化工作机制,强化项目谋划,提升项目储备,狠抓项目招商,加快重点工程建设,确保项目达产达效。要把转型项目建设作为经济发展的硬任务、硬指标,确保责任落实到位、要素配套到位、督察考核到位,突出开发区的主战场作用,优化营商环境,各级领导干部特别是一把手要亲力亲为,省直有关部门、金融机构、各市和开发区要狠抓责任落实,形成齐抓转型项目的工作合力。

会议指出,山西日报报业集团、山西广播电视台作为我省的主流媒体,是党的喉舌,是党的新闻舆论工作的主阵地。报业和广电改革事关全省文化体制改革全局。要把握"抓改革"这个根本,报业改革要在"瘦身健体"上发力,广电改革要在"深度融合"上发力,通过深层次、整体性改革实现革命性重塑,以机构改革为牵引,彻底理顺管理体制,理顺组织架构,大力精简人员编制,规范人事管理,通过改革提高治理效能。要抓住"提水平"这个关键,攥紧拳头抓主业,剥离非主营业务,精简优化报刊频道,推进媒体融合发展,巩固壮大主流思想舆论。要聚焦"增活力"这个目标,平稳有序推进,确保各项改革举措落细落实,通过改革真正改出活力,重大改革事项要年内完成。要凝聚改革合力,加强思想政治工作,充分调动干部职工的积极性,最大限度释放改革红利。

省委常委会召开会议 传达贯彻全国脱贫攻坚成效考核和专项巡视"回头看"发现问题整改工作会议精神 研究部署加强党政领导班子建设、加强和改进人大工作、推进能源革命综合改革试点、政法机关服务保障转型发展、推进教育现代化等工作

4月9日,省委常委会召开会议,传达贯彻全国脱贫攻坚成效考核和专项巡视"回头看"发现问题整改工作电视电话会议精神,听取2019年脱贫攻坚成效考核结果汇报,审议通过《山西省2019年国家脱贫攻坚成效考核反馈问题专项整改工作方案》《贯彻落实〈2019–2023年全国党政领导班子建设规划纲要〉的实施意见》《关于新时代加强和改进人大工作的意见》《山西能源革命综合改革试点2020年行动计划》《全省政法机关服务"四为四高两同步"保障高质量转型发展若干措施》《山西教育现代化2035》《加快推进山西教育现代化实施方案(2020–2023年)》。省委书记楼阳生主持会议。

会议指出,要深入学习贯彻习近平总书记在决战决胜脱贫攻坚座谈会上的重要讲话精神,树牢军令状、交总账意识,确保决战决胜脱贫攻坚。一要狠抓整改,做足成色。重点围绕脱贫攻坚中难点、后进、短板、弱项,实施清单化管理,逐项整改到位,确保在普查国考之前清零。二要"四个不摘",步步为营。健全长效机制,克服疫情影响,采取针对性措施,持续抓好建档立卡农村劳动力稳岗就业,防止因疫返贫致贫,巩固脱贫成果。三要产业带动,技能就业。加大转型综改力度,以发展产业提供就业岗位,以技能培训增强就业本领,增加农民经营性、工资性收入。四要教育治根,兜底保障。坚持就近就便服从就优,优化农村教育布局调整,提高农村教育质量水平。同时,要加强对丧失劳动能力贫困人口帮扶救助,织密扎牢兜底保障网。五要完善政策,创新机制。把脱贫攻坚与全面小康、乡村振兴贯通起来,完善带贫机制,巩固脱贫成果,促进增收致富。六要压实责任,赏罚分明。市县党政主要领导要扛起责任,真抓实干,较真碰硬,确保如期完成脱贫攻坚任务。

会议指出,制定《贯彻落实〈2019–2023年全国党政领导班子建设规划纲要〉的实施意见》对于落实中央《规划纲要》,加强各级党政领导班子建设,决胜全面建成小康社会,加快转型综改具有重要意义。要以习近平新时代中国特色社会主义思想为指导,贯彻落实《规划纲要》和我省《实施意见》,以政治过硬为前提,以实践锻炼为途径,以实绩实效为衡量,全面加强领导班子各方面建设,扎实做好干部培育、选拔、管理、使用工作,建设忠诚干净担当、想干事能干事干成事的领导班子和干部队伍。突出政治标准,树立基层一线导向,扎实开展7个专项行动计划,优化领导班子结构,增强整体功能。各级党委(党组)要履行好党管干部责任,严格日常管理,建立业绩考核评价办法,强化正向激励,强化劣汰倒逼,选优配强各级党政领导班子。

会议指出,人民代表大会制度是坚持党的领导、人民当

家作主、依法治国有机统一的根本政治制度安排，是支撑国家治理体系和治理能力的根本政治制度。坚持和完善人民代表大会制度，是各级党委的重要政治责任。各级人大及其常委会要自觉坚持党的领导，切实增强“四个意识”、坚定“四个自信”、做到“两个维护”，坚定不移把党的领导贯彻到人大工作全过程、依法履职各方面。围绕转型大局，依法行使宪法和法律赋予的职责，紧紧围绕贯彻落实中央及省委重大决策部署，提高立法水平，增强监督实效，用好决定重大事项职能，着力推动高质量转型发展，推动法治山西建设，推进社会治理体系和治理能力现代化。加强人大及其常委会自身建设，不断提高履职效能，推动我省人大工作上水平上台阶。

会议指出，深入开展能源革命综合改革试点，是习近平总书记和党中央赋予山西的重大使命。今年是全面推进能源革命综合改革试点的开局之年，要狠抓行动计划落实，抓住牵引性、全局性、关键性工作，实现重点突破。抓住机遇，加强省部对接，用好国家改革赋权和支持政策，充分释放综合改革试点政策红利。既要坚持绿色生产，推动能源低碳、清洁、高效利用，又要倡导绿色生活，构建全社会绿色低碳消费体系，创造高品质生活。坚持先行先试，深化重点领域改革，创新体制机制，用好政府“有形之手”和市场“无形之手”，最大限度调动市场主体积极性，充分发挥市场在资源配置中的决定性作用。强化责任意识、交卷意识，健全激励约束和考核机制，确保完成年度目标任务，积小胜为大胜。

会议指出，法治是治理体系和治理能力现代化的重要体现。政法机关要将服务高质量转型发展作为中心任务，把省委“四为四高两同步”总体思路和要求体现和落实在政法工作中，为转型综改提供法治保障。发挥法治固根本、稳预期、利长远的引领保障功能，围绕打造一流创新生态、培育壮大新动能、创优营商环境、保障和改善民生，依法履行职能，提高服务水平。坚持维护社会秩序和激发社会活力有机结合，规范经济活动和促进经济发展同向发力，以法治保障和激发各类市场主体创新创造创业活力，实现法律效果、经济效果、社会效果的统一。深化扫黑除恶专项斗争，开展“三零”单位创建工作，着力防范化解矛盾风险，为改革发展创造安全稳定的政治社会环境。加强政法队伍建设，践行司法为民，维护公平正义，构建亲清政商关系。

会议指出，教育是国之大计、党之大计。要把教育放在优先发展的战略地位，加快形成现代教育体系，完善教育制度，着力推进教育现代化。把立德树人作为根本任务，把思想品德、理想信念教育放在首位，将社会主义核心价值观贯穿教育全过程和人才培养各环节，使习近平新时代中国特色社会主义思想入脑入心，培养德智体美劳全面发展的社会主义建设者和接班人。统筹推进各级各类教育协调发展，增加学前教育供给，促进义务教育均衡发展、高中教育提质发展，办好职业教育、特殊教育、继续教育、网络教育，深入实施高等教育“1331”工程，积极推动高校布局、学科学院和专业设置“三个调整优化”，着力补上人才短板。加强师资队伍建设，打牢提升教育教学质量的基础。统筹推进科研团队、人才、平台建设，打通产学研通道。按照社会主义政治家、教育家的目标要求，实施高校书记校长培育工程。各级党委要加强对教育工作的领导，建立健全党委统一领导、党政齐抓共管、部门各负其责的教育领导体制，为推进教育现代化提供坚强保证。

会议还研究了其他事项。

省委常委会召开会议　分析一季度全省经济形势　研究部署当前经济工作　研究安全生产、社会稳定、意识形态等工作

4月20日，省委常委会召开会议，听取一季度全省经济、安全生产、社会稳定、意识形态领域形势分析汇报，研究部署当前工作，审议通过《关于落实〈中央依法治国办关于对山西省开展法治政府建设实地督察的反馈意见〉整改方案》《选派年轻干部到乡镇(街道)任职“墩苗”行动实施方案》。省委书记楼阳生主持会议。

会议指出，今年一季度，面对突如其来的新冠肺炎疫情冲击，全省上下认真贯彻落实党中央各项决策部署，统筹抗击疫情和改革发展安全稳定民生各项工作，疫情防控取得决定性胜利，主要经济指标基本实现省委提出的“一季度正增长指标增幅高于全国平均水平、负增长指标降幅低于全国平均水平”的预期目标，8项主要经济指标中有6项好于全国。这是全省上下共同努力的结果，成绩来之不易。同时要清醒看到，外部环境不稳定不确定因素显著增多，经济社会发展还面临诸多风险和挑战。全省上下要把思想和行动统一到中央对当前疫情防控和经济形势的分析判断上来，统一到中央及省委各项决策部署上来，贯彻落实省委“四为四高两同步”总体思路和要求，在疫情防控常态化前提下，全力做好“六稳”“六保”工作，在一季度良好开局基础上，努力实现上半年目标任务“双过半”，确保完成决战决胜脱贫攻坚目标任务，全面建成小康社会。一是坚定信心、坚定转型。坚信有以习近平同志为核心的党中央坚强领导，我国经济拥有强大韧性、巨大国内市场和完整经济体系，随着国内“抗疫”取得重大阶段性胜利，全社会生产生活秩序全面恢复，我们一定能够取得疫情防控和经济社会发展“双胜利”。要始终绷紧疫情防控这根弦，毫不松懈坚持外防输入、内防反弹，严格落实各项措施。不能因疫情冲击降低转型发展的标准和质量，不断实现转型综改新突破。二是精准服务、复工达产。针对性解决企业复工复产中的实际问题，确保达产达效，释放现有产能，稳住经济基本盘。动态抓好“三个一批”，持续营造抓项目的浓厚氛围。强化政策支持，确保财政、货币等政策措施在实体经济、中小微企业有效传导、精准落地。三是供需对接、投资拉动。完善供应链条，落实晋材晋用、晋用晋材，加强重大基础设施特别是新基建建设力度，发挥投资对经济的拉动作用。四是政策引导、刺激消费。提高政策引导精准度和撬动效应，坚持积极稳健可持续，进一步扩大内需，释放消费潜力。五是化危为机、引资引智。善于危中求机，主动作为，加大招商引资引智力度，调动全社会以商引商、以企引企、以才引企的积极性。六是稳价保供、改善民生。织密扎牢兜底保障网，守住

民生底线，重点抓好建档立卡贫困户、大学毕业生就业工作，把“人人持证、技能社会”作为提高全民素质、就业质量和收入水平的战略举措。同时要动员全社会力量，共克时艰、共渡难关。七是创优生态、优化环境。坚定不移实施创新驱动、科技兴省、人才强省战略，培育壮大战略性新兴产业，打造一流创新生态，营造良好营商环境，培育壮大转型发展新动能。八是深化改革、激发活力。深化国资国企改革，坚持市场化法治化改革取向，着力从根上改、制上破、治上立，改出新的市场主体，改出新的内生动力。九是问题整改、交好总账。重点围绕脱贫攻坚中难点、后进、短板、弱项，实施清单化管理，逐项整改到位，确保在普查国考之前清零。十是污染防治、生态修复。打好大气、水、土壤污染防治攻坚战，抓好“两山七河一流域”生态修复治理，推进五大湖生态修复治理保护和合理开发利用，建设美丽山西。会议强调，要切实加强党对经济工作的领导，各级各部门党委(党组)要加强对经济运行的分析研判和调度，解决重大问题，牢牢掌握经济工作主动权。

会议指出，一季度我省安全生产保持了平稳可控的良好态势。当前正处于统筹推进疫情防控和经济社会发展的关键时期，全省上下要认真学习贯彻习近平总书记重要指示精神，全面落实全国安全生产电视电话会议各项部署，牢固树立生命至上、安全第一理念，时刻绷紧安全生产这根弦，落实“四铁”要求，牢牢守住安全生产底线，为高质量转型发展夯实安全基础。要深入推进“零事故”单位创建工作，深化源头治理、系统治理和综合治理，着力从根本上消除安全隐患。严格落实各项安全生产规程、制度和标准，提高依法治理能力和水平。深入开展安全生产专项整治，抓好企业复工复产安全工作，加强危险化学品安全生产，抓好煤矿及井工矿山、尾矿库、排土场等非煤矿山安全整治，加大对交通运输、建筑施工、消防等重点行业领域的监管力度，坚决遏制重特大事故发生。

会议指出，全省上下坚决贯彻中央和省委决策部署，扎实抓好战疫情、防风险、保安全、护稳定各项措施落实，有效维护了社会大局稳定。要把“三零”单位创建工作落实到所有农村、社区和法人单位，最大限度把问题解决在基层、解决在当地、解决在初始阶段。要强化责任，坚持条块结合，压实属地管理和行业主管责任，确保各类风险隐患及时有效解决。要强化预警，加强社会稳定风险评估和分析研判，完善工作预案，提高预测预警预防能力。要强化社会面整体防控，始终保持高压态势，打击一切违法犯罪，荡涤一切污泥浊水，确保社会治安秩序持续平稳、人民安居乐业。要强化结果导向，扎实做好维护稳定各项工作，做到控得住、化得了、防得好、打得准，为经济社会发展创造良好政治社会环境。

会议指出，意识形态工作是党的一项极端重要的工作，必须始终高度重视。要坚持和巩固马克思主义在意识形态领域的指导地位，深入推进习近平新时代中国特色社会主义思想的学习宣传贯彻，增强“四个意识”、坚定“四个自信”、做到“两个维护”。弘扬主旋律，凝聚正能量，加强正面引导，建强主流阵地，用社会主义核心价值观凝心聚力。坚持依法管理，清朗网络空间。树牢底线思维，发扬敢于斗争精神，防范重大政治安全和意识形态风险。加强党对意识形态工作的全面领导，压实主体责任，形成工作合力，牢牢掌握意识形态工作领导权。

会议指出，近些年来，全省法治政府建设取得明显成效。各级党委政府要深入学习贯彻习近平总书记关于推进法治政府建设重要指示精神，坚持“点办理”“批处理”，“当下改”“长久立”相结合，把问题整改作为健全治理体系、提高治理能力、提升治理效能的过程，以抓整改落实的实际成效，整体提升我省法治政府建设水平。

会议指出，要通过实施县乡党政主要领导岗位“墩苗”行动计划，从省市县党政机关、国有企业、院校、中央驻晋单位等选派500名左右年轻干部到乡镇（街道）任职，加大优秀乡镇(街道)党委书记到省市直机关交流任职力度，让年轻干部在吃劲岗位上“墩苗”历练，为高质量转型发展提供干部保证。

会议还研究了其他事项。

省委常委会召开会议　传达2020年国家综合配套改革试验区重点任务通知精神 研究我省贯彻落实意见

5月7日，省委常委会召开会议，传达《国家发展改革委关于印发2020年国家综合配套改革试验区重点任务的通知》精神，研究我省贯彻落实意见。省委书记楼阳生主持会议。

会议指出，山西作为全国唯一的全省域国家资源型经济转型综合配套改革试验区，是党中央赋予山西的重大使命。资源型地区经济转型发展是习近平总书记为我们指明的金光大道。全省上下必须清醒认识到，过度依赖资源和资源价格的粗放发展方式难以为继，是不可持续的。资源型经济转型势在必行，舍此别无他途。认识的自觉和高度，决定行动的力度和成效。要全面贯彻习近平总书记视察山西重要讲话和重要指示精神，坚持新发展理念，按照“四为四高两同步”总体思路和要求，始终在思想上、行动上肩负起转型综改这一重大政治任务和历史责任，坚定信心、坚定转型，做到有站位、有眼光，有担当、有本领，拿出硬招实招，敢于过险关、破难题，攻坚拔寨，以改革的实际成效，把转型综改区这一金字招牌举得更高、擦得更亮。

会议指出，国家发改委研究制定的《2020年国家综合配套改革试验区重点任务》，是山西转型综改的任务书，要认真抓好落实。通过抓重点带动面，把贯彻落实能源革命综合改革、国资国企改革、“六最”营商环境打造、生态环境分区管控四个方面重点任务，与完成我省年初确定的80项重大改革项目和50项改革试点有机统一起来，统筹推进、攻坚突破，为全国提供可复制、可推广的经验和做法。聚焦“改革试验”，用足用好先行先试这一中央赋予我们的“尚方宝剑”，既要有虚怀若谷、学习借鉴的谦逊态度，更要有先行先试、敢为人先的胆识气魄，善于抓住机遇，勇于创造机遇，使先行先试真正成为先行发展的先机。树立交总账意识，不松劲、不懈怠，紧盯重要领域和关键环节，坚定不移把各项改革任务落实好，真正走出一条符合山西实际的转型发展之路，向党中央交一份合格的答卷。

会议强调，各地各部门要切实承担主体责任，蹄疾步稳推进重大改革，加强系统集成，以改革促转型、促发展。要健全工作机制，细化工作方案，强化项目化、清单化管理，强化国家部委对接，强化经验总结推广，完善改革激励约束和考核机制，确保高质量、高标准完成各项改革任务。要编制好转型综改试验区“十四五”专项规划。

会议还研究了其他事项。

省委常委会召开扩大会议　认真学习贯彻习近平总书记视察山西重要讲话重要指示　乘势而上久久为功　在转型发展上率先蹚出一条新路来

（会议内容见本书“习近平总书记视察山西”栏目）

省委常委会召开会议　传达贯彻全国巡视工作会议暨十九届中央第五轮巡视动员部署会精神听取抗击疫情工作汇报　部署深化拓展基层减负、落实中央八项规定精神正负面清单等工作研究有关改革事项

5月15日，省委常委会召开会议，传达全国巡视工作会议暨十九届中央第五轮巡视动员部署会精神，传达学习《中共中央办公厅关于持续解决困扰基层的形式主义问题为决胜全面建成小康社会提供坚强作风保证的通知》精神，研究我省贯彻落实意见，听取我省制定《落实中央八项规定精神正面清单、负面清单》、抗击疫情阶段性工作、省级事业单位办企业调查摸底和市县国有企业改革专题调研情况、深化市县事业单位改革情况的汇报，研究部署科技体制机制重塑性改革、艺术职业学院改革、乡镇（街道）机构深化改革等工作。省委书记楼阳生主持会议。

会议指出，做好巡视工作，要坚持以习近平新时代中国特色社会主义思想、习近平总书记视察山西重要讲话重要指示为指导，坚持巩固巡视制度，认真做好省委第七轮巡视工作，把严的主基调坚持下去。要强化巡视政治监督职责，坚决反对“七个有之”，确保各级各部门坚定做到“两个维护”。要善于发现问题、正风肃纪，持续推进建设良好政治生态。要保持警钟长鸣，镜鉴常照，反腐不止，笼子扎牢，构建不敢腐、不能腐、不想腐一体推进的体制机制。要压实“两个责任”，加强对制度执行、权力运行的监督，确保管党治党从严从实落实到位。要创新方式方法，把常规巡视与机动巡视、专项巡视与“回头看”有机结合起来，建立上下联动机制，贯通巡视巡察监督与其他监督，提高监督实效。要加强对巡视巡察的统筹领导，加强巡视队伍建设。

会议指出，形式主义官僚主义是党的事业的大敌。要深入贯彻落实习近平总书记关于加强党的作风建设、力戒形式主义官僚主义重要指示精神，加强党性修养，树立正确的世界观、权力观、政绩观，不断提高反对形式主义官僚主义的政治自觉。要坚持以上率下，从上级机关做起，省委常委会带头，省级领导班子、省直各部门要率先垂范，发挥头雁效应，切实改进作风，深入整治形式主义官僚主义突出问题，持续为基层松绑减负，把广大基层干部干事创业的手脚从形式主义的束缚中解脱出来。要改进工作方法，坚持问题导向、目标导向、结果导向，把结果导向作为工作制度牢牢确立起来，做到横向到边、纵向到底，确保党中央及省委决策部署落实落地，确保今年目标任务“收好官”，十四五“谋好篇”。要以更务实的作风狠抓工作落实，对重要问题关键问题，各级领导干部要躬身入局、亲力亲为、一抓到底。要着力健全制度机制，完善治理体系，强化目标责任考核，改进督查检查，用好“四不两直”方式，把制度优势转化为治理效能。

会议指出，制定出台落实中央八项规定精神正面清单、负面清单，是我省持续巩固拓展作风建设成效、健全完善制度的重要举措和积极探索，体现了严管厚爱，为各级领导干部明晰了政策边界，划清了底线红线。各级党委（党组）要坚定扛起主体责任，驰而不息纠治“四风”，把“两个清单”落实到日常工作日常生活中。各级领导干部要带头严格遵守，严格按清单办事。要加强对“两个清单”等制度执行情况的监督检查，既入脑入心、更自觉遵守。

会议指出，习近平总书记视察山西重要讲话中对疫情防控提出明确要求，为我们做好常态化疫情防控工作，提供了根本遵循。新冠肺炎疫情发生以来，省委坚决贯彻习近平总书记重要指示和党中央决策部署，始终牢记“生命重于泰山”，统一领导、统一指挥、统一调度，精准精细精确施策，山西战“疫”取得重大阶段性成果，为决胜湖北、武汉保卫战作出山西贡献。广大医护人员医者仁心、冲锋在前，用生命护佑生命，在大战大考面前交出了优秀答卷；农村社区基层党组织、基层干部英勇奋战，让党旗在一线高高飘扬；广大公安干警坚守岗位、日夜值守，新闻工作者不畏艰险、深入一线，各行各业众志成城、同舟共济，为打好打赢这场疫情防控人民战争、总体战、阻击战作出突出贡献。越到后半场越要保持警醒，疫情一天不解除，疫情防控这根弦一刻都不能松。要做好较长时间应对外部环境变化的思想准备和工作准备，推动常态化疫情防控“十项要求”落实落实再落实，坚决防止发生疫情新燃点新爆点。加快补齐公共卫生体系方面的短板弱项，不断提升应对公共卫生事件和重大疫情的防控能力、救治能力、物资储备能力。坚持依法防疫、依法防控，加强公共卫生和防疫领域立法工作，深入开展爱国卫生运动季，倡导文明习惯，提高文明素养。

会议指出，在转型发展上率先蹚出一条新路来，是习近平总书记站在党和国家工作全局的高度，在即将开启中国特色社会主义现代化建设新征程的历史节点上，对山西工作的重大要求。全省各级各部门要把蹚出一条新路作为重大政治责任，先行先试、改革创新，涉险滩、攻难关、啃硬骨头，不断在重点领域和关键环节改革上取得新突破。要通过对科技体制机制进行重塑性改革，优化机制，再造流程，推动干部人事制度改革和职能转变，围绕产业产品、关键技术打造一流创

新生态,实施纵向实战牵引,实现“物理反应”到“化学反应”的转变,为做好党政机构改革“后半篇文章”提供有实效可借鉴、可复制可持续的体制机制。山西艺术职业学院改革要突出产教融合、院团合一,培育一流人才、创作一流作品,助力建设文化强省。省级事业单位办企业、市县国企改革要在摸清底数的基础上,坚持市场化、法治化改革取向,一企一策、分类处置,改出活力、改出动力。深化市县事业单位改革,要围绕转型发展对“事”和“业”的匹配要求来设机构定职能,建立能上能下、能进能出、充满活力的体制机制。优化乡镇(街道)机构设置和职能配置,是我省创造性贯彻落实党中央关于构建简约高效基层管理体制部署要求的具体举措,要按照强基层、强治理、强服务、促发展、保稳定的目标推动资源整合、力量下沉,全面提升基层治理能力。会议审议通过《山西省科技体制机制重塑性改革方案》《山西艺术职业学院改革方案》《关于深化乡镇(街道)机构改革推进基层整合审批服务执法力量的实施意见》。

会议听取推荐评选 2020 年全国劳动模范和先进工作者情况汇报,指出,要在全社会营造学习劳模、尊重劳模,争当劳模、崇尚劳动,崇尚创新、鼓励创业的浓厚氛围,为转型综改凝聚强大正能量。

会议还研究了其他事项。

省委常委会召开会议　研究部署决战决胜脱贫攻坚和稳就业工作　审议《关于建立城乡居民补充养老保险制度的决定》《贯彻落实国家统计局统计督察反馈意见整改方案》《关于促进中小企业健康发展的实施意见》

6 月 11 日,省委常委会召开会议,听取脱贫攻坚约谈整改落实、省领导“四不两直”调研脱贫攻坚、省委脱贫攻坚督导组督导工作情况汇报,研究全省稳就业工作,审议通过《中共山西省委关于建立城乡居民补充养老保险制度的决定》《山西省贯彻落实国家统计局统计督察反馈意见整改方案》《关于促进中小企业健康发展的实施意见》。省委书记楼阳生主持会议。

会议指出,省委和省政府深入贯彻习近平总书记在决战决胜脱贫攻坚座谈会和听取脱贫攻坚成效考核汇报时的重要讲话精神,聚焦脱贫攻坚问题整改,高位推动、靶向发力,省领导带头“四不两直”发现问题、推动整改,省委脱贫攻坚督导组坚守一线、尽职尽责,各级各部门守土尽责、狠抓落实,整改工作取得扎实成效。要深入学习贯彻习近平总书记视察山西重要讲话重要指示,进一步强化责任、提高站位,较真碰硬抓好整改,确保在国考大考中交出优秀答卷。坚持实事求是,坚决克服形式主义、官僚主义,坚决反对弄虚作假,确保脱贫攻坚成效经得起实践检验。要强化交总账意识、军令状意识,进一步查找短板不足,盘点推进工作,完成各项目标任务,确保脱贫攻坚决战完胜。要根据国考结果奖优罚劣,作为干部选拔任用的重要依据,体现鲜明用人导向。要把脱贫攻坚、全面小康、乡村振兴贯通起来,加大推进产业、就业、教育、兜底等工作力度,促进巩固脱贫成果。

会议指出,要坚持问题导向和结果导向,以有力措施、严格标准,认真抓好国家统计局统计督察反馈意见整改方案落实,以此次督察整改为契机,深化统计管理体制改革,厚植良好统计生态,坚决防范和惩治统计造假、弄虚作假,切实提高全省统计工作水平,为高质量转型发展提供科学支撑。

会议听取关于我省建立城乡居民补充养老保险制度、赡养老人立法情况汇报。指出,建立城乡居民补充养老保险制度,是贯彻落实习近平总书记视察山西重要讲话重要指示的具体举措,是践行“两个维护”的实际行动,是坚持以人民为中心的发展思想、巩固脱贫攻坚成果、增进民生福祉的一项新政。要在衔接现有统一的城乡居民基本养老保险制度基础上,建立标准适度、能兜住底、可承受、可持续的普惠性养老体系,从制度上解决老年人养老和返贫致贫问题。要坚持激励约束相结合,大力弘扬中华民族尊老爱幼优良传统,通过立法完善子女赡养老人的标的标准。要加强补充养老保险制度的宣传解读力度,引导动员群众积极踊跃参保,切实增强人民群众获得感。

会议指出,“六稳”首先是稳就业,“六保”当务之急是保居民就业。要认真贯彻落实中央和我省关于稳就业的各项政策措施,抓好援企稳岗,用好减税降费、金融支持、失业保险返还等政策,帮助企业提高生存能力,稳定就业岗位。要抓好高校毕业生、退役军人、农民工、城镇困难人员等重点群体就业工作。要抓好“人人持证、技能社会”重点民生工程,加快推进劳动力建档立卡工作,建成全省统一的劳动力建档立卡管理信息系统,做到精准分析,促进供需对接。拓展用好省内省外就业市场,提高转移就业的组织化程度,各市县要把这项工作摆上重要议事日程。要加强技能培训,以改革办法探索创新培训模式,提高培训实效。要深化产教融合、校企合作,培养更多适应经济社会需要的技术技能人才,提高就业质量。

会议指出,中小企业是扩大就业、改善民生、促进创业创新的重要力量。要更加及时有效解决企业恢复生产经营面临的各种困难和问题,着力帮扶中小企业渡过难关,真正发挥稳经济、稳就业的重要作用。要深化“放管服效”改革,完善财税支持政策,减轻企业融资负担,完善公共服务体系,有效提升中小企业创新发展能力,培育支持科技型中小企业发展。要常态化深入开展入企服务,“一企一策”为企业纾困解难,形成支持中小企业发展的良好环境。

会议还研究了其他事项。

省委常委会举行集体学习会　学习贯彻习近平总书记在中央政治局第二十次集体学习时的重要讲话精神

6 月 24 日,省委常委会举行集体学习会,学习习近平总书记在中央政治局第二十次集体学习时的重要讲话精神,研究贯彻落实意见,推动民法典在山西全面有效实施。省委书记楼阳生主持会议并讲话。

会议指出，习近平总书记在中央政治局第二十次集体学习时的重要讲话，深刻阐述了颁布实施民法典的重大意义，对推动实施民法典提出了明确要求，进一步丰富和发展了中国特色社会主义法治理论和法治实践，具有很强的思想性、指导性、实践性，为我们全面有效实施好民法典提供了根本遵循。要把深入学习领会习近平总书记在中央政治局第二十次集体学习时的重要讲话，与贯彻落实习近平总书记视察山西重要讲话重要指示紧密结合起来，增强政治责任感和历史使命感，以全面实施民法典的实际成效，推动法治山西建设、推进国家治理体系和治理能力现代化，不断将制度优势转化为治理效能和发展动能，不断开创治晋兴晋强晋新局面。

会议指出，要深化思想认识，增强行动自觉。深刻认识民法典是新中国第一部以法典命名的法律，是新时代我国社会主义法治建设的重大成果，其颁布实施对于更好推进全面依法治国、建设社会主义法治国家，更好保障人民权益具有里程碑意义。要广泛宣传教育，推动深入人心。抓住关键少数，落实领导干部学法用法制度，推动领导干部做学习、遵守、维护民法典的表率。抓好普法宣传，让民法典走到群众身边、走进群众心里，成为全社会自觉遵守的行为规范。抓牢基础教育，全面加强青少年民法典教育，引导青少年从小树立规则意识、契约精神，遵循公序良俗，实现法治育人。要科学把握要求，全面有效实施。各级各部门要把实施好民法典作为必须履行的政治责任，立足职能定位和工作实际，从立法、执法、司法、守法各环节协同发力，推动民法典精神在山西落地生根。各级人大要加强同民法典相关联配套的法规制度建设，做好立改废工作；各级政府要以保证民法典实施为重要抓手推进法治政府建设，着力提高依法行政能力水平；各级司法机关要秉持公正司法，着力提升司法公信力，切实保护群众合法权益。要充分发挥法律专业机构、专业人员的积极作用，营造实施好民法典的浓厚社会氛围。要发挥牵引作用，服务发展大局。以贯彻实施民法典为契机，创优营商环境，加强基层社会治理，促进民生改善，建优法治社会生态，为我省在转型发展上率先蹚出一条新路来提供坚强法治保障。

会议强调，各级党委要把深入学习贯彻习近平总书记重要讲话精神、贯彻实施民法典作为全面依法治省的一项重要工作，认真研究贯彻实施措施，及时解决实施中的重大问题，为全面有效实施民法典提供坚强领导。

省委常委，省人大常委会、省政府、省政协有关负责同志，省法院院长、省检察院检察长参加会议。

省委常委会召开会议　研究推进“十四五”规划编制、全面从严治党工作　审议《山西省贯彻落实〈中国共产党农村工作条例〉实施办法》《山西省禁毒工作规划（2020–2022 年）》　决定近期召开省委十一届十次全会

6 月 24 日，省委常委会召开会议，听取山西省“十四五”规划编制工作进展情况、全面从严治党有关工作情况的汇报，审议通过《贯彻落实〈党委（党组）落实全面从严治党主体责任规定〉实施细则》《山西省贯彻落实〈中国共产党农村工作条例〉实施办法》《山西省禁毒工作规划（2020–2022 年）》，研究地方金融监管信息系统工作，决定成立省委公共卫生健康委员会，讨论拟提请省委十一届十次全会审议的文件。省委书记楼阳生主持会议。

会议指出，编制一个高起点、高标准、高质量的“十四五”规划，是贯彻落实习近平总书记视察山西重要讲话重要指示的载体、路径和方法，对我省在转型发展上率先蹚出一条新路来，意义十分重大。要把习近平总书记视察山西重要讲话重要指示和“三篇光辉文献”作为指导山西“十四五”发展的行动纲领，聚焦实现“在转型发展上率先蹚出一条新路来”的重大历史使命，前瞻三十年，做好长远战略谋划。要胸怀两个大局，贯彻新发展理念，站在全球化和国家战略全局的高度，来思考谋划山西的“十四五”，深刻把握山西作为京津冀一体化重要成员、国家资源型经济转型综改试验区、新兴产业未来产业制造基地、内陆地区对外开放新高地、国际知名文化旅游目的地、黄河流域和京津冀绿色生态屏障、特色优势有机旱作农业科研和生产实验区、拱卫首都安全“护城河”的八个定位，抓住战略机遇、时代机遇、政策机遇，谋划一批变革性、牵引性、标志性举措，高水平编制好我省“十四五”规划。要紧紧围绕“十四五”转型出雏型的宏伟蓝图，坚持《建议》《纲要》和专项规划同步编制，相辅相成，相互支撑，提升规划编制的整体质量。要加强与国家规划的衔接，主动与国家部委对接，争取更多项目纳入国家规划的盘子。要加强研究，用好智库，为编制规划提供强有力的智力支撑。

会议听取省纪委监委关于加强不能腐制度建设调研情况的汇报，审议通过《贯彻落实〈党委（党组）落实全面从严治党主体责任规定〉实施细则》《省委常委会及其成员落实全面从严治党责任清单》《中共山西省委落实全面从严治党主体责任 2020 年任务安排》《关于加强落实全面从严治党主体责任考核的具体举措》《山西省全面从严治党宣传教育工作方案》。指出，全面从严治党永远在路上，落实主体责任须臾不可放松。要深入学习贯彻习近平总书记关于全面从严治党的重要论述，增强“两个维护”的政治自觉，扭住责任制这个“牛鼻子”，抓住党委（党组）这个关键主体，不折不扣落实全面从严治党责任。坚持新时代党的建设总要求，不忘初心、牢记使命，一句誓言、一生作答，守责、负责、尽责，一以贯之、坚定不移全面从严治党。把“严”的主基调长期坚持下去，构建不敢腐、不能腐、不想腐一体贯通、一体推进的体制机制，加强对制度的执行、权力运行的监督，推动全面从严治党向纵深发展。紧紧围绕加强和改善党的全面领导，推动全面从严治党在各领域各方面各环节全覆盖，做到真管真严、敢管敢严、长管长严，实现全面从严治党过程和效果相统一。坚持一级抓一级、层层抓落实，推动形成“明责、履责、督责、追责”闭环落实机制，确保全面从严治党主体责任落到底、落到位，坚定不移抓好党内政治生态建设，为治晋兴晋强晋、书写山西践行新时代中国特色社会主义新篇章提供坚强保证。

会议指出，党管农村工作是优良传统，也是最大的政治

优势。各级党委要深入学习贯彻习近平总书记关于“三农”工作的重要论述和重要指示,始终把“三农”摆在重中之重的位置,全面加强党对农村工作的领导。要着力夯实农业农村基础,确保完成决战决胜脱贫攻坚目标任务,全面建成小康社会,推动脱贫攻坚和乡村振兴有机衔接,推动“十三五”收好官,“十四五”上水平。要加强农村党的建设,健全党领导农村工作的组织体系、制度体系和工作机制,把农村基层党组织建设成为坚强战斗堡垒。

会议审议通过《建设地方金融监管监测信息系统健全金融监管信息共享工作机制实施方案》。指出,要坚持底线思维,未雨绸缪,强化系统监测成果运用,建立健全预警机制、应急处置机制、防范化解机制。要在实践中持续完善穿透式监管办法,提高科学性、有效性、针对性。加强中央驻晋和地方金融监管部门的协同,构建顺畅的信息共享、会商研判和一体处置化解机制,形成工作合力。

会议充分肯定近年来全省禁毒工作取得的成绩。指出,抓禁毒也是抓民生。要深入学习贯彻习近平总书记关于禁毒工作的重要指示精神,按照省委部署要求,坚持厉行禁毒方针,打好禁毒人民战争。要加强毒品问题重点地区、重点领域的重点治理,坚持标本兼治、综合施策,“打”“禁”“铲”“改”协同发力,全力打击贩毒制毒犯罪,全面禁绝毒品危害,坚决铲除毒品问题滋生蔓延土壤,彻底摒弃涉毒不良生活习俗,切实维护人民群众生命财产安全。

会议指出,成立省委公共卫生健康委员会是贯彻落实习近平总书记关于卫生健康工作的重要论述和重要指示批示精神,构建起强大的公共卫生体系的具体举措。要通过构建统一领导指挥有力、反应灵敏决策支持、协调贯通运转高效的领导指挥体系,为维护人民生命安全和身体健康提供保障。

会议决定,中共山西省委十一届十次全会于6月28日至29日在太原召开,对深入学习贯彻习近平总书记视察山西重要讲话重要指示精神进行全面部署。会议讨论了《关于贯彻落实习近平总书记视察山西重要讲话重要指示在转型发展上率先蹚出一条新路来的实施方案(送审稿)》,决定提请省委十一届十次全会审议。

会议还研究了其他事项。

省委常委会举行集体学习会 学习贯彻习近平总书记关于统计工作重要讲话重要指示批示精神

7月9日,省委常委会举行集体学习会,深入学习贯彻习近平总书记关于统计工作重要讲话重要指示批示精神和《关于深化统计管理体制改革提高统计数据真实性的意见》《统计违纪违法责任人处分处理建议办法》。省委书记楼阳生主持会议并讲话。

会议指出,统计工作反映经济运行状况,是党委、政府科学决策的重要依据。做好新时代统计工作,必须坚持以习近平总书记关于统计工作重要讲话重要指示批示为根本遵循,准确把握中央关于统计工作的部署要求,牢固树立正确的发展观政绩观,进一步推动统计改革发展,确保统计的严肃准确真实,以实际行动增强“四个意识”、坚定“四个自信”、坚决做到“两个维护”。近年来,我省坚决贯彻习近平总书记关于统计工作的重要论述,坚持和加强党对统计工作的领导,大力推动统计管理体制改革创新,严肃查处违反统计法律法规典型案件,充分发挥了统计工作在转型发展中的重要作用。

会议指出,要进一步增强统计工作为高质量转型发展提供决策依据的质效。贯彻落实省委“四为四高两同步”总体思路和要求、“十四五”转型出雏型的阶段性战略目标,以及“八个转型”、聚焦“六新”蹚新路等重大任务,离不开统计工作的有力支撑。要遵循统计工作规律,密切监测经济运行情况,提高统计数据质量,更要拓宽视野、深度分析,准确把握经济运行态势,提出有针对性的意见建议,为科学决策当好参谋。

会议指出,要坚持依法统计、依法治统,建立健全防范和惩治统计造假、弄虚作假的制度体系。要从源头遏制“数字上的腐败”,坚决杜绝数据造假、数字出官、数字脱贫,工作业绩必须经得起实践、人民、历史的检验。要健全统计责任机制,坚持党政同责,层层压实各级党委政府的领导责任、统计机构的主体责任、纪检监察机关的监督责任。要完善统计法规体系,将统计工作各方面环节纳入法治轨道,不断营造统计权利有保障、统计权力受制约、统计违法必追责的良好环境。要强化统计执法机制,加强统计执法队伍建设,严肃查处统计违法行为,对统计造假“零容忍”。

会议指出,开展统计督察是党中央、国务院的重大决策部署。我省作为国家统计督察首批省份,要把统计督察整改作为改进山西统计工作水平和质量的重要契机,既整改反馈问题,又从体制机制、能力水平上推动统计工作全面提升。各级党委、政府要加大对统计工作的领导,进一步把统计改革发展摆在重要位置,确保党中央、国务院关于统计工作的重大决策部署在山西有效贯彻落实。各级统计部门、调查机构要进一步增强责任感使命感,加强统计能力建设,为高质量转型发展提供优质服务。

省委常委,省人大常委会、省政府、省政协有关负责同志出席会议。

省委常委会召开会议 传达贯彻习近平总书记对禁毒工作重要指示精神 研究部署云冈文物保护、晋中国家农高区建设、人大立法工作 审议《山西省“十四五”院士后备人选培养计划》

7月9日,省委常委会召开会议,传达习近平总书记重要指示精神、全国禁毒工作先进集体和先进个人表彰会议精神,研究我省贯彻落实意见,听取全省文物保护工作情况、晋中国家农高区规划建设情况汇报,审议通过《关于贯彻落实习近平总书记视察云冈石窟重要指示设立云冈学和加强云冈文物保护的实施意见》《关于云冈文物保护、考古研究与展示利用专项工作实施方案》《山西省“十四五”院士后备人选培养计划》,研究生态文明建设领域立法和强化公共卫生法治保障工作。省委书记楼阳生主持会议。

会议听取省禁毒委员会和部分市工作情况汇报。指出,习近平总书记对禁毒工作的重要指示，为做好禁毒工作提供了根本遵循。要提高站位，站在全局和战略的高度，坚持以人民为中心的发展思想，以对国家、对民族、对人民、对历史高度负责的态度，坚持厉行禁毒方针，打好禁毒人民战争。各级党委、政府要层层压实责任，构建党委领导、政府负责、部门协同、社会共治、公众参与的禁毒工作格局。要坚持打、戒、铲、改、教、法“六位一体”，坚决打赢这场硬仗。“打”就是要坚持严厉打击，坚决整治突出毒品问题，从严从重从快，严厉打击各类毒品犯罪活动。“戒”就是要坚持人文关怀、科学戒毒，坚持强制与自愿相结合，积极帮助吸毒人员戒断毒瘾、回归社会。“铲”就是要源头治理，优化监管措施，堵塞监管漏洞，坚决铲除毒品问题滋生蔓延的土壤。“改”就是要移风易俗、改掉陋习，将禁毒工作与“三零”单位创建结合起来，夯实禁毒基层基础。“教”就是要坚持预防教育，从青少年抓起，开展远离毒品宣传教育，营造全民禁毒的良好社会氛围。“法”就是要坚持依法治理，加快毒品治理体系建设，不断提升毒品治理能力。要通过“六位一体”，做到标本兼治、系统治理，不断提升新时代禁毒工作能力和水平，维护社会和谐稳定、保障人民安居乐业。

会议指出，习近平总书记关于保护好云冈石窟的重要指示，对云冈石窟的历史地位、文化价值以及民族融合中的特殊重要性作了深刻阐释，思想深邃、内涵丰富，为云冈学的设立、云冈文化宝藏的开发利用指明了方向，对全省文物保护和开发利用都具有很强的指导意义。要深入研究，加强云冈学学科学院建设，不断丰富云冈学科研成果。要深度开发，做好云冈文化资源的深入挖掘，开发文化价值，形成拳头产品。要深化规划，以云冈石窟为内核，拓宽视野、整体谋划、文旅融合，让游客深度体验云冈石窟、云冈文化的内涵和魅力。要深层改革，注重体制机制创新，建好云冈学研究平台。山西是文物大省，要全面加强文物保护力量，切实加大文物保护力度，在落实文物保护法律和技术标准、确保安全的前提下，提高文物活化利用程度，让文旅有灵魂，不断提高山西文旅吸引力。

会议审议通过《支持晋中国家农业高新技术产业示范区建设的若干意见》《推动“谷城院”深度融合实施意见》。指出，建设晋中国家农高区是加快农业农村现代化的重大举措。要紧扣“三年成势、五年成型”总目标，把农业科技创新作为晋中农高区（山西农谷）内核，加强农业高新技术研发、转化、应用和团队、人才建设，打造国内一流的现代农业创新高地、产业高地、人才高地、开放高地。要以农产品精深加工为龙头，以企业为主体，先行在若干产业集群率先实现突破。要推进体制机制创新，打造产学研载体，加快“谷城院”深度融合，推动“谷城院”一体化发展。要提升山西农谷品牌形象，坚持市场化运作，办好太谷论坛、山西农博会，搞活会展经济。有关部门、晋中市、太谷区要加强协同、全力推进，在晋中农高区（山西农谷）打造农业科技创新生态，带动现代农业发展，助力乡村振兴。

会议指出，人才是转型发展的第一资源。要深入实施创新驱动、科教兴省、人才强省战略，加大支持力度，优化服务保障，通过“十四五”院士后备人选遴选培养，带动本土科技创新领军人才队伍建设，进一步调动和激发本土人才科研创新的内生动力。要树立鲜明导向，建立健全有利于科技人才潜心研究创新的制度体系，激励学科带头人心无旁骛开展研发工作，攀登科学高峰。要推动体制机制创新，打造一流创新生态，加强重点实验室、大科学装置等科研平台、创新平台建设，形成人才集聚效应，瞄准前沿、目标一流，在高原上起高峰。

会议审议通过《山西省人大常委会生态文明建设领域立法计划（2020–2022 年）》《山西省人大常委会强化公共卫生法治保障立法计划（2020–2022 年）》。指出，要认真贯彻落实习近平生态文明思想，全面开展生态环境保护立法工作，加快构建环境保护“四梁八柱”法规框架，为坚决打赢污染防治攻坚战，协调推进绿色生产、绿色发展、绿色生活，建设山清水秀、天蓝地净的美丽山西提供良好法治保障。要坚持平战结合、战平结合，强化公共卫生法治保障，健全公共卫生防护体系，依法保障人民群众生命安全和身体健康。

会议还研究了其他事项。

省委常委会召开会议　研究部署森林草原防火工作　听取省委巡视反映产业扶贫和国有企业投资决策有关问题汇报

7 月 16 日，省委常委会召开会议，听取上半年全省森林草原防火情况、省委巡视反映的产业扶贫和国有企业投资决策有关问题汇报，研究部署下一步工作。省委书记楼阳生主持会议。

会议充分肯定全省森林草原防火工作取得的成绩。指出，今年以来，在省委和省政府的坚强领导下，各级各部门强力推进、严密布防、层层落实，火灾火情明显下降，有效保卫了林草资源安全。会议强调，森林草原防火事关人民群众生命财产安全和生态安全。要深入学习贯彻习近平总书记关于森林草原防火工作的重要批示精神，进一步提高政治站位，坚决克服麻痹思想，深刻汲取事故教训，严格责任落实，全力消除隐患，坚决打好森林草原防火攻坚战。要严格落实《关于禁止野外用火的决定》，切实发挥组织体系严密的政治优势，压实基层党组织责任，进村入户到人头，签订责任承诺书，切实管住人头、田头、坟头、源头。要加强市县队伍、装备、能力、信息化建设，强化专业训练演练，提高森林灭火专业本领，运用信息化手段提高林草防火智能化监测预警水平。要把握生态系统内在规律，坚持乔灌草结合、阔叶林针叶林混交，逐步调整林分结构，形成有利于防火的林草生态体系。要坚持依法管理，既要对森林火灾肇事者依法查处，也要对工作不落实的责任人严肃问责，以倒查责任严防森林火灾。要建立健全森林防火指挥体系，坚持统分结合，层层压实责任，形成快速反应、有效预防处置的体制机制。

会议指出，抓好脱贫攻坚、国有企业巡视发现问题整改落实，体现了做好巡视“后半篇文章”、运用巡视成果提高工作质效的目标导向。会议强调,产业扶贫是稳定脱贫的根本举措,要遵循市场规律,以市场化手段构建产业帮扶长效机制。要把产业扶贫、技能扶贫、教育扶贫贯穿脱贫攻坚、全面小康、乡村振兴始终,充分发挥支撑作用。深化国资监管体制改革事关国有企业健康持续和高质量转型发展。国有企业投资决策要牢固确立以效益为中心的发展导向,不断深化改革,建立健全科学规范的投资决策机制,做到投资有回报、有利润、有效益。要实施全过程穿透式监管,做好"一企一策"工作,在止损基础上努力盘活资产和项目,有效防范投资风险。要建立投资决策终身追究及责任倒查机制,对违规投资造成国有资产损失及其他严重不良后果的要进行追责问责,让制度"长牙""带电"。

会议还研究了其他事项。

省委常委会召开会议　分析上半年全省经济形势　部署下半年经济工作　研究部署安全生产、社会稳定、意识形态和教育改革发展工作

7月20日,省委常委会召开会议,听取上半年全省经济、安全生产、社会稳定、意识形态领域形势分析汇报,研究部署下一步工作,听取教育改革发展重点事项进展情况汇报,审议通过《山西省深化新时代学校思想政治理论课改革创新的若干措施》《2020年山西省教育系统党建工作重点任务》。省委书记楼阳生主持会议。

会议指出,今年上半年,全省上下全面贯彻习近平总书记视察山西重要讲话重要指示,统筹推进疫情防控和经济社会发展,扎实做好"六稳"工作,全面落实"六保"任务,克服新冠肺炎疫情带来的不利影响,各项工作取得积极进展,特别是主要经济指标二季度均实现正增长,全省经济稳步复苏,稳定向好态势进一步巩固。取得这样的成绩,是以习近平同志为核心的党中央坚强领导的结果,是全省上下勠力同心、奋力拼搏的结果。会议强调,要在观大势、看趋势的过程中不断深化认识,登高望远,坚定信心,保持战略定力,聚焦重点关键,做好下半年经济工作。山西正处在转型出雏型的关键阶段,要深入学习贯彻习近平总书记视察山西重要讲话重要指示,贯彻落实省委十一届十次全会精神,咬定转型不放松,聚精会神培育新动能,进一步推动经济持续稳定向好,努力完成全年目标任务,确保"十三五"收好官、"十四五"开好局。一要着力夯实农业农村基础。扎实推进三大省级战略,加快实施农业"特""优"战略,适应消费升级需求,紧紧扭住农产品精深加工,培育十大产业集群,壮大龙头企业,提升农业综合效益和竞争力。二要全力稳定工业增长。聚焦"六新",以"三个一批"为抓手,把项目为王的要求落实到具体工作中,不断扩大有效投资拉动作用。要逐市逐行业分析研究,采取精准有效措施,积极开拓市场,加强供需对接,完善产业链供应链,打造一流创新生态,培育战略性新兴产业、未来产业集群。三要推动服务业转型升级。营造良好市场秩序和消费环境,确保促进服务业恢复稳定增长若干措施等政策落地见效,引进培育新型消费平台,打造消费新业态新模式,做好新消费文章。四要持续保障改善民生。打好打赢三大攻坚战,抓好重点群体就业,推动"人人持证、技能社会"工程提质增效,兜住民生底线,做好常态化疫情防控,加快补齐公共卫生体系方面的短板弱项。

会议指出,上半年安全生产形势稳定好转,但安全生产须臾不可放松,必须时刻保持清醒头脑。要树牢安全发展理念,把安全生产责任落实到法人单位、责任主体,把各领域安全生产工作紧紧抓在手上,为转型发展提供安全保障。要抓好防汛抗旱工作,认真贯彻落实习近平总书记关于进一步做好防汛救灾工作重要指示精神,压实责任、深入一线、靠前指挥、科学调度,加强预警监测,做好突发洪涝灾害和旱情应对准备,保障人民群众生命财产安全。全面加强危险化学品安全生产工作,扎实开展隐患排查,实行重大危险源在线监测,抓好危化品生产、存储、运输安全管理。狠抓源头治理,加强森林防火、城市火灾隐患排查整治,认真解决煤矿等工程外包转包突出问题,坚决遏制重特大事故发生。要开展重点行业重点领域专项整治、专项督查,驰而不息抓落实,夯实安全生产基础,推动我省安全形势持续好转,实现本质安全。

会议指出,上半年我省社会稳定大局保持总体稳定,人民群众的安全感明显增强。全省上下要增强政治意识,牢固树立总体国家安全观,始终把维护政治安全放在首位,有效防范化解重大风险,做到守土有责、守土负责、守土尽责,当好首都"护城河"。要增强改革发展稳定工作的协同,统筹传统安全与非传统安全,坚持控新治旧、标本兼治,打防结合、两手并用,强化系统治理、依法治理、综合治理、源头治理,坚决守住安全稳定的底线红线。要坚持"三零"创建与基层治理、服务群众、化解风险相结合,深入开展矛盾纠纷排查化解,加强大数据深度应用,把工作做细做实做具体。要依法打击一切违法犯罪活动,始终保持高压态势,确保社会秩序持续平稳。各级党委要加强组织领导,持续提升公共安全保障能力、应急处置能力,做到敏锐、洞察、果敢,下好先手棋,打好主动仗。

会议指出,今年以来全省意识形态领域工作不断加强,有效引导了社会舆论,汇聚了社会正能量。要始终把深入学习贯彻习近平新时代中国特色社会主义思想作为首要政治任务,将《习近平谈治国理政》第三卷与习近平总书记视察山西重要讲话重要指示和"三篇光辉文献"结合起来,一体学习、一体贯彻,营造全省学习贯彻的浓厚氛围,增强"四个意识"、坚定"四个自信"、做到"两个维护"。要守牢意识形态主阵地,讲好山西故事,大力宣传抗击疫情、转型综改、脱贫攻坚、"六新"突破等方面的重大举措和生动实践,更好地强信心、聚民心、暖人心、筑同心,服务转型发展大局。要加强党对意识形态工作的领导,牢牢掌握意识形态工作领导权。

会议指出,省委从战略和全局高度把教育摆在优先发展战略位置,深入实施创新驱动、科教兴省、人才强省战略,深化教育改革,调整优化结构布局,取得积极进展。要把教育发展和人的全面发展、转型发展紧密结合起来,立足省情实际,遵循教育规律,坚持改革创新,推进各级各类教育高质量发

展，为转型发展提供智力和人才支撑。要重点抓好"1331 工程"提质增效，加强重点实验室、创新平台建设，通过体制机制优势，促进创新的竞相迸发。继续推进高校布局、学科学院和专业设置"三个调整优化"，建设"双一流"高校，支持和规范民办义务教育发展，积极推进城乡学校布局调整，办好人民满意的教育。要把思想政治工作贯穿教育教学全过程，推动习近平新时代中国特色社会主义思想进教材、进课堂、进头脑，深化新时代学校思想政治理论课改革创新，加强教师队伍建设，把课堂教学与实践教学结合起来，讲好中国故事，讲好中国共产党故事，讲好新时代中国特色社会主义故事，讲好山西故事，增强"四个自信"。教育部门和各级各类学校党组织要扛起管党治党主体责任，把党的教育方针全面贯彻到学校工作各方面，使教育领域成为坚持党的领导的坚强阵地。

会议还研究了其他事项。

省委常委会召开会议　传达学习中央政治局会议精神　传达贯彻《习近平谈治国理政》第三卷出版座谈会精神　听取武警山西总队工作和开发区常态化督导情况汇报　研究部署巡视工作

8 月 6 日，省委常委会召开会议，传达学习中央政治局会议精神，传达贯彻《习近平谈治国理政》第三卷出版座谈会、张军同志在晋调研时讲话精神，听取武警山西总队工作、全省开发区常态化督导情况、省委巡视情况的汇报，审定第八轮巡视方案，审议通过《山西省污染防治攻坚战成效考核实施方案》《2019 年度山西省污染防治攻坚战成效考核指标评分细则》。省委书记楼阳生主持会议。

会议指出，习近平总书记 7 月 30 日主持召开的中共中央政治局会议，深刻分析"十四五"时期我国发展面临的机遇和挑战，明确提出推动"十四五"时期经济社会发展的指导思想和基本要求，对做好当前经济工作、努力完成全年经济社会发展目标任务作出全面部署。习近平总书记的重要讲话，思想深邃、内涵丰富，高瞻远瞩、统揽全局，极具政治性、思想性、战略性、指导性，为我们做好当前和今后工作、统筹谋划未来发展指明了前进方向。全省上下要切实把思想和行动统一到党中央科学判断和决策部署上来，深入学习贯彻习近平总书记视察山西重要讲话重要指示，全面贯彻落实省委十一届十次全会部署，保持战略定力，坚定必胜信念，努力完成全年经济社会发展目标任务，确保"十三五"收好官、"十四五"开好局。一要学深悟透，深刻领会习近平总书记重要讲话精神，增强机遇意识和风险意识，把握发展规律，发扬斗争精神，善于在危机中育新机、于变局中开新局，乘势而上书写山西践行新时代中国特色社会主义的新篇章。二要立足山西，进一步增强转型发展蹚新路的紧迫感使命感，把新发展理念贯穿于转型发展全过程，聚焦"六新"突破，厚植一流创新生态，培育市场主体，打造战略性新兴产业、未来产业集群，更加注重补短板和锻长板，用深化改革的办法优化营商环境，持续保障改善民生，维护社会大局稳定。三要对标对表，按照中央政治局会议作出的重大部署，一体推进规划《建议》与规划《纲要》、规划《纲要》与专项规划的起草编制，为"十四五"转型出雏型和经济高质量发展奠定坚实基础。

会议指出，《习近平谈治国理政》第三卷是新时代中国共产党人坚持和发展中国特色社会主义的最新理论成果。省委把《习近平谈治国理政》第三卷的学习宣传工作牢牢抓在手上，有力推动全省各级党组织及广大干部群众思想理论武装，不断把习近平新时代中国特色社会主义思想学习宣传贯彻引向深入。要进一步突出理论学习的实效性，把第三卷与第一卷、第二卷作为整体系统学、一体学，与学习贯彻习近平总书记视察山西重要讲话重要指示和"三篇光辉文献"贯通学、深入学，把学习成果转化为转型发展蹚新路的实际行动。要进一步增强理论宣传的贴近性，全方位、多形式加强理论宣讲和宣传阐释，实施思政教师集体备课，领导干部带头进校园上讲台讲党课，组织好面向基层、面向群众的宣讲活动，推动党的创新理论在三晋大地深入人心、落地生根。

会议指出，最高人民检察院检察长张军在山西调研期间的讲话要求，对做好政法工作具有指导意义，各级政法机关要结合工作实际抓好贯彻落实。各级检察机关要深入贯彻落实最高人民检察院和省委的各项决策部署，围绕中心、服务大局，履行好法律监督职能，狠抓队伍建设，锻造"四个铁一般"的检察铁军，推动全省检察工作迈上新台阶。

会议对武警山西总队工作给予充分肯定。指出，近些年来，武警山西总队在完成执勤维稳、战备训练任务的同时，积极支援地方建设，出色完成重大安保、抢险救援、扶贫攻坚任务，为维护全省社会大局稳定作出积极贡献。要以习近平新时代中国特色社会主义思想为指导，深入学习贯彻习近平强军思想，强化政治责任担当，把维护政治安全作为首要责任，始终成为拱卫京畿的忠诚卫士。要强化实战牵引练兵，严厉打击违法犯罪活动，始终成为让犯罪分子闻风丧胆的战斗尖兵。要强化应急处突准备，扎实开展专业化训练，始终成为维护地方稳定的重要力量。要强化红色基因传承，深入开展双拥共建，始终成为军民军政团结的先进模范。各级党委和政府要一如既往关心支持驻晋武警部队建设，加大支持保障力度，为部队全面建设和遂行任务创造更好条件。

会议指出，建立开发区常态化督导机制，是加快开发区高质量发展的一项重要举措。省委派出督导组采用"四不两直"方式常态化驻市督导，发现并推动解决一批问题，取得积极成效。要聚焦开发区转型发展主战场主引擎定位，进行重点招商、精准招商，点对点引资引智，持续开展"三个一批"活动，集聚先进生产要素，培育壮大发展新动能。要加强规划管控，集约节约用地，创新财税体制，完善考核评价机制，落实省级开发区管理权限，不断加强开发区自身建设。督查委员会和各督导组要从严从实开展督导工作，探索总结好方式好机制，围绕一把手履职、招商引资、项目建设、"三制三化"改革、优化营商环境等重点，强化常态化督导，把发现和协调解决问题结合起来，推动督导工作更加制度化规范化，营造狠抓落实的浓厚氛围。

会议指出，要坚持以习近平生态文明思想为指导，突出绿色发展理念，在全社会倡导绿色生产生活方式，推广绿色节能建筑。要坚持问题导向、目标导向、结果导向，聚焦大气、水、土壤污染防治三大战役和污染物总量减排、生态环境质量改善、生态环境风险管控三类目标，科学设置考核指标，规范考核程序和方式，通过客观公正、精准有效的考核，进一步压紧压实责任，推动污染防治攻坚战各项任务全面落实，全省生态环境质量整体改善。

会议指出，今年以来，省委部署开展了第七轮巡视和脱贫攻坚专项巡视"回头看"，发现和解决了一批突出问题，取得明显成效。要持续深入学习贯彻习近平总书记关于巡视工作重要论述，把"严"的主基调坚持下去，坚守巡视定位，强化整改落实和成果运用，深化标本兼治，推进巡视巡察上下联动、与其他监督贯通融合，做好巡视"后半篇文章"。纪检监察派驻(出)机构要进一步明确监督职责，创新工作方法，提高履职能力，切实发挥"派"的权威和"驻"的优势，真正担负好监督执纪问责职责。会议决定，近期开展省委第八轮巡视，对11个市和未开展巡视的59个县(市、区)进行常规巡视。

会议还研究了其他事项。

省委常委会召开会议　研究推进"十四五"规划编制、能源革命综合改革试点工作　听取国家重点实验室大科学装置建设、信息产业发展、5G建设和应用、区域医疗中心建设进展等情况汇报

8月20日，省委常委会召开会议，听取"十四五"规划《建议》《纲要》及省级专项规划编制工作、能源革命综合改革试点进展、全省税收工作、山西农业大学与省农业科学院合署改革进展情况的汇报，研究部署国家重点实验室大科学装置建设、信息产业发展、5G建设和应用、区域医疗中心建设等工作。省委书记楼阳生主持会议。

会议指出，编制好"十四五"规划，对于科学引领和推动我省高质量转型发展具有十分重要的意义。省"十四五"规划编制工作组织有序、进展顺利。要深入领会学习贯彻中央政治局会议精神，按照省委十一届十次全会部署，一体推进"十四五"规划《建议》《纲要》和省级专项规划编制工作。要开门搞编制，坚持把顶层设计与问计于民统一起来，专家、部门、群众一起参与，切实把社会期盼、群众智慧、专家意见、基层经验充分吸收到"十四五"规划编制中来。要把"收好官"与"谋好篇"结合起来，围绕转型发展蹚新路，聚焦推进"六新"突破，在新兴产业、未来产业、新一代科技上超前布局、抢占先机，着力实现规上工业企业创新活动全覆盖，推动规模以上工业企业数量超万家。要进一步凝聚共识合力，保持战略定力，坚定必胜信心，以非常之力、恒久之功，在全国经济发展中争先进位，实现直道冲刺、弯道超车、换道领跑。

会议指出，能源革命综合改革试点是党中央赋予山西的重大使命，是高质量转型发展的重要内容。试点工作开展以来，各级各部门凝心聚力、狠抓落实，形成全省"一盘棋"工作格局，取得积极成效。要大力实施优势转换战略，深化改革、创新制度、强化举措，把资源优势转化为比较优势，集聚先进生产要素，发展战略性新兴产业、未来产业。要把科研摆在更加突出的位置，围绕煤炭智能绿色安全开采、煤炭清洁高效深度利用、清洁能源和新能源发展、能源科技创新等重点领域，加大科研成果转化力度，推进煤炭产业革命。要延伸煤炭、焦化深加工产业链，运用先进技术，力求循环利用"吃干榨尽"。要高度重视煤系共伴生矿产资源开发利用，加强煤炭、铝土矿、石墨研究开发，提高资源综合利用水平。要加快新能源替代迭代技术发展，在光伏、风电、氢能、核能等方面紧跟新能源前沿趋势，促进非常规油气勘探开采技术、可再生能源、先进核能为代表的颠覆性能源技术研发。要聚焦碳基新材料，加强产业化培育和市场应用拓展，推进产学研一体化，打造碳基新材料集聚区。

会议指出，加强国家重点实验室、大科学装置建设，是转型发展蹚新路的战略之举，事关长远、意义重大。要深入实施创新驱动、科教兴省、人才强省战略，瞄准卡脖子技术、颠覆性技术、共性关键技术，站在科技前沿，敢于问鼎科学高峰，抓住国家重点实验室优化重组机遇，创造条件、发挥优势、整合资源，立足国家需求、未来产业、山西特色，聚焦我省重点产业领域，积极争取支持，力争实现新发展新突破。要创新体制机制，筑巢引凤，以一流平台、一流课题，吸引一流人才、一流团队，强化科学家、企业家服务保障，让他们在山西有家的感觉。要加大财政投入支持力度，建立财政稳定支持机制，全力支持重点实验室和大科学装置的开发与建设。

会议指出，省委高度重视信息技术产业发展，全省信创、半导体、大数据、软件产业发展态势良好。要着眼加快形成以国内大循环为主体、国内国际双循环相互促进的新发展格局，增强机遇意识、责任意识、使命意识，乘势而上，稳扎稳打，培育壮大战略性新兴产业，打造竞争新优势。要厚植产业生态，持续深化政产学研用协同创新，加强信息产业高端人才、高技能人才引进培养，引进高端研发团队，加强上下游企业集聚，形成集聚态势、产业集群。要全面推动研发活动全覆盖，努力攻克一批关键核心技术，让更多科技成果转化应用。要加大招商引才力度，打牢支撑产业发展的根基。

会议指出，5G网络建设是实现"六新"突破的重要载体。要继续做好基站建设，确保年底前设区市中心城区5G网络基本实现连续覆盖。要大力推进应用场景建设，着力深化智能矿山、工业互联网、智能制造、远程医疗、智慧文旅、智慧教育的5G应用，带动实现与实体经济、政务服务、社会治理以及民生服务等领域的深度融合，加快数字政府重点应用。要培育和引进研发机构，加大制造业招商力度，加强政策支持，加速5G全产业链布局，在新业态新产品上发力突破。

会议指出，今年上半年，税务部门积极克服疫情影响，紧紧围绕中心工作，严格落实减税降费政策，服务高质量转型大局，在支持市场主体发展、助力脱贫攻坚、服务重点项目建设等方面发挥了积极作用。要坚决贯彻中央及省委决策部署，协同做好减税降费和依法组织税费工作，在挖潜增收、培植税源、依法治税上下功夫。要加大对战略性新兴产业、高技

术制造业、中小微企业的支持力度,激发市场主体活力。要持续推进办税便利化改革,进一步减少行政审批项目、简化办税程序,提升服务效率质量。要运用科技手段,创新金融工具,降低融资成本,精准服务企业需求。

会议指出,山西农大农科院合署改革是我省深化转型综改的重大举措,也是高等教育领域的探索性改革。要以学院学科建设为中心,加大对领军人才、一流团队的引进培育力度,强化配套政策保障支持。要继续加大开放搞科研力度,注重科研成果的转化推广运用,更好服务农业现代化发展。要充分发挥改革后的体制优势和机制活力,统筹推进"大部制"改革和"院办校"改革,真正形成学校目标管理、部门协调服务、学院实体化运作的治理模式。要以山西农大乡村调查研究院为载体,加强对"三农"问题研究,打造最具影响力的高端"三农"服务平台。

会议指出,区域医疗中心建设是加速提升全省医疗水平、更好保障人民群众健康的重大机遇。要提高政治站位,抓住难得机遇,狠抓工作落实,聚焦聚力打造医疗龙头,深化合作共建,全面提升我省医疗卫生健康服务水平。要进一步加强战略合作协议的落实,争取加大托管、学科建设和临床诊疗支持力度。要统筹推进重点学科、实验室、团队建设、人才队伍建设,创新科研体制机制,以项目为龙头把科研力量和资源整合起来,形成拳头优势。要健全"三医联动"机制,推动全省医学科技资源的科学布局和融合共享,强化"5G+远程医疗"场景运用,让老百姓在家门口享受到优质医疗服务。

会议还研究了其他事项。

省委常委会召开扩大会议 传达学习贯彻习近平总书记在中央第七次西藏工作座谈会重要讲话精神

9月2日,省委常委会召开扩大会议,传达学习中央第七次西藏工作座谈会精神,研究我省贯彻落实意见。省委书记楼阳生主持会议并讲话。他强调,要深入学习贯彻习近平总书记在中央第七次西藏工作座谈会上的重要讲话精神,坚决把思想和行动统一到党中央关于西藏工作的战略部署上来,增强"四个意识"、坚定"四个自信"、做到"两个维护",贯彻落实新时代党的治藏方略,全力以赴抓好涉藏工作各项任务落实,为推动新时代西藏长治久安和高质量发展作出积极贡献。

会议指出,习近平总书记在中央第七次西藏工作座谈会上的重要讲话,全面总结中央第六次西藏工作座谈会以来的工作成绩和经验,深入分析当前西藏工作面临的形势,阐释了新时代党的治藏方略和做好西藏工作的指导思想,明确了当前和今后一个时期西藏工作的目标任务、方针政策、战略举措,思想深邃、内涵丰富,具有很强的政治性、思想性、理论性、指导性、针对性,是一篇闪耀着马克思主义真理光芒的纲领性文献,为做好新时代西藏工作提供了根本遵循,为我省做好涉藏工作指明了前进方向。

会议强调,全省上下要切实把思想和行动统一到习近平总书记重要讲话精神和党中央关于西藏工作的战略部署上来,充分认识西藏工作取得的全方位进步、历史性成就,深刻理解新时代党的治藏方略的重要内涵,全面把握西藏工作面临的形势任务,始终把"十个必须"作为涉藏工作的指针和标尺,推动党中央决策落地见效。

会议强调,要深入学习贯彻习近平总书记关于民族宗教工作的重要论述,全面准确贯彻党的民族政策和宗教工作基本方针,坚持以维护祖国统一、加强民族团结为着眼点和着力点,以筑牢中华民族共同体意识为主线,扎实有效地做好民族团结工作,坚持我国宗教中国化方向,积极引导宗教与社会主义社会相适应,形成维护稳定的铜墙铁壁。继续办好内地西藏班,加强"四史"学习教育,培养对伟大祖国、中华民族、中华文化、中国共产党、中国特色社会主义高度认同的深厚思想感情基础,引导树立正确的国家观、历史观、民族观、文化观、宗教观。加强干部人才援藏,持续做好援藏干部人才选派工作,完善落实好各方面支持政策,引导援藏人才干部以强烈的责任感、使命感做好援藏工作,展示山西形象。各级党委要抓好中央第七次西藏工作座谈会精神的学习贯彻,主要负责同志要亲自抓、具体抓,全力以赴推动各项任务落实。

省委常委,省人大常委会、省政府、省政协党员负责同志出席会议。省有关部门负责同志参加会议。

省委常委会召开会议 传达学习习近平总书记在中国人民警察警旗授旗仪式上的训词精神 审议通过我省贯彻落实《中国共产党宣传工作条例》若干措施、贯彻落实《交通强国建设纲要》实施意见等文件 听取中国农民丰收节筹备情况汇报

9月4日,省委常委会召开会议,传达学习习近平总书记在中国人民警察警旗授旗仪式上的训词精神,审议通过《山西省关于贯彻落实〈中国共产党宣传工作条例〉的若干措施》《关于贯彻落实〈交通强国建设纲要〉的实施意见》《中共山西省人大常委会党组关于贯彻实施全国人大常委会推进合宪性审查工作有关规定的若干措施》《山西省贯彻落实〈新时代公民道德建设实施纲要〉若干措施》,听取2020年中国农民丰收节主场活动筹备情况汇报。省委书记楼阳生主持会议。

会议指出,习近平总书记向中国人民警察队伍授旗并致训词,提出"对党忠诚、服务人民、执法公正、纪律严明"的明确要求,充分体现了党中央对人民警察队伍的高度信赖和殷切期望。全省政法机关特别是人民警察队伍要深入学习贯彻习近平总书记训词精神,坚持政治建警,进一步增强使命意识、责任意识,永葆对党忠诚的政治本色。要践行服务人民的根本宗旨,努力让人民群众在每一起案件办理、每一件事情处理中都感受到公平正义。要加强队伍建设,大力推进革命化、正规化、专业化、职业化建设,当好党和人民的忠诚卫士。要以总书记训词精神为激励,自觉担起维护安全稳定的政治责任,持续深化"三零"单位创建,强化对违法犯罪分子的威慑,坚决守住社会大局稳定的底线。各级党委要坚持和加强

党对政法工作的绝对领导,统筹推动工作,加大保障力度,为人民警察队伍依法履行职责创造良好条件。

会议指出,《中国共产党宣传工作条例》是我党第一部关于宣传工作的基础性、主干性党内法规。各级党委(党组)要进一步加强和改善党对宣传工作的全面领导,组织好《条例》和我省《若干措施》的学习宣传,落实好宣传工作各项主要任务,加快完善宣传领域法规制度体系,夯实基层宣传工作基础,进一步增强举旗帜、聚民心、育新人、兴文化、展形象的政治自觉,推动全省宣传思想工作质量和水平不断迈上新台阶。

会议指出,建设交通强国是全面建成社会主义现代化强国的重要支撑。要深入贯彻习近平总书记视察山西重要讲话重要指示和关于交通运输工作的重要论述,以《交通强国建设纲要》为遵循,用好我省申报成功全国交通强国建设试点的重大机遇,准确把握山西在全国发展大局中的定位和交通"先行官"定位,坚持创新引领,加强规划实施,加快构建安全、便捷、高效、绿色、经济的现代化综合交通体系,打造太原国家级区域性综合交通枢纽,构建现代智慧物流体系,为转型发展蹚新路提供坚强交通运输保障。

会议指出,宪法是国家的根本法,治国安邦的总章程。省人大常委会要全面担负起宪法、法律赋予的各项职责,切实加强宪法实施和监督,严格依法开展合宪性审查,坚决纠正违宪违法行为,使每一项立法都与宪法规定、宪法精神相符合,维护国家法制统一和尊严。各级领导干部要增强宪法意识,弘扬宪法精神,切实肩负起维护宪法尊严和权威的重大责任。

会议指出,《新时代公民道德建设实施纲要》,进一步明确了新时代公民道德建设的任务要求,对于推动提升全民道德素质和社会文明程度具有十分重要的意义。要深入学习贯彻习近平总书记关于道德建设的重要论述,大力培育弘扬社会主义核心价值观,深化群众性创建活动,加强网络道德建设,广泛开展移风易俗行动,弘扬新风正气,革除歪风陋习,不断提升公民道德素养。要坚持法治与德治并举,通过道德建设的提质量上水平和法治的引领规范作用,为转型发展蹚新路凝聚强大正能量。

会议指出,设立中国农民丰收节,充分体现了党中央对"三农"工作的高度重视。今年中国农民丰收节主场活动在运城市举办,是党中央、国务院对我省的亲切关怀和大力支持。要紧扣"庆丰收、迎小康"主题,结合省情实际,创新形式,丰富内容,立体化展示我省悠久的农业文明、"特""优"的现代农业、"三农"工作的成效成绩、新时代的农民风采。运城市和省有关部门要精心组织,周密准备,完善协调机制,营造浓厚氛围,统筹做好疫情防控和活动实施各项工作,确保活动圆满顺利。

会议还研究了其他事项。

省委常委会举行集体学习会　学习贯彻习近平总书记在纪念中国人民抗日战争暨世界反法西斯战争胜利75周年座谈会、全国抗击新冠肺炎疫情表彰大会、科学家座谈会重要讲话精神

9月17日,省委常委会举行集体学习会,学习贯彻习近平总书记在纪念中国人民抗日战争暨世界反法西斯战争胜利75周年座谈会、全国抗击新冠肺炎疫情表彰大会、科学家座谈会上的重要讲话精神。省委书记楼阳生主持会议并讲话。

会议指出,习近平总书记在纪念中国人民抗日战争暨世界反法西斯战争胜利75周年座谈会上的重要讲话,站在中华民族伟大复兴的历史高度,深情回望中国人民经过14年浴血奋战取得抗日战争伟大胜利的历史,深刻阐发中国人民抗日战争伟大胜利的重大意义,立意高远,内涵丰富,具有很强的政治性、思想性、战略性和指导性,我们要认真学习领会、抓好贯彻落实。山西具有光荣革命传统,孕育并铸就了太行精神、吕梁精神,是伟大抗战精神的重要组成部分,我们要永远铭记、世代传承、大力弘扬。要把学习贯彻习近平总书记重要讲话与学习贯彻习近平总书记视察山西重要讲话重要指示结合起来,增强"四个意识",坚定"四个自信",做到"两个维护",在新时代继承和弘扬伟大抗战精神,坚定沿着习近平总书记指引的金光大道奋勇前进。

会议强调,要深刻认识赢得抗日战争胜利的决定因素是以爱国主义为核心的民族精神,关键在于中国共产党发挥了中流砥柱作用,重要法宝是全民族众志成城奋勇抗战。要深刻体悟红色政权来之不易、新中国来之不易、中国特色社会主义来之不易。要牢牢把握"五个必须""五个绝不答应"的深刻内涵和实践要求,继承红色基因、厚植爱国情怀,充分激发全省上下的爱国之情、强国之志、报国之行,切实把伟大抗战精神转化为激励我们克服一切艰难险阻、实现高质量转型发展的磅礴力量。

会议指出,习近平总书记在全国抗击新冠肺炎疫情表彰大会上的重要讲话,全面回顾总结了抗疫历程,高度评价抗疫斗争重大战略成果,精辟概括并深入阐释了"生命至上、举国同心、舍生忘死、尊重科学、命运与共"的伟大抗疫精神,深入总结抗疫斗争伟大实践的经验启示,明确提出在历史交汇点上不断开创党和国家事业发展新局面的工作要求,视野宏阔、思想深邃,饱含深情、振奋人心,充分体现了党的宗旨、党的力量,展现了中国精神、中国担当,必将激励我们在新时代新征程上披荆斩棘、奋勇前进。

会议指出,省委深入学习贯彻习近平总书记关于疫情防控工作重要讲话和指示精神,统筹推进疫情防控和经济社会发展,疫情防控取得重大阶段性胜利,全省经济持续稳定向好态势进一步巩固。会议强调,要切实把思想和行动统一到习近平总书记重要讲话精神和党中央决策部署上来,慎终如始抓好常态化疫情防控,切实提高常态化疫情防控和应对重大突发公共卫生事件的能力,坚决守牢防输入、防反弹、防复

燃底线，奋力夺取抗疫斗争全面胜利。要坚定贯彻新发展理念，在扎实做好“六稳”“六保”工作基础上，聚焦“六新”突破，培育战略性新兴产业、未来产业集群，进一步加快推进供应链创新与应用，探索新模式，培育新业态，助力打造双循环新发展格局，努力完成全年目标任务，确保“十三五”收好官、“十四五”开好局。

会议指出，习近平总书记在科学家座谈会上的重要讲话，从党和国家事业发展的全局出发，深刻阐述了加快科技创新的重大战略意义，鲜明提出“四个面向”重大要求，强调了加快解决制约科技创新发展的关键问题，为我国“十四五”时期以及更长一个时期推动创新驱动发展、加快科技创新步伐指明了前进方向，提供了根本遵循。

会议强调，要深入学习贯彻习近平总书记重要讲话精神，强化思想武装，推动工作实践，大力实施创新驱动、科教兴省、人才强省战略，持续深化科技体制改革，把原始创新能力提升摆在更加突出的位置，全力打造一流创新生态，实现直道冲刺、弯道超车、换道领跑。要把创新动力集聚到研发平台建设上来，抓住国家重点实验室优化重组机遇，充分激发高校、企业等创新主体的内生动力，激励科研工作者大力弘扬科学家精神，敢于问鼎科学高峰，努力实现更多“从0到1”的突破，抢占科技竞争制高点。要把创新动力集聚到招才引智上来，优化人才生态，加快推进人才公寓建设，强化科学家、企业家服务保障，打造更具竞争力发展环境。要把创新动力集聚到培育壮大14个战略性新兴产业集群上来，围绕“六新”建生态，打通“政产学研用”协同创新通道，整合优化科技创新资源配置，打造未来发展新优势。

省委常委，省人大常委会、省政府、省政协有关负责同志出席会议，省直有关部门负责同志参加会议。

省委常委会召开会议　传达贯彻政法领域全面深化改革推进会和全国深化农村集体产权制度改革工作会议精神　听取我省中长期人口与经济社会发展前瞻性研究汇报　部署推进电力市场建设、高质量发展绩效考核工作

9月17日，省委常委会召开会议，传达政法领域全面深化改革推进会和全国深化农村集体产权制度改革工作会议精神，研究我省贯彻落实意见，听取我省中长期人口与经济社会发展前瞻性研究情况汇报，审议通过《山西省进一步推进电力市场建设工作方案》《山西省高质量发展综合绩效评价与考核办法（试行）》。省委书记楼阳生主持会议。

会议强调，加快推进执法司法制约监督体系改革和建设，对于全面提升执法司法公信力具有重要意义。要强化党对执法司法工作的领导监督，着力构建全面覆盖、权威高效的领导监督体系，完善政治督察制度，加强党委政法委执法监督，做到绝对忠诚、绝对可靠。强化政法内部监督，健全执法司法机关之间工作衔接机制，做到互相制约、高效衔接。强化政法机关自身监督，完善内部制约和流程控制机制，挺纪在前，做到自身硬自身净。强化社会公共监督，深入推进执法司法公开，更好发挥群众监督和舆论监督作用，做到自觉主动、阳光公开。强化相关配套制度改革，做到系统集成、协同高效。各级政法机关要强化政治担当，落实主体责任，确保深化改革成效，推动全省政法工作再上新台阶。

会议指出，农村集体产权制度改革事关广大农民根本利益。要贯彻落实中央及省委决策部署，紧盯剩余任务，压实工作责任，确保改彻底改到位。要加大改革力度、释放改革红利，进一步开展农村股份权能探索，全面盘活村级集体资源资产，完善土地流转和产权交易平台建设，做好改革“后半篇文章”。要强化资产监管，开展农村集体经济合同专项治理整治，积极研究化解村级债务，严控新增债务，促进村级集体经济健康可持续发展。

会议指出，电力市场化建设是能源革命综合改革试点的重要内容。要大力实施优势转换战略，真正把我省的煤电优势转化为转型发展的竞争优势、比较优势。要按照中央深化电力体制改革的总体要求，坚持市场导向，以市场决定发用电价格和配置电力资源，逐步建立公平、规范、高效的山西电力现货市场，扩大晋电外送规模，确保全省电力供应安全稳定和电力行业可持续发展。

会议指出，开展人口与经济社会发展前瞻性研究，对于谋划推动我省高质量转型发展具有重要意义。要科学认识人口与发展的辩证统一关系，着眼推动经济高质量发展、社会全面进步和人的全面发展，加强人口发展战略研究。要把人口战略研究与“十四五”规划编制有机衔接起来，为“谋好篇”提供决策依据和支撑。要抓住“人口红利”到“人才红利”转变的历史契机，不断优化人口结构，提升人口素质，把“人人持证、技能社会”建设作为长期战略，加大人才引育力度，促进劳动生产率提高，推动山西高质量转型发展。要积极应对人口“老龄化”趋势，加强居家养老为基础、社区养老为依托、机构充分发展、医养康养有机结合的多层次养老服务体系建设。要优化公共服务供给，扎实做好教育、卫生、就业、住房、社保等各项民生工作，努力实现高品质生活。

会议强调，推动高质量发展落地见效，关键是要牢牢抓住考核评价体系建设这个“牛鼻子”，以高质量的“标尺”引领和驱动高质量发展。要坚持尊重规律、问题导向、分类指导、客观公正的原则，落实新发展理念，不断完善高质量发展综合绩效评价体系，充分发挥绩效评价与考核的“指挥棒”“风向标”作用，推动高质量发展取得实实在在的成效。

会议还研究了其他事项。

省委常委会召开会议　传达贯彻习近平总书记在第三次中央新疆工作座谈会重要讲话精神　研究决战决胜脱贫攻坚工作

9月27日，省委常委会召开会议，传达第三次中央新疆工作座谈会精神，研究我省贯彻落实意见，听取全省脱贫攻坚有关工作情况汇报，审议通过《关于开展省级政策性小麦、玉米完全成本保险、产量保险、收入保险和未转移就业收入损失保险试点实施方案》。省委书记楼阳生主持会议。

会议指出,习近平总书记在第三次中央新疆工作座谈会上的重要讲话,全面总结第二次中央新疆工作座谈会以来新疆工作取得的重大成效,深入分析当前新疆工作面临的形势,深刻阐释新时代党的治疆方略,明确了当前和今后一个时期新疆工作的指导思想、目标任务、方针政策、战略举措,全面部署了推动新疆社会稳定和长治久安的重点工作,立意高远、思想深邃、内涵丰富,具有很强的政治性、思想性、理论性,是指导新时代新疆工作的纲领性文献。一要思想落实,把学深悟透习近平总书记重要讲话精神作为重要政治任务,切实把思想和行动统一到党中央关于新疆工作的决策部署上来,增强“四个意识”、坚定“四个自信”、做到“两个维护”。二要举措落实,围绕新时代党的治疆方略,把握新疆工作总目标,牢固树立全国一盘棋思想,细化分解重点任务,采取有效管用措施,切实做好涉疆工作,支持新疆稳定和发展。三要规划落实,认真做好援疆规划的制定和实施,长期坚持对口援疆,提升对口援疆综合效益。四要责任落实,进一步增强做好援疆工作的责任感和使命感,加强同新疆协调配合,形成强大合力,为新疆社会稳定和长治久安作出山西贡献。

会议指出,要认真学习领会、贯彻落实习近平总书记近期就脱贫攻坚工作作出的一系列重要指示批示,强化“交总账”和“军令状”意识,坚持五级书记一起抓,全方位传导压力、压实责任,持续做好考核、督查、普查等发现问题的整改,确保交出国家“三查一考”和我省脱贫攻坚成效考核的优秀答卷。脱贫摘帽不是终点,而是新生活、新奋斗的起点。要推动脱贫攻坚和乡村振兴有机衔接,加快发展“特”“优”现代农业,通过产业振兴、提高技能、办好教育、深化农村土地制度和集体产权制度改革、织密扎牢兜底保障网、建立城乡居民补充养老保险制度等举措,巩固脱贫攻坚成果,加快乡村振兴步伐,让人民群众过上更加殷实的生活。会议决定近期召开2020年全省脱贫攻坚表彰大会。

会议指出,开展省级政策性小麦和玉米完全成本保险、产量保险、收入保险和未转移就业收入损失保险试点,是我省继建立城乡居民补充养老保险制度之后的又一项重大惠民政策,对于保障重要农产品有效供给、确保农民稳定增收具有重要意义。要坚持目标导向、问题导向,按照政府引导、市场运作、自主自愿、协同推进的原则,扎实做好试点工作,不断探索完善市场化的农业生产风险分散机制,切实建立起能兜底、能惠民、可承受、可持续的农业保险政策体系。要加强监管,及时做好承保理赔、查勘定损、防灾减损等各项服务工作,真正让群众得实惠。

会议还研究了其他事项。

省委常委会召开会议　学习贯彻习近平总书记在中央政治局第二十三次集体学习时的重要讲话精神　听取襄汾县“8·29”重大坍塌事故、太原台骀山“10·1”重大火灾事故调查处理情况汇报　研究抗击疫情表彰奖励工作

10月16日,省委常委会召开会议,学习习近平总书记在中央政治局第二十三次集体学习时的重要讲话精神,研究我省贯彻落实意见,听取襄汾县聚仙饭店“8·29”重大坍塌事故、太原市迎泽区台骀山景区“10·1”重大火灾事故调查处理情况,全省抗击新冠肺炎疫情表彰奖励工作情况的汇报。省委书记楼阳生主持会议。

会议指出,习近平总书记在中央政治局第二十三次集体学习时的重要讲话,站在党和国家事业发展全局高度,深刻阐释了考古工作的重大成就和重要意义,对做好我国考古工作和历史研究工作的重点任务作出部署,内涵丰富、思想深邃,具有重大现实意义、深远历史意义。要深刻领会考古工作是一项重要文化事业,也是一项具有重大社会政治意义的工作,准确把握做好考古和历史研究工作的重要要求,用好考古和历史研究成果,为弘扬中华优秀传统文化、增强文化自信提供坚强支撑。山西是文物大省,“五千年文明看山西”。要深入贯彻落实习近平总书记视察山西重要讲话重要指示,自觉肩负起文物大省的责任和担当,以上对五千年文明负责、下对子子孙孙负责的态度,进一步加强我省考古发掘和研究、遗址保护、考古成果转化、考古能力建设和学科建设等工作,整体提升我省历史文化遗产保护利用水平。要加强历史文物活化工作,深入挖掘山西丰富的历史文化内涵,让收藏在博物馆里的文物、陈列在广阔大地上的遗产、书写在古籍里的文字都活起来,加快文旅融合,发展文创产业。要讲好山西故事,打响“游山西、读历史”品牌,让世界通过山西了解中国历史、中国文化。各级党委和政府要牢固树立保护历史文化遗产责任重大的观念,关心爱护考古工作者,为考古事业、文物保护、历史研究创造良好条件。

会议指出,近期我省连续发生“8·29”重大坍塌事故、“10·1”重大火灾事故,给人民群众生命财产带来重大损失,伤亡惨重、教训惨痛。要坚决贯彻落实习近平总书记关于安全生产的重要指示,全面落实中央及省委各项部署要求,深刻汲取血的教训,牢固树立生命至上、安全第一理念,以“四铁”要求狠抓各行业各领域安全生产工作,坚决守住安全生产底线红线,坚决杜绝重特大安全生产事故再次发生。要坚持实事求是、不枉不纵的原则,全过程全链条做好事故调查处理工作,依法严肃追究涉事企业及有关人员责任。要坚持问题导向,举一反三、源头治理,严格落实各行业、各领域、各方面安全标准,改进安全生产检查方式,不断夯实安全生产基础。要压紧压实法人单位法人代表主体责任、部门行业监管责任和党政领导责任,严格落实安全生产责任制和安全生产责任清单,努力实现本质安全目标。

会议指出,新冠肺炎疫情发生后,全省上下坚决贯彻习近平总书记关于疫情防控工作重要讲话和指示批示精神,坚持全国一盘棋,坚持人民至上、生命至上,取得新冠肺炎疫情防控的重大战略性、决定性成果。在此期间,全省涌现出一大批先进个人和先进集体,彰显了伟大抗疫精神,为全省抗击新冠肺炎疫情斗争作出了重要贡献。要讲好山西抗疫故事,加大对抗疫先进事迹、先进典型的宣传力度,进一步营造表彰先进、学习楷模、奋勇争先的良好社会氛围。要始终绷紧疫

情防控这根弦，做好常态化疫情防控各项工作，特别要严格入晋闭环管理，抓好国际航班经停太原入境进京防控，严防出现空白和疏漏，加大生鲜冷链物流市场监测频次。要健全多点触发机制，做到反应及时、灵敏果断、处置到位。要加强公共卫生防疫体系建设，加快重点学科、重点实验室建设，重点科研、人才团队引进等工作，加强科研攻关，提升防控能力。会议决定近期召开全省抗击新冠肺炎疫情表彰大会。

会议还研究了其他事项。

省委常委会召开会议　学习贯彻《中国共产党中央委员会工作条例》分析前三季度全省经济形势　部署当前经济工作　研究部署安全生产、社会稳定、意识形态工作

10月23日，省委常委会召开会议，学习贯彻《中国共产党中央委员会工作条例》，听取前三季度全省经济、安全生产、社会稳定、意识形态领域形势分析汇报，研究部署下一步工作，审议通过《中共山西省委关于加强政治监督的实施意见》《关于在全省开展党政领导干部违规入股企业问题专项清理的工作方案》。省委书记楼阳生主持会议。

会议指出，制定出台《中国共产党中央委员会工作条例》，是党和国家政治生活的一件大事，事关党长期执政和国家长治久安。坚持和加强党的全面领导，最重要的是坚定维护以习近平同志为核心的党中央权威和集中统一领导；坚持和完善党的领导制度体系，最关键的是强化“两个维护”制度保障。《条例》为保证党中央对党和国家事业的集中统一领导提供了基本遵循。要强化政治自觉，不断增强“四个意识”、坚定“四个自信”、做到“两个维护”，始终在思想上政治上行动上同以习近平同志为核心的党中央保持高度一致。要强化政治担当，深入领会党中央制定出台《条例》的重大意义，深刻把握《条例》的丰富内涵、精神实质和工作要求，把《条例》各项要求落实到治晋兴晋强晋各项工作中去，牢固树立一盘棋意识，对国之大者心中有数，结合实际创造性贯彻落实中央大政方针，确保在山西落地生根、开花结果。要强化政治历练，从省委常委会和省级领导班子做起，自觉向党中央和习近平总书记看齐，同《条例》对标对表，胸怀“两个大局”，以坚定信仰、过硬本领、顽强作风，完成好党中央赋予的在转型发展上率先蹚出一条新路来的历史使命。

会议指出，今年以来，全省上下深入学习贯彻习近平总书记视察山西重要讲话重要指示，贯彻落实党中央各项决策部署，全省经济持续向好，主要经济指标全面回升，新兴产业快速成长，要素支撑不断增强，成绩来之不易，需要倍加珍惜。这一成绩的取得，是在以习近平同志为核心的党中央坚强领导下，全省广大干部群众奋力拼搏的结果。做好当前经济工作，要坚持稳中求进工作总基调，坚持新发展理念，统筹常态化疫情防控和经济社会发展，切实把省委十一届十次全会精神落到实处，不断加大转型力度，巩固转型成果。要坚持目标导向，扎实做好“六稳”工作，全面落实“六保”任务，聚焦“六新”突破，强化创新驱动，努力在中高速增长、迈向中高端水平中争先进位，圆满完成“十三五”各项目标任务，实现全面建成小康社会奋斗目标。要坚持需求导向，着眼新发展格局，坚持引进来、走出去，坚持一企一策、一业一策，释放企业有效产能，培育新的增长点，提升全省产业链供应链创新链现代化水平，畅通省内大循环，使我省更多产业产品进入国际国内大循环。要坚持问题导向，对行业、企业、市县把脉问诊，进一步补链延链强链，培育产业生态，加快把比较优势转化为发展优势、竞争优势。要坚持结果导向，瞄准前沿、目标一流，把转型发展的成果体现在提高效率、增强实力、培育核心竞争力上，让基础产业、优势产业真优更优长优，培育壮大新兴产业、未来产业，推动产业链迈向高端。要坚持政策导向，全面落实中央和省里已出台的各项政策，健全降低用能成本、支持企业小升规、培育新业态、引进一流人才等支持保障一揽子政策，形成政策洼地、环境高地。要坚决守住安全生产、金融风险、社会稳定底线，科学编制好“十四五”规划《建议》、规划《纲要》和各专项规划，确保“十三五”收好官、“十四五”开好局。

会议指出，今年以来，全省上下坚决贯彻党中央、国务院决策部署，安全生产工作不断加强，但近期发生的重大事故也暴露出安全生产工作中存在的问题和差距。要牢固树立生命至上、安全第一理念，深刻汲取教训，以高度政治责任感抓好安全生产工作，坚决杜绝再次发生重特大安全生产事故，为改革发展营造安全稳定的生产环境。要压紧压实法人代表法人单位主体责任、行业部门监管责任和地方党委政府领导责任，严格落实安全生产各项制度和作业规程、标准、指南，强化隐患就是事故的意识，深入推进风险隐患排查治理专项行动，努力实现本质安全。

会议指出，今年以来，全省各级各部门持续推进“三零”单位创建，全力抓好防风险、促稳定各项工作，保持社会政治大局稳定。要牢固树立总体国家安全观，加强定期研判预判，抓好社会面整体防控，持续抓好“三零”单位创建，不断增强人民群众安全感。要稳住“线”，控好“面”，持续用力控增量，及时处置防变量，择机择时去存量，切实做到矛盾风险不积累、不扩散、不升级，牢牢守住安全稳定的底线红线。各级各部门要严格落实综治维稳责任制，强化工作举措，确保社会环境安定有序，努力实现长治久安。

会议指出，全省意识形态领域工作继续保持积极健康、向上向好的总体态势。要加强正面引导，深入学习贯彻习近平总书记视察山西重要讲话重要指示，唱响主旋律，把握话语权，以广大群众喜闻乐见的方式讲好山西故事、提高宣传实效。要始终保持高度敏锐性，加强对意识形态领域风险点的研判预判，把问题解决在萌芽状态，把握工作主动权。要增强斗争意识、发扬斗争精神，始终把意识形态安全牢牢抓在手上，建强守好意识形态阵地，广泛调动一切积极因素，汇聚转型发展蹚新路的磅礴力量。

会议指出，加强政治监督，是推动全面从严治党向纵深发展、持续净化政治生态的重要保障。要牢牢把握新时代党的建设总要求和强化政治监督的根本任务，把“两个维护”作

为最高政治原则和根本政治规矩，坚持和加强党的全面领导，建立健全政治监督具体化常态化制度机制，做实做细政治监督。开展党政领导干部违规入股企业问题专项清理，坚持“严”的主基调，充分运用好“四种形态”，不断巩固风清气正的良好政治生态，为治晋兴晋强晋和推动高质量转型发展提供坚强政治保障。

会议还研究了其他事项。

省委召开常委扩大会暨中心组学习会 传达学习贯彻党的十九届五中全会精神

10月30日，省委召开常委会扩大会议暨中心组学习会，传达习近平总书记在党的十九届五中全会上的重要讲话和关于中央政治局工作的报告，传达《中共中央关于制定国民经济和社会发展第十四个五年规划和二〇三五年远景目标的建议》和习近平总书记关于《建议(讨论稿)》的说明，对抓好学习宣传贯彻作出安排部署。省委书记楼阳生主持会议并讲话。省委副书记、省长林武出席会议。

会议指出，党的十九届五中全会是在决胜全面建成小康社会、开启全面建设社会主义现代化国家新征程的关键时刻召开的重要会议。全会充分肯定党的十九届四中全会以来中央政治局的工作，高度评价决胜全面建成小康社会取得的决定性成就。习近平总书记的重要讲话，系统分析了我国发展面临的国际国内形势，系统阐述了全面把握新发展阶段、着力构建新发展格局的丰富内涵和重大要求，深刻回答了我国发展中一系列重大理论和实践问题，为全面建设社会主义现代化国家提供了根本遵循。全会通过的《建议》，阐明了到二〇三五年基本实现社会主义现代化远景目标，提出了“十四五”时期经济社会发展的指导思想、遵循原则、主要目标和重大任务举措，是夺取全面建设社会主义现代化国家新胜利的纲领性文件，必将为实现第二个百年奋斗目标、实现中华民族伟大复兴的中国梦奠定坚实基础。会议强调，要把学习宣传贯彻党的十九届五中全会精神作为当前和今后一个时期的重要政治任务，深入学习领会习近平总书记重要讲话精神，自觉把思想和行动统一到党中央决策部署上来，不断增强“四个意识”、坚定“四个自信”、做到“两个维护”。

会议指出，要在全省迅速兴起学习宣传贯彻党的十九届五中全会精神热潮。全省各级党组织和党员领导干部要提高政治站位，原原本本学，融会贯通学，把学习贯彻全会精神与学习贯彻党的十九大和十九届二中、三中、四中全会精神结合起来，与学习贯彻习近平总书记视察山西重要讲话重要指示结合起来，推动学习往深里走、往心里走、往实里走。要把全会精神纳入教育培训内容，深入开展宣讲活动，大力营造全省学习贯彻全会精神的浓厚氛围，进一步激发全省干部群众锐意进取、埋头苦干，在开启全面建设社会主义现代化国家新征程中完成好转型发展蹚新路的历史使命。

会议指出，要在新发展阶段中全力把握新发展格局机遇。胸怀“两个大局”，立足新发展阶段，贯彻新发展理念，聚焦新发展格局，以强烈的政治担当勇攀高峰，沿着习近平总书记为我们指明的资源型地区经济转型发展的金光大道，进一步坚定转型信念，拓展转型内涵，注入转型动能，不断提升山西经济发展水平、产业核心竞争力、区域创新能力，提升产业链供应链现代化水平，推动我省更多产业产品进入国内大循环供应链中高端，参与国内国际双循环，在新发展阶段中推动高质量发展，在新发展格局中实现高水平崛起。

会议指出，要围绕“十四五”转型出雏型，全力完成今年目标任务。要强化交总账意识，坚决交上高质量的脱贫攻坚优秀答卷，实现巩固拓展脱贫攻坚成果同乡村振兴有效衔接。要扎实做好“六稳”工作，全面落实“六保”任务，聚焦“六新”突破，强化创新驱动，努力在中高速增长、迈向中高端水平中争先进位。要加强经济运行的监测和调度，采取针对性精准措施，切实帮助企业和基层解决具体困难和问题，补短板、强弱项，按照“项目为王”要求，持续推进“三个一批”，推动项目早开工、早投产、早达效，提前谋划明年工作重点和举措，确保“十三五”收好官，“十四五”开好局、起好步。

会议指出，编写好我省“十四五”规划《建议》、规划《纲要》及专项规划，关键是要拿出更多变革性、牵引性、标志性举措。要全面对表全会精神，认真对照中央《建议》关于“十四五”发展的主要目标和重大任务举措，出实招硬招管用的招，确保我省“十四五”规划《建议》、规划《纲要》及专项规划实现指导性操作性和项目化相结合。要继续加强与国家部委的沟通对接，借外脑、抓机遇，确保更多重点工程、重点项目、重大改革、重要试点、重要政策纳入国家规划。

会议指出，要以共同富裕为目标，让人民群众共享改革发展成果。共同富裕是社会主义的本质要求，要始终坚持以人民为中心的发展思想，把实现好、维护好、发展好最广大人民根本利益作为发展的出发点和落脚点，尽力而为、量力而行，健全基本公共服务体系，完善共建共治共享的社会治理制度，扎实推动共同富裕，不断增强人民群众获得感、幸福感、安全感，促进人的全面发展和社会全面进步。

会议指出，要坚决守住守牢安全稳定底线红线。深入开展“三零”单位创建，提高市域社会治理体系和治理能力现代化水平，当好首都“护城河”，不断夯实安全稳定基石。要狠抓安全生产责任落实，坚决防止重特大事故发生。要防范化解重大风险，加强应急管理工作。要加强社会治安防控体系建设，让人民群众有更切实的安全感。

会议强调，各级党委要深入贯彻新发展理念，提高在新发展格局中领导转型发展蹚新路的能力和水平。要加强干部队伍建设，坚持正确用人导向，严把政治关、廉洁关，确保把能干事干成事的干部选用到关键岗位，形成一级抓一级、一级带一级的浓厚氛围，在实战中锻炼队伍，练就过硬本领，自觉领导和保障好转型发展第一要务。

会议强调，全省上下要更加紧密地团结在以习近平同志为核心的党中央周围，高举中国特色社会主义伟大旗帜，认真学习贯彻党的十九届五中全会精神，深入贯彻落实习近平总书记视察山西重要讲话重要指示，同心协力、攻坚克难、改革创新，为“十四五”开好局起好步、在转型发展上率先蹚出一条新路来、乘势而上书写山西践行新时代中国特色社会主义新篇章奠定坚实基础。

省委常委，省人大常委会、省政府、省政协党员负责同志，省法院院长、省检察院检察长出席会议。

省委常委会召开会议　部署党的十九届五中全会精神宣传等工作

11月5日，省委常委会召开会议，审议通过《党的十九届五中全会精神宣传工作实施方案》，传达全国民营经济统战工作会议精神、全国供销总社“七代会”精神，研究我省贯彻落实意见，听取全省建立和完善农村自建房相关制度标准及临汾市有关立法情况的汇报，审议通过《党的十八届三中全会以来山西全面深化改革落实情况总结评估报告》《关于加强云冈文化遗产保护和创建云冈学的实施意见》《关于支持中北大学创建“双一流”大学的若干意见》。省委书记楼阳生主持会议。

会议指出，学习好、宣传好、贯彻好党的十九届五中全会精神，是当前和今后一个时期首要政治任务。各级各部门要以高度的政治责任感和使命感，扎扎实实推进学习宣传贯彻工作。要把学习宣传贯彻党的十九届五中全会精神与学习宣传贯彻党的十九大和十九届二中、三中、四中全会精神结合起来，与学习宣传贯彻习近平总书记视察山西重要讲话重要指示结合起来，全面准确阐释、系统深入宣传，形成浓厚思想舆论氛围。要加强组织领导，精心安排部署，把握正确导向，突出宣传重点，统筹抓好新闻宣传、集中宣讲、理论研究，利用线上线下学习平台，推动全会精神进企业、进农村、进机关、进校园、进社区，覆盖到每一个支部、每一名党员，切实把全省广大干部群众的思想和行动统一到全会精神上来，把智慧和力量凝聚到落实全会确定的各项目标任务上来，奋力在转型发展上蹚出一条新路来。

会议指出，习近平总书记对新时代民营经济统战工作的重要指示，为我们做好工作提供了根本遵循。要认真贯彻落实习近平总书记重要指示及全国民营经济统战工作会议精神，加强教育引导，支持服务民营经济高质量发展，建立健全服务民营企业工作机制，畅通诉求反映及问题办理渠道，切实帮助解决融资难、融资贵等问题，鼓励和引导民营企业和民间资本聚焦“六新”突破，发展战略性新兴产业，发挥在转型发展蹚新路中的重要作用。各级党委要加强对民营经济统战工作的领导，构建亲清政商关系，更好促进非公有制经济健康发展、非公有制经济人士健康成长。

会议指出，习近平总书记对供销合作社工作的重要指示，为供销合作社改革发展指明了前进方向。要立足新发展阶段，把握新发展格局机遇，坚持从“三农”工作大局出发，牢记为农服务根本宗旨，持续深化综合改革，完善体制机制，拓展服务领域，引进专业人才，创新农村流通方式，打造消费新业态新模式，加强为农服务体系建设，为乡村振兴贡献力量。

会议指出，要深刻记取“8·29”重大坍塌事故教训，举一反三，“拆违拆危”，立足标本兼治，切实从制度层面规范农村自建房管理，加强建筑施工企业资质管理，明确监管责任，健全长效机制，坚决防止安全事故发生，切实保护人民群众生命和财产安全。会议审议通过《山西省农村自建房规划许可管理办法（试行）》《山西省农村宅基地审批管理办法（试行）》《山西省农村集体建设用地房屋建筑设计施工监理管理服务办法（试行）》《山西省农村自建房用作经营管理办法（试行）》《农村宅基地自建住房技术指南（标准）》。

会议指出，加强云冈文化遗产研究保护、创建云冈学，是贯彻落实习近平总书记视察山西重要讲话重要指示的实际行动。要提高站位、增强责任，进一步加强对云冈石窟的保护，建强建好云冈学研究平台，统筹推进云冈学学科学院建设，创新人才教育培养引进机制，加强基层文物保护和研究队伍建设，深入挖掘云冈文化遗产资源，推动云冈学走向世界。

会议指出，支持中北大学创建“双一流”大学，是推进我省高校“三个调整优化”的重要举措。要深入实施创新驱动、科教兴省、人才强省战略，强化服务指导，加大投入保障，形成工作合力，推动中北大学聚焦“六新”、瞄准前沿、勇攀高峰，在全省一流创新生态建设中发挥科研支撑作用。中北大学要进一步深化改革创新，健全办学治教体系，抓住用好机遇，乘势而上推进“双一流”大学创建。

会议还研究了其他事项。

省委常委会召开会议　学习贯彻中央全面依法治国工作会议精神　传达贯彻栗战书委员长在晋调研时讲话精神和第二十六次全国地方立法工作座谈会精神

11月23日，省委常委会召开会议，传达中央全面依法治国工作会议精神、栗战书委员长在山西调研时讲话精神和第二十六次全国地方立法工作座谈会精神、全国村（社区）“两委”换届工作电视电话会议精神，研究我省贯彻落实意见，听取省属国有企业改革重组情况汇报，审议通过《山西省进一步推进服务业改革开放发展的实施意见》《中共山西省委关于一体推进不敢腐不能腐不想腐的实施意见》。省委书记楼阳生主持会议。

会议指出，习近平总书记在中央全面依法治国工作会议上的重要讲话，是指导新时代全面依法治国的纲领性文献。中央全面依法治国工作会议最重大的成果是确立了习近平法治思想。习近平法治思想内涵丰富、论述深刻、逻辑严密、系统完备，从历史和现实相贯通、国际和国内相关联、理论和实际相结合上深刻回答了新时代为什么实行全面依法治国、怎样实行全面依法治国等一系列重大问题，是习近平新时代中国特色社会主义思想的重要组成部分，是全面依法治国的根本遵循和行动指南。我们要认真学习贯彻习近平总书记重要讲话精神和中央全面依法治国工作会议精神，增强“四个意识”、坚定“四个自信”、做到“两个维护”。要把学习宣传贯彻习近平法治思想作为当前和今后一个时期的重要政治任务，吃透基本精神、把握核心要义、明确工作要求，切实把习近平法治思想贯彻落实到依法治省全过程各方面各环节，扎实推进更高水平法治山西建设。要进一步加强党对法治建设的领导,及时研究解决法治工作中的重大问题,营造良好舆论氛围,不断推进党的领导制度化法治化。

会议指出,栗战书委员长来晋考察指导工作,并出席第二十六次全国地方立法工作座谈会,充分体现了党中央、全国人大对山西工作的高度重视和亲切关怀。要把认真学习贯彻习近平法治思想,与深入学习宣传贯彻党的十九届五中全会精神,深入贯彻落实习近平总书记视察山西重要讲话重要指示紧密结合起来,把山西发展放到国家战略全局和"十四五"规划中来谋划,聚精会神抓转型,加强科技创新,奋发有为推进高质量发展,弘扬太行精神、吕梁精神、右玉精神,为我省各项事业发展注入强大动力,在转型发展上率先蹚出一条新路来。要认真贯彻第二十六次全国地方立法工作座谈会精神,进一步加强人大工作,支持和保证各级人大及其常委会依法行使职权,抓紧谋划我省"十四五"期间立法工作,进一步提高我省地方立法工作水平,开创新时代山西人大工作新局面。

会议指出,以晋能控股集团成立为标志,省属国有企业新一轮战略性重组基本收官,我省国资国企改革阶段性完成国有资本优化布局。要再接再厉、乘势而上,更好地担当起推动高质量转型发展的重大使命。要加快健全现代企业制度,用市场化法治化方式管资本,完善公司法人治理,进一步形成成熟稳定有效的体制机制。要加强企业内部管理,全面开展成本管理,组织开展企业管理年活动,着力提高经营管理水平。要加强投资决策监管,提高国有资本回报率,降低资产负债率,持续推进"腾笼换鸟",使省属国有企业更具竞争力。要加强国有企业党的建设,选优配强领导班子,深入推进"六定"改革,建立干部队伍能上能下的激励约束机制,进一步激发企业发展活力。

会议指出,加快全省服务业改革开放发展步伐,对推动转型发展意义重大。要立足新发展阶段,围绕新消费新业态,对全省性、区域性、全国性服务业进行针对性研究,优化生产性、生活性服务业供给,大力发展服务贸易产业,积极争取申报全面深化贸易创新发展试点,促进全省服务业高质量发展。

会议指出,村(社区)"两委"换届,事关巩固党在基层的执政基础。要坚持把党的领导贯穿村(社区)"两委"换届全过程,把选优配强村(社区)"两委"班子特别是"带头人"作为重中之重,严格人选标准,优化班子结构,严格依法依规办事,加强组织领导和精准指导,确保换届换出坚强的基层,换出坚强的战斗堡垒,换出风清气正的政治生态,换出乡村振兴的精气神。

会议指出,一体推进不敢腐、不能腐、不想腐,不仅是反腐败的基本方针,也是新时代全面从严治党的重要方略。要坚决贯彻习近平总书记关于全面从严治党重要论述和视察山西重要讲话重要指示,持续巩固拓展政治生态由"乱"转"治"成果,为转型发展蹚新路提供坚强保障。要充分认识一体推进不敢腐、不能腐、不想腐的极端重要性,深刻汲取系统性塌方式腐败的沉痛教训,走过的弯路不能再走,付过的学费不能再付,以风清气正的政治生态推动形成活力迸发的创新生态。要坚持统筹联动,坚持"严"的主基调不动摇,始终保持不敢腐的高压态势,扎紧织密不能腐的制度笼子,全面筑牢不想腐的思想防线,着力创新一体推进不敢腐、不能腐、不想腐的体制机制。要强化责任担当,省委常委会和常委同志要带头落实,各级党委(党组)要履行主体责任,纪检监察机关要强化监督责任、抓好统筹协调,坚持一级抓一级,层层抓落实,以全面从严治党新成效推进治理体系和治理能力现代化。

会议还研究了其他事项。

省委常委会召开学习贯彻党的十九届五中全会精神研讨会

11月28日,省委常委会召开学习贯彻党的十九届五中全会精神研讨会。省委书记楼阳生主持会议,就进一步深化学习、贯彻落实提出要求。他强调,要坚持把学习贯彻党的十九届五中全会精神作为当前和今后一个时期的重要政治任务,与学习贯彻习近平总书记视察山西重要讲话重要指示结合起来,持之以恒、坚持不懈深入学、深入悟,把学思践悟的成果转化为工作举措,为转型发展蹚新路提供不竭动力。省委副书记、省长林武,省政协主席李佳出席会议。

会上,常委同志围绕党的十九届五中全会精神,交流学习心得,畅谈认识体会,结合工作实际,提出具体贯彻落实建议。大家认为,党的十九届五中全会是在我国将进入新发展阶段、实现中华民族伟大复兴正处在关键时期召开的一次具有全局性、历史性意义的重要会议。习近平总书记的重要讲话,高屋建瓴、内涵丰富、博大精深,是党的创新理论的最新成果,为全面建设社会主义现代化国家提供了根本遵循。全会通过的《建议》是开启全面建设社会主义现代化国家新征程、向第二个百年奋斗目标进军的纲领性文件,是今后5年乃至更长时期我国经济社会发展的行动指南,充分体现党中央高瞻远瞩、总揽全局、深谋远虑、运筹帷幄的战略眼光和战略定力,标志着我们党对建设中国特色社会主义的认识达到一个新的高度,对于建设社会主义现代化国家、实现中华民族伟大复兴具有重大现实意义和深远历史意义。我们要深入学习、深刻领会、全面把握,切实把全会精神落实好,把各项工作谋划好,沿着习近平总书记指引的金光大道奋勇前进,完成好转型发展蹚新路的历史使命。

楼阳生着重对全会精神作了深入解读,并就抓好贯彻落实提出六方面要求。一要在学深悟透、思想武装上下功夫,不断提高转型发展的领导能力、战略定力、斗争精神和专业化水平。要原原本本学、全面系统学、融会贯通学、联系实际学,在前一阶段学习的基础上,继续在学深悟透上下功夫,在对标落实上见行动,不断把全会精神转化为转型发展蹚新路的工作思路和举措,确保全会精神和习近平总书记视察山西重要讲话重要指示在山西条条落实、件件落地、事事见效。二要在谋篇布局、夯基垒台上下功夫,不断厚植转型发展新动能。着眼实现"转型出雏型"的重要阶段性战略目标,在"十三五"收好官的基础上,确保"十四五"谋好篇、开好局。要深刻认识和准确把握新发展阶段我省面临的机遇和挑战，深入贯彻新发展理念，着力解决发展不充分、不平衡、不协调的问题，全力补上短板弱项，用新动能推动新发展，以新发展创造新辉煌。三要在科学识变、紧抓机遇上下功夫，不断锻造转型发展新优势。当前全国各省呈现百舸争流、竞相发展态势，我们不进则退，慢进亦退，不创新必退。要强化战略机遇意识和紧迫感，把握机遇和挑战的辩证关系，准确识变、科学应变、主动求变，善于在危机中育先机、于变局中开新局，抢抓新发展格局机遇，补链延链强链，不断提高产业链供应链现代化水平，提升产业核心竞争力，推动我省更多产业产品进入国内大循环供应链中高端，参与国内国际双循环，在新发展阶段中推动高质量发展，在新发展格局中实现高水平崛起。四要在目标一流、创新驱动上下功夫，不断培育转型发展的核心竞争力。要围绕打造一流创新生态，大力培育产业生态，聚焦“六新”突破，强化创新驱动，贯通产学研用，搭建一流创新平台，择天下英才而用之，开渠引流，集聚先进生产要素，打造科研成果承接转化高地，让创新的种子在三晋大地生根、发芽、成长。五要在强化治理、标本兼治上下功夫，不断创造转型发展的社会环境。持续营造风清气正的政治生态，着力创新一体推进不敢腐、不能腐、不想腐的体制机制，深化“三零”单位创建，推动新时代“枫桥经验”在基层落地，履行好拱卫京畿的政治责任，不断提升治理体系和治理能力现代化水平，努力实现本质安全。六要在共建共享、共同富裕上下功夫，不断提高人民群众的获得感幸福感安全感。人民群众是转型发展的主体。要坚持发展为了人民、发展依靠人民、发展成果由人民共享，进一步激发全省干部群众锐意进取的内生动力和创造活力，不断提升城乡居民的收入水平、就业水平、基本保障水平和健康水平，使人民群众对美好生活的新期待变成现实，让人民群众享受到更多改革发展成果。

会议决定，中共山西省委十一届十一次全会于12月下旬在太原召开。

省委常委、省人大常委会主持日常工作的副主任出席会议，省直有关部门负责同志列席会议。

省委常委会召开会议　传达贯彻全国精神文明建设表彰大会和平安中国建设工作会议精神　审议《关于进一步推动全省中小微工业企业上规升级的指导意见》　听取我省参与蓝色经济促进转型发展调研情况汇报

12月3日，省委常委会召开会议，传达全国精神文明建设表彰大会精神、平安中国建设工作会议精神，研究我省贯彻落实意见，审议通过《关于进一步推动全省中小微工业企业上规升级的指导意见》，听取我省参与蓝色经济促进转型发展调研情况汇报。省委书记楼阳生主持会议。

会议指出，习近平总书记亲切会见参加全国精神文明建设表彰大会的代表，充分体现了党中央对社会主义精神文明建设的高度重视，对新时代精神文明建设工作的殷切期望。省委高度重视精神文明创建工作，各级各部门共同努力，人民群众积极参与，精神文明创建取得丰硕成果。要认真贯彻落实会议精神，再接再厉，乘势而上，推动我省精神文明建设不断迈上新台阶。要把学懂弄通做实习近平新时代中国特色社会主义思想作为首要政治任务，深入开展党的十九届五中全会精神宣传教育，激励全省干部群众坚定信心、振奋精神，团结一心奋进新征程。要以社会主义核心价值观引领培养时代新人，推动理想信念教育常态化制度化，引导青少年树立建设社会主义现代化国家的远大理想。要把以人民为中心的发展思想贯穿精神文明创建全过程，提升群众参与度，增强创建工作实效，反对形式主义、官僚主义。要围绕抓好文明城市创建这个重要载体，紧扣文明城市内涵和本质要求，着力提升市民文明素质，提升城市经济发展水平，提升城市文明程度，提升城市文化品位，推动城市管理精细化人性化，全面推进创建文明城市工作。各级党委要强化政治担当，形成党委统一领导、部门齐抓共管的创建工作强大合力。

会议指出，习近平总书记对平安中国建设作出的重要指示，是推进更高水平的平安中国建设的行动指南，为我们推动平安山西建设提供了根本遵循。要认真贯彻落实习近平总书记重要指示精神，切实把思想和行动统一到党中央和省委决策部署上来。要坚持统筹发展和安全，进一步树牢总体国家安全观，坚持底线思维，统筹谋划好“十四五”经济社会发展和平安山西建设，建设更高水平的平安山西。要聚焦重点任务持续发力，始终保持战略清醒，发扬斗争精神，坚定维护政治安全，全面深化“三零”单位创建，推动扫黑除恶专项斗争常态化，完善社会治安防控体系，当好首都“护城河”，扎实推进市域社会治理现代化，不断增强人民群众获得感、幸福感、安全感。要增强本领能力，努力打造一支政治过硬、本领高强、英勇善战的干部队伍，做到未动先知、及时处置、防患于未然。要全面加强党的领导，充分发挥人民群众主体作用，各方联动，广泛参与平安山西建设，为转型发展蹚新路创造安全稳定的社会环境。

会议指出，积极推动中小微工业企业上规升级，是贯彻落实党的十九届五中全会精神和省委十一届十次全会精神的重要举措。包括中小微企业在内的各类市场主体，既是我省经济发展的后劲所在，也是扩大就业的重要承载。要把培育市场主体工作放在经济工作的重要位置，遵循企业发展规律，加大政策扶持，强化要素保障，蓄水养鱼，培植后劲，分类推动企业上规升级，确保“十四五”末实现全省规上工业企业突破万家的目标。要广泛开展“双创”活动，发挥智创城优势作用，营造良好政策环境和产业生态，加快小微企业培育孵化，夯实“小升规”的基础。各级各有关部门要强化责任落实，加强指导服务，抓好企业培育，加强招商引资，不断壮大实体经济，推动转型发展。

会议指出，积极发展蓝色经济，对于我省扩大对外开放、推动高质量转型发展具有重要意义。作为内陆省份，我们要强化观念转型，抢抓新发展格局机遇，强化顶层设计，加强前瞻布局，积极主动作为，进军新产业领域，拓展新发展空间。要发挥我省比较优势、产业优势，加强陆港空港与海港的一体化立体式联动,加强与环渤海、长三角、粤港澳大湾区的交流合作,推进蓝色经济关键领域科技研发、成果转化、产业集群化发展,做好蓝色经济这篇大文章。

会议还研究了其他事项。

省委常委会召开会议　学习贯彻习近平总书记在中央政治局第二十五次集体学习时重要讲话精神　听取全省“六新”产品培育、事业单位改革情况汇报

12月10日,省委常委会召开会议,学习习近平总书记在中央政治局第二十五次集体学习时发表的重要讲话精神,研究我省贯彻落实意见。传达中央政治局委员、中宣部部长黄坤明同志在晋调研讲话精神,听取全省“六新”产品培育、全省事业单位重塑性改革、省级事业单位办企业脱钩改革工作进展情况汇报。省委书记楼阳生主持会议。

会议指出,习近平总书记在中央政治局第二十五次集体学习时的重要讲话,从战略和全局高度,对加强知识产权保护的重要性作了深刻阐释,对全面加强知识产权保护工作作出重大部署,要认真学习领会,切实贯彻落实到“十四五”发展和科技创新工作各个方面,增强知识产权意识,做好知识产权保护工作,发挥好知识产权制度激励创新和推动高质量转型发展的作用。要结合山西实际,对我省知识产权保护工作进行全方位检视,强化知识产权全链条保护,提高知识产权保护工作法治化水平。各级党委和政府要落实责任,强化知识产权保护工作相关协调机制,各级领导干部要增强新形势下做好知识产权保护工作的本领,推动我省知识产权保护工作不断迈上新台阶。

会议指出,黄坤明同志深入我省考察调研,对我省贯彻落实习近平总书记视察山西重要讲话重要指示,转型发展蹚新路的成效给予充分肯定,对加强宣传思想文化工作提出明确要求,要认真抓好落实。要持之以恒用党的创新理论武装党员干部头脑,深入抓好党的十九届五中全会精神学习贯彻工作,更好地指导实践、推动工作。要扎实有效开展思想政治工作,突出机关、学校、农村、企业、社区等重点领域,不断改进和创新思想政治工作机制和方法,把思想政治工作这一党的传家宝发扬光大。要与时俱进推进媒体融合发展,巩固壮大主流思想舆论,让创新理论、优秀文化、科学知识走进百姓、融入人心,扩大受众面、增强影响力、提高感染力。要广泛开展城乡群众文化体育活动,弘扬和传承优秀传统文化,增强文化自信。要深入实施文化强省战略,抓好文化体制改革、文化产业和文旅融合发展,把文化旅游业培育成战略性支柱产业,让文化改革发展成果更好惠及人民群众。

会议指出,全省上下牢记习近平总书记殷殷嘱托,围绕在转型发展上率先蹚出一条新路来的重大历史使命,聚焦“六新”突破,在科技创新上勇攀高峰,新基建加速推进,新技术、新材料、新装备、新产品、新业态不断涌现,为高质量高速度转型发展积厚成势奠定了坚实基础。我们要坚定转型信念,保持战略定力,始终把创新摆在转型发展的核心位置,实施非均衡发展战略和优势转换战略,持续打造一流创新生态,培育壮大战略性新兴产业,谋篇布局未来产业,就一定能够实现直道冲刺、弯道超车、换道领跑。要充分发挥市场和政府“两只手”的作用,把提升全产业链竞争力作为主攻方向,进一步贯通政产学研用,强链补链延链。要加强政策支持引导,提供精准优质高效服务,帮助企业解决好产业化过程中的具体问题,持续打造“六最”营商环境。

会议指出,省委作出积极稳妥推进事业单位重塑性改革的重大决策部署以来,各级各部门把深化改革作为一项重大政治任务,精心组织实施,省市两级改革总体进入收官阶段,基本实现了政事分开、事企分开,提升了整体服务职能,适应新时代要求的机构职能体系架构已基本建立。要持续巩固和扩大深化事业单位改革成果,大力加强制度机制建设,推动事业单位做好改革“后半篇文章”,推动形成运行顺畅、协同高效、充满活力的事业单位现代治理机制。要指导督促县级全面推开改革,确保明年6月底前基本完成改革任务。

会议指出,省级事业单位办企业脱钩改革工作进展顺利。要坚持根上改、制上破、治上立,坚持与省直事业单位改革相统筹,坚持分类处置、依法依规、公开透明、有序推进,体现重塑重构重建的要求,优化盘活资源,清理退出一批、划转管理一批、重组整合一批,按照“谁主管、谁负责”的原则,稳步完成省级事业单位办企业脱钩改革。要加大督促指导力度,持续深化、分类推进市县国企改革。

会议还研究了其他事项。

省委常委会召开扩大会议　传达贯彻中央经济工作会议精神

12月19日,省委常委会召开扩大会议,传达学习中央经济工作会议精神,研究我省贯彻落实意见。省委书记楼阳生主持会议并讲话。他强调,要把学习贯彻中央经济工作会议精神作为当前和今后一个时期的重要政治任务,把思想和行动统一到党中央对经济形势的分析判断和明年经济工作的决策部署上来,只争朝夕,真抓实干,确保“十四五”转型出雏型开好局、起好步。

会议指出,这次中央经济工作会议,是党的十九届五中全会之后中央召开的一次重要会议,对于我们统一思想、深化认识、真抓实干,为“十四五”开好局、起好步、转型出雏型,具有重大而深远的意义。习近平总书记的重要讲话,深入分析当前经济形势,全面部署明年经济工作,深刻精辟、视野宏阔,高屋建瓴、总揽全局,具有极强的政治性、战略性和指导性,是习近平新时代中国特色社会主义经济思想的又一经典文献,为我们推动高质量发展指明了方向、提供了遵循。李克强总理对明年经济工作作出具体部署。要深刻领会、准确把握,结合山西实际创造性抓好贯彻落实。

会议指出,明年是我国现代化建设进程中具有特殊重要性的一年,“十四五”开局,全面建设社会主义现代化国家新征程开启,做好经济工作意义重大。要把学习贯彻中央经济工作会议精神和党的十九届五中全会精神结合起来,把思想和行动统一到党中央对当前经济形势的分析判断和明年经

济工作的决策部署上来，深刻认识、准确把握明年经济工作的总体要求和宏观政策取向，善于把握关键，抓好重点任务，增强“四个意识”、坚定“四个自信”、做到“两个维护”，全力以赴做好明年经济工作，推动构建新发展格局明年迈好第一步，见到新气象，以优异成绩庆祝建党100周年。要把学习贯彻会议精神落实到我省“十四五”规划《建议》的完善中，全面对标对表中央经济工作会议的新部署、新要求，按照指导性、创新性、操作性和项目化要求，高质量编写好我省“十四五”规划《建议》、规划《纲要》及专项规划，确保党中央大政方针和决策部署在山西落地落实，确保“十四五”转型出雏型谋好篇、开好局。

会议强调，立足新发展阶段，贯彻新发展理念，构建新发展格局，必须加强党对经济工作的全面领导，善于用政治眼光观察和分析经济社会问题，真抓实干把党中央及省委决策部署贯彻到经济工作各方面。各级领导干部要增强补课充电的紧迫感，提高专业化能力，努力成为领导构建新发展格局的行家里手。要坚持抓总、抓重、抓要，树牢底线思维，抓好发展和安全两件大事，做到敏锐、洞察、果敢，有效防范化解各类经济社会风险，高度重视安全生产和防灾减灾工作，坚决防范重特大事故发生。

会议决定，近期召开省委经济工作会议，对贯彻落实中央经济工作会议精神，做好2021年经济工作作出部署。

省委常委，省人大常委会、省政府、省政协党员负责同志，省法院院长、省检察院检察长出席会议。省直有关部门主要负责同志参加会议。

省委常委会召开会议　听取“十三五”规划指标完成和全面建成小康社会实现情况汇报　讨论拟提请省委十一届十一次全会暨省委经济工作会议审议的文件

12月24日，省委常委会召开会议，听取“十三五”规划指标完成情况和全面建成小康社会实现情况、“十四五”转型出雏型预期指标和2021年经济社会发展主要预期指标的汇报，讨论拟提请省委十一届十一次全会暨省委经济工作会议审议的文件，研究制定国民经济和社会发展第十四个五年规划和二〇三五年远景目标重大问题。审议通过《山西省加快推进第一产业高质量发展实施方案》《山西省国企改革三年行动实施方案(2020-2022年)》《山西省贯彻落实〈中国共产党党内关怀帮扶办法〉实施细则》《关于完善党内政治文化建设的具体措施》。省委书记楼阳生主持会议。

会议指出，“十三五”时期，省委坚持以习近平新时代中国特色社会主义思想为指导，团结带领全省人民坚定沿着转型发展的金光大道砥砺奋进，国家资源型经济转型综合配套改革试验区建设全面推进，高质量转型发展迈出坚实步伐，治晋兴晋强晋呈现良好态势。“十三五”规划确定的主要目标任务、全面建成小康社会各项指标即将完成，转型综改打下坚实基础。

会议指出，推动“十四五”时期经济社会发展，实现转型出雏型的目标任务，必须坚持以习近平新时代中国特色社会主义思想为指导，深入贯彻党的十九届五中全会精神和中央经济工作会议精神，贯彻落实习近平总书记视察山西重要讲话重要指示，按照省委“四为四高两同步”总体思路和要求，坚持稳中求进工作总基调，立足新发展阶段，贯彻新发展理念，紧抓构建新发展格局机遇，以推动高质量发展为主题，以深化供给侧结构性改革为主线，以转型综改试验区建设为统领，以扩大内需为战略基点，以促进人的全面发展为根本目的，把创新驱动放在转型发展全局的核心位置，统筹发展和安全，努力实现高质量高速度发展，在服务构建新发展格局中实现高水平崛起。

会议指出，第一产业高质量发展，是实施乡村振兴战略的重要支撑，是实现农业农村现代化的必由之路。种子虽小，事关重大。要落实藏粮于地、藏粮于技战略，加大种质资源保护和利用，加强种子库建设，有序推进生物育种产业化应用，建设北方种子种业研发供应基地，为打好种业翻身仗作出山西贡献。要坚持农业“特”“优”战略，加强农业科技创新，围绕需求侧提升农产品深加工水平，全产业链发展现代农业，推动我省更多优质农产品进入供应链中高端。要围绕“十四五”营造林目标任务，推动国土绿化彩化财化，创新体制机制，大力发展林下经济，实现绿水青山和金山银山有机统一，把生态效益转化为经济效益。要强化支持保障，狠抓政策落实，积极推进农村土地等要素改革，为实现乡村振兴提供强力支撑。

会议指出，国资国企改革发展，事关山西转型综改全局。要认真贯彻中央及省委国资国企改革发展决策部署，实施好国企改革三年行动方案，落实重点改革任务，深化国有经济布局优化和结构调整，完善管资本为主的国资监管体制，强化国有企业科学管理目标管理精细管理，引导企业降成本、提质量、增效益，把党的领导融入公司治理各环节，切实增强国有经济竞争力、创新力、控制力、影响力和抗风险能力，充分发挥国企在转型发展蹚新路中的引领作用。

会议指出，注重党内关怀帮扶是我们党的政治优势和优良传统。各级党委(党组)要提高政治站位，认真贯彻《中国共产党党内关怀帮扶办法》及我省《实施细则》，坚持严管和厚爱相结合、激励和约束并重，把政治关怀放在首位，采取扎实举措热情关怀帮扶党员，使广大党员感受到党组织的温暖，在推动转型发展征程中履职尽责、担当作为。

会议指出，建设积极健康、正气充盈的党内政治文化，是推进全面从严治党的治本之策。各级党委(党组)要以“第一责任”领导保障“第一要务”，推动党内政治文化建设与党的建设各项任务有机融合、相互促进，以良好的政治文化涵养风清气正的政治生态，从而推动形成活力迸发的创新生态，为“十四五”转型出雏型提供坚强政治保障。

会议还研究了其他事项。

三、省委深改委(省综改委)会议

省委深改委(省综改委)第十九次会议

5月19日,省委书记、省委全面深化改革委员会主任楼阳生主持召开省委深改委(省综改委)第十九次会议。他强调,要深入学习贯彻习近平总书记视察山西重要讲话重要指示,坚持改革为要鲜明导向,以改革开放破解发展难题,实施一批变革性、牵引性、标志性举措,着力解决制约发展的结构性、体制性、素质性问题,为在转型发展上率先蹚出一条新路来提供强劲动力。省委副书记、省长、省委全面深化改革委员会副主任林武,省领导王拥军、吕岩松、商黎光、胡玉亭、曲孝丽、王一新、贺天才、王成、吴伟、卢东亮出席会议。

会议听取了《关于改革完善重大疫情防控体制机制健全公共卫生应急管理体系的意见》起草情况、现代医院管理制度试点推进情况的汇报,审议并通过《山西白求恩医院区域医疗中心建设发展规划(2020-2024)》《山西省关于进一步深化县域医疗卫生一体化改革的实施意见》《关于我省深化医疗保障制度改革的实施意见》《关于深化拓展支持民营经济发展的若干措施》《山西省推进新时代基础教育改革发展行动计划》《晋中市人民政府关于在城市管理领域开展相对集中行政处罚权工作方案》和《晋中市城市管理相对集中行政处罚权清单》。

会议指出,改革完善重大疫情防控体制机制、健全公共卫生应急管理体系,直接关系到山西人民群众的生命安全和身体健康,是落实健康中国战略、推进健康山西建设的必然要求,是构建更加有效的治理体系、提高治理能力的重要内容。要深刻认识这项工作的重要性和紧迫性,按照党中央决策部署和省委"四为四高两同步"总体思路和要求,遵循"前瞻、系统、管用、可操作"的原则,坚持补短板、堵漏洞、强弱项,从改革创新应对重大疫情的体制机制入手,以整合资源为突破口,加快建立健全我省集"防、控、治、研、学、产"为一体的公共卫生防疫体系,构建"战平结合、平战结合、依法科学、统一高效"的公共卫生应急管理体系,强化公共卫生法治保障,提升处理急难险重公共卫生事件能力。

会议指出,开展区域医疗中心建设试点是党中央作出的重大决策,是加速提升全省医疗水平的重大机遇,是更好保障人民群众健康的民生工程。要强化规划引领,以目标一流、实现一流、赶超一流的决心和胆魄,采取超常举措,推进体制机制创新,推进相关项目建设,打通教学科研临床各个环节,把各项改革试点任务落到实处,整体提升区域医疗服务能力和水平,推动健康山西建设。

会议指出,深化现代医院管理制度改革,要以医疗为牵引,统筹推进"三医联动",落实公立医院党委领导下的院长负责制,健全医院治理体系,完善管理制度,通过体制机制改革,不断加强医院标准化、规范化、信息化、现代化管理,加大人才培育和引进力度,不断提升医疗服务水平。

会议指出,深化县级医疗集团改革是我省创造性贯彻落实中央深化医改决策部署、提升基层医疗服务能力的重大举措。要加快推进向医疗集团下放管理权限,保证授权到位,医疗集团对所属单位严格按照"六统一"管理,完善扁平化管理机制,做好与三甲医院、专科联盟、远程会诊医疗业务对接工作,强化乡卫生院、村卫生室设备配备和人才保障,提高分级诊疗能力。

会议指出,深化医疗保障制度改革要坚持以人民健康为中心,坚持量力而行、尽力而为,完善保障机制,健全筹资运行机制和基金监管机制,确保基金安全稳健可持续。

会议指出,民营经济是社会主义市场经济发展的重要力量,是推动我省高质量转型发展的重要主体。要在持续抓好民营经济"30"条基础上,深化拓展支持政策,在市场准入、审批许可、经营运行、招标投标、军民融合等方面,为民营企业打造公平竞争环境,给民营企业创造充足市场空间,增强民营企业政策获得感,让民营经济创新源泉充分涌流,让民营经济创造活力充分迸发。

会议指出,基础教育是提高国民素质的基础性工程。要全面落实党的教育方针和立德树人根本任务,坚持德、智、体、美、劳"五育"并举,着力在科学育人、全面培养、全面发展上下功夫,深化基础教育管理体制机制改革,统筹公办民办教育协调发展,加强校长教师队伍建设,提高教育教学质量。

会议指出,在城市管理领域开展相对集中行政处罚权改革是提高城市管理行政执法效率和水平的重要抓手。要加强城市基础设施建设,统筹抓好硬件和软件建设,强化智能化管理,运用互联网、大数据等信息技术手段,提高城市科学化、精细化、智能化管理水平。要强化依法治理,推进城市综合执法,完善执法制度,改进执法方式,倡导文明新风,提升文明素养,让城市更宜居、更宜业、更宜游。

省委深改委(省综改委)委员出席,省直有关部门负责同志列席会议。

省委深改委(省综改委)第二十次会议

6月11日,省委书记、省委全面深化改革委员会主任楼阳生主持召开省委深改委(省综改委)第二十次会议。会议审议通过《关于促进劳动力和人才社会性流动体制机制改革的实施意见》《关于贯彻国家实施重要农产品保障战略的意见》《关于改革完善体制机制切实加强粮食储备安全管理的若干措施》《山西省12345政务服务热线整合建设实施方案》《关于推进省属企业"六定"改革的指导意见》,听取了全省农村集体产权制度改革情况的汇报。省委副书记、省长、省委全面深化改革委员会副主任林武出席会议。

会议指出，促进劳动力和人才社会性流动，有利于释放和增强社会活力。要破除妨碍劳动力、人才社会性流动的体制机制弊端，使人人都有通过辛勤劳动实现自身发展的机会。要坚持市场引领和政府引导，搭建横向流动桥梁和纵向发展阶梯，形成合理、公正、畅通、有序的社会性流动格局。要推进创新创业创造激发流动动力，为推动高质量转型发展提供有力支撑。

会议指出，要认真落实党中央、国务院决策部署，坚持从山西实际出发，统筹农业规划布局，全力保耕稳粮，加大粮食生产政策支持力度，落实分品种保障策略，提升农产品有效供给能力。进一步推进农业供给侧结构性改革，做特做优现代农业，打造农产品精深加工十大产业集群。实施藏粮于地、藏粮于技战略，提升综合生产能力，打牢稳物价稳经济稳全局的基础支撑。

会议指出，粮食储备是保障国家粮食安全的重要物质基础。要以服务宏观调控、调节稳定市场、应对突发事件和提升国家安全能力为目标，进一步强化粮食储备管理，夯实主体责任和监管责任，提升保供稳市能力，更好保障全省粮食安全。

会议指出，我省农村集体产权制度改革取得新的成效。要把推进这项改革作为实施乡村振兴战略的重要抓手，进一步压实主体责任，继续推进农民股份权能试点工作，创新农村集体经济发展模式，提升农村集体资产经营管理效能，强化发展农村集体经济的政策支持，拓展改革成效，释放改革红利，增加农民收入。

会议指出，整合建设全省统一的12345政务服务热线，是深化“放管服效”改革、实现“一条热线管便民”的重要举措和载体。要通过建立统一受理、按责转办、限时办结、统一督办、评价反馈、绩效管理、分析研判的运行机制，推动政务服务理念、制度、作风深层次变革，让12345热线真正成为服务群众的“暖心热线”。

会议指出，推进省属国有企业开展定职数、定员额、定机构、定机制、定薪酬、定任期“六定”改革，是促进国有企业治理现代化的重大举措，是我省先行先试的创新探索。要站在推动国有企业根上改、制上破、治上立的高度，充分认识这一改革对推动企业法人治理、基础管理、三项制度实现重大变革，加快完善现代企业制度，做优做强省属企业的重要意义。要严格按照有关法律法规规定规范操作，稳妥有序推进“六定”改革。加强科学管理，建立能上能下、能进能出、薪酬与绩效挂钩的激励约束机制，增强国有企业活力，使之成为真正的市场主体，为实现高质量转型发展提供强劲支撑。

省委深改委(省综改委)委员出席会议，省直有关部门负责同志列席会议。

省委深改委（省综改委）第二十二次会议

7月20日，省委书记、省委全面深化改革委员会主任楼阳生主持召开省委深改委(省综改委)第二十二次会议。会议审议通过《山西省贯彻落实〈关于加强文物保护利用改革的若干意见〉行动方案》《山西省绿色生活创建行动实施方案》《关于全面推行林长制的意见》《山西省建立以国家公园为主体的自然保护地体系实施方案》《山西省关于强化知识产权保护的实施意见》。省委副书记、省长、省委全面深化改革委员会副主任林武出席会议。

会议指出，山西是文物大省，习近平总书记关于保护好云冈石窟的重要指示对全省文物保护具有普遍指导意义。要以上对五千年文明负责，下对子子孙孙负责的敬畏之心，始终把保护放在第一位，守护好老祖宗留给我们的宝贵财富。依法落实文物保护主体责任，持续保持打击文物犯罪的高压态势。坚持在保护中发展，在发展中保护，让文物“活”起来，开发文创产品，延伸文旅产业，推动文物保护利用成果更多更好惠及人民群众。

会议指出，开展绿色生活创建行动是深入贯彻落实习近平生态文明思想、创造高品质生活的重要举措。要贯彻共建共治共享理念，聚焦推进节约型机关、绿色家庭、绿色学校、绿色社区、绿色出行、绿色商场、绿色建筑七大创建行动，倡导简约适度、绿色低碳的生活方式，完善法治建设，健全生活垃圾分类制度，强化末端处理机械化、智能化，构建多方联动、相互促进、相辅相成的绿色生活长效推进机制，形成崇尚绿色生活的社会氛围，让绿色生活方式成为全社会自觉行动。

会议指出，全面推行林长制是践行绿水青山就是金山银山理念的具体实践。要坚持高标准保护，建立林长制分级责任体系，完善运行机制，推动森林资源保护、灾害防控、国土绿化等重点举措落实落细，促进绿化彩化财化同步推进，增绿增景增收有机统一，推进美丽山西建设。

会议指出，要按照山水林田湖草生命共同体理念，加强自然保护地生态建设，编制好全省自然保护地整合优化预案，坚持“多规合一”，注重政策衔接，创新体制机制，强化分类管控，努力建成以国家公园为主体，具有山西特色、符合山西实际的自然保护地体系。

会议指出，要牢固树立保护知识产权就是保护创新的理念，加快知识产权保护中心建设，完善法规制度，健全工作机制，加大执法力度，为营造法治化、国际化、便利化营商环境，打造一流创新生态提供有力支撑。

省委深改委(省综改委)委员出席会议，省直有关部门负责同志列席会议。

省委深改委(省综改委)第二十三次会议

8月28日，省委书记、省委全面深化改革委员会主任楼阳生主持召开省委深改委(省综改委)第二十三次会议。他强调，保持中高速增长、迈上中高端水平、推动高质量发展，是转型发展蹚新路的内在要求和实现路径，要坚定转型综改信心决心，一心一意谋发展、聚精会神抓落实，真正把先行先试转化为发展先机，努力实现全年经济社会发展目标。

会议审议通过《山西省数字政府建设规划(2020-2022年)》《关于构建更加完善的要素市场化配置体制机制的实施意见》《关于进一步扩大高校和科研院所科研相关自主权的

实施意见》《关于推进对外贸易高质量发展的实施意见》《关于推进开发区国际合作园区建设的指导意见》《省直机关后勤机构改革实施方案》《省直培训疗养机构改革的框架意见》《省直检验检测机构改革的框架意见》《关于深化消防执法改革的实施意见》,听取关于对晋中市"五地一产"入市改革工作的评价报告。

会议指出,数字政府建设是推动政府管理和社会治理模式创新的重要平台,创优营商环境的具体举措。要按照"一朵云、一张网、一平台、一系统、一城墙"总体架构,发挥云时代公司作用,创优数字政府体制机制。要加大人才引进力度,搭建一流研发平台,培育自主创新能力。要完善"晋政通"平台功能,推动一体化协同办公、一体化决策指挥、一体化督查督办,提高行政效能。

会议指出,深化要素市场化配置改革是经济体制改革的重要内容,要坚持问题导向和目标导向,找准主要着力点,用足用好国家政策,提高要素配置效率,引导各类要素协同向先进生产力集聚,把要素禀赋所决定的比较优势转化为竞争优势。高校和科研院所是实施创新驱动、科教兴省、人才强省战略的重要力量,要强化成果导向,精简科研项目管理流程,改革重大科技项目立项和组织实施机制,给予高校和科研院所更多自主权,进一步营造良好创新生态。推进开发区国际园区建设,加快外贸高质量发展,是增强我省对外开放能级的必然要求,要强化科技创新、制度创新、模式和业态创新,充分利用各类开放平台,开展精准专项招商,扩大业务量,有效解决利用外资"短腿"、外经外贸"短板"。

会议指出,推进省直机关后勤机构、培训疗养机构、检验检测机构改革,要坚持根上改、制上破、治上立,坚持与省直事业单位改革相统筹,体现重塑重构重建的要求。要以改革为契机,选好配强班子,加强专业化队伍建设。要以集中统一管理和服务社会化、市场化、专业化为导向,处理好政府与市场的关系,提高服务保障能力和水平。要构建平台资源共享的检验检测服务体系,建设科技含量高、专业水准精的研究机构,在国家标准、行业标准制定和保障供给质量上发挥作用。

会议指出,消防事关人民群众生命财产安全和社会稳定。要牢固树立生命至上、安全第一的意识,深化消防执法改革,推进消防领域"放管服效"改革,强化事中事后监管,规范执法行为,推进消防管理体系建设,确保消防安全形势持续稳定向好。

会议肯定晋中市"五地一产"入市改革的有益探索。指出,要牢牢守住"土地公有制性质不改变、耕地红线不突破、农民利益不受损"的底线,严格管控生态保护红线、永久基本农田、城镇开发边界三条红线,尊重基层首创精神,鼓励结合实际先行先试,有效盘活农村集体资源资产,持续带动农民增收。

省委深改委(省综改委)委员出席会议,省直有关部门负责同志列席会议。

省委深改委(省综改委)第二十七次会议

12月22日,省委书记、省委全面深化改革委员会主任楼阳生主持召开省委深改委(省综改委)第二十七次会议。他强调,深入贯彻党的十九届五中全会和中央经济工作会议精神,贯彻落实习近平总书记视察山西重要讲话重要指示,开启转型出雏型新征程,必须用好改革关键一招,为"十四五"开好局、起好步,完成好在转型发展上率先蹚出一条新路来的历史使命,提供动力引擎。省委副书记、省长、省委全面深化改革委员会副主任林武,省领导王拥军、商黎光、胡玉亭、曲孝丽、李凤岐、王一新、张复明、贺天才、王成、吴伟、卢东亮出席会议。

会议审议通过《省委全面深化改革委员会2021年标志性牵引性重大改革和重点改革任务》《关于深化新时代教育督导体制机制改革的实施意见》《关于推动高等教育"1331工程"提质增效的实施意见》《山西省农村宅基地制度改革试点实施方案》《山西省区域性股权市场监督管理实施细则(试行)》,听取有关工作汇报。

会议指出,"十四五"转型出雏型,必须用好改革关键一招。要勇于先行先试,敢于涉深水区、啃硬骨头,聚焦重点领域、重大事项,抓好标志性牵引性重大改革,奋力攻坚克难,推动改革和发展深度融合、高效联动。要注重项目化清单式管理,以结果导向检验改革落实程度、干部担当力度。省领导要带头领衔一批重大改革,各级党政主要负责同志要切实担负改革"第一责任人"职责。

会议指出,深化教育督导体制改革是构建高质量教育体系的重要方面和必然要求。要贯彻落实中央精神,遵循教育规律,完善常态化督导机制和督导体系,提升督导工作专业化水平。要强化系统观念,加强系统研究,优化管理体制,完善运行机制,充分发挥好教育督导作用。要加快推动我省高等教育"1331工程"提质增效,对接国家战略需求,立足转型发展需要,推动产学研用贯通,突破共性技术和卡脖子技术。要采取具体管用精准的措施,实施清单化管理,加强招才引智,把凝炼一流课题、创建一流平台、吸引一流人才、集聚一流团队的目标落到实处。要健全人才引育机制,完善人才分类评价制度,择天下英才而用之,让优秀人才特别是年轻人才脱颖而出。

会议指出,宅基地改革是中央部署的重大改革事项。泽州县作为试点形成了制度性成果,要进一步深化拓展试点,为推进农村宅基地改革提供实践经验。要牢牢守住"土地公有制性质不改变、耕地红线不突破、农民利益不受损"三条底线,积极探索落实宅基地集体所有权,保障宅基地农户资格权和农民房屋财产权,切实维护好农民权益,最大程度调动广大群众推动改革的内生动力。要加强对试点工作的领导,依法合规积极探索,做好农村宅基地确权登记,妥善解决历史遗留问题,因地制宜积极稳妥推进。

会议指出,区域性股权市场是地方金融体系的重要组成部分。要深化改革释放区域性股权功能,全力做好对实体经济、中小微企业、"三农"和"双创"的服务。要坚持底线思维,把握关键环节，强化重点治理，实施穿透式全过程管理，建立有效的协同机制，明晰监管责任，确保安全运行，营造良好的金融生态，为转型发展提供有力支撑。

省委深改委（省综改委）委员出席会议，省直有关部门负责同志列席会议。

四、省委中心组会议

省委中心组举行专题学习会　学习贯彻《党委（党组）落实全面从严治党主体责任规定》

4月9日，省委中心组举行专题学习会，学习贯彻中办印发的《党委（党组）落实全面从严治党主体责任规定》。省委书记楼阳生主持并讲话。他强调，制定出台《规定》，是党中央健全全面从严治党责任制度的重要举措，全省各级党组织要进一步增强"两个维护"的政治自觉，强化全面从严治党主体责任，强化守土有责、守土担责、守土尽责的政治担当，不断提高履职尽责本领，推动全面从严治党向纵深发展。省委副书记、省长林武，省政协主席李佳出席会议。

楼阳生指出，推进制度治党、依规治党，是全面从严治党的长远之策、根本举措。中央以党内法规形式对落实全面从严治党主体责任作出规定、予以规范，充分体现了以习近平同志为核心的党中央一以贯之、坚定不移全面从严治党的决心，充分体现了管党治党制度、责任、措施的持续深化、不断完善。要持续引深学习贯彻，把思想行动统一到中央精神和《规定》要求上来，省委常委会要带头践行全面从严治党主体责任，常委同志要带头抓好分管领域主体责任落实，发挥好"头雁效应"，开创山西管党治党新局面。

楼阳生指出，要深刻认识《规定》出台的重大意义，切实增强贯彻落实的政治自觉。党的十九届四中全会对全面从严治党制度建设作出了战略部署，制定出台《规定》是贯彻落实全会精神，推进国家治理体系和治理能力现代化的重大举措。全面从严治党是一项系统性工程，必须坚持各领域各方面各环节全面覆盖，真管真严、敢管敢严、长管长严，突出问题导向、目标导向、结果导向，加强全面领导，实现全面从严，以钉钉子精神抓好落实。《规定》以科学的态度、严谨的作风、法治的思维，对落实全面从严治党主体责任的总体要求、遵循原则、履责主体、责任内容、关键环节、追责方式进行了全面强调和清晰界定，是不断夯实和传导主体责任的制度保障。各级党委（党组）要认真履行第一责任，紧紧抓住第一要务，各级领导干部要带头认真学习、深刻领会，坚决贯彻《规定》要求，把主体责任落实到全面从严治党各领域各方面各环节，为山西实现政治生态持久风清气正提供坚强保证。

楼阳生强调，要准确把握《规定》内涵要求，切实增强落实主体责任的针对性实效性。要认真学习把握责任内容，对相关要求逐条研读，学懂悟透，知责明责。各级党委（党组）要把坚决维护以习近平同志为核心的党中央权威和集中统一领导，作为首要政治责任，切实加强对本地区（本系统）全面从严治党各项工作的领导，将党的建设与经济社会发展（业务工作）同谋划、同部署、同推进、同考核。党委（党组）书记要认真履行全面从严治党第一责任人职责，领导班子成员要强化责任担当，狠抓责任落实，在全面从严治党中发挥示范表率作用。要明确履责方式，按照《规定》要求，明确工作重点，逐条对标对表，逐一落实到位。要落实督责要求，省委要带头履行全面从严治党主体责任，加强全省各级党组织落实主体责任情况的监督检查和巡视巡察，建立健全落实全面从严治党主体责任考核制度，严格依规依纪追责问责。

楼阳生强调，要扎实抓好《规定》贯彻执行，推动全面从严治党向纵深发展。各级党委（党组）特别是主要负责同志要把落实主体责任作为增强"四个意识"、坚定"四个自信"、做到"两个维护"的具体体现，学习贯彻习近平总书记关于全面从严治党重要论述，强化管党治党意识、落实管党治党责任，确保《规定》在山西落地生根，以全面从严治党的新成效，为贯彻落实省委"四为四高两同步"总体思路和要求，加快全省高质量转型发展提供坚强保证。纪律检查机关要认真履行全面从严治党监督责任，协助党委（党组）落实全面从严治党主体责任。要抓紧制定我省落实《规定》实施细则。

会上，常委同志结合分管工作，谈了学习体会。省委常委，省人大常委会主持日常工作的副主任出席会议，省直有关部门负责同志列席会议。

省委召开务虚会暨中心组学习会　强化使命担当　勇于改革创新　推动全面转型　切实把习近平总书记视察山西重要讲话重要指示落到实处

（会议内容见本书"习近平总书记视察山西"栏目）

省委中心组举行学习会　传达学习贯彻习近平总书记在中央政治局第二十一次集体学习时的重要讲话　部署学习宣传《习近平谈治国理政》第三卷工作

7月16日，省委中心组举行学习会，传达学习贯彻习近平总书记在中央政治局第二十一次集体学习时的重要讲话，传达学习《中央宣传部、中央组织部关于认真组织学习〈习近平谈治国理政〉第三卷的通知》精神，研究我省贯彻落实意见。省委书记楼阳生主持并讲话。省委副书记、省长林武出席。

会议指出，习近平总书记在中央政治局第二十一次集体学习时的重要讲话，高屋建瓴、内涵丰富，着眼中华民族伟大复兴，深刻指出坚持正确组织路线的极端重要性，深刻回答了贯彻落实好新时代党的组织路线的一系列重大理论和现实问题，是指导新时代党的组织建设的纲领性文献，为推进新形势下党的建设新的伟大工程提供了根本遵循，指明了前进方向。要深刻把握讲话蕴含的重大政治意义和深远战略考量,准确理解新时代党的组织路线的科学内涵和实践要求,坚持目标导向、问题导向、结果导向相统一,把新时代党的组织路线和“五个抓好”的基本要求,全面贯彻落实到我省党的建设和党的事业伟大实践中,把各级党组织建设得更加坚强有力,为在转型发展上率先蹚出一条新路来提供坚强组织保证。

会议指出,党的组织路线是为党的政治路线服务的。习近平总书记重要讲话重要指示、在转型发展上率先蹚出一条新路来的重大要求,是我们必须矢志不渝贯彻落实好的政治使命,是山西发展最鲜明的标识、最激昂的旋律,各级党委要团结带领全省人民勠力同心,坚定沿着总书记指引的金光大道奋勇前进。各级党委(党组)要专题组织学习,原原本本领会习近平总书记重要讲话的思想精髓,自觉用党的科学理论指导党的组织建设。要持续深入建强党的组织体系,牢固树立大抓基层的鲜明导向,把各领域基层党组织建设成为实现党的领导的坚强战斗堡垒。要加强干部队伍和人才队伍建设,严格把好政治关、廉洁关、素质能力关,让“两袖清风、事业有成”成为广大干部的自觉追求,建立健全干部担当作为的激励和保护机制,切实为勇于负责的干部负责、为勇于担当的干部担当、为敢抓敢管的干部撑腰。要抓好党的组织制度建设,加强党内法规的学习培训,严格抓好执行,不断提高党的组织建设的制度化、规范化、科学化水平。

会议指出,《习近平谈治国理政》第三卷正式出版发行,是党和国家政治生活中的一件大事,对于持续引深习近平新时代中国特色社会主义思想的学习宣传贯彻,具有重大政治意义、理论意义、实践意义。要把学习宣传贯彻《习近平谈治国理政》第三卷作为当前和今后一个时期的重大政治任务,聚焦学懂弄通做实要求,精心组织、周密安排、全面推进,以有力有效的工作举措,在全省上下迅速兴起学习热潮、营造浓厚氛围,增强“四个意识”、坚定“四个自信”、做到“两个维护”。

会议指出,要强化思想武装,把学习贯彻《习近平谈治国理政》第三卷,与第一卷、第二卷作为整体系统学、一体学,与学习贯彻习近平总书记视察山西重要讲话重要指示和“三篇光辉文献”贯通学、深入学,领会核心要义,掌握立场观点方法,从党的创新理论中汲取真理力量和实践伟力,更好用习近平新时代中国特色社会主义思想武装头脑、指导实践、推动工作,把学习成果转化为做好“六稳”工作,落实“六保”任务,聚焦“六新”突破,推动高质量转型发展的具体行动。各级领导干部要发挥“关键少数”作用,深入开展自学研学研讨,在知行合一、学以致用上当示范、作表率。要加强阐释和宣传工作,聚焦我省蹚新路的生动实践,创新阐释宣传方式,推动习近平新时代中国特色社会主义思想进教材、进课堂、进头脑,让党的创新理论“飞入寻常百姓家”,推动学习宣传往深里走、往心里走、往实里走。

省委常委,省人大常委会、省政府、省政协负责同志,省检察院检察长出席会议,省直有关部门负责同志列席会议。

省委中心组举行专题学习会

8月20日,省委中心组举行专题学习会,邀请中国科学院半导体研究所研究员李晋闽作题为《“六新”指引下的半导体产业机遇和挑战》的报告。省委书记楼阳生主持会议并讲话。他强调,要准确把握国际国内科技革命和产业变革趋势,抢抓机遇,积极作为,把半导体产业打造成转型发展的标志性引领性产业。省政协主席李佳出席。

李晋闽长期从事半导体材料与器件的研究,是中国科学院半导体研究所原所长,现任半导体照明联合创新国家重点实验室主任、国家半导体照明工程研发及产业联盟主席,曾获国家科技进步一等奖、国家技术发明二等奖和山西省科技创新特殊贡献奖。2018年,李晋闽带领中科院半导体所深紫外LED专家团队和技术成果落户我省长治市,组建山西中科潞安紫外光电科技有限公司,建成年产3000万颗紫外LED芯片产业基地,引领我省半导体产业跻身全国前列。李晋闽在报告中以翔实数据和鲜活事例,系统解读全球半导体产业格局,客观分析我国半导体产业所处地位,全面介绍从第一代半导体到第三代半导体的技术特点和发展历程,深刻阐释半导体科技产业未来发展趋势,并对我省半导体产业发展提出建设性意见建议。报告深入浅出,权威科学,信息量大,是对半导体产业基础知识和前沿动态的一次科普,对我省加快推进半导体产业创新发展具有指导意义。

楼阳生指出,习近平总书记今年5月视察山西时,勉励我省在转型发展上率先蹚出一条新路来,提出在新基建、新技术、新材料、新装备、新产品、新业态上不断取得突破的重大要求。实现“六新”突破,必须落到产业上。半导体是信息产业的基石,基于半导体技术的集成电路是国之重器。我省把半导体产业作为聚力打造的14个具有标志性、引领性的战略性新兴产业集群之一,为转型发展蓄势赋能,为国家战略勇担使命。他强调,要高标准高质量编制半导体产业发展专项规划,加强与国家产业发展规划和我省“十四五”规划的衔接,坚持战略与战术相结合、研发与产业相结合,使规划具有指导性、专业性、操作性。要立足现有产业基础优势,抓住半导体产业大发展的机遇,加强平台建设,加强应用研究,把我省半导体产业细分领域的先发优势、比较优势转化为竞争优势、发展优势。要围绕培育产业生态,加大产业链、创新链、供应链、要素链、制度链“五链”耦合,强化政策支持引导,发挥好政府主导作用和企业主体作用,为产业发展和企业生产创新活动提供体系完备、功能齐全、优质高效的服务。各级领导干部要紧跟国际科技发展前沿,主动学习现代科技知识,了解掌握世界最新科技成果和未来产业变革趋势,不断增强领导和推动科技创新的本领和水平。

楼阳生强调,全省上下要进一步提高发展半导体等战略性新兴产业的紧迫感、责任感、使命感,把创新作为转型发展的逻辑起点,敢于起步,久久为功,加快推动我省产业结构实现从“一煤独大”到“八柱擎天”,在转型发展上率先蹚出一条新路来。

省委常委,省人大常委会、省政府、省政协负责同志,省法院院长出席会议，省有关部门负责同志列席会议。

省委中心组（扩大）举行专题学习会　把握新一轮科技革命和产业变革发展方向　围绕国家战略需求山西转型发展需要勇攀科学高峰

11月23日下午，省委中心组（扩大）举行专题学习会，邀请山西大学副校长、量子光学与光量子器件国家重点实验室教授张天才作题为《迎接量子科技的新时代》的辅导报告。省委书记楼阳生主持会议并讲话。他强调，要深入学习贯彻习近平总书记在中央政治局第二十四次集体学习时的重要讲话精神，推动我省量子科技构筑发展新优势，在新一轮科技革命和产业变革中抢占先机、赢得主动，为服务国家战略，加快高质量转型发展步伐作出新的更大贡献。省委副书记、省长林武，省政协主席李佳出席。

张天才在报告中围绕量子科技重大理论和实际问题，解读量子信息技术原理、重大意义与颠覆性技术，分析当前国内外量子科技研究现状和国际竞争态势，介绍了山西大学在量子科技方面取得的主要成果，对我省量子科技发展提出意见建议。报告深入浅出、内容丰富，是对量子科技基础知识和前沿动态的一次科普，为我省紧跟国际科技发展前沿，奋力在量子科技和量子产业上占据主动、把握先机提供了思路借鉴。

楼阳生在讲话中指出，习近平总书记在中央政治局第二十四次集体学习时的重要讲话，深刻阐明了量子科技发展对于未来科技进步和国际竞争的意义所在。要认真学习领会，进一步把思想认识统一到习近平总书记重要讲话和党中央决策部署上来，提高站位、拓宽视野，更好指导山西科技创新和转型发展实践。

楼阳生指出，量子科技发展具有重大科学意义和战略价值。党的十九届五中全会提出坚持创新在我国现代化建设全局的核心地位。坚持创新驱动发展，实现科技自立自强，必须依靠基础研究和原始创新，必须有一大批一流的数学家、物理学家、化学家从事基础理论研究。要深入实施创新驱动、科教兴省、人才强省战略，既要在人才培养上下功夫，还要着力引进一流人才、一流团队，以基础理论研究的突破，带动变革性的科技创新。要高度重视应用型研究，实现基础研究和应用研究相互牵引、双向互动，着力突破“卡脖子”技术，着力贯通产学研机制，把科研成果变成产品，把产品变成产业。要服务国家战略需求，着眼山西换道领跑，实施非均衡发展战略，加大对科技和创新的投入，加快“双一流”大学建设，创造条件建设大科学装置和国家实验室，为推进转型发展提供强大科技支撑。楼阳生勉励山西大学量子光学实验室团队，再接再厉、勇攀高峰，用创新书写更多中国骄傲、山西骄傲，为国家、为民族、为山西科技事业作出新的更大的贡献。

省委常委，省人大常委会、省政府、省政协负责同志，省法院院长、省检察院检察长出席会议，省直有关部门、企业、院校负责同志列席会议。

省委中心组举行学习会　学习习近平同志《论坚持全面依法治国》

12月24日，省委中心组举行专题学习会，学习习近平同志《论坚持全面依法治国》。省委书记楼阳生主持会议并讲话。他强调，习近平法治思想是全面依法治国的根本遵循和行动指南。要把学习宣传贯彻习近平法治思想作为当前和今后一个时期的重要政治任务，贯彻落实习近平总书记视察山西重要讲话重要指示，强化转型发展蹚新路的使命担当，扎实推进更高水平法治山西建设。省委副书记、省长林武，省政协主席李佳出席会议。

楼阳生指出，习近平法治思想内涵丰富、论述深刻、逻辑严密、系统完备，是马克思主义法治理论中国化最新成果，是习近平新时代中国特色社会主义思想的重要组成部分，深刻回答了新时代为什么实行全面依法治国、怎样实行全面依法治国等一系列重大问题，为法治中国建设指明了前进方向。习近平同志《论坚持全面依法治国》的出版发行，对于广大干部群众深入学习贯彻习近平法治思想，建设社会主义法治国家、推进国家治理体系和治理能力现代化，决胜全面建成小康社会、开启全面建设社会主义现代化国家新征程、实现中华民族伟大复兴的中国梦，具有十分重要的指导意义。要认真学习贯彻习近平法治思想，进一步加强党对法治建设的领导，不断推进党的领导制度化法治化，推动建设更高水平的法治山西。要深入推进依法治理，完善共建共治共享的社会治理制度，切实提高基层组织和各行业各部门法治化管理水平。要加强地方立法工作，坚持立法与改革决策相统一、相衔接，突出山西特色，继续通过“小切口”立法解决实际问题，增强立法的针对性、实用性、可操作性。要加强法治建设，提升政府法治建设水平，推进公正司法，提高全民法治素养。要建强法治队伍，建设德才兼备的高素质法治工作队伍。

楼阳生强调，各级党委要把学习宣传贯彻习近平法治思想摆在突出位置，坚持学以致用，推动各项工作在法治轨道上运行。各级领导干部要发挥示范作用，带头学习，提高运用法治思维和法治方式的能力。

会议还学习了中宣部编印的《党委中心组学习参考》有关内容。

省委常委，省人大常委会、省政府、省政协负责同志，省法院院长、省检察院检察长出席会议，省直有关部门负责同志列席会议。

五、全省性会议

省委农村工作暨脱贫攻坚工作会议

1月7日,省委农村工作暨脱贫攻坚工作会议在太原召开。会议以习近平新时代中国特色社会主义思想为指导,全面贯彻党的十九大和十九届二中、三中、四中全会精神,深入贯彻习近平总书记"三篇光辉文献"精神,认真落实中央经济工作会议、中央农村工作会议精神、全国扶贫开发工作会议及省委十一届九次全会、省委经济工作会议精神,分析当前我省"三农"及脱贫攻坚工作面临的形势和任务,总结交流2019年工作,研究部署2020年工作。省委书记楼阳生对这次会议专门作出批示。省委副书记、代省长林武出席会议并讲话。省领导罗清宇、张吉福、曲孝丽、高卫东、李俊明、李正印、李晓波、席小军分别在省、市会场参加会议。副省长王成作工作报告并作了总结讲话。

楼阳生在批示中强调,做好今年"三农"工作,事关脱贫质量、小康成色,具有特殊重要性。全省上下要深入学习贯彻习近平总书记关于"三农"工作的重要论述和指示精神,抓住产业振兴这个关键举措,用好深化改革这个制胜法宝,抓好技能培训这件长远大事,加强党的领导这个根本保证,坚决补上"三农"领域短板,切实发挥好"三农"压舱石作用,为决胜脱贫攻坚、全面小康收官、乡村全面振兴奠定坚实基础。会议印发了楼阳生书记在市委书记抓脱贫攻坚工作述职评议会上的讲话,强调要瞄准2020年脱贫攻坚决战完胜的目标,始终保持"五级书记抓扶贫"强劲态势,层层强化军令状意识,全力抓好产业扶贫、技能培训、兜底保障、易地搬迁、教育扶贫等重点工作,强化扶贫扶志,加强对扶贫干部的关心管理使用,全面做好各项工作,确保交出合格答卷。

会议指出,要站在党和国家事业发展全局的高度,按照省委"四为四高两同步"总体思路和要求,对标对表全面建成小康社会目标,深入实施乡村振兴战略,加快推动我省农业农村高质量发展。要保障粮食、生猪等重要农产品有效供给,多措并举恢复生猪生产,毫不松懈抓好疫病防控,有力保障春节期间猪肉市场供应。要大力发展乡村产业,加大"三农"投入,加快发展有机旱作农业,实施农业科技创新工程,打造农产品精深加工十大产业集群,持续推进三大省级战略,大力推动晋中农高区建设,加快建设"南果中粮北肉"出口平台,着力构建"东药材西干果"商贸平台。要加强新型职业农民技能培训,促进农民群众就业创业。要着力补上农村基础设施和公共服务短板,抓好农村人居环境整治,建设美丽乡村。要深化农村改革,做好二轮承包到期后再延长30年政策衔接,推动生产、供销、信用"三位一体"综合合作。要推动城乡融合发展,促进农业转移人口市民化,推进大县城建设,完善小城镇联结城乡功能,促进城乡要素自由流动,为乡村振兴注入新动能。

会议强调,今年是全面打赢脱贫攻坚战的收官之年,必须以决战完胜的决心信心,强化"交总账"意识,坚持问题导向、目标导向、结果导向,坚决打好"歼灭战",确保剩余贫困人口如期脱贫,确保不发生大的返贫致贫问题。一要坚持开发式扶贫与保障式扶贫并重,一体推进持续攻坚和防止返贫,不折不扣完成剩余脱贫任务。加强产业扶贫,完善带贫益贫机制,大力发展特色种养业、农产品精深加工、乡村旅游,持续推进光伏扶贫、电商扶贫、消费扶贫、就业扶贫等工作。全面落实低保、医保、养老保险、特困人员救助供养、临时救助、残疾人帮扶等兜底政策,做到应保尽保。对照"三落实""三精准""三保障"要求,紧盯重大政策、重点项目和重要机制落实情况,全面排查存在问题,上半年全部整改到位。完善返贫预警和动态帮扶机制。严把贫困退出关,坚持现行标准,坚决杜绝数字脱贫、虚假脱贫。二要落实"四个不摘",全力巩固拓展脱贫成果,继续落实攻坚深度贫困"一县一策"和金融扶贫、土地支持、进城落户等政策,保持政策总体稳定、财政投入力度不减。深入推进"人人持证、技能社会"建设,开展创业培训指导,壮大农村集体经济、合作经济,加强扶贫资产管理,促进贫困群众持续稳定增收。做好易地扶贫搬迁后续扶持,确保权益有保障、就业有渠道、身份可融入。扎实推进拆旧复垦。深化扶贫扶志,多措并举激发贫困群众内生动力。三要在配合做好国家普查36个国定贫困县的同时,对22个省定贫困县开展普查,严明工作纪律,确保过程扎实、结果可靠。四要压紧压实党委政府主体责任、行业部门牵头责任、驻村干部帮扶责任,广泛动员社会力量参与,尤其要发挥县级党委指挥部作用,形成全面打赢脱贫攻坚战的强大合力。

会议对2020年"三农"和脱贫攻坚工作作出具体安排部署。指出,脱贫工作要因户因人施策,完成减贫任务,加强返贫监测预警,确保不发生大的返贫致贫问题;从早从严从实抓好问题排查整改和风险隐患防范;持续做好产业就业、易地搬迁后续扶持、生态扶贫、光伏扶贫和扶贫资产管理,保持扶贫投入、政策支持和驻村帮扶力度不减,全面提升脱贫成效;深化扶贫扶志,增强脱贫信心;严格考核督查,对国家、省、市各项考核发现的问题要同步整改,督促抓好落实;完成普查任务,做好总结和典型宣传工作,持续关心关爱扶贫干部,讲好山西扶贫故事,确保脱贫攻坚任务如期全面完成。"三农"工作要聚焦做大做强农产品精深加工十大产业集群,坚持龙头带动、园区承载、品牌引领、项目支撑,夯实乡村产业振兴基础;强化政策保障和科技支撑,提高农业综合生产能力,保障重要农产品有效供给;依靠提升职业技能、发展特色产业、释放改革红利、加强政策支持,多措并举拓宽增收渠道，提高农民收入；抓好农村生活垃圾治理、农村生活污水治理、农村"厕所革命"三大重点任务，全面推进农村人居环境整治；抓好农村土地制度、集体产权制度、宅基地、基层农技农经体系、水利、林草等改革，激发乡村发展动力活力；借鉴先进经验做法，加大乡村治理示范创建，促进"三治融合"。

会议强调，要加强党对"三农"工作的全面领导，落实五级书记抓脱贫攻坚和乡村振兴责任。要加强农村基层党组织建设，选好配好农村党组织书记，发挥党组织战斗堡垒作用和党员示范带动作用。要加强乡村治理体系建设，健全党领导下的"三治"融合乡村治理体系。要加强"三农"干部队伍建设，加大培训教育力度，关心爱护基层干部特别是一线扶贫干部，注重培养使用实绩突出的干部，造就一支懂农业、爱农村、爱农民的"三农"工作队伍，推进乡村治理体系和治理能力现代化。

会议讨论了《中共山西省委山西省人民政府关于抓好"三农"领域重点工作确保如期实现全面小康的实施意见(讨论稿)》和《中共山西省委山西省人民政府关于加快发展农产品精深加工十大产业集群的推进意见(讨论稿)》。

太原市、大同市、晋中市、长治市、岢岚县、石楼县、沁水县和临猗县作了大会交流发言。

会议以电视电话会议形式开到市、县。省委农村工作领导小组、省脱贫攻坚领导小组成员单位主要负责同志，省人大常委会、省政协有关专门委员会负责同志，省委脱贫攻坚督导组组长、副组长，各市市委副书记、分管农业农村和扶贫工作的副市长、市委农办(农业农村局)主任(局长)、扶贫办主任在省主会场参加会议。各市、县党政主要负责同志，党委农村工作领导小组、脱贫攻坚领导小组成员单位主要负责同志及相关部门负责同志、乡镇党委书记、省干部驻村帮扶驻县大队长在市、县分会场参加会议。

全省"不忘初心、牢记使命"主题教育总结大会

1月10日，全省"不忘初心、牢记使命"主题教育总结大会在太原召开。省委书记、省委"不忘初心、牢记使命"主题教育领导小组组长楼阳生出席会议并作讲话。他强调，要认真学习贯彻习近平总书记重要讲话精神，以主题教育为新的起点，持续推动不忘初心、牢记使命，奋力谱写中国特色社会主义现代化建设山西篇章。中央"不忘初心、牢记使命"主题教育第8巡回督导组副组长周福启出席会议并讲话。省委副书记、代省长、省委主题教育领导小组常务副组长林武，省政协主席李佳出席会议，省委常委、组织部部长、省委主题教育领导小组副组长曲孝丽主持会议。

楼阳生指出，习近平总书记在"不忘初心、牢记使命"主题教育总结大会上的重要讲话，立意高远、视野宏大，思想深邃、内涵丰富，充分体现了新时代中国共产党人恪守党的性质宗旨的高度自觉，表明了推进党的自我革命、牢记初心使命的鲜明态度，彰显了我们党永葆先进性和纯洁性的坚定决心，具有很强的政治性、思想性、理论性、指导性，为我们巩固拓展主题教育成果、持之以恒筑牢初心使命提供了根本遵循和前进方向。全省各级党组织和广大党员干部要认真学习贯彻习近平总书记重要讲话精神，以主题教育为新的起点，持续推动不忘初心、牢记使命。

楼阳生指出，主题教育开展以来，省委认真贯彻习近平总书记重要讲话精神和"四个到位""四个注重"等指示精神，按照党中央部署要求，精心组织、扎实推进，中央第8指导组、督导组严督实导，两批单位协调联动、次第展开，围绕主题、主线和总要求，高标准学研查改，推动整个主题教育高质量开展，达到了预期目的，取得了重大成果。主要体现在，突出举旗铸魂立根，深入学习践行习近平新时代中国特色社会主义思想，重温习近平总书记"三篇光辉文献"，努力提高知信行合一能力，创新理论武装取得新成效；突出锤炼政治忠诚，从红色基因中汲取营养、坚定信仰，思想政治受到深刻洗礼锤炼，"两个维护"更加自觉坚定；突出推动事业发展，坚持把主题教育同贯彻落实党中央决策部署结合起来，同破解改革发展稳定突出问题结合起来，高质量转型发展进入新的阶段；突出激励担当作为，着力推动干部状态和素质双提升，鲜明树立结果导向，干事创业的氛围日益浓厚；突出改进工作作风，力戒形式主义、官僚主义，积极解决群众最急最忧最盼的问题，展示了为民务实的新气象；突出净化政治生态，以落实"第一责任"更好地领导和保障"第一要务"，"两袖清风、事业有成"正在成为广大干部自觉追求；突出维护制度权威，坚持在制度轨道上开展工作，着力推进治理体系和治理能力现代化，制度优势不断转化为治理效能和发展动能。

楼阳生指出，要认真贯彻落实习近平总书记重要讲话精神，把"不忘初心、牢记使命"作为加强党的建设的永恒课题和全体党员干部的终身课题，经常进行思想政治体检，不断叩问初心、守护初心，不断坚守使命、担当使命，始终做到初心如磐、使命在肩。楼阳生就此提出六个方面要求。一是坚定理想信念，真正学好党的创新理论。要深刻认识到，习近平新时代中国特色社会主义思想是当代中国马克思主义、21世纪马克思主义，是全党的信仰之基、精神之钙、思想之舵，是我们坚定理想信念、守牢信仰初心的根本遵循和精神食粮。要坚持把学好习近平新时代中国特色社会主义思想放在首位，在学懂、弄通、做实上下苦功夫，在解放思想中统一思想，在深化认识中提高认识，使党的创新理论在三晋大地落地生根、开花结果。二是做到"两个维护"，始终保持忠诚本色。要时刻牢记，办好中国的事情，关键在党，根本在习近平总书记领航掌舵。要以党的政治建设为统领抓好党的各方面建设，教育引导党员干部提高政治站位和政治觉悟，善于从政治上看待、分析和处理问题，不断增强"四个意识"、坚定"四个自信"、做到"两个维护"，始终做到总书记的号令坚决听从、总书记的思想坚决贯彻、总书记的决策坚决执行、总书记的权威坚决捍卫。三是勇于担当作为，自觉履行历史使命。当前山西正处于全面建成小康社会和资源型经济转型打基础、出雏型的重要历史关头。要把握住山西的时代方位和难得机遇，坚决贯彻党中央重大决策部署，落实"四为四高两同步"总体

思路和要求,以为山西人民谋福祉、为山西明天谋振兴的使命和情怀,敢字为先、干字当头,守土尽责、迎难而上,坚定不移将转型综改进行到底,交出一份合格的新时代答卷。四是牢记为民宗旨,坚决反对形式主义和官僚主义。不忘初心、牢记使命,说到底是一个我是谁、为了谁、依靠谁的问题。山西是革命老区,更是发展任务重、潜力大的地区。要真抓实干解民忧、纾民怨、暖民心,把以人民为中心的发展思想落实到具体事情、具体项目上,努力让老百姓过上富裕幸福、积极向上、文明健康的高品质生活。五是强化自我革命,持续净化政治生态。山西政治生态已经由乱转治并不断巩固、持续净化,但沉痛教训不能忘,全面从严治党永远在路上。要驰而不息抓好正风肃纪反腐,用好批评和自我批评这个锐利武器,不断增强自我净化、自我完善、自我革新、自我提高的能力,实现政治生态持久的风清气正。六是发扬斗争精神,有效应对风险挑战。面对世界百年未有之大变局,面对改革发展稳定的繁重任务,只有发扬斗争精神,才能胜利实现伟大梦想。初心拷问干部,使命鉴别干部。要时刻保持警醒,不断振奋精神,知重负重、苦干实干、攻坚克难,有效应对各种风险挑战,为推动我们党正在进行的伟大斗争作出山西贡献。

楼阳生指出,在肯定我省主题教育取得显著成效的同时,要清醒看到存在的问题和不足,下恒久之功加以解决。党的十九届四中全会明确提出建立不忘初心、牢记使命的制度,党中央将印发建立不忘初心、牢记使命的制度的意见。各级党委(党组)要深入贯彻中央部署要求,把制度建设作为巩固拓展主题教育成果的关键举措,坚持系统思维、辩证思维、底线思维,体现指导性、针对性、操作性,围绕学习贯彻习近平新时代中国特色社会主义思想、贯彻落实习近平总书记重要指示批示和党中央决策部署、为人民执政靠人民执政、巩固专项整治成果、落实全面从严治党责任等重大任务建立健全长效机制,为在新的起点上继续征程提供有力制度保证。楼阳生强调,全省各级领导机关和领导干部要深刻认识自身的责任,带头做到不忘初心、牢记使命,带头维护制度、执行制度,确保党中央和省委重大决策部署、重大工作安排都按照制度要求落到实处。

周福启在讲话中指出,主题教育开展以来,山西省委深入学习贯彻习近平新时代中国特色社会主义思想,认真落实习近平总书记关于山西工作的重要讲话、重要指示批示精神和党中央部署要求,切实履行主体责任,全省各级党组织真抓实抓,广大党员干部积极投入,主题教育达到预期目的、取得丰硕成果。

中央第8巡回督导组成员,省委常委,省人大常委会、省政府、省政协负责同志,省法院院长,省检察院检察长出席会议。省委主题教育领导小组成员,省直各单位主要负责同志,驻太原省管本专科院校和省管国有企业主要负责同志,省委巡回指导组组长、副组长,省委主题教育领导小组办公室负责同志等参加会议。会议以电视电话形式召开,各市设分会场。

省军区党委十一届五次全体(扩大)会议暨全省党管武装工作述职电视电话会议

1月9日至10日,省军区党委十一届五次全体(扩大)会议暨全省党管武装工作述职电视电话会议在太原召开。会议坚持以习近平新时代中国特色社会主义思想为指导,深入贯彻习近平强军思想,总结2019年工作,部署2020年任务,进行军分区(警备区)党委第一书记、市国动委主任党管武装工作述职。省委书记、省军区党委第一书记楼阳生出席并讲话,省委副书记、代省长、省国动委主任林武出席。

楼阳生指出,过去一年,省军区坚决贯彻党中央、中央军委和习主席的决策指示,聚焦强军目标,深入开展“不忘初心、牢记使命”和“传承红色基因、担当强军重任”主题教育,扎实抓好军事训练,深入推进民兵调整改革,各项工作取得新的成绩。积极支持和参与地方建设,主动承担急难险重任务,展现出把驻地当故乡、视人民为亲人的宗旨意识和优良作风,为促进全省经济社会发展作出了积极贡献。楼阳生代表省委向全省战斗在国防动员战线的同志们表示衷心感谢并致以新春问候。

楼阳生对各市党管武装工作取得的成绩给予肯定,并就深入学习贯彻习近平强军思想,大力提升全省党管武装工作质量水平,进一步推进国防动员和后备力量建设提出要求。他强调,要提高政治站位,共铸“钢铁长城”,切实增强推进国防动员和后备力量建设的责任感使命感。军地各级要站在“两个大局”的高度,深刻领悟习近平强军思想的科学体系、丰富内涵、精神实质、实践要求,反复学、系统学,特别是学深悟透习主席关于党对军队绝对领导的重要论述,坚决贯彻军委主席负责制,确保“枪杆子”任何时候任何情况下都坚决听从党中央、中央军委和习主席指挥;学深悟透习主席关于强国必须强军的重要论述,充分认识国防和军队建设是国家安全的坚强后盾;学深悟透习主席关于国防动员和后备力量建设的重要论述,在纠治和平积弊、积聚国防潜力、深化改革创新上下功夫,做到“宁可备而不战,不可无备而战”。

楼阳生强调,要聚焦练兵备战,聚力保障打赢,扎实推进军事斗争国防动员各项准备。认真落实《国防动员建设“十三五”规划》和《关于推动完善国防动员体系的实施意见》,制定推进落实的具体方案和任务清单,纳入任务单位年度重点工作。巩固深化民兵调整改革成果,健全民兵联抓联建机制,提高民兵专业化水平,大力发展地方有潜力、部队有需求、打仗离不开的民兵队伍。坚持战斗力标准,加强针对性适应性训练,认真落实分级抓建、分片包干机制,进一步形成军地各级抓基层打基础的整体合力。

楼阳生强调,要坚持项目为王,统筹配置资源,加快推动军民融合深度发展。紧紧围绕省委“四为四高两同步”总体思路和要求,把工作的着力点进一步聚焦到重点项目、平台、企业上来,加快推动军民融合产业项目、协同创新项目、股权合作项目建设,着力在产业发展、协同创新、平台建设、制度优化、空间拓展等方面持续发力。军地各级和各有关部门的工作都要在全面推进的基础上突出重点,形成合力,一年干成几件大事，积小胜为大胜，把军民融合产业打造成为转型发展的增长极。

楼阳生强调，要弘扬优良传统，强化使命担当，自觉扛起党管武装工作政治责任。全省各级党委要紧贴部队需求，坚持问题导向、目标导向、结果导向，以更加过硬的作风和强有力的组织领导确保党管武装各项工作落到实处。要认真履职尽责管武装，落实党管武装基本制度，及时研究涉及国防和军队建设的重大事项，全力为部队建设创造有利条件。要支持军队改革强武装，完善国防动员制度体系，做好全面停止军队有偿服务“下篇文章”，加大军地保障体系对接的探索力度，促进经济建设和国防军队建设协调发展、兼容发展。要真情解难帮困建武装，支持保障军队老干部工作创新发展，做好退役军人事务工作，解决好随军家属安置、退役士兵培训就业、军人子女入学等问题。各级政府要落实武装工作各项经费保障，以实际行动关心支持部队建设。

楼阳生强调，三晋大地是一片红色热土，革命战争年代军民水乳交融、生死与共铸就了太行精神、吕梁精神。希望驻晋部队大力弘扬优良革命传统，积极参与地方建设，书写新时代军民鱼水情的新篇章。

会议宣读了省军区年度奖励通令和表彰通报，对先进集体和先进个人进行了表彰。

省领导罗清宇、张吉福、廉毅敏、胡玉亭、韩强、曲孝丽、李俊明、李正印、李晓波在主会场或所在市分会场出席会议，省军区党委常委参加会议。

省政协十二届三次会议

1月12日，省政协十二届三次会议在太原开幕。省委书记楼阳生，省委副书记、代省长林武到会祝贺，并在主席台前排就座。

省政协主席李佳，全国政协常委、文化文史和学习委员会副主任王儒林，全国政协农业和农村委员会副主任薛延忠，省委常委、统战部部长、省政协党组副书记徐广国，省政协副主席李正印、李晓波、张瑞鹏、席小军、李武章、李青山、谢红、李思进在主席台前排就座。

开幕大会由李正印主持。本次会议应到委员547人，实到511人，符合法定人数。

李佳作了省政协常委会工作报告。席小军作了提案工作情况报告。大会对提案工作和反映社情民意工作先进个人和单位进行了表彰，省政协副主席李晓波宣读表彰决定，部分先进个人和单位代表上台领奖。

1月17日，省政协十二届三次会议完成各项议程后在太原胜利闭幕。会议号召，全省政协各级组织、各参加单位和广大委员，要更加紧密地团结在以习近平同志为核心的中共中央周围，在中共山西省委坚强领导下，坚定不移走中国特色社会主义政治发展道路，不忘合作初心、牢记职责使命、继续携手奋进，为打好全面建成小康社会收官之战，推进我省转型综改、高质量发展作出新的更大贡献！

省委书记楼阳生，省委副书记、代省长林武出席闭幕大会并在主席台前排就座。省政协主席李佳主持闭幕大会并讲话。全国政协常委、文化文史和学习委员会副主任王儒林，全国政协农业和农村委员会副主任薛延忠，省委常委、统战部部长、省政协党组副书记徐广国，省政协副主席李正印、李晓波、张瑞鹏、席小军、李武章、李青山、谢红、李思进，秘书长张岐云在主席台前排就座。

本次会议应到委员547人，实到512人，符合法定人数。

会议通过了政协第十二届山西省委员会第三次会议关于常务委员会工作报告的决议，政协第十二届山西省委员会提案委员会关于省政协十二届三次会议提案审查情况的报告，政协第十二届山西省委员会第三次会议政治决议。

会议期间，省领导与委员们共商转型综改、高质量发展大计。广大政协委员认真学习贯彻中央大政方针、省委决策部署，以强烈的政治责任感和历史使命感，深入讨论政府工作报告、法检两院报告及其他报告，认真审议省政协常委会工作报告、提案工作情况报告等重要文件，围绕统筹推进“五位一体”总体布局、协调推进“四个全面”战略布局，紧扣全面建成小康社会目标任务，聚焦“四为四高两同步”，深入协商，踊跃建言，取得积极成果。会议始终坚持发扬民主与增进团结相互贯通、建言资政和凝聚共识双向发力，是一次高举旗帜、凝心聚力的大会，是一次求真务实、风清气正的大会，是一次团结奋进、共襄盛举的大会！

省十三届人大三次会议

1月13日，省十三届人大三次会议在太原开幕。来自全省各条战线的500余名省人大代表，肩负全省人民的重托出席盛会，认真履行宪法和法律赋予的神圣职责。

大会主席团常务主席、执行主席楼阳生主持会议并在主席台前排就座。大会执行主席郭迎光、卫小春、李悦娥、高卫东、岳普煜、李俊明、郭海刚在主席台前排就座。省领导林武、李佳出席大会并在主席台就座。会议应出席代表548人，出席528人，缺席20人，出席人数符合法定人数。

根据会议议程，代省长林武代表省人民政府向大会作政府工作报告。大会审查省人民政府关于山西省2019年国民经济和社会发展计划执行情况与2020年国民经济和社会发展计划草案的报告，关于山西省2019年全省和省本级预算执行情况与2020年全省和省本级预算草案的报告。全国政协文化文史和学习委员会副主任王儒林、全国政协农业和农村委员会副主任薛延忠在主席台就座。

1月18日，省十三届人大三次会议举行第四次全体会议。楼阳生当选省人大常委会主任，林武当选省人民政府省长，王拥军当选省监察委员会主任，刘志宏当选省人大常委会委员。根据《全国人民代表大会常务委员会关于实施宪法宣誓制度的决定》和《山西省组织实施宪法宣誓办法》的规定，省十三届人大三次会议选举产生的省人大常委会主任、省人民政府省长、省监察委员会主任、省人大常委会委员进行了宪法宣誓。

1月18日，省十三届人大三次会议举行第五次全体会议，在圆满完成各项议程后，大会胜利闭幕。大会主席团常务主席、执行主席楼阳生主持会议并作重要讲话。省领导林武出席会议并在主席台就座。大会执行主席李佳、郭迎光、卫小春、李悦娥、高卫东、岳普煜、李俊明、郭海刚在主席台前排就座。会议应出席代表548人,出席527人,缺席21人,出席人数符合法定人数。

会议表决通过了关于省人民政府工作报告的决议、关于山西省2019年国民经济和社会发展计划执行情况与2020年国民经济和社会发展计划的决议、关于山西省2019年全省和省本级预算执行情况与2020年全省和省本级预算的决议、关于省人大常委会工作报告的决议、关于省高级人民法院工作报告的决议、关于省人民检察院工作报告的决议。会议还表决通过了《山西省优化营商环境条例》。

全省项目建设暨招商引资动员大会

1月18日下午,全省"两会"刚刚闭幕,省委、省政府召开全省项目建设暨招商引资动员大会,进一步动员全省上下聚精会神抓项目、全力以赴促转型。省委书记、省人大常委会主任楼阳生出席并作重要讲话。他强调,要深入学习贯彻习近平总书记"三篇光辉文献"精神,贯彻落实省委经济工作会议和省"两会"精神,按照"四为四高两同步"总体思路和要求,强化"项目为王"的鲜明要求,树立以结果论英雄的鲜明导向,推动山西高质量转型发展开创新局面。省委副书记、省长林武对项目建设和招商引资工作作出具体部署。省政协主席李佳出席。省委常委、副省长胡玉亭主持。

会议指出,转型为纲、项目为王、改革为要、创新为上既是理念也是方法,"四高"既是任务也是路径,"两同步"是我们的奋斗目标,也是全省人民的期盼。"四为四高两同步"既有各自内涵,又是一个有机整体。贯彻落实"四为四高两同步"总体思路和要求,必须抓住转型这个纲,全省上下必须强化"项目为王"的鲜明要求。今天的投资结构,就是明天的产业结构。好项目是先进生产要素的集合体。项目是第一要务的重要抓手,是转型发展的重要推力。各级党委政府、各部门、各开发区主要领导在履行抓党建第一责任的同时,一定要把发展第一要务牢牢抓在手上,把项目工作摆上重要议事日程、摆在突出位置,作为"一把手工程",主要领导要亲自谋划、亲自出征、亲自研究、亲自协调。要加大对项目工作的硬考核力度,把抓项目的成效作为衡量领导班子和干部能力、水平、作风的重要标尺。

会议指出,要坚持分类指导、梯次推进、常态落实,不断提升科学抓项目的能力和水平。对产业类、研发科技类、基础设施类、开发区类、城乡建设类、民生类项目,要针对项目特点,加强分类指导,围绕投产一批、开工一批、签约一批、包装一批、招商一批"五个一批"动态管理、滚动推进。要做实抓项目工作的六项常态化机制,建立倒查机制,靠机制和制度优化流程、提高效率,打通中梗阻。要坚持入企服务常态化,做到一产、二产、三产,规上、中小企业、双创团队等所有市场主体全覆盖。要用好项目在线平台,加快建设数字政府,线上线下联动,键对键、面对面,零距离、及时办,提高行政效率和行政效能。要用好"点办理、批处理"的工作机制,既要抓好点上问题的处理解决,同时对带有体制性政策性的共性问题,要从面上统筹解决,完善相关制度,建立长效机制。

会议指出,要坚持准入标准、问题导向、精准方略,努力提高项目建设和招商引资的质量成色。一要坚持准入标准,提升项目整体质量。把选择项目的重点,放到战略性新兴产业发展、重点产业集群培育、"双创"成果转化和"专精特新"企业扶持上来,优选项目、精选项目。二要坚持问题导向,打通项目建设痛点堵点。一般工业项目都要入开发区,项目前期要做深做透,相关手续要并联办理,用地要做到熟地等项目,营造良好施工环境,加强银企对接,解决项目落地难问题。深化供给侧结构性改革,推进"晋材晋用",推动解决投资拉动经济增长问题。三要坚持精准方略,提高招商引资成效。围绕农产品精深加工十大产业集群、14个战略性新兴产业集群、文旅三大板块、创新三大工程、"一主三副六市域中心"城镇化建设、乡村振兴等省委重大部署,精准开展点对点招商、专业化招商,特别是通过以商招商、产业链招商、产业集群招商、股权招商等方式,加快与国内外领军企业深度对接,既要招商引智,又要招才引商。必须发挥好驻外办招商局的作用,正向激励、负向倒逼,引导其在招商引资主战场上积极作为。要高度重视打造创新生态,创优营商环境,构建亲清政商关系,扩大对外开放,形成支持保障项目建设的大环境、大氛围。

会议强调,要坚持结果导向,真正把真抓敢抓善抓项目的干部大胆用起来。要通过结果导向发现好经验、好做法、好干部,把好干部用起来。要推进干部能上能下,通过建账、理账、对账、交账、算账"五账法",拿结果说话,注重在项目建设和招商引资一线锻炼干部、识别干部,对政治上可靠、项目工作上善抓能干的干部要大胆使用,对不愿抓、不敢抓、不会抓项目的要进行调整。开发区是转型发展的主阵地,对开发区落地项目要实行硬考核。省直部门要积极对接国家部委,争取将我省更多项目纳入国家"十四五"规划大盘子;积极对接更多央企、民企、外企,抓住机遇招商引资;积极争取更多项目在我省布局、更多资金向我省投放、更多政策向我省倾斜;积极引入全国性乃至国际性会议、会展、论坛、赛事在我省举办;积极争取国家重大改革试点在我省开展。

会议对今年项目建设和招商引资工作作了具体部署。一是把握规律特点、强化分类施策,全力推进转型项目建设。紧抓国家政策机遇,聚焦构建现代综合交通运输体系、补齐民生短板、提升公共服务能力,在交通运输、市政公用、脱贫攻坚、农业农村、民生事业、生态环保等领域谋划推进一批重大项目,实施好交通网、市政网、岸港网、民生网"四网"会战。持续创优营商环境,释放企业投资项目承诺制等改革红利,有效降低企业成本,充分发挥开发区主战场作用,推动更多产业项目落地,实现社会就业、政府税收、企业盈利"三赢"目标。发挥技改资金杠杆效应,引导企业通过改进生产工艺、更新设备、实施信息化改造、加强智能应用等方式做优存量项目,支持企业围绕产业链价值链供应链开发新项目。建立领导包联机制,省市县三级政府领导同志每人包联一个重大产业项目和一个基础设施项目,定期现场办公,切实解决项目建设的堵点难点问题。二是创新机制、完善政策,着力提高招商引资质量。围绕制造业十二大领域和重点培育的千亿级产业,完善招商引资项目库和招商图谱,举办高质量招商引资活动,开展小分队招商、产业链招商、股权招商、以商招商,做到内商外商并重、引资引智引技并举,切实提高招商精准度。对新签约项目实行全程跟踪服务,加大已签约项目推进力度,切实提高项目落地率。加强政策统筹优化和分类细化,制定特色化、个性化招商政策,强化政策兑现和合理运用,切实提高政策有效性。三是讲落实、讲效率、讲结果,推动项目建设取得实效。落实六项常态化工作机制,建立项目分级管理制度,加强省级统一调度,推动市县和开发区抓实谋划储备、招商引资、征地拆迁、要素保障、定期调度、依法入统等工作。开展集中开工活动和项目建设"比赶超"活动,合理确定项目建设周期,着力提高新建项目开工率、年度投资完成率。用好国家赋予地方更大土地自主权、扩大债券规模和项目资本金管理等政策,优化土地、资金、环境容量等要素供给,以项目建设新成效推动高质量转型发展迈上新台阶。

会议强调,全省上下要以此次会议为动员令,振奋起来、紧张起来、行动起来,坚持以项目论英雄、以结果论英雄,在高质量转型发展的主战场奋力拼搏、争作贡献。

会上,省发改委、省工信厅、省商务厅汇报全省项目、投资总体情况及推进激励政策机制、工作举措,转型综改示范区汇报投资和项目情况,太原市、大同市、运城市、阳泉市汇报2020年项目建设、推进举措并作表态发言,山西省环渤海、长三角、珠三角招商局作述职发言。其他市、忻州经开区、山西农谷(农高区)、右玉生态文化旅游示范区作书面汇报。各市及开发区通过晒项目,列出一季度计划新开工亿元以上项目和全年重大产业项目清单、在建重大项目现场图片等,比成绩、找差距、抓落实,营造比学赶超的浓厚氛围。

省委常委,省人大常委会、省政府、省政协有关负责同志,武警山西总队主要负责同志出席会议。省直各部门、中央驻晋单位、各市县党政主要负责同志,各市有关负责同志,省管本科院校、省管国有企业、省级以上开发区主要负责同志,有关商会负责同志等参加会议。

省纪委十一届六次全会

1月21日,省纪委十一届六次全会在太原召开,省委书记、省人大常委会主任楼阳生出席会议并作重要讲话。他强调,要深入贯彻习近平总书记在中央纪委四次全会上的重要讲话及全会精神,坚持一体推进不敢腐、不能腐、不想腐这一新时代全面从严治党的重要方略,零容忍的决心丝毫不能动摇、打击腐败的力度丝毫不能减弱、净化政治生态的努力丝毫不能懈怠,把"严"的主基调长期坚持下去,为决胜全面建成小康社会、决战脱贫攻坚,为治晋兴晋强晋,为推动高质量转型发展提供坚强保障。

省委副书记、省长林武,省政协主席李佳,省委常委罗清宇、徐广国、吕岩松、张吉福、廉毅敏、商黎光、胡玉亭、韩强、曲孝丽出席会议。省委常委、省纪委书记、省监委主任王拥军主持会议。

楼阳生指出,习近平总书记在中央纪委四次全会上作的重要讲话,深刻总结新时代全面从严治党的历史性成就,深刻阐释我们党实现自我革命的成功道路、有效制度,深刻回答管党治党必须"坚持和巩固什么、完善和发展什么"的重大问题,对以全面从严治党新成效推进国家治理体系和治理能力现代化作出战略部署。全省要充分领悟以习近平同志为核心的党中央高瞻远瞩的战略视野、居安思危的政治清醒、兴党强国的使命担当,更加自觉地深化党的自我革命、持续推动全面从严治党向纵深发展。要全面把握我们党探索出的这一条长期执政条件下解决自身问题、跳出历史周期率的成功道路,构建起的这一套行之有效的权力监督制度和执纪执法体系,长期坚持并不断巩固发展。要把思想和行动统一到习近平总书记关于全面从严治党重要论述和中央纪委四次全会重要讲话精神上来,坚定稳妥、稳中求进,奋力书写全面从严治党、党风廉政建设和反腐败斗争新篇章。

楼阳生指出,党的十八大以来,我省同全国一样,党风廉政建设和反腐败斗争经历重大转折并不断引向深入。过去的一年,全省各级党委、各级纪委监委一以贯之落实全面从严治党方针和要求,持续深化思想武装,持续加强政治建设,持续纠治"四风",持续保持反腐败高压态势,持续抓好党性锻炼,持续拧紧"两个责任"螺栓,推动管党治党取得新的重大成果。同时,也要清醒认识到,我省反腐败斗争形势依然严峻复杂,不收敛不收手、消极无为懒政怠政、政商不清、选人用人不公、监督虚化等问题在一些地方和单位仍然存在。回看走过的路、远眺前行的路,我们必须汲取系统性塌方式腐败的沉痛教训,镜鉴常照、警钟长鸣,既做好刮骨疗毒、重整旗鼓的工作,又做好修复生态、培植土壤的工作,始终保持全面从严治党的定力和耐力,让走过的弯路不要再走,让付过的学费不再重付,做到治"乱"不停步、治"本"年年有新进步。

楼阳生强调,2020年是全面建成小康社会和"十三五"规划收官之年。各级各部门要一体推进不敢腐不能腐不想腐,以"第一责任"领导保障"第一要务",以风清气正的政治生态推动形成活力迸发的创新生态,以全面从严治党新成效推进治理体系和治理能力现代化。

一是着力筑牢"不想腐"的思想堤坝。要常学党章誓言,牢记初心使命,把党章放在案头床头,把入党誓言刻在脑子里、融在血液中,成为细胞、变成基因,不断去杂质、除病毒、防污染。要常照党纪国法,牢记"楚河汉界",切记纪律不是吃素的而是长牙的,法律也不是绝缘的而是带电的,真正明法纪、知敬畏、存戒惧、守底线。要常思贪欲之害,牢记前车之鉴,不做自己回不了头的事,不做组织想帮都帮不了的事。对腐败案件要深入剖析,常态开展警示教育,以案促学、以案促改。

二是着力强化政治监督。要确保对党绝对忠诚,坚决做到"两个维护"。重温"三篇光辉文献",牢牢把握前进方向;精准整治形式主义、官僚主义,推动党中央重大决策部署和习近平总书记重要指示批示落地见效;坚决反对"七个有之",不当"两面人"、不搞"伪忠诚"。要确保省委决策部署得到贯彻落实,并结合实际创造性开展工作。加强巡视、巡察和专项督查,推动结果导向成为工作理念、工作方法、工作制度,通过结果来检验落实的程度。要发扬斗争精神,勇于应对风险挑战,坚持从政治上看待和分析问题,更加敏锐、洞察、果断,树牢底线思维,增强忧患意识,提高防控能力,以过硬的党性践行忠诚、担当使命。

三是着力完善权力配置和运行制约机制。要科学配置权力,做好党政机构改革的“后半篇文章”,坚持权责法定,进一步推进分事行权、分岗设权、分级授权,加快推进机构、职能、权限、程序、责任法定化,实行管审分离、管采分离、管办分离、管监分离。要科学运行权力,推进依法决策,加强决策的调研、协商,把公众参与、专家论证、风险评估、合法性审查、集体讨论决定作为重大决策法定程序,对自由裁量权要控制压减在合理区间。要科学评价权力,建立权力运行反馈、评价、跟踪机制,完善及时发现问题的防范机制、精准纠正偏差的矫正机制、强化责任落实的追究机制、鼓励担当作为的激励机制,确保权力运行既相互制约又协调高效。落实好政务服务“好差评”制度,让人民赋予的权力为人民服务、受人民监督、让人民评价。

四是着力推进权力公开。要分类公开,贯彻党务公开条例,把党组织的领导活动、党的建设等有关事务,在党内或者向党外公开;落实政府信息公开条例,重点公开财政预算、公共资源配置、重大建设项目批准和实施、社会公益事业建设等信息;进一步拓展司法公开的广度和深度,推动立案、庭审、裁判和诉讼服务等公开;充分发挥公共资源交易和工程招投标平台作用,确保资源配置公开、交易公开、招投标公开。要分层公开,对权力运行和服务过程中产生的信息和数据,要认真梳理,逐项认定公开属性,编制公开目录,同时确保信息安全。要分级公开,根据权力运行的关联程度,合理确定公开范围。

五是着力完善监督体系。在对所有行使公权力的公职人员进行全覆盖监督的同时,要突出加强对有权的人、有利的岗、有责的事的针对性监督,破解监督难题,做到监督常在、形成常态。各级“一把手”是关键少数中的“少数”,要加强对“一把手”的监督,同时各级“一把手”要充分履行监督职责。要以党内监督为主导,推动巡视监督、审计监督、组织监督、群众监督等各种监督贯通起来、形成合力。纪委监委要在贯通各类监督上主动作为,健全信息沟通、线索移交、成果共享机制。要高度重视群众监督,对群众反映强烈的人和事要跟进调查核实。在依法保护举报人,畅通反映问题渠道的同时,对诬告陷害的要依法处理,旗帜鲜明为担当作为的干部撑腰作主、澄清正名。

六是着力加强制度建设。要坚持问题导向,围绕审批监管、执法司法、工程建设、资源开发、金融信贷、公共资源交易、公共财政支出、脱贫攻坚等重点领域,系统梳理案件查办、巡视巡察、审计检查中发现的制度问题,在健全完善制度、织密织牢笼子、强化制度执行上下功夫,在形成制度闭环、构建约束机制上做文章,确保制度可操作、能落实、真管用。要开展对招投标制度落实情况的专项检查,完善招投标程序,从制度上防范虚假招投标的问题。

七是着力查办违规违纪违法问题。坚持“老虎”“苍蝇”“狐狸”一起打,违规、违纪、违法问题一起查,“四风”土壤、腐败土壤、“黑恶”土壤一起铲,切实提高治理腐败效能。要控新,对十八大以来不收敛、不收手,严重损害党的理论和路线方针政策贯彻执行,严重损害党的执政根基的腐败问题,必须严肃查处、严加惩治,确保形成震慑、强化敬畏。要治旧,既要把“严”的主基调长期坚持下去,又要善于做到“三个区分开来”,运用好“四种形态”提供的政策策略,通过有效处置化解存量、强化监督遏制增量,实现政治效果、纪法效果、社会效果有机统一。要抓早,坚持挺纪在前,坚持严格执纪,通过扯袖、函询、谈话、诫勉等方式,通过对违规违纪行为的及时查处,筑牢拒腐防变的第一道防火墙。要铲土,坚持受贿行贿一起查,被围猎者与围猎者一起抓,黑恶势力与其背后的“保护伞”一起打,组局吃喝者和参与吃喝者一起处理,直接责任与领导责任一起过问,坚决斩断贪腐问题的利益链,坚决打掉黑恶势力的“保护伞”和“四风”问题的温床。对党政干部入股企业问题要开展专项清理。

八是着力落实“两个责任”。要强化各级党委(党组)主体责任和纪委监委监督责任,以严的基调、严的监督、严的制度、严的履职、严的态度,确保党统一领导、全面覆盖、权威高效,增强监督的严肃性、协同性、有效性。各级党委(党组)要守土尽责、自觉担责、认真负责,形成党委统一领导、纪委监委组织协调、组织审计信访等部门和政法各机关共同参与的反腐败工作格局。各级党委(党组)书记要抓好党建、带好班子、管住队伍,坚决负好主责首责全责。领导班子其他成员要严格落实“一岗双责”,做到管业务必须管党建、管廉政、管队伍、管安全,一体推进、无缝衔接。每个领导干部都要从知行合一的角度审视自己、要求自己、检查自己,不断增强自我净化、自我完善、自我革新、自我提高的能力,修身律己、廉洁齐家,管好家属亲友和身边工作人员,永葆清正廉洁政治本色。

楼阳生指出,全省各级党委(党组)和广大党员干部要着力构建“亲”“清”政商关系,既不能“亲”而失范,也不能“清”而无为;着力构建“简”“减”同志关系,上下级之间关系简单简约,不做“加法”,要做“减法”,倡导君子之交淡如水,防止形成小圈子和人身依附;着力构建“严”“严”组织关系,以严肃的组织生活和严格的标准管理促进党员干部涵养党性、成长进步。

楼阳生强调,各级党委要加强对纪委监委的领导,探索建立人大对监委的监督机制,确保执纪执法权受监督、有约束。各级纪检监察机关和广大纪检监察干部要加强政治历练、实践锻炼、专业训练,抓住坚守初心之要,负起勇担使命之责,夯实忠诚履职之本,在强化自我监督、自我约束上作表率,坚决同一切可能动摇党的根基、阻碍党的事业的现象作斗争,做忠诚干净担当、敢于善于斗争的战士,绝不当爱惜羽毛的绅士,在任何时刻都必须让党信得过、靠得住、能放心。

省人大常委会、省政府、省政协负责同志,省法院院长、省检察院检察长出席会议。省纪委委员、省监委委员，省直各部门主要负责同志，省委巡视机构副厅级以上干部，不是省纪委委员的市纪委书记，驻并省管本科院校、省管国有企业主要负责同志，中央驻晋主要新闻媒体负责同志参加会议。武警山西总队有关负责同志应邀出席会议。会议以视频会议形式举行，其他有关方面负责同志在省分会场参加会议，各市设分会场。

全省决战完胜脱贫攻坚推进会

3月6日下午，全省决战完胜脱贫攻坚推进会在太原召开，就贯彻落实决战决胜脱贫攻坚座谈会精神特别是习近平总书记重要讲话精神作出安排部署。省委书记、省人大常委会主任楼阳生主持会议并讲话，他强调，要把思想和行动统一到习近平总书记重要讲话精神上来，进一步增强交总账意识、军令状意识，坚决克服疫情影响，高质量完成脱贫攻坚硬任务，确保决战完胜、圆满收官。省委副书记、省长林武，省领导廉毅敏、曲孝丽、王成在主会场出席会议，罗清宇、张吉福、李俊明、李正印、李晓波分别在各市分会场出席会议。

楼阳生指出，在脱贫攻坚进入决战完胜、全面收官的关键阶段，面对新冠肺炎疫情冲击，习近平总书记站在全局和战略高度，科学分析当前形势，就疫情防控和做好脱贫攻坚进行再动员再部署，为我们克服困难、实现脱贫攻坚决战完胜指明了前进方向、提供了根本遵循。习近平总书记的重要讲话高瞻远瞩、思想深刻，内涵丰富、要求明确，全省各级各部门要认真学习领会，坚决抓好贯彻落实。

楼阳生强调，要准确把握当前形势，进一步增强交总账意识、军令状意识。这些年，省委坚持以习近平新时代中国特色社会主义思想为指导，深入贯彻习近平总书记关于扶贫工作的重要论述和“三篇光辉文献”特别是2017年6月太原座谈会精神，牢记领袖嘱托，坚持把打赢脱贫攻坚战作为增强“四个意识”、坚定“四个自信”、做到“两个维护”的实际行动，坚决扛起政治责任，坚持五级书记一起抓，党政主要领导双组长，全省上下齐动员，脱贫攻坚取得首战首胜、再战再胜、连战连胜、决战决胜。贫困县全部脱贫摘帽，贫困村全部退出，贫困发生率从13.6%降到0.1%以下，生态扶贫、光伏扶贫、易地扶贫搬迁等工作扎实开展，“造林合作社”带动贫困群众增收的做法得到总书记充分肯定。但对标军令状，还有不少短板要补，还有不少艰巨的任务要完成。全省还有2.1万贫困人口，这是贫中之贫、困中之困；还有12.4万脱贫不稳人口和边缘人口，返贫致贫风险不小；产业就业基础不够扎实，易地搬迁后续扶持仍有不少工作要做，巩固提升任务还很重；特别是突如其来的新冠肺炎疫情，又给脱贫攻坚带来不少新问题新挑战。各级党委政府要进一步提高政治站位，切实把思想和行动统一到党中央决策部署上来，按照省委、省政府的部署要求，在扎实做好疫情防控工作的同时，以决战完胜的精神状态坚决打赢脱贫攻坚这场硬仗。

楼阳生强调，要采取有效措施，克服疫情影响，高质量完成脱贫攻坚任务。一要千方百计促增收。克服疫情影响的关键是帮助贫困群众保收入、进而增收入。当前重点要抓好两件事，一是保就业保增收，抓住省内一二三产业复工复产特别是扶贫企业、扶贫车间、扶贫产业园区复工复产的有利时机，加强用工组织，最大限度开发公益岗位，帮助贫困劳动力在省内就近就地就业；同时加强与省外用工大户的对接，以县为单位组织开展“点对点”劳务输出，力争在去年基础上有所增加。二是促销售保增收，深化“五进九销”消费扶贫模式，鼓励大型超市、农产品批发市场、大型采购商、电商平台等优先采购贫困地区农副产品，着力解决“卖难”问题，还要扎实抓好春耕备耕工作。从长远看，根本上要抓好三件事，一是兴产业，围绕农产品精深加工十大产业集群因地制宜发展特色产业，完善益贫带贫机制，把产业振兴贯穿脱贫攻坚、全面小康、乡村振兴全过程。二是抓培训，精准实施农村贫困群众技能培训，实行建档立卡管理，不断提高贫困群众技能水平、就业能力。三是强教育，整合教育资源，强化资助政策，坚持就近就便服从就优，通过控辍保学阻断贫困代际传递。二要夯实筑牢“三保障”。针对突出问题，逐村逐户逐人查缺补漏，动态跟进、对账销号。同时建立完善“三保障”和饮水安全项目长效运行管护机制，确保贫困群众持续稳定受益。三要减贫防贫两手抓。紧盯剩余2.1万贫困人口，“一户一策”落实开发式扶贫和保障性兜底政策，确保达到脱贫标准。紧盯脱贫不稳户和边缘户两类12.4万人，加强返贫监测预警，把帮扶措施想在先、做在前、落实好，守住不发生大面积返贫致贫底线。坚持扶贫扶志相结合，引导贫困群众自力更生、勤劳致富。四要易地搬迁强后扶。统筹迁入迁出两地资源，鼓励通过土地流转、土地托管等增加收入。加大招商引资力度，兴建扶贫车间，通过发展提供就业岗位，确保每个家庭至少有一个劳动力就业。要抓好基层党建和综合治理，确保搬迁群众权益有保障、就业有渠道、身份可融入。五要彻底整改防反弹。这次问题整改是脱贫攻坚期内最后一次整改机会。要彻底清仓见底，把国考省考、专项巡视、检查督导、扶贫审计等反馈的问题一并纳入整改清单，逐市逐县逐部门交办，坚决改、彻底改。要严格挂牌督战，省领导带头领办挂牌督战任务，市委书记、市长带头包联任务重、问题多的县，县委书记、县长亲自抓具体抓，用结果来说话。要坚持问题导向，举一反三，点办理批处理，标本兼治、重在治本，坚决防止同一类问题反复出现。

楼阳生强调，要加强党的领导，确保脱贫攻坚决战完胜、圆满收官。各级党委政府主要负责同志要切实扛起决战完胜的政治责任，把“乌纱帽”别在腰上，尽忠职守，层层抓落实、件件抓落实、事事抓落实。督导组要运用“四不两直”方式，严督实导，把问题发现、解决在抽查督查普查之前。要持续加大支持力度，做到只增不减。要不断深化作风建设，拓展“基层减负年”成效，深入基层一线，面对面开展工作，坚决杜绝形式主义、官僚主义。要关心扶贫干部的工作生活和身心健康，帮助解决实际困难，对干得好的要大胆提拔重用，对牺牲干部家属从优抚恤。要着力营造良好氛围，大力宣传脱贫攻坚中的先进典型，讲好山西扶贫故事，进一步凝聚强大正能量，在打赢疫情防控阻击战的同时，确保脱贫攻坚任务如期全面完成,向党中央、向全省人民、向历史交一份合格答卷。

会议以视频形式开到县一级,省直各有关部门主要负责同志在省主会场参加会议。

全省科学技术大会

3月27日,全省科学技术大会在太原召开。会议以习近平新时代中国特色社会主义思想为指导,深入学习贯彻习近平总书记关于创新驱动发展的重要论述,就打造一流创新生态、培育壮大转型发展新动能作全面部署。省委书记、省人大常委会主任楼阳生出席会议并讲话。他强调,要深入学习贯彻习近平总书记"三篇光辉文献",按照省委"四为四高两同步"总体思路和要求,牢固树立"创新为上"的发展理念,站在高质量转型发展和现代化建设全局,深入实施创新驱动、科教兴省、人才强省战略,全力打造一流创新生态,不断开创科技创新和高质量转型发展新局面。省委副书记、省长林武主持会议并提出落实要求。省政协主席李佳出席。

会议指出,当今世界,科技创新日新月异,全球科技创新进入高度密集活跃期,从微观到宇观各层次各领域的技术都在加速突破,数字化、网络化、智能化深入发展,并与工业化深度融合,科技的渗透性、扩散性、颠覆性特征,正在深刻改变着人类思维方式、生产生活方式和社会治理方式,深刻影响着全球产业和经济格局。我们必须紧跟世界产业变革潮流,主动拥抱科技革命,加快技术迭代、产业升级,在复杂激烈的科技竞争中立于不败之地、赢得山西机遇。

会议指出,当前国内科技创新百舸争流,正在形成各具特色、你追我赶的区域竞争新格局。纵向比,近年来我省科技创新取得阶段性成效,全社会特别是各级党委政府的重视程度明显提高,对科技创新的投入强度不断加大,科技创新与产业发展的关联度明显增强,"111"工程启动实施,"1331"工程、"136"工程深入推进,多个国家级重大科技创新平台实现零的突破,高端创新人才培育引进加快,涌现出一批标志性创新成果。但横向比,我省科技创新的能力和水平,与转型综改和高质量发展要求不相适应,与先进地区差距明显,我们必须解放思想、改革创新、奋起直追、迎头赶上。

会议指出,科技创新的竞争,实质上是创新生态的竞争。创新生态所具有的要素聚合、源头创新、知识扩散、孵化培育、成果转化、建链补链、跟踪前沿、优势塑造等强大功能,能够最大限度地激发创新动力、释放创新活力、挖掘创新潜力,能够推动实现创新主体高效联动、创新资源高效配置、科技成果迅速转化,从而深刻而广泛地推动发展方式转变、经济结构优化、增长动力转换,进而实现高质量发展。全省上下必须深刻认识到,创新生态打造事关科技创新根本、转型综改全局、山西未来发展,全力打造一流创新生态,刻不容缓、势在必行,必须作为基础性全局性战略性任务强力推进。

会议强调,要准确把握创新生态建设的内在要求,明确我省打造一流创新生态的目标任务。打造一流创新生态,就是要通过产业链、创新链、要素链、制度链、供应链多链聚合、有效耦合,贯通政、产、学、研、用各环节,整合人才、金融、土地、数据各要素,推动产学研用深度融合,推动科技成果快速转化,形成科技和产业"种子"破土而出、"幼苗"茁壮成长、"小树"加快成材、"大树"集聚成林的生态系统。我省的目标,就是要围绕2025年转型出雏型的总要求,分阶段务实推进。一年要架梁立柱。今年要完成好创新生态建设的顶层设计,出台总体方案,明确目标任务,制定路线图、时间表、任务书,绘制完成创新生态云图,搭建完成创新体系、创新制度、创新政策框架。围绕14个标志性引领性产业集群,布局一批创新平台、一批重大技术、一批学科专业、一批标志性项目、一批重点园区。三年要点上突破。到2022年,在全面启动14个重点产业集群创新生态子系统建设的基础上,率先在信息技术应用创新、大数据、新材料、光机电、轨道交通装备制造等若干前沿性、战略性产业上形成领先方队。同时突破一批行业共性、关键重大技术,建成一批国家、省级重大创新平台,培育一批高科技领军企业。五年要基本成型。到2025年,初步形成有利于创新活力充分涌流,有利于创业潜力有效激发,有利于创新动力竞相迸发,适应高质量转型发展和现代化建设的一流创新生态。

会议强调,要在全面落实省委省政府关于打造创新生态各项决策部署的基础上,精准聚焦关键环节,着力抓好八个方面重点工作。

一是做优做强实验室,切实增强应用基础研究和自主创新能力。要整合提升优存量,进一步聚焦攻关方向,完善稳定支持机制,推动我省国家重点实验室加强核心技术研发攻关;依托现有省级重点实验室,推动创建国家级或省部共建重点实验室;要发挥在晋院士重点实验室领军作用,加快实现具有标志意义的自主创新突破。要探索新路扩增量,坚持"以我为主,为我所用",通过自我培育、开放合作,创建重点实验室等各类创新平台。要聚焦战略抓龙头,加快山西省实验室和省重点实验室体系建设。要依托平台抓攻关,完善重大科技项目攻关制度,加快突破一批"卡脖子"技术。

二是加强中试基地建设,有力推动科研成果向现实生产力转化。要加大力度支持中试基地建设,2–3年内要实现14个标志性引领性产业集群中试基地全覆盖。要创新建设模式,依托重点科研机构、高等院校、科技型企业形成产学研联合体,围绕企业发展的关键性、基础性和共性技术问题,建设一批集技术集成、熟化和工程化试验服务为一体的开放型科技成果中试基地。要鼓励龙头企业牵头建立中试基地,为中小微企业开展中试熟化与产业化开发提供服务。要聚焦重点需求,完善激励机制,促进成果转化。

三是突出抓好规上企业创新全覆盖,加快推动产学研紧密结合、深度融合。今年要把全省规上工业企业创新全覆盖作为必须完成的"硬核"任务。大企业要加快创建企业技术中心、工程技术中心、产业技术创新联盟等高水平创新平台,开展关键共性技术和"卡脖子"技术攻关,勇于担当、争创一流,实现"从有到强"的跃升。中小企业要通过与高校、科研院所、大企业携手合作或配套协作,积极组建小型研发机构,开展研发活动,完成"从无到有"的突破。要进一步加大对企业研发投入、创新成果的奖励力度,以强有力的政策支持为企业开展创新活动增前行之力、解后顾之忧。

四是率先打造若干重点产业创新生态子系统，推动战略性新兴产业集聚集群集约发展。围绕14个战略性新兴产业集群，省委省政府将逐一研究，精准施策，精心打造产业创新生态子系统。要面向产业链上下游、创新链相关方、供应链各环节，按照清单化、项目化方式，实施精准培育、精准攻关、精准招商、精准引智、精准支持。要强化战略意识、“抢滩”意识，重点选择信创、大数据、半导体等发展势头强劲、未来前景广阔的产业集群进行引领突破，示范带动全省域、全领域构建创新生态。开发区、高新区要强化主人翁意识和精准服务意识，对龙头企业和领军团队要做到一企一策、一事一议，政策打包、量身定制。

五是完善以智创城为载体的双创体系，充分激发全社会创新的潜力和动能。要以建设山西“智创城”省级双创中心为抓手，推动全省双创扩规提质升级。智创城建设要坚持高起点、高标准、高水平、高质量要求，走专业化、产业化、品牌化发展道路，坚持科学定位、错位发展、协同发展。要引入国内一流双创运营团队，加速吸引领军企业、头部企业等高端双创资源，率先在智创城形成创新生态的小气候。要高质量推进全省双创发展，引导支持一批高端科技人才、优秀企业家、专业投资人、高技能人才成为创新创业主力军。

六是加力补上人才短板，以人才洼地助推创新高地建设。要创新机制用才，坚持“不求所有、但求所用”，加大“柔性用才、项目引才”力度，推行多种灵活用才方式。要打造平台聚才，依托重点实验室、院士工作站、技术创新中心、科技成果产业化基地等重点平台引才聚才。要创优环境引才，出台有吸引力的人才政策，高度重视解决人才的切身利益和诉求问题，扎实做好现行政策的兑现落实，以感情留人、事业留人、待遇留人。要深化改革育才，积极推动高校布局、学科学院和专业设置“三个调整优化”，提质提效抓好“人人持证、技能社会”，进一步深化职业教育改革，实施创新型管理人才培育计划。

七是推动科技与金融深度融合，为筑造一流创新生态提供坚强支撑。要强化金融资源的优化配置，加大金融创新力度，灵活运用各种金融工具，为创新主体和产业主体提供多元化、差异化、定制化的融资服务，覆盖科技创新活动全过程、企业发展全生命周期。要培育和壮大天使、风投、创投机构，发挥好各类产业基金作用，加强抵押担保、信用贷款、保证保险等综合服务，用好各类债务融资工具，强化多层次资本市场支持，为企业实现直接融资创造条件。

八是深化科技体制机制改革，不断激发科技创新主体的积极性创造性。要破除阻碍融通创新的机制障碍，营造有利于全社会创新活力迸发的政策环境。要深化“三评”改革，进一步把对科研项目、人才、机构的评价重点放在标志性成果的质量、贡献、影响上来，放到服务转型综改的实际成效上来。要深化科研院所改革，推进现代科研院所制度建设，加快建设掌握和引领先进技术的新型研发机构。要深化科技放管服效改革，进一步赋予科研人员更大自主权。要深化科技管理部门机构改革，充分调动全省科研力量和资源，聚力打造科技新优势，壮大产业新动能。

会议要求，全省上下要牢固树立科技是第一生产力、创新是第一动力、人才是第一资源的观念意识，进一步强化问题导向、目标导向、结果导向，明确职责分工，严格责任落实，确保创新生态打造工作落实落细。各级党委要加强领导，各级政府要积极作为，推动形成既上下联动、左右协同，又各司其职、各负其责的工作机制。特别是各级党委政府主要负责同志要亲自抓、亲自推，不折不扣贯彻落实省委省政府决策部署。要建立完善创新考核激励机制，强化考核督查，注意发现和使用在创新生态打造中有思路、有办法、有成效的好干部。要建立完善创新容错免责机制，激励广大科研人员大胆创新、广大干部创造性工作。要讲好山西创新故事，大力宣传创新企业、创新团队、创新人物，在全社会营造崇尚科学、崇尚创新、崇尚人才的浓厚氛围。省委省政府决定，每两年对优秀科技工作者、优秀科技成果和有杰出贡献的创新型企业家进行隆重表彰。

会上，副省长王一新代表省政府宣读《关于授予陈宏、李晋闽、杨立友山西省科技创新特殊贡献奖的决定》和《关于2018年度山西省科学技术奖励的决定》。

会议以电视电话会议形式举行。省委、省人大常委会、省政府、省政协有关负责同志出席会议。省直有关部门、部分中央驻晋单位主要负责同志，在晋“两院”院士，山西省科技创新特殊贡献奖获得者，2018年度山西省科学技术奖一等奖获得者代表在省主会场参会。驻太原部分省管本科院校、部分省管国有企业主要负责同志，驻太原部分央属科研院所、部分省属科研院所、新型研发机构、部分三甲医院主要负责同志，部分高科技企业代表在省分会场参会。各市、县设分会场。

全省“零上访零事故零案件”单位创建工作动员部署大会

4月13日下午，全省“三零”单位创建工作动员部署大会在太原召开，省委书记、省人大常委会主任楼阳生主持会议并讲话。他强调，要深入贯彻落实习近平总书记关于社会治理的重要论述和党的十九届四中全会精神，深入开展“三零”单位创建，不断提高基层治理能力，为推进治晋兴晋强晋、实现高质量转型发展夯实安全稳定基石。省委副书记、省长林武，省领导吕岩松、廉毅敏、胡玉亭、李悦娥、张复明、席小军、孙洪山、杨景海在主会场出席会议，罗清宇、张吉福、李正印、李晓波分别在各市分会场出席会议。省委常委、政法委书记商黎光对全省开展“三零”单位创建作出具体安排，副省长吴伟对常态化疫情防控工作提出具体要求。

楼阳生代表省委，对全省各级各部门、农村、社区、所有企事业单位在抗击疫情斗争中作出的积极贡献给予充分肯定，向全省广大党员干部群众特别是广大医务工作者，表示诚挚问候和崇高敬意。

楼阳生指出，基层强、社会稳、福祉增。开展“零上访零事故零案件”单位创建工作，是省委深入贯彻习近平新时代中国特色社会主义思想，深入贯彻党的十九届四中全会精神，因应形势发展、顺应群众期盼、致力治晋兴晋强晋作出的重大决策。他强调,提高政治站位、深化思想认识,切实增强“三零”单位创建的自觉性主动性创造性。开展“三零”单位创建,是提升基层社会治理能力的重要抓手。推动社会治理重心向基层下移,从农村、社区、企事业单位等各个基层单位和治理末端、矛盾源头抓起,深化问题联治、工作联动、平安联创,汇聚起“山西之治”的强大合力。开展“三零”单位创建,是建设更高水平的平安山西的重要举措。把“三零”单位创建与坚持完善新时代“枫桥经验”结合起来,推进自治、法治、德治“三治融合”,从影响群众安全感的突出问题抓起,从制约平安建设的瓶颈问题改起,实现零距离为民排忧解难,不断推动全省平安建设迈上新台阶。开展“三零”单位创建,是打造高质量转型发展环境的重要基础。在深入化解矛盾纠纷、排查整治风险隐患中,切实增强服务意识、提高发展本领、改进作风形象,为实现高质量发展、高水平崛起、高标准保护、高品质生活营造平安稳定的硬环境、好环境。

楼阳生指出,近年来,全省政法机关以雷霆之势开展扫黑除恶专项斗争,横扫一切违法犯罪,荡涤一切污泥浊水,保持了全省社会大局持续稳定,但也要清醒看到,不安全不稳定因素还大量存在,风险、隐患、短板还未彻底消除。各级各部门各单位要坚持控新治旧、标本兼治,把工作的着眼点放到前置防线、前瞻治理、前端控制、前期处置上来,最大限度把各类矛盾纠纷、风险隐患化解在基层、消灭在萌芽状态。一是防范在先。加强源头治理,健全社会稳定风险评估制度,以“事要解决”规范信访秩序,以“四铁”要求守住安全生产底线,以联防联治、群防群治织密扎牢天罗地网。二是发现在早。坚持以群众需求为导向,及时发现和准确把握群众反映强烈的问题,强化预测预警,落实首问负责制,以矛盾不上交、平安不出事、服务不缺位实现“三零”单位创建目标。三是处置在小。创建主体单位要守好“点”,各级职能部门要稳住“线”,各级党委政府要控好“面”,切实做到矛盾风险不积累、不扩散、不升级,避免小“病”坐大、养痈成患。

楼阳生强调,健全治理方式,推动“三治融合”,努力形成基层社会治理的长效机制。一是充分发挥群众自治的基础作用。建强以农村、社区党组织为主导,辖区群众居民为主体,各类法人单位、群众团体、社会组织参与的创建工作架构,推进社区、社会组织、社会工作“三社联动”,引导广大群众积极参与到“三零”单位创建工作中。二是充分发挥法治建设的保障作用。运用法治思维和法治方式破解难题、化解矛盾,开好正门、堵住歪门,畅通群众反映诉求的渠道,提高依法依规办理效率,引导全社会增强法治观念,形成办事依法、遇事找法、解决问题靠法的良好氛围、行为习惯。三是充分发挥道德建设的教化作用。践行社会主义核心价值观,弘扬中华优秀传统文化,以和善居民、和美家庭,促和睦邻里、和谐村居,维护良好的生产生活秩序,共同建设美好的家园。

楼阳生强调,“三零”单位创建必须把党的群众路线贯穿始终。人民群众是“三零”单位创建的主体力量,要坚持一切为了群众、一切依靠群众,实现创建过程让群众参与、成果让群众获得、成效让群众评判。一要发动群众参与。创新组织群众、发动群众的机制,扩大创建活动的知晓率、参与率,把基层群众的积极性调动起来,汇聚起群防群治的强大正能量。二要保障群众受益。扎实开展“控新治旧”十项行动、“四个重点领域”攻坚战,推动信访秩序持续好转。强化安全达标升级、企业分类监管等措施,最大限度减少事故发生。深入推进扫黑除恶等专项行动,加强公共服务供给,防止因服务管理不到位、矛盾纠纷调处不及时引发案事件。三要做到群众评判。各地各部门各单位要坚持以人民满意为根本标尺,健全科学合理、操作性强的考评体系,充分保障群众的知情权、建议权、监督权和评议权,真正把评判的“表决器”交到群众手中。

楼阳生强调,压实责任链条,强化工作保障,有效确保“三零”单位创建工作取得实实在在的成效。一要强化党建引领。充分发挥基层党组织战斗堡垒作用和党员先锋模范作用,建强组织、选优班子、整顿软弱,把党的领导优势转化为社会治理效能。二要强化责任落实。各级党委政府要守土有责、守土尽责,将“三零”单位创建作为民心工程、基础工程来抓,农村、社区、企事业单位作为责任主体,要不折不扣把各项创建要求和措施落到实处,各级主管部门、主管单位要对本行业、本系统创建工作负起监管责任。三要强化结果导向。把“三零”单位创建纳入党委政府目标责任制考核体系、纳入各地平安建设考评范畴,鲜明树立起以结果论英雄的导向。坚决防止形式主义、官僚主义,对因责任不落实、防控不到位引发重大群体性事件、重大事故和有重大影响案事件的,要严肃追究有关人员责任。四要强化宣传引导。广泛宣传“三零”单位创建工作的重要意义、目标任务、实际成效,积极培育、挖掘、选树先进典型,营造人人参与创建的浓厚氛围。及时总结、大力推广基层的好经验好做法,持续提升“三零”单位创建常态化长效化水平。

商黎光在具体安排时要求,准确把握“三零”单位创建目标任务,充分发挥基层主体作用,全面摸清问题,积极整改隐患,规范内部管理,健全服务体系,构筑维护基层平安稳定坚固防线。发挥行业主管部门指导作用,帮助基层找准隐患、健全制度、解决问题;发挥公安、信访、应急等牵头部门专业作用,打通网上信访渠道,开展信访积案攻坚,加强道路交通、消防管理、食品药品、生态环境、安全生产等领域专项整治,保持对各类违法犯罪严打高压态势;发挥职能部门联动作用,推动信访问题联动化解、安全问题联合执法、治安问题联控联防。坚持抓好统筹兼顾,把“三零”单位创建与疫情防控、扫黑除恶、法治乡村建设、乡村振兴结合起来,助推各项工作提质增效,为全省高质量转型发展提供坚强保障。

会上,蒲县山中乡山中村、同煤集团燕子山矿、山西大学负责人分别作了表态发言。

省直有关部门主要负责同志在主会场参加会议,市、县设分会场。会议进行现场直播,全省所有乡镇(街道)、村(社区)和企事业单位集中组织了收听收看。

全省国资国企改革发展工作会议

4月17日，全省国资国企改革发展工作会议在太原召开。会议以习近平新时代中国特色社会主义思想为指导，就进一步深入推进全省国资国企改革和高质量发展作出安排部署。省委书记、省人大常委会主任楼阳生出席会议并讲话。他强调，国资国企改革是事关山西转型综改全局、事关山西国企长远健康发展的重大战略问题。要深入学习贯彻习近平总书记“三篇光辉文献”和关于国资国企改革的重要论述精神，按照省委“四为四高两同步”总体思路和要求，以深化国资监管体制改革为牵引，推动我省国资国企改革实现重大突破、根本突破，为做优做强国有企业、促进高质量转型发展注入新动能、提供新支撑。省委副书记、省长林武主持会议并提出落实要求。省政协主席李佳出席会议。

会议强调，要深刻认识新时代国有企业的地位作用。以公有制为主体、多种所有制经济共同发展的基本经济制度，是我国国家制度和国家治理体系的重要制度、显著优势。国有企业是中国特色社会主义的重要物质基础和政治基础，是我们党执政兴国的重要支柱和依靠力量，是党领导的国家治理体系的重要组成部分。必须坚定不移推动国资国企改革，理直气壮做优做强国有企业，不断增强国有经济竞争力、创新力、控制力、影响力和抗风险能力，使之成为推动我省高质量转型发展的中坚力量。同时要坚持多种所有制经济共同发展，大力发展民营经济、混合所有制经济，使山西经济大厦坚如磐石。

会议指出，近些年来，省委省政府认真贯彻党中央决策部署，始终把国资国企改革摆在全局工作突出位置，建立完善制度体系，推出相关改革举措，组建成立了一批承载转型使命的新兴领域企业，全省国资国企改革迈出新步伐。目前我省国资国企改革已经进入深水区，面临最后窗口期，必须敢于涉险滩、敢于啃硬骨头，按照“根上改、制上破、治上立”的基本要求，全方位深化国资国企改革。根上改，就是要树立鲜明的问题导向，瞄准制约深层次矛盾和关键环节实施重塑性改革。制上破，就是要通过深化股改、混改，革除“一股独大”的体制性弊端，充分激发企业的活力动力。治上立，就是要以完善公司法人治理结构为核心，加快建立健全现代企业制度。

会议要求，深化国资国企改革，必须牢牢坚持市场化、法治化的改革取向。市场化，就是要坚持政企分开、政资分开、监管与运营分开、所有权与经营权分开，充分发挥市场在资源配置中的决定性作用，提高国有资本效率、增强国有企业活力，进一步落实国有企业市场主体地位。法治化，就是要提高运用法治思维和法治方式深化改革的能力，依法依规推进国资国企改革，无论是改革的决策、改革的推进，还是企业投资决策、经营管理，都要坚持在法治轨道上进行，以法治保障改革行稳致远。

会议突出强调了当前国资国企改革的八个方面的重点工作。一是准确把握改革的战略意图、重大要求，有效提升国有资本专业化市场化法治化运营水平。我省深化国有资本授权经营体制改革、推进国有资本运营公司改革试点，于法有据、于实相符、顺应时势，是贯彻落实党中央决策部署的战略举措，是我省转型综改先行先试的积极探索，是我省国资国企改革的顶层改革、重中之重。要按照“分级授权、厘清职责、品字架构”的要求，依法依规深化国资监管体制改革试点。省国资委专司监管，履行国企党建、监督管理、社会责任、指导市县等职责。省国资运营公司根据分级授权代表本级政府履行出资人管资本职责，按照专业化运作、市场化运营、法治化管理和穿透式管资本的基本要求，做好国有资本“进退流转保”文章，确保国资保值增值，促进省属国企高质量转型发展。同时要建立完善对省属国企投资决策经营的支持机制、止损机制和平滑机制，最大程度防控风险。二是优化国资布局，深化战略重组。加快淘汰落后产能、化解过剩产能、退出低效产能，大力推动技术改造，有序推动深度重组，做强传统产业。聚焦打造14个战略性新兴产业集群，培育壮大龙头企业，大力招商引资、招才引智，积极引进省外龙头企业和一流研发创业团队，做优新兴产业。在现有文旅、大地、航产、交控、水控、国际陆港等一批新兴龙头企业基础上，进一步在农业、体育等领域打造新的国企旗舰劲旅，让国有资本在基础性领域和优势行业的集聚度进一步提升。三是健全公司法人治理，树立鲜明的效益导向。省属国企要真正确立以效益为中心的发展导向，把实现利润、全员劳动生产率和单位成本作为企业经营管理的基本目标、基本手段。要持续推进瘦身健体，压缩管理层级，精简法人单位。要努力做到科学决策，严把投资方向，严选合作对象，严格决策程序，严控投资风险，把投资聚焦到资本回报上来，坚决杜绝拍脑袋式的投资决策行为，实行终身责任追究。要实施精细化管理，全面加强成本控制、成本核算，严控非生产性支出，降低财务成本。四是深入实施创新驱动、人才强企战略，不断提升企业的核心竞争力。省属国企要高标准实现创新活动全覆盖，带头开展科技创新，积极开展关键共性技术和“卡脖子”技术的攻关，加快建强重点实验室，积极引进培育创新领军人物，充分发挥企业在科技创新中的主体作用。五是坚持政企分开、事企分开，全面推进省级行政部门所属事业单位所办企业清理规范。要摸清底数，分类处置，谁主管谁负责，清理退出一批、划转管理一批、重组整合一批，今年年底前要完成清理工作。未经批准，事业单位一律不得新办企业。六是咬定目标持续攻坚，分类推动市县国企改革。要摸清市县所属国有企业、集体企业底数，坚持一企一策、对症下药，分类推动市县国企改革。七是探索开展企业“六定”改革，促进企业治理现代化。本着先行先试原则，推进省属国企开展定职数、定员额、定机构、定机制、定薪酬、定任期的“六定”改革，不断提升国有企业治理现代化水平。八是积极稳妥推动省属文化和金融企业改革，为高质量转型发展助力加力。省委省政府将在已有工作基础上，专门研究作出部署。

会议要求，全省各级各部门各企业要在省委统一领导下，围绕“一盘棋”、拧成“一股绳”，确保改革任务落地落实。省市县党委要加强领导，各级政府要积极作为，省直各部门要强化改革协同,强化服务支持。省国资委、省国资运营公司要加强上下对接、内外协调,带头抓实改革。省属国企要扛牢主责、精细施工、主动作为。要始终坚持把党的领导融入企业法人治理结构,将全面从严治党贯穿企业改革发展全过程各方面,把企业基层组织建设成为坚强的战斗堡垒,为国有企业深化改革和高质量发展提供坚强组织保证。要凝聚改革合力,营造浓厚氛围,把企业职工的内生动力充分激发出来,让人人成为改革的参与者、改革的实施者、改革的正能量。

会议以电视电话会议形式举行。省委、省人大常委会、省政府、省政协有关负责同志,省法院院长、省检察院检察长出席会议。省直有关部门,各省属企业及金融、文化类企业,驻晋金融机构主要负责同志在主会场参加会议。各市设分会场。

省委人大工作会议

4月27日,省委人大工作会议在太原召开。省委书记、省人大常委会主任楼阳生出席会议并讲话。他强调,要坚持以习近平新时代中国特色社会主义思想为指导,深入学习贯彻习近平总书记关于坚持和完善人民代表大会制度的重要思想,认真贯彻落实党的十九届四中全会精神,按照省委"四为四高两同步"总体思路和要求,聚焦转型综改,依法履职尽责,努力推动全省人大工作与时俱进、完善发展,为决战完胜脱贫攻坚、全面建成小康社会、实现高质量转型发展广泛凝聚力量。省委副书记、省长林武主持会议,省政协主席李佳出席会议。

楼阳生对全省人大工作给予充分肯定。他指出,近年来,省委深入学习贯彻习近平新时代中国特色社会主义思想,坚持把党的领导贯穿人大工作全过程各方面,各级党委不断加强和改进对人大工作的领导,有力支持和保证人大依法行使职权。各级人大及其常委会坚决贯彻中央及省委决策部署,认真履行宪法法律赋予的各项职权,人大工作和自身建设迈上新台阶,在促进地方经济社会发展、保障和改善民生方面,发挥了地方国家权力机关不可替代的重要作用。

楼阳生强调,人民代表大会制度是中国特色社会主义制度的重要组成部分,是坚持党的领导、人民当家作主、依法治国有机统一的根本政治制度安排。党的十八大以来,习近平总书记对坚持和完善人民代表大会制度、发展社会主义民主政治发表了一系列重要论述,为加强和改进人大工作指明了方向、提供了根本遵循。党的十九届四中全会对坚持和完善人民代表大会制度、健全保证宪法全面实施的体制机制等作出重大部署,丰富了人民代表大会制度的时代内涵,赋予了人大工作新的使命任务。当前,山西发展站在了新的历史起点上。全省上下正在认真学习贯彻习近平总书记"三篇光辉文献",按照省委"四为四高两同步"总体思路和要求,咬定转型综改不放松,锁定全年目标加油干,扎实推动改革发展安全稳定民生各项工作,奋力夺取疫情防控和转型综改双胜利,不断开创治晋兴晋强晋新局面。面对"两个收官"基础上开启我省"十四五"转型出雏型的历史征程,面对推进改革开放创新、重塑经济发展格局,在转型过程中实现换道领跑的时代机遇,面对建设法治山西、夯实法治基石,加快实现治理体系和治理能力现代化的战略任务,我们要坚定人民代表大会制度自信,增强做好新时代人大工作的思想自觉和行动自觉,创造性地贯彻落实党中央及省委决策部署,进一步提升全省人大工作整体水平,更好发挥人大职能作用,切实增强服务保障全省大局的质效。

楼阳生强调,全省各级人大及其常委会要坚持党的领导、人民当家作主、依法治国有机统一,认真做好立法、监督、决定、代表等工作,全面担负起宪法法律赋予的各项职责。一是强化政治机关属性,坚持用习近平新时代中国特色社会主义思想统领新时代人大工作。自觉讲政治,对国之大者心中有数,增强"四个意识"、坚定"四个自信"、做到"两个维护",以行动来践行,以结果来检验,经常对表对标党中央及全国人大要求和省委部署,确保人大工作始终沿着正确方向前进。各级人大常委会组成人员和人大代表肩负神圣职责,必须深刻认识"我是我,我又不是我",行使权力一定要站在党和人民的立场上。二是提高立法质量和效率,以良法保善治、促发展、强创新、扬正气、惠民生。聚焦服务先行先试、保障转型发展、推动社会治理三个方向集中发力,深入推进科学立法、民主立法、依法立法,加快形成支撑高质量转型发展的法规制度框架。加大保护性立法力度,着力通过立法推动"两山七河一流域"生态修复,加强重要湖泊、湿地、大泉保护。坚持立改废并举,扫除制度障碍,促进依法行政,保障重大改革于法有据。完善党委领导、人大主导、政府依托、各方参与的立法工作格局,形成工作合力。三是增强监督实效,推动中央及省委决策部署贯彻落实和法律法规有效实施。党委要支持人大开展监督工作,"一府一委两院"要自觉把各方面工作置于人大有效监督之下。人大要把监督和支持有机统一起来,支持"干"、改进"为"、提升"治"、落在"效",用好听取审议专项报告、执法检查等监督方式,推动"一府一委两院"改进工作。四是用好重大事项决定权,把各方面智慧和力量凝聚到省委确定的目标任务上来。围绕省委确定的战略部署、重大改革举措和人民群众反映的热点、难点问题,谋大事、议大事,坚持请示报告,加强沟通协调,健全讨论决定重大事项的工作程序和机制,更好地使党的主张通过法定程序转化为人民的共同意志。五是尊重代表主体地位,积极支持和保障代表依法履职。密切人大常委会联系代表、代表联系人民群众"双联系",建立健全联系代表工作机制,拓展代表知情知政渠道,完善议案建议交办和反馈机制,不断提高代表建议办理的落实率和满意率。持续引深"向申纪兰学习、做人民好代表"活动,让"纪兰精神"代代相传。

楼阳生强调,要加强和改进党对人大工作的领导,健全完善党委领导人大工作机制,切实为人大依法履职提供坚强保证。各级党委要把人大工作纳入总体工作布局,统一谋划、统一部署、统一推进,定期听取人大常委会党组工作汇报,及时研究解决重大问题。加强各级人大常委会和机关干部队伍建设,优化常委会组成人员结构,健全完善人大及其常委会工作机构。强化问题导向,补齐工作短板,不断夯实县乡人大工作基础。加强人民代表大会制度的学习宣传,推动各级领导干部和全社会加深对我国根本政治制度的认识理解，努力营造关心、支持和促进人大工作的浓厚氛围。

会上，长治市委、晋城市委、省司法厅党委、大同市人大常委会、太原市杏花岭区委主要负责同志作交流发言。

会议以电视电话会议形式召开，省、市、县(市、区)设分会场。省委常委，省人大常委会负责同志，省法院院长、省检察院检察长出席会议，省直有关部门主要负责同志，各设区的市人大常委会主任在省主会场参加会议。

省委政协工作会议

4月30日，省委政协工作会议在太原召开。省委书记、省人大常委会主任楼阳生出席会议并讲话。他强调，要深入学习贯彻习近平总书记在中央政协工作会议暨庆祝中国人民政治协商会议成立70周年大会上的重要讲话精神，加强党对政协工作的领导，更好地把各方面的智慧和力量凝聚起来，努力开创新时代全省政协工作新局面，为谱写中国特色社会主义现代化建设山西篇章作出新的更大贡献。省委副书记、省长林武主持第一阶段会议。省政协主席李佳出席并在第二阶段会议上作总结讲话。

楼阳生指出，习近平总书记的重要讲话，科学回答了人民政协事业发展的一系列重大理论和实践问题，丰富和发展了党的人民政协理论，为新时代加强和改进人民政协工作进一步指明了方向、提供了根本遵循。要持续学习、深刻领会习近平总书记重要讲话对人民政协70年光辉历程的高度评价、对政协工作宝贵经验的科学总结、对新时代加强和改进人民政协工作的总体要求、对当前和今后一个时期政协工作重点的安排部署和加强党对政协工作领导的重要论述，把握精神实质和核心要义，增强"四个意识"、坚定"四个自信"、做到"两个维护"，切实用以武装头脑、指导实践、推动工作。

楼阳生对全省政协工作予以充分肯定。指出，近年来，省委深入学习贯彻习近平总书记关于加强和改进人民政协工作的重要思想，落实党的十九届四中全会精神，切实加强党对政协工作的全面领导，充分发挥政协的独特作用。全省各级政协围绕中心履职尽责，各方面工作更加重质求效、局面更加蓬勃向上，为全省各项事业的发展作出了重要贡献。

楼阳生强调，应对百年未有之大变局，实现山西高质量转型发展，需要应对战胜的风险挑战很多，任务艰巨繁重，要求我们坚定制度自信和政治定力，坚定不移坚持和完善中国共产党领导的多党合作和政治协商制度，不断发展人民政协事业。人民政协作为统一战线组织、多党合作和政治协商机构、人民民主重要实现形式，作为国家治理体系的重要组成部分、具有中国特色的制度安排，必须立足性质定位和履职优势，把坚持和发展中国特色社会主义作为巩固共同思想政治基础的主轴，把服务"四为四高两同步"总体思路和要求、服务实现"两个一百年"奋斗目标作为工作主线，把加强思想政治引领、广泛凝聚共识作为中心环节，坚持团结和民主两大主题，提高政治协商、民主监督、参政议政水平，更好凝聚共识，担负起把党中央及省委决策部署和对人民政协工作要求落实下去、把全省各方面智慧和力量凝聚起来的政治责任。

楼阳生指出，人民政协是社会主义协商民主的重要渠道和专门协商机构，要"专"出特色、"专"出质量、"专"出水平。要增强协商各方的主动性，坚持"有事好商量、众人的事情由众人商量"，把民主集中制的优势运用好，真正形成既畅所欲言、各抒己见，又理性有度、合法依章的良好协商氛围。要增强协商内容的针对性，紧紧围绕关系山西长远发展的重大任务和涉及群众利益的重点问题，认真谋划协商内容，确定协商议题，深入调查研究，精准建言献策。要增强协商形式的丰富性，进一步健全完善以政协全体会议为主的全方位、多层次、立体化协商议政格局。要增强协商机制的规范性，根据新的情势和要求，制定完善政协协商工作规则，推动协商成果更好地体现于工作实践、转化为治理效能。

楼阳生强调，人心是最大的政治，共识是奋进的动力，全省各级政协要更加自觉地把加强思想引领、广泛凝聚共识作为中心环节，充分发挥重要阵地、重要平台、重要渠道的作用。把思想引领和凝聚共识统一起来，推动各族各界始终坚持中国共产党领导这个初心，深化政治共同体认识，增强恪守政治底线的定力。把解决思想问题和解决实际问题统筹起来，树立正确的历史观和大局观，坚持一致性与多样性统一，处理好"大我"与"小我"关系，站在全局上看问题想问题，着眼大局谋改革谋发展，协助党委政府化解矛盾、造福群众，更好地解疑释惑、凝心聚力。把做好思想政治工作和做好团结联谊结合起来，在做好经常性思想政治工作的同时，加强同各党派团体和各族各界人士的交流交往，汇聚起治晋兴晋强晋、实现中国梦的强大正能量。

楼阳生指出，人民政协工作的基础在委员、力量在委员、优势在委员，要教育引导政协委员切实做到"懂政协、会协商、善议政、守纪律、讲规矩、重品行"。把委员责任"实起来"，教育引导广大委员珍惜委员荣誉和政治身份，旗帜鲜明讲政治，在关键时刻靠得住、站出来、敢发声，更好地团结界别群众听党话、跟党走。把委员能力"提起来"，练好调查研究基本功，确保提案接地气、建言有价值、资政见效果。把委员服务管理"强起来"，健全委员联络服务组织体系，把好委员入口关，完善委员履职评价考核及激励机制。把委员形象"树起来"，充分发挥在本职工作中的带头作用、界别群众中的代表作用，以模范行动展现新时代政协委员的良好风采。

楼阳生强调，各级党委要切实加强党对政协工作的全面领导，健全完善党委领导政协工作机制，把政协工作纳入工作总体布局和重要议事日程，坚持党委常委会会议定期听取政协党组工作、政协常委会工作情况汇报制度，党委主要负责同志带头参加政协重要会议活动、带头推进政协协商民主、带头广交深交党外朋友。各级政协党组要以政治建设为统领全面推进政协党的建设，确保党中央大政方针及省委决策部署在政协得到全面贯彻落实，发挥好把方向、管大局、保落实的领导作用。各级有关部门要加强同政协组织的联系配合，切实形成加强和改进政协工作的合力。要选优配强市县政协领导班子和工作力量，下大气力研究解决市县政协基础工作薄弱、人员力量薄弱等问题,指导市县政协突出主责主业,更好地与新时代政协工作要求相适应。

林武在主持会议时强调,各级各部门要把学习贯彻省委政协工作会议精神作为重要政治任务,切实把思想和行动统一到习近平总书记关于加强和改进人民政协工作的重要思想上来,统一到省委部署要求上来,提高政治站位,压实工作责任,确保落地落实。

李佳在总结讲话中要求,全省政协系统要认真贯彻省委部署和楼阳生书记讲话精神,聚焦落实省委“四为四高两同步”总体思路和要求,更好发挥专门协商机构作用,切实增强服务保障全省大局的质效,为治晋兴晋强晋贡献智慧和力量。

省委常委、统战部部长、省政协党组副书记徐广国主持第二阶段会议,忻州市委、晋中市委、省教育厅党组、大同市政协、太原市晋源区委主要负责同志作交流发言。

会议以电视电话会议形式召开,省、市、县(市、区)设分会场。省委常委,省人大常委会、省政府、省政协有关负责同志,省法院院长、省检察院检察长出席会议,省直有关部门主要负责同志,各市政协主席,各民主党派省委、省工商联负责同志,无党派人士代表,中央驻晋新闻单位主要负责同志在省主会场参加会议。

省委工作会议

5月6日,省委工作会议在太原召开。会议坚持以习近平新时代中国特色社会主义思想为指导,深入学习贯彻落实党的十九届四中全会精神,紧密联系“四为四高两同步”总体思路和要求,对不断提升治晋兴晋强晋能力和水平,切实把制度优势更好转化为治理效能作出部署。省委书记楼阳生出席会议并讲话。省委副书记、省长林武主持会议。省政协主席李佳出席会议。省委常委、秘书长廉毅敏就《中共山西省委关于深入贯彻落实党的十九届四中全会精神不断提升治晋兴晋强晋能力和水平的实施方案(征求意见稿)》作了说明。

楼阳生在讲话中强调,党的十九届四中全会把坚持和完善中国特色社会主义制度、推进国家治理体系和治理能力现代化摆在保证实现“两个一百年”奋斗目标、实现中华民族伟大复兴中国梦的战略高度,全会作出的决定是我们党长期执政的行动纲领,是实现国家治理体系和治理能力现代化的根本遵循。全会闭幕半年多来的新的实践,特别是全国战“疫”的重大成果,再次彰显了党的领导和我国社会主义制度无可比拟的优势。我们要始终牢记习近平总书记的教导,发展环境越是严峻复杂,越要坚持和巩固中国特色社会主义制度,坚定不移深化改革,促进制度建设和治理效能更好转化融合,运用制度优势更好地应对风险挑战冲击。他指出,学习制度、拥护制度、落实制度,不仅是工作任务,更是政治纪律。对中国特色社会主义制度和国家治理体系的重大问题,必须学深悟透,确保入脑入心、融会贯通,以思想上的清醒增强政治上行动上的坚定。

楼阳生强调,要胸怀大局,旗帜鲜明讲政治,孜孜不倦抓学习,敢于斗争当战士,不折不扣贯彻执行中央大政方针和决策部署。以坚持和完善保障“两个维护”的制度机制为牵引,推动各级以过硬的党性践行忠诚、担当使命。把习近平总书记重要指示批示作为党内政治要件来办理,把党中央决策部署作为重大政治任务来落实,一把手亲自抓,形成工作闭环,落实“回头看”和报告制度,不断健全完善长效机制。坚决执行中国特色社会主义根本制度、基本制度、重要制度,不论是谋篇布局、改革设计、政策制定,还是加强法治、完善治理、抓好落实,都要奉此为圭臬,不能有任何偏差,不能有丝毫含糊。坚决维护国家法制统一、政令统一、市场统一,认真落实党中央重大决策部署,自觉遵守宪法和法律法规,清理废除妨碍统一市场和公平竞争的各种规定和做法。坚决服从服务国家外交、国防建设和祖国统一大业,坚持全国一盘棋、胸中有核心,自觉在大局下行动,更好地履行山西责任、彰显山西担当。

楼阳生强调,在坚持和完善中国特色社会主义制度、推进国家治理体系和治理能力现代化的历史进程中,不断提升治晋兴晋强晋能力和水平,是立足省域实现“中国之治”的具体实践。总的目标是:到我们党成立一百年时,支撑山西资源型经济转型的体制机制基本形成;到2035年,全面实现转型发展,治晋兴晋强晋的制度机制更加完备完善,并为解决资源型地区经济转型难题和推进能源革命提供“山西方案”、打造“山西样板”;到新中国成立一百年时,在国家实现治理体系和治理能力现代化时,山西能走在前列。

一是切实发挥党委全面领导制度优势。在以习近平同志为核心的党中央集中统一领导下,坚持总揽全局、协调各方,坚持“全面”“具体”“落实”,强化党委对经济、政治、文化、社会、生态文明建设等工作的全面领导,完善党委领导各项事业的具体制度,把党的领导落实到行动;坚持“抓总”“抓重”“抓要”,把对本区域具有全局性、牵引性、战略性的工作抓起来、管起来,加强对重点工作、重要任务、重大改革的领导,抓住要紧的事情、抓到要害的部位;坚持“一体”“一致”“一贯”,坚持为人民执政、靠人民执政,完善人民当家作主机制,把全省各方面力量动员起来、凝聚起来,万众一心走好中国特色社会主义现代化建设山西篇章新征程。二是切实发挥依法治省效能。强化依法治理与系统治理、综合治理、源头治理的有机结合,推进立法执法、依法行政、公正司法、遇事找法、网络治理、“三零”创建、拱卫京畿、防化风险,健全法治山西平安山西的制度体系,为高质量转型发展提供法治保障。三是切实发挥市场在资源配置中的决定作用。把握社会主义基本经济制度新内涵,处理好政府与市场这“两只手”之间的关系,壮大市场主体,强化权益保护,完善规则制度,统筹两个市场,创优营商环境,更加有力有效地推动高质量转型发展。四是切实发挥改革创新双轮驱动效应。以重点领域改革牵引各领域全面深化改革,突出抓好党政机构改革“后半篇文章”、事业单位改革、国资国企改革、开发区“三化三制”改革。坚定不移实施创新驱动、科教兴省、人才强省战略,打造一流创新生态,创新人才政策体制机制,实现由资源依赖向创新驱动跨越。五是切实发挥绿水青山生态功能。构建产权清晰、多元参与、激励约束并重、系统完整的生态文明制度体系,加强

"两山七河一流域"生态修复,加强湖泊、大泉、湿地保护,深化"五水综改",协同推进绿色生产、绿色生活,完善绿色制度,落实"三线、一责、一制",强化生态环境对高质量发展的支撑作用。六是切实发挥社会主义先进文化的价值引领。打好意识形态领域主动仗,深化文化体制改革,壮大文化产业、丰富文化生活,强化科研提高教育、医疗水平,加强普惠性、基础性、兜底性民生建设,让广大人民群众共享改革发展成果。七是切实发挥"三不一体"在持续净化政治生态中的牵引作用。打通不敢腐、不能腐、不想腐内在联系,统筹联动、同向发力,保持"不敢腐"的高压态势,扎牢"不能腐"的制度笼子,夯实"不想腐"的思想根基,形成控新、治旧、抓早、铲土的标本兼治工作格局。八是切实发挥干部队伍中"关键少数"的决定因素。各级各部门"一把手"要把不忘初心、牢记使命这堂"首修课""必修课""终身课"修好,带头做到"一句誓言、一生作答",示范带动干部队伍忠诚干净担当。要多学知识、增强本领、厚植情怀,把做事当作人生的追求,用业绩拿结果来说话,做无愧于历史、无愧于时代、无愧于人民的好干部。要大力培养年轻干部,加强思想淬炼、政治历练、实践锻炼、专业训练,建设一支信念坚、政治强、本领高、作风硬的可靠年轻干部队伍。

林武在主持会议时强调,各地各部门党委(党组)要把学习贯彻省委工作会议精神作为重要政治任务,担起主体责任,切实把思想和行动统一到中央精神及省委要求上来,围绕省委《实施方案》明确的重大任务,及早谋划细化推进措施,找准工作的切入点、着力点、突破点。要在坚持和巩固制度、完善和发展制度的同时,把遵守和执行制度放在更加突出位置,发挥党委(党组)领导、表率、把关作用,引导广大干部严格按照制度履行职责、行使权力、开展工作。各级纪检监察、组织等部门要着力构建全覆盖的制度执行监督机制,把制度落实情况作为政治监督的重要内容,把制度和治理体系建设作为干部考核评价的重要方面,确保制度时时生威、处处有效。

会议以电视电话会议形式召开,省委常委,省人大常委会、省政府、省政协负责同志,省法院院长、省检察院检察长,省军区、武警山西总队主要负责同志出席会议,省直各部门主要负责同志在省主会场参加会议。驻太原省管本科院校、国有企业主要负责同志,省直二级局主要负责同志,中央驻晋单位主要负责同志,在省分会场参加会议。各市、县(市、区)设分会场。

山西省"十四五"规划领导组会议

5月6日下午,省委书记、省"十四五"规划领导组组长楼阳生主持召开山西省"十四五"规划领导组会议,听取我省"十四五"规划编制有关情况汇报,对全面推进规划编制进行动员部署。楼阳生强调,要以习近平新时代中国特色社会主义思想为指引,深入学习贯彻"三篇光辉文献",贯彻落实"四为四高两同步"总体思路和要求,胸怀大局,把握机遇,围绕"转型出雏型",努力编制一个高质量规划,为谱写中国特色社会主义现代化建设山西篇章描绘蓝图、凝聚力量。省委副书记、省长、省"十四五"规划领导组第一副组长林武,省领导廉毅敏、胡玉亭、王一新、张复明、贺天才、王成出席会议。

会上,省发展改革委汇报了我省"十四五"规划基本思路和编制工作情况,提出下一步工作建议。楼阳生在讲话中指出,"十四五"时期是"两个一百年"奋斗目标的历史交汇期,是我省"转型出雏型"的发展关键期。"十四五"规划是在全面小康基础上开启全面建设社会主义现代化新征程的第一个五年规划。编制我省"十四五"规划,要胸怀两个大局,自觉把山西置于中华民族伟大复兴的战略全局、世界百年未有之大变局之中,做到登高望远,准确把握大势,提高规划前瞻性、引领性、操作性。要把握战略机遇,清醒认识我国发展仍处于重要战略机遇期,经济稳中向好、长期向好的基本趋势没有改变,我们不进则退、慢进亦退,要树立强烈的机遇意识,秉持虚怀若谷、学习借鉴的态度,吸收、引进、消化"他山之石";发扬先行先试、敢为人先的精神,以必胜、敢胜、勇胜的胆识气魄,奋力实现直道冲刺、弯道超车、换道领跑。要防范化解风险,充分认识世界格局深刻变化、不确定性不稳定性因素增多,强化底线思维、忧患意识,在应对风险挑战中牢牢把握发展主动权。

楼阳生指出,编制"十四五"规划,要按照"四为四高两同步"总体思路和要求,聚焦我省转型出雏型的阶段性战略目标,深入思考、深入研究,努力解决好十个方面重大问题。一是定好位。深入学习贯彻习近平总书记"三篇光辉文献",围绕资源型经济转型发展,科学把握山西在全国发展大格局中的定位,这是事关山西发展的方向性问题,是定盘星、压舱石。要立足全国经济版图,把山西作为环渤海经济圈的重要省份,融入京津冀一体化协同发展,把太原建成国家区域中心城市、国家综合交通枢纽,打造若干战略性新兴产业集群,不断提高开放的程度、水平、能级和质量。二是转方式。贯彻新发展理念,加快转变经济发展方式,坚决从资源依赖型、粗放式、低端化发展方式中走出来。三是新动能。牢牢把握"项目为王"要求,把发展着力点放在新动能的培育上,努力实现从"一煤独大"到"八柱擎天"的转折性变化。四是出拐点。坚持质量与速度、效益与规模并举,力争在"十四五"时期迎来产业结构和经济发展水平实现质的跃升。五是强创新。大力实施创新驱动、科教兴省、人才强省战略,抓好"111""1331""136"等重大工程,全力打造一流创新生态,初步形成新的核心竞争力。六是新基建。"十四五"时期要基本完成山西"铁、公、机"现代综合交通网络建设,同时抓住和用好国家政策机遇,加快推进5G网络、数据中心等新型基础设施建设。七是优体制。坚持"改革为要",继续啃硬骨头、涉险滩,深化重点领域关键环节重大改革,以改革创新创优支撑高质量转型发展的体制机制。八是破难关。抓住用好战略机遇,补短板、强弱项,着力破解事关山西长远发展的矛盾难题、风险挑战。九是善治理。贯彻党的十九届四中全会精神,按照省委工作会议部署,加强制度建设和治理能力建设,不断提升治晋兴晋强晋能力和水平。十是惠民生。坚持以人民为中心的发展思想,努力创造高品质生活,不断增强人民群众获得感幸福感安全感。

楼阳生强调，编制我省“十四五”规划责任重大，要坚持高标准，打开思路、拓宽视野，努力编制出一个贯彻中央部署、符合山西实际、体现人民期盼、引领五年发展、遵循客观规律的高质量规划。要提高站位，把思想统一到党中央及省委精神上来，确保各项决策部署落地落实。要统筹推进，同步进行规划《建议》与规划《纲要》、规划《纲要》与专项规划的起草编制，确保有效衔接、相互支撑。要加强研究，用好智库，深入开展重大问题研究，充分征集各界意见建议，集思广益，群策群力，科学论证，为编制规划提供强有力的智力支撑。要创新方法，打破传统思维、习惯思维，冲破资源依赖、路径依赖，坚持新发展理念，切实提高规划编制的质量。

楼阳生还就加强对“十四五”规划编制工作的领导，加强与国家“十四五”规划的衔接对接、争取更多政策项目支持等提出要求。

省“十四五”规划领导组成员单位负责同志参加会议。

省委金融改革工作会议

6月18日，省委召开金融改革工作会议，认真学习贯彻习近平总书记关于金融改革发展的重要论述重要指示，对我省深化金融改革重点工作进行具体部署。省委书记楼阳生出席会议并讲话。他强调，要坚持以习近平新时代中国特色社会主义思想为指引，贯彻落实习近平总书记视察山西重要讲话重要指示，按照“四为四高两同步”总体思路和要求，统一思想、坚定信心，直面问题、敢于担当，深化金融领域改革，着力防范化解风险，打造一流农商行城商行，为在转型发展上率先蹚出一条新路来提供有力金融支持。省委副书记、省长林武主持会议。省委常委、省纪委书记王拥军，副省长王一新通报相关工作情况。省领导廉毅敏、胡玉亭出席。

会议指出，近年来我省不断深化地方金融机构改革，完善金融体系，强化金融监管，取得积极成效，为全省经济社会发展发挥了积极作用。当前山西转型发展态势强劲，要求把创优金融生态作为打造一流创新生态的重要组成部分，为在转型发展上率先蹚出一条新路来提供更加有力的金融保障和支撑。

会议指出，金融是实体经济的血脉。在转型发展上率先蹚出一条新路来，必须要有风清气正的政治生态，打造一流创新生态，营造良好金融生态和法治社会生态。要把思想和行动统一到省委对当前经济形势的分析判断和决策部署上来，在省委的坚强领导下，坚定信心、直面问题、敢于担当，下好先手棋，打好主动仗，扎实推进金融改革发展，切实解决历史遗留问题，为地方金融业长远健康可持续发展奠定坚实基础。要坚持稳中求进、进中保稳，正确处理稳和进的辩证关系，进要以稳为基础，稳要以进为前提，在前进中、发展中实现当下稳、今后稳、长期稳，牢牢掌握金融改革发展的主动权。要稳定预期、精准拆弹，既要有胆力胆识胆魄，坚持底线思维，探明“雷区”、划出“红线”，又要精准施策，有效防范、主动化解、防患于未然。要把风险防控与金融反腐结合起来，严肃查处风险背后的腐败问题，坚决把金融领域的“蛀虫”挖出来、清理出去，以保护广大群众利益和地方金融系统职工利益。

会议指出，深化改革是防范化解金融风险、促进金融业发展的内在要求、根本动力、唯一出路。要坚持地方金融改革的正确方向，坚持从根上改、制上破、治上立，优化金融机构体系，完善现代金融企业制度，依靠改革实现金融业激发活力、行稳致远。要打造良好金融生态，全力建立健全穿透式监管办法，全力维护债权人合法权益，全力打击恶意逃废债，全力服务实体经济、中小微企业、“三农”和“双创”活动，打造一流农商行、一流城商行，做强做优地方金融机构，更好服务转型发展。

会议强调，目前，全省上下正在深入学习贯彻习近平总书记视察山西重要讲话重要指示，政通人和、心齐气顺，金融局面稳定，流动性合理充裕，深化改革正当其时。会议指出，做好地方金融改革工作，必须坚持和加强党对金融工作的全面领导，落实全面从严治党要求，把党的领导融入金融改革和防范化解金融风险的全过程各方面。要开阔选人用人视野，建好配强地方金融机构领导班子，大力选拔使用政治可靠、德才兼备、业务熟练、作风过硬的金融系统领导干部。各级各有关部门要坚决贯彻省委决策部署要求，把属地责任和部门责任扛起来，统一思想、统一步调，正确引导、凝聚人心，立足岗位、做好本职，“三零”创建、稳定社会，全面统筹、标本兼治，落实落细各项举措，全力维护社会大局稳定，为金融改革发展营造良好社会环境。要发挥基层党组织的优势，细心细致做好群众工作，引导群众不信谣、不传谣，对混淆视听、散布谣言的，发现一起查处一起。

省直有关部门，省管国有企业、金融类企业，部分中央驻晋单位主要负责同志参加会议。

全省巩固脱贫成果现场推进会

7月2日至3日，全省巩固脱贫成果现场推进会在临汾召开。会议深入贯彻落实习近平总书记在决战决胜脱贫攻坚座谈会上的重要讲话精神和视察山西重要讲话重要指示，认真落实省委十一届十次全会部署，对如期完成攻坚任务、巩固拓展脱贫成果进行再动员再部署。省委书记、省脱贫攻坚领导小组组长楼阳生作出批示，提出明确要求。省委副书记、省长、省脱贫攻坚领导小组组长林武出席并讲话。省领导罗清宇、张吉福、岳普煜、李正印、李晓波、席小军参加，曲孝丽传达批示，王成主持会议。

楼阳生批示指出，今年是脱贫攻坚决战完胜、全面收官之年。各级各部门要进一步强化交总账意识、军令状意识，提高站位扛牢攻坚责任，慎终如始抓好工作落实，确保剩余贫困人口全部脱贫，确保脱贫不稳和边缘易致贫“两类户”不返贫致贫，确保各类问题整改到位，坚决不能松劲懈怠，坚决反对弄虚作假，坚决向习近平总书记和党中央兑现“军令状”，向全省人民兑现承诺。

楼阳生强调，脱贫摘帽不是终点，而是新生活、新奋斗的起点。要深入学习贯彻落实习近平总书记视察山西重要讲话重要指示精神，按照省委“四为四高两同步”总体思路和要求，将脱贫攻坚、全面小康、乡村振兴贯通起来。要严格落实“四个不摘”重大要求，过渡期内保持现有帮扶政策总体稳定，投入力度不减、帮扶力量不减。要精心编制好“十四五”规划，把农业现代化三大省级战略、十大产业集群培育和巩固脱贫成果结合起来，谋划好规划衔接、对象衔接、政策衔接和工作机制衔接，推动减贫战略和工作体系平稳转型。要把技能就业作为硬性任务，下功夫抓好农村劳动力建档立卡、技能培训、持证就业，提高就业层次、稳岗拓岗和工资性收入。要把产业振兴作为根本之策，下功夫发展特色产业、培育新型经营主体，完善带贫益贫利益联结，深化消费扶贫促进产销衔接，推动产业带领、产业增收、产业致富。要抓好易地扶贫搬迁后续扶持，相关部门各负其责跟进落实，解决好旧村拆除复垦、安置住房确权和产业就业、公共服务、社区建设、管理等问题。要深化拓展生态扶贫路子，实现绿化彩化财化同步推进、增绿增收增效有机统一。要教育治本斩断穷根，优化布局农村教育资源，就近就地就便服从就优，提高农村教育质量。要推行新政兜牢保障，法治德治自治相结合，实施好城乡居民补充养老保险制度，把好事办好，实事办实。要深入推进抓党建促脱贫攻坚，扎实开展“三零”村创建、农村环境整治和感恩奋进教育，管好用好扶贫资产，提升农村基层治理能力，让广大老百姓的生活越过越好。

楼阳生指出，脱贫攻坚艰苦卓绝，成就斐然。要关心关爱扶贫干部，树立鲜明用人导向。要重视抓好总结宣传，讲好山西人民的脱贫故事、小康故事、奋斗故事，为巩固脱贫成果，有效衔接乡村振兴提供借鉴，增添力量。

林武在讲话中指出，脱贫攻坚是习近平总书记亲自领导谋划、全力组织推进、始终牵挂在心的一项重大工程，也是一场没有任何退路和弹性的硬仗。各级各部门必须站在增强“四个意识”、坚定“四个自信”、做到“两个维护”的政治高度，持续强化“交总账”“军令状”意识，按照省委“四为四高两同步”总体思路和要求，把巩固脱贫成果、提升脱贫质量摆在更加突出的位置，聚焦贯通脱贫攻坚、全面小康、乡村振兴，健全工作机制、完善政策举措，减贫防贫两手抓、当前长远两兼顾、治标治本两统筹，确保脱贫成果经得起历史和人民的检验。

林武强调，要下足“绣花功”，精准施策稳岗就业。落实好各项稳就业保就业政策措施，大力发展扶贫企业、扶贫车间、扶贫产业园，开展以工代赈，动态落实“一户一公益岗”政策，鼓励农民工、大学生、科技人员和“田秀才”“土专家”“农创客”等返乡留乡创新创业、带动就业。深入实施全民技能提升工程，推进取证持证改革。做好贫困劳动力精准培训、考核评价、发放证书、安置就业等“一条龙”服务，推动地方劳务品牌区域化，拓宽省外境外劳务输出渠道。要培育“致富花”，强链延链壮大产业。聚焦精细化特色化功能化，着力打造“南果中粮北肉”出口平台和“东药材西干果”商贸平台，宣传好、保护好、发展好“大同黄花”“山西药茶”等区域品牌，精心打造“三大板块”“三个人家”，提升产业发展层次。聚焦集群化规模化园区化，着力打造一批种业型、加工型、流通型、服务型、科技型龙头骨干企业，发展家庭农场、专业合作社和各类社会化服务组织，培育壮大市场主体。聚焦带得稳带得准带得久，完善带贫益贫机制。要抓实“后半篇”，靶向发力后续扶持。扎实做好易地扶贫搬迁后续扶持工作，确保搬得出、稳得住、逐步能致富。严格落实“一户一宅、占新腾旧”，加大旧村整理、复垦、复绿力度，确保拆除复垦任务全部完成。推动安置区配套的产业园区和产业项目加快落地投产，引导加工业等劳动密集型产业向安置区周边合理聚集，推动大型安置区建设就业创业服务站和公益事业服务站。发挥基层党组织领导核心作用，加强安置社区自治组织建设，加快补齐集中安置区基础设施和公共服务短板，完善创新安置社区治理机制和模式。要栽好“摇钱树”，生态扶贫增绿增收。统筹抓好“两山七河一流域”生态修复治理，全面展开“五湖”生态保护修复，引导贫困群众参与大规模“增绿”、抢救性“复绿”、原生态“补绿”等生态工程建设，让山川绿起来。坚持生态建设产业化、产业发展生态化，大力发展干果经济林、林下经济、种苗花卉等产业，实施一批林业生态扶贫 PPP 项目，深化集体林权改革，让群众富起来。坚持绿化彩化财化同步发力，大规模营造生态林，多树种配置景观林，持续改善农村人居环境，让乡村美起来。要织牢“保障网”，坚决托住民生底线。按照就近就便服从就优原则，加快推进中学向县城集聚、小学向乡镇以上集中，完善控辍保学长效机制，阻断贫困代际传递。落实好城乡居民补充养老保险制度，提升晚年幸福指数。完善健康扶贫长效机制，建立因病致贫监测预警系统，避免因病致贫返贫。用足用好低保、特困供养、残疾帮扶等政策，高度关注因新冠肺炎疫情或其他原因收入骤减或支出骤增户，解决基本生活困难。要常怀“赶考心”，凝心聚力持续奋进。继续保持省负总责、市县抓落实的工作机制不变，保持五级书记抓扶贫的强劲态势不变，市县党委政府要自觉扛起主体责任，各级扶贫部门要履行好牵头抓总职能，脱贫攻坚领导小组成员单位要强化服务指导、监督管理，驻村工作队员、第一书记要尽职尽责，省委脱贫攻坚督导组要严督实导，确保责任落实到位。巩固深化扶贫领域腐败和作风问题专项治理成果，加强扶贫资金项目监管，坚决整治脱贫攻坚中的形式主义、官僚主义，加大对软弱涣散村级组织的整顿力度，关心关爱一线扶贫干部。做好国家脱贫攻坚普查有关工作，全面真实反映脱贫攻坚成果，加强总结宣传，营造决战完胜的浓厚氛围。认真编制我省“十四五”巩固脱贫成果专项规划，推动减贫战略和工作体系平稳转型，引导党员干部群众继续保持战斗状态，夺取脱贫攻坚全面胜利，乘势而上开创乡村振兴新局面。

会上，大同市、吕梁市、忻州市、临汾市和省委宣传部、省教育厅、省人社厅、省农业农村厅、省扶贫办负责人发言。会前，参会人员实地观摩了隰县玉露香梨标准化生产示范基地、好乐佳食品公司，永和县光伏扶贫收益分配和公岗带动就业项目、丰百源天然气能源公司，大宁县购买式造林绿化项目、山西鸿晋塑胶公司、花卉产业园等。

省脱贫攻坚领导小组相关成员单位主要负责人、省委脱贫攻坚督导组组长，11 个市的市委书记、市长及扶贫办主任,有扶贫任务的103个县(市、区)委书记参会。

全省“两山七河一流域”生态保护与修复工作推进会

8月19日,全省“两山七河一流域”生态保护与修复工作推进会在太原召开,省委书记楼阳生出席并讲话。他强调,要认真学习贯彻习近平生态文明思想,贯彻落实习近平总书记视察山西重要讲话重要指示,按照省委十一届十次全会部署,全面推进“两山七河一流域”生态修复治理和环境保护,推进高质量转型发展,努力建设美丽山西。省委副书记、省长林武主持会议。省领导罗清宇、张吉福、廉毅敏、王成、李正印、李晓波出席,副省长贺天才作工作情况汇报。

近年来,我省牢记习近平总书记嘱托,把抓好“两山七河一流域”生态修复治理作为做到“两个维护”、践行“两山理论”的实际行动,全省一盘棋、上下一条心,各市党委政府高度重视、措施有力,“两山七河一流域”生态保护与修复取得明显成效,生态环境显著改善。

在听取全省总体情况和各市情况汇报后,楼阳生指出,“两山七河一流域”生态保护与修复,是贯彻落实习近平生态文明思想的重大战略部署,事关高质量转型发展全局,事关人民群众高品质生活。要深入贯彻落实习近平总书记视察山西重要讲话重要指示,弘扬右玉精神,久久为功,始终把“两山七河一流域”生态保护与修复的重大责任扛在肩上落到实处。一要忠实践行“两山理论”。习近平生态文明思想是我们做好生态修复治理、加强环境保护和建设美丽山西的根本指针。“两山理论”深刻揭示人与自然、保护与发展的内在关系,内涵丰富、博大精深,已成为全省上下的政治自觉、思想自觉、行动自觉。要坚持生态优先、保护优先原则,敬畏自然、呵护自然、道法自然,促进人与自然和谐共生,实现永续发展。二要编制好专项规划。贯彻新发展理念,遵循自然规律、客观规律,坚持省市县联动,做到专项规划与土地规划、空间规划多规合一,生态保护红线、永久基本农田保护红线、城镇开发边界三线合一,进一步增强规划的专业性、指导性、操作性。三要开展环境突出问题专项治理。聚焦重点难点,着力标本兼治,抓好专项治理,禁止侵占河道、湖泊、大泉、湿地,禁止露天开采,禁止地下水超采,禁止违规违法采石,禁止违规违法采沙,禁止污染物乱排乱放,禁止违规放牧,禁止违规违法占地,禁止违规违法砍伐林木,禁止不可降解塑料,禁止捕捉野生动物。四要用市场化方式实施工程项目。坚持政府主导,市场主体运作,提高治理工程项目质量和效率。实施水利水网、城乡饮用供水、污水处理、城市雨污分流、垃圾危废处理、采石采矿区生态修复及矸石山、采煤沉陷区、尾矿库、地质灾害、水土流失等治理工程。五要强化生态自然修复功能。坚持节约优先、保护优先、自然恢复为主方针,统筹山水林田湖草系统治理,充分利用先进技术,持续开展人工造林、封山育林,恢复湿地、湖泊,增强环境资源再生能力。六要把水制约变成水保障水支撑。坚持以水定城、以水定地、以水定人、以水定产,统筹推进“五水综改”,完善用水价格机制,大力发展节水型农业、节水型工业,积极推进节水型单位、节水型社会建设。七要以制度创新推进生态保护修复治理。完善生态文明建设法律制度,健全生态环境保护机制、生态补偿机制,加大生态补偿力度,用生态环保倒逼机制促进转型升级,通过交易机制推进生态产品价值实现。理顺水资源管理体制机制,提高水资源配置效益和调度管理水平。八要做强环保科研和环保产业。加大环保科技投入,加强污染治理、资源循环利用、生态修复等领域科技攻关,推动以企业为主体、产学研结合的环保创新体系和科研平台建设,依靠新技术推进煤矸石、粉煤灰、秸秆等资源化利用,延伸产业链条,培育壮大生态环保产业。九要统筹提高城镇化率与生态脆弱地区人口萎缩化管理。高度重视城镇化率提高面临的土地利用、环境资源承载、城乡形态演变等问题,通过提升公共服务均等化水平,不断提升城市吸纳农村人口的能力和吸引力,破解城乡二元结构瓶颈制约。十要加强组织领导。各级领导干部要坚持绿色发展理念,落实高标准保护要求,统筹做好绿水青山金山银山大文章,严明生态环境保护责任制度,坚持问题导向,把源头预防、过程控制、损害赔偿、责任追究贯穿于落实责任制度全过程,实现环境治理体系和治理能力现代化,加快建设山清水秀、天蓝地净的美丽山西。

林武在主持会议时强调,各级各有关部门要迅速传达学习会议精神,切实把思想和行动统一到党中央、国务院决策部署和省委、省政府工作要求上来,进一步增强推进“两山七河一流域”生态保护和高质量发展的思想自觉和行动自觉,结合实际完善工作举措、狠抓工作落实。要编制好“两山七河一流域”相关规划,统筹谋划实施一批生态保护项目、污染防治项目、产业转型项目和重大民生项目,把生态效益更好转化为经济效益、社会效益。要坚持全省一盘棋、上下一条心,主动担当作为,加强协同攻坚,强化督查考核,确保按时按要求完成各项任务,加快建设美丽山西。

省直有关部门主要负责同志,各市市委书记、市长、分管副市长参加会议。

全省审计工作会议

8月21日,全省审计工作会议在太原召开,省委书记楼阳生出席会议并讲话。他强调,要深入学习贯彻习近平总书记视察山西重要讲话重要指示和关于审计工作的重要论述,按照党中央及省委对审计工作的各项部署要求,以扎实、精准、有力的审计工作新成效,为治晋兴晋强晋提供坚实保障。省委副书记、省长林武主持会议。省领导王拥军、廉毅敏、郭迎光出席,罗清宇、张吉福、李正印、李晓波分别在各市分会场出席。

楼阳生指出,党的十八大以来,以习近平同志为核心的党中央站在推进国家治理体系和治理能力现代化、建立健全党和国家监督体系的战略高度,对加强审计工作、完善审计制度、改革审计管理体制等作出重大部署。习近平总书记亲自谋划、亲自部署、亲自推动审计领域重大工作和重大改革,就审计工作作出一系列重要论述,深刻阐释了新时代审计工作的地位作用、方向目标和重点任务,深刻回答了做好审计工作的根本性全局性战略性的重大问题,为做好新时代审计工作指明了前进方向，提供了根本遵循。要深入学习、深刻领会、全面把握、坚决贯彻，聚焦新时代审计机关和审计工作的职责使命，依法全面履行审计监督职责，努力开创我省审计工作新局面。

楼阳生指出，审计是党和国家监督体系的重要组成部分，在推进国家治理体系和治理能力现代化进程中具有十分重要的作用。过去一年，全省各级审计机关在省委的领导下，履行审计监督职责，推进审计全覆盖，深化审计管理体制改革，各项工作取得明显成效，一些工作进入全国先进行列，为推动政策落实、维护财经秩序、保障改善民生、促进民主法治、加强廉政建设发挥了重要职能作用。当前，全省上下正在深入学习贯彻习近平总书记视察山西重要讲话重要指示，贯彻落实省委十一届十次全会部署，坚定不移推进转型综改，努力率先蹚出一条新路来。完成肩负的历史使命，实现确定的各项目标任务，审计工作责任重大。

楼阳生指出，审计要像体检一样，不仅要查病，更要治已病、防未病。要着眼于经济社会健康运行和高质量转型发展，坚持问题导向，充分发挥审计"经济体检"作用，深入剖析根源，完善长效机制，做到举一反三、系统纠治。要善于运用"三个区分开来"分析处理问题，把守护经济安全与促进高质量转型发展统一于审计工作的方方面面。

楼阳生要求，要在一体推进不敢腐、不能腐、不想腐中统筹谋划审计工作，坚持标本兼治、综合施策，不断把审计监督的制度优势转化为治理效能。一要健全完善权力配置和运行制约机制，科学配置权力，健全分事行权、分岗设权、分级授权制度；强化制度保障，健全完善审批监管、财政管理、国资监管、金融信贷、公共资源交易等重点领域的机制制度；严格制度执行，建立权力运行可查询、追溯的反馈机制和问责办法，促进权力依法、公正、有效行使。二要建立审计监督与党内监督的贯通协作机制，推动监督机制贯通、监督内容贯通、监督力量贯通，发挥审计监督在资金、资产、资源监管上的利器作用，加快全面覆盖，形成监督合力。三要健全完善审计整改工作机制，建立审计整改联合督查机制、审计整改对账机制、审计"点办理、批处理"制度、审计整改情况"回头看"制度、审计整改情况报告制度、公开机制和问责办法，推动审计整改走深走实。四要建立健全审计成果运用机制，推动全面从严治党向纵深发展。纪检监察机关、组织人事部门、巡视巡察机构要各司其职，建立健全经常性信息通报、问题线索移送与案件协查、查处结果运用反馈等工作机制，实现审计成果共享共用。

楼阳生强调，审计工作政治性、政策性、专业性很强，必须充分认识新时代加强党对审计工作集中统一领导的深刻内涵和重要意义，准确把握审计机关是行政机关，更是政治机关的性质定位，旗帜鲜明讲政治，坚决按照中央决策部署及省委工作要求来推进审计、开展监督，坚定不移把党的领导贯穿审计工作的全过程各方面。各级党委要自觉履行领导责任，把审计工作摆在重要位置，强化对重大问题的分析研判、对重大任务的指导推动。各级党委审计委员会要加强对审计工作的安排部署、统筹协调、整体推进和督促落实，切实把党对审计的集中统一领导落到实处。各级党委书记要善于抓总、抓重、抓要，坚持重要事项亲自部署、重大案件亲自督办，确保落地见效。各地各部门特别是各级领导干部要积极主动支持审计工作，依法自觉接受审计监督。全省审计系统要强化思想淬炼、政治历练、实践锻炼、专业训练，以审计精神立身、以创新规范立业、以自身建设立信，切实加强政治建设、能力建设、作风建设、廉政建设，不断提升审计工作能力水平，努力打造审计铁军，为我省在转型发展上率先蹚出一条新路来作出新的更大贡献。

林武在主持会议时强调，各级各部门各单位要认真学习贯彻习近平总书记关于审计工作的重要论述，贯彻落实全国审计工作会议精神，迅速传达学习楼阳生书记重要讲话精神，进一步提高思想认识，加强组织领导，强化工作举措，确保各项部署全面落实。要认真对照审计发现问题，深入分析、扎实整改，举一反三、系统纠治。要强化依法治理意识，自觉配合审计机关工作，主动接受审计监督，不断规范内部管理，严格执行各项财经法纪，积极落实审计意见和建议，推动本地区本部门本单位治理水平整体提升。

会议以电视电话会议形式召开，各级审计机关，各市、县（市、区）设分会场。省审计厅负责同志在会上作审计工作报告。省委审计委员会组成人员，省直有关部门、部分中央驻晋单位主要负责同志，驻太原省管高等院校、国有企业和金融机构、公立医院主要负责同志在省主会场参加会议。

全省城市工作会议

8月25日至26日，全省城市工作会议在晋城召开，深入分析我省城市发展面临的形势和任务，对全省当前和今后一个时期城市工作作出全面部署。省委书记楼阳生出席会议并讲话。他强调，要深入学习贯彻习近平总书记视察山西重要讲话重要指示和关于城市工作的重要论述，全面贯彻落实省委经济工作会议和省委十一届十次全会精神，坚持以人民为中心，坚持高质量发展，建设充满活力、富有特色、宜居宜业宜游的现代化城市，不断提升我省城市综合实力和核心竞争力，为在转型发展上率先蹚出一条新路来打开广阔空间、注入强大动能。省委副书记、省长林武主持会议，省领导罗清宇、张吉福、胡玉亭、张复明、王成、吴伟、卢东亮、李正印、李晓波出席，贺天才主持专家报告会。

会议期间，播放了晋城市城市工作宣传片，举行了专家报告会，住建部总经济师杨保军、同济大学常务副校长伍江分别作专题报告，住建部政策研究中心副主任翟宝辉作书面报告。

晋城市认真贯彻省委和省政府关于城市工作的决策部署，在城市建设上有举措、有亮点、有成效。26日上午，与会人员集体观摩城市规划展览馆、凤台小区、花园水系、教育园区、丹河新城、太郑高铁晋城东站等，考察学习晋城城市发展规划、老旧小区改造、新城建设、生态修复治理、基础设施建设等做法经验。在城市规划展览馆，楼阳生指出，要坚持城乡、市域一体化发展，创新规划理念和方法，为未来发展预留空间。老旧小区改造后的凤台小区，面貌焕然一新。楼阳生察看小区环境，登上加装电梯进入居民楼，听取小区智能化应用和"三零"创建等介绍，强调老旧小区改造要用足国家支持政策，引入市场主体，用好市场机制，"集零为整"规模化运作。在与小区群众深入交流时，看到大家舒心快乐，楼阳生很高兴，他说，让人民群众过上好日子，是我们一切工作的根本出发点和落脚点。希望大家发扬主人翁精神，共同建设美丽、幸福、温馨的家园。花园水系和丹河龙门湿地公园，是晋城实施城市河流清水复流、绿网连通和生态修复治理的重点工程，楼阳生对丹河新城规划设计予以充分肯定，指出，要对标一流、强化设计，高质量高标准建设新城区，把每一个项目都打造成精品工程。

楼阳生在讲话中指出，城市兴，则文明兴。以习近平同志为核心的党中央高度重视城市工作。党的十八大以来，习近平总书记提出一系列关于城市发展的新理念新论断新要求，是习近平新时代中国特色社会主义思想的重要组成部分和理论创新成果，为我们推进新时代城市发展指明了前进方向，提供了根本遵循。要深刻领会"以人的城镇化为核心"的本质内涵，坚持人民城市人民建，人民城市为人民；深刻领会"一个尊重、五个统筹"的基本思路要求，坚持高起点规划、高标准建设、高水平管理。特别是要深刻认识到，习近平总书记视察山西时提出的"坚持治山、治水、治气、治城一体推进，持续用力"的重大要求，是对"两山"理论的丰富拓展，更是对现代化城市治理、高质量转型发展的科学指导。我们要深入学习，全面把握，坚决贯彻落实。

楼阳生指出，纵观世界文明发展史，人类文明发展的进程，主要是城市文明发展的进程；城市化的过程本质上就是经济社会现代化的过程。无论是在人类文明演进的历史长河中，还是在现代化建设的大舞台上，城市始终扮演着十分重要的角色，占据着至关重要的地位。近些年来，我们牢记习近平总书记殷殷嘱托，始终把城市高质量发展放在全省工作的重要位置，积极探索符合山西实际的新型城镇化发展道路，城市发展特别是资源型城市转型取得显著成绩。"十四五"时期，是我省转型出雏型、开启全面建设现代化新征程的重要时期，我省将进入城镇化质量和规模双提升的关键阶段，做好新时代城市工作意义十分重大。要深刻把握城市化发展大势，进一步增强做好新时代城市工作的紧迫感责任感使命感，把思想认识和行动统一到习近平总书记视察山西重要讲话重要指示和关于城市工作的重要论述上来，统一到省委决策部署上来，紧紧围绕"一主三副六市域中心"城镇化新格局，做强做优做名城市，真正把城市建设成为支撑和带动区域高质量发展、高水平崛起的强大引擎，建设成为实现高标准保护、高品质生活的美丽家园。

楼阳生指出，要以建设宜居宜业宜游现代化城市为目标，大力提升城市规划建设治理水平。一要保护城市文脉。深刻体悟中华文明之精髓，一省一市之历史渊源，挖掘和梳理城市文脉，并赋予时代意义，将其体现在城市规划、设计、建设、管理各个方面，尤其是要注意保护好历史建筑、历史街区、文物，体现城市历史底蕴。二要培育城市核心价值。城市与城市的差异，关键在于其核心价值的不同，要把创新文化、改革精神作为城市 DNA，既作用于城市发展战略，又作用于汇聚各类先进生产要素，久而久之形成核心竞争力。三要重视城市规划设计。把一个城市放到全省乃至全国大格局中审视和把握，明确城市性质，优化城市形态，合理布局功能，科学前瞻，"多规合一"，实现"一张蓝图绘到底"；坚持道法自然，强化城市设计，形成城市名片，打造城市品牌。四要推进城市精致建设。聚焦城市品质提升，完善基础设施，改善人居环境，打造"城市客厅"，推行绿色制度，倡导绿色生活，以工匠精神打造经典建筑、精品街区、精致城市。五要深化城市现代治理。要构建"党建引领、多元共治"的城市治理新格局，加强城市管理法治化，推进城市管理精细化，实现城市管理智能化，体现城市管理人性化。

楼阳生强调，要坚持"四化同步"、城乡统筹，着力抓好当前重点工作。一是抓好国土空间规划编制；二是协调推进新老基建；三是深化"两下两进两拆"城市风貌整治；四是产城融合强化经济支撑；五是抓好城市垃圾污水危废治理；六是优化城市人口结构素质；七是进一步深化城市管理体制机制改革；八是抓好村庄规划编制，建设美丽乡村。

楼阳生强调，各级领导干部要提升领导城市化的能力和水平，始终坚持以新发展理念为引领，把创新、协调、绿色、开放、共享的发展理念贯穿城市规划建设管理的全过程。要优化知识结构，加强城市学的学习和研究，把握现代城市发展规律。要提高审美能力，强化标准引领，提升经营城市水平，当好现代化城市建设的"设计师"和"工程师"。

林武在主持会议时指出，各级各部门要切实把思想和行动统一到省委重大决策部署上来，提高政治站位，强化工作举措，提升能力水平，锚定加快建设现代化城市这个总目标，扎实推进城市规划、建设、管理和经济社会发展等重点任务，因地制宜策划实施一批传承城市文脉、提升城市品位、完善城市功能、保障城市民生、促进城乡一体化发展的新项目好项目大项目，为城市高质量发展提供坚实支撑。

会议以电视电话形式开到县一级，省主会场设在晋城市。省直有关部门主要负责同志，各市和 11 个县级市市委书记、市长、分管副市长、城市建设管理部门主要负责同志参加主会场会议和观摩活动。

山西省第六次旅游发展大会

9 月 10 日，山西省第六次旅游发展大会在忻州市隆重召开。省委书记楼阳生出席"走进雁门关"仪式，并在工作部署会上讲话。他强调，要深入贯彻落实习近平总书记视察山西重要讲话重要指示和关于文化旅游的重要论述，按照省委十一届十次全会的部署，进一步增强政治责任感、历史使命感、时代紧迫感，推进实施文化强省战略，做强做优文化旅游产业，加快把山西打造成国际知名文化旅游目的地，奋力谱写山西文旅新篇章，为转型发展蹚新路贡献力量。省委副书记、省长林武出席仪式并主持会议，国家文旅部党组成员王晓峰讲话，省领导吕岩松、廉毅敏、卫小春、李晓波、张瑞鹏出席，张复明通报“黄河、长城、太行”三大品牌建设情况。

上午9时，在雁门关景区地利门宁边楼广场，一曲《长城长》交响乐拉开了主题大会仪式序幕。知名历史文化学者纪连海、董耀会、王立群分别讲述长城故事。来自省内外的300多名嘉宾身临雁门雄关，仿佛沉浸于波澜壮阔的历史长河。

楼阳生在讲话中指出，要坚持以文促旅、以旅彰文，聚焦打造黄河、长城、太行三大品牌，努力塑造“游山西就是读历史”的文旅新形象，坚定不移把文化旅游业培育成转型发展的战略性支柱产业。一要精心做好“游山西就是读历史”全域旅游形象推广。本着“上对五千年文明负责、下对子子孙孙负责”的态度，加强文物资源保护。认真梳理、深度挖掘、充分利用丰厚的历史文化积淀和独有的地理生态禀赋，使游读山西活态化展示、具象化传播，让游客可触摸、可感知、可互动，更好感悟中华文化、提升文化自信、体验精彩人生、增强奋进动力。二要全力打造“黄河、长城、太行”三大板块文旅品牌。坚持高水准策划、高标准建设、高水平运营，紧密对接国家战略，将三大板块融入黄河国家文化公园、长城国家文化公园等战略体系，开发精品线路，把优质旅游资源变成优质产品，不断提升三大文旅品牌认知度、美誉度、影响力。三要不断推进高等级旅游景区品质提升。强化“景区为王”理念，坚持内涵提升与外延拓展相结合，硬件建设与软件建设相并重，打造更多5A、4A级龙头核心旅游景区。推动云冈石窟、五台山、平遥古城三大世界文化遗产景区做优做强，加快建设成为高等级、复合型景区，打造游客向往的旅游目的地。四要加快构建贯通城乡景区的全域旅游公路网。加快建设专用性、安全性、智能性、环境友好型旅游公路，推进黄河、长城、太行三个“一号旅游公路”建设进度，完善基础设施服务设施，突出“0km”标志文化驿站项目，实现“城景通、景景通”，使之成为最美风景路、网红打卡路、致富小康路。五要突出抓好乡村旅游和“三个人家”民宿建设。紧扣“乡愁”这个乡村旅游灵魂，打造乡村旅游产品。坚持标准化、专业化、市场化、规范化，建好黄河人家、长城人家、太行人家，让农民在民宿经营和乡村旅游发展中获益增收。六要着力打造全链条文创产业。加强特色创意产品设计研发，大力培养三晋工美大师和非遗传承人，培育壮大文创产业龙头企业、文创园、文化经纪人等市场主体，创新品牌推广营销模式，打造更多具有影响力和辐射力的山西特有文创品牌。七要切实做好“康养山西、夏养山西”大文章。依托我省区位资源优势，推动康养与旅游融合发展，强化政策扶持，培育市场主体，着力打造康养示范区、康养小镇、康养社区，加快构建多样化、高品质、全周期的康养产品体系。八要加速推进智慧旅游和业态创新。加快拓展“5G+文旅”应用场景，运用现代信息技术赋能文旅产业，推进景区智能化改造升级，加强游客沉浸式体验，加快新产品新业态开发，增加旅游综合收入。

楼阳生强调，山西发展文旅产业，前景广阔，大有可为。要抓好统筹协调，推动形成“全域＋旅游”的区域发展新格局和“百业＋文旅”的强大工作合力。要抓好项目建设，创优文旅投资环境，建设一批引领性强、发展潜力大、具有标志意义的重大文化旅游项目。要抓好服务质量，把游客满意度作为衡量标准，提高旅游服务智能化、精准化、人性化水平。要抓好标准提升，对标国内一流旅游标准，加强各类旅游标准制定实施。要抓好安全运营，把旅游安全作为生命线，压紧压实责任链条，让游客游得放心、游得舒心、游得开心。

林武在主持会议时强调，各级各部门要深入学习贯彻习近平总书记视察山西重要讲话重要指示，认真落实省委十一届十次全会精神，切实把思想和行动统一到这次会议精神上来，以全局的高度、专业的深度和系统的广度，切实谋划好、推动好文化旅游发展各项重点工作。要把项目为王理念贯穿文旅融合发展全过程，对涉及文化旅游业改革发展的重要事项、重点工程项目、重大招商引资项目，挂图作战，全力推进。要进一步优化营商环境、产业环境、市场环境和消费环境，为文旅大融合大发展创造良好条件和氛围。要加强督促指导，强化结果导向，确保会议部署的各项任务落到实处，加快把我省建设成为国际知名的文化旅游目的地。

王晓峰代表文化和旅游部对大会的成功召开表示热烈祝贺。他说，山西省委和省政府坚定落实好习近平总书记视察山西重要讲话重要指示，把旅游业作为战略支柱性产业，推动旅游业高质量发展，取得了显著成效，创造了许多经验。希望山西持续统筹抓好旅游产品建设与旅游市场推广，推动旅游业发展更上一层楼。文化和旅游部将一如既往支持山西文旅改革创新发展，助力山西建设国家全域旅游示范区。

本次旅发大会的主题是“‘华夏古文明，山西好风光’——长城博览在山西”，旨在打造具有影响力的长城板块品牌。

省旅游改革发展领导小组成员单位主要负责同志，各市市长、宣传部长、文旅局长，部分省属国有企业、高校、文旅企业、金融机构负责同志参加。

2020中国·山西(晋城)康养产业发展大会

9月21日，2020中国·山西(晋城)康养产业发展大会在晋城市隆重举行。全国政协副主席、民革中央常务副主席郑建邦讲话并宣布大会开幕，省委书记、省人大常委会主任楼阳生发表《康养山西夏养山西》主旨演讲。省政协主席李佳出席并主持高峰论坛。国家体育总局副局长李建明致辞。民革中央副主席张伯军，全国政协社会和法制委员会副主任徐敬业，中国工程院院士、武警后勤部副部长兼武警总医院院长郑静晨，省领导廉毅敏、谢红出席。张复明主持开幕式。

金秋太行，盛迎宾朋。上午10时，2020中国·山西(晋城)康养产业发展大会在晋城市旅游胜地司徒小镇拉开帷幕。开幕式上，郑建邦发表了热情洋溢的讲话。他代表民革中央对大会的召开表示热烈祝贺，指出，人民健康是民族昌盛和国家富强的重要标志。中共十八大以来，以习近平同志为核心的中共中央始终把人民健康放在优先发展的战略地位，充分体现了中国共产党对人民健康高度负责的情怀与担当。推进康养产业发展，是践行健康中国战略的重要举措，是满足人民群众日益增长的健康需求的重要手段。作为参政党，民革全党深刻领会新发展理念和健康中国战略，高度关注康养产业发展，努力探索康养产业发展的新思路、新模式，为助推地方经济社会发展、促进经济转型升级作出了积极贡献。山西历史悠久、山河锦绣、人杰地灵、物阜民康。山西坚持以习近平新时代中国特色社会主义思想为指导,统筹疫情防控和经济社会发展,全省各项事业取得了新的重大成就。特别是持续打造“康养山西、夏养山西”品牌,积极构建全省域、大康养的产业发展新格局,在康养产业发展上走出了一条独具特色的山西路径。希望各位来宾借大会成功举办之机进一步认识山西,共同探求康养产业合作发展新机遇。也希望山西以这次大会为新起点,奋力推动康养产业发展再上新台阶,为助力健康中国战略实施、实现“人民对美好生活的向往”作出更大贡献。

在康养产业高峰论坛上,楼阳生向与会嘉宾隆重推介山西。他首先代表省委、省政府和全省人民向出席大会的各位嘉宾朋友表示热烈欢迎,诚挚欢迎海内外康养企业和投资机构来山西兴业发展,共同深耕康养沃土,共同开发康养市场。他指出,康养事关国计民生。以习近平同志为核心的党中央高度重视人民健康和养老事业。山西忠实践行习近平总书记以人民为中心的发展思想和关于康养发展的重要论述,鲜明提出“康养山西、夏养山西”,就是要在大健康、大康养、大文旅深度融合、竞相发展的格局下,着力打造富有山西特色的康养事业、康养产业,以康养助推高质量转型发展、人民高品质生活。楼阳生说,康养,是一种生活态度,一种生活方式,一种生活品质,一种生活追求,是一种彰显人的全面发展价值的社会进步。人人皆可康养,人人皆需康养。康养的内涵,一为养心,二为养身,三为养性,四为养神,五为养老,六为养成。康养的要义,就在于满足人的多样化、高品质、全生命周期健康需求。

楼阳生从地理环境适宜、气候宜人宜居、交通便捷高效、住宿品质升级、药食同源多样、文化底蕴深厚六个方面,重点推介了山西康养的资源禀赋、独特优势和巨大潜力。他表示,山西推进康养事业正当其时,发展康养产业大有可为。要不断优化产业布局,高标准编制山西“十四五”康养产业发展规划,加快构建康养产品体系,建设全国重要康养目的地。要不断优化营商环境,鼓励吸引各类资本和社会力量积极参与康养事业、康养产业发展,全力培育和打造品牌化、连锁化、规模化的康养企业和机构。要不断强化政策保障,全面落实已出台的康养产业发展优惠政策,进一步加大支持力度,运用现代信息技术打造智慧康养,全面提升康养服务水平。

李建明在致辞中指出,山西独特的山水风光和深厚的历史文化底蕴,赋予了发展康养产业的绝佳禀赋。近年来,山西围绕打造“康养山西、夏养山西”品牌,积极探索康养产业与医疗、养老、文旅、体育等多业态深度融合,推动康养产业走上了快车道。要认真贯彻落实习近平总书记关于健康中国、体育强国的战略部署,抢抓“十四五”时期推动康养产业发展的重大战略机遇,挖掘产业优势,抓好产业布局,做优产业特色,打造产业核心竞争力,共同推动康养产业发展再上新台阶。

在高峰论坛上,冰岛前总统奥拉维尔·拉格纳·格里姆松通过视频作主旨发言。全国政协社法委副主任徐敬业,中国工程院院士、航空医学工程创始人俞梦孙,国家中医药管理局副局长孙达,攀枝花市委副书记彭映梅等分别发言。论坛结束后,举行了大会集中签约仪式。

国家有关部委,周边省(市、区)有关负责同志,部分国家驻华使节、外国专家,港澳客商及机构代表,国家有关协会学会负责同志,省直有关单位、各市负责同志,省内外有关专家学者和企业负责人参加会议。世界自然保护联盟、世界中医药学会联合会向大会发来贺电。

本次大会是我省首次举办的全国性康养大会,由民革中央和中共山西省委、山西省政府、山西省政协共同主办,省文旅厅和晋城市委、市政府、市政协具体承办。大会还将举办康养产业项目路演洽谈及康养产业博览会、晋城康养旅游体验季等系列主题活动。

晋阳湖·首届集成电路和软件业峰会

9月28日,晋阳湖·首届集成电路和软件业峰会在太原举办。行业领军企业代表、知名专家学者等600多人汇聚龙城,就推动集成电路和软件产业高质量发展,广泛深入交流,共享合作新机,共谋发展新局。省委书记楼阳生在开幕式上致辞,出席主旨论坛及集成电路产业高质量发展论坛。省委副书记、省长林武出席主旨论坛及软件产业高质量发展论坛。省政协主席李佳,中国工程院副院长邓秀新,省领导罗清宇、徐广国、张吉福、廉毅敏、李俊明、王一新、吴伟、卢东亮、李正印、李晓波出席有关活动。

楼阳生在致辞中向出席峰会的嘉宾表示欢迎,向长期以来关心支持山西发展的有关单位和社会各界表示感谢。他说,集成电路和软件产业是信息产业的核心,是引领新一轮科技革命和产业变革的关键力量,是建设网络强国、数字中国的战略支撑。党中央、国务院高度重视集成电路和软件产业发展,习近平总书记多次作出重要指示,国务院新出台《新时期促进集成电路产业和软件产业高质量发展的若干政策》,吹响了集成电路和软件产业高质量发展的“集结号”。我们有充分的理由相信,在党中央的英明领导下,我国集成电路和软件业科技创新、产业发展必将迎来加速突破、加速成长的黄金发展期,必将以胜利者的姿态屹立于高山之巅。

楼阳生指出,山西深入贯彻落实习近平总书记视察山西重要讲话重要指示,牢记总书记“六新”嘱托,把集成电路和软件产业发展作为省委省政府主抓的战略工程、一号工程,作为推动“六新”突破、加快产业转型的战略支撑,打造了一批半导体产业园区和软件产业基地,引进培育了一批龙头企业、骨干企业和极具成长性的中小企业,推动建立“山西省半导体产业研究院”,产业生态正在逐步形成。发展集成电路和软件业,既要立足加强自主创新,又要扩大开放合作。我们将以这次峰会为契机,紧跟新一代信息技术发展前沿,为集成电路和软件产业发展搭建一流的平台,提供一流的服务,创设一流的政策,营造一流的环境,推动集成电路和软件产业跨越式发展,为国家战略实施争作贡献,为高质量转型发展增势蓄能。

楼阳生真诚向各位院士、专家、企业家和优秀人才发出邀请。他说，今天的山西，比以往任何时候都更加重视创新、渴求人才、追求高质量转型发展。真诚希望海内外科学家、企业家落户山西、扎根山西，在三晋大地上创新创业创造，成才成业成功，携手创造更加美好的明天。

在峰会开幕式及主旨论坛上，工信部党组成员、总工程师田玉龙，中国半导体行业协会常务副理事长、中国电子信息产业发展研究院院长张立，中国软件行业协会副秘书长付晓宇，国家工业信息安全发展研究中心主任尹丽波分别致辞。中国工程院院士倪光南、沈昌祥，中国科学院院士陆建华作主旨演讲，中国电子科技集团、中国移动集团、华为公司、东软集团等行业领军企业有关负责人先后作主题发言，围绕集成电路和软件产业的前沿方向、面临的挑战和发展前景等深入交流，分享成果，建言献策。大家盛赞山西转型发展蹚新路的坚定决心和务实举措，高度评价山西打造创新生态、培育“六最”营商环境、人才激励政策等工作，表达了对山西集成电路和软件业发展前景的信心和期待。

峰会开幕前，楼阳生等省领导与参会嘉宾一同参观了我省集成电路、信创、软件创新成果展。峰会期间，举行了重大合作项目签约仪式，发布多项成果。林武与尹丽波为太原中北软件产业园、集成电路知识产权联盟山西分联盟、山西省信息技术应用创新中心、机械总院集团山西机电设计研究院有限公司、山西省半导体产业研究院、中北大学半导体学院、山西云科人工智能研究院集体揭牌。

本届峰会由中国软件行业协会、中国半导体行业协会、国家工业信息安全发展研究中心以及晋阳湖·集成电路和软件业峰会理事会联合主办，以“新机遇、新动能、新格局、新活力”为主题，旨在集聚业内科研机构、领军企业，共同在山西打造集成电路产业和软件产业发展高地。

中国工程院院士刘吉臻，亚太材料科学院院士孙卓，国家有关部委、企业、院所和高校负责同志出席峰会。省直有关部门、企业、高校、科研院所及各市负责同志参加。

2020年全省脱贫攻坚表彰大会

10月21日，2020年全省脱贫攻坚表彰大会在太原召开。省委书记楼阳生出席会议并讲话。他强调，要深入学习贯彻习近平总书记视察山西重要讲话重要指示和关于扶贫工作的重要论述，全面贯彻落实习近平总书记在第七个国家扶贫日到来之际作出的重要指示、李克强总理的批示和全国脱贫攻坚表彰大会暨脱贫攻坚先进事迹报告会精神，进一步强化交总账、军令状意识，抓住决战收官冲刺期，保持强劲攻坚力，自觉向先进看齐，积极比学赶超，撸起袖子加油干，勠力同心齐攻坚，奋力夺取脱贫攻坚的全面胜利。省委副书记、省长林武出席会议。省委常委、组织部部长曲孝丽宣读《关于表彰2020年山西省脱贫攻坚奖的决定》。副省长王成宣读《关于表彰2020年度山西省扶贫开发先进集体和先进个人的决定》。省领导岳普煜、席小军出席会议。

楼阳生代表省委、省政府，向所有受表彰的先进集体和先进个人表示热烈祝贺并致以崇高敬意。他强调，脱贫攻坚在人类脱贫史上是伟大壮举，只有在以习近平同志为核心的党中央的英明领导下，在中国特色社会主义制度下才能实现。当前脱贫攻坚已进入全面收官的最后冲刺阶段，全省上下要牢记脱贫攻坚的初心使命，越到最后越要绷紧这根弦，善始善终、善作善成，坚决高质量打赢打好收官战。一要做足成色，迎接国考。各级党委和政府、各部门、广大扶贫干部必须保持思想上的高度清醒和行动上的高度自觉，坚决克服麻痹松劲、盲目乐观，坚决纠正厌战情绪、侥幸心理，坚决杜绝刀枪入库、马放南山，扎实完成收官阶段的各项工作。要对照国考要求，仔细盘点各项目标任务完成情况，切实做到胸中有数，攻克最后堡垒，确保全面兑现“军令状”。二要查漏补缺，整改到位。继续把增收作为“硬核”任务来抓，深化产业扶贫，加大就业帮扶，做实消费扶贫，以精准举措对冲疫情影响，力争把损失降到最低限度。严格对照“两不愁三保障”标准，抓紧补短板、堵漏洞、强弱项。对已脱贫人口、未脱贫人口和“两类户”，强化预警监测和帮扶机制，切实做到动态保障。各级各部门特别是主要领导要亲自上手，彻底整改抽查、普查以及审计、督导等发现的问题，确保不留死角。三要多措并举，夯实基础。坚持把发展产业作为稳定脱贫的根本之举、长久之策，大力发展“特”“优”现代农业，加快打造农产品精深加工十大产业集群。黄河、长城、太行三条一号旅游公路既是富民路，也是小康路，更是振兴之路，要大力发展乡村旅游和民宿经济，发挥好增收致富的带动作用。要着眼于阻断贫困代际传递，让农村的孩子们都能享受到优质的教育资源，着眼于以技能促就业助脱贫，让农村的每一个劳动力特别是建档立卡贫困户劳动力都有一技之长，着眼于有效防止老年人特别是独户老年人的返贫致贫问题，落实好城乡居民补充养老保险制度，把这个兜底保障网织密、织牢，切实做到全面小康路上一个都不能少。四要有机衔接，振兴乡村。脱贫是一个里程碑，更是一个新的起点，要推动脱贫攻坚、全面小康、乡村振兴的有机贯通，把超常规的举措转为常态化的帮扶，为全省高质量转型发展助力。高标准编制“十四五”巩固脱贫成果专项规划，推动实现减贫战略和工作体系向乡村振兴平稳转型。开展衔接工作试点的市县要大胆探索，力争形成有效的路径方法和可推广的经验模式，非试点市县也要一起行动，积极探索创新。要以乡村治理效能为脱贫致富赋能，不断引深“三零”单位创建工作，深入开展群众性精神文明创建活动，加快推进产业振兴、人才振兴、文化振兴、生态振兴、组织振兴，努力让农业更强、农村更美、农民更富。五要加强领导，凝聚合力。各级党委、政府一定要以行百里者半九十的清醒，进一步提升抓脱贫攻坚的政治站位，做到躬身入局、紧抓不放。严格落实“四个不摘”重大要求，抓好群众“急难愁盼”问题的解决，抓好脱贫攻坚督导检查发现问题的整改，抓好事关全面收官的重点性、根本性工作的落实。持续抓好基层组织建设，强化党组织战斗堡垒作用和党员的先锋模范作用。严防形式主义官僚主义问题，杜绝数字脱贫虚假脱贫。深入开展“感恩新时代、奋进你我他”主题活动，大力宣传脱贫攻坚的先进典型，为巩固脱贫成果、衔接乡村振兴、实现高质量转型发展凝聚正能量，增添新力量。

楼阳生强调,在脱贫攻坚战中,广大扶贫干部长期奋斗在脱贫工作的第一线,为减贫事业作出了巨大的贡献和牺牲,他们的事迹要永远铭记。各级党委、政府要切实关心扶贫干部的工作生活和身心健康,帮助解决实际困难,特别是对牺牲干部家属要从优抚恤,让他们深切体会到党、政府和全社会的关怀关爱。

会上,向获得全省脱贫攻坚奋进奖、贡献奖、奉献奖、创新奖的80名个人和组织创新奖的30个单位进行了颁奖,并现场访谈了获奖代表。

全省脱贫攻坚奖获奖者、扶贫开发先进集体和个人代表,省脱贫攻坚领导小组成员单位主要负责同志,省委脱贫攻坚督导组组长、副组长,省干部驻村帮扶驻县大队长,各市分管扶贫开发工作的同志、扶贫办主任参加会议。

全省抗击新冠肺炎疫情表彰大会

10月23日下午,全省抗击新冠肺炎疫情表彰大会在太原召开。省委书记、省人大常委会主任楼阳生在会议上强调,要深入学习贯彻习近平总书记在全国抗击新冠肺炎疫情表彰大会上的重要讲话,把伟大抗疫精神、宝贵抗疫经验转化为强大动力,团结一致、奋勇向前,在转型发展上率先蹚出一条新路来,乘势而上书写山西践行新时代中国特色社会主义新篇章。省委副书记、省长林武主持大会。省政协主席李佳出席会议。省委常委、组织部部长曲孝丽宣读《中共山西省委山西省人民政府关于表彰奖励全省抗击新冠肺炎疫情先进个人和先进集体的决定》《中共山西省委关于表彰全省优秀共产党员和全省先进基层党组织的决定》。

下午3时,大会开始。全体起立,奏唱国歌。

随后,楼阳生、林武、李佳等省领导为受表彰的我省抗击新冠肺炎疫情先进个人、先进集体代表和全省优秀共产党员、先进基层党组织代表颁发奖章、奖牌、证书。

楼阳生代表省委,向受到表彰的先进个人和先进集体,向为全省抗击新冠肺炎疫情斗争作出重大贡献的广大医务工作者、疾控工作人员、科研人员、街道社区和乡村干部、驻晋部队和武警官兵、公安民警、新闻工作者、企事业单位职工、志愿者,向全省人民和广大党员干部群众,致以崇高敬意,向积极参与支持我省抗疫斗争的各民主党派、工商联和无党派人士及社会各界表示衷心感谢。

楼阳生指出,回顾抗疫历程,让我们最难忘的是,5月11日至12日,习近平总书记亲临山西视察,充分体现了党的领袖对山西人民的最大关心,给了我们无穷的精神力量。在习近平总书记的亲自指挥、亲自部署下,省委团结带领全省人民奋力拼搏、攻坚克难,按照"坚定信心、同舟共济、科学防治、精准施策"总要求,全力打好打赢疫情防控人民战争总体战阻击战,取得重大战略性成果。我们用36天时间,在本土基本消除新发病例,全面遏制疫情传播;用52天时间,实现本土病例清零,坚决打好打赢抗击疫情山西战役,打好打赢支援湖北战役,打好打赢拱卫首都战役,同时统筹推进疫情防控和改革发展安全稳定民生工作,抓紧恢复生产生活秩序,取得显著成效。当前,全省社会大局稳定,经济持续稳定向好态势进一步巩固和拓展。我省抗击新冠肺炎疫情取得重大战略性成果,最根本的是有以习近平同志为核心的党中央英明领导,是全省人民团结奋斗的结果。实践充分证明,有习近平总书记领航掌舵、统帅指挥,我们就没有打不赢的仗、过不去的坎。实践充分证明,广大医务工作者是一支关键时刻靠得住、顶得上,能打胜仗的过硬队伍。

楼阳生强调,战果来之不易,成绩令人振奋。同时我们也积累了宝贵经验。一是提高站位、主动应对,慎终如始抓好疫情防控工作。二是科学施策,精准发力,不断提高疫情防控的针对性有效性指导性。三是尽锐作战、全力救治,切实维护人民群众生命安全和身体健康。四是协同战平、依法防控,有效增强应对重大公共卫生事件能力。五是通盘统筹、化危为机,着力提升治晋兴晋强晋的能力和水平。六是以战报作答卷、以结果论英雄,确保各项防控举措落地见效。这些宝贵经验,为全省持续夯实抗击疫情全胜基石提供了有力保证,也为应对前进道路上可能遇到的风险和挑战提供了有益借鉴,我们要在今后工作中坚持并不断深化拓展。

楼阳生强调,习近平总书记在全国抗击新冠肺炎疫情表彰大会上的重要讲话,深刻揭示了全国抗疫斗争取得重大战略成果的力量源泉。全省上下要认真学习贯彻习近平总书记在全国抗击新冠肺炎疫情表彰大会上的重要讲话精神,迎难而上、奋勇搏击,推动全省各项事业不断开创新局面。我们要高举中国特色社会主义伟大旗帜,坚定中国特色社会主义道路自信、理论自信、制度自信、文化自信,把深入学习贯彻习近平新时代中国特色社会主义思想这一根本任务抓实抓好,始终保持正确前进方向。我们要着力确保"十三五"收好官、"十四五"开好局,抢抓国家构建发展新格局的战略机遇,瞄准"十四五"转型出雏型,深入实施十大战略,推进一批变革性、牵引性、标志性战略举措,持续为转型发展蓄势赋能。我们要弘扬伟大抗疫精神,加强爱国主义、集体主义、社会主义教育,广泛宣传我省抗疫先进典型的优秀事迹,进一步激励全省上下投身高质量转型发展。我们要坚持以人民为中心的发展思想,坚持人民至上、生命至上,毫不放松做好常态化疫情防控工作,扎实做好保障和改善民生各项工作,不断增进人民群众福祉。我们要落实全面从严治党要求,树牢"四个意识"、坚定"四个自信"、做到"两个维护",加强学习、增强本领,努力做出无愧于时代、无愧于人民、无愧于历史的工作业绩。

会上,太原市第四人民医院肿瘤科护士长赵君,山西省对口支援湖北天门市医疗队队长董红霖,山西省第二、第五批支援湖北医疗队临时党支部书记张朝华作了发言。

会前,楼阳生等领导同志与我省全国抗击新冠肺炎疫情先进个人和先进集体代表、全省抗击新冠肺炎疫情表彰奖励三等功及以上个人和集体代表合影留念。

会议以电视电话会议形式召开,各市、县(市、区)设分会场。省委常委,省人大常委会、省政府有关负责同志在省主会场出席会议,兼任市委书记、市长的省领导在当地分会场出席会议。省直有关部门主要负责同志,中央驻晋有关单位主要负责同志，省城部分医院、企业主要负责同志，我省全国抗击新冠肺炎疫情先进个人和先进集体代表、全省抗击新冠肺炎疫情表彰奖励三等功及以上个人和集体代表在省主会场参加会议。

2020中国(太原)人工智能大会

10月31日，2020中国(太原)人工智能大会在中国(太原)煤炭交易中心开幕。省委书记楼阳生巡馆并在开幕式上致辞。他强调，要认真学习贯彻党的十九届五中全会精神，深入贯彻落实习近平总书记重要讲话重要指示，顺应大势、抢抓机遇，敞开开放怀抱，构建创新生态，加快建设人工智能研发制造的重要基地。省委副书记、省长林武，省政协主席李佳，省领导罗清宇、王一新出席有关活动。

开幕式前，楼阳生等省领导与参会嘉宾一同巡馆，参观人工智能主题展览。展览聚集了国内40余家人工智能行业领军企业、300余项创新产品及解决方案，集中展示了当前我国人工智能领域的最新成果。展览现场，自控机器狗、仿人服务机器人、防爆灭火和矿山巡检特种机器人等身怀绝技，AI线上视频展示、多语种实时翻译、智能识别、自动驾驶等新技术新成果精彩纷呈。楼阳生等饶有兴致地观看展览展示，听取产品介绍，了解技术亮点、市场前景等情况，与大家共同体验人工智能的科技魅力。

上午9时，大会正式开幕。楼阳生在致辞中向出席大会的嘉宾表示欢迎，向长期关心支持山西转型发展的社会各界人士表示感谢。他说，人工智能是具有引领性的战略性技术，是新一轮科技革命和产业变革的重要驱动力量。党中央高度重视人工智能发展，习近平总书记多次就加快发展新一代人工智能发表重要论述。山西认真践行习近平总书记视察山西重要讲话重要指示，坚持把创新驱动作为转型发展的逻辑起点，作为蹚出新路的根本途径，深入实施创新驱动、科教兴省、人才强省战略，大力推动一流创新生态建设这一基础性全局性战略性工程。特别是把包括人工智能在内的数字经济发展作为实现“六新”突破的重要抓手，抓紧布局，密集发力，推动一大批创新技术取得突破、知名企业落地山西、创新创业优秀人才团队汇聚山西，为山西人工智能加速发展奠定了坚实基础。

楼阳生指出，万物互联，智能无限。一个全新的人工智能时代正在向我们大步走来。党的十九届五中全会为我们全面擘画了“十四五”乃至二〇三五年的宏伟蓝图，也为创新驱动发展战略深入实施开辟了广阔空间，包括人工智能在内的高新技术产业未来产业发展面临许多难得机遇。我们坚信，有党中央的英明领导，凭借显著的制度优势、海量的数据优势、丰富的应用场景优势、庞大的人才数量优势、巨大的市场优势，经过持续深入的创新突破、奋力攻坚，我国新一代人工智能一定能够居于领先地位。山西愿携手海内外一切有识之士，勇立创新潮头，精诚合作共赢，共建智能世界，共享智能红利，共创美好明天。一是培育一流产业生态。全力打造创新引领、企业主体、市场推动、全链协同的人工智能产业生态，统筹布局发展5G、大数据、云计算、物联网、区块链、工业互联网，引进培育集聚业内领军企业、骨干企业和极具成长性的中小企业，加快形成人工智能产业“生态圈”。二是搭建高端创新平台。深化与国内一流科研院所、高等院校和企业的合作，争取更多研发平台、创新要素布局山西，加强产学研用联合，强化协同攻关，加强人工智能基础研究和应用研究，开展源头性和颠覆性创新，着力破解“卡脖子”难题，努力在制高点上抢占先机、实现换道领跑。三是打造应用示范高地。推进人工智能新技术新产品新模式在山西率先应用，为经济社会数字化智能化发展蓄势赋能。积极拓展人工智能应用场景，开展试点示范，让人工智能更好地与实体经济相结合，更好地服务人民群众对美好生活的向往。四是厚植政策环境沃土。完善人工智能发展促进政策，实施好战略性新兴产业用电政策，加大数据开放共享，用足用好各类资金基金，打造“六最”营商环境，实施真金白银的人才政策，为科学家、企业家以及各类人才在山西创新创业创造提供一流环境。

在大会开幕式上，工信部科技司有关负责同志致辞。中国工程院院士吴曼青、王国法，中国科学院院士梅宏，中国电子信息产业集团、中国煤炭科工集团、中科院自动化研究所、南方科技大学、新松机器人、科大讯飞、华为、阿里巴巴、洪泰基金等业内知名企业家和专家围绕人工智能及信创产业发展发表演讲。

本次大会由中国人工智能学会、中国自动化学会、中科院软件研究所、太原市委、太原市政府、省科技厅、省工信厅主办。活动包括人工智能大会、人工智能主题展览、全国高校人工智能学院院长(系主任)论坛、“5G+工业互联网”论坛等，并举行一系列项目签约，搭建人工智能合作研究、开发应用、技术交流和招商引资的高端平台。

学习贯彻党的十九届五中全会精神中央宣讲团报告会

11月10日，按照中央统一部署，学习贯彻党的十九届五中全会精神中央宣讲团报告会在太原举行，中央宣讲团成员、中央农办主任、农业农村部部长韩长赋作宣讲报告，并与农民群众、高校师生进行了面对面、互动式的座谈宣讲。省委书记楼阳生主持报告会并讲话，省委副书记、省长林武出席。

报告会上，韩长赋围绕习近平总书记在党的十九届五中全会上的重要讲话和全会通过的规划《建议》，从全会的历史地位和重大意义、“十四五”时期我国经济社会发展的指导方针和主要目标、《建议》的核心要义、推进高质量发展的重要任务、加快农业农村现代化、坚持党对经济社会发展全面领导等六个方面，对党的十九届五中全会精神进行了系统阐释和深入解读。与会人员认真倾听，仔细记录，大家一致认为，宣讲报告全面深刻、内容丰富、系统透彻，具有很强的理论性、思想性和指导性，对理解和把握党的十九届五中全会精神有了更为全面的认识。今后将立足本职，坚决担负起新使命新任务，更加紧密团结在以习近平同志为核心的党中央周围，同心同德，顽强奋斗，不折不扣落实好党中央各项决策部署，奋力书写全面建设社会主义现代化国家新篇章。

楼阳生在主持报告会时指出，学习好、宣传好、贯彻好党的十九届五中全会精神,是全省上下当前和今后一个时期的首要政治任务。要在深入学习、全面领会上下功夫,坚持把全会精神与党的十九大和十九届二中、三中、四中全会精神,与习近平总书记视察山西重要讲话重要指示结合起来,一体学习、一体宣传、一体贯彻,吃透精神实质、掌握核心要义,切实把思想和行动统一到全会精神上来,把智慧和力量凝聚到落实全会提出的各项目标任务上来,增强"四个意识"、坚定"四个自信"、做到"两个维护"。各级领导干部要切实担负起学习宣传贯彻五中全会精神的政治责任,抓好本地区本单位本系统的学习贯彻,发挥好表率作用,做到思想上高度自觉、行动上坚定有力、工作上带头推进。要在层层宣讲、思想武装上下功夫,巩固深化"不忘初心、牢记使命"主题教育成果,推动全会精神进机关、进农村、进社区、进校园、进企业,统筹抓好党校培训、新闻宣传、基层宣讲、理论研究、思政教育,统筹用好线上线下学习平台,生动活泼地宣传阐释全会精神,做到支部全覆盖、党员全覆盖,确保家喻户晓、深入人心,激励全省干部群众朝着全面建设社会主义现代化国家的美好蓝图更加信心百倍地阔步前进。要在指导实践、推动工作上下功夫,坚持立足新发展阶段,贯彻新发展理念,聚焦新发展格局,紧紧锚定山西"十四五"转型出雏型的目标,把学习成果转化为聚力"六新"突破的新项目新举措新动力,转化为防范化解风险、守住安全稳定底线的实际工作成效,按照指导性、创新性、操作性和项目化要求,编写好"十四五"规划《建议》、《纲要》和专项规划,确保"十三五"收好官,"十四五"开好局、起好步,创造性地落实好全会精神和习近平总书记视察山西重要讲话重要指示,在开启全面建设社会主义现代化国家新征程中完成好转型发展蹚新路的历史使命,谱写山西践行新时代中国特色社会主义的新篇章。

9日下午,韩长赋深入大同市云州区坊城新村,实地查看了产业扶贫、乡村建设情况,就学习贯彻十九届五中全会精神与村民代表、老党员和村干部进行了座谈互动。10日下午,韩长赋走进山西大学,宣讲五中全会精神,就青年学生、教师关心的推动高质量发展、脱贫攻坚同乡村振兴有效衔接、大学生就业等问题进行了讲解。

报告会以电视电话会议形式举行,省委常委,省人大常委会、省政府、省政协负责同志,省级老同志,省直各单位主要负责同志,中央驻晋单位主要负责同志,省人大、省政协各工作机构和专门委员会主要负责同志,驻太原本专科院校、省管国有企业和金融机构主要负责同志,学习贯彻党的十九届五中全会精神省委宣讲团成员,党政机关、企事业单位干部和理论工作者、高校师生代表等450余人在报告会主会场参会。各市、县(市、区)设分会场。

山西省五一劳动奖表彰大会

11月27日,山西省五一劳动奖表彰大会在太原隆重举行。省委书记、省人大常委会主任楼阳生代表省委、省政府,向我省受到表彰的全国劳模和先进工作者,向荣获山西省五一劳动奖章、五一劳动奖状和工人先锋号的先进集体和个人表示热烈祝贺,向奋战在全省各条战线上的广大工人、农民、知识分子和其他各阶层劳动群众致以诚挚问候。他强调,要深入学习贯彻习近平总书记在全国劳动模范和先进工作者表彰大会上的重要讲话精神,在全社会大力弘扬劳模精神、唱响劳动赞歌,激励全省人民凝心聚力、锐意进取,勤于创造、勇于奋斗,为在转型发展上率先蹚出一条新路来开拓进取、建功立业。省委副书记、省长林武主持会议。省政协主席李佳,省领导胡玉亭、李凤岐、郭迎光、高卫东、吴伟出席会议。省委常委、组织部长曲孝丽宣读《关于表彰2020年山西省五一劳动奖的决定》。

上午9时,大会开始,全体起立,奏唱国歌。省人社厅、省总工会授予孙晓普等265名同志省五一劳动奖章;授予太原市第四人民医院等65个单位省五一劳动奖状;授予大同新成新材料股份有限公司武建军科创研发技术中心等100个集体省工人先锋号。省领导为受表彰的先进集体和个人代表颁奖,获奖代表作表态发言,出席表彰大会的全体代表向全省各行各业劳动者发出倡议书。

楼阳生在讲话中指出,全省上下认真贯彻习近平总书记视察山西重要讲话重要指示,按照省委"四为四高两同步"总体思路和要求,奋力转型发展蹚新路,疫情防控取得重大战略性成果,"十三五"规划目标任务即将完成,脱贫攻坚取得决定性成果,全面建成小康社会胜利在望。这是以习近平同志为核心的党中央坚强领导的结果,是省委团结带领全省工人阶级和广大劳动群众拼搏奋斗的结果。受表彰的先进集体和个人以强烈的主人翁意识、卓越的劳动创造,在平凡的岗位上作出不平凡的业绩,以工人阶级的优秀品格、模范行动为全社会树起了学习的榜样,用汗水和智慧营造了劳动光荣、知识崇高、人才宝贵、创造伟大的良好风尚。

楼阳生强调,明年即将开启全面建设社会主义现代化的新征程,是我省转型出雏型的开局之年。立足新发展阶段,贯彻新发展理念,构建新发展格局,推动高质量转型发展,必须充分发挥工人阶级和广大劳动群众的主力军作用。一要听党话跟党走,忠实践行习近平新时代中国特色社会主义思想。奋进新征程、实现新目标,更需要工人阶级发扬优良传统,高举伟大旗帜,把牢政治方向。全省广大职工和劳动群众要永葆工人阶级政治本色,坚定不移听党话、矢志不渝跟党走,增强"四个意识"、坚定"四个自信"、做到"两个维护",做新时代的追梦人,当好主人翁,让理想信念之光照亮事业奋斗之路。二要永葆奋斗底色,大力弘扬劳模精神、劳动精神、工匠精神。艰苦奋斗是我们的传家宝,是劳模精神、劳动精神、工匠精神最亮丽的本色和底色。全省广大职工和劳动群众要对标先进、见贤思齐,爱岗敬业、守正出新,诚实劳动、创新创造,自觉践行社会主义核心价值观,当好伟大民族精神和时代精神的传承者、弘扬者。各级党委和政府要贯彻好尊重劳动、尊重知识、尊重人才、尊重创造的方针,尊重劳模、关爱劳模,让劳动最光荣、劳动最崇高、劳动最伟大、劳动最美丽蔚然成风。三要聚力转型发展,着力打造知识型、技能型、创新型高素质劳动大军。山西在转型发展上率先蹚出一条新路来,在新发展格局中实现高水平崛起,高素质劳动者地位重要、不可或缺，是基础性支撑力量。各级党委和政府要持续狠抓“人人持证、技能社会”全民技能提升工程，培养更多技能人才、“三晋工匠”“大国工匠”，推动人口数量红利向素质红利、人才红利转变，加快造就有理想守信念、懂技术会创新、敢担当讲奉献的产业工人队伍。四要加强维权服务，不断提高广大劳动群众的获得感、幸福感、安全感。让人民群众过上更加幸福的好日子是我们党始终不渝的奋斗目标，实现共同富裕是中国共产党领导和我国社会主义制度的本质要求。各级党委和政府要坚持以人民为中心的发展思想，坚持把人民的生命和健康放在第一位，毫不放松做好常态化疫情防控工作，坚持把保障劳动者权利作为重要的基础性工作来抓，把稳就业工作摆在更加突出的位置，健全完善困难群众帮扶工作机制，解决好涉及职工群众的“急难愁盼”问题，做好保障和改善民生各项工作，持续增进人民群众福祉。要坚持从群众多样化需求出发开展服务工作，注重维护好新业态新模式中就业群体的合法权益，组织引导更多劳动群众积极投身转型发展的生动实践。

楼阳生对近年来省总工会和全省各级工会工作给予肯定。他要求，全省各级工会组织要牢牢把握工人运动时代主题，坚持和完善党的领导，切实增强团结教育、维护权益、服务职工功能，不断提高工会工作的能力和水平。全省各级党委要加强和改善对工会工作的领导，支持工会依法依章程开展工作，为工会组织履行职责、发挥作用创造更多有利条件。

林武在主持会议时强调，全省各级各部门要深入学习贯彻党的十九届五中全会精神和习近平总书记在全国劳动模范和先进工作者表彰大会上的重要讲话精神，按照楼阳生书记重要讲话要求，提高政治站位，狠抓工作落实，积极比学赶超，迅速掀起宣传先进、学习先进、争当先进的热潮，大力营造尊重劳动、尊重知识、尊重人才、尊重创造的社会氛围，充分发挥知识型、技能型、创新型人才在经济社会发展中的引领作用，重视和支持各级工会组织当好职工群众的“娘家人”“贴心人”，团结动员广大职工和劳动群众，积极投身全面建设社会主义现代化国家的伟大实践，为我省率先蹚出转型发展新路作出新的更大贡献。

省劳动竞赛委员会成员单位主要负责同志，省总工会班子成员和各省级产业工会（工委）主要负责同志，各市分管负责同志或劳动竞赛委员会主任、总工会主要负责同志，山西省 2020 年全国劳动模范和先进工作者，山西省 2020 年五一劳动奖章、五一劳动奖状、工人先锋号获得者参加会议。

全省重点工作部署会

12 月 14 日，全省重点工作部署会在太原召开。省委书记楼阳生出席会议并讲话。他强调，要深入学习贯彻党的十九届五中全会精神，贯彻落实习近平总书记视察山西重要讲话重要指示，扎实抓好重点工作，只争朝夕，真抓实干，确保“十四五”转型出雏型开好局、起好步。省委副书记、省长林武主持会议。省领导罗清宇、张吉福、胡玉亭、李凤岐、王一新、张复明、贺天才、王成、吴伟、卢东亮、李正印出席会议。

会议以电视电话会议形式开到县一级。省政府有关副省长分别对一二三产业和建筑业、外贸外资、文化旅游产业等分管领域重点工作进行了安排部署。

楼阳生在讲话中指出，专门召开重点工作部署会，主要是提前谋划，推进明年重点工作早部署、早起步，全省上下要上紧“发条”、拧紧“螺丝”，只争朝夕，真抓实干，确保“十四五”转型出雏型开好局、起好步。一要细化分解任务。坚持目标导向、结果导向，按照各位副省长就分管领域重点工作的部署，各市县要结合实际，进行细化分解，全力推进落实。二要壮大市场主体。把大力培育市场主体作为我省现阶段及今后相当长一段时间内经济工作的主抓手，聚焦产业、企业、企业家，统筹推进一二三产业发展，积极推动大中小企业健康发展，让各类市场主体活力充分涌流，为转型发展提供强有力支撑。三要协同两侧发力。坚持以供给侧结构性改革为主线，从需求侧着眼、从供给侧发力，既要抓供给侧，提高供给质量，更好满足市场需求，又要抓需求侧，为供给侧拓展市场，增强经济内生动力。四要落实具体措施。经济社会发展各项工作来不得半点虚假，要研究落实各项工作举措，出具体的招、真招实招管用的招，把各项部署要求落在实处。五要强化政策支持。要下大力气抓好各项重点工作，发挥好企业主体作用和政府主导作用，为产业发展和企业生产创新活动提供体系完备、功能齐全、优质高效的服务。六要加强监测调度。加强经济运行分析研究，强化经济运行调度和调节，确保各级各部门把工作抓紧抓实抓到位，确保工作措施具有针对性、指导性、有效性。

楼阳生强调，今年是全面建成小康社会和“十三五”规划收官之年，明年将开启转型出雏型新征程，做好元旦春节期间各项工作十分重要。要深入学习贯彻党的十九届五中全会精神，贯彻落实习近平总书记视察山西重要讲话重要指示，增强“四个意识”、坚定“四个自信”、做到“两个维护”，坚定信心、锐意进取，统筹做好节日期间各项工作，确保全省人民度过一个安全祥和欢乐的节日。

林武在主持时强调，全省各级各部门要深入学习贯彻党的十九届五中全会精神和习近平总书记视察山西重要讲话重要指示，及时传达学习这次会议精神特别是楼阳生书记重要讲话要求，明确任务、强化举措，细化责任、狠抓落实，确保省委、省政府决策部署落到实处，以高质量发展助推“十四五”转型出雏型开好局、起好步。要认真对照全年经济社会发展目标，对照“十三五”规划目标任务，对照决胜全面建成小康社会和决战脱贫攻坚，全面梳理检点工作进度，全力以赴往前赶，争取最好的结果，特别是约束性指标和硬性任务必须不折不扣确保完成。要扎实做好年末岁尾安全生产和社会稳定工作，层层压实责任，加强对安全生产形势和社会稳定风险的分析研判，深入一线排查隐患、消除风险、化解矛盾、解决问题，确保安全生产形势持续好转、社会大局稳定。

各市市委书记、部分市长，省直有关部门负责同志在省主会场参加会议。各市、县（市、区）设分会场。

学习《习近平谈治国理政》第三卷读书会

12 月 27 日至 28 日，省委举行学习《习近平谈治国理政》第三卷读书会。27日下午,举行集体学习,邀请中共中央党史和文献研究院学术和编审委员会主任陈理作辅导报告。省委书记楼阳生主持并讲话。他强调,要以习近平新时代中国特色社会主义思想为指导,把学习贯彻《习近平谈治国理政》第三卷与第一卷、第二卷作为一个整体,与学习贯彻党的十九大和十九届二中、三中、四中、五中全会精神结合起来,与学习贯彻中央经济工作会议精神结合起来,与贯彻落实习近平总书记视察山西重要讲话重要指示结合起来,知行合一、学以致用,进一步增强“四个意识”、坚定“四个自信”、做到“两个维护”,完成好在转型发展上率先蹚出一条新路来的历史使命。省委副书记、省长林武,省政协主席李佳出席。

陈理是哲学社会科学领军人才,长期从事党的领导人生平研究和著作编辑工作,具有很高的理论造诣。陈理在辅导中围绕学习《习近平谈治国理政》第三卷,进行深入解读和阐释,站位高、视野广,系统全面、严谨深入,具有很强的政治性、思想性和指导性,对于各级领导干部深入学习、深刻领会、全面贯彻习近平新时代中国特色社会主义思想,具有积极促进作用。

楼阳生在讲话中指出,《习近平谈治国理政》第三卷是党的十九大正式提出习近平新时代中国特色社会主义思想,并将其写入党章、载入宪法以后出版的一部马克思主义中国化最新成果鸿篇巨作,与第一卷、第二卷构成一个完整的理论体系。我们要往深里学、往心里学、往实里学,推动学习更加深入、贯彻落实更加自觉,转化为山西高质量转型发展的实际成效。一是学习领会重在融会贯通。办好中国的事,办好山西的事,关键在党的领导,关键要用习近平新时代中国特色社会主义思想武装头脑,在读原著、学原文、悟原理上下功夫。要整体把握、学习要义,深刻领会习近平新时代中国特色社会主义思想的时代意义、理论意义、实践意义,深刻理解其核心要义、精神实质、丰富内涵、实践要求,进一步增进对中国共产党为什么能、马克思主义为什么行、中国特色社会主义为什么好的认识和理解。要立足落实、重点领会,紧紧围绕习近平总书记视察山西重要讲话重要指示,不断重温三篇光辉文献,把学习贯彻引向深入,创造性加以落实,进一步提升治晋兴晋强晋的能力和水平。要聚焦实际、深度研究,结合正在做的事、结合具体工作、结合难题矛盾,带着问题学,做到知行合一、学以致用,指导实践、推动工作。二是改进思维重在掌握方法。要强化战略思维,胸怀“两个大局”,在纷繁复杂的形势当中把准方向、锚定目标、努力前行;要强化历史思维,拓展历史视野,把握事物规律,以贯通古今的智慧更好担当起历史使命;要强化辩证思维,妥善处理局部与全局、当前和长远、重点和一般等重大关系,趋利避害,正确决策;要强化创新思维,以敢为人先、先行先试的锐气和胆识,在变局中变革,在变化中求新;要强化法治思维,带头尊法学法守法用法,推动各项工作在法治轨道上运行;要强化底线思维,打有准备之仗、有把握之仗,始终牢牢把握工作主动权。三是深入思考重在联系实际。要把习近平总书记视察山西重要讲话重要指示和党中央各项决策部署作为工作指南、根本遵循、行动准则,紧紧围绕事关全省大局的重大问题,紧密联系实际开展深入研究、作出正确决策,坚定不移地把党中央大政方针、决策部署在山西贯彻好落实好。四是完善思路重在务实管用。理念决定思路,思路决定出路。省委“四为四高两同步”总体思路和要求,省委十一届十次全会和即将召开的十一次全会暨省委经济工作会议作出的安排部署,是坚持以习近平新时代中国特色社会主义思想为指导,把党中央决策部署变为山西方案的具体体现,是全省上下沿着习近平总书记指引的金光大道奋勇前进的作战图、路线图、施工图,要认真抓好落实,践行领袖嘱托,完成历史使命,交出优秀答卷。

楼阳生强调,学习是进步的开始。各级领导干部要善于学习,把习近平新时代中国特色社会主义思想内化于心、外化于行,不断提高理论水平,提高驾驭经济工作的能力,提高解决实际问题的能力,努力成为领导构建新发展格局的行家里手。

省委常委,省人大常委会、省政府、省政协负责同志,省法院院长、省检察院检察长,省军区、省武警总队主要负责同志出席集体学习。省直各部门、中央驻晋单位和企业主要负责同志,省纪委常委,各市、县(市、区)党政主要负责同志,省管国有企业、本科院校、省级以上开发区主要负责同志,在晋党的十九大基层代表、部分省第十一次党代会基层代表,在晋“两院”院士、专家学者、部分科研院所负责同志,部分民营企业主要负责同志,“三个一批”活动重大项目负责人参加。28日上午,与会人员自学了《习近平谈治国理政》第三卷。

重 要 文 献

政府工作报告

——2020年1月13日在山西省第十三届人民代表大会第三次会议上

林 武

各位代表：

现在，我代表山西省人民政府向大会报告工作，请予审议，并请省政协委员和其他列席人员提出意见。

一、2019年工作回顾

2019年是中华人民共和国成立70周年，是全面建成小康社会的关键之年，是我省在“两转”基础上拓展新局面的攻坚之年。党中央赋予我省开展能源革命综合改革试点重大使命，习近平总书记亲自向太原能源低碳发展论坛致贺信，充分体现了党中央和习近平总书记对山西的高度重视和亲切关怀，为我省发展注入了强大动力。一年来，在省委坚强领导下，全省上下坚持以习近平新时代中国特色社会主义思想为指导，全面贯彻党的十九大和十九届二中、三中、四中全会精神，深入学习贯彻习近平总书记“三篇光辉文献”精神，认真落实省委十一届八次、九次全会决策部署，以“示范区”“排头兵”“新高地”三大目标为牵引，扎实推进三大攻坚战，做好“六稳”工作，统筹推进稳增长、促改革、调结构、惠民生、防风险、保稳定各项工作，保持了经济持续健康发展和社会大局稳定。

初步预计，2019年全省地区生产总值增长6.3%左右，一般公共预算收入增长2.4%，全社会固定资产投资增长9%左右，社会消费品零售总额增长7.6%左右，城乡居民人均可支配收入分别增长7%左右、9.5%左右，城镇新增就业55.7万人，城镇登记失业率、城镇调查失业率分别小于3%、6%，居民消费价格涨幅在3%以内。全省空气质量和国考断面水质均取得明显改善，其他约束性指标都较好地完成了年度目标。

一年来，我们主要做了以下工作：

（一）扩大有效需求，经济实现平稳健康发展。深化转型项目建设年活动，落实六项常态化工作机制，全力实施百项工业转型升级项目，环首都·太行山能源信息技术产业基地、长城智能制造基地、中电科碳化硅等一批重大转型项目落地开工，吉利汽车零部件配套产业园、中科晶电砷化镓等项目建成投运。实施消费升级行动计划，支持商贸流通企业发展壮大，新增4个国家级电子商务进农村综合示范县，限额以上网络零售额增长25%左右。多元化开拓国际市场，中国（太原）跨境电子商务综合试验区获批，全年进出口实现正增长。强化经济运行监测调度，加强要素保障，深入开展万名干部入企服务，有效解决企业实际困难，促进了经济平稳增长。

（二）全力夯实基础，转型发展步伐强劲有力。贯彻巩固、增强、提升、畅通八字方针，着力推动高质量转型发展。新旧动能加速转换，数字经济、高端装备制造、新能源汽车、新材料、新能源等新兴产业快速发展，成功举办尧城（太原）国际通用航空飞行大会。传统产业改造步伐加快，退出钢铁产能175万吨，关停淘汰焦炭产能1192万吨。战略性新兴产业、高技术产业增加值增速快于规上工业，非煤工业、制造业增速快于煤炭工业，工业结构反转呈现良好态势。成功获批国家全域旅游示范区省级创建单位，黄河、长城、太行三大旅游板块建设进展明显，累计建成三个一号旅游公路1981公里，命名认定首批100家3A级乡村旅游示范村，太行山大峡谷八泉峡升级为5A级景区，全省旅游总收入、接待国内旅游者人数分别增长19.3%、18.5%。服务业占地区生产总值比重连续五年保持在50%以上。创新驱动力显著增强，19项"揭榜制"科研项目落地实施，T1000高端碳纤维、光伏异质结组件、低浓度煤层气发电机组等一批先进产品和技术取得突破，"智创城"省级双创中心启动运营。全省新登记各类市场主体48.6万户，新培育"小升规"企业600户以上、"专精特新"中小企业305户，高新技术企业超过2400户，转型发展呈现磅礴态势！

（三）高位谋划推动，能源革命综合改革试点开局良好。认真贯彻"四个革命、一个合作"能源安全新战略，扎实推动15项重大举措和85项工作任务。退出煤炭产能2745万吨，煤炭先进产能占比达68%。"三气"综合开发试点稳步推进，稳妥布局氢能产业。光伏发电领跑者基地规模居全国第一，全年外送电量991.3亿千瓦时。加强能源消费总量和强度双控，推动重点领域节能增效，用能结构不断优化。加快能源科技创新步伐，煤炭智能开采、清洁高效利用、智慧能源科技攻关取得突破。成功举办太原能源低碳发展论坛和2019能源革命展，打造能源革命排头兵迈出坚实步伐！

（四）大力内拓外联，全方位开放格局加速形成。主动融入国家开放大战略，中欧（中亚）班列实现常态化运行。全省累计开通国际及地区航线达23条，太原武宿机场吞吐量突破1400万人次。大张客专开通，大西全线贯通，太郑高铁进入全线铺轨阶段。右玉至平鲁、阳城至蟒河高速公路建成，高速公路出省口达到27个。大同航空口岸正式开放，五台山航空口岸首飞通航，国际陆港、海关特殊监管区等加快建设。太原国际邮件互换局邮件处理量达434.8万件。国际互联网数据专用通道正式开通。复制推广自贸区改革试点经验，成功举办外交部全球推介活动，积极参加进博会、中非合作论坛、中博会、厦洽会等重要展会。新增国际友好城市8对、友好合作伙伴19对，开放的山西正在拥抱世界中加速崛起！

（五）聚力补齐短板，三大攻坚战成效明显。全力防范化解重大风险，严厉打击非法集资，稳妥推进互联网金融风险专项整治，加快农信社改制化险，有效化解高速公路等政府性债务，各类风险总体稳定可控。全力攻坚深度贫困，最后17个贫困县全部进入脱贫摘帽程序，剩余918个贫困村全部退出，23.9万贫困人口脱贫，脱贫攻坚实现决战决胜！全力打好污染防治攻坚战，狠抓中央生态环保督察及督察"回头看"问题整改，开展"百日清零"专项行动，燃煤发电机组全部实现超低排放，焦化行业达到特别排放限值标准。强力推进汾河流域治理攻坚，入黄口庙前村断面等国考断面退出劣V类。"两山七河一流域"生态修复治理扎实推进，完成营造林521万亩。汾河谷地地下水位连续10年回升，PM2.5平均浓度低于京津冀及周边地区平均水平，"二青蓝"成为我省的靓丽名片！

（六）持续攻坚克难，重点领域改革纵深推进。国资国企改革不断深化，汾酒集团实现整体上市，晋商银行、大地国际登陆港交所，省属二级及以下企业混改率达75.9%，燃气集团、潞安化工分别引入华润、美国AP等战略投资者，国有资本加速向支柱产业和战略性新兴产业集聚，市场化处置省属"僵尸企业"115户，全面完成省属企业"三供一业"分离移交。推动民营经济30条有效落实，清偿拖欠民营企业中小企业账款比例达68%，7家企业入选全国民营企业500强，民营经济发展活力进一步增强。认真落实国家减税降费政策，全年新增减税降费超过560亿元。坚持标准化引领，在全国率先发布职业农民生产技能评价、乡村旅游示范村等级划分与评价标准，主导制定实施两项国际标准，实现了零的突破。推动开发区改革创新发展，综改示范区示范引领作用开始显现，77家省级以上开发区正成为全省新兴产业的集聚区、转型发展的主战场！

（七）城乡协同发力，区域协调发展质量提升。乡村振兴战略稳步实施，农产品精深加工十大产业集群建设顺利起步。三大省级战略扎实推进，晋中农高区成为首批国家农业高新技术产业示范区。粮食生产再获丰收，有机旱作、优势杂粮、功能食品等特色优势品牌影响力不断提升。农村人居环境有效改善，新改建"四好农村路"2.45万公里，完成农村户厕改造47万座。稳妥推进农村改革，基本完成农村集体产权清产核资和集体成员身份确认。太原都市区建设扎实推进，太原地铁2号线实现轨通电通，1号线开工建设，太谷撤县设区。中心城市品质不断提升，中部盆地城市群一体化发展提速，国家物流枢纽互联互通工程等首批12个项目开工建设。大县城、特色镇建设步伐加快，完成3233个行政村合并，城乡区域发展协调性显著增强。

（八）坚持民生为本，各项社会事业全面进步。突出抓好大学生等重点群体就业，零就业家庭实现动态清零。大力实施"人人持证、技能社会"工程，技能培训人数达104.7万。建设认定616所普惠性幼儿园，建设改造500余所乡镇寄宿制学校，6000多所中小学实现优质教育资源共享和一体化发展。"1331"工程深入实施，与C9等高校合作成效明显，山西农大和省农科院合署改革取得实质性进展，积极筹建国科大太原能源材料学院，4所高职院校跻身全国职业教育"双高"行列。县域医疗卫生一体化改革全国领先，"136"兴医工程扎实推进，晋鄂联手共建区域医疗中心。全民参保计划基本实现法定人群全覆盖。城镇退休人员基本养老金月人均增加174元，企业退休人员基本养老金实现"十五连涨"。城乡居民基本医保人均财政补助标准提高30元，达到520元。高血压、糖尿病等门诊用药纳入医保报销。城乡最低生活保障标准平均每人每月分别提高55元、57元。隆重举行庆祝中华人民共和国成立70周年系列活动，"奋进山西"国庆彩车荣获"华美奖"。成功举办精彩、惠民、难忘的"二青会"。上党梆子《太行娘亲》、鼓乐《保卫娘子关》分别荣获"文华大奖"提名剧目和"群星奖"。山西青铜博物馆建成开馆。数字文化馆总分馆体系初步建立，公共文化服务水平稳步提升。安全生产形势持续好转，亡人事故起数和死亡人数分别下降32.8%、28.8%。扫黑除恶专项斗争强力推进，危害严重的刑事案件大幅减少，"平安山西"建设不断深化。

各位代表，面对经济下行压力，我们确保民生投入只增不减，全省财政民生支出占比保持在80%以上，8件民生实事全部兑现！其中，全民技能提升工程、残疾预防重点干预和残疾儿童抢救性康复项目、免费送戏下乡超额完成年度目标任务，人民群众的获得感、幸福感、安全感进一步增强！

（九）着力转变职能，政府自身建设不断加强。深入开展"不忘初心、牢记使命"主题教育。严格落实政府系统全面从严治党主体责任，坚持不懈推进党风廉政建设和反腐败斗争。完成省市县政府机构改革。出台省政府规章6件，办理人大代表建议948件、政协提案969件。"放管服效"改革不断深化，省直部门审批时限平均压缩一半以上，开发区一般工业项目实现"全承诺、无审批、拿地即可开工"。大力推进执法监管体制改革，严格落实"双随机、一公开"监管。数字政府建设全面启动，全省一体化在线政务服务平台实现五级全覆盖，省级85.7%的政务服务事项实现"一网通办"，"三晋通"App正式上线运行。晋城市"一枚印章管审批"改革试点成效明显，并在各市县和开发区全面推开。深化商事制度改革，扎实推进"3545"专项改革。率先在全国开展全省域营商环境评价。企业投资项目承诺制改革入选中组部贯彻落实习近平新时代中国特色社会主义思想攻坚克难案例，以政务信息化改革为突破口优化营商环境做法受到国务院通报表扬。

各位代表，过去一年，面对国内外风险挑战明显上升的复杂局面，我省高质量转型发展取得可喜成绩，实属不易。这是以习近平同志为核心的党中央坚强领导、亲切关怀的结果，是习近平新时代中国特色社会主义思想科学指引、生动实践的结果，是省委团结带领全省人民奋力拼搏、攻坚克难的结果。在此，我代表省人民政府，向全省人民，向各民主党派、工商联和无党派人士，向各位人大代表、政协委员，向驻晋部队、公安干警和中央驻晋单位，向关心支持山西改革发展的各界朋友，致以崇高的敬意和衷心的感谢！

在肯定成绩的同时，我们清醒地看到，我省经济社会发展还面临不少困难和挑战，发展不平衡不充分的问题还比较突出，与人民日益增长的美好生活需要还有不小差距。结构性、体制性、素质性矛盾尚未根本解决，新兴产业发展不足，支撑转型的大项目好项目不多，新动能不够强劲，创新发展基础薄弱。市场化改革较为滞后，对外开放水平不高。生态环境保护形势依然严峻，城乡居民收入与发达地区差距较大，民生领域仍存在诸多短板。政府治理效能有待进一步提升，部分干部担当意识不强，一些领域不正之风和腐败问题不容忽视。对此，我们要敢于直面问题，采取有效措施，切实加以解决。

二、2020年工作安排

2020年是全面建成小康社会和"十三五"规划的收官之年，是第一个百年奋斗目标的实现之年。做好今年政府工作，要以习近平新时代中国特色社会主义思想为指导，全面贯彻党的十九大和十九届二中、三中、四中全会精神，深入贯彻习近平总书记"三篇光辉文献"精神，坚决贯彻党的基本理论、基本路线、基本方略，增强"四个意识"、坚定"四个自信"、做到"两个维护"，按照中央经济工作会议部署，紧扣全面建成小康社会目标任务，坚持稳中求进工作总基调，坚持新发展理念，坚持以供给侧结构性改革为主线，坚持以转型为纲、项目为王、改革为要、创新为上，推动高质量发展、高水平崛起、高标准保护、高品质生活，加快建设现代化经济体系，坚决打好三大攻坚战，全面做好"六稳"工作，统筹推进稳增长、促改革、调结构、惠民生、防风险、保稳定各项工作，保持经济运行在合理区间，确保"十三五"规划圆满收官，确保我省与全国同步全面建成小康社会，得到人民认可、经得起历史检验。

今年经济社会发展的主要预期目标是：全省地区生产总值增长6.1%左右，一般公共预算收入增长2%，全社会固定资产投资增长6%以上，社会消费品零售总额增长7%，城乡居民人均可支配收入分别增长6.1%以上和6.5%以上，城镇新增就业46万人，城镇登记失业率、城镇调查失业率分别控制在4.5%以内、6.5%左右，居民消费价格涨幅控制在3.5%左右。

约束性指标是：万元地区生产总值能耗较2015年下降15%，万元地区生产总值二氧化碳排放量下降3.6%，万元地区生产总值用水量下降2%。环境质量改善指标和主要污染物总量减排指标完成国家下达的目标任务。6月底前汾河流域国考断面水体全面消除劣V类，之后稳定达标。剩余农村贫困人口全部脱贫，城镇棚户区住房改造开工2.7万套。

2020年指标的设定，充分估计了错综复杂的形势，体现了稳中求进工作总基调，贯彻了新发展理念，落实了"四为四高两同步"总体思路和要求，考虑了稳增长稳就业稳预期的需求，与实现全面建成小康社会目标和完成"十三五"任务相衔接，为转型发展留出了空间。

今年，要在统筹做好各项工作的基础上，重点抓好以下工作：

（一）实施千亿产业培育工程，加快壮大新动能。坚持转型为纲，推动农业、工业、服务业高质量发展，提升产业基础能力和产业链现代化水平，全力构建现代产业体系。

培育壮大战略性新兴产业。坚持龙头引领、园区承载，着力建链补链延链强链，推动战略性新兴产业集群化、高端化、智能化发展。推动六个营业收入超千亿元的新兴产业提升竞争力。高端装备制造业重点推进中煤科工智能制造基地、中船重工新能源装备产业园等项目，打造先进轨道交通装备、煤机智能制造装备等产业集群。新材料产业重点推进山西钢科年产1800吨高端碳纤维等项目，打造煤基炭材料、生物基新材料、特种金属材料等产业集群。数字产业围绕"网、智、数、器、芯"五大领域，推动百度云计算中心二期、中电科电子信息科技创新产业园、忻州半导体产业园等项目建设，加快发展数据采集、存储、清洗、标注、交易等产业，有序推进企业上云，探索"区块链+产业"应用示范，开展智能工厂和数字化车间试点示范，打造大数据、半导体、信息技术应用创新、光电等产业集群。节能环保产业重点建设朔州、长治、晋城3个国家级工业资源综合利用基地。现代金融业紧扣服务实体经济，创新金融产品，完善服务体系，大力发展绿色金融。现代物流业以智慧物流为方向，加快建设太原国家物流枢纽，打造一批示范企业。推动四个有望突破千亿元的新兴产业扩规模、上水平。节能与新能源汽车产业重点推动吉利、大运、成功等企业项目建设，打造太原、晋中、长治、运城产业集聚区。现代医药和大健康产业重点做强抗生素类化学原料药、人源Ⅲ型胶原蛋白、经典中成药等竞争力强的产品。现代煤化工产业全力推动潞安180全面达标和应用示范，重点推进中海油大同煤制气等项目，走"高端化、市场化、差异化、环境友好型"的发展路子。煤成气产业实施三年滚动发展行动计划，大力推动增储上产，推进油气长输管网互联互通，力争今年产量达到90亿立方米。推动三个新兴潜力产业发展壮大。通航产业重点培育研发、制造、服务全产业链，继续办好尧城(太原)国际通用航空飞行大会，加快建设通航示范省。新能源产业重点推进"氢都"大同新能源产业城、孝义氢能等项目建设，推动光伏、风电平价竞价上网。数字创意产业重点引进培育一批领军企业，推出更多优质产品。同时，加快现代服务业集聚区建设，推动科技服务、人力资本服务、会展等生产性服务业向专业化和价值链高端延伸，促进健康养老、家庭护理、家政、托育等生活性服务业向高品质和多样化升级。

做大做强特色优势产业。充分发挥比较优势，深入挖掘产业潜力，提升产业规模和产业层次。推动文化旅游业融合化、品牌化发展，加快培育成战略性支柱产业。全力打造农产品精深加工千亿产业。聚力打造酿品、饮品(药茶)、乳品、果品、主食糕品、肉制品、功能食品、保健品、化妆品、中医药品十大产业集群，支持培育100家龙头企业提升改造100个加工园区，支持50家龙头企业建立研发机构，再评选20个功能农产品品牌。推动五个有望突破千亿元的特色优势产业提档升级。有色金属产业全力打造吕梁、运城铝镁新材料产业园区，建设全国铝镁深加工基地。绿色建材产业大力发展钢结构和装配式混凝土结构建筑，提升耐火粘土、高岭土、建筑陶瓷等产业竞争力。特色轻工产业重点提升"山西三宝"等工美产品影响力，加快发展白酒、食醋、纺织、玻璃器皿等产业，做强老字号品牌。文化及相关产业加快融合发展，重点推动国家文化产业示范区(基地)、文化产业园建设，壮大文化企业实力。康养产业着力抓好国家级医养结合试点，建设一批康养园区、小镇、社区，打响"康养山西、夏养山西"品牌。

做强做优做绿四大传统千亿产业。推进传统产业高端化、智能化、绿色化改造，加快提升产品附加值和综合竞争力。煤炭产业紧扣提高全员劳动生产率，加快开采方式变革，退出产能1500万吨以上，引导关闭退出60万吨以下煤矿，稳步提高先进产能占比，煤炭洗选能力压减到18亿吨左右。电力产业重点推动1000千伏蒙西—晋中特高压交流工程建成投运，开工"两交"交流特高压落地工程和"西电东送"通道调整工程，推进晋电送浙、晋电送冀，力争外送电量突破1000亿千瓦时。焦化产业压减过剩产能4027万吨，建设国家绿色焦化产业基地。钢铁产业开工建设太钢年产70万吨中厚板改造等项目，打造全球一流的不锈钢生产基地。

各位代表，发展新产业，培育新动能，是我省高质量转型发展的希望和出路所在。我们要横下一条心，培育一大批千亿产业，努力实现从"一煤独大"到"八柱擎天"！

(二)聚焦项目建设，保持经济平稳健康发展。坚持项目为王，紧紧抓住国家政策机遇，推动"三驾马车"协同发力，确保全省经济运行在合理区间。

积极扩大有效投资。围绕我省制造业十二大领域和重点培育的千亿级产业，加强招商引资，完善项目推进机制，实施一批新项目、大项目、好项目。大力实施"521"工程。提升50个左右开发区产业承载力，实施100个新兴产业龙头项目和100个传统制造业重大技术改造项目，建设1000万平方米以上标准厂房。加快现代基础设施建设。现代综合交通运输体系方面，推进交通强国建设试点。推动太郑高铁年内通车，开工建设集大原、雄忻高铁项目。做好"十四五"铁路发展规划，确保太原铁路枢纽和太原至延安高铁列入规划，力争忻州—榆林—鄂尔多斯等铁路项目列入规划。加快高速公路"出省口"建设，打通"断头路"，建成太原东二环，推进静兴、黎霍、太原西北二环等在建项目。加快普通国省干线公路升级改造，新改建"四好农村路"和旅游公路1.3万公里。推进运城机场改扩建和朔州机场建设，推动芮城、阳城等通用机场建设，力争武宿国际机场改扩建年内开工。确保太原地铁2号线年内投运，加快1号线建设，启动新一轮太原城市轨道交通建设规划调整。"岸港网"方面，抓好阳泉国际陆港、朔州经纬通达等重点物流园区建设。开展城市高速光纤宽带网络、电信普遍服务试点、移动通信网络、移动物联网等重点工程，加快5G基础网络建设，基本实现设区市中心城区5G网络连续覆盖和商用。加快民生项目建设。加大城市老旧小区改造和城市停车场建设力度，完善提升小区道路、水电气暖等配套设施。继续推进农网改造升级，加快建设城乡生活垃圾和污水处理设施，完善基层公共文体设施。同时，加强经济运行监测调度，加大企业帮扶力度，推动现有企业平稳运行、提质增效。

深度挖掘消费潜力。推动大型消费商圈建设，改造提升高品位步行街，加快建设便民消费商圈，改建一批便民消费服务中心。推动便利店品牌化、连锁化发展。积极培育电子商务龙头企业，发展电子商务新业态。完善农村和农产品流通网络，加快城乡冷链物流设施建设，扩大电子商务进农村综合示范覆盖范围。完善"互联网+"消费生态体系，促进线上线下消费融合。积极培育定制消费、信息消费、幸福消费、绿色消费等新热点，发展夜间经济、假日经济。深入实施消费品工业"三品"专项行动。严格市场监管，健全消费投诉维权机制，营造便利、放心、舒心的消费环境。

推动外贸外资稳速提质。加强外贸主体培育，新增外贸主体100家。加大国家外贸转型升级基地培育力度，鼓励龙头企业在重点出口市场布局营销服务平台和海外仓，引导企业积极开拓新兴市场，支持不锈钢、手机等重点产品出口，精准帮扶企业应对中美经贸摩擦影响，推动外贸空白县进出口"破零"。抓住外商投资法实施契机，落实好稳外资政策，建立外商投资服务协调机制，积极承接产业转移，大力引进外商独资企业，力争重点工业类开发区利用外资全部"破零"。

（三）优化创新生态，增强创新驱动力。坚持创新为上，实施创新驱动、科教兴省、人才强省战略，提升创新能力。

构建创新体系。开展企业技术创新发展三年行动，实施创新平台提质增量工程、创新合作深化覆盖工程、创新项目扩规拓展工程，建立国企、高校、科研院所研发活动考核评价制度，推动规上工业企业研发机构研发活动全覆盖，建设10户省级及以上企业技术中心。用好省市两级技改资金，加大企业技术研发支持力度，推进自主创新、引进创新、集成创新、融通创新。全力培育创新主体，推动“个转企、小升规、规改股、股上市”，新认定“专精特新”中小企业300户以上，培育“小升规”企业700户，继续实施高新技术企业倍增计划。大力发展新型研发机构，创建能源革命、机器人、高铁装备等创新研究院。做强“智创城”省级双创中心，做实创业孵化基地、众创空间、大学科技园，打造“双创”升级版。强化金融、土地、标准厂房、用能等支持，为企业创新提供全生命周期服务。

完善创新制度。深化“项目评审、人才评价、机构评估”改革，推进重大专项“揭榜制”改革，实施省级项目申报立项“常态制”改革，试点科研项目经费“包干制”改革。率先在数字经济领域开展创新生态建设试点示范。扎实推进国家标准化综合改革试点，以先进标准抢占创新制高点。深入推进军民融合，运行好省科技成果转化和知识产权交易管理服务平台，推动重大科技成果转化。大力培育创新文化，弘扬科学精神、工匠精神、企业家精神，加强知识产权保护，实施包容审慎监管，营造宽松创新氛围。

实施三大工程。推进“1331”工程提质增效。加强“双一流”建设，深化与C9+高校、一流科研机构、知名企业合作，共建研究生联合培养基地，推动工程（技术）研究中心等创新平台建设。进一步优化博士硕士学位授权单位与学位授权点。继续推进学科专业动态调整，立项建设150个左右省级一流本科专业建设点。推进“136”工程纵深发展。深化10个领军临床专科建设，加快建设省级重点实验室和临床医学研究中心。启动实施“人才科技兴医计划”和“百名博士引进计划”。开展“136”兴医工程第三方评估。高水平建设区域医疗中心，加强城市医联体建设，新建3-5个省级跨区域专科联盟。启动实施“111”工程。紧扣转型发展需求，突破一批关键核心技术和“卡脖子”技术，谋划推进100项重大科研攻关项目，建设10个左右重点实验室、10个科技成果中试熟化与产业化基地、10个省级制造业技术创新中心，“一企一策”培育100户高科技领军企业。

各位代表，创新是第一动力，人才是第一资源。我们要坚持“引才引智”“晋才晋用”并举，深入实施“三晋英才”“青年拔尖人才”“海外高层次引进人才”等支持计划，加强院士工作站、博士后“两站”和海外人才工作站建设，建立完善高层次人才联系服务制度，落实好住房、子女就学、家属随迁落户等政策，以一流人才政策、一流事业平台、一流创新生态，引进留住用好人才，让更多“千里马”在三晋大地竞相驰骋，奋力跑出山西创新“加速度”！

（四）深化市场化改革，激发高质量转型动力活力。坚持改革为要，“赶考”“补考”一起抓，推动基础性、牵引性、战略性重大改革取得突破。

扎实开展能源革命综合改革试点。认真贯彻中央要求，实施好我省行动方案和任务清单。加快煤炭“减优绿”步伐，开展煤矿智能化改造、绿色开采技术试点示范。深化煤层气勘查开采管理体制改革，实施“三气”综合开发。深化电力体制改革，加快燃煤发电上网电价形成机制改革，积极稳妥推进电力现货市场试运行，构建中长期交易、现货交易、辅助服务市场协调发展的现代电力市场体系，电力市场化交易规模力争达到1300亿千瓦时。加快发展新能源，探索开展“新能源+储能”试点示范，推进垣曲、浑源抽水蓄能电站建设，有效开发利用地热资源。探索“分质分级、能化结合、集成联产”新型煤炭利用方式。开展煤炭绿色清洁高效利用、大规模储能、智能电网、氢能、能源互联网等领域技术攻关。办好太原能源低碳发展论坛。

深化财政金融体制改革。落实好减税降费政策。完善预算绩效管理制度，努力实现预算和绩效管理一体化。推进教育、科技、交通运输领域财政事权和支出责任划分改革。完善政府举债融资机制，用足用好国家债券支持政策。做好资源税地方立法工作。推进省属国有金融机构改革，加快山西金融租赁、山西信托、中煤保险等战略重组。大力发展直接融资，培育孵化上市企业，用好上市公司平台资源，提高上市公司竞争力。支持基金业健康发展。鼓励城商行、农商行等地方金融机构引入战略投资者，培育和组建民营银行。

推动开发区提质升级。已批设开发区“三制”改革全部到位，深入推进“三化”改革，深化管运分离试点改革，鼓励社会资本参与开发区建设运营。支持开发区与国内外发达地区、优势企业、高等院校共建产业园区、国际合作园区。优化开发区投资环境，推动省市两级向开发区授权到位，推行全程领办代办机制。全面落实用地、用电、用气等优惠政策，切实降低要素成本。狠抓开发区招商引资，对照招商图谱精准招商，推行产业链招商、小分队招商、以商招商、股权招商等方式，尽快集聚一大批优质项目、龙头企业、高端研发机构。修订完善开发区考核办法，强化投资强度、产出强度、税收强度考核，加强分类考核，严格考核奖惩。加快综改示范区建设，在招商引资、科技创新、营商环境、知识产权领域改革等方面形成更多可复制可推广的制度性成果。

纵深推进国资国企改革。深化国资监管体制改革，加快国有资本投资运营体制改革，推动监管职能从管企业向管资本为主转变。优化调整国有资本布局，大力推进处僵治困，推动焦煤、现代农业、数字经济、文旅、水务等领域专业化重组，打造一批旗舰企业。推进国有资产证券化，加快国企上市步伐，推动文旅、太重、大地、云时代等企业集团层面混改，进一步提高省属二级及以下子公司混改率。大力推进“腾笼换鸟”，力争产权转让达到100亿元。开展落实董事会职权试点，推行职业经理人制度。加强决策监督问责，有效控制决策风险。做好企业分离办社会职能收尾工作，基本完成国企退休人员社会化管理，稳妥推动厂办大集体改革。

促进民营经济健康发展。坚持“两个毫不动摇”,全面落实中央支持民营企业改革发展意见,推动民营经济30条落实落细,着力破除民营企业发展的“玻璃门”“旋转门”“弹簧门”。清理政府部门和大型国企拖欠民营企业中小企业账款,完成国家下达的清欠任务。有效发挥政府性融资担保政策作用,用好应急还贷资金和云税贷、小微快贷、信易贷等专业化个性化金融服务,缓解融资难融资贵问题。构建亲清政商关系,切实维护民营企业合法权益,让民营企业家安心谋发展、走向更加广阔的舞台!

(五)全面提升对外开放能级,构建对外开放新格局。树立内陆和沿海同处开放一线的理念,加快构建内陆地区对外开放新高地。

深度融入国家大战略。主动融入“一带一路”建设,加强国际产能合作,提升“山西品牌丝路行”影响力,推进“一带一路”(祁县)中小企业特色产业合作区建设,增加中欧(中亚)班列开行班次。加快融入京津冀联动发展,推动基础设施贯通,增加清洁能源供应,加强生态环境联建联防联治,探索跨区域共建产业园区。主动对接黄河流域生态保护和高质量发展战略,推动黄河“几”字弯都市圈协同发展,加强与中部省份、沿黄省份、周边省份合作。积极承接长三角、粤港澳大湾区产业转移,加强能源革命、科技创新、跨境电商等领域合作。

提升开放平台功能。积极申报国家自由贸易试验区。组建山西国际陆港集团有限公司,推动铁路口岸、航空口岸、国际陆港、海关特殊监管区合作联动,支持中鼎物流园申建保税仓和进口汽车整车指定查验场所。发挥好中国(太原)跨境电子商务综合试验区作用。完善武宿综保区功能,加快水果、冰鲜产品进口指定查验场所建设。拓展方略、兰花、大同等保税物流中心功能。推动运城航空口岸正式开放。进一步增加国际航班,开通更多直航国际航线。扩大国际互联网数据专用通道应用范围,推动国际邮件互换局扩容升级。

健全对外开放体制机制。全面实施准入前国民待遇加负面清单管理制度,加大国企混改、能源、高端制造、服务业等领域对外开放力度。复制推广自贸区和深圳前海自贸片区经验,实施通关一体化改革,加快“两步申报”改革,拓展国际贸易“单一窗口”功能,提升贸易投资自由化便利化水平。广泛开展国际经济文化合作,探索设立海外研发机构和招商机构,实施一批国际科技合作示范项目,增加“一带一路”沿线国家公派访学人数。积极参加各类国际展会,加强国际友城合作,让更多山西品牌走出国门、走向世界!

(六)全力打好三大攻坚战,加快补齐全面建成小康社会短板。全面对标,加大资源环境、科技创新、文化、农村等领域补短板力度,确保与全国同步全面建成小康社会。

决战完胜脱贫攻坚战。聚焦“两不愁三保障”,统筹开发式扶贫和保障性兜底政策,确保2.16万剩余贫困人口如期脱贫。全面排查整改“三落实”“三精准”“三保障”方面的突出问题,做好国家脱贫攻坚普查。关注脱贫监测户、边缘户等重点群体,强化返贫监测预警和动态帮扶,确保稳定脱贫不返贫。严格落实“四个不摘”重大要求,完善产业带贫益贫机制,强化就业扶贫,推进消费扶贫,做好易地扶贫搬迁后续扶持工作,深化扶贫扶志。抓好扶贫资产管理。研究建立解决相对贫困的长效机制,促进精准脱贫攻坚战与乡村振兴战略有机衔接,不让一户困难家庭、一个困难群众在全面小康路上掉队!

坚决打好污染防治攻坚战。打赢蓝天保卫战,大力推进钢铁行业超低排放改造、重点行业企业无组织排放改造、工业炉窑和重点行业挥发性有机物综合治理。严格“两高一危一化”项目环境准入管理。全面开展“散乱污”企业治理,加大城市建成区及周边重污染企业搬迁改造和关闭退出力度。稳步推进城乡清洁取暖,开展民用生物质和洁净煤清洁取暖试点。加快煤炭等大宗货物“公转铁”,加强柴油货车污染治理,加大建筑施工扬尘治理力度。打好碧水保卫战,全力攻坚汾河流域污染治理,实施城镇污水处理设施改造、设区市建成区黑臭水体消除、农村污水治理三大工程,推进138个全国重点镇污水处理设施建设,完成全省入河排污口排查整治,力争实现地表水国考断面年底全部退出劣Ⅴ类!打好净土保卫战,推动重点行业企业用地土壤污染调查,开展地下水污染修复治理试点,加强危险废物规范化管理。

全力打好防范化解重大风险攻坚战。协调推动金融机构多渠道清收处置不良资产、有效压降不良贷款,积极推进市场化债转股。稳妥推进农信社改制化险,抓好地方中小金融机构风险防范化解工作。加强网络经济风险防控和金融秩序整顿,坚决打击网络传销、电信网络诈骗等非法活动,推动P2P网贷机构突出风险出清,基本化解各类交易场所存量风险。有效控制政府和重点企业债务风险。高效稳妥处置各类突发事件,确保不发生系统性、区域性金融风险。

各位代表,三大攻坚战是全面建成小康社会必须跨越的重大关口,我们要尽锐出战、全力攻坚,坚决兑现向人民、向历史作出的庄严承诺!

(七)协同推进城乡建设,促进区域协调发展。树立城乡发展一盘棋理念,推动城乡融合发展,构建区域发展新格局。

推动乡村振兴。大力实施三大省级战略,加快山西农谷建设,建好晋中国家农业高新技术产业示范区,举办中国·太谷论坛。推进雁门关农牧交错带示范区建设,打造全国优质草食畜生产基地,推进奶业大省建设。提升运城农产品出口平台功能,建设出口水果标准化示范园。启动大同肉类出口平台建设,做强“南果中粮北肉”出口平台,积极构建“东药材西干果”商贸平台。加快特色农业发展,完善有机旱作农业技术体系和标准体系,在各县(市、区)建立省级示范片,培育打造山西药茶、山西有机农产品等区域公用品牌。加快现代农业产业园区建设,促进农村一二三产业融合发展,培育壮大加工体验、中央厨房等新业态。健全农业社会化服务体系,深化农业托管试点,推进农村生产、供销、信用“三位一体”综合改革。抓好农田水利及高标准农田建设。全面落实“米袋子”省长负责制和“菜篮子”市长负责制,稳定粮食生产,加快恢复生猪生产,抓好重要农畜产品稳产保供。深入开展农村人居环境整治,实施乡村清洁行动,基本建成农村生活垃圾收运体系，完成53万座农村户厕改造任务，力争省级人居环境整治示范村达到1000个。抓好“三治融合”乡村治理体系建设试点示范。完成6000个左右行政村合并任务。

提升中心城市综合承载力。按照“一主三副六市域中心”空间布局，推动太原都市区全力打造创新高地、产业高地、人才高地、开放高地。加强顶层设计，出台相应政策，加快打造大同、长治、临汾三个省域副中心城市。积极推动其他六市建设市域中心城市。优化行政区划设置，有序解决部分设区市“一市一区”“城郊矿区”等问题。全面提升城市品质，优化城市道路体系和交通组织方式，深入开展“两下两进两拆”专项整治，实施城市设计与特色塑造、居住环境改善、智慧城市建设工程。积极推进城市生活垃圾分类，基本实现设区市垃圾焚烧和餐厨垃圾处理设施全覆盖、零填埋。大力发展城市经济，提升中心城市产业质量和人口集聚能力。

推进中部盆地城市群一体化发展。围绕“一核一轴”空间布局，推进太原建设具有国际影响力的国家区域中心城市，加快太原都市区一体化发展，尽快打通“瓶颈路”，构建一体化轨道交通网络，在潇河产业园核心区启动建设会展、金融、商务、会议、艺术“五大中心”。加快太原、晋中、忻州、吕梁城市基础设施互联互通，建设组团城市半小时通勤交通路网。统筹布局中部盆地城市群供水、供电、供气、供热、排污等市政设施，推进医疗资源协作互助、教育资源整合共享、社会保障接轨衔接、社会治理统筹联动。

促进城乡融合发展。积极推进大县城建设，推动“两下两进两拆”向县城和城乡接合部延伸，增强城镇对乡村的带动能力。推动城乡基础设施规划、建设、管护一体化，健全城乡基本公共服务普惠共享机制。促进农业转移人口和其他常住人口市民化，提高户籍人口城镇化率。完善城乡要素合理配置机制，鼓励人才返乡入乡创业，促进工商资本下乡。继续完善农村承包地制度，做好二轮土地承包到期后再延长30年政策衔接，稳慎开展农村宅基地改革，深化农村集体产权制度改革，让城市要素走进来，让农村沉睡资源活起来！

（八）深化文旅融合发展，加快建设文化旅游强省。统筹文化事业和文化旅游产业发展，提升山西文化旅游美誉度和影响力，增强文化软实力。

做强黄河长城太行三大品牌。按照“城景通、景景通”要求，再建成1100公里三个一号旅游公路，构建“快进慢游深体验”旅游路网。推进黄河文化公园、中华长城博物馆、中太行国际旅游度假区等文旅功能区建设。大力发展乡村旅游，再评选认定100个3A级乡村旅游示范村，培育一批“黄河人家”“长城人家”“太行人家”。开展“三大品牌建设年”活动，瞄准目标市场开展针对性营销。办好第六次全省旅发大会、第二届大河文明旅游论坛暨世界旅游联盟黄河对话活动。

打造国家全域旅游示范区。加快晋中、忻州2市18县20个国家全域旅游示范区试点创建，抓好生态文化旅游示范区、文旅融合发展示范区和国家级文化生态保护实验区建设。提升五台山、云冈石窟、平遥古城影响力，支持云丘山、晋祠等创建5A级景区，推进壶口瀑布、雁门关、王莽岭、娘子关、百里太行画廊等重点景区提质升级。布局开发重要旅游节点城市、村镇、城际文旅产业园，打造优质旅游集散地和旅游目的地。增强博物馆、图书馆、文化馆等公共文化设施旅游功能，大力发展红色旅游，培育研学游、体育游、通航游等新业态。全面提升景区服务和环境质量，加强旅游市场综合监管和专项整治，加大涉旅从业人员培训力度，构建山西旅游服务标准体系，发展智慧旅游，以创意激活文旅资源，以服务提升旅游品质，让广大游客在山西感受诗和远方！

提升公共文化服务水平。践行社会主义核心价值观，深入实施公民道德建设工程。实施文明守望工程、文物保护利用工程、乡村文化记忆工程和文化惠民工程，推动基层公共文化设施建设，做好公共数字文化服务工作，加强文物数字化监管。提升新闻出版、广播电视电影公共服务能力，完成志鉴“两全目标”。加大非遗传承人、工艺美术大师培训培养力度，支持建设大师工作室。深化公共文化机构法人治理结构改革，完善文化管理体制和生产经营机制。推动哲学社会科学繁荣发展，大力支持文艺精品创作，举办首届晋剧艺术节，打造“文化晋军”。

（九）坚持高标准保护，建设美丽山西。深入践行“两山”理论，统筹山水林田湖草系统治理，扎实推进生态文明建设。

持续推进“两山七河一流域”生态修复治理。推行“林长制”，深入开展大规模国土绿化行动，完成400万亩营造林和525万亩水土流失治理任务，完成56个采煤沉陷区治理项目。有序推进自然保护地整合优化。全面落实“河（湖）长制”，推进黄河流域生态治理，推动以汾河为重点的“七河”流域生态保护与修复，完成汾河中游13.5公里先行示范段项目，推进大水网骨干工程收官和黄河古贤水利枢纽工程建设，加快小水网建设。

推动形成绿色生产生活方式。严格执行全省大气污染、水污染防治条例，落实资源有偿使用、总量管控和全面节约制度，健全资源节约集约循环利用标准体系。坚持“以水定城、以水定产”，大力发展高效节水灌溉技术，实施节水奖补、水权交易政策，提高用水效益。完善绿色制造体系，大力培育绿色工厂、园区、产品、供应链，推动产业生态化、生态产业化。积极倡导绿色生活方式，让绿色消费、绿色出行、绿色居住成为全社会的自觉行动。

完善生态文明建设体制机制。建立国土空间规划和用途统筹协调管控制度，严格划定落实“三区三线”“三线一单”和主体功能区，实施“多规合一”。完成省市县国土空间规划编制。建立覆盖全省的生态环境分区管控体系。开展领导干部自然资源资产离任审计，完善生态环境监管执法机制，落实生态补偿和生态环境损害赔偿制度，逐步健全源头预防、过程控制、损害赔偿、责任追究的生态环境保护体系。

（十）持续增进民生福祉，提高人民生活品质。坚持以人民为中心的发展思想，在幼有所育、学有所教、劳有所得、病有所医、老有所养、住有所居、弱有所扶上不断取得新进展。

多措并举抓好就业增收。实施就业优先政策，提高劳务输出组织化程度，开拓国内外就业市场。举办第二届全省职业技能大赛。完善促进创业带动就业、多渠道灵活就业机制，突出抓好高校毕业生、农民工、就业困难人员等重点群体就业，做好援企稳岗工作，实现零就业家庭动态清零。深化收入分配制度改革，深入实施以增加知识价值为导向的收入分配政策，有效拓宽居民增收渠道，解决好拖欠农民工工资问题，逐步缩小城乡收入差距。保持物价基本稳定。

优先发展教育事业。建设认定400所普惠性幼儿园。坚持就近就便服从就优原则，建设改造500所乡镇寄宿制学校，加快中学向县城集聚、小学向乡镇以上集中。全部消除义务教育阶段大班额。调整优化高校布局结构、跨校院系学科和专业设置，做强做优理工院校，办名办好综合性大学，推进空白科类本科高校建设。加快山西大学、山西财经大学新校区建设和国科大太原能源材料学院建设。促进山西大学城办学资源共建共享、创新要素汇聚融合，提升服务转型综改能力。推动应用型高校建设和独立学院转设。加快“双高”高职院校建设。推进职业院校资源整合、结构调整和实训基地建设，开展“1+X”证书制度试点。创建国家产教融合型城市试点。支持和规范民办教育、合作办学，办好特殊教育。建设高素质专业化教师队伍。

加强社会保障。深入推进全民参保计划，稳步提高各项社会保险待遇水平。全面实施企业职工基本养老保险省级统筹，实行企业养老保险基金统收统支，推动机关事业单位养老保险制度改革落实到位，实现职业年金基金市场化投资运营，做好被征地农民养老保险补贴工作。建设全省统一的社会保险公共服务平台。继续落实好阶段性降低失业保险、工伤保险费率政策，加快推进工伤保险省级统筹。完善统一的城乡居民基本医疗保险和大病保险制度。城乡最低生活保障标准每人每月再提高20元。推进社区和居家养老，统筹完善社会救助、社会福利、慈善事业、优抚安置等制度。

健全住房保障体系。坚持“房住不炒”定位，落实城市主体责任，保持房地产市场稳定。加快建立多主体供给、多渠道保障、租购并举的住房制度，大力发展住房租赁市场。基本完成棚户区住房改造5.3万套。着力解决好城市困难群众住房保障问题，做好农村危房改造“动态保障”工作。

提升全民健康水平。深化分级诊疗、公立医院综合改革、全民医保、药品供应保障、综合监管改革，推动我省县域医疗卫生一体化改革保持全国领先，提升医疗质量和服务能力。建设中医药强省。有效提升出生人口素质，做好重大疾病防控，加强基本公共卫生服务，广泛开展全民健身，推进大型公共体育场馆开放利用，加快从以治病为中心向以健康为中心转变，建设“体育山西、健康山西、幸福山西”！

各位代表，今年省政府将在去年基础上，全力办好10件民生实事。继续实施以“人人持证、技能社会”为目标的全民技能提升工程。继续为怀孕妇女提供免费产前筛查与诊断服务。继续为58个贫困县农村妇女免费提供“两癌”检查服务。继续实施5万名残疾预防重点干预和残疾儿童抢救性康复项目。继续实施免费法律咨询便民工程。将免费送戏下乡一万场扩展提升为“五个一批”群众文化惠民工程。实施城镇养老幸福工程。为既有住宅自愿加装电梯实施奖补。实施免费婚前医学检查。在人流密集公共场所配置自动体外除颤器。我们就是要及时回应民生需求，把好事办好、实事做实，不断提高人民群众的生活品质！

各位代表，山西高质量转型发展，离不开安全稳定的社会环境。要全面贯彻总体国家安全观，始终绷紧安全生产这根弦，健全最严格的安全生产责任体系，完善企业安全生产主体责任法律追究工作机制。深入开展安全风险排查管控和隐患排查治理，建立公共安全隐患排查和安全预防控制体系。推进“机械化换人、自动化减人、智能化作业”科技强安专项行动。建立煤矿本质安全水平分类监管制度。强化安全监管执法，深入开展“反三违”专项行动，加强生产一线和作业现场安全管理。加强应急管理，健全应急指挥体系，推动预防与救援责任链条无缝衔接，加强应急救援队伍和能力建设。推进社会治理体系建设，建立基层矛盾排查化解新机制，加强和改进信访调解维稳工作，打造“枫桥经验”山西特色。推进高层次平安山西建设，持续开展扫黑除恶专项斗争，强力推进打击文物犯罪专项行动，加强食品安全监管，严防群体性事件、突发性事件、重大食品药品安全事故、重大交通安全事故等公共安全事件。支持国防和军队建设，做好国防动员、双拥、退役军人服务管理工作。更好发挥工会、共青团、妇联等群团组织作用，大力发展妇女、儿童、老龄、残疾人和红十字等事业。扎实做好民族宗教、外事侨务、援疆、气象、地震、人防、防灾减灾救灾等工作，确保人民安居乐业、社会安定有序！

三、全面建设服务型政府

认真贯彻落实党的十九届四中全会精神，坚持和加强党的领导，以政治建设为统领，以数字政府建设为牵引，加快政府职能转变，全面提升政府治理能力和水平。

加强政治建设。落实新时代党的建设总要求，严守政治纪律和政治规矩，增强“四个意识”、坚定“四个自信”、做到“两个维护”，始终同以习近平同志为核心的党中央保持高度一致，不忘初心、牢记使命，自觉把党的领导落实到政府治理各领域各方面各环节，确保党中央及省委的决策部署落地见效。

加快数字政府建设。按照“一朵云、一张网、一平台、一系统、一城墙”总体要求，完善省级“一局一公司一中心”管理运营架构，构建六大体系，开发一批应用项目。加快政务信息系统“云化”部署和政务外网升级改造，加强政务数据管理，推动政务数据“全归集、全对接、全打通、全共享”。完善一体化在线政务服务平台，优化“一网通办”流程，拓展“三晋通”App 服务范围和功能，推动更多事项实现“全程网办”“一次不用跑”。

深化“放管服效”改革。按照“三对”“六最”要求，开展营商环境升级专项行动，继续做好全省域营商环境评价，推动我省营商环境迈入全国前列。拓展深化企业投资项目承诺制改革，探索推行核准制项目承诺制，做强“承诺山西”品牌。完成市县两级和开发区“一枚印章管审批”改革，推进行政审批服务“马上办、网上办、一次办、就近办”。推动工程建设项目在线审批监管系统省市县三级全面应用，审批时限压缩至100天以内。深化公共资源交易平台整合共享。继续压缩不动产登记时限。推进“证照分离”改革全覆盖试点。推动“互联网+监管”系统与“双随机、一公开”监管平台、信用信息平台互联互通，推进信用监管。加快政务服务线上线下标准化建设，完善各级政务服务大厅“好差评”系统，建立全省统一的“12345”政务服务热线平台，打造“一号对外”的政府“总客服”！

提升政府治理效能。加强法治政府建设，坚持依法行政，推动重点领域政府立法。严格执行人大及其常委会的决议决定，认真办理人大代表建议、政协提案，自觉接受人大、政协、社会、舆论监督，强化审计监督。完善政务各领域办事公开制度，加强政务公开和政府信息公开。坚持科学、民主、依法决策，高水平编制“十四五”规划，扎实开展第七次全国人口普查，推进智库建设，发挥好参事作用。强化竞争政策基础地位，落实公平竞争审查制度。深化行政执法体制改革，全面推行行政执法“三项制度”，推动执法重心下移，严格规范公正文明执法，避免简单化、“一刀切”。政府带头过紧日子，进一步优化财政支出结构，大力压减非刚性、非重点项目支出，全力做好“三保”工作。强化政府系统党风廉政建设和反腐败斗争，严格落实中央八项规定精神和我省实施办法，坚决反对“四风”，尤其是形式主义、官僚主义，坚决查处重点领域腐败问题。各级政府要切实增强服务市场主体、服务人民群众意识，讲落实、讲效率、讲结果，加强部门联动，推动政策协同，提升干部能力，完善容错纠错机制，用好“13710”政务督查督办手段，创造性落实各项决策部署，把宏伟蓝图变为具体行动，让人民群众的期待成为美好现实！

各位代表，全面小康决胜在即，转型综改战鼓催征。让我们更加紧密地团结在以习近平同志为核心的党中央周围，高举习近平新时代中国特色社会主义思想伟大旗帜，在省委的坚强领导下，紧紧依靠全省人民，开拓创新，攻坚克难，与全国同步全面建成小康社会，奋力开启中国特色社会主义现代化建设山西篇章新征程！

中共山西省委
《贯彻落实〈中国共产党政法工作条例〉实施细则》

（2020年1月16日）

第一章　总　则

第一条　为全面贯彻落实《中国共产党政法工作条例》（以下简称《条例》），切实做好新时代山西政法工作，制定本细则。

第二条　本细则适用于省市县（含县级市、区，下同）党委、党委政法委员会、政法单位党组（党委）领导和组织开展政法工作。

第三条　坚持和加强党对政法工作的绝对领导和全面领导，把党的领导贯彻到政治、思想、组织等各方面，落实到决策、执行、监督等各环节。

第二章　地方党委对政法工作的领导

第四条　省、市、县党委领导本地区政法工作，贯彻落实党中央关于政法工作的大政方针，执行党中央以及上级党组织关于政法工作的决定、决策部署、指示等事项。

第五条　省、市、县党委应当建立健全委员会全体会议或者常委会会议研究部署政法工作的制度，将政法工作纳入重要议事日程，及时研究解决政法工作和政法队伍建设的重大问题，应主要包括以下内容：

（一）本地区贯彻落实党中央关于政法工作大政方针，执行党中央以及上级党组织关于政法工作的决定、决策部署、指示等方面的重要事项；

（二）本地区政法工作中事关维护国家安全特别是以政权安全、制度安全为核心的政治安全方面的重要事项；

（三）本地区维护社会稳定工作有关事项，及时妥善处理影响社会稳定的重要事项和突发事件的具体措施；

（四）统筹规划本地区平安建设、法治建设与经济社会发展方面的重要事项；

（五）推动政法单位依法维护社会主义市场经济秩序，为经济高质量发展提供法治保障方面的重要事项；

（六）本地区组织实施党中央关于政法改革方案，推动完善政法工作运行体制机制方面的重要事项；

（七）完善本地区社会治理体制，提高社会治理社会化、法治化、智能化、专业化水平方面的重要事项；

（八）完善党委、纪检监察机关、党委政法委员会对政法单位的监督机制方面的重要事项；

（九）加强政法单位领导班子和政法队伍建设方面的重要事项；

（十）改善执法司法条件、完善和落实保障政法干警依法履职、开展工作的制度和政策方面的重要事项；

（十一）本地区政法工作中的其他重要事项。

第六条 省、市、县党委应当根据《条例》的规定，充分发挥党委政法委员会熟悉政法干部的优势，支持其协助党委及其组织部门加强政法单位领导班子和干部队伍建设。市、县党委政法委员会书记、副书记的任免应当认真执行干部双重管理相关规定，同级党委应当征求上一级党委政法委员会的意见。

第三章 党委政法委员会的领导

第七条 党委政法委员会由书记、副书记和委员若干组成，书记一般由同级党委常委担任，应当保持相对稳定。党委政法委员会委员由政法单位、武警部队主要负责同志及党委政法委员会政治部主任兼任。

第八条 乡镇(街道)党组织配备政法委员，政法委员在乡镇(街道)党组织的领导和县级党委政法委员会指导下开展工作。乡镇(街道)党组织政法委员的任免应当征求县级党委政法委员会意见。

第九条 省、市、县党委政法委员会，在党委领导下履行把握政治方向、协调各方职能、统筹政法工作、建设政法队伍、督促依法履职、创造公正司法环境的职能，保证党的路线方针政策和党中央重大决策部署贯彻落实，保证宪法法律正确统一实施。

第十条 省、市、县党委政法委员会应当健全履行职责任务的工作制度机制。

(一)贯彻习近平新时代中国特色社会主义思想，坚持党对政法工作的绝对领导，坚决执行党的路线方针政策和党中央重大决策部署，推动完善和落实政治轮训和政治督察制度。

(二)健全重大事项协调制度，组织落实党中央以及上级党组织决定，研究协调政法单位之间以及政法单位与有关部门、地方之间有关重大事项，统一政法单位思想和行动；推进落实国家安全领导机构和全面依法治省领导机构的安排部署，支持配合其办事机构工作。

(三)健全统筹指导和推动政法单位党建工作制度。

(四)健全督促检查制度，加强对政法工作督查指导，统筹协调社会治安综合治理、维护社会稳定、反邪教、反暴恐等有关国家法律法规和政策实施工作。

(五)健全深化政法体制改革，协助党委决策和统筹推进各项工作。

(六)健全社会风险防范化解制度，统筹社会风险防范化解工作，组织制定工作预案和应对措施，推进落实社会稳定风险评估工作。

(七)健全支持和监督政法单位依法行使职权制度，检查政法单位执行党的路线方针政策、党中央重大决策部署和国家法律法规情况，指导和协调政法单位密切配合，推进严格执法、公正司法。

(八)健全指导和推动政法单位政法队伍建设制度，协助党委及其组织部门加强政法单位领导班子和干部队伍建设，协助党委和纪检监察机关做好监督检查、审查调查工作。

(九)健全调研通报表扬制度，统筹规划调研工作，加强对政法领域重大实践和理论问题调查研究，提出重大决策部署和改革措施的意见建议；指导政法单位加强国家政治安全战略和法治建设问题研究；定期通报工作情况，组织评选优秀调研成果，推动优秀成果共享共用。

(十)健全政法舆情动态分析研判制度，指导和协调政法单位和有关部门做好依法处置、舆论引导和社会面管控等相关工作。

(十一)健全其他有关制度机制。

第十一条 党委政法委员会应当派员列席同级政法单位党组(党委)民主生活会，了解政法单位重点工作、面临形势和存在问题，掌握政法单位领导班子思想作风情况，对发现的问题及时指出并督促整改。

第十二条 省、市、县、乡镇(街道)社会治安综合治理中心是整合社会治理资源、创新社会治理方式的重要工作平台，由同级党委政法委员会和乡镇(街道)政法委员负责工作统筹、政策指导。

第四章 政法单位党组(党委)的领导

第十三条 省、市、县政法单位党组(党委)在同级党委领导下开展工作，应当发挥把方向、管大局、保落实的领导作用，坚决执行党中央以及上级党组织、党委政法委员会关于政法工作的决定、决策部署、指示，全面履行对本单位或者本系统政法工作的领导职责。

第十四条 省、市、县政法单位党组(党委)应当带头依法履职，自觉把党的方针政策和决策部署转化为工作部署安排，推进严格执法、公正司法，维护国家法制的统一、尊严和权威。

第十五条 省、市、县政法单位党组(党委)应当建立健全在执法办案中发挥领导作用制度，完善党组(党委)领导下的议事协调机制，对以下重大事项进行研究：

(一)对影响国家政治安全和社会稳定的重大事项进行研究讨论，制定依法处理的原则、政策和措施；

(二)对本单位或者本系统全面深化改革工作进行部署推动，研究制定本单位或者本系统执法司法的政策、规范、要求，确保各项改革任务落地见效，提高执法司法质量、效率和公信力；

(三)履行全面从严治党主体责任，研究本单位或者本系统党的建设和政法队伍建设；

(四)其他需要研究的重大事项。

第十六条 省、市、县政法单位党组(党委)应当建立健全党组(党委)成员依照工作程序参与重要业务和重要决策制度，通过主持或参与审委会、检委会、厅(局)务会等工作程序，提升决策的规范性、科学性，确保党组(党委)领导作用与班子成员依法履职相统一。

第五章 请示报告

第十七条 省市县党委、党委政法委员会、政法单位党组(党委)应当按照《条例》和关于重大事项请示报告的有关规定,严格执行请示报告制度。

第十八条 省市县党委政法委员会、政法单位党组(党委)应当及时向同级地方党委请示以下事项:

(一)关系本地区政法工作全局和长远发展的重大事项;

(二)维护国家安全特别是以政权安全、制度安全为核心的政治安全重大事项,处置危及政治安全、地区稳定的重大突发事件的意见措施,防范化解处置重大复杂敏感案(事)件的意见措施;

(三)维护社会稳定、平安建设和社会治理工作中的重大问题;

(四)服务经济发展、创优营商环境的重大事项;

(五)政法单位拟向同级人民代表大会及其常务委员会、人民政府报告的重要工作,需要征求同级人民政协意见的重要工作;

(六)拟以同级地方党委名义召开的会议;

(七)拟出台的重要执法司法政策措施;

(八)拟召开的系统性重要会议;

(九)本地区、本系统重要改革方案、重要立法建议;

(十)拟制定的政法队伍建设重大措施和重大干部人事调整事项;

(十一)本地区、本系统拟组织开展的重大专项行动;

(十二)重大复杂敏感案(事)件、重要政策的宣传报道口径,"三同步"工作方案等;

(十三)贯彻落实上级、同级党委决策部署过程中,需要作出调整的政策措施和解决的特殊困难;

(十四)政法工作中的其他重大事项。

第十九条 省市县党委政法委员会、政法单位党组(党委)应当及时向同级地方党委报告以下事项:

(一)全面贯彻党的基本理论、基本路线、基本方略,贯彻落实党中央以及上级党组织决策部署情况;

(二)加强党的建设,履行全面从严治党主体责任,特别是党风廉政建设、巡视巡察整改、发现重大违纪违法问题等情况;

(三)重大复杂敏感和突发案(事)件重要进展和结果情况;

(四)加强政法队伍建设的重大举措;

(五)上级单位拟在本地区召开的重要会议、举办的重大活动;

(六)半年和年度工作情况;

(七)需要报告的其他事项。

第二十条 政法工作总体情况、党委政法委员会牵头办理或者统筹协调的重大事项情况,由党委政法委员会统一报告同级地方党委,政法单位协助做好相关工作。

省、市、县政法单位党组(党委)向同级地方党委请示报告重大事项和汇报重要工作,一般应当同时抄报同级党委政法委员会。

第二十一条 省、市、县政法单位党组(党委)应当向同级党委政法委员会,市、县党委政法委员会应当向上级党委政法委员会请示以下事项:

(一)涉及本系统、本地区政法工作全局,需要提请同级或上级党委政法委员会研究决定的重大事项;

(二)跨地区、跨领域、跨行业、跨系统工作中需要同级或上级党委政法委员会把握原则政策、统筹研究、协调推进的重大事项;

(三)本系统、本地区拟推出的执法司法重大政策、措施;

(四)属于自身职权范围内但事关重大或者特殊敏感的事项;

(五)有关地区、单位之间存在分歧,经反复协商仍不能达成一致,需要同级或上级党委政法委员会协调的重大事项;

(六)拟以同级或上级党委政法委员会名义召开会议或者印发文件;

(七)应当请示的其他重大事项。

第二十二条 省、市、县政法单位党组(党委)应当向同级党委政法委员会,市、县党委政法委员会应当向上级党委政法委员会报告以下事项:

(一)贯彻落实党中央以及上级党组织决定、决策部署、指示等重大事项重要进展和结果情况;

(二)贯彻落实党中央以及上级党组织、党委政法委员会关于政法工作的决定、决策部署和指示情况;

(三)本系统、本地区重大工作部署以及推进情况,半年和年度工作情况;

(四)重大政法改革部署以及推进情况,重大专项工作开展情况;

(五)政法工作中涉及政治安全和在本地区有重大影响的案(事)件,涉及公共安全或社会普遍关注的重大复杂敏感案(事)件、突发案(事)件、个人极端案(事)件和重大群体性事件的应对处置和重要进展及结果情况;

(六)政法工作中发现掌握的影响党的路线方针和宪法法律正确统一实施,影响社会稳定、危害国家安全和社会治安的重要情况和重大舆情;

(七)履行全面从严治党主体责任情况,落实党建工作责任制、党风廉政建设责任制、政法领域意识形态工作责任制情况;

(八)领导干部干预司法活动、插手具体案件处理情况和司法机关内部人员过问案件情况;

(九)重要干部任免及中层领导干部调整情况;

(十)应当报告的其他事项。

第二十三条 请示报告应当逐级进行,一般不得越级请示报告。特殊紧急情况下,可以按照有关规定直接向更高层级党组织请示报告。

向同级地方党委或上级党委政法委员会请示重大事项,必须事前请示,给同级地方党委或上级党委政法委员会以充足研判和决策时间。情况紧急来不及请示必须临机处置的,应当按照规定履职尽责,并及时进行后续请示报告。

第二十四条 提出请示应当阐明请求事项及相关理由,不得在报告等非请示性公文中夹带请示事项。

第二十五条 省市县党委、党委政法委员会对受理的请示应当尽快办理。有明确办理时限要求的应当在规定期限内办理完毕，确有特殊情况无法在规定期限内办理完毕的，应当主动向请示单位说明情况。

第六章　决策和执行

第二十六条　省市县党委、党委政法委员会、政法单位党组(党委)应当按照集体领导、民主集中、个别酝酿、会议决定的原则，在各自职责权限范围内，及时对以下事项研究作出决定、决策部署或者指示：

(一)涉及贯彻落实党中央以及上级党组织、党委政法委员会关于政法工作的决定、决策部署和指示的重要事项；

(二)下级党委、党委政法委员会、政法单位党组(党委)请示报告的重要事项；

(三)本单位在履行职责中需要决策的事项。

决策时，应当先行调查研究，提出适当方案，充分听取各方面意见，进行风险评估和合法合规性审查，按照规定提请相关会议讨论和决定。

第二十七条　省、市、县党委应当在本地区带头执行党中央以及上级党组织决定、决策部署、指示等事项，并指导、督促党委政法委员会和政法单位党组(党委)做好贯彻执行相关工作。

第二十八条　省、市、县党委政法委员会应当贯彻执行党中央以及同级地方党委、上级党委政法委员会决定、决策部署、指示等事项，并发挥统筹协调职能作用，协助党委指导、督促有关政法单位党组(党委)、下级党委政法委员会坚决执行党中央以及上级党组织决定、决策部署、指示等事项，推动工作落实。

第二十九条　省、市、县政法单位党组(党委)应当坚决贯彻执行党中央以及上级党组织决定、决策部署、指示等事项，确保工作落实。

第七章　监督和责任

第三十条　省、市、县党委应当将领导和组织开展政法工作情况纳入党内监督体系，推动完善对政法单位的监督机制，加强对政法单位党组织主要负责人和关键岗位领导干部的监督和日常管理，实行党内监督和外部监督相结合，增强监督合力。

党委政法委员会应当加强职责范围内的党内监督工作，强化对本部门和政法单位的日常监督，指导、推动政法单位建立健全与执法司法权运行机制相适应的监督制约体系，构建权责明晰的执法司法责任体系，完善程序化、平台化、公开化的管理监督方式。

政法单位党组(党委)应当建立完善内部监督制约体系，推动廉政风险防控机制建设。按照党务政务公开规定，依法有序推进审判执行公开、检务公开、警务公开、司法行政公开、狱(所)务公开，强化社会监督，确保政法工作在依法有效监督和约束环境下推进。

第三十一条　省、市、县党委对党委政法委员会、政法单位党组(党委)和下一级党委领导和组织开展政法工作情况，重点是贯彻落实党中央以及上级党组织决定、决策部署、指示等情况，按规定开展定期或不定期督查，必要时开展巡视巡察，并在一定范围内通报。

第三十二条　省、市、县党委政法委员会应当加强对政法工作情况和党委决策部署贯彻落实情况的督促检查，建立完善监督检查机制，开展政治督察、执法检查、纪律作风督查巡查、案件评查、执法巡查：

(一)省委政法委员会统筹安排对省、市政法单位党组(党委)贯彻落实党中央重大决策部署、加强党的领导、执行党的政治纪律和政治规矩、履行政法工作职能等情况开展政治督察；

(二)省、市、县党委政法委员会自行或者牵头对政法系统或单位开展执法检查，统筹推动政法单位开展常态执法司法规范化检查；

(三)省、市、县党委政法委员会可自行或联合政法单位组建联合督查组，对政法单位和政法干警遵守政治纪律、组织纪律、廉洁纪律、群众纪律、工作纪律、生活纪律等情况开展纪律作风督查巡查；

(四)省、市、县党委政法委员会定期对上级机关交办案件，人大代表议案建议、政协委员提案中需要评查的案件，群众反映强烈、可能存在的执法问题，涉法涉诉信访重点案件，有重大影响的案件，可能影响国家安全和社会稳定的案件开展案件评查；

(五)省、市党委政法委员会定期对本级、下级政法单位贯彻执行宪法法律、党委重大决策部署、执法活动等情况开展执法巡查。

第三十三条　督促检查结果应当与领导班子工作实绩考核、干部选拔任用、巡视巡察等有序衔接，作为对领导班子和领导干部考核评价、评先选优、提拔使用、晋职晋级的重要依据。

第三十四条　省、市、县党委应当加强对党委政法委员会、政法单位党组(党委)和下一级党委常委会履职情况的考评考核，其结果作为对领导班子、领导干部综合考核评价的重要内容和依据：

(一)结合领导班子年度考核、民主生活会等，定期检查和考评考核党委政法委员会履职情况；

(二)建立健全听取政法单位党组(党委)主要负责人述职制度，加强对政法单位党组(党委)及其成员履职情况考评考核；

(三)在考核下一级党委常委会领导开展工作情况时，注重了解领导开展政法工作情况。

党委政法委员会应当建立健全委员述职制度，全面了解、掌握委员履职情况，及时提出指导意见。

第三十五条　省、市、县党委政法委员会协助党委和纪检监察机关做好对政法干警的监督检查、审查调查工作，健全完善与纪检监察机关工作衔接和协作配合的制度机制，协调解决纪检监察机关在查办政法干警违纪违法案件中遇到的问题。

省级党委政法委员会应当会同省级纪检监察机关建立健全落实司法责任制与查办员额法官、检察官违纪违法案件协调机制，推进建立司法办案责任与违纪违法责任分类处理机制，充分发挥司法责任制及其惩戒、责任查究制度的内部监督作用。

第三十六条 有关地方和部门领导干部在领导和组织开展政法工作中，有下列情形之一的，视情节轻重，由党委政法委员会进行约谈、通报、挂牌督办等；或者由纪检监察机关、组织人事部门按照管理权限，办理引咎辞职、责令辞职、免职等。因违纪违法应当承担责任的，给予党纪政务处分；涉嫌犯罪的，依法追究刑事责任。

（一）违反政法工作原则的；

（二）不执行或不正确执行党中央以及上级党组织、党委政法委员会决定、决策部署、指示等事项的；

（三）不履行或不正确履行对政法工作的领导责任和职责任务的；

（四）不履行或不正确履行请示报告规定的；

（五）未对政法工作重大事项及时研究作出决定、决策部署或者指示的；

（六）不履行或不正确履行对政法工作的监督和督促检查职责，或者对督促检查敷衍塞责、弄虚作假，对整改要求不贯彻、不落实的；

（七）执法司法、纪律作风、党风廉政等方面存在突出问题，造成不良后果的；

（八）其他违反《条例》、有关党内法规制度和相关法律法规的情形。

第八章 附 则

第三十七条 本细则由中共山西省委负责解释，具体解释工作由省委政法委员会承担。

第三十八条 本细则自2020年1月16日起施行。此前省委发布的党内有关政法工作规定，凡与本细则不一致的，按照本细则执行。

中共山西省委 山西省人民政府
《关于建设中医药强省的实施方案》

（2020年3月24日）

为贯彻落实中共中央、国务院《关于促进中医药传承创新发展的意见》（中发〔2019〕43号），传承精华，守正创新，继承好、发展好、利用好中医药，助力打造高品质生活，造福三晋人民，现就建设中医药强省制定本实施方案。

一、主要目标

深入实施中医药医疗服务能力加强、中医药健康服务业拓展、中药资源保护利用、中药材生产和质量提升、中药工业现代化、中医药人才培养和中医药科技创新等七大工程，到2030年，全面建成中医药强省。中医药服务体系更加健全，服务能力显著增强，服务领域不断拓展；中医药人才结构合理、培养体系完善，传承创新水平持续提高；中药资源得到有效保护和有序开发，规范化规模化种植水平稳步提高，质量不断提升，产业总体规模进一步扩大，竞争力大幅增强。重点指标为：

——山西省中医院、山西中医药大学附属医院建成区域中医医疗中心，市级中医医院力争达到三级甲等标准，县级中医医院力争达到二级甲等以上标准，乡镇卫生院和社区卫生服务中心中医馆建设全部达标。

——建成300个省级以上中医重点专科。

——力争50个县（市、区）创建成为全国基层中医药工作先进单位。

——中药材规范化、标准化种植面积达到200万亩以上。

——3个中药材加工企业年销售额超过5亿元，1-3个中药生产企业年销售额超过50亿元，5个主导性产品年销售额超过5亿元。

——建成区域性中药材电子商务和集散交易中心。

二、工作任务

（一）加强中医医疗机构建设。中央投资基础建设项目优先支持各级公立中医医院。支持中医药传承创新项目建设。朔州市、晋城市建成市级公立中医医院。泽州县、左权县和代县建成县级公立中医医院。支持有条件的综合医院（含企事业单位举办的医疗机构）转制为中西医结合医院。到2022年，基本实现县办中医医院全覆盖。

（二）发挥中医药在深化医改中的作用。积极争取在我省设立国家级中医药综合改革示范区，同时设立省级中医药综合改革先行区，推进我省中医药改革发展。组建山西省中医医院联盟，引领全省中医医院服务能力持续提升。支持中医医院牵头组建医疗联合体。支持三级中医医院牵头组建中医专科联盟。每个市至少建成1个由中医医院牵头组建的网格化城市医联体。在县域医共体建设过程中，将县级中医医院作为县域内首诊医院和转诊医院，不得变相取消、合并中医医院，不得改变其功能定位，不得以各种理由在事实上削弱中医医院建设。

(三)加强中医药信息化建设。实施“互联网+中医药健康服务”行动。建设省级中医药数据中心。建立以中医电子病历、电子处方等为重点的基础数据库。推进公立中医医院、基层中医馆建立健全医院管理、电子病历等信息系统。推进远程影像、检验、诊断、教育等覆盖所有中医医院医联体。发展互联网中医医院。

(四)提高中医医疗服务水平。推动山西省中医院、山西中医药大学附属医院积极引进上海中医药大学附属龙华医院、中国中医科学院西苑医院等优质医疗资源,共建区域中医医疗中心。以市级三级中医医院为依托,在晋中、晋北、晋南、晋东南规划建设4个省级区域中医医疗中心。加强中医重点专科建设。加强中医药循证能力、急诊急救能力建设。发挥中医药在流感等新发突发传染病防治和公共卫生事件应急处置中的作用。

(五)加强综合医院、专科医院中医药工作。在综合医院设立中医科、中药房,中医床位不低于总床位的5%,配备相应中医人员。将中医药重点指标纳入综合医院等级评审指标体系。在综合医院、专科医院落实中西医会诊制度。加强综合医院中医药工作示范单位建设。

(六)提升基层中医药服务能力。大力开展基层中医药工作先进单位、中医药特色基层医疗卫生机构创建工作。充实县域中医药人才队伍,增加全科医生中医医师特设岗位,实行中医药人员“县管乡用”。鼓励名老中医药专家在基层设立专家传承工作室。加强中医全科医师(转岗)培训。建设省级中医药适宜技术网络推广平台,每县建设1个推广基地。到2022年,基层中医馆实现全覆盖。

(七)发挥中医治未病优势。将中医药贯穿健康中国·山西行动。推广体现中医治未病理念的健康工作和生活方式。支持医疗机构发展中医治未病服务,设立中医药特色健康管理中心。将高血压、糖尿病、孕产妇中医药健康管理项目纳入基本公共卫生服务项目。推广家庭医生中医药服务。延伸中医药产业链条,支持研发中医保健食品、用品和器械器材,支持发展中药大健康产品。

(八)提升中医药特色康复能力。实施中医药康复服务能力提升行动。支持建设省级中医康复示范中心,加强中医医院康复科建设,各级各类医院要推广中医康复技术。针对心脑血管病、糖尿病等慢性病和伤残等,制定中医康复方案,推动中医康复技术进社区、进家庭、进机构。支持研发中医康复器具。

(九)促进社会办中医机构规范发展。保证社会办和政府办中医医疗机构在准入、执业等方面享有同等权利。支持社会力量开办中医医疗机构,实现跨区域、品牌化发展。鼓励中医医师全职或兼职开办中医诊所。规范中医养生保健服务,提供中医养生保健服务的企业登记经营范围使用“中医养生保健服务(非医疗)”规范表述,加强行业指导和监督。

(十)加强中药资源保护和合理利用。推进中药资源普查,建立中药资源数据库,完善动态监测机制。合理规划中药材种植养殖区域。启动中药材原产地标记工作。依托恒山、太行山、太岳山、管涔山、晋南边山丘陵5大中药材生产基地,建设规范化种植、加工基地。加大道地或优势中药材品种的野生抚育及价值挖掘力度。扶持良种选育和种子种苗基地建设,评定一批省级道地药材良种繁育和生态种植基地。加强药食同源产品和保健食品开发,推动毛建草、黄芩叶、红枣叶等独具特色的中药材申报新食品原料。

(十一)提升中药材生产规模和水平。制定中药材种植养殖、采集、储藏技术标准。加强中药材标准化基地建设,创建中药材标准园,示范带动向规模化、规范化发展。支持振东等大型中药企业建设统一的中药材相关产品精深加工中心和交易中心。实施贫困地区中药材产业推进行动。发挥山西中药材电子交易中心作用,发展中药材电子商务。完善道地药材生产技术标准体系。

(十二)做大做强中药工业。挖掘和传承道地中药饮片炮制工艺,推进先进设备和工艺应用,提升精深加工水平。引导和支持发展山西地方习用特殊饮片及创新饮片,重点推进国新天江等生产企业开展中药颗粒剂试点工作。加大中药企业技术改造力度,提升装备和工艺水平。建立中成药名优产品生产过程质量标准体系。制定省内名家名方、民间验方目录,开展经典名方、中药新药研发。支持广誉远、大宁堂等山西老字号和亚宝集团、同药集团等企业开展龟龄集、定坤丹、小儿葫芦散、丁桂儿脐贴等优势产品的二次开发,培育现代中药大品种。打造“六最”营商环境,支持全国知名中药企业来晋投资发展。加快产业联盟建设,推动互联网、物联网、大数据、人工智能、区块链与中医药有机融合,促进中医药生产、研发、物流、贸易等上下游产业联动发展。

(十三)加强中药质量保障。以中药饮片监管为抓手,落实中药生产企业主体责任,多部门协同监管,探索建立中药材、中药饮片、中成药生产流通使用全过程追溯体系。严厉打击严重威胁公众用药安全的违法犯罪行为,加大对制假售假、制劣售劣行为的责任追究。建立道地药材等级评价制度。开展中药材第三方质量检测。加强医疗机构中药药事质控管理。

(十四)促进中医药与旅游融合发展。打造中医药健康旅游品牌。建设一批中医药特色旅游城镇、度假区、文化街、主题酒店,形成与中药科技农业、名贵中药材种植、田园风情、户外健身等生态休闲旅游结合的养生体验和观赏基地。打造融中药材种植、中医医疗服务、中医药健康养老为一体的中医药健康旅游综合体。支持举办山西(运城)特色医药交易博览会。支持长治市平顺县国家级中医药健康旅游示范区建设。

(十五)推进中医药教育改革。加大对省政府、国家中医药管理局共建山西中医药大学的投入力度。支持山西中医药大学增列博士学位授予单位建设。强化中医思维培养,推动中医药院校教育和临床医学类专业课程改革,将中医课程列入临床医学类专业必修课。建立医学院校与各类传承工作室紧密联动、共同培养的协作机制。支持有条件的医学高等院校增设中医药方向相关专业，培养中医药健康服务人才。探索开展大专（高职）中医药人才免费培养。继续开展基层中医药中等职业适宜人才免费培养。加强中医药职业教育。将中医药知识纳入中小学基础教育。

（十六）加强中医药人才队伍建设。拓宽人才培养渠道，培养一批高层次复合型中医药人才。加强国医大师、全国名中医、省级名老中医药专家传承工作室建设。优化中医领军人才、优秀人才培养形式。建立健全中医药人才师承教育制度，开展师承教育，设立高年资中医医师带徒项目。完善西医学习中医人才培养机制。积极探索为乡村、城市社区定向培养中医药人才的办法，强化基层医疗卫生技术人员中医药服务能力培养。加强与省外名中医的学习交流。加快中药材种植栽培、质量检测、品种鉴定、资源普查、产业经营等相关人才的培养，实现中药材生产的产前、产中、产后各环节人才培养的全覆盖。

（十七）优化中医药人才发展环境。建立中医药"智库"，为中医药发展提供战略咨询。省级重大人才工程加大对中医药人才支持力度。创新中医药人才开放机制，吸引非中医药人才投身中医药事业，鼓励中医药人才积极参与其他行业发展，拓宽中医药服务领域。落实公立中医医院的用人自主权。坚持品德、能力、业绩导向，改革完善中医药人才职称评聘制度。

（十八）扎实推进中医药传承。建立山西中医药传统知识名录保护制度。加强典籍研究利用，整理三晋中医药名家、流派传承的学术思想。收集筛选民间中医药验方、秘方和技法，建立合作开发和利益分享机制。加快推进活态传承，完善学术传承制度，加强名老中医学术经验、老药工传统技艺传承，实现数字化、影像化记录。实施中医药文化传播行动，发掘以傅山为代表的一批中医药文化资源，加强中医药文物设施保护和非物质文化遗产传承。

（十九）加强中医药科技创新。加强中西医协同攻关。建设一批具有山西特色的优势品牌学科，建立多学科融合、资源共享的科研平台。发挥山西省中医药科技创新联盟作用，支持协同创新和基础研究，加快形成具有自主知识产权的科技成果。在中医药重点领域建设省级重点实验室、临床医学研究中心、工程研究中心和技术创新中心。在省科技计划（专项、基金等）框架下，加大对中医药科技创新的支持力度。依托国家中医临床研究基地，开展中医药基础理论和中医药防治重大疑难疾病联合攻关。探索制定实施中药材生产质量管理规范激励机制，设立中药制剂和中药饮片炮制规范研发专项。建立中药制剂研发生产中心和中药新药研发基地。加强中医药知识产权保护和运用，鼓励中医药优秀科技成果提名省科学技术奖，促进创新成果产业化。

（二十）拓展中医药交流合作。支持开展中医中药推广及海外注册标准化、合法化研究。支持山西中医药"一带一路"对外交流合作联盟面向沿线国家（地区）民众提供中医药服务。支持山西中医药大学扩大"一带一路"沿线国家（地区）中医药留学生招生规模。支持新九针、头针、腹针等我省原创技术和推拿、中医康复等传统疗法开拓海外市场。加大中医关怀侨胞力度，推动中医药文化海外传播。加强与港澳台地区中医药交流合作。

三、保障措施

（二十一）强化组织领导。加强顶层设计，坚持高位推动，成立山西省建设中医药强省工作领导小组，定期召开会议研究解决重大问题，领导小组办公室设在省卫健委。各有关部门制定实施中医药相关政策措施要充分听取并吸纳中医药主管部门意见。建立健全中医药管理体系，改革完善管理机制。组建山西省中医药传承创新发展研究会。

（二十二）完善投入机制。建立中医药发展多元投入机制。在卫生健康投入中统筹安排中医药事业发展经费并加大支持力度，切实保障对公立中医医院的投入，改善办院条件。设立政府引导、社会资本参与、市场化运作的山西省中医药发展基金，对中医药产业发展提供融资支持。鼓励商业保险机构开发中医治未病、中药材生产等保险产品，引导其投资中医药服务产业。

（二十三）落实政策保障。省卫生健康部门要放宽市场准入，取消中医医疗机构乙类大型医用设备阶梯配置限制和床位规模要求，许可证核发实行告知承诺制。自然资源部门要保障中医药机构用地供给。税务部门要优化税收服务，落实好中医药机构按规定享受的税收优惠政策、行政事业性收费减免政策和价格政策。省药监部门要进一步优化和规范医疗机构中药制剂备案管理，支持临床疗效优、质量控制好、临床急需而市场没有供应的医疗机构中药制剂，按照有关规定在医联体内调剂使用。

（二十四）完善符合中医药特点的价格和医保政策。医保部门要合理确定中医医疗服务收费项目、价格，体现中医药服务成本和技术劳务价值。对中医优势病种、慢性病病种实施按病种、按人头付费政策。要将适宜的中医医疗服务项目、中药以及医疗机构中药制剂按规定纳入医保支付范围，合理确定报销比例。落实好中医适宜技术门诊治疗纳入医保支付范围试点工作，鼓励引导基层医疗卫生机构提供适宜的中医药服务。要落实好中医药在医疗保障和基本药物实施中的相关政策，积极推进我省道地药材使用。

（二十五）加强法治建设。制定《山西省中医药条例》，完善山西省道地药材保护和利用等方面制度。加强中医药服务监管，充实中医药卫生监督执法队伍。强化中医药从业人员执业行为监管，加强防范无证行医和假借中医名义的虚假宣传行为。加强综合协同监管，重点完善对养老、旅游、互联网、健身休闲与中医药跨界融合的监管。以标准和品牌为引领，成立山西省中医药标准化技术委员会，加强中医药全产业链标准化建设。

（二十六）加强考核宣传。要将本方案实施情况纳入各级党委、政府和各有关部门绩效考核，确保各项措施落地见效。加大宣传力度，充分发挥公共媒体作用，多渠道宣传建设中医药强省工作，努力营造建设中医药强省的浓厚氛围和共同发展中医药的良好格局。

中共山西省委　山西省人民政府《关于深化医疗保障制度改革的实施意见》

(2020年6月19日)

为深入贯彻党的十九大关于全面建立中国特色医疗保障制度的决策部署,减轻群众就医负担、增进民生福祉、维护社会和谐稳定,着力解决医疗保障发展不平衡不充分的问题,根据《中共中央　国务院关于深化医疗保障制度改革的意见》(中发〔2020〕5号),结合我省实际,提出如下实施意见。

一、总体要求

全面贯彻《意见》指导思想和基本原则,坚持省委"四为四高两同步"总体思路和要求,积极稳妥推进改革。到2025年,基本完成待遇保障、筹资运行、医保支付、基金监管等重要机制和医药服务供给、医保管理服务等关键领域的改革任务,理顺医疗保障管理体制,力争实现医保省级统筹。到2030年,全面建成以基本医疗保险为主体的多层次的医疗保障制度体系,政策范围内报销比例达到75%以上,实现更好保障病有所医的目标。

二、完善待遇保障机制,稳步提高保障水平

(一)严格落实医疗保障待遇清单制度。按照国家医疗保障待遇清单制度要求,规范政府决策权限,未经批准不得出台超出清单授权范围的政策。严格执行基本支付范围和标准,实施公平适度保障,纠正过度保障和保障不足问题。

(二)完善基本医疗保险制度。坚持和完善覆盖全民、依法参加的基本医疗保险制度和政策体系,职工和城乡居民分类保障,待遇与缴费挂钩。逐步将门诊医疗费用纳入基本医疗保险统筹基金支付范围,完善城乡居民门诊统筹政策,改革职工基本医疗保险个人账户,健全门诊共济保障机制。

(三)健全医疗救助制度。加强部门信息共享,建立救助对象及时精准识别机制,科学确定医疗救助范围。资助重点救助对象参保缴费,统一资助标准。增强医疗救助托底保障功能,完善救助标准确定办法,提高年度医疗救助限额,合理控制贫困群众政策范围内自付费用比例。建立防范和化解因病致贫返贫长效机制,及时把符合条件的因病致贫困难群众纳入社会救助范围。

(四)完善重大疫情医疗救治费用保障机制。在突发疫情等紧急情况时,确保医疗机构先救治、后收费。健全重大疫情医疗救治医保支付政策,完善异地就医直接结算制度,确保患者不因费用问题影响就医。探索建立特殊群体、特定疾病医药费豁免制度,有针对性免除医保目录、支付限额、用药量等限制性条款,减轻困难群众就医后顾之忧。统筹医疗保障基金和公共卫生服务资金使用,提高对基层医疗机构的支付比例,实现公共卫生服务和医疗服务有效衔接。

(五)健全医疗保障体系。加快建成覆盖全民、城乡统筹、权责清晰、保障适度、可持续的多层次医疗保障体系。强化基本医疗保险、大病保险与医疗救助三重保障功能,促进各类医疗保障互补衔接。完善和规范居民大病保险、职工大额医疗费用补助、公务员医疗补助及企业补充医疗保险。加快发展商业健康保险,丰富健康保险产品供给,创新完善保障内容,研究扩大保险产品范围。用足用好商业健康保险个人所得税政策。加强市场行为监管,突出健康保险产品设计、销售、赔付等关键环节监管,提高健康保障服务能力。鼓励社会慈善捐赠,统筹调动慈善医疗救助力量,支持医疗互助有序发展。探索罕见病用药保障机制。

三、健全筹资运行机制,确保基金稳健可持续

(一)完善筹资机制。职工基本医疗保险由用人单位和个人共同缴费。城乡居民基本医疗保险实行个人缴费和政府补助相结合,缴费与经济社会发展水平和居民人均可支配收入挂钩。均衡个人、用人单位、政府三方筹资缴费责任,优化个人缴费和政府补助结构,政府补助标准逐步提高,并保证财政补助占筹资总额的比例。适应新业态发展,完善灵活就业人员参保缴费方式。执行国家基本医疗保险基准费率制度,规范缴费基数政策,合理确定费率,实行动态调整。研究应对老龄化医疗负担的多渠道筹资政策。建立健全居民大病保险、职工大额医疗费用补助、公务员医疗补助筹资动态调整机制。加强财政对医疗救助的投入,拓宽医疗救助筹资渠道。

(二)提高统筹层次。做实基本医疗保险市级统筹。选择2–3个市开展医疗保障部门垂直管理改革试点,到2023年,逐步实现市级以下垂直管理。按照分级管理、责任共担、统筹调剂、预算考核的要求,先行在太原都市圈探索建立城乡居民基本医疗保险区域统筹模式,逐步推进医疗保险省级统筹。建立与统筹层次相匹配的医疗保障管理体制。加强医疗救助基金管理,促进医疗救助统筹层次与基本医疗保险统筹层次相协调。

(三)强化预算管理。科学编制医疗保障基金收支预算,加强预算执行监督,全面实施预算绩效管理。适应异地就医直接结算、"互联网+医疗"和医疗机构服务模式发展需要,在建立太原都市圈区域统筹模式的基础上,探索开展跨区域基金预算试点。加强基金中长期精算,构建收支平衡机制,健全基金运行风险评估、预警机制。

四、完善医保支付机制，增强激励约束作用

（一）健全医保目录动态调整机制。严格执行国家医保药品目录，规范诊疗项目和医用耗材目录，完善动态调整机制。规范医疗服务设施支付范围，逐步推行医用耗材医保支付标准管理。支持“互联网+医疗”等新服务模式发展，将适宜的互联网诊疗项目逐步纳入医保支付范围。

（二）完善医保协议管理。简化优化医药机构定点申请、专业评估、协商谈判程序。完善协议考核办法，建立经办机构和定点医药机构履行协议第三方考核机制，健全定点医药机构退出机制。

（三）稳步推进医保支付方式改革。完善医保基金总额预算管理办法，健全多元复合式医保支付方式。2022年年底前，开展按疾病诊断相关分组（简称DRG）付费的试点市二级甲等以上综合医院实现DRG付费，2025年年底前实现省内全覆盖。探索符合中医药服务特点的支付方式。对县域医疗集团实行结余留用、合理超支分担的医保总额预算打包付费机制，探索按服务人头总额预算管理，加强运行监管及考核，激励医疗机构主动控制费用。逐步将日间手术和诊疗规范明确的日间治疗、中医适宜技术纳入医保支付范围。逐步推行医疗康复、慢性精神疾病等长期住院按床日付费，门诊特殊慢性病按人头付费。探索医疗服务与药品分别支付。

五、健全基金监管机制，维护基金安全高效

（一）完善监管体制机制。出台全省医保基金使用监管办法，完善配套措施。强化经办机构内部控制，落实协议管理、费用控制和稽核审查责任。加强基金监管能力建设，建立省、市、县专业化基金监管机构，切实维护基金安全。

（二）推进监管方式创新。健全专项检查、随机检查和飞行检查机制，实施大数据实时动态智能监控。积极运用举报奖励、聘请社会监督员、引入第三方服务等方式，强化社会监督。建立医药费用、费用结构等信息强制披露和基金运行绩效管理机制。

（三）依法打击欺诈骗保。依法推进基金监管执法检查规范化建设，规范监管权限、程序、处罚标准。2025年年底前，基本建立覆盖全省的医疗保障信用体系。完善打击欺诈骗保厅际联合工作机制，加强信息共享，强化案件侦办，推动联合执法，实施联合惩戒，综合运用协议、行政、司法等手段，严肃追究欺诈骗保单位和个人责任，涉嫌犯罪的依法移交司法机关处理，坚决打击欺诈骗保行为。

六、协同供给侧改革，促进“三医联动”

（一）推动药品、医用耗材集中带量采购制度改革。以医保支付为基础，建立招标、采购、交易、结算、监督一体化的省级招标采购平台。坚持招采合一、量价挂钩，全面实行药品、医用耗材集中带量采购。建立医保经办机构与医疗机构间结余留用、合理超支分担的激励和风险分担机制。加快推进医保基金与医药企业直接结算，完善医保支付标准与集中采购价格协同机制。推进构建多层次、多形式联盟联合采购机制。治理药品、高值医用耗材价格虚高现象。

（二）完善医药服务价格形成机制。建立医药价格信息、产业发展指数监测与披露机制。建立以市场为主导的药品、医用耗材价格形成机制和价格信息共享机制，完善价格函询、约谈制度。完善医疗服务项目准入制度，建立价格动态调整机制，持续优化医疗服务价格结构。对开展国家区域医疗中心建设的医疗机构和“136”兴医工程的重点科室实行价格扶持政策。

（三）提高医药服务可及性。健全全科和专科医疗服务合作分工的现代医疗服务体系，强化基层全科医疗服务。合理规划各类医疗资源布局，促进资源共享利用，加快社会办医发展。规范“互联网+医疗”等新服务模式发展。完善区域公立医院医疗设备配置管理。补齐护理、儿科、老年科、精神科等紧缺医疗服务短板。做好仿制药质量和疗效一致性评价相关工作，通过完善医保支付标准和药品招标采购机制，支持优质仿制药研发和使用，促进仿制药替代。健全短缺药品监测预警和分级应对体系。

（四）提升医疗服务能力。规范医疗机构和医务人员诊疗行为，推行处方点评制度，加强合理用药监测治理。加强医疗机构内部管理，完善考核评价体系，将考核结果与医保基金支付挂钩。改革现行科室和个人核算方式，完善激励相容、灵活高效、符合医疗行业特点的人事薪酬制度，健全绩效考核分配制度。

七、优化公共管理服务，提供便捷高效医疗保障

（一）加强经办能力建设。打造与新时代医疗保障公共服务要求相适应的专业经办队伍，优化人员专业结构，根据参保人数、服务量、服务半径等合理配置经办人员。构建全省统一的医疗保障经办管理体系，推进服务下沉，实现经办服务省市县乡村五级全覆盖。加强医疗保障公共管理服务能力配置，建立与管理服务绩效挂钩的激励约束机制。政府合理安排预算，保证医疗保障公共服务机构正常运行。

（二）优化公共管理服务。制定各级医疗保障政务服务清单及办事指南，同步做好线上（含移动终端）办理事项的统一规范，推进医疗保障公共服务标准化规范化。加快推进各类人群参保、医保关系跨地区转移接续、异地就医直接结算等经办服务网上办理。深化医疗保障系统作风建设，将医疗保障服务热线纳入全省统一的“12345”政务服务热线，不断提高运行效率和服务质量。

（三）推进医保治理创新。推进医疗保障经办机构法人治理，鼓励商业保险机构、社会组织等社会力量参与医保经办服务，探索建立共建共治共享的医保治理格局。规范和加强与商业保险机构、社会组织的合作，完善激励约束机制。成立医保专家库，充分发挥高端智库和专业机构的决策咨询及技术支撑作用。探索建立跨区域医保管理协作机制，实现全流程、无缝隙公共服务和基金监管。

（四）加快推进信息化建设。遵循国家医疗保障局信息化顶层设计，高标准规划建设我省标准规范统一、数据省级集中、平台省级部署、网络全面覆盖的医疗保障信息化平台，积极融入医疗保障信息化全国“一盘棋”格局。逐步拓展在线支付功能，实现医疗保障一站式服务、一窗口办理、一单制结算。统一医疗保障业务标准和技术标准，实现全省医疗保障信息互联互通，加强数据有序共享。规范数据管理和应用权限，依法保护参保人员基本信息和数据安全。到2021年，建成全省统一的医疗保障信息系统。

八、加强组织保障，形成社会合力

（一）加强组织领导。各级党委和政府要把医疗保障制度改革作为保障和改善民生的重要工作任务，摆上重要议事日程。严格按照省委、省政府统一部署，认真抓好贯彻落实，确保改革目标如期实现。

（二）强化部门协作。建立部门协同机制，加强医保、医疗、医药制度政策之间的统筹协调和综合配套。成立省医疗保障制度改革领导小组，办公室设在省医保局，负责统筹推进医疗保障制度改革，协调解决改革中跨部门、跨区域、跨行业的重大问题，促进"三医联动"改革。各有关部门按照职责配合做好改革相关事宜。

（三）做好宣传评估。各地各部门要主动做好医疗保障政策解读和服务宣传，及时回应社会关切，合理引导社会预期。充分调动各方支持配合改革的积极性和主动性，凝聚社会共识。重要改革事项要广泛听取意见，提前做好风险评估。遇到重大情况，及时向省委、省政府请示报告。

中共山西省委　山西省人民政府《关于深化拓展支持民营经济发展的若干措施》

(2020年6月22日)

为贯彻落实《中共中央、国务院关于营造更好发展环境支持民营企业改革发展的意见》(中发〔2019〕49号)，按照"四为四高两同步"总体思路和要求，在持续抓好民营经济"30条"基础上，深化拓展支持政策，促进民营经济高质量转型发展，制定以下措施。

一、放宽民营企业市场准入

1.严格公平实行"非禁即入"管理。严格执行全国统一的《市场准入负面清单》。对民营和国有经济一视同仁，不得以规范性文件、会议纪要等任何形式对民间资本设置附加条件、歧视性条款。按照国家有关部署的路线图、时间表，在电信、金融服务业等领域放宽民营企业市场准入。鼓励新设民营企业在省级以上开发区注册落地，公平享受各项政策。

2.放开资源能源领域竞争性业务。鼓励民营企业以控股或参股形式开展发电配电售电业务，提高民间资本控股增量配电网试点比例，争取国家批复第五批增量配电业务改革试点项目。支持民营企业进入煤层气勘探开发、销售领域，主导建设储运、管道输送等基础设施。落实《山西省煤层气开发项目备案管理办法》，简化备案手续。

3.鼓励民间资本投资运营准公益性项目。健全向民间资本推介项目常态化机制，鼓励民间资本主导基础设施、社会民生等领域PPP项目。鼓励市县采用委托经营、改建—运营—移交(ROT)等方式，将已建成的市政基础设施转让给民间资本运营管理，盘活政府存量资产。加快推进具备向社会提供养老服务条件的公办养老机构转制成为企业或开展公建民营，到2020年底政府运营的养老床位数占当地养老床位总数的比例不超过50%。加快涉旅文物保护单位"两权分离"改革，引进一批国内外知名专业旅游公司投资开发运营。

二、确保民营企业平等获得资源要素

4.强化公平竞争刚性约束。深化要素市场化配置体制机制改革，健全市场化要素价格形成和传导机制，保障民营企业平等获得资源要素。民营企业在土地使用、税费征收、融资贷款、用水用电用工等方面，与国有企业享受同等政策，做到信息平等、规则平等、机会平等。安排政府补助奖励性资金、遴选相关试点示范等，不得以企业所有制性质为条件。招投标活动做到全过程信息公开、全过程电子化监管，不得设置与招标项目无关的企业规模门槛和明显超过项目要求的业绩门槛，对依法依规完成的招标，不得以中标企业性质为由对招标责任人进行追责。建立面向各类市场主体的有违公平竞争问题投诉举报和处理回应机制。

5.平等便利获得土地。加快实施"标准地"改革，新增工业用地做到净地出让、带指标出让。加快有序推进农村集体经营性建设用地入市。对民营企业，依法依规采取长期租赁、先租后让、租让结合、弹性年期出让等方式供地。支持市县政府以国有建设用地使用权作价出资或者入股的方式，与社会资本共同投资建设准公益性的基础设施和社会民生项目。用好自然资源部《产业用地政策实施工作指引》，增强各类用地主体政策获得感。

6.保障民营企业融资。积极引导金融机构提高民营企业业务的考核分值权重，进一步落实民营企业授信尽职免责制度和容错纠错机制，地方法人银行要下沉经营管理重心、深耕服务本地实体经济。落实好定向降准、再贷款、再贴现等货币政策，引导金融机构加大对民营、小微企业贷款支持力度。引导金融机构更加注重第一还款来源，减轻对抵押担保的过度依赖，提高信用贷款比重。加快推进全省政府采购合同线上融资全覆盖。推广供应链金融服务，推动核心企业为上下游链条企业增信，促进上下游企业获得订单融资、应收应付账款融资。发挥好企业资金链应急周转保障资金作用。积极吸引社会力量参与民营企业债转股。用好省级财政专项奖励政策，指导支持优质民营企业利用主板、科创板、新三板改革政策机遇，实现上市、挂牌融资和债券融资。

三、切实降低企业成本

7.全面落实减税降费政策。有效执行降低增值税税率、扩大享受税收优惠小微企业范围、加大研发费用加计扣除力度、降低社保费率等减税降费政策，实质性降低企业负担。进一步做好失业保险“援企稳岗”工作。清理违规涉企收费、摊派事项和各类评比达标活动，重点清理政府部门下属单位、商业银行、行业协会商会、中介机构等涉企收费，整治物流领域不合理收费，进一步降低司法、公证和国有资产产权交易服务收费标准。清理整治第三方截留减税降费红利等行为，进一步畅通政策传导机制，完善操作指引和细则，确保减税降费政策落实不留盲区死角。

8. 降低用电成本。深化燃煤发电上网电价形成机制改革，将现行燃煤发电标杆上网电价机制改为“基准价+上下浮动”市场化价格机制，鼓励发、用双方积极参与市场交易，通过市场竞争确定上网电价。2020年底前开展增送电量输配电费用降低的灵活定价方式试点，满足大数据、半导体、铝镁新材料等产业低成本用电需求。制定支持战略性新兴产业发展的电价综合性政策指导意见。

9.降低企业水电气报装成本。改革优化用水接入，城市用水报装在4个工作日内办结。改革优化电力接入，对省级以上开发区内项目，供电企业的业扩工程投资界面延伸至用户规划用地区域红线；小微企业低压接电（城区报装容量160千瓦以下，农村100千瓦以下）办理时间不超过3个工作日（不含外线施工），零成本接入；高压接电外线工程涉及的各项行政审批5个工作日内并联完成（法律规定将其他部门审批结果作为前置条件的，相关部门“容缺受理”先行开展审查，待相关前置审批结束后立即完成审批流程），供电企业单电源接电时间不超过20天、双电源不超过30天(均不含外线施工)。改革优化用气报装，对社会投资、不涉及地下燃气管道安装、装表容量25立方及以下的商业餐饮用户用气报装项目，免收设计费、探伤费等相关费用；在保证供气安全的前提下，用气报装项目气源接驳采取就近接入，用户外线工程专用燃气管道及设施由燃气企业全额投资。

四、严格保护民营企业权益

10.加大对民营企业的刑事保护力度。认真落实《全省政法机关服务“四为四高两同步”保障高质量转型发展若干措施》。深入开展“三零”单位创建，打好扫黑除恶专项斗争收官战，严厉打击敲诈勒索、非法拘禁、绑架等危害民营企业家人身安全的犯罪，以及暴力围标、强揽工程、非法占地等侵害民营企业权益的犯罪。开展规范整顿市场经济秩序专项行动，依法打击制假售假、合同诈骗等犯罪活动，依法严惩侵犯知识产权等违法犯罪行为。

11.审慎稳妥处理民营企业涉法案件。建立涉及企业和企业家经济犯罪案件侦办审查制度，下级公安机关拟对相关案件立案侦查的，应当报请上一级公安机关法制部门审查批准。公安机关以合同诈骗、非法集资等罪名立案侦查的涉企案件，应当邀请检察机关提前介入，坚决防止以刑事手段干预经济纠纷，坚决杜绝将经济纠纷当作犯罪处理。严格按照法定程序采用查封、扣押、冻结财产等强制措施，提高司法审判和执行效率，最大限度减少对民营企业生产经营的影响。依法处置涉案企业财产，严格区分违法所得和合法所得，合法财产在结案后应加快返还。持续甄别纠正侵犯民营企业和企业家人身财产权的冤错案件。

12.建立清理和防止拖欠账款长效机制。分类施策清理拖欠民营企业中小企业账款，加大清欠力度，无分歧欠款2020 年底前应清尽清，存在分歧的欠款通过调解、协商、司法等途径加快解决，决不允许增加新的拖欠。各级政府、大型国有企业要依法履行与民营企业中小企业签订的协议合同，不得违背民营企业中小企业真实意愿或在约定的付款方式之外以承兑汇票等形式延长付款期限。没有明确资金来源的政府投资项目一律不得审批，政府投资项目不得由施工单位垫资建设。建立拖欠账款问题约束惩戒机制，通过审计监察和信用体系建设，提高政府部门和国有企业的拖欠失信成本，对拖欠民营企业中小企业款项的责任人严肃问责。

五、提升审批监管效能

13.加强数字政府建设。编制数字政府建设三年规划。加快政务信息系统“云化”部署和政务外网升级改造，2020年底前实现政务数据“全归集、全对接、全打通、全共享”。完善一体化在线政务服务平台，优化“一网通办”流程，拓展“三晋通”APP 服务范围和功能，2020年底前实现市、县政务服务事项90%以上网上办理。出台建立政务服务“好差评”制度工作方案，全面推行政务服务一事一评议、一回访、一监督、一考核。建立全省统一的“12345”政务服务热线平台，打造“一号对外”的政府“总客服”。

14.持续简政放权。对标“六最”要求开展优化营商环境“六项专项行动”，2020年对117个县（市、区）进行营商环境评价。全面落地市县相对集中行政许可权改革。推动省市两级对开发区授权到位。继续压缩不动产登记时限，全省2020年底实现不动产查封登记、异议登记、变更登记、更正登记即时办结，抵押登记1个工作日办结，转移业务3个工作日办结，一般登记5个工作日办结。推进“证照分离”改革全覆盖试点。

15.拓展深化企业投资项目承诺制改革。14项政府靠前服务事项应做尽做，确保熟地出让。推行核准类项目承诺制改革，实现企业投资项目承诺制改革全覆盖。完善细化承诺书标准文本，进一步减少保留审批事项前置要件。健全保障督导考评工作机制，推动承诺制改革在县（市、区）和开发区全面深度落地。

16.实施公平统一的市场监管。依法依规确定严重失信主体名单并实施联合惩戒，制定完善信用修复和异议处理相关机制流程。加快信用信息在政府采购、招标投标、行政审批、资质审核、政府资金管理等行政事务中的实质性应用。加快省“互联网+监管”系统与其它平台互联互通，提升监管精准化、智能化水平。除特殊行业、重点领域外，原则上所有日常涉企行政检查都通过“双随机、一公开”方式进行，2020年10月底前实现全省市场监管领域相关部门“双随机、一公开”监管全覆盖。严格规范公正文明执法，加强行政执法事项目录管理，清理行政处罚事项，健全行政执法自由裁量基准制度，禁止将罚没收入与行政执法机关利益挂钩。环保、应急等领域微观执法和执行政策杜绝“一刀切”“一关了之”“一律不批”等行为，除国家组织的重大活动外，各地不得因召开会议、论坛和举办大型活动等原因，对企业采取停产、限产措施。对新业态新模式新经济，实施包容审慎监管。

六、鼓励支持民营企业改革创新做优做强

17.打造民营经济发展平台。打造双创升级版，发挥好“智创城”省级双创中心龙头带动作用，各市打造1-2个“智创城”，高质量建设国家和省级双创示范基地，加大众创空间、孵化器等双创支撑平台培育，举办好双创活动周、创新创业大赛等活动。落实全省标准厂房建设实施方案(2019-2021年)，3年建设3000万平米以上标准厂房。

18.引导民营企业改革创新。突出企业创新主体地位，支持民营企业深度参与“111”“1331”“136”三大创新工程，鼓励民营企业独立或与有关方面联合承担科研项目和重大科学技术攻关项目，持续扩大我省大型科研设施与仪器向社会开放共享。鼓励高校、科研院所等事业单位的科技创新人才带着科研成果到民营企业兼职。我省各项人才引进政策对民营企业一视同仁，解决民营企业引进高层次人才的子女就学、家属随迁落户等后顾之忧。

19.支持民营企业成长壮大。提升民营企业党的组织和工作覆盖质量。实施年轻一代民营企业家健康成长促进计划，到2022年底实现全省工商联系统执常委民营企业家理想信念教育全覆盖。持续推进“个转企、小升规、规改股、股上市”梯次培育体系，2020年新认定“专精特新”中小企业300户以上，培育“小升规”企业700户，认定奖励一批“小巨人”“单项冠军”和“独角兽”企业。鼓励民营企业加快传统产业改造升级，投资14个新兴产业集群。大力宣传优秀民营企业和民营企业家，做好“百强民营企业”“百名晋商人物”等选树典型工作。

七、健全亲清政商关系

20.畅通政企沟通。细化落实容错纠错机制，营造支持改革、宽容失误、鼓励担当的干事创业生态。制定规范政商交往的“正面清单”和“负面清单”。完善领导干部联系帮扶民营企业制度和民营企业直通车制度的具体措施。更好发挥工商联、行业协会商会在畅通民营企业与政府沟通等方面的建设性作用，支持优秀民营企业家在群团组织中兼职。

21.做实入企服务。用好“点办理、批处理”工作机制方法，推行线上线下联动入企服务，键对键、面对面、零距离、及时办，精准解决问题，做到入企服务常态化长效化。发挥好省外来投资企业投诉服务工作联席会议制度作用。开展联系服务民营企业“四个一百”活动(市县党政主要领导与民营企业百场座谈，百名厅局负责人精准服务百家民营龙头企业，百名处长下基层宣讲政策，百名行长进企业融资)。

22.推动民营企业守法合规经营。民营企业要筑牢守法合规经营底线，依法经营、依法治企、依法维权，认真履行环境保护、安全生产、职工权益保障、依法纳税等责任，塑造良好形象。民营企业要重信誉、守信用、讲信义，自觉强化信用管理，通过正常渠道表达诉求。

八、增强民营企业政策获得感

23.强化政策落地见效保障机制。建立企业参与政策制定机制，拟定非涉密涉企政策时一律听取行业协会商会、企业意见，探索建立企业家智库，强化各项政策稳定性、协同性、可操作性，从源头上把好政策落地关。建立涉企政策宣传传导机制，涉企政策正式出台后，牵头制定部门在10个工作日内组织政策宣传和解读。省市县三级政府官方网站、官方微信公众号，均要建立涉企政策专栏，全面公开各项涉企政策，实现“一端通查”。建立涉企政策不落实投诉解决机制，省市县三级促进民营经济发展工作领导小组办公室公开投诉渠道，对涉企政策不落实问题实行清单管理，按照事权分层级交办督促解决。对典型问题公开曝光、严肃问责。建立民营经济监测统计机制，按照《山西省民营经济监测办法(试行)》，定期对民营经济政策落实指标和发展成果指标进行监测统计，反映发展成果，倒逼问题解决。建立民营经济督查考核机制，把发展民营经济工作情况和成效列入各级各相关部门年度目标责任考核指标体系和省委、省政府年度督查内容，严格奖惩。

各级各部门要充分认识发展壮大民营经济对我省高质量转型发展的重要作用，加强组织领导，健全工作机制，完善配套举措，优化发展环境，狠抓政策落地，促进民营经济持续健康发展。各级促进民营经济发展工作领导小组牵头抓总，研究解决重大问题，领导小组办公室做好组织、协调、统筹、督促等工作。

中共山西省委
《山西省贯彻落实〈中国共产党农村工作条例〉实施办法》

（2020年7月17日）

第一章　总　则

第一条　为全面贯彻落实《中国共产党农村工作条例》，深入实施乡村振兴战略，提高新时代党全面领导农村工作的能力和水平，结合山西实际，制定本实施办法。

第二条　做好新时代山西农村工作，必须以习近平新时代中国特色社会主义思想为指导，增强“四个意识”、坚定“四个自信”、做到“两个维护”，紧紧围绕统筹推进“五位一体”总体布局和协调推进“四个全面”战略布局，深入贯彻落实习近平总书记关于“三农”工作的重要论述和视察山西重要讲话重要指示，按照省委“四为四高两同步”总体思路和要求，坚持稳中求进工作总基调，贯彻新发展理念，落实高质量发展要求，以实施乡村振兴战略为总抓手，健全党领导农村工作的组织体系、制度体系和工作机制，加快推进乡村治理体系和治理能力现代化，加快推进农业农村现代化，走出有中国特色山西特点的农村减贫和乡村振兴路径。

第三条　各级党委必须坚持把解决好“三农”问题作为重中之重，坚持农业农村优先发展，坚持多予少取放活，坚持城乡融合发展，坚决打赢脱贫攻坚战，接续推进防贫减贫工作，走共同富裕道路。

第四条　全省农村工作必须坚持党对农村工作的全面领导，坚持以人民为中心，坚持巩固和完善农村基本经营制度，坚持走中国特色社会主义乡村振兴道路，坚持教育引导农民听党话、感党恩、跟党走，坚持一切从实际出发。

第二章　组织领导

第五条　全面贯彻中央统筹、省负总责、市县乡抓落实的农村工作领导体制。

第六条　省委对全省农村工作负总责，定期研究“三农”工作，定期听取农村工作汇报，决策农村工作重大事项。围绕贯彻落实党中央关于“三农”工作决策部署，每年召开农村工作会议，制定出台农村工作政策举措，系统推进农村改革发展，抓好重点任务分工、重大项目实施、重要资源配置等工作。

第七条　实施乡村振兴战略是新时代“三农”工作的总抓手，党政一把手是第一责任人，必须贯彻落实五级书记抓乡村振兴工作要求。

省委设立实施乡村振兴战略领导小组，由省委书记和省长任组长，省委副书记任第一副组长。下设产业振兴、文化振兴、生态振兴、组织人才振兴、乡村建设、民生保障、规划和体制机制创新等7个专项推进小组，分别由分管省领导任组长。各专项推进小组按照职责分工开展工作，定期向省实施乡村振兴战略领导小组报告工作进展情况。

市级党委应当设立实施乡村振兴战略领导小组，统筹推进本地区乡村振兴工作。

第八条　省委设立农村工作领导小组，在省委及其常委会的领导下开展工作，对省委负责，向省委请示报告工作。省委农村工作领导小组发挥牵头抓总、统筹协调等作用，实行集体讨论处理重要问题制度，根据工作需要不定期召开会议，分析农村经济社会形势，研究协调“三农”重大问题，督促落实党中央及省委“三农”工作决策部署。

省委农村工作领导小组由省委副书记任组长。成员由省委和省政府有关负责人以及相关部门主要负责人组成。各成员单位应当加强对本单位本系统农村工作的领导，落实职责任务，加强部门协同，定期或不定期向省委农村工作领导小组报告工作。

第九条　市县级党委应当设立农村工作领导小组，在同级党委及其常委会领导下开展工作。市级党委农村工作领导小组由市委副书记任组长，县级党委农村工作领导小组由县（市、区）委书记任组长。成员由同级党委和政府有关负责人以及相关部门主要负责人组成。

第十条　市级党委应当把农村工作摆上重要议事日程，定期研究、统筹推进农村工作，制定贯彻落实上级党委农村工作决策部署和推进乡村振兴战略的具体措施，做好上下衔接、域内协调、督促检查等工作，发挥好以市带县作用。

第十一条　县级党委处于党的农村工作前沿阵地，应当结合本地实际，制定具体管用的工作措施，建立健全职责清晰的责任体系，把党中央“三农”方针政策以及上级党委的部署要求落地落实落细。

县（市、区）委书记应当把主要精力放在农村工作上，当好乡村振兴“一线总指挥”，经常深入基层调查研究，加强统筹谋划，狠抓工作落实。

第十二条　乡镇党委和村党组织直接面向农村、服务农民，全面领导乡镇、村的各类组织和各项工作。乡镇党委书记和村党组织书记应带头履职尽职，根据上级党委部署要求，发动、组织广大农民群众和乡村各类组织，抓好农村工作各项具体政策措施落实。

第十三条 各级党委应当加强农村工作机构建设和力量配备,确保职能到位、正常运转。各级党委农村工作领导小组均设办公室,办公室设在本级农业农村部门,承担党委农村工作领导小组日常事务,履行决策参谋、统筹协调、政策指导、推动落实、督导检查等职能。

第十四条 各级党委应当完善农村工作领导决策机制,注重发挥人大代表和政协委员作用,注重发挥智库和专业研究机构作用。建立乡村振兴专家咨询工作机制,组织开展重大政策性课题调查研究。支持高校、科研院所等设立乡村振兴研究院(所),深入研究“三农”工作重点焦点难点问题,及时提出合理化政策建议。

第三章　主要任务

第十五条 加强党对农村经济建设的领导,推进乡村产业振兴。巩固和加强农业基础地位,落实粮食安全省长责任制,实施藏粮于地、藏粮于技战略,严守耕地红线,稳定粮食产能。加强现代农业设施建设,保障重要农产品有效供给。深化农业供给侧结构性改革,发展现代特色农业和富民乡村产业,大力发展有机旱作农业,聚力打造农产品精深加工十大产业集群,高标准建设晋中国家农业高新技术产业示范区(山西农谷),推进雁门关农牧交错带示范区建设,做强“南果中粮北肉”出口平台,构建“东药材”“西干果”商贸平台,加快农村一二三产业融合发展。培育各类新型农业经营主体,健全面向小规模农户的农业社会化服务体系,发展壮大农村集体经济,促进农民持续增收致富。坚决打赢脱贫攻坚战,巩固和扩大脱贫攻坚成果。

第十六条 加强党对农村社会主义民主政治建设和农村社会建设的领导。完善基层民主制度,深化村民自治实践,丰富基层民主协商形式,建立党组织领导下的自治、法治、德治相结合的乡村治理体系,健全村党组织领导的充满活力的村民自治机制。加强农村平安建设,深入开展“零上访、零事故、零案件”创建工作,狠抓农村基层社会治理。严厉打击农村黑恶势力、宗族恶势力,坚决取缔各类非法宗教传播活动,严厉打击各类违法犯罪、暴力恐怖活动,保障人民生命财产安全。

加快补上农村基础设施和公共服务建设短板,推动公共服务向农村延伸、社会事业向农村覆盖,健全全民覆盖、普惠共享、城乡一体的基本公共服务体系,推进城乡基本公共服务标准统一、制度并轨。把公共基础设施建设重点放在乡村,坚持先建机制、后建工程,加快推动乡村基础设施提档升级,实现城乡基础设施统一规划、统一建设、统一管护。

第十七条 加强党对农村精神文明建设的领导,推进乡村文化振兴。培育和践行社会主义核心价值观,弘扬太行精神、吕梁精神、右玉精神,加强农村思想道德建设。建好用好新时代文明实践中心,深化文明村镇创建等群众性精神文明创建活动,广泛开展星级文明户创评。实施乡村文化记忆工程和文化惠民工程,推动乡村公共文化设施建设,培养乡村文化人才,传承发展提升黄河流域农耕文明和农村优秀传统文化,提高农民科学文化素质和乡村社会文明程度,推进农村移风易俗。

第十八条 加强党对农村生态文明建设的领导,推进乡村生态振兴。坚持绿色发展,牢固树立和践行绿水青山就是金山银山的发展理念,统筹山水林田湖草系统治理,严守生态保护红线。持续推进“两山七河一流域”生态修复工程,深入开展大规模国土绿化行动,加大水土流失、荒山荒沟治理力度,推动黄河流域生态保护和高质量发展。推进采煤沉陷区治理。加大农业面源污染治理力度,推进农业废弃物资源化利用,推动化肥、农药减量增效。改善农村人居环境,建设美丽宜居宜业宜游新农村。

第十九条 加强农村党的建设,推动以党组织为领导的农村基层组织建设,推进乡村组织振兴。各级党委特别是县级党委应当认真履行农村基层党建主体责任,以提升组织力为重点,突出政治功能,坚持抓乡促村,选优配强村党组织书记,整顿软弱涣散村党组织,创新组织设置和活动方式,加强党内激励关怀帮扶,健全以财政投入为主的稳定的村级组织运转经费保障制度,发挥好农村基层党组织战斗堡垒作用和党员先锋模范作用。村党组织书记应当通过法定程序担任村民委员会主任和村级集体经济组织、合作经济组织负责人,推行村“两委”班子成员交叉任职。

各级党委应当深入推进农村党风廉政建设,健全乡村小微权力监督制度,开展农民群众身边腐败和作风问题集中整治,推进市县巡察向村党组织延伸。

第二十条 加强党对农村人才队伍建设的领导,推进乡村人才振兴。推动建立县域专业人才统筹使用制度和农村人才定向委托培养制度。推动城市医生、教师、规划师、建筑师、律师、科技文化人员等定期服务乡村。以市场化方式推进农技、农机推广体系和农经管理体系改革。落实“人人持证、技能社会”要求,健全以职业农民为主体的农村实用人才培养机制,推进农民生产技能考核颁证,推动“身份农民”向“职业农民”转变。鼓励支持农民工、高校毕业生和退役军人等人员返乡入乡创新创业。发挥工会、共青团、妇联、科协、残联、计生协等群团组织的优势,发挥各民主党派、工商联、无党派人士等积极作用,推动农村社会工作和志愿服务发展。建立有效激励机制,鼓励各界人士投身乡村振兴。

第四章　保障措施

第二十一条 各级党委应当加强农村工作干部队伍的培养、配备、管理、使用。注重提拔使用实绩优秀的农村工作干部,注重把优秀干部充实到“三农”战线,注重把熟悉“三农”工作的优秀干部选任到各级党政班子。注重把农村基层一线作为培养锻炼、识别考察干部的重要平台,进一步加大基层干部交流使用力度,选派优秀干部到县乡任职和实践锻炼,到村担任第一书记,切实加强农村基层工作力量。各级机关事业单位选拔科级以上领导干部应当优先考虑有农村任职经历的干部。县级机关提拔副科级以上领导干部应优先考虑具有乡镇工作经历的干部,选拔县级党政领导班子成员应优先考虑具有乡镇党政正职经历的干部。

第二十二条 各级党委应当着力巩固和完善农村基本经营制度，持续深化农村土地制度改革，深入推进农村集体产权制度改革，探索发展壮大农村集体经济的有效路径，统筹推进集体林权、草原承包经营制度、农业水价、供销合作社等改革，建立完善农业支持保护制度，实现好、维护好、发展好广大农民的根本利益，激发乡村振兴内生动力活力，进一步解放和发展农村社会生产力。

第二十三条 各级党委应当推动建立财政优先保障、金融重点倾斜、社会积极参与的多元投入格局，确保“三农”投入力度不断增强、总量持续增加。建立涉农资金统筹整合使用长效机制，集中投向脱贫攻坚和乡村振兴重点领域。按国家规定调整完善土地出让收入使用范围，提高农业农村投入比例。健全商业性、合作性、政策性相结合的农村金融服务体系，县域新增贷款主要用于支持乡村振兴。健全农业信贷融资担保体系。推动政策性农业保险提标扩面增品，加大对特色农产品保险的支持力度。引导和鼓励工商资本下乡，切实保护好企业家合法权益。

第二十四条 各级党委应当推动建立农业农村发展用地保障机制。对脱贫攻坚、农产品加工、仓储物流、产地批发市场以及农村新产业新业态发展项目给予计划指标倾斜。充分研究利用好“点状供地”政策。完善补充耕地指标省内调剂机制，补充耕地指标交易调剂的收益，主要用于耕地保护、支持乡村振兴和农村经济社会发展。城乡建设用地增减挂钩节余指标交易收益，全部用于巩固脱贫攻坚成果和支持乡村振兴。

第二十五条 各级党委应当推动健全农业科技创新体系、现代农业教育体系、现代农业产业技术体系、农业技术推广服务体系，推动政产学研用合作。把晋中国家农业高新技术产业示范区（山西农谷）打造成为立足山西、面向全国的现代农业创新高地、产业高地、人才高地、开放高地和农村改革先行区。强化高校与科研院所服务功能，壮大市场化社会化服务力量，加强农业科技社会化服务体系建设。开展数字农业农村建设，加快现代信息技术在农业领域的应用。

第二十六条 各级党委应当注重发挥乡村规划的导向作用，明确村庄分类，突出乡村特色，保持乡村风貌，加快推进“多规合一”的实用性村庄规划编制，加强各类规划统筹管理和系统衔接，科学有序推进乡村建设发展。

第二十七条 各级党委应当注重发挥法治对农业农村发展的保障作用。坚持“立改废释”并举，健全符合山西实际的地方性农业农村法规规章制度。深化农业综合行政执法改革，创新推进乡镇综合行政执法改革。加强对农民群众的法治宣传教育，建立“一村一法律顾问”制度，实施“法律明白人”培养工程，引导各类法律服务工作者为乡村提供服务。

第五章 工作机制

第二十八条 省委、省政府每年向党中央、国务院报告乡村振兴战略实施情况，市县乡党委和政府每年向上级党委和政府报告乡村振兴战略实施情况。

第二十九条 省委每年组织开展实施乡村振兴战略实绩考核，并列为全省年度目标责任考核重要内容，考核结果作为市县党政领导班子和有关领导干部综合考核评价的重要依据，作为财政资金分配、项目安排、评先奖优的重要参考。

第三十条 各级党委和政府应当围绕“三农”及乡村振兴战略重点工作，明确目标任务，细化分解责任，并督促落实。各级党委农村工作领导小组及其办公室应当建立重点任务工作台账，及时掌握工作进展。

第三十一条 各有关部门对其所负责重点任务应当分年度制定工作方案，创新政策举措，压实工作责任，狠抓推动落实，并及时向同级党委农村工作领导小组办公室报送工作进展、半年总结和年度总结。

第三十二条 各级党政领导班子和主要负责人、各有关部门不履行或者不正确履行农村工作职责的，应当依照有关党内法规和法律法规予以问责；对农村工作履职不力、工作滞后的，由上级党委或者本级党委依照有关规定予以约谈。

第三十三条 各级党委应当建立关爱激励和容错纠错机制。按照规定对在农村工作中作出突出贡献的集体和个人进行褒扬，对乡村振兴绩效显著的市县，在财政资金上给予奖励。

第六章 附 则

第三十四条 本办法由中共山西省委负责解释，具体解释工作由省委农村工作领导小组办公室承担。

第三十五条 本办法自2020年7月17日起施行。

中共山西省委 山西省人民政府
《关于贯彻落实〈交通强国建设纲要〉的实施意见》

（2020年10月15日）

为贯彻落实中共中央、国务院印发的《交通强国建设纲要》（中发〔2019〕39号），推进我省现代化综合交通体系建设，支撑我省与全国同步实现社会主义现代化，提出如下实施意见。

一、总体要求

(一)指导思想

以习近平新时代中国特色社会主义思想为指导，深入贯彻落实党的十九大和十九届二中、三中、四中全会精神，全面贯彻落实习近平总书记关于交通运输工作的重要指示精神和视察山西重要讲话重要指示，按照省委"四为四高两同步"总体思路和要求，坚持新发展理念，坚持推动高质量发展，坚持以人民为中心的发展思想，准确把握山西在全国发展大局中的定位和交通"先行官"定位，稳中求进，适度超前，以供给侧结构性改革为主线，以《交通强国建设纲要》为遵循，围绕"人民满意、保障有力、世界前列"的总目标，打造一流设施、一流技术、一流管理、一流服务，构建安全、便捷、高效、绿色、经济的现代化综合交通体系，为山西"在转型发展上率先蹚出一条新路来"、与全国同步实现社会主义现代化提供坚强的交通运输支撑。

(二)发展定位

打造全国现代综合交通运输枢纽。坚持"铁、公、机""岸、港、网"一体建设、融合发展，在对接"一带一路"、京津冀协同发展等国家重大战略和功能区布局中构建安全、便捷、高效、绿色、经济的现代化综合交通体系，实现与国内其他经济板块高效联通，打造太原国家级区域性综合交通枢纽，凸显山西在全国综合运输大通道中的枢纽地位和承东启西、连南接北的区位优势，推动物流、客流、商流、资金流、信息流在山西汇聚转化，培育壮大枢纽经济板块，形成山西对内对外开放的战略支点。

打造全国高效能源物流运输基地。以开展能源革命综合改革试点为动力，推动煤炭等大宗货物运输"公转铁"，充分发挥铁路、管道在能源运输中的主力军作用，发挥公路运输的集疏运功能，形成布局合理、内联外通、多路并行的能源物流运输网络，支撑山西打造全国新型能源基地。

打造黄河流域绿色交通发展高地。贯彻国家黄河流域生态保护和高质量发展战略，坚持保护优先、避让为主，强化土地、水域、空域等资源的集约节约利用，严格做好黄河流域交通沿线生态恢复、生态保育与污染治理，挖掘黄河文化内涵与时代价值，积极培育绿色交通发展新模式，高标准谋划推进黄河生态交通项目，在沿黄生态交通廊道建设和绿色装备、绿色运输发展上走出山西路子。

打造山西实现"四高"的"先行官"。以转型综改为牵引，推进交通运输适度超前发展，推动山西深度融入国家重大战略，赋能形成沿交通干线经济走廊、产业轴带和枢纽经济中心，成为区域发展新的增长极，带动全省高质量转型、高水平崛起。以供给侧结构性改革为主线，转变发展方式，推进交通运输绿色发展，打造全省生态环境高标准保护示范区。以满足人民群众美好生活需求为出发点，推进城际交通快速化、通勤交通便捷化、城乡交通一体化，改善人民生产生活条件，让群众在现代交通文明中体验和享受高品质生活。

(三)发展目标

到2025年，综合交通体系建设出雏型，各种运输方式一体化发展格局基本形成，行业治理明显加强，人民满意度进一步提高。交通强国建设试点圆满完成。

——综合立体交通网架构基本形成。综合运输通道建设取得重大进展，境内国家高速铁路网、国家高速公路网基本建成，"一干八支"民用运输机场基本建成，普速铁路网、普通国省道网进一步完善，"快进慢游深体验"的全域旅游交通网基本形成，"四好农村路"建设取得明显成效，中部盆地城市群综合立体交通网基本形成，全省实现市市通高铁航空、县县通高速公路、景区联网通畅、省际多路通达。

——交通出行服务品质进一步提升。一体化、便捷化客运出行加快发展，设区市公共交通机动化出行分担率达到20%，城乡客运基本公共服务均等化进一步发展，基本形成"3223出行交通圈"，即设区市30分钟通勤，省会到设区市2小时通达，设区市到县2小时通达，省会到国内主要城市3小时通达。

——货运物流服务水平进一步提升。现代物流产业初具规模，以铁路、管道为主的能源运输格局形成，城市配送和农村物流服务体系初步建立，社会物流总费用占GDP比重进一步下降，基本形成"123快货物流圈"，即省内1日送达城市、2日送达农村，省外3日送达。

到2035年，基本绘就交通强国山西篇章，进入全国交通强省行列。现代化综合交通体系基本形成，支撑全省全面转型和现代化建设能力显著增强，交通科技创新能力明显提高，基本实现交通治理体系和治理能力现代化，更好满足人民日益增长的美好生活需求。

——综合立体交通网基本建成。拥有发达的快速网、完善的干线网、广泛的基础网和高效的枢纽网。省会与相邻省会之间、省内设区市之间有三种快速交通方式直接联通，全省实现国道覆盖县级行政中心、省道基本覆盖乡镇、通用机场基本覆盖县级行政中心。

——高品质出行服务体系基本建成。现代城市综合交通体系基本建成，城市交通拥堵基本缓解，无障碍出行服务体系基本完善。设区市绿色出行分担率达到75%以上，规划人口100万以上城市公共交通出行占机动化出行的比例达到50%以上，实现城乡客运基本公共服务均等化。现代综合客运体系基本形成，旅客联程运输便捷顺畅，综合客运枢纽换乘时间控制在15分钟以内，"3223出行交通圈"更加完善高效，全面融入"全国123出行交通圈"。

——高效绿色货运物流服务体系基本建成。高效经济的货物多式联运网络、系统完备的现代物流运输网络，以及多层次、多样化的城市配送和农村物流服务体系基本建成，社会物流总费用占GDP比重下降至全国平均水平，"123快货物流圈"更加完善，全面融入"全球123快货物流圈"。

——智慧交通体系基本形成。建成信息感知共享、动态科学决策、实时精准服务、精细智能管理、高效便捷运输、主动安全防控、智能网联协同的新一代智慧交通系统，交通运行效率、安全水平、服务品质显著提高。

到本世纪中叶，高质量绘就交通强国山西篇章，跨入全国交通强省前列。全面建成安全、便捷、高效、绿色、经济的现代化综合交通体系，有力保障我省社会主义现代化建设，人民享有美好交通服务。

二、构建立体互联、发达完善的基础设施网络体系

（一）建设现代化高质量综合立体交通网络

建设发达的快速网。以国家综合运输通道为骨架，以高速铁路、高速公路、民航机场为主体，构建内联外通、立体高效的快速网。推动“八纵八横”高铁通道山西段建设，形成以太原为中心的放射型高铁网。开工建设集宁—大同—原平、雄安新区—忻州高铁，加快推动太原—绥德、长治—邯郸—聊城、韩城—河津—侯马、运城—三门峡等高铁项目建设，有序推进侯马—长治（晋城）、呼和浩特—朔州、石家庄—太原第三通道、忻州—榆林—鄂尔多斯等高铁项目前期研究。积极规划建设高速货运铁路。全力推动高速公路出省断头路建设，继续推进省内重要连接线建设，全面构建覆盖全省、连接市县、通达四邻、畅通高效的高速公路网。加快推进东纵、西纵、忻州—雄安、大同—雄安、太原西北二环、榆次—昔阳等高速公路大通道建设，积极推进青银高速公路山西段、二广高速公路山西段等交通繁忙路段的扩容改建。加快太原武宿国际机场三期改扩建工程和长治、运城机场扩建工程，推进晋城、朔州支线机场建设，适时推进太原第二机场建设，构建以太原武宿国际机场、太原第二机场为门户枢纽，运城、大同、长治、临汾、吕梁、五台山、朔州、晋城等支线机场为重要节点的民用运输机场体系，与京津冀蒙共同组成国内互通、全球直达的华北机场群。加强晋南、晋东南中心城市与关中平原城市群、中原城市群交通基础设施互联互通。

建设完善的干线网。以普速铁路、普通国道省道和油气管道为主体，建设能力充分、保障有力的干线网。扩大干线铁路运能供给，加快和顺—邢台等干线铁路项目建设，提升大秦、瓦日、朔黄等既有铁路综合利用效率，推进南北同蒲、太中银等铁路干线扩能改造，实现客货增量提质。加快铁路专用线建设，强化与铁路干线网、交通枢纽网的衔接。实施国省干线公路升级改造工程，重点推进新增国省道、县际一级路和大交通量路段升级改造，畅通大动脉，打通区域循环，连通重要乡镇及经济园区、重要旅游景区，实现国省道连通县级以上行政中心、覆盖乡级行政中心。加强普通国省道城镇过境路段和连接线建设改造。规划建设普通公路重载交通网络，建立普通公路重载交通治理体系。加快构建省级天然气管网输配体系，优化油气管道布局，加快管网互联互通。推进煤层气外输通道工程建设，实现与京津冀、雄安新区等周边区域的输送管网对接。

建设广泛的基础网。以农村公路、通用机场和邮政快递网点等为主体，构建覆盖广泛、安全便捷的基础网。围绕乡村振兴战略实施，深入推进“四好农村路”高质量发展，加快老旧路、断头路、瓶颈路升级改造，因地制宜推进较大人口规模的自然村（组）通硬化路，建立规范化可持续管护机制。促进农村公路与旅游等产业融合发展，加强旅游风景道、自驾车房车营地等旅游交通服务设施建设，打造一批以黄河、长城、太行三个一号旅游公路为代表的功能完善、特色鲜明的示范工程；以专用性、安全性、智慧型、友好型旅游公路为牵引，建成“城景通、景景通”旅游交通网，助力打造国家全域旅游示范区。加强特色农产品优势区、革命老区、贫困地区、重要林区道路建设，完善山西农谷交通基础设施。全面实施通航机场布局规划，按照“一场（通用机场）多点（直升机起降点）”模式，在县级行政中心、旅游景区、交通不便地区等分层分类布局通用机场和直升机起降点，完善运输机场通航设施，构建多层次、高效率、广覆盖的通用航空网。加强黄河、汾河等流域旅游航道、绿色码头建设。完善农村邮政网点布局。

（二）构建便捷顺畅的城市（群）交通网络

大力发展轨道交通。按照“一主三副六市域中心”空间布局，建设经济、快捷、多制式的轨道交通系统。加快建设以地铁、磁悬浮交通为代表的太原都市区轨道交通网。推进轨道交通与干线铁路、城际铁路、市域（郊）铁路融合发展，构建太原都市区至周边主要区域1小时通勤圈，打造“轨道上的山西中部盆地城市群”。加强大同、长治、临汾三个省域副中心城市与节点城市之间轨道交通、通勤铁路建设，统筹布局阳泉、运城、吕梁、忻州、朔州、晋城六个市域中心城市与重要产业集聚区、重点景区、机场等区域的市域（郊）铁路站点，构建完善的区域轨道交通网络。以设区市和都市圈为重点，推动干线铁路、城际铁路、市域（郊）铁路、轨道交通“四网融合”，建立轨道交通运营管理“一张网”。

畅通城市道路网。完善城市快速路、主次干路和支路布局，构建级配合理、结构优化的城市道路网。加快推动太原绕城高速公路改建城市快速路，完善快速道路系统。坚持“窄马路、密路网”的城市道路布局理念，加强公交专用道建设和潮汐车道布设，打通道路微循环，提高道路通达性。加强公交换乘枢纽、站场、专用道等布局，推进设区市公交站点300米全覆盖。完善城市步行、非机动车交通系统和无障碍设施。科学规划建设城市停车设施。城市地下空间开发改造，应优先考虑公共交通和停车设施。加强充电、加氢和加气等配套设施建设。优化城市道路与高速公路、干线公路的衔接，实现城市交通内联外通。

（三）构筑多层级综合交通枢纽系统

建立“零换乘”的综合客运枢纽系统。加快推进太原、大同两个全国性综合客运枢纽和临汾、长治、运城等区域性综合客运枢纽建设。推进不同运输方式场站集中布局、空间共享、便捷换乘，形成以设区市大型铁路枢纽和民航机场等综合客运枢纽为核心、以公路客运站为补充的客运枢纽格局。推动新建枢纽站场项目多种交通方式统一规划、一体设计、直接换乘。

建立“无缝衔接”的货运枢纽系统。强化太原、大同、临汾国家陆港型物流枢纽城市地位。依托高速公路网、干线公路网，布局一批集散装物料堆存、集装箱装卸、商品仓储分拨、货物配载配送、信息服务、商贸流通、跨境电商、综合保税、加工包装、库存服务、金融服务等功能于一体的跨市域综合物流园区,打造面向全国、辐射全省的现代供应链生态。依托覆盖广泛的城乡公路网,布局一批跨县域物流中心、分拨中心,面向城乡居民提供物流配送服务,打造绿色、经济、高效的现代物流生态。大力发展多式联运型和干支衔接型货运枢纽(物流园区),加强集疏运铁路、公路及联运换装设施建设,重点提升年吞吐量150万吨以上大型物流园区和工矿企业铁路专用线接入比例。

三、构建便捷舒适、一体多元的交通出行服务体系

(一)构建大容量快速化客运系统

建设大容量的铁路快客系统。推进直达周边省会城市和通达全国各大区域中心城市的高铁客运网络建设,发挥高铁在区际、城际旅客运输中的主体作用。以中部盆地城市群为重点,大力发展设区市之间的轨道交通捷运系统。推进人口密集、产业集中交通走廊城际铁路客运公交化运营。

建设多层次的航空快客系统。积极开辟国际航线,构筑畅行全球、高效通达的国际航空服务体系,打造山西对外开放空中国际走廊。优化国内航线网络布局,大力发展连通长三角、粤港澳、京津冀及环渤海经济圈等发达地区的航线,形成高效便捷、干支衔接、通航补充的国内航空网络。大力发展公务飞行、短途客运、低空飞行旅游等中高端航空消费服务,打造"通航强省"。推进机场运营一体化。

(二)建立多层次绿色化城市出行体系

构建多层次城市公交系统。太原都市区应确立大容量轨道交通在城市公共交通系统中的骨干地位,构建以多层次常规公交为基础的城市公共交通系统。大同等规划人口100万以上的城市,应确立大、中运量公共交通在城市公共交通系统中的骨干地位,以中运量及多层次普通运量公交为主体,引导个体机动化交通方式合理使用。规划人口100万以下城市,应建设有竞争力的公共交通服务网络。支持阳泉市建设中运量胶轮有轨电车"空中巴士"公交系统。

提升城市客运服务品质。实施公交优先战略,全面推进公交都市建设,积极发展轨道交通、BRT大容量公交系统。探索发展定制公交、夜间公交、社区公交等多层次公交服务模式。促进巡游出租汽车、网络预约出租汽车融合发展,鼓励小微型客车分时租赁、共享单车等出行服务新业态,发展"公共交通+定制出行+共享交通"多元组合出行服务模式。发展跨区域公共交通服务。推进中部盆地城市群等区域公交同城化。鼓励汽车租赁业网络化、规模化、品牌化发展。实施城市交通需求管理,优先保证城市公交、自行车、步行等绿色交通方式的运行空间和环境,引导私家车有序发展、合理使用。

(三)打造高效率一体化客运服务系统

推动旅客联程联运。发挥各种运输方式的比较优势和集成效率,推进设施互联、票制互通、安检互信、信息共享、支付兼容,打造"无缝衔接、中转高效"的旅客联程联运服务产品,实现旅客"一站购票"、行李"一站到底"。建立旅客联运预定和支付平台。

推动运游一体化发展。鼓励旅客运输与旅游业融合发展,发展"道路运输+旅游""铁路运输+旅游""通用航空+旅游""水运+旅游"等服务模式,开发慢行火车、旅馆列车、房车旅游、自驾游、水上旅游、低空飞行旅游等深度体验型出行服务产品,打造"出行即出游"消费新模式。加强景区交通运输组织,依托客运站场建设旅游集散中心,发展旅游专列、旅游专线、旅游直通车,打造"壮美黄河""雄伟长城""秀丽太行"精品旅游客运线路。鼓励交通企业与旅游企业合作共赢,在运输站场增设旅游服务窗口,实现吃、住、行、游"一站服务""一票到底"。

(四)建设广覆盖均等化城乡客运服务体系

拓展城市公共交通服务网络。推动公共交通线网向城市周边县城、重点乡镇以及主要人流集散点延伸,为城乡居民提供均等化的公共交通服务。统筹考虑城乡毗邻地区居民出行需求,推进城市公共交通和周边短途客运班线统一经营。

推进城乡客运一体化发展。推进长途公路客运转型,发展公、铁、机联运精品班线、机场快线、城际快线、商务快客等特色客运业务,满足人民群众个性化、多样化、高品质的出行需求。拓展市际、县际班线客运服务功能,推广农村客运片区经营模式,保持农村客运经营稳定性。在客运量较大和居民出行密度较高的地区,推进农村客运公交化改造,因地制宜发展县乡公交、镇村公交,提高农村居民出行服务体验。积极发展响应式定制客运服务。

四、构建结构优化、经济高效的现代物流服务体系

(一)推进货物运输提质升级

积极推动大宗物资运输"公转铁"。立足打造中西部高效能源物流基地,以能源革命综合改革为牵引,巩固运输结构调整三年行动计划成果,发挥铁路运输大容量、低成本、低排放、高效率的优势,完善以铁路为主的大宗货物运输体系。优化铁路货运运力供给,优先保障煤炭、焦炭运输,稳步推进其他大宗货物中长距离运输向铁路转移。持续提升块煤、焦煤、氧化铝、化肥等散装货物集装箱运输比重,打造以朔州—唐山块煤运输为代表的一批集装箱精品班列。

积极推动现代物流发展。推动道路货运企业规模化、集约化、网络化发展,发挥骨干企业作用,带动现代物流业发展。积极发展铁路货运市场,扩大货运班列开行范围,建立常态化的中欧、中亚班列运行协调机制,提升跨境物流便利化水平。依托太原、大同、运城等航空口岸,构筑面向全球的国际航空物流网络,打造现代化航空供应链管理中心、国际快件转运中心和跨境电商物流分拨中心。积极发展电商物流、冷链物流、危险品物流、大件运输等专业化物流。

大力发展多式联运。推动太原、大同等重要物流节点城市和枢纽站场建设,完善集疏运功能,提升转运效率,发展集装箱多式联运、驼背运输等先进运输组织方式。打造中国铁路太原局集团有限公司"一核两网三联四通"多式联运示范工程,鼓励发展公铁联运、空铁联运、铁水联运,催生一批具有较强带动效应的多式联运经营人。加快推进集装箱、厢式半挂车等标准化运载单元的推广应用。推进单证票据标准化,推广应用货运电子运单,加快发展"一单制"联运服务模式,实现货物"一站托运、一次收费、一单到底"。

(二)完善城乡物流配送体系

加快建设城市绿色货运配送体系。实施太原、大同绿色货运配送示范城市创建工程,优化城市物流节点布局,推动城际干线运输与城市末端配送有机衔接。鼓励发展统一配送、集中配送、共同配送、夜间配送等集约化服务,积极发展末端自提配送,发展无人机(车)物流递送。建设城市地下物流配送系统。推广使用新能源配送车辆。

提升农村物流现代化水平。推进零担专线、快递、快运"三网合一",搭建县、乡、村三级配送网络。推进乡镇运输服务站建设,强化交通、邮政、供销、商务等农村物流资源整合,实现"多站合一"。发展电子商务、农产品交易、连锁加盟等流通模式,建立全程高效协同的城乡共同配送体系。

(三)推动物流服务创新发展

打造陆港开放平台。统筹用好国际国内两个市场、两种资源,大力发展陆港产业,构建现代物流产业的高级形态。主动对接新亚欧大陆桥经济走廊、"一带一路" 等国际物流通道,形成以大同、阳泉两个国际陆港为门户,以太原、大同、临汾三个国家物流运输枢纽为基地,以航空、铁路口岸为节点,以"一带一路"沿线陆港园区为支点的陆港网络布局,加快形成集多式联运、园区运营、跨境电商、综合保税、制造服务于一体的立体化大物流格局,打造内陆地区对外开放新引擎。壮大中欧国际班列、国际航空货运,构建立足山西、辐射全国、联通全球的供应链体系。推动省内交通企业在"一带一路"沿线布局建设"岸、港、网",融入国际物流网络,参与全球供应链重组重构,保障国际供应链安全。发展全货机运输航线,加强国际邮件交换处理中心建设,构建连接五大洲的国际航空网。

发展"互联网+"高效物流。运用市场化方式,引入新业态,降低物流成本,构建现代智慧物流体系。加快实现物流活动全过程数字化,依托中国(太原)煤炭交易中心大数据平台、山西"能源云"数据中心,建设山西"物流云"服务平台,推动跨部门、跨运输方式、跨区域物流信息高效集成、共享共用,构建云、网、端高效匹配的现代物流服务网络。加快快递扩容增效和数字化转型,壮大供应链服务、冷链快递、即时直递等新业态新模式,推进智能收投终端和末端公共服务平台建设。强化交通运输与邮政快递融合发展,实现乡乡有网点、村村通快递、建制村电商寄送配送全覆盖。

五、构建富有活力、智慧引领的科技创新体系

(一)推进交通装备研发与迭代升级

打造交通装备智造基地。依托太重、晋西、百度等优势企业,着力突破轨道交通车轴及钢坯制造、检测等关键核心技术,提高整车配套和研制能力,打造国内外重要的轨道交通关键零部件制造基地;着力突破通用航空器整机制造、牵引关键部件和材料技术,培育通用航空产业创新链;着力突破低成本高效率氢燃料电池等关键技术,丰富新能源汽车产品谱系,打造具有山西特色的新能源汽车产业集群;着力突破智能网联汽车复杂交通环境感知等关键核心技术,打造全国智能网联汽车制造与车路协同测试基地。

推进交通装备迭代升级。大力推广新能源、清洁能源、智能化、数字化、轻量化、环保型交通装备及成套技术装备。广泛应用无人机、无人车、智能航运、智能仓储和分拣系统等新型装备。推广应用公路桥梁隧道一体化施工装备与智能化养护装备。

(二)研发基础设施建管养关键技术

围绕基础设施建养,开展基础设施耐久延寿、绿色建造、智慧维养等技术攻关,着力突破黄土高原地区长寿命高强度新材料、BIM+GIS 设计、山岭长大隧道勘察设计施工等关键技术。研发现有基础设施升级改造的结构与材料设计建造技术,降低全寿命周期成本,提高基础设施耐久性和可靠度。加强黄土隧道安全性能变化规律研究,发展基础设施安全服役性能提升技术,建立基于智能感知监测的重大基础设施安全风险预警、管控及决策一体化平台。

(三)大力发展智慧交通

布局广覆盖的交通感知网络。依托重点路段、隧道、桥梁、互通枢纽等重要节点,建立云端互联、全面覆盖的交通感知网络,并与众包、手机信令等社会数据融合,构建载运工具、基础设施、通行环境互联的交通控制网基础云平台。加快北斗导航在交通运输领域的应用。

构建大容量的传输网络。加速交通基础设施网、运输服务网与信息网络融合发展,构建先进泛在的交通信息基础设施。完善高速公路通信信息网络,推进车联网、5G网络、卫星通信信息网络等部署应用,形成多网融合的交通信息通信网络,提供广覆盖、低时延、高可靠、大带宽的网络通信服务。

建设综合交通大数据中心。推进跨层级、跨区域、跨系统、跨部门、跨业务的数据交换,实现交通数据在各种运输方式、交通与相关领域之间共建共享、共管共用。推动综合交通运输数据分类存储、清洗挖掘、分析处理,形成全覆盖、高质量的综合交通运输大数据平台。深化多源数据融合,鼓励各类交通运输数据资源开放接入。完善网络安全保障体系,强化对交通运输关键数据资源的保护能力。

构建智能化的应用体系。着眼于实现综合交通 "一张网",积极推动基础设施数字化、运营管控智能化、"土木+信息+ 能源+智能管控"一体化,打造智能铁路、智能公路、数字管网,实现综合交通陆上、地下、网上"三位一体"联网。着眼于适应自动驾驶、新能源等新技术的普及应用,加快布局车路协同等新型交通基础设施。着眼于治理城市交通拥堵,加快出行需求与交通资源数据衔接,构建"城市交通大脑"。着眼于实现运输服务"一体化",推动"互联网+"旅客联程运输、"互联网+"高效物流加快发展,实现精细管理、精心服务。

(四)提升科技创新能力

完善科技创新机制。建立以企业为主体、产学研用深度融合的技术创新机制,鼓励交通行业各类创新主体建立创新联盟。完善科技研发激励与投入机制。鼓励开展QC活动等群众性、实用性技术革新和管理创新。构建适应交通高质量发展的地方标准体系。

加强创新平台建设。在综合交通、智慧交通等领域布局一批重点实验室、工程技术中心、共享服务平台。提升黄土地区公路建设与养护技术重点实验室创新能力,积极打造交通科技交流合作平台。建立成果共享信息平台,推进科技成果转化。

六、构建完善可靠、反应快速的安全应急保障体系

(一)提升交通本质安全水平

增强基础设施与运输装备本质安全度。推进交通工程精品建造和精细管理,建设"平安百年品质工程"。深入实施交通基础设施生命安全防护、危桥危隧改造与灾害治理工程。推进国省道重点路段增设隔离设施、平交改立交工程。提高交通基础设施养护决策科学化、养护生产专业化、养护管理信息化水平,增强设施耐久性和使用寿命。运用先进信息技术,建立大跨径桥梁、长大隧道运行安全健康实时监测系统。大力推广应用性能优良、安全可靠的运输装备,推广交通装备健康状况、运行状态实时监测技术。

完善安全生产体系。落实企业安全生产主体责任和部门安全生产监管责任,加快构建安全生产预防控制体系、标准化体系、诚信体系,建立风险分级管控和隐患排查治理双重预防机制,强化安全预警预防,加强重大基础设施建设运营、公路水路运输、轨道交通等重点领域安全管控。强化超限超载治理,健全交通、交警、市场监管、工信等部门联动机制,推进车辆生产、改装、装载、运行信息共享,建立非现场联合执法新模式,实现精准治超。实施交通运输从业人员安全素质提升工程。

(二)强化交通应急保障能力

强化应急交通网络建设管理。依托综合立体交通网,统筹布局"快速通达、衔接有力、功能适配、安全可靠"的应急运输通道与生命线,增强交通网络在突发事件下的抗灾能力、可修复性及可替代性,提高综合立体交通网的韧性。强化重要运输通道应急通讯、物资储备,完善防灾防疫等配套设施和功能。

加强应急运输运力保障。按照"平时服务、急时应急、战时应战、平战结合"的要求,建立健全应急运力组建和动员机制,完善征用和补偿机制,加强应急运力的运行管理和培训演练。推动飞机、无人机、无人车、配送机器人等专业化、智能化装备在应急运输中的应用。

完善交通应急管理体制机制。完善重大公共卫生等突发事件交通应急响应机制与预案体系,建立"统一指挥、专常兼备、反应灵敏、上下联动"的应急管理体制和运行机制。建立省、市、县三级交通应急调度指挥平台。加强战略物资应急保障队伍和快速救援力量建设,建立省航空应急救援梯队和航空应急救援站点。强化应急救援社会协同。

七、构建资源节约、环境友好的绿色交通体系

(一)建设绿色交通基础设施

优化交通基础设施空间布局。坚持综合运输通道内基础设施一体化规划建设,提高通道资源、土地资源集约节约利用水平。发挥国土空间规划的指导和约束作用,合理保护和预留通道内长远发展线位资源,减少通道内各类线路交织,避免出现排他性项目,减少矿产等资源压覆,实现交通空间资源严格管控和高效利用。

加强生态环境保护修复。在各类保护区探索"无害化"穿越方式,推动煤矸石、尾矿渣、粉煤灰等固废料在公路、铁路工程中资源化利用,推动废旧路面、沥青、钢材等材料循环利用。严格实施生态修复、地质环境治理恢复与土地复垦,打造一批黄河流域交通生态保护示范工程。加强路域环境综合整治,实施交通廊道绿化行动和生态化建设行动,开展"人说山西好风光,最美风光在路上"创建活动。

(二)建设绿色运输服务体系

提高运输服务绿色发展水平。大力推广应用新能源、清洁能源交通运输载运工具,推动城市公共交通工具和城市物流配送车辆全部实现电动化、新能源化和清洁化。加速淘汰高耗低效交通装备。鼓励在公路沿线建设清洁能源加注站。倡导绿色低碳出行理念,开展绿色出行行动,搭建绿色出行一体化服务平台,实现出行即服务(MaaS)。推进邮件快件包装绿色化、减量化和循环利用。建设绿色末端设施、绿色分拨中心。

加强交通污染防治。严格执行国家及省污染物控制标准和在用汽车排放检测与强制维护制度(I/M制度),统筹油、路、车治理,打好柴油货车污染治理攻坚战。加强散装货物运输车辆抛洒与公路扬尘治理,降低大气污染。推进黄河、汾河流域船舶污染防治。完善交通沿线人口密集区环保设施,降低噪声、振动污染。妥善处理机场噪声影响。对新能源车船电池实施集中回收与无害化处理。

八、构建系统完善、共治共享的现代化治理体系

(一)深化体制机制改革

完善综合交通运输管理体制,深化大部制改革,理顺职责关系,形成优化协同高效的"大交通"管理体制和运行机制。统筹制定综合交通运输发展规划,建立多种运输方式之间以及交通与发展改革、自然资源、住建等部门之间多规衔接的规划编制机制,科学确定各种运输方式基础设施空间布局和建设时序,实现规划"一张图"、建设"一盘棋"、管理"一体化"。

(二)优化行业发展环境

深化"放管服效"改革,进一步转变政府职能,充分发挥市场在资源配置中的决定性作用,更好发挥政府作用,强化竞争政策基础地位,加快完善统一开放、竞争有序的交通运输市场体系。深入推进简政放权,构建"一网""一门""一次"政务服务机制。全面落实准入前国民待遇加负面清单管理制度,复制推广"自贸区"经验,打造"六最"营商环境。深化交通企业改革,鼓励交通企业"走出去",积极参与国际合作。强化事中事后监管,加强新业态、新模式包容审慎监管,推进信用体系建设,构建以信用监管为基础,以"双随机、一公开"监管为基本方式,以重点监管为补充,以"互联网+监管"为支撑的新型监管机制。

(三)推进法治交通建设

坚持法治引领，建立健全市场规则和现代治理制度体系，推进依法决策、民主决策、科学决策。深化交通运输综合执法改革，形成权责统一、权威高效、监管有力、服务优质的综合执法体制，推进基层执法队伍职业化、基层执法站所标准化、基础管理制度规范化、基层执法手段信息化建设，全面推行行政执法公示制度、执法全过程记录制度、重大执法决定法制审核制度。

（四）建立共建共治共享治理体系

充分发挥政府、社会、市场作用，完善共建、共治、共享交通治理制度体系，推动政府交通治理由“分散治理”向“系统治理”转变。建立常态化公众参与机制，搭建信息沟通、意见表达、决策参与、监督评价、舆情分析与引导为一体的公众参与平台，研究建立重大战略政策及综合规划等项目公众听证制度。鼓励社会力量积极参与交通治理。发挥智库、专家作用，建立健全第三方评估机制。

（五）培育现代交通文明

加强西口古道、碛口古渡、蒲津古渡等重要交通遗迹保护和精神挖掘，强化交通先进人物培树，讲好交通故事，传播交通文明。践行社会主义核心价值观，弘扬以“两路”精神、青藏铁路精神、民航英雄机组、太旧精神等为代表的交通精神，深入开展行业文明建设。积极推进“星级服务区”“司机之家”“出租车驿站”等建设，营造文明交通环境，打造新时代山西交通文化品牌。

九、保障措施

（一）加强党的全面领导

加强党对交通强国建设的全面领导，增强“四个意识”，坚定“四个自信”，做到“两个维护”。各级党委要将交通强国建设纳入议事日程，提供坚强的政治、思想、组织、纪律和作风保证。市县政府都要成立交通强国建设领导机构和办事机构，建立联席会议制度，强化部门协同、上下联动、军地互动，扎实推进交通强国建设工作。

（二）加强规划实施

以推进交通强国建设为总抓手，发挥山西省国土空间规划的指导和约束作用，抓紧制定全省综合立体交通网规划、交通基础设施国土空间控制规划、“十四五”综合交通运输发展规划等中长期规划，做好交通规划与经济社会发展规划、城乡发展规划、国土空间控制规划等的衔接，并将交通强国建设纳入各级各类规划压茬推进。编制2020–2022年三年行动计划，明确发展目标、重点任务和重大工程、重大项目、政策措施，确保交通强国建设起好步、开好局。

（三）强化要素保障

积极推进要素市场改革。省政府将研究出台落实交通强国建设的一揽子政策，各市政府也要结合实际制定具体的落实政策措施。加快交通运输财政事权和支出责任划分改革，深化交通投融资改革，完善“政府主导、分级负责、多元筹资、风险可控”的资金保障和运行管理机制。积极争取中央财政资金支持，加大地方财政投入，加大地方政府一般债券对交通基础设施建设的支持，优先安排专项债券用于有收益的交通项目。规范运用PPP等市场化方式，引导社会资本参与交通强国建设，探索交通与沿线旅游、物流、新能源等其他产业融合发展模式。积极探索以资产证券化、上市等方式盘活交通存量资产，用存量换增量，以资产换资本。强化用地等要素保障，将交通强国建设项目纳入各地国土空间控制规划，落实用地指标。

（四）强化人才保证

坚持高精尖缺导向，以“三晋英才”计划和重大建设工程、重点科研项目为依托，加大国内外高层次人才柔性引进力度，培养一批行业科技领军人才、青年科技人才和创新团队。加强交通智库建设。大力弘扬劳模精神和工匠精神，发展现代交通职业教育，造就一支素质优良的知识型、技能型、创新型交通劳动者大军。落实建设忠诚干净担当高素质专业化干部队伍要求，推进管理人才专业素质结构、层级结构、分布结构战略性调整。加强交通企业家队伍建设。加强优秀年轻干部队伍建设。

（五）做好试点工作

围绕交通与旅游融合发展、黄河流域交通运输生态保护和高质量发展、山区高密度中等城市交通拥堵治理与绿色出行、智能网联重载货运车路协同、基于能源革命的绿色高效智能物流体系、普通公路重载交通建设等重点任务，扎实开展交通强国建设试点，用1至2年时间取得阶段性成果，用3至5年时间取得相对完善的系统性成果，打造一批特色鲜明、带动性强的示范项目，形成一批可复制、可推广的先进经验和典型成果，形成以点带面、整体推进的交通强国建设格局。鼓励有条件的地方、企业在交通强国建设中先行先试。

（六）强化督导考核

交通强国建设工作要纳入全省高质量发展综合绩效评价体系，明确任务书、路线图、时间表和责任人，加强监督、考核、评价。研究建立推进交通强国建设指标体系与监测评价系统，建立专家咨询制度和第三方评价机制，加强跟踪评估与指导，确保实施效果与成果质量。

中共山西省委　山西省人民政府
《关于构建更加完善的要素市场化配置体制机制的实施意见》

(2020年10月21日)

为贯彻落实《中共中央　国务院关于构建更加完善的要素市场化配置体制机制的意见》(中发〔2020〕9号),深化要素市场化配置改革,扩大土地、劳动力、资本、技术、数据等要素市场化配置范围,健全制度规则,引导各类要素协同向先进生产力集聚,为我省在转型发展上率先蹚出一条新路来提供坚实要素保障,结合山西实际,现提出如下实施意见。

一、深化土地要素市场化改革

(一)建立健全城乡统一的建设用地市场。推动出台山西省实施《中华人民共和国土地管理法》办法及配套制度,出台农村集体经营性建设用地入市实施意见。全面推开农村土地征收制度改革,缩小征地范围,制定区片综合地价,把好用地审批"公共利益需要"准入关。借鉴晋城市"三块地"改革试点经验,研究建立公平合理的集体经营性建设用地入市增值收益分配制度。

(二)开展产业用地市场化配置改革。健全长期租赁、先租后让、弹性年期供应、作价出资(入股)等工业用地市场供应体系,制定差别化土地供应政策,推动出台我省关于工业用地弹性出让实施办法。大力推动"标准地"改革。编制省市县三级国土空间规划,强化用途统筹协调管控,探索增加混合产业用地供给。

(三)盘活利用存量建设用地。落实存量建设用地税费制度,采取政府收储、转换用途、资产租赁、合作开发、转让等方式推进国有企业存量用地盘活利用。推进清徐、平遥、泽州农村宅基地制度改革试点,探索采用有偿退出、内部流转、合作经营等多种方式盘活利用农村闲置宅基地。落实城乡建设用地增减挂钩政策。

(四)深化土地管理体制改革。实施年度建设用地总量调控制度,合理安排用地计划指标。建立健全我省城乡建设用地供应三年滚动计划。落实建设用地、补充耕地指标跨区域交易政策,完善交易办法。依托国家土地市场动态监测与监管系统,加强土地供应利用统计监测。积极推动城乡土地统一调查、规划、整治、登记,加快完善我省不动产登记制度。

二、推动劳动力要素有序流动

(五)深入推进户籍制度改革。放开放宽城市落户限制,试行以经常居住地登记户口制度,重点推进各类人才和在城镇已就业农业转移人口、租赁房屋人口在城市落户。保障常住人口在随迁子女入学、就业创业、医疗卫生等方面与户籍人口同等享有基本公共服务。

(六)畅通劳动力和人才社会性流动渠道。落实我省《关于促进劳动力和人才社会性流动体制机制改革的实施意见》,构建合理公正畅通有序的社会性流动格局。营造公平就业环境,依法纠正身份、性别等就业歧视现象,保障城乡劳动者享有平等就业权利。科学设置公务员考录、国有企事业单位招聘的资格条件,进一步畅通企业、社会组织人员进入党政机关、国有企事业单位渠道。对就业困难人员优先提供职业指导、职业介绍、职业培训、岗位推荐等就业帮扶。建成全省统一的劳动力建档立卡管理信息系统,推进全省干部人事档案规范化、数字化、网络化建设。

(七)健全技术技能评价制度。修订各系列(专业)评价标准条件,畅通社会各领域专业技术人才职称申报渠道。深入推进"人人持证、技能社会"建设,建立劳动者终身职业技能培训制度,面向企业职工、就业重点群体和贫困劳动力,积极开展初中高技能等级提升培训,开展订单式、菜单式、项目制就业技能培训。完善技术工人评价选拔制度。加快健全劳务市场体系,开拓省外海外劳务市场,培育中高端技能人才品牌。推进职业资格与职称、职业技能等级制度有效衔接,推动实现技能等级与管理、技术岗位序列相互比照,畅通新职业从业人员职业资格、职称、职业技能等级认定渠道。建立公共卫生管理人员职业晋升通道机制,完善高层次公共卫生人才引进培养激励机制,逐步提高其收入水平。

(八)大力实施人才强省战略。对外籍高层次人才、有重大突出贡献以及我省特别需要的外国人才及家属,依据现行政策提供永久居留申请便利。全面落实《山西省建设人才强省优化创新生态的若干举措》,支持国有企事业单位自主制定用人计划和实施招聘。围绕"六新"和新兴产业、未来产业,创新引才育才、用才留才机制,引导高层次人才和团队向先进生产力协同集聚。

三、推进资本要素市场化配置

(九)用好股票市场培育壮大市场主体。支持省内企业抓住注册制改革契机,加快上市步伐,推动资本市场县域工程试点取得进展。拓宽并购重组及市场化债转股的空间和渠道,推动经营困难上市公司提高质量,化解退市风险。支持我省上市公司建立持续清晰透明的现金分红机制和政策。加大证券民事诉讼制度宣传,重视投诉举报和媒体质疑,维护投资者合法权益。建立上海证券交易所资本市场服务(山西)基地,开展深交所山西行动,充实上市后备企业资源库,定期开展上市帮扶辅导服务，开通企业上市事项办理“绿色通道”，支持省内企业加快上市步伐。

（十）稳步扩大债券市场规模。支持重大基础设施建设项目、战略性新兴产业、传统产业优质企业通过债券市场融资。引导省内企业利用公司信用类债券发行注册制改革契机，探索更多针对中小民营企业债券融资品种。优化债券融资环境，强化各类中介机构服务，建立债券融资监管部门间协调机制，推进省内债券市场互联互通。完善风险监测、预警、报告处置和跨部门联合监管机制，积极防范化解债券违约风险。开展信用评级机构备案管理和合规检查，推动辖内评级市场规范发展。

（十一）逐步提升金融服务供给能力。引导大型商业银行和全国性股份制商业银行重点支持全省转型综改和重点工程项目，推动中小银行补充资本和完善治理，更好服务中小微企业，引导农村中小金融机构加大对县域经济和“三农”的金融服务力度。支持中小微企业在山西股权交易中心利用发行可转债、定向增资、股权质押等方式进行融资。督导金融机构完善普惠型小微企业绩效考核，发挥信贷政策效果评估作用，加大制造业、民营企业金融支持力度。引导县域银行业金融机构将新增可贷资金优先支持县域发展。引导金融机构大力发展绿色金融，扩大绿色票据再贴现业务，加强绿色信贷统计监测，推动环境污染责任保险工作。依法放宽地方金融机构等金融服务业市场准入，完善金融机构市场化法治化退出机制。

（十二）有序推动金融业对外开放。鼓励和引导企业在对外承包工程、贸易、投资和贷款中使用人民币结算。支持省内证券期货经营机构在境外布局，增强境内外协同服务能力。借鉴外商投资股权投资企业试点经验，逐步推进基金业对外开放。

四、激发技术要素市场供给活力

（十三）完善职务科技成果产权制度。争取国家在山西开展赋予科研人员职务科技成果所有权或长期使用权试点。创建中国（山西）知识产权保护中心，构建知识产权快速审查、确权、维权联动机制。支持我省重点产业领域开展自主知识产权市场化运营。

（十四）改革科技创新资源配置方式。滚动实行重点项目攻关“揭榜挂帅”，以核心技术的突破实现发展的换道领跑。实施省级科技计划项目常年申报、随时受理、分批立项，推动试点科研项目经费“包干制”。建立统一科研项目管理服务平台，支持企业承担国家重大科技项目，建设一批开放型科技成果中试基地，推动科技成果快速转移转化。制定山西省科技成果登记管理办法，将科研成果转化后的再次开发成果纳入科研成果认定范围。加强政企教研多方合作，设立专项联合资金（基金），开展“现场+网上”等常态化路演和科技咨询活动。

（十五）大力发展技术转移机构和技术经理人。争取在晋建立国家技术转移区域中心。探索通过“公参民”“合伙制”等形式，调动社会各方参与各类科技创新平台建设。全面深化科研院所分类改革，完善科研机构中长期绩效评价制度，加快推进应用技术类科研院所市场化、企业化发展。以财政后补助等方式积极支持高校、科研机构和企业设立技术转移部门。开展技术转移专业人员能力等级培训，支持国家技术转移人才培养基地建设。

（十六）推进技术要素与资本要素融合发展。鼓励各类创业投资机构为创新活动提供融资，推动科技成果资本化。建立企业知识产权投融资项目数据库，推动专利、商标、版权等知识产权混合型质押。构建全省性知识产权运营服务平台，深化科技金融和知识产权金融服务，拓宽创新主体融资渠道。

（十七）加强国际科技创新合作。聚焦能源革命和工业高质量发展，开展跨国联合研发和技术转移，设立海外高端研发中心。深化基础研究国际合作，加强抗病毒药物及疫苗研发国际合作。实行外国高端人才签证制度，探索推动外籍科学家领衔承担政府支持科技项目。积极开展自由技术进出口登记无纸化管理，支持我省技术贸易企业大力发展技术贸易。

五、加快培育数据要素市场

（十八）持续依法推进政府数据开放共享。推动出台山西省政务数据管理条例，以立法引领政府数据共享开放。完善全省统一、多级互联的数据共享交换平台体系，提高数据调度能力。制定共享绩效评估指标体系，依法推动各地各部门政务数据有序共享，有序开放政务信息资源。

（十九）释放社会数据资源活力和价值。落实我省数字经济发展相关实施意见和政策，培育壮大数字经济产业体系。发挥我省能源、区位优势，积极承接东部产业资源，统筹布局数据中心建设。在能源、制造、文旅等领域开展DCMM贯标试点。支持开展人工智能、物联网、大数据等领域标准制修订工作，促进数据采集、处理标准化。

（二十）强化数据资源整合和安全保护。加强政务数据管理制度建设，制定出台山西省政务数据安全管理办法。建立数据安全工作责任制，制定重要数据和个人信息安全检查评估办法。加强市场监管数据安全，保障企业注册登记信息系统、信用信息公示系统安全运行。

六、加快要素价格市场化改革

（二十一）建立健全主要由市场决定要素价格机制。完善市县两级城乡基准地价、标定地价的制定与发布制度，形成与市场价格挂钩的动态调整机制，推动太原市、大同市做好城市地价动态监测工作。建立健全最低工资标准调整机制、工资集体协商和企业薪酬调查制度，发布企业从业人员工资报酬信息和行业企业人工成本信息。深化国有企业工资决定机制改革，健全工资与经济效益同向联动、能增能减的机制。完善事业单位岗位绩效工资制度。开展公务员工资试调查，落实国家基本工资标准正常调整机制。落实贷款利率市场化改革政策，督导做好存量贷款利率定价基准转换工作。

（二十二）强化要素价格管理和监督。推动政府由制定具体价格水平向制定定价规则转变，引导市场主体依法合理行使要素定价自主权。建立健全要素价格常态化监管机制,推行要素价格公示制度。加快构建要素价格动态监测预警体系,增强要素价格数据的收集、管理、分析、预警和应急能力。逐步建立要素价格调查和信息发布制度,促进市场主体依据市场规则进行要素定价。完善要素市场价格异常波动调节机制,制定缓解价格异常波动预案,有效防范化解各种风险。积极开展反垄断调查,强化市场竞争规则权威,切实维护要素市场价格秩序。

(二十三)健全生产要素由市场评价贡献、按贡献决定报酬的机制。着重保护劳动所得,增加劳动者特别是一线劳动者劳动报酬,提高劳动报酬在初次分配中的比重。实施以增加知识价值为导向的收入分配政策,落实事业单位高层次人才收入分配激励机制。推进高校、科研院所和医院薪酬制度改革,扩大绩效工资分配自主权。鼓励企事业单位实行灵活多样的收入分配方式,充分体现技术、知识、管理、数据等要素的价值。

七、健全要素市场运行机制

(二十四)优化要素市场化交易平台服务功能。深化公共资源交易平台整合共享,优化提升平台服务内容和功能,加快公共资源交易领域CA电子证书在我省"一证通用"。健全山西科技成果转化和知识产权交易服务平台,完善技术成果转化公开交易与监管体系。研究制定我省加快培育数据要素市场措施,引导交易主体依法合规开展交易。支持各类所有制企业参与要素交易平台建设。

(二十五)健全要素交易规则和服务。健全我省土地市场交易管理制度,落实我省完善建设用地使用权转让、出租、抵押二级市场实施意见。修订《山西省技术市场管理条例》,规范技术市场交易行为。支持研究数据确权、定价、交易追溯等技术规范和市场交易规则,推进全流程电子化交易。引导证券经营机构探索开展专项收入、应收账款等资产证券化业务。依托公共资源交易平台电子系统建设,形成涵盖产权界定、价格评估、流转交易、担保、保险等业务的第三方综合服务体系。

(二十六)加强要素交易监管能力。加强反垄断和反不正当竞争执法,依托12315投诉举报平台,建立完善投诉举报机制。加强信用体系建设,构建以信用为基础的新型监管机制,大力推进信用分级分类监管。推进失信被执行人信息与市场监管业务数据互通,依法实施联合惩戒。拓宽信用报告应用领域和查询渠道,鼓励各类市场主体在生产经营活动中广泛应用信用报告。

(二十七)加强要素应急配置。适应应急物资生产调配和应急需要,建立对相关生产要素的紧急调拨、采购等制度,提高要素应急高效协同配置能力。推动运用大数据、人工智能等信息化技术,在应急管理、疫情防控、资源调配、社会管理等方面积极发挥作用。

(二十八)营造公平竞争环境。坚持竞争中性原则,实施公平竞争审查的社会监督、考核评价和问责机制,大幅减少政府对要素的直接配置。实施国资监管和运营体制重塑性改革,深化混合所有制改革,推动多种所有制经济共同发展。深化国有金融机构改革,完善国有金融机构法人治理结构,按照"不求所有,但求所在"的原则,推动地方金融企业战略重组和健康发展。

八、稳步实施改革

(二十九)加强组织领导。各市各部门要充分认识完善要素市场化配置的重要性,明确职责分工,建立改革落实推进工作机制,确保各项重点任务落到实处。

(三十)开展改革试点。密切跟踪国家相关政策动向,结合我省实际,积极开展要素市场化配置改革试点示范。对不符合要素市场化配置改革的相关政策法规,按程序抓紧推动调整完善。

中共山西省委　山西省人民政府
《关于表彰奖励全省抗击新冠肺炎疫情先进个人和先进集体的决定》

(2020年10月21日)

新冠肺炎疫情发生后,在以习近平同志为核心的党中央坚强领导下,省委、省政府坚决贯彻落实党中央、国务院决策部署,坚持人民至上、生命至上,以必胜信念、战时机制、科学方略、精准举措,团结带领全省人民勠力同心、连续奋战,全力打好疫情防控阻击战、救治攻坚战、支援湖北大会战、京晋保卫战,有序推进复工复产复学,统筹一线保供、民生保需、交通保畅、社会保稳各项工作,迅速遏制了本地疫情传播,经受住了晋外、境外疫情输入的严峻考验,始终保持了确诊病人"零病亡"、医务人员"零感染"的"双零"目标,取得了抗疫斗争"山西战役"的重大战略成果,在大战大考中向党和人民交出了一份合格满意的答卷。

在这场严峻斗争中,全省各地各部门各单位党员、干部,广大医务工作者、疾控工作人员、公安民警、驻晋部队官兵、社区工作者、应急救援人员、新闻工作者、科研人员、企事业单位职工、下沉干部、志愿者以及广大人民群众,团结一心、守望相助,英勇无畏、拼搏奉献,为全省抗疫斗争取得胜利作出了重要贡献，涌现出一大批可歌可泣、催人奋进的先进典型和感人事迹。

为大力弘扬在抗击新冠肺炎疫情中形成的伟大精神，充分激发全省干部群众干事创业的责任感使命感荣誉感，广泛凝聚众志成城、共克时艰的强大正能量，省委、省政府决定，授予田新瑞等19名同志“山西省抗击新冠肺炎疫情先进个人”称号，给予马文途等31名同志记一等功奖励，给予刁士琦等60名同志记二等功奖励，给予丁爱国等105名同志记三等功奖励，给予卜平亮等2278名同志嘉奖奖励；授予山西省第二、五批援鄂医疗队临时党支部等9个集体“山西省抗击新冠肺炎疫情先进集体”称号，给予山西支援湖北医疗队宣传报道(山西广播电视台)组等21个集体记大功奖励，给予山西省第十三批支援湖北医疗队等30个集体记功奖励。希望受到表彰奖励的个人和集体珍惜荣誉、再接再厉，充分发挥模范带头作用，继续以昂扬的斗志和饱满的热情投入到常态化疫情防控和经济社会发展等工作中，再创佳绩、再立新功。

当前，我省统筹推进疫情防控和经济社会发展的任务仍然艰巨繁重。全省上下一定要坚持以习近平新时代中国特色社会主义思想为指导，更加紧密地团结在以习近平同志为核心的党中央周围，深入贯彻落实党中央及省委的重大决策部署，以受到表彰奖励的个人和集体为榜样，增强“四个意识”、坚定“四个自信”、做到“两个维护”，大力弘扬伟大抗疫精神，不忘初心、牢记使命，顽强拼搏、勇担重任，确保如期实现决胜全面建成小康社会、决战脱贫攻坚目标任务，奋力夺取抗疫斗争和经济社会发展“双胜利”，为加快高质量转型发展、实现山西振兴崛起、在转型发展上率先蹚出一条新路来而不懈奋斗！

中共山西省委
《关于表彰全省优秀共产党员和全省先进基层党组织的决定》

(2020年10月21日)

面对新中国成立以来传播速度最快、感染范围最广、防控难度最大的新冠肺炎疫情，山西全省上下坚决贯彻习近平总书记关于疫情防控工作重要讲话、重要指示批示精神，坚持全国一盘棋，坚持人民至上、生命至上，万众一心全力打好疫情防控阻击战、救治攻坚战、支援湖北大会战、京晋保卫战，全面抓实常态化疫情防控工作，始终保持了确诊病人“零病亡”、医务人员“零感染”的“双零”目标，牢牢守住“山西阵地”，充分体现“山西担当”，统筹疫情防控和经济社会发展工作取得重大成果。

在这场严峻斗争中，全省各级党组织和广大党员、干部坚决贯彻党中央及省委决策部署，全面落实“坚定信心、同舟共济、科学防治、精准施策”总要求，在大战大考中交出了“一句誓言、一生作答”的合格答卷。全省广大基层党组织紧急动员、有力组织、精准施策，筑牢疫情防控坚固堡垒；广大党员充分发挥先锋模范作用，挺身而出、不畏艰险、冲锋在前，奋战在湖北、山西疫情防控第一线，团结带领广大人民群众，凝聚起众志成城、共克时艰的强大力量，鲜红的党旗在防控疫情斗争第一线高高飘扬。

为大力表彰在抗击新冠肺炎疫情中涌现出来的优秀共产党员和先进基层党组织，激励全省各级党组织和广大党员不忘初心、牢记使命，一往无前、不懈奋斗，省委决定，授予刘冰新、李慧芬、董红霖3名共产党员“全省优秀共产党员”称号，授予山西省第二、五批援鄂医疗队临时党支部，山西公安援汉工作队临时党总支，山西省汾阳医院党委3个基层党组织“全省先进基层党组织”称号。

这次受表彰的全省优秀共产党员和全省先进基层党组织，是全省抗击新冠肺炎疫情先进个人和先进集体中的优秀代表。他们以实际行动忠实践行了党的根本宗旨，谱写了新时代共产党人践行初心使命、勇于担当作为的壮丽篇章。省委号召，全省各级党组织和广大党员、干部要深入学习贯彻习近平新时代中国特色社会主义思想，以受表彰的优秀共产党员和先进基层党组织为榜样，学习他们坚决贯彻执行党的基本理论和路线方针政策，坚定信念、对党忠诚、为党尽职的政治品格；学习他们坚持把人民放在心中最高位置，服务人民、心系群众、无私奉献的为民情怀；学习他们关键时刻冲得上去、危难关头豁得出来、重大斗争经得起考验，勇挑重担、不怕牺牲的英雄气概；学习他们大力弘扬爱国主义、集体主义、社会主义精神和伟大抗疫精神，团结一心、密切协作、攻坚克难的精神风貌，以实际行动凝聚起推动新时代山西改革发展的强大力量。希望受表彰的优秀共产党员和先进基层党组织，珍惜荣誉、再接再厉、再立新功。

当前，统筹推进常态化疫情防控和经济社会发展，决胜全面建成小康社会、决战脱贫攻坚各项任务艰巨而繁重。全省各级党组织和广大党员、干部要更加紧密地团结在以习近平同志为核心的党中央周围，深入贯彻落实习近平总书记视察山西重要讲话重要指示和“三篇光辉文献”精神，增强“四个意识”、坚定“四个自信”、做到“两个维护”，担当作为、干事创业，为加快高质量转型发展、实现山西振兴崛起、在转型发展上率先蹚出一条新路来作出新的更大的贡献！

中共山西省委办公厅　山西省人民政府办公厅《关于加强和改进乡村治理的实施意见》

(2020年2月11日)

为深入贯彻落实党中央、国务院关于加强和改进乡村治理的决策部署,加快推进我省乡村治理体系和治理能力现代化,进一步夯实乡村振兴基层基础,提出如下实施意见。

一、总体要求

以习近平新时代中国特色社会主义思想为指导,全面贯彻党的十九大和十九届二中、三中、四中全会精神,深入学习贯彻习近平总书记关于"三农"工作的重要论述及视察山西重要讲话精神,按照实施乡村振兴战略的总体要求和全国加强乡村治理体系建设工作会议的安排部署,担当作为、务实创新,加快乡村治理体系和治理能力现代化建设。到2020年,现代乡村治理的制度框架和政策体系基本形成,农村基层党组织更好发挥战斗堡垒作用,以党组织为领导的农村基层组织建设明显加强,村民自治实践进一步深化,村级议事协商制度进一步健全,乡村治理体系进一步完善。到2035年,乡村公共服务、公共管理、公共安全保障水平显著提高,党组织领导的自治、法治、德治相结合的乡村治理体系更加完善,乡村社会治理有效、充满活力、和谐有序,乡村治理体系和治理能力基本实现现代化。

二、主要任务

(一)健全完善村党组织领导乡村治理的体制机制

1.深入推进"三基建设",强化农村基层党组织领导作用。坚持和加强党对农村工作的全面领导,突出政治功能,提升组织力,夯实农村基层党组织领导地位。健全村党组织领导的乡村治理机制,强化村党组织对农村各类组织、各项工作的统一领导,建立村级各类组织向村党组织定期报告工作制度。全面推行村党组织书记通过法定程序担任村委会主任和村级集体经济组织、合作经济组织负责人,推进村"两委"班子成员交叉任职。村务监督委员会主任一般由党员担任,可以由非村民委员会成员的村党组织班子成员兼任,保持党员在村民委员会成员、村民代表中的一定比例。及时跟进村改居、合并行政村等工作,优化调整党组织设置。大力探索"联村党组织"设置形式。农村经济组织、社会组织具备单独成立党组织条件的要成立党组织,探索在跨村跨乡镇的经济组织、社会组织中设置"产业党组织"。健全村级重要事项、重大问题由村党组织研究讨论机制,全面落实"四议两公开"。实施村党组织带头人整体优化提升行动。推进发展壮大村级集体经济三年行动,加大省市县财政资金扶持力度,到2020年年底,村集体经济年收入5万元以上的村达到90%。探索建立经营绩效与村干部收入挂钩的激励制度。构建县委主导、县乡联动、全程把关配备村党组织书记工作机制,全面落实村党组织书记县级党委组织部门备案管理制度。严格村"两委"成员任职资格条件,建立由组织部门牵头、民政等部门配合的村"两委"换届候选人县级联审常态化机制。建立第一书记派驻长效工作机制,全面向软弱涣散村、集体经济薄弱村和贫困村派出第一书记,并向乡村振兴任务重的村拓展。积极探索村党组织书记职业化管理方式,对村党组织书记"无人选、人难选"的,由县乡从机关事业单位选派干部到村任职,必要时可选派多人组成村党组织领导班子。建立村"两委"干部后备人才库。

2.推进农村基层党组织标准化规范化建设。规范农村基层党组织日常运行,严格党的组织生活,坚持"三会一课"制度,每月定期开展支部主题党日活动,坚持和完善重温入党誓词、过"政治生日"等政治仪式。突出政治学习和党性锻炼,把"不忘初心、牢记使命"作为加强党的建设的永恒课题和全体党员干部的终身课题,形成长效机制。健全常态化整顿机制,以县为单位"一村一策"精准整顿软弱涣散村党组织。坚持政治标准,做好在重点群体和薄弱领域中发展党员工作。加强对流动党员的教育管理。推广"山西智慧党建",开展农村党员教育。发挥党员模范带头作用,开展党员承诺践诺、创建党员先锋岗、领办致富项目和结对帮扶群众等活动,用党员的模范行动感染群众、吸引群众,引导农民群众自觉听党话、感党恩、跟党走。

(二)深化村民自治实践

3.加强村民自治组织建设。健全党组织领导的村民自治机制,完善村民自治制度,在乡村治理、农村公共事务和公益事业中广泛实行村民自我管理、自我服务、自我教育、自我监督。充分发挥村民委员会等基层群众自治组织功能,推动村务管理、决策、监督规范化系统化运行,保障农民群众的知情权、参与权、决策权和监督权,维护群众合法权益。加强治安保卫等群防群治力量。建立和完善民意调查等制度,拓宽农民群众反映意见和建议的渠道。

4.健全村民议事协商机制。以县为单位编制村民议事协商目录,制定民主协商流程图,依托村民会议、村民代表会议、村民议事会、村民理事会、村民监事会、红白理事会等,推动建立党组织领导的民事民议、民事民办、民事民管的村级协商机制。鼓励农村开展村民说事、民情恳谈、百姓议事、妇女议事等各类协商活动。

5.推进村级事务公开。全面实施村级事务阳光工程。以县为单位修订公开目录，规范公开程序和内容，及时公开农村集体经济组织财务收支、集体资产运营、土地征收补偿、债权债务和收益分配等情况。对不及时公开、假公开、半公开的村，采取民主评议村务、责任追究等形式予以督促落实。推行村级每月固定“民主公开日”，对党务、村务、财务全面公开，重大事项随时公开。推广村级事务“阳光公开”监管平台，建好村务公开栏，用好“互联网+监督”平台以及微信公众号等新媒体手段，推进村级事务即时公开。健全村务档案、台账管理制度。规范村级会计委托代理制，加强农村集体经济组织、村干部任期和离任经济责任等审计工作。

6.清理规范村级组织工作事务。规范各类代办事项，厘清权责边界，应当由基层政府履行的法定职责，一般不得要求村级承担；需要村级协助的工作事项，应当提供经费等必要工作条件。严格执行为基层减负的各项措施，从严控制督查检查考核频次，不简单以留痕情况评价基层工作。规范村级各种工作台账和各类盖章证明事项。

（三）推进法治乡村建设

7.提升乡村法治水平。完善司法为民便民利民措施，推动司法机关依法妥善审理涉农纠纷案件。推进行政执法权限和力量向基层延伸下沉，强化乡镇的统一指挥和统筹协调职责，逐步实现“一支队伍管执法”。建立乡村干部经常性学法制度，强化村“两委”干部法治教育培训。加强农村普法队伍和法治宣传阵地建设，广泛开展“送法下乡”活动。抓好乡村青少年法治宣传教育。持续开展“民主法治示范村”创建，大力实施农村“法律明白人”培养工程。

8.完善农村公共法律服务体系。积极建设“一县（市、区）一公共法律服务中心”“一乡（镇）一公共法律服务站”，大力推进“驻村法官”“一村一法律顾问”“一家一法律明白人”建设。到2022年，基本实现村级法律顾问全覆盖，农村有“法律明白人”的户数占农户总数50%以上。推行“庭院法庭”“车载法庭”等巡回审判方式。完善政府购买乡村公共法律服务机制，引导各类法律服务工作者为乡村提供服务。

9.健全乡村矛盾纠纷预防和调解机制。坚持和发展新时代“枫桥经验”，畅通和规范农民群众诉求表达、利益协调、权益保障通道。健全党委、政府统一领导，维稳、信访、公安、司法行政等部门和法院共同参与的基层矛盾纠纷调处化解综合工作平台。完善“诉源治理”机制，坚持把非诉讼纠纷解决机制挺在前面，推动从源头上减少诉讼增量。建立健全乡村矛盾纠纷分析研判、预防预警和排查化解、群众利益协调保护、社会治安综合防控机制，完善信访制度和人民调解、司法调解、行政调解联动工作体系。完善调解、仲裁、行政裁决、行政复议、诉讼等有机衔接、相互协调的多元化纠纷解决体系。充分发挥村、企事业单位调解员、网格员的作用，强化矛盾纠纷排查化解力度。将网格员纳入纠纷化解队伍，将人民调解委员会人员分别纳入各级人民法院特邀调解员名册。加强人民调解员队伍建设，探索“互联网+”人民调解模式，大力推进乡村两级调解中心规范化建设。广泛开展平安教育和社会心理健康服务、婚姻家庭指导服务。推动法院跨域立案系统、检察服务平台、公安综合窗口、人民调解组织延伸至基层。

10.建设平安乡村。推进农村社会治安防控体系建设，落实平安建设领导责任制。扎实推进“平安社区（村）”创建活动，发挥好“两会一队”作用，防范“民转刑”案件发生。加强农村警务工作，大力推行“一村一辅警”机制，在农村集贸市场、庙会、车站、景点等人员密集场所增设治安室和报警点。加强流动人口和特殊人群服务管理。深入推进扫黑除恶专项斗争，健全防范打击长效机制。大力整治农村“黄赌毒”等突出问题。继续整治农村乱建庙宇、滥塑宗教造像等行为。依法严厉打击敌对势力、邪教组织、非法宗教活动向基层渗透。坚决遏制和防范黑恶势力、宗族势力等干扰侵蚀基层干部队伍和基层政权。实施农村“雪亮工程”，推进农村公共安全视频监控联网应用，持续推进乡村两级社会治安综合治理中心标准化建设。深化拓展网格化服务管理，实现基层服务和管理精细化精准化。加强基层综合治理信息化平台建设，推动网络互联、数据共享，实现对涉稳信息的实时掌握、动态跟踪、预测预警。加强对农村交通、消防、公共卫生、食品药品安全、地质灾害等公共安全事件易发生领域的隐患排查和专项治理，坚决遏制重特大安全事故。

11.大力开展农村基层微腐败整治。建立村干部“权力清单”制度，规范乡村小微权力运行。健全乡村小微权力监督制度，依法依规对村级重大事项决策程序和落实、村务公开、民主理财、村民自治章程和村规民约执行、村民委员会成员履职任职及廉洁自律等情况进行监督。推动全面从严治党向基层延伸，开展农民群众身边腐败和作风问题集中整治，推进市县巡察向村党组织延伸。

（四）提升乡村德治水平

12.引导农民群众践行社会主义核心价值观。坚持教育引导、实践养成、制度保障三管齐下，深化习近平新时代中国特色社会主义思想和“中国梦”宣传教育。推进新时代文明实践中心建设，打造理论宣讲、教育文化、科技科普服务和健身体育平台。弘扬社会主义核心价值观，弘扬太行精神、吕梁精神、右玉精神，推动社会主义核心价值观转化为农民群众的情感认同和行为习惯，牢牢占领农村思想文化阵地。完善乡村信用体系，增强农民群众诚信意识。加强农村未成年人思想道德教育，帮助广大青少年“扣好人生第一粒扣子”。

13.深入推进农村移风易俗。坚持教育引导和规范制约相结合，坚持党员带头和群众自治并举，推进移风易俗，弘扬新风正气。加强乡村精神文明实践站（所）建设。开展好家风建设，传承传播优良家训。县乡两级党委、政府要指导制定或修订村规民约，充实婚事新办、丧事简办、孝亲敬老等移风易俗内容，探索村规民约组织实施方式。发挥村民议事会、道德评议会、红白理事会、禁毒禁赌协会等群众组织的作用，引导和鼓励村民委员会依据村规民约出台具体约束性和可操作性措施，对红白喜事大操大办、不赡养老人等进行治理，有效遏制大操大办、厚葬薄养、人情攀比、封建迷信等陈规陋习。

加强“无神论”宣传教育,提高农民科学文化素养。深入推动殡葬改革。到2022年,实现全省行政村“一约四会”全覆盖。以宪法和法律法规为依据,规范完善村规民约,确保制定过程、条文内容合法合规,防止一部分人侵害另一部分人的权益。建立农村党员干部操办婚丧事宜报备制度。

14.培育乡村道德新风。深入实施公民道德建设工程,弘扬中华传统美德,倡导社会主义道德,广泛开展学习时代楷模、道德模范、最美人物等活动,开展好邻居、好媳妇、好公婆评选和寻找“最美家庭”等活动。推进道德宣讲团、乡村文化礼堂等道德文化阵地建设,发挥家庭家教家风在乡村治理中的重要作用。鼓励各地出台文明村镇创建激励措施,持续推进文明村镇创建。落实《山西省实施乡村振兴战略星级文明户创评工作管理暂行办法》,广泛开展星级文明户创评活动,厚植良好家风、淳朴民风、文明乡风。

15.传承弘扬优秀乡土文化。实施乡村文化记忆、传统村落保护、农耕文明传统和非物质文化遗产传承发展等工程,保护传承乡村传统文化。深入挖掘革命历史文化资源,统筹推进红色文化资源保护开发利用。推进农林文旅康产业融合发展试点,壮大乡村文化产业。传承发展群众性文化体育活动,经常性组织开展“中国梦歌曲大家唱”、乡村广场舞、地方戏曲会演等活动。深化拓展“农民丰收节”活动,展示、传承、弘扬农耕文化。实施基层公共数字文化工程,使农民群众能够便捷获取优质数字文化资源。鼓励社会力量参与农村公共文化服务体系建设。深入推进“戏曲进乡村”工程,持续开展“免费送戏下乡”活动。

(五)强化基层服务能力

16.提高乡镇和村管理服务能力。强化乡镇服务职能,推动“放管服效”改革向基层延伸。整合基层各类服务平台,为农民提供“一门式办理”“一站式服务”,全面推行村级事务代办制、村干部坐班值班制。管好用好乡镇党群服务中心、村级组织活动场所,规范标识、挂牌,发挥“一室多用”综合功能。依法明确乡镇审批管理服务执法权限和责任,建立权力清单和责任清单,县级职能部门不得随意将工作任务转嫁给乡镇,确需依托乡镇办理的,必须权随事转、人随事转、费随事转。加大资源整合力度,推动各级投放的公共服务资源以乡镇、村党组织为主渠道落实。全面落实保障和改善民生政策,加强对贫困人口、留守儿童和妇女、老年人、残疾人、“五保户”等人群的关爱服务。

17.引导支持多方参与乡村治理。支持和鼓励共青团、妇联、残联等组织在乡村治理中发挥作用。支持农民合作经济组织、社会服务组织等参与村级事务、开展为民服务。引导企业参与乡村治理,到农村投资兴业、扶贫济困。通过政府购买服务方式,培育社会组织,充分发挥社会组织在基层治理中的积极作用,推进社区、社会组织、社会工作“三社联动”基层治理机制创新。用好乡村社工人才队伍,加快推动农村志愿服务制度化、规范化、常态化发展。

三、保障措施

18.加强组织领导。各地党委、政府要把乡村治理工作纳入经济社会发展总体规划和乡村振兴战略规划,谋划实施一批重大举措、重大行动,及时研究解决重大问题。要把乡村治理工作列为乡村振兴实绩考核重要指标,并作为每年市县乡党委书记抓基层党建述职评议考核的重要内容,推动层层落实责任。县乡党委要落实抓农村基层党组织建设和乡村治理的主体责任。乡镇党委要落实直接责任,建立乡镇党委书记和党委领导班子成员等包村联户制度、乡镇干部驻村制度、村“两委”成员入户走访制度,及时研究解决困难问题。各市党委、政府每年向省委、省政府报告实施乡村振兴战略推进情况时,要将乡村治理工作进展作为重要内容。

19.落实工作责任。各地党委、政府要严格落实责任,加快建立部门协同、上下联动的乡村治理领导体制和工作机制。各级党委农村工作部门要发挥好牵头抓总、统筹协调作用,指导督促各地各部门落实好各项工作。各级组织、宣传、政法、民政、司法行政、公安等相关部门要各司其职、各负其责,强化政策支持、资源和力量配备,加强指导服务和协同配合,形成齐抓共管的强大合力。

20.强化保障支撑。各地党委、政府要在人力、物力、财力投入方面为乡村治理工作提供有效保障。要按照省市抓示范、县级抓轮训、乡镇抓全员的分级负责要求,有计划、分层次开展乡镇和村干部培训。要创新基层人员编制管理,统筹使用各类编制资源,赋予乡镇更加灵活的用人自主权引进急需紧缺人才。要健全以财政投入为主的乡镇(街道)、村组织运转经费保障制度,建立年度正常增长机制,全面落实村办公经费、服务群众专项经费、党建工作经费。切实保障村干部基本报酬,建立健全与绩效考核相挂钩的报酬兑现机制。要加大对农村社区综合服务中心、网上便民服务平台等硬件设施的投入力度。

21.开展“三零”创建。坚持问题导向、目标导向、效果导向,深入开展“零上访、零事故、零案件”村创建活动,狠抓农村基层社会治理工作,不断提高依法治理、源头治理、综合治理和系统治理的能力和水平。组织开展好乡村治理体系建设试点县和乡村治理示范村镇创建,瞄准重点领域和关键环节,研究制定配套措施。省级各有关部门要立足职能加强指导,边试点边总结推广,及时将试点成果转化为有效的政策措施和可行的制度安排。

22.加强宣传引导。充分发挥新闻媒体的舆论引导作用,大力宣传党的相关政策、各地的创新与实践,宣传道德模范、最美家庭、身边好人等先进事迹,宣传乡村治理各类先进典型,充分发挥榜样的示范作用,营造良好舆论氛围。

中共山西省委办公厅　山西省人民政府办公厅《关于统筹推进自然资源资产产权制度改革的实施意见》

（2020年2月19日）

为认真贯彻落实中共中央办公厅、国务院办公厅《关于统筹推进自然资源资产产权制度改革的指导意见》（中办发〔2019〕25号）精神，进一步推进全省生态文明建设，深化自然资源资产产权制度改革，促进自然资源合理利用和有效保护，结合我省实际，提出如下实施意见。

一、总体目标

以强化自然资源整体保护、促进自然资源资产集约开发利用、推动自然生态空间系统修复和合理补偿为目标，到2020年年底，基本建立全省自然资源资产产权制度，初步构建自然资源资产的“权、责、利”关系；到2025年年底，建立归属清晰、权责明确、保护严格、流转顺畅、监管有效的自然资源资产产权体系，全面提升我省自然资源开发利用效率和保护力度。

二、主要任务

（一）健全自然资源资产产权体系

1.落实农村承包土地所有权、承包权、经营权“三权分置”制度，修改《山西省实施〈农村土地承包法〉办法》，完善并推广省级农村土地经营权流转合同示范文本，继续做好农村土地承包经营纠纷调解仲裁考评工作，开展经营权入股、抵押，总结推广农村承包土地经营权抵押贷款试点经验。

2.落实宅基地集体所有权，保障宅基地农户资格权，放活宅基地使用权，继续深入探索宅基地所有权、资格权、使用权“三权分置”的有效实现形式。

3.探索开展地下空间开发利用专题研究，加快推进建设用地地上、地表和地下分别设立使用权，促进空间合理开发利用。

4.深入开展调查研究，依据不同矿种、不同勘查阶段地质工作规律，合理延长探矿权有效期及延续、保留期限。根据矿产资源储量规模，分类设定采矿权有效期及延续期限。

5.开展矿产资源资产使用权相关问题研究，依法明确采矿权抵押权能；研究完善探矿权、采矿权与土地使用权衔接机制。

6.完善水域滩涂养殖权利体系，依法明确权能，允许流转和抵押。在完成永济市、盐湖区、万荣县、云州区等四个县（市、区）养殖水域滩涂规划编制的基础上，加快推进全省11个市《养殖水域滩涂规划》编制工作，由本级人民政府批准发布。

7.理顺水域滩涂养殖的权利与土地承包经营权，取水权与地下水、地热水、矿泉水采矿权的关系。

（二）明确自然资源资产产权主体

8.待国家明确委托省级和市（地）级政府代理行使自然资源资产所有权的资源清单和监督管理制度后，研究制定山西省行使全民所有自然资源资产所有权的资源清单和管理办法。

9. 建立健全我省统一规范的全民所有自然资源资产收益管理制度，配合中央调整地方收益分配比例和支出结构，并加大对生态保护修复支持力度。

10. 推进农村集体所有的自然资源资产所有权确权，依法落实农村集体经济组织特别法人地位，明确农村集体所有自然资源资产由农村集体经济组织代表集体行使所有权，增强对农村集体所有自然资源资产的管理和经营能力，农村集体经济组织成员对自然资源资产享有合法权益。扎实推进农村集体产权制度改革，扩大试点范围，按期保质完成改革任务，切实做好确权登记颁证收尾工作，确保将土地承包经营权证发放到农户手中。开展新成立集体经济组织登记赋码工作，使完成改革的集体经济组织尽快领到“身份证”。

11.保证自然人、法人和非法人组织等各类市场主体依法平等使用自然资源资产、公开公平公正参与市场竞争，同等受到法律保护。

（三）开展自然资源统一调查监测评价

12.建立自然资源统一调查监测评价制度，按照国家统一部署，构建科学、统一的自然资源调查监测评价的标准体系和质量管理制度，探索建立“黑名单”和退出机制，制定自然资源调查监测评价工作规范。建立统一权威的自然资源调查监测评价信息发布和共享机制。

13.开展省级层面自然资源资产实物量统计，试编自然资源资产负债表。

14.建立自然资源动态监测制度，及时跟踪掌握各类自然资源变化情况。开展自然资源全覆盖动态遥感监测，监测结果用于年度变更调查、年度督察与执法以及各类年度考核等。

15.以第三次国土调查为基础，按照国家部署，适时开展全省自然资源调查和专项调查，掌握重要自然资源的数量、质量、分布、权属、保护和开发利用状况，为区域经济发展编制规划、制定政策提供基础数据。

（四）加快自然资源统一确权登记

16.重点推进自然保护区等各类自然保护地、省直重点国有林区、国有苗圃、湿地、草地、河湖重要生态空间确权登记工作，最终实现自然资源确权登记全覆盖的目标，清晰界定我省全部国土空间各类自然资源资产的产权主体，划清各类自然资源资产所有权、使用权的边界。

17.开展探明储量的矿产资源三维立体调查登记模式试点。围绕探索解决探明储量的矿产资源确权登记中的难点问题，选择典型性、代表性矿区开展试点工作，通过广泛研究和实践总结，推动形成可复制、可推广的矿产资源确权登记标准规范与工作机制。

18.建立健全登记信息管理基础平台，提升公共服务能力和水平；完善不动产登记数据要求，持续提高增量数据接入质量，推进城镇地区存量登记数据更新汇交；健全部门信息共享机制，加强不动产登记与土地、矿产、森林、草原、水资源等专项调查的信息联动，实现部门信息共享。

(五)强化自然资源整体保护

19.编制实施国土空间规划。认真落实省委、省政府《关于建立山西省国土空间规划体系并监督实施的意见》要求，建立统一的国土空间规划体系，高标准编制国土空间规划，健全规划刚性管控体制,实现自然资源的节约利用和综合高效利用。

20.划定并严守生态保护红线、永久基本农田、城镇开发边界等控制线。按照国家要求，全面开展永久基本农田划定成果核实整改工作，开展永久基本农田储备区建设；在市县国土空间规划中科学统筹划定城镇开发边界和生态保护红线。

21.建立健全国土空间用途管制制度、管理规范和技术标准，对国土空间实施统一管控，强化对永久基本农田、各类自然保护地和生态脆弱带等区域的重点保护。

22.积极预防、及时制止破坏自然资源资产行为，强化自然资源资产损害赔偿责任，研究建立相关制度机制，加强考核监管，切实维护所有者权益。

23.探索建立政府主导、企业和社会参与、市场化运作、可持续的生态保护补偿机制，使履行自然资源资产保护义务的权利主体能够通过市场化机制获得合理补偿。

24.健全自然保护地内自然资源资产特许经营权等制度，构建以产业生态化和生态产业化为主体的生态经济体系。

25.鼓励政府机构、企业和其他社会主体，通过租赁、置换、赎买等方式扩大自然生态空间，维护区域生态安全；探索各类自然资源生态空间的生态产品价值实现机制，吸引多元化主体参与。

26.出台关于建立林长制的意见，到2020年年底初步建立省市县乡村五级林长制，重点强化森林资源保护；认真落实中共中央办公厅、国务院办公厅《关于建立以国家公园为主体的自然保护地体系的指导意见》要求，对生态功能重要的公益性自然资源资产，加快构建以国家公园为主体的自然保护地体系，有序开展自然保护地整合优化和自然保护区“三区变两区”。

27.依法依规解决自然保护地内的探矿权、采矿权、取水权、水域滩涂养殖捕捞的权利、特许经营权等合理退出问题。核查清理各级自然保护区、各级风景名胜区内矿业权；认真落实中央环保督察整改要求，开展自然保护区内矿业权退出和分类处置工作。

(六)促进自然资源资产集约开发利用

28.深入推进全民所有自然资源资产有偿使用制度改革，按要求落实《山西省全民所有自然资源有偿使用制度改革实施意见》，扩大国有建设用地有偿使用范围，加快出台我省国有森林资源资产和草原资源资产有偿使用制度改革方案。

29.认真总结我省矿业权出让制度改革试点经验，全面推进矿业权竞争性出让，进一步规范、完善和调整与竞争性出让相关的探矿权、采矿权审批方式，发挥市场配置资源的决定性作用。

30.有序放开油气勘查开采市场，完善竞争出让方式和程序，出台山西省煤层气勘查开采管理办法；持续推进我省煤层气矿业权审批制度改革工作，在晋城市开展部分煤层气矿业权审批试点，制定“三气”综合开发试点工作方案。

31.健全水资源资产产权制度，着力改变分割管理、全面开发的状况，实施对流域水资源、水能资源开发利用的统一监管。

32.完善自然资源资产分等定级价格评估制度和资产审核制度，建立我省自然资源等级价体系和政府公示自然资源价格体系；完善自然资源资产开发利用标准体系和产业准入政策，将自然资源资产开发利用水平和生态保护要求作为选择使用权人的重要因素并纳入出让合同；完善矿产资源合理开发利用“三率”最低指标体系。

33.完善自然资源资产使用权转让、出租、抵押市场规则，出台山西省关于完善建设用地使用权转让、出租、抵押二级市场的实施意见；统筹推进我省自然资源资产交易平台和服务体系建设，初步建立自然资源资产市场信用体系，促进自然资源资产流转顺畅、交易安全、利用高效。

(七)推动自然生态空间系统修复和合理补偿

34.深化“两山七河一流域”生态修复治理，在太原市、忻州市探索开展山水林田湖草生态保护修复工程试点，建立健全山水林田湖草系统修复和综合治理机制；大力开展大规模国土绿化行动，持续推进采煤沉陷区治理和水土流失治理任务，推动汾河流域生态保护与修复。

35.坚持谁破坏、谁补偿原则，建立健全依法建设占用各类自然生态空间和压覆矿产的占用补偿制度，严格占用条件，提高补偿标准；探索建立基于主体功能区战略实施、自然资源资产有偿使用和产权交易的生态保护补偿制度；探索建立有偿压覆制度。

36.按照《山西省生态环境损害赔偿制度改革实施方案》要求，出台相应配套实施办法，落实和完善我省生态环境损害赔偿制度；生态环境损害由责任人承担修复或赔偿责任，对责任人灭失的，遵循属地管理原则，按照事权由各级政府组织开展修复工作。

37.按照谁修复、谁受益原则，通过赋予一定期限的自然资源资产使用权等产权安排，激励社会投资主体从事生态保护修复;研究出台激励社会资本投入历史遗留矿区国土空间生态修复的相关政策措施;编制山西省国土空间生态修复专项规划。

(八)健全自然资源资产监管体系

38.建立科学合理的自然资源资产管理考核评价体系,开展领导干部自然资源资产离任审计,落实完善党政领导干部自然资源资产损害责任追究制度,促进领导干部牢固树立绿色发展理念和正确政绩观,认真履行自然资源资产管理责任。

39.建立向本级人大常委会报告国有自然资源资产制度,接受权力机关监督。完善自然资源资产产权信息公开制度,强化社会监督。充分利用大数据等现代信息技术,建立统一的自然资源数据库,提升监督管理效能。

40.建立自然资源行政执法与行政检察衔接平台,实现信息共享、案情通报、案件移送,通过检察法律监督,推动依法行政、严格执法。加强检察机关同自然资源行政执法单位的信息共享机制,不得设置壁垒和障碍,营造共促依法行政的良好环境。

41.完善自然资源资产督察执法体制,逐步构建符合我省实际的自然资源督察制度体系,加强督察执法队伍建设,严肃查处自然资源资产产权领域重大违法案件。

(九)完善自然资源资产产权法律体系

42.根据修订后的土地管理法,制定完善我省相关实施办法。根据自然资源资产产权制度改革进程,配合国家开展修订矿产资源法、水法、森林法、草原法等法律及相关行政法规工作。

43.全面落实公益诉讼和生态环境损害赔偿诉讼等法律制度,构建自然资源资产产权民事、行政、刑事案件协同审判机制。适时公布严重侵害自然资源资产产权的典型案例。

44.建立健全协商、调解、仲裁、行政裁决、行政复议和诉讼等有机衔接、相互协调、多元化的自然资源资产产权纠纷解决机制。

三、保障措施

(一)加强党的领导,确保有序推进。自然资源资产产权制度改革必须在党的集中统一领导下开展,各地各部门要切实增强"四个意识"、做到"两个维护",认真贯彻落实党中央、国务院关于自然资源资产产权制度改革的重大决策部署和省委、省政府的有关要求。由省自然资源厅牵头建立统筹推进自然资源资产产权制度改革的工作机制,明确部门责任,强化省市联动,加强跟踪督办,及时研究解决改革推进中的重大问题,确保改革有序推进、落地生效。

(二)开展试点探索,总结提炼经验。相关部门要积极争取国家相关试点工作,及时跟进制定改革配套政策措施,认真总结试点经验,形成可复制可推广的制度成果;积极学习借鉴全民所有自然资源资产所有权委托代理机制试点地区的先进经验和有益做法,深入开展委托代理行使所有权的资源清单、管理制度和收益分配机制等方面的调查研究。

(三)积极宣传引导,营造改革氛围。各地各部门要加强政策解读,开展形式多样的宣传活动,系统阐述自然资源资产产权制度改革的重大意义,大力宣传我省自然资源资产产权制度改革取得的重要成果,营造良好改革氛围。

中共山西省委办公厅　山西省人民政府办公厅
《山西省贯彻落实〈新时代爱国主义教育实施纲要〉若干措施》

(2020年4月16日)

为深入贯彻落实中共中央、国务院印发的《新时代爱国主义教育实施纲要》(中发〔2019〕45号)精神,结合我省实际,制定如下措施。

一、坚定理想信念,夯实思想根基

1. 坚持用习近平新时代中国特色社会主义思想武装全党、教育人民。深入学习宣传贯彻习近平新时代中国特色社会主义思想,充分发挥各级党校(行政学院)、干部学院的教育作用和党委(党组)理论学习中心组联系示范点的典型引领作用,用好"学习强国""好干部在线""智慧党建"等学习平台,通过集中学习、专题培训、学习研讨、举办大讲堂等多种形式,引导党员干部系统深入学、及时跟进学、联系实际学、笃信笃行学,准确把握其核心要义、丰富内涵、精神实质、实践要求,增强"四个意识",坚定"四个自信",做到"两个维护"。坚持学思用贯通、知信行统一,加强学用交流,促进成果转化,引导干部群众坚持以习近平新时代中国特色社会主义思想为指导,激发新作为,把学习教育成果转化为推进全省转型发展的生动实践,转化为爱国报国的实际行动。

2.加强面向基层的大众化、分众化理论宣讲。省级层面组建直通基层的理论宣讲队伍,创新方式方法,采用对象化备课、行业化细分、分众化宣讲、开放式观摩、模式化推广等形式,进一步推动习近平新时代中国特色社会主义思想进企业、进农村、进机关、进校园、进社区、进军营、进网络,切实增强工作实效,使党的创新理论落地生根、开花结果。

3.深入开展中国特色社会主义和中国梦教育。高举中国特色社会主义伟大旗帜,广泛开展理想信念教育,通过党课、培训、展览、演讲比赛、座谈研讨、网络宣传、公益广告等多种方式,生动展示党领导人民进行伟大社会革命的成果、改革开放以来社会主义现代化建设的伟大成就、新时代坚持和发展中国特色社会主义的生动实践、中国特色社会主义制度的优势,在历史与现实、国际与国内对比中,引导人们深刻认识、倍加珍惜我们党开创的中国特色社会主义,不断增强道路自信、理论自信、制度自信、文化自信。深入开展"我的中国梦""中国梦·劳动美""三晋巾帼大宣讲" 等主题宣传教育活动,通过知识竞赛、文化活动、巡讲巡演、文学作品等形式,凝聚社会广泛共识,引导人们自觉把实现个人理想追求融入实现中华民族伟大复兴中国梦的生动实践,争做新时代的奋斗者、追梦人。

4.加强国情、省情教育。加强我国发展新的历史方位、社会主要矛盾的变化等国情教育,通过举办社会保障、自然资源、生态环境、卫生健康、水利等国情、省情专题讲座,选派优秀专业讲师进行专题宣讲,加强人们对基本国情、省情的准确把握,引导人们从基本国情、省情出发考虑和处理问题,激励人们立足国情、省情爱国奋斗、逐梦圆梦。

5.广泛开展形势政策教育。发挥好各级党校(行政学院)主渠道、主阵地作用,邀请专家、学者宣讲党的方针政策,解读国际国内形势,帮助人们树立正确的历史观、大局观、角色观。推动党政领导形势政策报告会常态化、制度化,不断深化全省广大干部群众对山西发展阶段特征、演进趋势、内在规律的科学认识,坚持"四为四高两同步"总体思路和要求,在坚定不移将转型综改进行到底的新征程中弘扬爱国主义精神。

6.大力弘扬民族精神和时代精神。通过典型选树、文艺创作、媒体宣传等多种形式生动诠释改革开放精神、劳动精神、劳模精神、工匠精神、优秀企业家精神、科学家精神。通过开展群众性精神文明创建,群众性主题宣传教育活动,社会主义核心价值观建设示范点创建、微电影微视频征集展示等,培育和践行社会主义核心价值观。大力弘扬太行精神、吕梁精神、右玉精神,深入挖掘其时代内涵,用鲜活的故事、感人的事迹,生动展示全省上下在新时代的新实践、新业绩、新作为,激励人们大力弘扬以爱国主义为核心的民族精神和以改革开放为核心的时代精神,走好新时代长征路。

7.深入开展党史、国史、改革开放史教育。各级党校(行政学院)、干部学院、党史部门要加强党史研究,结合新的时代特点赋予新的内涵,推出一批具有山西特色、全国影响的精品力作。推进党史教育基地、重点革命遗址普查命名管理。加大党史、国史、改革开放史教育力度,通过举办展览展示、知识竞赛、参观学习等丰富多彩的宣传教育活动,讲好中国故事的山西篇章,充分展现我国社会主义现代化建设所取得的伟大成就和人民群众生活的巨大变化,引导人们深刻认识坚持中国共产党领导、坚持社会主义制度、坚持改革开放是历史和人民的选择。

8.深入实施中华优秀传统文化传承发展工程。实施优秀传统文化挖掘阐发工程、文化遗产保护传承工程、教育普及工程、文艺创作工程、实践融入工程和传播互鉴工程,推动中华优秀传统文化创造性转化、创新性发展。组织举办右玉生态文化旅游活动、左权民歌汇、八路军文化旅游节、太行山文化旅游节、尧都文化旅游节、关公文化旅游节、永乐宫书画艺术节、大同云冈文化旅游活动等主题文化活动,引导人们了解中华民族的悠久历史和灿烂文化,从历史中汲取营养和智慧,自觉延续文化基因,增强民族自尊心、自信心和自豪感。

9. 强化祖国统一教育。通过举办海联会理事国情研修班,引导香港特别行政区同胞、澳门特别行政区同胞、台湾同胞和海外侨胞增进心灵契合,增强对国家的认同,自觉与分裂祖国的言行作坚决斗争。坚持和完善中国特色社会主义制度、推进国家治理体系和治理能力现代化,充分发挥制度优势,奋发有为做好新时代对台工作,推进两岸关系和平发展,坚定推进祖国和平统一进程。

10.强化民族团结进步教育。在全省各阶层广泛开展民族团结进步宣传教育、民族团结进步创建活动、群众性主题交流活动,引导各族群众牢固树立正确的祖国观、民族观、文化观、历史观,铸牢中华民族共同体意识。发挥好各级各类学校的主阵地作用,通过开展形式多样的民族团结教育,引导广大师生为实现中华民族伟大复兴、推进祖国和平统一而共同奋斗。

11.加强国家安全教育。坚持把"4·15"全民国家安全教育日以及重大历史事件纪念日、国家公祭日、国家安全法实施周年等重要节点集中宣传教育与日常宣传教育相结合,通过展览展示、专题讲座、知识竞赛、文学影视作品等多种形式开展群众性国家安全宣传教育。充分发挥国家安全教育实践基地和主流媒体的作用,增长知识、普及常识、强化意识,加强国家安全文化建设,增强全民国家安全责任,使国家安全理念深入人心,筑牢维护国家安全人民防线。深入开展增强忧患意识、防范化解重大风险的宣传教育,引导广大干部群众强化风险意识,科学辨识风险、有效应对风险,做到居安思危、防患未然。

12.加强国防教育。以爱国主义教育为核心,坚持全民参与,持续开展国防理论、历史、法规、常识、形势与任务、技能等宣传教育。采取党委(党组)理论学习中心组学习、举办国防专题讲座等形式,强化领导干部国防教育。开展国防教育示范学校创建活动,将国防教育融入课堂教育教学,探索建立现役、退役军人兼任学校国防教育辅导员制度,扎实推进国防教育进学校、进教材、进课堂、进头脑。组建宣讲团深入基层宣讲,推动国防教育进机关、进学校、进企业、进农村、进社区、进景区。持续开展国防教育示范村镇、社区和"百园百街"创建活动。推动军营开放规范化、常态化,方便群众有组织地进军营参观学习。开展"爱我国防"主题演讲比赛,利用微电影、短视频、宣传橱窗、电子屏幕等广泛开展国防教育宣传,增强全民国防观念。

二、聚焦青少年,面向全体人民

13.丰富课堂教学内容。实施青少年爱国主义教育强基铸魂工程,将爱国主义精神有机融入到教育教学各个环节,推进爱国主义教育进课堂、进教材、进头脑。在普通中小学、中职学校,将爱国主义教育内容融入语文、道德与法治、历史等学科教材编写和教育教学中，在普通高校将爱国主义教育与哲学社会科学相关专业课程有机结合，加大爱国主义教育内容的比重。

14.创新课堂教育形式。丰富和优化课程资源，支持和鼓励多种形式开发微课、微视频等教育资源和在线课程，创作体现爱国主义教育要求的音乐、美术、书法、舞蹈、戏剧作品等，营造浓郁的校园文化氛围，进一步增强教育工作吸引力感染力。

15.加强和改进学校思想政治理论课教育。紧紧抓住青少年阶段的“拔节孕穗期”，办好思想政治理论课，激发学生爱国情、强国志、报国行，在教育灌输和潜移默化中，引导学生树立国家意识、增进爱国情感。持续推动思政教育教学改革，把爱国主义教育和专业教育紧密结合，以综合素养课为主要载体，讲好中国故事、山西故事。创新教育模式，推动文教结合，实现博物馆等教育资源与学校教育、社会教育的有效衔接与有机融合。在高校思政课教改课题、思政工作专项课题中单独设立爱国主义教育专项，加强爱国主义教育的理论研究和宣传阐释。

16.加强思想政治理论课教师队伍建设。按照政治强、情怀深、思维新、视野广、自律严、人格正的要求，加强思想政治理论课教师队伍建设，做好教师队伍的选拔、培养、使用工作，让有信仰的人讲信仰，让有爱国情怀的人讲爱国。

17.推出晋版爱国主义精品出版物。针对不同年龄、不同成长阶段青少年的特点，精心策划选题，加大爱国主义教育内容出版物的创作力度，充实重点出版物项目库中爱国主义题材项目。引导出版单位推出更多爱国主义主题的优秀数字出版产品和服务。积极扶持爱国主义精品出版物创作出版，加大推广力度，让广大青少年更好地接受爱国主义熏陶。

18.深入开展全民阅读活动。结合“书香三晋·文化山西”等全民阅读活动，向广大读者特别是青少年推荐爱国主义主题出版物。积极开展新书发布、作者推介、图书评价、读书演讲比赛等系列活动，持之以恒弘扬阅读风尚、涵养人文之美、凝聚爱国之志。积极倡导多种形式的爱国主义主题书籍公益捐赠活动等。

19.鼓励开发形式多样的教育产品。结合青少年兴趣点和接受习惯，鼓励开发并积极推介体现中华文化精髓、富有爱国主义气息的网络文学、动漫、有声读物、网络游戏、手机游戏、短视频等，不断为广大群众特别是青少年提供源源不断的精神食粮。

20.深化文明校园创建。组织开展丰富多彩的校园文化活动，强化校训校歌校史的爱国主义教育功能。把爱国主义内容融入党日团日、主题班会、班队会以及各类主题教育活动之中。在大中小学校开展“高雅艺术进校园”“我的中国梦”“圆梦蒲公英”“少年传承中华传统美德”等主题活动。把爱国主义教育纳入文明校园创建测评内容，充分发挥文明校园的典型带动作用。

21.广泛开展校外实践活动。组织大中小学生参加研学旅行、军事训练、冬令营夏令营、文化科技卫生“三下乡”、学雷锋志愿服务、“红领巾相约中国梦”“争做新时代好队员”“保护母亲河行动”“绿书签行动”等主题实践活动，强化责任担当。利用图书馆、文化馆、博物馆、科技馆、青少年活动中心、爱国主义教育基地等资源开展爱国主义教育。密切学校与城市社区、农村、企业、部队、社会机构等的联系，拓展爱国主义教育校外实践领域。

22.引导知识分子弘扬爱国奋斗精神。深入开展“弘扬爱国奋斗精神、建功立业新时代”活动，围绕传承弘扬“两弹一星”精神、载人航天精神等，在广大知识分子中开展主题学习研讨活动。鼓励广大知识分子走进基层、深入企业，参与技术研发和项目攻关，推动科技成果转化。引导新时代知识分子把自己的理想同祖国的前途、把自己的人生同民族的命运紧密联系在一起，立足本职、拼搏奋斗、创新创造，在新时代作出应有的贡献。

23.组织知识分子开展社会实践。广泛组织动员教师、文艺工作者、科技工作者、记者等知识分子，深入改革开放前沿、经济发展一线和革命老区、民族地区、边疆地区、贫困地区，开展调研考察和咨询服务，深入了解国情、坚定爱国追求。

24.激发宗教界的爱国热情。坚持我国宗教的中国化方向，加强宗教界人士和信教群众的爱国主义教育，通过举办全省宗教教职人员爱国主义教育培训班等活动，引导他们热爱祖国、拥护社会主义制度、拥护中国共产党的领导，遵守国家法律法规和方针政策，自觉维护国家统一和民族团结。

25.开展“一国两制”政策宣讲。积极开展与香港特别行政区同胞、澳门特别行政区同胞和台湾同胞的互动交流与交往，举办重点侨领和归侨侨眷国情研修班，将“一国两制”政策宣讲融入到互动交流与研修中，引导广大港澳台同胞和海外侨胞特别是青少年进一步增强对国家的认同、民族的认同、文化的认同。

26.引导社会各界人士履行社会责任。坚持信任尊重团结引导，增进和凝聚政治共识，充分调动社会各界人士的爱国热情和社会担当。通过开展职业精神和职业道德教育、建立健全相关制度规范、发挥行业和舆论监督作用等，引导社会各界人士增强道德自律、履行社会责任。

三、强化实践养成，丰富教育载体

27.建好用好爱国主义教育基地和国防教育基地。实施爱国主义教育基地展陈提升工程，加强内容建设，改进展陈方式，打造主题突出、导向鲜明、内涵丰富的精品陈列。利用庆祝中国共产党成立100周年等重要时间节点，组织举办临展联展巡展，发挥基地爱国主义教育、红色教育和国防教育功能。充分发挥好国家、省、市、县四级国防教育基地在全民国防教育中的主阵地作用。

28. 加强爱国主义教育基地和国防教育基地动态管理。修订完善《山西省省级爱国主义教育基地管理办法(试行)》，进一步规范基地建设、管理、使用，加强对基地工作监督检查指导。推进省级爱国主义教育基地逐步免费开放，完善落实免费开放政策和保障机制。根据工作实际和形势需要，适时调整充实省级爱国主义教育基地和国防教育基地。按照《山西省国防教育基地命名管理办法》,对各级国防教育基地的分类和分级、命名和撤销、建设和管理、保障和奖励进行规范。

29.注重运用仪式礼仪。认真贯彻执行国旗法、国徽法、国歌法,学习宣传普及基本知识和国旗升挂、国徽使用、国歌奏唱礼仪。在全省广泛开展“同升国旗、同唱国歌”活动,在举办重大会议、庆祝、纪念、文体等活动时举行升国旗、奏唱国歌仪式。加强学校国旗、国徽、国歌教育,规范升旗仪式,在适当场所悬挂国旗。国庆期间,省内各级党政机关、人民团体、大型企事业单位、城乡社区和爱国主义教育基地等,要组织升国旗仪式并悬挂国旗。全省各级广播电台、电视台每天定时在主频率、主频道播放国歌。鼓励居民家庭在家门前适当位置悬挂国旗。认真组织宪法宣誓仪式、入党入团入队仪式等,通过公开宣誓、重温誓词等形式,强化国家意识和集体观念。

30.组织重大纪念活动。充分挖掘重大纪念日、重大历史事件蕴含的爱国主义教育资源,组织开展系列庆祝活动、纪念活动和群众性主题教育活动。围绕国庆节,以“我和我的祖国”为主题,开展主题宣讲、传唱爱国歌曲、共和国故事汇、快闪、灯光秀、游园、全民健身等系列活动,持续开展“倡导国庆新民俗、打造爱国活动周”活动。在“七一”党的生日、“八一”建军节等时间节点,广泛深入组织各种纪念活动。在中国人民抗日战争胜利纪念日、烈士纪念日、南京大屠杀死难者国家公祭日期间,精心组织公祭、瞻仰纪念碑、祭扫烈士墓等全省纪念活动,引导人们铭记历史、不忘过去,缅怀先烈、面向未来,激发爱国热情、凝聚奋进力量,同时做好网上宣传。

31.开展“我们的节日”主题活动。推进实施中国传统节日振兴工程,深入挖掘春节、元宵、清明、端午、七夕、中秋、重阳等中华民族传统节日内涵,深入开展“我们的节日”主题活动,营造爱国主义节庆氛围。结合元旦、“三八”国际妇女节、“五一”国际劳动节、“五四”青年节、“六一”国际儿童节、“中国水周”、国际护士节、公民道德宣传日和中国农民丰收节等,突出爱国主题,组织开展形式多样、内容丰富、各具特色的庆祝活动,引导人们感悟中华文化、增进家国情怀,进一步激发人们爱党、爱国、爱山西的热情。

32.建好用好长城国家文化公园(山西段)建设项目。制定《长城国家文化公园(山西段)建设保护规划》,建立健全国家文化公园(山西段)建设管理体制机制,系统推进保护传承、研究发掘、环境配套、文旅融合、数字再现等重点基础工程建设,建好用好长城国家文化公园(山西段)建设项目,促进文化公园沿线文物和文化资源保护传承利用协调推进。

33.加强文化遗产保护利用。贯彻落实《山西省红色文化遗址保护利用条例》,按照《山西省革命文物保护利用工程实施方案》要求,加强我省重点革命文物密集区内革命文物的保护利用。加强考古发掘和整理研究,保护好文物古迹、传统村落、民族村寨、传统建筑、农业遗迹、灌溉工程遗产、工业遗迹,推动遗产资源合理利用。开展山西黄河流域文物资源考古调查,推进黄河文化遗产系统保护。加强戏剧、民歌、民舞、民乐、民俗等非物质文化遗产的保护利用。实施传统工艺振兴计划,推动传统工艺不断创新,提升艺术价值。通过展示、拍卖、鉴赏等手段,把以推光漆、澄泥砚、珐华器“山西三宝”为代表的传统工艺产品推向国际。推进乡村文化记忆工程等,促进非遗项目的生产性保护和活态传承。实施文明守望工程,出台贯彻落实《关于加强文物保护利用改革的若干意见》行动方案。

34.提升旅游景区文化内涵。推动文化和旅游融合发展,提升旅游质量水平和文化内涵。深入挖掘景区历史文化、地域文化、民俗文化、农耕文化和爱国主义精神等,不断提升景区旅游产品供给质量。围绕黄河长城太行“三大旅游板块”,紧扣“安顺诚特需愉”六字要诀,抓好规划设计、项目建设、景区打造等重点工作,推动文化旅游业融合化、品牌化发展。

35.不断提高讲解和导游人员服务水平。推动红色旅游内涵式发展,加强对讲解员、导游等从业人员的管理培训,进一步规范解说词、旅游项目等。以讲解员大赛为抓手,以赛代训,锻炼队伍,全面提升讲解员、导游等讲好红色故事的能力和水平。

四、创新方式方法,营造浓厚氛围

36.加强媒体宣传。各级各类媒体要聚焦爱国主义主题,创新方法手段,适应分众化、差异化传播趋势,注重用群众语言、群众视角叙事,使爱国主义宣传报道接地气、有生气、聚人气,有情感、有深度、有温度。把爱国主义主题融入贯穿媒体融合发展,打通网上网下、版面页面,推出系列专题专栏、新闻报道、言论评论以及融媒体产品,加强县级融媒体中心建设,生动讲好爱国故事、大力传播主流价值观。

37.强化公益宣传和舆论引导。制作刊播爱国主义题材优秀公益广告作品,在城镇和乡村主要街道、公园、车站、机场、宾馆、街头户外电子显示屏等公共场所张贴悬挂展示体现爱国主义精神的标语口号、宣传挂图,用好电视、报纸、广播等载体,生动形象做好宣传。坚持正确舆论导向,对虚无历史、消解主流价值的错误思想言论,及时进行批驳和辨析引导。

38.发挥先进典型的引领作用。大力宣传英雄烈士、时代楷模、道德模范、最美人物等,宣传我省在决战全面小康、决胜脱贫攻坚、高质量转型发展等方面涌现出来的先进典型,以榜样的力量激励人、鼓舞人。做好先进模范人物的关心帮扶工作,落实相关待遇和礼遇,在全社会大力营造崇尚英雄、学习英雄、捍卫英雄、关爱英雄的浓厚氛围。

39.鼓励优秀作品创作生产。落实《中共山西省委关于繁荣发展社会主义文艺的实施意见》《山西省繁荣中长篇小说创作工程实施方案》,加大现实题材文艺作品和体现山西特色文艺作品创作力度,为时代画像、为时代立传、为时代明德,不断推出讴歌党、讴歌祖国、讴歌人民、讴歌劳动、讴歌英雄的精品力作。落实中国当代文学艺术创作工程、重大历史题材创作工程有关要求,加大爱国主义题材文学、戏剧、影视、词曲等创作比重和支持力度,加强对经典爱国歌曲、爱国影片的深入挖掘和创新传播，唱响爱国主义正气歌。

40.坚持正确的文艺导向。以社会主义核心价值观为统领，深入推进精神文明建设“五个一工程”，全面打造文艺精品，丰富全省人民群众精神文化生活。坚持鲜明爱国主义导向，倡导讲品位、讲格调、讲责任，坚决抵制低俗、庸俗、媚俗，坚决反对亵渎祖先、亵渎经典、亵渎英雄，确保文艺创作和评论评奖始终保持社会主义文艺的爱国底色。

41.开展网上爱国主义教育。加强爱国主义网络内容建设，制作推介体现爱国主义内容、适合网络传播的音频、短视频、网络文章、纪录片、微电影等，让爱国主义充盈网络空间。实施爱国主义数字建设工程，持续推进爱国主义教育基地VR网上展馆建设，推动爱国主义教育基地、红色旅游与网络传播有机结合，提升传播力和影响力。创新传播载体手段，积极运用微博微信、社交媒体、视频网站、手机客户端等传播平台，运用虚拟现实、增强现实、混合现实等新技术新产品，生动活泼开展网上爱国主义教育。

42.加强网上舆论引导。开展净网行动，褒优贬劣、激浊扬清，引导创作、引领风尚。依法依规进行综合治理，引导网民自觉抵制损害国家荣誉、否定中华优秀传统文化的错误言行，汇聚网上正能量。

43.涵养积极进取开放包容理性平和的国民心态。深化宣传教育，科学引导人们正确认识中国与世界的关系，做到自尊自信、理性平和。大力宣传坚持和平发展合作共赢、构建人类命运共同体、共建“一带一路”等重要理念和倡议，激励全省人民共同创造美好未来。广泛开展心理健康教育，加强人文关怀和心理疏导，培育理性平和的社会心态，引导广大干部群众理性表达爱国情感，推动爱国之情转化为实际行动，自觉反对极端行为。

44.强化制度保障。将爱国主义精神融入我省相关法规和政策制度，体现到市民公约、村规民约、学生守则、行业规范、团体章程等制定完善中，发挥指引、约束和规范作用。

45.加强普法教育。在全省深入学习宣传宪法、英雄烈士保护法、文物保护法等，加强“谁执法谁普法”普法责任制落实，坚持普法工作与弘扬爱国精神、发扬传统美德相结合，依托各类法治文化公园、广场、图书室、文化长廊、橱窗、板报等法治宣传教育阵地，开展形式多样、内涵丰富的法治宣传，使普法过程成为爱国主义教育过程。

46.推进依法治理。严格执法司法、推进依法治理，综合运用行政、法律等手段，对不尊重国歌国旗国徽等国家象征与标志，对侵害英雄烈士姓名、肖像、名誉、荣誉等行为，对破坏污损爱国主义教育场所设施，对宣扬、美化侵略战争和侵略行为等，依法依规进行严肃处理。依法严惩暴力恐怖、民族分裂等危害国家安全和社会稳定的犯罪行为。

五、加强组织领导，确保取得实效

47.落实各级党委和政府主体责任。各级党委和政府要负起政治责任和领导责任，健全党委统一领导、党政齐抓共管、宣传部门统筹协调、有关部门各负其责的工作格局，建立爱国主义教育联席会议制度，加强工作指导和沟通协调。

48.调动广大人民群众的积极性主动性。各级人民团体和群众组织，要发挥各自优势，面向所联系的领域和群体广泛开展爱国主义教育。组织动员老干部、老战士、老专家、老教师、老模范等到广大群众特别是青少年中讲述亲身经历，弘扬爱国传统。结合人们生产生活，把爱国主义教育融入到新时代文明实践中心建设、学雷锋志愿服务、精神文明创建、百姓宣讲、文艺演出等群众性活动之中，引导人们自我宣传、自我教育、自我提高。

49.求真务实注重实效。坚持目标导向、问题导向、效果导向，坚持虚功实做、久久为功，在深化、转化上下功夫，在具象化、细微处下功夫，更好地体现时代性、把握规律性、富于创造性。坚持从实际出发，务实节俭开展教育、组织活动，杜绝铺张浪费，不给基层和群众增加负担，坚决反对形式主义、官僚主义。

50.加强经费保障。各级党政机关、企事业单位要建立完善支持爱国主义教育经费保障机制，为各类爱国主义教育平台建设、活动开展等提供必要的经费支持。鼓励支持民营资本参与爱国主义教育基地建设，加强引导和管理，防止商业炒作。

中共山西省委办公厅　山西省人民政府办公厅《山西省转型项目建设2020年行动方案》

（2020年4月30日）

为深入贯彻落实省委、省政府转型为纲、项目为王的决策部署，坚持把转型项目建设作为促进经济发展的硬任务、硬指标、硬抓手，持续扩大有效投资、推动全省经济高质量转型发展，制定2020年行动方案如下。

一、总体要求

以习近平新时代中国特色社会主义思想为指导，根据省委经济工作会议部署，按照“四为四高两同步”总体思路和要求，突出产业转型重点，统筹基础设施和社会民生两大领域，深化细化六项常态化工作机制，实施分类指导、梯次推进、常态落实，不断提升科学抓项目的能力和水平，建立从项目谋划储备至竣工投产的全流程推进工作新格局，进一步加强转型项目建设，引领全省经济高质量转型发展。

二、主要目标

（一）项目储备

1.全省储备项目总投资动态保持3万亿元，其中产业类项目占比不低于60%。储备项目转化率达到15%以上。

（二）招商引资

2.全省招商引资签约项目投资额达到1.2万亿元，其中产业类项目占比不低于60%。招商引资签约项目当年开工率达到30%以上。

（三）完成投资

3.全省全社会固定资产投资增长6%以上，其中产业类项目投资占比不低于42.5%。各市固定资产投资增长7%以上。

4.全省工业投资达到2458亿元，增长3%以上，工业技改投资达到986亿元，增长15%以上。

5. 全省重点工程完成投资占全社会固定资产投资比重达到30%以上。

6.省直有关部门完成本行业领域承担的年度投资任务。

（四）开发区新建项目

7.山西转型综改示范区（太原区）至少新建10个投资额20 亿元以上、10个投资额10–20亿元的产业项目。其他国家级工业类开发区至少新建5个投资额10亿元以上的产业项目。

8. 省级市管工业类开发区至少新建6个投资额5亿元以上的产业项目。县管工业类开发区至少新建3个投资额2亿元以上的产业项目。

9.农业类开发区和生态文化类开发区至少新建2个投资额5000 万元以上的产业项目。

三、重点任务

（一）强化项目谋划，提升项目储备

1.明确谋划储备主攻方向。围绕培育壮大战略性新兴产业、做大做强特色优势产业，聚焦我省现有产业短板和外购规模较大的行业，进一步建链、延链、补链、强链，谋划今后项目布局。积极对接国家部委，争取更多项目在我省布局。紧抓国家政策机遇，在增强制造业核心竞争力、关键核心技术攻关和重大基础设施、新型基础设施、重点民生领域等方面，谋划一批项目。

2. 推动谋划储备项目落地转化。积极依托各类专家智库，做好谋划项目的包装策划。重点包装策划一批具有前瞻性、引领性、示范性的重大项目，宣传推介、对接洽谈、跟踪落地。动态分级管理储备项目，各级审批职能部门强化主动服务，加大前期工作力度，提高项目转化率。

3.完善谋划工作机制。实行主要领导负责制，统筹做好政府主导项目和市场化项目谋划工作。健全省市县三级项目谋划常态化工作机制，省直有关部门深度谋划本领域重大项目和跨市域项目，市县政府承担本地区项目谋划任务。用好省市联合谋划项目工作模式，省直有关部门发挥政策、资金、人才等优势，加强对各市谋划工作的指导，立足市域资源禀赋和产业基础，与各市共同推进市级产业体系转型升级。

（二）狠抓项目招商，提高引资质量

4.聚焦重点扩大总量。坚持项目准入标准，实施精准招商。聚焦重点国家和地区，建立驻外商务代表处，吸引外来投资。聚焦国内重点区域，依托驻外招商局和商会协会，开展招商引资活动。聚焦我省重点产业，开展产业链招商。聚焦重点核心技术和新型基础设施项目，对接高校、科研院所和企业研发机构，引进技术、盘活产业、带动集群，探索“人才+项目+团队”“人才+基地”等引进模式，加大招才引智力度。聚焦重点企业，瞄准产业链上下游龙头企业，深入开展以企招企和股权招商。今年上半年和下半年各举行一次大型专项招商活动。

5.提高专业化招商能力。整合各类招商资源，进行整体策划和宣传推介，开展系列品牌招商活动。夯实招商基础，编制《山西省（各市）主导产业招商布局图》，搭建全省招商引资大数据平台。打造招商名片，用好能博会、投洽会等平台，做好项目对接。创新招商方式，建立专业化招商机构，鼓励购买社会招商服务，积极开展小分队招商、股权招商、“基金+项目”招商。

6.发挥驻外招商局地域优势。加强与所在地区各类企业协会、商会、校友会联系，发挥“以商招商”撬动作用，组织开展外省企业家走山西活动，积极促进好项目、大项目与本省企业对接。筹备召开粤港澳“9+2”城市与我省11市城市发展恳谈会，加强区域合作。开展首届晋台经贸合作周活动，加强晋台经贸合作交流。

7.提升招商服务水平。充分利用“96301”投资服务热线解决招商引资项目落地和建设过程中的问题，确保项目招得来、落得下、推得动、能见效。用好招商引资政策，根据项目落地进度分批次落实相关优惠政策。制定重点行业个性化招商措施，降低项目建设运营成本。

8.加快招商项目落地。制定市县和开发区年度招商引资目标任务，完善细化统计监测制度和考核办法，定期对招商引资签约项目落地率进行通报，推动项目早日落地开工。建立招商引资后评价机制，对项目履约情况进行评价，对不达标的要降低或撤回相关优惠政策。

（三）开展集中开工，掀起建设热潮

9.全面梳理计划新开工项目。把项目开工作为全年重要工作，紧抓不放。对建设项目进行全面摸底，确定年度计划新开工项目，列出清单、建立台账，将开工计划落实到月，重点关注一季度、上半年两个关键时间点，确保项目按期开工。

10.抓紧办理前期手续。针对计划新开工项目，抓紧时间开展各类前期手续办理。市县两级对计划新开工项目实行一对一帮扶，明确专人负责，协助完善前期手续，协调解决各类问题，做好开工准备。

11.开展集中开工专项活动。适时举行项目集中开工活动，重点集中开工一批转型带动作用明显、前期条件成熟的项目，掀起全省项目建设热潮。力争一季度、上半年新建项目开工率分别达到30%和75%以上。

(四)突出重大项目,加快项目推进

12.加快重点工程建设。优先将能够突破产业发展瓶颈的项目、新型基础设施项目列入重点工程,进一步优化项目结构,突出对转型发展的带动作用。实行省领导包联省级重点工程,挂牌推进。各类保障要素和支持政策要优先向省级重点工程倾斜,加快项目推进,发挥示范效应。

13.实施"521"工程。提升50个左右开发区集聚区产业承载力,加快工作重心向项目建设转移。重点推进牵引性强、战略意义重大的100个新兴产业龙头项目,打造全省转型新标杆。重点推进产业基础好、示范意义强的100个传统制造业技术改造项目,提升产业发展水平。建设1000万平方米以上标准厂房,夯实转型项目承载平台。

14.推进制造业领域千亿产业重点项目建设。围绕壮大高端装备制造、新材料、新型基础设施、节能与新能源汽车、现代煤化工等战略性新兴产业,做大做强有色金属、绿色建材、特色轻工等特色优势产业,做优做绿焦化、钢铁等传统产业,加快推进一批重点项目建设,推动我省制造业高质量转型发展。

(五)确保按期竣工,促进达产达效

15.切实做好项目投产。在确保工程质量和安全前提下,对年度计划竣工项目倒排建设工期,采取针对性措施,全力加快建设进度。需由政府部门组织开展的各类竣工验收事项,提前介入、统筹安排、联合验收,促进项目早日竣工投产。

16. 同步建设配套设施。全面梳理计划投产项目的水、电、暖、气、路、网等各类配套设施建设情况,加快建设进度,确保配套设施与项目同步建成、同步投入使用,打通项目投产前"最后一公里",实现项目竣工即投产。

17.开展项目效益评估。在项目投产运营后,组织相关部门选择部分项目进行效益评估试点,与项目签约条件和设计要求进行全面比对。对未能达产达效的项目,要逐项分析原因,采取有效措施,持续整改提升,达到设计效能。

(六)推动开发区提质,突出主战场作用

18.提升承载能力。鼓励市场主体参与开发区建设,加强财政资金支持,加快推进标准厂房、道路等基础设施建设,同步规划建设科技成果转化、检验检测、融资、物流、信息等公共服务平台,全面提升产业园区承载服务能力。

19.持续优化环境。推动省市两级向开发区授权全部到位。深化开发区企业投资项目承诺制改革和"一窗通办""一网通办"审批制度改革,推行全程领办代办机制。进一步降低开发区项目建设要素成本,突出提升开发区供应熟地能力,着力形成地等项目的供地格局。支持开发区和项目建设单位依法合规落实用地、用电、用气等方面的优惠政策。

20.压实项目建设任务。根据开发区等级、规模和成熟度,合理确定开发区年度项目建设任务,重点关注新建项目、产业项目和新型基础设施项目,稳步提升开发区工作活力和创新能力。将项目建设任务作为重要考核指标列入开发区考核办法。

(七)开展专项活动,强力推动落实

21.领导包联重大项目。深入开展领导包联专项活动,完善"一个项目、一位领导、一套班子、一抓到底"工作机制,明确目标,责任到人。省政府领导分别包联一个重大产业项目和一个其他类项目,实施高位推动,重点解决项目建设堵点难点问题。市县参照省级做法包联本区域重点项目,积极协调解决问题,加快项目推进。

22.集中观摩重大项目。定期开展项目集中观摩专项活动,重点选择规模大、新开工、新动能产业项目。组织各市"晒项目、亮家底",交流工作方法,学习先进经验,加快项目推进。

23.进工地到一线解难题。实行入企服务常态化,全年开展进工地、到一线、解难题专项活动。省级每季度至少深入项目现场调研一次,市县两级每月至少一次,掌握项目推进情况,采取现场办公、专题协调等方式,精准施策解决项目存在的问题,保障项目顺利推进。

24.打击恶意阻工扰工。以扫黑除恶专项斗争为龙头,深入开展打击恶意阻工扰工专项行动。进一步深化一企一警联络制度,指导监督和帮助项目建设单位落实治安保卫责任,健全安全防范措施,及时化解矛盾纠纷,维护良好建设秩序。加大项目周边治安环境整治力度,严厉打击各类干扰破坏正常施工的违法犯罪行为,为项目建设创造安全稳定的社会环境。

(八)加强要素保障,提升服务水平

25.加强建设用地保障。新增建设用地指标,优先保障省级重点工程和省级及以上开发区项目建设用地。持续推进贫困县增减挂钩节余指标易地交易和非贫困县增减挂钩。大力清理"批而未供"和闲置土地,提高供应比例。

26.提升土地供给质量。市县两级审批服务管理局按照企业投资项目承诺制改革要求,牵头做好与建设用地有关政府统一服务事项,市县两级自然资源部门及时通知同级审批服务管理局项目用地核验情况,进一步加强政务服务,提高用地协调性,减轻企业负担,加快项目落地开工。

27.优化环境保障。加快推进环评审批,实施区域环评与项目环评联动,积极推进各类园区规划环评工作,为重大项目、重点工程落地提供支撑,上半年基本完成省级以上开发区(园区)的规划环评。合理配置环境资源,严格"两高一危一化"重污染项目审批管理,严格环境准入。加大高耗能、高污染企业节能减排力度,腾出环境容量,向优质转型项目倾斜。妥善解决项目建设与污染防治的关系,严禁采取简单停工的"一刀切"措施。

28.优化政府资金使用。鼓励新兴产业项目积极争取中央预算内资金支持,力争中央预算内投资大幅提升。发挥技改资金杠杆效应,引导企业做优存量项目,支持企业围绕产业链开发新项目。抓住地方政府专项债券"扩围提速"政策契机,做实项目前期,精准发行使用,力争全年专项债券规模超过400 亿元。集中资金支持重大在建项目,优先解决必要在建项目后续融资。

29.强化金融保障。积极协调金融机构总部与我省签订战略合作协议,持续扩大我省实体经济融资规模。拓宽项目建设融资渠道,开展银企对接专题活动,引导银行业金融机构加大对转型项目建设的支持力度。充分发挥政府投资基金作用,推动产业发展。

30.持续深化承诺制改革。积极探索全省域内企业投资核准类项目承诺制改革,开展省级改革试点。持续加大政府统一服务力度,推动供地前政府靠前服务事项全面落地,加快熟地出让。对承诺事项,进一步完善操作流程、承诺书文本格式,提高办理效率。对保留审批事项,进一步简化办理流程、完善标准。加强信用约束监管,完善工作机制,细化监管流程。

31.优化行政审批流程。结合市县相对集中行政许可权改革,用好"马上办、网上办、一次办、就近办",对投资项目审批进行一体化流程再造,实现审批提速、服务提质。健全"点办理、批处理"长效工作机制,有针对性地解决点上个性问题,统筹解决体制机制方面的共性问题。

(九)完善管理举措,提高推进能力

32.夯实工作责任。明确年度工作目标,细化分解工作任务,层层落实工作责任,建立工作台账,将各项工作落实到每个环节、每个岗位、每个人,做到压紧压实。

33.坚持"月排名、月通报、月督办"。每月对转型项目建设工作目标完成情况进行排名,将工作进展和排名情况报送省委、省政府,通报省直有关部门和各市。定期在省级主流媒体公布各市排名情况。将省政府调度会研究的问题、议定的事项,纳入省政府"13710"督办平台跟踪督办。

34.提高信息化管理项目能力。大力强化信息化手段在项目管理上的推广应用,实现"键对键、面对面、零距离、及时办",全面提高行政效能。将项目从谋划到投产全过程纳入信息化系统管理,运用政务数据共享交换平台实现数据资源共享。全省投资项目信息化管理数据要通过共享交换平台向"山西省投资项目审批监管平台的投资项目库"归集、汇聚,并实时更新。市县和有关部门要应用投资项目库进行线上常态化调度,为定期调度提供分析、决策支撑。将投资项目库中的项目建设情况、重要信息、动态数据定期推送"领导驾驶舱"。项目单位应当优先采用线上方式,通过投资项目库反映问题,各级各部门线上能够解决的,要及时通过线上解决。

35.强化新建投资项目入统工作。各级统计部门组织相应层级的项目单位开展投资项目入统专项培训,提升基层工作人员统计业务能力。统计部门要深入现场一线为项目单位提供统计上门服务,建立新建投资项目入库调度工作机制,督促新建投资项目单位及时提供入统所需印证资料,确保符合入统条件的新开工项目及时入统。

36.提高投资统计数据共享度。在统计法规和统计制度允许的情况下,统计部门根据转型项目建设工作需要增设统计指标分组,为同级政府部门分析、调度、通报、考核提供统计数据支撑。各级统计部门与同级其他业务部门要建立统计数据共享和工作对接机制,加强经济运行分析和监测预警,增强政府在投资管理方面的一体化协同合力。

(十)深化常态化工作机制,确保项目推进成效

37.完善并联审批机制。结合市县相对集中行政许可权改革,对投资项目审批进行一体化流程再造,在市县审批局全面实行统一清单告知、统一平台办理、统一流程再造、统一多图联审、统一收费管理的"五统一"办理模式。积极探索跨层级审批事项并联办法,制定相应工作流程,在全省推广应用。

38.优化职能部门责任机制。省级行业管理部门牵头负责本行业领域项目推进,直接承担跨省域市域项目及省本级项目的推进。省级审批服务管理部门统筹做好省级和各市县投资项目审批事项的协调和督促,确保全省投资项目审批事项顺利衔接、顺畅办理。

39.强化项目化管理。根据项目产业类别和建设规模,确定一批重点监测项目,建立工作台账,细化明确项目开工、建设、投产等年度推进目标,由省直相关部门挂牌推进。深入项目现场,全过程跟进服务,对影响项目进度的重大问题跟踪督办,做到责任单位、责任领导、责任人、解决办法和解决时限"五到位"。

40.精准协调调度。采取线上调度、线下调度、现场调度相结合方式,以解决问题为导向,做好项目推进调度工作。省政府双月调度,着力研究解决省级层面重大问题。市级政府每月调度,县级政府每月两次调度,解决具体问题。省直有关部门每月进行基础调度,分析本行业领域转型项目建设和投资运行情况,解决突出问题。

41.切实落实三级联动。省市县全面落实投资项目常态化工作机制,合力解决项目建设堵点难点。各级政府和各有关部门做好上下统一联动和横向协同,省级重点完善各项机制顶层设计,市县两级重点做好各项政策的承接和落地,对上一级工作形成有力支撑。

42.强化督促检查。将全省转型项目建设工作纳入省委、省政府重点督查工作,在7月中下旬对省直有关部门和各市工作情况进行一次专项督查,重点督查各项任务完成情况和所承担工作进展情况,督查结果报告省委、省政府。

43.建立倒查工作机制。选择部分项目开展倒查工作试点,对推进过程中出现的问题和困难,各级各部门在积极协调解决的同时要及时追根溯源。认真查找问题的成因,提出解决措施,优化工作流程,打通中梗阻。

44.进行专项考核。健全年度目标责任考核体系,对各市和省直有关部门转型项目建设工作进行专项考核。制定转型项目建设专项考核办法,明确考核指标体系,用好考核结果,充分发挥考核的指挥棒作用。

45.实施激励奖惩。根据专项考核结果,年终对完成转型项目建设目标任务的市和部门给予奖励。对年度考核成绩优异的市县、省直有关部门在重大产业项目布局、项目前期费用、新增建设用地指标、环境容量等方面给予倾斜。对未完成任务的单位进行约谈问责,组织部门要将工作业绩与干部考核使用挂钩。对在全省转型项目建设工作中做出突出贡献的

集体和个人按规定予以表彰，进一步鼓励先进、鞭策后进。

46.加强宣传报道。制定转型项目建设宣传报道方案，充分发挥新闻媒体的舆论导向作用，利用网络、电视、电台、报纸等多种媒体，全方位、多层次对项目建设工作进行宣传报道。重点向社会宣传各项产业政策措施、发布项目建设信息，定期通报各市转型项目建设目标任务完成情况排名，突出新进展、新成效，振奋精神，鼓舞士气，营造良好舆论氛围。

四、工作要求

（一）统一思想，高位推动

高规格配置转型项目建设领导小组，党政主要领导共同担任组长，有关部门为成员单位。省转型项目建设领导小组办公室负责牵头做好转型项目建设的组织、协调、统筹、督促工作。市县两级要把思想统一到省委、省政府的决策部署上来，参照省级做法，全力推进项目建设。

（二）目标导向，压实责任

各级各部门要把“项目为王”要求贯穿项目工作全方位全过程，把转型发展作为第一要务，把项目工作作为“一把手工程”，明确和细化本部门工作任务，制定实施方案，压实工作责任，确保完成年度目标任务。

（三）协同合作，整体推进

构建分工协作、齐抓共管的工作格局。发挥人大、政协作用，组织开展代表委员观摩、视察活动。群团组织要结合职能，关注项目建设，服务项目推进，营造全社会重视、关心转型项目建设的良好氛围，形成推进项目的强大合力。

（四）及时总结，不断提高

挖掘发现基层一线推进项目建设的好经验好做法，及时总结提炼，以点带面，形成一套可推广、可复制、行之有效的项目推进方法，确保转型项目建设工作取得实效。年终对全年工作进行全面总结，不断提高推进转型项目建设的能力和水平。

中共山西省委办公厅　山西省人民政府办公厅《关于加快构建山西省创新生态的指导意见》

（2020年5月3日）

为深入贯彻省委、省政府关于全力打造一流创新生态的重大决策部署，大力实施创新驱动、科教兴省、人才强省战略，全面构建有利于创新活力充分涌流、有利于创业潜力有效激发、有利于创造动力竞相迸发的创新生态，制定本指导意见。

一、总体要求

（一）指导思想

以习近平新时代中国特色社会主义思想为指导，深入学习贯彻习近平总书记关于创新驱动发展的重要论述，按照省委“四为四高两同步”总体思路和要求，牢固树立“创新为上”的发展理念，紧紧围绕做优做强实验室、加强中试基地建设、突出抓好规上企业创新全覆盖、率先打造若干重点产业创新生态系统、完善以智创城为载体的双创体系、加力补上人才短板、推动科技与金融深度融合、深化科技体制改革等八方面重点工作，坚持以产业集群培育为主线，加快推动构建产业集群创新生态、打造创新生态技术体系、拓展创新人才队伍、增强创新财税金融支撑、改革重塑创新制度文化“五个维度”，构建产业链、创新链、要素链、制度链、供应链，通过多链聚合、有效耦合，贯通政、产、学、研、金（融）、服（务）、用各环节，整合人才、平台、资金、土地、数据各要素，推动产学研用深度融合，推动科技成果快速转化，以一流的创新生态引领全省经济高质量转型发展。

（二）主要目标

一年架梁立柱。2020年完成创新生态建设的顶层设计，出台总体方案，明确目标任务，制定路线图、时间表、任务书；聚焦重点产业集群，绘制完成创新生态云图，在全国乃至全球范围内精准配置创新资源，明确招商引资、招才引智重点目标；加强对表对标，借鉴先进地区经验，搭建完成创新体系、创新制度、创新政策框架；围绕14大标志性引领性产业集群，布局一批创新平台、一批重大技术、一批学科专业、一批标志性项目、一批重点园区、一批产业基金，构建起创新生态的四梁八柱。

三年点上突破。到2022年，在全面启动14大标志性引领性产业集群创新生态子系统建设的基础上，率先在信息技术应用创新、大数据、新材料、光机电、轨道交通装备制造等若干前沿性、战略性产业上形成领先方队。同时，突破一批行业共性、关键重大技术，建成一批国家级、省级重大创新平台，培育一批高科技领军企业。

五年基本成型。到2024年，全社会R&D（研究与开发）经费内部支出占地区生产总值（GDP）比重达到全国平均水平，初步形成有利于创新活力充分涌流，有利于创业潜力有效激发，有利于创造动力竞相迸发，适应高质量转型发展和现代化建设的一流创新生态。

二、构建创新生态系统

（一）构建产业集群创新生态

1.坚持全面构建，实施产业链一体化创新生态配套专项行动。围绕先进制造、绿色能源、数字产业三大板块,统筹推进战略性新兴产业、特色优势产业和传统产业创新生态建设。精准定位主导产业和细分方向,绘制产业链一体化创新生态图。面向现有龙头企业配套需求,面向产业链上中下游补链需求,立足国际、国内两种资源,全面梳理各集群领域领军企业、科研机构、创新平台,开展精准招商和企业培育,全力推进"建链、延链、补链、强链、提链",形成从上游原材料、中游深加工到下游终端生产的全产业链,着力构建以龙头企业为牵引,"龙头企业+研发机构+配套企业+产业基金+政府服务+开发区落地"的产业创新生态圈。

2.坚持重点示范,实施标志性引领性产业集群创新生态示范引领专项行动。聚焦半导体、大数据融合创新、信息技术应用创新、光电、光伏、炭基新材料、生物基新材料、特种金属材料、先进轨道交通装备、煤机智能制造装备、智能网联新能源汽车、通用航空、现代医药和大健康、节能环保等14大标志性引领性产业集群,全面梳理各产业国内外的龙头企业、代表产品、核心技术、重点科研团队、重点创新平台等,明晰产业现状,打造招商引资、招才引智清单,重点技术攻关、重点项目建设清单,重点企业、重点团队清单,支持政策、企业诉求清单,按照清单化、项目化的方式,实施精准培育、精准攻关、精准招商、精准引智、精准支持。重点选择信创、大数据、半导体等发展势头强劲、未来前景广阔的产业集群进行引领突破,示范带动全省域、全领域构建创新生态。着眼未来5—10年发展需求,对照各个产业创新生态云图,分析产业链上下游、创新链相关方、供应链各环节,补缺闭环、扶优扶强,发现、培育、引进一批专精特新、科技小巨人、单项冠军、瞪羚企业和独角兽企业。

(二)打造创新生态技术体系

1.构建重大技术创新体系。着力攻关突破一批共性关键技术,着力建设一批国家和省重点试验室及中试基地,着力发展一批高科技领军企业,深入推进"111"工程实施。

一是实施关键核心技术和共性技术突破工程。聚焦山西制造业参与全球竞争需要解决的重点技术难题,围绕"四基"领域,加快工业强基重点项目建设,着力实施百项关键技术研发、百项创新项目实施、百项技术推广示范"三个百项"。发挥在晋院士重点实验室领军作用,加快实现具有标志意义的自主创新突破。推动煤转化、量子光学与光量子器件、不锈钢材料、煤与煤层气共采、矿山采掘装备及智能制造等国家重点实验室,加强核心技术研发攻关和成果转化应用,积极推动每年承担或参与1—2项国家科技任务。支持企业、科研院所、新型研发机构等创新主体开展联合攻关和产业化,研发一批具有自主知识产权的技术和产品,提升工业基础能力。

二是实施重大创新平台引领工程。聚焦产业发展需求和关键技术研发,打造一批重大科技创新平台。依托现有省级重点实验室,推动创建国家级或省部共建重点实验室。参照国家建设国家实验室的做法,面向高质量转型发展重大需求,聚焦我省14大标志性引领性产业集群,加快山西省实验室和省重点实验室体系建设。重点布局建设省实验室和省十大重点实验室、十大省级制造业技术创新中心,逐步实现14大标志性引领性产业集群全覆盖。支持各类创新主体建设企业技术中心、工程(技术)研究中心、产业技术联盟、院士工作站、双创联盟等。支持产学研深度合作,加快发展产业技术研究院、联合实验室、科技创新中心等新型研发机构。立足我省资源禀赋和特色产业,推进大科学装置建设和新型基础设施建设,建设国家级重大科技基础设施,构建覆盖我省标志性引领性产业集群,贯通基础研究、应用研究和技术创新各环节的创新平台基地和创新平台体系。

三是实施创新型领军企业及高新技术企业培育工程。打造以企业为主体的创新主力军,实施"百千"培育计划,培育百家创新型领军企业,新增千家高新技术企业。到2022年,培育100家关联度大、主业突出、创新力强、带动力强的创新型领军企业,支持规模优势明显、具备产业链整合能力的龙头企业瞄准产业链关键环节和核心技术,实施高端并购、强强联合,加速产业链关键资源整合,提升集群产业发展层次,形成龙头引领、链条延伸、集群共进的局面。到2022年,新增1000家高新技术企业,继续推进高新技术企业倍增计划,加快建设高新技术企业培育库。培育"专精特新"企业,推进"小升规、规改股、股上市",培育更多"小巨人"和"单项冠军"。

2.构建创新全覆盖体系。着力开展以"三方帮扶、三层指导、三个百项、三项机制、三大支撑"为主要内容的"五个三"工程。各级各相关部门要成立推进领导小组,负责统筹推进本地区、本行业、本领域企业创新全覆盖工作,细化工作方案,逐企帮扶对接,实施台账管理,年底全面清账。推进大企业加快创建企业技术中心、工程技术中心、产业技术创新联盟等高水平创新平台,开展关键共性技术和"卡脖子"技术攻关,勇于担当、争创一流,实现"从有到强"的跃升。引导中小企业通过与高校、科研院所、大企业携手合作或配套协作,积极组建小型研发机构,开展研发活动,完成"从无到有"的突破。2020年,产业技术联盟率先实现对14大标志性引领性产业集群的全覆盖,在联盟专家委员会专家的指导下,推动联盟成员单位开展创新活动。各创新领军企业采取"一帮一""一帮多"等方式,带动本行业内企业加快创新活动的开展。省属国有工业企业带头发挥主体作用,设定研发投入比例下限,创造条件吸引和推动科研成果入企转化,及时发布技术需求信息,促进产学研结合。加大对企业研发投入的支持力度,完善国有企业研发投入视同企业利润的考核机制,落实好研发费用加计扣除、重大技术装备首台套、新材料首批次、软件首版次保险补偿等企业研发投入激励政策,引导企业规范研发投入归集、核算。确保2020年实现规上工业企业技术创新活动全覆盖。

3.构建创新成果产业化体系。

一是发挥企业科技成果产业化的主体作用。遴选具有科研和转化能力的企业深入参与科研项目,将科研资金向创新型领军企业倾斜,有效促进科技成果产业化。依托科技型企业、重点科研机构、高等院校形成产学研联合体,围绕企业发展的关键性、基础性和共性技术问题,建设一批集技术集成、熟化和工程化试验服务为一体的开放型科技成果中试基地。重点布局建设十大省级科技成果中试孵化与产业化基地。鼓励龙头企业牵头建立中试基地，为中小微企业开展中试熟化与产业化开发提供服务。推动企业和高校、企业家和科学家、资本和市场高效协同，打通科技成果产业化瓶颈。加快科技应用场景搭建，支持科技成果产业化形成的新技术、新产品、新业态、新商业模式在我省率先应用。

二是实施"131"科技成果转化行动。支持企业、高校和科研院所围绕标志性引领性产业集群，组织编制具有前瞻性的《产业技术路线图》，实施100项重点科技成果转化及推广示范项目，推动产学研用深度融合。依托优势企业认定300个省级科技成果转化示范企业，促进重点产业发展。依托科技创新资源集聚区建设10个科技成果转移转化示范基地，辐射带动区域发展。积极探索建立"合伙人"制度。

三是加大科技成果转移承接力度。落实支持承接科技成果转化的政策措施，支持国家重点科技计划项目来我省开展后续研究和产业化应用。加强与国家科技项目管理专业机构的对接，积极组织国家重点研发计划成果对接活动，推动优势领域开展国家科技重大专项成果转移转化试点示范。通过山西科技成果转化和知识产权交易管理服务平台交易科技成果，对企业引进省外先进技术成果转移转化的，试点开展按技术合同成交额的一定比例给予奖补。

四是强化科技中介服务。建设公共科技基础条件平台和行业科技创新服务平台，创建科技成果和创业资本超市，充分发挥各类科技中介的作用，探索建设中小企业技术创新网、创业联合投资协作网等服务平台，为企业提供投资咨询、技术推广和政策咨询等专业服务。加强第三方中试评价机构和评价能力建设，使中试评价成为促进科技成果转移转化的重要依据。进一步完善技术转移和产业化服务体系，完善科技成果转化激励政策，搭建科技成果应用场景，开展重大技术转移转化示范，加快我省成果在晋转化，吸引省外成果来晋转化。

4.构建创新协同体系。

一是构建产学研深度融合创新体系。构建全方位"点对点"产学研融合联合创新体。积极对接C9高校和中科院等科研机构，争取来晋设立分支机构。鼓励科技创新载体集聚骨干企业、投融资机构、行业协会、中介组织等各类资源，联合组建细分行业领域产业技术联盟，通过开展联合研发，推进产学研深度融合。

二是以"三化"牵引产业创新发展。开展新一代信息技术与制造业融合创新和工程应用，实施100个智能工厂和100个数字化车间试点示范项目，推动制造业加速向数字化、网络化、智能化发展。顺应制造业与服务业深度融合发展趋势，开展服务型制造试点示范。推广服务型制造模式，强化现代物流、工业设计、金融服务等生产性服务业支撑。

三是构建"互联网+"融合创新体系。构建"互联网+"创新创业平台，发挥互联网云服务平台优势，带动创新创业服务链企业、服务机构、高校、科研院所、产业联盟、专家团队等要素聚集，联通线上平台和线下服务，满足技术研发和企业创新过程中对服务、资金、技术、人才和市场等方面的服务需求，构建形成"平台+数据+应用+服务"的创新创业生态系统。推动"互联网+先进制造业"模式应用，打造工业互联网平台体系，同步推进企业级、行业级、综合性工业互联网平台建设，推动个性化定制、智能化生产、网络化供应、服务化延伸等"互联网+"新模式应用。

四是加强大中小企业融通发展。引导省内产业联盟与国家部委、协会指导的产业联盟对接。推动联盟内企业实现销售协同、创新协同、发展布局协同、对外合作协同、管理协同、人才协同和大中小企业融通发展。

五是推动创新资源共享。建设省科技资源统筹服务中心，完善科技资源统筹服务体系。推动大型科研设施与仪器向各类创新主体开放共享，优先在转型综改示范区等重点开发区、高新区建设大型科学仪器共享平台。建立和完善省各类科技创新平台向社会开放共享的制度，把面向企业和社会提供服务作为考核其运行绩效的重要指标。

六是加强品牌与市场协同发展。完善政府采购促进企业创新发展的相关措施，支持创新产品应用。首台(套)重大技术装备、首批次新材料、首版次软件等首次投放市场或已经投放市场但暂不具备市场竞争条件、尚未实现批量销售的创新产品和服务，采购人可依法采用单一来源方式进行采购。开展品牌推介活动，实施一批新技术、新产品示范应用项目，支持集群企业供需对接，新产品互用，实施大数据、云计算等新技术和服务推广计划，帮助企业提升市场竞争力。

5.构建创新平台承载体系。

一是依托开发区打造创新集聚发展平台。推动产业和创新一体化布局，支持大型企业、高校、科研院所在开发区联合打造科技成果转移转化平台。大力推进开发区中试基地建设，聚焦主导产业发展定位，建设一批特色鲜明的中试基地，支持开发区、高新区在中试放大、验证测试、成果转化、技术交易等环节开展服务，提升高新技术产业承载能力和集聚能力。构建链条式科技服务体系，推动开发区建设技术研发、专业服务、创新孵化、创业培训等服务平台。支持省级开发区建设大中小融通型双创特色载体。开发区、高新区围绕产业链布局创新链、配置要素链、完善政策链，对龙头企业和领军团队要做到一企一策、一事一议，政策打包、量身定制。

二是打造"双创"要素集聚平台。打造"双创"升级版，率先在智创城形成创新生态的小气候，引入国内一流双创运营团队，发挥鲶鱼效应，加速吸引领军企业、头部企业等高端双创资源向智创城集聚。完善智创城双创全链条功能，构建"创业苗圃+孵化器+加速器+产业园" 的双创全产业链培育体系，提供"空间+孵化+基金+服务+生态"的双创全链条服务，形成智创城发展的良好生态体系。落实好我省双创高质量发展20条支持政策，将我省双创发展不断引向深入。引导支持一批高端科技人才、优秀企业家、专业投资人、高技能人才成为创新创业主力军。进一步畅通"众创业、个转企、小升规、规改股、股上市"创新企业成长通道，梯次培育一批科技型企业快速成长，打造质量优、潜力大、成长快的创新型企业集群。加快推进大中小企业融通发展，引导大企业向中小企业开放资源、共享能力，以数据和资源赋能中小企业，支持中小企业在新的产业形态下实现快速迭代，创新成果通过创新链、供应链、数据链回流大企业，为大企业注入活力。组织实施小微企业双创基地梯度培育计划，支持社会资本利用闲置厂房、土地和楼宇建设小微企业创新创业基地。支持高校建设科技成果转化和技术转移示范基地(园区)，加快高校产业技术供给。

三是打造产科教协同创新融合发展平台。以重大协同创新任务为牵引，持续支持省部共建协同创新中心建设。以山西产业技术升级的重大需求为引领，以产学研结合为主线，围绕山西高质量转型发展的重点领域，继续认定和支持一批省级校企协同创新中心。采取厅市、厅厅共建模式，推动高校围绕区域产业转型重大需求与地方创新主体深度融合，培育一批服务地方经济社会发展的校企、校地协同创新中心。

6.构建开放创新体系。

一是深度融入全球创新体系。以全球视野谋划和推动创新，推动开展离岸创新、跨境创新，鼓励省内重点企业与全球一流公司、顶尖科研机构合作，共建涵盖研发、中试与产业化的国际化开放技术创新体系，进行全球化的研发设计、生产制造、资源配置、融资服务和市场营销。支持企业走出去，到科技发达国家设立研发机构，组建研发团队，靠前就近学习燃料电池汽车、节能环保、机器人、医疗穿戴设备等方面的先进技术，助力山西高质量转型发展。制定出台我省进一步加大重点领域对外开放的实施意见。深化外商投资便利化改革，吸引外商投资企业在山西设立研发中心。积极参与“一带一路”科技创新合作，深化与创新型国家和地区的产业研发合作，集聚全球高端创新要素，以更高水平的开放拓展更高水平的创新。

二是推动跨区域协同创新。坚持“以我为主、为我所用”，通过自我培育、开放合作，创建各类创新平台。积极争取各类国家级创新平台基地来晋设立分支机构。探索在北上广深杭等科技先进地区组建研发机构，靠前就近学习先进技术，集聚利用异地创新要素，破解本土企业高端人才缺乏、研发能力不足的难题。持续深化与“一带一路”、长江经济带、粤港澳大湾区、京津冀等地区的创新成果转移转化合作，建立省际间创新成果转移统筹协调机制、重大承接项目促进服务机制等，搭建研究成果转化基地和产业转移促进平台。

7.建立创新标准化信息化体系。

一是建立创新生态标准化体系。借鉴中国区域创新能力评价指标体系，聚焦创新生态核心指标，探索建立创新生态标准化体系。建立标准化与科技创新深度融合促进机制，加快形成一批推动战略性新兴产业发展的标准体系，形成一批自主知识产权。

二是建立创新生态信息化体系。以5G、互联网、云平台等新一代信息技术为支撑，建立全省创新生态系统信息集成平台。依托大数据、新一代人工智能，加强细分子系统模块建设，强化信息体系调度、对标、分析、服务、应用功能，打造全省创新综合调度服务云平台。

(三)拓展激活创新人才队伍

1.聚焦三个层次，着力打造高层次创新型人才队伍。

一是创新型技术人才。强化“高精尖缺”人才精准引育，在重点产业园区、行业龙头企业、转型领域重点企业等加快建设院士(专家)工作站，支持院士在我省高等学校设立工作站，联合开展前瞻技术研发和人才培养。继续实施“三晋学者”和高校创新人才支持计划，重点培养一批战略科学家、科技领军人才和青年学术带头人。提高省级科技计划对中青年科研人才支持力度，每年支持30名左右优秀中青年科研领军人才。对接企业需要培养人才，加大研究生教育创新中心、研究生联合培养基地建设，实施山西省卓越工程师教育培养计划。推动产教融合发展，鼓励企业与高校共建工程实践教育基地和产教融合联盟(学院)，建立健全以市场需求、行业标准、职业需要为导向的人才培养体系，校企合作培育高技能专业人才。

二是创新型技术管理人才。聚焦重点产业领域，探索高校联合实验室、产业创新研究院建设，集聚一批集产业战略定位研究、产业发展策略研究和重点项目策划研究于一体的创新型技术管理人才。聚焦产业技术创新项目，定向引进一批在国际知名企业、机构担任高级职务的专业技术人才和经营管理人才。鼓励高校、科研院所、企业面向全球公开招聘学科带头人、科技创新基地负责人、科研项目首席专家。聚焦金融专业管理人才建设，联合高校、金融机构共同建立百名金融专家资源库，组建上市专家服务队，加强双向互动交流，为企业投资、融资提供专业指导服务。

三是创新型企业家。全面实施市场准入负面清单制度，吸收更多企业家参与科技创新政策、规划、计划、标准制定和立项评估等工作，打造服务企业创新发展的绿色通道。强化企业家培育培训，提高整合高端人才、一流团队、科研机构等创新资源的能力。引导企业家开展跨界融合，进行颠覆式创新，推动重大关键技术突破。建立企业家容错纠错机制，全力维护企业合法权益，依法保护企业家人身和财产安全。

2.推进“三个优化调整”，着力打造专业型创新人才队伍。

聚焦高质量转型发展需要，积极推动高校布局结构、学科学院和专业设置“三个调整优化”。着力建设有特色、高水平、应用型大学，为山西产业集群建设提供技术和人才支撑。探索以一级学科为维度调整优化二级院系设置，基本实现重点学科对我省重点产业领域全覆盖。聚焦战略性新兴领域增设新兴专业，着力培养“新工科”人才，优化山西未来人才结构。

3.打造创新平台基地，推动创新人才集聚发展。

一是强化创新平台与基地的“磁吸效应”。依托“111”“1331”“136”等重大工程和正在布局的重点实验室、技术创新中心、科技成果产业化基地等重点平台引才聚才。要加强院士工作站、博士后“两站”(企业科研工作站和高校科研流动站)和海外人才工作站建设，充分发挥平台的聚才作用。通过平台吸引人才、事业成就人才，吸引世界各地优秀创新人才和创新团队来晋创新创业。

二是搭建人才事业平台。鼓励高端创新人才向工业园区、产业园区集聚，为各类人才干事创业提供发展平台。充分发挥重点区域、重点产业和重点项目对人才的聚集、培养作用，抓好人才与项目的对接，通过组织专家服务团等形式，实现人才、科研成果与实际需求对接。畅通不同单位之间的人才流动渠道，鼓励企事业单位人才按规定兼职兼薪。

三是建设山西人才共享云平台。加强与一流互联网平台在人才共享、技术服务等方面的合作，加快建设山西人才共享云平台，利用互联网高效匹配人才需求。依靠互联网、大数据技术，突破人才区域性界限，在全球范围内配置使用人才资源，实现全球创新人才"为我所用"，推动解决企业人才短缺等问题，不断拓宽创新人才引进渠道。

四是引进与培育高端智库平台。积极与一批高端智库建立长期合作机制，培育一批服务省内创新需求、专业特色突出的高端特色智库。依托省内外各类高端智库，为全面推进创新生态构建提供对策建议，提升服务创新生态建设的能力水平。

4.着力优化机制环境，充分激发人才创新创造创业活力。

一是健全创新激励机制。完善人才激励机制，对领军人才和创新团队探索实行年薪制、协议工资、项目工资和股权、期权、分红等多种分配方式，打好激励组合拳。强化对创新创业的正向引导，"小突破、大奖励"，推广期权和股权激励制度，深度激发科研人员创新动力。重视科研人员在创新活动中的重要作用，引导科技创新载体赋予科研人员更大技术路线决策权和利益分配权。鼓励科技创新载体采取灵活的薪酬制度、奖励措施，持续激发科研人员创新的积极性和主动性。

二是完善弹性引才引智机制。围绕科技和产业重大需求，研究制定"一人一策""一事一议"人才引进办法，精准引进高层次创新人才、领军人才和紧缺人才。按年度编制《山西省急需紧缺人才目录》，每年引进数百名急需紧缺人才，尽快补齐产业人才短板。坚持不求所有、但求所用，实施柔性用才、项目引才，通过顾问指导、兼职服务、"候鸟式"聘任、项目委托、联合攻关、专题服务等方式，加大"两院"院士等高端人才引进力度。加强与海内外优秀企业、研发机构合作，引进核心研发团队，引进关键领域急缺技术人才，引进不同层次技术人员。

三是强化人才支持计划。深入实施"三晋英才""青年拔尖人才"等支持计划，加大对引进高层次人才和本土高层次人才的支持力度，建立完善高层次人才联系服务制度，落实高层次人才购房不受户籍限制、子女就学统筹优先安排等政策，高标准做好人才社区、人才公寓规划建设。

四是推进人才评价改革。全面深化科研院所、高校、医院的科研和人事制度改革，有效激发人才创新活力。改变片面将论文、专利、项目、经费数量等与科技人才评价直接挂钩的做法，将技术创新、高新技术成果转化等因素作为科技人才评价的重要条件。进一步完善科技创新团队评价办法，实行以合作解决重大科技问题为重点的整体性评价。对创新团队负责人，以把握研究发展方向、提高学术造诣水平、组织协调和团队建设等为评价重点。加强"人人持证、技能社会"建设，深化职称制度改革，进一步下放职称评审权限。

（四）增强财税金融对创新的支撑

1.完善风险投资体系和机制。

一是完善风险投资体系。加快股权投资发展，支持省内创业投资机构向科技成果产业化企业提供风险投资。充分发挥省级创业风险投资引导基金作用，带动社会资本投入。构建省、市两级风险投资体系和风险投资机制，充分发挥政府风险投资资金对科技型企业的支持作用。更好发挥财政资金劣后作用、杠杆作用和乘数效应，引导撬动金融资本、社会资本向科技创新领域集聚。

二是培育天使投资基金。积极培育天使投资、私募股权投资、风险投资等早期投资力量。引导社会资本参与或成立创业风险投资企业、商业性创业投资基金，加强对处于创业初期科技型企业的支持。

三是构建科技信贷风险共担机制。降低科技型企业融资门槛，充分发挥山西省科技金融创新发展专项资金作用，政府性融资机构探索设立科技融资担保专业部门或分支机构，与银行进行战略合作，为科技型企业提供优惠利率科技信贷授信额度。建立政银合作、银担互保的中小企业贷款风险分担和损失补偿机制，加强抵押担保、信用贷款、保证保险等综合服务，鼓励和引导金融机构加大对科技型中小企业的信贷支持力度。

2.强化财政创新投入。

一是强化新动能资金支持。从新动能资金中专列技术创新专项，加大对新材料、新产品、新工艺、新技术"四新"项目的支持力度。加强对创新平台建设、创新活动开展、创新成果产出等的奖励力度，推动传统产业高端化和新兴产业规模化发展。加大对企业研发投入的奖励力度，引导技术创新领军企业、企业技术中心、技术创新示范企业研发经费投入持续增长。鼓励市、县两级设立专项资金支持技术创新。

二是强化科技专项及基金保障。统筹用好应用基础研究计划、科技重大专项、重点研发计划等省科技计划（专项、基金等），聚焦全省重大战略需求和产业转型，推动前瞻性重点科学研究、重点共性关键技术和产品研发、重点国际科技合作，着力解决制约主导产业发展的重大共性关键技术瓶颈。

3.引导金融业加强创新支持。

一是实施企业全生命周期金融创新覆盖工程。组织银行、券商、基金公司等金融机构共同成立服务产业创新金融联合体，强化金融资源的优化配置，加大金融创新力度，灵活运用各种金融工具，为创新主体和产业主体提供多元化、差异化、定制化的融资服务，覆盖从种子期到成熟期的企业发展全生命周期。开展投贷联动试点，为创新型企业提供股权和债权相结合的融资服务。支持设立知识产权运营基金，用于核心专利和高价值专利组合的收购、转移转化、投融资等。引导金融机构开发支持"双创"金融产品，支持创新型企业发行"双创"债券。鼓励商业银行发放科技创新型贷款，探索设立科技小贷等科技金融专营机构。

二是推进重点产业金融服务提质工程。对基础能源产业继续给予适度充裕的资金流量支持,对先进制造业持续给予相对充裕的资金增量支持,对数字经济融合发展量身打造融资方案,对技改项目加大金融配套服务,探索贷款保证保险业务,推动重点产业转型升级。

三是实施创新型领军企业上市工程。推动已上市企业开展并购,鼓励非上市优势企业战略性重组。设立百家高科技企业上市后备资源库。开展资本市场县域工程,支持中小科技企业在新三板挂牌,培育双创企业科创板上市。推动创新型企业在山西股权交易中心"企业创新板"挂牌,将"企业创新板"打造成科创板的孵化基地。

四是支持开展多种形式的股权投资。探索开展外商投资企业股权投资试点,鼓励境外资本通过股权投资等方式支持创新型企业发展。发展壮大区域性股权市场,大力支持山西股权交易中心创新发展,打造面向实体经济企业投融资综合服务平台。

五是发展科技金融服务平台。加强创新信用体系建设,建立国有新型征信服务公司,依托省信用信息共享平台、企业信用信息公示系统(山西)等现有基础,搭建地方征信平台,整合分散于各部门和单位掌握的企业信用信息,构建涵盖企业履约、融资、纳税信用等多方面评价信息的企业"肖像",弥补创新企业信用信息空白。建设地方融资增信平台,整合融担、保险及融资中介机构等增信功能。扩展山西金融服务平台功能,整合银企基础信息、企业征信、机构增信信息资源,提升融资服务效率和专业化水平。

4.执行国家激励创新的税收政策。

加快落实国家激励企业创新的普惠性税收政策,企业开展研发活动中实际发生的研发费用,未形成无形资产计入当期损益的,在据实扣除的基础上,根据有关规定再按照实际发生额的75%在税前加计扣除。国家重点扶持的高新技术企业,减按15%的税率征收企业所得税。对增值税一般纳税人销售其自行开发生产的软件产品,对其增值税实际税负超过3%的部分实行即征即退。

(五)改革重塑创新制度文化

1.完善创新制度。

一是优化科技资源配置管理制度。进一步完善省科技计划管理流程,提高科技计划实施绩效。完善多元投入机制,鼓励有条件的市、高新区或创新型领军企业与省财政科技资金共同发起设立面向全省的省市联动重点专项。引导地方、企业、社会力量加大基础研究投入,鼓励有条件的单位与省科技行政管理部门共同设立面向全省的联合研究资金,加大与国家自然科学基金委区域创新联合基金的合作力度。

二是完善重大科技项目攻关制度。加快完善重大科技项目攻关制度,建立以成果为导向的管理机制,立项推行"揭榜制",管理推行首席专家负责、项目专员管理,由产学研创新联盟合力攻关,加快突破一批"卡脖子"技术,抢占科技制高点,打造产业"杀手锏"。完善省重大科技项目形成机制和资助方式,形成竞争择优与定向委托相互补充的科技项目立项机制。探索一事一议、厅市联合、部门协同等项目组织实施方式,推动企业、高校、科研院所组成创新联合体开展攻关。

三是落实知识产权保护制度。建立从申请到保护的全流程一体化知识产权维权制度,加大商标、专利、地理标志等领域侵犯知识产权行为整治力度。加强知识产权和技术标准服务体系建设,加强对知识产权资产评估的管理和引导,加快知识产权信息服务系统建设。推进工业领域的省级标准化技术组织建设,建立省标准化专家委员会。推动企业标准、团体标准和地方标准上升为行业标准、国家标准,以标准抢占产业制高点。

四是完善创新考核评价制度。建立分类分层创新考核指标体系,加大创新考核比重和考核力度,针对市县、开发区和国有企业的不同特点及目标差异,构建由创新共性指标和个性指标有机结合的创新考核指标体系。建立创新激励和淘汰机制,激励创新者,淘汰、追责不创新不作为者。建立容错机制,保护先改革敢创新者,让压力和激励直达人心。建立创新导向激励机制,创新型干部须创新使用,强化考核结果运用,重用能创新、想创新、善创新的干部。深化"三评"改革,将标志性成果的质量、贡献、影响,以及服务转型综改的实际成效作为对科研项目、人才、机构的评价重点。

五是深化科技领域"放管服"改革。科技主管部门按照打造创新生态的要求,从机构设置、机制运转、职能发挥等方面开展重塑性改革试点。进一步破除对科研人员的束缚,开展项目经费使用"包干制"改革试点。深化高校科研管理制度改革,推进科研院所法人治理结构建设,赋予科研机构和科研人员更大科研自主权。探索推行"绩效工资+横纵向项目收益+成果转化收益"的"三元薪酬"结构。

2.培育创新文化。

一是培育创新担当文化。树立"没有创新的干部是不称职的干部""以工作创新为荣、以停滞不前为耻""资源有限、创新无限"等理念,鼓励自主创新、协同创新、开放创新,鼓励广大干部争当创新理念实践者、技术突破创造者、产业升级开拓者,直道冲刺、弯道超车、换道领跑,打造勇于创新的"精神高地"。

二是培育创新容错文化。宽容干部在改革创新中的失误,在推动产业创新发展中,对政府部门、国有企业相关负责人创新履职中发生问题的,只要不违反党纪国法,勤勉尽责,未谋私利的不作负面评价,依法依规免除相关责任或从轻处理。对创新项目进行经费资助或风险投资,符合规定条件、标准和程序,但资助项目未达到预期发展效果,相关领导干部和部门在勤勉尽责的前提下,依法依规免除其决策责任,为一切创新创造活动营造宽松环境。

三是培育创新工匠文化。大力弘扬精益求精、持之以恒和守正创新的工匠文化,鼓励科技工作者潜心研究、久久为功,致力攻克一批核心技术"卡脖子"问题。鼓励企业家专注品质,追求卓越,推动"山西制造"向"山西智造"转变,打造更多享誉世界的"山西品牌",争当新知识的创造者、新理念的启蒙者、新技术的发明者和新产业的开拓者。

四是培育全社会创新文化。弘扬科学精神，充分营造人人都是创新主体，人人都要创新，人人皆可创新，创新没有"旁观者"和"局外人"的创新氛围。充分调动政府、企业、开发区、院校等各方积极性，形成全员创新、全链创新、全域创新的全社会创新格局。

三、组织实施

（一）加强组织领导。组建省创新生态建设领导小组，研究、审议全省创新发展战略、规划、重大政策、重大科技任务和重大项目，协调重大事项。建立市、县（市、区）政府"一把手"抓创新的工作机制，加强对创新生态建设工作的统筹协调，督促落实，形成各地、各部门联动推进创新改革、制定创新政策、建设创新平台、实施创新项目、引进和培育创新人才的工作体系，提升创新体系整体效能。

（二）强化政策保障。突出创新驱动顶层设计，启动编制"十四五"创新发展规划。建立创新政策调查和评价制度，定期开展评价和修订工作，及时修订或废止有违创新规律、阻碍新产业和新业态发展的政策条款。强化科技、教育、财政、投资、土地、税收、人才、产业、金融、知识产权、政府采购、审计等政策协同，形成目标一致、协作配合的政策合力，最大限度发挥政策的叠加效应。

（三）优化营商环境。坚持"三对""六最"要求，推动我省营商环境进入全国前列。开展"五减"专项行动、"一网通办"提速行动，推进一枚印章管审批、一个系统管监管、一个平台管交易、一条热线管便民，拓展深化投资项目承诺制改革，推行工程建设项目在线审批及"场景式审批"，开展企业全生命周期便利化服务，推行智能服务、标准服务、精准服务，深入推进社会信用体系建设，以一流的营商环境提升创新竞争力。

（四）强化宣传引导。在全社会大力倡导科学家精神、企业家精神和工匠精神，弘扬鼓励创新、宽容失败的创新文化，进一步激发全社会创新活力。加大对创新生态建设工作的宣传力度，选树一批研发能力强、创新机制活、产业带动明显的科技创新载体典型，展现创新型省份建设进展和成效，营造全省打造一流创新生态的良好氛围。

中共山西省委办公厅《关于贯彻中办发〔2020〕15号文件精神深化拓展基层减负工作的措施》

（2020年5月18日）

为深入贯彻落实习近平总书记关于加强党的作风建设、力戒形式主义官僚主义重要指示精神，进一步深化拓展基层减负工作，把广大基层干部干事创业的手脚从形式主义的束缚中解脱出来，以优良作风保证决战脱贫攻坚、决胜全面建成小康社会、乘势而上书写山西践行新时代中国特色社会主义新篇章，根据《中共中央办公厅关于持续解决困扰基层的形式主义问题为决胜全面建成小康社会提供坚强作风保证的通知》（中办发〔2020〕15号）精神，制定如下措施。

一、持续加强克服形式主义官僚主义的思想政治教育

巩固拓展"不忘初心、牢记使命"主题教育成果，组织开展全省学习贯彻习近平新时代中国特色社会主义思想理论研讨交流活动，深入学习贯彻习近平总书记视察山西重要讲话重要指示精神，组织引导广大党员、干部深入学懂弄通做实习近平新时代中国特色社会主义思想，使"四个意识""四个自信""两个维护"在内心深处扎根铸魂，牢固树立正确政绩观，紧紧扭住新发展理念推动发展，切实把对上负责与对下负责统一起来，决不做自以为领导满意却让群众失望的蠢事，决不能身子进了新时代但思想还停留在过去。组织深入研学习近平总书记关于力戒形式主义官僚主义重要论述选编，作为干部教育培训的必修课。将力戒形式主义官僚主义纳入不忘初心、牢记使命的制度，建立健全理论学习、检视问题、抓实整改的长效机制。

二、持续纠治疫情防控和恢复经济社会发展中的形式主义官僚主义问题

抓紧抓实抓细常态化疫情防控，精准落实外防输入、内防反弹和全面恢复经济社会秩序各项举措，防止多头重复向基层派任务、要材料，严格控制各类不必要的会议、检查，及时纠正执行政策层层加码、"一刀切"等做法，坚决纠治表格式防疫、数字化复工复产等问题。精准施治脱贫攻坚中的形式主义官僚主义，对无关的搭车任务、未经批准的考核评估、不必要的填表报数和文件会议一律取消，及时纠正对重点推进工作采取周通报、月评比等频繁排队打分现象，防止数字脱贫、虚假脱贫，杜绝形象工程、面子工程。

三、持续守牢精文减会的硬杠杠硬要求

省委层面以上率下、示范带动，严格落实文件会议计划控制目标，对各市各部门发文开会情况按季度统计分析，动态对账清账，对出现超发超开苗头的及时预警提醒，对存在突出问题的加大督促整改力度,确保省级文件、会议分别控制在1910件、830次以内,各级文件、会议比2019年只减不增。对发文件红头改白头、正式改便笺,同一议题层层重复开会等问题,及时督促纠正。既要严格控制向县级以下发文的数量,又要精减基层向上级报文报表的数量,特别要重视解决请示报告工作中的形式主义问题,请示事项要拿出明确意见和可行方案,报告事项要认真核实情况,没有实质性内容的表态和情况反映不必报告,防止重数量、轻质量,防止一味赶早、求快。

四、持续加强督查检查考核计划管理

落实省级督查检查考核事项审批管理机制,监督列入年度计划事项的执行情况,严格计划外事项审批,确保总量只减不增。纳入省级年度计划的督检考事项,不要求市县配套开展。加强对各市督检考备案管理,年初掌握计划、年底掌握执行情况。部门党组(党委)加强对依据法定职责开展的、本系统内部日常性督检考的统筹管理,严格落实党组(党委)审批机制。

五、持续改进领导方式和工作方法

打破推进工作主要靠开会、发文、检查"三板斧"的传统路径依赖,坚持结果导向,主要采取"四不两直""双随机"方式,多去基层一线、工厂车间、田间地头发现解决问题,不发不切实际、内容空洞的文件,不开应景造势、不解决问题的会议,注意纠正督检考工作中阵仗声势大、层层听汇报、大范围索要台账资料等做法,从重过程向重结果转变,从以明查为主向明查暗访相结合转变,从一味挑毛病、随意发号施令向既发现问题又帮助解决问题转变。改进完善年度目标责任考核工作和开发区考核实施办法,加强对重点单位验证式、剖析式考核。建立督查检查考核成果共享机制,推动结果互认互用。按照"13710"理念和机制,建设省委"13710"信息化督办平台,利用大数据、云计算等信息化手段,对中央及省委重大决策部署立项跟踪督办,让数据多"跑腿",让干部群众少"跑路",把各级从"表哥""表嫂"中解脱出来。

六、持续增强调查研究实效

各级党委(党组)加强对本单位调研活动统筹,坚持轻车简从,严格执行"六不"规定,避免同一时间到同一地方扎堆调研。多开展随机调研、蹲点调研、解剖麻雀式调研,走到、看到、听到、问到,察实情、听真话、取真经,不作秀,不走"经典路线"。政策制定前要充分听取各方意见,政策执行中要注意听取基层反映,避免不接地气的"空中政策"和相互打架的"本位政策"。

七、持续深化形式主义官僚主义突出问题专项整治

省直机关开展让党中央及省委放心、让人民群众满意的模范机关创建活动,对形式主义官僚主义突出问题专项整治工作进行"回头看",全面检视、靶向治疗,重点解决表态多调门高、行动少落实差以及层层加码、过度留痕等问题,以实际行动作"两个维护"的表率。在企业、学校、医院、科研单位开展形式主义官僚主义突出问题专项整治,并设立基层观测点。省级层面完善整治形式主义为基层减负负面清单。对专项整治清理后保留的"一票否决"、签订责任状事项、涉及城市评选评比表彰的创建活动实行清单管理,根据基层反映和实际成效进行动态评估,能减尽减。规范理论学习类APP,改进三晋先锋、干部在线学院、法宣在线等党员干部理论学习平台教学评价机制,不以学习积分和在线时长论英雄。

八、持续激励干部担当作为

深入抓好中央及省委激励干部担当作为有关具体措施落实,健全鼓励创新、宽容失败、合理容错机制,推出一批落实"三个区分开来"的典型指导案例。贯彻落实中央关于为受到诬告错告干部澄清正名的意见,全面了解梳理近年来被问责和受处分干部情况,积极稳妥使用影响期满、表现突出的干部,依规依纪依法查处诬告陷害行为,旗帜鲜明为担当作为的干部撑腰做主、澄清正名。精准审慎实施谈话函询和问责,规范实施问责的工作程序,及时纠正滥用问责、不当问责及以问责代替整改等问题。

九、持续完善干部考核评价机制

将防止和克服形式主义官僚主义作为干部考察考核的重要内容,改革干部业绩评价办法,坚持结果导向,从结果中发现人才、先进典型、优秀干部,从发展实践、工作一线和群众口碑中识别干部,特别是做好统筹推进疫情防控和经济社会发展、打好三大攻坚战等重大斗争中干部的考察识别工作,真正把政治上过得硬、善于贯彻新发展理念、制度执行力和治理能力强、"愿作为、能作为、善作为"的干部选拔出来。总结推广一批勇于担当、一心为民、真抓实干的好经验好典型。

十、持续健全完善基层治理体系

贯彻落实中央加强基层治理体系和治理能力现代化建设的政策要求,结合我省实际研究制定务实管用举措,深入推进街道管理体制改革,建立防范和整治"村霸"问题长效机制,推进"多网合一"的基层网格化服务管理。把"零上访、零事故、零案件"单位创建与坚持完善新时代"枫桥经验"结合起来,推进自治、法治、德治"三治融合"基层社会治理体系建设,构建党的领导、人民当家作主和依法治理有机统一的基层治理体制机制。

十一、持续为基层放权赋能

制定和落实向基层赋权清单,推动更多社会资源、管理权限和民生服务下放到基层,人力物力财力投放到基层。实施"墩苗"行动,选派优秀年轻干部到乡镇(街道)任职。加强专职社工队伍建设,完善社工职业体系。深化乡镇(街道)机构改革,推进基层整合审批服务执法力量。落实干部职工带薪休假、津补贴、职务职级职称等待遇保障制度,落实疫情防控一线医务人员各项薪酬倾斜政策,建立村(社区)干部报酬动态增长机制。

十二、持续规范各级各部门职责

按照权责一致要求,进一步明确完善不同层级、部门、岗位职责边界,建立健全责任清单,科学规范"属地管理",防止层层向基层转嫁责任。结合市县"一枚印章管审批"改革,完善省市县三级政府部门权责清单,建立清单动态管理机制。推动省委编办等部门印发的《关于明晰乡镇(街道)权责厘清县乡关系的指导意见》落实,规范县乡职责关系。

十三、持续推动政治监督和政治督查常态化

将防止和克服形式主义官僚主义深度融入巡视巡察、党委督查等制度,年度述职要将其作为重要内容,年度民主生活会要专门就其进行党性分析、开展批评和自我批评。出台关于加强政治监督的实施意见,加强对贯彻落实"两个维护"情况的督促检查,从领导机关和领导干部抓起改起,深入查找贯彻落实党的理论和路线方针政策上存在的政治偏差,深化治理贯彻党中央决策部署只表态不落实、维护群众利益不担当不作为,特别是漠视人民群众生命安全和身体健康等突出问题,严肃查处不敬畏不在乎、空泛表态、敷衍塞责、弄虚作假、阳奉阴违等问题。用好"四风"监督举报平台,加大对形式主义官僚主义突出问题监督查处力度,典型问题及时公开曝光。

各级党委(党组)要切实履行主体责任,坚持一级做给一级看,抓好本级带下级,以上率下作示范。在省委统一领导下,省委层面整治形式主义为基层减负专项工作机制要继续发挥牵头抓总和统筹协调作用,加强对各地各部门的督促指导,开展常态化蹲点调研,形成上下联动的工作格局,研究解决新情况新问题,推动解决形式主义突出问题为基层减负各项工作取得实效。各市各部门年底前要将深化拓展基层减负工作情况报送省委层面专项工作机制办公室(省委督查室)。

中共山西省委办公厅　山西省人民政府办公厅
《山西省中小学教师减负清单》

(2020年6月4日)

一、统筹规范督查检查评比考核事项

1.严禁各部门组织实施未经审批报备的督查检查评比考核事项。省级教育部门对经审批报备的省级督查检查评比考核事项进行统筹,合并开展。每年面向基层中小学校和教师的省级督查检查事项合并进行1次,评比考核事项合并进行1次。

2.严禁各级教育部门擅自开展未列入年度计划的督查检查评比考核事项。省级教育部门要于每年年初确定并公布本年度涉及中小学校和教师的督查检查评比考核事项清单。督查检查评比考核活动原则上每年不得超过3次。

3.严禁重复要求中小学校和教师上报督查检查评比考核数据、材料。上报材料要充分利用信息化手段,减少纸质材料。杜绝机械式做法,不得简单以微信工作群、政务App上传工作场景截图或录制视频等方式评价中小学校和教师,不能工作刚安排就开展督查检查评比考核。减少不必要的环节和表格数据材料检查。

二、统筹规范教师管理事项

4.严禁在面向中小学校和教师的各类微信公众号、工作群、政务App上滥发通知消息、随意安排工作任务,严禁安排中小学教师参与或组织学生参加各类网上投票、点赞、答题、知识竞赛、宣传等活动,临时工作群要在任务完成后立即解散。

5. 严禁各级党委和政府有关部门管理运营的各类平台通过中小学校和教师向学生及家长推介,并把学校、教师、学生及家长的参与情况作为评价中小学校和教师的标准。

6.严格控制会议数量。不得安排中小学教师参加与教育教学无关的各类视频会、奖惩会、观摩会等活动,确需中小学教师参加的与教育教学有关的会议,要精减次数、压缩时间、提高质量。

7.严禁强制要求中小学教师填写班主任家访记录、例会记录等材料,不强制要求老师到每个学生家里进行家访,不得规定教师撰写政治学习笔记、心得体会的具体次数及字数。

8.严格控制中小学教师在校工作时间,不得随意安排教师承担与本人学科教学和教育教学任务无关的其他任务。学校在非工作日安排教师承担学科教育教学任务的,需为教师合理安排补休时间。

三、统筹规范社会事务进校园及相关报表填写事项

9.严格规范、合理安排教育扶贫工作任务,不得安排中小学校和教师承担教育扶贫任务以外的其他扶贫工作任务,不得安排中小学教师包村扶贫、驻村扶贫。

10.严格规范维护稳定、扫黑除恶、防灾减灾、消防安全、防艾等重要专项工作,未经教育部门批准,不得安排中小学教师到与教育教学无关的场所开展相关工作,不得给中小学校和教师布置硬性任务,不得影响中小学校正常教育教学。严禁要求中小学校和教师定期报送线索排查报表等资料,严禁向中小学校和教师下达参加志愿活动的人数与频次等要求。有关部门进校园指导教师开展相关工作须经教育部门同意。

11.严格规范文明、卫生、绿色、宜居、旅游等城市创优评选活动,确需中小学校和教师参与的,由教育部门按要求依程序统筹安排,不得随意安排教师走出校园承担与教师职责无关的工作任务。不得要求教师上街执勤、参与网上宣传投票等活动。

12.严禁街道社区安排中小学校和教师频繁参与社区建设活动,不得影响学校正常教育教学,不得提出不合理要求强制学校和教师支持配合。

13.严格规范各类教育宣传活动进校园工作。各级各部门开展的面向中小学生的教育宣传活动,应由教育部门整体规划、分类指导、统筹安排,不得重复开展。严禁强制中小学教师参加垃圾分类进校园、防范电信诈骗宣传教育、非法集资宣传进校园等活动。

14. 严禁强制中小学校和教师参与各类征文、论文、案例、演讲比赛、座谈研讨、征求意见、学习交流和与教师专业发展无关的网上学习培训等活动。

15.严禁向中小学校和教师强制摊派各类验收工作、医疗保险信息采集录入与收费、农村农民信息调查统计、整理表格、填写台账、定期走访贫困户等任务。不得安排中小学教师承担拆迁、校外小饭桌巡查、校车安全监管等工作任务。

16.严禁随意让学校停课出人出场地或借用学校场地举办各类考试、换届选举、招商、庆典等有关活动。严禁以营利为目的的商业活动、商业广告或借机收费活动等进入校园。

17.严格控制中小学校承担社会考试次数和教师监考次数。各类社会考试进学校须经教育部门同意。教育部门要合理安排每所中小学校承担的社会考试次数和教师监考次数,原则上,承担社会考试次数每年不超过5次、教师监考次数每人每年不超过4次。

18.严格规范精减各类报表填写工作。各级各部门要精简报表填报次数和内容,加强教育信息管理系统建设,建立健全各类教育信息数据库,努力做到一次采集多次使用。

19.严格规范中小学校教育统计工作和调研工作。除国家统计局外,其他部门开展的涉及中小学校和教师的教育统计工作,须向同级政府统计部门报请备案,并商教育部门同意后方可进行。面向中小学教师的调研活动应由教育部门统一安排部署,不得擅自开展。

四、规范中小学教师借调事项

20.严格限制和规范有关部门抽调借用中小学教师。对于借用中小学教师参与贯彻落实党和国家重大决策部署任务的,在不影响学校正常教育教学情况下,须经教育部门同意,并报同级党委审批备案。借用期限原则上不超过半年。

21.严格精简中小学教师培训活动。除国家及省规定的中小学继续教育每人每年72学时的培训任务外,不得再硬性要求教师参加与专业发展有关的其他培训活动。中小学校一般不得组织教师参加各类社会机构举办的收费培训项目。除人力资源和社会保障部门依法依规开展的培训外,其他非教育教学方面的培训,中小学校和教师有权拒绝参加。各级各部门不得把无关培训任务摊派给教师。

中共山西省委办公厅　山西省人民政府办公厅《关于进一步深化县域医疗卫生一体化改革的实施意见》

(2020年7月8日)

为进一步推动健康中国·山西行动,更好地实施分级诊疗和满足群众健康需求,深入做好紧密型县域医疗卫生共同体建设试点省工作,根据国家决策部署,结合我省实际,制定本意见。

一、指导思想

以习近平新时代中国特色社会主义思想为指导,深入贯彻落实党的十九大和十九届二中、三中、四中全会及全国卫生健康大会精神,按照省委"四为四高两同步"总体思路和要求,坚持以人民健康为中心、以基层为重点,坚持预防为主、中西医并重,深度整合县域医疗卫生资源,促进县乡一体、乡村一体管理,进一步构建县级医疗集团利益共享、责任共担机制和高效运行管理机制,进一步完善县域整合型医疗卫生服务体系,实现医疗卫生服务上下贯通、医疗和预防有效融合,进一步提高县域医疗卫生资源配置和使用效能,实现以治病为中心向以健康为中心转变,努力为人民群众提供全方位全生命周期的健康服务。

二、工作目标

在我省一体化改革全覆盖的基础上,实现改革规范化、标准化、法制化。2020—2022年,围绕有效建立县域分级诊疗新秩序,创新完善管理一体、医疗同质、医防融合、能力提升、便捷高效的县域医疗卫生服务新体系,力争实现县域常住人口范围内65%的患者在基层就诊、90%的患者在县域内就诊。

三、工作任务

(一)进一步理顺管理体制

1. 全面强化县级党委和政府推行一体化改革的主体责任。党政主要负责人是推行改革的第一责任人,要切实做到重要改革亲自部署、重大方案亲自把关、关键环节亲自协调、落实情况亲自督察,全面落实政府办医责任。县级财政依据公立医院和基层医疗卫生机构补助政策,原渠道足额安排县医疗集团成员单位的补助资金。

2.扎实推进编制、卫生健康、体育、人力资源社会保障、财政、医保等部门向县医疗集团充分放权，切实强化县医疗集团管理自主权。一是下放人事管理自主权。按照“老人老办法、新人新办法”，取消县域所有医疗卫生机构行政级别、领导职数。县医疗集团院长、副院长由医管委聘任，县医疗集团领导班子实行任期目标责任制。落实党委领导下的院长负责制。赋予县医疗集团党委副院长提名权、中层干部和乡镇卫生院(社区卫生服务中心)负责人聘任权。赋予县医疗集团内设机构、岗位设置、岗位聘用自主权。在确保乡镇卫生院科室配置合理、服务能力稳步提高的前提下，在现有县医疗集团编制总量内，人员编制由县医疗集团统一管理、统一使用、统一调配，调整情况报县级机构编制部门备案。二是落实薪酬分配自主权。落实“两个允许”要求，县医疗集团绩效工资总量控制在当地无收入全额拨款事业单位绩效工资总量的5倍以内，县医疗集团在核定的绩效工资总量内自主分配。鼓励自主创新，探索推行县医疗集团院长年薪制等多种分配方式。三是下放财务管理执行权。县医疗集团确定为县级卫生健康部门下属二级预算单位，县医疗集团内财务实行统一管理、集中核算，各成员单位财务单独设账。赋予县医疗集团预算执行权，县医疗集团自行统筹预算内资金。实行总会计师派驻制。四是下放基层管理主导权。县医疗集团对所属单位行政、人员、资金、业务、药械、绩效实行“六统一”管理，县医疗集团拥有内部经营管理、绩效评估考核、人事调动、药械采购等主导权。五是下放医保、公共卫生资金支配权。医保基金按照总额预算管理、结余留用、合理超支分担原则，由医保经办机构采取按月预拨、年终结算方式，将核定的县乡村三级医保基金统一打包拨付给县医疗集团，结余资金可用于提高人员待遇和开展业务工作。县医疗集团内各医疗机构的医保基金由县医疗集团自行制定方案分配，实施按疾病诊断相关分组收付费改革，控制医疗费用不合理支出。选择部分具备条件的县(市、区)开展按人头打包付费改革试点。基本公共卫生服务项目经费按县域常住人口总数预算，由县级卫生健康部门确定资金分配方案，并经绩效评价后划拨县医疗集团及承担基本公共卫生服务项目的非县医疗集团所属单位。县医疗集团负责对所属各机构进行内部绩效评价及资金分配。在充分放权、授权的同时，进一步厘清政府、卫生健康部门、县医疗集团的职责权限，建立三个责任清单。

3.全面加强对县医疗集团的监管和绩效考核。卫生健康部门建立完善监管评价制度，重点监测基层医疗卫生服务能力提升、优质医疗卫生资源下沉、医保基金使用、基本药物采购品规和金额占比、公共卫生任务落实等方面的情况，加大县域住院率和就诊率、基层诊疗量占比、双向转诊数量和比例、慢性病和职业病患者健康改善以及医保基金县域内支出率、医保基金县域内基层医疗卫生机构支出率、基本公共卫生服务任务落实情况等指标的权重。评估结果与县医疗集团领导班子薪酬、医保支付、医院等级评审、评优评先、绩效工资总量核定等挂钩。充分发挥卫生监督机构在一体化改革中对医疗机构的事中事后监督职能，不断创新监督方式，规范和引导医疗集团依法依规执业。

4.强化县域医疗卫生一体化改革的地方立法保障。系统集成已经成熟的改革制度措施，出台《山西省县域医疗卫生一体化改革促进条例》，为深化改革提供法治保障。

(二)进一步理顺县医疗集团内部运行机制

5.推进医疗集团扁平化管理。医疗集团及其牵头单位的党委、行政领导班子不应重复设置。医疗集团牵头单位的人事科、财务科、检验科、影像科等科室增加职能作为县医疗集团的相应管理中心，县医疗集团不单设管理中心。本着自愿加入原则，以股权为纽带，以业务同质化管理为抓手，积极探索社会办医机构纳入一体化改革。

6.深化人事管理制度改革。按照按需设岗、竞聘上岗、以岗定薪的原则，统一进行岗位设置，实行人员聘用管理。拓展乡村医生职业发展空间，对取得执业(助理)医师及以上资格的乡村医生，根据招聘规定可优先招录进入乡镇卫生院。对于“乡聘村用”人员，乡镇卫生院与取得相关执业资质的村卫生室人员签订劳动用工合同。推进按规定为依法建立劳动关系的乡村医生参加企业职工养老保险。建立和完善相关政策制度，增强基层医务人员岗位吸引力。

7.深化薪酬制度改革。坚持公益性，激发积极性，打破单位、层级和身份区别，以岗位为基础，以绩效为核心，建立多劳多得、优绩优酬的内部分配机制。县医疗集团负责组织县域内全部医疗卫生机构参加医疗责任保险，提高县乡村三级医疗卫生机构防御医疗风险能力。全面落实乡村医生多渠道补偿政策，保障乡村医生合理收入。县医疗集团要落实乡村医生基本公共卫生服务补助、基本药物补助等相关政策，切实稳定村医队伍。

(三)进一步提升县医疗集团医疗水平

8.加强县级医院能力建设。做好三级医院、专科联盟、远程医疗“三个天线”的对接工作，一是结合三级医院对口帮扶县医疗集团，要在落实“六定、三同步”基础上采取“1+X”模式，加大力度、精准帮扶。对于人才短缺、资源匮乏、贫困地区的县医疗集团，三级医院在医联体建设上要沉到点上、扶到根上，能托管不支援、能紧密不松散、能整体不局部。二是县医疗集团要通过省级专科联盟，强化专科共建、外派培训等措施，以分级诊疗病种诊治和县域医学中心、医疗救治中心建设等为重点，提升诊疗水平和服务能力，与上级帮扶医疗机构建立急危重症上转绿色通道，主动接受医疗质量控制中心质控管理，并重点做好基层医疗机构能力提升帮带工作。三是要进一步做实远程医疗，让信息多跑路、群众少跑腿。与此同时，要对照国家关于县级医疗能力建设的推荐标准和基本标准，对基本资源配置、技术人员、临床和医技科室设置、诊疗病种、手术技术项目覆盖等为主要内容的综合服务能力进行评估，明确短板弱项，制定切实可行方案，特别是医疗、医技人员要达到基本要求。

9.强化基层机构医疗服务能力建设。对照国家关于乡镇(社区)医疗机构能力建设的推荐标准和基本标准，依托县医疗集团统筹医疗资源，在确保基层医疗卫生机构基本建设、基本配置、基本能力达标的基础上，推进“优质服务基层行”

活动和社区医院试点工作,建成一批就医环境好、服务能力强、群众信任度高的基层医疗卫生机构。打造一批科室设置和设备配备齐全、基本医疗服务能力强、综合服务水平高的社区医院。

10.加强医疗卫生服务质量管理。构建覆盖各级各类医疗卫生机构的医疗质量管理与控制体系。县医疗集团内各医疗机构在规章制度、技术规范、人员培训、质量控制等方面执行统一标准,牵头单位负责县医疗集团内各医疗机构的医疗质量监管,逐步实现医疗同质化。要做实做细家庭医生签约服务,将牵头单位的专科医生作为技术支撑力量纳入家庭医生团队,牵头医院要对家庭医生上转的患者优先接诊,提高签约服务质量。按要求做实国家基本公共卫生服务项目,落实重大公共卫生服务任务。

11.加强信息化建设。用信息化手段促进县医疗集团内部紧密融合,加快县域综合医改省级监管系统和医保数据接入全省全民健康信息平台的进度。2020年,80个左右县(市、区)完成互联互通,为资源下沉、提升能力、落实分级诊疗提供技术支撑。依托5G技术,每个县医疗集团人民医院和对口支援的三级医院实现手术示教、远程诊疗。支持县医疗集团人民医院和中心卫生院实现手术示教、远程诊疗。争取将远程诊疗直通乡村,打通医疗卫生服务"最后一公里",让群众不出家门就能够享受到优质医疗服务。鼓励有条件的县医疗集团应用5G、区块链等新兴技术加快智慧医疗建设。

12.强化中医药作用。县级政府在县医疗集团建设完善过程中,要切实落实省卫健委等5部门《全面加强县域综合医改中医药工作意见》有关要求,确保县级中医院独立运营发展权利,加大中医院和基层中医馆建设力度,进一步提升县域中医疾病诊疗、"治未病"和特色康复等服务能力,为群众获得优质中医药服务提供保障。

13.加强妇幼保健工作。在县医疗集团统一管理下,县妇幼保健院与人民医院、中医院优势互补、错位发展、适度竞争。加大对妇幼保健机构支持力度,加强特色综合医院妇科、产科和儿科建设,提升服务能力。

14.提升职业病诊疗服务水平。县医疗集团要着力提升职业病诊疗服务能力,在重点地区设置尘肺病康复站(点),在常住尘肺病患者达到100人的乡镇、达到10人的村庄,依托乡镇卫生院、村卫生室建立尘肺病康复站(点),提升县医疗集团职业病诊疗服务能力。

15.落实分级诊疗制度。县医疗集团负责制定基层常见病、多发病防治指南,明确县医疗集团内部县、乡两级疾病诊疗目录,完善县医疗集团内部和县域向外转诊管理规范,建立双向转诊通道和转诊平台,形成以人为本的闭环服务链。以高血压、糖尿病防治为切入点,建立慢性病县乡村三级管理模式,在县域内实现筛查、确诊、转诊、随访的连续服务。

16.强化健康服务和健康促进。县医疗集团在"健康山西"行动中要立足实际,推动以治病为中心向以健康为中心转变。积极组建健康管理与服务团队,着力落实基本公共卫生服务,合理调配相关资金。根据城乡疾病谱,因时制宜加强对服务区域群众的健康教育。开展慢性病前期干预,指导群众养成健康、文明的生活方式,达到尽量不得病、少得病的目的。

17.进一步做好健康扶贫工作。健康扶贫工作要在走在全国前列的基础上,进一步推深做实做细,让群众有地方看病、有医生看病。

(四)进一步加快"三个融合",建立健全整合型医疗卫生服务体系

18.加强卫体融合。积极先行先试,推进县域全民健身和全民健康深度融合,探索疾病诊治与体育健身融合服务模式,建立整合型全民健康促进服务体系,有效拓宽县域卫体融合渠道,为提升全民健康水平和身体素质提供服务。通过"体育山西"促进"健康山西",实现"幸福山西"。

19.加强医防融合。建立完善"一监两管三统一"模式,促进医防融合发展,推动以治病为中心向以健康为中心转变,努力为人民群众提供全方位全周期健康服务,提高人民群众健康水平。

20.加强医养融合。推动建立完善包括健康教育、预防保健、疾病诊治、康复护理、长期照护、安宁疗护等覆盖城乡、综合连续的老年健康服务体系,培育典型,逐步推进。

四、保障措施

(一)加强组织领导。各地各有关部门要把医改工作摆到全局工作的重要位置。省医改领导小组承担宏观指导、统筹协调、督导检查等职责,推进改革落地见效。各市政府要加大统筹协调力度,确保改革平稳有序推进。

(二)加大政策支持。各地各部门要在法律规定的范围内,创造性地出台支持医改的政策措施,做好各项政策的衔接配套,形成系统化的医改政策支持体系。省、市两级财政拿出专项资金支持医改。县级以上财政部门要加大对医疗机构基本建设、大型设备购置、重点学科发展、人才培养等方面的财政投入。

(三)提高服务能力。各部门要深化"放管服效"改革,坚决杜绝吃拿卡要,为医改打开绿色通道,方便群众就医,增强群众获得感。

(四)强化引导考核。省医改办对一体化改革示范县实行末位淘汰、动态管理。各地要及时推广宣传改革中的好经验、好做法。对改革过程当中一些政策性的问题,要及时解读,引导舆论,回应社会关切。对改革过程中推诿扯皮、消极应付的,通过督导考核加以鞭策,确保改革取得实效。

(五)强化审计监督。审计部门应对县域医疗卫生一体化改革措施落实及财政投入医改专项资金的分配管理使用情况进行审计监督,促进我省医改措施落地见效。

中共山西省委办公厅　山西省人民政府办公厅《关于促进中小企业健康发展的实施意见》

（2020年7月9日）

为进一步营造中小企业健康发展的良好环境，提高中小企业竞争力，促进中小企业高质量发展，根据中共中央办公厅、国务院办公厅印发的《关于促进中小企业健康发展的指导意见》（中办发〔2019〕24号）精神，结合我省实际，提出如下实施意见。

一、营造良好发展环境

（一）打造“六最”营商环境。普遍实施“非禁即入”，进一步放宽市场准入。深入推进投资项目承诺制改革，深化“放管服效”改革，贯彻落实《山西省相对集中行政许可权办法》，在市县两级及开发区实施“一枚印章管审批”改革，减少审批事项，简化审批流程，缩短审批时限，降低创业成本和企业经营成本，不断优化营商环境，力争使我省营商环境走在全国前列。

（二）打造数字政府。按照全省政务信息化建设“一朵云、一张网、一系统、一平台、一城墙”的思路，以数字政府建设为引领，依托全省一体化在线政务服务平台，提升“三晋通”App覆盖度和体验度，推行“一网办”“智能办”“掌上办”等举措，推进政府治理能力现代化，为中小企业提供更加标准化、智能化、精细化的服务。

（三）主动服务中小企业。鼓励支持中小企业通过出资、新设、增资、扩股等多种形式参与国有企业混合所有制改革。对企业完善历史用地手续过程中遇到的困难，各级政府、职能部门要“一企一策”给予帮助。建立入企服务常态化机制。建立清理和防止各级政府及国有企业拖欠中小企业、民营企业账款长效机制。禁止在安监、环保等领域微观执法和金融机构去杠杆中对中小企业采取“一刀切”等简单粗暴的处置措施，维护企业的合法权益。

二、缓解融资难融资贵问题

（四）加强对中小企业的金融支持。落实普惠金融定向降准政策，释放的资金重点支持中小企业融资。对扩大小微企业融资担保业务规模、降低小微企业融资担保费率等政策性引导较强的市县进行奖补。降低小微企业创业担保贷款申请条件，鼓励将当年新招用符合条件人员占现有职工比例下调为20%，职工超过100人的比例下调为10%。发挥各级金融监管机构作用，鼓励银行为重点中小微企业制定专门信贷计划，对遇到暂时困难但符合授信条件的企业，不得盲目抽贷、断贷。

（五）创新特色金融产品。支持发展以中小微企业、民营企业为主要服务对象的中小金融机构。鼓励金融机构为中小企业提供方便、快捷的金融信贷产品和服务。鼓励第三方建立供应链综合服务平台，推进依托供应链的票据、订单等动产质押融资。推动开展中小企业和典型案例企业无抵押贷款试点，积极推进出口信用保险保单融资、出口退税账户和知识产权质押融资。引导金融机构对小微企业发放中长期贷款，开发续贷产品。完善综合金融服务平台，鼓励金融机构对接企业融资需求，提升中小企业金融服务能力。推进金融机构与互联网、大数据、人工智能深度融合，加强融资产品和服务创新。

（六）积极拓宽融资渠道。有条件的县级以上财政要充分发挥政府转贷资金的作用，为中小企业提供贷款转贷服务。推动抵质押登记流程简便化、标准化、规范化，建立统一的动产和权利担保登记公示系统，相关部门要为中小企业和担保机构开展抵押物和出质的登记、转让、确权等提供优质服务。鼓励符合条件的各类中小企业在沪深交易所、银行间债券市场发行集合债、私募债或双创债及在区域性股权市场非公开发行可转债、增发股票等。支持符合条件的中小企业利用债券融资支持工具在银行间市场融资。充分发挥区域性股权市场作用，支持企业利用资本市场直接融资。中小企业以应收账款申请担保融资的，国家机关、事业单位和大型企业等应付款方应当及时确认债权债务关系。

（七）减轻企业融资负担。引导有条件的政府性融资担保机构探索降低或取消反担保的有效途径，引导融资担保行业对符合规定的业务降费让利。设立政府性融资担保机构的县级以上财政部门以本级政府性融资担保机构平均盈亏平衡点为基准，对其当年新发生融资担保业务给予担保费率补差。清理规范中小企业融资时被强制要求办理的担保、保险、评估、公证等事项及费用。合理增加信用贷款，鼓励银行提前主动对接企业续贷需求，进一步降低小微企业综合融资成本。

（八）建立分类监管考核机制。银行业金融机构要强化考核激励，完善对小微业务的内部激励传导机制，优化信贷资源配置、完善绩效考核方案、适当降低利润考核指标权重，安排专项激励费用。鼓励对小微业务推行内部资金转移价格优惠措施。细化小微企业贷款不良容忍度管理，完善授信尽职免责规定。加大对基层机构发放中小企业贷款的激励力度，提高小微企业信贷占比。对政府性融资担保机构开展的中小企业担保业务的户数、金额和比例进行单项考核，列入当年考核指标。

三、完善财税支持政策

(九)加大财政对中小企业的支持力度。县级以上政府应当根据本地实际设立中小企业发展专项资金，加大对中小企业公共服务体系和融资服务体系建设的支持力度，重点支持中小企业“小升规”、规范化股份制改造、专精特新、创业创新发展以及企业家素质提升、对外合作交流等工作。

(十)发挥各类政府基金的引导带动作用。整合政府有关支持中小企业发展的基金，支持太行产业投资基金，对接国家中小企业发展基金，支持种子期、初创期成长型中小企业的发展。鼓励各类省级政府基金采取市场化方式支持中小企业转型升级、高质量发展。引导社会资本、创业天使基金和创投基金支持中小企业创新创业发展。

(十一)减轻中小企业税费负担。落实小微企业普惠性税收减免政策、创业投资企业投资初创科技型企业税收优惠政策以及金融机构小微企业贷款、小微企业融资担保等税收优惠政策。落实金融机构单户授信1000万元及以下小微企业和个体工商户贷款利息收入免征增值税政策、贷款损失准备金所得税税前扣除政策。建立完善监督检查清单制度，落实涉企收费清单制度，加大力度清理整治第三方截留减税降费红利等行为，进一步畅通减税降费政策传导机制，切实降低企业成本费用。按照国家安排部署，降低中小企业基本养老保险单位缴费比例，工伤、失业保险继续实行阶段性降费政策，继续核定社保个人缴费基数上下限，支持中小企业吸纳就业。

四、提升创新发展能力

(十二)完善创新创业环境。落实各级政府支持双创高质量发展的政策措施，提升“双创”能力水平。推进“互联网+”工作空间、网络空间、社交空间和资源空间一体的创业创新载体建设。实施小微企业“双创”基地梯度培育计划，培育支持一批省级小微企业“双创”基地、省级小微企业“双创”示范基地和国家级小微企业“双创”示范基地，为小微企业提供低价场地、共享设施和公共服务。

(十三)支持专精特新企业发展。加快建立专精特新企业梯度培育体系和评价体系，培育一批主营业务突出、竞争力强、成长性好、专注于细分市场的中小企业。对认定为省级专精特新企业、省级专精特新“小巨人”企业、省级“单项冠军”企业、国家级专精特新“小巨人”企业的中小企业，省财政给予资金梯度奖励。专精特新“小巨人”企业在央视等国家级媒体进行广告宣传的，省市财政给予一定比例的补助。支持专精特新企业参与制定行业标准。省级技改资金要支持专精特新企业创新、技改项目。完善政府采购支持中小企业政策，对中小企业预留的采购份额优先向专精特新中小企业倾斜。实施大中小企业融通发展专项工程，打造一批融通发展典型示范和新模式。

(十四)强化知识产权保护。加强对中小企业的字号名称、注册商标和商业秘密的保护，严查侵犯中小企业专利权、商标权等各类知识产权违法行为，切实保护中小企业创新成果。对中小企业取得授权的发明专利给予普惠性奖励资助。完善机制，鼓励大专院校、科研院所和大型企业的科技成果向中小企业转化，提升企业核心竞争力。支持中小企业加强质量管理，加大品牌保护力度。

(十五)为中小企业提供信息化服务。发挥工业云服务平台政策宣传功能，丰富中小企业获取政策服务渠道，实施“企业上云”工程，探索5G与中小企业产业智能化融合发展，提升中小企业信息化应用水平。鼓励云平台服务商采取优惠折扣等形式，共同推动企业上云。支持电信运营商加快网络基础设施建设，提升网络服务能力。

(十六)培育和支持科技型中小企业发展。支持中小企业与高校、科研院所、大型企业开展产学研合作或配套协作、建立研发机构，开展研发活动，培育一批科技型中小企业和高新技术企业。落实企业技术创新税收优惠政策，鼓励有条件的科技型中小企业建设工程技术研究中心、参与国家重大平台建设。强化科技型中小企业评价，挖掘推动更多符合条件的科技型中小企业“应评尽评”。

五、完善公共服务体系

(十七)推动信用信息共享。加快推进中小企业信用体系建设，逐步建立完善我省中小企业信用信息共享机制。依托全国中小企业融资综合信用服务平台，开展“信易贷”，与商业银行共享注册登记、行政许可、行政处罚、联合奖惩名单信息以及纳税、社保、水电煤气、仓储物流等信息，改善银企信息不对称，提高信用状况良好中小企业的信用评分和贷款可得性。引导和鼓励已备案的企业征信机构等按照政策规定运用人工智能、风控模型、大数据等技术为中小企业进行风险画像和信用评价。

(十八)完善公共服务体系。培育一批优秀的社会中介服务机构，对其中服务业绩突出、企业满意度高、社会影响力大的国家级及省级中小企业公共服务示范平台给予资金奖励。完善全省中小企业公共服务平台网络，按照政府引导、市场化运作的原则，健全运营机制，强化服务功能，提升服务水平。建设跨部门政策信息互联网发布平台，及时汇集发布涉及中小企业的法律法规、创新创业、财税金融、权益保护等各类政策和政府服务信息，实现中小企业政策信息一站式服务。

(十九)重视培育企业家队伍。大力实施企业家能力素质提升工程，组织中小企业领军企业家、高级管理人员到国内外知名高校进行培训学习。组织举办中小企业大讲堂系列活动。组织企业家到境内外开展学习交流活动，为我省中小企业高质量发展提供人才支撑。

(二十)支持对外合作交流。优化海关流程、简化办事手续，降低企业通关成本。深化交流合作，加强中小企业在贸易投资、资金引进、技术创新、人才培育等领域的交流与合作。支持有条件的地方创建中外中小企业合作区，鼓励中外中小企业合作区和相关跨境机构探索在条件成熟的国家和地区设立“中小企业中心”。支持中小企业参加中国国际中小企业博览会、APEC中小企业技术交流暨展览会等境内外展览展销活动。鼓励发展跨境电子商务。

六、加强组织领导和统筹协调

（二十一）健全工作协调机制。发挥省促进中小企业发展工作领导小组统筹协调作用，推动各地建立完善中小企业促进工作协调机制，推动政策落实。各级政府要明确本地区负责中小企业促进工作的部门，理顺职能，加强队伍建设，提高服务能力。各级政府负责中小企业促进工作的部门要建立专门渠道，经常性听取中小企业反映和诉求，帮助解决实际困难，为促进中小企业发展提供强有力的组织保障。

（二十二）加强督导评估。各级促进中小企业发展工作领导小组办公室要加强对本地区促进中小企业健康发展工作的督促指导和政策协调。县级以上政府要定期组织对本地区促进中小企业健康发展工作情况进行监督检查，委托第三方机构开展中小企业发展环境评估并向社会公布。

（二十三）强化运行监测。加强对中小企业发展的监测分析、预测预警。探索开发全省中小企业监测相关数据，研究建立共享合作机制。支持运用互联网、大数据等新技术和工具，建设中小企业大数据平台，收集中小企业发展的运行情况、相关数据和信息，及时掌握中小企业发展动态。

（二十四）营造良好舆论氛围。创新宣传方式，加强对国家及我省出台的扶持中小企业发展政策的梳理、宣传与解读，提高中小企业政策知晓度。弘扬优秀企业家精神，加强对优秀企业家的宣传，形成有利于中小企业健康发展的良好社会舆论环境。

中共山西省委办公厅　山西省人民政府办公厅
《山西省全面加强危险化学品安全生产工作实施方案》

（2020年7月12日）

为全面加强我省危险化学品安全生产工作，有效防范化解系统性安全风险，坚决遏制较大以上事故发生，切实维护人民群众生命财产安全，根据中共中央办公厅、国务院办公厅印发的《关于全面加强危险化学品安全生产工作的意见》精神，结合我省实际，制定本方案。

一、加强源头管控

1.严格准入。2020年年底前，各市、化工园区要按照“高端化、差异化、市场化和环境友好型”谋划化工产业布局，编制完成化工产业发展规划，制定出台新建化工项目准入条件；各市、有关县要建立相关部门参与的化工产业发展规划编制协调沟通机制。2022年年底前，各市结合实际制定并严格落实本地区危险化学品“禁限控”目录。

2.建立联合风险防控机制。2020年年底前，涉及“两重点一重大”（即重点监管的危险化工工艺、重点监管的危险化学品和危险化学品重大危险源）的危险化学品项目立项时，各市主管部门按照职责分工会同相关部门建立联合审查机制。2020年年底前未完成的，不得立项危险化学品建设项目。

二、规范化工园区

3.开展化工园区达标认定。制定我省化工园区达标认定条件和管理办法，开展化工园区达标认定工作，公布达标认定园区名单。园区未经达标认定的，不得新、改、扩建项目。

4.推动化工园区基础安全设施建设。达标认定的化工园区应建设应急救援指挥中心，实现对园区内危险化学品重大危险源监测预警，设置满足要求的消防站，并组建危险化学品应急救援队伍；有危险化学品车辆聚集、存在较大安全风险的化工园区应建设符合标准规范的危险化学品车辆专用停车场。

三、巩固提升企业本质安全水平

5.提升化工企业自动化控制水平。推动涉及重点监管危险化工工艺的生产装置实现全流程自动化控制，2022年年底前，所有涉及硝化、氯化、氟化、重氮化、过氧化工艺装置的上下游配套装置必须实现全流程自动化控制。企业安全仪表系统完好在用率必须达到100%，未实现或未投用的，一律停产整改。

6.强化密封管理。2021年年底前，完成危险化学品生产企业危险化学品排放口、采样口等排放阀的改进提升，通过加装盲板、丝堵、管帽、双阀等措施，减少动静密封点泄漏风险。剧毒及高毒化学品工艺环节采用密闭循环取样系统。2022年年底前，氯碱企业实现氯乙烯事故放散集中收集或火炬燃烧，合成氨企业实现各类含氨气体的无害化收集处置，涉及易燃易爆介质的往复式压缩机要完成自动化改造提升。

7.严防安全风险外溢。全面排查管控危险化学品生产储存企业外部安全防护距离，对不符合距离要求的进行分类处置。具备就地整改条件的，要于2020年年底前完成整改，未按期完成的一律停止使用危险化学品生产储存装置；需要实施搬迁的，2022年年底前完成；已纳入城镇人口密集区危险化学品企业搬迁改造范围的，要按期完成。

8.强化精细化工安全风险管控。凡列入精细化工反应安全风险评估范围但未开展评估的精细化工生产装置，一律不得生产。2021年年底前，涉及硝化、氯化、氟化、重氮化、过氧化工艺的精细化工生产装置必须完成有关产品生产工艺全流程的反应安全风险评估。严格落实精细化工反应安全风险有关评估建议,2022年年底前，未落实评估建议的精细化工生产装置一律停产整顿。

9.加强安全生产标准化建设。全面开展二级安全标准化达标创建工作,2022年年底前,合成氨、氯碱(剧毒)、液化天然气和涉及重点监管危险化工工艺、重大危险源的精细化工企业必须达到二级及以上安全标准化等级,其他化工、医药生产企业必须达到三级及以上安全标准化等级。对一级安全标准化企业的日常监管可免于安全检查,对二级安全标准化企业每年可检查一次,对一、二级安全标准化企业在安全生产许可延期时可不进行现场核查,支持保险机构在安全生产责任险费率上给予优惠。

四、加强危险化学品道路运输风险管控

10.加强危险货物运输车辆动态监控。危险货物运输企业按要求配备专职监控人员,实时分析、及时纠正处理车辆超速行驶、疲劳驾驶等违法行为以及擅离规定线路、非正常行车等行为。交通运输部门应按月对危险化学品道路运输企业动态监控工作情况进行监督、检查、考核,并将其纳入企业质量信誉考核的内容，依法处罚不履行动态监控责任的企业。2020 年年底前,危险化学品道路运输综合监管系统投入使用，危险货物运输车辆全部安装智能视频监控报警系统。2022 年年底前,全部安装远程提醒监控系统,实现运输过程实时定位及路径记录。制定我省常压危险货物储罐强制监测制度。

11.强化特殊道路安全风险管控。加强对我省高速公路10 公里以上特长隧道及其他高风险路段危险货物运输车辆管控,强化普通国省干线特大型公路桥梁、特长公路隧道、饮用水源地等危险货物运输车辆通行路段的交通安全管理,按照《危险货物道路运输安全管理办法》有关规定对危险货物运输车辆依法采取限制通行措施,严查重处危险货物运输车辆在隧道、桥梁等重点路段违法停车、超速行驶、违法超车、疲劳驾驶、伪装运输等违法行为。2020年7月底前,对我省高速公路危险货物运输车辆指定入口措施进行调整,严格落实高速公路收费站最多不超过3辆危险货物运输车排队等待通行的要求,持续完善设置相应的提示标牌,降低危险货物运输车辆聚集风险。

12.加强涉及危险化学品的公共、物流园区等停车场安全管理。2020年年底前,制定出台《山西省运营高速公路服务区危险化学品运输车辆停放管理办法》，完成高速公路服务区危险货物运输车辆专用停车位的划定,完善消防等应急处置设施,并纳入信息化监管平台。

13.优化危险化学品运输结构。按照《山西省推进运输结构调整实施方案》要求,推动大型危险化学品企业和化工园区新建铁路专用线,提高危险化学品铁路运输能力,降低危险化学品道路运输风险。

五、强化废弃危险化学品等危险废物监管

14.强化危险废物处置全流程监管。严格执行危险废物由产生到处置各环节转移联单制度,建立部门联动、区域协作、重大案件会商督办制度,形成覆盖危险废物产生、收集、贮存、转移、运输、利用、处置等全过程监管体系。

15.提升危险废物处置能力。2021年年底前,完成全省危险废物产生、利用处置能力和设施运行情况评估,制定危险废物利用处置设施建设指导意见;推动大型企业集团、化工园区建设危险废物处置设施,消除处置能力瓶颈。

六、加强油气输送管道监管

16.强化油气输送管道完整性管理。2020年年底前,督促所有管道企业明确完整性管理的负责部门和职责要求,配备专门人员,制定完整性管理方案,开展动态完整性管理。

17.落实管道法定检验制度。开展油气输送管道法定检验整治，严格落实油气输送管道法定检验制度,2020年年底前,实现油气管道法定检验覆盖率100%,提升管道本体质量安全水平。

七、精准治理、精准执法

18.实施分级分类监管。2020年年底前,完成所有危险化学品生产储存企业“红、橙、黄、蓝”四级安全风险认定,制定出台分级分类动态监管办法,避免多头重复执法。

19.强化监管队伍建设。通过在职提升、公务员聘任制等方式,2022年年底前，具有安全生产相关专业学历和实践经验的执法人员数量不低于在职人员的75%。2022年年底前,危险化学品重点县(市、区)要依托重点化工企业、化工园区、职业院校或培训机构建立实习实训基地。通过校企联办等形式,组织化工相关专业学历班,培养各类专业人才。

各级党委和政府要切实加强组织领导，强化巡查考核,督促各有关部门按照“管行业必须管安全、管业务必须管安全、管生产经营必须管安全”和“谁主管、谁负责”的原则,严格落实危险化学品各环节安全监管责任,全面推进危险化学品安全生产各项工作措施落地见效，重要情况及时向省委、省政府报告。

中共山西省委办公厅　山西省人民政府办公厅《关于促进劳动力和人才社会性流动体制机制改革的实施意见》

（2020年7月23日）

为促进劳动力和人才社会性流动体制机制改革，根据中共中央办公厅、国务院办公厅印发的《关于促进劳动力和人才社会性流动体制机制改革的意见》（厅字〔2019〕56号），结合我省实际，提出如下实施意见。

一、总体要求

以习近平新时代中国特色社会主义思想为指导，全面贯彻党的十九大和十九届二中、三中、四中全会精神，贯彻习近平总书记视察山西重要讲话重要指示及省委十次全会部署，落实省委"四为四高两同步"总体思路和要求，坚持新发展理念，立足省情，把握规律，注重市场引领、政府引导，注重改革发力、服务助力，搭建横向流动桥梁、纵向发展阶梯，激发创新创业创造活力，构建合理、公正、畅通、有序的社会性流动格局，使人人都有通过辛勤劳动实现自身发展的机会，促进经济持续健康发展、社会公平正义、全省和谐稳定。

二、推动经济高质量转型发展，筑牢社会性流动基础

（一）实施就业优先政策创造流动机会。坚持把稳定和扩大就业作为经济社会发展的优先目标，将就业优先政策置于宏观政策层面，加强政策协调配合，确保经济运行在合理区间，统筹发展资本密集型、技术密集型、知识密集型和劳动密集型产业，创造更充分的流动机会。培育壮大经济发展新动能，促进战略性新兴产业集群化、高端化、智能化发展，推动农产品加工精细化、特色化、功能化发展，推动文化旅游融合化、品牌化发展，推动现代服务业专业化、品质化发展，创造更高质量流动机会。

（二）推动区域协调发展促进流动均衡。加快推动城乡融合发展，重塑新型城乡关系，走城乡融合发展之路。完善城乡要素合理配置机制，激励人才返乡入乡创业，促进工商资本下乡，促进城乡各类要素双向流动、平等交换、合理配置。统筹区域协调发展，推进实施山西中部盆地城市群一体化发展和"一主三副六市域中心"空间布局，全面优化我省区域中心城市规模结构，提高中心城市和城市群综合承载和资源优化配置能力。推进落实山西与京津冀联动发展意见、山西与深圳市全面战略合作框架协议，协调推进晋陕豫黄河金三角承接产业转移示范区建设和蒙晋冀（乌大张）长城金三角区域合作，推进晋陕蒙（忻榆鄂）黄河区域协同发展。以中心城市和城市群为主体构建大中小城市和小城镇协调发展格局，积极推进大县城建设，完成小城镇联结城乡功能，拓宽城市间流动空间。

（三）推进创新创业创造激发流动动力。深化产教融合，促进教育和产业体系人才、智力、技术、资本、管理等资源要素集聚融合、优势互补，推动太原、大同、晋中、长治4个省级产教融合试点城市建设，培育一批产教融合型试点企业，建设一批具有辐射引领作用的高水平、专业化产教融合实训基地。全面推行现代学徒制、企业新型学徒制人才培养模式，深化职业教育集团化办学，加快高层次技术技能型人才培养。引导高校开展跨学科和前沿科学研究，重点支持极端光学省部共建协同创新中心建设。实施高校、科研机构和企业科技成果转化的措施，激发实施科技成果转化各主体的积极性。深化"放管服效"改革，按照"三对""六最"要求，开展营商环境升级专项行动。积极推进企业投资项目承诺制改革，在备案类项目改革的基础上，把承诺制扩大到核准类企业投资项目，实现企业投资项目承诺制全覆盖。推进行政审批服务"马上办、网上办、一次办、就近办"。开展"五减"专项行动、"一网通办"提速行动、创新审批专项行动、"四个一"改革行动、企业全生命周期便利化服务行动、政务服务提质行动等六大专项行动，营造便捷高效、公平竞争、稳定透明的营商环境。发挥好银行、小额贷款公司、创业投资、股权和债券等融资渠道的作用。支持符合条件的民营企业利用债务融资支持工具进行融资。加大创业担保贷款发放力度，积极发挥融资补充作用，促进各种所有制经济健康稳定发展。深入实施"111""1331""136"三大工程。发挥"智创城"标杆引领作用，打造"双创"升级版。鼓励省属企业、科研院所、高校和相关公共服务机构建设具有独立法人资格的创新创业孵化机构。鼓励具备条件的市场主体建立专业化众创空间。依托现代农业产业园、山西农谷科技创新孵化园、青年农民创业园、农特产品加工园、农业科技园区、旱作农业示范区、雁门关农牧交错带示范区、特色农产品优势区、经济强镇等建设农村创新创业服务平台，为农民工返乡创业和农村创新创业人员提供服务。

三、畅通有序流动渠道，激发社会性流动活力

（四）以户籍制度和公共服务牵引区域流动。贯彻落实《山西省人民政府办公厅关于全面调整放宽户口迁移政策的通知》，促进人口有序流动，吸引各类人才来晋就业创业。完善和落实居住证制度，更好发挥居住证在推进城镇基本公共服务常住人口全覆盖方面的重要作用。推进基本公共服务均等化，常住人口在教育、就业创业、社会保险、医疗卫生、住房保障等方面与户籍人口同等享有基本公共服务。扩大省内门诊大额疾病(慢性病)异地直接结算范围,提升就医费用报销便利程度。进一步发挥城镇化促进劳动力和人才社会性流动的作用,完善财政转移支付制度,加大财政转移支付同农业转移人口市民化挂钩力度,向吸纳农业转移人口较多的地区倾斜,支持各地均衡配置公共服务资源。

(五)以用人制度改革促进单位流动。进一步完善高端人才引进、培养、使用、激励政策,认真落实高端人才住房"建购补"、随迁配偶工作安置、生活补贴以及子女入学等保障措施。公务员考录、国有企业和事业单位招聘、"三支一扶"等服务基层项目招募应科学合理设置资格条件。国有企业新招职工应当面向社会公开招聘,做到招聘信息公开、招聘结果公开。加大党政人才、企事业单位管理人才交流力度,进一步畅通企业、社会组织人员进入党政机关、国有企事业单位渠道。鼓励有创新实践经验的企业家和企业科技人才到高校和科研院所任职兼职。鼓励党政机关、国有企事业单位人才向非公经济组织和社会组织流动。加大编制资源向乡镇(街道)倾斜力度,通过"减上补下"等方式,将调剂出来的编制充实到乡镇(街道),由乡镇(街道)统筹调配使用。试行科技领域引进人才"县管乡用",推行乡村教师"县管校聘"、乡村医生"乡招村用"。降低艰苦边远地区基层公务员招录门槛,合理设置基层事业单位招聘条件。在基层事业编制总量内探索建立"编制周转池",可用于紧缺人才和硕士研究生以上学历人才。对退役军人、村(社区)干部等可进行专项或单列计划招录招聘。及时落实各项社会保险关系跨地区跨制度转移接续办法。

(六)以档案服务改革畅通职业转换。流动人员人事档案可存放在公共就业服务机构、公共人才服务机构等档案管理服务机构,存档人员身份不因档案管理服务机构的不同发生改变。与单位解除劳动关系的大中专毕业生,可凭与原单位解除劳动关系证明、新单位接收证明转递档案。加快全省劳动力建档立卡步伐,加速档案管理服务信息化建设,推进档案信息与全国联通,升级改造公共就业服务平台档案管理服务模块,支持档案管理基础信息采集和业务经办,并逐步推进数字化档案管理,实现档案业务的线上申请及办理。

四、完善使用评价激励机制,拓展社会性流动空间

(七)拓展基层人员发展空间。提高从政府购买基层服务项目人员中定向招录县以下机关事业单位工作人员的比例。落实艰苦边远地区津贴政策和高校毕业生到艰苦边远地区高定工资政策。支持艰苦边远地区和基层一线各类用人单位设立"候鸟型"人才工作站,采取双向兼职、联合聘用、交叉任职、技术入股等模式引才用才。按照中央统一部署,推进县以下事业单位管理岗位职员等级晋升制度的实施,优化基层事业单位专业技术岗位设置政策,适当提高基层特别是艰苦边远地区事业单位中高级专业技术岗位设置比例。对于长期扎根艰苦边远地区和基层一线并作出突出贡献的专业技术人才,在申报职称时可适当放宽学历、科研等要求。推行"定向评价、定向使用"的基层专业技术人才职称制度,并落实岗位聘用、工资待遇。对艰苦边远地区乡镇事业单位引进的急需紧缺高层次人才,特设岗位可设置为专业技术八级以上岗位。

(八)加大对基层一线人员奖励激励力度。创新基层人才激励机制,对长期在基层一线和艰苦边远地区工作的人才,加大爱岗敬业表现、实际工作业绩、工作年限等评价权重。坚持德才兼备、人岗相适,根据事业需要选拔推荐基层一线优秀专家人才到各级党委和人大、政府、政协机关及群团组织、社会组织等任职。完善新时代劳动模范和先进工作者评选办法,注重从基层一线专家人才中推荐先进模范人物作为党代会代表、人大代表、政协委员人选,各级党委(党组)联系服务的专家中,应有一定比例的基层一线专家人才。"山西省优秀人才突出贡献奖"和"山西省人才工作贡献奖"等省级重大人才奖项,向艰苦边远地区和基层一线倾斜。支持高校、科研院所等事业单位专业技术人员到基层转化成果、创新创业,其创新创业业绩作为晋职晋级、职称评聘、评先评优的重要依据。简化科技成果转化收益分配流程,保障提前退出人员成果转化收益,鼓励技术经理人全程参与科技成果转化服务,鼓励建立技术股与现金股结合激励的科技成果转化相关方利益捆绑机制,激发科研人员创新创业的主动性。

(九)拓宽技术技能人才上升通道。全面开展工程技术领域高技能人才与专业技术人才职业发展贯通工作,拓宽人才发展空间。推进职业资格与职称、职业技能等级制度有效衔接,推动实现技能等级与管理、技术岗位序列相互比照,畅通新职业从业人员职业资格、职称、职业技能等级认定渠道。鼓励用人单位建立首席技师、特级技师等岗位,建立技能人才聘期制和积分晋级制度。探索职业技能等级评价,在高级技师基础上设立特级技师。支持用人单位打破学历、资历等限制,将工资分配、薪酬增长与岗位价值、技能素质、实绩贡献、创新成果等因素挂钩。

五、健全兜底保障机制,增强向上流动能力

(十)决战完胜脱贫攻坚阻断贫困代际传递。聚焦"两不愁三保障",统筹开发式扶贫和保障性兜底政策,确保剩余贫困人口如期脱贫。关注脱贫监测户、边缘户等重点群体,强化返贫监测预警和动态帮扶,确保稳定脱贫不返贫。巩固前期脱贫攻坚成果,因地制宜发展特色农业、乡村旅游等产业,完善带贫益贫机制,持续推进电商扶贫、消费扶贫,带动贫困劳动力从产业发展中受益。深化"人人持证、技能社会"建设,构建"全劳动周期、全工种门类"职业技能培训体系,精准实施全民技能提升工程,做到应培尽培、愿培尽培,提高就业率和增收率。开拓海外劳务市场,助力脱贫攻坚。做好易地扶贫搬迁后续扶持工作,深化扶贫扶志。

(十一)推进教育优先发展保障起点公平。推进城乡义务教育一体化发展,实施义务教育薄弱环节改善与能力提升计划,重点加强乡镇寄宿制学校建设。扎实推进数字校园建设,发挥优质学校示范辐射作用,利用信息技术通过"同步课堂""专递课堂"等推进优质资源共享。落实国家学生资助政策,保障家庭经济困难学生、残疾学生等受教育权利。健全以居住证为主要依据的随迁子女义务教育入学政策,确保居住证持有人在居住地依法享受义务教育。继续实施支援贫困地区招生协作计划、重点高校招收农村和贫困地区学生专项计划、职业教育东西协作行动计划及技能脱贫千校行动，在贫困县对口支援建设一批中等职业学校（含技工学校），增加农村地区、贫困地区、贫困家庭学生上大学的机会和接受优质高等教育的机会。

（十二）推进公平就业保障困难人员发展机会。建设统一开放、竞争有序的人力资源市场，保障城乡劳动者享有平等的就业权利，依法纠正身份、性别等就业歧视现象。健全省、市、县（市、区）、乡镇（街道）、村（社区）五级公共就业服务体系，努力提供覆盖全民、贯穿全程、辐射全域、便捷高效的全方位公共就业服务。加强就业援助，对就业困难人员实施优先扶持和重点帮助，提供职业指导、职业介绍、职业培训、岗位推荐等就业帮扶，跟踪解决就业过程中的困难和问题。确保零就业家庭动态“清零”。合理有序开发公益性岗位，突出公益性、保障性特点，对通过市场渠道难以实现就业创业的就业困难人员，可通过公益性岗位予以安置。

（十三）强化社会救助，提高困难群众流动能力。完善最低生活保障制度，推进城乡低保统筹发展，健全低保标准动态调整机制，确保农村低保标准达到或超过国家扶贫标准。全面落实特困人员救助供养政策，进一步加强和改进临时救助工作，切实保障困难群众基本生活。建立健全农村留守妇女关爱服务、农村留守儿童关爱保护和困境儿童保障体制机制，推进未成年人救助保护工作，按照标准及时发放基本生活费，确保孤儿、事实无人抚养儿童的基本生活。

各地各有关部门要充分认识促进劳动力和人才社会性流动的重要意义，加强组织领导，紧扣群众需求，聚焦关键问题，形成工作合力，抓好各项政策措施的贯彻落实。加快清理妨碍劳动力和人才社会性流动的地方性法规和政策性文件。加强行政执法和仲裁队伍建设，保障劳动力和人才合法流动权益。运用新兴媒体和重要传统媒体，开展广泛宣传，营造尊重劳动、尊重知识、尊重人才、尊重创造的浓厚氛围。

中共山西省委办公厅　山西省人民政府办公厅《山西省生态环境保护督察工作细则》

（2020年7月31日）

第一章　总　则

第一条　为规范我省生态环境保护督察工作，压实生态环境保护责任，大力推进生态文明建设，建设山青水秀天蓝地净的美丽山西，根据《中央生态环境保护督察工作规定》精神，结合我省实际，制定本细则。

第二条　我省生态环境保护督察工作以解决突出生态环境问题、改善生态环境质量、推动经济高质量发展为重点，夯实生态文明建设和生态环境保护政治责任，强化督察问责，形成警示震慑，推进工作落实，实现标本兼治。

第三条　我省生态环境保护督察对象为：

（一）全省11个市党委和政府及其有关部门，山西综改示范区党工委、管委会，有关县（市、区）党委和政府及其有关部门；

（二）承担重要生态环境保护职责的省政府有关部门；

（三）从事的生产经营活动对生态环境影响较大的省属重点国有企业；

（四）省委、省政府要求督察的其他单位。

第四条　省生态环境保护督察包括例行督察、督察“回头看”、专项督察、定点督察及派驻监察等。

第五条　省生态环境保护督察应遵循以下原则：

（一）坚持党的领导。切实提高政治站位，把准政治方向，自觉把坚持和加强党的全面领导贯穿督察工作全过程。

（二）坚持依规依法。严格遵守有关法律法规，自觉按照督察规程组织实施，务求严谨规范，确保客观公正。

（三）坚持结果导向。把结果导向作为一种工作理念、工作方法、工作制度，坚持从问题入手，敢于动真碰硬，倒逼责任落实，着力解决生态环境突出问题，增强督察工作绩效。

（四）坚持群众路线。注重依靠群众提供问题线索。抓好信息公开，省生态环境保护督察的工作安排、边督边改情况、有关突出问题和案例、督察报告主要内容、整改方案、整改落实情况以及督察问责有关情况等，应按照有关要求对外公开，回应社会关切，接受群众监督。

（五）坚持求真务实。一切从实际出发，注重摸实情、办实事、求实效，严禁“一律关停”“一关了之”“先停再说”等“一刀切”行为，坚决反对形式主义、官僚主义。

（六）坚持督政为主。严格落实生态环境保护责任，坚持督政与督企相结合，重在督政，推动党委和政府党政同责、一岗双责落实到位。

（七）坚持边督边改。对督察进驻过程中人民群众举报的生态环境问题及督察组交办的其他问题，被督察对象应当立行立改、坚决整改，确保有关问题查处到位、整改到位。

（八）坚持问责警示。对不履行或者不正确履行职责而造成生态环境损害的地方和单位党政领导干部，应当依照干部管理权限,依纪依法严肃、精准、有效问责。对该问责而不问责的,应当追究相关人员责任,切实传导压力,强化震慑。

第二章　组织机构和职责

第六条　成立山西省生态环境保护督察领导小组(以下简称“省领导小组”),负责组织协调推动省生态环境保护督察工作。领导小组组长、副组长由省委、省政府研究确定,组成部门包括省委办公厅、省委组织部、省委宣传部、省政府办公厅、省司法厅、省生态环境厅、省审计厅和省检察院等。省领导小组下设办公室,办公室设在省生态环境厅,负责省领导小组的日常工作,承担省生态环境保护督察的具体组织实施工作。办公室主任由该厅主要负责人兼任。

第七条　省领导小组职责:

(一)深入贯彻习近平生态文明思想,研究在实施省生态环境保护督察工作中的具体落实措施;

(二)贯彻落实党中央、国务院及省委、省政府关于生态环境保护督察的决策部署;

(三)向中央生态环境保护督察办公室和省委、省政府报告生态环境保护督察工作有关情况;

(四)审议省生态环境保护督察制度规范、督察报告;

(五)听取省领导小组办公室有关工作情况的汇报;

(六)配合中央生态环境保护督察组开展督察工作;

(七)审议省生态环境保护督察其他重要事项。

第八条　省领导小组办公室职责:

(一)组织落实省领导小组确定的工作任务,并报告工作情况;

(二)负责拟订省生态环境保护督察制度措施、计划安排、实施方案,并组织实施;

(三)承担省生态环境保护督察组的组织协调工作;

(四)承担督察报告审核、汇总、上报,以及督察反馈、移交移送的组织协调和督察整改的调度督办等工作;

(五)承担与中央生态环境保护督察办公室的沟通联系、协调对接工作;

(六)负责约谈工作的组织实施;

(七)承担省领导小组交办的其他事项。

第九条　设立区域(流域)生态环境保护监察办公室,由省生态环境厅统一领导、协调和考核管理。具体负责派驻区域(流域)生态环境保护监察工作,承担省生态环境保护督察相关工作。

第三章　督察实施和内容

第十条　省生态环境保护督察原则上每届省委任期内开展一次例行督察,根据需要对督察整改情况实施“回头看”。针对突出生态环境问题,视情组织开展专项督察和定点督察。例行督察及督察“回头看”工作计划报省委、省政府批准后实施。专项督察工作计划报省领导小组批准后实施,重要专项督察的有关工作安排还应当报省委、省政府批准。定点督察及派驻监察工作计划报省领导小组办公室批准后实施。

第十一条　省生态环境保护例行督察的内容包括:

(一)学习贯彻落实习近平生态文明思想以及贯彻落实新发展理念、推动高质量发展情况;

(二)贯彻落实党中央、国务院及省委、省政府生态文明建设和生态环境保护决策部署情况;

(三)国家及省生态环境保护法律法规、政策制度、标准规范、规划计划的贯彻落实情况;

(四)生态环境保护党政同责、一岗双责推进落实情况和长效机制建设情况;

(五)突出生态环境问题以及处理情况;

(六)生态环境质量呈现恶化趋势的区域流域以及整治情况;

(七)被约谈、挂牌督办和区域限批的地区和单位的整改落实情况;

(八)对人民群众反映的生态环境问题立行立改情况;

(九)生态环境问题立案、查处、移交、审判、执行等环节非法干预以及不予配合等情况;

(十)其他需要督察的生态环境保护事项。

第十二条　省生态环境保护督察“回头看”主要对例行督察整改工作开展情况、重点整改任务完成情况和生态环境保护长效机制建设情况等,特别是整改过程中的形式主义、官僚主义问题进行督察。

第十三条　省生态环境保护专项督察主要是直奔问题、严查实纠,督察问责、强化震慑。督察事项包括:

(一)省委、省政府明确要求督察的事项;

(二)重点区域、重点流域、重点领域、重点行业的突出生态环境问题;

(三)中央及省生态环境保护督察整改不力的典型案件;

(四)媒体曝光的重要生态破坏和环境污染事件;

(五)其他需要开展专项督察的事项。

第十四条　省生态环境保护定点督察主要是针对某一区域(流域、领域、行业)、某一事项开展随机性、“点穴式”督察。

第十五条　省生态环境保护派驻监察主要是督政促改,形成区域治理、联防联控、常态长效的格局。监察内容包括:

(一)派驻区域(流域)内党委和政府以及相关部门执行生态环境保护法律法规、政策制度、标准规范、规划计划情况,落实生态环境保护党政同责、一岗双责情况;

(二)派驻区域(流域)内突出生态环境问题及处理情况;

(三)派驻区域(流域)内中央及省级转办生态环境保护方面信访件办理落实情况,省生态环境保护督察热线转办件办理情况;

(四)派驻区域(流域)内中央及省生态环境保护督察反馈问题整改落实情况;

(五)其他需要派驻监察落实的事项。

第四章　督察人员和条件

第十六条　根据省生态环境保护督察工作安排,组建省生态环境保护督察组(以下简称“督察组”),承担具体生态环境保护督察任务。

督察组设组长、副组长,实行组长负责制,副组长协助组长开展工作。建立组长人选库,由省委组织部商省生态环境厅管理。

组长、副组长根据每次生态环境保护督察任务确定并授权。

第十七条 例行督察、督察“回头看”以及重要专项督察组组长由现职或者近期退出领导岗位的正厅级干部担任,副组长由省生态环境厅现职副厅级干部担任。组长、副组长人选由省委组织部履行审核程序。

其他专项督察组组长由省领导小组指定省生态环境厅现职副厅级干部或监察专员担任,副组长由省生态环境厅正处长级以上同志担任。

定点督察组组长由省领导小组办公室指定省生态环境厅相关业务处(室)主要负责人担任或由省生态环境厅党组研究确定。

第十八条 例行督察及督察“回头看”督察组成员以派驻监察机构人员为主体,根据任务需要,会商省委督查室、省政府督查室以及其他负有生态环境监督管理职责的省直部门人员参加,也可抽调有关专家和其他人员参加,每组15–20人;专项督察、定点督察督察组成员以派驻监察机构人员为主体,并根据任务需要抽调有关专家、相关人员参加,专项督察每组10–15人,定点督察组人数根据具体任务情况确定。

第十九条 督察组成员应当具备下列条件:

(一)理想信念坚定,对党忠诚,在思想上政治上行动上同以习近平同志为核心的党中央保持高度一致;

(二)坚持原则,敢于担当,依法办事,公道正派,清正廉洁;

(三)遵守纪律,严守秘密;

(四)熟悉生态环境保护督察工作或者相关政策法规,具有较强的业务能力;

(五)身心健康,能够胜任工作要求。

第二十条 选配督察组成员应当严格标准条件,对不适合从事督察工作的人员应当及时予以调整。

第二十一条 督察组成员实行任职回避、地域回避、公务回避,并根据任务需要进行轮岗交流。

第五章 督察程序和权限

第二十二条 省生态环境保护督察一般包括督察准备、督察进驻、督察报告、督察反馈、移交移送、整改落实、结果运用和立卷归档等程序环节。

第二十三条 督察准备。主要包括以下事项:

(一)向有关部门和单位了解被督察对象有关情况以及问题线索;

(二)组织开展必要的摸底排查;

(三)确定组长、副组长人选,组成督察组;

(四)制定督察工作方案;

(五)开展动员培训;

(六)印发督察进驻通知,落实督察进驻各项准备工作。

第二十四条 督察进驻。省生态环境保护督察进驻时间一般为:例行督察每次30天,督察“回头看”每次15–20天,专项督察每次10天,定点督察根据具体任务确定。

(一)例行督察和督察“回头看”进驻一般采取以下工作方式:

1.听取被督察对象工作汇报和有关专题汇报;

2.与被督察对象党政主要负责人和其他有关负责人进行个别谈话;

3.受理人民群众生态环境保护方面的信访举报;

4.调阅、复制有关文件、档案、会议记录等资料;

5.对有关地方、部门、单位以及个人开展走访问询;

6.针对问题线索开展调查取证,并可以责成有关地方、部门、单位以及个人就有关问题作出书面说明;

7.召开座谈会,列席被督察对象有关会议;

8.到被督察对象下属地方、部门或者单位开展下沉督察;

9.针对督察发现的突出问题,可以视情对有关党政领导干部实施约见或者约谈;

10.提请有关地方、部门、单位以及个人予以协助;

11.其他必要的督察工作方式。

(二)专项督察一般采取以下工作方式:

1.见面沟通。简要通报督察重点任务、总体安排和相关要求;

2.听取汇报。听取与专项督察相关的生态环境保护工作情况;

3.查阅资料。根据工作需要,调阅、复制有关文件、档案、会议记录等资料;

4.现场督察。针对有关问题线索,进行调查核实、现场验证;

5.走访问询。对有关地方、部门、单位以及个人开展走访问询;

6.线索聚焦。对问题线索进行梳理分析,列出问题线索清单,责成有关地方、部门、单位以及个人就有关问题作出书面说明;

7.约见约谈。视情对有关党政领导干部实施约见或者约谈;

8.其他必要的督察工作方式。

(三)定点督察一般采取以下工作方式:

1.明查暗访,调查取证。采取“四不两直”方式深入现场调查核实,收集相关证据。

2.分析原因,倒查责任。深入剖析原因,开展责任倒查,厘清相关部门、单位和个人的责任。

3.约见约谈,传导压力。视情对有关党政领导干部实施约见或者约谈。

4.督办落实,跟踪问效。对问题整改落实情况进行跟踪督办,推动问题整改落地见效。

5.其他必要的督察工作方式。

(四)派驻监察一般采取以下工作方式:

1.列席派驻区域(流域)内党委和政府及相关部门的有关会议;

2.对派驻区域(流域)内党委和政府及其有关部门、有关企业开展调研、走访,必要时听取相关生态环境保护工作情况汇报;

3.调阅、复制有关文件、档案、会议记录等资料;

4.针对有关问题线索进行现场检查督导;

5.责成有关部门、单位以及个人就有关问题作出书面说明;

6.视情提出工作意见和约谈、挂牌督办、区域限批、问责等建议;

7.督促县级以上党委和政府按权限开展问责追究;

8.其他必要的监察工作方式。

第二十五条 督察报告。形成督察报告的程序要求是:

(一)撰写报告。督察进驻结束后,例行督察及督察"回头看"、专项督察、定点督察分别于20个工作日、10个工作日、5个工作日内形成督察报告。

例行督察和督察"回头看"报告主要内容包括:被督察对象生态环境保护工作成效的总体评价、督察发现的主要问题、整改意见和建议。

专项督察报告参照例行督察及督察"回头看"报告内容撰写,总体评价可适当简化,重点突出主要问题和整改责任主体。

定点督察报告原则上不对工作成效作总体评价,重在分析存在问题的原因、厘清相关部门和单位应承担的责任,提出有针对性的整改意见和建议。

(二)梳理线索。对需要追责的问题线索进行认真梳理,完善证据材料,形成责任追究问题案卷。

(三)征求意见。督察报告应当以适当方式与被督察对象交换意见。

(四)审议批准。督察报告由省领导小组办公室先行审核把关,并按批准实施督察的权限和程序进行审批;派驻监察报告每季度向省领导小组办公室报送一次,重大情况随时报告。

第二十六条 督察反馈。督察报告经批准后,应当在5-10个工作日内,由督察组向被督察对象反馈,指出督察发现的问题,明确督察整改工作要求。专项督察和定点督察报告也可视情采取书面形式反馈。

第二十七条 移交移送。对督察发现的重要生态环境问题及其失职失责情况,督察组应当形成生态环境损害责任追究问题清单和案卷,按有关权限、程序和要求移交省纪委监委、省委组织部、省国资委党委或者被督察对象。

对督察发现需要开展生态环境损害赔偿工作的,移送相关市政府依照有关规定索赔追偿;需要提起公益诉讼的,移送检察机关等有权机关依法处理。

对督察发现涉嫌犯罪的,按照有关规定移送监察机关或者司法机关依法处理。

督察结果按照干部管理权限送有关组织(人事)部门。

第二十八条 整改落实。主要包括以下事项:

(一)加强领导。省市县三级应设立由党政主要负责同志任双组长的生态环境保护督察整改工作领导小组,领导小组下设办公室,负责中央及省生态环境保护督察整改工作的综合协调、具体组织实施。办公室主任由生态环境部门主要负责同志担任。

(二)压实责任。各级党政主要负责同志要认真履行第一责任人的责任,做到重要工作亲自推动、重要环节亲自协调、重大问题亲自过问、棘手难点事项亲自督办,确保整改工作有序推进、有效落实。各相关部门要按照"谁分管、谁负责"的原则,加强行业指导、业务指导、技术指导,适时开展现场抽查、核查,积极主动抓好本部门、本领域、本行业的整改工作。同时要牢固树立"一盘棋"思想,密切协作、联动整改,推动形成"大环保"工作格局。

(三)编制方案。被督察对象、督察意见涉及的整改责任单位应当按照清单制、责任制、销号制要求,制定督察整改方案。经省领导小组办公室组织相关督察组审核后,例行督察及督察"回头看"整改方案在30个工作日内,报省委、省政府批准;专项督察整改方案在15个工作日内,报省领导小组批准;定点督察整改方案在10个工作日内,报省领导小组办公室批准。

(四)推进落实。对重要生态环境问题,要严格落实"332"领办机制(省市县三级党委和政府主要负责同志及分管负责同志分别牵头领办2项整改任务),发挥示范引领作用,带动促进整改落实;对整改不力、逾期未完成的,视情采取函告、通报、约谈、专项督察等措施进行督办,强力推动整改落实;对被人民群众举报、媒体曝光、中央或省级批转的突出生态环境问题,应指派专人负责,全程紧盯推动整改落实。

(五)加强调度。按季度开展督察整改清单化调度,并视情组织抽查核实。

(六)验收销号。整改落实实行销号备案。由责任单位牵头组织验收。对问题整改到位、处罚执行到位、责任追究到位、机制完善到位的,应及时予以销号。销号情况应向省领导小组办公室报备。

例行督察及督察"回头看"反馈问题整改落实情况应于6个月内向省委、省政府报送,并抄送省领导小组办公室。专项督察和定点督察反馈问题整改落实情况按督察反馈要求时限报送。

第二十九条 结果运用。切实强化督查结果的有效运用,充分发挥督查倒逼作用。

(一)工作改进运用。通过督察结果的公开与反馈,引导被督察对象全面认领问题,科学设定改进目标,制定有效整改措施,自觉履行主体责任,推动和促进工作落实,不断提升生态环境保护工作绩效。

(二)干部任免运用。督察结果应作为对被督察对象领导班子和领导干部综合考核评价、奖惩任免的重要依据。

(三)问责追责运用。纪检监察机关、被督察对象组织(人事)部门应依据督察结果和移交移送的责任追究问题线索,按照干部任免权限，及时启动问责程序，有效传导压力，切实发挥震慑作用。中央生态环境保护督察反馈问题的责任追究情况应与中央生态环境保护督察办公室沟通，省生态环境保护督察反馈问题的责任追究应与省领导小组办公室沟通。负责作出责任追究决定的机关和部门，一般应当将责任追究决定向社会公开。

第三十条 立卷归档。生态环境保护督察过程中产生的有关文件、资料应当按照要求整理保存，需要归档的，按照有关规定办理。

第六章 督察机制和保障

第三十一条 省生态环境保护督察建立以下工作机制：

（一）学习培训机制。生态环境保护督察专门机构人员要切实加强理论和业务学习，熟练掌握督察相关法规政策，不断提升业务水平。例行督察和重要专项督察前，应当集中组织业务培训。

（二）分工协作机制。例行督察及督察"回头看"督察组应设立总协调人，在组长、副组长的领导下，负责对督察工作的组织协调。督察组一般应分为综合协调组、应急信访组和若干现场督察组。专项督察和定点督察视情确定组织分工。

（三）沟通联络机制。被督察对象应成立协调联络组，明确具体联系人，保持24小时专人值班，确保沟通联络规范、畅通。坚持每日碰头会商，适时召开联席会议，及时交流、反馈、共享信息，研判处理督察工作中的矛盾和问题。

（四）工作例会机制。督察组每天召开一次碰头会，各督察小组组长参加，主要是收集、梳理、汇总当天督察情况，安排次日工作；例行督察及督察"回头看"通常每周召开督察工作例会，专项督察和定点督察视情召开，全体督察人员参加，主要是传达学习有关文件，通报工作进展情况，协调解决矛盾问题，部署安排下步工作。

（五）舆论引导机制。被督察对象应做好督察期间社会舆情的收集分析，并向督察组通报；对督察期间受理的电话和信访举报查处情况应及时准确予以公开，回应社会关切。

（六）奖惩激励机制。坚持把督察期间个人现实表现、工作绩效与争先创优结合起来，对作用发挥明显、工作成绩突出的同志，在评选先进、立功受奖、提职晋级时予以优先考虑；对敷衍应付、工作不积极不主动的要及时批评教育，对违反督察工作纪律或其他法律法规的，视情作出处理。

第三十二条 开展生态环境保护督察，应当落实基本保障，满足开展工作需要。

（一）人员保障。需要抽组人员时，各相关部门和单位应全力支持配合，服从工作安排和人员调度，不得讲条件、找借口。被督察对象应安排若干工作人员配合开展举报受理、资料整理等工作。

（二）后勤保障。被督察对象应为督察进驻工作协助提供必要的住宿、办公、交通、通信等各项保障。

（三）资金保障。设立生态环境保护督察专项资金，列入省政府年度预算安排。

（四）法律技术保障。建立省生态环境保护督察专家库，为督察提供专业咨询，必要时可请专家赴现场协助督察。根据工作需要，也可请从事生态环境保护行政处罚的工作人员或法律专家，对督察发现问题或问题线索及其取证材料进行梳理分析，对重大问题证据和法律适用问题予以校核。

第七章 督察纪律和责任

第三十三条 省生态环境保护督察应当把纪律和规矩挺在前面，强化政治纪律和政治规矩，严格执行中央八项规定及其实施细则精神，严格落实各项廉政规定。

督察组督察进驻期间应当按照有关规定建立临时党支部，落实全面从严治党要求，加强对督察组成员的教育、管理和监督。

第三十四条 督察组应当严格执行请示报告制度。督察中发现的重要情况和重大问题，应当向省领导小组或者省领导小组办公室请示报告，督察组成员不得擅自表态和处置。

第三十五条 督察组应当严格落实各项保密规定。督察组成员应当严格保守督察工作秘密，未经批准不得对外发布或者泄露督察有关情况。

第三十六条 督察组应当依规依法开展工作督察、问题调查和责任核查等，不得干预被督察对象正常工作，不得向被督察对象提出与督察无关的要求，不处理被督察对象的具体问题。

第三十七条 督察组应当严格遵守省生态环境保护督察纪律、程序和规范，正确履行职责。督察组成员有下列情形之一，视情节轻重，依纪依法给予批评教育、组织处理或者党纪处分、政务处分；涉嫌犯罪的，按照有关规定移送监察机关或者司法机关依法处理：

（一）不按照工作要求开展督察，导致应当发现的重要生态环境问题没有发现的；

（二）发现重要生态环境问题或接到举报不认真查处的；

（三）不如实报告督察情况，隐瞒、歪曲、捏造事实的；

（四）工作中超越权限，或者不按照规定程序开展督察工作，造成不良后果的；

（五）利用督察工作的便利谋取私利或者为他人谋取不正当利益的；

（六）泄露督察工作秘密的；

（七）工作中有严重形式主义、官僚主义行为的；

（八）有违反督察工作纪律的其他行为的。

第三十八条 省生态环境厅以及省领导小组办公室应当加强对生态环境保护督察工作的组织协调。对生态环境保护督察工作组织协调不力、造成不良后果的，依照有关规定追究相关人员责任。

第三十九条 有关部门和单位应当支持协助省生态环境保护督察。对违反规定推诿、拖延、拒绝支持协助省生态环境保护督察，造成不良后果的，依照有关规定追究相关人员责任。

第四十条 被督察对象应当自觉接受督察，积极配合督察组开展工作，如实向督察组反映情况和问题。被督察对象及其工作人员有下列情形之一，视情节轻重，对其党政领导班子主要负责人或者其他有关责任人，依纪依法给予批评教育、组织处理或者党纪处分、政务处分；涉嫌犯罪的，按照有关规定移送监察机关或者司法机关依法处理：

（一）贯彻执行党中央、国务院及省委、省政府决策部署不力，搞“上有政策、下有对策”或“只表态不落实”，导致辖区内突出生态环境问题长期得不到有效治理、生态环境质量持续恶化的；

（二）故意提供虚假情况，隐瞒、歪曲、捏造事实的；

（三）拒绝、故意拖延或者不按照要求提供相关资料的；

（四）销毁、转移、隐匿证据材料和相关资料的；

（五）阻止他人揭发检举、提供证据材料的；

（六）妨碍、干扰、阻挠督察工作正常开展的；

（七）指使、强令有关单位或者人员干扰、阻挠督察工作的；

（八）拒不配合现场检查或者调查取证的；

（九）无正当理由拒不纠正存在的问题，或者不按照要求推进整改落实的；

（十）暗示、默许、支持、纵容督察中被明确要求整改的违法排污单位继续发生违法排污行为的；

（十一）对反映情况的干部群众进行打击、报复、陷害的；

（十二）采取集中停工停产停业等“一刀切”方式应对督察的；

（十三）其他干扰、抵制生态环境保护督察工作的情形。

第四十一条 被督察对象地方、部门和单位的干部群众发现督察组成员有本规定第三十七条所列行为的，应当向有关机关反映。

第八章 附 则

第四十二条 市级及以下党委和政府不得组织开展生态环境保护督察，应当依规依法加强对下级党委和政府及其有关部门生态环境保护工作的监督。

第四十三条 本细则具体解释工作由省生态环境厅承担。

第四十四条 本细则自2020年7月31日起施行。2016年6月19日省委办公厅、省政府办公厅印发的《山西省环境保护督察实施方案(试行)》(厅字〔2016〕23号)同时废止。

中共山西省委办公厅 山西省人民政府办公厅
《山西省加快构建现代环境治理体系实施方案》

（2020年8月3日）

为加快推动我省生态环境治理体系和治理能力现代化，促进打赢污染防治攻坚战，加速美丽山西建设步伐，根据中共中央办公厅、国务院办公厅印发的《关于构建现代环境治理体系的指导意见》(中办发〔2020〕6号)，结合我省实际，制定本方案。

一、指导思想

以习近平新时代中国特色社会主义思想为指导，深入贯彻习近平生态文明思想，认真落实习近平总书记视察山西重要讲话重要指示，牢固树立绿色发展理念，全面把握省委“四为四高两同步”总体思路和要求，以坚持党的集中统一领导为统领，以强化政府主导作用为关键，以深化企业主体作用为根本，以更好动员社会组织和公众共同参与为支撑，实现政府治理和社会调节、企业自治良性互动，完善体制机制，强化源头治理，全面提升环境治理能力，为加快形成绿色生产方式和生活方式，促进污染防治攻坚战全面胜利，推动全省生态环境质量根本好转、建设美丽山西奠定坚实基础，为我省在转型发展上率先蹚出一条新路来提供有力支撑。

二、主要目标

到2025年，建立健全环境治理的领导责任体系、企业责任体系、全民行动体系、监管体系、市场体系、信用体系、法规规章政策体系，落实各类主体责任，提高市场主体和公众参与的积极性，形成导向清晰、决策科学、执行有力、激励有效、多元参与、良性互动的现代环境治理体系。

三、重点任务

（一）健全环境治理领导责任体系

1.完善省负总责、市县抓落实的工作机制。坚持生态环境保护“党政同责、一岗双责、权责一致、失职追责”，充分发挥各级生态环境保护委员会作用，全面贯彻落实《山西省生态环境保护责任清单》，建立齐抓共管、高效顺畅、边界清晰、职责分明的生态环境管理机制，形成“大生态、大环保”工作格局。

2. 保障生态环境财力投入。根据全省经济社会发展情况，省市县逐步增加生态环境治理财政投入，建立健全稳定的财政投入机制。做好国家重点生态功能区转移支付，加大省级对县级生态转移支付补助力度。完善环保类资金管理制度，加强对资金的监督和管理。建立生态环境治理资金绩效评价机制。

3.强化目标评价考核。着眼环境质量改善，合理设定约束性和预期性目标，纳入本地区国民经济和社会发展规划、国土空间规划以及相关专项规划。建立健全生态环境保护尽职免责机制，鼓励创新、允许试错，保护干部工作的积极性。各级党委和政府要在年度目标责任考核和区域经济转型升级考核中优化“资源环境”考核指标，实行生态环境保护“一票否决”制度。

4.深化生态环境保护精准化督察。制定出台山西省生态环境保护督察工作细则，规范生态环境保护督察程序。推进例行督察，加强专项督察，强化定点督察。不折不扣抓好中央及省生态环保督察整改工作，全面提升整改质效。进一步完善排查、交办、核查、约谈、专项督察“五步法”工作模式，推动问题得到有效解决。强化监督帮扶，研究出台山西省生态环境保护督察基层减负措施。

（二）健全环境治理企业责任体系

5.依法实行排污许可管理制度。完善排污许可制度，推进排污许可发证登记工作，实现固定污染源排污许可全覆盖。加强排污许可证后监管，倒逼排污单位落实环保主体责任，按证排污，自证守法，自觉接受社会监督。

6.推进绿色生产方式。落实“三线一单”和主体功能区制度，根据排放浓度与环境容量总量双控要求，践行以绿色能源为支撑的绿色生产方式，积极调整产业布局、规模和结构，主动淘汰落后生产工艺、技术、装备和产品。大力发展循环经济和清洁生产，重点行业将清洁生产标准纳入强制执行的范围，新增的重点行业企业全部达到清洁生产一级标准，现有重点行业企业全部推行清洁生产审核和技术改造。对焦化、钢铁、化工等重点产业，在满足生态保护红线和空间开发要求的前提下开展区域转移，发展“飞地经济”，给予技改资金和政策支持。重污染企业有序退出城市建成区。实施“环保领跑者”制度，开展企业环境绩效评估，实施差异化管控，加强绿色引领。积极开展废铅酸电池集中收集和跨区域转运试点工作，加强全过程监管，推动电器电子、汽车、铅酸蓄电池和包装物等4类骨干生产企业对其产品承担的资源环境责任从生产环节延伸到全生命周期。

7.提高治污能力和水平。严格落实企业环境治理的主体责任，督促企业提档升级改造，支持企业“上新压旧”“上大压小”“上高压低”。重点排污单位污染防治设施安装集散控制系统(DCS)、独立用电监管系统以及污染物排放在线监控装置，并确保正常运行。实施重点污染源在线监控省级集中管理，坚决杜绝治理效果和监测数据造假。

8.公开环境治理信息。排污企业应通过企业网站等途径依法公开主要污染物名称、排放方式、执行标准以及污染防治设施建设和运行情况，并对信息真实性负责。鼓励排污企业在确保安全生产前提下，通过设立企业开放日、建设教育体验场所等形式，向社会公众开放。

（三）健全环境治理全民行动体系

9.强化社会监督。充分发挥“12369”环保举报热线作用，畅通环保监督渠道，完善公众监督和举报反馈机制，实施有奖举报。加强舆论监督，鼓励新闻媒体对各类破坏生态环境问题、突发环境事件、环境违法行为进行曝光。引导具备资格的环保组织依法开展生态环境公益诉讼等活动。建立重大环境事件舆情快速响应机制，第一时间回应社会关注，及时有效防范环境风险。

10.发挥各类社会团体作用。工会、共青团、妇联等群团组织要积极动员广大职工、青少年、妇女参与环境治理，行业协会、商会要发挥桥梁纽带作用，促进行业生态环境自律。积极推进社会组织参与生态环境保护能力建设，大力发挥环保志愿者作用。

11.提高公民环保素养。把环境保护纳入国民教育体系和党政领导干部培训体系，推进环境保护宣传教育进学校、进家庭、进社区、进工厂、进机关。加大环境公益广告宣传力度，研发推广环境文化产品。积极创建绿色学校，形成绿色环保教育体系。

12.全民践行绿色生活。引导公民自觉履行环境保护责任，努力提高自身环保意识，实现生活方式和消费模式向简约适度、绿色低碳的方向转变，积极开展垃圾分类，践行绿色生活方式，倡导绿色出行、绿色消费。

（四）健全环境治理监管体系

13.完善监管机制。完成省以下生态环境机构监测监察执法垂直管理制度改革。整合相关部门污染防治和生态环境保护执法职责、队伍，规范设置生态环境执法机构，统一实行生态环境保护综合执法。推进环境监管重心下移，进一步完善生态环境网格化监管。实施“双随机、一公开”监管模式。强化重点区域联防联控，协同推进区域间污染防治问题的解决，深化太原及周边区域(1+30)大气污染、黄河(汾河)流域环境执法和跨省域大气、水、土壤环境执法联防联控机制。除国家组织的重大活动外，不得因召开会议、论坛和举办大型活动等，对企业采取停产、限产措施。

14.加强司法保障。强化生态环境司法机构建设。建立省级生态环境保护综合行政执法机关与公安机关、检察机关、审判机关的信息共享、案件通报、案件移送制度，实现环境保护行政执法与刑事司法的无缝衔接。加大对生态环境违法犯罪行为的制裁和惩处力度，加强检察机关提起生态环境公益诉讼工作。中级人民法院和具备条件的基层人民法院调整设立专门的环境资源审判机构，探索建立环境资源司法保护基地和“恢复性司法实践+社会化综合治理”审判结果执行机制。加强生态环境保护法律监督，对造成生态环境损害的，依法依规追究赔偿责任；构成犯罪的，依法追究刑事责任。各级财政设立专门的生态环境资金账户，规范环境资源案件赔偿资金的管理和使用。推进环境污染损害司法鉴定工作，探索建立司法鉴定费用保障机制。

15.强化监测能力建设。整合优化大气、水、土壤、声和辐射等监测系统，构建要素全面、省市县贯通、信息共享的环境监测网络，形成生态环境监测数据一个平台、一本台账、一张网络、一个窗口。实行“谁考核、谁监测”，不断完善生态环境监测技术体系，持续提升环境质量预报预警的精准度和提前量。全面提升监测装备水平，加大移动走航监测等先进装备应用力度。

（五）健全环境治理市场体系

16.构建规范开放的环境治理市场。坚持“简政放权”，简化申请材料，压缩审批时限，进一步推动更多环境审批事项实现网上“不见面”审批。省市县三级联动，建立“企业环保服务日”制度，持续开展入企服务和定向精准帮扶，及时为企业提供有关产业政策、环保准入门槛和环保报批程序等咨询服务，切实帮助企业解决困难。大力扶持民营企业发展，破除民营企业参与竞标污染防治攻坚战重大治理工程的准入屏障，完善和落实现有环保扶持和优惠类政策的信息公开。

17.强化环保产业发展。积极筹建山西环保创业园，以市场化模式为主导，对园区进行招商、引资、管理和运营。大力培育节能环保龙头企业，提高环保产业市场竞争力。鼓励环保企业与高校、知名研发机构联合开展技术研发，加强成果转化运用，推动产学研深度融合，对跻身省级重点实验室、省级制造业技术创新中心的项目予以资金支持。坚持大众创业、万众创新，鼓励市县设立生态环保众创空间。

18.创新环境治理模式。全面拓展第三方治理模式，将第三方服务扩大至环境监测与风险评估、重点行业污染防治、生态环境综合整治等领域。试点开展“环保管家”服务，鼓励支持各市县聘请第三方专业环保服务机构作为“环保管家”，为环境治理提供一体化、专业化服务和解决方案。以工业类开发区(园区)为主，开展污染防治第三方治理示范，探索统一规划、统一监测、统一治理的一体化服务模式。开展小城镇环境综合治理托管服务试点，强化系统治理，实行按效付费。对工业污染地块，鼓励采用“环境修复+开发建设”模式。

19.健全价格收费机制。加快构建覆盖污水处理和污泥处置成本并合理盈利的价格机制，推进污水处理服务费形成市场化，逐步实现城镇污水处理费基本覆盖服务费用。综合考虑企业和居民承受能力，按照国家部署，继续对钢铁、水泥、电解铝等高耗能行业企业实行差别化电价政策，促进化解过剩产能、加快转型升级。

(六)健全环境治理信用体系

20.加强政务诚信建设。建立环境保护和治理任务目标公开承诺制度，将相关承诺在各级政府门户网站和“信用山西”网站公示。建立健全环境治理政务失信记录，将各级政府及公职人员在环境保护工作中因违法违规、失信违约被司法判决、行政处罚、纪律处分、问责处理等信息纳入政务失信记录，并归集至省信用信息共享平台。加强对环境保护和治理的督导检查，对工作推动不力、落实不到位的进行通报。

21.健全企业信用建设。完善企业环境信用评价制度，制定出台山西省企业环境信用评价办法。开展重点监管企业环境信用评价工作，逐步将环境咨询机构和检测机构纳入信用评价企业范围，依据评价结果实施分级分类监管。建立全省污染源企业动态信息管理系统，加强企业环境信用信息的记录和大数据整合，实现环境信用评价动态更新。建立排污企业黑名单制度，将环境违法企业依法依规纳入失信联合惩戒对象名单，将其违法信息记入信用记录，并按照国家有关规定纳入全国信用信息共享平台，依法向社会公开。建立完善上市企业和发债企业强制性环境治理信息披露制度。

(七)健全环境治理法规规章政策体系

22.完善地方性法规。加快生态环境领域立法，研究制定山西省固体废物污染环境防治条例等地方性法规。加快建立绿色生产和消费的法规制度，加快环保教育立法，引导全社会树立生态文明意识。

23.完善环境保护标准。推动制定修订环境质量、污染物排放(控制)以及环境监测等地方标准，不断完善环境保护标准体系。健全标准实施信息反馈和评估机制。

24.完善财税金融扶持。积极推动设立山西省绿色发展基金。研究采取财政贴息等方式加大扶持力度。落实有关增值税即征即退政策，加大财政对第三方治理项目的补助和奖励力度，设立第三方治理项目引导基金。根据我省经济社会发展和生态环境改善情况，适时适度依法提高环保税税额。全面落实国家有关减税降费政策，对符合条件的从事污染防治的第三方企业减按15%的税率征收企业所得税。加快推进环境高风险领域试点企业投保环境污染强制责任保险，强化环境污染责任保险隐患排查服务工作，建立环境污染强制责任保险山西模式。开展排污权交易，研究探索对排污权进行抵质押融资。按照国家统一部署，同步参与全国碳排放权交易。

四、保障措施

(一)加强组织实施。各级党委和政府要结合本地区发展实际，进一步细化落实构建现代环境治理体系的目标任务和政策措施，确保方案确定的重点任务及时落地见效。省、市、县发展改革部门要加强统筹协调和政策支持，生态环境部门要牵头推进相关具体工作，有关部门要各负其责、密切配合，重大事项及时向同级党委和政府报告。

(二)加强调研指导。各地各部门要坚持问题导向，对所承担的工作深入开展调查研究和督促检查，深入一线解决问题，及时发现总结工作中的先进典型、特色亮点以及存在问题。

(三)加强结果运用。严格落实《山西省党政领导干部生态环境损害责任追究实施细则》，对真抓实干成效明显的，予以表扬激励，对推进不力、进度滞后的，依法依规严肃问责。

中共山西省委办公厅　山西省人民政府办公厅《山西省加强文物保护利用改革工作方案》

（2020年8月6日）

为深入贯彻落实中共中央办公厅、国务院办公厅印发的《关于加强文物保护利用改革的若干意见》（以下简称《若干意见》）精神，统筹推进我省文物保护利用改革，开创我省文物工作新局面，制定本方案。

一、工作目标

到2025年，全省文物依法保护水平显著提升，文物保护利用传承体系基本形成，文物安全形势明显好转，文博机构队伍更加优化。文物工作在实证中华五千年文明、讲好山西故事、推动山西文化走出去、促进全省经济社会发展和"十四五"转型出雏型中的作用进一步发挥，文物保护利用成果更多更好地惠及人民群众，实现文物事业高质量发展。

二、主要任务

（一）推动实证中华文明标识体系建设。围绕"考古中国"重大研究课题，深入推进中华文明探源工程，开展山西南部地区文明进程、早期国家形成、尧文化、夏文化、晋文化研究。依托云冈石窟、五台山、平遥古城等世界文化遗产，长城重要节点段落，陶寺、蒲津渡与蒲州故城等重要遗址，佛光寺、应县木塔、晋祠、永乐宫、关帝庙等重要文物建筑，推介一批国家文化地标和精神标识。

（二）创新文物价值传播推广体系。系统整理文物知识图谱，全面开发传播文物知识。将文物保护利用常识纳入中小学教育体系和干部教育体系。建立中小学生依托文物保护单位和博物馆学习的长效机制。支持文物相关单位与媒体开展传播推广合作。推进精品文物展览"走出去"，增强山西文化影响力。

（三）完善革命文物保护传承体系。全面实施革命文物保护利用工程，传承红色基因。推进太行山、吕梁山、太岳山、五台山革命文物集中连片区域的整体保护利用，助推革命老区脱贫攻坚。加强红色文艺作品及革命宣传标语的收集整理和保护。支持馆藏革命文物的征集保护和展示利用，建设革命文物数据库。加强红色革命遗址的保护与纪念场馆的建设和改造提升，大力发展红色旅游和红色培训。

（四）建立文物安全长效机制。落实各级政府主体责任，将文物安全工作纳入政府年度考核评价体系。将打击文物犯罪专项行动与扫黑除恶专项斗争结合起来，严厉打击各类文物犯罪。探索建设文物DNA数据库和建档立卡工作。推动文物领域公益诉讼。整治基本建设中的未批先建、破坏损毁文物本体和环境、影响文物环境风貌等法人违法行为。压实市、县（市、区）文化市场综合执法队伍文物行政执法责任。实施文物平安工程，建立全省文物安全监管平台，实现文物安全监管可视化、信息化、标准化。推进世界文化遗产监测预警系统建设。采取"志愿者+政府购买服务"的方式，加强文物保护巡查。公示文物保护单位、国有文物收藏单位安全责任清单。建立市域文物安全和文物执法履职尽责情况定期分析通报机制，健全文物安全事故追责问责机制。对文物资源丰富、安全形势严峻的地方进行重点督察。对重大文物安全事故和案件进行督察督办。

（五）探索建立文物资源资产管理机制。完善常态化的文物认定和登录制度，定期开展文物状况核查，推进全省文物资源大数据库建设。按照国有资产管理相关规定，建立和完善文物资源资产管理制度，形成文物资产配置、保护、利用、处置、经营、效益等管理体系。落实文物资源资产报告制度，各级政府定期向本级人大常委会报告文物资源资产产权、经营、收益等管理情况。

（六）强化不可移动文物保护。深入推进文物领域"放管服效"改革，强化事中事后监管。国土空间规划编制和实施应充分考虑不可移动文物保护管理需要。完善基本建设考古制度，推进区域文物保护评估。地方政府在土地储备时，对可能存在文物遗存的土地，在专业资质单位依法完成考古调查、勘探、发掘前不得入库。完善出土文物移交制度，适时开展考古出土文物移交专项行动。科学划定文物保护单位保护范围和建设控制地带，对已划定的不合理的文物保护单位保护范围和建设控制地带作出适当调整。加强对尚未核定公布为文物保护单位的不可移动文物和新发现文化遗存的保护管理。

（七）大力推进文物合理利用。坚持文物保护与利用并重并行的原则，开展文物保护利用示范区建设，围绕黄河、长城、太行三大旅游板块，建设陶寺、蒲津渡与蒲州故城国家考古遗址公园，推动晋北长城密集区、沁河流域古堡密集区、太行革命文物密集区的整体保护利用，打造文旅融合新亮点。推进博物馆线上展览。建立藏品资源共享机制，利用特色展、联展、巡展等形式，打通各级博物馆、国有和非国有博物馆界限，促进馆藏文物利用。在确保文物安全的前提下，支持各地对文物资源进行合理利用。

（八）积极鼓励社会参与。深入推进"文明守望工程"。在坚持国有不可移动文物所有权不变、坚守文物保护底线的前提下，引导社会力量通过认养、捐资等形式，参与文物建筑的保护利用。鼓励依法通过流转、征收等方式,取得属于文物建筑的农民房屋及其宅基地使用权，拓展参与途径和利用方式。支持社会力量创设博物馆。引入社会组织参与文物博物馆领域的技术审核、咨询评估等工作。社会力量设立的博物馆可以依照有关规定享受土地、税收、规费方面的优惠待遇。推进涉旅文物保护单位体制机制改革。

(九)激发博物馆创新活力。分类推进博物馆法人治理结构建设。鼓励划定为公益二类的文博事业单位利用现有场地、技术、资源、人才等优势,自主研发或与社会力量合作开发文创产品,所得收入纳入本单位预算统一管理,在国家规定的开支范围内由单位自主安排使用，可用于公共服务、藏品征集和对文创产品参与人的奖励。落实非国有博物馆支持政策。

(十)促进文物市场活跃有序发展。完善民间收藏文物经营管理制度,引导民间收藏文物保护利用,规范博物馆文物征集,促进文物市场健康发展。建立文物购销拍卖信息与信用管理系统,接入全国信用信息共享平台和全省"互联网+监管"系统。健全文物市场联合监管工作机制,加强事中事后监管,开展守信联合奖励和失信联合惩戒。规范文物鉴定机构发展,多层次开展文物鉴定服务。力促海外文物回流。

(十一)深化"一带一路"文物交流合作。合作推进万里茶道、关圣史迹申遗。依托国家海外文化阵地和海外机构、我省国际友好省州(城市)、友好合作伙伴省州(城市)等开展交流合作。开展文物外展精品工程,打造文物交流品牌,与国内外文博机构共建文物交流合作传播基地,增强中华文化国际传播力、影响力。

(十二)加强科技支撑。依托山西彩塑壁画保护研究中心、山西国宝级古建筑研究保护中心、山西石质文物保护研究中心和山西青铜博物馆,建设彩塑壁画、古建筑、石质文物、青铜器保护研究平台。加大省校院所合作力度,加强文物保护利用关键技术研究及应用,发挥科技对文化遗产保护利用的支撑作用。建设山西文物资源综合应用平台,充分利用新一代信息技术手段,推动文物保护管理、展示利用方式融合创新。编制全省文物数字化保护规划,加强文物数字化保护和成果应用。继续实施"互联网+中华文明"行动计划,推动文物与教育、旅游、设计和动漫游戏等领域的跨界融合。

(十三)创新人才管理模式。完善文物博物专业人才培养、使用、评价机制。文物博物馆单位可根据事业发展和工作需要设置专业技术特设岗位。对引进的急需紧缺高层次人才,落实相关激励政策。鼓励文博专业技术人员兼职创新。对在文物考古、科学技术、博物馆研究等方面作出贡献的专业技术人员予以奖励。建设文物领域省级智库。完善文物保护修复"师承制"制度。深化与高等院校的合作机制,持续培养文博领军人才、专业技能人才和复合型管理人才。完善文物博物专业技术人才评价标准，发挥职称评审激励导向作用，整体提升文博队伍能力素养。吸收社会学有专长的专家学者,壮大文物保护、文物安全、文物鉴定专家队伍群体。

(十四)加强文物保护管理队伍建设。文物资源密集的市县要加强文物行政机构和研究保护机构建设,提升文物保护研究能力。加强文物保护管理队伍源头建设,进一步充实文物保护力量。对涉及"两权分离"改革的文物保护单位,要明确负责文物保护的专门管理机构。加大市县级文物保护单位及未定级的一般不可移动文物的文物保护员配置力度。依托20处国宝级文物,组建多学科研究梯队,推进省级文物保护科研基地建设,提升文物保护利用研究水平。

(十五)加大文物保护资金投入力度。各级政府要将文物保护专项经费纳入财政预算。整合文物保护利用项目,注重文物本体与周边环境整体保护并重。统筹中央及省级文物保护专项资金,加大省保以下文物建筑、革命遗存的保护资金投入。完善文博事业单位科研资金管理办法。加强绩效管理,加大项目执行力度,不得以重复评审的方式截留中央及省级财政下达的项目资金。对符合条件的博物馆纳入免费开放补助范围。依托文物保护单位设立的旅游景区经营收入,应按不低于5%的比例优先用于文物保护。配合基本建设的考古调查、勘探、发掘经费由各级财政纳入预算。拓宽社会资金投入文博领域的有效途径,鼓励、支持和引导各类资本尤其是民间资本进入文博行业。

三、保障措施

(一)加强组织领导。全省各级党委和政府要全面贯彻党中央决策部署,着力抓好《若干意见》及本方案确定的目标任务的落实落细。各地要将文物保护工作纳入地方党政领导班子和领导干部政绩考核综合评价体系，切实增强各级领导干部文物保护利用的意识。各部门要明确分工,形成工作合力,强化制度配套和资源要素支持,推动各项改革举措落地见效。

(二)完善法规体系。完善文物保护地方法规体系,修订《山西省实施〈中华人民共和国文物保护法〉办法》。鼓励各地根据自身资源特点,制定文物保护地方性法规或出台专门的文物保护利用政策。

(三)加强督促落实。加强对本方案落实情况的督促指导，各地各部门在推进过程中遇到重大问题要及时向省委、省政府报告。做好文物保护利用改革政策宣传和舆论引导,营造文物事业改革发展的良好氛围。

中共山西省委办公厅　山西省人民政府办公厅《山西省污染防治攻坚战成效考核实施方案》

（2020年8月21日）

为全面、准确、客观地考核评判我省污染防治攻坚战进展成效，推动环境质量总体改善，促进生态环境保护水平与全面建成小康社会目标相适应，根据中共中央办公厅、国务院办公厅印发的《省（自治区、直辖市）污染防治攻坚战成效考核措施》（厅字〔2020〕9号）及省委、省政府《关于全面加强生态环境保护坚决打好污染防治攻坚战的实施意见》，制定本实施方案。

一、指导思想

坚持以习近平新时代中国特色社会主义思想为指导，深入贯彻落实习近平生态文明思想，认真学习贯彻习近平总书记视察山西重要讲话重要指示，全面落实省委"四为四高两同步"总体思路和要求，突出绿色发展理念，坚持问题导向、目标导向、结果导向，聚焦大气、水、土壤污染防治三大战役和污染物总量减排、生态环境质量改善、生态环境风险管控三大目标，科学设置考核指标，规范考核程序和方式，通过客观公正、精准有效的考核，进一步压紧压实责任，推动污染防治攻坚战各项任务全面落实，全省生态环境质量整体改善。

二、组织领导

考核工作在省委领导下，由省生态环境保护督察领导小组牵头组织，省委办公厅、省委组织部、省人大常委会办公厅、省政府办公厅、省生态环境厅及省直相关部门参加。

三、考核对象

主要考核各市党委、人大、政府污染防治攻坚战成效。

四、考核时间和重点内容

考核年份为2019年和2020年，考核工作于次年8月底前完成。考核重点内容包括以下6个方面16项工作。

（一）党政主体责任落实情况

1.市级生态环境保护责任清单制定及落实情况。

2.专题研究部署和督促落实生态环境保护工作情况。

（二）生态环境保护立法和监督情况

3.生态环境保护领域立法遵守上位法规定情况。

4.开展规范性文件备案审查相关情况。

5.通过执法检查等法定监督方式推动生态环境保护法律法规实施等情况。

（三）大力推进经济社会绿色发展情况

6.优化产业空间布局情况。

7.加快调整产业结构情况。

8.全面节约能源资源情况。

（四）生态环境质量状况及年度工作目标任务完成情况

9.生态环境质量改善相关指标完成情况。

10.生态环境风险管控相关指标完成情况。

11.污染物排放总量控制相关指标完成情况。

12.污染防治攻坚战年度工作目标任务完成情况。

13.疫情防控生态环境保护工作情况。

（五）资金投入使用情况

14.中央及省级生态环境保护财政资金使用绩效情况。

15.未完成环境质量约束性指标的市相关财政支出增长情况。

（六）公众满意程度

16.公众对本地区生态环境质量改善的满意程度。

省生态环境厅根据考核重点内容，会同有关部门制定年度考核指标评分细则，并负责具体解释工作。

五、考核步骤

（一）自评总结。各市就污染防治攻坚战进展情况和取得成效进行总结，对照考核指标进行自评，形成自评总结报告，报送省生态环境保护督察领导小组，抄送省生态环境厅。

（二）实地查验和核实核证。省生态环境保护督察领导小组组织若干工作组，由正厅长级干部带队，利用一周时间，采取听取市委、市政府汇报、调阅资料、实地核查等方式，赴11市开展实地考察。实地核验结束，省生态环境厅会同有关部门，结合各组实地查验情况，对各市自评报告进行核实核证和汇总整理。

（三）综合评价和结果反馈。省生态环境厅、省委组织部会同有关部门，结合对照考核指标进行综合评价，提出考核等级划分、考核结果处理等建议。考核结果经省委、省政府审定后，以省委办公厅、省政府办公厅名义向各市反馈，并以适当方式进行通报。

六、考核等级划分及结果运用

（一）考核采用百分制评分。根据评分情况，考核结果划分为优秀、良好、合格、不合格4个等级。发生特别重大环境污染事件或特别重大生态破坏事件的，考核结果不得确定为优秀。

（二）考核结果作为对市级党委、人大、政府领导班子和领导干部综合考核评价、奖惩任免的重要依据，作为生态环境保护相关财政资金分配的参考依据。

（三）考核结果为不合格的，由省生态环境保护督察领导小组对市级党委和政府主要负责人进行约谈，提出限期整改要求；需要问责追责的，由省纪委监委、省委组织部依规依纪依法问责追责。

七、工作要求

（一）强化组织领导。各市要高度重视，加强组织领导，制定工作方案，明确各自职责分工，建立部门联动机制，确保考核工作顺利实施。

（二）坚持实事求是。各市应求真务实，如实报送印证材料，及时全面、客观准确地开展自评工作，坚决杜绝虚报浮夸、弄虚作假等现象。对于谎报瞒报、篡改数据、伪造资料等造成考核结果严重失真失实的，考核等级直接确定为不合格，并按照有关规定严肃追究相关单位和人员责任。

（三）严格工作纪律。参加考核工作的相关人员应本着对工作负责、对事业负责的态度，认真监督、严格把关，客观公正、不偏不倚地审核各市指标完成情况。严格遵守中央八项规定精神和廉洁自律相关规定，遵守工作纪律，自觉抵制说情打招呼等干预正常考核的行为，确保考核工作风清气正。

中共山西省委办公厅　山西省人民政府办公厅《关于强化知识产权保护的实施意见》

（2020年8月24日）

为切实提升知识产权保护效能，营造充分尊重知识价值、全面激发创新活力的营商环境，进一步推进知识产权强省建设，根据中共中央办公厅、国务院办公厅印发的《关于强化知识产权保护的意见》（中办发〔2019〕56号）精神，结合我省实际，提出如下实施意见。

一、总体要求

以习近平新时代中国特色社会主义思想为指导，全面贯彻党的十九大和十九届二中、三中、四中全会精神，深入贯彻习近平总书记视察山西重要讲话重要指示和关于加强知识产权保护的重要论述，按照省委“四为四高两同步”总体思路和要求，完善法规制度，健全工作机制，加大执法力度，加强基础建设，强化保障措施，不断改革完善知识产权保护体系，整体提升保护能力和水平，努力打造一流创新生态和营商环境。到2022年，行政执法与司法审判协同运作、社会各方力量共同参与的知识产权保护体系基本建成，知识产权侵权易发多发现象得到遏制，权利人维权“举证难、周期长、成本高、赔偿低”的局面明显改观。到2025年，知识产权保护体系更加完善，知识产权保护能力和水平进一步提升，尊重知识价值的营商环境更加优化，知识产权制度激励创新的基本保障作用有效发挥。

二、制定完善知识产权保护法规制度

（一）完善知识产权地方法规制度。推动出台《山西省知识产权保护条例》。根据专利法、商标法、著作权法等法律修改情况和完善地理标志保护立法情况，研究制定我省地理标志、非物质文化遗产、传统文化、传统知识、中医药和互联网领域知识产权保护的地方法规制度。

（二）完善知识产权司法审判制度。推进知识产权审判方式改革，强化知识产权司法保护的创新导向、权利导向、惩罚导向、效率导向和诚信导向。积极推进知识产权民事、刑事、行政案件“三合一”审判机制改革，完善知识产权案件上诉机制，统一审判标准。进一步完善知识产权诉讼保全制度、诉讼证据规则、技术事实调查机制。建立健全知识产权案件适用速裁、简易程序的标准。探索建立与知识产权市场价值相适应的侵权损害赔偿标准及计算方式。推进知识产权诉讼诚信建设。

（三）完善知识产权行政保护制度。建立健全知识产权案卷评查、信息通报、错案追究、案件信息公示、奖优惩劣等制度，提高执法监管效能。全面推行知识产权行政执法公示、执法全过程记录、重大执法决定法制审核三项制度，实现执法行为过程信息全程记载、执法全过程可回溯管理、重大执法决定法制审核全覆盖，保障执法严格、规范、公正、文明。

（四）完善新业态新领域保护制度。针对新业态新领域发展现状，跟踪专利、商标、著作权、植物新品种和集成电路布图设计等保护规则的新变化，探索制定新业态、新领域的保护措施。开展体育赛事转播知识产权保护研究，加强重大国际、国内体育赛事的知识产权保护。加强公证电子存证技术推广应用。研究制定我省电商平台知识产权保护管理标准实施细则。推广使用企业知识产权保护指南和合同示范文本、维权流程等操作指引。研究完善传统知识、传统文化领域保护制度措施，加强中医药知识产权保护。

三、建立健全知识产权保护工作机制

（五）健全知识产权司法审判机制。推动知识产权司法审判改革，健全知识产权案件跨区域审理机制。支持建立山西省知识产权法庭，充分发挥知识产权法庭在知识产权司法审判体系中的示范标杆作用。健全知识产权领域行政执法与刑事司法“两法衔接”机制，完善知识产权案件刑事追诉标准、案件移送规则，统一司法审判与行政执法知识产权侵权判定标准。

（六）健全跨部门跨区域协作机制。健全行政确权、公证存证、仲裁、调解、行政执法、司法保护之间的衔接机制，加强信息沟通和共享。探索完善数据化打假情报导侦工作机制，开展常态化打击行动。借助国家行政确权远程审理、异地审理等优势，推进重大侵权行政执法案件处理。推动跨部门案件处理，健全部门间重大案件联合查办和移交机制。探索建立常态化行政司法协作机制。在案件多发区域探索建立仲裁、调解优先推荐机制。加强华北五省（区、市）跨区域知识产权保护协作，推进跨省域知识产权行政保护案件线索移送、调查执行协助、联合执法保护、结果互认互享。

（七）健全社会共治多元解决纠纷机制。培育和发展知识产权纠纷人民调解、行业调解组织，促进纠纷快速化解，降低权利人维权成本。在省知识产权审判庭及其他知识产权案件数较多的法院设立纠纷调解室，完善诉调对接工作机制。支持省内仲裁机构建设知识产权专业仲裁院，完善知识产权纠纷仲裁规则，推动以仲裁方式解决知识产权纠纷。推进仲裁、行政执法、司法保护等形成合力，提升知识产权纠纷解决效率。具备条件的知识产权专业机构可以开展知识产权鉴定，为侵权判定提供技术支撑和专家意见。通过政府购买服务、健全激励补偿机制等方法，鼓励和引导全社会积极参与知识产权保护。鼓励行业协会、商会牵头成立知识产权保护联盟，凝聚行业上下游企业，开展知识产权协同创新、交叉许可，加强行业自律和互谅互信。

四、加大知识产权执法力度

（八）加大司法惩处力度。综合运用惩罚性赔偿、强制措施等多种保护手段和措施，对知识产权侵权行为特别是恶意侵权、重复侵权等予以严厉打击，加大损害赔偿力度。有效利用诉讼保全措施，及时制止侵权行为，规制恶意诉讼、虚假诉讼行为。完善诉讼证据规则，加大依职权调查取证力度，破解权利人“举证难”问题。进一步推行案件繁简分流，实现简案快审、繁案精审，利用技术专家、技术调查官进行技术事实查明，破解审理“周期长”问题。准确适用法定赔偿，积极适用惩罚性赔偿，进一步完善侵权损害赔偿制度，破解侵权诉讼“赔偿低”问题。依法惩治拒不履行生效裁判的行为，维护司法权威。充分发挥法院案件指定管辖机制作用，有效打破地方保护，依法从重惩处涉及食品、药品、危险品、特种设备等商品的知识产权违法犯罪行为。

（九）加大市场监管和行政处罚力度。建立健全以“双随机、一公开”监管为基本手段、重点监管为补充、信用监管为基础的新型监管机制，实行知识产权“强监管”。对侵权假冒行为易发、高发区域进行常态化整治和重点监管，开展关键领域、重点环节、重点群体行政执法专项行动，严厉打击恶意侵权假冒行为。依法惩处为侵权假冒提供生产经营场所、设备或运输、仓储等便利条件的行为，严厉打击使用或销售侵权假冒产品的行为。

（十）加大电商、展会和进出口等重点环节保护力度。强化电子商务领域线上线下一体化协同治理，电商平台经营者应建立知识产权保护规则，依法保护知识产权。加强线上侵权假冒行为检查，加大线下源头追溯和打击力度。强化展会知识产权保护，研究制定我省展会知识产权保护办法，提升展会管理水平。建立参展产品知识产权报备制度和参展方不侵权承诺制度，派驻执法人员对重要展会进行现场监管，明确展会知识产权违法行为举报投诉受理渠道。加大海关知识产权保护力度，健全“中心—现场”式运行架构的侵权风险管理体系，完善重大案件、重大侵权风险信息快速反应和跨关区联防联控机制，有效切断侵权商品的进出口通道。

（十一）加大失信联合惩戒力度。强化知识产权信用监管，将知识产权司法审判、行政裁决、行政处罚和抽查检查发现的违法违规行为等信息纳入企业和个人信用记录，建立重复侵权等严重失信档案。制定我省知识产权领域严重失信主体联合惩戒办法，明确失信行为认定标准，确定惩戒范围和方式，依法依规实施联合惩戒，构建良好的信用环境。

（十二）加大执法监督力度。加强人大监督，开展知识产权执法检查。发挥政协民主监督作用，适时开展知识产权保护工作调研。对知识产权保护相关法律法规的实施、重大方针政策的贯彻执行等情况进行协商式监督。建立健全奖优惩劣制度，提高执法监管效能。加强监督问责，依法公开行政执法信息，接受社会和舆论监督。

（十三）加大国际交流和海外维权援助力度。积极参与知识产权保护海外巡讲、巡展活动，推进知识产权保护合作交流。利用各种国际交流合作平台，宣传我省知识产权发展成就。完善海外知识产权纠纷预警机制，加强重大案件跟踪研究。依托国家海外信息服务平台，开展海外知识产权纠纷应对指导。支持社会组织开展知识产权涉外风险防控体系建设。鼓励保险机构开展知识产权海外侵权责任险、专利执行险、专利被侵损失险等业务。建立海外维权专家顾问机制，有效促进我省权利人合法权益在海外依法得到同等保护。及时通报涉及我省重大涉外知识产权纠纷信息，切实做好应急处置。指导相关企业参与国家海外知识产权保护状况调查和国别保护状况评估工作。

五、加强知识产权基础条件建设

（十四）加快知识产权保护中心建设。结合山西新能源和现代装备制造业等优势产业发展需求，积极争取国家知识产权局的支持，加快建设中国（山西）知识产权保护中心。构建集知识产权快速审查、快速确权、快速维权于一体的工作机制，推进知识产权保护协作。建立专利导航产业发展工作机制，预警产业专利风险，引导产业专利布局，培育高价值核心专利，推动产业知识产权运营，推进重点产业的知识产权联合创造、集成管理、协同运用和自律保护。鼓励支持太原市和山西综改示范区积极申报国家知识产权保护试点示范区，打造知识产权保护高地。

（十五）加快知识产权维权援助工作体系建设。明确知识产权举报投诉及维权援助机构，畅通举报投诉渠道，建立快速反应机制。

（十六）加快知识产权信息服务平台建设。建设和完善知识产权信息统计监测平台，建立执法信息报送协调和信息共享机制，提高综合研判和宏观决策水平。鼓励知识产权公共服务平台建设,鼓励具备条件的设区市和行业组织建设有特色的知识产权信息服务平台,丰富平台功能,提升服务水平。

(十七)加快技术支撑能力建设。推动知识产权执法维权系统及装备现代化、智能化建设。加强科技研发,运用先进技术手段强化知识产权保护。在知识产权行政执法案件处理和司法活动中引入技术调查官制度,协助行政执法部门、司法部门准确高效认定技术事实。探索运用源头追溯、实时监测、在线识别等技术手段,提升打击侵权假冒行为工作效率和精准度。推动知识产权刑事案件办理专业化建设,提高侦查、审查逮捕、审查起诉、审判工作效率和办案质量。探索加强知识产权侵权鉴定能力建设,进一步加强司法鉴定机构专业化、程序规范化建设。

(十八)加快专业人才队伍建设。加强知识产权行政执法和司法审判队伍职业化、专业化建设,建立有效激励行政执法和司法人员积极性的机制,确保队伍稳定和有序交流。充分发挥法律顾问和公职律师、公司律师作用,促进知识产权管理和保护工作法治化。建立健全知识产权仲裁、调解、公证等人才选聘、管理和激励机制。通过交流和培训等方式加强知识产权保护专业人才岗位锻炼。支持成立山西省知识产权研究会。建立山西省知识产权专家咨询委员会,研究我省知识产权保护重大战略决策,为知识产权大案、要案提供咨询意见。支持各类知识产权行业组织加强自身建设,提升从业人员专业素质,高水平服务知识产权保护工作。鼓励引导各地各部门、行业协会、学会等加大对知识产权保护专业人才的培训力度。支持和鼓励行业主管部门举办知识产权专业人才高级研修班,支持高等院校开设知识产权课程,加强专业人才培养。

六、强化保障措施

(十九)强化组织领导。全面加强党对知识产权保护工作的领导。各级党委和政府要落实知识产权保护属地责任,将知识产权保护工作纳入党委和政府重要议事日程,定期召开专题会议,研究知识产权保护工作,落实人员经费。各有关部门要按照职能分工,研究具体政策措施,协同推动知识产权保护体系建设,共同落实知识产权保护职责。建立和完善各级政府知识产权议事协调工作机制,加强对知识产权保护工作的统筹指导和督促检查,确保各项工作有效落实。重大问题及时按程序向省委、省政府报告。

(二十)强化资金支持。各地各部门要加大对知识产权保护工作的资金投入力度。鼓励企业加大资金投入,鼓励产业知识产权联盟牵头设立知识产权保护维权互助资金,提升自我维权能力和水平。

(二十一)强化考核评价。建立健全考核评价制度。将知识产权保护工作绩效纳入各级党委和政府绩效考核及营商环境评价体系。建立年度知识产权保护社会满意度调查和保护水平评估制度。建立完善通报约谈机制,督促各级党委和政府加大知识产权保护工作力度。

(二十二)强化奖励激励。按照国家有关规定,对在知识产权保护工作中作出突出贡献的集体和个人给予表彰。鼓励各级政府充分利用现有奖励制度,对知识产权保护先进工作者和优秀社会参与者加强表彰。完善侵权假冒举报奖励机制,激发社会公众参与知识产权保护工作的积极性和主动性。

(二十三)强化宣传引导。加强舆论引导,建立典型案件定期发布机制,让知识产权保护观念深入人心。加强公益宣传,推动知识产权进企业、进社区、进学校、进网络,不断提高全社会特别是各级领导干部和各类创新主体的知识产权保护意识,使尊重知识、保护知识产权成为社会风尚,形成全社会共同参与的知识产权保护工作新局面。

中共山西省委办公厅　山西省人民政府办公厅
《关于支持社区居家养老服务发展的意见》

(2020年8月24日)

为深入贯彻习近平总书记关于加强老龄工作的重要指示精神,牢固树立以人民为中心的发展思想,根据中共中央、国务院印发的《国家积极应对人口老龄化中长期规划》(中发〔2020〕25号)工作部署,结合我省实际,现就进一步支持社区居家养老服务发展提出如下意见。

一、总体要求

各级党委和政府要按照省委"四为四高两同步"的总体思路和要求,立足"9073"(90%居家养老、7%社区养老、3%机构养老)养老服务格局,突出解决好社区居家养老这一民生问题,探索社区居家养老服务新模式,让老年人过上有品质、有尊严的晚年生活。抓住应对老龄化的窗口期和机遇期,以市场需求为导向,以构建市场化、社会化的社区养老服务发展为目标,抓基础、建机制,抓创新、补短板,抓重点、破难点,稳步推进社区养老服务发展。到2022年,以太原为标杆,基本实现每个社区具有一处社区养老服务站(点),建立以居家养老为主体、社区服务为依托、市场运营为支撑、专业服务为保证的社区养老服务体系,建设一批具有示范性、带动性、可持续的社区养老服务窗口。

二、主要任务

（一）完善社区养老服务设施规划。分区分级规划设置养老服务设施，设区市编制养老服务设施专项规划，解决养老设施总量不足或规划滞后等问题。新建住宅小区要按照《城市居住区规划设计标准》《城镇老年人设施规划规范》要求，同步规划建设养老服务设施和场所。

（二）配设社区居家养老服务场所。县级党委和政府应根据辖区的实际情况，因地制宜，为每个社区配置养老服务站（点），原则上在500—2000平方米之间。对无养老服务设施的老旧社区，特别是建筑面积在20万平方米以上的住宅小区，由县级政府采取购置、置换、租赁或在小区内选址新建的办法解决。到2022年，社区养老服务设施达标率达到100%。

（三）盘活存量闲置资产。市、县政府要制定整合闲置资源改造为养老服务设施的政策措施。对于闲置的非商业区政府用房、培训疗养机构搁置用房、空置的公租房等存量国有资产，在产权性质不变的条件下，无偿提供给社区养老服务机构使用，供其在社区为老年人开展日间照料、康复护理、助餐助浴等服务。

（四）推进社区资源共享。支持社区党群活动中心、社区服务中心与社区养老服务共建共融。具备条件的社区党群活动中心和社区服务中心要积极拓展养老服务空间，吸引市场主体举办社区老年餐厅、嵌入式托老机构等养老服务项目，丰富内涵、实现共赢。

（五）实施社区养老幸福工程。以2020年省政府民生实事为起点，连续5年实施城镇社区养老幸福工程，加大财政投入力度，以太原市和其他设区市为重点，推进社区养老服务设施网点建设。市、县政府要把社区养老服务设施建设列入当地民生工程，做好“加法”，加大投入，加快配置多功能、多样化、专业化的社区养老服务设施，促进养老与文化、旅游、体育、中医药、民俗等行业的融合，推动全省社区养老服务快速发展。

（六）充分发挥社会力量的主体作用。积极引导社会力量特别是民营资本投资社区养老服务。落实公建民营、民办公助、建设补助、运营补贴、贷款贴息等扶持政策。坚持市场化、专业化、社会化改革方向，从需求侧入手，在供给侧发力，支持市场主体在社区设立老年人照料中心、养护院、养老驿站、老年餐桌等多元化养老服务网点，为老年人提供多样化、人性化、多层次、全方位的养老服务。鼓励社会力量组建规模化、连锁化、品牌化的养老服务集团，支持养老服务龙头企业拓展市场、做强做大。

（七）优化社区养老服务营商环境。坚持“放管服效”改革，在市场监管部门登记的营利性养老服务机构要进一步压缩企业开办审批时间，优化办事流程、减少开办环节、缩减申请材料。在民政部门登记的非营利性养老服务机构，可在其登记管理机关管辖区域内设立多个不具备法人资格的服务网点。

（八）发挥养老服务示范带动效应。以“太原模式”为引领，推广“政府提供场所、财政给予补贴、社会力量参与”的经验做法，坚持政策撬动、示范带动、市场推动紧密结合，各级政府严格落实扶持政策，切实优化营商环境，推动市场主体项目落地。加大财政扶持力度，各级财政每年安排一定数量的社区养老服务专项资金，实施社区养老服务“1251”工程，培育10个规范化、标准化、连锁化社区养老服务品牌，建成200个市场化、规模化、标准化社区养老示范机构，打造50个养老示范社区，发展100个社区养老服务组织，全面推动我省养老服务市场化、专业化、社会化发展。

（九）推动社区居家智慧养老服务设施建设。实施“互联网+社区养老”行动，加快“康养山西”App等智慧养老数字化、信息化建设。设区市要建立社区养老服务信息系统，拓展信息技术在社区养老服务中的应用，做到社区居家养老服务线上线下无缝对接，供需有效衔接，实现以助餐、助行、助医、助洁、助购、助急“六助”为内容的“零距离”服务。通过信息技术，掌握社区独居、空巢等老年人实时情况，将服务和关爱落到实处。促进云计算、大数据、人工智能、物联网、区块链等新一代信息与通信技术在社区养老领域的深度应用。

（十）提升社区医养结合能力。支持社区卫生医疗机构和社区养老服务机构融合发展。社区卫生医疗机构应当为辖区老年人建立健康档案，具备条件的可举办以护理失能、半失能老人为主的嵌入式养老机构。鼓励社区养老服务机构内设卫生所、医务室、护理站，实行备案管理。推进社区卫生医疗机构和医务人员与老年人家庭建立签约服务关系。

（十一）加快建立人才培养和激励机制。实施多层次社区养老服务人才培养计划，支持相关院校设立养老服务和养老护理专业，通过定向培养等方式，培养养老管理和养老护理人员，重点培养专业带头人。落实养老护理员持证上岗制度，把养老服务技能培训纳入城乡就业培训计划。实施高学历人才养老服务岗位津贴激励机制，解决选人难、用人难、留人难问题。

（十二）建立志愿服务“三社联动”机制。支持公益组织、社会工作者、志愿者等参与社区养老服务，大力培养志愿者队伍，积极探索以服务今天、享受明天为主题的“时间银行”等做法，采取“时间储蓄”的方式，鼓励年轻人、中老年人等志愿者利用闲暇时间为独居、空巢老人提供服务。

（十三）加快标准化建设。加快制定社区居家养老服务标准规范，建立设施、服务、管理全流程标准体系。实施3A级评级制度，按照服务内容、服务规模、服务质量3项指标对社区养老服务机构进行3A级综合评估。推进社区养老服务标准化示范社区建设，抓好社区养老服务标准的推广和应用，促进社区居家养老服务组织诚信、规范运营。

三、保障措施

（一）加大财政扶持力度。各级政府要统筹整合现有养老服务资金，建立社区养老服务专项资金。加大财政投入力度，支持实施社区养老服务“1251”工程，落实建设补助、贷款贴息补助和政府购买服务等各项扶持政策。坚持政策撬动，落实社区养老服务机构运营补贴政策，有条件的市、县按照综合评估级别，每年分别给予不低于5万元、10万元、15万元的运营补贴;按照养护机构收住半失能、失能老年人情况,将床位补贴标准由现行的每人每月150元、200元调整为每人每月200元、300元。落实政府购买养老服务政策,各地要将社区80岁以上老人,低保家庭中的60岁以上失能老人,70岁以上独居、空巢老人等特殊群体纳入养老服务对象,按照服务对象每人每月不低于50元的标准安排经费,用于购买上门生活照料、康复护理等服务项目,不断满足养老服务需求,促进养老消费。

(二)落实信贷支持政策。要认真落实贷款贴息政策。商业银行特别是政策性银行与政府业务主管部门、投资主体要加强沟通,建立支持社区养老服务工作联动机制,加强融资模式创新,按照"保本微利"的原则,支持社区居家养老服务投资主体依法依规融资。更好发挥创业担保贷款政策作用,对从事养老服务行业且符合条件的个人和小微企业给予贷款支持,鼓励金融机构参照贷款基础利率,结合风险分担情况合理确定贷款利率水平。

(三)落实税费优惠政策。落实国家对社区养老服务机构的各项税收优惠政策以及行政事业性收费的减免优惠政策,落实社区养老服务机构用水、用电、用气、用热按居民生活类价格执行政策。

(四)务实解决消防问题。社区养老服务设施多数是利用闲置房屋或旧房维修改造而成。为确保此类养老服务设施的消防安全,消防设计审查验收主管部门根据《建设工程消防设计审查验收管理暂行规定》的要求,分类办理消防设计审查、验收、备案相关手续。

(五)加强组织领导。强化工作责任落实,健全党委领导、政府主导、部门负责、社会参与的社区养老服务工作机制。各级党委和政府主要负责人要亲自上手,推动落实。支持社区积极探索"党建引领+养老服务"新模式,通过成立居家养老中心、完善志愿服务体系、统筹辖区优势资源等方式,打通居家养老服务"最后一公里"。加强基层社区养老服务工作力量,有条件的地方可成立市、县养老服务指导中心,统筹管理辖区内养老服务资源。各地各部门要各司其职、各负其责,形成牵头到位、协同配合、组织有力、整体推进的良好工作格局,全面推动我省社区居家养老服务快速发展,不断增强老年人的获得感、幸福感和安全感。

中共山西省委办公厅　山西省人民政府办公厅《关于全面推行林长制的意见》

(2020年8月24日)

森林、草原、湿地等资源(以下简称"森林资源")是陆地生态系统的主体和重要资源,是人类生存发展的重要生态保障,保护和发展森林资源是各级党委和政府的重要职责。近年来,我省以实施太行山、吕梁山生态系统保护和修复重大工程为引领,大力推进林业和草原生态建设,植被恢复步伐明显加快,生态环境质量显著改善。但是,总体上缺林少绿、生态脆弱、生态产品短缺的现状还未得到根本改变,森林资源总量不足、质量不高、生态承载能力不足依然是制约全省经济社会高质量转型发展的重要因素,与人民群众对美好生活和优美生态环境的需求还有很大差距。为建立健全森林资源保护和发展长效机制,全面提升林业治理体系和治理能力现代化水平,全力推进美丽山西建设,省委、省政府决定在全省全面推行林长制,现提出如下意见。

一、指导思想

以习近平新时代中国特色社会主义思想为指导,全面贯彻党的十九大和十九届二中、三中、四中全会精神,深入践行习近平生态文明思想,深入落实习近平总书记视察山西重要讲话重要指示,按照省委"四为四高两同步"总体思路和要求,坚持绿化彩化财化同步推进、增绿增景增收有机统一,以推进森林资源保护和发展为目标,以解决重点难点问题为抓手,构建责任明确、协调有序、监管有力、奖惩严明的省、市、县、乡、村五级林长制体系,统筹山水林田湖草系统治理,加快美丽山西建设步伐,为全省经济社会高质量转型发展提供有力支撑。

二、基本原则

(一)坚持保护优先、系统治理。建立健全最严格的森林资源保护制度,实行山水林田湖草系统治理,加强森林资源生态保护与修复,构建健康稳定、优质高效的森林草原生态系统。

(二)坚持绿色发展、生态惠民。践行"绿水青山就是金山银山"理念,在严格保护的前提下,积极推进生态建设产业化和产业发展生态化,实现生态效益和经济效益的有机统一。

(三)坚持问题导向、精准施策。针对资源保护和发展中遇到的难点问题,充分发挥各级林长统筹谋划、协调各方的关键作用,推动解决涉及部门多、推进难度大的重点工作。

(四)坚持依法治林、改革创新。在依法依规保护和发展森林资源的前提下,创新制度体系,完善考核办法,强化监督检查,用最严格的制度、最严密的法治推进林业和草原事业高质量发展。

三、主要目标

通过全面推行林长制,到2025年全省森林覆盖率达到

26%以上，森林蓄积量达到1.69亿立方米，草原综合植被盖度达到73.5%，湿地保护率达到55%，全省70%以上的可治理沙地得到治理，资源综合保护能力显著提高，宜林荒山荒坡实现基本绿化，完成自然保护地优化整合，基本形成布局合理、结构优化、功能完善的森林资源保护和发展体系。

到2035年全省森林覆盖率达到30%以上，森林蓄积量达到1.95亿立方米，草原综合植被盖度达到74.5%，湿地保护率达到60%，全省75%以上的可治理沙地得到治理，基本建成以国家公园为主体的自然保护地体系，林业治理能力和治理水平全面提升，生态服务功能更加完善，生态质量效益更加显现，生态产品供给更加丰富，实现绿水青山与金山银山的有机统一。

四、组织体系

（一）分级设立林长

1.省级林长设置。省级设立总林长、副总林长和林长，其中总林长由省长担任，副总林长相关副省长担任，林长由各位副省长担任，责任区域为1-2个市和省直国有林管理局。

2.市、县、乡、村级林长设置。市、县两级分别设立总林长、副总林长和林长，其中总林长、副总林长参照省级设置，林长结合本地区实际按行政区域和国有林管理单位设置，由同级政府负责同志担任。乡级设置林长、副林长，林长由同级政府主要负责同志担任，副林长由同级政府其他负责同志担任。村级设置林长，由村委会主任担任。

3.国有林管理单位林长设置。省林草局设置省直林长和副林长，分别由局长和其他负责同志担任。省直各国有林管理局及其所属国有林管理单位设立林长和副林长，分别由行政正职和其他负责同志担任。市县所属国有林场、自然保护区、森林公园、湿地公园等国有林管理单位设置林长和副林长，分别由行政正职和其他负责同志担任。

（二）林长制运行机制

1.建立部门协作机制。推动部门分工协作，形成在总林长领导下的部门协同、齐抓共管的工作格局。省、市、县三级林长制成员单位包括：组织、宣传、编制、发展改革、公安、财政、自然资源、生态环境、住建、交通、水利、农业农村、应急管理、市场监管、统计、气象、林草等部门。

2.建立林长会议制度。省、市、县三级分别建立林长会议制度，协调解决森林资源保护和发展中的重大问题。林长会议由总林长或总林长委托副总林长召集，总林长、副总林长、林长和林长制成员单位主要负责同志参加，原则上每年召开不少于一次。

3.设立林长制办公室。省、市、县三级分别设立林长制办公室。办公室设在同级林草部门，办公室主任由同级林草部门主要负责同志担任。

（三）工作职责

1.林长职责。省级总林长负责组织领导全省森林资源保护和发展工作，研究决定全省林业和草原发展重大事项，定期检查省内重点生态区域，对全省林长制工作实施总督导。省级副总林长负责协助省级总林长开展工作，督促有关部门协作完成林业和草原发展重点工作，协调解决具有普遍性的涉林问题。省级林长在责任区域内负责督导森林资源保护和发展工作，协调解决影响重大涉林问题，定期检查资源保护、国土绿化、护林防火等重点工作，监督下级林长履职尽责。市、县、乡、村级林长以及国有林管理单位林长工作职责参照省级林长工作职责，结合本地区本单位实际予以明确。

2.林长制办公室职责。负责林长制日常工作，承担召开林长会议，协调各成员单位贯彻落实林长会议决策部署，制定林长制年度任务清单，组织林长制督查检查和年度考核，督促林长制各项工作任务落实，定期向同级总林长、副总林长和林长汇报等相关工作。

五、主要任务

森林资源保护和发展各项任务由各级林长负责统筹协调，林长制成员单位密切配合，各市、县（市、区）政府具体落实。

（一）严格生态保护制度。严守生态保护红线，严格用途管制，严控林地、草地、湿地等生态用地转为建设用地。整合优化现有各类自然保护地，建立以国家公园为主体的自然保护地体系。建立禁牧、休牧和轮牧制度，严禁在新造林地、未成林地、封山育林区等重要生态区域放牧，在天然草原、高山草甸等区域严禁休牧期放牧和轮牧区超载过牧。严格落实天然林和湿地保护修复制度。加强生态公益林管护，加快建立健全地方生态公益林补偿制度。探索制定地方性草原生态补偿制度。

（二）加强灾害防控力度。严格落实森林草原防火属地管理责任，建立健全联防联控机制，严格管控野外用火，强化森林草原消防专业队伍建设，加大火灾案件查处力度，不断完善森林草原防火体系，提高防灭火能力水平，防止发生重特大森林草原火灾和重大人员伤亡事故。加强森林草原有害生物灾害预测预警预防，重点防控松材线虫病、美国白蛾等重大有害生物入侵，严格控制有害生物成灾率。严格野生动植物栖息地、原生地的保护和修复，加强野生动物疫源疫病监测防控，维护生物多样性。

（三）大力开展国土绿化。统筹实施太行山、吕梁山生态系统保护和修复重大工程，加快荒山荒坡生态治理，加强草原生态保护修复，构建黄河防护林、黄河流域防护林和环京津冀生态屏障体系。结合乡村振兴战略，开展乡村绿化美化行动，积极推进森林城市、森林乡村建设。创新国土绿化新机制，引导市场主体和社会资本参与。广泛开展全民义务植树活动，积极推进部门（系统）绿化，构建形成全社会共建共享的国土绿化新格局。支持扶贫攻坚造林专业合作社全方位参与林业生态建设，拓宽经营渠道，带动贫困群众长期稳定脱贫增收。

（四）提高森林质量效益。注重乔灌草合理配置，大力营造阔针混交林，推广优良乡土珍贵树种，加强质量监督管理，全面提高国土绿化质量。科学开展森林抚育、退化林改造、退化草原修复和未成林抚育管护，精准提升森林草原质量。加快林区道路、通信等基础设施建设，提高路网密度，打造智慧林区。推进经济林示范园区建设，实施经济林提质增效，着力发展特色经济林、林下经济、森林旅游康养、种苗花卉、用材林和林产品精深加工,提高森林资源经济效益。

(五)持续深化改革创新。深化集体林权制度改革,加快集体林权流转交易,增加农民资产性收益。推进草原承包经营制度改革,提高草原资源利用效率。健全完善林权抵押质押贷款制度,引导金融资本和社会资本参与森林资源保护与发展。建立森林资源资产有偿使用制度,探索自然保护地控制区经营性项目特许经营。巩固国有林场改革成果,积极推动省直国有林局与地方合作,探索市县国有林场委托省直国有林局管理。扎实推进政策性森林保险工作,落实商品林保险政策。

(六)强化森林资源监管。严格执行国家法律法规,健全完善相关政策制度,确保森林资源保护和发展有法可依、有章可循。建立日常监管制度,加强森林草原执法工作,建立行政执法与刑事司法衔接工作机制,规范联席会议、违法犯罪线索移送、案件移交、信息共享、检验鉴定、联合执法制度,严厉打击破坏森林资源违法犯罪和破坏林区野生动植物资源违法犯罪。做好森林督查、森林资源年度清查和森林资源管理"一张图"年度更新等工作,提高森林资源监督管理水平。加强领导干部自然资源资产离任审计工作,落实森林资源保护和发展责任。

六、保障措施

(一)加强组织领导。各级党委和政府是推行林长制的责任主体,确保到2020年年底全面建立林长制。各级林长重点负责抓总纲、解难题、压责任,帮助各级林草部门解决自身难以解决的问题,统筹推动森林资源保护和发展各项工作。

(二)强化督查检查。各级林长要坚持目标导向,采取"四不两直"的方式,对照年度任务,建立督查清单,加强日常检查,推动任务完成;坚持问题导向,针对重点工程、重要事项、重大问题开展重点督查,建立督查台账,进行挂牌督办,解决重点难点问题;转变工作作风,带头深入基层一线调研指导,推动责任区域森林资源保护和发展工作科学有序发展。

(三)严格考核奖惩。制定林长制考核办法,上级林长对下一级林长进行考核,重点对责任区域内森林资源总量、增量和质量进行综合评价,考核结果作为对领导干部奖惩的重要依据。对不作为、懒政怠政甚至造成生态环境损害的,严格按照有关规定追究责任;对有突出贡献的,按照有关规定给予表彰奖励。

(四)深入监督宣传。建立林长制信息公开制度,加强各级林长档案动态管理,通过主要媒体向社会公布林长名单,在各责任区域显要位置竖立林长公示牌,公布监督举报电话,主动接受社会监督。加强生态文明宣传教育,大力弘扬"右玉精神",增强保护发展意识,激发社会各界投身森林草原生态建设热情。

中共山西省委办公厅　山西省人民政府办公厅
《山西省建立以国家公园为主体的自然保护地体系实施方案》

(2020年10月30日)

为加快建立我省以国家公园为主体、自然保护区为基础、各类自然公园为补充的新型自然保护地体系,塑造表里山河生态美好的新山西,根据中共中央办公厅、国务院办公厅印发的《关于建立以国家公园为主体的自然保护地体系的指导意见》(中办发〔2019〕42号)精神,制定本方案。

一、总体目标任务

以习近平新时代中国特色社会主义思想为指导,坚持保护优先、科学统筹、政府主导、生态为民,建立布局合理、保护有力、管理有效的以国家公园为主体的自然保护地体系,确保我省重要自然生态系统、自然遗迹、自然景观和生物多样性得到有效保护,建立健全统一高效的自然保护地保护、执法、监督体制机制,提供优质生态产品,提升生态服务功能,不断满足人民群众对美好生态环境的需求,为我省经济社会发展奠定良好的生态根基。

到2020年,完成自然保护地调查摸底、审核评估等前期工作,编制全省自然保护地整合优化预案。到2025年,基本完成各类自然保护地优化整合调整,分类定界并勘界立标;编制完成全省自然保护地发展规划和各自然保护地总体规划;推进国家公园的设立。到2035年,建成以国家公园为主体,具有山西特色、符合山西实际的自然保护地体系。

二、主要任务

(一)调查摸底

由各市政府组织,以县(市、区)为基本单元,与当前开展的国土空间规划、生态保护红线评估等工作相协调,开展现有自然保护地、周边可划入自然保护地资源以及自然保护地空缺区域调查摸底,掌握辖区内自然保护地类型、数量、规模与分布现状,查清每个自然保护地的面积、范围边界、主要保护对象、功能区划、规划编制、社会经济等基本情况,了解自然保护地交叉重叠、自然资源产权、管理体制、机构编制、人员队伍等情况。各县(市、区)要针对生物多样性、生态重要性和敏感性等方面，对县域范围进行评估，按照国家关于自然保护地整合优化的规定和要求，提出整合、优化、归并、扩展的初步方案，形成“一地一报告”。各市对所属自然保护地的初步方案进行审核、汇总综合评估后，形成市级整合优化预案。

（二）评估审核

省级成立由空间规划、风景名胜等多专业、跨部门组成的全省自然保护地评审委员会。以保持自然生态系统完整性、连通性为原则，依据主要保护对象和自然资源禀赋，遵从应保尽保和保护面积不减少、保护强度不降低、保护性质不改变的总体要求，对各市整合优化预案开展进行综合审查。反馈各市修改完善并对接生态保护红线后，由省林草局组织汇总编制全省自然保护地整合优化预案。

省直国有和地方所属自然保护地相对独立开展调查和评估，存在交叉重叠的，在相互协调的基础上统筹解决。

（三）整合优化

依照国家批准的整合优化预案和方案，综合采取调整优化、归并划转、补充完善等措施，有序开展整合优化，可先行试点。

整合交叉重叠自然保护地，按照同级别保护强度优先、不同级别低级别服从高级别的原则进行整合，做到一个保护地、一套机构、一块牌子，解决自然保护地区域交叉、空间重叠的问题。原则上保留国家级和省级自然保护区。

归并优化相邻自然保护地，对同一自然地理单元内相邻、相连的各类自然保护地，打破因行政区划、资源分类造成的条块割裂局面，按照自然生态系统完整、物种栖息地连通、保护管理统一的原则进行合并重组，重新组合为一个自然保护地，确定归并后的自然保护地类型和功能定位，优化边界范围和功能分区。

补充完善自然保护地。做实自然保护地科学评估，将自然保护地周边保护价值高、生物多样性富集、有利于保持生态系统完整以及有重要科学、美学、科普价值的自然遗迹和风景名胜纳入保护区域，用于增强功能和提高保护强度。已经具有一定保护基础的区域要优先划入。

整合优化要统筹推进新建自然保护地和提高现有保护地保护级别，依规有序促进各种矛盾冲突和历史遗留问题的解决。现有市县级自然保护地按照保护性质不改变的原则，整合优化归并为省级自然保护地。整合区域内存在多个管理目标差异大、自然文化特征差异明显区块时，可以通过科学评估后，整合为不同的自然保护地。针对人文、红色特色突出的风景名胜区整合中可适度保留以利传承。

（四）勘界立标

各市应在整合优化自然保护地工作完成后，尽快开展勘界立标，充分与生态保护红线进行衔接，在重要地段、重要部位设立界桩和标识牌。生态保护红线随着自然保护地范围边界发生变化而相应调整。按照国家林草局办公室印发的《自然保护区等自然保护地勘界立标工作规范》，依据经批准的自然保护地设立文件、总体规划和整合优化方案确定的面积、四至等开展勘界立标，形成矢量图。确因技术原因引起的数据、图件与现地不符等问题，按原报批管理程序一次性纠正。严格数据审查制度，保证在统一的投影坐标下，导入数据与山脉、河流等自然地貌单元边界保持一致，做到图、数、实地相一致。

没有整合优化和范围区划调整任务的单体自然保护地，经评估后及时启动勘界立标工作。

（五）制定发展规划

依据国土空间规划，衔接三条控制线划定，兼顾生产、生活、生态空间，明确自然保护地发展目标、规模和划定区域。

按照国家公园建设战略，积极对接国家公园在我省的布局，提出拟建国家公园区域界限范围，做好相关科学考察、社会影响评估工作，争取将条件优越的中条山纳入第一批（2025年）国家公园优先建设范围。

将生态功能重要、生态系统脆弱、自然生态保护空缺的区域以及具有潜在重要生态价值、有必要严格保护、野生动物重要栖息地、野生植物关键生境、重要生态廊道区域规划为重要的自然生态空间，纳入全省自然保护地体系，编制全省自然保护地发展规划，逐步优化空间布局。

整合优化后的自然保护地，要及时编制总体规划。要在对自然保护地的自然资源特点、社会经济条件、保护与开发利用现状以及潜在可能性等综合调查分析的基础上，明确自然保护地的范围、性质、类型、发展方向和发展目标，制定保护管理计划和措施。在总体规划的框架下，自然保护地要按照有关规定编制自然教育、生态旅游类专项规划或方案。

（六）加强自然保护地管理

自然保护地管理机构会同有关部门承担生态保护、自然资源资产管理、特许经营、社会参与和科研宣教等职责。当地政府承担自然保护地内经济发展、社会管理、公共服务、防灾减灾、市场监管等职责。加强自然保护地管理机构建设，体现自然保护地公共自然资源管理的公益属性。按照优化协同统一高效的原则，制定自然保护地机构设置、职责配置、人员编制管理办法。整合归并的自然保护地应及时对原有多个管理机构与队伍进行整合，一个自然保护地由一个机构统一管理。

自然保护地管理机构统一管理自然保护地内全民所有的自然资源资产，负责全民所有自然资源的资产安全、用途管制、特许经营和保值增值。非全民所有自然资源资产实行协议管理，由自然保护地管理机构与所有权人签订管护协议。对划入各类自然保护地内的集体所有土地及其附属资源，按照依法、自愿、有偿的原则，探索通过租赁、置换、赎买、合作等方式维护产权人权益，实现多元化保护。制定自然保护地控制区经营性项目特许经营管理办法，建立健全特许经营制度，鼓励原住居民参与特许经营活动，探索自然资源所有者参与特许经营分配机制。

（七）建立健全现代自然保护管理体系

建立以生态资产和生态服务价值为核心的自然保护地政府考核评估指标体系和办法。建立自然保护地管理机构，明确自然保护地监管和执法主体及职责分工。完善自然保护地基础设施建设,加快生态保护和修复,建立“天空地一体化”的自然保护地监测网络体系,加强自然保护地动态监测和大数据管理。健全生态保护补偿制度,落实自然保护地生态转移支付。完善自然保护地相关法规规章、管理和监督制度,提升自然生态空间承载力,建成以国家公园为主体的自然保护地体系。

三、保障措施

(一)加强组织领导。省级建立以国家公园为主体的自然保护地体系建设组织协调机制,推进本实施方案的落实。各级党委和政府要增强“四个意识”,严格落实生态环境保护党政同责、一岗双责,担负起自然保护地建设管理的主体责任,建立统筹推进自然保护地体制改革的工作机制,将自然保护地发展和建设管理纳入地方经济社会发展规划。

(二)加大保障力度。各级政府要结合实际安排一定资金,保障各类自然保护地体系建立、保护、运行和管理经费。切实加强培训,提高从业人员的素质和能力。强化科技支撑,明确技术支撑单位和人员,保障各项工作顺利开展。各相关部门要履行好自然保护职责,加强统筹协调,推动工作落实。

(三)加强监督检查。各地要充分发挥各方面的力量,大力拓展和畅通社会各方参与渠道,保障群众知情权,接受社会舆论监督。充分利用各类媒体通过多种形式解读自然保护地管理政策,合理引导社会预期,及时回应社会关切,推动形成社会共识。省级要加强联合督导,对自然保护地体系建立工作落实不力的市县将严肃问责。

中共山西省委办公厅　山西省人民政府办公厅《关于进一步推动我省中小微工业企业上规升级的指导意见》

(2020年12月25日)

为进一步推动我省中小微工业企业上规升级,提升发展质量,不断促进我省工业经济高质量发展,提出以下意见。

一、总体要求

坚持以习近平新时代中国特色社会主义思想为指导,深入学习贯彻习近平总书记视察山西重要讲话重要指示,紧紧围绕省委“四为四高两同步”总体思路和要求,积极推动全省中小微工业企业上规升级,到“十四五”末,全省规上工业企业数量突破1万家。

二、分类推动企业上规升级

(一)推动规下工业企业上规升级。建立中小微工业企业基础信息库,加强对规下工业企业的帮扶、指导、服务,助推规下工业企业年主营业务收入达到规模以上并纳入统计部门联网直报(以下简称“小升规”)。鼓励同类规下工业企业通过兼并重组等方式“小升规”;支持规模大、实力强的个体工商户转企“小升规”;积极引导年主营业务收入已达规模但未入规的规下工业企业“小升规”,做到应统尽统。

(二)推动新开工(投产)企业上规升级。加大招商引资力度,推动新开工企业尽快投产达效、纳入统计部门联网直报,并将新开工(投产)升规入统企业视同“小升规”企业,享受“小升规”企业相关奖励政策。

(三)培育限(资)上企业转规升级。大力培育引导以其他行业为主导行业的企业向以工业行业为主导行业的企业转型升级,达到规模后视同“小升规”工业企业,享受“小升规”工业企业相关奖励政策。

三、加大政策扶持力度

(四)支持企业“小升规”。省级财政对当年首次“小升规”的工业企业,给予每户30万元的奖励。

(五)支持企业持续在规。企业首次“小升规”后连续2年未退出规上工业企业库的,省级财政给予每户5万元的奖励;连续3年未退出的,再给予每户10万元的奖励。

(六)加大向科技企业的倾斜力度。对属于科技型中小企业(在有效期内)的首次“小升规”工业企业,同等条件下在申报省级科技计划时给予优先支持。

(七)加大省级各类扶持资金项目倾斜。省级技术改造专项资金要向符合条件的首次“小升规”工业企业项目倾斜。省级其他支持中小企业发展的项目资金,在同等条件下可以给予倾斜。

(八)实行金融优先扶持政策。企业首次“小升规”3年内,省级政府性融资担保机构对于符合条件的小微企业贷款需求优先予以支持,而且担保费率标准不得超过1%。

(九)加强社保补贴支持。对依法参加社会保险的首次“小升规”工业企业招用就业困难人员,与之签订1年以上劳动合同并足额为其缴纳社会保险费的,按照实际缴纳社会保险费金额给予补贴,补贴期限最长不超过3年。所需经费在就业资金中列支。

(十)加强企业用地支持。各地要研究解决首次“小升规”工业企业的用地需求,对企业因增资扩产需要新增建设用地的,要优先予以安排用地指标。对首次“小升规”工业企业租用国有资产类标准工业厂房的,各地要优先予以安排并对租金给予一定优惠;对租用其他工业厂房的,属地政府可采取适当方式给予补贴。对首次“小升规”工业企业遇到的土地历史遗留问题,各地要建立绿色通道,根据企业具体情况提出解决办法，推动企业依法完善土地使用手续。

（十一）加强企业能源要素支持。积极推进工业企业能源使用监测信息平台建设。各地可根据实际情况，研究制定政策，对首次"小升规"工业企业持续在规3年内的新增电力、燃气等能源消耗部分予以补贴。

（十二）加强入规工作支持。各地可根据实际情况，研究制定政策，对首次"小升规"工业企业在报送统计报表工作方面给予一定的工作补贴，确保企业统计质量。

（十三）加强企业人才支持。各地可根据实际情况，研究制定人才引进扶持政策，并向首次"小升规"工业企业倾斜。大力推动首次"小升规"工业企业引进的外地户籍高层次人才（含高技能人才）子女在其父母工作或居住地就近免试入读义务教育公办学校，与当地户籍学生同等享受免费义务教育政策。

四、加强指导帮扶服务

（十四）加强组织协调督促。充分发挥省促进中小企业发展工作领导小组作用，不定期召开领导小组会议，及时协调解决企业"小升规"工作推进中的重大事项和问题。定期对"小升规"工作进展情况进行通报，对真抓实干、成效明显的市予以通报表扬，对推进不力、成效较差的市进行通报批评并提请省政府约谈。

（十五）加强上规业务指导。加强对"小升规"重点培育企业的上规业务指导，组织开展上规业务培训，指导企业熟悉上规申报审核流程及资料准备工作、税收优惠政策及进项税管理等，提高企业管理水平，推动企业发展壮大。

（十六）加强税收规范管理。严格执行增值税一般纳税人登记管理规定，对于达到标准的企业及时按规定登记为一般纳税人。进一步加大政策辅导力度，引导"小升规"企业强化进项税管理，用足用好抵扣政策，用规范的税收管理助力企业做大做强。

（十七）加强规下企业运行监测。建立健全部门数据信息共享机制，发挥山西调查单位管理统计报表制度的作用，建立完善规下工业企业基础信息库，加强对规下工业企业的运行监测，推动达标企业申报上规升级。

中共山西省委办公厅　山西省人民政府办公厅《山西省信访工作责任制实施细则》

（2020年12月31日）

第一章　总　则

第一条　为进一步落实全省各级党政机关及其领导干部、工作人员信访工作责任，深化信访制度改革，加快推进市域社会治理现代化，从源头上预防和减少信访问题发生，推动信访问题及时就地解决，依法维护群众合法权益，促进社会和谐稳定，根据中共中央办公厅、国务院办公厅印发的《信访工作责任制实施办法》（厅字〔2016〕32号）等有关规定，结合我省实际，制定本细则。

第二条　本细则所称党政机关，包括党的机关、人大机关、行政机关、政协机关、监察机关、审判机关、检察机关。

各级党政机关派出机构、直属事业单位以及工会、共青团、妇联等人民团体适用本细则。

国有和国有控股企业参照本细则执行。

第三条　落实信访工作责任制，要以习近平新时代中国特色社会主义思想为指导，深入贯彻习近平总书记关于加强和改进人民信访工作的重要思想，坚持和加强党对信访工作的领导，坚持以人民为中心，坚持和发展新时代"枫桥经验"，坚持控新治旧、标本兼治，加强和创新社会治理，综合运用督查、考核、惩戒等措施，依法规范各级党政机关履行信访工作职责，有效处理好信访突出问题，解决好群众合理合法利益诉求，确保多数信访问题在市级以下得到解决，确保中央及省委、省政府关于信访工作的决策部署贯彻落实。

第四条　坚持属地管理、分级负责，谁主管、谁负责，依法、及时、就地解决问题与疏导教育相结合；坚持访诉分离、依法分类处理信访诉求；坚持源头治理、多元化解，预防责任与化解责任、属地责任与部门责任并重，持续完善人民调解、行政调解、司法调解联动工作体系；坚持责任追究实事求是、客观公正、依规依纪、惩前毖后。

第二章　责任内容

第五条　各级党政机关应当将信访工作列入议事日程，定期听取工作汇报、分析研判信访形势，研究解决工作中的重要问题，从人力、物力、财力上保证信访工作顺利开展。

应当科学、民主决策，依法履行职责，避免因决策失误或决策不当引发社会矛盾，从源头上预防和减少导致信访问题的矛盾纠纷。

各级党委和政府在预防和处理本地区信访问题中负有主体责任，应当加强矛盾纠纷排查化解和信访风险防控预警，进一步畅通和规范群众诉求表达、利益协调、权益保障通道，针对具体问题明确责任归属，协调督促有关责任部门和单位依法、及时、就地解决，并加强对信访群众的疏导教育。

各级党委应当完善联席会议制度,强化各级信访联席会议综合协调、组织推动、督导落实等职能作用,形成整合资源、解决信访突出问题的工作合力,并根据实际需要,及时调整成员单位,进一步明确各自职责任务,建立健全相关工作制度,特别注重从政策层面研究解决带有倾向性、普遍性和合理性的突出问题。

第六条 各级党政机关领导班子主要负责人对本地区、本部门、本系统信访工作负总责,定期听取信访工作情况汇报,了解掌握信访形势,研究解决重大、复杂、疑难信访问题,组织安排、带头落实重点约访、专题接访、带案下访、下基层接访和领导包案等制度,监督指导领导班子其他成员做好信访工作。

第七条 各级党政机关领导班子其他成员根据工作分工,对职权范围内的信访工作负主要领导责任,协助主要负责人认真落实接待信访群众、阅批群众来信和网上信访,协调处理重大、复杂、疑难信访问题,包案解决职权范围内的信访积案。其中,分管信访工作的班子成员具体负责本地区、本部门、本系统的信访工作,抓好督促检查指导、协调解决问题、排查化解矛盾纠纷、防控预警信访风险、规范办理信访事项等各项工作。

第八条 各级领导干部应当阅批群众来信和网上信访,定期接待群众来访,协调处理重大、复杂、疑难信访问题。设区市、省直部门主要负责人每季度至少1天、其他领导班子成员每月至少1天到信访接待场所接待群众来访;县(市、区)党政主要负责人每月至少1天,其余每个工作日均应当有1名县级领导干部接待群众来访;乡镇(街道)负责人要随时接待群众来访;县级以上党政工作部门负责人同步安排接待群众来访。在坚持定点接访的同时,更多采取重点约访、专题接访、带案下访、下基层接访、领导包案和部门联合接访等方式,解决重大、复杂、疑难问题。重要节点、敏感时期和信访工作任务较重的地区,根据工作需要增加领导干部接访频次。

第九条 各级党政机关工作部门对属于本部门职权范围内的信访事项,应当依照有关法律法规规定和程序,及时妥善处理。

(一)预防信访问题发生。落实重大决策社会稳定风险评估机制,科学、民主、依法制定政策;严格按照法定权限办事,积极履行法定职责;认真执行各级党政机关作出的支持信访请求意见;对党的方针政策、法律法规及规范性文件做好宣传解读,引导群众理性合法逐级表达诉求。

(二)及时处理群众反映的信访问题。畅通信访渠道,规范办理信访事项,落实首接首办责任,第一时间、第一地点受理并解决好群众诉求;落实信访与诉讼分离制度,促进信访工作法治化建设;制定本部门依法分类处理信访诉求清单,明确办理时限,并向社会公布;对同时可以通过诉讼解决的信访事项,在受理前可以告知诉讼权利及法定时效,引导信访人向人民法院提起诉讼,但不得以其享有诉讼权利为由免除履行自身法定职责的义务。

(三)报告重大紧急信访事项和信访信息。公民、法人或者其他组织发现可能造成社会影响的重大、紧急信访事项和信访信息时,可以就近向有关党政机关或部门报告。有关机关或部门接到报告后,应当立即报告本级党委、政府和上一级主管部门。必要时,通报有关主管部门。

(四)处理好条块结合关系。垂直管理部门负责本系统的信访工作,应当督促下级部门和单位依法、及时、就地解决信访问题,主动配合地方党委和政府做好矛盾化解、社会稳定工作。对于涉及地方的重大、复杂、疑难信访问题,要与地方党政机关及其工作部门通力合作,协调解决,不得推诿扯皮,激化矛盾纠纷。

第十条 各级信访部门应当在党委和政府的统一领导下,协调、指导和监督本地区的信访工作。

(一)承担本级信访工作联席会议办公室职能,负责督促落实上级和本级联席会议议定的事项。

(二)依照法定程序和诉讼与信访分离制度,提出依法分类处理诉求建议,登记、受理、转送、交办和督办信访事项。

(三)承办本级党委、政府交由处理的信访事项。代表本级党委、政府直接办理信访事项,对本级党委、政府负责。

(四)协调处理重要信访事项。对一些重大、复杂、疑难的信访事项,通过召开协调会、实地督办等方式协调推动处理。

(五)督促检查信访事项的处理。信访部门在受理和向有权处理机关转送、交办信访事项后,要对信访事项的处理进行督办,及时提出改进工作、完善政策和给予处分的建议。

(六)充分发挥信访资源优势,加强信访情况分析研判,深入开展调查研究,为领导机关科学民主决策提供依据。

(七)对本级职能部门和下级信访部门的信访工作进行协调、指导和监督。

第十一条 各级党政机关工作人员在处理信访事项过程中,应当做到依法、规范、理性、文明,严格遵守群众纪律,秉公办事、清正廉洁、保守秘密、热情周到,坚决做到:

(一)不得刁难、歧视或打击报复信访人;

(二)不得限制和干涉群众正常信访活动;

(三)不得违法限制信访人的人身自由;

(四)不得推诿、敷衍、拖延办理信访事项;

(五)不得徇私舞弊、接受信访人财物、吃请或者索取、收受贿赂;

(六)不得将信访人的检举、揭发材料及有关情况透露或者转给被检举、揭发的人员或者单位;

(七)不得丢失、隐匿、伪造、篡改或者损毁信访材料。

第十二条 对于跨地区、跨部门、跨行业和人事分离、人户分离、人事户分离(简称"三跨三分离")信访事项,事发地或者有权处理的部门(单位)是解决和化解的责任主体,承担主办责任;信访人的户籍地、常住地(不包括信访人滞留地)及其他相关部门(单位)负责信访人的困难帮扶、教育疏导等工作,承担协办责任。有关责任主体应当加强协调配合,形成工作合力,共同做好化解和稳定工作。

第三章 督查考核

第十三条 各级党政机关应当将信访工作纳入督查范围，对本地区、本部门、本系统信访工作开展和责任落实情况进行督查，并在适当范围内通报督查情况。

（一）建立党委政府统一领导、信访联席会议组织实施、党委政府督查机构等相关部门共同参与的联合督查机制。

（二）各级领导干部应当分区域或分领域带案督查指导信访工作，督导落实信访工作责任，推动信访问题有效化解。

（三）县级以上信访部门应当完善信访督查工作制度和机制，建立网上网下信访事项办理工作日常督查制度，加强和完善信访事项统筹实地督查工作，确保信访督查工作制度化、常态化、规范化。

第十四条 各级党政机关应当以预防信访问题的产生和依法、及时、就地解决信访问题为导向，建立健全信访工作考核评价机制，制定科学合理的考核评价标准和指标体系，每年对本地区、本部门、本系统信访工作情况进行考核。

省信访局负责对设区市、省直有关部门信访工作情况进行年度考核。对工作成效明显的予以通报表扬，对问题较多的加强工作指导，督促解决存在的问题。

第十五条 各级党政机关应当加强信访工作考核评价结果应用，将信访工作考核评价结果作为对领导班子和领导干部综合考评的重要参考。

第十六条 各级组织人事部门在干部考察工作中，应当听取信访部门意见，了解掌握领导干部履行信访工作职责情况。

第四章 责任追究

第十七条 各级党政机关及其领导干部、工作人员不履行或者未能正确履行本细则所列责任内容，有下列情形之一的，应当追究责任：

（一）因决策失误、工作失职，损害群众利益，导致信访问题产生，造成严重后果的：

1.决策违反法律法规和政策，严重损害群众利益，引发信访突出问题或群体性事件的；

2.应当作为而不作为，应当执行而不执行有关职能部门提出的支持信访请求意见，引发信访事项的；

3.因超越或滥用职权，或者因故意、重大过失导致认定事实错误，适用法律、法规错误，违反法定程序，侵害公民、法人或者其他组织合法权益，导致信访事项发生的；

4.未落实重大决策社会稳定风险评估制度，或未落实评估改进建议，导致信访问题产生的；

5.未履行或未正确履行预防和处理本地区、本部门、本系统信访问题的主体责任，矛盾纠纷排查化解和信访风险防控预警不到位，造成本地区、本部门、本系统信访形势严峻、信访问题突出的。

（二）未按照规定受理、转送、交办和督办信访事项，或者不执行信访事项处理意见，严重损害信访群众合法权益的：

1.主要负责人不及时处理重要来信、来电、来访、网上投诉或不及时研究解决信访突出问题，导致矛盾激化的；

2.对受理的信访事项应当登记、转送、交办、答复而未按规定办理或无正当理由逾期未办结，或者应当履行督查督办职责而未履行的；

3.无正当理由拒不办理或者拖延办理上级机关和信访部门交办、督办的重要信访事项，或者编造虚假材料欺骗上级机关的；

4.对重大、复杂、疑难的信访事项，未按有关规定落实领导干部包案办理责任，导致信访问题久拖不决的。

5.涉及“三跨三分离”的信访事项，经上级部门或主管部门协调确定责任划分后，有关地方或部门不配合、不支持、不落实的。

（三）违反群众纪律，对应当解决的群众合理合法诉求消极应付、推诿扯皮，或者对待信访群众态度恶劣、简单粗暴，损害党群干群关系，造成严重后果的：

1.在处理信访事项过程中，敷衍塞责、推诿扯皮导致矛盾激化的；

2.在处理信访事项过程中，工作作风简单粗暴、激化矛盾的；

3.处理信访事项的工作人员与信访事项或者信访人有直接利害关系，应当回避未回避的；

（四）对发生的集体访或者信访负面舆情处置不力，导致事态扩大，造成不良影响的：

1.本地区、本部门、本系统发生越级集体访或群体性事件后，没有认真落实上级机关处理意见，导致矛盾激化、事态扩大或引发重复越级集体访等严重后果的；

2.对重大信访突出问题和群体性事件、集体访或围堵国家机关，应到现场处置而未到现场处置，或处置不当导致矛盾激化、事态扩大的；

3.对可能造成社会影响的重大、紧急信访事项和信访信息，隐瞒、谎报、缓报，或者授意他人隐瞒、谎报、缓报的；

4.对于可能造成社会影响的重大、紧急信访事项和信访信息，有关地区或部门未按照规定在职责范围内依法及时采取措施，导致不良影响产生、扩大的。

（五）对信访部门提出的改进工作、完善政策和给予处分等建议重视不够、落实不力，导致问题长期得不到解决的：

1.不按有关规定落实信访部门提出的改进工作、完善政策、给予处分等建议的；

2. 不落实信访部门协调处理信访事项意见或督促指导意见的；

3.对信访人违反《信访条例》第十八条、第二十条规定，有关国家机关工作人员应当对信访人进行劝阻、批评、教育以及依法采取强制措施而不作为的。

（六）其他应当追究责任的失职失责情形。

第十八条 追究信访工作责任，应当区分集体责任和个人责任、直接责任和领导责任、主要领导责任和重要领导责任。

对第十七条规定中涉及的集体责任，领导班子主要负责人和直接主管的负责人承担主要领导责任,参与决策和工作的班子其他成员承担重要领导责任,对错误决策或者行为提出明确反对意见而没有被采纳的,不承担领导责任;涉及的个人责任,具体负责的工作人员承担直接责任,领导班子主要负责人和直接主管的负责人承担领导责任。

第十九条 信访部门可以提出意见建议,由有管理权限的党政机关开展追责问责工作。根据情节轻重,对各级党政机关领导干部、工作人员采取以下方式追究信访工作责任:

(一)通报。具有本细则第十七条所列情形、情节较轻的,由有管理权限的党政机关对相关责任人进行通报,限期整改。

(二)诫勉。对受到通报后仍未按期完成整改目标,或者具有本细则第十七条所列情形且危害严重以及影响重大的,由有管理权限的党政机关对相关责任人进行诫勉,督促限期整改。同时,取消该地区、部门和单位本年度评选综合性荣誉称号的资格。

(三)组织调整或者组织处理。对受到诫勉后仍未按期完成整改目标,或者具有本细则第十七条所列情形且危害特别严重以及影响特别重大的,由有管理权限的党政机关对相关责任人采取停职检查、调整职务、责令辞职、免职、降职等组织调整或者组织处理措施。

(四)党纪政务处分。对在信访工作中失职失责的相关责任人,应当给予党纪政务处分的,依规依纪依法追究责任。

上述追责问责方式,可以单独使用,也可以依据规定合并使用。涉嫌违法犯罪的,按照国家有关法律规定处理。

第二十条 具有下列情形之一的,应当从重或加重追责:

(一)因工作责任不落实、化解工作不力,特殊敏感时期或重大活动期间发生大规模聚集、涉访个人极端行为或负面炒作,被中央有关部门通报的;

(二)在追责过程中,干扰、阻碍、不配合调查的;

(三)打击、报复、威胁、陷害党政机关工作人员、检举人、控告人、证明人及其他有关人员的;

(四)其他应当从重或加重追责的情形。

对失职失责性质恶劣且造成严重后果、恶劣影响的,实行终身追责问责,不论其责任人是否调离转岗、提拔或者退休,都应当严肃追责问责。

第二十一条 具有下列情形之一的,可以从轻追责问责:

(一)积极主动采取措施,有效避免损失或挽回影响的;

(二)认错态度好,主动承担责任,积极配合做好调查工作的;

(三)追责问责情形发生后,及时主动解决好群众合理诉求、造成损失或影响较小的。

情节轻微,经批评教育立即改正的,可以免予追责问责。

第二十二条 有关追责情况应当向同级纪检监察机关和组织人事部门通报。纪检监察机关应当将责任追究决定材料按规定纳入被追责领导干部廉政档案;组织人事部门应当将责任追究决定材料,按规定归入被追责领导干部和工作人员个人档案。

第二十三条 各级信访部门对群众通过信访渠道提出的检举控告材料和在工作中发现的违规违纪问题线索,应当转送纪检监察机关,并定期通报信访举报情况。

第五章 附 则

第二十四条 本细则具体解释工作由省信访局承担。

第二十五条 本细则自发布之日起施行。此前发布的有关信访工作责任制的规定,凡与本细则不一致的,按照本细则执行。

重 点 工 作

2020年山西省抗击新冠肺炎疫情工作综述

2020年1月，新冠肺炎疫情传入山西省。在这场举世瞩目的抗疫斗争中，省委、省政府坚决贯彻习近平总书记重要指示和重要讲话精神，坚决落实党中央、国务院决策部署，以必胜信念、战时机制、科学方略、精准举措，团结带领全省上下戮力同心、连续奋战，全力打好疫情防控阻击战、救治攻坚战、支援湖北大会战和京晋保卫战。取得了确诊病人"零病亡"、医务人员"零感染"、出院患者"零复阳"、确诊疑似和隔离医学观察人员"零输出"的成绩，用不到两个月时间全面遏制了本地疫情传播和实现本土病例清零，经受了境外、省外疫情输入的严峻考验，取得了抗疫斗争"山西战役"的重大阶段性成果，在大战大考中向党和人民交出了一份合格满意的答卷。中央应对疫情工作领导小组简报9次刊登"山西做法"，孙春兰副总理批示肯定山西省县域医疗卫生一体化改革在疫情防控中的作用，王勇国务委员两次对山西省报送的疫情防控相关信息作出批示。

一、坚决扛起主体责任，把牢抗疫斗争主动权

（一）加强领导，凝聚合力。在疫情尚未传入山西时就及早跟踪研判，1月16日召开全省电视电话会议进行部署，1月21日山西省出现首例疑似病例后，迅速建立联防联控机制，成立由楼阳生书记、林武省长任"双组长"的省疫情防控领导小组，下设"一办十一组"，建立覆盖11市的省级疫情防控专项指导组，启动重大突发公共卫生事件一级响应，建立每日值班疫情"零报告"和每两日一次省委专题会议制度，以战时状态、战时机制，强化统一领导、统一指挥、统一行动。省委先后45次召开专题会议暨省疫情防控领导小组会议，楼阳生书记、林武省长多次在日报专报快报等作出重要批示，精心指导、精准施策、精细运筹全省疫情防控工作，多次深入一线现场检查指导，鼓舞信心士气。吴伟副省长履行第一副组长职责，组织联防联控机制成员单位密切协作、扎实工作，有力有序推动省委各项决策部署实施落地。省疫情防控办发挥综合协调、专业指导和防控主力作用，建立健全疫情研判、应急处置、信息交流、工作联动机制，成立应对专班和省级专家组，全面指导疫情防控和组织医疗救治工作，尤其是高标准落实省领导批示指示，定期报送进展情况，确保了各项防控要求和措施落实到位。各级人大代表、政协委员、民主党派、无党派人士、社会团体等积极参与并建言献策。各级各部门认真履行疫情防控主体责任，实行党政一把手、单位法定代表人抓防控的责任制，一级抓一级，层层抓落实，自上而下在全省范围构建起强有力的领导指挥体制和合力应对机制，形成强大的组织力、执行力和战斗力。

（二）精准施策，科学指挥。省委、省政府准确把握疫情防控总体形势和阶段特征，审时度势，精准谋划，创造性落实落细党中央、国务院疫情防控决策部署，形成了防控治理"山西方略"。提出并锁定确诊病例零病亡、医务人员零感染"双零"目标，坚持警戒线、生命线、保障线"三线作战"，防、控、治、研"四环联动"，制定"五严五防"（严把入口关防输入、严把医治关防感染、严把扩散关防蔓延、严把集聚关防失控、严把宣传关防恐慌）工作举措。统筹疫情防控和经济社会发展，实施分层分区分级响应、精准精确精细防控，推出"双返""双防""四后"防控预案和"两个全覆盖"、核酸检测应检尽检愿检尽检行动、复学复课"十个到位"、常态化防控"十项要求"等，通过"五个千方百计""六个统筹""十二个务求"化危为机，注重大战长才干、大考出人才、大疫强治理，不断提高治晋兴晋强晋能力水平，经受住了疫情防控和治理体系能力的双重考验。

（三）高擎党旗，筑牢堡垒。全省各级党委和组织部门强化党建引领，充分发挥基层党组织战斗堡垒作用，推动广大党员干部冲锋在最前沿，让党旗在防控疫情斗争第一线高高飘扬。全省2.7万多个基层党组织、7千多个临时党组织、85万多名党员奋战在农村和社区的抗疫一线。各级党委和组织部门把战"疫"一线作为识别、锤炼干部的"试金石"和"磨刀石"，注重在疫情防控中考查党员干部。各地真正把党的政治

优势、组织优势和密切联系群众优势,转化成为了抗击疫情的制胜优势,构筑起了疫情防控的坚固防线。广大医护人员医者仁心、冲锋在前,用生命护佑生命,在大战大考面前交出了优秀答卷;农村社区基层党组织、基层干部英勇奋战,让党旗在一线飘扬、党徽在一线闪光;广大公安干警坚守岗位、日夜值守,新闻工作者不畏艰险、深入一线,各行各业众志成城、同舟共济,为打好打赢这场疫情防控人民战争、总体战、阻击战作出突出贡献。

二、严把防控"三大关口",扎严疫情阻击警戒线

(一)严把入口关防输入。做到"五早五到位":早发现,重点管控到位;早排查,严密摸排到位;早调查,开展流调到位;早诊断,精准检测到位;早发布,信息公开到位。紧紧围绕"外防输入",采取积极"围堵"策略,强化对机场、公路、铁路、车站等入省口的有效管控,在高速公路和国省干线、铁路客运车站、进京通道设置卫生检疫站 721 个,在农村的交通要道、村庄入口、城市社区、居民小区、旅店、商场等部位普遍设置监测点。先后出动警力 79 万余人次,核查车辆 526 万余辆次,核查人员 876 万余人次。全省各级基层公安干警、社区工作人员和家庭医生密切协作,利用网格化管理和大数据手段,把 2020 年 1 月 8 日后来晋返晋有疫区旅居史、接触史的 6.9 万人全部纳入视线,实施地毯式排查,第一时间开展流调,落实"一图一表两推送"措施。全面压实属地责任和法人单位责任,以村庄、社区、单位为基本作战单元,建立发现线索、追踪排查、定向反馈、管控跟进的工作闭环。将核酸检测范围扩大到密切接触者的密切接触者,全省统一采购下发核酸检测试剂,将确诊权限下放各市,确诊周期由 3 天缩短至 4–5 小时。开展重点人群全覆盖存量清底和增量动态清零行动,坚决堵住源头。在全省启动疫情日报告、零报告制度,每日及时透明向社会发布全省疫情信息。

(二)严把内控关防扩散。多措并举,确保疫情早发现、早诊断、早报告、早隔离、早治疗。先后在全省规范设置发热门诊 164 个、集中隔离点 125 个。建立密接人员信息协查通报机制,省、市、县之间,卫健、公安、铁路、民航、通信等多部门之间,省与省之间"三联动"。严格落实客运场站和交通运输防疫措施,严格管控大型活动,全面停止团队旅游,取消或延期旅游 5.4 万人次,全部暂停"两节"期间的社火、文艺汇演等群众聚集型文化娱乐活动,关闭 5252 家公共文化服务和文化类娱乐场所及全省所有景区。停止聚集性就餐活动。停办所有现场招聘会、跨地区劳务协作、职业技能提升线下培训等各项线下活动。全省林草系统对 404 家陆生野生动物人工繁育场所实行严格的封控隔离,并建立完善了野生动物疫源疫病监测直报制度、野生动物异常信息直报制度。关闭全省所有活禽交易市场。全省监狱、看守所、戒毒所全面实行封闭式管理。落实假期后、上班后、复工后、开学后疫情防控预案,压实法人单位"双防"责任。坚持"面上有序放开、点上更加精准",严格落实"三防三到位":防盲点排查到位、防漏洞管理到位、防无序措施到位,加强复工复业健康管理,严防人员聚集造成疫情反弹。

(三)严把出口关防输出。把坚决防止疫情输入北京作为重大政治任务,严格管理部门和企业的防输出责任。加强交通管控,保留 17 处进京卫生检疫站点,坚决管住六类人员,严禁确诊病例、疑似病例、病患密切接触者、发热人员、无症状感染者、来自湖北及其他高风险区人员进京。

三、聚焦锁定"双零"目标,守住人民健康生命线

(一)高位聚力,救治保障突出"强"字。按照"集中患者、集中专家、集中资源、集中救治"原则,省、市第一时间成立医疗救治专家组,建立了人员梯队充足、物资保障到位、组织架构完整的救治工作体系。全省共设置省市定点医院 24 所、负压病床 183 张、呼吸科和重症医学科床位 855 张,梯次配备医护人员 931 人,紧急购置了呼吸机、人工膜肺(ECMO)等一批急需设备。应急资金、先进设备、抗病毒药物、防护用品等优先保障定点医院,组建多学科联合、高中低配置、老中青相结合医疗梯队。省内 134 例确诊患者全部集中到省市两级定点医院收治,做到了应收尽收、应治尽治。在救治攻坚时期,省委省政府始终凝聚信心,给医院加油鼓劲,从人、财、物等方面提供强大保障,为太原市第四人民医院、省级专家组、省中医院等记功,极大激发了医务人员动力。

(二)关口前移,救治理念突出"早"字。在国家具体指导意见出台前,山西省就先期开展了心理援助、恢复期血浆抗病毒治疗、使用血必净注射液抑制全身炎症反应、出院后继续医学隔离、康复随访等前瞻性工作。建立省级专家团队日会诊和病案分析研判制度,对有可能发展为重症的病例提前预判干预;对疑似病例,在核酸检测之前,结合临床诊断及早介入治疗;对确诊轻症的老年患者等特殊群体,在看护强度等方面提早按重症患者对待,严防轻转重。

(三)中西医结合,救治策略突出"合"字。抓住作为国家中医药管理局首批新冠肺炎中医药应急专项救治试点省份这一契机,促进中医药深度介入诊疗全过程。完善省、市中西医防治联动机制,建立健全各定点医院中西医会诊制度,抽调山西全国名中医、省名中医 13 人参加省级救治专家组。早在湖北疫情发生之初,就未雨绸缪,组织专家开出第一张"治未病"处方。坚持"扶正治疗"贯穿始终,统一配置国家中医药管理局推荐的 1 种方剂和山西省研制获批的 8 种"山西特色方剂",聚焦医学观察期、普通型、重症危重症、恢复期等不同人群,分类施策,辨证施治。省内 134 名确诊病例中医药使用率达 99%。4500 剂中药制剂走出国门,驰援意大利、德国、英国、瑞典等海外侨胞。

(四)科学施治,救治结果突出"实"字。以"136"兴医工程为牵引,带动提升医疗救治水平。既全面细致落实国家诊疗标准,又紧跟国内外最新动态,吸纳成功经验、前沿技术,制定了《新冠肺炎诊疗山西专家共识》救治方案。在全国第 3 个开展恢复期血浆治疗,先后对重症、危重症患者和核酸长期

不转阴患者使用恢复期血浆。创新使用利巴韦林雾化吸入、乙酰半胱氨酸化痰治疗方法。将所有重症、危重症和可能发展为重症的患者,全部集中到省级定点医院救治。开展省市院联合、多学科合作、医护一体化救治,对患者实行"一人一方案、一人一小组、一日一会诊"精准救治策略,最大限度提高了救治成功率,实现了确诊病人零死亡。注重实施全链条质控管理,全过程重构免疫生态,严防出院患者复阳。严把出院关,省级核心专家组成员对每一例拟出院患者进行会诊。严把康复关,省、市、县三级无缝对接治愈康复和集中观察随访工作。所有省内确诊患者出院满14天、28天的核酸复检结果全部为阴性,实现"零复阳"。实施最周密的院感防控措施,开展了9轮院感防控专项排查,选派院感专家对重点疫区常驻指导,对省级定点医院长期联系指导,对院感管理问题较多的医院重点联系指导,确保了医护人员"零感染"。加强力量统筹,充分发挥医学会等社团作用,组织省级专家医疗队,下沉各市开展巡回医疗,变患者"向上跑"为专家"往下跑";全面推行"互联网+医疗"预约诊疗、线上服务,有效保障了正常医疗秩序和群众日常就医需求。

四、外防输入闭环管理,牢牢守好首都护城河

(一)加强协同指挥。成立由林武省长任总指挥的国际航班经停太原入境赴京工作指挥部,9部门和太原市组建工作专班,开展航班落地联防联控、协同作战。建立完善京晋、省内、部门间联防联控机制。抽调124名海关检疫人员、88名医护人员、30名防疫人员、13名翻译人员、243名机场工作人员、359名公安干警、30辆大型客运车、8辆负压救护车、25辆普通救护车进行现场保障。调拨包括1.84万个医用N95口罩、1.88万套医用防护服、3792个医用护目镜等一批防护、消杀、检验用品。太原市征调62个酒店作为集中隔离点。确定太原市第四人民医院和太原市中心医院汾东院区为经停太原入境人员定点救治医院,备有单人单间留观病房107间,抽调省级医院60名医护人员充实救治力量。将晋中市传染病医院、汾阳医院列为备用医院。抽调720名支援湖北和四院的医护人员,建立救治梯队,按需进驻定点医院。为进一步防范风险、确保万无一失,专门编制《国际航班经停太原入境管理服务导则》,从接机准备、入境检疫、人员转运、医疗救治、隔离观察、个人防护等13个环节进行完善和规范;印发《集中医学观察温馨服务告知》《致集中隔离期满境外回国人员的一封信》《国际航班经停太原接机工作流程图》,并对定点医院、隔离酒店、太原机场、转运车辆等进行巡回督查指导。

(二)严密闭环管理。不折不扣落实境外省外入晋人员(含密切接触者)集中隔离、健康管理、核酸检测、医学观察等防控措施,严格执行集中隔离、核酸检测两个全覆盖,严格实施点对点闭环接运。将国际与国内到达厅隔离,设置专用停机位、专用廊桥,优化工作流程,实现了入境、检疫、通关、转运、消杀、隔离全程闭环管理、无缝衔接。对所有入境人员严格落实"三查三排一转运"的口岸检疫措施,强化海关检疫、入境人员14天隔离观察、医疗救治三道防线。所有境外入晋人员全部集中隔离14天,全部开展核酸检测并实现了动态清零。省外事办在持续开通24小时英文服务电话的同时,多渠道多语种发布《返晋人员指南》《致海外侨胞做好疫情防控的公开信》等,宣传山西省防控相关政策要求,引导帮助海外同胞包括留学生群体做好自我防护,共同维护公共卫生安全。截至2020年底,共有45架国际航班经停太原入境,累计9121人留晋隔离诊疗、留院观察和集中隔离医学观察。

(三)强化管控措施。严格开展医学观察和健康监测,实现从"国门"到"家门"的精准防控。同时,着眼建立健全"及时发现、快速处置、精准管控、有效救治"常态化防控机制,不断调整和优化检疫、入境、转运流程,提高常态化疫情防控和综合治理水平。严格落实京晋、省内、部门间联防联控机制,省疫情防控办与边检、海关、公安等部门及兄弟省份信息共享。压实属地、法人单位和社区责任,对境外入晋人员严格追踪、排查,严格集中隔离医学观察,同步做好服务管理和生活保障,并建立人员信息台账和日报告制度,动态管理,逐一销账。及时向社会公布各县(区、市)接站转运工作联络人和电话,专班专车转运接送,做到了境外入晋人员点对点闭环管理。及时公开疫情信息,及时发布通告,引导境外入晋人员主动申报旅居史、接触史等重要信息;坚持依法防控,加大执法处理力度,严厉打击隐瞒疫情类违法犯罪。

(四)加强对外交流。以喀麦隆、吉布提、多哥三支山西援非医疗队为桥梁,积极向受援国和医院传递中国经验和山西做法。召开远程视频连线会议,及时向援非医疗队传达党中央、国务院和省委、省政府疫情防控策略部署,通报全国战"疫"、湖北战"疫"、山西战"疫"的进展做法和硬核举措,并从流行病学、院感防控、科学救治、规范秩序等方面,为援非医疗队提供及时准确的培训和指导。积极协助使领馆做好中资机构、华人华侨自身防护,组织山西省援鄂专家开展新冠肺炎有关知识讲座,在线答疑互动。发挥援非医疗队临时党支部战斗堡垒作用,积极与受援医院沟通,按照"一院一策,一科一策,一队一策,一人一策"原则,因地制宜推广"山西经验",各受援医院在医疗队的建议下,采取了设立发热病人专区,实行预检分诊制度,设置洗手处,保持候诊距离,督促医患人员佩戴口罩等有效措施。省外事办积极组织向日本、韩国、意大利、德国等国的山西省国际友城捐赠总价值125.5万元的医用外科口罩、防护服和护目镜,支持当地防疫抗疫。

五、坚决响应中央号令,全力支援湖北保卫战

(一)以最硬作风彰显"山西担当"。党中央一声令下,全省上下迅速响应。楼阳生书记提出"要举全省之力驰援湖北",林武省长指出"要派出最强最能战斗的队伍"。省卫健委紧急动员,各医疗机构以最快速度完成队伍集结,在23天内先后组建13批医疗队奔赴湖北一线。第八批医疗队从接到通知,到抵达武汉仅用了13个半小时,体现了"山西速度"。累计援助医疗设备、防护物资和药品25万余件,合计2.05亿元。全省红十字系统累计支援湖北款物价值9800余万元。

来自全省189个医疗卫生机构的1516名专业医卫工作者和11名新闻记者，分别进驻湖北武汉、仙桃、潜江、天门开展救治工作，共管理雷神山等16所医院2916张病床。孙春兰副总理看望慰问山西省医疗队员，对山西省委、省政府短时间集结队伍、驰援湖北给予充分肯定。

(二)以最强机制体现“山西效率”。强化领导机制，成立由吴伟副省长为组长的领导组，下设一办五组和两个前方指挥部。前指临时党委先后建立2个临时党总支和15个临时党支部，建立起“三办六组十三队”组织管理构架。强化管理机制，制定了《山西医疗队工作手册》，以及晨会、日报告、防护物资管理等一系列制度，实现了从党建、行政管理到医疗救治、个人防护全链条闭环式管理。强化协调机制，主动与国家卫健委驻湖北指挥部、湖北省和各受援市防控领导小组对接，并深入四市动态调研，快速形成工作合力。

(三)以最高水平贡献“山西智慧”。发挥专家团队优势，整建制接管病区，山西省早于国家要求启动整建制接管病区模式，并在仙桃等三市和武汉8所整建制医院全面推行。在整建制接管病区第一时间组建专家团队，集中最强力量，“一患一方、一人一案、一人一团队”精准救治。第四批医疗队参与总结的方舱医院工作经验被写入《方舱医院工作手册》推广。发挥中医药优势，对不同病人开展辨证施治，在仙桃三市“连方带药”使用山西中药，总有效率达98.5%。发挥信息化优势，开展远程会诊和在线义诊，利用山西省远程会诊义诊平台，2300多位专家前后方联动，多学科会诊，“一人一策、一重一团队”，最大限度提高治愈率，降低病亡率。发挥疾控专业优势，推进防控关口前移，组织感染、呼吸、疾控等专家队伍，深入社区、企业、隔离点，指导当地开展进出人员管理、健康监测、流行病学调查，变打“阵地战”为打“追击战”。在艰苦奋战的66个日日夜夜，医疗队累计救治患者3527例，其中重症192例、危重症79例，天门、仙桃、潜江三市治愈率达到95%以上；流调培训人员6228人次，核酸检测1.8万人份，CT检查3377人次。取得了“医疗护理零差错、治愈出院零反复、医务人员零感染、住院患者清零”的佳绩。得到了孙春兰副总理、国家卫健委、国家中医药管理局和湖北各级党委政府的充分肯定，共收到湖北群众表扬、感谢信和锦旗624件，中央电视台、山西日报等主流媒体多次宣传报道“山西做法”。

六、面上放开点上精准，持续做好常态化防控

(一)分区分级，织密织牢疫情防控网。根据疫情发展变化，2020年2月24日将疫情防控响应组别由一级调整为二级，3月10日由二级调整为三级，实施分层分区分级响应，落实精准精确精细防控。及时制定《山西省科学防治精准施策分区分级做好新冠肺炎疫情防控工作实施方案》，按照低风险区、中风险区、高风险区三个等级，科学研判、动态调整、及时公布全省117个县(市、区)分区结果，实施不同的防控策略。在134个确诊病例治愈清零的同时，全程抓好“两个动态清零、三个坚决防止”，即确诊病例动态清零、无症状感染者动态清零，坚决防止境外疫情输入、坚决防止疫情出现新燃点、坚决防止重点人员进京。贯彻中央“外防输入、内防反弹”常态化防控要求，印发《山西省常态化新冠肺炎疫情防控工作实施意见》，以市为单位加强风险评估，管好重点场所、重点单位、重点人群，守好“国门”“院门”“厂门”“校门”“家门”，织密扎牢疫情防控网。认真贯彻落实习近平总书记视察山西重要讲话精神，完善常态化疫情防控机制，制定《关于调整分区分级标准实行精准防控实施方案》，不断巩固疫情防控成效。开展重点人群“应检尽检”和一般人群“愿检尽检”行动，累计完成应检愿检15万余人。充分发挥医疗机构发热门诊相关病例监测和传染病网络直报作用，落实新发病例2小时网络直报、实验室检测12小时反馈结果、初步流行病学调查24小时完成“三个时限”，落实可疑病例就地医疗救治、密切接触者精准隔离的属地化管理，强化及时发现、快速处置、精准管控、有效救治的工作机制，为人民群众健康安全和全面复产复学复业提供有力保障。

(二)精准施策，突出重点环节科学防控。按照“面上放开、点上精准，关口内置、闭环管理”工作策略，加强公共交通、公共场所等重点环节防控，细化各部门各单位工作方案和应急预案，落实落细各项工作举措。一是妥善做好公共场所疫情防控工作。严格落实重点场所重点单位重点人群新冠肺炎疫情防控相关防控技术指南。落实机场、火车站、汽车客运站等交通站点健康码查验、体温检测等监测工作，落实公共场所、公共交通、重点单位消毒通风、佩戴口罩等防控措施，指导文化旅游、餐饮、洗浴中心等服务类场所依规有序开放。加强宾馆、招待所、出租房等重点场所排查，严防疫情出现新燃点。积极推行机关、企事业、学校、餐饮、医院等单位错峰错时上班上学就餐就诊等，减少人员聚集。二是加强重点单位疫情防控。加强密集型企业疫情日常和应急监测，压实用人单位主体责任，确保复工复产人员应检尽检，落实工作场所、食堂、宿舍等防控措施。严格学校疫情防控措施，加强日常健康监测和人员出入校园管理，坚持晨午检制度和“日报告、零报告”制度。强化医疗机构院感防控和医务人员防护，将标准预防理念贯穿到日常各项工作，实行院内医务人员、其他工作人员、患者和陪护人员的防控管理全覆盖。加强分院分区分诊，推行非急诊预约挂号、预约检查，落实患者全程佩戴口罩、减少陪诊人员、体温检测、健康码查验、一米以上间隔候诊、“一医一患一诊室”管理等措施。加强养老机构、儿童福利院、监管场所、精神卫生医疗机构等特殊单位防控管理。三是加强无症状感染者管理。认真落实国务院联防联控机制《新冠病毒无症状感染者管理规范》，加强无症状感染者的发现、报告和管理，并及时向社会公布。严格落实无症状感染者及密切接触者14天集中隔离医学观察管控措施。加强随访管理，对解除集中隔离人员继续进行14天的医学观察随访，并落实第2周和第4周到定点医院复诊。

(三)稳扎稳打，完善常态化疫情防控基础。一是夯实常态化疫情防控支撑保障。加快核酸检测能力建设，推动二级以上综合医院、传染病专科医院、各级疾控机构以及县域内

具备核酸检测能力的县级医院充分利用现有资源，加快提升核酸检测能力，省财政对59个县每县补助100万元进行支持建设。印发《山西省疫情监测多点触发预警机制》，在口岸、机场、火车站、汽车站、学校、社区、机关企事业单位等场所建立监测哨点，依托"三晋通"，已在市级层面初步建立起实时监测、多点触发预警平台。各级医疗机构与大同快安科技公司合作，采购安装智能测温安检门，加强物防技防保障和体温监测。发挥大数据作用，开发利用"健康码"识别身份，对在晋返晋人员出入通行实行红、黄、绿三色风险识别和定位管控，推进人员凭健康码"绿码"安全有序流动。省市两级定点医院全方位做好医疗救治各项准备，用好专家团队、诊疗共识、救治经验等，实现了随收随治、应收尽收、应治尽治、科学施治。二是做好社区常态化防控管理。完善县（市、区）、乡镇（街道）、村（社区）三级组织领导体系，发挥基层派出所、村组、物业小区网格化管理和基层干部、公安民警、社区工作者以及家庭医生网格员作用，建立健全常态化社区防控机制。动态掌握辖区内来往人员情况，加强对境外省外人晋人员、健康异常可疑人员等重点人群的追踪监测、排查和健康管理。三是持续开展爱国卫生运动。实施"六大行动"（以禁止随地吐痰为重点的文明卫生习惯促进行动、以"四后"为重点的疫情防控干预行动、以城乡环境卫生整洁为重点的环境综合整治行动、以农贸市场为重点的经营场所标准化建设行动、以降低媒介传染病为重点的病媒生物防制行动、开展以防控知识为重点的健康知识普及行动），开展爱国卫生季活动，持续巩固疫情防控成果。省农村农业厅集中开展以"治六乱、靓家园、迎小康"为主题的村庄清洁专项行动；晋城市妇联突出"防疫有我、爱卫同行"主题，在全市妇女群众和家庭中深入开展"美丽庭院 +"创建系列活动，建设文明宜居家园。

（四）严密防范，持续抓好"外防输入、内防反弹"各项工作。时刻紧绷疫情防控这根弦，牢固树立底线思维，以做好秋冬季防控准备为重点，对防控漏洞再排查，对防控重点再加固，对防控要求再落实，健全常态化机制，妥善处置急情险情，确保疫情不反弹。一是进一步做好重点地区入晋人员防控管理工作。2020年5月2日，山西省新增1例从湖北输入的确诊病例，省、市、区三级联动、高效处置。省疫情防控办制定印发《关于做好重点地区入晋人员核酸检测和防控管理工作的通知》，对4月15日以来从广东、黑龙江、湖北、内蒙古入晋的人员进行再排查，不落一人进行核酸检测；社区、企事业单位、公共场所一律严格核验外来人员健康码、电信行程码，强化第一道关口识别和管控。针对吉林舒兰、北京新发地等疫情形势，全面加强相关地区入晋健康管理，严格集中隔离、核酸检测措施，山西省没有发生关联疫情。二是持续开展农贸市场、冷链物流等重点场所和重点人群排查工作。始终保持多点触发、反应灵敏的防控措施，关口前移、主动出击，定期监测、防患未然，缜密排查、精准检测。全省摸排农贸（海鲜）市场355家、商场超市3111家、经营户21067家、冷库3054个、餐饮企业882家，妥善处置流入山西省的1067件冷冻南美白虾，采集重点场所和重点人群样本6万余份，核酸检测均为阴性。全省重点场所、重点人群防控做到了再加固、再强化。三是未雨绸缪做好秋冬疫情防控准备工作。加快组建平战结合，分层配置、统一协调、机动高效的省市县三级专业流调队伍、核酸检测队伍和医疗救治队伍，成立了由1782名专家组成的132支流行病学调查专家队伍；组建了由25583名标本采集人员和905名检测技术人员组成的核酸检测队伍；省级层面成立了由610名医护人员组成的28支专业医疗救治队伍。先后4次组织全省核酸检测标本采集师资培训，技术人员实操培训、岗位培训以及技术人员视频培训，对医疗机构、疾控中心和第三方实验室核酸检测人员做到了动态培训全覆盖。省级层面组织开展了帐篷医院后勤保障演练、秋冬季新冠肺炎疫情应急演练培训和国家紧急医学救援队演练等3场大型应急演练。

七、强化综合服务治理，多措并举筑牢保障线

（一）多措并举确保一线急需。坚持一切为了疫情防控一线，一切服务疫情防控一线，建立起省长总抓总管的疫情防控应急物资调拨制度，统一调度，统一保障。省卫健委精准测算医用物资需求，第一时间向国家卫生健康委、工信部、发改委多方寻求支援。与企业建立医用防护用品调配快速反应机制，通过国药、国控快速调配医用口罩、医用防护服。省工信厅牵头成立省疫情防控领导小组医药和物资保障组专班，向18家防护用品生产企业和2家收储企业派驻入企特派员39人次，列支5000万元专项技改资金，引导企业加快防护用品生产线建设。拨付国药山西公司、国控山西公司2家收储企业各1000万元应急流动资金，强化物资收储。累计下达79批防疫物资调拨计划、15批消杀用品调拨计划和4批口罩产需对接清单，有效保障了山西省医用和民用防护物资需求。省财政、卫健、工信、商务、药监、交通、海关、外办等部门，建立全球采购多部门快速联动机制，将采购决策周期缩短到1小时，先后从全球采购12.9万个N95口罩、3万套防护服。紧急采购6台高通量核酸提取加液工作站，大幅提升核酸检测能力。省商务厅协调太原海关、山西边检总站、山西航产集团等，开通进口防疫物资绿色通道，协调东航分多批次免费为山西省运送医用口罩、防护服和支援湖北医疗队员。省药监局共审批13家医用口罩、4家医用防护服生产企业，全省防疫急需医用防护用品生产短期内实现了零突破。焦煤集团、太原铁路局累计向武钢、鄂钢集团运输煤炭12.26万吨。省通信管理局连夜组织电信大数据分析专家组汇总分析数据信息，制作武汉来晋人员热力图，全力保障重点区域的通信服务，并孕育出5G云视讯指挥系统、5G+热成像测温等5G运用新技术。

（二）部门合力确保民生所需。省商务厅会同省农业农村厅狠抓"菜篮子"市长负责制落实，加强生产、流通和市场调度，在全省确定373家流通企业、15家农产品批发市场作为保供企业，切实保障粮、油、肉、蛋、菜等生活必需品市场供应。省商务厅启动全省生活必需品供应情况日报监测和市场

供应异常情况每日零报告制度,及时发布信息,消除群众恐慌抢购囤积心理。确定河西农产品市场为国家农产品批发市场保供联系市场。建立疫情期间“菜篮子”产品稳产保供联动机制,统筹协调解决“菜篮子”农产品市场面临的突出困难。组织电商购物网站开辟农产品网上销售渠道,扩大本地蔬菜进城直供直销。设立疫情防控期间农产品产销对接平台,畅通农产品流通渠道。积极指导电商企业开展“无接触配送”服务。疫情期间,全省300余家重点流通企业生活必需品货源充足,市场平稳。省发改委、省粮食和物资储备局积极做好保供稳价工作。从2020年1月24日起对粮、油、肉、蛋、菜等重要民生商品和部分防疫用品药品价格进行日监测日报告,完善投放渠道,稳定市场价格,保障充足供应。实行特殊医保政策,强化对困难群众的兜底保障。疫情发生当日,省财政厅紧急会商省医保局出台特殊医保政策,明确确诊患者发生的医疗费用,在基本医保、大病保险、医疗救助等按规定支付后,个人负担部分由财政给予全额补助;1月28日又明确疑似患者发生的医疗费用报销政策。省公安厅于3月13日正式启动“一门通办”综合服务,全省1325个派出所都可以办理治安管理和交管业务,做到让群众“只进一个门、办结所有事”。

(三)各方联动确保交通顺畅。省交通厅出台方案,落实交通部“一断三不断”要求,助力抗疫斗争和全社会复工复产,为各类应急物资、生活物资、重点生产物资、医护及防控人员运输开辟绿色通道,确保“不停车、不检查、不收费、优先通行”,累计发放了1万余张通行证。省人社厅组织开展对用工集中地区和集中企业“点对点、一站式”“一车一方案”农民工返岗运输服务,保障成规模、成批次外出的农民工安全有序返岗复工。全省组织专车和火车专列共2626车次,帮助5.1万名农民工返岗复工。太原铁路局充分发挥铁路“先行官”作用,在特殊时期坚决确保铁路大通道安全畅通。成立3个专项服务组,深入各重点企业逐一对接需求,定制化提供服务,实施货物运价下浮项目103项,日装车稳定在2.5万车以上。2020年2月25日中欧(亚)班列恢复常态化开行。实现了全局运能10.7万人,日发送旅客5.3万人。

(四)综合施治确保社会稳定。注重保障医务人员安全和维护正常医疗秩序,严打涉医违法犯罪;省公安厅、省卫健委联合印发《关于进一步强化医院安全秩序管理工作的通知》,并向社会公布《关于依法严厉打击涉医违法犯罪 维护医院安全秩序的通告》。各级公安机关强化显性用警,加强社会面管控,严厉打击各类违法犯罪活动。全省市场监管系统围绕稳物价、野生动物交易、药品和防护产品、农贸市场、餐饮行业等重点,加大监督执法力度,拉紧市场监管防线,确保疫情期间市场安全有序。省委专题部署在全省开展“三零”(零上访、零事故、零案件)单位创建工作,从农村、社区、企事业单位等各个基层单位和治理末端、矛盾源头抓起,深化问题联治、工作联动、平安联创,推进自治、法治、德治“三治融合”,汇聚起“山西之治”的强大合力,进一步营造了平安稳定的硬环境、好环境。

八、精准施策全面统筹,加快恢复生产生活秩序

(一)精准扶持,加快转型综改复工复业。疫情期间,更加注重深化“放管服效”改革,持续优化“六最”营商环境。上半年,全省固定资产投资增长8.3%,超过全国平均水平11.4个百分点,全国排名第三位。强化“项目为王”鲜明导向,开展全省开发区项目“三个一批”(签约一批、开工一批、投产一批)活动,以好项目大项目支撑“六新”,推动转型发展。出台《外贸十条》,采取包干联系服务,支持外贸企业复工复产。打出税费优惠“组合拳”,出台20项政策,对省内企业社保单位缴费部分实行“一免二减三缓”。强化金融支持和服务保障,助力企业抢抓时间复工复产达产达效,出台政府性担保机构加大疫情防控、企业复工复产7项支持政策,提供普惠型政府性融资担保服务。中行山西省分行为山西省重点项目和企业提供信贷支持125.45亿元,国开行山西省分行投放专项再贷款4.9亿元,支持国药集团山西公司等6家疫情防控重点保障企业生产经营。省市场监管局、邮政山西省分行携手打造融资合作新平台,联合开展“百亿送贷”活动,支持小微企业和个体工商户复工复产。加快重点项目建设,推动太郑高铁全面复工。省人社厅建立了重点企业24小时用工调度机制,鼓励各类用人单位优先吸纳贫困劳动力并给与补贴奖励。大力推行工程建设项目“不见面审批”,所有项目从立项到竣工验收全流程的所有审批、审查、评估、备案以及中介服务、水电气暖配套等市政公用服务事项全部线上办理。及时出台《关于应对疫情支持中小企业共渡难关的若干措施》、《关于加快促进服务业恢复稳定增长若干措施》,支持中小微企业、服务业加快恢复增长。省文旅厅发布《山西省低风险区域旅游景区开放新冠肺炎疫情防控工作指南》,出台《山西省关于推动文旅企业应对疫情及准备复苏的若干措施》,为651家旅行社暂退服务质量保证金1.22亿元,兑付景区奖补资金1900万元。启动“游山西·读历史”、“山西人游山西”等活动,启动积极打造“云游览、云赏艺、云阅读”等线上文化产品。举办2020年山西省第六次旅游发展大会及“山西文化旅游投融资项目洽谈会”,签约18个项目,共计317.2亿元。

(二)精准管理,有序推进复学复课工作。疫情前期,省教育厅在指导学校全面做好疫情防控的同时,统筹做好教育教学管理工作,确保“停课不停教、不停学”。中小学校通过在线直播课堂、网络点播教学、电视视频学习等形式,为广大中小学生提供丰富优质的网络教育教学服务。省通信管理局共为2567所学校超过400万中小学生提供了在线学习网络保障,并出台了对学校和教师减免宽带费等优惠政策。高校依托“山西高校精品课程建设联盟”和教育部在线课程平台,将140门精品共享课程和2.4万余门在线课程免费开放使用;高职院校利用203个职业教育专业教学资源库,向全省高职学生提供覆盖19大类专业的全部课程。落实分级分区防控要求,省教育厅及时印发《全省学校开学返校“1+3”工作预案》,省疫情防控办印发了《山西省教育系统新冠肺炎疫情防

控开学验收指导意见的通知》《关于做好2020年春季学期全省高校有序返校复学工作的通知》《关于统筹做好全省中小学各学段开学有关工作的通知》，确保省委“十个到位”要求不折不扣落到实处，全面压实属地党政责任、教育行政主管部门责任、卫健部门防疫责任，推动学校、家长、学生“三位一体”共同做好科学防护和健康管理，周密闭环做好疫情防控和开学准备各项工作，切实筑牢校园疫情防控安全网。按照分期、分批、错时、错峰开学的原则，落实“一校一策”，全面有序推进各学段开学复课。周密部署，打出“组合拳“，认真做好常态化疫情防控条件下高考中考、暑期、秋季开学等相关工作，确保了防疫安全。

（三）精准统筹，全面做好各项发展工作。一是战“疫”战贫都要赢，确保脱贫攻坚任务如期全面完成。努力克服疫情影响，精准落实产业就业、兜底保障等帮扶措施，开展好消费扶贫月活动，保持扶贫小额信贷政策稳定性，促进贫困人口稳定增收。聚力解决“三保障”和安全饮水突出问题，实现静态清零、动态保障，确保脱贫质量成色。省政府办公厅印发《关于克服疫情影响确保贫困群众产业就业增收有关政策措施的通知》，制定了6个方面28条具体举措。省财政厅通过一系列积极的财政政策，帮助贫困地区解决产业发展难题，已提前下达各贫困县转移支付47.2亿元。省人社厅联合省扶贫办出台一揽子举措，对贫困劳动力优先“建档立卡”，落实一次性交通、职业介绍、吸纳就业和稳岗补助，推进有组织劳务输出，开发扶贫公益岗，托底安置劳动力。二是防“疫”农耕同推进，不失时机抓好农业生产。抢抓农时，一手抓疫情防控，一手抓农耕生产。全力抓好春浇灌溉工作。发挥铁路运输优势，全力保障化肥、粮食等物资运输。利用农资电商及物流配送平台提供“点对点”等农资创新服务，多部门协同，打通农资流通“最后一公里”。面对疫情冲击，坚决压实全年粮食播种面积4700万亩、全年粮食产量138.4亿公斤的指标责任，深入实施“藏粮于地、藏粮于技”战略，积极开展抗旱指导服务、防范灾害性天气和重大病虫害防治，确保全省夏粮丰收，实现单产创历史新高、总产大幅增长，为山西省粮食安全、“三农”转型发展蹚出新路增添了信心和底气。三是抗“疫”治污齐攻坚，努力提升绿色发展水平。省生态环境厅构建省、市、县三级生态环境部门纵向联动指挥体系，完善与卫健、海关等部门横向联动机制。出台开通建设项目审批“绿色通道”、加强疫情防控环境监管等10条措施，全力支持企业复工复产。启动全面排查整治入河排污口行动和黄河（汾河）流域违法排污专项执法清零行动，充分利用科技手段开展非现场检查，首笔排污权抵押融资2000万元业务成功落地。出台医疗废物收运处置技术指南、生态环境应急监测等10余项文件。对全省医疗机构及设施环境监管和服务全覆盖，医疗废物、医疗污水及时有效收集转运和处理处置100%全落实。

九、突出体系能力建设，依法科学防控夯基石

（一）因需而动，为疫情防控提供强大科技支撑。省委、省政府把加强新冠肺炎防控科研攻关作为重大紧迫任务，既抓当务之急，又抓长远之需。在应当下之急上，聚焦可溯、可诊、可防、可治，分兵合力开展科研攻关。省科技厅分三批定向紧急委托立项4类20个项目，省卫健委紧急立项6类19个项目。在可溯方面，构建了准确率达98.79%的全省疫情传播预测模型；在可诊方面，取得了影像学表现、疑似病例解除隔离建议、试剂盒检测、病毒核酸自动提取、温环介导扩增方法等初步成果；在可防方面，完成了EK1（特异性抗病毒多肽）主要研究并进行消字号产品备案；在可治方面，山西省承担了国家中医药新型肺炎应急救治科研专项，山西中医院和山西中医药大学附属医院研制的7种治疗新冠肺炎医疗机构制剂获批，成为全国第五个获批防治新冠肺炎制剂生产的省份。省汾阳医院、山西医科大学第一医院、第二医院、省中医院、省中西医结合医院、山西中医药大学附属医院、振东制药在诊疗方案优化、中西医结合治疗、医疗机构中药制剂、中药制品等方面取得进展或者明显成效。血浆疗法对重症患者疗效显著。在抓长远之需上，瞄准建立健全集“防、控、治、研、学、产”为一体的公共防疫体系目标，加快推进科研平台团队建设，瞄准国内一流水平，组织建设由省疾病预防控制中心牵头、10家机构参加的重大传染性疾病防控与诊治山西省重点实验室，明确了“防、控、治、研、学、产”结合和医工医理结合的发展方向，初步规划协同开展省、厅级或自选新冠肺炎专题项目38项。

（二）依法而行，为疫情防控提供有力法治保障。在整个疫情防控过程中，注重从立法、执法、司法、普法、尊法各环节发力，全面提高依法防控、依法治理能力。省人大常委会审议通过并公布施行《关于修改〈山西省实施《中华人民共和国野生动物保护法》办法〉的决定》《山西省禁止公共场所随地吐痰的规定》等，省人民政府及办公厅先后发布《关于加强野生动物及其制品管控的通告》《关于全面禁止非法猎捕交易食用陆生野生动物的通知》，阻断可能的传染源和传播途径。省市场监管局批准发布了集中医学观察场所、入境旅检现场消毒技术指南等7项疫情防控省级地方标准，为全国首例。省委全面依法治省委员会执法协调小组印发《关于严格规范新冠肺炎疫情防控行政执法工作的八条意见》，指导各地、各部门依法实施疫情防控及应急处置措施，依法规范企业复工复产，依法做好疫情报告和信息发布。各级人民法院、人民检察院、公安机关、司法行政机关严格落实《关于依法惩治妨害新型冠状病毒感染肺炎疫情防控违法犯罪的意见》，完善疫情防控执法司法工作机制，依法及时查处妨害疫情防控的案件。开展疫情防控专项法治宣传行动和法律援助，发挥人民调解、行政调解、司法调解作用，及时有效化解因疫情引发的社会矛盾纠纷。

（三）向远而谋，为疫情防控提供有效战略机制。针对这次疫情暴露出来的短板，山西省及时启动了完善重大疫情防控体制机制、健全公共卫生应急管理体系的工作，组建课题研究专班，分公共卫生应急指挥响应、公共卫生法治保障、疾病预防控制、重大疫情防控救治、重大疾病医疗保险救助、应急物资保障等6个领域合成推进，并将“山西省重大疫情防控体制机制和卫生应急管理体系建设”理论研究列入2020

年全省软科学研究项目。启动省疾控中心新建项目,完成土地预审和选址意见书及项目建议书批复。稳步推进省市共建P3实验室。省人民政府与中国生物技术股份有限公司签署疫苗联合研究开发中心、疫苗临床研究基地框架协议。认真贯彻落实习近平总书记视察山西重要讲话精神,加快补短板工作,研究制定理顺医药卫生体制、改革疾病预防控制体系、提升疫情监测预警能力、完善公共卫生应急法律法规、健全重大疫情公共卫生应急管理、健全重大疫情应急救治体系等6项任务清单,从大处着眼、细处入手谋划抓落实。

十、加大激励宣传力度,汇聚疫情防控正能量

(一)大力加强组织领导,形成新闻宣传的强大合力和规模声势。省委宣传部建立疫情防控宣传和舆论引导工作机制,成立疫情防控宣传和舆论引导工作领导小组、联防联控工作机制宣传组、疫情防控信息发布工作小组、联防联控工作机制宣传组,由省委常委、宣传部长牵头具体实施,每两日组织召开一次疫情防控宣传引导碰头会。印发《关于进一步做好应对肺炎疫情宣传引导工作的通知》《关于进一步加强疫情防控宣传和舆论引导工作的通知》等指导意见。各级宣传部门和各新闻单位强化连续作战意识、跟进意识和快速反应机制,强化应对疫情宣传引导一盘棋思想,形成宣传报道合力。省委网信办成立工作专班,全面加强属地网站平台管理,强化网上正面宣传引导,及时、准确、高频次推送重点新闻报道,严格管控各类违法违规有害信息。

(二)大力宣传党中央、国务院和省委、省政府决策部署,营造万众一心、群防群控的社会氛围。全省各级新闻单位坚持第一时间报道党中央、国务院和省委、省政府的决策部署,及时反映山西省各级各部门贯彻落实的安排和举措,宣传广大干部群众开展群防群控取得的成效。省政府新闻办先后组织召开20余场新闻发布会。在主流媒体精心策划综合性大文章,大视野、全方位展现山西省众志成城、守好疫情防控“山西阵地”的感人场景,对动员、鼓舞全省人民投身抗疫斗争发挥了积极的推动作用。配合复学复课,组织教育系统为学生上好疫情防控“开学第一课”。省委宣传部、山西广播电视台联合制作了电视专题片《用忠诚担当书写勇毅前行的山西答卷——新冠肺炎疫情防控斗争启示录》,纪录片全景式展示了省委团结带领3700万山西人民,牢牢守住“山西阵地”,不计代价支援湖北,有力推进经济社会发展,坚定扛起入境进京分流责任,全面抓实常态化疫情防控的“山西答卷”。

(三)大力宣传疫情防控科学知识,提高群众自我防护能力。针对不同阶段防控重点,充分利用广播、电视、报纸、官网、融媒体平台开展疫情防控健康知识的宣传普及,针对群众关心的热点问题,组织专家专访、集中采访及专家连线采访40余次,协同电台录制防控知识200多条。录制100集《新型冠状病毒肺炎预防手册》科普音频。在山西电视台、黄河电视台、山西卫视、山西综合广播、健康之声广播等电视电台播出各个时节的防控知识。推出《爱心连线》《疫情心理援助热线》等特别节目。省委宣传部与省卫健委共同印制发放新冠肺炎疫情防控宣传画6万套、口袋书和宣传页3万本,各市印制发放宣传资料900余万册、宣传海报5万余份、标语条幅8.5万余条。累计发送疫情防控公益短信2022万余条。在城区主干道、各大广场、火车站、旅客列车、高速路口等显要位置及所有行政村、社区,通过悬挂横幅、播放电子显示屏、大喇叭广播等形式,扩大宣传覆盖面,提高全民知晓度。充分发挥12320卫生热线的桥梁纽带作用,为公众解答疫情防控各类政策和群众关心的各种问题。充分利用信息化手段,向所有入晋途晋人员推送防疫信息,引导群众落实个人防控责任。

(四)大力宣传先进典型事迹,凝聚战胜疫情的磅礴伟力。聚焦抗疫一线基层干部群众和医务工作者,建立从央媒到省媒、从传统媒体到新兴媒体、从前方到后方的全方位、立体化的先进典型宣传格局。中央电视台、山西日报、山西组工网等主流媒体先后高频度报道山西省抗击疫情先进事迹。省委宣传部建立支援湖北医疗队宣传报道前后方协调工作机制,山西日报、山西广播电视台派出骨干记者一同奔赴一线,采写山西省医疗队在湖北支援的鲜活事迹。山西卫视播放了电视文艺演出“礼赞白衣战士”。省妇联在“三八”国际妇女节期间,对奋战在抗疫一线的4名国家级“三八红旗手”和50名省级“三八红旗手”的先进事迹进行了集中报道。山西省关炜等25人获评全国抗击新冠肺炎疫情先进个人,山西省支援湖北抗击疫情前方指挥部等10个集体获评全国抗击新冠肺炎疫情先进集体。范梦柏等3人获评全国优秀共产党员,山西省第一批援鄂医疗队临时党支部等3个党组织获评全国先进基层党组织。

(五)大力关心关爱一线基层党员干部和医务人员,激发无私奉献的强大动力。省委组织部制定《关于激励关爱抗击疫情一线基层党员干部的十八条措施》,综合采取政治激励、组织激励、工作激励、精神激励等多种方式,引导党员干部和专家人才在抗疫斗争中走在前、作表率,并对表现突出的干部破格提拔使用。及时划拨1700万元党费,带动各级党组织划拨近7000万元党费,支持基层党组织开展疫情防控工作,慰问一线医务工作者和党员干部,补助因“疫”致困的党员干部和群众。省委、省政府,以及省委组织部、省总工会等部门先后向全省医务人员发出慰问信,省委书记楼阳生、省长林武和副省长吴伟同志多次连线太原第四人民医院省市专家组和支援湖北前方医务人员,多次就落实一线人员待遇做出重要批示。省财政对支援湖北医疗队员每人给予一次性慰问补助6000元,全省一线医护人员每日补助300、200元。省人社厅与卫生健康委联合下达《关于做好新冠肺炎疫情防控一线医疗卫生专业技术人才职称评审和岗位聘用的通知》,对抗疫一线的专业技术人才,在职称评审中给予优先参评、免继续教育学分、免外语考试等优惠。省通信管理局推出了免停机、缓停机、紧急开机等特殊服务政策,为山西省援鄂一线医护人员赠送或减免话费。团省委对抗疫一线医务人员开展“五帮五送”活动。政社企多机构联合启动“晋心抗疫·巾帼助力关爱援鄂医护人员行动”,向全省所有支援湖北医护人员

家庭按需免费配送生活用品“暖心包”。

十一、主要经验和启示

这次疫情防控，既是一场大战，也是一场大考。在这场大战大考中，山西付出了艰辛的努力，得到全方位的锻炼和提高，同时也积累了宝贵的经验，得到了许多有益的启示。

一是发挥党的集中统一领导的显著优势，是夺取抗疫斗争胜利的根本保证。在这场错综复杂、风险叠加的抗疫斗争中，省委坚定不移地贯彻落实中共中央《关于加强党的领导、为打赢疫情防控阻击战提供坚强政治保证的通知》要求，把加强党的集中统一领导贯穿抗疫斗争始终。省委带头扛起主责，全省上下建立由党政一把手挂帅的强有力的组织领导体系，不折不扣地坚决执行中央的决策部署，形成了统一领导、统一指挥、统一调度、统一行动、令行禁止、雷厉风行的强大执行力和落实力。各级领导靠前指挥，深入最危急的地方解决问题。基层党组织和广大党员坚定地站在抗疫斗争第一线。通过这次抗疫斗争，山西人民更加深刻的认识到，党的领导是山西应对重大挑战、抵御重大风险、克服重大阻力、解决重大矛盾，夺取新时代中国特色社会主义伟大胜利的根本保证和关键所在，必须坚定不移地加强党对一切工作的领导，不断增强党的政治领导力、思想引领力、群众组织力、社会号召力，把党的理论优势、政治优势、组织优势、作风优势和制度优势转化凝心聚力、克难攻坚的制胜优势。

二是发动和依靠群众群防群控，是夺取抗疫斗争胜利的前提基础。抗疫斗争是一场人民战争。全省各级党组织坚持走党的群众路线，坚定自觉地把发动群众、依靠群众、组织群众贯穿于疫情防控的各个阶段、各个环节，全省建立起横向到边到界无缝对接、纵向到村到户不留死角的防控网格，形成了群策群力、群防群控的工作格局。正是因为群策群力、群防群控，平遥重灾区做到了3414名湖北返乡人员无1人外流，全省6.9万名湖北入晋人员的排查做到了“三天清零”；正是因为群策群力、群防群控，才取得了确诊病人“零病亡”、医务人员“零感染”、确诊、疑似和留观人员“零输出”的辉煌战绩，才创造了使86岁的急危重症患者“起死回生”的医学奇迹。实践证明，群众路线是我们克敌致胜、冲破一切艰难险阻的法宝。我们必须更加坚定不移地践行党的群众路线，更加牢固地树立以人民为中心的发展思想，充分尊重和最大限度地激发人民群众的首创精神，依靠人民创造历史伟业。

三是充分发挥卫生健康系统主阵地和广大医务工作者主力军作用，是夺取抗疫斗争胜利的必要条件。在这场来势凶猛的疫情面前，全省卫生健康系统坚决扛起守卫人民生命健康的责任，聚全系统之智、举全系统之力，昼夜奋战在疫情防控的主阵地，发挥了中流砥柱作用。广大医务工作者视疫情为命令，义无反顾冲上疫情防控第一线，舍生忘死，用奉献践行诺言、用真情传递大爱、用生命护卫生命，谱写了感天动地、可歌可泣的英雄壮歌。全省卫生健康系统在这次抗疫斗争中，以对党忠诚、对人民、对事业高度负责的精神面貌，以敢于战斗、敢于牺牲、敢于全胜的强大意志，以守住“双零”目标，令人信服的突出成绩，为“敬佑生命、救死扶伤、甘于奉献、大爱无疆”的新时期卫生职业精神做出了最好诠释。实践证明，山西省医疗卫生队伍是一支信得过、冲得上、打得赢的过硬队伍，广大医务人员是新时代最可爱的人。山西必须大力弘扬新时期卫生职业精神，进一步在全社会营造尊医重卫的良好氛围。

四是坚持依法科学防控，是夺取抗疫斗争胜利的重要保障。这次抗疫斗争是对治理体系和治理能力的集中检视和重大考验。山西坚持依法防控，用法治思维和法治方式开展疫情防控工作，强化疫情防控法制保障，规范疫情防控行政执法，加强疫情防控司法保障，在法治轨道上统筹推进各项防控工作。山西坚持科学防控，分层分区分级响应，精准精确精细防控。通盘考虑疫情防控全局和转型综改大局，科学研判疫情形势，精准把握节奏力度，有序做好抗击疫情和改革发展安全稳定民生各项工作，有效保证了抗疫斗争和经济社会发展双赢。实践证明，治理体系和治理能力是推进伟大事业、战胜各种困难的强大动力，必须在经受各种风险考验中不断完善治理体系，在执行急难险重任务中不断锤炼各级领导干部的治理能力。

五是凝聚万众一心、共克时艰的民族精神，是夺取抗疫斗争胜利的不竭动力。患难见真情，大疫显大爱。在疫情灾害面前，山西人民在党的坚强领导下，大局意识、团结意识、奉献意识空前强烈，形成了万众一心、众志成城的磅礴伟力。在这场全民皆兵的抗疫斗争中，有剃发上阵、冲锋在救死扶伤最前线的医务人员，也有在后方加班加点抢工期生产防疫物资的普通民众；有牺牲在抗疫途中的民警，也有日夜坚守、默默付出的社区工作者。从各级“五大班子”的机关工作人员，到各行各业的干部职工；从驻晋部队和武警部队官兵，到海外华侨晋籍人员；从各民主党派、工商联和无党派人士，到各人民团体成员，大家都有一个共同的目标，都在为抗疫斗争作贡献，表现出巨大的凝聚力和团结协作精神，充分彰显了中国特色社会主义的无比优越性。这种万众一心、共克时艰的抗疫精神必须倍加珍惜、大力弘扬。

六是坚实雄厚的物质技术保障，是夺取抗疫斗争胜利的重要支撑。这次抗疫大战，也是对山西省经济和科技实力的大考。省委、省政府发挥集中力量办大事的优势，快速集中投入专项资金，快速统一调度防疫物资，快速购置检测诊断和治疗设备，快速组织防疫科研攻关，快速启动紧缺物资应急生产，快速调配保障居民生活必需品，有力保障了抗疫斗争的物质技术需求，有效维护了市场稳定和社会安定。实践证明，发展是硬道理，是战胜一切艰难险阻的重要基础。山西必须坚定不移地推进高质量发展，持续深化转型综改，不断增强经济实力和综合竞争力，为战胜各种困难和风险提供坚实的物质技术支撑。

（省卫生健康委员会　季　巍）

附一：

全国抗击新冠肺炎疫情表彰名单(山西)

全国抗击新冠肺炎疫情先进个人(25名)

关　炜　　山西省中医药研究院(山西省中医院)肺病科副主任,副主任医师
张惠蓉(女)　山西医科大学第一医院儿科护士长,副主任护师
原大江　　山西医科大学第二医院重症医学科主任,主任医师
张颖惠(女)　山西医科大学第二医院护理部副主任,主任护师
何　梅(女)　山西省人民医院呼吸与危重症医学科副主任,主任医师
何　华(女)　山西省人民医院重症医学科护士长
杨晓静(女)　山西白求恩医院(山西医学科学院)重症医学科副主任,主任医师
王　献　　大同煤矿集团有限责任公司总医院重症医学科主任,主任医师
郝红慧(女)　运城市稷山县人民医院重症医学科护士长,副主任护师
杨　鹏　　山西省阳泉第二监狱医院监内外科护士长
范梦柏　　太原市第四人民医院党委委员,主任医师
郭建娥(女)　太原市疾病预防控制中心副主任,主任医师
李满生　　太原市万柏林区兴华街道后北屯社区党委副书记、居委会主任
梁鹏飞　　山西省平遥县人民医院副院长、神经内科主任,主任医师
董晓霞(女)　晋中市平遥县香乐乡党委书记
马　霞(女)　山西医科大学第一医院呼吸与危重症医学科主任医师
姜　萍(女)　山西医科大学第二医院心血管内科CCU主管护师
李廷荃　　山西中医药大学附属医院党委副书记、院长,主任医师
任斌知　　山西省疾病预防控制中心疾病检验科科长,副主任技师
王美霞(女)　山西医科大学第一医院重症医学科副主任,主任医师
陈　浩　　晋城市人民政府党组成员,市公安局党委书记、局长
梁　震　　山西广播电视台新闻中心摄像记者
张秀珍(女)　忻州市五台县居民办事处西米市社区党支部书记
陆　玫(女)　山西天龙救援队队长
张晓峰(女)　山西省价格监督检查与反垄断局基层室主任
刘晓芳(女)　中国化学工程中化二建集团医院护士长

全国抗击新冠肺炎疫情先进集体(10个)

山西省支援湖北抗击疫情前方指挥部
山西省第一批援鄂医疗队临时党支部
太原市小店区平阳路街道亲贤社区党委
晋中市平遥县杜家庄乡苏家堡村党支部
太原市第四人民医院党委
山西省中医药研究院(山西省中医院)
山西省疾病预防控制中心
山西东华制衣有限责任公司
太原国际机场有限责任公司党委
山西省人民政府外事办公室涉外管理处

全国优秀共产党员和全国先进基层党组织名单

全国优秀共产党员(3名)

范梦柏　　　太原市第四人民医院党委委员,主任医师
张颖惠(女)　山西医科大学第二医院护理部副主任,主任护师
陈　浩　　　晋城市人民政府党组成员,市公安局党委书记、局长

全国先进基层党组织(3个)

山西省第一批援鄂医疗队临时党支部
太原市第四人民医院党委
太原国际机场有限责任公司党委

附二:

山西省抗击新冠肺炎疫情表彰奖励名单

山西省抗击新冠肺炎疫情表彰奖励个人名单

(按姓氏笔画排序)

一、山西省抗击新冠肺炎疫情先进个人(19名)

田新端(女)　山西医科大学第二医院呼吸与危重症医学科副主任,主任医师
刘冰新(女)　山西省肿瘤医院护理部副主任,副主任护师
闫新明　　　山西白求恩医院(山西医学科学院)急诊医学外科主任,主任医师
李　军　　　山西医科大学第一医院呼吸与危重症医学科党支部副书记,主任医师
李喜梅(女)　山西省人民医院重症医学科,副主任医师
李慧芬(女)　长治医学院附属和平医院麻醉支部书记,副主任医师
张丽晖(女)　山西白求恩医院(山西医学科学院)医疗保健处执行处长、综合医疗科执行主任,主任医师
陈拥军　　　晋城市城区南街街道凤西社区党支部副书记
赵　卉(女)　山西医科大学第二医院呼吸与危重症医学科支部书记、副主任,主任医师
赵　君(女)　太原市第四人民医院肿瘤科护士长,副主任护师
郝芯郦(女)　山西医科大学第一医院呼吸与危重症医学科,主管护师
段　燕(女)　山西省肿瘤医院重症监护室副主任医师
贺　祺　　　山西青盛伟业人力资源有限公司渠道专员
秦　洁(女)　山西省人民医院医务处质控科科长、内分泌科主任,主任医师
袁兆辉(回族)山西日报社记者部记者
郭淑明(女)　临汾市中心医院党委副书记、院长,主任护师
常　鹏　　　晋城大医院心胸外科副主任,副主任医师
董红霖　　　山西医科大学第二医院党委委员、副院长,血管外科支部书记、主任,教授
程劲光　　　晋中市第一人民医院呼吸与危重症医学科副主任,副主任医师

二、记一等功(31名)

马文途　　　晋城市人民医院呼吸与危重症医学科副主任,主任医师
王改玲(女)　山西白求恩医院(山西医学科学院)心血管内科副主任医师

王鸿耀　　山西省公安厅情报处处长兼网安总队副总队长、警务技术二级主任
牛　钦　　山西卫信医疗科技有限公司董事长、总经理
牛记军　　太原市急救中心特勤队主治医师
刘　虹(女)　山西医科大学第一医院重症医学科主任,主任医师
刘光珍　　山西省中医药研究院(山西省中医院)院长,主任医师、教授
安立平　　长治市沁源县卫生局卫生监督所所长,主治医师
李　红(女)　山西医科大学第一医院发热门诊副主任,教授
李国岗　　运城市第二医院院长助理、血液净化室主任,主治医师
李昀卓　　山西广播电视台新闻中心记者
李胜文　　山西省人民医院肿瘤科副主任医师
张　宏　　山西省荣军医院副院长、内科主任,主任医师
张素萍(女)　晋中市第一人民医院感染管理科主任,主任护师
张新日　　山西医科大学第一医院呼吸与危重症医学科主任,主任医师
陈　勇　　山西大同大学附属医院副院长、医务科科长,副主任医师
陈宝枝(女)　晋中市第一人民医院护理部主任,副主任护师
武建忠　　吕梁市卫生健康委员会原党组成员、副主任
帖　萍(女)　山西省疾病预防控制中心地方病防控科科长,副主任医师
赵　娟(女)　山西医科大学第一医院精神科中区护士长,主管护师
赵君宇　　山西省疾病预防控制中心疾病检验科技师
侯耀英　　太原市小店区医疗集团人民医院麻醉手术科副主任,主治医师
栗江霞(女)　山西省人民医院神经内科护士长,主任护师
郭　焱(女)　山西医科大学第一医院重症医学科支部书记、副主任,副主任医师
郭沁建　　山西省公安厅机关党委专职副书记
崔模林　　大同市第四人民医院副院长,主任医师
葛波蔚　　太原市政府党组成员、副市长,太原市公安局党委书记、局长,山西省公安厅党委委员
蒋　蕊(女)　山西省人民医院呼吸科副主任医师
蒋　毅(女)　山西医科大学第一医院呼吸与危重症医学科副教授
薛文龙　　山西白求恩医院(山西医学科学院)院感办公室科员
薛岚平　　山西白求恩医院(山西医学科学院)神经内科副主任医师

三、记二等功(60 名)

刁士琦　　临汾市第三人民医院院长,副主任医师
王　蓓(女)　山西医科大学第二医院睡眠医学诊疗中心主任、内科副主任,主任医师
王亚名(女)　长治市中医医院呼吸科副主任,医师
王军红(女)　山西省卫生健康委员会综合监督处二级调研员
王彩玲(女)　山西医科大学第二医院重症医学科三病区副护士长,主管护师
王骥涛　　太原市疾病预防控制中心微检科科长,副主任技师
石　华　　大同市疾病预防控制中心疾病检验科科长,副主任医师
石海鹏　　山西白求恩医院(山西医学科学院)重症医学科主治医师
史志强　　山西省肿瘤医院重症监护室护师
白云康　　太原市市容环境卫生中心市容管理处处长
白文启　　山西省肿瘤医院党委委员、副院长,医务科主任, 主任医师
白学礼　　山西白求恩医院(山西医学科学院)呼吸与危重症医学科主治医师
成　芳(女)　晋城市人民医院重症医学科护士长,主管护师
成孟瑜　　山西白求恩医院(山西医学科学院)呼吸与危重症医学科副主任,主任医师
乔泽飞　　晋中市公安局党委委员、副局长,二级高级警长
任晓欢(女)　山西省荣军医院内科护士长,主管护师
刘　毅　　山西省人民医院神经内科副主任,主任医师

刘会勇　　山西省晋城监狱监内医院护士
刘芳军　　中国铁路太原局集团有限公司劳动和卫生部卫生防疫科科长，主任医师
刘晓红（女）　山西医科大学第二医院呼吸与危重症医学科副主任医师
刘海召（女）　朔州市人民医院心内科护士长，副主任护师
闫　荔（女）　山西省中西医结合医院院感科主任，副主任医师
闫春光　　晋中市平遥县医疗集团中医院副院长，主治医师
安　健（回族）山西省心血管病医院党委委员、副院长，主任医师
贡建波　　晋中市传染病医院党支部书记、院长
杜红旗　　晋城市泽州县人民医院神经内科一病区副主任，主治医师
李银鲜（女）　山西省人民医院神经外科肿瘤二病区护士长，副主任护师
杨　慧（女）　山西医科大学第一医院感染病科副主任，副主任医师
杨耀荣　　山西交通控股集团有限公司安全环保部业务主管，高级工程师
吴春玲（女）　临汾市人民医院保健科主任，主任护师
张　芳（女）　山西省儿童医院（山西省妇幼保健院）儿童重症医学科副主任，副主任医师
张　燕（女）　山西白求恩医院（山西医学科学院）普通外科护士长，副主任护师
张　赟　　运城市中心医院重症医学科副主任，主治医师
张文平　　长治医学院附属和平医院副院长，副教授
张立文　　西山煤电（集团）有限责任公司职工总医院呼吸内科副主任医师
张丽仙（女）　山西省通信管理局信息通信管理处处长、一级调研员
张国虹（女）　山西白求恩医院（山西医学科学院）普通外科护士长，副主任护师
张朝华　　山西省卫生健康委员会法规处副处长（主持工作）
张祺斌　　山西省汾阳医院医务科科长，主治医师
陈　杰　　大同市公安局巡特警支队二中队负责人、二级警长
畅晋军　　晋城市第二人民医院城区医疗集团副院长，副主任医师
岳永宁　　吕梁市公安局出入境管理支队政委
岳华杰　　山西医科大学第一医院 CT 影像科主管技师
金雪龙　　太原市卫生局卫生监督所党委委员、副所长，主任医师
赵俊霞（女）　运城市疾病预防控制中心传染病防治科科长，主任医师
赵家斌　　阳泉市第一人民医院急诊科副主任，副主任医师
郝轶群（女）　山西医科大学第一医院风湿免疫科副主任医师
南志勇　　山西中医药大学附属医院耳鼻喉科主治医师
耿玉庆　　阳泉市第三人民医院呼吸内科主任，副主任医师
栗　新（女）　忻州市疾病预防控制中心党组书记、主任，主任医师
郭　力（女）　吕梁市疾病预防控制中心主任
郭　伟　　山西省肿瘤医院内科二支部书记、呼吸二病区副主任，主任医师
郭长城　　太原市中心医院呼吸科主治医师
郭鸿雁（女）　山西广播电视台科教频道制片人
曹　欣（女）　太原海关卫食处卫检科四级主任科员
商临萍（女）　山西医科大学第一医院感染管理科主任，主任护师
董　瑛（女）　山西医科大学第二医院神经外科病区副护士长，主管护师
程　瑾　　大同市第五人民医院呼吸与危重症医学科副主任，副主任医师
谢　锐　　临汾市公安局警令部副主任、二级警长
潘朝霞（女）　运城市第二医院结核二科主任，副主任医师

四、记三等功(105 名)

丁爱国　　朔州市人民医院中医科副主任，主治医师
马　晋　　山西省卫生健康委卫生监督所党委委员、副所长
王　飞　　山西省心血管病医院老年医学科常务副主任兼老年医学科心内病区主任，主治医师

王　喆　　西山煤电(集团)有限责任公司职工总医院磁共振室副主任,副主任医师

王　静(女)　晋城市疾病预防控制中心检验科微生物检验室负责人,主管技师

王玉璟　　大同市云冈区人民政府原党组成员、副区长

王东东　　吕梁市兴县医疗集团人民医院急诊科护士长,主管护师

王东明　　运城市第二医院医务科主任,主治医师

王秀梅(女)　山西白求恩医院(山西医学科学院)手术室总护士长、中心手术部护士长、支部书记,副主任护师

王宏晋(女)　大同市第二人民医院副院长,主任医师

王贤伟　　晋中市左权县县委常委、副县长

王建红(女)　阳泉市第三人民医院介入治疗科主任、心内科副主任,副主任医师

王建国　　大同市公安局警务督察支队现场大队大队长、四级警长

王崇刚　　山西医科大学第二医院感染性疾病科主任,主任医师

文亚玲(女)　运城市垣曲县医疗集团人民医院副院长,主任医师

石　强　　晋中市疾病预防控制中心卫生疾病检验科科长,主管技师

田志军　　晋城市人民政府秘书长

史志明　　临汾市中心医院心内科副主任,副主任医师

白旭斌　　山西省肿瘤医院教学办公室主任

冯旭琴(女)　山西省人民医院心外科护士长,主管护师

权耀生　　山西省汾阳医院感染性疾病科副主任,副主任医师

光丽琴(女)　阳泉市第三人民医院呼吸内科副护士长,主管护师

朱　静(女)　晋中市传染病医院院办主任、院感科副主任,副主任护师

乔建中　　太原市晋源区疾病预防控制中心主任,副主任医师

乔爱春(女)　山西白求恩医院(山西医学科学院)综合医疗科副主任、全科医疗科副主任,主任医师

乔海英(女)　运城市河津市医疗集团人民医院护理部副主任,主管护师

任　刚　　山西白求恩医院(山西医学科学院)神经内科主治医师

任丽红(女)　太原市清徐县医疗集团人民医院急诊科护师

任基伟　　山西省肿瘤医院医技第四支部副书记,副主任医师

任跃君(女)　山西省肿瘤医院放疗胸部二病区护士长,副主任护师

刘　寰(女)　太原市精神病医院心理分院副护士长,副主任护师

刘义民　　山西省公安厅警务保障部总会计师、一级调研员

刘少云　　山西广播电视台科教频道记者

刘甫宪　　临汾市卫生健康委员会二级调研员

刘建国　　晋中市第一人民医院呼吸与危重症医学科主任,主任医师

孙　丹(女)　大同市左云县医疗集团人民医院内科护士

芦　晶　　阳泉市疾病预防控制中心第三党支部书记、疾病检验科科长,副主任技师

李　飞　　山西省人民医院呼吸科副主任医师

李　英(女)　晋城市人民医院重症医学科护师

李　杰　　山西省中医药研究院(山西省中医院)心病一科副主任医师

李　昀　　山西省公安厅交警总队高速一支队秩序科副科长、一级警长

李　鑫　　太原市市场监管综合行政执法队正科级干部

李学文　　山西白求恩医院(山西医学科学院)副院长,主任医师

李宝亮　　忻州市疾病预防控制中心检验一科科长,主任技师

李砚文　　阳泉市第一人民医院呼吸与危重症医学科主治医师

李俊杰　　运城市万荣县医疗集团人民医院中医科主任,副主任医师

李俊慧　　西山煤电(集团)有限责任公司职工总医院急诊科副主任,副主任医师

杨　欢　　临汾市疾病预防控制中心检验科副科长,主管技师

杨双宝　　大同市灵丘县白崖台乡王村铺村原党支部书记

杨建钢　　大同市第三人民医院重症医学科主治医师

吴军华　　山西省卫生健康委员会体制改革处副处长

宋　燕(女)　长治医学院附属和平医院重症医学科护士长，主管护师
张　军　　山西省公安厅民用机场公安局运城机场公安分局一级警长
张　鹏　　晋城市公安局交通警察支队党总支书记、支队长
张小娟(女)　山西省汾阳医院感染性疾病科副护士长，主管护师
张中权　　长治市人民医院感染性疾病科主任，副主任医师
张玉萍(女)　忻州市人民医院副院长，主任医师
张志民　　大同市灵丘县公安局红石塄派出所原教导员、四级高级警长
张凯星(女)　大同市第三人民医院呼吸与危重症医学科护士长，主管护师
张振国　　朔州市山阴县中医医院中医肺病科主任，医师
张缭云(女)　山西医科大学第一医院感染病科支部书记、主任，主任医师
陈　晨　　山西省荣军医院内科副主任，主治医师
陈石榴(女)　山西省人民医院器官移植科三病区护士长，主管护师
陈国忠　　太原市尖草坪区疾病预防控制中心慢病科科长，防疫医师
武　婷(女)　山西医科大学第一医院老年病科护士长，主管护师
范六七　　运城市急救中心急诊科医师
林威阳(满族)山西省卫生健康委员会职业健康处副处长
畅立宏(女)　运城市中心医院院感科主任，副主任护师
罗小飞(满族)山西省疾病预防控制中心信息网络管理科科长，网络工程师
周　峰　　太原市中心医院神经内科主治医师
郑传杰　　山西省卫生健康委卫生监督所党委副书记、所长
郑晓峰　　山西省人民政府外事办公室涉外管理处处长、一级调研员
孟国昌　　吕梁市疾病预防控制中心副主任，主任医师
赵　峰　　忻州市第二人民医院呼吸消化科副主任，主治医师
赵　薇(女)　山西省心血管病医院神经内科 3 病区护士长，主管护师
赵肖娜(女)　运城市中心医院创骨疼痛护士长，主管护师
郝　斌　　山西白求恩医院(山西医学科学院)医务处处长、血管外科主任，主任医师
郝志飞　　太原市迎泽区医疗集团中医医院内科主治中医师
郝晓燕(女)　山西白求恩医院(山西医学科学院)心血管内科主管护师
荆晓平(女)　阳泉市第一人民医院内镜室护士长，主管护师
侯　丽(女)　太原市中心医院心内二科护士长，主管护师
侯永胜　　运城市公安局治安支队一大队大队长
侯锐钢　　山西医科大学第二医院药学部主任，主任药师
昝红艳(女)　山西白求恩医院(山西医学科学院)急危重症及其他系统总护士长兼急诊内科护士长，副主任护师
晋帅妮(女)　山西日报社工交部记者
郭　静(女)　山西医科大学第一医院重症医学科主管护师
曹　蓉(女)　山西省药品监督管理局行政审批管理处稽查专员
曹爱红(女)　山西省肿瘤医院重症监护室副主任医师
常　宇　　山西航空产业集团有限公司太原国际机场候机楼管理部急救中心主任，医师
常志刚　　山西省卫生健康委员会卫生应急办公室副主任
崔志强　　朔州市疾病预防控制中心检验科科长，副主任技师
康　蕊(女)　太原市杏花岭区红十字会副会长
梁志明　　山西省阳泉第一监狱医院(山西省阳泉荫营煤矿医院)监内医院护师
逯　伟　　晋中市寿阳县公安局辅警
喻　英(女)　山西白求恩医院(山西医学科学院)血管外科护士长，副主任护师
焦建明　　大同市广灵县医疗集团人民医院原检验科主任，主管检验师
舒　言　　山西省心血管病医院党委书记
曾亚军　　晋中介休市医疗集团人民医院副院长、急诊科主任，副主任医师
温　亚(女)　山西医科大学第二医院急诊科病区副护士长，副主任护师

富云霞(女) 大同市第五人民医院护理部副主任,主管护师
褚建梅(女) 太原市古交市妇幼保健计划生育服务中心儿科护师
管新丽(女,满族)山西医科大学第二医院骨科护师
薛晓波(女) 山西省心血管病医院重症医学科心脏重症病区副主任,副主任医师
冀晓鹏 山西省卫生健康委员会医政医管局一级主任科员
戴 微 山西省红十字会办公室主任

五、嘉奖(2278 名)
(略)

山西省抗击新冠肺炎疫情表彰奖励集体名单

一、山西省抗击新冠肺炎疫情先进集体(9 个)
山西省第二、五批援鄂医疗队临时党支部
山西省国家紧急医学救援队(山西省第三批支援湖北医疗队)
山西省退役军人事务厅支援湖北医疗队
山西省司法行政系统援助武汉医疗队
山西公安援汉工作队临时党总支
山西省新冠肺炎疫情防控工作领导小组办公室
太原市新冠肺炎疫情防控工作领导小组办公室
晋中市第一人民医院牵头的新冠肺炎医疗救助专家组
山西省汾阳医院党委

二、记大功(21 个)
山西支援湖北医疗队宣传报道(山西广播电视台)组
山西支援湖北医疗队宣传报道(山西日报社)组
山西省对口支援湖北仙桃市医疗队
山西省对口支援湖北天门市医疗队
山西省对口支援湖北潜江市医疗队
山西省第八批支援湖北医疗队
山西省第九批支援湖北医疗队
山西省第十一批支援湖北医疗队
山西省第十二批支援湖北医疗队
山西白求恩医院(山西医学科学院)
山西医科大学第一医院感染病科
山西医科大学第二医院
山西省公安厅新冠肺炎疫情防控工作指挥部
山西省工业和信息化厅消费品工业处
太原市公安局龙城铁骑
太原市中心医院
太原市疾病预防控制中心
山西省平遥县人民医院
晋中市新冠肺炎疫情防控工作领导小组办公室
运城市第二医院
大同市第四人民医院

三、记功(30 个)
山西省第十三批支援湖北医疗队

山西省第四批支援湖北医疗队
山西省对口支援湖北三市抗击疫情前方指挥部
山西支援武汉前方指挥部
山西省人民医院
山西省肿瘤医院
山西省儿童医院(山西省妇幼保健院)
山西省心血管病医院
山西中医药大学附属医院
山西省卫生健康委卫生监督所
山西省中西医结合医院
山西省煤炭中心医院
山西国际旅行卫生保健中心(太原海关口岸门诊部)
山西省华侨公益基金会
太原市急救中心
太原市迎泽区疾病预防控制中心
晋中市传染病医院
晋中市疾病预防控制中心
运城市疾病预防控制中心
运城市急救中心
大同市新冠肺炎疫情防控工作领导组办公室
大同市平城区卫生健康和体育局
晋城市人民医院
晋城市第三人民医院
吕梁市疾病预防控制中心
长治医学院附属和平医院
忻州市人民医院
朔州市人民医院传染病医院病区及驻病区市级专家团队
临汾市第三人民医院
阳泉市第三人民医院

(省卫生健康委员会)

2020 年山西省转型综改工作综述

2020 年,山西省委、省政府坚持以习近平新时代中国特色社会主义思想为指导,认真贯彻习近平总书记视察山西重要讲话重要指示,团结带领全省人民沿着习近平总书记指引的资源型经济转型发展“金光大道”笃定前行,国家资源型经济转型综改试验区建设加速推进。一是强化顶层设计。编制完成《山西省“十四五”转型综改试验区重大改革规划》,部署 23 项全局性、战略性、牵引性重大改革。制定出台《关于做好〈2020 年国家综合配套改革试验区重点任务〉贯彻落实的通知》,从能源革命、国资国企、营商环境、生态环境分区管控四个方面提出落实意见。二是强化统筹推进。将综改和深改一体部署整体推进,全年研究审议 41 个改革议题和 37 个重大改革方案。制定出台《中共山西省委全面深化改革委员会 2020 年重大改革项目及责任分工》,部署 80 项重大改革任务和 50 项改革试点。三是强化评估考核。对山西转型综改试验区成立以来建设情况及经验问题进行了全面检视、系统分析、认真评估,形成了总结评估报告。完善考核评分办法,提出了各市、各部门重点改革任务考核指标体系,加大抓改革落实考核权重,发挥“指挥棒”作用。四是强化督察问效。通过落实主体责任、下沉工作关口、创新方式方法等举措,扎实做好改革的日常督察、专项督察和重点督察,重点对相对集中行政许可权改革和现代医院管理制度试点情况进行督察。五是强化经验总结。总结提炼改革过程中涌现的特色亮点,山西省施工图审查制度改革、“点供”用地双平衡试点、农业生产托管服务试点、省属国企混改试点、生态环境保护制度等改革经验在中央改革办刊发的《改革情况交流》上登载。2020 年,综改关键领域改革向纵深推进,全省高质量发展取得新成效,实现转型入轨并呈现强劲态势。

一、围绕创新发展,构建现代产业体系

一是创新生态持续优化。出台加快构建创新生态指导意见,加快发展新基建、新技术、新材料、新装备、新产品、新业态,以产业、教育、医疗等创新资源密集领域为重点,推进"111""1331""136"三大创新工程,持续完善以智创城为载体的双创体系,积极创建国家实验室、大科学装置和超算中心等创新平台,国家重点实验室、企业技术中心分别达到5个和31个,院士工作站达到114个,高新技术企业数量比2015年增长3.5倍。手撕钢、高端碳纤维、高铁轮轴、新一代半导体等一批关键技术和产品取得突破,规模以上工业企业研发活动实现全覆盖。制定人才新政12条,启动引进人才战略行动,年度引进博士首次破千,全省专业技术人才达到196.5万人。二是产业转型升级促进机制更加完善。大力发展先进制造业和数字经济,信创、大数据、半导体等14个战略性新兴产业集群加快形成,战略性新兴产业增加值年均增长7.8%,高于规模以上工业3.2个百分点。实施战略性新兴产业每度0.3元电价等一系列优惠政策,在大数据、新材料、高端装备制造等领域落地开工、投产一批重点项目,建成全国首个5G煤矿专网。深化转型项目建设年活动,集中举行项目签约开工投产"三个一批"活动,持续掀起项目建设高潮。创建国家全域旅游示范区,推进黄河、长城、太行三大旅游板块建设,加快塑造"游山西·读历史"文化旅游品牌,山西文化旅游美誉度和影响力持续提升。规模以上工业企业数量比2015年增长40.4%,达到5400户。三是能源革命综合改革试点顺利推进。把开展碳达峰碳中和作为深化能源革命综合改革试点的牵引举措,加快研究制定碳达峰碳中和山西行动方案,倒逼产业结构、能源结构加快转型升级。坚定不移去产能,"十三五"时期退出煤炭过剩产能1.57亿吨,先进产能占比达到68%。快速发展清洁能源和新能源,新能源发电装机容量占全省装机容量的31.6%,风、光发电装机容量进入全国前列。电力、煤层气体制改革深入推进,非常规天然气持续增储上产。四是国资国企改革加速推进。国资监管体制改革率先突破,省政府授权国资委履行出资人职责,国资委将出资人职责一分为二,将管资本职责授权国资运营公司,国有资本运营公司代表本级政府部分履行出资人管资本的职责,国资委履行监管职能。推进省属企业专业化战略重组,省属企业从28家优化调整至18家,形成了山西焦煤、晋能控股能源产业"双航母"格局,在数字信息、现代物流、生态环保、通用航空等领域组建和重组一批旗舰劲旅。开展国有企业"六定"改革,省属企业集团总部机构、员额分别压减40%和72%。实施"腾笼换鸟"工程,净回笼资金150亿元。"三供一业"分离移交任务和厂办大集体改革基本完成。五是民营经济发展环境更加优化。落实支持民营经济发展"30条""23条"及相关配套措施,推动民营经济发展壮大。维护公平竞争,清理一批妨碍统一市场和公平竞争的文件,甄别纠正一批社会反映强烈的产权纠纷案件。出台全国首部促进民营经济发展的省级政府规章《山西省促进民营经济发展办法》。实施"万名企业家"培训工程和年轻一代"接力计划",推动"个转企、小升规、规改股、股上市"。全省民营经济规模与质量同增。六是要素市场化配置改革稳步推进。持续推进财税体制改革,推出增值税小规模纳税人"六税两费"减免措施,开展资源税从价计征改革,实施修订后的个人所得税法及实施条例,纳税人获得感逐步增强。加快推进地方金融改革,改制农信社为农商行,成立山西银行,着力防范金融风险,实施山西证券、山西金融租赁、山西信托、中煤财产保险战略重组。扎实推进土地管理体制改革,完善城乡建设用地"增存挂钩"机制,开展晋城"点供"用地双平衡试点,形成土地资源盘活新模式。逐步形成数据资源共享共用格局,依托区块链、智能认证等新技术,构建权责明确、流向清晰、全省统一的数据共享交换平台,为全省数据资源共享提供坚实支撑。

二、围绕协调发展,增强城乡区域协调发展

一是城乡统筹发展机制逐步健全。强力打造太原都市区核心引擎,发展空间进一步扩大。加快打造大同、长治、临汾三个省域副中心城市,发挥比较优势,创新发展模式,积极融入省际区域城市群,助推晋北、晋东南、晋南城乡融合发展。加快运城、晋城、阳泉、朔州、忻州、吕梁六个市域中心城市建设,促进协同发展,提升城市功能。积极推进大县城建设,产业发展水平和公共服务能力不断提高。二是农业农村改革持续深化。深入实施农业"特""优"战略,山西农谷、雁门关农牧交错带、运城农产品出口平台建设顺利推进,农产品精深加工十大产业集群加快发展,"山西药茶"品牌成为中国第七大茶系,有机旱作农业创出全国旱作农业发展的"山西经验"。深化农村综合改革,巩固完善农村基本经营制度,引导农村承包土地经营权规范有序流转。深化集体产权制度改革,基本完成农村承包地确权登记颁证。在全国率先颁布农业生产托管服务规范、服务指南、绩效评价办法。加快山西农谷(国家农高区)建设步伐,全力打造国内一流的现代农业创新高地、产业高地、人才高地、开放高地。实施农大农科院合署改革,探索"院办校""大部制"办学新模式。深入推进乡村振兴,基本完成农村人居环境整治三年目标,乡村治理体系逐步完善,村集体经济"破零"基本实现。农村居民人均可支配收入13878元,增长7.6%,农村居民人均消费支出10290元,增长5.8%,增速持续快于城镇居民。

三、围绕绿色发展,推进人与自然和谐共生

一是生态环境修复机制持续强化。坚持山水林田湖草系统治理,深入开展以汾河为重点的"七河"流域生态保护与修复工程,汾河流域13个国考断面水质全部退出劣Ⅴ类,以汾河谷地为中心的地下水位已连续多年持续回升,汾河两岸生态景观更加秀美。2020年,习近平总书记视察山西时用"沧桑巨变"赞扬汾河治理成效。稳步推进太行山、吕梁山重大生态修复工程,开展国土绿化彩化财化行动,实施营造林2300万亩,森林覆盖率由20.5%增长到23.18%,历史性超过全国平均水平。持续开展蓝天、碧水、净土三大保卫战,2020年全

省优良天数比例达到 71.9%,PM2.5 平均浓度降到 44 微克 / 立方米,设区市建成区黑臭水体全部消除。全面深化河湖林长制,如期完成河湖长履职、组织管理、运行机制、监督保障等改革任务。全面推行林长制,促进绿化彩化财化同步推进,增绿增景增收有机统一。加快实施"五水综改",统筹推进水源、水权、水利、水工、水务改革。二是生态环境保护制度逐步健全。编制生态保护红线、环境质量底线、资源利用上线和环境准入清单,生态环境管控预防体系初步建立。落实建立国土空间规划体系并监督实施的意见,将主体功能区规划、土地利用规划、城乡规划等空间规划融合为统一的国土空间规划。成立省委书记、省长担任双主任的山西省生态环境保护委员会,形成以例行环保督察为主,专项督察和"回头看"督察为辅的环保督察体系,生态环境保护责任制度更加严明。出台加快构建现代环境治理体系实施方案,形成导向清晰、决策科学、执行有力、激励有效、多元参与、良性互动的现代环境治理体系。创新开展排污权交易试点,完成排污权交易 3743 宗,实现交易金额 35.9 亿元。三是促进绿色发展的体制机制不断完善。构建绿色制造体系,推动 37 户企业、16 个产品、3 个园区、2 个供应链被工信部分别列为绿色工厂示范、绿色设计产品、绿色园区、绿色供应链。深化资源节约集约利用,实施能源消耗总量和强度双控,用能结构不断优化。全面启动自然资源统一确权登记。倡导绿色生活方式,开展节约型机关、绿色家庭、绿色学校、绿色社区、绿色出行、绿色商场、绿色建筑七大创建行动,简约适度、绿色低碳、文明健康的生活理念和生活方式渐成风尚。

四、围绕开放发展,打造内陆对外开放高地

一是开发区改革创新成效突出。开发区空间布局更加优化,全省省级及以上开发区数量由 2016 年的 25 个增加到 88 个。转型综改示范区主引擎作用更加明显,形成了"五个一"可复制推广的改革成果。"三化三制"改革持续推进,建立起以"岗位、绩效"为核心的管理体制机制。法治化管理机制逐步完善,印发《加快推进向开发区赋权实施方案》,明确省级、市级向开发区赋权事项 58 项、1377 项。考核评估机制更加健全,将考核结果与干部管理、绩效工资挂钩,激发了开发区领导干部干事热情。二是"放管服效"改革持续释放红利。企业投资项目承诺制改革成为典范,企业办理手续缩减 80%,项目报建审批时间缩短一半以上。实施工程建设项目审批制度改革,审批事项和申报材料大幅缩减,山西长城"智能云"工厂从开工到投产用时不到 4 个月。相对集中行政许可权改革全省市县和开发区推开,各市平均划转审批事项 285 项,各县(市、区)平均划转审批事项 210 项,平均压减审批事项 20%以上,审批时限压缩 30%以上,审批环节压减 51%以上,申报材料减少近 55%。数字政府建设步伐加快,"一朵云扩容提质、一张网多网联通、一平台全量汇聚、一系统架构创新、一城墙一体防护"基础架构初具规模,一体化在线政务服务平台、"三晋通"等助力政务服务全程网办、全省通办、跨省通办。综合行政执法体制改革成效明显,行政执法公示、执法全过程记录、重大执法决定法制审核"三项制度"全面推行。商事制度改革持续深化,有效激发市场活力和社会创造力。截至 2020 年底,全省市场主体达到 283.50 万户,同比增长 10.1%,连续 5 年每年保持两位数以上增长。三是国家标准化综合改革试点成效显著。在全国率先发布智能煤矿建设规范,制定文化旅游、现代物流、养老服务等标准体系,推进有机旱作、高端装备制造、营商环境、生态保护、安全生产、社会治理、公共服务 7 大标准体系建设。试点批复以来,山西主导或参与制定 10 项国际标准、149 项国家标准、191 项行业标准,发布地方标准 631 项。标准化改革得到国家肯定,2020 年世界标准日主题活动首次走出北京在太原举办,其间成立了中国标准化研究院转型发展研究中心(山西)。在中北大学、太原科技大学开设标准化本科学历教育,标准化本科人才培养工作走在全国前列。四是对外开放新高地加快构建。积极参与"一带一路"建设,主动融入京津冀协同发展,加强与长三角、粤港澳大湾区合作。加快"铁公机""岸港网"建设,着力构建开放通道,高铁通车和在建里程达到 1152 公里,高速公路通车总里程达到 5744 公里,太原武宿机场年旅客吞吐量超过 1400 万人次,太原地铁 2 号线通车、1 号线开建。集大原高铁、雄忻高铁等项目建设加快推进。5G 基站达到 1.8 万个,太原国际邮件互换局建成投运,国际互联网数据专用通道开通运营。新增 19 对国际友城。高起点申建自贸区,对外开放平台功能更加完善。建成 5 个国家级外贸转型升级基地、20 个国家级食品农产品质量安全示范区、16 个省级示范区、2 个国家级出口工业品质量安全示范区,外贸竞争新优势逐步显现。

五、围绕共享发展,提升公共服务保障水平

一是脱贫攻坚取得全面胜利。强化军令状、交总账意识,压实扶贫主体责任聚力"六个帮扶",创新产业扶贫机制延伸"到村到户",创新生态扶贫模式实现"互促双赢",完善"六环联动"机制推进整村搬迁,建立长效机制防止返贫致贫,深化社会保障改革实现"政策兜底",现行标准下 329 万农村贫困人口全部脱贫,58 个贫困县全部摘帽,7993 个贫困村全部退出,书写了减贫奇迹的精彩山西篇章。二是教育领域综合改革不断深化。深化学前教育改革,推进学前教育改革发展国家实验区工作,扩大普惠性幼儿园覆盖面。深化义务教育改革,坚持城镇乡村统筹、扩优扶弱同步、软件硬件并重、资源机会共享,通过国家义务教育基本均衡发展评估认定。实施高等教育"三个调整优化",与北大、清华等高水平大学合作成效明显。深化职业教育改革,合并组建山西工程职业学院,获准更名山西轻工职业技术学院为山西铁道职业技术学院,实施转设 4 所独立学院,获批设立 6 所高等专科学校。三是"人人持证、技能社会"建设成效明显。把技能提升作为促进创业创新、带动就业增收的关键举措,大力提升全省技能水平和就业水平。通过开展订单式、菜单式和项目制培训,打造一支知识型、技能型、创新型劳动者大军。2018 年实施以来,已累计培训 350 万人次,192 万农村劳动力实现转移就业。

四是社会保障制度更加公平更可持续。基本养老保险制度不断完善,全民参保计划基本实现法定人群全覆盖,基本医疗保障水平逐年提高,企业退休人员基本养老金实现“十六连涨”,城乡居民最低生活保障标准每人每月提高177元、209元。探索建立城乡居民补充养老保险制度,通过个人自觉缴费、加大政府补贴、鼓励集体补助等举措,有效提升养老保险待遇水平。五是医药卫生体制改革持续深化。县域医疗卫生一体化改革经验得到国家层面重视和推广,公立医院综合改革全面推开,医疗服务收入占比由改革前的22%上升到27%,药品收入占比从改革前的40%以上降至30%以下,医务人员的劳动价值有效体现。区域医疗中心试点建设有序推进,力争到2024年医院综合实力进入全国百强。重大疫情防控体制机制不断完善,2020年实现确诊病例零病亡、医务人员零感染“双零”目标。

〔省委政研室(省委改革办、省综改办) 杨昱莅〕

2020年山西省供给侧结构性改革工作综述

2020年,按照省委、省政府的决策部署,全省坚持以深化供给侧结构性改革为主线,在“巩固、增强、提升、畅通”上下功夫。采取改革办法,运用市场化、法治化手段,巩固“三去一降一补”成果,增强微观主体活力,提升产业链水平,畅通国民经济循环,推动经济高质量发展。

一、持续推进“破、立、降”,巩固“三去一降一补”成果

推动产能过剩行业加快出清,落实和完善减税降费政策,降低全社会各类营商成本,有效减轻企业负担,加大基础设施等领域补短板力度。

一是传统产业改造升级稳步推进。在2019年提前超额完成“十三五”去产能任务的基础上,2020年又关闭煤矿75座,退出产能4099万吨,煤炭先进产能占比达68%。煤炭绿色开采有序推进,全省绿色开采试点煤矿增加到55座,10座智能化煤矿试点和50个智能化工作面试点加快推进,原阳煤集团新元煤矿建成全国首座5G煤矿,晋能控股塔山矿等10座煤矿入选国家“首批智能化建设示范矿井”,山西煤矿机械制造股份有限公司“煤机行业5G+工业互联网平台”项目落地实施。加快推进重点焦化升级改造及高端化延伸项目建设,全力压减过剩产能,2019-2020年,全省焦化行业压减产能4129万吨。钢铁工艺装备加快改造升级,实现500兆帕及以上高强钢筋、高性能钢结构用钢规模生产。深入实施特色轻工业“三品”行动(鼓励企业制定品牌发展计划,增品种、提品质、创品牌),白酒、食醋、纺织、陶瓷、玻璃器皿等特色产业品牌化、智能化发展加快推动。工业互联网建设蓬勃发展,清控数联综合型、快成物流道路货物运输行业、晋能控股集团煤炭行业3个国家工业互联网标识解析二级节点建设完成。

二是减税降费政策坚实落地。贯彻落实国家有关增值税、企业所得税、个人所得税等方面减免优惠政策,出台山西省下调城镇土地使用税税额标准、减免基本养老保险、工伤保险、失业保险和基本医疗保险单位缴费部分等一系列减、免、缓支持举措,全力帮助企业降低经营成本。山西省新增减税降费超过330亿元,其中,新增减税超过129亿元,减免企业社保费194.3亿元,减免行政事业性收费和政府性基金7亿元,发放稳岗补贴18.1亿元,惠及12549户企业196.7万名职工。

三是基础设施补短板力度加大。抢抓国家实施扩大内需战略、推动基础设施补短板的重大机遇,聚焦交通、水利、能源、通信、城镇化等重点领域,持续推动基础设施升级改造和提质增效。统筹推进新型基础设施建设,我省“十四五”新基建规划编制加快推进,超额完成全年5G网络设施建设任务,建成开通率进入全国第一方阵。郑太高铁、太原地铁2号线实现全线通车,太原东二环高速公路建成,集大原、雄忻高铁、太原机场三期改扩建等重大基础设施项目加快推进,全省“四好农村路”新改建1.82万公里,2018-2020年规划实施的新改建农村公路5.5万公里目标任务全面完成。黄河、长城、太行三个一号公路建成3469公里,超额完成三年目标任务。

四是省属国企战略性重组基本收官。出台《关于加快省属国有企业“腾笼换鸟”促进国有资本优化布局的实施意见》《山西省国资监管体制及国有资本投资、运营公司改革试点实施方案》,组建华远国际陆港、万家寨水务控股、华舰体育、神农科技等专业化集团公司,省属企业从28家优化调整至19家,煤炭企业从7家调整至1家煤炭企业和1家能源集团,新兴产业企业大幅增加。推动太钢集团与中国宝武联合重组。建成国资监管统一数据采集交换平台和“三重一大”决策运行监督系统,国资监管全面加强。省属企业集团总部“六定”(定职数、定员额、定机构、定机制、定薪酬、定任期)改革全部完成,机构平均数量由25个降到15个,内设机构平均数量由103个降到26个,总经理助理级和中层管理人员分别减少一半以上,员工编制平均数量由822人降到229人。全省“三供一业”全部移交,退出僵尸企业238家,安置职工1.79万人。

二、加大支持力度,增强微观主体活力

建立公平开放透明的市场规则和法治化营商环境,提升市场主体的活跃度,促进经济持续健康发展。

一是“放管服效”改革成效显著。出台《山西省优化营商环境条例》,在全国率先开展全省域营商环境评价。加大简政

放权力度,省级再取消下放行政审批等事项 57 项,市县平均再压减审批事项 20%。加快推进"一网通办",全省一体化在线政务服务平台实现五级全覆盖,省级 90%以上、市县平均 80%以上行政审批事项率先实现"全程网办"。全省一体化在线政务服务平台与山西省投资项目在线审批监管平台、工程建设项目审批管理系统"三个平台"实现了前端融合、业务协同,极大地提升了投资项目审批效率。推动企业全生命周期便利化服务,省市两级基本实现企业开办时间压缩到 1 天,水电气暖报装时限进一步压减,跨境贸易"两步申报"全面推广,企业注销"一网通"平台全面应用。加快推动数字政府建设,全省政务信息资源数据共享交换平台已横向连接 70 个省直单位,汇聚 4.9 万条政务信息资源目录。"一枚印章管审批"在市县及开发区全面落地,省市两级"12345"政务服务热线正式上线运行。

二是入企服务力度持续加大。省市县分级成立入企小组开展帮扶工作,省级层面成立 11 个工作组,全省干部共入企 8000 多人次,深入企业 4000 余户,累计受理协调企业咨询和问题 4000 余个,有力推进工业企业复工复产。积极开展供需对接,举办钢铁、新材料、原材料、装备制造、气凝胶、5G 等领域 21 场对接活动,达成合作协议或意向 131.6 亿元。建设山西优秀产品产需对接子平台,共为 200 余家企业发布重点产品供应信息 2216 条,为 742 家企业发布需求信息 3550 条。

三是金融支持力度不断加强。坚持不抽贷、不断贷、不压贷,全年金融机构贷款加权平均利率同比降低 0.715 个百分点,其中小微企业降低 0.856 个百分点。截至 2020 年底,全省制造业贷款余额 2573.57 亿元,较年初增加 31.95 亿元,其中制造业中长期贷款余额 830.10 亿元,较年初增加 44.84 亿元。全省新增 135 亿元再贷款再贴现专用额度,全部用于金融机构发放支持企业复工复产贷款,加权平均利率为 4.24%,较政策规定利率上限低 0.11 个百分点。

四是市场主体加快培育。全省新登记市场主体 49.7 万户,总量达到 283.5 万户,同比增长 10.1%。全年新培育"小升规"企业 700 户以上。新认定省级"专精特新"企业 343 户和专精特新"小巨人"企业 79 户,全省总数分别达到 1020 户、105 户,国家级专精特新"小巨人"企业达到 53 户。

三、聚焦新兴产业未来产业,提升转型发展内生动力

聚焦"六新",着力推进产业基础高级化、产业链现代化,大力实施非均衡发展战略,全力打造一流创新生态。

一是战略性新兴产业培育壮大。按照龙头引领、链式布局、研发支撑、园区承载的思路,聚力打造 14 个战略性新兴产业集群,推动信创、大数据、半导体等新兴产业快速崛起。长城"智能云"工厂项目正式下线、山西鲲鹏生态创新中心落地,太原信创示范基地初具规模,信创产业走在全国前列。推动百度牵头建立全国最大单体标注基地,入驻企业 35 家,标注人员 2000 余人。云时代、科达自控、精英数智、清众科技、山西知网等一批大数据领军企业快速成长。半导体高端核心产业快速发展,烁科晶体、中科潞安等重大项目建成投产,太原－忻州半导体产业集群、长治－晋城光电产业集群扎实推进,半导体衬底材料－芯片－封装－应用产业链条基本形成,烁科碳化硅材料产业基地产能居全国首位,高科集团 LED 显示屏生产规模居全国第二。成功举办晋阳湖·首届集成电路和软件业峰会、2020 尧城(太原)国际通用航空飞行大会、2020 中国(太原)人工智能大会,展示山西省新兴产业发展成果,扩大产业品牌知名度。全省高技术制造业增加值增长 9.6%,快于规模以上工业 3.9 个百分点。

二是优势特色产业加快发展。大力实施农业"特""优"战略,加快打造农产品精深加工十大产业集群,推进晋中国家农高区(山西农谷)建设,成功举办第三个中国农民丰收节,打响"大同黄花""山西杂粮"等区域公用品牌。扎实推进全域旅游发展,泽州、壶关、永济、武乡被文化和旅游部认定为第二批国家全域旅游示范区单位,左权、平顺、陵川被新批准为省级生态文化旅游示范区。深入开展"游山西·读历史"活动,举办第二届大河文明旅游论坛、全省第六届旅发大会、首届山西工艺美术产品博览交易会,发布 10 条文化旅游线路,黄河、长城、太行三个一号旅游公路"0km"标志文化驿站于 2020 年 9 月底正式投入使用,串联沿线 66 个 A 级以上景区。加大 A 级旅游景区培育创建力度,云丘山被确定为国家 5A 级景区,老牛湾等 10 家景区被确定为国家 4A 级景区。现代金融业加快发展,华翔集团、壶化集团成功上市,实现山西省 A 股上市连续四年"零"的突破。紫林醋业、大运汽车、恒伦医疗 3 家公司已在证监会或交易所排队候审。完善康养产业布局规划,形成以大同、忻州、晋中、长治和晋城等 5 市为重点的康养产业分布区,大同世家康养小镇、晋中小西沟文旅康养小镇等项目有序推进。举办中国(晋城)康养大会,"康养山西、夏养山西"品牌进一步推广。

三是创新主体加快培育。制定实施《山西省创新驱动高质量发展条例》《关于加快构建山西省创新生态的指导意见》,制定出台 14 个战略性新兴产业集群创新生态系统行动方案,安排专项资金支持奖励企业开展创新活动,新增 2 家国家级企业技术中心。开展新型研发机构培育,征选确定山西高等创新研究院等 19 家新型研发机构和山西省增材制造产业技术研究院等 102 家新型研发机构培育单位。持续实施高新技术企业倍增计划,2020 年高新技术企业达到 3178 家,科技型中小企业入库 9111 家,入库企业数量全国排名第 6 位。加快高科技领军企业培育,建立 262 家重点高科技企业培育动态清单。全省规上工业企业研发活动实现全覆盖。

四是双创体系建设不断深化。出台《山西智创城建设工作指引(试行)》,全省已备案建设 8 个山西智创城。积极与中关村软件园合作对接,推动一批创新型成长企业、创新平台、新型研发机构,以及金融机构、中介组织在智创城集中入驻。山西知网国际出版传媒融合研究院、数字出版产业中心、双创孵化中心、猪八戒网加快落地,科创产业园、产业服务中心、人才学校等创新平台建设加快推进。晋城经开区成功获批全国第三批双创示范基地,山西转型综合改革示范区学府

产业园区“双创”工作成效明显,受到国务院督查激励。新认定省级小微企业创业创新基地40家、示范基地12家,新培育国家级小微企业创业创新示范基地3家。截止2020年底,我省省级小微企业创业创新基地已超过200家,入驻企业7400余户,吸纳就业超过14万人。着力培育国家备案众创空间和专业化众创空间,新增国家备案众创空间17家,山西华翔集团股份有限公司高端铸造国家专业化众创空间入选国家示范名单。成功举办2020年全国双创活动周山西分会场活动。

四、持续深化对外开放合作,畅通国民经济循环

坚持把改革开放作为山西省推动高质量转型发展的关键一招,坚定不移全面深化改革,持续提升对外开放能级,联通国内国际市场,激发转型综改内生动力。

一是融入国家重大战略多点突破。深度融入京津冀加强协作实现联动发展,与北京市成功签署产业发展合作框架协议,在能源产业、高新技术产业等领域加强合作。有序开展与粤港澳大湾区、长江三角洲地区深度合作,出台《山西省与粤港澳大湾区深度合作行动方案》《山西省与长江三角洲地区深度合作行动方案》。深入实施促进中部地区崛起战略,研究提出我省实施促进中部地区崛起战略的总体思路、重点任务和重大项目。2020年,山西省与京津冀、粤港澳、长三角地区开展合作的项目超过1000个,计划总投资超过1万亿元。

二是招商引资成果丰硕。创新招商模式,举办市场化招商平台线上直播推介会,推动云平台模式招商。建立上市公司、央企及子公司信息库、省内重点企业资源库,与山西省重点产业发展需求进行匹配,夯实项目精准对接基础。利用重大展会开展产业化招商,举办对接京津冀经贸合作交流大会及京津冀产业转移洽谈会、晋闽产业合作交流暨项目对接会等5场省级重点招商活动,签约项目27个,涉及金额9130万元。建立投资客商跟踪服务工作机制,累计为100余批客商提供了投资服务。举办2020中国(太原)国际能源产业博览会、2020年中国厦门国际投资贸易洽谈会主宾省活动。2020年全省共签约招商引资项目3124个,计划总投资19700.1亿元。

三是外贸便利化水平不断提升。大幅降低进出口环节合规成本,国际货物仓储费下调60%,货物保管费下降75%。创新推广国际贸易“单一窗口”,金融保险、出口退(免)税备案等新上线业务运行良好,主要业务覆盖率达100%。推进“注销便利化”“多证合一”等改革,进出口环节需验核的监管证件由86种精简到44种。全年中欧(中亚)班列开行206列,比上年增长92.5%。货物整体通关时间大幅压缩,2020年12月,山西省进出口货物整体通关时间较2017年当月分别压缩82.5%、94.6%,优于全国平均水平。

(省发展和改革委员会　叶　楠)

2020年山西省脱贫攻坚工作综述

2020年是山西省脱贫攻坚决战完胜之年和全面收官之年。习近平总书记时隔不到三年再次亲临山西视察,为山西打赢脱贫攻坚战掌舵领航、把脉定向。山西省委始终把决胜脱贫攻坚作为“两个维护”的具体行动来定位、来落实。面对疫情严峻挑战,对标决战完胜要求,义无反顾扛起防控责任,千方百计降低疫情影响,争分夺秒抓好重点工作,精细严实落实帮扶措施。省委书记楼阳生、省长林武专门研究、专题部署、专项调度,紧扣责任能力作风、问题排查整改、收官总结宣传三条主线,统筹推进疫情防控和脱贫攻坚。2020年全省贫困地区农民人均可支配收入10352元,比2019年增加973元,增长9.4%。贫困地区农民人均可支配收入增速比全省农村居民人均可支配收入增速高1.8个百分点。经过5年奋战,全省58个贫困县全部摘帽,7993个贫困村全部退出,329万贫困人口全部脱贫,脱贫攻坚取得历史性成就,如期全面完成脱贫攻坚责任书任务,历史性解决绝对贫困和区域性整体贫困问题。

一、千方百计降低疫情影响

把稳增收作为最紧要的事,立足于早、落实于细,出台克服疫情影响确保产业就业增收六方面28条政策措施,省直部门配套出台19个政策文件细化举措,省市两级驻村工作队、省委督导组分别于2020年2月21日、24日到岗,比国家统一部署提早10天。以精准有力的措施,稳住群众增收“基本盘”。一是抓稳岗拓岗。对贫困劳动力给予优先返岗、优先复工、优先吸纳、优先招聘、优先培训等倾斜,“点对点”输出7908人。截至2020年底,务工就业的贫困劳动力总数91.8万人,比2019年增加10万人。开发护林员、养老护理员等公益岗位安置36.45万人。二是抓复工复产。优先支持452家扶贫龙头企业、1017家扶贫车间全部复工、达产增效,吸纳4.56万贫困劳动力就业。三是抓产销衔接。深化“五进九销”措施,开展“消费扶贫·晋力晋行”扶贫月活动,举办贫困地区农特产品“五进”对接促销会,推广“直播带货”。认定扶贫产品2940种,销售61亿元。推进“三专”建设,布放专柜1195个、专区474个、专馆131个。

二、精细严实完成减贫防贫任务

对剩余2.16万贫困人口,“一户一案”“一户一策”落实开发式扶贫和保障性兜底政策。从2020年开始,省级连续三年每年拿出1亿元就业补助资金,对无法离乡、无业可扶、无力脱贫的贫困劳动力实行“一户一公岗”托底安置。开展社会

救助兜底脱贫行动和残疾人社保政策落实排查行动，将 1.15 万未脱贫人口纳入低保，为 3347 人办理残疾证落实“两项补贴”。对 12.4 万“两类户”群体，建立防止返贫监测预警和帮扶机制，实时跟踪监测，落实针对性帮扶措施。“两类户”享受两项以上政策的占 91%，2.94 万人纳入低保范围。边缘户同享免费技能培训、小额信贷贴息、产业扶持、就业补贴、防贫保险等特惠政策。

三、清仓见底确保问题整改

一是一把手交办。省委、省政府专题部署，省脱贫攻坚领导小组制定整改方案，所有问题清单纵向以市打包反馈到县，横向反馈省直相关部门，同步交省委督导组督办。对国考省考等各渠道发现的问题一体推进、一体整改。对省委专项巡视梳理问题专题交办、重点整改。二是一体化督战。对剩余贫困人口多、工作难度大的 18 个县，易地扶贫搬迁、扶贫资金工程项目等方面 135 个问题挂牌督战。省领导帮扶指导、跟踪督办，市委书记、市长和班子成员包联，中央和省财政专项扶贫资金的 46%、地方政府债的 44%安排到挂牌督战县，督战一体推动整改。8994 户危房改造动态保障任务、剩余 56 处农村饮水安全巩固提升工程全部完工。三是一本账管理。实行“五账法”(建账、理账、对账、交账、算账)管理，省级建立台账，统一编码，动态跟进，逐月通报，对不合格的限期“回炉”整改。国考省考、督查审计等渠道反馈交办问题全部完成整改。

四、全生命周期巩固拓展脱贫成果

把脱贫攻坚、全面小康、乡村振兴贯通起来，针对“一小一壮一老”问题，健全完善教育、培训、保险相关制度，巩固发展扶贫产业，进一步做好易地搬迁后续扶持工作。2020 年各级财政扶贫投入 184.46 亿元、增长 20.7%，其中省级 52.1 亿元、增长 18.5%。深化教育扶贫。优化农村教育资源布局，坚持“就近就便服从就优”原则，对 3535 所学校实施薄弱环节改善与能力提升工程，新建改造乡镇寄宿制学校 526 所。一是狠抓技能就业。对 159 万贫困劳动力全部建档立卡，实施精准培训、考核评价、发放证书、安置就业“一条龙”服务，2020 年累计培训 11.89 万人，9.65 万人取得技能提升合格证、4.34 万人取得职业技能鉴定证。二是完善养老保障。按照“标准适度、能兜住底、可承受、可持续”原则，在全国率先建立城乡居民补充养老保险制度，重点对无子女或子女无赡养能力的低收入老年人倾斜支持，从制度上解决老年人返贫致贫问题。三是强化产业支撑。省脱贫攻坚领导小组出台《关于健全完善产业带贫益贫机制的指导意见》，实施农业“特”“优”战略，发展壮大带贫主体。光伏扶贫抓规范促提升，全年结算收益 19.72 亿元。扶贫小额信贷新增投放 48.78 亿元，9.74 万户受益。四是加强后续扶持。出台易地扶贫搬迁后续扶持七方面 26 条措施，省直 17 个部门各负其责推进落实，城镇安置区强化就业扶持，农村安置区抓好产业培育，98 个 800 人以上的集中安置区全部建立就业创业服务站。23 个中央财政支持的“补短板”项目全部完工。安排 31.97 亿元地方政府债用于配套设施建设，安置住房颁证率 99.38%。把夺取脱贫攻坚战全面胜利作为稳定脱贫的新起点、全面小康的新亮点、乡村振兴的新支点，将工作重心从解决要素支撑“有没有”向能力提升“好不好”转变，编制“十四五”规划，谋划工作转型。

五、全方位抓好脱贫攻坚总结宣传

一是高质量完成普查抽查督查。配合完成 2019 年退出贫困县国家抽查评估和脱贫攻坚中期督查。省市县三级组建普查领导小组，落实专项经费，组织专门力量，完成 42 个县的国家普查、20 个县的省级普查。10 月底前完成了对 11 个市、58 个贫困县的实地考核。二是全方位启动总结。出台专门方案，启动省市县综合性总结、行业部门专项总结、专家团队深度总结、典型做法案例总结等，归整精准扶贫档案，开展专项政策评估。三是大力度开展宣传。召开全省脱贫攻坚宣传工作会。举办“决战完胜在今朝”扶贫日系列活动、“我所经历的脱贫攻坚故事”展播、省市联动脱贫攻坚成就网络展。围绕“生态脱贫和绿色发展”主题，打造“山西岚县·岢岚·右玉”中国扶贫交流基地。央视 10 集《2020 我们的脱贫故事》中有 3 集讲述山西故事。《掷地有声(第一部)——山西脱贫攻坚故事》海外发行，《掷地有声（第二部）——山西第一书记故事》出版推介，《掷地有声(第三部)——58 个县脱贫摘帽故事》完成创作，《第一书记》等五部剧目入选脱贫攻坚优秀剧目全国展播。

（省扶贫开发办公室　郭耀龙）

附一：

2020 年全国脱贫攻坚奖山西获奖名单

一、奋进奖：

马金莲（女）　山西省吕梁市懿星家政服务有限公司总经理

二、贡献奖：

俞贺楠　山西省大同市天镇县赵家沟乡薛牛坊村第一书记（人力资源社会保障部驻村干部）

三、创新奖:

常明昌　山西农业大学食品科学与工程学院教授、中国食用菌协会副会长

四、组织创新奖:

山西省扶贫开发办公室扶贫移民处

附二:

全国脱贫攻坚总结表彰大会表彰名单(山西)

一、全国脱贫攻坚先进个人(55名)

尤变清(女)	阳曲县黄寨镇南留南村第一书记,太原市交通运输局交通运输综合行政执行队科员
尤同义	娄烦县润和美种植专业合作社负责人
王　春	灵丘县红石塄乡下车河村党支部书记、村委会主任
牛　雁	山西东方物华农业科技有限责任公司董事长
李　成	大同市云州区瓜园乡瓜园村党支部书记
郭占君	大同市云冈区口泉乡杨家窑村党总支书记、村委会主任
王国斌	右玉县丁家窑乡前鹰卧山村第一书记,朔州市纪委监委电教化中心副主任
裴　峰	忻州市副市长
范武胜	静乐县扶贫开发办公室党组书记、主任
王　丹(女)	五台县东雷乡北文西村第一书记,忻州市定襄县融媒体中心原记者
张喜伟	忻州伟业奶牛养殖有限公司董事长兼总经理
王卫兵	偏关县光伏扶贫开发办公室主任,县扶贫开发办公室党组书记、主任
沙万里	繁峙县第三建筑安装工程公司党支部书记、经理
田　丰	五寨县杏岭子乡党委书记
陈林强	吕梁市扶贫开发办公室党组书记、主任
曹建平	中阳县扶贫开发办公室党组书记、主任
冯海虎	方山县麻地会乡后则沟村党支部书记
李翠叶(女)	兴县蔚汾镇南通村第一书记,吕梁市政务服务中心业务科科长
薛　波	临县曲峪镇前曲峪村驻村工作队队长,山西省吕梁实验中学教务处主任
郑云平	石楼县灵泉镇胡家峪村党支部书记、村委会主任
李烽峰	临县白文镇党委书记
巨彦军	生前为左权县羊角乡人民政府乡长
白世斌	山西地厚建安集团有限公司董事长兼总经理
辛学龙	盂县梁家寨乡赵家岔村第一书记,阳泉市委组织部干部二科科长
李乃珠	阳泉市郊区平坦镇桃林沟村党支部书记
李　飞	生前为沁源县赤石桥乡党委书记
段志岗	长治市扶贫开发办公室党组书记、主任
贾永平	平顺县龙溪镇龙镇村党支部书记
郭子涵(女)	陵川县附城镇台北村第一书记,陵川县人力资源和社会保障局工伤保险所科员
常国平	生前为大宁县曲峨镇黑城村第一书记,临汾职业技术学院教师
王红林	汾西县副县长
丁玉萍(女)	山西玉和泰煤业有限公司原董事长
苏敖森	吉县柏山寺乡官庄村党支部书记
邢医救	垣曲县扶贫开发办公室党组书记、主任
杨良杰	山西中农乐农业科技股份有限公司董事长
雷茂端	盐湖区三路里镇沟东村党支部书记

张卫泽	万荣县汉薛镇柳林岭村驻村工作队队长兼第一书记，万荣县人力资源和社会保障局党组成员、万荣县失业保险服务中心主任
郝能吉	夏县裴介镇裴介村村民，昌鑫葡萄种植专业合作社理事长
赵士权	山西乐村淘网络科技有限公司董事长
俞贺楠	天镇县赵家沟乡薛牛坊村第一书记，中国劳动和社会保障科学研究院社会保障基金管理和经办服务研究室副研究员
韩剑锋	石楼县龙交乡兴东垣村第一书记，国家税务总局山西省税务局四级调研员
姚会林	生前为闻喜县阳隅乡屯元村驻村工作队队长兼第一书记，中国银行保险监督管理委员会运城监管分局临猗监管组组长
郭宏伟	左权县麻田镇包村工作队队长，山西省人民政府办公厅人事处处长、一级调研员
张国田	武乡县故县乡五村驻村工作队队长兼第一书记，山西省委党刊社《映像》杂志社总编辑
周向烽	临县碛口镇陈家垣村驻村工作队队长兼第一书记，山西省价格认定中心复核科副科长
张　鹏	神池县太平庄乡小磨沟村驻村工作队队长，山西省公安厅政治部群众工作指导处一级主任科员
董　鹏	代县上馆镇橙草沟村第一书记，山西省地方政府债务监测评估中心二级主任科员
权　威	五台县东雷乡包村工作队队长，山西省事业单位绩效考核指导服务中心副主任
孟保奎	山西省蚕业科学研究院果树花卉研究所所长
赵洪胜	左权县芹泉镇包村工作队副队长，山西省审计专业技术服务中心副科长
刘志杰	山西省扶贫开发办公室原党组书记、主任，山西省农业农村厅党组书记、厅长
张宏才	武乡县石北乡西黄岩村驻村工作队队长，山西省供销社财务处二级调研员
姚建民	山西农业大学研究员
姜瑞鹏	右玉县元堡子镇驻村工作队队长兼第一书记，山西医科大学后勤保障处副处长
贺　信	永和县芝河镇包村工作队队长，山西省国新能源发展集团永和综合开发有限公司党支部书记、董事长

二、全国脱贫攻坚先进集体(41个)

娄烦县天池店乡河北村党支部
阳曲县首邑学校
大同市脱贫攻坚指挥部
大同市黄花产业发展服务中心
云州区西坪镇坊城新村党支部
中共右玉县委员会
朔州市骏宝宸农业科技股份有限公司
忻州市扶贫开发办公室
岢岚县脱贫攻坚领导小组
代县扶贫开发办公室
保德县居民办事处惠民社区居民委员会
吕梁市脱贫攻坚领导小组
中共石楼县龙交乡委员会
吕梁市泰化石油有限公司
岚县"森生财"扶贫攻坚造林专业合作社
榆社县社城镇社城村委会
左权县林业局
昔阳县水利局
山西天弘晋腾商贸有限公司
武乡县脱贫攻坚领导小组
山西振东五和健康科技股份有限公司
壶关县绍良村阳光种养专业合作社
陵川县附城镇丈河片区脱贫攻坚联合党总支
大宁县生态扶贫领导组

隰县电子商务进农村领导组办公室
临汾市健康扶贫领导小组办公室
永和县光伏扶贫领导组办公室
山西建龙实业有限公司
山西宇泽包装制品有限公司
亚宝药业集团股份有限公司
中央和国家机关工委驻宁武县帮扶工作队
中国铁路太原局集团有限公司扶贫办
国网山西省电力公司扶贫工作领导小组办公室
中国农业发展银行吕梁市分行
山西省直属机关事务管理局直属机关党委
山西省民政厅驻阳高县驻村工作队
山西省自然资源厅驻岢岚县驻村工作队
山西省住建厅驻河曲县驻村工作队
山西省交通厅驻天镇县驻村工作队
山西省水利厅驻兴县驻村工作队
山西省农业农村厅驻临县驻村工作队

附三:

2020年山西省脱贫攻坚奖获奖名单

奋进奖

(共20人,按姓氏笔划排序)

王　伟　保德县冯家川乡沙坪村党支部书记
王　春　灵丘县红石塄乡下车河村党支部书记
石爱国　陵川县附城镇丈河村党支部书记、附城镇丈河片区脱贫攻坚联合党(总)支部书记
冯海虎　方山县麻地会乡后则沟村党支部书记
李永红　永和县苹果产业联合党委副书记
李慧峰　娄烦县静游镇曼咀岩村村委会主任
杨志明　广灵县壶泉镇涧西村党支部书记
宋学琴(女)　汾西县卓含农林专业合作社理事长
郅文伟　五台县豆村镇大石岭村村委会主任
周文喜　阳曲县泥屯镇思西村村委会主任
赵存周　和顺县青城镇百备村党支部书记
赵学良　平顺县龙溪镇东彰村村委会主任
郝能吉　夏县裴介镇裴介村村民
侯　飞　应县妥道种植专业合作社负责人
席娟娟(女)　垣曲县娟娟种植专业合作社理事长
韩云维　昔阳县赵壁乡平原村党总支书记
温　军　天镇县博信种养专业合作社理事长
游爱桃(女)　交城县星泰农贸有限公司董事长
翟玉明　平定县东回镇里洪水村党支部书记
魏宝玉　武乡县上司乡岭头村村民

贡献奖

（共20人，按姓氏笔划排序）

万　博　省文旅集团派驻偏关县楼沟乡柳界沟村驻村工作队长兼第一书记
王　宁　93511部队派驻代县滩上镇鄂石滩村扶贫工作队长
王治民　山西大学派驻静乐县丰润镇西里上村驻村工作队长兼第一书记
牛巧红（女）　省卫健委派驻繁峙县金山铺乡上浪涧村驻村工作队长兼第一书记
李翠叶（女）　吕梁市政务服务中心派驻兴县蔚汾镇南通村第一书记
杨春枝（女）　忻州市委脱贫攻坚第二督战组组长
宋合飞　人社部挂职天镇县米薪关镇人民政府副镇长
张　鹏　省公安厅派驻神池县太平庄乡小磨沟村驻村工作队长
张宏才　省供销社派驻武乡县石北乡西黄岩村驻村工作队长
张忠文　中铁集团挂职中共保德县县委常委、副县长
罗亮洲　太原市政建设集团有限公司派驻娄烦县庙湾乡羊圈庄村第一书记
胡亚杰　省商务厅派驻右玉县右卫镇西窑沟村驻村工作队长兼第一书记
侯彦珍（女）　太钢集团派驻娄烦县马家庄乡、天池店乡包村工作队长
姚会林　生前为银保监会运城监管分局派驻闻喜县阳隅乡屯元村驻村工作队长兼第一书记
贺　信　省国新能源发展集团派驻永和县芝河镇包村工作队长
徐赐明　中国人民对外友好协会挂职中共兴县县委副书记
高　峰　朔城区人民政府副区长
郭子涵（女）　陵川县人社局派驻陵川县附城镇台北村第一书记
韩剑锋　国家税务总局山西省税务局派驻石楼县龙交乡兴东垣村第一书记
焦艳飞　金控集团派驻临县三交镇青家塌村第一书记

奉献奖

（共20人，按姓氏笔划排序）

丁玉萍（女）　古县南垣乡原店上煤矿经营矿长
王少飞　天生农牧发展有限公司总经理
白世斌　山西地厚建安集团有限公司董事长兼总经理
师国栋　山西南山百世食安农牧业有限公司总经理
任武贤　亚宝药业集团股份有限公司董事长
许混娥（女）　山西万家信福电子商务股份有限公司总经理
李　春　天镇县阳光职业培训学校校长
李建明　长治市南烨实业集团有限公司董事长
张永亮　山西源生泰农业科技有限公司总经理
张俊成　山西雁门万达苗木有限公司总经理
张晓斌　山西金农庙会畜牧科技有限公司董事长
陈忠忠　汾西县洪昌养殖有限责任公司总经理
柏凌装　山西兰花煤炭实业集团有限公司党委专职副书记、副董事长
贾连喜　阳曲县万向农业科技有限公司董事长
贾景敦　山西汾都香农业开发股份有限公司董事长
顾镇鑫　大同市正方利民建筑工业化有限公司董事长兼总经理
高　峰　山西桦桂农业科技有限公司董事长
曹建军　山西汇丰兴业焦煤集团有限公司董事长
蒋福利　沁县红之源农业开发有限责任公司董事长
翟利伟　山西天弘晋腾商贸有限公司总经理

创新奖

(共20人，按姓氏笔划排序)

马保平　　山西金控集团挂职中共大宁县委副书记、驻村帮扶驻县大队长
王　红(女)　临汾市农业农村局副局长
王　骏　　省自然资源厅派驻岢岚县阳坪乡包村工作队长
任建刚　　国家开发银行山西省分行客户五处副处长
刘　强　　国家税务总局长治市税务局局长
刘林松　　中共平顺县委副书记、政法委书记
严　石　　共青团中央挂职灵丘县人民政府副县长
李兴富　　省委政法委派驻阳高县王官屯镇南唐窑村驻村工作队员兼刘窑村第一书记
张文陆　　浑源县人民武装部部长
张志杰　　山西穗华物流园有限公司董事长
张朝华　　省健康扶贫领导小组办公室负责人
张颖龙　　大同市农业农村局局长
尚亚鹏　　中共沁水县固县乡党委书记
赵俊瑞　　忻州市教育局派驻静乐县双路乡包村工作队长
钟小兵　　太原师范学院派驻平陆县张村镇大涧北村原驻村工作队长兼第一书记
段正佼　　浮山县寨圪塔乡人民政府乡长
段春晖　　太原市脱贫攻坚领导小组办公室干部
郭永东　　中共石楼县龙交乡党委书记
郭林春　　省财政厅农业处（农村综合改革处）处长
彭军奎　　省委政策研究室派驻临县林家坪镇乔麦斜村第一书记

组织创新奖

(共30个，按行政区划排序)

中共大同市委组织部
云州区脱贫攻坚领导小组
龙源电力右玉县扶贫工作办公室
忻州市扶贫开发办公室
山西神达朝凯芦芽山农业开发有限公司
吕梁山护工培训就业领导组
石楼县脱贫攻坚领导组
晋中市扶贫开发办公室
榆社县脱贫攻坚领导小组
中国人民财产保险股份有限公司阳泉市分公司
长治市水利局
阳城县脱贫攻坚领导小组
大宁县脱贫攻坚领导组
永和县发展和改革局
垣曲县皋落乡
山西云长鲜锋供应链管理有限公司
省纪委监委党风政风监督室
省学生助学贷款管理中心
省交通运输厅综合规划处
省人社厅农村社会保险处

省水利厅农村水利水电处
省审计厅农业农村审计处
省国资委战略规划处
中国国民党革命委员会山西省委员会社会服务部
中国民主同盟山西省委员会社会服务部
山西传媒学院艺术设计学院党总支
国网山西电力公司营销部
大同煤矿集团有限责任公司产业扶贫办公室
中国农业银行山西省分行扶贫开发金融部
武警山西总队大同支队

（省扶贫开发办公室）

2020 年山西省生态环境保护工作综述

2020 年，全省生态环境系统坚持以习近平新时代中国特色社会主义思想特别是习近平生态文明思想为指导，全面贯彻落实党的十九大和十九届二中、三中、四中、五中全会以及中央经济工作会议精神，深入贯彻习近平总书记视察山西重要讲话重要指示，按照省委“四为四高两同步”的总体思路和要求，突出精准治污、科学治污、依法治污，坚决打赢打好污染防治攻坚收官战，生态文明建设和生态环境保护工作取得显著成效。

一、积极支撑转型发展，实现生态环境高标准保护与经济高质量发展互促共进

一是统筹疫情防控与生态环境工作。认真贯彻习近平总书记关于疫情防控系列重要讲话重要批示指示精神，建立工作调度、分析研判、警示预警、信息沟通和检查指导“五项制度”，累计安全处置医疗废物 2.09 万吨，确保了医疗废物处理处置两个“100%”，牢牢守住了疫情防控生态环境阵地。全力推进医疗废物补短板工作，全省新增处置能力 33 吨 / 天。出台应对新冠肺炎疫情优化生态环境保护服务支持企业复工复产的 10 条意见，制定环评和执法两个正面审批清单，常态化开展“企业服务日”活动，强化生态环境政策宣传和帮企治污。

二是充分发挥生态环境保护对经济发展优化作用。出台《关于生态环境保护促进经济高质量发展的意见》等系列文件，全方位运用环保手段，推进产业转型升级。高标准完成“三线一单”编制工作，积极推进生态环境分区管控体系。大力推进生态省建设，开展省级生态文明建设示范系列创建活动。开展“绿盾”专项行动，推动自然保护区台账问题解决，整改率达 90.54%，推进完成 51 个矿山生态环境恢复治理试点示范工程。推荐山西地质博物馆入选第七批国家生态环境科普基地，实现“零”的突破。提升审批效率推动项目落地，试点建设项目环评告知承诺制，简化审批流程，为建设单位压缩 70%左右的审批及登记时间。

三是全面推进应对气候变化各项工作。充分发挥省应对气候变化工作领导小组统筹协调职能，组织开展“十三五”碳排放形势会商，通报碳强度下降形势，推动完成“十三五”碳减排目标。汇编《山西省温室气体清册(2005-2018)》，并积极推进 2019 年度省级温室清单编制。推动开展碳达峰相关研究，编制“十四五”应对气候变化规划，为实现碳达峰、碳中和奠定良好基础。

二、主动扛起政治责任，坚决打赢打好污染防治攻坚战

（一）坚决打赢蓝天保卫战。印发《山西省打赢蓝天保卫战 2020 年决战计划》，高规格召开全省决战决胜蓝天保卫战、夏季攻势暨臭氧污染治理攻坚、秋冬季大气污染综合治理攻坚等会议，层层压实责任，有力推进各项举措落地见效。一是强化产业结构调整和升级改造。关停炭化室 4.3 米及以下焦炉，压减产能 2064 万吨，完成 21 家钢铁企业超低排放改造，分类整治 498 家“散乱污”企业，开展 7008 台工业窑炉和 2278 家重点企业挥发性有机物综合整治。二是强化清洁取暖和散煤管控。淘汰燃煤锅炉 993 台，提标改造燃煤锅炉 425 台，完成清洁取暖改造 150 万户。全省城市建成区全面完成“禁煤区”划定工作，“禁煤区”管控面积达 6064 平方公里。三是实施夏季臭氧污染应急管控。协调推动错峰卸油、夜间加油等政策落地见效，组织实施省级 VOCs 走航监测，夏季期间臭氧浓度每月均同比下降。四是强化运输结构调整和扬尘管控。建成 8 个重点建设铁路专用线项目，提高铁路货运比例；持续开展降尘综合治理，11 个设区市平均降尘量全部达标(9 吨 / 月·平方公里)。五是强化重污染天气应对。实施差异化应急减排，将 1.8 万余家工业企业纳入应急减排清单。全省 11 个设区市重污染天数累计减少 29 天。

2020 年全省 PM2.5 平均浓度达 44 微克 / 立方米，优良

天数比例为71.9%，在京津冀及周边省份中均排名第二位，仅次于北京。2020年二氧化硫年均浓度降至19微克/立方米，首次达到国家一级标准(优)。

(二)决战完胜碧水保卫战。召开黄河(汾河)流域水污染治理攻坚会议，出台《山西省黄河(汾河)流域水污染治理攻坚方案》，聚焦重点国考断面攻坚，决战完胜水污染治理攻坚战。一是大力实施重点工程。坚持"一断面一方案、点面全覆盖"，推动建成40项水污染治理重点工程，完成汾河等流域67座城镇污水处理厂保温增效提标改造。二是开展入河排污口排查整治。出台《山西省黄河流域及其他入河排污口排查整治方案》，完成汾河流域2039个入河排污口规范整治、建档立标工作，部署对黄河流域1492个入河排污口逐一排查整治，确保达标排放。三是巩固黑臭水体整治成效。开展2020年城市黑臭水体整治环境保护专项行动，对重点或疑似黑臭水体进行督办。四是强化饮用水水源保护。推进全省"千吨万人"饮用水水源地保护区的划定工作，保障饮用水水源安全。五是加快推动农村生活污水治理。指导编制县域农村生活污水治理专项规划，全省340个村庄开工建设生活污水治理设施。

2020年我省水污染防治工作取得了关键性成果，汾河流域国考断面6月底前全部退出劣Ⅴ类并稳定达标至今，汾河重现水草丰美、水质清澈好风光。2020年5月习近平总书记视察山西时用"沧桑巨变"赞扬汾河治理成效。2020年底全省58个国考断面全部退出劣Ⅴ类，优良水质断面比例达到70.7%。

(三)深入打好净土保卫战。制定《山西省土壤污染防治2020年行动计划》，稳步做好土壤污染防治工作。一是积极推进重点行业企业用地土壤污染状况调查。完成334个地块的布点采样方案编制、现场采样和实验室检测工作。二是严格建设用地土壤污染风险管控。开展污染地块安全利用现场检查，共检查(疑似)污染地块72块，补充矢量数据地块80块。有序推进土壤污染治理与修复，基本完成8个国家土壤污染治理与修复技术应用试点项目。三是坚决遏制固体废物非法转移倾倒。排查整治各类固体废物非法贮存点685个和工业固废堆场2087个。2020年全省受污染耕地安全利用率达到97.5%，污染地块安全利用率达到100%，超额完成"两个90%"的目标。

此外，积极开展"三零"单位创建，有效应对处置突发环境事件16起，有效避免了对周边环境造成污染。开展"龙城卫士—2020"辐射事故应急监测演练，确保了全省辐射环境安全。

三、严格督察执法帮扶，坚决把突出环境问题"清零"进行到底

一是全力做好中央生态环境保护督察及"回头看"反馈问题整改。召开整改工作推进会，强化督办落实，推动整改工作按序时进度落实。2017年、2018年中央生态环境保护督察组对山西省开展了生态环境保护督察及"回头看"。根据督察反馈意见，山西省共梳理出例行督察整改任务60项755个整改项目，已完成55项741个项目，占比分别为91.7%、98.1%；"回头看"整改任务38项524个整改项目，已完成35项506个项目，占比分别为92.1%、96.6%。

二是扎实推进省级生态环保督察。围绕打赢汾河流域国考断面水体全面消除劣Ⅴ类攻坚战，对太原、忻州、晋中、吕梁、临汾、运城6市45县汾河流域水污染治理情况开展专项督察，转办重点问题77个；对汾河温南社、文峪河南姚、浍河西曲村等6个断面水质超标问题，开展定点督察，转办重点问题22个。对11个市和省转型综改示范区开展打赢污染防治攻坚战收官专项督察，切实压实各级党委、政府主体责任。

三是深入开展把突出环境问题"清零"进行到底暨监督帮扶。围绕6个方面54项问题，向11市派出"清零"暨监督帮扶工作组，解决突出环境问题16777个。开展黄河(汾河)流域违法排污专项执法行动，解决突出环境问题384个。开展秋冬季大气污染综合治理攻坚行动大排查大整治大提升专项执法行动，排查整治涉气重点企业3250家。强化司法衔接，严厉打击危险废物环境违法犯罪行为，向公安机关移送涉危废违法犯罪案件35件。2020年全省生态环境行政处罚案件数2338件，处罚金额2.06亿元，按期办结信访件7313件。

四、全面加强生态环境领域改革，积极推进生态环境治理体系和治理能力现代化

一是持续强化顶层设计。出台《山西省加快构建现代环境治理体系实施方案》《山西省生态环境保护责任清单》等5个指导性文件，进一步完善我省生态环境保护制度体系。成立由书记、省长任主任的生态环境保护委员会，在全国率先设立省市县乡四级生态环境保护委员会1532个。生态环境部改革专刊对山西省相关做法进行了推介交流。

二是推进生态环境领域相关改革。加强排污许可制度改革，实现固定污染源排污许可全覆盖。会同相关部门出台"3+7""垂改"顶层设计和制度保障体系，推动四个区域(流域)监察办顺利挂牌。事业单位重塑性改革落实落地，在最大限度地"瘦身""健身"基础上，强化了事业单位的技术支持和服务保障能力。稳步推进绿色金融创新、排污权交易、地下水修复试点等改革任务。

三是建立健全生态环境保护法规标准体系。组织起草《山西省固体废物污染环境防治条例》，制定《钢铁工业大气污染物排放标准》《地表水环境功能区划》等标准。创新环境污染强制责任保险模式，出台工作指南。积极推进生态环境损害赔偿制度改革，损害赔偿金额(约3亿多元)和案件数(89件)在全国排名第九，得到生态环境部通报表扬。

(省生态环境厅　齐晓江)

2020年山西省能源革命工作综述

2020年，是山西全面推进能源革命综合改革试点的开局之年，全省上下在省委省政府的坚强领导下，深入学习贯彻习近平总书记“四个革命、一个合作”能源安全新战略和视察山西重要讲话重要指示，按照“四为四高两同步”的总体思路和要求，扎实推进中央试点意见和山西省行动方案任务部署落地，坚持改革引领、聚焦重点突破，全力推动2020年行动计划81项年度任务落地生效，试点工作取得阶段性成效。

一、煤炭绿色开采和智能矿山建设扎实起步

一是5G+智能矿山率先起步建设。与华为共建的智能矿山创新实验室揭牌运行。发布《山西省智能煤矿建设指导规范》地方标准，填补行业标准空白。阳煤集团建成全国首个煤矿井下5G网络，塔山等10座煤矿入选国家首批智能化示范建设煤矿名单。首批推进10座智能化煤矿和50个智能综采工作面建设试点，塔山、新元、鑫岩等3座智能煤矿已经建成，全省已累计投运52个智能化综采工作面。二是绿色开采试点取得可推广经验。率先在全国制定充填开采产能增量置换办法。遴选10座省级、45座市级试点煤矿，开展矸石返井、充填开采、保水开采等绿色开采技术试点示范。潞安高河煤业达到“矸石零排放、地面零沉降、水体零破坏”三个零充填采煤标准；焦煤东曲煤矿建成150万吨/年煤矸石充填开采工作面，取得可推广技术经验。

二、煤炭清洁高效深度利用积极推进

一是推动煤炭向材料原料利用拓展。中国电科碳化硅材料产业基地项目(一期)、阳煤煤层气制金刚石等碳基新材料产业化项目投产。成功获批大同、临汾大宗固体废弃物综合利用基地和晋城、长治工业资源综合利用基地，进一步提升煤矸石、粉煤灰、石膏等大宗固废资源化综合利用力度。二是探索甲烷资源化利用新途径。率先开展关闭煤矿剩余资源普查和关闭煤矿剩余资源普查和煤炭采空区(废弃矿井)煤层气抽采试验。开展发电、提纯、提浓、供热等利用形式的瓦斯综合利用示范。三是开展煤炭分质分级梯级利用试点。加快焦化产业升级和化产高端延伸，2020年压减落后焦化产能4027万吨，以化产深加工为重点推动焦化行业转型升级，焦炉煤气高附加值利用、煤焦油深加工、粗苯加氢及精制利用取得积极进展。实施4个低阶煤综合利用试点项目。开展工业尾气生产燃料乙醇项目试点，年产2万吨示范项目已基本建成。

三、煤层气增储上产明显提速

一是实施煤层气增储上产三年行动大会战。沁水盆地和鄂尔多斯盆地东缘两大国家级煤层气产业化基地建设成效显著。资源勘探取得重大突破，已探明地质储量10511亿方。地面开发步伐明显加快，2020年克服疫情对增储上产进度影响，完成煤成气产量81.5亿方，增长25.6%。二是深化管理体制改革。出台《煤层气勘查开采管理办法》，在全国率先对矿业权出让、收益分配等作出规范。开展矿业权占用费动态调整试点，完善煤层气勘查开采市场退出机制，有效解决“圈而不探”、“占而不采”等问题。开展“三气”综合开发试点，实现将“三气”矿业权赋予同一主体。承接国家煤层气开发项目备案权下放，压缩审批时限至73个工作日。开展晋城煤层气综合改革试点。煤层气资源税税率由1%调整为1.5%。三是加快消纳利用和应急储气调峰能力建设。以提高城镇居民燃气供应水平、推动工业燃料替代、实施交通燃料升级、拓展公服利用等为重点，促进煤成气省内消纳，2020年全省利用天然气总量达75亿方，其中非常规天然气利用量达43亿方，占比57%。加强应急调峰体系建设，落实地方政府、城燃企业储气责任。吸引社会资本参与储气设施建设，已累计建成储气项目36个，形成储气调峰能力4.08亿方/年。

四、清洁能源和新能源有序发展

一是稳步推进新能源资源开发。首次在晋北布局60万千瓦无补贴光伏项目，截至2020年底全省光伏、风电装机分别达1309万千瓦、1974万千瓦，新能源装机占比达31.6%。二是加强电力应急调峰能力建设。完成煤电机组灵活性改造965万千瓦。确定14台、744万千瓦机组作为应急调峰储备电源，垣曲、浑源抽水蓄能电站开工建设。三是积极推进“新能源+储能”试点。开展储能在大规模可再生能源消纳、分布式发电、能源互联网等领域示范应用，开展推进600MW光伏+30MWh储能光伏项目示范。四是引导氢能产业有序发展。江铃重汽、大运汽车两家企业4个型号的氢燃料电池整车产品通过工信部审查。大同雄韬氢雄下线燃料电池发动机系统200套，130千瓦燃料电池发动机成果通过国家认证，属国内首台。

五、能源绿色低碳消费取得积极进展

一是开展绿色低碳试点示范。综改示范区建成投运国内技术领先、规模最大的绿色能源综合运用项目示范基地。晋城长距离管输余热利用示范项目全线开工。临汾大型沼气工程集中供热等生物质能综合利用试点项目进展顺利。二是推进绿色交通绿色建筑行动计划，高起点规划建设武宿机场T3航站楼，打造绿色建筑三星标准示范工程。城镇绿色建筑占新建建筑面积比例达74%，超过50%的年度目标。11市城市建成区出租车提前完成更换。

六、能源科技创新步伐提速

一是加大能源科技创新投入。设立5000万元能源科技创新专项资金，安排财政专项1.7亿元开展重大技术攻关。设置国有企业技术投入比率考核指标,引导国企加大科技研发投入。争取科技部在煤炭清洁高效利用等领域支持山西5个专项,国拨总经费超过1亿元。二是推进创新平台建设,山西大学“CO2减排与资源化利用”工程研究中心获批教育部工程研究中心。太原理工大学“煤与煤层气绿色清洁开发利用”协同创新中心被教育部认定为省部共建国家协同创新中心。三是实施重大关键技术攻关,面向国内外揭榜招标,在煤层气勘探开发、先进储能等领域立项27个“卡脖子”关键共性技术攻关项目。低渗煤层煤层气增产技术、煤基石墨烯电容碳及其复合材料批量化制备等重大专项取得突破。

七、深化能源关键改革稳步破题

一是深化省属能源企业改革。煤企整合为晋能控股集团、焦煤集团2家。组建华新燃气集团、华阳新材料、潞安化工。加快推进“腾笼换鸟”,预计净回笼资金100亿元。二是探索煤炭伴生资源管理体制改革，争取国家同意在山西省16座煤矿探索开展煤与铝矾土等煤矿伴生资源共采试点。三是设立能源转型发展基金。注册设立煤层气产业基金,作为能源转型发展基金子基金先行投资运作。

(省发展和改革委员会　刘　帅)

2020年山西省扫黑除恶专项斗争工作综述

2020年，山西省坚持以习近平新时代中国特色社会主义思想为指导,认真贯彻全国扫黑除恶专项斗争领导小组指示要求,按照“打击遏制”“深挖根治”“长效常治”总体部署,把专项斗争作为巩固党的执政地位的战略工程、提升群众安全感的民心工程、深化平安建设的基础工程、维护社会和谐稳定的重点工程来抓，切实打好“主动仗”“攻坚仗”“整体仗”,扎实开展“六清”行动,取得良好的政治效果、法律效果和社会效果,向党和人民交出了一份合格答卷。

一、坚决贯彻以习近平同志为核心的党中央决策部署,切实扛起扫黑除恶重大政治责任

省委省政府始终将扫黑除恶专项斗争作为一项重大政治任务，摆上重要议事日程，与中心工作同部署、同推进、同落实。一是高位谋划抓布局。省委常委会专题学习习近平总书记关于扫黑除恶专项斗争的重要指示，多次听取工作汇报，研究部署重点工作，提出“初战告捷”“再战再捷”“实现完胜”等阶段性目标。二是统筹推动抓落实。省委常委、政法委书记、省扫黑除恶专项斗争领导小组组长商黎光同志把主要精力放在扫黑除恶工作上，多次召开专题会议研究部署重点任务，审定重要文件，统筹推动各项任务措施落地见效。省委有关常委同志也结合分工，对惩腐打伞、组织建设和舆论宣传等多次作出部署。省人大、省政协主动参与，推动各级人大代表、政协委员积极建言献策，加强监督指导。三是全面督导抓履职。坚持常态化督导与“点穴式”督导相结合，组成由正厅级干部任组长的督导组，对11个地市、30个成员单位开展督导，通过履职谈话、边督边改、整改验收，推动问题整改到位。创新“抓市促县”战法，把战果落后的2个市和11个县(区)确定为重点推进地区,加大责任倒查力度,推动各地奋起直追、迎头赶上。

二、坚持依法从严惩处黑恶势力犯罪,涉黑涉恶问题得到根本遏制

全省政法机关坚持“严”字当头,以“零容忍”态度出重拳、下重手,形成对黑恶势力犯罪的压倒性态势。一是突出线索深挖。探索建立涉黑涉恶和“保护伞”线索“一制度两台账”移交处置模式,完善公安机关“三长”负责、重点线索盯办、提级复核异地核查、核查回访等制度,进一步细化核查责任,提升核查质效。二是紧盯重大案件。全省涉黑案件和涉恶集团案件,一律实行领导包案。特别是全国扫黑办挂牌督办的7起重大涉黑案件,省政法单位主要负责同志分别牵头调度指挥,集中优势兵力开展攻坚,其中3起案件首犯及其骨干成员均依法处以重刑,4起案件已全部作出一审判决。三是强化“打财断血”。省市县分别成立由政法委书记任组长的涉案财产处置工作领导小组,统筹推进司法执行、财政收缴、清产核资、企业接管等工作。组织开展“黑财清底”大会战,建立“统一移交”“现状移交”“就地移交”模式,依法高效处置涉黑涉恶财产。全省已生效的财产刑、罚金刑共计237.92亿元,已执行到位217.26亿元,执行到位率91.3%。

三、坚持把扫黑除恶与反腐败斗争和基层“拍蝇”结合起来,黑恶势力“关系网”“保护伞”得到毁灭性打击

全省纪检监察和政法机关将“打伞破网”作为反腐败斗争的重要战场,盯住抓、持续抓、深入抓,坚决冲破“关系网”、打掉“保护伞”。一是上下统筹,重拳出击。坚持纪法联动,省纪委监委和省委政法委联合下发《问题线索移送及案件同步介入规定》,政法机关对掌握的涉黑涉恶腐败和“保护伞”线索,全部移送纪检监察机关,实行“双专班”“双移送”制度。纪检监察机关采取联点包案、直查直办和挂帅领办等办法,统筹办案资源、调度精锐力量,先后挖出一批重大涉黑涉恶腐

败和“保护伞”。二是逐案筛查，除恶务尽。省纪委监委部署开展“两个一律复核”，对查处黑恶势力但未见背后“保护伞”、未倒查党委政府主体责任和有关部门监管责任的，一律复查复核。三是精准把握，稳慎处置。坚持依规依纪依法，认真分析研判每一起涉黑涉恶腐败和“保护伞”案件，杜绝人为“拔高”或“降格”，将违纪违法问题与涉黑涉恶腐败区分开来，区别对待、分类处置，取得良好效果。

四、坚持综合治理、齐抓共管，重点行业领域突出问题得到有效整治

各级各有关部门坚持“边扫边治边建”，对群众反映强烈、问题比较突出的行业和领域，采取强有力措施，依法重点整治，从源头上遏制黑恶势力滋生蔓延。一是强化重点整治。聚焦社会治安、乡村治理、金融放贷等重点行业领域，部署开展“1+10+X”专项整治行动，实行“一条线索、一个清单、一项整治”的“三个一”工作模式，严肃查处各类乱点乱象，累计整治乱点6109个，查处违法违规行为1.27万起。二是优化行业监管。按照“所有案件全覆盖、主要问题全覆盖”思路，把“三书一函”作为提升行业监管水平的关键抓手，针对黑恶案件暴露出的行业突出问题，推动政法和纪检监察机关依法向主管部门提出监察建议、司法建议、检察建议和风险提示函。省扫黑办向问题集中的12个省级部门发出《交办函》，督促落实整改责任。全省制发“三书一函”7705份，案件覆盖率100%，完成整改7689份，整改率99.8%。三是深化“三零”单位创建。各地各部门将“零上访、零事故、零案件”单位创建与“无黑无恶”村（社区）建设结合起来，坚持关口前移、靶向施策，把62.82万个村（社区）和企事业单位全部纳入创建范畴，围绕排查、上报、稳控、化解、整治等责任链条，形成工作闭环，累计解决重大矛盾纠纷、重大安全隐患和突出治安问题1045件。

五、坚持夯实基层基础，黑恶势力滋生土壤得到彻底铲除

各地各有关部门把夯实基层基础作为铲除黑恶势力滋生土壤的关键之举，坚决夯实筑牢党的基层战斗堡垒。一是抓转化提升。省委组织部部署开展软弱涣散农村基层党组织整顿提升行动，按照“不设比例、应整尽整”的思路，先后对全省7232个软弱涣散基层党组织进行整顿，对打掉涉黑涉恶团伙的208个村党组织，“一村一策”制定整改方案，明确责任主体、工作任务、方法步骤和完成时限，深入彻底进行整顿。二是抓能力素质。建立村干部调整县级联审常态化机制，列出“五不能”“七不宜”负面清单，对村“两委”班子成员参与换届选举情况进行“起底式细查”，全省累计排查出不符合条件的村干部1802名，已全部清理到位并补齐配强。三是抓制度创新。把村级党组织书记作为关键，通过公开承诺“立信于民”，从制度上倒逼基层党组织和村干部担当作为。针对部分村党组织“无人可选、有人难选”问题，大力选派机关事业单位干部到村任职，全省确定选派村3169个，整建制配备453个，选派干部4085名。

六、坚持正面引导、营造强大声势，坚决打好扫黑除恶人民战争

各地各有关部门持续加大宣传力度，增强人民群众同黑恶势力作斗争的信心，形成浓厚社会氛围。一是总体布局，发出“最强音”。根据专项斗争进展态势和节点要求，印发宣传工作总体方案、加强收官阶段宣传报道的通知，组织实施“五个一”工程，推动各地对扫黑除恶工作进行全方位、多角度宣传报道，确保做到家喻户晓。二是突出重点，奏响“主旋律”。研究确定“党的领导、群众参与”等六个宣传主题，有关成员单位分别领题，配合新闻单位开展宣传，累计刊发报道1200多篇。制作6集电视专题片《向人民汇报》和10期系列报道“讲述我身边的平安故事”，围绕人民群众对专项斗争成果“怎么看”“怎么评”，全面反映专项斗争成效。三是正面宣传，汇聚“正能量”。坚持“一个基调、同步发声”，省扫黑办与主流媒体、新媒体等4800多个平台建立统一发布机制，第一时间对重大报道、重要新闻进行全网推送。组织开展“十百千”宣传活动，对立场坚定、事迹感人、战果突出的英雄集体和先进个人，以“一人一事迹”进行总结宣传，充分展示新时代政法干警的精神风貌和英雄气概。

（省委政法委　王　通）

2020年山西省“三零”单位创建工作综述

为贯彻落实习近平总书记视察山西时关于“推动社会治理重心向基层下移”的重要指示精神，贯通市域社会治理“末梢神经”，夯实社会治理“底座”，推进平安山西建设深入发展，全省62.8万主体开展“零上访、零事故、零案件”村、社区、企事业单位创建工作。2020年，实现“三零”的村（社区）占到59.03%，企事业单位占到99%。全省安全感和满意度达到93.59%，再创历史新高。

一、省委省政府高位推动，强化组织领导

为提升基层社会治理水平和效能，省委将“三零”单位创建工作作为建设更高水平平安山西、夯实治晋兴晋强晋安全稳定基石的重要抓手，纳入了年度常委会工作要点、重大改革任务和目标责任考核范畴。省委政法委作为“三零”单位创建总协调部门，科学谋划、精心组织，统筹协调省公安厅、省应急厅、省信访局建立组织指挥体系，分别组建“零上访”“零

事故”“零案件”创建工作领导组,成立工作专班;出台一系列规范性文件,明确具体标准,细化创建任务,深化部门协作,为基层开展创建工作提供了指引;依托省综治中心成立全省“三零”单位创建调度中心;依托全省社会治安综合治理信息系统研发“三零”创建数据模块,将相关情况形成电子台账,实现数据实时上传、动态展示,精准施策。

二、各地统筹驱动,着力提升质效

各地按照省委统一部署,精心组织,周密安排,通过摸清底数建立台账、整治隐患防范风险、压实责任推动落实、健全制度规范创建等措施,统筹推动创建工作,为全省高质量转型发展创造了安全稳定的社会环境。一是强化隐患排查整治。坚持把风险隐患排查作为一个常态化工作,组织动员各种力量,走街、串巷、入户、入车间、入站所,开展拉网式、地毯式排查,全面掌握全省矛盾纠纷、安全事故和刑事治安案件隐患情况,分类建立台账,分批制定解决方案。同时,坚持条块结合、靶向发力,通过定期调度、调研督导、转办督办、联席会议等方式,开展“清单式”管理、“项目化”推进,努力做到问题在一线解决、基础在一线扎牢。二是压实责任推动落实。各地通过责任制、包案制、督办制等方式,进一步压实党委政府领导责任、行业主管部门监管责任和创建单位主体责任,把一大批不稳定因素化解在基层、稳控在当地。建立“一张图”信息化平台,对进展情况实时监测、在线分析,并对各类主体实行分“色”预警,跟踪督办,切实将任务压实到农村、社区和企事业单位。三是完善机制健全体系。创建中,各地注重以制度规范工作,纷纷建立滚动摸排、沟通协调、清单管理、督促指导、分类推进、舆论引导等制度,以制度思维和制度方式推动形成条块结合、上下联动的工作格局,助力创建工作扎实开展、高效运行。以分类创建、前置创建、联合创建和开门创建为抓手,出台通报调度、督导检查等机制,努力让创建工作的“齿轮”转起来。

三、部门深化联动,凝聚合力推进

省直单位着眼行业指导和监督管理,指导本系统本监管领域的主体不断完善制度,健全标准,规范流程,及时发现、妥善化解各类风险隐患。一是与行业平安建设相结合。省公安厅制定“零案件”标准体系,结合“枫桥式派出所建设”“万名民警进万家”“护城河”等活动全力推进“三零”单位创建。省卫健委、省文旅厅、省交通运输厅等单位分别将“三零”单位创建与深化“平安医院”创建、文旅行业平安建设和平安公路、平安车站等行业平安建设相结合,不断拓展行业平安建设的触角和范围。二是与安全生产专项整治相结合。各部门坚持把“零事故”单位创建工作与安全生产专项整治三年行动相结合堵漏洞、补短板、强弱项,夯实安全基础。省应急厅围绕重点行业领域分类建立台账,全国首家出台《山西省管行业必须管安全、管业务必须管安全、管生产经营必须管安全实施细则》等一系列制度,组织开展煤矿、危险化学品等11个重点行业领域专项整治。省市场监管局紧紧围绕特种设备等监管领域,深入开展特种设备隐患排查专项整治和重点工业产品质量安全隐患排查,排查整治一大批隐患问题。三是与解决信访突出问题相结合。坚持强化信访联解、矛盾联调、工作联动,形成化解矛盾纠纷的攻坚合力。省信访局对矛盾纠纷进行了全面摸排,研发并推广“零上访”单位创建工作电子化档案管理信息系统,开展“四个重点”攻坚战暨重点领域专项治理,对重点问题逐一落实化解责任和稳控责任。省住建厅制定《关于开展“四个重点”信访矛盾化解攻坚暨城乡建设领域信访突出问题专项治理实施方案》,指导信访事项化解工作。省人社厅开展劳动保障领域信访突出问题专项治理,指导责任单位依法化解,做好稳控工作。

四、注重宣传引导,形成浓厚氛围

各地各部门把宣传发动贯穿创建工作始终,发挥群众自治作用,综合运用报纸、电视、微信公众号、抖音号等传统和新型媒体开展广泛宣传,有效增强了“三零”单位创建宣传的广度和深度,扩大了覆盖面和知晓率。组织“一报两台”和山西云媒体、山西新闻网等各类媒体,通过评论员文章、开辟专栏、海报宣传、专题报道、人物专访等形式,对全省“三零”单位创建开展了全方位、立体化报道,将创建要求直达基层一线,营造了“三零”单位创建的强大声势。省委政法委与山西电视台联合录制“三零”单位创建专题片,在山西卫视“改革进行时”“第一访谈”等栏目播出;在《山西政法》刊物、微信公众号和《山西长安网》开辟专栏,依托《平安山西建设动态》设立“三零单位创建工作专刊”,及时跟进、动态反映各地各部门进展情况。各市县高度重视本地区创建工作的宣传报道,在主流媒体重要版面和黄金时段农开办专题专栏,邀请人大代表、政协委员、广大市民畅谈创建工作,组织编印《“三零”单位创建知识问答》《“三零”单位创建宣传海报》等宣传资料,在全社会营造了浓厚的创建氛围。同时,各级企事业单位纷纷在本单位网站设立“三零”单位创建页面,各村(社区)利用微信工作群等信息化手段及时发布工作信息,促使创建工作深入人心,群众知晓率和参与率不断提升。

(省委政法委　王　通)

2020 年山西省文旅融合工作综述

2020 年，省文化和旅游厅以习近平新时代中国特色社会主义思想为指导，根据省委"四为四高两同步"总体思路和要求，强化顶层设计，创新工作举措，扎实推进文旅融合各项任务落实。

一是旅游经济指标达预期。2020 年，全省共实现旅游总收入 2920.08 亿元，同比增长 -63.62%。全省累计接待入境过夜旅游者 16529 万人次，同比增长 -97.84%。实现入境旅游创汇 605.12 万美元，同比增长 -98.52%。全省共接待国内旅游 33251.87 万人次，同比增长 -60.12%。国内旅游收入 2919.71 亿元，同比增长 -63.50%。

二是"三大品牌建设年"成效显著。出台行动方案和《"游山西·读历史"活动实施方案》等，编制长城、黄河国家文化公园建设(山西段)规划，对接落实太行山旅游业发展规划，塑造三大品牌。推动云丘山景区升级为 5A 级景区，壶口瀑布列入 5A 创建名单。出台《5A 级景区服务规范》，发布 14 项地方旅游标准，壶关县入选第四批全国旅游标准化示范单位。评选公示首批 14 家 4A 级、第二批 3A 级乡村旅游示范村名单，推动"三个人家"特色创建。打造 5 部三大品牌主题作品。举办第二届导游大赛，评选出金牌导游 100 名。中英文宣传片通过 time out 等平台广泛传播。

三是全域旅游建设势头强劲。楼阳生书记出席"游山西·读历史"启动仪式并讲话，精准定位"九游九读"文旅新形象。发布 10 条特色线路，启动创建 20 个科研站，公示 30 家研学基地。开展直播"游读"云推介，组织全国主流媒体山西行、"著名作家看山西"，在国家级展会、节庆活动中设置专题展区、植入"游读"内容。泽州、壶关、永济、武乡 4 县成功入选第二批国家全域旅游创建名单。

四是重大文旅活动精彩纷呈。继续成功举办山西省第六次旅发大会、"第二届大河文明旅游论坛·黄河对话"、康养产业发展大会、工美产品博览交易会、黄河文化保护传承弘扬座谈会、十大群众文化品牌等重大活动，省主要领导均出席并讲话。印发区域合作行动方案，提升与京津冀、长三角、粤港澳大湾区合作层次。与陕、豫、蒙等省区签订合作协议，开展京津冀晋房车、自驾车巡游，有力提振文旅新消费。

五是文化事业发展持续繁荣。《黄河》《沁岭花开》入选全国舞台艺术重点名录；《我们村里的年轻人》《申纪兰》入选全国舞台艺术重点计划；《刘胡兰》入选中宣部"建党百年"重点跟踪项目；京剧《文明太后》等 6 部作品入选文旅部"建党百年"重点名单；一批剧种、剧目参加全国展演。"五个一批"群众文化惠民工程举办赛事 1700 余场，免费送戏下乡 1.2 万余场，惠及群众 800 余万。公共文化领域重点改革任务全面验收，山西省万人拥有公共图书馆、文化馆设施面积两项指标均居中部六省第一。出台《乡村文化记忆工程建设规范》，第二届非遗博览会、台北"三晋文化·宝岛共赏"等活动引发民众关注。

六是文旅融合发展全面提速。制定《关于深化文旅融合发展的实施意见》《2020 年文旅项目招商引资活动总体方案》《山西省文旅融合项目招商册》《山西省振兴工艺美术行业工作方案》，强化项目支撑，推动文旅深度融合。加大项目建设力度，省市县联动重点推进 178 个重点项目，举办投融资项目洽谈会，签约 18 个项目，共计 317.2 亿元。推荐"山西三宝"参加服贸会、海峡两岸文博会，举办第二届文创大赛，获奖作品 370 件。开展省级工美大师和非遗传承人学历教育，学员得到楼阳生书记回信鼓励。

七是市场环境服务质量稳步提升。出台《全面提升旅游服务质量和水平实施意见》，纳入全省质量考核体系。全省完成双随机抽查 340 次，90 余家互联网文化企业全部纳入内容审查监管范围，90%以上审批事项实现网上办理。开展全省 A 级景区"体检式"暗访，主要领导挂帅深入各市开展安全督导检查。以省安委办名义出台方案，召集多部门专业人员，对全省景区、文化活动场所进行安全检查。促进文旅集团建设省级综合监管服务平台，"晋游码"助力 240 家文旅场所预约认证，"游山西"APP 注册人数突破 439 万。

八是助力脱贫攻坚作用有力发挥。配齐配强驻村帮扶干部，圆满完成"十个清零"百日攻坚任务。为 200 个示范村量身定制扶贫开发方案并施行，联合农行山西分行为示范村安排专项信贷资金，认定非遗就业工坊 25 家，为贫困地区、革命老区送戏 5300 余场。

（省文化和旅游厅　张凤鹍）

省委工作部门工作概况

省委办公厅

省委秘书长　李凤岐

2020年，省委办公厅坚持以习近平新时代中国特色社会主义思想为指引，认真学习党的十九届四中、五中全会精神，深入贯彻习近平总书记视察山西重要讲话重要指示，全面落实省委十一届十次全会精神，按照建成“五型机关”重要要求和“忠诚为魂、担当立身、干净打底”的具体要求，坚持政治引领，努力把握大局，发挥职能作用，狠抓工作落实，不断提高“三服务”质量水平，为山西转型发展蹚新路作出了积极贡献。

一、坚守政治机关根本属性，自觉做“两个维护”第一方阵“排头兵”

牢牢把握政治机关中枢定位，不断增强“四个意识”，坚定“四个自信”，做到“两个维护”。坚决增强做到“两个维护”的思想和行动自觉。把学思践悟习近平新时代中国特色社会主义思想作为必修课，认真学习习近平总书记每一次重要讲话、每一次重要指示，与贯彻落实好习近平总书记对山西工作、对办公厅工作的重要要求贯通起来，深化领悟，常学常进。发挥厅中心组领学促学作用，组织厅中心组集体学习13次，厅领导班子成员带头讲专题党课10余次，不断把学习成果转化为做好“两个维护”的政治自觉，切实当好风向标、催化剂、把关人和监督员。坚决推动党中央重大决策部署落实。2020年5月，习近平总书记视察山西并作重要讲话重要指示后，省委办公厅第一时间制定任务分工方案，建立专门督办平台，专人专班推进，持续跟踪落实。认真梳理十八大以来习近平总书记对山西工作作出的重要指示批示，扎实开展“回头看”。着眼全面建设社会主义现代化国家，围绕山西“十四五”转型出雏型，认真做好上情下达、下情上达、参谋服务、综合协调、督促检查等工作，全面落实“两个维护”，服务保障省委高效运转。坚决执行向党中央请示报告制度。建立向党中央请示报告工作机制，构建起牵头处室分类承办工作体系，厘清职责任务，明确办理要求，实行跟踪管理，确保各类事项应报尽报、应请尽请。组织省直相关单位召开座谈会，全面加强和规范全省请示报告工作。健全完善请示报告工作机制，把前置审核作为提请省委常委会审议和发文的必经程序，前置审核文件法规等160余件。

二、服务省委高效指挥疫情防控作战，助力全省夺取疫情防控和经济社会发展“双胜利”

省委办公厅坚决贯彻中央及省委部署要求，从1月21日山西省出现首例疑似病例开始，立即进入防控疫情工作状态，大年初一启动一级响应，初二成立工作机构，迅速建立应急指挥机制，制定174条疫情防控期间办文办会办事举措规程，全力服务保障省委高效指挥作战、工作安全运转。一手服务省委抓防控，从1月26日开始，服务省委召开专题会议暨省疫情防控工作领导小组会议45次，第一时间传达学习习近平总书记最新指示和部署，服务保障省委科学决策。向省委报送疫情信息510期，深入疫情防控一线开展督导3批次，协助制定假期后、上班后、复工后、开学后“四后”防控预案，推动出台国际航班入境、冷链物流、省际人员流动相应防控举措，不断夯实全省疫情防控工作基石。一手服务省委抓发展，准确把握国内外疫情防控和经济形势阶段性变化，督促各级各部门扎实做好“六稳”工作，全面落实“六保”任务，助力全省经济社会平稳健康发展。服务保障省委主要领导与专家、院士、企业家等工作会谈79次，组织召开全省项目建设暨招商引资动员大会、山西药茶发布会、晋阳湖·首届集成电路和软件业峰会等,举办全省开发区集中投产、开工、签约“三个一批”活动,推动建立省市县三级领导包联重点项目推进机制,出台关于深化拓展支持民营经济发展的若干措施等政策,为全省高质量转型发展创造有利条件。

三、聚焦省委中心工作,全面提升“三服务”质量和水平

(一)圆满完成习近平总书记视察山西服务保障任务。5月11日至12日,省委办公厅在最短时间内,以最高标准、最优作风、最严纪律,精心组织、周密部署,圆满完成习近平总书记在晋视察活动的服务保障任务。

(二)围绕大局做好参谋。深入学习中央部署精神,领会把握省委决策意图,起草向中央的报告,省委领导在全国“两会”、省委全会、经济工作会等重要会议的讲话等各类文稿800余篇、450余万字。围绕省委领导的关注点、社会矛盾的突出点、群体意见的集中点,服务保障省委领导深入基层调研70余次、累计65天。强化应急值守,建立紧急信息及有关事项(手机系统)批示件办理工作机制,截至12月中旬,受理处置突发事件251起,向中办报送紧急信息148期。编发《山西信息》等325期,向中办报送信息800余期。受理网民留言4530件,同比增长49.9%,连续第12年被评为全国网民留言办理工作先进单位。向中央报备党内法规和规范性文件57件,审查向省委报备的文件223件,探索开展3部试行期超过5年的省委党内法规执行情况评估,及时做好立改废释工作。

(三)安全高效保障运转。圆满完成9位党和国家领导人在晋考察调研重大接待任务,组织省委十一届十次、十一次全会,全省国资国企改革发展工作会议、全省抗击新冠肺炎疫情表彰大会、晋能控股等战略性重组国企揭牌仪式等重要会议活动240余次。建立常委会议题预收集管理制度,服务保障省委常委会、中心组学习会、议事协调机构会等各类会议,整理会议记录140余万字。每月组织召开省级领导班子秘书长联席会议,协助做好省委领导各类联系点工作。建立中央文件办理落实工作平台,健全完善任务落实机制,办理中央和国家机关、兄弟省份来文来电1510件,转办催办省委领导同志批示件7128件次,交换文件55万余份。加强《档案法》宣传贯彻,扎实推进重大建设项目档案管理,完成全省7705家单位年度档案统计调查,推动开展疫情防控和精准扶贫归档工作。

(四)着力强化运行管理。扎实做好机关安全保卫工作,建立人脸识别门禁系统,实现视频监控全覆盖,组建微型消防站并完成消防电气检修。开展内部审计58次,出具审计报告和意见书16份。配合审计署驻太原特派办完成2次审计任务。圆满完成经费需求保障,有序开展厅机关及所属单位资产处置。制定省委办公厅节约型机关创建实施方案,全面推进绿色行动。落实好老同志政治待遇和生活待遇,用心做好阅文服务、家访慰问、医疗保健等工作。

(五)稳妥推进事业单位改革发展。事业单位改革是全面深化改革的重要任务,对推进治理体系和治理能力现代化具有重要意义。办公厅坚决贯彻中央及省委部署,率先制定《省委办公厅所属事业单位改革方案》,成立改革领导小组,建立领导小组成员包联制度,统筹推进涉改事业单位机构整合、职能调整、人员划转、资产清查等工作。

(六)扎实开展驻村帮扶。立足决战完胜脱贫攻坚目标任务,制定印发《省委办公厅2020年助力决战完胜脱贫攻坚工作措施》,开展厅领导赴临县调研慰问活动10余次,选派1名正厅级领导干部担任干部驻村帮扶驻临县大队长,凝聚全厅帮扶合力。举办就业扶贫现场招聘会,设立省委机关食堂消费扶贫窗口,推动5个帮扶村全部摘帽,1024户建档立卡贫困户全部脱贫,贫困户年人均纯收入提升至5308元。

四、创新抓落实体制机制,构建省委督查工作新格局

突出党办系统抓落实基本职能,统筹督查工作力量,成立省委督查委员会,从领导体制、工作导向、制度机制等方面全面加强全省督查工作,创新构建督查工作新格局。完善工作体系,建立400余人的督查组组长库、兼职督查员、督查工作观察员三支队伍和“13710”信息化督办平台、涉密事项督办平台、重要事项督办平台三个平台,开展专项督查10余次,实现对各市各部门重要工作督办全覆盖,做到进展可视、过程可控、结果可考。聚焦重点任务,建立全省开发区常态化督导制度,设立6个督导组,对全省11个市88个开发区驻市开展3轮全覆盖督导,积极协调商务、发改、工信、自然资源等职能部门,帮助解决19个共性问题和72个具体个性问题,有力推动开发区健康发展。深化基层减负,制定深化拓展“基层减负年”工作措施,明确省委常委班子带头改进作风的“九个进一步”措施。取消涉及中小学和教师的督检考事项477项,省级发文、开会、督检考分别同比减少16.8%、51.4%、23.6%,以恒久韧劲确保基层减负工作抓出成效。

五、着力强化自身建设,持续深入打造“五型机关”

坚持以“五型机关”建设为统领,努力当好省委的坚强“前哨”和巩固“后院”。加强机关党建,指导20个基层党组织完成换届或支委调整,成立6个开发区督导组临时党支部,开展争创“五型机关”建设先进党支部活动,全面强化基层党组织战斗堡垒,推动党建与业务深度融合。持续锤炼队伍,举办全省专兼职督查干部、全省文秘机要人员专业化能力提升培训班,参训236人次。成立青年学习小组,创新开设“干部课堂”在线学习园地,推动理论学习向纵深拓展。严明纪律作风,与驻厅纪检监察组实行联动协作机制,严格执行向驻厅纪检监察组月报制度,全面落实24项责任清单任务。开展领导干部违规入股企业问题专项清理和个人有关事项报告专项整治,督促各处室单位全面排查廉政风险、制定防控措施,为全厅党员干部划出遵纪守规的底线红线。

(闫涓涛)

附：省委秘书长、副秘书长，省委办公厅主任、副主任、驻厅纪检监察组组长名单

省委常委、秘书长：廉毅敏(10月离职)
李凤岐(11月任职)

常务副秘书长：张瑞鹏(3月离职)

主持日常工作的副秘书长：关建勋(3月任职)

副秘书长：王利波　宋　伟(兼)　梁克昌(兼)
王成禹　宋惠民　宋红波

办公厅主任：王利波

办公厅副主任：史晨鸣　解文秀

驻厅纪检监察组组长：柴文龙

省委组织部

部　长　曲孝丽

2020年，在省委的坚强领导和中组部的正确指导下，全省各级组织部门以深入学习贯彻习近平总书记视察山西重要讲话重要指示为指引全面加强思想政治建设，动员各级党组织和广大党员、干部以磅礴力量夺取抗击疫情、脱贫攻坚决定性胜利，以引领姿态在深化改革、转型发展中锻造忠诚干净担当有作为的高素质干部队伍，以破解“人治物效”难题为着力点一体推进各层级各领域党组织建设，以“人才新政12条”构建具有比较优势的人才制度带动重点突破、整体突围，为全省高质量转型发展提供了坚强组织保证。

一、理论武装和党的政治建设有力有效推进

以学习贯彻习近平总书记视察山西重要讲话重要指示为牵引，着力构建主体班次抓重点、专业化能力抓拓展、在线培训抓覆盖的“三位一体”教育培训格局，全省共培训48.3万人次。克服疫情影响，将课堂搬上“云端”，在干部在线学院开设专题，采取“线上学习＋线下研讨”方式，开展四中、五中全会精神学习培训，日均访问人数突破4万、点击量超75万次。贯彻中央巩固深化主题教育成果意见，着力从制度、自觉、业绩维度构建长效机制，推动全省党员、干部切实做到“一句誓言、一生做答”。

二、干部工作“七个专项行动”取得显著进展

先后选派8名年轻厅级干部担任县委书记，直接提拔2名“70后”县委书记担任省直部门“一把手”；分两批选派503名年轻干部到县乡任职“墩苗”，首批选派11名省直单位年轻干部到各市对口担任市直单位正职，同步选拔218名基层干部到省、市直单位任职；一厅一策优化省管班子年龄结构，调整5名省直厅局长到承载转型使命的旗舰企业任职，开展国企经理层内部竞聘上岗和市场化选聘；引进王仰麟、郑强等一批高层次专业化领导人员；选优配强综改示范区领导班子，锻炼充实全省开发区领导力量。

三、干部选育管用全链条机制更加成熟定型

紧扣省委重大改革配置干部资源，坚持在大战大考中考察识别干部，动真碰硬推动干部能上能下。提拔重用抗疫一线干部81人，问责、免职工作不力干部623人。3名贫困县县委书记提任副厅职，1名县长直接提任市委常委，6名县委书记因履职不力等原因被免职。围绕提升制度执行力和治理能力开展干部专业化能力提升专题培训，全省共培训14万余人次。改革省属事业单位、公立医院、国企领导人员管理体制，优化管理机制。制定实施《领导干部政治素质考察考核办法(试行)》，有效提升政治把关精准度。对目标责任考核体系进行重塑性改革，实行分类分考、分别计奖，试行省管干部业绩评价。巩固职务与职级并行成果，完成省市职级套转和首次晋升，全省共晋升一、二级巡视员583人。坚持激励约束并重，表彰奖励5000名担当作为表现突出干部、近2500名抗疫先进个人，开展个人有关事项报告专项整治和第七、八轮选人用人专项检查，向涉组涉干诬告陷害行为“亮剑”。制定《党内组织法规贯彻执行情况监督检查办法》等7项在全国具有创新引领性的干部管理制度文件。

四、基层党组织政治功能和组织力不断增强

制定《党委(党组)书记抓基层党建述职评议考核工作实施方案》，压实各级党组织主体责任。出台激励关爱抗疫一线基层党员干部18条措施，动员各方力量铸就疫情防控“铜墙铁壁”。推动抓党建促脱贫攻坚和乡村振兴有效衔接、平稳过渡，制定《关心关爱脱贫攻坚一线干部若干措施》，选派4085名机关事业单位干部到村担任党组织书记，对425个软弱涣散贫困村进行集中整顿，利用中央、省级资金对755个村集体经济进行重点扶持，合并减少行政村4029个。统筹推进各领域基层党建，加快社区工作者职业化体系建设，以省直机关为重点打造“五型机关”，配合国企“六定”改革理顺党组织隶属关系，实施高校教师“双带头人”培育工程，开展公立医院党建专项整治，配强两新组织党建指导员。狠抓党支部工作条例落实，省委常委全部建立党支部工作联系点并结合“七一”走访慰问进行了调研指导。打造“三晋先锋”党员教育一体化平台。

五、全省创新型人才队伍建设取得重大突破

出台《建设人才强省优化创新生态若干举措》《“一事一议”支持人才发展实施办法》，推出人才新政“12条”，发布省级人才政策和人才服务事项“两清单”。首次承办中央人才工

作协调小组专家咨询服务活动山西行、承接中组部博士服务团项目、组团赴清北及长三角地区高校开展人才引进暨选调生政策宣介、举办“才聚三晋、晋展其才”人才宣传服务月活动。启动省级人才公寓建设。开展科研诚信建设整治工作。引进152名海外高层次人才、3个创新团队。启动“十四五”院士后备人选培养计划，遴选院士后备人选13人。全省人才资源总量达478.85万人，新增39.24万人，是上年增量的1.75倍。

六、组织部门自身建设呈现新气象新面貌

秉持“高快严实”理念，持续从严打造过硬队伍模范部门。对部机关机构设置、职能配置、人员配备进行重塑性调整，带头推进所属事业单位改革。持续减文减会减字，大力推动减负赋能。建立“晋组讲坛”学习机制，成立理论宣传小组，在官网、官微开设“晋组新语”专栏，全省组织工作质量和组织部门影响力显著提升。

（程永杰）

附：省委组织部部长、副部长、部务委员、驻部纪检监察组组长名单

省委常委、组织部部长： 曲孝丽（女）

主持日常工作的副部长（正厅长级）： 李凤岐（11月离职）
卢建明（11月任职）

副部长： 卢建明（11月调职） 张晓峰
张晓永（6月离职） 齐海斌
吴纪平（11月任职） 张志刚（11月任职）
辛艾艾（女，11月离职）

部务委员： 刘 鹏（6月任职） 张 敏（6月任职）

驻部纪检监察组组长： 袁振旭（11月离职）
董军民（12月任职）

省委宣传部

部 长 吕岩松

2020年，在省委坚强领导下，全省宣传思想战线持续深入学习宣传贯彻习近平新时代中国特色社会主义思想，紧扣决胜全面建成小康社会、决战脱贫攻坚，统筹推进疫情防控宣传和经济社会发展宣传，守正创新做好各项工作、不断取得新突破，圆满完成目标任务，为全省转型发展蹚新路提供坚强思想保证和强大精神动力。

一、持续推动学习宣传贯彻习近平新时代中国特色社会主义思想往深里走、往实里走、往心里走

坚持以上率下，始终把深入学习贯彻习近平新时代中国特色社会主义思想作为头等大事，深入学习贯彻习近平总书记关于宣传思想工作的重要论述，及时跟进学习习近平总书记最新重要讲话重要指示精神，重温“三篇光辉文献”，贯通学习《习近平谈治国理政》第一卷、第二卷、第三卷，坚持用以指导实践、推动工作，把“两个维护”落实到实际行动上。围绕习近平总书记视察山西重要讲话重要指示，省委常委、宣传部长带头讲党课，分管领导到所联系支部参加学习讨论，组织全体党员专题学习4次，制定“1+7”系列学习贯彻方案，形成细化落实清单，持续引深学习贯彻。

巩固拓展“不忘初心、牢记使命”主题教育成果，组织部机关全体党员干部学好用好《习近平谈治国理政》第三卷、《论党的宣传思想工作》等理论读物，形成了学习教育、调查研究、检视问题、整改落实的长效机制。

二、坚定扛起主体责任，推动全面从严治党向纵深发展

全面贯彻落实《党委（党组）落实全面从严治党主体责任规定》等党内法规，坚持以党的政治建设为统领，推动机关党的建设高质量发展。制定领导班子及成员全面从严治党责任清单。深入开展“五型机关”建设，打造“讲政治、讲素质、讲业务”党建品牌，组织开展主题鲜明的学习教育、主题党日、读书月、学习征文等活动，表彰一批优秀党组织、优秀党务工作者、优秀党员。严格党员日常管理监督，落实好“三会一课”等制度，切实做到支部管到人头。成立部青年学习小组，加强青年党员干部的政治历练和实践锻炼。

召开年度省直宣传思想文化系统全面从严治党暨党风廉政建设工作会议，层层签订《廉政责任书》，抓好纪律教育、政德教育、家风教育，聚焦“三重一大”事项开展精准监督，把红脸出汗、咬耳扯袖落在经常。起草完善党内政治文化建设的具体措施和山西省廉政文化建设行动计划。落实中央八项规定精神、为基层减负精神及省委相关要求，持续深化纠“四风”工作，坚决克服形式主义、官僚主义。

增强领导班子整体功能，严格执行民主集中制，凡属“三重一大”事项均通过部务会集体讨论决定，确保决策科学民主、汇聚共识合力。落实双重组织生活制度，所有班子成员以普通党员身份到所在支部参加组织生活。部班子成员参加中宣部、省委举办的各类培训班、读书班等，着力提升政治能力和专业化水平。严格落实“好干部”标准，有序推进职务与职级并行，精心做好干部遴选、调配、招录、考核及“墩苗”、选拔等工作。加强干部教育培训，做好青年英才选拔培养，在山西传媒学院挂牌成立山西省宣传干部培训基地。

三、坚定落实中央及省委决策部署，全面完成目标任务

（一）不断提高理论工作的针对性和实效性。服务省委中心组学习16次。组织学习《习近平谈治国理政》第三卷读书会。举办学习贯彻习近平新时代中国特色社会主义思想系列研讨会。《习近平谈治国理政》第三卷全省发行192万余册。围绕习近平总书记视察山西重要讲话重要指示、党的十九届五中全会精神、《习近平谈治国理政》第三卷，开展分众化宣讲12.6万余场，受众近2324万人次。在全国率先出台《山西省党委（党组）理论学习中心组考核评价办法（试行）》，开展第二批“双百”示范点选树工作。策划11个系列、120多篇理论文章在山西日报专栏刊发。加强哲学社会科学研究、智库建设，形成一批高质量理论研究成果。“学习强国”山西学习平台覆盖率、活跃度持续提升，全省用户总数达723万。

（二）坚持和加强党对宣传思想工作的全面领导。出台山西省贯彻落实《中国共产党宣传工作条例》具体措施，开展“五市一县”示范点工作，召开领导小组全体会议，完成《条例》执行情况专项督查，推动《条例》各项规定落地落实。出台《关于中共山西省委宣传部归口领导和代管省直宣传文化单位有关工作机制的意见》《部领导联系各市委宣传部制度》，加强对职责范围内相关工作的领导、检查和督促。扎实开展增强“四力”教育实践，建立对口联系“四个一批”人才机制，遴选确定7个类别46名宣传文化名家工作室领衔人。

（三）做好疫情防控宣传和舆论引导。召开42次疫情防控宣传和舆论引导工作领导小组会议，编发专题宣传方案12期、每日宣传报道提示81期、社情民意34期，举办相关新闻发布会20场。运用新闻媒体、宣传挂图、应急广播等开展疫情防控政策和科学知识宣传。全省71万余名注册志愿者、8472个志愿服务组织参与疫情防控。组织省级主流媒体推出各类报道和新媒体产品8万余条。推出电视专题片《用忠诚担当书写勇毅前行的山西答卷——新冠肺炎疫情防控斗争启示录》《礼赞白衣战士》文艺演出、抗疫歌曲专辑《把祖国放心间》等。抗疫主题图书《两地书》入选中宣部2020年主题出版重点出版物选题。分行业制定疫情防控指南，推出一系列纾困惠企政策，指导全省文旅、电影、出版印刷发行等行业实现稳步有序复工复产。

（四）营造决胜全面小康、决战脱贫攻坚、推动转型发展的浓厚氛围。组织开展“走向我们的小康生活”主题采访活动，做好“在转型发展上率先蹚出一条新路来”主题宣传，推出一系列言论评论、理论研究文章及重点报道。开展覆盖市县村三级的全面建成小康社会专题调研，中宣部拟确定5篇报告入选全国优秀调研成果。组织“感恩新时代、奋进你我他”脱贫攻坚主题活动、“同心迎小康、奋进新时代”主题电影放映。组织创作报告文学《赵家洼：一个村庄的的消失与重生》、长篇小说《大地》等脱贫攻坚题材作品。纪录电影《这一年》获第三十三届中国电影金鸡奖最佳纪录片提名奖，纪录片《从赵家洼到广惠园》等在央视纪录频道黄金时段播出。推出大型新闻评论节目《转型进行时》38期，编写《四为四高两同步》通俗理论读物，开展“我为转型做贡献”征文、演讲活动。

（五）有力有效做好舆论引导工作。组织做好全国全省两会、省委十一届十次全会重要会议、重大活动的宣传报道。规范内参报道、新闻阅评工作，持续改进报刊审读。全省建设105个县级融媒体中心，实现全覆盖目标。举办首届中共山西省委新闻发布会，举办省政府新闻办新闻发布会51场，健全新闻发布工作机制。设计制作《中国山西》《三大品牌口袋书》等外宣品，办好中国日报“发现山西”专版和山西广播电视台“发现山西”（Exploring Shanxi）全英文资讯节目，不断加强国际传播能力建设。

（六）推动社会文明程度持续提升。庆祝中国共产党成立99周年、纪念中国人民抗日战争暨世界反法西斯战争胜利75周年、纪念中国人民志愿军抗美援朝出国作战70周年等系列活动形成强大声势。加强革命历史类纪念设施、遗址和爱国主义教育（示范）基地工作。新创建第三批社会主义核心价值观建设示范点97个。右玉精神展览馆被列为全国首批红色基因库15家试点单位之一，位列全国第一方阵。组织开展“时代楷模”、道德模范等选树宣传工作。全省6市县一次性获评全国文明城市，74个村镇、94个单位被评为第六届全国文明村镇、全国文明单位，14个家庭、23所学校被评为第二届全国文明家庭、全国文明校园，省文明办被中国关工委和中央文明办授予“全国关心下一代工作先进集体”。

（七）繁荣发展文艺创作生产及出版影视业。组织做好大型原创舞蹈诗剧《天下大同》、话剧《东征》、舞剧《刘胡兰》等重点作品的创作生产，推出《一句誓言 一生作答——中国共产党诞生纪念日特别节目》。提前谋划部署庆祝建党100周年、党的二十大召开等重大主题文艺创作和出版项目，电视剧《走向胜利》入选“2021年度中央文化产业发展专项资金推动影视产业发展项目”并被列为中宣部重点跟踪项目，山西9种出版物入选国家出版基金项目。

（八）加快推进文化改革发展。组织编制山西省“十四五”文化改革发展规划。出台《关于进一步支持经营性文化事业单位转企改制和文化企业改革发展的若干政策》。组织参加第十六届深圳文博会（云上文博会）获优秀组织奖，山西省展区获优秀展示奖。指导推进山西日报、山西广播电视台重塑性改革，出台《山西省省属文化企业国有资产监督管理领导小组工作规则（暂行）》。省市县乡村联动开展“十大群众文化活动”共1700余场，34万余人次直接参与，惠及群众800余万人次。“书香三晋·文化山西”全民阅读活动贯穿全年。

（九）严格落实意识形态工作责任制。研究修订《党委（党组）意识形态工作责任制实施细则》，印发《考核办法》，出台《全省意识形态领域形势分析研判机制》，进一步规范形势报告会和哲学社会科学报告会、研讨会、讲座、论坛审批流程，严格落实各项制度机制，加强舆情分析，做好预警研判，牢牢掌握意识形态工作领导权。开展“正道”“新风”集中行动，收缴违法出版物68392件。严厉打击新闻敲诈和假媒体假记者

站假记者。出台《山西省出版物市场暗访检查工作指引》。完成22728个"扫黄打非"基层站点100%规范化标准化建设,4个基层站点入选全国"扫黄打非"进基层示范点。开展第16次"剑网行动",查办各类版权案件30余起。

（丁一鸣）

附：省委宣传部部长、副部长、驻部纪检监察组组长名单

省委常委、宣传部部长：吕岩松

主持日常工作的副部长(正厅长级)：雷建国

驻部纪检监察组组长：吴照曲(10月离职)

副部长(兼)、省精神文明建设指导委员会办公室主任：张峻

副部长、省政府新闻办公室主任：张羽

副部长、省新闻出版局(省版权局)局长：夏祯

副部长：骞进

驻部纪检监察组组长：万勇(12月任职)

省委统战部

部长 徐广国

2020年，省委统战部紧紧围绕"四为四高两同步"总体思路和要求，坚持党对统战工作的集中统一领导，建立完善大统战工作格局，改革创新，真抓实干，为全省转型发展蹚新路提供了广泛力量支持。

一、统一战线共同思想政治基础进一步巩固，凝聚力显著增强

全省统一战线把深入学习贯彻习近平新时代中国特色社会主义思想作为首要政治任务和工作主线，贯穿于统战工作的全领域、全系统和全过程，与学习贯彻习近平总书记视察山西重要讲话重要指示结合起来，与学习贯彻习近平总书记关于加强和改进统一战线工作的重要思想结合起来，坚决在思想上政治上行动上同以习近平同志为核心的党中央保持高度一致。指导山西社会主义学院充分发挥统一战线人才教育培养主阵地作用，把"联合党校联合办"落到实处。通过疫情防控工作教育激励统一战线广大成员，各民主党派、无党派人士、医务工作者奋战在省内外防控一线，广大统一战线成员在抗疫斗争中切身感受到制度优势，增强了制度自信，坚定了走中国特色社会主义道路的政治共识，激发出投身山西省高质量转型发展事业的磅礴力量。

二、充分发挥新型政党制度的政治优势，参政党建设水平不断提升

贯彻落实习近平总书记关于多党合作重要论述，紧扣中央关于民主党派的三个文件精神，持续开展"四比四促"活动，建设中国特色社会主义参政党，切实维护山西省多党合作政治大局。一是全面加强民主党派自身建设。下发了《各民主党派省委会建立健全民主生活会制度座谈会纪要》等，制度体系不断健全。协助各民主党派加强领导班子建设，增强班子成员履职意识和履职能力。二是持续推进政党协商领域改革。将年度政党协商计划纳入省委常委会工作要点，完善政党协商各环节工作机制。开展多次会议协商，政党协商得到不断深化。三是大力发挥党派优势作用。引导党外人士聚焦"六新"突破、"八个定位"、"十大战略"和省委提出的14个重点调研课题开展调查研究，形成了"党委出题、党派调研、政府采纳、部门落实"的完整闭环。积极对接党派中央，促成2020中国康养产业发展大会、2020开明文化论坛分别在晋城、大同举行。探索建立与各民主党派中央合作调研的新模式，邀请12位党派中央领导与7位院士莅晋调研，争取中央政策支持，为我省发展借力借势。

三、扎实做好民族宗教工作，进一步维护民族宗教领域和谐稳定

以铸牢中华民族共同体意识为主线，扎实做好民族工作。制定出台《山西省关于全面深入持久开展民族团结进步创建工作铸牢中华民族共同体意识的实施方案》，指导各市开展创建工作。完成我省民族团结进步模范集体和模范个人评选工作，对全省50个民族团结进步模范集体和100名模范个人进行表彰。依法加强宗教事务管理，有效防范宗教领域重大政治风险，不断提升宗教治理水平。一是狠抓中央宗教工作督查整改任务落实。制定具体举措，全面推动落实。二是切实加强宗教工作法治化建设和基层基础建设。出台新修订的《山西省宗教事务条例》，开展全省多层次、多领域的学习宣传培训，发挥各级党校、行政学院、社会主义学院的主阵地作用。加强信教群众聚居村综合治理，开展聚居村评估工作，以考核倒逼责任落实。三是坚决防范化解宗教领域重大风险隐患。制定宗教领域重大风险防控工作导则和预案等制度，扎实推进宗教工作。圆满完成天主教临汾教区主教选圣祝圣、朔州教区主教就职工作，坚决治理疫情期间违规违法活动，深入开展宗教领域"三零"创建，宗教领域和谐稳定大局更加巩固。

四、聚焦破解发展难题，进一步助推民营经济高质量发展

贯彻落实全国民营经济统战工作会议精神，促进民营经济高质量发展，建设高素质民营经济代表人士队伍。一是加

强党对民营经济统战工作的领导。制定出台山西省贯彻中央关于加强新时代民营经济统战工作意见的实施方案。在省、市两级组织开展党委统战部、工商联同民营经济代表人士谈心活动。二是推动民营经济高质量发展。召开"向企业家学习——运城行"暨全省民营经济转型发展推进会,推动民营经济与区域经济双赢发展。举办"2020山西民营企业100强"发布会,为进入全国500强的7家民营企业每家发放100万元奖金,发挥骨干龙头民营企业的示范引领作用。三是建设高素质民营经济代表人士队伍。创办山西晋商培训学院。实施"万名企业家"培训工程,着力加强年轻一代企业家的教育培养,努力实现事业新老交接和有序传承。四是指导省工商联全力落实省委"三项任务"。深化"112233+N"工作机制,创新开展"十百千"非公和商会党建工作。推动民企复工复产,统战系统帮助全省民营企业克服疫情困难。

五、发挥统战优势主动作为,进一步助力全省高质量转型发展

发挥统战系统智力密集、联系广泛、资本集中的优势,主动站位全局坚持"项目为王",聚焦"统战经济",通过产业、企业、企业家等工作对象和载体平台来服务项目落地,助推全省高质量高速度发展。一是以国企民企强强联手、融合发展为牵引,推动中国阳泉时尚科创产业城项目落地,打造目前全国唯一从煤炭原料贯通时尚产业终端产品的新材料产业链条。二是以成立网络人士联谊分会为契机,推动全国首家数据流量生态园落地山西,创新"3+N"发展模式,打造全国流量型经济先行区。预计聚集人园企业3000余家,园区年均营业收入可达270亿元、年均贡献税收总额30亿元,促进新增就业岗位5万余人。三是以联企助企、以商招商为抓手,紧密对接中国纺织工业联合会,促成中国纺织大会首次走出北京,在太原成功举办。大会聚焦"六新"发展,签约项目12个,总投资额达1000多亿元,推动山西时尚产业发展扬帆启航。四是以海外侨商侨才回乡创业创新为纽带,以侨引才、以侨聚才,为山西省通航产业发展集聚一批海内外高层次、专业化人才。五是以党外知识分子科技支农、产业扶贫为支撑,支持省委统战部扶贫联系点中阳县成功举办全国木耳产业创新发展大会,会议现场签约29个项目,签约金额10.65亿元,木耳订单销售6000万元。全省统一战线持续推进"百千百"工程,为决战决胜脱贫攻坚、全面建成小康社会作出了贡献。

六、积极开展探索创新,进一步推动统一战线工作整体发展

根据统一战线新格局,搭建新的平台载体,探索新的活动方式,有效应对当前统一战线面临的各种新挑战新问题,形成一批有特色、有分量的工作新成果。一是创新载体加强党外知识分子统战工作。印发山西省关于加强和改进新时代党外知识分子思想政治工作意见的责任分工方案,召开加强和改进新时代党外知识分子思想政治工作座谈会。指导山西大学等7所高校成立党外知识分子联谊会,以"五好"活动的新成效推动高校统战工作可持续发展。二是擦亮"晋新晋力"新的社会阶层人士统战工作品牌。制定出台加强网络人士统战工作的实施意见,完成新的社会阶层人士136个省级活动站和100个大师工作室的授牌工作,成立网红直播、互联网医疗、区块链、电竞游戏等5个网络人士联谊分会,为培育新经济新业态新模式增添新动力。三是深化港澳台统战工作。紧扣团结凝聚人心、壮大爱国力量目标,加强与港澳台代表人士的联系交流。鼓励引导港澳台代表人士建言献策,促成山西粤港澳大湾区异地孵化中心在深圳落成。四是积极做好海外统战工作和侨务工作。制定加强新时代海外统战工作的实施意见,切实履行"三统"职责。召开全省海外统战工作推进会,建立港澳台海外统战工作协作机制。在海外建立50个山西侨团、128个侨务站点。为30余个国家和地区的友好侨团、海外侨胞、留学生寄送抗疫物资,"稳住人心、稳在当地"工作得到海外侨胞认同。五是加强党外代表人士队伍建设。实施"党外人士培优"工程,切实加强对党外干部的选育管用。加强党外干部培训教育,举办党外厅级领导干部年度述职述廉会议,建立党外干部成长档案。推进党外省管干部安排,共选任党外厅级领导干部18名。六是做好相关群团工作。省职教社持续实施温暖工程项目、开展实用技能培训等活动。召开省黄埔军校同学会第二次会员大会,选举产生第二届理事会及领导机构,完成换届工作。山西欧美同学会实施"五个助力"、开展"五促行动",推动5项人才项目合作,指导2所高校成立留学人员联合会,人才库智囊团生力军优势进一步凸显。指导做好省海外交流协会和省海外联谊会合并工作,成立省海联会办公室。

(董志强)

附:省委统战部部长、副部长、驻部纪检监察组组长名单

省委常委、统战部部长: 徐广国

主持日常工作的副部长(正厅长级): 师　帅

副部长(正厅长级): 赵雁峰(5月离职)

副部长(正厅长级)、省宗教事务局局长(省民族事务委员会主任): 刘国庆

副部长(兼)、山西社会主义学院党委书记、常务副院长(正厅长级): 张晓光

副部长(兼)、省工商业联合会党组书记、常务副主席: 刘海芸(女)

驻部纪检监察组组长: 相里岩(12月离职)

副部长: 滕德刚　白　源(女)　黄　杰(6月任职)

省委政法委

书 记 商黎光

2020年，省委政法委认真学习贯彻党的十九届五中全会精神和习近平法治思想，深入贯彻落实习近平总书记视察山西重要讲话重要指示，紧紧围绕省委“四为四高两同步”总体思路和要求，充分发挥政法机关职能作用，全面加强党对政法工作的领导，扎实推进平安山西、法治山西、过硬队伍和政法智能化建设，全省政法工作取得明显成效。

一、深入开展“零上访零事故零案件”村(社区)、企事业单位创建工作

按照省委部署要求，坚持关口前移、重心下移工作原则，把“三零”单位创建紧紧抓在手上，经常性专题研究部署，组织制定实施方案，召开部署会、推进会、调度会，成立省级调度中心，建立“1+3”组织指挥体系和“1+3+N”工作指引体系，建立滚动摸排等8项制度，制定排查整治工作指南，开展专项督导检查，营造浓厚宣传舆论氛围。全省共摸排创建主体62.82万余个，实现“三零”标准的村占63.52%、社区占25.77%、企事业单位占99.05%；共排查矛盾纠纷、安全隐患和治安问题481787个，化解整治率87.26%，全省刑事案件同比下降10.2%，治安案件下降32.6%，八类案件下降27%，命案下降11.7%。

二、扎实做好扫黑除恶专项斗争收官之年工作任务

按照省委提出的“坚持两条主线、深化三打四建”工作要求，协调省扫黑除恶领导小组召开3次会议对推进“六清”行动、谋划常态化机制进行部署。组织召开多次专题会议，对57起拟改变定性的涉黑涉恶案件和重大疑难复杂案件进行研判会商，严把政策法律。组织成立督导组，对11个市19个重点县(市、区)进行督导，并组织6个专项督导小组，督导“六清”行动开展。协调推动罚没资产处置，组织实施“黑财清底”大会战，加快涉案资产司法执行、财政收缴等工作。组织制定山西省“1+6+N”制度体系，推动扫黑除恶工作常态长效。全省共打掉涉黑涉恶团伙1662个，查封扣押冻结涉案资产416亿元，查处涉黑涉恶腐败和“保护伞”案件3883件，综合战果和排名始终处于全国第一方阵。

三、努力推动服务高质量转型发展若干措施落地见效

制定印发《山西省政法机关服务“四为四高两同步”保障高质量转型发展若干措施》，省委常委会专门听取汇报。组织开展“端正执法司法理念、改进执法司法作风”专项活动，组成督导调研组，深入各地和有关单位，推动《若干措施》和专项整治活动贯彻落实。制定出台《关于全省政法系统构建亲清新型政商关系的指导意见》，协调涉企案件、涉政府产权纠纷，推进解决涉党政机关执行难问题。为依法快速惩处涉医违法犯罪，保障医务人员人身安全，维护正常医疗秩序，会同政法单位联合印发《山西省政法机关关于涉医违法犯罪案件依法快处工作办法》。制定出台《山西省行政执法与刑事司法衔接工作办法(试行)》，推动行刑衔接工作常态化。

四、探索构建具有山西特色、时代特征的市域社会治理新模式

加强推进市域社会治理现代化试点工作统筹指导，强力推动20个重点项目落实落细，探索开展“全科网格”工作，确定了太原等4个市和介休等8个县区先期开展试点，以综治网格为主，整合其他网络，实现“多网合一”。按照《综治中心建设与管理规范》国家标准，全省五级综治中心全面完成了标准化建设任务，实现了全覆盖。坚持三调联动，突出抓好重点领域矛盾纠纷的排查化解工作，有效预防化解重大矛盾风险，全省共排查矛盾纠纷116368件，化解109083件，化解率93.74%。命案、“民转刑”命案和一案死亡3人重大命案数同比分别下降11.27%、12.61%和33.33%。加快推进“雪亮工程”建设，全省共建设公共安全视频监控探头250万台，城市重点公共区域视频监控覆盖率实现100%，农村地区重点领域视频监控覆盖率达89%，有效提升了基层社会治安防范水平。

五、推动政法工作体制机制创新

坚持把深化政法领域改革和加快智能化建设作为推动政法工作创新发展的新动能。深化司法责任制综合配套改革，组织建立政法专项编制省级统一调剂机制，从省法院和48个基层法院共核减172名政法专项编制，充实到14个基层法院；在全国首家建立纪检监察机关与省法官检察官惩戒委员会查究员额法官检察官错案责任的工作衔接机制，对17名法官、4名检察官作出惩戒意见。深化智能建设，将区块链技术融入政法跨部门大数据办案平台，构建公检法司联盟链，促进执法司法规范化。加强206系统深化应用，提升刑事案件智能辅助办案效能。全省公安立案的刑事案件全部同步上传“206系统”。

六、全力促进严格执法公正司法

认真落实政法领域改革推进会和省委“不能腐”机制建

设要求,组织制定党委政法委员会"1+5"工作办法,推动执法监督资源整合、联动融合,构建党委政法委员会对政法单位全覆盖、无死角的监督网,得到中央政法委和省委、省纪委监委的充分肯定。组织制定防止干预司法"三个规定"执行情况的监督办法。组织对太原市中级人民法院开展了为期一个月的政治督察和专项执法巡查,提出督察整改意见,推动查处了一批违法违纪干警。组织开展判处实刑未执行刑罚罪犯、"纸面服刑"问题专项清理活动,开展"违规违法减刑、假释、暂予监外执行顽瘴痼疾"专题调研。

七、不断提升政法宣传传播力感染力

以"六个一"工程为牵引,围绕29项重点任务,有效整合政法系统内外宣传舆论资源。组织开展扫黑除恶专项斗争主题宣传月活动、"三零"单位创建暨扫黑成果展示基层行活动,以忻府区扫黑除恶的真实案件为原型拍摄微电影《末路狂飚》,形成了立体传播的强大声势。编印《山西省政法系统"三同步"典型案例集》,组织全省政法系统300多人参加了政法宣传暨新媒体建设线上培训。大力加强政法新媒体阵地建设,共建设各类新媒体账号4800多个,实现了县级以上政法单位新媒体账号全覆盖。扎实推进"百千万政法网军"工程,实行各协作区成员市轮值统一调度制度,中央政法委转发推广山西省经验做法。

八、努力锻造高素质过硬政法队伍

以省委名义出台贯彻落实《中国共产党政法工作条例》实施细则和"六大机制",积极推动"协管""协查"职责落实到位。出台贯彻落实习近平总书记重要训词意见、政治轮训指导意见,组织全系统深入开展学习贯彻习近平新时代中国特色社会主义思想培训。配齐配强全省1433名乡镇(街道)政法委员,举办全省政法领导干部和乡镇(街道)政法委员2个批次培训。指导省政法单位和6个地市开展政治督察,"517""603"案例研究成果列入全国队伍教育整顿警示案例。中央督查山西省《政法条例》贯彻落实工作时,评价"走在全国第一方阵,取得了明显成效,许多经验做法值得总结推广"。

(王　通)

附:省委政法委书记、副书记、政治部主任名单

省委常委、政法委书记: 商黎光

常务副书记: 闫喜春

副　书　记: 刘永生　邓彩彪(10月离职)
张立刚(11月任职)
龚景华(11月任职)

政治部主任: 龚景华(11月调职)
马　俊(11月任职)

省委政策研究室（省委改革办、省综改办）

主　任　马　伟

2020年,省委政策研究室(省委改革办、省综改办)坚持以习近平新时代中国特色社会主义思想为指导,认真学习党的十九届五中全会精神,贯彻落实习近平总书记视察山西重要讲话重要指示和"三篇光辉文献"精神,按照省委"四为四高两同步"总体思路和要求,聚焦建强"五型机关"、突出职能作用、抓好班子队伍,团结带领全室干部职工,积极履行"文稿起草、改革推动、调查研究"三大职能,全力助推全省高质量转型发展,在聚智辅政中迈出了新步伐,取得了新成绩,展现了新作为。

一、突出政治统领,建强"五型机关"

(一)进一步提升政治站位。坚持把政治建设放在首位,教育引导党员干部深刻认识和把握政治机关这一属性和定位,把绝对忠诚作为永恒的信念和操守,增强"四个意识"、坚定"四个自信"、做到"两个维护",不折不扣落实中央大政方针及省委决策部署,以实际行动坚定扛起"在转型发展上率先蹚出一条新路来"的历史使命。在文稿起草和推动改革过程中,坚持把旗帜鲜明讲政治作为必须坚守的首要原则和生命线,精准把握党的基本理论、基本路线、基本方略等重大观点、重要提法,系统梳理习近平总书记关于政治、经济、文化、社会、生态、党建和改革的系列重要论述,不断夯实理论功底,确保起草的文稿有政治高度,推动的改革坚守正确政治方向。

(二)进一步加强理论武装。以中心组学习、支部研讨、在线学习和个人自学等多种方式,推动理论学习常态化,努力在学懂弄通做实上下功夫。中心组带头按照学习计划,集中精研细读党的十九大和十九届二中、三中、四中、五中全会精神,系统学习习近平新时代中国特色社会主义思想、《习近平谈治国理政》第三卷,围绕习近平总书记视察山西重要讲话重要指示和"三篇光辉文献"精神以及省委工作会议、省委十一届十次全会精神,开展深入学习研讨,不断汲取精神力量,推动全体党员干部理论学习往深里走、往心里走、往实里走。特别是探索建立了以"学、讲、研、评"(学习近平总书记相关重要论述、学中央大政方针、学省委部署要求；讲问题、讲思路、讲建议；研文稿、研课题、研举措；讲评、点评、考评）为载体的、贯通党建与业务的学习交流平台，与中心组学习有机结合，既很好地发挥了理论学习中的辐射带动作用，又大大增强了学习的实际成效。

（三）进一步巩固主题教育成果。认真贯彻落实中共中央办公厅《关于巩固深化"不忘初心、牢记使命"主题教育成果的意见》，坚定扛起主体责任，持续巩固和深化主题教育成果。坚持把制度建设作为关键举措，根据《意见》要求，对照去年专题民主生活会整改方案，针对工作中存在的具体问题，从"坚持用习近平新时代中国特色社会主义思想武装全党""强化理想信念教育和党性教育""开展经常性政治体检""推动党员、干部履职尽职、担当作为""聚焦破解重点难点问题加强调查研究""坚持不懈为群众办实事做好事解难事""坚决反对形式主义、官僚主义""开展常态化专项整治""督促党员、干部遵规守纪、廉洁从政"等九个方面，制定了28条具体举措，形成室（办）巩固主题教育成果的贯彻落实清单，并明确了完成时限、责任处室和预期效果，确保了巩固深化主题教育成果各项任务落地见效。

二、突出质量标准，担当履职尽责

（一）圆满完成重要文稿起草任务。紧紧围绕省委中心工作和省委领导安排部署，认真完成各类文稿起草任务。一是牵头起草了省委《关于贯彻落实习近平总书记视察山西重要讲话重要指示、在转型发展上率先蹚出一条新路来的实施方案》《关于贯彻落实党的十九届四中全会精神、推进山西治理现代化的实施方案》，为全省贯彻落实中央重大决策部署提供了有力支撑。二是完成了省委主要领导在省纪委全会、全省组织工作会议、全省宣传部长会议、省委工作会议、省委十一届十次全会、省委十一届十一次全会暨省委经济工作会议、科学技术大会、国资国企改革会议、城市工作会议、审计会议、旅发大会、康养大会、中医药强省会议、"三零"创建会议、疫情防控会议等重要讲话相关文稿任务，准确阐述省委决策意图，更好地发挥了以策资政、以文辅政作用。三是按照省委主要领导安排，负责省委及省委主要领导多次重大活动的新闻稿审核工作，确保了及时准确真实反映省委重大工作部署和省委主要领导工作动态。四是组织起草了《省委关于建立城乡居民补充养老保险制度的报告》《党的十八届三中全会以来我省全面深化改革总结评估报告》《山西转型综改试验区建设总体评估报告》、疫情防控工作相关报告等向中央提交的报告建议，及时报告我省落实重大决策部署的相关情况，及时反映了重大案（事）件处置情况、在重要领域的工作建议等。五是按照省委安排，承担了编制"十四五"转型综改试验区重大改革规划和新型智库建设规划两个专项规划任务。

（二）深入推进调查研究工作。认真落实楼阳生书记"深入一线、深入实际、深入调研"要求，精选调研课题，创新调研方式，丰富调研内容，进一步加强战略性、对策性、典型性、比较性研究，为省委出大主意、好主意。一是高质量完成一批重点课题重大改革调研。组织研究并撰写了《支持中北大学率先发展加快双一流建设的意见》《山西省中长期人口与经济社会发展前瞻性研究》《关于战略性新兴产业市场化电价的实施方案》《人口小县党政事业机构改革及乡镇机构改革专题调研报告》等重大研究报告和改革方案。围绕人口与经济社会发展、文旅"三大板块"战略、跨境电子商务、5G建设应用、标准化改革试点、构建创新生态、科技金融发展、煤矸石固废利用、农技推广和农经管理体系改革、基层网格"多网合一"、深化基层监督工作、推动信访持续好转、城镇污水处理、地下水污染协同防治等事关我省经济社会发展大局的重大问题，进行专题调研，全年共形成30余个研究报告，部分调研报告得到省领导批示，为省委决策提供了参考依据。二是认真办好《政策解读》《调查与分析》《改革动态》《山西工作》。全年编发共计43期，为解读中央政策、阐释省委意图、推广基层经验、把握政策机遇、提供决策参考作出了积极的努力。三是积极主动做好省委课题跟踪对接。按照职责分工"一对一"跟进，及时了解掌握进度，为各研究团队来晋调研提供服务，对进度缓慢的加强沟通、督促，坚持严格审核把关。

（三）系统推动全面深化改革工作。突出改革主责主业，进一步系统研究谋划改革、主动做细做深改革、对接跟踪问效改革，不断健全抓落实、见实效的改革工作推进机制，推动我省改革从前期的夯基垒台、立柱架梁，到全面推进、积厚成势。一是加强统筹谋划。认真落实中央及省委重大改革部署，深度调研精心谋划，制定了2020年重大改革项目及责任分工，推出80项重大改革项目、50项重大改革试点。积极推动将我省能源革命综合改革试点、国资国企改革、"六最"营商环境打造、生态环境分区管控四个方面任务纳入了《2020年国家综合配套改革试验区重点任务》。二是加强总结评估。对党的十八届三中全会以来我省全面深化改革情况、山西转型综改试验区设立以来建设情况进行系统评估，向中央改革办和国家发改委报送了评估报告。三是加强台账管理。建立"任务清单+责任清单+问题清单+成果清单"，对重大改革项目和改革试点实施项目化管理；设立部门施工台账，确定室（办）各处室分别与省直部门的对接联系，对各项改革任务台账信息实行月报制度；编制了省委书记、省长亲自抓的重大改革项目化管理"施工图"；建立了对接服务工作机制，及时跟踪服务省领导亲自抓的重大改革事项。四是加强议题送审。分季度制定省委深改委（省综改委）会议议题审议安排建议，推动改革方案和议题应上尽上、及时出台。站在全省大局，对部门提交省委深改委（省综改委）审议的改革方案进行把关。全年省委深改委（省综改委）共召开11次会议，审议改革议题41项，通过改革方案37项。五是加强督察考核。围绕年初改革督察工作方案，突出抓好改革日常跟踪、重点改革抽查、各市改革自查任务。充分运用"四书督察"，对上年未完成年度计划的改革方案下发督察意见书，对即将提交会议审议和已经通过审议的改革方案下发任务告知书。配合中央改革办完成了《关于加强和改善乡村治理的指导意见》落实情况实地督察工作。严格落实省委“13710”工作制度,按时办结了室(办)牵头承办的七项任务。与此同时,牵头制定了《2020年度全面深化改革考核实施方案》和《2020年度对各市和省直改革任务牵头部门全面深化改革考核任务指标》,切实加大了对各市和改革牵头部门的考核力度。

三、突出制度落实,带好班子队伍

(一)认真贯彻执行民主集中制。室领导班子坚持集体领导、分工负责的原则,重大事项均提交室务会,按照“集体领导、民主集中、个别酝酿、会议决定”的议事决策规则讨论决定。班子成员之间坦诚相待、及时沟通、相互配合,大事讲原则、小事讲风格,积极主动做好各自分管工作,班子内部形成了团结一致、勤勉敬业的良好氛围。

(二)扎实做好干部选拔任用。坚持公道正派、注重实绩,把好选人动议关、民主推荐关、考察关、讨论决定关、任职关,在全室(办)营造了公开公正、风清气正、干事创业的选人用人环境。探索完善干部考核激励机制,加强了对干部的日常管理监督,进一步激发了干部干事创业的活力。

(三)完成所属事业单位改革。认真贯彻落实中央及省委关于深化事业单位改革决策部署,坚持加强党的领导,坚持优化协同高效,坚持平稳有序推进,坚持真改实改彻底改,认真研究制定事业单位改革方案,经省委编委会研究同意,整合原党刊编辑室、信息中心、综合研究中心等3个单位和相关职责,组建改革发展研究中心,推动解决了部分历史遗留问题。

(四)强化机关内部建设。完善机关工作制度,加强效能建设,切实做到用制度管人、管财、管物、管事。严格落实综治领导责任制和目标管理责任制,确保没有发生任何安全稳定事件。抓好机关精神文明建设,及时调整室(办)精神文明委员会人员,积极支持太原市争创全国文明城市。抓实机关和党员干部结对帮扶工作,充分发挥政研室工作优势,为巩固脱贫成果助推乡村振兴作出应有贡献。

(五)加强机关党建工作。一是机关党总支委员会进行了换届。推动组织各党支部理论学习抓在经常、融入日常。开展了“不忘初心、牢记使命,缅怀革命先烈丰功伟绩,讴歌党的光辉历史,纪念建党99周年”主题党日活动。二是切实履行“两个责任”,制定了室领导班子落实党风廉政建设主体责任清单和落实党风廉政建设监督责任清单,及时对室(办)党建和党风廉政建设领导小组及其办公室组成人员进行了调整。三是以“学、讲、研、评”推动室(办)党建与业务高度融合,建立学习教育与工作研讨贯通机制,推动了党员干部更好履职尽责、担当作为。四是坚持把纪律挺在前面,坚持抓好经常性纪律教育和廉政文化熏陶,年初专门召开室(办)党风廉政建设工作大会,各级领导干部带头认真履行“一岗双责”,持续深化廉政建设,实现了全年“零违纪”。

(杨昱莅)

附:省委政策研究室(省委改革办、省综改办)主任、副主任名单

省委副秘书长、省委政策研究室主任、省委改革办常务副主任、省综改办副主任: 宋　伟(3月离职)

省委政策研究室主任、省委改革办常务副主任、省综改办副主任: 马　伟(3月任职)

副主任: 王炤坤(12月离职)　张荣章

任　凯(6月离职)　马炜宏(4月任职)

省委网络安全和信息化委员会办公室

主　任　董晓林

2020年,省委网络安全和信息化委员会办公室坚持以习近平新时代中国特色社会主义思想为指导,全面贯彻党的十九大和十九届二中、三中、四中、五中全会精神,深入学习贯彻习近平总书记视察山西重要讲话重要指示和“三篇光辉文献”,增强“四个意识”,坚定“四个自信”,做到“两个维护”。围绕省委“四为四高两同步”总体思路和要求,全面推进网络安全和信息化各项工作,为决胜全面建成小康社会、决战脱贫攻坚,在转型发展上率先蹚出一条新路,乘势而上书写山西践行新时代中国特色社会主义新篇章,提供了强大网上舆论支持、可靠网络安全保障、有力信息化支撑。

一、始终坚持用习近平新时代中国特色社会主义思想引领网信工作

全省网信系统坚持把深入学习贯彻习近平新时代中国特色社会主义思想摆在首要位置,进一步增强“四个意识”,坚定“四个自信”,做到“两个维护”。系统学习习近平新时代中国特色社会主义思想,重点学习习近平总书记关于网络强国的重要思想,定期重温习近平总书记“三篇光辉文献”,及时跟进学习习近平总书记最新讲话精神,坚持学思用贯通、知信行合一。建立工作台账,完善定期评估、情况通报、跟踪问效制度,形成系统化、制度化推进的工作格局和闭环机制。针对加快建立网络综合治理体系等重点任务,逐项梳理、细化分解,转化为实际工作举措,在打好具体落实战役上持续发力。全力做好习近平总书记视察山西网上宣传,组织全省新闻网站开设“习近平总书记在山西考察调研”专题,新浪微

博相关话题总阅读量超 6403 万，全网总阅读量超 13.8 亿。做好党的十九届四中、五中全会精神网上宣传，持续打造“好好学习”理论栏目，深入开展“小故事彰显思想伟力”微视频大赛，做好“指尖上的理论微传播”。

二、继续为统筹推进疫情防控和经济社会发展提供有力的服务和支撑保障

深入宣传阐释习近平总书记关于疫情防控的重要指示批示精神。压实平台主体责任，规范网上传播秩序，有效引导网上舆论。做好全国性哀悼活动网上氛围营造、黑白页面使用、停播娱乐栏目等工作。与湖北省、百度、丁香医生建立内容生产共享机制，推出原创报道和新媒体产品 4.2 万条，微博、抖音话题浏览总量超过 10.8 亿，34 篇重点稿件被中央网信办全网推送。落实应对疫情联防联控工作机制要求，按照最高标准、最严尺度、最快速度要求，严控各类有害信息。积极指导省属新闻网站设置“新冠肺炎疫情举报专区”，及时受理网民举报，发布涉疫辟谣信息 450 余条。加强疫情防控期间网络安全的统筹协调，压实相关单位网络和数据安全的主体责任，摸排相关系统、数据，保障网络安全。运用“网信山西”等平台开展涉疫网络安全专项宣传，编制《战“疫”生产两手抓网络安全要牢记》等各类科普信息。

三、浓墨重彩做好网上重大主题宣传，守正创新加强网上舆论引导

围绕全国两会、党的十九届五中全会、省两会、省委十一届十次和十一次全会等重要会议和全面建成小康社会、脱贫攻坚、高质量转型发展等重大主题，精心做好议题设置和选题策划。在中央网信办指导下，与中部六省联合开展“中部崛起势正劲”网络主题活动，与沿黄九省联合开展“中国梦·黄河情——黄河流域生态保护和高质量发展”网络主题活动，与 11 省（区、市）网信办联合开展“决胜 2020”网络主题活动，举办“转型蹚新路 奋‘晋’新征程”——第十五届全国网络媒体山西行活动，开展“脱贫攻坚一线见闻”网络媒体新春走基层活动，累计发布原创稿件 1149 篇，相关话题阅读总量近亿次。规范正能量稿件推送管理，修订完善《正能量稿件推送工作管理办法》，加强互联网新闻信息稿源单位管理，强化互联网新闻信息从业人员管理，推动违法违规从业行为记录工作。新闻网站记者证核发工作取得重大进展，黄河新闻网、山西新闻网、山西网络广播电视台成为首批获准核发记者证的省级新闻网站。

四、强化属地网络生态治理，进一步提升网络综合治理能力，坚决防范化解网上意识形态风险

统筹推进网络综合治理体系建设，起草《关于加快建立山西省网络综合治理体系重点任务及分工方案》，与省委组织部联合举办提升全省网络综合治理能力专题培训班，持续推动各项重点任务落实。深入开展“2020 清朗”等专项行动，扎实开展商业网站平台和“自媒体”传播秩序突出问题集中整治、“自媒体”基础管理专项治理和网络直播行业专项整治，依法关停、封堵违法违规网站，向省公安厅等部门移送违法违规网站线索，着力推进自媒体账号分级分类试点工作，积极建立“山西省互联网联合辟谣平台”，全年发布辟谣信息 1100 余条。筹办山西省 2020 年互联网法律法规知识竞赛，在黄河新闻网开设“胡律师说法”栏目。建立健全许可动态管理机制，为全省 72 家互联网新闻信息服务单位颁发许可证。

五、全面落实网络安全工作责任制，不断加强网络安全保障体系建设

加强全省网络安全工作顶层设计，建立工作统筹协调机制，印发《山西省云计算网络安全管理指南》，修订完善网络安全事件应急预案，举办网络安全事件军地联合应急演练。强化疫情防控期间各单位网络安全责任，做好涉疫情网络安全宣传工作。定期组织全省网络安全态势综合分析研判，发布网络安全风险预警，通报网络安全漏洞，全部漏洞和事件均得到及时有效处置。开展全省电子邮件安全专项整治，及时有效处置涉邮件的网络安全事件。举办“山西省首届网络安全职业技能大赛”。统筹组织国家网络安全宣传周山西活动，覆盖人数 4000 余万人次，相关宣传作品阅读量超过 1000 余万次。

六、发挥信息化创新驱动作用，为转型发展提供新动能

组建山西省网络安全和信息化专家咨询委员会。举办第三届山西省互联网大会信息化分论坛。完善全省网络扶贫工作联络机制，组织全省网信系统专项扶贫培训，制定山西省 2020 年网络扶贫行动计划和工作要点，实行重点单位工作季报制度，召开全省网络扶贫工作视频推进会，组织“山西省脱贫攻坚农产品展播”。召开智慧城市建设座谈会，举办全省新型智慧城市建设专题视频讲座，梳理汇编全省典型案例。印发《山西省 2020 年推进数字乡村建设分工方案》，组织开展国家数字乡村试点建设。委托山西电信搭建监测平台，召开全省 IPv6 规模部署视频推进会、省级新闻网站升级改造座谈会、省直部门网站改造协调会，督促各市、省直各部门、新闻网站等加快门户网站 IPv6 升级，为深化全省下一代互联网发展提供有力支撑。

七、打造对党忠诚、作风过硬的网信铁军

树牢政治机关意识，坚决贯彻《党委（党组）落实全面从严治党主体责任规定》，开展“五型机关”创建。深入推进互联网行业党建，指导全省 11 个市全部建立互联网行业党委，成为实现地市行业党委全覆盖的全国 9 个省份之一。推动全省 110 家有条件的互联网企业全部建立了党组织，努力打造具有时代精神和山西特色的互联网企业党建品牌。省委网信办顺利完成事业单位重塑性改革，加强应急指挥和举报中心建设。推动国家计算机网络与信息安全管理中心山西分中心与

全省网信部门加强协同、融合发展。加强全省网信领域调研工作,出台《关于加强全省网信领域调研工作的若干意见》,形成网信领域调研工作常态化、制度化机制。制定《2020年山西省网络安全和信息化人才发展工作计划》,统筹推进网信人才发展体制机制改革和重点任务落实。举办5个班次网信业务培训覆盖700余人次,提高网信干部政治素养和业务能力。

(王 瑞)

附:省委网络安全和信息化委员会办公室(省互联网信息办公室)主任、副主任名单

主 任:董晓林

副主任:米 杰 郭江坪(女,7月任职)

省委机构编制委员会办公室

主 任 李建刚

2020年,省委编办坚持以习近平新时代中国特色社会主义思想为指导,深入贯彻党的十九大和十九届二中、三中、四中、五中全会精神,认真学习贯彻习近平总书记视察山西重要讲话重要指示,围绕省委"四为四高两同步"的总体思路和要求,持续巩固深化机构改革,稳妥推进事业单位改革,加大机构编制资源统筹使用力度,加快机构编制法定化进程,为全省乘势而上书写山西践行新时代中国特色社会主义的新篇章提供了体制机制和机构编制保障。

一、持续巩固深化机构改革成果

贯彻中央和省委决策部署,着力破除体制性障碍、打通机制性梗阻、推出政策性创新,推动从"物理变化"到"化学反应"。一是持续优化部门职责。完善党全面领导制度安排,加强国安、统战、纪检等部门工作力量,优化人社、民政等部门职能配置,持续跟踪发改和能源、应急和林草等部门运行情况,解决职责交叉、关系不顺等问题。二是在关键领域开展重塑性改革。在全国率先启动科技体制重塑改革,重建科技管理运行机制和工作流程,再造科技厅内部管理体系,推动部门职能从分钱、分物、定项目转到抓战略、抓规划、抓政策、抓服务上。在此基础上,推动省发改委、省工信厅、省商务厅等三个部门开展重塑性改革试点,创造更多深化改革"山西样本"。三是统筹推进体制机制创新。按照"品字构建、厘清职责、政府授权"的思路,将省国资委、省体育局部分职能授权省属企业承担,进一步厘清市场和政府的关系。

二、稳步推进事业单位改革

贯彻落实中央和省委深化事业单位改革决策部署,推动事改工作进入全国第一方阵。一是落实省委对改革的全面领导,强化顶层设计。总结省直试点经验,并将中央改革试点指导意见精神、中央专项改革要求贯彻落实到全省的改革方案中。改革以来,报省委领导签批事业单位改革省直事项请示40多次,市县改革事项请示近30次。二是突出事业单位整体性重塑。健全党对事业单位全面领导的制度安排。对归口领导管理部门所属事业单位统筹改革,强化具有政治管理性质的事业单位,同步调整设置事业单位党的基层组织。调整优化事业单位布局结构。大幅精简除学校、医院以外的事业单位。探索实行市县事业机构限额管理、编制总量控制。继续巩固行政类事业单位改革成果,杜绝将行政事务性工作交由事业单位承担。深化综合行政执法改革,省直除交通、环保外,其他执法队伍全部撤销。进一步深化有经营性活动事业单位改革,省直130多个,市县771个单位转企改制。明晰优化事业单位功能定位和职能配置。围绕部门主责主业设置公益一类、二类事业单位,突出专业性、技术性、研究性,推动事业单位编制和经费保障形式相统一。强化管理体制和运行机制创新。制定事业单位机构职能编制规定,简化事业单位法人登记,建立事业单位失信档案,探索政事权限清单和章程管理,完善事业单位治理机制。三是对事业单位进行功能再造。按重大专项对相关事业单位进行改革,组建云冈研究院、省发改委项目推进中心、省生态环境监测和应急保障中心、省直机关后勤保障中心、省检验检测中心等5个厅级事业单位。四是协同推进行业和专项改革。统筹推进检验检测、报刊传媒等行业改革,推动相关领域改革走在全国前列。推进省直信息、后勤、培训疗养(宾馆、招待所)等改革,优化资源配置,增强服务保障能力。将行业部门所属高校、医院划转教育、卫生部门。五是推动机构编制资源向基层和民生领域倾斜。支持独立院校转设和高校调整改革,保障编制资源需求。深化山西广播电视台、山西日报报业集团改革,推动省级媒体深度融合。加强区域医疗中心建设,助力打造高水平医疗科研平台。加强乡镇(街道)事业编制,为全省乡镇(街道)重新分配编制4.9万名。六是确保改革平稳有序。研究制定出台改革政策文件、政策口径、操作办法、配套政策等180项,改革中坚持不搞断崖式分流人员,确保改革后人员待遇不降低。

改革后,除学校、医院外,省直事业机构精简69%,编制精简59%;市县两级事业机构精简50%以上,编制精简42.7%。中组部副部长、中央编办主任周祖翼在听取山西省汇报时特别指出,山西先行一步改革,取得的一些经验做法也可供中央确定的试点省份借鉴。12月初,中央编办李章泽副主任又专题调研山西省事业单位改革情况,对山西省的改革举措和取得成效给予高度肯定。

三、推进人口小县机构改革试点

按照大部制、扁平化、强基层、重实战、高效率的原则，选取忻州河曲县、临汾浮山县为改革试点，统筹推进人口小县党政机构大部制改革和事业单位重塑性改革，一体推进县域行政运行体系全面改革。一是统筹设置党政机构，实行扁平化管理。按照大部门制组织架构，试点县党政机构由原来的35个精简为22个，县委、政府领导兼任主要党政部门负责人，提高党政机构运行效能。二是大幅压缩事业单位规模。除学校、医院外，两个试点县县直事业单位由180个左右精减为40个、精简78%，事业编制总体精简48%。三是实现行政执法大综合。将县域全部9支执法队伍整合为一支，真正实现县域内"一支队伍管执法"。中央编办对山西省改革创新的做法高度重视，认为山西用改革的办法破解基层治理难题，在全国都具有示范意义，并指定相关司局持续跟踪指导总结。

四、持续深化乡镇(街道)改革

创造性贯彻落实中央构建简约高效基层管理体制要求，深入调研论证，抓好顶层设计，省委印发《关于深化乡镇(街道)机构改革推进基层整合审批服务执法力量的实施意见》，提出9个方面20条具体举措。一是乡镇(街道)机构统一规范设置。根据功能定位，将乡镇和街道综合设置为"5办1站2中心"，做到全省所有乡镇(街道)一个模式。二是建立关系协调、配合有力的条块关系。除党中央明确要求实施派驻的机构外，其他县级派驻机构统一下放乡镇（街道），实行属地管理。制定乡镇（街道）权责清单参考目录，编制清单123项并建立清单外事项准入制度，全面清理"责任状"事项1276项。三是推动编制资源下沉。明确通过"减上补下"充实加强基层力量，建立基层编制周转池制度，赋予基层更多统筹调剂自主权。

五、加强和创新机构编制管理

从严从紧控制，管住管好用活机构编制资源。全年办理各类机构编制事项376件，回复函件500余件。一是加强机构编制管理。结合事业单位改革，实时动态调整省直机构编制和实有人员信息10万余条。将机构编制实名制信息与组织、财政、人社等部门共享，建立联动联办综合性约束管理平台。二是不断创新挖潜。在事业单位改革中建立临时编制管理制度，简化人才引进流程，2020年以来采取即来即办方式办理博士及正高职称人才引进入编备案420余人。三是加强法治化建设。加强对《条例》贯彻执行情况的监督检查，以多种方式推动机构编制违规问题台账整改销号，开展全省超审批权限设置机构等问题自查自纠，严肃问题整改。

六、全面从严治党治办

牢固树立党的机关、政治机关意识，坚持政治建办、能力立办、作风强办、从严治办，推动办机关党的建设向纵深发展。一是坚定扛起管党治党主体责任。召开省委编办全面从严治党工作会议，对机关党建和党风廉政建设进行部署，分层签订责任书，层层压实责任；召开党建专题室务会，形成经常性研究全面从严治党治办形势和任务的机制。二是坚持把思想教育作为引领。制定理论中心组学习计划，组织集体学习18次。督促各党支部坚持每周一次理论学习，不断强化思想自觉。办主要负责同志集中宣讲十九届五中全会精神，邀请专家教授进行专题授课，推动理论武装向广度和深度拓展。组织全办党员赴百团大战纪念馆开展主题党日活动，开展评选表彰优秀共产党员活动，开展集体重温入党誓词活动，引导党员筑牢初心使命。三是夯实党的组织建设。对各党支部执行"三会一课"等制度情况、领导干部参加双重组织生活情况进行专项检查，提高组织生活质量。以党建整改"回头看"为契机，制定完善问题清单、责任清单和整改清单。四是坚持挺纪在前。通过观看《叩问初心》警示教育片及网上庭审直播，举办民法典专题讲座等形式，教育党员干部不断强化拒腐防变意识和法治意识；强化廉政风险防控，对各处(单位)的廉政风险点进行集中排查，前移预防关口，完善内部控制；严格贯彻落实中央八项规定精神，紧盯年节假日开展教育。五是结合实际推动学习贯彻不断走深走实。落实习近平总书记关于加强文物保护工作、传承中华文明、坚定文化自信等重要指示精神，调剂129名行政编制用于加强文物行政部门工作力量。贯彻落实习近平总书记视察云冈石窟重要指示精神，推动组建云冈研究院。贯彻落实习近平总书记关于安全生产重要指示，为省林业和草原局增设相关处室，并核增行政编制128名，用于加强各级林草部门的防火机构以及森林草原防灭火指挥机构。

（王小琴）

附：省委机构编制委员会办公室主任、副主任名单

主　任：李建刚

副主任：张吉祥　李　遊(11月任职)

省委军民融合发展委员会办公室

主 任 林 武

2020年，省委军民融合办坚持以习近平新时代中国特色社会主义思想为指导，深入贯彻习近平总书记视察山西重要讲话重要指示，全面落实党的十九届二中、三中、四中、五中全会精神和省委十一届十次全会精神，按照省委“四为四高两同步”的总体思路和要求，统筹推进疫情防控和各项发展工作，全省军民融合发展全面发力、多点突破、纵深推进，军工经济发展逆势而上，继续保持较快增长态势。

一、突出政治建设，严格落实全面从严治党主体责任

一是强化理论武装，筑牢信仰基石。坚持以习近平新时代中国特色社会主义思想为指导，强化中心组学习示范带动作用，省委军民融合办中心组共学习15次，国防科工系统基层单位党委理论学习中心组学习均在13次以上，党员领导干部思想理论水平进一步增强。迅速兴起学习宣传贯彻党的十九届五中全会精神热潮，组织宣讲团深入基层作报告207场次，受众1.78万余人次，推动全会精神学习贯彻往深里走、往实里走、往心里走，进一步激发广大党员干部干事创业、担当作为的内生动力。

二是狠抓巡视整改，构建长效机制。提高政治站位，切实增强巡视整改的思想自觉和行动自觉；坚持真改实改，不折不扣抓好巡视反馈意见整改，省委巡视反馈的28个问题，已整改完成26个，其他2个历史遗留问题都按整改进度完成任务，取得实质性进展。同时，把“当下改”和“长久立”结合起来，针对发现的同类型问题和工作中易发多发的问题，完善和建立20项制度，以巡视整改长效机制推动各项工作开创新局面。

三是落实主体责任，全面从严治党。制定《全面从严治党主体责任清单》。以党建责任制为牛鼻子，与军工企事业单位签订《全面从严治党责任书》，与新提拔的企事业单位领导干部签订《廉洁自律承诺书》，组织召开党委书记抓基层党建述职评议会议，疫情防控常态化后，第一时间召开机关党的建设暨党风廉政建设工作会议，不断拧紧主体责任链条，推动全面从严治党向基层延伸，建立起“层层负责、人人有责、各负其责、责任分明”的党建工作责任体系。全力支持省纪委监委驻省工信厅纪检监察组履行监督责任，建立与纪检监察组定期沟通会商机制，健全完善3项情况通报制度、4项协调机制，制定1个强化派驻监督实施方案和1个强化派驻监督重点问题清单。实施《党支部标准化规范化建设提升工程实施方案》，全系统256个党支部被命名为“规范化标准化示范党支部”，达标率超过60%，基层党支部规范化标准化建设水平进一步提升。

四是强化阵地管控，营造良好氛围。发挥官网、“山西军工”微信公众号作用，营造良好舆论氛围。新闻媒体积极宣传正能量，无舆论导向偏差，职工坚持正确政治方向，思想动态无偏差。工会、共青团、老干部、扶贫攻坚工作开展扎实有效。

二、聚焦主业，推动重点工作取得新成效

一是夯基垒台，着力推进三大体系建设。积极探索军队需求对接机制。优化营商环境，民爆行政审批时限全国最短，“一网通办”工作进入全省第一方阵，“互联网+监管”系统平台效能评估在省直厅局中综合排名第一。

二是项目为王，着力打造五大产业集群。坚持把产业发展作为工作的重点，把谋划对接一批好项目、大项目作为工作的主抓手，围绕高端装备制造、新材料、电子信息和大数据、商业航天和卫星应用、通用航空等五大产业领域，着眼建链、补链、延链、强链，组织全省百余家优势企业与央属军工企业、科研院校开展科技成果、产业供需、项目合作精准对接活动，签订一批合作协议。

三是创新为上，着力培育一流创新生态。出台《关于构建山西省国防科技创新生态的指导意见》，开展企业创新全覆盖活动，全省军工行业基本实现创新活动全覆盖。聚焦“111”创新工程，组织军工单位积极承担百项关键技术研发；推动建设一批军民结合、产学研一体的创新平台，中辐院放射性创新药物临床前评价与转化等3家工程技术中心认定为山西省工程技术中心，北方机械国家级企业技术中心挂牌。探索建立跨区域合作交流机制，联合成立西北地区先进科技资源开放共享联盟，动态更新《重点实验室和设施共享目录》《山西省国防科技工业计量资源开放共享目录》。组织汾西重工“新能源汽车退役动力电池综合回收利用”项目申报全省中试基地。联合打造山西省电磁兼容和环境可靠性联合实验室，推动军民计量资源共建共享。

三、突出重点，促进国防科技工业快速健康发展

一是加强顶层设计谋划。开展重大问题研究、发展战略和规划思路研究，加强在国防科技工业空间布局、能力布局、组织结构布局、产业布局等方面谋划，做好与国家规划和战略、重大改革举措的衔接，加快推动企业能力建设由任务能力型向体系效能型转变，进一步优化山西省国防科技工业布局。

二是突出科技自立自强。建立军民军地协同攻关机制，

加快建立自主完备的国防科研生产体系。2020年度获得国防技术发明奖1项；国防科技进步奖11项，其中特等奖2项、一等奖1项、二等奖3项、三等奖5项。

三是加强军工项目管理。探索简化军工准入程序改革，吸纳民间先进技术进入国防军工领域，组织民口配套单位申报国防科研项目。全省军工核心能力得到持续增强。

四是加强绿色通道建设。指导协调新冠肺炎疫情防疫物资生产，特别是指导协调新华化工公司克服困难，挖潜增效，日产防护口罩能力迅速提升到7万只，累计向社会提供200余万只防护口罩，有效缓解地方防疫物资紧缺问题；落实中央和山西省抗击疫情、稳增长政策措施，加大“六稳”“六保”工作力度，协调解决企业开复工过程中的生产要素、协作配套和运输保障问题，全力推动企业复工复产转向稳产满产。围绕重点型号、重点项目和重要节点，协调解决25项重点保障问题。全年武器装备科研生产任务按时保质完成。

四、守牢底线，全系统“三零”单位创建成效显著

一是扎实开展安全生产三年专项行动，推动企业本质安全度显著提升。牢固树立“隐患就是事故”的理念，开展军工危险化学品和民用爆炸物品储存安全治理、房屋建筑和人员密集场所安全隐患治理、安全生产隐患排查治理专项行动和彩钢板建筑消防安全综合整治等工作，对军工单位和民爆企业开展日常监督检查、集中监督检查和监督检查回头看，发现安全隐患821条，全部完成整改。严格落实安全生产监管职责，重点加强10人以上危险作业场所治理和重大危险源管控，指导企业加快机械化、自动化升级改造，全系统安全生产形势持续稳定。

二是稳步推进“零上访零事故零案件”创建工作，奋力开创平安军工建设新局面。深入贯彻总体国家安全观，牢牢把握党对安全工作的集中统一领导。初步建立高位推动、协调联动的工作机制，妥善解决多项困扰企业的历史性难题。建立健全管控联控机制，深入开展打击整治枪爆违法犯罪专项行动。会同省保密局对新增的军工保密资质单位进行现场审查，对部分军工保密资质单位进行复查；深入开展矛盾纠纷排查和信访积案化解，做好重大活动、重大敏感日期间维稳安保工作。

（赵云刚）

附：省委军民融合发展委员会办公室（省国防科工局）主任、副主任名单

省委副书记、省长，省委军民融合办主任： 林　武

常务副主任（局长）： 冯志君（3月离职）
王亦兵（3月任职）

副主任（副局长）： 安　华　齐建伟　吴泽兵　张慧雄　薛向锋（8月任职）

省委台湾工作办公室

主　任　曹荣湘

2020年，省委台湾工作办公室坚持以习近平新时代中国特色社会主义思想为指导，坚决贯彻中央台港澳工作大政方针，认真落实省委决策部署，统筹做好新冠肺炎疫情防控和台港澳工作，全年目标任务圆满完成，为服务中央台港澳工作大局，服务山西高质量转型发展作出积极贡献。

一、坚持政治统领，牢牢把握台港澳工作正确方向

（一）加强思想政治建设，自觉践行“两个维护”。坚持把党的政治建设摆在首位，强化政治机关意识，坚定不移加强党的建设。持续深入学习贯彻党的十九大和十九届二中、三中、四中、五中全会精神，习近平总书记视察山西重要讲话重要指示和“三篇光辉文献”，跟进学习贯彻习近平总书记关于对台工作、港澳工作的重要论述和指示批示精神，认真学习贯彻落实省委十一届十次、十一次全会精神等，聚焦省委“四为四高两同步”总体思路和要求，努力提升领导班子和党员干部学用习近平新时代中国特色社会主义思想的能力水平，切实筑牢干部职工思想根基，增强“四个意识”，坚定“四个自信”，做到“两个维护”。

（二）加强党组织建设，打造坚强战斗堡垒。严格执行《省委台办室务会工作规则》《省委台办主任专题会议规则》等规章制度，坚持民主集中制原则，不断提升领导班子工作合力。深入贯彻《中国共产党党和国家机关基层组织工作条例》等，建立完善机关党建工作制度。以提升组织力为重点，推动党支部规范化建设，抓两头带中间，实现党支部建设提质增效升级。强化党员管理教育，开展“不忘初心·重温入党志愿书”等主题党日活动，组织系列学习教育活动。建设“五型机关”，推进党建与业务融合发展。扎实做好脱贫攻坚工作，支持驻村第一书记和扶贫队员工作。

（三）加强法治建设等工作，维护良好工作秩序。开展宪法、民法典、香港国安法等普法宣传，组织旁听太原市中级人民法院案件庭审等教育学习活动，注重发挥法律顾问作用，党员干部法治思维和依法行政能力得到有效提升。严格执行《山西省应邀赴台交流审批管理办法》和《山西省因公临时赴港澳管理办法（试行）》，重视涉台港澳风险防范化解，深入推

进“三零”创建,做好安全管理工作。全年无重大突发事件和安全问题。

(四)加强党风廉政建设,打造风清气正的政治机关。推进清廉机关建设,运用“四种形态”,落实“三个区分开来”,一体推进不敢腐、不能腐、不想腐,推动政治生态持久风清气正。组织学习违纪违法典型案例通报,观看警示专题片,开展“学规定、明底线”专题警示教育,做好党政领导干部违规入股企业问题专项清理工作。严格落实工作纪律,积极构建服务台商台胞“亲”“清”关系。完成省纪委监委对台办的政治监督专项检查,落实省纪委监委驻省委办公厅纪检监察组要求,严格按程序规则研究决定“三重一大”事项。落实《效能建设八项制度》,深入整治形式主义、官僚主义,切实为基层减负。全年无违规违纪事件。

(五)加强统筹指导,做好涉台港澳疫情防控工作。把疫情防控作为头等大事,健全工作机制,严防严控、联防联控,持续巩固常态化疫情防控成果。制定“15条”“10条”及常态化疫情防控等制度措施,加强干部管理教育和内部防控。聚焦主业主责,指导全省台港澳工作系统做好疫情防控工作。紧密联系在晋台港澳同胞,发出《致在晋港澳台同胞的公开信》《慰问信》,积极提供服务咨询,鼓励在晋台商台企做好复工复产工作。做好台胞台商台企捐赠服务,助力全省疫情防控。

二、坚持服务大局,扎实开展台港澳工作

发挥山西省优势,依托根祖文化、晋商文化、民间信仰等历史文化资源,打造了华夏文明看山西、晋台经贸交流合作、台湾记者三晋行等品牌项目和特色平台,多项活动在台港澳地区产生较大影响。

(一)成功举办第五届海峡两岸神农炎帝民间拜祖大典活动。在高平炎帝陵成功举办祭拜炎帝大典系列活动,岛内有关人士及基层民众参加岛内拜祖活动。大典当天线上“云拜祖”点击量突破5000万人次,覆盖全球30多个国家和地区。活动成为我省举办的“线上+线下”规模最大、参与台胞人数最多的两岸交流活动。

(二)晋台晋港晋澳交流交往持续深入。推动晋台关公、尧帝交流品牌影响不断扩大。在临汾市尧帝陵景区举办第三届尧都民间祭拜尧帝大典及晋台经贸交流推介活动,中国国民党前主席洪秀柱及台北市商业总会等台湾同胞、社会团体参加了线上活动,近60位台商台胞现场参加了活动。在运城解州关帝庙举办庚子年民间祭拜关公大典、海峡两岸“关公文化与中华文明”书画展等活动,新党主席吴成典、台湾中国文化大学教授邱毅等人士及台湾中华道教关圣帝君弘道协会等团体通过视(音)频录播的方式参加了活动,30余位台商台胞现场参加了活动。深化晋台各界交流。举办粤台优秀青年学子修学行暨两岸学子共祭炎帝祈福典礼,协助东莞台商子弟学校开展中原文化之旅活动,巩固深化与台湾基层民众、青年学生的交流。举办第二届“晋台婚姻家庭故乡行”活动。加强晋台新闻交流,举办“台湾记者三晋行”活动,邀请台湾《联合报》《旺报》、UDN TV等岛内媒体进行线上交流和采访。加大对重要涉台活动宣传报道,大力宣介各项惠台利民政策措施,制作微视频《晋商大院之李家大院》并在岛内传播,提升了三晋文化传播力和影响力。促进晋港晋澳交流合作。加强与香港、澳门特区政府有关部门及香港山西同乡会、粤港澳晋商产业促进会、澳门山西经贸促进会等商协会的联系,与香港公共行政学院、香港山西商会等就加强交流合作进行座谈和协商,接待香港驻武汉经济贸易办事处一行来晋交流考察,协助中国澳门白酒协会参访吕梁市政府、汾阳市政府和汾酒集团并与汾阳杏花村经济技术开发区签订合作备忘录,认真做好澳门嘉宾来晋参加2020中国·山西(晋城)康养产业发展大会等工作。

(三)晋台经贸交流合作稳步推进。加大吸引台资力度。会同商务、投促和综改示范区、开发区及工商企业界赴沿海台商台企聚集区开展经贸交流考察活动,先后赴上海、江苏、重庆、四川、广东、河南等地开展项目推介、招商洽谈,在昆山市举办第二届“山西省承接转移长三角地区(台商)产业推介会”,邀请南京市、青岛市台资企业协会和台湾和进集团等台商团组来晋考察,举办交流洽谈活动,引导台商参与山西转型发展。推动台资产业园区建设。围绕山西省重点培育产业,开展招商引资,扶持台资产业园区建设,推动晋城(高平)台湾产业园、临汾台湾产业园和海峡两岸青年创新创业基地建设取得积极进展。深入开展台资项目跟踪服务工作,牵线搭桥、促进项目落地,推动和吸引台资企业向山西省转移。优化台商投资环境。落实“惠台31条”“惠台26条”等政策措施,积极推动出台我省《促进晋台经济文化交流合作具体措施》。开展全省台资企业走访活动,协调浦发银行太原分行等金融机构提供金融支持,帮助解决生产经营困难和问题。依法保护台商台企合法权益,山西仓慧房地产开发有限公司“嘉实宝蓝广场”遗留问题等得到妥善协调处理。

三、加强党风廉政建设,圆满完成巡视反馈意见整改

认真学习贯彻中纪委和省纪委全会精神,落实党风廉政建设“两个责任”,加强制度建设,认真开展领导干部个人有关事项报告工作,加强党员干部廉政警示教育,严格执行中央八项规定精神。省委台办领导班子高度重视十一届省委巡视反馈意见整改落实,列出《问题清单》《整改清单》《责任清单》,形成《巡视整改台帐》,制定整改措施,细化分解具体工作任务,以严的措施、严的要求,扎实开展整改工作。机构改革后,省委台办新的领导班子坚决扛起巡视整改主体责任,不折不扣、持续深入推进巡视整改落实,扎实做好巡视“后半篇文章”,全部完成了巡视反馈意见整改任务。持续巩固深化巡视整改成效,积极配合省纪委监委第五监督检查室、驻省委办公厅纪检监察组工作,严格落实相关工作要求,规范细化室务会和中心组会议议事规则,修改制定《省委台办催办工作制度》等制度规定,健全完善长效机制,推动全面从严治党向纵深发展。

(孙　杰)

附：省委台湾工作办公室主任、副主任名单

主　任：曹荣湘（3月离职）

副主任：李　菲（女，3月主持工作）

郝文杰（女）　吴　伟

省直属机关工作委员会

书　记　李凤岐

2020年，省直工委认真学习贯彻习近平新时代中国特色社会主义思想，以深入贯彻落实习近平总书记视察山西重要讲话重要指示和"7·9"重要讲话精神为主线，以党的政治建设为统领，努力践行使命任务，扎实推进机关党建高质量发展。

一、政治建设持续加强

带头旗帜鲜明讲政治，做到中央、省委有部署，工委有声音、见行动。牢牢把握"在转型发展上率先蹚出一条新路来"的历史使命，发挥党建引领作用，把创建"五型机关"作为践行习近平总书记模范机关建设重要要求的山西路径，出台《关于深入开展"五型机关"创建 推进模范机关建设的实施意见》，明确目标任务，深化调研指导，加强督查检查，提升机关治理效能。坚持政治荣誉向为转型发展作出贡献的基础党组织倾斜，注重在项目建设、脱贫攻坚、"六新"突破、疫情防控一线发展党员、选树典型、评选劳模，构建"一切为了转型、一切服务转型"的工作格局。疫情防控中，组织捐款1485余万元，拨付专项党费和工会会费600余万元用于慰问和支持一线防控，指导援鄂医疗队成立15个临时党支部，火线发展预备党员373名。脱贫攻坚中，积极选树先进典型，其中，5个先进集体和10个先进个人受到全国表彰。在习近平总书记发表"7·9"重要讲话一周年之际，围绕加强机关党的政治建设，召开推进会交流经验、部署工作，把政治标准、政治要求贯彻到机关党建和事业发展全过程各方面。加强政治机关意识教育，注重发挥头雁效应，组织省直各单位党组（党委）书记讲授"强化政治机关意识，带头做到'三个表率'"专题党课，教育引导党员干部锤炼忠诚干净担当的政治品格。开展省直机关意识形态工作责任制落实情况专项督查，定期组织各级党组织开展意识形态领域形势研判，坚决防止和纠正一切偏离"两个维护"的错误言行。

二、理论武装持续深化

把深入学习贯彻习近平新时代中国特色社会主义思想作为重中之重，着眼学懂弄通做实，推动学习往深里走、往心里走、往实里走。抓好"关键少数"，坚持以上率下、示范带动，制定落实《省直机关党组（党委）理论学习中心组学习制度》，认真履行督促检查和指导职责，旁听督导26个单位中心组学习研讨，随机调阅32个单位中心组学习资料，编发文选交流展示学习成果，通报学习情况，发挥中心组领学促学作用。抓好"绝大多数"，发挥党支部主体作用，持续开展学用新思想经验交流，开展省直机关第九届"读书月"活动，推广运用"微党课"等形式，不断提高理论学习的实效性和针对性。举办省直机关理论宣讲大赛，发现、培养、储存宣讲骨干，讲述转型故事，凝聚转型共识。召开省直机关学习贯彻党的十九届五中全会精神宣讲报告会，对全会精神进行系统宣讲和深入解读，部署推进宣贯工作。强化思想引领，围绕学习贯彻习近平总书记视察山西重要讲话重要指示、"三篇光辉文献"及省委十一届十次全会精神，提档升级"山西机关党建网"，加大《省直机关党建信息》宣传报道力度，紧跟中央及省委重大决策部署开专栏、设专题，在提升立意高度、思想深度、视野广度、评论力度上下功夫，报道数量较2019年增加145%。

三、基层党建持续夯实

坚持大抓基层鲜明导向，着力固根基、强队伍、补短板，推动基层党组织全面进步、全面过硬。深入贯彻落实《中国共产党党和国家机关基层组织工作条例》，会同省委组织部起草全省贯彻落实《工作措施》。开展省直机关党建"十个突出问题"整改回头看，摸排整治软弱涣散基层党组织18个。全年指导督促30个基层党委换届，调整新任"两委"负责人40人，培训入党发展对象3000余人。聚焦"攻坚克难、担当作为、转型综改、服务提升"4个方面，开展"党建品牌"创建活动优秀案例评选，从88个省直单位申报的144个基层党组织党建案例中，评选"十佳十优"案例，印发省直机关9000多个基层党组织学习借鉴，牵引带动省直机关基层党组织围绕转型抓党建、抓好党建促发展。严肃党内政治生活，结合纪念建党99周年活动，全力打造省直机关"不忘初心·重温我的入党志愿书"主题党日活动样板，引导广大党员自觉做到"一句誓言、一生作答"。

四、机关作风持续好转

推进全面从严治党向纵深发展，以责任担当强化机关作风建设，不断营造风清气正政治生态。持之以恒正风肃纪，全年案件审结率100%，实现了政治效果、纪法效果和社会效果的有机统一。打造硬核机关纪委，强化对省直单位纪检工作领导，制定了《加强省直单位机关纪委建设的意见》，组织了省直机关纪委书记业务培训，召开了省直机关纪委政治监督工作交流会，逐步完善对机关纪委的日常检查、业务指导和考核评估，推动机关纪委强起来、硬起来。深化拓展专项整治，出台《关于深化拓展基层减负工作实施方案》，发挥督查职能，创新督查方式，落实工作机制，克服机关党建工作中的形式主义，持续巩固专项整治成果。

五、统战群团工作和精神文明创建持续推进

坚持党建带群建,干部群众的凝聚力显著提升。充分发挥统战、群团组织的桥梁纽带作用。加强对统战对象的思想引领,开展课题研究和智库建设,做好人才储备工作。组织省直机关劳动竞赛系列活动,展示广大干部职工精神风采。开展太极拳比赛、摄影书画展等文体活动,举办了年联谊、金秋助学、敬老服务、"送清凉送温暖"、帮扶困难职工等活动,加强人文关怀,传递组织温暖。深入开展精神文明创建。贯彻落实习近平总书记重要指示精神,坚决制止餐饮浪费行为,对省直机关餐厅开展专项督查检查,督促12个问题单位立行立改。推动公民道德建设"五个一"品牌活动常态化,志愿服务制度化。考核验收239个省直单位文明创建工作,做到以考促建,考建结合。

(翟新丽)

附:省直属机关工作委员会书记、副书记、委员名单

省委常委、秘书长,省直工委书记: 廉毅敏(10月离职)
李凤岐(11月任职)

常务副书记: 王　宏(7月离职)

主持日常工作的副书记: 符惠明(7月任职)

副　书　记: 余国琦　宋燕卫(12月任职)
魏爱军(10月离职)

工委委员、省直纪检监察工委书记: 闫建科

省委巡视工作办公室

主任何青

2020年,在中央巡视办和省委的正确领导下,省委巡视机构坚持以习近平新时代中国特色社会主义思想为指引,把"两个维护"作为根本政治任务,把高质量发展作为工作主题主线,深入学习贯彻全国巡视工作会、市县巡察工作片区调研座谈会、全国巡察办主任提级培训会精神,坚定不移深化政治巡视巡察,突出政治监督,为全省全面从严治党取得更大战略性成果、率先在转型发展上蹚出一条新路来提供了有力保障。

一、全面对标对表中央巡视,巡视巡察工作主体责任得到新加强

省委深入贯彻落实习近平总书记关于巡视工作重要论述和赵乐际同志讲话要求,将巡视工作纳入省委常委会年度工作要点,认真推进有关重大问题、重要事项、重点工作,切实加强对巡视巡察工作的全面领导。省委巡视工作领导小组一线指挥、强力推进,全方位全过程地推进组织实施。2020年,省委常委会先后3次研究巡视巡察工作,省委书记25次作出批示;省委巡视工作领导小组先后11次召开会议、作出批示151次。市县党委及巡察工作领导小组在统一领导、分级负责中提站位、强担当,履职责、抓落实,对巡察工作的领导、支持、推动力度不断增强。

二、坚决落实高质量有节奏要求,巡视巡察全覆盖取得新进展

根据省委部署安排,2020年对105个地方(单位)党组织开展常规巡视,全覆盖完成率达到94.98%。一是高质量开展常规巡视。第七轮组织12个巡视组巡视35个省直单位,紧扣被巡视党组织职责使命,查找政治偏差,推动加强政治建设。共发现共性问题1193个,问题线索132条,涉及省管干部33人,处级干部73人,清理规范收回资金772.68万元。第八轮巡视在脱贫攻坚专项巡视的基础上,组织16个巡视组对11个地级市和未巡视的59个县(市、区)开展常规巡视,并对58个贫困县领导班子情况进行延伸了解,同时协助省纪委监委同步开展了政治监督、文物保护和安全生产等专项检查。于12月中旬完成现场巡视。二是创造性开展提级机动式巡视。组织5个巡视组对大同银行等5家市属城市商业银行开展提级机动式巡视,仅用3天时间完成巡前准备和进驻工作,体现了高站位高标准,体现了过硬作风,并在一个月内较为全面地摸清了资产底数和金融风险,发现了一批突出问题线索。三是穿插开展脱贫攻坚专项巡视"回头看"。在第七轮常规巡视期间,组织6个巡视组对全省10个有脱贫任务的市及所辖58个贫困县、8个省直单位开展脱贫攻坚专项巡视整改情况"回头看",通过再传导、再督促、再巩固,推动各级党委(党组)责任意识和整改主动性进一步增强,起到了让省委、市县党委、省直部门和群众满意的综合效果。四是扎实推进全省巡察全覆盖。坚持稳中求进工作总基调,督促指导市县党委科学谋划巡察全覆盖任务,指导市县巡察采取"推磨式"交叉巡察、直接巡、巡乡带村等方式,着力破解熟人社会监督难题,全力提升市县巡察全覆盖质量。截至12月,11个市巡察全覆盖对象为1346个,已巡察1330个,覆盖率为98.7%;县级巡察全覆盖对象为9849个,已巡察9487个,覆盖率为96.3%;对村(社)延伸巡察总任务数23849个,已巡察23478个,全覆盖完成率达98.4%;市县巡察包括对村(社)延伸进入收官阶段,年底首次实现巡察全覆盖。

三、强力推进上下联动实践探索，巡视巡察工作格局呈现新面貌

坚持巡视巡察一体谋划、一体部署、一体推进，持续深化省委巡视、市县巡察和省管单位巡察“一体两翼”工作格局。一是深入谋划推进巡视巡察上下联动。先后4次向中央巡视办《关于巡视巡察上下联动的指导意见（征求意见稿）》提供意见建议，均得到认可。加强省本级巡视与市县巡察联动，开展脱贫攻坚专项巡视“回头看”同步巡，省市县公安系统集中发力对口巡，部署巡视组自主探索与部分被巡视单位巡察组开展内部巡察协作巡，不断完善巡视巡察上下联动格局。二是强化对市县巡察工作的指导督导。组织指导临汾市委巡察办实地拍摄中央巡视办委托的《我是第一责任人》情景剧，浏览量居中央纪委全网周排行榜首。开展全省市县巡察工作专项检查整改工作，召开专项检查整改工作会强力推进，不断压紧压实市县巡察主体责任。积极推动市县开展破解制约巡察高质量发展试点工作，以试点成果长效化推动巡察工作高质量发展。三是深入推进对省管单位内部巡察的分类指导。指导省管单位巡察工作规范开展，加强调研摸底，形成专题调研报告，总结提出“3344”分类推进总体思路。全省有28个省管单位党组织探索开展了巡察工作，另有52家正积极做好前期准备工作，适时开展巡察。四是强力推动巡察监督向基层延伸。召开全省市县巡察向村（社）延伸全覆盖工作推进会，向太原市等5个巡察工作领导小组发约谈函，要求约谈对村（社）延伸巡察全覆盖任务慢的县（市、区）党委书记和领导小组组长，督促推进全覆盖。2020年，发现群众身边腐败和作风问题12343个，移交问题线索并立案698人，党纪政务处分738人，移送司法10人，一批侵害群众利益的违法乱纪分子得到严肃查处；全省涉及村（社）的初次信访举报量同比下降43.2%，群众对基层党风廉政建设满意度从去年的92.3%提高到94.9%。五是加强市县巡察干部队伍能力建设。组织全省72名市县巡察办主任参加中巡办第五至八期市县巡察办主任提级培训班；认真落实提级培训班精神，充分发挥参训学员“火种”作用，不断放大中央巡视办提级培训效应，《山西大同：“五学”强化再培训“火种”带动新提升》经验材料在中纪委内网刊载。组织全省市县（市、区）的150余名巡察组组长举办培训班，进一步提升市县巡察工作整体水平。推荐4名市县巡察骨干参加中央巡视、15名巡察骨干参加省委巡视，积极发挥“以干代训”作用。

四、做好巡视“后半篇文章”，整改落实蹚出新路子

坚决落实中央关于巡视整改“四个融入”要求，形成省委统一领导、“五方”合力推动、被巡视党组织整改落实的良好工作格局。一是加强巡视整改监督力量。成立了整改督导处，专司巡视整改工作。对第六轮巡视整改情况的跟踪统计分析，及时梳理形成报告，为省委及领导小组提供决策参考。二是压实整改主体责任。完成第六轮巡视对66个党组织的巡视反馈工作，领导小组组长、副组长带队参加反馈巡视意见，压紧压实整改落实责任，有力提升了巡视工作的严肃性、权威性、有效性。充分用好问责武器，对整改工作进展缓慢的5家企业党委书记进行了约谈，对履行巡视整改责任不力的给予诫勉谈话。三是健全完善巡视整改机制。建立反馈前谈话沟通机制、整改情况报告审核把关机制、整改成效评估机制、整改公开机制，总结《深耕责任田、形成可借鉴可复制制度成果》经验材料在中央巡视办《巡视巡察参考》刊发。

五、积极推动巡视与其他监督贯通融合，综合监督平台建设迈上新台阶

探索建立巡视监督与其他监督的协调协作机制，加强贯通融合，增强监督合力和效果。一是巡前突出信息情况沟通。协调省纪委监委信访室提供问题材料33件，助力巡视组及早进入“战斗”状态。积极会同省委组织部选配第七、第八轮巡视组组长、副组长备选人选46名，正副处长级优秀年轻干部备选人选50名，切实提升巡视队伍专业化水平。二是巡中加强协同配合。对巡视发现的重要情况、敏感事项和重大问题，及时向领导小组请示报告，寻求手段支持，第八轮巡视期间共提请省纪委监委协助开展反洗钱查询2批次28人，为提升问题线索质量提供重要支撑。协调省委组织部结合巡视对105个单位开展选人用人专项检查，协调省委宣传部结合巡视对22个单位开展意识形态工作责任制专项检查，充分发挥部门优势，形成监督合力。三是巡后统筹成果运用。针对巡视发现问题，研究起草关于国资国企改革等9个专题报告报送省委。加强问题线索办理，移交省纪委监委反映省管领导干部及有关问题线索办理情况73件，查处9件，移交省委组织部11件，办理5件；巡视移交问题线索立案审查的省管干部10人，占全年立案审查省管干部总人数的43.5%，有力发挥了震慑遏制作用。此外，还积极配合最高人民检察院党组对山西省检察院党组开展巡视。

六、加强规范化制度化建设，巡视巡察机构自身建设得到新提升

牢固树立制度意识，法治思维，把规范化法治化要求贯穿巡视工作始终。一是加强临时党支部建设。研究制订巡视机构加强党建工作意见等制度，扎实推进党支部和临时党支部标准化规范化建设。坚持“把支部建在组上”，巡前成立临时党支部，强化领导开展工作；巡中发挥支部战斗堡垒作用，及时沟通情况，把握工作重点和方向；巡后强化理论学习，持续提升工作能力水平。二是加强巡视队伍管理。巡前对近年来发生在全省被巡视巡察干部中的典型案件进行通报，确保始终紧绷纪律之弦。巡中坚持严管和厚爱相结合，及时了解掌握干部的思想、工作和生活状况，督促选派干部严明工作纪律，树立良好作风形象。巡后加强工作效能考评，统一出具抽调人员工作鉴定材料，提供主管单位参考。三是加强制度

建设和执行。对标中央巡视制度,对巡视工作制度从主体框架、工作规则、实务操作等12个方面进行全面梳理。全过程全方位指导督促巡视组按照模板、范式操作,确保每个环节、每个程序规范化运作。

(刘志刚)

附:省委巡视工作办公室主任、副主任名单

主　任:何　青

副主任:郝点亮　赵建民

省直属机关事务管理局

局　长　毛益民

2020年,省直属机关事务管理局(以下简称省机关事务局)坚持以习近平新时代中国特色社会主义思想为指导,深入学习贯彻习近平总书记视察山西重要讲话重要指示,认真落实省委“四为四高两同步”总体思路和要求,围绕早日迈入全国第一方阵的目标,坚持高起点谋划、高标准定位、高质量实施,全面推进机关事务集中统一管理等各项工作,努力为全省高质量转型发展提供坚强保障。

一、着力加强政治建设,坚决把好方向大局

(一)切实加强理论学习,不断提高政治站位。局中心组将学习习近平总书记视察山西重要讲话重要指示、党的十九届五中全会和省委十一届十次全会精神列为学习重点,组织班子成员领学、专家讲学、观看视频、交流研讨等方式集中学习,确保学深悟透、真学真懂。各党建联组和基层党组织层层压实责任,开展学习研讨,推动学习往深里走、往心里走、往实里走,不断增强“四个意识”、坚定“四个自信”、做到“两个维护”。

(二)始终牢记部门属性,不断强化政治担当。牢记党委部门政治属性,带头落实中央和省委部署要求。巩固深化主题教育成果,开展主题党日活动,引导广大党员干部守初心、担使命。省机关事务局被确定为山西省社会主义核心价值观建设示范点和省直单位“五型机关”创建示范点。

(三)严格执行党的制度,不断锤炼政治品格。坚决执行民主集中制和请示报告制度,健全完善《工作规则》《集体议事决策制度》,“三重一大”事项集体研究决策,重要工作及时向省委报告。2020年共召开局务会议46次,研究事关全局发展和党的建设重大问题,推动中央和省委重大决策部署落实落地。

二、坚持全面从严治党,持续提升党建水平

(一)切实加强思想建设。局中心组示范带动、以上率下,组织党员干部跟进学习习近平新时代中国特色社会主义思想和中央、省委重大决策部署,有计划、分层次抓好理论学习。按照“就近成片、业务协同、资源共享、共同提高”的原则,科学划分7个党建联组,组织集体学习34次,开展主题党日活动50余次。党建联组活动成为省直机关十佳“党建品牌”。

(二)切实加强组织建设。开展党建工作“十个突出问题”专项整治和软弱涣散党组织整治,提升支部标准化、规范化、信息化水平。指导督促基层党组织做好换届选举、委员补选、党员培训转正、组织转接、党员管理监督等工作。2020年共提任处级干部7人,其中女干部2人。注重党建引领,以“第一责任”保障“第一要务”,将临时党支部建在工地,优质高效完成重点工程建设任务。《山西省基层组织建设工作情况通报》第18期刊发省机关事务局抓党建的工作做法。

(三)切实加强制度建设。按照《贯彻落实〈党委(党组)落实全面从严治党主体责任规定〉实施细则》要求精神,压紧压实主体责任,成立全面从严治党工作领导组,制定局领导班子落实全面从严治党责任清单,推动与业务工作同研究、同部署、同落实、同检查。将党建12个方面制度纳入标准化建设体系,8个方面制度纳入规范化建设体系,印发《党建标准化建设手册》《党建规范化建设手册》《党建工作图解》。

(四)切实加强廉政建设。围绕全局17大类业务,修订完善3方面25项“不能腐”制度,受到省委领导充分肯定。严格执行中央八项规定精神,切实加强公务用车、办公用房、公务接待管理。紧盯重点人群、重要岗位和关键环节,强化提醒监督,坚决纠正“四风”。印发《关于进一步加强党内监督工作的意见》,突出政治监督。

(五)切实加强能力建设。积极开展党员干部教育培训工作,组织全局副处级以上干部完成山西干部在线学院专题学习,参加中国干部网络学院专题网络培训,引导党员干部充分利用“学习强国”、“好干部在线”等平台加强学习。开办“机关事务大讲堂”,全面提升干部队伍干事创业能力。

三、注重改革创新,着力提升管理服务保障效能

(一)法治建设工作实现新突破。报请省人大出台的《山西省机关运行保障条例》,于9月30日经省十三届人大常委会第20次会议审议通过并正式发布,成为全国首部机关运行保障地方性法规。栗战书委员长在与山西省人大同志就地方立法进行座谈时指出,山西省机关运行保障立法走在了全国前列,工作不但抓得准,而且也是山西机关事务先行先试的具体体现。12月4日,省机关事务局作为全国唯一受邀地方局,在国管局召开的机关事务理论暨数字机关事务治理学术研讨会主会场,围绕立法工作作主题演讲。积极协助国管局政策法规司起草《机关事务管理与服务工作指南》,参与全

国机关事务“十四五”规划编制，得到国管局及政策法规司的充分肯定。

（二）办公用房管理取得新成绩。按照省委省政府工作部署，克服疫情不利影响，短短4个多月，完成学府办公区二期、五一路办公区和滨河西路办公区A座、迎泽大街办公区（国际大厦、省科技厅旧址）等4个集中办公区25.8万平方米的维修改造任务，28个省直机关、72个事业单位、4800余名干部职工搬迁入驻，实现集中办公。开展2020年度全省党政机关办公用房专项巡检工作和危房排查摸底工作，做到底清数明。

（三）公务用车改革取得新进展。全面完成“全省一张网”建设，积极推行跨地区跨部门“省域畅通行”，全年实施异地联动保障249批次，节支率50%~60%，得到国管局资产司肯定。加强公务用车管理，完善制度标准体系，联合出台《山西省党政机关公务用车管理办法实施细则》《省直部门公务用车租赁费支出标准》《公务用车使用管理规范》等。

（四）资产基建工作再上新台阶。采用BOT模式建成全省最大智能停车楼—学府智能停车楼，为缓解太原市停车设施不足、提高城市管理水平作出贡献。完成专家公寓、厅级干部周转住房建设。

（五）公务接待工作呈现新面貌。圆满完成了党和国家领导人莅晋视察接待任务29批次，做好参加全国抗击新冠肺炎疫情表彰大会、省“两会”、省委全会、2020年农民丰收节等重要会议活动的服务保障。组织开展山西药茶宣传推介活动，积极推动山西药茶进宾馆、进饭店、进机关。

（六）公共机构节能展现新成效。认真贯彻落实习近平总书记重要指示精神，在全国机关事务系统中首家印发坚决制止机关餐饮浪费行为的通知，联合省直工委等部门开展监督检查，有效遏制餐饮浪费行为。积极协调将公共机构节能工作纳入全省目标责任考核和文明单位考核验收指标体系。加大节能创建力度，44个节约型公共机构示范创建单位和6个能效领跑者遴选单位通过国管局评审。建成“山西省公共机构节能监督管理系统”，发布4项地方标准。

（七）机关经费运转有了新提升。联合省财政厅制定出台物业费、办公用房维修改造费、餐饮服务费、绿化养护费、食堂开办费、公车租赁费等定额标准10项。加强机关运行经费统筹，高质量组织开展机关运行成本统计，得到国管局财务司的书面表扬。优化财政资金使用效益，集中办公区管理运行维修经费实行统一申报、集约支付，仅房租物业支出即节支20%以上。

（八）服务保障工作有了新亮点。加强省级干部集中住宅区集中统一管理，开办公寓食堂，提升改进服务，得到广泛赞誉。引进碧桂园、海航等社会化服务，降低服务成本，创新保障模式，提升后勤服务保障水平。

（九）后勤机构改革打造新架构。根据省委要求，组织召开省直机关后勤机构改革动员部署会，将省直机关97个后勤事业单位统一划归管理局管理，设立“一中心两集团”（山西省直属机关后勤保障中心、山西省晋勤集团有限公司、山西省会议服务集团有限公司），形成“1358”的组织架构（1个管理局，3个副厅级下属单位，5个公寓管理中心，8个省直机关幼儿园）。

（十）标准化信息化建设达到新水平。成立山西机关运行保障管理标准化技术委员会，发布8个地方标准，建成156个内部标准，办公用房标准化试点通过国管局评估验收。积极打造智慧山西机关事务管理平台，16个子系统上线试运行，初步实现山西机关事务一网通办。

（吴建福）

附：省直属机关事务管理局局长、副局长、驻局纪检监察组组长名单

局　长：毛益民

副局长：高晋红　王　敏

驻局纪检监察组组长：翟根红

副局长：姜　波（1月任职）

省委老干部局

局　长　张晓峰

2020年，省委老干部局坚持以习近平新时代中国特色社会主义思想为指导，深入学习贯彻习近平总书记视察山西重要讲话重要指示和习近平总书记关于老干部工作的重要指示精神，贯彻落实全国离退休干部“双先”表彰大会和全国老干部局长会议精神，按照“一聚两强三提升”工作思路，统筹做好疫情防控和业务工作，加强离退休干部“三项建设”，以“三化”提升离退休干部服务管理水平，组织引导离退休干部发挥优势和作用，推动全省老干部工作实现高质量发展，为山西转型发展蹚新路作出了新贡献。

一、发挥制度优势，全省老干部工作合力进一步增强

省委更加重视支持老干部工作，省委常委会议专题传达贯彻全国离退休干部“双先”表彰大会、全国老干部局长会议精神。制定出台省委老干部工作领导小组工作规则，印发领导小组年度工作要点。省委及时召开情况通报会，向省级老同志通报习近平总书记视察山西重要讲话重要指示和省委重要会议精神。为了制定好山西“十四五”规划和开好省委常委班子民主生活会，省委专门向省级老同志

征求意见建议。春节前，省委、省政府向全省离退休干部发出慰问信，省委领导登门走访慰问副省级以上老同志。

二、突出凝心聚力，离退休干部政治建设进一步加强

及时对全省离退休干部学习贯彻党的十九届五中全会、习近平总书记视察山西重要讲话重要指示和省委全会精神作出安排部署。制定出台省级老同志在集中居住地阅文办法，改善省级老同志阅文场所，为老同志及时阅文提供了便利。首次举办省级老同志读书班，举办3次省级老同志情况通报会。采取线上形式组织离退休干部居家开展学习竞赛活动，15万离退休干部参赛。全省市县两级举办离退休干部学习报告会、座谈会、辅导讲座811场次。开展离退休干部“我看脱贫攻坚新成就”调研活动，老同志踊跃参与，纷纷点赞脱贫攻坚战取得的决定性胜利。向全省离退休干部发出“牢记嘱托保本色，银龄助力蹚新路”倡议书，引导老同志积极投入“五助力”行动，凝聚和释放了服务转型发展的正能量。

三、注重规范提升，离退休干部党建工作体系进一步夯实

省委组织部与省委老干部局联合制定《关于加强新时代离退休干部党的建设工作的实施意见》，出台《山西省离退休干部基层党组织规范化建设标准（试行）》。在吕梁市召开全省离退休干部党建工作经验交流会，编印《山西省离退休干部党建工作案例集》，通过现场观摩、大会交流、案例借鉴等方式，推动离退休干部党建工作创新发展。在大寨干部学院举办2期全省离退休干部党组织书记示范培训班。落实省直行政事业单位离退休干部党支部工作经费507万元。全省有4个市、78个县（市、区）成立了离退休干部党工委（党委）。

四、坚持守土尽责，离退休干部疫情防控服务有力有效

新冠疫情发生后，全省老干部工作部门把疫情防控作为最大政治任务，迅速部署，科学应对，及时下发通知、发出倡议，组织好疫情排查、发放防疫物品、为老同志取药送药、宣传引导、捐款抗疫等工作，努力把疫情对老同志的影响降到最低。各级老干部工作部门电话慰问1万余名离休干部。全省离退休干部党支部和广大老同志积极助力群防群控、复工复产复学和转型发展，22万余名离退休干部党员通过自愿捐款方式支持疫情防控工作，成为抗疫战线上一抹亮眼“银色”。

五、深化服务保障，离退休干部获得感幸福感得到新提升

推进离休干部在异地看病门诊诊察费实报实销。落实省直困难企事业单位离休干部医药费及统筹外生活补贴1700余万元，为省直单位有特殊困难离退休干部及遗偶发放救助金22.5万元。协商提高已故离休干部无工作配偶生活困难补助标准，将军队离休干部的医疗保障纳入市级离休干部医疗保障体系。编印《山西省离退休干部服务管理工作案例集》。在纪念抗战胜利75周年、抗美援朝出国作战70周年之际，开展走访慰问老同志活动。对山西省易地安置外省市的离休干部进行了慰问。出台《关于进一步加强老干部学习活动阵地建设的意见》，召开老干部学习活动阵地建设线上交流会。市县两级新建老干部活动中心（室）、老年大学（教学点、分校）39个，山西老年大学推出“指尖上的老年大学”远程教育，制作3000节“15分钟微课”，进一步满足了老同志学习需求。

六、着力夯基固本，老干部工作部门活力进一步焕发

各级老干部工作部门切实强内功、强创新，多形式多途径加强干部职工业务学习培训和岗位锻炼，打造忠诚干净担当的老干部工作队伍。举办全省老干部局(处)长政策制度执行能力提升专题培训班。编印《习近平总书记关于老干部工作的重要论述和指示(摘编)》《老干部工作业务知识问答》口袋书。加强老干部工作信息化建设，积极推进全省离退休干部数据服务管理平台建设，引导帮助离退休干部关注并用好中组部“离退休干部工作”“山西老干部”微信公众号。市县老干部工作部门以事业单位重塑性改革为契机，进一步整合优化事业单位职能，提升了服务能力和服务质量。

（郭李芳）

附：省委老干部局局长、副局长名单

省委组织部副部长、老干部局局长：张晓峰

副　局　长：岳卫东　钟占荣（8月离职）

王小丽（女）

省人大常委会党组工作概况

工作概况

党组书记　郭迎光

2020年，在中共山西省委的坚强领导下，省人大常委会党组坚持以习近平新时代中国特色社会主义思想为指导，全面贯彻党的十九大和十九届二中、三中、四中、五中全会精神，坚持党的领导、人民当家作主、依法治国有机统一，充分发挥把方向、管大局、保落实作用，贯彻落实中央及省委的决策部署，为全省转型综改和各项事业发展作出了积极贡献。

一、提升政治站位，不断增强扛起历史使命的思想自觉和行动自觉

（一）常委会党组把理论武装作为增强思想自觉和行动自觉的重要法宝。认真学习习近平新时代中国特色社会主义思想，巩固深化“不忘初心、牢记使命”主题教育成果，有计划、逐专题学习《习近平谈治国理政》第三卷，每次都有人领学、有人发言，切实增强“四个意识”、坚定“四个自信”、做到“两个维护”。深入学习习近平总书记视察山西重要讲话重要指示，贯彻省委十一届十次全会、省委十一届十一次全会暨省委经济工作会议精神，深刻认识省委坚定不移将转型综改进行到底的信心和决心，进一步从全局上认清为什么转型、怎么样转型，明确常委会服务转型发展干什么、怎么干。把学习贯彻习近平法治思想与学习贯彻习近平总书记关于坚持和完善人民代表大会制度的重要思想贯通起来，建立常态化学习机制，召开第三次学用交流会，深化对人大工作的规律性认识和把握，增强以法治方式服务转型发展的本领。

（二）坚持把学习贯彻省委人大工作会议精神作为重要政治任务。召开常委会党组会议和省市人大主任座谈会，深刻领会会议精神，准确把握省委决策部署，着力深化政治机关认识，切实增强服务转型发展的责任感和紧迫感。充实工作计划，增加6项立法任务，启动10项制度建设，把省委要求及时贯彻到工作中。栗战书委员长在山西调研时，对省委全面加强人大工作领导，人大把各项工作绝对置于省委领导之下的做法给予充分肯定，指出省人大常委会紧紧围绕推动转型发展做了很多开创性的工作。常委会召开党组会议、党组扩大会议、机关干部会议，专题传达学习栗战书委员长重要讲话精神，提出了6条具体贯彻措施。

（三）深刻领会、全面贯彻“我是我，我又不是我”的教育要求。召开常委会党组会议、党建工作会议认真学习领会，组织五级人大代表深入学习讨论，推动“我是我、我又不是我”教育常态化，引导组成人员和人大代表自觉站在党和人民立场上依法行使职权。一年来，常委会共审议法规草案47件、通过36件，作出重大事项决议决定4项，审查批准设区的市法规51件，审查规范性文件112件，听取和审议省人民政府、省高级人民法院、省人民检察院工作报告14项，检查了8个方面法律法规实施情况，依法任免国家机关工作人员245人，组织宪法宣誓9批，确保了中央和省委的决策通过法定程序得到有效贯彻，确保了中央和省委的人事安排意图圆满实现。

二、把扛起历史使命的思想自觉，转化为创造性做好立法、监督和代表工作的行动自觉

（一）主动适应转型发展要求和人民群众期待，重要领域立法取得突破性进展。第二十六次全国地方立法座谈会在山西省召开，栗战书委员长出席并发表重要讲话，为地方立法进一步指明了方向和重点。立法坚持急用先行、质效并重，聚焦服务先行先试、保障转型发展、推动社会治理持续用力。一是把转型综改立法作为重中之重。在前两年制定修改开发区条例、企业投资项目承诺制规定等8件法规的基础上，又制定修改了创新驱动高质量发展、标准化、促进中小企业发展、大

数据发展应用、政务数据管理应用、机关运行保障等9件法规,为转型发展提供法治保障。正在审议的还有知识产权保护、一枚印章管审批、统计等法规草案,牵头开展请求国家调整适用承诺制改革相关法律规定梳理工作,与转型出雏型目标相适应的法规制度正在加快形成。二是更加注重民生和社会治理领域“小切口”立法。新冠肺炎疫情发生后,一次审议通过野生动物保护法实施办法,在全国率先制定禁止公共场所随地吐痰的规定,制定强化公共卫生法治保障专项立法修法三年计划并报省委批准,安排12件立法修法项目正在加快推进。制定保障和促进县域医疗卫生一体化办法、城乡居民补充养老保险条例,修改义务教育法实施办法、高等教育法实施办法,制定家庭暴力预防和处置办法,修改禁毒条例、宗教事务条例、村民委员会选举办法、土地管理法实施办法、公民献血条例,审议慈善事业促进条例草案,作出禁止野外用火的决定。三是织密绿色发展法治保障网。审议固体废物污染环境防治条例草案,与大气、水、土壤污染防治3个法规一起,构建立体防控生态环保法治网。作出关于加强吕梁山区生态保护和修复促进高质量发展的决定,修改经济林发展条例,作出资源税具体适用税率等有关事项的决定,一揽子修正城乡环境综合治理条例等3件法规,为高标准保护提供法治保障。围绕保护“两山七河一流域”,制定三年立法计划并报省委批准,安排42件项目,按照全省统筹、省市联动、市市协同机制推进。选取沁河流域保护立法作为试点,为协同立法全面铺开积累经验。四是积极探索、继续改进立法方式。着眼更充分发挥人大在立法中的主导作用,明确立法前起草大纲,建立立法协调机制,发挥法制委“统”的功能和其他专工委“专”的优势,加大人大常委会自主起草法规草案力度,全年自主起草法规9件。着力解决实施性法规重复上位法、上下一般粗的问题,制定实施性法规的规定。为了保证创制性立法“立得住、行得通”,重要法规在北京召开论证会,邀请全国人大立法专家和部委实务工作者问诊把脉,经常就政策性、合法性、专业性问题向全国人大请示,全年制定了8件创制性法规。栗战书委员长充分肯定山西地方立法的特色鲜明,“小切口”立法实在管用,《人民日报》等中央媒体作了宣传报道。

(二)依照法定职责开展监督工作,更好助力经济社会发展和改革攻坚任务。监督工作落实省委支持“干”、改进“为”、提升“治”、落在“效”的要求,与省委、省政府的工作同频共振、同向发力。一是认真做好法律明确规定的每年听取和审议的报告。听取和审议国民经济社会发展计划执行情况的报告、预算执行情况的报告,围绕落实主要指标、重点任务和提高资金使用绩效等提出意见建议,助力做好“六稳”工作,落实“六保”任务。听取和审议审计工作报告、审计查出问题整改情况的报告,督促有关部门严格执行财经法律法规,深入整改问题。听取和审议年度环境状况和环境保护目标完成情况报告,助推全省生态环境质量持续向好。二是紧扣中心、关注民生、突出重点开展专项监督工作。听取和审议转型综改情况报告、调动科研人员积极性情况报告,检查企业投资项目承诺制规定实施情况并组织专题询问,对审议意见研究处理情况进行满意度测评,跟踪监督旅游执法检查报告及审议意见落实情况。听取和审议在“一个战场”打赢生态治理与脱贫攻坚“两场战役”情况报告,对就业促进、法律援助、归侨侨眷权益保护3个方面法律法规实施情况开展执法调研,连续三年开展汾河流域生态修复与保护条例执法检查。听取和审议全省公安机关执法规范化建设工作情况报告、全省法院刑事审判工作情况报告和全省检察机关适用认罪认罚从宽制度情况报告。开展部分地方政府债务、晋中地区古建筑群、农村养老、农产品十大产业集群、建筑节能与绿色发展等专题调研。三是抓好人大预算审查监督重点向支出预算和政策拓展、加强国有资产管理监督两件大事。按照“全口径审查、全过程监管”要求,推动中央和省委决策部署在预算编制和预算执行中贯彻落实。引入第三方对“1331工程”(山西省高等教育振兴计划工程)开展绩效评价。积极推动预算联网监督工作,在全国率先实现了中央和省本级转移支付资金、中央直达资金省市县分配全过程监督。依法、全面、有效履行国有资产监督职责,在审议2019年度国有资产管理情况综合报告和全省行政事业性国有资产管理情况专项报告的同时,常委会利用半年时间深入调研,向常委会会议口头报告,与审议意见一并转省政府研究处理。四是探索推动更多法律法规活起来、落下去。丰富执法检查方法,全国人大委托的野生动物保护、土壤污染防治执法检查,一并检查山西省配套法规,首次委托晋中市人大常委会检查平遥古城保护条例,委托大同、朔州市人大常委会检查促进雁门关农牧交错带发展条例。深化执法调研,采取“四不两直”方式,蹲下去解剖麻雀。实行法规实施情况报告制度,首次审议了义务教育、残疾人保障两个自查报告。开展立法后评估,形成立法决策、制度设计、法律实施与效果反馈闭环。通过以上“四措并举”,每年可以掌握大约15件法规实施情况,加上每年修改10件左右法规,在一届任期或稍长一点的时间内,就可以实现现行法规实施情况监督全覆盖。

(三)加强和改进代表工作,支持代表充分发挥主体作用。从社会主义民主政治本质特征的高度来认识和改进代表工作。召开全省代表工作交流会,制定加强和改进新时代省人大代表工作的意见,提出9方面30条具体措施,紧锣密鼓地抓了一些重点工作。一是加大代表专题调研组织工作力度。紧扣省委中心工作选题,如建设现代化马铃薯基地、发展药茶产业等选题开展工作。加强组织协调和服务保障,更加注重基层省人大代表参与度,首次实现基层代表全覆盖。回应代表呼声,委托各选举单位组织代表省内跨市调研15次。二是拓展代表参与常委会工作广度和深度。增加代表列席常委会会议人数,列席代表审议发言既在简报中反映,也在审议意见中体现,与列席代表座谈形成制度。建立各专工委联系代表制度,完善预算审查前听取代表意见建议机制,坚持把代表议案作为确定立法和监督项目的重要依据,常态化邀请代表参加立法调研、执法检查,出台的每一件法规都面对面征求100名以上代表的意见。三是保证代表更加紧密地联系人民群众。落实代表联络站建设三年计划,召开代表联络站建设推进会,出台指导意见,与"三零"单位创建相结合,区分涉法涉诉、社会治理、民生保障等7种情况,分别采取告知、提出建议、跟踪落实等方式,解决群众提出的问题,保证代表联络站在基层党组织的领导下发挥作用。四是制定修改代表工作3件法规。制定修订代表法实施办法和议案、建议提出处理两个办法,提交省人民代表大会审议,以法治方式让代表主体地位得到更加充分尊重,让代表权利得到更加有力保障,让代表作用得到更加有效发挥,真正把人大机关建设成为代表机关。

三、全面加强常委会党组自身建设,持之以恒按照党中央的要求建设"工作机关、代表机关"

常委会党组带头强化党的领导意识,制定向省委请示、报告、报备等7项清单,坚持每周向省委汇报重大事项,严肃抓好政治监督专项检查整改,把党的领导贯彻到依法履职的全过程和各方面。认真履行全面从严治党主体责任,制定常委会党组、机关党组、各分党组及其成员"三张清单",高质量召开民主生活会,落实双重组织生活制度,严肃开展批评和自我批评。召开常委会党建工作会议,开展经常性警示教育,重申廉洁从政"三条禁令"、改进作风"三条措施",常委会机关在全省年度考核中连续被评为优秀等次,同时被评为省级文明单位标兵。

大力营造风清气正的用人环境,坚持好干部标准,做好干部平时考核试点工作,建立业绩评价体系,树立以结果论英雄的鲜明导向。落实公务员职务与职级并行制度,机关80%以上干部享受政策红利。着力提升履职能力,组织常委会委员和机关干部加强宪法法律等方面知识的学习,举办5期专题培训班,开展案例式教学11次,定期组织法治讲堂,发挥理论研究会作用,推动研究成果转化为实际成效;将原来城乡建设和环境保护工作委员会更名为环境与资源保护工作委员会,调整财经委、农工委有关职责,把自然减员名额全部拿出来,从北大等高校选调一批专业人才充实到法工委,配强立法工作队伍。

深入推进作风建设,深入贯彻中央八项规定精神及省委实施细则,力戒形式主义和官僚主义,统筹安排调研活动,拓展基层立法联系点,改进新闻宣传工作。加强"智慧人大"建设,重建人大代表履职服务平台,建成省市县三级人大备案审查平台,建设决策服务平台,加强人大协同系统,推广无纸化阅文系统,提高工作效能。严格依法依规处理信访事项,推动群众诉求依法理性表达,合法权益依法有效保护。

注重加强工作联系,召开省市人大常委会主任座谈会,统筹推进市市协同立法,做好全省县乡换届前期准备工作,全省各级人大协同联动,共同提高人大工作水平。

(王登峰)

附:省人大常委会党组书记、成员名单

书　记:郭迎光

成　员:李悦娥(女)　高卫东　岳普煜　李俊明　郭海刚

省政府党组工作概况

工作概况

党组书记　林　武

2020年，省政府党组坚持以习近平新时代中国特色社会主义思想为指导，全面贯彻党的十九大和十九届二中、三中、四中、五中全会精神及省委十一届十次、十一次全会决策部署，在省委的坚强领导下，按照省委"四为四高两同步"总体思路和要求，统筹抓好疫情防控和经济社会发展，坚持稳中求进工作总基调，扎实做好"六稳"工作，全面落实"六保"任务，聚焦实现"六新"突破，转型发展入轨并呈现强劲态势，脱贫攻坚、决胜全面建成小康社会取得决定性成就。

一、旗帜鲜明讲政治，牢牢把握政府工作正确方向

时刻紧绷讲政治这根弦，始终把旗帜鲜明讲政治贯穿于抓学习、抓工作的全过程，不断增强"四个意识"，坚定"四个自信"，做到"两个维护"，始终在政治立场、政治方向、政治原则、政治道路上同以习近平同志为核心的党中央保持高度一致。一是突出抓好党的政治建设。坚持把加强党的政治建设摆在首位，把做到"两个维护"作为最高政治原则和根本政治规矩，着力从政治上观察和处理问题，在研究、谋划每一项重大工作时，都自觉同习近平总书记相关重要论述对标对表，同党的基本理论、基本路线、基本方略对标对表，同党中央、国务院决策部署对标对表。始终做到习近平总书记的号令坚决听从、思想坚决贯彻、决策坚决执行、权威坚决捍卫，确保党中央政令畅通，确保省政府领导班子工作始终沿着正确方向前进。二是持之以恒强化理论武装。坚持以习近平新时代中国特色社会主义思想为指导，把学习贯彻《习近平谈治国理政》第一卷、第二卷、第三卷作为一个整体，与学习贯彻党的十九大和十九届二中、三中、四中、五中全会精神结合起来，与学习贯彻中央经济工作会议精神结合起来，与贯彻落实习近平总书记视察山西重要讲话重要指示结合起来，深入领会核心要义，掌握立场观点方法，力求做到知行合一、学以致用，指导实践、推动工作。上好"不忘初心、牢记使命"这堂首修课、必修课、终身课，利用中心组学习、个人自学、专题调研、"梅山课堂"报告会等形式，组织党组中心组学习12次，专题讲座2次，着力推动集中性教育向经常性教育延伸，切实把学习成果转化为做好"六稳"工作、落实"六保"任务、聚焦"六新"突破、推动高质量转型发展的具体行动。三是严格落实请示报告制度。定期向省委报告全省经济社会发展重大事项，坚持把党的领导贯彻到政府工作各方面全过程。全年以省政府领导班子名义向省委请示报告重大问题、重要事项98项。充分发挥党组把方向、管大局、保落实的重要作用，切实增强执行民主集中制的原则性和自觉性，全年共召开14次党组会议、41次常务会议，对习近平总书记重要讲话持续跟进学习、深入推进落实，对中央召开的重要会议、作出的重大决策、制定的党内重要法规都第一时间传达学习、研究部署、坚决执行。认真贯彻落实《中共山西省委关于贯彻落实习近平总书记视察山西重要讲话重要指示在转型发展上率先蹚出一条新路来的实施方案》，确保条条落实、件件落地、事事见效。

二、坚决打赢疫情防控阻击战，牢牢把握疫情防控主动权

2020年是山西经济社会发展史上极不平凡的一年。面对突如其来的新冠肺炎疫情，在省委坚强领导下，省政府党组主动担当、奋力作为，推动全省经济爬坡过坎、稳中向好。始终牢记"生命重于泰山"，认真贯彻"坚定信心、同舟共济、科学防治、精准施策"总要求，以对党和人民高度负责的态

度，坚决贯彻习近平总书记重要指示精神和党中央决策部署，在省委领导下，第一时间启动重大突发公共卫生事件一级响应，外防输入、内防反弹，"三线作战""四环联动""五严五防"，牢牢把握疫情防控主动权。经过艰苦努力，用36天时间基本消除本土新发病例，用52天时间实现本土病例清零，取得确诊病人"零病亡"、医务人员"零感染"、出院患者"零复阳"、确诊疑似和隔离医学观察人员"零输出"的成绩。坚决打好打赢支援湖北战役，一省支援仙桃、天门、潜江三市，先后组建13批医疗队共1516名优秀医护人员驰援湖北，为湖北战疫决胜贡献了山西力量。担起严防疫情输入北京的重大政治责任，全力做好国际航班经停太原入境赴京疫情防控工作，未向北京输入一例病例。统筹疫情防控和复工复产、复商复市，严格实施分区分级精准防控，制定出台促进服务业、帮扶中小微企业等一系列政策举措，加大减税降费、信贷支持、租金减免等支持力度，帮助各类市场主体渡过难关，推动经济社会秩序在较短时间内恢复。

三、坚定不移贯彻新发展理念，高质量转型发展迈出坚实步伐

坚定不移贯彻新发展理念，深入实施创新驱动发展、科教兴省、人才强省战略，努力实现直道冲刺、弯道超车、换道领跑。一是全力打造一流创新生态。深入实施创新驱动、科教兴省、人才强省战略，大力实施"111""1331""136"三大创新工程，一批关键核心技术取得突破。推进科技体制机制重塑性改革，与中科院、北大、清华等一流科研机构建立常态化科技成果共享、人才培养引进机制。推动规上工业企业研发活动全覆盖，实施高新技术企业倍增计划，高新技术企业数量比2015年增加3.5倍。二是强力推动"六新"突破。编制产业地图和招商图谱，凯赛生物、长城"智能云"、中煤科工煤机制造等一批转型项目落地实施。组织实施战略性新兴产业0.3元/千瓦时电价，以成本"洼地"赢得竞争优势。成功举办晋阳湖·首届集成电路和软件业峰会、太原尧城国际通用航空飞行大会，在国内外形成广泛影响。三是坚定不移深化改革开放。扎实推进能源革命综合改革试点，非常规天然气持续增储上产。有力推进省属企业专业化战略重组，太钢集团与中国宝武联合重组，组建晋能控股、山西焦煤、华远陆港、神农科技等一批旗舰劲旅，省属企业从28家优化调整至19家。深化开发区"三化三制"改革，有序推进设立升级扩区调区，75个需核定"四至"的开发区核定工作全部完成。推广应用国际贸易"单一窗口"，积极参与"一带一路"建设，主动融入京津冀，深度对接长三角、大湾区，全省经济转型发展动力活力进一步增强。

四、坚决打好三大攻坚战，全面小康胜利在望

始终把脱贫攻坚作为头等大事，强化军令状、交总账意识，压实主体责任，形成攻坚合力，全省58个贫困县全部摘帽，7993个贫困村全部退出，329万贫困人口全部脱贫。严格落实"四个不摘"要求，建立防止返贫监测和动态帮扶机制，促进脱贫攻坚与乡村振兴有机衔接。树牢绿水青山就是金山银山理念，坚持山水林田湖草系统治理，推进"两山七河一流域"生态修复治理，持续开展蓝天、碧水、净土三大保卫战，努力建设美丽山西。以超常规举措向污染宣战，"转型、治企、减煤、管车、降尘"五管齐下，"控污、增湿、清淤、绿岸、调水"五策并举，PM2.5平均浓度在京津冀及周边六省中仅次于北京，58个地表水国考断面全部退出劣V类。积极推进城商行、农商行等地方金融机构改革，努力争取中央有关部门的支持，加快组建山西银行，稳妥推进农信社改制化险，加强风险监测预警和早期干预，严格规范地方政府举债融资，政府隐性债务风险可控，守住了不发生系统性区域性金融风险的底线。

五、加快职能转变，全面提升政府治理能力和水平

坚持以党的政治建设为统领，主动适应时代发展要求，以数字政府建设为牵引，加快政府职能转变，不断提升政府治理体系和治理能力现代化水平，为转型发展提供一流的制度环境和政务服务环境。一是高标准推进数字政府建设。加快"五个一"数字政府建设，全省一体化在线政务服务平台实现五级全覆盖，省级90%、市县80%以上行政审批事项实现全程网办。积极推进政务服务标准化建设，大力推行"不见面"审批，全省220类电子证照实现在线制发，极大提高了办事群众获得感。充分使用"13710"等督查督办手段，加强督促问责，不断提高各级政府和公务人员的制度执行力。二是扎实推进法治政府建设。依法全面履行政府职能，认真落实重大行政决策制度，畅通行政复议和行政诉讼渠道，切实保障群众合法权益。扛牢压实法治政府建设责任，不断细化法治政府建设的任务措施，邀请专家学者开展法治专题讲座，认真组织省政府任命国家工作人员2020年度宪法宣誓仪式，右玉县法治引领保障生态文明建设列入全国法治政府建设示范项目。大力推动政务公开，全年通过省政府门户网站、"两微一端"主动发布政府信息7.3万余条，发布政策解读438篇，受理依申请公开102件，按时答复率100%，确保公权力始终在阳光下运行。三是全面建设服务型政府。持续推进简政放权，深化企业投资项目承诺制、"一枚印章管审批"、证照分离等改革，完善"双随机、一公开"监管、"互联网+监管"，率先开展全省域营商环境评价，企业投资项目落地时间缩短一半以上，项目报建成本显著下降，政府靠前服务、企业信用承诺、监管有效约束的投资管理新模式得到国家层面认可。积极回应群众和企业需求，持续推出"一网通办""一门通办"新举措，常态化开展人企服务，狠抓减税降费、金融支持等纾困惠企政策措施落地落实，确保精准惠及市场主体。

六、不断加强和保障民生，人民生活水平持续改善

始终坚持以人民为中心的发展思想，牢固树立宗旨意识，坚持千方百计保障和改善民生，努力满足人民对美好生活的向往。大力推动"人人持证、技能社会"建设，与人社部签

署合作协议，就实施技能富民战略等工作进一步深化合作，承办全国扶贫职业技能大赛，全年领取各类技能证书超过32万人次。突出抓好稳物价工作，发放价格临时补贴约7亿元，惠及困难群众约1700万人次。筑牢食品安全“防火墙”，在全国率先实施进口冷冻冷藏肉品总仓管理，11个市市级总仓建设全部完成并投入运行。推动义务教育均衡发展，高中阶段毛入学率超过94%。深入推进“136”兴医工程，投入省财政资金超7.4亿元，整合新建59个亚专科，打造36个卓越医学团队。扎实推进基本公共卫生服务均等化，2020年基本公共卫生服务全国考核排名第七、中部第二。全面实施企业职工基本养老保险省级统筹，提高城镇职工退休人员基本养老金，月人均增加175.6元，惠及273万人。省政府承诺的10件民生实事基本完成。开展十大群众文化活动，人民群众的获得感、幸福感、安全感不断增强。

七、持之以恒强化作风建设，坚决破除形式主义官僚主义顽瘴痼疾

坚持以身作则、以上率下，发挥好“头雁效应”，以更高标准、更严要求、更实作风立起标杆，带动各级政府工作部门持续把作风建设引向深入。持之以恒强化作风建设，巩固拓展“不忘初心、牢记使命”主题教育成果，以马不离鞍、缰不松手的定力，以反复抓、抓反复的韧劲，制定《省政府党组深入贯彻落实中央八项规定精神深化拓展“基层减负年”工作措施》，持续整治“四风”特别是形式主义、官僚主义。守牢精文简会的硬杠杠硬要求，全年召开省级会议次数、印发三类重点考核文件数量，均低于省委层面整治形式主义为基层减负专项工作机制办公室确定的目标要求。建立省政府党组班子成员党支部工作联系点工作制度，落实“五个带头”要求，积极回应群众关切，切实为群众办实事做好事解难事，进一步密切了党群干群关系。

八、严格落实政府系统全面从严治党主体责任，以“第一责任”领导和保障“第一要务”

不断强化管党治党政治责任，坚持党建工作与业务工作同谋划、同部署、同推进，做到管业务必须管党建、管廉政、管队伍、管安全。强化制度意识，坚决维护全面从严治党制度权威，制定《省政府党组班子及其成员落实全面从严治党责任清单》，逐条明确党组32项责任、党组班子成员6项共同责任、党组成员31项个人责任，坚持用制度管权管事管人，切实把权力关进制度的笼子，做到秉公依法廉洁用权。党组同志和班子成员带头践行社会主义核心价值观，带头修身律己、廉洁齐家，坚决抵制歪风邪气，树立了为民务实清廉的良好形象。严格落实党组意识形态工作责任制，认真落实网络意识形态责任制要求，确保业务工作体现意识形态工作要求、维护意识形态安全，坚决守好意识形态工作“责任田”。强化政府门户网站日常监管，建立清理敏感信息工作长效机制，定期对省政府门户网站、“两微一端”所有栏目的信息进行排查清理。全年检查政府网站1649次、政务新媒体5576个，通报不合格网站69个、不合格新媒体556个，清除政治类有害信息221条。

（张焕森）

附：省政府党组书记、副书记、成员名单

书　记： 林　武

副书记： 胡玉亭

成　员： 王一新　贺天才　王　成　吴　伟
卢东亮（5月任职）　王　纯
刘新云（2021年4月涉嫌严重违纪违法，接受纪律审查和监察调查，被免职；7月被开除党籍、开除公职，其涉嫌犯罪问题移送检察机关依法审查起诉。）

省政协党组工作概况

工作概况

党组书记　李　佳

2020年，省政协党组坚持以习近平新时代中国特色社会主义思想为指导，深入学习贯彻党的十九大和十九届二中、三中、四中、五中全会及中央政协工作会议精神，学习贯彻习近平总书记视察山西重要讲话重要指示精神，忠实践行领袖"在转型发展上率先蹚出一条新路来"的嘱托，深入贯彻省委各项决策部署和省委政协工作会议精神，全面履行管党治党主体责任和把方向、管大局、保落实的领导责任，广泛团结参加政协的各党派团体和各族各界人士，把服务"两个一百年"奋斗目标、服务"四为四高两同步"作为工作主线，发扬民主和增进团结相互贯通，建言资政和凝聚共识双向发力，确保了中央大政方针和省委决策部署在政协的贯彻落实，为夺取山西"战役"重大战略成果、实现转型发展入轨并呈现强劲态势和决战决胜脱贫攻坚、全面建成小康社会汇聚了智慧力量。主要抓了以下四方面的工作：

一、坚持高举旗帜、维护核心，切实履行落实下去、凝聚起来的政治责任

党组始终把高举旗帜、维护核心作为根本性大事紧紧抓在手上，带头增强"四个意识"、坚定"四个自信"、做到"两个维护"，自觉担负起把党的决策部署和对人民政协工作的要求落实下去、把各方面的智慧和力量凝聚起来的政治责任。

坚持党的领导，确保正确政治方向。把坚持和加强党对政协工作的全面领导作为根本政治纪律和政治规矩，坚决做到一切工作都以贯彻落实习近平总书记重要指示、党中央大政方针、省委决策部署为前提。始终胸怀"两个大局"，做到对"国之大者"心中有数，紧紧围绕党中央大政方针，省委作出的重大决策、实施的战略举措、推动的重点改革、关注的重点问题，作谋划、作决策、抓工作、保落实，确保政协工作始终沿着正确方向前进。严格落实请示报告制度，全年就重点工作、重大事项向省委请示报告30次，做到一切重要工作在省委领导下展开，一切重要活动围绕全省中心任务进行，一切重要安排在广泛征求意见报省委审批后实施。先后召开24次党组会议对重点工作作出安排部署，切实把党的领导落实到政协工作的全过程和各方面。组织召开主席会议17次、常委会议5次、全体会议1次，积极运用民主程序和政协职能，把党的主张转化为参加政协的各党派团体和各族各界人士的广泛共识和自觉行动。

加强理论武装，强化思想政治引领。坚持用习近平新时代中国特色社会主义思想武装头脑、统领工作、引领事业。推进学习教育常态化机制化，第一时间跟进学习习近平总书记重要讲话重要指示，与学习领会十九届五中全会精神、《习近平谈治国理政》第三卷、习近平法治思想、加强和改进人民政协工作重要思想相贯通，与学习贯彻中共中央大政方针和省委决策部署相融合，组织中心组和常委会学习21次，党组和主席会议成员带头宣讲，开展座谈交流22次，举办9次委员讲坛和政协学堂，政协委员和政协干部3280人次参加学习培训。推进学习教育和履职实践相结合，启动建设书香政协，发挥视察调研、协商议政、座谈小组、"委员之家"的思想政治引领作用，开展研讨式、感悟式、体验式学习。对标省委政协工作会议部署要求，细化66项任务，研究思路举措，清单化管理、项目化推进，围绕加强专门协商机构建设开展全省政协系统经验交流和理论研讨，持续推动习近平总书记关于加强和改进人民政协工作的重要思想落地生根、开花结果。以纪念抗日战争暨反法西斯战争胜利75周年、纪念中国人民志愿军抗美援朝出国作战70周年为契机，征集刊印相关文

史资料,宣传弘扬伟大的抗战精神、抗美援朝精神,激励各族各界人士团结奋进。

二、坚持围绕中心、服务大局,紧扣“四为四高两同步”履职尽责

党组坚持把服务“四为四高两同步”作为工作主线,把打造创新生态、创造高品质生活、提供“他山之石”作为履职重中之重,紧扣全省大局和民生普遍关切,组织专题协商议政活动18场次、提出建议报告20件,编报《社情民意》专刊121期、社情民意信息工作位居全国第一方阵。省领导同志批示委员建议73件次,职能部门办复政协提案1126件,委员的合理化建议得到积极响应和采纳,不少已转化为山西省转型发展蹚新路、出雏型的具体举措。

(一)闻令而动、共克时艰,积极投身抗击新冠肺炎疫情斗争。第一时间发出倡议书,动员政协各级组织、各参加单位和广大委员投身疫情防控斗争。建立非常时期的应急建言机制,利用委员移动履职平台,实行提案、社情民意信息日报制,运用“直通车”反映情况、提出意见建议300多条。强化非常时期的创新履职,及时调整协商计划,围绕“疫情防控常态化下的复工复产”开展远程协商,选取野生动物保护、深化爱国卫生运动等开展微调研、云协商,释疑解惑、传递共识,汇聚共克时艰的合力。广大委员立足各自岗位,积极参与救治病人、社区防控、科研攻关、稳产稳岗、保障供应、纾解情绪等工作,捐赠防疫款物价值1.65亿元,7264名委员奋战在疫情防控第一线,以实际行动诠释了伟大抗疫精神,展示了政协委员应有的担当和责任。

(二)着力办好“三件大事”,积极为“十三五”收官、“十四五”发展建言献智。将办好“三件大事”作为系统工程、履职工作重中之重,高位推动、三年谋划、分步实施,倾政协之力、展政协之长、尽政协之力。省委常委会议两次听取落实情况汇报,对委员建言成果给予充分肯定。

聚焦打造一流创新生态,由主席会议成员带队,年初组织委员、智库专家赴北京、上海、重庆、武汉、深圳、成都等六市开展专题调研,所提50条建议有43条被吸纳体现到全省科技大会等会议政策文件和工作举措中。随后克服疫情影响,继续深化和拓展相关工作,召开专题常委会议,紧扣培育创新文化、打造创新体系、完善创新制度、集聚创新人才、明确创新抓手等方面提出意见建议99条。同时围绕实施“1331工程”、建设通航示范省、打造晋中国家农高示范区(山西农谷)等组织议政建言,大力推进创新驱动、科教兴省、人才强省战略实施。

聚焦创造积极向上、文明健康的高品质生活,邀请省内外专家、政协智库成员就高品质生活的内涵外延、发展趋势、评价指标、实现路径等进行研讨,形成“一个目标”“三个方向”“九个重点”框图架构,重点围绕制度建设、社会治理、人居环境、家政服务、医疗健康、贫困救助和教育、文化、体育、养老等10个方面,综合运用问卷调查、座谈交流、协商议政等方式,提出99条具体建议。同时就区域医疗中心建设、中医药和康养产业发展等组织对口协商,就全民健身计划实施开展监督性调研,推动人民群众共享改革发展成果。

聚焦“他山之石”,发挥智囊、外脑作用,加强与全国政协和各民主党派中央沟通联系,结合创新生态和高品质生活等专题研究,赴15个省市80余家科研院所、高校、企业等开展21次调研,向10余个省市进行函调,精选《实施“城市合伙人”计划,有效促进人才与城市深度融合发展》《推进总部经济发展,加快构建内陆地区对外开放新高地》等专报省委。将“他山之石”理念方法运用到政协履职建言和各项工作之中,拓宽视野、对标先进,推动从“做了什么、做了多少”到“效果如何、有何成效”的转变。

统筹资政建言各项工作,把办好“三件大事”与助力山西省“十四五”规划编制紧密结合,召开座谈会34场次,征集委员意见建议1780条,省政协委员参与率94%。以“三件大事”为统领,一体推进年度协商计划实施,围绕农产品物流体系建设、工业固废综合利用和污染防治、做精做强黄河文旅融合板块等开展专题议政、对口协商,就民营经济政策落实落地开展监督性调研,组织住晋全国政协委员视察森林资源保护管理,联合沿黄9省区政协就黄河流域生态保护和高质量发展接续提出提案,积极助力高标准保护、高水平崛起。

(三)强化统战组织功能,广泛凝聚人心力量。加强和改进凝聚共识工作,在建言成果、思想收获上一体设计、一体落实,把凝聚共识融入视察考察、调查研究、协商议政等各项活动中,努力画出最大同心圆、形成强大向心力。深化合作共事,主席班子成员集体走访各民主党派省委和省工商联机关,召开秘书长联席会议,深入座谈交流,听取意见建议。加强专委会与民主党派、工商联履职协作,共同落实省委交办的14个重点课题任务。增进联谊交友,加强与新的社会阶层人士沟通联系,开展“委员之家”“委员沙龙”“委员会客厅”“委员双月恳谈会”等活动14期,478人次参与,在交流交心中实现思想上的共同进步。促进民族团结、宗教和睦,深化民族团结进步教育,组织开展宗教活动场所文物保护与管理专项调研,举办书画展和专题讲座,讴歌新时代、共画同心圆。深化港澳台侨工作,助力台胞在晋项目建设。发挥澳门委员作用,促成大同黄花菜、优质小米和绿豆进入澳门市场。支持港区委员积极发声,联系各界人士“撑国安立法”、拥护爱国者治港宪制要求,汇聚落实“一国两制”正能量。

三、坚持党要管党、从严治党,切实加强政协党的建设和两支队伍建设

党组自觉贯彻落实中央《关于加强和维护党中央集中统一领导的若干规定》及省委《实施意见》,全面履行管党治党主体责任和把方向、管大局、保落实的领导责任,确保党中央大政方针及省委决策部署在政协得到全面贯彻落实。

细化压实主体责任。认真贯彻落实《党委(党组)落实全面从严治党主体责任规定》,召开4次党组会议专题研究全面从严治党工作,制定落实全面从严治党主体责任“三个清单”。认真履行党组主体责任、党组书记第一责任、党组成员

“一岗双责”,加强对机关党组、专委会分党组的领导,定期听取机关党组、专委会分党组工作情况汇报,及时研究重要问题,确保中央和省委全面从严治党的各项部署在政协落实到位。修订政协党组、机关党组和专委会分党组工作规则,完善专委会分党组对党员委员党支部的领导机制,推动政协党的建设和履职工作深度融合,进一步巩固和发展了“两个全覆盖”的工作格局。

严明政治纪律和政治规矩。坚持把纪律规矩挺在前面,严格要求党员干部和党员委员模范执行党的路线方针政策,严格遵守党的政治纪律、政治规矩和组织纪律。深化党规党纪教育,重点学习新修订的党内法规,加强日常谈心谈话提醒、开辟“日常廉政提醒”栏目,做到“五个必须”、反对“七个有之”。严把政协各项活动政治关,在大是大非面前旗帜鲜明、敢于斗争,营造既畅所欲言、各抒己见,又理性有度、合法依章的良好协商氛围。

严肃党内政治生活。严格执行《关于新形势下党内政治生活的若干准则》,认真落实“三会一课”、民主生活会、领导干部双重组织生活、谈心谈话等制度,加强经常性教育、管理、监督,涵养良好政治生态。坚持民主集中制原则,大力弘扬批评与自我批评的优良风气,敢于揭短亮丑,敢于自我解剖,敢于解剖别人,提升党内生活质量。党组同志带头参加双重组织生活,与党员一起学习讨论、一起查摆问题、一起接受教育、一起参加党员民主评议,自觉接受党内外群众的监督。

持续强化正风肃纪。全面落实党风廉政建设主体责任,召开党风廉政建设会议专题研究部署。大力支持派驻政协机关纪检监察组履行监督责任,突出政治监督、强化日常管理,注重抓早抓小、抓苗头抓细节,坚决防止利用政协影响力和委员资源谋取私利。深入贯彻中央八项规定精神和省委系列部署,坚决反对形式主义、官僚主义,精文减会,切实减轻基层负担。持续加强委员教育管理,召开党风廉政建设和反腐败形势报告会,依章程撤销3人省政协委员资格。扎实开展机关干部违规入股企业问题专项清理工作,强化监督约束,促进廉洁从政。

加强意识形态工作。严格落实意识形态工作责任制,切实增强政治敏锐性和政治鉴别力,牢牢掌握意识形态工作的领导权,调整机关意识形态工作领导小组,制定《省政协新闻发布制度》,加强审核把关,守牢意识形态工作阵地。发挥机关基层党组织和群团作用,开展形式多样的精神文明创建工作,省政协机关蝉联“省文明单位”“省直文明单位标兵”。

激励担当作为。强化委员责任担当,党组同志赴市县调研专门安排看望走访委员形成常态,106人次委员分批列席省政协常委会议,听取通报、参与协商。修订委员履职激励考核管理办法,向省委统战部报告330名党外省政协委员履职情况。推介52人次委员参加智库,参与听证论证、司法监督、行业监督。通过智慧政协平台、山西政协报等媒体,大力宣传委员履职的生动实践,强化典型示范带动作用,引导激励委员做好岗位工作和政协履职“两份作业”。打造一流干部队伍,认真落实中办《关于进一步激励广大干部新时代新担当新作为的意见》和省委《实施意见》,完善考核机制,优化队伍结构,大力推进机关青年干部成长工程,加大轮岗交流、上挂下派力度,引导机关党员干部“一句誓言、一生作答”,政协机关形成风正气顺、心齐劲足、干事创业的良好风尚。

四、坚持以上率下、自我革命,以严实精神加强党组自身建设

党组坚持把政治建设放在首位,自觉增强“四个意识”、坚定“四个自信”、做到“两个维护”,始终在思想上、政治上、行动上同以习近平同志为核心的党中央保持高度一致。坚持旗帜鲜明讲政治,不断提高政治判断力、政治领悟力、政治执行力,引导各党派团体、各族各界人士听党话、跟党走。坚持创新理论武装,自觉用习近平新时代中国特色社会主义思想武装头脑、指导实践、推动工作,不断提高学以致用的能力和水平。坚持严肃党内政治生活,着力构建“亲”“清”政商关系、“简”“减”同志关系、“严”“严”组织关系。坚持严格执行民主集中制,重大问题集体讨论决定,重要事项、重要情况及时请示报告省委,个人事项如实申报,做到令行禁止。坚持改革创新,推进政协理论创新、制度创新、工作创新。坚持严格执行中央八项规定及其实施细则精神和我省实施办法,坚决反对形式主义、官僚主义,深化拓展基层减负工作,努力改进文风会风。坚持带头修身律己,带头廉洁治家,带头反对特权,时刻自重自省自警自励,做到慎独慎初慎微慎友。

（马骋晓）

附：省政协党组书记、副书记、成员名单

书　记： 李　佳

副书记： 徐广国

成　员： 李正印　李晓波　张瑞鹏　席小军　张岐云

省纪律检查委员会、省监察委员会工作概况

工作概况

省纪委书记、省监委主任　王拥军

2020年，全省纪检监察机关增强“四个意识”、坚定“四个自信”、做到“两个维护”，忠实履行党章和宪法赋予的职责，认真落实省委“四为四高两同步”总体思路和要求，一体推进不敢腐、不能腐、不想腐，坚定稳妥推进全面从严治党、党风廉政建设和反腐败斗争，积极探索政治生态建设新路，推动纪检监察工作高质量发展不断取得新进步。

一、紧紧围绕“两个维护”强化政治监督，推动学用习近平新时代中国特色社会主义思想持续走深走实

省纪委常委会始终把学习贯彻习近平新时代中国特色社会主义思想作为首要政治任务，深入学习党的十九届四中、五中全会精神，贯通学习《习近平谈治国理政》第三卷、习近平法治思想、习近平总书记关于全面从严治党重要论述和视察山西重要讲话重要指示，跟进学习中央纪委国家监委最新部署要求，在学思践悟中把准方向、提高能力、推动落实。聚焦“两个维护”，协助省委制定加强政治监督实施意见，建立政治监督专项检查工作机制，充分发挥制度优势、治理效能，保障政令畅通、落地见效。把贯彻落实习近平总书记视察山西重要讲话重要指示作为政治监督重中之重，对照省委在转型发展上率先蹚出一条新路来的实施方案，建立监督台账，跟进监督落实；对各市、省直各单位和省管企业、省管高校开展政治监督专项检查，对发现的问题逐一推动整改；组织开展文物领域、安全生产领域专题检查，探索开展点穴式检查，拓展政治监督具体化形式。压紧压实全面从严治党责任，协助省委制定贯彻落实《党委（党组）落实全面从严治党主体责任规定》实施细则，严肃问责管党治党不力等问题，全省党内问责党组织275个、党员领导干部2374人。严把选人用人和评优评先政治关、廉洁关、形象关，全省共回复党风廉政意见近19万人次，提出暂缓或否定性意见2245人次。严明政治纪律和政治规矩，严肃处理了五寨县委原书记张春不信马列信鬼神、省水利厅原党组书记、厅长潘军峰拒不执行上级决策部署等问题，全省处分存在违反政治纪律行为的478人。

二、聚焦常态化疫情防控和决战决胜脱贫攻坚，以精准监督促进人民群众获得感幸福感安全感更加充实

省纪委监委成立疫情防控监督工作领导小组，召开6次常委会会议、27次专题会议，统一指挥调度全省疫情防控监督工作。因时因势制定指导意见和工作导则，印发容错清单和指导性案例，加强问责案件审核把关，创建防疫报表“一网通”平台减轻基层负担，紧盯落实防疫措施科学精准稳慎实施监督，既及时调查处置违反防疫纪律、落实防疫责任不力等问题，又坚决保护防疫一线干部干事热情。加强对统筹疫情防控和经济社会发展、做好“六保”“六稳”工作情况的监督检查，加强对复工复产、复市复学等政策措施落实情况的监督检查，通过现场督办纠治、及时发函提醒、精准提出纪检监

察建议，督促立行立改问题20615个，全力保障疫情防控和经济社会发展取得“双胜利”。切实担负起决战脱贫攻坚、决胜全面建成小康社会的监督保障职责，加强对脱贫工作绩效、帮扶政策连续性稳定性、扶贫资金使用的监督检查，推动“两不愁三保障”、脱贫摘帽后“四个不摘”等政策措施落实到位。深入开展“三对照三检视”助力脱贫攻坚专项行动，发现并督促解决问题175个，推动成效考核、巡视巡察、督查检查反馈问题一体整改。高度关注漠视和侵害群众利益问题，深入整治民生领域“微腐败”和违建别墅、违法占用耕地、冒名顶替上大学、旅游环境混乱等问题，全省查处群众身边腐败和作风问题14559件，批评教育帮助和处理25530人，其中给予党纪政务处分13146人，有力回应群众关切、维护群众利益。

三、统筹推进纪检监察体制改革，党统一领导、全面覆盖、权威高效的监督体系不断健全完善

牢牢把握改革根本目的，建立健全重大事项请示报告制度，健全完善党委反腐败领导小组运行规则，制定查办腐败案件以上级纪委监委领导为主工作办法，进一步落实落细双重领导体制具体化程序化要求。省纪委监委带头贯彻执行，向中央纪委国家监委书面请示报告工作27次，报备采取和解除留置措施236人次，报批延长留置时间82人、从宽处罚建议18人，向省委书面请示报告工作11次，报请省委批准立案45件、采取留置措施29人、作出处分决定42人；批准各市监委采取留置措施和延长留置时间219人次，备案各市县监委采取和解除留置措施952人次，听取各市纪委监委“关键少数”问题线索排查情况131件。组织开展市级纪委监委班子建设及履职情况考察调研，使对下领导做到心中有数。持续深化派驻机构改革，完善班子成员直接分管和监督检查室联系指导制度，探索建立派驻监督基础性制度，对履职情况进行全覆盖考核，有效增强“探头”优势。进一步完善监督体系，制定贯通运用纪律监督、监察监督、派驻监督、巡视监督的指导意见，建立健全纪检监察监督与审计监督、财会监督、统计监督、市场监管、国资监管、自然资源监管联动机制，探索建立省纪委监委与中央纪委国家监委驻海关总署纪检监察组、驻国家税务总局纪检监察组监督办案协作办法，形成以党内监督为主导的监督合力。加强和改进基层监督，制定进一步加强基层监督工作的意见，扎紧织密基层监督网络。深化纪检监察工作规范化法治化建设，对照纪检监察体制改革目标任务，对照中央纪检监察法规制度，对照中央纪委国家监委机关运行机制，省纪委监委机关率先探索、示范引领，市县纪委监委和派驻派出机构及时跟进、强化执行。规范化法治化建设启动以来，省纪委监委建立和修订制度123项，全方位全流程优化执纪执法贯通、有效衔接司法、内部监督管理等制度体系和运行机制，全省纪检监察系统治理能力明显提升。统筹推进省纪委监委内设机构和事业单位改革，进一步增强了监督执纪执法服务保障能力。

四、驰而不息纠治“四风”，贯彻落实中央八项规定精神取得新成果

把中央八项规定及实施细则精神作为长期坚持的铁规矩、硬杠杠，融入日常、抓在经常，不断挤压“四风”滋生蔓延空间。贯彻习近平总书记关于坚决制止餐饮浪费行为重要指示精神，督促行业部门强化监管和宣传引导，加强公务接待监督执纪，重点解决干部公款吃喝、机关食堂浪费严重等问题，推动形成崇尚节约的氛围。坚持日常监督与专项检查相结合，建立转办督办、约谈提醒、发函提醒、实地督查等压力传导机制和“四风”问题线索快查快处机制，深挖细查顶风违纪、隐形变异享乐奢靡问题。坚决破除形式主义、官僚主义，深入整治只表态、不落实，照抄照搬、上下一般粗，套路式贯彻、走秀式落实，上推下卸、贻误工作，阳奉阴违、弄虚作假等突出问题。制定查处违反中央八项规定精神问题量纪指引，从严监督、精准执纪。整理印发落实中央八项规定精神正负面清单，引导和促进党员干部良好作风养成。

五、深化运用一体推进“三不”方针方略，治理腐败效能得到整体提升

省纪委监委制定强化不敢腐震慑、保持惩治腐败高压态势若干措施，统筹办案力量，加大办案力度，严肃查办了一批严重违纪违法案件，查处腐败案件取得重大突破、重大战果。以雷霆之势查处地方金融领域腐败问题，揪出了一批金融“蛀虫”和监管“内鬼”，保障金融领域改革顺利推进。精准查处涉黑涉恶腐败及“保护伞”问题，以“两个一律复核”（凡查处黑恶势力但未见背后保护伞的一律复核，未倒查党委政府主体责任和有关部门监督管理责任的一律复核。）深化“伞网清除”（彻底围歼，全面回溯核查“有黑无伞”“大黑小伞”案件）行动，打掉黑恶势力“保护伞”873人。严肃查处国企领域靠企吃企、设租寻租、关联交易、内外勾结侵吞国有资产等问题，严肃查处能源领域贪污侵占、行贿受贿、以权谋私、“官煤勾结”等问题，严肃查处政法系统办“关系案”“人情案”和违规干预过问案件等问题，严肃查处人防系统工程建设管理、商业化使用审批、易地建设费减免等重点环节的问题，严肃查处医疗机构内外勾结、欺诈骗保等问题，清理党政机关领导干部违规入股企业问题，各项反腐败专项工作均取得重大进展。

突出抓好不能腐制度建设和监督机制改革。省纪委监委牵头开展不能腐制度建设深度调研，针对“一把手”行使权力、行政执法自由裁量、国企投资决策、工程建设、司法执法等15方面的86个问题，深挖制度根源、机制缺失、管理漏洞。贯彻省委“腐不了、难以腐、腐必究”和“可操作、能落实、真管用”的要求，加强统筹协调、审核把关，督促深化改革、完善制度、创新机制，推动36项制度建设和15项监督机制改革取得重要阶段性成果。深化以案促改，促进标本兼治，全省通过监督办案提出纪检监察建议4088份。指导山西转型综

改示范区开展一体推进“三不”体制机制建设试点工作，以制度建设为主线，探索形成协同联动的惩戒震慑、监督制约和思想引导工作机制。

坚持教育在先、挺纪在前，省委完善党内政治文化建设具体措施，制定全面从严治党宣传教育工作方案，组织召开全省领导干部警示教育大会，5200余名领导干部集中接受警示教育。省纪委监委制定统筹推进不想腐实施意见，明确牵头抓总部门，建立健全工作机制。制定廉政文化建设行动计划，摄制警示教育片《镜鉴》，制作学习弘扬右玉精神课件、于成龙廉政教育基地网上展馆、裴氏家风系列廉政视频，举办“清风正气”原创微电影展和主题摄影展，协调创作舞台情景剧《初心之路》，教育引导党员干部修身律己、廉洁齐家。

六、做实做细监督基本职责，区域治理的基础性保障性作用有效发挥

畅通信访举报渠道，规范信访举报受理处置，全省纪检监察机关共接受信访举报91891件次，其中，检举控告类57908件次，初次检举控告35310件次。全面启动“智慧监督”工程，着力打造技术方案最优、平台建设最优、监督效果最优的“山西样板”。探索对“一把手”和领导班子监督的有效办法，发挥纪检监察专责监督职能。贯通办案与监督，深入开展政治生态谈话、政治生态研判和领导干部政治“画像”工作，拓展监督执纪执法成果运用。统筹运用党性教育、政策感召、纪法威慑的政策策略，精准处置问题线索，精准实施谈话函询，精准运用“四种形态”，精准落实“三个区分开来”，做好跟踪回访教育，严惩诬告陷害行为，及时为受到诬告陷害的干部澄清正名，充分体现纪检监察机关对组织和干部的担当。全省共运用“四种形态”批评教育帮助和处理91493人次，其中第一、二、三、四种形态分别占比67.8%、26.6%、3.3%、2.3%。

七、深入把握巡视巡察工作规律，政治巡视巡察的严肃性和公信力进一步彰显

全面贯彻中央巡视工作方针，扎实履行政治巡视职能责任，创新战术打法，突破轮次限制，机动灵活巡视。集中开展第七轮、第八轮常规巡视，穿插开展脱贫攻坚专项巡视“回头看”，针对性开展“短平快”提级机动巡视，结合金融领域反腐败巡视5家市属城市商业银行。完善“省统筹、市推进、县主责、乡镇参与”巡察工作体系，分类指导省管单位内部巡察。扎实推进巡视巡察整改，加强对整改工作的日常监督，强化纪委监委、组织部门、巡视巡察机构的协作联动，构建闭环监督机制；针对巡视发现问题，向省委报送国资国企改革、无实物贸易、易地扶贫搬迁等9个专题报告，促进有关单位规范决策、完善政策、健全制度，更好地实现巡视成果转化。

八、从严从实加强自身建设，锻造“五个过硬”纪检监察干部队伍取得新成效

省纪委常委会带头加强政治建设，严格执行民主集中制，坚持和完善集体学习制度，建立“不忘初心、牢记使命”学习教育长效机制，着力强化政治领导、思想领导、组织领导。制定全省纪检监察系统2020年党建工作实施意见和进一步加强支部建设、强化党员管理的意见，统筹推进全系统党的建设和机关党建工作，把党建工作融入监督执纪执法全过程。加大干部交流力度，加强人才储备工作。创新全员培训方式，一贯到底开展网络培训、视频培训和全员测试，省纪委监委组织各类专题培训班18期，培训干部4.8万人次，全面提升干部队伍素质能力。加强对纪检监察权的监督制约，制定加强纪检监察干部监督工作实施办法，有效防治不作为、乱作为，坚决防止“灯下黑”。全省共谈话函询纪检监察干部410人，组织处理287人，给予党纪政务处分173人。

（闫晓雅）

附一：省纪律检查委员会书记、副书记、常委名单

省委常委、省纪委书记： 王拥军

副书记： 王　鹏　孟　萧　王帅红（5月任职）

常　委： 何　青　高金喜　王帅红（5月调职）

孙京民　刘东光（6月兼任秘书长）　王晓鹏

附二：省监察委员会主任、副主任、委员名单

主　任： 王拥军（1月任职）

副主任： 王　鹏　孟　萧　王帅红（7月任职）

委　员： 何　青　王帅红（7月调职）　孙京民

王海林　荣奋刚　王晓鹏

省高级人民法院党组工作概况

工作概况

党组书记　孙洪山

2020年，省法院党组坚持以习近平新时代中国特色社会主义思想为指导，全面贯彻落实党的十九大和十九届二中、三中、四中、五中全会精神，深入学习贯彻落实习近平法治思想和习近平总书记视察山西重要讲话重要指示精神，紧紧围绕中央、省委重大决策部署开展审判执行工作，努力为山西转型发展蹚新路提供有力司法服务和保障。全省法院努力克服疫情影响，受理各类案件496735件，审执结479065件，结案率达96.44%，再创历史新高，审判执行工作呈现高质量发展态势。

一、牢牢坚持党的绝对领导，确保法院工作正确政治方向

（一）持续强化理论武装。坚持把深入学习贯彻习近平新时代中国特色社会主义思想作为首要政治任务，党组中心组开展理论学习16次，学习讨论专题20个。重点研学党的十九届五中全会精神、习近平法治思想和习近平总书记视察山西重要讲话重要指示精神，组织党组理论中心组反复深入学习，着力在学懂弄通、学思践悟上下功夫，坚决把学习成果转化为推进全省法院工作高质量发展的实践力量。

（二）牢牢坚持党的领导。严格贯彻执行《中国共产党政法工作条例》，深入开展“坚持党对司法工作的绝对领导、坚持中国特色社会主义法治道路”专题教育，切实增强“四个意识”、坚定“四个自信”、做到“两个维护”。出台《关于向省委及省委政法委请示报告工作的实施办法》，严格执行重大事项请示报告制度，健全全省法院贯彻落实中央、省委重大决策部署工作机制，全年向省委及省委政法委报送专题工作报告92次、要情专报53次，大要案请示报告115次。

（三）强化党组领导作用。坚持民主集中制原则，实行党组集体领导与党组成员分工负责相结合，修订完善并严格执行《中共山西省高级人民法院党组工作规则》，确保院党组坚强有力。坚持党对审判执行业务工作的全面领导，制定《关于在审判执行工作中进一步加强党的领导的意见》，充分发挥院党组把方向、管大局、保落实的领导作用，重大司法活动、重大案件处理原则、重要改革部署，一律由党组会议集体研究，党组成员通过参加或列席审判委员会讨论案件或依程序履行院长审判监管职责，坚决把党的领导贯彻于司法工作的全过程、各方面。

（四）严肃党内政治生活。先后召开“以案为鉴、强纪反腐”和巡视整改2次专题民主生活会，聚焦法院系统党风廉政建设突出问题和巡视反馈意见，党组成员逐条逐项检视对照，坚持把自己摆进去、把职责摆进去、把工作摆进去，查摆问题、分析症结、剖析根源，制定问题清单、细化整改措施、落实整改责任、明确整改时限，以最坚决的意志、最坚决的行动严肃党内政治生活、净化班子政治生态。

（五）坚守意识形态阵地。制定《关于落实〈人民法院意识形态工作责任制实施细则〉的办法》，建立意识形态工作落实情况定期报告制度，对下级法院落实情况开展重点督察，坚决防范和抵制西方“宪政”“三权鼎立”“司法独立”等错误思潮。

二、落实全面从严治党主体责任，大力加强党风廉政建设

（一）推进全面从严治党。严格落实“两个责任”（*落实党风廉政建设责任制，党委负主体责任，纪委负监督责任*），制定《党组全面从严治党主体责任清单》，党组16次专题研究党风廉政建设和反腐败工作。探索实行“双派驻一授权”巡查

督察工作机制,任命16名专职党务干部作为巡查督察专员,由巡查督察组和机关党委派驻到13个业务部门和3个综合部门,同时接受省纪委监委驻省法院纪检监察组授权,对重点部门开展常态化巡查督察,实现审判监督和廉政监督的贯通协同。驻院纪检组探索建立"四类案件"立案阶段廉政谈话制度,谈话15案34人次;加大派驻监督力度,驻院纪检监察组谈话函询11人次。

(二)组织干部轮岗交流。制定《员额法官轮岗交流暂行办法》,对180名长期在一个部门工作或人岗不匹配的干警进行轮岗交流,交流调整面达48%。其中,交流部门正副职39人、员额法官49人。通过干部交流防范关键岗位廉政风险,促进机关形成风清气正的政治生态。

(三)狠抓干警党性锤炼。建成全省法院党性教育基地,努力将其打造成对内加强党性教育的课堂、对外宣传红色文化的窗口,进一步促进领导干部锤炼党性、净化灵魂。全年组织38批2000余名法院干警接受教育,接待省内外人员参观34批832人次。

(四)开展专项政治督察。对机关33个部门和6个事业单位开展"制度建设及执行落实"专项督察,针对每个部门列出问题清单、提出整改建议,推动健全完善制度,有力提高制度执行力。加强不能腐制度建设,坚持问题导向,集中半年时间,组织开展制度(规范)编制工作,梳理修订党务、政务、审判业务工作制度200余项,努力做到制度全覆盖、有实效、真管用。

(五)深入开展队伍整肃。积极开展"以案释德、以案释纪、以案释法"专题警示教育,将2019年三级法院受查处人员的违纪违法情况逐人逐案向全省法院干警点名通报。深入开展"三个规定"和"端正执法司法理念,改进执法司法作风"专项整治,以"零容忍"态度严肃查处全省法院违纪违法干警185人。

(六)全力推进巡视整改。坚决扛起巡视整改政治责任,逐项分解细化巡视反馈意见,先后召开6次党组会,梳理5大类14个方面47个具体问题,制定针对性强、可操作的102项具体整改举措,建立问题清单、整改清单、责任清单,逐级压实工作责任,对账销号、逐项核查整改任务进展情况,不断深化巡视整改实效。

三、坚决贯彻落实中央及省委决策部署,主动服务保障大局

(一)保障疫情防控。全省法院依法从严从快审结扰乱疫情防控秩序、制售假劣医疗器材等涉疫刑事犯罪57件,坚决为抗击疫情保驾护航。坚持司法服务"不打烊",网上立案98700件,网上开庭5173件,网上发放执行款105.13亿元,办理其他网上业务388646次,及时满足疫情期间人民群众司法需求。统筹推进疫情防控和经济社会发展,制定《扎实做好疫情防控期间执行工作的安排意见》。

(二)决胜扫黑除恶。围绕"案件清结"组织开展"审判执行百日攻坚战",共审结一审涉黑涉恶案件1645件,审结二审涉黑涉恶案件984件,扫黑除恶审判综合质效位列全国法院第一方阵;创新"黑财清底"举措,财产刑追缴、没收违法所得上缴财政229.47亿元,涉黑恶案件财产刑执行工作居全国法院第1位。

(三)助推脱贫攻坚。精准对接脱贫工作司法需求,依法审结土地承包流转、林权转让、征地补偿等涉"三农"案件2162件,坚决维护农村经营主体合法权益。审理涉扶贫领域职务犯罪案件37件43人,严肃惩治侵犯农民利益的"微腐败"。开展涉农专项执行行动,司法救助664.73万元。开展根治欠薪冬季专项行动,为农民工追回劳动报酬1703.7万元。省法院定点扶贫的浑源县大仁庄乡整体脱贫。

(四)防范重大风险。服务金融改革、防控金融风险,开展清欠清收"百日行动"执行攻坚,执行到位金额233.72亿元、关联销账41.07亿元。成功审结联盛破产重整案,成立山西晋柳能源有限公司,完成联盛32家公司所有者权益调整工作。在97天之内完成永泰能源公司破产重整工作,创造了上市公司破产重整司法程序的"山西速度",两案累计化解债务风险近1281亿元,坚决守住不发生系统性、区域性风险底线。

(五)助力生态建设。出台《关于加强环境资源审判工作的意见》,省法院及11个市中院全部建立环境资源审判庭,开展黄河流域生态保护和高质量发展调研,全面实行环境资源刑事、民事、行政"三合一"审判,依法审理环资案件和公益诉讼案件5139件。

(六)优化营商环境。树立"谦抑、审慎、善意、文明、规范"司法理念,在全省法院开展"发挥执行职能,做好'六稳'工作落实'六保'任务"专项执行行动,办理涉企执行实施类案件9083件,执行到位金额142.04亿元,保障市场主体健康运转;清理涉党政机关等特殊主体执行案件422件,到位案款3.05亿元,平等保护产权,支持民营企业发展。组织开展涉山西文旅集团案件专项行动,依法协调处理435起诉讼、执行案件,执行到位金额13.8亿元。与综改示范区建立联席会议制度,并共同制定《创建法治示范区实施办法》,发布《2019年行政案件司法审查报告》和行政审判十大案例,提出促进山西省法治政府建设、优化营商环境的工作建议,积极支持"放管服效"改革。

(七)促进创新发展。聚焦"六新"突破,制定《关于加强知识产权司法保护促进创新发展的若干意见》,发布《知识产权司法保护白皮书》和知识产权审判十大案例,出台《关于建立完善知识产权司法审判与行政执法协调和社会共治多元解决纠纷机制的意见》,推进知识产权审判"三合一"改革,构建知识产权纠纷多元化解决机制,强化知识产权保护,助力创新驱动发展。

四、深化司法体制改革,着力提升审判执行工作质量效果

(一)建立审判执行质效目标体系。省法院对标对表全国法院审判执行质效指标,结合自身实际,制定出台《山西省法

院队伍素能司法质效提升三年规划》,科学设定27项审判质效约束性重点指标和28项执行重点质效指标，实时通报指标进展情况,针对性地加强审判监督管理,持续推动审判执行质效稳步提升。

(二)建立审判权力运行监管体系。制定审判委员会、专业法官会议、合议庭工作细则和院庭长审判监督管理办法，建立法官、辅助人员审判权力和责任清单,建成"四类案件"监管平台,全面加强审判权力监督管理。省法院专业法官会议讨论案件328件,审判委员会讨论重大案件153件,院领导监管"四类案件"96件。

(三)建立审判执行质量管理体系。梳理修订审判执行工作管理制度117项,严格规范案件办理全流程、各环节。强化类案检索,统一裁判尺度,建立发改指案件沟通机制,提高案件发回、改判的准确率。制定《案件质量评查办法》,以"一案双查"的形式评查全省法院执行、信访案件1476件,针对突出问题制定整改举措,有力推动审判执行案件质效提升。

(四)建立一站解纷诉服工作体系。推进"三零"单位创建,牵头建成纵向贯通、横向集成、共享共用的山西多元解纷平台，在诉讼服务中心引入调解组织的同时，将法院化解矛盾、定分止争职能嵌入地方矛盾调解中心,全年调解案件90435件,调解成功率达76.17%。将线下服务项目全部集成到线上，把全省133家法院的12368诉服热线集中至高院,24小时畅通服务,实现了当事人、诉讼代理人及辩护人与3255名员额法官的专线沟通,全年提供在线服务201670人次。

(五)建立审判管理智能辅助体系。建设具备全流程、可视化、智能化监督管理功能的智慧案管平台,通过大数据技术对审判执行业务数据进行多维度统计，实现系统自动运行、自动分析、自动预警,有力推动了全省法院审判执行质效稳步提升。该平台荣获全国政法智能化建设"智慧法院"十大创新案例。

(六)建立司法资源动态配置体系。完善全省法院编制动态调剂机制,将人均办案量低于全省法院平均水平60%的法院47个空缺法官员额,调配到人案矛盾突出的法院,同时建立入额递补机制。优化农村人民法庭布局,推进城区人民法庭专业化建设,推动管理层级扁平化、工作力量向审判一线下沉,受到最高法院的充分肯定。

(七)建立审判团队绩效考核体系。制定员额法官、法官助理、书记员绩效考核办法,以法官办案工作量为基础,兼顾办案质量和办案效果,将法官助理、书记员绩效绑定一体化考核,分四档评价,直接与绩效奖金、评先评优挂钩,充分发挥考核的指挥棒作用,有力促进审判团队提质增效。

(张志新)

附：省高级人民法院党组书记、副书记、成员名单

书　记：孙洪山

副书记：管应时

成　员：方剑锋　翟瑞卿　乔　杰　杨　宏
杨　霄　丁　毅

省人民检察院党组工作概况

工作概况

党组书记　杨景海

2020年，省检察院党组坚持以习近平新时代中国特色社会主义思想为指导，全面贯彻党的十九大和十九届二中、三中、四中、五中全会精神，深入学习贯彻习近平总书记视察山西重要讲话重要指示，坚决贯彻落实中央、省委统筹疫情防控和经济社会发展的系列重大决策部署，在省委的坚强领导下，聚焦"四为四高两同步"总体思路和要求，积极融入转型发展蹚新路工作大局，充分发挥把方向、管大局、保落实的领导作用，持续抓班子、带队伍、强业务，推动政治性极强的业务工作和业务性极强的政治工作向全国第一方阵不断迈进，各项工作取得了新的进步。核心业务指标持续向好，一些重点工作迈入全国第一方阵，刑事抗诉率居全国第1位，"案－件比"(办案质量评价指标)居全国第2低，刑事提前介入引导侦查案件数量居全国第8位，侦查活动违法监督率居全国第4位，刑事审判活动违法监督率居全国第4位，对刑事执行活动违法提出纠正意见数居全国第7位，对监外执行活动提出纠正意见数居全国第5位；民事生效裁判监督案件审结率居全国第3位，法院采纳民事支持起诉意见率居全国第6位；行政案件化解行政争议比率居全国第4位；公益诉讼线索受理数、立案数分别居全国第8、第6位；对未成年人决定附条件不起诉率居全国第6位。浑源矿企破坏生态环境、羊头崖英烈纪念设施管理2起公益诉讼案和派驻公安机关检察室工作入选最高检工作报告。扫黑除恶、派驻公安检察室建设、领导干部办案等重点工作均走在全国前列。

年初，面对突如其来的新冠肺炎疫情，省检察院党组及时召开党组会议传达学习省委专题会议精神，研究贯彻落实意见，为打好打赢疫情防控人民战争、总体战、阻击战贡献检察力量。1月23日，在全省启动重大公共卫生一级响应前，就迅速向驻监、驻看检察部门发出紧急通知，对配合监管场所做好疫情防控进行部署。春节期间成立应对疫情组织领导机构和检察业务指导小组，召开应对疫情防控工作领导小组会议20次。省检察院党组坚持把保障人民群众生命安全和身体健康作为第一责任，依法严惩哄抬物价、散布谣言、暴力伤医、恶意传播病毒、网络诈骗等犯罪，共批捕89人、起诉139人，有力维护了抗疫秩序。省检察院党组始终坚持把服务"六稳""六保"作为全年工作重点，研究部署服务复工复产"十个一"检察专项活动，三级院检察长带头深入177家企业问计问需，开展"菜单式""一对一"精准服务。

一、坚持党的领导，强化政治引领，把党的政治建设摆在首位

一是强化理论武装，提站位、守初心。坚持把思想理论武装作为蹚出服务保障转型发展新路的有力抓手。认真落实《党委(党组)理论学习中心组学习规则》，组织党组理论学习中心组学习38次。以学习贯彻党的十九届五中全会精神为主题，举办《习近平谈治国理政》第三卷专题读书班和习近平法治思想读书班，深化专题学习和交流研讨。以处级干部为重点，举办线下线上学习贯彻党的十九届五中全会专题培训暨领导素能培训班等20余班次，实现政治轮训全覆盖。坚持把学习与思想和工作紧密融合，深学笃用习近平新时代中国特色社会主义思想，建立"学思践悟、三个融入"学习实践机制，常态化开展检察办案"三个效果"有机统一交流会，努力把党的路线方针政策融入到司法办案中，全面提升履职能力和水平，全年有7起案件被评为全国指导性案例或典型案例。

二是坚持党的领导，把方向、谋大局。认真贯彻落实党组工作条例、政法工作条例等党内法规，完善落实重大事项请

示报告报备5个清单，紧紧依靠党的领导推进工作、破解难题，全年共向省委和最高检请示报告重大事项和重要工作32件次。修订《党组工作规则》，充分发挥党组集体领导作用，召开51次党组会议，及时传达学习中央、省委重大工作部署，研究落实举措。深入贯彻落实省委十一届十次全会精神，结合《山西省政法机关服务“四为四高两同步”保障高质量转型发展若干举措》，制定出台《检察机关服务保障转型发展蹚新路30条意见》，着力提升服务“四为四高两同步”的能力。

三是加强组织建设，抓党建、促业务。全年，党组共研究部署党建工作6次，听取专题汇报2次。及时完成机关“两委”换届工作，建立健全机关党建工作机制，落实机关两委委员联系党支部、党支部委员包联党员制度。制定《机关党支部规范化建设标准》10个方面58项具体内容，进一步提高省检察院机关党建规范化建设水平。狠抓落实“三会一课”、组织生活会、民主评议党员、评优评先等工作，着力提升基层党组织战斗堡垒作用。深化文明单位创建活动，制定检察干警文明公约、行为规范，开展“讲文明树新风、讲礼仪树形象、讲作风树榜样”活动，大力弘扬社会主义核心价值观和检察职业道德。

四是推进全面从严治检，重预防、正风纪。制定出台《驻山西省人民检察院纪检监察组与山西省人民检察院党组推进全面从严治党工作协调暂行办法》，进行专题会商3次，实现主体责任与监督责任同向发力、贯通协同，确保管党治检责任一贯到底。充分发挥巡视利剑作用，完成了对5个市级院和3个派出院的两轮巡视“回头看”，查找梳理出6类292个具体问题，督促相关单位一一整改。严格落实“三个规定”等重大事项记录报告制度，以“零容忍”的态度查处违纪违法检察人员42人。

二、坚持服务大局，司法为民，始终在服务保障转型发展蹚新路上推动检察工作

一是打好扫黑除恶收官战，全力推进平安山西建设。持续深化扫黑除恶专项斗争，保持恒心韧劲，坚决贯彻中央“六清”工作部署和要求，积极开展在办案件“百日攻坚”活动。加强组织领导，实行省、市院领导“双挂帅”，坚决啃下“硬骨头”，攻克“硬堡垒”，确保“清到底、清干净”。三年来，共受理审查涉黑恶案件2260件、起诉1641件，案件起诉率始终保持在95%以上，对中央督办的7件案件全部按时高质量完成。持续“打伞破网”“打财断血”，发现并移送“保护伞”线索591条，审查涉黑恶犯罪财产200多亿元。依法严惩各类危害国家安全、影响社会稳定的刑事犯罪，批捕各类刑事犯罪18176人，起诉33890人。加大电话网络诈骗等新型犯罪惩治力度，起诉2684人，同比上升111.5%，筑牢首都“护城河”。

二是以“三零”创建为抓手，推动社会治理创新。深化安全生产领域案件办理，依法惩治安全生产领域违法犯罪行为，对晋中紫金煤业顶板事故案、台骀山景区火灾事故案、襄汾坍塌事故案等重大安全生产事故，第一时间介入跟进，参与事故责任认定，监督引导取证，确保案件顺利进入诉讼程序。全年共办理来访、来信、电话、网络等各类信访21144件。最大程度在检察环节化解矛盾，积极开展公开听证工作，邀请人大代表、政协委员、人民监督员、社区代表等参与案件听证435次，息诉、调解各类案件989件。坚持院领导带头接访制度，三级院检察长共化解重大疑难复杂案件1777件。依法严惩性侵、拐卖等侵害未成年人犯罪，批捕680人、起诉826人；探索罪错未成年人分级处遇机制，充分运用附条件不起诉挽回迷途的孩子，确保宽而不纵，依法不捕112人，不诉82人，附条件不起诉186人；落实强制报告制度，防止被害人遭受“二次伤害”，建立未成年被害人“一站式”办案区78个，开展救助272人次；积极推动教育行政主管部门全面落实青少年法治教育大纲，1595名检察官“法治副校长”校园普法1625场次，深入130所乡镇寄宿制学校“检护幼苗·法助脱贫”，为6548名留守儿童、11854名建档立卡贫困学生带来法治阳光。

三是平等保护各类市场主体，着力保障创新驱动发展战略。全力保护企业家人身财产安全，严厉打击敲诈勒索、非法拘禁、绑架等危害民营企业家人身权和财产权的犯罪，批捕57件139人，起诉74件205人。大力践行“少捕”“少押”“慎诉”司法理念，依法对犯罪情节轻微的民营企业家及从业人员不诉126人，不捕43人，对18名涉嫌犯罪的民营企业从业人员依法变更强制措施。积极落实人才强省、创新强省战略，全面推进知识产权司法保护，组建知识产权专门办案组，建立知识产权刑事、民事、行政“三合一”检察办案机制，批捕侵犯知识产权类犯罪70件128人，起诉93件171人。严厉打击各类破坏市场经济秩序犯罪，努力营造公平公正法治化营商环境。共办理经济犯罪案件1408件2435人，批捕366人，起诉571人。

四是全力服务“三大攻坚战”，努力办好检察为民实事。加大非法集资、金融诈骗、网络诈骗等新型犯罪惩治力度，起诉787人。省检察院指导办理了“晋商贷”等一批涉案数额大、人数多、影响大的案件。紧跟省委工作步伐，以省人大常委会出台的《山西省城乡居民补充养老保险条例》为契机，联合省法院共同出台探索开展赡养类公益诉讼案件办理指引，加大赡养类公益诉讼案件办理力度，巩固深化脱贫攻坚成果。共发现赡养类公益诉讼案件线索32件，立案12件，办结9件。全年为因案致贫返贫的246人发放司法救助金262.3万元。认真办理扶贫领域职务犯罪案件，着力建立扶贫领域涉案资金快速返还机制，全年追缴涉案财物586.3万元，惠及贫困群众558人。积极参与污染防治攻坚战，起诉各类破坏环境资源犯罪606人，督促修复被污染土壤、水域2440.9亩、被损毁的耕地、林地、湿地、草原1700多亩，清除各类固废垃圾540.6万吨。加强对弱势群体的司法保护，扎实开展农民工讨薪冬季攻坚专项监督活动，支持农民工讨薪起诉157件，帮助1320余名农民工追回工资2267.58万元。开展驻法院支持起诉岗试点工作，积极为老年人、退伍军人、下岗

职工等特殊群体开展支持起诉,共支持起诉525件。

五是坚持宪法定位,以更精准的监督维护公平正义。强化刑事诉讼监督,切实保障基本人权。把以刑事手段插手经济纠纷作为重点,监督侦查机关立案591件、撤案360件,纠正漏捕、漏诉1175人,针对违法取证、适用强制措施不当等提出纠正意见1855次,对认为确有错误的刑事裁判提出抗诉526件,已审结改判或发回重审107件。受理监委机关移送职务犯罪94件104人,适时介入侦查10件10人。加强减刑、假释、暂予监外执行监督,开展判处实刑罪犯未交付执行清理纠正活动和财产刑执行专项检查,纠正不当减刑、假释和暂予监外执行案件386人,查办司法工作人员职务犯罪36人。共办理各类民事监督案件4749件,对认为确有错误的民事裁判,提出抗诉或再审检察建议213件,再审改变率为80%。

三、坚持强基固本,夯实基层基础,始终在检察发展上求突破

一是持续深化检察改革,狠抓"四大检察"协调发展。省检察院司法体制改革领导小组先后召开6次会议,进一步理清工作思路,推动司法体制综合配套改革重点任务完成。建立台账,将改革任务具体分解为53项,一一推进落实。牢牢抓住司法责任制这个"牛鼻子",修订完善各业务条线检察人员权力清单、案件清单、业务内部监督制约机制等20余项配套制度。出台捕诉环节办案质效监督管理办法,制定《山西省人民检察院机关检察官业绩考评实施办法》及各业务类考评细则,构建起质量、效率、效果并重的检察官业绩考评体系。结合检察官业绩考评工作,制定《员额检察官退出实施细则》,扭转部分员额检察官把"入额"当福利待遇的不良思想倾向。制定《领导干部直接办案十项要求》《入额院领导直接办案案件种类负面清单》,领导干部带头办理重大疑难复杂案件已成为常态。各级院入额院领导共办案22938件,占比19.7%。

二是以"基层建设年"活动为抓手,狠抓基层基础建设。坚决贯彻落实《中共山西省委常委会深入贯彻落实中央八项规定精神深化拓展"基层减负年"工作措施》,深入开展最高检"基层建设年"活动,制定下发《2020年"基层建设年"重点工作任务提纲》,明确基层院建设工作突出抓好的11项重点任务,增强工作指导的针对性。牢固树立大抓基层的鲜明导向,推动更多资源、更强力量下沉至司法办案的最前沿。

三是不断加强业务能力建设,狠抓办案质量提升。持续深化业务培训年活动,开展远程业务培训,用足用好"检答网",持续推动领导上讲台、案例指导,举办各类培训58期,培训34729人次,全面提升干警理论水平。聚焦办案质效,坚持问题导向,扎实开展"法律文书质量提升年"活动,以文书"评差"作为重点、难点,突出"评差"目的,勇于直面问题,敢于揭短,以"评差"倒逼文书质量提升,提高办案质效。

(刘百锁)

附:省人民检察院党组书记、副书记、成员名单

书　记:杨景海

副书记:崔国红

成　员:闫绪安　苑　涛　赵雅清(女)
郭　普(4月离职)　傅　锐
邢益民(4月任职)

省政府厅局党组(党委)工作概况

省政府机关党组

党组书记　王　纯

2020年，省政府机关党组坚持以习近平新时代中国特色社会主义思想为指导，深入学习习近平总书记视察山西重要讲话重要指示，全面贯彻党的十九大及十九届二中、三中、四中、五中全会精神，认真落实省委十一届十次全会精神，按照省委“四为四高两同步”总体思路和要求，紧紧围绕省委省政府中心工作，抓防控，保运转，当参谋，抓落实，较好完成了各项工作任务。

一、狠抓机关党的建设，以党建工作新进展推动政府系统各项工作取得新成效

一是在政治建设上，坚持把学习贯彻习近平新时代中国特色社会主义思想和习近平总书记视察山西重要讲话重要指示作为首要政治任务，巩固深化“不忘初心、牢记使命”主题教育成果，召开机关第六次党员代表大会，开展“不忘初心·重温入党志愿书”主题党日活动，不断增强“四个意识”、坚定“四个自信”、做到“两个维护”。二是在法治建设上，坚持习近平法治思想，牢固树立法治思维，全面推进依法行政、依法履职，注重用法治思维和法治方法谋划和开展工作，完善政府立法工作机制，提升行政立法质量，协助省政府主要领导加强重点领域立法，重视法治宣传教育，组织开展法治讲座，做好政府文件合法性审查，政府常务会议、省长办公会议及其他重要文件均经过合法性审查前置程序，主动协调做好行政应诉工作，确保权力在法律和人民监督下运行。三是在队伍建设上，组织党支部书记述职评议考核和支部互相评价，完善办公厅公务员平时考核制度等考核激励机制，从严管理干部，精准识别干部，注重在脱贫攻坚一线培养选拔干部，加强“三基建设”，严格执行个人事项报告制度，打造忠诚可靠的干部队伍。文印中心党支部“党建引领明方向、政府文印当尖兵”党建品牌荣获省直机关“十佳党建品牌”。四是在党风廉政建设上，认真履行党组主体责任，建立完善部门廉政风险点报备等纪律制度，用好“四种形态”严格正风肃纪，组织全厅干部职工旁听庭审或收看庭审直播，大力支持驻厅纪检监察组工作，组织观看《镜鉴》等警示教育片，开展违法违纪警示教育，组织廉洁自律民主测评，严格正风肃纪，对1名干部进行诫勉谈话，不断夯实党员干部拒腐防变的思想堤坝。五是在机关文化建设上，引深“我心向党·苦乐年华”机关文化建设，持续推进“五型机关”建设，创建“三零”单位，开展丰富多彩的主题文体活动，评选办公厅5件大事和突出贡献者，营造了无私奉献、干事创业的浓厚氛围，连续五年在年度目标责任考核中被评定为“优秀”。

二、充分发挥中枢纽带作用，狠抓疫情防控和经济社会发展各项举措落地见效

（一）全力统筹保障，确保疫情防控各项部署落地见效。在省委省政府的坚强领导下，及时参与启动重大突发公共卫生事件一级响应，牵头起草疫情防控工作导则“四后”(假期后、复工后、上班后、开学后)疫情防控工作预案等重要文件，建立疫情信息直通机制调度全省疫情防控进展情况。安排一名办公厅正厅级干部带队赴首都机场，牵头协调经北京口岸入境来晋返晋人员接运工作，奋战20个日夜，接运来自23个国家和地区人员1358人，日均接运近百人无差错。协调建立监测预警系统、周密闭环做好国际航班经停太原入境赴京防控工作、推进落实国家对进口冷链食品防控要求。

（二）推动复工复产，扎实做好“六稳”工作，落实“六保”

任务。协调相关部门强化应对疫情经济运行监测调度,研究出台一揽子"硬核"举措。在疫情最紧张的时候,协调有关厅局列支省级技改资金补助奖励防疫防护用品生产企业,督促防疫防护用品企业复工复产。先后协调出台应对疫情支持中小企业共渡难关"10条"、应对疫情促进服务业稳定增长"24条"等政策举措。在全国率先出台免除A级景区首道门票,协调举办全国康养产业大会、大河文明旅游论坛、全省第六届旅发大会。下大力气推进减税降费、援企稳岗等政策落地,积极审慎推动复工复产复商复市复学,稳住经济基本盘。对增速靠后的3个市派出调研组,全力帮助企业渡过难关。

(三)推进重点领域改革,保障全省高质量转型发展。积极推动能源革命综合改革试点扎实开展,出台年度行动计划,协调制定煤层气勘查开采管理办法、煤层气增储上产三年行动计划,组织布局了一批智能化煤矿、绿色开采试点,煤矿先进产能占比达68%,初步构建起煤成气产业集群,协调推进现代电力市场建设、线上电力零售市场、综合能源服务试点等领跑全国。聚焦"六新"突破,大力实施创新驱动发展战略,推进"111""1331""136"创新工程,出台战略性新兴产业电价机制等系列支持政策,加强省部对接争取国家重大项目落地我省,推进规上工业企业研发活动全覆盖,组织召开全省新材料新产品新技术应用推进会。协调推动14大板块的省属企业专业化战略重组,将省属企业从28家调整至21家,煤炭企业从7家调整至1家煤炭企业和1家能源集团,新兴产业企业大幅增加,省属国有资本布局不断优化,国有经济发展的质量和效益不断提升。积极培育壮大新动能,组织全省开发区滚动开展四期项目集中签约开工投产"三个一批"活动,建立省市县三级领导包联重点项目推进机制。协调推进农产品精深加工十大产业集群建设,推动加快晋中国家农高区(山西农谷)建设,"山西药茶""大同黄花""运城苹果"成为区域品牌。协调推动基础教育改革发展,组织保障召开全国基础教育综合改革暨深化教育教学改革推进会。推动"黄河、长城、太行"三大旅游板块建设和云冈保护研究。推行"一枚印章管审批",省级160项行政审批事项实现"一次不用跑",建成全省统一的"12345热线"。

(四)加大综合推进力度,决战决胜"三大攻坚战"。围绕打赢脱贫攻坚战,协调有关部门配套出台19个文件,推动相关市县和部门严格查漏补缺、巩固提升,研究建立城乡居民补充养老保险制度,全面完成脱贫攻坚任务。围绕打赢污染防治攻坚战,协调推进"两山七河一流域"生态修复,推动太原及周边"1+30"区域大气污染联防联控机制运行。研究出台打赢蓝天保卫战决战计划、黄河(汾河)流域水污染治理攻坚方案,协调开展污染地块安全利用现场检查,持续推进受污染耕地安全利用和严格管控措施落实,建立污染地块名录。围绕防范化解重大风险,加快推进农信社、城商行改革重组,有序推进山西银行筹建工作,严厉打击非法集资,持续推进互联网金融风险专项整治,有效化解重大风险隐患。深刻汲取"8·29"襄汾饭店坍塌和"10·1"太原台骀山景区火灾重大事故教训,推动开展城乡建筑领域安全隐患专项排查整治、安全生产风险隐患排查治理专项行动,研究出台农村自建房规范管理"四办法一标准",全力扭转安全生产被动局面。

三、大力提高"三服务"质量水平,为省政府高效运转提供坚强有力保障

(一)辅政建言方面。一是强化以文辅政,协调组织起草全省性重要会议讲话,各类致辞、信函、会见谈话参考、新闻稿等文稿1600多篇、有效文字500多万字。二是强化调研资政,围绕新兴产业培育、民营经济、招商引资、高校人才引进、加强党的建设等重点领域开展调查研究,组织起草《全省政府系统履行全面从严治党主体责任情况调研报告》《关于我省高校人才引进问题的调研报告》等大量有价值的调研报告。三是强化信息佐政,建立选题谋划、信息会商、成果利用"三协同"信息办理机制,出刊《晋政信息》《上报国办信息》等670期,获得国务院领导批示10件次,获省政府领导批示53件次,2篇受到国务院秘书长肖捷的批示肯定;建立跟班学习制度,组织工作人员赴国办交流学习,邀请地市信息工作人员来办公厅锻炼学习;建立信息直报点制度,将省内重点民营企业纳入直报点范围。

(二)政务运转方面。一是做好文电办理,印发强化公文审核把关和规范"体外件"办理工作要求、加强和规范请示报告工作的通知,建立了职责明晰、分级负责、通力合作的公文审核长效机制,全年办理各类文件5258件。配置优势力量加强内部审计,对省政府常务会、省长办公会相关议题、经责审计结果报告等500余份文件进行审计审核把关,有效防控决策风险。二是做好会务保障,制定年度会议计划和规范会议数量、规格、规模、时长等的"20条措施",严格控制、统筹规划省政府例行会议,落实"无会周"制度。疫情期间使用视频直连系统开会37次。全年组织承办各类会议224次,以省政府名义召开会议数量完成精简量化目标,组织参与完成一级、二级接待任务各1次,组织接待部级领导、考核、会见、外事等活动124次,接待活动人员2564人。三是做好值班值守,认真落实林武省长"值班不仅是工作责任,更是政治责任"重要指示要求,高效完成战"疫"信息保障工作,灵活调度、精准研判各类疫情信息4000余条。探索"系统上下一张网、重点领域一块屏、灵活调度一部机"的"三个一"调度法,利用5G、无人机等先进技术多方位视频调度事故现场和远程会商,实现全省11个市、26个相关单位值班系统互联互通,加强了对各地各部门值班工作指导。全年接报各类重要紧急情况650余件,编发《值班要情》517期。

(三)狠抓落实方面。一是完善"13710"信息督办平台,省市县乡四级实现"一张网布局、一系统承载、一办法管理",增设提醒督促等功能。省级系统已联接覆盖全部11个市、247个部门和单位,全年省本级"13710系统"累计交办事项2408项,办结1598项,办结率66.36%。通过信息化手段,大大提高了督办效率,提升了政府执行力落实力。二是认真落实人大代表建议、政协委员提案,采取线上线下双轨交办、重点建

议提案纳入“13710”平台督办、常态化征集代表委员对政府工作意见建议等方式,办理全国人大代表建议 10 件、全国政协提案 3 件,省人大代表建议 923 件、省政协提案 1077 件,“两会”交办的建议提案全部按规定时限办理答复完毕,答复率 100%。三是认真落实省政府承诺的民生实事,采取召开座谈会、走访群众、现场督促等方式解决堵点难点问题,组织相关单位到 11 个市 25 个县区调研督办民生实事 20 余次,将难点任务纳入“13710”平台督办。“10 件民生实事”已圆满完成 8 件,因受疫情影响而进展较慢的 2 件实事也取得积极成效。

(四)信息化建设方面。一是开发建设省领导“驾驶舱”,利用“政务钉钉”信息化手段建设省领导“驾驶舱”,开设 13 个专栏,与全省 17 个业务系统实现了数据对接共享,动态跟踪调整指标设置,有效打破了“信息孤岛”。全年通过“驾驶舱”持续不断为省领导提供疫情相关重要政务信息共计 310 篇,平均每天 5 篇,为领导决策提供参考。二是在全省率先开展并完成党政机关电子公文安全可靠应用试点,100%完成替代任务;推动太原市等 9 个地市完成政府门户网站和省直部门网站 IPV6 改造,进一步提高了工作效率。三是做好政务公开工作,通过省政府门户网站发布信息 4 万多条,利用政务微博、微信、移动客户端“两微一端”发布信息 2.8 万多条,用户数近 26 万个,较去年增长了 71%。扎实做好舆情监测研判、敏感信息清理、网络安全管理和保障、省政府公报出版、软件正版化等工作。2020 年首次将政务公开纳入省目标责任考核,制定山西省政务公开工作考核办法及考核方案,建立政务公开考核体系,积极推进政务公开工作提质增效。

省政府办公厅的参事馆员、行政财务保卫、离退休人员管理服务、史志档案、后勤服务、文印、幼儿园、卫生所、国际大厦等各项工作也都取得了新进展。特别是左权麻田驻村帮扶工作,通过严格执行“四个不摘”,制定落实决战完胜 2020 行动计划,讲好麻田扶贫故事,全面完成了省委省政府交给的脱贫攻坚目标,荣获“山西省干部驻村帮扶工作模范单位”。

(张焕森)

附:省政府机关党组书记、副书记、成员名单

书　记: 王　纯

副书记: 赵光国　张文栋(9 月离职)　韩春霖(11 月离职)

成　员: 张金旺(10 月离职)　梁敬华　向弟海(4 月任职)　高建军(5 月离职)　王延峰　丁纪岗　杨锦耀　张红良　董晓平　冯翠红(女)

省发展和改革委员会党组

党组书记　刘　锋

2020 年,省发展改革委党组坚持以习近平新时代中国特色社会主义思想为指导,深入学习贯彻习近平总书记视察山西重要讲话重要指示,按照省委“四为四高两同步”总体思路和要求,坚持以党建为引领,统筹推进疫情防控和经济社会发展,创造性提出“三抓一争一放”工作思路,擦亮服务金字招牌,牢牢把握能源革命综合改革试点和重点工程两个战场主动权,推动发展改革工作取得明显成效。

一、狠抓规划编制,充分发挥提纲挈领作用

一是高起点高标准高质量编制“十四五”规划。紧紧围绕“转型出雏型”战略目标,起草“十四五”《基本思路》。聚焦“六新”突破、八条定位、十二大战略、十个基本形成,明确规划定位、目标、任务,修改完善形成“十四五”规划《建议》(征求意见稿)。进一步细化重点任务举措,建模测算转型出雏型指标体系,谋实重大项目支撑,研究提出山西省“十四五”规划《纲要》(初稿)。二是同步推进省级专项规划编制。坚持用新的目标、新的目录、新的方法编制专项规划,形成了注重实际效果和改革创新的省级专项规划目录清单。组织各牵头部门同步启动 30 个省级专项规划编制工作,均已形成初稿。三是“跑部”对接争取国家支持。积极赴京与相关部委沟通对接,全力推动太绥高铁等一批重大项目和具有山西特色的重大事项列入国家“十四五”规划或相关专项规划。牵头编制《山西省黄河流域生态保护和高质量发展规划》,先后报送 69 条重大政策诉求,争取纳入国家《黄河流域生态保护和高质量发展规划纲要》。

二、狠抓项目建设,持续推动投资高速增长

贯彻“项目为王”理念,全面落实六项机制,建立“五账法”。项目储备量较上年同期翻番。一是着力优化投资结构。聚焦“六新”要求,积极推动一批投资规模大、科技含量高的优质项目落地山西。大力拓宽民间投资领域,民间投资占比超过 50%。二是着力提高项目质量。完善项目筛选准入机制,推动凯赛(山西)生物基新材料特色产业园、中煤科工智能制造基地、长城“智能云”工厂等一批投资规模大、科技含量高的优质项目加快落地。加强“两新一重”项目建设指导调度。

全省“两新一重”项目投资超过3000亿元,占全省投资比重超过40%。三是着力加强项目保障。制定加快项目建设和投资进度10条举措办法,加大标准厂房推进力度,全省建成和在建标准厂房超过1000万平米。研究制定《山西省政府投资管理办法》,这是山西省政府投资管理第一部规章。

三、狠抓政策制定,有效破解发展瓶颈难题

针对苗头性、潜在性、倾向性问题,超前研究谋划,及时丰富山西省政策工具包,不断打通转型发展过程中的难点堵点。一是聚焦应对疫情冲击。研究制定以“六保”促“六稳”、以“六新”促转型工作措施,连续出台应对疫情促进服务业稳定增长24条、加快促进服务业恢复稳定增长23条真金白银“硬核”举措,全力稳定经济运行。制定《深化拓展支持民营经济发展若干措施》,在用地、用电、用能等方面切实降低企业运营成本。二是聚焦打造一流创新生态。研究制定《山西智创城建设工作指引(试行)》《山西省大众创业万众创新专项资金管理暂行办法》,全力支持智创城建设。新认定支持25个省级工程研究中心,加快科研成果工程化产业化。成功举办2020年全国双创活动周山西分会场活动,李克强总理和山西省创业者进行了“云对话”。三是聚焦构建现代产业体系。制定印发《山西省创建特色产业集聚区建设总体方案》,牵头编制全省产业地图,为集聚区建设提供政策保障。研究起草山西省通用航空产业发展实施意见,成功举办2020年尧城(太原)国际通用航空飞行大会。研究制定《山西省关于进一步推进服务业改革开放发展的实施意见》,开展第二批19家服务业集聚区创建工作,推动我省服务业改革开放发展。成功争取晋中市获批首批国家骨干冷链物流基地。四是聚焦推动区域协同发展。印发《山西省2020年新型城镇化建设和城乡融合发展重点任务》,有效促进城乡融合发展。牵头起草《山西省与粤港澳大湾区深度合作行动方案》《山西省与长江三角洲地区深度合作行动方案》。与北京市成功签署产业发展合作框架协议。2020年,山西省与京津冀、粤港澳、长三角地区开展合作的项目超过1000个,计划总投资超过1万亿元。五是聚焦经济运行监测调度。委党组成员带队深入11市开展大调研行动,对经济增长排名靠后的市,深入实地查摆问题,加强指导督导。牢固树立争先进位意识,认真测算分产业、分领域、分行业经济指标,对服务业30项相关基础指标深入研究,明确责任部门,加强经济运行调度,促进全省经济稳步复苏、稳定向好。

四、狠抓资金争取,全力提升重大战略保障

主动担当、善作善为,精准把握政策方向,做深做实项目前期,全力争取资金支持。一是抢抓国家机遇。聚焦专项债券9大领域27个行业、中央预算内投资支持的8个领域和新增中央投资支持的6个领域,抓住国家扩大地方政府专项债和中央投资机遇,争取专项债额度553亿元,争取并下达中央预算内投资89.6亿元,均超过全年目标水平。二是突出山西特色。围绕开发区基础设施、“一主三副六市域中心”市政建设、“两山七河一流域”生态修复、应急医疗救治卫生健康等短板领域,筛选储备前期手续完备、建设条件成熟的优质项目,纳入国家重大建设项目库。全年争取到保障性安居工程和城镇基础设施投资三批共10.7亿元,有力支持全省70个棚户区和老旧小区改造。三是加强银企合作。设立山西省500亿元战疫融资专项、1000亿元以上授信额度的新基建贷款专项,向国开行、农发行推荐项目1400多个,国开行已实现贷款授信190亿元,已发放贷款60亿元。

五、狠抓放管服效,大力激发转型内生动力

坚持把打造“六最”营商环境作为重要任务,重构审批方式,优化审批流程,擦亮服务“金招牌”,全力将发改委打造成“项目之家”。一是加快推进要素市场化配置改革。印发《关于构建更加完善的要素市场化配置体制机制的实施意见》,围绕土地、劳动力、资本、技术、数据等领域,提出30项改革任务和15项改革试点事项,推进要素市场化改革。二是加快深化承诺制改革。制定《核准类企业投资项目承诺制改革试点方案》,针对核准类产业项目、交通基础设施项目报建程序,进行事项调整、流程再造,开发区实现企业投资项目“零审批”全覆盖,交通等线性项目审批事项进一步精简。三是加快推进信用体系建设。印发《关于加快推进信用承诺应用的实施方案》。扎实推进“信易贷”,组织太原、大同、晋中、朔州4市开展全省“信易贷”试点工作,大力推动省信用平台应用建设,截至2020年底,全国“信易贷”平台山西省站累计受理成功授信253笔,授信金额10.27亿元。四是加快推动政务服务“一网通办”。完善省、市、县三级联动机制,采用“一个窗口、一套材料、一个平台”方式,实现审批跨层级推送。出台《关于依法政务服务事项“一网通办、全程网办”相关制度的通知》,推动投资项目审批、投资项目服务、物价服务等领域31类政务服务事项“应上尽上、能上尽上”,省发改委所有政务服务事项实现全程网上办理。

六、牢牢把握能源革命主战场,扎实推进能源革命综合改革试点

制定《山西能源革命综合改革试点2020年行动计划》,统筹推进83项年度工作任务。推动智能化改造试点扎实起步,新元煤矿建成全国首座5G煤矿。全面推动煤层气增储上产,开展晋城煤层气综合改革试点。深入实施能源优势转换战略,参与研究制定《战略性新兴产业电价机制实施方案》,终端电价降至0.3元/千瓦时。围绕电力外送基地建设目标,统筹推进“两交”特高压落地工程和500千伏“西电东送”通道调整工程,推动垣曲抽水蓄能项目加快建设进度。

七、牢牢把握重点工程主战场,加快推动全省重点工程建设

针对新冠肺炎疫情影响,把省级重点工程开复工项目的

防护物资统一纳入省级调度保障,协调帮助项目单位采购疫情防控物资,采取"一项一策"等方式精准有序推进省级重点工程项目开复工。安排2000万元专项资金,奖励开复工的省重点工程项目。全面落实省市县三级重点工程领导包联、用地保障机制,"点办理、批处理"破解项目推进难题,推动集大原高铁、雄忻高铁、太原机场三期改扩建等重大工程加快建设。2020年省市重点工程建设项目完成投资3661.1亿元,完成率达141.2%。郑太高铁于12月12日正式通车,太原地铁2号线于年底顺利投运。

八、坚持以人民为中心,民生重点工作成效显著

完成脱贫攻坚硬任务。高标准完成了全省易地扶贫搬迁任务,获得国家表彰。出台以工代赈促增收政策,安排以工代赈资金2.18亿元。5个对口帮扶村脱贫成果进一步巩固。一是推进生态文明建设。制定深化绿色发展政策措施,推动循环经济发展,园区循环化改造、国家资源循环利用基地和大宗固废综合利用基地建设扎实推进。芮城、娄烦、孝义、平鲁4个国家生态文明先行示范区重点改革任务基本完成。二是保障粮食储备供应。支持粮食物流产业园、仓储库和保障中心重大项目建设,加大粮食仓储设施改造力度,有效完善山西省粮食安全保障体系,连续四年荣获全国粮安考核优秀等次,稳居第一方阵。三是做好保供稳价。圆满完成2019-2020年供暖季保供任务,提前启动2020-2021年保供各项机制,确保全省人民群众安全温暖度冬。连续18个月启动物价联动机制,发放价格临时补贴约12.7亿元,有效保障困难群众基本生活。持续强化价格监测预警,保持重要民生商品价格稳定,全年居民消费价格上涨2.9%。四是提升公共服务水平。推动山西白求恩医院首批国家区域医疗中心试点启动实施,谋划布局第二批国家试点和省级试点。产教融合试点加快推进,养老托育产业健康发展,"一老一小"问题较好解决,社会足球场超额完成国家确定的山西省目标任务。采煤沉陷区搬迁安置任务完成87%,经济动员、援疆等工作扎实推进,群众获得感、幸福感显著增强。

九、加强党的全面领导

一是全面扛起从严治党主体责任。牢固树立发改委首先是政治机关的意识。深入学习贯彻习近平总书记视察山西重要讲话重要指示,组织党组成员带头"领读、领学、领悟",及时编印委党组中心组理论学习资料汇编,成为指导工作"案头书"。二是持续推进党风廉政建设。认真开展廉政风险排查防控和党政领导干部违规入股企业问题专项清理,坚持惩防结合、标本兼治,构建不敢腐、不能腐、不想腐的体制机制,推进全面从严治党向纵深发展。实行"年初承诺、年中抽查、年底兑现"效能考核,确保省委省政府重大决策部署落实落地。三是努力打造专业化高素质的干部队伍。致力打造具有活力的战斗队伍,全省发改系统干部职工"胸怀大局、脚踏实地"的干事创业氛围日益浓厚。

(卫林宏)

附:省发展和改革委员会党组书记、成员名单

书　记: 姜四清(3月离职)　刘　锋(3月任职)

成　员: 赵友亭　师旭明(3月任职,12月离职)　李江龙(12月任职)　姚少峰　李肇伟　任　凯(6月任职)　马双喜　王云龙

省教育厅党组(省委教育工委)

党组书记　吴俊清

2020年,省委教育工委、省教育厅党组以习近平新时代中国特色社会主义思想为指引,全面贯彻党的十九大和十九届二中、三中、四中、五中全会精神,紧扣省委"四为四高两同步"总体思路和要求,各项年度目标任务全面完成,教育事业实现"十三五"圆满收官。

一、强引领,重党建,坚持不懈推进全面从严治党

一是强化政治引领。始终把习近平新时代中国特色社会主义思想作为学习贯彻的"第一内容""第一议题"。第一时间跟进学习习近平总书记视察山西重要讲话重要指示精神,迅速在全省教育系统掀起学习贯彻热潮,并将其作为教育工作的主线,列出任务清单,确保条条落实。

二是强化依法治教。以习近平法治思想为根本遵循。推动建设市县级青少年法治教育实践基地和法治资源教室220个、法学研究基地3个,实现全省中小学兼职法治副校长配备全覆盖。以宪法教育为核心,深入开展系列宣传活动,宪法小卫士参与人数达175万余人,营造出浓厚的校园法治氛围。省教育厅获得全国"七五"普法中期先进集体称号,在山西省第二届国家机关"谁执法 谁普法"履职报告评议中排名第一,被评为"优秀"等次。

三是强化党建质量。推动厅直属事业单位重塑性改革,精简机构63%、编制45%,实现"脱胎换骨"根本转变。指导高校修订院(系)党委会议和党政联席会议议事规则,建立健全落实机制,推进高校内部治理体系和治理能力现代化。建立抓党建述职"四级联动"机制,创新图表化考核方式,提高

考核的科学性。加强党建带头人、学术带头人“双向培养”,“双带头人”配备比例达99%,进入全国前列。制定中小学党建工作标准,培育创建全省首批40所党建工作示范校取得明显成效。实施“整园建强、整楼推进、整线突破、全面提升”行动计划,推动民办学校党建工作规范化发展。

四是强化责任落实。召开全省教育系统全面从严治党工作会,分析研判形势,研究解决瓶颈和短板,制定和落实改进措施。形成全面从严治党主体责任落实闭环,完善高校巡视整改工作机制,做好巡视“后半篇文章”。

五是强化警示教育。紧盯元旦、春节、国庆等重要时间节点和领导干部“关键少数”,采取下发文件、发廉政提醒短信、组织检查等措施,促进形成风清气正的育人环境。以“仝卓事件”为案例,在全省教育系统开展警示教育,让廉洁自律融入日常、做在经常。大力推进高校领导干部素质能力提升计划,把党性、廉洁教育作为各级各类干部教育培训的必修课。

二、强思政,重铸魂,深入落实立德树人根本任务

紧紧围绕培养什么人、怎样培养人、为谁培养人这个根本问题,不断加强和改进学校思想政治工作。

一是高站位推动“三进”工作。把习近平总书记视察山西重要讲话重要指示纳入“三团巡讲”,累计宣讲3700余场,受众达42万余人次,持续推进入心入脑。评选推广65个宣讲短视频,同时利用“大学生讲思政课”等载体,以线上线下相结合的方式,实现宣讲全覆盖。围绕十九届五中全会精神,在全省教育系统深入开展宣讲活动。吴俊清厅长率先宣讲,受众超过1万人。所属高校累计组织线下宣讲活动1200余场,受众超过22万余人。

二是高标准打造关键课程。印发《山西省深入新时代思政课改革创新的若干措施》。将“开展集体备课情况”纳入高校党委落实意识形态工作责任制考核指标体系。实施“思政引领晋步”集体备课行动,遴选推广了一批大中小学优秀教案,同时组织省级示范性集体备课,骨干成员分赴各高校开展展示交流活动。

三是高质量用活抗疫教材。充分挖掘疫情防控过程中丰富的育人元素,通过线上班会、线上团日活动、“微课堂”等多种方式,因势利导,激励学生逆风成长,向阳前行。组织全省学校备好讲好春季、秋季学期开学返校“第一课”。青少年爱国主义读书教育空中课堂正式上线,首期录制有声资源51节,深入宣传“战疫”典型事例。

四是高要求建强三支队伍。将“三支队伍”建设情况纳入高校领导班子年度考核体系。截至年底,工委所属高校基本实现“每个院系至少配备1–2名专职组织员”,专职辅导员新增688名,思政课教师新增344名。

三、强改革,重创新,充分激发教育事业生机活力

一是教育改革态势更加强劲。印发《山西教育现代化2035》《加快推进山西教育现代化实施方案(2020–2023年)》。召开全省研究生教育会议,对新时代研究生教育明确战略新坐标,作出改革新部署。全面激活职业教育、基础教育高质量发展新动力。深化新时代教育督导体制机制改革,推动教育督导“长牙齿”、上水平。编撰的《高等教育领域“放管服”改革的山西实践》课题被收入《法治山西建设年度报告(2020)》蓝皮书中。

二是教育创新发展勇蹚新路。召开全省义务教育学校布局优化工作部署会,以县为单位制定方案,加快中学向县城集聚、小学向乡镇以上集中,坚决蹚出“就近就便服从就优”的新路子。大力推进“公民同招”改革,将民办义务教育学校招生纳入审批地统一管理,对报名人数超过招生计划的,实行电脑随机录取,有效缓解“择校热”,推动民办学校从“抢好生源”向“教好学生”转变。长治市“十大行动”成为全国基础教育改革新旗帜,受到国家级推介。教育部基础教育综合改革暨教学工作的首次全国性会议放在长治召开,充分体现山西基础教育在全国的典型示范意义。

三是素质教育改革深入推进。研究制定《关于强化新时代学校体育促进学生身心健康全面发展的实施意见》。遴选31所全省青少年校园游泳特色学校,将游泳课列入学校体育教学主要内容,力争经过2–3年时间,实现毕业学生人人会游泳的目标。召开体教融合专题座谈会,探索形成以校企合作形式、多方面推动体教融合的初步意向。举办多类型艺术展演活动,遴选建设优秀传统文化艺术教育基地46个,突出以点带面,切实推进山西省学校美育工作。完善儿童青少年近视防控工作联席会议机制,新增3个成员单位,极大增强了工作的整体性、系统性和实效性。印发《全省综合防控儿童青少年近视工作评议考核办法(试行)》,启动实施教育局长“挂号项目”,各市责任进一步压实压紧。新增86所示范学校、4个试点县,辐射带动全省近视防控工作更趋深化。

四、强保障,重民生,多措并举扩大优质资源供给

一是优质供给持续扩大。大力推进学前教育普及普惠安全优质发展,普惠性幼儿园建设认定565所,超额完成省政府下达的400所年度任务。重拳治理城镇小区配套幼儿园,治理完成450所,完成率达95%,位列全国第12名。清理整顿近900所无证园,年底实现全面清零。深化城乡义务教育一体化改革,乡镇寄宿制学校建设改造546所,超额完成省政府下达任务,城镇学位供给进一步扩大。实施特殊教育提升计划,实现30万人口以上的县域内均有公办特殊教育学校。坚持一人一案,实行分类安置,全省适龄残疾儿童安置率达100%,超出教育部规定的95%目标。

二是纾解痛点多措并举。坚持“两为主、两纳入”,健全以居住证为主要依据的入学政策,切实保障随迁子女平等接受义务教育。实施薄弱环节改善与能力提升工程,投入资金32余亿元,涉及项目7953个,惠及学校3535所,确保贫困学生

"有学上""能上学""上好学"。深刻汲取"仝卓事件"教训,制定全省中小学生学籍管理文件,召开两期培训会,推动中小学生学籍管理全面规范。实行定期通报制度,加强动态监测,精准实现全省"大班额"全部销号。积极推进学校建立课后服务制度,有效解决"放学早、接送难、无人管"问题。政务服务更加高效便民,14 项行政审批事项"一网通办"实现 100%,"12345"政府服务热线办结率实现 100%,事中事后监管事项清单梳理完成率实现 100%。

三是扶智扶志更加深化。与九部门联合出台《关于健全长效机制持续做好控辍保学工作的实施意见》,落实"一县一策",持续保持控辍保学静态清零、动态保障。实现全省所有贫困县营养改善计划全覆盖,受益学生近 70 万人。发放义务教育阶段资助资金 2.5 亿元,受助学生近 38 万人次,切实阻断贫困代际传递。优化贫困地区教师资源配置,补充特岗教师 3700 名,实施国家乡村教师生活补助政策,不断激发乡村教师从教热情。推动 10 所大学、59 所重点骨干职业院校、88 所省示范高中学校,多形式深化对口帮扶。太原理工大学"统筹科技平台资源产业助力扶贫攻坚"项目,成功入选教育部精准扶贫精准脱贫典型项目,为打造高校精准扶贫品牌交出"山西新答卷"。

四是就业攻坚落地见效。针对疫情防控特殊形势,深入开展"百日冲刺"行动,大力组织"双线"招聘活动,做到岗位推送不断线、重点帮扶不断线、接续服务不断线。全面落实硕士研究生、专升本和高职扩招任务,招生计划分别比上年增长 25.8%、21.7%和 17.3%,对缓解高校毕业生就业压力发挥了重要作用。山西省高校毕业生就业率达到 67%,实现了山西省 2020 届高校毕业生初次就业率不降低、离校未就业毕业生人数不增加、建档立卡家庭和未摘帽贫困县毕业生就业有保障三大目标。

五、强统筹,重质量,全力以赴服务山西转型发展

一是高校布局变革性重塑。深化山西农大和省农科院整合改革,最大程度释放合署优势。设立山西通用航空职业技术学院、朔州陶瓷职业技术学院、长治幼儿师范高等专科学校。山西轻工职业技术学院更名为山西铁道职业技术学院。作为全省第一所本科职业院校,运城职业技术大学挂牌招生。组建新山西师范大学建设领导组。山西广播电视大学更名为山西开放大学。2 所独立学院完成转设,完成了独立学院年内转设过半的任务。在全国独立学院转设专题培训班上,山西省专门作了经验介绍。

二是内涵发展多维度提升。对接产业发展和技术需求,成立"半导体学院""药茶学院""电影学院""云冈学学院"等一批产业学院,探索形成特色专业群建设新范式。深入推进学科专业调整优化,支持博士学位授权高校增列网络空间安全、工程专博等急需且空白的学科学位点,全省高校撤销一级学科 2 个、二级学科 7 个,增列一级学科 8 个;新增专业 44 个,撤招专业(方向)37 个,推动人才链与产业链的匹配度大幅提升。

三是创新引擎大力度培育。起草完成推动"1331 工程"提质增效的实施意见、建设规划及相关行动计划,逐步健全"1+1+N"制度体系。成立"1331 工程"专家库,完善标志性成果奖补标准,对产出标志性成果的学科、专业、平台、团队予以持续、滚动性支持。新增国家部委及以上重大科技创新平台 7 个,其中国家林草总局重点实验室和国家知识产权信息服务中心实现了我省同类创新平台"0"的突破。获批国家级重大科研项目 19 项,通过国家科学技术奖初评的科技成果 3 项,其中牵头完成国家自然科学二等奖、国家科技进步二等奖各 1 项,结束了 2014 年以来全省高校无国家科学技术奖的历史。11 项成果入选全国高等学校科学研究优秀成果奖,获奖数量为山西省历年之最,其中人文社会科学类一等奖为时隔 14 年山西省在该奖项上的再次突破。

四是产教融合系统化推进。聚焦"六新"突破,对接产教融合型城市建设,遴选确定 39 家产教融合型企业进行培育建设。支持职业院校高水平实训基地建设项目 38 个,高水平专业建设项目 39 个。探索职业教育集团实体化运行,组建林草、水利、卫生健康等 3 个省级职业教育集团,装备制造和电力职教集团成功入列国家示范性职教集团。稳步开展现代学徒制试点改革,18 个单位参与国家级试点,确定省级试点项目 108 个,截至年底,政府、企业和院校累计投入 6000 余万元,受益学徒 8000 余人。积极推进"1+X"证书制度试点,161 所院校近 4 万名学生参与"1+X"证书制度试点,参与试点证书 90 个,覆盖率达 98%。落实职业院校法定职责,加强职业技能培训和成人继续教育培训,全年累计开展农村劳动力技术技能培训 200 余万人次,城乡社区教育培训 400 余万人次,职工继续教育培训 1 万余人次,有力促进全民技能提升。

五是教育对外开放成效明显。新增中外合作办学项目 5 个,新增孔子课堂 1 所。"平安留学"、中外人文交流等工作获教育部肯定,并在教育部有关会议上作了典型经验交流。牢固树立"全周期管理"意识,来晋留学质量得到提升。来晋留学政府奖学金设立友好省州、"一带一路"专项,更好服务我省对外开放大局。扩充公派出国留学人员储备,增加赴"一带一路"沿线国家留学人数。"留学山西"网上教育展上线开展。以线下结合线上方式举办 4 次国际会议。深化与全罗南道教育厅合作,在线举行"Hello, e-Friends! "2020 中国山西·韩国全罗南道青少年线上交流。

六、强责任,重担当,毫不放松维护校园安全稳定

一是前沿阵地更加牢固。始终把意识形态工作摆在重要位置,加强对课堂、讲坛、网络等意识形态载体监管,坚决抵御和防范各类渗透破坏活动。

二是安全责任体系更加健全。与国安办、政法委等部门建立重点领域防范化解重大安全风险的工作研判协调机制,形成齐抓共管的安全责任体系。制定全省大中小学幼儿园安全管理责任指导手册,将安全教育纳入学校课程,切实增强

师生安全意识和法律法规意识。深入推进“三防”建设,全省中小学幼儿园基本实现封闭化管理,视频监控、专职保安配备率达到95%以上,安全防护能力明显增强。狠抓“明厨亮灶”建设,全省学校“明厨亮灶”实现全覆盖。与市场监督管理局联合开发APP,为校园食品安全装上“千里眼”,有效保障师生“舌尖上的安全”。

三是平安校园建设更加深化。全省共创建省、市、县三级平安校园1.4余万所,占全省学校86%。将扫黑除恶作为一项必须打赢的硬仗,以“三零”创建工作为切入点,着力化解群众、师生身边因上访、事故和案件引发的不稳定因素,教育系统保持安全稳定良好态势。山西省校园及周边治安整治专项组荣获全国第二名,荣列全国第一方阵,在国家平安建设考评中获得满分。在全省安全生产目标责任考核中,省教育厅名列省直单位第一名。

七、强举措,重实效,慎终如始抓好学校疫情防控

一是一盘棋统筹全局。省委、省政府始终把教育系统疫情防控纳入全省大局中,精准有力推进开学复课、高考中考等工作,省疫情防控领导小组印发一系列文件制度,对高校、高职院校和中小学校分类明确标准规范。从严落实防控举措,成为全国第三个开学复课的省份,对我省乃至全国社会生活全面恢复正常秩序产生积极影响。

二是一股绳协同联动。全省各相关部门、各级各类学校分兵把口、各司其职,形成“条块结合、上下联动抓落实”的工作格局。配合省纪委建设完成疫情防控报表“一网通”平台,提升信息数据的准确性。

三是一张网严防死守。紧盯居家、途中、入校等重要环节,全线设防,重点做好“三个四”,也就是突出“四严”(严格复学标准、严格落实责任、严格闭环管理、严格活动管控),积极稳妥推进学校疫情防控;紧盯“四重”(重点地区、重点人群、重点节点、重点事),精准施策、强化关键环节管理;紧抓“四防”(防松懈、防输入、防反弹、防突发),压实责任,千方百计阻断疫情传播。

四是一根线保障教学。开展学校联网攻坚行动,构建覆盖城乡的教育信息化体系,山西省中小学宽带接入率达100%。上半年化“危”为“机”,开展史无前例的大规模在线教育,保障了“停课不停教、停课不停学”。开学后,线上线下有效衔接,教学秩序迅速步入正轨。充分运用信息化手段,确保研究生复试、高考体育类专业测试、大学生就业招聘等工作在线上顺畅运行,取得实质等效。教育系统疫情防控整个过程指令清晰、执行有力,为山西省双赢常态化疫情防控和经济社会发展,彰显“教育担当”,提供“教育保障”。

(冯　皓)

附:省教育厅党组(省委教育工委)书记、工委副书记、工委委员、党组成员名单

党组(工委)书记: 吴俊清

工委主持日常工作副书记: 张敬平(女,3月离职)
吴玉程(3月任职,12月离职)

工委副书记: 何林有

工委委员: 任月忠(10月离职)　卫爱平(10月离职)
马　骏　侯文一　王　东

党组成员: 张敬平(女,3月离职)
吴玉程(3月任职,12月离职)　何林有
任月忠(10月离职)　卫爱平(10月离职)
马　骏　侯文一　王　东

省科技厅党组

党组书记　卫英慧

2020年,省科技厅党组以习近平新时代中国特色社会主义思想为指导,深入学习贯彻习近平总书记视察山西重要讲话重要指示。习近平总书记勉励山西“在转型发展上率先蹚出一条新路来”,提出“在新基建、新技术、新材料、新装备、新产品、新业态上不断取得突破”的重大要求,为山西科技创新发展指明了前进方向。省科技厅全体人员攻坚克难、锐意进取,沿着习近平总书记指引的方向砥砺奋进,各项事业取得了新进展。

一、科技创新政治引领

坚决贯彻习近平总书记视察山西重要讲话重要指示及省委省政府重大决策部署。强化政治机关建设,树牢“四个意识”,坚定“四个自信”,做到“两个维护”,不断提高政治判断力、政治领悟力、政治执行力。厅党组专题研究部署落实省委十一届十次全会精神及《关于贯彻落实习近平总书记视察山西重要讲话重要指示在转型发展上率先蹚出一条新路来的实施方案》,制定《2020年度科技厅党组工作要点》,坚持出台每一项政策、谋划每一项举措、推动每一项工作、解决每一个问题,都自觉以习近平新时代中国特色社会主义思想为根本指导,都自觉放到全省转型发展的大局中研究落实,坚决将党的领导贯穿科技创新的方方面面,始终确保科技创新的正确政治方向。

在科研项目形式审查阶段,拉起政治“红线”,建立负面清单,剔除不良项目;在专家评审阶段,突出政治导向,加大经济社会影响考量,切实将科技计划有效融入市场,助推经济社会发展。努力建立科技计划指南的引导机制、绩效指标

评价的倒逼机制、科技奖励的激励机制,把"两个维护"落实到坚决贯彻党中央决策部署的行动上,体现在科技创新支撑引领经济社会发展能力的提升上,真正把政治监督的要求落实到推动科技工作的方方面面。

二、科技创新顶层设计

大力加强科技创新顶层设计和系统推动,制定《关于加快构建山西省创新生态的指导意见》《关于实施"111"创新工程支撑引领高质量转型发展的意见》等政策文件,《山西省创新驱动高质量发展条例》正式发布实施,创新编制《山西省"十四五"打造一流创新生态,实施创新驱动、科教兴省、人才强省战略规划》和《山西省"十四五"新技术规划》,全力构建一流创新生态,培育壮大转型发展新动能,构建区域创新发展新格局。

三、科技创新激励政策

不断制定支持政策激励创新。实施科技项目全年申报"常态制" 等改革。制定《山西省科学技术奖励办法补充规定》,对产业科技创新发展做出突出贡献的企业家进行重点奖励。联合省委宣传部等7部门印发《关于进一步弘扬科学家精神加强作风和学风建设的实施意见》,对2020年度山西省重大专项项目申报人员629人次及105名评审专家进行了科研诚信审核。牵头制定《关于进一步扩大高校和科研院所科研相关自主权的实施意见》,增强创新活力,提升创新绩效。

四、区域科技协同创新

大力推动区域科技协同创新。一是高位推动合作。与科技部举行省部工作会商,谋划了未来5年科技部支持山西的重大事项。赴中科院、北大、清华学习考察,签订合作协议26份。与北大共建山西省－北京大学科技创新基地,面积达8.3万平方米,打造研发"飞地"和国内外招才引智平台。二是积极开展交流。组织参加第十八届人才交流会、第三届进博会、第二十四届北京科博会等国际展会,主动融入国内大循环、国际国内双循环。

五、战略新型产业科技创新

围绕"14+N"战略新型产业实现弯道超车。一是加强半导体材料研发,重点支持中电科二所建设高层次专业人才和复合型人才培养基地和科技成果辐射基地。重点支持北纬三十八度建设复合物半导体芯谷,实现射频芯片特别是5G射频芯片零的突破,产品实现进口替代。二是推进碳基新材料关键核心技术研发,依托中国科学院山西煤化所等单位,开展轻质、高强碳纤维复合材料、高等级新型核石墨材料等关键堆芯构件等关键核心技术研发,推动实现产业化,服务山西煤炭、装备制造等产业高质量转型发展需要。三是加强合成生物学相关领域研究,通过基因编辑技术改造生命体,使生物体内定向、高效组装物质和材料逐步成为可能,推动先进成果技术落地转化以及科创板上市等相关工作。

六、科技"放管服效"改革

下放和简化科技成果转化管理,深化"放管服效"改革。《山西省促进科技成果转化条例》2020年1月起正式实施,科技成果使用、处置、收益分配"三权"已完全下放给单位,对科技成果完成人和促进科技成果转化做出贡献人员奖励比例不低于70%。对现有行政审批事项进行清理和论证,共取消7项行政审批事项,下放3项行政审批事项,加强政策和业务指导,综合利用数据分析等手段,强化事中事后监管。

七、科技成果转移转化

加快推动科技成果转移转化。一是举办"六新"成果对接会,征集150余项优秀科技成果对外发布,梳理中科院、北大、清华先进科研成果1000余项组织对接,组织6项"六新"成果产学研合作项目进行现场签约,组织10家代表性单位就人源III型胶原蛋白、5G+智能矿山、新型矿物复合材料等"六新"科技成果进行了路演展示。二是大力支持创新创业。下达省级众创空间、科技企业孵化器和省级高新区奖励资金3405万元,新增17家国家备案众创空间,山西华翔集团股份有限公司的高端铸造国家专业化众创空间成功入选国家专业化众创空间示范名单,太原技术转移促进中心成为第二批国家技术转移人才培养基地,推动山西大学培育建设国家大学科技园。三是支持太原市、太原高新区、长治高新区、交城县、晋中国家农高区开展"百城百园"行动,资金支持1100万元。

八、新型研发机构建设

着力加强新型研发机构建设,研究制定《关于促进新型研发机构发展的实施办法》,下大力气推动"四不像"新型研发机构建设。大地国际在日本名古屋发起的山西日本研发及产经服务平台—大地国际日本株式会社已完成所有注册程序,正式启动运营。一批新型研发机构正在谋划建设,谋篇布局未来产业,与北京大学共建碳基薄膜电子研究院等。

九、应用基础研究

一是持续加大省应用基础研究研发投入。2017年至2020年,省应用基础研究计划累计资助项目2380项,累计下达经费9524万元。二是加强与国家自然科学基金委员会合作。2017—2019年NSFC-山西煤基低碳联合基金共资助项目87项,直接经费12360万元。2020年,经省委、省政府批准,2021年至2025年,山西省每年将出资1亿元,加入国家自然科学基金区域创新发展联合基金。

十、社会民生建设

一是加强生态领域关键技术研发与示范。以水污染防治,大气污染防治,汾河流域、吕梁山、太行山生态保护修复等为重点,先后支持"山西省典型河流水生态环境治理与修复技术研究”“焦化行业VOCs污染特征与治理集成技术”等项目开展关键技术研究,发布了《关于开展农村(农户)用煤清洁取暖技术揭榜的公告》,支持开展农村(农户)用煤清洁取暖技术研究。二是推进太原市国家可持续发展议程创新示范区建设。以资源型城市转型升级为主题,申报并获批国家科技计划“太原市高效节水和非常规水资源利用关键技术与示范”项目,重点针对水污染与大气污染等问题,集成应用污水处理和水环境重构、用能方式绿色改造等行动,统筹创新资源,努力形成可操作、可复制、可推广的有效模式,为资源型地区转型发展发挥示范效应,为落实2030年可持续发展议程提供实践经验。三是强化民生保障科技支撑。围绕重大自然灾害监测预警、安全生产与防范、社会管理、维护稳定、食品安全、公共治安领域新技术等方面的研发与应用,启动省级临床医学研究中心建设,首批认定6家,培育15家。支持“136”兴医工程建设,围绕生物制药、山西特色中医药、健康医疗大数据、医疗器械、生物产业等开展关键技术研发与示范,进一步提升了重大疾病预防与控制能力。

十一、科技扶贫工作

全力完成科技扶贫工作任务,认真实施年度科技扶贫《行动计划》,布局了一批“三区”人才支持计划项目,实现58个贫困县全覆盖。设立深度贫困县科技精准扶贫专项,连续三年支持10个深度贫困县发展脱贫主导产业、推广农业先进适用科技成果,通过科技成果转化促进科技精准扶贫。出台《深入推行科技特派员制度的实施意见》,大力实施科技特派员创新创业。一是实施深度贫困县科技精准扶贫专项,安排资金780万元。针对驻汾西县5个帮扶村,积极开展扶贫日系列活动。二是实施“三区”人才支持计划科技人员专项计划,支持项目117项,组建科技特派团32个,选派科技特派员889名,培养乡土人才116名,为10个深度贫困县121个乡镇选派科技特派员363名。

十二、疫情防控科研攻关

加强疫情防控科研攻关,研究制定《山西省科学技术厅新型冠状病毒疫情防控科研攻关紧急立项规定》,紧急发布了疫情防控科研攻关指南,采取紧急立项和“直通车”的方式,分三批立项20个项目,围绕新冠肺炎的诊疗方案、有效药物筛选、病毒溯源和中西医结合等领域开展研发攻关,省中医药研究院6种益气除瘟系列方获制剂备案号、山西中西医结合医院研究确立扶阳辟疫法九个症型及协定处方,使用效果良好,多数项目均取得了阶段性成效。同时,紧急立项建设“重大传染性疾病防控与诊治山西省重点实验室”,全面提升山西省防疫科研能力和水平。

(陈韦江)

附:省科技厅党组书记、成员名单

书　记: 张新伟(11月离职)　卫英慧(11月任职)

成　员: 李　敏(1月离职)　牛青山　张克军　温　波　张其光(11月任职)

董宪军(1月任职,6月被免职)

省工业和信息化厅党组

党组书记　朱　鹏

2020年,面对突如其来的新冠疫情和严峻复杂的经济形势,省工信厅党组团结带领全厅党员干部,全面贯彻落实习近平总书记视察山西重要讲话重要指示和党的十九届五中全会精神,按照省委“四为四高两同步”总体思路和要求,立足新发展阶段,贯彻新发展理念,融入新发展格局,迎难而上、主动作为,全力做好“六稳”“六保”“六新”工作,推动全省工业和信息化高质量转型发展迈上新的台阶。

一、工业经济实现稳定增长

一是统筹推进疫情防控和工业经济发展。成立省疫情防控领导小组医药和物资保障组专班,派出驻企特派员39人次,列支5000万元技改资金补助奖励防疫防护用品生产企业,推动全省口罩、防护服、熔喷布、红外测温仪等防疫物资生产企业均实现“零”的突破,确保全省实现“双零”目标。省工信厅4名干部职工受到工信部表彰,消费品工业处被评为“山西省工人先锋号”,省委省政府予以记大功表彰。二是大力推动企业复工复产。全省干部入企服务8000余人次,累计受理协调解决问题4000余个,全省规上工业企业开工率和员工返岗率3月份即达到99%以上。三是认真做好产供需对接。组织开展5G、新材料、钢铁、轨道交通等21场供需对接活动,达成合作131.63亿元,有力保障了产业链供应链安全。四是全力推进清欠工作。全省共计清偿欠款55.13亿元,无分歧欠款清偿比例100%,提前3个月完成国家下达的目标任务。五是加强运行监测分析。推动各市工业增速在9月份全部实现扭负为正。

二、一流创新生态构建成效显著

坚持把创新作为转型发展逻辑起点,研究起草《关于加快构建山西省创新生态的指导意见》,出台构建工信领域创新生态和打造14个标志性引领性产业集群创新生态系统行动方案,梳理完善招商引智清单、重点项目清单、服务需求清单、产业布局清单“四个清单”,逐个产业调研摸底,制定方案,推进落实。着力构建"政产学研金服用"七位一体创新体系,新培育59户省级企业技术中心,新培育3户国家质量标杆企业创历史新高,扎实推进166项关键技术研发和177个创新项目实施,信创、大数据、半导体、新材料以及新装备等重点领域实现新的突破。坚持把规上工业企业研发活动全覆盖作为全年必须完成的一项"硬核任务",成立推进小组,实施技术、项目、示范三个百项示范引领,建立考核、调度、包联三项推进机制,开展政策培训,强化督促指导,全省规上工业企业研发活动全覆盖工作全面完成。

三、新兴产业培育取得重大进展

一是大力实施"5432"制造业千亿产业培育工程。全面打造14个标志性引领性新兴产业集群。制定重点行业年度发展行动计划,推动出台《山西省大数据发展应用促进条例》,发布实施支持5G、信创产业、新材料产业、集成电路产业和软件产业高质量发展的一揽子政策措施,促进高成长性产业提速发展。二是信创产业形成以百信、长城、曙光等为主的整机制造基地,生产能力达到260万台,初步构建起CPU—操作系统—基础软件—整机—配套外设—应用集成的产业链条。三是大数据产业初具规模。在建数据中心设计标准机架达到23.36万架,服务器能力近240万台,年均增长率、上架利用率均达到61%,高于全国平均水平;百度在综改区建立全国最大的单体数据标注基地;山西省成为国家首批数据管理能力成熟度评估(DCMM)试点地区。四是半导体产业抢抓国产替代发展机遇。加速实现碳化硅第三代半导体材料、深紫外LED、红外探测等领域重大产品规模化生产,重点推进碳化硅单晶衬底、外延材料等项目,打造抢占国际战略制高点的半导体材料产业基地。五是光电产业瞄准关键材料、关键工艺、核心器件等重点领域,加快形成"光电材料－光电元器件－系统/设备/终端产品"产业链条,重点推进光通讯、相机模组、手机零部件、LED、激光等领域项目建设,打造国家级光电产业基地。六是光伏产业加大PERC、HJT、TOPCon、钙钛矿等光伏制造关键技术攻关,加快新技术创新研发应用迭代升级,推进长治、综改示范区、大同光伏产业链建设,形成多晶硅－硅片－电池－组件－应用光伏产业链条,打造成全国重要的光伏制造基地。七是高端装备重点发展先进轨道交通、煤机、新能源汽车、煤化工、电子、风电等,太重轨道交通时速350公里标准动车组轮轴核心技术实现国产化,新能源汽车整车产能达31万辆。八是新材料产业在碳基新材料、生物基新材料、先进金属材料、新型无机非金属材料四个特色领域率先突破,太钢集团特殊钢材料有18种产品国内首创、26种产品市场占有率第一、40种产品成功替代进口,山西钢科的T800级碳纤维主体力学性能达到日本东丽T800碳纤维水平。九是新业态不断涌现,全球蛙新零售平台业务范围覆盖全国27个省市,猪八戒网在太原、长治、晋城落地"八戒工场",线上线下累计为1万余户企业提供管家服务。积极做优工业互联网,山西省二级节点数量位居全国第十。十是积极布局新基建,全省累计开通5G基站16281座,开通率居全国第一方阵。阳煤集团新元煤矿、霍州煤电庞庞塔煤矿率先建成井下5G专网,成为全国智慧矿山建设的典型示范。智慧物流新业态发展成效显著,全国网络货运大会首次在我省召开,网络货运数字产业园落地运营。

四、传统产业转型升级步伐加快

钢铁行业先进产能占比进一步提升,22户企业完成超低排放改造任务,走在全国前列;焦化行业全力推进压减过剩产能,完成环保督察压减4027万吨过剩产能任务,1800万吨大型焦化产能项目顺利建成,全省大机焦产能占比达到56%;有色行业坚持"延链、补链、强链",中铝华润一期轻合金项目全部投产,吕梁"铝土矿－氧化铝－电解铝－铝材"产业链条基本形成;建材行业推动中小企业上规升级,加快推进山西建筑产业现代化潇河园区等项目建设;特色轻工推动成立山西药茶产业联盟和中药饮片专业委员会,"三品"行动取得新成效。加快绿色化发展,26个绿色工厂、2个绿色园区、10个绿色设计产品、1个绿色供应链入选工信部第五批绿色制造名单。加快推进智能制造,新培育省级智能制造试点示范企业40户,标杆项目5个。积极推进两化融合,全年新增84家两化融合贯标认定企业,2020年全省两化融合发展指数达49.8。

五、项目建设取得新成效

实施项目建设"百千工程",积极开展"进工地、到一线、解难题"活动,长城计算机制造基地创造了山西速度、太原速度,山西合成生物产业生态园、中煤科工智能制造基地等一批重点项目建设顺利推进。省级"双百"工业转型升级重点项目累计完成投资436亿元,86个项目建成投产或部分投产。2020年全省工业投资增长16.4%,增速排名全国第4位。发挥技改和数字经济发展专项资金撬动牵引作用,组织实施396个技改和162个数字经济项目,安排省级技改资金15.1亿元、数字经济发展资金1.95亿元。

六、工信领域改革开放持续深化

全面推动能源革命综合改革,遴选10座煤矿和50个智能综采工作面开展煤矿智能化建设试点,制定出台煤矿智能化地方标准,国务委员王勇对标准给予高度肯定并要求各地借鉴推广。积极推进电价机制改革,围绕战略性新兴产业用户终端电价0.3元/千瓦时的目标导向,遴选了442户企业参与两批新兴产业电力交易。圆满完成厅属事业单位改革,稳步推进机关重塑性改革。成功举办晋阳湖·首届集成电路和软件业峰会,国家部委、行业代表、领军企业、院士专家等600多人参会,签约项目131个,总投资800亿元。加快推进"十四五"时期5个省级重点专项规划和13个部门专项规划的编制工作,为工业和信息化发展谋好篇布好局。

七、党的建设全面加强

一是强化理论武装。厅党组中心组集中学习15次,党组书记作专题党课辅导6次,实施青年理论学习提升工程,倡导大学习大提高,全厅党员干部进一步增强"四个意识",坚定"四个自信",做到"两个维护"。二是强化政治担当。坚定落实政治监督和巡视整改责任,制定出台贯彻落实省委十一届十次全会精神的实施方案,召开33次党组会,全力推动重点工作落实落地。组织签定党风廉政建设责任书和廉洁守纪承诺书,推动"两个责任"贯通协同、形成合力。三是强化组织建设。高质量完成机关党委、机关纪委换届工作。优化调整党支部,开展软弱涣散基层党组织排查,严格"三会一课"制度,支部规范化标准化建设稳步推进。四是强化正风肃纪。常态化开展警示教育,推动党员干部镜鉴常照、警钟长鸣;盯紧源头预防,梳理廉政风险点135个;严格落实中央八项规定精神,开展监督执纪问责,全厅系统全面从严治党向纵深推进。五是强化机关建设。把构建"六型组织"(学习型、创新型、作为型、高效型、和谐型、廉洁型)作为基础性标志性工程,着力建设"模范机关"。实施重点工作公开承诺制度,强化机关效能建设,决战完胜脱贫攻坚,省工信厅获得山西省干部驻村帮扶工作模范单位,扎实做好依法行政、干部选任、"放管服效"改革、后勤保障、精神文明创建、老干部工作、信访维稳、"三零"单位创建等基础工作,机关凝聚力、战斗力、创造力显著提升。

(董晨阳)

附:省工业和信息化厅党组书记、成员名单

书　记: 李晋平(2月离职)　朱　鹏(3月任职)

成　员: 马运侠　李　政(12月离职)
胡志国(12月任职)　张占祥　乔丽刚
刘　勇(2月任职)　李东洪(2月离职)
薛江炤(2月任职)

省民政厅党组

党组书记　薛维栋

2020年,民政厅党组坚持以习近平新时代中国特色社会主义思想为指导,深入学习贯彻习近平总书记视察山西重要讲话重要指示,牢固树立以人民为中心的发展思想,忠实践行"民政为民、民政爱民"的工作理念,紧紧围绕省委"四为四高两同步"的总体思路和要求,聚焦脱贫攻坚、聚焦特殊群体、聚焦群众关切,全面履行基本民生保障、基层社会治理、基本社会服务等职责,在全省转型发展、决胜全面建成小康社会中作出积极贡献。

一、深入学习贯彻习近平新时代中国特色社会主义思想,坚决做到"两个维护"

坚持把党的政治建设摆在首位,严格执行维护党中央权威和集中统一领导的各项制度,推动党中央、国务院重大决策部署全面落实。深化理论武装,坚持把学习习近平新时代中国特色社会主义思想、习近平总书记视察山西重要讲话重要指示作为首要政治任务,持之以恒以党的创新理论武装头脑、推动工作,增强"四个意识",坚定"四个自信",做到"两个维护"。全面落实《中国共产党党和国家机关基层组织工作条例》《中国共产党支部工作条例(试行)》,基层党组织建设进一步夯实。积极履行政治监督主体责任,突出政治监督,强化日常监督,坚决防止"四风"问题反弹回潮。严明党的纪律规矩,抓好经常性纪律教育和廉政警示教育,推动党员干部知敬畏、存戒惧、守底线。加强反腐败工作,统筹推进"不想腐",强化不敢腐的震慑,推动政治生态持久风清气正。坚持党管干部的原则和正确的选人用人导向,适应民政事业发展需要,把政治思想好、业务能力强、作风素质硬、清正廉洁的干部选拔到重要岗位,加强干部教育培训,举办领导干部能力提升等培训,提升民政干部综合素质和履职能力。

二、聚焦脱贫攻坚,兜住兜牢民生保障底线

再次提高城乡低保标准每人每月20元,同步提高特困人员救助供养标准,全省城市、农村低保平均保障标准分别达到每人每月592元、每人每年5319元,比2019年提高了41元、559元(每月约47元),所有县(市、区)农村低保保障

标准均达到或超过国家扶贫标准。全面排查脱贫攻坚兜底保障政策落实情况,累计排查370多万人,符合条件的全部纳入保障范围。加大临时救助力度,适度扩大低保和临时救助范围。规范特困供养人员管理,做到分散供养特困人员“平时有人照应,生病有人看护”,有集中供养需求的生活不能自理特困人员全部集中供养。连续9次启动社会救助和保障标准与物价上涨联动机制,为1237万人次发放价格临时补贴。强化“应保尽保”和“分类施保”,实施单人保、低保渐退期等政策,为打赢脱贫攻坚战奠定了扎实基础。全年下达困难群众救助补助资金70.25亿元,保障城市低保对象26.4万人、农村低保对象99.2万人、特困供养对象13.5万人,实施临时救助16.4万人次,编密织牢民生兜底保障“安全网”。

三、着眼为老年人创造高品质生活,健全完善养老服务体系

召开全省推进社区居家和康养产业发展会议,总结推广太原社区居家养老模式经验。出台《关于支持社区居家养老服务发展的意见》和《关于推进养老服务发展的实施意见》,搭建起我省社区居家养老服务政策框架体系。列入省政府民生实事的“30个城镇社区养老幸福工程”全面完成。重点推进11个康养项目建设,总投资达269亿元。举办了第二届“康养山西、夏养山西”康养项目合作交流(招商)会,22家单位现场签约,总投资127亿元。协调西山管委会推进联众集团投资项目快速办理,引进了央企光大养老、华川养老落地山西省。培育了一批本土康养品牌。

四、突出工作重点,全面提升基层社会治理能力

全省合并行政村7259个,行政村减少为18936个,提前超额完成省委“合并减少6000个”的目标任务。下发《加强社区党建联建促进物业管理提升服务水平的指导意见》和《推进社区工作者职业体系建设的指导意见》,解决了社区配套建设用房和社区干部待遇问题。指导社区接收国企退休人员113万人。规范了自治组织出具证明工作,开展了整治社区“万能章”专项行动。督导易地搬迁安置社区全部建立基层组织、完成综合服务设施配套建设。村民公约、居民公约修订完成率达100%。培育省级乡村治理服务示范社区63个、善治示范村514个,创建全国和省级民主法治示范村(社区)348个。完成《村委会选举办法》修正和延期换届法定核准工作,开展了“两委”换届试点工作。扫黑除恶斗争深入推进,累计审查出不合格村干部1802人,全部清理并补齐配强,山西新闻联播作了专题报道。

五、坚持培育发展和监督管理并重,推动社会组织高质量发展

积极引导培育社区社会组织依法成立,全省社区社会组织达到11745家。社会组织“放管服”改革不断深化,成立登记由60个工作日缩减为10个工作日,变更登记由15个工作日缩减为5个工作日,达到全国最短,所有政务服务事项全部实现“一网通办”。完成36家省级行业协会商会“乱收费”调研发现问题整改工作,并在全省开展了举一反三、自查自纠专项行动。动员1298家社会组织参与脱贫攻坚,累计投入39179万元,79万人次受益。党组织和党的工作“两个覆盖”基本实现“动态清零”,1.36万个有党员的社会组织全部建立党组织,增强了党对社会组织的领导。

六、服务转型发展大局,持续优化区划地名管理

围绕解决山西省行政区划设置中存在的“一市一区”等突出问题,立足于为转型发展提供科学依托,深入开展调研论证工作,持续加强与民政部的汇报沟通。完成太谷县行政区划调整组织实施工作,2个市的行政区划调整实施方案上报国务院。12件乡镇行政区划调整事项已经省政府常务会议审议通过。全面启动乡级行政区划调整工作,调整变更了偏关县老牛湾镇等一批乡级政区名称。完成国家地名图、录、典、志山西省分卷第一阶段编纂工作,山西省被民政部确定为全国六个省级地名库建设试点之一。不规范地名摸底排查工作按时高质完成。省界晋陕线和4条市界、39条县界的联检工作依法推进、全部完成,确保了边界地区社会稳定。

七、加大改革力度,殡葬基础设施建设取得重大突破

省政府召开全省殡葬基础设施建设推进会议,安排部署用2~3年时间新建、改扩建89个殡仪馆的任务,到2023年底山西省将实现县级行政区域带火化功能的殡仪馆全覆盖,火化设备全部符合国家环保要求。新建殡仪馆已开工13个,总投资9.38亿元,20个项目启动前期手续,全省新建殡仪馆数量超过1980年以来建设总和的近一倍。加强标准和制度建设,印发了《山西省殡葬基础设施建设指南》,起草了《关于加快推进全省殡葬综合改革促进殡葬事业发展的意见》。

八、聚焦特殊群体,关爱保护体系进一步健全

省、市、县全部建立农村留守儿童关爱保护和困境儿童保障联席会议制度。扎实开展脱贫攻坚特殊群体关爱行动,组织实施年度行动计划。将5361名孤儿、4582名事实无人抚养儿童及时纳入基本生活保障范围。全省开展“农村留守儿童和困境儿童关爱保护政策宣讲进村(居)”活动4387场次。印发《关于加强农村留守妇女关爱服务工作的实施意见》,开展了“儿童福利信息动态管理精准化提升年”专项行动,农村留守儿童、留守妇女信息全部录入全国儿童福利信息系统。开展了涉外收养突出问题摸排整治。建立了残疾人两项补贴标准动态调整机制,下拨残疾人两项补贴资金16596万元,惠及54.89万残疾人。为10个深度贫困县的220名残疾人员配发了假肢和矫形器261具。

九、以法制化规范化为抓手,促进慈善事业、社会工作、志愿服务加快发展

《山西省慈善事业促进条例》通过省人大二次评审。积极

推广使用“全国志愿服务信息系统”,大力提升志愿服务规范化程度,山西省注册志愿者总数达到350万余人,累计服务记录时长1747万小时。社会工作人才支持“三区”计划有效实施,开展活动40余场,为易地扶贫搬迁安置群众链接医疗、教育、环保、就业等服务十余项。全年销售各类福利彩票28.7亿元,筹集公益金8.99亿元。

(孙鹏飞)

附:省民政厅党组书记、副书记、成员名单

书　记: 薛维栋

副书记: 曾庆勇

成　员: 宋海兵　贾慕权　琚李梅(女)

省司法厅党委

党委书记　薛永辉

2020年,省司法厅党委紧紧围绕省委“四为四高两同步”总体思路和要求,一手抓疫情防控,一手抓工作推进,全力以赴、克难奋进,推动47项核心业务指标挺进全国第一方阵,各项工作取得新的成效。

一、坚持“政治统领、党建引领”,旗帜鲜明讲政治

(一)政治机关建设进一步加强。在全系统部署实施“对党忠诚、政治铸魂”工程,连续第四年召开学用习近平新时代中国特色社会主义思想经验交流会,严格落实“首题必政治”学习制度,厅党委全年开展理论中心组学习32次,召开厅党委会42次,研究议题244个。把开展“提高水平、提高效率”专项活动贯穿全年始终,推动39条整改举措逐一落实,全系统干部政治意识、服务意识明显增强,工作作风明显改进。

(二)全面从严治党进一步深化。建立党内法规和规范性文件执行机制、厅党委规范性文件备案审查机制,制定落实《中国共产党重大事项请示报告条例》《中国共产党宣传工作条例》的实施意见,修改废止厅党委规范性文件14件,持续提高管党治党水平。扎实开展《中国共产党政法工作条例》贯彻落实情况自查、律师行业警示教育专项整治,对6个监狱戒毒单位进行第四轮政治巡察,首次对机关处室开展政治监督专项检查,持续推动全面从严治党向基层延伸、向机关拓展。

(三)队伍“四化”水平进一步提高。围绕队伍“四化”建设,全年提拔处级以上领导干部50人,晋升四级调研员以上职级66人,晋升四级以上高级警长231人,全系统各级班子得到进一步加强,干部队伍结构得到不断优化。首次为全省司法所统一招录公务员488名,所均工作人员首次达到4.5人水平。大力开展便捷入警工作,为监狱戒毒单位招录干警300名。47个集体、159名个人受到省部级以上表彰奖励,东华制衣有限责任公司、阳泉二监杨鹏同志分别被表彰为全国抗击新冠肺炎疫情先进集体和先进个人。

二、充分发挥省委依法治省办统筹作用,服务全省法治建设大局

(一)依法治省工作高效运转。在全国率先建成纵向到底、横向到边的省市县三级和省直单位党委(党组)领导法治建设的组织架构体系。高规格组建全面依法治省专家咨询团,试点开展党政主要负责人年终述法,发布2020年《山西法治蓝皮书》,交出了以法治手段完善治理体系、提升治理能力的“山西答卷”。扎实开展中央依法治国办对山西省法治政府建设督察反馈整改工作,整改成效得到中央依法治国办充分肯定。

(二)行政立法水平效率稳步提升。围绕省委省政府中心工作编制《2020年省政府规章项目计划》,建立厅党委重大法核件办理机制,建立运行立法基地、立法联系点、立法专家库三项行政立法协作机制,科学立法、民主立法水平明显提升。全年共起草、审查立法项目25件,完成规范性文件合法性审核435件次,推动省委省政府决策部署和转型经验上升为法规规章和制度机制。

(三)依法行政亮点突出。高效推进“十四五”省级政府治理能力现代化专项规划编制工作,在全国率先提出市县法治政府建设标准体系建设课题并召开专家论证会进行专门论证,推动右玉县入列全国法治政府建设示范项目。召开全省全面推行行政执法“三项制度”推进会,完成全省50519名行政执法人员证件颁发工作,完成第一批证明事项告知承诺制试点工作。积极推进行政复议体制改革,办理省本级行政复议案件130件,行政应诉案件73件。

(四)全民守法基础持续夯实。严格落实“谁执法谁普法”普法责任制,举办第二届国家机关“谁执法谁普法”履职报告评议会,创新开展“抖音”普法,推动法治宣传教育第七个五年规划(2016—2020年)全面完成。推动出台《山西省加强法治乡村建设的实施意见》,完善法治乡村顶层设计。建成306个省级民主法治示范村,培养农村“法律明白人”7.4万余名,创新开展“法治邮路进万家”活动,全民守法的社会基础进一步夯实。

三、全力确保重点领域绝对安全，服务全省安全稳定大局

（一）持续实现疫情防控“五零”目标。始终把疫情防控作为重大政治任务，先后召开5次全系统大会、38次厅党委专题会、78次调度会，及时对全系统疫情防控工作进行安排部署，持续实现了疫情防控“五零”目标。广大监狱、戒毒干警服从命令、无私奉献，始终坚守在疫情防控第一线。圆满完成疫情防控条件下国家统一法律职业资格考试、12·4宪法宣传周等重大活动的组织实施任务，在依法开展防控、促进企业复工复产、化解涉疫矛盾纠纷等方面有效发挥服务保障作用。

（二）坚决打赢扫黑除恶专项斗争。实施政治定力引领工程、监管改造系统工程、线索摸排提效工程、辩护代理提质工程、法治宣传创新工程、专项整治治本工程“六大工程”，工作经验在全国《司法要情》刊发。紧抓关键环节，确保涉黑涉恶类罪犯、社区矫正对象总体稳定。摸排涉黑涉恶违法案件线索1258条，黑恶势力“保护伞”及腐败线索171条。指导律师代理涉黑涉恶案件6974起，开展专项法治宣传3.8万场。监狱涉黑涉恶罪犯教育转化经验得到中央扫黑办充分肯定。

（三）全力推进“三零”单位创建。全系统1534个创建主体达到“零上访、零事故、零案件”标准，监狱戒毒场所顺利实现第14个“四无”“六无”目标。监狱布局调整方案和监狱煤矿退出方案通过省政府常务会审议，取得了突破性进展，监狱执法规范化水平全面提升。戒毒管理、教育、戒毒医疗等工作走在全国前列。省市县三级社区矫正委员会和社区矫正管理机构全部成立，社区矫正对象再犯罪率持续低于全国平均水平。成立省人民调解学院，完成首次人民调解员等级评定，各级调解组织化解矛盾纠纷9.8万件，就地化解率达98.9%，切实推动“小事不出村、大事不出镇、矛盾不上交”。

四、强化公共法律服务供给，服务全省经济社会发展大局

（一）全力服务高质量转型发展。制定《深入学习贯彻习近平总书记视察山西重要讲话重要指示 服务和保障我省在转型发展上率先蹚出一条新路来的实施举措》《能源革命综合改革试点法治保障行动方案》等指导文件，出台律师服务“六新”发展指导意见。培养40余名高素质涉外法律人才，助推我省企业“走出去”。组织3600余名律师、公证员、司法鉴定人员组建专业团队，成立公益法律服务团，与重点工程紧密对接，开展“法治体检”1300场次，为数千家企业提供法律服务，解决法律问题5650个，总标的额50多亿元。

（二）加快公共法律服务体系建设。省委省政府办公厅出台完善仲裁制度提高仲裁公信力的若干措施，依法治省委员会办公室印发加快推进公共法律服务体系建设的工作举措。推动1500余个法律服务实体平台和热线、网络平台深度融合，山西法律服务网实现全业务综合查询，64项审批事项网上办理。法律服务相关系统全部迁移至政法网，智慧调解系统、司法所管理系统等上线运行，“数字法治 智慧司法”建设稳步推进，“一朵云、两平台”基本建成。

（三）切实增强群众法治获得感。创新实施免费法律咨询便民工程，并再次纳入省政府民生实事，累计解答群众法律咨询40.7万人次，满意度达99.9%。公证机构进一步简化流程，实现48项公证“一次也不跑”，100项公证“最多跑一次”。司法鉴定行业扎实推进规范整改，办案质量稳步提高。提前3个月完成司法行政审批事项“一网通办”，办理审批服务事项6712件，按期办结率达100%。开展“法援惠民生 扶贫奔小康”品牌活动、根治欠薪冬季专项行动，办理各类法律援助案件2.8万余件。

（王　娇）

附：省司法厅党委书记、副书记、委员名单

书　记：薛永辉

副书记：李云涛

委　员：吴　刚　王锁成　曾　涛　马慧健　白　震

省财政厅党组

党组书记　武　涛

2020年，省财政厅党组坚持以习近平新时代中国特色社会主义思想为指导，认真贯彻党的十九大和十九届二中、三中、四中、五中全会精神，深入贯彻习近平总书记视察山西重要讲话重要指示，按照省委“四为四高两同步”总体思路和要求，紧扣“六稳”“六保”“六新”目标任务，更加有为落实积极的财政政策，更大力度支持高质量转型发展，更加精准保障改善民生，更快步伐深化财政体制改革，财政工作取得新成绩。

一、旗帜鲜明讲政治，以更高站位推动财政机关党建高质量发展

（一）聚焦做到“两个维护”，把正发展方向。提高政治站位，牢牢把握财政机关的政治属性。深入贯彻《中共中央关于加强党的政治建设的意见》和习近平总书记在中央和国家机关党的建设工作会议上的重要讲话精神，胸怀“两个大局”，心系“国之大者”，始终将“两个维护”作为最高政治准则和根

本政治规矩思考问题、谋划工作。认真落实省委《关于加强党内政治文化建设的意见》，把严肃党内政治生活作为打造积极健康的党内政治文化的重要抓手，涵养良好机关政治生态。强化政治担当，严格执行《关于新形势下党内政治生活的若干准则》，把政治标准、政治要求用行动、用实践贯穿到财政工作全过程和财政事业发展各方面。

(二)聚焦学懂弄通做实，强化理论武装。注重发挥厅党组理论学习中心组的“龙头”带动作用，围绕学习贯彻党的十九届五中全会精神、习近平总书记在省部级主要领导干部学习贯彻党的十九届五中全会精神专题研讨班上的重要讲话精神等组织集中学习研讨19次。以笃信笃行为目标，开展“疫情期间的思考”研讨交流，举办第九届党员干部“读书月”活动，提升党员干部的思想政治素质和知行合一能力。加强意识形态阵地管理，牢牢守住意识形态主阵地。

(三)聚焦提升政治功能，建强战斗堡垒。深入开展“五型机关”创建和模范机关建设工作，组织机关党建“十个突出问题”整改情况回头看，聚焦15项整改举措，梳理完善“三清单”。印发《党支部党建工作量化要求表》，细化日常、月度、季度、年度工作任务，扎实推进党支部规范化、标准化、制度化建设。开展“党建品牌”创建，抓党建促攻坚克难、抓党建促担当作为、抓党建促转型综改、抓党建促服务提升，推动全厅党建理念创新、形式载体创新、工作实践创新。建立厅领导班子成员党支部工作联系点。

(四)聚焦落实“两个责任”，持续正风肃纪。制定《山西省财政厅党组及领导班子成员落实全面从严治党责任清单》，明确厅党组和每名厅领导履行从严治党主体责任的内容、时限及措施，形成“一班子一清单”“一人一清单”的责任体系。深入贯彻落实厅党组《关于加强警示教育的意见》，持续保持财政反腐败高压态势，深化标本兼治，强化不敢腐的震慑，扎牢不能腐的笼子，增强不想腐的自觉。扎实开展省委脱贫攻坚专项巡视“回头看”反馈意见的整改工作，对25项整改任务细化形成66条整改措施，已全部完成整改任务。对厅属15个单位和11个派驻机构进行第三轮全面巡查，把推动解决问题作为落脚点，以巡查促整改、以巡查促规范、以巡查促提高。大力支持派驻纪检监察组从严落实监督责任，增强监督合力。

二、躬身入局抓落实，以更实举措服务保障全省高质量转型发展

(一)全力以赴抗击疫情。加强对确诊和疑似患者的救治保障，增加对医护防疫人员的经费补助，强化疫情防控物资采购和科技支撑。建立急事急办、特事特办的资金应急保障机制，对统筹各级财政补助和相关资金后仍有困难的市县，先调度再清算、先预拨后结算，及时足额保障疫情防控资金。全省累计投入疫情防控财政资金56.7亿元，有力保障疫情防控工作有序开展。制定实施一批阶段性援企稳岗兜底等财税政策支持企业纾困发展、推动有序复工复产。中央和我省出台的各项减税降费政策全部落实到位，全省累计新增减税降费超过330亿元。

(二)多措并举确保财政收支平衡。最大限度争取中央支持，抓住中央增加财政赤字规模、发行抗疫特别国债等政策窗口期、机遇期，全年争取中央转移支付资金2120.17亿元，同比增长20.5%、增加360.72亿元。树牢过“紧日子”思想，全省各级年初预算压减一般性支出62.5亿元，预算执行中压减收回非急需、非刚性支出68.2亿元，补充税收减收造成的收入缺口。加大财力下沉，省财政先后下达县级财力性转移支付资金814亿元，阶段性提高县级财政资金留用比例，加大财政库款调度力度，积极落实“一竿子插到底”直达机制，直接惠企利民，基层财政平稳运行，全省“三保”保障有力。

(三)聚焦“六新”推动转型发展。财政政策资金进一步向“六新”、科技创新和高等教育等领域倾斜，设立煤成气产业基金和煤成气增储上产专项资金，按照“多增多补”的原则调整完善省级财政补贴政策。下达资金26.44亿元支持新能源汽车、物联网、云计算、数据中心等增能提速。加大力度实施“1331”工程，统筹推进“双一流”建设。下达人才经费支持海外高层次人才引进计划、“三晋英才”支持计划等，促进我省高质量引才聚才。

(四)全力支持打好三大攻坚战。统筹做好地方政府债券促发展和防风险两方面工作，债务高风险县区全部纳入全国存量政府债务风险化解试点范围，融资平台公司市场化转型成效明显，重点领域债务风险化解有力。试点发行高铁等领域全省项目集合债券，合理匹配债券发行期限与项目实施期限。安排省级财政扶贫资金54.3亿元，增长10.8%，推进脱贫攻坚决战决胜。安排省级乡村振兴专项资金20亿元，统筹推动脱贫攻坚和乡村振兴有效衔接。将污染防治作为重点保障和优先支出领域，省财政投入各类环保资金75.7亿元，全力支持打好大气、水、土壤等污染防治标志性重大战役，加快推进汾河中上游山水林田湖草生态保护修复试点工程。

(五)兜牢底线保基本民生。及时下达资金促进就业创业和职业技能提升行动。建立普惠性民办幼儿园生均财政补助制度。实施高等职业院校基本支出生均拨款制度改革。城乡居民最低生活保障标准每人每月提高20元。基本公共卫生服务财政补助标准每人每年提高5元。支持实施“136”兴医工程，加快区域医疗中心、中医药强省等项目建设。下达困难群众救助补助资金68.91亿元，兜住困难群众基本生活底线。

(六)提高财政预算管理水平。完成资源税地方立法任务。扎实推进财政资金使用管理监督机制改革、财务管理监督机制改革、行政事业单位津贴补贴保障方式改革、政府采购制度改革，在全国率先出台专项债券管理办法，深入开展预算管理一体化建设，出台教育、科技、交通运输领域省级与

市县财政事权和支出责任划分改革实施方案,出台特殊转移支付、均衡性转移支付、重点生态功能区转移支付等转移支付办法,修订省直部门公务用车租赁费、食堂运行费、办公区室外绿化等16项财政项目支出标准,加强预算绩效管理,全面规范财政监督业务流程。

三、靶向发力提素质,以更大力度建设过硬财政干部队伍

(一)严把选人用人关口,营造良好的正向激励机制。坚持干部选拔任用基本原则和公务员职级晋升基本原则,严把选人用人的政治关、品行关、能力关、作风关、廉洁关,切实将那些敢于负责、勇于担当、善于作为、实绩突出的干部选拔到更加适合的领导岗位上来。

(二)严守选人用人制度,确保干部人事工作规范有序。严格执行干部选拔任用和公务员职级晋升基本程序规定,将党组"酝酿"贯穿到"动议提出工作方案、提名初步人选、确定考察对象和讨论决定"等每一个重要环节,严格执行"凡提四必""六查"要求,严格执行干部选任用工作请示报告制度,切实将干部人事工作全程置于纪检监督之下,干部选拔任用和职级晋升工作做到程序合规、稳妥有序、风清气正。

(三)积极搭建平台,不断加强干部实践锻炼。安排13名干部在处室间交流轮岗,选派29名干部分别参加省委巡视、全省综改区专项督导、金融企业交流锻炼以及援疆等工作,推荐15名干部到市县机关、企业或其他省直部门任职,一些处室内部也进行了干部轮岗。选派的25名挂职干部、驻村工作队员、农村第一书记在省扶贫办、农村一线迎接脱贫攻坚决战完胜收官大考。组织调训全省财政系统6000余名干部,参加财政核心业务一体化培训等39期政策理论和财政专业化能力提升培训班。通过学习实践不断提升干部能力素质。

(曹炫珠)

附:省财政厅党组书记、成员名单

书　记:武　涛

成　员:常国华(6月离职)　相里岩(12月任职)
武志远　黄　庙(4月离职)
胡志国(12月离职)　陈向阳(6月离职)
安晓飞　魏志华(7月任职)
段　苹(7月任职)

省人力资源和社会保障厅党组

党组书记　卢建明

2020年,省人力资源和社会保障厅党组认真落实党的十九届五中全会和省委十一届十次全会精神,按照省委"四为四高两同步"总体思路和要求,统筹疫情防控和各项人社工作,服务全省高质量转型发展大局,目标任务顺利完成。

一、以政治建设为统领,推动党建高质量发展

以政治建设为统领,重点突出思想引领、政治引领、组织引领、纪律引领和安全引领。以习近平新时代中国特色社会主义思想为指引,建立理论学习"第一议题"制度和理论武装"四学"机制,成立"我与人社共成长"青年理论学习小组。把政治建设作为机关党建首要任务,制定巩固深化"不忘初心、牢记使命"主题教育成果32条具体举措,完善党员过"政治生日"、新党员集体入党宣誓等仪式,开展"重温我的入党志愿书"主题党日活动。出台创建"五型机关"16条措施,开展党支部"灯下黑"10个问题专项整治。在厅属事业单位改革中,及时调整基层党组织设置。加强人社领域廉政风险防控,对审计发现的重复、冒领养老金全额追回。落实党政主要负责人法治建设第一责任,依法解决信访、诉讼问题。严守意识形态阵地,全面推进人社系统网络宣传矩阵建设。

二、积极应对疫情影响,全省就业形势总体稳定

疫情期间密集出台63个减负、稳岗、扩就业的政策文件,促进全省就业形势总体稳定。城镇新增就业48.8万人,农村劳动力转移就业37.7万人,城镇登记失业率3.1%。为企业减免缓降社会保险费313.7亿元,失业保险稳岗返还25.3亿元。突出抓好重点群体就业,推进离校未就业高校毕业生实名制服务12.6万人次。建立农民工"点对点"服务保障机制,返岗复工率达97.9%。零就业家庭实现动态清零。发放创业担保贷款11.89亿元。全省公共就业人才服务机构累计提供就业岗位129.6万个,经营性人力资源服务机构累计提供求职服务133万人次。举办第四届"中国创翼"创业创新大赛山西选拔赛暨2020年山西省星火项目创业大赛。开展"春风行动""百日千万网络招聘行动"等专项招聘活动,举办

"2020 山西·太原人才智力交流大会"。

三、持之以恒聚力攻坚,人社扶贫圆满收官

组织贫困劳动力开展技能培训 7.9 万人次,全省务工就业贫困人口 91.8 万人,比去年增长 12.2%,累计帮助 41.6 万名贫困劳动力实现就业增收。为 9715 名贫困劳动力提供返岗复工"点对点"服务,实施"一户一公岗",托底安置 6225 名贫困劳动力,为 2.16 万未脱贫劳动力提供公益性岗位兜底保障。为 140.8 万建档立卡贫困人口代缴保费 1.4 亿元,实现建档立卡贫困人口的应保尽保。在全省 100 个 800 人以上的易地扶贫搬迁安置点建设"就业创业服务站"。支持 10 个深度贫困县落实"乡招村用"政策招聘 44 人,支持贫困县倾斜招募"三支一扶"人员 318 人。强化定点扶贫,五台县脱贫攻坚任务按期完成。

四、推动"人人持证、技能社会"建设,技能人才队伍进一步加强

承办全国扶贫职业技能大赛,与人社部签署省部合作协议,确定推进"人人持证、技能社会"建设 9 项举措。全省 2440 万劳动力实现建档立卡。疫情期间融合线上线下培训模式,线上实名注册 91.7 万人次,线下培训 123 万人次,同比提高 17.4%。实行"培训合格证书 + 职业资格证书 + 职业技能等级证书"制度,全年发放各类技能等级证书 40.3 万人次,培训后就业 15.9 万人次。向社会公布了 335 家技能人才考核评价机构,在晋城、吕梁、大同三市开展电子培训券试点,同比提高 17.4%。培育发展"吕梁山护工""天镇保姆"等 94 个特色劳务品牌。加强海外、省外劳务输出,52 名受训人员实现境外就业,对日劳务输出实现零突破,对沿海省份有组织劳务输出进行逆周期调节。举办第二届全省职业技能大赛,参加全国第一届职业技能大赛。

五、积极稳妥深化改革,社会保障制度更加健全完善

在全国率先建立城乡居民补充养老保险制度,平均待遇水平达 4134 元 / 年,超过现行脱贫标准,惠及 1600 万无子女或子女无赡养能力的低收入老年居民。企业基本养老保险省级统筹跨入全国第一方阵。实施"五统一、一调剂"的工伤保险省级统筹。连续十六年提高退休人员基本养老金,月人均增加 175.6 元,增幅 5%,惠及全省 273 万退休人员。城乡居民人均待遇提高到 131 元。阶段性实施失业保险有关政策,发放失业保险金 4.35 亿元,失业补助金和临时生活补助金按全国最高标准执行。首次统一提高工伤保险待遇水平,三项待遇月人均分别增加 145 元、95 元、36 元,惠及 4.5 万人次。企业职工基本养老保险基金中央调剂净收益 44.4 亿元。职业年金基金市场化投资收益 22.3 亿元,收益率达 10.6%。企业职工社会保险费顺利移交税务部门统一征收。基本养老、失业、工伤保险参保人数均超额完成全年任务。政策、经办、信息、监督"四位一体"的风险防控体系不断完善,社保基金领域"不能腐"的制度笼子进一步扎紧。

六、健全完善体制机制,人才人事工作全面加强

高技能人才新增 3.4 万人,高技能人才培训基地、技能大师工作室分别新增 9 个、36 个。5 人入选国家"百千万人才工程",62 人入选享受国务院特殊津贴。新设立 14 个院士工作站、5 个博士后科研工作站。培训高层次急需紧缺人才 2571 人。修订 18 个职称系列(专业)评价标准,出台加强民营企业职称评审"14 条措施"。持续实施"三支一扶"计划,首次设立 45 个研究生岗位,为基层输送各类人才 613 名。落实抗疫一线医务人员岗位聘用、职称评审、薪酬激励等各项政策措施,抗击疫情 24 名先进个人和 10 个先进集体受到党中央、国务院和中央军委表彰,2493 名先进个人、60 个先进集体受到省委省政府表彰奖励;脱贫攻坚 55 名先进个人、41 个先进集体受到党中央国务院表彰。

七、加大风险防控和治理力度,劳动关系保持和谐稳定

持续推进根治欠薪攻坚行动,核查各类欠薪线索 1.3 万余件,办结欠薪案件 3713 件,为 2.7 万名农民工追发工资等 3.4 亿元,向公安机关移送涉嫌拒不支付劳动报酬罪案件 37 起,将 56 个单位和个人列入欠薪"黑名单",新发欠薪案件全部动态清零,在国务院保障农民工工资支付工作考核中排名 A 级。规范劳动用工管理,劳动合同签订率保持在 90%以上,集体合同覆盖率达 85%。完成 419 户厂办大集体企业改革任务,安置职工 9.02 万人。完善劳动关系三方协调机制,开展"和谐同行"千户企业培育共同行动。仲裁结案率达 98.7%,有效处置群众诉求 1.28 万个。发布企业薪酬调查工资价位信息。稳步推进国有企业工资决定机制和国有企业负责人薪酬制度改革。全省城镇居民人均可支配收入增长 4.6%,快于经济增速一个百分点。

八、深化"放管服效"改革,行风建设不断加强

建成全省统一的社会保险公共服务平台,企业基本养老保险实现省市县三级联网经办,城乡居民养老保险信息系统完成升级改造,省集中工伤保险信息系统上线运行。编制 11 个行政审批事项和 157 个公共服务事项办事指南。组织全省人社窗口单位 1.6 万余人参加"日日学、周周练、月月比"练兵比武。积极开展"人社服务快办行动",10 件企业群众眼里的"一件事"实现"打包办",25 个人社高频服务事项实现"提速办",就业、社保领域推进告知承诺制实现"简便办",11 项行政审批事项、124 项养老保险业务实现"网上办"。深入推进人社服务"好差评",人社公共服务更加便捷高效。

(陈秀丽)

附:省人力资源和社会保障厅党组书记、成员名单

书　记:卢建明

成　员：李广禄(10月离职)　贺德孝(10月离职)
吴海亮　师广卫

省自然资源厅党组

党组书记　姚青林

2020年，全省自然资源系统坚持以习近平新时代中国特色社会主义思想为指导，深入贯彻习近平总书记视察山西重要讲话重要指示，在省委和自然资源部的坚强领导下，聚焦省委"四为四高两同步"总体思路和要求，以党的政治建设为统领，统筹推进疫情防控和服务经济社会发展，各项任务有序推进、成效明显，为全省高质量转型发展作出了积极贡献。

一、疫情防控彰显担当

把疫情防控作为重大政治任务，第一时间成立工作领导小组，根据不同时间、节点和疫情态势，及时调整部署防控期间业务工作，先后印发了《关于统筹做好疫情防控有关工作的通知》等文件，疫情防控不松懈、重点工作不停摆。组织研发"山西省疫情动态地图"系统，纳入省政府网站专栏，及时更新汇总疫情动态。强化应急疫情防控项目用地保障，开发了建设用地网上审查服务系统。采取"不见面、网上审、联视频"的评审模式，保证了山水林田湖草试点项目"不停步、不断档"。设立复工复产企业不动产登记专门窗口，利用传真、邮寄等方式，推广不见面业务办理。坚持底线思维，加强防控宣传，建立日报告制度，有效组织居家隔离观察，严格进京离省出差管理，持续强化常态化疫情防控。

二、耕地保护取得进展

落实最严格的耕地保护制度，坚决守住全省5757万亩耕地红线。推进永久基本农田整改补划和储备区划定，对已划定的4891.52万亩永久基本农田实行特殊保护。加强考核监督，开展耕地保护责任目标年度自查，夯实各级政府耕地保护责任。启用土地指标交易平台，制定差别化耕地开垦标准。高位推动国家自然资源督察反馈问题整改。严格卫片执法监管，部署违法用地清零等专项行动。提前完成全省农村乱占耕地建房问题摸排任务，坚决遏制新增问题，公开通报10起典型案例。提请省政府出台了《关于坚决制止耕地"非农化"行为的通知》，认真落实"六个严禁"，严肃制止查处非法占用耕地绿化造林、超标准建设绿色通道等新增问题。

三、服务发展有力有效

坚持"项目为王"，统筹用好增量、盘活存量、加大流量，批准建设用地14.97万亩，供应18.16万亩，为一批国家、省级重大项目提供了优质用地服务，厅用途管制处获得"山西省工人先锋号"荣誉。用活省级机动规划指标，优化主体功能区规划，完善土地计划管理方式，改革省级基金补充耕地机制，"地等项目"保障格局逐步形成。进一步规范农村自建房规划审批，提请省政府印发《山西省农村自建房规划管理办法(试行)》。"三服务"理念深入人心，精简批供流程，打造"绿色通道"，开通开发区建设用地直报系统。提请省政府印发《关于推进"标准地"改革的实施意见》，建立厅际联席会议制度，全省成功出让115宗，位列全国第一方阵。全省95个自然资源行政审批事项在全国率先实现"三级联办"，审批效率提升约15倍。实施"增存挂钩"，消化"批而未供"土地5.69万亩，处置闲置土地2.13万亩。在全国居前完成省市县国土空间规划初稿编制，生态红线划定取得重大阶段性成果。历史性优化开发区和重点建设地区用地布局，我省成为建设用地、矿权、土地整治项目与生态保护红线矛盾解决最彻底的省份之一。

四、生态治理统筹推进

认真落实"山水林田湖草"生命共同体理念，国家资金、项目、政策支持力度加大，启动省级生态修复规划编制。联合太原理工大学承办召开全国土地复垦和生态修复学术研讨会。专信提醒、专项督导、信息监管、公开通报、约谈问责等多措并举，国家重点项目京津冀周边及汾渭平原矿山生态修复项目主体工程如期完成，山水林田湖草生态保护修复试点项目强力推进，黄河流域重点地区历史遗留矿山生态修复项目全面开工。省级耕地开发周转基金100个项目完成验收。省级农村土地综合整治25个项目实施方案通过评审，全域土地综合整治20个项目正式列入国家试点。

五、重大改革持续深化

能源革命综合改革试点取得重大进展，《山西省煤层气勘查开采管理办法》发布实施，推动煤层气管理体制机制创新；鼓励油气企业综合勘查开采"三气"资源，支持煤炭企业综合利用煤炭、煤层气两种资源；在全国首次挂牌出让3宗废弃矿井煤层气抽采试验区块，实施煤层气矿业权出让登记"晋城试点"，煤层气增储上产"多点支撑"战略格局效果初显。完成山西省找矿突破战略行动(2011—2020年)，13个项目入选自然资源部优秀找矿成果。新立项地质勘查项目40个，综合验收以往项目80个。组织实施"阳高县—天镇县一带干热岩地热资源调查"项目，探获高温高压地热流体。积极推动"煤下铝"在已有16座试点的基础上在全省推开。完成7座先进产能煤矿采矿登记，释放先进产能5100万吨/年。全省86座矿山达到绿色矿山建设水平。成功推动省人民政府分别与自然资源部、中国地质大学(武汉)签署战略合作协议，协调争取自然资源部与我省共同举办太原能源低碳发展论坛。“三调”成果在全国领先上报，率先整改到位并通过国家审查。“五地一产”入市改革评价相关任务高质量完成，压覆重要矿产资源审批改革稳步推进。山西地质博物馆跻身国家一级博物馆行列。

六、民生保障不断发力

坚定站稳人民立场，用活用好自然资源扶贫政策，单列贫困县用地指标，易地扶贫搬迁旧房拆除和土地复垦实现“双清零”，在全国率先完成易地扶贫搬迁登记发证。增减挂钩超额完成交易目标，贫困县累计收益147亿余元。提前完成压减不动产登记时限年度任务，全省“互联网＋不动产登记”系统初步建成。开展欠缴依法清零行动，20余年的矿业权出让收益欠缴问题得到有效解决。健全地质灾害防治责任和技术支撑机制，部署高陡边坡隐患排查，争取中央1.536亿元补助资金实施调查评价、专业监测和工程治理，实施4000户农村地质灾害治理搬迁。成功避险1起滑坡地质灾害，提前撤离243户584人；避让2起地质灾害隐患，撤离安置281户697人。实现全年地质灾害零伤亡。

七、测绘保障精准高效

开发运行全省卫片执法防灾减灾信息系统，实施“月度覆盖＋即时监测”，率先实现了对全省国土空间范围内地表变化的监测分析。卫星技术应用走在全国前列，基础地理信息数据获取和更新成效显著。完成了国家应急测绘保障能力建设山西单项工程建设项目。“天地图”公众版一体化建设超前完成国家任务，“天地图·山西”建设连续7年获国家“五星”评价。更新发布2020版山西省系列标准地图。为相关部门、行业提供地形图7653幅、控制点706个，节省资金上亿元，向中央领导和省委省政府提供紧急政务用图4510份。强化测绘成果管理、天地图平台应用、政务用图保障和应急测绘服务，为全省灾害评估、卫片执法、生态修复等自然资源业务，和交通运输、电力、能源、文物文化保护及襄汾坍塌、台骀山火灾等提供了有力的测绘地理信息支撑服务。

八、党的领导全面加强

坚持把党的政治建设摆在首位，倡导终身学习理念，创建党员活动中心，打造“第一议题”“学习课堂”“奋进的山西自然资源”微信平台等主阵地，不断强化政治机关意识教育。不折不扣贯彻习近平总书记重要指示批示精神，创设落实中央和省委决策部署“六步法”，列入重点督办台账200余项，定期晒单通报，严格执行重大事项请示报告制度，确保政令畅通。以提升组织力为重点，严肃党内政治生活，开展“机关党建品牌”创建等活动，推进基层党组织标准化规范化建设，提前完成事业单位重塑性改革，党对自然资源工作的集中统一领导持续强化。坚持事业为上、公道正派、任人唯贤，始终把政治标准放在首位，优化领导干部队伍结构，严格选人用人程序和纪律要求，形成激浊扬清、奖优罚劣、能上能下的激励机制。坚定不移推进全面从严治党，细化不能腐制度建设任务分工，部署能源领域反腐败专项行动，组织党政领导干部违规入股企业问题专项清理，开展廉政警示教育，严格监督执纪问责，一体推进不敢腐、不能腐、不想腐。

（王树志）

附：省自然资源厅党组书记、副书记、成员名单

书　记：周建春(9月离职)　姚青林(9月任职)

副书记：任建中

成　员：田永明　武耀文　袁同锁

邵社教(11月任职)　张云龙

省生态环境厅党组

党组书记　潘贤掌

2020年，省生态环境厅党组深入学习贯彻习近平新时代中国特色社会主义思想，坚持思想从严、监督从严、执纪从严、管理从严、作风从严，把全面从严治党贯穿生态环境保护工作各方面、全过程，认真履行全面从严治党政治责任，全面加强党的政治建设，充分发挥基层党组织功能，稳步推进生态环保铁军队伍建设，深入推进党风廉政建设和反腐败斗争，为山西省生态环境保护事业发展提供了坚强的政治、纪律和作风保障。

一、坚持全面从严治党，稳步推进生态环保铁军队伍建设

一是旗帜鲜明讲政治，党的政治建设不断加强。牢固树立生态环境机关首先是政治机关的意识，始终坚持把政治建设摆在首位，在落实党中央、国务院，省委、省政府及生态环境部的重大决策部署上不讲条件、不打折扣、不搞变通。认真落实“三会一课”、民主评议党员、组织生活会等组织生活制度，高质量召开巡视整改专题民主生活会和2020年度领导班子民主生活会，扎实开展“不忘初心·重温入党誓词”主题党日活动，在党内政治生活的熔炉中加钢淬火、提纯党性。牢牢把握宣传舆论和意识形态工作主动权，让主流声音始终占据舆论主阵地，山西省生态环境厅“双微”排名进入全国前十，极大地提升了我省生态环境保护的“话语权”和“形象力”。

二是持之以恒抓学习，理想信念根基不断夯实。坚持把

强化理论武装作为抓工作、谋发展、强自身的重要内容,持久力推,紧抓不放。制定实施《厅党组理论学习中心组学习制度》,建立厅党组带头领学、机关党委指导促学、党支部组织深学、党员干部主动自学的机制,认真学习贯彻习近平新时代中国特色社会主义思想特别是习近平生态文明思想,深学《习近平谈治国理政》第一二三卷,及时跟进学习习近平总书记重要讲话重要指示,2020年共组织党组(中心组)理论学习34次,省厅被省委宣传部通报表扬为全省“学习强国”模范学习组织。先后在中央电视台、人民日报等中央主要媒体推出重头稿件41篇,在中国环境报刊发稿件230余篇,在“学习强国”发稿105篇,集中宣传美丽山西建设成效。积极开展习近平生态文明思想大宣讲活动,向服务对象、人民群众、基层单位及时准确传达生态环保新理论、新政策、新要求,不断凝聚起生态文明建设的思想共识和强大合力。

三是导向鲜明强基础,党建工作质效不断提升。始终把“抓基层、打基础”作为长远之计和固本之策,制定印发《关于加强和改进全省生态环境系统基层党建工作的意见》,全力构建“条主责、块双重、纵合力、横联通”的党建工作机制。优化调整基层党组织设置,完成11个驻市生态环境监测中心255名党员党组织关系上收,新成立7个基层党组织。规范党员发展,制定实施省厅《党员发展工作规定》。严格落实《领导班子基层党建工作联系点制度》,党组成员每年实地调研指导基层党建工作,努力提高联系点党建工作科学化、规范化水平,真正把基层党组织锻造成为坚强有力、充满活力的战斗堡垒。

四是实干担当树形象,作风建设成效不断巩固。树立鲜明的选人用人导向,坚持新时期“好干部标准”,大力提拔重用忠诚干净担当的干部,2020年累计调整、任免干部228人次。其中,厅机关提拔处级领导干部24人次、交流任职83人次、职级晋升78人次;厅属事业单位提拔处级领导干部5人次、交流任职16人次;各市局提名职务任免18人次。坚持在斗争一线摔打锻炼、考察识别干部,在抗击新冠肺炎疫情中,动员全系统各级党组织和广大党员第一时间进入应急状态,积极开展医疗废物处置、废水监控等,坚守疫情防控生态环境阵地;在秋冬防、生态环保督察、汾河流域水环境综合治理等各类专项行动中,成立临时党支部,引导党员干部充分发挥先锋模范作用,积极投身污染防治攻坚这场大仗、要仗、苦仗中去。先后推选3个集体、5名同志参加省级先进典型评选活动,厅系统评选10个先进基层党支部、25名优秀共产党员、10名优秀党务工作者,进一步激励和动员党员干部担当作为、攻坚克难、奋勇拼搏。

二、咬定目标任务,决战决胜污染防治攻坚战

一是决战完胜碧水保卫战,全省水环境质量取得历史性改善。把黄河(汾河)流域水污染治理攻坚摆在压倒性位置,强化顶层设计,出台《黄河(汾河)流域水污染治理攻坚行动方案》,部署70项重点工程和90项重点管控措施。高效指挥调度,主持召开20余次黄河(汾河)流域水污染治理攻坚指挥部会议,每月向各市党委、政府通报断面排名情况,督促加快整改。精准检查管控,春节刚过就克服新冠肺炎疫情影响,逐一深入58个国考断面调研解决水质改善措施,开展黄河(汾河)流域违法排污专项执法清零行动,对污染严重的断面所在市(县、市、区)实施专项督察、定点督察,压实治理责任。强化源头治理,完成汾河流域2039个入河排污口规范整治、建档立标工作,部署对黄河流域1492个入河排污口逐一排查整治,确保达标排放。通过上下戮力攻坚,6月底汾河流域13个国考断面全部退出劣Ⅴ类并稳定保持至今;8月底全省58个地表水国考断面全部退出劣Ⅴ类,比省委、省政府确定的年度目标提前4个月完成。山西省黄河(汾河)流域水污染治理的实践,成为践行习近平生态文明思想的生动范例,被中央《新闻联播》《焦点访谈》等重要媒体广泛深入报道。

二是全力攻坚蓝天保卫战,环境空气质量稳步改善。把大气环境质量改善责任时时紧紧拧在手上。坚持系统谋划,制定《山西省打赢蓝天保卫战2020年决战计划》《全面加强重污染天气应对办法》,召开全省决战决胜蓝天保卫战会议、秋冬季大气污染综合治理攻坚会议,优化完善太原及周边“1+30”区域大气污染联防联控机制,层层压实责任。持续强力攻坚,开展全省决战决胜污染防治攻坚战夏季攻势暨臭氧污染治理攻坚行动,协同推进VOCS治理;部署开展把突出环境问题“清零”进行到底、蓝天保卫战决战秋冬防大排查大整治大提升专项执法行动及污染防治攻坚战收官专项督察等,累计解决突出环境问题两万余个,11个设区市平均降尘量全部达标(9吨/月·平方公里)。精细精准指挥,每周通报全省55个国控点位空气质量情况,每月分解下达各市PM2.5决战目标,每月通报各市及所有县(市、区)空气质量改善情况,对监测数据异常超高情况及时进行警示和下发督办函,以天保月,以月保年。全力冲刺打赢,进入秋冬防后对市县零距离、点对点指挥调度,对重点排污企业进行协商式减排,开展重点行业绩效分级,制定差异化应急减排措施,全省生态环境系统坚守定力,坚定信心,奋力攻坚。

三是全面服务“六稳”“六保”,统筹做好疫情防控和生态环境保护工作。认真贯彻落实习近平总书记关于疫情防控系列重要讲话重要批示指示精神,严格按照省委、省政府决策部署,抓实抓细疫情防控工作,主持召开10余次疫情防控工作会议,建立工作调度、分析研判、警示预警、信息沟通和检查指导“五项制度”。累计安全处置医疗废物2.09万吨,确保了医疗废物处理处置情况100%全覆盖、医疗废物转运处置100%全落实,牢牢守住了疫情防控生态环境阵地。全省医疗废物处置工作情况在省政府常务会议上进行专题研究,提出的医疗废物设施补短板工作列入省委、省政府“十四五”时期重点内容。精准支持帮助企业复工达产,研究出台应对新冠肺炎疫情、优化生态环境保护、服务支持企业复工复产10条措施,建立实施环评审批和监管执法“两个正面清单”(环评审批和监督执法正面清单),建立省市县三级“企业环保服务日”制度,强化生态环境政策宣传和帮企治污。

三、强化监督执纪，统筹推进不敢腐不能腐不想腐

一是一以贯之扛责任，从严治党压力持续传导。科学研判党风廉政建设新形势，研究解决管党治党新问题。制定《全面从严治党责任清单》，明确领导班子主体责任和班子成员共同责任，形成"一班子一清单""一人一清单"的考核指标体系。党组书记自觉扛起"第一责任人"责任，对重要工作亲自部署、重大问题亲自过问、重要环节亲自协调、重要案件亲自督办。党组成员主动承担"一岗双责"责任，强化对分管领域的日常管理和监督，切实把"一岗双责"抓在手中、扛在肩上、落到实处。党组书记、分管厅领导与基层党组织书记层层签订《全面从严治党责任书》，形成上下联动的责任传导机制，全力推动全面从严治党向基层延伸、向纵深发展。

二是动真碰硬抓整改，长效制度机制不断完善。4月20日至6月30日，省委第八巡视组对省厅进行了专项巡视。巡视反馈后，迅速组织研究制定整改方案、压实整改责任，强化整改调度，坚持具体问题立即改、共性问题同步改、深层问题系统改，经过三个多月的集中攻坚，巡视反馈46项任务中43项已经完成，其他3项取得阶段性成果，完成率为93.5%。牢牢把握巡视整改有利契机，着眼于解决事关生态环境保护事业长远发展的根本性、全局性问题，深入查找短板弱项，举一反三堵塞漏洞，建立完善《厅党组工作规则》《机关财务制度和直属单位财务管理制度》《生态环境行政执法公示、全过程记录和重大行政执法决定法制审核办法》等42项长效制度机制，着力构建系统完备、科学规范、运行有效的制度体系。

三是驰而不息纠四风，执纪问责力度不断加大。厅党组大力支持驻厅纪检监察组强化政治监督，共同研判11个市局政治生态，推动"两个责任"贯通联动、形成合力。在传统节假日等重要时间节点，机关纪委深入开展明察暗访，编发廉政短信，持续传导压力。为45个基层党支部配齐专兼职纪检委员，召开全厅纪检委员警示教育专题会议，发挥纪检委员贴身监督、日常监督、全程监督优势，落实党员监督管理"最后一米"职责。着力查处生态环境领域"四风"隐形变异问题，对省委第八巡视组移交厅党组的34件信访件，在规定时间内全部办结。2020年共批评教育11人、作出书面检查4人、诫勉处理8人、党内警告处分3人、党内严重警告处分1人，纠正干部任职4人，对4个直属单位违反中央八项规定精神问题作出严肃处理，责令退还违规领取的津补贴11.6万元，并将典型案例在全系统进行通报，持续释放执纪必严、违纪必究的强烈信号。

（齐晓江）

附：省生态环境厅党组书记、成员名单

书　记：潘贤掌

成　员：刘　军　王学东(女)　刘大山　张继平　张文伟

省住房和城乡建设厅党组

党组书记　王立业

2020年，全省住建系统坚持以习近平新时代中国特色社会主义思想为指导，全面落实省委"四为四高两同步"总体思路和要求，坚决贯彻省委、省政府决策部署，统筹疫情防控和经济社会发展，扎实做好"六稳"工作，全面落实"六保"任务，科学谋划、精准施策，以上率下、狠抓落实，各项工作取得新进展，实现了"十三五"规划的圆满收官。特别是全省城市工作会议的成功召开，为山西省城市工作从政治的高度、时代的维度、战略的深度进行了谋篇布局、安排部署，掀开了山西省城市发展新的篇章。

一、坚持一手抓疫情防控、一手抓复工复产

按照省委、省政府部署要求，厅党组周密组织、迅速安排，统筹做好疫情防控和复工复产工作。制定防疫措施，对定点医疗机构、集中隔离点、建筑施工工地集中居住场所，逐一进行安全隐患排查，确保涉疫场所安全。分区分级合理调整工程计价，阶段性调整商品房预售许可条件，"一对一"开展对企帮扶，运用"智慧建筑"平台进行用工调度，加大承诺制改革力度，推行"不见面审批"。一季度末，全省项目复工率已恢复至往年同期水平，建筑业产值增速在全省主要经济指标中率先由负转正。

二、坚持一手抓房地产市场调控、一手抓住房保障

坚持房子是用来住的、不是用来炒的定位，夯实城市主体责任，制定"一城一策"工作方案，稳地价、稳房价、稳预期的目标基本实现。不断完善城镇住房市场和住房保障体系，在全国率先出台《租赁住房改建导则》，指导太原市成功入选中央财政支持住房租赁市场发展试点。棚户区改造开工3.24万套、基本建成7.84万套，发放城镇住房保障家庭租赁补贴6.7万户，城镇困难家庭住房条件进一步改善。持续规范房地产市场秩序，房屋网签备案系统实现国家、省、市、县四级联网，设区城市全面实施预售资金监管，联合执法检查和信用体系建设进一步加强。发放公积金个人贷款256.8亿元，有力支持了住房消费。

三、坚持一手抓城市建设、一手抓城市治理

稳步提升城市市政基础设施水平，完成投资788亿元，城市生活垃圾焚烧、餐厨垃圾处理、生活污水处理能力，分别新增3000吨/日、100吨/日和47.5万立方米/日。出台实施《山西省城市生活垃圾分类管理规定》，垃圾分类稳步推进。改造雨污合流制管网704公里。污水处理厂转企和市场化运营取得明显进展。完成一系列重点地段城市设计、重要节点景观设计，开工改造老旧小区974个、惠及居民20.3万户，"两下两进两拆"成效显著，城市面貌大幅改善，实现了老城新区同步发展。历史文化保护不断加强，新公布历史文化街区5个，大同历史文化名城保护整改工作取得进展。持续开展建筑施工工地、市政道路扬尘及"五堆"整治，"六个百分之百"治理措施有效落实，城市道路机械化清扫面积大幅增加。创建"城乡环境治理智慧随手拍"公众号，动员全系统干部职工自觉参与城乡环境监督。7个设区城市综合管理服务平台与国家平台联网互通，市容市貌和公共场所随地吐痰集中整治行动全面开展，"强转树"三年行动顺利收官，城市管理水平稳步提升。

四、坚持一手抓建筑业发展、一手抓质量安全

实施"六个一批"计划，加快行业发展步伐，全省建筑业产值突破5000亿大关，创历史新高。建筑工人实名制管理、建筑用工网上劳动力区域协同调度走在全国前列。扎实开展绿色建筑专项行动，绿色建筑实现新发展。工程建设5大类地方标准体系基本形成，在全国率先发布《建筑物移动通信(5G)基础设施建设标准》，"光纤入户"强制性标准执行率连续两年居全国首位。持续开展建筑市场"双随机、一公开"检查，全省查处625个项目，通报92家责任单位和57名责任人员，注销453家企业资质。围绕安全生产专项整治三年行动和"零事故"单位创建，强化"1+1+N"安全生产责任，开展"住宅改门店"等系列专项检查，省厅取消5家骨干建筑业企业资格，并在3–5年内不得参评。对153家建设、施工、监理、勘察设计单位予以全省通报和信用惩戒，撤销18家检测机构资质、37家单项类别资质。停止31名设计人员执业资格，取消36名检测人员岗位证书。建立数字化管理平台，消防审验工作实现了全流程线上办理。

五、坚持一手抓脱贫攻坚、一手抓农村人居环境改善

以超常规举措全力实施农村四类重点对象住房安全"两覆盖""两精准""两清零"，8994户"动态保障"任务提前完成，决战完胜脱贫攻坚的住房安全有保障目标全面实现。持续抓好驻村帮扶，省厅建立"处级+科级+年轻干部"的驻村工作队配备模式，对口帮扶的河曲县前川乡8个村全部实现脱贫摘帽。农村生活垃圾收运处置体系进一步健全，介休市、阳曲县被确定为全国农村生活垃圾分类及资源化利用示范县。全面开展城乡房屋安全隐患排查整治行动，起草了农房设计施工监理管理办法，发布了技术指南，推动农房建设管理进一步规范。传统村落集中连片保护利用试点建设全面推进，550个传统村落全部挂牌，54个入选中国传统村落数字博物馆，数量居全国第二。

六、大力加强从严治党

坚决扛起党要管党、从严治党的主体责任，旗帜鲜明地支持派驻纪检监察组依规依纪依法履行职责，坚持把党风廉政建设和反腐败工作纳入住建工作总体布局，同安排、同部署、同推动、同落实。

一是牢固树立政治机关意识。坚持把政治建设放在首位，把政治标准、政治要求落实到工作的全过程、各方面；严肃党内政治生活，团结带领党员严守党的政治纪律和政治规矩，严格落实请示报告制度；深化"五型机关""崇实尚新，守正至善"党建品牌创建工作，坚持注重实效、以创促建，教育引导不断增强"四个意识"、坚定"四个自信"，做到"两个维护"。

二是强化理论武装。深入学习贯彻习近平新时代中国特色社会主义思想，特别是把党的十九届五中精神、《习近平谈治国理政》第三卷、习近平总书记视察山西重要讲话重要指示精神作为学习重点，通过集中学习、交流研讨，深刻理解蕴含其中的精髓要义，进一步坚定广大党员干部理想信念，进一步强化使命担当，进一步践行初心使命。

三是抓好意识形态领域工作。引导党员明辨是非，坚决反对和抵制各种错误思潮和言论，确保了意识形态领域的安全稳定。

四是增强党支部组织力、吸引力和凝聚力。认真贯彻落实《中国共产党支部工作条例(试行)》《中国共产党党和国家机关基层组织工作条例》等党内法规，每月组织理论学习、交流研讨，提高支部人员抓党建的能力；严格落实"三会一课"、组织生活会、民主评议党员制度，定期开展谈心谈话，在谈心谈话中了解思想、增进了解；推进党支部规范化建设。认真组织开展纪念中国共产党成立99周年系列主题活动，通过"践行领袖嘱托，率先蹚出新路""不忘初心·重温入党誓词"等主题党日活动，不断提高党员干部党性修养。

五是抓好工作落实。不断加强我厅《党支部工作细则》的落实力度，利用学习强国平台和"两学一做"微信群，统筹学习资源，拓展学习形式，推进党支部规范化建设。注重发挥党建引领作用，不断丰富党建工作内涵，推动党建工作与业务工作深度融合，激发基层党组织生机活力。规范党支部设置，组织撤销了12个党支部，指导改革后6个事业单位成立党支部；建立换届工作台账，实施跟踪管理，杜绝按期不换届问题的发生。坚持把政治标准放在首位，规范发展党员工作，厅机关共发展3名预备党员。严格党费收缴使用管理，组织各基层党组织开展了党费收缴工作全面自查。组织开展软弱涣散基层党组织专项整治、机关党建"十个突出问题"整改回头看工作，持续解决和防止"灯下黑"问题，实现基层党组织建设提质增效升级。建立党建督导检查长效机制，基层党支部

每季度开展自查,机关党委每季度抽查,每半年全面检查,推动全面从严治党向纵深发展。以习近平新时代中国特色社会主义思想在全省住建领域的生动实践为主题,深入开展广泛性理论宣讲工作,厅机关两名同志获得省直机关理论宣讲比赛三等奖。

六是狠抓作风纪律建设。首先,狠抓学习。认真组织党员干部学习《准则》《条例》等党规党纪,加强党员日常监督管理,认真开展廉政谈话、廉政报告制度,教育引导党员坚持廉洁自律的道德操守,筑牢思想防线。其次,加强日常监督。督促厅属基层党组织认真开展廉政谈话、廉政报告制度,针对元旦、春节等重点节假日,组织开展廉洁过节警示教育和监督检查,聚焦厅属"两校"开学防疫重点,开展专项检查。强化理想信念教育和党纪国法教育,持续开展廉政警示教育,提升警示教育针对性。坚持以案释纪、以案促教,教育引导党员干部严守纪律底线。

(米玉婷)

附:省住房城乡建设厅党组书记、成员名单

书　记:王立业

成　员:张学锋　翟顺河　王淑敏(女)　程永平

省交通运输厅党组

党组书记　闫晨曦

2020年,省交通运输厅党组坚持以习近平新时代中国特色社会主义思想为指导,坚决贯彻落实中央及省委决策部署,带领交通运输系统广大干部职工统筹推进各方面工作,为山西高质量转型发展提供有力支撑,向省委省政府和全省人民交出优秀的"交通答卷"。

一、打好交通运输疫情防控阻击战

一是部署防控工作。成立疫情防控领导组和12个专项工作组,先后22次召开会议,分析研判形势,做好部署。各级交通运输部门在全省设置73个出入省口联合防疫点,配合卫健部门做好卫生检疫、隔离、留验、转运等工作,阻断病毒传播渠道;同时,暂停省际旅游客运,督促指导有关企业严格落实客运场站和交通工具疫情防控措施。二是保障应急运输。做到公路交通网络不断、应急运输绿色通道不断、必要的群众生产生活物资运输通道不断、应急车辆免费优先通行,累计发放通行证1.01万张。做好国际航班经停太原服务保障工作,共保障分流国际航班42班次,转运人员7302人次。三是为复工复产当好先行。分区分级恢复道路客运和城市客运服务,采取"点对点"运输方式保障近7万名农民工及时返岗。通过"一企一策"精准帮扶等措施,累计减免出租汽车服务管理费1000余万元、车辆承租费2.2亿元。

二、推进交通基础设施建设

紧抓国家重点支持"两新一重"建设的政策机遇,统筹推进公路、民航、水运、枢纽发展,坚决落实省委省政府"项目为王"鲜明要求。一是综合交通基础设施网络更加完善。高速公路方面,新开工2个项目、续建11个项目,太原东二环高速公路顺利建成,规划33个出省口已建成27个。普通国省干线方面,重点实施2214公里路面改造工程和1637公里生命安全防护工程全面完工,普通国省干线路况水平和安全保障能力进一步提升。"四好农村路"和旅游公路方面,全省"四好农村路"新改建1.82万公里,2018—2020年规划实施的新改建农村公路6万公里目标任务全面超额完成;黄河、长城、太行三个一号旅游公路新开工1501公里,完工1481公里,三个"零公里"标志文化驿站建成并正式投入使用。民航机场方面,重点推进运城、长治机场改扩建和芮城通用机场建设,有序推进太原、大同、临汾机场改扩建及朔州机场建设等项目前期工作。水运工程方面,完工偏关老牛湾客运码头主体工程和东寨等18个渡口码头改造工程。综合交通枢纽方面,阳泉综合客运枢纽竣工投运,大同、长治综合客运枢纽站场项目前期工作加快推进。二是统筹抓好项目谋划。深入贯彻落实省委省政府关于"三个一批"的要求、抓好交通建设项目成批次滚动实施,力争有条件的"十四五"项目提前至"十三五"开工,增加当年投资,加大项目谋划力度,累计储备项目166个、匡算投资6046亿元,为"十四五"开局起步打下坚实基础。三是保障工程质量。推进"工程质量安全红线"专项行动、工程建设领域安全专项整治三年行动,6个在建项目案例被交通运输部评为"平安交通"优秀案例。在全省公路平安百年品质工程建设推进会上,相关质量管理办法和技术得到行业专家高度肯定。

三、打好交通运输领域三大攻坚战

一是债务风险总体可控。针对普通收费公路因疫情影响导致通行费收入大幅下降、还贷资金压力剧增的严峻形势,省厅积极争取省财政部门和相关金融机构支持,通过安排预算资金、延后支付贷款本息、努力增收节支等方式,做到贷款展期后本息按期偿还,有效避免债务风险。二是交通扶贫成效显著。全年安排贫困地区农村公路建设资金28亿元,占全省补助资金的70%;完成农村公路窄路基路面改造2320公里;完成县乡道安防2546公里、危桥改造39座,村道安防2040公里;新开工4个县级客运站和17个乡镇综合服务站。采取"一县一方案、一村一策"办法全力推动村通客车工作,26186个具备条件的建制村100%通客车,提前4个月完成国家下达的目标任务。“交通＋产业”“交通＋旅游”等扶贫模式实现快速发展。三是交通运输污染防治全面加强。中央生态环境保护督查5项整改任务全部销号清零,省政府“打赢蓝天保卫战”三年行动交通运输领域相关任务如期交账。推动建立机动车排放检测与强制维护制度(I/M制度),组织建设两批196家符合条件的M站,经M站维修治理后车辆复检合格率超过90%,I/M制度实施效果初显。全年淘汰国三及以下排放标准营运柴油货车68710台,完成年度任务的128%。完成太原环城高速公路过境货车“整体分流管控”阶段性工作,助推全省环境空气质量明显好转。

四、持续提升运输服务水平

一是推进运输结构调整。紧盯“公转铁”目标任务,成立推进运输结构调整攻坚行动指挥部,全年实现铁路货运量9.42亿吨,完成9部委下达的三年运输结构调整目标任务。二是推动物流业降本增效。扩大差异化收费优惠类型和范围,基本实现优惠政策全覆盖,累计优惠货车通行费11.5亿元,加上2月17日至5月5日共免收各类车辆公路通行费51亿元,降低物流成本的力度为历年最大。三是推进城乡区域公共交通一体化发展。实施公交优先发展战略,全省11个设区市城市建成区新增更新公交车1622辆,全部为新能源汽车。四是民航机场管理迈上新台阶。积极协调运城、临汾等5市政府与山西航产集团签订了《机场委托运营管理协议》,实现全省民航机场一体化运营管理,民航产业转型升级。持续推进航班加密工作,太原至上海、天津等重点航班实现“公交化”运营。五是省界收费站撤站工作高质量完成。利用疫情防控期间高速公路免费通行的窗口期,开展收费系统升级完善等各项工作,5月份恢复收费后全省收费系统运行稳定、高速路网畅通、舆情平稳可控。

五、坚定不移深化行业改革

推动高质量发展的关键举措,依靠深化改革积极应对变局、开拓新局。一是事业单位改革。6个新组建事业单位完成班子任命、党组织设置,各项工作全面步入正轨;1所职业院校整合划转省教育厅管理;公路系统改革与所属事业单位转企改制、所办企业脱钩改革同步推进,改革后将彻底实现政事分开、事企分开。二是综合行政执法改革。省高速公路综合行政执法总队资产清查、执法人员划转、主要领导任命和机构挂牌等工作相继完成,组织建设等后续工作加快推进。三是出租汽车行业改革。制定《山西省深化出租车汽车行业改革试点工作方案》,已经省政府审议通过,报送省委审定。四是“放管服效”改革。再次下放行政审批事项2项;11万件省级行政审批事项全部按时办结,全程网办率达到94.7%;超限运输许可等43项审批事项实现“一网通办”,“不见面审批”取得明显成效。

六、深入推进行业治理

一是法治政府部门建设不断深化。全年共办理行政复议31件、应诉案件9件,完成规范性文件合法性审核26件、公平审查3件、重大行政决策和合同等审查33件,重大行政决策程序、规范性文件制定、依法行政复议和应诉更加规范化、制度化。二是社会治安综合治理得到加强。统筹推进“零上访、零事故、零案件”单位创建工作,排查化解不稳定因素,定期向省委政法委报送防化成果。积极开展维护国家安全、扫黑除恶、反恐维稳、“扫黄打非”、禁毒等工作,构建横向到边、纵向到底、全面覆盖的综治工作责任体系。三是规范全省干线公路速度管理工作圆满完成。对全省高速公路和普通国省干线公路限速标志进行全面调整和规范,整体路网运行速度和运行效率实现较大提升,人民群众反映强烈的公路限速值变化频繁、“隐蔽式”“断崖式”不合理限速等问题得到有效解决。四是公路限高限宽设施和检查卡点专项整治行动扎实开展。全省共拆除取缔非法限高限宽设施和检查卡点131处,整改完善限高限宽设施1556处。

七、高起点布局交通强国建设

高质量编制全省《关于贯彻落实〈交通强国建设纲要〉的实施意见》和《推进交通强国建设行动计划(2021—2022年)》,并以省委省政府名义印发实施。二是坚持规划引领。全省交通运输“十四五”发展规划、综合立体交通网规划纲要、交通基础设施国土空间规划3项龙头规划已形成初稿,省道网规划(2021—2035年)已报省政府审批,交通新基建等其他专项规划全部形成了征求意见稿,“十四五”期乃至今后15年的规划体系架构基本形成。三是深入研究试点方案。围绕国家交通强国建设整体布局,结合山西实际,认真研究制定全省《试点实施方案》,最终明确开展交旅融合、城市交通治理、车路协同、智能物流、重载公路等5个方面的试点任务,11月份获得交通运输部正式批准。

八、建设更高水平的平安交通

一是开展安全生产专项整治三年行动。制定印发安全生产专项整治三年行动方案,梳理形成任务清单,146项整治任务全部细化分解到具体部门。聘请行业专家对139家企业(项目、单位)开展安全生产督导检查,对发现的问题逐一推动整改落实。二是推进重点领域专项治理。累计完成163座公路桥梁护栏、62段连续长陡下坡路段安全隐患整治,改造完善高速公路、普通国省干线公路共829道隧道照明、通风和交安设施,增设农村公路平交路口减速带6666个。三是提升道路运输安全能力。安装“雾区引导防撞系统”5处14公里、“能见度检测仪”252处1260公里,推进公交车驾驶区域安装安全防护设施,安装率达到85.4%。完成“两客一危”重点营运车辆智能视频监控报警系统安装工作,在全国率先出台营运高速公路服务区危化品运输车辆停放管理办法,在全省 64 对服务区设置危化品车辆停放专区,选派专人 24 小时值守。四是加强应急保障工作。修订完善省厅"1+6"应急预案体系,圆满完成"春运"、全国"两会"等重点时段和重大活动期间的应急值守与保障任务。全省交通运输安全生产形势总体保持稳定,未发生重特大事故,重点监管领域共发生安全生产事故 7 起、死亡 7 人,分别下降 46.2%、75%。在 2020 年度全省安全生产和消防工作考核中省厅被评为优秀等次,排省直单位第 4 名。

九、切实以"第一责任"领导保障"第一要务"

坚持以党的政治建设为统领,扎实推动各级领导班子和干部队伍以过硬的党性践行忠诚、履职尽责。一是把政治建设摆在首位。全年开展党组理论中心组集体学习 17 次、专题交流研讨 7 次;先后举办全系统领导干部党性修养、履职能力研修班暨交通基础设施建设高质量发展业务能力提升培训班以及基层党组织书记培训班,采取线上线下多种形式宣讲党的理论政策,提升党员领导干部政治素养。落实省委专项巡视整改任务,累计完成 119 条整改举措,整改结果全部上报省委巡视办。二是加强基层组织建设。在推进事业单位改革中同步推进新组建单位党组织建设工作,及时印发《关于厅属事业单位改革期间建立健全党组织的实施方案》,新组建单位党组织全部完成换届选举。三是抓好干部队伍建设。坚持党管干部原则,树立良好用人导向,全年共提任处级干部 2 名、平级调整干部 18 名、推荐交流干部 14 名;积极落实省委"墩苗"行动,推荐 4 名干部到地方任职。四是持之以恒正风肃纪。处置问题线索 92 件,给予党纪政务处分 5 人、提醒谈话 31 人、批评教育 11 人、诫勉谈话 6 人,通过领导干部经济责任审计发现并督促整改 8 个方面相关问题近百个。五是着力提升行业软实力。弘扬新时代交通精神,深入推进工青妇等群团组织建设以及交通战备、史志宣传、离退休人员管理、后勤服务等工作。强化精神文明建设,一批先进典型荣获文明单位称号,行业凝聚力和向心力不断增强。

(陈瑞丽)

附:省交通运输厅党组书记、成员名单

书　记: 闫晨曦

成　员: 秦红保　李贵顺(10 月离职)　王　晋　段新源　王四小　郭丙福(9 月任职)　王建业

省水利厅党组

党组书记　常建忠

2020 年,全省水利系统坚决贯彻习近平总书记重要讲话重要指示和党中央、国务院决策部署,在省委的坚强领导下,统筹推进疫情防控和水利改革发展,千方百计推进复工复产,从"利长远、强基础"出发,圆满完成了年度目标任务。

一、持之以恒推进全面从严治党

坚持把学习贯彻习近平总书记重要讲话重要指示作为每次党组会、中心组学习的第一议题,持续在学懂弄通做实上下功夫;坚持把讲政治贯穿始终,做任何决策、抓任何工作,首先看是否符合中央及省委决策部署,确保在政治立场、政治方向、政治原则、政治道路上同以习近平同志为核心的党中央保持高度一致。坚决扛起全面从严治党主体责任,以制度建设为依托,进一步强化"知责明责"和"履职尽责"。持续巩固深化"不忘初心、牢记使命"主题教育成果,部署开展"一句誓言、一生作答"集中学习教育活动,通过厅领导专题授课和多种形式的党史、新中国史、改革开放史、社会主义发展史主题教育,引导全厅党员干部筑牢信仰之基、补足精神之钙,提升党性觉悟和素质能力。持续加强党支部标准化规范化管理,着力打造具有水利特色的基层单位党建品牌,做到了党建和业务深度融合。坚持正面激励和反面警示相结合,常态化开展警示教育,层层压实主体责任,毫不松懈纠治"四风",持续巩固风清气正的良好政治生态。

二、以汾河为重点的"七河"流域生态修复成效显著

克服疫情影响,采取超常举措,推动水控集团和中交汾投公司集中用 9 个多月时间,全面完成了 13.5 公里先行示范段项目两年建设任务;科学调整推进思路,持续压实市县政府责任,推动汾河百公里中游示范区建设全面开工。继续实施生态补水,全年向汾河干流调引黄河水 4.56 亿立方米,汾河流域 13 个国考断面全部退出劣Ⅴ类,干流两岸生态环境明显好转,习近平总书记在汾河太原晋阳桥段视察时对汾河治理成效给予充分肯定。桑干河、滹沱河、沁河、漳河、涑水河、大清河及重点支流治理项目持续推进,通过引黄北干向

桑干河补水1.57亿立方米,为首都生态建设做出贡献。创新多元化市场化投融资模式,以汾河和永定河为试点,积极开展水利投融资改革试点,在汾河流域治理中用省级财政资金4亿元撬动各级和社会投资17亿元;与市县政府、万家寨水控集团、中交汾投有限公司和永定河流域投资有限公司等公司,形成了“省级规划、市县主体,政府主导、市场运作”的治理模式和格局。根据省委“生态产业化、产业生态化”要求,主动对接国内多家大型企业,与中节能达成水土保持生态产业化市场化运作意见。组织编制了“五湖”生态保护和修复“1+5”规划,第一批河湖治理重点项目有序推进;推进大泉保护,组织编制了19个岩溶大泉生态修复实施方案,并对泉域内企业开展了取用水和水环评专项检查。

三、水旱灾害防御任务圆满完成

汛前及早部署、制定预案,开展3次全省域防汛大检查,全面落实水库“三个责任人”和大中型淤地坝“一坝一人”等要求,提前修复水毁工程。入汛后多次召开视频会会商研判、精准调度,派出全省水利系统三分之二干部、用三分之二时间下沉一线防汛备汛,成功应对多次强降雨过程,实现了水库淤地坝无一垮坝、重要河流堤防无一决口、大汛无大灾的防汛目标。坚持防汛抗旱两手抓,多措并举保饮水保灌溉,为粮食丰产提供有力支撑。

四、水利“放管服效”改革持续深化

省级39项行政审批事项全部进驻省政务服务平台,全程网办事项占比达到92%,圆满完成省政府确定的政务服务“一网通办”年度工作任务。积极推进涉水行政审批办事要件和办事指南标准化以及“五减”专项行动,进一步优化服务质量、提升审批效率,群众便利度和满意度不断增强。

五、年度水利扶贫任务超额完成

全面夯实农村饮水安全保障,与各市签订责任状,组织专家持续深入乡村特别是贫困村暗访调查、即查即改,农村集中供水率达到96%,自来水普及率达到92%,分别领先全国平均水平13和4.5个百分点,58个贫困县农村饮水安全问题全部解决,荣获“山西省脱贫攻坚组织创新奖”,水利扶贫工作队荣获党中央国务院表彰的“全国脱贫攻坚先进集体”。下达水保投资7.7亿元,其中80%以上的资金和项目安排在贫困县,以重点项目带动全社会参与水保建设,完成水土流失治理面积538万亩。在全国水土保持工程建设管理座谈会和全国生产建设项目水土保持强监管座谈会等会议上,山西都作了典型发言。

六、水网建设取得新进展

中部引黄总干线全面贯通,小浪底引黄工程实现向涑水河补水,东山供水隧洞工程全部贯通,辛安泉供水工程稳定达效,水利部已将古贤水利枢纽可研报告报送国家发改委待批;县域小水网7座水库主体完工,4座水库具备蓄水条件,南河水库等一批调蓄水库建设进展顺利;左权县列入全国水系连通及农村水系综合整治试点县,建设项目全面开工。

七、河湖长制工作任务全面落实

将河湖长制纳入各市年度目标考核任务,建立《打击涉河湖违法行为联勤联动工作机制》,持续加大涉河湖违法行为打击力度。优化河湖长制综合管理平台,采取通知、函告、约谈、挂牌督办等方式,及时督促河湖长履职尽责、按期整改。全面加强河湖管理,大力推进河湖清“四乱”自查和水利部督查发现问题整改,河湖划界工作扭转落后局面,跃升全国前列。

八、水资源配置和水权交易稳步推进

落实“以水四定”要求,进一步加强取水许可管理,积极编制《山西省黄河流域干支流耗水指标细化方案》,推进修订《山西省水资源全域化配置方案》。强力推进地下水超采综合治理,清徐、祁县、侯马北庄等水权交易试点工作扎实推进,万柏林区、芮城县完成全国水资源税取用水管理系统试用工作。

九、治水强监管新征程全面开启

针对新冠疫情爆发、厅属事业单位改革、复杂气象变化等多重影响和各类水利管理问题,在全省组织开展了“治水监管百日行动”,邀请省高院、省检察院和省公安厅等部门参与,围绕防汛备汛、安全生产、前期工作、建设管理等8个方面开展“四不两直”暗访检查,从法制、体制、机制入手,找问题、查不足,为山西省水利改革发展提供坚强保障。水行政执法监管体系进一步完善,全面推行行政执法公示、执法全过程记录、重大执法决定法制审核“三项制度”。安全生产工作推进有力,在水利部2020年第四季度省级区域水利安全生产状况评价排名中,山西省跃居全国第五,上升了22位,受到通报表扬;在2020年度全省安全生产和消防工作考核中被评为“优秀”档次。

十、大力推动“五水综改”,构建水利改革发展新格局

在全省率先有序稳妥地完成直属事业单位改革任务,组建山西省水利发展中心,将20个事业单位转企改制划入万家寨水控集团,为全省事业单位改革提供范例和经验。先后赴浙江、上海、河南、安徽、山东等地调研学习,4次到水利部沟通对接;成立综合改革处,与万家寨水控集团共同编制完成了“五水综改”方案;举办首届山西水论坛,专设“五水综改”分论坛,邀请院士和国内知名专家学者出谋划策。

(李志强)

附：省水利厅党组书记、成员名单

书　记：陈耳东(3月离职)　常建忠(3月任职)

成　员：白小丹　王　兵(女)　韩向宇

省农业农村厅党组

党组书记　鞠　振

2020年，省农业农村厅党组深入贯彻习近平总书记关于"三农"工作重要论述和视察山西重要讲话重要指示，坚决落实省委省政府决策部署，农业农村各项工作取得了明显成效，为全面建成小康社会和全省经济社会发展提供了有力支撑。

一、从严从实推进全面从严治党

(一)坚决扛起管党治党主体责任。层层压实全面从严治党责任。认真执行民主集中制，严格执行"三重一大"事项集体决策制度，全年召开51次厅党组会、18次厅长办公会、3次厅长专题会。召开全系统全面从严治党工作会议、全厅警示教育大会，持续将全面从严治党引向深入。

(二)全面深化思想理论武装。举办"三农大讲堂"7次；学习研讨习近平总书记视察山西重要讲话重要指示3次；集中轮训干部1800人次；与省委组织部共同举办全省"三农"领导干部专业化能力提升专题培训班。

(三)积极推进组织建设。全面推进党支部标准化规范化建设，班子成员带头建立基层支部工作联系点，深入开展软弱涣散基层党组织集中整顿。全年发展预备党员10名，按期转正6名。

(四)持之以恒正风肃纪。严格贯彻落实中央八项规定精神，力戒形式主义、官僚主义，文件会议分别减少9%和30%以上。深入开展进村入企服务，积极推进"五型机关"创建。厅党组书记、驻厅纪检监察组长与全部处站第一责任人进行廉政座谈，筑牢拒腐防变防线。

二、抓紧抓牢"米袋子""菜篮子"

(一)粮食生产再创新高。粮食种植面积稳定在4695万亩，总产142.4亿公斤，亩产303.4公斤，总产单产均创历史新高，单产增幅、增量全国第一，总产增幅、增量位列全国第二、第三。

(二)生猪产能迅速恢复。生猪存、出栏分别为569.4万头、797.6万头，同比增长26.1%、7.8%，超额完成国家存栏500万头目标任务，增速全国第三。肉、奶产量分别达到101.6万吨、117万吨。

(三)蔬菜水果供应充足。蔬菜、园林水果产量分别达到861万吨、858万吨，同比分别增长4.1%、6.2%。全省冬春蔬菜自给率、水果优果率分别达到44%、70%。

三、做大做强"特""优"农业

(一)大力发展有机旱作农业。牢记习近平总书记嘱托，坚持把有机旱作农业作为带动现代农业发展的战略性基础性工作，融合推进耕地质量提升、农水集约增效等八大工程，累计在4市15县整建制推进封闭示范，创建120个示范片，实现县县有示范、区域有标准、片区有品牌。新华社《动态清样》介绍山西经验做法。

(二)加快推进高标准农田建设。全年累计建成高标准农田298.61万亩，其中高效节水灌溉面积135.47万亩。引入大地控股参与建设高标准农田100万亩。

(三)大力推动种业发展。立足山西省种质资源优势，确立种业强省目标。实施种质资源保护利用、种业自主创新、主体培育、保障能力提升等"六大工程"。加快建设南繁育种基地，累计建设作物良种繁育基地30万亩，审定主要农作物品种487个，引进备案主要农作物品种968个，登记非主要农作物品种371个，培育繁育推一体化企业5家。农谷建成全球唯一的藜麦基因库。主要农作物良种实现全覆盖。

(四)创新开展农业保险。在9市20个县开展苹果、梨、红枣、核桃、谷子等5类政策性保险试点，率先开展省级政策性小麦、玉米完全成本保险、产量保险、收入保险和未转移就业收入损失保险试点以及省级政策性黄花保险试点、马铃薯收入保险试点，新开设的未转移就业收入损失保险试点属国内首创。

(五)高位推进三大省级战略。山西农谷全力打造"四高地一先行区"。承接国家现代农业产业园、科创中心等8个国字号试点，15家省部级重点实验室、8个院士工作站落户农谷，申报建设华北黄土高原功能农业重点实验室。累计获批国家发明专利15项，承接省级科研项目20余个，推广科技成果1200余项，基本实现"三年成势"目标。雁门关农牧交错带示范区着力打造北方农牧交错带示范区和结构调整样板区。肉羊、肉牛出栏分别占全省的70%、40%，奶牛存栏占全省的77%，优质饲草占全省的87%，粮经饲种植面积比例稳定在50:19:31，畜牧业增加值占比38%，高出全省8个百分点。运城果业平台坚持出口示范带动，累计建设出口标准基地110个，认证出口果园279个，培育出口企业122家。2020年出口果品33.46万吨，连续6年位列农产品出口第一大种类，苹果出口占全国总量的近1/5。成功举办第五届果博会。

(六)高起点建设五大平台。五大平台建设规划全部编制完成，169个工程项目滚动推进，总投资187.37亿元，累计完成61.92亿元。"南果"平台水果出口占全省出口总量的80%以上；"中粮"出口平台带动全省杂粮种植面积达到1342万亩；"北肉"平台大同国际陆港建成投用，怀仁羔羊肉交易大会成功举办,交易金额超26亿元;“东药材”“西干果”平台加快建设,初具规模。

(七)高标准打造农产品精深加工十大产业集群。围绕千亿产业目标,确立产业核心区域49个,累计培育各类农业园区100余个,农业产业化国家级重点龙头企业38家,省级重点龙头企业470家,储备重点项目1000个,开工项目435个,总投资530亿元。全省农产品加工业营业收入完成2186亿元,同比增长13%,十大产业集群产值实现850亿元。落实总书记“把黄花产业保护好、发展好,做成大产业”的重要指示,编制产业规划,整合资金1亿元支持,全省黄花面积发展到28万亩,总产值9亿余元,带动1.5万贫困户脱贫致富。致力于把山西药茶打造成中国第七大茶系,成立药茶领导小组、药茶产业联盟,发布药茶公用品牌,设立药茶学院,开展高铁冠名、药茶品鉴展示系列营销活动,启动制定药茶原料食品安全地方标准15个。药茶加工企业发展到250多家、产品500多款、专利300项,注册药茶品牌92个,产值超过5亿元。

(八)扎实开展产业扶贫。实施特色农业九大扶贫行动,持续开展“五进九销”消费扶贫,稳步推进“一村一品一主体”,贫困村实现主导产业全覆盖,127.7万人依靠特色产业脱贫,贫困地区农民人均纯收入从2015年的2327元增长到2020年的9592元,年均增长32.7%。

(九)全力推动特优农产品“走出去”。在北京、天津、上海、广州等地设立展示直销中心,30余家企业入驻上海国际食品园区。开展山西农谷、深圳食品谷“双谷联动”,签约项目19个,认证“圳品”51个。与湖南等省份建立农产品“绿色直通车”,与中粮、顺鑫等百强龙头企业深入对接,成功举办十大产业集群招商引资洽谈活动,全年引进省外企业60家、项目86个,投资超200亿元。

四、持续推进农村改革

(一)扎实推进土地改革。农村承包地确权登记工作基本完成,颁证率99.2%,农村产权流转交易市场县县全覆盖。在古交市白岸村开展农村土地二轮承包到期后再延长30年全国试点。制定农村宅基地审批管理办法,出台农村宅基地制度改革试点方案,组织清徐、平遥、泽州3个县开展改革试点。

(二)加快推进集体产权制度改革。集体经济组织折股量化完成率99.9%,登记赋码完成率98.84%,证书发放率98.84%,农民累计分红8.35亿元。开展集体股份权能、行政村合并后资产运营和村级债务化解试点。全国深化农村集体产权制度改革工作会议在山西省召开。

(三)大力开展高素质农民培训。落实“人人持证、技能社会”要求,培训高素质农民5.78万人次。扎实推进评价颁证工作,率先制定玉米、小麦、水果等20个生产技能考核评价标准,填补了国内空白,评价颁证5万人,中高级技能农民占比50%以上。

(四)着力提升农业社会化服务水平。持续开展农民合作社提升行动和家庭农场示范创建,引导龙头企业、合作社、家庭农场与农户搭建利益共同体,壮大农业产业化联合体。累计培育家庭农场6.4万个,注册登记农民合作社9.6万个,认定省级农业产业化联合体90家。在全国率先发布《农业生产托管服务规范》《农业生产性服务指南》地方标准,累计培育托管服务主体3.2万个,带动托管服务规模经营面积1980万亩。全国农业生产托管工作推进会在山西省召开。新华社《动态清样》介绍山西经验做法。

五、全面改善农村生产生活环境

(一)深入开展农村人居环境整治。聚焦“三化一改善”,分层分类推进农村拆违治乱、垃圾治理、污水治理、“厕所革命”、卫生乡村“五大专项”和“治六乱、靓家园、迎小康”村庄清洁行动,农村人居环境整治三年目标任务基本完成。累计创建省级改善农村人居环境示范县11个、示范村1005个,农村生活垃圾收运体系覆盖率达95.3%,非正规垃圾堆放点整治率100%,2225个村污水得到有效治理,农村卫生厕所普及率达到63.3%。

(二)积极推进农业绿色发展。全面试行食用农产品合格证制度,国家农产品质量安全监测合格率96.3%。大力推进农业标准化,累计制定各类农业地方标准1000余项,全省绿色食品和有机农产品的获证产品达1481个。持续推进“一控两减三基本”,化肥农药使用量连续5年负增长,农膜回收率、畜禽粪污综合利用率、秸秆综合利用率分别达到77%、80%、85%以上,均高于全国平均水平。

(三)不断加强和改进乡村治理。开展乡村振兴战略实绩考核。深入开展“三零”单位创建,全省2/3的行政村达到“三零”标准。在大同灵丘、阳泉郊区、长治长子开展全国乡村治理体系建设试点。在1市10县开展巩固拓展脱贫攻坚成果同乡村振兴有效衔接试点。

(宋　剑)

附:省农业农村厅党组书记、成员名单

书　记: 乔建军(3月离职)　鞠　振(3月任职)

成　员: 郭惠勇(3月任职)　茹栋梅(女)
王进仁(11月任职)　姚继广(5月任职)
张软斌　赵文志　穆晓彤(3月离职)
张和平(10月离职)

省商务厅党组

党组书记　王宏晋

2020年，面对严峻复杂的国际形势特别是新冠肺炎疫情的严重冲击，全省商务系统在省委的坚强领导下，全面落实“四为四高两同步”总体思路和要求，聚焦“六稳”“六保”“六新”工作，坚持疫情防控与商务发展两手抓，团结奋进、迎难而上，商务发展总体回稳向好、好于预期，为全省同步全面建成小康社会作出了积极贡献。

一、严格落实从严治党各项要求

不断加强党对商务工作的全面领导，严格落实全面从严治党各项要求，将党风廉政建设与商务工作同部署同落实，推动党的政治建设落实到商务工作全过程各方面各环节。巩固深化“不忘初心、牢记使命”主题教育成果，在巡视整改上持续发力，扎实做好巡视后半篇文章。加强商务干部队伍建设，持续深化“放管服效”改革，为“十三五”收好官、“十四五”开好局提供了坚实保障。一是强化政治意识。制定了《2020年省商务厅直属机关党的工作要点》。出台了《省商务厅关于严格落实党的组织生活制度的若干规定》。举办了厅党组书记、厅长主讲的专题党课。厅机关第二党支部开展的“商务三原色”支部品牌创建活动，入选《省直机关“党建品牌”创建活动十佳十优案例汇编》。二是深化理论武装工作。以党组理论学习中心组、支部生活会、“商务大讲堂”、“每月一本书”读书活动、“学习强国”等为有效载体，开展理论学习。举办了“学习贯彻习近平总书记视察山西重要讲话精神”的专题辅导讲座。三是夯实基层组织战斗堡垒。开展“不忘初心·重温我的入党志愿书”暨廉政之旅等形式多样的主题党日活动。制定了《省商务厅创建五型机关 推进模范机关建设的二十条工作措施》。印发了《关于贯彻落实习近平总书记重要指示和党中央通知精神加强党的的领导坚决打赢疫情防控阻击战的通知》，努力在疫情防控中发挥党建引领作用。

二、坚决落实疫情防控各项部署

疫情发生后，迅速启动生活必需品市场供求情况日监测，建立了重点城市、农产品批发市场保供机制，确定了355家保供重点流通企业，3000余个生活必需品销售投放网点，确保生活必需品找得到、调得快、用得上。及时推动复工复产、复商复市，为重点流通企业协调解决货物运输不畅、防疫物资不足、流动资金短缺等困难。开展抗疫国际合作，多渠道组织防护物资进口，指导出口企业进行资质认证。加强境外企业项目疫情防控，推出免费新冠肺炎疫情保险。

三、开发区改革创新取得新进展

持续聚焦项目建设。滚动开展“三个一批”活动，推动开发区发展迈上新台阶。2020年，全省开发区签约1966个项目，总投资12327.5亿元；开工1657个项目，总投资6683.4亿元；投产910个项目，总投资2688.5亿元。二是“三化三制”改革深入推进。2019年设立的13家开发区“三制”改革基本到位，34个开发区引进高级管理人员和高层次人才144人，64个开发区实行管运分离或市场化专业化运营，9家开发区开展国际合作，15家开发区合作共建产业园。三是开发区布局基本成形，总数达到88家，标准化厂房、科技孵化器、双创示范基地、技术研发平台建设步伐不断加快。加快推进依法授权到位，各开发区共承接省市县下放权限11482项。出台了开发区投资项目建设全程领办代办制，为企业提供“保姆式”“一对一”服务。

四、招商引资更加精准务实

紧紧围绕“六新”抓项目，瞄准重点产业、重点地区、重点企业，加强精准招商、选商、选资，实施产业链招商、以商招商、股权招商，各项工作取得积极成效。2020年，全省招商引资签约项目共计3124个，同比增长8.3%；计划总投资额19700.1亿元，完成年度招商引资签约目标任务1.2万亿元的164.2%，同比增长26.1%。招商引资开工项目2649个，同比增长20.2%；计划总投资额7602.1亿元，同比增长21.9%。项目开工率81.5%，较上一年度提高了10.38个百分点。

五、开放型经济积蓄发展新动能

多措并举支持外贸企业保履约保订单保市场，对外贸易加快回升。2020年全省货物贸易进出口额1505.8亿元，同比增长4%，圆满完成目标任务。加快培育外贸主体，全省外贸主体达到1599家，新增385家。大力发展外贸新业态，大同跨境电商综试区获批，太原市获批二手车出口试点地区。引导企业线上线下相结合开拓国际市场，组织参加进博会、服贸会等国际性展会。建立重大外资项目跟踪调度机制，围绕外资负面清单23个新开放领域推动产业开放。2020年全省实际利用外资16.91亿美元，同比增长24%，新注册外资企业98家。对外经济合作有序推进，全省对外直接投资2.03亿美元，对外承包工程完成营业额12.81亿美元。开放平台发展质量提升，太原航空口岸高水平开放、大同和运城航空口岸正式开放、太原铁路口岸作业区保税仓建设有序推进，中欧(中亚)班列开行突破200列。

六、商贸流通促消费成效显著

着力完善商贸流通体系，提高优质产品和服务供给能力,促进消费回补和潜力释放。大力推进流通企业数字化转型，支持105家电商重点企业和36家电商直播基地发展。2020年全省实物商品网络零售额220.3亿元，同比增长25%,网络零售额500万元以上企业达192家。认定5条省级步行街、30家省级农产品供应链重点企业、20家省级公益性农产品示范市场,改建提升城乡便民消费服务中心38个。大力推进电商进农村综合示范,新增9个示范县,总数达52个,构建了县乡村三级服务网络。建立了电商进农村综合示范山西农谷体验馆。推动传统餐饮企业创新经营模式,推进家政服务业提质扩容,支持传统展会项目数字化转型。聚焦数字消费、健康消费等热点和汽车、家具家电家装等大宗商品,开展"晋情消费"等系列主题活动,实际核销电子消费券3.73亿元,直接拉动消费约28亿元。

七、扎实推进服务贸易高质量发展

强化顶层设计,制定服务外包发展政策,结合山西省实际制定《山西省商务厅等8部门关于推动服务外包加快转型升级的实施意见》，从加快数字化发展进程等6个方面明确了山西省服务外包产业的发展方向和主要任务,指导山西省服务外包业转型升级。完善现有财政资金政策,做好服务贸易重点项目储备培育工作。优化资金安排和使用方向改进支持方式,积极利用财政政策,为企业争取扶持资金,进一步推动山西省对外文化贸易发展。对有出口实绩的文化贸易企业给予文化服务出口奖励资金。加大服务贸易重点企业监测工作力度,按季度做好服务贸易行业数据统计分析。发挥平台作用,提升服务质量,积极组织企业参加"上交会"、"服贸会""高交会"等国家级、国际化、专业化大型会展。

(王　霖)

附：省商务厅党组书记、成员名单

书　记：韩春霖(1月离职)　王宏晋(1月任职)

成　员：王宏晋(1月调职)　邢利民(11月任职)　焦育峰(11月任职)　张效生　李文平

省文化和旅游厅党组

党组书记　张　健

2020年，省文化和旅游厅以习近平新时代中国特色社会主义思想为指导，根据省委"四为四高两同步"总体思路和要求,强化顶层设计,创新工作举措，扎实推进各项任务落实。

一、持之以恒推进全面从严治党

一是狠抓政治建设。以党的政治建设为统领,把"两个维护"落实到工作中、体现在行动上。制定实施《深入开展习近平总书记视察山西重要讲话和"三篇光辉文献"学习宣讲工作方案》,结合文旅工作,提出围绕强化改革创新、坚持项目为王、实施精品战略、塑造三大品牌、提升治理能力等五个方面思路举措,强化落地见效,践行文旅自觉。

二是狠抓整改落实。根据省委统一部署,4月20日至6月30日，省委第六巡视组对省文旅厅党组开展了常规巡视,于8月9日反馈了巡视情况。厅党组对照反馈意见和建议,研究制定问题清单、整改清单、责任清单，梳理分解形成35项整改任务，均由厅领导牵头;设定35个总目标、56个阶段性目标,提出123项整改举措,已完成整改任务33项,完成率94.3%,未完成的2项也均取得实质性进展,整改成效明显。

三是狠抓作风建设。召开全面从严治党暨党风廉政建设工作会议,印发《省直文旅系统2020年党建工作要点》,与厅属党组织书记签订党风廉政建设责任书,压实"第一责任"。制定《厅机关财务管理办法》等,开展内部审计。严格执行"三重一大"制度,坚持纪检监督常态化,结合文旅融合和事业单位机构改革实际,修订了《关于进一步规范纪检监督活动的指导意见(试行)》,编印了《党规党纪须知》口袋书,畅通监督举报渠道,持续反对形式主义、官僚主义,塑造过硬作风。

四是狠抓意识形态。坚持党管意识形态,统筹全系统意识形态工作。聚焦工作重点,制定《省直文旅系统开展"三零"单位创建工作实施方案》《全省文化旅游业"三零"单位创建化解矛盾纠纷、防范行业风险指南》,建立工作台账,并赴11市进行督导。

二、全力推动重点任务落实

一是加强顶层设计,强化高质量发展支撑。立足山西历史文化比较优势,编制《三大板块旅游发展总体规划》《“游山西·读历史”活动实施方案》等,创新开展“游山西·读历史”等活动。制定《关于深化文旅融合发展的实施意见》《2020年文旅项目招商引资活动总体方案》等,强化项目支撑,推动文旅深度融合。出台《山西省5A级旅游景区培育成长计划》《山西省旅游景区品质提升行动方案》《全面提升旅游服务质量和水平实施意见》,加快A级景区创建步伐,提升景区服务质量和环境质量水平,创优旅游软环境,助力品牌塑造。

二是深入开展“游山西·读历史”活动,增强市场竞争力吸引力。举办“游山西·读历史”活动启动仪式,围绕“九游九读”精准定位,吸引游客入晋旅游。拓展“游山西·读历史”产品体系,组建“游山西·读历史”推广联盟,发布10条文化旅游线路。强化活动宣传推广,组织“游山西·读历史”第二届全国主流媒体山西行、著名作家看山西等活动,联合山西电视台、知名学者蒙曼等推出大型融媒体直播《游山西·读历史》,创新开展推广行动,进一步扩大受众面,提升山西文旅核心竞争力。

三是充分发挥三大品牌建设引领作用,推进全域旅游。开展三大品牌建设年行动,全面部署品牌内涵挖掘等9大行动70项举措,锻造三大文旅品牌。坚持示范引领,泽州县、壶关县、永济市、武乡县四家创建单位入选文旅部第二批国家全域旅游示范区验收公示名单,指导、帮扶6家生态文化旅游示范区结合自身特色打造全省样板。编制《长城国家文化公园(山西段)建设保护规划》,忻州中华长城博物馆(园)项目完成选址、立项。推进黄河文化公园、中华长城博物馆、中太行国际旅游度假区等文旅功能区建设。

四是全面贯彻落实“六字要诀”(安、顺、诚、特、需、愉),持续优化市场服务环境。召开全省文旅业深入落实“六字要诀”暨管理水平和服务质量提升动员会,举办多期景区提质增效培训班,联合印发实施《山西省旅游标准体系》,申报立项30项旅游标准制修订项目。推进全省A级旅游景区创建工作,云丘山成功创建国家5A级景区。开展全省文旅市场专项整治,全面规范旅游市场秩序。强化人才队伍建设,举办第二届金牌导游大赛,评选出金牌导游100名,助力讲好山西故事。

五是全力以赴办好重大活动,高标准助力产业发展。成功举办山西省第六次旅发大会,大会以“华夏古文明 山西好风光——长城博览在山西”为主题,努力塑造“游山西就是读历史”文旅新形象。成功举办首届山西工艺美术产品博览交易会,搭建起工美产业展示、推广、销售、品牌打造等一体化全产业链平台。成功举办“第二届大河文明旅游论坛暨世界旅游联盟·黄河对话”,多国驻华大使参加活动,构筑起世界大河流域沟通合作桥梁,促进大河文明交流互鉴、文化遗产传承创新和文旅深度融合发展。

六是繁荣文化事业,坚定文化自信。开展“五个一批”群众文化惠民工程,广场舞、大合唱、书画展等群众文化品牌活动亮点纷呈,参与群众累计达1100余万人次,免费送戏下乡一万场任务连续四年圆满超额完成。京剧《文明太后》、晋剧《傅山进京》等6部剧目入选文旅部“庆祝中国共产党成立100周年舞台艺术精品创作工程”重点扶持作品名单,上党落子《第一书记》、晋剧《暖冬》等5部剧目受邀参加“全国脱贫攻坚题材舞台艺术优秀剧目展演”,参演数量居全国第一。起草《“乡村文化记忆工程建设”规范》,指导各市创建工作。

七是坚持项目为王,持续深化文旅融合。加大项目建设力度,全年文旅领域重点推进178个项目,其中16个标杆重点项目,10个挂牌推进重大项目,举办山西文旅投融资项目洽谈会,签约项目18个,共计317.2亿元。持续深化文旅融合,制定《文旅产业融合发展示范区建设导则》,举办第二届文创大赛,推动三大品牌文化内容产业化转化。推动工艺美术行业振兴,完成工艺美术行业归口管理,成立山西工美产业联盟,联合省财政厅修订《山西省传统工艺美术保护发展资金管理办法》,指导朔州、忻州出台振兴工艺美术行业实施方案,指导阳泉召开工艺美术行业大会,促进工美“+文化”“+旅游”业态融合,提升山西工美品牌影响力。

八是紧盯重点任务,推动各项工作落实落细。统筹抓好疫情防控和事业发展,推出支持中小企业共渡难关5项扶持措施和推动文旅企业应对疫情及准备复苏11条措施,完成659家旅行社保证金暂退业务和8家景区1900万元奖补资金兑付工作。落实改革任务,推动组建新的山西艺术职业学院事宜,扎实推进事业单位重塑性改革和事业单位经办企业改革。推进全省公共文化领域重点改革任务落实,全省共完成11个市、117个县公共文化服务标准化建设;107个县级文化馆总分馆制、106个县级图书馆总分馆制建设任务;18619个村(社区)基层综合性文化服务中心建设任务;8个市级文化馆、10个市级图书馆法人治理结构改革任务。助力脱贫攻坚,指导100个乡村旅游示范村、300个旅游扶贫示范村及175个“黄河人家”“长城人家”“太行人家”特色创建,依托非遗项目,认定25家特色鲜明、示范带动作用明显的非遗扶贫就业工坊。

九是推进市场监管创新,筑牢发展基础。对11市开展4轮安全生产专项督导检查,检查企业377家,全部完成64项隐患的整改。强化信用监管,建立“互联网+监管”“双随机、一公开”监管工作联席机制,完善《随机抽查事项清单》。推动公共数字文化建设,指导晋城市、吕梁市临县完成第四批国家公共文化服务示范区(项目)创建工作。

十是创新宣传模式,实施精准营销。创新宣传方式,疫情期间开展“网上看山西”“星光大道 爱心行动 音游山西”专题活动,推出“山西人游山西”等系列宣传推广活动。发布22条乡村旅游线路,推出6条自然风光与文化遗产相结合的主题线路,2条红色旅游线路,规划11条美丽乡村旅游精品自驾线路。深化区域合作,起草《深化全省文化旅游对京津冀、长三角、粤港澳大湾区区域合作行动方案》,在全国率先与周边兄弟省区开展“好邻居多走动”文旅合作活动,与陕西、河南、内蒙古三省区文旅厅签订战略合作协议,联合京津冀等省区文旅部门共同举办全国新媒体自驾游长城活动,进一步深化区域间文旅交流合作。加强海外营销,完成《三大品牌口袋书》英文版印制工作,制作完成100秒宣传视频投放国际媒体,展示山西文旅形象。

(张凤鹍)

附:省文化和旅游厅党组书记、成员名单

书　记:盛佃清(3月离职)　张　健(3月任职)

成　员:张　健(3月调职)　张志仁(3月任职)
李　贵　王　琳(6月离职)　戎劲光
张　瑞(女)　郑中夏(5月离职)
赵曙光(12月任职)

省卫生健康委员会党组

党组书记　武　晋

2020年是极不平凡的一年。山西卫生健康系统经受了重大政治考验、风险考验和能力考验,全系统始终坚持人民至上、生命至上,日夜兼程负重前行,披肝沥胆护佑健康。

一、鏖战新冠病毒,抗击新冠疫情

全面领会贯彻习近平总书记人民战争战略战法,落小落细省疫情防控领导小组精准防控战术动作,举系统全力打好本土阻击战,救治攻坚战,支援湖北、武汉大会战,京晋保卫战,燃点歼灭战和常态化防控持久战,用"确诊病例零死亡、医务人员零感染、境外输入零关联、复工复产零发病"的优异战报,为全省夺取抗疫斗争重大战略成果、经济社会转型发展蹚新路发挥了"压舱石"作用。

(一)闻令而动,严防死守。用36天时间,在本土基本消除新发病例,全面遏制疫情传播,构筑起守护生命健康的"第一道"铜墙铁壁。

(二)聚指成拳,合力攻坚。用52天时间,中西医结合,实现本土病例清零,成功治愈包括2例80岁以上重症病例24人,累计治愈228例,交出了"确诊病例零死亡、医务人员零感染"的优异战报。

(三)胸怀大爱,尽锐出战。用66天时间,全力支援武汉、湖北,1516名三晋英雄儿女身影在荆楚大地熠熠生辉,让"山西力量""山西效率""山西担当"响彻全国。

(四)科学施策,精准防控。3次果断建议调整应急响应级别,7次调整风险等级,2次组织实施局部封闭管理,数次组织大规模网格化、地毯式排查检测"清零",经受住了北京、河北等多地疫情输入冲击,闭环管理51架次国际航班9974名入境人员,始终守住了不发生规模性输入和聚集疫情的底线。

(五)平战结合,创新体系。在全国率先建成疫情监测多点触发预警响应系统。启动重大传染病防控与诊治山西省重点实验室重大项目。建成核酸检测实验室377个,日最大检测量达到100万人份。完成了全省179所定点医院发热门诊和3个省级可转换传染病区建设任务。

二、打造医学高峰,培育优质医疗资源

开创区域医疗中心点面结合、联动发力建设新格局。山西白求恩医院确立了5年建设发展规划,山西医学科学院科技创新平台完成三区设置。省肿瘤医院、山西中医药大学附属医院区域医疗中心建设取得突破性进展。华中科技大学协和医院帮扶山医大一院等4所医院5个专科,省人民医院与北京天坛医院,山医大一院、省儿童医院与浙大一附院达成合作意向。山医大二院、省人民医院成功进入国家首次三级公立医院绩效考核综合医院全国百强榜单。"百名博士引进"计划引进博士研究生56人。启动"四个一批"科技兴医创新计划,首个委省共建实验室(尘矽肺重点实验室)落户山西。建成重大传染性疾病防控与诊治山西省重点实验室等7个省级重点实验室、21个省级临床医学研究中心(培育中心)、3个国家临床医学研究中心分中心。实现了承担国家级重大新药创制专项课题零的突破。委属医疗机构获得国家自然科学基金36项,比上一年增加20项。

三、创新举措,提升医疗管理服务水平

全面落实分级诊疗制度,3000余名三级医院医师在县级医院长期对口支援,新成立了高血压等4个专科医连体,城市医联体数量达到23个;5年来累计超额完成106424人的"山西护工"培训就业计划;90所县级医院达到了县级医院能力提升基本标准。全面提升医院综合管理能力,完成了省人民医院等6所医院的等级医院评审工作,二级医院绩效考核工作全面启动;山医大一院等7所三级医院获批互联网医院,省心血管病医院等30所医院开展了互联网+护理服务,山西省汾阳医院等3所医院电子病历信息化建设达到5级,山西白求恩医院等26所医院电子病历信息化建设达到4级,电子病历信息化评价的平均级别较2019年提升提高66%。以专科发展助推医院发展,全省质控中心数量达到52个,医疗质量控制指标信息上报系统建设完成,省级质控中心实现对本专业质控指标信息的动态监测,不断提升质量管理的科学化、精细化、规范化水平;建设完成了覆盖全省的72个卒中中心,57个胸痛中心,36个创伤中心,卒中中心、胸痛中心、创伤中心建设均进入全国前10名;印发《山西省提升呼吸学科医疗服务能力实施方案(2020—2022年)》,有重点的提升省市县乡村五级呼吸疾病诊疗能力;印发《加强医疗机构药事管理促进合理用药的工作方案》,制定医疗机构静脉用药集中调配管理、医疗机构结余药品管理、医疗机

构麻醉药品和一二类精神药品管理的实施细则,全面加强医疗机构药事管理,促进临床合理用药;全年无偿献血39.2万人次,采集全血137.2吨,血小板5.7万单位,血液管理工作继续保持全国第一方阵。

四、发挥一体化改革先发优势、创新机制体制

强化县级医疗集团"六统一"管理,对11个市开展了县级医疗集团"六统一"管理专项督导检查。加强一体化改革顶层设计,在全国率先出台县域医疗卫生一体化改革地方性法规《山西省保障和促进县域医疗卫生一体化办法》。县级医疗集团全部上接三级医院、专科联盟、远程医疗"三根天线"。高血压、糖尿病门诊用药和20种门诊中医适宜技术纳入医保范围,298种日间手术治疗纳入门诊按病种付费管理,实现了住院时间,费用支出"双减半"。启动实施县级医疗集团与省级监管系统数据对接工作。

五、建设中医药强省,发展中医药事业

省委、省政府印发《建设中医药强省实施方案》。省政府成立建设中医药强省领导小组,全面统筹中医药发展。推出黄芪、党参、连翘、远志、柴胡等"十大晋药"中药材。4所三甲中医院跻身全国中医特色优势与科技影响力百强。87个县中医院开展传染病防治能力建设。建成1个省级中医康复示范中心。建设了1个高层次人才培养基地、22个中医老年病科和134个传承工作室。2人入选国家青年岐黄学者支持项目。培养20名西学中骨干、147名师承人才。全省23个县(市、区)开展中药资源普查。推动参与15个"山西药茶"食品安全地方标准立项。指导各市和有关单位开展中医药文化进校园、科普巡讲进基层社区和机关单位等活动。

六、清账固基,助力健康扶贫

58个贫困县医院全部达到二级水平。贫困地区乡村两级机构和人员"空白点"全部清零,普查的62个县1.5万个村全部达到山西省退出标准。大病救治病种扩大到37种,应治尽治大病贫困患者12万人。高血压、糖尿病等4种重点慢病签约率全国第一,应签尽签服务慢病患者45万人。贫困人口住院报销比例稳定控制在90%左右,县域内救治比例达到93%。

七、关爱妇幼,落实民生实事

2020年山西省政府共确定10件民生实事,其中省卫健委领办3件妇幼民生实事,分别是产前筛查和诊断、婚检和贫困地区农村妇女"两癌"检查。全年全省共完成产前筛查221378人,做到了应筛尽筛,筛查出高风险孕妇15852人,确诊项目内出生缺陷274人,均及时进行了干预;全省共完成免费婚检120117对,婚检率为70.49%,提前完成60%的目标任务。遗传性疾病、指定传染病、精神疾病、生殖系统疾病、内科系统疾病等,均及时给予了规范指导、转诊治疗和医学建议;完成贫困地区农村妇女"两癌"检查40万例,年度任务全部完成。共检出宫颈癌癌前病变243例,宫颈癌36例,乳腺癌癌前病变21例,乳腺癌25例。

八、加强党的领导和建设

坚持以政治建设为统领,推动管党治党"两个责任"有效落实。深入学习习近平新时代中国特色社会主义思想,全面从严治党思想基础得到夯实。开展"五型机关"建设,基层党组织规范化建设不断得到加强。坚持问题导向,党风廉政建设和反腐败斗争得到持续深化。加强精神文明建设,自觉践行社会主义核心价值观。疫情期间,强化党建引领,充分发挥基层党组织战斗保垒作用,把战"疫"一线作为识别、锤炼干部的"试金石"和"磨刀石",真正把党的政治优势、组织优势和密切联系群众优势,转化成抗击疫情的制胜优势。

(季　巍)

附:省卫生健康委党组书记、副书记、成员名单

书　记: 武　晋

副书记: 张晓清(2月任职)

成　员: 冯立忠　张　波　廉月胜　阴彦祥　王继荣

省退役军人事务厅党组

党组书记　冯　征

2020年是山西退役军人事务系统提质增效之年。省退役军人事务厅在省委坚强领导下,在退役军人事务部关心指导下,深入学习贯彻习近平总书记关于退役军人工作的重要论述,认真贯彻党中央、国务院和省委、省政府重要决策部署,紧紧围绕省委"四为四高两同步"总体思路和要求,坚持落实政策和激发内生动力两手抓,精心谋划,攻坚克难,扎实工作,各项工作迈出新步伐、取得新成效。

一、强化政策落实,维护退役军人合法权益

(一)服务体系提质增效。落实"五有""全覆盖"要求,着眼"一站式窗口式、标准化规范化"目标,开展"基层基础基本建设年"活动,推动省、市、县、乡、村五级退役军人服务中心(站)立体贯通、功能完善、实体运行,全省创建示范型服务中心(站)785家,落实编制4112人,专兼职人员3.4万人。成立

退役军人志愿服务队50余个，有效打通服务保障“最后一公里”。

(二)安置任务高质量完成。军转干部安置在积分选岗基础上,创新“直通车”方式,279名军转干部全部安置到位,公务员和参公单位安置比例连续10年90%以上；其中“直通车”安置40人,在公平公正前提下实现人才资源优化配置,山西省成为全国推行“直通车”安置方式最早的三个省份之一。严格退役士兵“阳光安置”,前置培训用人单位,着力提升岗位质量,1495名退役士兵全部安置到了事业单位和国有企业,其中事业单位安置比例达68.8%。

(三)优抚保障有力到位。健全优待抚恤政策制度,出台《山西省伤残抚恤管理工作实施细则》,持续提高全省部分优抚对象抚恤和生活补助标准、1-4级伤残人员护理费标准,年均增幅10%。配套落实优抚对象补助经费13.2亿元,惠及20余万人。强力推进部分退役士兵社会保险接续工作,全省审定符合补缴条件的11.33万人,实际缴费9.75万人,缴费率86%。

(四)就业创业成效明显。落实“六稳”“六保”部署,省退役军人事务厅建成退役军人就业创业服务平台,在全国率先启动就业创业网络一体化服务下沉试点,就业创业信息资源直通乡村两级退役军人服务站。推行适应性培训全员参加、技能培训广泛覆盖、学历教育重点资助的“三位一体”教育培训模式,举办自主就业退役士兵全员适应性培训10103人,参加职业技能培训4135人,获证率达91.22%,参加学历教育1747人,累计就业9048人,就业率达79.33%;开展“云招聘”“微直播”活动,5606家企业提供就业岗位42843个,3800余人达成就业意向。全面落实退役军人创业税收扶持政策,推动建立退役军人创业园区和创业孵化基地,打造低成本、全要素、一站式创业服务平台。

(五)帮扶援助扎实推进。立足救急济难、保障民生,推动各地落实《山西省困难退役军人帮扶援助实施办法》,为特困对象提供资金、实物和社会化服务等多元化、个性化帮扶援助。全省各级共投入资金3919.28万元,帮扶困难退役军人7739名。联合山西慈善总会开展“慈善情暖万家、关爱退役军人”活动,投入100万元,重点对1000人(户)帮扶慰问。

二、注重宣传激励,发挥思想政治引领作用

(一)加强教育管理。部署开展“思想政治工作年”活动,实行常态化联系退役军人制度,设立退役军人教育基地79个,充分发挥思想教育功能,引导广大退役军人听党话、跟党走。配合做好退役军人党员教育管理,指导各级退役军人服务中心设立专门窗口,为退役军人党员转接组织关系提供“一站式”服务。

(二)培树先进典型。各级评选“最美退役军人”827人、“优秀退役军人”117人、“优秀退役军人党员”57人。评选2020年度“山西最美退役军人”10名,牛何松当选全国“最美退役军人”,冯黎明被评为全国“平安卫士”。联合央视、新华社、山西日报等主流媒体,深度报道我省退役军人典型事迹,激励广大退役军人弘扬正能量、建功新时代。

(三)营造宣传氛围。策划纪念抗战胜利75周年、抗美援朝出国作战70周年主题宣传,各大媒体刊播刊发新闻稿件41篇。组建退役军人系统“一网两微”新媒体矩阵,开通山西综合广播“老兵服务热线”,宣讲政策、回应关切。大力弘扬英烈精神,指导各地在烈士纪念日举行敬献花篮仪式,山西省7处抗战纪念设施遗址和5位英烈入选国家名录。开展“致敬·2020清明祭英烈”活动,网上祭扫达1000余万人次。

(四)同心协力抗疫。向全省退役军人发出倡议,65232名退役军人投身防控一线,捐款捐物1370余万元。指导省荣军医院选调13名医务骨干,参加退役军人事务系统首批援鄂医疗队,出征武汉抗击疫情,荣获“全国爱国拥军模范单位”、“全省抗击新冠疫情先进集体”称号。

(五)巩固双拥共建。聚焦服务备战打仗,各级召开党委议军会、军地协调会、双拥工作领导小组会,解决军地热点难点问题207件。春节、“八一”期间深入部队走访慰问,发放慰问物资800余万元,传递党和政府对人民子弟兵的关心关怀。扎实推进双拥创建,山西省10个市、1个县被命名为全国双拥模范城(县),阳泉、吕梁首次入选,进一步巩固军政军民团结。

(六)深化事业单位改革。深入贯彻落实中央和省委关于深化事业单位改革的决策部署,按照安全、平稳、有序原则,圆满完成我厅省直事业单位重塑性改革任务。原有9个直属事业单位,调整合并为省退役军人服务中心、省军队转业干部服务中心、省军队离退休干部休养所、省荣军医院4个直属事业单位。

三、防范化解风险,确保社会大局稳定

坚持总体国家安全观,落实意识形态工作责任制,指导各市做好防范化解涉军群体重大风险工作。坚持源头预防、前端治理,持续攻坚,化解退役军人领域历史遗留矛盾问题,开展省市县三级远程视频会商调度,实行领导干部包案制度,一人一策,一案一档,化解矛盾问题2378件,有力维护退役军人合法权益。组织开展2019年度退役士兵安置工作“回头看”,回访退役士兵240名,解决个案问题91例,及时消除问题增量。

四、狠抓自身建设,打造高素质专业化干部队伍

(一)健全领导机制。充分发挥省委退役军人事务工作领导小组牵头抓总、统筹协调作用,印发成员单位和联络员工作职责,配套出台军地合力推动退役军人工作、退役军人事务核查督办等方案举措,将退役军人工作纳入全省年度目标责任制专项考核,有效整合军地资源,推动重大事项、重点任务落地落实。

(二)加强党的建设。厅党组全面从严管党治党,一体推进“三不”机制建设,全力支持综合派驻纪检监察组工作,严格监督执纪问责,排查出廉政风险点36个，制定管控措施

77 项。积极配合省委巡视工作，切实担起巡视整改主体责任，围绕 4 方面 11 类 34 个问题，制定整改措施 111 项，坚持清单管理、过程跟踪、对账销号，整改任务全部落实。

(三)强化法治保障。出台《行政规范性文件制定与审核备案办法（试行）》《行政诉讼案件办理程序规定》《行政复议案件办理程序规定》《山西省退役军人服务保障管理重大疑难复杂事项听证办法(试行)》，选聘法学教授、律师、现役军人及退役军人代表等 90 人，组成“山西省退役军人政策法规专家库”，推动退役军人工作在法治化规范化轨道运行。

(四)抓好队伍建设。坚持正确选人用人导向，突出政治标准，促进人岗相适，调整选任干部 25 人次，进一步激发干部队伍活力。以“五型机关”建设为抓手，举办首届全员线上培训暨岗位技能“云竞赛”，组织选拔赛 200 余场，4 万余人次参与。举办业务培训 12 次、“送政策下基层”宣讲 2 场，2200 余人参训，进一步提升干部队伍专业素养和能力水平。

（宋晓明）

附：省退役军人事务厅党组书记、成员名单

书　记： 冯　征

成　员： 吴建强(1 月离职)　薛建军　范波涛　范裕民(4 月任职)

省应急管理厅党委

党委书记　王启瑞

2020 年，应急管理厅党委坚持以习近平新时代中国特色社会主义思想为指导，深入贯彻习近平总书记关于安全生产重要论述和指示批示精神，全面落实党中央国务院和省委省政府关于安全生产的决策部署，牢固树立安全发展理念，强化底线思维和红线意识，坚持问题导向、目标导向和结果导向，按照“四铁”要求和创建“零事故”单位总体要求，扎实推进安全生产专项整治三年行动，全力抓好新冠肺炎疫情防控，健全完善防范化解安全风险责任体系，深化隐患排查治理、推进重点工程建设、解决重点难点问题，全省安全生产形势持续稳定好转。

一、坚持全面从严管党治党，为推进应急管理工作提供坚强的政治保证

(一)从严抓班子带队伍。一是加强理论武装。坚持把学习贯彻习近平新时代中国特色社会主义思想和党的十九大及十九届二中、三中、四中、五中全会精神，习近平总书记视察山西重要指示重要讲话、习近平总书记关于应急管理的一系列重要论述作为首要政治任务，先后组织党委中心组学习 18 次、集体研讨 4 次，专家讲座 4 次，使领导班子和全厅党员干部的“四个意识”不断强化、“四个自信”更加坚定、“两个维护”的政治自觉进一步加强。二是严肃党内政治生活。党委带头遵守党内政治生活若干准则，制定出台了《中共山西省应急管理厅委员会党委工作规则》，严格执行民主集中制，全年召开党委(组)会议 37 次，坚持集体研究决定“三重一大”事项。严肃认真组织召开了巡视整改专题民主生活会。三是强化干部队伍建设。坚持树立正确的选人用人导向，规范干部选任工作程序，着力发现、培养、选拔优秀年轻干部，向省委推荐输送了 3 名“80 后”“蹲苗”干部，对年度考核优秀等次的处室(单位)和个人及在防疫、扶贫工作中敢于担当作为的干部给予了表彰奖励。联合省委组织部对全省 180 余名领导干部进行了应急管理专题培训，举办了安全监管执法人员和应急指挥人员比武大赛等活动，有效提升了干部履职能力。积极稳妥推进事业单位重塑性改革，选优配强领导班子，干部队伍的积极性、主动性、创造性进一步增强。大力加强精神文明建设和扶贫工作，被评为省直文明标兵单位和全省干部驻村帮扶工作模范单位。

(二)从严抓基层强作风。一是狠抓基层党支部建设。举办了党支部书记、党务工作人员专题培训班，开展了支部党建“十个突出问题”排查整改回头看，组织了“不忘初心·重温我的入党志愿书”等主题党日活动，使党支部的战斗堡垒和党员先锋模范作用持续增强。二是扎实推进作风建设。严格落实中央八项规定精神，制定了贯彻落实《中共中央办公厅关于持续解决困扰基层的形式主义问题为决胜全面建成小康社会提供坚强作风保证的通知》的若干措施，坚决纠治“四风”，大幅压减文件、会议，着力为基层减负。全年以省应急厅名义发文 632 件，同比下降 26.3%；以省应急厅名义召开会议 5 次，同比下降 44.4%。三是深化“放管服效”改革。在行政审批工作中，大力精简企业申报资料，特别是疫情期间，实行线上线下同标准办理，方便了基层和企业办事。全年共受理行政审批 382 件，办结 354 件，按时办结率、公示率、满意率均达 100%。

(三)从严抓廉政严执纪。一是厅党委全面落实管党治党主体责任。年初及时召开党建暨全面从严治党会议，安排部署全年党风廉政建设工作。制定厅领导班子及其成员全面从严治党责任清单，明确了领导班子成员的党风廉政职责。坚持每季度召开党风廉政建设分析会，研究解决突出问题。建立了领导班子成员基层党建工作联系点制度，层层压实全面从严治党责任。二是及时堵塞廉政漏洞。全面查找梳理廉政风险点，制定《廉政风险防控措施》，健全财务、公务用车等制度，实行直属单位会计核算集中管理，组织开展内部审计“回头看”和领导干部入股企业清理整顿，不断加强廉政风险防控工作。三是持续强化正风肃纪。对违纪问题予以严肃查处，

2020年给予党内处分1人、政务纪过处分2人、免职2人，提醒谈话1人，清理规范违规违纪资金3.954万元，并坚持用身边事教育身边人，进一步强化警示教育，筑牢廉洁从政的思想防线。

(四)从严抓巡视整改工作。厅党委坚持把省委巡视整改工作作为重大政治任务来抓，主动汇报工作、主动查摆问题、主动查找根源、主动抓好改进。特别是在巡视整改上，厅党委坚持即知即改、立行立改，先后召开6次专题会议进行研究部署，将巡视反馈的5个方面问题意见细化为11类46个问题，制定了针对性整改措施106项，并建立巡视整改问题清单、整改清单、责任清单，细化分解责任，强力推进整改。截至年底，巡视反馈已整改45个，占比97.8%，还有1个问题正在抓紧整改。巡视移交的问题线索已全部办结。

二、坚持生命至上、人民至上，强化安全监管，安全生产形势保持总体平稳

一是强化责任落实，持续加强对安全生产工作的组织领导。认真贯彻党政领导干部安全生产责任制规定和实施细则，连续12年以1号文件对安全生产重点工作进行安排部署，建立健全分级分类监管监察办法，严肃开展事故调查，有效强化了安全责任落实。

二是坚持问题导向，深入开展安全生产专项整治和隐患排查治理行动。大力推进安全生产专项整治三年行动和“零事故”单位创建工作，深化安全生产“打非治违”，在城乡建筑等重点行业领域深入开展拉网式、地毯式安全隐患大排查，在全省范围内停止生产、销售易燃建筑材料。同时，在全国率先实施全省域全面退出烟花爆竹生产、经营、储存、运输、燃放业态，从根本上消除安全隐患。

三是坚持建章立制、科技兴安，积极构建防范化解重大安全风险长效机制。制定出台“三管三必须”实施细则、加强煤矿安全生产特别规定等24项制度措施，从体制机制上堵漏洞、补短板、强责任；积极开展标准化建设，全省生产煤矿全部达到二级标准化以上，其中179座达到一级标准化；大力推进科技兴安，确定10座智能煤矿和50个智能综采工作面进行试点，249座尾矿库实现省市县企“四级联网”在线监测，197家涉及重大危险源危化企业实现实时监测预警，有力提升了本质安全水平，有效遏制了事故多发势头。2020年事故起数、死亡人数继续保持“双下降”，共发生亡人事故518起，死亡655人，同比减少123起、108人，分别下降19.19%和14.15%。

三、注重完善体制机制、提升救援能力，不断推进应急管理治理体系和治理能力现代化建设

一是不断健全完善应急管理体制机制和预案体系。督促市县建立健全本级应急救援指挥机构，制定《山西省应急救援响应流程》，出台省应急救援总指挥部工作规则、应急救援联动等工作制度，编制18部省级专项预案，有效提升了应急救援指挥效能。

二是不断提升应急救援队伍抢险救援能力。确定了27家省级区域应急救援队伍，组织开展了“蓝色荣誉-2020”危险化学品事故、地震综合救援能力比武竞赛和森林草原火灾应急演练暨森林灭火装备产品展等活动，投入资金1.64亿元加强应急救援队伍装备建设，积极推进应急管理大数据平台建设和森林远程快速智能防灭火装备研发，进一步提升了抢险救援能力和技战术水平。

三是有效应对处置事故灾害。先后有效处置了榆社“3·17”、五台山“3·19”森林火灾，襄汾“8·29”重大坍塌、太原台骀山“10·1”重大火灾、朔州茂华万通源煤矿“11·11”透水等灾害事故。

四、扎实推进九大工程、加强灾害防范，努力做好防灾减灾救灾工作

一是加强自然灾害防御能力建设。出台山西省9个自然灾害防治重点工程实施方案，积极争取中央支持将山西省阳高等3县(市)列为全国第一次自然灾害综合风险普查试点单位，购置更新2000万元救援物资，不断提升山西省自然灾害防御能力。

二是全力做好自然灾害防范工作。召开27次会议研究部署防汛备汛工作，派出6个督导组不间断深入市县检查指导防汛工作；有效处置地灾险情16起，疏散83人；出台关于禁止野外用火的地方性法规，组织2.9万名一线巡护人员盯“五头”、看“五口”、查“五边”，使全省森林防灭火、地质灾害治理、防汛工作取得了全面胜利。

三是积极开展灾害救助。针对我省发生的低温冷冻、洪涝、山体滑坡等自然灾害，先后17次派出工作组深入重灾县指导救灾工作，慰问受灾群众，争取并下拨救灾资金3.743亿元，对受灾群众进行生活救助。

(张小生)

附：省应急管理厅党委书记、成员名单

书　记：薛军正(10月离职)　王启瑞(10月任职)

成　员：彭建宏　王天庆　杨振中　曹天胜

邓维元　张震海(3月离职)

省审计厅党组

党组书记　陈　磊

2020年，省审计厅党组在省委和审计署的坚强领导下，认真贯彻落实省委“四为四高两同步”总体思路和要求，围绕“545”审计工作目标，依法审计、忠诚履职，各项工作聚焦转型、对标一流取得新的良好成效。

一、持续学习贯彻，以理论学习的新高度引领审计事业高质量发展

（一）在深入学习中把准审计工作的正确方向。坚持把学习贯彻习近平总书记视察山西重要讲话精神作为首要政治任务，跟进学习习近平总书记最新讲话精神，党组集中学习研讨22次、专题辅导讲座7次、先进典型交流4次，研究提出贯彻落实措施21条，确保审计工作始终沿着正确政治方向前进。

（二）在对表对标中提升审计服务高质量转型发展的能力和水平。统筹谋划全省审计工作，印发《深入推进审计全覆盖的实施意见》，坚持把党中央、国务院和省委、省政府关于脱贫攻坚、减费降税、“放管服”改革、稳就业、防范风险、生态环境保护等重大决策部署嵌入各专项审计中，推动重大决策部署贯彻落实。财政审计、农业审计、社保审计、内审工作等进入全国第一方阵。获得全国优秀审计项目一等奖2项、三等奖2项。

（三）在狠抓贯彻落实中推动各项部署要求落地落实。认真贯彻落实中央及省委部署要求和省政府的目标任务，印发《省委审计委员会工作要点任务分解》《省政府工作报告涉及审计监督事项任务分解》《全省审计工作会议任务分解》，细化分解184项，确保部署要求逐条落地。

二、依法履职尽责，以精准审计的新成效推进全年目标任务完成

（一）坚持党对审计工作的领导。召开全省审计工作会议，对审计工作做出安排部署。认真履行省委审计委员会办公室职责，做好向审计委员会请示报告、重要文稿报送、督察督办落实等各项工作，报送重要文稿122件，省领导批示154件次。开展太重集团等专项审计，配合开展金融领域反腐败专案行动，向省委汇报太重集团、山煤国际等重大审计事项5次，推进了重大腐败案件的查处。

（二）持续跟踪政策措施落实。持续开展对企业复工复产、脱贫攻坚、就业优先、营商环境优化及转型项目建设等政策措施落实情况跟踪审计，促进建立健全规章制度87项、财政资金统筹使用6.12亿元、清理拖欠民营企业账款1.67亿元。扎实开展新增财政资金专项审计，促进细化分配资金2.85亿元、加快资金拨付2239.04万元、调整资金分配方向5368.56万元。

（三）不断深化财政审计。对省本级94个一级预算单位预算执行情况进行了全覆盖审计，其中现场审计23个部门单位，延伸审计165个，促进资金拨付到位189.33亿元。受省政府委托，依法向人大常委会报告预算执行情况和整改情况，接受人大监督。

（四）统筹实施民生审计。开展应对新冠疫情防控资金和捐赠款物使用管理情况审计，促进及时分配拨付使用资金7915.26万元、物资74.91万件。对省本级和29个贫困县扶贫政策措施落实和扶贫资金分配管理使用情况进行了审计。截至8月底，扶贫审计发现的2631个问题，已整改98.6%。对大同、晋中、运城市医疗保险基金进行了审计，促进补缴企业职工医疗保险费2754万元、追回220.16万元。

（五）扎实开展政府投资审计。对二青会场馆、对口援疆、晋蒙高速公路、山西大学新校区等8个政府重大投资项目进行审计，核减投资2.86亿元。对长治、晋城、阳泉市保障性安居工程项目进行了审计，追回违规享受公租房租赁补贴10.86万元、配租的公租房77套。开展4项国外贷援款项目审计，发现问题金额4.66亿元。

（六）着力加强国企国资和金融审计。对交控集团、同煤集团、文旅集团等5户企业和金控集团、山西信托、晋商银行的资产负债损益情况开展审计，深入揭示突出问题和潜在风险。

（七）稳步推进经济责任审计。召开省经济责任审计工作联席会议。对98名省管（含3名中管）领导干部开展经责审计，任中占63.6%，查出负直接责任问题金额1.45亿元。

（八）有序开展资源环境审计。开展汾河流域水环境保护和污染防治专项审计、33名省管领导干部自然资源资产离任审计，促进汾河流域综合治理和生态文明建设。

（九）推动审计成果有效利用。报送各类审计报告1788篇，提出建议3788条，推动建立健全规章制度28项。移送处理事项91件、2.48万人，涉及金额49.06亿元。同时，还选派230多人次配合纪检监察、巡视巡察等部门查处案件线索。

三、完善审计治理，以内涵发展的新实践提升审计工作的层次和水平

（一）着力加强审计队伍建设。突出政治标准，强化业绩导向，对全厅干部普遍轮岗，轮岗面76.58%。公开选拔处级领导干部22名，其中70后处级干部占81.82%。晋升二级巡视员、一至三级调研员26名。审计干部干事创业的主动性进一步激发，崇尚实干、注重实效、争创业绩在审计机

关蔚然成风。

(二)着力推进法治审计建设。建立“4+1”制度和履职清单,认真整改法治督查反馈问题。制定《加强审计发现问题线索处置管理实施办法》,完善审计移送工作。建立《重大问题疑点线索库管理办法》《审计业务会议制度》等 14 项,不断提升依法治审水平。修订《优秀审计项目评比办法》《审核复核审理办法》,提出实质性审理意见 538 条。配合省纪委监委制定《纪检监察机关与审计机关加强协作配合的意见》,推动审计监督与纪检监察贯通融合。按照省委部署,系统性梳理审计发现的制度性问题,提出 13 项制度建议。

(三)着力提升审计监督效能。积极推进“两统筹”,制定《县级党委政府主要领导干部和高职高专党政主要领导人员经济责任审计统筹管理办法》,强化上下联动,实现成果共享,2020 年两统筹项目占 36.5%。实施科技强审战略,稳步推进“金审工程”建设,出台《推广运用数据化审计模式的意见》,完善数据采集和定期报送机制,初步实现一级预算单位财务数据全部入库。召开全省内审工作会议,在全国内审工作会议上作典型发言,以审代训内审干部 350 多名。

(四)着力提升审计管理水平。全面推行全程记录、审计质量终身负责、审计责任清单制等措施,进一步规范审计行为。积极推进政务公开,实施审计档案数字化,定期开展网络安全和保密检查,制定节能措施,倡导绿色工作。

(五)着力做好审计整改工作。建立审计整改工作台账,及时跟踪督促整改,完成省政府“13710”督办事项 14 件。截至 2020 年 10 月底,促进有关部门单位健全完善预算和财务管理制度 44 项,补征补缴财政收入 2.95 亿元,下达应拨未拨财政资金 18.04 亿元,促进资金支付或归还原资金渠道等 50.55 亿元,142 人受到问责处理。按照省政府要求,扎实开展审计发现问题专项整治,已整改 6843 个,整改率 90.63%。针对未整改到位问题,送达被审计单位专项整治通知书 145 份,涉及 11 个市、61 个县区(含 58 个贫困县)、73 个有关部门。

四、强化政治引领,以从严管党的新优势确保审计干部队伍干净纯洁过硬

(一)坚持以党的政治建设统领全面从严治党各项工作。深入思考学习习近平总书记对审计工作的重要论述,重温“三篇光辉文献”,提出贯彻措施 52 条。认真执行民主集中制,规范细化“三重一大”事项。召开高质量民主生活会,班子成员带头过双重组织生活。严格执行重大事项报告制度,提升领导班子的领导力和执行力。

(二)认真履行管党治党主体责任。全面落实从严管党治党“主体责任”和领导干部“一岗双责”,坚持班子成员、支部书记向党组述职报告制度,研究部署 21 次。制定《党组履行政治监督主体责任清单》,全面履行 36 项责任。管好平台载体,讲好审计故事。

(三)深入贯彻新时代党的组织路线。认真执行党支部工作条例、基层组织工作条例,集中整治软弱支部 1 个。制定基层党组织书记抓党建工作清单,针对性提出 24 条具体措施。开展“不忘初心、重温入党志愿书”等主题党日活动,推动基层工作全面过硬。

(四)一体推进党风廉政建设。召开全省审计机关党风廉政工作会议。制定全面从严治党主体责任“三个清单”,修订《党风廉政建设考核办法》。完善领导班子成员党风廉政建设主体责任落实情况向驻厅纪检监察组报告等制度,梳理风险点 35 个,现场检查审计项目 121 个,为 157 名处级以上干部建立廉政档案。制定《审计机关党员、干部违纪违法案件常态化监控、分析、警示、整改制度》,落实落细对干部的日常管理监督。

(五)坚持打好作风建设攻坚战持久战。开展警示教育 5 次,印发《共产党员必须牢记的六大纪律 145 条禁令》《公职人员廉政教育手册》,提升党员干部廉洁自律意识。印发《关于优化机关管理流程简化报送程序提高运转效率的通知》,规范性文件同比压减 46%。集中开展领导干部违规入股企业问题等专项整治,认真整改巡视反馈问题,建立“三个清单”,细化整改事项 31 个,采取具体措施 70 项,制定修订制度 10 项,开展专项治理 3 次。

(伊鹏飞)

附:省审计厅党组书记、成员名单

书　记: 王　亚(6 月离职)　陈　磊(7 月任职)

成　员: 宋世华　姚安政(5 月离职)　南春林　王银燕(女)　李建国　芮辰文　孙　翔(5 月任职)

省政府外事办公室党组

党组书记　武绍忠

2020 年,省政府外事办公室党组坚持以习近平新时代中国特色社会主义思想和习近平外交思想为指导,学习习近平总书记视察山西重要讲话重要指示,贯彻十九届五中全会和省委十一届十次全会精神,按照“四为四高两同步”总体思路和要求,统筹抓好疫情防控和外事工作,圆满完成目标任务,荣获中共中央、国务院、中央军委授予的“全国抗击新冠肺炎疫情先进集体”称号,在全国地方外办主任会综合评价中名列前茅,多项工作进入全国地方外事第一方阵。

一、涉外疫情防控获得至高荣誉

一是千方百计争取抗疫物资国际援助。抗疫前期,第一时间联络外国地方政府和海外联系人,山西省首批海外物资在尚未收到货款的情况下提前运达。日本埼玉县、日本山西总商会、日本山西同乡会向山西省捐赠首批外国政府物资后,13个国外地方政府、商协会提供了价值61万余元的急需物资和1000万余元的海外采购信息。日本埼玉县知事、白俄罗斯布列斯特州州委会主席、新加坡王氏宗亲会会长等外国地方政府、国际组织、友好团体通过各种方式真诚问候,为稳定山西抗疫大局发挥积极作用。

二是全力以赴完成国际航班经停太原入境防疫任务。班子成员带队垂范、处长轮流值班、翻译人员抵进红区,完成尼日利亚驻华大使等38个国家300多名外籍人员的政策解读、翻译保障、外交礼遇和人文关怀,太原外办认真落实外籍人员集中医学观察,阿根廷、尼日利亚、卢旺达等多国驻华使馆通过不同渠道致谢。选派精干力量参加经北京入境来(返)晋人员接运工作,完成连续21天共1358人次的接运任务,受到归国人员一致好评。

三是多措并举筑起外防输入坚固防线。健全涉外疫情数据统计、信息通报、工作协调等机制。举行防境外疫情输入新闻发布会,开设省市两级24小时英语咨询求助热线,发布多语种疫情通报和防控指南,协调解决我省境外企业疫情防控困难。作为全国外事系统唯一获奖的省级外办,荣获中共中央、国务院、中央军委授予的“全国抗击新冠肺炎疫情先进集体”称号。

二、对外交流合作取得新成效

一是积极开展抗疫国际合作。向49个外国地方政府发出慰问信,协调组织全省社会捐赠价值1500余万元的物资,德国北威州等国际友城、友好伙伴纷纷致谢。协助我省与新加坡和泰国公共卫生领域相关专家视频连线,成功举办山西国际友城抗击新冠病毒经验分享视频会议,山西省专家现场解答70多个外方关注的疑难问题,捷克摩西州等致信感谢。

二是精心服务高层外事活动。保障卫小春副主任,王一新、吴伟、卢东亮副省长,李正印副主席参加国际会议和会谈会见,推进中德新技术产业示范区项目,促进智慧矿山建设,出席“一带一路”生态农业与食品安全论坛,会见英国驻华贸易使节,承办第18届K2H国际交流公务员研讨会,举办“重绘明日梦想·点亮儿童未来”活动,保持对外交流“不断线”。

三是全力助推经济社会发展。参加中联部组织的“中国—中东欧国家工商界视频对话会”,出席第二届“一带一路”法显文化国际交流高峰论坛、克罗地亚担任欧盟理事会轮值主席国招待会、菲律宾山西海外联谊会、迪拜线上国际博览会等活动。举办山西省与赞比亚合作对接会,联合省社科院、省发改委、省商务厅等共同举办山西与日韩经贸人文交流座谈会,组织太原、晋城两市参加2020年俄罗斯金砖国家友好城市及地方政府合作论坛,完成山西省第六次旅发大会、大河论坛、康养大会、飞行大会的邀宾保障,促进各领域务实合作。

三、党建引领更加坚强有力

一是加强政治统领,做好“三个表率”。加强领导班子政治建设,深入学习贯彻习近平外交思想,严格执行党组意识形态工作责任。加强政治机关建设,狠抓支部工作条例落实,严格“三会一课”制度。坚决贯彻省委省政府决策部署,分赴11市检查指导党的对外方针政策和省委外事委会议精神落实情况,落实“五账”管理要求,受领的16项重点任务和68个重要批件全部完成。

二是加强学思践悟,廓清发展思路。邀请中国太平洋经济合作全国委员会会长苏格、外交部原部长李肇星、外交学院原党委书记袁南生等进行理论辅导,建设办公区文化走廊,赴358旅旅部旧址、扶贫点开展主题党日活动,赴浙江、山东、内蒙外办调研外事工作。强化统筹谋划,党组书记撰写的《推进党建与业务有机融合 推动山西外事高质量发展》《助力山西开放发展的城市外交实践》等4篇中英文章在《当代世界》《前进》、中国网刊发,《城市外交,山西有作为》纪录片在央视播出。克服疫情不利因素,新增国际友城2对。

三是加强自身建设,提高履职本领。狠抓《党组落实全面从严治党主体责任清单》,推进领导干部违规入股企业专项清理,持续开展作风纪律检查和集中整治,全力支持配合派驻纪检组工作。深化机构改革,优化职能配置,完成58人次任用调整。举办全省外事干部“新高地建设”培训班及专项培训20余次,晋城外办被外交部表彰为“全国地方外事工作优秀集体”。从省办到市办的办公环境都不同程度得到改善,各市外办及友协机构不同程度得到加强。

(李卫兵)

附:省政府外事办公室党组书记、成员名单

书　记: 武绍忠

成　员: 梁淑娟(女)　张　源　秦　杰

省市场监督管理局党组

党组书记　张九萍

2020年,省市场监督管理局党组坚持“四为四高两同步”总体思路和要求,胸怀疫情防控全局、服务转型发展大局、开拓市场监管新局,在服务转型发展率先蹚出一条新路来的伟大实践中贡献市场监管新作为。

一、紧跟步伐,在找准定位中政治建局

省市场监管局党组(以下简称局党组)自觉把市场监管工作放到全省经济社会发展全局中去谋划,做到市场监管与高质量转型发展同频共振。

(一)找准定位,服务大局。局党组找准市场监管服务转型发展的切入点,依据省委、省政府明确省局牵头负责的8项重点工作,成立质量强省、标准化综合改革、知识产权保护、食品安全等8个重点任务工作专班,建立抓落实的工作机制,推动重要政策措施落地落细。聚焦“六新”重点领域,积极推动《山西省标准化条例》出台。

(二)提高站位,政治建局。局党组理论学习中心组围绕“在转型发展上率先蹚出一条新路来”进行专题研讨。召开2019年度直属机关党委书记暨基层党组织书记抓基层党建述职评议会;推行党员过“政治生日”,为省局全体党员设计、印制、发放《政治生日纪念卡》。强化舆情监测,坚决守好意识形态阵地。

(三)建强组织,发挥功能。分10个督导组,对全局56个党支部(总支)进行党建督导,确保省局机关党建工作各项任务取得实效。对11个党支部进行换届选举、委员增补和书记改选。在新冠肺炎疫情防控第一线发展新党员19名,转正15名。组织党员干部捐款支持疫情防控,干部职工自愿捐款187550元。

二、正面阻击,在疫情防控上担当作为

局党组以疫为令,上下联动,有力地保障市场秩序,推动复工复产,省局先后3次在全省性大会上作交流发言。

(一)果断采取管控措施。实施禁止野生动物交易、禁止聚集性就餐、禁止活禽销售、禁止退烧药销售等严格管控措施,全面开展农贸海鲜市场食品安全风险排查及监管整治。

(二)坚决打击违法行为。从严从快从重查处食品、价格、质量、广告、商标等违法行为,全年出动执法人员123余万人次,检查市场、超市、饭店、药店等74余万户次,减免各类检验检测费用3000余万元。

(三)全力做好应急保供。在全国率先批准发布集中医学观察场所等5项疫情防控省级地方标准。为2093家医疗卫生机构提供计量检定校准服务。

(四)主动支持复工复产。第一时间出台应对疫情支持市场主体发展22条、联合8部门出台支持个体工商户发展15条等政策措施,联合邮政储蓄银行为7万户个体工商户和小微企业提供贷款68亿元。

在疫情防控转入常态化后,局党组以严防输入为重点,因时因势调整工作着力点,巩固拓展疫情防控和经济恢复成果,实现疫情防控与市场监管两手抓、两手硬、两不误。

三、常态管控,在服务转型上精准发力

紧紧围绕“六稳”(稳就业、稳金融、稳外贸、稳外资、稳投资、稳预期)“六保”(保居民就业、保基本民生、保市场主体、保粮食能源安全、保产业链供应链稳定、保基层运转)“六新”(新基建、新技术、新材料、新装备、新产品、新业态)“六最”(审批最少、流程最优、体制最顺、机制最活、效率最高、服务最好),在重点领域聚焦发力、在关键环节改革创新,全力以赴服务转型发展。

(一)激发市场主体活力。全省系统推行登记注册、行政审批网上办、马上办、简化办,截至2020年底,全省市场主体实有283.5万户,同比增长10.06%。在太原、晋中、山西综改示范区试点推进“证照分离”全覆盖改革。

(二)加大执法办案力度。推进公平竞争审查,全省梳理存量文件34070份、废止214份、修订213份。突出关键节点和重点领域,全省系统查处各类违法案件14179起,罚没款1.72亿元。其中,查处天然气反垄断案件2件,罚没405.96万元;防疫物资案件1313件,价格案件194件,知识产权案件345件,广告案件194件。捣毁传销窝点9个。

(三)完善消费维权制度。联合省农业农村厅制定推行9个涉农合同示范文本,统一使用全国12315平台处置投诉举报,将3000余个“消费维权服务站”数据整合上传,为拓展12315平台ODR功能做好准备。全省共受理咨询投诉举报37.5万件,同比增长近3倍。

(四)夯实质量提升基础。完成2019年度全省宏观质量状况分析,对231种工业产品实施重点监管,省级完成监督抽查1.2余万批次,风险监测2000批次,不合格产品发现率7.6%,召回缺陷消费品2.67万件,发布计量技术规范5项,建成国家不锈钢及其制品质检中心。

(五)推进标准化改革。发布省级地方标准83项,发布安全生产、旅游、物流3个标准体系,累计公开团体标准204项,省局年初在全国标准化工作会议上作典型发言。

(六)保护知识产权。全省有效发明专利16471件,是2015年的2倍;每万人口发明专利拥有量达到4.42件,提前完成“十三五”规划3.7件的目标任务。太原获批国家知识产

权运营服务体系建设重点城市,“大同黄花”入选2020年全国地理标志运用促进工程项目,太原理工大学入选第二批高校国家知识产权信息服务中心。

(七)推进安全监管。完成食品生产企业体系检查20家,食品生产风险隐患排查发现问题1538个。建成“特种设备智慧监管平台”“大型游乐设施监控平台”,开展安全隐患排查,下达安全监察指令1778份。

(八)强化智慧监管。完善“双随机、一公开”监管机制,全省系统开展400余次抽查;出台部门联合随机抽查事项清单和工作计划,21个部门联合抽查1300余次。圆满完成2019年度企业年报公示工作,“一张网”归集公示各类信息655万条,为1972户企业修复信用。

四、高位推进,在党建引领下塑型树形

扎实推进“市场卫士、服务先锋”党建品牌创建活动,打造振奋精神、为民服务的良好市场监管形象。

(一)全面从严治党取得新成效。省局出台《加强党的政治建设的工作措施》,举办培训班28期、培训3500人次,制定《中共山西省市场监督管理局党组工作规则》,提高党组工作科学化、民主化、制度化水平。山西省非公党建工作受到市场监管总局充分肯定。

(二)深入开展精神文明创建。组织2020年全国先进工作者、山西省五一劳动奖、第八届道德模范等推荐评选。对精神文明建设指导委员会进行及时调整。做好省直文明单位验收工作,对省知识产权服务中心、省缺陷产品召回中心、省标准化院进行验收检查。

(三)积极加强党风廉政建设。一是抓教育。召开全局廉政教育大会,以案明纪。针对运城市特种设备监督检验所案件,组织省特检院和省锅检院召开专题会议,多角度查找漏洞,提高治理效能。二是抓检查。集体约谈直属单位党支部书记、纪检委员,做到近距离监督。各单位开展“小金库”、违规公款消费等专项自查,并作出承诺。三是抓审查。对省局干部晋升、任职等进行党风廉政审查7次33人,配合驻局纪检监察组建立完善处级干部廉洁档案45份。四是抓查处。给予党纪处分2人,函询4人,下达纪律检查建议书1人次,对直属单位违反中央八项规定精神的相关人员进行组织处理。

(四)组织群团集体活动。动员各单位青年文明号、青年突击队等青年力量,有序有力地参与到战疫斗争中去。组织开展“4·15”全民国家安全教育日宣传教育、“书香三八”“战役三八”“五四”青年节等系列活动。组织开展纪念中国共产党成立99周年系列活动,开展“不忘初心·重温我的入党志愿书”“践行领袖嘱托、率先蹚出新路”等主题党日活动,组织“我为转型综改做贡献”主题征文等活动。

(赵 波)

附:省市场监督管理局党组书记、成员名单

书 记: 张九萍(女)

成 员: 王国强(5月涉嫌严重违纪违法,接受纪律审查和监察调查;11月被开除党籍、开除公职;将其涉嫌犯罪问题移送检察机关依法审查起诉。)
巩 成(6月任职) 王亦兵(3月离职)
王德立 武小勤 邢瑞峰 贠亚明

省广播电视局党组

党组书记 李海渊

2020年,省广播电视局党组坚持以习近平新时代中国特色社会主义思想为指导,全面贯彻党的十九大和十九届二中、三中、四中、五中全会精神,深入学习贯彻习近平总书记视察山西重要讲话重要指示,深入贯彻省委“四为四高两同步”总体思路和要求,贯彻落实省委十一届十次、十一次全会精神,按照中央及省委关于宣传思想工作的决策部署,坚持以党的政治建设为统领,着力推动全省广播电视和网络视听高质量和创新性发展,各项工作取得显著成效。

一、提高站位,把牢方向,认真贯彻落实党中央及省委省政府决策部署

(一)坚持把政治建设摆在首位。持续强化思想武装,牢固确立习近平新时代中国特色社会主义思想在全省广电工作中的指导地位,教育全系统党员干部牢固树立“广播电视工作是政治工作,广播电视机关是政治机关”的意识,旗帜鲜明讲政治,增强“四个意识”,坚定“四个自信”,在做到“两个维护”上态度鲜明、行动坚决,不断提高辨别政治是非、保持政治定力、防范政治风险的能力。

(二)深入贯彻习近平总书记视察山西重要讲话重要指示和省委十一届十次全会精神。着重在推进智慧广电建设、加快媒体深度融合、加速技术升级、推动产业转型、加强创新生态建设上发力,狠抓贯彻落实。

(三)全面落实意识形态工作责任制。深入贯彻落实《中国共产党宣传工作条例》,全面落实意识形态工作责任制和主管主办、属地管理责任,忠实履行新闻舆论工作职责使命。坚持网上网下统一导向、统一标准,坚持广播电视宣传例会、广播电视通气会、网络视听宣传工作通气会机制。

(四)不断强化法治政府建设。坚持把习近平法治思想纳入到干部理论学习范畴,通过党组集体学法、完善日常学法等制度,推动学法经常化、制度化。制定年度法治工作要点,

层层压实责任。扎实推进“放管服效”改革，编制完成《山西省广播电视局行政审批标准服务工作指南》，进一步优化审批流程，审批时限压缩40%。在太原、晋中和山西综改示范区全面推进“证照分离”改革全覆盖试点工作，对9项审批内容进行调整，政务服务质量得到新提升。

二、推动高质量创新性发展，全省广播电视和网络视听工作取得新突破

（一）主题宣传成效显著。充分发挥广播电视和网络视听主阵地主战场主力军作用，深入实施“舆论引导能力提升”工程。深化广播电视媒体“头条”建设和视听新媒体“首页首屏首条”建设，通过重点报道、新闻评论等多种方式开展理论普及宣传，推动党的创新理论家喻户晓、深入人心。组织开展统筹疫情防控和经济社会发展新闻宣传，开设《众志成城抗击疫情》《驰援湖北大爱无疆》《来自抗击疫情一线的报道》等上百个专题专栏，大幅度、整时段报道疫情防控形势、举措、进展、成效，及时推送发布疫情信息，讲述感人战疫故事；扎实做好复工复产宣传报道。开设“决战决胜脱贫攻坚”专栏，大力宣传党中央及省委关于脱贫攻坚的决策部署、政策举措，全方位多层次立体化呈现，讲好山西人民的小康故事、脱贫故事、奋斗故事。大力宣传转型发展的重大意义和显著成就。习近平总书记山西考察、抗击疫情、开学复课、民法典等相关内容的宣传报道和专栏受到国家广电总局表扬。在第30届中国新闻奖评选中，《一件批复映初心》等3件作品获奖。

（二）文艺创作出新出彩。一是大力推动内容生产，完成电视剧《太行红缨枪》等3部，备案《郭子仪》等14部，《走向胜利》入围国家广电总局2018—2022年重点电视剧规划选题；完成电视动画片3部、备案4部；完成网络影视剧上线备案4部、规划备案20部，并在全国卫视展播。二是加强节目创新创优，按季度开展全省广播电视优秀新闻作品和网络视听作品推优工作，共推选出《父女第一书记接力脱贫攻坚》等61个优秀广播电视新闻作品，41个优秀网络视听作品；开展2020年全省广播电视创新创优节目评选扶持工作，《对联中国》等14个节目入选。三是加强重点创作的规划引导，《在希望的田野上》等7档广播电视节目、《扶贫路上》等19部电视纪录片、《精卫传奇》等7部国产电视动画片入选2020—2022年首批规划项目库。电视动画片《叽哩与咕噜》(第一季)登陆央视少儿频道首播并多次重播，实现北美、英国和东南亚版权输出，在国际传播方面实现突破。

（三）智慧广电建设取得新进展。把智慧广电建设作为推动全省广电转型发展、创新发展，实现“六新”突破的重要抓手，大力推动媒体融合发展，建设智慧广电网络。山西广电信息网络集团参与“全国一网”整合，我省正式纳入全国有线电视网络一体化发展范畴。有序推进700M赫兹频率迁移工作，支持5G网络建设。推动全省广播电视机构在制作生产、传播分发、运营管理、体制机制等方面实现互融共通，全省105个县级融媒体中心已挂牌组建。“朔州新三农融媒公益服务平台”成长案例获得全国广播电视媒体融合成长项目奖项。做强做优播出机构，推动广播电视频道频率精简精办，批准山西广播电视台终止开办3个频道，调整2个频道定位，推出了做强做优广电播出机构，加强频道频率特色化品牌化专业化建设的若干举措。推进广播电视数字化，全面推动地方节目无线发射数字化覆盖，按计划关停地面无线发射模拟电视信号，全省有48个无线发射台站已关停37套省市县地面模拟电视信号，有108个无线发射台站完成本地节目数字化覆盖工作。推动产业高质量发展出实招，出台推进全省广播电视和网络视听产业高质量发展实施意见；建立产业发展项目库储备机制，6个重点产业项目入库；命名产业示范基地3个，辐射带动行业产业高质量转型发展。加快高清电视发展，山西广播电视台全部电视频道及90%以上市级广播电视台主要电视频道完成高清化改造并获得批准试播。

（四）公共服务进一步提质增效。向国家广电总局积极争取发射台站基础设施改造、县级应急广播体系建设等项目落地我省，落实资金7000多万元。和顺、五寨等11个县应急广播体系建设工程基本完成建设任务，进入验收阶段；启动了11个广播电视无线发射台站基础设施改造工程，正在按进度顺利推进。截至年底，全省已有15000多个应急广播大喇叭，成为农村地区重要的宣传阵地，特别是2020年以来，在疫情防控政策和科学知识宣传中发挥了重要作用。积极推动广播电视户户通服务提质增效，为群众提供更高质量的收看体验，截至年底我省农村地区卫星高清节目达到23套，标清节目60套，直播卫星公共服务用户已达380多万户。支持公益广告发展，发布年度宣传指南，全省各级广播电视台共制作公益广告3411条共2958.68分钟，累计播出270.6万条次共250.06万分钟；《母亲的牵挂》等公益广告获得国家广电总局表彰或扶持。开展智慧广电扶贫行动，全省广播电视媒体和网络视听新媒体开设“决战决胜脱贫攻坚”专栏，探索“媒体+精准扶贫”“直播+扶贫”等扶贫新模式，助力全省脱贫攻坚。

（五）管理治理能力不断提升。深入实施“管理优化”工程，着力防范化解重大风险，坚持网上网下统一导向、统一标准。建立网上“扫黄打非”工作多方联动应急处置机制，查处下架违规节目30个，注销违规涉黄网站6个；查处1个市级播出机构擅自更改呼号的违规问题；调查处理了IPTV业务推荐海报标题错误问题；开展网络视听节目违规广告集中整治工作，下线资质不符和问题广告75条；查处相关违法违规广播电视广告投诉共19起，涉及81余条，下发整改通知19份，停播违规广告3500余条次。加强节目监测监管，充分发挥省级广播电视综合监管平台作用，累计接收国家监测平台预警信息228次，发布预警信息263次，共计35260余条；对我省网络视听节目进行日常及重点巡查24次。规范广播电视传输秩序，完成省级境外电视传播秩序专项整治工作联席会议制度的调整工作，完善了考核机制，受到国家广电总局肯定；依法依规推动境外卫星电视管理工作，坚决打击非法销售、安装和使用卫星地面接收设施行为，共出动检查人员11804人次、2837车次，收缴非法卫星地面接收设施1671套件，查处并拆除非法设置的卫星接收设施131座，取缔非法

销售安装点 41 个。维护广播电视无线传播秩序,打击“黑广播”22 起。紧盯重要保障期,圆满完成全国“两会”、党的十九届五中全会等共计 33 次 / 天重要保障期广播电视安全播出保障工作。行业智慧化监测监管能力再上台阶,我省广播电视智能监管云平台获全国智慧广电案例“运行监管类”先进案例第一名,全年平台累计发布预警信息 296 次,包括《新闻联播》延长信息 229 次,疫情防控信息 5 次,安全播出指挥信息 62 次,累计向全省预警信息接收终端发送预警信息 43850 条。

三、党建引领,建强队伍,推动全面从严治党向纵深发展

(一)层层压实党建责任。认真落实新时代党的建设总要求,统筹领导和推进落实全面从严治党工作,细化压实责任清单,建立自上而下、层层负责、运转高效的党建工作责任体系。全面落实基层党建工作制度,推动基层党组织全面进步全面过硬。严格落实“三会一课”、主题党日、组织生活会、谈心谈话、民主评议党员等制度。

(二)强化思想理论武装。充分发挥党组理论学习中心组示范引领作用,全年局党组中心组学习 20 次,深入学习贯彻党的十九届五中全会精神和习近平总书记视察山西重要讲话重要指示、“三篇光辉文献”、《习近平谈治国理政(第三卷)》、习近平《论党的宣传思想工作》等内容,在全系统组织开展研讨交流活动,在全行业组织开展马克思主义新闻观、文艺观教育,引导广大干部职工严把正确政治方向、舆论导向、价值取向。注重做好干部职工思想政治工作,及时掌握干部职工思想动态情况。

(三)全面加强班子和队伍建设。严格落实民主集中制、党内政治生活、重大问题请示报告等制度,严格规范党组议事决策规则和程序,全面加强党内监督。深入贯彻《中国共产党宣传工作条例》,出台落实意见。突出选人用人政治标准,圆满完成局属事业单位重塑性改革各项任务。开展干部能力提升、技术能手竞赛、新媒体、法治等各类培训,干部队伍的综合素质得到有效提升。深入实施行业“领军人才”、“青年创新人才”工程,向国家广电总局推荐 25 名领军人才和 25 名青年创新人才。

(四)持之以恒正风肃纪反腐。坚持“三不”一体推进,严明政治纪律和政治规矩,有效运用监督执纪“四种形态”,着力构建不敢腐、不能腐、不想腐的长效机制。创新日常监督手段,加强对干部全方位管理和经常性监督,加强警示教育,紧盯重要节日节点,加大监督检查力度。持续深化作风建设,以钉钉子精神贯彻中央八项规定精神,防止“四风”反弹。

(丁耿彪)

附:省广播电视局党组书记、成员名单

书　记:李海渊

成　员:李和林(4 月离职)　吕芮宏

张效堂(7 月任职)

省体育局党组

党组书记　赵雁峰

2020 年,全省体育系统勠力同心,迎难而上,经受住复杂严峻形势的考验,闻令而动,逆风向前,奋起战“疫”,全力做好疫情防控,指导群众科学健身,有序开展备战训练,政策助力复工复产,十大群众文化活动覆盖城乡,惠及百万群众,“体育 + 文化 + 旅游”多元化新业态迸发新活力,彰显体育精神、体育力量和山西担当。

一、提高政治认识,加强党的建设

省体育局党组深刻领会习近平总书记关于体育的科学定位,认真贯彻落实省委十一届十次、十一次全会精神,把办好人民满意的体育作为体育工作的根本宗旨,树立“大体育”理念,在转型发展上蹚出新路来,主动把体育工作融入山西新一轮改革发展的洪流中,加快体育步伐,走出体育路径,彰显体育气魄,做好体育答卷。注重群众体育普及,提高竞技体育水平,大力建设政府公共体育服务体系,引导和服务体育产业,统筹兼顾,补足短板,推动体育工作全面进步。发挥“体育 +”叠加效应,和教育、文化、旅游、科技、健康、医疗、养老、互联网等涉及到群众民生和百姓福祉的领域建立并逐步完善融合机制,扩大融合领域,推进融合发展。

党风廉政建设不断加强,压实全面从严治党主体责任,制定全面从严治党主体责任清单和领导班子“一人一清单”,签订《党风廉政建设责任书》,将党的建设与体育工作同谋划、同部署、同推进、同考核。严格落实中央八项规定及实施细则精神,坚决纠治“四风”,不断净化体育系统政治生态。强化对各项经费的监督管理,确保廉洁使用、专款专用,对重大赛事、重大活动、重大采购项目等事项依法依规严格监督管理。

二、全民健身公共服务能力明显增强

一是公共体育设施建设持续推进。在 2018—2019 年全省 1271 个移民新村普及工程全覆盖基础上,继续实施 200 个移民新村精品工程,为广大移居群众提供健身服务,实现体育助力脱贫目标。以晋中市和昔阳县为典型,扎实推进全省百万公里健身步道建设,共建成 2233 条,总长度超过 5861 公里。通过太原市全国智能型社区全民健身中心和汾

河公园智能健身器材的试点验收,进一步推动了全省全民健身场地设施智能化服务建设。

二是全民健身活动广泛深入开展。广泛开展以“强健体魄·积极生活·共享健康·幸福山西”为主题的全民健身系列活动。太原国际马拉松赛、右玉国际马拉松赛、大同环古城健步走活动、永济五老峰登山节、李宁国际滑雪赛等一批品牌赛事叫响全国,逐步形成“一市一品”的生动局面。融合“长城、黄河、太行”要素,构建起“游山西·读历史·强体魄”三大板块旅游全民健身赛事活动体系。举办第二届全省社会体育指导员电视大赛、2020尧城(太原)国际通用航空飞行大会。

三是群众健身队伍不断壮大增强。截至年底,全省社会体育指导员7.2万人,占总人口2‰。经常参加体育锻炼人数达到1100万人以上。疫情期间,在全省开展线上居家健身活动,累计点击量达786.3万次。指导太原、大同、长治三市积极开展“全国全民运动健身模范市”创建,屯留、永济、榆社、安泽四县(市、区)开展“全国全民健身模范县”创建工作取得实实在在的效果。

四是青少年体育工作取得实效。打造冬夏令营活动品牌,在临汾市举办滑冰冬令营暨山西省第三届青少年冰雪嘉年华活动,在太原市举办越野滑雪滑轮夏令营,在忻州市代县举办“圆梦工程”武术冬令营。以“童心筑梦 体育山西”为主题,在全省组织开展了首届线上亲子体育活动,5.9万个家庭参与,16.6万人次进行了线上运动打卡。邀请奥运会冠军高敏走进代县和繁峙,开展奥运冠军进校园活动。积极推进体教融合工作,会同省教育厅认定202所省级体育传统项目学校。

三、竞技体育综合竞争实力稳步提高

一是奥运全运备战稳步开展。以打好东京奥运会和陕西全运会为目标,切实加强运动队管理,全力推进备战工作。在2020年国内外大赛中,山西运动员共获得15枚金牌、7枚银牌、16枚铜牌,先后承办自行车、柔道、空手道、飞碟、女子水球等7项国家级赛事。疫情期间,克服困难,勇于担当,承接国家跆拳道、空手道、水球、自行车4个项目的国家队来山西转训的任务,以实际行动支持国家奥运备战。

二是省运会筹备扎实推进。根据有关要求,通过广泛征求意见和实地调研,制定《山西省第十六届运动会竞技体育竞赛项目设置和计分奖励办法调整方案》。协调大同市、朔州市等相关单位拟定省运会竞技体育竞赛项目布局,完成了38个比赛场馆的设施情况摸底工作。2020年8月8日,在大同市举办了“山西省第十六届省运会倒计时两周年启动仪式”。

三是后备人才体系日趋完善。加强体育后备人才队伍建设,制定业余精英教练员培养计划,全省25名教练员被评定为“山西省业余训练精英教练员”。按照有序开展青少年体育比赛的要求,制定《2020年山西省青少年体育比赛和活动防疫工作方案》,以保障重点项目和不影响运动员等级审批为主要原则,全年共举办青少年体育比赛33项。组织524名教练员、体育教师等参加国家及省级专项业务培训班。完成对2020年全省12376名青少年运动员进行注册、确认工作。

四、体育产业发展规模效益持续提升

一是华舰体育控股集团有限公司顺利组建。贯彻落实省委、省政府打造体育界业内旗舰劲旅战略部署,成功组建华舰体育控股集团有限公司。按照“摸清底数、积极动员、通力协作、全力推进”原则,先后召开9次工作对接会议,确保5个事业单位资产和人员成建制划转工作顺利推进,为助推将华舰体育控股集团有限公司打造成为山西体育产业的龙头、国内体育产业的旗舰奠定了坚实基础。

二是体育产业政策体系不断完善,产业发展基础持续夯实。2020年体育场地统计调查数据显示,全省体育场地总数108776个,面积8036.8万平方米。以2019年底全省人口总量推算,人均体育场地面积2.16平方米,比“十三五”初期增长0.5平方米以上。“十三五”期间全省社会足球场地建设共投资6.32亿元,累计完成社会足球场地建设582块,人均社会足球场地数量达到全国平均水平。

三是体育产业门类结构不断拓展。基本形成以竞赛表演和健身休闲为驱动、体育场地设施为保障、“体育+”和“+体育”深度融合,体育用品研发制造、体育培训、体育中介、体育传媒等业态快速发展的体育产业体系。体育服务业相关业态在增加值中所占比重达到67.5%,领先于全国体育服务业47.9%的占比。通用航空运动产业潜能效应释放,筹建山西通用航空职业技术学院基本完成,尧城(太原)国际通用航空飞行大会品牌效应初显。体育彩票销售额稳中有进,全年销售24.41亿元。

五、体育系统自身能力建设不断加强

一是疫情防控取得明显成效。坚持把保障人民群众身体健康和运动员安全放在首位,第一时间响应并采取措施,及时印发了一系列通知文件,取消或推迟山西省各类体育赛事和各类群众体育聚集活动,临时紧急关闭全省体育系统各类场馆,阻断疫情扩散途径。结合疫情发展形势,统筹体育系统疫情防控和各项工作,先后制定了一系列政策办法,有力支持全省体育系统有组织防控疫情和体育企业复工复产,全省体育系统没有出现任何新冠肺炎疑似病例和确诊病例。

二是事业单位重塑性改革圆满完成。按照省委关于省直事业单位重塑性改革决策部署,全局涉改事业单位27个,其中5个单位转企改制并成建制划转华舰集团,1个单位划转省直属机关事务管理局,其余21个单位重组合并为10个。改革后,机构减少17个,精简63%;编制减少319名,精简45.1%;局机关撤销2个处室,内设机构数从10个减少为8个。通过改革,进一步理顺政事关系,形成设置科学、定位准确、职能明晰的行政机关和事业单位管理体制和运行机制。

三是体育法治建设大力推进。通过召开法治专题会议、集体学习、宣传活动、专题讲座等方式,推进全省体育系统法治宣传工作,全年共组织6次普法教育专题讲座。对地方性法规和政府规章提出各种修改意见和建议共计15条。发挥法律顾问作用,增强体育干部法治意识,不断推进体育工作的规范化、法治化,维护体育竞赛的公平公正,保障体育产业的健康发展。启动《体育山西建设纲要》编制工作。

四是安全生产成效显著。进一步完善安全生产工作机制,压实安全生产责任,强化源头管理,有效化解风险,出台安全生产方面文件20多个,针对全省体育行业督导和专项检查3次,召开安全生产专题会议10次,局领导带队开展安全检查12次。对于特殊领域的航空飞行器、运动枪支弹药、特种设备、体育彩票发行销售运营的安全管理,突出专业性、技术性,有针对性地确保安全生产,全年没有出现任何安全生产事故。

(王宏德)

附:省体育局党组书记、成员名单

书　记:赵晓春(5月离职)　赵雁峰(5月任职)

成　员:杜　荣(女)　王　福(5月离职)　袁乃平

省统计局党组

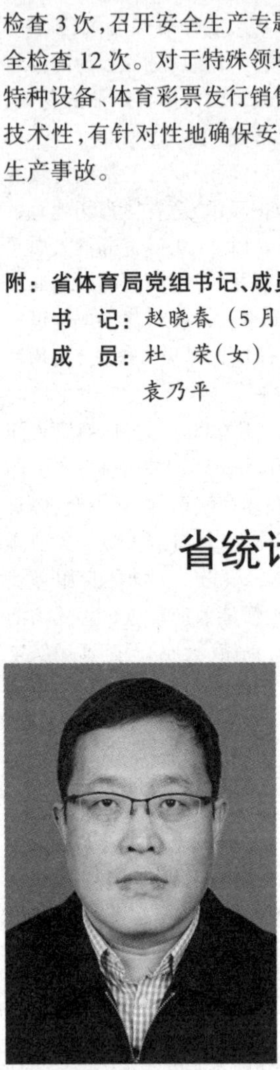

党组书记　张晓东

2020年,省统计局党组坚持以习近平新时代中国特色社会主义思想为指导,统筹做好疫情防控和统计调查监测各项工作,强化党建引领,践履统计职能,以优质服务为全省高质量转型发展提供坚实统计支撑。

一、坚持全面从严治党,着力加强党对统计工作的领导

(一)坚持把加强思想政治建设摆在首位。深入学习贯彻习近平新时代中国特色社会主义思想和党的十九大及十九届二中、三中、四中、五中全会精神,深学深悟习近平总书记视察山西重要讲话重要指示以及关于统计工作重要讲话指示批示精神,深入贯彻落实党中央国务院和省委省政府决策部署,精心组织16次党组中心组学习、16期统计大讲堂,党组书记和班子成员带头讲党课,每周二、五学习讨论有部署有落实。持续深化主题教育成果,扎实开展主题党日活动,组织开展十九届五中全会精神等专题宣讲,用好用足学习强国、好干部在线等平台载体,不断加强思想政治建设。"一组一室一体系"被评为省直机关"党建品牌"十优案例。

(二)坚定应对疫情防控重大考验。局党组坚决落实中央及省委疫情防控"严"的要求,靠前指挥、周密部署、沉着应对,加强防疫抗疫一线领导。各党支部、党小组坚决听从党组指挥,以强有力的组织领导开展疫情防控,从严落实常态化防控举措;千方百计保证统计调查监测正常开展,先后组织14次疫情影响快速调查,科学研判疫情对经济社会发展的影响,为宏观决策提供及时的统计服务。党建引领助力疫情防控纪实报道在《中国信息报》《省直党建研究》刊登报道。

(三)持之以恒深化纪律作风建设。坚决落实主体责任,全面从严管党治党。研究制定《党组班子及成员落实全面从严治党主体责任清单》,强化监督执纪问责,主动接受派驻纪检监察组监督,督促班子成员和处室单位负责人切实履行"一岗双责",组织开展廉政风险梳理自查,修订《关于贯彻落实中央八项规定精神的实施细则》,加强会议、培训、印刷等规范化管理,严防廉政风险。

(四)全面加强组织建设和能力建设。顺利完成局机关党委和纪委换届,压实"四级四岗"责任,建立局党组书记和班子成员党支部工作联系点制度,全面规范机关基层党组织工作。扎实开展公务员平时考核,稳步推进事业单位改革,举办全省三级统计局长培训班,选派多名干部参加省委党校培训,选派80后干部"墩苗",选拔多名处级领导干部,推荐数名高级人才为省数字经济入库专家,圆满完成首次正高级统计师评审,交流轮岗、扶贫驻村、上挂下派,多渠道培养锻炼干部,全方位激励干部担当作为。

(五)坚决推进巡视反馈问题整改。自觉接受省委巡视监督,对于反馈问题诚恳接受、照单全收,切实承担起巡视整改主体责任,通过巡视整改推动统计系统全面从严治党向纵深发展。召开党组会、全系统巡视整改部署会、专题民主生活会,传导压力、压实责任。及时报告巡视整改情况,主动接受监督指导。认真对照反馈问题,制定整改方案,建立问题清单、整改清单、责任清单,提出精准有力的整改措施,逐项逐条狠抓整改落实,全面完成巡视反馈问题集中整改任务。坚持立足全局,标本兼治,制定修订制度规定,建立统计违纪违法案件移送机制,有效推动巡视整改成果制度化、长效化。

二、加强统计监测和调查分析,全力服务高质量转型发展

(一)精心组织开展山西省第七次全国人口普查。发挥牵头部门作用,加强调度指挥,形成工作合力,扎实开展省级综合试点,做好经费物资保障,创新培训形式,广泛开展宣传活动,有序高效推进普查工作。组织19.4万名普查员圆满完成入户登记工作,及时开展数据质量检查,查遗补漏,比对复查,有效保障普查对象不重不漏、数据准确完整。

(二)不断强化统计监测、数据分析和形势研判。严格执行国家统计报表制度,圆满完成280余种报表、3000余个指标月、季、年度常规统计调查任务。部署开展多轮疫情影响快速问卷调查和分析研判,第一时间撰写上报疫情影响系列调查分析材料。建立完善经济运行预测预判机制,积极服务全

省经济调度。及时开展深度分析研究，组织撰写《关于转型出雏型量化研究报告》《山西转型发展进程分析研究》等报告，开展"十三五"发展成就系列分析，向省领导呈报统计专报、统计快报、统计分析报告200余篇，向省委、省政府办公厅报送各类信息合计300余篇次，许多观点和建议得到采纳。

(三)全面推进依法统计依法治统。坚决扛起防惩统计造假第一责任，聚焦国家统计督察反馈问题，找准问题实质，研究制定整改方案，细化各市、省直部门和统计部门督察整改任务，牵头推进整改落实。积极协调联系省人大、司法厅，完成《山西省统计条例》草案起草、立法调研、专家论证、立法联审等系列工作，提请省人大常委会审议。加大统计执法力度，严厉查处统计违纪违法行为，对多名责任人提出处分处理建议。建立健全并严格执行各级统计数据全过程质量管理和全员责任制，开展数据质量检查，督促部门建立防范和惩治统计造假、弄虚作假责任制和问责制，依法统计依法治统迈出新步伐。

(四)不断深化重点领域方法制度改革。积极配合国家统计局对我省GDP进行统一核算，扎实推进市级季度GDP统一核算，顺利实现分级核算向统一核算的平稳过渡。编制完成全省2018年资产负债表和自然资源资产负债表。开展限额以下零售业和餐饮业"金样本"记账调查试点，全面实现山西省500-5000万元投资项目联网直报与全国接轨，建立完善季度蔬菜、果品、中药材等主要农产品统计调查制度，按时完成民营经济统计监测分析，制定小微企业调查监测实施方案，扎实开展"四下"企业抽样调查，积极构建山西特色的新时代现代化统计调查体系。

(五)深度开发和利用山西省第四次全国经济普查成果。牵头完成296个普查先进集体和502名先进个人评选表彰。认真整理加工"四经普"数据，全面完成省市普查公报审核发布。深度挖掘普查数据资源，完成15项经普课题研究，编辑出版《山西经济普查年鉴》。落实"五证合一"商事制度改革要求，实时更新维护单位名录库。扎实推进调查单位统计监测工作，为培育新的市场主体作出积极努力。

(六)扎实开展高质量发展进度监测。全面完成2019年度省域、市域、县域转型升级考核评价，参与修订目标责任考核评价办法，参与起草《山西省高质量发展综合绩效评价与考核办法(试行)》，发挥考评测量仪、助推器作用。研究制定2020年高质量发展综合绩效考核测算办法，积极开展进度监测，全面了解掌握各市进展情况。与省考核办联合撰写5篇监测报告。

(七)全面加强重点领域统计监测。及时研究梳理全省战略性新兴产业集群行业企业情况。创新推动央企在晋非常规天然气产业活动单位视同法人入库入统，获批入库企业数量居全国首位。编印《"三新"经济概览》，全面展示山西省新动能发展成果。建立开发区投资监测指标体系，及时反映转型项目投资运行情况。开展乡村振兴战略统计监测和分析研究，修订完善全面建成小康社会统计监测体系，扎实开展全面建成小康社会进程监测。

(八)持续夯实统计基层基础。研究制定山西省企业统计台账制度，加强企业统计业务规范化管理。扎实推进统计基层基础规范化建设，推动实现全省规范化建设验收合格三年全覆盖目标。积极探索应用大数据技术，充分利用部门人口行政记录，提高人口普查质效。落实数字政府建设要求，进一步拓展优化联网直报系统，提高数据管理水平，保障统计信息系统安全稳定运行。

(毛永峰)

附：省统计局党组书记、党组成员名单

书　记：张晓东

成　员：王德才(11月离职)　曹力民　卫永杰
　　　　秦建华(12月任职)

省政府研究室党组

党组书记　王绍坤

2020年，省政府研究室党组以习近平新时代中国特色社会主义思想为指导，认真贯彻习近平总书记视察山西重要讲话重要指示精神，全面落实党中央、国务院决策部署及省委、省政府工作要求，扎实工作、履职尽责、担当作为、埋头苦干，党的建设坚强有力，以文辅政工作突出，以策资政成果丰富，切实发挥了参谋助手作用。

一、突出政治引领，班子建设实现新提升

始终坚持党的全面领导，坚定正确的政治方向，持续增强整体功能，不断增强"四个意识"，坚定"四个自信"，做到"两个维护"。

(一)强化理论武装，政治素养得到提升。把深入学习贯彻习近平新时代中国特色社会主义思想作为首要的政治任务，持续在融会贯通、学以致用上下功夫。一是坚持原汁原味学，召开了16次中心组学习会议，集中学习《习近平谈治国理政》第三卷、习近平总书记视察山西重要讲话重要指示及"三篇光辉文献"、党的十九届五中全会等。每次会前整理印发学习资料，会上班子成员、处室负责人、青年骨干轮流领学，交流学习心得体会，会后印发纪要，及时总结学习成效。二是不断拓宽视野学，举办了6期专题讲座，邀请国务院发展研究中心刘培林等省内外专家学者，就"加快形成以国内大循环为主体、国内国际双循环相互促进的新发展格局""牢

记领袖殷殷嘱托,决战完胜脱贫攻坚”等专题,为全室干部集中辅导,提升党员领导干部理论水平和政策把握能力。三是注重丰富渠道学,购买600余册权威著作,充实了图书阅览室。党组成员及各处室定期推荐优秀文章,汇总编发《美文共赏》,提升全室领导干部学思想、学观点、学方法、学文风的自觉性。教育引导全体干部用好“学习强国”“好干部在线”等在线学习平台。

(二)注重思想引领,党性修养得到锤炼。不断增强思想政治工作的针对性和实效性,在思想淬炼、政治历练、实践锻炼中壮筋强骨。一是抓实意识形态。逐级严格审核文稿和公开发表的文章,教育引导党员干部增强斗争意识、树牢底线思维。积极发挥意识形态引领作用,在运城市宣讲十九届五中全会精神,在《前进》《山西日报》等党报党刊发表理论文章,参加山西电视台《转型进行时》访谈。二是严肃政治生活。围绕巡视反馈指出的问题,高质量召开巡视整改专题民主生活会。对照《关于加强对县级以上党和国家机关党员领导干部民主生活会监督检查的若干规定(试行)》文件精神,对民主生活会的执行情况、实际效果、存在问题进行了自我评估,教育引导党员干部永葆政治本色。三是培优机关文化。持续推进“我心向党·苦乐年华”机关文化建设,组织健步走、太极拳术等活动。开展了“博爱一日捐”“送温暖、献爱心”以及支持新冠肺炎疫情防控等捐助活动,培育“忠诚、奉献、活力、成长”的文化品牌,培育健康向上的生活情趣。完成了精神文明创建工作,被评为省直“文明单位标兵”。

(三)夯实战斗堡垒,党的建设得到加强。不断深化主题教育成果,制定了《关于贯彻落实〈中共中央办公厅关于巩固深化“不忘初心、牢记使命”主题教育成果的意见〉的措施》。切实把机关党建与中心工作有机结合起来,把党建工作贯穿于文稿起草、调查研究、决策咨询等业务工作全过程,使党建工作与业务工作同频共振、同步推进。推进党支部标准化建设,出台了11项制度,按时召开党员大会和支委会,组织开展了“不忘初心、重温入党志愿书”等主题党日活动,省政府研究室机关党支部被省政府机关党委评为先进基层党组织。

二、聚焦主责主业,辅政资政取得新成果

紧紧围绕省委、省政府中心工作,优化文稿服务、深入调查研究、做好决策咨询,全力推进“四为四高两同步”总体思路和要求落实落地。

(一)高质量完成文稿任务。坚持力量向文稿一线倾斜,高标准完成了120余篇重要文稿材料。一是以优质文稿服务好全省发展大局。圆满完成了《省委经济工作会议讲话》《政府工作报告》等重大文稿,起草了省委农村工作暨脱贫攻坚工作会议、全省决战决胜蓝天保卫战会议、全省项目建设推进会、全省“标准地”改革推进电视电话会、全省医改大会、省政府安委会第一次全体(扩大)会议暨全省安全生产工作电视电话会议和省政府廉政工作电视电话会议等工作会议讲话,完成了全国基础教育综合改革暨教学工作会议、2020年中国乡村振兴(太谷)论坛、全省巩固脱贫成果现场推进会、地方金融风险和城商行改革、晋能控股集团成立工作专题会议和晋阳湖峰会重大活动的讲话及致辞,做到了站位高、内容实、措施准、文字美。二是以优质文稿服务好中央决策部署的贯彻落实。完成了省政府主要领导参加党的十九届五中全会中央经济工作会议、中央农村经济工作会议、全国“两会”的文稿服务任务。起草了贯彻落实习近平总书记重要批示精神的进展情况报告、党中央国务院调研复工复产汇报等文稿。严格把好文稿和文件的政治关、政策关、文字关,完成了山西省贯彻落实中共中央国务院关于推动高质量发展的意见、关于建设现代化经济体系的指导意见有关情况的报告等20余篇核稿任务。三是以优质文稿服务好疫情防控和复工复产。起草了国务院复工复产督查汇报会议、全省推动各类企业全方位复工复产电视电话会议、加快推进服务业恢复稳定增长电视电话会议、全省稳就业保就业电视电话会议等省领导文稿,梳理编写了《省直部门贯彻落实国家应对疫情和复工复产相关政策》,推动全省疫情防控和复工复产工作有序开展。

(二)高质量服务重点工作。参与了“十四五”规划建议、纲要以及“十四五”政府治理和智库建设等专项规划的编制工作。组织有关厅局统筹修改了《农村宅基地审批管理办法(试行)》《农村自建房规划许可管理办法(试行)》《农村集体建设用地房屋建筑设计施工监理管理服务办法(试行)》《农村自建房用作经营管理办法(试行)》《安全生产“三管三必须”实施细则》等制度文件。积极服务省委重要会议,组织编写了省委十一届十次全会《“六新”参阅资料》。梳理近年来山西深化转型综改以及能源革命的思路、政策、举措和成效,编写出版了《转型综改百问百答》《能源革命百问百答》等政策普及读物。

(三)高质量开展调查研究。聚焦乡村产业振兴、新装备、城市工作、一枚印章管审批等重点工作,先后深入到临汾、大同、朔州等地市,到企业、下车间、进工地,与一线人员面对面交流,了解情况,倾听困难和问题,掌握第一手资料,形成一批高质量的调研成果。根据省政府主要领导指示,对大同、忻州、吕梁机场进行了深入调研,形成了《关于山西省推进民航机场一体化管理(托管)情况的调研报告》,为开展机场一体化工作提供了重要参考,直接推动《关于实施机场一体化运营管理的指导意见》的出台。组织专题调研组,就山西省“一枚印章管审批”改革情况,深入大同市平城区、经济技术开发区等地实地调研,形成了《关于加快推进山西省“一枚印章管审批”改革的思考和建议》,为山西省出台《一枚印章管审批条例》提供了有益的参考。

三、扛牢压实责任,管党治党迈出新步伐

全面落实新时代党的建设总要求,把严的标准、严的要求、严的措施贯彻到全面从严治党的全过程,以永远在路上的执着和韧劲推动全面从严治党向纵深发展。出台了《省政府研究室党组及其成员落实全面从严治党责任清单》,制定了《党风廉政建设和反腐败工作任务分解意见》,签订了责任

书,将任务分解到位、压力传导到位。严格执行"三重一大"集体决策,召开21次党组会议、3次主任办公会议,重要工作、重要事项均由党组会议集体研究,并邀请派驻纪检监察组全程指导监督。以对党和人民事业高度负责的态度和勇于自我革命的精神,主动接受政治巡视,围绕省委巡视反馈的4个方面12项问题,制定了整改方案和"三清单",整改率达到95.7%,巡视反馈的问题基本得到有效解决、提出的意见建议得到有效落实。持续巩固巡视整改成效,修订了《党组工作规则》等6项制度,出台了《机关政府采购内部控制管理办法》等3个管理办法。开展了个人事项专项整治、干部人事档案标准化建设、党政领导干部违规入股企业问题专项清理等工作。

(武晨炜)

附:省政府研究室党组书记、成员名单

书　记: 薛　荣(12月离职)　王炤坤(12月任职)

成　员: 王炤坤(12月调职)　马炜宏(4月离职)

张王杰(4月任职)　卫国锋(4月任职)

省行政审批服务管理局党组

党组书记　李秋柱

2020年,省行政审批服务管理局党组认真贯彻落实习近平总书记视察山西重要讲话重要指示和省委、省政府决策部署,按照"四为四高两同步"总体思路和要求,聚焦"六稳""六保""六新"工作重点,统筹疫情防控和各项重点改革任务,持续深化"放管服效"改革,着力加快数字政府建设,全力打造"六最"营商环境,圆满完成了省委、省政府安排的各项目标任务。

一、以党的政治建设为统领,党的建设实现新提升

局党组始终坚持把党的政治建设摆在首位,坚决扛起管党治党政治责任,着力提升领导班子政治素养和能力建设,全力打造忠实践行"两个维护"的政治机关。一是坚持创新理论引领。坚持用习近平新时代中国特色社会主义思想武装党员干部头脑,以理论上的清醒确保政治上的坚定。坚持中心组学习制度不动摇,班子成员以身作则带头学,每次习近平总书记发表重要讲话后都第一时间传达贯彻。重点围绕党的十九届五中全会精神、习近平总书记视察山西重要讲话重要指示、《习近平谈治国理政》第三卷等,组织开展中心组学习29次,专题研讨4次。各党支部累计学习达到430余次,不同层次领导干部讲党课共计90余次,在线学习4000多小时,全局党员干部政治理论素养明显提升。二是构建特色党建体系。切实履行党建工作责任制,成立了党建工作领导小组,形成了"一把手"负总责、分管领导具体抓、班子成员配合抓的工作格局。坚持"党的一切工作到支部",建立起班子成员和党支部工作联系点制度,将各项目标任务细化、量化、落实到各支部,压实工作责任。牢牢把握意识形态领导权和话语权。编制了普法责任清单、领导干部学法清单,强化学法用法,将习近平法治思想贯穿到审批服务工作日常。建立了党支部规范化台账,定期对支部组织生活进行督促检查,初步构建起符合实际、具有特色的支部建设标准化指标体系。三是全面完成巡视整改任务。2020年局党组接受了十一届省委第七轮巡视,对于巡视反馈的23个问题照单全收、照单全改,第一时间召开了巡视整改专题民主生活会,深刻对照检查、剖析形成原因,针对性提出了82项具体整改举措,逐项落实,整改工作全面完成。

二、以坚决落实"两个责任"为重点,全面从严治党取得新进展

局党组认真履行全面从严治党主体责任,不断推动压力传导。一是坚决扛起主体责任。坚持把落实全面从严治党工作放在全局工作重要位置,制定印发了落实全面从严治党主体责任的实施方案和责任清单,召开全系统全面从严治党工作会议,党组书记和局属单位负责人签订全面从严治党责任书,班子成员认真履行"一岗双责",推动各级党组织逐级传导压力。二是严肃党内政治生活。坚持民主集中制,全年召开党组会31次,对"三重一大"事项坚持集体研究、集思广益、科学决策。严格执行《党政干部选拔任用条例》,在全局系统选拔任用处级干部31名,树立起鲜明用人导向。严格执行《关于新形势下党内政治生活的若干准则》,认真组织召开了党组专题民主生活会,指导各支部开好党员组织生活会,形成推进工作的强大合力。组织全体党员干部观看《国家监察》《镜鉴》等警示教育片并召开警示教育大会,做到警钟长鸣。三是引深"作风建设年"活动。巩固提升"不忘初心、牢记使命"主题教育成果,建立了长效落实机制,全力支持驻局纪检监察组履行监督责任、发挥"利剑"作用,坚决杜绝"昏、懒、庸、贪"现象,着力解决形式主义、官僚主义突出问题。持续深化全系统"作风建设年"活动,在各级窗口大力推行"五不能、五必须",对政务大厅服务窗口实行全程视频监控,结合现场值守、现场监督、现场受理等有效形式,确保全过程、全方位、无死角监督。

三、以"六最"目标要求为引领,优化营商环境取得新突破

一是法治保障更加坚实。在全国率先出台了《山西省优

化营商环境条例》,并配套出台了《山西省政务数据管理与应用办法》《山西省相对集中行政许可权办法》等规章,以地方立法形式为我省打造“六最”营商环境保驾护航。按照省委部署,在全国第一家编制“十四五”省级营商环境专项规划。二是“六大行动”扎实推进。制定实施了《山西省以数字政府建设为牵引进一步优化营商环境行动计划》,充分发挥统筹协调、监督指导作用,推动“五减”专项行动、“一网通办”提速行动、“四个一”改革行动、创新审批行动、企业全生命周期便利化服务行动、政务服务提质行动等“六大专项行动”取得积极成效。三是考核评价机制全面建立。出台了《山西省营商环境考核办法(试行)》,印发了《2020年细化考核指标》,将营商环境考核纳入省年度目标责任考核体系,对11市实施单独奖惩,切实推动以考促改、以考促进。巩固去年全国率先开展全省域(11个市)营商环境评价经验,2020年进一步扩大到117个县(市、区),并延伸到山西转型综改示范区,切实推动以评促优、以评创标。

四、以“一枚印章管审批”改革为突破,行政审批制度改革取得新成效

一是“一枚印章管审批”实现市县全覆盖。组织班子成员带队深入各市开展了“一枚印章管审批”改革专题调研,督促指导各市加大改革力度、创新改革思路。建立了“多对一、一对一、一对多”审批服务协同联动机制,“一枚印章管审批”改革在各市县及开发区高标准落地,市县平均划转率均超过80%,多数市县人员划转率超过80%,市县两级审批服务效率大幅提升,初步实现了审批方式“集成化”、审批流程“标准化”、审批理念“服务化”的转变。市县平均压减事项20%、办理时限50%、审批环节51%、申请材料55%。省市两级向开发区赋权1435项。加大简政放权力度,省级取消下放57项行政审批事项。二是“一网通办”水平迈上新台阶。协调推动省直部门的28个自建业务系统与一体化平台实现全面对接,全省220类电子证照实现在线制发,初步实现了“免证办”,省级90%以上、市县平均80%以上行政审批事项率先实现“全程网办”。“三晋通”App累计上线政务服务事项1464项,注册用户突破1000万。牵头制定出台了山西省煤成气审批流程“一张图”,审批时限由原360个工作日以上压缩至73个工作日。疫情期间全省4094个工程项目实现了“不见面审批”。三是“好差评”工作机制更加完善。印发《关于建立政务服务“好差评”制度提升政务服务水平的通知》,推动构建了省市县三级“好差评”体系,实现了服务事项、评价对象、服务渠道全覆盖。全省统一的12345政务服务热线上线运行,覆盖省直49个部门和11个市,省市联动的一体化热线服务格局基本形成。

五、以贯彻“五个一”要求为牵引,数字政府建设形成新格局

一是数字政府建设运行体制基本完善。省级层面“一局一公司一中心”的“品字形”管理架构基本形成,省数字政府服务中心正式挂牌成立,与省数字政府建设运营公司建立了定期协调联动机制,组建了山西省数字政府建设专家咨询委员会,省级数字政府建设运行格局基本形成。二是数字政府建设顶层规划基本完成。印发《山西省数字政府建设规划(2020—2022年)》,进一步明确了全省数字政府建设的总体架构、支撑体系、应用体系和实施步骤。出台《山西省一体化在线政务服务平台电子证照、电子印章管理实施办法》,为全面推进政务服务“网上办”奠定基础。三是“五个一”架构基本形成。完成省级政务云平台主体建设,全面完成省直非涉密487个政务信息系统迁移上云,5个部门的行业云网络顺利打通,实现了资源并入。全面实现省直部门政务信息系统集约化运维。完成86个省直有关单位的机房统一托管,全面完成迁移上云门户网站IPv6改造、加快推进政务外网IPv6改造。数据中台和业务中台的“大中台”架构基本形成,支撑能力和“总枢纽”作用初步显现。政务数据共享交换平台在“一网通办”“一网通管”、数据共享中发挥主要作用。2020年,累计交换数据48亿条,提出接口调用252万次,提供数据资源8017项。建设完成“领导驾驶舱”“晋政通”“13710”信息督办系统等一批创新应用。开发了疫情防控一网通系统,建立了多点触发机制,推动山西“健康码”实时、全量向全国一体化平台汇聚,确保了山西“健康码”跨地区互通互认。实施了“云、网、数”一体化安全防护平台建设工程,安全能力和水平不断提升。

六、以“一个平台管交易”改革为突破,公共资源交易平台整合共享取得新进展

认真贯彻落实中央深改委第七次会议精神,着力打造山西省阳光交易平台。一是制度框架体系更加健全。印发实施了《公共资源交易主体库信息管理办法(试行)》《山西省公共资源交易领域基层政务公开标准目录》等一系列制度办法,进一步健全了运行管理制度体系。二是“六位一体”运行体系初步形成。坚持区域、标准、监管、服务、数据、安全“六位一体”,完成了公共资源交易全省域一体化平台网络环境总体部署,优化了信息公开服务、交易信息管理、远程异地评标等12个服务系统功能,基本实现了与省直有关部门相关交易服务平台的横向对接和同各市级交易平台的纵向联通。三是“不能腐”制度建设稳步推进。按照省委不能腐制度建设和深化改革工作统一部署,组织起草了《关于深化公共资源交易领域改革工作方案》《关于深化市场中介机构改革工作方案》《关于深化工程建设领域信用监管体系改革工作方案》等6项改革方案和制度文本,以系列创新举措进一步扎紧制度的笼子。

七、以“一个系统管监管”改革为目标,“互联网+监管”能力实现新提升

一是完善制度体系。制定印发《关于加强和规范事中事后监管的实施意见》和《山西省“互联网+监管”系统运行管

理办法》,完善监管顶层设计,推动监管责任落实。二是提升系统功能。进一步完善省"互联网+监管"系统功能,基本完成了各级各部门监管业务系统整合,加快推进与"双随机、一公开"监管平台、省信用信息共享平台等数据交换,汇聚监管业务数据1900万条。三是促进效能提升。制定了"互联网+监管"效能评估指标体系,编制了40个省直部门和11个市的评估报告;开展监管数据开发利用,通过省数据共享交换平台,为各级部门提供数据查询服务,"互联网+监管"能力明显提升。

(柳　枫)

附:省行政审批服务管理局党组书记、成员名单

书　记:李秋柱

成　员:刘予强　马爱锋(4月离职)
李和林(4月任职)　李　峰　连建林
李　明(4月任职,11月离职)
王拥军　卫继周

省信访局党组

党组书记　梁克昌

2020年,省信访局党组坚持以习近平新时代中国特色社会主义思想为指导,认真学习贯彻习近平总书记视察山西重要讲话重要指示和习近平总书记关于加强和改进人民信访工作的重要思想,坚持以人民为中心、围绕"零上访"单位创建和信访问题"控新治旧"开展工作,统筹信访工作和疫情防控,深化信访制度改革,解决群众合理诉求,化解信访突出矛盾,服务全省发展大局,有力保障群众合法权益,维护社会和谐稳定,较好地完成了年度各项工作任务。2020年,全省信访形势平稳可控、持续向好。信访总量、走访量、越级访大幅下降,信访工作规范化水平、基层治理能力、网上信访占比明显提升,重要节点、敏感时段信访秩序良好,为全省及首都社会和谐稳定作出应有贡献。省信访局连续三年被人民网评为网民留言办理工作民心汇聚单位。

一、领导重视,高位推动,深化信访制度改革

省委、省政府对信访工作高度重视,每年专题研究,对信访工作多次作出重要批示。省委常委、政法委书记商黎光把信访工作紧紧抓在手上,多次主持召开会议安排部署,深入细致指导和推动工作开展。其他省领导扎实履行"一岗双责",协调指导信访问题有效解决。省委、省政府对"零上访"单位创建和信访问题控新治旧工作一体谋划、一体部署、一体推进,为开展信访工作提供了有力的组织保障。同时,省委、省政府加强顶层设计,不断深化信访制度改革,以省委、省政府两办文件等形式印发七个规范性文件。出台《关于印发〈山西省信访事项复查复核办法〉的通知》《山西省信访事项听证办法》,进一步规范初次信访事项三级办理和公开听证程序。出台《关于印发〈山西省信访工作责任制实施细则〉的通知》,从7个层面对信访工作责任制进行细化,提出"七个不得"禁止性规定,明确责任追究6方面20种情形。省委政法委、省高院、省司法厅、省信访局联合出台关于建立矛盾纠纷多元化解机制的规范性文件,推动信访事项依法、就地、分类处理。这些为推动信访工作高质量发展提供了有力的制度支撑。

二、控新治旧,标本兼治,着力化解社会矛盾

省信访局多措并举,力争把矛盾纠纷化解在早,化解在小,化解在基层。一是成立"控新"专班,紧盯首接首办。强化跟踪督查,采取电话、网络、约谈、实地督办等方式,对初次信访事项逐一明确谁家人、谁家事、谁在办、怎么办,推进"最多访一次""最多跑一地"有效落实。2020年,全省初次信访事项及时受理率和按期答复率均保持在95%以上。二是狠抓信访矛盾排查化解。省信访局组织开展了全省矛盾纠纷大排查大化解百日行动。对各地办理进展情况每日网上核查、每周收集汇总、每旬视频调度,强力推动信访事项办结化解提质增效,重点信访事项办结率99.8%。三是开展重点领域专项治理。对城乡建设、劳动保障、自然资源、农业农村等4个重点领域信访突出问题进行专项治理。截至10月底,国家信访局交办的重点信访事项,已全部办结。四是开展集中治理专项工作。安排部署在全省开展为期三年的集中治理重复信访、化解信访积案专项工作。逐级建立任务清单和工作台账,对中央信访联席会议交办的重复信访事项,倒排工期、挂图作战、清单管理、跟踪盯办,推动案结事了,事心双解。五是加大信访法律法规宣传力度。省信访局以《信访条例》修订实施15周年纪念日、"12·4"宪法日为契机,广泛开展信访法律法规宣传活动。以图片、视频、征文、电视等形式,线上线下相结合,开展为期三个月的"循法信访、依法办访"法治宣传教育,让"办事依法、遇事找法、解决问题靠法"深入人心。与山西广播电视台联合改版《民生大接访》电视栏目,以生动案例深入开展信访法治宣传工作,被省司法厅评为"2020年度全省普法依法治理十大创新案例"第1号。

三、源头防控,前瞻治理,深入开展"零上访"单位创建

按照省委"三零"单位创建重大决策部署,省信访局采取分段推、分级抓、日常督、综合评等方式开展创建工作。分段

推,即2020年"零上访"村(社区)和其他创建主体力争分别达到60%和65%以上,有效减存量、控增量;2021年"零上访"村(社区)和其他创建主体力争分别达到80%和90%以上,把信访矛盾化解在萌芽状态;2022年巩固提升,完善常态化工作机制,实现既定目标。分级抓,即逐一细化创建主体的职责任务,省抓市、市抓县、县抓基层单位,逐级逐事压实压细属地领导责任、部门监管责任和创建主体责任。日常督,即对创建工作进展进行重点督查,结合信访形势综合分析研判,及时发现问题,每月视频调度。综合评,即把信访问题控新治旧作为重要衡量标准,逐级考核评价创建工作效果。省信访局依托信访信息系统和智能信访平台,建成"零上访"单位创建电子台账,实现村(社区)一级全覆盖,直接为创建主体提供服务,推进基层矛盾纠纷排查化解取得实效。截至12月底,全省62万个创建主体中,保持"零上访"的村占比87%、社区占比80%、企事业单位占比99%;"三治融合"效果更加明显。国家信访局认定山西省"三无"县(市、区)14个,比2019年增加3.7倍,"零上访"单位创建工作取得明显成效。

四、党建引领,树立新风,加强信访干部队伍建设

省信访局推动将习近平总书记关于加强和改进人民信访工作的重要思想列入省委党校(行政学院)授课内容,梁克昌等领导同志为省管干部读书班、中青班、基层干部墩苗班、基层政法委员等1000余名领导干部和基层干部授课。注重干部队伍专业化培养,开展全省信访系统深化信访制度改革专题培训、进行网上专题测试,帮助干部弥补知识弱项、经验盲区,补齐眼界思路不宽、能力素质不强短板,促使干部全面提高本领,涵养担当作为的底气和勇气。开展学用习近平总书记关于加强和改进人民信访工作的重要思想专题研讨,开设"信访讲坛",不定期以视频方式向全省信访干部进行政治理论宣讲。组织全省各级信访部门负责人、部分业务骨干赴浙江大学学习培训,全面提升信访干部政治素养。坚持严管与厚爱结合、激励与约束并重,采取日常评查与领导评鉴、定量考核与定性考察、月份评比与年度总评相结合的方法,激励干部职工担当作为、干事创业。2020年,省信访局开展争当最美信访干部、争创人民满意接待窗口"双争"活动,全省评选出"人民满意接待窗口"33个,"最美信访干部"候选人33名。

(赵文娟)

附:省信访局党组书记、成员名单

书　记: 梁克昌

成　员: 郝钦新　郭泽兵　姚云刚　侯永霞(女)

省地方金融监督管理局党组

党组书记　常国华

2020年,省地方金融监督管理局党组坚决学习贯彻习近平新时代中国特色社会主义思想和习近平总书记视察山西重要讲话重要指示精神,认真贯彻落实党的十九届五中全会和省委十一届十次全会精神,按照"四为四高两同步"总体思路和要求,认真落实省委、省政府各项决策部署,围绕服务实体经济、防控金融风险、深化金融改革三项任务,正视问题、对标一流、扎实工作,为全省经济转型,努力实现高质量发展提供了有力支撑。

一、持续强化政治建设组织建设,坚决做到旗帜鲜明讲政治

(一)持续深化理论武装和政治建设。大力开展政治机关、意识形态、党风廉政建设,层层开展党性分析、谈心谈话、主题党日等组织活动。

(二)努力涵养风清气正的政治生态。坚决拥护省委、省纪委对竟晖的审查调查决定,认真配合案件查办,组织召开党风廉政建设工作会、推进会,深度开展警示教育,层层签订党风廉政建设责任书。

(三)不断推进地方金融治理能力建设。组织实施地方金融监管系统"三零"单位创建和"五型机关"创建,同开展"十个突出问题"整改回头看、"党建品牌"创建等相结合。

(四)坚决推进巡视审计各项整改要求深查彻改。建立"三个清单"和整改工作台账,组织专班双周督导推动,召开专题民主生活会和组织生活会。34个具体问题已整改完成33个,98条具体措施已完成97条,完成比例为99%。

二、强化地方金融治理顶层设计,稳妥推进改革化险

(一)稳步推进地方中小金融机构改革化险。一是研究制定城商行改革化险总体工作方案,加紧推进重组新设。二是建立流动性风险防控平准会商研判机制,做好113家法人机构流动性指标日监测日报告日研判。三是组织开展清欠清收"百日行动",建立逾期债务清偿协调机制。

(二)着力引领金融支持疫情防控和复工复产。印发疫情

防控期间金融服务和安全稳定工作通知,加大对受疫情影响严重企业的金融支持。支持出台应对疫情支持中小企业、文旅企业、服务业稳定增长若干措施。

(三)深入推进地方金融领域不能腐制度建设。从行业监管和出资人监督双维度,研究建立《地方政府与中央驻晋金融监管部门联席会议制度》,召开第一次联席会议。

三、畅通各类融资渠道,助力全省转型跨越蹚新路

(一)抓好政策传导。一是配合落实再贷款再贴现、延期还本付息等相关政策要求。二是支持加大小微企业信用贷款支持力度,落实小微企业贷款奖补政策。

(二)强化融资对接。一是建立政银企常态化对接工作机制,联合举办政银企对接活动。二是推进国企贷款短期转中长期,逐企落实优惠政策。三是推动省部高层会晤,争取浙商银行设立分支机构。四是制定债转股实施方案,建立联席会议制度。五是联合综改区出台金融"30 条",设立两个金融集聚区。

(三)用好资本市场。一是持续完善上市挂牌后备企业资源库管理,推动资本市场县域工程改革试点。二是争取设立上交所、深交所资本市场(山西)服务基地,支持两家企业上市,实现山西省 A 股上市连续五年"零"的突破。

(四)助推脱贫攻坚。一是制定金融扶贫政策保障和金融支持产业扶贫工作计划。二是督促投放为零的银行机构加快扶贫小额信贷投放。三是开展脱贫攻坚和驻村帮扶工作专项工作考核。

四、坚持放管结合,规范促进地方金融机构提质增效

(一)加强七类地方金融组织监管。修订完善监管制度,推进七类地方金融组织监管监测信息系统建设,组织开展机构类型全覆盖现场检查和抽取核查,做好分类评级结果运用。

(二)实现审批事项一网通办。将省级行政许可申请事项全部纳入政务服务平台,省级审批事项网上可办率 100%。

(三)推动政府投资基金更好发挥作用。修订《山西省政府投资基金管理办法》,起草考核办法及理事会相关工作制度。推动能源转型基金、凯赛项目基金、民营纾困基金及农谷科技基金设立工作。

五、坚守风险底线,防范化解各类金融风险

一是细化《全省防范化解重大金融风险攻坚战实施方案》任务分工,完善应急预案等机制建设。二是组织开展涉非涉稳风险专项排查化解行动,完善非法集资风险监测预警大数据平台,全省非法集资发案件数降低 7 个百分点,参与人数下降 32%。三是对在营 P2P 机构实施"三控",推进 P2P 网贷风险彻底遏制。四是研究制定《山西省各类交易场所管理办法》,2 家僵尸类交易场所完成撤销或转型,13 家产权类、2 家环境类交易场所完成整合,省金融资产交易中心超范围经营业务处置 90%。五是制定《山西省互联网金融风险专项整治工作方案》,组织"四位一体"全面筛查和清理整顿。

(樊晶晶)

附:省地方金融监督管理局党组书记、成员名单

书　记:竟　晖(6 月涉嫌严重违纪违法,接受纪律审查和监察调查,被免职;12 月被开除党籍、开除公职;将其涉嫌犯罪问题移送检察机关依法审查起诉。)

常国华(7 月任职)

成　员:马爱锋(4 月任职)　张永胜　潘跃飞

省能源局党组

党组书记　王启瑞

2020 年,省能源局全面贯彻党的十九大和十九届二中、三中、四中、五中全会精神,深入学习贯彻习近平总书记视察山西重要讲话重要指示,坚决贯彻"四为四高两同步"总体思路和要求,勇于担当,主动作为,各项工作取得扎实成效。

一、坚持党建引领,为山西省能源高质量发展提供坚强政治保障

(一)强化理论武装,推进思想建设。坚持把强化理论武装放在突出位置,特别是把学习习近平总书记视察山西重要讲话重要指示作为首要政治任务。深入开展学习十九届五中全会宣讲,认真学习《习近平谈治国理政》第三卷,组织开展研讨交流,邀请专家专题辅导。

(二)严格组织生活,推进政治建设。严格落实《关于新形势下党内政治生活的若干准则》,规范召开巡视整改专题民主生活会。进一步规范党组会等有关会议程序,严格落实党员领导干部双重组织生活制度。严格落实"三会一课"、组织生活会、谈心谈话、民主评议等制度,不断规范党内政治生活。

(三)强化组织建设,建强战斗堡垒。完成新一届直属机关委员会、纪律检查委员会和局机关党支部换届选举工作。建立局党组书记和班子成员党支部工作联系点制度,制定流

动党员管理办法，进一步规范流动党员管理，配合企事业单位改革，进一步理顺基层党组织关系。组织学习《中国共产党党和国家机关基层组织工作条例》，局领导讲专题党课，深入推进"五型机关"创建工作。

（四）突出基层减负，抓好作风建设。认真学习《习近平总书记关于力戒形式主义官僚主义重要论述选编》，严格落实省委《关于贯彻中办发〔2020〕15号文件精神深化拓展基层减负工作的措施》。严格落实精简文件会议数量要求，领导干部带头改进文风会风。始终坚持以落实中央八项规定精神为切入点，以纠正"四风"为突破口，紧盯重大节假日，严查"四风"隐形变异问题。

（五）注重标本兼治，加强纪律建设。扎实开展能源领域反腐败专项行动，及时报送工作进展。一体推进不敢腐、不能腐、不想腐体制机制，研究制定《中共山西省能源局党组关于一体推进不敢腐不能腐不想腐的实施办法（试行）》。严格按程序召开巡视整改专题民主生活会。组织开展警示教育，编印《十八大以来全省能源领域违规、违纪、违法部分典型案例汇编》。深入开展"廉政制度建设年"活动，制定出台廉政制度35项。

（六）围绕素质提升，推进能力建设。坚决贯彻中央、省委和省政府决策部署，对重点工作任务进行督办。建立健全各项制度，先后制定印发《中共山西省能源局党组"三重一大"事项决策实施办法》等规章制度。利用局门户网站开展山西省能源系统干部能力提升专题培训，选派副处以上领导干部到省委党校进行专题学习，选派部分专业骨干参加专题培训，开展支部书记、档案管理培训，不断提升能力素质。

（七）坚持问题导向，狠抓巡视整改。4月至6月，省委第八巡视组对省能源局党组开展了常规巡视。针对巡视反馈指出的4类10方面26个问题，局党组先后组织召开8次会议专题研究，成立局整改领导小组，制定"三个清单"，细化193条整改措施，制定印发整改方案，明确整改任务、责任分工和时间安排，实行"一个问题、一名领导、一抓到底"的包干负责整改工作机制。截至12月底，52项整改问题已全部整改完成项，13件移交的信访举报件全部办结，整改完成率100%。12月，省纪委监委第六督查室进行量化评估检查，评估结果为98+4分（4分为附加分），成效明显。

二、狠抓煤电供应，为支援抗击新冠肺炎疫情提供有力的能源支撑

积极响应国家号召，认真履行职责使命，采取超常举措，统筹做好疫情应对和能源供应，有力保障医用物资生产及企业复工复产需求，国家能源局、中煤协会给予充分肯定。为山西省地区生产总值一季度下降幅度低于全国2.2个百分点，三季度实现增长率由负转正做出重要贡献。

三、主动担当作为，努力为助推全国推进能源革命探路领跑

（一）坚持绿色智能发展，煤炭产业优化升级进一步提升。去产能规模力度全国第一，在2019年提前超额完成"十三五"任务，退出总量全国第一的基础上，2020年继续退出产能1500万吨以上，引导关闭退出60万吨/年以下煤矿。智能绿色煤矿建设全面提速，制定全国首个智能煤矿建设地方标准，开展10座智能化煤矿和50个智能化综采工作面试点。率先在全国出台充填开采产能置换办法。煤炭洗选管理秩序逐步规范，制定《煤炭洗选企业标准化管理规范》和《全省煤炭洗选行业产业升级实现规范发展的意见》，完成拟关闭318座（产能3.11亿吨）违法违规煤炭洗选加工企业的审核确认工作。

（二）深化电力体制改革，现代电力供应体系进一步构建。电力体制机制改革领跑全国，全国首家制定电力市场建设方案、培育线上电力零售市场、开展现货市场结算试运行、成立电能服务产业协会、探索构建"源网荷"协同智慧能源试点。印发《山西省电力外送实施方案》，蒙西—晋中1000千伏交流特高压输电工程（山西段）全线贯通并正常运行。特高压"两交落地"工程和"西电东送"通道调整工程已完成项目核准。研究制定《关于战略性新兴产业市场化电价的实施方案》，并开展首场交易会，推动战略性新兴产业用电0.3元/千瓦时目标成功落地。

（三）积极推进增储上产，煤层气勘探开发力度进一步加大。全国率先开展采空区煤层气资源抽采试验，破解煤炭与煤层气重叠区煤炭与煤层气两种资源无序开发历史遗留问题。出台《山西省煤层气开发项目备案暂行管理办法》。全省煤成气产量81.46亿立方米，同比增加16.58亿立方米，增长25.56%。开展天然气"直供"管网建设，安泽、大同直供项目如期完工，鸣谦－忻州一期工程顺利投产。初步构建起完整产业链，已成为全国煤层气产业开发的"领头羊"。

（四）构建多元能源供应体系，新能源和可再生能源发展进一步加快。截至12月底，风电装机1974.01万千瓦，太阳能装机1308.66万千瓦，新能源和可再生能源发电装机占总装机总量30%以上，圆满完成"十三五"规划目标。千万瓦级大同光伏基地、寿阳光伏基地和长治技术领跑基地已投产运行。垣曲抽水蓄能电站已开工建设，浑源抽水蓄能电站项目完成初审。编制完成山西省生物天然气发展中长期规划，协调推动国家试点和我省首个大型规模化生物天然气项目投产。

（五）坚持节约集约利用原则，能源清洁高效利用水平进一步提升。参与修改完善《山西省节约能源条例》，开展《山西省节约能源条例》修正草案立法调研。组织召开2020年山西省节能宣传周启动仪式，多种形式开展节能宣传周活动。下达各市2020年度能耗"双控"任务，督促指导各市扎实推进。组织开展冬季清洁取暖工作评估和可持续研究，印发2020年冬季清洁取暖工作方案，组织研究制定洁净煤、生物质燃料及炉具相关标准。截至年底，全省冬季清洁取暖改造完成500多万户，年可替代散煤燃烧1500万吨。

（六）加强对外合作交流，能源领域发展空间进一步扩展。积极参与"一带一路"国际合作，组织企业参展厦洽会。深化省际间能源交流，推动完成与浙江省战略合作协议签订。主动与央企加强合作，省政府与华能集团已签署合作

协议。举办 2020 能源转型论坛暨第十届全球新能源企业 500 强峰会。

(七)坚持稳妥高效推进,局属事业单位改革走在全省前列。承担全省事业单位改革试点,坚持高起点谋划、高标准推进,将 26 个事业单位最终保留 2 个事业单位、1 个参公群团,为全省企事业单位改革探路领跑、当好样板。

(贾文浩)

附:省能源局党组书记、成员名单

书　记: 王启瑞(10 月离职)

成　员: 王茂盛(5 月任职)　苗还利　闫文泉　王红亚(女)　侯秉让

省文物局党组

党组书记　刘润民

2020 年,省文物局党组以习近平新时代中国特色社会主义思想为指引,深入贯彻落实习近平总书记视察山西重要讲话重要指示,紧紧围绕省委“四为四高两同步”总体思路和要求,勇于担当,同心奋斗,取得了令人欣喜的新成就。

一、坚定扛起政治责任,全面加强党的领导

一是加强思想政治引领。局党组坚持“第一议题”制度,集体学习 22 次,重点学习了十九届四中全会、五中全会精神,重温了“三篇光辉文献”,及时跟进学习习近平总书记视察山西重要讲话精神和十一届省委十次、十一次全会精神,制定《中共山西省文物局党组学习贯彻落实习近平总书记视察山西重要讲话精神实施方案》。推动“不忘初心、牢记使命”主题教育常态化制度化,持续推进“讲政治、讲纪律、讲规矩”学习教育,把干部职工的思想行动统一到党中央和省委决策部署上来,切实增强“四个意识”,坚定“四个自信”,做到“两个维护”。

二是加强组织建设。深入贯彻《中国共产党党和国家机关基层组织工作条例》《党委(党组)书记抓基层党建工作述职评议考核办法(试行)》,强化党组抓党建主体责任,率先完成省直文博系统事业单位改革任务,建立健全了基层党组织。

三是从严落实“一岗双责”。局党组发挥领导作用,凡“三重一大”事项,都按程序由局党组会议决定,驻厅纪检监察组全程监督。班子成员分工负责,明确管业务必须管安全、管业务必须管党风廉政建设、管业务必须管意识形态、管业务必须管“三零”单位创建等。各项工作都明确牵头领导、责任处室,实行“挂图”作战,以清晰的责任链条推动各项工作的落地见效。

四是狠抓意识形态工作。调整意识形态工作领导小组,明确党组书记是第一责任人,将意识形态工作作为重点工作,牢牢把握工作的领导权、主动权。

五是坚决全面从严治党。集中学习贯彻十九届中央纪委四次全会精神和省纪委十一届六次全会精神,制定全面从严治党主体责任规定清单。修订党组工作规则和党组工作清单。开展反腐倡廉教育,安排局直系统对权力清单和风险防控点进行梳理。在落实中央八项规定精神、纠治“四风”上,紧扣时间节点实地进行监督检查。成立巡察办,对两院一处进行常规巡察监督,建立处级以上领导干部廉洁档案,共处理群众举报线索 5 件,约谈 5 人,批评教育 5 人。

六是抓实常态化疫情防控工作。按照党中央及省委关于疫情防控的主要精神,成立疫情防控领导小组,及时安排部署防控重点工作,积极开展全省博物馆线上展览展示。疫情防控进入常态化后,从优化审批方式、服务重点工程建设项目、强化工地管理、推动文博单位开放等方面提出指导性意见,对博物馆有序开放提出明确要求。

二、着力打造工作亮点,各项重点任务圆满完成

一是认真落实习近平总书记重要指示批示精神。认真落实习近平总书记视察云冈重要讲话重要指示,围绕云冈石窟保护研究利用开展专题研究,组织专家学者为“云冈学”建设建言献策,启动云冈数字化保护项目,培育云冈石窟申报国家文物局重点科研基地。云冈石窟已被国家文物局列入全国区域石窟寺保护研究中心。永乐宫壁画数字化采集、监测系统升级、实验室建设、专业技术人才培养、建立国宝级文物特殊保护机制等取得了阶段性成果,在国家文物局指导下推进壁画全面修复。圆满解决省民俗馆西院违规建设违规经营问题。

二是文博系统改革基本完成。省文物局机关核增行政编制 5 名,设立文物资源处、革命文物处、文物科技处。直属事业单位进行重塑性改革,形成山西博物院负责文物宣传展示教育、山西省考古研究院负责地下文物保护利用、山西省古建筑与彩塑壁画保护研究院负责地上文物保护利用“三驾马车”齐头并进的文物事业新发展格局。通过改革,职能配置更加优化协同高效,年轻化、专业化的干部队伍更加充满活力。山西文博集团重组有序推进。各市事业单位改革中,文博单位力量也有不同程度的加强。

三是持续推动文物保护利用改革。启动创建 18 个省级文物保护利用示范区。组织实施蒲州故城、武乡八路军总部

王家峪片区等一系列文物保护修缮工程。开展黄河文化资源调查、长城文化资源调查、石窟寺专项调查、革命文物专项调查,启动全省国保、省保革命文物复核工作。持续推进文明守望工程,新设立三支专项基金,2020年全省文物认领认养项目95处,吸引社会资金约1.1亿元。创设各类非国有博物馆42家。

四是文物安全形势稳中向好。组建全国首家常态化、专业性文物安全巡检队伍,对文物本体保存状况、安全消防管理运行、建控地带违规建设情况进行多轮巡查。推进建设覆盖国、省、市、县四级文物保护单位的文物安全数字化监管平台。聚焦法人违法、盗窃盗掘、火灾事故三大风险,综合运用专项行动、挂牌督办、曝光约谈、项目限批、公益诉讼、年度考核、巡视督查等“组合拳”,进一步压实地方政府依法保护文物的主体责任。

五是不断完善治理体系建设。完成规章立法《山西省长城保护办法(草案)》起草工作,出台《山西省文物保护专项资金管理办法》《红色文化遗址认定办法》《红色文化遗址认定标准》,印发《山西省加强文物保护利用改革工作方案》《关于在检察公益诉讼中加强协作依法做好文物保护利用工作的通知》,编制《全省文物数字化保护规划》和全国首部《不可移动文物数字化保护指导意见(试行)》,已公布数字化保护标准2项。设立全省文物系统最高荣誉“张颔领军人才支持计划”。配合省考核办对各市年度目标责任进行专项考核,配合省纪委对各市历史文化遗产保护工作开展巡视,层层压实地方政府文物保护的主体责任。

六是持续推进“放管服效”改革。将涉及文物保护的大型基本建设项目由申请后被动审批变为申请前主动服务,以“集中会战”方式,在全省81个开发区开展考古调查、勘探和发掘工作,为转型发展“项目为王”贡献文物作为。

七是着力让文物“活”起来。与中国联通山西省分公司合作建设“5G智慧文博联合实验室”,借助新技术推出更多“文物+科技”的新产品、新应用、新模式。实施纯阳宫、太原文庙等重点文物保护单位数字化采集工作。八路军太行纪念馆将领馆数字展陈项目正式上线,“云冈石窟艺术展”在浙江大学成功举办。积极筹备“永乐宫壁画艺术展”、20处国宝级文物展示利用以及太行山、吕梁山、五台山、太岳山四个片区革命文物网上展示等线上线下展示项目。组织“跟随梁思成林徽因探寻中国古代建筑”系列直播公开课,累计播放900余万次;举办“晋地宝藏·山西博物馆之旅”全媒体宣传推广活动,推介博物馆13家,推出30条特色主题研学游线路;出品文博系列微广播剧《红色守望》,传承红色基因。

(孙婉姝)

附:省文物局党组书记、成员名单

书　记:刘润民

成　员:程书林　张元成　赵曙光(12月离职)

省人民防空办公室党组

党组书记　薛军正

2020年,省人民防空办公室认真贯彻习近平新时代中国特色社会主义思想,在国家人防办和省委、省军区的坚强领导下,聚焦职能使命,坚持疫情防控和人防建设并重齐抓,各项工作任务有序推进,取得较好成效。

一、大力加强全面从严管党治党

(一)强化理论武装。制定《山西省人防办党建领导小组2020年度党建工作的意见》《中共山西省人防办党组落实全面从严治党主体责任清单》,为党建工作打好基础。依托延安干部培训学院,组织“锤炼党性修养,坚定理想信念”培训,引导党员重温党在延安的革命历史、感受习近平总书记七年知青的成长经历。开展“不忘初心,重温入党志愿书”和“践行领袖嘱托,率先趟出新路”主题党日活动,增强贯彻落实中央和省委决策部署的坚定性、自觉性。

(二)强化党的建设。印发《山西省直机关党建工作“四级四岗”责任清单》,制定《关于深入开展“五型机关”创建,推进模范机关建设的实施方案》。及时调整补充党务干部,配齐配强支部班子,组织党务人员集中培训,打牢党建根基。

(三)强化廉政和作风建设。召开全省人防系统党风廉政建设和反腐败工作会议,印发《山西省人防办党风廉政建设领导小组2020年加强党风廉政建设的意见》明确工作任务,强化责任落实。每个季度召开党建和党风廉政建设专题会议,深入查找不足,及时解决问题。印发《关于强化“不敢腐”震慑的工作方案》的通知,加强警示教育,堵塞管理监督漏洞。采取平时了解、重点关注、信访举报等方式,及时了解掌握党员干部思想、作风和工作情况,切实促进领导干部规范用权、廉洁从业。

(四)强化文明创建。规范机关工会、共青团、妇联自身建设,积极开展争先创优活动;认真做好离退休工作,严格落实离退休人员政治、生活待遇;认真组织精神文明创建活动和“三零”单位创建,被评为省直文明标兵单位;推进乡村文明建设,所帮扶的大木瓜村被国家5部委认定为“全国乡村治理示范村”。

(五)深入推进人防法治建设和意识形态工作。认真落实普法责任制,印发普法工作要点、法治建设和宣传工作要点,召开法治建设专题会议，制定《党组学法计划》、班子成员普法清单和人防法治宣传清单，修订《省人防办党组书记主任推进法治建设第一责任人职责》，对《重大行政决策程序暂行条例》《民法典》等法律法规进行解读和辅导。开展制度规定清理，修订55项，废止84项，保留201项。健全完善政府网站、新闻发布和舆情防控等管理制度，加强网络信息管控，意识形态工作更加有效。

二、坚决贯彻习近平总书记重要批示精神，持续抓好人防系统腐败问题专项治理调查整顿

（一）提高政治站位，强化组织领导。坚持把专项治理及调查整顿工作作为增强“四个意识”、践行“两个维护”的重要抓手，提高政治站位，强化组织领导，压实责任，以查促改。组织对有关市县进行实地督导，及时了解掌握整改进度，找准重难点，提出方法措施。针对“城中村改造、百校兴学、百院兴医”三类项目免建人防工程、免收易地建设费和整改进度慢等问题，党组书记亲自约见有关市县党政主要负责同志，通报情况，指出问题，提出建议，进一步凝聚共识，推动整改落实。8月成立四个督导检查组，对11个市和11个县536个问题项目整改情况进行抽查核实。专项治理共起底建设项目2.5万余个，排查发现7735个问题。截至12月底，整改率达到100%，全省共追缴易地建设费25.75亿元。

（二）强化制度建设。制定《省人防关于人防系统推进“不能腐”制度建设的实施方案》，组建工作专班，赴河南等9个省（区、市）和太原等10个地市调研学习。经党组会审议通过，《山西省人民防空工程建设管理办法（草稿）》和拟修订的《山西省防空地下室易地建设费收缴使用和管理办法（草稿）》《山西省人民防空工程维护管理办法（草稿）》已通过省委推进不能腐制度建设领导小组办公室审核。

（三）理顺机制体制。为强化事中事后监管，规范易地建设费收缴管理，与省审批局联合下发《关于加强和规范建设项目人防审批事项办理的通知》（晋审管发〔2020〕22号），对人防工程建设审批事项划转后部门职责边界、事中事后监管职责等进行明确，确保建设项目人防审批落实；与国家税务总局山西省税务局联合下发《关于做好水土保持补偿费等政府非税收入项目征管职责划转工作有关事项的通知》（晋税发〔2020〕67号），将防空地下室易地建设费征管职责划入税务部门，并配合省税务局做好有关培训工作。

三、坚持聚焦聚力，积极推进年度工作任务

（一）紧贴形势任务，认真谋划工作。一是根据国家人防办《2020年人民防空工作安排》和省政府工作报告等有关要求，结合全省人防建设“十三五”规划主要任务，研究制定《党组2020年工作要点》和《2020年全省人防工作要点》，为年度工作顺利展开提供依据。制定下发《关于组织开展2020年度训练工作的通知》，明确训练时间、内容和考核标准，确保了年度训练有序开展。二是成立全省人防建设“十四五”规划领导小组，制定工作方案，明确时间表、路线图。完成《<山西省人民防空建设第十三个五年规划>实施评估报告》。围绕国家人防办“十四五”规划编制指导意见，形成山西省人防“十四五”建设总体思路，编制“十四五”重点建设项目清单，为“十四五”规划编制和实施奠定基础。三是统筹做好疫情防控工作。坚持“提高站位、防控并举，确保不发生任何问题”的工作原则，制定印发《关于发挥基层党组织战斗堡垒作用和共产党员先锋模范作用，积极做好新型冠状病毒感染的肺炎疫情防控工作的通知》，确保疫情防控落地落实。

（二）聚焦履职尽责，大力开展能力建设。一是狠抓人防业务学习培训。组织开展全省行政审批人员培训，省市县共152人参加培训。通过培训，进一步规范和加强了人防工程建设审批工作。二是狠抓力量体系建设。依据《人防法》和山西省《人民防空方案》，协调省军区下达全省人防专业队整组任务，明确各级人防专业力量编组、训练、管理、使用、保障具体要求；与越野e族救援队和省无人机协会签约成立山西省人防志愿服务队综合救援队和无人机保障队。三是狠抓指挥平台建设。组织对人防单位、人防工程、人防警报、人防指挥、人防专业队、重要经济目标、疏散地域（基地）等数据进行分析、补采、更新、核准，进一步提升人防数据应用能力。指导运城、朔州市完成基本指挥所信息系统项目立项评审和可行性研究论证。四是狠抓作用发挥。2020年8月27日，应甘肃省文县石鸡坝镇人民政府请求，出动救援人员16名，配属抢救车辆6台，急驰1300多公里参加抗洪抢险救援。其间，完成消杀作业面积3万多平方米，提供生活用电累计15小时，充分展示了山西人防良好形象和救援能力。

（三）突出以点带面，加快推进重点任务。一是人防训练演练强势推进。组织全省人防系统“准军事化”集训，通过集训，参训人员组织纪律观念得到强化、军事素养得到提高、凝聚力战斗力得到增强。组织山西省人防机动指挥通信系统跨区拉动支援保障演练。省本级和11个市参演分队、2个省级人防志愿者大队围绕7个课题昼夜实施演练。通过演练，磨练了队伍、检验了装备、开阔了视野、提升了素质。二是人防宣传教育成效明显。印发人防宣传“五进”工作标准和《关于人防宣传教育“五进”受教育人数统计方法的通知》，明确标准，规范程序，提高了人防宣传教育的质量。各级人防部门结合“4·15”“5·12”“9·18”等重要节点，深入开展安全发展、防空防灾知识技能等专题宣传活动，全省受教育人数突破310万人。省防空防灾体验馆开通微信公众号，积极发挥宣传教育“窗口”作用，累计接待企事业和社会大众1.3万余人次，不断提升人防的社会知名度和影响力。三是国家人防重点城市人防工程竣工验收面积稳步提高。四是民防科技学院试点建设有序推进。已开展民防科研储备项目库建设，完成相关储备项目的评审及公示工作。五是人民防空行业整治成效明显。组织对全省人防工程防护（化）设备安装质量进行现场核查，共抽检11个市49个县的160个项目，涵盖所有人防企业各年度生产设备。对107樘防护设备下达限期更换、对1202樘防护设备下达限期调试的处理

决定,有力保证了人防设施设备的质量安全。

（闫振汉）

附：省人民防空办公室党组书记、成员名单

书　记：霍红义(11月离职)　薛军正(11月任职)

成　员：陈丙骞　李　波　薄文杰

省扶贫开发办公室党组

党组书记　刘志杰

2020年是山西脱贫攻坚决战完胜、全面收官之年。在省委坚强领导下，省扶贫办党组坚持以党的政治建设为统领，团结带领干部职工扛起主体责任，千方百计降低疫情影响，抓好重点工作，落实帮扶要求。机关党的建设有新进展，文明创建有新提升，干部素质有新提高，攻坚目标任务全面完成，脱贫成果巩固扎实推进。

一、坚定政治忠诚第一站位

持续强化机关政治属性，把坚定“四个自信”、增强“四个意识”、做到“两个维护”落实到实际行动上。一是抓政治立场保坚定坚决。及时学习习近平总书记扶贫工作最新重要论述和视察山西重要讲话重要指示，落实党的十九届五中全会和省委十一届十次全会精神，以理论清醒保证政治坚定，以思想自觉引领行动自觉。工作立足于早、落实于细，班子成员正月初三到岗，研究部署疫情防控和脱贫攻坚工作，以责任落实推进工作落实。二是抓政治生活保严肃严谨。修订《党组工作规则》，党组会63次集体研究“三重一大”事项，主任办公会18次协同推进重点工作。班子成员沟通谈心、批评与自我批评常态化，支部组织生活严格程序，民主评议党员严格标准。开展“牢记领袖嘱托 决胜脱贫攻坚”主题党日活动，党组书记带头讲“做三个表率、创五型机关”专题党课。三是抓政治生态保清正清明。党组会4次专题研究省委巡视和“回头看”整改工作，制定“三个清单”，党组书记协调推动、全程负责，班子成员跟踪指导，处站逐条跟进落实。对涉贫舆情及时预警、分类研判、妥善处置。对涉贫信访跟踪督办、逐一核处，2020年共接听12317扶贫监督举报电话3293次，接待来信来访121件次，办理信访134件，解决群众合理诉求。

二、狠抓脱贫攻坚第一要务

面对疫情严峻挑战，坚决落实习近平总书记在决战决胜脱贫攻坚座谈会重要讲话精神，对标决战完胜要求。一是千方百计克服疫情影响。落实省委省政府部署要求，一周时间内牵头出台6方面28条政策措施，协调省直部门配套19个文件细化举措。紧盯重点工作，成立专班、每周调度，分析研判、推动落实。贫困劳动力务工就业91.8万人，比2019年增加10万人。452家扶贫龙头企业、1017家扶贫车间全部复工、达产增效。认定扶贫产品2940种，销售61亿元。二是精细严实完成减贫防贫任务。“一户一案”“一户一策”落实开发式扶贫和保障性兜底政策，对无法离乡、无业可扶、无力脱贫的“一户一公岗”托底安置，查缺补漏解决“三保障”问题，剩余2.16万贫困人口全部脱贫。建立防止返贫监测和帮扶机制，脱贫不稳和边缘易致贫“两类户”12.4万人口落实针对性帮扶措施全覆盖、解除返贫致贫风险。三是清仓见底确保问题整改。出台问题排查整改方案，对国考省考、专项巡视、脱贫攻坚排查等发现和反馈问题整改一体部署、一体推进，纵向以市打包反馈到县，横向反馈省直相关部门，同步交省委督导组跟踪督办。所有问题整改统一编码，台账管理、提级验收，逐月通报、清单交账。突出问题挂牌督战，督战一体推动整改，各类问题全部整改。四是多措并举巩固脱贫成果。全年投入财政扶贫资金184.47亿元，到县资金全部拨付，支出进度全部达标。出台巩固产业、就业、教育扶贫成果三个《实施意见》和健全完善产业带贫益贫机制指导意见。完善提升“五有”机制，强化产业带动。召开扶贫小额信贷协调推进会，扶贫小额信贷新增投放48.78亿元、9.74万户受益。对159万贫困劳动力全部建档立卡，精准培训、安置就业“一条龙”服务，全国扶贫职业技能大赛在大同举办。牵头出台易地扶贫搬迁7方面26条后扶政策措施，11个大型安置区的23个“补短板”项目全部完工，所有搬迁人口全部入住，省扶贫办移民处获全国脱贫攻坚组织创新奖。光伏扶贫抓规范促提升，全年结算收益19.72亿元，9963个村集体经济增收，全国光伏扶贫工作现场会大同召开。持续改善村容村貌和人居环境，3312个贫困村提升项目全部完工。管好用好扶贫资产，相关市县全部出台方案，建立台账，登记确权率97%。五是扎实有序抓好总结宣传。高质量配合国家完成“三查一考”，贫困县退出国家抽查的3个县全部通过；42个县国家普查、20个县省级普查全面完成。出台收官总结宣传方案，启动省市县综合性总结、行业部门专项总结、专家团队深度总结、典型做法案例总结，归整扶贫档案，开展政策评估，出版典型案例。召开扶贫宣传工作会，举办新闻发布会，开展“决战完胜在今朝”扶贫日系列活动。央视10集《2020我们的脱贫故事》3集讲述山西。

经过5年艰苦奋斗，山西省58个贫困县全部摘帽，7993个贫困村全部退出，329万贫困人口全部脱贫。从温饱不足到吃穿不愁，从短缺窘迫到全面保障，贫困群众收入水平、生产生活质量发生巨大变化。从产业匮乏到多业支撑，从软弱乏力到坚强有力，贫困地区经济社会发展、乡村治理能力发生巨大变化。

三、扛牢党的建设第一责任

坚持以党的政治建设为统领。一是强化全面从严“责任链”。制定责任能力作风建设方案和办党组全面从严治党、机关党建“四级四岗”两个《责任清单》,党组书记主责首责,班子成员明责尽责。召开扶贫系统从严治党工作会,签订责任书,建立联系点,全面从严治党向基层延伸。二是构建融合互促“工作链”。对标“五型机关”要求,现场观摩基础工作规范化建设,实体化落地、项目化实施、季度化推进、责任化落实、信息化创新。党务、业务、政务、事务深度融合、互促互进。扶贫系统干部政策业务视频培训班延伸拓展到县乡干部2368人。省级五期示范培训,带动全省培训1098期、36.94万人次。培育创业致富带头人10408人。开展驻村帮扶“十个清零”行动,重点工作每月通报,季度常态化约谈。三是严格客观公正“考核链”。制定“一创三考”方案,创“五型机关”与党务、业务、干部考核同谋划同部署、同推进、同考核。更新处级、建立科级干部廉政档案,开展警示教育,违规入股企业专项清理,通报典型案例,“不敢腐、不能腐、不想腐”一体推进。

省扶贫办连续四年目标责任考核“优秀”,班子评价为“好”,获“省直文明单位标兵”,机关党委获“省直先进基层党组织”,扶贫大讲堂入选“省直机关十大文明讲坛”,“四个一”党建品牌入选省直机关“十佳党建品牌”。

四、夯实干部队伍第一支撑

坚持党管干部原则,“选、育、管、用”培养历练,推动出成果、出干部、出人才。一是团结干事带队育人。班子成员以上率下、担当作为,AB角分工协作、相互补台。抓住处级干部关键少数,压担子教方法,为年轻干部搭平台给机会,抽调参加普查督查、政策指导等重大活动,加强学历阅历等“八项历练”,强化政治建设等“七种能力”。二是选优用优严管厚爱。坚持以事择人、人岗相宜,实名制推荐、全方位考察,16名干部职务职级晋升,干部选任过程变民主评议过程。重提拔更重提升、重使用更重培养,集体谈心谈话,指出差距不足、强化感恩奋进。组织健康体检,用好爱心互助金,送去组织关爱。出台关心关爱扶贫干部10项硬措施,国务院扶贫办发文推广。推荐3名个人、1个集体获全国脱贫攻坚奖,评选全省脱贫攻坚奖集体个人110个、“双先双模”530个。三是内强素质外树形象。中心组16次领学、5次交流《习近平谈治国理政》第三卷学习体会,扶贫大讲堂24期、学习活页35期、述职交流5次、能力测试3次跟进学习,强化政治、责任、标准“三个意识”。配合省纪委监委开展“三对照三检视”专项行动,持续深化扶贫领域腐败和作风问题专项治理。升级办公自动化系统、11个市、104个县视频系统全覆盖,提高效率,减轻基层负担。

(郭耀龙)

附:省扶贫开发办公室党组书记、成员名单

书　记:刘志杰

成　员:张玉宏　张建成　龚孟建

省医疗保障局党组

党组书记　刘中雨

2020年,省医疗保障局党组始终坚持以习近平新时代中国特色社会主义思想为指导,按照省委“四为四高两同步”总体思路和要求,以“保基本医疗、保基金安全、保可持续、防廉政风险”为主线,围绕提高基金安全和使用绩效,不断深化医疗保障制度改革,努力推动医保事业高质量发展。

一、推动全面从严治党向纵深发展

一是深入学习贯彻习近平新时代中国特色社会主义思想。深入学习习近平总书记系列重要讲话精神和关于医保工作的重要批示指示,重温习近平总书记“三篇光辉文献”,教育引导全系统党员干部增强“四个意识”,坚定“四个自信”,做到“两个维护”。

二是认真做好巡视反馈问题整改。认真履行全面从严治党主体责任,全面配合做好省委巡视和问题整改落实,对巡视反馈的四个方面24类问题,细化分解为35项整改任务,列出86项整改措施,研究制定了巡视整改“三个清单”并按期完成整改。

三是全面落实从严治党要求。成立局党建工作领导小组,建立了局党组成员基层联系点制度,印发《省医保局开展五型机关建设创建推进模范机关建设实施方案》,拟订局党组、机关党委、党支部责任清单,完成机关党建“十个突出问题”整改回头看。

四是持续抓好廉政风险防控。梳理出省医保局46项廉政风险点,督促各市医保局制定完善“不敢腐、不能腐、不想腐”廉政风险防控长效机制。组织观看《镜鉴》等警示片,加强警示教育。在全省医疗保障系统开展行风建设,通过便民服务、政策保障、行风建设、医保基础工作四大类25项指标,推动党建与业务工作深度融合,牵引医保全面工作高质量发展。

二、围绕中心突出抓好重点工作

一是全面贯彻落实医疗保障制度改革意见。印发山西省《关于深化医疗保障制度改革的实施意见》,以省委、省政府名义印发。按照“建立一个体系、健全四项机制、完善两个支撑”总体改革框架,通过清单式管理、项目化推进的方式抓好落实。

二是全力配合做好新冠肺炎疫情防控。配合财政等部门及时出台政策,明确关于确诊和疑似患者医疗费用,在基本医保、大病保险、医疗救助等按规定支付后,个人负担部分由就医地的市级财政给予全额补助。同时,从组织协调、目录调整完善、医保基金预付、药品耗材采购、经办服务、违规行为查处、服务场地防护、参保费用补缴等多方面支持疫情防控工作开展。提前向各救治医院足额预付医保基金,保障医疗资金需求,省直和11个市累计预付2.62亿元,确保不出现一名患者因费用问题得不到及时救治,确保不出现一家定点医疗机构因医保费用方面的因素影响救治。组织做好定点救治医疗机构的费用结算以及跨省医疗费用的清算。疫情期间,积极推行网上办、不见面办和一件事情系统集成套餐办理等服务,并固化为常态化措施;阳泉市开展部分门诊大额疾病线上就诊购药,被国家医保局评为全国医疗保障精细化管理服务30个典型案例优秀奖之一。

三是保持医保基金平稳运行。截至年底,全省医保参保3245.1万人,其中职工医保716.4万人,城乡居民医保2528.7万人。2020年,全省医保基金总收入497.8亿元,支出438.2亿元,统筹基金累计结余305.5亿元。基金运行平稳,整体在安全线以上。

三、稳步提高医保待遇保障水平

一是全面完成决战决胜医保脱贫攻坚任务。全面落实“三保险、三救助”医保帮扶政策和医保扶贫三年行动计划(2018-2020年),加强贫困人口动态信息共享,参保人数达254.4万人,参保率100%。建立“问题清单”和“整改清单”,对涉及医保扶贫方面的76个具体问题全部整改到位。会同相关部门将全省建档立卡贫困人口门诊慢性病的鉴定由指定定点医疗机构负责,不再重复鉴定。截至年底,已办理29.2万人。2020年,建档立卡贫困人口住院56.69万人次,医疗费用46.97亿元,待遇支付42.38亿元,综合保障比90%。

二是扎实推进医保待遇落地落实。组织对医保扶贫、城乡居民普通门诊统筹等政策进行培训,推动全年待遇保障工作落实。建立高血压、糖尿病“两病”门诊用药保障调度和通报制度,截至年底,全省有248.16万人享受“两病”待遇,基金支付8.48亿元,有效减轻了“两病”患者门诊医疗费用负担。开展门诊慢性病、“两病”门诊用药保障政策宣传,组织活动70多场次。

三是进一步完善城乡居民医保制度。2020年城乡居民医保财政补助标准提高到550元,将2021年个人缴费标准确定为每人280元,比上年分别新增30元。进一步统一规范了门诊统筹筹资标准、待遇水平和管理办法,取消居民医保个人账户及门诊统筹定额管理,健全完善了门诊共济保障机制。

四是有序推进长期护理保险试点。指导晋城市研究制定了试点实施方案。指导临汾市进一步完善省级长期护理保险试点工作。截至2020年底,临汾市长期护理保险共受理评估3250人,享受待遇2926人,支付1831.47万元。

五是着力提高省直医保待遇水平。省直生育保险医疗待遇总体提高了38.4%。进一步规范省直管单位参保人员转外住院就医,完善省直管单位医疗保险缴费和待遇支付工作。

六是主动落实为企业减负政策。对企业等参保单位职工基本医保单位缴费部分实行3—5个月的阶段性减半征收。截至年底,全省共减征22.12亿元。调整职工医保缴费基数,全省116.15万人受益,减轻单位和职工经济负担1.94亿元。变“省级事前行政审批”为“基层事后经办服务”,进一步减轻企业事务性负担,有效推动企业改革。

七是认真做好其他待遇保障工作。全力做好部分退役士兵医疗保险参保、补缴和待遇支付工作。充分发挥医疗救助兜底保障作用,2020年全省共有156.1万名困难群众得到不同形式的医疗救助,共支出7.56亿元。

四、持续加强基金安全综合监管

一是深入开展打击欺诈骗保专项治理。会同公安、卫健、药监等部门进一步完善打击欺诈骗保厅际联席会议工作机制,联合开展宣传月活动和监督检查。组织各市开展医保监管自查、抽查复查和飞行检查,持续保持打击欺诈骗保高压态势。截至年底,共检查定点医药机构16290家,检查覆盖率100%;处理违法违规医药机构12647家,移交司法机关22家,追回资金5.67亿元,同比增加2.27亿元,增幅59%。落实举报奖励实施办法,实施举报奖励19例26709.41元。继续推进国家医保基金监管“两试点一示范”工作。与省纪委监委办公厅联合印发了《关于办理医疗机构内外勾结欺诈骗保问题线索工作办法》,与巡视组开展联合飞行检查。截至12月底,全省各级医保部门向同级纪检监察机关移送问题线索572件。

二是进一步加强医保目录管理。1月1日起,全面执行国家统一的2019年版医保药品目录。比2017版新增148个品种,覆盖了国家基本药物、癌症及罕见病等重大疾病治疗用药、慢性病药品和儿童用药,更好满足群众用药需求。同步启用国家制定的药品统一编码,规范医保管理。对国家谈判纳入医保报销的药品,我省将其中的肿瘤、罕见病等重大疾病用药纳入门诊特药范围,继续实行定点医院和药店“双通道”管理。

三是研究解决基金收支不平衡问题。通过基金运行分析、开展月度通报、重点约谈、增强监测预警、按季向省政府报告基金运行情况等,压实市、县责任。结合巡视、审计反馈问题整改,对全省医保基金运行情况进行全面排查。将基金可支付月数较低的市纳入省政府“13710”督办平台。2020年,全省城乡居民医保支出同比下降4.9%,累计结余可支付8个月,基金运行整体平稳。

四是加强医保精细化管理。进一步强化医保基金结算清算,维护医疗机构正常医疗秩序。通过完善协议管理、开展绩效考核,特别是借助审计力量,彻底厘清历史旧账,结清

2019 年及以前年度二级以上医疗机构医保基金账目费用,同时形成医保资金清算表和确认单的管理制度,提升医保管理能力和基金使用效率。

五、推进医药价格招采体制机制改革

一是探索建立药品耗材常态化规范化集采工作机制。进一步完善规范集采行为;建立我省与周边省份药品耗材采购价格协同联动机制,保障我省药品耗材价格不高于周边省份;建立医药价格和招采信用评价制度,制定国家和我省组织药品耗材集中采购工作中医保资金结余留用实施方案,促进药品耗材带量采购可持续推进;在集采工作中同步落实医保基金预付货款、医保支付与采购价协同、货款结算监管、临床使用管理等配套政策措施,协同推进“三医联动”改革。

二是积极开展药品耗材集中带量采购试点工作。在全国率先落实了国家组织三批 112 种药品集中采购中选结果,平均降幅 55%,一年可节约 8.8 亿元;组织开展了 19 种“非过评”药品集中带量采购试点工作。平均降幅 45.27%,一年可节约相关药费 0.56 亿元;先后开展了心脏冠脉支架和医用胶片、疝补片、吻合器集中带量采购试点工作,一年可节约相关耗材费用 4.6 亿元;组织对新冠病毒相关检测试剂、耗材进行集中采购,核酸检测价格从 270 元降低到不超过 76 元,抗体检测价格从 180 元降低到不超过 88 元;指导各市推进低值耗材集采试点工作。11 个市自行开展及组建联盟先后开展了 22 种低值耗材的集采试点工作,一年可节约相关费用近 2 亿元;积极参与京津冀“3+N”人工晶体及辽宁“六省二区”“陕西 10 省”药品耗材省际联盟集采,进一步扩大集采品种范围。经测算,山西省 2020 年药品耗材集中带量采购产品与历史价格比较,一年可节省相关费用近 20 亿元。

三是持续优化医疗服务价格结构。全省公立医疗机构从 2020 年 1 月 1 日起全部取消医用耗材加成,对全省医疗服务项目价格进行了统一规范,全省实行统一的价格体系;完善新增医疗服务项目价格工作流程,逐步建立分类管理、动态调整、多方参与的医疗服务价格形成机制。

六、深化医保支付方式改革

一是全面实施总额预算。全省二级以上定点医疗机构全面实行了医保总额预算管理,建立了结余留用、合理超支分担机制,医疗机构控制费用的主动性有所提高,促进实现医保基金收支平衡。

二是日间手术医保报销取得实效。继续推进 298 种日间手术医保报销、按病种付费管理,医疗费用减少、个人负担减轻,节约医保基金支出。常见病、多发病开展按病种付费,实施的医疗机构数量、病种数量和实际结算的病例数都有所增加。

三是按疾病诊断相关分组付费(DRG)试点和区域点数法(DIP)试点顺利推进。国家级试点临汾市 10 月在两所三甲医院启动了 DRG 实际付费;其他 6 个省级试点市中,太原、晋城及省直启动了模拟付费。阳泉市被确定为区域点数法总额预算和按病种分值付费(DIP)国家试点城市,前期准备工作顺利推进。

四是县级医疗集团全部实施“打包付费”。科学拟定年度医保统筹基金预算总额,落实基金预付,资金按月结算,年终清算。“打包付费”运行平稳,有力地支持了作为山西省医改“名片”的县乡医疗卫生机构一体化建设。

七、大幅提升经办服务能力

一是强化市、县两级医保经办机构绩效评估。组织对各市医保经办机构进行绩效考核,全面掌握医保经办机构业务运行状况,客观评估医保基金运行绩效,加强管理,提高服务,促进经办业务全面发展。

二是着力提升经办服务能力。在全国率先出台《医疗保障经办政务服务事项清单》,积极推进经办服务标准化。开展医保电子凭证脱卡支付试点,已有约 1190 万人激活了医保电子凭证,11307 家定点医药机构成功实现扫码就医购药。10 月 23 日,山西省“医保电子凭证”服务事项上线“三晋通”APP 正式启动,山西省医疗保障由“卡”时代进入了“码”时代。

三是重点抓好异地就医直接结算工作。2020 年全省接入跨省就医直接结算平台医疗机构 1711 家,比 2019 年增加 327 家;全省开通省内异地就医直接结算服务的医药机构 15816 家。12 个统筹地区全部开通“国家异地就医备案”小程序及“国家医保服务平台”APP,成为全国首个全省域开通的省份,累计办理线上申请超过 1 万人次。同时,积极推进省内门诊慢性病和门诊特药异地直接结算,省直已率先实现门诊慢性病省内跨市直接结算。2020 年参保人员在全国 29 个省份、271 个统筹地区进行了跨省异地住院直接结算共 13.4 万人次,费用 31.1 亿元;省内异地就医住院结算 46.03 万人次,费用 72.87 亿元;省内门诊费用直接结算 232.04 万人次,费用 3.7 亿元。

(王任飞)

附:省医疗保障局党组书记、成员名单

书　记:刘中雨

成　员:李栋军　刘　磊　冯　智　康中南(女)

省粮食和物资储备局党组

党组书记　王云龙

2020年,省粮食和物资储备局党组深入贯彻党的十九大和十九届二中、三中、四中、五中全会精神,认真学习贯彻习近平总书记视察山西重要讲话重要指示,认真落实省委“四为四高两同步”总体思路和要求,围绕构建更高层次的粮食安全保障体系、统一的地方粮食和物资储备体系的总目标,完善体制机制、强化监督管理、加强党的建设,各项工作取得显著成效。

一、落实高质量发展要求,推进粮食和储备工作转型升级

(一)顶层设计不断加强。起草《关于加快推进山西省粮食和物资储备工作深化改革转型发展的意见》,由省政府办公厅印发。山西省成为全国唯一一家由省级政府出台粮食和物资储备转型发展意见的省份,得到国家粮食和物资储备局肯定。贯彻落实中办发48号文件精神,由省委办公厅、省政府办公厅出台《关于改革完善体制机制加强粮食储备安全管理的若干措施》。两个文件构建起全省粮食和物资储备工作改革转型的“四梁八柱”。

(二)粮安考核再创佳绩。认真履行省粮安考核领导组办公室职能,召开全省粮安考核工作部署会议和考核领导组专题会议,部署全省考核工作。完成省级自评总结和对市考核工作。将粮安考核纳入省年度目标责任考核内容,依托13710督办平台推动考核难点问题解决。省局连续四年荣获全国粮安考核优秀等次,稳居第一方阵。

(三)全力确保疫情期间粮油市场供应稳定。面对突如其来的新冠肺炎疫情,成立了由“一把手”任组长的应急保障领导小组,强化市场监测调度。启动粮油市场价格“日监测日报告”制度,掌握价格动态。向平遥县投放应急面粉30万斤,稳定粮食市场。落实纾困解难政策,为粮油保障企业发放优惠贷款2.57亿元。举办全省公益性饲料用粮专场交易会,全力支持企业复工复产。疫情期间,全省粮油应急加工企业复工率达94%,高于全国平均水平,未出现粮油产品断档脱销问题。

(四)粮食宏观调控水平不断提高。落实资金148亿元,收购粮食124.2亿斤,保障粮食市场化收购。上线“便民晋粮”APP,方便农民售粮。参加第三届全国粮食交易大会,成交粮食11.05亿斤、13.13亿元。举办2020山西粮食产销衔接会,签约粮油购销总量50.9亿斤,与京津冀等10省市建立省际间产销合作关系。编发《2019山西粮食流通发展报告》和粮食价格周报,服务政府决策。

(五)涉粮项目建设进度明显加快。召开项目推进会,全面梳理在建项目,形成项目清单,加强跟踪督办。“优质粮食工程”3个子项进度全部超过90%,智能粮库项目进度达96.3%。新增投资8100万元用于6个粮调项目建设,支持现代粮食产业园区建设,完成13个省级储备库仓储设施提升改造。制定“十四五”总规划和3个专项规划草案,召开重大项目储备工作会议,明确“十四五”项目布局和投资方向。

(六)地方储备粮管理迈上新台阶。高标准开展“储备粮管理提升年”活动,出台关于切实加强省级储备粮管理的意见,制修订省级储备粮轮换管理办法、验收办法,推动省级储备粮管理制度化、规范化。稳步推进省级储备粮油轮换工作,轮换进度符合预期。首次对40个省级储备粮承储企业进行全面细化考核,压实企业主体责任。巩固库存粮食大清查成果,开展问题整改“回头看”大排查专项整治行动。完成新收获粮食、省级储备粮质量调查和品质测报工作,储存粮食质量合格、品质宜存。

(七)特色粮食产业发展取得阶段性成果。加强产业顶层设计,印发《关于加快建设现代化粮食产业高质量发展体系的实施意见》,将粮食产业发展纳入全省粮食和物资储备“十四五”规划,统筹谋划和实施。提升“山西小米”品牌效应,聚焦“优粮优产”,建成6个千亩以上高标准谷子示范基地和3个谷子育种展示基地,推广实施“山西小米”5项团体标准和“六统一”种植模式。发展联盟企业21家,开设“山西小米”网上旗舰店,赴福建、安徽开展推介活动,“山西小米”品牌进一步叫响。举办第三届全国小米品鉴暨“山西小米”品牌建设三年总结大会,“山西小米”品牌发展经验得到全国粮食行业的肯定,全省小米产业年产值突破30亿元,连续三年在全国粮食产业经济现场交流会上作典型发言。打造主食糕品产业集群,制定主食糕品产业推进计划、五年发展规划,争取专项资金2700万元。组建山西主食糕品产业联盟和专家技术委员会,发布主食糕品区域品牌,主食糕品产业发展迈出关键步伐,将成为我省特色产业的又一张靓丽名片。

(八)重要生活物资和应急救灾物资储备体系逐步建立。认真贯彻习近平总书记关于“健全国家储备体系、提高储备效能”的重要指示,制修订省级应急生活必需品储备管理暂行办法、省级救灾物资储备管理暂行办法、省级猪肉储备管理办法等制度。压实“菜篮子”市长负责制,指导各市做好猪肉储备恢复、增储工作,累计投放冻猪肉储备1.62万吨、活体猪储备0.93万吨,保障市场供应。

(九)应急管理体系不断完善。完善应急管理制度,出台《山西省粮食和物资储备局突发事件总体应急预案》,会同省应急厅修订《山西省粮食应急预案》。开展应急演练,以练促战、以检促用。疫情期间,迅速启动应急响应机制,第一时间

向运城有关县区调拨棉衣被、帐篷等省级救灾物资8050件,全力支持地方防疫和救灾工作。

二、坚持党建领航,努力夯实粮食和物资储备事业发展基础

(一)政治建设水平不断提高。加强政治机关建设,不断增强"四个意识",坚定"四个自信",做到"两个维护"。坚决贯彻省委、省政府决策部署,将省委经济工作会议、农村工作会议涉及我局任务与全省粮食和物资储备工作会议一体纳入全局督办内容。第一时间贯彻省委十一届十次全会精神,出台《关于学习宣传贯彻党的十九届五中全会精神方案》,从6个方面制定34项措施,统筹粮储工作转型发展。定期研究意识形态工作,分析研判党员思想状况,营造风清气正的良好政治生态。认真执行民主集中制,召开党组会、局务会和办公会46次,研究"三重一大"事项154件,做到集体领导、集中研究、会议决策,促进决策规范透明。

(二)思想建设根基不断夯实。坚持用习近平新时代中国特色社会主义思想武装头脑、指导工作,巩固深化"不忘初心、牢记使命"主题教育成果,印发《加强和改进思想政治工作实施意见》,完善谈心谈话制度,强化对领导干部的理想信念教育、对党忠诚教育。领导班子带头讲党课,各支部开展了特色鲜明的干部讲学活动。举办《晋粮大讲堂》4期,培训1200人次,广受干部欢迎。中心组集体学习20次、专题研讨4次,全局上下学习研讨蔚然成风。

(三)组织建设质量不断提升。牢牢把握新时代党的建设总要求,召开党建工作会议,印发工作要点,统筹安排部署。持续推进"心系粮安、服务民生"品牌创建。举办支部书记培训班,抓好述职评议,提高责任意识和担当精神。落实"四级四岗"要求,修订党建工作责任制规定,编印《党支部规范化建设手册》,夯实工作基础。稳步推进事业单位改革,选拔配强领导班子,及时调整支部设置。强化典型引领,全省3个单位、3名同志荣获全国粮食和物资储备系统先进集体、先进个人和劳动模范称号;2个单位、2名同志荣获全国粮食和物资储备系统抗疫先进集体、先进个人称号,1名驻村队员荣获全省模范驻村队员称号。组织开展全省粮食和物资储备系统评先评优表彰工作。

(四)纪律和作风建设任务不断压紧、压实。压实管党治党主体责任,做到真管真严、敢管敢严、长管长严。出台局党组落实全面从严治党的实施细则、责任清单,制定反腐败工作实施意见,构建"一把手"负总责,分管领导齐抓共管,部门各负其责的工作机制。梳理廉政风险点,绘制防控流程图,强化廉政风险防控。开展"守纪律、讲规矩"警示教育活动,开展涉粮案件剖析总结,组织党纪党规学习研讨,通过以案释法巩固教育成果。强化督查检查,加大对违反中央八项规定精神、"四风" 隐形变异问题的整治力度。建立干部廉政档案154份,对新任职干部开展廉政谈话,敲响廉洁自律警钟。

(五)干部能力建设不断深化。制定年度培训计划,联合省委组织部、山西农大举办全省加强储备粮安全管理培训班,举办全省粮食流通统计、执法监督工作、财务工作等多个业务培训班,开展仓储保管员和检化验员培训鉴定,通过率同比提高5个百分点。2名同志被评为全国粮食行业技术拔尖人才,成立人才工作室,落实研究经费12万元。通过以讲促学、以学促干,进一步提高干部履职能力,实现质效并举。强化"三零单位"创建,聚焦安全生产、群众上访等重点领域,完善制度机制,排查化解隐患矛盾。

(赵 钢)

附:省粮食和物资储备局党组书记、成员名单

书　记:王云龙

成　员:宋林根　韩华雄　徐晓峰

省小企业发展促进局党组

党组书记　薛江焰

2020年,省小企业发展促进局党组团结带领全局干部职工,坚持以习近平新时代中国特色社会主义思想为指导,围绕省委"四为四高两同步"总体思路和要求,认真贯彻落实省委、省政府各项决策部署,较好地完成了全年各项目标任务。

一、强化政治担当,落实主体责任,党的建设取得新成效

(一)坚定不移强化政治引领。坚持把党的政治建设摆在首位,增强"四个意识",坚定"四个自信",做到"两个维护";持续巩固深化"不忘初心、牢记使命"主题教育成果,切实抓好全局系统意识形态工作,确保正确的政治方向;严格执行民主集中制,"三重一大"事项坚持集体研究,科学决策,充分发挥领导班子整体合力,有力推动党中央、省委决策部署有效落实。

(二)以上率下深化理论武装。把学懂弄通做实习近平新时代中国特色社会主义思想作为首要任务,充分发挥党组中心组领学促学作用和领导干部"头雁效应",带领广大党员干部及时跟进学、自觉主动学、联系实际学。先后组织中心组学习28次,分6个专题进行学习研讨,全面贯彻党的十九大和十九届二中、三中、四中、五中全会精神,深入学习贯彻习近平总书记视察山西重要讲话重要指示、省委十一届十次全会

精神,示范带动各支部集中学习20余次,引导党员干部在思想、能力、行动上紧跟党中央要求、紧跟改革发展需要。

(三)一以贯之夯实组织基础。发挥党组统揽全局、协调各方的作用,先后11次召开会议研究党建工作,制定了《党建工作要点》《局党组和党组成员全面从严治党责任清单》《关于深入学习贯彻习近平总书记视察山西重要讲话重要指示实施方案》等,高位推动党建与业务工作同谋划、同部署、同推进、同考核。指导落实"三会一课"等制度,多形式开展党日活动,加强党员教育管理,全面推进党支部标准化规范化建设。坚持为负责的干部负责、为担当的干部担当,树立2名担当作为典型,做好晋升职级、提拔任用、选拔基层干部任职等工作,干部队伍干事创业热情进一步增强。

(四)锲而不舍提升履职能力。聚焦增强"八个本领",研究制定并扎实推进《公务员学习培训计划》,着力培养信念过硬、政治过硬、能力过硬、作风过硬的干部队伍。邀请专家开展民法典、网络安全、安全生产等专题辅导讲座,进一步提高了依法行政能力,全局系统保持了安全和谐稳定。运用"学习强国""好干部在线"等新媒体平台进行专题学习,全年累计组织参加各类党政领导干部履职能力培训6班次186人次,专业能力提升培训48班次1987人次,网络平台专题培训3班次68人次,全局干部基本能力和专业能力得到进一步巩固和提升。

二、聚焦目标任务,奋力改革创新,促进中小企业发展取得新成绩

(一)加快培育"小升规"企业。建立基础企业培育库和重点企业培育库,每月进行跟踪监测、分析研判,实施动态调整。加大帮扶指导力度,建立帮扶机制,省市县三级上下联动,开展入企服务,上门解决困难和问题。分地市组织开展"小升规"培育企业专题培训班,进行政策宣讲解读,指导企业申报入规。截至年底,经省统计局第一批审核并上报的"小升规"企业达到710户,预计可超额完成年度700户的目标任务,全省规上工业企业数量将首次突破5000户。

(二)重点打造"专精特新"企业。落实中小企业"专精特新""小巨人"和"单项冠军"梯次培育计划,新认定国家级、省级专精特新"小巨人"企业分别为51家和79家,省级"专精特新"企业343家;截至年底,国家级、省级专精特新"小巨人"企业分别达到53家和105家,全省"专精特新"企业达到1055家。举办第二届山西省专精特新"小巨人"企业现场服务对接活动,14家企业获得投资1.348亿元,9家中小企业挂牌山西股权交易中心"专精特新板",助企借助股权投资、资本市场实现跨越式发展。举办第三届"中国造·隐形冠军"长青峰会,擦亮了山西省"专精特新"金字招牌。

(三)大力推进规范化股份制改造。印发《关于高质量开展全省中小微企业规范化股份制改造的工作指南》《关于鼓励"专精特新"企业及"农业企业+电商+基地"进行规范化股份制改造的通知》,加强股改指导,带动一、二、三产业融合贯通式高质量发展。举办不同层次、不同形式的中小企业股份制改造与金融知识普及培训活动。推荐358家中小企业进入上市挂牌后备企业资源库,对完成规范化股改的383家中小企业给予奖励,带动中小企业整体管理水平不断提高。

(四)着力构建"双创"生态。举办"创客中国"山西省中小企业创新创业大赛,700余家项目报名参赛,60个项目获奖;持续开展"创享行"沙龙活动,49家企业参加路演并获得资金奖励,1100余家优秀项目入库培育,营造了创业创新的浓厚氛围。实施双创基地梯次培育计划,新认定国家级、省级双创示范基地分别为3家和12家,省级双创基地40家;截至年底,国家级示范基地达到8家,省级示范基地达到28家,省级小微企业双创基地达到205家,入驻企业7400余户,吸纳就业14万余人。指导长治高新区和太原经开区(综改区)开展国家级双创特色载体建设,支持侯马开发区等五家开发区建设省级大中小企业融通型双创特色载体,推动构建各具特色的区域双创生态环境。

(五)不断优化企业发展环境。紧紧围绕高质量发展根本要求,印发《关于促进中小企业健康发展的实施意见》《山西省促进中小企业发展条例》,将多项扶持政策上升为地方法规,为企业保驾护航。为弥补山西省规上企业数量少的短板,印发《关于进一步推动山西省中小微工业企业上规升级的指导意见》。落实《保障中小企业款项支付条例》,维护中小企业合法权益。成立中小企业复工复产工作指导小组,深入开展实地调研和入企服务,解决400余户中小微企业的发展难题;充分发挥省促进中小企业发展工作领导小组办公室统筹协调作用和监督检查职能,推动各项政策落实落细。召开新闻发布会,通过各类媒体宣传解读相关政策,组织开展10场"三送一进"活动,为中小企业发展营造良好环境。

(六)有序推进人才素质提升星火工程。打造高端品牌培训,改革培训方式和内容,提升培训层次,培育壮大优秀企业家队伍。依托清华大学、北京大学、上海交大和浙江大学等高校,共培训领军企业家、企业高级管理人员和工匠型专业技术人员共计近4000人,引导企业家积极投身产业扶贫,加强学员间交流合作,达成合作协议30余项。举办山西中小企业大讲堂,受到广大中小企业的高度关注和好评。积极指导各市中小企业主管部门开展各类培训6000余人,中小企业整体素质逐步提升。

(七)持续稳步深化服务体系建设。加强政银企保合作交流工作协调和中小企业客户推介机制,向28家金融机构推荐了4458家有融资需求的中小企业;成功举办省中小微企业"政银企保"对接活动,18家金融机构为272户中小微企业提供了共计28.76亿元的授信。运用在线课程、网络直播、广播电台、主题活动等多种形式,广泛宣传解读政策,分享企业成功经验,进一步营造全社会关心支持中小企业发展的良好氛围。主办第三届中国(祁县)玻璃器皿博览会暨"一带一路"中小企业特色产业产品交易会,共达成167.3亿元合作意向。积极打造线上加线下1+N一站式综合服务平台,新认定47家服务机构为省级中小企业公共服务示范平台,组织开展"创业训练营"暨科技成果对接活动,为广大中小微企

业提供"找得见、用得起、有保障"的优质服务。

三、加强作风建设,强力正风肃纪,党风廉政建设再上新台阶

(一)坚持强化警示教育常态化。在驻省工信厅纪检监察组的指导下,持续推动廉政警示教育常态化制度化,中心组全年共学习20次40则警示案例,及时传达违纪违法案件通报,组织观看《叩问初心》等3部警示教育片,引导党员干部知敬畏、存戒惧、守纪律、保底线;各支部组织集体学习和党员自学《党的十九大以来查处违纪违法党员干部案件警示录》《"四风"典型案例警示录》等资料,全年各党支部开展警示教育总次数106次,切实筑牢思想防线,提高党员干部拒腐防变能力。

(二)坚持不懈加强作风建设。坚持以人民为中心,践行党的群众路线,建立领导干部包联市县工作机制,统筹推进疫情防控和复工复产工作。深入企业调研,精准帮助解决发展中的痛点、难点、堵点。落实中央八项规定精神,坚决纠正"四风"问题,严格执行办文办会审批制度,大幅压减文会数量,扎实推进"13710"督办事项,做到事事有回音,件件有着落。

(三)持之以恒推进正风肃纪。完善和落实党组书记负总责、分管领导分工负责、机关党委推进落实、处长"一岗双责"的全面从严治党责任体系,层层传导压力。常态化开展廉政教育、警示教育,以案明纪、以案促廉。开展旁听庭审教育,党员干部拒腐防变能力明显增强。加大监督执纪力度,组织开展领导干部个人有关事项报告专项整治和违规入股企业问题专项清理工作,加强廉政约谈和任职谈话,紧盯中秋、国庆等重要节点,始终保持正风反腐的高压态势,营造风清气正的良好政治生态。

(四)坚决扛起巡视整改主体责任。以脱贫攻坚专项巡视"回头看"整改为契机,坚持目标导向、问题导向、结果导向,将巡视反馈意见细化为10类、30项整改任务、56条整改举措;召开巡视整改专题民主生活会,深入查找差距不足,完善整改思路举措。坚持边巡边改、立行立改,发挥系统合力,摸清贫困地区企业底数,为精准施策打牢基础;强化顶层设计,先后调整修定13项政策制度,在项目申报、平台建设、人才培训、评比表彰、资金奖励等方面,向贫困县加大政策倾斜、加强政策集成;转变服务方式,开展"一企一策""一县一策"精准化帮扶等,进一步巩固提升脱贫攻坚成果。

(齐　楚)

附:省小企业发展促进局党组书记、成员名单

书　记:李东洪(2月离职)　薛江炤(2月任职)

成　员:史国兵　冯志山　张会荣

省林业和草原局党组

党组书记　张云龙

2020年,省林业和草原局党组坚持以习近平新时代中国特色社会主义思想为指导,按照省委省政府决策部署,聚焦绿化彩化财化共赢目标,坚持党建引领,发挥党建作用,推动各项工作取得了新成效、开创了新局面。

一、机构职能基本情况

山西省林业和草原局为省政府部门管理机构,副厅级建制,内设15个处室,行政编制111名,局领导职数1正3副。2020年事业单位改革后,局属独立核算单位219个,其中包括11个直属保障性事业单位和9个省直属国有林管理局(关帝山、管涔山、太岳山、中条山、五台山、吕梁山、太行山、黑茶山8个国有林管理局和桑干河杨树丰产林实验局)。下辖125个国有林场和8个国家级自然保护区(庞泉沟、芦芽山、蟒河、历山、五鹿山、黑茶山、灵空山、太宽河)管理局。

二、党建工作取得新成效

一是强化政治理论学习。规范党内政治生活。坚持把学习贯彻习近平总书记视察山西重要讲话重要指示以及党的十九届五中全会精神等作为重要政治任务,召开16次党组中心组集体学习研讨,发放《习近平总书记视察山西重要讲话重要指示宣讲资料汇编》《习近平谈治国理政》(第三卷)等资料2350余册。党的十九届五中全会后,局党组中心组第一时间学习研讨,聘请党校教授为500余名基层骨干专题辅导,组织基层开展宣讲活动100余次,参加人员2万余人次。坚持会前学法,举办全局首届法律法规知识竞赛和"谁执法谁普法"履职评议活动,推动在山西省第二届国家机关"谁执法谁普法"履职报告评议中获优秀等次。二是加强基层支部建设。成立党建工作领导小组,先后4次专题召开党组会研究部署党建工作。常态化推进"不忘初心、牢记使命"主题教育,开展党建工作"十个突出问题"整改落实情况"回头看"。以强化党组织建设为核心,在省直林区开展以"六个一"为标准的党支部标准化创建活动。截至年底省直林区95%以上党支部实现标准化。规范党费收缴管理,利用"学习强国"和"智慧党建"平台,加强党员教育管理。全年发展党员220名。结合基层换届,举办党建培训班,推进党务干部多向发展。2016

年以来局机关党务干部与业务干部双向交流达8人次。三是夯实党风廉政建设。召开党风廉政建设工作会议,制定《2020年党风廉政建设工作计划》《党组领导班子、主要负责人和其他领导成员全面从严治党主体责任清单》,组织对廉政风险点细致梳理,逐项制定措施,严格整改落实。持续开展警示教育,组织处级干部400余人次观看《镜鉴》等警示片,发放《纪检监察业务应知应会系列丛书》等学习资料120套。贯彻中央八项规定精神,坚决反对"四风",严格执纪监督问责,批评教育1人,提醒谈话6人,党纪处分1人,基本形成不想腐、不敢腐、不能腐的长效机制。

三、生态治理呈现新画卷

一是绿化步伐加快。全省围绕"两山七河一流域"生态修复和治理布局,造林408.1万亩,超额完成年度任务。突出服务黄河流域生态保护和高质量发展,印发《关于推进黄河流域国土绿化高质量发展的通知》,召开全省国土绿化彩化财化临县现场推进会,掀起国土绿化新高潮。黄河流域86县和9个省直林局完成营造林335.38万亩。加快推进汾河流域生态保护修复,围绕汾河上游启动林草生态保护修复"十大工程"。汾河流域6市45县完成营造林66.5万亩。编印林草工作八大导则,公布分区域主要造林树种及适生区域,科学指导推进林草生态建设。推广"互联网+全民义务植树"尽责模式,完成义务植树5358万株。经省级森林资源年度清查,2019年全省森林覆盖率达23.18%,历史性超过全国平均水平。二是彩化亮点突出。安排2775万元,实施亚高山草甸保护修复治理、退化草原人工种草生态修复试点等项目。加快森林城市和森林乡村创建步伐,完成500个村庄绿化任务,指导河曲等8个县(市、区)提出创建国家森林城市申请,推进1市5县编制国家森林城市总体规划并通过国家评审,推荐7个行政村申报全国生态文化村。截至年底,全省建成国家森林城市2个、国家森林乡村255个、全国生态文化村34个、省级林业生态县42个。三是财化成效明显。围绕决胜脱贫攻坚,推进生态扶贫"五大项目",带动58个贫困县55.07万贫困人口增收13.56亿元。林草生态扶贫PPP项目到位的29亿元资金全部兑现。造林务工惠及3.6万名贫困社员增收3.8亿元,人均年增收1.06万元;退耕奖补带动8.9万户建档立卡贫困户24.92万人增收2.1亿元;管护就业聘用3.18万贫困人口,人均年管护工资7300元;干果经济林提质增效实施完成150万亩,带动14.3万贫困户户均增收500多元;特色林产业带动26.96万贫困户增收6.73亿元。结合大宁县集体林业综合改革试点,推进购买式造林、资产收益等工作,全县28个参与购买式造林的合作社带动1482户群众增收2052万元,5.46万亩未成林实现资产化管护,发放生态效益补偿金150万元,公益林补偿收益质押贷款授信金额149万元。

四、资源保护开创新局面

一是突出立法保护。结合疫情防控和野生动植物保护,修改《山西省实施〈中华人民共和国野生动物保护法〉办法》和《山西禁止食用陆生野生动物名录》。颁布《山西省经济林发展条例》,配合省人大出台《关于禁止野外用火的决定》《关于加强吕梁山区生态保护和修复促进高质量发展的决定》。成立执法监督处,召开行政执法工作推进会,强化行政执法监督。全年受理林草行政案件1701起,办结1682起。二是强化基础保护。省直林区建成100人以上的防火专业队伍。坚持造林先修路、防火先建带,推进防火隔离带建设。全省热点、火情、火灾与2019年相比呈现出"三下降"态势。林草有害生物防治工作继续加强,全省完成监测普查2940万亩,完成防治337.89万亩,成灾率控制在0.64‰,低于省政府3.5‰的考核指标,特别是松材线虫病和美国白蛾在周边省份对我省形成包围的态势下,始终保持了"零发生"的良好局面。三是抓好重点保护。坚持应划尽划、应保尽保原则,有序推进自然保护地整合优化,全省初步调出矿业权5.85万公顷、永久基本农田13.18万公顷、土地整理项目4.41万公顷、工业类经济开发区0.24万公顷。

五、林草事业实现新提升

一是推进改革创新。围绕全面推行林长制,以省政府名义出台《关于全面推行林长制的意见》,召开全省林长制暨国土绿化彩化财化推进会。继续在太原、大宁等16个单位进行试点,持续推动造林"八大机制"落地见效。创新"一局联三县"机制,省直林局与市县累计合作造林290多万亩。二是强化安全防控。围绕防火安全,召开5次党组会议、4次电视电话会议,连续下发紧急通知,2次通报林草火灾情况,印发《进一步加强森林草原消防队伍建设的指导意见》《大规模开展森林草原防火宣传工作的通知》等文件。围绕生产安全印发工作要点,突出抓好26项重点工作。围绕防疫安全,加强野生动物及其制品管控,关停狩猎场26个、人工繁育场所336家,取缔无证经营者33家,推进完成禁食野生动物后续处置工作。三是抓好文明创建。全局66个单位被评为文明单位;局机关连续16年被评为省直文明单位标兵。在媒体刊发宣传稿件500多篇;举办"绿水青山看山西·见证最美"生态文化主题宣传活动,集中宣传了5位"最美林草人"典型事迹;完成第四届中国绿化博览会山西园建设任务,荣获了组委会大奖和最佳设计奖。

(曹 仁)

附:省林业和草原局党组书记、成员名单

书 记: 张云龙

成 员: 黄守孝 岳奎庆 杨俊志

省药品监督管理局党组

党组书记　贠亚明

2020 年,省药品监督管理局党组深入学习习近平总书记对药品安全工作的重要批示指示，认真落实国家药监局和山西省委、省政府决策部署,以“四个最严”为根本导向,健全完善工作机制，防范化解安全风险,持续加强能力建设,大力推进智慧监管，精准服务产业发展,有力保障了药品安全,各项工作都取得新成效。

一、健全完善药品监管治理体系

适应新形势新任务新要求,构筑党政同责、风险会商、上下联动、交叉检查、应急处置、监检结合等六大工作机制,建立严密高效的监管体系。加大风险研判会商和隐患排查,排查药品生产经营企业 322 家次,发现企业缺陷 1983 个,全部整改完毕。召开药品风险研判会 5 次,对安全隐患采取有效防控措施,约谈企业 51 家次,暂停生产销售企业 18 家次。紧盯重点环节和关键部位制定抽检计划，全年共抽验药品 7148 批次、医疗器械 501 批次、化妆品 655 批次,检出不合格产品共 138 批次,合格率达到 98.3%。加强不良反应监测,分析评价药械不良反应报告 46705 例,其中严重不良反应报告 1992 例,及时发出风险信号,提出处置意见,为监管提供有力的技术支撑。

二、有力保障疫情防控药械供应和质量安全

新冠肺炎疫情发生以来,省药监局闻令而动、主动作为,挖掘生产资源,深入企业指导,启动应急审批,开辟绿色通道,产品注册零收费,力促企业复产转产扩产,全力保障防疫急需药械安全和稳定供应。共许可 21 家医用口罩、2 家医用防护服、1 家额温枪生产企业，实现医用防护用品生产从无到有。医用口罩日最大产能 650 万只,已生产 9420 万只;医用防护服日最大产能 3.2 万套，共生产 46 万套，驰援武汉 25.4 万套。批准省中医院等 2 家医疗机构 8 种防疫中药制剂,有效发挥了中药在抗疫中作用。加大对防疫药械生产企业和省级药品储备企业进行全覆盖检查,加强疫情防控期间制售假劣药械违法行为打击力度，查处违法案件 730 起,罚没款 227.2 万余元,确保防护用品质量安全。全系统多家单位和多名个人被国家市场监管总局、国家药监局和省委、省政府表彰为抗疫先进集体、先进个人。

三、药械案件查办力度持续加大

充分发挥案件查办拳头利器作用,多措并举加大案件查办考核力度,大幅提高考核分值,建立“一周一对比、一月一通报、一季一督导”工作机制,推动案件查办工作落实。全省共查处药品、医疗器械、化妆品违法违规案件 4381 件,罚没款 1379.9 万余元,比去年同期分别增长 129%、155.3%,国家药监局局长焦红在山西调研时给予充分肯定。特别是加强行刑衔接，与公安机关联合查办了孔某武等制售假药团伙案,涉及全国 23 个省市,捣毁制假窝点 3 处,批捕犯罪嫌疑人 7 人,涉案金额高达 3800 万元,有力震慑了违法犯罪行为。副省长吴伟批示:“此事得到国家药监局高度评价,认为山西省监管工作抓得较实。”

四、深入专项整治有效遏制突出问题

一是聚焦群众反映强烈的突出问题，部署开展专项行动。开展中药饮片专项整治,纳入省纪委监委专项整治漠视侵害群众利益问题统一部署,采用以查代训、以案代训方式,共检查各类生产经营使用单位 9976 家次,责令整改 410 家,立案查处 95 起。开展特殊药品专项行动,联合省卫生健康委制定了医疗机构麻醉药品和精神药品管理细则,对特药生产经营企业进行全覆盖检查,共检查 215 家,对 59 家企业核减特药经营范围。开展药品经营行为专项整治,采取“一次检查,全方位体检”的方式,加强对药品经营企业、医疗机构和疫苗使用单位监督检查,责令整改 1043 家,停业 61 家,立案 471 件。开展无菌、植入性医疗器械和医疗器械“清网”专项监督检查,采取约谈告诫、停产整改等措施,进一步规范医疗器械市场秩序,全省共检查经营使用单位 12091 家次,责令整改 1620 家,罚没款 689.55 万元。开展美容美发机构经营使用化妆品专项整治和“线上净网线下清源”风险排查,检查美容美发机构 8568 家次,责令停止销售 1357 家,立案 173 起;检查化妆品电子商务平台和经营者 332 家，清理违法品种 13 个。二是以高风险品种为重点审查对象,采取统一尺度、分类申报等措施,组织开展第三轮药品再注册工作,完成再注册批准文号 5620 个。按照新修订的《药品管理法》及其配套法规,启动新一轮药品生产和经营许可证换证工作，全省完成 85 家药品生产企业、63 家批发企业(零售连锁总部)换证工作,企业安全保障水平明显提升。以省内道地药材特异性质量标准为重点，积极推进中药材中药饮片地方标准研究编制工作,启动首批 52 个品种,进一步提升药品规范管理水平。

五、深化改革创新提升药品监管水平

一是加快电子证照试点应用,实现药品生产许可证等 7 个资质证书电子化。以“最小颗粒度”为标准,将 34 项政务服务事项细化设置为 128 个办理项,推行省级审批事项全程网办，不见面审批事项达到 100%。深化仿制药一致性评价工

作，协调省工信厅出台奖补政策，兑现奖补资金 2125 万。全省已有 17 个药品批准文号通过一致性评价，20 个正接受审评。二是依托国家药品（疫苗）追溯服务平台，推动建立疫苗全过程信息化追溯体系，全省疫苗配送企业、疾控机构、接种点数据上传率分别为 100%、98.45%、94.98%，实现了疫苗产品可追溯、可核查。遴选康宝生物、云鹏医药等 4 家药品生产企业为试点，积极推进以特殊药品、血液制品、中药注射剂为重点的药品追溯系统建设，力争实现重点品种全程可追溯。三是加强与卫健部门协调配合，召开疫苗管理厅际联席会议和风险评估会，开展专题调研及标准培训。专门聘请第三方公司，借助外部力量，编制了管理手册和 50 个程序文件，形成覆盖疫苗监管的全要素、全方位管理体系，疫苗监管水平不断提升。

六、加强能力建设夯实药品监管基础

一是紧密结合药品监管实际，明确职责分工，强化责任落实，科学编制"十四五"药品安全专项规划，形成规划初稿上报省发改委。二是根据国家药监局建设省级疫苗批签发机构要求，投资 2858 万元组建生物制品检测室，选址于山西转型综改示范区，项目正在稳步推进。安排建设资金 3049 万元，加强省医疗器械检测中心检验能力建设，为 4 个市级检验机构更新设备，极大提升基层检验检测能力。三是积极稳妥推动事业单位改革，将原有 11 个直属单位精简为 4 个。优化职能配置，重构省药品审评中心，提升技术审评专业水平；重塑省药品安全风险监测中心和省药物警戒中心，加强药品支撑保障能力；重建省药品检查中心（省疫苗检查中心），充实职业化专业化检查力量。

七、精准服务推动产业发展成效明显

全面落实国家药监局局长焦红在晋调研时的指示精神，省政府支持亚宝药业"抗新型冠状病毒双特异性中和抗体"1000 万元研发资金，推动与国家药监局建立具体对接工作机制，及时跟踪服务，全力支持企业研发创新。落实省领导批示指示要求，推动锦波胶原蛋白列入国家监管科学研究课题，启动特殊审批程序，积极争取国家药监局委托山西省制定人源胶原蛋白化妆品原料标准，推动将胶原蛋白原材料纳入国家医疗器械主文档，全力支持锦波生物新材料发展，助力全省医药产业发展。

八、加强宣传引导推动形成社会共治

加强协调和统筹策划，加大药械宣传力度，积极引导社会力量参与监督，先后组织开展全省药品安全宣传月、医疗器械安全宣传周、化妆品安全科普宣传周、科技宣传周等活动，举办了中医药传承创新高质量发展论坛，邀请院士参与，组织专家讲座 28 次，活动参与 12 万人次，发放资料 30 万册，营造了浓厚的社会共治氛围。化妆品宣传周活动荣获山西省普法依法治理十大创新案例，省药监局官方微信公众号"山西药品监管"荣获全国省级药品监管政务新媒体科普贡献奖第三名。

九、全面从严治党不断引向深入

深入推进政治机关建设，修订《党组工作规则》，成立党建工作领导小组，出台了落实全面从严治党主体责任清单和指标体系清单，积极推进"党建品牌"创建活动和"五型机关"建设。坚持"以事择人、人岗相适"，今年以来共提任处级领导干部 4 人，完成 26 名处级领导干部试用期满考核，选派"墩苗"干部 3 人，机关新招录公务员 6 人，进一步激发了干部干事创业的活力。严格落实中央八项规定精神、省委实施细则，深入开展形式主义、官僚主义集中整治，一体推进不敢腐、不能腐、不想腐体制机制，2020 年对 1 名违法党员干部作出开除党籍处理，对 2 名干部进行诫勉谈话，全局作风持续好转。

（冯子刚）

附：省药品监督管理局党组书记、成员名单

书　记：贠亚明

成　员：张少杰　李庭芳

省公安厅交通管理局党委

党委书记　李安林

2020 年，在山西省公安厅党委的坚强领导下，全省公安交警辅警坚持以习近平新时代中国特色社会主义思想为指导，认真贯彻落实党的十九届五中全会、中央全面依法治国工作会议精神和习近平总书记视察山西重要讲话重要指示、习近平总书记关于新时代公安工作的重要论述特别是在全国公安工作会议上的重要讲话、在中国人民警察警旗授旗仪式上的重要训词精神，坚决贯彻落实省委十一届十次全会精神和"四为四高两同步"总体思路以及厅党委"四高四重"要求，聚焦为全省高质量转型发展创造良好道路交通环境和营商环境这个总目标，全力推进年度目标任务的圆满完成，取得显著成效，全省交通管理工作呈现出整体推进、综合和多个单项工作名列全国前茅的可喜局面。

一、大力加强政治建设，筑牢忠诚警魂

交管局党委始终把政治建设放在首要位置，旗帜鲜明讲政治，坚持把学习贯彻党的创新理论作为思想武装的重中之

重，认真学习贯彻习近平新时代中国特色社会主义思想、党的十九届五中全会精神、中央全面依法治国工作会议精神和习近平总书记视察山西重要讲话重要指示、习近平总书记关于总体国家安全观、安全生产、意识形态、新时代公安工作的重要论述特别是在全国公安工作会议上的重要讲话、在中国人民警察警旗授旗仪式上的重要训词精神以及省委十一届十次全会精神，第一时间召开党委扩大会议进行传达学习，召开党委中心组扩大学习会进行专题学习，各党总支、支部同步开展集中学习研讨，坚持不懈用以武装头脑、指导实践、推动工作，确保全省上下进一步增强“四个意识”、坚定“四个自信”、做到“两个维护”，筑牢忠诚警魂，始终在思想上政治上行动上与以习近平同志为核心的党中央保持高度一致，确保绝对忠诚、绝对纯洁、绝对可靠。同时，通过深入学习，进一步鼓舞士气、凝聚警心，激发了全省上下推动交管工作发展的强大动力。

二、聚焦保安全保畅通主责主业，大力推进预防交通事故“减量控大”八大提升工程

一是智慧交通提档升级。建成了“山西公安大数据智慧交通管理大脑”依托公安大数据平台，提高我省交通管理智能化水平，城市灯控路口视频覆盖率达到较高水平，与多家互联网公司在地图服务，道路流量、交通态势、宣传提示等方面进行深度合作。

二是交通安全隐患治理成效显著。全省“营转非”大客车检验率、报废率、违法处理率均达高水平，公路安全隐患路段得到有效排查整改，为高速公路隧道安装名称标识，升级改造中央隔离护栏，完成“雾区引导防撞系统”和“能见度检测仪”安装。

三是城市交通安全出行扎实推进。在学校、医院等重点区域确定交通组织示范区，推动缓解停车难、行车难问题。保持对重点违法行为的查处力度，开展“一盔一带”安全守护行动。

四是公路交通安全防控能力稳步提升。扎实开展全省普通国省道交通安全文明示范路创建活动，持续深化货车“靠右行”治理，严厉打击易肇事、肇祸严重交通违法行为。完善高速公路省际、服务区、出入口“三道防线”，持续开展高速公路通行秩序整治。深入推进农村公路平交路口“千灯万带”建设，努力实现农村公路从“村村通”到“路路安”的目标。

五是全民交通安全文明意识不断提升。强化事故预防宣传，积极组织召开新闻发布会、通气会，发布新闻通稿。强化交通安全精准宣传，深入重点运输企业开展安全带使用等宣讲活动，走进进城务工人员集中企业开展“戴头盔、安全行”主题宣讲，组织文艺小分队，大力开展“美丽乡村行”交通安全巡回宣传，强化“一老一少”等重点对象宣传，通过互联网平台开办“山西省中小学交通安全教育课堂”，在公园、社区、广场等老年人活动集中场所开展宣传，联合保险、快递行业共同开展“一盔一带” 安全守护行动、 “买保险送头盔，争做文明骑行者” 活动。强化融媒体宣传，全方位、高密度推出交通安全宣传报道，深入开展122“全国交通安全日”主题宣传活动。

六是交通事故救援救治兜底保障。狠抓救助基金改革措施落实，自2019年10月新修订的《山西省道路交通事故社会救助基金管理办法》运行以来，垫付抢救费、丧葬费，实实在在为百姓解决了实际困难。在全国首创“预担保、快抢救、后付费”的交通事故重伤员无差别急救绿色通道，审核确定无差别绿色通道医院，实现全省所有县(市、区)绿色通道医院全覆盖。

七是部门协同联动整治彰显合力。会同交通厅、农业农村厅、文旅厅、市场监管局等部门，联合部署开展农三轮违法载人专项整治、集中整治分心驾驶及驾乘人员未按规定使用安全带专项工作、营运客车驾乘人员使用安全带“大排查大教育大整改”专项行动、集中开展货车非法改装、低速电动车治理，取得明显成效。

八是交通安全执法文明显著提升。大力加强执法制度建设，出台《路面执勤执法工作规范》、《交通事故处理工作规范》、《车辆和驾驶人管理工作规范》。推进公安交警执法全流程智能管理平台，实现对路面执勤执法、事故处理的全流程监管。全省农村(社区)、企事业单位道路交通“零事故”创建率达到高水平。

三、聚焦优化营商环境和保障改善民生，大力推进“放管服效”改革和规范测速工作

一是深入推进“放管服效”改革创新。推进山西公安审批服务“一网通办”平台、“交通违法学习教育平台”推广应用，推出山西公安政务服务派出所“一门通办”新举措，全面实施机动车检验标志电子化，在全省推行租赁车交通违法处理简捷快办，全部顺利实施“异地办”“便捷办”“网上办”等措施。

二是着力解决群众反应强烈的测速不规范问题。对高速公路限速标牌、测速点位、测速设备及配套测速提示标志进行排查，拆除不规范的限速标牌、测速提示牌，停用整改测速设备，规范测速点位。通过交通工程论证，对部分路段提升设计时速，实行分车型限速，精减高速公路在用测速点位。

四、聚焦贫困人口脱贫，大力推进扶贫攻坚工作

直接为吕梁兴县魏家滩镇王家畔、木崖头村提供帮扶资金30万元。大力开展产业帮扶，帮助两个村累计退耕还林16000亩，村民直接收益480万元，户均分配6500元左右。帮助光伏发电，两个村共收入51万元;帮助消费扶贫，购买当地农副产品价值12万元。

五、聚焦美丽山西建设，大力推进蓝天保卫战

严厉打击柴油车超标排放等违法行为。严把机动车注册登记关、检验关，依法对超标排放车辆进行注销登记。为新能源汽车登记开辟绿色通道，为销售企业提供集中上门查验服务等。配合太原市、省交通厅、交控集团大力推进太原绕城高速限行货车工作。

六、聚焦服务保障，积极协助相关部门做好疫情防控工作

强化全省救治定点医院交通组织，为保障防疫物资和人员运输开辟“绿色通道”。积极开展网上交管业务办理，防止人群聚集引发风险。疫情有效控制、全国部署恢复交通运输工作后，我省检查站(点、卡)全部及时撤销，提前完成国务院下达的任务，多次受到公安部通报表扬。主动助力复工复产，圆满完成六批次援鄂医疗队员返晋交通安保勤务。

七、坚决扛起主体责任，全面从严管党治警，着力锻造“四个铁一般”公安交警队伍

一是严格落实主体责任。制定《2020年全面从严管党治警履职责任清单》，建立队伍风险研判制度及岗位风险隐患排查机制，每季度对队伍中存在的问题进行分析研判。积极开展警示教育，组织观看警示教育片，深入廉政教育基地开展廉政教育。抓好重要节日节点的提醒、检查，狠抓机关纪律作风监督检查，严格重大事项报备制度，坚决纠治“四风”。

二是大力加强党建和中层领导干部队伍建设。坚持党建工作与业务工作同谋划、同部署、同考核，大力开展创建“四强”党支部活动，确定先进典型，树立正确选人用人导向。

三是大力推进实战化教育训练。制定《全省公安交警系统专业科目练兵大纲》和年度大练兵实施方案，依托全国交警网校举办培训班，培训数万人次，组织全省业务骨干大比武。大力开展学习济南交警活动，全面提升警务实战能力，着力打造山西品牌。

四是扎实开展集中教育整顿活动。组织开展专项监督检查反馈问题整改活动、思想纪律作风教育整顿活动、“以案为鉴，落实责任，树好形象”专项整治、“坚持政治建警全面从严治警”教育整顿，组建工作专班，建立工作制度，坚持问题导向，突出问题整改，大力加强教育整顿工作。

五是狠抓监督执纪问责。全年多次召开省内外各大运输公司负责人、大货车司机参加的座谈会，充分听取意见建议。对民警违法违纪问题绝不姑息。

(杜　虹)

附：省公安厅交通管理局党委书记、副书记、委员名单

书　记： 郭丙福(9月离职)　李安林(9月任职)

副书记： 武小彪(9月任职)

委　员： 武小彪(9月调职)　李怀玉

省政府直属特设机构工作概况

省国有资产监督管理委员会党委

党委书记　冯志君

2020年，省国资委党委坚持以习近平新时代中国特色社会主义思想为指导，全面贯彻落实党的十九大和十九届二中、三中、四中、五中全会精神，深入贯彻落实习近平总书记视察山西重要讲话重要指示，全面落实省委十一届十次全会精神，按照省委"四为四高两同步"的总体思路和要求，聚焦国企党建、监督管理、社会责任、指导市县等主责主业，扎实推动疫情防控、稳定增长、深化改革等重点任务高位推进、全面落实，各项工作取得新进展和新成效。

一、强化党建引领，坚持改革发展正确政治方向

（一）坚持把政治建设摆在首位。坚持把学习贯彻习近平新时代中国特色社会主义思想，特别是习近平总书记关于国资国企改革发展和党的建设重要论述，作为党委"第一议题"、理论学习中心组学习"首要议题"，持续增强"四个意识"、坚定"四个自信"、做到"两个维护"。做深做细做实政治监督，制定《重大决策部署跟踪办理办法》，建立台账跟踪督办，推动党中央及省委省政府重大决策部署落实落地。

（二）全面加强党的领导党的建设。严格执行民主集中制，重新修订《中共山西省国资委委员会工作规则》。全面加强国企党建，完善现代企业制度，推动党的领导与完善公司治理相统一，制定《关于进一步推进省属企业贯彻落实"三重一大"决策制度的实施办法》《省管企业党委前置研究讨论重大经营管理事项清单示范文本》，修订省属国有企业党建工作责任制考核指标，把党组织领导经济工作能力首次纳入党建工作责任制考核指标，推动党建责任制与生产经营责任制有效联动，党建工作与生产经营深度融合。织密党的组织体系，理顺重组、新组建省属企业党的组织关系，现场检查7户企业换届工作，常态化整顿软弱涣散基层党组织46个，基层党组织组织力进一步提升。

（三）全面加强党的宣传思想和统战群团工作。召开学习贯彻党的十九届五中全会精神报告会，主要负责同志在全系统作宣讲报告，并深入车间一线开展基层宣讲，省国资系统组织系列宣讲18300余场，覆盖156万余人次。召开省属企业党委中心组学习《习近平谈治国理政》第三卷经验交流会，在全系统开展了纪念建党99周年"七个一"系列活动。加强省国资系统党外代表人士队伍建设，召开了省属企业共青团改革推进会，进一步汇聚省国资国企改革发展共识力量。

二、强化政治意识，高标准落实各项重大决策部署

（一）统筹推进常态化疫情防控和经济社会发展。在疫情防控中彰显责任担当，把疫情防控作为头等大事、第一时间响应、全力以赴抗疫，组织省属企业积极开展煤炭保供、医疗物资援助，出台业绩考核等12条政策措施应对疫情影响支持省属企业发展，举办16场畅通经济循环供需对接活动，实际采购金额超50亿元。加大科技创新力度，推动规上省属企业创新全覆盖，组织企校共建产业技术研究院21家，推动大地控股加快海外研发基地建设，组织21户省属企业、15户驻晋央企，在阿里巴巴总部举办了山西国企数字化转型高峰论坛。

（二）深化国资监管体制改革。坚决贯彻落实省委深化国资监管体制改革重大决策部署，按照省委"分级授权、厘清职责、品字架构"改革总体要求，将改革的任务举措、目标要求

纳入年度重点工作贯彻执行，按照新“三定”完成机构和人员调整，下达授权书，将出资人管资本职责转授省国资运营公司，制定《省国资委权责清单(2020年版)》，修订印发《省国资委规范性文件汇编》，制定《山西省国有资本运营有限公司监管办法》，推动“根上改、制上破、治上立”的重塑性改革要求落实落地，为省国资国企高质量转型发展注入新动能，提供新支撑。

(三)稳步推进国企改革三年行动。会同省国资运营公司制定《山西省国企改革三年行动实施方案(2020–2022年)》《贯彻落实〈山西省国企改革三年行动实施方案(2020–2022年)〉重点任务分工方案》，明确改革重点任务、实施路径，以更高站位、更大决心、更强力度加强改革攻坚，推动省国资国企重点领域改革落实落地。

三、主动担当作为，持续推动重点改革走深走实

(一)加快推进剥离企业办社会职能和解决历史遗留问题。截至年底，各市驻晋央企和省属企业“三供一业”管理服务职能分离移交完成100%、资产划转完成100%、全省维修改造总体进度达85.94%；教育、市政、社区和消防机构等剥离办社会职能移交完成100%，医疗机构完成99.62%；制定统筹调配使用方案，提高中央财政补助资金使用效率，厂办大集体改革完成率94.59%；全省涉及国有企业退休人员社会化管理超120万人，人事档案移交率99.32%，党员组织关系移交率98.16%，管理服务职能移交率100%。

(二)稳步推进省级事业单位办企业脱钩改革和市县国企改革。制定《省级事业单位办企业脱钩改革实施方案》，对683户省级事业单位办企业提出11种分类改革方案，截至年底，省级经营性国有资产集中监管比例已超99%。制定《推进市县国企改革的指导意见》，建立工作月报制度，组成督查组赴11个市全面督查，截至2020年底，地市经营性国有资产集中统一监管比例近90%。

(三)扎实推进国企改革专项工程。在国务院国资委组织的“双百行动”三项制度改革专项评估中，格盟国际评为A级，太钢、焦煤集团、华阳新材、汾酒集团、晋能清洁能源等5户企业评为B级，太钢、汾酒集团案例入选国务院国资委《改革样本——国企改革“双百行动”案例集》。新增太重集团所属向明智装、轨道交通，分别进入“双百行动”与“科改示范行动”，国企改革专项工程以点带面示范引领和突破带动作用发挥明显，省属企业内生活力和改革创新动力有效激发。

四、坚决一体推进“三不”建设，推动全面从严治党向纵深发展

(一)坚持落实落细“两个责任”。完善和落实全面从严治党责任制度，制定《中共山西省国资委委员会及其成员落实全面从严治党主体责任清单》及2020年任务安排，督促指导省属企业党委制定了落实全面从严治党主体责任清单。聚焦责任落实拧正拧紧管党治党螺栓，组织召开省属企业党风廉政建设和反腐败工作会议、省属企业党委书记抓基层党建工作述职评议会议，紧紧抓住责任制这个“牛鼻子”，不断压实全面从严治党责任，贯通落实主体责任、第一责任人责任和班子成员“一岗双责”，确保全面从严治党各项工作落细落实，为省国资系统坚决践行“在转型发展上率先蹚出一条新路来”的重大历史使命提供了坚强的政治保证。

(二)坚持构建大监督格局。制定《山西省省属企业违规经营投资与重大决策终身责任追究实施办法》《省管企业领导人员任职和公务回避管理办法(试行)》，搭建从严治党向从严治企延伸通道。创新监管方式，编制了《经济下行和投资扩张影响下的省属企业经营风险分析报告》，强化投资经营预警防范。加快“互联网+监管”建设，在全国省级国资委率先实现在线监管系统网络通、数据通。对8户省属企业开展产权管理现场检查，对12户省属企业开展领导人员经济责任审计。

(三)坚持驰而不息纠治“四风”。从严落实中央八项规定精神，重申省纪委监委“十个严禁”和省国资委党委“十不准”作风纪律要求，与驻委纪检监察组联合赴省属企业开展“两节”检查，严防“四风”问题在省国资系统反弹回潮。突出整治形式主义、官僚主义，扎实开展基层减负专项整治，紧盯突出问题，坚持减文、减会、减督查检查、加服务的“三减一加”总体要求，省国资委召开重大会议次数同比下降20%，印发文件数量同比下降11%，省属企业党建工作目标责任制考核指标数从2019年的40项缩减为17项，缩减58%。

(四)综合治理效能整体提升。坚持把纪律挺在前面，严明党的政治纪律和政治规矩，开展以案促改、警示教育。深入推进反腐败专项斗争，制定加强省属企业境外腐败治理工作方案，深入开展境外腐败治理，为进一步强化境外国有资产监管提供坚强纪律保证。将“三零”创建作为“一把手”工程，列入2020年度省属企业党建工作责任制考核指标，经验在全省转发。持续抓好扫黑除恶专项斗争，工作成效得到省委督导组充分肯定。持续攻坚化解省属企业信访积案，信访考核在省直单位中名列第一。

(陈　飞)

附：省国有资产监督管理委员会党委书记、副书记、委员名单

书　记：冯志君

党委主持日常工作的副书记：马　进

副书记：韩珍堂(2月离职)

委　员：王创民(2月任职；10月涉嫌严重违纪违法，接受纪律审查和监察调查，被免职；2021年4月，被开除公职；将其涉嫌犯罪问题移送检察机关依法审查起诉；7月被开除党籍。)

张宏永(2月离职)　刘　峰(2月任职)

张红谱　王斗留　贠　钊(2月离职)

高春毅(2月离职)

省直其他有关单位工作概况

省国有资本运营有限公司党委

党委书记　郭保民

2020年，省国资运营公司党委全面贯彻习近平总书记视察山西重要讲话重要指示，坚决落实省委省政府决策部署，紧紧围绕特殊机构的特殊使命，牢牢把握市场化、法治化的改革取向，坚持"根上改、制上破、治上立"（树立鲜明的问题导向，瞄准制约深层次矛盾和关键环节实施重塑性改革；通过深化股改、混改，革除"一股独大"的体制性弊端，充分激发企业的活力动力；以完善公司法人治理结构为核心，加快建立健全现代企业制度），全面履行出资人管资本职责，蹄疾步稳，先行先试，改革创新，推动山西省国资国企改革实现重大突破。

一、坚持"根上改"，推动国资监管体制重塑性改革

党的十九届四中全会要求，形成以管资本为主的国有资产监管体制，有效发挥国有资本投资、运营公司功能作用。省委提出"分级授权、厘清职责、品字架构"的国资监管体制改革总体思路，省国资运营公司党委深刻领会省委重大战略意图，组织专班，深入开展相关政策法规研究，起草改革系列文件并付诸实施。新体制运行顺畅，优势充分释放，效率大幅提高，改革效果初步显现。

（一）稳步推进直接授权。推动更名组建省国资运营公司，省政府将出资人管资本职责转授给省国资运营公司，省属企业股权全部划转注入。推动政府直接授权纳入国家层面国企改革3年行动方案，省国资运营公司党组织关系归口省直工委管理，列为省委年度目标责任考核单位，在参加会议、接收文件、党组织管理、文明单位创建等方面，列入委办厅局序列，稳步推进山西省国资监管直接授权试点改革。

（二）着力实现厘清职责。推动履行出资人职责机构与国资监管机构分离，加快实现从管企业向管资本转变。省国资委履行国企党建、监督管理、社会责任、指导市县等职责，充分发挥"有形之手"作用，专司监管。省国资运营公司灵活运用"市场之手"，专司运营，通过旗下专业化工具类公司，一体推进国有资本"进退流转保"，确保国有资本保值增值。

（三）创新构建品字架构。将省国资委定位为特设机构、省国资运营公司定位为特殊机构，在授权范围内明确的事项，各自对省委省政府负责，联合发力，共同落实省委省政府战略意图，推动国有资本布局优化和高质量转型发展。依法落实省属企业的经营自主权，按照市场化、法治化方式高效运转的国资监管体制初步形成，国资监管系统性、专业性、有效性显著增强。

二、坚持"制上破"，推动国有资本布局优化

省委加强全局性谋划、战略性布局、整体性推进，省国资运营公司党委充分发挥"管资本"作用，加力推进国有经济结构调整、创新发展、布局优化，更好发挥国有企业在提升产业链供应链稳定性和竞争力中的重要作用，加快推动山西省国有经济由"一煤独大"向"八柱擎天"转变。

（一）战略重组基本完成。省国资运营公司充分发挥市场化专业平台作用，以前所未有的速度、深度、广度、力度，推动实施并快速平稳实现国资布局重塑性调整，省属企业从28家调整为18家，涉及省属企业80%的资产总额、75%的一级企业、95%的在岗职工和70%的产业领域。坚持传统产业要做强，将省属煤炭企业按照煤种合并为2家，组建煤炭产能全国第二、全球第三的晋能控股集团，重组炼焦煤产量全球第二的山西焦煤集团，形成能源产业"双航母"格局。推动太

钢集团与中国宝武联合重组，巩固全球不锈钢领军企业地位。坚持新兴产业要做优，聚焦14个战略性新兴产业集群，突出信创、半导体、光电、碳基新材料、先进轨道交通等，组建或重组潞安化工、华新燃气、华阳新材、云时代、华舰体育等一批承载转型使命的新兴产业旗舰企业。坚持支柱产业要做多，组建或重组文旅集团、交控集团、航产集团、华远陆港、水控集团等省属企业集团，推动国有资本在基础性领域和优势行业的集聚度进一步提升。

(二)腾笼换鸟实现突破。山西规上国有控股工业企业资产占规上工业企业总资产比重远高于全国平均水平。省委提出转让部分省属企业传统产业资产，变现资金用于发展战略性新兴产业。省国资运营公司综合运用多种措施，加强正向激励，实施反向倒逼，下大力扫清阻滞障碍，及时对外公开“腾笼换鸟”项目，取消煤矿办矿主体资格和变更限制，推动资源类企业转让国有股权实行现状转让、一次评估作价和进场交易，在太原、厦门、杭州等地举办专题推介，用市场化手段全面加速“腾笼换鸟”，2020年净回笼资金150亿元。

(三)资本运作提速加力。省属国企上市公司数量少、规模小、市值低，资产证券化率始终处于低位。省国资运营公司党委充分用活用好现有上市公司平台，大力推进上市公司资产重组，快速盘活壳资源，加大资产注入力度，组织实施了省属企业非公开发行股份、北方铜业借壳上市、控股广誉远实施对赌条款等一系列资本运作。2020年省属企业资产证券化率比上年提升1.08个百分点，控股上市公司启动再融资超过前3年总和，市值增长61.8%，高于同期上证指数12.9%的涨幅。

三、坚持“治上立”，推动国有企业治理水平现代化

省国资运营公司党委坚持专业化运作、市场化运营、法治化管理和穿透式管资本，不断完善省属企业法人治理，推动企业在转型发展中激发更强活力、培育核心竞争力。

(一)创新探索“六定”改革。省委借鉴党政机构改革思路，创新提出在省属企业全面开展定机构、定职数、定员额、定机制、定薪酬、定任期“六定”改革。省国资运营公司党委高效制定省属企业“六定”改革实施方案，推动省属企业建立职责清晰、精简高效、运行专业的管理机制。省属企业集团总部机构、中层管理人员、员工编制分别大幅下降40%、54%、72%；企业负责人绩效薪比重上调到年薪的80%，薪酬与效益紧密挂钩；进人用人在省政府官网全程公开，严格实行总量控制；全面推进任期制、契约化管理，基本形成扁平、高效的管理运行架构。

(二)科学规范投资决策。针对省属企业投资决策随意、收益回报率低等问题，省国资运营公司出台《加强和改进省属国有企业投资决策的若干意见》，将投资监管穿透至省属企业所有层级子公司，延伸至投资事前、事中、事后全过程监管，系统改进投资决策的支持机制、止损机制和平滑机制。强化投资导向，建立投资项目负面清单，有效发挥投资决策委员会作用，与省属企业同步开展投资可研，实行投资项目“三重否决”和及时刹车，2020年否决、制止省属企业不合理投资500亿元，盘活止损停缓建项目55个、资金136亿元，省属企业重大投资决策失误明显减少。

(三)全面开展管理增效。树立鲜明的效益导向，推动省属企业把成本领先战略上升为核心战略，健全完善成本管控责任制度、目标成本考核机制，明确成本压控重点和改进目标，“一企一策”制定改善措施，逐步构建数智化穿透式监管，引导企业降成本、提质量、增效益，强化全员、全要素、全过程成本管控，实现降本增效、减员增效、提质增效。省属企业全面实行扁平化管理，全年法人户数压减888户，管理层级全部压缩到四级以内，煤炭企业吨煤成本由345元压降到305元。

(四)大力加强债务管控。省国资运营公司坚持底线思维，出台专门文件加强省属企业债务闭环管理，推动省属企业资产负债率稳定下降，过去4年累计降低6.08个百分点，三分之一的省属企业资产负债率低于全国同行业平均水平。在外省信用债违约事件频发的背景下，省国资运营公司第一时间致函银行间市场交易商协会、沪深交易所，致信各省属企业债权人，召开省属企业和金融机构负责人专题会议，建立债券预警和回购长效机制，组织省属企业按期兑付到期债券2678亿元，未发生一起违约，确保了区域金融稳定。

(王燕刚)

附：省国有资本运营有限公司党委书记、副书记、委员名单

书　　记：郭保民(2月任职)

副 书 记：王振宇(2月任职;4月离职)
洪　强(6月任职)

专职副书记：刘　峰(2月离职)
张宏永(2月任职;5月涉嫌严重违纪违法，接受纪律审查和监察调查，6月被免职；11月被开除党籍开除公职；将其涉嫌犯罪问题移送检察机关依法审查起诉。)

委　　员：石德轩(2月任职)　贠　钊(2月任职)
高春毅(2月任职)

省政府派出机构党工委工作概况

山西转型综改示范区党工委

党工委书记　李晋平

2020 年，山西转型综改示范区党工委以习近平新时代中国特色社会主义为指导，全面贯彻党的十九大和十九届二中、三中、四中、五中全会精神，深入学习贯彻习近平总书记视察山西重要讲话重要指示和“三篇光辉文献”，各项工作取得了新进展。

一、机构简介

建设山西转型综合改革示范区是省委、省政府落实党中央赋予山西“建设国家资源型经济转型综合配套改革试验区”这一重大历史任务，为加快转型升级、创新驱动、实现高质量高速度发展做出的战略决策。山西转型综合改革示范区于 2017 年 2 月 25 日正式挂牌，由太原市和晋中市的 8 个国家级、省级产学研园区组建而成，并向南向北扩展，规划面积 600 平方公里，担负着为山西转型综改先行先试、探路领跑的重大任务，是山西深化转型综改的主战场、主引擎。

二、党的建设

认真落实全面从严治党主体责任，坚持以政治建设为统领，把全面从严管党治党贯穿到示范区建设的全过程，为示范区行稳致远提供坚强保障。

（一）不断强化政治监督。以党的政治建设为统领，建立完善了“前对表 + 中督察 + 后审核”全链条政治监督新模式。“前对表”明方向定举措，“中督察”找问题促整改，“后审核”纠偏差补短板。构建了事前、事中、事后贯通落实“两个维护”的政治建设新格局，有力保证了习近平总书记视察山西重要讲话重要指示落地生根、开花结果，有力保证了省委、省政府和市委、市政府决策部署落到实处、取得实效。

（二）一体推进“三不”建设。以省纪委监委一体推进“三不”建设试点为牵引，累计出台制度办法等 118 项，系统构建了不敢腐“131”强力惩戒机制、不能腐“333”多元防范机制和不想腐“3 个深化”综合保障机制，基本形成了一体推进“三不”体制机制制度体系。创造性实施了营商环境专项整治行动、大数据监督平台等一批特色亮点任务，推动整个试点工作逐步迈入实践验证的“深水区”，制度优势逐步转化为治理效能。

（三）全面加强基层组织建设。大力实施“示范区新时代党建质量提升工程 "。非公党建覆盖率提高至 95.03%，115 家非公党组织达到“双强六好”标准，打造 4 个党性教育基地，开展党员教育活动 70 余场。选派 300 余名机关党员干部担任企业服务员，组建 3 个机关抗击疫情“突击队”，党员“星级管家”成为服务企业新载体。

三、业务工作

（一）区域经济稳定增长。面对新冠疫情的严重冲击，示范区从全省“六稳”“六保”发展大局出发，采取一系列创造性举措，在外部环境极其严峻的情况下，经济持续回稳提升。根据商务部、科技部 2019 年国家级经开区和高新区年度考核评价结果，全国 218 家国家级经开区中，山西转型综合改革示范区综合排名第 31 位；全国 169 家国家高新区中，山西转型综合改革示范区综合排名第 96 名，其中火炬营业收入 3009 亿元，进入全国优秀行列。

（二）产业基础不断夯实。聚力培育“2+9”现代产业体系，建设具有国际影响力和在全国具有鲜明特色的一流高科技产业新区。全年滚动推进了四期“三个一批”（集中签约一批、开工一批、投产一批）活动。累计推进项目 260 个，总投资约 1249 亿元，预计年产值 2181 亿元。签约项目 160 个，签约率 100%；开工项目 171 个，开工率 73%；投产项目 69 个，投产率 27%。其中“六新”项目 239 个，占比 92%。III 型胶原蛋冻干纤维已完成临床试验并报国家药监局审批。“山西省网络货运数字产业园项目” 入驻企业 70 余家；“百亿级智能终端制造产业项目”引进深圳 30 多家智能终端整机生产企业；上海道得“光优新能源新材料产业园项目”等一批投资大、带动性强的好项目加快落地建设。

(三)创新生态持续优化。规上工业企业实现创新全覆盖，85%建立研发平台机构，研发活动覆盖率 100%。建成 39 个院士工作站、4 个国家级重点实验室、16 个国家级众创空间，以及山西北京大学科技创新基地、山西粤港澳大湾区异地孵化中心、京晋电子信息产业协同创新中心等 20 多个协同创新中心，在粤港澳大湾区、京津冀、长三角设立经济合作联络处。智创城引进清控科创、中关村智酷、浙江菜根等一流双创团队运营，入驻企业达 252 家，入驻率 90%左右，实现产值约 60 亿元，带动就业约 1.2 万人。山西省唯一的国家级留学人员创业园，完成科技部年度考核。新引进上海凯赛刘修才董事长、吴光辉院士和华为总工程师郑宝用等 60 个一流科学家核心人才团队。制定金融“30 条”，汾河金融城、晋阳金融城两个“金融集聚区”正式授牌，设立六新产业专项基金等 3 只基金，中国科创产业母基金、长三角科技创新共同体产业投资基金、中信银行、中信证券、中煤财险等多家股权投资企业、银行、保险机构入驻，加快科技金融融合发展。

四、成绩成果

(一)提炼全省复制推广改革创新经验 5 项

1.“一话通办”服务机制。设置两部热线电话，提供 7 × 24 小时无间断服务。企业、群众有困难、有诉求、要投诉，拨打一次电话，平台统一受理、统一调度，运用大数据、人工智能等技术对来电进行分析研判，对办理情况进行协调、督导、考核。所有事项跟踪到底、销号清零，接听的近 2.2 万余条反映问题及诉求的按时办结率达 100%。

2. 经济运行调度督办机制。引入企业经济运行调度模式，设立经济运行调度中心，开展全方位、综合性调度督办工作，推动经济运行调节由事后调节向事前预控转变，有力推动了一批大项目好项目引进落地，加快形成标志性引领性产业集群。

3.构建科技创新驱动良好生态。在异地建设山西粤港澳大湾区孵化中心、鲲鹏生态创新中心等重点项目，以“飞地”模式加快前沿关键技术研发，促进技术转移扩散，推动创新成果大规模商用。建立与企业、高校、科研机构开展国际科技合作机制，引进打造科技研发创新平台，推进企业自主创新能力建设，实现全区规上工业企业研发活动“全覆盖”，经认定的“小巨人”企业和“专精特新”中小企业不断增多。

4.建立招商引资“专员 + 专班 + 专家”体系化工作机制。通过设立招商“专员”、成立“7+1+N”工作专班(7 个招商部门单位，1 个经济运行调度中心，N 指管委会有关部门、园区、派驻机构、国有企业等)、建立健全项目咨询专家库，形成了招商引资“一盘棋”工作格局。组建了由管委会班子成员任“班长”的重大项目专班，根据项目投资需求，提供全生命周期的无缝隙、全方位服务，打造一流投资服务环境。构建“以商招商”体系，依托一批大公司企业及其高管作为招商代理人，引进上下游配套企业形成产业链。构建“核心人才招商”体系，大力引进各领域核心人才团队，发挥关键人才招商引领作用。2020 年，新增企业数量约 7000 家，招商引资成效显著。

5.深化工程建设项目招投标体制改革。运行电子远程分散开标系统和电子招投标行政监督平台，对项目开展远程异地开评标活动，实现投标人远程线上投标、签到、解密，线上开标，线上公示开标。节约了交易成本，实现电子招投标远程线上有效监督，提高建设工程招投标领域的透明度。

(二)国家和省部级以上获奖情况

1.建立复工复产调度机制，减免小微企业房租、物业费用，以税务信誉向小微企业发放无抵押贷款，点对点接回入区企业返岗员工等四方面工作受到省委省政府督导调研组高度评价，省政府办公厅发出通报，作为典型经验做法在全省通报表扬。

2. 被商务部列入 “2020 年新认定国家外贸转型升级基地”。

3.被工信部、财政部、中国人民银行、银保监会、证监会列为国家第二批产融合作试点城市称号。

4.被国家发改委确定为先进制造业和现代服务业融合发展试点区域。

5.被工信部授予国家绿色工业园区。

6.“山西综改示范区国家智能制造高新技术产业化基地”被国家科技部评定为“国家高新技术产业化基地”。(全国仅批了 11 家，中部仅有 3 家)

7.成功申报科技部百园百城，第一批资金拨付到位 250 万元。

8.在 2020 亚太智慧城市发展论坛上，荣获“2020 中国领军智慧城市奖”，这也是 2020 年全省唯一获此殊荣的城市。

9.开发区土地节约集约利用评价排名前五，太原经开区第二名、太原高新区第三名。

10.获得省级科技经济融合试点园区。

11.示范区税务局阳曲园区分局被人社部、国家税务总局授予“全国税务系统先进集体”。

(荣　超　刘锦原)

附：山西转型综合改革示范区党工委书记、副书记、委员名单

书　记：张全旺(10 月离职)　李晋平(10 月任职)

副书记：李晋平(10 月调职)　李东洪(2 月任职)

委　员：赵瑞雪　刘　伟　董　良　仝清雷(2 月离职)
薛江炤(2 月离职)　刘　勇(2 月离职)
艾凌宇(女，2 月任职)　段燕翔(2 月任职)
陈　曦(2 月任职)　陈永利(11 月任职)
白勇强　李明亮

省直属事业单位党组(党委)工作概况

省委党校(山西行政学院)

校(院)长　曲孝丽

2020年,中共山西省委党校(山西行政学院)以习近平新时代中国特色社会主义思想为指导,全面贯彻党的十九大和十九届二中、三中、四中、五中全会精神,认真学习贯彻习近平总书记视察山西重要讲话重要指示,认真落实习近平总书记关于党校办学治校系列重要指示精神和省委十一届十次、十一次全会精神,深入贯彻落实《中国共产党党校(行政学院)工作条例》,牢牢坚持党校姓党根本原则,围绕省委“四为四高两同步”总体思路和要求,充分发挥干部培训、思想引领、理论建设、决策咨询作用,坚持常态化疫情防控与主业主责“两手抓、两手硬、两手赢”,各方面工作扎实有序推进。

一、以政治建设为统领,深入贯彻落实中央、省委重大战略部署

(一)将学习贯彻党的十九届五中全会精神、习近平总书记视察山西重要讲话重要指示精神和省委、省政府重大决策部署作为校(院)首要政治任务。举行学习贯彻党的十九届五中全会精神中央宣讲团报告会、学习会和研讨会。把学习贯彻习近平总书记重要讲话重要指示与学习贯彻习近平新时代中国特色社会主义思想结合起来,与学习贯彻习近平总书记关于党校办学治校系列重要指示精神结合起来,推进重要讲话重要指示精神和省委省政府决策部署“进课堂、进头脑、出成果”。

(二)贯彻习近平总书记关于党校办学治校系列重要指示精神,落实《中国共产党党校(行政学院)工作条例》、全国党校(行政学院)校(院)长会议及常务副校(院)长会议精神和省委常委会议精神。召开全省党校(行政学院)校(院)长会议,深入贯彻落实习近平总书记关于党校办学治校系列重要指示精神和《条例》以及全国党校(行政学院)校(院)长会议精神。举办全省党校(行政学院)系统学习贯彻《条例》研讨班。贯彻落实《山西省贯彻落实〈中国共产党党校(行政学院)工作条例〉的若干措施》,深入基层党校调研,加强对市县党校贯彻落实《条例》和《若干措施》的检查督导。

(三)履行政治责任,全力支持配合巡视工作。省委第五巡视组于4月20日至6月30日对我校(院)进行常规巡视,校(院)委认真落实整改责任,对巡视反馈的62个问题,制定整改措施199项。取得重大成效58项,占比93.5%,正在深入整改4项,占比6.5%,巡视整改取得重要阶段性成果。

二、坚持正确办学方向,扎实推进各项工作

(一)深化教学改革,培训数量质量显著提升。疫情期间,校(院)统筹推进疫情防控和干部培训工作,3月初在全国率先开展网络培训,开设“党校系统春季学期网络学习专题”15个,组织9个主体班的学员开展线上自学,5月下旬,春季学期正式开学,实现了线下培训教学工作常态化。全年共举办各类班次54期,培训4784人次。突出党的理论教育和党性教育主业主课地位,实现习近平新时代中国特色社会主义思想课程覆盖全部主体班次,学时数占到理论教育总学时50%以上。第一时间安排习近平总书记视察山西重要讲话重要指示精神和党的十九届五中全会进课堂。加大案例教学专题课的比重并积极推动案例库建设,全年申报案例7门。举办全省党校(行政学院)系统第七次教学经验交流会和第六届教师赛讲活动,对52篇优秀教学研究成果获奖作者和71名赛讲获奖教师进行了通报表彰。扎实落实领导干部上讲台制度,安排党史专题视频讲座13场,举办外请报告51场。

(二)理论研究成果显著,科研工作取得新突破。完善科研管理,制定出台《关于进一步加强科研集体攻关工作的意见》。理研中心在《学习时报》《理论动态》《山西日报》《前进》等省以上党报党刊发表重要理论文章15篇,在省以上报刊发表论文115篇。组织申报各类课题共计102项,立项42项。组织山西省第十一次社会科学研究优秀成果评奖,获得一等奖1项、二等奖1项、三等奖2项。组织报送9项成果参加省社科联2019年度"百部(篇)工程"研究成果评奖,获得一等奖1项,二等奖2项,三等奖1项,并荣获组织奖。

(三)智库建设力促成果转化,资政服务取得新进展。校(院)聚焦省委、省政府重大决策部署发挥智库作用,上报《决策建议报告》10期,共得到省级领导肯定性批示14人次,加强对策研究类课题研究和组织调研。与省委宣传部、省委政研室、省政府研究室、省社科院等单位共同起草《山西省"十四五"新型智库建设专项规划》,校(院)被确定为重点智库。

(四)"三刊一报"办刊质量稳步提升。全年《理论探索》出版发行6期期刊,共编辑文章96篇,《理论探索》专题策划稳中求进,全年共策划4个专题,编辑13篇文章。《中共山西省委党校学报》出版发行6期期刊,加大服务山西的力度,增发服务山西的稿件。《三晋基层治理》顺利创刊并设立"转型发展蹚新路"专栏,全年共出版发行3期期刊。《山西党校报》出版发行30期,全年共采写各类重要新闻210条,刊发各类理论文章和学习体会120篇,全年被各类报刊全文或摘要转发的新闻稿2篇,被重要网站全文或摘要转发6篇。

(五)管理服务保障能力进一步提高。坚持管理强校,全年共召开校(院)委会33次,集体讨论研究校(院)重大事项。依法合规推进综合教学楼工程,稳步推进食堂改造工程。扎实推进信息化建设,初步实现教务管理、学员管理及各部门协同办公一体化。规范财务管理流程,重点强化资产管理、政府采购管理。稳步推进法治校(院)建设,积极开展"三零"单位创建工作,组织开展《民法典》和安全教育及国家保密法规宣传活动。对离退休人员实行精细管理、精心服务。

(六)加强干部队伍建设,着力培养高层次人才。校(院)继续加强高层次人才引进工作,全年共录用6名博士。加强高层次人才建设,1人获批2020年享受政府特殊津贴;5人获批第七批山西省学术技术带头人。加大师资队伍培养力度,全年组织教职工参加中央党校调训16人次,省委宣传部"四个一批人才"专题研讨9人,其他干部学校调训1人;举办两期校(院)干部专业化培训,共329名干部参加,参训率达93%;组织副处副高以上人员参加了"十九届四中全会精神网络专题培训";新增3名在职教职工攻读博士学位,3名在职教职工攻读研究生学历。建立校(院)优秀年轻干部"管理库"和"人才库",跟踪管理优秀年轻干部重点培养。优化人力资源配置,对21名正、副处级干部和4名科级干部进行了岗位调整;38名干部完成职级晋升;选派1名同志到村担任党支部书记,1名同志参加"墩苗"行动。承办2020年度全省党校系统教师高级职称评审工作,校(院)3人获得教授任职资格,3人获得副教授任职资格。开展四个批次校(院)专业技术人员岗位聘位聘用工作,共聘用70人。完善干部管理制度,出台《校(院)关于进一步激励干部新时代新担当新作为的实施意见》《校(院)岗位设置管理实施办法》《校(院)管理部门平时考核实施方案(试行)》。

(七)推进省直事业单位重塑性改革。原隶属于省委组织部的山西省公务员培训指导中心、原隶属于省妇联的山西省妇女干部学校(山西省好艺中等专业学校)正式划转省委党校(山西行政学院),分别更名为省委党校(山西行政学院)公务员培训部、妇女干部培训部并挂牌,人员已完成转隶。推进校(院)直属事业单位忻州分校转企改制,拟定《中共山西省委党校忻州分校(山西行政学院忻州分院)转企改制工作方案(征求意见稿)》,进入司法合法性审核程序。

(八)加大业务指导力度,推动市县党校工作。印发《中共山西省委党校(山西行政学院)关于加强和改进全省党校(行政学院)系统业务指导工作的意见》,完善全省党校(行政学院)系统基本情况统计工作,开展实地调研,督导市县党校建设。组织2次全省党校(行政学院)校(院)长会议。组织开办第二期全省党校(行政学院)系统教师教学能力提升网络培训班,培训1850人。完成全省党校(行政学院)系统第10期骨干师资班培训工作,共招收学员65名。参加中央党校举办的华北东北片区党校工作座谈会、晋城市委党校举办的跨省域联盟教学活动和两省八市党校战略合作协议签署暨首届教学科研经验交流会。

三、深化党风廉政建设,强化机关党建工作

(一)夯实基层党组织建设。推进党支部工作规范化建设,及时任免了12名党支部书记。严格规范党费收缴,坚持党支部"三会一课"制度和主题党日活动。开展对机关党建"十个突出问题"整改情况进行回头看,对各党支部党建制度、工作任务落实情况进行督查。举办党支部书记履职能力提升培训班。强化党员管理,完成党员组织关系接转106人次,党员转正2名,发展预备党员3名。打造党建工作品牌,创建"学习书屋""VR党建示范基地",推动校(院)开展"全省党员教育示范基地"申报工作。

(二)加强改进作风建设。召开全面从严治党工作会议,签订《校(院)全面从严治党目标责任书》。持续巩固"不忘初心、牢记使命"主题教育成果,常务副校(院)长王联辉同志以《把不忘初心、牢记使命作为首修课必修课终身课》为题给全体党员干部讲专题党课。加强法纪学习教育,组织中心组扩大到各支部书记的专题学习民法典。召开全校(院)教职工参加的边巡边改暨警示教育大会,履行全面从严治党主体责任,加强作风建设,加强监督执纪问责和廉政文化建设,开展各种形式的警示教育。

(三)严格落实意识形态工作责任制。学习贯彻落实《中国共产党宣传工作条例》和关于意识形态工作责任制要求,强化责任意识、阵地意识、忧患意识,及时掌握教职工和学员的思想状况和现实需求,每季度开展意识形态分析研判。定期向省直工委报送校(院)意识形态工作报告,意识形态领域

形势总体稳定。

（白　欣）

附：省委党校(山西行政学院)校(院)长、副校(院)长名单

省委常委、组织部部长，省委党校(山西行政学院)

校(院)长：曲孝丽(女)

常务副校(院)长：王联辉

副校(院)长：田忠宝　王浩学(10月离职)　薛勇民

王建军　史　洁(女，11月任职)

郭生智(11月任职)

省委党史研究院
(省地方志研究院)

院　长　曹荣湘

2020年，省委党史研究院(省地方志研究院)坚持以习近平新时代中国特色社会主义思想为指导，认真贯彻落实党的十九大和十九届二中、三中、四中、五中全会精神，围绕省委"四为四高两同步"总体思路和要求，发挥部门职能作用，按照"政治为本、成果为王、效能从高、作风从严"工作理念，扎实推进党的建设、史志编研、宣传教育、资政辅治等各项工作。

一、以政治建设为统领，加强领导班子建设，学思践悟习近平新时代中国特色社会主义思想

(一)突出政治引领，把学习贯彻习近平总书记视察山西重要讲话重要指示精神和党的十九届五中全会精神摆在首位

按照"二为二从"工作理念，院领导班子把讲政治要求贯穿工作始终，不断提高政治判断力、政治领悟力、政治执行力，增强"四个意识"，坚定"四个自信"，做到"两个维护"。全年，院中心组集中学习24次、学习内容68项，认真、系统学习习近平总书记视察山西重要讲话重要指示、《习近平谈治国理政》第三卷、十九届五中全会精神以及省委十一届十次全会精神。制定出台《关于贯彻落实习近平总书记视察山西重要讲话重要指示在转型发展上率先蹚出一条新路来的工作方案》《关于学习贯彻党的十九届五中全会精神实施方案》《贯彻落实"山西省关于贯彻落实〈中国共产党宣传工作条例〉的若干措施"工作方案》等，确保重大政治任务落实落细。院班子成员利用各种机会和场合走进省直机关、市县开展习近平新时代中国特色社会主义思想、党的十九届五中全会精神宣讲宣传。

(二)落实民主集中制，加强制度建设，提升领导班子行动力、战斗力

严格执行新形势下党内政治生活若干准则，提升党内政治生活的质量。落实民主集中制，坚持集体领导、分工负责，重大事项提交院务会讨论决定。修订完善《院务会工作规则》《院长办公会议工作规则》《院长专题会议工作规则》及《理论学习中心组学习制度》等重要制度，规范议事决策程序，提高班子把方向、管大局、保落实的整体功能和执行力。集中调整各类议事协调机构，上下半年分别对领导分工进行合理调整。制定并落实《向省委宣传部请示报告的重大事项清单》，严格执行请示报告制度。在事业单位重塑性改革、内设机构调整、重大课题立项、重要会议召开以及领导成员分工、干部人事调整等重大问题上，及时请示报告、落实组织程序。制定《院务会监督事项清单》，对院务会"三重一大"议题，均报请省纪委监委驻宣传部纪检组列席监督。

(三)加强党风廉政建设，落实"两个责任"，强化"一岗双责"

制定院领导班子《全面从严治党主体责任清单》，落实管党治党主体责任。院领导班子先后4次专题研究部署全面从严治党工作。主要负责人年初主持召开党风廉政建设推进会，与部门负责人签订《党风廉政建设责任书》，逐一谈心谈话，切实将责任扛在肩上、抓在手上。班子成员强化"一岗双责"，既抓业务工作开展，也抓党建工作、党风廉政建设。落实领导干部个人重大事项报告制度，开展专项整治，对1名同志"六查"不符情况进行核实。强化机关纪委监督责任。加强对财务、人事等关键岗位和招投标等关键环节的监管。运用监督执纪"四种形态"，抓早抓小。

落实中央八项规定精神及实施细则，坚决纠治"四风"，进一步整治形式主义、官僚主义。院领导班子带头改进作风、会风、文风，精简会议，提高效率。

(四)强化党建，规范支部建设，提升支部战斗力、凝聚力

出台《关于进一步规范和加强机关党建工作的若干意见》，全面加强机关党的建设。改选党支部，把支部建在处室，确保室部负责人"一岗双责"落在实处。院班子成员分工联系党支部，坚持谈心谈话，经常指导党支部工作。制定《支部工作考核办法》，进行支部考核、党员考试。建设党员活动室，开展七一"重温入党誓词"和"右玉精神"培训的主题活动，提升党支部凝聚力和战斗力。

严格执行"三会一课"制度，制定《关于加强政治理论学习的通知》，每半年对支部工作开展专项检查。开展"践行领袖嘱托，率先蹚出新路"等主题党日活动，邀请省直工委的专家对支部书记进行了为期2天的培训，提高了支部书记党建工作能力。工会等群团组织切实发挥纽带作用，申请经费，建成工会活动室，开展"喜迎国庆 健行健康"健步走等文

体活动。

(五)加强队伍建设,规范内部管理,提升机关效能

加强干部队伍建设。配合省委提拔一级巡视员1名、副院长1名,晋升主任科员8名,转正处长1名、副处长8名和新进公务员2名。派出50余名同志参加各类培训,在右玉干部学院举办业务培训班,返聘6名业务能力出色的老同志,做好传帮带。

对保密委员会等15个非常设领导机构进行调整,强化职能、落实责任;防疫工作扎实有力、持之以恒,没有发生任何纰漏。修订完善《财务管理办法》《考勤报备制度》等7个内部管理制度,强化规矩意识,规范机关运行程序。

推进事业单位机构改革。按照省委部署,完成院机关和下属事业单位重塑性改革。院机关核减编制数12名,精简率15.6%。优化个别处室及其职能,经省委编办审批同意后实施。撤销院属2个下属单位;精简合并成立山西省史志服务中心。

二、围绕省委中心工作,发挥资政作用,服务全省发展大局

(一)围绕习近平总书记视察山西重要讲话重要指示,在挖掘山西红色文化和优秀历史文化资源上担当作为

认真贯彻落实习近平总书记视察山西重要讲话重要指示,以山西厚重的历史文化、革命文化为依托,及时推出相关成果。在省委机关刊物《前进》发表《努力开创新时代党史方志工作高质量发展局面》,对贯彻习近平总书记讲话精神、史志工作如何蹚出新路子进行理论探索;撰写《山西红色文化的形成及时代价值》一文,系统梳理介绍山西红色文化;贯彻习近平总书记在黄河流域生态保护和高质量发展座谈会上重要讲话精神,在《山西日报》发表《延续历史文脉 讲好"黄河故事"》;开展黄河、长城、太行三大板块系列研究,完成《山西长城关隘》送审稿,在《史志学刊》设置专栏连续开展专题研究;参与中宣部、教育部"全国革命精神谱系"中《右玉精神》《右玉精神史话》的撰写编辑工作。

(二)围绕省委工作大局、重要时间节点,开展纪念活动,把握党史意识形态主导权、话语权

为纪念抗战胜利75周年,修订并出版《中国共产党与山西抗战》一书,在《山西日报》推出7个整版的《中流砥柱、浴血抗战——图说中国共产党与山西抗战》一文;为纪念抗美援朝70周年,编撰出版《晋籍志愿军将士在朝鲜》。谋划建党100周年纪念活动,部署开展《图说中国共产党山西历史100年》《中国共产党山西100年大事记(1921—2021)》等一批重要编研课题。在《党史文汇》开设"纪念抗战胜利75周年""纪念抗美援朝70周年"和"小康之路"专栏,"史志山西"微信公众号推出系列主旋律篇章。

发挥专业优势,为省委主要领导起草纪念抗日战争胜利75周年材料,为省委中心组学习习近平总书记"9·3"讲话精神起草学习材料;为《山西日报》纪念抗战系列文章进行政治观点和重要史实把关;参与省委宣传部《走向胜利》《三晋星火》《红色家风》等党史题材影视剧的策划工作;对重要文件如《山西省提升中华文化影响力行动方案》《长城国家文化公园(山西段)建设保护规划》、重要题材影视剧如《再回太行》《红色晋绥》等、重大展陈如八路军太行纪念馆、百团大战纪念馆展陈大纲及方案等,进行审核、修改、评价,以专业素养进行史实把关;开展红色革命遗址、红色文物、纪念场馆保护等方面的历史咨询、审核把关。

(三)全面记录抗击新冠疫情的"山西战役",为抗疫胜利贡献史志力量

记录山西省疫情防控工作成效和涌现出的先进人物,完成《山西抗击新冠疫情大事记》送审稿,编辑《抗疫模范风采录》(暂定名)。在《党史文汇》开设"三晋战'疫'先锋"专栏,在微信公众号、党史方志网站推送信息,记录抗疫大事,讲述模范人物的感人事迹,弘扬伟大的抗疫精神。总结山西旧志中的抗疫经验,古为今用,发表《山西旧志记载的明清疫情与医家救治》一文,完成《山西旧志资料汇编·疫情卷》初稿。

三、坚持"成果为王",聚焦主责主业,推出精品力作

(一)推动党史编研工作,成果丰硕

跟进研究习近平新时代中国特色社会主义思想山西实践进程,完成《行进中的山西实践:2019山西大事纪实报告》《中共山西年鉴(2020)》送审稿。深化史志资政和实践问题研究,完成《山西省人民政府工作报告汇编(1950–2021)》送审稿,启动编写《中共山西省历次代表大会报告汇编(1950–2021)》《脱贫攻坚的伟大历程——新时代脱贫攻坚的山西实践》。开展重大党史专题研究。编撰完成《中国共产党历史集成 中国共产党山西历史(第一卷)》;出版《中国共产党与山西抗战》《晋籍志愿军将士在朝鲜》和《山西省抗日战争时期人口伤亡和财产损失》B系列丛书6卷,完成《晋中解放区专题研究》送审稿,编写《真情岁月——郑社奎回忆录》并送有关部门审核、准备出版。

(二)推进志鉴"两全目标",奋力追赶

采取将"完成志鉴'两全目标'"写入2020年《省政府工作报告》、召开志鉴"两全目标"推进工作座谈会等举措,推进"两全目标"任务落实。完成《政府志》《交通战备志》《国土资源志》终审稿;完成《广播电影电视志》《城乡建设志》《农业志》送审稿;评审《监察志》《司法行政志》《公安志》;完成《山西抗日战争志》初稿。评审《朔州市志》《石楼县志》《兴县志》,全面完成全省130部二轮市县志的评审工作。完成援藏项目《西藏外事侨务志》《西藏税务志》编纂工作。完成《山西历史地名词典(增订本)》送审稿。《山西年鉴(2020)》第五次获得"中国精品年鉴"称号。完成省、市、县三级综合年鉴规划129部,实现全面覆盖。

(三)加强史志宣传教育,提升影响力

在山西日报手机版客户端开辟"党史今日"专栏,刊发文字300余篇,9万余字,图片700余幅;合作主办"山西省红色故事讲解大赛",宣传党史知识、光辉历程。《党史文汇》月

刊和《史志学刊》双月刊如期出版，成功开辟“纪念抗战 75 周年”“纪念抗美援朝 70 周年”“黄河长城太行”等特色栏目，社会影响进一步扩大。反击历史虚无主义，在《学习时报》发表《平型关大捷纪念碑碑文敬读》《左权将军纪念碑碑文敬读》等文章，并被收入中宣部主题出版物《为了新中国》一书。

（武　岭）

附：省委党史研究院(省地方志研究院)院长、副院长名单

院　长：张志仁(3 月离职)　曹荣湘(3 月任职)

副院长：刘益令(10 月离职)　巨文辉(3 月离职)

孔凡春(3 月任职)　焦永萍(女)

郭秀翔(女，11 月任职)

省档案馆

馆　长　韩　红

2020 年，省档案馆坚持以习近平新时代中国特色社会主义思想为指引，深入学习贯彻党的十九届五中全会精神和习近平总书记关于做好新时代档案工作重要指示精神，全面落实中央和省委、省政府决策部署，凝心聚力、守正创新，多项工作挺进全国第一方阵，山西档案事业取得新发展。

一、落实主体责任，持续推进全面从严治党向纵深发展

一是以政治建设为统领，建设模范机关。省档案馆坚持把政治标准、政治要求贯穿工作全过程，以实际行动做到“两个维护”，馆务会全年研究党建议题 51 项，制订《全面从严治党主体责任清单》《落实党的政治建设主体责任清单》《加强政治监督责任清单》等，细化分解 27 项工作任务。及时传达学习中央和省委重要决策部署，推动贯彻落实习近平总书记视察山西重要讲话重要指示、疫情防控、脱贫攻坚见实效。严格执行民主集中制、请示报告、组织生活等制度，不断强化党组织政治功能。

二是以理论学习为核心，夯实理想信念。省档案馆坚持把学习习近平新时代中国特色社会主义思想作为首要任务，建立“周五自习日”常态化学习制度，以“二维码海报”形式制作“党员干部政治理论学习卡”，用好新媒体学习平台，获得“2020 年度学习强国模范学习组织”称号。开展理论宣讲、形势报告、党组织书记讲党课等，组织领导干部交流研讨 2 次、集中性主题党日活动 4 次，推动学习往深里走、往心里走、往实里走。落实意识形态工作责任制，加强分析研判，做强网上网下正面宣传引导，大力开展主题宣传教育活动，把牢机关意识形态主阵地。

三是以组织建设为抓手，激发工作合力。省档案馆创新建立支部工作月报告、“提醒卡”制度，完善支部管理工作闭环，激发支部工作活力，第一党支部获“省民族团结进步模范集体”称号。组织党务干部参加党建工作培训、纪检业务培训、精神文明创建示范观摩等各项活动，不断提升业务素质和工作能力。加大干部选拔力度，全年调整干部 25 人次，树立干事创业风向标。创新干部培养模式，打造“山西省档案从业人员网上教育培训”平台，深化与高校战略合作，举办数字档案馆建设专题培训班，提升干部队伍专业化能力。

四是以正风肃纪为基础，涵养优良作风。省档案馆坚持正面引导和反面警示相结合，建立党纪党规常态化学习机制，组织 3 次专项警示教育活动。以效能建设为抓手，严格工作标准，规范工作流程，发挥馆“1330”系统督办作用，切实促进机关作风转变。制定《廉政风险点及预警防控机制》，开展党政领导干部违规入股企业专项清理工作，编制党员干部禁业承诺书，建立干部廉政档案，开展新提任领导干部廉政谈话和节假日廉政提醒，全方位做好风险防范。综合运用平时考核、个人有关事项报告抽查核实、八小时以外监督等方式加强对干部的监管。

二、践行“三个走向”，在推进档案事业发展中争先进位

一是蹚出档案资源建设新路子，馆藏结构不断优化。省档案馆率先出台《山西省精准扶贫档案分类方案》《山西省精准扶贫档案整理细则》《山西省精准扶贫档案验收办法》等相关规范标准，实现省市县乡村五级精准扶贫档案工作全覆盖，为全国精准扶贫档案工作提供“山西模板”。全力攻坚电子档案移交接收，印发《山西省档案馆电子档案移交与接收办法》，在省委组织部等 7 家省直单位开展试点工作，全年共接收音视频类电子档案 9.36TB，照片类电子档案 690GB 及部分原生性文书类电子档案。主动开展疫情防控档案收集归档工作，完成省疫情防控工作领导小组 32 个成员单位、1 个企业及省卫建委 19 个参与疫情防控工作的二级单位档案收集归档指导工作。完成“二青会”19 个工作部门和 11 个执委会形成的各类档案收集归档工作并接收进馆，含纸质档案 14989 件、实物档案 1186 件、音视频类电子档案 1100 余件，重大活动档案齐整进馆。

二是创建新馆项目“精品”工程，坚守档案安全红线。省档案馆在做好疫情防控的基础上，紧抓施工安全，严保施工质量，加快新馆建设进度，主体工程已于 6 月封顶，二次结构施工已于 10 月完成，获“太原市结构优质工程”荣誉称号、山西省建设工程“汾水杯”奖。加强现馆安全体系建设，认真落实《山西省档案馆档案库房安全管理制度》，完善多项应急预

案，开展档案馆区"周排查、月报告、季整改清零"行动，进行消防演练，加大设施设备投入，开展馆库安全性检测。加强档案网络信息系统运行维护，与江西省档案馆、河南省档案馆结为异地备份单位，各备份纸质档案数字化副本约600GB，确保档案实体与信息安全。

三是加强档案开放利用，全面提升公共服务水平。省档案馆坚持把好档案开放利用关口，有序推进档案划控鉴定工作，完成馆藏民国档案63.3万页划控鉴定。拓展档案资源共享覆盖面，开创异地查档、跨馆服务新模式，与黄河流域8个省级档案馆、山西省11个市级档案馆分别签署民生档案异地查档跨馆服务工作协议，开展民生档案异地查询跨馆出证服务。开展"档案服务推介"展览活动，主动向社会推介山西省、市、县三级档案馆馆藏资源、档案珍品，推动档案工作走向开放。2020年接待利用者2000余人次，查阅档案2600余卷(册)，利用部(查阅接待大厅)获得"山西省巾帼文明岗"荣誉称号。

四是加快数字资源建设，推动档案工作走向现代化。省档案馆对馆藏档案数字化工作进行清查摸底，精准统计馆藏档案数字化总体情况，紧扣目标任务数量，明确时间表、路线图、责任人。深入查找短板、弱项，优化数字化工作流程，完善数字化全过程管理，进一步建立健全数字化工作标准。推进馆藏民国档案、印章档案的扫描著录，完成数字化成果数据质检及挂接工作。2020年完成134万页馆藏民国档案、20余万页民生档案的扫描著录工作，完成数字化图像数据质检109余万页，馆藏革命历史档案全部实现挂接利用，馆藏档案年数字化率提高7%。

五是传承弘扬"黄河文化"，当好档案区域协作排头兵。省档案馆主动扛起服务重大国家战略的职责担当，与黄河流域八省区省级档案馆沟通，率先发起建立黄河流域省级综合档案馆工作协作机制。6月，签署黄河流域九省区档案馆合作框架协议。10月19日，在太原召开黄河流域九省区档案馆传承黄河文化档案工作座谈会，就建立黄河流域九省区档案馆协作机制，传承黄河文化档案工作进行座谈，全面启动"传承黄河文化"系列丛书编研工作，筹办档案文献系列联展。统筹推进区域档案工作协同发展，深入推进在档案人才培养、数字化、收集征集等多方面先进经验交流，推动档案工作向更高水平迈进。

六是深挖馆藏档案资源，充分发挥资政育人作用。省档案馆扎实推进抗战档案汇编工作，《抗战档案汇编·山西省档案馆卷》第三册已进入出版流程，第四册已报送国家档案局审核，编纂质量得到国家档案局充分肯定。组织编印《档案资政参考》，节选习仲勋同志讲话、关于珍稀果品蓝靛果种植等档案资料，以专报形式呈报省委领导参阅。全面加强档案编研工作，《山西省馆藏抗美援朝档案图册》《中国精品档案解析》已出版，《山西精品档案解析》《晋档馆藏印章选注》《山西省档案馆成立六十周年纪念册》已进入出版流程，完成《中国档案年鉴(2020)》《中共山西年鉴(2020)》《山西年鉴(2020)》供稿工作。

七是搭建党性教育平台，探索党性修养新路径。省档案馆深挖馆藏红色档案资源，依托"不忘初心、牢记使命"主题教育档案文献展，与中央档案馆、省委党校(行政学院)合作共建"党性教育主题教室"，融展览、知识讲座、微党课、视频等多种形式于一体，2020年接待67家单位2860人次参观。列为省教育厅挂牌的省级研学实践教育示范基地，为广大中小学生提供优质课程和资源。与学习强国、山西新闻网等媒体建立合作，拍摄"抗战胜利75周年特别节目《见·证》之西北农民银行三家分行印章、《抗日模范根据地晋冀察边区》专著"，《国际档案日·到山西省档案馆探秘档案世界》等微视频，与中央广电总台国际在线达成拍摄《档案里的黄河故事(山西)》9集微纪录片的初步合作意向。

(李　洁)

附：省档案馆馆长、副馆长名单

馆　长：韩　红(女)

副馆长：樊秀清　孔凡春(3月离职)

巨文辉(3月任职)　白晓军

山西日报报业集团党委

党委书记　郭玉福

2020年是极不平凡的一年。山西日报报业集团党委团结带领全体干部职工认真落实中央和省委决策部署，狠抓管党治党主体责任落实，统筹新冠疫情防控和新闻宣传、改革发展，疫情防控形势始终保持稳定，各项工作稳步有序推进。

一、牢记新闻舆论工作职责使命，不断提高办报质量和水平

全力以赴做好习近平总书记视察山西宣传报道。《山西日报》先后开设5个专栏，刊发180余篇优秀稿件，推出9篇系列评论，仅5月13日当天就刊发了8个整版的内容，对总书记视察山西进行了及时、准确、充分的报道。各子报刊结合自身特点，对总书记视察山西和全省干部群众以实际行动落实总书记重要讲话重要指示的情况作了充分报道。

闻令而动、勇挑重担，持续做好疫情防控报道。第一时间正式成立报道领导组，动员全体采编人员迅速进入战时状态，选拔3名业务精、素质好的年轻记者随山西省医疗队驰援湖北，3位同志全部受到省级表彰。《山西日报》全年刊发有关报道近万篇，多篇报道被中宣部"学习强国"平台采用；

山西晚报以141个版的规模完成《疫情防控阻击战》系列报道；人民摄影报围绕抗击疫情累计刊登高质量图片700余张，等等，都为山西省打赢疫情防控攻坚战作出了重要贡献。

持续做好"四为四高两同步"宣传报道。各媒体围绕省委重大决策部署推出专栏稿件，做到了重要栏目不断线、精品稿件天天有。《山西日报》仅"转型为纲 项目为王 改革为要 创新为上"一个栏目，就刊发相关报道240多篇，并在《山西日报学习周刊》推出"党的创新理论引领治晋兴晋强晋新实践"等专栏。

精心组织决胜全面小康社会、决战脱贫攻坚宣传报道。《山西日报》认真组织"走向我们的小康生活"大型主题采访活动，推出一大批鲜活的图文稿件。子报子刊中有的连续推出系列图文专版。

围绕"在转型发展上率先蹚出一条新路"的战略部署，做强做优主题宣传。《山西日报》认真开设"做好'六稳' 落实'六保'"栏目，累计刊发200多篇报道；精心打造思想性、指导性和可读性强的"深度透视"栏目，坚持每周一期，受到广泛好评。

充分发挥媒体融合优势，不断扩大网上传播力、引导力。山西日报客户端全年推出战"疫"海报276组，被澎湃新闻、潇湘晨报、搜狐、新浪等媒体和网站广泛转发，中国传媒大学校园电子屏予以展播，其中一组动画融媒体作品入选中国记协新媒体专业委员战"疫"精品案例；积极运用图解、海报、动漫、短视频、H5等创新形式，生产1482个创意融媒体产品，在网上讲好山西故事、传播山西声音，全网累计转发量达到3780万次，总阅读量达11.7亿次。

二、认真落实省委决定，进一步深化集团体制改革

按照省委部署细化改革任务。《山西日报报业集团改革方案》经省委157次常委会研究通过并由"两办"印发后，集团党委按照楼阳生书记"抓改革、提水平、增活力"的要求，狠抓改革任务落实，第一时间成立改革领导小组，将《改革方案》确定的6个方面11项改革措施进一步细化，制定了改革任务分解表。于6月19日召开集团改革动员大会，全面铺开各项改革工作。

稳步推进各项改革任务落地。改革推进以来，快速完成了停办山西日报"区域新闻版"、办好《中国日报》"发现山西"英文专版、升级山西日报采编系统等改革任务，先后向省委编办提交了《关于变更事业法人名称的申请》，研究通过了《山西日报社职能配置、内设机构和人员编制规定（送审稿）》，制定并上报了传媒集团公司整合重组方案和8家子报子刊社转企改制方案。

三、始终保持战略定力，加快推进媒体深度融合发展

建成了山西日报"公共稿件库"。先后实施了山西日报智能短视频、图片库等媒体深度融合重点项目，完成了系统三级等保测评、防护、加固工作，加快打通山西日报与子报子刊生产平台，建成了山西日报"公共稿件库"。

制定媒体融合考核办法等规章制度。坚持以改革工作机制催生融合质变，研究制定了《山西日报媒体融合考核办法（试行）》。初步建立了报网端微联动经营机制并形成案例。着眼于调动融媒体生产积极性，完善了融媒工作室、拍客、特约撰稿人机制，修订印发了山西日报客户端拍客管理办法、特约撰稿人管理规范、融媒体工作室考核办法等规章制度。

组建融媒体工作室。山西日报新媒体与省级云媒体平台、子报子刊及其他社会机构跨部门、跨媒介、跨地域组建了"图新鲜"、"漫动作"、"山西话"等一批融媒体工作室，整合精锐力量制作各类融媒体产品，在多平台发布、多渠道传播，有效壮大了网络主流舆论。

四、认真扛好政治责任，狠抓巡视整改落实

严格按照省委部署要求抓好巡视整改。根据省委统一部署，2020年4月20日至7月5日，省委第九巡视组进驻集团开展为期两个多月的常规巡视，在反馈意见中指出了4个方面15个问题。集团党委深入学习领会习近平总书记关于巡视工作的重要论述，深刻领会省委巡视工作重大意义，认真落实省委巡视工作领导小组部署要求，严格对照巡视反馈意见，将15个问题细化为40个具体问题，研究制定了整改问题、措施、责任"三清单"和巡视整改方案，带领党员干部狠抓整改任务落实、逐项销号。40个具体问题中，38项已整改落实到位，需要结合集团改革进一步落实的2项已全部作出部署、正在有序推进，目前巡视整改完成率为95%。

五、切实加强经营管理，有效防范化解经营风险

子报子刊多元经营成效明显。2020年的经营工作，面临着多个方面的不利因素，尤其是新冠肺炎疫情压缩了开发业务、策划活动的空间，导致许多既定经营活动无法正常开展。在这种情况下，集团统筹抓好疫情防控和经营发展，坚持巡视工作和日常工作两促进、两不误，开动脑筋、创新模式，有效压减成本、增加利润。新媒体公司通过与市县合作开辟相关频道，实现盈利199万元，新闻网公司通过开展政务代维、舆情服务等模式，实现盈利323.83万元，呈现出"线下不足线上补"的良好态势；人民摄影报、山西农民报努力开辟专业市场，都实现盈利30万元以上；山西经济日报在发行收入增加的同时，有效压减成本支出，实现盈利370多万元；山西晚报、山西市场导报等都成功策划了影响力较大的营销活动。在集团上下的共同努力下，2020年全年实现总收入2.29亿元。

《山西日报》发行再创新高。集团充分用好省委、省委宣传部支持政策，积极与各地、各部门沟通衔接，抢抓机遇、主动作为，推动《山西日报》2020年发行量达到35.44万份，比上年又增加5569份。子报中，山西法制报、山西经济日报发行量均实现增长，集团2020年发行收入达到1.35亿元。

六、全力做好驻村帮扶工作,助力帮扶对象决战完胜脱贫攻坚

调集一切优势资源助力帮扶对象决战完胜脱贫攻坚。帮扶对象静乐县梁家村、永安镇村决战完胜脱贫攻坚。一年中,集团党委会3次专题研究驻村帮扶工作,党员干部进村入户帮扶累计300余人次,多渠道筹资200余万元,帮助两村发展红皮土豆种植和中药材加工厂项目。集团所属各媒体先后刊发28篇相关报道,积极推介静乐县优质农产品,为干部群众决胜脱贫攻坚鼓劲加油。

七、狠抓管党治党主体责任落实,扎实推进党风廉政建设

规范开展中心组学习,不断加强科学理论武装。始终把学习宣传贯彻习近平新时代中国特色社会主义思想作为根本政治任务抓紧抓实,坚持理论学习常态化、制度化,严格执行集团党委理论学习中心组学习制度和党员干部教育培训工作方案,每月初制定当月中心组学习方案,定期开展学习研讨,全年举行中心组学习23次,集体研讨6次,班子成员人均发言3次以上。机关党委及时印发通知,推动各党总支、党支部加强集中学习研讨。集团上下先后学习了习近平总书记视察山西重要讲话重要指示、党的十九届五中全会精神和《习近平谈治国理政》第三卷、《中国共产党宣传工作条例》、习近平同志《论党的宣传思想工作》、中央《关于加快推进媒体深度融合发展的意见》等内容,邀请省委党校教授作了民法典、《中国共产党支部工作条例(试行)》等学习辅导。认真执行每周一例会制度,先后60多次组织党员干部传达学习中央和省委最新部署以及中宣部新闻通气会、省委专题会暨疫情防控领导小组会议、省委宣传部宣传口径等相关内容。

坚持"书记抓、抓书记",层层压实主体责任。召开全面从严治党暨党风廉政建设会议,认真安排部署,邀请省纪委监委驻部纪检监察组到会提出工作指导意见。召开集团党委会专题研究党建工作,安排成立由班子成员任组长的督查组,全年不定期对集团所属单位、部门和基层党组织落实主体责任情况进行督查。针对基层组织建设方面的差距和不足,采取有效措施加强和改进相关工作。

以"严"的标准和要求认真开展党内政治生活。班子成员坚持以普通党员身份参加所在支部活动,分别到支部工作联系点调研2次,形成调研报告7篇。精心组织召开巡视整改专题民主生活会,严肃开展批评与自我批评,受到列席会议的上级部门同志充分肯定。各基层党组织认真落实《中国共产党支部工作条例(试行)》,按照标准化、规范化要求,推动各基层党组织严格执行"三会一课"、组织生活会、谈心谈话和民主评议党员等基本制度,组织举办党务干部培训,切实提升其理论水平和工作能力。

严格落实中央八项规定精神,驰而不息纠治"四风"。在元旦、春节、清明、"五一"、端午、中秋等重要时间节点,由集团机关纪委牵头,配合驻部纪检监察组、省直纪工委进行交叉检查,做到一经发现严肃查处、通报、问责。紧盯重大工程、重点领域、关键岗位,党委领导班子成员经常与财务、公务接待、公车、餐厅等管理部门主要负责人谈心谈话,及时掌握和研究解决工作中遇到的困难和问题。坚决反对和整治形式主义、官僚主义,结合巡视整改要求,于9月下旬起组织开展了为期一月的"形式主义、官僚主义"问题的自查自纠专项整治,集中解决"采访调查不深入、不扎实"等5个方面的问题。认真落实意识形态工作责任制。集团党委进一步加强组织领导,调整集团意识形态工作领导小组成员,在领导小组办公室下设内容安全、网络安全、社情民意和综合协调4个工作组,研究制订了集团落实意识形态工作责任制实施细则、工作措施,力求把工作抓得更严、落得更实。召开集团意识形态工作领导小组会议和形势研判会议,研究部署相关工作,定期召开领导小组办公室会议推动各项工作落实。切实强化阵地管理,督导推动所属媒体严把政治方向、宣传导向、价值取向关,限期制订修订《见报差错界定及处罚办法》,进一步加大严管力度,2020年所属媒体未出现严重报道失误问题。

(郭成强)

附:山西日报报业集团党委书记、副书记、委员名单

书　记:郭玉福

副书记:焦玉强

委　员:冯爱民(1月离职)　席永明　任灵杰　张巨霖　张占鹰　孟庆耀　李　伟

山西社会主义学院党委

党委书记　张晓光

2020年,山西社会主义学院党委以习近平新时代中国特色社会主义思想为根本遵循,贯彻落实习近平总书记视察山西重要讲话重要指示、省委"四为四高两同步"总体思路和要求,顺利完成了年度"159"战略目标,充分发挥了院统一战线人才教育培养主阵地作用。

一、坚持以党的政治建设为统领,认真落实管党治党第一责任,坚决做到"两个维护"

一是抓好党委班子政治建设。坚持理论武装,严格贯彻落实党委理论中心组学习制度。全年党委中心组集中学习

36次。严格贯彻落实中央和省委的重要决策部署,带头践行"三个表率",严格执行新形势下党内政治生活若干准则,双重组织生活会等制度。坚决贯彻民主集中制,全年召开党委会54次。坚持正确政治方向,加强对学院网站、学报、讲座、研讨会及教学培训工作等意识形态阵地的管理,严格落实宣传工作条例,做好保密工作。二是强化党支部标准化建设。设立党建工作室,制度上墙;各党支部认真开展理论学习,每两周集中学习一次;严格落实"三会一课"、主题党日等基本制度;党委书记张晓光带头讲党课;"七一"前对在疫情防控中表现突出的党员、党务工作者、先进工作者和先进党支部等进行表彰。三是加强党员干部的学习教育。组织干部职工到综改区、省地质博物馆等参观学习;通过好干部在线、学习强国等学习平台自学;成立青年学习小组,开展系列学习活动。积极选派干部参加省委统战部、组织部、省直工委等组织的各类培训;组织党员干部跟班学习重要课程。四是抓好党风廉政建设工作。召开党风廉政建设工作会议,全面总结、安排部署工作,落实"两个责任",签订责任书,细化责任清单;扎实开展好"党风廉政教育月活动";完成了前任党委书记离任审计整改和省委统战部原常务副部长离任审计的社院方面整改工作;认真配合开展各种专项监督检查,按期完成整改20余件。加强作风建设,持续正风肃纪,在重要事件节点前加强安全和廉洁提醒通知6次;加强对关键岗位、人员的日常监督检查提醒等。五是深化精神文明创建。制定了《精神文明建设工作要点》;举办"弘扬抗疫精神 歌颂美好家园"视频展,开展"我为学院增光添彩""厉行节约、反对浪费"等活动;组织"心理专家讲座""人防体验馆实践体验"等6期学习实践活动;购买党建、中华文化等图书在公共场所和公寓摆放,增添文化书香氛围;五一前,表彰了为学院争光添彩的先进集体和个人;组织"敬老月"慰问活动,组织离退休干部到太原植物园参观。

二、聚焦主责主业,探索管理创新,教学科研培训工作成绩显著

一是教学培训办班取得新突破。在做好疫情防控的基础上,承接中央社院、省委统战部、省委组织部、各民主党派等单位培训班,全年举办线上线下培训班61期,培训学员8000余人次,培训规模稳居全国社院第一。首次开展全省社院系统骨干能力素质提升培训,首次组织全省社院教师赛讲活动;参加省委统战部学科建设招标课程,9个课程获奖,被定为特色课程;教师全年备课题目62节;"全省社院系统教师赛讲"活动获奖的19个课程列为2020年核心课程。二是学员管理取得新开端。加强主体班次学员管理,初步尝试开展学员档案管理,分类整理学员信息,将重点班次学员学习情况收入档案,并尝试将学员报到、听课情况、打卡就餐等学员轨迹和学员考试等用网络自动纳入学院智慧化管理。三是教学方式方法有了新探索。利用"钉钉"软件平台开展网络授课,实现"山西社院同步异地视频教学"异地同步听课互动;组织教师跟班听课、集体备课、新课试讲,利用防疫居家办公开展核心课程"大攻关"活动;继续探索开展座谈式、发布式、互动式、心理拓展式等教学方式;制作系列教学片《红军东征》等宣传山西;引进VR、全景3D立体视频模式,让教学基地和展览馆"进入"课堂;丰富车厢课堂授课方式;继续引进反映三晋文化的表演课。四是联合办学、开放办学取得新成效。召开院务咨询委员会第二次全体会议;继续增加10位客座教授,聘请了张继刚、阎维文、王石、李双江、贾樟柯等成为院特聘导师,进一步提升了学院社院知名度,充实兼职教师资源库;第五次承接中央社院重点班次来晋实践教学;在永和东征纪念馆、梁家河等5个实践教学基地挂牌,打造具有山西特色的实践教学金牌路线;与人民日报《环球人物》、北大校友会等签订战略合作协议,将名家、大家等优质的资源请入课堂,进一步增强教学培训的针对性、多样性、开放性。五是科研工作实现"零"突破。首次面向全国开展科研课题招标,立项72项;组织申报山西省统战理论政策研究课题,6位教师申报立项;编辑完成6期《教学科研资讯》;组织教师赴中国知网学习,引进知网研学平台,并为教师购买大量教辅资料。六是《学报》工作取得新进展。作为中国社科类核心(扩展)期刊,《学报》共组织刊发统战理论研究等稿件50余篇;《学报》重新设计版面,继续保持了全国社院系统和省一级优秀学报水准。七是中华文化工作取得新成就。邀请知名作家王进讲授中华优秀传统文化公开课;举办"中国经济新发展格局能力素养提升培训"活动,开展"全景沉浸式大屏直播互动教学"讲座,知名专家王蒙、国防大学教授金一南等作专题讲座。

三、建立健全规章制度,不断提升管理水平,推进学院正规化建设

一是完善制度建设,推进依法依规治院。出台《新型采购人制度的意见》《采购管理规定》等,全面加强内控和管理;做好财务绩效工作和预算工作;建立常态化学法机制,开展法治宣传教育活动。制定日常考核实施方案,坚持处室目标责任考核制、上月工作总结和下月工作计划制度,建立个人月考核、季考核制度。二是加强干部队伍建设,激发干事创业活力。完成处级干部档案数字化上报工作。确立三个教研室临时负责人,理顺教研工作体制机制。推荐3名教师参加全省副教授任职资格评审。2名军转干部任职定级,5名处级干部、9名科级干部晋升职级,2名新聘教师上岗,公开招聘3名编辑人员。领导干部个人有关事项专项整治通过验收。三是夯实基础工作,提高后勤保障水平。推动公文管理、人事档案、教学管理、考务管理、课程设置、巡更管理、车辆管理等纳入智慧化管理,"智慧校园"建设力争进入全国社院实用第一方阵。完成双回路供电工程,全面绿化、亮化中心花园,定点开放喷泉,摆放景观石,铺设塑胶健身步道等;公寓服务管理达到三星级以上;深入推进节约型机关建设。四是深入开展脱贫攻坚工作,高质量打赢脱贫攻坚战。组织干部职工5次到神池县龙泉镇戎家梁村结对帮扶,开展"十个清零行动",购置农机具等。林麝、肉驴养殖、构树种植成效显著,全县首

创孝善养老基金、崇善教育基金正常运行,村容村貌整治取得新成效。消费扶贫3万余元。党委书记张晓光参与中阳县扶贫工作,召开全国第五届黑木耳产业创新大会,对接市场。中阳县黑木耳扶贫产业化,黑木耳种植基地成为全国第10届一村一品示范地,华北最大的黑木耳种植基地。五是抓好疫情防控工作,实现常态化防控。"新冠"疫情发生以来,党委认真学习贯彻历次省委疫情防控专题会议精神,成立领导组,落实"零报告"制度,制定防控方案,落实防控措施,形成协调联动机制,对人员流动情况进行动态管理;并购置防控物品,广泛宣传防控举措及常识,形成了学院独创并坚持的"五.五防疫工作法",实现"双零五不误"。

(胡艳波)

附:山西社会主义学院党委书记、委员名单

书　记: 张晓光

委　员: 胡晨光　王朝晖

山西广播电视台党组

党组书记　刘英魁

2020年,山西广播电视台党组坚持以习近平新时代中国特色社会主义思想为指导,深入学习贯彻党的十九大和十九届二中、三中、四中、五中全会精神,深入学习贯彻习近平总书记视察山西重要讲话重要指示,深入学习贯彻省委十一届十次全会、省委十一届十一次全会暨省委经济工作会议精神,紧紧围绕省委"四为四高两同步"总体思路和要求,在省委省政府的坚强领导和省委宣传部直接指导下,牢固树立"四个意识",坚定"四个自信",做到"两个维护",牢牢坚持党性原则、坚持新闻立台,坚持围绕中心、服务大局,各项工作取得新进展新成效。

一、聚焦主题主线,精心组织内容生产

圆满完成习近平总书记视察山西、党的十九届五中全会、决战完胜脱贫攻坚等重大主题报道,圆满完成全国和全省"两会"、省委十一届十次、十一次全会暨省委经济工作会议等重大会议宣传报道,《山西新闻联播》《山西新闻》等主要新闻栏目推出《牢记习近平总书记嘱托 谱写新时代山西新篇章》《在习近平新时代中国特色社会主义思想指引下——在转型发展上率先蹚出一条新路来》《走进我们的小康生活·决战完胜脱贫攻坚》等一系列专题专栏。推出融媒体新闻评论节目《转型进行时》,受到省委书记楼阳生同志专题批示和多次表扬。策划推出全省首档服务投资促进工作的全媒体节目《投资山西》。配合央视完成2期每期55分钟《直播黄河·山西篇》。2020年在中央媒体累计发稿1334条,其中央视《新闻联播》197条。各频道频率立足定位,稳步推进节目改版。《匠心》《星光》《经济30分》《热线》《法在身边》等一批电视节目和《交管热线》《成长与健康》《心理援助热线》《法律援助者》《星动麦克疯》《惠农直播间》《来886讲故事》等广播节目全新上线。《大河奔流新时代——黄河流域九省(区)迎新春文艺演出》《一句誓言 一生作答——中国共产党诞生纪念日特别节目》《左权民歌汇·2020年国际民歌赛》《2020年全省脱贫攻坚表彰大会》《2020年山西省十大群众文化活动闭幕式》等多项特别活动获得好评。制作广播剧《赵家洼的新生》、电影《谷子地》、纪录片《人民的好代表 共和国功勋——申纪兰》等影视作品。2020年获奖"大丰收",实现突破,广播剧《闽宁镇》获中宣部"五个一工程"优秀作品奖,《一件批复映初心》《新闻特写:谁在守护我的家》《上"旧"了,云冈!》三件作品分别斩获中国新闻一、二、三等奖,荣获山西省第十二届精神文明建设"五个一工程"奖12项。加强传统媒体和新媒体阵地管理,加强新闻采编人员管理,严格三级审签制度和新闻节目提级审核,严肃追责问责。

二、强化作战意识,为讲好山西"抗疫故事"营造了强大的舆论氛围

面对突如其来的疫情,山西广播电视台党组闻令而动,全媒联动,坚定扛起舆论引导政治使命。全台记者逆行出征,奔赴省内外疫情防控一线采访报道,8名同志随支援湖北医疗队赴湖北采访,山西广播电视台被授予全省抗疫先进集体、记大功集体。全台各频道频率开设《众志成城 阻击疫情》《驰援湖北大爱无疆》《政策解读》《来自抗击疫情一线的报道》《助力复工复产》等专栏,推出《战"疫"在行动》《众志成城战疫情——山西在行动》等直播特别节目,播出《疫情24小时》《防控从我做起》《防疫小百科》《百集预防科普知识问答》等30多档防疫科普节目。"黄河+"客户端《山西在行动 众志成城战疫情》在线直播近500场,总在线关注粉丝量达到300多万人次。全台微信公众号共发布疫情宣传报道1万余篇,微博编发图文15000余条,在抖音发布短视频1500多条,浏览量超过5亿次。紧急录制《"把祖国放心间"——致最可爱最可敬的白衣战士》《礼赞白衣战士》等文艺演出和专题片《用忠诚担当书写勇毅前行的山西答卷——新冠肺炎疫情防控斗争启示录》。搭建起"二池""一核"媒资库,共享疫情素材1万多条。

三、统一思想认识,全面深化改革创新

山西广播电视台党组坚决落实省委"抓改革""提水平""增活力"改革要求,如期完成《山西广播电视台主要职责、内

设机构和人员编制规定》起草报批和台属事业单位撤销整合工作,完成网络集团与国网公司股份整合,上报山西广播电视传媒集团整合重组方案;全面完成精简精办频道和频道频率专业化改革任务,"科教频道"呼号变更为"社会与法治频道","经济资讯频道"呼号变更为"经济与科技频道",黄河频道定位为"文旅特色",停播少儿频道和彩民在线、老年福数字频道,8套广播频率整合为5个中心运行,有力推动媒体融合改革,云媒体公司建设省级媒体智慧云平台接受验收,与省报省台和全省145家媒体机构技术平台互联互通。加快建设媒资系统和"一次采集、多元生成、多渠道分发"融媒体技术体系。重新组建"视听融媒体中心",加快推进台网端微一体化融合,融媒体工作室显现出活力,全台融媒体产品年生产量上万篇(部),融媒体产品年传播量超10亿次。与字节跳动共同组建广电MCN机构,推出"全晋乐购——网上年货节"等大型直播带货活动。办公OA系统日趋完善,职能部门工作效能得到提升,服务意识有了增强。

四、多措并举筹集资金,积极推进技术升级改造

全台累计投入近1.15亿元,历史性完成电视播出高标清同播改造、广播总控系统和广播直播间系统升级改造、80平米和70平米演播室高清化系统改造、800平米演播室灯光吊挂系统、音频系统改造和新建融媒体演播室系统、超高清转播车集群项目二期、三期建设和改造。前期采集设备已全部购置完成,实现了IC卡电视节目制播高清化、广播播控系统IP化和管理系统集中化,全台整体制播水平显著提升。严格落实防范化解安全风险责任和意识形态责任制,圆满完成全台频率频道、网络台的安全播出工作,完成日常节目录制、制作任务和重要会议及大型活动的直播、转播、传输任务。

五、加强党的建设,出色完成巡视和巡视整改工作

认真贯彻新时代党的建设总要求,坚持以政治建设为统领,严格落实全面从严治党要求和意识形态工作责任制,实行"第一议题"学习制度,中心组学习14次,开展两次党建和意识形态工作督查考核,强化对考核结果运用。把老干部放在心间,开展春节、重阳节等离退休干部慰问活动。认真落实党风廉政建设主体责任和监督责任,制定实施《全面从严治党暨党风廉政建设和反腐败重点工作清单》《加强纪检监察工作的十条举措》《党组工作规则》《对外投资管理办法》《公务接待管理规定》等制度。坚决扛起巡视整改政治责任和审计整改任务,成立专班,领导牵头领办,巡视整改和审计整改完成率分别达到92.6%、85.4%。

(刘晓海)

附:山西广播电视台党组书记、副书记、成员名单

书　记:刘英魁

副书记:李占鳌

成　员:王树勋　邢书良(5月离职)　王　雷　罗庆东　郭　海

省社会科学院(省政府发展研究中心)党组

党组书记　杨茂林

2020年,省社会科学院(省政府发展研究中心)党组坚持以习近平新时代中国特色社会主义思想为统领,认真学习贯彻党的十九大和十九届二中、三中、四中、五中全会精神,深入学习贯彻习近平总书记视察山西重要讲话重要指示和"三篇光辉文献",紧紧围绕中央和省委、省政府重大决策部署,团结带领广大干部职工在努力克服新冠肺炎疫情的不利影响下,坚定扛起管党治党主体责任,牢固树立以结果论英雄的工作导向,扎实推进哲学社会科学研究和特色新型智库建设,持续提升在危机中育新机、于变局中开新局的能力和水平。院(中心)整体科研能力、高水准"晋字品牌"成果、高质量发展能力、特色新型智库建设持续发展,初步形成了哲学社会科学繁荣发展和特色新型智库建设新局面。

一、政治站位持续提升,党的领导全面加强,践行"两个维护"更加坚定有力

一是坚决高举伟大旗帜,持之以恒强化理论武装。党组始终以习近平新时代中国特色社会主义思想为指导,带头增强"四个意识",坚定"四个自信",做到"两个维护",牢牢把握正确政治方向。严格落实党组中心组学习制度,组织党组中心组理论学习15次,专题辅导2次,专题学习4次,组织学习交流研讨9次。各支部集中学习182次、处级以上党员领导干部专题辅导70人次。处级以上党员干部撰写心得体会和理论文章80余篇,发表理论文章5篇。二是认真落实意识形态工作责任制,牢牢把握意识形态工作主动权。修订完善《院(中心)进一步落实意识形态工作责任制实施办法》,全面加强对院(中心)所属报刊社、自收自支事业单位、挂靠学会(协会、研究会)、网站、"两微一端"网络意识形态工作的监督和管理。坚持做好中宣部舆情报送工作,上报舆情分析研判专题报告20余篇,采用率达到75%,得到中宣部充分肯定。三是持续做好基层党建工作,筑牢高质量发展基石。扎实做

好文明单位创建工作，制定《自查责任清单》《评估测评考核清单》，保持了“山西省文明单位标兵”荣誉称号。持续探索党建与业务深度融合的具体路径，党建品牌效应已逐渐显现。四是全面推进从严治党，坚决扛起管党治党主体责任。召开院(中心)全面从严治党和加强党的建设专题会议，组织召开警示教育大会，党组书记与各部门负责人签订《落实全面从严治党责任书》，制定《三级三岗责任清单》《支部工作清单》《统筹推进“不想腐”的实施方案》等制度。

二、基础研究持续深化，高品质成果不断涌现，学术研究能力更加扎实提升

国家社科基金成功立项，省哲学规划课题获批15项，省社科联重点课题立项6项，省软科学研究计划项目完成10项。获中国发展研究奖三等奖1项。获得在全省社会科学优秀成果评奖17个奖项，获奖率达到37%。一是马克思主义理论研究持续深化，推出一批优秀创新性成果。围绕建党100周年，开展了《中国共产党治国理政思想与制度研究》，正在修改提升；围绕习近平总书记视察山西重要讲话重要指示，开展《习近平新时代中国特色社会主义思想在山西的实践研究》，已经提交出版；围绕“四为四高两同步”总体要求，组织撰写《高品质生活面对面》《转型为纲怎么看》《2021年山西经济社会蓝皮书》，已公开出版；精选近些年关于马克思主义理论研究和山西经济社会研究方面的优秀理论成果，组织编纂《马克思主义中国化理论研究论集》和《山西经济社会发展研究论集》。二是持续推进“晋字品牌”工程，打造了一批具有山西省地方特色的研究精品。围绕能源革命，完成“山西非常规天然气产业发展研究”“新能源发展模式研究”“山西能源消费现状和特征研究”“山西控制煤炭消费对策研究”“山西用能权交易制度研究”等重大课题；围绕黄河文化与黄河文明，完成“山西省黄河文化保护传承弘扬路径研究”“山西黄河文化保护传承与文旅融合路径研究”，积极筹备“山西黄河文化与生态文明研究院”，推动相关专家委员会和专业团队组建工作；围绕山西文明史，撰写完成《山西文明史·民俗卷》，已进入审稿出版阶段；围绕中国抗战历史，完成《晋冀鲁豫根据地史(初稿)》，已通过军事科学院专家评审并完成二次修改。八卷本《山西抗战志》已完成初稿并进入征求意见阶段；围绕山西书院文化，编撰完成《山西书院文化源流》，获得山西黄河文化生态研究院出版资助。此外，在语言研究方面，国家“十三五”重点辞书规划项目《语海》已进入最后统稿和校对阶段；在五台山学研究方面，完成《五台山文殊信仰研究》部分内容撰写；在品牌期刊建设方面，“晋字品牌”学术期刊工程持续推进，《经济问题》再次入选“中国国际影响力优秀学术期刊”，《经济问题》《语文研究》入编《中文核心期刊要目总览（2020年版)》。三是积极承接全国性高层次学术会议，进一步提高了知名度和影响力。成功举办“第十三届中国廉政研究论坛”和“第二届全国炎黄文化论坛”。

三、政策研究能力持续提升，政策建议质量有新提高，决策咨询服务更加积极主动

院(中心)智库作用得到省委充分肯定，被列入全省重要政策创设单位。一是深度参与全省“十四五”时期重大问题研究和规划编制工作。被省委列入全省“十四五”规划编制领导小组成员单位，对“十四五”时期山西总体思路和重大问题开展深入系统研究，所提出的重大思路和重要建议被省委、省政府采纳，相继写入《建议》和《规划》。高质量完成山西“转型出雏型”总体思路和政策研究、全省“十四五”社会治理专项规划、全省智库建设“十四五”专项规划等重要任务。二是高标准完成省领导交办的调查研究任务。按照省委主要领导指示，组织专门力量围绕蓝色经济开展深入研究，形成《关于我省参与蓝色经济促进转型发展调研报告》，提交省委常委会专题研究，建议纳入政府工作报告；完成分管省领导交办《对贫困地区人口“遗落效应”及其应对》《关于“十四五”期间强化煤炭消费总量控制的政策建议》等研究报告，参与制定全省《游山西 读历史》活动实施方案，成立科研工作站并开展活动；圆满完成《政府工作报告》专家意见征询工作，举办两次经济形势分析座谈会。受省委宣传部委托，完成《“十三五”时期我省党政机关研究部门和社科系统哲学社会科学发展情况调研报告》；与省人社厅合作编写《人人持证、技能社会蓝皮书》；协助省机关事务研究中心建设，牵头完成三项地方标准。高质量完成《黄河流域蓝皮书》山西部分撰稿工作。三是持续提高内刊编写质量。将事关全省经济社会发展的重点热点难点问题及政策建议通过《书记专阅》《省长专阅》《决策咨询建议》《调研报告》等七类八种内刊形式上报省领导。共报送《书记专阅》16期，《省长专阅》16期，《决策咨询建议》23期，获省领导肯定性批示8件，其中省政府主要领导肯定性批示3件。四是以联合共建方式推进调研联系点建设，持续研究和推动调研联系点管理机制和运行办法不断健全。在巩固完善全省11市102个“调查研究联系点”基础上，与省委政研室、人民日报山西分社、各市发展研究中心以及调研联系点共同制定了《调查研究联系点合作共建办法》，建立了交叉调研工作机制、调研成果批示反馈机制、调研成果交流共享机制、调研点动态遴选及退出机制。五是积极参与重大会议政策阐释，利用好各种机会宣传推介山西。赴晋城宣讲十九届五中全会精神，让会议精神和利好政策及时在基层落地生根。参加中国服贸会，通过人民网在线直播方式，推介“山西药茶”和“山西三宝”，扩大山西省特色产品的市场知名度。围绕中宣部“百城千县万村”评选，组织专家进行研究鉴定并提出山西省推荐意见。组织专家深入解读省委经济工作会议精神和政府工作报告，就全省经济形势分析、高质量转型发展等在山西电视台接受采访或参与节目。认真落实省领导指示要求，抽调专门研究人员，深度参与全省重大专题节目《转型进行时》策划制作工作。

四、体制机制改革不断深化,科研管理创新持续推进,哲学社会科学创新工程更加扎实稳健

一是创新工程稳步推进。率先启动哲学社会科学创新工程试点,被列为2020年度省政协提案。围绕"特色学科和专业智库"开展科研创新团队建设试点,完成科研创新团队建设方案;围绕"青年人才综合能力提升"开展青年创新沙龙试点,印发《青年创新沙龙试点方案》,建设"青创空间"青年创新沙龙活动基地;围绕"绩效管理和创新能力"开展部门管理创新试点,完成部门管理创新实施方案,开展"院(中心)综合数据建设"试点工作。成功申报国家人社部博士后科研工作站。二是体制改革行稳致远。积极与省人社厅沟通,做好原"中心"人员职称参评工作,努力争取职员制改革试点。稳妥推进所属事业单位改革,研究起草《院(中心)所属事业单位改革的实施意见》,经省编委会审议通过正式下发。所属事业单位整体并入院(中心)机关,取消5个副厅级单位,新设18个内设机构,3家自收自支事业单位启动转企改制。三是学科建设初显成效。出台《关于加强学科建设的意见》并起草学科建设管理办法,启动重点优势特色学科建设项目申报工作。四是内部管理制度不断完善。制定出台《科研精品奖励办法(试行)》《科研经费管理办法(试行)》《定期奖励工作方案》等。召开大会对担当作为人员、记功人员、嘉奖人员进行表彰。在课题管理方面进一步创新,简化课题申报程序,强化问题导向和结果导向,建立课题评审结果通报制度,首次向全社会公开发布研究课题。

(郑必奇)

附:省社会科学院(省政府发展研究中心)党组书记、成员名单

书　记: 杨茂林

成　员: 宋建平　王凤鸿(5月离职)　侯广章

省供销合作社联合社党组

党组书记　狄重阳

2020年,全省供销社坚持以习近平新时代中国特色社会主义思想为指导,认真贯彻落实习近平总书记视察山西重要讲话重要指示和对供销社工作的重要指示精神,深入贯彻党的十九届五中全会精神和省委十一届十次全会精神,按照省委"四为四高两同步"总体思路和要求,持续深化供销社综合改革,在服务农民生产生活、促进农民增收致富、助力脱贫攻坚、实现乡村振兴中发挥了独特作用,取得了明显成效。2020年,全系统完成销售总额1382.38亿元,同比增长25.31%,汇总实现利润4.16亿元,同比增长33.45%,荣获全国供销合作社系统综合业绩考核省级优胜单位一等奖,跻身全国第一方阵。

一、认真学习贯彻习近平总书记对供销社工作重要指示

2020年9月24日,习近平总书记对中华全国供销合作社第七次代表大会做出重要指示,要求"各级党委和政府要围绕加快推进农业农村现代化、巩固党在农村执政基础,继续办好供销合作社。供销合作社要坚持从'三农'工作大局出发,牢记为农服务根本宗旨,持续深化综合改革,完善体制机制,拓展服务领域,加快成为服务农民生产生活的综合平台,成为党和政府密切联系农民群众的桥梁纽带。"省社党组认真贯彻指示精神,在全系统掀起学习热潮,先后5次召开党组扩大会议传达学习,并就全系统深入学习贯彻落实工作作出了安排部署。11月5日,省委常委会召开会议,传达学习贯彻习近平总书记对供销合作社工作重要指示和全国供销总社"七代会"精神,听取省供销社工作汇报。12月22日在晋城市召开了学习贯彻习近平总书记重要指示暨服务乡村振兴现场推进会,省供销社党组书记在会上作了题为《站位全局 乘势而上 努力为推动乡村振兴贡献新的力量》的讲话,强调要深入学习贯彻习近平总书记重要指示,立足"三农"工作大局,加快推进"两个成为";要围绕中心,服务大局,在服务乡村振兴中探索有益做法;要站位全局,把握机遇,努力为乡村振兴展现新的作为;要整合资源,优势互补,在扩大开放办社中形成服务乡村振兴合力。

二、大力实施培育壮大工程,综合改革持续深化

(一)加强基层组织体系建设,与农联接更加紧密。紧紧围绕"四梁八柱十条筋"改革方略,因地制宜分类改造基层组织。全系统改造升级基层社 118 个,新增基层社 166 个,累计达到 1433 个、实现乡镇全覆盖。新增领办创办的合作社 1098 个,新增联合社 103 个,新增综合服务社 781 个,新增入社农户 12.97 万户,入社社员新增 35.93 人。

(二)大力实施惠农工程,为农服务成效彰显。拓展服务领域,创新服务模式,探索服务路径。全系统新建惠农服务中心 138 个,新建惠农服务站 311 个,新建庄稼医院 103 个,新增土地托管面积 14.46 万亩,新增土地服务面积 144.29 万亩。

(三)持续加强业态创新,流通体系日益优化。触网升储、上下融合,农村电商体系建设成效显著。全系统已建成县级电商服务中心 113 个,达到 18375 个,覆盖贫困村 4000 多个、占全省贫困村的 50%。持续开展鲜活、特优、扶贫、山西药茶"走出山西 网上行"活动,销售各类农特产品近 10 亿元。共同打造曲沃智慧果蔬产业示范区,招商引资 30 多亿元。共有各类交易市场 150 多个,仓储面积 90 万平方米、物流车 1000 余辆,年配送快递 1500 万件,全年电商各类交易额 100 亿元。

(四)加快社有企业改革,转型发展初见成效。起草形成了《关于深化供销合作社企业改革的实施方案》(送审稿)。不断推进社有企业体制改革、机制转换、产业升级、业态创新。已组建农资、物流、盐业、冷链、置业五大板块,在巩固提升传统业务的同时,经营领域逐步拓展到杂粮、中药材、电子商务、新能源汽车充电站等行业。大力实施"一特一新"发展战略,选优做强小杂粮、中药材、果蔬等特色产业,做大做强"互联网 +"新型业态。

(五)坚持项目为王,着力打造新兴产业平台。全系统贯彻习近平总书记视察山西讲话精神,按照山西省"特优"战略和"南果北肉中粮东药材西干果"的农业产业布局,强化"转型为纲、项目为王"意识。紧盯国家和省产业政策和投资导向,立足山西省资源禀赋和发展潜力,结合乡村振兴、精心谋划中药材、小杂粮、果蔬、肉类等交易平台和城乡仓储冷链物流、再生资源回收利用两个体系重点项目建设。选优做强特色产业,成立中药材集团和山西供销杂粮有限公司,在山西农谷建成山西中药材电子交易中心、种苗培育室,推出"晋药堂"药茶产品 20 余种。建成优质杂粮交易市场。大同阳高、忻州神池交易市场投入运营,杂粮交易品种达到 150 余种,交易额 54.3 亿元。全系统规划、培育、在建的各类项目有 200 多个,总投资 137.8 亿元,其中 3000 万元以上的大项目 60 个。

(六)聚焦重点疏通难点,"三位一体"稳步推进。加大与省农信担保公司战略合作力度,推出"供销农资贷"融资担保产品,小农融资难、融资贵问题得到缓解。"三位一体"综合合作试点工作进展顺利,20 个试点县政府均出台《实施方案》,成立乡镇级农合联 114 个,县级农合联 12 个。

三、以政治建设统领全局,全面从严治党深入推进

一是突出政治引领,强化理论武装。省社党组始终坚持把党的政治建设放在首位,牢固树立"四个意识",坚定"四个自信",坚决做到"两个维护"。坚持把贯彻落实党中央、国务院和省委、省政府重大决策部署与供销社综合改革实际相结合,牢牢把握工作主动权,确保供销合作事业沿着正确政治方向前进。对标全面从严治党新部署,严格落实党建工作责任制,制定全面从严治党主体责任清单、党建工作"四级四岗"责任清单、落实全面从严治党主体责任工作方案。省社党组专题听取了直属单位党委书记"抓党建促发展"述职、纪委书记"持续正风肃纪"述职,进一步压实责任。发挥中心组理论学习示范带头作用,将政治理论学习和精神文明建设融入党员干部日常学习和工作各个环节。党组中心组共组织集中学习和专题研讨 14 次,开展专题党课和理论宣讲 200 余次。各级党组织认真贯彻落实"三会一课"制度、组织生活会制度、民主评议制度等,规范组织生活,推动管党治党"全面从严"的要求落到实处。二是狠抓基层党组织建设,锻造坚强战斗堡垒。坚持抓两头带中间,持续推进基层党支部规范化标准化建设。建立领导班子党支部工作联系点制度,学习党支部规范化建设示范点经验,常态化整治软弱涣散基层党组织,开展基层党组织负责人履职能力培训,实现基层党组织建设提质增效。三是持续改进作风,保持高压反腐。省社党组召开党风廉政建设会议,与各直属单位和机关处室签订《党风廉政建设责任书》,制定《党风廉政建设和反腐败工作任务分解实施意见》,进一步完善全面从严治党"两个责任"工作制度和责任传导机制。以学习贯彻党规党纪为重点,开展经常性纪律教育和警示教育,各单位围绕"用身边事教育身边人"警示教育活动召开专题民主生活会,将查出的问题录制成警示教育片,持续做好效果评价、问题整改等工作。对新提拔和调整的处级干部共 27 人进行集体廉政谈话,筑牢思想防线。常态化严格落实中央八项规定精神,持续整治"四风",有效运用监督执纪"四种形态",严肃查处违纪违法案件,始终保持惩治腐败高压态势。四是严格落实意识形态工作责任制。按照省委《党委(党组)意识形态工作责任制实施细则》,加强对《供销合作报》、网站、微信群、公众号及讲座、报告会、研讨会等意识形态阵地的建设和管理,传播意识形态工作正能量。

四、做好干部选育管用,为各项工作提供人才保障

一是坚持正确选人用人导向,做好干部管理工作。坚持党管干部原则,坚持好干部标准,规范选任程序,把好选人用人关,有效提高选人用人质量。提拔调整处级领导干部 30 人次,晋升职级 22 人次,有效调动和激发了干部的积极性和主动性。加强年轻干部选拔培养使用,出台《关于加强和改进优秀年轻干部培养选拔工作的意见》。举办了省社系统年轻干

部专题培训班。二是坚持严管厚爱相结合,健全完善干部考核评价机制。进一步完善省社机关和直属单位领导人员考核工作。通过日常考核和年度考核相结合强化干部监督考核,运用好考核结果,机关对考核优秀的干部予以奖励,直属单位将考核结果与班子成员绩效薪酬挂钩,发挥考核奖优罚劣的鞭策激励作用。

五、完善体制机制,全面推进从严治社

一是贯彻习近平总书记重要指示精神和总社七代会要求。出台了《关于加强全省供销合作社系统全面从严治社的实施方案》。二是加快制度建设,健全"三会"制度,完善基础管理制度,狠抓制度执行。三是加强对社有企业和社有资产的监管,对社有企业进行"三重一大"专项检查,确保社有资产保值增值。

六、戮力同心抗击疫情,全力以赴服务"三农"

疫情期间,全省供销合作社系统坚决听从党中央指挥,服从省委安排。一是各级供销社认真贯彻省委书记楼阳生在山西农资集团调研时的指示精神,加强调运储备和产销对接,全力做好春耕农资保供稳价工作,充分发挥了农资流通主渠道和国家队作用。二是加大农产品购销力度,促进农民增收,保障市场供应。三是全面做好系统疫情防控工作,积极宣传在疫情防控中涌现出的先进事迹,彰显了新时代供销合作社人的责任与奉献。

(渠小洁)

附:省供销合作社联合社党组书记、成员名单

书　记: 狄重阳

成　员: 刘建光　宋文斌(3月任职)　王彤宇
高建忠　郝利才(11月离职)　尚有明

省煤炭地质局党委

党委书记　卫洪平

2020年,省煤炭地质局党委坚持以习近平新时代中国特色社会主义思想为指引,以习近平总书记视察山西重要讲话重要指示和"三篇光辉文献"为根本遵循,以党的政治建设为统领,坚决扛起管党治党政治责任,坚定不移推动全面从严治党向纵深发展,党的建设和党风廉政建设取得新成效,全面贯彻落实省委"四为四高两同步"总体思路和要求,积极稳妥推进事业单位改革和高质量转型发展,圆满完成各项目标任务。

一、强化理论武装,进一步提升政治判断力、领悟力、执行力

局党委把学习贯彻习近平新时代中国特色社会主义思想作为主线贯穿全年工作之中,把跟进学习习近平总书记重要讲话重要指示批示和省委重要决策部署作为党委会第一议题,充分发挥党委理论学习中心组的示范引领作用,提高认识,统一思想,跟进贯彻。局党委班子成员带头作专题党课、形势报告和理论宣讲,坚持下基层调研、开展交流研讨、新思想学用交流和政治理论测试,带动全局党员干部深入系统地学习了《习近平谈治国理政》第三卷、党的十九届五中全会精神、习近平总书记视察山西重要讲话重要指示和"三篇光辉文献",进一步增强"四个意识"、坚定"四个自信"、做到"两个维护",切实把学习成果转化为贯彻新发展理念、推动高质量转型发展的具体思路和举措。局党委坚持将意识形态责任制落实情况纳入年度党建考核,进一步强化门户网站、手机党校、晋煤地勘通讯等宣传阵地的管理,充分发挥物测院全省"社会主义核心价值观示范点""党的创新理论宣讲站"的示范引领作用,为全局改革转型集聚强大正能量。局党委积极推动中央和省委决策部署落实落地,把习近平总书记视察山西重要讲话重要指示、"率先在转型发展上蹚出一条新路来"的殷切期望,作为工作的根本遵循,按照省委"四为四高两同步"总体思路和要求,及时制定贯彻落实省委《关于贯彻落实习近平总书记视察山西重要讲话重要指示在转型发展上率先蹚出一条新路来的实施方案》的任务清单,狠抓督查落实,并对贯彻落实情况开展"回头看"和自查自纠,确保中央和省委决策部署落深落实落细。

二、深入贯彻新发展理念,高质量服务全省能源革命综合改革试点和生态文明建设

按照省委"四为四高两同步"总体思路和要求,围绕全省高质量转型发展"五年出雏型"部署,全面提升支撑政府、服务社会能力。高效履行资源能源安全保障职能,扎实推进省局对接全省能源革命综合改革试点《行动方案》8个行动计划,聚焦煤炭清洁高效利用,完成《山西省沁水煤田高变质无烟煤制备石墨烯可行性研究》,承担《山西省关闭煤矿剩余煤炭、煤层气、矿井水、地下空间等资源普查》任务;立足突破"信息孤岛",建设山西省煤田地质大数据信息服务平台、煤与煤系气地质实验智慧数据库;聚焦全省煤成气增储上产,完成《沁水盆地榆社—武乡地区深部煤层气勘探开发增储扩产技术研究》,揭榜省科技计划项目《煤层气、致密气、页岩气"三气"综合开发技术与示范》,筹建"山西省深部煤层气勘查开发工程技术研究中心"。落实省委"高标准保护"要求,积极探索山水林田湖草系统治理"山西模式",主动承担黄河流域重点地区废弃露天矿山生态修复工作,高标准编制《古交市山水林田湖草生态保护修复整体规划》,携手中国矿大、中科

盛联(北京)集团,将“产业+生态修复”模式引入古交,以环保医院和生态国防城项目为牵引,提升古交生态整体功能,为全省乃至全国矿山生态修复保护、资源型地区转型提供“古交模式”“山西方案”。瞄准污染防治,高品质建设土壤生态修复实验室;成功申办全国第三个、省内唯一的煤田灭火资质,开展宁武汾河源头矿山生态环境(一期)火区治理,启动“煤田灭火(太原)技术中心”建设。高效高质履行应急救援公益职能,依托局属10个院,构建“统一指挥、反应迅速、协调有序、高效作战”的灾害防治和应急救援网络,主动请缨参加朔州茂华万通源煤矿井下透水事故抢险救援,率先打通生命探测信息孔,及时摸清井下情况;承担介休义棠煤矿奥灰水带压开采井下水患治理项目,对全省煤矿井下水害隐患预防治理具有示范意义。全局持续深化内部改革、激发发展活力,推开项目经理负责制,指导局属各单位完善绩效工资分配和目标责任考核办法,有效激发了干事创业活力,重点推进的115院华瑞公司改革取得明显成效。打造一流创新生态,提升科技支撑能力,坚持用人导向、平台孵化、科研投入、制度保障同向发力,召开全局科技创新大会表彰先进。在省局固定投入科研专项经费基础上,要求各院拿出一定比例的政府购买服务资金用于技术研发和高精尖设备投入,全局成功落地全省首个“海外智力服务山西专家工作站”,新增1个省级职工创新工作室、2个省直职工创新工作室,取得40件省部级奖项、43件自主知识产权,技术支撑能力有了新的显著提升。以“三零”单位创建为统领,扎实推进法治建设和民生稳定工作。先后8次就22项工作具体安排,累计投入资金116万元。局领导带头到局属单位检查,各单位协同驻地常态化防控疫情,坚决守住了“外防输入、内防输出”防线。分类分级周密部署复工复产,全局对外收入较去年同期实现增长,稳住了职工预期和发展基本盘。坚持贯彻民主集中制,发挥法律顾问作用,“三重一大”事项都坚持集体研究,提升班子决策科学化、民主化、法治化水平。完成局属114院水网改造,依托“民意恳谈室”“党代表工作室”,为干部职工解难题办实事,全局改革发展环境良好。投入107万元帮助岢岚县温泉乡培育相关产业,圆满完成帮扶脱贫任务;与岢岚县政府签订战略合作协议,提供全方位、全领域、全过程高质量地质技术服务,助力岢岚县高质量发展。

三、坚持“严”的主基调,以全面从严治党新成效推进全局高质量转型发展

局党委带头落实主体责任,制定印发《党委班子落实全面从严治党主体责任清单》,定期研究党建及党风廉政建设工作、听取基层党委(总支)工作情况汇报,开展党组织书记抓基层党建述职评议考核,通过集中约谈、督查督办、年度考核、党建巡察、追责问责等方式,层层传导压力,形成长管严管的机制和合力。一体推进不敢腐、不能腐、不想腐,着眼“不能腐”,坚持日常监督和重要节点监督检查相结合,开展2019年度纪律处分执行情况“回头看”,精准运用监督执纪“四种形态”。着眼“不能腐”,扎实推进省纪委监委政治监督专项检查反馈问题整改工作,开展十一届省委巡视反馈问题整改落实情况“回头看”,并在全局范围内开展领导干部个人事项报告专项整治,开展领导干部亲属任职情况摸底、廉政风险排查、外委项目清查规范、财务管理大检查等工作,推动各单位完善监督、规范管理、防范风险。着眼“不想腐”,开展常态化廉洁教育。局、各院党委(总支)班子成员与联系单位、分管部门主要负责人谈心谈话全覆盖,举办全局纪检人事工作培训班,开展警示教育8次,引导全局党员干部守住纪律底线。

四、大力推进基层党组织规范化标准化建设

局、院两级班子成员每人直接联系1个基层党支部,优化调整全局党支部,将党建考核向基层党支部延伸,突出实效考核,推动党的一切工作到支部的鲜明导向落地见效。按照省委省政府改革部署,及时沟通对接,接收煤炭资源地质局、煤矿防爆器材安全技术中心共计1个党委、16个党支部,纳入全局基层党组织标准化管理体系,一体管理、一体推进。坚持把党建与业务工作深度融合、相互促进,深化“党建品牌”创建工作取得新成效,物测院“四化四有”党建品牌入选省直机关党建品牌“十佳优秀案例”,以高质量党建推动高质量发展。

五、建强高素质干部人才队伍

积极参加省委“蹲苗”行动,推荐1名副处级干部担任县(市)常委、乡镇党委书记,2名科级干部担任村党支部书记。树立干事创业的鲜明导向,修订《领导班子和领导干部年度考核办法》,4人被省委选树为担当作为先进典型。建成全局人员管理数据库和专业技术人才库,依托与高校共建的科技创新平台,举办“全国煤及其共伴生矿产资源青年地质论坛”“海外智力助力矿山生态修复新技术”“山水林田湖草生态保护修复技术”等高端培训452次,参训人员4309人,打造高水平技术团队。推行更加积极、开放、有效的人才政策,柔性引进高端人才4人,依托企业招聘引进专业技术人员76人,87人取得中高级工程师任职资格,全局中高级专业人才占在职职工的37.5%,其中有省委联系专家和省学术技术带头人、优秀科技工作者、新兴产业领军人才、三晋英才等50余人,人才结构更趋合理,为全局转型发展蹚新路提供智力支撑。

(李志有)

附:省煤炭地质局党委书记、副书记、委员名单

书　记: 卫洪平

副书记: 王学军　王宏伟　李兴武(12月离职)

委　员: 宋　儒　张学彦　张胤彬　李希海

省地质勘查局党委

党委书记　彭东晓

2020年,省地勘局党委深入贯彻党的十九大和十九届二中、三中、四中、五中全会精神,认真学习贯彻习近平总书记视察山西重要讲话重要指示和“三篇光辉文献”精神,认真落实省委“四为四高两同步”总体思路和要求、省委十一届十次全会精神以及省委、省政府重大决策部署,统筹推进新冠肺炎疫情防控、地质勘查单位改革和地质事业创新发展,加快地质支撑服务全省转型发展蹚出新路来、能源革命综合试点改革和“两山七河一流域”生态文明建设等重大战略,圆满完成全年工作目标任务。

一、以政治建设为统领,全面加强党的建设

(一)践行“三个确保”,把政治建设摆在首位。一是明确地质工作政治属性。领导班子率先做到“三个确保”,即确保中央、省委关于地质工作的方针政策落实到位,确保干部队伍树牢忠诚担当的政治品质,确保地质工作支撑服务发展方向正确、规范有序。切实增强“四个意识”,坚定“四个自信”,做到“两个维护”。二是严肃党内政治生活。制定《2020年局党委理论中心组和干部理论学习意见》《局党委2020年集中学习计划安排表》。赴基层单位宣讲习近平总书记视察山西重要讲话重要指示、十九届五中全会和省委十一届十次全会精神。举办“不忘初心 重温我的入党志愿书”“践行领袖嘱托,率先蹚出新路”等系列主题党日活动,坚定初心使命。三是严格落实民主集中制。出台了《局“三重一大”会商评估制度》《审计整改实施办法》等,加强依法依规决策,强化制度执行力。

(二)融入“三光荣”行业精神,加强思想建设。一是巩固“不忘初心、牢记使命”主题教育成果。建立巩固主题教育成果机制,落实意识形态工作责任制,发扬地质行业“三光荣”“四特别”精神,树立“大地质、大资源、大生态”理念,引领全体地质人把忠诚写在党旗上。二是开展多种活动,教育党员干部补足精神之钙。通过邀请国内地学院士等专家学者走进“地质大讲堂”,组织党员干部赴左权、武乡开展“学习太行精神,重温入党誓词”红色教育活动、举办干部业务能力提升培训班等,涵养党员素养。

(三)探索“内容不能少、形式可创新、效果要保证”行业党建实践,加强组织建设。一是落实新时代党的组织路线,加强基层组织建设。按照“内容不能少、形式可创新、效果要保证”的行业党建要求,推行“地勘党建品牌”建设,强“根”铸“魂”,线上联线机台班组党小组、党支部,线下紧扣“项目为王、支撑服务”工作主线,召开先进党支部建设经验交流会,比担当、比作为,形成党建业务融合发展,互为促进的良好态势。二是贯彻新时期好干部标准,培养忠诚干净担当干部。把基层一线作为检验干部实绩的主窗口,树立以实绩论英雄、凭实绩用干部的用人导向,引导广大干部在基层一线干事创业、担当作为。三是坚持党管人才原则,集聚创新人才。全年提任处级领导干部23人,交流处级领导干部9人,学习锻炼处级干部4人。成立局专家咨询委员会,聘请地学两院院士、专家为专业委员会顾问,为山西地质工作把脉问诊。

(四)深入机台班组基层一线,加强作风建设。一是坚决守住疫情防控地质阵地。把疫情防控作为重大政治任务来抓,严格落实各项防控举措,守护了万余名干部职工的生命健康。二是坚决落实中央八项规定精神,纠治“四风”。履行全面从严治党主体责任清单,增强主责意识,切实推进“基层减负年”建设。

(五)以案为鉴,加强纪律建设。一是深入开展政治监督检查。以政治监督为统领,完成政治监督专项检查自查自纠,制定整改措施34条,逐条监督整改。开展党政领导干部违规入股企业问题专项清理等工作。二是强化执纪问责。出台《运用监督执纪“第一种形态”的工作规程(试行)》。三是开展警示教育。坚决拥护省纪委监委给予李俊敏开除党籍和公职处分的决定,充分认清李俊敏问题的严重危害和不良影响,并深入开展警示教育和“肃流毒”。

(六)夯基垒台,加强能力建设。选派处级以上干部,领导班子成员带队分赴清华大学、浙江大学、中国地质大学(武汉)选学选修,提升法治思维、系统思维和专业能力及综合能力。

(七)强化责任,从严从实狠抓巡视整改。以整改方案和“三清单”(问题清单、整改清单和责任清单)为抓手,紧盯问题不放松,制定83项整改措施,挂图作战,销号管理,全部整改到位。

(八)深入开展法治建设,护航地质事业高质量发展。一是开展法治学习宣传活动。出台《年度法治工作要点》《局党委理论中心组学法制度》。创新“互联网+普法”的法治宣传新模式,举办宪法宣传日活动和《民法典》讲座等,扎实加强法治地质文化建设。二是深入开展“三零单位”创建。建立“隐患、排查、责任”清单和“一月一通报一约谈”机制,扎实开展“三零”单位创建,全年实现“三零”目标。三是推动建立完善法务顾问和财务顾问制度。通过聘请第三方机构,参与“三重一大”事项评估,加强内部规范管理。

二、圆满完成目标任务,有力推进地质支撑服务事业发展

2020年全年实施160个省级地质勘查基金项目,80个政府购买服务及科技创新项目,全年经营收入实现23.86亿

元,同比增长 11%,再创历史新高。

(一)地热资源勘查取得历史性突破。2020 年 3 月,阳高县——天镇县一带干热岩预可行性勘查项目,发现我国中东部地区第一口温度最高、自流量最大的高温地热井。并于年底建成我国中东部地区第一座高温地热科研示范试验电站,引起全省乃至全国同行业关注。

(二)公益地质服务工作获得广泛社会影响。一是推动省政府与中国地质大学(武汉)签署战略合作协议。根据《省委工作会谈交办事项清单》安排,全力做好牵头落实工作,形成《落实省委工作会谈交办事项方案》,明确了 8 项重大工作任务。二是全局支撑地质灾害防治工作得到各级政府肯定。与 11 个市、80 个县(区)签订地灾防治支撑服务合作协议,成功预警临县临泉镇"5·3"滑坡地质灾害,受到省委省政府高度肯定。相关支撑服务技术人员也受到省人社等部门的表彰和奖励。三是成功举办五台山国际地学研讨会。联合忻州市借助国际地学界公认的五台山前寒武纪地学资源和享誉全球的五台山佛教文化旅游资源,举办了第一届五台国际地学研讨会。中国科学院 6 位院士出席。四是举办山西非洲投资项目推介会。与省贸促会合办山西与非洲国家投资合作线上推介会,省内外 200 多家涉外企业参会,为推动山西与非洲国家在工农业园区建设、矿产开发、制造业、农牧业和旅游业等领域开展交流合作搭建了新的平台。

(三)地勘产业经济逆势上扬,全线飘红。2020 年是全局改革发展大考之年,也是"十三五"时期面临困难和挑战最多的一年,全局干部职工紧抓支撑服务新机遇,持续优化产业结构,水文地质、工程地质和环境地质等占据产业半壁江山的局面进一步形成,产业转型升级的动能进一步释放,全年经营收入实现 23.86 亿元,同比增长 11%,再创历史新高。

(四)全局安全生产保持平稳态势。全年无安全生产责任事故,完成考核任务。落实"管行业必须管安全,管业务必须管安全,管生产经营必须管安全",以及党政领导责任和单位主体责任。深入开展安全生产专项整治三年行动和"零事故"单位创建,开展全行业全覆盖全方位安全隐患排查整治。加强安全风险分级管控和事故隐患排查治理双重预防机制建设,推进本质安全。

(五)改善野外一线职工工作生活条件。全年投入 535.02 万元改善野外一线职工工作生活条件,为年度目标(400 万)的 134%。此外,为大同云州区投入扶贫帮扶资金 131.5 万元,带动职工消费扶贫约 83 万元。

(杜 蕊)

附:省地质勘查局党委书记、副书记、党委委员名单

书 记: 彭东晓

副书记: 李俊敏(1 月涉嫌严重违纪违法,接受纪律审查和监察调查,2 月被免职,10 月被开除党籍、开除公职;将其涉嫌犯罪问题移送检察机关依法审查起诉。)

委 员: 韩晋生 马斅民 王润福 江 荣 李保福

省城镇集体工业联合社党组

党组书记 张 涛

2020 年,省城镇集体工业联合社(以下简称"省城联社")党组以习近平新时代中国特色社会主义思想为指导,增强"四个意识",坚定"四个自信",做到"两个维护",深入学习贯彻党的十九大和十九届二中、三中、四中、五中全会精神,认真学习贯彻习近平总书记视察山西重要讲话重要指示,认真贯彻省委十一届十次全会精神,按照省委"四为四高两同步"的总体思路和要求,围绕对全省城镇集体经济改革发展进行"指导、维护、监督、协调、服务"的职能任务,认真履行管党治党政治责任,持续加强党风廉政建设,努力提升党建工作科学化水平,为省城联社改革发展提供了政治和组织保证。

一、狠抓思想理论建设,不断提升政治引领力

省城联社始终把党的政治建设摆在工作首位,把学习贯彻习近平新时代中国特色社会主义思想和习近平总书记视察山西重要讲话重要指示作为重大政治任务,科学制定计划,系统安排部署。

党组书记切实带头学、亲自抓,先学一步、深学一层。通过中心组学习、专题培训、警示教育、"三会一课"、主题党日、"学习强国"平台等多种学习形式把理论武装融入日常、抓在经常。2020 年先后组织了党组中心组(扩大)学习会 19 次,《习近平谈治国理政(第三卷)》交流研讨 5 次,《论党的宣传思想工作》、《民法典》、疫情防控交流研讨各 1 次,观看教育片 3 次,专题党课 2 次,干部能力提升暨基层党组织书记集中培训 1 次。

二、落实落细"两个责任",推进全面从严治党向纵深发展

省城联社着力转职能、转作风、严纪律、强监管,以制度建设规范权力运行,以严肃纲纪促进作风转变,以强化激励问责推动勤政有为,党风廉政建设和反腐败斗争不断取得新进展,为省城联社改革发展提供了有力保障。一是突出党的建设统领作用。进一步加强基层党组织标准化规范化建设。二是高压传导落实责任链条。始终坚持"一把手"负总责,党风廉政建设"一岗双责";通过述职述廉、工作考核等形式,督

促基层党组织自觉履行职责,层层压实责任,逐级传导压力,有效促进“两个责任”落实。

三、聚焦职能任务,坚持强基固本推动工作落实

(一)毫不松懈抓防控,同舟共济克时艰。面对突如其来的新冠疫情影响,省城联社在严格落实中央及山西省疫情防控措施的前提下,做到各方面工作不停摆、不迟滞、不耽误,实现了疫情防控与经济社会发展统筹推进。一是加强组织领导,及时安排部署。成立了疫情防控工作领导小组,制定了应急预案,多次召开党组会及专题会议,及时跟进学习相关会议及文件精神,安排部署疫情防控工作。二是强化日常防控,阻断传播途径。加强疫情监测,对机关和直属单位人员流动情况进行了统计和排查。购买消毒物品并常态化消毒。各直属单位严格有力有效进行防控。三是开展爱心捐助,凝聚同心“抗疫”力量。疫情发生以来,省城联社机关和直属单位捐款捐物,以多种形式向社区、扶贫村、城联防控前线输送爱心暖意。四是加强科学防疫宣传,强化防控意识。组建了省城联社疫情防控工作群,通过网站、电子屏、微信、宣传标语等媒介,普及疫情防控知识,有序引导广大干部职工科学防护。

(二)聚焦反馈问题,从严从实推动巡视整改落地见效。根据省委统一部署,4月20日至6月30日省委第一巡视组对省城联社党组进行了常规巡视。省城联社党组高度重视,把整改落实作为一项重要政治任务迅速部署,即知即改,立行立改。一是迅速传达贯彻,统一思想认识。8月11日巡视反馈会议结束后,党组立即召开党组会进行了认真研究,制定整改措施。8月13日以党内文件形式向各级党组织通报了巡视反馈情况,并通过门户网站进行了公开。二是强化组织领导,压紧压实责任。党组带头整改,会议研究、组织调度、推进落实。成立了巡视整改工作领导组、整改督导组。明确整改“路线图”“时间表”。制定了落实巡视整改任务工作方案和“三个清单”,建立了整改台账。三是坚持以上率下,扛起主体责任。党组书记、主任切实扛起第一责任人的政治责任和领导责任,一手抓深化改革、解难题、求发展,一手抓巡视整改落实。四是加强制度建设,建立长效机制。在党风廉政建设和落实“两个责任”、财务人事经营管理、基层党组织建设、选人用人、“三重一大”决策等方面,制定、修订、规范多项规章制度。

(三)加强分类指导,多措并举支持各地市城联社和直属单位改革发展。一是加大调查研究。通过数据摸底调研,建立了直属企事业单位基本台账;通过开展专题调研,深入直属企事业单位实地调研,现场协调解决有关问题。二是以“省级事业单位办企业脱钩改革”“省城联社直属事业单位改革”等为抓手,推动直属单位生存纾困、改革发展各项工作。三是加强行业指导,开展“十四五”发展思路编制工作。根据山西省委“十四五”规划领导组“胸怀大局,把握战略机遇,防范化解风险,围绕转型出雏型”要求,按照省政府要求,启动了“十四五”发展思路编制工作,认真编制《山西省城镇集体经济十四五发展思路》。四是找准工作着力点,在推动各直属单位改革发展上拿出更实的举措。党组班子多次深入各地市城联社和直属单位调研摸底,多次召开专题会议研究直属单位困难问题,用心用情指导帮助企业攻坚克难、改革发展。五是千方百计筹措资金,促进民生改善。切实抓好直属困难企业维稳解困中涉及民生的养保、医保等方面工作,全力维护企业和社会稳定,职工群众的获得感、幸福感和安全感明显增强。

(四)规范选人用人工作,激励干部干事创业。一是专题学习《党政领导干部选拔任用工作条例》,充分发挥党组对选人用人的领导和把关作用,严格执行干部选拔任用工作程序。二是研究制定了干部选拔任用若干规定,规范选人用人程序。三是加强统筹谋划,加大人才引进力度。对所属事业单位进行重塑性改革,优化机构设置和人员配置,整合组建合理的干部队伍梯队,提高服务能力和水平,为省城联社转型发展提供人才保障。四是制定了《省城联社关于激励广大干部新时代新担当新作为的实施意见》。五是加强领导班子建设。党组切实提高政治站位,严守政治纪律和政治规矩。

(五)强化风险防控,积极化解各类安全稳定风险隐患。一是扎实开展“三零”单位创建工作。制定了实施方案,成立了“三零”工作领导小组。二是切实抓好安全工作。制定了安全生产管理办法。结合“三零”单位创建工作,对各直属单位开展了3次集中安全生产大检查,排查各项风险隐患,对事故隐患下达了限期整改通知。三是加强资产运营监管,促进社有资产保值增值。完善制度建设,加强内部控制建设。

(六)发挥精准帮扶“管道”作用,巩固拓展好脱贫成果。一是抓好农田种植,保证基本农田收入。积极落实农作物植补等相关补贴政策。二是维护好光伏发电扶贫产业项目设施,发挥好光伏扶贫产业项目的收益受益作用。三是积极引资引项目拓宽创收渠道。全力广泛开展消费扶贫活动。四是及时做好兜底保障工作。逐户逐项梳理残疾人保障、养老保险、农村低保兜底、五保供养、临时救助等政策落实情况,确保应兜尽兜、应发尽发。五是聚焦“3+1”保障发力。六是积极推进平安创建服务乡村振兴。把疫情防控常态化、“三零”村创建和防火防灾三项工作结合起来一体推进,深入开展平安创建活动,大力开展矛盾纠纷排查调解活动。

四、文明和谐创建工作取得实效

(一)组织开展纪念中国共产党成立99周年系列活动。一是开展主题党日活动。6月19日下午,省城联社机关党委组织机关及直属单位党员干部赴山西国民师范旧址革命活动纪念馆,开展“回顾党的光辉历程,重温入党誓词”主题党日活动。二是讲好党课。6月30日下午,省城联社党组书记、机关党委书记结合实际,就贯彻落实十九届四中全会精神、习近平总书记视察山西重要讲话重要指示及省委十届十次全会精神,做了专题党课辅导。三是开展走访慰问。7月1日上午,机关党委对生活困难党员、交纳大额党费的两名党员进行了慰问,下午召开了以“践行领袖嘱托,率先蹚出新路”为主题围绕“不忘初心 重温我的入党志愿书——一句誓言、一生作答”座谈会。四是观看《战“疫”一线党旗红》公益专题

片。五是举办系列文化活动。6月30日上午,开展“纪念中国共产党成立99周年”主题党日活动。通过舞蹈、诗朗诵、唱红歌等形式,回顾党的光辉历程,向党的99周年生日献礼。

(二)积极选树先进典型。一是组织党员干部集中观看了省直机关“不忘初心 重温我的入党志愿书”主题党日活动专题片。二是举办以“团结一心 凝集力量”为主题的道德讲堂。三是在机关内部开展文明处室、文明职工创建评比工作。

(三)深入开展志愿服务和公益活动。一是省城联社青年志愿者服务队在机关团委的领导下,在3月的学雷锋月、五四青年节和扶贫工作中发挥应有的作用。二是在第57个“学雷锋日”到来之际,省城联社团委积极倡导和引导开展了志愿服务活动,积极支持并参与太原创城工作,积极开展“红马甲”志愿服务活动。三是组织开展“送温暖、献爱心”社会捐助活动,向困难群众奉献爱心。

(四)开展文明宣传,积极支持参与驻地文明创建活动。8月20日,省城联社精神文明办要求机关各处室、各直属企事业单位积极组织开展“靓丽星期五”活动,对机关院落、楼道、办公室等公共场所以及办公楼卫生死角区域进行清洁整治,确保工作环境的干净、卫生、整洁。

(五)开展绿色节能宣传和节约型单位创建活动。一是牢固树立厉行节约反对浪费的理念。下发“制止餐饮浪费 厉行勤俭节约”倡议书,引导全体干部把厉行节约、反对浪费作为践行“两个维护”的实际行动和创建“五型机关”的重要内容。二是严格执行《关于深入贯彻落实习近平总书记重要指示精神坚决制止机关餐饮浪费行为的通知》,组织开展节约型机关创建活动。三是严格执行《党政机关厉行节约反对浪费条例》。四是加强作风建设。引导全体干部职工把勤俭节约、艰苦奋斗的理念内化于心、外化于行。五是始终把绿色发展理念融入到机关运行管理的全过程之中,不断构建完善自身节能管理体系。

(孙红秀)

附:省城镇集体工业联合社党组书记、成员名单

书　记: 张　涛

成　员: 杨润梅(女,8月离职)

中国煤炭博物馆党委

党委书记　张继宏

2020年,中国煤炭博物馆党委团结带领全馆干部职工学习贯彻习近平新时代中国特色社会主义思想,全面贯彻党的十九大和十九届二中、三中、四中、五中全会精神,贯彻落实习近平总书记视察山西重要讲话精神,贯彻落实党中央和省委、省政府重大决策部署,全力做好新冠疫情防控工作,坚持把党的政治建设摆在首位,强化党风廉政建设和作风建设,深入学习省委省政府关于事业单位改革的相关政策,积极与相关省直部门汇报沟通,请求支持和帮助,改革创新,奋发有为,全力推进改革发展稳定各项工作。

一、始终把党的政治建设摆在首位

以党委1号文件安排部署党建重点工作,突出强调以党的政治建设为统领,推动全面从严治党向纵深发展。在贯彻落实中央、省委重大决策部署、重要会议精神中坚决站稳党性立场,坚持及时传达、学习研究、快速部署、坚决落实原则。把党建工作与改革发展稳定工作同谋划、同部署、同推进、同考核。明确要求把全面从严治党工作纳入党委书记、支部书记抓党建述职评议和党建考核评价体系,坚持失责必问、问责必严。把全面从严治党各项任务分解到月度工作清单中,月初下单,月末检点,从细从严,交明白账,力争每一项工作责任明确、时间明确、效果明确。使党建工作真正成为促进中心工作的凝结剂、动力源,推动各项工作全面过硬、全面进步、全面提升。

二、担当作为,全力推进事业单位改革

(一)省委省政府高度重视,高位推动事业单位改革

省委省政府高度重视中煤博改革,2月29日,省政府办公厅印发《关于同意中国煤炭博物馆改革方案的函》,明确中煤博事业单位改革的顶层设计,明确解决历史遗留问题的具体方法和渠道,为中煤博长远发展指明方向。

(二)坚决贯彻省委省政府决策部署,精心谋划,确保改革一推到底

制定《实施方案》。3月6日,召开党委扩大会,研究《改革推进实施方案》。从解决职工养老保险、资产划转、财政经费申请、社保及公积金账户变更、总公司出资人变更、公司制

改制及所办企业改革等六个方面进行安排部署。

正式启动改革。6月2日,根据省政府安排,省能源局、焦煤集团就中煤博事业单位改革举行对接见面座谈会,就中煤博改革中涉及资产、人员和企业等事项进行了对接。中煤博改革启动正式拉开序幕。

高度统一思想。为了使全体职工思想和行动统一到省委省政府的决策部署上来,党委始终将凝聚人心、统一思想放在首位,先后召开党委扩大会、中层干部会、支部书记会、职工代表会等,采取多种形式与广大干部职工进行学习沟通交流。

(三)改革取得阶段性成效

一是职工养老保险历史遗留问题取得突破性进展。二是明确职工养老政策。三是资产划转顺利完成。四是人员划转正式到位。五是全力以赴处置"僵尸企业"。

三、用心用情用力做好疫情防控工作

新冠肺炎疫情发生以来,党委全面部署、快速反应,采取了全面、严格的防控举措,先后主持召开20余次专题会议,亲自安排部署疫情防控工作并提出具体要求。党委亲自督导"中煤博疫情防控防护常识"专栏,及时发布疫情防控动态、权威防疫知识、防疫常识、解疑释惑、科学应对措施等知识,引导大家正确理性认识疫情、学会科学自我防护,做到不信谣、不传谣、不造谣,自觉遵守防疫工作措施要求,取得了防疫工作阶段性胜利。

四、扎实开展党风廉政建设工作

专题研究部署党风廉政建设工作,明确党委书记是党风廉政建设第一责任人,班子成员对分管范围内党风廉政建设负主要领导责任,严格落实"一岗双责"。督促指导各支部严格履行全面从严治党责任,构建一级抓一级、层层抓落实的责任体系。元旦、春节、清明、五一等重要时间节点、节假日将公务用车在规定时间规定地点集中封存并拍照留档,确保纪律严明,规范有序。班子成员、支部书记、部门负责人本着监督关口前移原则,充分发挥廉政谈话的告诫警示作用,使党员干部时刻保持清醒头脑,提高拒腐防变能力。把持之以恒落实中央八项规定精神、整治"四风"特别是形式主义、官僚主义作为日常重要工作驰而不息坚持,大力弘扬求真务实作风,不断改进工作方式方法,不断完善和加强制度的约束力和科学性,确保有效、管用。

五、不遗余力脱贫攻坚

多次召开专题会议研判分析驻村帮扶中存在的实际问题,明确解决措施。班子成员到对口帮扶的永和县阁底乡阴德河村开展结对帮扶、走访调研,并同阁底乡政府、县公安局驻村大队、阴德河村两委、驻村队员交流座谈深入了解一线实情。在中煤博展厅免费为阴德河村提供展位,帮助他们销售小米、红枣等农副产品。10月17日国家扶贫日当天,全馆上下通过"以购代捐""以买代帮"的方式,现场购买农副产品26410元,帮助49户贫困户户均增收539元。采取消费扶贫、产业扶贫、养殖黄河大鲤鱼、种植花椒树、志愿者助销农产品、帮扶责任人驻村帮扶、关心驻村工作队员工作生活等多种方式,使永和县阴德河村村民生活、村容村貌得以转变,取得显著成绩。

六、认真做好国家一级博物馆运行评估工作

围绕国家一级博物馆运行评估相关要求和具体标准,完成了2017至2019连续三年运行评估相关资料的梳理、总结、改进,边自我评估边整改补课,为迎接国家文物局和中国博物馆对国家一级博物馆运行评估,奠定了坚实基础。根据2020年11月公布的评估结果,中国煤炭博物馆作为全省10家优秀博物馆之一,在全省130多家博物馆中位列第五。"中博热搜榜"发布的2020年第四季度全国热搜博物馆百强榜单,中国煤炭博物馆名列第29名。

(张程飞)

附:中国煤炭博物馆党委书记、委员名单

书　记:张继宏

委　员:胡高伟　马召源

群团组织党组工作概况

省总工会党组

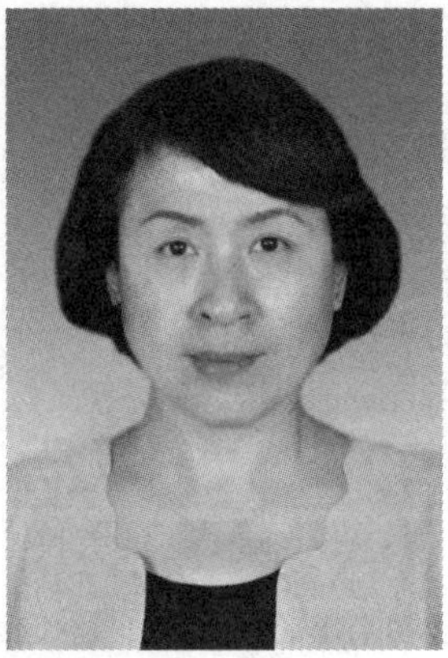

党组书记　王　蕾

2020年，省总工会党组坚持以习近平新时代中国特色社会主义思想为指导，深入学习贯彻党的十九大和十九届二中、三中、四中、五中全会精神，认真贯彻省委、全总决策部署，围绕“四为四高两同步”总体思路和要求，聚焦“落实见效年”主题，深化“十项重点工作”，改革创新、勇担使命，团结动员职工群众为我省高质量转型发展贡献力量，各项工作取得新进展新成效。

一是强化党组理论学习和决策机制。把学习贯彻习近平新时代中国特色社会主义思想作为首要政治任务，完善党组中心组学习制度，及时传达学习习近平总书记视察山西重要讲话重要指示、“三篇光辉文献”、党的十九届五中全会、省委十一届十次全会等精神，不断增强“四个意识”，坚定“四个自信”，坚决做到“两个维护”。坚持请示报告制度，向省委省政府和全总有关领导报送专项工作请示报告17次。修订省总党组工作规则，召开党组会议32次、主席办公会议10次，研究“三重一大”事项181项，确保党中央和省委、全总决策部署落深落细。积极配合省委巡视，高质量做好巡视整改工作。组织召开动员部署会、党组会、座谈会和民主生活会等巡视期间重要会议，成立巡视反馈问题整改工作领导小组，党组书记认真履行巡视整改第一责任人职责，党组成员认真落实“一岗双责”，制定落实巡视反馈意见整改工作方案，编制整改“三个清单”，制定完善修订制度31个。坚定落实全面从严治党主体责任。召开全省工会党风廉政建设会，层层签订党风廉政建设承诺书。召开首次省总工会机关基层党组织书记抓党建工作述职评议会，制定《山西省总工会推进“不想腐”实施办法》，建立省总工会处级以下干部廉政档案，开展机关事业单位干部职工纪律作风集中整顿活动，一体推进不敢腐、不能腐、不想腐。深入开展“三零”单位创建活动。省总工会成立领导小组，建立工作专班，制定工作方案，建立“三个清单”，一体组织推进。深化文明单位创建活动，省总工会机关荣获“2018—2019年度山西省文明单位标兵”称号。

二是创立党的创新理论宣讲“双百”载体。省总工会领导班子成员带头开展送宣讲下基层活动，在基层工会首批建立108个党的创新理论宣讲站(点)和108支宣讲队伍，广泛开展分众化、精准化宣讲活动，推进党的创新理论进基层、进企业、进职工，着力将“双百”载体打造成党的创新理论宣讲、职工思想政治工作、职工维权服务的传播者、引领者、实践者。开展全省职工思想状况大调研，走访各类企业471家，直接访谈职工600多人，同时建立118个职工思想状况网上调查联系点，10万多名职工参与网上问卷调查。省总工会在全国加强和改进新时代产业工人队伍思想政治工作推进会上作了经验交流。坚定落实意识形态工作责任制。调整了省总工会意识形态工作领导小组成员，召开了领导小组会议。联合省委宣传部在全省各行各业职工中开展了“立足岗位、奋勇争先，建功高质量转型发展，争当新时代最美劳动者”主题劳动竞赛。大力加强新时代职工文化建设，开展2020年“网聚职工正能量 争做中国好网民”主题活动，举办“中国梦·劳动美——决胜小康、奋斗有我，山西职工在行动”全省职工知识竞赛和“时代新人说”演讲大赛，并夺得全国职工知识竞赛总决赛第三名。

三是齐心抗疫。省总工会第一时间成立疫情防控领导小组，建立4100万元专项防疫资金，第一时间向全省职工群众发出倡议书、慰问信，及时分批向1516名援鄂医务人员每人发放5000元慰问金。全省工会累计投入专项资金8892万元，各级工会组织、广大工会干部和职工志愿者队伍积极投身疫情防控总体战、阻击战的人民战争，形成强大抗疫合力。助力复工复产。出台《关于应对疫情冲击实施小微企业工会经费支持政策的通知》，实行基层工会经费缓缴和两年经费全额返还政策。开展“防疫情、促就业、送岗位”活动，各级工会及时入企走访了解企业经营状况及职工需求，通过组织点对点接送职工返岗、组织网络就业招聘会和线上职业技能培训、联系有关方面帮助职工转岗转企安置、帮助离岗职工落实失业保险保障等形式，帮助企业协调解决复工复产难题，维护职工合法权益和职工队伍稳定。以普惠职工拉动消费。各级工会以创办“援企惠民网上超市”、组织旅游活动等多种方式助力恢复消费、拉动经济回升。累计为工会会员发放“云闪付”消费券 1.5 亿元、“云游行”旅游年卡 16.9 万张。

四是圆满完成 2020 年全国劳动模范和先进工作者推荐审核和 2020 年山西省“五一劳动奖”评选表彰工作，开展劳模宣传月活动，举办第二届“三晋工匠”年度人物发布活动，营造劳动光荣的社会风尚和精益求精的敬业风气。

五是围绕“六新”转型新路径，组织开展智慧家庭工程师等转型综改示范性劳动技能竞赛。加快建设全省工会“五小”竞赛活动管理平台，深化“五小六化”提质行动，全省工会“五小”竞赛活动管理平台建设项目基本完成，有力激发全省职工群众创新创效。

六是深入推进“产业工人队伍建设改革深化年”活动，在省市两级培育选树 88 个典型试点，形成一批针对性操作性强、可复制可推广的经验做法。出台《职工创新补助资金管理办法》，新培养命名省级职工（劳模）创新工作室 57 个，补助 285 万元。做强“花开满园”职业技能培训品牌，上线网络课堂，开展送教到基层活动 20 期，有效提升劳动者技能素质。

七是大力推动“2+9”工作体系建设，全面落实工会“双包”联系制度，开展省级督查检查考核，圆满完成全国城市困难职工解困脱困工作成效第三方评估工作和再评估工作。全省建档立卡困难职工由 2016 年的 24 万户减少到不足 2000 户。发挥工会自身优势，深入推进脱贫攻坚，积极承担社会责任，荣获“全省干部驻村帮扶工作模范单位”称号。

八是全省工会筹措慰问款物 4924 万元，开展“两节”送温暖活动。开展“农民工有困难找工会，拿不到工资找工会”专项行动，追回欠薪 1194 万元。开展“安康杯”竞赛和“安全生产月”活动，省总工会获评 2018—2019 年度全国“安康杯”竞赛优秀组织单位。建成 100 家职工心理健康咨询示范基地，首批命名 130 个省级“工会爱心驿站”，新命名 50 家省级“妈咪小屋”，建设职工书屋全国示范点 30 个、省级 20 个。开展第 19 次“集体合同与工资集体协商月”活动、“尊法守法·携手筑梦”服务农民工公益法律行动和法治宣传行动，在全国携手筑梦公益法律服务行动三年总结会上作典型经验交流，获“七·五”普法微视频竞赛全国工会系统一等奖和优秀组织奖。

九是深入开展“八大群体”建会入会专项攻坚行动，全省新建基层工会组织 3881 个（百人以上企业建会 407 个），增长 226%，新发展会员 243970 名，其中“八大群体”会员 101782 名，增长 151%。加强基层工会规范化建设，修订出台《乡镇（街道）工会规范化建设指导意见》。命名表彰模范职工之家、职工小家、优秀工会工作者、优秀工会积极分子。深入推动厂务公开民主管理，省总荣获“全国推动厂务公开民主管理工作先进单位”称号。

（王 静）

附：省总工会党组书记、成员名单

书 记：王 蕾（女）

成 员：辛旭光 张亚琳 韩丽珍（女） 李忠贵 谭立新

共青团山西省委

书记 张钧

2020 年，全省各级团组织以习近平新时代中国特色社会主义思想为指导，深入贯彻落实党中央、省委和团中央的部署要求，紧紧围绕习近平总书记提出的六项重大任务和省委“四为四高两同步”总体思路和要求，精准谋划并扎实推进“四先四助两育人”工作格局和“4+3”重点工作体系，带领团员青年在转型发展蹚新路实践中发挥了生力军和突击队作用。面对抗击疫情大战大考，组建青年突击队 1100 支、开展志愿服务 4.6 万人次、募集款物 3298 万元居全团第五，开展“五帮五送”活动，实施助力复工复产“八大举措”，举办网络招聘会 20 场、对接青年 15.5 万人、提供岗位 4.6 万个；贯彻落实事业单位改革要求，刀刃向内减人缩编，聚焦主责主业将 10 个事业单位整合为 3 个，综合运用“四个监督”选好配强单位“一把手”，机构精简 70%、编制减少 53.4%、职数削减 62.5%，受到团中央书记处第一书记和省委分管领导批示肯定，经验做法在《山西信息》《全团要讯》相继刊发，为事业单位改革蹚出一条新路、提供了共青团经验。

共青团山西省委机关系统共有 1 个党总支，6 个党支部，181 名党员。

一、党的建设情况

（一）强化政治建设，加强理论武装

中心组、机关党委、党支部、党小组四级联动，持续深化习近平总书记视察山西重要讲话重要指示、“三篇光辉文献”、党的十九届五中全会和省委十一届十次全会精神的学习，通过集中研学、主题讨论、理论测试、专题学习班等方式，确保机关上下站稳政治立场，增强“四个意识”、坚定“四个自信”、做到“两个维护”。

(二)强化班子建设，压实主体责任

落实党组工作条例撤销党组后，班子坚决扛起管党治党主体责任，及时修订《团省委书记办公会议事规则》，规范执行“三重一大”议事制度。坚持以青年为中心，贯彻执行民主集中制，着力增强班子的治理能力和整体功能。狠抓党建和业务的深度融合，做到同部署同推进同落实。

(三)强化基层建设，提升组织能力

一是规范党支部建设。根据党支部工作条例要求和改革实际，重新整合组建6个党支部和1个党总支，建立“一月一清单”“一晒一调度”工作机制，落实党建任务38项，向支部反馈整改意见21条。二是加强干部队伍建设。坚持好干部标准和正确选人用人导向，通过轮岗流动，提任处级干部14名，从基层选拔挂兼职干部22名，实现人岗相适、朝气蓬勃。同时推荐2名干部到基层“墩苗”，2名干部转岗到高校，激励干部担当作为，营造干事创业良好氛围。三是加强制度建设。出台20条举措巩固深化“不忘初心、牢记使命”主题教育成果，引领党员干部把跟党初心和青春使命转化为当好党联系青年的桥梁与纽带的具体行动。

(四)强化廉政建设，狠抓纪律作风

班子成员主动接受纪检组监督，认真履行“一岗双责”，扎实落实全面从严治党责任清单。召开年度党风廉政建设工作会，层层签订责任书，一体推进“三不”要求，经常性进行廉政警示教育，着力净化政治生态。严肃执纪问责，对4名处级干部违纪进行处理。按时完成政治监督反馈问题整改。

二、其他重点工作

(一)创新引导方式，青少年思想政治引领扎实有效

1.牢牢把握培养社会主义建设者和接班人的根本任务，深刻领会习近平总书记关于青年工作的重要思想，依托“青年大学习”“青马工程”“红领巾周刊”“云”队课以及各级共青团、青学联、青年社会组织中的青年学习小组广泛开展学习习近平总书记“五四”“六一”寄语精神和给青学联、少代会的贺信精神，线上线下覆盖青少年3016万人次。

2.顺应分众化、差异化传播趋势，通过团属媒体宣介小康典型、山西战疫青年群英谱，举办“致敬抗美援朝·争做时代新人”主题团日、“红领巾爱学习”主题队日，组织“学先锋、做先锋”主题队课、“红领巾走进丰收季”劳动实践，分层分类引导青少年理解“中国之治”的成功密码，坚定“四个自信”和实现“中国梦”的决心，点燃青少年强国之志。

3.入驻抖音、QQ空间等9个网络平台，广泛创作歌曲、视频、直播、H5等青少年喜闻乐见的网络文化产品36个，其中《梦想的力量》《青春兴晋 奋斗有我》《绽放战疫青春》等正能量MV和短视频在网上广泛传播。

(二)优化动员机制，青年积极投身转型发展的生力军作用持续彰显

1.找准工作路径助力高质量转型发展。响应省委号召，挺进山西转型综改示范区，建强示范区团工委，带动各级团组织推进各类园区青年工作。常态化举办“创青春”“挑战杯”等赛事，进一步激发青年创新创业潜能；参加“创青春”全国大赛，斩获1银、2铜和11优秀奖；推送“挑战杯”国赛作品，获得5银26铜，并荣获“省级优秀组织奖”。开展“转型蹚新路 青联争先锋”青联委员基层行活动，助推县域经济腾飞，促成1100万元项目立项。创建青年安全生产示范岗，评选表彰山西省(杰出)青年岗位能手110名，推荐9个集体入选全国青年安全生产示范岗集体，受到团中央和应急管理部通报表扬。

2.集中力量汇聚资源投身决战脱贫攻坚战。选派专职团干部奋斗在脱贫攻坚一线，全部如期完成对口帮扶村脱贫摘帽任务。扎实开展“双争双兴”“圆梦行动”等专项活动，落实全团“3个10万+”部署，培育农村青年电商人才1.46万人，累计发放助学金1367万余元，资助6811名贫困家庭学生完成学业，帮助近4000名建档立卡贫困家庭大中专毕业生就业，联系扶持6137名青年扎根贫困地区创业，选派754名西部计划志愿者赴西藏、新疆、云南等地开展教育、卫生、扶贫等志愿服务。

3.发挥比较优势服务人才强省战略。在全国重点高校建立“山西学子归巢工作站”42所，宣讲山西人才政策、宣传山西发展形势，引导晋籍优秀学子返晋发展，助力“晋才晋用”，影响辐射优秀青年学子4500余人；建成青年人才驿站5所，为外省来晋青年学生提供就业创业、城市融入等贴心服务，助推“楚才晋用”，线上线下服务6000余人次；发布实践岗位6298个，上岗实践大学生8000余人，举办各类青年职业技能比赛与培训，培育青年技能人才1万余名，实现“育才晋用”。省委对“青春兴晋”行动给予批示肯定，将团省委纳入“山西省人才服务联盟”。

4.弘扬右玉精神助推生态文明建设。推进“美丽山西·青春行动”，举办全省生态环保骨干培训班，设立“山西省青少年发展基金会生态文明专项基金”，开展“蓝天实验室”等环保实践活动200余次，覆盖108万人次，引领全省青少年投身植绿护绿、文明创城、资源节约、垃圾分类等生态文明实践。

(三)提升服务质效，青少年获得感、幸福感、安全感不断增强

1.落实《中长期青年发展规划(2016—2025年)》。推动省市县三级全部建立青少年工作联席会议制度，完成《山西省“十四五”青少年发展规划》的起草工作。牵头召开全省青少年工作联席会议第二次全体会议，审议通过《未成年人司法保护社会支持体系试点工作的实施方案》，青少年成长发展的政策环境和外部条件日益优化。

2.服务青少年成长成才。深化希望工程，援建希望小学18所、美术室14个、图书室9个，开展安全教育课3960场、团体心理辅导2405场。持续加强青年社会组织和新兴青年

群体联系服务，实施“伙伴计划”“筑梦计划”，建设“青春驿站”300 个，建成县级团属青年社会组织 300 家，社会组织建团率居全团第三。

3.维护青少年合法权益。做好青少年利益表达工作，省市县“与人大代表、政协委员面对面”活动提交涉及青少年发展的议案建议提案 238 件。落实平安山西建设工作要求，在全省建立“青少年零犯罪零受害社区（村）”试点 31 个，推出“守护青春”法治广播 122 期，开展自护教育活动 2774 场，覆盖青少年 11.31 万人，开展禁毒防艾志愿服务活动 512 次、禁毒防艾教育 1000 场，12355 服务热线服务青少年 6990 人。

（四）注重强基固本，团的改革向基层纵深推进

1.基层工作不断加强，基础建设更加完备。大力推进灵丘、石楼改革综合试点工作，形成贫困地区共青团基层组织改革的山西方案。实施山西共青团基层组织改革综合试点工作，选取阳泉和综改示范区为综合试点，其余各市分别为单项试点，推动探索可复制经验。编发基层组织建设、团员发展及管理、团组织选举等工作手册，进一步明确标准，使基层组织规范化建设提档升级。

2.抢抓换届契机推动青联实现结构性变革、创新高校学生会工作架构。省市青联通过换届大幅提高委员会中来自基层和一线的劳动青年代表比例。省青联 500 名委员中基层和一线青年代表 437 人，占比 87.4%；一线青年劳动者 82 人，占比 16.4%，均高于全国青联改革要求。省学联通过换届指导高校学生会大幅精简机构人员，建立“主席团 + 工作部门”工作架构，回归服务同学宗旨。

3.贯彻落实《中共中央关于全面加强新时代少先队工作的意见》和全国少代会精神，扎实履行全团带队职责，推动少先队改革取得制度性突破。出台深化少先队工作体制机制建议、加强各级少工委建设的意见和建立省青少年工作联席会议制度的通知，围绕团教协作提出“双主任”制、“交叉挂兼职”制等 20 项举措，在全省 5403 所中小学建立学校少工委，占中小学总数的 76%。主动与教育、人社部门沟通协调，推动《关于 2020 年度全省中小学校教师系列高级职称评审工作的通知》吸纳了少先队辅导员职称评审的意见，为辅导员参评正高职称明确了政策依据，畅通了少先队辅导员成长路径。

（五）强化政治锻造，从严治团要求得到全面落实

1.以理论武装促政治能力提高。创建理论学习中心组联系示范点，举办党的十九届五中全会精神学习班，通过支部主题教育活动、干部培训、青年大学习等线上线下多种方式，坚持不懈用习近平新时代中国特色社会主义思想武装头脑，统一思想，提高站位，引导各级团干部胸怀“两个大局”，心怀“国之大者”，不断提高政治判断力、政治领悟力、政治执行力，切实增强“四个意识”、坚定“四个自信”、做到“两个维护”。

2.以党建引领促干部履职担当。班子成员发挥“头雁”作用，认真履行“一岗双责”，严格落实全面从严治党责任，坚持党建和业务工作融合互促，巩固深化“不忘初心、牢记使命”主题教育成果，推进机关党支部规范化建设，扎实开展政治监督专项检查整改，引导各级团干部持续增强为党做好青年工作的政治担当。

3.以法治思维促治理效能提升。健全完善团内各项制度和工作流程 21 项，出台重大事项请示报告规定，修订议事决策规则，建立错情通报制度和意识形态工作责任制评估细则，改进考核评价机制，优化基层团组织工作评价指标，夯实信息报送和经常联络机制，着力构建系统完备、科学规范、运行有效的制度体系，实现从严治团常态化、规范化。

4.以好干部标准促干部队伍建设。对标习近平总书记关于党的好干部标准以及对团干部提出的“四点希望”和“六强”要求，结合年轻干部“七种能力”建设，优化团干部专、挂、兼选拔任用机制，鲜明树立重实干、重实绩的用人导向。加强团干部协管工作，全年考察批复团市委班子成员 29 名。

（赵舒悦）

附：共青团山西省委书记、副书记名单

书　记： 张　钧（4 月任职）

副书记： 苏　涛（1—4 月主持工作，5 月离职）

赵　静（女）　周　鹏

吴　兴（挂职，12 月任职）

省妇女联合会党组

党组书记　黄岑丽

2020 年，省妇联党组坚持以习近平新时代中国特色社会主义思想为指导，深入贯彻党的十九大和十九届二中、三中、四中、五中全会精神，全面落实习近平总书记视察山西重要讲话重要指示，围绕省委“四为四高两同步”总体思路和要求，认真履职尽责，主动担当作为，团结引领广大妇女统筹推进常态化疫情防控和经济社会发展、扎实推进山西妇女事业发展取得明显成效。

一、坚持党建引领，良好政治生态持续巩固提升

（一）党的政治建设坚强有力。坚持以党的政治建设为统领，持续巩固深化“不忘初心、牢记使命”主题教育成果，把深入学习习近平新时代中国特色社会主义思想作为重大政治任务，紧密结合学习贯彻党的十九届五中全会精神、《习近平

谈治国理政》第三卷、习近平总书记视察山西重要讲话重要指示以及关于妇女和妇女工作的重要论述等内容,组织党组(中心组)集体理论学习28次、党组会议学习23次、开展集中研讨3次、各支部集体学习182次,持续推动学用工作往深里走、往心里走、往实里走。认真落实意识形态工作责任制,及时充实和调整省妇联意识形态、网络意识形态领导小组组成人员,成立妇女儿童舆情监测、研判和应对小组,定期召开党组会议研究全省妇女意识形态工作,加强妇女儿童舆情监督,营造健康的网络舆论生态。

(二)管党治党政治责任压紧压实。坚持把全面从严治党主体责任扛在肩上、抓在手上,建立完善省妇联党组工作规则、省妇联联系派驻纪检监察组列席省妇联党组会议等制度,制定省妇联党建工作重点任务清单;班子成员认真落实"一岗双责",带头深入基层督导调研并解决党建具体问题。持续加强对党风廉政建设和反腐败工作的领导,支持机关纪委履行纪检监督职责,党组议定重大事项做到及时向纪检监察组报告,重要会议邀请纪检监察组参加;严格落实中央八项规定精神,扎实推进2020年度政治监督专项检查反馈意见整改工作,配合派驻纪检监察组对新调整干部进行集体廉政谈话,处置各类信访举报和问题线索,进一步强化纪律规矩意识,筑牢思想防线。

(三)组织建设扎实有效。坚持正确的选人用人导向,多岗位锤炼干部过硬本领,全方位培养各年龄段干部,配合省委组织部完成1名厅级领导干部的晋升职级工作,选派1名85后处级干部到基层"墩苗",推荐3名干部兼任有关协会领导职务,调整干部3名、晋升职级3名,录用选调生1名。加强干部日常教育管理监督,完成干部调训、集中轮训和在线学习、评先评优以及事业单位重塑性改革等工作,干部状态和素质实现"双提升"。推进党支部规范化标准化建设,完成机关党委、纪委和工会换届工作。推进机关党建与文明单位创建同步落实,围绕纪念中国共产党成立99周年等重要时间节点,开展"践行领袖嘱托、率先蹚出新路"等主题党日和"制止餐饮浪费、培养节约习惯"等宣教实践活动,基层党组织的凝聚力、号召力进一步增强。

(四)巡视整改成效持续巩固。坚持把巡视整改作为重大政治任务,围绕十一届省委第二轮巡视反馈意见制定了整改方案,对3个方面11个问题作了梳理分工,逐项细化到每个班子成员,落实到牵头单位、配合单位,集中力量、集中精力,一件一件地解决、一个问题一个问题地兑现,圆满完成了各项整改任务。坚持把持续整改与建章立制结合起来,开展了三次巡视整改"回头看",动态更新责任清单、完善整改措施、制定和修订制度,开展专项治理7次,促进改革2项,进一步巩固提升了巡视整改成效。

二、提高政治站位,助力夺取"双胜利"成效显著

(一)统筹部署强担当。第一时间发出公开信、倡议书,组织动员广大女党员、女医务工作者、女社区工作者、女新闻工作者、巾帼志愿者等各条战线妇女积极投身疫情防控阻击战,创新"执委、妇女代表+N个家庭"模式,17.9万余名基层妇联干部、执委挺身在前,奋战在村(社区)抗疫第一线,筑牢联防联控、群防群治的严密防线。

(二)宣传引领聚合力。依托学习强国、今日头条等各类平台和全省妇联系统所属网络新媒体矩阵,开展"抗击疫情我们在行动""别样三八节巾帼在行动""防疫有我、爱卫同行"等活动,深入宣传贯彻中央及省委、全国妇联疫情防控决策部署、疫情防控知识,深入宣传各行各业妇女坚守一线、奋力抗疫的动人事。依托省妇儿基金会公益平台,为全省援鄂医护人员家庭免费配送"暖心包"6486人次、总价值达100余万元;看望慰问援鄂医护人员家属,召开援鄂医护人员座谈会,进一步营造全社会携手并肩、向上向善、共抗疫情的良好氛围。

(三)精准服务促发展。聚焦落实"六稳""六保"任务,充分运用网络平台大力开展"居家防疫 网上学技"活动,开设"晋嫂"家政在线课堂,累计70余万人次点击学习。组织"春风行动"女性专场网络招聘活动280场次,帮助2.8万人就业返岗复工;举办女大学生网络招聘会,帮助4000余名女大学生达成就业意向。与建行山西省分行联合出台《关于常态化疫情防控中金融支持妇女创业创新发展的若干措施》,帮助妇字号企业和创业妇女纾解燃眉之急。云上推送特殊时期特别家教,精准服务孕产妇、监护缺失儿童等特殊群体,做好平等就业、女童保护等经常性维权工作,为夺取"双胜利"发挥了半边天作用。

三、立足职能定位,妇女事业发展取得明显成效

(一)以实施"思想政治引领"工程为抓手,党执政的群众基础更加夯实。一是强化主题宣传厚植家国情怀。紧抓"三八""七一"等重要时间节点,组织开展群众性主题教育宣传活动2700多次,推动中央及省委、全国妇联各项决策部署在广大妇女群众中落地生根。二是强化典型选树激发奋进动力。评选表彰省级"三八红旗手(集体)""巾帼文明岗(建功标兵)""五好家庭"等各类先进典型586个,大力宣传各行各业妇女助力疫情防控、脱贫攻坚和高质量转型发展的典型事迹。

(二)以实施"巾帼建功立业"工程为抓手,服务高质量发展更加精准务实。一是搭建平台促创新。举办"女性人才聚力山西高质量转型发展论坛",邀请省内外的专家、学者、女科技工作者和女企业家代表,共同研讨女性人才服务山西高质量转型发展大计。举办金融支持妇女创业创新专题培训班,帮助女企业家树立新发展理念,激发创业创新潜能。二是打造品牌强创业。举办"晋嫂"家政大赛、"三晋巧姐"作品展等创业创新展赛,引导妇女发展手工龙头企业106个、家政服务企业81个,打造形成"三晋巧姐"手工特色品牌和"晋嫂"家政服务特色品牌,带动4.3万余名贫困妇女实现居家灵活就业、转移就业。三是直播带货帮脱贫。开展"云上好品 巾帼

助农”助力消费扶贫活动，各级妇联干部带着贫困妇女一起当“主播”，全省共组织直播活动490多场次，累计6000万人次观看在线直播，总销售金额1100余万元，帮助山西药茶、繁峙晋绣等上千种“妇字号”脱贫基地特色产品“变现”。四是培育基地助振兴。持续把素质提升、产业发展作为实现乡村振兴的关键，选树67个“巾帼农业双创示范基地”，带动1.2万余名妇女参与发展现代农业。

（三）以实施“巾帼温暖人心”工程为抓手，关爱帮扶妇女儿童更加扎实有效。一是完善机制夯基础。组织起草《山西省家庭暴力预防和处置办法（草案）》，积极推动反家暴立法；全面落实预防性侵未成年人、维护女童人身权益工作五项机制和农村留守妇女关爱服务，联合出台《关于加强农村留守妇女关爱服务工作的实施意见》《关于建立保护妇女儿童权益工作合作机制的实施意见》。二是关爱帮扶送温暖。实施“母亲健康快车”项目、农村贫困妇女“两癌”筛查民生工程，改善农村妇女健康状况。开展寒暑假儿童关爱服务和快乐过“六一”共筑家国梦等活动，14.5万儿童及家庭受益。

（四）以实施“巾帼平安创建”工程为抓手，妇女参与基层社会治理更加有序。一是加大普法宣传力度。利用半边天网微等新媒体平台开设“晋姐学法”栏目，推动民法典、妇女权益保障法、反家庭暴力法等法律法规进基层、进家庭，引导广大妇女群众学法守法、遇事找法。二是助力全省“三零”创建。牵头落实婚姻家庭纠纷预防化解各项工作，打造“妇联主导+专家指导”模式深化问题联治、工作联动、平安联创，组织各类女性力量积极参与综治网格、人民调解，排查化解婚姻家庭矛盾纠纷。三是扎实做好经常性维权。拓展12338妇女维权公益热线服务功能，联合省心理咨询师协会等社会力量开通心理援助热线92条，接收来电、来信、来访770人次，接听12338热线482人次、心理热线咨询3144人次，切实维护妇女合法权益。

（五）以实施“家家幸福安康”工程为抓手，家庭文明建设更加富有活力。一是家庭文明建设水平进一步提升。坚持以“小家传大爱、共筑家国梦”为主题，开展“千村万户亮家训”“百万家长学家教”“最美家庭传家风”等家风家教系列主题宣传活动，弘扬良好家风正能量。二是家庭教育指导服务更加有效。投入省级妇女儿童专项资金755万元建立35个省级家庭教育创新实践基地，基层开展家庭教育指导服务的工作能力明显提升。

（六）以实施“深化妇联改革”工程为抓手，妇联组织更加坚强有力。一是改革“破难”彰显成效。坚持把“破难行动”作为深化妇联改革工作的重中之重，选优配强专兼挂相结合的县级妇联领导班子，应换届的115个县妇联全部完成换届。“四新”领域妇女组织覆盖面持续扩大，打造形成“好美·邑家”“七微”等“妇女之家”特色品牌。二是基层执委作用凸显。深入实施“基层妇联领头雁培训计划”，省市县三级妇联共举办培训班293期，培训2.4万人次。创新执委联系妇女群众制度，开展“亮、晒、述、评”活动，推广“1+20”、“一人联三户”、项目领办工作法，引领各级执委在脱贫攻坚、创业就业、家庭教育、权益维护、纾困解难等方面发挥了重要作用。

（王　玥）

附：省妇女联合会党组书记、成员名单

书　记：黄岑丽（女）

成　员：吕惠兰（女）　刘一平（女）　王玉花（女）　赵　晔（女）　张永莉（女，8月离职）　任晋阳（4月离职）　樊清华（12月任职）

省文学艺术界联合会党组

党组书记　郭　健

2020年，省文联党组坚持以习近平新时代中国特色社会主义思想为指导，全面贯彻落实党的十九大和十九届二中、三中、四中、五中全会精神，认真贯彻落实《中国共产党宣传工作条例》和全国全省宣传部长会议精神，深入贯彻落实习近平总书记视察山西重要讲话重要指示，围绕决胜全面建成小康社会、打赢脱贫攻坚战和迎接建党100周年这一主线，将文艺工作融入山西转型发展大局，坚持培根铸魂、守正创新、融通贯通，坚持以人民为中心的工作导向，团结引导全省广大文艺工作者，为繁荣发展新时代山西文艺事业做出了积极贡献。

一、坚持把学习贯彻习近平新时代中国特色社会主义思想引向深入，思想政治引领更加鲜明有力

坚持把学习贯彻习近平新时代中国特色社会主义思想、党的十九届五中全会和省委十一届十次全会精神作为首要政治任务，将深入学习贯彻习近平新时代中国特色社会主义思想与习近平总书记关于宣传思想工作、文艺工作的重要论述紧密结合起来，通过文联全委会、宣讲报告会、党组中心组学习会、各文艺家协会培训班、文艺家座谈会等多种形式，重点引导广大文艺工作者集中学习了习近平总书记关于文艺工作的重要论述、习近平总书记视察山西重要讲话重要指示和“三篇光辉文献”等内容，推动文艺界的理论武装往深里走、往实里做。把教育培训作为思想引领的重要载体和抓手，进一步完善了文艺界教育培训常态化机制，持续深入开展会员培训工作，把政治理论培训和业务培训、品行修为有机结

合起来,扩大了培训覆盖面,增强了培训的实际成效。扎实开展“四力”教育实践,坚持精心组织、务实推进、全员参与、上下联动,推动广大文艺工作者到基层一线去、到人民中去,不断增强脚力、眼力、脑力、笔力。通过持续有力的思想政治引领,全省文联系统和广大文艺工作者进一步增强“四个意识”、坚定“四个自信”、做到“两个维护”,进一步加深对党的基本理论、基本路线、基本方略的政治认同、思想认同、情感认同,进一步坚定用马克思主义文艺观指导文艺实践的理论自觉和行动自觉。

二、突出加强政治建设,文联党的建设和干部队伍建设取得了新成效

坚持以政治建设为统领,严格落实意识形态工作责任制,加强组织领导和制度建设,制定并下发《山西省文联意识形态工作责任制实施办法》《山西省文联关于加强文联组织意识形态工作的通知》,把意识形态工作列入年度工作要点,纳入重要议事日程,纳入党建工作责任制,纳入领导班子、领导干部目标管理体系,与全省宣传思想工作紧密结合,一同部署、一同落实、一同检查、一同考核。认真落实“三会一课”制度,圆满完成机关党委、机关纪委和工会换届,对所属12个社会组织党建工作开展情况进行调研,达到了很好的党建和业务双促进效果。创新工作方式,创造性地开展党员特色教育活动,在建党99周年之际,开展了“我想对党说”、为全体党员集中过“政治生日”、向每一位党员赠送生日贺卡、各党支部开展“重温我的入党志愿书”等主题党日系列活动,增强了党建活动的多样性和开放性,扩大了党内活动的覆盖面,增强了党组织的凝聚力,进一步激励了党员干部干事创业的信心和决心。推进精神文明建设和法治建设,开展“精神文明创建月”活动、组织开展旁听庭审活动、推选学雷锋志愿服务先进典型,营造文明法治氛围,省文联已连续两年荣获“山西省直文明单位标兵”称号。坚持党管干部原则,进一步落实新时代好干部标准,树立选人用人正确导向,不断完善干部工作机制,优化文联干部队伍结构,进一步增强了文联干部做好宣传思想工作和文艺工作的素质本领。

三、围绕大局、精心统筹,努力推动文艺事业和文联工作迈出新步伐

(一)组织创作大量“抗疫”主题优秀作品,营造了全省文艺界“以艺战疫”的浓厚氛围。2020年初新冠肺炎疫情发生后,省文联各团体会员认真贯彻习近平总书记重要指示精神,坚决落实党中央、国务院决策部署和省委、省政府工作要求,一方面积极采取防控措施,第一时间成立防疫工作组,制定《疫情防控工作方案》,积极配合辖区做好联防联控工作,全力保障干部职工安全;另一方面充分发挥文艺优势,努力为抗击疫情贡献力量。1月28日,向全省广大文艺工作者发出倡议书,组织动员文艺界勇担使命,主动投身以抗击疫情为主题的文艺创作,推出了一批内容鲜活、形式多样、影响广泛的优秀文艺作品。共收到文学、书法、美术、音乐、舞蹈、曲艺、摄影、杂技、剪纸、微电影、短视频等各类原创作品4600余件,在“山西文艺微矩阵”平台以“勇担使命·共克时艰——山西文艺界在行动”专栏形式展示展播,发布专题报道159篇,并择优在《山西日报》、中国文艺网、人民网、学习强国等媒体宣传刊发,很好地起到了鼓舞斗志、抚慰人心、凝聚力量的作用。以抗击疫情为主题,举办了“众志成城 春暖花开”书法美术摄影作品特别展、“为战疫铸魂 向英雄致敬”大型书法创作公益赠献仪式、“大爱无疆 不负韶华”山西省抗击新冠肺炎疫情美术书法作品展、“丹青载道 大爱无疆”三晋书画名家抗疫书画展等文艺活动,以艺术弘扬大爱精神、致敬最美逆行者,展出的优秀作品无偿赠予了山西支援湖北医疗队的一线医务人员。积极组织全省文艺工作者和文艺志愿者参加“文艺进万家、健康你我他”网络文艺志愿服务活动,通过各类网络平台进行文艺创作、举办公益课堂、参与方舱直播,在线直播共计42个小时,录制短视频326条,其中仅参与方舱直播的舞蹈类课堂,累计粉丝数71.3万人次,获赞数404.5万人次。省文联所属各协会充分利用新媒体、融媒体传播平台,以多种形式和手段,对抗疫典型、抗疫精神进行了艺术化的重塑和再现,各市文联也积极响应号召,组织开展抗击疫情、推进复工复产主题文艺创作,用心用情推出一批书法、美术、摄影、曲艺、舞蹈、剪纸、戏曲、微电影、短视频等文艺作品,真实记录感人的抗疫故事,表达对奋战在抗疫一线的广大医务工作者和干部群众的敬意。

(二)紧扣中心工作及重要时间节点,扎实开展全面建成小康社会等重大主题文艺工作。聚焦决胜全面小康、决战脱贫攻坚这条主线,按照省委宣传部统筹安排,组织举办了美术摄影歌曲作品采风创作展览展示系列活动,突出全面打赢脱贫攻坚战,全方位宣传展现了全面建成小康社会的伟大历程、伟大成就、伟大经验。“脱贫攻坚 奋进小康”山西省美术摄影展聚焦“转型发展”“产业扶贫”“右玉精神”“乡风文明”4个主题,共征集美术作品441件,评选出入选作品184件;摄影作品3700件,评选出入选作品150件。参展作品内容丰富、形式多样、艺术精湛,再现了广大干部群众上下一心、众志成城、排除万难、脱贫攻坚的感人故事和美丽瞬间,体现了文艺工作者践行“以人民为中心”的创作导向和使命担当,全面展示了党的精准扶贫政策在三晋大地的生动实践和丰硕成果。“决胜全面小康、决战脱贫攻坚”优秀主题歌曲征集活动面向全省广大音乐工作者征集了一批立足山西、立足全面决胜小康、决胜脱贫攻坚的主题歌曲,在山西文艺微矩阵集中宣传、展播和推广,以新鲜的视角、生动的笔触讴歌党、讴歌祖国、讴歌人民、讴歌英雄,为脱贫攻坚助力、为全面建成小康社会献礼。省文联高度重视脱贫攻坚工作,党组成员带头多次深入定点帮扶村,组织干部职工下乡对接、调研十余次,通过文化扶贫为贫困地区提供精神动力、道德滋养和文化条件,同时结合经济扶贫,真正改善贫困地区的落后状况,带领贫困群众脱贫致富。

(三)突出“送文化”与“种文化”相结合,广泛开展“深入生活、扎根人民”主题实践和文艺志愿服务活动。坚持“送文

化”“种文化”“兴文化”相结合，突出文艺培训、辅导支教与慰问演出等多重职能，引导广大文艺工作者深入到生活实践的最前沿，推动解决创作浮躁、脱离大众等问题，在不断提高志愿服务供给质量的过程中，提升文艺工作者的思想境界和创作水平，提升公共文化服务覆盖面和参与度。各省级文艺家协会多次组织专家走进社区、走进学校、走进乡村，举办了“山西省书法家协会书法(公益)培训班”“太原莲花落培训班”“民族民间舞名家讲座”等各类讲座，为基层文艺工作者讲授书法、摄影、民俗、舞蹈、曲艺、杂技等艺术门类的专业知识和创作经验，参与授课老师近千人，受益群众五万余人。“两节”期间，组织54支文艺志愿服务小分队赴吕梁临县、晋中寿阳县南燕竹镇、吕梁文水县刘胡兰镇等64个乡镇进行理论宣讲、慰问演出、展览展示、辅导培训，面对面服务基层群众3万余人，切实把丰富的精神大餐送到百姓身边，深受当地群众的喜爱。在“5.23”中国文艺志愿者服务日，各省级文艺家协会采取线上线下相结合的方式，以网络直播展播、微信自媒体授课、深入乡村、医院、社区、院校等基层一线慰问演出多种手段，开展了丰富多彩的“到人民中去”文艺志愿服务。开展山西省“圆梦工程”文艺培训志愿服务活动，邀请北京山西两地高校教授和省级文艺家协会会员、优秀文艺志愿者，与36个贫困县定向“结对子”，通过腾讯微视面向大众开设音乐、美术、舞蹈、书法等系统性直播课程，19位专家共开展114次直播授课，打通了文艺志愿服务“最后一公里”，实现了省、市、县、乡、村五级联动，为基层文艺人才学习提升搭建了良好平台。把“深入生活、扎根人民”的成果，体现到文艺创作和活动中，举办了“向人民汇报”山西省书法美术摄影艺术家深入生活、扎根人民优秀作品汇报展等主题展览，展示了全省文艺工作者“深扎”实践的最新创作成果和精神风貌。

四、勤政务实，依法办事，持续推进党风廉政建设和作风建设

坚持两手抓两手都要硬，始终把党风廉政建设和反腐败工作摆在突出位置，纳入总体部署。全面落实从严治党和党风廉政建设主体责任，严格贯彻执行中央八项规定和实施细则精神，牢固树立守土有责、勇于担当的意识，自觉把党风廉政建设放在重要位置，从实际出发，坚持问题导向，在真抓常抓、抓紧抓实上下工夫，切实肩负起重大政治责任，当好党风廉政建设的领导者、执行者、推动者。坚持以上率下、注重基层、加强督导，大力加强作风建设，健全长效机制，纠正“四风”不止步，切实解决形式主义、不严不实和机关化、行政化等问题，切实转变工作作风，改进工作方式，努力营造风清气正、干事创业的环境。以反腐败永远在路上的坚韧和执着，切实加强文联党风廉政建设，强化日常管理监督和廉政风险防范措施，坚持廉洁谈话制度，严格执纪问责，让党员干部知敬畏、存戒惧、守底线，真正做到让党放心，让人民群众满意。

（樊丽红）

附：省文学艺术界联合会党组书记、成员名单

书　记：郭　健

成　员：和　悦　王招宇　靳　忠　李剑斌

省作家协会党组

党组书记　杜学文

2020年，省作协党组中心组围绕习近平新时代中国特色社会主义思想等学习16次，组织各党支部分别开展11次党日活动。全年组织约500人次参加40余次培训。巩固主题教育成果，推进增强“四力”教育实践工作，举办省作协青年干部增强“四力”培训活动。加强研究阐释，出版理论专著《中华审美的创造性转化与创新性发展》，一批理论与评论文章在《文艺报》与“学习强国”等平台发表。通过努力，广大作家和文学工作者以习近平总书记关于文艺工作重要论述指导工作、推动创作的坚定性和自觉性进一步增强。

一、坚持全面从严治党，压牢压实主体责任

召开党的建设和党风廉政建设工作会，开展党风廉政风险研判。进行先进典型学习和廉政警示教育。在重要节点坚持集体警示谈话，锲而不舍落实中央八项规定及其实施细则精神，时刻防范“四风”问题隐形变异新动向，坚决破除形式主义、官僚主义。进一步规范干部管理，完成干部人事档案数字化、文学创作资格评审等。配合省纪委驻省委宣传部纪检监察组开展监督检查。配合审计组完成相关任务。落实意识形态工作责任制，研判意识形态形势，不断健全制度，加强对刊物、网络、微信公众号及文学活动的引导，加强网络意识形态和网络安全管理，牢牢掌握意识形态工作领导权。按照省委巡视要求积极开展整改工作。扎实开展法治建设，将法治建设列入年度工作要点，组织人员参加全国基层作协负责人著作权保护培训班、中国作协“到人民中去”职业道德教育与文学社会服务实践活动，邀请中国作协专家开展“普法巡讲”，还下发学习资料，组织网上答题，观看法院庭审，开展集中宣讲，参与制作法治动漫微视频，开展“宪法宣传日”活动等。开展“推荐一本好书”“读书月经典诵读活动”等读书活动和“博爱一日捐”等志愿服务活动。推动定点帮扶村人均可支配收入同比增长约25%。以意识形态工作为重点全面落实党委(党组)国家安全责任制。按要求推进安可工程和节能减

排。关心离退休干部,落实老作家影像资料片拍摄工程。完成办公地址搬迁。通过努力,省作协和"一院两刊"保持"省直文明单位标兵"称号,省作协获中国作协 2019 年度信息工作先进单位荣誉称号,1 人获中国作协 2019 年度信息工作优秀个人,省作协调研报告获省委宣传部 2020 优秀调研报告奖,省作协定点帮扶村被临汾市精神文明建设指导委员会评为"2018—2019 年度临汾市文明村"、被省爱国卫生运动委员会评为"2020—2022 周期省卫生村"。

二、认真推进改革

按要求推进事业单位重塑性改革,山西文学院、山西文学月刊社、黄河杂志社整合组建为山西文学院(山西网络文学院),名家名作杂志社转企改制。按要求推进内设机构调整,撤销省作协影视文学创作部,设立社会联络部,加挂权益保护办公室牌子。适应疫情防控要求,创新方式联合省图、市图等单位举办"文学会客厅""南华视角阅读推广""山西作家进校园""游山西·读历史"等线上公益讲座与"文学照进创想新(好)书分享会""2020 年山西大学生网络改稿会"。联合市县文联(作协)等举办"山西作家走进基层"系列活动。通过努力,除山西文学博物馆正在推进外,省作协关键性改革任务基本落实。

三、扎实开展"深入生活、扎根人民"主题实践活动

投身疫情防控阻击战,省作协在全国文学界率先发出倡议,全省各市及企业文联(作协)积极响应,数百篇作品在《人民日报》《文艺报》《光明日报》、"学习强国"等重要平台发表,完成《经络山河——山西中医抗疫调查》《天使的模样》等多部长篇作品,联合《山西日报》开设"抗疫一线的故事"专栏整版刊发系列抗疫作品,举办了抗疫文学党员作家代表慰问活动。按照省委"游山西·读历史"活动部署,联合省文旅厅、香港商报等开展"第五届著名作家看山西·晋中行"采风创作活动,配合中国作协举办"我们向着小康走"中国作家山西行主题采访活动,围绕脱贫攻坚、污染防治、转型综改、山西历史文化等组织作家分别赴岢岚、安泽、沁源、综改示范区、武乡、阳城等地采风,出版芮城采风散文集《黄河边上的绿太阳》与援疆采风作品集《山西文学·援疆专号》。选调基层同志到省作协挂职,安排省作协同志到扶贫点挂职。5 位作家进入中国作协定点深入生活扶持项目行列,占全国 102 项近 5%的比例,居全国前列。落实《山西省繁荣中长篇小说创作工程实施方案》扶持 5 部作品。规划创作跟踪《绿》《药茶飘香》《破解特钢密码的人》以及《红色银行》《沁源围困战》《坚守 1921》等作品。

四、努力提升山西文学话语权

完成第二届签约文学评论家签约工作并举办文学沙龙,一批关注创作热点、评介山西省作家作品的理论评论文章发表。进一步规范办刊、办网、办公众号程序,把握正确导向。《山西文学》《黄河》全年有 156 篇(次)作品被全国各选刊转载,同比增长 173%。《山西文学》刊发的《404 的客人》《王娜娜女士出门远行》入围 2020 年度"城市文学"排行榜,在全国 50 家知名文学刊物 230 篇作品中脱颖而出。《黄河》刊发的《次要经历》获江苏省第七届紫金山文学奖·中篇小说奖。筹建山西文学博物馆。联合市图筹建山西作家馆。山西文学院联合河北、重庆文学院持续推介山西省作家作品。借助"一院两刊" 及文学专业委员会微信公众号推送山西省创作动态。通过努力,《山西文学》《黄河》 作品转载量在全国名列前茅,进入全国文学期刊第一方阵。

五、不断强化精品创作和队伍建设

聚焦脱贫攻坚,哲夫参与中国作协和国务院扶贫办"脱贫攻坚题材报告文学创作工程",完成《爱的礼物》并由作家出版社出版。鲁顺民、杨遥、陈克海《掷地有声——山西第一书记故事》由省扶贫办、省作协、山西出版传媒集团联合主办出版推介座谈会。鲁顺民、陈克海《赵家洼的消失与重生》进入"十三五"国家重点出版物出版规划项目、中宣部 2020 年主题出版重点出版物《十村记:精准扶贫路》丛书。杨遥创作出版以山西省第一书记为原型的长篇小说《大地》《父亲和我的时代》收入中国作协《扶贫攻坚中短篇小说精选》。郭万新深入朔州西易村创作出版《传奇西易》并由人民日报出版社出版。任勇《火山黄花季》等一大批脱贫攻坚作品将陆续问世。蒋殊采访沁源围困战完成《沁源 1942》并由省作协、山西经济出版社和沁源县委宣传部主办座谈会。张卫平《红色银行》入选 2020 年中国作协重点作品跟踪项目。纪念中国人民志愿军抗美援朝出国作战 70 周年, 林小静在发表一批文章的基础上正创作《跨过鸭绿江——抗美援朝中的山西铁路工人》。纪念抗日战争胜利 75 周年,杨晋林推出《破晓计划》。联合《山西日报》开设"决战完胜 走向小康"专栏刊发数十篇反映全省脱贫攻坚、转型综改与"山西三宝""山西药茶"、大同黄花基地、太钢手撕钢项目、汾河历史变迁与治理成效的数十篇作品。完成"2016—2018 年度赵树理文学奖"颁奖仪式、第二届右玉·《黄河》年度文学奖评选工作、首届"汾酒杯"《山西文学》双年奖评选表彰工作,举办"诗酒杏花村"诗歌创作大赛及"沁源赋"文学大赛等。"双百工程"出版 5 部传记。联合《小说选刊》举办"新中国文学 70 年与新时代创作"研讨会,繁荣影视文学创作举办电影《来处是归途》观摩研讨会,总结老作家创作成果举办《蔡润田文集》研讨会,加强宣传推介举办张平《生死守护》读者见面会,关注重大现实题材创作举办《赵家洼的消失与重生》《爱的礼物》研讨会。助推青年作家成长,完成第六届签约作家摸底汇总与第七届青年作家签约工作,举办 2020 山西中青年作家高级研修班、中长篇小说创作研修班与儿童文学创作培训班,推荐作家参加鲁迅文学院第 38 届中青年作家高研班(编剧班),举办 5 场晋军新锐作家论坛,为文化名家创建工作室带动青年作家成长。团结引导服务网络作家,加大签约作家中网络作家占比,举办第二届山西网络作家培训班,推荐百余位网络作家参加中国作

协、团中央举办的全国网络作家培训班等，举办网络文学专题讲座。做好会员工作，吸收省作协新会员292人，同比增长近70%，会员中青年作家比例大幅增加。

通过努力，一批作品在《人民文学》等重要报刊发表，并被《小说选刊》《小说月报》等权威选刊转载，入选多种年度选与相关排行榜，一批优秀作品出版问世，一批作家作品获重要文学奖项。张平《生死守护》获曹雪芹华语文学大奖·长篇小说奖及第五届长篇小说年度金榜，蒋韵、葛水平、李骏虎、吕新、崔昕平、张锐锋、蒋殊、张二棍等作家获得丁玲文学奖、《小说选刊》年度大奖、《作家》金短篇小说奖、少儿科幻星云奖评论银奖、中国散文年会年度奖、闻一多诗歌奖等。《掷地有声——脱贫攻坚山西故事》《山河之诺》《梦想天空》获山西省精神文明建设"五个一工程"奖等。

（许小登）

附：省作家协会党组书记、成员名单

书　记：杜学文

成　员：罗向东

省科学技术协会党组

党组书记　张敬平

2020年，省科协在省委、省政府的坚强领导和中国科协的有力指导下，以习近平新时代中国特色社会主义思想为指导，深入学习贯彻落实习近平总书记关于科技创新、科协工作的重要论述，认真落实省委、省政府决策部署，扎实履行"四服务"工作职责，深入实施科普、学术、智库"三轮驱动"，履职尽责，团结引领广大科技工作者积极投身转型发展主战场，开拓创新，锐意进取，全面完成了年度目标任务，为山西省转型发展蹚新路作出积极贡献。

一、全面提高科协组织党的建设质量，着力加强模范机关建设

（一）坚持不懈加强理论武装。把学习贯彻习近平新时代中国特色社会主义思想作为首要政治任务，着力抓好习近平总书记视察山西重要讲话重要指示、习近平总书记"三篇光辉文献"和《习近平谈治国理政》第三卷等的学习贯彻，确保习近平总书记重要讲话重要指示精神在科协系统落地生根。全年组织党组理论学习中心组学习24次，专题交流研讨学习9次。

（二）大力加强基层党组织建设。加强省科协机关、直属单位及所属各学会等党的基层组织建设，持续增强基层党组织的战斗堡垒作用，增强政治功能和组织力。强化抓基层党建第一责任人职责，提升省科协系统所属党支部规范化建设水平和党员教育管理质量。

（三）推动全面从严治党向纵深发展。召开省科协党的建设和全面从严治党工作会议、党风廉政警示教育大会，把党章党规党纪作为重点纳入学习计划，加强党性修养。狠抓纪律作风建设，坚持不懈抓好中央八项规定精神的贯彻执行，坚决杜绝形式主义、官僚主义，营造风清气正良好政治生态。

二、强化对科技工作者的政治引领，把科技工作者紧紧凝聚在新时代的思想旗帜下

（一）坚持把党的政治建设摆在首位，进一步筑牢科技界共同思想基础。举办科技工作者学习班，召开省级学会服务科技经济融合发展行动座谈会、涉农学会座谈会，专题学习习近平总书记视察山西重要讲话重要指示、省委十一届十次全会精神等，引领科技工作者把思想和行动统一到中央、省委的决策部署上来。

（二）增强网上群众工作本领，深入开展习近平新时代中国特色社会主义思想宣传教育。加强"山西科协""党的创新理论微讲堂"等网络平台建设，省科协网络传播力、引导力、影响力持续提升。山西省科协在"中国科协网络平台宣传评价排行榜"地方科协总排行榜中名列第5名，"山西科协"微信名列第3名。

（三）引领科技工作者奋勇争先，在抗击疫情第一线践行初心使命、体现责任担当。省科协开展全方位、多层次的疫情防控科普宣传和科技服务，助力疫情防控、复工复产。组织专家学者创作科普文章169期；制作宣传片16期在太原公交车载电视和楼宇电视滚动播放；录制短音频100期在广播频道播出。组织省医学会专家3372人，免费为群众提供在线问诊服务36万人次。

三、强化项目为王的鲜明导向，把招才引智作为科协工作的头等大事

（一）实施招才引智计划。建立院士工作站、专家工作站、技术创新中心10个，开展"院士专家山西行"活动12场，10名院士来晋作主题报告、开展决策咨询。建立完善院士专家库和科技成果库，122名院士和200余项科技成果入库。新建学会服务站23个，其中国家级学会服务站4个。

（二）大力弘扬新时代科学家精神。举办"我和我的祖国——中国科学家精神资料选展"等系列主题宣传展示活动，对7位在晋工作院士、188位抗疫医务科技工作者等进行深入宣传，3.45万人次线下观展，30.98万人次线上观展。认真落实省长林武批示精神，举办山西省"全国创新争先奖"

获得者媒体见面会,邀请主流媒体对获奖的省农科院研究员姚建民先进事迹进行专题报道。与省委宣传部联合开展了2020年度山西最美科技工作者遴选活动。

(三)营造大众创业万众创新浓厚氛围。联合省发改委等举办2020年全国大众创业万众创新活动周山西分会场活动。线上展出创新创业项目395个,线下举办论坛、峰会等21场,群众性竞赛5项。联合省总工会、团省委开展农村领域"五小"竞赛活动,与省农业厅联合举办第四届"三晋新农人"创业创新竞赛等。

四、聚焦国家转型综改试验区建设,培育壮大新动能新产业

(一)实施"2020年山西省服务科技经济融合发展行动"。成立中国科协山西省政府全面战略合作领导小组,推进科技经济融合发展工作。省科协联合省工信厅实施"2020年山西省服务科技经济融合发展行动",吕梁市被确定为中国科协"科创中国"首批22个试点城市之一;组建科技服务队10支,成立大数据、药茶等相关领域的科技经济融合创新组织10个,建设科创中国(山西)科技经济融通平台1个。

(二)搭建高端开放智库平台。召开"打造一流创新生态、服务山西转型综改"座谈会,对院士专家的意见建议进行了全面梳理、汇总和上报。开展学习贯彻全省科技大会精神问卷调查,征集科技工作者意见建议,上报省委领导审阅。举办第二届晋科智库论坛,围绕黄河流域生态保护和高质量发展、抗疫情促发展等开展专题调研、提供对策建议。

(三)开展服务企业创新系列活动。围绕企业技术创新开展"讲理想、比贡献"活动,征集合理化建议1245项。完成"金桥工程"立项项目40项。举办"知识产权战略巡讲",开展创新方法推广应用,为企业培训创新人才270人。帮助科研院所、企业办理技术合同认定登记96份,为企业免税573.35万元。

五、聚焦山西农谷建设,推动现代农业发展和乡村振兴

(一)举办2020山西省科协年会。围绕"科技赋能 创新引领"主题举办2020年山西省科协年会,活动由科技助力农谷创新发展、"科创山西"科技经济融合发展系列论坛、院士专家山西行三大版块组成。十名院士、百位专家深入全省,举办报告会、技术对接、咨询服务等活动50场次。

(二)拓展科普惠农行动。建设科普惠农中心服务站16个;联合省农业农村厅举办2020年山西功能农产品品牌建设活动;受省委组织部委托,制作完成100部农业科普片,在共产党员网陆续播出。

(三)实施科技助力精准扶贫工程。举办线上培训126期(252场次),受众15.1万人次。"农村微课堂"推出农业技术等科普课件1829期。在临汾市举办实用技术培训51场,在吕梁市为1550人举办畜牧养殖技术培训,为保德县6万亩有机旱作谷子标准化种植示范项目提供技术服务。

六、聚焦全民科学素质体系建设,推动科普工作优化升级

(一)健全完善全民科学素质长效机制。推动省直单位开展特色科学素质活动24项,对全省"十三五"期间全民科学素质工作进行总结评估。举办公众科学素质网络知识竞赛,联合省教育厅开展"开学第一课防疫在校园"科普直播课,1000所学校、10万名中小学生参与。

(二)全面提升科普信息化水平。开发图书、挂图、视频、H5海报等科普资源400余套件,新增资源量300GB。制作科普大篷车电视节目52期在61家市县电视台播出。

(三)创优升级科普活动品牌。开展"全国科普日"系列活动,举办省城主场重点科普活动41项。开展科普教育基地联动开放活动,45家科普教育基地对外免费开放。联合省直工委、省卫健委举办"健康科普讲座进机关活动"48场。举办第九届中国科普摄影大赛,收到全国作品9968件。成立了山西省心肺复苏急救科技志愿服务总队,在全省开展心肺复苏急救技能培训100余场,培训12360人。

七、大力推进科协系统深化改革,为科协事业高质量发展提供坚强保障

(一)推动科协系统改革走深走实。在中国科协发布的《地方科协改革活跃指数榜单》5项一级指标排行榜中,山西省科协有3项指标(新时代科协改革推进强度、创新科技类公共服务产品、思想政治引领)名列全国前十名。

(二)扩大科协组织和工作有效覆盖。推动成立山西综改示范区科协、晋中师范高等专科学校科协。着力推动县、乡镇(街道)两级"三长制"改革工作,全省有59个县(市、区)、1167个乡镇(街道)实现"三长"全覆盖。

(吕　伟)

附:省科学技术协会党组书记、成员名单

书　记: 张敬平(女,3月任职,10月离职)

成　员: 温万一(10月主持工作)　郝建新

省工商业联合会党组

党组书记　刘海芸

2020 年，省工商联党组深入学习贯彻党的十九届五中全会精神、习近平总书记视察山西重要讲话重要指示和关于民营经济系列重要讲话精神，按照“四为四高两同步”总体思路和要求，以全面落实省委“三项任务”为牵引，紧扣“两个健康”工作主题，深入落实加强民营经济统战工作意见精神，战疫情、助转型、优环境、稳预期、激活力，各项工作取得积极成效。

一、以“三项任务”为统领，全面贯彻落实党中央和省委省政府战略部署

2019 年 12 月 20 日，省委书记楼阳生主持召开党外人士座谈会，对工商联工作高度肯定并提出明确要求，部署“企业家队伍建设”“以商招商”“优化营商环境”三项任务。省工商联合会高度重视，多次召开主席办公会、党组会研究，把“三项任务”作为工商联系统基础性、全局性、牵引性重点工作，成立以会主要领导担任组长的工作领导组，明确工作思路，制定《落实“三项任务”工作方案》，发动全省工商联系统三级联动，通过定目标、定任务、定措施、定责任、定时间，建账、理账、对账、交账、算账“五定五账法”，强化“三项任务”落实机制，确保“三项任务”扎实有序推进。

（一）着力加强企业家队伍建设

1.实施万名企业家培训计划。创办晋商培训学院，全省民营企业家队伍建设开创新局面。全年共举办 13 期培训班，共计培训企业家达 1700 余人。针对疫情，创新开展 12 期线上“晋商大讲堂”，学习人数超过 2.4 万人次。组织完成 1798 家商会，18252 家企业信息，进一步完善代表人士数据库。

2.营造健康成长舆论氛围。深入宣传党中央和省委、省政府关于民营经济的政策措施，在新华社（新华网）、中华工商时报、山西日报以及中华工商网、全联通、学习强国等全媒体平台刊文近 400 篇，《晋联通》推送 2159 条信息，展示民营企业和企业家良好形象。

3.探索开展新时代商德文化研究。邀请 40 余位专家学者及企业家参与研究工作，从多个层次、多个维度深挖细研商德文化内涵和实践，形成研究成果 30 余篇。

4.举办民企百强发布会。发布 2020 山西民营企业 100 强、制造业 20 强、服务业 20 强和百强企业分析报告，创新设立最具发展潜力 20 家榜单，充分发挥骨干企业典型示范作用。

（二）着力搭建以商招商大平台

1.发挥系统优势推动以商招商。制定《关于推动开展以商招商工作的通知》，向各级工商联、省属商会、国内外异地晋商会发出号召，据不完全统计，共推动“以商招商”项目 538 个，涉及金额 1189.88 亿元；落地项目 287 个，涉及金额 459.56 亿元。

2.借力助力推进以商招商。以上海“进博会”为契机，联合有关部门举办 2020 第二届世界晋商（上海）论坛，召集全国 70 余家山西商会召开异地晋商组织联席会议。期间召开山西“以商招商”推介会和转型综改示范区（上海）招商推介会。13 个商会“以商招商”项目、16 个转型综改区招商项目现场签约。

（三）着力促进营商环境不断优化

1.引导民营企业投身全省转型蹚新路。组织“向企业家学习——运城行暨全省民营经济转型发展推进会”，200 多位民企代表与运城市进行了对接洽谈，成功签约 26 个项目，总投资 129.14 亿元。开展“民营企业进国企”活动，促进民企与国企合作发展。

2.深化双月政企对接活动。聚焦企业需求，加强部门合作，组织 6 期政企对接。针对民营企业融资问题，与人民银行太原支行共同举办“互信互促互赢”银企对接会，20 家省级金融机构给 17 家民营企业授信超过 56 亿元。针对混改工作，联合举办了省属国有企业“腾笼换鸟”项目推介会，13 个“腾笼换鸟”项目完成签约。

3.开展民营经济政策落实专题督导调研。围绕民营企业发展存在的问题开展专题调研，归纳出 3 大领域 10 个方面 40 条具体问题，形成专题调研报告，积极推动相关问题解决。进一步畅通诉求反映渠道，完善领导干部联系民营企业和商会制度，初步建立骨干企业直通车制度，协助省委办公厅、省政府办公厅、发改委等部门组织召开座谈会，推动民营企业和商会有效参与涉企政策制定，深化部门合作机制，推动问题有效解决。

4.创新开展法律服务，营造良好法治环境。与省检察院联合出台了《全省检察机关派驻工商业联合会检察联络室工作办法》，在省市县三级工商联设立检察联络室，选聘“护航民企”特约监督员。开展法治需求调研、民企进两院、法律进商会、宪法宣传周等系列活动。疫情期间组织 149 名律师，开展线上线下志愿服务，为中小微企业提供专业法律服务。指导推进商会人民调解工作，省广东商会人民调解委员会荣获司法部 2020 年度全国模范人民调解委员会称号。

二、以“两个健康”为主题，全面创新服务民营经济新模式

（一）开展精准调研，形成“全会参政”新局面

围绕“四为四高两同步”总体思路和要求，坚持“一线工作法”，进一步听取民营企业和商会负责人意见建议，把

调研成果转化为提案建议，提交提案23篇，19项立案，1项被列为省领导重点督办。2件提案被全国工商联选用提交全国“两会”。疫情期间，开展“全省民营企业受疫情影响专题调研”和“全省民营企业复工复产情况调查”。在民营企业调查点工作中，荣获全国先进省级工商联荣誉。在2020年全国工商联优秀调研成果评选中，获得1个一等奖、2个二等奖、2个三等奖。在全国工商联理论研究和工作实践创新成果评选中，获得1个二等奖、1个三等奖。

(二)加强组织建设，不断延长工作手臂

完成工商联届中调整，增补常委11名，执委27名。开展市级工商联工作评价，推动“五好”县级工商联和“四好商会”建设，开展“一个设立五个有”回头看工作，组织市县工商联和商会成立工作组进行互学互促。开展“光彩会”、民营经济研究会换届工作。推动成立工商联“关工委”，实现老一代企业家对年轻一代“传帮带”作用。推动工商联所属商会改革，出台《商会管理办法》。推动综改区和各级开发区成立工商联组织，3家开发区成立了工商联组织。

(三)引导民企履行社会责任，抗疫脱贫有成效

新冠疫情爆发后，山西省工商联发布《关于积极应对新型冠状病毒感染肺炎疫情防控的倡议书》《致海外晋商朋友的一封信》，引导各级工商联、商会、海外晋商组织和广大民营企业积极做好疫情防控阻击战。据不完全统计，全省4500多家民营企业、商会和海外晋商组织捐款捐物超5.5亿。继续开展“千企帮千村——精准到户”扶贫行动，大力推进工商资本下乡。举办“民企助力巩固脱贫成果——临县行活动”，140家企业、商会认购农特产品1950万元、提供就业岗位5000余个。组织全省挂牌督战贫困县与龙头企业产业项目对接，签约产业合作项目49个，总投资额85.296亿元。全省2576家民营企业投资42余亿元，实施帮扶项目10243个，帮扶6306个村的47.87万贫困人口。开展了全省“千企帮千村——精准到户”扶贫行动先进民营企业表彰，对90家先进民营企业和33家组织工作先进集体进行通报表扬。全省先后有12家企业获评全国“万企帮万村”先进民营企业，3名企业家荣获全国脱贫攻坚奖，81名企业家荣获全省脱贫攻坚奖。省工商联等4家单位荣获全国“万企帮万村”组织工作先进集体。

三、以“112233+N”为抓手，全面推动党建工作再上新台阶

(一)扛起管党治党主体责任

始终坚持将党的政治建设摆在首位，坚决维护以习近平同志为核心的党中央权威和集中统一领导，坚决贯彻执行党中央和省委各项决策部署，深入学习《党委(党组)落实全面从严治党主体责任规定》和省委《贯彻落实〈党委(党组)落实全面从严治党主体责任规定〉实施细则》，研究制定了《省工商联党组领导班子、主要负责人及其他党组成员落实全面从严治党主体责任清单》。召开党建和党风廉政建设工作专题会议，签订党建和党风廉政建设责任书，层层压实责任。

(二)强化党建制度体系建设

建立了《落实习近平总书记重要讲话和中央、省委有关决策部署台账》，研究制定《省工商联党建工作分级责任清单》《省工商联党组监督事项清单》《省工商联廉政风险自查情况》等有关措施。建立“三重一大”信息台账，严格落实“三重一大”的工作程序，形成了风清气正的良好政治生态。着力提升党组中心组学习效果，组织各支部开展灵活多样学习方式，强化制度落实，筑牢遵纪守法的思想防线，机关全体人员政治意识、规矩意识、制度意识进一步增强，为贯彻落实从严治党提供有力的制度保障。

(三)开展“十百千”党建工作

“十百千”非公企业和商会党建是指建立10个民企党建教育基地，打造100个民企党建示范点，创建1000个民企党建云端支部。6月推出“晋商党建”APP平台，上线支部已达1600余个，注册党建管理员2041位，正式党员18134人，预备党员1319人，流动党员5043人。省工商联执委企业、市级工商联常委企业“晋商党建”APP实现全覆盖。

(李　彪)

附：省工商业联合会党组书记、成员名单

书　记： 刘海芸(女)

成　员： 邢利民(11月离职)　梁　荣

卫明喜(11月任职)　李剑英

省残疾人联合会党组

党组书记　卫　国

2020年，省残联党组坚持以习近平新时代中国特色社会主义思想为指引，深入学习贯彻习近平总书记视察山西重要讲话重要指示和关于残疾人事业的重要论述，深入学习贯彻党的十九届五中全会精神和省委十一届十次全会精神，增强“四个意识”、坚定“四个自信”、做到“两个维护”，围绕省委“四为四高两同步”总体思路和要求，担当作为、务实奋进，统筹推进疫情防控和事业发展，圆满完成全年各项工作任务。

一、坚决贯彻落实党中央及省委的决策部署，全面落实疫情防控责任

深入学习贯彻习近平总书记关于疫情防控的重要讲话重要指示精神，坚决贯彻落实中央和省委决策部署，召开专

题党组会议部署疫情防控工作，把做好疫情防控工作当做当前最大的政治任务。加强残疾人各类培训服务机构、就业单位、扶贫基地及各级残联机关办公场所的定点防控，领导班子成员分别带队到各直属单位检查指导疫情防控工作。与省财政厅联合印发做好疫情防控期间残疾人就业和生活保障工作的通知，对残疾人就业机构、残疾儿童康复训练定点机构及因感染、隔离和受疫情影响导致生活困难的残疾人给予一次性补助。通过电视和广播向广大残疾人专题普及疫情防控知识，增强防范意识和防护能力。

二、强化政治引领，扎实推进全面从严治党

（一）深化思想理论武装，坚定理想信念

党组把学习贯彻习近平总书记视察山西重要讲话重要指示、党的十九届五中全会精神、习近平总书记“三篇光辉文献”及省委十一届十次全会精神作为当前和今后一个时期的重要政治任务，累计学习、宣讲、交流28次，切实做到先学一步、深学一层，大力营造浓厚学习氛围。多次集体学习并专题研究意识形态工作，扎实开展意识形态领域形势研判和处置工作。

（二）坚定全面从严治党，营造良好政治生态

严格落实民主集中制，全年共召开党组会40次集体研究决定“三重一大”等重要事项。配合开展省纪委监委政治监督专项检查，受到检查组充分肯定。召开党风廉政建设工作视频会议，签订责任书，把严管严抓严惩落实到一体推进不敢腐、不能腐、不想腐之中。落实中央八项规定及其实施细则精神和省委“五型机关”建设、“三零单位”创建要求，严防“四风”反弹，紧盯春节、中秋等时间节点和项目实施、残疾人证管理等重要环节，加大监督检查力度，推进作风建设常态化，为山西省残疾人事业健康发展提供坚强政治保证。

（三）抓好干部队伍建设，激励新担当新作为

坚持新时期好干部标准，配合省委组织部完成省残联机关2名一级巡视员、1名副厅级干部选任工作；选拔任用机关7名正处级和8名副处级领导干部。对机关部室22名工作人员进行轮岗，为省脑瘫康复医院公开招录5名专业化人才，推荐1名年轻处级干部参加省委组织部“墩苗”计划。通过优化省残联干部队伍，使工作焕发新气象、激发新担当、展现新作为。

三、提标扩面，决战完胜残疾人脱贫攻坚

（一）加强学习研究和安排部署。党组（中心组）、脱贫攻坚领导小组学习习近平总书记关于扶贫工作重要论述、中央和省委脱贫攻坚会议精神20余次，专题研究残疾人脱贫攻坚工作10余次，对决战完胜全省残疾人脱贫攻坚战、巩固拓展残疾人脱贫攻坚成果作出具体安排部署。

（二）出台更多惠残政策。制定《2020年山西省残疾人脱贫攻坚行动计划》等12个政策文件，发挥省政府残工委秘书处统筹协调职能，与省民政厅建立“困难残疾人生活补贴和重度残疾人护理补贴”（“两项补贴”）标准动态调整机制，将“两项补贴”标准由原来的50元/人/月分别提升至66元/人/月、89元/人/月。联合民政厅、人社厅、扶贫办共同开展全省脱贫不稳定户、边缘易致贫户社会保障政策落实情况摸底排查，加强监测保障，防止返贫致贫。

（三）努力提升残疾人脱贫成色。投入569.6万元，为8750人提供农村贫困残疾人实用技术培训；投入1500万元，对5000余名建档立卡贫困残疾人提供助残扶贫服务，帮助残疾人增收致富。下达国家及省级配套资金663.75万元，为3886户残疾人家庭实施无障碍改造。深入基层调研督导6次，对任务重、问题多的市县挂牌督战。举办全省自强脱贫及助残扶贫先进事迹网络视频报告会，展现残疾人脱贫成果，激励更大内生动力。截至11月中旬，全省20.35万建档立卡贫困残疾人全部脱贫，如期实现决战完胜目标。

四、对标一流，推动残疾人事业高质量发展

（一）科学编制山西省残疾人事业“十四五”发展规划。成立山西省残疾人事业“十四五”发展规划起草领导组，对表党的十九届五中全会精神，对照省委具体要求，有序开展《山西省“十四五”残疾人保障和发展规划》起草工作。

（二）全力推进省残联事业单位改革。坚持重塑性改革，将省残联8个直属事业单位整合精简为4个所属事业单位，科学设置新组建单位的职能配置和人员编制，高质量高标准完成改革任务。突出“强三性、去四化”，着力推进基层残联改革，市县残联改革方案全部完成。

（三）努力贯彻新发展理念。新建省残疾人辅助器具展示体验馆，汇集300多种辅助器具产品和居家无障碍设施产品，是山西省首家规模较大、科技含量较高、前瞻性较强的残疾人辅助器具展示机构。大力推进省残疾人康复中心二期工程建设，预计投入1.48亿，新建2.5万平方米残疾人康复服务设施。募集社会资金800余万元，启动康复中心修缮工程，进一步提升残疾人患者就医服务能力。

（四）大力提升残疾人权益保障。出台《山西省人民政府残疾人工作委员会工作规则》《山西省人民政府残疾人工作委员会成员单位职责分工》，推动省政府各成员单位履职尽责，落实好残疾人工作任务。首次在全省层面组织各市政府残工委和省政府残工委各成员单位开展《中华人民共和国残疾人保障法》《山西省残疾人保障条例》执法检查自查工作，进一步保障残疾人权益。

五、狠抓落实，超额完成年度目标任务

（一）残疾预防重点干预和残疾儿童抢救性康复项目（省政府民生实事）任务超额完成。开展线上康复服务，实现停课不停学、停课不停训、停诊不停医；投入5678万元为67271人提供残疾预防重点干预和残疾儿童抢救性康复服务，任务完成率134.54%，第三方评估83.63分。

（二）残疾人精准康复服务超标完成。下拨中央资金和省彩票公益金2283万元，为13.2万名有需求的残疾儿童和持证残疾人提供康复服务，服务率95.7%；为860名有需求的

建档立卡以及因病(残)致(返)贫残疾儿童和持证残疾人提供康复服务,服务率100%。

(三)残疾人托养任务超额完成。投入国家和省级资金2235万元,为1万余名就业年龄段的精神、智力和重度肢体残疾人提供托养服务。

(四)全面排查落实残疾人社会保障政策。全省59.47万人享受到"两项补贴",同比增加4.87万人;6.36万残疾人享受到城市低保,同比增加2.56万人;26.4万残疾人享受到农村低保,同比增加0.9万人;4.86万残疾人享受特困人员救助供养。

(五)成功举办全省残疾人6项体育单项比赛,完成文艺汇演评审工作。艺术汇演收集各类文艺节目44个,突出展示本土文化特色。分批次举办残疾人田径、拔河、游泳、特奥足球、盲人门球、旱地冰壶6项体育单项比赛,近400名残疾人运动员参赛。旱地冰壶比赛新闻在央视播出,极大地鼓舞了山西省残疾人运动员。

(六)省彩票公益金助学任务超额完成。下拨省彩票公益金助学补助资金110万元,共资助317名残疾大学生(研究生)和残疾人家庭子女大学生。

(七)下拨残疾人机动轮椅车燃油补贴资金236.32万元,惠及9000余名下肢残疾人。

(武 鸿)

附:省残疾人联合会党组书记、成员名单

书 记:卫 国

成 员:刘 晔 吴 波(女,10月离职)
李俊温 温建生(11月任职)

省社会科学界联合会党组

党组书记 张云泽

2020年,省社科联党组认真学习贯彻习近平新时代中国特色社会主义思想,特别是习近平总书记视察山西重要讲话重要指示和党的十九届五中全会精神,坚持统筹推进抗击新冠肺炎疫情和经济社会发展的方针,以巡视整改为契机,全面加强党的建设,推进做好业务工作,圆满完成了年度工作任务。

一、以学习贯彻习近平总书记视察山西重要讲话重要指示和党的十九届五中全会精神为重点,政治引领作用充分发挥

深入学习习近平新时代中国特色社会主义思想,理论武装扎实推进。坚持党组中心组和机关周二学习制度,重点学习《习近平谈治国理政》第三卷、《中国制度面对面》《习近平论党的宣传思想工作》等著作,及时传达中央省委重要精神,全年党组中心组学习18次,专题研讨5次。在学习研讨中,不断增强"四个意识"、坚定"四个自信"、做到"两个维护"。党组成员撰写多篇心得体会参加研讨交流,其中《弘扬右玉精神,实现转型发展》等在《山西日报》发表。

深入学习贯彻习近平总书记视察山西重要讲话重要指示,引导社科界为转型发展蹚新路积极贡献力量。习近平总书记5月11日至12日视察山西并发表重要讲话重要指示,省社科联第一时间组织党组会研究制定了贯彻实施方案并积极落实。5月29日与省委宣传部共同召开省社科理论界研讨会,7月10日组织召开省社科联三届二次常委会,8月6日召开党组中心组学习研讨会,推进学习贯彻,并向全省社科界发出《为我省在转型发展上率先蹚出一条新路来提供智力支持的倡议书》。

深入学习十九届五中全会精神,推动会议精神入脑入心。党的十九届五中全会召开后,及时组织传达学习习近平总书记的重要讲话和《中共中央关于制定国民经济和社会发展第十四个五年规划和二〇三五年远景目标的建议》,召开省社科界学习座谈会,加强政治引导。响应省委号召,党组班子成员10次深入到高校、基层学会和扶贫村进行党的十九届五中全会精神学习宣讲,听众近千人,取得良好效果。

二、以巡视整改为契机,以政治建设为统领,全面加强党的建设,社科联党建工作水平有了新提升

坚决贯彻省委省政府决策部署,在履职尽责中践行"两个维护"。进一步深入学习贯彻习近平总书记关于哲学社会科学的重要论述,及时将省委书记关于加强思政课的指示通过重点课题研究加以落实,进一步修改完善社科联改革方案,把做到"两个维护"体现在具体工作中。

自觉担当意识形态工作主体责任,维护意识形态安全。坚持马克思主义在哲学社会科学的指导地位,在年度研究课题发布、全省第十一次社会科学研究优秀成果评奖和"百部(篇)工程"以及社科宣传普及等工作中,加大向马克思主义研究的倾斜。坚持学术活动申报制度,制定《关于意识形态领域动态信息报送制度》,7次深入56个学会研究会进行调研,举办社科类社会组织意识形态能力提升培训班。加强对意识形态阵地管理,建立网站管理制度和应急预案,对学会研究会主办的刊物、网站、新媒体摸底调研。加强定期分析研判和报告工作,全省社科领域意识形态工作形势安全平稳。

党的基层组织建设进一步加强,党内政治生活更加严肃

规范。将机关2个支部调整为3个支部，进一步将“一岗双责”落到实处。落实支部工作条例，提高“一课三会”质量，开展“一句誓言·一生作答”“我为社科发展献计策”等形式多样的“主题党日”制度，落实领导干部讲党课制度，党组书记、党组成员分别按要求讲授党课，加强对退休党员的教育管理，有效提高了机关支部凝聚力和战斗力。

加强社科类社会组织党建工作，将党建列入社会组织申请登记前置条件、年报内容和等级评估考核指标。下发《山西省社科联关于整顿社科类社会组织软弱涣散党支部工作实施方案》的通知，以“双强六好”为目标导向，督促引导社科类社会组织强化党建工作，争取党建经费补助6.72万元资助21个党支部。加强对社科类社会组织党支部的工作指导，制定《山西省社科联党组成员联系社会组织党支部制度》。

干部队伍建设稳步推进，机关活力明显增强。落实《党政领导干部选拔任用工作条例》，纠正弥补巡视指出的选人用人不规范不到位等短板弱项，做好干部职务提升和职级晋升，促进了干部队伍活力增强。

坚持全面从严治党，不敢腐、不能腐、不想腐一体推进。制定党组全面从严治党主体责任清单，召开党风廉政建设会议，逐级签订目标责任书和廉政承诺书，对党风廉政建设形势分析研判，制定出台《省社科联一体推进不敢腐、不能腐、不想腐实施办法》（试行），形成上下协同互动、压力始终不减的责任传导机制。加强对形式主义、官僚主义专项整治，开展警示教育，加强日常监督，党组书记对全体干部进行了集体廉政谈话。设立专职机关纪委书记，对纪检干部进行了培训。制度建设得到加强，工作制度化规范化水平进一步提高。制定、修订了《省社科联社会组织党建工作指导员制度》等15项制度，基本实现了社科联工作制度化建设的全覆盖。

三、以统筹抗击新冠肺炎疫情和经济社会发展为指针，各项工作圆满完成

坚决落实省委省政府抗击疫情决策部署，引导社科界做贡献。新冠肺炎疫情发生后，党组高度重视，迅速对疫情防控工作研究部署，做好机关防控工作。同时，下发《山西省社会科学界联合会关于积极应对新型冠状病毒感染的肺炎疫情的倡议书》《关于发挥基层党组织战斗堡垒作用和共产党员先锋模范作用，积极做好新型冠状病毒感染的肺炎疫情防控工作的通知》，充分发动全省社科界为抗击疫情做贡献。全省社科界纷纷开展以抗疫为主题的活动，踊跃捐款捐物。

基层组织建设不断规范，学术活动更加活跃。加强对学会建设指导，学会活力明显增强。7月3日至8月7日，主办以“决胜全面建成小康社会、决战脱贫攻坚”为主题社会科学学术活动月，共举办了线上线下25场报告会，论坛、演讲比赛、书法展览、赴基层调研等相当活跃。省社科联与省社科院共同举办了第二届全国炎黄论坛，与运城市委、市政府共同举办第三届中国（闻喜）家风家教文化系列活动。

导向更加鲜明，理论研究和实践研究取得新成果。围绕学用习近平新时代中国特色社会主义思想，贯彻省委省政府“四为四高两同步”的总体思路和要求，通过评审确立2020年省社科联238项重点课题，其中193项属于应用型研究；对2019年169项重点课题成果进行结项评审，评出30项优秀课题研究成果，将《关于山西省深入推进能源革命的建议》等8项成果通过《决策参考》形式报送省委、省人大、省政府、省政协领导和有关部门参考，促进研究成果的转化。

哲学社会科学普及深入，线上线下相结合成为新形态。贯彻实施《山西省哲学社会科学普及条例》，组织开展了“2020年山西省哲学社会科学普及周活动”，全省11市同步展开，共举办线上、线下科普讲座90余场，参与人数超过10万。加强社科普及宣传基地建设，新审批省社科普及宣传基地16个，共达60个。

精心组织社科评奖，推动全省哲学社会科学事业繁荣发展。山西省第十一次社会科学研究优秀成果评奖工作严把政治关、质量关、公正关，共计283项成果获奖。“百部（篇）”工程共评出获奖成果107项。整个评奖工作严肃公正，社会反响良好。

扶贫攻坚成效巩固，干部群众充分肯定。严格落实扶贫领域作风建设要求，党组成员赴帮扶村调研走访9次。积极开展“十个清零”行动，支持产业扶贫，开展消费扶贫，动员社会捐助，助销代县农副产品5.974万元，联系爱心企业捐助老年健步鞋500双价值10万元，帮助一名孤儿上学解决生活费6000元。争取县投入资金35万余元改造村巷道路，整治村容村貌。在2020年8月组织的全国脱贫攻坚普查中，十里铺村帮扶工作群众满意度达95%以上。

深化精神文明创建，活动丰富多彩。始终坚持政治统领，深化社会主义核心价值观宣传教育，组织开展了“书香滋润·文化机关”朗诵活动；加强法制宣传教育，举办《民法典》学习报告会，参加法院庭审旁听；研究制定《省社科联机关生活垃圾强制分类工作实施方案》《山西省社科联节约型机关创建实施方案》，发出“厉行节约、反对浪费”的倡议书，努力建设节约型机关。

（杜伟琴）

附：省社会科学界联合会党组书记、成员名单

书　记：张云泽

成　员：王纪山　王志超

省归国华侨联合会党组

党组书记　王维卿

2020年，在省委的坚强领导下，省侨联党组坚持以习近平新时代中国特色社会主义思想为指导，深入学习贯彻党的十九大和十九届二中、三中、四中、五中全会精神，认真贯彻落实习近平总书记视察山西重要讲话重要指示和省委十一届十次全会精神，按照省委"四为四高两同步"总体思路和要求及省委对侨联工作的部署要求，不忘初心、牢记使命，充分发挥侨联组织独特优势和作用，全面推进各项工作。整体工作进入全国侨联系统第一方阵。

一、坚持党对侨联工作的领导，始终保持正确的政治方向

始终把保持和增强政治性贯穿工作始终，牢固树立"四个意识"，坚定"四个自信"，做到"两个维护"。切实承担党赋予的政治任务，深入做好侨界群众思想引领工作。制定《省侨联党组关于学习宣传贯彻党的十九届五中全会精神实施方案》，在基层调研、下乡扶贫、主题活动、干部培训、走访慰问过程中，广泛宣讲党的十九届五中全会精神、习近平总书记视察山西重要讲话重要指示和省委十一届十次全会精神，团结引导广大侨界群众听党话、跟党走。通过官方网站、微信公众号及海外华文媒体等广泛开展中国特色社会主义和中国梦宣传教育，积极培育和践行社会主义核心价值观，团结引领侨界向上向善力量，不断夯实党的侨界群众基础。开展"追梦中华·侨与脱贫攻坚"网络主题活动，展现归侨侨眷和海外侨胞共同参与打赢脱贫攻坚战所作出的积极贡献，广泛凝聚侨界决胜全面建成小康社会、决战脱贫攻坚，在转型发展上率先蹚出一条新路来的共识合力。

二、主动担当作为，积极助力打赢疫情防控战

新冠肺炎疫情爆发后，省侨联积极响应党中央号召和省委决策部署，团结带领侨界群众在打赢疫情防控战中贡献侨界力量，得到省委省政府和中国侨联充分肯定。在中国侨联十届五次常委会议上，省侨联就助力疫情防控工作作典型发言。在全省抗击新冠肺炎疫情表彰会上，省侨联所属华侨公益基金会荣获记功集体、侨商联合会会长李德志荣获个人嘉奖。

(一) 凝聚侨界抗击疫情的磅礴力量

疫情爆发后，省侨联第一时间向全省侨联工作者和海内外侨胞发出《关于积极参与新型冠状病毒感染肺炎疫情防控的倡议书》。广大海内外侨界朋友和山西侨界群众积极响应，以实际行动支持疫情防控工作。2月初，山西省侨联机关17名干部职工向省红十字会捐款1.64万元。疫情期间，省侨联共接收捐赠款物1800余万元，所有接收物资均于第一时间发放到我省疫情防控一线，为我省开展防疫工作发挥了积极作用。

(二)积极帮助海外侨胞及留学生群体抗击疫情

在全球疫情扩散蔓延情况下，省侨联收集整理新冠肺炎科普知识、常用科学防护措施、求助资讯及法律条文等，连续发布《致海外侨胞的一封信》《致晋籍海外留学生的一封信》《海外侨胞疫情期间防护与求助指南》，为广大海外侨胞及留学生群体提供帮助。录制关爱山西海外留学生特别节目《风雨同舟 共克时艰》，邀请医学界专家学者针对疫情防控问题答疑解惑，指导海外侨胞科学抗疫。联系疫情较为严重的10余个国家的近30位侨领侨胞成为爱心守护人，有效缓解了海外侨胞及国内侨眷的焦虑情绪。指导侨商联合会、华侨公益基金会筹措资金100余万元购买防护口罩、防疫中药，支援海外30余个国家和地区的华侨华人、留学生群体防控疫情。发放价值22万元的"侨爱心健康包"给海外侨胞和留学生的国内眷属，通过他们将"侨爱心"传递到海外。开发"连线海外山西人"小程序，用大数据技术手段广泛收集晋籍侨胞和留学生信息，为"双稳"工作提供科学决策依据。

(三)广泛宣传侨界抗击疫情先进事迹

疫情期间，省侨联通过传统媒体及官方网站、微信公众号及海外华文媒体等新媒体，积极宣传、讲述并广泛传播侨胞投身全球抗疫的故事。向山西省博物院捐赠近400余件疫情防控见证物，真实反映海内外侨胞抗击疫情的担当和大爱。组织侨界文艺工作者参与中国侨联"亲情中华·同心抗疫"活动，创作近20件主题作品，讲好抗疫故事。

三、以侨为桥彰显作为，助力全省经济社会发展

(一)实施"晋侨金桥"项目，服务转型发展

举办2020中国侨商走进山西系列活动，"侨架文化桥·合作促共赢"省侨联国际文化交流联盟活动，"以侨促转服务基层"山西侨界社团走进临汾(长治、忻州、太原、晋城、吕梁)助力县域经济发展等主题活动，促成多个项目签约。组织全省涉侨企业和创新创业人才参与中国侨界贡献奖争创活动，2人获一等奖、1人获二等奖。组织侨商联合会赴陕西、天津和昆山等地进行工作交流与项目对接，学习借鉴先进经营理念和管理经验。

(二)实施"联侨聚侨"项目，拓展海外联谊

组织海外10余个国家和地区的3000余名海外华裔青少年参加11期"亲情中华·云游三晋"网上夏(秋、冬)令营

活动。办营质量和参营人员数量均有大幅提升,省侨联在中国侨联“亲情中华”网上夏令营全球闭营仪式上进行了典型发言。申报创建“中国华侨国际文化交流基地”,晋祠博物馆等5家单位获批。组织海外侨胞通过线上形式参与“问祖炎帝·寻根高平”第五届海峡两岸神农炎帝民间拜祖大典活动,组织召开“弘扬黄河文化·讲好黄河故事”座谈会,在微信公众号上推出“亲情中华·黄河故事”专栏,不断扩大三晋传统文化在海外的知名度和影响力。

(三)实施“暖侨惠侨”项目,做实为侨服务工作

赴所联系的涉侨企业进行调研,针对企业复工复产面临的困难和问题,协调推动相关部门通过多种方式提供帮助。指导省侨联法顾委做好涉侨企业法律服务工作。组织由王斌全、王晞星、赵龙凤、郝晓琴等山西省医学界、法律界知名专家、学者组成的“侨爱心—送温暖医疗队”赴晋城、吕梁开展义诊和侨法宣传活动,2000余名群众受益。开展“侨爱心”系列公益活动,指导省华侨公益基金会向102位股骨头坏死患者捐增价值75万余元的股骨头康复器,为我省白内障患者实施复明手术2000余例。扎实开展“送温暖、献爱心”活动,走访慰问侨界群众。

(四)多举措助力脱贫攻坚

支持指导“第一书记”开展工作。在帮扶村2017年率先实现整村脱贫摘帽的基础上,省侨联加大精准扶贫力度,积极助力实施乡村振兴战略,通过农技培训指导、引进优良品种、调整优化种植结构、打造特色脱贫产业、开展义诊下乡、“以买代帮”消费扶贫等举措扎实做好扶贫工作。对贫困户、高龄老人等170户进行入户走访慰问。帮扶村基础设施、村容村貌得到进一步提升。组织全村20余人次参加护工、编织、蔬菜种植、核桃管护等培训。村集体经济收入9.8万元。

四、加强侨联自身建设,不断开创侨联事业新局面

(一)着力扩大侨联组织覆盖面

制定《关于新时代加强山西省侨联组织建设的指导意见》,对全省各类侨联组织建设进行分类指导,提出明确工作目标。赴11个市就侨联基层组织建设进行专题调研,分别召开推进侨联组织建设座谈会,研究解决制约侨联组织建设的困难和问题。全年新增侨联组织46个,其中县级侨联40个、高校侨联4个、乡镇侨联1个、社区侨联1个,县级侨联组织覆盖率由年初52%上升至86%。

(二)基层侨联组织统一社会信用代码赋码工作有序推进

制定省侨联组织申领统一社会信用代码证书工作流程,向无机构、无人员编制的中北大学侨联、太原旅游学院侨联和临汾市尧都区、运城市夏县等16个基层侨联组织发放基层侨联组织统一社会信用代码证书,促进省侨联组织的建设与规范发展。制定了成立侨联组织工作流程,为当前不能解决侨联组织机构、编制等问题的县(市、区)提供参考。

(三)实施“侨胞之家”示范创建项目

对丽华社区“侨胞之家”等30个“侨胞之家”建设给予40万元经费支持,用于“侨胞之家”开展联谊交流、便民服务、侨情收集、文娱活动等工作,鼓励支持“侨胞之家”向“学习型、创新型、服务型、规范型、和谐型”组织发展,坚持以示范促建设,进一步增强基层侨联组织活力。

(四)做好干部教育培训和评比表彰工作

举办全省侨联系统助力山西经济高质量转型能力提升培训班和基层侨联组织负责人培训班着力提升全省侨联干部为大局服务和为侨服务能力水平。承办中国侨联“法治中国 你我同行”——2020年侨界法治学习活动和基层组织负责人培训班。对全省侨联系统18个先进集体、27名先进工作者和54名归侨侨眷先进个人进行表彰。

五、强化机关纪律建设和制度建设,努力构建风清气正良好氛围

召开机关党风廉政建设工作会议,制定机关党风廉政建设工作责任清单。持续巩固深化“不忘初心、牢记使命”主题教育成果,强化理想信念教育,严守政治纪律和政治规矩,坚定扛起全面从严治党主体责任,强化机关制度建设,一体推进“三不”机制建设。贯彻执行中央八项规定精神和山西省“实施办法”,坚持不懈反对“四风”。完善修订并严格执行系列规章制度,建立省侨联领导班子成员联系单位、基层联系点制度和党组成员联系基层党组织制度。

认真落实2019年省纪委监委政治监督专项检查反馈问题整改。组织开展党政领导干部违规入股企业问题专项清理工作。认真做好驻部纪检监察组财务专项督导和社会组织监督整改工作,自觉接受驻部纪检监察组监督检查。开展经常性的警示教育,通过开展廉政教育月、召开机关警示教育大会、观看警示片、通报典型案例等形式深入开展廉政警示教育,全面推进省侨联机关惩防体系建设,努力营造“勤政尚廉、秉公用权、艰苦奋斗、风清气正”的良好环境。

(刘　超)

附：省归国华侨联合会党组书记、成员名单

书　记：王维卿(女)

成　员：李德增　张志龙　陈斯平

省法学会党组

党组书记　闫喜春

2020年,省法学会党组坚持以习近平新时代中国特色社会主义思想为指导,在省委和省委政法委的坚强领导下,深入贯彻落实习近平法治思想、中共中央办公厅《关于进一步加强法学会建设的意见》和中国法学会常务理事扩大会议精神,紧紧围绕省委"四为四高两同步"总体思路和要求,切实保持和增强政治性、先进性、群众性,团结带领全省法学法律工作者,不忘初心、牢记使命,开拓创新、锐意进取,各项工作取得显著成效,履职能力和服务水平不断提升。

一、坚持提高政治站位,强化党的绝对领导

省法学会始终坚持以习近平新时代中国特色社会主义思想武装头脑、指导实践、推动工作,扎实开展"不忘初心、牢记使命"主题教育,增强"四个意识",坚定"四个自信",做到"两个维护"。充分发挥党组把方向管大局抓落实的作用,及时向省委和省委政法委报告年度工作,主动请示重大事项,省委常委、政法委书记商黎光同志对省法学会工作高度重视和肯定,全年作出十五次工作批示,极大地促进了省法学会工作的开展和推进。省委政法委将法学会工作纳入政法工作总体格局,联合印发《关于进一步加强全省法学会建设的实施意见》,将法学会工作与政法各项工作同研究、同部署、同落实、同考核。严格贯彻落实《中国法学会关于坚决维护党中央集中统一领导进一步加强自身建设的若干规定》,组织召开常务理事扩大会议,及时向法学法律工作者传达中央、省委重要会议精神,始终坚持党对法学会工作的绝对领导。

二、坚持强化政治引领,深入学习贯彻习近平法治思想

省法学会将"习近平法治思想"的学习宣传贯彻作为重大政治任务,积极动员、周密部署,狠抓落实、力求实效。一是把"习近平法治思想"作为"百名法学家百场报告会""青年普法志愿者法治文化基层行"等法治宣讲活动最重大的宣讲主题,进高校、赴基层加大宣讲力度;推荐专家进入"学习宣传习近平总书记全面依法治国新理念新思想新战略讲师团",有效充实讲师团力量。二是以研究会为依托,深化"习近平法治思想"的研究,由法治教育研究会牵头,组建习近平法治思想宣传团;法理学研究会牵头,组织撰写习近平法治思想学习体会系列文章;由宪法学研究会牵头,召开习近平法治思想理论研讨会。三是依托省委党校政法教研部,成立省法学会习近平法治思想研究会,不断加强研究、宣传、阐释工作;四是印发专门通知,要求各市法学会、省法学会各所属研究会认真学习宣传贯彻习近平法治思想。

三、坚持发挥智库作用,服务社会发展大局

省法学会积极广泛参与立法、执法、司法、普法等法治实践活动,有效服务经济社会发展大局。一是推荐专家学者担任省委、省政府法律顾问和省人大的立法咨询专家,组织专家对《省十三届人大常委会立法规划(2018—2022)》《省委党内法规制定工作规划(2018—2022年)》以及《山西省煤层气勘查开采管理办法》《山西省家庭暴力预防和处置办法(草案)》《山西省旅游公路管理办法(草案)》等30余件法规、规章及规范性文件提出意见建议。二是围绕抗击新冠肺炎疫情大局,组织相关研究会和专家撰写"服务抗疫,共同学法"系列专题解读30余期,编印《疫情防控法律政策解读》等抗疫资料,是全国首家向全省会员和法学法律工作者发出倡议书的省级法学会,抗疫工作得到中国法学会和省委、省委政法委的高度评价和充分肯定。三是成立《民法典》讲师团并组织集体备课,积极学习宣传贯彻《民法典》,编辑出版《保护企业合法权益法律政策汇编》,助力营造良好社会环境。四是依托综治中心,在县、乡、村建立三级法律服务平台,并纳入基层政法资源中,建立健全力量下沉、重心下移的法律服务工作机制,县、乡两级法律服务所、站基本实现全覆盖。

四、坚持突出地方特色,积极开展法学研究

省法学会着力围绕省委工作大局,立足山西省情,形成以学术委员会为中心枢纽,所属研究会为基本力量,组织开展重点专项课题、重点课题、小微课题为重要抓手,学术报告会、专报和法治研究基地为主要载体的"1133"工作格局。牵头承担中国法学会重点委托课题《我国地理标志成案研究》,其部分研究成果《关于实施以地理标志为核心的产业知识产权战略,做精做强"山西药茶"的建议》获得省委主要领导的批示肯定。举办以"能源革命的法治保障"为主题的学术报告会,开展《政法机关服务保障"四为四高两同步"高质量转型发展研究》《山西公共法律服务与社会矛盾纠纷化解机制研究》《山西省党内法规制度运行现状研究》等重点课题研究,得到省委和省委政法委的充分认可。不断创新工作方式,搭建沟通法学理论界和法律实务界的平台,连续三年在全国率先组织开展3000字以内的小课题和1000字以内的微课题研究,引导全省法学法律工作者,特别是基层一线政法干警,坚持问题导向,解决实际问题,促进法学理论和法治实践的深度融合,开创了省法学研究新模式。

五、坚持深化改革创新,不断拓展法学交流

省法学会不断拓展法学交流思路,逐步探索形成以参加

中国法学家论坛、中国法治论坛、中国法学青年论坛、中国法治各级论坛以及区域法治论坛为主要载体，以“三晋法学丝路行”系列活动为特色品牌的合作交流模式，搭建全省法学学术交流大平台。组织召开习近平法治思想涉外法治工作暨共建“一带一路”优化法治营商环境座谈会，深入学习领会习近平总书记在全面依法治国工作会议上的重要讲话和关于涉外法治工作的重要指示精神。贯彻落实中央和省委关于“一带一路”建设，加快发展开放型经济的决策部署，组织参加第十三届“中部崛起法治论坛”和第十五届“环渤海区域法治论坛”，举办“晋陕豫黄河金三角区域法治论坛”，不断扩大法学交流成果。

六、坚持发挥桥梁纽带作用，注重法治人才培养

组织参加中国法学会“董必武青年法学成果奖”和“全国杰出青年法学家”评选表彰活动；联合中国知网打造山西省法治人才库，并设立省法治专家库、资深法治专家库、青年法治人才库和涉外法治人才库四个子库；积极配合参与有关部门和机构从优秀法学工作者、律师中选录立法者、法官、检察官工作；加强会员发展、服务和管理工作，编印《山西省法学会会员应知应会手册》；举办全省法学会系统干部能力提升培训班；积极参与省委政法委、教育厅等部门实施的“卓越法治人才教育培养计划 2.0”，加强法治人才培养。

七、坚持强化建章立制，创建新型群团组织

充分发挥党组织的领导作用，制定《山西省法学会改革实施方案》和《关于进一步加强全省法学会建设的实施意见》，不断完善体制机制，夯实全省法学会系统工作基础；出台《关于坚决维护党中央集中统一领导的实施意见》《关于意识形态工作责任制实施办法》，规范党员行为，强化队伍管理；制定《省法学会领导干部参加研讨会和论坛活动管理办法(试行)》《关于规范党员干部网络行为的意见》等制度规定，加强对市级法学会和所属研究会的党建和业务指导力度，着力打造一支政治过硬、业务精湛的法学法律工作者队伍。

(庞创新)

附：省法学会党组书记、成员名单

书　记：闫喜春

成　员：马　俊(11 月离职)　秦　勤(12 月任职)

省红十字会党组

党组书记　郑　红

2020 年，省红十字会党组坚持以习近平新时代中国特色社会主义思想为指导，深入贯彻落实习近平总书记关于红十字事业重要指示精神，全面贯彻落实党中央、省委决策部署，以全面深化改革、推动高质量发展为主线，以重点领域、关键环节为突破，坚持围绕大局、服务基层、服务易受损人群，各项人道救助工作取得积极成效。

一、以党的建设为统领，不断强化政治保证

一是深化理论武装，抓好中心组和党员干部的理论学习。制定了党组(中心组)和党员干部理论学习计划，全年认真组织学习 53 次。深入学习贯彻落实十九届四中、五中全会精神和习近平总书记视察山西重要讲话重要指示精神，认真抓好《习近平谈治国理政》第三卷、《中国制度面对面》和“三篇光辉文献”的学习，以处级以上党员干部为重点，强化党组中心组在学习中的示范引领作用，辐射引导普通党员共同学习，切实增强学习效果。二是注重创新学习形式，丰富学习内容。举办全省红十字会系统传达学习十九届五中全会精神和改革推进会，利用“红十字大讲堂”开展习近平总书记视察山西重要讲话重要指示、十九届五中全会等专题培训，会党组班子成员依托“红十字走基层、支部结对子、党员连党员”活动，开展面向基层、面向群众的政策理论宣讲，开展了纪念建党 99 周年主题党日活动。三是持续加强基层党支部规范化建设。扎实做好机关党建“十个突出问题”整改情况回头工作，认真学习贯彻落实支部工作条例，进一步优化支部工作台账，规范党员日常管理、党费收缴使用管理、党组织关系接转等基础性工作，充分发挥好基层党支部的主体作用。四是严肃党内政治生活。严格执行《关于新形势下党内政治生活的若干准则》，以提高领导班子民主生活会和组织生活会质量为抓手，加强党内政治文化建设，进一步强化对“三会一课”、谈心谈话、民主评议党员、领导干部双重组织生活等各项制度执行情况的监督检查。五是加强作风建设，持之以恒反“四风”转作风。巩固拓展落实中央八项规定精神成果，坚决防止“四风”问题反弹回潮，落实中央及省委为基层减负各项要求，聚焦省纪委监委“十个严禁”的要求，引导全体党员干部职工严格约束自己，严格家教家风，严格教育管理亲属

和身边工作人员。

二、以疫情防控为主线，不断优化服务格局

面对突如其来的新冠肺炎疫情，全省红十字会系统付出了巨大的努力，展现了红十字人主动担当、勇于作为的精神风貌。

根据《山西省红十字会抗击冠状病毒肺炎疫情防控工作方案》安排，省红十字会承担了疫情防控期间捐赠款物的资料审核、接收、管理、分发、拨付等工作。期间，省红十字严格按照从"快"募集捐赠、从"严"规范流程、从"联"凝聚合力，捐赠工作取得明显效果，得到社会广泛认可。全省共接收款物约9.5亿元，位居全国第6。其中省本级累计募集款物总计2.28亿元，其中资金1.26亿元，物资价值1.02亿元(外币未换算)，累计拨付使用款物价值总计2.28亿元，其中拨付使用资金约1.26亿元(余27万元定向基金款)，物资1.02亿元。

以疫情防控为主线，不断优化服务格局。一是大力开展爱国卫生运动，推动工作力量充分下沉，动员全社会广泛参与联防联控；二是建立完善红十字会参与重大突发公共卫生事件应急预案，加强物资储备和应急演练，进一步提高人道资源动员能力和疫情防控能力；三是积极组织动员红十字会机关干部、基层组织、会员、志愿者，有针对性地开展疾病预防知识、法规政策宣传；四是规范开展社会募捐活动，持续加强对募集款物接收发放全过程的监督管理，精准精细做好受疫情影响的困难家庭人道救助、困难帮扶等工作；五是切实做好受疫情影响的新冠肺炎家庭和弱势群体的人道慰问救助工作，协助做好治愈患者康复和心理疏导工作，重视化解可能出现的"疫后综合症"；六是切实将红十字会人道服务融入基层治理，通过为社区和农村广大群众提供优质人道服务，使爱国卫生运动与提高人民群众健康水平紧密结合，促进红十字事业与经济社会发展相得益彰。七是组建山西红十字心理咨询援助服务队，开通了24小时心理援助热线，累计接听心理援助热线1000余人次。

三、以聚焦主业为把手，持续做好"三救三献"工作

不断提升"三救"能力，一是大力拓展人道资源动员规模。推动建立省市县三级红会联动开展人道资源动员工作机制，探索形成"广泛性动员、开放式合作、项目化管理、创新型发展"新模式，全年全省红会系统共募集(接受)款物约9.7亿元，其中疫情募集9.5亿元，日常募集0.2亿元；省红十字会本级全年募集2.29亿元，疫情募集2.28亿元，博爱一日捐142.21万元，物资1.36万元。二是做好救灾救援工作。在太谷、榆社火灾期间，共调拨4万余万元的备灾物资用于现场救援。为中阳县森林防火配备9万余元备灾物资。为疫情防控工作重点县调拨价值170余万元帐篷等物资用于疫情区开展防控工作。防汛期间，共计调拨总会及省红十字会价值近80万元的救援救助物资支持一线救灾。物资调配实现了快速调拨、快速发运、快速分送，救援能力得到了检验，受到兄弟省会、当地党委政府以及受灾群众的肯定评价。三是扩大人道救助规模。加大人道救助工作力度，开展博爱助医及临时救助，发放资金177.5万元，有77个家庭受益；持续开展省直单位困难职工大病救助活动，发放资金28.8万元，112人受益。开展2020年"红十字博爱送万家"活动，投放73余万元的款物，5000余户困难家庭受益。国家彩票公益金项目救助全省白血病患儿88名，救助金额280万元；救助先心病患儿49名，救助金额88万元。四是不断提升应急救护水平，进一步完善备灾救灾、应急救援体系，规范应急救灾物资储备库的管理建设，充实物资储备，加强应急物资分发网络平台建设，发挥好红十字应急物资储备网络功能。完成好2020年省政府民生实事项目——在人流密集公共场所配置AED机(自动体外除颤器)500台，全省全年共培训核心师资312人次，培训初级救护员3.5万名，普及救护知识达45万余人次，建设3所生命健康安全体验教室。五是积极争取红总会帮扶支持，2020年"红十字博爱家园"在建项目3个；建立"红十字博爱书屋"28个，累计建设47个。六是持续助力脱贫攻坚，发挥红十字会社会化扶贫优势。"国奶扶贫工程"稳步推进，2020年全省有44个县(市、区)实施了国奶项目，慈善、公益合计规模8720.4万元，累计受益家庭18000余户。七是积极主动推进"互联网+众筹"工作，在全省组织开展了"全国红十字系统2020年公益厨房消费扶贫活动"。全省有8个市15个县16个产品上线，产品上线率排名居全国第二。八是积极推进红十字养老服务工作。协助中国红十字会总会事业发展中心在大同举办"第六届中国养老服务业发展高峰论坛"，同时展示养老产品、培训院长业务。

大力推进"三献"业务。一是造血干细胞捐献工作成效显著，完成2020年度目标责任考核指标中华骨髓库3500人份造血干细胞志愿者采样入库任务。自国家管理中心3月份启动造血干细胞捐献工作以来，全省成功捐献造血干细胞25例，创历史新高(2013年21例)，累计捐献造血干细胞201例。12月11日，太原张正凯成功捐献造血干细胞，成为山西省非血缘造血干细胞捐献第200例，对山西省造血干细胞捐献事业具有里程碑的意义。二是积极开展无偿献血和应急血浆捐献工作。2020年5月，在第17个世界献血者日宣传活动期间，全省共有1.1万人参加无偿献血，献血量436.26万毫升；8月，在"无偿献血暨造血干细胞捐献月活动"中全省共有3万余人参加无偿献血，献血量达11.57吨；新冠肺炎疫情防控期间，全省累计60人次新冠肺炎康复者捐献恢复期血浆24100毫升，捐献血浆人数占到了全省新冠肺炎患者总数的三分之一。三是积极推进人体器官捐献者工作。在2020年清明期间，省红十字会组织开展主题"生命会晌·云上缅怀"线上缅怀活动，为捐献器官、(角膜)遗体的家属提供线上缅怀的平台。全年全省捐献志愿者报名10257人，累计43937人，实现公民逝世后人体器官捐献58例，捐献器官157例，救助157人。累计捐献404例，大器官1169例，救助1128人。

四、以宣传教育为载体，不断提升红十字会影响力

省红十字会认真按照《山西省红十字会改革实施方案》要求，牢牢把握舆论宣传主动权。一是利用重要时间节点扩大宣传力度，以“5.8 世界红十字日”“世界急救日”“世界献血者日”等纪念日为载体，以疫情防控等内容为切入点，扎实开展了“公共卫生、全民健康”等宣传倡议活动，加强正面宣传。二是采用多种方式提升宣传效果。制作并播放《健康山西 我们在行动——2020 年山西省政府民生实事公共场所配置 AED 宣传片》，组织开展了全国红十字防灾避险应急救护知识竞赛万人答题活动并受到总会表彰。三是利用新兴媒介创新宣传手段，以疫情防控微信公众平台建设为起点，继续加大“网上红十字会”建设力度，积极争取社会人道资源，全面提升“网上红十字会”综合服务能力水平。四是打造品牌阵地丰富宣传内容，积极推行“红十字一线工作法”，继续推动开展“红十字大讲堂”进机关、进学校、进社区、进农村等走基层计划。五是稳步推进红十字青少年工作。积极推进红十字工作进校园，分别在太原和临汾市举办了两期红十字青少年骨干培训班。

五、以志愿者协会为依托，积极构筑服务常态化机制

“志之所趋,愿之所达”。省红十字会不断推进志愿者服务规范化。以省红十字会为主管单位，并经省民政厅注册的山西省红十字志愿者协会于 2020 年 7 月 19 日成立，为全省红十字志愿者及红十字志愿团体规范化管理提供了组织保障。为一进步加强省红十字志愿者协会注册志愿者规范化管理，省红十字会研究制定了《山西省红十字志愿者协会章程》《山西省红十字志愿者协会财务管理制度》等规章制度，为协会规范运行提供了制度保障。由红十字志愿者协会组织推动研发的山西省红十字志愿服务管理信息平台，已正式投入运行。已经有 4766 名志愿者、19 支志愿者队伍完成了注册，注册登记协会会员 46 人。

六、以系统改革为契机，不断巩固红十字会组织建设

围绕系统改革目标任务，省红十字会党组不断加强调研指导，积极争取各级党委政府支持，将市县级红十字会组织建设纳入当地总体工作布局，加强对基层红十字工作的指导，加快推动市县级红十字会成立党组，健全配强市县级红十字会领导班子，推动基层红十字组织建立党组织，推动市县级红十字会完成换届并依法成立监事会。制定下发了《关于进一步加强市县级红十字会组织建设的通知》，推动和促进市县级红十字会贯彻落实《中国红十字会总会改革方案》和《山西省红十字会改革实施方案》。

（侯晓俊）

附：省红十字会党组书记、成员名单

书　记：郑　红（女）

成　员：白　冰（女）　李晓静

省管国有企业党委工作概况

山西焦煤集团有限责任公司党委

党委书记　赵建泽

2020年，山西焦煤集团公司党委坚持以习近平新时代中国特色社会主义思想为指导，全面落实省委“四为四高两同步”总体思路和要求，肩负“打造具有全球竞争力的世界一流炼焦煤和焦化企业”重大使命，牢牢扛起管党治党主体责任、维护安全稳定政治责任、推动高质量转型发展历史责任，团结带领全体员工，坚持在“率先”上抢先机、在“蹚出”上下苦功、在“新路”上勇探索，党的建设和企业各项事业全面进步，企业发展呈现出新气象、新面貌。

面对疫情冲击和市场下行的双重压力，山西焦煤集团一方面强化生产组织和内部管理，强基固本、提质增效；一方面突出“以客户为中心”的营销理念，优化产品、创新服务，企业生产经营状况总体平稳有序，经济运行态势稳定向好。完成销售收入2100亿元，降幅7.30%；利润58.20亿元，降幅19.12%；原煤产量15592万吨，增幅7.1%；焦炭产量1014万吨，增幅1.33%；发电量230亿度，增幅4.1%；原煤完全成本295元/吨，降幅9.51%；煤炭销量14180万吨，降幅0.78%；资产负债率75.46%，较年初升高0.69个百分点。特别是反映企业发展质量的一些指标持续优化，原煤完全成本较计划和同期实现双下降，首度降至300元/吨以内，经营管控能力明显增强，利润水平名列省属企业第一位，以“效益为中心”的经营理念深入人心，在岗职工人均收入稳步提高，精益化管理、商业模式变革、盈利模式变革等一系列工作取得初步成效，全年实现安全零事故、资金零风险、环境零污染。

一、把脉定向，高起点绘就新焦煤战略蓝图

新一届党委班子深刻领会习近平总书记视察山西重要讲话重要指示和“三篇光辉文献”精神，认真贯彻落实省委“四为四高两同步”总体思路和要求，以“打造具有全球竞争力的世界一流炼焦煤和焦化企业”的使命担当和责任意识，登高望远，把山西焦煤放到“两个大局”中体察研判，放到山西转型蹚新路的重大部署中科学定位，放到全省国资国企改革和高质量发展的战略布局中统筹谋划。在充分调研的基础上，深刻剖析建企近20年的成效得失，紧紧围绕中央十九届五中全会精神和省委“三个五年”战略安排，确立建设新焦煤集团“三个三年三步走”的战略规划、主攻方向和发展路径，将企业有机融入到全国全省新发展格局之中，迈开高质量转型发展步伐。

二、同心向前，学思用转化为高质量发展行动

坚持以习近平新时代中国特色社会主义思想武装头脑、指导实践、推动工作。集团党委中心组集中学习20次，带动党员干部读原著、学原文、悟原理。主要领导带头深入基层，宣讲党的十九届五中全会精神，多层次开展“重温三篇光辉文献”、《习近平谈治国理政》第三卷主题宣讲1700多场次，参与群众11万人次，理论学习走深走心走实。整改转化15个软弱涣散基层党组织，打造“六有”标准化党员活动阵地1600余个。焦煤党校、焦煤教育培训基地开班办学，共举办4期管理变革培训和1期精益化管理培训，300余名中高层管理人员接受学分制管理、实战化教学。围绕“转型发展蹚新路”“三个三年三步走”等重大任务，全集团各级党组织站位一线靠前指挥，各类媒体阵地立体化宣传，“7·29”工作会精神迅速传达贯彻到一线，“新焦煤、新理念、新使命、新征程”深入人心，全集团紧密团结，精益化管理稳步实施，画出聚力新焦煤高质量转型发展的最大同心圆。

三、资源重整，全方位带动发展整体跃升

稳步推进山西焦煤与山煤集团联合重组，山西统配煤矿总公司改制入列新焦煤旗下，完成对上市公司西山煤电的更名、换届等工作，搭建起集团层面资源重整的新平台——山西焦煤能源集团股份有限公司。积极稳妥、有序推进内部资源重整，汾西矿业水峪矿、霍州煤电腾晖矿2座优质炼焦煤矿井成功装入上市公司，上市公司年产量增加520万吨、增幅近20%，年盈利能力增加7亿元、增幅30%以上。牵头国内9户炼焦煤领军企业召开焦煤品牌集群高层会议，与晋能控股就37座煤矿资产划转及管理权移交签署协议，为提升全省炼焦煤产业集中度，推动国内炼焦煤资源整合重组奠定了基础。承办全国煤钢焦中长期合同洽谈衔接会，着力构建煤钢焦产业链新发展格局，推进煤炭上下游企业高质量发展，煤炭、焦炭订货量创历史新高。坚持“靓女先嫁”“平女提质”，加快“腾笼换鸟”，推动资源、资产全面盘活，促进企业发展提档升级，全年上缴国有资本收益15亿元。

四、立破并举，系统性构建起现代化治理体系

坚持立字当头、立破并举的科学导向，全面实施“资源重组、组织重构、文化重塑、企业重振”，着力推进新焦煤治理体系和治理能力现代化。集团、子公司层面健全党委领导下的企业治理体系，强化董事会各专业委员会建设，建立外部专家智库，健全投资决策机制；基层单位完善各治理主体议事规则，突出党组织领导、董事会决策、监事会监督、经理层经营管理作用发挥，形成协调运转、有效制衡的治理机制。出台《建设新焦煤基本制度纲要》《党委会董事会总经理办公会议事规则》，成立变革委员会，15个小组高效运行。全面推广试用期和任期制，科学设置年度KPI指标和任期考核目标，实行年度绩效与任期绩效相结合的评价方式，用数字“说话”，以结果论“英雄”。以“六定”改革为突破，出台“3+9”一揽子改革举措，稳步推进组织重构，公开选拔、竞聘上岗，集团总部压减部门16个，缩减干部职数85人，双精简率均超60%。重塑三级管理架构，形成一级对一级负责、协同联动的高效管理模式。稳步推进精益安全、精益生产、精益财务、精益成本管控，以精益化管理为抓手，加快管理创新和管理再造，构建现代化管理体系。试点单位山煤集团形成基本制度6项、细则36条、流程标准162个，构建起精益化管理的“四梁八柱”；4座试点矿井精益化立项86个，创造经济效益约1.3亿元。拓展契约化管理和职业经理人制度，市场化选聘部分中层干部，绩效薪酬比例提升至80%左右，绩效薪酬二次分配权全面下放各单位，靠贡献比大小、凭业绩论高低，真正做到收入“能高能低”，提高企业发展的质量和效益。

五、补短筑长，促融合提升党建工作水平

创新党建统领，加强政治建设，聚焦发展新理念、新思路、新举措，强化集团上下“一盘棋”意识，确保集团上下行动一致，行稳致远；严肃党内政治生活，严格落实民主集中制，用严明的政治规矩和政治纪律保障良好政治生态。推动党建与生产经营深度融合，以“党建第一责任”领导和保障“发展第一要务”，创新“党建＋安全、党建＋生产、党建＋经营管理、党建＋成本管控、党建＋技术创新”等工作模式，保障和推进企业高质量发展。坚持党管干部，加强党对干部工作的领导，强化集团公司党委对干部队伍的统筹谋划、干部政策的统一研究、干部管理的统一规定，一个标准、一贯到底；出台激励干部干事创业担当作为的实施办法，为敢于担当作为的干部保驾护航，努力营造风清气正的良好发展环境。强化从严治企，严格落实“两个责任”，完成巡视整改，强化监督融合贯通，构建起“巡察监督精准、部门监督跟进、执纪监督引深、审计监督强化、法律监督到位、全员监督覆盖”的全方位监督新格局。认真落实省委“五严五防”部署，党委、支部、党员“三级联防、精准施策”，疫情防控与复工复产齐抓并举，稳生产与保供应协同联动，解武汉抗疫燃“煤”之急，46名医护人员援鄂护晋，党员自愿捐款618.7万元，全集团捐款捐物3536万元。

六、文化重塑，奋斗者唱响新航程激越和声

顺应市场化取向和人性化特点，培育、提炼、塑造具有自身特色的企业文化。提出“以奋斗者为本，长期艰苦奋斗”的核心价值观，倡导“五湖四海、天南地北、新焦煤是一家”的思想理念，打破原有文化壁垒和“怪圈”，塑造新焦煤集团开放、包容、融合的文化内涵，打造企业高质量发展的思想根基。确立“安全为天、生命至上”“不安全、不生产”“安全零容忍”等安全理念，强化安全生产执行力，夯实建设新焦煤集团的理念根基。强化“六新”技术应用，推进智能化升级改造，20项自主攻关重大技术项目和1项国家级、5项省级重点技术研发课题有序推进。搭建起管理序列、技术序列和技能序列“三条通道”，打通人才成长“瓶颈”，变人才成长“独木桥”为“立交桥”。6人获得“陕煤杯”全国行业职业技能竞赛一等奖，5人获得煤炭行业青年岗位能手（标兵）称号，3人荣获全国劳模称号，10人晋级行业技能大师，7人获评晋阳工匠，12个集体和个人获全省五一表彰，24个单位和家庭获省文明办表彰，获奖类别与总数刷新历史纪录。集团公司入选国务院国资委国企改革“双百企业”，先后获得全国煤炭工业节能减排与信息工作先进企业、山西省功勋企业等荣誉称号。

（王　振）

附：山西焦煤集团有限责任公司党委书记、副书记、常委名单

书　记： 王茂盛（4月离职）　赵建泽（4月任职）

副书记： 黄　巍（4月离职）　陈旭忠（4月任职）
王廉敏（5月离职）　马步才（5月任职）

常　委： 王　敏　李堂锁（5月离职）
胡文强（5月离职）　杨清民（5月离职）
张继宏（5月任职）　王为民（5月任职）

晋能控股集团有限公司党委

党委书记　郭金刚

晋能控股集团有限公司是经山西省委、省政府批准，由大同煤矿集团公司、山西晋城无烟煤矿业集团公司和晋能集团公司三户省属企业联合重组而成，同步整合山西潞安矿业(集团)公司、华阳新材料科技集团公司相关资产和改革后的中国(太原)煤炭交易中心，于2020年10月30日正式挂牌成立，是山西省管重要骨干企业。下设晋能控股煤业集团、电力集团、装备制造集团、中国太原煤炭交易中心公司、山西科学技术研究院公司、金融中心6个二级子公司，资产规模约1.1万亿元，职工总数47.3万人，煤炭产能约4亿吨，电力装机容量超过3800万千瓦，是全球第三大、中国第二大煤炭企业。

2020年，晋能控股集团坚持以习近平新时代中国特色社会主义思想为指导，贯彻落实省委"四为四高两同步"总体思路和要求，坚定不移落实省委省政府组建晋能控股集团的重大战略举措，以"创新、绿色、卓越、高效"的企业精神为引领，党的建设全面加强、安全生产平稳有序、经营管理成绩斐然、文化融合促进发展、矿区社会和谐稳定，迈出了高质量发展的坚实步伐。全年各项指标圆满完成，其中：商品煤产量3.04亿吨，煤炭总销量4.2亿吨，发电量722亿千瓦时，营业收入4718亿元，利润总额77亿元，上缴税费268亿元。

一、坚持党的领导，推进党的建设

(一)坚定政治立场。坚持把党的政治建设摆在首位，严格落实中央、省委关于加强党的政治建设的相关要求，出台《关于加强党的政治建设"二十个坚持"和党员领导干部"二十个必须"工作要求的通知》，引导广大党员干部增强"四个意识"，坚定"四个自信"，做到"两个维护"。

(二)强化理论武装。深入学习习近平总书记视察山西重要讲话重要指示，完善《党委理论学习中心组学习制度》和《监督考核办法》，在加强对班子成员监督考核的基础上，对135家党组织进行了督查。制定《论坛、讲坛、讲座、年会、报告会、研讨会、培训会审批备案制度》《(网络)意识形态工作考核办法》等制度，对各单位意识形态工作进行考核。

(三)坚决扛起主责首责。坚持党要管党、全面从严治党，认真落实党委主体责任、党委书记"第一责任人"职责、班子成员"一岗双责"，制定实施《贯彻落实〈党委(党组)落实全面从严治党主体责任规定〉实施意见》，明确党委主体责任，强化纪委监督责任，形成各类监督机制有机贯通、系统集成、协同高效的从严治党监督体系。

(四)严格执行《党建考核评分奖惩办法》。修订完善《党建考核评分奖惩办法》，每季度对所属党组织开展全覆盖检查考核实现了党建与经营工作深度融合。实施《各级党委书记和班子成员党支部工作联系点制度》，加大对偏远地区党组织的指导和考核力度，建立联系点制度，全年共开展结对帮扶党组织调研37次。

(五)持之以恒推进作风建设。开展"形式主义、官僚主义"专项监督检查，不断巩固作风建设成果。结合企业实际情况制定《关于狠刹"十种不良风气"、摒弃"十种不良行为"的纪律要求》，持续开展专项整治。坚持"铁纪律、严管理、高效率"的作风要求，开展安全作风30条问题和事故隐患排查治理"十假"行为专项检查。召开3次警示教育大会，对典型案例公开通报，用身边事教育警示身边人。制定《整合重组工作纪律规定》，对重点单位开展整合重组工作纪律监督检查，为改革重组蹄疾步稳、风清气正提供了坚强纪律保障。

二、坚决贯彻省委部署，高质量完成整合重组工作

(一)高效开展重组工作。晋能控股集团严格按照省委筹组方案要求，不等不靠、不讲条件、快速推进，成立工作组领导组18个，召开各类会议300多次，确定150多项重点筹组工作，形成重组文字材料300多万字，管控制度138项，提前完成整合重组工作。仅用2个月时间完成煤业集团、电力集团、装备制造集团、科学技术研究院、煤炭交易中心5个子公司的注册挂牌工作，从12月20日起新旧公司实现交替，新公司正式开始运行。

(二)稳步推进重点工作。12月8日在中国太原煤炭交易中心召开2021年度全国煤炭交易大会，晋能控股集团签订中长期协议6.6亿吨，签订2021年度合同近4亿吨，为历史最好水平，实现了宣传晋能控股集团和签订购销合作"双丰收"。对《晋能控股集团"十四五"发展规划》进行完善修改、论证，受到行业内外专家和领导的高度评价。按照省委要求，分别制定了"降本增效、减人增效、提效增效"和"能源领域国家实验室"申报方案。

(三)文化引领凝聚人心。确立"创新、绿色、卓越、高效"的企业精神，注册企业标识，创作《晋能控股集团之歌》，提出"五个一"文化理念和"八个统一"工作要求，发布《企业文化手册》，建立新的文化体系，形成广泛认同的精神追求、价值取向和行为准则，引导广大干部员工思想上同心、目标上同向、行动上同步。

三、科学谋划，坚持走专业化发展之路

(一)煤炭坚定不移走"减优绿"之路。煤业集团瞄准打造

“高标准、高效率、智能化、环保型、本安型”的世界领军企业目标，圆满完成“十三五”化解过剩产能任务，85座矿井列为特级安全高效矿井，42座矿井列为一级安全生产标准化矿井，先进产能占78%。大力推行小(无)煤柱开采技术，提高回采率7%—9%，延长矿井服务年限5年以上。制定智能化矿山三年发展规划，井下万兆环网、5G技术等取得实质性进展。对全省动力煤炭资源等进行了摸底，为煤业板块发展奠定基础。

(二)电力产业实现扭亏为盈。电力集团瞄准打造“大容量、高参数、成本优、新能源占比高、效益好”的国内煤电一体化深度融合劲旅目标，全年累计完成发电量722.4亿千瓦时，同比增长63.72亿千瓦时，超额完成全年发电任务。阳高热电正式投产发电，漳泽百万1号机组首次并网成功。闻喜风电二期、芮城光伏等13个新能源项目并网发电，新能源装机容量增加53.9万千瓦时，形成风、光、水、燃气、瓦斯发电＋光伏制造的清洁能源产业体系，装机容量达到591.82万千瓦时，占运行容量29.4%。

(三)装备制造产业起步良好。装备制造集团瞄准“煤—— 机联合”，推进“上高端、拓市场、强服务”发展模式，采取“订单式、快递式、网格化”服务方式，全力打造“一条龙保姆式专业化”高质量品牌。完成国家“智能化开采”储备技术基础项目高端智能化液压支架的生产制造。与中船重工、河柴重工共建的国产化低浓度瓦斯发电机组已开展工业性试验。完成了同忻矿国内最大工作阻力放顶煤液压支架制造任务，开创了高端支架制造的先河。

四、担当作为，坚决打赢三大攻坚战

(一)全面防范化解重大风险。集团公司组建以来，先后明确安全、稳定等“九条红线”、两个“13类重大风险”，要求各级领导干部严守风险底线，狠抓“关键少数”，严肃问责追责，通过网格化、清单化管理，有效防范化解了重大风险。

(二)全面完成脱贫攻坚任务。按照省委“一村一品一主体”的要求，深入实施科技扶贫、产业扶贫等多渠道、多元化的精准扶贫新举措，全年累计投入帮扶资金近4000万元，所包保帮扶的212个贫困村全部脱贫摘帽。

(三)全面加强生态环境保护。完成环保项目投资23.68亿元，共新建17座、提标改造41座污废水处理厂，淘汰258台1634蒸吨、提标改造43台1235蒸吨燃煤锅炉，建成28座全封闭储煤棚，完成58座煤矸石堆场附属环保设施建设及生态恢复治理，区域生态环境明显改善。

五、各项工作扎实推进

(一)科学编制“十四五”发展规划。制定《晋能控股集团“十四五”发展规划》，明确“1368”战略体系和“65266”发展目标，规划400多个重点项目，举办规划论证会，描绘了企业“十四五”发展蓝图。

(二)安全生产保证平稳态势。全面推行“网格化”安全管理模式，形成“点、格、网、系”安全责任“网格化”管理体系。不断强化“十七亲自”、事故隐患排查治理“十假”行为等制度落实，倒逼各级领导干部、各岗位落实安全责任。积极开展安全生产专项整治三年行动，将整治内容进行延伸，分专业系统逐月制定计划、逐月推进、逐月考核，推进责任落实。

(三)科技创新成果显著。通过省部级科技成果鉴定49项，其中“亿吨级老矿区科学开采关键技术研究及应用”等9个项目研究成果达到国际领先水平。获得中国煤炭工业协会科技进步奖27项，其中“特厚煤层双临空综放工作面巷道矿压控制技术研究”与“特厚煤层原位扰动力学行为及采场矿压控制”2个项目获得中国煤炭工业协会科技进步一等奖。

(白利鑫)

附：晋能控股集团有限公司党委书记、副书记、常委名单

书　　记：郭金刚(9月任职)
副 书 记：李国彪(9月任职)　李鸿双(9月任职)
　　　　　王宇魁(10月任职)　崔建军(9月任职)
专职副书记：刘　敬(9月任职)
常　　委：吴跃平(9月任职)　刘文彦(9月任职)
　　　　　蒋　煜(9月任职)

华阳新材料科技集团有限公司党委

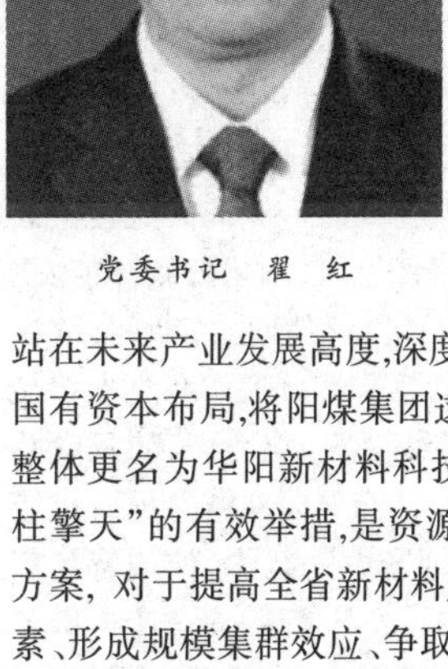

党委书记　翟　红

2020年10月27日，阳泉煤业(集团)有限责任公司正式更名华阳新材料科技集团有限公司，是省委、省政府贯彻落实习近平总书记视察山西重要讲话重要指示，在转型发展上率先蹚出一条新路来，践行“六新”要求的具体行动，是按照省委“四为四高两同步”总体思路和要求，推进国资国企布局优化、战略重组的重大举措。

省委、省政府高瞻远瞩，站在未来产业发展高度，深度谋划资源型地区转型发展，优化国有资本布局，将阳煤集团这个世界500强的传统煤炭企业整体更名为华阳新材料科技集团，是实现“一煤独大”到“八柱擎天”的有效举措，是资源型地区率先转型蹚新路的解决方案，对于提高全省新材料产业的集中度，汇集创新资源要素、形成规模集群效应、争取行业领先地位、打造新材料领域领军企业，推动全省经济高质量转型，具有重大战略意义和深远历史意义。

新材料产业是山西省推动制造业结构性反转、加速新旧动能转换、实现工业转型升级的重要引擎。华阳新材料科技集团将以雄厚的文化积淀为依托，聚焦新材料这一21世纪最具发展潜力的蓝海产业,整合省内其他优质资产,保持资产规模不变,推动负债率降到合理水平,不断提升企业盈利能力和核心竞争力。

一、疫情防控

新冠肺炎疫情发生以来,华阳集团高位部署、迅速反应,坚决打赢疫情防控攻坚战、保卫战,贯彻党中央和省委部署要求,成立以董事长、总经理担任组长的防控领导组,协调指挥各项工作,基层单位明确党组织书记为主要责任人的组织机构,形成自上而下的防控网络;守好"自家门",守住"生命线"。疫情期间,集团副总以上领导带队,对50多家单位进行包保督查,各级督查组不间断开展"四不两直"巡回检查830余次;面对常态化疫情防控形势,对重点人员严格实行包保机制,完善人员外出申报备案管控办法,对加强职工健康管理、冬春季防控等工作提出明确要求,不断巩固疫情防控成果;持续跟踪摸排从境外和省外返回职工家属14713人,织密防控数据网络,采取进行核酸检测、集中隔离和居家健康观测措施,"外防输入,内防反弹";累计编发《防疫工作日报》242期和《工作简报》96期,慎终如始地落实各项防控措施,构筑了疫情防控的坚固防线;企业生产经营秩序井然,职工群众生活平稳正常,实现了"零确诊""零感染";坚决扛起国企疫情防控政治责任，累计向社会捐赠现金及各类物资2398万元,14名"最美天使"白衣执甲、逆行出征,把忠诚担当、无私奉献写在了湖北救治患者、抗击疫情第一线,充分彰显了"华阳精神""华阳力量""华阳担当"。

二、"333"党建模式

始终牢牢把握党的领导、党的建设这条"生命线",积极践行"国企之强在党建之强"的理念,全面打造以"三严三抓""三管三促""三亮三比"为主要内容的"333"党建模式,积极构建改革发展党建一体化推进格局,引领和推动企业高质量转型发展。华阳集团党委高位统筹、协同推进,制定《333党建模式指导意见》,建立党委统一领导,相关部门协调配合、齐抓共推的工作机制和集团党委、分子公司党委(党总支)、党支部、党员自上而下、一贯到底的四级联动体系,整体推进,重点突破;下发《关于开展调研督导推动"333"党建模式落实落地的通知》,组建6个调研督导组,细化分解40项重点工作,对48家单位开展督导调研、评估问效;期间,编撰《铸魂》一书,推广各党委、直属党总支特色工作和党支部品牌67个,形成边总结边提高的工作态势。各党委、直属党总支扛牢政治责任,坚持问题导向、目标导向与结果导向相统一,细化具体内容和工作举措,创新方式载体,挖掘特色工作,打造支部品牌,推动党建工作与改革发展、安全生产等各项工作深度融合，在引领企业高质量发展上不断取得新成效。12月28日,华阳集团党委召开"333"党建模式交流推进会,按照一年补齐短板、初见成效,两年整体提升、形成常态的要求对全面推进"333"党建模式进行再安排、再部署,进一步巩固扩大成果,随着"333"党建模式持续深入推进,高质量党建引领推动企业高质量转型发展将迈出更大步伐。

三、"五个人人"活动

深入开展"人人安全、人人劳动、人人创新、人人持证、人人营销"活动,把"五个人人"活动作为推动企业对标一流提档升级的重要抓手,突出员工主体地位,改变以往的"行政命令式"为"激励引导式",从宣传引导、定标建账、搭建载体、总结提升等方面,划定"时间表"、制定"路线图",积极搭建形式多样的活动平台,持续构建激励长效机制。华阳集团党委成立7个督导组,开展全覆盖督导2次,对基层活动中出现的学习不深入、定标建账指向性不强等问题及时进行纠偏;全集团94376名在岗员工定标171421条，实现定标建账全覆盖;开展"十佳创新论文""安全金点子"征集、隐患随手拍等创新活动193项,建立健全《全员营销办法》《人人持证绩效考核办法》《人人安全积分制度》等激励制度150项,全体员工安全生产、干事创业、创新创造、技能素质、市场竞争的意识和能力不断增强,"我要安全、我要劳动、我要创新、我要持证、我要营销"的浓厚氛围基本形成,为华阳集团打造世界一流"火箭级"新材料产业集团提供不竭动力。

四、党纪教育

持续开展反腐倡廉宣传教育。以"清廉阳煤、担当作为""以案为鉴、律己守正"为主题,以5项宣传教育活动、5项廉政督查行动、"两会一评一谈话"为主要内容,切实引导党员干部心中有指南、行动有规尺。依托集团廉政警示教育基地,接待参观学习74批3211人次,着力打造成企业反腐倡廉的主阵地、廉洁文化的新高地、警示教育的大课堂。实施基层党委书记议事议信月度例会和季度党风讲评,对党风廉政建设和思想问题深入讲评、对照提升。编印下发党的十九大以来集团查处的四起严重违纪违法案例教材,分层级分系统播放《叩问初心》等警示教育片,把未病当有病防,提升思想免疫力。

五、作风建设

坚决贯彻落实习近平总书记"坚决制止餐饮浪费行为"重要指示精神,紧盯餐饮浪费行为,督促各单位制定出台相关文件,大力整治浪费之风,同时积极加强对餐饮浪费行为的监督检查,特别是坚决纠治公款餐饮浪费行为,严肃查处公款消费中的各种违规违纪违法问题。紧盯重要节点"四风"问题,扎实开展元旦春节、五一端午、中秋国庆期间节点"四风"督查。紧盯违反中央八项规定精神问题,制定《关于实行"两个必谈"廉政预警机制的通知》《相关业务系统常态化"两查双报告"制度》,深化细化监督职责,健全完善常态化监督机制。

六、意识形态管控

2020年,收集整理党中央、山西省委、省国资委关于意识形态工作的相关论述和要求,编印《意识形态工作应知应会》手册,下发至各基层单位党支部,逐步实现意识形态工作的规范化开展,提升党员干部意识形态工作能力。围绕意识形态工作责任制落实,指导各基层党委、直属党总支建立健全意识形态工作机制体系,层层压实工作责任,做到一级抓一级、一级对一级负责。意识形态季度研判机制和网络意识形态季度研判机制进一步规范,分析研判质量明显提高,工作规范化水平稳步提升,对下一阶段可能出现风险点的研判和预测更加准确有依据、处置有预案。加强意识形态责任制考核结果运用,认真分析意识形态领域斗争规律,动态感知舆情态势,把握意识形态领域总体形势,意识形态阵地做到可管可控。

七、企业文化

2020年,重新设计集团公司标志(LOGO)、企业名称标准字等视觉识别系统(VIS)元素,维护和确保集团公司视觉识别系统的统一性、规范性、严肃性。制定出台集团"1+9"企业文化建设考核办法,自上而下建立健全考核体系,使企业文化进一步融入生产经营管理各个环节,通过实施科学有效的奖惩办法,提高全体员工的参与意识、共建意识。在中外企业文化2020杭州峰会上,华阳集团与所属8家基层单位荣膺"十三五"中国企业文化建设优秀单位称号,华阳集团党委书记、董事长翟红获评典范人物,党委专职副书记、副董事长王付云等16人获评先进工作者,企业文化建设结出丰硕成果。2020年,华阳集团持续深化文明创建工作,不断拓宽渠道、丰富内涵,文明群体日益增多,创建势头持续强劲。截至2020年底,华阳集团共有省级以上文明及标兵单位7家,新增省级文明单位标兵1家,省属企业文明及标兵单位31家。

八、制度宣贯

华阳集团以分系统分层级、集散相结合的方式,围绕"学制度、用制度,会执行、真执行",各系统、各单位扎实开展"学制度、明规定、强执行"制度宣贯,确保制度宣贯横向到边、纵向到底,使干部职工熟知制度内容、学会操作流程,进而转化为行为准则。制度宣贯中,注重发挥舆论宣传引导作用,在电视、报纸开辟专栏,刊登14个系统共计118期制度内容,同时发掘各系统、各单位推进制度宣贯的特色举措,共刊登(播)10余条新闻,营造了制度宣贯的良好氛围。以各类培训班为载体,专题讲解本系统重要制度,共计开设15余课次,培训学员2000余人次,以培促学,以学促用。以"制度知多少"答题竞赛活动、专题考试和调研抽查等为载体,围绕29个机关部门汇编的700项制度,分批次分层次组织考试、抽查、答题等活动20余次,参加人员达1万余人次,进一步推动"制度管人、流程管事"的管理文化落实落地见效。

九、学习强国

强化"学习强国"学习平台组织架构建设,党员和职工群众踊跃参加,实现了对48个党员学习组织和48个群众学习组织的有效管理,广大学员运用"学习强国"学理论、看新闻、聊体会,不断更新知识库,兴起网上学习的新风尚。对基层单位"学习强国"推广使用工作进行常态化检查指导,找准问题不足,总结亮点经验,强化正向激励,督促学习落后单位迎头赶上。组织对全体学员的昵称、头像、工作状态等信息进行大排查,进一步严肃学习使用环境,维护平台运行正常秩序。

(孟　蕊)

附:华阳新材料科技集团有限公司党委书记、副书记、常委名单

书　　记:翟　红
副 书 记:王永革
专职副书记:王付云
常　　委:张建起　周　刚　杨乃时　高彦清

潞安化工集团有限公司党委

党委书记　王志清

2020年,潞安化工集团有限公司党委深入学习贯彻落实习近平总书记视察山西重要讲话重要指示,牢记习近平总书记"在转型发展上率先蹚出一条新路来"的殷切嘱托,按照省委"四为四高两同步"总体思路和要求,坚持党建第一责任保障引领发展第一要务,众志成城打赢疫情防控阻击战,蹄疾步稳推进战略重组,推动潞安战略重组、管理重塑、文化重构。

一、坚持政治引领

坚持"党要管党、从严治党",坚决扛起全面从严治党政治责任,反复学习、深刻领会习近平总书记视察山西重要讲话重要指示,进一步增强"四个意识"、坚定"四个自信"、做到"两个维护";认真贯彻《中共中央关于加强党的政治建设的意见》《关于坚决维护党中央集中统一领导的规定》,在转型发展中充分发挥"把方向、管大局、保落实"领导作用,确保企业正确前进方向;2020年4月15日,召开全面从严治党全面从严治企工作会,推动党的建设与企业发展同频共振、相互促进。坚持“就事论事抓整改、举一反三抓整改、构建长效机制抓整改”“三个阶段三步走”,贯穿全年开展以“查落实、补短板、防反弹”为主题的巡视巡察整改落实,高质量完成64条问题的整顿改造。强化保障落实,深化“13710”制度,推进绩效管理与党建调度高度融合,形成“以结果衡量英雄、凭业绩使用干部、靠作为赢得地位”的鲜明导向。

二、坚持转型为纲

认真贯彻落实省委“四为四高两同步”总体思路和要求,坚决扛起全省化工领域“转型发展蹚新路”的神圣使命,蹄疾步稳推进企业改革和专业化重组,2020年7月13日,省委宣布潞安化工集团班子任命;11月26日,潞安化工集团正式揭牌,标志着全省高端化工领域旗舰正式起航。坚持“三化一型”发展定位,科学谋划化工集团“十四五”顶层设计,全面构建“一核两翼、六大体系”发展格局,打造“具有国际影响力的一流化工企业”愿景目标更加凝聚人心、鼓舞干劲,常村煤矿荣获第六届“全国文明单位”。

三、坚持改革为要

按照“改革要坚定、过程要稳定”,建立特殊时期工作管理运行“六大”机制,构建运行“四线八块”管理模式,充分发挥党员干部先锋模范作用,努力化解重大风险和各类矛盾,“六定”改革、“腾笼换鸟”、处僵治困等各项工作取得阶段性成果。截至2020年底,化工集团总部“六定”改革基本完成,形成“集团——事业部——子分公司”三级架构。

四、坚持效益为先

着力构建“向管理要效益、以结果论英雄”的管理格局,强化经营理念,根植“算账文化”,各级党组织围绕“讲政治、观念新、认识清、站位准、作风硬、干劲足”发挥作用,生产经营单位围绕“盘清账、责任明、找差距、激励干、强执行、增效益”开展工作,全面推动精益管理,跑出效益提升“加速度”,企业各项核心指标再创新高。

五、坚持创新为上

深入实施创新驱动战略,培育壮大发展新动能,2020年5月25日,集团公司召开科技大会,全力打造潞安创新生态。2019年,集团公司荣获国家科技进步二等奖一项,荣获煤炭行业一等奖2项;国家高新技术企业达到11个;承办全国煤化工和煤炭2个标委会联合会议;山西省——北京大学科技创新基地挂牌;高河入选国家首批智能化示范煤矿;天脊创下中国硝酸铵出口第一大单。

六、坚持国企担当

扛起疫情防控政治责任,统筹推进疫情防控和复工复产工作,在保障本埠“零输入、零传播、零感染”的基础上,向湖北发运煤炭53.32万吨,捐款捐物2542余万元,选派2名医务人员援鄂抗疫;巩固脱贫攻坚成果,毫不松懈落实各项帮扶举措,集团被评为“全国煤炭工业社会责任报告发布优秀企业”“全省驻村帮扶模范单位”。

七、坚持为民情怀

持续开展困难职工救助、金秋助学、职工大病医疗互助等活动,先后向集团884名残疾职工发放517800元慰问金,为40名职工残疾子女安置工作;坚持在改革发展中保障和改善民生,上调全员岗位工资、企业年金缴费标准、住房公积金缴费比例;深入开展职工创新、“五小”竞赛、合理化建议竞赛,常村煤矿职工王文胜被授予“全国劳动模范”称号。

(李卫民)

附:潞安化工集团有限公司党委书记、副书记、委员名单

书　　　　记:王志清(6月任职)
副　　书　　记:刘俊义(6月任职)
专 职 副 书 记:郭贞红(6月任职)
党委委员、纪委书记:姚志胜(6月任职)
委　　　　员:肖亚宁(9月任职)

太原重型机械集团有限责任公司党委

党委书记　韩珍堂

2020年,是太重发展史上极不平凡的一年。3月10日,省委对公司领导班子进行重大调整,拉开了太重求生脱困新生的序幕。面对新冠疫情的巨大冲击和复杂多变的国内外形势,公司党委与全体干部职工同舟共济、攻坚克难、砥砺前行,取得了“求生脱困新生”的良好开局。

一、刀刃向内、自我革命,改革开放激发新活力

一是完成“六定”改革任务。作为山西省属企业首家获批进入实施程序的企业,全面开展“六定”改革,集团和重工职能部门减少1/3,集团内设机构减少67%;中层干部和内设机构负责人竞聘上岗,中层干部减少25%,管理人员减少61%,提升了运营效率。

二是建立激励约束机制。以效益为中心、以结果为导向、以成败论英雄建立激励约束机制,实施SBU奖励政策,打造技术型、业务型、管理型员工职业晋升双通道,激发干部职工

担当作为、干事创业的热情。

三是以开放的姿态主动融入市场。相继与中冶焦耐、中国移动、浙江大学、大连理工等企业、高校建立战略合作伙伴关系，与华能、陕鼓、航天科工、各驻晋银行等知名企业、科研院所、金融机构等交流互访，推动合作项目落地。先行先试探索“国有体制、民营机制”，与山西欧科、向明智装、山西建投等开展合资合作，构建起协同发展的“产业链、生态圈”。

二、强化创新、多元驱动，竞争能力形成新优势

一是加强产品创新。与德国艾罗迪公司合作引进4.XMW风机先进技术，拓展新能源、高端齿轮传动等转型板块；以智能化、绿色化、轻量化为方向，提升起重、矿山、焦化等传统板块；加快小型挖掘机、中小起重机、智能立体车库、大型钢结构、高空消防车等批量产品板块布局。

二是打造创新生态。重塑技术中心，发挥研发、设计、技术、工艺、质量五大功能，成立上海研发中心，集聚创新人才。推进矿山采掘装备及智能制造国家重点实验室建设，成立无人操作大型矿用挖掘机研究等SBU团队，全面攻克“卡脖子”技术。与太原理工大学、中北大学等院校开展了“产学研用”合作，共建先进产业技术研究院。

三是全面启动智能高端装备产业园区建设。完成园区顶层设计，基本完成总图设计，启动了土地资源整合、设计招标等工作，在综改区独资设立山西太重智能装备有限公司，合资设立山西智能装备产业园有限公司，纳入省级和国家政府专项债券项目库，园区一期用地559.94亩已在综改区土地局公告挂牌。

三、防范风险、化解危机，实现健康稳定新发展

一是化解资金风险。通过“短期变长期、表外变表内、高息变低息”，新增银行授信115亿元，已完成167亿元到期贷款的转贷置换及利率下调，置换高息负债约85亿元，融资成本由年初的7.02%下降到5.73%，化解了资金断裂风险。资产负债率降至79.8%，同比下降7.7%。

二是加快资本运作。通过多方努力，克服重重困难，太原重工非公开发行股票募资12.46亿元成功获得证监会批准，成为今年山西国企首单资本运作获批项目。收购了新三板上市公司向明智装51%股权，引入山西证券为太重榆液增资2亿元，转让轨道交通公司20%的股权，从太钢引资5.48亿元。

三是一户一策扭亏止损。对太重煤机、太重榆液、威利朗沃、天津滨海、风电业务、热加工业务等亏损板块制定了扭亏止损措施。针对风电拉弹泡、苏尼特和襄矿乙二醇等历时8年之久的拖期项目，全力化解了担保回购风险，基本完成了项目建设。完成厂办大集体改革、退休人员社会化管理和太重榆液下属三户企业久拖未决的破产工作，实现轻装上阵。

四、固本培元、夯基垒台，管理能力迈上新台阶

一是把对标管理作为基本的工作思维和方法。制定三年竞争力对标方案，组织中层干部赴华为培训学习，利用六西格玛、5S管理、精益制造等提升管理水平；启动了智慧太重信息化（一期）建设项目，构建起上下联通、横向沟通的全方位无边界管理体系。

二是加强制度建设、流程优化、组织再造。优化规章制度和业务流程，下发《全面预算管理制度》《违规经营投资与重大决策终身责任追究实施办法》等95项管理制度；对营销、采购、生产、外协等进行集中管理和业务优化，全面封堵“跑冒滴漏”，严格控制风险。

三是积极推进提质增效。严控合同质量，杜绝亏损合同，提高合同兑现率；加大外协回归，实行“准时制”生产，实施精准交货；改进工艺技术，提高产品质量；发挥规模效应，控制采购价格；集中管控费用，严控非生产性支出，全年实现降本增效9.5亿元。

五、强根铸魂、凝心聚力，职工生活达到新水平

一是坚持“以人为本”。扎实开展“三零”创建工作，加大安全隐患排查，确保职工生命安全放在第一位；实现工资、社保和公积金欠发欠缴全清零，优化作息时间，实现体检全员覆盖，提高工间餐补助标准，解决职工后顾之忧，增强了职工的幸福感和获得感。

二是建立学习型团队。成立培训中心，组织各类培训234场，全面提升能力素质；开展“深化改革”和“思想大解放、观念大转变”大讨论活动、“迎厂庆话改革”系列活动，促进干部职工在充分学习提升的同时，提振精气神、提升专注度、提高执行力。

三是凝聚改革发展共识。全方位宣传深化改革好声音，使人人都成为改革的参与者、实施者、正能量；重塑企业文化体系，大力弘扬“用户至上、效益导向、以人为本、改革创新、对标一流”的核心价值观，强化职工价值认同，形成上下同心同向、合力改革攻坚的浓厚氛围。

六、坚持党的领导，加强党的建设，政治生态呈现新气象

一是坚持党的领导。增强“四个意识”，坚定“四个自信”，做到“两个维护”，对贯彻落实党中央、省委决策部署实行清单管理，确保条条落实、事事见效。修订《党委议事规则》《“三重一大”决策制度实施办法》，制定《党委前置研究讨论重大经营管理事项清单》，规范党委常委会、董事会和总经理办公会的运行，有效发挥党委领导作用。

二是牢牢扛起管党治党主体责任。出台党委落实全面从严治党主体责任规定的实施细则和责任清单，组织开展党建工作年终考核，压实主体责任。有力推动巡视整改，巡视反馈梳理分解的30个问题，已整改完成29个。

三是持之以恒强化理论武装。紧扣学习贯彻习近平新时代中国特色社会主义思想这一重大政治任务，党委中心组开展24次集中学习、6次专题研讨。开展“三个一”活动，各级党组织书记累计讲授党课32场，做到“支部全覆盖、党员全覆盖、职工全覆盖”。

四是加强基层基础工作。在"六定"改革中坚持"四同步、四对接",撤销直属党组织25个,新成立党组织13个,截至2020年底集团公司下设党委19个,党总支11个,党支部195个,完成35个任期届满基层党组织换届工作。选优配齐基层党组织书记192人、专兼职党务工作者94人,选派8名干部"墩苗"历练。创建"一三三"党建工作品牌,制定"三型六带头"党建工作要求,形成"一个支部一座堡垒,一个小组一块阵地,一个党员一面旗帜"的浓厚氛围。

五是一体推进不敢腐不能腐不想腐。成立党风廉政建设和反腐败工作领导小组,严肃执纪问责,处置问题线索67件,给予党内严重警告1人,党内警告5人,政务处分2人;提醒谈话36人,诫勉谈话15人,对6个单位通报批评。积极配合省纪委监委对相关人员涉嫌严重违纪违法的审查调查,召开中层管理人员警示教育会,观看《镜鉴》,以案说法、正风肃纪。

六是群团工作展示新作为。支持工会、共青团等群团组织广泛开展劳动竞赛技术比武、"五小六化"竞赛、"牢记嘱托聚力改革青年争先"主题团日、统战成员"不忘合作初心、继续携手前进"等活动,团结引导广大职工积极投身公司改革发展生动实践。

(董曹慧)

附:太原重型机械集团有限公司党委书记、副书记、常委名单

书　记: 王创民(2月离职)　韩珍堂(2月任职)

副书记: 张志德(2021年1月涉嫌严重违纪违法,接受纪律审查和监察调查,被免职;7月,被开除党籍、开除公职;将其涉嫌犯罪问题移送检察机关依法审查起诉。)

田　兵

常　委: 史　峰　范卫民(5月被免职,10月涉嫌严重违纪违法,接受纪律审查和监察调查;2021年4月,被开除党籍、开除公职;将其涉嫌犯罪问题移送检察机关依法审查起诉。)

陶家晋(5月任职)

杜美林(女,5月离职;11月涉嫌严重违纪违法,接受纪律审查和监察调查;2021年5月,被开除党籍、开除公职;将其涉嫌犯罪问题移送检察机关依法审查起诉。)

山西国际能源集团有限公司党委

党委书记　曹　阳

2020年,山西国际能源集团有限公司坚持以习近平新时代中国特色社会主义思想为指导,全面贯彻党的十九大和十九届二中、三中、四中、五中全会精神,深入贯彻落实习近平总书记视察山西重要讲话重要指示和"三篇光辉文献",按照省委"四为四高两同步"总体思路和要求以及省委十一届十次、十一次全会暨经济工作会议部署,牢牢扛起管党治党主体责任,统筹党的建设、疫情防控和各项改革发展任务,全力以赴强党建、保安全、增效益,以良好的政治生态营造风清气正、务实担当的浓厚氛围。

2020年全年发电量304亿千瓦时,平均利用小时数3706,同比减少450小时;其中可再生能源发电量9.8亿千瓦时,增长24%;供热2007万吉焦,增长14.7%;天然气输销气量18.5亿立方米,增长15.9%;处理城市污水1.1亿吨,增长8.3%;中水回用3012万吨,增长28.4%;处理污泥13.4万吨,增长21.8%。全年实现营业收入121.2亿元,工业增加值36亿元,利税11.5亿元,利润总额5.4亿元。截至2020年底,集团资产总额530亿元,资产负债率63%,低于五大发电集团平均值10个百分点,长期保持合理水平,债务风险低、现金流充足、资产质量优良。格盟国际被国务院国有企业改革领导小组授予A级"双百企业",是山西省唯一一家。

一、全面加强党的建设

集团党委坚持全面从严治党,不断树牢党委主体责任、领导人员抓党建"一岗双责",全面推进党的建设、党风廉政建设和反腐败工作,持续增强各级党组织政治功能和组织力,不折不扣贯彻落实党中央、省委、省国资委党委各项决策部署。

(一)全面加强党的政治建设。加强政治监督,以实际行动增强践行"两个维护"的自觉性坚定性。修订党委理论学习中心组制度,组织集团党委中心组学习47次,及时向各所属企业理论学习下发建议学习目录,督促指导各所属企业党组织加强理论学习,形成不忘初心、牢记使命长效机制。围绕党的十九届四中五中全会精神,深入班组、车间、生产一线,带头宣讲、带头讲党课。"三重一大"事项全部实现党委会研究讨论前置。坚持党管意识形态不动摇，切实履行意识形态工作主体责任，成立意识形态工作领导小组、分析研判小组，编制完善《舆情应对工作预案》，全面加强思想阵地建设。

（二）全面加强党的组织建设。贯彻落实新时代党的建设总要求，完成集团党委和各所属企业党组织换届选举、党建进章程、“双向进入、交叉任职”，建立支部联系点。加强对所属企业党建工作检查，出台发展党员办法，规范党内政治生活，落实“三会一课”，完善党费收缴、党员教育管理制度，积极推进党支部标准化、规范化建设。党建基础进一步夯实，党建质量得到明显提升。

（三）全面加强党管干部、党管人才。坚持“信念坚定、为民服务、勤政务实、敢于担当、清正廉洁”好干部标准，修订中层干部选拔任用管理办法，规范选人用人程序，围绕集团改革发展大局选干部、配班子。一批讲政治、懂经营、会管理的优秀干部脱颖而出，带领广大员工积极进取，干事创业氛围浓厚。统筹内部培养、社会招聘，加大各类人才的培养和使用，2020 年新增中高级专业技术人才 123 名，形成引才、育才、用才、留才的良好氛围。

（四）全面推进从严治党。坚持“严”的主基调不动摇，坚决扛起管党治党责任，强化对权力运行的监督和制约，严守中央八项规定精神，持续巩固作风建设成果，运用科技手段赋能廉政建设，一体推进不敢腐不能腐不想腐，廉政效能与经济效益高效融合。制定完善党建、廉政建设制度 50 余项，组织开展警示“教育周”“学习季”，学习典型案例 170 余场，参观廉政教育基地 17 场次，完成省委巡视整改任务，持续巩固拓展巡视整改成果。

（五）全力发挥广大党员先锋模范作用。哪里有任务、哪里有攻坚，党旗就在哪里飘扬。认真履行疫情防控责任，建立党员疫情防控队，设立党员先锋示范岗，做到外防输入、内防反弹，实现“零感染”。科学复工复产，全力保障发电、供气、供热、污水处理等社会民生。强化脱贫攻坚交总账意识、军令状意识，广大党员始终坚守在脱贫攻坚第一线，开展产业扶贫和精准帮扶。结对帮扶的方山县、河曲县 15 个贫困村顺利通过脱贫攻坚全国普查和绩效评估。

（六）创新党建载体，智慧党建成功上线。依托 ERP、大数据、云平台等科技手段，建设实用高效的智慧党建系统，“书记驾驶舱”“书记工作台”“党员工作台”开始运行。实现党建工作上下贯通、左右互联、及时部署、节点督办，真正做到党建工作与业务工作的融合贯通。

二、产业结构持续优化

2020 年是极度不平凡的一年。新冠疫情肆虐，一季度社会用电量急剧下降，企业克服煤价高涨、电价降低、机组利用小时下降、电力市场竞争加剧等多重因素影响，内强素质，外抓市场，挖潜降耗，降本增效，千方百计增发多供，增加收益；裕光 1# 机组并网成功，标志全省首台百万千瓦发电机组、首台“点对网”晋电送冀机组正式试运。坚持超常规发展新能源，应县长城沟 4.2 万千瓦、广灵县 4 万千瓦、石楼县小蒜镇 2.5 万千瓦、大同新荣堡子湾 10 万千瓦新建风电项目年底全部如期投产，初步缓解新能源比重偏低的局面。气化板块历经 10 年发展，形成拥有 1200 公里输气管线、40 亿立方米输销能力的规模，率先实现跨省互联互通，成为山西省“气化山西”主力军。水务板块理顺投资管理公司与各污水处理厂的股权关系，明确了投资主体，提高了投融资能力，为下一步大力发展水务及相关产业奠定了基础。

三、国企改革取得积极进展

坚持国企改革不停步、不懈怠，在全省率先完成集团层面国际化混改的基础上，率先完成“六定”改革。持续推进格盟上市，完成德意志银行所持格盟国际 1% 股权转让，满足了上市公司须半数以上股东在国内有住所的硬性要求。对不实质运作的企业和机构撤并清理，完成“腾笼换鸟”任务，上缴“腾笼换鸟”收益。

四、持续巩固内控建设成果

通过流程再造、全程管控，堵漏洞、补短板、强弱项，防范化解风险能力进一步提升。成立投资决策委员会，引进外部专家，修订完善投资管理办法，投资决策更加科学规范。ERP 二期成功上线，实现全覆盖，人财物、产供销实时统一管控的综合成效正在显现。上线 CBS 资金管理系统，实现资金集中统一管控。建成无人值守“智慧煤场”，运用计算机、机器人对燃煤“采、制、化”全流程控制，有效解决人为干预，构建科技化廉洁防线，做到了“不能腐”。建立年度重点任务督办机制，年初制定清单、年中过程督办、年底考核评价，实现闭环管理。

五、不断夯实安全生产基础

牢固树立安全发展理念，增强风险意识，强化底线思维，严格落实安全生产责任制，压实安全责任，建立安全措施，健全应急预案，全面提升安全管控水平。认真开展安全教育培训和事故案例学习，切实提高员工安全生产意识和事故防范能力。每季度召开安委会及安全生产电视电话会议，每半年开展安全检查、安全督查，加大专项检查和整改力度，针对河坡电厂安全事故，召开专项会议，举一反三，以案促改，查思想、查管理、查制度、查现场，提升本质安全水平，着力防范化解风险隐患。

六、科技创新持续推进

修订科技项目管理办法，健全科技创新激励机制。发挥国家级省级创新平台作用，探索煤炭清洁高效利用新路径，积极推进低热值煤清洁高效燃烧与灵活发电关键技术、基于发电的煤炭热解燃烧多联产技术、煤与生物质共气化 3 个国家重大专项，以及危废综合处置等 3 个省重大专项，煤炭多级利用综合示范项目具备开工条件。和北京理工大学等高校共同开展新能源电池梯次利用、燃煤激光在线分析等关键技术研发。

（聂国君）

附：山西国际能源集团有限公司党委书记、副书记、委员名单

书　　记：曹　阳
副 书 记：侯利强（8月任职）
专职副书记：刘维锐
委　　员：张文元（9月离职）　康晓江　马葆华
侯利强（8月调职）　李振寰
侯益铭（12月任职）

华远国际陆港集团有限公司党委

党委书记　武　强

2020年，华远陆港集团坚持以习近平新时代中国特色社会主义思想为引领，深入贯彻党的十九大和十九届二中、三中、四中、五中全会精神，深入贯彻落实习近平总书记视察山西重要讲话重要指示，牢记“在转型发展上率先蹚出一条新路来”的殷殷嘱托，按照省委“四为四高两同步”总体思路和要求以及省委十一届十次、十一次全会和集团年度工作会部署，立足新发展阶段、贯彻新发展理念、紧抓构建新发展格局战略机遇，紧紧围绕集团加快山西铁路投资建设、引领物流业高质量发展、打造对外开放新窗口“三大使命”和“155689”发展战略，按照“领融管抓治创”六字工作法，以高质量党建引领推动企业高质量发展，以昂扬姿态奋力开启新阶段打造转型出雏型“华远样板”的新征程，确保省委赋予的现代陆港旗舰劲旅战略定位和“三大战略使命”在华远陆港集团落地生根。

截至2020年底，华远国际陆港集团有限公司（简称：华远陆港集团）共有基层党组织349个，其中基层党委31个、总支部14个、支部304个；直属基层党委7个、直属党支部9个。党员6242名。

一、主要业务工作

（一）用非常之力交出大战大考新答卷。统筹推进疫情防控和经济运行，千方百计拓市场、稳经营、创效益，全面完成各项考核指标任务，实现利润总额4.21亿元。坚决打赢疫情防控阻击战，汽运集团组建的12个应急车队1000辆车，主动承担山西驰援武汉的物资运输任务；怡安居物业加强联防联控，创造830个社区、30万住户“零确诊”“零疑似”的战绩；绿洲公司成为山西首批复工复产企业，央视予以报道；各级公司疫情期间精心组织恢复生产，全力保障经济运行，在大战大考中经受了考验。

（二）用战略之举构建陆港产业新体系。按照省委省政府战略部署，圆满完成集团改组及揭牌任务，成为省属国企新一轮战略性重组的首家企业。召开全系统改革发展推进会，明确集团“155689”发展战略和“2368”工作思路。坚持专业化重组、板块化管理、市场化经营，构建起“一核三港五园六中心”“两大出海通道”“三大出口基地”，架起陆港产业的“四梁八柱”。确立“一主三辅”产业目录，设立多式联运、国际贸易、口岸保税3个板块事业部，组建跨境电商、网络货运、国际科创、陆港产业研究院等一批新动能公司，成立陆港铁投公司、智慧物流科技信息公司、资本运营公司等一批专业化公司；扎实推动华远物流园区建设，成立中西部物流枢纽项目筹备处；联合大同陆港设立华远陆港大同公司，北部内陆港战略支点率先搭建；推进中鼎物流园股权收购、杏花村物流园托管进驻前期工作，船队、园区等资产整合有序推进。

（三）用改革攻坚释放发展内生新活力。在省属国企率先完成集团总部及二级公司层面“六定”改革，总部职能部室由23个精简至13个，“小总部、大产业”的管理架构全面重塑。制定《所属企业推行职业经理人制度操作指引（试行）》，跨境电商、国际科创等4户新设子公司实行契约化改革，引进职业经理人团队。印发《“三项制度”改革指导意见》，实行超额利润奖励分配制度，考核激励导向作用更加明确。成立国际化产业联盟，举办晋陕豫三省中欧班列助力山西外向型经济发展推进会，中欧班列全年开行206列。联合浙江泛城控股举办中国（太原）网络货运大会，利用“陆港通”网络货运平台签约企业74家，注册司机1.16万名，注册车辆1.13万辆。跨境电商公司自主开发的“陆港汇”B2B、B2C省内首家自建跨境电商综合服务平台，完成“9610”出口业务开通运行，推动山西省跨境电商零售出口实现“零突破”。

（四）用管理变革推动质量效益新提升。牢固树立“过紧日子”思想，分层分类开展成本费用压降，全年成本费用总额下降9.31%；成本费用利润率1.89%，提高0.2个百分点，超出考核指标0.89个百分点。全面完成铁路存量隐性债务置换工作，集团主体长期信用等级由AA+升级为AAA，融资成本降至5.45%，较年初的6.42%下降0.97个百分点。出台债务兑付预警、投资风险监管、规范贸易管理等系列内控制度，风险防控有效强化。在省财政厅、省国资运营公司支持下，集团新增资本金43.63亿元，注册资本达到225.60亿元，资本实力再上新台阶。

二、党建工作

（一）抓党建融合，切实增强转型发展驱动力。一是深入推进全省陆港资源整合和物流枢纽布局。圆满完成“厂办大

集体改革”“处僵治困”“三供一业”等改革任务,全系统企业混改率达到68.23%。二是提升开放能级。发起成立国际化产业联盟,召开晋陕豫三省中欧班列助力山西外向型经济发展推进会和中国(太原)网络货运大会。三是增强竞争实力。完成各项指标任务,荣获国家物流行业先进集体称号,被山西省国资运营公司考核为A类企业。

(二)抓责任落实,切实增强制度执行力。一是完善工作机制。构建“年初制定党委工作要点、第一季度召开党风廉政建设工作会、年中召开党建工作会、年终举行抓基层党建专项述职会”党建工作体系。二是创新融合机制。开展企业党建与经营“五个融合”实践工程,全力推动党建工作责任制落实。三是建立督导机制。集团党委领导全年深入基层单位60余人次,就上级重大决策部署、党建重点任务及“三零”单位创建等落实成效进行督查指导。

(三)抓固本强基,切实增强基层组织战斗力。一是完善组织体系。严格按照“双向进入、交叉任职”、党委前置研究讨论重大事项等要求,实现系统内党的组织覆盖和工作覆盖。二是提升党建质量。狠抓“三基建设”不放松,打造标准化党支部示范点,加大软弱涣散党组织整顿力度,带动支部建设提质量、上水平。三是建强党员队伍。开展为期3个月的“一句誓言、一生作答”党性教育,对基层党组织书记、党务干部进行集中轮训,累计2700人次。

(四)抓队伍建设,切实增强干事创业落实力。一是健全市场机制。率先完成省属企业班子成员竞聘上岗,全面完成“六定”改革,新组建公司均引进职业经理人团队。二是创新人才培养机制。启动蓝点人才计划,引进16名博士,开展保税物流等专题培训和财务会计等技能比武。三是突出文化引领。创新推动华远陆港企业文化建设,重塑企业文化理念、企业视觉识别系统、企业形象宣传片、司歌等内容。四是强化制度约束。出台容错纠错、债务兑付预警、投资风险监管、规范贸易经营等内控制度。

(五)抓正风肃纪,切实增强党风廉政建设震慑力。一是加强政治监督。着力突出“两个维护”根本任务,严格对照重点任务清单,逐一对照检视,形成政治监督工作闭环,提升政治监督工作质效。二是强化标本兼治。持之以恒纠正“四风”,持续保持反腐败高压态势,一体推进“三不”机制建设。全系统开展各类警示教育311次,共有92名干部受到党纪政务处分和组织处理。三是构建监督合力。构建集纪检监督、审计监督、监事会监督、法律监督、工会民主监督于一体的大监督体系。四是抓实巡视整改。压实整改主体责任,强化政治担当,高质量严标准推进省委巡视整改任务落实,整改完成率97.02%,制定和修订各类制度23项。

(王钧平)

附:华远国际陆港集团有限公司党委书记、副书记、委员名单

书　记: 武　强(3月任职)
副书记: 于喜东(3月离职)　谷建春(3月任职)
高建光(3月任职)　张广明(3月离职)
委　员: 高建光(3月调职)　李东刚(4月任职)
薛　烨(女,4月任职)　张秀山(3月任职)
谷建春(3月调职)　肖志强(3月离职)
何向荣(3月离职)　温全贵(4月任职)

万家寨水务控股集团有限公司党委

党委书记　陈耳东

2020年3月,万家寨水务控股集团有限公司(以下简称“万家寨水控”)按照省委、省政府改革部署,以新设合并方式,在重组山西黄河万家寨水务集团和山西水务投资集团的基础上,划转省水工局、省水利设计院2户企业及省水利厅管理的其他事改企单位组建成立。万家寨水控在习近平新时代中国特色社会主义思想指导下,在省委、省政府和集团党委的领导下,深入贯彻落实党的十九大和十九届二中、三中、四中、五中全会精神,认真贯彻落实省委十一届十次全会精神,按照省委“四为四高两同步”总体思路和要求,以党的建设为统领,以深化改革为牵引,以安全稳定为底线,确立“提供优质水资源、优良水生态、优美水环境、高效水服务”的企业发展战略定位,围绕统筹推进“五水综改”和打造一流水务旗舰劲旅两大重任,牢记使命,砥砺奋斗,年度各项工作目标全面完成,为山西高质量发展提供强劲水支撑和水保障。

一、“五水综改”谋篇布局

认真贯彻落实新时代治水方针和省委省政府治水方略,对接发改、财政、水利、住建等部门,组建强有力的工作专班,围绕“1+5+N”体系框架,由班子成员带队,深入市县实地调研,广泛征询意见建议,积极寻求水利部发展研究中心和中国水权交易所合作支持,并学习借鉴其它省市先进经验。在此基础上,认真研究山西省治水实践和水资源税征收标准、各类水源水价比价关系、水资源确权、水权交易市场等具体问题,数易其稿,反复完善,形成的改革方案将在“十四五”期间全面推行。

二、改革重组夯基垒台

把板块化、专业化战略重组作为推动集团改革发展的重中之重,全力推进重构性、重塑性改革。按照“扁平化架构、板块化经营、专业化管理、集团化管控”的要求,总部组织架构设置趋于完善,合并重组后的万家寨水控涵盖原水、供水、排水、治污及生态修复、水力发电、水产养殖等水利水务产业,形成集投融资、勘测设计、建筑施工、工程监理、运营管理等涉水全产业链,资源资产覆盖全省。本着功能定位和专业化分工的原则,重点构筑六大产业板块,分别是以水利水务水电工程建设运营等为主的水业板块;以生态修复、河道治理、污水处理、节水工程等为主的生态环保板块;以项目投资、股权运作、设立基金、发行债券、融资租赁、上市融资等为主的投融资板块;以涉水行业工程施工、安装、装备制造等为主的施工和装备板块;以科研、设计、监理、检修等为主的咨询板块;由主业衍生的土地开发、文化旅游、水产养殖、物资贸易、技术服务等多经板块。

三、工程项目有序推进

强化“项目为王”的鲜明要求,加大防疫措施的同时,推进工程项目全面复工复产;与省水利厅协同推进“两山七河一流域”和“五湖”生态保护与修复等重大项目;与40多个市县积极对接,谋划县域小水网、城乡水务一体化项目;与20多家国内一流企业、金融机构签订战略合作协议,进一步发挥万家寨水控治水兴水市场主体和引进外部资本、技术、人才平台的作用,初步形成“谋划一批、储备一批、开工一批、见效一批”的格局,45个在建项目全力推进,9个项目新开工建设,30个项目启动可研,70个项目积极跟进,形成413亿元投资规模盘子,为发展注入强劲动能。同时万家寨水控走出国门,突入国际市场,成立中国山西水工菲律宾分公司,东南亚输水工程、灾害风险管理等3个国外项目落地。省外市场承建项目达到103个,覆盖21个省市,施工产值、合同额较上年增长35%以上。

四、生产水平稳步提升

万家寨、禹门口、汾河一库、汾河二库、漳泽、张峰、柏叶口、漳河等各大蓄引调工程,科学调度,强化管理,全年供水10.6亿立方米,万家寨引黄工程供水量突破6.8亿立方米,创历史极值。为全省转型发展、生态改善、生产生活提供重要可靠水源支撑。与此同时,生产运行管理标准化建设方案编制完成,水库、灌区、调水、堤防、水闸等标准化建设将分批分类开展。水利水务科研项目管理、科研经费管理、科技创新奖励等一批科技创新制度制定实施,8个项目获得国家专利认证,2个项目获得研究与推广项目任务书;深入实施创新驱动和“人才强企”战略,产学研一体化研发和人才培养中心落地,与同济大学组建研发中心,牵头组建山西省水利职业教育集团,创新动能进一步激发。

五、资本运作多措并举

加强资本运作,为万家寨水控改革发展提供“源头活水”。编制《“腾笼换鸟”工作总体方案》,筛选产权清晰、负债率低、未来有盈利能力、无银行质押担保的首批项目,逐步按程序进场交易。针对水利水务项目公益性强、资金投入大、市场化程度不高、实现资金闭环难度大等实际,对流域生态修复治理投建运管机制和战略供水保障能力政府购买服务机制进行研究。建立集团资金池,盘活沉淀资金,开展企业内部信用评级,推进集团资金内部融通,降低子公司融资成本,加快资金周转,提升资金增值收益。积极对接兴业、民生、华夏、晋商等金融机构,开展集团综合授信评级工作,与农发行、国开行开展融资对接并签订战略合作协议,企业上市筹备前期工作同步开展。

六、党的建设扎实开展

以习近平新时代中国特色社会主义思想为指导,始终坚持和加强党的领导,引领保障各项工作行稳致远。一是把政治建设摆在首位。建立“第一议题”和跟进学习制度,以“全覆盖”要求持续引深学习党的十九大和十九届二中、三中、四中、五中全会精神,全面学习贯彻习近平总书记“三篇光辉文献”、视察山西重要讲话重要指示和关于国企改革发展、治水兴水重要论述,巩固拓展“不忘初心、牢记使命”主题教育成果,引导干部职工增强“四个意识”,坚定“四个自信”,做到“两个维护”,确保党中央方针政策和省委省政府重大部署在万家寨水控集团贯彻、落实到位。二是完善党的领导体制。坚持“双向进入、交叉任职”;按照新时代党建工作要求,把党建工作写入公司章程;制定《“三重一大”实施办法》及党委会、董事会、经理层议事规则,厘清党委把关定向、董事会科学决策、经理层执行落实的行权履责边界,健全完善科学决策、有效制衡的公司治理体系。三是坚持党管干部原则。认真落实“20字”好干部标准和“忠诚干净担当”要求,树立和坚持正确选人用人导向,配齐配强中层领导班子。借助信息化手段,研发上线人力资源管理、人事档案、职称评审申报3个数字平台,人力资源管理效能显著提升。四是加强党风廉政建设和反腐败工作。严明改革重组期间纪律要求,做好巡视整改“后半篇文章”,对关键岗位人员和新任职中层干部开展提醒约谈、任前廉政谈话,围绕干部竞岗、重组财务交接等重点事项开展专项监督13次;正确把握和运用“四种形态”,开展警示教育活动,通报违纪违法问题,持续形成惩治腐败的强大震慑和高压态势;持之以恒落实中央八项规定精神,加大纠治“四风”力度,深化拓展基层减负工作,集中开展3轮专项监督检查,多措并举严防“四风”问题反弹回潮。

(王高翌)

附:万家寨水务控股集团有限公司党委书记、副书记、委员名单

书　　记:陈耳东(2月任职)

副 书 记:樊安顺(2月任职。2021年12月涉嫌严重违纪违法,接受纪律审查和监察调查。)

专职副书记:范世平(2月任职)

委　　员:王晋斌(2月任职)　李俊刚(2月任职)

兰康杰(2月任职)　曹　池(2月任职)
呼运平(2月任职)　蔡开东(2月任职)
常建忠(8月任职)

省文化旅游投资控股集团有限公司党委

党委书记　王文保

2020年,山西文化旅游投资控股集团有限公司(以下简称"文旅集团")认真落实省委、省政府"四为四高两同步"总体思路和要求,按照省委提出的"深化改革、重组重塑;聚焦主业、打造品牌;项目为王、游客至上;科学决策、效益标准;强化使命、强化管理;加强党建、严肃纪律"指示精神,直面疫情、逆势攻坚,全面完成二次改革任务,高质量推进重点项目,2020年蝉联中国旅游集团20强。

一、开辟"融合式"党建模式,走出新路径

(一)将党的领导贯穿工作始终,完善领导机制。所属企业全部实现党建工作进章程,"三重一大"事项、重大事项请示报告、落实重大决策部署等工作进一步规范。严肃党内生活。严格执行民主集中制,高质量召开民主生活会2次,严格落实双重组织生活制度。强化党建考核。加大对党组织领导经济工作能力的考核力度,推动党建工作与中心工作深度融合。

(二)将理论武装融入工作实践,筑牢根基抓方向。线上设立"掌上党校"、线下实施教育培训,协同推进党员干部学懂弄通做实。率先示范抓落实。领导班子带头学、带头讲,集中学习26次,开展形势报告35场,全集团开展各类宣讲440场。融入大局抓转化。全面落实省委指示精神,研究制定《实施意见》《行动计划》共8个方面20项任务80条具体举措,推动学习成果转化为发展成效。

(三)将党建组织力转化为执行力,织密基层组织体系。稳妥有序整顿16户僵尸企业党组织,98户基层党组织实现应换尽换。规范基层党建工作。层层签订党建目标责任书,领导班子带头到联系点调研,广泛开展纪念建党99周年活动。创新党建工作思路。打造"1+2"智慧党建新平台,即智慧党建管理平台、智慧党建小程序和数字党员活动中心,开展"一月一主题,月月有重点"党日活动,打造集党建宣传引领、考核管理、互动交流、党员学习教育等为一体的智能党建模式。

(四)将队伍锻造成为文旅主力军,抓"三支队伍"。举办基层党组织书记、党务干部、宣传骨干培训班,配齐6户党组织书记,发展党员105名。抓专业人才队伍。持续实施内部培养、对外招聘、专业化引进的"三个一批"人才发展战略,组织开展中层领导人员"头雁工程"、基层干部"源头工程"和青年干部"墩苗工程"三个人才培养工程。抓引才聚才工程。引进10余名专业型干部和5名职业经理人,提供170个岗位进行公开竞聘,累计组织职业技能培训1100余人次。

(五)以全面从严治党服务发展大局,严肃巡视整改。针对省委巡视反馈意见,专题研究部署13次,细化14个方面38项整改任务117项整改措施,2020年底全面完成整改任务。强化监督合力。开展"涉诉案件、应收预付账款清收、建设项目"等专项审计,实行清单管理,加强审计、纪检监察、巡视巡察等监督力量的协作配合。探索内部巡查。新设党委巡察办公室,出台《关于强化巡察工作的实施意见》,成立巡察组,开展内部专项巡察。开展专项行动。集中开展整治能源领域腐败问题等专项行动,共接收信访举报件76件,处置问题线索74件,立案11件,运用四种形态处理119人次。

二、连续两年位居全国第一方阵,呈现出新面貌

文旅集团以二次改革为新起点,抢抓反弹机遇、努力化危为机,至2020年底,集团资产总额597亿元,实现营业收入151.8亿元,利润总额4218万元,工业增加值9亿元,全面完成目标任务。

(一)闻令而动,坚决打好文旅"战疫"。疫情发生以来,文旅集团践行国企责任,先后捐款66.7万元、医用口罩近10万个、抗病毒药品近100万元、消杀类用品80余万元等;所属2家酒店作为赴抗疫工作人员进驻点;所属孟母养生健康城先后接待三批272名抗疫一线医护人员休整疗养;成功发行8亿元山西首单疫情防控债,为打赢疫情防控战积极做出"文旅"贡献。

(二)深化改革,为持续发展加足马力。按照省政府要求,坚持"根上改、制上破、治上立"九字方针,5月底全面完成"二次改革"任务,形成景区运营、酒店管理、智慧旅游、康养产业、综合能源、海外园区、产融服务、资产管理等8个产业板块架构,完成非主业企业资产划转,实现了文旅资产由"散"到"专"的突破。

(三)"八力"齐发,全产业链架构趋于完善。积极发挥省级平台的整合、统筹作用,八大板块协同发展、初具规模。在景区运营板块,投资运营涉及5A景区3个,控制的4A级景区8家。在酒店管理板块,建立以"兰博泰尔、叙庭、宵客"三大品牌为核心的品牌化标准体系,打造山西省首家高端智慧酒店"兰博泰尔"旗舰店,旗下所属、托管酒店达20户。在智慧旅游板块,打造山西省智慧旅游云平台二期项目,入围文旅部2020年度文化和旅游信息化发展典型案例。"游山西"APP实现全国130家景区景点、18000家酒店、270余家旅行社上云,注册用户总量460万人。康养板块,推进太原、太谷

等省内市、县及海南、毛里求斯等地多个康养转型项目。在产融结合板块,成功设立晋民投基金和祁县、长治文旅基金,共管理9支基金,在全省率先探索实施项目跟投机制,完成2家跟投项目。在综合能源板块,积极拓展充电桩、分布式光伏、储能、售电等园区综合配套服务。在海外板块,毛里求斯晋非经济贸易合作区伊甸园文化广场项目成功申报文旅部"一带一路"文旅产业国际合作重点项目。在资产管理板块,全面盘活存量资产,2020年政府性资金累计清收3.2亿元。

(四)项目为王,重点项目跑出文旅速度。文旅集团2020年投资项目共23个,计划投资总额56.43亿元,全年完成投资33.37亿元,完成率59.13%。其中,续建项目(原有)17个,全年计划投资47.11亿元,完成投资31.07亿元,完成率65.95%。新开工智慧旅游云平台、昭馀古城、三个"0km"标志文化驿站等11个打基础、利长远的文化旅游类主业项目。

(五)科学管控,企业发展质量全面提升。构建经营、财务、法务、项目"四线并行"的风险防控体系,制定、修订40项管控制度。新设工程管理部、集采中心、审计中心,实现对经营、投资全过程监管,累计核减工程费用约2435万元。出台《安全生产专项整治三年行动计划方案》,实行安全调研、检查全覆盖,实现安全生产"零事故"。

三、文旅融合创新步伐加快,打造出新亮点

文旅集团结合发展实际,积极探索文旅融合创新,在"传承历史、弘扬文化"中走出文旅创新的"山西样本"。

(一)探索旅游公共安全智慧化管理。所属云游集团信息公司主持国家科技部重点研发计划、公共安全横向项目等29项,项目金额达4.03亿元,在国内公共旅游智慧化方面积累了先行优势。

(二)打造国内首座省级数字文旅体验馆。被授予山西省委党校现场教学基地、太原师范学院教育教学基地,成为山西文化旅游资源对外宣介的新窗口,2020年荣获"文化和旅游融合发展十大创新项目"。

(三)打响"游山西·读历史"研学品牌。编制"游山西·读历史"1+N特色课程和研学线路,打造非遗研学基地、植物科普研学基地等研学基地,组织研学200余场次,覆盖12000余人次。

(四)产学研用深度融合。先后与省内9所高校签订战略合作协议,与山西卫生职业技术学院共建山西文旅康养学院,与晋城职业技术学院、阳城县人民政府共同创办山西文旅产业学院,与太原理工大学共建"智慧旅游——公共安全大数据研究院"。

(五)文创业务成果初显。搭建创意研发、山西文化产业园、文创空间等文创平台,设计研发200余种文创产品,打造"山西礼物"旗舰店。

(六)科技创新加大投入。建立科技创新奖励制度,2020年研发投入1270.52万元,申请专利19项,申请软件著作权12项,承担省部级课题2项,以科技创新推进企业发展。

(常新荣)

附:省文化旅游投资控股集团有限公司党委书记、副书记、常委名单

书　　记:王文保
副 书 记:王　琳(6月任职)
专职副书记:李堂锁(12月任职)
常　　委:孟俊国　刘　娟(女)　彭柏青　王会波　郭守俊　王建明(8月离职)

山西交通控股集团有限公司党委

党委书记　袁清茂

交控集团是省委省政府着眼于化解政府债务、理顺管理体系、打造旗舰劲旅三大目标,通过整合省国资委管理的路桥集团、交投集团、高速集团,省交通运输厅管理的62条政府还贷高速公路、省交通设计院、科研院、物流中心,省高管局管理的开发公司、物资公司、信通公司组建而成。2017年11月挂牌成立。集团下设11户全资公司、1户控股公司、1户上市公司和16户专业化高速公路管理公司,经营高速公路5460公里,占全省高速公路总里程的96%,资产总额5550.89亿元,职工4.45万人,已发展成为一个集投融资、勘察设计、施工监理、经营管理和资本运作于一体的交通全产业链集团。

2020年,交控集团坚持以习近平新时代中国特色社会主义思想为指引,认真贯彻落实省委省政府决策部署,紧紧围绕"一石三鸟"改革目标和建设科技型实力型智能型现代交通企业战略目标,坚持根上改、制上破、治上立,圆满完成各项目标任务。交控集团先后荣获山西转型综合改革示范区模范单位、"腾笼换鸟"先进单位、省属企业文明单位等荣誉,开创企业改革发展新局面。

一、党的建设和党风廉政建设全面加强

(一)党的政治建设得到新加强。交控集团党委充分发挥领导作用,持续推动学习贯彻习近平总书记视察山西重要讲话重要指示走深走实。实施党建工作"四同四有"工程,即党的建设与改革发展、生产经营同谋划、同部署、同督查、同奖惩;党的建设有责任、有机构、有人员、有经费,确保党中央和习近平总书记提出的"四同步""四对接"要求在集团公司落地生根。制定党建工作台账、落实党建工作责任制提示卡、党

委书记双月例会、分管副书记季度例会等具有交控特色的党建工作推进制度，按照时间节点严格推进党建任务落实，形成任务清晰、责任明确、问责有据的党建责任落实机制。认真贯彻落实习近平总书记关于坚决打赢疫情防控阻击战的一系列重要指示和重要讲话精神，配合在全省收费站和服务区设置316个卫生检疫站，直接减免通行费约45.56亿元，筑起高速公路“防输入、防扩散、防输出”的屏障，为全省打赢疫情防控阻击战作出积极贡献。

（二）基层组织建设得到新提升。党委会研究全面从严治党议题111个，经常性研判形势任务，持续部署推动。制定《党委及其成员落实全面从严治党责任清单及2020年任务安排》等10余项党建工作制度，进一步完善抓学习、抓制度、抓队伍、抓考核、抓融合的主体责任落实机制，推动全面从严治党主体责任闭环管理、落实落细。对6个设立不规范的党支部，进行调整优化。编制发展党员、党组织换届、党支部工作、党费收缴等4个《工作手册》，扎实推进基层党组织规范化建设。推动党建工作与生产经营深度融合，深入开展1235党建项目化管理工作，从2019年立项的713个项目中评选出了24个优秀党建项目化管理成果，基层党组织和党员作用有了更加明确的“着力点”。

（三）干部队伍建设取得新进展。实施“六定”改革，推行扁平化、“大部制”管理模式，优化管理人员配备，控制管理人员职数。注重年轻干部培养选拔，分层分类建立年轻干部后备库，年轻干部数量占比较成立以来提高4.6个百分点，完成3年行动工作目标。合理用好容错免责机制，激发担当作为动能，按照“三个区分开来”的要求，对2名干部采取约谈提醒等方式予以合理宽容。强化人才引育工作，认真落实省委人才新政“12条”，召开人才工作座谈会，建立《实施人才强企战略提升高质量发展动能的若干举措》等人才工作制度，设立5000万的人才工作专项资金，强化人才引进。

（四）宣传思想工作取得新成效。加强对基层理论学习指导，开展中心组理论学习专项督查，建立中心组理论学习巡听机制、学习点题机制，完成旁听企业12家、向下点题学习9次，推动理论学习提质增效。组织开展宣讲3750余次，受众人数8.7万人次，确保上级决策部署及时得到学习贯彻落实。集团公司党委理论学习中心组被省委宣传部评选为全省党委（党组）理论中心组学习联系示范点、全省“学习强国”模范学习组织。强化意识形态领域形势分析研判，集团公司意识形态领域平稳可控。

（五）党风廉政建设取得新进步。制定《关于加强政治监督的实施细则》，明确6方面重点任务，推进政治监督具体化规范化常态化。组织对14户所属企业进行巡察，充分发挥巡察利剑作用。强化日常监督，聚焦重点领域和关键环节，下发《加强重点工程廉洁建设指导意见》《关于对重点工程项目廉洁建设开展监督检查的通知》，对工程建设领域进行常态化、近距离、可视化监督。驰而不息纠治“四风”，持续精文减会，减轻基层负担。

二、高质量发展迈出坚实步伐

（一）资本运作取得新突破。路桥股份通过非公开发行股份方式同步引入央企战略投资人招商公路配融4.8亿元，实现资产证券化、市场化再融资、上市国企“一石三鸟”目标。环保公司增资挖股“新三板”企业，推动混改后的交控生态股份公司向水、气、声、固废利用等生态环保全领域拓展，环境治理“全科医生”雏形初显。参股12.2%的山西华翔集团股份有限公司实现IPO，成为山西省2015年6月之后首家成功登陆A股市场的企业。

（二）高速公路经营管理跃上新台阶。大力推广应用养护新材料、新工艺、新技术和养护设备以租代购等新模式，政府还贷高速公路全年降低养护成本大幅降低。补植乔灌木4.6万余株，高速公路原生态绿色走廊建设初见成效。完成太谷、盂县等4对服务区的提档升级改造，新开通15对服务区、28座加油站，服务区品牌形象得到新提升。

（三）项目建设跑出新速度。阳蟒、东二环高速公路和全省首个BOT一级公路G108线神堂堡至砂河段等10个投资项目建成通车。黎霍、朔神等5个高速公路和G241朔城区至平鲁段等2个一级公路项目开工建设。21个在建项目有力有序实施。完成了忻保、太古、长邯改扩建等6个高速公路项目竣工验收。扎实推进品质工程建设，隰吉、离隰高速公路成功入选“黄河流域交通运输生态环境保护与高质量发展”交通强国建设山西试点项目。积极推进固废资源规模化应用，累计应用各类固废1013万吨，节约工程施工成本约1.6亿元。

（四）科技创新水平得到新提升。着力推进科创平台建设，获批“山西省智慧交通工程研究中心”等4个省部级研发平台，荣获省部级科学技术奖29项，制定各类行业、地方标准37项。深化产学研联合创新，成立山西交科——华为联合创新实验室，与清华大学共建基础设施智能化联合研究中心。大力推进科技成果转化应用，优选沥青路面就地热再生等18项实用性成果加速转化。加快智能交通建设，在五盂高速公路开展“智能网联重载货运车路协同”交通强国试点项目建设。

（五）风险防控能力得到新加强。持续推进安全生产管理“五大体系”建设，开展全集团全覆盖全方位隐患排查治理，挂牌督办的太古隧道、八盘山隧道2项重大安全隐患治理完成验收销号，安装14公里雾区引导防撞系统和1271公里能见度检测仪，实现团雾多发路段全覆盖监测预警，各类安全生产事故起数和伤亡人数较2019年大幅下降。深入推进“三零”单位创建工作，保持集团公司和谐稳定的良好局面。

（张泽珏）

附：山西交通控股集团有限公司党委书记、副书记、委员名单

书　　记：袁清茂

副 书 记：郝玉柱（9月离职）

武　艺(10月任职)
专职副书记： 刘宏武
委　　员： 韩文军　孙建秀　焦　军　贯　勇

山西航空产业集团有限公司党委

2020年，航空产业集团党委以习近平新时代中国特色社会主义思想为指引，坚定贯彻落实党中央、国务院、省委省政府各项重大决策部署，在党的建设、任务攻坚、国企改革和创新发展等工作中不断发力，推进了各项工作的高质量开展。

一、以高质量党建引领高质量发展

（一）旗帜鲜明讲政治，发挥党建引领力

坚决贯彻落实习近平新时代中国特色社会主义思想，将学习习近平总书记关于加强和改进国有企业党的建设、推进国资国企改革、促进民航安全发展等重要指示批示精神以及视察山西重要讲话重要指示，与学习贯彻党的十九大和十九届二中、三中、四中、五中全会精神紧密结合，形成推动各项工作高质量开展的强大动力。全年航产集团党委中心组学习26次，获得"全省'学习强国'模范学习组织"称号，并被列为"山西省党的创新理论实践基地培育单位"。

（二）从严从实压责任，发挥党建感召力

完成航产集团党委换届，加强党委会、董事会规范化建设，研究修订、印发《党委会议事规则》等15项党建工作制度。全年组织召开党委会26次，前置研究贯彻落实党中央、省委和省国资委党委重要任务部署及航产集团重大发展议题，在谋大局、促发展等工作中有效发挥党委的政治引领力。坚持将党风廉政建设工作与中心工作同研究、同部署，建立不敢腐不能腐不想腐机制，出台全面从严治党责任清单，抓实"严格落实中央八项规定精神持续深化作风建设"等重点工作，全年督导、督办重点党建工作71项。将政治"体检"作为检验从严治党能力的重要抓手，对外完成十一届省委巡视整改情况"回头看"工作，配合省纪委监委完成航产集团政治监督专项检查；对内完成太原、长治、大同机场党委和直属党委的内部巡察，实现两级党委严肃党内政治生活、涵养良好政治生态的目标。

（三）凝神聚力抓基础，发挥党建战斗力

在基层党组织建设上发力，落实党建工作、党支部联系点制度，编印《党委及领导人员抓基层党建工作指导手册》和《党支部标准化规范化建设工作实用手册》，创建基层示范党支部，不断提升基层党组织规范化建设水平。在优化干部管理上发力，坚持"担当作为、干事创业"选人用人导向，出台《推进干部能上能下实施细则（试行）》《管理人员改革创新合理容错实施办法》等制度。在把牢意识形态上发力，强调做好正面宣传和舆论引导，全年外宣600余篇，内宣500余篇。在能力提升上发力，全年集中组织线上、线下大型党务工作培训7次，培训1500余人次。在文化引领上发力，与业内领军品牌创意公司合作，启动了企业文化建设工作。

二、以强有力攻坚推动高质量发展

（一）筑牢安全防线，确保持续安全

守牢安全红线底线，深入开展安全专项行动，有效提升安全管理能力；强化作风建设，制定、落地《安全从业人员工作作风建设方案》，筑牢安全生产思想根基；推进安全监管等信息平台建设，提升全省机场整体安全运行保障效率；扎实推进"三基"建设，做到工作重心、保障资源、人员配备向基层倾斜；常抓、严抓风险防控，开展净空管理等10项专项整治行动和"8.29"等事故教训安全隐患对照排查。2020年，航产集团未发生责任原因造成的事故征候事件。

（二）发动全员力量，逆行抗击疫情

第一时间成立航产集团防控领导小组，先后制定31项规范性制度，召开疫情防控专题会47次，率先在全省各机场实现旅客、员工体温检测全覆盖，率先实现机场设施设备消杀全覆盖，率先实现健康码查验全覆盖。2020年，航产集团累计完成9.6万架次、873.54万名进出港旅客的体温筛查工作；完成41架次、7859名旅客的国际航班经停太原入境赴京保障工作；保障14批、1452名山西省援鄂医疗队员和1.2万吨防疫物资的运送任务。疫情防控工作获得国家集体荣誉2项，行业集体荣誉1项、个人荣誉1项，山西省个人荣誉1项。

（三）发挥行业优势，助力复工复产

最大限度恢复航线航班，新增、加密各重点城市航线25条，实现北京、上海、天津航班"公交化"；协调25家航空公司提供包机定制服务，共保障4架复工复产客运包机；支持成员企业以及相关联的中小企业共渡难关，共减免房租、特许经营费、停场起降费等共计2892万元。

（四）坚持常抓不懈，扶贫圆满收尾

全年党委4次专题研究落地扶贫政策，督促落实扶贫投入40.28万元，引进帮扶资金340万元，实施万元以上帮扶项目6项，实现了全部帮扶贫困户脱贫摘帽。

三、以高站位管理引深高质量发展

（一）践行初心使命，加快推进企业深化改革

一是完成国企"六定"改革。组织完成省属企业"六定"改革任务，实现了航产集团总部、5个机场公司、6个子集团及成员企业的依规改革，推动航产集团向着"效率效能最大化、治理能力现代化"的企业治理改革目标迈进一大步。

二是启动对标一流提升工作。贯彻落实山西省委省政府"四为四高两同步"的总体思路和要求，以对标国内一流企业加强管理体系和管理能力建设为目标，制定三年对标方案；与民用机场协会合作，利用其国内外优质行业资源和成熟科研成果，加快对标高质量推进。

三是优化企业治理。进一步健全法人治理结构，完善党委会、董事会、经理层议事规则；加强顶层设计，“十四五”规划完成初稿编制；推进“一企一策”考核制度改革；编制完成《制度汇编》，汇总整理航产集团制度126项；建立航产集团主要负责人履行推进法治建设第一责任人职责工作清单，扎实推进工作落实。

四是推进成员企业混改。研究出台《航产集团混合所有制改革实施办法》，推动完成下属科技公司股改签约，下属物流公司混改进入评估待挂牌阶段。

(二)彰显国企担当，扎实取得创新发展成效

一是开启省内民航机场一体化运营模式。与大同、忻州、吕梁、临汾、运城五市政府签署《机场一体化委托运营管理三方协议》，正式开启省内民航机场一体化运营模式；衔接推进一体化管理平台的建设，组建了机务工程分公司、资产管理运营分公司。

二是通航示范省建设加快推动。通航资源进一步整合，托管太原尧城机场、成立山西通用机场管理有限公司，合资成立无人机公司。通航建设进一步推进，推动太原尧城机场升级改造，推进河曲、阳曲、左云、右玉、沁源、繁峙等地通用机场建设，与河曲县政府签订通用机场规划建设运营一体化协议。通航业务进一步完善，开通7条省域和1条跨省短途运输航线；开展景点低空旅游项目；推动第三届中国通用航空创新创业大赛正式落户山西；与中国民航报社在太原成功举办“第二届民航通航发展大会”。通航项目进一步落地，就公务机FBO维修基地等6项重点项目进行了集中签约；与中北大学共建“航空产业研究院”，搭建产学研联动创新平台。

三是重大项目建设加快推进。太原机场总规划已获民航局批复，工程预可研报告已取得民航局行业意见，航站区规划及航站楼设计方案正在深化设计，飞行区西区滑行道工程正式开工；长治机场改扩建工程、大同机场机坪扩建工程，以及朔州机场、晋城机场前期工作等基础建设都在稳步推进中。

(李　杨)

附：山西航空产业集团有限公司党委书记、副书记、委员名单

书　记：郝孝义(2022年2月涉嫌严重违纪违法，接受纪律审查和监察调查。)

副书记：陈　阳　邓保平

委　员：赵庆斌(3月离职)　张希亮　吴建庭　高天光　员佩刚(12月任职)

山西云时代技术有限公司党委

党委书记　盛佃清

山西云时代技术有限公司成立于2017年8月，承担着建设山西数字政府和引领全省数字信息产业发展的重要使命。公司以数字信息产业、军工信创和铜基高端制造为主业，聚焦数字政府、智慧城市、智能制造、信创技术和数据经营等领域发展。公司下设27个子公司，资产规模逾170亿元，职工人数达1.6万人。2020年公司实现营业收入214亿元，利润3.5亿元。

2020年是全面建成小康社会和“十三五”规划的收官之年，也是云时代公司改革发展进程中极为重要的一年。云时代公司党委以习近平新时代中国特色社会主义思想为指引，全面贯彻党的十九大和十九届二中、三中、四中、五中全会精神，深入贯彻习近平总书记“三篇光辉文献”精神，进一步增强“四个意识”、坚定“四个自信”，坚决做到“两个维护”，按照省委“四为四高两同步”总体思路和要求，紧扣助推“数字山西”建设目标任务，进一步突出政治建设，创新理念方式，强化责任落实，持续提升党建工作质量和水平，为公司改革发展提供坚强政治保证。

一、组织工作突出规范标准，进一步完善体制机制

一是坚持把政治建设作为一项重大政治任务摆在首要位置。认真学习中央、省委、省国资委党委关于加强党的政治建设的决策部署，贯彻落实《中共山西省国资委委员会党建工作领导小组2020年工作要点》，始终在政治立场、政治方向、政治原则、政治道路上同党中央保持高度一致，始终牢固树立“四个意识”，坚定“四个自信”，坚决做到“两个维护”。

二是认真落实公司党委会议事规则、“三重一大”决策制度实施细则等规章制度，严格党委会前置程序，有效发挥党组织把方向、管大局、保落实的作用。认真落实以《党建工作责任制实施办法》为统领，以党建工作、党风廉政建设工作、意识形态工作三项责任清单为支撑，以《党建工作责任制考核办法》为保障的党建目标责任制体系，持续提升党建工作的科学化、规范化、标准化水平。

三是发挥党的领导作用。公司党委根据公司发展需要，对先后成立的多个二级子(分)公司实现党组织全部覆盖，健全完善基层工作机制，做到“四同步”“四对接”及时调整优化

总部党支部设置,进一步强化总部党支部力量。成立云时代公司党建工作领导小组,进一步加强公司党的建设,提高党建工作水平,落实党建工作责任制。

四是高效发挥党组织把方向、管大局、保落实的作用。认真落实以《党建工作责任制实施办法》为统领,以党建工作、党风廉政建设工作、意识形态工作三项责任清单为支撑,以《党建工作责任制考核办法》为保障的党建目标责任制体系,持续提升党建工作的科学化、规范化、标准化水平。

五是运用信息化手段做好党员教育管理。组织领导班子成员利用"好干部在线"学习平台、"学习强国"平台等载体进行学习,营造比学赶超的学习氛围。用好全国党员信息管理系统,推进党员电子身份认证、组织关系网上接转。

二、宣传工作突出阵地建设,形成创优争先氛围

一是营造主流舆论氛围。切实做好中央和省委重大决策部署及取得的新进展、新成效的宣传教育。加强数字信息产业发展趋势和公司改革发展推进情况的宣传教育,引导干部职工齐心协力推动公司改革发展。加强新媒体的创新管理,梳理各自定位,开发新功能,不断提升品质。推进新媒体内容安全检查,完善备案审核流程,实现子网站有序开发和管控。

二是落实意识形态工作。严格落实意识形态工作责任制,各级党组织负责人按照责任制的职责尽责至善,全力确保意识形态上不出事、不犯错。坚持每季度向公司党委专题汇报意识形态工作,持续抓好追责问责。做好舆情动向的分析研判,及时处置网络谣言等影响公司声誉和形象的不良信息,维护公司形象和声誉。继续发挥网评员队伍的作用,及时在各类媒体上发声,形成网络舆论引导正能量。

三是加强统战工作。巩固统战基础工作,强化规章制度的执行和落实。深化党的统战理论和方针政策的专题学习,确保党的统战方针政策贯彻落实。组织好统战成员的学习座谈、交流参观等活动,落实统战人士建言献策的收集提报、反馈奖励制度,调动统战成员献计献策的积极性。落实好党的各项统战政策,维护好、发展好统战成员的利益,积极回应统战成员的诉求,及时协助解决具体困难和问题。

四是推进品牌管理。建立公司品牌管理体系,梳理公司品牌宣传载体和模式,加快品牌宣传专业化步伐。以公共区域形象宣传、展会参与和改版公司宣传片等为抓手,推进品牌形象的提升。创新宣传工作机制,建立起与主流媒体、子(分)公司常态化的工作联动机制,实现宣传资源的互联互通,让精彩的云时代故事走进山西,全力塑造公司品牌。

五是夯实队伍建设。强化学习意识,做到理论清醒、政治坚定,敏锐把握大数据产业行业发展趋势和竞争态势,做到心中有数。准确把握公司重大决策部署,服从和服务于公司中心工作中去思考、定位、策划、推动各项工作。

三、工会工作突出服务大局,职工为本发展为先

一是推动重大事项平等协商机制,坚持和完善职工董事、职工监事制度,确保职工群众的知情权、参与权、表达权、监督权得到落实。不断改善职工的办公环境,倾听职工诉求,消除职工疑虑,及时答复处理职工反映的问题,提升职工满意度,把公司对职工的关心落到实处。

二是深入开展重点项目劳动竞赛活动,激发项目内生动力,引领职工立足本职岗位,激发创新潜能。组织好系列表彰活动,选树一批先进集体和先进个人,最大限度调动职工的积极性。

三是改进优化帮扶救助制度,组织好扶危济困工作,完善伤病职工档案,将公司的温暖传递给职工。加强对后勤、体检等工作的监督,维护职工利益。推动职工集体福利,坚持职工需求导向,组织实施政府消费券等集体福利项目。

四是巩固提升脱贫攻坚成果,领导班子成员、各级党组织书记和驻村第一书记多批次对贫困户进行上门走访慰问,访贫问苦,访困问计,坚持问题导向,发扬务实作风,落实帮扶措施,帮助贫困户解决困难和问题,确保帮到点上、扶到根上,圆满完成年度扶贫任务。

四、共青团工作突出枢纽定位,动员服务团员青年

一是按照"应建尽建"要求,组建各基层团组织机构。成立信自公司团委、政务云公司团支部、大数据产业公司团支部、公司总部团支部,确保符合条件的单位全部建立团组织。指导各基层团组织召开团员大会。组织各基层团组织参加团中央"智慧团建"系统信息录入在线专题培训,及时录入团组织、团干和团员青年信息。

二是推进共青团工作制度建设。梳理明晰公司各级团组织、团干部工作职责,建立公司团委工作台帐,编制管理手册,为团员配备团徽。结合公司及各单位实际,本着"务实、管用、有效"原则,制定下发《关于重申团费交纳和使用的规定》《山西云时代技术有限公司"青年文明号"管理办法》《山西云时代技术有限公司"青年安全生产示范岗"管理办法》《山西云时代技术有限公司创建"五四红旗团组织"活动制度》《山西云时代技术有限公司基层团支部工作条例》《山西云时代技术有限公司青年理论学习制度》等制度。在《山西青年报》"企业团委书记谈加强团的基层建设"专栏刊载《夯基础 聚实力 树形象 奋力开创团的基层建设新局面》一文,介绍加强团的基层建设经验。

三是积极发挥共青团实体阵地作用,开展特色活动。组织"青春心向党·建功新时代"主题团日活动,参观综改区创业创新基地。组织团员青年参加中央宣传部、全国总工会、团中央、全国妇联主办的"将改革开放进行到底"全国巡回报告会。信自公司团委组织团员青年参加"百年五四·青春接力"活动。大数据产业公司团支部组织开展"弘扬五四精神·实现青春梦想"主题团日活动。成立云时代公司"习近平新时代中国特色社会主义思想青年学习小组",定期组织集中学习研讨。组织团干和青工代表参观山西省庆祝新中国成立70周年图片展。开展"我与祖国共奋进——国旗下的演讲"特别主

题团日活动。

（马 妍）

附：山西云时代技术有限公司党委书记、副书记、委员名单

书 记：盛佃清

副书记：阳 军

委 员：苏 涛 王文逾

华舰体育控股集团有限公司党委

党委书记 赵晓春

华舰体育控股集团有限公司是在全省深入推进国资国企改革，优化国资布局和深化战略重组的背景下，于2020年4月28日成立的，公司注册资本50亿元，总资产规模约132亿元。华舰集团的成立是山西省新一轮省属国企战略优化重组的重要一环，是省委省政府推进建设“体育山西、健康山西、幸福山西”的重要举措，承担着推动全省体育事业和体育产业高质量转型发展的重要使命。

一、着力构建集团公司的整体运营体系

2020年4月26日，山西省政府印发《关于设立华舰体育控股集团有限公司有关事宜的批复》，同意成立华舰体育控股集团有限公司。省委、省政府要求，要健全公司法人治理，坚持市场化、法治化的改革取向，整合优质体育资源，让资源变成资产、资产变成资本；要制定企业发展战略，立足山西、面向全国，有效整合用好“两个市场”资源，切实增强企业市场竞争力；要坚持经济效益、社会效益相统一，省体育局、华舰体育控股集团要厘清职责、相互协同，用好“有形之手”和“无形之手”，企业、市场能做的，最大限度交给企业、市场去做；要坚持品牌、经营、赛事、制造、科研一体布局，全面推进体育用品研发制造、体育场馆建设、体育赛事组织、体育会展、体育商贸、体育文化等多元发展，把“华舰”品牌经营好，打造山西体育产业旗舰、全国体育产业劲旅；要加强企业党的建设，把党的领导贯穿于企业改革发展全过程，带领华舰乘风破浪、扬帆远航。

华舰体育集团作为省属国企“新军”，为了切实担当起“健康山西”建设的主力军重任，一方面加快对现有省属优质体育资源的整合，另一方面着力推动“内涵式”产业拓展，初步实现了公司组建、工作起步、业务拓展的预期目标。

一是加强制度建设。集团公司成立之始就坚持守法经营、规范运作的原则，遵循国家的法律、法规，按照章程和工作实际，制定包括党务、政务、财务、业务等各个方面的规章制度，做到横向到边，纵向到底，既管决策，也管执行，既管领导，也管员工。每个制度的出台都经法务部门严格审查，集团公司决策层认真研究。公司先后制定覆盖5个体系的22项制度。

二是积极推进资产划转工作。按照省委“应划尽划”的要求，积极与省财政厅、省自然资源厅、省体育局及省国资运营公司沟通协调，全面开展清产核资和资产划转。按照公司土地处置实际需求，第三方专业评估机构将土地分别按照拟出让、作价出资、保留划拨、出让四种类型进行测算，测算出拟划入华舰体育的土地资产估值约为86.25亿元，房屋建筑物资产约为43亿元，设备类资产约为2.87亿元。按照此方案，华舰体育总资产现值约为132.12亿元。为了加快资产划转与事业单位转企工作进度，集团公司与省体育局建立常态化对接机制，及时研究解决问题。双方签署了资产管理权移交协议，将省体育局所属全民健身中心、山西体育中心、体育博物馆、航空运动管理中心、省棋牌运动管理中心等5个单位的管理权及使用的资产，以及山西体育职业学院搬迁后原校区、五龙沟片区土地及相关资产移交华舰体育集团。同时，集团公司与省国资运营公司签订股权划转协议，将山西国投体育集团、山西国投职业篮球俱乐部的经营管理权委托华舰体育行使。

三是着力完善组织架构。按照国资国企改革“六定”工作方案，通过定机构，明确集团总部职能和功能定位，集团总部设置投资管理部、资产运营部、体育事业部等8个职能部门，基本形成较为完备的总部组织架构。通过定编制，合理控制人员岗位数量，除接收省体育局的5个划转单位、国投体育及国投篮球俱乐部职工外，还通过多种渠道吸纳各类专业人才进入集团，充实集团公司力量。集团按照各业务板块的职能和需求合理配置人员，完善选人、育人、用人等各项机制，着力打造精干高效的干部职工队伍。

四是全面布局业务板块。华舰集团结合自身业务范围，注册成立华舰动体教育科技（山西）有限公司、华舰体育赛事有限公司、华舰置业（山西）有限公司、华舰智运体育文化（山西）有限公司、华舰智能制造（山西）有限公司5家二级子公司和华舰航空会展公司1家三级公司，形成覆盖体育赛事、体育地产、智能装备制造、体育场馆建设运营、体育教育、航空体育、职业体育等重点业务板块的经营体系。

二、聚焦集团公司的核心业务谋篇布局

在体育地产开发方面，推进山西体育职业学院旧校区土地分批次出让，办理山西体育职业学院新校区施工前期手续。按照“六新”要求改造建设现代化、智能化的新型体育场馆，谋划全民健身中心等老旧体育场馆升级改造。在精品体育赛事方面，致力于用市场化模式举办精品体育赛事，承办了环太原国际公路自行车赛、2020太原国际马拉松赛、尧城

国际通用航空飞行大会、"艾斯弈"体育赛事博览会等品牌赛事活动,发动社会各界联合举办了多个级别、多个类型和多种项目的体育赛事。在推动全民健身培训方面,加大专业体育教练队伍培训力度,开展全民健身人群体质测定业务,掌握国民身体健康数据,针对性开展球类、路跑、骑行、徒步等人民群众喜闻乐见的体育技能方面的培训,提升人民群众体育消费的愿望和能力,培养终身锻炼的习惯。在体教融合发展方面,着力实施"双开门气膜体育馆"进校园工程,为教育部门提供中考体育的技能测试解决方案,提升技能测试的公平性、合理性和可行性,推进青少年体育技能学习的普及,助力体教领域的深度融合。在场馆科学运营方面,充分发挥华舰体育拥有大型场馆的优质资源,在做好疫情防护和安全措施的基础上,做好大型体育场馆开放运营工作。精心策划大型赛事、演艺、团建、研学、职工运动会等,合理配置商业、餐饮、娱乐等配套服务,努力让大型场馆热起来、火起来,全面提高场馆资源利用率。

三、以加强党建引领集团高质量发展

华舰体育集团高度重视党的建设,坚定不移强化党的领导,把党的领导落实到党的建设与企业改革发展同步加强上,同步谋划党的建设、同步设置党的组织及工作机构、同步开展党的工作。坚持党委在企业的决策、执行、监督各个环节,切实发挥好领导作用,制定《党委会议事规则》《党委中心组学习规则》等13项党务制度,明确对重大问题、重大经营管理事项的议事决策程序。集团全年召开6次党委会议,研究推进各项工作。

坚持把坚定理想信念作为思想政治建设的首要任务,以党委中心组集中学习等方式,致力于建设"学习型"党组织,以学促干,以干带学,认真组织学习党的十九大精神,习近平总书记"三篇光辉文献"和系列讲话,省委、省政府及省国资委重要文件和领导讲话,努力把思想和行动统一到省委省政府决策部署上来,步调一致共谋事业发展。

华舰体育集团积极抓好各级领导班子建设。按照习近平总书记"对党忠诚、勇于创新、治企有方、兴企有力、清正廉洁"的要求,从严从实抓班子带队伍,完善领导体制,明确责任分工,严格建立健全权责对等、运转协调、有效制衡的决策执行监督机制。11月6日完成集团公司首批中层人员的聘任,按照市场化、专业化要求,认真研究制定培训方案,聘请专家、学者,对集团公司员工进行企业经营、财务管理、企业文化、廉政建设、职场礼仪、素质拓展等系统化、规范化的培训,提高了员工的理论素养、专业素质、文化修养。

集团公司坚持"一岗双责",落实"两个责任",认真组织学习党风廉政建设各项规章制度和文件,积极开展"廉政警示教育""纪律处分条例"专题培训,高度重视重要节日等特殊时期的廉政教育,全年无违纪问题发生。

(郭沛栋)

附:华舰体育控股集团有限公司党委书记、副书记、委员名单

书　记: 赵晓春
副书记: 王振宇
委　员: 王　福

山西大地环境投资控股有限公司党委

党委书记　屈忠让

2020年,山西大地环境投资控股有限公司(以下简称"大地控股")在省委省政府的正确领导下,统筹推进疫情防控与经营管理工作,围绕"生态文明建设旗舰、新兴产业发展劲旅"的战略目标,聚焦改革难点,积极务实工作,推动业务模式创新、核心技术创新、管理模式创新,党的建设和经营管理都取得新的成绩,一些创新性工作、示范性项目得到省委省政府肯定。公司全年营业收入、利润总额和工业增加值分别比上年增长22.97%、54.61%、80.31%,完成土地修复13万亩,主要经济指标全部超额完成年度任务。

一、全面从严治党,营造政治生态,开创党建经营同向发力新局面

坚持以政治建设为统领,学深悟透习近平新时代中国特色社会主义思想和习近平总书记视察山西重要讲话重要指示,党委理论学习中心组开展集中学习14次,组织宣讲党的十九届五中全会精神17场次,教育引导干部职工凝聚起践行"两个维护"的强大合力,铸就了沿着习近平总书记指引的金光大道奋勇前进的磅礴力量。参加全省理论宣讲大赛获得一等奖。不断严密党的组织体系,新建4个党支部、整治提升2个软弱涣散党组织,理顺混改企业党组织隶属关系,基层党组织的政治功能和组织力特别是对混改企业的引领力进一步增强。聚焦"关键少数",咬定"责任",管住"少数",坚持一体推进不敢腐、不能腐、不想腐,把党风廉政建设融入经营管理、改革发展、选人用人、日常管理,始终保持正风反腐的高压态势,制定修订落实中央八项规定精神的实施细则等制度13项,开展廉政学习及警示教育98次,全面从严治党成效进一步彰显。健全职代会制度,落实职代会职权,审议

《薪酬方案》等 3 个涉及职工利益的重大事项。捐款 100 万元助力疫情防控。帮扶 2 个贫困村全部脱贫并持续巩固，其中荣庄子村被评为“全国民主法治示范村”。“三零”单位创建保持良好态势。所属 8 户企业被评为省属企业文明单位或标兵单位。

二、聚焦旗舰项目，夯实产业基础，迈出高质量发展新步伐

全面铺开两年 200 万亩高标准农田建设工程，2020 年度建设任务全部落实到位。12 月 19 日，山西省社会资本建设规模最大的永济 13 万亩高标准农田项目通过竣工验收。危废处置产业龙头效应初步显现，太原固废处置中心在疫情防控背景下，全年利润总额比上年增长 25%，大同、晋城 2 大危废处置产业集群前期工作进展顺利；晋城、临汾 2 大国家级资源循环利用基地项目顺利推进，大地华基年产 20 万吨脱硫石膏砂浆自动化生产线投入试运行，太原、晋中、朔州、大同等地建筑垃圾资源化、工业尾矿和大宗固废综合利用、生活垃圾综合治理项目加快布局，覆盖山西、辐射全国的固废处置现代产业体系初具雏形。太原、阳泉等 5 个国家级矿山修复试点示范项目全面竣工验收；新中标汾河中上游山水林田湖草项目等 18 个生态修复项目，合同金额为历年之最，为企业后续发展奠定了坚实基础。

三、完善业务模式，塑造品牌优势，实现开拓前行攀升跃迁新突破

坚持“市场化”改革取向，在继续推广“土地整治 +”业务模式的基础上，着眼于形成“需求牵引供给、供给制造需求的动态平衡”，创造性开展“土地整治 + 开发区服务”模式，在占补平衡指标供给与开发区运营需求之间，架设新平台、打造新业态，为开发区提供“精准招商 + 产业基金 + 园区运营 + 新老基建”的全产业链服务。该模式在长治高新区试点启动，合作建设的全省单体规模最大的标准化厂房—智能终端产业园完成封顶，受托运营的长治高新区 5G 电子智造基地成功获批山西智创城 No.5，企业入驻率已达 90%；打造北京飞地产业协同中心，引进的广东紫晶、孵化的量子芯云，为省委信创“一号工程”起到了添薪助力的作用。探索推进生态环境导向开发模式，统筹资源开发与生态治理，在右玉县取得良好效果，地方政府在不花钱、少花钱的情况下，既美化生态环境，也取得一定的收入。2020 年，该模式已成功复制到阳泉瀑里村山水林田湖草综合治理与西山枫情公园项目中。积极参与黄河流域生态修复和高质量发展国家战略，谋划桑干河流域山水林田湖草综合治理项目，以“专项整治—资源整合—规范发展”为实施路径的黄河泥沙综合利用及砂石矿山绿色发展模式初步形成。以数智化转型布局未来产业，智能指挥中心建成投用，智慧生态系统、固废污染防治物联网监管系统加快完善，工业互联网商业模式逐渐成型，以科技赋能的“综合服务”业务有望成为公司新的经济增长点。坚持业务模式创新，强化示范项目引领，大地品牌不仅在省内得到广泛认同和推广，在周边省市的认可度也在不断提高，目前正在探索以“基金铺路、项目集成、全域治理”的业务模式，推进与内蒙鄂尔多斯市、河北张家口市的整体合作。

四、构建研发体系，强化科技赋能，点燃科技创新驱动发展新引擎

一是打造研发载体，强基固本。海外、北京、省内立体式研发体系全面建立，与山西大学共建的山西省黄河实验室获得批复并开始筹建，与北京大学、山西大学共建的“煤基固废资源循环利用”重点实验室全面启动。二是增加研发投入，全力攻关。全年投入研发资金 3963 万元，比上年增加 1100 万元。新获得发明专利授权 1 项、实用新型专利授权 22 项。“煤矸石煤泥清洁高效利用关键技术及应用”荣获 2020 年度国家科学技术二等奖；“内陆盐碱荒地快速改良与高效利用关键技术研究与应用”获山西省科技进步一等奖；“焦化清洁生产智能监测、控制一体化系统研制与产业化”项目，实现了大地控股作为主申单位的科研项目立项零的突破；“一土一测一配方”模式为高标准农田建设植入“大地科技元素”，自主研发多种微生物菌剂产品，发明专利“一种耐盐碱解磷菌及其应用”已通过国家知识产权局初审。三是推动成果转化，研以致用。“智慧配煤”“环保管家”业务对接综改区、吕梁、临汾等地展开产业化推广。

五、优化体制机制，提升管理能力，释放生产经营新活力

“六定”改革全面完成，“小总部、大服务、高效率、扁平化”的管理机制不断完善，集团管理层级压缩在 3 级，有效提升了企业运营效率和经济效益。蹄疾步稳推进市场化选聘工作，总部选聘 2 名副总经理，在全省率先参照职业经理人进行管理；二级公司层面，下属产发公司、大地民基等公司的总经理采取市场化选聘，让专业的人干专业的事，激发一线活力。积极推动校企合作，与山西大学共建的“大地环境学院”全面启动；确立人才优先发展战略，全年引进专业技术人才和高技能人才 9 名，人力资源不断优化；薪酬管理、干部选拔、考核评价机制日趋完善，公司总部继续实行末位淘汰制，大地产发公司员工流动率达到 10%，激发起全员干事创业的热情。内部整合全面启动，产业布局不断优化，新组建自然资源产业集团，土地整治板块二级公司压缩到 6 户，民基中治、大地阳煤、大地中工股权划转有序推进，各公司的功能定位更加明晰，理顺了产权关系，压缩了管理层级，形成了发展合力。

六、深化产融结合，优化资本布局，形成产业与资本高效良性互动新动能

在疫情的严重冲击下，旗下港股上市公司大地国际第三财季实现年内扭亏，利润总额达到 1475 万港币，在并入大地版图后连续 2 年实现盈利。旗下混改企业大地民基入围新三板创新层，进入转板上市辅导期。“土地整治 +”投资基金、危

废项目产业基金、开发区转型升级产业引导基金,发挥撬动作用,服务项目建设,初步搭建起国内一流的大生态产业投资平台。继续优化资金结构,降低资金成本,新融资的平均资金成本同比下降1.7个百分点。产业链不断完善,山西省煤炭建设监理有限公司国有股权划转工作全部完成。积极推进阳泉通力、雁森苑林业等5个腾笼换鸟项目,完成国有产权转让交易8项,在确保国有资产保值增值的同时,有效促进国有资本从非主营业务退出、向主营业务集聚。

(刘东波)

附:山西大地环境投资控股有限公司党委书记、副书记名单

书　　记:屈忠让(5月任职)

副 书 记:李卫平(5月任职)

专职副书记:张新伟(5月任职)

山西建设投资集团有限公司党委

党委书记　孙　波

2020年是山西建设投资集团有限公司(以下简称"山西建投")改革发展历史上极不平凡的一年,山西建投坚持以习近平新时代中国特色社会主义思想为指导,深入学习贯彻习近平总书记系列重要讲话及视察山西重要讲话重要指示,贯彻落实省委"四为四高两同步"总体思路和要求,统筹推进疫情防控、改革改制和转型发展各项工作,企业整体实力、行业地位和品牌效应大幅提升。

一、党建引领,转型发展上蹚新路

面对新冠肺炎疫情的考验和严峻复杂的外部环境冲击,山西建投在省委省政府的正确领导和大力支持下,聚焦主业强优势、优化布局拓市场、重组资源补链条、培育动能促转型、夯实基础塑品牌,企业整体实力、行业地位和品牌效应达到了历史高点,实现了"里程碑"意义的跨越。

(一)深耕主责主业,综合实力大幅提升

2020年,山西建投新签合同额突破2000亿元,营业收入突破860亿元、利润总额突破26亿元,创"鲁班奖"工程2项、国家优质工程奖7项、中国钢结构金奖1项、中国安装之星7项、中国建筑工程装饰奖13项,获国家级优秀QC成果26项,实现AAA主体信用等级上调,综合融资能力大幅提高,快速成长为一家具有全产业链竞争优势的建设投资服务商和城市运营商,在中国企业500强、中国承包商80强及全球承包商250强等榜单中连年进位、大幅跃升。

(二)坚定转型定力,产业新动能加快积聚

2020年山西建投紧扣省委"聚焦六新率先突破"的战略举措,组建成立山西园区建设发展有限公司,作为投资建设主体,重点实施潇河新城和全省开发区投资建设运营任务,并实现会议会展中心及配套设施率先开工;组建山西静态交通建设运营有限公司,引领全省静态交通产业发展,培育企业转型发展新的增长极;组建山西美丽乡村建设发展有限公司,探索美丽乡村建设模式及整体配套解决方案,通过与部分县级政府合作,开始启动首批30个美丽乡村示范村建设,在有效扩大企业经营范围和市场占有率的同时,为全省乡村振兴做出积极贡献;超前布局的全省首个"建筑产业现代化园区"发展步入快车道,晋中园区一期、潇河园区一期、晋东南园区、晋南园区、晋西北园区、霍州园区及建达PC工厂全部建成投产。

(三)深化改革攻坚,发展活力有效激发

2020年山西建投坚定贯彻省委省政府深化国资国企改革的战略决策,对省内建设科研、勘察设计等优质资源进行合并重组,为打造全产业链竞争优势奠定坚实基础;受让一家投资公司国有股权,实现对两家上市公司的实际控制,搭建建设现代企业所需的资本运作平台;按照省委"六定"改革要求,遵循"人岗相适"原则,开展竞聘上岗工作。通过竞聘,选拔一批愿干事、真干事、干成事的干部,真正把优秀的干部放到重要的岗位,破除论资排辈、平衡照顾等观念,让能上能下,能进能出成为常态。共有172个岗位进行了竞聘,575人报名,508人参加面试,通过竞聘新提拔干部57人。

二、提质创优,企业党的建设取得新进展

山西建投按照省委加强国企党建的各项要求,旗帜鲜明加强企业党的政治建设,推进党建与企业中心工作深度融合,健全党的领导完全内嵌的公司治理体系和纪检监督重点聚焦的公司管理体系;坚持深学笃行习近平新时代中国特色社会主义思想,被省委宣传部授予全省"学习强国"模范学习组织,被确定为2020年度全省"理论学习中心组学习示范点"。

(一)抓基层,强基础,全面打造过硬党组织

一是加强企业党组织标准化规范化建设。认真贯彻落实《中国共产党国有企业基层组织工作条例》,推进党(总)支部建设标准化、规范化。按照"四同步"要求,新设立党(总)支部39个,配备党务干部,确保党建工作有人抓、有人管。二是分类定级、联系指导,党(总)支部的战斗力全面提升。全面开展党(总)支部分类定级,建立健全领导班子联系基层党组织制度。全年共深入党(总)支部调研指导170余次,针对354项亟待解决的突出问题,提出解决对策、明确责任主体、拿出具体举措。三是建立健全项目党建工作机制。以创建项目建设、党的建设"双一流"工程为目标,印发《项目党组织建设工作

实施细则》，对项目党建工作进行细化分解，形成一级抓一级、层层抓落实的责任机制。

（二）巩固深化、提质创优，基层党建工作取得新进展

一是树党建品牌，强化深度融合。对照企业发展目标，集团党委以“抓特色、创品牌、带整体”的思路，打造“星引擎”“支部党建 1+N”等 11 个党建品牌，促进党建工作与中心工作协调发展。二是做特色文章，打通“最后一公里”。开展“一支部一特色”的创建活动，党的建设活动传递到集团最基层一级，增强了党（总）支部的政治力和组织力。三是深耕“创新田”，激发新活力。以“落实一个项目、解决一个难题、培育一个典型、形成一个机制、创建一批经验”为目标，探索实施项目党建创新，收获了以“海外项目流动党员管理机制”为代表的 17 个优秀党建创新成果。

（三）全面贯彻落实党中央、省委从严治党的各项决策部署，落实落细“主体责任”，推进全面从严治党向纵深发展

2020 年，山西建投集团层层压实全面从严治党主体责任，政治生态有效净化，工作作风明显好转。集团党委将党风廉政建设作为党的建设的重要内容，与中心工作同部署、同落实、同考核。紧紧抓住责任制这个“牛鼻子”，制定集团全面从严治党主体责任清单和领导班子个人清单。认真履行政治监督主体责任，开展十八大以来履行全面从严治党主体责任“回头看”工作，督导总部各部门修订出台管理制度 50 余项，各部门责任意识、规矩意识显著增强，“回头看”工作初见成效。

三、善尽社会责任，体现国企担当

山西建投按照省委的安排，一是在新冠肺炎疫情防控和复工复产中，第一时间发出动员令，“战”在第一线，领导干部和共产党员扛责在肩、冲锋在前，充分发挥在全球布局海外项目的资源优势，承担起山西医用防护物资采购的重任，从数十个国家和地区采购 1.5 万套防护服及医疗物资，捐赠给山西省红十字会，价值超过 1000 万元。同时，改装投入多条生产线，集中生产一次性医用防护口罩，支持山西乃至全国抗疫。省属国企经济运行“稳定器”的作用和建投人的“铁军风骨”，在战“疫”中得到充分彰显。二是积极响应党中央号召，向对口帮扶的繁峙县 12 个贫困村投资、引进帮扶资金 234 万余元、实施 7 个万元以上帮扶项目，为全面实现脱贫攻坚尽了自己的一份力。

（李　丹）

附：山西建投集团党委书记、副书记、委员名单

书　记： 孙　波

副书记： 徐忠和

委　员： 乔记刚　温　刚（8 月任职）
乔建峰（8 月任职）

华新燃气集团有限公司党委

党委书记　刘　军

2020 年，在省委、省政府的战略决策下，在省国资委、省国资运营公司的具体部署下，全省燃气企业整合重组启动，华新燃气集团于 9 月正式挂牌成立。组建以来，集团党委深入贯彻落实习近平总书记视察山西重要讲话重要指示精神，按照省委、省政府“四为四高两同步”总体思路、“六新”工作要求和全面深化国资国企改革工作安排，统筹推进整合重组、生产经营和疫情防控工作，在新起点上实现了新发展、开创了新局面。

一、整合重组有序推进

按照省政府的要求和省国资运营公司的具体安排部署，集团公司确定了“大重组、大整合、大融合、大开放、大发展”的工作思路和“讲政治、顾大局，明纪律、严要求，建机制、强管控，转作风、重廉洁，抓安全、保稳定，造氛围、促融合”的工作原则，召开重组整合工作推进会，进行思想动员和具体安排。成立重组整合工作领导组和 8 个工作组，对方案、人员接收、资产清查等各项工作细化分工、落实责任。按照省属燃气企业整合重组实施方案要求，制定筹备组工作实施方案，明确总体目标、整合范围、整合路径和具体工作，上报工作方案并进入审计评估阶段。加快推进涉改企业股权划转，与晋煤集团签订山西燃气集团委托管理协议，实现纳入管理；与国际能源签订气化投资公司重组过渡期内运营管理协议。制定出台重组期间有关纪律，对人事、资金使用、重大投资、对外业务合作和重大事项进行了要求，重大事项必须报集团审批，加大重组期间监督检查力度。

二、生产经营稳中有进

坚持稳中求进，加强集团化管控，上中下游统一指挥调度，全力保障企业在整合重组期间生产经营平稳有序，特别是在疫情期间，集中力量抢时间、补损失，主营业务产销量稳中有升，主要经营指标好于预期。2020 年完成煤成气抽采量 15.31 亿立方米，燃气销量 64.44 亿立方米，实现营业收入 306.38 亿元，资产总额约 910 亿元。

经过整合重组，集团产业链更加完善，核心竞争力明显

增强,有效推动对外开放合作和产业发展。积极走出去强化内外互动,深化中央和地方合作,与国家管网公司、中石油、中石化、华润燃气等行业龙头开展深度对接,就煤成气区块合作勘探开发、资源供应保障、管网公平开放等领域达成合作意向,成为国家管网公司首批托运商之一;深化企业与地方合作,与晋城、临汾、吕梁市政府,围绕加快煤成气增储上产、打造非常规天然气基地、实施区域内气化工程开展全面合作,更好服务地方经济发展。以晋城矿区加密井建设和低产井改造为重点,以老井挖潜和新井投运为抓手,同步推进新资源区块勘探进度,基建工程进展迅速,产能建设工作持续推进,加快新增产能释放,新增煤层气井358口,新增产能5.2亿立方米;积极开展管网互联互通工程建设,进一步增强燃气资源输配能力;积极克服市场低迷、终端用户开工不足影响,保存量,拓增量,多渠道加强市场开发,有效巩固提升市场份额。

三、管理机制保障有力

完善领导工作机制,为确保重组整合期间生产经营稳定,第一时间对集团新一届领导班子进行分工,明确机关各部室工作职责,成立全面深化改革领导组等12个工作领导组及委员会;完善调研工作机制,各级领导干部就企业改革重组进行专题调研,广泛听取干部职工意见,了解基层真实情况,着重解决重组过程中的重点难点热点问题;完善例会工作机制,严格遵守"周三、周五"例会制度,确保信息共享、数据一致、更新及时、上报准确。加快制定出台与企业发展相匹配的规章制度,建立规范的公司治理结构,确保集团公司各项工作顺畅运行。加快推进"六定"改革,集团重新调整设置13个总部机构,通过公开选拔、竞聘上岗方式产生60名中层干部,集团总部率先完成,各二级企业加快推进。科学制定"十四五"发展规划,汇聚众智众力,形成了"31441"战略发展体系,明晰未来五年的战略目标、发展思路和重点任务,为集团公司高质量转型发展明确方向。

四、科技创新优势凸显

以煤与煤层气共采国家重点实验室、气体能源分离提质与利用研究院等产学研机构为平台,形成一整套具有自主知识产权、适合不同地质条件的煤层气抽采工艺技术体系,加快焦炉煤气甲烷化产品气脱氮制LNG原料气技术的落地应用,培养一支从事燃气研发、工程、应用的优秀团队,拥有自主知识产权有效专利200项,主导、参与编制的5项国家标准颁布实施、5项国家标准立项,特别是在采煤采气一体化、"三气共采"、深部煤层气开发等关键技术领域取得重大突破,为企业加快产能释放、推动增储上产提供有力支撑。

五、履行国企责任担当

疫情防控初期,坚决扛起政治责任,冲锋在前,保证生产,各基层厂站、调峰储气中心、调度中心坚守奋战在保供一线,落实阶段性用气政策,采取降低用户用气负担、对欠款用户不限停气等优惠措施,支持全省复工复产,保证全省经济社会稳定发展和全省人民温暖过冬,书写燃气逆行者的担当和作为。进入冬季后,面对用气量创历史新高、用气高峰提前、上游资源方存在短供等比往年更加突出的供需矛盾和更加严峻的保供形势,充分发挥产供储销全产业链联动作用,加强与上游供应企业沟通协调,主动压停自有液厂电厂,紧急启动技改增加场站接气能力,接入晋城区域煤层气调运资源,启动液化反输,确保全省燃气供应安全。

六、党建引领全面加强

坚持党的领导加强党的建设,狠抓党建业务融合,切实发挥党委把方向、管大局、保落实作用。严格落实党建目标责任制,通过"一支部一品牌",打造出一批"党建品牌",牵引带动基层党建发展新格局。全面落实"四同步四对接"要求,将党建和生产经营同谋划、同布置、同推进、同考核,把党建融入生产经营全过程、全流程。干部人才队伍建设导向鲜明,通过深入贯彻山西人才新政"12条"、建立具有中长期激励作用的薪酬机制和严控员工队伍总量、结构、水平等方式,健全完善人才工作制度体系;通过开展人才工作专项考核、人力资源预算备案和人才调研工作,强化人才工作监管力度;通过采取"项目+人才"模式、创新柔性引才方式、培育急需紧缺高层次人才和申报专业技术人才等方式,创新高端人才引进工作。党风廉政建设不断深化,坚持把党委主体责任、纪委监督责任、党委书记第一责任和班子成员一岗双责"捆绑起来",开展全面从严治党"四责联动"机制建设,一体推进、逐步破解以往责任不清、联动不够、传导递减等问题,建立巡察工作机制,狠抓政治监督整改工作落实,推动集团系统全面从严治党工作提档升级、向纵深挺进,为打造集团公司风清气正政治生态提供坚实保障。

(宋立超)

附:华新燃气集团有限公司党委书记、副书记、委员名单

书　　记: 刘　军

专职副书记: 凌人枫

委　　员: 张文元　王振彪　翟慧兵

山西杏花村汾酒集团有限责任公司党委

党委书记　李秋喜

2020 年，是山西省在“两转”基础上拓展新局面的攻坚之年，也是汾酒集团超额完成三年改革目标责任书任务的检验之年，更是汾酒集团整体升格为省管重要骨干企业的初始之年。全年，集团党委以习近平新时代中国特色社会主义思想为指引，在省委、省国资委党委的坚强领导和大力支持下，以“中国酒魂，活态为魂”为新战略定位，开拓创新，奋力攻坚，全年酒类收入、酒类利润均超额完成经营目标任务，国有资产保值增值成效明显，其余各项主要经济指标继续保持良性平稳增长，为汾酒“十四五”开局奠定了坚实基础。山西汾酒股价市值屡创新高，12 月 31 日，山西汾酒收盘价达到 375.29 元 / 股，一年间股价累计上涨超过 300%，在 19 家白酒上市公司中排名第二，跑赢上证指数 25 倍之多；市值最高接近 3300 亿元，是 A 股山西板块市值最大的公司。

一、深化党建引领

以政治建设“立根”，进一步提升引领力。汾酒集团党委以习近平新时代中国特色社会主义思想为指引，深入贯彻落实习近平总书记视察山西重要讲话重要指示、党的十九届五中全会和省委十一届十次、十一次全会暨省委经济工作会议、山西省第十三届人民代表大会四次会议精神。全年开展党委中心组学习 25 次，各基层党组织开展学习 1000 余次，巩固深化“不忘初心、牢记使命”主题教育成果，切实增强“四个意识”、坚定“四个自信”、做到“两个维护”。定期召开党委会，坚持把党的领导有机融入公司治理机制，充分发挥党委“把方向、管大局、保落实”作用。

以思想建设“铸魂”，进一步提升向心力。牢牢把握意识形态工作领导权，确定“211985”汾酒中长期宣传战略，制定《2020 年宣传思想文化工作要点》，开创宣传思想文化工作新局面。开展职代会精神宣讲活动，形成支持改革发展的强大主流舆论场。加强精神文明建设，开展“七一”表彰、主题演讲等多项活动，释放健康发展的正能量。加大“学习强国”平台的普及推广力度，营造出“比学赶超”的良好氛围。2020 年底，获得由山西省委宣传部颁发的“2020 年度模范学习组织”奖。

以组织建设“强基”，进一步提升战斗力。结合“六定”改革实际，优化组织架构，新设 35 个基层党组织，撤销 53 个基层党组织，推进党支部标准化规范化建设。定期召开党建月例会，坚持月例会进基层，推进党建工作与生产经营的有机融合。开展“服务前移、助力营销”专题调研，建立党委（总支）书记和班子成员党支部工作联系点，密切领导干部与基层党组织、职工群众的联系。积极推进“汾酒智慧党建”平台建设，持续推动“一支部一特色”党建创新成果向党建创新品牌转化。扎实开展“三零”单位创建工作，不断提高基层治理能力和水平。

以队伍建设“固本”，进一步提升驱动力。进一步深化选人用人制度改革，持续推进“33344”党员干部素质提升工程和“134”工程，挖掘培养“许三多”式干才、“李云龙”式干将、“于成龙”式干部。召开“讲形势、明任务、谋发展”主题干部培训大会，有 303 名副处级以上干部参训。大力推行企业新型学徒制，全年线上线下共开展培训 1848 场次，受训人员 9.3 万人次，人才队伍的专业能力和综合素养进一步提高，为改革发展提供了坚强支撑。

以从严治党“护航”，进一步提升保障力。坚持全面从严治党向纵深发展，强化政治监督，深化“大监督”体系建设和纪检监察体制改革。一体推进不敢腐、不能腐和不想腐，认真贯彻落实中央八项规定精神，大力整治“四风”，开展严禁利用汾酒资源谋取私利专项整治活动。充分运用“第一种形态”，进一步做实做细日常监督，让咬耳扯袖、红脸出汗成为常态，筑牢从严治党“第一道防线”。开展反腐倡廉教育宣传月系列活动，多次组织学习《党章》和其他党内法规，举办警示教育培训讲座覆盖 8419 人次，党员干部的法纪观念、权责意识不断增强，营造了风清气正的发展环境。

二、全面深化改革

持续巩固改革发展成果，攻坚“双百行动”各项任务。积极推进汾酒与华润的战略协同，引入华润高端技术人才，推进汾酒数字化建设。按照“根上改、制上破、治上立”的国资国企改革基本要求，汾酒全力推进“六定”改革，集团总部“六定”改革于 9 月底全面完成，二级子分公司“六定”改革稳步推进，进一步焕发了组织活力，提升了管理效能。在营销系统深入推行“组阁聘任制”，进一步下放运营自主权，营销动力、活力得到充分释放和激发。

三、构建营销生态

精准布局实施“双轮驱动”。全面构建“2+2”品牌整体结构，成立汾酒营销中心，加速推进营销体系一体化，为国际国内营销协同提供重要支撑。持续推进“1357”市场布局策略，逐步搭建起“31 个省区 +10 个直属管理区”营销组织架构，全国化布局换挡提速。强力推进“打过长江”战略布局，长江以南核心市场增速均超50%,省内外市场收入占比实现历史性结构反转。加速启动竹叶青大健康产业项目,逐步完善“631”重点市场布局,长江以南市场增幅超过150%,汾酒与竹叶青“双轮驱动”初现雏形。

系统推进“两大尖兵”建设。杏花村酒持续推进“双百工程”建设,现已成功打造出100家百万级区县市场。全力构建杏花村专卖店体系,基本形成以山西为核心,河北、山东为重点的面状聚合“1+2+N”基础布局。系统梳理并明确系列酒品牌定位、产品品质、价格体系、自营业务,系列酒资源得到进一步整合。杏花村酒和系列酒“两大尖兵”强势发展态势正在形成。

推陈出新优化产品结构。青花汾酒30·复兴版发布上市,成功入驻华致酒行、永辉、Ole’等各大中高端渠道,大单品引领作用日益突显。全力推进巴拿马星火计划,强化腰部产品发展,促进全系列产品实现整合发力。成功上市全新一代青享版和荣耀版竹叶青酒,通过对原酒体“提质、降糖、精药”的全面升级,进一步优化竹叶青酒产品结构,顺应了市场需求的发展趋势。

管理升级强化渠道管控。加快推进营销信息化建设,渠道动销系统、汾享荟系统、汾酒防伪数字验证系统三大系统全面上线,实现物流溯源向二批商、核心终端的延伸,营销系统精细化管理水平大幅提升。不断加快线上渠道建设,创新推动直播带货等线上销售新模式,线上销售成为新的增长点。竹叶青产业公司与碧桂园、物产中大强强联合,通过营销健康链合作、异业联盟战略合作等方式,开启“传统渠道+大数据+新零售”的全新模式。

四、加强文化建设

战略定位聚焦“活态文化”。根据山西省委指示精神,确定“中国酒魂,活态为魂”的新战略定位。先后在广州等地举办“行走的汾酒2020”文化大巡展等系列活动,编制发放《汾酒六论·活态为魂》宣传资料,持续推进活态文化的宣传落地。12月24日,杏花村汾酒老作坊及酿造区入选第四批国家工业遗产名单,成为汾酒活态的新名片,“活态文化”战略得到进一步发展。

文化引领提升品牌形象。汾酒以“中国酒魂信仰管理体系”为指引,持续沉淀品牌文化价值,推动文化汾酒的叠加式发展。积极实行“引进来”与“走出去”文化品牌传播举措,举办了汾酒封藏大典、第四届(汾阳·杏花村)世界酒文化博览会等活动,将汾酒“文化”与“品质”深度融合,持续提升汾酒文化影响力。参加春糖、秋糖交易会、第十五届中国国际酒业博览会、山西品牌丝路行线上行(中东非站)等活动,高频多点展示汾酒形象。

疫情防控初期,公司快速组织成立疫情防控工作领导组,对防疫工作进行统一领导、统一指挥、统一调度,在各个关口24小时执勤设卡,对车间、办公场所、人员集中区域进行消杀防疫,厂区内无一例感染。实行错峰上班、分批复工,为职工发放“爱心蔬菜”,提供防护用品,实现高质量复工复产。同时,积极承担社会责任,先后向武汉红十字会、吕梁红十字会、汾阳市等相关机构捐款捐物超2600万元,开展精准帮扶工作,全面完成扶贫攻坚任务,汾酒社会影响力和品牌形象力得到进一步提升。

五、提升管理效能

加强战略管理。汾酒坚持“11936”中长期汾酒复兴战略,提出直道冲刺,弯道超车,换道并跑“三步走”和“汾酒复兴十大行动计划”,以此领跑行业发展,实现全面复兴,致力建设成为世界一流企业。一年来,对“十四五”规划进行前瞻布局、总体构思,开展多轮次现场访谈,会议研讨、意见征求,《汾酒集团“十四五”发展规划》基本制定完成,确定了汾酒“十四五”发展目标和实施计划,描绘出面向未来5年的发展蓝图。

夯实基础管理。以“六定”改革为契机,进一步优化公司组织架构,对管理制度、管理标准进行整合优化,推进公司构建更加科学规范、运行高效、边界清晰的管理体系及工作流程。扎实推进大安全体系建设,建立完善立体化治安防控、风险隐患防范化解、矛盾纠纷多元化解三大体系,有效提升应急管理能力。积极推进全面预算管理,强化预算审批,提高预算管理水平;全力推进“双增双节”工作,降本增效累计约1.4亿元。圆满完成“腾笼换鸟”任务,助力山西省产业结构调整和产业升级。

加速板块联动。深化国际合作,成功与朝鲜中华总商会签约合作,成为首家进入朝鲜的中国白酒;与爱顿博格全球联名推出“汾酒酒心巧克力”。包装彩印项目实现当年开工、当年建成、当年试产的预定目标。原粮基地建设良性稳步发展,成效凸显,强有力地保障了汾酒原粮的品质和供给。强化文旅融合,与省文旅集团、汾阳市出资的旅游开发公司共同注资,成立杏花村文旅公司,共同打造极具山西特色的杏花村文旅项目。机械加工稳步推进,现已对多家白酒酿造机械加工企业完成实地调研,并与意向单位进行了合作洽谈。各大业务板块与酒业协同联动,构建出较为成熟的产业系统。加强法制建设。积极开展内控评价和内控缺陷整改工作,不断完善内控体系建设,提升风险管控能力。紧抓重点领域合规管理,实现企业治理与法律、内控、风险管理的有效协同,构建出多位一体的合规管理体系,公司依法治理能力得到持续提升。

加快科研发展。汾酒制定下发《科研诚信管理办法》,进一步强化科研诚信长效化、制度化建设。组织召开2020年食品质量安全工作会,强化食品安全主体责任,筑牢质量防线。优化智能化酿酒车间装备,实现自动化装备与酿造工艺的高度匹配,出酒率和优质率得到全面提升。积极推进与江南大学、中国科学院微生物研究所等机构的合作,加快科技成果转化,“青享竹叶青酒项目”获得“中国食品工业协会科学技术奖一等奖”,汾酒荣获“2020全国食品工业科技竞争力优秀企业”称号。

(梁瑞敏)

附：山西杏花村汾酒集团有限责任公司党委书记、副书记、委员名单

书　记：李秋喜

副书记：谭忠豹

委　员：高志武　杨　波

山西省农村信用社联合社党委

党委书记　王　亚

2020年6月3日，省委对省农村信用社联合社党委班子进行改组式调整。调整后的省联社党委坚决贯彻落实省委省政府各项部署要求，坚持以党的政治建设为统领，切实强化党对山西农信事业的领导，提出并落实“一个引导、两个防控、三个稳定、四大战役”工作思路，即：坚持以习近平新时代中国特色社会主义思想和省委决策部署强化思想和舆论引导，坚决做好风险防控和案件防控，确保队伍稳定、业务稳定和安全稳定，打响抗风险、清不良、推改革、增效益“四大战役”，并以“强信念、强技能、强服务、转作风”专题教育和竞赛活动和“肃毒正源”为保障，坚决守住不发生系统性金融风险的底线，取得风险有效防控、工作有序推进、业务持续向好的工作成绩。

截至2020年底，全系统资产总额12938亿元，较年初增加105亿元，各项存款余额9379.6亿元，较年初净增1021亿元，各项贷款余额5889亿元，较年初增加573亿元，股本金余额570.19亿元，较年初增长8%；实现各项收入619亿元，实现经营利润168亿元，同比增加18%。

一、坚持党的领导，全面强化党的建设

坚决扛起管党治党的主体责任，始终将党建放在全面工作首位进行统筹谋划，推动形成“明责、履责、督责、追责”一体贯通、闭环落实机制。在加强党对农信事业领导方面，把党的领导贯彻落实到决策、经营、监督、考核各个环节，每周专题召开党建工作例会，全年组织召开党委会40次；发挥政治巡察对省联社党委决策部署贯彻落实的保障作用，完成对大同、临汾审计中心及辖内行社的第三轮政治巡察。在加强政治监督方面，制定并实施《关于加强政治监督的实施办法》；围绕省委脱贫攻坚专项巡视反馈问题、省纪委监委政治监督反馈问题，不断强化问题整改及意见落实，主动自查自纠、持续推动有关问题整改见效，较好完成各项规定动作。在加强基层党组织规范化建设方面，党委班子带头，系统各级党委（党组）主动履行抓基层党建工作责任，建立支部工作联系点615个；组织基层党组织书记和党务人员1074人开展集中轮训。在加强党风廉政建设方面，针对节假日等重要时点开展专项正风肃纪；坚持紧盯“关键少数”，并不断向“绝大多数”拓展；坚持紧盯“八小时以内”，并不断向“八小时之外”延伸，不断拓展监督空间。召开全系统领导干部警示教育大会，切实用身边事教育身边人，曝光系统内6起违反中央八项规定精神案件情况。在省纪委监委对有关案件开展调查的同时，系统内全年给予科级以上干部党纪政务处分和组织处理86人次。

二、坚持靶向发力，全面打响“四大战役”

（一）依托“抗风险”保卫战坚决守住风险防线。制定出台18项应急预案和70多项具体措施，全系统启动应急响应，构建监测网络，完善应急预案，建立处置机制，严密防控舆情，正面宣传引导，健全内审体系，筑牢内控防线，排除和防范各类风险隐患。成立大额融资风险止损协调工作组，与全省各级法院建立“重点案件、挂牌督办”工作机制，对涉及风险主体的部分资产进行查封和监管，研究风险化解方案，加快案件执行，取得良好成效。

（二）依托“清不良”反击战有效改善资产质量。全系统集中进行动员部署，针对风险资产、内部人员及公职人员等八类不良贷款分别建立台账，明确措施，压实责任，全力清收；强化过程监督，坚持定期督导与不定期督导、实地督导与书面督导等方式，以约见谈话、严格考核、严肃问责为手段，不断推动工作落实。强化工作指导，定期碰头、集中议定，针对性出台意见和办法，有效指导工作开展；强化内外联动，加强与各级政府、纪委监委、公检法等沟通对接，持续加大风险资产清收处置。

（三）依托“推改革”攻坚战纵深推进重建重塑。一是在省委领导下，研究探索全省农信社改革方案；二是全力推进农信社改制化险，全年有13家县级机构完成改制挂牌，4家取得实质性进展，108家县级机构中完成农商银行改制的达到93家。三是通过增资扩股、政府资助、行业互助、自我救助等方式，帮助改制后重返高风险的县级机构加快化险升级。

（四）依托“增效益”持久战逐步调优经营结构。从回归主责主业、调整业务结构、增收节支等方面入手，全力降本增效。在压降费用方面，重新编制全年预算，科学指导股东分红，严格限制高管薪酬，积极推进薪酬改革，及时中止不合理系统建设项目，督促各级压降非必要开支，并大力营销低成本存款、节约网点营运成本、调控存贷款利率，全年费用总额较上年下降16.58亿元，降幅12.44%。在增加收入方面，逐步调整信贷结构，做大零售，做强小微，支持民营，助力综改，加快发展中间业务，促进收入渠道更加多元。全年实现各项收入619亿元，实现经营利润168亿元，同比增加18%。

三、坚持改进作风,全面整肃政治生态

一是推进"肃毒正源"。全系统通过集中学习、组织谈话、警示教育、召开民主生活会和组织生活会对照反思等方式,深入剖析金融腐败案件造成的严重危害,全面净化全系统政治生态。二是抓好"三强一转"。纵深推进"三强一转"主题教育和竞赛活动,先后举办运营条线技能竞赛、信贷条线先进事迹报告会,引导全员增强信念、强化技能、提升服务、整顿纪律。三是开展"专项整治"。对照省纪委监委有关要求,开展为期3个月的"严格落实中央八项规定精神,持续深化作风建设"专项整治,累计开展专项检查276次,构建大排查、大整治格局。

四、坚持党管干部,全面提升队伍素质

一是重树选人用人导向。重新明确依靠制度选人、依靠制度管人,坚持业绩推荐、群众推荐、组织推荐相结合的"两个依靠、三个推荐"选人用人机制,共调整各级高管52人次。二是刀刃向内整顿队伍。严厉惩处消极怠政违规干部。"四大战役"期间,对未在限定期限内归还贷款本息的1183名内部员工,及形成逾期贷款的905名相关责任人予以停职停薪处理,向纪委监委、公安机关移送涉嫌违法违纪的责任人员68人。三是着力规范人员管理。从严规范员工上挂交流锻炼和临时借调工作,清理省联社机关临时借调、交流锻炼人员176人次;规范处置全系统劳务派遣人员1080人,劳务派遣人员占比由12.81%降至10.67%。

五、坚持回归本源,全面提升服务水平

全力服务转型综改,助力产业转型升级。对接省级重点工程项目、农业龙头企业740户,向重点领域贷款529亿元;向"综改示范区"内120户企业发放贷款65亿元;支持晋中国家农高区建设27亿元;信贷支持全省"六新"项目建设54个,投放贷款70亿元;为全省国有龙头企业开通"直评直授"绿色通道,设定专享信贷优惠利率,贷款余额629亿元。

全力服务县域经济,做实普惠金融服务。推进信用工程建设,为全省9903个乡镇、行政村、社区等主体进行授信,评定2690个信用主体,授信721亿元,用信324亿元;开展"百行进万企"融资对接活动,组织信贷人员"进企业、进农村、进社区、进市场",加大对"双创""专精特新"企业的支持力度,普惠型小微企业贷款余额达786亿元。

全力支持复工复产,助力小微纾困解难。通过采取差异化信贷政策、延缓还款时间、实行优惠利率、给予利息返还、提供无还本续贷等服务,全年累计为疫情防控相关企业及个人发放贷款29亿元;累计为中小微企业贷款发放贷款2357亿元;累计为8445户中小微企业返还贷款利息14亿元;累计为15099户中小微企业办理续贷展期1105亿元;累计为24亿元的贷款给予临时性延期偿还安排;借力人民银行"一万亿支农支小再贷款"等货币政策,累计争取专用额度216亿元,采取多种方式支持地方经济主体共克时艰。

(韩晓东)

附:山西省农村信用社联合社党委书记、副书记、委员名单

书　　记: 崔联会(6月被免职,涉嫌严重违纪违法,接受纪律审查和监察调查;12月被开除党籍、开除公职;将其涉嫌犯罪问题移送检察机关依法审查起诉。)
王　亚(6月任职)

副 书 记: 邢亮喜(6月被免职,涉嫌严重违纪违法,接受纪律审查和监察调查;12月被开除党籍、开除公职;将其涉嫌犯罪问题移送检察机关依法审查起诉。)
陈向阳(6月任职)

专职副书记: 王忠泽(6月被免职,7月涉嫌严重违纪违法,接受纪律审查和监察调查;12月被开除党籍、开除公职;将其涉嫌犯罪问题移送检察机关依法审查起诉。)

委　　员: 高之岩(8月离职)　李亮军(8月离职)
聂宏伟　刘延辉　张科职
任晓峰　李颖耀(8月任职)
李有志(8月任职)

中央驻晋单位党组（党委）工作概况

审计署驻太原特派员办事处分党组

分党组书记　杨卫东

2020年，在审计署党组的坚强领导下，审计署太原特派办（以下简称太原办）以习近平新时代中国特色社会主义思想为指导，深入学习贯彻党的十九大及历次全会精神，认真落实习近平总书记关于审计工作的重要指示批示精神，以党的政治建设为统领，统筹做好疫情防控和审计业务工作，各项工作取得了新成效。

一、牢固树立政治机关意识，始终坚持党对审计工作集中统一领导

一是一体推进突出“全”。太原办分党组深入贯彻落实党中央关于加强党的政治建设、加强和改进中央和国家机关党的建设等部署要求，以推动全面从严治党为主线，以创建“让党中央放心、让人民群众满意的模范机关”为重点，以强化政治机关意识为中心，建立健全明确具体、环环相扣的“责任链”。坚决贯彻落实党对审计工作集中统一领导的各项要求，增强“四个意识”，坚定“四个自信”，做到“两个维护”，始终把贯彻落实习近平总书记关于审计工作的重要讲话和重要指示批示精神作为首要政治任务和政治责任。二是深学细研突出“精”。构建办分党组中心组领学促学、各党支部及时学跟进学的上下联动、全面覆盖学习模式，全年召开办分党组中心组学习会、专题学习会近30次。三是强化组织突出“实”。研究制定《审计署太原特派办关于全面推进党支部标准化规范化建设的实施方案》，开展党支部建设状况调研寻策问道，结合“灯下黑”问题专项整治自查自纠，全面对标标准规范真改实改，打造具有特派办审计特点的党内政治文化品牌。四是真督实导突出“严”。将制定年度党风廉政教育和文化建设工作安排作为一项长效工作机制，细化8项工作内容，建立完善4项监督机制，持续强化审计项目现场廉政检查。

二、聚焦主责主业，更好发挥审计职能作用

2020年，太原办共开展23个审计项目，向审计署报送各类报告、信息等113篇，被审计署审计要情、重要信息要目等采用78篇，通过审计署以及报经批准后以太原办名义向司法、纪检监察等部门移送问题线索11起。审计查出主要问题涉及金额5567.82亿元。

一是围绕服务经济高质量发展，推动政策措施落实落地。深入学习贯彻习近平总书记视察山西重要讲话精神，持续跟踪关注全省财税金融、营商环境、民营经济、扩大内需、城乡融合、生态保护、国企国资等重点领域政策措施落实落地情况，为促进山西高质量发展建言献策。二是聚焦各项攻坚任务，助力坚决打赢三大攻坚战。深入揭示财政、政府债务、金融等重大风险隐患，对山西省防范区域性金融风险、推动中小金融机构重组整合起到了积极作用；按照精准治污、科学治污、依法治污要求开展资源环保审计，推进汾河中上游山水林田湖草生态保护修复；聚焦决战决胜脱贫攻坚，关注巩固脱贫攻坚成效方面存在的突出问题，确保脱贫长效机制稳定。三是坚持以人民为中心，增强保障和改善民生的政治责任感和历史使命感。开展疫情防控资金和捐赠款物专项审计，对民营企业、中小企业复工复产情况进行专题调研，助力打好疫情防控“总体战”“阻击战”。积极开展就业、医疗、住房、养老、困难群体帮扶等民生资金和民生项目审计，促进惠民富民政策落到实处。四是强化经济责任审计和重大违法违纪案件线索查处力度，促进权力规范运行。深入开展经济责

任审计,促进领导干部履职尽责、担当作为。聚焦财政资金分配、国有资产处置、公共资源交易等重要领域和关键环节,揭示了一批重点案件线索。

三、严格落实落细,强化提升综合管理效能

一是强化审计法治化规范化建设。严格依法审计,加大学法用法力度,深入学习贯彻宪法、党内法规、民法典,深刻领会习近平法治思想,开展“国家宪法宣传周”、法治扶贫、“法治讲堂”等活动。二是提升机关综合管理水平。全面推进节约型机关、平安和谐机关创建,统筹做好国家安全、意识形态、综合治理、信访保密等工作。三是夯实疫情防控和脱贫攻坚责任。抓紧抓实抓细疫情常态化防控,积极选派驻村干部,做好定点对口帮扶工作。驻村帮扶工作和选派的第一书记荣获山西省相关部门表彰。

(李　妍)

附:审计署驻太原特派员办事处分党组书记、成员名单

书　记: 庄　军(1月离职)　杨卫东(1月任职)

成　员: 张晓霞(女,1月离职)　杨卫东(1月调职)　丛　娜(女)　王景东

中华人民共和国太原海关党委

党委书记　高继科

2020年,太原海关党委坚持以习近平新时代中国特色社会主义思想为指导,深入学习贯彻党的十九大和十九届二中、三中、四中、五中全会精神,严格落实海关总署党委和山西省委省政府工作部署要求,推进“五关”建设,建设“精品海关”,统筹疫情防控和促进外贸稳增长,各项工作平稳有序推进。

一、以党的政治建设为统领,推进政治建关

一是坚持以习近平新时代中国特色社会主义思想为指引,武装头脑、指导实践、推动工作。太原海关党委始终将“两个维护”作为最大的政治、最重要的政治纪律和政治规矩,把自觉在思想上政治上行动上同以习近平同志为核心的党中央保持高度一致,作为抓好班子、带好队伍、做好工作的首要前提。认真学习贯彻落实习近平总书记视察山西重要讲话重要指示,切实把指示要求转化为工作实践。第一时间组织党委理论学习中心组集体学习十九届五中全会精神,认真谋划关区“十四五”开局年的各项工作。全年及时跟进学习习近平总书记重要讲话和重要指示批示精神47次。

二是落实习近平总书记重要指示批示精神和党中央重大决策部署迅速坚决有力。始终坚持把习近平总书记的重要指示批示作为行动号令,列为党委会、党委理论学习中心组、形势分析及工作督查例会第一议题,研究部署、推动落实、跟踪问效。开展“国门利剑2020”“蓝天2020”联合专项行动,查获野生动物65只,其中濒危野生动物8只,没收象牙制品44件;坚决落实总体国家安全观,开展安全生产专项整治三年行动,及时发现整改问题隐患,确保关区平安。积极组织开展“三零”单位创建工作,全年太原海关未发生上访、案件和安全事故;落实脱贫攻坚决策部署,通过产业扶贫、科技扶贫、消费扶贫,持续巩固脱贫攻坚成果;统筹做好口岸疫情防控和促进外贸稳增长,加强入境分流航班检疫监管,2020年检出新冠肺炎确诊病例87例,无症状感染者10例,全力做好疫情防控物资通关保障,严格内部防控,取得了“打胜仗、零感染”的阶段性胜利。

三是政治机关建设持续加强。牢记海关是政治机关的本质属性,落实海关党的领导体制改革,严格执行民主集中制,党委领导能力和管理水平不断提升。认真落实意识形态工作责任制,牢牢掌握意识形态工作的领导权和主动权。巩固“不忘初心、牢记使命”主题教育成果,努力涵养关区风清气正的政治生态,全体党员干部政治素养不断提高,政治敏锐性、鉴别力不断增强。

二、履行新海关新使命,推进改革强关

一是支持山西蹚出高质量转型发展新路,全面推进业务领域改革攻坚。紧扣习近平总书记“在转型发展上率先蹚出一条新路来”重要指示,用改革思维谋划和推动工作,持续推进全国海关通关一体化改革。落实《海关全面深化业务改革2020框架方案》,探索内陆海关“两步申报”改革模式,适用范围已覆盖全省企业,相比非“两步申报”整体通关时长压缩60%。“两段准入”改革平稳衔接,2020年11月被纳入海关总署第三批“两段准入”信息化试点海关范围,11月27日首票“两段准入”报关单在太原机场海关顺利放行结关。“两区优化”改革取得新进展,简化业务核准手续,全面推广企业自主备案、自定周期、自主核报、自主缴税。国际贸易“单一窗口”主要业务应用率保持100%,通关无纸化、汇总征税、验估模式等改革覆盖面逐步扩大。

二是优化海关布局,做好机构改革“后半篇”文章。健全完善太原海关和各隶属海关党委工作制度,进一步明确职责和管理权限。坚决贯彻落实海关缉私部门管理体制调整重大决策部署,2020年12月30日缉私局党组织关系整体转入省公安厅直属机关党委。忻州海关于10月16日正式开关,至此,太原海关所属11个隶属海关全部挂牌运行。

三、坚持严密监管,确保国门安全

一是不断加强实际监管。面对疫情影响,能够始终坚持严密监管、审慎监管,确保实际监管到位。坚持依法征管,确保应收尽收,坚决不征"过头税"。全年征收税款 27.35 亿元,下降 2.88%。足额追缴了山西新泰钢铁有限公司 2016 年欠缴的 5021 万元滞纳金。全年监管进出口货运量 985.23 万吨,与上年同期相比(下同)下降 28.1%,货值 34.8 亿美元,增长 2.4%。持续巩固卫生检疫"境外、口岸、境内"三道防线。组织开展了进口食品"国门守护"行动,出口食品生产企业备案核准实施"审批改为备案"。开展口岸应急处置、传染病防控应急演练,规范临开及新增航空口岸卫生监督工作,加强对入境监测体检、预防接种工作的监督管理。保障国门生物安全,落实口岸检疫查验措施,不断提升动植物检疫工作水平。全年截获禁止进境物 227 批,检出不合格货物 39 批。优化商品质量安全监管,推进大宗资源性商品检验监管模式改革,严格落实危化品 100%检验要求,加强进出口消费品检验监管。

二是坚持依法行政。编制完善了《业务操作手册》,积极推进业务执法岗位设置工作,有针对性的解决关检业务融合中制度、职责和操作流程中暴露出的问题,已确定执法岗位 174 个,规范各类工作依据 1744 个,编制完成操作指引 76 项。持续开展规章制度"立改废"工作,制定规章制度 20 项、修订 16 项、废止 1 项。落实行政执法公示、执法全过程记录、重大执法决定法制审核等 3 项制度要求,制定完善各项实施细则。加强公职律师队伍建设,开展年度考核。强化经济责任审计,完成 5 个事业单位、3 个隶属海关的现场审计。

三是持续保持打击走私高压态势。山西省打私机构得到了健全完善,各成员单位密切协作、依法履职,联合开展多次专项整治行动,有效遏制了各类走私犯罪活动。全年立案侦办走私犯罪案件 11 起,案值 1714.86 万元,涉税 661.16 万元;立案调查行政违规案件 89 起,案值 3214.73 万元,涉税 61.9 万元。

四、全力支持山西全面扩大对外开放

一是支持山西打造内陆开放"新高地"。积极应对疫情影响,加大政策帮扶力度,全力支持企业恢复生产经营、走出困境。制定并认真落实应对疫情影响促进外贸稳增长的 10 方面 20 条措施、支持中欧班列发展的 6 方面 16 条措施,以及支持太原武宿综合保税区(以下简称"武宿综保区")发展的 4 方面 12 条措施。提升对外开放平台能级。助力武宿综保区完成二期整改验收,全年区内进出口总值 92.89 亿元,在全国有进出口统计数据的 97 个综合保税区中排 43 名,武宿综保区水果、冰鲜水产品指定监管场所通过预验收,已向海关总署申请正式验收。支持方略保税物流中心(B 型)发展,助力发挥平台功能,累计进出口 2119 万美元。积极推进兰花保税物流中心(B 型)变更面积项目、大同国际陆港保税物流中心(B 型)通过验收。成立工作专班,积极支持太原、大同跨境电商综合试验区建设,12 月 31 日,武宿综保区"一般出口 9610"模式正式启动,填补了跨境电商零售出口贸易的功能空白。服务"南果中粮北肉"出口平台和"东药材西干果"商贸平台建设,打造"晋"字品牌,多种特色食品农产品实现了出口"零"的突破。支持国际邮件互换局(交换站)扩容升级项目,监管进出境邮递物品 257.5 万件。支持中欧班列常态化运行,监管中欧班列 182 列。

二是稳步提升贸易便利化水平。围绕山西省委"四为四高两同步"的总体思路和要求,进一步优化口岸营商环境。持续巩固压缩货物整体通关时间成效,2020 年关区进出口货物整体通关时间分别为 37.46 小时和 2.3 小时,提前完成国务院相关要求。深化"减证便民",推进"注销便利化""多证合一"等改革,进出口环节需验核的监管证件由 86 种精简到 41 种。推进行政审批制度改革,落实海关行政审批事项"一网通办",共办结行政审批 437 批,网上办理率 99.3%。为企业减免税款 1.26 亿元,增长 13.8%。全面推广原产地签证智能审核,签发原产地证书 16012 份,企业享受税收优惠 2307.45 万美元。

三是积极探索山西转型出雏型外贸经济发展新思路新举措,加强宏观政策和外贸政策研究。谋划抓好转型出雏型开局之年工作思路,开展了构建山西新发展格局、山西航空运输进出口问题等专题调研,积极建言献策;持续关注重点行业、重点企业、重点商品的供需、价格和进出口形势;向省委省政府报送了统计分析及专项分析报告 69 期。

五、守正创新、强化支撑,推进科技兴关

制定实施了《全面推进科技兴关的实施意见》,充分发挥科学技术委员会和网信工作领导小组作用,不断加强科技人才队伍能力建设,统筹科技资源,有效提高科技创新能力和供给能力。牵头制定了 2 项新冠肺炎相关地方标准。技术中心发明的"食品检测用检测台"获得国家知识产权局"实用新型专利"。积极开展实验室扩项评审,取得了防疫物资领域 CNAS 能力验证合格证书,认可范围达 6762 个检测项目。增配了核酸提取仪、螺旋 CT 机等仪器设备,保健中心日核酸检测能力已由最初的 90 人份提升到 400 人份。扎实开展加强海关业务数据安全专项行动,清查在用署级关级系统 150 个,清理各类授权 389 个,清理问题隐患 4 类 6 项,全部整改完毕。按照"一核三中心"思路,规划了关区实验室布局,形成了区域特色检测中心体系。注重科技人才培养,积极向总署科技委、科技评估专家库推荐优秀人才,截至年底,共有 4 名同志入选总署科技委分专业技术委员会专家库、10 名同志入选海关科技评估专家库。1 名同志荣获 2020 年"全国海关十佳科普讲解员"称号。

六、严字当头、强基提质,推进从严治关

一是推进"精品海关"建设出成效。坚持"小而严、小而实、小而优、小而新"理念,打造素质精良、执法精准、服务精心、管理精细的内陆"精品海关"。开展了"精品海关"建设"成

效年”相关工作,命名了10个“精品科室”和15个“精品示范岗位”;推动46项“成效年” 精品工作全面见效,关区各项工作持续向高效率迈进,向高标准靠拢,向高质量转变。

二是严格落实中央八项规定精神,持之以恒整治“四风”。落实习近平总书记关于厉行节约、反对浪费的重要批示精神,组织各基层党组织召开“厉行勤俭节约、反对餐饮浪费”专题组织生活会,开展中央巡视整改“回头看”工作。创新工作方法,持续改进文风会风,规范检查调研考核,巩固解决形式主义官僚主义突出问题、为基层减负的工作成果。紧盯节假日重要时间节点,强化监督检查,防止“四风”反弹。一体推进不敢腐、不能腐、不想腐,努力打造“清廉海关”。

三是深入推进党风廉政建设和反腐败斗争。压紧压实全面从严治党主体责任,推动驻署纪检监察组与山西省纪委监委正式签署了《关于进一步加强监督执纪监察等工作协作配合的意见(试行)》。深入推进党风廉政建设,广泛开展廉政教育工作。对3个隶属海关开展政治巡察,对1个事业单位、4个内设机构开展专项巡察,形成“以察促改,以改促进”的良好工作机制。

(宋　阳)

附:中华人民共和国太原海关党委书记、委员名单

书　记: 高继科

委　员: 张　军　林跃飞(11月离职)
赵锦芳(5月离职)　丁三寅　单　烜
丁传民　张　彦(女,11月任职)

山西出入境边防检查总站党委

党委书记　邬舜文

2020年,山西出入境边防检查总站党委在国家移民管理局党组和山西省委的坚强领导下,坚持以习近平新时代中国特色社会主义思想为指导,全力战疫情、保安全、促发展,着力固根基、补短板、强弱项,圆满完成各项边防检查工作,确保了国门口岸安全稳定。

一、单位简介

山西出入境边防检查总站(以下简称总站)于2019年1月1日挂牌成立。总站前身为山西省公安边防总队,组建于1993年。根据党和国家机构改革部署要求,山西省公安边防总队于2018年改为职业制,成建制划转国家移民管理机构,继续担负着太原航空口岸和大同、运城、忻州临时开放口岸出入境人员及交通运输工具的边防检查和维护国家主权及安全的重任,同时承担北京首都机场及周边省份省会机场国际航班的备降检查任务。

二、党建工作

坚持新时代党的建设总要求,把政治建设放在首位、党委建设作为龙头,不断坚定政治信仰,把准政治方向,提升政治能力。一是站稳政治立场。把学习习近平新时代中国特色社会主义思想贯穿始终,制定年度中心组学习计划,突出新思想新战略新部署,做到第一时间传达学习、第一时间研究部署、第一时间推动落实,不断增强“四个意识”,坚定“四个自信”,做到“两个维护”。全年累计开展集体学习11次,学习重点内容76项,班子成员结合实际撰写文章,其中6篇被学习强国平台等媒体刊载。二是优化决策管理。以政治巡视为契机,深入贯彻《新形势下党内政治生活若干准则》,认真开展民主集中制专题教育,深入查摆纠治思想误区、实践偏差,持续增强党内生活政治性、原则性、战斗性;狠抓“第一议题”、“议抓中心”等制度落实,研究制定管党治警责任清单、班子5年建设规划纲要等近10项党委工作制度,党委依法履职的质量和水平明显提升。三是涵养正风正气。压实班子成员管党治警“一岗双责”,深入推进教育整顿,带头纠治“四风”;定期分析党风廉政建设和反腐败工作形势,加强执法执勤、干部人事、物资采购、后勤财务等重点领域廉政风险防控,自觉接受广大民警职工监督,营造出风正气顺劲足的干事创业新氛围。

三、业务工作

聚焦山西转型发展蹚新路等战略部署,统筹推进疫情防控、口岸管控和服务“六保”“六稳”任务,确保打赢外防输入战、口岸管控战、服务发展战。一是慎终如始战疫情。作为首都分流航班第一入境点,根据上级部署要求,构建扁平化战疫指挥体系,在数据研判应用、轮勤模式创新、战时激励表彰、装备物资保障上出实招、求实效,与省联防联控部门建立完善闭环管控链条,动态调整疫情防控策略,研究制定《分流国际航班入境检查工作方案》等专项方案10余项,参加省、市政府专项演练及桌面推演8次,与联检单位建立口岸疫情防控协作工作机制,与省外事办、省卫健委和省航产集团等单位建立沟通联络渠道,合力构建工作闭环,确保外防输入措施无缝衔接。全年查验分流临时航班40余架次、8千余人次,守住了零输入、零传播、零感染目标。二是协调联动强管控。坚持总体国家安全观,动态掌握国际局势、口岸形势变化,积极探索勤务管理机制创新,深化“三非”外国人专项治理、可疑人员处置、打击跨境违法犯罪执法合作,加强数据分析研判、成果转化,构建信息化预警、大联动管防和全要素查缉“三个体系”,连续保持27年口岸安全稳定。三是着眼大局促发展。坚持山西口岸开放到哪里、边检服务保障就跟进到哪里,主动融入“四为四高两同步”发展战略,积极围绕“一干八支”航空产业转型建言献策,推进省内临时口岸通过正式开放验收进程,不断研究推出便民利民措施,全力打造“立体化、零等待、有温度”通关新体验,以边检一域全力支持山西转型全局。

四、队伍建设

坚持把队伍建设摆在基础性位置来抓,着力打造“四个铁一般”高素质过硬警队。一是突出育警铸魂。践行习近平总书记“四句话、十六字”总要求,弘扬移民管理警察职业精神,巩固深化主题教育经验成果,组织策划“学训词、践行动、作表率”等系列教育活动,开展专题教育学习150余次、主题实践活动50余场,深化推进政治建警、文化育警工程,忠诚警魂进一步筑牢。二是突出实战实效。坚持战斗力标准,扎实推进全警实战大练兵,常态化开展边检业务培训,依托网络和驻地教育资源,针对性加强外语、法律专项培训,执勤民警全员取得基本级执法资格,先后7名民警分别取得高级执法及法律职业资格,在国家移民管理局练兵考核中获得“9优7良”好成绩。三是突出正向激励。打破“位子等人”、论资排辈旧格局,按组织程序选拔任用干部3批次26人,树牢能者上、庸者下、劣者汰的鲜明导向;围绕“战疫”行动,激励担当作为,表彰抗疫战时先进集体4个、先进个人40余人,在人民网、中新网、学习强国等各大平台发稿300余篇,首次获评太原市拥军优属先进单位,连续4年获评省直文明单位标兵。

五、深化改革

扛起移民管理事业历史使命,持续深化改革创新,激活队伍发展新动力。一是大力推进改革政策落地。巩固深化机构改革成果,做实做细改革后续工作,第一时间推进组织关系属地化管理,第一时间办理民警集体落户,第一时间与省退役军人事务厅签订山西籍改制戍边民警关爱帮扶协议,将所有山西籍改制戍边民警纳入走访慰问范围,从制度机制上实现优待抚恤、困难帮扶、褒扬纪念、权益维护、就业创业常态化、全覆盖。二是大力推进惠警工程做实。落实从优待警工作要求,帮助解决民警适龄子女入园入学问题,拿出300万元经费完成宿舍楼整体性改造,建成总站医疗巡诊点、多功能洗车房、干洗房、快递自收柜等便利场所设施,投入200万元设立防疫专项资金,筹集防疫物资15种共计10万余件,为全体民警职工及家属提供免费核酸检测服务,以破解“关键小事”让民警职工安心安业“做好大事”。

六、后勤保障

坚持资源下沉、重心下移,统筹各方力量、整合各种资源,大力改善基层基础保障条件,为长远发展夯实根基。一是构建后勤保障新体系。对照中央行政单位后勤保障标准,从“五项指标”(坚决听党指挥、一切服务主业、全面科学管理、规范精干高效、警地深度融合)入手,与财政部山西监管局、省发改委、省社保局、省医保局对接,建立顺畅工作关系,构建保障协同更加有效、资源配置更加优化、力量运用更加聚焦、发展优势更加凸显的总站后勤保障新体系,为遂行新时代移民管理使命任务提供有力支撑。二是完善后勤保障新机制。坚持“保障当前、衔接后续”原则,从预算编制、财务审计、物资采购、资产管理等方面加快推进总站后勤制度规定废改立,区分日常供应、遂行任务两条主线,明晰指挥链、优化保障链、完善管理链,更好适应移民管理新职责保障需要。提升协调统筹能力,推动总站新营区第一笔营建资金落地,大同边检用房完成内部装修,运城边检用房开工建设,大同、运城共计80套周转住房获当地政府批复落实,总站无自有营区营房历史将彻底终结。

(郭星妘)

附:山西出入境边防检查总站党委书记、委员名单

书　记:邹舜文

委　员:韦凤鸣(9月任职)　薛泉涛　闫德强　李　宇(女)

国家税务总局山西省税务局党委

党委书记　刘培平

2020年,国家税务总局山西省税务局党委在山西省委和国家税务总局党委的坚强领导下,以习近平新时代中国特色社会主义思想为指导,全面落实党的十九大和十九届二中、三中、四中、五中全会精神,深入学习习近平总书记视察山西重要讲话重要指示,不断增强“四个意识”、坚定“四个自信”、做到“两个维护”,按照省委“四为四高两同步”总体思路和要求以及省政府的安排部署,严格履行主体责任,发挥表率引领作用,带领全系统税务干部为支持山西省疫情防控和经济社会发展、“十三五”圆满收官作出了积极贡献。

一、深学笃行习近平新时代中国特色社会主义思想,持续加强党的建设

一是持之以恒学习贯彻习近平新时代中国特色社会主义思想。始终坚持税务机关“第一属性”是政治属性;党委会议的“第一议题”是深入学习习近平新时代中国特色社会主义思想;各级党员领导干部“第一身份”是党员,“第一职责”是为党工作,切实做到“两个维护”。全年省局组织党委会集

体学习 50 次，中心组学习研讨 12 次，先后举办 2 次处级主要领导干部专题研讨班，对《习近平谈治国理政》(第三卷)和党的十九届五中全会精神进行深入研讨学习。

二是持之以恒深化党的政治建设。认真贯彻《关于新形势下党内政治生活的若干准则》，着力提高党内政治生活质量。坚持民主集中制，严格执行党委书记末位表态制，完善落实“三重一大”决策监督机制。深入开展“不忘初心、牢记使命”主题教育问题整改和专项整治“回头看”，坚持从严从实，全面对照自查，围绕三项重点内容，共计列出清单问题 39 个，制定整改措施 99 项。加强对意识形态的全面领导，牢牢掌握意识形态工作领导权。

三是持之以恒完善新“纵合横通强党建”机制体系。横向上，建立和坚持定期联系制，定期到省纪委监委、省委组织部、省委宣传部等部门汇报沟通工作。纵向上，完善省局领导基层联系点和基层党建联系点工作制度，及时了解掌握基层联系点单位党建工作情况。

四是助力打赢疫情防控阻击战。印发《关于充分发挥税收职能作用 助力打赢疫情防控阻击战若干措施的通知》等，制定 21 条措施，助力企业共渡难关。全省税务系统共成立 131 个疫情防控工作领导小组，3000 多名党员干部职工共组建 251 支疫情防控党员先锋队、青年突击队、巾帼先锋队和志愿服务队，捐助善款和物资约 70 万元。

五是坚决打好服务脱贫攻坚收官战。省局党委书记、局长多次深入扶贫点，指导脱贫攻坚工作。加大帮扶力度，为帮扶点吕梁市石楼县、长治市壶关县 8 个扶贫项目，直接投入帮扶资金共计 128 万元。组织省局 33 个党支部有效开展结对帮扶工作、消费扶贫行动等。截至 12 月底，全省税务系统帮扶的 294 个贫困村、24824 户贫困户、6.2 万贫困人口已全部脱贫。

二、统筹推进减税降费和组织收入工作，为全省转型发展提供有力保障

一是不折不扣落实减税降费政策，全力服务“六稳”“六保”大局。聚焦各类市场主体，精准落细落实国家和山西省出台的 30 多项减税降费优惠政策及 2019 年延续政策，确保各项政策直达市场主体，有力支撑了企业复工复产、经济快速恢复。全年全省新增减税降费共计 147.5 亿元。同时，紧紧围绕省委 “四为四高两同步”的总体思路和要求，积极发挥税收职能作用，“助力护航”省级重点工程项目。全系统对 346 个省级重点工程项目 100%对接，逐户精细研判，精准施策，累计解决或解答项目相关企业涉税诉求 326 项。主动对接“山西银行”筹备组，辅导企业充分享受合并重组涉及的相关税收政策，支持全省深化金融领域改革。服务全省加快省属国有企业“腾笼换鸟”工作，提供个性化涉税辅导，帮助企业及时享受政策红利，促进国有资本优化布局。全面落实研发费用加计扣除优惠政策，支持技术创新升级，助力企业转型发展。全年全省企业研发费用税前加计扣除额达 192.13 亿元。

二是始终坚守原则底线，依法科学组织税费收入。坚决防止和制止收“过头税费”，坚决防止违反组织收入原则的行为。严格落实上级决策部署，坚决不搞大规模清欠、大面积行业检查，不给企业增加负担。认真测算疫情和减税降费对收入的影响，主动向各级党委、政府和人大汇报好、算清账，积极推动地方收入预算安排与经济税源、减税降费规模等相适应。全年全省税务系统组织各项税费收入共计 3631.97 亿元，同比仅下降 1.45%，最大限度降低了不利影响。

三是规范强化税收征管，多措并举查漏补缺。科学开展税收风险管理，持续推动组织收入情况逐步好转和税收征管质量进一步提高。全年共推送 124 期风险任务，查补入库税款 7.75 亿元；全年全省税务系统查补、清理陈欠入库税款 48.44 亿元。

三、切实加强和完善税收治理，扎实推进税收治理体系和治理能力现代化

一是不断加强税收法治建设。全面推行行政执法“三项制度”，上线运行行政执法信息公示平台。认真开展合法性审查、合规性评估和公平竞争审查，并开展“一文一档”管理，实现税务规范性文件管理全过程留痕和可回溯管理。

二是持续优化税收征管方式。开展优化征管方式改革试点，推行事前审核向事中事后监管转变，取消税收管理员固定管户模式。通过改革涉税审批方式，将部分核准事项前移办税服务厅即时办结，提升了纳税人满意度。

三是着力打造“六最”税收营商环境。拓展网上办税范围，逐步实现 213 个税费事项网上办理，企业纳税人 90%以上的业务可通过网上办理。连续第 7 年开展“便民办税春风行动”，推出便利措施 103 项。推动“银税互动”贷款受惠范围扩大到所有企业。与 24 家银行合作推出“银税互动”系列产品，全年共为 10539 户小微企业和民营企业发放贷款 317.24 亿元。积极推行政务服务“好差评”，完成全省税务系统“好差评”系统建设，并全面上线运行。

四、深入推进全面从严治党和干部队伍建设，着力打造忠诚干净担当税务铁军

一是狠抓全面从严治党主体责任落实。把全面从严治党作为系统工程，把责任传导给各级党委班子，确保责任层层落实到位。始终把政治监督放在首位，围绕学习贯彻习近平总书记视察山西重要讲话重要指示精神，贯彻落实减税降费等党中央重大决策部署，组织开展监督检查，督促各级税务局党委和党员干部把“两个维护”落实到具体行动上。

二是持续纠治“四风”。紧盯违规操办婚丧喜庆事宜等突出问题，采取明察暗访、突击检查等方式开展监督执纪问责。深入开展违规收送礼品礼金、私车公养问题专项整治，并把接受管理服务对象宴请、出入私人会所、在居民小区和食堂接受“一桌餐”宴请、隐蔽吃喝等问题纳入专项整治范围。

三是一体推进“三不”。在“不敢腐”方面，强化执纪审查，严肃查处税务干部违纪违法行为。在“不能腐”方面，坚持以

案促改,在查办案件的同时,注重管理和制度漏洞,及时建章立制、规范管理。在“不想腐”方面,召开全系统警示教育大会,对19起典型案例进行全省通报,广大税务干部“不想腐”的自觉进一步增强。

四是加强干部队伍建设。开展首轮职级晋升工作,全系统各级领导班子得到优化强化,3295名公务员按程序晋升了职级。全省7名正处级、2名副处级和31名正科级“正转副”干部被任用到正职岗位工作。全年省局共举办线下培训班47期,培训人员4567人;组织线上和视频培训7期,培训人员4609人。全系统共有2万多名干部参与岗位大练兵活动,覆盖率达到90%以上。通过开展业务大比武,选拔专业骨干175名。

(徐　靖)

附:国家税务总局山西省税务局党委书记、委员名单

书　记:刘培平

委　员:张鹏飞(10月离职)　沙　宏　朱东宏　李晋芳(8月离职)　司新山　李　渊(2月任职)　刘守功(4月任职)　杜飞彪(10月任职)　曾立春(10月任职)　王宝明(11月任职)

省气象局党组

党组书记　梁亚春

2020年,山西省气象局党组坚持以习近平新时代中国特色社会主义思想为指引,深入学习贯彻习近平总书记关于气象工作的重要指示精神和视察山西重要讲话重要指示,认真落实全国气象局长会议各项工作部署,全面贯彻省委决策部署,圆满完成全年各项工作任务。

一、气象事业高质量发展,为山西地方经济建设和社会发展做出突出贡献

(一)充分发挥气象防灾减灾“第一道防线”作用。一是推进重大气象灾害应急指挥体系建设。完成省市县三级126个指挥部及指挥部办公室建设,修订印发省政府专项预案《山西省重大气象灾害应急预案》和《山西省重大气象灾害应急指挥部工作规则》,4次启动省政府专项应急响应,6次以省政府明电形式印发灾害防范通知,形成全省统一指挥、专长兼备、左右协调、上下联动、平战结合的气象应急救灾指挥体系。二是气象防灾减灾卓有成效。发布预警信息2.53万条,预警短信2407.9万次,保障重大活动7次,报送各类决策服务材料1015期,为省领导专题报送《森林火险气象等级预报》190期,榆社“3·17”森林火灾扑救等多次重大气象服务工作。省人工降雨防雹办公室获2020年山西省五一劳动奖状,全省气象服务满意度达90.68%,为历年之最。

(二)生态文明建设气象保障作用凸显。一是紧紧围绕省委省政府重大战略部署开展工作。生态文明气象服务纳入省应对气候变化、生态保护与建设、汾河流域生态修复等发展规划。完成汾河源头生态修复人工影响天气能力一期工程建设。京津冀、汾渭平原区域环境气象服务实现由3天精细化预报及5至7天潜势预报转变为7天精细化预报。通过无人机垂直观测试验开展重污染天气成因机理研究。二是生态修复型人工影响天气工作持续推进。推进以修复“华北水塔”、涵养雄安新区海河流域上游水源区为主要内容的人工影响天气试点工程和“两山七河一流域”人工影响天气作业,持续助推通航示范省建设。共实施飞机人工增雨(雪)作业148架次,地面增雨防雹作业282次,防雹作业面积近7000平方公里。

(三)乡村振兴和精准脱贫气象服务扎实推进。对接省委省政府“南果中粮北肉”商贸平台和“东药材西干果”出口平台布局,新建农田小气候监测仪9套。完善粮食作物、小杂粮、经济林果的光温水精细化农业气候资源区划。完成大同黄花、山西药茶等产品气候品质认证,干旱等12种农业气象灾害风险区划。联合省农业农村厅印发《关于进一步做好农业气象防灾减灾工作的通知》。太原、大同、运城3个省级农业气象试验站升级为国家二级农试站。

(四)气象现代化能力不断增强。一是强化项目牵引。太原、五寨新一代天气雷达投入试运行。临汾新一代天气雷达搬迁工程正式开工。13个气象台站基础设施显著改善。在临汾引入两部双偏振相控阵多普勒雷达,组织开展重点针对冰雹天气的协同观测,为果业和烟叶生产提供保障,得到地方政府高度认可和支持。二是加大开放合作和专业气象服务力度。和铁塔、建行、保险、水利、消防、煤监等部门对接、互访、签署战略合作协议,持续提升气象服务各行业的工作合力。基于智能网格预报的专业气象服务平台已部署到电力、公路交通、铁路交通、水利、林业等多个重点行业或领域和部分市县气象部门。三是不断增强气象科技创新活力。获批国家重点研发项目1项,中国局专项9项,省科技计划5项、回国留学人员科研资助项目1项,获得实用新型专利4项,软件著作权13项,在核心期刊发表论文30余篇(SCI4篇、EI1篇)。完成科技成果准入4项,成果认定14项。创新制定和落实“市有所专 业有所精”落实落地工作方案,为山西气象事业高质量发展夯实基础。

(五)气象军民融合发展取得明显成效。一是不断完善气象军民融合发展联合协调机制。与省军民融合办等5家单位建立联席会议、协调会商机制。12个市县与驻地部队签署合

作协议。二是加强军地科技成果转化和气象人才双向培养。与驻晋部队联合组建创新团队,建立常态化的技术骨干学习交流访问机制;与太航仪表联合研发、具有自主知识产权的“机载综合大气参数采集处理系统”科研成果,填补了国内空白,在国内多家推广应用。

(六)气象领域重点改革全面推动。一是扎实落实省委省政府优化“六最”营商环境有关要求。将区域性气候可行性论证工作纳入政府统一服务事项,有力规范了全省区域性气候可行性论证工作。推进市县气象部门三项行政许可事项相对集中行政许可权改革。实现守信和失信记录向全社会公开。二是业务技术体制重点改革和研究型业务建设持续深入推进。推动省级云平台建设及业务系统“云 + 端”改造。统一整合气象大数据资源,优化数据和业务流程。推动建立面向需求的市县级生态与气候服务业务。紧跟地方事业单位改革步伐,完善地方气象机构设置。三是加强法治建设。《山西省气象条例》(修订)和《山西省气象灾害防御条例》列入省十三届人大常委会立法规划预备项目,《山西防雷减灾管理办法》列入 2021 年省政府立法计划一类项目。完成修订《山西省气候资源开发利用和保护条例》。制定发布 10 项地方标准、2 项行业标准。四是强化社会监管。联合省发改委印发《山西省雷电防护装置检测机构信用管理办法(试行)》。全年认定通过雷电防护装置乙级检测资质 10 个。全省各级气象部门对防雷重点单位抽查 2006 次,其中专项检查 21 次。

(七)创新人才培养机制,人才发展环境不断优化。一是完善干部培养机制。45 岁以下处级领导干部占比较 2019 年底提高 3.23%。打通干部职工上下交流通道,为省、市、县三级优秀人才搭建施展才华的平台。二是稳步开展干部交流工作。交流处级干部 23 名,纪检组长全部实现异地任职。多举措加强专业技术人才培养, 选派 2 人省外访问交流,4 人省内业务科研单位访问交流,24 人入选出国访问进修三年培养计划。三是健全高层次人才激励机制。7 人取得正高级任职资格,补充选拔正研后备人才 8 名。1 人获评中国气象局首席气象专家,1 人获评中国气象局青年英才。选拔省局气象科技带头人 3 名,首席气象专家 7 名,青年英才 15 名,县级综合业务技术带头人 17 名。

二、强化政治统领,气象部门党建工作得到全面加强

(一)抓好党员干部思想理论武装,推进党建和思想政治工作。首先是抓好党组中心组学习,年内中心组集体学习 14 次、研讨 9 次、学用交流会 1 次,参加省直机关“三篇光辉文献”征文活动 9 篇。其次,加强了对基层党组织的统一指导,印发了《2020 年山西省气象部门党的工作要点》,开展了处级干部学习贯彻十九届四中全会精神轮训和全体党员学习习近平新时代中国特色社会主义思想远程培训。三是印发了十九届四中、五中全会精神、“三篇光辉文献”的宣讲和实施方案,理论宣讲(党课辅导)20 场次,举办了习近平新时代中国特色社会主义思想省局理论宣讲选拔赛,参加了理论政策宣讲志愿服务活动,51 篇优秀理论报告汇编成册,各类媒体刊发党建宣传稿件上百篇,党建交流信息 12 期,省局《加强分类指导,提高基层党建的精准性和有效性》一文获 2020 年度全省机关党建研究论文二等奖。

(二)突出政治机关定位,做到“两个维护”。一是严肃党内政治生活,严格执行《关于新形势下党内政治生活的若干准则》,督促各基层党组织落实“三会一课”、谈心谈话、民主评议党员、主题党日等各项组织生活制度。将做到“两个维护”作为机关党的建设首要任务和实践要求。二是创建“三个表率” 模范机关,5 个单位入选全国气象部门模范机关先进单位,2 个单位获省委宣传部学习强国模范学习组织奖。三是开展了建党 99 周年纪念活动。

(三)夯实基层基础,锻造坚强有力基层党组织。一是持续推进党支部标准化规范化建设,加大督查检查力度,加强基层党组织建设。二是选树典型,发挥示范引领作用。全年共有 2 个基层党组织、4 名共产党员和 1 名党务工作者获全国气象部门“两优一先”表彰。开展了全省气象部门优秀共产党员优秀党务工作者和先进基层党组织(以下简称“两优一先”)评选表彰,共有 40 名党员、25 名党务工作者和 19 个基层党组织获此殊荣。三是推进党建与业务深度融合,确定首批 28 个单位为“党建与业务工作深度融合示范建设”创建单位,培育创新项目 3 项,展示交流 19 个典型案例,1 个单位党建业务融合案例被列为全国气象部门优秀交流案例。

(四)强化党建引领,推进精神文明创建和群团工作。一是深化气象文化建设和精神文明创建工作,弘扬“准确、及时、创新、奉献”气象精神,持续推进社会主义核心价值观示范点建设,举办 10 期文化讲堂,向省文明办和省直文明办推荐山西好人、山西省道德模范、省直道德模范 9 人次。全年全省气象部门省级以上文明单位新增 7 个,其中,晋升全国文明单位 2 个。二是充分发挥群团作用,做好工会、共青团和妇女工作。

三、加强党风廉政建设,扎实推进反腐败工作

一是贯彻落实习近平总书记重要指示批示精神和上级决策部署,开展政治监督。强调在行业扶贫和定点扶贫中加强党的领导、深化作风和纪律建设,做好疫情防控和脱贫攻坚中的政治监督。着力强化对政治纪律和政治规矩的监督,严明各级气象部门管党治党政治责任,细化政治监督各项措施。

二是推进不敢腐、不能腐、不想腐机制建设,落实好全面从严治党政治责任。抓好巡查工作,派出 6 个巡察组开展 2 轮巡察, 对 3 个市局、2 个直属单位、39 个县局共计 44 个单位党组领导班子进行巡察。开展了以“增强制度意识,严明纪律规矩,建设模范机关”为主题的第 19 个党风廉政宣传教育月活动。推进组织建设,完善监督机制。

三是履行党内监督的专责,抓好日常监督。紧盯行政审批、执法监管、选人用人进人等重点领域廉政风险点,突出重点领域的监督。坚持把节假日作风建设作为日常监督工作的常态工作。

四是加强党风廉政建设和反腐败工作,维护好党纪党规

的权威。做好信访举报审查调查工作,组织做好十九大以来被问责和受处分干部回访工作。应用好“第一种形态”,每季度至少开展一次集中警示教育工作。开展诫勉、批评教育、约谈、集体廉政谈话、任前“面对面”廉政谈话等工作,圆满完成审计监督工作。

(杨 柳)

附:省气象局党组书记、成员名单

书 记: 梁亚春

成 员: 秦爱民 胡 博 刘凌河 王文义

山西煤矿安全监察局党组

党组书记 王瑞武

2020年,山西煤矿安全监察局党组坚持以习近平新时代中国特色社会主义思想为指导,认真学习贯彻习近平总书记关于安全生产重要指示批示精神,全面贯彻落实山西省委和应急管理部党委、国家矿山安监局党组关于煤矿安全生产重大决策部署,坚持一手抓疫情防控,一手抓监察执法,以遏制重特大事故为目标,以开展煤矿安全专项整治三年行动为主线,以深化安全监察改革创新为抓手,以防范化解煤矿重大安全风险为着力点,以全面从严治党为保障,履职尽责、开拓创新,煤矿安全监察工作取得了新成效,有力地促进了全省煤矿安全生产形势持续稳定好转。

一、坚持思想政治引领,认真贯彻落实习近平总书记重要指示批示精神

不断推动学思践悟习近平新时代中国特色社会主义思想走深、走心、走实,把贯彻落实习近平总书记关于安全生产重要指示批示精神作为重大政治任务和自觉行动,开展“回头看”,自觉对标对表,找漏洞、补短板、强弱项。出台专项整治三年行动方案,明确重点任务、落实工作进度、强化责任分工、推动标本兼治,将专项整治贯穿于全部监察执法始终,持续推进煤矿安全生产治理体系和治理能力现代化。

二、构建“六个执法”体系,监察执法改革实现新突破

大力实施监察改革创新,通过调整优化监察力量、实行业绩量化考核、严格执法审查监督,强化监察执法事前、事中、事后全过程、全方位监督,构建“六个执法”(科学、严格、规范、公正、文明、廉洁)体系,破解了多年来监察执法中存在的“宽松软”问题。通过近一年的探索实践,“六个执法”体系基本形成,监察人员内生动力全面激发,监察执法效率、效果明显提升。一是精准执法水平明显提升。查处隐患质量明显提高,全年共查处重大隐患295条,同比增长了265%;到矿处罚率明显提升,达到67.1%,同比增长了228.9%;矿均罚款明显提升,达到47.9万元,同比增加了271.3%。二是处理处罚力度明显提升。共责令停产整顿矿井287矿次,同比增长367.9%;暂扣安全生产许可证335矿次,同比增长523.4%;行政罚款4.35亿,同比增加348.0%。三是监察执法热情明显提升。呈现出“比、学、赶、帮、超”的浓厚氛围。四是主体责任意识明显提升。通过严格执法、严厉处罚、强化震慑,煤矿企业排查隐患、治理隐患、化解风险的主动性明显增强,落实主体责任的意识明显提升。

三、认真履行核心职能,全省煤矿安全生产取得新成效

坚持查大系统、控大风险、除大隐患、防大事故,持续强化严格执法、精准执法,持续推动煤矿主体责任、地方监管责任落地见实,煤矿安全生产形势呈现出“一升三降”(煤炭产量持续增长,煤矿事故起数、死亡人数、百万吨死亡率大幅下降)良好局面。全年全省煤矿共发生死亡事故12起、死亡25人,同比减少8起、27人,百万吨死亡率0.023,事故起数、死亡人数和百万吨死亡率同比分别下降了40%、51.92%和56.6%。一是强化煤矿安全集中整治。对灾害严重、管理薄弱、违法违规行为多发的煤矿、企业、地区进行集中整治。特别是针对第四季度全省严峻的煤矿安全生产形势,对超能力生产等15项突出问题进行集中整治,以铁的手段推动主体责任落实到位。二是强化重点地区“开小灶”。对平定、襄垣、宁武、孝义4个重点地区和古州煤业、襄矿集团、钜盛能源、汾西矿业4家重点企业进行“开小灶”;对晋中市8个产煤县(市、区)开展了煤矿安全集中执法,持续巩固和深化国家局“开小灶”成果。三是强化煤矿重大灾害治理。开展了为期5个月的煤矿“一通三防”全覆盖监察,持续推动煤矿瓦斯治理措施落到实处。督促煤矿学习借鉴“同步设计、提前施工、超前泄水”的源头治理理念等,持续推动煤矿重大灾害的有效治理。四是强化安全生产责任追究。推动出台了《山西省煤矿安全隐患调查处理办法》,严厉打击煤矿“五假五超三瞒三不”行为,从严查处煤矿事故,对发生的4起较大事故提级调查,对2起较大涉险事故实行挂牌督办、“一案三查”,形成了打非治违的高压态势。五是强化对安全监管工作的检查指导。局党组成员深入包片区域明察暗访、调查研究、检查指导,并根据调研情况向省政府进行了专题报告,得到了省政府高度重视。在此基础上,积极配合有关部门起草了《山西省加强煤矿安全生产工作的特别规定》《煤矿安全监察专员制度》《煤矿安全监管专员制度》等制度规定,持续推动从制度

机制上解决制约山西煤矿安全生产的主要矛盾、突出问题，极大地促进了全省煤矿安全管理水平。

四、加强安全基础建设，煤矿安全保障能力再上新水平

坚持“管理、装备、素质、系统”并重，持之以恒，久久为功推动煤矿安全生产保障能力稳步提升。一是“三大系统”联网和监控系统升级改造按期完成。全省674座生产矿井于2020年9月底前全部实现联网，基本建设矿井视建设进度逐步联网。二是双重预防系统建设有序开展。推动出台了《双重预防机制实施指南》《双重预防机制实施规范》，通过持续不断地宣贯、指导，已有614处煤矿完成矿端系统联网。三是“学法规、抓落实、强管理”活动成效明显。在全面落实国家局规定动作外，进一步拓展内容，开展了复工复产线上培训、“一规程三细则”线上宣讲等，形成“山西特色”。四是煤矿安全宣传工作持续推进。积极开展公益宣传，深化警示教育，凝聚了全社会对安全生产的共识，获得全国新闻宣传先进单位荣誉称号。五是应急管理体系建设日趋完善。加强与气象、地震部门协调联动、信息共享，与省气象局签署了《战略合作协议》；与省地震局建立了非天然地震信息共享机制，制定了《非天然地震事件信息处置流程》；科学指导煤矿事故抢险救援，参与指导制定了同煤集团塔山矿“4·14”和介休鑫峪沟“4·28”透水事故救援方案，8名被困人员全部成功获救，并全程参与、指导万通源“11·11”透水事故救援等。

五、完善制度规范管理，内部运行各项工作迈上新台阶

围绕中心工作进一步完善制度、加强管理、提高效能，推动各项工作再上新台阶。规范了工作督办、事业单位管理等工作，制定完善了30余项制度，形成了用制度管人、管事、管权的长效机制。持续强化信息化建设，更新了OA系统，推进煤矿监察执法系统、煤矿事故风险分析平台等建设，提高了办公、执法效率。持续加强内控管理，坚持过“紧日子”思想，严预算、强内控、整资源，为煤矿安全监察工作提供了坚强保障。下大力气推动局属企事业单位的改革，推动安技中心（公信公司）与安标国家中心合作，注册成立山西安标检验认证公司，为下一步顺利开展业务奠定了坚实基础；“三供一业”有序移交，减轻了负担、规范了运作；积极推进正诚公司稳妥划转，金太阳小学改革改制，对一些资不抵债、名存实亡的公司依法注销等，逐步解决国家行政机关经商办企业的问题；持续强化脱贫攻坚，继续向贫困村提供扶贫资金并坚持结对帮扶，切实帮助贫困户解决实际困难，为打赢脱贫攻坚战做出了贡献。

六、坚持全面从严治党，安全监察队伍建设呈现新面貌

认真学习贯彻习近平总书记关于全面从严治党重要论述精神，自觉扛起管党治党主体责任，坚持不懈推进全面从严治党向纵深发展。一是加强政治机关建设。在全系统深入开展了创建“让党中央放心、让人民群众满意模范机关”活动；建立完善佩戴党徽、重温入党誓词和入党志愿书等政治仪式；坚持定期开展意识形态学习研讨和责任制自查等。二是强化组织建设。完成了第四届直属机关委员会和纪律检查委员会换届选举，持续强化党性教育，开展“重温红色记忆，传承太行精神”革命教育活动等；持续推动基层组织党建与业务深度融合，以党建促监察、在监察中抓党建，“将党旗插在监察一线”。三是强化执纪监督。创新监督方式，对“禁酒令”执行情况实行飞行检查，开展了违规饮酒、收受红包专项整治；召开全系统警示教育大会，节假日期间及时发送廉政短信，时刻敲响廉政警钟；认真开展廉政风险排查，对局属企事业单位开展常规巡察；坚持有案必查，科学运用“四种形态”，对8人次给予党纪政务处分。四是强化巡视反馈问题整改。严格对照中央巡视国家局党组反馈意见，自查自摆出24条问题，制定了76条整改措施，特别是针对财务长期挂账遗留问题，主动担当、多次汇报、多方协调，所有问题全部整改落实到位。五是强化监察队伍建设。坚持重政治品行、重实干业绩的用人导向，提拔选用了一批敢于负责、勇于担当、善于作为、实绩突出的好干部；强化交流培训，持续推动干部素质提升；关心职工生活，解决了住房补助等一些长期积累的老大难问题，大大激发了干部职工干事创业的活力。

（闫令飞）

附：山西煤矿安全监察局党组书记、成员名单

书　记：卜昌森（1月离职）　王端武（1月任职）

成　员：谢万星　王学彦（4月离职）

刘海红（11月离职）　蔡建军　张永昌

省地震局党组

党组书记　郭星全

2020年，省地震局党组以习近平新时代中国特色社会主义思想为指导，深入学习贯彻习近平总书记关于防灾减灾救灾重要论述，落实党的十九大和十九届二中、三中、四中、五中全会精神，扎实完成全年党建工作目标和地震监测预报预警、地震灾害风险防治和防震减灾公共服务等各项工作。

一、加强党的建设工作

(一)开展巡视整改。山西省地震局党组对照中央第八巡视组反馈意见和中国地震局巡视整改部署,及时制定、细化、完善整改方案。3个月的集中整改期间,先后召开5次党组会、10次党组例会、6次领导小组会议、5次领导小组办公室会议,专题研究整改措施、调度整改进程,完成各项整改任务。其中,制修订17项制度,形成19项工作机制,完成9项专项检查。

(二)全面从严治党。印发《山西省地震局贯彻落实习近平总书记视察山西重要讲话重要指示精神工作措施》,推进《山西省地震局党组贯彻落实习近平总书记重要指示批示情况"回头看"的措施》5项任务的落实。及时跟进学习党的十九届五中全会精神和习近平总书记在全国抗击新冠肺炎疫情表彰大会上的重要讲话。召开全面从严治党工作会和2次专题民主生活会,印发全面从严治党工作要点,明确25项任务并盘点落实。全年举办理论中心组学习12次、晋震讲堂3期、领导干部讲党课30余次。

(三)夯实基层党组织。印发《山西省地震局党建工作责任清单》《山西省地震局机关基层组织工作条例实施方案》,明确各级各部门工作职责及机关基层党建工作的主要内容。同时调动其开展活动的积极性,主要开展了"十个突出问题"回头看、"重温我的入党志愿书"、帮扶种树和入户走访等主题党日活动。根据山西省地震局机构改革要求,及时调整相关的5个党支部及其支部委员的补充,完成2个支部的换届,重新成立3个地震台站党支部,发展3名预备党员。

(四)开展精神文明创建工作。山西省地震局机关、太原基准地震台获"省直文明标兵单位"称号,夏县中心地震台获"省直文明单位"称号。组织职工开展"捐热血""捐废纸"公益活动;团委在广大青年中组织开展趣味运动比赛;参加为期6个月的"学习强国"学习竞赛活动,参与率达100%。

二、防震减灾各项工作完成情况

(一)地震监测预报预警。2020年完成工作主要如下:

1.2020年,山西省数字测震台网、地球物理台网、信息网络运行率均达到99%以上,观测质量稳中有升,28个测项在2019年度观测质量全国评比中获前三名。

2.制定山西省震情监视跟踪工作方案,规范、加强年度震情监视跟踪和应急准备工作;完成"两会""十九届五中全会"等特殊时段的地震安保服务等各项工作;开展陕晋豫、晋冀蒙区域协作联防会商会,邀请太原理工大学、山西省水文水资源勘测总站等专家开展跨部门震情联合会商。

3.组织完成"国家地震烈度速报与预警工程(山西子项目)"年度建设任务。新建基准站、改造基准站、场地勘测及观测井通过合同验收,一般站已累计完成安装700个台站,中心服务器部署完成,正常接收一般站数据,终端设备已通过合同验收。同时,积极争取省配套工程立项,省政府已作出批示支持项目建设,已在对接立项等具体事宜。

4.实施地震台站标准化改造和"一县一台"等项目。完成部分中心地震台站、地球物理台网观测设备的更新改造;推进太原基准地震台部分测项和长治老顶山地震台迁建工作;改革组建山西地震台,设立太原、大同、忻州、临汾、运城5个地震监测中心站;布设5个短周期流动台站,提高区域非天然地震监测能力;完成13个新建地球物理台站的技术验收;推进太原大陆裂谷动力学国家野外科学观测研究站工作。

(二)防震减灾。2020年完成工作主要如下:

1.抗震设防管理与地震灾害风险防治。区域性地震安全性评价工作实行分类管理,与省商务厅联合印发《关于分类开展区域性地震安全性评价工作的通知》,编制区域性地震安全性评价技术大纲以及数据库指南;出台《山西省地震安全性评价和抗震设防要求管理工作实施方案(试行)》,明确省地震局和市县住建等部门的监管任务;山西省P3实验室场地地震安全性评价项目、太原市机场建设三期项目和8个区域性地震安全性评价项目通过技术审查;36个区县的地震灾害预评估报告通过评审;对浑源县等5县22个调研点开展灾害预评估工作;联合省住建、交通等部门完成建设工程地震安全监管检查任务;配合中国地震局检查组对朔州等3市实地检查,组织住建、教育等单位组成检查组对晋中等5市开展检查。

2.地震应急救援准备。针对疫情和机构改革,及时调整地震应急预案响应职责,印发《山西省地震局疫情防控期间地震应急响应工作方案》《关于调整地震应急响应职责和响应流程的通知》;配合省抗震救灾指挥部办公室深入大同市等3市7县开展地震防范和应急准备专项督查;组织开展全省防震减灾系统地震应急演练,配合省应急厅组织开展2020年省抗震救灾指挥部桌面实战综合地震应急演练,21家省直单位和大同市政府参加;与省应急厅、省消防总队、山西煤监局等单位建立合作联动机制;完成98万元大震应急救灾物资储备项目设备采购;完成省内3次地震事件的应急响应。

3.震害防御基础探查。推进山西省地震易发区房屋设施加固工程和地震灾害风险普查项目,印发实施方案和技术指南,实施3个县的风险普查试点任务;完成阳泉市城区和矿区的震害预测、忻州市城市活断层探测项目中系舟山山前断裂探测;完成大同市、晋中市、运城市活动断层探测项目的论证、验收;对危险区3市18县的遥感图像进行房屋单体解析,总计解译房屋100万栋,汇总编制18个县区基本资料图册。

4.防震减灾公共服务。编制公共服务事项清单,扩展技术服务内容,认定省级防震减灾科普教育基地3个、示范学校78所。积极参与12345政务服务热线知识库建设。山西省防震减灾科普体验馆正式批复,下达2020年省投资计划1000万元。组织开展微信有奖竞答活动,向社会公众普及地震法律规范和地震预警知识;编制、出版适合于儿童的《防震减灾涂涂乐》图册,制作"云游地震科普馆",为重点危险区印制10万册防震避险手册,全国防灾减灾日、唐山大地震纪念日前后开展进农村、进社区等主题宣传、网络知识竞赛、网络直播课等活动，做好地震科普知识宣教的公共服务。

三、机构改革

依据中国地震局机构改革要求，印发《山西省地震局内设机构、所属事业单位"三定"方案》，明确局机关改革后设置办公室等7个部门；设置山西地震台等6个事业单位。

（张瑞芳）

附：省地震局党组书记、成员名单

书　记：郭星全

成　员：郭君杰　田　勇　史宝森(12月离职)

国家统计局山西调查总队党组

党组书记　王忠华

2020年，国家统计局山西调查总队党组以习近平新时代中国特色社会主义思想为指导，坚决落实党中央国务院关于统计改革发展的重大决策部署，在常态化疫情防控条件下，切实履行统计调查核心职能，各项工作收到新成效、取得新成绩。

一、坚持正确方向，发挥"头雁效应"

坚持以党的政治建设为统领，以上率下，层层带动，增强"四个意识"，坚定"四个自信"，做到"两个维护"。一是在持续强化理论武装上见实效。按照党组理论学习中心组学习计划，全年开展21次集体学习、4次集体研讨。党组成员带头参加所在支部组织生活，结合学习感悟和工作实际，谈认识、谈心得、谈体会，形成以上率下、整体联动效应。二是在持续优化议事决策上见实效。坚持集体领导与分工负责相结合，形成同心同德、善谋善做的集体领导合力。全年召开党组会22次、常务会1次、队务会10次，研究解决各类重大问题150余项，涉及"三重一大"方面52项。三是在持续深化工作落实上见实效。研究制定2020年度"重点工作实施意见"和"重点工作督办事项"，明确28类重点工作任务和20项重点督办事项的目标要求、责任单位、进度安排、验收标准和主要措施，每月跟进1次落实进度、通报1次工作进展，保障各项决策部署落地见效。

二、坚持知责担责，做到履职尽责

坚决履行管党治党政治责任，做到知责于心、担责于身、履责于行。一是着力把握重点，从严落实主体责任。制定印发履行全面从严治党主体责任工作清单，党组成员通过批阅报告、听取汇报、实地调研、现场检查等多种方式抓好分管领域管党治党责任落实。认真履行脱贫攻坚政治责任，2020年山西调查总队连续第2次荣获"全省干部驻村帮扶工作模范单位"称号。二是突出效果导向，巩固巡视巡察成效。对标接受巡视政治任务，推动形成"同题共答"合力，保障现场巡视任务顺利完成。发挥巡察"利剑"作用，对15个市县队进行了巡察，党的十九大以来累计巡察29个市县队，完成十九届中央任期内全省调查队系统巡察全覆盖目标任务的61.7%。三是注重标本兼治，健全完善制度机制。依纪依规办理处置违规违纪问题线索，修订完善涉及人、财、物、数的20项内部管理制度，促进系统管理更加规范。修订完善《国家统计局山西调查队系统监督执纪问责实施办法(试行)》等纪检监察制度，以全链条推进监督执纪工作制度化，以严要求推进监督执纪工作规范化。

三、坚持党建引领，落实"一岗双责"

深刻认识党建工作的重大意义，高站位谋划、高起点部署、高标准推进全省调查队系统党建工作。一是以系统思维落实党建工作，做到谋定而动。制定出台"党建工作年度要点""党建工作责任清单""模范机关创建方案""党建品牌创建计划"等，形成一套构想精细、安排严密也比较实用的党建工作规划，构建党组负总责、支部抓落实的党建责任落实链条，形成覆盖各处室、贯通全系统的党建工作落实格局。二是以健全机制落实党建工作，做到统筹推动。根据人事调整和工作需要，及时对党建工作领导小组、巡察工作领导小组等进行调整，切实做到人岗相适、人事相宜。全年召开7次涉及党建议题的党组会、5次党建工作领导小组会，强化对党建工作的统一组织领导、统一指挥调度、统一督促检查，推动党建工作落到实处。三是以有效举措落实党建工作，做到精准促动。依托"三会一课""主题党日"等载体，通过"重温入党誓词""过好政治生日""讲好党员故事"等活动，推动"党建品牌"创建活动与统计调查业务工作紧密结合，打造形成10个"党建品牌"优秀案例。注重在调查实践中抓基层党建，把党员放在"关键处"，把党建抓在"第一线"，交出打攻坚战、啃硬骨头的优异答卷，连续12年获得"省直文明单位标兵"荣誉称号。

四、坚持求真务实，保障数据质量

聚焦工作重点，把握具体要求，推动统计调查工作取得好成效。山西调查总队连续7年被评为"促进山西经济社会发展突出贡献单位"。一是务制度方法执行之实，求统计调查数据之真。坚持把国家统计调查制度作为基本准则，组织力量把现行制度整理、归纳、编印，形成制度"工具书"，强化干部职工对制度方法的学习和掌握；举办18个班次的业务培训会(班)，分专业、分层级抓好制度方法布置、培训。优化23项业务工作流程，实行调查业务规范化管理，形成可追溯、可倒查的数据质量管控机制。二是务实施有效举措之实,求统计调查数据之真。建立统计调查数据定期会审机制,按季度主持召开重要数据会审及经济形势分析会,确保统计调查数据真实准确。刀刃向内对 13 个市县队开展执法监督检查,总队、市队、县队三级联动推进统计执法检查和“双随机”抽查,对抽中调查企业进行统计执法检查,用法治手段保障统计调查数据真实准确。三是务基层基础建设之实,求统计调查数据之真。组织力量对 23 个调查专业的样本信息进行核实梳理,分专业建立调查网点名录。组织力量对 10 余项调查的数据质量进行检查,把握工作关键点、找准专业发力点,实施 20 余项具有实效性和操作性的新举措,提升基层基础工作水平。

五、坚持突出重点,抓好脱贫普查

坚持把抓好脱贫攻坚普查作为一项严肃的政治任务,实施立体化举措,创优各方面条件,精心组织,精细管理,圆满完成脱贫攻坚普查任务。一是周密推进脱贫攻坚普查工作。投入足够精力和人员,及时协调对接、周密安排调度,11 次召开专题会议研究细化具体措施、部署推进工作落实。牵头制定出台山西省脱贫攻坚普查《工作方案》《实施方案》等,使关键阶段衔接紧密、整体工作推进有序。二是努力创优脱贫攻坚普查条件。选优配强普查人员,组建 6 个工作专班,从业务资料楼划出 400 余平米、12 间办公用房,安排省脱贫普查办集中办公。完成 9463 名普查人员选调,按时组建 42 个异地派驻普查工作组。争取 3000 万元省级财政资金用于脱贫普查,保障普查现场登记工作的顺利开展。三是精准落实脱贫攻坚普查任务。统筹抓好新冠肺炎疫情防控与脱贫普查任务落实,通过“实战化”演练抓好综合试点,通过“专业化”施教抓好人员培训,通过“精细化”组织抓好清查摸底。坚持把保障数据质量作为根本任务,如期组织完成 42 个普查县共 66.67 万户建档立卡户的现场登记以及数据审核、验收、比对等各环节工作。

六、坚持贴近需求,优化调查服务

着力发挥“国家调查轻骑兵”的优势和专长,2020 年度政务信息采用成绩在全国调查队系统名列前茅,在山西党委系统、政府系统名列省直单位“双第一”。一是抓实数据分析,用专业体现国家调查优势。充分利用和挖掘报表资源,深入分析粮食生产、价格运行、居民收支、贫困监测、畜禽监测、调查失业率、采购经理指数等指标运行情况,使统计调查分析更好地服务经济发展、社会进步和民生改善。编印《山西统计调查数据》4 期、《山西经济运行监测》11 期,撰写经济形势分析类统计调查报告 80 余篇。二是抓实专题调研,用效率体现国家调查优势。充分发挥国家调查队贴近百姓、机动灵活、网点广布等自身优势,围绕做好“六稳”工作、落实“六保”任务,开展快速专题约稿调研 82 次,报送的调研报告被国家统计局《每日调查》采用 28 篇(次)、国家统计局内网采用 64 篇(次)、山西省委省政府采用 59 篇(次)、中央领导批示 15 篇(次)、山西党政领导批示 3 篇(次)。三是抓实课题研究,用质量体现国家调查优势。立足统计调查实证分析优势,以转型发展、消费升级、现代农业、乡村治理、劳动就业等方面课题研究为重点,安排 24 项重点课题,集中优势“兵力”分工协作、集体攻关,把数据诠释成文字,把观点提炼成对策,为党政部门实施战略决策和宏观调控提供 20 余篇课题研究报告,得到党政领导和省直部门广泛好评。

(习朝瑞)

附:国家统计局山西调查总队党组书记、成员名单

书　记:王忠华

成　员:张国栋(6 月离职)　王润拴　鞠传玲(女)
顾向红　景　伟(6 月任职)

太原钢铁(集团)有限公司党委

党委书记　高祥明

2020 年是太原钢铁(集团)有限公司(以下简称“太钢”)发展史上大事喜事连连、值得永远铭记的一年。5 月 12 日,正在山西视察的习近平总书记到太钢不锈钢精密带钢公司视察,勉励大家要做好疫情防控和复工复产,再接再厉、勇攀高峰,在支撑先进制造业发展上迈出新的更大步伐。这是习近平总书记近三年再次到太钢视察,给全体干部职工以极大的鼓舞和鞭策。太钢各级党组织和广大党员坚决贯彻落实习近平总书记重要讲话重要指示和山西省委省政府各项决策部署,团结带领全体干部职工抢抓机遇,应对挑战,积极作为,开拓进取,生产经营跃上新台阶。2020 年,太钢产钢 1069 万吨,其中不锈钢 419 万吨,实现营业收入 786 亿元,利润 39 亿元,实现税金 28 亿元,创造了不平凡的业绩。

一、深入学习贯彻习近平总书记视察山西重要讲话重要指示,将领袖嘱托转化为勇攀高峰的强大动力

坚持把学习贯彻习近平总书记视察山西特别是视察太钢重要讲话重要指示作为首要政治任务,通过常委扩大会、中心组学习会和传达学习贯彻大会等多种形式,对学习宣传贯彻进行动员部署,组织编写宣讲提纲,各级领导干部开展宣讲活动近 500 场;采取“线下宣讲 + 线上直播 ”方式,举办

山西省国资系统示范宣讲报告会,18万人次在线收看。发挥融媒体优势,加大传播力度,有力推动习近平总书记重要讲话重要指示深入人心;广泛宣传干部职工的认识、感受和体会,宣传各单位贯彻落实的措施和打算,形成浓厚学习宣传贯彻氛围,“牢记嘱托、不辱使命,再接再厉、勇攀高峰”成为全员自觉行动。

二、践行使命,冲锋在前,夺取疫情防控和生产经营、改革发展“双胜利”

面对突如其来的新冠疫情,坚决贯彻落实习近平总书记重要指示精神,坚决贯彻党中央及山西省委、省政府决策部署,及时分析研判形势,确立了思想认识、防控机制、人员管控、后勤保障、日常管理、宣传引导“六到位”的工作机制,构筑起群防群控严密防线。13批40名医务人员奔赴湖北和太原抗疫一线,日夜奋战,展现了迎难而上、勇于担当的可贵精神,赢得社会高度评价。太钢实现全体干部职工及家属和全体医务人员零感染目标,生产经营大局保持稳定。太钢各级党组织和广大党员、干部勇于担当,冲锋在前,成为夺取疫情防控和生产经营、改革发展“双胜利”的中流砥柱。

三、联合重组落地实施,企业高质量发展呈现新局面

12月23日,在山西省委、省政府坚强领导下,在全体员工充分理解支持下,中国宝武与太钢集团实现联合重组,太钢集团控股股东正式变更为中国宝武,走上更高水平发展平台,迎来更为广阔的发展空间。全力开发“高精尖特”产品,钢材新品开发量同比增长63.2%,不锈钢差异化品种销量比例达57.5%,316H不锈钢用于中国首座钠冷示范快堆主设备制造,经济型双相不锈钢中卷板应用于中国最大海水淡化工程,手撕钢研发项目获中国工业大奖。多元产业成长良好,矿产资源业稳健成长,年产50万吨高碳铬铁一期项目建成投产,高端碳纤维首次批量应用于航空领域,石墨纤维产线建成投产,非晶带材产销量大增。重点改革计划扎实推进,厂办大集体改革全部完成,退休人员社会化管理有序推进,精带公司入选科改示范企业名单。绿色发展迈上新水平,吨钢综合能耗、新水消耗取得新进步,太钢不锈成为全国首批全流程超低排放A级钢铁企业。

四、以政治建设为统领,巩固拓展主题教育成果,党的领导全面加强

成功召开太钢集团第十一次、太钢不锈第三次党代会,谋划发展蓝图,选举产生新一届党委领导班子,形成坚强领导团队。巩固拓展主题教育成果,建立健全长效机制,推动“不忘初心、牢记使命”成为太钢加强党的建设的永恒课题和党员、干部的终身课题。推动党建工作与生产经营深度融合,形成44项优秀党建创新项目,“党委有品牌、支部有特色”的党建创新局面初步形成。坚决扛起巡视整改政治责任,层层落实整改任务书、时间表、路线图,做到件件有回应、事事有落实。履行脱贫攻坚政治责任,49名扶贫队员长期奋战脱贫攻坚一线,太钢获评山西省模范驻村单位。

五、全面加强理论武装,宣传思想文化工作取得新成果

深入学习党的十九届五中全会精神和《习近平谈治国理政》第三卷,及时跟进学习习近平总书记重要讲话精神,推动党的创新理论深入人心。落实意识形态工作责任制和《中国共产党宣传工作条例》,夯实工作基础,强化阵地管理,确保主流舆论积极向上。践行社会主义核心价值观,开展年度“感动太钢”人物评选和宣传活动,总结提炼李双良精神的时代内涵,修缮一新的李双良纪念馆成为面向党员干部和职工群众的教育和实践基地。开展手撕钢、四代核电用钢以及超低排放改造等重大题材的宣传教育,扩大了太钢知名度和品牌影响力。太钢获评“十三五”中国企业文化建设典范组织。中共中央政治局委员、中宣部部长黄坤明到太钢考察调研并召开企业思想政治工作座谈会,太钢创新开展思想政治工作的做法受到好评。

六、加强干部人才队伍建设,形成有力的实绩导向

扎实推进选人用人专项巡视整改,修订下发《关于领导人员选拔任用管理的规定》等16项制度规定,以长效机制建设巩固扩大巡视整改成果。加强年轻领导人员培养选拔顶层设计和科学谋划,策划开展中层领导干部政治理论和管理专题培训,弘扬专业精神,培养专业能力。完善干部考核监督机制,出台18项举措激励干部担当作为。加强人才队伍建设统筹谋划,设立引才专项基金,拓宽了引才渠道。坚持以奋斗者、贡献者为本的导向,改进科技创新激励机制,加强首席师队伍建设,签约聘任首席硅钢科学家,各类人才拼搏奋斗、建功立业热情高涨。

七、纵深推进全面从严治党,构建良好的政治生态

把握新时代党的建设总要求,通过明责、履责、担责层层压实全面从严治党主体责任和监督责任。保持惩治高压态势,查处违规违纪问题,精准运用“四种形态”处理177人次,形成“不敢腐”的震慑。织密监督网络,积极探索纪检监察工作与生产经营深度融合的路径,扎牢“不能腐”的笼子。坚持挺纪在前,以案明纪,以案为警,筑牢“不想腐”的堤坝。在监督常态化、有形化、长效化上深耕细作、创新突破,确保了监督无死角、不留白。

八、坚持以党建带群建,群团组织独特优势充分发挥

群团组织围绕五高炉大修等重点项目和重大工程,深入

开展劳动竞赛、技术比武和献计献策活动,职工素养持续提升。新命名4个公司级职工创新工作室,366个职工创新成果创效2.7亿元。实施帮扶救助"六大工程",全年发放救助金1299.6万元。推动服务提档升级,心理援助、法律服务、后勤监督等受到职工好评。太钢团委积极落实青年高质量发展行动计划,命名一批"双良传人"。手撕钢研发团队获第24届中国青年五四奖章。同时,积极创建"三零"单位,建设平安太钢;团结凝聚各界人士,发挥积极作用,获评山西省民族团结进步模范集体。民兵预备役、安全保卫等工作稳步推进,取得实效。

(崔双龙)

附:太原钢铁(集团)有限公司党委书记、副书记、常委名单

书　　记: 高祥明

专职副书记: 韩瑞平

副 书 记: 高建兵

常　　委: 柴志勇　李　华　高　铁　马法成　曹志福　张晓东　赵恕昆

中国铁路太原局集团有限公司党委

党委书记　程先东

2020年,中国铁路太原局集团有限公司党委坚持以习近平新时代中国特色社会主义思想为指导,全面贯彻党的十九大和十九届二中、三中、四中、五中全会精神,深入贯彻习近平总书记视察山西重要讲话重要指示,认真落实山西省委和国铁集团党组决策部署,围绕在转型发展上率先蹚出一条新路来的重大使命,紧扣省委"四为四高两同步"总体思路和要求,聚焦交通强国、铁路先行,继续在"坚持全面从严、重抓基层基础、促进双向融合、推进标准化规范化建设"上下功夫,不断提高党建工作质量,以高质量党建引领保障高质量发展,为服务山西经济社会发展、"转型出雏型"作出积极努力。

一、始终把牢企业改革发展正确政治方向

坚持把党的政治建设摆在首位,严格落实习近平总书记重要指示批示精神,以实际行动践行"两个维护"。深入学习党的十九届四中、五中全会和习近平总书记视察山西重要讲话重要指示精神,召开"学用习近平新时代中国特色社会主义思想"成果交流会,两级党委中心组学习研讨299次,举办10期太铁大讲堂、10期领导人员培训班、49期主体培训班,不断提高政治判断力、政治领悟力、政治执行力。巩固深化"不忘初心、牢记使命"主题教育成果,紧盯专题整改落实,增强"一句誓言、一生作答"的行动自觉。开展党委巡察,推动政治监督形成常态。

二、着力打造高素质专业化的干部队伍

坚持抓班子带队伍,健全落实领导班子工作机制,深化落实跟班调研和谈心谈话制度,两级班子成员累计跟班调研和谈心谈话6290次,解决问题2万多个,推动干部作风转变、干群关系密切、重点工作落实。优化"一段一策"培养路径,推进青年大学生培养工程,一批优秀年轻干部走上中层或领导岗位。从严抓好干部管理监督,制定进一步加强基层单位组织、劳动人事、财务部门负责人队伍建设实施办法,强化领导人员"八小时之外"自律和管理监督,按季实施领导人员履职考评。

三、增强基层党组织政治功能和组织力

坚持在完善公司治理中加强党的领导,加强"党建入章"机制建设,严格履行党委会议事规则,优化实施董事会、监事会、总经理办公会议事决策机制和专职外部董事运行机制,发挥把方向、管大局、促落实的领导作用。加强党委规范化建设,抓实基层党委换届选举,健全党建制度、评价、考核体系,梳理各层级党建管理制度,推出指导目录和制度汇编,党建工作管理效能得到提升。推行"1+8+1"党支部建设标准体系,组织召开现场推进会,加强高铁乘务党支部、高铁综合维修联合党支部建设,开展"三会一课"质量年达标验收工作"回头看",不断夯实基层基础。加强党员日常教育培训,实施党员积分管理,分领域深化创先争优,围绕急难险重任务,开展"我是党员我带头、疫情防控冲在前""防汛救灾冲在前、安全畅通当先锋"等主题实践活动,特别是疫情期间,太铁党员主动请战、攻坚克难,让党旗高高飘扬在运输一线。

四、构筑建设一流国铁企业人才支撑

坚持引才育才用才,以一流人才队伍推动一流国铁企业建设,编制年度管理和专业技术人员教育培训工作要点,抓实线上线下培训,促进各层级专业能力提升。规范院校毕业生使用管理,建立技能认定快车道,深化职称制度改革,正高级通过人数保持全路前列。制定2020—2023年大秦重载6个专业领域高层次骨干人才选拔培养目标和措施,推进"双300"骨干人才培养。探索"项目制"育用人才,遴选优秀人才充实调度指挥、财务共享服务、信息技术等企业改革发展重点项目,用人才红利为企业高质量发展赋能。

五、推动宣传思想文化工作守正创新

坚持以社会主义核心价值观为引领,打好意识形态领域主动仗,加强宣传阵地动态监管,推进一流融媒体中心建设。开展疫情防控、《民法典》、全民国家安全教育日等宣传教育活动,凝聚思想共识,激发奋进力量。印发《关于加强和改进新时代基层思想政治工作的实施办法》,召开全局思想政治工作现场会,太原北车辆段被命名为"铁路基层思想政治工作示范点"。开展文物实物调查保护,发掘"宋庆龄"专列车厢等一批文物实物。深化精神文明创建,太原机务段、太原车辆段入选第六届全国文明单位。加强典型选树,评选季度、年度"太铁之星"。讲好山西铁路故事,在中央主流媒体刊稿总数保持高位。

六、持续加强党风廉政建设

坚持一体推进不敢腐、不能腐、不想腐,制定落实党风廉政建设责任制实施细则,完善廉洁风险防控和权力监督机制,修订防治"小金库"长效机制,扎紧制度笼子。常态化开展"廉文荐读"和警示教育,加强节前廉洁提醒,构建纪律教育大宣教格局。严格落实中央八项规定及其实施细则精神,驰而不息纠治形式主义、官僚主义,推进移动互联网应用程序规范整治,开展严明机关纪律警示教育,把为基层减负抓好抓实。支持纪检监察组织开展工作,查处职工群众身边腐败和不正之风,保持高压惩处态势,着力构建"控新、治旧、抓早、铲土"标本兼治格局。

落实从严管党治党主体责任。坚持全面从严、一严到底,逐项督办全年党建和党风廉政建设重点任务落地见效。组织召开党建工作会议,举办基层党委书记任职资格培训班,开展党组织书记抓基层党建述职评议考核,促进履职能力提升。修订《党建工作质量考核评价办法》,制定《党建工作重点帮促实施办法》,做好集团公司"两优一先"、"十大优秀党建工作带头人"等评选表彰,强化考评激励作用。

七、巩固和谐稳定发展局面

坚持共建共治共享,开展群众性劳动竞赛和"查找安全隐患、查堵管理漏洞,为节支降耗作贡献、为增收创效立新功"金点子征集,以群众力量和智慧推动发展。畅通职工意见诉求表达渠道,用好职工服务中心,实施人文关怀"九种慰问",深入改善职工生产生活条件三年行动计划圆满收官。实施青年马克思主义者培养工程,9个项目获"全国铁路青年科技创新奖"。助力扶贫攻坚和乡村振兴,常态化开行"慢火车",为"蔡家崖号"旅客列车免费冠名,购销贫困县消费扶贫产品,定点帮扶的晋中市河峪乡鱼头村、云竹镇段家沟村实现脱贫摘帽,"集团公司扶贫办"被评为"全国脱贫攻坚先进集体"。推进"三零"单位创建,做好集中治理重复信访、化解信访积案专项工作,抓好高铁、普铁外部环境整治,铁路安保区全部划定,《山西省铁路安全管理办法》颁布实施,不断巩固和谐稳定发展局面。

八、以高质量党建推动企业高质量发展

坚持把提高企业效益、增强企业竞争力、实现国有资产保值增值作为国有企业党组织工作的出发点和落脚点,推进党建工作与生产经营深度融合。各级党组织团结带领干部职工坚持强基达标、从严务实,落实双重预防机制,实现安全年;统筹推进疫情防控和运输经营,全年完成货物发送量7.5亿吨,旅客发送量4650万人;服务"一带一路"国家战略,路地联手推进现代物流建设,累计开行中欧(中亚)班列222列;实施太原枢纽客站整合,推行电子客票,管内客运站实现"一证通行";加强全面预算管理,全路首个财务共享服务中心投入试运行;集大原控制性工程开工建设,雄忻高铁获批,郑太高铁顺利开通运营,区域路网结构日趋完善;加大技术创新应用力度,为治晋兴晋强晋展示太铁新作为。

(王志伟)

附:中国铁路太原局集团有限公司党委书记、副书记、委员名单

书　记:程先东

副书记:陈　敏　张锁明　姜　涛(3月调职)

委　员:姜　涛(3月任职)　杨占虎　刘　枫　邢　东(3月离职)　郭善宏(3月离职)　孙雁胜　白沛锋　王旭荣(女,9月离职)　徐明龙(3月任职)　毕守锋

高等院校党委工作概况

山西大学党委

党委书记　王仰麟

2020年是"十三五"规划的收官之年，也是山西大学争创"双一流"的重要一年。学校高举中国特色社会主义伟大旗帜，以习近平新时代中国特色社会主义思想为指导，深入贯彻党的十九大和十九届二中、三中、四中、五中全会精神，深入贯彻落实习近平总书记视察山西重要讲话重要指示和习近平总书记关于教育的重要论述，抢抓部省合建、率先发展、北大支持等重大机遇，统筹疫情防控和改革发展各项工作，落实党的教育方针，落实立德树人根本任务，全面强化学科和专业建设，全面提高育人质量和科研水平，全面加强治理体系和治理能力建设，加快以提高质量为核心的内涵式发展，推动改革发展呈现全新局面，学校办学质量和社会影响力显著提升。

一、党的全面领导进一步加强，党建工作水平显著提升

（一）注重思想理论武装。把深入学习贯彻习近平新时代中国特色社会主义思想作为首要政治任务，聚焦习近平总书记视察山西重要讲话重要指示，围绕高等教育高质量发展，跟进学习习近平总书记最新重要论述，重温"三篇光辉文献"，推动全校师生政治学习与理论武装走深走实。以校党委理论学习中心组为牵引，制定《中共山西大学委员会2020年中心组学习计划》，组织校党委理论学习中心组集体学习29次。探索制定二级党组织理论学习实施细则、巡听联学机制与考核评价办法，做到全年有计划、有主线，月月有安排、有主题，年底有总结、有评比。全面推进师生员工理论学习，编制出台学习贯彻十九届五中全会精神等实施方案，用党和国家的最新理论成果武装师生头脑，积聚起办好高水平综合性大学的强大思想动力。

（二）推进基层党组织标准化规范化建设。顺利通过全国首批高校党建工作"标杆院系""样板支部"审核验收，组织开展第二批教育部"双带头人"教师党支部书记工作室申报工作，培育创建19个校级"双带头人"教师党支部工作室。严格落实教师党支部书记"双带头人"制度，覆盖率达100%。出台《关于进一步加强和改进新时代党员教育工作的实施办法》《关于进一步规范我校出国（境）党员管理工作的通知》，加强和规范党员教育和管理工作。创新党员发展模式，把政治标准放在首位，发展党员2424人，其中疫情防控期间发展表现突出的毕业年级党员321人。举办大学生入党积极分子、发展对象、预备党员等3个类型6期培训班，参训学员达8000余人。

（三）强化干部队伍建设。坚持德才兼备以德为先，严格选任程序，突出政治标准，把党的领导贯穿干部选拔任用全过程。全年选任调整中层领导干部151名，选任调整科级干部128名，选聘职员六级35名，平级转聘1名，选聘职员五级17名。认真落实干部教育培训规划要求，举办党支部书记网络培训班、"党的十九届四中全会精神专题"网络培训班、新提任中层领导干部右玉干部学院培训班，组织副处级以上干部参加省委组织部线上轮训。完成中央党校、国家教育行政学院、省委党校、省委教育工委等上级干部调训任务85人次。

（四）牢牢把握意识形态主导权。在坚守底线、突出创新、谋求实效上下功夫，不断提升意识形态工作质量和水平，让党的旗帜在意识形态阵地高高飘扬。压实责任、强化考核，实现意识形态工作"五纳入"，对领导班子及个人意识形态履职

尽责情况进行集中述职考评。坚持定期分析研判,每月召开全校意识形态工作分析研判例会,定期梳理苗头性倾向性问题和风险点,提出有针对性的对策建议,编制上报分析研判报告,实行意识形态工作日记制度,进一步防范堵塞管理漏洞。实行24小时舆情在线监控,制定《山西大学疫情防控舆情应急预案》,及时预防和预警舆情信息,从"建、管、用"三方面抓好舆情管理,全年未发生意识形态领域问题。

(五)全面从严治党向纵深推进。抓好专项整治,组织开展疫情防控监督专项检查,梳理3个方面14项重点监督检查内容,下发提醒函9份。强化对校办企业改制、招生录取事项、物资采购等重点领域的监督,运用监督执纪"四种形态",切实履行首责主责全责。紧盯重要节点,层层传导压力,力戒形式主义、官僚主义,推动中央八项规定精神有效落实。抓好巡视整改,扎实做好"后半篇文章",细化分解10项37条问题,对应制定109项整改措施,对照"三个清单",逐条进行整改落实。完善纪检监察季度工作例会机制,强化警示教育,运用典型案例对党员干部进行警示教育。组织校园廉洁文化建设楹联书画展,增强廉政教育亲和力、感染力和渗透力。

(六)加强统战和群团等工作。运用"统一战线大讲堂"学习平台,借助山西社会主义学院培训平台,强化党外知识分子学习培训。引导党外知识分子围绕中心献智献策,成立山西省首个"农工党参政议政调研基地",黄河流域生态治理调研报告得到国家领导人和省领导批示。加强团组织建设,服务青年全面成长,规范学代会工作制度,召开学校第五十六次学代会和第二十七次研代会,强化学生社团年审、考核、注册审批工作,校团委被共青团中央授予团内最高荣誉"全国五四红旗团委"。健全离退休党员组织生活会机制,完成老年大学开学筹备,促进老同志了解党情政情社情。着力打造离退休干部发挥作用平台,创办"登崇"讲座,做好关心下一代工作,1人荣获"全国关心下一代工作先进工作者"称号。

二、学科建设力度进一步加大,学科竞争力明显增强

(一)构建多学科协同发展的学科生态。优化学科建设布局,加强物理学科群、哲学学科群建设,物理学科被青塔"云数据"平台列为"最具发展潜力学科"。哲学学科在国家社科基金成果文库成果排行榜中位列第一。环境/生态学学科、物理学科进入ESI全球前1%,入选学科增加到5个。落实大东关校区学科融合工作,组建电力与建筑学院、自动化与软件学院,实现两校区相关院系的整合。打造新的学科增长点,云冈学二级学科硕士点、博士点获得教育部批准,促进相关学科交叉融合。

(二)扎实开展第五轮学科评估迎评工作。坚持"评建结合",将学科评估作为促进学科水平提升的重要手段,落实学科评估协调机制和责任机制,强化学科评估的组织、动员和相关培训工作,完成有关数据填报工作。完成11个学科竞争力分析报告,加强ESI学科动态分析,引导各学科强化人才培养中心地位,突出学科特色、质量和贡献,促进了学科建设整体水平和创新人才培养质量的不断提升。

(三)抓好重点项目申报与实施。编制实施2020年度部省合建经费计划,推动校内各学科平台建设发展资金的集中、高效使用,按照"瞄方向、架重炮、撑产业"的要求,以重点学科牵引重点平台,全面推动物理学科群、哲学学科群"部省合建"研究平台建设。获得"1331工程"各类建设项目经费6190万元,组织完成2017-2019年"1331工程"资金绩效评价工作。

三、立德树人根本任务进一步落实,人才培养质量持续提升

(一)增强思想政治教育的针对性实效性。制定《台账式落实〈教育部等八部门关于加快构建高校思想政治工作体系的意见〉的实施方案》,构建学校思想政治工作体系。加强以习近平新时代中国特色社会主义思想为核心内容的思政课课程群建设,开设习近平新时代中国特色社会主义思想概论课程。加强"三支队伍"建设,引进思政课教师12人,聘用辅导员22人,采用专兼结合方法,遴选思政课兼职教师25人。开设山西大学文瀛思政大课堂,将思政理论课与校本通识课合二为一,打造具有山西大学特色的思政课与通识课的品牌。推动"三全育人"综合改革试点建设情况,遴选10个"三全育人"综合改革试点学院。开展全校学生思想状况调查研究工作,深入开展"青春心向党 建功新时代"主题教育实践活动,抓强青年政治骨干人才培养,加强共青团宣传思想平台建设。利用开学季和毕业季开展学生理想信念、感恩意识、科学道德和学风教育等思想政治教育,取得良好效果。

(二)落实"以本为本",推动本科教学改革。强化本科专业和课程建设,按照"控量提质增效,扶优扶强扶特"的思路,申报"文化旅游""智慧建筑与建造"等新文科、新工科专业。获批省级一流专业建设点19个,申报国家级一流专业建设点21个。7门课程获批首批国家级一流本科课程,44门课程评为山西省高等学校精品共享课程。开展"跨学科专业交叉融合+完全学分制"综合改革试点工作,以扩大学生学习自主权为核心,实施更加灵活的课程修读机制、更加自主的专业选择机制,形成满足学生多元化需求、优化学生知识结构、提升学生综合素质、提高学生创新能力的个性化培养体系。加大教学研究力度,33项教改项目获省级立项,获批教育部新工科研究与实践项目3项。9部教材推荐参加首届全国教材建设奖评选。

(三)强化全过程管理,提升研究生培养质量。推动研究生招生模式改革,落实"直博生"和博士"申请—考核制",录取博士研究生226人,增长15.9%。与北京大学等一流大学联合招收博士生17人。首次实施"博士生竞争性计划",招收博士生7名。制定《关于进一步加强研究生学位论文质量管理的意见》,采用定性与定量相结合的综合评价方式,凸显对代表性科研成果的认可,建立多元化评价体系和学位质量标准。获批立项研究生教育创新项目149项、研究生教育改革研究课题38项(指令性课题2项),分别占全省立项总数的

20.69%、12.46%。

（四）推进创新创业教育。筹备成立山西大学创新创业学院。积极组织实施大学生科研训练与创新创业训练计划，参加各级各类学科竞赛，获得中国“互联网＋”大学生创新创业大赛、全国大学生数学建模竞赛等国家级奖项共25项。积极开展虚拟仿真实验教学项目建设，获批国家级虚拟仿真实验教学项目2项，省级项目8项。获得第十二届“挑战杯”中国大学生创业计划竞赛银奖1项、铜奖4项。荣获山西省第十二届“兴晋挑战杯”大学生创业计划竞赛金奖3项、银奖6项、铜奖1项。荣获山西省“五小”竞赛二等奖2项、三等奖1项。“创青春”第六届太原青年创业创新大赛二等奖1项。

四、科研创新能力进一步增强，标志性成果突出

（一）重大项目承担能力显著提升。理工科获批国家自然科学基金各类项目90项，其中，重点项目3项、重大科研仪器研制项目2项、国际合作重点项目1项、联合基金重点项目1项，优秀青年科学基金项目2项。科技部重大/重点项目或课题7项。获批山西省重大项目3项。理工科科研项目到账科研经费达3.47亿元。人文社科获批国家社科基金项目立项32项、教育部人文社科项目立项24项、中央其他部门项目11项。其中，国家社科基金重大招标项目2项、国家应急管理体系建设研究专项1项。人文社科科研项目经费达到4577.5万元。

（二）重大奖项和成果实现突破。理工科入围国家自然科学二等奖1项、国家科技进步奖1项。张靖教授荣获第二届“科学探索奖”。发表SCI收录论文546篇，SCI一区论文68篇，SCI Top期刊论文138篇，其中Nature子刊和Science子刊论文3篇。人文社科获得教育部第八届高等学校科学研究优秀成果奖（人文社会科学）一等奖1项、二等奖2项、三等奖1项。发表CSSCI期刊收录论文298篇；外文45篇，其中SSCI论文18篇；出版学术著作68部，其中专著43部。《山西大学学报》等学术期刊办刊质量不断提升，主办《认知科学》期刊，为科研创新提供有力的支撑。

（三）强化了科研平台建设。初步形成“13231”科研平台建设思路。出台《山西大学理工科虚体科研机构管理办法》《山西大学理工科科研平台管理办法》。落实习近平总书记视察山西重要讲话重要指示，成立山西大学云冈学研究院。筹建山西第一实验室、基于量子光源的引力波探测装置、碳基功能材料和器件研究院、合成生物山西省重点实验室、山西省黄河实验室等均取得积极成效。成立山西大学生物医药与大健康研究院。机器视觉与数据挖掘工程研究中心成为省级工程研究中心，人工智能产业技术研究院和山西省山大科技园大健康科技创新中心成为省级新型研发机构。云冈学研究院和长城文化生态研究院获批山西省高校人文社科重点研究基地。

（四）提升了社会服务能力。出台《山西大学科技成果转移转化实施办法》，修订《山西大学知识产权管理办法》。与省综改示范区、凯赛生物、大地控股共建科研机构和人才培养机构取得积极进展。扎实开展“一院一地、一所一企”科研合作计划，充分发挥长治襄垣煤基固废综合利用基地、小店区合作科研项目群、杏花村学院等合作平台的作用。立足太原，面向全省，完善校地合作体系，与太原市签订战略合作协议，与长治签约高层次人才发展工作联盟，与大同市共同推进云冈学建设，与省司法厅合作建设行政立法基地。建立襄垣县科技特派员工作站，与洪洞县开展战略合作，扩大先进适用技术覆盖面。与山西电信、百度智能云、山西移动、工行山西分行的战略合作成效显著，促进了激光器应用、5G+云+AI、大数据等技术的研发和推广。多个关于应急管理、文化建设、生态建设、法制建设的咨询报告被有关部门采纳。授权专利454项，授权计算机软件著作权178项，转化科技成果17项，理工科、人文社科横向科研经费分别达到3400万元、3075万元。

五、人才队伍基础进一步夯实，教师整体水平显著提升

（一）强化师德师风建设。始终把师德师风建设摆在教师队伍建设的首位，落实师德“一票否决制”，将师德师风评价贯穿师资引进、聘期考核、职称评审、岗位聘用、评奖评优全过程。组织开展2020年教师思想政治状况调查分析，与全校教师签订师德承诺书，建立年度师德档案。选派青年教师参加“厚植爱国情怀 涵育高尚师德，加强新时代教师队伍建设”专题培训。开展“师德师风十佳标兵”评选活动。组织违反教师职业行为十项准则的典型问题警示教育活动。

（二）引进培育高层次人才。建立师资引进全方位、全过程工作机制，在政策落实、经费安排、住房安家、融入团队、子女入学等方面提供系统性服务。落实《高层次人才绩效实施办法》《博士教师招聘暂行办法》，新增长江学者特聘教授1人、讲座教授1人，国家“万人计划”领军人才2人，百千万人才工程人选者2人，首次依托山西大学入选外籍千人计划专家1人，优秀青年2人，引进高层次人才6人，全年招聘高水平大学博士41人，人才结构进一步优化。入选第十二批山西省百人计划62项，位居全省首位。

（三）促进教师职业发展。发挥评价机制的“指挥棒”作用，修订《教师职称评聘工作实施办法》，增加应用推广系列，引导教师主动服务国家重大需求和地方经济社会发展。评聘教授46人、副教授110人，高级职称教师占比达到59.5%。建设教师发展管理业务平台，与学校企业微信实现互联互通，实现教师发展培训全流程、信息化、一站式服务。建立8个校级网络在线学习平台，输送网络学习课程2580门次，组织3193人次参加高校教师网络培训。创办“名师之道”线上直播讲堂，围绕一流专业建设、国家级精品共享课程建设、虚拟仿真实验教学项目、在线教学、一流课程建设、新入职教师教学能力培训方案设计等举办专项培训20次。安排教师国内访学21人，海外访学2人，岗前培训在职教师76人。

六、国内外办学合作进一步深化，开放办学步伐不断加大

(一)深化了对口合作。与北京大学、浙江大学、华中科技大学、南开大学等对口合作高校联合培养10名师资博士，引进北京大学、南开大学等一流大学4名专家担任院长。与北京大学联合成立云冈学研究中心，共建固废资源循环利用协同研究中心及煤基固废资源循环利用重点实验室等学术平台。与浙江大学合作建设精品课程1门、编写优秀教材1部、共同申报获批重点研发计划项目1项、国家社科基金重大项目1项，共同举办第三期山西省古建筑文化考察活动。支持山西大学相关学科参与对口合作高校在山西落地的研发项目，参与北京大学建设山西碳基薄膜材料研究院，有力助推山西转型发展。

(二)推动了国际交流合作。获批一个“111创新引智基地”。与日本广岛大学、日本东洋大学、韩国全州大学、澳大利亚詹姆斯库克大学等4所高校新签订校际交流协议。与东帝汶商学院共同建设东帝汶商学院孔子课堂1所。与美国北卡夏洛特“东航书院”签订协议，成立美国夏洛特汉语中心，顺利完成孔子学院转接工作。

七、治理体系和治理能力建设进一步推进，对改革发展的支撑作用有效发挥

(一)扎实做好疫情防控。将应急条件下的疫情防控与常态化防控举措有效衔接，成立疫情防控工作领导小组，组织召开专题会议37次，抓实应急机制、物资储备、校园封闭管理、信息排查、网络授课、疫情防控科研攻关等相关工作，实现“校园无疫情、师生无感染、教研不停步”，有序恢复正常教学科研秩序。2235名学生参与社区防控志愿服务，历史文化学院王思宇同学荣获全国“抗击新冠肺炎疫情青年志愿服务先进个人”称号。

(二)谋划“十四五”发展。全面梳理《山西大学“十三五”规划》指标完成情况，总结“十三五”时期学校各项工作完成情况。制定《山西大学“十四五”发展规划编制工作方案》，召开“十四五”发展规划编制启动大会、2020年暑期战略研讨会，启动1个总体规划和7个专项规划的编制工作，已基本完成规划初稿。

(三)加强体制机制建设。坚持党委统一领导，落实党委领导下的校长负责制，完善校党委、校行政决策机制，党委在学校发展中“把方向、管大局、做决策、保落实”的作用进一步发挥。加强学术委员会建设，出台《山西大学预防和处理学术不端行为细则》《山西大学科研诚信和学术规范》，规范学术治理。积极推动大部制改革，实现党委办公室校长办公室合署办公。成立招生就业处，完善招生就业联动机制，实现人才培养关口前移。按照精简高效、模块化组合的要求，完善学院内设科室设置。强化预算管理，加强内部控制管理，在全省教育系统内部控制建设评价排名第一，被评为“典型案例”高校。开展了职能部门2019年度的审计调查，强化工程项目全过程跟踪审计。

(四)加快新校区建设和老校区改造。完成东山校区教学单体建筑及主要公寓食堂项目主体封顶和二次结构施工，主要建筑装修装饰、室内安装完成85%，室外综合管廊土建工程、景观工程进展顺利。制定坞城校区维修改造可研报告并报省发改委审批，积极推动主楼、原大学科技园楼、部分学生公寓及周边建筑、道路的维修改造。启动PPP模式建设学生公寓工作，积极改善坞城校区学生住宿条件。完成幼儿园改扩建项目。落实坞城校区箱变增容改造、令德公寓区7栋学生公寓楼阳台封闭等11项专项维修工程。坞城校区公共教学楼(附小)改扩建加快推进，已完成地下部分施工。

(五)提高资源筹集能力和配置效率。积极争取部省合建、率先发展、“1331工程”等经费支持，加强教育基金会建设，制定《山西大学学院创收收入分配管理办法》，积极筹集社会办学资源。争取政府债券6.06亿元用于东山校区建设。完善《山西大学不可预见费管理办法》《山西大学大额资金支付管理办法》《山西大学预算管理办法》《山西大学结转结余资金管理办法》《山西大学科研项目差旅费管理暂行办法》等财务制度，提高资金使用效益。全面完成全校资产核查，出台《山西大学公用房使用定额管理办法》，完善东山校区教学科研用房公用房分配计划。制定《山西大学公共教室管理办法(试行)》，提高公共教室使用效率。促进大型仪器设备共享，新增大型共享仪器达到33台。

(六)营造良好发展氛围。高标准、高质量地加强文明校园创建工作，荣获第二届“全国文明校园”称号。成立120周年校庆筹备委员会，积极开展120周年校庆筹备。深入实施“一院一品”校园文化项目，加强学生艺术团建设与管理，举办山西大学第十八届“青年与社会”辩论赛、第十六届校园学生社团文化艺术节等10多项系列文体活动。树立“校园综合安全观”，投入资金1700万元用于安全隐患维修整改，建成坞城校区校园安防工程指挥中心。强化保密、网络等重点领域的安全监管。落实学生“奖贷助补”发放。加强扶贫工作任务，巩固帮扶点脱贫成效。将开展消费扶贫与保障教职工福利相结合，改善教职工福利待遇。成立山西大学知识产权信息服务中心，高质量推进图书馆文献资源建设。实现档案管理数字化和档案服务平台化。完成全校教职工预防保健、健康体检等医疗服务。积极开展“网络安全周”“国家宪法日”“国家公祭日”和“四史”教育等系列主题教育活动。《中国教育报》大篇幅报道山西大学服务山西转型发展和部省合建成绩，《山西日报》刊登山西大学署名文章，中央电视台、新华网、人民网、学习强国等主流媒体多频次报道山西大学工作成效，充分展现了学校良好形象。

(宋晋凯)

附：山西大学党委书记、副书记、常委名单

书　记：符惠明(7月离职)　王仰麟(7月任职)

副书记：黄桂田　李富明　张天才(12月任职)

常　委：韩勇鸿　梁吉业　殷　杰（8月离职）
程芳琴（女）　张天才（12月调职）
卢宇鸿　周小计（8月离职）
孙　岩（12月任职）　马　杰（12月任职）
乔忠华　张民杰　李小林（女）

太原理工大学党委

党委书记　郑　强

2020年，太原理工大学党委坚持以习近平新时代中国特色社会主义思想为指导，全面贯彻党的十九大和历届全会精神，深入学习贯彻落实习近平总书记视察山西重要讲话重要指示和治国理政新理念新思想新战略，紧紧围绕省委“四为四高两同步”总体思路和要求，以党的政治建设为统领，加强党的全面领导，落实立德树人根本任务，深化综合改革任务，推进常态化疫情防控工作，一流大学建设水平不断提升，高质量内涵发展加速推进，治理体系和治理能力加快完善，综合实力与核心竞争力稳步提升，学校各项事业生机勃发，发展势头强劲，办学整体实力明显增强，为建设综合性、研究型、高水平一流大学奠定坚实基础。

学校在“国际咨询公司ABC RANK2020中国大学排行榜（CNUR）TOP100”中位居第75名（在“双一流”建设高校中位居第73名）；在“校友会中国大学排名”中，从2016年的第101名上升至第72名（在“双一流”建设高校中位居第68名）；在“中国科教评价网综合竞争力排行榜”中，从2016年的第101名上升至第87名（在“双一流”建设高校中位居第83名）；在软科世界一流学科排名中，学校的上榜学科数从2017年4个增长为2020年10个。

一、全面加强党的领导，以一流党建引领事业发展

校党委认真学习贯彻习近平总书记关于教育的重要论述，深入贯彻落实习近平总书记视察山西重要讲话重要指示。全体班子成员以身作则，领学促学督学，自觉做习近平新时代中国特色社会主义思想的坚定信仰者、忠实实践者，推动学习贯彻工作持续向深度拓展。通过及时组织党委中心组学习、召开全校教师大会、举办专题培训班、组织宣讲团等多种方式，多层次、全覆盖地组织党员干部开展学习，引导师生员工把思想和行动统一到中央精神和学校办学目标上来。

严格执行党委领导下的校长负责制。严格“三重一大”事项按“五步走”决策程序，强化决策性会议的前期论证，加强党委常委会与校务会议之间的衔接，有效推动重大安排部署的科学决策、民主决策和依法决策。坚持以大学章程为统领，深化内部治理结构改革，大力推进依法治校和照章办学，全力提升谋划力、执行力和保障力，全力提升管理为教学科研服务、为师生服务的能力和水平，进一步构建更加科学、规范、高效的现代大学治理体系。

严格落实中共中央《关于加强党的政治建设的意见》《关于新形势下党内政治生活的若干准则》，严肃党内政治生活，把政治标准和政治要求贯彻到学校党建工作全过程各方面。严明政治纪律和政治规矩，持续整治形式主义、官僚主义，不断夯实政治根基，涵养政治生态，防范政治风险，提高政治能力。制定出台《加强政治监督实施办法》，通过加强统筹指导、完善考评体系、开展党建工作专项督查等方式，层层传导压力，不断将组织优势转化为基层治理优势，以党的政治建设带动新时代学校党建质量持续提升。

积极推进落实党建工作责任制，不断强化班子成员“一岗双责”。召开全校党建工作会议，部署动员全年党建工作，有效压实各级党委主体责任。建立院系及以上党组织班子成员党支部工作联系点285个，持续推进“三基”建设和基层党建“三项工程”，组织员、辅导员、思政课教师队伍均达到上级文件规定比例，“双带头人”配备率实现100%；已建成11个省级以上党建工作样板支部、标杆院系和“双带头人”教师党支部书记工作室。

严格落实意识形态工作责任制，将意识形态工作纳入干部年度考核体系。把好人才引进与考核、课程设置与教材选用等的政治关，把牢网络、课堂、讲座等“战场”，站稳守好意识形态阵地。常委会全年3次专题讨论意识形态工作，定期向各基层党委通报近期风险点。全力打造微信、微博、抖音、快手、B站等新媒体矩阵，加速构建“互联网＋宣传思想工作”新格局，实现了校内网络资源平台互联互通，媒体融合发展得到新提升。

二、全面深化改革，蹚出一条创新发展的新路子

一是高质量人才培养能力不断提升。全面落实立德树人根本任务，实施本科“三院制”重塑性改革和研究生院、党委研究生工作部机制变革，不断创新人才培养模式。17个专业入选国家一流本科专业，位列全国高校第43名；20个专业通过了工程教育专业认证，位列国内高校第4名；获批国家级一流课程、虚拟仿真实验教学项目、新工科实践与研究项目等20余项。近3年获批省部级教学成果奖52项，其中特等奖、一等奖41项，在全国高校获省级奖数量排名第1。坚持“以学生为中心”的理念，大力开展创新创业教育，扎实推进学科竞赛体系建设，参与各级各类竞赛项目122项，获得国际级、国家级、省级奖1164个。在“2015—2019全国普通高校竞赛评估结果（本科）TOP300”排行榜中位列第44位。

二是师资队伍结构持续优化。坚持党管人才工作原则，调整充实党委人才工作领导小组，成立人才工作办公室，修订完善《学校高层次人才管理办法》《人才引进“一事一议”实施办法》《人才引进及其薪酬待遇管理办法》等一系列制度，加大对人才引进工作的人力、财力、物力投入，不断创新人才引进机制，优化人才工作环境。形成5位全职院士领衔，杰青、长江、千人、优青、青年博士集聚的高水平人才梯队，专任教师博士化率提高至68%。同时积极构建人才评价体系，着力打造品德高尚、学术卓越、教学优秀的一流师资队伍，为对接国家重大战略需求、服务山西转型发展和能源革命综合改革提供强有力的人才保障和智力支撑。

三是科研工作再上新台阶。学校竞争类科研进账经费约4亿元。获批国家级项目153项，牵头承担国家重点研发计划重点专项项目2项，国家基金重大(重点)项目6项。发表高水平学术论文近1900篇，入选ESI高被引论文103篇，科技论文数量和质量稳步提升。煤基能源清洁高效利用省部共建国家重点实验室已通过省部会商。学校成功入选首批国家知识产权试点高校。校地校企产学研合作成果丰硕，面向山西省“111工程”和14大标志性、引领性产业集群，聚焦“六新”要求，与企业、地市合作共建20余所新型产业技术研究院，组建新能源与电气工程学科群、新材料与新装备学科群、大数据技术与人工智能学科群等20个新型交叉学科集群，全面支撑服务山西产业转型升级。

四是服务社会彰显新成效。学校深化国内外合作与交流，实现共赢共进，国际化办学水平持续攀升。与高水平浙江大学签订战略合作协议，在人才培养、学科建设、师资队伍建设、产学研协同创新等方面进行深度合作。与地方政府、企事业单位签订合作协议50余项。入选教育部第三届省属高校精准扶贫精准脱贫典型项目，蹚出助贫新路径。“原位改性采矿学科创新引智基地”项目成功获批2020年度“高等学校学科创新引智计划”引智基地，实现国家级国际引智平台的重大突破。获批中外合作办学项目1项，成为山西省近年来本科层次唯一获批项目。主动参与“一带一路”建设，成功加入亚太大学联合会，学校办学声誉和国际影响力不断跃升。

五是治理能力建设水平不断提升。为真正落实“一切为了学生，为了学生的一切”的核心办学理念，学校党政及职能部门于2020年6月全部搬迁至新校区，完成了行政主体迁移，确定新校区的主校区功能和管理枢纽作用，并同时启动新校区育人环境提升相关工程；制定《加快建设高水平一流大学行动计划》，遵循世界一流大学强校必由之路，按照省委“三个调整优化”战略部署，为规划未来5年乃至更长时期学校发展蓝图明确了发展思路和建设目标：即面向山西全面转型和能源革命人才技术需求，做优做强工科板块，全面振兴理科板块，快速构建文科板块，融合组建医学板块，实现“一流工科、扎实理科、特色文科、新兴医科”学科发展目标，至2025年，学校实现高水平、国际化、创新型世界一流大学建设目标，引领山西高等教育全面振兴崛起。

三、全面从严治党，为净化政治生态持续发力

校党委坚决贯彻落实十九届中央纪委四次全会和省纪委十一届六次全会精神。召开学校全面从严治党工作会议，校党委与二级党委签订全面从严治党责任书。制定《太原理工大学党委落实全面从严治党主体责任清单》，做到校、院两级党委一班子一清单，一人一清单。高标准高质量高效率推进持续整改各项工作，根据十一届省委巡视反馈意见指出的4个方面、12类49个具体问题，制定任务书、时间表、路线图，责任分解到每一位校领导和每一个职能部门，责任到人责任到岗。对照149条整改措施，逐项努力整改逐项销号完成。整改完成率达90.6%以上。召开领导班子加强科研诚信专题民主生活会，在全校营造出诚实守信、追求真理、崇尚创新、勇攀高峰的良好科研氛围。持续释放出越往后执纪越严的强烈信号，学校党风校风学风持续向上向好。

(李济民)

附：太原理工大学党委书记、副书记、常委名单

书　记：吴玉程(3月离职)　郑　强(4月任职)

副书记：黄庆学　李晋平　刘润祥

常　委：翟　健　吕永康　吴斗庆　树学峰　张献明(10月任职)　冯国瑞(10月任职)　孙宏斌(10月任职)　梁卫国(6月离职)　李　明(3月离职)　贾朝红　李吉明　张　勇

山西农业大学党委

党委书记　廖允成

2020年，山西农业大学党委深入贯彻落实习近平总书记视察山西重要讲话重要指示和党的十九届五中全会精神，按照省委“四为四高两同步”总体思路和要求，聚焦建设“国内一流、国际有影响、地域特色鲜明的高水平研究应用型大学”目标，统筹推进疫情防控和事业发展，深入推进内涵发展、融合发展，为山西脱贫攻坚、乡村振兴、转型发展提供了人才和科技支撑。

一、实施合署改革，校(院)综合实力得到显著提升

推行“大部制”“院办校”等一揽子重要改革措施，将原来46个校(院)级管理机构整合组建为12个大部，完成新农大21个教学机构、17个科研机构的整合组建工作，探索建立多动力驱动发展的二级机构法人治理模式，合署改革工作被《人民日报》《光明日报》、新华网等国家级媒体报道63次，《山西日报》等省级媒体报道113次。

一是人才引育工作取得新世纪以来的历史性突破。全职引进朱兴全、侯向阳等13名高层次人才，聘请南志标、李天来、朱蓓薇、康振生、张福锁、赵春江、张佳宝等7位中国工程院院士和长江学者王硕担任学术院长，首次从校外聘任二级学院院长，全年引进博士人数比去年增长32.7%。2人入选国家人才工程，171名专家受聘参与省现代农业产业技术体系工作，1人入选省“中青年拔尖人才支持计划”。

二是一流学科建设开新局，科研事业迈上新台阶。植物学与动物学、农业科学2个学科首次进入ESI全球前1%。“有机旱作农业省部共建国家重点实验室”列入省部会商议定事项，省部共建“黄土高原特色作物优质高效生产协同创新中心”等6个省部级科研平台落户农大。新增各级各类科研项目594项，到账科研经费1.96亿元。新增各类科研成果832项，其中，国家审定(鉴定)品种3个、国家登记品种41个。李步高教授团队主持制定的“晋汾白猪标准”被批准为国家农业行业标准。23个项目获得山西省科学技术奖，其中，张强研究员主持完成的“内陆盐碱荒地快速改良与高效利用关键技术研究与应用”获省科技进步奖一等奖。发表高质量学术论文436篇，其中，韩渊怀教授团队在功能基因组学领域取得重大进展，研究成果发表在国际植物领域顶级期刊Nature Plants。董常生教授团队在羊驼起源研究上取得重大进展，研究成果发表在Genome Biology。全年向企业转让(许可实施)科技成果57项，到账转让收入948.5万元。

三是新农科建设全面推进，人才培养质量进一步提高。新增硕士研究生指标417个，新增博士研究生指标11个，圆满完成6500名本科生招生计划。获批全国首个“食用菌科学与工程”专业，增设森林康养、药茶2个专业方向，布局发展智慧农业、生物农药科学与工程、经济动物学、机器人工程等4个新农(工)科专业。新增14个省一流本科专业建设点。4个教育部新农科研究与改革实践项目获批立项。4个专业获批开展第二学士学位教育。36门课程、2项虚拟仿真项目获得省级立项。依托校外研究所建设9个校内实践教学基地。2020届毕业生升学率26.71%，就业率71.73%。

四是助力脱贫攻坚决战决胜，服务发展能力显著提升。实施科技成果转化与示范推广十大工程，初步建立起山西有机旱作农业技术体系，示范推广174.38万亩。涌现出全国脱贫攻坚先进个人、第二届全国创新争先奖状获得者姚建民，全国先进工作者、全国脱贫攻坚创新奖获得者常明昌等一大批脱贫攻坚模范。深入推进“5+30”乡村振兴科技引领示范村建设，入选全省职业技能等级认定试点院校，获批国家级专业技术人员继续教育基地，合作共建“大同黄花产业发展研究院”“运城农业科学合作研究院”“曲沃果蔬研究院”，为实施农业“特”“优”战略提供重要支撑。

五是“谷城院”深度融合，促进产学研一体化发展。积极参与省委省政府“谷城院”融合发展顶层规划设计。实施“拆墙透绿”工程，与晋中国家农高区(山西农谷)共同成立“乡村调查研究院”，推动创新创业学院等5个学院落地“农谷”，在农谷科创基地打造“大田作物展示平台”“山西农业科技成果转移转化平台”，合作共建“国家现代农业生猪产业园”“山西农业基因组研究中心”“水利水保科研基地”，举办首届世界乡村复兴大会和作物学、植物保护学、畜牧学、兽医学、草学、食品科学等学科高峰论坛，借力外智外脑服务农谷建设。

六是校园建设取得新成绩，办学条件得到较大改善。智慧校园一期工程——“一码通”建设项目正式运行。综合教学楼投入使用，综合实验楼开工建设，20号学生公寓楼交付使用，26项铭贤旧址修缮工程完成施工，太谷校区家属院菜市场工程顺利完工，太原龙城校区160套人才公寓完成装修。

二、加强党的建设，持续推动全面从严治党向纵深发展

一是加强政治建设，坚决做到“两个维护”。及时传达习近平总书记视察山西重要讲话重要指示，从9个方面对学习宣传贯彻工作进行安排部署。对贯彻落实中央重要决策部署、习近平总书记给全国涉农高校书记校长和专家代表回信精神情况进行自查和整改，确保中央决策部署落实落地。

二是加强队伍建设，持续增强改革动力。坚持把政治素质考察摆在首位，全年平调201名处级干部，提任40名处级干部。组织212名处级以上干部参加十九届四中全会网络培训，31名组织员参加全国网络专题培训，51名学生党支部书记参加高校学生党支部书记网络培训示范班。

三是加强组织建设，夯实基层战斗堡垒。深入推进基层党组织规范化建设，重新设置25个基层党委、6个党总支、3个直属党支部。实施“一院一所一品牌”党建活力激发工程，将党建与立德树人、科技创新、社会服务等工作相结合，食品科学与工程学院第二教工党支部书记工作室被推荐参评全国双带头人支部书记工作室。

四是加强思政建设，贯彻立德树人根本任务。持续强化思想舆论价值引领和意识形态阵地管理，制定实施《新时代思想政治理论课建设方案》《课程思政建设实施方案》，促进各类课程与思政课程同向同行。配齐“三支队伍”，落实奖励性绩效工资政策。《注重劳动实践教育，促进大学生全面发展》入选首批全省劳动教育优秀案例。申志超等3名同学获得2019年度“中国大学生自强之星”。学校获得山西省第二批社会主义核心价值观建设示范点命名，被评为“全国文明校园”。

五是全面从严治党，一体推进“三不”体制机制建设。持续深化巩固巡视整改成果，制定校党委和班子成员全面从严治党责任清单，启动校内巡察工作，在省内高校率先完成纪

检监察体制改革。组织开展警示教育,深入剖析校内外典型违纪案件发生根源。运用第一种形态处理组织和个人 57 次,运用第二种形态处理 17 人,运用第三种形态处理 2 人,运用第四种形态处理 1 人,形成有效震慑。

三、坚持科学防控,守护校园净土免遭病毒侵袭

新冠肺炎疫情发生以来,学校始终把广大师生员工生命安全和身体健康放在第一位,坚决落实党中央和省委省政府决策部署,及时成立工作机构,形成“1 个总预案 +10 个分预案 +1 个物资需求表”的疫情防控工作预案体系,广大教师停课不停教,青年学生停课不停学;科研人员用微信视频、电话连线指导农业生产;党员干部与后勤安保人员、医务人员轮班值守;组织毕业生参加空中双选会,1570 家企业入驻学校“云”就业管理平台;开展网上主题团日活动,宣讲抗疫故事,选树优秀志愿者,将疫情防控战打造成思政大课堂。在全校上下的共同努力下,春季学期在全省高校中率先组织低年级研究生返校复课,秋季学期又率先组织学生开学,相关工作得到省教育厅肯定。

(贾治勇)

附:山西农业大学党委书记、副书记、常委名单

书　记: 廖允成

副书记: 赵春明　马建平　张　强

常　委: 尉安英　李宏全　赵水民　李晋陵

山西医科大学党委

党委书记　张俊龙

2020 年,山西医科大学党委坚持以习近平新时代中国特色社会主义思想为领导,坚定不移推进全面从严治党,按照省委“四为四高两同步”总体思路要求,坚持立德树人根本任务,全力推进高水平研究教学型医科大学建设,实现疫情防控和学校发展“双胜利”。截至 2020 年底,山西医科大学党委下设 11 个二级党委,9 个党总支,7 个直属党支部和 287 个党支部,共有党员 7669 名。

一、强化政治担当,加强党对高校工作的领导

坚持以习近平新时代中国特色社会主义思想为指导,把党的政治建设作为根本性建设,为全面落实立德树人根本任务、培养德智体美劳全面发展的社会主义建设者和接班人提供坚强保证。不断加强纪律建设,教育广大党员干部严守政治纪律和政治规矩,牢记“五个必须”、严防“七个有之”,切实做到党中央提倡的坚决响应,党中央决定的坚决执行,党中央禁止的坚决不做。坚决贯彻党的民族政策和宗教政策,增强师生医护员工自觉抵御宗教渗透的意识和能力。切实加强学校防范化解重大风险能力建设,早发现、早排查、早化解、早处置,及时将各类隐患消灭在萌芽状态。

二、深化理论武装,坚持思想建党、推进理论强党

校党委理论学习中心组开展 16 次 38 个专题学习交流,编印《中心组学习读本》7 册 18 期,制作网络学习专题 29 个,点击量 3 万余次。26 个基层党组织理论学习中心组开展了 30 余个专题学习。累计组织完成 9 期 1596 人次主体班次培训、9 批 2889 人次远程网络培训、2 人次省级干部调训。强化思政工作“三支队伍”和党支部书记教育培训,人均达 60 学时。深化学习教育和宣传阐释,学懂弄通做实习近平新时代中国特色社会主义思想,推动理论武装走深、走实、走心。

三、突出政治标准,打造高素质领导班子和干部队伍

按照社会主义政治家教育家的要求,切实加强校领导班子建设。认真贯彻落实党委领导下的校长负责制,坚持民主集中制原则,持续提高决策水平。全年召开党委常委会议 20 次,校长办公会议 16 次。选拔提任 11 名处级干部、24 名科级干部。交流调整 11 名处级干部、9 名科级干部。8 名干部获山西省委组织部担当作为表现突出干部表彰。“三基”建设深入推进,发展党员 1372 名,教师党支部书记“双带头人”100%全覆盖,1 个党支部入选全国第二批“双带头人”教师党支部书记工作室推荐名单。

四、全面从严治党,不断增强管党治党意识和能力

严肃党内政治生活,严格执行新形势下党内政治生活若干准则,落实“三会一课”等组织生活基本制度,学校党政领导带头落实双重组织生活制度。召开 2020 年度全面从严治党工作会议,党风廉政建设责任书“双签”到位,完成 54 个单位 264 份责任书、62 人个人承诺书的签订。紧盯中秋、国庆、元旦、春节等重要节点和领导干部“关键少数”,推动中央八项规定精神成风化俗,对“三公经费”、招投标等严格监督。

五、加强作风建设,大力强化政治纪律政治规矩意识

制定实施《2020 年度全面从严治党党风廉政建设责任清单》《2020 年度党风廉政建设和反腐败工作要点》,初步构建“校党委全面监督、校纪委专责监督、校纪委委员分片监督、基层纪检监察员贴近监督、特约监察员党外监督、各部门

业务监督、师生员工群众监督”工作格局。了结问题线索 5 个，函询 7 个，诫勉谈话 1 人，批评教育 1 人，谈话提醒 2 人，责令检查 1 人。召开警示教育专题民主生活会和科研诚信专题民主生活会，开展“廉政教育月”活动。推进学校纪检监察机制改革，梳理 44 项工作制度、24 个工作流程，执纪监督运行机制更加完善。

六、抓好巡视整改，切实带动各项工作再上新台阶

对照省委第四轮巡视反馈的问题和意见，持续做好巡视“后半篇文章”。将巡视指出的 5 方面问题，梳理分解为 18 个整改问题、39 项具体事项。集中整改期提出 55 条整改措施，逐一明确整改目标、整改时限、责任人和责任单位，18 个整改问题均完成整改。持续整改期采取 32 条整改措施，杜绝问题反弹回潮。不断总结经验、巩固成果，围绕巡视整改，制定实施一批制度，形成一批制度性成果，开展一系列专项治理，巡视整改工作的治理效能和推进发展的长远效应持续凸显。

七、聚焦立德树人，思想政治工作呈现新气象

牢牢掌握意识形态工作的领导权、管理权、话语权，不断健全党委统一领导、党政工团齐抓共管、党委宣传部牵头协调、有关部门和单位共同参与的领导体制和工作机制。切实将意识形态工作融入立德树人、人才培养的全过程，贯穿教学、科研、管理各环节。全年召开舆情分析研判会 18 次，全校师生总体思想稳定、向上向好。强化思政教育引领，充分利用全国和学校抗疫先进人物和典型榜样大力开展思政教育。《医德教育实践》课程获评全国“金课”，1000 余门专业课同步推进课程思政改革。出版《医药文化思政资源研究》《医科院校思政课教学特色资源运用研究》。《新生、新声》《非同“易班”》等宣传片入选全国易班迎新优秀工作案例。加强思政队伍建设，足额配齐思政工作“三支队伍”，持续优化思政理论课师资结构，成立了民族团结教育辅导员工作室。制定实施了《专职辅导员选聘及管理办法(试行)》《思想政治辅导员考核办法(试行)》等制度，突出业绩导向和激励导向。

八、统筹疫情防控和改革发展，学校各项事业取得新成绩

面对突如其来的新冠肺炎疫情，校党委坚决扛起政治责任，团结带领全体师生医护员工，坚持一手抓疫情防控，一手抓改革发展，为国家、山西疫情防控贡献山医力量，学校各项事业取得长足发展。

坚持党对疫情防控工作的领导，校领导班子成员靠前指挥，“一对一”包干院系，院系负责人“点对点”责任到班，辅导员、导师“人盯人”守护学生，在全校迅速凝聚起抗击疫情的强大合力。附属医院 424 名医护人员驰援抗疫前线，其中 340 人驰援湖北，为国家抗疫斗争和山西省实现“双零”目标做出应有贡献。多个集体和多名个人获得全国抗击新冠肺炎疫情表彰大会等国家和省级表彰。牵头研制出新冠病毒检测试剂盒。新冠肺炎患者智能化心身调节系统在省内外 6 家医院推广使用。编写《高校开学防疫攻略》，由高等教育出版社出版，成为面向全国高校开学防疫的科学指南。制作《高校在线教学第一课》《科普动画：新冠肺炎你了解多少？》《科普宣传片：科学战“疫”2020》，帮助省内外师生群众科学认识疫情。

在扎实抓好疫情防控的同时，校党委牢固凝聚各方力量，全面加强对学校各项工作的领导和推动。学校获批国家卫生健康委尘肺病重点实验室，部级及以上平台达到 3 个。3 个专业入选国家级一流本科专业建设点，国家级一流本科专业建设点达到 8 个。11 门课程入选首批国家级一流本科课程。获第六届中国国际“互联网 +”大学生创新创业大赛总决赛金奖 1 项。获批国家自然科学基金项目 56 项。新增 2 所直属附属医院，直属附属医院达到 14 所。加入“一带一路”国际医学教育联盟，新增 1 所友好院校。招收首届硕博层次来华留学生 25 人、本科国际学生 113 人。学校连续 15 年被评为山西省文明单位、省高校文明单位标兵。学校位列 2020 年武书连中国大学排行榜第 236 名，较前一年提升 13 名，在山西高校中位列第 4 名；位列校友会中国大学排行榜第 195 名，较前一年提升 59 名，在山西高校中位列第 3 名。

（尚　虹）

附：山西医科大学党委书记、副书记、常委名单

书　记：张俊龙

副书记：贺培凤(女)

常　委：党志峰　王宏伟　张　辉(女)　刁海鹏
刘　春　李　保　徐　钧　赵　斌
燕　炯　陈显久　张　巍

山西师范大学党委

党委书记　张晓永

2020 年，山西师范大学党委坚持以习近平新时代中国特色社会主义思想为指导，全面贯彻党的十九大和十九届二中、三中、四中、五中全会精神，深入贯彻落实习近平总书记视察山西重要讲话重要指示和关于教育的重要论述，坚持以政治建设为统领全面加强党的建设，坚持以“第一责任”领导和保障“第一要务”，努力抓主线、盯关键、下一线、补短板，学

校各项工作取得长足进步。

一、强化理论武装，推动思想对标

校党委把学习贯彻习近平新时代中国特色社会主义思想作为首要政治任务，学思践悟，推动解决工作基础性问题。抓实理论学习，突出抓好十九届五中全会精神、省委十一届十次全会精神等重点内容学习；贯通学习习近平谈治国理政第三卷、习近平总书记视察山西重要讲话重要指示和关于教育的重要论述；规范中心组学习制度，引导全校大兴学习之风。强化研学交流，组织中层干部研学交流，突出问题导向，党委书记上专题党课，校长作辅导报告，全体中层参加分组研讨，中层正职作学习交流，通过对标反思，提升学习实效。推动班子全员讲思政，面向2020级新生，党委书记讲授“思政第一课”，校长讲授“开学第一课”；全面落实班子成员讲思政课制度，纳入本科教学日程，授课计划高质量完成。

二、积极立德树人，做到守土尽责

校党委把立德树人作为办学治校根本任务，坚决守牢思想政治工作生命线。强化支部战斗堡垒，深入推进教师党支部书记“双带头人”培育工程，配备比例达到100%。选优配齐三支队伍，全部达到或超过国标要求；落实辅导员“双线晋升”政策，7名辅导员晋升讲师职称，3项成果获评省级高校辅导员优秀工作成果；“三支队伍”人员的奖励性绩效工资开始全面兑现。做优做强思政品牌，大学生理论宣讲团成员深入田间地头宣讲，在全省理论宣讲大赛中荣获一等奖，在全省高校“党课开讲啦”活动系列集体党课中作首场宣讲。创新大学生社会实践方式，获评全国“三下乡”优秀单位，“学雷锋送温暖”小组入选全国高校“最佳学生社团”十强。做实心理健康教育，举办党支部书记心理健康教育专题培训班，足额配齐心理咨询师，开展覆盖全体新生的心理健康普查，开通心理健康“心之声”树洞信箱，及时疏导学生心理困惑，守护学生心理健康。

三、完善顶层设计，强化方向引领

校党委主动把党中央、省委决策部署转化为具体行动，谋划推动系列牵引性改革。部署推进“十四五”规划编制，1个主规划、6个专项规划、16个前期课题基本完成，“十四五”规划的总体框架基本清晰；聚焦核心竞争力提升关键领域，谋划制定“2020–2025行动计划”，提出10个具有牵引性的重点改革任务，明晰学校换挡提速发展思路。对标落实“三个调整优化”，坚决贯彻省委省政府决策部署，扎实推动迁址和文理学院转设，各项工作按照时间节点稳步推进；推动学科学位点建设，完善“一校一策一方案”重点学科建设思路，统筹推进“8+1”博士点申报，获批网络空间安全等4个一级学科硕士学位授权点；推动专业和课程建设，获批4门国家级一流本科课程、10个省级一流专业建设点、93项省级教学质量提升工程项目。助力山西转型发展蹚新路，聚焦“六新攻坚”，积极推动“综合极端条件科学装置”共建共享；推动校市合作和横向合作，与蒲县、洪洞、临汾开发区签署战略合作框架协议；与教育部普通高校人文社科重点研究基地北京师范大学教师教育研究中心，合作共建山西分中心；与山西省教育科学研究院深度合作，共建山西教育发展研究院；与右玉干部学院签署战略合作计划书，共同打造干部教育及思政教育合作样板。

四、压实发展责任，狠抓任务落实

校党委把抓落实作为政治责任，持续用力，有效打通工作落地通道。实施台帐工作法，建立“领导驾驶舱——师大工作台账”，坚持每日动态调整、提醒督办、办结销号，直接推动300余项工作高效落地。坚持一线工作法，深入师生，边调查研究、边解决问题、边推动工作，对基层反映的问题，按照“13710”工作法推进解决，切实化解一些矛盾，解开很多疙瘩，补齐一些短板。

通过抓落实系列举措，有效带动学校核心竞争力指标稳步提升。全年发表IA级以上论文100余篇，获批国家自然科学基金项目15项、哲学社科项目11项，获教育部第八届高等学校人文社科研究优秀成果奖5项、省第十一次社会科学研究优秀成果奖44项，11个项目获省“1331工程”标志性成果奖补支持，专利转化实现零的突破。5名教师获得2020年国家公派出国留学面上项目全额资助，获批项目数创历年新高；获批省科技厅外国人才专项经费80万元，位列全省第二；正式启动与新加坡国立大学“3+1+1”联合培养项目，实现与国际高水平大学合作的突破。在第六届全国师范院校师范生教学技能竞赛决赛中，山西师范大学6名参赛学生全部获奖；在全国高等学校民航服务技能大赛中，校代表队荣获团体综合冠军。

五、坚持控新治旧，守牢安稳底线

校党委树牢底线思维，全面深化“三零”单位创建，坚决守住安全稳定底线红线。守牢意识形态阵地，坚持常委会季度定期研判，通过项目形式，丰富意识形态研判抓手；实施舆情周报，实时监测、迅速反应；官方学习强国号正式上线，抖音、B站官方账号开通运行，成为舆论发声、形象展示新阵地。开展“我的校园我做主”文明校园创建系列活动，接受师生监督，畅通问题反馈，有效化解矛盾，受理解决各类事项300余件次，有效将苗头问题消除在萌芽状态；启动校园树木认养计划，2398名学生通过认养树木，结缘师范大学；实验中学经中央精神文明建设指导委员会认定，入选“全国文明校园”。深入开展平安校园创建活动，开展安全隐患“大排查、大整治”百日会战，对建筑安全、设施安全、实验室安全等进行全面排查，及时跟进隐患整改；获评省119消防先进单位，被教育部认定为国防教育“特色学校”。

六、优化政治生态，强化作风建设

校党委坚持以党风促政风，涵养良好政治生态，营造风清气正育人环境。坚决贯彻党委领导下的校长负责制，贯彻执行民主集中制，严格遵守议事决策程序，切实做到发扬民主，集思广益，科学决策。强化党员先锋作用，8 名同志被省委组织部评为“担当作为干部”，5 个案例入选全省高校党建创新案例汇编。强化政治监督，完成两轮校内巡察，对 6 个二级学院党委进行全面政治体检，提出诊断建议，有效推动全面从严治党向基层延伸。加强党风廉政建设，加大警示教育频次，以案说法，教育干部；根据全省领导干部警示教育大会精神，开展覆盖中层以上干部的自我检视，主动整改；按照省纪委政治监督专项检查要求，认真开展自查自纠，扎实做好立行立改和后续整改。强化干部作风建设和师德师风建设，坚持“减文减会减字、提质提速提效”，倡导“高快严实”，开短会、办实事、盯实效，坚决反对形式主义、官僚主义；召开科研诚信专题民主生活会，完善科研诚信制度建设，开展系列科研诚信教育活动，强化科研伦理、学术规范；开展覆盖全体教职工的师德师风自查自纠和专项整治，进一步引深师德师风教育。

七、强化疫情防控，确保校园安全

校党委把疫情防控作为重大政治任务，实现校园零疫情、师生零感染。压实防控责任，班子成员坚守一线、靠前指挥，明确各基层党组织、各学院、各部门主要负责同志第一责任人的责任，有效推动疫情防控责任落实落地。严格校园管控，网格化掌握师生情况，严格校园进出管理，最大力度防止“外部输入”。妥善安排师生错峰返校、毕业生平稳离校、老生全面复学、新生如期开学、寒假顺利离校。根据疫情防控形势，及时调整教学安排，上半年在线课程教学总体运行良好，下半年各项教学工作回归正常。全力支持地方防控，《英语周报》社将具有自主知识产权的线上学习产品免费开放；236 爱心社党支部发起抗疫筹款活动，“学雷锋，送温暖”小组学生党支部主动开展“爱心助学”活动；2400 余名学生党员、入党积极分子在疫情防控党员先锋监督岗值班值守，3934 名师生党员带头捐款捐物助力疫情防控。

（赵　英）

附：山西师范大学党委书记、副书记、常委名单

书　记：卫建国（6 月离职）　张晓永（6 月任职）

副书记：杨　军　高　峰

常　委：许小红（女）　车文明　张献明（10 月离职）
薛明耀　薛珠峰

山西财经大学党委

党委书记　常乃军

2020 年，山西财经大学坚持以习近平新时代中国特色社会主义思想为指导，全面贯彻省委“四为四高两同步”总体思路和要求，按照“疫情防控不放松，教学科研创新行，改革发展齐推动”工作思路，凝心聚力，攻坚克难，推动学校各项工作取得显著成绩。

一、党建和思想政治工作开辟新局面

一是抓实抓好政治建设。坚持把党的政治建设摆在首位，全面实施《关于加强党的政治建设的若干措施》，开展政治建设专项督查。深入学习贯彻习近平新时代中国特色社会主义思想，组织召开各类学习宣讲会 40 余次。二是持续深化精准思政。统筹推进“三全育人”，召开经验交流会，立项特色化项目 45 项，大思政格局有力构建。荣获全省“学习强国”学习平台“2020 年度模范学习组织”称号。三是全力抓强质量党建。深入实施“对标争先”计划，持续抓好党建“双创”，入选《山西省高校党建创新案例汇编》4 个。修订《党支部规范化建设标准》，完成 60 个任期届满党支部换届工作。四是全面推进队伍过硬。提任、交流处科级干部 54 名。“三支队伍”全部配齐。开展多层次干部培训，获批省委人才办专项经费 300 万元。开展档案专项审核“回头看”，持续推进处级干部人事档案数字化建设。全年发展党员 1600 名。五是巩固深化意识形态工作。牢牢掌握意识形态主动权领导权，集中研判 15 次，形成舆情报告 60 期，妥善应对诺如病毒舆情。出台外宣表彰办法，开设官方抖音号，外宣工作成效显著。易班共建指数、活跃指数位居全国第 13 位，被评为全国 2020 迎新优秀工作案例。六是深入推进全面从严治党。稳步推进纪检监察体制改革，召开各类廉政报告会、警示教育会 6 次。全年共接收信访举报 81 件，处置问题线索 30 件，谈话函询 26 件，初核 2 件，立案审查调查 3 件，处分党员干部 3 人。七是切实加强统战群团工作。成立党外知识分子联谊会和侨界联合会、留学人员联谊会。立项省统战理论政策研究课题 5 项，认定无党派人士 6 名。坚持用心用情做好离退休人员工作。胜利召开六届三次“双代会”。持续推进共青团改革，组建大学生艺术团，新增校外实践基地 19 个。八是有力推进整改工作。“不忘初心、牢记使命”主题教育整改全部完成。巡视整改

47 项任务已完成 44 项,完成率 93.6%。经济责任审计整改任务 22 项,经审核确定完成 19 项,待确认完成 2 项,完成率 95%。九是决战决胜脱贫攻坚。投入扶贫资金 90 余万元,《构筑资助育人体系 扎实推进教育扶贫》入选教育部"发展教育脱贫一批"优秀案例,脱贫攻坚工作荣获省教育厅脱贫攻坚记功奖励。

二、教育教学质量得到新提升

一是严格落实"停课不停学、停课不停教"要求,确保教学质量。实施拔尖创新人才培养计划,设立"金融科技卓越班""财务管理实验班"。获批省级教改项目 24 项。虚拟仿真实验项目获批省级项目。首批加入全国财经类高校课程思政联盟。牵头发起山西省高等学校新商科联盟。新增"优质生源基地"11 所。二是持续加强专业和课程建设,获批国家级一流专业 8 个、省级一流专业 13 个。有力实施"专业瘦身强体"计划。获批国家级一流课程 3 门、省精品共享课 45 门、省精品在线课程 1 门。新增"课程思政"课程 8 门。新立项全英文教学课程 11 门。三是稳步提高研究生教育质量,探索博士研究生招生"申请—审核制"和"直博生"制度。实施"采案计划",采集案例 220 个,荣获全国百篇优秀管理案例"最佳组织奖"。立项省级研究生教改课题 26 项、研究生教育创新项目 74 项。健全研究生培育管理机制,修订《学位评定委员会章程》《研究生教学指导委员会章程》等制度。

三、学科科研实现新突破

一是积极参加全国第五轮学科评估,8 个一级学科、4 个二级学科参加评审。新增重点建设、培育团队 10 支。2 个一级学科硕士学位授权点通过省学位办审核、报送教育部学位授权点评审,2 个二级学科硕士学位授权点报送省学位办审核。二是获批国家级项目 45 项、省部级项目 332 项,国家社科重大项目实现"零"的突破。获批科研经费 2800 余万元,发表 A 级论文 229 篇,荣获第 11 次山西省社会科学研究优秀成果奖 38 项、省发改委"十四五"规划前期研究重大课题立项 5 项、省哲学社会科学规划课题立项 102 项。三是主办或承办大型学术会议、讲座 120 场。新增校级科研单位 5 个。扎实推进"1331 工程"项目,建立成果展示网站。《山西财经大学学报》保持高水平办刊,《高等财经教育研究》正式改刊为《统计学报》。

四、人才队伍激发新活力

一是人才队伍建设成效显著,全年引进高层次人才 58 人,专任教师博士化率超过 50%。新增中高级职称 76 人。荣获 2020 年全国辅导员年度人物荣誉称号 1 人。二是不断深化人事制度改革,校内绩效工资校院两级改革进展明显。修订教师系列专业技术职务任职资格评审办法,规范编制外用工管理,顺利完成管理岗位、专业技术岗位和工勤岗位结构设置。狠抓师德师风建设,出台《教职工处分暂行规定》。

五、治理体系开创新境界

一是顶层设计更加清晰明确,《新章程》正式颁布实施。启动"十四五"规划编制,建立"1+9+21+9"规划体系。修订完善综合考核制度和考评指标体系。二是积极推进"学院办大学"改革,推动学校发展"火车模式"向"动车模式"转变。有力推进继续教育学院改革,新增学历教育教学点 5 个。华商学院转设进程稳步推进。

六、交流合作再上新台阶

一是国内交流合作开辟新篇,与省体育局等 5 家单位签订战略合作协议,"政产学研用"体系进一步完善。校友会正式登记注册获取社会团体法人登记证书,新成立西藏等校友分会 5 个。二是国际交流合作再创佳绩,新增留学生 21 人。正式成为 AMBA/BGA 会员资格高校。与俄罗斯普列汉诺夫经济大学等国外 5 所大学达成合作意向。获公派出国留学资格教师同比增加 71%。首次获批"汉语桥"线上团组交流项目。中德学院顺利通过中外合作办学质量认证现场审查。

七、服务管理效能发生新变化

一是不断提高管理服务质量,"山西财大 e 事通"移动端建成并运行。校办企业改革稳步推进。迎泽校区高层底商、联建阶梯教室遗留难题得到初步解决。完成新图书馆搬迁。馆藏档案数字化工作持续推进。引入社会物业服务公司,扎实推进后勤社会化改革。完成坞城校区建筑物水电计量改造和平阳、迎泽校区家属区节能改造,获评"2019-2020 年节约型公共机构示范单位"。二是稳步推进民生工程,开展家属区电梯加装试点。完成职工高层住宅楼项目主体验收手续。硕博楼不动产证办理有序推进。东山校区项目北端围墙基本完成。一期一段建设项目资金筹措报告完成编制。三是举办各类毕业生招聘会、洽谈会 192 场/次,累计提供就业岗位 6250 个。大学生创业实训基地新入驻项目 19 个。学校荣获"财经类高校创新创业典型经验高校"称号。四是荣获省文明委授予"文明校园",完成视觉识别系统设计并推广使用。深入开展"三零"单位创建,持续开展扫黑除恶斗争。出台《信息化建设管理办法》。完成校园"一卡通"三期工程。数字迎新系统建成并应用。五是疫情防控取得阶段性胜利,成立疫情防控领导组,制定防控方案,专题研究 24 次。创新疫情形势下线上线下相结合教学方式。开发师生健康打卡系统。实现"零感染、零输入",确保校园安全和师生生命健康。六是校庆筹备工作有序开展,举办 70 周年校庆倒计时一周年启动仪式,开设校庆专题网站,发布校庆一号公告和校庆标识图案及标语。建设校史馆、展览馆、晋商博物馆。完成《山西财经大学校史》和 70 周年校庆学术论丛编纂。举办校庆学术会议和讲座 50 余场/次。

(王在民)

附：山西财经大学党委书记、副书记、常委名单

书　记：常乃军

副书记：刘维奇　张兔元

常　委：刘月社　卢庆山　杨俊青　沈沛龙　乔军红　侯铁虎　胡　玥（女）

中北大学党委

党委书记　沈兴全

2020 年，校党委以习近平新时代中国特色社会主义思想为指引，深入贯彻党的十九大和十九届二中、三中、四中、五中全会精神，认真落实习近平总书记视察山西重要讲话重要指示，团结带领全校师生员工拼搏奋进，圆满完成年度目标任务，推动各项事业取得显著进步。

一、积极应对新冠疫情，坚决打赢疫情防控阻击战

校党委坚决贯彻落实习近平总书记重要指示精神和省委省政府部署安排，把师生健康和利益放在首位，构建全方位、全过程、全链条疫情防控体系，筑起维护师生健康的堤坝。组织召开防控会议 50 余次，做到第一时间响应、第一时间联动、第一时间部署，全校上下一盘棋。学校防控工作平稳有序，措施有力，得到国务院联防联控机制工作领导组的高度认可。学校在省疫情防控领导组会议上做经验交流，学校疫情防控工作预案、学生思想状况调研成果及典型案例转发全省高校学习参考。

二、着力提升党建质量，为事业发展提供坚强保障

深化主题教育成效。坚持把“不忘初心、牢记使命”作为加强党的建设的永恒课题和全体党员、干部的终身课题常抓不懈，形成长效机制，坚持不懈锤炼党员、干部忠诚干净担当的政治品格。完成主题教育整改任务 52 项。

加强领导班子自身建设。严格执行党委领导下的校长负责制，积极探索执行落实的有效机制，进一步规范了党委常委会、校长办公会议事程序，形成更加完备的党委统一领导、党政分工合作、相互协调配合的工作机制。印发《中北大学校领导班子务虚会制度》，进一步突出常委会议大事、谋全局的职能。

加强理论武装和思想政治工作。抓实党委理论学习中心组和师生思想教育，制定《疫情防控期间政治理论学习方案》《中北大学党委书记报告会工作方案》，组织校党委中心组理论学习 9 次，引导广大党员干部和师生员工切实增强“四个意识”，坚定“四个自信”，做到“两个维护”。成功获批省级社会主义核心价值观示范点，意识形态工作在省委教育工委专项检查中，获 92.8 的高分。马克思主义理论学科一级硕士学位点顺利通过省级评审。

加强干部队伍与基层组织建设。出台《全面加强新时代党的建设 推进党建工作“五化”的实施意见》，积极推进“常态化、系统化、科学化、规范化、实效化”建设。组织全校干部共 576 人参加网络培训。推进干部分类考核，激励干部担当作为。制定《中北大学学院党委会议议事规则》，学院议事决策制度进一步规范化。编制《中北大学党建工作实务手册》，进一步规范了党支部业务工作。

深化全面从严治党。贯彻落实《党委（党组）落实全面从严治党主体责任规定》，制定并严格执行中北大学党委领导班子及班子成员落实全面从严治党责任清单。全年校党委常委会专题研究党风廉政建设工作 8 次。对全校 32 个基层党组织深入开展政治监督检查。完善廉政责任制，制度的笼子越扎越紧，出台《进一步加强干部作风建设的若干规定》，与基层党组织书记签订《党风廉政建设责任书》。加大廉政教育，开展警示教育 10 余次。加大惩治力度，共处置问题线索 42 件。给予 2 人开除党籍、1 人留党察看、4 人党内警告处分，诫勉谈话 20 人次，通报批评 18 人次。

统筹做好统战群团和校园安全稳定工作。完善统一战线工作机制体制，深化统战工作实践创新，加强与校内校外各民主党派和统战团体的沟通协调，加大与省域内外教育、科技高层次人才的交流合作力度。连续 5 年荣获“山西省统战理论政策研究先进单位”荣誉称号，获全省统战工作先进个人 1 人。建设平安校园，学校获国家安全教育优秀组织奖。

扶贫帮扶取得新成绩。驻五寨县大队脱贫攻坚收官任务圆满完成，顺利通过国考。认真贯彻落实中央、省委省政府决战决胜脱贫攻坚决策部署，责任人累计 100 余次入户慰问，发放 35.3 万余元的慰问品；开展消费扶贫献爱心等活动解决贫困户实际问题 31 项；在校内设立五寨县消费扶贫超市；组织论证并获批省社科联重点研究项目《拓展消费扶贫模式构建长效扶贫机制的研究与实践》一项；《多措并举助力宁武县脱贫攻坚》案例成功入选全国教育扶贫典型案例。

三、着力提升治理效能，推动内部治理体系和治理能力现代化

一是全面推进学校“十四五”发展规划编制，同时根据“双一流”大学创建需要，启动规章制度“废改立”工作；二是积极推进机构重塑性改革，增强发展动力；三是完善师德师风建设与考核，健全师德考核评价体系，推进教师评价机制改革，坚决破除“五唯”，实质性推进教师职称“评聘分离”改

革,启动校内绩效改革,进一步激发教师活力;四是成立中北大学科技委,建立“六新”研究院,构建大项目、大团队、大平台、大成果科技创新协同攻关新模式;五是出台《中北大学科研项目认定细则》《中北大学学术论文类别认定办法》,构建高质量发展的学术评价体系。充分发挥校学术委员会,推进教授治学、民主管理;六是在朔州校区办学基础上转设的山西工学院已在教育部网站公示,信息商务学院转设工作已经完成。

四、积极推进“双一流”建设,学校事业实现新发展

(一)着力推动学科内涵建设,加快推进一流学科创建。制定《中北大学一流学科建设方案》,实施“优势学科攀升工程”“特色学科建设工程”“学位点质量保障工程”,集聚优势资源打造学科高原、高峰。化学学科群进入 ESI 全球排名前 1%。增列统计学硕士学位授权一级学科;6 个博士点和 4 个硕士点通过山西省评审推荐,数量位居全省前列;动态调整增列统计学硕士学位授权一级学科;23 个一级学科以及 2 个专业硕士学位授权点参加全国第五轮学科水平评估和专项水平评估。紧密围绕山西省 14 个标志性引领性产业集群,制定《中北大学服务全省创新生态情况报告》。实施第二批校级国防特色学科建设项目,培育了 9 个校级国防特色学科、3 个新兴交叉学科。

(二)着力提升立德树人成效,不断完善一流人才培育体系。扎实推动“三全育人”综合改革。召开“三全育人”综合改革推进大会,明确改革的总体思路,逐项分解任务,构建起以“十大育人”体系为基础的全员全过程全方位育人新格局。统筹“课程思政”育人目标、方案和考核标准,将“课程思政”纳入学校的课程质量标准。“大国兵器”“大美三晋”通识思政课程上线。

扎实推进一流本科建设。获批国家级一流本科专业建设点 8 个,省级一流本科专业建设点 17 个。成功申报国家新工科建设项目 2 项,申报国家特色软件工程示范性产业学院。获批国家级一流本科课程 7 门,省级一流本科课程 29 门。入选全国在线教学实践优秀成果 3 项,国家级虚拟仿真实验教学项目 1 项。4 门教材通过省级推荐参评国家级优秀教材。

持续优化研究生培养体系。招收博士生 89 人、硕士生 1789 人,比 2019 年扩招 296 人。研究生创新素质和创新能力持续增强,高水平论文 207 篇、专利 32 项,新增 3 个省级研究生教育创新中心。

创新创业成果显著。成功申报国家级本科生创新项目 25 项,省级本科生创新项目 26 项,省级研究生创新项目 91 项。在国际大学生数学建模竞赛中为山西省首获特等奖和 AMS 奖,并作为唯一国内高校同鼎最高奖项 SIAM 奖。荣获“墨子杯”第四届全国兵棋推演大赛编队赛总冠军,豪取四连冠。在第六届山西省“互联网 +”大学生创新创业大赛中金奖及奖牌总数居全省首位。

(三)着力提升科技创新质量与社会服务贡献度,产出一批一流成果。获批国家自然科学基金较去年增长 26.3%。面向科研经费到款突破 7 亿,达到 7.21 亿元,较 2019 年增长 10%;新立项合同额突破 10 亿元,达到 10.5 亿元,较 2019 年增长 25%。承担千万元级项目 15 项,较 2019 年增长 50%。重点研发计划(高新领域)重点项目居全省首位。获批省部级社科项目 100 项,位居山西高校前列。获批山西省工程研究中心 4 个,山西省新型研发机构培育平台 14 个。

社会服务能力不断增强。与中国科学院大学等共建的太原能源材料学院正式奠基开工建设。与清华大学、北京大学签署合作协议,深入推进全方位合作。与忻州市政府共建中北半导体学院和产业研究院,与太原中北高新技术产业开发区共建太原中北软件产业园,与山西航产集团和中国航空一飞院共建航空产业研究院,面向粤港澳大湾区布局华南佛山研究院,积极推进与省教育厅、省综改区、上海凯赛生物技术股份有限公司共建“合成生物学院”。与 18 家单位共建先进产业技术研究院。签订“四技”合同 600 余项,转让科技成果 33 项,实施许可 15 项,成果转化收入较去年增长 33.7%。

(邵云鹏)

附:中北大学党委书记、副书记、常委名单

书　记:李忠人(8 月离职)　沈兴全(8 月任职)
副书记:沈兴全(8 月调职)　薛　智
　　　　雷锋斌(8 月任职)
常　委:王瑞芬(2 月离职)　贾维河(7 月任职)
　　　　曾建潮　雷锋斌(8 月调职)　赵贵哲
　　　　潘晋孝　李东光　苏铁熊　刘　俊(8 月任职)
　　　　贾献忠　薛实军　栗秀萍

太原科技大学党委

党委书记　王志连

2020 年,太原科技大学党委在党中央和省委的正确领导下,团结带领全校师生员工,坚持以习近平新时代中国特色社会主义思想为指导,全面贯彻党的教育方针,落实立德树人根本任务,统筹推进疫情防控和各项工作,学校各项事业持续健康发展,取得良好成效。

一、全面加强党的领导，发挥党建示范引领作用，有力推动党建与中心工作深度融合

2020年，校党委坚持和加强党对学校工作的全面领导，以政治建设为统领，全面加强党的建设，认真贯彻党的教育方针，落实立德树人根本任务，把党的领导贯穿办学治校、教书育人全过程。

一是坚持党委领导下的校长负责制，修订完善党委全委会、常委会和校长办公会议议事规则，规范议事内容、决策程序以及会议决议的执行办法，严格落实“三重一大”民主决策制度，不断推进党政议事决策制度化、规范化、民主化和科学化。

二是常态化开展政治理论学习，印发《2020年校院两级党委理论学习中心组安排》，持续强化党的创新理论武装。2020年校党委中心组组织学习16次，指导全校各级党组织集中学习习近平总书记视察山西重要讲话重要指示36次，集中传达学习党的十九届五中全会精神60余次，理论学习实现全覆盖。

三是持续推进基层组织建设，聚焦班子建设、二级党组织建设、支部建设和党员教育管理等精准发力，按照标准化、项目化、品牌化创新举措，树立标杆。2020年20个二级党组织、24个基层党支部、22名优秀党员获得表彰，基层组织的战斗力、凝聚力得到增强。

四是推动党建与中心工作深度融合，出台《关于推动党建与中心工作深度融合的若干措施》，指导二级党组织找准融合点，结合科研团队创新支部建设，加强“双带头人”培育，开展“党建围绕中心、党建引领中心、党建服务中心、党建保障中心”大讨论，促进党建与科研、管理、服务等工作深度融合。

二、扎实开展思政工作，有效提升育人质量，全面推进三全育人取得实效

2020年，校党委深化“三全育人”综合改革，推进思政课程和课程思政建设，严把意识形态关，打造精神新高地，取得显著育人成效。

一是进一步规范校院两级理论中心组学习，深入领悟习近平新时代中国特色社会主义思想，认真学习贯彻习近平总书记视察山西重要讲话重要指示。2020年校党委班子讲授思政课20场，指导全校开展各类学习、研讨、培训120余次，全校掀起党的十九届五中全会精神学习高潮，全校师生员工理论武装不断强化。

二是坚持立德树人根本任务，紧抓思想政治工作这一生命线，印发《关于深化新时代学校思想政治理论课改革创新的若干举措》《太原科技大学“三全育人”“1+N”推进方案》等文件，用制度打通关节、疏通堵点、激活全盘。配齐思政课教师队伍和辅导员队伍，基本形成全员全过程全方位育人格局。

三是持续加强师德师风建设，修订《太原科技大学建立健全师德建设长效机制的实施办法》《太原科技大学师德失范行为负面清单处理办法(试行)》等文件，加强师德建设、注重师德评价、强化监督考核，完善学校师德师风建设体系。

三、统筹疫情防控和各项工作，持续推动内部治理，确保学校事业健康快速发展

2020年，校党委践行人民至上理念，坚持把师生的健康安全放在首位，统筹推动疫情防控和各项工作。

一是牢牢扛起疫情防控主体责任，党委常委会专题学习疫情防控有关要求、研究部署疫情防控工作15次。成立疫情防控领导小组，组织召开疫情防控工作会议28次，建立健全疫情防控制度48项，推动798门课程完成线上教学，顺利完成3万余人次学生入校健康筛查、发热情况额外筛查，有力保障了2020年度各年级学生顺利复学复课。

二是坚持学科建设龙头地位，全面加强学科建设。确定环境科学与工程、光学工程、管理科学与工程3个学科申报一级学科博士学位授权点，法学、电气工程2个学科申报一级学科硕士学位授权点，并顺利通过省级评审。加大一流专业建设力度，2020年国家级一流专业建设点和省级一流专业建设点达到22个，获批省级一流专业建设点13个；新增3个新工科专业，2个专业进行工程认证专家进校考察，完成工程教育认证的专业达到6个。此外，学校工程学学科首次跻身ESI全球学科排名前1%，学科建设取得成效。

三是着力打造科研创新生态，多措并举激励科技创新。2020年先后与10多家省内企业通过共建研究院、签订产学研合作协议、战略合作协议等多种形式深化合作力度和广度，构建良好创新生态。学校年度累计立项科研项目340项，科研进款累计近7600万元。

四、坚持党管干部、党管人才原则，不断提升干部人才队伍质量

一是突出政治标准，严把选人用人关，坚持“事业为上、以事择人、人岗相适、人尽其用”原则，用事实说话，靠实绩度量，精准考察识别干部。全年共开展9个批次干部调整选任工作，选拔调整优秀干部23名，干部队伍结构得到优化。

二是加强干部教育管理和考核，组织开展“干部人事档案”回头看工作。制定《太原科技大学处级领导干部考核工作实施办法》，实施干部差异化考核，全方位考准考实干部履职情况，全校干部队伍精神风貌和干事创业的积极性、主动性明显提高。不断深化评价机制改革，审议修订教师职称评审条件，在人才评价中坚持德才兼备、以德为先，突出能力、业绩和贡献，2020年共20人晋升教授职称，44人晋升副教授职称。

三是坚持党管人才，创新引培机制，营造良好人才成长环境。修订《太原科技大学人才引进办法》，完善聘用高水平教师开展教学科研工作机制，打通高层次人才引进制度瓶颈。安排2500万元经费用于提高教职工校内奖励性绩效水平，有效调动广大教职工的积极性和创造性。

四是加强人才引培力度，全年柔性引进高层次人才7人,引进山西省“百人计划”专家3人,引进学术骨干及以上人才24人,引进优秀博士52人,人才规模不断扩充,质量不断提高,结构持续优化。

五、坚持人民至上理念,不断改善民生,切实保障师生切身利益

一是统筹办学经费,改善办学条件。着力推进新校区建设,一期工程如期投入使用,有效拓展办学空间,二期工程稳步推进,老校区综合治理不断加快。高度重视校园安全及综合治理工作,推动“平安校园”和“三零”单位创建工作,积极营造管理有序、防控有力、安全稳定的校园发展环境,师生员工的获得感、幸福感、安全感不断提升。

二是高度重视学生就业工作,坚决落实“六稳”“六保”,实施“五个一”举措,为毕业生提供全方位、多角度、有针对性地指导与服务,有效降低疫情对毕业生就业的影响。2020届毕业生就业率达到往年同期水平,就业工作被《中国教育报》等多家媒体正向报道。

三是积极改善民生,先后完成“燃气锅炉低氮改造工程”“主校区照明改造工程”,积极对接政府投入1000余万元,进行“公共建筑能效提升改造”,完成学生公寓楼宇外墙保温、地下管网更换,实现分时分区供暖。加强基础设施维修维护,完成电子校园卡建设,改善教职工子女、离退休老同志的学习生活环境。

四是坚决落实扶贫任务,2020年投入扶贫建设资金67万元,推动帮扶村村容村貌、集体经济创收、贫困百姓增收,完成2个贫困村摘帽和全村人口脱贫的目标任务。2020年11月，学校被评为山西省“全省干部驻村帮扶工作模范帮扶单位”,12月省教育厅给予学校“嘉奖”,3名驻村干部受到表彰。

六、深化全面从严治党,层层压实责任,确保从严治党工作扎实有序推进

一是坚持“严”的主基调,紧盯党的纪律、规矩执行,突出关键少数,强化问题导向,严管重要风险点,强化执纪问责。同时将重心下移,不断巩固基层、夯实基础,把全面从严治党贯穿教学管理全过程。

二是落实党风廉政建设,强化“一岗双责”。印发《关于一体推进“不敢腐、不能腐、不想腐”的实施意见》《关于廉政文化建设的实施意见》《纪检监察内部监督实施办法》等制度,构建起“三不”体制机制。

三是强化监督执纪问责。开展警示教育,加强日常监督,开展谈话函询18人次，批评教育18人次，提醒谈话21人次。推动职能监督，指导基层党组织运用“第一种形态”68人次。

四是积极构建良好政治生态。牵头开展校内政治巡查,支持推动纪检监察体制改革,持之以恒落实中央八项规定精神,开展形式主义、官僚主义整治,推动健全各项管理制度,不断营造风清气正良好政治生态。

（南晓欢）

附：太原科技大学党委书记、副书记、委员名单

书　记：王志连

副书记：卫英慧(11月离职)　刘翠荣(女)

师东海　萧芬芬(女)

委　员：王枝茂　邓学成　靳秀荣(女)

山西中医药大学党委

党委书记　段志光

2020年,山西中医药大学党委以习近平新时代中国特色社会主义思想为指导,全面贯彻党的十九大和十九届二中、三中、四中、五中全会精神,深入学习贯彻习近平总书记视察山西重要讲话重要指示,落实全国教育大会、中医药大会、研究生教育大会和省委十一届十次、十一次全会精神,按照省委“四为四高两同步”总体思路和要求及全省教育和卫生健康工作的部署安排,以党的政治建设为统领，毫不松懈落实立德树人根本任务，统筹推进新冠肺炎疫情防控和学校各项任务，积极推进博士学位授权单位、国家区域医疗中心建设，深入开展中医药自信教育，不断提高学校治理能力和水平,各项事业取得新成绩。截至2020年12月,学校有14个基层党委(总支),93个党支部,1999名党员。

一、以党的政治建设为统领,全面把握办学治校方向

(一)坚守师生健康,贡献山中医抗疫力量。面对突如其来的新冠肺炎疫情，学校第一时间成立疫情防控领导小组、科研工作领导小组,制定“1+N”方案和预案,压实政治责任,落实防控要求。出台激励措施,充分发挥各级党组织的战斗堡垒作用和党员先锋模范作用。提前谋划、系统推进,春季学期按时网上开学,落实“停课不停教,停课不停学”要求。学生分批分期返校,恢复正常教学秩序,师生医护员工无一例感染。2所附属医院13名同志分批参加援鄂医疗队驰援湖北,附属医院书记李廷荃教授担任疫情防治省级中医药专家组组长,制定“山西方案”,取得良好疗效。学校组织12项应急专项课题,经费125万元。2个先进集体,31名先进个人受到

中央、省委表彰。

（二）党的政治建设不断加强。全面落实党建要求，把党的领导贯穿办学治校、教书育人全过程。坚持“四个自信”和中医药自信的辩证统一，将中医药文化自信教育作为落实立德树人根本任务、提升中医药人才培养质量的重要举措。按照规定及时修订《山西中医药大学党委会议议事规则》《山西中医药大学校长办公会议议事规则》等制度。全年召开党委会43次，校长办公会42次，校党政联席会议4次。坚持党建和业务同谋划、同部署、同落实，系统推进48项工作要点，特别是10项重点工作的落实。出台“不忘初心、牢记使命”系列制度，做好巡视整改、主题教育、党员干部档案审核“回头看”等工作，不断增强“四个意识”，坚定“四个自信”，做到“两个维护”，持续提升干部队伍政治能力。

（三）党的思想建设成效显著。深入学习贯彻习近平总书记视察山西重要讲话重要指示、“三篇光辉文献”、《习近平谈治国理政》（第三卷）和系列重要讲话精神，把握精髓学深悟透。出台《教育部等八部门关于加快构建高校思想政治工作体系的意见》的实施方案。坚持“一体两翼十行动”，积极构建“大思政”格局。校党委中心组专题学习13次，积极参与“学习强国”“三晋先锋”等专题学习，十九届五中全会等的宣讲工作。

（四）牢牢掌握意识形态工作领导权。党委会专题研究意识形态工作5次，及时分析研判师生思想动态。坚持正面宣传引导，签署责任书，定期上报分析研判报告和年度报告，对中心网站、藏书开展意识形态检查4次，落实年度督导检查，严格执行讲座、报告、论坛等审批制度和新媒体发布内容审查制度，持续压紧压实意识形态工作责任。严格落实网络意识形态责任制要求，实施24小时舆情监测，开展网络应急演练，完善网络舆情应急。开展新生宗教信仰情况摸底调研，抵御和防范宗教活动向校园渗透。

（五）党的组织建设进一步夯实。深入学习贯彻落实新时代党的组织路线，印发2批党建工作重点任务清单。优化调整基层党组织，新成立基层党支部1个，顺利完成7个基层党委、73个基层党支部换届工作，持续整顿软弱涣散基层党组织，评议考核12名基层党委（党总支）书记。严格标准和程序发展党员，全年共发展党员600名。立项党建课题6项，开展建党“99周年”系列纪念活动。1个基层党组织荣获教育系统党建工作先进典型。1个教师党支部获批为全省首批“双带头人”教师党支部书记工作室建设单位。走访慰问困难党员、老干部和基层干部43人。2位老教授被评为“全省最美老干部”。扎实做好扶贫工作，为第一书记划拨党建专项经费，向定点扶贫乡镇捐赠家具，积极推进产业、健康和消费扶贫。

（六）干部队伍建设不断加强。修订《处级干部选拔任用和管理办法》《科级干部选拔任用和管理办法》，提拔11名处级干部，交流轮岗处级干部5名。调整、交流、免职科级干部6名。选派1名年轻干部参加省委乡镇（街道）任职“墩苗”行动。完成处、科级干部年度考核，推荐“担当作为方面表现突出干部”6人。完成年度选人用人“一报告两评议”。在中国教育干部学院举办专题网络培训班，覆盖全体处、科级干部、党支部书记和组织员。举办新提任干部“加强政治历练、提升岗位履职能力”培训班、处级干部深化“不忘初心、牢记使命”暑期培训班。先后组织6批298人次参加了各级各类专题学习教育培训。接入省委组织部大组工网，完成正处级干部档案信息化工作，接受省委组织部干部人事档案专项审核“回头看”检查。严格落实干部请销假备案规定。

（七）党风廉政建设和作风建设持续推进。召开年度全面从严治党工作会议，层层签订责任书，压实主体责任，落实“一岗双责”。出台学校党政领导班子全面从严治党责任清单，明确“一班子一清单”“一人一清单”。修订完善校纪检监察组织建设实施方案。确定各部门、单位的廉政风险点和责任清单，从源头上防止腐败问题的发生。加强对学校重点工作落实情况的监督，加强对政治、意识形态、选人用人等重点岗位、关键环节的监督，加强对厉行节约、反对浪费和安全生产等重大事项的监督检查。开展“以学生为中心，加强日常管理”督导检查。贯彻落实中央八项规定精神，着力防范和纠治形式主义、官僚主义，持续加大工作力度。开展廉政教育、警示教育，积极营造风清气正氛围。

二、以学校发展为第一要务，全面提高办学治校水平

（一）以专业内涵建设为重点，教育教学质量不断提升。深化“三个调整优化”，获批健康服务与管理等2个专业（方向），停招护理学专业（涉外护理方向）。出台振兴本科教育实施方案，护理学等3个专业被评为省级一流专业，省级一流专业达到7个。省级一流课程立项1项，建设1项，培育3项。设立药茶学院，对接产业链，开展订单式、实验班等各层次药茶人才培养。新增16所三级甲等教学医院，2所实习医院，增设4个非临床实践教学基地。获批省级教改项目17项，重点2项。成功举办全国第四届健康/人文学术研讨会、诺贝尔奖级成果与生物医学高层次创新人才学术研讨会等。坚持师德师风第一标准，评选表彰“双十佳”“双十优”60人。招收了1名泰国籍硕士研究生，实现硕士研究生国际教育零的突破。

（二）中医药自信教育持续拓展深化。在全国中医药高等院校中率先开展中医药自信教育，不断深化拓展，构建院校教育体系、社会教育体系和组织体系。先后获批国家中医药管理局重大课题委托项目，全国中医药高等教育“十四五”规划2021年度教育科研重大课题。学校获批省级项目10余项，出版创新教材一套6本，已在国家级、省级核心期刊发表学术论文20余篇，荣获2020年全国高等中医药院校党建与思政工作年会优秀论文二等奖1项，优秀奖2项。推行中医药自信教育“进机关、进学校、进企业、进社区”，推出百名专家学者讲授的130场系列讲座。承办省教育厅“中医药进高校老年课程部署工作座谈会”，面向十余所高校离退休人员开设老年课程。在2个县试点中医药优秀传统文化进小学。

校企合作,打造全媒体“中医药自信教育社会平台”。

(三)扎实推进博士学位授权单位建设。坚持问题导向、目标导向,扎实推进博士学位授权单位建设和申报工作,1个博单3个博点通过省学位委员会评审,是山西省唯一一家向国务院学位委员会推荐的新增博士学位授予单位。积极做好中医学、中药学两个一级学科参评第五轮学科评估。遴选111名硕士生导师,获批省级研究生教育改革项目11项,研究生创新项目16项。

(四)中医药科技创新实现新跨越。出台建设中医药强省实施方案,修订出台系列科研管理制度,加强科研诚信教育。组织申报各级各类科研课题600余项,立项237项,总经费1000余万元。首次实现国家自然科学基金项目形式审查通过率100%,在省教育厅创新项目和省哲学社会科学项目立项上取得新突破。与中北大学、广誉远国药等共建重点实验室、联合实验室4项。持续推进校地校企合作项目落地。继续做好第四次全国中药资源普查。获批成果奖励3项,专利奖补资助16项。科技成果转化15项,转化经费155万元。出版论著12部,发表学术论文668篇。

(五)健康服务水平持续增强。第二临床学院已作为第二批区域医疗中心建设试点单位上报国家发改委,山西省中医现代康复中心可研报告已上报省发改委,中医实训住院综合楼列入太原市重点工程。第三临床学院加强与北大一院等的深入协作,打造“大康复”现代针灸医院。中西医结合医院晋中院区各单体建设加快推进。附属医院门急诊人次共完成85.23万人次,出院人次共完成3.77万人次。

(六)思想政治工作扎实推进。马克思主义学院建成,加快构建中医药自信主题思政课程与课程思政同向同行体系。通过招聘引进专职辅导员2名、专职思政教师5名,校内选聘15名兼职辅导员,思政工作队伍配齐建强,落实“三支队伍”政策倾斜。立项省级思政类课题13项。积极拓展社会资助渠道,学生受益提标扩面。获第六届全国思政课教学展示一等奖1项。大学生创新创业项目获国家级二等奖2项、省银奖3项。

(七)管理和服务水平不断提升。积极推进“十三五”收官,坚持顶层设计和问计于民相结合,系统谋划、科学编制学校“十四五”总体规划、9个专项规划和12个学院规划的编制工作。3名高层次人才即将签约进入工作阶段。入选“百千万人才工程”国家级人选1人,“青年岐黄学者”2人。召开五届二次教代会,组建13个与基层党组织机构相对应的二级分工会组织。加强资产管理信息化建设,全面完成资产清查。完成新校区结算审核审计、教师公寓周转房项目全过程审核和招标采购等工作。系统推进“三零”单位创建,视频监控实现公共区域和室外场所全覆盖。大力推行“光盘行动”,推进节约型校园建设。做好家属区老旧小区改造,教职工周转宿舍完成分配。

(李培硕)

附:山西中医药大学党委书记、副书记、委员名单

书　记:段志光

副书记:刘　星　冯　海　苑　静(女)

委　员:郭文平　王新塘　冀来喜　闫敬来
郝慧琴(女)　郭继林　苗　强

太原师范学院党委

党委书记　张惠元

2020年因疫情而充满挑战,因奋斗而难以忘怀。太原师范学院党委深入学习贯彻习近平新时代中国特色社会主义思想,认真落实中央和省委、省教育工委决策部署,围绕“健全体制机制,提升能力水平”工作主题,一手抓防控、一手促发展,一面保收官、一面谋发展。

一、突出政治建设,加强党的领导,引领保障学校事业

坚持把深学笃用习近平新时代中国特色社会主义思想作为首要政治任务,开展党委中心组学习23次,组织全体中层干部和新入职入学师生进行集中学习教育,推动学习领会党的创新理论走实入深。认真落实常委会“第一议题”制度,及时传达学习中央、省委决策部署,增强“四个意识”、坚定“四个自信”、做到“两个维护”。贯彻党委领导下的校长负责制,召开2次党委全会、27次党委常委会和院长办公会、3次党建工作会议,研究部署重点任务,推动落实重点工作。向内选优、调整补充19名干部。向外推优、墩苗锻炼3名年轻干部。7名干部受到省委担当作为表扬。成立学校党的建设领导组,制定并实施党建工作重点任务、政治建设任务清单,建立党委书记和校级班子成员党支部联系点、党委委员联系青年教师等制度。实施抗疫一线党组织和党员模范带头工作机制,深化教师党支部书记“双带头人”培育工程,提升基层党组织战斗力。教科党总支科研支部获批全国样板党支部建设单位,附属中学入选山西省中小学党建示范校建设单位,经济系学生支部工作案例成为山西省高校基层党建优秀案例之一。认真落实意识形态工作责任制,签订校院(系)两级责任书,传导压力、推动落实。加强意识形态研判,健全网络舆情预警和防控机制,做好重大活动预案和突发事件的舆论引导。召开宗教工作会议,提高广大师生防范各种宗教非法渗

透的抵御能力。成立侨界联合会，搭建联系学校归侨侨眷和归国留学人员的桥梁和纽带。印发《落实全面从严治党主体责任清单（试行）》，建立完善纪委委员联系基层院系等10余项制度，开展3次警示教育，用身边事警示身边人。持续推进巡视整改。加强日常管理监督，狠抓师德师风建设，加大违纪违法问题的查处力度。

二、坚持生命至上，抓好常态防控，守护师生健康安全

坚持把师生员工生命安全和身体健康放在第一位，召开12次党委常委会和30余次专题会议研究部署防控工作。创立"校区＋社区"防控模式。3名党委常委包片负责3个老校区，各基层党组织积极主动担当作为，党员干部冲锋在前，师生员工团结协作，全面落实疫情防控常态化举措，确保疫情防控与教育教学"双胜利"。实施线上线下融合教学模式，精准安排师生分批错峰返校。防控工作多次受到迎泽区、小店区及榆次区的通报表扬。

三、聚焦师范主业，创优育人生态，践行立德树人根本

倡导推进政治、创新、育人"三个生态建设"。扎实推进省级"三全育人"综合改革试点工作。基本配齐思政课教师、专职辅导员、组织员"三支队伍"。抗疫期间在全体教师中开展"我给学生写封信"活动，并引导学生发挥专业优势，创作抗疫作品，《打赢这场阻击仗》等多项成果在"学习强国"平台发布，师生抗疫事迹多次被《光明日报》、中国教育电视台关注报道。开办覆盖全体教师的"课程思政"网络培训班，实施"生涯导航教育"，出版《我与大学》《大学生生涯导航——工作案例》。组织开展的"互联网＋"等多项大学生创新创业大赛，1个项目入围国家级竞赛。57名志愿者奔赴西藏、新疆等地志愿服务，入选人数再创新高。编创的大型交响合唱《太行大合唱》不断打磨完善，努力为建党100周年献厚礼。获批"山西省文明校园"等称号。《中国教育报》《山西日报》等主流媒体刊文介绍我校思政工作经验30余篇。

四、实施调整优化，着力提质增效，加快内涵建设发展

深入贯彻省委关于高校"三个调整优化"战略任务，启动"学科建设提升计划"，出台《学科建设提升实施方案（2020–2022年）》，认定3项"优势学科攀登计划"A类项目，7项"骨干学科提升计划"A类建设项目，5项"骨干学科提升计划"B类建设项目，2项"新兴学科发展计划"建设项目。调整优化学科布局，优先发展博点建设学科，推行导师培育工程。申报的5个专业硕士学位授权点已经省学位委员会审议通过，1个硕士学位授权点通过整改恢复招生。推动专业结构优化，学前教育、地理科学专业获批国家级一流专业建设点，新增省级一流本科专业建设点7个，撤销1个专业。深化教育教学改革，出台本科教学质量提升计划实施方案，《中国当代文学》获批国家级一流本科课程。强化教学质量保障体系建设，制定出台教学质量监控体系工作条例等多项制度。持续推进"1331工程"建设，获批2项"1331工程"奖补学科（专业）建设类项目。获省级科学技术进步奖、社会科学研究优秀成果奖一等奖各1项。5个平台成功入选山西省首批产学研新型研发机构培育单位。国家级科研立项首次突破两位数。黄河流域生态治理、新型城镇化、文旅产业以及腐殖酸等领域的研究成果得到政府部门和相关企业的充分肯定。扭住"人才强校工程"不放，加大人才引进力度。新招聘博士研究生78名、"双一流"硕士研究生51名，师资结构进一步改善。深化绩效分配制度改革，向高层次人才、业绩明显、贡献突出人员倾斜。

五、落实民生为本，提升服务效能，不断增进师生福祉

按照"六稳六保"要求，降低疫情影响，全力做好毕业生就业工作。开展"百场就业创业大讲堂"等活动，加强针对性指导，2020届毕业生首次就业率超过70%。拨出专项资金实施"双困"毕业生就业援助项目，推动实现建档立卡贫困家庭学生资助全覆盖。加快数字校园建设，全面启用OA办公系统，便捷师生工作学习生活。"三零"单位创建工作稳步开展，不断完善人防、物防、技防"三位一体"的校园安全防控体系。不断改善学生就餐和住宿条件，新建2栋高层学生公寓，新获准150套公租房，400余户教职工个人住房产权证办理工作有序推进。新增70万元用于帮扶村镇采购防控物资、改善基础设施，开展"消费扶贫"近125万元，助力打赢脱贫攻坚"最后一战"。

（闫圣霖）

附：太原师范学院党委书记、副书记、常委名单

书　记：张惠元

副书记：霍世平　王川龙　张主社

常　委：杨全平　郭丕斌（7月离职）　王卫平　赵　怡　薛晋文　付建伟　申　楠　侯学文

市、县(市、区)委工作概况

中共太原市委

市委书记　罗清宇

2020年，太原市委坚持以习近平新时代中国特色社会主义思想为指导，全面贯彻党的十九大和十九届二中、三中、四中、五中全会精神，深入学习贯彻习近平总书记视察山西重要讲话重要指示，按照省委“四为四高两同步”总体思路和要求，统筹推进“五位一体”总体布局，协调推进“四个全面”战略布局，坚持稳中求进工作总基调，坚持新发展理念，扎实做好“六稳”工作，全面落实“六保”任务，加快推动“六新”突破，全市党的建设和党的事业取得了新进展新成效。

一、坚持学深悟透、引领实践，前进方向更加光明笃定

市委理论学习中心组学习38次，重温习近平总书记“三篇光辉文献”，专题学习《习近平谈治国理政》第三卷。举办市管领导干部集中轮训，分20期培训市管领导干部1974人。开展基层宣讲4600余场，受众近70万人次。开展“三重温、学四史”学习教育，“不忘初心、牢记使命”主题教育成果不断巩固深化。召开市委十一届九次全会，制定出台《关于贯彻落实习近平总书记视察山西重要讲话重要指示在转型发展上率先蹚出一条新路来的行动计划》，明确了8个方面204条具体任务并全面开展督导检查。科学制定《中共太原市委关于制定国民经济和社会发展第十四个五年规划和二〇三五年远景目标的建议》，对2035年远景目标作了定性展望，科学描绘了市“十四五”发展蓝图。

二、坚持人民至上、生命至上，疫情防控更加精准有效

第一时间成立市疫情防控工作领导小组，先后召开69次会议；领导小组指挥部先后召开44次会议，制发通告79个，印发文件544个；强化联防联控、群防群控、严防严控，为坚决打赢疫情防控的人民战争、总体战、阻击战创造了有利条件。精准强化防控措施。健全完善防控责任机制，压实“属地、部门、单位、个人”四方责任，加强日常调度，前置管控措施，织密防控网络。全面提升核酸检测能力，在全省率先建成投运进口冷冻肉品和水产品监管总仓。自2020年5月起，太原市连续保持本地病例“零报告”，派出6批147名医护人员驰援湖北，实现了确诊病例零病亡、医护人员零感染“双零”目标。全力拱卫首都安全。建立市级领导国际航班经停太原入境赴京工作日带班制度，严把入境、筛查、转运、隔离、诊治“五个关口”，累计完成45架国际航班8870人的转运、隔离、检测任务，未发生境外输入关联疫情，未发生一例高风险人员离并进京。有效维护正常秩序。及早谋划安排假期后、上班后、复工后、开学后“四后”防控工作，建立领导干部包联帮扶企业项目制度，推进一线保供、民生保需、交通保畅、社会保稳等工作，分类分步安排企业复工复产，有序有力组织员工错峰返岗。

三、坚持转型为纲、项目为王，经济发展步伐更加坚实有力

落实市级领导包联帮扶企业项目等制度，组织开展3次项目观摩活动，全力转变发展方式，持续优化产业结构。2020年，全市地区生产总值(GDP)4153.25亿元，增长2.6%；城乡居民人均可支配收入分别增长5.4%、7.0%。规上工业增加值增长3.2%，疫情之下的太原经济稳步回升、稳定增长。加快推动传统产业改造提升、新兴产业培育壮大，长城“智能云”工厂下线创造太原速度，清徐精细化工循环产业园建设项目

陆续投产，太钢高端碳纤维三期、大地紫晶等重大产业项目加快推进。出台《太原市加快现代服务业发展的政策意见》，发放两轮政府消费券7497.72万元、汽车消费补贴1.93亿元，新增入统服务业企业216家。深入开展"三个一批"活动，按照"一企一策、分类实施"原则，全过程全方位督导推进项目建设。全市省级重点工程项目47项、市级重点工程项目140项，全年累计完成投资545亿元，完成率143%。

四、坚持改革为要、创新为上，发展动力活力更加充沛强劲

大力度推进改革攻坚。积极承接国家和省改革试点任务49项，谋划推进11个方面99项重点改革任务。加快推进国家可持续发展议程创新示范区建设，出台《关于加快开发区改革创新推进高质量发展的实施意见》，制约开发区发展的难题逐步破解。经营类事业单位改革圆满完成，县管校聘、局管校聘、招生考试制度等改革稳步推进，市属国有企业厂办大集体改革全部完成。积极融入"一带一路"等国家战略，成功举办2020中国(太原)人工智能大会，签约优质项目64个，投资总额602.2亿元。全面深化"放管服效"改革，减少审批事项56个、审批环节423个。多层次打造创新生态。太原技术转移促进中心获批第二批国家技术转移人才培养基地，填补山西省空白。引进高层次专业人才2000余名。获得国家、省科学技术奖170项，在全省率先实现规上工业企业研发全覆盖。

五、坚持四治一体、统筹推进，省城环境更加优美宜居

以创建国家森林城市为抓手，全力打造"一核、两脉、三圈、四极"森林城市格局。实施东西北山森林提档、绿化彩化财化建设、城郊森林公园功能提升三大工程，全年完成营造林43.57万亩，全市绿化覆盖率、绿地率分别达到44%、38.9%，人均公园绿地面积12.25平方米。强化"五水同治"，扎实推进汾河四期治理工程，恢复城区段湿地生态系统。编制晋阳湖生态保护与修复规划，实施晋祠泉域水资源保护。推进城市雨污分流、截污纳管，生活污水日处理能力达到125万吨，实现建成区污水全收集全处理。汾河水库出口和上兰断面保持Ⅱ类水质，汾河流域国考太原段全面消除劣Ⅴ类水体。坚持空气质量改善优先原则，"控煤、治污、管车、降尘"多措并举，深入开展夏季臭氧治理和"秋冬防"大气污染防治攻坚行动，实施农村清洁供暖改造11385户，关停9户企业4.3米以下焦炉产能912万吨。全年环境空气综合污染指数同比下降7.5%，市区优良天数224天，增加24天，优良率为61.2%。加快编制《太原市国土空间总体规划》，全域规划、一张蓝图、多规共循的空间管控体系基本形成。地铁2号线一期开通运营，西北二环高速公路等项目有序推进，钟楼街片区、五一广场改造加快实施，解放路改造、南中环东延等27项道路工程竣工通车。大力实施"两下两进两拆"，深入开展"九乱"整治，完成老旧小区提质改造333个，既有建筑节能改造534.6万平方米，增加公共停车泊位1.7万余个，植物园、动物园、汾河晚渡等一批公园景点建成开放。

六、坚持民生优先、发展为民，人民生活更加幸福美好

聚焦"两不愁三保障"，落实"四不摘"要求，全面落实精准方略，制定出台《关于"抗疫情、保增收、防返贫"十条措施》等政策，投资5.35亿元新上279个扶贫项目，转移就业贫困劳动力2.32万人。娄烦县、阳曲县被评为全省产业扶贫示范区。坚持把乡村振兴战略作为新时代"三农"工作总抓手，推动乡村振兴与脱贫攻坚有效衔接，全年创建省级改善农村人居环境示范村43个，完成32个农村生活污水处理设施及配套管网建设，农村无害化卫生厕所普及率达到86%，位居全省第一。出台就业稳岗政策120个，完成职业技能提升培训8.14万人，全市新增城镇就业8.35万人，城镇登记失业率控制在3.17%。健全完善社保服务体系。普惠幼儿园覆盖率达到90%。开展"深刻汲取教训，全面提升安全生产工作水平"集中教育整顿暨专项整治，累计检查企业单位12.96万家，排查一般隐患5.58万条，整改5.1万条。全市各类生产安全亡人事故减少14起，下降23.7%，安全生产工作基础进一步夯实。

七、坚持依法治理、平安建设，社会大局更加和谐稳定

认真落实中央全面依法治国工作会议精神，对各级党政主要负责人履行推进法治建设第一责任定责、明责、落责、考责，开展全面依法治市暨法治政府建设专项督察。持续深化扫黑除恶专项斗争。全年共打掉黑恶势力犯罪团伙28个，破获刑事案件1223起，目标逃犯全部清零。深入开展"三零"单位创建，深入排查化解各类安全风险隐患。弘扬新时代"枫桥经验"，扎实做好信访稳定工作，信访总量下降29.45%。严厉打击各类违法犯罪活动，"两抢一盗"类警情同比下降29.2%，人民群众的安全感进一步增强。

八、坚持凝聚共识、汇集力量，民主建设更加富有成效

加强党对立法工作的领导。立改废地方性法规11件，支持市人大及其常委会依法监督法律法规实施情况和"一府一委两院"工作情况，支持依法作出重大事项决议决定和选举任免。推动288件人大代表建议高质量办理。充分发挥政协协商民主重要渠道和专门协商机构作用。出台《关于新时代加强和改进人民政协工作不断开创全市政协事业发展新局面的实施意见》，526件协商提案全部高质量办理，协商议政质量和效能不断提升。召开6次党外代表人士双月座谈会，加强信教群众聚居村党组织建设，推动"四进"活动提档升级。深入推进党外人士、海外统战、新的社会阶层人士统战工作。积极推动工会、共青团、妇联等群团组织深化改革。深入推进党管武装工作。组织开展国防动员军地联合指挥演练和

民兵防汛综合演练,加快完善国防动员体系建设,荣膺全国双拥模范城“九连冠”。

九、坚持高扬旗帜、凝魂聚力,宣传思想文化工作更加守正创新

落实意识形态工作责任制,召开市委意识形态工作领导小组会议8次。全年举办1000余场、受众6万余人。正确引导网络舆情,全年处置各类舆情400余起,荣获中宣部表彰的基层理论宣讲先进集体、舆情信息工作先进单位十连冠。举办庆祝建党99周年、纪念中国人民抗日战争暨世界反法西斯战争胜利75周年、纪念中国人民志愿军抗美援朝入朝作战70周年系列活动,开展“强信心、暖人心、聚民心”抗疫主题宣传。加快推进晋祠—天龙山景区创建国家5A级旅游景区,晋商博物院建成开放。出台《关于建立“名家、名作、名品”工作机制繁荣社会主义文艺的实施意见》,文艺精品力作不断推出。举办2020太原国际马拉松赛、2020第二届环太原国际公路自行车赛等国际赛事。

十、坚持党要管党、从严治党,政治生态更加风清气正

制定《市委常委班子落实全面从严治党主体责任清单》,开展抓基层党建工作述职评议考核,督促责任落实。完成第六轮、第七轮巡察,启动第八轮巡察,实现本届市委巡察全覆盖,发现共性问题609个,问题线索117个,问责党组织26个、党员干部166人。全面夯实基层基础。出台提升非公经济和社会组织党组织“两个覆盖”质量的十条措施。选派246名机关事业单位干部到村(社区)和民办学校、医院任职。建成党群服务中心900余个。整顿软弱涣散基层党组织144个。社区工作者平均收入达到城镇居民人均可支配收入的1.6倍以上。出台《太原市直机关党支部规范化建设标准》,市直机关80%的党支部达到规范化建设标准。打造过硬干部队伍。精准选派52名年轻干部到县乡“墩苗”任职,选拔23名乡镇(街道)书记到省直和市直单位担任副处级领导职务,全年调整干部26批721人次,评选担当作为表现突出干部400名。持续推进正风反腐。紧盯“关键少数”,一体推进不敢腐、不能腐、不想腐,对6名市管领导干部进行纪律审查和监察调查。全市纪检监察机关共立案1912件,处分1813人。深入开展领导干部违规在社团兼职问题专项治理、逾期贷款清欠清收等专项行动,清理领导干部违规兼职196人,累计清收68.74亿元、居全省第一。查处违反中央八项规定精神问题161个,通报曝光典型案例55起。精准运用“四种形态”,处理党员干部6627人次。

(乔大江)

附:中共太原市委书记、副书记、常委名单

省委常委、太原市委书记: 罗清宇

副书记: 李晓波(10月离职)　张新伟(10月任职)　李新春

常　委: 周计伟　魏　民　薛东晓　王立刚　赵忠保　刘　鹓　王志校　杨继承

中共小店区委

区委书记　刘振华

2020年,小店区委团结带领全区各级党组织和广大党员干部群众,坚持以习近平新时代中国特色社会主义思想为指导,全面贯彻党的十九大和十九届二中、三中、四中、五中全会精神,深入学习贯彻习近平总书记视察山西重要讲话重要指示,按照省委“四为四高两同步”总体思路和要求,统筹常态化疫情防控和经济社会发展,扎实做好“六稳”工作,全面落实“六保”任务,“十三五”规划目标任务基本完成,全区党的建设和党的事业取得新成绩。

一、深学笃行习近平新时代中国特色社会主义思想,始终做到“两个维护”

一是着力强化理论武装。全年开展区委中心组学习42次,聚焦“三篇光辉文献”、《习近平谈治国理政》第三卷等重要文献,开展集中研讨8次,形成交流材料260余篇。特别是习近平总书记2020年5月再次视察山西后,认真传达学习、谋划落实,确保习近平总书记重要讲话重要指示在小店区落地见效。

二是始终把牢发展方向。充分发挥总揽全局、协调各方的领导作用,定期听取人大、政府、政协、法检两院党组工作情况汇报,及时研究重大问题,确保各项工作始终保持正确政治方向。坚决扛起政治责任,紧盯党中央关于经济建设、意识形态、乡村振兴、国家安全、基层党建、党风廉政建设等方面的重大决策部署,主动分析研判,确保不折不扣落实。

三是坚持科学民主决策。聚焦群众亟待解决的急难愁盼问题,先后召开48次常委会,研究重大事项252个,一批事关全区发展的重大难点问题有效解决,一大批惠民利民的民生实事加快实施,赢得全区人民的广泛支持。

四是不断强化自身建设。坚决贯彻《中国共产党地方委员会工作条例》,进一步规范程序,明确职责。严格执行民主集中制,认真执行《区委常委会议事规则》。带头严肃党内政治生活,认真开展批评与自我批评,营造和谐共事、共同奋进的生动局面。省委常规巡视期间,深入查找问题30项60个,逐一细化责任,推动边巡边改。

二、统筹推进疫情防控和经济社会发展，有力保障人民健康安全和经济稳中向好

一是坚决扛起属地责任。召开会议76次，分析研判防控形势，研究解决具体问题，下达防控指令290条，迅速在全区构建起疫情防控的坚强防线。

二是精准强化防控措施。建立健全联防联控、区级领导包点督导等20项工作机制，全面织密各级防控网络。严把入境、筛查、转运、隔离关口，累计完成11架次国际航班1593人的管理和服务工作，未发生境外输入关联疫情。全面做好全市冷冻食品总仓摸排处置工作，有效阻断冷链渠道传播风险。

三是有效维护正常秩序。出台《关于应对新冠肺炎疫情支持中小微企业发展意见执行工作的通知》《关于疫情防控期间采取支持性用电政策降低企业用电成本的告知书》等帮扶措施。区四大班子领导带头、区直机关干部全部下沉，“点对点”帮助企业解决困难，为企业减税降费5.36亿元。全面保障综改示范区6.7万人安全复工。2020年小店区地区生产总值完成1063.68亿元，增长4.9%，在全省各县区率先突破千亿元大关；服务业增加值完成567.26亿元，增长6.1%；社会消费品零售总额完成587.14亿元，下降1.8%；规模以上工业增加值完成199.83亿元，增长3.9%；一般公共预算收入完成23.72亿元，下降2.7%；一般公共预算支出完成47.16亿元，同比增长2.6%。各项主要经济指标总量和增速均稳居太原市前列。

三、深入贯彻新发展理念，持续激发转型发展内生动力

一是全力保障综改示范区建设和省、市重点工程。高效服务潇河产业园区“五大中心”等32个项目顺利落地。稳妥精准承接12项主要社会管理事务，全面保障综改示范区轻装上阵、专心发展。全力保障地铁2号线、汾东创新城等38个重点项目顺利推进，征收土地6229亩。完成武宿机场三期扩建工程3个村、875个宅基地、40万平米的整村拆迁任务。

二是加快布局战略性新兴产业。高效推进“三个一批”，落地重点转型项目75个，大力发展龙芯、中标、百信、阿凡达机器人等信创、智能制造、大数据高端产业，加速推进5G、工业互联网、数据中心等新基础设施建设，战略新兴产业集群化、高端化、智能化发展初见成效。

三是积极培育创新生态。充分发挥“五大平台”作用，引进高新技术产业项目182个，培育规上企业10家、限上企业6家、上市企业2家，双创载体突破100家，入驻企业1.5万户，科技型中小企业占到全省总数的60%。

四是深化“放管服效”改革。全面推进“一枚印章管审批”，精减审批事项73项，压缩办理时限50%，压减审批环节20%；一次办结事项超过60%，政务服务事项85%实现网上办理，成功入选全国营商环境百强区。

四、优先发展农业农村，美丽乡村建设扎实推进

一是农业发展更加优质高效。积极推进王吴、东辉、民晟等农业示范产业园和西红柿小镇、西芹种植产业园等特色种植园建设，王吴现代设施农业科技园被评为省级“六新”农业科技示范基地。成功举办小店区农特产品推荐会，打造“早黑宝葡萄”“玉露香梨”等特色优势品牌。

二是农村环境更加优美。全年安排投入7.7亿元，建设北格镇同过村等11个美丽乡村，积极推进厕所革命、拆违治乱、垃圾分类、污水治理、卫生乡村建设，扎实推进“四好农村路”建设，农村面貌和农民生活品质发生明显改观。

三是农村综合改革逐步深化。全面完成土地承包经营权确权工作，土地流转3.3万亩。97个村(居)、组全部成立集体经济合作社或股份经济合作社，农民基本权益得到有效保障。

五、始终坚持四治统筹，生态环境质量明显改善

一是深入推进生态绿化。全面启动创建国家森林城市三年行动，营造林提档升级1800亩，持续加强东山生态环境综合治理，五龙城郊公园植被覆盖率达到82.3%，成为新的“城市氧吧”。

二是全面加强水体保护。通达街、康宁街雨污分流工程全面完工，农村污水处理站实现全覆盖，175个入河排污口实现动态监管。扎实推进汾河、潇河流域水污染治理，加快实施太榆退水渠、北张退水渠“清四乱”工程，水质巡查监管实现常态化，劣V类水体全面消除，水域生态环境全面改善。

三是持续推进大气污染治理。全面落实建筑工地“六个百分百”要求，完成燃气锅炉低氮改造214台，严控98家涉VOCs企业排放。高压打击“散乱污”企业，严控涉VOCs企业排放，加强臭氧污染防控，全区优良天数达到212天，比2019年增加25天。

四是大力开展城市环境综合治理。大力推动老旧小区改造，积极争取政府专项债券9.2亿元，总投入18亿元，实施“三治六改九提升”，打造189个老旧小区，改造楼房885栋，惠及社区居民4万户。积极推进棚户区改造，完成棚户区住房改造2144套。开展“垃圾清零”和“三清五治”专项行动，垃圾分类工作覆盖居民20.7万户。

六、始终牢记为民宗旨，民生福祉持续增进

一是稳就业工作成绩显著。出台《小店区优先稳就业促消费保民生行动计划17条》，全面落实稳岗补贴，发放补贴1121.4万元，惠及3.13万人。深化“人人持证、技能社会”建设，城乡劳动力建档立卡36.8万。城镇新增就业人数1.28万人，“零就业”家庭实现动态清零，城镇登记失业率控制在3.04%以内。

二是社会保障更加有力。城乡低保标准由每人每月650

元提高到700元,城乡居民基本医疗保险登记人数达到40.97万人,城乡居民养老、医疗、失业等保险基本实现全覆盖。

三是教育事业加快发展。汾东中学开工建设、新区委党校主体封顶,认定209所幼儿看护点,实现无证园清零,新增普惠学位约2万个,城镇小区配套幼儿园全部实现普惠化,义务教育阶段新增学位7200个。

四是健康小店建设持续深化。建立居民电子健康档案80余万人,家庭医生签约24万人,基本公共卫生考核居全省第一。

五是文化事业更加繁荣。小店区所有村(社区)综合性文化服务中心达到省级标准,非物质文化遗产总量居太原市第一。160个村(社区)综合性文化服务中心全部达省级标准,率先在全市建成公共文化数字服务平台,新增9项区级、5项市级非物质文化遗产项目,居太原市首位。

七、始终树牢总体国家安全观,社会大局更加稳定

一是始终把政治安全摆在首位。出台《小店区重点领域国家安全协调机制暨危机管控分工方案》,建立区级层面国家安全重点领域协调机制,对涉及国家安全的重点领域、重大事项及时研判、推动落实,确保全区政治安全和社会稳定。

二是全力推进"三零"单位创建。覆盖社区、村、企业等"三零"单位创建主体2.26万个。制定出台"1+3+N"工作方案,明确一企(社区)一方案,10类创建主体整体推进、效果良好。全年生产安全事故下降21.43%。打掉黑恶势力犯罪团伙6个,抓获犯罪嫌疑人62人,基本实现扫黑除恶"六清"行动目标。

三是全面创新基层社会治理。强化党建引领,全面推广红色物业、红色业委会,加快构建社区党组织领导下的居委会、物业公司、业委会多方参与的协同共治机制,在平阳路街道挂牌成立太原城市基层治理实训基地。

八、加强民主政治和思想建设,巩固发展良好政治局面

一是支持区人大及其常委会依法履行职能。出台《新时代加强和改进人大工作的实施意见》,更好地使党的主张通过法定程序转化为人民的共同意志。人大基层代表联络站建设成果受到上级充分肯定。

二是支持区政协依章开展工作。召开区委政协工作会议,进一步促进了发扬民主与增进团结,健全了建言资政和凝聚共识的协商机制,切实把协商民主贯穿政治协商、民主监督、参政议政全过程。

三是严格落实意识形态责任制。每季度对意识形态领域形势进行分析研判,高度重视网络舆情工作,着力防范化解意识形态领域风险。

四是推进统战工作提质增效。切实维护宗教领域安全,持续抵御和防范境外宗教渗透。

五是深入推进党管武装工作。建成区、街道、乡(镇)、社区(村)三级退役军人服务保障体系,双拥工作进一步加强。积极推动工会、共青团、妇联等群团组织改革。基层工会组织有效覆盖面持续扩大,共青团阵地功能持续强化,妇女儿童工作取得新成绩。

九、始终坚持全面从严治党,构建良好政治生态

一是坚决扛起管党治党政治责任。深入贯彻落实《党委(党组)落实全面从严治党主体责任规定》,自觉履行管党治党主责、首责、全责。常态化开展党委(党组)书记谈心谈话,组织开展党委(党组)书记抓基层党建工作述职评议考核。完成区委第七轮、第八轮巡察工作,启动第九轮巡察,实现本届区委巡察全覆盖,发现问题156条、问题线索36条,处理干部17人。

二是全面夯实基层组织建设。进一步做强城市党建,持续推进"三倾斜一下沉",扎实开展"两个覆盖"质量提升年活动,非公企业党组织覆盖率达到93.1%,新兴领域党组织有形覆盖和有效覆盖水平进一步提升。聚焦乡村振兴,扎实开展农村基层党建示范创建行动,打造西蒲"红色渡口文化"党建品牌。37个软弱涣散党组织全部整顿转化。

三是坚定不移推进正风肃纪反腐。扎实开展政治监督,发现并督促整改问题26个,问责党组织6个、党员干部34人。坚持一体推进不敢腐、不能腐、不想腐,纪检监察机关立案200件、处分180人、重处分56人,留置1名区管干部,移送司法机关9人。查处违反中央八项规定精神问题37个、65人,给予党纪政务处分43人。精准运用"四种形态",处理干部437人次,其中第一、第二种形态占到87.4%,营造了风清气正的良好政治生态。

(韩　慧)

附:中共小店区委书记、副书记、常委名单

书　记:刘振华

副书记:李卫平(12月离职)　袁尔铭(12月任职)
王建文(4月离职)　王成周(4月任职)
安小刚(7月任职)

常　委:杜小灵(4月离职)　张力维(挂职)
霍存柱　张志中　白进联(女,4月离职)
梁根会　荣杰峰(4月任职)
盛维华　周继全

中共迎泽区委

区委书记 李 慧

2020年，迎泽区委坚持以习近平新时代中国特色社会主义思想为指导，深入学习贯彻党的十九大和十九届二中、三中、四中、五中全会精神，全面贯彻习近平总书记视察山西重要讲话重要指示，按照省委"四为四高两同步"总体思路和要求，统筹推进疫情防控和经济社会各项事业发展，政治、经济、文化、社会和生态建设取得新成效，党的建设全面加强，为"十四五"顺利开局打下坚实基础。

一、提高站位，把牢方向，确保中央和省市各项决策部署在迎泽区落地落细

区委充分发挥总揽全局、协调各方的领导作用，牢牢把握工作的主动权，自觉把迎泽区放在全省全市发展大局中考量和谋划。坚持民主集中制，严格按照议事规则和"三重一大"事项决策制度程序实行集体决策，对标党中央决策部署及省市委工作要求，召开32次区委常委会议，深度谋划发展的定位站位方位，全力实施"三化两新四提升"，坚定不移推动经济社会各项事业实现高质量转型发展。习近平总书记视察山西后，及时出台了《中共太原市迎泽区委关于贯彻落实习近平总书记视察山西重要讲话重要指示在转型发展上率先蹚出一条新路来的行动方案》，明确8个方面139条具体任务，进一步把思想和行动统一到党中央和省市委的重要决策部署上来，确保各项工作始终沿着正确的方向和道路前进，凝聚起加快发展的强大动力和合力。

二、攻坚克难，真抓实干，推动全区各项工作取得新突破

全力做好疫情防控，人民生命财产有效保障。准确把握疫情防控阶段性变化，按照"坚定信心、同舟共济、科学防治、精准施策"总要求，圆满实现医务人员零感染、重症患者零死亡的双零目标；圆满完成北京分流国际航班7班1300人服务保障工作，充分发挥了首都护城河作用；积极提升应对突发重大公共卫生事件的能力水平，建成PCR实验室并投入使用；坚决做好"外防输入、内防反弹"工作，坚持人物同防，实施冷链物流闭环管理，构筑了人民群众生命安全和身体健康的坚固防线。

深入实施"三化两新四提升"，高质量发展迈出坚实步伐。坚持贯彻新发展理念，围绕省委"四为四高两同步"总体思路和要求，坚定不移走以质取胜的内涵式发展路子。坚持以项目建设促增长增后劲，围绕楼宇总部、信息技术、生物医药、节能环保、科技创新、高端装备制造等重点领域，谋划了一批含金量、含新量高的重点项目，全年实施投资类项目99个，签约项目14个。中泰广场成为区域总部基地品牌，引进一批高新技术企业入驻，促进产业有效集聚；深入实施"文旅+"战略，全力打造"太原府城游"升级版，开发研学游、红色游等旅游产品，谋划启动了钟楼步行街改造和双塔景区建设，全域旅游发展步伐进一步加快；优化创新生态环境，聚焦"六新"要求，重点打造中泰筑梦之星孵化器、金融科技双创产业园等双创项目，推荐申报高新技术企业认定156家。以基础性、牵引性、战略性重大改革为引领确定61项重大改革事项，其中48项已全面落实或取得阶段性成果；深入实施乡村振兴战略，把产业发展与生态建设、人居环境改善、基础设施配套统筹推进，重点实施了森栖谷特色小镇项目建设，聚力打造集农业种植观光、养生度假等多功能于一体的田园综合体，董家庄获评"中国美丽休闲乡村"称号。

全面开展城市品质提升行动，人民群众幸福感获得感进一步提高。实施城市双修战略，全面启动解放路周边综合整治工作，持续加大老旧小区及背街小巷改造力度，自创城以来，累计整治改造背街小巷168条，老旧小区732个，城市品质显著提升；全面实现生活垃圾分类全覆盖，投入3500万元强力推进垃圾分类综合分拣中心建设项目；持续完善东山路网体系，完成环太原国际公路自行车赛道、张新线旅游支线建设，松小线全线正式通车，水马路基本完成。着力提升城市治理能力，深入推广"互联网+社区治理"模式，将"一路一专班"和"门前五包"责任制纳入智慧管理，城市精细化智能化长效化管理水平进一步提升。作为全省唯一上榜县区，获评"2020年中国县域智慧城市百强县"称号。

坚持治理保护并重，城乡生态环境明显改善。深入贯彻习近平生态文明思想，坚持治山、治水、治气、治城一体推进，全力创建国家森林城市，实施大小线森防通道绿化、农村环境集中整治提档升级等绿化行动，分类分级实施山体破坏面生态修复，强化森林防火与地质灾害隐患治理，扎实推进绿色生态屏障建设；全面落实河(湖)长制，深入推进"清河行动"，加快推进南沙河上游综合治理，河道及周边生态环境明显改善；突出大气污染治理，千方百计抑制扬尘，持续加大柴油车辆、餐饮商户、工地等管控力度，辖区空气质量明显改善。

做好增进"人民福祉"和"人的全面发展"两篇文章，公共服务和民生保障水平进一步提高。大力实施"互联网+就业"，全区城镇新增就业16237人，创业就业3665人。织密织牢社会保障网，持续提升城乡最低生活保障标准，全面落实优抚安置等政策，扎实做好退役军人服务保障工作。持续做大优质教育资源总量，完成36中、37中等学校改扩建，全面开展"区管校聘"管理改革，持续推进教育资源均衡发展。持

续深化医药卫生体制改革,以全省首批开展失能、半失能老年人健康管理服务试点为契机,探索可推广、可复制的为老健康服务新模式;提升家庭医生履约综合服务"含金量";启动区中心医院新址建设。完成5000多套保障性住房建设及4500多户选房工作。采取多种形式组织开展丰富多彩的群众文化活动,举办文化惠民活动1500余场。

深化共建共治共享,社会和谐稳定局面进一步巩固。坚定不移贯彻总体国家安全观,持续深化"平安迎泽"建设,充分发挥"枫桥经验"先导区的示范引领作用,全力推进疑难信访案件项目化管理,一批信访积案得到有效化解。深入开展扫黑除恶专项斗争,推动"扫黑除恶"工作常态化;以"三零"单位创建为抓手,推动社会治理重心向基层下移,不断完善党建引领、"三治融合"、多元参与的基层社会治理新格局,基层治理能力和水平稳步提升。狠抓安全生产工作,严格落实"党政同责、一岗双责、齐抓共管、失职追责"安全责任体系和"三管三必须"的要求,扎实开展"深刻汲取教训,全面提升安全生产工作水平"集中教育整顿暨专项整治工作,有效防范和坚决遏制各类事故发生。全面展开"重点期""特险期"森林防火工作,筑牢食品药品安全监管"两条底线",全区安全生产基层基础进一步夯实。

坚持同心同向同行,民主政治建设取得显著成效。坚持党的领导、人民当家作主、依法治区有机统一,支持区人大及其常委会围绕重点工作开展一系列监督视察调研询问活动,依法履职水平进一步提高;支持区政协扎实履行职能,协商民主重要渠道和专门协商机构的作用有效发挥;巩固和发展最广泛的爱国统一战线,维护宗教领域和谐稳定,着力加强新时代民营经济统战工作,深化民族团结进步创建,作为全省唯一县区入选第八批全国民族团结进步示范区示范单位拟命名名单;坚持党管武装,国防教育、国防动员和战备演练工作进一步加强,军民深度融合发展的氛围更加浓厚;增强群团工作的政治性、先进性、群众性,工青妇等群团组织阵地作用进一步发挥;深入贯彻习近平法治思想,坚持依法行政、依法办事,深化"七五"普法宣传,加快推进全面依法治区进程。

三、压实两个责任,从严管党治党,党内政治生态持续净化

强化理论武装,意识形态主旋律更加响亮。严格落实第一议题制度,理论中心组17次集中学习,系统学习了习近平总书记视察山西重要讲话重要指示、《习近平谈治国理政》第三卷、"三篇光辉文献"以及省市全会精神,切实增强"四个意识"、坚定"四个自信"、做到"两个维护"。党的十九届五中全会召开后,常委班子成员以上率下,带头学深悟透全会精神并深入包联社区(村)宣讲,及时印发《宣传工作方案》,在全区迅速掀起学习贯彻的热潮。进一步加强党对意识形态工作的领导,加强意识形态领域形势分析研判,开展网上"清朗行动",牢牢掌握意识形态工作领导权、话语权。积极开展新时代文明实践中心站所试点工作,真正打通服务群众的"最后一公里"。

坚持固本强基,基层组织政治功能和组织力全面提升。把党建引领贯穿基层治理始终,全力打造17个党支部示范点,30个软弱涣散基层党组织全部实现转化升级,条件成熟的非公和社会组织实现应建必建,重点打造山西盛科、中泰广场等楼宇党组织,平稳接收国企退休党员12000余名。开展村党组织带头人整体优化提升行动,探索社区党组织、小区物业、业主委员会"三驾马车"协同推动基层治理的新路径,以"党建引领+居民自治"破解小区治理困局。

突出政治标准,干部队伍建设全面加强。全年涉及干部职务调整10批次169人次,职级晋升12批次95人次;对158名拟提拔重用和晋升职级干部进行"五查"和任前公示,对在职干部人事档案实施数字化管理;分层分类开展干部教育培训,探索构建科学合理的年轻干部培养机制;严格执行职务与职级并行制度,全面提高公务员管理科学化水平;健全完善人才数据库,着力打造引领和支撑迎泽区产业结构调整和经济发展方式转变的人才队伍。

持续正风肃纪,全面从严治党向纵深发展。着力构建"3216"政治监督纠偏闭环管理新模式,推动政治监督常态化、制度化、长效化。坚持层层传导压力,实现对街镇巡察全覆盖并向社区(村)延伸。持续巩固发展反腐败压倒性胜利,全区纪检监察机关共处置问题线索350件,谈话函询156件次;立案124件,结案114件,组织处理146人;党纪政务处分107人。强化干部日常监督,运用"四种形态"批评教育帮助和处理386人次,查处违反中央八项规定精神问题6件、群众身边腐败问题80件,涉黑涉恶腐败及"保护伞"问题立案27件。开展扶贫领域、医保骗保和人防系统腐败问题等专项治理行动,推动形成知戒惧、守底线的良好氛围。

(苏卫国)

附:中共迎泽区委书记、副书记、常委名单

书　记: 冯原平(1月离职)　李　慧(女,1月任职)

副书记: 李　慧(女,1月调职)　赵学军(1月任职)
王国栋(3月任职)

常　委: 王国栋(3月调职)
刘芝茂(挂职,5月离职。2022年1月涉嫌严重违纪违法,接受纪律审查和监察调查)
刘　斌(12月离职)　杜志强(7月任职)
尹达恒　张　军(女)　薛　凯(3月任职)
闫晓琴(女)　刘爱国(3月任职)
岳旭强(3月任职)　霍晓勇(12月任职)
苏国清(7月任职)　闫海军

中共杏花岭区委

区委书记　李文权

2020年，杏花岭区委坚持以习近平新时代中国特色社会主义思想为指导，贯彻落实党的十九大和十九届二中、三中、四中、五中全会精神，紧紧围绕省委“四为四高两同步”总体思路要求和市委部署，开拓创新、担当务实，推动各项工作取得新成效。

一、突出政治统领，牢记领袖嘱托，坚持不懈抓好政治生态建设

一是学思践悟，加强理想信念教育。区委理论学习中心组就习近平总书记视察山西重要讲话重要指示、《习近平谈治国理政》第三卷、五中全会精神等主题开展集中学习、交流研讨，举办各类培训19期，开展“七进”宣讲978场，推动广大党员干部筑牢信仰之基、补足精神之钙、把稳思想之舵。二是把牢方向，深化党的政治建设。以接受十一届省委第八轮巡视为契机，全面梳理总结各项工作，深入查摆存在问题，扎实推动边巡边改，高标准完成五届区委第十轮、第十一轮巡察。三是站稳立场，扛起抓落实的政治责任。制定《中共太原市杏花岭区委关于贯彻落实习近平总书记视察山西重要讲话重要指示在转型发展上率先蹚出一条新路来的工作方案》，召开区委五届九次全会作出全面部署，统筹推动产业、城市、民生、环保、文化、党的建设各项工作。

二、把握发展要务，聚焦“六新”转型，推动全区经济社会高质量健康发展

全年GDP总量达到749.69亿元，总量占全太原的18.1%，各项事业保持持续健康发展势头。

（一）狠抓“两个统筹”，复工复产取得明显成效。全力克服新冠肺炎疫情影响，开展金融税务、援企稳岗等16项帮扶行动，全年减税降费2.84亿元，规模以上工业在全市率先实现100%复工，中华老字号酿造小镇在全市率先实现重点转型项目复工。

（二）坚持“项目为王”，产业转型迈出坚实步伐。“三个一批”取得明显成效。纳入省项目管理库项目57个，新开工29个，竣工13个；中华老字号酿造小镇酒厂板块主体完工，东山中石油昆仑燃气项目竣工投产并完成入统；泰享里新经济产业园运营良好，解放路—胜利街—北中环商圈雏形初具；晋商博物院正式对外开放，府城文道建设加快，古圆通寺、镇远桥回迁复原完成，“游杏花岭、看府城史”文旅王牌逐步形成。“六新”转型良好开局。谋划实施“六新”项目28个，京东（山西）数字经济产业园、1898“太原兵工厂”文化产业园两大载体性、牵引性重点项目落地，申报“专精特新”企业10家，培育高新技术企业89家，2家科技企业新三板挂牌，521家科技型中小企业纳入国家信息库。建成双创示范基地22家，入驻企业1764户，全年新增市场主体6942家，民营经济“量”“质”齐升，为“十四五”发展打下良好基础。

（三）突出“改革为要”，全面深化改革不断攻坚推进。建立完善“6+1”改革工作推进体系，强化协同配合，产业、民生、社会、环保、治理、党建等11个方面80项改革年度目标全面完成。重点领域改革取得突破性进展。相对集中行政许可权、企业投资承诺制等改革全面落地，195项审批事项全部划转到区行政审批局，投资项目审批事项入库率100%。国企退休人员社会化管理涉及624家企业8.14万名退休人员、1.96万名党员全部完成接收。扎实开展行政区划优化调整，初步形成11街1镇区域格局。

（四）坚持“城市兴，则文明兴”，现代化城区风貌不断显现。高质量完成解放路及周边16条街巷改造整治，轨道交通2号线及周边配套工程按期完成，东中环北延道路全线贯通，酿造小镇配套道路开工建设；攻坚解决141户各类改造动迁遗留难题，启动7个城中村安置房建设。完成小区供水改造52个、供暖改造57个、供电改造5个，高标准整治旱西关南二条等4个片区，完成116个老旧小区整治，既有居住建筑节能改造141万平方米；全面实施“两下两进两拆”，整治强弱电线缆4.5万米，完成入地0.33万米，拆除违规广告1.62万块，拆除违建2.73万平方米。深入开展“九乱”治理，完成69条背街小巷交通秩序整治。740个小区、25.1万户开展垃圾分类，全区垃圾分类覆盖率达100%。美丽乡村建设取得新进展。全面启动22个农村人居环境整治项目，超额完成农村户厕改造，完成16.05公里城乡结合部道路整治和25公里“四好农村路”建设，农村公路优良率达85%。

（五）聚焦“民生为本”，社会民生事业得到全面发展。持之以恒抓好常态化疫情防控。累计追踪密切接触者368人，摸排国内重点地区返抵并人员3.4万人次，管理中高风险地区返抵并人员2120人，完成7架次经停国际航班接机、医学观察任务，连续243天无新增病例。治山、治水、治气、治城一体推进，PM10、SO_2、CO三项污染指标改善率排名六城区第一，5处入河排污口全部整治，全面消除劣V类水体；完成142条主干道和21条小街巷绿化，新建小游园5个，新增国土绿化面积7016.33亩。完成15所学校硬件提升，学前教育“三率一清除”全面完成，区中心医院综合楼项目进展顺利，新建6个社区养老设施和1所老年福利院。

（六）树牢“系统思维”，不断强化基层社会治理。扎实开展“三零”单位创建。“三零”达标率同比提高18%、23%、5.4%，全面完成阶段性目标任务。持续强化安全生产监管。

深刻汲取“8·29”和“10·1”事故教训,认真开展专项整治行动,排查整改隐患2977条,675处国有土地既有建筑和385个农村自建房屋安全隐患全面整改。强力推动扫黑除恶专项斗争决战决胜。深化“六清”行动,办结线索424条,转化成案46条,审理黑恶案件15件166人。完成160个公共法律服务工作站(室)建设,公共法律服务三级平台逐步完善,“法治政府建设短板大调研”、行政执法“一专栏、双审核、全记录”等特色工作有效开展,获得全国“七五”普法先进县(市、区)、全国消协组织消费维权先进集体等荣誉称号。深入推进市域社会治理现代化,形成“1+N”的联动机制和“一轴多元”的人员队伍,推动“居委会”“业委会”“两委对接”,社区党组织和业委会、物业公司“双向进入、交叉任职”;建设智能安防小区110个。信访稳定局面向好。

三、强化党要管党,全面从严治党,持续提升党的建设质量

(一)对标新时代新要求,持续加强党的全面领导。在项目建设、常态化疫情防控、老旧小区整治、隐患排查、信访稳定、基层党建等各领域工作全面落实“分管包领域、领导包街乡”的“双包联”工作机制,切实把党的领导落实到全区高质量发展的全领域、全方位、全过程。

(二)全面落实新时代组织路线,着力构建科学精准的干部工作体系。全年调整干部16批267人。分两批完成4类执法队伍转隶工作。建立优秀年轻干部后备库。全面贯彻落实省委“墩苗”行动决策部署,选派3名年轻干部担任街道党工委副书记。

(三)夯实基础、拓宽覆盖,全面加强基层组织建设。制定《关于深入贯彻落实习近平总书记视察山西重要讲话重要指示进一步抓基层打基础的二十条措施》,持续深化城市基层党建“区域化”探索,以机构改革为契机,完成16个涉改党组织优化调整,探索建立锦绣苑等社区党委,为2个合并行政村整建制选派党组织班子,组建“两新”组织党组织110个,覆盖“两新”组织199家,“两个覆盖”率达到94.31%。

(四)强化标本兼治,坚持“不能腐、不敢腐、不想腐”一体推进。全年处置线索、谈话函询、立查案件、党纪政务处分数量同比分别上升86.6%、257.6%、38.5%和48.5%;扎实开展人防系统腐败、领导干部违规入股、居民小区隐蔽吃喝、扫黑除恶专项斗争监督执纪问责、社会团体兼职、逾期贷款专项清欠清收等专项治理,向全区副科以上干部发送廉政提醒短信1.44万条。

(五)持续加强党领导下的民主政治建设,全面推动统战、宣传、群团、双拥等各项工作。人大基层代表站室建设接待全国、省、市人大多次调研观摩,在2020年4月省委人大工作会议上作为唯一县区代表作经验介绍发言;有效解决政协“一人委”问题,政协工作联络组、委员活动站建设实现“全覆盖”;高质量开展意识形态与宣传工作,《疫中人》《我家住在杏花岭3》微电影推送至“学习强国”平台。党管武装、工青妇、残疾人、双拥等各领域工作有效开展,民主政治基础不断夯实。

(游　佳)

附:中共杏花岭区委书记、副书记、常委名单

书　记:李文权

副书记:侯　森　梁　勇(4月离职)
李福贵(7月任职)

常　委:王富强(4月离职)　李秀斌(5月任职)
卫向东　王同化　赵联庆　郭俊明
张　喆(7月任职)　杜志坚
孟祥乐　杨俊国(9月任职)

中共万柏林区委

区委书记　杨俊民

2020年,万柏林区委坚持以习近平新时代中国特色社会主义思想为指导,全面贯彻党的十九大和十九届二中、三中、四中、五中全会精神,深入学习贯彻习近平总书记视察山西重要讲话重要指示和“三篇光辉文献”精神,增强“四个意识”、坚定“四个自信”、做到“两个维护”,按照省委“四为四高两同步”总体思路和要求,认真贯彻落实省委、市委全会暨经济工作会议各项决策部署,持续以“五大行动”(党建引领、创新转型、改造提升、文明创建、服务群众)为统领,牢记领袖嘱托把正方向,胸怀“两个大局”坚定转型,弘扬斗争精神攻坚克难,坚持人民至上精准防疫,团结带领全区人民真抓实干,统筹疫情防控和经济社会发展,全区党建及党的各项事业取得新成效。

一、坚持党建引领,政治生态持续向好

截至2020年12月,全区31个党(工)委,下设1240个基层党组织,其中二级党委108个、党总支18个、党支部1114个。党员28771名,其中女党员10549名,占党员总数的36.67%;少数民族党员121名。

党的政治建设进一步加强。深入开展《习近平谈治国理政》第三卷和“三重温、学四史”学习教育,严格落实意识形态工作责任制,牢牢掌握意识形态工作的领导权、管理权和话语权。加强党对反腐败工作的集中统一领导,持续深化监察体制改革,推动管党治党责任层层传导压力,严格执行中央

八项规定精神,锲而不舍纠治“四风”,坚决整治群众身边不正之风和腐败问题。全年纪检监察机关共处置问题线索525件,立案200件,结案189件,给予党纪政务处分180人;查办职务犯罪案件5件,留置4人,涉嫌犯罪移送检察机关4人,反腐败斗争压倒性胜利不断巩固发展。

基层组工建设进一步夯实。创新实施选派区直机关事业单位干部到村担任党组织书记,为全省提供了万柏林经验做法。推行街道大工委、社区大党委制,全区非公组织党组织覆盖率达96%,社会组织党组织覆盖率达100%,万象城党群服务中心成为全省标杆。全年调整干部12批次123人次。为112名干部晋升职级,全区干事创业氛围浓厚。

民主政治建设全面推进。区委充分发挥总揽全局、协调各方的领导作用,支持人大、政府、政协和法院、检察院依法依章程履职,推动办理各类建议和提案333件。全面推进依法治区,公安万柏林分局荣获“全国公安机关执法示范单位”、区联合人民调解委员会荣获“全国模范人民调解委员会”称号。坚持党管武装,区人武部被评为山西省先进人武部。

二、坚持高质量创新,转型发展步伐积极稳健

全年完成地区生产总值486.04亿元,规模以上工业增加值90.61亿元,社会消费品零售总额183.23亿元,一般公共预算收入20.13亿元,继续保持山西省“第一方阵”。

坚持转型为纲不动摇。聚焦打造高端装备制造、轨道交通、新能源汽车三大产业集群,实施工业强区战略,中车轨道交通产业基地、大众国产不锈钢笔头等一批战略性新兴产业项目顺利推进。民营企业蓬勃发展,5家企业在“晋兴板”挂牌,6家企业被评为山西省“专精特新”企业,5家工业企业新申报“小升规”。聚焦打造太原新型商业商务中心,发展以中海、信达、华润万象城、公元时代城等为中心载体的楼宇商圈经济。聚焦打造宜业宜居宜乐宜游的省城“西花园”,发展西山生态文化旅游产业,王封一线天景区、圪垛古村落修复、西山枫情森林公园等建设进展顺利,“网红路”环太原国际公路自行车赛道、玉泉山等景区景点誉满省城,展现区域特色旅游体系。

坚持项目为王不松劲。持续开展“三个一批”活动,成功举办樱花季等4场招商会,引入八戒山西数字经济科创园等一批大项目;落实“1+9+1”工作机制,扎实推动新城吾悦、井峪新城等一批重点项目建设,全区新建和续建项目开复工率100%,重点项目建设成为全区稳增长的“压舱石”。

坚持改革为要强动力。年度50项重点改革任务落地完成。企业投资项目承诺制和“一枚印章管审批”等改革见效,国有企业退休人员社会化管理工作经验在全市推广,签署移交协议企业530家,涉及退休人员8.4万人,完成率100%;农村集体产权制度改革取得阶段性成果,教育、医疗、养老、城管等体制改革呈现区域特色。

坚持创新为上增活力。建成省级以上科技企业孵化器4家、众创空间21家,成立万柏林区科技成果转化基地并入驻企业36家,新增5个省级工程实验室、研究中心,高新技术和科技型中小企业实现倍增,22家规模以上工业企业完成创新全覆盖,高标准完成425座5G基站建设任务,猪八戒网、阿里巴巴等一批国内知名创新型企业落户万柏林。

三、坚持改造提升,崛起空间不断拓展

城乡融合发展取得新成效。持续巩固城中村改造成果,全区27个城中村改造总体完成90%以上,扎实开展城中村改造“回头看”,化解一批历史遗留问题。城边村改造政策瓶颈取得重大突破,西铭和圪僚沟等5个村享受城中村改造政策,西铭文旅小镇项目建设进展顺利,城边村改造提升在艰难前行中蹚出一条新路。

棚户区、老旧小区改造取得新突破。把棚户区、老旧小区改造作为改善民生和提升城市品位的重要抓手,创造性提出棚改“区企主导”新模式,近3000户大众棚户区拆迁改造顺利推进,老旧小区改造开工78个,基本完成73个,全区城市面貌持续改善。

西山采煤沉陷区综合治理取得新提升。按照“居住下山、产业上山”思路推进“撤村建居”工作。推动西山枫情城郊森林公园等“产业上山”文旅项目开工建设,聂家山村花园万象农业生态园项目顺利实施,西山万亩生态园(都市·EcoPark)文旅综合体项目签约落地。

四、坚持文明创建,保护生态环境成效显著

城市文明程度与精细化管理水平不断提升。健全完善“街乡吹哨、部门报到”机制,推动城管执法人员全部下沉街道。实行清扫保洁“管干分离”市场化运作,推进垃圾分类硬件全覆盖;实施“智慧化”城市管理,建成并启用“门前三包”AI智能管控系统,区域环境品质提升。九院和小西铭村被授予“全国文明村镇”荣誉称号,兴华礼仪幼儿园、万柏林区税务局和山西诚泰建筑工程有限公司被授予“全国文明单位”荣誉称号。

生态环境质量不断改善。以决战决胜的决心,打赢污染防治攻坚战,严格落实环境保护“党政同责、一岗双责、失职追责”管理机制,扬尘污染得到有效控制,劣Ⅴ类水体和黑臭水体全面消除,建成区绿地率、绿化覆盖率分别达到38.26%、44.83%,空气质量在六城区持续排名第一。

五、坚持服务群众,高品质保障与社会治理日臻完善

民生保障水平不断提高。实施积极就业政策,城镇新增就业15997人,城镇登记失业率为3.66%。抓好社保“全覆盖”工程,城乡低保标准由650元提高至700元。按照“四不摘”要求,巩固提升帮扶娄烦县脱贫攻坚成效。扎实推进区域化统筹养老服务试点工作,下元街道入选全国智慧健康养老示范街道,1人被评为“全国最美退役军人”。

医疗卫生等社会事业提质扩面。强化新冠疫情防控作战意识,动员一切力量,尽锐出战、严防死守阻断传播,做好国际

航班经停太原入境赴京工作，守好进京防线，成为太原市唯一一个疫情防控"居住地零确诊、零聚集性病例"的城区；做好"六稳"工作、落实"六保"任务，超前谋划安排"四后"防控工作快速恢复生产生活秩序。兴华街道后北屯社区党委副书记、主任李满生荣获"全国抗击新冠肺炎疫情先进个人"称号。

教育强区与社会治理水平大幅提升。深化学校管理体制改革，探索教育联盟、集团化办学、"名校＋新校""名校＋普校"等办学模式，引进山西大学附属中学，建成太原市外国语学校开城校区，全区中考成绩连续4年保持全市十县区第二名。兴华礼仪幼儿园安慧霞荣获"全国先进工作者"称号。推进区域治理能力现代化，学习推广新时代"枫桥经验"，扎实开展"三零"单位创建、扫黑除恶专项斗争，开展信访积案化解、安全生产隐患排查整治，社会大局稳定向好。

（梁文青）

附：中共万柏林区委书记、副书记、常委名单

书　记：杨俊民

副书记：袁尔铭　杨建忠（挂职，3月离职）
梁雅俊（女，1月任职）
李博雅（女，7月任职）

常　委：岳元春　刘贵江　杨宏林（7月离职）
李　蓉（女，7月离职）　刘仍雁
赵晓红（女，7月离职）　刘爱国（3月离职）
常　青　梁红根（3月离职）
陈俊峰（7月任职）　张小军（7月任职）
周靖华（7月任职）　杨　光（7月任职）
刘志军（9月任职）

中共尖草坪区委

区委书记　卢俊峰

2020年，尖草坪区委坚持以习近平新时代中国特色社会主义思想为指导，认真学习党的十九大和十九届二中、三中、四中、五中全会精神，深入学习贯彻习近平总书记视察山西重要讲话重要指示，贯彻落实省、市委全会及经济工作会议精神，毫不动摇推进"三区战略"，紧扣建设"强富美旺"北部新城目标，按照"强经济、惠民生""12345"发展思路，圆满完成了各项目标任务。

一、旗帜鲜明强党建

（一）党旗引领，抗击疫情。着力解决防控不专业、用工难、就业难等一系列问题。在全市率先实现68家规上企业、372家中小企业100%复工复产。中北高新区财政税收同比增长40%，全市第一；尖草坪区工业税收由2019年的4.5亿到2020年的6.7亿，贡献率由39.65%跃升至64.44%。疫情防控和经济社会发展双战双胜。

（二）强化学习，领会要义。全年开展中心组理论学习42次，研讨18次，集中轮训覆盖科级干部640余人。

（三）推进换届，试点先行。牢记村（社区）"两委"换届试点的光荣使命，坚持以选优配强为目标，成立领导组、指挥部、督战队，开展"背靠背""一对一"5轮逐村分析研判，20天圆满完成全区55个村、77个社区党组织换届试点工作。

（四）强基固本，筑实堡垒。全面实施"六基达标""五星争创"工程，开展党支部"堡垒指数"和党员"先锋指数"星级考评管理，全区各领域三星级以上党组织已达91.6%。

二、"三区战略"再提速

（一）人文生态休闲区展新篇。一是旅游资源融合发展。在"三园共建"的基础上，有机串联汾河二库、净因寺、多福寺、窦大夫祠、崛围红叶等景区景点，"崛围山大景区"、太原北部旅游观光区初具雏形。中医药文化产业园二期顺利推进，柏板乡宇文村入选山西省第二批3A级乡村旅游示范村。全年共接待游客343.55万人次，旅游总收入38.32亿元。二是乡村振兴蹄疾步稳。稳步推动产业振兴、社会主义新农村建设、农村人居环境整治和美丽乡村四大工程。投资3.5亿元完成16个示范村集中整治，推进9个亮点村和47个提档村集中整治，完成8106座无害化卫生厕所改造建设任务，建设"四好农村路"道路33公里，实现全区行政村公交全覆盖。三是生态质量显著提升。治山、治水、治气、治城一体推进，加快慕云山和西山地区生态修复工程建设，推进汾河生态修复治理四期工程。开展突出环境问题"清零"工作，整改完成率达99.5%。空气质量进一步提升，二级以上优良天气248天，同比增加22天。

（二）创新转型产业区拓新局。一是聚焦"六新"再突破。抢抓太原中北高新技术产业开发区更名之机，全力推进"区区融合""军民融合"，引入长城信创等"六新"项目，申报中北软件产业园等82项省转型标杆项目，为工业强区提供强劲支撑。二是"三个一批"出实效。全年签约招商引资项目25个，签约总额达208.35亿元。狠抓开工一批。大力发展飞地经济、标准地厂房建设，年初谋划的107项重点工程，开工率达98%以上。太钢、二电等升级改造项目进展顺利，新一代信息技术领军项目长城智能制造基地投产达效。三是服务企业强保障。开展"百名干部入百企"服务，选派117名党员干部深入全区128家企业"点对点"精准帮扶。搭建融资平台，累计为各类企业发放贷款5150万元。

（三）现代宜居都市区蹚新路。一是城市发展日新月异。

以构建“十五分钟生活圈”为基底，持续推动恒大、富力、万科等房地产项目建设，加快摄乐、新城、上兰等商圈培育，便民服务资源逐渐配齐。汾河西岸、汾河东岸、上兰片区产城融合的框架初具雏形。二是治理效能持续提升。扎实推动创城攻坚，共清理垃圾 22.23 万方，粉刷立面 37.9 万平米，拆除违建 70.5 万平米，硬化路面 22.2 万平米，新增停车位 6349 个，设置分类垃圾桶 3345 个，全面完成 210 个老旧小区、128 条背街小巷、12 个集贸市场和国际自行车赛道、晋东小商品市场、新兰路、权新线整治工作。三是民生事业增量提质。区实验小学、区机关幼儿园，万科、富力小区配建小学建成投用，建立 4 个校外实训基地，全区普惠性幼儿园覆盖率达 93.2%。投资 965.75 万元，完成 3 所中学塑胶操场改造、32 所学校旱厕改造，乡村及山区中小学生食宿补贴、寄宿制学校改建有序推进。全区基本建成城镇保障性安居工程 4180 套，完成投资 18.91 亿元。多福北街、多福东路、“三纵三横”全部建成通车，多福南街、汾西北路、金桥北街东延、迎新片区迎新北巷等路段均已完工，城市路网再向外延伸 23 公里。重点打造了 20 个村级综合文化服务中心，新建了 20 个图书馆、文化馆分馆。开展“送戏下乡”99 场，组织各类文化活动 120 余场，文化事业繁荣发展。发放各项社会保险金 112382 万元，临时性救助金 1557.87 万元。

三、围绕中心聚合力

（一）全力支持人大政协工作。全年累计办理人大代表建议 148 件、政协委员提案 166 件。区人大下达审议意见书 9 项，作出决议、决定 15 项，开展调研 16 次。区政协针对热点问题开展专题调研走访，撰写社情民意信息 306 篇，被上级采用 103 篇。

（二）把牢意识形态领域方向。建设完成全省首家“扫黄打非”主题公园，汇丰街道槐园社区被评为国家级“扫黄打非”进基层示范点。

（三）巩固发展爱国统一战线。扎实开展宗教领域安全隐患排查整治。积极推进工青妇等群团组织改革，群团组织的政治性、先进性、群众性显著增强。

（四）坚定不移抓好党管武装。深入开展国防教育、军民融合、双拥共建活动。连续 6 年大学生征集比例达到 80%以上，位居全省前列。

四、紧抓作风强队伍

（一）工作项目化一体推进。2020 年纳入工作项目化管理的工作共 1004 项，完成 968 项，完成率 96.41%。树立起“干与不干不一样、干多干少不一样、干好干坏不一样”鲜明导向。

（二）深化改革有序推进。主动承接省市 79 项重大改革任务，并细化为 461 项具体改革事项。79 项重大改革任务基本完成，党政主要领导亲抓的 21 项改革事项成效显著。

（三）四支铁军担当作为。纪检、政法、应急、城管四支铁军各司其职、忠诚履职，全力以赴守一域稳定，护一方安宁。纪检铁军，驰而不息纠四风，一体推进“三不”机制，全年共办理各类案件 474 件，巡察移交问题线索 71 条，组织处理 533 人，党纪政务处分 205 人，进一步巩固全区风清气正的政治生态。政法铁军，以“三零”单位创建为抓手，建立完善“1+3+N”运行机制，全区村（社区）和企事业单位创建主体中，“零上访”达标率分别达 85.2%和 98.9%，“零事故”达标率分别达 93.9%和 99.9%。全区信访批次同比下降 17.03%，人次同比下降 39.56%。各类生产安全事故明显减少，全区安全生产形势持续稳定向好。应急铁军，在新兰路整治、护林防火、城改拆迁、换届选举等急难险重任务中冲锋陷阵、全力保障。城管铁军，出动执法人员 39207 人次，执法车辆 8199 台次，清理占道经营、伸舌经营共 5127 处次；出动执法人员 100 余人，累计保障隔离酒店人员 1000 余人。

（续　月）

附：中共尖草坪区委书记、副书记、常委名单

书　记：卢俊峰

副书记：田文浩　赵志远（5月离职）
曹　炬

常　委：任同珍（女）　康国奇　祁向东（3月离职）
尹浩瑞　赵建春　王国权（6月离职）
刘　亮（5月离职）　张晋松（7月任职）
王丽芬（女，7月任职）　刘　中（6月任职）
张俊兵（3月任职）

中共晋源区委

区委书记　李永强

2020 年，晋源区委坚持以习近平新时代中国特色社会主义思想为指导，全面贯彻党的十九大和十九届二中、三中、四中、五中全会精神，深入学习贯彻习近平总书记视察山西重要讲话重要指示和“三篇光辉文献”，落实省委“四为四高两同步”总体思路和要求，按照市委谱写文明开放富裕美丽太原新篇章总体部署，全区党的建设和党的事业取得了新成就。全区地区生产总值完成 80.09 亿元，同比增长 3.8%；服务业增加值完成 50.37 亿元，同比增长 1.9%；规模以上工业增加值完成 4.78 亿元，同比增长 10.4%；限额以上社会消费品零售额完成 46.49 亿元，同比下降 6%；一般公共预算收入完成 6.46 亿元，同比下降 30.8%。

一、坚持以习近平总书记视察山西重要讲话重要指示为指导，转型发展蹚新路的信心和决心更加坚定自觉

一是持续强化理论武装。全年召开区委常委会(扩大)会议51次、区委理论学习中心组学习会议26次,其中围绕习近平总书记视察山西重要讲话重要指示、党的十九届五中全会精神、先进地区转型发展和招商引资经验做法等组织交流研讨11次。举办习近平新时代中国特色社会主义思想读书班、春秋季干部主体培训班、农村(社区)“领头雁”培训班等各类线上线下培训9次。

二是对表对标抓好落实。召开区委五届十一次全会,对学习宣传贯彻工作作出安排部署,审议通过《中共太原市晋源区委关于贯彻落实习近平总书记视察山西重要讲话重要指示在转型发展上率先蹚出一条新路来的任务分解方案》,明确7方面34条137项举措,推动各项任务落实到位。

三是科学谋划“十四五”规划。区委常委会高度重视《中共太原市晋源区委关于制定国民经济和社会发展第十四个五年规划和二〇三五年远景目标的建议》编制工作，成立文件起草组，发扬民主、开门问策、集思广益，通过调查研究，召开多领域座谈会，广泛征求各级各部门、专家学者和社会各界学者的意见建议，几易其稿后形成全会审议的建议稿。

二、坚持“人民至上”,守护“生命至上”,疫情防控阻击战更加精准高效

一是严守疫情防控“晋源阵地”。严格落实“外防输入、内防反弹”总体防控策略,健全完善防控责任机制,压紧压实“属地、部门、单位、个人”四方责任,织密织牢防控网络,及时发现并果断处置两起输入性病例风险,坚决有效遏制住疫情蔓延势头,连续300余天实现本地无确诊、疑似病例,全区疫情防控阻击战取得重大成果。

二是扎实推进复工复产复学。全区108家工业企业在3月底前全部复工复产。制定落实助企纾困政策,减轻企业负担,全年累计减税降费1.38亿元。从3月底高三年级开学起至6月初,各类大中小学全学段实现分批分次复学复课。

三、坚持“项目为王”,布局“三带六园”,高质量发展步伐更加铿锵有力

打造长风商务区总部楼宇经济带。抢抓长风城市发展与更新示范区建设机遇,发挥长风商务区楼宇相对集中、企业总部相对较多的优势,摸底排查闲置楼宇,提升资产利用率。全年实现营收42亿元,完成税收1亿元,带动就业3000余人。

打造晋阳湖夜经济和假日经济带。帮助晋阳里找准发展定位、完善配套设施、解决招商难题,47家品牌商户签约落地。申报2家优选经济网点,“旭龙·晋阳集市”夜经济入选第一批市级网点项目。晋阳湖东岸人口集聚度稳步提高,消费潜力不断释放,晋阳湖公园与省体育中心人口流转化为消费流的局面正在形成。全年实现营收4.5亿元，完成税收508.99万元,带动就业2500余人。

打造西山文化旅游经济带。配合市直有关部门做好晋祠—天龙山国家5A级旅游景区创建工作。巩固深化蒙山旅游景区体制机制改革成果,为统筹谋划全域旅游大格局夯实基础。集中开展旅游市场秩序专项整治,全面提升旅游整体形象。落实限量、预约、错峰等措施,对冲疫情影响,激活旅游消费。全年累计接待游客803.96万人次，旅游总收入达90.69亿元,位列全市第一。

建设大数据产业园区。在全市率先打造智创基地,引进长城科技、蝌蚪生态、华软金科等16家行业头部企业,其中大地紫晶项目仅用4个月即完成引进落地工作,再现了重大项目落地建设的“晋源速度”,经验做法全市推广。签约落地山西云时代公司,加快推进信创基地适配、信创云平台建设等省级重点项目。

建设绿色包装印刷产业园区。发挥旭恒纸业示范带头作用,吸引海泉印刷、龙山伟业等纸制品企业“退城入园”,与10家企业达成合作意向,推动包装印刷产业集聚发展。

建设先进制造产业园区。签约落地各类企业65家,着力打造先进制造产业集群。帮助远东构件如期交付太原地铁一、二号线预制矩形通道管节,助力“太原地铁太原造”,做到“晋材晋用、晋用晋材”。与太原理工大学共建联合研究中心,以科技创新驱动传统制造业转型升级。

建设现代物流园区。以传化物流、圆通速递、万国仓储为龙头,牵引带动现代物流产业高质量发展,着力构建与城市和产业发展相适应的物流体系。举行圆通速递山西总部和山西万国仓储物流项目奠基仪式,按下物流园区建设“快进键”。

建设花卉产业园区。依托康培园林、梅芝园艺、振华园艺等龙头企业,大力发展花卉产业,建设花卉小镇,激活美丽经济。升级改造鑫龙腾花卉市场,打造“线上+线下”交易平台,不断扩大市场占有率。坚持晋祠大米特色化、精品化、内涵化发展方向,稳步提升晋祠大米品质,晋源花卉、晋祠大米成为响亮品牌。

四、坚持“改革为要”,优化创新生态,创新引领作用更加持久强劲

一是对标一流深化改革。坚持将改革工作纳入区委重要议事日程,先后组织召开区委常委会(扩大)会议、区委全面深化改革委员会会议等20余次,传达学习党中央和省委、市委最新部署要求,听取工作汇报,研究解决重大突出问题。建立健全“四位一体”改革工作体系,明确10大类103项重大改革事项。区党政主要负责同志分别带头认领12项重点改革任务。全面推行相对集中行政许可权改革,创新行政审批方式,深化流程再造,审批办理时限压缩50%,构建起统一、高效、快捷、便民的行政审批新体制。

二是打造一流营商环境。以打造“三对”“六最”营商环境为目标,深化“放管服效”改革,实施企业审批事项“全程

代办”,组建工作专班,全流程代办、全节点跟踪、全方位服务,尽最大可能为企业解决发展难题。出台《晋源区促进“三带六园”发展财政奖补办法》,以优惠政策吸引企业来区投资兴业。

三是构建一流创新生态。稳步推进科技小微企业和高新技术“双培育”工程,18家企业申报国家级高新技术企业,60余家科技型小微企业入选“国家库”,申报量和入库量再创新高。在2020中国(太原)人工智能大会期间,国内40余家领军企业携300余项创新产品参展,有力推动数字经济、人工智能和信创产业发展。

四是建设一流人才高地。强化基层导向,为镇(街)、村(社区)引进高层次人才104名。实施人才引进、家属安置、子女教育等一揽子优惠措施,率先在全市高标准打造360套6.3万平方米人才公寓,分批入住各类人才130余人,真正实现事业留人、感情留人、待遇留人,极大激发了各类人才干事创业热情。

五、坚持“两山”理念,一体推进“四治”,生态环境更加优美宜居

一是坚持集中治山。深入开展国土绿化,大力实施绿化彩化财化行动,全区森林覆盖率达28.65%,为全市创建国家森林城市打下坚实基础。

二是坚持全面治水。推进晋祠泉域水源置换工程,关闭水井24眼,加快难老泉复涌。编制《晋源区黄河流域(汾河段)生态保护和高质量发展区域规划》,强化黑臭水体治理,推进柳子河、南峪沙河等6个入汾口断面水质达标,持续改善汾河晋源段水质。配合省级部门做好“五湖”生态修复工作,开发保护好晋阳湖,河湖生态显著改观。

三是坚持重点治气。全年空气质量优良天数222天,同比增加28天;PM2.5平均浓度同比下降5.0%,PM10平均浓度同比下降6.5%,SO2平均浓度同比下降18.2%,空气质量明显改善。

四是坚持综合治城。结合全国文明城市创建工作,持续开展“九乱”整治,扎实推进“两下两进两拆”,完成3个老旧小区、5条背街小巷升级改造。打造晋阳公寓等3个垃圾分类示范点,引领生活垃圾分类“新时尚”。完成5个小游园、5个街头绿地及5条林荫路改造,提升城市绿化水平。

六、坚持民生优先,托举幸福底线,民生福祉更加普惠殷实

一是实施就业优先政策。推动“人人持证、技能社会”建设,17.45万劳动力全部建档立卡,全省劳动力建档立卡信息采集试点工作圆满完成。持续推进城乡居民文明素养和发展技能“双提升”工程,完成职业技能提升8198人。全年新增城镇就业4594人,失业人员再就业2408人,城镇登记失业率为3.12%。推进农民工工资无欠薪县(区)创建,协调解决拖欠工资1687人2785.9万元。

二是大力发展教育卫生文化事业。9个教育集团挂牌成立,市二外晋源校区开学招生,省实验小学、山大附中晋源学校签约落地,群众在家门口“上好学”的愿望初步实现。深化区域医疗卫生一体化改革,市区人民医院共建一期项目正式建成并具备投用条件,区域医疗中心与福利院共建项目主体完工,市妇幼院长风院区住院病区全面启用。加大对晋源文庙、晋阳古城遗址等国保单位保护工作,成功入选全省第一批专题性文物保护利用示范区。实施文化惠民工程,“送戏下乡”130余场。新申报市区两级非遗项目16项,区级以上非遗项目总计达到72项。

三是统筹做好社会保障工作。社保基金征缴总量达1.6亿元,发放保险金2.83亿元。城乡居民基本医疗保险参保15.51万人,做到应保尽保。补偿参保居民27.42万人次,补偿金额2369.21万元。开展打击欺诈骗保专项行动,保障医保基金安全。建立健全精准扶危助困工作机制,救助、资助困难群众1.4万人次,支出医疗救助资金818.08万元。

四是夯实农业农村基础。完成农村厕所改造1.12万座,同步开展1.48万座户厕提档升级工作,让农民群众“方便”更方便。推进10个新改建农村老年餐厅建设,让农村养老更贴心。在全市率先为1.9万余户“煤改气”居民投保燃气事故险,让用户人身财产更有保障。建成“四好农村路”21条13.5公里,入选全国深化农村公路管理养护体制改革试点。全面完成18个行政村合并任务,农村管理水平显著提升。深化对口帮扶,帮助阳曲县东黄水镇6个村巩固拓展脱贫攻坚成果,做好同乡村振兴的有效衔接。

七、坚持底线思维,统筹发展安全,人民群众获得感幸福感安全感更加充实丰盈

一是扎实做好信访稳定工作。健全完善区、镇(街)、村(社区)三级书记抓信访工作机制。以“三零”单位创建为契机,以开展集中治理重复信访、化解信访积案暨“四个重点”百日攻坚为主线,组织区级领导和镇(街)、部门主要负责同志下基层、包案件,国家省市交办的“四个重点”信访案件高效化解。

二是加强平安晋源建设。开展“梳网清格”行动,压实安全隐患排查责任,摸排各类矛盾纠纷182起,调解180起,排查整改隐患63处。严厉打击各类违法犯罪活动,刑事警情、治安警情、“两抢一盗”警情明显下降。纵深推进扫黑除恶专项斗争,努力让城乡更安宁、群众更安乐。

三是推动安全生产形势平稳向好。镇(街)和区直部门均分别设立安监站和安全股室,104个村(社区)配备安全员132名,对1.54万家生产经营单位实施全面监管。为6镇(街)配备35名安全生产专家,帮助基层排查风险隐患、解决突出问题。深刻汲取台骀山冰雕景点火灾事故教训,开展“深刻汲取教训,全面提升安全生产工作水平”集中教育整顿暨专项整治行动,排查治理安全隐患4352条,责令停产停业整顿85家,关闭取缔10家。全年共发生生产安全事故4起,死亡4人,均同比下降20%。

八、坚持党的领导，推进民主法治，共建共治共享的社会治理格局更加健全完备

区委充分发挥总揽全局、协调各方的领导核心作用，支持和保证区人大及其常委会依法行使职权，健全人大对“一府一委两院”监督制度。区人大常委会全年共听取各类专项汇报34个，组织各级人大代表视察调研、执法检查33次。强化代表联络站(点)建设，各级代表全年走访接待群众1000余人次。不断加强和改善党对政协工作的领导，支持各民主党派和无党派人士发挥自身优势，积极建言献策，保障政协履行政治协商、民主监督、参政议政职能。区政协围绕“三带六园”建设、文明城市创建等中心工作完成重点协商课题26项，提案立案109件，反映社情民意520条，形成丰硕协商成果。加强宪法、民法典等法律宣传普及工作，“七五”普法顺利收官。支持区总工会、团区委、区妇联等群团组织发挥党联系群众的桥梁纽带作用，团结引导全区广大工人、青年、妇女积极投身转型发展生动实践。深入推进党管武装工作，创新推动国防动员工作，促进军民融合发展，军政军民团结的良好局面进一步巩固拓展。

九、坚持全面从严治党，以“第一责任”领导保障“第一要务”的本领更加扎实过硬

一是坚决扛起管党治党政治责任。严格执行新形势下党内政治生活的若干准则，把“三会一课”、组织生活会、民主评议党员、谈心谈话等组织生活制度落实到位，党员领导干部带头参加，党内政治生活的政治性、时代性、原则性、战斗性不断增强。配合做好省委第八轮巡视工作，查摆梳理区委班子4大类11方面41个问题，制定整改台账，分解整改任务，推动整改销号。

二是持之以恒正风肃纪反腐。全年处置问题线索331件，立案121件、结案111件，给予党纪政务处分109人，留置5人，移送司法机关4人。查处群众身边腐败问题10件19人，人防系统腐败问题1件2人，能源领域腐败问题1件3人。查处违反中央八项规定精神及“四风”问题15起，处理19人。贯通运用监督执纪“四种形态”，处置349人次，第一、二种形态处置人数占比90.2%。强化政治巡察定位，开展五届区委第十一轮巡察，实现一届区委任期内巡察全覆盖。

三是不断提高新时代组织工作质量。围绕4类19项重点任务，狠抓“三基建设”。建立“双线四级”组织服务体系，开展“双联双促”活动，解决问题538个，为群众办实事987件。高标准打造青运社区、新城社区、阳光城商务楼宇三个区域党群服务中心。选优配强村党组织书记，23个村实现“一肩挑”。清理不合格“两委”成员6名，整顿转化软弱涣散基层党组织10个。

四是加强和改进宣传思想工作。召开区委常委会会议研究意识形态工作10次，研究部署意识形态工作重大问题。持续加强精神文明建设，累计创建省级文明单位8个、市级文明单位(标兵)32个、区级文明单位(标兵)39个，城市文明程度和城乡居民文明素质显著提高。

(王利明)

附：中共晋源区委书记、副书记、常委名单

书　记：杨继承(1月离职)　李永强(1月任职)
副书记：李永强(1月调职)　张农寿(2月任职)
　　　　李福贵(7月离职)　姬发军(7月任职)
常　委：相　辉　张吉祥(12月任职)
　　　　霍晓勇(12月离职)　陈　晋　李茂生
　　　　钮宝林　温志勇(7月任职)
　　　　姜保牛(7月离职)　冯新华
　　　　刘　晓(女,7月任职)　李全林(9月任职)

中共古交市委

市委书记　李卫平

2020年，古交市委坚持以习近平新时代中国特色社会主义思想为指导，全面贯彻党的十九大和十九届二中、三中、四中、五中全会精神，深入学习贯彻习近平总书记视察山西重要讲话重要指示和“三篇光辉文献”精神，按照省委“四为四高两同步”总体思路和要求及太原市委谱写文明开放富裕美丽太原新篇章的工作要求，统筹推进新冠肺炎疫情防控和经济社会发展，全力抓好改革发展稳定和党的建设各项工作。

一、牢记领袖嘱托，增强历史担当，坚定不移沿着习近平总书记指引的金光大道奋勇前进

(一)坚持不懈把学习贯彻习近平新时代中国特色社会主义思想作为首要政治任务。市委理论学习中心组学习17次，集体重温习近平总书记“三篇光辉文献”，专题学习《习近平谈治国理政》第三卷。聚焦学习贯彻党的十九届五中全会精神，成立市委宣讲团，领导干部带头深入基层、面向群众开展集中宣讲，持续推动习近平新时代中国特色社会主义思想向基层组织延伸、向全体党员拓展、向广大群众覆盖。开展“三重温、学四史”学习教育，“不忘初心、牢记使命”主题教育成果不断巩固深化。

(二)坚定不移推进习近平总书记视察山西重要讲话重要指示在古交落地生根、开花结果。市领导班子第一时间传达学习习近平总书记视察山西重要讲话重要指示，集中学习

交流2次，对学习宣传贯彻工作作出全面部署；召开市委八届十三次全会，制定出台《中共古交市委关于贯彻落实习近平总书记视察山西重要讲话重要指示在转型发展上率先蹚出一条新路来的任务分解》，明确了6个方面112条具体任务。

(三)奋力夺取疫情防控和经济社会发展“双胜利”。沉着应对各种风险挑战，疫情防控持续保持零输入、零输出、零确诊、零疑似的良好态势，经济运行、生态环境、城乡面貌、民生福祉、社会大局、党的建设和党的各项事业都取得了新进展新成效，特别是圆满完成农村集体产权制度改革国家试点任务，教师绩效工资改革和山水林田湖草生态保护修复项目等多项工作走在了全省前列。

二、贯彻新发展理念，聚焦重点领域，全力抓好经济社会发展各项工作

(一)聚焦高质量发展，坚决抓改革促转型，经济发展水平跨上新台阶

改革牵引作用不断凸显。82项重点改革任务全部启动实施，并达到预期效果，其中承接省、市改革事项76项，探索具有古交特色的改革实践和改革试点6项。

产业结构调整持续优化。坚定不移走煤炭“减优绿”之路，积极推动煤矸石充填绿色开采、无煤柱开采等技术，完成金之中、玉峁、平定窑3座矿井减量重组，淘汰落后煤炭产能159万吨。取缔关闭落后洗选煤企业74户，完成落后焦化产能关停淘汰任务。销售煤焦铁及非煤产品2886.9万吨，同比增长27.38%。

重点项目建设成效明显。列入太原市转型项目库的26项重点转型项目开复工率达100%。特别是西山华通水泥公司总投资8.3亿元的粉煤灰综合利用、砂石骨料及干混砂浆生产线项目，为延伸产业链条，优化产业结构提供了有力支撑。

(二)聚焦生态文明建设，坚持治山治水治气治城一体推进，人居环境得到明显改善

全力打好蓝天碧水净土攻坚战。圆满完成省、市下达的环境空气质量改善任务，全年二级以上优良天数达316天，综合质量指数4.21，两项指标均位列太原市10县(市区)第二。完成植树造林2.36万亩，绿色正成为古交最鲜亮的城市底色。

全速推进生态治理修复歼灭战。在全省率先完成县级《全域生态保护与修复整体规划》，对全市各类生态问题进行全面梳理，整合为34个项目，概算投资近100亿元。高标准高效率推进总投资8.7亿元的12个山水林田湖草生态保护修复试点项目，其中狮子河流域生态修复、六家河段河道采石场生态修复等11个项目主体完工，整体进度在全省名列前茅。

坚决打赢采煤沉陷搬迁安置收官战。已如期完成采煤沉陷搬迁安置工作，近5万群众圆了“安居梦”。

(三)贯彻以人民为中心的发展思想，大力发展民生各项事业，民生福祉得到进一步提高

民生社会事业全面进步。扎实开展职业培训，累计培训各类就业群体6000余人，为近15万劳动力全部建档立卡，累计新增各类就业7000余人。深入推进“3+1”育人模式改革，成立5个名师工作室。市中心医院、古交矿区总医院、市疾控中心核酸检测实验室先后投入使用，为疫情防控和医疗工作提供有力技术保障。

城乡均衡发展取得明显成效。连接太原和古交的太原市首条城际高速公交线路正式开通。34个偏远行政村开通公交，实现全市行政村“村村通公交”。全面完成3.8万余户的天然气置换安装，完成送气6000余户。完成14条背街小巷整治工作，高标准打造4个乡村振兴示范村，建设28个美丽村庄，超额完成户厕改造任务。

(四)坚持和发展社会主义民主政治，加强和创新社会治理，法治古交和平安古交建设扎实推进

不断夯实安全稳定基础。扎实开展“三零”单位创建，2339个创建主体达标率为94.89%。坚持和完善市级领导分类联合接访制度，推行实施信访事项听证评议等制度。打掉恶势力集团2个、恶势力团伙6个，破获刑事案件31起，查处行政案件2起，治安类、火灾类警情分别同比下降15%、42%。

大力加强民主法治建设。圆满完成“七五”普法任务。大力推行行政执法“三项制度”，出台《行政执法终身负责制实施办法》。积极支持市人大及其常委会依法履行职责，整体推进15所人大代表联络站和24所人大代表联络点高质量管理、高效能运行。开展广泛多层的协商议政活动，进一步加强了人民政协协商民主建设。严格落实宗教工作主体责任，持续引深“四进”活动，有力维护民族宗教领域稳定。实现创建“全省双拥模范城”九连冠，进一步巩固军民团结大好局面。

三、加强党的领导，净化政治生态，切实以“第一责任”领导和保障“第一要务”

(一)全面夯实基层基础。持续开展基层党组织规范化建设，建立1000万元的基层党组织建设专项资金保障制度。整顿提升32个软弱涣散基层党组织并全部达标，村级集体经济全部达到5万元以上，村党组织书记“一肩挑”比例达52%，基层党组织政治功能持续增强。

(二)狠抓干部队伍建设。深入开展农村“带头人”队伍优化提升集中行动，超额完成农村干部学历提升任务，村党组织书记全部实现备案管理，精心选拔23名机关事业单位干部到村(社区)党组织任职，为乡村振兴注入动力。

(三)加强宣传思想工作。积极开展精神文明创建活动，2人荣获“太原市身边好人”荣誉称号，5人荣获太原市“新时代好少年”称号，4人荣登太原市“最美时代新人榜”，1人入选“中国好人”榜。积极推动文明城市创建工作，荣获2020年省级文明城市(县级)提名城市。

(四)纵深推进全面从严治党。全年处理违反中央八项规定精神问题16案34人，发生在群众身边的腐败问题24案43人，形式主义官僚主义9案12人，党内问责10案9人4个党组织、监察问责4案8人。完成八届市委巡察全覆盖任

务，移交问题线索266件，党纪政务处分118人，全市风清气正的政治生态不断巩固。

(吕　斌)

附：中共古交市委书记、副书记、常委名单

书　记：翟永清(10月离职)　李卫平(12月任职)

副书记：刘锦春(女)　张　麒(3月离职)
杨建忠(3月任职)

常　委：马彦明(3月离职)　张吉祥(12月离职)
许　军　李宏刚　邢武晓　弓梅梅(3月任职)
赵晋胜　丁晋峰　杜国名(7月任职)
崔燕波(11月任职)

中共清徐县委

县委书记　王剑峰

2020年，清徐县委坚持以习近平新时代中国特色社会主义思想为指导，认真贯彻党的十九大和十九届二中、三中、四中、五中全会精神，全面贯彻落实习近平总书记视察山西重要讲话重要指示，按照省委"四为四高两同步"总体思路和要求，团结带领全县广大党员干部群众，统筹推进疫情防控和经济社会发展，扎实做好"六稳"工作、落实"六保"任务，紧紧围绕"三年大变样、五年进百强"战略目标，旗帜鲜明地提出并全面实施"党建立县、企业强县、科教兴县、产业富县、环境靓县"五大治县方略，经济运行稳中有进，城乡面貌焕然一新，社会民生持续改善，党员干部团结奋进，实现了决战决胜"十三五"的预期目标，为"十四五"顺利开局奠定坚实基础。全年全县地区生产总值完成194.83亿元，同比增长5.1%；服务业增加值完成69.27亿元，同比增长0.4%；规模以上工业增加值完成77.50亿元，同比增长12.6%；社会消费品零售额完成48.44亿元，同比下降6.9%；一般公共预算收入完成13.23亿元，同比下降7.8%。城镇常住居民人均可支配收入达到36856元，同比增长5.4%；农村常住居民人均可支配收入达到21988元，同比增长6.1%。党领导的各项事业得到全面加强和进步。

一是以思想政治建设为统领，把学习贯彻习近平新时代中国特色社会主义思想和习近平总书记视察山西重要讲话重要指示作为首要政治任务和长期重大战略任务，增强"四个意识"、坚定"四个自信"、坚决做到"两个维护"。坚持集体学习制度，班子成员率先垂范，努力提高政治素养。通过县委全会、县委常委会、中心组学习(扩大)会议等形式，集中专题学习研究和交流研讨党的理论、习近平总书记重要讲话重要指示、党中央和省市委重要会议精神及法律法规等内容，带动全县党员领导干部学以致用。坚持党的领导、人民当家做主、依法治县有机统一，充分发挥县委总揽全局、协调各方的领导作用，坚持党对一切工作的领导，把方向、谋大局、保落实，召开常委会会议28次，集体研究决定涉及项目建设、生态环保、社会治理、信访稳定、常态化疫情防控及党的建设等事关全局的重点工作，确保党中央大政方针和省市委决策部署全面正确有效贯彻落实。

二是把抓好党建作为最大政绩和根本保障，主要领导认真履行第一责任人职责，班子成员自觉履行"一岗双责"，县纪委监委强化监督执纪问责。认真落实省委巡视专项检查反馈问题整改，先后开展2轮涉及23个县直单位的常规巡察及部分村级党组织的延伸巡察。把"党建立县"作为首要治县方略，围绕"非公党建"这个重点，按照"全覆盖、规范化、起作用、促发展"的思路，成立79个非公企业和社会组织的党组织，选派69名干部担任党建指导员，建立57个县乡包联联系点以及3个企业党性教育点、5个研学基地和72个实践点，非公企业和社会组织党组织覆盖率分别达到93%和100%，全省两新组织党建暨"三晋先锋"APP推广应用现场推进会在清徐成功召开。聚焦破解基层党组织软弱涣散和服务能力不强两大难题，先后整顿28个软弱涣散基层党组织，调整充实171个党支部，成功打造16个党建"标杆村"、137个"达标村"，"整乡推进、整县提升"扎实有效。紧盯"四风"隐形变异新动向，查处形式主义官僚主义突出问题8起、违反中央八项规定精神问题19起、群众身边腐败问题18起。

三是践行"项目为王"发展理念，全面落实"六新"发展要求。2020年，全县建设库重点项目开复工82项，开复工率达90.1%。招商引资年度签约项目42个，完成市对县考核任务的148%，位列全市综合考核第一。加快培育以清徐经济开发区、清徐特色食品产业集聚区为牵引的大园区经济。列出专项资金3000万元，下放第一批30项审批事项，支持开发区推进专业化、市场化、国际化发展。2020年，开发区签约项目14项162.78亿元，在全市招商引资排名第1；发展水平考核7项指标全面超额完成，前三季度排名全省第一。产业结构优化调整，在传统产业转型方面，累计关停"散乱污"企业299家，转型退出铸造企业29家，淘汰独立洗煤企业63家，迎宪焦化厂关停转型，美锦、梗阳、亚鑫落后产能全部退出。在新兴产业培育方面，大力建链、强链、补链、延链。帮助28家企业纳入国家科技型中小企业信息库，培育高新技术企业19家、科技型中小企业34家、科技示范主体216个。水塔醋业、紫林醋业、康镁科技、三高能源入选工信部专精特新"小巨人"企业。在特色产业增效上，新培育44个"三品一标"农产品认证品种、2个"中国驰名商标"、14个"山西省著名商标"和5个省级名牌产品。

四是围绕"一年初见成效、两年形成特色、三年大变样"

的战略目标，紧抓入选全国县城新型城镇化建设示范县机遇，推进全域一体化发展的“大县城战略”。坚持规划先行。以主动融入太原主城区为基点，科学编制国土空间、城市发展、产业发展、互联网、乡村振兴战略和生态修复保护规划，以及徐沟、孟封片区发展规划。加强基础配套。实施文源路、凤仪街、森泰大街北延、白石河滨河北路、六合路北延、北营采煤沉陷区配套市政道路、清东街、清东街北延、人民路南延、西关大街北延等市政道路改造和新建工程，“四环”路网框架基本形成。东湖公园改造升级，城北体育公园和清泉湖北岸公园等陆续开园。体育公园开园迎客，步行水街、莲花池水系连通、清源水城等项目全力推进。持续绿化造林，纵深推进拆违治乱、垃圾处理、污水治理、厕所革命、卫生乡村“五大专项行动”，升级改造 88 公里“四好农村路”，打造精品村 36 个、示范村 123 个、达标村 27 个，城乡面貌焕然一新。

五是致力在发展中增进民生福祉，不断提升幸福指数。扎实推进学前教育和县管校聘省级改革试点工作，为全省提供清徐经验。健康清徐 APP 上线，患者预约挂号、支付缴费更为便捷。重构县域医疗卫生服务体系和分级诊疗格局，深化医改“清徐模式”，跨入全省医改第一方阵。“胸痛中心”通过国家认证，“卒中中心”获评国家级示范中心，建立北京专家诊疗“直通车”。城乡低保标准逐步提升，2020 年城镇新增就业 3308 人，采煤沉陷区搬迁安置全面收官，县内公交实现免费乘坐。倡导全民健身运动，发展养老朝阳产业，有效提升社会公共服务水平。深入开展“三零”创建和常态化疫情防控，全县各类安全生产事故起数、死亡人数、直接财产损失同比下降 54.5%、45.5%、91.2%。

六是坚持治山、治水、治气、治城一体推进，统筹推进山水林田湖系统治理。全县森林覆盖率达到 14.69%，绿地率、建成区绿化覆盖率分别达到 34.7%、39.2%，人均公园绿地面积达到 10.2 平方米，在全县河渠全面实施清淤、硬化、绿化以及排污口封堵等根本治理，清理河渠 15 条 91.57 公里，新改(扩)建人工湿地 1002 亩，形成蓄水面积 36.78 万平方米。孟封、徐沟污水处理厂以及 7 处河灌退水闸建成投运，白石河流域 76 家企业治理到位，35 个村庄实现污水治理全覆盖。引导企业累计投入环保技改资金约 18 亿元，高标准实施钢铁行业超低排放改造，21 家重点企业实行错峰生产，燃气锅炉全部完成低氮改造。1–12 月份，全县Ⅱ级以上优良天数 229 天。新建供热管网 29.6 公里，新增集中供热面积 39 万平方米。

七是深化“放管服效”改革，划转 18 个部门 186 个事项集中统一行使。持续开展“减证便民”，审批事项办理时限总体压缩 50%以上。成立土地经营权储备中心和不动产交易平台，土地报批、收储、出让提速增效。积极推进农村宅基地制度改革试点工作，成功入选全国农村宅基地制度改革试点县。成立“智慧城市指挥中心”，建成智慧政务、智慧环保、智慧城管、视频监控等数字系统和信息平台。省农业信贷融资担保公司清徐办事处挂牌运营，成立县国有资本投资运营有限公司，打造城镇建设融资服务新平台。

（崔志明）

附：中共清徐县委书记、副书记、常委名单

书　记：王琳玉(1月离职)　王剑峰(1月任职)

副书记：王剑峰(1月调职)　孙　泉(2月任职)　赵生魁(4月离职)　雷学义(7月任职)　张娅妮(女,7月任职)

常　委：李秀斌(5月离职)　李凤梅(女,3月离职)　吴英志　陈晓勇　郑泽海　王黄林(女)　杨兴海　张　超(挂职,1月离职)　岳免立(3月任职)　马志杰(9月任职)　肖　晖(9月任职)

中共阳曲县委

县委书记　裴耀军

2020 年，阳曲县委团结带领全县干部群众，以习近平新时代中国特色社会主义思想为指导，全面贯彻党的十九大和十九届二中、三中、四中、五中全会精神，深入贯彻习近平总书记视察山西重要讲话重要指示和“三篇光辉文献”精神，认真落实中央、省市经济工作会议精神，增强“四个意识”、坚定“四个自信”、做到“两个维护”，围绕全面建成小康社会目标任务，坚持省委“四为四高两同步”总体思路和要求，扎实做好“六稳”工作，全面落实“六保”任务，疫情防控和经济社会发展取得双胜利。

一是坚持把党的政治建设摆在首位，县委理论学习中心组学习 38 次，集体重温习近平总书记“三篇光辉文献”，专题学习《习近平谈治国理政》第三卷、习近平关于脱贫攻坚重要论述、十九届五中全会精神，县委领导班子成员撰写心得体会、进行交流研讨，在用新思想武装头脑、指导实践、推动工作上做到了率先示范。组织了习近平总书记视察山西重要讲话重要指示、《习近平谈治国理政》第三卷、十九届五中全会等专题宣讲 680 余场。坚持和完善人民代表大会制度，支持县人大及其常委会依法监督法律法规实施情况和“一府一委两院”工作情况，支持依法作出重大事项决议决定和选举任免。县人大围绕转型发展、乡村振兴、生态建设等全县中心工作加强监督。支持县政协履行政治协商、民主监督、参政议政职能，加强专门协商机构建设。县政协聚焦重大基础设施建设、“扶贫车间”发展、教育均衡发展、疾病预防控制体系建设等重点工作，开展协商议政、民主监督，高质量办理 116 件协商提案。加强信教群众聚居村党组织建设，选拔一批素质硬、能力强、作风好的干部到信教群众聚居村任职。

二是县委认真履行全面从严治党主体责任,开展党内政治生活,召开"不忘初心、牢记使命"专题民主生活会和落实省委脱贫攻坚专项巡视反馈意见专题民主生活会。班子成员认真执行工作日预报和周报告制度,积极履行"一岗双责",以普通党员身份参加所在支部的组织生活会,接受班子成员和普通党员监督。始终把坚持和加强党的领导作为最高政治原则,坚持和完善民主集中制,严格遵守常委会议事规则和决策程序,全年召开常委会 43 次,研究重大议题 224 个。2 次听取意识形态工作专题汇报,4 次研判意识形态工作,开展意识形态工作专项督查。专题研究党建工作 10 次,班子成员下沉到 13 个党支部工作联系点,开展党建业务指导帮扶,解决实际问题 26 个。投资近 2000 万元对全县所有基层党组织提档升级,新建城南街社区党群服务中心,改扩建新阳东街、大运路等 4 个党群服务中心,10 个社区党群服务中心达到 1000 平米以上。积极向上级争取资金 1250 万元,实施 25 个村集体经济优势项目,所有行政村村集体经济收入达到 15 万元以上。选派 18 名年轻干部到征地拆迁、创城、信访等工作一线锻炼。全年调整干部 180 人次,职级晋升 273 人次,评选担当作为方面表现突出的干部 18 人,对在抗击疫情中表现优秀的 190 名先进个人进行通报表扬,营造浓厚的干事创业氛围。一体推进不敢腐不能腐不想腐,处置问题线索 397 件,同比增长 60.08%。紧盯关键少数,处分乡科级干部 11 人。查处违反中央八项规定精神问题 8 件 28 人,运用"四种形态"处理 381 人次。开展第八轮、第九轮巡察,实现 127 个村(居)巡察全覆盖,发现问题 638 条,移交问题线索 24 条,办结 15 条,其中立案 14 人,给予党纪政务处分 12 人。

三是县委坚决按照习近平总书记提出的"坚定信心、同舟共济、精准施策、科学防治"总要求,常委同志一线指挥调度、日夜坚守,各级各部门协同联动、密切配合,社会各界慷慨相助、温暖人心,齐心协力打赢疫情防控的人民战争、总体战、阻击战,向党和人民交出一份满意答卷。印发《阳曲县新型冠状病毒感染肺炎疫情防控工作方案》。县财政拨付 300 万元、县管党费划拨专项资金 82.1 万元,支持各乡镇、社区、有关部门开展防控工作,千方百计做好物资保障。全县 371 个党支部、3220 名党员奋战疫情防控第一线,198 名机关干部下沉到一线"点对点"帮扶。276 名医务技术人员主动放弃春节假期,全部向党组织递交了请战书,3 名医务人员驰援湖北,2 名先进青年在疫情防控一线火线入党,用实际行动构筑起守护生命的铜墙铁壁。成立全县企业复工复产领导小组,建立领导干部包联帮扶企业项目制度,分类分步安排企业复工复产,有序有力组织员工错峰返岗,各类市场主体生产运营秩序快速恢复。

四是实施 210 个重点项目,筛选 38 个作为 2020 年度全县重大转型项目。全年各类市场主体注册数达 14287 家,规模以上工业企业达到 53 个。太原市粮食物流产业园一期项目、晋能阳曲侯村乡 50MW 风电项目、申通快递太原物流科技产业园等 128 个项目全部完工,太钢高端碳纤维三期、太原北二环高速公路、太原集中供热阳曲热源厂等省市重点工程项目加快推进,凯赛生物产业园、未来城市等项目落地建设。阳曲现代农业产业示范区新建的国信示范园、万向田园综合体(二期)、英诚信农业园等 3 个项目列入全省开发区重点转型项目名录。

五是严守耕地红线,粮食种植面积达 32.9 万亩、粮食产量达 1.83 亿斤,确保了粮食连年丰收。开展"特色产业升级行动",圆满完成"四个十万亩"特色产业布局。万向农业田园综合体、有机旱作谷子产业园、山西绿色山区农业产业化联合体项目加速实施。

六是加快创建国家全域旅游示范区,青龙古镇景区实现提档升级,方特东方神画即将开业,上安村入选第二批全国乡村旅游重点村和山西省首批 4A 级乡村旅游示范村,店子底村、录古咀村、西黄水村入选山西省第二批 3A 级乡村旅游示范村。

七是坚持把深化改革作为重大政治责任摆在突出位置,发展活力明显增强。全年召开 19 次深改委会议,传达学习改革精神,讨论审议改革议题。积极承接国家和省市改革试点 3 项任务,统筹谋划推进事关党的建设、转型发展、民生福祉、生态环境等十个方面 76 项改革任务。党政主要负责同志作为抓改革的关键,牵头 20 个重大改革事项,以上率下、勇挑重担,确保了改革任务落到实处、取得实效。

八是全面推行相对集中行政许可权改革,18 个职能部门划转 191 项事项,具有行政许可职权事项的部门全部进驻政务服务中心,实现了"一口通办";加快"数字阳曲"项目建设,搭建阳曲综合服务平台和行政审批平台,通过阳曲综合服务门户、"首邑通"APP 在线申报 179 个审批事项,实现了"一网通办";赋权阳曲现代农业产业示范区 48 项行政审批事项及对应的 37 项监管事项,实现了"一园通办"。持续开展"便民办税春风行动",强化银行与税务联系,通过银税互动为 73 户企业获得 1.7 亿元信用融资。连续两年实施营商环境第三方评价,树牢以企业需求为导向的营商环境改革。

九是着力培育高新技术企业和产业,全年新认定高新技术企业 7 家,全县达到 25 家,超额完成了"十三五"规划 5 家的任务,位列三县一市第一。依托太原作为国家可持续发展议程创新示范区优势,积极鼓励、支持、引导企业主动与科研院所、大专院校、先进企业对接,争取科技创新奖补资金 2200 余万元。积极搭建创新服务平台,49 家企业进入国家科技型中小企业信息库。为"创客"打造低成本、便利化、全要素、开放式的创业平台,阳兴众创空间注册入驻 88 户。众瑞宝、逸峰源、佳十环保获批"专精特新"企业。

十是大力发展社会事业。成立阳曲县"打工直通车"工作站,组织 83 家企业提供 2910 个岗位,217 人达成就业意向。发放城乡低保、特困人员、临时救助等社会救助资金 7253 万元。累计为 1121 名重点优抚对象发放生活补助金 673 万元。新建首邑学校宿舍楼、新阳街小学创客教育基地,全县所有公办中小学、4 所民办中小学互联网出口宽带全部达到百兆,多媒体覆盖率达 100%。开展免费送戏下乡 590 余场,文化惠民基层行演出350余场。投资2400万元新建中医院新门诊住院大楼配套及附属工程项目并投入使用,投资270余万元完成疾控中心实验室改造项目并投入使用。对因病因残贫困户全部进行双签约,老百姓满意度达95%以上。

十一是巩固脱贫攻坚成果。全县7739户18262名建档立卡贫困人口全部脱贫,41个贫困村全部退出,贫困发生率由2014年的18.15%降至零。围绕“两不愁、三保障”,落实“三保险、三救助”,开展挂牌督战,省委脱贫攻坚专项巡视、市委“两个统筹”政治督查和其他专项检查反馈问题全部整改到位。全年投入各类扶贫资金1.76亿元,统筹整合资金1.18亿元,配套实施88个重点扶贫项目。组织参加各类推介活动,强化线上主流电商销售力度,加快线下农产品进入全国60多家沃尔玛和航空高铁的农产品专卖店,带动8800户贫困户户均增收2400元。在各安置点因地制宜发展种养殖产业,通过“村企融合”“村建户租”和“扶贫车间”等强化利益联结,带动1500余名搬迁户人均增收3000元以上。全县92%的贫困户通过“龙头企业+合作社+贫困户”等方式参与到产业发展当中,公益岗位累计带动3231名贫困人口户均增收6000元以上,光伏发电收益累计分配到户1047.8万元。

十二是改善人居环境。扎实开展“两下两进两拆”城市风貌专项整治和“三清”“五治”专项行动,持续开展“靓丽星期五”和文明交通综合治理。投资7700万元实施棚户区改造项目,新开工253套,基本建成318套。投资6400万元对20个老旧小区实施全方位改造。改扩建大运路社区日间照料养老服务中心,商贸新街、新安东街等四个社区的老年餐桌投入运营。文明交通综合治理工作位列县区组考核第一,得到了市考核组“堪称标杆”的评价。以全省考核第一名的成绩,跨越山西省文明县城创建阶段,直接荣获山西省文明县城称号。加快推动美丽乡村提档升级,农村垃圾治理成效明显,新建17条71.3公里“四好农村路”,打赢了农村人居环境三年攻坚战,顺利通过太原市人居环境评比验收。全部完成中央生态环境保护督察及“回头看”、大气污染防治专项督查反馈问题整改。

十三是坚持强化安全生产,全面压实安全责任。认真落实省市“8·29”“10·1”重大事故批示指示精神,自觉扛起防范化解重大安全风险的政治责任。专题研究部署集中教育整顿暨专项整治行动,督查检查企业2332家,排查治理一般隐患884条,停业停产整顿4家,到期隐患全部整改完毕。组织开展安全生产培训和警示教育活动,累计开展15批次1300余人次,全县安全生产基础工作进一步夯实。在深化扫黑除恶专项斗争中,共破获各类刑事案件212起,破获涉恶案件32起,打掉恶势力团伙3个,抓获涉恶网上在逃人员26人,审结涉黑涉恶案件5案34人。

(崔振刚)

附:中共阳曲县委书记、副书记、常委名单

书　记:裴耀军

副书记:李京京　杨　昆(7月任职)
薛文静(女,7月任职)

常　委:王志勇　于文成　陈向瑛(女)
刘　中(6月离职)　赵成波(6月任职)
张小军(8月离职)　武晓俊(8月任职)
徐剑平

中共娄烦县委

县委书记　薛东晓

2020年,娄烦县委团结带领全县广大干部群众,坚定信心、保持定力,鼓足干劲、真抓实干,党的建设和党领导的各项事业全面加强、全面进步。

一、加强思想政治建设,确保各项事业始终沿着正确方向前进

(一)持续加强理论武装。组织县委理论学习中心组32次集体学习,认真学习习近平新时代中国特色社会主义思想,深入领会《习近平谈治国理政》第三卷、《习近平扶贫论述摘编》精神实质,抓好“三篇光辉文献”“三重温、学四史”学习教育,推动党的理论创新成果入脑入心、见行见效。

(二)广泛开展教育培训。举办县管领导干部读书班(青干班)12期、培训2580人次。聚焦学习宣传贯彻党的十九届五中全会精神,组建宣讲团,开展宣讲41场(次),推动全会精神进企业、进农村、进机关、进校园、进社区。

(三)坚决落实政治责任。召开县委十届十一次全会,研究制定《关于深入学习贯彻习近平总书记视察山西重要讲话重要指示在转型发展上率先蹚出一条新路来的行动方案》,提出31条工作要求,明确149项具体任务,逐级分解责任,抓好推动落实。

二、持续保持攻坚劲头,脱贫攻坚决战完胜

(一)持续强化攻坚力度。保持“县、乡、村”三级作战指挥体系不变,压紧“三落实”,稳定“四不摘”,做到“巩固拓展”两促进、“减贫防贫”两手抓、“整改防范”两手硬。剩余的493名未脱贫人口全部实现清零,全县119个村12381户37782名建档立卡贫困人口全部脱贫,如期完成了脱贫攻坚目标任务。脱贫攻坚成效连续三年位居全省第一方阵。

(二)综合施策集中攻坚。实施巩固提升脱贫攻坚成果行动计划,推动落实5方面21项重点任务。对6个乡镇、13个村、6个部门、12项具体工作实施挂牌督战。对462户易返贫不稳定户、268户易致贫边缘户实行常态化监测,防返贫保

险覆盖到所有脱贫人口。开展驻村帮扶“十个清零”百日攻坚行动,摸排整改问题115个。

(三)巩固拓展脱贫成果。一是产业基础不断夯实。整合扶贫资金2.28亿元,安排实施扶贫项目155个。持续扩大“马铃薯、光伏”两个产业全覆盖规模,光伏收益分配到村到户9340万元,马铃薯产业带动贫困人口人均增收1887元。娄烦被评为全省产业扶贫示范县,兑集沟村、向阳村被评为全省“五有”产业扶贫示范村。二是易地扶贫搬迁任务圆满完成。易地扶贫搬迁集中安置入住率、旧村腾退拆除率、土地复垦复绿率均达100%,统筹就业、就学和就医“三就”,衔接低保、医保和养老保险“三保”,抓实搬迁后续扶持工作,产业就业保障率100%。三是民生保障持续加强。“三保险三救助”医疗保障帮扶1.4万人次、4227万元,贫困人口报销病种实现全覆盖,费用报销比例92%以上,健康扶贫“双签约”保持100%。对贫困家庭学生开展从幼儿园到小学、初中、高中和大学的“五级贯通”式帮扶,资助1.9万人次、547万元。持续推进农村人居环境整治三年行动,各项目标任务完成率全市第一,创建市级以上美丽宜居示范村7个。

三、贯彻新发展理念,高质量转型发展势头良好

(一)加强党对经济工作的领导。地区生产总值增长6.1%,服务业增加值增长2.4%,规模以上工业增加值增长17.3%,一般公共预算收入增长6.8%,农民人均可支配收入增长9.5%,社会消费品零售总额增长13.2%。主要经济指标基本实现县委年初提出的“正增长指标增幅高于全省平均水平,负增长指标降幅低于全省平均水平”的工作要求。

(二)着力构建现代产业体系。完成有机旱作农业种植15万亩,新增农业生产托管服务面积5.7万亩,实施渗水地膜谷子种植9.2万亩、测土配方施肥技术示范5300亩,试验推广农业新品种13个,农产品“三品一标”认证44个。30MW云鼎光伏电站并网发电,全县光伏电站总规模突破120MW,年收益超过1亿元。持续推进全国电子商务进农村综合示范工作,网络交易额突破3亿元,其中农产品上行1000余万元。积极发展生态旅游业,建成23个乡村旅游示范点、1个全国乡村旅游重点村。

(三)持续深化重点项目建设。29名县级领导包联234个重点产业项目,全程督导推动。开展转型项目建设2020年行动,安排实施48个重点项目,开复工率100%。转型项目14个,开复工率100%。列入省、市项目库的31项重点项目,开工建设30项,开复工率97%。争取上级预算内项目和债券项目6个,总投资1.4亿元,高质量发展动能和活力持续释放。

四、牢固树立“绿水青山就是金山银山”的理念,生态文明建设取得新进步

(一)不断推进生态绿化。持续加快国土绿化进程,在增绿、增色、增景、增量、增效上发力。全年完成投资1.1亿元,高标准实施营造林18.8万亩,全县绿化率达57.2%,森林蓄积量突破200万立方米,全县生态底色更加浓郁。

(二)加大环保项目建设。完成汾河水库生态环境保护、库周塌岸综合治理等10个项目,岚河娄烦段水质改善、汾河干流水质改善工程建成投运,新增湿地2000余亩。

(三)全力抓好污染防治。按时完成东升煤焦落后产能淘汰,运营18年的60万吨4.3米焦炉关停退出。提标改造县热源厂,拆除污染设施127处,清洁化改造企业17个。实施“煤改电”4931户,清洁煤配送1.3万户。汾河水库水质、国考断面出境水质达标率100%。全县空气质量综合指数位列全省第一。

五、践行以人民为中心的发展思想,民生保障改善水平持续提升

(一)全力筑牢疫情防线。启动突发公共卫生事件Ⅰ级响应,构建联防联控、群防群治严密防线,“地毯式”摸排县外返回人员2549人次,集中隔离医学观察268人,进行核酸检测4960份,疫情防控取得了“零输入、零感染”的重大成果。

(二)提升公共服务水平。县城二级汽车站主体完工,提质改造8个老旧小区,既有建筑节能改造2万平米,改扩建5G基站32个。建成区绿化覆盖率45.7%、绿地率43.7%,人均公园绿地面积13.7平方米。开工建设国道241、省道岚马线汾河水库段改线工程,提升县乡公路109公里,高标准改建农村户厕3437个。

(三)扎实办好民生实事。投资1.3亿元的君宇实验学校正式投入使用,标准化改造8个乡镇卫生院,乡镇、村级卫生室药品种类分别达200种、50种以上。实施“人人持证、技能社会”工程,完成职业技能培训1946人,新增就业1001人,城镇登记失业率3%以下。3000余名困难职工养老保险、医疗保险历史遗留问题基本解决。

(四)维护社会安全稳定。创建“三零”村(社)52个、企事业单位1787个。深化扫黑除恶专项斗争,“六清”全部清仓见底,历年逃犯全部抓获,现行命案全部侦破,全县警情同比下降15.6%。

六、全面落实新时代党的建设总要求,全面从严治党取得新成效

(一)认真落实主体责任。制定《县委常委班子及成员全面从严治党责任清单》,明确112项具体责任。开展贯彻落实习近平总书记视察山西重要讲话重要指示“回头看”。扎实做好省委巡视反馈问题整改“后半篇文章”,整改落实上级各类巡视巡察、督导检查等6方面78个问题。

(二)不断夯实基层基础。实施“整乡推进、整县提升”三年行动计划,“整乡推进”达标乡镇100%,转化提升软弱涣散基层党组织16个。创建“十星级先进基层党组织”48个、“双强六好”党支部3个。村级党群服务中心覆盖所有行政村,创新设立2个乡镇区域党群服务中心。

(三)提升队伍管理水平。坚持新时代好干部标准,在脱贫攻坚、项目建设等一线使用干部203人次。对表现突出的

干部晋升职级142人次，对24名干部开展离任审计，对498名干部因私出国(境)信息备案和证照加强管理。选派23名机关干部到17个村任职，“一肩三挑”比例达53%。建立471人的农村后备力量库，设立8个青年人才党支部，培养入党积极分子185名，3年以上未发展党员的村实现清零。

(四)持续正风肃纪反腐。处置问题线索277条，立案123件，党纪政务处分113人，留置3人，移送司法机关3人，其中处置“关键少数”问题线索43条，党纪政务处分乡科级干部20人、组织处理48人次、留置1人。围绕脱贫攻坚、疫情防控等开展13方面专项监督，聚焦“四风”问题，发现处置问题112条。

(尤永亮)

附：中共娄烦县委书记、副书记、常委名单

书　记：薛东晓

副书记：李树忠　郝虎生　张　科(挂职)

常　委：郭建生(2021年6月，涉嫌严重违纪违法，接受纪律审查和监察调查；9月被开除党籍、开除公职；将其涉嫌犯罪问题移送检察机关依法审查起诉。)

岳志强　闫　伟(3月任职)　陈　铮

任　瑛(女，4月任职)　武　鹏(7月任职)

李德英(3月任职)　章晓煜(女，3月离职)

孙慧生(挂职，6月离职)　梁云刚(3月离职)

中共大同市委

市委书记　张吉福

2020年，大同市委深入学习贯彻习近平总书记视察山西重要讲话重要指示，按照省委“四为四高两同步”总体思路和要求，认真履行把方向、管大局、作决策、保落实职责，统筹抓好疫情防控和经济社会发展，团结带领全市党员干部群众众志成城、攻坚克难，推动各项工作取得新成效、实现新突破。

一、牢记领袖嘱托，坚决把习近平总书记视察山西重要讲话重要指示落到实处

建立常委会“第一议题”制度和重大议题学习对标制度，对习近平总书记最新重要讲话重要指示及时跟进学习、制定落实措施。组织市委常委会、市委中心组23次集中学习，举办3期市管干部专题研讨班和2期政治建设专题培训班，召开市县乡村四级书记学习交流会，市委常委会班子成员带头组织千场“基层大宣讲”，引导全市广大党员干部群众把学习成效转化为做好工作的生动实践。召开市委十五届九次全会，出台《关于贯彻落实习近平总书记视察山西重要讲话重要指示在转型发展上率先蹚出一条新路来的实施意见》，形成了市委领导带头、部门齐抓共管的责任落实体系，召开县委书记恳谈会、集体约谈会，层层传导压力，推动落地落实。聚焦黄花产业发展，编制黄花产业发展规划，出台做大做强黄花产业的实施意见，成立黄花产业发展研究院和黄花产品研发中心，制定生产种植规范和地方质量标准，推进“育、种、产、加、销”一体化经营，价格、收入实现“双提升”，全市黄花种植面积稳定在26万亩，黄花种植户人均增收3800元，“大同黄花”入选2020年国家知识产权地理标志运用促进工程项目。聚焦云冈学研究，统筹推进学科建设、学术研究、文化交流、文物保护、文旅融合。成立大同大学云冈学学院，完成云冈研究院机构升格，与北大、山大共建云冈学研究中心，举办开明文化论坛、云冈文化论坛等重大文化活动，实施洞窟数字化建模等一批重点文保项目，成立云冈考古研究所，建设云冈学大数据中心和云冈学博物馆，持续扩大影响力。

二、坚决扛起重大使命，统筹疫情防控和高质量转型发展

立足全局、着眼大局，坚决克服新冠肺炎疫情影响，交出“两手硬、两战赢”高分答卷。疫情防控取得阶段性胜利。按照“坚定信心、同舟共济、科学防治、精准施策”总要求，统筹“三线作战”，压实“四方责任”，狠抓“五严五防”，圆满实现“双零”目标；5批152名医护人员驰援湖北贡献大同力量。建立常态化防控机制，完善“四位一体”公共卫生体系，全市二级综合医院和机构核酸检测能力年底实现全覆盖。转型发展迈出坚实步伐。以转型综改为牵引，统筹实施产业集群培育、能源革命突破等八大工程，初步形成以煤炭为基础，以装备制造、生物医药、文化旅游、新能源四大战略为支柱，以通用航空、大数据、新材料、新能源汽车、羊毛纺织、农产品精深加工六大新兴产业为突破的产业发展格局。全市规上工业企业增加到333家，全市非煤工业占比48.9%。以项目建设为抓手，滚动接续推进“三个一批”，现代医药产业园、浑源抽水蓄能等项目开工建设，隆基绿能、新研氢能、东华信创整机制造、秦淮大数据等一批“六新”项目竣工投产。以能源革命为突破，全力推进八大攻坚行动，去产能370万吨，先进产能占比达到90.7%；全省首个装配式+被动式超低能耗绿色建筑项目，全省首个风电供暖项目加快建设；加速“一园双城”建设，引进宁德时代、上海重塑等产业示范项目，牵头以“1+5”方式申报国家燃料电池汽车示范城市群，全市新能源装机占比达到42%，占全省新能源装机占比达到1/3。改革创新实现双轮驱动。坚持改革为要，扎实推进十大攻坚改革、二十项重点改革和二十三项基础改革。国企混改稳步推进，放管服效改革

取得突破,“一条热线管便民”加快推进,开发区“三化三制”提速加力,建设48万平方米标准化厂房,成功获批国家绿色产业示范基地。坚持创新为上,大力实施科技创新突破提升行动,依托“一园双城”,打造中科院热物理所、全科盟研究院等20个科技创新平台,引进28名院士和百名行业领军人才组建转型智库,上线全省首个“双活”工业云,全市规上工业企业研发机构实现全覆盖,实现巷道压缩空气、瓦斯发电、低碳煤化工等一批科技成果转化。

三、立足宜居宜业宜游,加快省域副中心城市建设

锚定“一城五地”战略目标,全力打造立足山西、辐射晋冀蒙、面向全国的晋北中心城市。坚持规划引领,高标准编制省域副中心城市《规划总纲》和《实施方案》,严格划定“三条控制线”。打造“一核三区八组团”中心城发展格局和“一城六县多点”城镇化格局。提升开放能级。深入融入京津冀协同发展,积极推动京同合作,加速京晋(大同)协作发展新区建设。实现丝绸之路经济带海关区域一体化通关,保税物流中心通过验收,跨境电商综合试验区获批,集大原高铁项目开工建设,顺利开行3列中欧中亚班列。强化城乡联动。深化“五区联动”,统筹实施产业激活、智慧城市等十大行动,同煤快线通车运行,大同能源馆、综合客运枢纽投入运行;深入开展“两下两进两拆”,持续整治乡村“六乱”,大力推进厕所革命,城乡人居环境显著改善。加速文旅融合。深入推进“五环联动”,重点打造云冈、古城、恒山、长城四大核心板块,实施文旅项目29个,天镇县李二口长城文化博览苑入选国家《长城国家文化公园建设保护规划》重点建设项目库,长城一号旅游公路全线贯通,“游山西、读历史”活动在云冈石窟启动,成功举办第六届全国民宿大会和第二届“康养山西、夏养山西”合作交流会,全市实现旅游综合收入291亿元,“快进慢游深体验”文旅业态加速形成。

四、坚决打赢“三大攻坚战”,确保同步全面建成小康社会

完胜脱贫攻坚。坚持减贫防贫两手抓,严格落实“四个不摘”“四个不减”,部署开展“十查十改”,推动突出问题起底清零;建立三级返贫预警机制,建立覆盖28万贫困人口的防贫减贫商业保险;在全市197个安置点建设扶贫产业园、扶贫车间、扶贫农庄、扶贫基地,深入实施住房保障提质、安全饮水提升、村医技能提高三大工程,全面开展订单式、定向式、委托式职业技能培训。全国扶贫职业技能大赛、全国光伏扶贫现场会在大同成功举办。筑牢生态屏障。完成造林绿化33.5万亩,矿山治理和生态修复取得阶段性成效;全市二级以上良好天数达到315天,PM2.5年均浓度31微克/立方米,两项指标均排名全省第一;水域环境综合治理全面提速,国考断面水质全部稳定在Ⅳ类以上。牢守风险底线。全面贯彻落实总体国家安全观,深入实施“反制、铸墙、净土、攻心、清网”五大工程,筑牢政治安全的铜墙铁壁。

五、坚持以人民为中心,扎实保障和改善民生

全面推进“人人持证、技能社会”,5.6万人取得技能证书;启动高素质农民技能提升培训,每年培训3万人,三年实现“带动性全覆盖”。深化教育十大改革,通航学院挂牌招生,县域中小学布局改革试点稳步推进。新建市传染病医院。统筹抓好基本医疗保险、最低生活保障等制度落实。年初承诺的10件民生实事进展顺利。文化事业全面提速。大力践行社会主义核心价值观,稳步推进灵丘、云州新时代文明实践中心试点建设,县级融媒体年底实现全覆盖,成功获评“省级文明城市”。创排《北魏长歌》《热土》《天下大同》等文艺精品,举办古都灯会、长城摄影展、文化惠民周等文艺活动,丰富群众文化生活。社会治理全面提效。全面推进市域社会治理现代化试点建设,“三零”单位创建总体达标率位居全省前列,扫黑除恶专项斗争成果位列全省第一方阵,政法队伍建设和乡镇(街道)政法委员配备做法被省委政法委作为典型经验在全省推广,全科网格基本实现全覆盖,获批全国第一期社会治理现代化试点城市。

六、坚持全面从严治党,营造风清气正政治生态

坚决贯彻新时代党的建设总要求,以政治建设为统领,深化运用“两级三责法”,出台《一体推进不敢腐、不能腐、不想腐实施意见》,推动全面从严治党不断引向深入。打造过硬干部队伍。坚持新时期好干部标准,提拔重用292名业绩突出的优秀干部,评选表彰266名担当作为先进典型;选任86名优秀干部进入县区领导班子,选派47名年轻干部到县乡“墩苗”历练。持续正风肃纪反腐。持续减存量、遏增量、防变量,一体推进不敢腐、不能腐、不想腐。深入开展市委第七、第八轮巡察,十五届市委巡察实现全覆盖。夯实基层战斗堡垒。以标准化、规划化建设为抓手,大力实施“三力提升”工程,深化“争旗”“创星”,开展村书记能力提升、村干部学历提升、带头人定向培养三大工程,225名机关事业单位干部到村任党组织书记,建成全省第一家市级党群服务中心。打造75个集体经济试点项目,全市村集体经济全部突破10万元,195个软弱涣散党组织全部如期转化升级,基层党组织组织力、凝聚力、战斗力不断增强。

(王佳乐)

附:中共大同市委书记、副书记、常委名单

省委常委、大同市委书记: 张吉福

副书记: 武宏文　张　强(9月任职)

常　委: 宋　涛(10月离职)　姚鸿波　王铁梅(女)
崔　巍(10月任职)　薛明耀(10月离职)
尉连生　梁晓旭　任希杰(10月任职)
穆国新(7月离职)　冯晓雷　刘孟斌(7月任职)

中共平城区委

区委书记 李继忠

2020年，平城区委坚持以习近平新时代中国特色社会主义思想为指引，深入学习贯彻落实习近平总书记视察山西重要讲话重要指示，围绕落实省委“四为四高两同步”总体思路和要求，认真落实市委“136”发展战略，持续深化省域副中心城市“首善之区”建设，全力推进“四个示范区”建设，全区各项事业保持平稳健康发展。

一、以习近平总书记视察山西重要讲话重要指示为指引，乘势而上书写平城践行新时代中国特色社会主义的新篇章

习近平总书记视察山西后，平城区委第一时间传达学习习近平总书记视察山西重要讲话重要指示，安排部署全区学习宣传贯彻落实工作。召开中共大同市平城区委一届五次全体会议，审议通过《中共大同市平城区委关于深入学习贯彻落实习近平总书记视察山西重要讲话重要指示在转型发展上率先蹚出一条新路来的实施意见》，围绕习近平总书记视察山西重要讲话中提出的六项重大任务和实地考察调研时所作的重要指示，梳理形成123条具体要求，明确落实举措，确定责任主体，确保习近平总书记重要讲话重要指示条条落实、件件落地、事事见效。

二、统筹兼顾精准发力，奋力夺取疫情防控和经济社会发展双胜利

按照“六定”工作法，迅速推进重点地区抵同人员信息摸排工作，对公安和三大运营商推送的2.1万余人进行核查，核查率达100%；从全区党政机关、事业单位中抽调771名工作人员在257个无物业小区设置测温点、检查站，进行信息登记核实和体温检测；租用5所酒店作为集中观察公寓，累计集中隔离735人；组织发动民营企业及社会各界人士捐款捐物约合1000多万元人民币，全力支持疫情防控工作。积极做好冬春季疫情防控工作，建立全区多点触发预警机制，积极开展人员培训、应急演练，加大物资储备等，巩固来之不易的防控成果。10名确诊病例全部治愈出院，实现“双零”目标。对全区的530家“四上”企业、79个建设项目实行县级领导、部门领导包联企业制度，进行一对一跟踪服务，制定帮扶措施，共解决各类困难问题128个；驻区金融机构通过减免利息和下浮利率等让利1.2亿元用于保障企业的稳定和正常经营，及时返还利息4000多万元；加大税收减免力度，全区共计减免各类税费5002.85万元，惠及22504户纳税人。

三、以转型发展为牵引，奋发有为推进高质量发展

始终牢记习近平总书记殷殷嘱托，克服新冠肺炎疫情带来的负面影响，奋勇前进，全年各项经济指标总体稳步提升，经济形势全面逆势而上。2020年全区共建159个项目，实现开复工率100%。按照一季度一个招商主题，全区共召开了4场招商大会，签约项目28个，16个项目已全部落地。深化“一枚印章管审批”工作，将182项行政许可事项集中划入区行政审批局，审批材料压减率达到35%，审批时限压缩达到53%以上。在全省优化营商环境第三方考核中全省排名前列。2020年，全区地区生产总值完成428亿元，增速4.4%；规上工业增加值完成43.2亿元，增速6.1%；一般公共预算收入完成9.2亿元，增速5.6%；城乡常住居民人均可支配收入增速分别为5.9%、7.8%。

四、以品质提升为目标，坚定推进生态文明建设

深入践行习近平生态文明思想，牢固树立“两山”发展理念，找准城市建设、城市发展与生态保护的平衡点，不断提高精细化管理水平，着力提升中心区品质品位，打造整洁、优美、文明、有序的城市形象。大力推进区域污染防治，保障“大同蓝”“大同清”“大同绿”，污染防治攻坚战圆满收官。全区环境空气质量优良率为86.3%，优良天数315天。PM2.5平均浓度31微克/立方米，同比下降3.1%；红卫桥断面保持Ⅳ类水质，乡镇级水源地达到Ⅲ类水质标准。全年共征收居民房屋5474户、商铺等323处，安置3561户。有序推进总投资162.75亿元的开源街南侧(七里村)城市棚户区改造项目等7个续建棚改项目，全面推进25个老旧小区改造工程，整体工程进展已完成80%。深入开展“两下两进两拆一提升”及市容市貌百日专项整治工作，打造御河西路、迎宾街等6条精品示范街；取缔61处废品收购站点；对大同大学南门区域进行综合整治，完成对周边违章建筑整体拆除工作。

五、以乡村振兴为目标，着力夯实农业农村基础

以农民增收、农村增效为目标，牢牢抓住转方式、调结构这条主线，积极探索现代农业发展模式，全面推进乡村振兴，奋力书写农业强、农村美、农民富的亮丽答卷。全面完成全区继续推进农村集体资产清产核资和成员身份确认工作，60个村完成股份合作制改革工作，成立股份经济联合社。积极推进平城现代农业产业示范区建设，以三大产业集群为主导，明确产业发展方向，示范区累计谋划项目28个；签约项目9个，累计总投资4.805亿元；开工项目8个，投产项目6

个,2020年示范区省考发展水平指标全部完成。全面实施“六大专项”行动,大幅提升农村人居环境质量,全区农村垃圾收运体系逐步完善,60个村全部建立了村庄保洁机制,430座农村厕所完成改造。

六、以人民满意为导向,扎实做好保障和改善民生工作

坚持以人民为中心的发展思想,把为人民谋幸福作为检验民生工作成效的标准,年初承诺的十件民生实事全部兑现。认定38所普惠性民办幼儿园,超额完成25所;改善办学条件,投资1646万元,完成15所学校基础设施的维修改造;招聘中小学、幼儿园教师239名,提高教学质量,充实师资力量。开展“春风行动”等4场线上线下招聘会,达成就业意向1430人,共计提供各类岗位4380个。开展职业技能提升培训88期3362人,创业培训1900人。组织开展爱国卫生季活动,彻底改善环境卫生状况,为常态化疫情防控营造良好的社会环境。开展“万步有约”全民健身活动,倡导群众积极参与体育锻炼,增强体质、促进健康。深入抓好信访维稳工作,区级领导干部接待各类来访群众共51批2216人次。全面妥善处置金融领域出现的信访问题。开展安全生产专项整治,检查企业6230家,发现一般隐患2504项,未发现重大隐患。开展建筑领域安全隐患专项排查整治,共排查危房和违章建筑1124项。扎实推进“三零”单位创建,全区共录入“三零”单位创建主体18907个,“三零”单位共计18622个,创建率98.49%,“三零”单位创建综合排名全市第2。在全市率先开展网格化管理工作,1196名网格员充实到基层工作一线。深化扫黑除恶专项斗争,共打掉26个涉黑涉恶团伙。

七、以文旅融合为突破,积极推进文化建设

坚持文化引领、产业融合,积极培育壮大市场主体,加快文化旅游产业转型升级,深入挖掘历史文化资源,开创了文旅融合高质量发展新局面。筹备市古城投资集团公司,已完成注册登记工作。大同市古城生态文化旅游示范区前期申报工作已基本完成。积极申报现代服务业旅游休闲集聚区。大力发展文旅产业,以建设古城文化旅游名城为目标,积极推进全域旅游建设。依托“旅游+”创新园开发设计旅游路线,提高涉旅企业地接服务水平,接待外地游客4万余人次。加强非遗保护工作,举办2020年平城区非遗项目传承人培训班,提高全区非遗保护工作成效。全年共挖掘区级非遗项目7个,申报市级非遗项目4项。

八、以政治建设为统领,坚持不懈抓好党内政治生态建设

始终坚持从巩固党的执政地位的大局看问题,毫不动摇把党的政治建设摆在首位,坚定不移贯彻落实新时代党的建设总要求,着力加强党员干部政治、思想、能力、作风建设,推进全面从严治党向纵深发展。以上率下,推动全区深入学习贯彻《习近平谈治国理政》第三卷和习近平总书记视察山西重要讲话重要指示,先后举办5期专题培训班,培训各级党员领导干部700余人。全面完成软弱涣散党组织整顿工作,25个被整顿的党组织班子得到有效转化提升。深入推动社会主义核心价值观与公共文化服务事业各个领域的有机融合,建成141家“高颜值+好服务”社区党群服务中心、16个新时代文明实践所、147个新时代文明实践站,服务群众、宣传群众、教育群众、关心群众的阵地全面启用。接受十一届省委第八轮巡视并完成立行立改工作。深入开展肃清流毒工作,扎实做好领导干部办公用房清理整改“回头看”工作,认真开展党政领导干部违规入股企业问题专项清理工作,全年纪检监察机关共立案251件,结案241件,给予党纪政务处分241人。

(朱嘉庆)

附:中共平城区委书记、副书记、常委名单

书　记:李继忠
副书记:唐　胜　郭雁明　郭　政(6月任职)
常　委:李志刚　郭云峰(7月离职)
梁　介(1月离职)　李文清
张文娟(女,2月任职)　高　宁(4月离职)
李文瑞　徐文俊　陈月祥(7月任职)
欧阳宏海(5月任职)　李之光(6月任职)
崔　峰　刘树贵(12月离职)
王晓峰(12月任职)

中共云冈区委

区委书记　苏　智

2020年,云冈区委坚持以习近平新时代中国特色社会主义思想为指引,全面贯彻落实党的十九大和十九届二中、三中、四中、五中全会精神,深入学习贯彻习近平总书记视察山西重要讲话重要指示,认真落实省委“四为四高两同步”总体思路和要求以及市委“打造省域副中心城市”发展布局,深入践行区委“1361”发展思路,扎实做好“六稳”工作,全面落实“六保”任务,强力推动“六新”发展,全区经济社会保持平稳健康有序发展态势。

一、从严治党

(一)始终把党的政治建设放在首位。发挥区委“总揽全

局、协调各方”的领导作用。全年召开30次区委常委会、3次全委会、1次区委工作会，开展区委中心组专题学习16次。及时跟进学习习近平总书记最新重要讲话，围绕学习贯彻落实习近平总书记视察山西重要讲话重要指示，举行区委中心组（扩大）集中学习会和“习近平总书记在大同”云冈区宣讲报告会。

（二）全面提升意识形态工作水平。落实意识形态工作责任制，召开2次区委意识形态工作领导小组会议和3次全区意识形态领域形势分析研判会议。云冈区新时代文明实践中心与高山镇党群服务中心融合建设正式挂牌成立。对35家被巡察党组织开展落实意识形态工作责任制情况进行专项检查，对6个乡镇本年度落实意识形态工作责任制进行专项督查。

（三）抓基层党组织和党员队伍建设。落实基层党建工作责任制，实行项目化管理，区、乡镇（街道）两级确定“书记项目”69个。全市农村党支部书记实训基地落地。选派9名机关事业单位干部到村担任党组织书记工作，对247名农村（社区）党组织书记全部建立档案。在全区138个社区中建起402个网格、153个网格党支部（小组）。推进社区物业党建联建，打造和瑞街道（国瑞物业）、平泉街道（奕源物业）两个示范点。在农村基层党组织中推动“五旗”竞夺，共获市委授旗74面，打造王家园村等一批农村党建示范点。在社区基层党组织中开展“五星”争创，共获市委评星79颗，打造迎新街社区等一批城市党建示范点。确定25个软弱涣散党组织，已全部实现转化升级。发挥街道“大工委”和社区“大党委”统领作用，召开联席会议102次，协调解决问题及事项1540余项。区、乡（街）两级共举办农村（社区）“领头雁”培训班40余期。创新支部书记进村讲、流动党校巡回讲、点餐配送家门讲等多种形式，开展延伸培训72场次培训1300余人次。组织选派14名农村干部参加市委组织部举办的农村后备干部培训班，对完成培养的第一期7名后备干部妥善安排回村实践锻炼。

（四）不断扩大反腐败斗争压倒性胜利。全年区委常委会研究全面从严治党议题21件次，研究党风廉政建设和反腐败斗争相关议题10件次，区委书记就全面从严治党先后做出批示67件次。开展区委第四、第五轮巡察工作，对全区36家单位围绕“三个聚焦”进行政治监督。全区各级纪检监察机关共受理信访举报235件，处置问题线索530件次，立案261件，结案235件，给予党纪政务处分233人。

二、经济转型

2020年，全区地区生产总值完成406亿元，增速5.8%，占全市地区生产总值近1/3；第三产业增加值完成183亿元，增速2.6%；规上工业增加值完成158.34亿元，增速6.3%；一般公共财政预算收入完成12.16亿元，增速5%；社会零售品消费总额完成135亿元，降幅逐步收窄；城镇居民人均可支配收入完成36431元，增速6.1%；农村居民人均可支配收入完成18219元，增速7%。

（一）夯实项目基本盘。全区有在建项目145个，其中新建项目65个，开工率达100%，排名并列全市第一；续建项目80个，复工率达100%，排名并列全市第一。申报重点项目24个，其中省级重点项目3个，市级重点项目21个。

（二）升级产业含金量。淘汰落后煤炭产能，先进煤炭产能占比达71%，位居全市首位。漳泽热电三期和漳泽塔山三期热电联产扩建项目被列为省“十四五”期间重点推进工程项目，中煤二期2＊100万KW扩建项目前期工作取得实质性进展，同达热电33千瓦机组灵活性改造项目已完成调试。新型功能性企业纸面石膏板、药茶加工企业恒宗黄芪等新兴产业落地见效，北魏云航直升机观光项目等旅游产业投入运营。

（三）打造经济增长极。发挥云冈区经济技术开发区政策、资源和服务优势，围绕“三个一批”保障项目建设，签约项目27个，开工项目22个，投产项目10个。扶持中关村软件园山西孵化创新平台发展，累计培育孵化企业97家。有效盘活破产闲置的原大同水泥厂建设智创产业园。利用原大同型煤厂建设同创产业园。利用原南郊煤校建设融创孵化园。

（四）汇聚创新源动力。牧同科技股份有限公司登陆“新三板”，成为全省乳制品行业在“新三板”挂牌上市的首家企业。昕晟晔滤业有限责任公司股份制改革全部完成。全区78家规上工业企业全部建立研发机构，制定研发课题249项，规上工业企业技术创新覆盖率达100%。认定区级重点实验室6家。培育“小升规”企业18家、“专精特新”企业8家。现有省市级双创载体13个，累计入驻孵化企业572家，出孵企业31家，在孵创客1216名，毕业创客298名。

三、民生改善

（一）办好人民满意教育。全区33所中小学校探索联盟办学模式，撤并49所“空壳学校”“麻雀学校”，分流教职员工726名。新建平泉二小幼儿园、新平旺第一小学幼儿园。引进云冈现代双语学校。

（二）优化医疗卫生服务。完成医疗集团书记、理事长分设任务，区医疗集团、乡镇卫生院、村卫生室实现三级互联互通。改建区医院门诊楼，区核酸检测实验室建成投入使用，40家医疗机构接入国家跨省异地就医平台，166家定点零售药店开通省内异地结算。组织实施国家“4+7”集中带量采购，共三批次112个品种落地。

（三）巩固脱贫攻坚成效。依托“高山大嫂”“云冈巾帼园”等培训平台开展技能培训，全国贫困村致富带头人培训基地落户杨家窑村。依托辖区内各类企业新增工作岗位500个，新开发公益岗位100个，对外出务工人员给予交通补助50万元，全区有劳动力的建档立卡贫困户全部实现工资性收入。14个扶贫项目全部入库、全部开工，继续扩大发展杂粮、生猪、果树三大产业，“一村一品”格局基本形成，全区7个建档立卡贫困村集体经济年收入均突破10万元。认购云州区黄花约35万元，众盈专业合作社小杂粮约40万元，谢店村农产品约60万元。

（四）维护社会稳定大局。推进“三零”单位创建，健全“1+3+N”责任体系，配套制定“十有”标准，推进“三网”创平安工程。扫黑除恶专项斗争位列全市第一方阵，共打掉涉黑涉恶团伙33个,抓获犯罪嫌疑人171人,破获各类案件160起,查处涉案资金3418.74万元。

四、城乡发展

全区18个老旧小区、116栋楼的主楼维修已完成。口泉街道、平旺、时庄、马营、三井等棚户区改造项目稳步推进。桑干河风景区旅游公路改造工程全部完成,养护提质"四好农村路"34公里,泉民街街巷、实验中学南侧街巷改造工程完工通车,新增规划停车位1044个。恒安新区新增4座便民市场。新增4个省级示范村、2个市级示范村和16个区级示范村。新建村民公共浴室13个、村民健身活动广场9处,实现公共浴室、健身活动广场全覆盖。全年,环境空气二级以上优良天数共259天。

(刘立欣)

附:中共云冈区委书记、副书记、常委名单

书　记:苏　智

副书记:李东升　张学梅(女)

常　委:杨志文　赵　雄　石　忠　马晓峰(女)
刘巨平(1月离职)　韩朝炜(2月任职)
王富祥　董雄伟(7月任职)
范尚锋(2月任职)　李培荣(2月任职)
郝　源(7月任职)　郭玉贞(8月任职)

中共新荣区委

区委书记　邓志蓉

2020年,新荣区委坚持以习近平新时代中国特色社会主义思想为指导,深入学习贯彻习近平总书记视察山西重要讲话重要指示精神和习近平总书记"三篇光辉文献"精神,紧紧围绕省委"四为四高两同步"总体思路和要求,认真落实市委"136"发展战略,统筹抓好疫情防控和经济社会发展各项工作,扎实做好"六稳"工作,落实"六保"任务,保持经济持续健康发展和社会大局稳定。

一、聚焦产业转型发展,着力构建现代产业发展体系

2020年,全区地区生产总值完成615074亿元,一般公共财政预算收入完成1.93亿元;社会消费品零售总额完成13.5亿元;城镇常住居民人均可支配收入预计完成28454元,同比增长5.1%;农村常住居民人均可支配收入预计完成11299元,同比增长7.9%。

(一)全面优化产业发展,夯实经济高质量发展基础。坚持疫情防控和复工复产"两手抓",帮助辖区各类企业复工复产。通过新建、技改、扩建等形式,形成7大类26家规上企业的工业体系,其中冶金工业占全部规上工业产值的63%,支柱产业呈现多元化发展格局,转型发展成效明显,装备制造实现新突破。加快长城文旅产业发展,建成"云中伴山"旅游民宿项目;得胜文旅小镇项目完成可研、地勘等前期工作,已被省发改委作为初选项目;签署投资39亿元的红石崖"素心谷"文旅项目框架协议。在长城1号农村旅游扶贫公路的辐射带动下,形成连接新荣区皇陵、长城、湿地、民宿、文博为纽带的长城旅游经济带。

(二)全面推进项目建设,夯实转型发展的项目支撑。把开发区作为项目攻坚的主战场,打造高质量发展"主引擎",在经济发展上提前布局、超前谋划,土地收储面积达2526亩。"四上企业"净增4家。突出产业转型重点,以推进京隆电厂长输供热管线工程、西安隆基光伏发电、大同隆基乐叶1.5GW单晶组件等重点项目为载体,加快低碳绿色转型步伐。全区"三个一批"共签约项目27个,新建项目61个,新建项目中,涉及产业类项目占75%,全区主导产业更趋优化合理;竣工投产项目54个,全年转型项目投资占全部项目投资比例达65%。

(三)大力实施招商引资,夯实发展投资的环境支撑。依托上海东方龙商务咨询公司开展委托招商,促进大同市和乌兰察布市两地经济深度融合,发展"飞地经济",实现两地优势互补、资源共享,加快建设"晋蒙新兴产业合作园"。

二、聚焦乡村产业振兴,着力统筹城乡区域协同发展

(一)深入推进农业产业发展。按照龙头带动、园区承载、品牌引领、项目支撑的思路,重点打造"一网四链"。"一网"即:建成新荣金土地APP平台并成功上线运营,区电商中心以及各乡镇开设的网店21家,销售全区7家农副产品企业以及其它类产品33大类63个品种203万元。"四链"建设上不断补链、扩链、强链。小杂粮产业链上,以"新荣粮食、新荣良心"全区公共品牌为引领,突出谷黍优势作物,"黄土口小米"完成商标注册投放市场深受好评,"稷荣"糕面年产量达到2000多吨。马铃薯产业链上,破鲁堡乡成功申报农业部产业强镇项目,4千亩高标准马铃薯基地建成;华进薯业的废水蛋白提取项目建成;快康宝自嗨火锅投放市场。林果产业链上,完成古店苗木交易市场主体工程建设;西梅、槟果等经济林种植面积达2300亩,在谢家场农业园区建成西梅加工车间,西梅产业链进一步延伸。畜牧产业链上,全区牛饲养量达到4.2万头,羊饲养量达到48.55万只;扩建、新建养猪企业21家,新增饲养量3.54万头,同比增长44%,出栏肉猪6.5万头,全区猪饲养量达到11.5万头,首次突破10万头

大关。

（二）持续改善农村人居环境。投资1890.7万元财政扶贫资金，用于22个贫困村和2个贫困人口相对集中的非贫困村实施乡村环境整治和贫困村提升工程；投资1900万元完成“四好农村路”窄路基路面拓宽改造工程19公里。农村人居环境改善“三年行动计划”设定目标如期完成。

三、聚焦全面深化改革，着力增强高质量发展动力活力

（一）着力深化体制机制改革。全面完成开发区“三化三制”体制机制改革，初步建立“管委会＋平台公司”管理模式，引入山西知嘉行人力资源有限公司作为第三方平台服务公司。成立山西建投新荣园区发展有限公司，撬动国有资本进入园区。坚持推进乡镇机构改革。加快推进北辛窑煤业复工复产。深化新荣水泥厂、荣康粮油公司等国资国企改革。

（二）着力深化营商环境改革。深化“放管服效”改革，扎实推进“一枚印章管审批”改革，完成行政审批局承接275项行政审批事项划转。

（三）着力深化惠民领域改革。有序推进“县管校聘”管理改革，深化教育综合改革；中考考入市优质高中人数较2019年增长11.6%；高考实现低进高出，高考二本达线人数40名。区乡医疗卫生机构一体化改革稳步推进，建立符合区域特点的公立医院管理体制、运行机制和医疗服务体系。

四、聚焦群众关心关切，着力抓好脱贫攻坚和民生福祉

（一）以提升质量为目标，巩固脱贫成果。安排专项扶贫资金7042万元，实施扶贫产业项目35个；落实就业帮扶，全区“零就业”家庭全部清零。创建和开发扶贫车间，认定15家企业，吸纳劳动力771人，其中建档立卡贫困户占比35%以上；为建档立卡贫困人口11751人缴纳大病补充保险，为11386人建档立卡已脱贫贫困人口缴纳返贫责任保险。教育扶贫共资助二本B类以上贫困大学生25人，发放补助资金12.5万元。2019—2020学年“雨露计划”资助发放72.6万元。健康扶贫“双签约”实现全覆盖。

（二）以民生共享为目标，切实改善民生。扎实办好“八件民生实事”，完成“煤改电”任务734户；礼堂前广场修缮、迎宾路两侧整治和长城东西街道路贯通工程全部完工；完成农村改水改厕256座；开展送文化送戏下乡70场。“职工礼堂、职工之家”项目进入收尾阶段；长城1号农村旅游扶贫公路新荣段全线建成通车；区址农贸市场准备投入使用。城乡居民养老保险、医疗保险参保率分别达到99%，城乡低保和特困人员救助供养实现应保尽保、应救尽救。

五、聚焦生态环境建设，着力加强生态建设和环境保护

（一）切实抓好生态环境保护建设。投资800万元，在堡子湾乡等乡完成京津风沙源治理二期工程16000亩。投资300万元，在新荣镇等乡镇，完成三北防护林退化林分修复项目6000亩。完成御河孤山水库—得大高速桥段8.9公里综合整治工程。全区森林覆盖率达28.45%，绿化率达39.67%。

（二）坚定不移推进污染防治工作。坚决打赢大气、水、土壤污染防治三大战役，完成固定污染源排污许可清理整顿工作；同德兴华特钢公司超低排放改造工程和无组织排放改造工程已完成；启动实施同德兴华特钢公司安全卫生防护距离内的居民搬迁安置。开展淤泥河、御河新荣段入河排污口排查，排查出13个入河排污口，相关乡镇、部门进行封堵；取缔“散乱污”企业5家。全年空气质量二级以上为327天，完成省市考核任务。

六、聚焦安全稳定发展，着力维护社会和谐稳定有序

（一）疫情防控安全有序。从全国进入疫情防控开始，对武汉返回新荣区的人群进行摸底调查，全区实现“零确诊、零疑似、零无症状感染”。投入429.76万元，在区人民医院和区疾控中心建成PCR实验室，提升全区核酸检测能力。落实“四早”措施，举行全员新冠病毒核酸采样检测应急演练。

（二）扫黑除恶扎实开展。成功打掉涉黑涉恶团伙7个，抓获犯罪嫌疑人24人，逮捕23人。

七、落实新时代党的建设总要求，着力深化全面从严治党

（一）从严从实抓好管党治党责任。区委常委会研究党建工作10次；组织召开专题会议，听取乡镇党委书记、党（工）委书记抓基层党建工作述职；部署开展九届区委第六轮、第七轮和第八轮巡察工作，完成对26个区直单位党组织开展常规巡察、76个村（居）开展延伸巡察，提级巡察村级党组织2个；研究党风廉政建设和反腐败工作21次，听取巡察专题汇报2次，区委批准初核、立案审查、作出处分决定21人。

（二）强化思想理论武装的引领带动。把学习贯彻习近平总书记视察山西重要讲话重要指示精神和习近平新时代中国特色社会主义思想作为首要任务，区委中心组集中学习12次；举办学习贯彻习近平总书记视察山西重要讲话重要指示精神专题培训班，组织开展“重走习近平总书记视察大同路”现场教学活动。党的十九届五中全会后，区委深入开展“六进”宣讲活动，共宣讲140余场次。

（三）全面夯实基层组织战斗堡垒。实施“帮带升级”行动，建立192个党支部工作联系点，持续引深堡垒、先锋、服务“三大工程”。一是建强组织体系。依托“党建工作室”，开展“支部结对、党员拉手”活动，整顿软弱涣散党组织12个。二是培优头雁队伍。集中轮训基层党组织书记634人次，选派47名机关事业单位干部到村任职，对112名村党组织书记进行备案管理。三是发挥党建优势。成立10个“省市区三级专家人才工作站”，探索“3+N”模式发展村集体经济。选派193支“共产党员先锋队”投入疫情防控阻击战。

（四）锻造勇于担当作为干部队伍。提拔1名驰援武汉

的医护人员为区医院副院长、医疗集团副理事长,重用5名扶贫一线干部,优先为62名扶贫干部晋升职务职级;提拔使用全日制本科以上学历、35岁左右优秀年轻干部11名;为200余名长期在基层一线工作、未担任领导职务的公务员晋升职级。

(五)始终保持惩治腐败高压态势。查处违反中央八项规定精神问题23件、处理23人,查处享乐主义、奢靡之风问题6件6人,查处群众身边腐败和作风问题18件18人,处置问题线索394件次,立案212件、结案210件,党纪政务处分204人,组织处理169人。

(贺雨顺)

附:中共新荣区委书记、副书记、常委名单

书　记:邓志蓉(女)

副书记:李　纬　杨亚丁

常　委:秦尚松　袁润德　王晓琳(女)
王晓媛(女,9月任职)　王利军
李向东(12月任职)　陈建华(6月任职)

中共云州区委

区委书记　王凤瑞

2020年,云州区委立足"山水林田湖草综合发展区"定位,统筹推进新冠肺炎疫情防控和经济社会发展等各项工作。特别是5月11日,习近平总书记在云州区唐家堡村有机黄花标准化种植基地、坊城新村视察调研,让全区干部群众欢欣鼓舞,极大地增强了做好各项工作的信心和决心。

一、提高政治站位,深入学习贯彻习近平总书记视察山西重要讲话重要指示精神

区委认真组织学习习近平新时代中国特色社会主义思想、党的十九大和十九届二中、三中、四中、五中全会精神。区委一届六次全会明确7方面132项具体任务,举办科级干部读书班,增强各级领导干部的政治意识。各级党组织通过党委(党组)专题会、党员大会、支部主题党日、农村"大喇叭"广播等形式进行宣传。全区广大党员干部牢记嘱托,凝聚起推动转型发展蹚新路的强大合力。

二、持续发力,脱贫成效全面巩固

坚决贯彻中央决战决胜脱贫攻坚座谈会精神,完成脱贫攻坚任务。一是挂牌督战剩余贫困户脱贫。5月底已全部脱贫。投入162万元为所有贫困户办理意外伤害保险,投入50万元为已脱贫户办理返贫险。二是稳定就业。通过开发公益岗位、发布用工信息、扶贫合作社和龙头企业带动等,全区有劳动能力的贫困人口8355户17748人中,12106人实现就业。三是易地搬迁后续帮扶。全区18个整村搬迁村、11个搬离原址新建集中安置点,完成入住、拆除、复垦。建成13个扶贫车间和22个扶贫产业园,解决了搬迁户就业收入问题。四是消费扶贫有效发力。在全市动员下,699个单位、9万多人参与消费扶贫,销售金额1955万元,特别是同煤集团消费931.67万元。农产品网络零售额突破5500万元。五是加强问题整改。省反馈38个问题、省纪委发现5个问题和省委督导组专项督导反馈15个问题全部整改。"十个清零行动"排查244条问题完成整改。

三、牢记嘱托,黄花产业和有机旱作农业促农增收

全区17万亩黄花产值达到11亿元,仅黄花一项,12.35万农村常住人口人均收入4100元,占到全年收入的34.9%。一是建起30个田间加工厂,实行保护价收购、分类采摘,确保应采尽采。二是使用冷库、烘干房、塑料防雨晾晒大棚等,保障阴雨天加工。引进建成2家黄花加工龙头企业,与原有的15家龙头企业,保证了黄花鲜菜能保存得住、销售得出。三是全方位服务。面对旱情,新打12眼、维修17眼机井。针对采摘,技能培训2272人。推广自然灾害、目标价格"双保险",理赔7577万元。四是推动特色品牌打造。大同黄花入选国家知识产权局地理标志运用促进工程项目。

实施了8万亩有机旱作农业,涉脱贫人口6877户15436人。组织化推进,63个合作社参与管理。多品种种植高粱3.5万亩、谷子3万亩。发展订单农业,3个乡镇与三利公司签订协议。布局杂粮加工企业,促进农产品的加工增值。成立农机专业服务队,实现了种植、管理、收割全程机械化。成立专家指导组、博士工作站,推进选用优种、节水灌溉、绿色防控、统防统治、增施有机肥等技术标准。品牌化打造,开展"三品一标"认证工作,无公害、绿色认证面积6万亩。试行食用农产品合格证制度,在国家追溯平台注册主体36个,实施合格证制度主体18个。

发展10万亩经济林,5万亩都市蔬菜,6000万只肉鸡养殖屠宰加工和300万蛋鸡养殖,形成了一业兴、百业旺、村村喜见新气象的可喜局面。

四、创优发展环境,经济发展稳中有进

全年地区生产总值127.34亿元,增速2.3%;第三产业增加值56.38亿元,增速-3.1%;规模以上工业增加值33.44亿元,增速6.4%;一般公共预算收入2.55亿元,增速3.4%;社

会消费品零售总额43.69亿元，增速-4.7%；城镇常住居民人均可支配收入23651元，增速5.4%；农村常住居民人均可支配收入11807元，增速10.5%。

一是优化营商环境。深化“放管服效”改革，简化登记程序，实现办事要件和办事指南标准化、规范化。二是推进项目建设。全区重点建设项目33个，累计投产项目12个。加大招商引资力度，累计对接项目36个，签约项目13个，签约资金85.7亿元。三是扶持民营经济发展。为企业解决融资达1.9亿元，累计减税降费3851.12万元。新增小微企业103户，培育“小升规”企业9家，有5家企业已具备条件。四是推进现代农业产业示范区建设。签约项目15个，签约投资总额约30亿元，开工项目5个，总投资8亿元，投产项目5个，总投资2.28亿元。

五、坚持绿色发展，生态环保持续发力

一是持续推进生态建设。新植树造林23350亩，全区林业面积105.6万亩，森林覆盖率34.8%。二是持续守护蓝天。完成8台炉窑改造和2家燃煤锅炉淘换。安装重型柴油车在线监测设备150台。完成“煤改电”530户、“煤改气”1127户。全年空气质量二级以上天气达285天。三是持续守护碧水。实施饮用水水源地环境风险排查，坚决落实河长制，三个国考断面水质稳定达到地表水Ⅳ类水质标准。四是持续守护净土。完成全区重点行业企业用地土壤污染状况调查，加强固体废物管理，针对性完善了医疗卫生机构医疗废物收集转运体系。五是推进全域旅游。开通旅游直通车，启动区旅游公共服务中心项目建设，打造唐家堡、坊城新村乡村旅游示范线路，形成120公里的旅游线路。全区接待游客80.55万人次，旅游总收入7.27亿元。

六、加强社会治理，“三零”创建卓有成效

一是汲取事故教训，认真开展各类综合性安全生产大检查和专项领域安全生产排查整治活动，全面开展企业、建筑领域和旅游景区等安全隐患排查整治。二是深入推广“枫桥经验”，打造120个试点村、3个社区治理工作室。全区公安机关共打掉涉黑涉恶犯罪团伙8个，抓获涉案人员37人(逃犯已全部抓获)，打掉村霸2案3人，冻结、扣押、查封涉案资产1050万余元。破获各类刑事案件74起，破获电信诈骗案件10起，止付142万，冻结4.8万。三是严格落实领导干部接访下访、包案化解疑难信访事项制度，对37件重点信访事项、14件群体性隐患全部确定“五包一”责任人。全区“三零”村、社区131个，企事业单位4670个。

七、抓实疫情防控，实现零感染、零死亡目标

一是对223名武汉返回重点人员开展包联。及时有效对两例发热患者和一例无症状弱阳性患者进行了隔离和流行病学调查。二是坚持“查、防、控、治、研、保”六环联动，设片长707人，巷长、楼长2331人，检查卡口331个。三是组织共产党员先锋队45支、共产党员志愿服务队22支深入社区开展防控，7635名党员自愿捐款72.9万元。四是社会各界共捐赠款物价值380万元，向湖北汉川市捐赠价值55万元的黄花菜；4名医护人员参加了山西援鄂医疗队。

八、坚持人民至上，民生保障稳步跟进

城镇新增就业2405人，转移农村劳动力1572人。推进爱国卫生季活动，完成妇女“两癌”免费检查7637例，建立规范纸质常住居民健康档案13.6万份。教育工作巩固创新。投资1029万元完成4所小学寄宿制改造3306平方米。投资365万元完成5所中心校校舍维修。推进校长职级制改革和教师“县管校聘”改革，公开竞选的20名中小学校长已到岗履职。实施了全民体育健康“1+N”惠民工程、城市公交一体化、社区管理规范化、扶贫全面技能提升、便民市场规范化管理5项为民办实事项目。

九、树立创新思维，深化改革取得实效

推进乡镇机构改革和事业单位改革。完成全区前期数据核实和准备工作。严格按照有关程序，完成41个行政村撤并。推动农技推广体系和乡镇农村经营管理改革。巩固农村集体清产核资和农村集体经济组织成员身份确认“回头看”工作成果，开展农民合作社规范化提升行动，完成托管服务面积2万亩。

十、全面从严治党，党内政治生态风清气正

一是推进基层党建。开展农村“带头人”队伍优化提升行动，退出村主任53人，“一肩挑”比例达82%；整顿软弱涣散农村党组织17个，选派36名干部到村任职。成立社区服务中心，对全区12个社区统筹管理服务。二是加强政治巡察。开展一届区委第六轮、第七轮巡察，对34个区直单位和8家企业及19个村开展巡察，发现问题273个，移交问题线索22件。三是全面推进党风廉政建设。全区纪检监察机关共处置问题线索558件，同比增长54.14%；立案206件，同比增长53.73%；结案210件，同比增长54.41%；给予党纪政务处分209人(其中科级干部25人，同比增长150%)，同比增长54.81%；涉嫌犯罪移送检察机关审查起诉2人。运用“四种形态”批评教育帮助和处理共506人次，同比增长36.39%。

(杨立涛)

附：中共云州区委书记、副书记、常委名单

书　记：王凤瑞

副书记：周聚德(4月离职)　郭普跃(4月任职)
　　　　谢　云

常　委：王成武(2月离职)　范晓强　乔来福
　　　　徐彦君　张文娟(女，2月离职)
　　　　苗泽田(2月任职，4月离职)　佘　儒
　　　　高计亮(8月离职)　赵奇楠(2月任职)
　　　　李　喜(4月任职)　安小峰(6月任职)
　　　　赵欣丽(女，8月任职)　王　斌(8月任职)

中共阳高县委

县委书记　冯晓雷

2020年，阳高县委坚持以习近平新时代中国特色社会主义思想为指引，全面贯彻党的十九届二中、三中、四中、五中全会精神，深入贯彻习近平总书记视察山西重要讲话重要指示精神，认真执行中央和省市委系列决策部署，统筹做好抓党建、防疫情、稳增长、促转型、惠民生等各项工作，全县党的建设和各项事业均取得明显进步。

一、持续加强党的建设，纵深推进全面从严治党

坚决扛起管党治党主体责任，全面落实从严治党各项任务。强化政治建设，系统落实《党委(党组)落实全面从严治党主体责任规定》，完成县委第七轮、八轮巡察。深化理论武装，县委中心组集中学习研讨15次。举办各类培训1500多人次，四套班子领导深入基层宣讲54次受众达3.2万人次。加强组织建设，深入开展"整乡推进、整县提升"示范创建、软弱涣散基层党组织集中整顿等活动，整顿软弱涣散村党组织17个，创建党建示范点17个，"两新"党组织覆盖率分别达到95.08%、97.37%。锻造过硬队伍，开展科级领导班子结构优化、年轻干部"墩苗"等行动，提拔80后、90后干部占85.29%。选派64名机关事业单位干部到村任职，夯实农村基层组织力量。持续正风肃纪，考核12个乡镇、72个县直单位的2019年度党风廉政建设目标责任制落实情况，对主体责任落实不力的1个党组织、6名党员干部问责。一年来，全县累计处置问题线索479件处分214人。

二、积极推动转型发展，全力促进经济提质增效

深入践行省委"四为四高两同步"总体思路和要求，加快经济转型。农业供给质量显著提升。出台"两岸两带"调产奖补政策，大力调动农民发展有机旱作农业，以酿酒高粱为主的有机旱作农业稳定达到26万亩。农业基础更加稳固，建成高标准农田4.48万亩，测土配方技术覆盖77万亩，全面推广旱作农业技术，全县粮食总产量达到5.3亿斤，实现了"十连丰"。品牌影响逐步扩大，举办第三届阳高农民丰收节庆祝活动暨大同阳高首届长城SOKO艺术季，"颐品阳高"公共品牌及"阳高红"等特色品牌影响力进一步扩大。二是工业转型升级成效明显。全年引进项目23个，达成意向10个。"三个一批"有效落实，年内签约项目28个83.58亿元，开工项目31个，开工率60.7%，其中投产达效24个。"六新"产业培育加快，全县规上企业实现研究开发机构技术创新"六有"全覆盖，建立农产品良种研发中心，中联绿色大数据工程年底投产交付，总投资150亿元的大同磁悬浮高速飞车项目选址方案已获通过。新能源项目年发电量突破10亿度。营商环境持续优化，企业开办发照1个工作日即可办结，规划建设类项目平均压缩时限54%，新增减税降费3334.84万元。三是文旅产业融合步伐加快。全面完成镇边堡乡村提质、守口国际艺术区建设等重点文旅项目。推进镇边堡、守口堡、大泉山乡村旅游示范村建设。主题为"梦回守口，又见长城"首届阳高守口堡"光映长城夜游季"活动拉动了夜游经济的发展。

三、推进全面深化改革，不断激发动力和活力

深化扶贫领域改革，完善扶贫项目收益分配机制，整治经营主体408家，全面开展扶贫资产登记管理，实施扶贫产业项目绩效评估，扶贫产业项目年度效益达到总投入的6%以上；完成农村集体产权制度改革，实施省级农村集体资产信息监测平台试点建设，全市农村集体产权制度改革现场推进会在阳高县召开；深化县乡医疗一体化改革，加快构建与三级综合医院深入合作的医联体，促进优质医疗资源下沉，特别是"先诊疗、后付费""136"兜底报销等政策的落实，有效保障了贫困群众的基本医疗。被省卫健委誉为晋北县乡医疗一体化改革的"黑马"。

四、保持攻坚韧劲和定力，坚决打赢"三大攻坚战"

(一)决战决胜脱贫攻坚。深入贯彻落实中央决战决胜脱贫攻坚座谈会议精神，综合施策巩固提升脱贫攻坚成果。一是抓减贫。采取光伏收益分红、扶贫产业覆盖、设置公益岗位等措施，剩余的275户613人全部实现高质量脱贫。二是补短板。紧盯"两不愁三保障"全面查漏补缺，农村居民危房全部实现了动态清零，农村饮水安全、卫生巩固提升工程全面完成。三是稳增收。投资2.6亿元新建产业扶贫园区6个、扶贫车间8个，各乡镇均成立以工代赈劳动服务中心，规范公益岗位设置和劳务报酬发放标准。四是控风险。在全市率先开展脱贫人口"回头看"，系统开展脱贫领域风险防控，1886户"三类户"全部解除返贫、致贫风险。五是抓整改。聚焦国考、省考反馈问题及"十个清零""十查十改"排查的492个问题实行提级验收，全面完成整改。

(二)着力防范化解重大风险。圆满完成"两会"等重大安保任务。对债务借、用、还实施全过程监督，政府债务率未超警戒线。排查整治危险化学品、建筑施工、住宿等重点领域行业745家次，整改24个，关停3家，全县未发生重特大安全事故。

(三)全力打好污染防治攻坚战。常态化加强境内"五河

一沟”流域管控,饮用水源水质达标率 100%。县城污水处理设施保温提效等工程有序推进。取缔“散乱污”企业、工业炉窑和非法排放企业 7 家,9903 户农户实现“煤改电”和生物质颗粒燃料替代,全县城际公交新能源实现全部更换。全县环境空气综合质量指数在全省第八、全市第一。治理沙源 1.5 万亩,建成生态林 1.7 万亩,森林覆盖率达到 27.6%。

五、坚持以人民为中心,不断增进民生福祉

着力压缩办公经费,进一步加大民生投入,10 项民生实事工程全部兑现。统筹推进城乡一体化发展。新建农村客运候车亭 132 个,完成农村改厕 500 座,创建省级农村人居环境整治示范村 3 个。12 个乡镇垃圾转运站全部建成投用。二是慎终如始抓好疫情防控。严格落实中央和省市委重大决策部署,建立联防联控、群防群控、精准防控、协同防控的常态化工作机制,实现了“双零”目标。三是多措并举抓就业。扎实做好复工复产工作,采取“五个一批”措施稳定就业,扩大就业,实现零就业贫困户家庭动态清零。落实“人人持证、技能社会”要求,开展各类培训 2292 人次,促进就业 9640 人,城镇登记失业率 1.71%,远低于全国平均水平。四是全力办好人民满意教育。深化教育体制改革,实行集团办学、学区制,撤销撤并农村初中部 7 所。全市优化调整农村学校初中布局现场会在阳高县召开。五是积极推进健康卫生事业。“双签约”和健康扶贫“五个一”实现建档立卡贫困户全覆盖,健康扶贫清零冲刺“百日行动”圆满完成。分级诊疗体系建设基本完成。六是全面夯实社会保障基础。养老保险发放率 100%,城乡低保实现了应保尽保、应退尽退。发放各类特困群体救助及临时救助资金 1.68 亿元。

六、加强意识形态工作领导,大力推进思想文化建设

一是舆论宣传更加有力,把握主旋律,在中央、省市主流媒体发表各类新闻稿件 491 篇。成立大数据(舆情监测)中心,代表全市参加全省融媒体中心建设现场会。全市扶贫宣传评比考核名列前茅,央视《自然的力量》《地理中国》栏目先后到阳高采风。二是正能量弘扬更加强劲,30 人获评“道德模范”“大同好人”等市级先进典型,全县获得省级文明县城提名,阳高一中获得全国文明校园提名。三是文化氛围更加浓厚,举办各类文化活动 300 多场,《李司法的冬暖夏凉》获得省“五个一”工程奖,二人台剧种传习中心被中宣部评为第八届全国服务农民、服务基层文化建设先进集体。

七、持续加强法治建设,维护社会和谐稳定

深入开展“三零”创建。坚持“责任包联、宣传发动、排查研判、整治化解、常态督导”五措并举,推动创建工作取得阶段性成效,创建工作年度排名全市第一。深入推进法治建设。打造了法治文化主题公园,举办了《民法典》专题培训班,组织法治宣传 5 场次,受众 6 万余人,完成公共服务法律咨询 2308 件次。顺利通过“七五”普法验收。全力维护社会和谐稳定。全年破获刑事案件 225 起,查处治安案件 491 起,扫黑除恶专项斗争纵深推进,累计办结线索 158 条,办结率 92%,打掉恶势力 8 个。加大矛盾纠纷化解。新聘社区网格长 90 名,处置网格信息 2.4 万件,办结率 99.49%。认真落实“控增量、去存量”各项措施,坚持依法办理信访案件。

八、坚持党的全面领导,构建大统战工作格局

支持基层“两代表一委员”工作室建设,全年听取人大、政协党组工作汇报 4 次。积极引导各界别人士参与疫情防控、脱贫攻坚等重点工作,获捐防疫及扶贫款物 630 多万元,筹建扶贫爱心超市 72 家。充分发挥工会、团县委、妇联等群团组织作用,积极构建大统战工作格局,凝聚发展合力。

(母晓鹏)

附:中共阳高县委书记、副书记、常委名单

书　记:冯晓雷
副书记:丁国华　庞　君　孙　彦(女)
常　委:姜　荣(1月离职)　王　吉(1月离职)
申海军(1月任职)　徐碧洋　兰学欣
李雁侠　谢留强　武志勇
胡吉嵘(10月离职)　冀雪俊(6月任职)
赵　杰(8月任职)　耿　强(12月离职)
韩　翔(1月任职)　陈中亮(12月任职)

中共天镇县委

县委书记　王建江

2020 年,天镇县委坚持以习近平新时代中国特色社会主义思想为指导,认真贯彻落实习近平总书记视察山西重要讲话重要指示,深入贯彻党的十九大和十九届二中、三中、四中、五中全会精神,以脱贫攻坚统揽经济社会发展全局,深入推进“3445”发展方略,各项事业取得全面进步。全年完成地区生产总值 40.69 亿元,同比增 3.7%;规上工业增加值 6.62 亿元,同比增 22.3%;社会消费品零售总额 11.49 亿元,同比降 4.3%;一般公共预算收入 1.94 亿元,同比降 21%;第三产业增加值 22.13 亿元,同比增 2.2%;城镇居民人均可支配收入 25397 元,同比增 5%;农村居民人均可支配收入 9448 元,同比增 8%。

一、以党的建设为首要任务,基层党建质量有了新提高

(一)强化政治建设,做到“两个维护”。坚持以政治建设为统领,深入学习贯彻习近平新时代中国特色社会主义思想、习近平总书记视察山西重要讲话重要指示精神和“三篇光辉文献”,引导党员干部增强“四个意识”,坚定“四个自信”,做到“两个维护”。严格落实意识形态责任制,出台《实施细则》,推动各级领导班子扛起主体责任。常态化推进“不忘初心、牢记使命”主题教育,全县530个党组织8600多名党员,自觉对标对表,党员干部思想作风、干事劲头有了新提升。

(二)树牢用人导向,建强干部队伍。落实好干部标准,调整干部6批次125人,提拔重用41人,晋升公务员职级281人,激发了干部干事创业的积极性。

(三)实施强腰行动,夯实基层组织。下派37名机关事业单位干部到村支部任职,整顿19个软弱涣散党组织,政治功能和组织力得到新提升;选派48名非公党建指导员结对帮扶230家企业,打造出正方利民等7家示范党支部。

(四)突出正风肃纪,引深作风建设。紧盯重点领域、重要节点,查处违反中央八项规定精神问题20件27人。强化廉政警示教育,组织全县900余名副科级以上干部,观看《警醒》等警示教育片,发挥了震慑作用。

(五)推进反腐败斗争,巩固压倒性胜利。围绕疫情防控等重点工作,约谈党员干部60人,处理19人。运用“四种形态”处理445人次。全年处置问题线索417件次,立案249件、处分239人,收缴违纪违法款18.61万元。

二、把转型综改作为第一要务,高质量发展取得了新成效

(一)项目为王强势崛起。落实项目建设“三个一批”要求,推行“1+5”包联项目责任制,新签约项目13个,总投资65.3亿元;落地项目10个,总投资40.4亿元,开工率77%。40个重点项目开工建设。南洋河生态治理二期列入2021年国家重点项目库,东瑞葡萄酒庄、大伟嘉金猪产业园进入2021年省级转型综改项目库,项目建设大突破促进产业要素大聚集、经济实力大跨越。依托干热岩资源,建成全国中东部地区首个地热能源电站,筹建干热岩勘查开发利用省级重点实验室,打造能源革命对接首都“第一站”。

(二)现代农业大步迈进。落实“藏粮于地、藏粮于技”战略,培育红芸豆、黄花、设施蔬菜等7大产业板块,粮食总产量2.16亿公斤。新建高标准农田5.05万亩,培育龙头企业27家,带动2.32万户群众增收。

(三)新型工业立梁架柱。培育了建筑装配能源革命、轻纺制衣等“七大支柱产业”,正方利民装配式建筑产业公司被省政府评为全省唯一一个产业化建筑基地,泰瑞集团医疗用品公司成为全省疫情期间仅有2家获得医疗器械资质的企业。华能阎家梁、国电、国能兰玉堡、浙江运达、阳光凯迪生物质热电联产等78万千瓦新能源项目落地,装机总量将突破160万千瓦,巩固了全国新能源产业百强县品牌。

(四)文旅产业塑成优势。实施李二口易地扶贫搬迁和长城民俗文化村建设,李二口村被评为全省AAA乡村旅游示范村,李二口长城入选国家首批83个长城重要点段,李二口长城文化博览苑入选国家“十四五”长城文化公园重点项目库,李二口长城景区被确定为全省锻造“长城、黄河、太行”三大文旅板块中长城板块的主打品牌,打造国家长城文化公园“首都接山西”的第一地标。

三、把产城融合作为发展载体,大县城建设迈上了新台阶

(一)抓古城改造。学府东街主干道建成通车,慈云寺公共项目有序推进,与工人文化宫、一中教学楼融合互动,初现魏唐文魂和古风古韵;大张高铁站广场配套工程、工人文化宫、文化图书美术馆即将投入使用,洋河国际、天汇时代商住项目主体完工,县城功能更加完善。

(二)抓交通路网。实施国道512县城段改线工程,完成县城小南环道路改造工程,铺设各类管线2500米,绿化两侧道路32万平方米,县城环境大为改观。

(三)抓城乡清洁。开展百日整治行动,拆除违法建筑32处、整治残破墙面42处。生活垃圾无害化处理场通过验收,县城主次街道保洁常新,农村垃圾日产日清,城乡面貌焕然一新。

四、把脱贫攻坚作为头等大事,成效巩固提升谱写了新篇章

聚焦成效巩固提升,创新“七纵三横十清零”交总账攻坚布局,以剩余的799名贫困人口、2022名“两类户”全部脱贫退出,“零漏评、零错退、综合认可度99.12%”的成绩,经省政府批准退出;在全省最后一批17个摘帽县年度成效考核中,天镇县位列第一方阵首位。建成了万家乐产业城和轻纺陶艺园、食品加工园、恒宗药茶园“一城三园”,吸引37家企业入驻,带动6000人稳定就业,受到国家发改委“全国搬迁工作成效明显县”和“全国美丽搬迁安置区”两项表彰。特别是实践探索出“万家乐”后续扶持、“天镇保姆”闯出国门、光伏扶贫“三个全覆盖”等9大工作典型,得到了中宣部、国务院扶贫办等7个国家部委的高度肯定,典型经验在全国交流推广;成功举办了扶贫技能大赛和光伏扶贫工作“两个全国性现场会”,为攻坚深度贫困、衔接乡村振兴贡献了“天镇经验”。

五、把污染防治作为底线要求,生态建设迈出了新步伐

聚焦打赢大气、水和土壤“三大保卫战”,狠抓造林绿化、洋河治理、污染整治,绿化总面积11.2万亩,完成西台山、黑石梁荒山连片绿化6.2万亩,绿化村庄14个,长城旅游路两侧通道绿化5300亩。实施南洋河生态修复二期工程,上下游再延伸治理10公里,打造绵延三十里、碧水接蓝天的生态水

域。新城污水处理厂项目即将建成，宣家塔出省口断面水质稳定地表四类，生态环境质量持续向好。开展违法排污“百日清零”专项行动，淘汰10万吨燃煤锅炉14台，取缔“散乱污”企业2家；完成“煤改电”、清洁取暖3780户，全年二级以上优良天数321天，PM2.5浓度、空气综合质量指数继续领跑全省。

六、把民生改善作为第一关切，社会建设有了新提升

（一）就业创业工程。发挥全国首家人社扶贫技能培训基地的“龙头作用”，完成贫困劳动力培训3612人，实现就业1306人、带动就业816人。开展“百日千万”等行动，城镇新增就业3617人，转移农村劳动力3813人。

（二）科教兴县工程。完成县城一小、迎宾小学等14所学校校舍维修，完成米薪关等6所中心校、39所小学改薄工程。全县二本以上达线477人，20多人考入浙大等重点院校，持续打响天镇教育名牌。

（三）医疗健康工程。投资1.54亿元，开工建设2.6万平方米天镇县医疗集团医院，门诊楼、住院楼地下室主体工程正加紧推进。全县参加基本养老保险17.7万人，累计支出医药费用1.25亿元，惠及7.36万人次。

（四）社保兜底工程。全县农村低保2.06万户3.57万人、城市低保2357户6109人，1.69万贫困人口纳入农村低保和特困供养。完成米薪关等3个敬老院改造，40个农村日间照料中心整改提升。

七、把维护稳定作为第一职责，平安天镇建设有了新成效

（一）民主政治不断加强。支持人大依法行使职权，支持政协协商议政；广泛开展“百企帮百村”活动、“百千百”工程，抓好民族宗教工作，加强民主党派和无党派人士团结合作；支持工青妇等人民团体开展工作。坚持党管武装，深入开展双拥共建活动，推进军民融合发展。

（二）平安创建扎实有效。引深“严打整治”行动，查处刑事案件127起，抓获犯罪嫌疑人101人、逃犯50人；打掉黑恶团伙7个31人，扣查涉案财物2.6亿元。狠抓“三零”单位创建，全县5130个创建主体达标，达标率98.03%。天镇县人民法院被授予“全国优秀法院”。

（三）安全生产态势平稳。落实安全生产责任制，开展安全生产风险隐患排查治理专项行动，检查单位2087家，行政处罚2家，群众安全感、满意度显著提升。

（和　磊）

附：中共天镇县委书记、副书记、常委名单

书　记：王建江

副书记：刘川楠　梁　军　李克亮

刘玉柱（挂职，3月离职）

张良海（3月任职，7月离职）

常　委：高　伟　谢日升　宋桂珍（女）　王　兴

张建明（1月离职）　安洪涛（2月任职）

闫伟国（6月任职）　赵良斌　张全海（1月任职）

唐立波（1月离职）　王永平（7月任职）

中共浑源县委

县委书记　赵　宇

2020年，浑源县委坚持以习近平新时代中国特色社会主义思想为指引，深入学习贯彻习近平总书记视察山西重要讲话重要指示精神，统筹推进常态化新冠疫情防控和经济社会发展。全年完成地区生产总值47.68亿元，第三产业增加值30.05亿元，规上工业增加值2.06亿元，一般公共预算收入1.62亿元，社会消费品零售总额33亿元，城镇常住居民人均可支配收入达到26104元，农村常住居民人均可支配收入达到9871元。

一、高举中国特色社会主义伟大旗帜，推动政治建设不断引向深入

一是强化思想引领。组织县委常委会学习19次、县委中心组集中学习19次，举办了县管主要领导干部专题研讨班和轮训班。二是学思践悟笃行。研究制定了《关于深入学习贯彻落实习近平总书记视察山西重要讲话重要指示在转型发展上率先蹚出一条新路来的实施意见》，制定并推进落实了5项具体任务、27条具体措施。三是丰富学习载体。面向党员干部群众开展了3次大型宣讲活动，在县电视台、北岳报等主流媒体开设学习专栏，推广“学习强国”“三晋先锋”平台的学习应用。

二、坚定抓好“两个统筹”，全县经济社会保持平稳健康发展

一是抗疫斗争取得阶段性、决定性成果。县四套班子领导带头深入县境出入口带班值守，12支“共产党员先锋队”、111支“共产党员志愿服务队”下沉乡村、社区参与防控，派出2名医疗人员驰援武汉。进入常态化防控阶段后，积极构建完善公共卫生应急管理体系，建立健全预警机制，建成PCR实验室3个。二是保障中小微企业复工复产、共渡难关。减免各项社会保险费3748万元、税费1163万元，免收租金10万元，发放贷款8.87亿元。

三、坚定转型蹚新路的政治自觉，县域经济转型迈出坚实步伐

一是创新引领持续深化。培育13家工业企业进入“小升规”培育库，申报山西省“专精特新企业”2家。成功申报山西省“三区”人才支持计划科技人员专项计划2项、市级科技计划项目4项，获得项目资金121万元。二是能源革命强劲突破。总投资89亿元的150万千瓦山西浑源抽水蓄能电站项目年内顺利开工；2.4万千瓦垃圾焚烧发电项目已进入实质性实施阶段；新增35万千瓦风电、光伏项目，全县新能源建设规模达到284.67万千瓦。三是传统工业加快升级。投资1.2亿元建设了黄芪药茶文化园，6款产品获得山西药茶产业联盟授权。完成了恒山酿酒厂清香型白酒技改项目，年产恒芪康牌白酒1.1万吨，新增利税5000万元。四是项目建设攻坚提速。实施项目76个，其中新建51个、续建19个、前期推进6个。超前谋划2021年项目71个。

四、坚持文旅振兴引领，高品质全域旅游目的地建设提质加速

一是全域旅游建设取得突破性进展。实施悬空寺步行游道、岳门湾停车场改造等工程，完善“探岳之旅”天路项目旅游路网建设。8月，顺利通过省级全域旅游示范区创建验收。二是“城市更新工程”成果喜人。实施11条道路提质工程，拆除县城内不协调建筑和消极空间共计3万多平方米、违章建筑4300平方米。修缮和改造总面积10.1万平方米的187栋建筑物外立面，再现“浑源古城”风貌。

五、决战完胜脱贫攻坚，有力推动脱贫攻坚和乡村振兴有序衔接

一是脱贫任务全面完成。实施产业扶贫、技能提升、就业增收、兜底保障“四项行动”，持续对622户1421名监测户、680户1295名边缘户进行关注帮扶，剩余487户1093名贫困人口全部脱贫。开展“十个清零”百日攻坚行动，排查发现的410个剩余问题全部整改销号。2月，退出贫困县序列。二是产业就业持续完善。整合使用资金13455.67万元，建设易地扶贫搬迁后续产业帮扶项目及配套项目82个，直接受益贫困户5565户次。通过技能培训、大篷车送岗下乡、公益性岗位等措施，解决了4615名贫困人口的就业问题。

六、全面深化改革开放，高水平开放型体制机制优势充分释放

一是全面深化改革纵深推进。推进国资国企改革，组建山西恒山国有资本投资控股有限公司，完成了11所国有企业公司化改革。开展相对集中行政许可权改革，对原由20家单位实施的211项事项划转至县行政审批局。二是对外开放步伐加快。成立太原市浑源商会，积极参加上海进博会“大同招商引资推介会”等重大活动，完成签约项目22个，总投资86.37亿元，开工率82%。

七、坚持“四治”一体推进，生态文明建设成效显著

一是坚持突出重点、全域治山。完成矿山生态修复年度任务，累计治理修复面积5.13万亩，栽种各类树木379.35万株。稳步推进各项造林工程，全年造林6.7万亩，推广种植经济林2.3万亩，管护未成林10.36万亩。二是坚持攻坚难点、系统治水。深化河长制改革，完成境内流域面积50平方公里以上的11条河流和10座水库的管理范围划界工作，国省考断面达到或优于Ⅲ类水体比例达到100%。

八、持续增进民生福祉，人民群众获得感进一步增强

一是就业保障更加精准。对重点群体及贫困劳动力开展技能培训，全年培训5335人，为3189人发放专项能力证书。全年完成城镇新增就业5137人，农村劳动力转移就业3570人，失业人员再就业2506人，就业困难人员就业602人，城镇登记失业率2.92%。二是教育事业成果丰硕。完成了撤并11所乡镇初中的年度任务，成为全省中小学校校点布局优化典型。全面实施“县管校聘”改革，获聘教师2173名。对33所学校进行了义务教育薄弱环节改善与能力提升。全县高考达二本B类以上640人，中考530分以上421人。三是社保体系更加完善。农村低保标准和分散供养、集中供养的五保标准全年分别提高270元、348元、1780元。184名需委托照料的儿童纳入有效监护范围，提质升级改造养老院17家，新建农村老年人日间照料中心1所。推进保障性住房建设，为2700户城镇住房保障家庭发放租赁补贴。

九、持续提升社会治理能力，社会大局保持总体稳定

一是全面依法治县实践持续深化。开展“端正执法司法理念、改进执法司法作风”专项整治活动，查处政法干警14人。二是社会治理能力显著提升。出台《关于深入贯彻落实党的十九届四中全会精神不断提升县域社会治理现代化能力和水平的实施方案》，制定并推进落实了27项具体举措。开展平安浑源建设活动，建立健全防范、化解和处置矛盾纠纷机制。打好扫黑除恶收官战，累计打掉涉黑涉恶团伙22个，抓获犯罪嫌疑人144人，涉案财物52.68万元。开展“三零”单位创建，创建达标率达到99.20%、99.91%、98.40%。三是党管武装工作不断完善。深化“双拥”共建，支持和保障县人武部参与脱贫攻坚、疫情防控等工作，帮助44名退役军人实现就业。推进国防教育工作，收集汇编了26名抗美援朝老战士光荣事迹，发放光荣牌4299张、抗美援朝70周年纪念章38枚。

十、坚定不移推动全面从严治党，风清气正的政治生态不断巩固拓展

一是管党治党责任持续强化。县委常委会全年32次研

究全面从严治党工作，因主体责任落实不力问责党组织 4 个，问责党员领导干部 14 人，给予党纪处分 6 人、组织处理 8 人。二是干部队伍建设不断强化。牢固树立重实干重实绩的选人用人导向，提拔重用干部 75 人，提拔扶贫干部 21 人、乡镇干部 8 人，提拔 40 岁以下优秀年轻干部 65 人。激励干部在基层一线成长，选派 55 名机关事业单位干部到村任职，62 名本土人才担任“两委”主干。实施干部能力提升培训工程，全年培训干部 1770 余人次。三是基层组织全面过硬。争取财政资金 3135 万元扶持 57 个村级集体经济发展壮大，全县 213 个行政村集体经济收入均达到 10 万元以上，50 万元以上的村达到 9 个。新建非公党支部 4 个、发展党员 27 名。四是正风肃纪反腐扎实推进。全年各级纪检监察机关立案 307 件，给予党纪政务处分 268 人，留置 1 人，移送司法机关 1 人，给予组织处理 7 人；运用监督执纪“四种形态”处理 856 人次；查处违反中央八项规定精神 15 案 32 人，给予党纪政务处分 21 人、组织措施 11 人，对形式主义、官僚主义问题问责 12 人。狠抓省委脱贫攻坚专项巡视及“回头看”移交问题线索处置整改，给予党纪政务处分 22 人，移送司法机关 3 人。县委第六轮巡察 346 条反馈意见全部整改完成，高质量完成第七轮、第八轮巡察。

（李卓超）

附：中共浑源县委书记、副书记、常委名单

书　记：赵　宇

副书记：高　莹　赵昱清　杨　霄（挂职）

常　委：张　军（1月离职）　于海滨

杨建中（1月任职）　乔正南　李启忠

王小军　张文陆　曹启龙（1月任职）

胡　鹏（6月任职）　王璐瑛（女，6月任职）

贾永兴（8月任职）

中共灵丘县委

县委书记　张　强

2020 年，灵丘县委坚持以习近平新时代中国特色社会主义思想为指导，深入学习贯彻习近平总书记视察山西重要讲话重要指示精神，按照省委“四为四高两同步”总体思路要求和市委“136”发展战略，团结带领全县广大干部群众，扎实做好“六稳”工作、全面落实“六保”任务，全县经济社会实现了平稳健康发展。

一、坚持以高质量发展为导向，推动县域经济转型发展

（一）深入推进工业振兴。全年谋划项目 93 个，转化落地项目 39 个。其中，秦淮数据环首都·太行山能源信息技术产业基地一至三期项目正式开园，四期项目即将交付使用。新一代 AI 超大规模数据中心扩容项目投资协议成功签约。年底，秦淮数据成功入选 2020 年度国家绿色数据中心。新北海金属构件、库邦生物医药、山西力昂 4万吨钢结构制造等 13 个项目已投产运行；东方新能源 40 万千瓦风电供暖项目扩建二期工程、小王庄 12 万千瓦风电项目均已并网发电，新能源装机容量达到 72 万千瓦；灵丘通用航空产业园建设项目一期工程等 9 个项目开工建设；云数据呼叫中心基地一期、二期已投入使用。

（二）深入推进乡村振兴。投资 3700 万元在东河南、红石塄等 9 乡镇建设了 10 个香菇（灵芝）—羊肚菌轮作生产基地。投资 3300 万元实施了“灵丘县中药材产业扶贫园区项目”，建设药茶加工厂一座，发展道地中药材 3.8 万亩。投资 1800 万元实施了春阳公司苦荞加工、平型关苦荞公司黄花加工等项目，加快饮品、药茶、功能食品等名优特色产业发展。积极推进农产品质量安全追溯体系建设，建成了农产品质量安全追溯点 16 个。获评“第二批农产品质量安全县”，灵丘荞麦、大青北山羊入选全省特色种植、养殖产品名单。选派了 42 名机关事业单位干部到村任职，100 名青年人才获评全市“千名新时代乡村好青年”，评选了“星级党员户”5438 户，发挥党员、青年人才示范带动作用，激发了乡村治理活力。投资 6755 万元，建成了 2 个生活垃圾填埋场和 6 个转运站，完成了 5500 座农村户厕改造，建设乡村提升示范村 35 个，提升了乡村环境治理水平。年内被评为“全国村庄清洁行动先进县”。

（三）深入推进文旅振兴。启动了《龙渠沟的老百姓》实景演出，《山水北泉》实景演出入选了全国新时代文明实践志愿服务项目，把实景演出打造成文旅融合的排头兵。创建了北泉非遗文化旅游园区，开展了罗罗腔、打树花、云彩灯等非遗文化进景区活动，活态传承非遗文化。大力弘扬乡土文化，举办了大同首届乡村艺术节、北泉村第九届荷花节暨乡村文化旅游节等活动。完善旅游服务功能，灵丘旅游集散中心投入运营。完成了白求恩特种外科医院旧址陈展更新（布展）建设项目。强化旅游宣传推介，发布了“一、二、三日游”25 条旅游参考路线，推出了红色文化、休闲生态等八大专题旅游参考线路景点。央视春节特别节目《唱响新时代》在龙渠沟有机社区录制，第六届全国民宿大会暨大同市乡村民宿产业发展大会在灵丘成功举办。2020 年，灵丘县入列太行山旅游业发展规划范围，平型关景区入列全国红色旅游发展典型案例，平型关大捷纪念馆被确定为全国关心下一代党史国史教育基地，入选“游山西就是读历史”省级研学实践教育示范基地名录。全年旅游总收入完成 11.66 亿元，接待游客 133.69 万人次。

二、树牢“交总账”意识，夺取脱贫攻坚战全面胜利

（一）短板弱项全面补齐。深入开展了决战完胜脱贫攻坚“百日清零”专项行动，29名县级领导牵头，56名乡镇干部主抓，7404名帮扶责任人逐村逐户、逐条逐项进行排查，完成整改问题166条。圆满完成脱贫攻坚普查工作。按时保质完成了省委巡视反馈、省委督导组反馈、“市际交叉考核”指出的15个方面问题。

（二）减贫任务全面完成。继续推进“1+45321”包乡联村工作机制，持续深入开展“三级书记”遍访贫困对象行动，县乡村三级612名干部对226户523名未脱贫户、621户1508名脱贫监测户和378户737名边缘户进行挂牌督战，因人因户精准制定帮扶计划和脱贫路径。剩余贫困人口通过就业增收、产业扶持、政策兜底等多项措施合力帮扶，全部达到脱贫退出标准。

（三）抓实就业助农增收。出台了《灵丘县就业扶贫十项举措》，广辟劳务输出、设置公益岗、产业扶贫、建筑行业、工业企业、服务行业、生态扶贫、政策托底等八条就业渠道，促进贫困劳动力务工，确保贫困劳动力工资性收入不降低。全县能务工的16843名贫困劳动力全部有稳定就业收入，达到贫困劳动力总数的65%，贫困户零就业家庭实现清零。

三、坚持以人民为中心发展理念，全力保障和改善民生

（一）社会事业蓬勃发展。全年新增就业3532人，转移农村劳动力3331人。加大教育投入，投资5010万元，建设幼儿园3所、小学2所。加快推进“县管校聘”改革，有效解决教师结构性短缺以及资源配置不均衡问题。优化卫生健康服务，坚决打赢疫情防控阻击战，五名援鄂护士逆行出征，依法科学有序防控，全县无确诊和疑似病例。灵丘县人民医院门诊综合楼、妇幼保健计划生育服务中心业务用房、存孝社区卫生服务中心项目主体结构已完工。坚持文化惠民。组织罗罗腔、腰站秧歌剧团送戏下乡562场次；为100个农家书屋补充图书15555册。

（二）民生保障坚强有力。全县城乡居民养老保险参保13万人，扩面新增1297人；医疗参保城乡居民193825人，参保率99%，其中贫困人口40965人，参保率100%。为17185户、23138人城乡低保对象，发放城乡低保金和临时价格补贴8836.6万元；为1964名城乡特困人员，发放供养金、护理补贴和临时价格补贴1717.9万元；为2852名享受城乡低保待遇的高龄与失能老人发放生活补贴170.7万元；为9538名困难、重度残疾人发放生活护理补贴资金528.895万元；为124名孤儿发放救助资金141.25万元，

（三）社会大局和谐稳定。持续推进安全生产专项整治行动，排查整治隐患795条，全县非煤、危化、烟花爆竹、冶金等行业未发生生产安全死亡事故。持续开展县领导大接访活动，年内县四套班子领导接访25次，接待群众191批719人次。推进“三零”单位创建，努力建设更高水平的平安灵丘，年内创建“零上访”单位6227个、“零案件”单位6179个、“零事故”单位6249个。加快推进法治建设，深化法援惠民生活动，畅通法律援助绿色通道，年内办理各类案件93件。

四、坚持全面从严治党，营造风清气正良好政治生态

（一）政治建设更加坚定。县委始终把学习贯彻习近平总书记系列重要讲话精神作为抓好思想理论武装的最重要任务，尤其是把学习贯彻习近平总书记视察山西重要讲话重要指示精神作为当前和今后一个时期的首要政治任务。组织县委中心组学习23次，开展交流研讨2次。举办了“学习贯彻习近平新时代中国特色社会主义思想”读书班、灵丘县领导干部政治建设专题培训班、县级农村“领头雁”等培训29期、培训8500人次。

（二）组织建设更加有力。完成基层党建“书记项目”26个，农村党组织书记兑现承诺事项3032项，不断提升群众满意度。常态化整顿软弱涣散基层党组织，年度15个软弱涣散党组织已实现转化提升。县级党群服务中心投入运行，武灵镇、独峪乡等8个乡镇67个村（社区）建成了乡村级党群服务中心。深入开展“整乡推进、整县提升”集中创建行动和“争旗提档”活动，创建示范乡镇、达标乡镇5个，充分激发农村党组织引领基层治理的动力。2020年红石塄乡被确定为“全省标杆乡镇党委”。

（三）正风肃纪持续发力。县委常委会议12次研究管党治党工作，先后听取了县人大、政府、政协、法院、检察院党组，县纪委监委全面从严治党工作汇报和基层党建工作述职，召开了全县党风廉政警示教育大会、领导干部警示教育暨重点岗位廉政风险防控工作推进会。积极支持纪委监委开展监督执纪问责和监督调查处置，部署开展了3轮巡察工作，十四届县委巡察实现了全覆盖。全年运用“四种形态”处理542人次，办理案件234件，党纪政务处分233人，努力实现全县政治生态持久的风清气正。

（孙海军）

附：中共灵丘县委书记、副书记、常委名单

书　记：张　强

副书记：罗永山　郝　炜　吴　斌

常　委：李大军　于　君　白　洁（女）　孙为军　李青春　郝宝玉　严　石　张　磊（6月任职）　杜宏辉（6月任职）　郭云伟（12月任职）　李少波（12月离职）

中共广灵县委

县委书记 李润军

2020年，广灵县委坚持以习近平新时代中国特色社会主义思想为指导，深入学习贯彻习近平总书记视察山西重要讲话重要指示，按照省委“四为四高两同步”总体思路和要求，紧紧围绕市委“136”发展战略，引深推进“11255”发展思路，团结带领全县党员干部群众，克服疫情影响，聚力转型攻坚，抓“六稳”，促“六保”，拓“六新”，经济发展逆势上扬、社会大局和谐稳定、人民生活幸福安康。

一、强组织、严纪律，管党治党持续加强

（一）管党治党责任持续强化。制定出台《党委（党组）落实全面从严治党主体责任“两级三责法”实施意见》《落实全面从严治党主体责任2020年任务安排》《落实全面从严治党主体责任的实施意见》，深化运用“两级三责法”，通过抓本级、督下级，明责、查责、追责一体落实，持续释放有责必问、失责必究的强烈信号。

（二）干部队伍建设持续用力。出台《广灵县党政领导干部实绩考核办法（试行）》《关于表彰担当作为表现突出干部的实施方案》，评选表彰11名担当作为的先进典型，提拔重用担当作为、实绩突出的脱贫一线干部31人，形成强烈示范效应。新提拔33名85后优秀年轻干部。

（三）基层组织建设持续加强。深化“争旗提档”“创星升级”活动，开展农村（社区）“领头雁”培训、村干部学历提升、农村后备干部定向培养三大工程，顺利完成村“两委”换届工作。高标准推进党群服务中心建设，成立6个社区“大党委”，在县域254个网格上建立党小组，构建起“1+2+3”村社治理机制。出台发挥“双带双引”作用指导意见，重点实施“书记项目”，在51个村设置成立“产业发展指导小组”，实现了党组织进产业链，拉动全县行政村集体经济收入全部突破10万元。圆满完成行政村合并工作，打造培育全省标杆乡镇党委1个、党建示范品牌32个，基层党组织的组织力、凝聚力、战斗力不断提升。

（四）正风肃纪反腐持续深入。处置问题线索531件，立案222件，结案220件，反腐败斗争压倒性胜利不断巩固发展。深入开展县委第六、第七轮巡察，实现本届县委巡察全覆盖。开展“反腐倡廉六个一教学”活动，打造廉政文化剪纸展厅，推进廉政文化“六进”，持续推动政治生态朝着持久风清气正的方向迈进。

二、抓改革、促转型，经济建设扎实推进

（一）改革活力充分释放。资本市场县域工程试点稳步实施，恒广北芪成功登陆“晋兴板”，永安医养、圣诺生物2家企业进入“展示板”企业行列。以“放管服效”为切入点，加快“数字政府”建设，深化“一枚印章管审批”，依法完成行政审批事项划转242个，推动县域营商环境革命性再造。

（二）招商引资创新推进。5支驻外招商尖兵队聚力招引，积极推行产业链招商、集群招商、以商招商、以企招商，不断优化营商环境。全年引进项目22个；落地开工20个。

（三）项目建设成效明显。成立转型项目攻坚行动指挥部，搭建“146”指挥体系，四套班子领导带头包联项目，实行“一个项目、一名领导、一套班子、一抓到底”的跟踪服务机制，全年累计实施项目149个；竣工项目103个，投产项目22个。

（四）转型平台初步形成。推动省级经济技术开发区成功获批设立，实施基础设施建设工程，成立管委会，主动做好服务保障工作。锦绣大象饲料生产加工等一批项目签约落地，精密机械制造与铸锻件、鑫瑞隆机械零配件等一批“六新”项目开工建设，御鑫隆再生铝、华盈建材干粉砂浆等重点项目实现投产竣工。

（五）农业经济活力释放。发展有机旱作农业5000亩，建设优质杂粮种植基地19万亩。强化农产品品牌建设，全年完成“三品一标”认证16个，扶持10家农产品生产加工龙头企业，申报省级农民专业合作示范社3家。成功筹办“野生黄芪”“峪口小米”研讨会，积极申报建设山西大同国家农业科技园区。

（六）工业经济稳中有进。钕铁硼永磁项目一期工程投产达效、亿晨6万吨再生铅扩建项目稳步推进，国昶等3个风电项目年底建成并网发电。17家规模以上工业企业全部设立科技研发机构，累计开展科研项目67个；培育高新技术企业数1家，9家企业进入科技型中小企业库，4家企业完成网上高新技术企业申报工作。

（七）文旅产业深度融合。成立文旅产业推进组，重点谋划12个文旅招商推介项目；聘请清华美院编制《水神堂区域综合整治修复项目规划》专项规划，招引总投资34亿元的水神堂生态修复和康养文旅项目，打造“山水白羊”“本色黄龙”“草石木厂”高品质景点。涧西村入列山西省文旅融合试点单位。

三、夯基础、惠民生，普惠事业全面发展

（一）脱贫攻坚决战完胜。所有贫困人口全部脱贫。加强“两类户”动态监测，建立三级返贫预警机制，建立覆盖4.5万贫困人口的防贫减贫商业险，有效化解致贫返贫风险。兜牢民生底线，实施农村住房“五查”，完成住房安全普查5.8万户。兑现教育资助金1131.2万元，惠及覆盖1.95万贫困学

生；健康扶贫“双签约”4.5万人；带动1.2万名有劳动能力贫困人口稳岗就业，1530户“零就业”家庭全部清零；持续打响“广灵巧娘”优秀劳务品牌。

(二)教育事业全面进步。出台中小学校布局专项规划，实施16个学校义务教育薄弱环节改善与能力提升工程，完成28所农村义务教育阶段学校维修、硬化等工程，9个乡镇实现校车全覆盖。补充招录教师94名，落实教育教学奖励资金1470.35万元，在全市率先设立教育基金。全县高考二本B类达线率达46.21%，9名学子被清华北大录取，蝉联全省清华北大专项生第一。

(三)医疗保障更得民心。深化“医疗集团+”一体化改革，高效运行县乡村医疗机构一体化信息化网络，广灵成为全省县域医疗卫生一体化改革示范县。创设“名医工作站”，开办“广医大讲堂”，26名医务人员赴省市两级医院进修学习。在全市率先建成PCR实验室，提高核酸检测能力，全县居民健康建档率88.4%。

(四)社保水平不断提高。全面落实保障救助政策，将符合条件的478名贫困人口及时纳入农村低保保障范围。县城居民低保提标至每人每年6000元，为7520名特困群体发放救助补贴。

(五)城乡建设扩容提质。实施5个商住小区开发项目，推进城市基础设施和市政配套设施建设；完成公安视频网络对接，提高城市智能化管理水平。持续推进乡村环境提质工程，全面整治乡村“六乱”，乡村环境品质切实提升。

(六)文化惠民全面覆盖。创排秧歌《剪纸情缘》、晋剧《布衣知县朱休度》《三疑记》。打造群众文化品牌2个，挂牌成立乡村两级文化服务中心22个，开展文化主题活动30余场，打造培育38支基层群众文艺队伍和39名乡土文化带头人，送戏下乡236场。

(七)护蓝增绿强力推进。高质量完成全县第二次全国污染源普查工作。全年县城空气质量二级以上天数302天，县城饮用水水源地一、二级保护区和7个乡镇饮水水质达标率100%。实施千福山森林公园建设、太行山退化林修复、京津风沙源治理等九大林草重点工程，全年累计造林3.54万亩，森林覆盖率达到18.2%。11家矿山企业完成矿山生态治理任务。

(八)疫情防控成果显著。县委坚决扛实疫情防控主体责任，第一时间成立由党政主要负责同志任组长的县疫情防控领导小组，构建起横向协同、纵向贯通、各方联动的防控作战格局。建立健全三级联防联控工作机制，压紧压实“四方责任”，在县境重要路口设立10个出入境检查站、在各乡村设置128个检测点，严防源头输入。组建84支“共产党员先锋队和志愿服务队”，1706名党员开展精准摸排、落实管控举措，全县疫情防控取得零输入、零感染、零报告“三零”战果。建立政企联系帮扶机制，出台应对疫情支持中小微企业发展十条措施，第一时间拨付贷款贴息资金，保障企业稳健运行。全面落实15所学校封闭管理和常态化健康监测机制，县财政投入200余万元全力保障各学段如期复学开课。减免个体工商户房屋租金20余万元，发放近180万元特别消费券，有序推动服务业恢复营业。

(田广源)

附：中共广灵县委书记、副书记、常委名单

书　记：李润军

副书记：王丽萍(女)　孟德昌(1月离职)
王崇虎(1月任职)　郭乐平(挂职，3月离职)
胡建军(3月任职)

常　委：王崇虎(1月调职)　梁　介(1月任职)
李贵峰(9月涉嫌严重违纪违法，接受纪律审查和监察调查；2021年2月被开除党籍、开除公职；将其涉嫌犯罪问题移送检察机关依法审查起诉。)
刘玉清(女)　杜红梅(女)　王　军　王永峰
曹利强(7月任职)　任永亮(8月任职)

中共左云县委

县委书记　尹海斌

2020年，左云县委坚持以习近平总书记视察山西重要讲话重要指示为指引，认真贯彻党的十九大和十九届二中、三中、四中、五中全会精神，全面落实省委“四为四高两同步”总体思路和要求、市委“136”发展战略，向全县人民交出了党的建设全面加强、疫情防控“零输入、零感染”、县域经济实力显著提升、脱贫攻坚决战决胜、民生福祉持续增进的满意答卷，全县工作再上新台阶、再拓新局面。

一、坚决贯彻党的建设总要求，全面从严治党走向深入

(一)践行“两个维护”更加坚定自觉。印发了《关于深入学习贯彻落实习近平总书记视察山西重要讲话重要指示在转型发展上率先蹚出一条新路来的实施意见》《习近平总书记重要指示批示落实办理和“回头看”工作机制》。组织县委中心组集中学习30次、交流研讨7次。举办“不忘初心、牢记使命”培训班10期，开展理论宣讲1850场。

(二)管党治党责任持续压紧压实。县委书记主持召开18次县委常委会和扩大会、2次反腐败领导小组会研究部署党风廉政建设和反腐败工作，批示14件次，审批案件43件次。县纪委深入开展纪律作风大整顿活动，因“两个责任”落

实不力问责党员领导干部 13 人。

(三)党内政治生活更加严肃规范。持续推行“互联网 + 三会一课”和“10+X”主题党日模式。在巩固提升“9+1”党性教育综合体的基础上,建成基层党建指导中心和县乡村三级党群服务中心,清风林现场教学点正式授牌挂牌。

(四)干部队伍更加高素质专业化。突出政治标准,选派 3 名 80 后干部“墩苗”历练,输送 2 名优秀干部交流任职,提拔使用 40 岁以下优秀年轻干部 16 名;“四个三”工作法在全市驻村帮扶重点工作推进会上作了经验交流。干部人事档案专项审核“回头看”通过市委组织部督导验收。

(五)基层基础更为坚实过硬。选派 33 名机关事业干部到 21 个村任职,14 个软弱涣散村党组织完成整顿;深入开展“整乡推进、整县提升”达标县创建行动,全县行政村“一肩挑”占比达 88.3%;开展农村党员年轻化专项行动,发展党员 169 名。村级集体经济收入 10 万元以上的村实现全覆盖。

(六)正风肃纪反腐更为具体化常态化。纪律和监察监督执行党纪处分 157 人、政务处分 65 人,巡察监督移交问题线索 31 件,立案 12 件,处分 15 人,查处违反中央八项规定精神问题 16 案 33 人。共接收控告举报 144 件次,处置反映问题线索 405 件,给予党纪政务处分 205 人。运用“四种形态”处理党员干部 472 人次,占比分别为 53.8%、40.5%、4.9%、0.8%。积极配合省委第三巡视组开展工作,十五届县委巡察工作全面完成。

二、聚力“六新”蹚“新路”,转型发展迈出坚实步伐

(一)“工业振兴”迈出新步伐。实施重点项目 52 个。10 座矿井完成特级安全高效矿井建设。新能源企业达到 10 家,规上企业达到 36 家,中海油煤制气项目所需行政审批已全部完成,鹊盛活性炭、星汉精细化工助剂、北斗天辰科技产业园等项目进展顺利,美雅途自行车制造项目当年实现签约、落地、投产。

(二)“乡村振兴”再添新成果。培育京奥、蓬勃等 5 个优势马铃薯产业及种薯繁育基地,种植面积稳定在 7 万亩以上。“三品一标”认证农产品 29 个,认证面积 5.35 万亩。年销售收入 500 万元以上农产品加工企业的销售收入达到 3.17 亿元,增速 14.3%。全力实施农村人居环境整治三年行动,71 个村乡村环境提质工程基本完工。

(三)“文旅振兴”擎起新支撑。开展文物保护,保安堡南寺抢险修复工程完工,明长城宁鲁堡—八台子段列入全国第一批长城重点保护点段。推进文旅融合,黑土口村成功申报省级旅游示范村,夏都和月华池写生基地被评为“长城人家”;成功承办 2020“环太原”国际公路自行车赛大同长城赛段比赛。全年旅游总收入 10.06 亿元,接待人数 114.82 万人次。

三、坚持精准施策巩固提升,脱贫攻坚实现决战完胜

始终把脱贫攻坚作为头等大事和第一民生工程,交出了巩固提升、同步小康的“左云答卷”。持续巩固养老、医疗保障,稳定最低生活保障,建档立卡贫困户参保率达 100%,建档立卡贫困人口城乡居民医保费用全部由财政代缴。开展“雨露计划”,资助贫困学生 92 人,补助资金 29.6 万元。投入专项扶贫资金 1747 万元,30 个扶贫项目全部完工;投入 931.5 万元实施光伏扶贫,“人头一亩”沙棘扶贫实现建档立卡贫困户和“两类户”全覆盖。建设电商扶贫中心,30 多个品种农产品线上销售收入达 3000 多万元。

四、全面深化改革开放,创新动力发展活力有序释放

推进农村集体产权制度改革,清产核资和成员身份确认工作“回头看”完成率 100%。全面完成 81 个行政村撤并任务。推进国企国资改革,组建能源发展集团,6 家企业已签订股份制改造意向协议。大力实施“双降双减”行动,全年累计减税降费 6877.93 万元。建强经济技术开发区,顺利完成调区工作,重点推进 23 个项目,总投资 430.15 亿元,开工项目 9 个,投产项目 3 个。推进“一枚印章管审批”改革,可网办率达到 100%,“最多跑一次”比率达 96.30%,营商环境评价考核位列全市县区第三。

五、务实践行以人民为中心的发展思想,民生事业稳步推进

(一)城乡建设一体推进。全面启动撤县设市工作,武家园城市棚户区续建项目、2016 年采煤沉陷区治理搬迁续建项目全部完工,公共租赁住房续建项目及配套基础设施工程进展顺利。完成“百乡千村万里美丽农村路”惠民工程。

(二)民生福祉持续增进。坚持教育优先发展,高考二本 B 类以上达线考生 266 人,超额完成市双达标任务。千方百计稳就业,实现城镇新增就业 3273 人,农村劳动力转移就业 1509 人,就业困难人员就业 300 人。深化县乡医疗卫生机构一体化改革,县级公立医院绩效考核位列全省第一。全民参保稳步推进,人代会票决的 10 件民生实事全部完成。

(三)社会治理全面跟进。深入推进防范化解重大风险攻坚战和安全生产专项整治行动,“三零”单位创建保持良好势头,全年未发生安全生产事故。扫黑除恶取得阶段性成果,共打掉涉黑组织 1 个、恶势力犯罪集团 3 个、恶势力犯罪团伙 7 个。

(四)生态环境持续改善。坚决打赢蓝天保卫战。淘汰取缔 10 吨以下燃煤锅炉 30 余台,新增煤改电 1200 户、生物质+炉具 4231 户。全年县城空气质量二级以上天数 331 天。坚决打赢碧水保卫战。入河排污口整治整改任务全部完成,保留生活污水排污口 3 个,十里河斗子湾断面稳定达地表水Ⅳ类。坚决打赢净土保卫战。耕地保护率达 100%,完成京津风沙源治理工程 6000 亩、森林植被恢复项目 1000 亩。中央和省环保督察“回头看”反馈问题整改全部销号清零。

六、大力发展民主政治,法治建设迈上新台阶

支持保障人大依法行使职责,支持政协依法依章程履行

参政议政职能;牢牢把握大团结大联合的主题,做好民族、侨务、宗教、工商联工作,努力构建大统战工作格局;深化"双拥"共建,深度推进军民融合发展;依法治县进程不断加快,开展普法宣传和法律援助,强化社区矫正安置帮教,组织开展"12·4宪法宣传日"活动,共发放普法宣传资料6万余册。

(贾翼飞)

附:中共左云县委书记、副书记、常委名单

书　记: 尹海斌

副书记: 罗士彬　李　霞(女)

常　委: 景　珍　任　帅(1月离职)　王俊云(1月任职)　何战勇(12月离职)　李国魁　陈月祥(7月离职)　靳富军(7月任职)　崔　发(11月离职)　耿力辐(女,6月任职)　贺　睿(8月任职)　史海军(12月任职)

中共朔州市委

市委书记　陈振亮

2020年,朔州市委坚持以习近平新时代中国特色社会主义思想为指导,认真学习贯彻党的十九大和十九届二中、三中、四中、五中全会精神,深入贯彻落实习近平总书记视察山西重要讲话重要指示和对右玉精神的重要指示精神,按照省委"四为四高两同步"总体思路和要求,统筹疫情防控和经济社会发展,在疫情防控取得重大战略成果的基础上,全市经济发展保持了稳中求进、持续向好的态势,地区生产总值完成1100.5亿元,增长4.1%,规上工业增加值增长7.8%,社会消费品零售总额、城镇居民人均可支配收入、农村居民人均可支配收入等主要经济指标完成情况均好于全省平均水平。"十三五"规划《纲要》确定的主要指标已经基本完成。

一、坚持学懂弄通做实,切实用习近平新时代中国特色社会主义思想武装头脑、指导实践、推动工作

深入学习宣传贯彻党的十九届五中全会精神,市委常委会和市委中心组专题传达学习,组织"五中全会精神进基层"宣讲活动1618场次,直接受众69.2万多人次。大力学习和弘扬右玉精神,右玉干部学院累计举办培训班247期,培训学员12960人次,电视剧《右玉和她的县委书记们》荣获精神文明建设"五个一工程"优秀作品奖和中国电视飞天奖,制定实施《关于加快推动右玉从"绿起来"到"富起来"实践探索打造践行"两山"理论成功范例的实施意见》,建设玉龙马世界主题公园,右玉生态文化旅游示范区综合考核全省第一。

二、坚持统一领导、统一指挥、统一协调、统筹推进,防控疫情取得重大战略成果

组织7100多名党员干部、1.1万多名医护人员、8826名志愿者以及一线干警、驻朔部队等多方力量参与防控。市、县财政累计调拨资金1.2亿元,收到社会各界捐助物资2360万元,组织16名医护人员以及疾控人员、公安机关同志赴鄂开展工作,实现了重症患者"零死亡"、医护人员"零感染"、一线人员"零事故"的目标。对作出突出贡献的医护人员,全面落实记功授奖、火线入党、提拔重用、入编入岗等措施。17名优秀一线人员火线入党,34名医护人员得到提拔重用,166名疫情防控工作者通报表彰记功。建成9个核酸实验室,实现县(市、区)全覆盖,具备发现疫情5天内全员检测能力。严防冷链货品疫情输入,为1166个行政村配备健康助理员1260名。

三、全面落实"六稳"、"六保"任务,经济发展实现稳中求进、持续向好

稳定农业生产,推进雁门关农牧交错带示范区、有机旱作农业示范市、中国杂粮强市"三区(市)"建设,保证粮食稳产增产,设立1亿元草牧业发展基金,有机旱作农业技术种植面积达300万亩,设施农业已建成2469亩。成立朔州药茶产业联盟并推出五大系列10余款优质产品。开展政银企对接,出台17条措施加强企业用工保障、支持中小微企业,点对点接返外地务工人员,51户企业完成全省战略性新兴产业电价优惠政策申报。全市复工复产复市率居于全省前列。加快服务业发展,累计发放政府消费券2700万元,出台26项措施扶持服务业。

四、坚定不移推进稳煤促新,高质量转型发展迈出实质性步伐

巩固提升传统产业,已建成一、二级标准化矿井57座,5G智慧矿山开工建设,风光火储输一体化项目进入实质性落地阶段。全年煤炭产量、产值全部实现正增长,累计发电量、外送电量增幅达到20%以上。发展壮大战略性新兴产业,先后引进、落地、建设了纯电动重卡、特种智能机器人、风电塔筒等项目,建成全国首家公路换电站。战略性新兴产业增加值增长7.2%,高技术产业增加值增长18.8%,装备制造业增加值增长23.4%。狠抓项目建设,举办网上签约和142场线下招商活动,成功举办塞上朔州长城旅游节和羔羊肉交易大会、陶瓷产品进出口交易会、亚洲粉煤灰大会。全年签约项目220个,总投资1533.1亿元,增长幅度均超100%。签约任务完成率、开工项目投资规模完成率、资金到位率、非固定资产投资项目资金到位率全部超过110%。

五、深化改革开放创新,构建有利于高质量转型发展的体制机制和环境

树立改革思维,全面深化改革,推进能源革命综合改革试点,充分发挥主阵地、主引擎作用,开发区工业投资和增加值分别占到全市的41.3%、30.3%。弘扬开放精神,持续扩大开放,在北京举办跨区域产业协同发展项目对接恳谈会,深化同国内一流高校的交流合作,与景德镇市缔结为友好城市。全市利用外资完成率达352%,平鲁开发区利用外资率一直排在全省开发区前3位。创优创新生态,规上工业企业全部实现研发活动全覆盖,高新技术企业保持30%以上增幅,企业"小升规"总数达340户左右。组建总规模200亿元的产业转型发展基金,首期17亿元已完成募资认缴。

六、树牢"交总账"、"军令状"意识,脱贫攻坚战取得决定性成果

坚决扛起主体责任,市委常委会专题研究,脱贫攻坚领导组集中调度,市、县财政投入扶贫资金近2亿元,三个贫困县区整合资金2.55亿元,"十个清零"顺利实现。坚持"四个不摘",贫困学生资助、医疗保障"双签约"、易地搬迁任务全部落实,贫困人口饮水条件稳定达标,贫困村通电、通水、通路、通网任务超额完成。坚持"四到两确保"要求,全年实现贫困劳动力就业16470人,增长8.76%。认真做好脱贫攻坚和乡村振兴有效衔接,大力发展草牧业和农产品精深加工、生态、光伏等扶贫产业,落地327个特色农业项目,带动贫困就业5.8万多人次。

七、坚持生态优先、绿色发展,生态文明建设水平显著提高

全年集中造林32.17万亩,怀仁市、右玉县实现全域绿化。桑干河三年清河行动取得决定性胜利。全面推进平朔露天矿5.7万亩复垦区,实施了15平方公里的山阴山体裸露区生态修复治理项目。全面实行城乡垃圾村收集、乡转运、县处理,市、县建成区和重点集镇基本实现集中供热。工业固废、畜禽养殖废弃物、农作物秸秆综合利用率分别达到70%、90%、92%以上。加强大气污染防治,在市、县建成区全部禁燃禁放,散煤替代城市建成区完成100%、农村完成60%。全市环境空气质量综合指数、PM2.5等指标居于全省前列。深入开展"两下两进两拆",拆除各类广告牌匾、围挡违建10万多平方米,集中改造125个老旧小区,受益居民1.6万多户。深入开展"百村示范、千村整治",高标准打造美丽乡村示范村57个。全面推进农村人居环境整治,3年改厕任务全部完成。

八、牢固树立以人民为中心的发展思想,民生社会事业全面加强

增进民生福祉,将81.94%的财政支出用于保障民生。全市城镇新增就业、农村劳动力转移就业、城市就业建档立卡等任务全部完成,全年培训10.482万人次,城乡居民收入增幅高于全省平均水平。坚持教育优先发展,推进城乡义务教育一体化,山西工学院转设工作完成公示,朔州陶瓷职业技术学院正式开学,全年全市教育支出28.8亿元。朔州大医院主体工程、二次结构已经完工,"五个一兴医"工程不断深化,县域医疗卫生一体化改革全面推进,组建城市医疗联合体,推进十大卫生健康基础工程,全市医疗卫生水平不断提高。

九、扎实做好宣传思想文化工作,意识形态领域平稳有序

用习近平新时代中国特色社会主义思想武装党员、教育群众,开展理论宣讲5731场,受众220.1万人次,"学习强国"朔州平台在全省率先上线,怀仁市融媒体中心"学习强国"融媒号在全国首批上线。广泛开展内外宣传,在中央十大主流媒体发稿突破千条,《山西日报》《山西新闻联播》刊发朔州稿件全省第1,市融媒体中心挂牌运行,县级融媒体中心全部建成运营。大力发展文化事业,组织群众文化活动120多场次,创作"抗疫"主题文艺作品2000多篇,承办2020年山西省山地自行车冠军赛、篮球锦标赛和乒乓球锦标赛。加强文物保护,市财政专项列支1000万元用于应县木塔保护,广武长城列入国家长城文化公园项目。

十、加强社会主义民主政治建设,有效凝聚推动高质量转型发展的强大合力

组织人大代表、政协委员开展视察调研,及时办理人大代表建议和政协委员提案,加强和改进新形势下民主党派、工商联和无党派人士代表工作,加强群团组织建设,广泛凝聚共识,形成发展合力。法治朔州建设迈出新步伐,10个行政执法机构全部挂牌成立,右玉成为首批全国法治政府建设示范项目(法治引领保障生态文明建设)。加强国防动员和后备力量建设,朔州市再次荣膺全国双拥模范城。

十一、深入推进"三零"单位创建,平安朔州建设取得明显成效

开展"三零"单位创建,在省定范围基础上,把各级党政机关纳入其中,全市33486个创建主体综合达标率98%。加强社会治安管控,深入推进扫黑除恶专项斗争、禁毒人民战争和命案积案攻坚行动,打掉黑恶势力团伙17个,破获毒品刑事案件183起,破获命案积案12起。学习新时代"枫桥经验",有效化解信访矛盾,"雪亮工程"项目总体建设进度完成95%。

十二、坚决扛起第一责任,推动全面从严治党向纵深发展

自觉接受省委巡视,在全力做好配合保障的同时,对省委巡视交办事项立行立改,移送问题线索及时组织调查。树立正确鲜明选人用人导向。突出政治标准,把在重大考验面前作出突出贡献的干部选任到重要岗位上。加大年轻干部培养选拔使用力度,选派24名干部到县、乡任职"墩苗",选拔

8名乡镇党委书记到省、市直单位任职。加强基层基础工作。村“两委”主干“一肩挑”比例达到48.54%,村级集体经济收入5万元以上的村占到95.71%。选派289名机关事业单位干部到248个行政村任职,覆盖行政村总数的21.3%,其中整建制选派村12个。行政村撤并比例28.2%。加快推进非公有制企业和新社会组织“两个覆盖”。一体推进不敢腐不能腐不想腐。加大案件审查调查力度,全年共处置问题线索4257件,立案审查调查1458件,处分1324人。推进市委第九、十、十一轮巡察,实现六届市委巡察全覆盖。

(王向南)

附:中共朔州市委书记、副书记、常委名单

书　记:陈振亮

副书记:熊燕斌(2022年2月涉嫌严重违纪违法,接受纪律审查和监察调查)　张立新(12月离职)

常　委:张　韬　王加关　刘义清(12月离职)
孟贵芳　崔　巍(10月离职)
张震海(3月任职)　吴秀玲(女)
王琳玉　张培军(12月任职)

中共朔城区委

区委书记　吴晓斌

2020年,朔城区委坚持以习近平新时代中国特色社会主义思想为指导,贯彻党的十九届五中全会精神,深入学习贯彻习近平总书记视察山西重要讲话重要指示,认真落实省委“四为四高两同步”总体思路和要求,统筹推进疫情防控和经济发展,主要作了以下9项工作:

一、政治建设

一是践行责任使命。区委常委会认真落实“第一议题”制度,传达学习习近平总书记关于当前各项工作重要指示、批示28次206篇,对标对表,全面落实。

二是强化理论武装。扎实推进“不忘初心、牢记使命”主题教育常态化制度化,学习习近平总书记视察山西重要讲话重要指示及党的十九届五中全会精神;区委中心组开展集体学习10次,举办人才大讲堂3期,农村“领头雁”等各类培训12期,开展基层宣讲100余场,“学习强国”应用平台注册人数突破2.4万人。

三是严守纪律规矩。认真贯彻《关于新形势下党内政治生活的若干准则》,完善区委常委会议事规则和决策程序,“三重一大”集体研究决定。全年向市委书面报告工作21次。严格落实“三会一课”及领导干部个人事项报告制度。

四是加强政治监督。开展监督检查853次,发现并督促整改问题147个。自觉接受巡视巡察,对移送线索及时调查,有力配合省委第四巡视组、市委第五巡察组完成对朔城区的巡视巡察监督。

二、从严治党管党

一是全力打造高素质干部队伍,调整干部8批次,提拔142名;择优推荐4名乡镇、街道党(工)委书记到市直单位任职,3名优秀年轻干部到乡镇“墩苗”历练。公开引进选调公务员12名,招聘职业化社区工作者100名。

二是选派42名机关事业单位干部到村任职,打造党建示范点44个,整顿软弱涣散基层党组织27个。创建标杆乡党委1个、示范乡党委4个。

三是坚定不移正风肃纪反腐,全年共处置问题线索875件,立结案311件,给予党纪政务处分251人。扎实开展区委第十、十一和十二轮巡察。查处违反中央八项规定精神和“四风”问题案件19件,给予党纪政务处分26人,通报曝光典型案例3件4人。

三、民主法治建设

一是大力支持人大依法履职。区人大常委会听取审议“一府两院”专项工作报告22项,做出决议决定5项,开展执法检查3次、视察调研3次、专题调研19次。

二是大力支持政协参政议政。区政协委员会参与推进15项年度协商计划和5大类43项重点工作,提案审查立案97件,报送社情民意信息132条。各民主党派提出对策建议20余条。

三是强力推进平安朔城建设。深入开展“三零”单位创建活动,提升“朔城街坊”模式,南街、峙庄、大霍家营等8村获评“2020年度全省善治示范村”。深入推进扫黑除恶专项斗争,打掉4个涉黑涉恶犯罪团伙。区检察院和峙庄村荣获“全国文明单位”称号。

四、产业转型

一是能源革命不断引深。恒宝源煤矿退出产能90万吨,麻家梁煤矿智能化矿井建设实现5G信号井下全覆盖,牛家岭风电二期建成投产,南山环境能源、神头二电厂特高压项目顺利推进。全年原煤产量达1450.8万吨,发电量达41.6亿度。山水水泥入选国家工信部绿色制造名单。

二是现代服务、文旅产业快速发展。北京电子城集团“星悦港”、恒大华府等项目顺利推进。高标准建成4个物联乐购“1+N”惠民市场。阿里巴巴Ai豆计划、东方国信软件人才合作项目正式运营。洪涛山生态康养文创园等项目稳步推进。青钟、西神头、林家口3村人选全省3A级乡村旅游示范村;

朔城区荣获“中国最佳康养旅居度假名区”荣誉称号。

三是项目建设成效显著。全年实施500万元以上项目65个，总投资141.4亿元，完成投资40.6亿元，同比增长13.8%。组团赴上海、北京、杭州等地招商引资，签约项目14个，总投资131.8亿元，当年开工8个。

四是民营经济健康发展。助力企业化解人才资金问题，为企业引进人才199名，帮助120多家民营企业复工复产；为企业减税降费8167万元，清偿拖欠账款678.4万元，清偿率100%。

全区地区生产总值完成312亿元，增长2.6%；社会消费品零售总额完成107.7亿元，增长1.3%；规模以上工业增加值增速达6.5%以上；一般公共预算收入完成13.9亿元。

五、城市建设

一是高标准改造鄯阳街东西延线、长城旅游公路；建成金沙植物园周围及三中、七小、四小“微循环”道路。集大原高铁、桑干河飞机场、朔山联络线、朔神高速、G241项目改造（阳方口至朔城区至平鲁区一级路改造）等省市重点工程稳步推进。

二是城市老旧片区改造实施“两下两进两拆”专项整治，改造平房老旧小区7个、楼房老旧小区79个，高标准建成4个“口袋”公园，城市供热、供气和供水覆盖率分别达96%、85.3%和99%。央视一套、中宣部“走向我们的小康生活”主题采访团等予以专题报道。

三是大力整治市容街貌，拆除商业广告5800平方米，强弱电入地67千米。新建4800平方米老城停车场，施划道路停车位500个。对鄯阳街等“三街五路”以及街头小游园补绿增绿。主街道机扫率达90%以上。

六、乡村振兴

一是建设高标准农田5.14万亩，推广膜侧播种技术20万亩，“山西省2020年玉米及杂粮膜侧播种技术现场观摩会”在区召开。粮食产量稳定在5.5亿斤以上。新希望和新大象养殖项目当年建成投产。建成玫瑰、藜麦等7大特色种植示范基地。雅丽达玫瑰被授权使用“山西药茶”区域公用品牌，“雁北红”枸杞菜荣获第二十一届中国绿色食品金奖。

二是乡村环境整治坚持“三线引领、十村示范、百村整治”，改造农村危房225户、户厕18600座，打造高标准示范村12个。完成“四好农村路”145千米。组建457人的农村清扫保洁队伍。化庄、神西、寇庄、东官井、大莲花5村获评2020年度“山西省改善农村人居环境省级示范村”。

三是脱贫攻坚聚焦“两不愁三保障”，28户贫困户危房改造全部完成。帮扶1165名贫困劳动力实现就业。贫困学生资助全覆盖。社保兜底364户。1321户3698名贫困人口人均可支配收入达到9608.83元，同比增长15.4%。

四是农村改革完善承包地确权登记颁证工作，经营权证颁证率100%。全面完成股份合作社成立、赋码、登记等任务。如期完成行政村合并。

七、生态建设

一是持续推进“百公里生态长廊、百万亩绿色屏障”生态建设，大力实施京津风沙源治理二期、三北防护林改造五期、洪涛山生态恢复二期等六大工程，完成造林绿化3.9万亩。

二是全力实施清洁能源替代、“三源一网”改造工程，完成“煤改气”6086户，“煤改电”850户，农村优质煤替代28977户，新增供热面积100万平方米，建成区清洁取暖覆盖率达到省定目标。持续推进“四水治理”，5个集中式饮用水源地水质全部达Ⅲ类标准。治理煤矸石堆场67处。全年优良天数达285天，PM2.5控制在37微克每立方米。

三是严格落实河长制、林长制，加强水生态修复，河湖“清四乱”常态化，提升林业齐抓共管职责。中央及省委环保督察“回头看”巡视反馈意见问题得到有效整改。

八、民生保障

一是疫情防控常抓不懈。全年召开18次领导小组会议研究部署工作，各乡镇各部门履职尽责，社会各方面全力支持，开展疫情防控的总体战、阻击战，实现了零死亡、零感染、100%治愈率。毫不放松常态化疫情防控，改扩建区疾控中心，从严控制大型聚集性活动，坚决筑牢疫情防线。

二是教育事业优先发展。区一中鄯阳校区改造一期工程和区七幼改建工程如期完工，神头职中综合实训楼、中小学综合实践基地即将投入使用，完成和丽中学、安泰中学和朝阳小学接收工作。高考再创佳绩，4人被清华大学录取。朔城区被国家教育部确定为“国家级信息化教学实验区”。

三是健康卫生事业持续发展，区人民医院门诊综合楼改扩建工程如期推进，建成标准化村卫生室70所，选聘社群健康助理员227名；接收了平朔医院，组建完成两大医疗集团。

四是社会保障全面加强，大学生等重点群体、零就业家庭实现动态清零。实施技能培训4520人。城镇新增就业4506人，城镇登记失业率低于省控目标。社会养老参保人数达29.7万人，城乡低保实现应保尽保。北邢家河中心社区养老幸福工程投入运营。

九、文体宣传

一是召开全区意识形态研判工作会议4次，处置舆情2180多条。成立区融媒体中心，在新华网、央视频道、山西日报等主流媒体发稿量超400余篇。

二是建成全省举重摔跤柔道转训基地、后备人才训练基地，圆满承办山西省山地自行车冠军赛和篮球锦标赛；建成社区综合文化活动中心54个，227个行政村建成文化广场。

三是启动峙峪遗址、明长城等保护规划方案编制，“十二连城”保护修复工程积极推进。

（李玉春）

附：中共朔城区委书记、副书记、常委名单

书　记：吴晓斌

副书记：孟维君　文建华

常　委：冯维新　董　达　何志岳　刘卫东

刘德义　常武权　廖永高

周翠英(女)　王文娟(女,7月任职)

中共平鲁区委

区委书记　刘　旋

2020年，平鲁区委坚持以习近平新时代中国特色社会主义思想为指导，深入贯彻党的十九大和十九届二中、三中、四中、五中全会精神，全面贯彻落实习近平总书记视察山西重要讲话重要指示及省委“四为四高两同步”总体思路和要求,按照市委“生态立市、稳煤促新”战略部署，紧扣“率先高质量转型发展”主线，大力实施“项目建设、改革创新、环境革命、民生改善、作风提振、三基建设”六大工程，统筹推进疫情防控和经济社会发展，持续做好“六稳”工作，落实“六保”任务、推动“六新”突破，全年地区生产总值完成242亿元，增长7%;规模以上工业增加值增长11.7%;社会消费品零售总额完成33亿元，下降2.6%；城镇居民人均可支配收入达到28391元，增长4.7%;农村居民人均可支配收入达到12306元，增长7.7%；一般公共预算收入完成11.2亿元，下降12%。经济社会发展保持稳中求进、持续向好，全区各项工作在新起点上实现了新发展、开创了新局面。

一、把政治建设摆在首位，自觉践行习近平新时代中国特色社会主义思想

坚持第一议题制度和区委中心组学习制度，坚决把学习习近平新时代中国特色社会主义思想贯穿理论武装全过程。坚持把“两个维护”作为最高政治准则和根本政治规矩，全面整改省委巡视延伸、省委脱贫攻坚巡视“回头看”、市委巡察反馈问题。深入贯彻落实习近平总书记视察山西重要讲话重要指示精神，召开了区委七届十次、十一次全会，区委工作会和“三干会”等会议，对全区经济发展、社会民生和全面从严治党进行系统部署。深入学习宣传贯彻党的十九届五中全会精神，持续推动五中全会精神向基层延伸、向全体党员拓展、向广大群众覆盖。

二、坚持人民至上，慎终如始抓好疫情防控

保持疫情防控强有力领导指挥体制，保持常态化疫情监测检测，全区保持了“零输入、零感染”的良好态势。着力补齐公共卫生短板，乡镇卫生院、村卫生室全部达标。关心关爱一线医护人员，吸收1名优秀一线人员火线入党，2名医护人员得到提拔重用，为一线医务人员、站点防控人员办理抗击疫情专属责任保险。

三、扎实做好“六稳”“六保”工作，全力推动经济稳步向好、稳中向好

扎实做好项目开工复建，全年总投资333.2亿元的71个重点工程项目，开复工67个。全年签约项目39个，开工项目35个。全面落实加强企业用工保障5项举措，支持中小微企业12条措施，开通专列、专车接返外地职工1200多人，规上工业企业3月底全部复产，宾馆酒店、大型商场超市和物流企业4月底全面复业。积极贯彻落实制度性和阶段性减税降费政策，全年累计减免税费0.62亿元。

四、加快推进全面转型，率先高质量转型发展步伐更加坚实

积极推进煤矿智能化改造，6座一级、19座二级标准化矿井建成投产，原煤洗选率提高到80%。全区10家电力企业接入晋北—江苏南京800千伏电力外送通道，煤矿先进产能占比提高到87%，清洁能源装机容量占比提高到29.4%。引进山西中泰特种机器人有限公司、新能源重卡等项目，持续带动全区产业升级。规上非煤企业达到21家，占规上企业总数的52.5%。高新技术企业达到2家。装备制造业增加值同比增长29.9%。16家科技型中小企业通过省级中心企业认定。

五、深入推进改革开放，构建有利于高质量转型发展的体制机制和环境

坚持项目化推进改革。一流创新生态打造、国资国企改革、“三零”单位创建等6项年度重点改革任务全部完成或达到年度目标，行政审批改革、乡镇农村经营管理改革等一批改革走在全市前列，教育“6+1”、医疗卫生体制等改革得到群众普遍认可。把开发区作为对外开放的重要平台，加大优惠政策落实、土地收储、标准化厂房建设力度，引进中信重工特种智能机器人产业园，培育中煤平朔能源化工等一批龙头型、旗舰型企业。

六、强化交总帐、军令状意识，脱贫攻坚战取得决定性成果

全年脱贫任务圆满完成，“两类户”全部解除返贫致贫风险，“两不愁三保障一安全”全部达标。脱贫攻坚成果进一步巩固。

七、着力保障和改善民生，人民生活幸福指数明显提升

强力推进“人人持证、技能社会”建设，全年开展技能提升、创业培训71期，培训3132人，培训持证率40%。开展“就业援助月”“春风行动”等招聘活动，全年转移农村劳动力就业2078人、城镇劳动力就业2003人，城镇登记失业率控制在2.9%以内。深入实施区域医疗中心服务行动，区人民医院骨科、区中医医院脑病科等专业科室成为省市重点专科，并加入省市专科联盟。全区职工基本养老、城乡居民社会养老、机关事业养老、工伤和失业保险实现应保尽保。

八、深入践行“两山”理论，走好资源型地区生态建设新路

聚焦全域绿化目标，新增造林面积8.97万亩，森林覆盖率达到17.8%。全面落实生态保护红线调整优化政策，生态保护红线面积达到43961.6公顷。持续改善环境质量，城区热电联供覆盖率达到86.25%，建成区及城乡结合部清洁取暖覆盖率达到100%。

九、扛起宣传思想新使命，筑牢共同奋斗的思想基础

持续强化理论武装，建设“三晋先锋”党员教育一体化平台视频系统91个，制作党员教育专题片14部、微党课视频2部。积极参与第八届山西道德模范评选活动，报送朔州好人5名，山西好人6名。深入推进精神文明创建，新增全国文明单位2个、省级文明单位3个，全省文明村2个、省级文明乡镇1个。不断丰富群众文化生活，组织举办2020年“盛世共欢歌童心耀平鲁”迎新春少儿文艺晚会，开展书画摄影、手工艺品制作展等各类活动10余场。不断扩展公共文化空间，深入开展2020年秋季科技、文化、卫生三下乡活动，开展乡镇文化站工作人员和“三区”文化志愿者业务培训，为13个乡镇文化站接通了互联网，“两馆一站”免费开放。

十、坚持和发展社会主义民主政治，稳步提升社会治理体系和治理能力现代化

支持区人大及其常委会依法履行职责，办结代表所提建议意见35件，14个代表联络站协调解决群众来信来访2件次。全面落实《关于新时代加强和改进人民政协工作的实施意见》，加大重点提案督办力度，立案办理政协提案58件。反映社情民意104条，全国政协采纳1条、省政协采纳7条、省直部门反馈3条。支持民主党派履行参政党职能，通过建言献策“直通车”提出意见建议36条。落实区级领导联系民营企业家制度，23名区级领导分别包联23家民营骨干企业和行业代表性企业，深入开展复工复产专题调研，帮助企业解难纾困。制定《平鲁区党政主要负责人履行推进法治建设第一责任人职责情况列入年终述职内容实施方案》《朔州市平鲁区党政主要负责人履行推进法治建设第一责任人职责工作清单》，高质量完成了“七五”普法宣传任务，深入开展“民主法治示范村（社区）”创建活动和农村“法律明白人”培养工程。

十一、加强社会治理，平安平鲁建设取得明显成效

深入开展“三零”单位创建工作，全区2999个创建主体，综合达标率96%，农村、企事业单位达标率分别达到61.2%、99.2%，打掉涉黑涉恶团伙集团4个，扣押冻结资产5.8万元，破获贩毒案件18起，破获刑事案件13起。推进市域社会治理现代化试点工作，推广北坪社区、安东社区2个“物业+网格”社区治理新模式，实施“一核两体多方联动”运行模式，探索形成社区党支部、居委会、物业管理和业委会等多方协同治理机制。加快“雪亮工程”建设，完成农村1274个、城区166处、铁路沿线7路监控摄像点位安装任务，实现重点公共区域、重点行业领域视频监控全面覆盖。投资348.9万元合并建设公安110指挥中心和区综治中心，形成“一个中心、两大平台、一套人马、联动指挥”的视频共享和运行格局。

十二、全面加强党的领导，以高质量党建保障高质量发展

制定《关于〈党委（党组）落实全面从严治党主体责任规定〉及省委〈实施细则〉、市委〈落实意见〉的贯彻落实措施》，建立各领域党支部联系点229个，推进党员积分量化管理，推动全面从严治党向基层延伸。完成了届满机关党组织的换届工作，13个乡镇全部建立了流动党员党支部，新成立非公领域党支部4个，非公经济组织党组织覆盖率达92.6%，社会组织党组织覆盖率达97%。以党支部“三型五化”创建为载体，推进支部标准化建设，获批省级标杆村级党组织1个，申报省级标杆乡镇党委和村党组织2个。成立10个社区“大党委”，落实议事决策、联席会商和机关在职党员到社区志愿服务等制度。完成整顿软弱涣散村党组织15个。全区224个行政村集体经济收入全部达到5万元以上。新建、改扩建村级活动场所34个。举办各类培训班5期，培训干部1734人。制定《关于进一步激励广大干部新时代新担当新作为努力建设高素质专业化干部队伍的实施意见》和《中共朔州市平鲁区委干部人事调整方案》，提拔重用脱贫攻坚和疫情防控一线干部22名，调整科级干部13批次，涉及176人次。深化纪检监察体制改革，加强纪律教育、廉政教育，深入推进以案促改、以案促治，全区纪检监察机关接受群众信访举报590件，处置问题线索768件，其中立案207件，结案206件；处分201人，组织处理404人。七届区委巡察监督工作实现了全覆盖。

（马　军）

附：中共平鲁区委书记、副书记、常委名单

书　记： 刘　旋

副书记： 马占文　苑冬梅（女）

常　委：李　军　李康正　陈永杰(4月离职)
张　亮(4月任职)　赵志洲　孙　涛
降　英(女)　石　磐(11月离职)
陈茂堂(11月任职)　武东祥(7月任职)
赵治国(9月任职)

中共怀仁市委

市委书记　苏斌如

2020年，怀仁市委认真学习贯彻习近平总书记视察山西重要讲话重要指示精神和省委十一届十次全会精神，坚决把思想和行动统一到省委、朔州市委决策部署上来，抢抓机遇、乘势而上、为决胜全面建成小康社会、决战脱贫攻坚、在转型发展上率先蹚出一条新路来奠定坚实的基础，谱写了新时代怀仁高质量发展的新篇章。截至2020年底，全市共有党员14209人，党支部691个。

一、坚持以新思想武装头脑，政治方向更加坚定

严格执行“第一议题”制度，及时跟进学习习近平总书记最新重要讲话、重要文章、重要指示126篇，全面准确把握中央、省委和朔州市委重大部署和重要要求。举办了怀仁市2020年基层中青年干部培训班暨学习贯彻习近平新时代中国特色社会主义思想读书班，四大班子成员登台授课5次，持续引深习近平新时代中国特色社会主义思想的学习贯彻。

二、牢记习近平总书记殷殷嘱托，自觉实干

坚持把学习好、宣传好、贯彻好习近平总书记视察山西重要讲话重要指示精神作为首要政治任务和头等大事，先后召开市委常委会会议3次、市委中心组集中学习会议3次，集中传达学习、交流研讨，班子成员撰写学习心得35篇。召开市委一届六次全会，制定了《关于深入学习贯彻习近平总书记视察山西重要讲话重要指示精神落实省委“实施方案”和朔州市委“工作措施”的责任清单》，吹响“在转型发展上率先蹚出一条新路来”的“集结号”。录制了《牢记领袖嘱托奋勇担当作为》《〈习近平谈治国理政〉第三卷解读》宣讲微课堂，市委宣讲团面向基层开展专题宣讲83场次。市委领导带头宣讲十九届五中全会精神，组建了市委宣讲团，分10个宣讲小组，完成了10个乡镇主报告场和29个宣讲点的集中宣讲。

三、践行“不忘初心、牢记使命”

健全“不忘初心、牢记使命”长效机制，完善领导干部基层联系点制度，定期深入联系点调研指导，帮助基层解决各类问题430多个。各级党组织书记讲专题党课761场次。开展“听党话、感党恩、跟党走”宣讲活动16场次，回应群众期盼事项1470件，公开回复解决1308件，回复率达到89%。

四、坚持生命至上，打赢疫情阻击战

实行机关企事业单位包社区、包小区责任制，构建起市、乡、村(社区)三级防控体系，全市各级党员干部守土尽责，始终让党旗在疫情防控斗争第一线高高飘扬。选派2名同志支援湖北保卫战，仅存1例确诊病例早发现、早治愈，实现了“双零”目标。投入专项资金1092.5万元，发放困难群众临时生活补贴3400万元。

五、坚持以稳促进，打好经济保卫战

严格落实四大班子领导包企业制度，选派60名防疫指导员下沉全市220家各类企业，“点对点”帮扶企业有序复工复产。全面落实减税降费政策，累计减免各类税费1.15亿元。阶段性减免企业养老、失业、工伤、医疗四项社会保险1.2亿元。金融机构支持复工复产发放贷款1.02亿元，累计拨付规模以上工业企业省外职工返岗补助资金18.66万元。3月底，全市规上工业企业、限上企业全部复工复产。上半年，主要指标均实现时间任务“双过半”。全年地区生产总值增长5.1%；规模以上工业增加值增长5.6%；社会消费品零售总额下降2.4%；城乡居民人均可支配收入分别增长4.5%和7.3%，实现了一季度止滑止跌、二季度回稳收窄、三季度加快加速、四季度冲刺收官的“V”形反转。一般公共预算收入完成12.89亿元，总量排名朔州第一。

制定出台《关于促进民营经济高质量发展的若干意见(试行)》，大力支持民营企业发展壮大。各金融机构共支持民营、小微企业310户，个体工商户1980户，小微企业主209户，发放普惠小微贷款43.94亿元，占全部贷款的40%。向27家企业发放贷款9.74亿元。全年新增市场主体3921家。全市拥有中小企业、民营经济、个体工商户9836家，从业人员达8.32万人。

主要领导带队赴山东、江苏、上海、厦门、福建等地参加“厦洽会”“进博会”等国内大型展会，举办各类招商活动29场次，接待各类考察投资38批次。搭建招商平台，成功举办晋北肉类出口平台·2020山西怀仁羔羊肉交易大会、2020怀仁·陶瓷新材料新技术新产品发布会。“13710”系统共报送签约项目52个，总投资307亿元，当年签约当年开工项目47个，招商引资综合得分在朔州排名第一。

六、坚持创新驱动，打响“六新”突破战

加快新基建，成立了怀仁市5G基建服务专班，出台《怀

仁市加快5G产业发展实施方案》,42个5G基站投入使用。攻关新技术,培育尊屹陶瓷申报省级陶瓷研发重点实验室,鼓励支持尊屹陶瓷、恒源陶瓷创建绿色企业技术中心。山西省日用陶瓷产品质量监督检验中心已进入试运行阶段。研发新材料,以"乌兰茶晶石"作为陶瓷新材料的运用达到国际领先水平。农牧交错带牛羊牧繁育关键技术集成示范项目、湖羊品种引进与利用技术研究项目加快推进。

坚持煤炭"减、优、绿"之路,先进产能占比达到80%。强化能源消费"双控"目标责任,完成4家重点用能单位能耗在线监测系统建设,单位GDP能耗累计降低15%。积极推进能源改革试点工作,23项能源革命综合改革任务如期全部完成。

坚持"项目为王",强化领导包联项目,实行清单式管理,落实"五个一"工作机制。全年共实施项目151个,开复工项目144个,开复工率95.3%。山煤集团物流园项目、锦泰骨瓷项目、蕴宏矿山凝胶项目、德云生物医药项目等80个产业转型项目开工建设。

七、坚持稳步推进,全面深化改革成效明显

扎实推进12个重大改革项目和68项改革任务落实落地。深化乡镇(街道)机构改革取得重大突破,乡镇级行政区划调整方案已获省政府批准。合并行政村工作进展顺利,撤销33个行政村,新设立3个行政村。分类推进事业单位改革,完成污水处理厂转企改制方案编制工作,注销法人的生产经营类事业单位10家,全面完成生产经营类事业单位改革扫尾工作。全面铺开"一枚印章管审批"改革工作,开展"五减行动",推行"一窗受理、集成服务"审批机制,企业开办时间平均压缩到2小时内,最快半小时办结,实现"即来即办,即办即结"。

深化国资国企改革,完成对4家正常生产经营企业的财务审计、资产评估,即将进行脱钩改革和公司制改制。大同朔煤电职工家属区"三供一业"物业分离移交改造工程接近尾声。深化开发区改革,聘任两名企业家担任开发区管委会副主任,加快运行怀仁经开开发项目管理有限公司,组建了陶瓷和医药产业顾问团队,实现外资引进"破零"。

八、坚持保障改善民生,实现社会和谐发展

新建改造城市道路11条、12.8公里。综合客运站、农产品展示中心投入使用,完成1413个总车位的3个城市停车场建设。县域农村生活垃圾收运系统建成并投入使用,5个乡镇转运站主体工程已完工。实施了旺火广场提升工程、互动游戏喷泉项目、"厕所革命"工程,扎实开展城市"双修"工作,"两下两进两拆" 城市风貌专项整治取得阶段性成果,市容市貌有了显著提升。

深入推进"三零"单位创建,全市4608个创建主体符合"三零"标准的有4535个,达标率98.4%。持续推动扫黑除恶长效常治,扎实开展"六清"行动,打掉恶势力犯罪团伙2个,抓获犯罪嫌疑人9人,刑事拘留7人,破获各类刑事案件11起。成立了综合矿山应急救援队,投资1450万元建成了安全生产应急指挥信息化平台,全市生产安全亡人事故起数和死亡人数均同比下降50%。

严格落实干部驻村帮扶工作12条措施,安排18名新提拔干部充实到驻村帮扶联席办,集体约谈乡镇党政正职、责任单位"一把手"和116名驻村帮扶干部,进一步强化交总账意识。扎实开展"四问三宣一推动"活动,350余名市、乡、村干部全覆盖开展贫困户入户随访工作,跟踪回访率100%。全面落实问题整改,针对国考、省考、省委脱贫攻坚专项巡视反馈的各类问题,实行台账管理,涉及问题全部整改到位。全面落实贫困户务工就业,实现了零就业贫困家庭动态清零。实现光伏发电项目贫困户全覆盖、资产收益项目贫困户全覆盖、产业扶贫项目贫困人口全覆盖"三个全覆盖",2020年全市建档立卡户人均纯收入达到了16687元。

九、不断加强基层组织建设

实施选派干部到村任职行动,选派26名机关事业单位干部到村任职。开展"农村干部学历提升工程",分4批对127名村"两委"干部、后备干部进行大学学历提升。按照"1村3名"要求,储备村级后备干部396名。圆满完成村(社区)党组织换届工作,选举产生的新一届村(社区)党组织实现"两下降一提升"(班子成员总数、平均年龄下降,学历水平提升)。靶向施策整顿软弱涣散基层党组织13个,全部按期完成整顿任务。大力推进乡村法治建设,全市10个乡镇全部配齐政法委员,132个村实现法律顾问全覆盖。多渠道发展壮大村级集体经济,集体经济5万元以上的村127个,达到96.2%。

(杨志雁)

附:中共怀仁市委书记、副书记、常委名单

书　记: 苏斌如

副书记: 王　鑫　刘宏武(9月任职)

常　委: 李　权　杨再梁　陈志刚
郭振林(3月离职)　宣　勇(3月任职)
宁军霞(女)　赵亚静(10月离职)
李颖南　李根元　孙　宇(11月离职)
黄金册(11月任职)　刘　鹏(12月离职)
田　勇(12月任职)
玛丽娜·巴哈达提(女,10月挂职)

中共应县县委

县委书记　句爱云

2020年，应县县委围绕省委“四为四高两同步”总体思路和要求、市委“生态立市、稳煤促新”发展战略，统筹疫情防控和经济社会发展，对各方面重点工作作出安排部署，确保党中央大政方针政策和省委、市委决策部署在应县全面贯彻落实。

一、坚定正确政治方向，在学懂弄通做实习近平新时代中国特色社会主义思想上持续用力

认真落实党委“第一议题”制度，及时跟进学习习近平总书记关于意识形态、国家安全、安全生产、文物保护、全面深化改革等重要论述，不断增强“四个意识”、坚定“四个自信”、做到“两个维护”。新时代文明实践中心(所、站)全部建成、投入使用，构建起县、乡、村一体推进学用党的科学理论的保障机制，扎实推动习近平新时代中国特色社会主义思想深入基层、深入群众、深入人心。巩固深化“不忘初心、牢记使命”主题教育成果，持续实施“党员干部进党校常态化”工程，培训学员2900人次，教育引导广大党员干部坚持用习近平新时代中国特色社会主义思想武装头脑、指导实践、推动发展。

二、坚持不懈抓好党内政治生态建设，推动全面从严治党向纵深发展

始终坚持把政治建设摆在首位。巩固深化“不忘初心、牢记使命”主题教育成果，自觉尊崇党章，严明党的政治纪律和政治规矩。认真落实省委《关于贯彻落实〈中共中央关于加强党的政治建设的意见〉的工作措施》，确保各级党组织统一意志、统一行动、步调一致向前进。认真贯彻《新形势下党内政治生活若干准则》，严格落实民主生活会和组织生活会、谈心谈话、民主评议党员等制度，提高“三会一课”质量。认真落实《中国共产党重大事项请示报告条例》，制定实施《关于向县委请示报告重大事项的规定》。持续打造忠诚干净担当的高素质专业化干部人才队伍。全年共研究调整干部13批75人次，37名在脱贫攻坚、扫黑除恶、招商引资、疫情防控等基层一线业绩突出的干部优先提拔重用。向市委推荐27名干部作为“担当作为”先进典型。以选出年轻化、专业化干部为鲜明导向，19名35岁以下敢于担当、实绩突出的优秀年轻干部得到重用。积极开展招才引智，完善人才来源结构，保障社会经济发展需要，引进党政人才73名，专业技术人才122名。着力增强基层党组织政治功能和组织力。紧紧抓住基层党建工作重点，聚焦整乡推进27项任务和整县提升33项任务，创建示范乡镇1个、达标乡镇4个、党支部示范点39个，整顿软弱涣散基层党组织27个；选派67名市县乡机关事业单位干部到村任职，全县214个行政村集体经济年收入5万元以上的达到97.2%以上。加强基础设施建设，4个乡镇完成党群服务中心、周转房和“五小”场所改造提升；完成撤并行政村70个及原党组织调整，新设党总支2个；非公企业党组织覆盖率93%、党组织工作覆盖率100%，基层党组织建设质量不断提高。持续推动全县党风廉政建设和反腐败工作向纵深发展。持续深化纪检监察体制改革，推动派驻机构由“有形覆盖”向“有效覆盖”转变。全县纪检监察系统全年共处置问题线索461件，立案181件，给予党纪政务处分171人。狠抓作风建设，驰而不息纠治“四风”，查处形式主义、官僚主义和违反中央八项规定精神问题15件15人。认真做好省委第四巡视组巡视应县配合保障工作，扎实开展第九轮、第十轮、第十一轮巡察，实现了被巡察党组织全覆盖，推动全县始终保持风清气正的良好政治生态。

三、积极应对疫情冲击，全力推动经济稳中求进、持续向好

认真落实省、市支持中小企业共渡难关举措和有序复工复产措施等政策，实行领导入企包联责任制，包联帮扶、进驻帮扶，全面推动工业企业复工复产、服务业复商复市。全面落实国家和省减税降费政策，促进经济平稳运行。主要指标稳中有进。全县地区生产总值完成76.8亿元，增2.5%；规上工业增加值增6.5%；社会消费品零售总额完成29.7亿元，降3.3%；一般公共预算收入完成18296万元，增3.1%；城镇居民人均可支配收入达到27693元，增3.9%；农村居民人均可支配收入达到12845元，增7.9%。发展基础不断夯实。全年招商引资完成签约项目20个，签约额73.5亿元；实施投资500万元以上重点工程项目83个，完工项目40个。县经济技术开发区在全省开发区经济指标考核中进入优秀序列。现代农业质量不断提升，粮食总产10.7亿斤，瓜菜产量10亿斤，中药材产量1.25万吨，奶牛、肉羊、生猪饲养量分别达到6.6万头、130万只、27.8万头，市级以上农业产业化龙头企业达到25家；南河种镇被农业农村部、财政部列入全国农业产业强镇；我县成功创建省级现代农业产业园，被省实施乡村振兴战略领导小组表彰为2019年度实施乡村振兴战略优秀单位。新型工业基础不断夯实，实施6个技改扩建项目，39家规模以上工业企业完成产值34.2亿元，增幅12.12%，呈现“稳中向好、转型加快、量质齐升”的良好态势。文化旅游产业融合发展，中国文化遗产研究院应县木塔工作站挂牌成立，应县入选全国第二批革命文物保护利用区县单位，入选第一

批省级文物保护示范区创建名单,应县木塔景区上榜"4A级景区品牌100强榜单";完成了净土寺文化遗产保护利用设施建设项目,实施了高铁站直达木塔景区旅游快速线、长城旅游公路等项目,启动实施木塔景区旅游设施建设、周边环境整治等工程,为运用市场化手段开发木塔景区打下关键性基础。

四、强化交总帐、军令状意识,坚决打好脱贫攻坚战

选派12名县领导担任乡镇党委第一书记,下沉到乡具体指导。成立由分管副县长担任主任的攻坚办,一周一调度、半月一通报、一月一汇报,集中攻坚、调度工作。坚持工作向脱贫攻坚聚焦、资源向脱贫攻坚聚集、力量向脱贫攻坚聚合,落实"四个不摘""四个不减"要求,全年整合投入扶贫资金6223.7万元。按照"两不愁三保障"现行标准,全县6105户11681名贫困人口全部脱贫。在持续巩固已脱贫成效的基础上,新识别的26户66名贫困人口全部脱贫,"两类户"返贫致贫风险全部解除。在全省非贫困县扶贫考核综合评价中进入第一方阵。

五、坚持生态优先、绿色发展,努力建设美丽应县

以"两山一河"为重点,完成营造林12.55万亩;完成龙首山北麓及通道绿化工程,森林覆盖率进一步提升。以巩固国家园林县城创建成果为目标,完成迎宾路、新建南路、南旅游线、公园游园等绿地改造提升;完成11个小区、木塔景区、梨花南路绿化,新增绿地面积6.35万平方米,同比增3.8%。建成区绿地总面积达到439.67万平方米,同比增1.5%;绿化覆盖率达到40.7%,绿地率达到36.6%。扎实开展蓝天、碧水、净土保卫战,抓好工业窑炉和挥发性有机物综合治理、燃煤小锅炉淘汰、扬尘污染管控、清洁能源替代、"散乱污"企业综合整治、畜禽粪污无害化处理、禁燃禁放、秸秆禁烧等工作,中央、省环保督察反馈问题完成整改销号,全县生态环境质量持续改善。1–12月份空气质量综合污染指数4.84,同比下降10%,优良天数299天,全市排名第二;李家小村出境断面达到地表水四类标准,县城集中式饮用水水源地水质达标率100%。

六、全力保障和改善民生,不断增强群众获得感幸福感

全县民生性支出17.75亿元,同比增32.9%。县城基础设施建设步伐加快。新建换热站5座,新增供热、供气管网15公里,完成了城乡供水系统调度中心大楼主体工程和清宁街雨污分流工程,实施了大同北路雨污分流及道路改造工程,启动了6.5万平方米的老旧小区改造工程,城市功能、生活品质、生活环境明显改善。农村环境整治扎实推进。启动实施桑干河流域沿河9个村庄污水治理及环境综合整治项目,完成农村危房改造262户、改厕3000座,打造美丽宜居示范村54个,有效改善了农村环境面貌。交通路网体系进一步完善。完成城乡道路新建及养护提质工程125公里,开工建设了投资1.6亿元的应县木塔—桑干河—高铁站旅游公路,214个行政村全部实现客运班车通达,圆满实现交通扶贫"双通"兜底性任务目标。教育、医疗、文化、社会保障等事业全面发展,开工建设了总投资3.98亿元的一中新校区建设项目,完成了总投资5582万元的传染病大楼主体工程,招聘充实了教师和医技人员356名。投入财政资金1.8亿多元,补齐了机关事业单位人员个人养老保险历史拖欠部分,补缴了省级2019年度机关事业单位人员职业年金运营补贴,解决了自收自支事业单位和差补事业单位养老保险、职业年金历史拖欠等问题。大力开展"三零"单位创建,推进安全生产专项整治三年行动,引深扫黑除恶专项斗争,有力维护了社会和谐稳定。

(安培兴)

附:中共应县县委书记、副书记、常委名单

书　记:句爱云(女)

副书记:丁　裕　王晋军

常　委:毕治中　乔瑞文　刘巨才(4月离职)
韩孟卓(4月任职)　黄　军(10月离职)
赵亚静(10月任职)　贺春丽(女)
舒晓海　范慧宇(11月离职)
陈联盟(11月任职)

中共右玉县委

县委书记　张震海

2020年,右玉县委聚焦"六新"突破,做好"六稳"工作,落实"六保"任务,统筹推进经济、政治、文化、社会和生态文明建设,坚定不移推进全面从严治党,全县主要经济指标完成情况在全市排名靠前,环保约束性指标全部完成,全县信访量、安全生产事故大幅下降,脱贫攻坚、干部"记实"、"四季之旅"系列活动牵引生态文化旅游深度融合等工作得到了各级领导的充分肯定,选派优秀年轻干部到村任职作为全省3个典型之一在全省推广。右玉先后荣获第一批全国法治政府建设"法治引领保障生态文明建设"示范项目县、全国农村承包地确权登记颁证工作典型地区、右玉羊中国特色农产品优势区、全省产业扶贫示范县、人口和计划生育工作目标管理责任制考核先进县、2018–2019年度山西省精神文明创建先进

典型文明县城，入选全国红色旅游发展典型案例，荣登2020中国县域全生态百优榜第五名，《右玉和她的县委书记们》获第32届“飞天奖”优秀电视剧，右玉精神展览馆入选中华民族文化基因库(一期)红色基因库试点单位，各项工作在新起点上实现了新发展、开创了新局面。

一、高举伟大旗帜，理论武装和政治建设不断加强

县委坚持把政治建设放在首位，严格执行常委会“第一议题”制度，及时跟进学习习近平总书记重要指示精神183篇。实行县委常委会“重要议题”制度，2020年4月以来共召开县委常委会36次，每一次常委会都把脱贫攻坚工作作为重要议题、必列议题。完善县委中心组学习制度，共集中学习16次、专题研讨8次。特别是把学习贯彻习近平总书记视察山西重要讲话重要指示作为头等大事和首要政治任务，将省委书记调研右玉的各项指示精神和市委对右玉工作的各项要求第一时间安排部署，细化分解了6个方面58项、322条具体举措。党的十九届五中全会召开后，县委常委会集中学习、县委中心组学习研讨、组建宣讲团深入宣讲、举办专题读书班、领导干部讲党课等形式，在推动全会精神入心入脑的同时，统筹做好“十四五”规划编制工作。

二、把握精准要求，全力推动脱贫攻坚和乡村振兴的有机衔接

牢固树立“军令状”“交总账”意识，围绕“形势是什么”“问题是什么”“责任是什么”“如何来规范”“干部怎么办”等五个方面，聚焦201条个性、91条共性问题整改，县委常委担任乡镇党委第一书记下沉一线指导督战，常态化开展跟踪督查、提级验收和问题整改“回头看”，所有问题实现了动态“清零”。省委第三巡视组脱贫攻坚专项巡视“回头看”反馈的12个问题、市委第六巡察组脱贫攻坚问题整改提级巡察“回头看”反馈的14个问题全部得到整改。全力做好易地扶贫搬迁后续工作，1184户、2984人贫困人口挪出穷窝、稳定脱贫，威远镇康平村入选全国“十三五”时期易地扶贫搬迁美丽搬迁安置区典型案例。全县23座光伏扶贫电站，2020年收益金达到5359万元，所有贫困户户均增收7000元。多措并举克服疫情影响，全县13家扶贫企业、2家扶贫农民合作社和6家扶贫车间带动545名贫困劳动力家门口就业、5332户贫困户稳定增收，通过公益岗位3979名贫困劳动力实现工资性收入，62个消费扶贫产品累计销售512.7万元。2020年，全县贫困村集体经济收入平均达到32.18万元，贫困人口人均可支配收入1.1万多元，未脱贫的4户、5人在2020年6月底全部达到脱贫要求，脱贫监测户293户692人、边缘易致贫户52户113人全部解除致贫返贫风险。

三、壮大文旅产业，加快推动从“绿起来”到“富起来”的实践探索

突出示范区建设在全县经济发展的“主引擎”作用，久久为功推进生态文化旅游深度融合。推行县四大班子领导包联项目责任制全程服务项目建设，累计解决各类问题80多个，跟进培育“小升规”企业2家。建立和完善了右玉籍海外代表人士及重点侨团、侨领数据库，北京“晋”博士专家团提出产业发展意见建议20多条。建立招商大使、招商专员制度，与省政府驻各省办事处、各省山西商会建立长期合作关系，开展委托招商、合作招商。坚持“走出去”和“请进来”相结合，举办了2020山西右玉环渤海招商推介会和右玉优质绿色农产品北京市场行招商推介系列活动。以冰雪运动为切入点，全力推动右玉冰雪嘉年华活动，使右玉的绿水青山变成金山银山、右玉的冰天雪地也能变成金山银山。

四、坚持“三个一体”，持续厚植山清水秀、天蓝地净的生态优势

坚持绿化彩化财化一体提升、治山治水治气一体推进、山水林田湖草一体治理。全县域宜林荒山实现基本绿化，同步种植景观花灌木和彩色花卉15多万株(丛)，逐步形成了色彩多元的大地景观。大力发展经济林，实施经济林提质增效8万亩，改造低效地产沙棘林4万亩，沙棘果年采摘量达5000多吨，全县12家沙棘加工企业年产值达2亿多元。

五、创建“三零”单位，不断提升社会“三共”治理的“四化”水平

全县“三零”创建主体单位1852个，共有“三零”村(社区)120个，“三零”企事业单位及其他单位1647个，创建达标率达到了95.4%。深入推进信访积案专项攻坚行动，共排查出信访积案47件，依法化解25起，引导进入司法程序13起，9起制定了调解方案，限期化解。严格落实安全生产责任，完善安全生产类制度21个。深入开展全县建筑领域安全隐患专项排查工作，出动检查组207个、663人次，检查企业385家次，整治各类安全隐患364条。继续开展好扫黑除恶专项斗争工作，持续整治“黄赌毒”“盗抢骗”等违法突出问题，共侦破各类刑事案件79起，抓获各类违法人员91人；治安案件494起，处罚356人。

六、创新工作方法，推进各领域基层党组织全面进步、全面过硬

创新干部“记实”工作法，对全县103个单位、2248名党员干部进行全程考核考评。选派55名机关事业单位干部到村担任农村党组织书记，占全县农村党组织的32%。推广实施以支部领产业、干部领项目、党员领任务为主要内容的“三领工程”，领办各类专业合作社170多家、扶贫项目360多个，97.1%的农村村级集体经济收入达到5万元以上。认真落实《关于加强基层宗教工作三级网络和两级责任制建设的意见》，全县共配备统战委员469名。积极稳妥地做好排查整顿发展党员违规违纪问题工作，共排查出违规违纪问题4类、53名党员，党内通报相关基层党组织43个、问责处理177人。深入开展“整乡推进、整县提升”创建示范行动，对照

省定的27项任务,4个乡镇党委开展试点,逐步推开。

七、贯通"两个责任",联动推进全面从严治党

压紧压实各级党组织主体责任。始终保持惩治腐败高压态势,全县纪检监察机关共立案171件,结案163件,党纪政务处分143人,先后5批次通报曝光典型案例8起,对2019年度受处分的149名党员干部进行了回访教育。深入开展了廉政文艺作品创作展演活动,创作了《廉吏于成龙》《如今右玉好风光》等多部廉政文艺作品,廉政道情戏《廉吏于成龙》在六县(市、区)进行了巡回展演。圆满完成了第九轮巡察工作,第十轮巡察即将完成,常规巡察单位党组织、延伸巡察农村(社区)党组织全覆盖比例均达到了100%,巡察"回头看"单位占比为21.9%,农村党组织巡察"回头看"占比为20.2%。

八、弘扬右玉精神,全力推动右玉文化传播力影响力软实力充分释放

县委坚持以右玉精神注魂立根赋能,在全县开展"右玉精神在右玉,右玉怎么干"大学习大落实活动,培育和选树了生态文明建设、助力转型发展、弘扬右玉精神等三个方面的先进个人各8名。坚持"大兵团作战",在国家和省、市三级主流媒体及网络媒体累计刊发各类新闻稿件429件、90多万字,县融媒体中心各平台刊发各类新闻稿件和文学作品8000多件,进一步提升了右玉和右玉精神的知名度、美誉度。电视剧《右玉和她的县委书记们》荣获第32届电视剧"飞天奖"优秀电视剧奖。《山河之诺——右玉精神英雄谱》入选山西省第十二届精神文明建设"五个一工程"优秀作品。右玉历史小说三部曲第一部《宝宁寺》出版。

(李　美)

附:中共右玉县委书记、副书记、常委名单

书　记:吴秀玲(女,4月离职)　张震海(4月任职)

副书记:王志坚　姚树山　张天林
刘世君(7月任职)
田保民(挂职,3月离职)
刁海鹏(挂职,3月任职)

常　委:王　悦　闫祖伟　韩日华(1月离职)
刘青春(1月任职)　张文平　郝　云
王建民　郭有才(7月任职)

中共山阴县委

县委书记　王世杰

2020年,山阴县委坚持以习近平新时代中国特色社会主义思想为指导,认真学习贯彻党的十九大和十九届二中、三中、四中、五中全会精神,全面贯彻习近平总书记视察山西重要讲话重要指示、"三篇光辉文献"和对右玉精神的6次重要指示精神,统筹推进"五位一体"总体布局,协调推进"四个全面"战略布局,按照省委"四为四高两同步"总体思路和要求,紧扣市委"生态立市、稳煤促新"战略,坚持党要管党、全面从严治党,扎实做好"六稳"工作,全面落实"六保"任务,加快推进"六新"突破,在疫情防控取得零确诊、零疑似重大成果的同时,经济发展保持了稳中有进、进中向好的发展态势,"十三五"规划纲要确定的目标任务基本完成,县域综合竞争力进入全省前10名,各项事业发展迈上了新台阶。

一、忠实践行使命,发展蓝图更加清晰

坚持深化和拓展"第一议题"制度,召开县委常委会、理论学习中心组会议52次,及时学习习近平总书记对当前各项工作的重要讲话重要指示90余篇。结合学习宣传党的十九届五中全会精神和《习近平谈治国理政》第三卷等,带头深入基层一线登台授课;组建县委理论宣讲团,累计宣讲270场、受众1.41万人;举办主体班等各类培训6期、培训党员干部1835人次;在线培训干部700余人次。年内先后召开县委十四届十一次、十二次、十三次全会,确立了"率先蹚新路、争当排头兵"的工作思路,提出了聚焦"三大变革"、实施"三大战略"、打好"三大战役"的工作要求,确定了打造"灵秀古城"、建设"新韵山阴"的战略目标。

二、扛实主体责任,政治生态持续净化

创新党委(党组)书记列席常委扩大会议制度,举办党委(党组)书记落实主体责任培训班,对41名新任科级干部进行"一对一"任前廉政谈话,出台《关于加强政治监督全力保障习近平总书记视察山西重要讲话重要指示精神在我县落实落地的通知》,围绕"十个聚焦"开展精准监督。示范创建"整乡推进、整县提升"和"五型机关"建设,达标率为63%。两次集中听取人大、政府、政协、法检"两院"5个党组工作汇报,常委联系支部工作点实现了全覆盖。制定流动党员管理

办法,成立流动党员党支部13个、党小组96个,挂钩联系实现全覆盖。新建非公企业和社会组织党支部71个,“两新”党组织实现全覆盖。22个软弱涣散党组织全部转化提升;聘用51名社区职业化工作者,选派158名党建指导员;开发区新建1200平方米党群服务中心,培育古城、鑫霏、骏宝宸等3个示范点;持续深化抓党建促脱贫工作,调整驻村干部48名,对274名村“两委”及后备干部进行学历提升教育,培养农村后备干部596名。全年专题研究党风廉政建设和反腐败工作42次,召开反腐败领导小组会议2次,批准谈话函询18人次、初核21人次,立案审查、留置、作出处分决定113人次;共处置问题线索881件、立案282件、处分246人。高质量完成第十轮、十一轮巡察,部署了人防系统专项巡察,十四届县委巡察实现全覆盖。

坚决贯彻落实市委关于持续净化政治生态的重大安排部署,成立4个工作专班,创新县委常委蹲点施治工作举措。全县累计起底摸排三类问题线索57条,下达建议书4份,作出组织处理15人;查办不作为、乱作为57件,给予党纪政务处分49人,组织处理15人,其中科级干部18人;全县106个党委、党组集中召开专题民主生活会,累计查摆问题1830条。认真开展党员干部违规经商办企业专项清理工作,摸排党员干部2452人,已申报退出67人。畅通退休老干部建言献策渠道,填写承诺书220余份。领导干部集中坐班46次、带案下访54次,排查矛盾纠纷415起,化解396起。加大逾期贷款清欠清收力度,累计清收“三类”贷款2.3亿元。扎实开展住建领域集中整治,对2013年以来37处违建项目进行了专项排查、集中整治。

三、积极主动应对,防控战疫阵地牢固

统筹推进疫情防控和经济社会发展,先后召开县委常委(扩大)会、疫情防控领导小组会议42次,科学设置270余个监测点,成立74个临时党支部和130个疫情防控党员志愿行动小组,组织动员1200名在职党员下沉社区农村防控疫情,全县500余名医务人员、9000余名基层干部坚守一线抗击疫情,3名优秀医务工作者和1名公安民警热血逆行抗疫,1万余名党员干部积极捐款100余万元。精准落实“四后”防控措施,年初率先对两座煤矿复工复产进行验收,开设专列1趟、专车11班,输送477人返岗务工;全面部署开展县级领导包联“三重”专项行动,走访服务企业(项目)47个,年内新增稳岗就业2300多人次;减免企业各类税费6480万元。

四、狠抓项目建设,经济转型支撑多元

大力实施“工业强县”战略,细化“六稳”“六保”具体措施,实施产业转型项目33个,同比增长13.8%;实施工业技改项目2个,同比增长42.9%。全县电子商务等新兴业态企业达到50余家,电商行政村服务站达到38个,网上产品销售额达到3000万元以上。全面落实“三项帮扶机制”和“三项协调机制”,规上工业增加值由年初的-32.4%增至9%,高出全市平均水平1.8个百分点。山阴县在全省开发区综合考核评价中排名第20位。

五、勇于改革创新,转型升级动力强劲

围绕“六新”产业布局,聚焦14个战略性新兴产业集群,全年开展招商活动8次,共签约招商引资项目27个,年内开工23个,开工率85%;制定出台了“37+X”惠企惠商政策。全面推行“一枚印章管审批”,项目办理时限缩短60%。稳步推进国资国企改革,国有企业退休职工社会化管理已全部移交。全县企业技术创新全覆盖工作稳步推进,制定出台了实施方案,43家规上企业实现技术创新全覆盖,鑫霏、超牌、骏宝宸等6家企业成立科技创新课题组,形成科研成果16项。

六、巩固脱贫成果,稳步推进乡村振兴

全面深化“两包三到”精准联动帮扶机制,派出帮扶干部2800余人,并举办专题培训27场、培训8200余人次。年内资助建档立卡贫困学生1635人次、230余万元;完成建档立卡户危改任务156户,解决了5个村的安全饮水问题;设立9个扶贫车间,开发扶贫公益岗位539个,实现稳定就业5457人;安排资金4677万元,实施扶贫项目81个,建成光伏电站45座、总装机容量达到4000多千瓦,累计带动贫困户5413户,户均收入2100元以上;发放扶贫小额信贷474户次、2185.9万元,财政贴息245.79万元;1.7万人(次)购买防贫(返贫)保险、投保27.6万元;推动“专柜、专区、专馆”建设,认定相关产品22个,消费扶贫金额达1亿多元。

持续扩大有机旱作农业种植规模,粮食播种面积84万亩,小杂粮种植面积22万亩,粮食产量连续多年稳定在5亿斤以上;种植粮饲兼用玉米、苜蓿20万亩,奶牛养殖稳定在8万头左右,鲜奶产量达28万吨;完成绿色有机产品认证13个;完成高标准农田建设4.8万亩;家庭农场、农业大户等多种新型经营主体完成土地托管8万亩。集中打造“美丽乡村”示范村5个,39个贫困村开展了“一拆三清一改”清洁行动,完成改厕任务4703座。

七、聚焦群众关切,民生福祉持续增进

城市面貌明显改观。建成雨污合流管网46公里、分流管网10公里,完成强弱电管线下地24公里,清理占道经营、“店外店”770余家,整治临街“五堆”8000平方米,拆除违规设置广告牌匾150块,规划机动车车位1600个。府东街跨线立交桥、西二环等路桥建设工程竣工通车;新建换热站14座,完成老旧管网改造3.2公里,新增供热面积102万平米,县城清洁取暖覆盖率达到100%。招聘教师26名,研究生增至86人;中考600分以上学生人数同比提高3.6%,高考二本B类以上达线率同比提高4.9%。医疗事业全面发展。持续深化县乡医疗一体化改革,薪酬分配自主权等6项权限已全部下放,乡村卫生院(室)硬件设施和村医执业资格全部达标。县乡村三级实现病历共享、分级诊疗、双向转诊、远程会

诊,全科医生达到139人。社会事业提标扩面。开展"人人持证、技能社会"专业提升培训班85期,培训3840人,实现就业1087人,五项社会保险扩面工作和社保卡发放工资均超额完成,投入各类社会救助保障资金7007万元。环境质量显著改善。投入资金2.5亿元统筹推进山水林田湖草系统治理,修复西山生态130处,实施"清河行动"项目2项,整体造林6000亩,全县森林覆盖率达到16.96%,2个出境断面水质全部达标。文旅发展步伐加快。制定《长城国家文化公园广武边塞长城文化旅游区概念性规划》,完成了长城国家文化公园建设项目申报并列入第一批项目库;拍摄《穿越千年的龙脊》和《广武长城》两部专题片,出版《广武长城文化专辑》,主办"守望长城"多媒体采风展播活动。

八、推进民主建设,政治局面稳定和谐

民主政治建设全面加强。坚持党的集中统一领导,全力支持人大、政府、政协依法依规履行职能。压紧压实党管武装责任,积极做好双拥优抚安置工作。充分发挥工会、共青团、妇联等人民团体的桥梁纽带作用,对台、民族、宗教、外事、侨务等工作取得新成效。安全稳定形势持续向好。常态化开展煤矿、非煤、道路、食品等重点行业领域安全检查。坚决落实维护稳定责任制,深入开展打击非访缠访闹访和越级上访行动,实现了零上访、零非访目标。基层社会治理成效明显。出台《关于健全党委领导法治建设体制机制方案》,建立完善"十项工作机制";全面落实党委、政府法治建设"第一责任人"职责;深入开展"三零"单位创建工作,创建"三零"单位4656个,达标率98.8%;全面推进"全科网格"试点工作,分别配备专兼职网格员150名、132名;持续引深扫黑除恶专项斗争,打掉黑社会性质组织4个、恶势力集团3个、恶势力犯罪团伙5个,抓获犯罪嫌疑人93人,刑事拘留82人,破获各类刑事案件80起。

(李　刚)

附:中共山阴县委书记、副书记、常委名单

书　记: 李旭清(6月离职)　王世杰(6月任职)

副书记: 苏　坡　王国文

常　委: 郭兆文(10月离职)　刘德智　刘　宇
王国梁　郭　瑞　张　璜
赵占祥(2月任职,11月离职)
常　青(6月任职)　赵　栋(6月任职)
贾大维(8月任职)　田心世(11月任职)

中共忻州市委

市委书记　郑连生

2020年,忻州市委坚持以习近平新时代中国特色社会主义思想为指导,认真贯彻落实习近平总书记视察山西重要讲话重要指示,牢记"在转型发展上率先蹚出一条新路来"的嘱托,按照省委"四为四高两同步"总体思路和要求,坚持"336"战略布局,进一步拓展忻州党的建设和党的事业新局面。

一、坚持和加强党的全面领导,总揽全局、协调各方,开创群策群力、奋进担当的新局面

2020年,在习近平总书记视察山西结束后,市委第一时间传达学习,举办市委中心组学习会暨专题读书班,深入学习贯彻习近平总书记视察山西重要讲话重要指示和"三篇光辉文献"精神,认真学习《习近平谈治国理政》第三卷、习近平新时代中国特色社会主义思想学习纲要、三十讲和习近平总书记关于安全生产、文明创建、宪法法律、脱贫攻坚等重要论述,在武装头脑、指导实践、推动工作上下功夫。召开市委四届九次全会,围绕"在转型发展上率先蹚出一条新路来"这一重大历史任务和重大历史课题,明确"十个坚持""十大攻坚"的任务措施,出台《实施方案》,作出6个方面64项322子项工作的具体安排。

坚决把党的领导贯彻和体现到改革发展稳定全过程各领域,将全市工作分为营造积极进取态势、强化经济运行监测调度、推进"三个一批"项目建设、深化重点领域改革、拓展专项行动成效、打造"六最"营商环境、守牢安全稳定底线、注重舆情监测引导、强化领导班子干部队伍基层组织建设、加强党风廉政建设10个方面,建立健全书记、市长统筹,分管市领导、职能部门一杆子抓到底的10大工作机制,始终做到责任明确、路径清晰、运转有序、推进有力。

二、以"336"战略布局为牵引,奋力蹚出全面转型忻州之路

实施"336"战略布局,产城融合步伐加快。着眼国家对山西经济社会发展的战略定位,自觉把忻州放在发展大局中来谋划,找准定位,顺势而为,乘势而上,创造性开展工作,推进兴忻强忻治忻。一是对接国家战略,打造三大开放门户。抢抓

山西中部盆地城市群一体化发展机遇，打造忻定原面向太原都市圈的中部门户，对接京津冀协同发展战略，打造繁峙代县面向京津冀的东部门户，对接“一带一路”战略，打造河曲保德面向陕西内蒙的西部门户。二是对接消费升级宏观调控政策，打造3个旅游集散地。把东部五台山、中部忻州古城、西部芦芽山打造成忻州全域旅游的集散地，全力推动观光旅游向文旅全产业链延伸，加快忻州旅游产业化、特色化、品牌化步伐。三是对接转型升级新趋势，打造6大经济板块，推进产城融合。建设河保煤电铝化板块，神五岢偏现代农业板块，宁静生态保护和特色产业板块，忻定原多元产业板块，繁代矿业冶炼板块，五台山旅游板块。统筹整合县市区各类经济要素，促进产业转型升级，建设山西重要的综合能源基地、新材料产业基地、国家杂粮产业示范园、全域旅游示范区，区域协调发展步伐加快。

按照全省“三个一批”要求，统筹推进“七个一批”项目建设，开展项目观摩检查活动，推进17项重点任务集中攻坚，抓重点、增总量，抓机遇、促转型，抓招商、优结构，抓调度、保进度，全力推进项目招商签约、落地开工、投产达效。全市签约项目698个；开工项目713个；投产项目233个。推进“六新”突破，培育5G+智慧应用项目14项，开通5G基站1092座，忻府、定襄、原平中心城区和全市主要旅游景点核心景区实现5G网络连续覆盖，转供电基站改直供电完成改造率全省第一。

深化开发区改革创新发展，落实用地保障、环境管理、财税支持、政务服务、人事薪酬、统计规范等6个方面20项针对性措施。狠抓开发区“三制”改革、“管运分离”改革，领导任期制、全员聘任制、绩效工资制改革全面完成。推动省级开发区申报设立，神池、五台2个现代农业产业示范区正式获批，省级开发区数量发展到8个。扎实开展“两规一核定”工作，忻州、岢岚、定襄、静乐、繁峙、原平开发区总体规划获批，8家开发区完成“四至”范围核定。

加快“中国杂粮之都”产业融合园区、山西(忻州)杂粮出口平台建设，杂粮种植363.1万亩，产量可达70.3万吨，杂粮加工龙头企业达到165个以上，杂粮专业合作社达到1600个以上，7家企业的11个产品获得“圳品”认证。实施农业“特”“优”战略，推动六大农产品精深加工产业集群发展。

统筹黄河、长城、太行3大板块旅游开发，加快县域全域旅游规划编制工作，忻府、定襄、繁峙、宁武、静乐、神池、河曲、偏关8个县(区)的全域旅游规划已通过评审。完成3个一号旅游公路251.5公里。长城一号旅游公路“0km”标志文化驿站启用，成为旅游公路新风景。以3大旅游集散地为龙头，加快43个文化旅游项目建设，推进景区提质升级，加快A级景区创建工作，忻州古城、老牛湾景区、天柱山景区成功创建国家4A级景区，老牛湾——平型关长城风景道列入国家长城文化公园45个省级重点项目之一。

坚持以二流财政打造一流人才政策，创新机制用才、打造平台聚才、创优环境引才、深化改革育才，实施“111”创新工程，拿出“真金白银”构建人才制度优势。出台打造一流创新生态、培育壮大高质量转型发展新动能的12项措施，按照“一年架梁立柱、三年点上突破、五年基本成型”的目标要求，规划布局10个重点实验室、7个制造业技术创新中心、6个中试基地，26家企业进入全省高科技领军企业培育清单，79家企业列为高新技术培育库入库企业，建立了关键核心技术和共性技术清单，建立了重点实验室、制造业技术创新中心和中试基地培育建设清单，建立了高科技领军企业培育清单，定襄县被科技部认定为国家火炬忻州定襄县法兰锻造特色产业基地。出台《忻州市招才引智支持政策(试行)实施细则》，扎实推进科技人员创新、科技队伍建设、科技成果转化。

三、坚持改革第一动力，全面深化改革取得新突破

进一步完善党委议事协调机构工作制度，建立完善部门间协调配合、职能运行监管等机制，进一步明确新设立部门、合并部门职能职责。深化事业单位改革，精心制定《实施方案》，下发有关通知，有序推进市县两级事业单位改革，市本级所涉44家市直部门人员转隶工作全部完成，县级改革扎实推进。落实省委部署，积极推进人口小县机构改革，河曲县试点方案已经省委、省政府批复，试点工作正在扎实推进。深化乡镇(街道)机构改革，已按照新职能新体系高效运行。

坚持“根上改、制上破、治上立”，大力推进“九个一批”，完善3+N国有资本投资运营体系，进一步优化国资布局，构建3+N国有资本投资运营体系，培育神达、城乡建设、汇丰3个公司向能源产业集团、城乡建投集团、类金融控股集团发展。

认真贯彻“四个革命、一个合作”能源安全新战略，制定《行动方案》，落实《任务清单》，破解能源领域深层次矛盾。坚持煤电一体化发展，推动新能源“源网荷储”一体化发展，着力把能源优势转换为电力优势，把电力优势转换为电价优势，支持大数据、半导体新材料等绿色高载能产业发展。同煤北辛窑煤电一体化项目列入“晋电送浙”电源点。电力装机1427.96万千瓦，清洁能源和新能源装机861.96万千瓦，约占全省的27%，规模全省第一。

深化项目承诺制改革，建立营商环境评价体系，持续打造“六最”营商环境。推动审批服务标准化规范化，建立“7+X”制度体系，推行前台综合窗口受理、后台分类审批、综合窗口出件的不见面审批模式，压缩审批环节，优化办事流程，推进数据互通共享，将35项职权合并为21项，审批材料压减65%，审批时限压减55%，网办率提升至100%。推进“一朵云、一张网、一平台、一系统、一城墙”信息化建设，严格执行“两集中、两到位”，实现大厅之外无审批。实施“一网通办”、“一枚印章管审批”改革，行政审批事项达到三级网办程度，网办水平全面提升。

制定出台深化县域医疗卫生一体化改革《行动计划》和《实施方案》，建立医疗集团“六统一”管理台账，进一步理顺党委政府、卫健部门、医疗单位、疾控中心的关系，实现管、办、行、防分离，确立医疗单位独立法人地位，实现分级诊疗，不断提升医治能力和公共服务能力。

四、加强和改进宣传思想文化工作，凝聚强大精神动力

坚持系统学习转化，从深入学习习近平总书记视察山西重要讲话重要指示、《习近平谈治国理政》第三卷、《论党的宣传思想工作》入手，及时组织学习党的十九届五中全会精神，不断跟进党的创新理论学习，切实推动习近平新时代中国特色社会主义思想往深里走、往心里走、往实里走，凝聚共同奋斗力量，转化为推动高质量转型发展的强大动能。充分发挥示范引领作用，举办市委中心组学习会暨专题读书班，开展市委理论学习中心组集体学习 26 次。印发《忻州市党委(党组)理论学习中心组考核评价办法》，领导干部带头深入基层，开展主题宣讲活动近 4000 场次，受众达百万人次。

持续培育和践行社会主义核心价值观，着力加强阵地建设，14 个县(市、区)和五台山融媒体中心初步建成，“一次采集、多种生成、多元传播”的全媒体传播体系进一步健全。增强主流舆论服务大局能力，邀请中央、省级主流媒体和网络媒体将镜头聚焦脱贫攻坚、乡村振兴等重点工作，推出《古城忻州：世界目光中的发展热土》《“走西口”故地的反贫困决战——革命老区山西忻州脱贫攻坚纪实》等一批富有特色的“忻州经验”“忻州成果”“忻州故事”，扩大了忻州影响力。

打造省级群众文化服务品牌 1 个，培育乡村群众文艺队伍 437 支，挖掘乡土文化能人艺人 242 名，培养乡村文化带头人 369 名。不断完善公共文化服务体系，市县文化馆、文化站、公共图书馆全部免费开放，20 个乡镇文化站、2 个村级综合文化服务中心入选山西省公共数字文化智能服务项目。成功举办第十届“梨花奖”舞台艺术大赛，送戏下乡 1163 场，群众文化生活更加丰富。

五、持续保障和改善民生，坚决维护社会安全稳定

始终把就业作为最大的民生，全年城镇新增就业 36285 人，失业人员再就业 16062 人；“人人持证、技能社会”培训 83482 人，新增考证持证 81985 人；就业困难人员就业 4258 人。提高城乡低保和特困对象救助保障标准，25.6 万名困难群众基本生活得到有效保障。实施教育优先发展战略，龙岗小学、和平小学等建成投用，66 所乡镇寄宿制学校改扩建完工；普惠性幼儿园覆盖率、普及率均达到省定目标，2017—2020 年高中阶段教育普及提升计划全面完成，教学质量在全省第一方阵的位置更加巩固；忻州师院搬迁项目进展顺利。不断提高医疗卫生保障水平，“两定”医药机构达到 2891 个，全市城镇职工、城乡居民参保人数分别达到 41.77 万人和 229.27 万人，农村建档立卡贫困人口参保率达到 100%。

把“三零”单位创建作为基层社会治理的重要抓手，出台《三年行动计划》和《行动方案》，及时动员部署，召开专题会议，层层压实市县乡村责任。打造忻州特色，创新“办公室 + 指导组 + 派驻组 +N”模式，派驻 30 名工作人员到项目建设一线排查整治风险隐患 74 个，解决实际问题 63 个，为全市创建工作树立标杆。

始终保持打击黑恶势力力度不减、态势不变，积极推进“六清”行动、“六建”工作，累计打掉涉黑涉恶犯罪团伙 106 个，抓获犯罪嫌疑人 994 名，破获各类案件 1307 起，查封、扣押、冻结涉案财物 13.507 亿元。查处群众身边涉黑涉恶腐败和充当“保护伞”等案件 389 件，整治各类乱点 23461 个，形成组织领导、队伍建设、目标任务、工作保障、考核评价等五大常态化工作体系，多项任务完成位于全省第一方阵。

六、坚持绿色发展理念，全面加强生态文明建设

统筹划定生态保护红线、永久基本农田、城镇开发边界“三条控制线”，高质量编制国土空间总体规划，实现了动态监测评估预警监管。露天矿山减少到 288 座，131 个矿山企业完成绿色矿山创建方案编制，36 个矿山企业达到市级绿色矿山标准，11 个企业列入省级绿色矿山名录库，8 个企业列入国家级绿色矿山名录库。

67.78 万亩国省营造林任务和 15 万亩市县营造林任务全部完成，“十三五”期间全市共完成营造林 376.3 万亩，其中退耕还林 55.71 万亩，林地总面积达到 2021.07 万亩。推进黄河流域生态保护，编制《黄河流域生态保护和高质量发展规划纲要(2020–2030 年)》，黄河流域 88 个入河排污口排查整治工作全部完成。

积极推进再生资源回收体系建设，中盈万维公司再生资源回收体系建设项目正式投产。忻州城区基本实现生活垃圾分类投放设施全覆盖。冬季清洁取暖改造完成 10.66 万户，忻府区、繁峙县、原平市经验做法在全省推广。扎实开展绿色建筑行动，新建开工阶段绿色建筑面积达到 125.79 万平方米，验收阶段绿色建筑面积达到 39.31 万平方米。

全面提升村容村貌。完成 22556 座改厕、26 个行政村污水处理设施建设、213 个村庄建筑特色风貌整治工程；586 家省级规模养殖场建立畜禽粪污配套处理设施，畜禽粪污综合利用率达到 89.9%，超全省平均水平近 13 个百分点。

七、坚持人民当家做主，全面推进民主法治建设

支持和保障人大及其常委会依法行使职能，深入开展执法检查，不断提升监督效能。积极拓展代表联络站阵地作用，为人大代表联系群众、服务群众、化解矛盾、助推发展建强平台、畅通渠道。持续开展“向申纪兰学习、做人民好代表”活动，推动“纪兰精神”内化于心、外化于行。坚持以“小切口”立法助力高质量发展，制定了《忻州市长城保护条例》《忻州市代县历史文化名城保护条例》《忻州市杂粮产业发展促进条例》《忻州市机动车停车管理条例》《忻州市农村人居环境整治促进条例》《忻州市静乐汾河川国家湿地公园保护条例》等 6 部地方性法规。

认真贯彻《中共中央关于新时代加强和改进人民政协工作的意见》和省委《实施意见》，制定了忻州市《实施细

则》,积极为各民主党派、工商联、无党派人士履职建言搭建平台、创造条件,努力推动协商民主广泛、多层、制度化发展。加强和改进政协系统社情民意信息工作,主动建言献策,及时回应民生关切。支持市政协在助力脱贫攻坚和疫情防控、服务全市转型高质量发展和文明城市创建等方面发挥优势、履职尽责。

深入推进党外人士培优、参政议政提质、和谐稳定促进、民企转型助力、新阶层新突破“五大工程”,民主党派、工商联、无党派人士共同奋斗的思想政治基础更加牢固。全市9218个基层党组织在全省率先实现了统战委员全覆盖,基层宗教工作三级网络和两级责任制进一步健全完善,县级统战部门全部实现3人以上具备宗教工作行政执法主体资格。

健全完善法治建设第一责任人职责机制,出台《党政主要负责人履行推进法治建设第一责任人职责专项考核办法》和《考核细则》,成为全省唯一承担中央依法治国办党政主要负责人履行推进法治建设第一责任人职责情况试点工作的地级市。

持续深化劳动技能竞赛,大力弘扬工匠精神,2人入选“三晋工匠”年度人物提名奖;全面深化“青年大学习”“双争双兴”“青春兴忻”等行动,广大团员青年积极践行“转型综改、青年先行”使命责任;深入开展“巾帼抗疫 有我助力”、“巾帼心向党 共创文明城”等主题活动,全市广大妇女在转型发展一线展现出强大巾帼力量。坚持党管武装,全面加强国防动员、资源保障力量建设,着力强化退役军人服务保障体系建设,市本级第八次蝉联“全国双拥模范城”殊荣,岢岚县第三次荣膺“全国双拥模范县”称号。

八、推动全面从严管党治党,努力实现政治生态持久的风清气正

扎实开展“墩苗”行动。分两批选派69名优秀年轻干部到县乡任职,选拔8名乡镇党委书记到省直单位任职,选拔20名乡镇党政正职到市直单位任职,推荐8名“85后”处级干部到其他市任职,切实激励年轻干部在一线锻炼成长、建功立业。从严抓实考核评价。建立动态监测机制,完善干部业绩评价办法,按季度更新实绩档案信息,着力增强业绩评价的时效性和连续性,力求考准考实工作业绩,确保有为者有位、有位者有为。

全面加强基层组织建设。大力实施“整乡(街道)推进、整县提升”示范县乡创建行动。出台《量化考核办法》,整顿软弱涣散基层党组织261个,打造农村基层党建品牌项目152个,形成了点上开花、面上辐射、示范带动的良好效应,有力推动基层党组织全面进步、全面过硬。对2702个行政村、4260名农村“带头人”完成综合分析评价,退出不能适应工作需要的村“两委”主干262名;回引人才1.03万名,新选配村党组织书记611人,“一肩挑”比例达80.2%。

制定实施《党委(党组)落实全面从严治党主体责任实施办法》和《市委常委会及其成员落实全面从严治党责任清单》《市委落实全面从严治党主体责任2020年任务清单》,市委带头落实主体责任,坚持“一把手”抓“一把手”,层层传导压力,拧紧责任链条。部署开展市委第九、第十轮巡察,圆满完成了届内巡察全覆盖。全年市委常委会、市委书记专题会27次专题研究反腐败工作。持续正风肃纪反腐。查处享乐主义、奢靡之风问题283件,党纪政务处分314人,组织处理90人;查处形式主义、官僚主义问题277件,党纪政务处分456人,组织处理171人;立案查处腐败问题3675件,党纪政务处分3626人,留置80人,移送司法机关79人;查处“一把手”违纪违法问题90件,处分90人。

(刘滢溪)

附:中共忻州市委书记、副书记、常委名单

书　记:郑连生(3月任职)

副书记:郑连生(3月调职)　朱晓东(4月任职)　郭奔胜(10月任职)

常　委:范晋昌　秦书义(1月任职)　王黎明　崔建新　王志东　赵新年　刘婷芳(女)　刘瑞生

中共忻府区委

区委书记　崔向松

忻府区委辖基层党委38个(含党工委9个),党总支31个,党支部826个;有中共党员24094名,其中农村党员12341名。

2020年,忻府区委坚持以习近平新时代中国特色社会主义思想为指导,全面贯彻党的十九大和十九届二中、三中、四中、五中全会精神,深入学习贯彻习近平总书记视察山西重要讲话重要指示,按照省委“四为四高两同步”总体思路和要求,坚持市委“336”战略布局,团结带领全区干部群众,以“1769”重点工作为抓手,统筹疫情防控和经济社会发展,攻坚克难、对标前行,全区党的建设和党的事业取得新成效。

一、在党的建设方面

一是强化政治担当。召开全区“重温光辉文献、践行初心使命”专题学习会和重温习近平总书记“三篇光辉文献”学习会。全年集中学习16次,举办忻府大讲堂4期,印发学习资料1000余套、《中心组学习动态》16期,发放习近平总书记视察山西重要讲话重要指示宣传画报1000余套,订阅《习近平谈治国理政》(第三卷)9453册。组建区委宣讲报告团,开

展学习贯彻习近平总书记视察山西重要讲话重要指示、党的十九届五中全会精神宣讲各80场,实现区、乡、村全覆盖。形成《忻州市忻府区:“七个一批”抓项目 产业发展夯基础》等改革创新理论成果60余篇。二是加强干部队伍建设。树立一线提拔干部的鲜明导向,在扶贫一线提拔干部37人,重用2人;在软弱涣散党组织整顿工作一线提拔7人,重用3人,在文明城市创建一线提拔4人,在防疫防控一线提拔71人,重用2人。三是加强基层党建工作。对36个软弱涣散基层党组织开展集中整顿并全部通过验收。全面推行街道“大工委”和社区“大党委”领导体制和工作机制,在6个街道、31个社区实现了全覆盖。制定并落实《关于建立忻府区社会工作者“三岗十八级”薪酬体系的实施办法(试行)》,提高基层工作者薪酬待遇。制定《红色物业标准化建设参考方案》,在3个居民小区成立党组织,探索开展“红色物业”试点。优化提升农村“带头人”队伍,在187个村实现“一肩挑”,选派54名机关事业单位干部到45个村任职,回引本土人才1175人。四是做好意识形态工作。加强区融媒体中心和区新时代文明实践中心建设。制定了《忻府区意识形态工作考核实施细则》。山西日报8次、山西经济日报3次报道忻府区先进工作事迹。五是搞好统战工作。实施《忻府区信教群众聚居村产业发展实施方案》,提高村民收入。建立了忻州古城商会,在完善商会服务个体工商户的方面进行新探索。区委统战部荣获“全省统战工作先进集体”。六是抓好武装工作。2020年区人武部被省军区评为“先进人武部”“战备工作先进单位”。区委书记崔向松被省政府、省军区评为“党管武装工作好书记”。

二、在高质量发展方面

一是项目建设扎实推进。“七个一批”综合排名位于忻州市前列。二是产业集群加速壮大。着力培育“883”标志性引领性产业集群。共申报3个省级现代服务业集聚区,其中忻州古城文旅休闲集聚区申报成功。古城商业街旅游活化区工程项目投产运营。三是农业经济提质增效。获授“中国优质辣椒生产基地”“中国香瓜之乡”。成功举办中国第33届鲜食玉米、速冻果蔬大会。4.55万亩高标准农田建设项目完成土壤改良工程。建立5个辣椒有机旱作示范片区。四是工业转型步伐加快。推荐晨辉锻压公司申报数字经济发展、“专精特新”及规范化股份制改造奖励资金。推荐山西金宇科林科技公司申报“专精特新”小巨人企业、第五批制造业“单项冠军”示范企业及技术改造专项资金。为山西俊燕冶金公司2x27000kVA密闭矿热炉尾气发电项目申报技改资金支持。五是文旅产业快速发展。忻州古城成功创建国家4A级旅游景区。配合市委、市政府成功举办省第六次旅发大会特别活动“长城之夜”。忻州秀容古城东大街被认定为“山西省特色商业街”。合索乡黄龙王沟村获评全省3A级乡村旅游示范区。北合索村入选第二批全国乡村旅游重点村。推进“三大板块”旅游公路建设,新建旅游公路总里程61.42公里。

三、在脱贫攻坚方面

圆满完成75户153人的年度脱贫任务。建成怡居苑第9期、第10期集中安置小区,完成易地扶贫搬迁任务2199户5139人。截至2020年底,全区118个贫困村全部退出,8921户18448人贫困人口全部脱贫。

四、在改革创新方面

争取国家级改革试点示范项目5个、省级示范项目7个,排名忻州市前列。高城乡前淤泥村土地集体化经营自主改革模式被山西日报报道。新建政务中心,深入推行“互联网+政务服务”。成功推行秀容中学与创奇高中联合办学、忻州九中与人才初中联合办学。成功引进五台山修渊岛壁画艺术馆的艺术人才,在忻州市第一职业中学举办古建壁画研修班。国企改革取得重大突破,完成全区71户国有企业公司制改革。

五、在城乡建设方面

开展“两下两进两拆双修一提升”专项行动,完成线缆下地81128米,广告下墙22608个,新增车位10882个,拆除违建6958平方米,拆除围挡、围墙6485平方米,提升城区道路路面、路沿石、面包砖破损128889平方米,城区道路连接的乡村、田间、小区道路79768平方米。推进老旧小区改造,长征路街道“利西新苑”小区,成为忻州市首个老旧小区成功改造范例。开展农村特色风貌整治,完成18个村庄的整治任务。开展“五治三建一改一提升”农村人居环境整治专项行动,拆除废弃建筑和残垣断壁483处,清理乱搭乱建976处,清理乱扔乱倒农村生活垃圾14万吨、清理村内河道沟渠垃圾11万吨、清理畜禽粪污等农业生产废弃物3.3万吨,清理乱堆乱放8030处,清理乱贴乱画13076处。完成农村改厕任务8000座。5个村申报第三批省级改善农村人居环境示范村。65个村申报省级美丽宜居乡村称号。

六、在社会民生方面

一是开展创建全国文明城市工作。先后打造省级核心价值观示范点6个、省级学雷锋示范点3个,打造文明小区建设示范点10个。成功创建国家级文明社区1个、国家级未成年人思想道德教育文明社区1个,市级文明景区1个。11月20日,忻州市被授予“全国文明城市”。二是开展扫黑除恶专项斗争。打掉11个恶势力团伙,4个恶势力集团,4个黑社会性质组织团伙,1个黑社会集团,破获涉黑涉恶刑事案件384起,抓获犯罪嫌疑人173名。三是推进社会事业繁荣。完成忻州九中高标准操场建设项目和七中消防设施建设项目。稳步推进秀容小学、区幼儿园新建项目。成功申报忻州乡音民俗剪纸工作室、忻州未秀面塑工作室等6家忻州市非遗扶贫就业工坊。开展免费送戏下乡演出66场。“晋北鼓吹”非遗传承培训在解原小学开班。

七、在疫情防控方面

在抗疫一线组建399支“四包一”包联队伍,发挥党组织战斗堡垒和党员先锋模范作用。组织全区3975名志愿者、300支志愿服务组织,累计开展志愿服务活动13400次。投资1499.8万余元,先后建设投运6个疫情防控基础设施。除疫情初期确诊并治愈的1例新冠肺炎病例外,全年再无确诊和疑似病例。

八、在生态文明建设方面

强化大气污染治理,严查严管野外用火,全年实现优良天数263天,同比增加4天。加强水环境治理,实施“清河专项行动”,定襄桥国考断面成功退出劣Ⅴ类水体。开展土环境治理,完成376.6亩农田土壤修复治理工程,并通过省级验收。开展生态保护修复,完成三北防护林工程人工造林3000亩,封山育林5000亩。对奇村双乳湖畔、顿村西坡违法建筑进行专项整治,拆除住宅类建筑29处,总面积18724.07平方米,并全部覆土。

九、在全面从严治党方面

坚持从严治党主基调,全年查处违反政治纪律问题案1件,给予党纪处分1人;查处违反组织纪律问题案16件,给予党纪处分16人。深化纪检监察体制改革,19个乡镇(街道)纪委全部挂牌监察室,234个行政村全部以“纪检委员、村务监督委员会主任、监察联络员”“三员合一”模式打通监督监察农村全覆盖“最后一公里”。坚决查处群众反映强烈的突出问题,全区共处置问题线索1019件,处理1019人次。驰而不息纠正“四风”,共处置问题线索13件,给予党纪政务处分15人。坚持落实巡视巡察制度,共开展3轮区委巡察,对29个区直部门进行常规巡察、对11个乡镇进行巡察“回头看”、对11个乡镇所属152个农村党组织进行延伸巡察,实现了四届区委巡视巡察全覆盖。在忻州市率先完成区委巡察办向区纪委监委机关的划转。

(胡国英)

附:中共忻府区委书记、副书记、常委名单

书　记: 崔向松

副书记: 张生明　成国栋

常　委: 岳海滨　付光政　刘燕萍(女)　安亮东　胡建华　王国昌　郭新和　刘启国　张　莉(女,8月任职)　赵　栋(6月任职)　张　宇(6月任职)

中共原平市委

市委书记　李贵增

2020年,原平市委坚持以习近平新时代中国特色社会主义思想为指导,全面贯彻党的十九大和十九届二中、三中、四中、五中全会精神,认真贯彻落实习近平总书记视察山西重要讲话重要指示,按照省委“四为四高两同步”总体思路和要求,聚焦忻州市委“336”战略布局,聚焦“在转型发展上率先蹚出一条新路来”的重大使命,凝心聚力、真抓实干,疫情防控和经济社会发展“两手抓、两手硬”,各项事业取得新进展新成效。

一、加快经济高质量发展,助推转型升级

(一)经济运行稳中有增。统筹推进疫情防控和经济社会发展,全力确保经济平稳较快增长。全年GDP完成146.6亿元,同比增长2%;规上工业增加值增幅7.4%;社会消费品零售总额55.5亿元,同比下降3.2%;财政总收入15.7亿元,同比下降4.9%;一般公共预算收入9.5亿元,同比增长11.3%;城镇居民人均可支配收入34791元,同比增长4.6%;农村居民人均可支配收入12968元,同比增长7.4%。

(二)乡村振兴全面提速。夯实农业基础。土地流转面积15.7万亩,农业调产面积37万亩;发展农民专业合作社1693个;推动占地1700余亩的“一园四区”建设;发展农业产业化龙头企业18家;新增地标产品1个,“三品一标”产品认证总量达到81个;打造“一村一品”示范村100个,其中子干乡东南贾村获评全国第十批“一村一品”示范村;建设农产品仓储保鲜冷链设施13个;转化秸秆58.8万亩,秸秆利用率达95%;高标准农田建设完成2019年2.24万亩项目的92%;完成11000亩人工造林任务;沙河生态修复、坪上水源置换、河道清淤整治等工程稳步推进。做强特色农业。创优同川酥梨、南阳大蒜、麻港核桃、石鼓小米、神头大葱、双汇育种6大特色品牌。依托石鼓、龙凤、东山汉等骨干企业和专业合作社推进杂粮生产加工,依托河南牧原200万头生猪项目、山西大象5万头生猪项目和山西如亮饲料有限责任公司带动肉制产业发展,原平聚源、天涯醋业等陈醋酿造企业销售收入达300万元,磨脑村、中三泉村、尚家庄村的酿酒产业形成地域品牌,聚满国、万林源等龙头企业开发的富硒瓜果走俏市场,山西汉唐、原平江德鑫等企业加快枣夹核桃、梨膏、梨汁、梨酵素等保健食品开发,农业6大产业集群发展势头

强劲。决战完胜脱贫攻坚。紧盯“两不愁三保障”,坚持减贫防贫两手抓,做足脱贫成色,未脱贫的172户351人年底按程序全部退出;186个扶贫产业项目带贫6485户;完成27个整村搬迁村(12个贫困村和15个非贫困村)的宅基地拆旧复垦验收工作。

(三)“六新”产业全面开花。包装策划六新产业项目45个。其中:新基建项目13个,新材料项目9个,新技术项目1个,山西新石能源科技有限公司200万吨费托系列合成产品项目已进行签约,新业态项目6个。

(四)开发区产业集聚效应明显。引深“三化三制”改革,实施水、电、路等基础设施项目11个。其中,道路一期项目完成6.1公里,道路二期项目开工建设,10KV三、四回输变电项目完成投用,110KV景明变电站准备开工,污水管网项目基本完工,标准地项目加快推进,标准化厂房将于年内完工。

二、加快美丽原平建设,提升城市品质

(一)完善城乡路网体系。实施城乡道路项目17个,建设总里程45.5千米,总投资29.3亿元。前进东街东拓工程(长城板块旅游公路原平市区至天涯山风景区段工程)一标段已在架梁、铺设路基,二标段进行桥面铺装;永兴南路南延工程竣工通车;“四好农村路”项目完成219公里;国道338线过境改线工程完成路基工程的50%和3座桥梁下部工程的80%;忻原大道项目正在办理前期手续;涉及全市18个乡镇的农村街巷道硬化提质工程稳步推进,城乡交通更加便利。

(二)完善市政基础设施。实施“一馆一院”启用工程;供水系统升级改造和城市供水新增水源输水工程有序推进;实施青年街天然气老旧管网改造;新增集中供热面积75万平方米;8家国有企业职工家属区完成供热维修改造;东北片区排水系统工程完成地下土建工程,城市公共服务设施日趋完善。

(三)开展城乡环境整治。完成线缆强电入地24公里,弱电入地56公里;广告下墙1857个;查处车辆违停9578例,主次街道新增车位76个;拆除违章建筑4.4万平方米,拆除围挡、围墙4642平方米;改造城区路灯289盏;完成河道疏通清理18153立方米;完成滹沱河景区东西岸、天涯山风景区、建成区主次道路、范亭文体广场等区域绿化提质改造,新增绿地面积39.6万平方米。大力开展健康教育宣传,组织防病毒消杀353次,维修更换垃圾桶834个。

(四)开展生态污染防治。推进减煤力度,淘汰燃煤锅炉45台;加强对16家在建开工建筑项目的扬尘管控;建设遥感监测及网络平台,更换环境空气质量自动监测设备,推进柴油货车尾气监测及治理工作;开展“黑料场”整治专项行动,排查整治119个隐患问题;推进无组织排放治理,103家企业进行了煤棚、料棚建设及路面硬化工作;36座工业炉窑完成深度治理,剩余9座正在推进;超低排放改造、生物质锅炉特别排放限值改造和燃气改造任务全部完成;完成煤改气1601户,完成煤改电3420户。

(五)实施国土空间修复与管理。“三线划定”,即生态保护红线(面积16793.7406公顷)和城市边界控制线(总用地面积10959.76公顷)和永久基本农田红线(面积163.23公顷)划定成果上报忻州市局;严格落实耕地和基本农田保护制度,坚守耕地红线,23个土地开发项目新增耕地8862亩;立案查处各类土地、开采矿产违法案件45件,法治国土建设得到加强。

三、推进重点领域改革,共享发展成果

(一)推进国资国企改革。驻地央企、省企“三供一业”分离移交工作和国有企业退休人员社会化管理职能移交工作全部完成;所有改制企业均制定“六定”改革方案,16家企业争取年底完成公司制改制;加快推进国企改革,全面展开50家“僵尸”企业的分类处置工作,确保年底全部完成改革任务。

(二)深化能源革命综合改革。落实煤矿“减”“优”“绿”,关闭两座矿井退出产能45万吨,神达卓达煤业争取年底试运转,新石低阶煤分质综合利用项目预计明年竣工投产;推进能源外送改革,华润二期(5万千瓦)和中节能长梁沟风电(10万千瓦)项目预计年底建成并网发电;争取“新能源+储能”试点,山西燃气产业集团煤层气液化项目辐射周边100公里范围20余个加气站,原平LNG综合应急储气调峰中心项目年底具备投产条件,确保冬季应急气源供应;推进生物质能开发,神沐生物天然气及有机肥项目报请省发改和农业农村厅组织竣工验收;推进工业废弃物转化,嘉德宝固废处置项目完成前期手续,爱德林煤矸石及废旧轮胎综合利用项目11月份外资进入后重新启动。

(三)深化财税体制改革。通过建立市场化运营机制、融入全省政府性融资担保体系、完善代偿补偿机制等手段,推进政府性融资担保机构服务;落实各项减税降费政策措施和疫情期间税收优惠政策,支持企业复工复产,累计减免税费3亿元,用“真金白银”为市场主体纾困解难,减负增效。

四、全面发展民生事业,筑牢幸福基石

(一)大力推进社会事业。积极推进“人人持证、技能社会”建设,促进就近就地就业和转移就业,建档立卡贫困劳动力转移就业完成率163%。对原平一中、二中、职业学校实行“去行政化”,公开竞聘任命校长;实验中学与原平四中联合办学,带动薄弱学校发展;撤并5所乡镇初中、23所空壳学校,调整27个农村教学点,优化学校布局;新建第六小学专用教学楼、第十小学、新华街学校教学楼。城乡低保对象每人每月分别提标30元,做到“应保尽保”;救助困难群众2127人,支出临时救助资金240万元;北城街道永康社区养老幸福工程圆满完成。加强景区标准化建设,制定天涯山景区服务标准;西神头、大龙门积极创建省3A级乡村旅游示范村;开展忻州古城原平秀活动推荐原平旅游资源;实施文化惠民工程,举办364场次“大美原平晒起来”活动;推介天涯山景区、大营温泉度假村、黄河京都大酒店等旅游企业云端上线。

(二)提升全民健康水平。全面落实县级医疗集团“六统一”管理;积极推动医联体建设,邀请山西白求恩医院、山西

省眼科医院医联体帮扶专家团队开展巡回医疗、学术讲座、“一科带一院”等多种形式的帮扶，使基层医疗卫生单位管理和诊疗能力得到了进一步提升，群众看病就医获得感逐步增强。

(三)维护社会安全稳定。全市5571个“三零”单位创建主体紧盯矛盾纠纷、安全隐患、治安问题三大重点，强化“五联动、十联防”工作法，积极发挥网格化管理作用，做好守“点”、稳“线”、控“面”工作，“三零”单位创建工作开局良好、推进有序、效果初显。

五、全面加强党的建设，筑牢政治根基

(一)强化思想政治引领。建立健全“不忘初心、牢记使命”主题教育常态化制度化工作机制。突出抓好干部理论学习，市委中心组专题学习12次，开展交流研讨6次，全市中心组学习700余次；全年累计宣讲习近平总书记视察山西重要讲话重要指示80场，党的十九届四中全会精神宣讲40场，《习近平治国理政》第三卷、“听党话感党恩跟党走”主题宣讲84场，党的十九届五中全会精神宣讲43场。学习强国学员总数为59097人，参与度达到95%，向省级平台推送优质稿件210篇，审核刊播54篇，位列忻州市第一。

(二)着力打造高素质队伍。全年调整干部17批次238人次，其中85后年轻干部共35人次，占比30.43%，全日制学历大学及以上15人次，选优配齐配强了乡镇领导班子和新成立的乡镇事业单位负责人，同时还配备了市公安局部分乡镇派出所所长、指导员，增强了基层工作力量。8名“墩苗”干部中3名任乡镇党委书记，2名任乡长，其他3名任乡镇(街道)党(工)委副书记，均为年富力强的优秀年轻干部。分4期组织“领头雁”培训800余人，207名农村干部和后备力量参加学历提升。

(三)筑牢基层战斗堡垒。全市累计召开“三会一课”、主题党日9800余次。各级党组织书记累计讲党课1200余次，受众党员17000余人。实施“整乡推进、整县提升”示范创建行动，4个乡镇达到示范标准，10个乡镇达标；331个村集体经济达到5万元以上，占比94%；选派55名机关事业单位干部到53个村任职，全面推行村“两委”主干“一肩挑”。完成整顿软弱涣散村党组织25个，其他领域党组织5个。16个社区全部实行“大党委”制，共有6名民警担任社区党委副书记，4名物业公司党组织书记、7名社会组织党组织负责人被吸纳为兼职委员，共同担负起加强区域党建、区域治理、推动区域发展的责任。

(四)持续正风肃纪反腐。全年查处民生领域腐败和作风问题215件，处理处分306人；查处涉黑涉恶腐败、保护伞和失职失责问题46起，处理处分89人；查处享乐主义、奢靡之风问题38件55人，党纪政务处分29人，组织处理26人；查处形式主义、官僚主义问题53件86人，党纪政务处分63人，组织处理23人。市纪委监委将各类各项监督检查任务统筹纳入“监督检查项目库”，监督检查发现问题线索782件。

(栗润华)

附：**中共原平市委书记、副书记、常委名单**

书　记：李贵增

副书记：马志强　杨晓宏(女)　马志军(挂职，10月任职)　郭　鑫(8月任职)

常　委：张清池　左　峰　庞晋源　李秀文　王　彤　王海峰　宋还柱　冯建军(4月任职)　任　庆(4月离职)　孙　亮(6月任职)

中共定襄县委

县委书记　张文斌

2020年，定襄县委坚持以习近平新时代中国特色社会主义思想为指导，全面贯彻党的十九大和十九届二中、三中、四中、五中全会，以及省委十一届十次全会和市委四届九次全会精神，深入贯彻落实习近平总书记视察山西重要讲话重要指示，按照省委“四为四高两同步”总体思路和要求，围绕市委“336”战略布局和县委各项工作部署，与全县人民一道，凝心聚力，奋勇前行，统筹疫情防控和经济社会发展，坚定推进全面从严治党管党，先后召开常委会议和常委(扩大)会议33次，扎实有效推动中央、省、市的各项决策部署在定襄全面落实、见根见果，全县经济社会高质量发展取得新的历史性成就。

一、围绕“五个加强”，党的建设取得新进步

(一)全面加强政治建设。常委会成员以上率下，带动全县干部做到令行禁止，时刻与中央、省委、市委保持高度一致。出台了《县委常委会及其成员落实全面从严治党责任清单》《定襄县党委(党组)落实全面从严治党主体责任实施办法》等系列文件。县委进一步强化了政治意识，确保中央重大决策部署在定襄得到全面贯彻落实。聚焦疫情防控责任落实，共发现问题91个，组织处理党员干部14人；聚焦森林防火责任落实，组织处理党员干部66人，党纪政务处分42人。

(二)全面加强思想建设。一是深入学习宣传贯彻党的十九届五中全会精神。县委召开常委(扩大)会议第一时间传达学习全会精神，召开12次县委中心组专题学习会议，进行了系统专题学习，带动全县20个党(工)委中心组严格按照计划圆满完成学习任务，切实推动用党的创新理论武装头脑、指导实践、推动工作；召开忻州市委宣讲团学习贯彻党的十九届五中全会精神定襄宣讲报告会；印发了《关于做好学习宣传贯彻党的十九届五中全会精神的通知》等文件；常委会

成员带头进村入户宣讲五中全会精神,组建宣传小分队进基层开展宣讲活动,累计160余场次,受众5万余人次,实现了县乡村三级全覆盖。二是落实意识形态工作责任制。县委把意识形态工作作为党的建设和政权建设的重要内容,认真做到“六个纳入”,严格落实“一岗双责”,形成了党委统一领导、党政齐抓共管、宣传部门组织协调、有关部门分工负责的意识形态工作格局。三是强化网络舆情管控。成立了舆情应急处置工作领导小组,出台了《定襄县落实〈党委(党组)网络意识形态工作责任制实施细则〉检查考核实施办法(试行)》。在全县开展2020“清朗”专项行动,共摸排52个网站和25个新媒体,清理有害信息192条,对存在安全隐患的10个网站进行了限期整改。

(三)全面加强组织建设。县委出台了《关于建立整顿软弱涣散基层党组织工作长效化机制的实施方案》,20名县级领导干部分组包联118个村和6个社区,按照“四必访三必问”原则,开展拉网式排查,确定软弱涣散农村党支部11个,逐村制定整顿方案,严格配齐“四个一”整顿力量,建立工作专班,层层压实责任,形成齐抓共推的工作合力,全部按时完成并通过验收。在农村推行“三务”公开、修订村情村史、建立健全村规民约、“两委”主干业绩亮赛四项制度,促进农村治理体系进一步健全完善。对照政治关、品行关、年龄关、学历关、能力关逐村逐人分析研判,共退出不符合条件村“两委”主干98人,全县除选派干部村外的94个村全部实现了“一肩挑”,比例达到94%。把集体经济收入作为“一肩挑”人选的任职条件,把集体经济收入与“两委”主干薪酬待遇挂钩,大力发展“一村一品”集体经济,“一肩挑”工作促进了干部队伍新变化,增添了“三农”发展新动力。按照“5个方面34有标准”打造一流基层党组织112个,占比达到95%。申报河边镇、蒋村乡党委为“整乡推进、整县提升”示范乡镇,晋昌镇、神山乡、季庄乡为达标乡镇,重点打造了县级党建品牌项目2个、乡镇党建品牌项目5个,申报省级标杆乡镇和标杆村党组织各1个。

(四)全面加强纪律和作风建设。一是着力完善监督体系。县委制定了《乡镇纪检监察监督执纪执法工作程序》《乡镇纪检监察机关工作流程图》,规范乡镇监察工作,同时深入推进乡镇监察职能向村级延伸,充分发挥291名村级监察监督员作用,打通“最后一公里”,进一步完善纪律、监察、派驻、巡察“四个全覆盖”监督格局。二是加强日常管理和监督。纪检监察机关主动约谈269人次,谈话提醒343人次,通过日常监督检查发现问题线索355件,提出纪律检查建议或监察建议书24份。运用“四种形态”处置733人次。三是开展纪律作风大整顿。县委出台了《进一步加强干部作风建设的意见》,严格执行省纪委监委《落实中央八项规定精神负面清单》。四是持续巩固反腐败斗争压倒性胜利。共立案查处腐败问题177件,党纪政务处分173人。其中,处分科级干部28人,留置7人,移送司法6人。五是突出以巡促改。9月上旬到12月中旬,省委巡视五组对定襄县进行了为期3个月的常规政治巡视。常委会高度重视,积极配合巡视工作,以省委巡视为契机,提高站位、对标先进看定襄,深刻反思、剖析自身找原因,认真查找出落实党的路线方针政策和中央及省委重大决策部署、落实全面从严治党战略部署、落实新时期党的组织路线、落实巡视整改、落实自查自纠五个方面存在的问题和不足18条,及时办结巡视组交办的信访案件32件。

(五)全面加强党的领导。县人大在县委的坚强领导下,紧紧围绕全县发展大局,依法履行宪法法律赋予的职责,共召开常委会6次、党组会议12次、主任会议10次,听取审议“一府两院”工作报告15个,下发审议意见书15份,检查法律法规实施情况8部,开展专题视察调研19次,撰写调研报告29篇,提出意见建议71条,任免国家机关工作人员17人次,圆满完成了县十六届人大五次会议确定的各项任务,为促进全县经济社会高质量发展作出了应有的贡献。县政协积极履行政治协商、民主监督、参政议政职能,召开1次全委会议、5次常委会议、12次党组会议、40次主席会议,开展协商调研20余次并形成调研报告20余篇,开展提案和社情民意信息监督,提出提案134件、收集社情民意信息302条,6条被省政协采用、33条被市政协采用,实施两个“全覆盖”,构建政协“1+1+4”基层党组织体系,成立10个政协工作联络组、10个协商议事室、13个委员工作室和4个社情民意联系点,加强“两支队伍”建设,出台20余项规章制度,171名政协委员圆满完成脱贫攻坚结对帮扶任务,为促进发展贡献了政协力量。

二、坚持“五个狠抓”,转型发展实现新跨越

(一)狠抓疫情防控,复工复产成效显著。充分发挥联防联控、群防群控作用,织牢织密疫情防控网,疫情防控工作取得重大战略成果,全县无确诊病例、疑似病例和无症状感染者。常委会认真落实省、市部署精神,先后出台了《关于防控期间工业企业复工复产防控预案》《支持中小微企业应对疫情共渡难关若干措施》《关于抓好疫情防控推进复工复产工作的通知》等系列文件,县四套班子领导全部包联督导企业、项目,做到了疫情防控、复工复产两手抓、两手硬,在全市率先实现了全面复工复产,全县GDP增长率、规上工业增加值领跑全市,为完成全年工作任务奠定了坚实基础。

(二)狠抓项目建设,“七个一批”成果丰硕。坚持转型为纲、项目为王,滚动、闭环、高效推进“七个一批”项目建设,包装策划的项目中,“六新”项目占比超过50%。开工一批项目92个,总投资163亿元;在建一批项目132个,总投资287亿元;投产一批项目48个,总投资110亿元。

(三)狠抓乡村振兴,“三农”工作扎实推进。以稳粮、延链、夯基为根本,助力乡村振兴。实施“12451”农业供给侧结构性改革,全县粮食种植面积稳定在33万亩,杂粮种植达到5万亩,辣椒种植达到10万亩,设施蔬菜达到1.3万亩,粮食总产量达18.41万吨,粮食生产实现连年丰收;温氏生猪“双百万”项目规模持续扩大,全县生猪饲养达到40万头以上;建设了滹沱河万亩生态农业经济带,推进杂粮食品、肉制品、饮品(药茶)、酿品产业、保健食品(功能农产品)五大产业集

群建设，年产值500万元以上农产品加工龙头企业完成销售收入6.97亿元，增长18%；水稻、芦笋、莲藕、中药材等功能食品种植增收增效，瑞锦隆栽桑养蚕项目拓展延伸，种植达到5000亩、效益突破千万元；成功创建国家级农产品质量安全县和电子商务进农村综合示范县，“定襄辣椒”申报国家地理标志产品通过了农业部专家评审，益众源小米、维尔康甜糯玉米首批通过深圳市“圳品”认证，定襄甜瓜成功申报国家地理标志商标，“襄瓜”通过国家知识产权局商标注册认证，益众源小米、维尔康甜糯玉米、富达合作社西红柿通过农业部GAP良好农业规范认证，全县“三品一标”认证达到48类204个。

（四）狠抓“三化”牵引，法兰锻造产业加速升级。坚持“三化”牵引，着力建链、延链、补链、强链、提链，全力打造智能化、资本化、集团化、现代化、标准化、全球化转型创新生态，推动锻造工业质量变革、效率变革、动力变革，构建具有定襄特色、符合高质量发展要求的现代锻造工业体系。建设“县域经济大脑”平台，恒跃集团、昊坤集团成为国家级“两化”融合管理体系贯标企业，管家营集团、天宝集团等6户企业成为省级“两化”融合贯标企业。研究制定了《定襄县关于培育发展五大产业集群的实施方案》，重点培育发展新能源、特种金属材料、节能环保、智能制造装备、轨道交通部件5大产业集群。组织法兰龙头企业制定发布了3项团体标准，济达变压器公司申报专利8个，有4项获得国家授权，积极推动50户规上企业研发和创新活动覆盖率达到100%。

（五）狠抓“六新”谋划，抢占战略先机。新基建方面，扎实抓好经济大脑数据展示中心、经济大脑县域经济智能分析处理中心、天宝集团一体化大数据中心、恒跃集团5G+智能制造一体化等新基建项目，推进5G应用试点示范。新技术方面，聚焦法兰锻造产业，推进宝龙达高智能锻造支撑盘一体化等总投资7.59亿元的22个技改项目，推动传统产业转型升级。新材料方面，推进利国磁性取向硅钢项目达产达效，引进亚德玛斯超硬材料等项目，推动形成占据价值链中高端的新材料产业发展体系。新装备方面，推进矿山机械设备配件、航空航天材料智能精密制造等项目，努力将装备制造业打造成高质量转型发展的支柱产业。新产品方面，积极推进昊坤生物科技公司钛合金人工髋关节、假体件等产品制造等项目，不断推出一批具有较强市场竞争力的新产品，推动定襄产品向定襄品牌转变。新业态方面，加快推进凤凰温泉康养小镇等项目，打造文化、旅游、农业、康养融合发展新业态，积极培育消费新热点。

三、聚焦“五大领域”，重点改革激发新动能

（一）高效推进政务改革。推行“互联网＋政务服务”，搭建“一门式”服务平台，着力打造“三对”“六最”营商环境。逐步将实体大厅受理事项迁移到网上办事大厅，推行“网上办理”，全县共有382项事项实现了全程网办；设立了承诺制审批、项目投资等绿色通道，稳妥推进全县企业投资承诺制改革工作，由原28项审批简化为6项，极大提高了办事效率。

（二）深入推进国企改革。制定了《定襄县国资国企改革实施方案》《定襄县国有资产监督管理办法》等文件，搭建了三层架构的国资管理体系，对国家粮食储备库、直属二库、物资公司等10户企业实施了关闭注销；试点突破盘活国有资产，启动实施酒厂和磷肥厂“退二进三”转型发展。

（三）创新推进景区标准改革。以创建全域旅游示范区为契机，紧扣“安顺诚特需愉”六字要诀，高质量开展旅游标准化试点项目，成功申报河边民俗博物馆和凤凰山景区为全市标准化试点项目，全域旅游示范区建设顺利通过省级初审验收。大力提升文旅产业融合发展竞争力，河边民俗博物馆成功创建成为省级文化和旅游融合发展试点单位。

（四）积极推进财税体制改革。梳理编制了《疫情防控期间税收优惠政策汇编》资料，提供政策性税收减免精准指导，确保疫情防控相关机构及企业、个人及时享受优惠政策。创新建立纳税人活跃指数和纳税人发展指数的“税收经济指数”体系，精细化服务县域“经济大脑”，形成综合税收数据下的系列经济指标，集中反映区域经济发展变化情况，及时为纳税人提供风险预警服务，助力企业发展，服务政府决策。

（五）全面推进试点示范改革。调整完善了县委全面深化改革委员会议事协调机构成员，敲定了全县改革的施工图和总台账，明确了2020年中央、省、市、县委部署的11个方面86项重大改革项目，新争取了山西省县域经济数字化治理试点、省级平安县、青年林建设示范县、机关事务标准化试点、深化农村公共基础设施管护体制改革试点、两化融合管理体系改革试点、新时代文明实践中心试点、电子商务进农村综合示范县、节约型公共机构能效领跑者、省级乡村治理服务示范社区等16项试点示范改革项目，改革试点示范呈现出多点布局、全面开花的良好态势。

四、落实“五项举措”，脱贫攻坚获得新胜利

（一）夯实主体责任，推进工作落实。县委先后召开县委常委会等各类会议20余次，对脱贫攻坚工作进行安排部署、专题调度、重点推进；成立脱贫攻坚大决战总指挥部，设立5个督战组，常委会成员带头深入基层调研指导，遍访贫困村和未脱贫户，督促全县65名第一书记、109个帮扶单位、473名驻村工作队员认真落实“五天四夜”驻村工作机制，促进各项工作落细落实。

（二）统筹战疫战贫，克服疫情影响。结合“人人持证、技能社会”建设，强化就业扶贫，推出了“定襄车工”特色劳务品牌，建设了首帆服装、宝特服饰、诺一箱包、恒双特箱包等一批扶贫车间，举办了“春风行动”等17场贫困劳动力专场招聘会，组织承办了“农信杯”第二届忻州市职业技能大赛“手工木工”比赛项目，财政出资设置扶贫公益岗位764个，培训持证2181人，持证率达到90.4%。

（三）实施五大工程，完成目标任务。一是实施社会保障兜底工程，纳入低保3430人，特困供养348人，实现应保尽保。二是实施饮水安全保障工程，对19个贫困村的老旧破损管道进行了改造，确保安全稳定达标。三是实施教育扶贫工

程,采取动态化管理,确保教育扶贫政策全面落实。四是实施健康扶贫工程,2593人享受到"双签约"服务,资助参保7891人。五是实施住房安全扶贫工程,完成危房改造345户,实现住房安全户户有保障。剩余的40户104人贫困人口全部脱贫,"两类户"411户799人全部解除风险,贫困户人均收入从2016年2357元提高到2020年底的8484.76元。

(四)主抓四大项目,提升脱贫成效。聚焦产业扶贫,以温氏、瑞锦隆、益众源、吉福寺"四大龙头企业"为载体,实现贫困人口产业带动全覆盖。温氏"双百万"生猪养殖项目,吸纳贫困户205户346人,人均年增收1200余元;瑞锦隆栽桑养蚕加工一体化项目覆盖8个乡镇22个村,带动贫困人口187户456人,人均增收2200元;益众源杂粮加工项目直接带动贫困户620户1100人,人均增收1600余元;吉福寺芦笋加工基地项目吸纳贫困户667人加入合作社,人均增收1500元。

(五)做实后续扶持,确保搬迁致富。实施后续就业帮扶,重点围绕农业和法兰锻造产业对搬迁贫困户实施后续产业就业帮扶,全县有劳动能力搬迁人口就业率实现100%。同时,对符合低保、五保条件的建档立卡搬迁人口全部实行兜底保障,社会兜底保障率为100%,无零就业家庭。

五、做好"五个推进",民生事业开创新局面

(一)扎实推进教育提质。加大基础设施建设,完成宏道中心幼儿园改扩建等重点项目建设,二中迁建、职教中心新建工程投入使用,进一步优化了教育资源布局。深入开展"县管校聘"改革,建立科学合理的教师应聘上岗和校长任期目标聘用制度,进一步激发了教育教学活力。定襄中学率先实施校长聘用制,教学质量稳步提升。全县参加高考人数968人,二本及以上达线198人,高考成绩稳中有进;中考参考人数2135人,县均分390.7分,中考成绩保持在全市第一梯队。

(二)深入推进全民健康。一是持续深化县乡医疗机构一体化改革工作,不断健全完善"六统一"管理机制,医疗集团县乡信息一体化建设项目全面建成投运,实现了医疗卫生信息系统连通、协同交互、数据共享。二是完善重点传染病和慢性病防控机制,成功创建全省慢性病综合防控示范县。三是积极落实惠民政策,强化重点人群服务,认真做好免费产前筛查、农村妇女宫颈癌筛查、孕前优生优育健康免费检查、母婴安全保障工作和计生特殊家庭三个全覆盖。四是大力推进婴幼儿照护服务工作,定襄县被确定为全市唯一的省级婴幼儿照护服务工作试点,照护服务工作全面铺开。五是全面拓展体育运动事业,成功举办全国第五届"万步有约"健走激励大赛定襄赛区比赛。

(三)积极推进文化惠民。一是弘扬抗疫精神,讲好定襄故事,发表和播出抗疫文艺作品60余件,美术、剪纸等作品100余件。二是打造公共文化服务体系,完成免费送戏下乡65场,举办3场"蒙沱讲坛"线上讲座,图书馆免费开放接待读者5300人次。三是加强地方文献、民间资料、民俗文化收集整理保护传承,完成《图书馆33年大事记》等编制工作。

(四)全面推进生态文明建设。一是加强组织领导,成立了生态环境保护委员会,全面落实"气十条""水十条""土十条",推进党政齐抓。二是与工业企业签订禁煤承诺书,深入开展锅炉综合整治,锻造企业加热炉全部安装脱硝设备。三是完成煤改电设备入户24个村9630户,煤改气装表入户15个村6564户,集中供暖实现了城区全覆盖,空气质量明显改善,PM2.5同比下降1.6%,全年优良天数230天,同比增长12天。四是全面完成入河排污口排查整治,积极推进南西力污水处理站、陈家营断面采水点河道治理、陈家营人工湿地"三大工程",完成改造和新建污水管网4.3公里,完成污水管网清淤养护20公里,定襄污水处理厂和河边污水处理厂完成改制移交,兰台、西营污水处理站建成投运,陈家营断面综合考核为Ⅲ类水体,为历史最好水平。五是强力推进露天矿山生态修复,共计恢复治理面积约26公顷,推行"林长制",加强生态环境治理与修复,完成营造林面积4600亩。

(五)不断推进社会治理体系建设。一是以"三零"创建为抓手,全面贯彻"543"工作机制,着力防风险、保稳定、建制度、强基础、补短板,未发生一票否决的重特大安全生产事故,全县安全生产形势总体稳定。二是全面启动省级法治政府示范县创建活动,大南庄村、横山村、河边二村、平东社村四个村被命名为忻州市第一批民主法治示范村。三是深入推进社会治理体系建设,引导群众强化法治观念,坚持"法定途径优先",推进依法治访、创新治访、综合治访,信访工作持续稳居全市第一方阵。四是突出一体化运作、打防管控并举,推进"雪亮工程"建设,有效增强了社会治安防控的整体性、协同性、精准性。五是全力决胜扫黑除恶专项斗争,深化禁毒人民战争,严厉打击各类网络违法犯罪,有效保障了人民群众的合法权益,社会局面保持和谐稳定。

(薄振宇)

附:中共定襄县委书记、副书记、常委名单

书　记:张文斌

副书记:王建峰　赵　斌

常　委:姚　朴　杨全隆　华永军　卢维忠　续国强　张安兵　宋海平　王　政

中共五台县委

县委书记　王继明

2020年，五台县委坚持以习近平新时代中国特色社会主义思想为指导，认真贯彻落实习近平总书记视察山西重要讲话重要指示、省委“四为四高两同步”总体思路和要求、市委“336”战略布局，带领全县广大干部群众攻坚克难、锐意进取、开拓创新，经济社会发展取得了殊为不易的成绩。

一、牢记领袖嘱托，坚决扛起“在转型发展上率先蹚出一条新路来”的历史重任

强化了转型是“唯一出路、根本出路”的认识理解，形成了一切为了转型、一切服务转型、一切促进转型的共识行动；强化了五台要大发展，必须来一场“大转型”，全面系统协调推动结构转型、路径转型、动力转型、执政转型、机制转型、服务转型、思想转型、能力转型、作风转型等“九转”，才能突破藩篱、抓住机遇、赢得主动；强化了实现高质量转型发展，既要立足当前、发挥基础优势、抓好一二三产等传统产业，又要谋划长远、挖掘比较优势、打造战略性新兴产业，更要放眼未来、全力抢占先机、千方百计实现“六新”突破。

二、坚持生命至上，疫情防控取得重大胜利

第一时间感应，迅速组织动员。武汉出现疫情后，全县拉响警报，立即进入战备状态，组织全县广大党员干部和人民群众全部投入抗疫战斗。在全市率先摸排武汉返乡人员，率先对疫区返乡人员及其密切接触者实行居家隔离，率先关闭全县餐饮单位，率先取消群众性文化活动，率先暂停客运车辆运营。果断采取措施，及时救治患者。采取“五个率先”措施，即五台县在全市率先摸排武汉返乡人员，率先对疫区返乡人员及其密切接触者实行居家隔离，率先关闭全县餐饮单位，率先取消群众性文化活动，率先暂停客运车辆运营。在应对疫情患者的过程中，第一时间摸排出陡咀村一家，第一时间启动隔离措施，第一时间进行整村全封闭管控，第一时间确诊患者，第一时间协调送至定点医院，真正做到了早发现、早隔离、早救治，最终6名患者全部治愈出院。联防联控抗疫，全员动员参战。确立了“专业防控与群防群控相结合，各司其职与联防联控相结合，重点严控与全面动员相结合，外堵与内控相结合，集中攻坚与长期作战相结合”的“五个相结合”防控策略。

三、克服疫情影响，全力推动经济转型发展

有力推进复工复产。多次召开推进会研究部署复工复产工作，出台支持中小微企业复工、支持服务业复市的政策，落实上级减税降费政策，常委班子成员及四大班子领导包联企业、深入一线、解决难题。高位推动项目建设。年初就重点梳理出31个政府投资项目和35个企业投资项目，设置时间节点、建立推进机制、改善服务方式、加强协调调度，强力推进项目早审批、早开工、早建设。党政领导带头到重庆、杭州、河北安国市等地招商，与云海金属、宝钢金属就延伸产业链达成共识，与安国市缔结友好县市关系，并与五家中药材企业成功签约。召开“逛品识古城忻州、居业游圣境五台”招商新闻发布会，举办为期一个月的忻州古城五台文旅招商推介活动，积极与五台籍在外成功企业家对接，引进晋华现代肉牛养殖、晋华营养肉制品深加工、幕墙铝单板、张老沟五台元境生态旅游休闲康养、石翁沟五台森林谷康养旅游度假村等一批重大产业项目。加快促进园区发展。五台现代农业产业园区升级为省级开发区(示范区)。完成示范区《总体规划》《控制性详细规划》，核定四至范围，确定核心区面积为3.74平方公里。加快基础设施建设，建成1.3万平方米的豆村片区标准化厂房。提高服务质量，承接县级行政管理权76项，设立审批服务窗口，推行全程领办代办机制。全力稳定经济增长。受疫情影响，一季度五台县经济大幅下滑，GDP下降4.4%。按照全省争先进位要求(G20目标)，面对严峻复杂的发展任务，深入查找问题短板，积极采取有效措施，有力推进经济复苏，经济总体向稳中向好的态势发展。

四、保持攻坚态势，夺取脱贫攻坚最后胜利

(一)聚焦剩余人口，攻克最后堡垒。对剩余贫困户312户692人，采取挂牌督战方式，认真分析致贫原因，逐人建档，因人施策，其中产业脱贫22户61人，就业脱贫29户71人，兜底脱贫261户560人，于上半年顺利完成了全部脱贫任务。对脱贫不稳定户534户1092人，强化技能培训、就业指导、产业帮扶、政策兜底，其中产业帮扶149户296人，就业帮扶107户276人，政策兜底278户520人。对边缘易致贫户905户1857人，健全预警机制，加强跟踪监测，针对性有效扶持，其中产业扶持90户201人，就业扶持289户670人，政策兜底526户986人。

(二)巩固脱贫成效，衔接乡村振兴。把发展产业作为衔接乡村振兴的根本，继续壮大特色种植、规模养殖、农副产品加工、电商、光伏、旅游等脱贫产业，持续增强群众的“造血”功能。中药材方面，发展3个龙头企业、5个产业园区、29家经营主体，全县种植中药材达到10万亩，平均贫困户人均1亩，基本实现了“种植一亩、脱贫一户”的目标。光伏方面，建成50兆瓦的集中式光伏电站、700千瓦的联村光伏电站、216座村级光伏电站，带动村集体经济增收，吸纳贫困户就

业15870人。电商方面，建成电商公共服务中心、县级仓储物流配送中心、260个电商服务站点，开设网店、微店1049个，培育“五台斋选”区域共用品牌，线上交易额超过2300万元。同时，突出发挥就业脱贫的有效作用，累计培训贫困劳动力14410人，输出贫困劳动力13000余人。

（三）加大稳岗拓岗，降低疫情影响。政府投资的产业项目，优先吸纳贫困劳动力就业，33个扶贫车间和5个扶贫龙头企业吸纳贫困劳动力368人；对剩余贫困户312户，每户安置1个公益岗位；公益林管护、环卫保洁等公益性岗位安置2246人就业；有效应用光伏收益开辟公益岗位、设置小型公益事业，帮助15870个贫困人口就业；开发防疫消杀、社区巡查、卡点值守等村级临时公益岗位，安置3299个贫困劳动力就业。

五、聚焦民生福祉，大力改善民生社会事业

（一）城乡面貌展现新姿。加快县城建设步伐，巩固创卫、创园成果，投资6117万元，继续精心打造瀛湖公园；完成综合馆建设，改造城市道路8.32公里，新建供热管网4公里、供气管网2公里、污水管网2.02公里，改造供热管网2公里；深入开展“两下两进两拆双修一提升”专项整治，电缆下地32227米、广告下墙53个、新增车位1441个。大力改善农村环境，投资2685万元，以政府购买服务的方式，对全县120个大村、重点村、中心村实施“清保洁”工程；对剩余小村，有效应用光伏收益设置公益岗位，由乡村保洁员常态化维护乡村环境。

（二）民生事业不断改善。教育方面，适应优质教育资源聚集趋势，投资5791余万元在县城新建春苗幼儿园、春兰小学，规划建设春蕾幼儿园、向前小学；改善办学条件，投资4772万元为义务教育学校配备网络信息教学设备，投资1238余万元改善继奋学校、阳白学校、豆村中学等6所乡镇寄宿制学校办学条件；提升师资队伍力量，完成“县管校聘”改革，招聘教师119名。卫健方面，加快补齐疫情防控暴露出来的公共卫生医疗体系短板，投资2000余万元，新建核酸检测实验室，改造发热门诊，购置送检车、负压冰箱、负压救护车。就业方面，加快推进“人人持证、技能社会”建设，职业技能培训4522人，城镇新增就业2890人，失业人员再就业1262人，就业困难人员再就业314人，灵活就业人员539人。

（三）生态环境持续向好。大打蓝天保卫战，加强秸秆禁烧管控力度，加大控煤、治污、管车、降尘力度，全面整治企业扬尘污染，淘汰燃煤锅炉80台，完成清洁取暖任务1506户，1至12月城区空气优良天数307天，高达83.9%。大打碧水保卫战，严格落实“河长制”，推进重点流域和重点断面水质综合治理，提标改造县城污水厂，建设东冶、豆村、耿镇、白家庄污水处理厂。大打净土保卫战，开展“双源”普查工作，对全县17个饮用水源地进行水质评估；对全县13个在用重点尾矿库进行汛期污染防治隐患排查；对全县18家主要产生危险废物的企业进行专项执法监督检查。

（罗　倩）

附：中共五台县委书记、副书记、常委名单

书　记：王继明

副书记：武新亮　武革慧

常　委：李　泽　王根伟　姚云萍(女)　白俊清　褚玉丰　白俊平　田江波　宣子杰　侯晓庆　姚文哲

中共代县县委

县委书记　田永清

2020年，代县县委紧跟党中央、省委、市委要求，统筹疫情防控和经济社会发展，交出了实现高质量转型发展新突破和决战脱贫攻坚、决胜全面小康代县优秀答卷。全县地区生产总值完成71.6亿元，同比增长6.6%；规模以上工业增加值同比增长12.9%；社会消费品零售总额完成9.9亿元，同比增长-14.2%；一般公共预算收入4.3亿元，同比增长25.1%；城镇居民人均可支配收入29755元，同比增长4.3%；农村居民人均可支配收入7384元，同比增长7.9%。

一、突出政治建设，践行领袖嘱托，自觉扛起在转型发展上率先蹚出一条新路来的重大政治责任和历史使命

把学习贯彻习近平总书记“在转型发展上率先蹚出一条新路来”的殷切嘱托作为头等大事和重要政治任务抓紧抓实、落地生根、开花结果。县委理论中心组12次组织专题学习，集体重温了“三篇光辉文献”，系统学习了党的十九大及十九届二中、三中、四中、五中全会精神，跟进学习习近平总书记最新重要讲话、《习近平谈治国理政》第三卷和省委、市委重要决策部署，举办习近平新时代中国特色社会主义思想经验交流会3次，县管干部专题研讨班、主体读书班共5期；开展各类专题讲座、报告会、党的十九届五中全会宣讲共97余场，开辟《雁门谈》《决战脱贫 决胜小康》等专题专栏，播发系列专题300余期。年初召开县委经济工作会议，鲜明提出奋力拓展代县高质量转型发展“八个坚持”“五个有力”等一系列治代兴代强代的创新理念和落实举措，引领代县转型发展步入发展新天地。全年共对中央、省委、市委、县委决策部署分解责任35次。出台《贯彻落实党的十九届四中全会精神提升治代兴代强代能力和水平实施方案》《贯彻落实省委十一届十次全会和市委四届九次全会精神开展“学精神找差距

求转化寻突破促转型”集中攻坚行动实施方案》,明确 334 项任务。

二、抓实疫情防控,守住代县阵地,全力推动经济稳步复苏、稳中向好

迅速成立县疫情防控工作领导小组,制定实施新冠疫情防控工作“四包一”责任制,建立县、乡、村三级疫情防控网格化责任管理体系。做实冷链物流市场监督管理、入代人员健康监测管控等重点工作,不断巩固深化防控成果。建成 2 个核酸检测实验室,全年共检测核酸 1 万余例。认真开展爱国卫生运动,阻断疫情传播渠道。开展春风行动等网上招聘活动,提供岗位 2041 个。全县中小学生、幼儿分批分时如期开学。春耕备耕保障和农产品卖难问题得到切实解决,农产品价格未出现较大波动。

三、打造创新生态,突出项目建设,扎实推进三大产业坚实转型

着力推进三大产业高质量转型发展。工业上,全县超过 100 家铁矿采选企业完成技术改造。石湖矿业地采、双立铁精矿管道输送等铁矿企业技改升级项目稳步推进,久力设备制造、博元微晶板材等环保产业成为行业发展新标向,新华能风电、太钢峨矿 30 兆瓦生物质热电联产等新能源产业扎实推进。农业上,大力推动“特”“优”发展,杂粮种植面积达到 12.3 万亩,中药材种植面积达 4.65 万亩;毓泽农牧 4000 亩黄芪基地获农业农村部有机农产品认证,明利万亩文冠果及千亩荷花种植基地项目规模初具,勾三杂粮、甄选粮油等一批农产品加工企业达产达效。组建黄酒产业联盟,黄酒产业规模化、品牌化高标准起步。文化旅游上,《雁门关景区旅游总体规划》通过省政府批准,成功举办山西省第六届旅游发展大会雁门关主题活动。创建国家全域旅游示范区通过省级初审验收,创建省级旅游扶贫示范村 3 个、省级 3A 乡村旅游示范村 2 个。全年旅游总收入实现 21.67 亿元。强力推进项目建设。实施省市重点项目 9 项,战略性新兴产业项目、“六新”项目、八大标志性引领性产业项目、六大农产品产业项目共 24 个。转型项目管理库共有在建项目 56 个。“七个一批”转型项目签约 27 个,开工 33 个。全力加快园区建设。“三化三制”改革工作顺利完成,市级工业园区设立得到市政府批准。园区内“三通一平”已初步实现。6 个落园项目厂房拔地而起;盛亿达新型建材、宇森有机肥项目筹备实施。加快打造一流创新生态。达成 4 项产学研合作协议,提交 55 个地名、景区名称等共 178 件普通商标申请,培育“专精特新”企业 15 家。

四、勇于先行先试,全面深化改革,加快构建有利于高质量转型发展的体制机制和开放环境

深入推进省级改革试点示范项目。争取省级试点示范项目 2 项。全面落实藏粮于地、藏粮于技战略,开展农业技术指导与咨询服务 3 万余人次,建设试验示范基地 2700 余亩。全面推行“一枚印章管审批”。实现省、市、县、乡四级一体化平台对接,事项审批材料压减 65%,审批时限压减 55%;实行企业承诺制投资试点项目 18 个,承诺时限压减率 56.61%。全县 291 项审批事项和 459 项公共服务事项全部录入省政务服务网。持续深化重点领域改革攻坚。安排实施产业转型、生态修复民生改善等 56 项重大改革。高风险农村信用社改革完成老股金清理规范 9293.35 万元,清降台账内风险贷款 25.8 亿元。县级融媒体中心机构配置实现与省级媒体智慧云平台完全对接。监察体制改革实现对全县所有行使公权力的公职人员监察全覆盖。加快集聚开放发展新优势。完成招商项目 449 个,签约项目共 29 个。与南京诚迈达成合作,成立雁门山酒业,牵头打造代州黄酒企业集团。

五、强化交账意识,巩固脱贫成果,奋力书写脱贫攻坚完美收官代县答卷

培育选树“全国脱贫攻坚模范”“全国劳动模范”刘桂珍,持续深入开展“学桂珍、问初心、担使命、见行动”活动,以典型引领促进责任落实。率先推动“十项清零”专项行动。中央、省、市各类巡视、督导、督查反馈问题 807 个,全部完成整改。贫困劳动力就业 15663 人,托底安置未脱贫劳动力 177 人,尚未就业贫困家庭高校毕业生安排公益岗位 73 人。全县 16-60 周岁的 28358 位贫困劳动力全部完成建档立卡,开发公益岗位 20660 个,安置贫困劳动力就业 8299 人。实施“9341”产业脱贫工程,持续壮大 9 大产业,累计建设 336 个产业项目,带动 4 万贫困群众实现稳定脱贫。农村危房改造 454 户;贫困村九年义务教育阶段无因贫辍学学生;3676 名搬迁对象全部入住。生态扶贫“五大工程”带动 25185 人贫困人口受益。全县 236 个贫困村出列,47590 人贫困人口全部脱贫,省政府已批准退出贫困县。

六、以人民为中心,抓实民生实事,不断增强人民群众获得感、幸福感、安全感

坚持把改善民生作为一切工作的出发点和落脚点,完成技能培训 4113 人,新增就业 3640 人,转移农村劳动力 3051 人。全县城镇登记失业率为 3.7%。教育扶贫累计资助贫困学生 24165 人次 2405.43 万元;农村营养改善计划累计投资 1447.62 万元,惠及 20112 人;“雨露计划”累计资助 3805 人次 880.2 万元,办理生源地信用助学贷款 13272 人次 8462.44 万元。住院病人出院费用结算实现“一站式”服务,大病保险起付线降至 0.5 万元,补偿比例提高到 80%,多种渠道报销后住院平均报销比例达到 90%以上。“三保险三救助”“136”控费机制累计帮扶贫困人口 48781 人次 3.35 亿元。县医疗集团实现“六统一”。农村低保标准与扶贫标准“两线合一”达到了 4778 元 / 人 / 年。实现建档立卡贫困人员城乡居民养老保险参保率、代缴率两个 100%。实现对有危房危窑改造需求的农户全覆盖。

七、树牢“两山”理念，强化环境倒逼，努力建设美丽代县

完成营造林面积 18.75 万亩、水保综治面积 5.767 万亩，建成高标准农田 10.6 万亩。完成土地复垦 31.54 公顷；完成绿色矿山创建 7 家。完成集中供热和清洁取暖 1.47 万户，关停 157 家无环评手续企业，全年优良天数比例同比上升 28.5%。劣 V 类水质断面全面消除。中央、省环保督察反馈 52 个问题已全部办结。新增绿化面积 11.3 万平方米，14 个村实施特色风貌整治，245 个村实施了农村环境整治，城乡居民生活品质全面提升。

八、维护政治安全，创新社会治理，建设更高水平的平安代县

建成全市最大的县级禁毒教育基地和 11 个乡镇社戒社康工作站。成功破获两个部目标贩卖毒品案。深入开展禁毒宣传“六进”活动，累计发放禁毒宣传资料 100 多万份。2020 年 10 月 19 日，国家禁毒委宣布取消对代县的“重点关注”。50 个单位成为“三零”创建示范单位。矛盾纠纷调解率和调解成功率分别达到 97%和 95%；整改重点企业 553 家，整改各类隐患 1173 条；依法取缔“黑料场”37 家，清除违法占地 380.3 亩，腾退、还原、复垦、覆绿 340.3 亩。创建主体全部达标。认真开展全县 2019“清朗”专项行动，信访维稳工作取得新成效。刑满释放人员安置率和帮教率均达到 96%以上。“缉枪治爆”、“九小场所”(购物餐所、餐饮场所、住宿场所、公共娱乐场所、休闲健身场所、医疗场所、教学场所、生产加工企业、易燃易爆危险品销售储存场所)等专项治理取得显著成效。扎实推进 553 家重点企业进行危险源识别整改工作，整改各类隐患 2140 条，未发生重大安全责任事故。在村(社区)采取“十户联防”“邻里守望”等安防措施，对重点人、物、场所摸排治安问题 85 处，整改 83 处。

九、加强党的建设，全面从严治党，加快构建风清气正良好政治生态

全面推进“3+X”主题党日，开展县乡村三级党组织书记集体谈话和延伸谈心谈话 560 余人次，查找解决问题 1000 余条。遴选回村干部、致富能手、退转军人 112 人担任村“两委”主干。培训农村“领头雁”1431 人次。打造农村示范点 110 个，选树省级标杆乡镇党委 1 个、标杆村 2 个；从脱贫攻坚和疫情防控一线提拔晋升干部 17 人。全年调整干部 5 批次，提拔 76 人，平调 43 人，免职 44 人，选派 33 名机关事业干部到村任职。全县 206 个村(社区)“两委”换届圆满完成，所有村(社区)支部书记达高中及以上文化程度，平均年龄 43 岁，代县在全国村(社区)“两委”换届工作电视电话会议上交流经验，全省农村带头人队伍优化提升暨村(社区)“两委”换届试点工作推进会在代县召开。组织 228 批 4882 名党员干部和监察对象接受廉政教育，曝光 12 起典型案例。共处置问题线索 846 件，运用“四种形态”处理 750 人次。查处形式主义、官僚主义问题 113 件，违反享乐主义、奢靡之风问题 23 件。全县政治生态更加风清气正。

(李继华)

附：中共代县县委书记、副书记、常委名单

书　记：田永清

副书记：郝江陵(女)　霍俊波

常　委：李勇刚　李　清　贯俊岭　刘会平　张东家　曹玉祥　宋　华(4月任职)　白冰洋(6月任职)　马亚楠(6月任职)

中共繁峙县委

县委书记　孔保宝

2020 年，繁峙县委坚持以习近平新时代中国特色社会主义思想和习近平总书记视察山西重要讲话重要指示精神为指导，深入学习贯彻党的十九大和十九届二中、三中、四中、五中全会精神，全面认真落实党中央、省委、市委各项重大决策部署，以脱贫攻坚决战完胜统揽经济社会发展全局，认真抓好“六稳”工作，全面落实“六保”任务，统筹做好常态化疫情防控与经济发展、社会稳定等各项工作，全县经济社会实现平稳健康发展，党的建设得到全面加强。

2020 年，全县地区生产总值完成 75.7 亿元，增速 6.1%，全市排名第六，其中一产完成 7.3 亿元，同比增长 8.0%，二产完成 34.5 亿元，同比增长 3.9%，三产完成 33.8 亿元，同比增长 8.3%。

一、坚持统筹统揽，决战决胜脱贫攻坚

全年先后召开 11 次县委常委会议、11 次政府常务会议、14 次领导组会议、7 次大型会议研究推动脱贫攻坚工作。对 12 大专项行动以及扶贫项目和扶贫资金使用管理情况开展专项督查督战，进一步压实各级各部门责任。

全年，对照上年国家脱贫攻坚成效考核反馈自查发现的 2 个问题、省交办繁峙县的 38 个问题、省委巡视组反馈的 5 大类 13 个问题、省委第五督导组 3 次督导反馈的 6 个问题、省纪委明察暗访发现的 3 个问题、省委脱贫攻坚专项巡视“回头看”反馈的 3 个问题、2020 年审计发现的 4 类 20 个问题及县里自查发现 513 个具体问题全部完成整改。

12 月 5 日至 9 日，繁峙县紧紧围绕“交总账”目标任务，

再次代表山西省接受了国家脱贫攻坚成效第三方评估。

二、强化底线思维,坚决抓好疫情防控

疫情期间,繁峙县委坚持党的领导、牢记为民宗旨、强化组织架构,疫情防控工作做到统一领导、统一指挥、统一行动。全县共计组织召开县委专题会议暨县疫情防控工作领导小组会议30次,全面迅速、有力有序部署疫情防控工作。通过网络、微信、短信、电视飞播、LED显示屏等途径发放短信60余万条,发放倡议书21次、公开信5封、通知公告15次、宣传海报1万份、宣传手册7.5万册,覆盖全县全体党员干部和人民群众,全县形成众志成城防控疫情的强大合力。由县、乡、村三级274名党组织书记、211名村干部、137名医务人员、158名警务人员包联重点关注对象。期间,累计管控湖北等重点地区入繁人员1631人,集中隔离280人,核酸检测全部为阴性。6月13日北京发生聚集性疫情后,繁峙县再次加大排查管控力度,共计排查北京来繁、返繁人员539人,集中隔离40人,解除隔离40人,居家隔离499人,解除隔离420人。

疫情期间,全面加强市场商场、交通枢纽、进出通道等的管控,全面把好疫情入口关、扩散关,停运公共交通车辆,在1个出省通道、8个出县通道、3个高速口、5个火车站、311个乡村重点路口设立卡口、管控点(隔离室),对外来人员车辆全部登记信息、测量体温、建立台账,对检测发现有疑似症状的人员,及时采取留验、观察、隔离等管控措施,并向疫情防控定点医疗机构移交,阻断了病毒传播的可能。投资152万元,建设核酸检测实验室,实验室于6月23日经市专家组验收合格投入使用,已具备独立核酸检测能力。

三、把思想政治建设摆在首要位置,全面筑牢党员干部理想信念根基

以深化"不忘初心、牢记使命"主题教育成果为目标,将深入学习贯彻习近平新时代中国特色社会主义思想作为首要政治任务,将习近平总书记的重要论述、重要讲话、重要指示纳入县委理论学习中心组学习和全县各级党组织"双日双评"的重要学习内容,全年召开11次县委常委及扩大会议、15次县委中心组学习会议、11次"双日双评"活动专题学习习近平总书记重要论述以及党中央和省委、市委重大决策部署,促进各级干部系统学、全面学、跟进学,深刻把握精神实质,不断提高贯彻落实的思想自觉、行动自觉,做到学深悟透、学用结合。

四、以担当作为为导向,选用高素质干部队伍

全年共调整干部8次104人,其中提拔重用63人,平调21人,免职20人;优中选优扎实做好"墩苗行动",推荐3名乡镇党委书记到省市任职,下派1名优秀年轻干部到乡镇任职。选优配强"乡镇班子",全年共选拔配备49名乡镇领导干部,其中女干部4人,40岁以下35人,本科学历43人,提升了干部队伍活力,保持了乡镇干部队伍梯队建设的连续性和稳定性。大力实施人才强县战略,为全县事业单位引进17名硕研以上学历高层次人才。

五、推动基层党建提质增效,增强基层党组织的凝聚力战斗力创造力

深入开展基层党建"整乡推进、整县提升"示范县乡创建工作,将省、市8方面、57项指标落到了实处,有力推动了全县基层党建全面进步、全面过硬。一是全面推进村党组织书记、村委会主任"一肩挑"。全县13个乡镇224个行政村,206个村实现"一肩挑",占比达92%。全县村"两委"主干平均年龄较之前下降3.6岁,高中(中专)以上学历比例上升9.4个百分点。二是积极选派机关事业单位干部到村任职。向35个村选派机关事业干部41名(整建制选派村3个),其中到村任书记35名、委员6名,有农村工作经历的27人,占65.9%,确保选派干部的科学配置、素质能力过硬。三是多措并举发展壮大村集体经济。以增强农村集体经济实力、实现农民共同富裕为目标,通过发展现代农业、光伏电站、土地增减挂、手工业加工、"合作社+"、盘活土地资源、资产性收益分配等多种模式,千方百计增加村集体收入。到年底,村级集体经济收入全面消除5万元以下的村,5–10万元的村7个、占比3.1%,10万元以上的村217个、占比96.9%。四是深入实施农村干部学历提升工程,实现"两个100%"。五是扎实开展软弱涣散基层党组织整顿,制定建立整顿软弱涣散基层党组织工作长效化机制的实施意见,全县15个软弱涣散党组织整顿工作全部完成。

六、坚定不移做好新时代意识形态工作,牢牢掌握意识形态工作的领导权、管理权、话语权

严格落实意识形态工作责任制,制定《繁峙县落实党委(党组)网络意识形态工作责任制实施细则》,坚持每季度认真开展意识形态研判工作,不断强化对重点部位和薄弱环节管理,推动全县各级党委(党组)履行主体责任,确保意识形态安全。围绕山西省委社情民意网、人民网地方领导留言板等民情反映相对集中的网站进行不间断监控,对市委网信办以"告知卡"转办的24条重要网络舆情均全部妥善解决、及时回复,消除了负面影响。围绕网评工作,加大网上正面宣传,转发评论11693条;围绕疫情专题任务评论5232条;对县内16家媒体公众号、网站进行了约谈。

七、持续推进党风廉政建设,全面构建风清气正政治生态

认真贯彻《忻州市加强"一把手"队伍监督办法》,突出对"关键少数"的监督。深入运用"四种形态"处理740人次,第一、二、三、四种形态分别占比77.3%、18.9%、2.7%、1.1%,抓早抓小、层层设防。坚持钉钉子精神深入贯彻落实中央八项规定精神,驰而不息纠正"四风",开展"四风"专项督查6次,查纠违反中央八项规定问题17件,处理17人,通报曝光45

人，释放了越往后执纪越严的强烈信号。持续深化形式主义、官僚主义专项整治，查纠形式主义、官僚主义问题82件，处理82人，通报曝光36人。强化“不敢腐”的震慑，处置问题线索723件，谈话函询373件；立案150件，党纪政务处分152人，其中乡科级11人，留置2人，移送司法1人，保持惩治腐败高压态势。扎实推进巡察全覆盖，完成第八轮巡察，对4个县直单位党组织开展常规巡察，对4个县直单位党组织开展整改“回头看”，对84个村支部开展延伸巡察，发现问题525个，问题线索12件。

（冯占军）

附：中共繁峙县委书记、副书记、常委名单

书　记：孔保宝

副书记：崔峥岭　居清平　石光源(6月任职)　杨登科(挂职)

常　委：高瑞军　乔震宇　师天阳　郭美凤(女)　张　晋　胡登云　秦永红(12月任职)　郭舜良(挂职)　魏灵敏(挂职)

中共宁武县委

县委书记　任宁虎

2020年，宁武县委坚持以习近平新时代中国特色社会主义思想为指导，认真学习贯彻党的十九届五中全会和习近平总书记视察山西重要讲话重要指示精神，全面贯彻落实省委“四为四高两同步”总体思路和要求、市委“336”战略布局和各项重大决策部署，紧扣全面建成小康社会目标任务，坚持稳中求进工作总基调，扎实做好“六稳”工作，全面落实“六保”任务，全力推动经济社会发展不断取得新成效。

一、强化理论武装，筑牢党员干部思想道德根基

始终把学习贯彻习近平新时代中国特色社会主义思想作为重大政治任务，持续深入贯彻落实习近平总书记视察山西重要讲话重要指示精神，坚持用习近平总书记系列重要讲话精神坚定理想信念、指导决策部署、衡量工作成效。坚持把不忘初心、牢记使命作为党的建设的永恒课题、党员干部的终身课题，持续推进干部学习教育常态化，引导全县各级党组织和广大干部以党的创新理论和新发展理念引航定向，切实增强“四个意识”、坚定“四个自信”、做到“两个维护”。

二、落实精准举措，实现脱贫攻坚决战完胜

进一步完善“4+7”脱贫产业体系，实施了生猪养殖“百村百场”、旅游服务“百村千店”、毛建茶“百村万亩”“三个百”扶贫工程。建成小型生猪养殖场25个；在涉旅乡镇和长城沿线乡镇建成80家“汾河人家”；全力打造全省重要的“药茶基地”、“药茶”示范县，毛建茶种植面积达到4500亩。持续抓好公共服务提升，完成5个村12.86公里农村公路改造、83个村的饮水安全巩固提升工程和新增危房改造“动态保障”112户。积极推进移民小区网格化管理，设置党小组、党代表及小区网格长、网格员，全县建档立卡搬迁户全部落实后续帮扶措施。精准落实各项帮扶措施。对207户379人未脱贫人口“一户一策”落实帮扶措施，全部实现高标准脱贫。对802户1963名脱贫不稳定户和边缘户，实行分类帮扶、常态化管理，致贫、返贫风险全部消除。

三、聚力转型发展，推动经济社会提质增效

毫不放松抓好疫情防控工作。严格落实“外防输入、内防反弹”精准防控举措，有序推进复工复产复商复市复学。严格落实人员管理、隔离留观、核酸检测等管控措施，切实加强排查筛查力度和应急处置工作，全县无疑似病例和确诊病例。全面推进产业结构调整。加快经济技术园区建设，入园企业达40户。加快绿色农业基地建设，打造生猪养殖、优质沙棘、道地中药材、优质小杂粮、脱毒马铃薯、冷凉露地蔬菜、毛建茶7大种植基地，完成“三品一标”农产品认证14个，荣获“中国高原莜麦之乡”称号。加快绿色新型能源基地建设，原煤产量达到1980.03万吨，华润宁武低热值煤发电、同煤北辛窑煤电一体化、西双万吨环保煤炭物流等项目取得重大进展。风电总规模达到57.5万千瓦，光电总规模达到15.7万千瓦。加快全国知名旅游目的地建设，完成宁化古城活化利用工程，全年接待游客115万人次，旅游综合收入完成10.7亿元。切实加大项目攻坚力度。制定出台《宁武县招商引资优惠奖励办法》《关于在全县项目建设中大力发现培养使用担当作为优秀干部的实施办法》等制度，调动了企业投资宁武的主动性和干部推进项目建设的积极性。全年签约项目44个，总投资286.32亿元。落地项目125个，总投资67.09亿元。开工项目79个，总投资64.83亿元。

四、持续深化改革，增强转型发展动力

强化主体责任落实。建立《宁武县党政主要负责同志亲自抓重大改革项目台账》《宁武县2020年全面深化改革目标责任考核指标工作台账》，明确了牵头部门、分管领导和承办人，有力推进了各项改革任务落实。加强重点领域改革。农村集体经济产权制度改革走在全市前列。乡镇机构改革完成“5办1站2中心”编制设置和乡镇行政执法事项公示。完成县城、东寨两个污水处理站转企改制工作，成立县国有资产经

营公司和国有资产管理公司。积极争取改革试点示范项目。先后争取1个国家级、6个省级试点示范项目。宁武县被列为全省2020年农民合作社质量提升整县推进试点县和医疗机构一体化改革“示范县”。

五、坚持以人为本,推进各项社会事业发展

全面落实各项惠民举措。“人人持证、技能社会”建设超额完成各项任务。高考二本B类以上达线252人,达线人数、达线率均居全市前列。深入开展“两下两进两拆双修一提升”、“五治三建一改一提升”专项整治行动和爱国卫生季运动,完成县城凤凰大街雨污管网分流改造工程和12个村建筑特色风貌整治。建成敬老院和殡仪馆主体工程。新建社区医院2个,改扩建乡镇卫生院5个,村卫生室村医实现全覆盖。生态环境质量持续改善。恢河梵王寺国考断面水质、汾河国考断面水质全部达标。汾河中上游山水林田湖草项目全部达到预期目标,完成投资18.76亿元。突出环境问题“清零”到底暨监督帮扶工作问题整改完成率达到88%。社会大局保持和谐稳定。认真落实安全生产责任制,深入开展重点领域安全整治。持续加强野外火源管控,确保全年森林火灾“零发生”。大力开展“三零”单位创建,全县475个村(社区)和2560个企事业单位全部达到首年创建目标。持续引深扫黑除恶专项斗争,打掉黑社会性质组织1个、恶势力集团3个、恶势力团伙3个,抓获涉黑涉恶人员52人,保障了全县社会大局持续平稳。

六、把握正确方向,提升党管意识形态工作水平

加强阵地建设,建成县级融媒体中心和县级新时代文明实践中心。成功举办庆祝中国人民抗日战争胜利暨世界反法西斯战争胜利75周年和“扶贫日”系列主题活动。大力推进精神文明建设,被省文明委提名为省级文明县城。落实意识形态工作责任制,加强网络意识形态的监管力度,开展了“净网、清源、秋风、护苗、固边”专项整治行动,及时处置媒体舆情,有效保障了意识形态领域绝对安全。不断丰富群众文化生活,积极推进基层综合性文化场所建设,基本实现了群众参加公共文化活动“不出村”;深入开展“文化三下乡”活动,全年送戏150余场、送图书26000余册、送电影2800余场。

七、落实党建责任,推动全面从严治党纵深发展

全面加强党的政治建设。认真落实管党治党责任,严格执行重大问题请示报告制度,做到有令必行,令行禁止。健全完善“三位一体”党建责任机制,实现了党委(党组)党建述职“全覆盖”。切实加强干部队伍建设。加强干部选拔任用。突出“好干部”标准,注重从脱贫攻坚、转型发展一线培养选拔干部,全年调整干部6批次276人。综合运用谈心谈话、提醒函询、经济责任审计、个人有关事项报告等手段,强化干部日常监管。先后约谈部门、乡镇党政一把手49人次、分管副职14人次。不断夯实基层战斗堡垒。集中整顿软弱涣散农村党组织14个、社区党组织1个、其他领域党组织2个。大力推进干部教育培训,先后培训干部1000余人次,407名“两委”干部学历得到提升。选派32名机关事业单位干部到30个村担任党组织书记。党建引领脱贫工作成效显著,村集体收入5万元以上达到100%,10万元以上占91%。完成168个行政村撤并任务,全县行政村总数由464个减少到198个。持续加大执纪问责力度。全年运用四种形态处理947人次,处置各类问题线索951件,立案248件,党纪政务处分245人,移送司法机关4人。查处违反中央八项规定精神等问题50起,给予党纪处分52人。开展警示教育180场次。先后开展两轮常规巡察和脱贫攻坚巡视巡察“回头看”,实现了巡察一届任期全覆盖。

(贾兆卿)

附:中共宁武县委书记、副书记、常委名单

书　记:任宁虎

副书记:王　卓　高建文　高瑞龙(6月任职)
李长平(挂职)　成　钢(挂职,3月离职)
李晓红(3月任职,挂职)

常　委:弓凤英(女)　薄小伟　尹志刚　贾建宁
狄文俊　段维东(4月任职)
白　冰(8月任职)　王　强(8月任职)
郝建清(挂职)

中共静乐县委

县委书记　王　昕

2020年,静乐县委坚持以习近平新时代中国特色社会主义思想为指导,认真学习贯彻党的十九大和十九届二中、三中、四中、五中全会精神,贯彻落实省委“四为四高两同步”总体思路和要求,紧扣市委“336”战略布局,坚持“365”工作思路,全县各项工作取得了良好成效。

一、坚持以党的政治建设为统领,推进党的建设新的伟大工程

(一)坚持用习近平新时代中国特色社会主义思想武装

头脑、指导实践、推动工作。坚持把党的政治建设摆在首位，认真学习习近平新时代中国特色社会主义思想，深入贯彻落实习近平总书记视察山西重要讲话重要指示和中央、省、市全会精神，增强“四个意识”，坚定“四个自信”，做到“两个维护”。县委中心组坚持以上率下抓学习，带头读原著、学原文、悟原理、讲党课，分层分类开展培训宣讲，举办了党的十九届五中全会宣讲会1100余场，并利用“学习强国”“三晋先锋”、干部在线学院等教育平台，做到了思想理论教育全覆盖。

（二）坚持把深入贯彻落实习近平总书记视察山西重要讲话重要指示作为长期重大战略任务。按照总书记“在转型发展上率先蹚出一条新路来”的指引，落实省市关于高质量转型发展的要求，自觉把静乐发展放在全省、全市大局中定位、谋划和推动，继续集中精力打好“三大攻坚战”，全力做好项目建设、壮大实体经济、推进乡村振兴、深化改革创新等方面工作。各级领导干部既“挂帅”又“出征”，既把方向又抓落实，着力构建知责领责、争先进位的工作格局，推动习近平总书记视察山西重要讲话重要指示和党的十九届五中全会精神在静乐落地生根、开花结果。

（三）坚持把推进巡视整改工作作为重大政治任务。把省委脱贫攻坚专项巡视“回头看”整改工作作为补短板、强弱项、抓落实的重要抓手，成立整改工作领导小组，制定《整改方案》和“三个清单”，分解细化整改措施，明确责任，扎实做好整改“后半篇文章”，巡视效果进一步显现。

二、全面贯彻新发展理念，扎实推动高质量转型发展

（一）决战脱贫攻坚，有效衔接乡村振兴。紧盯全县剩余贫困人口、脱贫不稳定户、边缘易致贫户，严格落实“四不摘”要求，扎实开展脱贫攻坚“百日冲刺”专项行动，贫困县退出指标全部达标，192个贫困村全部退出。省政府已批准退出贫困县，先后通过了国家抽查、普查、市际交叉检查和扶贫资金财政绩效评估，得到了国家扶贫办和省市的一致认可。坚持推进乡村振兴，在打造“特”“优”农业产业，发展杂粮、藜麦、马铃薯、道地中药材、甜糯玉米等特色种植38.6万亩，“三品一标”认证农产品达到69个，培育规模较大农产品加工企业51个。持续推进美丽乡村建设，开展“五治三建一改一提升”、“厕所革命”、农村生活垃圾治理、农村污水治理等专项行动，农村人居环境全面改善。

（二）坚持项目为王，着力扩大有效投资。实施省市重点工程5个，总投资45.28亿元；积极对接争取，申报了中央预算内投资项目19个，新储备项目82个，上报2021年专项债券项目储备20个，谋划实施“六新”项目5个。“七个一批”项目建设梯次推进，共策划包装项目394个、招商389个、签约36个、落地19个、开工46个、在建55个、投产17个。

（三）深化改革创新，持续增强发展动能。示范区“三制”改革全面完成，“三化”改革加速推进，管运分离积极推动，道路、供水、供热、污水、电力、通讯等配套设施逐步完善。“放管服效”改革不断深化，相对集中行政许可权改革稳步推进，“一枚印章管审批”全面启动。投资建设项目联审快批推动有力，建设项目审批流程不断优化。农村集体产权制度改革取得重要成效，为全面打赢脱贫攻坚战和实施乡村振兴战略提供了重要制度支撑。县城医疗机构一体化改革不断深化，“六统一”管理机制进一步完善，医疗救助能力持续增强。

（四）聚焦生态文明，厚植绿色发展基础。坚持“生态立县”战略不动摇，统筹打好污染防治攻坚战，持续加强生态文明建设。二级以上优良天数比例90%以上。山水林田湖草生态修复试点项目扎实推进，12.8万亩造林任务圆满完成，通道绿化92公里，全县林草覆盖率达到22%以上。深入推进城乡污水处理运营体制改革，开展汾河沿线村污水治理工程，河西村汾河出境断面水质稳定达到Ⅱ类水质标准，地表水考核断面达标率100%，全县无劣Ⅴ类水体。将各级各类督察反馈的40项问题全部清零，生态环境持续向好。

（五）深挖文化内涵，促进文旅融合发展。坚持以文促旅、以旅彰文。举办传统戏曲技艺提升培训班，开展非遗传承人培养培训，推进乡村文化记忆工程建设，整理历史名人及优秀民间技艺，支持非遗扶贫就业工坊建设。申报庆鲁村为省3A级乡村旅游示范村，申报向阳、马尾沟、大端地3个市级旅游扶贫示范村。龙池沟、悬钟山、台骀景区、游客中心、影剧院等有序推进，天柱山国家4A级景区创建成功，汾河川国家湿地公园成果持续巩固，文旅产业发展取得新的突破。

（六）致力改善民生，提高人民生活品质。坚持以人民为中心的发展理念，持续保障和改善民生。全面实行“县管校聘”，着力办好2所扶贫学校，推进静乐一中、河西实验学校新建项目，充实特岗、幼儿教师140人。持续推进“人人持证、技能社会”建设，城镇登记失业率稳定控制在3.17%以内。持续巩固“国卫”“国园”创建成果，全面开展“两下两进两拆双修一提升”专项行动，城乡面貌显著改善。大力推进新时代文明实践中心建设，成功入选第六届全国文明城市。以“三零”单位创建为抓手，严格落实“543”工作机制，安全生产形势平稳；持续深化扫黑除恶专项斗争，开展市域社会治理现代化工作，全面推进“雪亮工程”建设，平安建设成效显著，被省委政法委评为2018-2019年度省级平安县。

三、坚决扛牢管党治党政治责任，推动全面从严治党向纵深发展

（一）坚定不移落实主体责任。认真贯彻落实《党委（党组）落实全面从严治党主体责任规定》，不断增强“两个维护”的政治自觉，强化政治担当，扭住责任制，全面落实从严治党责任，提高履职本领和战胜风险挑战能力，以全面从严治党新成效推进国家治理体系和治理能力现代化。

（二）持之以恒推进正风肃纪。始终保持反腐败高压态势，一体推进“三不”机制。强化扶贫领域监督执纪问责，督促整改问题469个。运用监督执纪“四种形态”，抓早抓小、防微杜渐，处理906人（次）。持续深化政治巡察，组织开展两轮巡察工作，实现了本届县委巡察全覆盖。全面推行“五线工作法”，开展建设“清廉”静乐活动，切实发挥问责治本功能。

(三)全面加强基层组织建设。持续推进基层村级活动场所标准化规范化建设,全县85%以上达到一流标准。开展"并村简干"工作,撤并126个行政村。落实"整乡推进、整县提升"要求,确定达标乡镇4个、示范乡镇2个,推荐省级标杆村党组织1个。全面落实村党组织书记备案管理,223个村党组织全覆盖。

(四)坚决守好意识形态阵地。全面贯彻落实习近平总书记党管意识形态的总要求,制定了《静乐县党委(党组)意识形态工作责任制实施细则》《中共静乐县委意识形态工作领导小组工作规则》。坚持"十要十不要"工作方法,定期分析研判意识形态领域的各种形势,及时处置网络舆情,充分发挥融媒体中心作用,加强社会主义核心价值观教育,确保牢牢把握意识形态工作的领导权、主导权、话语权。

(五)扎实推进全面依法治县。进一步健全工作机制,完善工作规则,构建上下贯通、协同高效的工作体系。县委切实履行推进法治建设第一责任人职责,坚持以身作则、以上率下尊法学法守法用法,扎实推进严格执法、公正司法、全民守法,法治静乐建设取得显著成效。

(袁宏伟)

附:中共静乐县委书记、副书记、常委名单

书　记:李德新(9月离职)　王　昕(9月任职)

副书记:王　昕(9月调职)　宣文晓
贾腾飞(6月任职)　马皖东(挂职,3月任职)
王李金(挂职,3月离职)

常　委:武卫东　李红霞(女)　陈亚宁　温安娜(女)
方笔计　石　鑫　杨　方(9月任职)
刘　岗(挂职)　孟宪璋(挂职)

中共神池县委

县委书记　曹爱民

2020年,神池县委坚持以习近平新时代中国特色社会主义思想为指导,认真贯彻落实习近平总书记视察山西重要讲话重要指示和"三篇光辉文献"精神,按照省委"四为四高两同步"总体思路和要求、市委"336"战略布局要求,坚持"15561"工作思路,扎实做好"六稳"工作,全面落实"六保"任务,强力推动"六新"发展,经济社会稳健发展,社会各项事业全面进步。2020年,全县地区生产总值完成28.01亿元,同比增长0.9%;一般公共财政预算收入完成1.91亿元,同比增长12.98%;规模以上工业增加值完成3.72亿元,同比增长0.1%;社会商品零售总额完成12亿元,同比下降2.8%;城镇常住居民人均可支配收入完成2.72万元,同比增长6.4%;农村常住居民人均可支配收入完成9996元,同比增长9.2%;各项约束性指标全部按要求完成了任务,全县经济持续保持稳中有进、稳中向好的发展态势。

一、坚持以习近平新时代中国特色社会主义思想为指导,坚定不移贯彻落实党中央和省委、市委决策部署

神池县委始终牢记总书记嘱托,围绕"在转型发展上率先蹚出一条新路来"这一重大历史任务和重大历史课题,认真贯彻落实省委书记调研神池期间重要指示精神,推动11个方面、42条具体工作任务落实到位,制定出台了《中共神池县委关于深入开展"学精神、找差距、求转化、寻突破、促转型"攻坚行动责任分解方案》,细化分解出6个方面65项334条具体工作任务。

二、扛牢统揽责任,脱贫攻坚取得决定性胜利

全县139个贫困村、11535户、28128名贫困人口全部脱贫,脱贫攻坚取得决战完胜。县委常委带头再访贫困村,推动乡村两级书记再访贫困户,顺利通过国家脱贫攻坚普查和事后质量抽查。全年投入财政资金2.66亿元,用于扶持产业就业,贫困户户均获得3项以上帮扶措施,产业就业帮扶实现全覆盖。深化"十进十销"消费扶贫,举办线上月饼节暨消费扶贫月启动仪式,累计销售金额1.13亿元。紧盯"三类户"建立防止致贫返贫监测预警和动态帮扶机制,叠加落实"忻保障"、深度贫困帮扶基金等针对性帮扶措施,56户未脱贫户全部达标退出;784户"两类户"针对性预防帮扶措施100%覆盖,全部解除致贫返贫风险。

三、坚持人民至上、生命至上,坚决打赢疫情防控狙击战

神池县委坚定信心、同舟共济、科学防治、精准施策,在严格落实疫情防控各项措施的前提下,经济社会发展全面复苏,疫情防控取得阶段性胜利。疫情防控期间下拨党费10万元,党员捐款51.4万元,通报表扬4个集体和20名先进个人。对所有来自重点疫区省份的来(返)神人员逐一建立台账,全县共摸排10451人,累计健康管理889人。争取上级补助资金和县级拨付资金154.6万元用于抗疫物质保障,投资478万元建立核酸检测实验室3个,极大地提升了疫情应急防控能力。

四、坚定信心,扎实推进高质量转型发展

举办了有机旱作农业发展现场观摩和研讨会,建设高标准农田2万亩,打造"两核一村六片"有机旱作农业核心示范区3万亩,惠及9乡21村,辐射带动全县有机旱作农业种植

面积达到10万亩。与中国农大等高校达成了合作协议，实施基础农技推广补助项目，对全县种养殖户进行技术指导。建成了杂粮生产基地和种羊繁育基地，羊饲养量达到100万只。持续增加新能源和可再生能源比重，风电、光电、生物质发电“三电合力”，全县新能源项目装机总量117.04万千瓦，建成百万千瓦级绿色能源基地县。全年实施重点项目65个，举办了“神池县重点项目集中签约开工仪式”。“七个一批”：包装一批645个、招商一批619个、签约一批50个、落地一批29个、开工一批42个、在建一批33个、投产一批7个，转型发展后劲进一步增强。构建“六大产业集群”，发布了“灵荟神池”区域公共品牌，“三品”认证企业16家，产品40个，建设标准化基地46个，产地9.87万亩。支持“长祥圆”“战国”“老农贡”等龙头加工企业建设科技研发中心，培育壮大月饼龙头企业，全面推进月饼集团化、标准化建设，做大做强神池饼业。打出打好胡麻、胡油、莜麦、羊肉、黑豆、黍子国家6大地标认证产品金字招牌，山西农资优质杂粮产地交易市场项目已投入试运营。深度开发羊产品，集中打造“杜湖神羊”品牌，引进了总投资0.6亿元的天牧生物科技有限公司年屠宰15万只肉羊暨精深加工项目。东湖乡成功申报2020年国家农业产业强镇建设项目。开发沙棘茶、毛健茶等茶类产品，进一步建立完善标准化体系、树立知名产品品牌，推动神池圣海仙谷青兰药茶生产项目尽快落地。立足神池县柴胡、黄芪等道地中药材资源优势，争取了总投资2.4亿元的圣海中药材仓储物流项目顺利落地，制定出台了《中药材种植鼓励补贴政策》，示范种植中药材1425亩。

五、深化改革，激发动力活力

2020年，神池现代农业产业示范区成功获批，“三化三制”改革稳步推进，配备了领导班子，组建了管委会内设机构，配齐了各部门工作人员，明确了责任分工。“两规一核定”批复工作进展顺利，“四至”范围核定、总体规划已完成批复，控制性详细规划已完成编制。进一步规范乡镇党政机构和事业单位设置，积极对接县级事业单位改革，确保2020年6月底前顺利完成。“标准地”改革全面启动，收储建设用地240亩。与中联创投工程技术咨询有限公司、中国农业大学、吉林农业大学签订了战略框架协议，组建专家团队。注册成立神池齐德投资发展有限公司，采取“管委会＋公司”模式，参与示范区基础设施、公共服务等运营事项。实施“县管校聘”，师资流动得到合理配置。

六、改善民生，不断提高人民群众的获得感、幸福感

继续实施“两癌”筛查和孕前优生健康检查，健康扶贫“双签约”实现全覆盖。中考成绩在全省名列前茅，全县适龄儿童入园率达98.2%，学前教育普惠率达100%；优化中小学校布局，启动新建荣昇幼儿园，东城小学，提升2所农村寄宿制学校办学条件。全县城乡低保保障标准和特困供养人员基本生活标准进一步提高，神池县敬老院已全面建成。扎实开展文化“三下乡”等活动，文化事业进一步繁荣。“国家卫生县城”顺利通过了复审并挂牌，投资1.11亿元进行市政基础设施改善。深入开展“两下两进两拆双修一提升”“五治三建一改一提升”“农村人居环境整治”专项行动，城乡人居环境明显改观。深入开展“三零”单位创建，创新“34531”工作法，全年召开推进部署会37次，打造创建示范点36个。

七、坚持绿色发展新理念，全面推进生态文明建设

深入开展秸秆禁烧和扬尘污染综合整治工作，大力发展清洁能源和生物质取暖，淘汰燃煤锅炉19台，完成煤改电178户、生物质锅炉改造226户，县域内运营的煤炭企业的封闭煤棚建设已基本完成。全年环境空气质量PM2.5均值26微克/立方米，忻州市排名第二，环境综合指数3.56，优良天数342天，忻州市排名第3。认真落实省委“两山七河一流域”生态修复治理要求，全面落实“河长制”，将汾河源头16平方公里列入生态治理范围。申请中央财政资金8550万元，对黄河流域神池地区历史遗留矿山实施生态修复。积极推进龙泉水库和污泥集中处置项目，开展河流“清四乱”专项行动，朱家川河3条支流的河道整治工作全部完成，水环境治理成效不断巩固。实施“一路、两河、三片”绿化建设，完成京津风沙源治理二期工程1.5万亩、三北防护林建设工程0.9万亩、天然林资源保护二期工程0.7万亩，吕梁山生态脆弱区治理工程1万亩，实施封山育林2万亩。4家风电企业投资6700万元对植被进行了生态恢复治理。在灵河高速神池出口附近、岞水公路南辛庄—塘涧段两侧、县乡公路绖村路段，栽植树木20余万株，全县森林覆盖率达到7.31%，虎鼻乡西毛家皂村被国家林草局命名为国家森林乡村。

八、坚持人民当家做主，不断推进民主法治建设

支持县人大依法履行职责，使县委的重大决策通过法定程序成为全县人民的共同意志和统一行动。发挥人大监督作用，审议报告38项，依法行使重大事项决定权，作出决议5项，对10部法律法规开展执法检查，依法任免国家机关工作人员13人，确保了县委决策部署和组织人事安排的有效落实。提升人大服务职能，建成代表联络站11个，乡镇人大代表联络实现全覆盖。认真做好建议意见办理，对县人大代表提出的80余条建议进行跟踪督办，有效推动了从“答复满意”到“结果满意”的转变。支持县政协履行政治协商、民主监督、参政议政职能，推进协商民主广泛多层制度化发展。积极推进提案督办、承办工作机制，收集提案86件，已全部办复，办理满意率95%以上。积极推动基层统战工作力量整合，构建“大统战”工作格局。从基层单位中遴选统战委员316人，建立政企常态化沟通机制，着力构建亲清新型政商关系。

九、坚持党对意识形态工作的领导，不断开创宣传思想文化工作新局面

全年共组织县委中心组学习12次，举办县级领导干部“学精神、找差距、求转化、寻突破、促转型”专题读书班3期，开展了《习近平谈治国理政》第三卷学习宣传“七进”活动，深入机关、乡镇、学校、社区、企业就十九届五中全会精神进行了宣讲，受众达6000人，为提升全县党员干部的理论素养奠定坚实基础。《神池种出小康路上好春光》在山西经济日报头版头条刊发，外宣工作全市名列前茅。开展了2020“清朗”专项行动，全年共处置化解舆情19条，营造了和谐稳定、干净晴朗的网络环境。

十、强化党的建设，组织工作取得新突破

举办县级大讲堂22场，累计参训干部达10900人次；举办了第3期科级干部学习贯彻习近平新时代中国特色社会主义思想读书班和第1期中青年干部培训班。依托“好干部在线学院”“三晋先锋”手机APP等平台，跟进学习习近平总书记最新重要讲话重要文章，全县干部的政治理论水平不断提升。推进基层党组织活动场所标准化规范化建设，10个乡镇“五小建设”全面达标，全县90%以上的农村基层党组织达到一流建设标准。乡镇“5办1站2中心”全部挂牌，村两委“一肩挑”工作占比达94%。持续推进农业农村技术人才“双百计划”，注入50万元专项奖励基金，重点奖励对县农业和农村有突出贡献的优秀人才；柔性引进农业技术人员53名、本地培养47名，同时大力培养乡土人才，建立673名乡土人才登记在册的信息库。开展事业单位高层次人才引进工作，引进9名研究生以上学历高层次人才。

十一、坚定不移推进全面从严治党，努力实现党内政治生态持久的风清气正

抓实抓常监督执纪职责，全年共查处“四风”问题15件19人，查处各类形式主义、官僚主义问题8件13人。运用“四种形态”共处理899人次。发挥巡察利剑作用，开展县委第六轮、七轮巡察，十四届县委巡察实现全覆盖。巩固反腐败斗争压倒性胜利。全年共处置涉黑涉恶问题线索1件1人，处置人防系统问题线索6件，处置扶贫领域腐败和作风问题63件123人。

（张建强　丁志伟）

附：中共神池县委书记、副书记、常委名单

书　记： 曹爱民

副书记： 孟宏斌　贾平华
郇光明（挂职，9月涉嫌严重违纪违法，接受纪律审查和监察调查；2021年2月，被开除党籍、开除公职；将其涉嫌犯罪问题移送检察机关依法审查起诉。）　韩宝剑（6月任职）

常　委： 赵国兴　李利东　杨占录　闫晓东
王玉珍（女）　樊遂意（挂职）
李　伟（4月任职）　郭　盛（8月任职）
巨鹏杰（6月任职）

中共五寨县委

县委书记　张宇光

2020年，五寨县委坚持以习近平新时代中国特色社会主义思想为指导，全面贯彻落实党的十九届四中、五中全会和习近平总书记视察山西重要讲话重要指示精神，按照省委“四为四高两同步”总体思路和要求，认真落实市委“336”战略布局，统筹推进疫情防控和经济社会各项工作，圆满完成了目标任务。

一、狠抓纪律作风整顿，推动全面从严治党管党

按照新时代党建工作总要求，不断推动全面从严治党向纵深发展，着力营造持久风清气正的政治生态。

（一）不断强化理论武装。县委理论中心组集中学习31次，举办专题读书班11期，组织4支宣讲团深入基层宣讲习近平新时代中国特色社会主义思想、习近平总书记视察山西重要讲话重要指示、十九届五中全会、省委十一届十次全会、市委四届九次全会等精神261次，受众人数22500人。依托“三晋先锋”、“学习强国”等平台培训干部5000余人次。

（二）全面加强干部队伍建设。严格执行干部选拔任用“一报告两评议”，加大干部交流使用力度，全县共调整干部122人次。严格党员标准，将疫情防控阻击战中表现突出的18名入党申请人纳入党组织重点培养对象，全年发展农村党员74名；全面加强全县农村第一书记、驻村工作队的教育管理，选派19名机关事业单位干部到村任职；充实完善乡土人才库536人。

（三）不断夯实基层组织基础。达到创建标准的农村党组织103个，占比达96%。对9个基层软弱涣散党支部、1个脱贫攻坚薄弱乡镇和3个薄弱村进行了集中整顿；不断壮大村集体经济，107个村全部达到10万元以上，平均达到33万元。稳步提高村“两委”主干报酬，选齐配强了4个集中安置点“两委”班子成员”。在百梦园移民小区党群服务中心建立了“五级管理、十项服务、一厅办理”服务模式，为移民搬迁后续发展提供了服务保障。不断引深“五型”机关创建活动，推动机关事业单位“双报到双服务”活动全覆盖。进一步完善国企党组织架构，助推企业发展。不断拓宽新兴领域的党组织

覆盖面,以点带面推动非公党建争先进位。

(四)持续正风肃纪反腐。严明政治纪律和政治规矩,持续深化政治监督,圆满完成了十三届县委第九轮、第十轮巡察,进一步彰显了巡察利剑作用。召开县委常委会等会议研究部署党风廉政建设和反腐败工作26次,县委书记对反腐败工作作出批示15件次,全县党员干部的纪律规矩意识明显增强。一体推进不敢腐、不能腐、不想腐,有效运用“四种形态”,全县共处置问题线索984件,同比增长15.2%;立案208件,处分212人,其中处分科级干部29人,采取留置措施5人,移送司法机关4人。推动全县党风、政风、社会风气进一步好转。

(五)全面加强意识形态工作。严格落实意识形态工作责任制,把意识形态工作纳入全面从严治党主体责任,召开县委专题会议8次,分析研判意识形态领域重大问题,上报意识形态研判报告6次。深入开展了网络生态治理等专项行动,全年处置各类舆情35起,全县意识形态领域形势持续向上向好。

二、贯彻落实新发展理念,推动各项工作走在全市前列

坚持把发展作为第一要务,主动对标对表,落实落细省委、市委决策部署,全县经济持续保持稳中有进、稳中向好的发展态势。

(一)加快转型升级步伐。不断健全完善“七个一批”项目推进机制,举办了“五寨县招商引资项目集中签约活动”“五寨县旅游招商活动月项目集中签约活动”,集中签约项目43个,转型发展后劲进一步增强。完成了李家坪风电、东秀庄风电等5个重点项目。全力保障煤炭运销产业健康发展,发运煤炭3165万吨,创利税1.9亿元。加快推进园区建设,实施项目19个,各类新主体达38家,社会化服务组织10家,园区主引擎作用进一步凸显。

(二)决战完胜脱贫攻坚。严格落实“四个不摘”,狠抓“三个落实”,制定了“交总账”工作方案和各类专项行动方案,全面落实了“131工作机制”,统筹整合各类资金,全力推进脱贫巩固提升八大工程、26个专项行动。落实落细培训就业、生态建设、保障兜底、教育、健康等各项扶贫政策,补齐基础设施短板,提升公共服务,贫困群众的获得感和满意度全面提高。全县剩余64户129名贫困人口全部脱贫退出,325户脱贫不稳定户、486户边缘易致贫户已全面消除返贫、致贫风险。全县13876户32111名贫困人口全部脱贫,161个贫困村全部退出,贫困发生率下降为0。被评为全省村级光伏扶贫成效“优秀”项目县,圆满完成了省际交叉检查考核工作。

(三)全力推进“三农”工作。出台了《关于加快农产品精深加工五大产业集群发展的意见》,抓好甜糯玉米、马铃薯、小杂粮、中药材、毛建草等五大产业示范基地建设,推进了小杂粮产业园、甜糯玉米加工园、绿谷“中国好粮油”等项目建设。完成高标准农田建设5000亩、小流域综合治理33.5平方公里,实施坡改梯9836亩,新增“三品一标”认证18个,综合农业机械化水平达80.5%。

(四)加强全面深化改革。县委常委会召开会议13次,协调解决改革创新过程遇到的困难和问题;召开县委十个议事协调机构会议,专题研究部署各项改革工作,制定出台了2020年重大改革项目及责任分工、改革试点清单,细化分解各项改革任务,统筹推进行政审批、国资国企等68项改革事项。开展了“一网通办”提速、政务服务提质等六大专项行动,提高了办事效率。认真落实减税降费政策,进一步减轻中小企业税收负担。加大对科技创新型中小微企业的扶持力度,积极培育甚喜茶园等一批专精特新企业,为高质量发展提供了创新活力。

三、持续改善和保障民生,不断提升群众幸福指数

坚持以人民为中心的发展思想,健全完善城乡公共服务体系和民生保障体系,不断提升人民群众获得感、幸福感、安全感。

(一)统筹推进基础设施建设。县城综合承载力不断提升,一批商住小区拔地而起,档案馆、工人文化宫、不动产登记中心等公共服务设施建成使用,园区大道一期、康乐街、复兴路拓宽、运输北路拓宽、滨河路北延等建成通车;扶贫物流园区全面完工,马家寺和峤峪引水工程圆满完成,县城居民喝上优质水。集中供热面积不断扩大,天然气用户逐步普及。大力实施“街长制”,扎实开展“两下两进两拆双修一提升”专项行动,实施了县城绿化、美化、亮化及利民智慧小区建设等工程,县城面貌焕然一新,生产生活服务功能全面提升。

(二)全面加强各项民生事业。坚持优先发展教育事业,五寨一中学生宿舍楼和阳光小学全面建成,改造寄宿制学校3所,“县管校聘”扎实推进,教育教学质量稳步提升。坚持人民至上、生命至上,毫不松懈做好疫情防控工作,坚决守住“双零”目标底线。第一人民医院综合楼、门急诊楼、足球场等项目主体完工,核酸检测实验室、阳光社区医院、百梦园社区医院、中医院门急诊楼建成使用,成功创建了二甲中医院。落实援企稳岗政策,城镇登记失业率控制在3%以内。完成了五寨沟景区等旅游基础设施项目,扎实开展文化“三下乡”等活动,促进文旅产业融合发展。

(三)持续提升生态环境质量。深入践行“两山理论”,认真落实省委“两山七河一流域”生态修复治理要求,实施了新一轮退耕还林、沙棘经济林等项目9.02万亩,完成营造林8.15万亩,扎实推进吕梁山生态脆弱区、京津风沙源等林业生态建设工程,深入开展绿色矿山创建、清涟河两岸废弃沙坑综合治理,对五寨沟等8条沟进行了生态修复和治理。认真落实“河长制”,重点对清涟河、峤峪河、县川河等河道进行了治理。

(四)扎实开展“三零”单位创建。全县共摸排出创建主体单位2382个,全部录入省综治信息系统。认真落实市委“543”安全生产工作机制,深入开展专项整治行动,有效杜绝了重大安全事故发生。排查化解各类风险隐患,扎实开展了“百日攻坚”、“控新治旧”等专项行动,集中化

解信访积案30件。持续开展“雷霆扫毒3号”等专项行动，坚决打好禁毒斗争攻坚战。深入开展扫黑除恶专项斗争，打掉黑恶势力团伙4个，破获刑事案件84起，有效维护了社会和谐稳定。

（五）全面加强民主法治建设。积极支持和保障人大及其常委会依法行使职能，全力支持政协履行好政治协商、民主监督、参政议政职能，认真研究和落实人大代表和政协委员提案建议。以“平安五寨”“法治五寨”为目标，深化“民主法治村(社区)”创建活动，深入开展“七五”普法宣传教育，依法治县步伐稳步推进。全面加强党管武装工作，国防动员能力进一步提高。切实加强对统战、人武、党校、工、青、妇等各级党组织的领导，广泛凝聚起转型发展合力。

（沈雁冰）

附：中共五寨县委书记、副书记、常委名单

书　记：张　春(4月涉嫌严重违纪违法，接受纪律审查和监察调查，10月被开除党籍、开除公职；将其涉嫌犯罪问题移送检察机关依法审查起诉。)
张宇光(6月任职)

副书记：刘志成(7月任职)　苏铁熊(挂职)

常　委：高跃龙(6月任职)　杜新荣　李　强　李文渊
张晡梅(女)　李代保(7月离职)　赵　波
程　巍(8月任职)　解雁文(挂职)

中共岢岚县委

县委书记　王志东

2020年，岢岚县委坚持以习近平新时代中国特色社会主义思想为指导，深入学习贯彻党的十九大和十九届二中、三中、四中、五中全会精神，全面贯彻落实习近平总书记视察山西重要讲话重要指示，认真落实省委“四为四高两同步”的总体思路和要求、市委“336”战略部署，履行把方向、管大局、作决策、保落实职责，团结带领全县广大干部群众苦干实干，决胜全面建成小康社会，决战脱贫攻坚，持续推动党的建设和党的事业实现新进步新发展，实现“十三五”规划圆满收官。

一、坚持和加强党的全面领导，坚定不移践行“两个维护”，牢牢把握正确政治方向

一是突出理论武装，思想认识更加清醒。坚持“不忘初心、牢记使命”常态化，建立一月两天自学研学导学制度，县委中心组带头开展研学21次，举办“岢岚大讲堂”8期24讲1700余人次，开展习近平总书记视察山西重要讲话重要指示和十九届四中、五中全会精神等宣讲84场1.3万人次，县委班子成员分12组带头深入基层一线宣讲。二是突出政治建设，“两个维护”更加自觉。通过开展4轮巡察，完成对全部乡镇、县直单位的政治巡察和专项巡察，实现巡察全覆盖，共查处违纪问题6件。全面落实新形势下党内政治生活若干准则，持续推进基层党组织政治生活规范化、常态化，引导广大党员干部群众切实把思想和行动统一到习近平新时代中国特色社会主义思想精神上来，不断增强“四个意识”，坚定“四个自信”，坚决做到“两个维护”。三是突出责任担当，统揽全局更加有力。紧紧围绕省委“四为四高两同步”总体思路和要求、市委“336”产业战略布局，全面贯彻落实中央、省市安排部署，研究制定出以统筹抓好疫情防控、脱贫攻坚、转型发展、保障民生、党的建设“五件大事”牵引全年工作的总体思路。牢牢把握工作主动权，清单式细化落实县委7大方面119项具体工作，全面推动中央、省、市各项决策部署在岢岚落地生根、开花结果。

二、持续巩固提升脱贫成效，奋力走好“立足脱贫、着眼小康、衔接振兴”的岢岚路子

一是全面落实“4510”策略，巩固提升脱贫成效。聚焦“两不愁三保障”，认真落实“四个不摘”要求，深入开展“三级遍访”进村入户工作，推动实施185个扶贫项目，深化拓展贫困户与22个企业、346个合作经济组织的利益链接；帮助3607名有劳动能力的易地搬迁群众实现“家门口”就业，贫困劳动力就业人数较上年增加1084人，贫困户人均可支配收入达到11042元。实施10乡31个村的饮水安全、23.8公里乡村路网改造、5G网络基建等工程，完善预警监测、分类保障、巩固提升工作机制，推动全县剩余23户48名未脱贫人口稳定脱贫，516户1094人“两类户”全部解除预警，8423户19823名脱贫人口持续巩固不返贫，贫困发生率下降为0，全年脱贫攻坚工作持续保持省市第一方阵。二是坚持防控稳保“两手抓”，积极应对疫情影响。深入贯彻落实“外防输入、内防反弹”常态化防控策略，建立健全公共卫生应急管理体系，形成“联防联控”工作局面，新建县乡传染病隔离病区、发热门诊，组建8个专班共168人专职疫情防控队伍，，组织开展扶贫农产品“五进九销”行动，认定扶贫农产品供应商17家，推介农产品115种，对72个电商网点进行奖补扶持，依托“832”扶贫平台开设2个专馆25个专区，扶持9户企业线上助销，带贫1245户3735人。三是深化“五村联创”，有效推进乡村振兴。围绕构建“1+8+N”的城乡一体融合振兴格局，启动创建国家休闲农业重点县和全域旅游示范区事宜，以项目为载体着力推进“一体两翼”全域旅游开发，推动全县12个乡镇全部创建为省级卫生乡镇，其中4个成为国家卫生乡镇，99个农村创建成86个省级卫生村、5个省级美丽乡村、3个省级乡村旅游示范村和1个国家级旅游重点村，岢岚古城文旅

项目已竣工验收，宋家沟入选山西省4A级乡村旅游示范村，岢岚县被列为“中国最美生态休闲旅游名县”“2020中国乡村振兴百佳示范县市”。

三、坚决贯彻落实新发展理念，推动经济高质量转型发展

一是聚焦“六新”招商引资。坚持“人人都是软环境，人人都是好形象”的招商主基调，制定“每月走出去、每季请进来”的“12+4”招商引资行动计划和工作机制，建起雄安、文安县2个招商工作站，与省政府驻天津办事处、北京亦庄高新产业园、河北高碑店经济开发区、东莞能源集团和上海中远海集团建立战略合作关系，党政主要领导带队到京津冀、长三角、珠三角、粤港湾等地开展招商引资工作，推动全年签约项目54个，总投资248亿元，招商引资创历史新高，综合排名全市第一。二是聚力打造开发区主引擎。制定综合保障、审批服务、管理考核等16项改革措施，坚持“一周一调度、一月一考评”推进开发区“三化三制”改革，着力打造京津冀产业转移新材料基地、玉龙片区新型产业园等“一基地三园区”转型项目集聚地，开发区年度签约项目30个，规模以上工业增加值完成8.3亿元、同比增速12.8%，开发区企业主营业务收入54亿元，产出强度267万元/亩，全部超额完成任务，在全省64家工业类开发区中位列优秀等次。三是持续推动产业转型升级。全年规划实施重大转型项目99个，建设特色种植园区7大类37个，累计认证“三品一标”50个，农产品加工企业销售收入9.6亿元，同比增长20.5%，全市排名第一；地区生产总值完成33.09亿元，同比增长1.1%；规模以上工业增加值完成9.78亿元，同比增长6.7%；一般公共预算收入1.9亿元，同比增长2.5%。

四、坚定不移全面深化改革，进一步激发高质量发展活力动力

一是深化重点领域和关键环节改革。制定年度改革创新行动计划和实施方案，推动全年83项重大改革事项落地见效；引深“一枚印章管审批”改革，推动完成3438个审批事项；全面推进完成医疗集团改革和“县管校聘”改革，农业集体产权制度改革已全部完成，农村土地确权颁证14400本，排名全市第一。二是抓实改革试点示范项目。以改革创新为根本动力，深化能源革命综合改革，围绕资源配置效率，积极推动电网投资主体多元化、居民用电市场化等7项重大改革，突出“减、优、绿”，加快传统能源改造提升。全年争取改革试点16项，脱贫攻坚与乡村振兴有机衔接等6个试点工作取得重大突破，“农村人居环境整治三年行动”通过了省级验收。三是创新机制强化生态治理。始终践行“绿水青山就是金山银山”发展理念，完善“三线一清单”管控机制，建立督察交办问题整改销号制度，推动11项中央生态环境保护督察“回头看”及大气污染防治专项督察反馈问题逐条整改。全年合作社造林绿化7.6万亩，达到或优于Ⅲ类水体比例为100%，劣Ⅴ类水体比例为0，空气质量优良天数占比93.9%，PM2.5浓度同比下降7.7%，空气质量全省综合排位第3名，全县生态环境质量持续改善。

五、坚持保障和改善民生，不断提升人民群众获得感幸福感安全感

一是以“人人持证、技能社会”为引领，推动民生保障不断进步。以“人人持证、技能社会”为引领，稳定和拓展就业，建立集职业培训、就业服务、企业招工、劳动维权、政策保障五大功能为一体的“人人持证、技能社会”工作平台，完成技能培训5446人并全部持证，全县新增城镇就业1668人，城镇失业率控制在2.6%，落实困难残疾人、高龄、失能老年人生活补贴制度，实现“应保尽保、应扶尽扶”。二是以“十件民生实事”为牵引，持续推动民生事业取得新进步。引深“双签约”为常态化“双服务”，探索实施互助养老试点，实施义务教育薄弱环节改善工程，全县高考创建国以来最佳成绩，中考综合成绩排全市第一，高考历史性突破百人大关；累计完成61个村特色风貌整治、8个传统村落保护修缮，乡村垃圾分类、污水治理、卫生厕所覆盖率分别达到100%、56%和95%。三是以“三零”创建为突破，强化提升社会治理水平。推动建成“三级平台、四级网络”社会综治管理服务体系，推行“三五”信访工作法，常态落实调度、通报、督查三项制度，建起公共服务法律中心和117人的调解员队伍，99个行政村法律明白人全覆盖，75.7%的农村创建为“三零村”，信访案件、刑事案件分别同比下降53.6%和41.1%，无重大安全责任事故，成为全国信访“三无”县。

六、全面加强宣传思想文化工作，始终筑牢团结奋斗的思想基础

一是坚持党对意识形态工作的领导权。坚持每半年研究一次全县意识形态工作责任制落实情况，每季度分析研判一次意识形态领域形势，把意识形态工作纳入干部考核和执行党的政治纪律政治规矩监督范围，层层传导压力、落实责任。常态化开展“晴朗”“净网”等专项行动，建立半小时发现、上报的舆情零报告制度和快速响应机制，重大舆情可管可控。二是以正确的舆论导向凝聚发展合力。把统一思想、凝聚力量作为中心环节，深入开展重大主题社会宣传，继续开设“天天到现场”“脱贫路上”等专题专栏，在中央、省市媒体发布280余篇，选送的专题片《我们一直奋斗着(一、二)》在国务院扶贫办、《中国扶贫》杂志社和新华网主办的“我所经历的脱贫故事”征集展示展播活动中荣获视频类一等奖，央视播出岢岚脱贫攻坚两集纪录片《2020我们的脱贫故事》，组织开展了忻州古城岢岚县旅游文化招商月活动，岢岚对外形象得到进一步提升，汇聚了团结奋进的正能量。三是精神文明建设有效推进。扎实开展新时代文明实践中心试点工作，全县1中心12所100站全部组建机构完成挂牌，深入推进“星级文明户”“文明家庭”“岢岚好人”等的评选活动，获得省文明委授予的“2018-2019年度山西省文明县城”荣誉称号。持续组织开展“三馆”免费开放、“送戏下乡”、农村公益电影放

映等文化惠民工程,成功举办宋家沟第三届“6·21”乡村旅游季、第四届“农民丰收节”等系列文化活动,创作《岢岚谣》等15个文艺作品,完成9个文化馆、图书馆总分馆、文体中心项目主体建设,推动社会主义精神文明和物质文明协调发展。

七、坚持全面从严治党,持续巩固风清气正的良好政治生态

一是持续强化干部人才队伍建设。持之以恒推进干部的年轻化、专业化、高素质化。举办县管干部读书班2班次、中青年干部培训班3期、十九届四中五中全会专题学习班,不断提升各级干部素质能力;坚持新时期好干部标准,全年提拔重用脱贫攻坚一线表现优秀干部43人、80后全日制本科及以上干部16人,开展优秀年轻干部“墩苗”行动,115名新考录人员到村兼任支书(主任)助理跟班锻炼,双向选派干部4人,省市县选派4名优秀年轻干部到乡镇担任党委书记、副书记,为党的建设和党的事业提供了坚强的组织和人才保障。二是坚持大抓基层党支部建设。制定“抓乡促村、抓村落实”党建工作机制,持续深化基层阵地达标升级等“十个专项行动”,开展农村“带头人”队伍优化提升行动,整顿软弱涣散村级党组织9个,推动73个行政村“两委”主干“一肩挑”,98%的基层党支部达到“34个有”标准,选派27名机关事业干部到村任职,吸引285名本土人才返乡创业,储备村干部后备干部373人,推动98%的农村集体经济经营性收入超过10万元。三是持续强化党风廉政建设。坚持“严”的总基调贯穿始终,一体推进不敢腐、不能腐、不想腐,全年共立案223件,给予党纪政务处分230人,移送司法3人;查处违反中央八项规定问题23起、扶贫领域案件11件、民生领域问题155个,综合运用监督执纪“四种形态”处理1068人次;其中,第一种形态818人次;第二种形态201人次;第三种形态40人次;第四种形态9人次,政治生态持续净化。

(贾润高)

附:中共岢岚县委书记、副书记、常委名单

书　记:王志东

副书记:侯俊生　银培秀　武国强(挂职)
赵　超(6月任职)

常　委:刘玉麒(挂职)　闫莉芸(女)　岳保和
张志峰　梁利军　陈贵文(挂职)
董汉宝　李　勇

中共河曲县委

县委书记　边东圣

2020年,河曲县委全面学习贯彻党的十九届五中全会精神和习近平总书记视察山西重要讲话重要指示精神,认真落实省委“四为四高两同步”的总体思路和要求,按照市委“336”战略部署,团结带领全县干部群众,创新实施“1266”工作思路,扎实做好“六稳”工作,全面落实“六保”任务,全县经济社会总体呈现稳步发展、逆势上扬的良好态势。

一、聚力“重学习、强示范”,牢牢把握正确政治方向

坚持系统学习转化,从深入学习习近平总书记视察山西重要讲话重要指示、“三篇光辉文献”入手,及时组织学习党的十九届五中全会精神,切实推动习近平新时代中国特色社会主义思想往深里走、往心里走、往实里走。坚决把党的领导体现在改革发展稳定全过程各领域,全年召开41次常委会议、5次书记专题会议,制定出台《县委议事协调机构运行管理办法(试行)》,真正发挥了县委管方向、把大局、保落实的作用。认真贯彻落实党中央决策部署,出台《关于贯彻落实省委十一届十次全会和市委四届九次全会精神 奋发有为蹚出转型发展新路 争做忻州西部发展领头羊的责任分工方案》,作出6方面62项291条措施的安排部署。汇集各方面智慧,形成《中共河曲县委关于制定国民经济和社会发展第十四个五年规划和二〇三五年远景目标的建议》,为全县开启现代化建设新征程提供规划保障和科学指引。

二、聚力“抗疫情、排隐患”,全力保障人民生命财产安全

坚持把疫情防控作为压倒一切的头等大事来抓,出台《疫情防控工作应急预案》,建立9类重点场所管控台账,1107名党员干部开展了“四包一”包联服务,700多名党员干部下沉卡点一线,群防群控、联防联控,累计排查1601人,检测采集冷链食品样本1466份。坚持人民至上,下达防控工作经费526.21万元,建成投用PCR核酸检测实验室和56个标准化隔离室。强力抓好“米袋子”“菜篮子”,严厉打击扰乱市场秩序行为,保障了群众正常生活需求。坚持统筹兼顾,出台《应对疫情支持中小微企业共渡难关的若干措施》,全县31

家规模以上企业及中小微工业企业均于2月底前复工复产。

三、聚力“抓重点、补短板”,确保脱贫实效做好振兴衔接

一是突出统筹统揽,推进责任落实。全年召开大型调度会8次、专题会7次,制定出台交总账方案等34个相关政策文件,成立6个督查组,督促责任、政策、工作全面落实,全县163个贫困村全部退出,9937户21802名建档立卡贫困人口全部脱贫。二是聚焦重点任务,推进政策落实。聚焦防贫返贫,290户599名边缘易致贫户、254户538名脱贫不稳定户的针对性预防帮扶措施覆盖率达100%。聚焦“两不愁”,产业扶贫投资4690万元实施341个产业项目,覆盖所有有劳、弱劳、半劳贫困人口;生态扶贫实施退耕还林5000亩、经济林提质增效项目2.5万亩,惠及贫困人口8278人;光伏扶贫解决公益岗位3000余个,全县分配比率达到96.2%。聚焦“三保障”,教育扶贫累计发放资助金7018人次685.7万元,健康扶贫服务受益1.7万人次2963万元,住房安全对14户危房全部实施改造,饮水安全投资2487.4万元实施81村饮水工程,农村集中式供水率达100%,自来水入户率为93.4%。三是强化保障措施,推进工作落实。开展“十个清零”行动,累计排查并整改问题1443个。持续增加县级专项扶贫资金投入,2020年县级安排专项扶贫资金5800万元。实施“321”典型示范工程,贫困群众内生动力不断激发。

四、聚力“增活力、添动力”,着力推动县域经济稳中向好

2020年全县地区生产总值增长7.3%,规模工业增加值增长10.5%,一般公共预算收入增长10.1%,城乡居民人均可支配收入分别增长5.7%和10.5%。一是项目建设快速推进。始终坚持“项目为王”,出台县《项目建设“七个一批”考核方案》,大力招商引资,成功举办“西口故里”招商引智推介恳谈会。二是产业结构优化升级。不断优化种植结构,种植红辣椒8000亩,打造富硒功能杂粮基地2万亩,推广渗水地膜谷子穴播技术1万亩。全县奶牛、生猪、羊、蛋鸡的规模化养殖率分别达98%、85%、70%、99%。中炜巨田石城铁路专用线项目、鲁能河曲发电公司煤场全封闭工程、忻州宜芳220千伏输变电工程已全部完工。磷酸铁锂项目1号生产线已投入试生产,国京风电10万千瓦项目并网发电;山峡新能源绿色能源基地建设有序推进。电子商务进农村综合示范项目获全省绩效评价优秀等次。三是改革创新步伐加快。相对集中行政许可权改革成效明显,事项、人员划转率分别达80%、95%。县乡医疗一体化改革逐步优化,在全市率先聘请了县医疗集团执行院长,基本实现了医疗下沉和分级诊疗。人口小县机构改革稳步推进,大部制、扁平化的管理模式初步建立。创业创新活力不断增强,与山西农业大学建立人才战略合作关系,推动本土人才回乡创业,回引率达90.3%。

五、聚力“惠民生、守底线”,持续提升人民幸福指数

一是民生福祉全面加强。10件民生实事全部完成。实现城镇新增就业2100人,转移农村劳动力2217人。城乡居民基本养老、医疗保险参保率分别达到98.5%、97.1%。全力推进“两下两进两拆双修一提升”“五治三建一改一提升”专项行动,拆除违建1.4万平米,改造农村户厕930座,102.4公里的四好农村路建设项目有序推进,西口古渡和临隩大道完整修复,圆通路、宣化街建成通车,城乡基础设施不断完善。新建医院住院楼门诊楼装修完工。中高考成绩再创佳绩,高考二本B以上达线446人,较2019年增加38人。二是生态环境不断优化。全面推进大气、水、土壤污染防治,优良天数比例达到85.2%,完成造林任务7.6万亩,省级湿地公园正式命名,创建国家森林城市已列入创森重点县份和备选名单。第二次全国污染源普查工作获国务院通报表扬。三是社会治理全面提升。全力抓好“三零”单位创建,全县353个农村(社区)“三零”达标率77.6%,2377个企事业单位“三零”达标率99.28%,平安河曲建设5个方面30项建设任务基本完成,4个乡镇被命名为市级平安乡镇,群众安全感不断提升。省级文明县城正式挂牌,县检察院被授予“全国文明单位”荣誉称号。持续加大扫黑除恶力度,深入开展“禁毒”工作,从严打击各类违法犯罪活动,全年共侦破刑事案件143起,抓获犯罪嫌疑人103人,形成强大震慑。大力实施免费法律咨询便民工程,完成率达170%,“七五”普法工作通过市级验收。严格落实安全生产“543”工作机制,全面推进隐患排查治理,已整改98.7%,全县连续两年没有发生生产安全事故。

六、聚力“抓党建、强保障”,全力构建良好政治生态

一是强化从严治党政治责任。充分发挥县委核心领导作用,定期听取县人大、政府、政协和法检两院党组工作汇报,制定《河曲县党委(党组)履行全面从严治党主体责任清单》,督促担责守责,全年以来共对落实管党治党责任不力的12名领导干部进行了追责问责。二是强化意识形态阵地建设。深入推动县融媒体中心深度融合,精心打造了传统媒体与新媒体相融合的主流媒体矩阵。切实加强对网络舆情的监督和引导,全年处置网络舆情30条,发表评论13017条,未发生重大舆情和重大意识形态责任事件。三是强化基层组织建设。整顿基层软弱涣散党组织15个,命名五星级党组织46个,完成了183个村和13个社区党组织书记的备案管理。持续壮大集体经济,全县183个行政村年收入均达到5万元以上,其中年收入10万元以上村179个,占97.8%。四是强化干部人才队伍建设。坚持把政治标准挺在前面,选派31名优秀机关事业单位干部到村任职,储备80后正科级优秀年轻干部24人,85后副科级干部48人。对47名科级干部进行离任审计,选人用人更加精准科学,监督管理更加规范有力。五是强化党风廉政建设。聚焦群众痛点难点堵点,查处形式主

义、官僚主义和违反八项规定问题62件,处理62人,形成有效震慑。持续保持高压反腐态势,全年立案审查调查247件,给予党纪政务处分243人,同比增长7.52%;组织处理852人,同比增长14.5%。

(赵思超)

附:中共河曲县委书记、副书记、常委名单

书　记: 边东圣

副书记: 任鸿宾　赵宇彤　胡盂卿(挂职)

常　委: 张永明　赵　勇(12月离职)　马永峰　李志福　付建华(挂职)　赵振海　冯　毅(6月任职)

中共保德县委

县委书记　温建军

2020年,保德县委坚持以习近平新时代中国特色社会主义思想为指导,深入学习贯彻习近平总书记视察山西重要讲话重要指示,全面贯彻落实党的十九大和十九届二中、三中、四中、五中全会精神,认真落实省委"四为四高两同步"总体思路和要求、市委"336"战略布局,团结带领全县干部群众,积极应对疫情影响及经济下行压力,扎实做好"六稳""六保""六新"工作,不忘初心,砥砺奋进,全县各项工作都取得了新的明显成效,较好地完成了全年各项目标任务。

一、以习近平新时代中国特色社会主义思想指引前进道路,把稳保德工作的正确航向

县委坚持把学好用好习近平新时代中国特色社会主义思想作为根本政治任务,统揽全县大局,沿着习近平总书记指引的金光大道奋勇前进。聚焦建立"不忘初心,牢记使命"主题教育长效机制,通过县委中心组学习、专题报告会、《保德大讲堂》、青干班等多种方式,全面系统学习了习近平新时代中国特色社会主义思想、习近平总书记"三篇光辉文献"、习近平总书记视察山西重要讲话重要指示、党的十九大和十九届二中、三中、四中、五中全会精神,切实做到真学真懂、真信真用、真知真行,并将之贯穿于全县经济社会发展全过程、各领域、各环节,确保了全县各项工作正确方向。坚持把加强和改进自身建设摆在首要位置,坚决把牢政治方向,把稳政治立场,从县委书记做起,从县委常委做起,始终坚持与习近平同志为核心的党中央保持高度一致,不折不扣贯彻落实党中央各项决策部署,带头增强"四个意识",坚定"四个自信",做到"两个维护",严纪律、明规矩、强作风,为全县党员干部树标杆、作表率,形成了一级抓一级、一级带一级的良好氛围。

二、以新发展理念引领新时代高质量发展,经济运行保持良好发展态势

面对错综复杂的国际国内经济环境,面对繁重艰巨的改革发展稳定任务,面对抗击新冠肺炎疫情这场没有硝烟的战争,县委始终坚定信心,保持定力,紧扣经济发展第一要务,带领全县人民科学应对经济下行压力,统筹推进稳增长、促改革、调结构、惠民生、防风险、保稳定、强基础各项工作,县域经济运行呈现总体平稳、稳中向好的发展态势。全年地区生产总值完成82.76亿元,同比增长-0.5%;规模以上工业增加值完成51.2亿元,同比增长4.3%;社会消费品零售总额完成20.55亿元,同比负增长4.2%;一般公共预算收入8.26亿元,同比增长1.43%。顺利实现斜沟煤矿分税,可为全县增加总收入2亿元,一般公共预算收入6000万元。原煤产量2258.69万吨,煤层气抽采量6.05亿方,发电量9.68亿度,水泥产量140万吨。不断加大招商引资力度,全年完成签约项目58个,考核完成数15个,完成数占市下达目标任务数的136.2%;当年签约当年开工项目13个,开工率86.7%,完成任务数的288.9%;1–11月,保德县五项指标综合排名并列全市第一。

三、以提升脱贫攻坚成效保障"交总账",夯实全面建成小康社会基础

县委以习近平总书记关于扶贫工作重要论述为指导,全面贯彻落实中央、省市重大决策部署,认真贯彻"四个不摘"指示精神,继续强化主岗主责、全员全责的攻坚机制,健全责任、工作、政策、投入、帮扶动员、考核、监督体系等7项机制,压实各部门责任,聚力推进脱贫攻坚"交总账"。县脱贫攻坚大决战总指挥部下设副县级以上领导牵头的6个专项作战指挥部,统领38个扶贫工作指导组。印发《保德县决战决胜脱贫攻坚"交总账"方案》、6个决战方案和6个专项行动方案。年初安排减贫、挂牌督战、增收、"6+6"作战、贫困人口动态管理、扶贫资产管理、风险防范、问题排查整改、整村搬迁后续扶持、干部驻村帮扶、"两类户"跟踪帮扶、落实"忻保障"、"三保障"补短板、人居环境改善、提高群众满意度、作风建设等16个方面工作,精准施策、靶向攻坚,易地扶贫搬迁、产业扶贫、就业扶贫、教育扶贫、健康扶贫、生态扶贫、金融扶贫、消费扶贫、精神文化扶贫全面发力,脱贫攻坚质量成色进一步提升。全县158个贫困村、12456户32412人贫困人口全部退出,贫困发生率从建档立卡初的23.79%降至0,解决了保德延续千百年来的绝对贫困问题,为全面建成小康社会奠定了坚实基础。

四、以宗旨意识推进各项事业，切实增进民生福祉

县委坚持以人民为中心的发展思想，着力解决关系群众利益的突出问题，不断提高人民群众的获得感、幸福感和安全感。

一是各项社会事业全面进步。全县新增城镇就业2124人，就业形势稳中向好。疫情防控取得决定性胜利，持续保持“双零”目标。城乡居民医疗保险参保率95.4%，6569人次享受到城乡居民医保补偿，补偿基金3738.12万元。环城绿化提升改造、人行天桥、自来水管网延伸改造、三大板块旅游公路等工程实施完工。保德中学二本B类及以上达线考生153人，达到历史最高水平。组织参加忻州市第十届梨花奖，选送的现代二人台小戏《脱贫浪花》荣获二等奖；在忻州古城举办了保德县旅游文化招商系列宣传活动，充分展示了县民俗文化和特色风物，推动了文旅产业融合发展。

二是人居环境明显改善。召开全县城乡统筹发展暨人居环境改善动员大会，把“绿水青山就是金山银山”的理念落到实处，积极争取第四批全国山水林田湖草矿生态保护修复试点，切实加大采煤沉陷区治理力度，扎实开展城区环境卫生集中整治、“村庄清洁行动”、卫生创建活动，持续做好国家卫生县城的巩固提升工作，全面推进了黄河流域生态保护和高质量发展。

三是社会大局和谐稳定。全县“三零”单位创建成效显著，安全生产形势总体平稳。“零事故”村(社区)达标比例99.15%，企事业单位达标比例99.96%。“零案件”村(社区)达标比例73.86%，企事业单位达标比例100%。“零上访”村(社区)达标比例90.63%，企事业单位达标比例99.33%。多措并举清剿毒患，禁毒工作成效明显。着力巩固扫黑除恶专项行动成效，扫黑除恶工作全市排名第二。

五、以民主法治建设凝聚合力，全力推动县域治理体系和治理能力现代化

县委始终坚持民主集中制原则，坚持集体领导制度，保障人大、政府依法行使职权，支持政协履行职能，推进了决策的科学化和民主化，形成了齐心协力、众志成城的良好氛围。县人大、县政协组织开展了易地搬迁后续扶持、“六新”项目推进、黄河流域治理、乡村振兴等为主题的专题调研，为县委、县政府科学决策提供了重要参考。积极发挥工青妇等人民团体作用，切实加强对人民武装工作的领导，高度重视统战、民族和宗教工作，形成了群策群力、团结共进的政治局面。支持法院、检察院依法独立公正行使审判权、检察权，切实维护了司法公正。不断深化中国特色社会主义制度在保德的具体实践，全力推进县域治理体系和治理能力现代化。深入开展“七五”普法工作，进一步增强了公民的宪法观念和法制意识。不断加强基层民主建设，切实保障了人民群众的知情权、参与权、表达权和监督权。

六、以新发展理念激发新时代党建工作活力，持续深化全面从严治党

县委坚决贯彻落实中央、省委、市委全面从严治党要求，制定了《中共保德县委常委会2020年工作要点》，健全完善了《常委会议事规则》，制定了《中共保德县委落实“三重一大”事项集体决策制度实施办法》，进一步规范了决策和工作程序，确保了党的各项重点任务落实落细落到位，推进全面从严治党向基层延伸。

一是加强思想理论武装，着力加强干部队伍建设。充分利用“山西干部在线”学习平台，以党的十九届四中、五中全会精神、习近平总书记视察山西重要讲话重要指示和“三篇光辉文献”、省委“四为四高两同步”总体思路和要求、市委“336”战略布局为主要内容，对全县810名干部进行“网络专题培训”，并开展集中研讨。依托党性教育基地，把党性教育列入公务员初任培训班、政法系统青年干部培训班、读书班和中青年干部培训班培训计划内容，221名干部接受了深刻党性洗礼，党的意识形态工作全面加强，全县干部队伍政治素养和履职能力全面提升。

二是抓好基层党建工作，充分发挥基层党组织政治功能和服务作用。制定《保德县农村党建工作清单》，明确15方面100项具体内容，农村基层党组织标准化规范化建设99.1%的村达一流标准。全县各级党组织和广大党员在打赢新冠疫情防控阻击战中发挥“五员带头”作用，共投入1330名党员干部对1974名管控对象进行“五包一”包联，9299名党员自愿捐款84.65万元。

三是落实全面从严治党主体责任，巩固发展反腐败斗争压倒性态势。把全面从严治党作为最根本的职责，把主体责任和监督责任一贯到底，深入推进纪检监察体制改革和规范化建设。研究制定《关于贯通落实“两个责任”进一步加强党对反腐败工作全过程领导的工作措施》，进一步推动“两个责任”有效贯通。持续强化政治监督，紧盯脱贫攻坚责任落实，查处扶贫领域腐败和作风问题39件，给予党纪政务处分28人，督促完成了省市交办保德县和省委巡视“回头看”反馈保德县的各类整改问题。不断加强对党员干部的日常监督，综合运用监督执纪“四种形态”处理766人次。持续保持狠刹“四风”高压态势，查处违反中央“八项规定”精神案件13件，给予党纪政务处分11人；查处形式主义、官僚主义问题12起，给予党纪政务处分23人。坚决落实省委市委巡视巡察整改要求，开展了第八、第九轮常规巡察，完成本届县委巡察全覆盖，管党治党责任得到进一步落实，全面从严治党的实效性不断增强。

（马　磊）

附：中共保德县委书记、副书记、常委名单

书　记： 温建军

副书记： 韩　斌　张志杰

常　委： 油建平　高彩文(女)　田先明　牛朝旭

孟利伟　葛爱军　邵　宁(8月任职)
刘晓鹏(9月任职)　李晋峰(挂职)
张忠文(挂职)

中共偏关县委

县委书记　王　源

2020年，偏关县委坚持以习近平新时代中国特色社会主义思想为指导，认真贯彻落实习近平总书记视察山西重要讲话重要指示，创新实施“1551”战略布局，坚持以“战疫”“战贫”两大战役统领全县整体工作，进一步推动偏关党的建设和党的事业高质量发展。

一、认真学习贯彻习近平新时代中国特色社会主义思想和“三篇光辉文献”精神

一是进一步增强思想引领。县委理论学习中心组全年集中学习13次，举办县管干部读书班和中青年干部培训班，共轮训各类干部500多人。全县580名乡科级以上干部同步开展网络专题培训，19个党工委、8个党总支、346个党支部的党员干部参加“三晋先锋”学习。围绕学习宣传贯彻中央、省委和市委全会精神，抽调24名党员领导干部组成宣讲团，深入基层巡回宣讲240余场次。二是进一步坚定政治方向。扎实推进“不忘初心、牢记使命”主题教育常态化制度化，坚决把党的领导贯彻和体现到改革发展稳定全过程各领域。严格落实重大事项请示报告制度，10大议事协调机构全年多次研究改革发展事项，切实增强党的领导力，提高政府执行力。三是进一步高位贯彻落实。县委召开常委会议25次、书记专题会议15次、县委常委(扩大)会议12次，研究推进疫情防控、“三大攻坚战”、项目建设以及经济社会发展等重点工作任务。围绕贯彻落实省委十一届十一次全会和市委四届十次全会精神，共制定工作举措73项。县委常委会深入研究“十四五”规划和远景目标制定工作，为全县开启现代化建设新征程提供规划保障和科学指引。

二、聚焦第一要务，经济高质量转型发展成效明显

一是经济指标实现历史新高。财政总收入完成5.1亿元，同比增长25%；一般公共预算收入完成2.39亿元，同比增长13.4%。地区生产总值完成33.6亿元，同比降低2%；城镇居民人均可支配收入完成25180元，同比增长4.5%；农村居民人均可支配收入完成8835元，同比增长8%。经济指标实现“正增长指标增幅高于全市平均水平、负增长指标降幅在合理区间”的预期目标。二是转型升级迈上历史新位。总装机20万千瓦风电项目推进顺利，新建的偏关县晋电化工2×12MW生物质热电联产项目已开工建设。积极推进上海奥博100万羽高标准规模化非笼养蛋鸡项目，建成投用生猪养殖场18个。实施杂粮种植38.22万亩，全年全县粮食产量完成1.69亿斤。完成小流域治理20平方公里、水源工程4处、建设坡改梯15836亩。全县农机总动力达到5.38万千瓦，综合农机化水平达到59.7%。三是文旅融合深度推进。长城1号、黄河1号133公里的旅游公路主体建成，长城1号“0km”标志文化驿站正式投入使用，长城1号旅游公路二期工程完成前期设计工作。乾坤湾村特色民宿样板院落已打造完成，新建7栋民宿已完成主体建设；老牛湾被评定为国家4A级旅游景区，偏关县长城被文化和旅游部列入长城国家文化公园重点项目。四是工业经济后劲渐强。县委常委会深入贯彻落实省委“四为四高两同步”部署要求，按照“七个一批”工业项目推进计划，重点围绕产业转型，积极谋划并储备了一批具有引领作用的重大产业转型项目。全县落地项目5个；新开工项目28个；在建项目30个。一批新项目正在为全县经济持续发展积蓄后劲和能量。

三、稳定落实帮扶政策，脱贫成果持续巩固

脱贫攻坚取得决定性胜利，为衔接乡村振兴奠定坚实基础。县委先后组织召开书记专题会、脱贫攻坚领导小组会议以及脱贫攻坚指挥部工作例会43次，研究制定巩固成效与攻坚贫困一体化推进举措97个；县、乡、村三级书记先后完成91个贫困村和9949户贫困户遍访任务。1214户3468人易地搬迁人口全部安置入住，15个整村搬迁村拆旧复垦(复绿)工作全部完成。光伏扶贫有效带动贫困群众持续增收，全县150个村集体经济收入全部达到5万元以上，10万元以上的村117个。通过持续落实“两不愁三保障”政策，村容村貌和基础设施实现历史性大改观，农村实现“房安、路顺、网通和医保、养老、教育”全覆盖。

四、积极稳妥促改革，内生发展动力不断增强

县委常委班子坚持把改革创新作为动力之源，全面深化79项重点改革，全力推进11项国家级、省级试点示范和6项自主改革项目，不断激发经济社会发展新动能。县农村信用联社改农村商业银行如期完成。进一步深化相对集中行政许可权改革，规范划转职能和事项，13个涉改部门287项行政审批事项全部划入县行政审批服务管理局。扎实推进“县管校聘”改革，优化教师队伍管理。进一步深化县域医疗一体化改革，11项指标任务已全部完成。深化城乡污水处理运营体制改革，已与神达洁源环保有限公司签订固定资产移接交

协议。园区“三化三制”改革持续深化，园区总规、勘界已编制完成。稳妥推进乡镇机构改革，各阶段任务全部完成。扎实推进全县行政村撤并工作，行政村总数由原来的245个减少为150个。

五、凝心聚力惠民生，社会保障事业全面发展

统筹推进教育、医疗、就业、文化、社会保障等各项民生事业，不断提升人民群众获得感和幸福感。全面做好疫情防控工作，县委、县政府制定了疫情防控双组长、双调度、双指挥工作机制，先后召开防控工作专题会议78次，研究制定“四包一”防控举措和复产复工、复学复课举措115项，构建起协同高效的疫情防控工作体系。高考在参考人数减少的情况下二本以上达线76人，同比增加36%。全县适龄幼儿入园率达到96.08%。按期完成足球场建设任务，为全县行政村配齐文化器材，补充农家书屋图书，进一步建强基层文化阵地。有序推进县级融媒体中心建设，接受省级验收。稳步提高社会保障水平，城乡居民参保率提高到98.8%。先后实施6大类市政工程，完成135个行政村的农村生活垃圾治理收运处置。启动县城“创卫”、推动县城“创园”、完成县城“创文”，全县城乡面貌进一步改善。县城区环境空气质量二级以上天数为319天，优良率为87.2%，比上年同期增加14天；继续实施全民技能提升工程，完成技能培训2099人。大力推进清洁取暖工程，集中供暖改造面积18486平方米，“煤改电”完成2007户。全面贯彻安全生产“543”工作机制，深入开展专项行动，全县安全生产形势持续稳定。新一轮机关事业单位干部职工调资及时足额兑现，乡镇补贴及乡镇事业干部交通补贴全面落实。扎实开展“三零”单位创建，全县排查登记录入创建主体1051个，全力维护全县大局稳定。

六、党的建设夯基提升，带动引领作用彰显

一是党的建设不断加强。坚持抓党建、强基层、促活力、带发展，全县各级党组织认真落实“三会一课”和“3+X 主题党日活动”，大力度整顿软弱涣散党组织，强化“整乡推进、整县提升”。建立抓党建“三个清单”，细化工作举措4类28项71条。高位推动村（社区）“两委”换届省级试点工作，150个行政村和6个社区党支部和村委会换届选举工作全部完成。二是从严治党深入推进。县委常委会研究制定县委班子及成员的《责任清单》和《任务清单》。全年处置问题线索567件，办结案件75件，给予党纪政务处分75人，留置1人。按计划完成十三届县委巡察全覆盖任务，问题线索得到核查处理。全县共查处违反中央八项规定精神和“四风”问题24件，查处扶贫领域案件11件，共运用“四种形态”481人次。制定出台《关于深化偏关县纪委监委派驻机构改革的意见》，进一步深化县纪委监委派驻机构改革，为纪检监察工作高质量发展夯实基础。三是宣传工作守正创新。开展意识形态形势教育15次，全县未发生重大舆情和意识形态责任事件。县融媒体中心完成建设整组，创设“智慧偏关”APP，搭建了多体系宣传推介和多领域服务平台。深入实施文化惠民工程，全面完成免费送戏下乡65场。发挥主流媒体作用，在市级以上媒体发稿200余篇，在全县汇聚奋斗精神和奋进力量。

（王宇翔）

附：中共偏关县委书记、副书记、常委名单

书　记：王　源

副书记：曲俊安　王文阁　郭　凯（挂职）

常　委：白建国　党　勇　刘效华（女）

冯百胜　贾育新　张晋荣

王　立（8月任职）　张秉炬

中共吕梁市委

市委书记　李正印

2020年，吕梁市委深入学习贯彻党的十九届五中全会精神和习近平总书记视察山西重要讲话重要指示，认真落实省委“四为四高两同步”总体思路和要求，统筹推进疫情防控和经济社会发展，全市各项事业取得了新进展新成效。

习近平总书记在全国决战决胜脱贫攻坚座谈会上对吕梁市生态扶贫做法、减贫工作成效给予充分肯定。省委书记两次深入吕梁调研指导工作，充分肯定吕梁市脱贫攻坚取得的明显成效。决战脱贫攻坚取得全面胜利，困扰千百年来的绝对贫困得到彻底消除。全市地区生产总值、规上工业增加值、一般公共预算收入等主要经济指标总量位居全省前列。吕梁荣获“最具投资营商价值城市（区域）”“全国双拥模范城”等荣誉称号。

一、持续强化理论武装

坚持先学思想后决策，市委常委会27次、中心组20次跟进学习习近平总书记重要论述。市委常委3次学习习近平总书记视察山西重要讲话重要指示，与学习“三篇光辉文献”结合起来，交流研讨、深入调研推动学思践悟，市委形成“1234”发展思路，出台一系列重大工作指导性文件。推动理论学习往基层走往实里走，线上线下培训干部5.5万人次，订阅发放《习近平谈治国理政》第三卷16.8万册，作为党员干部学习的案头卷。66万干部群众应用“学习强国”平台常态化进行理论学习，全市形成学用党的创新理论的大格局。

加强意识形态工作,常委会每季度研判形势,牢牢掌握工作领导权、主动权。深入学习贯彻党的十九届五中全会精神,坚持领导带头讲、宣讲团阐释讲、万人万场覆盖讲,累计宣讲9000余场,受众106万人次。

二、决战完胜脱贫攻坚

树牢军令状意识,市委市政府13次专题调度脱贫攻坚工作,161名县级干部下沉乡镇(街道)担任第一书记,向3个深度贫困县派出市决战决胜脱贫攻坚领导小组,推动工作落实。坚持减贫防贫并举。"一户一策"完成剩余5522名贫困人口减贫任务。对1.18万户"两类户"精准采取帮扶措施,"一保通"扶贫保险实现农村人口全覆盖。运用"一码清"大数据管理平台靶向施策,推动发现问题全部整改清零。持续打响"三大品牌"。生态扶贫,持续实施"三个100万亩",带动2.5万贫困群众人均增收5000多元。吕梁山护工,培训1.18万人、就业7187人,首批5名护工赴日就业,实现劳务国际零输出的突破,护工培训就业领导组获全省脱贫攻坚组织创新奖。光伏扶贫,结算收益7.86亿元,惠及1570个村,开发公益岗位8.2万个,实施"光伏+"项目9000亩,有效促进群众增收。突出产业就业扶贫。大力发展红枣、核桃、食用菌等八大特色优势农业产业,推广"党支部+合作社""十户联体"等模式,实现"五有"全覆盖。加强产销对接,举办两届名特优功能食品展销会、直播带货季、首届干果交易会、首届枣芽茶大会等,销售农产品1.35亿元,招商引资58亿元,贸易签约6.2亿元。促进返岗就业,帮助19万劳动力落实就业岗位。做实易地扶贫搬迁。建成87个集中安置点,累计搬迁11.26万人,配套建成55个扶贫车间、36个产业园区。在媒体开设"讲脱贫故事、晒幸福账单"栏目,持续激发内生动力。脱贫攻坚交出优异答卷。

三、加快转型发展步伐

召开市委四届九次全会,提出聚焦"六新"突破,打造"九大基地",建设创新、绿色、开放、法治、幸福吕梁。积极推进能源革命。建成安全高效矿井68座,先进产能占比达83.5%。与南方科大合作建立绿色清洁能源联合实验室,微矿分离新技术项目正式落地,引领传统能源变革性发展。全市煤成气产量完成12.44亿方,增长52.26%。风电、光伏装机规模达249万千瓦。大力培育新兴产业。铝镁新材料产业,中铝华润一期50万吨轻合金铝项目全部达产,引进7个高端铝材加工项目,3个建成投产,加快打造千亿级产业园区。白酒业,中汾酒城10万吨白酒产能全部释放,举办世界酒文化博览会,签约10个项目,全年白酒产量14.85万千升。大数据产业,举办大数据产业发展大会。吕梁云计算中心成为省级超算中心,全市形成50多项大数据应用成果,尤其是培育了数据标注新业态,实现群众增收与大数据产业发展双赢。开通5G基站1354个,庞庞塔煤矿获得全国第一张"5G井下专网"。文化旅游业,"黄河一号"旅游公路吕梁段建成323公里,重点打造碛口风景名胜区,《如梦碛口》实景剧引起强烈反响,国庆期间游客增长30%,选树"黄河人家"示范样板63个。编制《杏花村酒文旅融合发展规划》,成立杏花村文旅公司,实施7个酒文旅融合发展项目,着力建设富有魅力的酒文化旅游目的地。狠抓转型项目建设。每季度举办大型招商引资推介会,组团参加厦洽会、进博会,签约项目141个,开复工项目790个,新建项目开工465个,开工率86.1%,120个项目竣工投产。全力打造创新生态。召开科技大会,实施"六大创新工程"。正常生产的490户规上工业企业实现创新活动全覆盖。深入实施"百千万"人才工程,聘请140名院士专家为吕梁市转型发展顾问,引进283名人才。持续优化营商环境。深化"一枚印章管审批"改革,"吕梁通"APP涵盖249项服务事项。国家发改委发布10月城市信用监测月报,吕梁综合信用指数居全省第一。

四、加强生态环境保护

大力推进国土绿化,完成退耕还林及造林99.4万亩,全市林草覆盖率72.26%、全省第一,森林覆盖率28.6%、全省第三。加强大气污染防治,吕梁市区空气质量在全省11市中排名第一,在京津冀及周边地区"2+26"城市和汾渭平原11市中率先达到国家二级标准。突出抓好水污染防治,11个国考断面全部消除劣Ⅴ类。全面整治农村和城乡结合部"三乱"问题,推进厕所革命,完成农村改厕5.2万座。应用"大数据+环保",形成生态环境保护新格局。

五、扎实保障改善民生

对全市254万劳动力全面建档立卡,新培训10.3万人,4.3万人取得职业资格证书,截至12月底城镇新增就业4.3万人。教育质量稳步提升,高考二本以上达线人数突破1.6万人,创历史新高。建成30所核酸检测机构,总投资17亿元市医疗卫生园区主体工程基本完工。大力发展文化事业,舞剧《刘胡兰》入选中宣部"建党百年"主题重点跟踪项目,山西电影学院落户吕梁。加强法治吕梁建设,出台3部地方性法规,举办"12·4"国家宪法日宣传周活动,营造浓厚法治氛围。加快平安吕梁建设,累计打掉142个黑恶势力犯罪团伙,扫黑除恶取得重大成果。扎实开展"三零"单位创建,全省两次推进会上吕梁均介绍了经验做法。全市未发生重大及以上生产安全事故,社会大局和谐稳定。

六、持续净化政治生态

全面从严治党向纵深推进,市委常委会每季度听取全面从严治党情况汇报,推动责任落实。大力推进正风反腐,全市立案3724件、处分3537人。召开领导干部警示教育大会,以案为鉴、以案促改。标本兼治,一体推进不敢腐、不能腐、不想腐长效机制建设。树立正确选人用人导向,不断加强干部队伍建设。大力弘扬吕梁精神,隆重表彰134名劳动模范,推动形成干事创业的良好氛围。全面加强基层党建,精心选派519名机关事业单位干部到376个村任职,精准整顿220个软弱涣散村党组织。全市合并行政村925个,"两委"主干"一肩挑"比例88.2%,“四进五出”做法在全省推广。全市村集体经济年收益5万元以上村占比达98.9%,基层党组织组织力明显提升。

(王　斌)

附:中共吕梁市委书记、副书记、常委名单

书　记:李正印

副书记:王立伟　张广勇

常　委:张稳科(1月离职)　秦书义(1月离职)

赵沂旸(1月任职)　李建国(9月离职)

任　忠　徐德峰　梁志勇　乔晓峰

周昌盛　张欣宁　田安平(11月任职)

中共交城县委

县委书记　刘　旋

2020年,交城县委坚持以习近平新时代中国特色社会主义思想为指导,深入学习贯彻落实党的十九届五中全会精神和习近平总书记视察山西重要讲话重要指示,认真落实省委“四为四高两同步”总体思路和要求、市委“1234”发展战略,统筹做好稳增长、促改革、调结构、惠民生、防风险、保稳定各项工作,立足脱贫攻坚交好账、“十三五”收好官,团结带领全县干部群众砥砺奋进、攻坚克难,全县党的建设和党的各项事业取得了新成效、迈上了新台阶。

一、坚定不移把政治建设摆在首位,切实增强“两个维护”的思想自觉政治自觉行动自觉

始终把高举旗帜、维护核心作为最大的政治任务,树牢“四个意识”、坚定“四个自信”、做到“两个维护”,不断增强政治判断力、政治领悟力、政治执行力。坚持先学思想后作决策,建立第一议题制度,县委常委会36次、县委中心组30次学习习近平总书记重要论述和最新讲话、指示批示精神,确保交城各项工作沿着正确方向前进。巩固拓展“不忘初心、牢记使命”主题教育成果,推动过“政治生日”、上下联动解决问题等做法常态化,强化党员干部“一句誓言、一生作答”的行动自觉。习近平总书记视察山西发表重要讲话、作出重要指示后,常委会带头学习、逐字研读,与学习“三篇光辉文献”、《习近平谈治国理政》第三卷结合起来,着力在融会贯通、真信真用、学用结合上下功夫。召开县委十五届八次全会,出台《实施方案》,提出60项、275条具体举措,确保重要讲话重要指示条条落实、件件落地、事事见效。党的十九届五中全会召开后,班子成员带头深入包联乡镇、农村、企业宣讲,全县累计宣讲360余场次,受众3万余人次,形成学习贯彻的大格局。认真履行把方向、管大局、作决策、保落实职责,召开决战完胜脱贫攻坚、生态环境保护、安全生产等20多个重要会议,贯彻省市部署,推动工作落实,切实提升“两个维护”的能力和效果。

二、聚焦“六新”突破,奋勇争先蹚出转型发展新路

坚定不移推动转型发展。坚持“转型为纲”,全力推进总投资243亿元的101个重点项目建设。严格落实“五位一体”包联项目机制,东锦肥业绿色新材料一期、庞泉酒庄2万吨白酒等项目建成投产。谋划筛选“十四五”重点项目232个,总投资838.66亿元,持续掀起项目建设高潮。

全力抓好招商引资。举办“迎老乡、回故乡、馈家乡”交城籍企业家返乡创业座谈会,组团参加厦洽会、西洽会等展会,全年签约项目14个,签约金额71.33亿元。

全力打造创新生态。强化企业创新主体地位,建成中试基地1个、研发中心4个、工程技术中心1个,新培育高新技术企业4户,规上工业企业实现研发活动、研发机构全覆盖。

全面优化营商环境。精准服务复工复产,每季度举办政银企对接活动,帮助小微企业渡过难关。深化企业投资项目承诺制改革。加快推进相对集中行政许可权改革,首批划转审批事项220项。

三、巩固提升脱贫成果,高质量交好脱贫攻坚总账

扛牢重大政治责任。县委发挥一线指挥部作用,出台《脱贫攻坚交总账行动方案》等12个政策文件。10名县级干部下沉乡镇担任第一书记,召开交办对接会78次,解决实际问题124个。

提升“两不愁三保障”水平。全县3823户7762名因病致贫人员享受“双签约”服务,3277人享受“136”政策红利。建立“一证一卡一档”资助体系,资助特困学生4436名,资助金额311万元。扎实开展住房安全质量“回头看”,累计摸排17912户。农村低保提标到4824元,总共发放金额3703万元,实现应保尽保。42个易地扶贫搬迁村完成复垦复绿508亩,成立易地搬迁龙门社区,配套城东小学主体完工,集贸市场投入运营,搬得出、稳得住、能致富得到充分保障。

持续巩固脱贫成果。全县剩余27户65人全部脱贫。对149户边缘易致贫户、476户脱贫不稳定户开展动态监测,精准跟进帮扶措施。整合扶贫资金1.67亿元,发放金融小额信贷2058万元。扎实开展消费扶贫月活动,销售农产品2952.5万元。狠抓问题整改,省委专项巡视、省委督导、市委督战等反馈的70个问题全部整改,有效提升脱贫成色。

接续推进乡村振兴。实施交通提质工程15项、农村饮水

安全工程41项,农村基础设施条件明显改善。扎实开展集体经济"消薄提质"行动,全县集体收入10万元以上的村达到79个,100万元以上的村10个。选聘职业化村干部30名,全县60%的行政村配备职业化村干部,打造了一支"不走的工作队"。

四、坚定不移深化改革,充分激发发展动力活力

旅游体制改革持续深化。举办"山水交城、云上优品"名特优产品直播带货周等旅游推介活动,拓展文旅产品销售渠道;智慧旅游平台一期项目通过验收。

开发区改革纵深推进。推动调整扩区面积列入城镇开发边界,两宗"标准地"完成出让,"标准化厂房"建设全部完工;承接县政府赋权131项,实现审批不出区、服务"零梗阻"。

行政村撤并圆满完成。全县撤并行政村28个,撤并比例21%,行政村布局趋于合理。

全省资本市场县域工程试点县建设稳步推进。金兰化工挂牌"新三板",磊鑫化工挂牌"晋兴板",鼎鑫肥业、东龙肥业、中科正泰、富立桦4户企业挂牌培育板,资本市场融资实现新突破。

能源革命改革纵深推进。实施煤炭消费减量等量替代,淘汰洗选煤企业11户,淘汰产能842万吨,新能源装机占比提高到21%。

五、筑牢意识形态阵地,凝聚推动发展的强大力量

严格落实意识形态工作责任制。常委会定期听取意识形态工作情况汇报,研判分析形势,及时作出部署。修订《关于进一步健全完善意识形态工作制度的意见》,建立意识形态工作研判、汇报、通报等10项制度。稳妥处置网络舆情40余条,网络空间持续净化。

大力弘扬社会主义核心价值观。深化新时代文明实践中心建设,选树县级文明实践示范点2个,挂牌文明实践基地5个、文明实践站128个。"公益一亩地"项目荣获第五届中国青年志愿服务项目大赛金奖。

巩固壮大主流舆论。县融媒体中心建成运行,加强外宣推送,讲好交城故事,全年在中央、省级主流媒体发稿542条,"学习强国"平台采用127条,中央电视台采播1条。

加快文化建设和文化事业发展。加强历史文物保护,实施卦山天宁寺、玄中寺"三防"修缮工程,弥陀寺、梁家庄狐侯寺、广生院入选第六批省级文保单位。县体育馆、图书馆、文化馆、美术馆建设进入扫尾阶段,全年免费送戏下乡100场,群众文化生活日益丰富。

六、加强生态环境保护,厚植美丽交城生态底色

加强大气污染防治。聘请环保管家对工业企业开展全面"体检",累计整改企业462户,取缔"散乱污"企业268户。实施清洁能源替代工程,对平川38个村3.8万户居民进行清洁取暖改造。对标清徐县,投资2.7亿元实施开发区骨干路网提档改造,开发区环境面貌、对外形象明显改观。

大力推进水环境治理。实践形成"1+2+3+76"系统治水模式,得到省委书记批示肯定。磁窑河出境断面水质稳定退出劣V类,实现了"一泓清水入汾河"。全市汾河流域水污染治理攻坚现场推进会在交城县召开。

狠抓土壤污染防治。玖珑腾固废处置工程建成投用,62处工业固体废物违法倾倒点得到有效治理。云梦山、水峪贯镇、西社镇等生态脆弱区修复工程顺利完成。

严厉打击生态环境违法行为。下达责令改正违法决定书147份,停产整治20户,行政处罚42户,罚款291.4万元,形成铁腕治污氛围。

七、发展社会主义民主政治,推进治理体系和治理能力现代化

扎实推进民主政治建设。支持县人大及其常委会依法行使职权,加强人大代表联络站(点)建设和管理,人大工作迈上新台阶。支持政协组织履行职能,县政协围绕脱贫攻坚、转型发展、生态环保等重点议题开展协商议政、专题调研14次。文联、妇联、残联改革深入推进。扎实推进"双拥模范城"创建,建成迎宾路"国防教育一条街",军地双拥共建不断深化。

做好新形势下统战工作。侨联组织组建成立,太原市交城商会顺利换届。

扎实推进法治交城建设。开展"百场万人"法律明白人培训,县乡村三级公共法律服务中心实现全覆盖。深入开展"百名律师进民企"活动,营造了尊法学法守法用法的浓厚氛围。

加快平安交城建设。深入推进扫黑除恶专项斗争,打掉黑恶势力团伙10个,深挖彻查黑恶势力"保护伞"14人,专项斗争圆满收官。扎实开展"三零"单位创建,整改安全生产隐患3759条,社会大局保持和谐稳定。

八、保障和改善民生,提高群众获得感幸福感安全感

坚决做好疫情防控。坚持人民至上、生命至上,压紧压实法人单位责任,构筑最严密群防群控体系,疫情防控实现"双零"目标。县医院3位同志逆行驰援湖北,为打赢疫情防控人民战争、总体战、阻击战贡献了交城力量。落实常态化疫情防控措施,新建核酸检测机构2所,严之又严、细之又细抓好常态化疫情防控。

扎实推进大县城建设。10项城市品质提升工程全部开工,交城山旅游大通道、沙河东街棚户区改造、卦山公园、永福大道等重点城建项目加快推进。

办好人民满意教育。改造农村寄宿制学校3所、普惠性幼儿园2所,高考一本达线308人,全市文科状元花落交城。全面推行中小学教师"县管校聘"改革,优化调整山区学校布局,推动城乡师资力量均衡配置。

加快发展医疗卫生事业。天宁卫生院改扩建工程投入使

用,妇幼保健计划生育服务中心、县中医院项目基本完工,山大一院交城分院进入工程扫尾,公共卫生体系逐步完善。

千方百计扩大就业。加快“人人持证、技能社会”建设,对14.6万农村贫困劳动力建档立卡,转移农村劳动力2886人。吕梁山护工培训502人,就业率达60%。

九、坚持全面从严治党不停步,持续净化政治生态

坚定扛起主体责任。常委会23次研究全面从严治党工作,定期听取县级党组工作汇报,针对性作出工作安排。制定县委常委会及其成员落实全面从严治党责任清单,建立县委常委党支部工作联系点制度,以上率下抓党建、管党建。对落实主体责任不力的73名干部进行责任追究,以问责促履责。

加强干部队伍建设。树立正确选人用人导向,对部分县直单位和乡镇领导班子进行调整优化,在脱贫一线提拔重用11人。充分发挥党组织和党员“两个作用”,84个临时党支部、400个党员先锋队勇挑重担、冲锋在前,50名同志火线申请入党,鲜红党旗在抗疫一线高高飘扬。

强化基层组织建设。选派21名机关事业单位干部到村任职,常态化整顿软弱涣散农村党组织6个,对136名农村(社区)党组织书记实行备案管理。加强农村“两委”主干精准研判,全县“一肩挑”比例达到64%。举办“领头雁”培训、党员发展对象培训等各类培训班12个,受训人数达2460人次,干部履职能力显著提升。

持续正风肃纪反腐。全年处置问题线索752件,立案285件,党纪政务处分270人。查处违反中央八项规定精神问题17起,党纪政务处分50人,组织处理25人。协助省市纪检部门,严肃查处黑社会性质组织犯罪集团腐败和“保护伞”问题,给予党纪政务处分44人,组织处理45人。扎实开展以案肃纪、以案促改,召开警示教育大会,公开典型案例,筑牢党员干部拒腐防变的思想堤坝。

(游佳斌)

附:中共交城县委书记、副书记、常委名单

书　记:张振明(12月离职)　刘　旋(12月任职)

副书记:张潞萍(女,1月离职)　宋志江(1月任职)
高元胜　张鹏耀(7月任职)

委　员:赵林泉　李佃忠　权　斌　赵志明
左燕娜(女)　苏卫华　王守国

中共文水县委

县委书记　梁宝明

2020年,文水县委坚持以习近平新时代中国特色社会主义思想为指导,全面贯彻落实习近平总书记视察山西重要讲话重要指示精神,认真贯彻落实党的十九届五中全会、中央经济工作会议、省委十一届十次全会和吕梁市委四届十次全会暨市委经济工作会议精神,团结带领文水县人民实施“一核三位五区”战略,攻坚克难、负重前行,在困难复杂形势下,保持转型步伐稳健、经济逆势上扬、社会和谐稳定的局面。

一、转型发展总体思路和战略部署

2020年,文水县委全面贯彻中央大政方针、中共山西省委“四为四高两同步”总体思路和中共吕梁市委“1234”发展思路,确立“34585”发展战略,即强化“三力四驱动”,构建“五区八基地”,打造金色富裕、绿色生态、蓝色平安、红色激情、清色正气“五色”新文水。

二、全面推动从严治党向纵深发展

坚持用党的创新理论武装头脑指导实践推动工作,文水县委理论学习中心组全年集中学习17次,集中交流十九届五中全会精神2次,全县累计宣讲600余场,推动党的创新思想往深里走、往心里走、往实里走。举办专题读书班,先后组织科级干部、90后青年公务员及全县158名村党组织书记、1.2万名农民党员开展轮训,提升党员干部理论修养和政治素质。召开中共文水县委十三届十四次全会,对学习贯彻习近平总书记视察山西重要讲话重要指示作出部署,提出强化“三力四驱动”、构建“五区八基地”、打造“五色新文水”的“34585”发展战略,作为文水“十四五”期间的总体发展思路。

三、政治生态引领发展生态深度优化

严格落实省、市纪委《纪律检查建议书》,以“以案促改”为主抓手,深刻检视剖析,主动认责认改。处理干部91人,教育干部8987人次,整改问题3851个,完善制度136项。全力构建“亲”“清”新型政商关系,整治党员干部违规兼职和经商办企业行为,160余人主动上交违纪所得1500余万元。开展第8轮、9轮县委巡察,全年党纪政务处分265人、查处形式主义官僚主义问题48案91人,查处享乐主义奢靡之风问题

15 案 20 人，查处群众身边腐败问题和不正之风案件 201 件。党的建设、行业监管、经济秩序、发展环境等各方面、各领域工作得到整体提升，政治生态修复重建取得明显成效。

全面接受省委政治巡视。文水县委建立省委巡视文水边巡边改台账，贯彻落实巡视整改情况及重点突出问题 5 个方面，检视查摆问题 84 条，全部得到有效整改。

四、持续加强基层基础工作

文水县委选派 48 名机关事业单位干部到 42 个行政村任职，在全市率先完成选配任务。以“五强一提升”为突破口，规范设置乡镇“5 办 1 站 2 中心”，细化了 117 项行政执法职责清单。加强基层党组织建设，刘胡兰村被中组部、财政部确定为建设红色美丽村庄试点村，北辛店村党支部被省委组织部授予全省标杆村党组织。

五、疫情防控

召开疫情防控工作领导小组会议 20 次，研究部署疫情防控工作。严格落实管控措施，紧盯重点人群，严控重点场所，24 小时严防死守。2 月 5 日，4 名疑似病例全部排除，本土未再出现新的疑似病例。2 月 6 日，1 名确诊患者康复出院，本土病例清零。

六、经济社会发展统筹推进

2020 年，文水县经济社会秩序快速恢复正常，主要经济指标逆势上扬。一般公共预算收入完成 4.5 亿元；社会消费品零售总额同比增长 1.7%。实行“领导包联重点项目”制度，县领导牵头包联重点项目，协调解决项目建设难题。组织 3 次开发区项目集中签约、开工、投产“三个一批”活动。全县共签约项目 18 个，开工项目 14 个，正式投产 9 个。发展特色种植面积 3 万亩，粮食总产量达到 2.19 亿公斤。推进农村改革，210 个村完成农村集体产权股份制改革。

七、转型发展迈出实质性步伐

坚持改革为要、创新为上，规上工业企业研发创新活动实现全覆盖，“放管服效”、开发区“三化三制”等重点领域和关键环节改革深入推进，有力支撑转型发展。“三制”改革基本到位，“三化”改革持续深入。设立开发区行政审批局，增加授权 70 项，实现审批事项不出“区”，在全省开发区考核中被评为优秀等次。全面推行相对集中行政许可权改革，首批划转 17 个单位 249 项行政审批事项，划转率为 80.3%。行政审批大厅实行智能化、便民化升级改造，开启“综合受理”“网上办理”。

八、三大攻坚战取得决定性胜利

全面加强生态文明建设，一体推进“治气、治水、治砂、治土、治林、治山”，扭转了生态环保工作被动局面。贯彻落实总体国家安全观，全方位防范化解政治、经济、社会、民生等领域的风险隐患。召开脱贫攻坚领导小组会议 17 次，12 名县级领导担任乡镇党委第一书记，协调推动解决具体问题 26 条。制定《文水县抓党建促脱贫任务清单》，压实各级党组织主体责任。加大专项资金投入力度，县级投入增长 29%。加大扶贫领域腐败和作风问题查处力度，查办案件 28 件，处分处理 84 人。实施“两个千万”工程，投入 1000 余万对存在饮水隐患的 36 个村集中供水入户，投入 1000 余万新建改造农村卫生室 165 所，完成 440 户贫困户危房改造和质量提升工程。做好消费扶贫“三专”建设，认定扶贫产品 3 个，购买助销涉贫农畜产品 5900 万元，贫困人口人均收入增长 1000 余元。开展关爱贫困户“六个一”行动，投入资金 1000 余万元，帮助 2314 户贫困户修缮大门、围墙等。

九、社会事业和民生工作健康发展

深入推进平安文水建设，扫黑除恶专项斗争取得重大成果，“六零”创建成效明显，安全生产形势平稳可控，社会治理体系逐步健全、治理能力明显提升。完成劳动力建档立卡 33.3 万人。融合线上线下培训模式，完成吕梁山护工线上培训 547 人，开展技能培训 2620 人。城镇新增就业人数 2500 人，失业人员再就业 603 人，就业困难人员实现就业 140 人，城镇登记失业率 2.34%，农村转移劳动力就业 3113 人。注资 200 万元成立文水县崇文教育发展基金会，助推教育事业发展。推进基本公共卫生服务均等化，做好免费婚前医学检查、免费产前筛查诊断等 6 件民生实事。扩大养老保险参保范围，社会保险福利惠及更多人群。落实城乡居民基本医疗保险制度，参保率达到 98%。推进城乡低保补差救助，做到了应保尽保、应退尽退。加大特困供养对象保障力度，发放特困供养资金 1792 万元。完善农村养老服务设施，完成 12 个日间照料中心和 27 个幸福校园建设。

十、加强生态文明建设和环境保护

执行施工过程“六个百分百”，开展重型柴油货车和散装物料运输车污染治理联合执法，扬尘污染得到治理。严格重污染天气应急管控，96 户企业实施错峰生产。城区集中供热扩面 50 万平方米，农村集中供热 2.9 万户，煤改电 5665 户，煤改气 10146 户。空气质量综合指数 7.47，同比下降 12%，优良天数比例为 52.2%。推动“五水同治”，净化水环境。三条主要河流劣 V 类水质断面全部消除。开展国土绿化彩化财化行动，荒山造林 1 千亩，经济林提质增效 1 万亩。生态保护红线、永久基本农田、城镇开发边界“三条控制线”划定工作顺利推进。开展“爱国卫生季”行动，整治非正规垃圾堆放点，垃圾收运体系不断完善。稳步推进 16 个美丽宜居示范村建设。改造农村户厕 12800 座，经验做法全市推广。

十一、充分挖掘县域特色文化资源，推进文化强县建设

加强意识形态阵地管理，建立网络舆情动态报送、重大舆情专题报告机制，处置重点舆情 49 次，筑牢意识形态安全防线。推进精神文明建设，开展庆祝中国共产党成立 99 周年、

中华人民共和国成立71周年等系列活动,凝聚奋进力量。弘扬新时代胡兰精神,打造大型音乐作品《刘胡兰组歌》,舞剧《刘胡兰》列入中宣部文艺局"建党百年"主题创作重点跟踪项目。乡村新时代文明实践中心覆盖率达到100%,创建省市文明单位(村)19个。拍摄《中国影像方志》(山西卷·文水篇)和《女皇故里·人物纪》,编辑出版《文水乡村记忆》系列丛书。

十二、发展社会主义民主政治,不断提升社会治理能力和水平

支持人大及其常委会依法履行职责,保障人大代表依法行使职权,县人大听取和审议了"一府两院"工作报告,在审议重大事项、加强法律监督、推进民主建设等方面开展大量工作。支持政协组织开展工作,县政协围绕转型发展、乡村振兴、生态环保、民生保障等领域,开展专项视察、组织协商议政,形成许多有价值的重要成果。全面加强党对统一战线工作的领导,信教群众聚居村党的建设取得明显成效。落实党委中心组学法和党组织主要负责人年终述法等制度,压紧压实法治文水建设的政治责任。实现"六零"标准的农村占65.19%,社区占54.55%,企事业单位占99.57%。打掉2个黑社会性质组织、3个恶势力犯罪团伙。全年刑事案件下降39%,信访总量人次下降26.28%。一般生产安全事故下降25%,死亡人数下降33%。

(彭秀芬)

附:中共文水县委书记、副书记、常委名单

书　记:梁宝明

副书记:王　峰　刘大鹏(11月离职)

常　委:范发宾(2月离职)　赵志昌(4月任职)
成　坚(7月任职)　张建良　刘建树
文成宝　石新杰　王永平　张卫华

中共汾阳市委

市委书记　郭红波

2020年,汾阳市委坚持以习近平新时代中国特色社会主义思想为指导,全面贯彻党的十九大和十九届二中、三中、四中、五中全会精神,深入贯彻落实习近平总书记视察山西重要讲话重要指示,团结带领全市广大党员干部群众努力拼搏、团结奋进,推动汾阳全面拓展党的建设和党的事业新局面。

一、对标对表、看齐紧跟,"两个维护"更加坚定自觉

(一)推动习近平新时代中国特色社会主义思想入脑入心。及时跟进学习习近平总书记重要论述、《习近平谈治国理政》第三卷等党的创新理论和中央重要会议精神,召开市委常委会会议31次、市委中心组学习会议23次,举办"汾阳讲坛"8期和读书班、研讨班、培训班12期,培训干部2.3万人次。

(二)推动习近平总书记视察山西重要讲话重要指示落地见效。召开市委五届九次全体会议,制定出台《中共汾阳市委关于贯彻落实习近平总书记视察山西重要讲话重要指示在转型发展上率先蹚出一条新路来的实施方案》,明确62条311项落实举措。

(三)推动市委常委会全面加强政治建设。以省委第六巡视组巡视汾阳为契机,查摆存在突出问题72个,全部建立"三清单"。及时向吕梁市委请示报告重大事项19个。严肃党内政治生活,市委常委带头参加支部活动85次、讲党课32次。

二、同心同德、众志成城,疫情防控更加坚决有力

(一)同心同德突破合围。2020年新冠肺炎病毒突袭而至,汾阳周边县市区确诊的42例病例,对汾阳市形成了合围之势,吕梁市确诊的6例患者全部在山西省汾阳医院传染病房隔离救治。实现了零确诊、零疑似"双零"目标。

(二)众志成城慷慨相助。组织7名医务人员参加全省援鄂医疗队驰援湖北、70名技术工人驰援北京小汤山医院扩建项目,保障34名吕梁援鄂医疗队员、113名省市援鄂公安干警在汾疗养。

三、立足基础、发挥优势,转型发展更加强劲有力

(一)产业转型步伐加快。完成《杏花村酒文旅融合发展概念性规划》编制,筹资7亿元成立山西杏花村文化旅游有限公司,协助运营7家"中国·杏花村酒家",确定12个酒文旅项目投资主体、建设主体、运营主体。成功举办第四届世界酒文化博览会,首次使用"线上+线下"同步传播,覆盖人数超7500万人次。

(二)重点项目加快推进。实行市级领导和职能部门双包联推进项目建设,项目库动态保持到108个项目,其中省、吕梁市重点项目16个。

(三)改革活力充分释放。推进杏花村经济技术开发区"三化三制"、建设用地审批等改革,成立杏花产区酒业集团,"汾阳白酒"申报国家地理标志保护产品。推进"一枚印章管审批",首批行政事项划转率达80.8%。召开2次政银企签约项目对接会,签约31.05亿元。

(四)创新能力不断增强。全市44户规上企业实现创新全覆盖,新增高新技术企业5户,申报"小升规"企业11户,

培育省级专精特新企业 2 户,申报省级上市挂牌后备企业 6 户、晋兴板挂牌企业 2 户,吕梁市绿色清洁能源联合实验室、微矿分离新技术项目在汾阳落地。

四、决胜脱贫、服务三农,乡村振兴更加扎实深入

(一)决战决胜脱贫攻坚。对脱贫不稳定户和贫困边缘户 177 户 369 人跟进帮扶。安排扶贫资金 1778 万元,推动 33 个扶贫项目吸纳 1899 名贫困劳动力就近就地就业。开展吕梁山护工培训 7 期 753 人,开发扶贫公益性岗位一对一精准安置贫困劳动力 22 人。完成消费扶贫 4500 多万元,带动贫困户户均增收 1500 多元。

(二)农业产业发展兴旺。打造特优产业基地 17.5 万亩,创建省级、吕梁市级现代农业产业园 11 个。打造农副产品精深加工基地,加工销售小米 5 万吨、核桃 15 万吨。引进年屠宰 4000 万只肉鸡全产业链项目,签订新大象集团 6000 头种猪养殖场、年产 28 万吨饲料厂战略协议。推进山西屯汇智慧冷链农博城、山西陆港集团智慧物流等项目建设。

(三)人居环境不断改善。开展农村人居环境整治"五大专项行动",打造冀村镇仁岩村、峪道河镇桑沟村等 14 个市县美丽宜居示范村。完成农村改厕 7689 户,农村生活饮用水卫生合格率达 90%以上,生活垃圾无害化处理率达 70%以上,污水处理率达 60%以上。

五、铁腕治污、源头治本,生态环境更加优美宜居

(一)全域治山,增绿增效成果显著。分别完成 3000 亩天然林保护、三北防护林和退化林修复工程。在青银高速两侧栽植杏树等各类苗木 1.7 万余株,绿化长度 18 公里。全市森林覆盖率达 25.17,高出全省平均水平 2 个百分点。

(二)系统治水,水环境不断改善。完成市污水处理厂 7500 吨、杏花污水处理厂 5000 吨扩容工程,改造雨污分流管网 17.1 公里,新增污水管网 8.1 公里。排查 20 余条河流 19 个入河排污口,整治河道 80 余公里,绿化河道 33.2 公里,河流出境断面稳定退出劣 V 类。

(三)强力治气,空气质量持续好转。安装环境监测设备 287 套,淘汰改造锅炉 370 台,查处违法排污企业 260 余户,取缔散乱污企业 26 户,罚款 1430 余万元。城区新增供热面积 111 万平方米,累计超过 1051 万平方米,"禁煤区"内清洁取暖实现全覆盖,农村清洁取暖完成 5.8 万余户,建筑工地全部实现"六个百分百"。

(四)综合治城,城市品质全面提升。建成 5G 基站 159 个。完成国道 307 改线、汽车站新建等工程,加快迎新正街、北关园等棚户区改造,启动汾酒集团宿舍、山西医科大学汾阳学院宿舍等 6 个老旧小区改造,完成文峰街等 11 条道路和城市广场等 11 个游园提质改造,新增绿化面积 1 万平方米。

六、以人为本、常态惠民,人民生活更加幸福美好

(一)教育事业全面进步。筹建山西电影学院汾阳实训基地,投用吕梁现代双语学校、山西令才腾飞实验学校,加快职教中心、青少年活动中心建设,中国流动科技馆入驻海洪小学。公开选聘 20 名高中校长,高考达线率创历史新高。建成禹门河小学校内公寓,安置 1890 名学生食宿。

(二)就业水平全面提升。选树汾州工匠 10 人,表彰劳动模范 66 人。开展中式烹调师、白酒酿造师、高级电焊工等特色培训 30 余次 1700 余人次,选送 14 人参加赴日介护人员培训。举办"中国厨师之乡·汾阳"2020 年烹饪餐饮服务培训及技能大赛。

(三) 社会保障全面提质。办结人民网地方领导网上留言 262 件。市乡远程诊疗实现全覆盖,基本公共卫生服务在吕梁排名第一。完成 12 所农村日间照料中心和 4 所幸福小院建设。城乡低保和特困人员供养标准每人每年分别提高 480 元、700 元。完善城乡居民基本医疗保险和大病保险,参保率达 96.64%。

(四)"三零"单位创建全面推进。开展安全生产、城乡建筑等 11 个重点领域专项整治,消除安全隐患 3244 个。创建 25 家诚信经营示范单位。已打掉的 10 个恶势力集团(团伙)全部一审审结。刑事案件立案数同比下降 35,破案率同步上升 20%。全市农村"三零"创建达标率 82.89%,社区达标率 45.16%,企事业单位达标率 99.58%。

七、从严管党、从严治党,政治生态更加风清气正

(一)坚决扛牢主体责任。市委常委会 22 次研究全面从严治党工作,召开市委反腐败领导小组会议 3 次、党建领导小组会议 12 次。制定出台《市委常委会及其成员 2020 年落实全面从严治党责任清单》,召开年度基层党(工)委书记抓基层党建工作述职评议会议。

(二)全面夯实基层基础。合并行政村 96 个,申报 3 个乡撤乡设镇改街道。选派 14 名市级党员干部担任乡镇(街道)第一书记,建立党支部联系点 833 个,抽调 46 名机关党员干部到 34 个村任职。组织 79 个市直机关与 82 个农村开展"六联共建",农村"两委"主干"一肩挑"达 99.4%,整顿退出软弱涣散党组织 34 个。

(三)选优配强干部队伍。市委书记深入全市 14 个乡镇(街道),面对面听取 285 名科级以上干部对汾阳经济社会发展的意见建议。调整干部 19 批次 220 人次。出台激励党员担当作为 21 条措施,首开先河挤出 1300 万元奖励年度考核优秀单位、个人和担当作为干部。

(四) 始终保持高压反腐。查处群众身边腐败案件 116 件,处分 180 人。运用"四种形态"处理 567 人次,第一二种形态占 95.5 。处置问题线索 604 件,立案 298 件、结案 298 件、处分 294 人。完成汾阳市第七轮、第八轮巡察,启动第九轮巡察。对巡察发现的 8 个方面共性问题梳理归纳,形成 6 个专

题进行整改,厚植良好政治生态。

(王书越)

附：中共汾阳市委书记、副书记、常委名单

书　记：郭红波

副书记：吴晓东　李正奎(11月离职)
贾永祥(12月任职)

常　委：温小珂　靳学强　王云照　韩学尧
张艳斌(12月离职)　冯　丽(女)　陈　龙
牛冀同(7月任职)　孟建安(11月任职)

中共孝义市委

市委书记　梁志勇

2020年，孝义市委认真贯彻落实省委“四为四高两同步”总体思路和要求、吕梁市委“1234”发展战略，统筹推进稳增长、促改革、调结构、惠民生、防风险、保稳定各项工作，推动党的建设和党领导的各项事业取得新成效、迈上新台阶。全市GDP完成312.8亿元，同比增长1.8%；规模以上工业增加值完成190亿元，同比增长2.6%；城镇、农村居民人均可支配收入分别达到38030元、19682元，分别同比增长4.1%、5.4%；财政总收入完成54.3亿元，一般公共预算收入完成27.1亿元，社会消费品零售总额完成139.2亿元，各项经济指标总量均位列吕梁第一、全省前列。入选全国县城新型城镇化建设示范名单，位列中国综合投资热力百佳县市第18位、中国县级市全面小康指数第67位，荣获全面建成小康社会和高质量发展优秀城市、全省实施乡村振兴战略优秀单位。

一、慎终如始抓好疫情防控，经济秩序有序恢复

准确把握疫情防控和经济形势的阶段性变化，精准施策、科学管控。大年初一启动一级应急响应，建立联防联控、群防群治工作体系。163个单位4430余名党员干部下沉一线，组建252个前线临时党支部，牢牢掌握疫情防控主动权。3例确诊病例2月15日全部治愈出院，20天本土病例清零，实现确诊病人“零病亡”、医务人员“零感染”、出院患者“零复阳”，涌现出一批先进典型。应急响应级别调整后，统筹推进疫情防控和经济社会发展，及早谋划安排“四后”工作，严格落实人员轨迹摸排、办公场所消杀等举措，精准制定返厂、返学等预案，3月底所有企业复工复产，5月底所有学校复学复课，中高考顺利进行。

二、加快产业转型，推动高质量发展迈上新台阶

着力打造一流创新生态。全面深化开发区“三化三制”改革，完成“四至”范围核定，向吕梁市争取审批权限84项，下放孝义市级权限93项。持续深化“一枚印章管审批”等营商环境改革，审批效率整体提速77%。大力发展总部经济、飞地经济，全力推进“三标”建设，建成标准厂房3.3万平方米。在吕梁首家公开挂牌出让标准地，累计出让标准地203亩，金晖兆隆直接参与国家行业标准制定。完成10个城乡建设用地增减挂钩项目验收，新增耕地周转指标1万余亩。健全完善“双创”政策体系，4个创业基地、3个众创空间、2个科技创新服务平台、2个科技孵化器承载服务能力显著提升，先后培育出科尔峰等8户高新技术企业、鹏飞省级工程技术研究中心。大力实施“明星”企业培育计划，推进140户规上企业实现研发活动全覆盖，鹏飞集团连续2年入选全国民企500强，鹏飞、金岩、金达、东义入选山西民企百强。加快推动“六新”产业发展。主动对标“六新”产业和全省14大千亿级产业集群，谋划实施49个“六新”产业项目，开工15个。全市5G基站建成306个，实现城区、开发区全覆盖。深化与宝武集团合作，规划建设阳泉曲新材料产业园，支持东义镁铝合金等新材料产业发展。强力推动鹏湾氢港产业园、焦炉煤气制氢等项目开工，与华新燃气等签订战略合作协议，大力促进氢能产业发展。抢抓治理塑料污染机遇，支持全省唯一的生物可降解塑料生产企业金晖兆隆发展壮大，新投资10亿元建设2×6万吨生物降解塑料项目，着力打造全球最大的超10万吨生产基地。百煜润泽石墨烯项目建成投产，积极向超级电容器、温室大棚等更深更广领域延伸拓展。全力推进汾青酒厂迁址入园项目建设，原酒产能由2000吨提升至5万吨。持续深化“双招双引”。高标准规划建设城市会客厅。主动融入“一带一路”等国家战略，制定完善招商目录。成功举办全国镁业大会、“一带一路”煤焦化工产业绿色发展研讨会等高端会展论坛，累计新签约项目22个，开工13个。

三、推进乡村振兴，农业农村全面起势

着力夯实农业产业基础，有序推进2个绿色循环示范园、11个现代农业产业园、120个村级示范基地建设。深入实施农业“特”“优”战略，坚持全产业链开发、全价值链提升、全政策链扶持，开发240余种农副产品，推动酿品、饮品、肉制品、果品、功能食品等产业加快发展。全年粮食总产量增长56.3%，农林牧渔业总产值增长5.7%，肉禽养殖量位列全省第一，连续16年未发生重大动物疫情和畜禽产品安全事件。持续深化农村集体产权制度改革，累计确定村集体经济组织成员11.9万户、33.17万人，发放股权证书11.8万余本，流转土地10.5万亩，托管经营13万亩，被中央农办、农业农村部

表彰为全国农村承包地确权登记颁证工作典型地区。积极探索发展壮大村集体经济的有效路径,推动村党支部领办合作社 40 余个,改革红利持续释放,农民增收渠道不断拓宽。

四、践行绿色理念,生态环境持续改善

牢固树立"绿水青山就是金山银山"理念,组建市生态环境保护委员会,制定《打赢污染防治攻坚战实施方案》等"1+N"政策措施,狠抓推进落实。围绕打好蓝天保卫战,部署开展扬尘治理、"散乱污"整治等专项行动,严格落实重污染天气错峰生产等措施,完成农村集中供热 7200 余户、城区集中供热 15.6 万平米、既有建筑节能改造 34.7 万平米,扎实推进中央环保督察及"回头看"反馈问题整改,在全省首家全面淘汰 4.3 米以下焦炉,率先进入大型现代焦炉生产时代,全市优良天气同比增加 31 天。围绕打好碧水保卫战,与万家寨水务控股集团合作建设市域小水网供水工程,年可新增供水 5530 万立方米,为转型发展提供稳定、可靠、持续的水资源保障。高标准完成文峪河综合治理,加快推进第一、二污水处理厂改造提升和雨污分流、开发区污水处理厂托管经营等工程,建成区黑臭水体基本消除。实施绿化造林 4000 余亩,治理水土流失 3 万亩,绿化覆盖率、森林覆盖率分别达 41.56%、33.25%。

五、坚持民生优先,社会事业协调发展

坚持以人民为中心的发展思想,民生占财政支出比例达 81%。脱贫攻坚方面,制定"1995"行动计划,实施 18 个产业扶贫项目。扎实推进省、吕梁市反馈 71 条问题和自行排查 649 条问题清零销号。全市 2256 户 5194 名贫困群众人均可支配收入达 11600 元,省里提出的退出 5 项约束性指标全面达标。坚决扛起县际结对帮扶责任,分两批选派 164 名第一书记赴临县开展帮扶工作。就业增收方面,扎实推进"人人持证、技能社会"建设,累计开展技能培训 5387 人,持证率达 100%,新增就业 9113 人,城镇登记失业率 2.34%,低于全省 0.78 个百分点。教育教学方面,深入实施教育强市战略,制定教育改革发展 10 条意见,"县管校聘" 改革持续深化,49 所学校完成改造升级,新招录 109 名教师,设立教育发展基金,加快建设教师周转房,5 名学生分别考入清华、北大,中高考成绩稳居吕梁第一、全省前列。医疗卫生方面,加快推进健康孝义建设,公立医院综合改革受到国务院通报表扬,中阳楼街道社区卫生服务中心获评全国医养结合标准化试点,市域内就诊率达 90%以上。文化服务方面,城乡公共文化设施网络实现全覆盖。成功举办 2020 孝·义文化节暨中央数字电视书画频道进万家一走进山西孝义活动。累计开展群众性文化活动 518 场、特色文旅展演推介活动 6 场,惠及群众 47.6 万人次。社会保障方面,城乡最低生活保障标准每人每月提高 75 元、40 元,基本养老保险参保率达 98%以上。全面完成行政村合并任务,合并率达 41%。启动"社区建设年"行动,优化调整社区 25 个,新成立 20 个,村改居 88 个,组织体系、场所设置和配套制度进一步规范和完善。荣获省级双拥模范城"八连冠"。城市品质提升方面,加快国家新型城镇化示范县城建设,主动融入全省"大县城建设"战略,谋划实施 170 个示范项目,开工 25 个。

六、开展"三零"创建,社会大局保持稳定

调整充实市委平安建设领导小组,层层签订平安建设责任书。扎实推进"三零"单位创建,部署开展安全生产专项整治三年行动、"三个一百" 百日专项整治行动等平安创建活动,信访总量同比下降 21.8%,成功破获 8 起命案积案,严重暴力犯罪发案率同比下降 37.8%。全面落实党委法律顾问、公职律师制度,法律顾问咨询满意度达 100%。市级综治中心建成运行,加快推进综治视联网建设,基层治理能力和水平不断提升。新义街道迎宾北社区获评全国民主法治示范社区。累计打掉黑社会性质组织 4 个、恶势力集团 4 个、恶势力团伙 6 个,抓获犯罪嫌疑人 259 人,查扣冻结涉案财产 3.9 亿元,扫黑除恶专项斗争圆满收官。

七、推行"党建 + "理念,党的建设全面加强

始终把高举旗帜、维护核心作为根本性大事来抓,持续加强理论武装,组建党的十九届五中全会宣讲团,举办 7 次孝义大讲坛和 39 期培训班,实现干部轮训全覆盖。高标准整顿转化 28 个软弱涣散基层党组织,精心选派 52 名机关事业单位干部到 35 个村任职,"两委"主干"一肩挑"比例达 90%以上。全面深化全国城市基层党建示范市建设,推动梧桐镇成功创建全省标杆乡镇党委,带动全市整体工作水平提升。高质量完成第七、八轮巡察,部署开展第九轮巡察,实现六届市委巡察全覆盖,推动中央和省委、吕梁市委重大工作落地见效。部署开展企业食堂违规吃喝、公车私用等专项整治行动,累计查处"四风"问题 38 件 78 人。始终保持惩治腐败高压态势,处置各类问题线索 931 件,立案 408 件,处分 405 人,移送审查起诉 4 人。坚决扛起巡视整改主体责任,对省委第六巡视组反馈意见全面认领、对号入座,扎实有力推进整改,持续巩固风清气正的良好政治生态。

(闫二冬)

附:中共孝义市委书记、副书记、常委名单

书　记:李　真(1月离职)　梁志勇(1月任职)

副书记:王廷洪　王恩泽(6月离职)
王建强(12月任职)

常　委:靳　钧　张由泉　郭贵和
张再强(3月离职)　王秀霞(女)
张云鹏　梁敬修　何一帆(1月任职)
王成君(7月任职)　张建雄(8月任职)

中共交口县委

县委书记 霍慧文

2020年，交口县全县城镇居民和农村居民人均可支配收入分别达到22978元、9594元，年均增长5.7%和8.2%。全县9680名贫困人口稳定就业，剩余39户94名贫困人口全部稳定脱贫。

一、农业方面

在原有的食用菌、特色养殖、核桃林三大主导产业基础上，新上马水头镇千头肉牛养殖园区、回龙乡5000头湖羊养殖基地，桃红坡镇东方希望百万头生猪养殖全产业链项目；"吕粮山猪"直供港澳，肉中蛋白质含量创福布斯世界纪录；韦禾富硒香菇成功入选全省功能性食品；成功举办全国(山西·交口)夏季香菇产业高质量发展推进会；食用菌产业成功申报吕梁市交口县省级现代农业产业园，被中国乡镇企业协会食用菌产业分会授予"全国夏季香菇高质量发展示范县"荣誉称号。全面启动50万亩栎类国家储备林、食用菌原料林基地建设，累计完成森林质量精准提升5万亩，建成6个栎类经营示范样板基地和全国首个古橡树森林公园，助推林业生产、林菌循环、林下经济等产业发展。

二、项目建设方面

坚持改造提升传统产业和培育壮大新兴产业，全面加快项目建设。阳光电源100MW竞价上网、特变电工300MW平价上网光伏项目相继并网发电，形成500MW风电、光伏新能源发电规模，成为全省最大的新能源基地。上马140万吨低钠系列多品种铝基新材料、15万吨高纯度电熔铝系高温耐火材料项目。盘活100万吨铸造产能，启动50万吨绿色装备制造铸件项目。开发形成冻绿叶药茶、面膜和维仕杰果油等4个系列15类新型产品。国道209改线、离隰高速控制性工程全面开工，开通5G基站9座。特别是省级经济技术开发区加快建设，完成"四至"划定，启动规划编制，出让标准地325亩，完成签约项目5个，当年开工2个、投产1个，引擎带动作用更加显现。

三、深化改革方面

深化"放管服效"改革，开展首期数字政府建设项目，下放开发区60项行政职权，优化256项审批流程，压减审批事项20%以上，精简申请材料30%以上，压缩承诺时限50%以上。依托全省投资项目审批服务管理系统二期平台，开展"一网通办"提速行动，划转事项的网办率、企业登记电子化率达到100%。"一枚印章管审批"全面落实，"互联网+监管"稳步推进，公共资源交易平台联网运行，12345政务服务热线二三级工作站建立并稳步运行。

四、城乡建设方面

完成南山生态综合治理和南山河两岸环境综合治理项目PPP项目地下车库主体，市民广场基本投用；水头片区棚户区改造项目447套安置房交付使用；迎宾片区棚户区完成安置房424套，河东片区完成安置房240套；新建污水管网5km，改造雨污合流管网3km，实现污水管网全覆盖、全收集、全处理；完成交口县污水处理厂调节池建设和交口县污水处理厂、交口县第二污水处理厂供电双回路改造。完成饮水安全工程16处，巩固提升35个自然村3060户9187口人(其中贫困户982户2619口人)的饮水安全。完成2020年"四好农村路"建设及养护提质改造工程项目81公里，4条县乡道养护提质改造工程，农村道路硬化46.5公里。全年共实施危房改造222户，改厕961座。

五、环境保护方面

不折不扣推进突出环境问题整治，压减洗选产能1060万吨，焦化产能140万吨。完成5户工业企业超低排放改造，取缔燃煤锅炉42台，双池、康城60万平方米集中供热项目建成投运。全县河流11个排污口全部实现达标排放，桃红坡、双池、回龙3个乡镇沿线农村生活污水实现纳管处理，官桑园出境断面稳定达五类水标准。完成营造林4.2万亩、森林质量精准提升1.6万亩，焦煤集团晟凯煤业生态综合治理全面启动。从严查处私挖滥采及各类破坏森林资源案件28起，回收林地189公顷，刑事判处5人。全县二级以上优良天数333天，PM2.5年平均浓度26，环境综合质量稳居全市第一、全省前列。

六、民生事业方面

全县中考600分以上77人，高考二本以上382人，中高考达线率连续4年再创新高。严格执行基层医疗卫生机构基本药物配备使用政策，药品全部实行零差率销售；组织医务人员下基层288人次；推进家庭医生签约服务提质增效，签约服务人数62034人，贫困人口签约率100%。县级医院向乡镇卫生院双向转诊比例达16.36%，县域就诊率和基层就诊率分别提高8.25和0.89个百分点。全县93个村卫生室完成标准化建设，村级购药直报系统手机APP全部开通运行，"三保险、三救助"政策全面落实，累计报销费用2328.5万元。建成2座核酸检测实验室，开通村级购药手机直报。全面推进95个村规范提升建设，完成达标升级目标。积极发展特色旅游，创建2处省级、3处市级"黄河人家"和3个市级旅游示范村。全面落实失业保障援企稳岗、技能提升补贴政策，提高退役军人、城乡低保、失能补贴、高龄补贴、孤儿基本生活保障补助标准。

(陈玲容)

附：中共交口县委书记、副书记、常委名单

书　记：霍慧文

副书记：乔劲松(5月离职,7月涉嫌严重违纪违法,接受纪律审查和监察调查;2021年1月被开除党籍、开除公职;将其涉嫌犯罪问题移送检察机关依法审查起诉)
任光耀(5月任职)　张新春
陈　伟(7月任职)

常　委：刘明山　刘青平(6月离职)
贺建强(9月任职)　周筱莉(女)
秦泽峰　王金荣　张建军

中共石楼县委

县委书记　油晓峰

2020年，石楼县委以习近平新时代中国特色社会主义思想为指导，深入贯彻习近平总书记视察山西重要讲话重要指示精神和省委“四为四高两同步”总体思路和要求，脱贫攻坚、项目建设、污染防治等工作取得“亮眼成绩”,为收官“十三五”、谋篇“十四五”奠定了坚实基础。

一、全力以赴、决战完胜,脱贫攻坚圆满收官

县委担起脱贫攻坚主体责任,在全县实施“一切扶贫工作到支部”“一切扶贫工作项目化”的“两个一切”工作思路,确保脱贫攻坚各项政策、项目、产业精准到村、到户、到人,解决了脱贫攻坚“谁来干、怎么干、干什么”的问题。在正式退出贫困县的基础上,县委常委会20次、脱贫攻坚领导小组37次会议研究讨论脱贫攻坚工作,实施完成总计4.7亿元、245个脱贫项目,有力推动贫困发生率降至0,脱贫不稳定户和边缘易致贫户返贫风险全部消除，补短板任务全部完成,脱贫攻坚圆满收官。县脱贫攻坚领导组获得全省脱贫攻坚组织创新奖,县委被评为山西省干部驻村帮扶工作模范单位。农业生产托管服务完成托管面积11.3万亩,受益农户4700余户,其中贫困户1300余户。在促进农业增效、农民增收,巩固脱贫成果方面取得的成效受到国家和省市各级农业部门的肯定,探索总结的深度贫困丘陵山区农业托管“石楼模式”入选山西省十大典型案例,并被列入农业农村部专题理论教材《农业生产托管理论政策与实践探索》。规范提升了“党支部+合作社”模式,带动1.3万人次,人均增收4300元。该模式得到省市认可,全市造林专业合作社规范提升现场推进会在石楼县召开,全省“深化生态扶贫 促进增绿增收”论坛,邀请县委书记就“党支部＋造林合作社”进行了专题发言。探索了“党支部＋收益分配”新模式,推行“5118”分配模式,出台5个指导性文件、1个“小微权力清单制度”、14项公益性岗位职责与4项考核制度,设置公益性岗位11600个,使全县1/5的贫困户,特别是进城的贫困户大部分家中至少有一人稳定就业。创新了“党支部＋平安网格＋物业”助推脱贫新模式,引导农村党支部领办组建物业公司78个,累计覆盖网格34个,2000余名贫困户持证后顺利上岗,一举解决了搬迁进城户找工作难和城区物业服务质量差的问题。

二、解放思想、补短增效,项目建设成绩突出

通过“小分队招商、以企招商、以商招商”、“补短板、增动力、强管理”、县级领导和县直单位重点项目“双包联”等招商引资、项目建设、落地服务一条龙工作思路,全县新建项目开工率100%,复工率100%,投资完成率93.9%,招商引资完成市级下达任务的102.2%。以重大项目引进落地为牵引,全县转型发展步入“收获季”:规模以上工业增加值1.67亿元,同比增长125.5%，增速全市第一；居民人均可支配收入9728元,同比增长8.2%,增速全市第二;农村居民人均可支配收入4780元,同比增长6.8%,全市增速第三。

三、堵疏结合、科学治污,生态建设战果显著

蓝天保卫战。全年PM2.5浓度均值为35ug/m³,同比下降2.8%。优良天数达286天，优良率达到85.6%，同比增加12.9%,超额完成年度任务。累计淘汰35蒸吨以下燃煤小锅炉20台，完成清洁取暖改造3900户、既有建筑节能改造20980平方米、煤成气抽采1.05亿立方米、集中供暖10万平米。全县集中供暖面积达160万平米,集中供暖率超过96%。净土保卫战。在全县实施测土配方施肥,按需减少肥料用量,有效改善了土壤结构,提高了土地肥力。针对碧水保卫战。对屈产河水质综合治理实施“堵疏结合”治污法,实施污水处理厂扩容工程,日处理能力从6500吨增加到9500吨,完成提质;提温改造及应急池建设工程。重点企业和规模化养殖项目统一安装在线视频监控设施。全面配套建设沿岸人口聚集区生活污水处理设施，新建城区污水管网3公里、改造1.2公里,封堵维修排污口66处。加强畜牧养殖排污建设,建成361个农村畜禽养殖粪污处理收集池以及一座畜禽集中处理场发酵池。同步开工建设屈产河19个沿河村庄污水配套工程,屈产河水质从劣Ⅴ类稳定退出,现已达到Ⅲ类,高质量完成省市要求退出劣Ⅴ类指标要求。

四、因地治宜、一体推进,城乡建设深度融合

实施县城“补短板”工程。全面加强老旧街巷疏通和老旧片区改造,完成崇文桥路面、十字街、旧政府、职业中学、体育场等多处路面破损改造任务和城区人行道彩砖、路沿石改造

任务3.4万平米;完成体育馆至南城初中路面扩宽改造工程和向阳小区硬化工程;完成配套公共服务设施,新增加绿地面积4000余平米。开展全城“提品质”活动。拆除乱建临建5870平方米,拆除破旧广告牌匾750平方米,清理垃圾3.37万立方米,清理“四堆”2.25万立方米,取缔占道修理点23个,拆除空中乱拉线170条,门店整治612户。同时,完成800米延安街立面改造工程和5公里沁园春大街的人行道改造和绿化带新换工程,城市形象进一步提升。开启农村人居环境“塑风貌”活动,高标准建设12个示范村,稳步推进40个重点村,辐射带动69个一般村,打造了泊河、蓬门、褚家峪、永由、曹家峪等一批“各具特色、留得住乡愁”的美丽乡村。

五、以人为本、固本强基,民生福祉持续优化

教育事业方面。持续优化教育布局,新建并启用龙山水岸幼儿园和小镇幼儿园、小镇小学,迁建南城初级中学,公立了南城王府幼儿园,将东风小学、第五小学、城关小学集团式办学,完成了省教育厅任务。转移就业方面。在“吕梁山护工”、黄河岸边的“青岛村”、“福海厨工”三大品牌的基础上,全力推进“人人持证,技能社会”工程,启动了“石楼物业工”劳务品牌,培训物业经理90人,物业从业人员500人。全县城镇新增就业1928人,劳动力转移就业19400人,比上年增长13%,实现长期失业人员再就业343人,城镇就业困难人员就业79人,基本实现应就业全就业。职业技能提升培训3787人,超市定任务数11%。其中护工培训1208人,超任务数42%。设置公益岗位数19682人,同比增长325%。医疗卫生方面。县疾控中心业务用房、残疾人康复中心、县医院核酸检测实验室、医院后勤服务大楼主体工程已完工。健康扶贫双签约实现“应签尽签”,贫困人口“先诊疗后付费”免收住院押金政策全部落实,并实现“一站式”即时结算。改善民生方面。227户贫困户完成危房改造并入住。体育场全天候对外开放。文化馆、美术馆、档案馆“三馆合一”投入使用、“半托管”式日间照料中心、“全托管”式敬老院投入使用。

六、纵深延伸、全面从严,党的建设更加牢固

一是高质量建强基层“战斗堡垒”。选派干部任职村比例达到16.35%,超出市定任务。村“两委”主干“一肩挑”完成率达到90%,比市定60%的任务超出30个百分点。其中4个乡镇“一肩挑”比例达到100%。15个行政村撤并工作全部完成。顺利完成前山乡撤乡设镇工作,设立辛关镇。县级领导累计走访99个村132户贫困户,深入83个行政村调研检查干部驻村帮扶工作,提出年度帮扶工作指导性建议300余条,现场指导46个村集体经济项目运行,研究确定2020年扶贫储备项目136个,特别是引进并启动吕粮山猪20万头生猪养殖项目,为巩固脱贫攻坚成果,提升脱贫攻坚成效发挥了重要作用。二是高标准落实党风建设建设任务。全年受理举报件203件,处置问题线索304件,立案93件,给予党纪政务处分92人,给予撤职以上重处分16人。特别是先行先试,全面推行基层小微权力清单制度,绘制出38项50个权力运行流程图,将“村级小微权力”,全部纳入智慧监管平台管理,从源头上遏制腐败问题的发生,铲除基层腐败的土壤。三是高水平推进意识形态工作任务。连续三年推动开展“激发内生动力·助力脱贫攻坚”宣传教育活动,在中央、省级主流媒体发稿220条,市级主流媒体发稿391条,《学习强国》发稿167篇。拍摄完成《爷爷的晚餐》《夏日天使》等4部微电影。借力团中央驻石楼扶贫工作队合作,组织开展“扶贫攻坚进行时”大型网络直播活动9场。融媒体中心素材上传量始终保持全省第1,发稿量全市第3。稳妥处置负面网络舆情47起,并对3名涉贫负面舆情多发频发的乡镇第一书记、党委书记进行了集体约谈。四是高要求履行依法治县工作职责。研究制定《2020年全县普法依法治理工作要点》,并将履行推进法治建设职责情况列入年度考核内容。开展“法律六进”活动17次,持续规范行政执法优化营商环境,大力促进企业复工复产,建立了52个村级小微权力查询平台,全方位公开村务决策程序、过程,构建起权责明确、公开透明、操作规范、简便高效的村级权力运行体系。

(郑涛洁)

附:中共石楼县委书记、副书记、常委名单

书　记: 油晓峰

副书记: 陈　浩　张宝珍

常　委: 崔宇飞　马恒文　薛志胜(11月离职)　张瑞春(11月任职)　闫建军　薛　平(11月离职)　马科峰(11月任职)　王　鹏　张　帅(7月任职)

中共中阳县委

县委书记　赵沂旸

2020年,中阳县委坚持以习近平新时代中国特色社会主义思想为指导,认真贯彻党的十九大和十九届二中、三中、四中、五中全会精神,深入学习贯彻落实习近平总书记视察山西重要讲话重要指示,按照省委“四为四高两同步”总体思路和要求、市委“1234”发展思路,围绕锚定“四县”目标、打造“五彩”中阳发展蓝图,扎实做好“六稳”工作,全面落实“六保”任务,大力推动“六新”突破,全县经济社会发展和党的建设各项工作取得了新成效、迈上了新台阶。

一、决战完胜脱贫攻坚，全力增进民生福祉，奋力书写金色小康优秀答卷

持续压实脱贫攻坚责任。县委27次召开常委会和脱贫攻坚领导小组会议，研究部署全年重点工作。确定“抓问题整改促巩固提升、抓产业就业促稳定脱贫”的工作思路，集中精力提升质量、做足成色。建立完善事前预警、事中帮扶、事后跟踪机制，推动“一保通”全覆盖，防范化解返贫致贫风险。全县剩余22户66名贫困人口稳定脱贫，边缘户567户955人和脱贫监测户117户294人，已全部解除风险。全力抓好各类问题清零，统筹47个国考省考等各类反馈问题，主动起底26个存量和隐性问题，开展“八查八看”“十大行动”，推进“十个清零”百日攻坚，全部实现“两不愁三保障”，高质量通过普查验收。

着力壮大农业特优产业。围绕打造“六特两园”，统筹整合财政涉农资金1.8亿元，重点推动生猪、核桃、柏籽羊、肉鸡、设施蔬菜、黑木耳等6个特色农业产业发展。全县生猪出栏11万头。实施核桃提质增效1.7万亩。紫云1.5万只柏籽羊养殖园建成。1000万只肉鸡标准化规模养殖项目一期210万只建成。新建蔬菜大棚159个。大力发展黑木耳产业，全年共栽植黑木耳1564万棒，产值5600余万元。成功举办第五届全国木耳产业创新发展大会暨“小木耳、大产业”学习研讨会，黑木耳主产区车鸣峪乡被农业农村部评为全国“一村一品”示范村镇。

持续拓宽群众就业渠道。认真落实“人人持证、技能社会”建设要求，全县10.1万名劳动力全部建档立卡。全年共组织各类技能培训6992人次，发放各类证书7928份，持证率达100%，就业率达65.4%。吕梁山护工培训816人，超额完成任务16.6%，226人实现持证上岗。举办首届职业技能大赛，选拔19个专业66人参加市职业技能大赛，取得团体总分第一名。充分利用光伏收益，开发公益性岗位“十大员”，安排5591名低收入劳动力稳定就业，年人均增收6000余元。

坚持优先发展教育事业。持续推动义务教育均衡发展。扎实推进县管校聘改革。落实教师工资不低于公务员工资要求。推动职普融通合作办学，实现师资共享，资源互补。完成城内幼儿园改扩建项目。聚焦两考持续发力，4名同学被清华北大录取，中学教学质量明显提升。集中表彰180名优秀教师和教育工作者。发放资助资金623万元，资助1.2万余名学生，教育惠民政策落到实处。

加快补齐卫生健康短板。持续深化县乡医疗一体化改革，进一步完善分级诊疗保障机制。着力提高医疗服务水平，新建县人民医院项目基本完工。全面完成“两癌”免费筛查等省市交办民生实事。加快体育场馆、健康步道建设，新建2个社会足球场，免费开放升辉全民健身中心，办好军山山地马拉松等一批区域性特色体育赛事，全民健身运动蓬勃发展。

不断提高社会保障水平。聚焦最底线的民生保障，城镇和农村低保标准分别提升7.7%、11%，达到6720元、4824元。城镇和农村特困人员供养标准分别提升8.5%、12%，达到8900元、6500元。累计发放城乡低保金3209万元。积极推进城乡居民参保扩面工作，城乡居民参保率97.2%，超过省市考核目标2.2个百分点。扎实做好退役军人服务管理保障工作，发放各类抚恤补助479万元。逐步健全养老服务体系，社会福利院养护楼投入使用，社会保障水平持续提升。

二、推进产业集聚发展，不断深化改革创新，奋勇蹚出银色转型发展新路

切实加强对经济工作的领导。坚持稳中求进总基调，不断推进转型发展。全县地区生产总值完成117.6亿元，同比增长5.8%；全年规模以上工业增加值同比增长7%；社会消费品零售总额完成14亿元，同比下降2.7%；一般公共预算收入完成9.72亿元，同比下降17.1%。城镇居民人均可支配收入完成25699元，同比增长4.6%；农村居民人均可支配收入完成8714元，同比增长8.2%。

全力推进产业集聚。突出抓好尚家峪工业园区传统产业升级改造，中钢公司立足现有钢铁、煤焦产业优势基础，积极发展新材料产业，50万吨/年煤矿支护材料及配套项目、200万吨球团项目基本建成，焦化脱硫废液制酸项目开工建设，推动钢铁产业向产业链、价值链、供应链中高端迈进。立足资源优势，抢抓政策机遇，吕梁离柳矿区(中阳枝柯)煤化工新材料园区获批，围绕560万吨级焦化基础产业，延伸建设11.5亿方焦炉煤气、30万吨焦油、10万吨粗苯三条深加工链条，发展氢能产业和精细化工新材料。

狠抓转型项目建设。树牢“项目为王”理念，坚持项目为重的鲜明导向，实行项目推进8项制度和“五个一”机制，17个新建、22个续建重点项目全部开复工。围绕产业政策和投资方向，积极争取上级资金，申报稳投资补短板项目3个，分三批申报专项债券项目23个，申报中央预算内投资项目19个。推动政银企常态化对接，签约贷款资金57亿元，为项目建设注入“金融活水”。

积极推进能源革命。加速释放煤炭优质产能，全县生产矿井达到11对，原煤产量达1177万吨，同比增长22.7%。加大煤矿智能化改造，鑫岩煤矿入选国家首批智能化示范煤矿建设名单。延伸煤炭产业链条，全年洗煤产量达到697万吨，同比增长30%，鑫隆、容大等7个坑口洗煤项目筹备开工建设，促进原煤就地转化。

大力培育新兴产业。坚持以“六新”牵引创新生态建设，激发创新活力、培育新兴业态。持续深化与北航、山西农大等签约高校的合作，加快孵化科技创新型小微企业，吕梁市北航中汇科技孵化器入驻企业达54户。打造电商中心官方直播间，积极与乐村淘合作，开展网络直播带货销售，全年电商销售额突破3000万元，同比增长15%，进一步叫响“中阳山宝”区域公共品牌。

持续优化营商环境。深化相对集中行政许可权改革工作，落实“一枚印章管审批”制度，首批划转行政许可类事项262项，划转比例79.4%，高于省政府要求2.4个百分点。突出抓好“五减”工作，压缩审批时限1248天，有效提高了审批

质量和效率。认真落实支持民营经济省 30 条、新 23 条、市 20 条、县 26 条意见,全年累计减税 7929 万元。

坚持扩大对外开放。中钢公司发挥全市外贸龙头企业带动作用,全年进口总额超 20 亿元。中阳黑木耳通过山西厦门商会飘洋过海、走向世界。腾宇农业菌棒通过第三方成功出口韩国。持续加大招商引资力度,赴上海、杭州、厦门、柞水等地洽谈考察、招商引资,签约项目 15 个,开工 13 个。成立县政府驻长三角商贸服务办公室,进博会签约 1.44 亿美元,对外开放步伐不断加快。

三、持续改善环境质量,提升城乡建设品质,倾力打造绿色生态宜居山城

深入开展环境卫生整治。深入开展“共建美好家园、提升脱贫成效”爱国卫生运动季专项行动,全县清理拆除“三乱”6.1 万处、8 万立方米,整章建制 28 项,全县“三容三貌”持续改善,爱国卫生长效机制基本建立。扎实改善农村人居环境,打造弓阳、神圪垯、水峪、阳坡塔 4 个“排头兵”和上寺头、暖泉村等 21 个美丽宜居示范村,南曲、福禄峪、阳坡塔、水峪、弓阳等 5 个村入选国家森林乡村名单,全县乡村生态环境质量持续好转。

持续推进污染防治攻坚。加强工业企业排放监管,中钢公司、聚星铁业完成超低排放改造任务。完成 2500 户农村煤改电任务。县城规划区新增供热面积 340 万平方米,超低排放改造 370 万平方米,实现集中供热全覆盖。城区空气环境质量二级以上天气 292 天,同比增加 36 天,空气质量优良率 80.2%。玉洁污水厂提质增效扩建项目建成运行,枝柯镇、暖泉镇核心区生活污水处理厂建成投运,污水收集处理能力进一步提升,南川河、暖泉河出境断面全部达到排放要求。

不断提升城乡建设水平。东山过境公路项目持续推进,前河公路隧道开工建设,离隰高速征地拆迁工作推进顺利,四好农村路建设项目和村道安防工程全部完成,进一步筑牢高质量发展交通基础。实施城区雨污分流及道路提升改造 8 条 6.4 公里,既有建筑节能改造城区 8.5 万平方米、农村 1.2 万平米。主城区 67 个 5G 宏基站建成开通 11 个,其余具备开站条件,实现中心城区全覆盖。

四、打赢打好防疫战役,加强和创新社会治理,切实维护蓝色平安稳定大局

慎终如始抓好疫情防控。盯紧农村、社区、企业三个风险点,落实属地、部门、单位、个人“四方责任”,抓紧抓实抓细防控责任,坚决守好“护城河”。建成 2 个 PCR 实验室,日核酸检测能力可达 1.1 万份。组建 7 支、65 人的专业核酸检测和医疗救治队伍。先后购置各类防护物资 4 万余件,保障全县疫情防控物资供应。组织开展应急演练培训,疫情防控水平进一步提升。制定企业复工复产 10 条措施,引导企业因企制宜,做好返岗人员健康监测工作。抓好冷链食品和农贸市场的核酸检测工作,精准做好常态化疫情防控工作。

深入开展“三零”单位创建。按照“1337”工作思路,推行“三三”工作法、打好“三零”组合拳,村(社区)创建达标率 70.79%,单位创建达标率 100%,企业创建达标率 98.17%,全市“三零”单位创建现场推进会在中阳县召开。深入推进扫黑除恶专项斗争,破获刑事案件 27 起,抓获犯罪嫌疑人 20 名,对已打掉的 13 个涉黑涉恶团伙和涉黑涉恶案件进行台账式管理,依法冻结涉案财产 4 亿余元,中阳县被评为省级平安县。

五、坚持全面从严治党,推进社会主义政治建设,凝聚激发红色初心奋进力量

持续强化思想政治建设。县委理论学习中心组全年共组织 26 次集中学习。通过组织外出培训、夜校培训、举办读书班、“钉钉”培训班等形式,培训党员干部 4000 余人次。召开县委十五届十次全会,深入贯彻落实习近平总书记视察山西重要讲话重要指示,动员全县上下牢记领袖嘱托、勇担历史使命,奋勇争先蹚出转型发展新路。

扎实推进民主政治建设。严格落实县委全会、常委会工作规则,不断提高班子建设规范化制度化水平。人大及其常委会依法行使职权,大力支持“一府一委两院”工作。县人大常委会围绕县委决策部署,聚焦中心重点工作,探索创新审议调研监督和执法检查方法,充分调动代表积极履职尽责,注重发挥人大监督支持和促进作用,以法治方式有力推动了法治建设进程和各项事业发展。召开县委政协工作会议,县政协聚焦脱贫攻坚、转型发展等进行协商议政和专题调研,形成一批高质量的意见建议,民主监督经验在全国地方政协工作座谈会进行交流,社情民意信息位列全市第一,参政议政水平显著提升。高度重视统一战线工作,开展党员领导干部与党外人士对结联谊活动。召开中阳县第一次归侨侨眷代表大会,成立了中阳县归国华侨联合会,统战工作再上新台阶。

积极推进精神文明建设。完成中阳县第五届道德模范评选表彰。广泛开展文明风尚引导培育,阳坡村第一书记韩庚入选“中国好人榜”,被评为“敬业奉献好人”。电力公司入选第六届全国文明单位,县税务局被评为省级学雷锋志愿服务示范点,郝家圪垯被评为省级文明村,武家庄镇被评为市级文明乡镇,水峪、阳坡塔被评为市级文明村。建成县级新时代文明实践中心、7 个乡镇实践所、87 个村实践站和 16 支志愿服务队。

全面加强基层组织建设。扎实做好“整乡推进、整县提升”示范县创建工作,积极推动 1 个示范乡镇、3 个达标乡镇建设。选优配强农村党组织工作力量,67 个村实现“一肩挑”,占比 88.2%。精准整顿 8 个软弱涣散村级党组织,为全市创造试点经验。深入开展“三整一提升”工作,着力推进党建和经济“蓄力共赢”,4 个“两新”组织被省市命名为“双强六好”党组织。坚持财政、人力保障倾斜基层一线,农村、社区运转经费分别达到 20 万元、26 万元以上,基层党组织建设全面加强、全面过硬。

大力加强干部队伍建设。14 名县级干部下沉担任 7 个

乡镇第一书记、特派第一书记,协调解决问题,推动工作落实。认真贯彻新时代党的组织路线,选优配强乡镇领导班子65名,选派机关事业单位干部15人到14个村任职,提拔使用16名疫情防控、脱贫攻坚、转型发展等领域优秀干部。

扎实推进党风廉政建设。全县纪检监察机关共处置问题线索467件,立案180件,党纪政务处分171人,其中处分乡科级干部28人,留置4人,移送司法机关4人。完成县委第七轮、第八轮巡察,安排部署第九轮巡察,不断推动"两个责任"贯通落实。

(姚通川)

附:中共中阳县委书记、副书记、常委名单

书　记: 乔晓峰(4月离职)　赵沂旸(4月任职)

副书记: 田安平(12月离职)　孙燕飞　郝忠亮(挂职)　刘益令(挂职)

常　委: 吴蝉有　梁明光　任建中　张成虎　马　健　张致滨　李　靖(7月任职)

中共柳林县委

县委书记　赵建喜

2020年,柳林县委坚持以习近平新时代中国特色社会主义思想为指导,深入学习贯彻习近平总书记视察山西重要讲话重要指示,全面贯彻党的十九大和十九届二中、三中、四中、五中全会精神,按照省委"四为四高两同步"总体思路和要求、市委"1234"发展思路,坚持"党建统领,五转一新"工作思路,聚力补短板、解难题、惠民生、抓落实"四大攻势",统筹推进常态化疫情防控和经济社会发展,全县经济社会各项事业呈现出稳中向好、持续向好的良好局面。

一、发扬"抗疫精神",奋力夺取疫情防控全面胜利

面对突如其来的新冠肺炎疫情,县委1月26日启动重大公共卫生事件一级响应,先后召开45次疫情防控专题会议、领导小组办公室会议和督查汇报会,高位推动疫情防控工作。有效落实分区分级精准防控策略,全面推行"健康码",动态掌握外来人员来柳返柳情况。县医院和疾控中心均建成PCR实验室,常态化开展中高风险地区来柳返柳人员、冷链食品及其经营场所核酸检测。设立抗疫临时党支部57个,8000余名党员、3419名志愿者参与到一线防控工作,3名医护人员驰援湖北;爱心企业家、爱心人士捐款3000余万元,捐赠防疫用品价值1500余万元。全县47户规上企业、绝大多数中小微企业3月底顺利复工复产。各中小学梯次顺利开学。

二、坚持"党建统领",凝聚团结奋进的发展合力

一是主体责任层层压实。按照新时代党的建设总要求,县委认真履行管党治党政治责任,县、乡、村层层签订党风廉政建设责任书,累计召开52次县委常委会、党建工作会、反腐败领导小组会,研究推动党建工作。县委常委班子成员与各级党组织书记谈心谈话1200余次。高质量完成了第七轮、第八轮巡察工作,全面铺开第九轮巡察。二是试点任务走在前列。创新落实"6个1帮扶力量""四式四精准"等整顿措施,19个村成功精准退出。出台"两新组织"星级评定管理办法,创建省级"双强六好"1个、市级"双强六好"4个、县级"双强六好"11个。制定领导干部政治素质考察正向评价标准28条、负面清单22种;实行了责任、进度、成绩"三单管理"和"察、听、看、评"四步工作法,精准识别、提拔重用担当作为干部5名。三是基层组织不断夯实。组织召开县委中心组学习会议28次,县委中心组学习的成功做法代表吕梁市在全省交流。完成"一肩挑"任务的行政村达到193个,占比98%。选派57名干部到42个村任职,整建制8个村,选派比例21.3%;在全市首家出台了选派干部管理考核办法,下拨工作经费806万元。197个行政村集体经济全部达到5万元以上。金家庄乡党委被评为"2020年度全省标杆乡镇党委"。配合省市完成了5名"蹲苗"干部下派和3名科级干部赴省市机关任职工作,调整科级干部7批次45名。四是正风反腐持续高压。组织开展四风专项检查50余批次,党纪政务处分及组织处理63人,处理领导干部在企业违规吃喝183批次1036人次。收回公职人员逾期贷款1124万元;聚焦"吃空饷"和违规借用干部问题,发现请假159人、借调235人、不在岗45人,对长期不在岗的16人督促所在单位给予党纪政务处分;全年立案405件,处分401人,反腐败斗争压倒性态势持续巩固。

三、聚力"四大攻势",全面建成小康社会胜利在望

一是坚决发起"补短板"攻势。完成剩余62户176名贫困人口的减贫任务。统筹整合财政涉农资金1.75亿元,发放扶贫小额贷款5552万元,支持扶贫产业发展壮大;积极申报柳林现代农业示范区,新建设施农业基地500亩。成功举办了柳林县第二届红枣文化节,签约2.13亿元的18个项目;建成全市首个科技小院——山西柳林红枣科技小院。投资3.5亿元开展了旱井水净化和延网扩面标准化建设工程,实现了3.55万户饮水提质,荣获全市县级农村饮水安全脱贫攻坚成效评价第一名;启动中部引黄柳林县域小水网配套工程项目。联山400万吨/年智能化矿井项目有序推进,固废

基新材料基地启动了煤矸石预处理、陶粒等6个先导项目;依托张懿院士工作站,1500吨/年特种纳米碳酸钙中试生产线建成投产;煤层气生产规模达到1.59亿立方;建成5G基站86个;汾西荣欣矿区铁路专用线完成总工程量的70%,储运装部分进入试运转。减免各类税费1.4亿元;扎实推进"一枚印章管审批"改革,222项审批事项实现全程网办。全年完成签约项目8个;新签约项目开工5个。挂牌成立了长三角(上海)柳林商会,组织参加了第三届进博会、厦洽会等招商活动;邀请长春施耐利公司、厦门象屿集团等来柳林县考察对接,为下一步签约落地奠定基础。二是坚决发起"解难题"攻势。凌志企业接管顺利过渡,后续风险总体可控;联盛破产重整计划执行完成,"平稳重整" 目标圆满实现。政府债务率26.68%,远低于100%警戒线。严格落实县级领导包案和"五包一"稳控责任。持续开展"散乱污"企业治理;完成煤改电192户、煤改气543户。严格落实河长制,荣获全市河长制专项考核第一名;强化专职巡河员全天候常态化巡河监督,全县三级河长开展巡河4041次,巡河达标率位居全市第一;整治消除64个涉河"四乱"问题,清理河道垃圾底泥51万立方米;完成了柳林泉水源与横泉水库引水置换工作;成功处置了县污水处理厂突发溢流事件。规范提升了44个扶贫攻坚造林专业合作社,完成营造林5万亩,退耕还林补植补造5.6万亩,全市春季造林绿化启动大会在柳林召开。三是坚决发起"惠民生"攻势。按照"大县城、小集镇、中心村"发展思路,借鉴重庆山城发展经验,把东山新区作为县城扩容提质方向,重新完善规划,加快推进建设。农村人居环境整治三年行动计划圆满收官,新打造了8个市级美丽宜居示范村。积极引进上海先进教育理念,成立了于漪教育思想研究中心,启动新建上海实验初中。积极推进新医院建设。处理拖欠农民工工资案件68起,结案率100%,返还农民工工资2000余万元,保障农民工工资支付工作获得全市考核A级。沿黄旅游公路及生态绿道项目一期工程建成通车。稳步推进明清街历史文化街区改造工程。柳林大剧院完成地基处理;县委党校、党史馆、档案馆完成选址工作。扎实开展"三零"单位创建,全面启动全省法治国家、法治政府、法治社会一体建设试点县各项工作;深入推进扫黑除恶专项斗争,打掉了1个恶势力集团;新评选出100名新时代柳林好人。在全省率先开展"一盔一带"专项整治,全年全县摩托车事故致人死亡8人,同比下降46.7%。四是坚决发起"抓落实"攻势。制定出台了贯彻落实文件,分别明确了59条276项和10条39项落实举措,倒排工期、压茬推进。围绕全年重点工作目标任务,制定出台了《2020年全县重点工作任务责任分解方案》,136项具体任务全部明确牵头领导、责任单位和参加单位。组织召开县委常委会(扩大)会议27次、重点工作调度会12次,听取汇报,协调解决问题。用好"13710"督查督办制,成立了县委督查委员会,实地督查156次。依托钉钉软件建立"双评议"平台,收到群众反馈意见2811条,办理满意度达到93.24%。

(薛永峰)

附:中共柳林县委书记、副书记、常委名单

书　记:赵建喜

副书记:刘惠民　刘建国(1月离职)

杨月祥(3月任职)　侯少华(7月任职)

常　委:贾殿林　贺柱才　刘缠喜　邢海华(女)

雒星田　张海文(3月离职)

薛海斌(4月任职)　张霄峰

中共离石区委

区委书记　张潞萍

2020年,离石区委坚持以习近平新时代中国特色社会主义思想为指导,深入学习贯彻党的十九大和十九届二中、三中、四中、五中全会精神,全面贯彻习近平总书记视察山西重要讲话重要指示,认真贯彻省委"四为四高两同步"总体思路和要求,市委四届九次、十次全会精神,以"两个维护"的政治自觉,团结带领全区广大党员干部群众以前所未有的力度应对前所未有的挑战,为全面建成小康社会夺取决定性胜利、开启社会主义现代化建设新征程奠定了坚实基础。

2020年,全区地区生产总值完成154.7亿元,同比增长2.8%;一般公共预算收入完成16.07亿元,同比增长10%;规上工业增加值达到62亿元,同比增长27.4%;城乡居民人均可支配收入分别增长3.8%和8%。

一、忠实践行领袖嘱托,在对表中谋新局,绘就了"四区"建设的发展蓝图

区委认真落实省委"四为四高两同步"总体思路和要求、市委"1234"发展思路,在深入调研、反复论证、多方征求意见的基础上,提出"四区"建设的战略目标,聚焦高质量发展,建设创新驱动引领区;聚焦高水平崛起,建设产城融合示范区;聚焦高标准保护,建设绿色生态宜居区;聚焦高品质生活,建设以人为本首善区,描绘了新时代离石的宏伟蓝图。明确"三新五大"产业转型思路,即新能源、新材料、新装备、大数据、大文旅、大农特、大健康、大商贸八大产业,为率先蹚出转型发展离石新路提供了坚实支撑。实施"十大工程",分别是规上企业倍增、创新生态培育、污染防治、国土"三化"、招商引资、换道领跑以及满意教育、幸福养老、方便就业、智慧社区等十大工程。把握"十对关系",对交总账和奔小康、守底线和走在前、蹚新路和绊脚石、立足当前和着眼长远、招外商和稳

内商、抓大事和盯小事、第一责任和第一要务、政治生态和创新生态、“练虚功”和“真作为”、“市”与“区”等十个方面，进行深入、系统、辩证地分析认识，以更高站位、更宽视野、更实举措，在高质量转型发展的伟大征程中展现离石担当。

二、坚持“人民至上、生命至上”，在逆行中担使命，书写了抗击疫情的责任担当

一是以责任担当坚决推进疫情防控。多次召开专题会议安排部署防控工作，牢牢把握主动权。紧急出台16项疫情防控应对办法。率先推行“五包一”群防群控机制、集中隔离“六个一”标准、出租房管理“十条措施”、车辆管控“一码通”等具体举措，最早形成“离石方案”，迅速成为“吕梁模式”。第一时间将临时党支部建在疫情防控最前线，让党旗高高飘扬，先后3次被中央电视台报道，6次被《山西日报》等主流媒体宣传。离石高速东口站点防控工作被省公安厅通报表扬。

二是以初心使命坚决凝聚抗疫合力。及时发出倡议书和公开信，普及防疫知识，回应社会关切，号召全民抗疫。刊发《党旗飘扬》《以案说法》等疫情报道1988篇(条)，讲述离石故事。社会各界捐款捐物价值1400余万元，受到市委表扬。成立39支党员突击队，3845名党员主动下沉社区，用心用情守护居民。

三是以科学管控坚决加快疫后复工复产。统筹推进疫情防控和复工复产，聚焦企业需求、出台优惠政策、缩短环节时限。区级领导带头深入一线，推动30户规上和242户规下工业企业迅速投产达效，全面恢复城市运行和人民生产生活秩序。

三、聚焦“六新”突破，在危机中抢先机，铺开了“三新五大”转型之路

一是构建“三新五大”产业体系。按照“六新”突破要求，结合离石区产业结构、资源禀赋、区位优势，着力构建“三新五大”产业体系。“三新”重在稳住经济基本面，保障财政充裕，是强区的支柱产业。“五大”重在增加群众收入，是特色富民产业。“三新五大”相辅相成，构成了离石区经济高质量转型发展的大盘子。

二是汇聚“三新五大”主攻动力。围绕“三新五大”分类施策，新能源、新装备在原有基础上加快升级改造，从低中端向中高端迈进，实现直道冲刺；大农特、大健康、大商贸、大文旅加强顶层设计，乘势发力，弯道超车；新材料、大数据超前布局，下好“先手棋”，抢占先机，换道领跑。围绕“三新五大”创优环境，建立“五个一批”项目动态管理机制，实施重点项目“三零工程”，树立起“市区一体、三区联动、城乡融合”转型新格局。

四、争做全面深化改革探路先锋，在改革中求突破，注入了赶超发展的强劲动力

一是全面推动能源革命综合改革。抓好“八个变革、一个合作”，全面推进能源领域改革创新。扎实推进东江煤业智能化矿井建设，已基本完工；加快风电基地建设，薛公岭50兆瓦风电项目25台发电机组已安装24台；积极推进清洁取暖，完成集中供热改造7600户、煤改电5032户、煤改气6343户；全区93个贫困村实现了光伏扶贫电站全覆盖，全年共发电1074万千瓦时。

二是大力推进“放管服效”改革。持续深化“一枚印章管审批”，进一步优化审批流程，审批时限减少2–40个工作日；全面推行“最多跑一次”，推动政务服务事项“马上办、网上办、就近办、一次办”；大力提升政务服务水平，优化企业开办流程，将企业开办时间压减到1.5个工作日以内。

三是完成农村集体产权制度改革。率先完成行政村(组)土地确权登记、颁证数据更新、清产核资、成员身份界定等工作，成立346个集体经济组织，颁发64501本股权证。顺利通过市级产权制度改革验收。

四是深化医疗机构一体化改革。加大区乡医疗机构一体化改革力度，研究制定医疗集团绩效管理及配套奖励性绩效分配方案，建立健全管理考核评价机制。加大医疗控费改革力度，进一步降低群众自付医疗费用，切实减轻群众就医负担。

五、强化交总账意识，在决战中求决胜，交出了脱贫攻坚的满意答卷

一是坚持以上率下，坚定扛起脱贫攻坚政治责任。先后召开区委常委会议13次、脱贫攻坚领导小组会议36次，推动解决实际问题。坚持“双组长”周例会点评考核制度，压紧压实常委包联责任、乡镇(街道)和部门主体责任、“三支队伍”直接责任，建立起“三级书记抓脱贫、三级联动抓落实”责任体系。

二是坚持“双线统筹”，圆满完成全年减贫防贫任务。统筹疫情防控和消费扶贫，利用社会捐款购买本地农产品，捐赠给一线抗疫人员，参加“带货直播”，助推销售扶贫产品3500余万元。统筹基础设施和产业配套，推动中磁尚善等4个扶贫车间提档升级；在社区建立帮扶就业站，让每一个城市边缘户、脱贫户、外来户方便就业；完成核桃经济林提质增效2万亩，带动742户贫困户增产增收；规范提升44家扶贫造林专业合作社，续聘318名贫困护林员。统筹问题整改和建章立制，建立问题整改“急办通道”，省市巡视巡察督导反馈的84条问题全部完成整改，建立健全扶贫项目管理、小额信贷预警等制度。

三是坚持“两个融合”，创新推进脱贫攻坚和乡村振兴有效衔接。谋划城市经济促进产业衔接。以大文旅产业为引擎，带动小杂粮、湖羊、中药材等6大产业园区建设，布局20个精品旅游景点和一批康养项目，形成集农、文、旅、康为一体的产业链。加强美丽乡村建设促进基础公共服务衔接。以拆违治乱、垃圾治理、厕所革命为重点，建成16个市级、11个区级美丽宜居乡村。

六、坚持以人民为中心的发展思想，在保障中惠民生，打造了幸福离石的金字招牌

一是优先发展人民满意的教育。投资6.35亿元实施教育基础设施项目，持续深化中小学办学模式改革，江阴高中、江阴初中和城镇中学实行共教共建、捆绑发展，新学道管理团队接管袁家庄中学，离石一中与清华附中建立帮扶关系，建立4个小学教育集团，促进教育均衡发展。深入实施"教育引才"计划，申报特岗计划补充教师160名，教师配偶回引和引进优秀教师50余人，补充幼儿教师108名。

二是大力发展幸福养老。统筹养老事业与养老产业发展，引进智慧华川和北京福祉养老服务公司，着力构建以"三中心一站两院"为基础的"15分钟幸福养老圈"，生态园社区嵌入式日间照料中心、中央公园社区养老服务中心、恒大社区养老服务中心3个幸福养老示范工程，在省民政厅和财政厅验收中被评为优秀。

三是强力实施方便就业工程。推动"人人持证、技能社会"建设，举办离石区首届职业技能大赛；实施全民技能提升工程，全年共培训13143人，实现就业6348人；开发扶贫公益岗位，安置897名贫困劳动力就业；在全省率先开展免垫付电子培训券试点工作。

七、坚持不懈贯彻绿色发展理念，在发展中守底线，擦亮了生态宜居的靓丽名片

一是加大环境治理力度。把"污染防治"列入"十大工程"重点推进，坚决关停大土河焦化热电二分厂。全年大气综合指数全省第一，市区空气优良天数全省第二，国考、省考、市考断面水质均达考核指标。

二是持续开展生态修复。加速推进国土"绿化彩化财化"工程，持续实施退耕还林、生态脆弱区综合治理等重点生态修复项目和龙凤虎"三山"增彩拓展绿化提质项目，栽植各类苗木208万株；加强矿山地质环境治理，修复治理废弃露天矿山43处。

八、始终坚持党管意识形态，在振兴中树新风，唱响了文化强区的时代声音

一是严格落实意识形态工作责任制。定期听取意识形态工作汇报，分析研判，作出部署。完善意识形态工作责任制任务分解、阵地管理审批、考核督查等制度，严格落实纪检、组织、宣传、巡察等部门责任，以"四个纳入"确保意识形态工作责任制落实落细，牢牢掌握意识形态工作的领导权、主动权和管理权。

二是持续强化理论武装。深入学习贯彻习近平新时代中国特色社会主义思想，党的十九届四中、五中全会、习近平总书记"三篇光辉文献"和视察山西重要讲话重要指示精神等。学习宣讲"五进"基层全覆盖，"学习强国"平台注册参学率位居全市前列。

三是大力繁荣发展文化事业。弘扬吕梁精神，传承红色文化，加强革命历史纪念设施管理工作，高家沟高级军事会议旧址等三家革命遗址位列山西第六批省级文物保护单位。开展离石区名特优农产品直播带货周节目展演和农民丰收节专场文艺演出等群众性文化活动。打造影视文学精品，电视专题记录片《电波凌云》在央视播出，电影《七儿娘》荣获山西省第十二届精神文明建设"五个一"工程奖。推进非遗传承保护，烙画传承人张海应获得"2020中国'汉博杯'工艺美术创意设计大赛"铜奖。

九、坚持和发展社会主义民主政治，在大局中讲团结，凝聚了赶超发展的强大合力

一是扎实推进民主政治完善发展。定期听取区人大常委会、区政协、区"两院"以及各人民团体党组工作汇报。出台《关于加强和改进新时代人大工作的意见》，全力支持人大及其常委会依法行使职权，依法履行监督职责，更好地把区委决策意图转化为人大工作的具体实践。发挥政协"智囊团"作用，支持区政协聚焦脱贫攻坚、转型发展、"三新五大"、生态环保等工作进行协商议政和专题调研，形成了一批有决策参考价值的重要成果。

二是扎实推进统战工作创新发展。成立侨联组织，完成区知联会、民建离石支部换届选举。夯实基层统战力量，建立党外后备干部梯队。创新开展同心实践活动，成立全省首家统一战线同心书画院。

三是扎实推进法治建设一体发展。一体推进法治离石、法治政府、法治社会建设，深化全面依法治区实践，将法治建设纳入年度目标责任考核，压实"谁执法谁普法"责任制，全面推行行政执法"三项制度"。

四是扎实推进党管武装深入发展。严格履行党管武装责任，全面落实双向兼职、党委议军、工作述职等制度。

十、推进社会治理体系和治理能力现代化，在实践中补短板，提升了城乡居民的安全感和满意度

一是全面推行全科网格。创新实践"党建引领+网格管理+五治融合"全科网格工作模式，初步搭建综合治理实体化平台，全区划分为1831个普通网格和249个专属网格，招聘1974名网格员。

二是着力抓好信访工作。设立36个信访工作站，建立"四变"硬要求、"四访"责任制、"四专"新模式，群众信访量同比下降70%，一批陈年积案得到化解，实现了"降量退位"目标，在全市信访工作考核中排名大幅提升。

三是深入开展扫黑除恶。深入开展线索清仓、逃犯清零、案件清结、伞网清除、黑财清底、行业清源"六清"行动，打掉了21个黑恶势力团伙，累计查封、查扣、冻结涉黑涉案资产8037.8万余元，政治生态、社会环境持续得到净化。

十一、纵深推进全面从严治党,在担当中转作风,涵养了风清气正的政治生态

一是不断夯实主体责任。常委会坚持以党建"第一责任"领导和保障发展"第一要务",贯通推进"两个责任",召开常委会、区委反腐败工作领导小组会议7次,专题研究全区党风廉政建设和反腐败工作。制定了党风廉政建设主体责任清单和个人责任清单。先后对主体责任落实不力的16个党组织、30余名党员领导干部进行了严肃问责,倒逼责任落实。

二是全面提升基层党建。扎实开展"六大行动"。选派30名优秀机关事业单位干部到村任职,精准整顿8个软弱涣散农村党组织,村"两委"主干"一肩挑"比例达95.24%,村集体经济全部达5万元以上。高标准打造吕梁党建主题公园和5个社区党群服务中心(站)。

三是创新监督考核机制。树立"以结果论英雄"导向,建立健全双向选择、动态管理、竞争淘汰等工作机制,推行"钉钉"闭环督查系统,实行"红黑榜"通报,强化对工作全过程的跟踪管理,倒逼责任落实。

四是强化干部队伍建设。将全区80后干部纳入选拔培养视野,建立综合后备库。选派年轻干部到基层一线"墩苗"锻炼,及时提拔使用表现突出的21名优秀干部。

五是持续保持反腐高压。查处扶贫领域腐败案件22件、处理36人,查处"四风"问题、违反八项规定案件9起、处理21人,查处涉黑腐败和黑恶势力"保护伞"案件18起、处理126人。全年共立案247件,党纪政务处分205人,其中科级干部30人,留党察看11人,开除党籍30人,采取留置措施4人,移送司法机关3人,形成强力震慑。

六是不断深化政治巡察。全年组织开展了两轮政治巡察和16个单位的巡察整改"回头看",对整改不到位的6个单位党组织负责人进行集体约谈,充分发挥了巡察利剑作用。

(闫志伟)

附:中共离石区委书记、副书记、常委名单

书　记:梁志勇(1月离职)　张路萍(女,1月任职)

副书记:李　军　张海文(3月任职)

常　委:杨顺平(3月离职)　杨　丽(女,7月任职)
白　鹤　王月亮　李瑞刚(8月任职)
王　琳　景喜旺　杨　阳(7月任职)

中共方山县委

县委书记　周小云

2020年,方山县委坚持以习近平新时代中国特色社会主义思想为指导,深入贯彻党的十九届五中全会和习近平总书记视察山西重要讲话重要指示精神,认真贯彻省委"四为四高两同步"总体思路和要求和市委"1234"工作思路,充分发挥统揽全局、协调各方作用,认真履行把方向、管大局、作决策、保落实的职责,团结带领全县各级党组织和广大干部群众,奋发有为推进方山县党的建设和经济社会发展各项事业砥砺前行、有所作为。

2020年,地区生产总值完成51.82亿元,增长3.9%;公共财政预算收入完成4.95亿元,下降2.9%;规模以上工业增加值完成36.66亿元,增长5.5%;社会消费品零售总额完成9.46亿元,下降3.7%;城乡居民人均可支配收入分别达到24117元、6031元,分别增长4.8%、8.1%。

一、坚持以习近平新时代中国特色社会主义思想武装头脑指导实践推动工作

县委坚持以习近平新时代中国特色社会主义思想武装头脑,坚决扛起管党治党的主体责任、维护稳定的政治责任和转型发展的历史责任,着力推动党员干部树牢"四个意识",坚定"四个自信",做到"两个维护",在思想上、政治上、行动上与以习近平同志为核心的党中央保持高度一致。县委坚持先学思想后做决策,召开25次常委会和10次中心组学习会,推动学习贯彻习近平新时代中国特色社会主义思想、习近平总书记视察山西重要讲话重要指示和中央、省委、市委精神深入基层一线,开展宣讲230余场,把思想建设的强大动力转化为解决问题、推动发展、维护稳定的实际成效。

二、牢牢把握疫情防控主动权,努力打好打赢抗击疫情重大战役

县委坚持"人民至上、生命至上"理念,第一时间成立疫情防控领导小组,研判疫情形势,统筹物资调度,组建应急队伍,对169个村、3个社区、114个小区、44个散区严格实行网格化管理措施,严密排查"返乡、返岗、返学"人员;组建3个督查组和31支疫情防控小分队下沉一线开展全覆盖督导。在毫不放松抓好疫情防控的同时,千方百计推进复工复产,积极有

为促进务工就业，稳步开放公共市场，审慎做好复学复课，经济社会发展稳步复苏，全县未发生一例新冠肺炎病人。

三、聚焦巩固拓展脱贫成果，努力交好脱贫攻坚决战完胜答卷

县委坚持以脱贫攻坚统揽经济社会发展全局，确立了“交好五本账单，完善五个机制，强化五项保障”思路，召开13次县委常委会、17次脱贫攻坚领导小组会推动脱贫攻坚工作。统筹整合资金2.77亿元，实施扶贫项目192个。“两不愁三保障”全部达标，惠民政策全部落实到位。宏康牧业育肥基地带动贫困户人均收益300元，易地扶贫搬迁后续产业园带动贫困搬迁人口人均收益100元。坚持因户因人精准施策，开发公益性岗位托底安置79户79人，政策性兜底21户；919户1632人脱贫监测户、129户315人边缘户实现应保尽保。87条问题全部清零。按照现行标准，51809名贫困人口全部脱贫。

四、聚焦加快转变经济发展方式，努力交好高质量转型发展答卷

县委致力于加强和改善党对经济工作的领导，定期分析研判形势，调度经济运行，经济发展质量水平稳步提升。2020年21个固投项目开复工17个。投资4亿余元，建成8000头育肥牛棚47个、3万头肉牛屠宰厂；在马坊、麻地会、水库保护区打造了“3个1000亩”中药材园区；带动中药材、肉牛种养规模突破5.8万亩和4万头。16座光伏电站累计分配收益1.26亿元，村均达到74.56万元以上。方山生态文化旅游示范区投资4.81亿元实施重点项目6个，旅客过夜人次完成37万余人次，年景区接待人次完成118万余人次。

五、聚焦改善完善城乡基础设施，努力推动城乡总体面貌大为改观

县委把基础设施建设作为改善民生、打通服务“最后一公里”的大事来抓，持续加大投资建设力度，基础设施公共服务水平逐步提升。大力推进县城改造，投资3.7亿元的棚户区东一区和东二区改造项目分房到户，投资2.49亿元的棚户区东三区改造项目完工50%；方正花园一期建成入住，二期接近完工；投资1.43亿元的瓦窑河城区段生态修复综合治理工程完工60%；投资近7000万元的6个美丽宜居乡村基本完工；投资2.4亿元的三川河生态修复综合治理工程完成前期准备工作；投资2.4亿元的北武当山景区环线公路北线工程和“圪张线”竣工通车。6个美丽宜居乡村项目全面推进，完成8个村生活污水治理工程，改造2000余座农村户厕，全面改善农村居民生活条件。

六、聚焦加强保障改善民生工作，努力提升全县人民群众幸福指数

县委坚持以人民为中心的工作理念，把保障和改善民生作为一切工作的出发点和落脚点，坚决守住民生底线。落实奖励资金278.15万元，表彰全县优秀教育工作者。高中新校区二期、职教中心项目建成投运，大武小学一期基本竣工，贺龙中学项目主体完工。农村、城市低保线分别达到4824元/年/人、6720元/年/人。完成全民技能提升工程培训4063人，其中吕梁山护工培训1043人。城镇新增就业1746人，城镇登记失业率严格控制在4.5%以内。县医疗集团实现了行政、人员、资金、业务、绩效、药械管理“六统一”，服务水平明显提升；13户医疗机构、22户个体诊所、169个村级卫生室实现了监督检查全覆盖。

七、聚焦加强社会管理治理，努力营造安全稳定稳中向好发展环境

县委不断加强社会管理，持续推进生态修复，营造了和谐稳定的社会环境和美丽健康的生态环境。坚持把安全生产摆在首位，完成整改重点安全隐患点4896个。深入开展信访矛盾纠纷大排查大化解攻坚战，办理上级交办疑难案件89件。扎实推进“三零”创建，112个农村(社区)符合创建标准，1016个企事业单位符合创建标准；聘用212名农村网格员、39名城区治安员开展常态化巡查；排查整治矛盾、隐患715件；“雪亮工程”安装监控探头1074个。统筹推进蓝天、碧水、净土三大保卫战，北川河大武出境断面水质达到地表水Ⅲ类标准。完成造林、营林面积7.5万亩以上。开展爱国卫生运动季活动，清理垃圾3.72万立方米。

八、牢牢扛起管党治党主体责任，努力营造风清气正良好政治生态

县委坚决扛起党要管党、从严治党的政治责任，为全县改革发展稳定提供了坚强的组织保障。常委会专题听取县人大常委会、县政府、县政协、县法院和县检察院党组履行主体责任情况汇报，定期听取纪检监察和巡察汇报，专题研究党的建设工作。始终保持高压反腐态势，查处违反中央八项规定精神19案38人、扶贫领域49案86人。立案查处违纪违法案件203件，处理201人。充分发挥巡察利剑作用，县委第八轮巡察发现共性问题302条，移交问题线索33条。加强党的组织建设，90个行政村全部确定“一肩挑”人选，9个软弱涣散农村基层党组织完成整顿。

(张少为)

附：中共方山县委书记、副书记、常委名单

书　记：王锦锋(11月离职)　周小云(女，11月任职)

副书记：周小云(女，11月调职)　高　鹏(12月任职)
闫斌胜(1月离职)　吴月贵(3月任职)
李　贝(女，7月任职)　谢文智(挂职，3月离职)
刘自强(挂职，3月任职)

常　委：闫建新　任志勇(6月离职)
孙森焱(女，6月任职)　高文祥　雒雪梅(女)
秦　鑫(6月离职)　吴月贵(6月任职)
张培军　张庆斌(6月任职)

中共岚县县委

县委书记　高奇英

2020年，岚县县委始终坚持以习近平新时代中国特色社会主义思想为指引，全面贯彻党的十九大和十九届二中、三中、四中、五中全会精神，深入学习贯彻习近平总书记视察山西重要讲话重要指示精神和习近平总书记“三篇光辉文献”精神，在省委、市委的坚强领导下，团结奋进、攻坚克难，统筹推进疫情防控与经济社会发展，全县党的建设和各项事业长足发展，全面进步。

一、坚定不移推进全面从严治党，党的建设全面增强

坚持党要管党、从严治党，牢牢把握新时代党的建设总体要求，坚定扛起管党治党主体责任，党的建设全面加强。政治意识更加坚定，始终坚持把党的政治建设摆在首位，旗帜鲜明讲政治，牢固树立“四个意识”，坚定“四个自信”，坚决做到“两个维护”，坚定不移贯彻执行党的路线方针政策，不折不扣推动党中央和省委、市委决策部署在岚县落地见效。理论武装不断强化，始终坚持用党的创新理论武装头脑、指导实践、推动工作。县委中心组学习18次，县委常委会专题学习23次，切实推动理论学习走实走深。持续开展党性教育，累计组织党员干部学习培训16500余人次，实现党员干部教育培训全覆盖，党组织的凝聚力、战斗力显著提高。基层组织建设全面加强，县委常委会班子成员牵头抓软弱涣散整治，完成软弱涣散农村党支部整顿升级8个，选树培养50个各领域特色示范型党支部，有力提升基层党支部战斗力。推选24名机关事业单位干部到村担任党组织书记，为农村党组织注入新鲜血液。持续发展壮大村集体经济，136个行政村村集体经济收入全部达到5万元以上。强化党对反腐败工作全过程领导。坚决以“零容忍”的态度惩治腐败，全年共处置问题线索501件，处理处分党员干部339人。持续强化廉政警示教育，筑牢党员干部拒腐防变、警钟长鸣的思想防线。切实发挥巡察利剑作用，扎实做好巡视巡察整改“后半篇文章”。

二、坚定不移贯彻新发展理念，全力推动县域经济高质量转型发展

始终坚持把发展作为第一要务，着力调结构、转方式，强基础、增后劲，全县转型发展势头强劲。农业主导产业发展壮大。以马铃薯为主、生态养殖、小杂粮种植加工为辅的“一主多辅”农业产业长足发展，马铃薯产业形成了“土豆种—土豆花—土豆—土豆宴”全产业链模式，占农民人均收入50%以上，成为全县群众脱贫致富的主导产业。以“三品一标”认证为抓手，构建农业特色产业体系，成功打造粗粮八宝粉、岚县精莜面等“特”“优”农产品，特色农产品品牌效应不断提升。坚决守牢耕地红线，2020年粮食总产量达1.41亿斤。传统产业转型提质。立足岚县煤铁资源优势，抢抓全省新一轮重点产业重组布局和生产力空间优化机遇，着力推动太钢、正利、继亨为代表的铁矿采选、煤炭开采、冶炼铸造等传统产业转型升级。新兴产业开创新貌。以中电投、大唐、华润为代表的光伏、风电等新能源产业蓬勃兴起。全县风电项目341.5MW，完成投资29亿元。光伏发电项目56MW，已全部按计划并网。第三产业方兴未艾。家政保洁、物业服务、服装加工、物流运输、电商服务等服务业迅猛发展，打造了新的经济增长点。转型发展势头强劲。岚县省级经济技术开发区三化三制全面完成，标准化厂房建设顺利实施，年铸造产能达68万吨，在全省经济开发区考核中步入优秀序列。建立健全了领导干部招商引资报告制度和激励机制，完成招商引资项目14个，签约资金36.34亿元。牢固树立“项目为王”理念，创新“六个一”项目推进机制和“四个一”督办调度机制，推动重点项目落地投产达效。县域经济全方位健康发展。2020年，努力克服新冠肺炎疫情影响，县域各项主要经济指标均保持了平稳发展，全县地区生产总值完成44.46亿元，同比增长8.8%；全县一般公共财政收入5.69亿元，同比增长2.9%；规模以上工业增加值25.23亿元，同比增长15.5%；城镇居民人均可支配收入22816元，同比增长4.5%；农村居民人均可支配收入6851元，同比增长10.4%；居民人均可支配收入11817元，同比增长7.6%。其中，地区生产总值、规模以上工业增加值、固定资产投资完成额、社会消费品零售总额、一般公共预算收入、农村居民人均可支配收入等六项主要经济指标增速均高于全国、全省、全市平均水平。

三、脱贫攻坚决战完胜，全面夯实乡村振兴基础

岚县牢固树立“军令状”“交总账”意识，尽锐出战、攻坚克难，全县6.2万建档立卡贫困群众全部实现高质量脱贫，脱贫攻坚工作考核位列全省第一方阵，脱贫攻坚决战完胜，交出了高质量答卷。被国务院扶贫办选定为全国扶贫经验交流基地，将代表国家向国际社会展示中国的减贫成就和经验做法，为全国全世界扶贫经验交流贡献“岚县智慧”。压实责任抓脱贫，县委常委带头担任乡镇第一书记，县级领导挂牌督战促落实，136名科级干部下沉行政村担任脱贫攻坚工作组组长，统筹“四支力量”，5114名扶贫干部和167名第一书记实现了所有贫困村、贫困户帮扶全覆盖，打通决战完胜“最后一公里”。精准发力补短板，统筹各类培训资金4400万元，广泛开展“土豆宴厨师”、汽车驾驶等“五主十辅”技能培训，全年完成培训13811人，全面提升群众就业创业能力，确保持证上岗稳定增收。产业发展全覆盖，深化拓展“党支部+”模

式,统筹整合扶贫资金2.71亿元,实施安全饮水提升、通村道路提质等39个基础设施改善提升项目和生态养殖、设施蔬菜、土豆宴连锁餐饮等26个产业项目,实现益贫带贫全覆盖。集中打造"岚县面塑街",大力发展面塑产业,集中展示非遗文化,培训提升面塑技师500余人次,带动600余户易地搬迁家庭就业增收,年产值规模达300万元。推动脱贫攻坚与乡村振兴有机衔接。完善返贫监测预警机制,紧盯"四类人群",加强动态帮扶,发挥"一码清"管理平台大数据作用,健全完善返贫监测预警机制,建立救助基金,落实"1+N"一保通综合保险,筑牢防范致贫返贫问题的安全网。构建"四园两体一城镇"产业新布局,扎实推进农村"三变"改革,充分激活农村各类要素潜能。打造美丽乡村示范村12个,开启乡村振兴新征程。

四、坚持生态优先,扎实推进县域生态文明建设

岚县始终坚持以习近平生态文明思想为指导,认真践行"两山"理论,扎实推进生态文明建设。生态治理成效显著。坚持铁腕治污,狠抓岚河水质改善提升,国考曲立断面水质稳定达地表水Ⅲ类以上,为全省汾河流域国考断面退出劣五类做出了积极贡献。加大"散乱污"企业整治、县城"无煤化"改造,空气质量持续向好,全年二级以上天数达260天。农业面源污染防控治理有效,矿山生态恢复治理有力推进,为土地注入绿色"生命力"。生态潜力有效激活。率先探索推行的合作社造林生态扶贫模式在全国推广,在3月6日召开的全国决战决胜脱贫攻坚座谈会上,习近平总书记再次对生态扶贫工作予以肯定,全县上下备受鼓舞、倍感振奋。持续深挖生态扶贫潜力,率先在全省开展"林长制"试点工作,全市林业现场会在岚县举办,进一步擦亮了生态底色。全年累计完成造林4.7万亩,林业资产收益达3360万元,发展沙棘经济林3万亩,沙棘产业年产值达1.5亿元。生态名片愈加响亮。成功创建国家园林县城,全县林草覆盖率达39.6%,人均公园绿地面积达10.67平方米。深度挖掘县内自然景观、人文历史、特色文化、红色遗迹等旅游资源,积极推动文旅产业深度融合,全面打造集康养度假、休闲体验、生态观光为一体的县域文旅产业综合体,成为经济发展新亮点。

五、坚持以人民为中心的发展理念,民生福祉持续提升

岚县坚持保障和改善民生,人民生活水平显著提高。基础设施提标扩面。县城供热扩建、管网改造等20个基础设施建设项目顺利推进,城市基础提质、品味提升。大力开展农村人居环境整治,农村人居面貌环境焕然一新。民生保障提质增效。一体推进教育均衡发展,改造寄宿制学校4所,新建幼儿园1所。2020年中考高考成绩再创新高,二本以上达线人数达到306人。全面完成基层医疗卫生机构标准化建设,县乡村三级医疗卫生体系基本形成。城乡居民基本养老保险、医疗保险等社会保障事业提标扩面。社会治理能力大幅提升。"七五"普法工作圆满收官,尊法、学法、守法、用法氛围浓厚。"三零"创建成效明显,全县上访批次、人次同比分别下降80.28%、82%,治安案件、刑事案件同比分别下降20.78%、12.56%,基本实现了矛盾不上交、平安不出事、服务不缺位"三个目标"。"三治融合"基层治理体系初步构建,"一约四会三中心"作用充分发挥,文明创建成效突显。常态化疫情防控有力有序。面对突如其来的新冠疫情,全县上下深入贯彻落实习近平总书记重要指示要求和党中央决策部署,在省委、市委的坚强领导下,坚定防控决心,强化责任担当,细化防控举措,持续加大防控保障,先后投入资金2000余万元,完成了PCR实验室建设,组建了80人核酸检测队伍,形成了全员防控、依法防控、精准防控、科学防控的态势,防控工作有力有序有效,切实筑牢人民群众生命安全保障防线。

统战、人武、工会、团委、妇联、残联、科协、老干部、史志、档案、关心下一代等工作都取得了新成效,人民幸福指数、安全指数全面提升,全县呈现政治安定、经济健康、社会稳定的良好局面。

(牛智慧)

附:中共岚县县委书记、副书记、常委名单

书　记:高奇英(女)

副书记:乔　云　燕明星　王五明(挂职,3月任职)

常　委:秦　峰　李雪峰　刘彦文　马金彪
刘文胜(挂职)　李铁珍(11月离职)
段永义　郭宏鹏(7月任职)
高胜虎(7月任职)

中共兴县县委

县委书记　梁志锋

2020年,兴县县委始终坚持以习近平新时代中国特色社会主义思想为指引,深入学习贯彻党的十九大和十九届二中、三中、四中、五中全会精神,坚持以脱贫攻坚统揽经济社会发展全局,统筹抓好抓疫情防控和经济社会发展,全县各项工作取得新成效。

一、深入学习贯彻习近平新时代中国特色社会主义思想,践行"两个维护"更加自觉

始终把学习贯彻习近平新时代中国特色社会主义思想

作为首要政治任务。县委中心组全年组织学习 23 次;举办学习习近平新时代中国特色社会主义思想读书班，培训基层党员干部 6000 余人次;借助“学习强国”“三晋先锋”等平台,推动党员干部树牢“四个意识”、坚定“四个自信”、做到“两个维护”。

二、坚决兑现好军令状,脱贫攻坚全面收官完胜

扎实开展“1937”年度行动,顺利通过国务院脱贫攻坚第三方抽查评估和国家脱贫普查,脱贫攻坚决战完胜。

一是产业就业“两个支撑”持续夯实。全县小杂粮种植面积继续稳定在 60 万亩,经济林达 58 万亩;发展食用菌 300 万棒,建成优质马铃薯基地 6 万亩,新建日光温室 10 座、蔬菜大棚 40 个。开展就业帮扶“五个一批”工程,帮助全县贫困劳动力外出务工 34886 人。推进“人人持证、技能社会”,技能培训 8027 人,合格 6948 人、持证率 87%。

二是“3+1”保障全面加强。全面落实教育资助政策,改扩建农村寄宿制学校 4 所、标准化幼儿园 17 所,全县义务教育阶段适龄儿童无失学辍学。持续筑牢健康扶贫“五道防线”,危房改造任务和饮水安全工程实行动态管理。

三是易地扶贫搬迁后续保障持续加力。拆除复垦任务全面完成,整村搬迁村在退耕还林、光伏扶贫、土地流转、技能培训“四个全覆盖”的基础上,实现合作组织或农业托管组织、扶贫车间、产业园区“三个全覆盖”。所有安置点实现“五通”“六有”。

四是生态扶贫实现增绿增收互促双赢。完成造林 21.2 万亩,全部通过议标形式由 307 个扶贫攻坚造林专业合作社实施,带动 3991 名贫困劳力年劳务收入达 6000 元以上。发放退耕还林补助 26625 万元,惠及 64858 户、217042 人,户均政策性增收 4105 元。

五是光伏扶贫推动贫困户增收和集体经济破零。村级光伏电站收益 10941.4 万元,分配到 291 个贫困村 8919.7 万元,村均增收 30.7 万元。集中电站收益 300 万元。通过开发公益岗位、带动贫困人口 12844 人就地就业,人均增收 2500 元。

六是环境卫生整治提高群众生活品质。深入开展爱国卫生运动季活动,投入 2390 万元对全县行政村人居环境进行综合整治。完成农村户厕改造 500 座,农村生活垃圾收运实现全覆盖。

三、全力壮大“六大产业”,转型发展蹄疾步稳

围绕高质量转型发展,以兴县经济技术开发区为平台,着力推动煤电、铝镁、清洁能源、绿色农业、红色旅游、现代物流六大产业集群。煤电一体化加速推进,吕梁局域电网二期输电线路建成通电,锦兴公司 2×35 万千瓦低热值煤发电项目复工。铝镁产业链条不断延伸,华兴铝业氧化铝产能达到 200 万吨,中润一期 50 万吨电解铝达产达效,3 个铝镁新材料项目如期投产。清洁能源产能持续提高,中联煤成气完成抽采 4.56 亿方,同比增长 41%。绿色农业稳步壮大,建成加工能力 5000 吨的中药材加工厂一座;8 个乡级产业园区项目建成投产,122 个村级产业基地带动效应持续显现。红色旅游产业加快升级,晋绥边区首府旅游区建设项目游客集散中心主体、晋绥边区首府旅游区提升工程主体全部竣工;黄河一号旅游公路建成通车。现代物流格局加速构建,开工建设赵家塔铁路集运站及与之配套的晋陕蒙公铁海联运物流园项目,着力构建“五站一园”的大物流格局。

2020 年完成地区生产总值 134.2 亿元,增长 9.8%;规模以上工业增加值完成 103.4 亿元,增长 14.1%;一般公共预算收入 14.3 亿元,减少 19.45%;城镇居民人均可支配收入 24727 元,增长 6.5%;农村居民人均可支配收入 6271 元,增长 8.4%。

四、统筹抓好民生改善,群众生活水平不断提高

坚持以人民为中心的发展思想,在教育、医疗、文化、社保、基础设施、社会稳定等方面不断加大投入力度。一是教育事业快速发展。高考成绩稳中有进,二本 B 类以上达线 621 人,达线率 34.5%,提高 2.9 个百分点;城南小学建成投用,“县管校聘”改革稳步推进。二是医疗服务不断优化。兴县人民医院新院投入使用,设置床位 600 张、日门诊量 2000 人次;完成 3 所乡镇卫生院的标准化建设;招聘医技专业人员 92 名,引进高端人才和学科带头人 6 名。三是文体事业日益繁荣。组织“送戏下乡”102 场、公益电影放映 3900 场,惠及群众 20 万人次;建成社会化足球场 3 个。四是社会保障日趋完善。实施全民参保计划,再次提标城乡低保,城镇、农村低保标准分别提到 6720 元、4668 元。五是基础设施更加完善。棚改二期工程顺利推进,南山生态公园全面建成;县城客运西站主体竣工,静兴高速、北山过境公路进展顺利。六是社会大局保持和谐稳定。持续深化扫黑除恶专项斗争,打掉黑恶势力 4 个,破获涉黑涉恶刑事案件 43 起;深入开展“三零”单位创建,全县行政村和 10 个重点行业实现人民调解委员会全覆盖。

五、坚决攻坚污染防治,生态环境持续改善

坚持“绿水青山就是金山银山”,持续加大大气、水、土壤问题整治力度。一是坚决打好蓝天保卫战。持续推进清洁取暖改造,集中供热覆盖户数达 24880 户、城区供热普及率达 93%。完成煤改气 1680 户、煤改电 460 户,取缔散乱污企业 3 户。二是坚决打好碧水保卫战。严格落实河长制,20 条重点河流全部完成“一河一策”“一河一档”方案编制和河道管理范围划界工作。加大县城污水处理能,新建排污管网 12.4 公里,改造排污管网 5.3 公里。蔚汾河碧村断面稳定达到五类水质,岚漪河裴家川口断面稳定达到二类水质。三是坚决打好净土保卫战。建成垃圾填埋场 1 个、渣土场 12 个、垃圾中转站 14 个。同时,大力开展黄河沿岸(兴县段)生态保护修复,新增绿化面积 20937 亩。

六、坚持全面从严治党，政治生态风清气正

一是严格落实主体责任。县委班子带头制定并严格落实了全面从严治党主体责任清单，县委书记认真履行第一责任人责任，班子成员全面落实“一岗双责”，形成了一级管一级、层层抓落实的党建工作格局。二是加强干部队伍建设。鲜明树立担当作为用人导向，3 名经验丰富、敢于担当的乡镇长主持乡镇党委工作。强化正向激励机制，县财政预算 2000 万元专项资金用于年度考核奖励，在全县推选市级担当作为先进典型 24 名。三是夯实基层组织基础。17 名县级党员领导干部下沉担任乡镇第一书记；扎实推进“一肩挑”和行政村合并工作，“一肩挑”村达到 166 个，占比 68%，合并行政村 132 个；制定“一村一策”整顿方案，成立“四个一”整顿工作组，整改完成软弱涣散党组织 16 个；开展“整乡推进、整县提升”示范创建行动，创建“示范”乡镇 2 个、“达标”乡镇 6 个。四是坚持“三不”一体推进。加大不敢腐的震慑，共查办案件 232 件、同比增长 16.58%；强化不能腐的约束，出台了请销假、婚丧嫁娶事宜等制度规定，修订完善了重大事项报告、廉政谈话、干部管理等制度；增强不想腐的自觉，制定党风廉政建设年度计划，开展集中警示教育。五是坚持加强党对一切工作的领导。监测处置负面舆情 13 期，检查属地网站 83 个，对热点问题进行宣传引导；引导宗教界开展“四进”活动；圆满完成 1524 名适龄青年兵役登记和 55 名男兵征集任务，结合烈士纪念日开展了各种形式的活动。

（刘　斌）

附：中共兴县县委书记、副书记、常委名单

书　记：梁志锋

副书记：刘世庆　高　鹏（12月离职）
梁文壮（12月任职）　高春毅（挂职，3月离职）
王　兵（挂职，3月任职）　徐赐明

常　委：刘　云　石　磊　杜茂林　刘平则
李晋文（7月任职）　宋兴丽（女）　冷树义
刘海贵（挂职，4月离职）　刘　飞（7月任职）

中共临县县委

县委书记　张建国

2020 年，临县县委团结带领全县人民坚持以习近平新时代中国特色社会主义思想为指导，全面贯彻党的十九大和十九届二中、三中、四中、五中全会精神，深入学习贯彻习近平总书记视察山西重要讲话重要指示精神，严格落实省委“四为四高两同步”总体思路和要求、市委“1234”思路和“六个必须”原则，以高政治站位、高质量发展、高水平治理、高标准要求统筹推进各项工作，县委始终紧扣全面建成小康社会这条主线，坚持稳中求进的总基调，坚持以脱贫攻坚统揽经济社会发展全局，坚持以供给侧结构性改革为主线，凝心聚力、攻坚克难，夺取了疫情防控阻击战、脱贫攻坚收官战“两个胜利”，基本实现同步小康、“十三五”规划、第一个百年奋斗目标“三个圆满收官”，全力抓好稳增长、调结构、促提升、优环境、惠民生、防风险各项工作，经济发展持续向好，社会大局和谐稳定，转型发展迈出新步，党的建设扎实推进，交出了一份提气鼓劲的答卷。

一、众志成城，实现抗疫经济统筹双赢

（一）疫情防控取得阶段性成果。面对突如其来的新冠肺炎重大疫情，全县上下坚决落实中央和省市各项决策部署，广泛发动全县各级党组织、企业商户、干部群众积极参与，建立健全县乡村三级联防联控体系，注重外防输入，严密跟踪监测，派员支援湖北战疫，提高公共卫生水平，有序推进复工复产、复学复课，打了一场漂亮的疫情防控阻击战。

（二）经济社会发展取得良好成绩。全年地区生产总值完成 102.34 亿元，同比增长 3%，受疫情影响不大，全年呈现出逐月复苏、逐季好转的态势。其中，城镇居民、农村居民人均可支配收入分别完成 21096、6921 元，同比增长 6.7%、10.5%；特别是一般公共预算收入达到 11.57 亿元，同比增长 46.6%，创历史新高。

二、持续用力，实现脱贫攻坚顺利收官

（一）聚焦政策扶贫，以狠抓落实脱穷帽。在市决战决胜临县脱贫攻坚领导小组的领导指导督导下，严格落实“四个不摘”，统筹推进战疫战贫，剩余贫困户 2215 人如期脱贫、监测户 4133 人不返贫、边缘户 5167 人不致贫。2 月，临县正式

退出贫困县序列。

(二)聚焦产业扶贫,以产业兴旺促增收。培育"六小产业"各类主体9100户。铺开肉鸭养殖、粽子加工等4个产业扶贫大项目。完成造林绿化18.05万亩、经济林提质增效21万亩。完成吕梁山护工、临县的哥、临县工匠、跨境电商等线上线下培训1.4万人次,开发光伏公益岗位2.6万个。开展"双集中、四促进"红枣采收销售,全年电商销售额超过5亿元。临县入选全国"互联网+"农产品出村进城工程试点县,阳府井电商园区被评为全国产业扶贫双百典型。

(三)聚焦易地扶贫,以搬迁复垦增活力。实施两个专项行动,集中时间、苦干实干,一举啃下住房问题整改、旧房拆除复垦等硬骨头,累计拆除(收归)旧房1.2万余户、复垦土地7000余亩。拆除复垦工作迎接全省现场会,国务院扶贫办专题介绍临县经验,临县被国家发改委评为"搬迁工作成效明显县";国土绿化彩化财化工作迎接全省现场会,并在会上作交流发言。

三、创新实干,实现转型发展蹚出新路

(一)聚焦"六新"突破,坚持"项目为王"理念。实行"一枚印章管审批"推行企业投资项目承诺制,全力推进"3367"项目建设大会战,有力推进60个重点项目,完成率114%。编制《临县招商图谱》,落实10项优惠政策,签约项目7个,签约金额34亿元。特别是京能电厂投产,天浩煤层气试产,吕临千万吨矿井项目获批;晋煤太钢、美锦锦源、车赶铁路专用线等一批重点项目建设加快。培育壮大红枣产业新业态,建成枣芽茶生产线1条、扶贫车间5个,红枣浓缩汁生产线1条,枣木香菇加工厂1个,枣花蜜基地10个,枣园经济体30余个。

(二)聚焦生态扶贫,拓宽"绿色发展"内涵。实施寨则山"旅游+生态"等四大示范工程,沿黄生态治理和高质量发展取得新成效。实施东关棚户区改造项目、湫水河综合治理二期下游段和三期工程,完成城区雨污分流管网改造12.5千米。人行景观桥甘泉桥投入使用,泓仪桥完成主体工程。投入60辆新能源公交车,城乡客运实现公交化运营。

(三)聚焦黄河文化,打造文旅融合新模式。"黄河一号"旅游公路率先建成通车,成功举办第二届环太原国际公路自行车赛黄河赛段比赛、第五届中国碛口"枣儿红了"红枣旅游文化节等活动,推出实景演艺《如梦碛口》,"一镇两带三山四村五体验"旅游特色进一步显现。

(四)聚焦"互联网+",开辟大数据新局面。铺开全国首座"5G矿井"建设。铺开全县5G基站建设,储备基站59个,建成16个。建成数据标注驿站、语音呼叫基地、网红培训孵化基地。临创电子组装厂、注塑厂、电商云仓、天美科技电子加工厂等扶贫车间招商项目建成投产。

四、共建共享,实现基层治理稳步推进

(一)完善城乡服务功能。完成农村公路提质扩面170.5公里、棚户区改造拆除任务、白文火车站站前广场基础工程,建成城北农贸蔬菜综合市场、人行景观桥、社会足球场等一批民生设施,实施县中医院整体搬迁,铺开15604户农网改造升级工程。

(二)打造城乡宜居环境。继续实施湫水河综合治理项目,建成日处理3万吨污水处理厂,实施煤改电、煤改气、环保炉具安装到村入户。深入推进扫黑除恶专项斗争,累计打掉涉黑涉恶犯罪团伙16个;大力推进"三零"单位创建,打造"三零"村(社区)461个、单位415个、企业2743户;学习和发扬"枫桥经验",健全"三治融合"机制,推进信访规范化、法治化进程。

(三)提升农村治理水平。组建跨乡镇搬迁安置社区党工委和管委会。实施农业生产托管服务2.4万亩、推进土地流转1.5万亩。完成扶贫资产登记确权、农村集体产权制度改革,行政村集体经济收入全部达到5万元以上。建成美丽乡村10个,实现行政村爱心超市全覆盖。

五、夯实基础,实现抓党建促脱贫深度融合

组织开展党的十九届五中全会精神学习宣讲活动,深化"不忘初心、牢记使命"主题教育,全县干部群众学用新思想更加自觉。牢牢把握意识形态主动权,有效处置了风峪沟地质灾害安全隐患、安业九年制学校舆情事件,提升了应急防控能力。进一步拓展新时代文明实践中心建设试点工作,积极申报创建省级文明县城。提高乡镇干部待遇,足额配套村"两委"主干报酬,提高村级组织运转经费,新增服务群众专项经费。选派23名县级党员干部担任乡镇党委第一书记,选派116名机关事业单位干部到村任职。整顿软弱涣散村78个,实施优秀人才"回引计划",建立村级后备力量库,完成"一肩挑"394个村。组建"四个战区",建立了周调度、日调度等工作机制,干部在一线攻坚中接受了党性锻炼。制作的微党课《孝善记》入选全国"第五届百部网络正能量动漫音视频作品"。在脱贫攻坚、疫情防控一线选拔任用干部67名、免职2名,查处扶贫领域案件32件79人、形式主义官僚主义案件6件15人,基层干事创业氛围更加浓厚。

(高翠峰)

附:中共临县县委书记、副书记、常委名单

书　记:张建国

副书记:李双会　李　琦　薛耀宗(挂职,2月离职)
李　帅(7月任职)

常　委:杜侯平(11月离职)　高泽荣　白旭平
李考玉　王桂秀(女)　张彦军(12月任职)
孟　飞(8月任职)　李志英

中共晋中市委

市委书记 赵建平

2020年，晋中市委坚持以习近平新时代中国特色社会主义思想为指引，深入学习贯彻习近平总书记视察山西重要讲话重要指示，按照省委"四为四高两同步"总体思路和要求，以"三块金字招牌"打开转型发展新局面，以"四个百里工程"开拓区域发展新境界，以"五区建设"构筑改革发展新高地，在走好一条资源型地区经济转型发展"金光大道"上取得了新成效，在全面建成小康社会的伟大进程中取得了决定性胜利，为开启全面建设社会主义现代化新征程奠定了坚实基础。特别是面对来势汹汹的新冠肺炎疫情挑战，以最敏锐的决断先行、最有力的领导保障、最强硬的措施响应、最广泛的宣传唤醒、最严密的办法清底、最果断的措施隔离、最有力的手段保障、最严厉的利剑督查、最坚强的堡垒支撑，动员全市9818个党组织、21.3万名党员和2万余名医务工作者共同筑就抗击疫情的"钢铁长城"，打赢了疫情防控阻击战，在大战大考中交出了一份省委放心、群众满意、可以载入晋中发展史册的优异答卷。

一、深学笃用习近平新时代中国特色社会主义思想，谋大局、把方向的定力扎牢扎深

一是以上率下学懂学深。常态化推进党委(党组)会议第一议题学习，市委常委会会议24次、市委理论中心组18次专题学习。在市委的带头示范引领和持续推动下，全市各级党组织和党员干部不断增强"四个意识"，坚定"四个自信"，更加自觉践行"两个维护"。二是把握实质弄通弄透。把学习贯彻习近平总书记视察山西重要讲话重要指示与重温"三篇光辉文献"、深学《习近平谈治国理政》第三卷一体推进、相互贯通。特别是结合学习党的十九届五中全会精神，全覆盖、多层次开展学习研讨、宣传宣讲。市委常委会专题研究、精心谋划"十四五"发展蓝图。三是立足实际做实做细。用习近平新时代中国特色社会主义思想解决突出问题、衡量工作成效。习近平总书记视察山西后，市委召开四届九次全会，制定出台《关于贯彻落实习近平总书记视察山西重要讲话重要指示在转型发展上率先蹚出一条新路来的实施方案》，细化形成46个方面262条任务清单，推动习近平总书记视察山西重要讲话重要指示和中央、省委决策部署在晋中落地生根。

二、以转型综改示范区为牵引，谋发展、蹚新路的步伐铿锵有力

坚持用新发展理念领航开路，坚定不移推进转型综改。以建强园区牵引转型。举好转型综改示范区龙头，用好开发区"1+10"联合体，滚动开展"三个一批"活动16次，新兴产业贡献70%的产值。以新兴产业推动转型。加快以中铁云轨、傲天镁业、吉利汽车、海玉食品等为代表的高端装备制造业、新能源汽车、功能食品、新材料、现代煤化工、医药、现代物流建设，推动"八大新兴产业"扩规提质。以"六新"突破促进转型。坚持项目围着"六新"转、生态围着"六新"建、要素围着"六新"聚、标准围着"六新"定，谋划实施"六新"重点项目85个。以"四个百里"拓展转型。百里乡村振兴廊带、百里潇河生态产业区、百里太行画廊、百里龙城区域开发取得突破性进展，第二届左权国际民歌汇燃爆国内外，超大型梦幻喷泉表演《寻梦莲花湾》实现常态化演出，太原晋中"三纵十横"一体化路网基本成型，"五水出山"水系综合治理工程基本完成。以要素创新驱动转型。高起点打造山西智创城No.4，41家企业入驻。山西农谷创新孵化中心具备运营条件，加快构建创新生态。

三、全面深化改革开放，强活力、增动能的红利充分释放

加强改革举措的系统集成、协同高效，市委召开7次深改委会议，审议改革事项19项，实施重点改革58项。一是探索推进"五地一产"入市改革。以"六觉"蓝图引领、打出"六个集成"组合拳，先后召开3次现场推进会，盘活各类土地资源271.4万亩，引入企业近300个，带动集体增收9.7亿元、农民增收8.6亿元。省委深改委第二十三次会议给予了充分肯定。农业农村部将祁县"五地一产"盘活利用列为全国31个农村改革试验区拓展试验任务县。二是稳健推进能源革命综合改革。按照"做精煤、做大气、做好电、做强新能源"的思路，实施14项重点改革、6项重点技术攻关、35项重点项目，综合能源消费量下降4.86%，万元GDP能耗下降2.9%。三是关键环节改革亮点纷呈。太谷撤县设区。组建市国有资本投资运营公司，"一体两翼三平台"国资监管架构基本搭建；"一枚印章管审批"稳步推进；教育综合改革进入全国前列，典型经验在教育部专题新闻发布会上向全国推广。

四、聚焦山西农谷建设成势成型，抓乡村、促振兴的龙头舞起舞好

舞好晋中国家农高区龙头。按照"三年成势、五年成型"目标要求和"四高地一先行区"发展定位，以"五大基地"引领科技创新，以"项目为王"推进产业集聚，以"破围聚能"集聚高端人才，以"筑巢引凤"扩大对外开放，山西农谷固定资产投资同比增长36.7%。成功举办第三届中国乡村振兴(太谷)论坛，农谷正成为山西农业农村发展的对外窗口。统筹推进乡村全面振兴。以百里乡村振兴示范廊带为载体，延伸拓展平川乡村振兴示范片区，加快推进东山脱贫攻坚与乡村振兴

有机衔接示范圈建设。左权县成为全国脱贫攻坚与乡村振兴有机衔接试点县。

五、加强民主法治建设,保安定、促和谐的力度持续加强

推进民主法治建设。认真践行习近平法治思想,制定《晋中市养犬管理条例》等4部地方性法规。完善多党合作机制、搭建政党协商平台、支持各民主党派加强自身建设,高质量举办了6次“双月座谈会”。充分发挥“两代表一委员”作用,建立259个党代表工作室、601个人大代表联络站(点)、138个“委员之家”,帮助群众解决实际问题1100多个,实现了联结民心、了解民意、服务民生常态化。维护社会稳定。认真贯彻总体国家安全观,深入推进“三治三零”创建,深化“五长”巡访,实现信访总量、刑事治安案件“双下降”,全市安全生产形势持续稳定好转。管好意识形态。严格落实意识形态工作责任制,成立宣传思想工作领导小组,深入开展“筑墙、净土、攻心、清网”四大工程和13个专项行动,确保意识形态领域阵地安全。

六、践行以人民为中心的思想,抓攻坚、利民生的成效深入人心

全力攻坚贫困,启动“百企万户”带贫工程,全市剩余1279名贫困人口全部脱贫。推进污染防治,围绕“四带四湖八河流”,统筹推进山水林田湖草系统治理。市城区二级以上优良天数较上年增加38天,11个国、省考断面现劣V类“清零”。提升保障水平,下大力解决最困难群众的生产生活问题,民生类支出占一般公共预算支出比重达83.8%,人民群众的获得感幸福感安全感更加充实、更有保障、更可持续。

七、坚决扛起管党治党主体责任,扬风清、提正气举措更加有力

坚持以党建“第一责任”领导和保障发展“第一要务”,以落实全面从严治党“两个责任”、加强政治监督、提升乡村治理能力、干部政治素质考察四个“二十五条”重大举措为抓手,推动全面从严治党持续引向深入。正风肃纪反腐,聚焦“三不”一体推进,强化不敢腐的震慑、扎牢不能腐的笼子、涵养不想腐的生态,不断提高治理腐败的效能。深化政治巡察,统筹常规巡察、提级巡察和“回头看”,完成94个党组织巡察工作。建强战斗堡垒,深入开展基层党建“一带三创全域升级”行动,整顿转化233个软弱涣散基层党组织,达标型、示范型党组织创建率分别达98.1%、67.1%。激励担当作为,评选表彰400名担当作为表现突出干部,特别是通报表彰在疫情防控中表现突出的基层党组织33个、优秀党员干部313人。

(李中华)

附:中共晋中市委书记、副书记、常委名单

书　记:赵建平

副书记:常书铭　尹乃明

常　委:王建忠　张志刚(11月离职)　丁利军　任秀红(女)　王　兵　贡　琦　鹿建平　文竑烜

中共榆次区委

区委书记　张祖祁

2020年,榆次区坚持以习近平新时代中国特色社会主义思想为指导,全面贯彻落实党的十九大和十九届二中、三中、四中、五中全会精神,认真学习贯彻习近平总书记视察山西重要讲话重要指示精神,在省委、市委的坚强领导下,统筹推进新冠肺炎疫情防控和经济社会发展,团结带领全区上下合力攻坚、真抓实干、锐意进取,推动全区党的建设和党的各项事业取得了新的成效。

一、坚持以党的政治建设为统领,党的领导全面加强

坚持把贯彻落实习近平总书记视察山西重要讲话重要指示精神作为首要政治任务,制定出台《中共榆次区委关于贯彻落实习近平总书记视察山西重要讲话重要指示,在转型发展上率先蹚出一条新路来的实施方案》。区委常委会坚持第一议题学习制度,集中学习习近平总书记重要讲话、重要论述、重要指示39篇,区委理论中心组专题学习16次,举办科级干部学用习近平新时代中国特色社会主义思想主体班,围绕“抗疫英雄”“听党话、感党恩、跟党走”“最美晋中人”“十九届五中全会精神”等主题,广泛开展各类宣传宣讲2349场,教育培训达15.6万余人次,教育引导全区上下始终在政治上、思想上、行动上同以习近平同志为核心的党中央保持高度一致,持续推动学用习近平新时代中国特色社会主义思想走深走实。先后召开33次常委会和常委扩大会,集中研究193个议题,不折不扣推进征地拆迁、环境整治、项目建设等攻坚任务,扎实做好“三治三零”、农村改革、城市提档升级等专项行动,有力确保上级各项决策部署在榆次全面有效实施。

二、坚持统筹推进疫情防控和经济社会发展,各项事业稳中有进

坚持以新发展理念为引领,坚定不移在转型发展上勇探索、蹚新路,主动应对疫情冲击,全力推进118个重点项目建

设,招引签约项目16个,围绕52项市城建重点工程和14项开发区重点项目,累计征地1.94万亩、拆迁35万余平方米。发挥科技创新引擎驱动作用,工业技改投资超20亿元,获得省市科技创新奖励经费382.2万元,规上企业研发总投入达到6.7亿余元。持续推进乡村振兴战略实施,“三品一标”累计认证产品80个,农产品加工销售收入达71.6亿元,一产增加值增幅达到5.7%,集中建设百里蔬果田园文化体验廊带,形成了乡村振兴“一带一片”的示范发展格局。发挥文旅产业的消费拉动作用,后沟古村、小西沟成功创建4A、3A级景区,全年接待游客超过2500万人次,旅游收入突破300亿。经过努力,全年各项经济指标由负转平、由平转正,地区生产总值完成196.6亿元,规模以上工业增加值完成18亿元,社会消费品零售总额完成106.6亿元,一般公共预算收入完成14.61亿元,城镇居民人均可支配收入达到36963元,农村居民人均可支配收入达到21288元。

三、坚持把全面深化改革紧紧抓在手上,发展动能积聚释放

加强和改进对全面深化改革工作的领导,坚持“一个项目、一名领导、一个班子、一抓到底”,全面统筹落实10方面46项年度改革任务。加快推进数字政府建设,乡镇街道梳理行政许可事项123项;深化投资审批制度改革,“一枚印章管审批”改革基本到位;加快推进融媒体改革,全面迎接省市验收评定;扎实推进城乡义务教育一体化改革,中小学职级制改革和县管校聘改革持续巩固;持续推动减税降费,减免税费9.97亿元;深入推进“五地一产”入市改革,283个村组完成登记赋码,完成率达到98%,16700份农村合同全面清理规范,收回资金1.32亿元,引进项目22个、资金58.32亿元,初步达到了盘活闲置资源、壮大集体经济、增加农民收入的改革成效。

四、坚持污染防治与环境整治相结合,城乡环境持续改善

牢固树立绿水青山就是金山银山的理念,全力推进生态环境修复保护,完成营造林任务1.8万亩,天保工程营造林5000亩,退耕还林补植补造3000亩,太榆退生态修复环境综合治理取得初步成效;坚决打好三大保卫战,完成194户“散乱污”企业整治回头看,集中供热扩网工程完成改造7149户、近99.9万平方米,建成区和城乡结合部清洁取暖全覆盖,农村覆盖率达75.72%,潇河郝村国考断面、西贾断面水质保持达标,坚决遏制固体废物非法倾倒和转移,全年未发生辐射安全事故;积极推进城乡人居环境整治,持续开展提档升级攻坚,完成217条小街巷整治,打造了玉湖北路区域、华钜片区等一批示范样板,深入开展“爱国卫生季”活动,整治“农村四乱”600余处,完成改厕任务3000座,新建农村生活垃圾转运站7座,农村污水收集处理站达到17座,东阳镇成功创建“国家卫生镇”,完成“四好农村路”建设549.2公里,所有行政村实现客运、公交、通邮、“快递进村”全覆盖。

五、坚持全力保障和改善民生,民生福祉不断增进

坚持把保障改善民生、增进人民福祉作为一切工作的出发点和落脚点,全年民生支出38.5亿元,占一般公共预算支出86.25%。积极推进教育均衡发展,王湖小学、中都路小学、郭家堡小学、晋华中学新改建任务顺利完工并投入使用,网络在线直播教学确保疫情期间“停课不停学”,中考九大学科全部跻身全市第一方阵,普通高中教育质量位列全市第二,12所民办学校首次实行网上摇号录取、阳光招生编班,教育资源配置更加优化。深入推进医疗卫生机构一体化改革,37个医疗机构全部完成绩效评价,考核名列全市第一。扎实做好就业和社会保障工作,城镇登记失业率2.81%。城乡低保、特困供养标准持续提高。持续推进精神文明建设,所有行政村全部建立“一约四会”,开展各类基层文化活动1470场。深入推进“三治三零”创建,创建主体达标率达到97%。扫黑除恶累计打掉44个涉黑涉恶团伙,查封查扣冻结各类资金资产折合9亿余元。下大力气防范和化解安全生产领域风险,群众安全感和满意度调查位列全市第一、全省前列。

六、坚持全面加强民主政治建设,发展合力广泛凝聚

着力将根本政治制度优势转化为治理效能,发挥人大代表“联络站”、“活动室”、“服务岗”三级体系作用,搭建“榆次智慧人大信息平台”,实现代表联系和服务群众“零距离”。加强人民政协协商民主建设,精心打造40个“委员之家”,搭建“智慧政协”平台,社情民意信息工作保持全省第一。大力实施“政党协商推进工程”,引导非公企业加强党组织建设,全面加强党对民族宗教工作的领导,榆次区清真寺被省政府授予“山西省民族团结进步模范集体”。认真履行法治建设第一责任,开展首批履职报告评议,持续实施“免费法律咨询便民工程”。普及全民国防教育,加强国防动员和后备力量建设,深化民兵调整改革,持续推动军民融合深度发展。积极支持各群团组织深化改革、发挥优势,服务水平不断提升。

七、坚持抓好党内政治生态建设,全面从严治党纵深推进

扎实推进基层组织“一带三创”全域升级行动,创建标准化党组织666个、示范型党组织400个,集中整顿软弱涣散党组织20个,完成414名农村(社区)党组织书记备案和1884名农村(社区)“两委”班子成员联审工作,所有行政村集体经济收入全部达到5万元以上,所有无物业管理小区实现了党组织全覆盖,7900名机关党员到社区报到,联合开展共建活动1200余次,解决居民群众实际困难或问题669个。持续激励干部担当作为,全年共调整干部12批次127人,抽调150名党员干部下沉社区开展疫情防控,抽调23名年轻干部参与提档升级、农村改革、爱国卫生等中心工作,选派32名机关事业单位干部到村任职。始终保持正风肃纪反腐

高压态势,查处违反中央"八项规定"精神案件47起69人,全年处置问题线索786件、立案查处案件253件,党政纪处分219人、组织处理320人,采取留置措施7人,移送审查起诉5人。全年推开三轮政治巡察,累计对72个单位、279个村(社区)开展十轮政治巡察,圆满实现了本届区委巡察全覆盖,推动政治生态持续向好。

(李世明)

附:中共榆次区委书记、副书记、常委名单

书　记: 张祖祁

副书记: 李　军　冀　杰(3月离职)
邢如彪(3月任职)

常　委: 邢如彪(3月调职)　卢永红(10月离职)
巨维宏(4月离职)　陈志强(4月任职)
孙立忠　刘文香(女)　梁英俊(12月任职)
何宇雄(9月任职)　杜蓉涓(女,11月任职)
樊彦广(9月任职)　李　欣(女,7月任职)
田晓宇(7月离职)　陈雪俊(挂职,1月离职)
马志宏(5月涉嫌严重违纪违法,接受纪律审查和监察调查;8月被开除党籍、开除公职,移送检察机关依法审查起诉;12月被依法判处有期徒刑十年)

中共介休市委

市委书记　张　鹏

2020年,介休市共有基层党组织1094个,其中包括27个党(工)委,96个党总支,970个党支部,党员24835名。

2020年,介休市委坚持以习近平新时代中国特色社会主义思想为指导,深入贯彻落实习近平总书记视察山西重要讲话重要指示和党中央、省委、晋中市委重大决策部署,紧紧围绕"全面振兴崛起、挺进全国百强"奋斗目标,团结带领全市广大干部群众克难攻坚、锐意奋进,奋力推动全市党的建设和经济社会各项事业取得了新的突破。

一、坚持政治建设统领,牢牢把握正确政治方向

始终坚持和加强党的集中统一领导,认真履行把方向、谋大局、作决策、抓落实的政治责任。一是旗帜鲜明讲政治。坚持市委常委会、中心组"第一议题"制度,全年召开32次市委常委会议、15次中心组学习、研究302个议题,对上级决策部署第一时间传达学习、第一时间安排部署、第一时间推动落实。制定出台《关于加强政治监督建立贯彻落实中央及省市重大决策部署工作清单的暂行办法》,对标"72个是否"开展监督检查10次,督促问题整改54个,处置问题线索38件,确保上级决策有力有效落实。二是学深悟透强引领。把学习贯彻习近平新时代中国特色社会主义思想和习近平总书记视察山西重要讲话重要指示作为重大政治任务,举办2期学用新思想干部读书班,以"七进"方式开展基层宣讲160余场、受众3.2万余人,推动党的创新理论往深里走、往实里走、往心里走。三是不折不扣抓落实。召开市委六届八次全会,对贯彻落实习近平总书记视察山西重要讲话重要指示全面部署,围绕省委"四为四高两同步"总体思路和要求、晋中市委"一条金光大道"部署要求,细化形成了42方面199项工作举措,有力推动了中央、省委和晋中市委决策部署在介休落地生根。

二、紧扣发展第一要务,加快高质量转型步伐

深入践行新发展理念,努力克服新冠疫情、产能压减等不利影响,坚定不移推动经济社会高质量转型发展。一是市域经济稳中有进。统筹疫情防控和经济社会发展双战双赢,2020年全市地区生产总值完成241.9亿元,增长5%;规模以上工业增加值完成124.4亿元,增长9.3%;社会消费品零售总额完成90.7亿元;一般公共预算收入完成20.6亿元;城乡居民人均可支配收入分别完成38901元、16619元,增长3.8%和7.2%,五项指标再创历史新高,一般公共预算收入位列全省第六,市域经济综合实力稳居全省第一方阵。二是项目建设攻坚突破。滚动实施"三个一批"活动,全力实施以"三个十振兴工程"为龙头的202个重点项目,福马针状焦项目主体完工,昌盛大机焦项目进展顺利,山盛氨基酸项目加快推进,聚贤超高功率石墨电极、国能中电一期、新泰高速线材等项目建成投产,4户企业上榜全省民企百强,不断积聚高质量发展强劲动能。三是产业结构持续优化。高标准推进开发区"三化三制"改革,企业孵化中心建成投运,6户高新技术企业入驻园区,"双创"基地吸纳小微企业22户,"双招双引"完成签约197.8亿元。积极融入全域旅游示范区创建,加快A级景区提质升级,绵山风景区、张壁古堡分别入选全国山岳型和历史遗址型景区品牌百强,"介休旅游号"动车冠名开通,全市接待游客1024.84万人次,旅游综合收入90.76亿元,入选全国县域旅游发展潜力百佳县,连续三年位居全省重点开发县域经济转型升级考核第二。

三、坚持全面深化改革,释放转型发展动能

坚持把全面深化改革作为破解发展难题、激励干事创业的重要抓手,坚定不移将改革进行到底。一是深化重点领域改革。深化县域医疗卫生一体化改革,构建"基层首诊、双向转诊、上下联动、急慢分治"分级诊疗新模式。全省首家推行基层警务新体系改革,列入晋中市级重点改革任务全市推

广。开展“垃圾分类”试点改革,典型经验被《山西信息》刊发。深改工作考核连续三年位列晋中第一。二是持续优化营商环境。深化“放管服效”改革,首推“标准地”出让模式,“一枚印章管审批”高质量完成。制定出台《关心关爱民营企业家八条措施》,支持设立全省首支民营企业5.01亿元纾困基金,全年减税降费5亿元,培育省级专精特新企业3户,新增规上工业企业21户,荣获2020年度“中国营商环境百佳示范县市”荣誉称号。三是大力推进“五地一产”入市改革。按照“六个集成”工作思路,在规范工作上率先破题,累计规范农村集体合同27078份,规范率达100%,设立500万元“五地一产”入市抵押贷款银行风险补偿金,支持50余户规上企业投资农业,新增签约项目35个,引进工商资本107.3亿元,增加农村集体收入9700余万元,农民增收2408万元,晋中“五地一产”入市改革规范工作现场会在介休市召开,经验做法在人民日报政治版头条刊登报道。

四、深入践行“两山”理论,打造美丽宜居介休

始终坚持生态优先、绿色发展理念,持续改善城乡环境面貌。一是决战决胜三大保卫战。持续推进污染防治攻坚,完成落后焦化产能淘汰任务,新泰钢铁实现超低排放,11个在建项目完成智慧工地建设,全市新增清洁供热1.66万户、249.7万平方米,空气质量改善幅度位列全省前十。建成汾河廊带生态旅游通道,开工城市第二污水处理厂建设,城乡污水收集处理实现全覆盖。汾河考核断面水质稳定退出劣V类,绵山山体修复一期工程基本完工。二是深化城市提档升级。扎实开展“爱国卫生季”活动和“两下两进两拆两补三严禁”行动,拆除广告牌匾5006处、8.4万余平方米,立面整治75处、40万平方米,建成迎翠街、经四路延伸等8条道路和西南排干改造工程,完成10个公园、广场、游园改造,全市新增绿化25万平方米,城市绿地率达38.9%,超过全面小康目标要求。三是补齐农村环境短板。扎实推进农村人居环境改善,集中打造4个精品示范村、22个重点治理村和33公里乡村振兴廊带,完成农村改厕2.4万座,达到国家二类县标准。实施张义线、南外环改造和30公里“四好农村路”建设,硬化农村街巷32.8万平方米。实施城乡环卫一体化作业,154个村的清扫保洁、垃圾收运实现统一管理,农村生活垃圾治理率达100%,荣获“全国农村生活垃圾分类和资源化利用示范县”称号。

五、着力保障改善民生,不断增进人民群众福祉

牢固树立以人民为中心的发展思想,持续加大民生领域财政支出,全年民生支出达30.6亿元,占全市一般预算支出的86%。一是全力抓好疫情防控。严格落实“外防输入、内防反弹”防控策略,召开13次常委会议、19次疫情防控专题会议,建立“3+4”联防联控制度,有力实现“双零”目标。健全公共卫生体系,成立医疗救治团队,完成5个PCR实验室建设,疫情防控的“介休防线”持续筑牢。二是全力保障和改善民生。扎实推进十件民生实事,实施介休东站综合提质,5座人行天桥加快推进,文化艺术中心基本建成,汾秀、志尧、凯嘉等6所学校新建工程全面启动,高质量完成5.4公里西南排干工程建设,投资6.8亿元打造全国领先、全省一流的县级人民医院。持续深化“街乡吹哨、部门报到”基层治理模式,受理群众诉求27万余件,办结率达97%,人民群众幸福感、获得感显著增强。三是强化社会治理。深入开展“三治三零”创建,推进晋中唯一的全省全科网格试点工作,出台煤矿“双十条”监管措施,“三零”单位达标比例97.6%,排名晋中前列。决战决胜扫黑除恶,打掉黑恶势力团伙20个,抓获违法犯罪人数253人,扣押、冻结涉案资产资金3336.01万元,社会大局持续和谐稳定。

六、全面加强党的建设,深入推进全面从严治党

坚持党要管党、全面从严治党,坚定不移推进全面从严治党向纵深发展。一是坚决扛牢主体责任。认真贯彻落实《党委(党组)落实全面从严治党主体责任规定》和晋中市委四个“二十五条”,研究制定落实落细两个责任“三十条”,开展两轮主体责任专项督查,发现共性问题20个、个性问题35个,立行立改和限期整改54个,有力推动全面从严治党主体责任落地落细落实。二是持续强化正风肃纪。市委常委会专题研究党风廉政建设和反腐败工作议题34项,实现了党对反腐败工作的全过程常态化领导。全市纪检监察机关共处置问题线索1067件,立案253件,处分乡科级干部41人,撤职以上重处分67人,挽回经济损失580余万元。部署开展市委八轮、九轮、十轮政治巡察,巡察覆盖率达100%。全面接受省委第八巡视组政治巡视,扎实开展巡视反馈问题整改,办结交办问题线索28人34件,处分17人,组织处理11人,巡视巡察利剑作用充分发挥。三是全面夯实基层基础。深入开展“一带三创全域升级”行动,创建示范乡镇1个、达标乡镇街道3个,打造农村党建示范廊带3条,培树党员干部现场教学点56个,28个软弱涣散党组织得到有效整顿,全市基层党组织达标率和示范率分别达到100%、60.7%,“党务例会开在一线”在《中国组织人事报》专题报道。坚持对干部严管厚爱并重,制定出台《关心关爱干部职工十五条措施》,选派47名机关干部到村企任第一书记,评选35名担当作为表现突出干部,71名实绩突出干部得到提拔重用,6名干部“墩苗”历练,营造了风清气正、干事创业的良好政治生态。

(侯　杨)

附:中共介休市委书记、副书记、常委名单

书　记:张　鹏

副书记:范亮珍　刘世宏

常　委:赵江波(3月离职)　齐宏亮　李克虎
常许雁(女)　董建伟　李俊萍(女)
郭　虎(4月任职)　雷建宇
张华雨(7月任职)　王　晋(7月任职)
索南东智(挂职,4月离职)

中共太谷区委

区委书记 刘 伟

2020年，太谷区委坚持以习近平新时代中国特色社会主义思想为指引，深入学习贯彻党的十九大和十九届二中、三中、四中、五中全会精神以及习近平总书记视察山西重要讲话重要指示，以加快建设繁荣富饶、美丽幸福的新时代金太谷为目标，大力实施“一二三四五”战略，抢抓机遇、攻坚克难，推动全区各项工作取得了新进展、新成效。

一、坚持学思践悟，讲政治、担使命，理论武装达到新高度

思想认识对标对表。突出政治建设，坚持党委(党组)第一议题学习制度和中心组理论学习制度，理论学习中心组经验在全省进行了典型交流。开展新时代干部大课堂等宣讲活动，实现科级干部培训全覆盖。“最美宣讲团”宣讲党的十九届五中全会精神，被中央媒体宣传报道。

行动措施紧跟紧随。坚决落实中央、省市决策部署，先后召开区委一届一次、二次全会，对贯彻落实习近平总书记视察山西重要讲话重要指示和党的十九届五中全会精神进行安排部署，制定了《关于贯彻落实习近平总书记视察山西重要讲话重要指示在转型发展上率先蹚出一条新路来的实施方案》。深入基层解决268个突出问题，确保上级决策部署在太谷落地生根。

二、坚持项目为王，强实力、促转型，经济发展取得新成效

经济发展向上向好。开辟西部晋中国家农高区核心区、中部精品城市、东部乡村振兴示范廊带的三大战场，实施总投资689亿元、年度计划投资104亿元的100个重点项目。经济指标稳中有进、进中向好。地区生产总值、一般公共预算收入分别完成104.7亿元、6.4亿元；规上工业增加值同比增长5.1%；社会消费品零售总额完成39.5亿元；城镇居民人均可支配收入达到34830元；农民人均可支配收入达到22265元。

农业发展领跑全省。粮食生产稳定在1.9亿公斤，四大主导产业全面提质，设施大棚、苗木花卉面积达到23万亩，干鲜果总产值达2亿元，畜产品综合产量继续保持全省前列。一产固投增幅87%，保持全市前三。农高区先后承担了十大国家试点任务，重点推进五大示范基地，制定国家标准2项，行业标准2项，地方标准400余项，累计培育农民2万余人次，在全省建立100余个示范基地。

工业发展换挡提速。传统产业转型升级，124家玛钢铸造企业通过初验，25家企业顺利通过B级验收，17户企业达到小升规标准，全年上交税收1.7亿元。医药、煤焦、碳素等优势产业完成产值40亿元，广誉远上市公司迁址太谷。“六新”产业加快推进，共储备67个项目。新兴产业全面起步，百亿文旅、物流商贸、会展经济加快培育。经开区入驻企业80个，规上工业企业产值完成24亿元，规模以上工业增加值完成4.8亿元，税收完成1.1亿元。

第三产业加速起步。围绕其他营利性服务业、租赁商务服务、居民服务等9项指标，有效释放消费潜力，建成山西农谷电商直播基地，加快发展对外经贸。按照“古城大院 + 特色小镇 +119驿站 + 美丽乡村”的思路，推动“晋商文化、农业文化、工业文化、乡村文化、康养文化 + 旅游”实施，构建“一城两带六区”的文旅空间布局。

三、坚持示范引领，举招牌、舞龙头，农高区建设取得新进展

晋中国家农高区(山西农谷)建设顺利推进。新建产业项目完成投资7.4亿元。农高区居全省农业类开发区综合考核第一。省委主要领导两次亲临农谷现场办公并作出重要指示，省政协聚焦山西农谷建设专题召开常委会议，凝聚起构筑现代特色农业发展新高地的共识、智慧和合力。

创新能力明显提升。引进培育高新技术企业24家，建设省级以上重点工程实验室和工程技术研究中心42个，累计转化新品种、新技术208项。组建晋中国家农高区专家库，落户院士工作站8个，300套人才公寓入住率达80%。设立总规模18亿元的科技基金，为科技成果转化、创新平台搭建和项目建设提供资金保障。

项目建设初见成效。建成山西农产品国际交易中心、东辉先正达、西曲河旱垣温室等一批产业示范项目；探索山西农谷大数据中心、农信互联猪联网等一批智慧应用项目；落地10万吨肉牛全产业链、连翘应用技术研究中心等一批标杆引领项目。建成千亩粪污有机化循环利用、千亩有机旱作谷子机械化生产和农大中试的三大示范园区。国家骨干冷链物流基地实现开工建设。

农村改革加快破题。全面完成土地确权颁证工作，基本完成省级农村集体产权制度改革，有序推进“三支队伍”、农村集体债务化解等改革，深入推进“五地一产”入市改革，152个行政村完成核准确权规范工作，引入企业175个，为村集体增收1.1亿元，农民增收8603万元。

品牌效应更加明显。成功举办第三届中国乡村振兴(太谷)论坛、晋中市第二届现代农业博览会，阳邑小镇成为论坛永久会址，山西农产品国际交易中心成为省农博会举办地。2万余人来太谷参观学习。

"谷城院"融合全面加速。用好黄金政策,聘请清华大学建筑设计院编制《谷城院一体化发展规划》,委托中国农大科学研究所团队编制《晋中国家农高区(山西农谷)建设发展规划(2020-2022年)》,"一心八片、一廊一带"加快构建。实施农大拆墙透绿,建成了儒园。山西农大谷城院融合创新平台团队入驻科创基地,创新创业学院、继续教育学院落地农谷,山西乡村调查研究院揭牌成立。

四、坚持高位发展,抓机遇、强内涵,城乡建设展现新气象

4月26日,晋中市太谷区成立大会在山西农产品国际交易中心举行,太谷成功撤县设区,全区发展进入了新时代。

精心打造宜居城市。立足"不是省会的省会"定位,全力打造宜居宜业宜游新城市。全面实施"一环七横五纵"路网建设,城市框架扩大到50平方公里。太谷东站投入使用,正式迈入双高铁时代,交通区位优势愈发凸显。

城市治理提档升级。深入推进"两下两进两拆两补三严禁"城市提档升级行动,整治广告牌匾和违建6500余处、立面整治27.7万平方米、管线下地83公里、新划车位400处、补修路面5万平方米、补栽绿植25万平方米,新增绿化面积35万平方米。创新"五部联勤"机制,城市治理水平显著提升。

农村环境持续改善。投资5400余万元实施乡村振兴扩面提质工程,清理垃圾近6万吨,户厕改造10480座。投资1200万元基本建成城乡环卫一体化垃圾清运体系,直接服务22万农村常住人口。创建省级卫生乡村40个,城乡环境实现大变样。

五、坚持以民为本,察民情、惠民生,人民福祉获得新提升

决战决胜脱贫攻坚。精准实施"六大行动",重点攻坚易地扶贫搬迁和拆旧复垦。整合8339万元用于产业扶贫,发放小额信贷2505万元,危房改造完成180户,发放资金52万元,资助贫困学生173人。建档立卡贫困人口全部参保,农村饮水工程全部达标。全区建档立卡贫困户全面脱贫。

污染防治成效明显。城市禁煤区扩大至31.7平方公里,完成983户"煤改电"和3405户"煤改气"任务,第三供热源启动建设,集中供热面积达930万平方米,优良天数达214天。咸阳河、乌马河治理顺利推进,南山水库主体基本完成,地表水断面水质成功退出劣Ⅴ类。畜禽粪污资源化整区利用加快推进,全区土壤安全优良。

民生保障持续改善。城镇新增就业3266人,完成培训2597人。顺利推进太(金)谷中学搬迁,持续深化医疗集团"六统一"管理,人民医院住院楼投入使用,南山南路人行天桥建成通车,城区养老服务中心覆盖率达到85%,人民群众获得感、幸福感不断提升。面对新冠肺炎疫情,以非常之举应对非常之事,组建22个临时党支部,动员9000余名党员投身疫情防控,3名医护人员赴湖北一线,19名医护人员赴晋中传染病医院,创新成立新时代红袖章先锋队和志愿者服务队,成功守住了疫情防控的太谷阵地。

六、坚持改革开放,抓重点、优机制,激发活力取得新突破

把改革作为重大政治责任,实施党政主要领导抓改革工作机制,先后召开16次深改委会和改革专题会议,年度11个方面58项重点改革任务基本完成。重点领域取得进展,深化行政审批制度改革,"一枚印章管审批"走在前列。开展"三减一优"活动,国资国企改革加快推进,"三供一业"改造全部完成,供销社"三位一体"改革成绩显著。对外开放获得突破,加强与深圳农业合作,开展"双谷联动"。与中城商网共建跨境电商基地,主动融入国内大循环。

七、坚持凝聚民心,兴文化、展形象,宣传工作取得新成就

意识形态安全稳定。持续开展"净网""秋风""护苗"等五大专项行动,打造了全国扫黄打非进基层示范点,全区意识形态形势持续向上向好。

太谷形象充分展现。全市首家城市智慧书屋投入使用。新时代文明实践中心国家试点的太谷模式已经形成,"码上志愿"成为中央文明办优秀展示案例。中央、省、市媒体聚焦太谷亮点发布报道1200余篇,其中《80后小伙:用科技让农民富起来》以及广誉远复工复产等相关新闻在央视播出。

文化事业蓬勃发展。圆满完成国家级公共文化标准化建设工作,太谷饼制作技艺列为国家非遗项目,创编特色秧歌剧《广盛号》和廉政民歌《凤山酎水清粼粼》,广誉远中医药文化产业园入选国家3A级景区,阳邑村、沙子地村入选省文旅厅第二批3A级乡村旅游示范村。

八、坚持民主法治,强领导、聚同心,社会治理取得新发展

大力发展社会主义民主政治。高规格打造8个人大代表联络站、高标准运行1个人大代表服务岗。创新人大监督方式,推进乡村振兴、脱贫攻坚、交通执法等工作的健康有序开展。突出政协专门协商机构职能,完成14项协商任务,筹建6个政协委员工作室,推动政协协商向基层延伸。引导统一战线各界人士参与疫情防控、项目建设等重点工作,太谷新生代企业家联合会荣获"全国工商联抗击新冠肺炎疫情先进商会"荣誉称号,区商贸商会被评为全国"四好商会"。持续引深"同心"品牌创建工作,构建大统战格局。

法治太谷加快建设。完成"七五"普法工作,村(社区)和企事业单位"三治三零"创建全部达标。运用"一心三防"人民调解机制调解矛盾纠纷1348件,整治各类风险隐患1334个,全区安全生产形势平稳良好。打掉黑恶势力团伙18个,查处"保护伞"26人,平安太谷深入人心。

九、坚持党建引领,夯基础、抓反腐,管党治党取得新局面

基层党建充满活力。基层党建全域升级,完成排查整顿发展党员违规违纪试点工作,17个软弱涣散基层党组织得到转化提升。选派28名机关事业单位干部到村任职,持续为村干部队伍注入活力。探索建立小区党支部、功能型党组织,典型做法被《山西日报》等媒体宣传报道。

选人用人凸显担当。创新出台《太谷干部政治素质日常考察和积分制管理办法(试行)》。累计调整干部14批235人次,干部队伍结构进一步优化。开展市、区担当作为先进典型评选,"有为者有位"用人导向更加鲜明。

高压反腐正风肃纪。深入开展反腐败斗争,给予党纪政纪处分212人。查处违反中央八项规定精神问题33件63人,查处形式主义、官僚主义问题14件37人。探索"一案四警示",用好"一馆三基地",进一步筑牢党员干部防腐拒变防线。开展第九轮、第十轮、第十一轮巡察,实现了区直单位和村社全覆盖,全区政治生态风清气正。

(侯宪廉)

附:中共太谷区委书记、副书记、常委名单

书　记:刘　伟

副书记:南　宏　郗效军　周晓瑜(女,8月任职)

常　委:石小冬(4月离职)　易俊杰
柴颖则(11月离职)　武正梅(女)
池丽萍(女,4月离职)　王迎庆　马兰平
王　娟(女,4月任职)　程锡威(9月任职)
王成树(10月任职)　孟建强(7月任职)

中共祁县县委

县委书记　吴文胜

2020年,祁县县委坚持以习近平新时代中国特色社会主义思想为指引,深入贯彻党的十九大、十九届二中、三中、四中、五中全会精神和习近平总书记视察山西重要讲话重要指示精神,紧盯"决胜项目建设主战场、打造开放发展先行区、争创乡村振兴示范县、建成生态宜居卫生城"四大目标不放松,办成了许多大事要事。全年地区生产总值88.86亿元;规模以上工业增加值13.63亿元;一般公共财政预算收入5.15亿元;社会消费品零售总额42.59亿元;城镇常住居民人均可支配收入35953元;农村常住居民人均可支配收入20167元。

一、深入学习贯彻习近平新时代中国特色社会主义思想,始终把牢祁县工作正确方向

坚持把学习贯彻习近平新时代中国特色社会主义思想作为首要政治任务。县委理论中心组学习13次、"祁县大讲堂"专题讲座7场、"七进"理论宣讲405场,被评为省级理论宣讲示范点。持续开展重点课题领题调研、"五堂课"下乡公益讲座活动等。召开县委十四届八次全会,制定并通过了在转型发展上率先蹚出一条新路来的实施方案。

二、坚定贯彻新发展理念,经济发展质量持续提升

(一)加强党对经济工作的领导。县委常委会动态和定期研究经济工作,统筹推进疫情防控和经济社会发展各项工作;重点实施"43221"重大工程,全力支持企业做好疫情防控、复工复产。准确把握国家产业政策和投资方向,争取上级资金2.5亿元。

(二)项目建设主战场战果丰硕。全年累计实施重点项目129个("六新"项目106个),全年通过省、市会审签约项目19个。

(三)省级经济开发区考核排名全省前列。创新实施"用地预审+承诺制"审批机制和"领办代办"服务,荣获全省"六最"营商环境创优案例,"全员包联责任制"被列入全省十大可复制推广经验做法。核定四至范围,建设科技孵化中心及标准化厂房,实施园区绿化等工程,围绕"六新"实施建设项目50个。

(四)"一带一路"特色产业合作区创建提速。与新疆五家渠市合作共建"晋疆一带一路产业合作园"。合作区全球化创业双创示范基地得到省发改委认可。"祁县侨胞之家"——祁县电子商务产业园有限公司被确定为"山西省新侨创新创业示范基地"。大华智能生产线项目快速推进。成功举办第三届中国玻璃器皿博览会暨"一带一路"中小企业特色产业产品交易会,线上线下参展企业达1000余户。

三、深入推进全面深化改革,县域发展动力活力显著增强

年度57项改革任务深度推进,不断释放改革红利。系统推进"五地一产"入市改革,促进村集体增收5575.6万元、农民增收4782.9万元;储备总投资额87亿元的入市推介项目65个,签约3亿元以上的项目5个;被农业农村部确定为全省唯一"五地一产"盘活利用试点县。成功举办全国国省道交通安全文明示范创建活动现场会;全国第二届节水供水现场会在祁县成功召开。

四、深入推进生态文明建设，城乡面貌焕然一新

（一）打造城乡优美生态环境。清理生活垃圾3236吨，绿化美化面积1.8万平方米。全县3个乡镇、50个村被评为“2020–2022周期省卫生乡镇和卫生村”，县城和东观镇成功摘取“国家卫生县城(乡镇)”金字招牌。城区新增绿地68.8万平方米、绿化覆盖率达到39%。

（二）系统推进生态环境修复保护工程。以汾河百公里中游示范区(祁县段)生态治理工程，实施汾河、昌源河、乌马河“三河”综合治理，清理河道180余公里。完成4000亩天然林保护、麓台山特色造林绿化、新一轮退耕还林和补植补造等工程。

（三）坚决打好污染防治攻坚战。中央、省级环保督察及“回头看”反馈问题全部整改、销号清零。持续强化落实“控煤、治污、降尘、管车”等措施，禁煤区扩大至29.5平方公里，完成清洁取暖改造1.5万户。全年空气质量优良天数212天，较上年增幅13.8%；PM2.5平均浓度同比下降17.3%。加大污水处理厂运行及水质水量监管，确保污水厂达标排放。完成沙河三支退水渠、祁太退水渠清淤治理工程和23个入河排污口整治。推进雨污分流管网建设及农村生活污水收集治理，集中式饮用水源地水质稳定达标，断面水体达标率100%。

五、全力实施乡村振兴战略，农业农村发展全面提质

（一）项目引领，夯实农业基础。把3个乡镇、10个村有机串联打造以昌源河生态走廊为轴的“六位一体”乡村振兴示范廊带。完成省级修善村酥梨和市级晓义村蔬菜两个现代农业产业园建设。全力推进城乡建设用地增减挂钩项目，新增耕地595亩；大力实施土地整理、开发、复垦项目，新增耕地1288亩。争取中央和市级秸秆综合利用资金1252万元，推进秸秆还田11.9万亩。

（二）品牌引领，推动产业兴旺。做优做强“果菜牛”等特色产业。水果总产量15.6万吨、总产值达4.9亿元，出口1.9万吨、增长76.3%。蔬菜总产量26万吨、总产值7.7亿元。新建一批标准化肉牛、肉猪养殖场，全县肉牛出栏4.4万头，畜牧业总产值达15亿元。大力发展“特”“优”农产品，建设万亩药茶基地，1.85万亩玉米深松密植技术示范区，2200亩酥梨有机旱作示范片，带动全县特色农业优质化发展。

（三）制度保障，强化乡村治理。整顿提升19个软弱涣散党组织，所有行政村集体经济收入达到5万元以上。坚持“四化标准、双降双升、能挑尽挑”要求，创新推出候选人“政治画像”考评联审等机制，首家圆满完成全省村(社区)“两委”换届试点任务，实现“五好”换届目标。

六、做强做优文旅产业，文旅融合发展势头强劲

（一）高质量启动法署贷款古城保护与城市更新发展示范项目。完成《祁县历史文化名城保护规划》《祁县昭馀古城历史街区控制性详细规划》修编，制定祁县传统村落保护与修缮技术导则、民宅修缮筛选标准，基础设施与道路系统改造按规定程序报审实施。

（二）全方位推进“中国茶文化旅游第一城”建设。与省文旅集团合作成立昭馀古城投资管理有限公司，举办“中国茶文化旅游第一城”建设启动仪式暨招商会，修缮一批古城院落，推动万里茶道体验馆与山西药茶体验馆建设，茶城建设品牌形象已现雏形。

（三）高标准打造乔家大院文化旅游景区。对“三堂一园”13个大院126个展室重新布展，策划编排新的演艺活动，创新推出研学产品。文旅部反馈的33项问题全部整改完成，5A等级恢复条件已全部具备。

（四）全方位开展文物保护。实施重点文物抢救维修工程，公布第七、第八批县级文物保护单位，完成全县革命文物的整理、建档等工作。同步开展A级景区保卫战、旅游市场秩序大整顿、传统村落保护等工作。全年主要景区接待游客146.6万人次，实现收入3815万元。

七、强化思想文化建设，文化自信更加坚定

（一）严格落实意识形态工作责任制。开展专项分析研判38次，开展网络生态治理行动20余次，在省以上重点媒体刊播文稿500余篇(条)。高标准完成县融媒体中心建设。加强基层文明实践站点建设，成立志愿服务队123支。修善村申报成为国家级文明村，县级以上文明村达到68个。

（二）进一步繁荣文化文艺工作。持续擦亮“茶商之都”“我们的节日—王维诗歌节”和“书香祁县”三张文化名片，被中华诗词学会授予“中华诗词之乡”荣誉称号。组建成立“祁县全民读书联合会”及29个分会，举办第七个“全民读书年”活动，出版《青春故园》《脱贫攻坚在祁县》等书籍。

八、持续加强民主法治建设，县域治理能力和治理水平稳步提高

（一）加强和改进对人大和政协工作的领导。县委常委会定期听取县人大常委会党组、政协党组全面工作汇报。认真学习贯彻习近平法治思想和中央全面依法治国工作会议精神，大力支持做好昭馀古城保护条例立法等工作。支持人大依法补选市人大代表1名、县人大代表10名，任命国家机关人员9人次。大力加强和改进人民政协工作，出台了《新时代加强和改进人民政协工作的实施意见》，成立乡镇政协工作联络组；紧紧围绕茶商之都建设、保护红色遗址弘扬革命文化等工作广泛开展协商议政和民主监督。

（二）认真做好新时代统战和群团、武装等工作。支持和协助民主党派加强自身建设，4次召开季度通报(座谈)会。把宗教工作纳入综合治理网格化管理体系，扎实做好信教群众聚居村评估工作。推动工商联、侨联等改革发展，荣获全国“五好”工商联、“四好”商会。充分发挥群团组织优势，支持群团组织回馈社会。坚持党管武装原则，启动实施民兵训练基

地建设工程。

(三)不断完善党委领导法治建设的体制机制。最大限度地把各类矛盾纠纷化解在基层。县法院审（执）结案率99.7%。县检察院智慧检察一体化建设。共打掉恶势力集团5个,恶势力团伙9个,抓获犯罪嫌疑人129名,破获刑事案件126起;处置涉黑涉恶团伙腐败和"保护伞"案件15件,打掉"保护伞"13人,追责失职失责党员干部90人,持续推进扫黑除恶常态化。"三治三零"(三治:自治、德治、法治;三零:零上访、零事故、零案件)创建单位综合排名全市第一,安全生产事故起数和死亡人数实现双下降。

(四)坚决打好防范化解重大风险攻坚战。聚力防范化解政府隐性债务风险,全年共化解隐性债务1.4亿元;全市率先完成银行不良贷款清收、处置工作,累计清收2.7亿元、销账333.6万元。

九、持续增加民生投入,民生改善和保障水平大幅提高

(一)如期决战完胜精准脱贫攻坚战。统筹扶贫资金6277万元,实施产业项目102个,建立扶贫基金管理办法和脱贫成果10年巩固长效机制,开展"干部入企服务暨帮扶企业复工复产"工作,超额完成省定投放资金任务。高质量完成"控辍保学"、基本医疗保障,安全饮水、危房改造等扶贫任务。

(二)全力以赴打好新冠肺炎疫情防控总体战。县委专题研究疫情防控26次,拨付防控资金1342.5万元,选派13名骨干医护人员全力驰援湖北武汉和晋中市传染病医院,圆满完成使命任务。完善人民医院、疾控中心、中医院PCR实验室建设,不断提升核酸检测能力。全县没有出现一例新冠肺炎疫情确诊病例。

(三)持续保障和改善民生。积极构建"人人持证、技能社会",全年新增就业4475人,培训2935人。组织参加晋中市第二届职业技能大赛,获团体第二名。投资5740余万元,新建一批教育基础设施,进一步改善教育办学条件。中高考继续取得优异成绩，一本达线和二本以上达线分别比2019年增加189人、47人。启动人民医院医技大楼建设,被国家卫生健康委授予"2018–2020年全国计划生育优质服务先进单位"荣誉称号。投资3.6亿元、完成172公里道路建设和73条城区街巷道路及管线改造工程,连接高铁站和高速口的贯中大道全面通车。

十、纵深推进全面从严治党,风清气正政治生态持续向好

(一)突出政治建设,强化政治监督。围绕疫情防控、脱贫攻坚、村(社区)"两委"换届试点等重点工作,强化政治监督,确保各项重大决策部署落实落细。全面诚恳接受省委第八巡视组驻祁县巡视,积极推进发现问题立行立改和反馈意见集中整改。对市委巡察办反馈问题全部整改,对5起巡察整改不力典型案例进行全县通报。高质量完成第8、第9轮县委巡察,启动第10轮巡察,巡察覆盖率达到100%。

(二)突出标本兼治,一体推进"不敢腐、不能腐、不想腐"。全年立案319件、结案308件、处分300人;综合运用"四种形态"551人次,第一二形态占98.4%;深入开展纪律作风整顿和廉政文化"五进"系列活动,建立"一案四说"、强化标本兼治,持续筑牢拒腐防变堤坝。

(三)突出选育管用,持续打造高素质干部队伍建设。持续发现培养选拔年轻干部,接受4名省市"墩苗"干部,推荐2名优秀乡镇党委书记到省市直单位任职、2名优秀年轻副科级干部担任乡镇党委副书记。全年调整干部11名,乡镇一线占比91%,评选奖励29名市县担当作为干部。

(四)突出政治功能和服务功能,持续加强基层党组织建设。建立党支部工作联系点制度,解决问题160个。一体推进县、乡、村三级党组织达标示范建设,乡镇达标比例达50%,又有8个农村"红五星"党组织创建达标,对57个"红五星"党组织进行全覆盖调研评估。解决突出民生问题54件,努力把每个基层党组织都建成坚强的战斗堡垒。

(周旺斌)

附：中共祁县县委书记、副书记、常委名单

书　记：吴文胜(12月离职)
副书记：冯耀黎　杜建中
常　委：张　鑫　王　辉　张扣生　杨秀龙
程　晨　郭　虎(4月离职)
李　冉(7月任职)　朱丽涛(5月任职)
王　莉(女,5月任职)　彭　超(7月任职)

中共平遥县委

县委书记　武晓花

2020年，平遥县委深入学习贯彻习近平新时代中国特色社会主义思想和习近平总书记视察山西重要讲话重要指示，认真贯彻党的十九大和十九届二中、三中、四中、五中全会精神，坚决落实中央和省市决策部署，团结带领广大党员干部群众统筹推进疫情防控和经济社会发展各项工作，奋力开创平遥高质量转型发展新局面。

一、坚定不移学习贯彻习近平总书记视察山西重要讲话重要指示及中央省市决策部署

(一)坚定政治站位、以上率下。坚持以"第一议题"学习

习近平新时代中国特色社会主义思想,县委常委会、县委中心组带头学习习近平总书记最新重要讲话精神38次,始终保持理论清醒、政治坚定。县委主要领导的"不忘初心、牢记使命"主题党课讲稿在盲评中排名全市第二、县(区、市)委书记第一。"学习强国"APP党员注册全覆盖,2020年度积分兑换量居全市第二。

(二)坚决看齐紧跟、不折不扣。紧跟省市步伐,召开县委常委(扩大)会议传达学习习近平总书记视察山西重要讲话重要指示,班子成员带头宣讲,累计宣讲200余场次、覆盖3万余人次,全县上下备受鼓舞。组织召开县委十四届十四次全会对深入学习贯彻习近平总书记视察山西重要讲话重要指示和省委十一届十次全会、市委四届九次全会精神进行全面部署,结合县情实际出台落实方案,列出29方面122项任务,全部明确责任领导、牵头部门、完成时限,确保条条落实、件件落地、事事见效。

(三)坚持第一时间,全面落实。第一时间召开县委常委(扩大)会暨中心组学习会传达贯彻党的十九届五中全会精神,县委中心组开展研讨3次,举办新时代干部大讲堂4期,班子成员人人登台讲课、全员深入基层宣讲,在推动学习往深里走、实里走、心里走上为全县作出示范。科学谋划"十四五"规划基本思路,确定了18个前期课题与29个重点专项规划,前期课题基本完成,专项规划正在编制中。

二、坚定不移推动全县高质量转型发展

(一)以"开发区"为突破,全力推动工业转型。成立平遥县财经决策咨询委员会,在全市率先市场化公开选聘专业技术人才15名,为开发区提供强大智力支撑和人才保障。班子成员常态化开展入企服务,扫清项目建设障碍,2020年实施项目28个。将开发区建设列入全县"十四五"规划,着力打造"6+6"工业产业体系,有力推动了石墨烯新材料应用产业园项目、平遥"山西药茶"精深加工项目、全自动包装设备和低氮锅炉项目等新兴产业项目顺利落地。平遥经济技术开发区综合排名位居全市第二。

(二)以"示范带"为引领,全力推动乡村振兴。紧抓平川示范片区建设机遇,主动对接市委百里乡村振兴廊带战略,平遥长山药、晋升油茶成功培育为山西省功能农产品,平遥牛肉成为山西省区域公共品牌,冠云牛肉、晋升油茶两个产品获得中国国际农交会金奖,平遥龙海稳居全国农业产业化龙头企业500强。创新蹚出"央企+合作社+农户"新型发展模式,托管模式成为全国典型案例,2020年全县共托管土地29万亩,全省第一。成为省级农村集体产权制度改革试点县,通过省级验收。农村居民人均可支配收入完成14438元,同比增长6.5%;第一产业增加值完成12.5亿元,同比增长8.3%,圆满完成市定任务。

(三)以"攻坚战"为要求,全力推动县域经济持续健康发展。脱贫攻坚任务决战完胜。出台15项特色政策,投入2.8亿元发展扶贫产业,调整充实26个专项扶贫行动小组,完善"一级督战、二级督办"督导机制,40个贫困村全部摘帽,贫困人口全部退出。生态环境质量持续改善。坚持转型、治企、减煤、控车、降尘"五管齐下",抓好320万平方米清洁取暖改造与古城内1277户煤改电工作,6项污染物指数全部呈下降趋势;围绕河道治理、农村生活污水治理与黑臭水体治理,实施33项水污染防治工程,汾河断面水环境质量全面改善。风险防范水平大幅提升。树牢"过紧日子"思想,广开"前门"、严堵"后门",负债率降低53.15%;深化"三治三零"创建,全县"三零"创建达标率97.71%,排名全市前三。大力开展重复访治理和积案化解专项工作,落实省委信访问题控新治旧十项行动,层层压实责任,"信访大县"减量退位,实现2020年"零非访""零外围",得到省市高度肯定。

(四)以"规建管"为抓手,全力推动宜居宜游城市建设。加快平遥古城基础设施提升改造项目、永定公园建设项目等17个重点项目建设,补齐城市短板,完善配套设施。持续巩固"创卫"与提档升级攻坚行动成果,纵深推进"两下两进两拆两补三严禁"专项整治行动,实现城乡面貌大改观、城市形象大提升。按照"五大板块""七个融合"顶层设计,拓展全域旅游发展格局,深入开展旅游市场乱象整治等工作,平遥古城连续6个月位列全国5A景区品牌100强前五名。

(五)以"获得感"为目标,全力推动社会事业发展。作为全省疫情"重灾区",以"九个最"的举措严防严控,疫情始终未出"包围圈",实现了"双零"目标、守住了"双防"警戒线。宁杜香安全饮水工程开始通水,彻底解决56个村近8万人的长期饮水困难。清洁取暖城区建成区覆盖率100%、农村覆盖率达50%,方便了群众,改善了生态。推动实施15所中小学校新改扩建项目,完成67所寄宿制学校"明厨亮灶"改造工程,2020年高考本科达线人数2416人,同比增加6.2%,平遥中学600分以上高分学生首次突破百人大关,取得全面丰收。新人民医院、县中医院分别成为全市唯一县级三级综合医院、山西中医药大学教学医院,县域医疗服务水平迈上新的台阶,县域内就诊率达到87.2%,基层门急诊人次占比52.3%。

三、坚定不移狠抓年度目标任务落实

(一)在党风廉政建设与反腐败工作上,制定加强党对反腐败工作全过程领导"六个清单",精准运用"四种形态",监督关口持续前移。持之以恒纠正"四风",查处形式主义、官僚主义问题22起32人,给予党纪政务处分19人,以优良党风政风带动社风民风。在全省率先推进巡察"三库"人员"优进优出",第10轮巡察顺利启动,全覆盖目标任务全面完成。

(二)在组织工作上,开展"整乡推进、整县提升"及"三整一提升"创建,转化19个软弱涣散基层党组织,验收12个"双强六好"党组织,21个百人支部升格提标。61个行政村顺利合并,"两委"主干"一肩挑"比例达到79.72%。制定《选育管用15条措施》,选派36名机关事业单位干部到村任职,经验做法在全省推广。目标化选拔30名优秀年轻化、专业化干部。

(三)在意识形态工作上,用"大众话"推进理论"大众化",县委理论宣讲团被评为晋中市基层理论宣讲示范点。县级融媒体中心在全市非试点县首家挂牌成立。新媒体工作联

盟顺利组建,将自媒体平台有效整合、共享共用,疫情期间鼓舞士气、凝聚力量,向全省展示了平遥担当。全面落实意识形态工作责任制,积极妥善处置公经房、公租房专项整治等27起重点舆情事件,有效控制负面影响。

(四)在政法工作上,围绕平安平遥建设,为乡镇、街道配齐政法委员。打掉黑恶势力团伙14个,抓获犯罪嫌疑人194人,破案102起,扫出了清风正气。深入开展"三治三零"创建工作,形成"1+6+31+N"的指挥体系,"三零"创建指位居全市前三。平安指数持续位列全省前列。

(五)在统战工作上,信教聚居村整顿提升成效明显,广大群众对支部的满意度稳步提高,顺利通过省级检查验收。在全市率先创建22个非遗、工美"大师工作室",占全省创建总数的22%。

(六)在改革工作上,在连续三年考核位列全市前三的基础上,2020年市对县的6项考核指标均按序时进度完成;2020年9月成为宅基地制度改革国家级试点;"五地一产"入市改革经验在全市推广;营商环境持续优化,招商引资走在全市前列。

四、坚定不移地狠抓问题整改

(一)把习近平总书记关于古城保护的重要批示落到实处。形成闭环机制,坚决遏制增量,县级领导牵头的巡查组每半年一轮全覆盖巡查,确保常抓常新,常态落实。

(二)公经房、公租房专项整治升温加压。勇于自我纠错、正本清源,在省委市委的关怀支持下,组织6个工作组对224户全覆盖入户解读政策、反复动员,对涉房党员干部、公职人员进行约谈,制定补偿退出等5种协议,细化手续办理流程,紧盯舆情和信访动态,防止事件发酵形成热点、爆点,确保按时向市委和全县人民交上合格整改答卷。

(三)巡视巡察、监督检查反馈问题整改常抓不懈。牢固树立"问题不整改,就是对党不忠诚"理念,推动2016年省委巡视反馈的16个问题、2017年市委巡察反馈的52个问题全部整改到位。

(四)市纪委监委暗访反馈问题有效整改。第一时间成立古城旅游秩序整治督查组,第一时间制定务实有效的整改举措,以"零容忍"态度开展严厉整治,倒逼旅游业态、服务、管理提升,改善古城环境卫生,规范从业人员管理,古城旅游秩序持续好转。

省委第八巡视组进驻期间,全力支持配合巡视组开展工作,得到巡视组高度肯定。针对巡视组提出的"农业基础比较薄弱""工业结构不优""旅游产业层级不高""财政收入质量不硬"等十方面问题,虚心认领照单全收,坚持问题导向,站在讲政治的高度审视问题、剖析原因,着力解决好党的建设面临的实际问题,解决好全面从严治党面临的现实问题,解决好群众"急难愁盼"的民生问题,推动平遥经济社会持续健康发展。

(李奇为)

附:中共平遥县委书记、副书记、常委名单

书　记:武晓花(女)

副书记:石　勇　牛起虎　孙　博(7月任职)

常　委:杨晓隆　赵凌中　王　轩(女)
刘向东　李英伟　刘子亮　张艳阳
郭　凯(8月任职)　王耀军(9月离职)
程建明(11月任职)

中共灵石县委

县委书记　韩　军

灵石县共有基层党组织902个,其中党(工)委50个,党总支59个,党支部793个。共有党员17257名。

2020年,灵石县委深入贯彻习近平总书记视察山西重要讲话重要指示,认真落实省委、市委决策部署,自觉主动接受省委巡视,增强"四个意识"、坚定"四个自信"、做到"两个维护",先后召开32次县委常委会,切实履行把方向、谋大事、抓党建、保平安职责,统筹推进疫情防控和经济社会发展取得重要成果。

一、坚持学懂弄通做实,不断把学习宣传贯彻习近平新时代中国特色社会主义思想引向深入

(一)把深入学习宣传贯彻习近平新时代中国特色社会主义思想作为首要政治任务。严格落实"第一议题制度",县委常委会、县委中心组集中学习46次。持续引深巩固"不忘初心、牢记使命"主题教育成果,围绕学习宣传贯彻党的十九届五中全会精神,开展各类主题宣讲1200余场,受众4.4万余人。

(二)不断增强学习贯彻落实习近平总书记视察山西重要讲话重要指示的政治自觉和行动自觉。制定《关于贯彻落实习近平总书记视察山西重要讲话重要指示在转型发展上率先蹚出一条新路来的实施方案》,细化形成44方面210条任务清单,引领全县高质量转型发展。

(三)坚持贯彻落实习近平总书记重要讲话精神和中央、省委、市委部署要求。深入践行中央"五大发展理念",紧紧围绕省委"四为四高两同步"、市委"三四五一"总体思路和要求,制定《县委常委会2020年工作要点》,进一步提升转型发展的科学性、预见性、创造性,确保"十三五"规划圆满收官。

二、深入贯彻新发展理念，高质量转型发展迈出实质性步伐

(一)狠抓重点项目建设。牢固树立"项目为王"鲜明导向，继续实行县领导包项目、重大项目重点工程月调度、定期督查通报等制度，高效服务，精细管理，积极推进年度154个重点项目建设，储备"六新"项目8项。

(二)加快产业转型步伐。改造提升传统优势产业，培育壮大非煤接续产业，努力形成多轮驱动、多点支撑的产业格局。全县非煤产业增加值占工业增加值比重达到17.3%。静升古镇、王家大院景区形象和服务水平全面提升。成功申报全国绿色核桃基地县。实施了王家庄园蜂蜜文化产业园、鑫奥特现代修复农业等29个农业项目，累计完成投资5.34亿元。

三、坚定不移推进深化改革，不断激发转型发展源头活水

(一)以"钉钉子"精神推进全面深化改革。全年实施10大类56大项73小项重点改革任务。书记、县长亲自领办主抓24项改革事项。召开13次县委深改委会议，审议13项改革方案，出台129个配套方案和45个制度性文件。一些重要领域和关键环节取得突破性进展。选优配齐开发区领导班子，制定落实《"三化三制"实施方案》。全域铺开"国家级卫生乡镇"创建工作；实行"六统一"管理，打造"医联互助"新模式。推行乡镇安监站改革，组建了15个基层应急管理站。

(二)持续深入推进"五地一产"入市改革。坚持以系统思维、集成举措深化改革工作，研究出台入市改革"33条"、农田建设"21条"等文件，规范村集体经济合同2100余份，完成清欠4000余万元，铺开13个整村试点项目，同步谋求政治、经济和社会效益最大化。

四、树牢以人民为中心的发展思想，民生社会事业全面加强

(一)一鼓作气决战决胜脱贫攻坚。圆满完成72户151人的年度脱贫任务，全县5303户10490人贫困人口全部脱贫，贫困发生率由最初的6.9%下降归零，已脱贫户人均收入达到1.1万余元。"两不愁三保障"全部达标，基础设施保障良好，顺利通过国务院脱贫攻坚普查。

(二)统筹抓好民生事业发展。扎实做好就业和社会保障工作，城镇登记失业率3.43%。强化社会救助兜底保障功能，特困生活补贴标准提高10%以上。稳步提升教育质量，高考综合排名全市第一，中考成绩稳居全市第一方阵。全县医疗卫生一体化改革进入全省前列，被确定为县域医疗改革示范县。

(三)守好安全稳定底线。牢固树立总体国家安全观，有效防范化解各类社会风险隐患，持续打好防范化解重大风险攻坚战。排查"三治三零"各类创建主体4069个，完成年度创建工作任务。深入开展"五长巡访"工作，信访秩序明显好转。强化安全生产责任落实，安全生产形势总体平稳。

五、坚持生态优先、绿色发展，生态文明建设水平显著提高

(一)持续改善空气质量。禁煤区扩大到48平方公里，累计完成26000余户清洁能源改造，实现清洁取暖全覆盖。取缔"散乱污"企业82户，工业企业环保治理资金累计超过50亿元。

(二) 加大水污染治理力度。构建生活污水收集处理网络，在全市率先实施入河排污口整治工程。汾河王庄国考断面水质全面退出劣V类。省政府在灵石县召开汾河水污染治理专题推进会议，"灵石模式"在全省推广。

(三)扎实做好固体废物整治工作。完成85公顷硫铁矿尾渣的综合治理和45个煤矸石堆场封场治理。全县危险废物储存、转移、处置实现100%规范管理。

六、推进民主法治建设，巩固和发展安定和谐的社会局面

(一)支持人大和政协依法履行职权。制定出台《关于进一步加强和改进新时代人大工作的实施意见》；依法任免"一府一委两院"国家机关工作人员16人次，对63个部门负责人开展了述职监督；推动市人大出台《晋中市静升古镇保护条例》，为古镇保护提供了更强的法律保障。做好政协提案办理工作，推进协商民主建设，召开协商会、谈心会、座谈会和重点工程视察活动13次。

(二)加快法治灵石建设进程。大力加强依法行政制度体系建设，全面提高行政执法总体质量和水平。公共法律服务工作被司法部评为全国先进，"全国法治政府建设示范县"创建经验被纳入山西法治蓝皮书。

七、做好宣传思想文化工作，不断汇聚改革发展的正能量

(一)严格落实意识形态工作责任制。县委常委会4次专题学习研究意识形态工作；召开4次意识形态工作领导小组暨意识形态领域形势分析研判工作会。利用"30310"舆情处置系统发现处理信息558条。

(二)深入推进文化事业健康发展。全力推进全国文明城市创建，城市面貌变化显著，城市功能有效增强，民生得到改善，社会文明程度有了进一步提升。县新时代文明实践中心投用。县级以上文明乡镇和建立"一约四会"的行政村均达到100%。创作"抗击疫情"主题文艺作品827个。"灵石之光"煤炭主题馆成功申报为省市文产重点扶持项目。

八、坚决扛起管党治党主体责任，全面从严治党向纵深发展

(一)全力营造良好政治生态。全县各级党委(党组)书记带头履行"第一责任人"责任，开展约谈1100余人次。深化运用监督执纪"四种形态"处理867人次，其中第一、二、三、四

种形态分别占比 77.3%、17.2%、2.8%、2.7%。评选表彰 28 名担当作为先进典型。对 46 名干部容错纠错。十四届县委巡察实现全覆盖。

(二)加强基层基础工作。全县 33 个软弱涣散党组织实现转化升级。建立了 612 个党建网格。全县"一肩挑"行政村占比 62%。村级组织运转经费平均达到 17 万元,社区运转经费平均达到 15 万元。村集体收入 5 万元以上行政村占比达 95.3%。

(武　林)

附:中共灵石县委书记、副书记、常委名单

书　记: 段燕翔(3月离职)　韩　军(8月任职)

副书记: 郭建雄　魏　栋(9月离职)

常　委: 杜占生(10月离职)　晋和平　吴学意　周永东　籍永利(女)　苏晋华　杨根俊

中共榆社县委

县委书记　张英杰

2020 年,榆社县共有基层党组织 516 个,其中党(工)委 34 个,党总支 22 个,党支部 460 个,其中机关、事业单位党支部 165 个,农村党支部 200 个,社区党支部 18 个,集体企业党支部 8 个,非公企业党支部 58 个,社会组织党支部 11 个。新发展党员 165 人,全县现有党员 11322 名(其中女性 2762 名,占 24.39%),其中企事业在职党员 3274 名,农村党员 6458 名,离退休党员 1374 名,其他自由职业者 216 名。

2020 年,榆社县委认真学习贯彻党的十九大精神和十九届二中、三中、四中、五中全会精神和习近平总书记视察山西重要讲话指示,贯彻落实中央、省、市各项决策部署,统筹疫情防控和经济社会的发展,同时进一步加强党组织建设,团结带领全县党员干部谋非常之策、下非常之功、行非常之举、尽非常之责。

面对疫情防控的严峻形势和转型发展的繁重任务,县四大班子领导以上率下,凝心聚力,苦干实干,以"头雁效应"凝聚起激情干事、攻坚克难的强大合力,干部群众齐心合力,开拓进取,战胜困难,进一步巩固脱贫攻坚成果。牢固树立大农业发展理念,坚定不移实施"转型强县"战略,以脱贫攻坚与乡村振兴有效衔接,加快推进农业农村现代化,在疫情防控和经济发展中,推进复工复产,全县社会经济取得历史性成就,民生事业取得突破性发展。

一、经济社会各项事业全面协调健康发展

2020 年,全县地区生产总值完成 37.59 亿元,同比增长 2.7%;规模以上工业增加值完成 10.85 亿元,同比增长 5.1%;一般公共预算收入完成 3.91 亿元,同比增长 6.6%;城镇常住居民人均可支配收入完成 25126 元,同比增长 3.8%;农村常住居民人均可支配收入完成 7559 元,同比增长 8%。四项指标增速排名位居晋中市前三名。

农业取得新成效。加快农业提质增效,推动现代农业绿色化、优质化、特色化、品牌化发展。实施 3 万亩高标准农田建设项目,确保粮食播种面积 20 万亩,粮食产量 1 亿斤以上,全面提升特色农产品发展水平。全县"三品一标"认证面积达到 9.7 万亩,认证品种 30 个,榆社黄芩申报成为"十大晋药","河峪小米"通过"供深食品"认证。设施蔬菜、中药材种植面积持续扩张,分别达到 1.6 万亩、2 万亩;青亿养猪、牧乐嘉养牛、森裕达养羊、可达鹌鹑养殖 4 户千万元以上的龙头企业效益提升。加快发展有机旱作农业,重点打造深松密植、秸秆还田两个"万亩示范区",中药材、火麻、酥梨、玉米 4 个"千亩级示范片",以"两区四片"示范引领,走出了一条"优结构、强特色、高质量"的特优农业发展新路,带动了乡村的经济发展。

工业经济大力发展。强化"项目为王",重点实施推进了一批变革性、牵引性、标志性重点项目。全年实施重点项目 38 个,总投资 123.88 亿元,创榆社县工业项目投资历史之最。总投资 136 亿元的阜榆生物精细化学品及新材料项目完成投资近 10 亿元,榆社区块煤层气开发、华能榆社电厂热电联产能源资源,医药化工、生物医药、健康功能食品等主导产业,搭建起产业融合交叉、相互支撑、集群发展的四梁八柱。总投资 8.1 亿元的榆社禅山风电项目、总投资 4.2 亿元的晋中启阳新能源有限公司榆社 10 万千瓦光伏发电项目实现并网发电;华晟风电、华光风电、启阳光伏 3 户企业入规发展;榆化公司背压式热电联产、东方红军民融合石墨烯重防腐涂料等项目建成投产。

城乡建设文化教育各项事业进一步发展。塑造品质县城,对旧小区改造、电梯加装,加快推进文峰棚户区、连家庄"城中村"二期等旧城区改造;规范开发"家和苑"、"君地苑"等小区,实施路网通达工程,继续推进 G340 县城过境段改线、牛槽沟至县城旅游路建设;改造文峰街凤台路、漳源大道等主街道,推进了县城至高铁西站、滨河西路"丁字形"快速路,构建生态县城、新城"一轴双城"新格局。扎实推进非遗传承保护工作,完成编印箕城、社城、郝壁、云簇、讲堂、岚峪、河峪 7 个乡镇,共计 100 余万字、收录 2000 余张图片的《榆社县乡村文化记忆工程丛书》。同时完成了《榆社文化记忆》书稿。榆社首部红色电影《榆社破击》荣获朝鲜国际电影节特别奖,着力推进云竹湖创建国家级旅游度假区,规划了榆社一日游、二日游精品线路。教育工作再创佳绩,参加高考 1379 人,二本 B 类达线 658 人,比 2019 年增加 41 人,一本达线 158 人,比去年增加 28 人,理科 600 分以上 28 人,一名

同学以 697 分取得晋中市理科第一名，山西省并列第五名的好成绩，被清华大学录取。启动了职业中学实训楼，第三幼儿园等项目前期，各类资助共计 578 万余元，实现建档立卡贫困家庭学生教育资助全覆盖。进一步规范县乡卫生结构，制定了《榆社县县域全民健康服务信息化平台项目建设实施方案》构建了分级诊疗新模式，县委、政府投资 1000 余万元，建设县级“两个平台、一中心、一网站、四大资料库”通过信息化手段，提升了服务效率。新建了“枫桥派出所”，加强“智慧公安”建设，维护群众合法权益。确保人民群众安居乐业、社会有序和谐稳定。

二、充分发挥党组织优势，推动集体经济发展壮大

充分发挥党组织统筹协调、服务保障优势，进一步压实乡镇主体责任，全面拓宽村集体经济增收渠道。积极落实晋中市乡村治理“25 条”，组建了 15 支“两委”主干牵头负责、本村村民参与的便民服务工程队，承揽项目 12 个，项目资金总额达 1027 万元，人均增收 1.44 万元，村集体经济增收 7 万元。到年底，全县 162 个村集体经济收入达 5 万元以上，占比 95.86%。社城村成立花卉、设施蔬菜、中药材 3 个产业型党小组，将党组织有机地嵌入龙头产业，持续推动村集体经济发展壮大。晋中市委书记充分肯定了社城村党建引领产业发展的典型做法，并专门作出批示。2020 年 10 月，央视财经频道《走村直播看脱贫》栏目走进社城村，向全国人民展示“社城经验”。

三、强化驻村帮扶队伍管理，助力脱贫攻坚

制定了《2020 年干部驻村帮扶行动方案》《驻村帮扶暨“十个清零”百日攻坚专项行动“红黑榜”考核管理办法》等制度，进一步规范日常管理。对新选派 133 名第一书记、工作队员进行了专题培训，夯实帮扶干部基本功，提升帮扶工作能力。积极开展消费扶贫，共帮助销售笨鸡蛋、小米等农副产品 29 万余斤 106.3 万元，带动贫困户 5032 户，户均增收 21.27 元。通过榆社电视台、榆社党建家园公众号等新闻媒体，对一批帮扶成效显著的单位、第一书记和驻村工作队员进行宣传。为 2016 年以来助力榆社脱贫攻坚的驻村第一书记、工作队员发放了“脱贫攻坚纪念章”，录制了驻村帮扶微视频《我和我的榆社》，全面展示驻村帮扶成效，赢得社会各界人士广泛好评。

四、加强党风廉政工作，始终推进“清风榆社”建设

坚持贯彻学习习近平新时代中国特色社会主义思想、习近平总书记视察山西重要讲话指示精神及党的十九大和十九届二中、三中、四中、五中全会精神，把学习作为党员干部的“必修课、终身课”，把督促理想信念教育纳入专题培训、中心组学习、“三会一课”重要内容；利用“学习强国”“三晋先锋”“好干部在线学习”等新媒体平台，推进教育常态化；督促全县各级党员干部强化理论武装，砥砺党性心性，加强党的廉政建设。同时，以打造特色廉政文化教育基地为目标对“三块石”遗址公园进行二期建设；依托县化石博物馆内的红色革命展厅，组织扩建了“民族的伤痕历史的记忆”展厅，陈展面积 138 平方米。组织全县党员干部开展各类纪念活动、主题党日活动。与有关部门联合组织拍摄以脱贫攻坚、疫情防控和县委、政府中心工作中涌现出的典型人物、事迹为原型的主题微电影《党费》《约定》，参加左权民歌汇廉政歌曲展演；成功举办榆社县第三期“清风拂箕榆，廉政暖人心”主题系列摄影展，集中展出廉政文化作品 300 余幅；其中 30 余件作品被选送参加了左权、平遥廉政文创作品展。

轮训纪检监察干部、纪检联络员 1500 余人(次)，其中省市纪委全员培训 700 余人(次)，县纪委培训 800 余人(次)。组织全县纪检监察干部围绕 22 个专题开展调研，进一步掌握实情、破解难题、促进工作，形成调研报告 42 篇。组织征订党员干部家风建设读本《清风传家》《严以治家》172 套，引导全县党员干部见贤思齐，从中汲取人格力量，带头践行社会主义核心价值观，做家风建设的表率。

(常彩萍)

附：中共榆社县委书记、副书记、常委名单

书　记： 张英杰

副书记： 韩　军(9月离职)　魏　栋(9月任职)
高　杰　赵　月(女，7月任职)

常　委： 王晓峰(女)　王卫东(10月离职)
鲜大虎(10月离职)　张跃清　姚铁军
范　楷　李　大(10月任职)
辛　磊(8月任职)

中共左权县委

县委书记　王　兵

2020 年，左权县委坚持以习近平新时代中国特色社会主义思想为指导，深入贯彻党的十九大和十九届二中、三中、四中、五中全会精神，认真落实习近平总书记视察山西重要讲话重要指示，坚决贯彻落实中央和省委、市委重大决策部署，以“三件大事”为牵引，统筹推进常态化疫情防控与经济社会高质量发展，全面拓展左权各项工作新局面。

一、坚持以习近平新时代中国特色社会主义思想为指导，不折不扣贯彻落实中央和省委、市委决策部署

一是注重思想理论武装持续强化。坚持把学习贯彻习近平新时代中国特色社会主义思想和习近平总书记视察山西重要讲话重要指示作为常委会、中心组理论学习“第一议题”,深化县委中心组省级理论学习“双百计划”联系示范点示范作用,县委常委会专题学习研讨29次、县委中心组学习研讨15次,举办“左权学习大讲堂”6期。二是推动党的创新理论深入人心。县委班子成员带头深入基层宣讲,组织开展“抗疫先锋”“听党话、感党恩、跟党走”等主题宣讲,组织各类宣讲860余场次、受众4.5万余人次。特别是党的十九届五中全会召开以后,发挥县“1+6”宣讲团作用,开展“七进”普及宣讲宣传。三是推进重大决策部署落实见效。坚决贯彻落实习近平总书记视察山西重要讲话重要指示和省委十一届十次全会、市委四届九次全会精神,组织召开县委十七届八次全会,制定出台《关于贯彻落实习近平总书记视察山西重要讲话重要指示在转型发展上率先蹚出一条新路来的实施方案》,细化46方面249条具体举措。

二、坚持以“三件大事”为牵引,全力以赴拓展转型发展广阔空间

一是高质量巩固脱贫成效。持续发展特色产业,精准落实各项政策，全县核桃面积稳定在36万亩，设施蔬菜达到1.5万亩，杂粮10万亩，中药材12万亩，畜禽养殖饲养量170万头(只),光伏扶贫收益到村收入6084.25万元,到户金额4465.42万元,危房改造、安全饮水等“十五个清零”工作全部完成。全县剩余贫困人口全部脱贫,贫困发生率降至0,脱贫不稳定户和边缘户风险解除率均达到100%。二是高水平举办“左权民歌汇”。6月9日,2020年“左权民歌汇”新闻发布会在北京成功举办;8月24日,开幕式在莲花岩风景区成功举行;9月5日,完美落幕。赛事共吸引5大洲13个国家32个省(区、市)极具特色和表现力的3266名(组)选手报名参赛,阅读量累计达8.87亿次,比2019年增长58.4%,《人民日报》刊发文章《左权民歌汇乘着民歌的翅膀奔小康》,“左权民歌汇”成功实现“再次打响、再次走红”,拉动零售、住宿、餐饮等第三产业经济增长10%左右。三是高标准启动“百里太行画廊”建设。《左权县红色太行百里画廊旅游区总体规划》编制工作顺利完成,首批投资1.9亿元项目高标准启动建设,“黄金谷”、清漳河谷风景道已全部完工,左权核桃文化体验馆、泽城村愿景馆已建成投用,完成民宿81户,建成民宿园2个。

三、坚持将转型综改进行到底,源源不断积蓄高质量发展强劲动能

一是以发展实体经济推动转型。坚持把做实做强做优实体经济作为主攻方向，中晋太行100万吨焦化项目顺利投产、30万吨还原铁项目有序推进,五里堠、盘城岭、石港等煤业技改项目加快实施,新培育恒冀源、万昌钙业、长河洗煤“小升规”企业3家,万泉、中晋炼化等7个工业企业入规。5G网络建设全面铺开,全年开通5G基站36个。二是以加快项目建设促进转型。认真落实省委“转型为纲、项目为王”要求,全年共铺排重点工程110项。其中必保开工项目80个,全年开复工76个,开复工率达95%。年产7万吨优质陶瓷原料和精密铸造材料等转型项目顺利推进。三是以生态文旅示范区牵引转型。认真落实省市关于示范区高质量建设的部署要求,以“百里太行画廊”项目为龙头,推动县区一体化布局,全方位、立体化推进文旅产业发展,牵引全县共签约招商项目24个,完成市定年度任务105.1%。

四、坚持以改革创新为根本动力,持续充分激发转型发展新活力

一是积极推进“五地一产”入市改革。形成特色产业型、整村搬迁开发型、文旅融合型、园区开发型、生态庄园型、资金入股投资型6种可复制、可推广的入市改革模式,共摸清“五地”266.9万亩,入市67.05万亩;集体经营性资产7.68亿元,入市2.75亿元。审查合同3433份,集成项目43个。共引进企业43个、资金25.7亿元,集体增收2253万元,农民增收1690.8万元。二是加快推进能源革命综合改革。加快“风光气”新能源开发，华能左权羊角风电51兆瓦项目并网发电,邹城赛维50兆瓦竞价光伏发电项目成功取得批复,左权西区块、横岭东区块等煤成气勘探开发利用顺利推进,全县新能源发电总装机容量达349.27兆瓦，光伏项目装机容量全市排名第一。推进清洁取暖,完成县城“集中供热”改造450户,全县“煤改电”5419户、“煤改气”1150户、“煤改醇”1312户,总面积达87.83万平米。三是深入推进重点领域关键环节改革。深化城市提档升级,开展“净化美化有序化”攻坚行动,广告下墙、补栽植绿、修补路面等既定任务全部完成,城市环境“颜值”更高、“品质”更好。深化县域医疗卫生一体化改革,乡镇卫生院(分院)人、财、物整体全部移交县医疗集团统一管理,彻底理顺“六统一”管理体制机制。

五、坚持农业农村优先发展,率先示范推动乡村全面振兴

一是发展现代农业。坚持走好有机旱作农业新路,全县已发展有机旱作农业32万余亩，创建省级旱作农业示范片3000亩，市级有机旱作马铃薯和杂粮封闭示范区各1000亩,县级有机旱作玉米示范片1万亩、有机社区2处。继续推动传统产业提档升级，年内完成核桃树提质增效6万亩，新发展杂粮4万亩、中药材2万亩、名优特水果1500亩、设施蔬菜1000亩。二是加快美丽乡村建设。开展农村人居环境整治和“爱国卫生季”活动,改造农村户厕1638座、清理“四乱”3984处、增绿5.8万平米,创建省级卫生乡镇3个、卫生村59个、特色风貌村10个、绿色村庄8个。三是打造乡村振兴示范廊带。认真落实市委“一片一带一圈”和“四个百里”部

署,建设百里画廊示范廊带83公里、核心示范区53公里,辐射带动人口达9.6万人,形成核桃、杂粮、设施蔬菜、中药材、畜牧养殖5大传统优势产业带,村民议事会、理事会、监事会实现了行政村全覆盖。

六、坚持民主法治理念,统筹协调推进全面依法治县

一是大力支持县人大及其常委会依法履行职责。加强对"一府两院"依法行政、公正司法的监督,听取审议专项报告10余项,依法任免干部8人次,围绕法律法规落实、经济运行和民生保障等方面,开展执法检查、专题调研和集中视察,交办督办代表建议122件。二是充分发挥政协政治协商、民主监督、参政议政职能。深入协商脱贫普查、百里太行画廊建设、"十四五"规划编制等内容20项,对农村人居环境整治、保障农民工权益等热点难点问题开展专题调研视察,形成专题报告20余篇,办理提案129件。三是坚持构建大统战工作格局。推动"六大行动"提质增效,帮助民企解决贷款5000多万元,助推民企复工复产,持续引深"光彩助学"和"金桥爱心"行动,组织开展"统一战线大调研",广泛凝聚共识、凝聚力量,形成调研报告50余篇。四是加快推进法治左权建设,把习近平法治思想纳入县乡两级党委(党组)中心组学习计划,县委常委会、县委中心组带头学法,深入推进党委领导机制、法治政府和法治社会三大建设,法治领域改革不断深化,"七五"普法实现圆满收官。

七、坚持守正创新、精准发力,扎扎实实做好宣传思想文化工作

一是着力构建主流舆论良好态势。围绕"左权民歌汇",在中央主流媒体重点报告138篇,省级媒体报道200余篇,县融媒体中心积极探索融合发展机制,在市级以上媒体平台发布视频稿件218条,发表文字稿件322篇、图片新闻21篇。二是弘扬和践行社会主义核心价值观。开展公民思想道德提升、先进典型选树宣传等活动,持续深化精神文明创建引领,推进新时代文明实践中心建设,用精神文明凝心聚力、成风化人,全县县级以上文明乡镇创成率达90%。三是促进全县文化大发展大繁荣。打造"左权民歌汇"文化品牌,举办左权民歌汇·太行民星擂台赛6场,申报太行民宿风情文化园等市级文产项目5个,参加"爱上晋中·牵手南平"文旅推介暨招商宣传活动,推动电视连续剧《太行奶娘》创作播出,开花戏《向天而歌》启动巡演,《左权民歌汇》《壮美太行·花开左权》等民歌集、画册、散文集、小说编印出版。

八、坚持人民至上、生命至上,尽心竭力保障和改善民生

一是筑牢疫情防线。新冠肺炎疫情发生后,坚决贯彻落实上级部署,做到思想到位、领导到位、动员到位、措施到位,全县"一盘棋",严防严控、联防联控、群防群控,做好常态化疫情防控,全县无一例疑似和确诊病例。二是夯实民生基础。新增城镇就业2578人,城镇登记失业率2.65%,引导贫困劳动力外出务工26427人;继续改善办学条件,完善留守儿童、残疾儿童和随迁子女等弱势群体教育保障体系,教育水平稳步提升;新建县人民医院项目顺利开工,全力补齐基本医疗保障短板,公共医疗卫生服务水平明显提高;日间照料中心、养老院正常运行,低保、特困等补助持续提标。三是守住环保红线。坚持"治山、治水、治气、治城"一体推进,年内完成荒山造林3.31万亩,清漳河麻田省考断面水质达二类水质标准,县城污水处理厂二期项目建成投运,土壤环境持续改善,大气指标全部完成目标,县城区环境空气质量综合指数全市排位第一。四是坚守安全底线。狠抓煤炭、非煤矿山、道路交通、森林防火和食品安全等重点领域安全整治,全县安全工作保持总体平稳态势。

九、坚持落实管党治党主体责任,坚定不移推进全面从严治党

一是激励担当作为。严把政治标准,坚持事业为上,选拔敢于负责、勇于担当、善于作为、实绩突出的好干部,综合运用年度目标责任考核结果,择优推荐26名担当作为方面表现突出干部进行表彰奖励。助力脱贫攻坚、疫情防控,嘉奖扶贫单位1个、扶贫干部81人,表彰疫情防控中涌现出的先进基层党组织60多个、优秀党员干部70多名。二是夯实组织堡垒。纵深推进"一带三创全域升级"行动,县委常委会研究基层党建工作32次,整顿提升软弱涣散党组织18个,打造标杆党组织50个,创建达标党组织434个,重点推进"百里太行画廊"沿线村10个"抓党建促脱贫促乡村振兴"典型,96%村实现"两委"主干"一肩挑",97%村集体经济收入达5万元以上。

(张俊平　李　花)

附:中共左权县委书记、副书记、常委名单

书　记:王　兵

副书记:赵宏钟　孟玲珑

常　委:刘二萍(女)　史彦忠(6月离职)
张向明(6月任职)　史泽生(7月离职)
杨文辉(10月任职)　郑力勇　冯玉全
李　健　王贤伟(8月任职)

中共和顺县委

县委书记　孙永胜

2020年，和顺县委以习近平新时代中国特色社会主义思想为指导，贯彻落实党的十九大和十九届二中、三中、四中、五中全会精神以及省委、市委的决策部署，以脱贫攻坚统揽经济社会发展全局，在统筹抓好常态化疫情防控的前提下，聚焦“八个重点”，全力精准攻坚，各项工作取得新成绩。

全县地区生产总值完成66.89亿元，同比增长5.1%，农村常住居民人均可支配收入完成9031元，同比增长7.9%，两项排晋中市第三;规模以上工业增加值完成31.57亿元，同比增长19.9%，公共预算收入完成9.19亿元，同比增长52.96%，两项排晋中市第一;社会消费品零售总额完成13.46亿元，同比下降2.3%；城镇常住居民人均可支配收入完成28066元，同比增长4.3%。县高质量发展综合绩效考核指标排名晋中市第一。

一、积极履行管党治党主体责任，全面从严治党

一是扛起压实管党治党主体责任。制定《中共和顺县委常委会及其成员落实全面从严治党主体责任清单》，加大对贯彻落实中央和省委、市委重大决策部署的监督检查，县委巡察实现全覆盖。二是狠抓基层治理。建立党支部工作联系点制度，制定《和顺县基层党建全域提质提速提效考核办法》，开展“一带三创全域升级”八大行动；推行基层党建网格化，优化设置党建网格1527个，建立健全四级党建网格体系，构建起“党建引领、多网合一、三治融合、共建共享”基层治理“和顺模式”。全市基层党建“一带三创全域升级”行动现场推进会在和顺县召开，学习观摩基层治理“和顺模式”。三是突出干部队伍建设。干部识别注重在脱贫攻坚、疫情防控一线，全年调整干部7批(次)、115人。1980年以后出生的乡镇党政正职比例占到55%。对15个软弱涣散村党组织开展整顿，全部实现转化提升；选派30名机关单位干部到村任职；“领头雁”培训760人次，举办“农村干部学历提升工程”，101人参加；实现“两委”主干“一肩挑”村160个，占比91%。四是营造风清气正政治生态。坚持“三不”(不敢腐、不能腐、不腐想)一体推进，开展“深入贯彻落实全省领导干部警示教育大会精神开展检视整改存在问题专项活动”和纪律作风集中整顿活动，深化金融、人防、民生、合作社、扫黑除恶等领域反腐工作，地方银行逾期贷款专项清欠清收“百日行动”，清收率晋中市第一。全年处置各类问题线索914件，立案审查237件，给予党纪政务处分204人。五是加大思想宣传，传播正能量。精神文明建设上，深入开展爱国主义教育、新时代新风尚文明创建、德治润化工作，打造核心价值观示范点49个、打造“一院三堂一驿站”，全县所有行政村实现“一约四会”全覆盖。创建全国文明乡镇1个、全国文明村1个、省级各类文明单位10个、市级以上各类文明单位43个、县级以上195个，1人荣获全国首届优秀敬老志愿者、全国助残先进个人称号，1人登上“中国好人榜”。推动文化繁荣，成立和顺县融媒体中心；创作反应抗击疫情的文艺作品617篇，新编现代晋剧《红星作证》;县、乡、村三级公共文化基础设施全部达标，行政村综合性文化活动场所实现全覆盖。精心策划“牛郎织女爱情文化节暨‘全民休闲避暑旅游月’”“首届全国乡旅生态文化创意节”“首届石拐红色文化活动”等重大宣传活动报道。全年接待国内游客82.37万人次，实现旅游综合收入7.26亿元。六是做好统战工作，汇聚发展力量。强化县、乡两级责任和县、乡、村三级统战、宗教网络工作体系，加强侨联组织建设，10个乡镇全部成立乡镇商会，建立“乡贤人才库”和党外干部、后备干部数据库，建立三个知联会活动站，实现“部、会、站三级联动”工作机制。七是推进平安和顺建设。推动法治和顺、法治政府、法治社会一体建设，从执法、司法、守法、普法各环节协同发力，开展“谁执法、谁普法，我学法、我用法”法治宣传月活动。井玉沟村被司法部、民政部确定为2020年“全国民主法治示范村”。

二、积极抗击新冠肺炎疫情，守牢“和顺阵地”

召开县委常委会、疫情防控领导小组会议等40余次，及时研判决策，压实“四方责任”，党政主要领导一线指挥，常委班子成员一线督战落实。设立90个党支部、259个“党员示范岗”，成立党员突击队、党员志愿服务队803个，开展卡口亮党旗、支部亮牌子、党员亮身份“三亮”行动，让党旗在疫情防控第一线高高飘扬。制定防控疫情作战计划，细化乡镇、城区、卡口摸排42条措施；突出重点人群排查管控、冷链物流和重点场所监测等，建设2个PCR实验室，推进疫苗紧急接种。分领域、分系统、分层次开展精准防控，实现“双零”(“零”确诊病例、“零”疑似病例)目标。为守好“山西东大门”，当好“首都护城河”作出和顺贡献。

三、持续推进脱贫攻坚，实现决战完胜

县委坚持以党建为引领，紧盯脱贫攻坚不松懈。连续开展两个“百日会战”，剩余31户、73人贫困人口全部高质量达标。贫困户人均纯收入达到9984.8元，173个贫困村集体经济收入全部达到5万元以上，其中54个村达到20万元以上。实施产业扶贫项目166个，带动17929户、49018人贫困人口实现稳定增收。打造38公里“一片一带一圈”乡村振兴示范廊带、4个乡村振兴精品示范村。出台《十条措施》，帮

扶 1.82 万余名外出务工贫困人员。发展电子商务，年交易额达 2.36 亿元。建立健全 5 项防返贫机制，对 1141 户、2456 人脱贫不稳定户和 190 户、364 人边缘户精准帮扶，消除返贫风险。高质量完成全国脱贫攻坚普查任务。

四、推动经济高质量发展，勇蹚转型发展新路

一是园区建设迈出新步伐。和顺经济技术开发区正式组建并挂牌运行，入驻企业 26 个，签约项目 10 个。二是项目建设开创新局面。实施 63 个重点项目，完成率全市第二；全年签约引进项目 11 个。三是品牌农业取得新突破。推进省级火麻现代农业产业示范区、中药材现代农业产业园建设。GAP、有机农业认证面积完成 12.8 万亩，获得各类认证证书 70 个，位列全省第一。6 个产品入选“全国名特优新农产品”名录，占全市入选农产品的 42. 8%。四是新兴产业得到新发展。龙源风力发电、晋煤蓝焰集团横岭区块、天绿建材固废综合利用、阳煤泊里 500 万吨煤矿、天池公司 5G 技术智能煤矿建设等项目提质增效。宏田嘉利火麻产品、雪顶山矿泉水等出口创新高。

五、深化全面改革，构建转型发展的体制机制

一是教育改革成果丰硕。学校党政一体化管理稳步推进，建立教师两级聘用新制度，全县 1549 名中小学教师全部聘用上岗。7 名学子考入清华大学、北京大学。“和顺教育新模式”入选国家教育优秀案例。“五名兴教”再结硕果。二是“五地一产”入市改革扎实推进。林区型改革破题蹚路，探索形成整体开发型、资源入股型、合作经营型、大户带动型、多元发展型等模式。引入企业 95 个，引进资金 10.74 亿元，集体、农民分别增收 7133.84 万元、2535.73 万元。三是重点领域改革亮点频现。推进“放管服效”改革，共整合政府 18 个部门的 201 项行政审批职能，打造“一枚印章管审批”新模式；县域优化营商环境评价全市第二。深化县域医疗卫生一体化改革，县医疗集团下属机构实行“六统一”管理、各医疗机构的药品全部实行“五统一”。

六、狠抓民生建设，提升人民生活质量

一是实施城市提档升级。开展“两下两进两拆两补三严禁”、重点街道提质等，主要街道更换广告牌 2740 处，1 万余平方米，整治街道立面 11 万平方米；实施中和街、和化路提质改造。完成阳左高速和顺互通工程立项审批，开工建设省道董榆线隧道工程，推进昔榆高速寿阳连接线和顺段项目，投资 3311 万元建设太行板块旅游公路 8.1 公。二是推进平安和顺建设。开展“三治三零”创建，建立“1+6+N”组织指挥架构，聚焦农村(社区)“八个强化”，企事业单位“六个严格”，开展风险化解“八项行动”，“三零”村(社区)、企业(单位)创建率分别达 77.6%、98.84%。打掉黑恶势力犯罪团伙 12 个，查处充当黑恶势力“保护伞”8 人；构建起组织保障、依法打击、深挖彻查、综合治理 4 大机制体系、19 项工作制度。严格落实安全生产党政同责，安全生产形势持续向好。三是全力做好民生保障。全年财政用于民生支出 16.41 亿元，占一般公共预算的 85.58%。完善社会保障体系，城镇登记失业率控制在 3. 04%以内。社会福利中心、东城社区老年驿站竣工运行。实施农村饮水安全巩固提升工程，投资 545 万元，解决 3204 人的饮水。农村改厕 1182 户。

七、打好污染防治攻坚战，擦亮“和顺生态”名片

县委持续打好打赢蓝天、碧水、净土保卫战，建设美丽和顺。全县二级以上天数 302 天，空气质量改善全市第一。县城集中式饮用水水源地水质达标率保持 100%，5 个出境断面水质均达到或优于三类水体排放标准。推进固体废物污染防治和露天矿山土地复垦，完成生态保护红线、永久基本农田、城镇开发边界“三条控制线”划定。全县生态治理 6900 亩，干果经济林提质增效 5 万亩，植树造林 257 万亩，通道绿化 60 公里。

(张　燕)

附：中共和顺县委书记、副书记、常委名单

书　记： 孙永胜
副书记： 马海军　李　雪(女)　安晓飞(挂职)
常　委： 陈卫国　袁瑞军　张建岗(11月离职)
刘彦云(1月任职；2021年5月，涉嫌严重违纪违法，接受纪律审查和监察调查；8月被开除党籍、开除公职；将其涉嫌犯罪问题移送检察机关依法审查起诉)
魏鹏耀　李荣荣(女，7月任职)　段滋建
赵　翔(8月任职)　景　博(8月任职)
贾海涛(挂职)

中共昔阳县委

县委书记　许利伟

2020 年，昔阳县委坚持以习近平新时代中国特色社会主义思想为指引，坚决贯彻党的十九届四中、五中全会精神和习近平总书记视察山西重要讲话重要指示，按照省委“四为四高两同步”总体思路和要求和市委“四个三、四个百里”战略部署，统筹推进疫情防控和经济社会发展，全县高质量转型发展态势强劲，民生福祉持续

增进，社会大局和谐稳定，党的建设和各项事业全面进步。昔阳县荣获"中国持续优化营商环境典范县""中国宜居宜商宜游最具魅力县""全国农村承包地确权登记颁证工作典型地区""全国易地扶贫搬迁工作担当作为先进集体""2020中国夏季休闲百佳县""2018-2019年度省级平安县""省级文明县城""省级体育产业示范基地"等荣誉称号。

一、坚持把方向、谋全局，政治建设全面加强

始终以政治建设统揽全局。坚持把"两个维护"作为根本政治任务，严格第一议题制度，自觉强化理论武装，认真落实民主集中制，召开县委常委会50次、研究议题252个，开展中心组学习22次、交流研讨5次，撰写理论文章和调研报告60余篇，常态化推动学思践悟习近平新时代中国特色社会主义思想入心入脑、走深走实。始终以习近平总书记视察山西重要讲话重要指示指引航向。召开县委十五届十二次全会，对贯彻落实习近平总书记视察山西重要讲话重要指示作出全面部署，审议通过了《中共昔阳县委关于贯彻落实习近平总书记视察山西重要讲话重要指示在转型发展上率先蹚出一条新路来的实施方案》，细化6方面51项234个具体任务，进一步明确转型发展蹚新路目标路径，坚决确保习近平总书记视察山西重要讲话重要指示在昔阳落地生根、开花结果。始终以责任担当践行使命。充分发挥县委统揽全局、协调各方领导作用，不断加强党的全面领导，紧紧围绕中央"六稳""六保"要求和省市委经济工作会议重大决策部署，坚持"一张蓝图绘到底"，提出锚定"四大定位"、构建"五个良好生态"发展思路，为全县高质量转型发展指明方向、提供遵循。

二、坚持转动能、稳增长，经济转型步伐加快

产业发展大集群。以特色产业集聚区为转型主阵地，聚力打造新材料、新化工、新能源"三大百亿产业集群"，"一煤为基、三新齐驱、五业崛起"的现代产业体系加快形成。围绕"菜果猪菌药茶"六大特色产业，建设大寨厚基伟业综合养殖园、赵壁祥兔园肉兔养殖区等"十大产业园区"，特色农业蓬勃发展。建设太行1号旅游线，打通三条出省道，开建两条景区连接线，将龙岩大峡谷、黄庵垴、瓮山等景区串珠成链，"一核两环三组团"全域旅游格局全面构建。项目建设大突破。严格落实领导包项目和"六保"责任制，压茬推进"三个一批"活动，实施重点项目116个，煤层气热电联产、皋落运达风电、卓尔光伏、锂离子负极材料二期、10万吨镁合金制备等一批转型标杆项目快速推进、顺利投产，阳煤电石、阳煤氯碱实现资本合作、托管经营，为转型发展蹚新路注入强劲动力。坚持"一把手担纲、导向性落点、链条式布局、全程化跟踪"，共签约项目17个，当年开工14个，开工率超出市定任务47.4个百分点。

三、坚持交总账、践使命，脱贫攻坚圆满收官

克服疫情影响，脱贫攻坚持续巩固提升。面对"战疫战贫"双重任务，"百企帮百村""公益助学""点亮心灯助力脱贫"同频共振，1356名"两类户"全部解除返贫致贫风险。创新"六个一批"就业举措，1.49万人实现返岗就业；组织消费扶贫，推广直播带货，线上线下农产品销售额达8300余万元。对国考省考、巡视巡察、督导检查、审计通报等各类反馈问题，全面检点，专题研究，一体解决，所有问题按时全部整改到位。聚力攻坚，全面完成任务。紧盯"两不愁、三保障"重点，发放教育资助金6000余万元，教育扶贫政策实现全覆盖；因病致贫、因病返贫贫困户100%双签约，贫困人口累计享受补偿费用2.5亿元；884户贫困户实现易地搬迁，4935户危房改造提前完成核验；水质达标率、供水保证率实现"双百"目标，剩余64户141人全部迈过贫困线，贫困发生率降至0，现行标准下贫困人口全部脱贫。尽锐出战，交出合格答卷。9月份配合完成脱贫攻坚成效调查，10月份接受了脱贫攻坚市际交叉检查，昔阳县再次被评定为"好"的等次，12月份代表山西省迎接"国考"，交出了高质量脱贫成绩单。

四、坚持重引领、创特色，乡村振兴纵深推进

主动融入全市"一片一带一圈"示范廊带建设，打造了大寨康培苗木花卉、沾尚十公里有机蔬菜、闫庄3000亩果蔬间作等"十大产业廊带"。建成连翘药茶基地和常相伴压饼产业园区，引进投资20亿元的天邦养殖项目，构建"示范引领、点面结合、重点突破"的乡村振兴发展新格局。以"爱国卫生季"活动开展为契机，坚持"九化"立标，注重分类施策，28个示范村标杆引领，50个重点村辐射带动，全力整治"农村四乱"，纵深推进"三大革命"，全县农村无害化厕所改造达1.4万户，污水治理村突破50个，行政村垃圾清运保洁实现全覆盖，全县"爱国卫生季"经验做法在全市推广。以乡贤治村开辟新径。紧跟市委部署，立足昔阳实际，将乡贤统战作为强化基层治理新的着力点、落脚点，打造三都、大寨、李家庄三个乡贤联谊示范基地，发动1600余名乡贤参与乡村治理、引领乡风文明、投身公益行动，创新乡贤服务中心大局、助力脱贫攻坚、推动乡村振兴的实践样本，晋中市基层统战工作现场会在昔阳县召开。

五、坚持强攻坚、增动力，改革创新成效凸显

项目化推进"五地一产"入市改革。围绕"六觉蓝图"抓推进，紧扣"四增目标"抓成效，创新践行"123456"工作法，累计盘活"五地"资源26万余亩，撬动吸引工商资本41.59亿元，助力集体增收1683.6万元，带动农民增收6000余万元。精细化开展能源革命试点。煤矿减量重组方案获省级批复，压减煤炭过剩产能90万吨，占重组前的50%；晋美、隆生、赛诺三家本土洗选煤企业入选全市首批产业升级规范洗煤厂名单。个性化帮扶民企复工复产。出台应对疫情促进服务业稳定增长"24条"、支持中小微企业共渡难关"12条"等政策，争取抗疫国债1亿元，为514家企业及个人发放贷款20亿元，减税降费、减免利息租金1.5亿元，真金白银助力企业渡难关。便利化创优政务发展环境。持续深化"一枚印章管审批"改革，90%以上即办件实现"一岗办""网上办"，企业开办时

间压缩至3个工作日,行政审批提速明显。

六、坚持保稳定、惠民生,人民生活更加美好

打赢“昔阳战疫”。坚持人民至上、生命至上,严格执行“外防输入、内防反弹”防控策略,坚持“人物同防、多病共防”原则,严把“境外输入、省外输入、冷链输入”三个关口,压紧压实“四方”责任,800余个党组织把支部建在卡口上,1万余名党员钉在最前线,全力构筑“农村三包联控、社区五级联防”管控体系,牢牢守住了疫情防控“昔阳阵地”。夯实民生基础。坚持教育优先,改造薄弱学校21所,新建新城中学,全力推进教育均衡化、优质化发展,普通高考本科达线突破800人大关,应届一本达线人数、增长幅度、优生培养均创历史新高。开展靓城行动,改造老旧小区8个,开发住宅小区15个,新增供热面积33万平米,打造绿化彩化廊带11公里,投资2.6亿元大力整治“环城三河”,精心打造美丽宜居“园林城市”。厚植生态底色。坚持把加强生态文明建设和环境保护作为重大政治任务,完成造林绿化2.08万亩,森林覆盖率达24.66%;全力实施中小河流治理项目,3个断面水质全部达“优”;持续推进三都煤业和北坪煤业生态修复治理,复垦1780亩,边坡治理和植被绿化1204亩;全域强化污染治理,生态环境各项约束性指标均同比下降,PM2.5平均浓度排名全市第二,全年优良天数达到289天。维护社会稳定。以“三治三零”创建为抓手,建立“1+6+N”运行体系,强化治安综合防控,打掉黑恶势力团伙12个,破获电信诈骗案件178起;开展全领域安全生产专项整治,全年未发生较大以上安全事故,煤炭百万吨死亡率为0;深化“五长”巡访机制,开展“控新治旧”行动,30余件信访积案彻底化解。全县“三零”村达标率76.8%,“三零”企事业单位达标率99.13%。

七、坚持抓从严、夯根基,管党治党坚强有力

狠抓三基建设。深入开展“一带三创全域升级”行动,整顿软弱涣散农村基层党组织23个,村“两委”主干一肩挑占比达97%,村集体经济收入5万元以上行政村实现全覆盖;加强干部人才培养,选派42名机关干部到村任支部书记,4名乡科级干部被培养推荐到省市重点部门任职;推进“示范引领”工程,累计创建示范型党组织466个,16个基层党组织成为“两优一标”市级典型。把牢意识形态。牢牢把握意识形态工作主动权,定期分析研判,开展专项督查,加强阵地建设,整合新闻中心和县广播电视台,成立县级融媒体中心,打造媒体融合发展新平台;纵深推进德治润化工作,建成新时代文明实践站(所)267个,培树县级(含)以上文明单位59个、文明乡镇8个,西峪村刘虎林荣获“中国好人”称号,红旗一条街被省政府命名为山西省历史文化街区。持续正风肃纪。全面贯通“两个责任”,建立健全“三不”机制,十五届县委巡察实现全覆盖。注重挺纪在前、警示在前,召开全县领导干部警示教育大会和全县开展纪律作风集中整顿动员大会,凝聚改革发展稳定的强大正能量。持续深化人防、能源、医保、扫黑除恶等重点领域专项治理,查处“四风”问题线索33案53人,综合运用“四种形态”批评处理656人次,着力构建风清气正政治生态。完成巡视整改。省委第一巡视组、市委第三机动巡察组对昔阳县脱贫攻坚进行的专项巡视巡察中分别反馈了4方面32个和4方面48个具体问题,县委坚决扛起巡视巡察整改主体责任,成立整改领导组,主动认领问题,先后组织开展多轮问题整改“回头看”,建立健全长效机制,持续巩固整改成果,所有问题已整改到位。

(刘利国)

附:中共昔阳县委书记、副书记、常委名单

书　记: 许利伟

副书记: 侯文亮　李　军

常　委: 冯小兵　李怀仁　赵海斌

吕爱鸿(1月任职)　张月清(女)

陈　昉　郑海明

中共寿阳县委

县委书记　杨　隽

2020年,寿阳县委坚持以习近平新时代中国特色社会主义思想为指导,全面贯彻党的十九大和十九届二中、三中、四中、五中全会精神,深入落实习近平总书记视察山西重要讲话重要指示和省委书记调研寿阳讲话指示,坚决贯彻党中央和省委、市委决策部署,围绕建设“四个先行县”奋斗目标,团结带领全县党员干部群众有效应对新冠肺炎疫情影响,战胜各种风险挑战,不忘初心、牢记使命,锐意进取、攻坚克难,推动全县政治、经济、文化、社会、生态文明和党的建设各项工作开创了新局面,得到了市委的高度肯定,得到了全县人民的衷心拥护。

一、坚持把党的政治建设摆在首位,不断增强“四个意识”、坚定“四个自信”、做到“两个维护”

一是不断引深“不忘初心、牢记使命”主题教育。坚持把学习贯彻习近平新时代中国特色社会主义思想,特别是习近平总书记视察山西重要讲话重要指示作为思想武装的重中之重。建立“不忘初心、牢记使命”学习制度,严格落实第一议题学习制度,认真开展每周一学,县委中心组组织集体学习19次、举办专题讲座16次。深入学习宣传习近平总书记视

察山西重要讲话重要指示、党的十九届五中全会精神等党的创新理论，建立“1+5”宣讲宣传体系，开展各类宣讲活动700场次，受众5万余人次。

二是持续推动党中央和省委、市委各项决策部署落地落实。召开县委十三届十次全会，出台《贯彻落实习近平总书记视察山西重要讲话重要指示在转型发展上率先蹚出一条新路来的实施方案》，细化6个方面29项任务61条具体措施。深入贯彻落实省委书记调研寿阳讲话指示，细化任务分解，明确落实举措，压实工作责任。建立并严格落实习近平总书记重要批示指示、中央和省市重大决策部署24小时传达落实和常态化督查机制，确保上级决策部署贯彻有力、不打折扣。

三是持续推动政治生态优化。全力配合省委巡视工作，切实抓好巡视发现问题整改，各级党员干部接受监督的自觉性和责任感进一步增强。召开专题民主生活会、全县领导干部警示教育大会，全面肃清领导干部严重违纪违法问题影响。

二、坚持以人民为中心的发展理念，不断提升全县人民的幸福感、获得感

一是取得抗击疫情斗争重大战略成果。坚持把人民群众生命安全和身体健康放在第一位，先后召开7次常委会、45次疫情防控领导组会，研究部署疫情防控工作。县四套班子成员包联社区靠前指挥，成立8个社区大党委，建立116个小区党支部，确定了912名单元长、片区长，动员4519名党员到小区报到参与疫情防控。组建8个行业党委，对各领域疫情防控进行指导。疫情防控常态化以后，坚持“外防输入、内防反弹”防控策略，落细落实“人物同防”“多病共防”各项防控措施，坚决把好“境外输入”“省外输入”“冷链输入”三道关口，对重点人员实施“14+2”“7+1”管控措施，对冷链食品从业人员、环境实施每周核酸检测。

二是如期完成脱贫攻坚目标。先后召开7次县委常委会、9次脱贫攻坚大会、19次脱贫攻坚领导小组会议，积极推进各项工作任务落地落实。从严压实各级主体责任和帮扶责任。现行标准下，全县5536户10304名建档立卡贫困人口全部稳定脱贫，21个贫困村全部摘帽，实现脱贫攻坚决战完胜。建档立卡贫困人口人均收入达到9096.6元，比2016年的3042元增长了199%。1227户建档立卡贫困户告别危房。彻底解决187个自然村饮水安全问题。736名建档立卡贫困学生顺利毕业。2867户建档立卡贫困家庭享受到了就近健康服务。稳步推进脱贫攻坚与乡村振兴有效衔接。累计安排资金1.8亿元，发展有机小米、玉露香梨等扶贫产业77个，21个贫困村实现“一村一品一主体”全覆盖。

三是全力保障和改善人民生活。全年民生领域支出占到一般公共预算支出的83.2%，年初承诺的十件民生实事全部兑现。把稳就业保就业摆在首位，新增就业3588人，失业人员再就业515人。积极推进“人人持证、技能社会”建设，实施全民技能提升工程，全年开展职业技能培训100期，培训4263人次，在全市率先实现有就业意愿贫困劳动力全部就业。

三、坚持把转型发展作为经济工作和各项事业的纲，经济运行质量稳步提升

一是全县经济复苏回升。坚持稳中求进工作总基调，全面落实“六稳”“六保”任务，千方百计抓项目、抓生产。按照全覆盖、全流程、能闭环的要求，选树打造12个典型模板，对企业复工复产实行标准化管理。坚持一月一调度，加强对经济运行和项目建设的分析研判，四套班子领导全部深入所包联企业开展帮扶活动。全县地区生产总值同比增长3.3%，规上工业增加值同比增长9.1%，固定资产投资同比增长10.1%，一般公共预算收入同比增长2.5%。

二是转型发展强劲有力。立足资源、区位、气候等比较优势，紧紧抓住打造太原都市区核心引擎战略机遇，顺应绿色环保、人口老龄化等需求，推动新能源、先进制造、康养、现代农业、文旅、现代物流六大产业转型发展。新增规上、限上企业17家。“六新”产业快速布局，阳煤集团七元500万吨现代化矿井建设全面复工，新元煤矿建成国内首个5G智能回采工作面。新能源电力企业发展到22家，总装机容量突破180万千瓦。交控集团平头综合产业园区4个子项目全部开工建设。强伟纸业110万吨环保包装纸、晋能快成物流服务平台等项目弥补了县内产业空白。经济技术开发区充分发挥转型主战场作用，园区工业投资同比增长474.5%，增幅全省第四。

三是营商环境持续优化。全市率先启动“一枚印章管审批”相对集中行政许可权改革，整合政府14个部门的198项行政审批职能，设立“一窗受理综合服务窗口”，再造重点投资项目联合审批流程，平均办结时间缩短65%，落实市场准入由原来的3个工作日缩短到当天办结。

四、坚持实施“大县城”战略，县城面貌根本改变

一是完善“六纵六横”城市路网布局，打开了城市框架。投资11.1亿元，全面启动13条22.9公里城区道路新建、改扩建工程。在2019年朝阳街、恒阳路、新城街等10条17.3公里道路通车的基础上，完成了绿化、路灯等配套设施完善工作。启动了新开路、北大街等3条5.6公里道路新建、改扩建工程，实现当年拆迁、当年开工、当年贯通，“六纵六横”城市路网布局搭建完成。

二是集中开展提档升级，全面提升城市品质。投资10.2亿元，启动文化广场、化肥厂、旧县衙3个片区改造及12条城区主干道提档升级攻坚行动。拆除违建乱建1372处7万平方米，亮化美化420个建筑单体91万平方米，管线下地45.7公里，修补路面23万平方米，完成广告下墙5029处5.9万平方米，新增停车位3000多个。投资1.4亿元，完成17条53.4公里污水主管网新改建工程，雨污分流率和污水处理率分别达到75.7%、95.8%。启动石门河水环境提升工程、学府公园及朝阳街8个节点公园等15个工程。县城区绿化覆盖率达到41.4%、绿地率达到39.8%，人均公园绿地面积达到13.3平

方米，全部超过国家园林县城创建标准。

三是积极探索城市管理体制改革，加强城市管理服务。成立寿阳县城市建设管理委员会，建立“一会一制一体系”的长效管理机制，聘请专家、人大代表和政协委员、离退休老干部，引进社会化团队，对城市建设管理进行监督评估，对城市规划建设总体把关。

五、坚持农业农村优先发展，推动乡村全面振兴

一是深入推进“五地一产”入市改革。以系统集成的思路，整合盘活各类土地资源，积极吸引工商资本投资农业农村。创新提出一权不变、二权合一、四轮驱动、三产融合的“五地一产”入市改革总思路。充分发挥集体经济组织“统”的作用，在对全县“五地一产”资源核准、确权、规范的基础上，探索推进承包地经营权和集体土地所有权融合，进一步健全完善土地要素市场化配置机制，实现了包括农户承包地在内的各类土地资源整区域开发、全要素利用。以鹿泉、香梨、方山、燕州4个康养小镇，100个农庄为重点，全域谋划实施项目116个。研究出台《关于深化“五地一产”入市改革统筹推进乡村振兴战略的意见》，从规划编制、产业发展、财政扶持、金融保障等方面制定真金白银的扶持政策。

二是大力提高农业质量效益。大力实施“特”“优”战略，新发展有机旱作农业省级封闭示范片1个、市级示范片2个、县级示范片18个，全县有机旱作农业面积突破15万亩。优质谷子种植面积达到5万亩、玉露香梨种植面积达到2万亩。全县粮食产量稳定在7亿斤以上，农民人均可支配收入预计达到16153元，增长7.4%。

三是持续巩固提升乡村振兴示范廊带建设成果。高标准推进精品廊带平头片区、示范圈景尚片区建设，新创建25个乡村振兴示范村，全县乡村振兴示范村达到87个，占比53.4%。大力推动农村人居环境综合整治，深入开展垃圾、厕所、污水、庭院四大革命，深入整治“农村四乱”，全县110个村实现了垃圾不落地处理，完成农户户厕改造2000个。

六、坚持“绿水青山就是金山银山”的发展理念，持续推进污染防治和生态保护

一是全力打好大气、水污染治理攻坚战。扩大禁煤区范围，禁煤区面积增加到7.4平方公里。加快实施清洁取暖工程，建成区、城乡结合部清洁取暖实现全覆盖，农村地区清洁取暖覆盖率达到73%。强化扬尘污染整治，对所有涉粉尘企业及规模以上土石方建筑工地全部安装在线监测和视频监控，实现“六个百分百”管理。建立道路保洁长效管理机制，县城区实行货运车辆全面禁行，307国道县城段实施分流。三季度城乡市容市貌和环境卫生管理考评全市唯一优秀。空气质量持续好转，6项污染物年平均浓度全部实现下降，下降率排名全市第4、全省第18，优良天数同比增加43天。

二是开展大规模国土绿化攻坚行动。积极推进太行林局景尚高标准生态示范园、交控集团绿化苗木体验基地两个“万亩园区”建设。积极倡导绿色生活方式，每个乡镇建设义务植树基地1000亩以上，全县义务植树1.4万亩以上。全年新增造林面积7.7万亩，林木绿化率提升2.5个百分点。

七、坚持自治、法治、德治“三治融合”，构建社会治理新格局

一是全域网格化治理体系初步建立。大力实施“三强三优一提升”工程，通过优化网格设置、整合网格力量、细化网格职责，全县划分2245个基层网格。将矛盾纠纷排查调处、安全生产隐患等10项工作纳入网格化管理，整合16类社会化服务人员进网格。县财政安排1500万元，按照每人每年5000元标准，保障网格长待遇。健全考核管理机制，实现优胜劣汰、动态管理。

二是高质量打赢扫黑除恶专项斗争收官战。深入推进“六清”行动，开展扫黑除恶专项斗争“黑财清底”大会战工作行动，21件涉黑涉恶案件全部审结。在12个重点领域集中开展专项整治，排查整治各类问题23个。扫黑除恶专项斗争开展以来，累计打掉黑恶势力犯罪团伙16个，抓获犯罪嫌疑人100人。

三是有力推动综合执法改革。整合交警、巡警和住建、环保、自然资源5支力量，探索推动“2+3”综合执法改革，创新“多勤合一”新模式，通过整合资源、下沉事权、执法扩面等措施，健全完善行政执法统一协调指挥机制，依法快速处置交通违法、社会治安、环境污染、违法占地等案件和事件，推动集成改革之效逐步显现。

四是着力强化德治润化作用。深入推进新时代文明实践。党政干部带头，发动各级志愿者积极参与共建“健康寿阳、爱心寿阳、文化寿阳、绿色寿阳、和谐寿阳”实践活动。持续推进城乡文明创建，成功创建省级文明县城，宗艾镇获评全国文明乡镇，下洲村获评全国文明村。

五是全力推进新时代统战工作。深入开展党外人士培优、参政议政提质、民企转型助力、和谐稳定促进等重点领域统战工作，大统战工作格局进一步夯实。民营经济优惠政策有效落实，民营企业活力进一步增强。党外知识分子和新的社会阶层人士参与寿阳发展的热情得到有效调动，民族宗教事务管理法治化水平不断提升。

八、坚持按照新时代党的建设总要求，坚定不移推进全面从严治党

一是持续强化基层组织建设。率先在全省完成村(社区)“两委”换届试点工作，实现了两委主干“一肩挑”、35周岁以下年轻干部和妇女干部进班子三个“百分百”。新提名党组织书记占比46%，“两委”主干平均年龄下降7.4岁。“两委”班子成员交叉任职比例提高32个百分点。选派35名机关事业单位干部到村任职。173名村(社区)党组织书记全部实现县级备案管理。深入推进网格化党建工作，全市现场会在寿阳

县召开。顺利通过全省农村基层党建"整乡推进、整县提升"示范县市级验收。两新组织有形覆盖、有效覆盖达到百分之百。持续加大投入保障,县财政增加预算2000万元,乡镇、村(社区)运转经费大幅增加。

二是不断强化干部队伍建设。牢固树立面向基层一线、注重实干实效的选人用人导向,全年调整干部12批167人次,从扶贫、城建、乡村振兴等一线选拔使用干部91名,职级职务晋升50人,有效激励了干部担当作为。经过"双推双考",集中培养选拔42名"85后"年轻干部,干部年轻化迈出实质性步伐。全面落实干部政治素质考察"九查九看"制度,全市首家实现干部档案数字化、信息化管理。

三是持续加强党风廉政建设和反腐败工作。共查处违反中央八项规定精神及"四风"问题44案94人,其中形式主义、官僚主义问题36案82人;查处群众身边腐败问题67案115人,党纪政务处分68人、组织处理47人。累计处置问题线索537件,立案238件238人,结案198件192人,党纪政务处分192人、组织处理297人、移送司法机关2人。运用"四种形态"处理644人次,其中第一、第二种形态占比95.8%。制定出台《寿阳县干部容错免责实施办法(试行)》,以鲜明的导向引导干部主动担当作为。

(王　潇　王俊明)

附:中共寿阳县委书记、副书记、常委名单

书　记:杨　隽

副书记:史　洁(女,12月离职)
田晓宇(7月任职)　陈　桐(7月任职)

常　委:任　钦(3月离职)　陈志强(4月离职)
赵　弘(3月离职)　马建华(10月离职)
孙金忠(10月离职)　高庆林
王　娟(女,4月离职)　李二平(1月任职)
池丽萍(女,4月任职)　王　轩(4月任职)
裴彦巍(3月任职)　李　轩(7月任职)
闫　箭(10月任职)

中共阳泉市委

市委书记　姜四清

2020年,阳泉市委坚持以习近平新时代中国特色社会主义思想为指导,认真贯彻党的十九大和十九届二中、三中、四中、五中全会精神,深入学习领会习近平总书记视察山西重要讲话重要指示,全面落实省委决策部署和省委书记在阳泉市调研时的讲话指示要求,围绕"重塑竞争新优势,倾力打造晋东区域中心城"目标,党的建设和党领导的各项事业取得新进展、新成效。

一、牢记领袖嘱托,贯彻省委部署,扛起转型蹚新路的重大政治责任和历史使命

市委坚决扛起转型蹚新路的重大政治责任和历史使命,召开市委十二届九次全会,提出了"重塑竞争新优势,倾力打造晋东区域中心城"的目标。明确了将阳泉建设成为全省高质量转型发展的重要增长极、山西与京津冀区域合作的门户城市、山西向东开放的前沿阵地、山西东部生态经济核心区。确定了以全产业链思维打造"七大产业板块"。

聚焦"十四五"时期"转型出雏型"的重要阶段性战略目标,市委十二届十次全会着重研究通过了《中共阳泉市委关于制定国民经济和社会发展第十四个五年规划和二〇三五年远景目标的建议》,并同步推进纲要和专项规划编制。

二、坚持"两个统筹",推动疫情防控和经济社会发展取得重大成果

全力做好疫情防控。第一时间成立领导小组,召开16次专题会议暨市疫情防控工作领导小组会议,分析研判形势,加强统一领导指挥。4名确诊患者全部治愈,实现"双零"目标。组织4批88人的医疗队支援湖北抗疫,为全省"一省包三市"贡献了阳泉力量。坚持"面上放开、点上精准、关口内置、闭环管理",扎实做好冷链物流监督管理、重点地区来返人员健康监测、重点人群接种疫苗等工作。

全面实现复工复产。出台推进企业复工复产14条、助企纾困18条、加快服务业恢复增长24条等政策措施,开展常态化干部入企服务。开展"数字消费季"、"消费促进月"、繁荣"夜经济"等线上线下活动,累计发放消费券8500万元。加大各类惠企政策资金兑现力度,全市新增减税降费6.84亿元,

减免、缓缴三项社保费10.35亿元,发放企业稳岗补贴1.73亿元。

项目建设提质增效。创新开展县区、开发区“六晒六比”和市直单位“亮晒比”活动,滚动实施5轮“三个一批”,持续掀起项目建设热潮。百度云计算二期、中能建投10万千瓦风电等重点项目加快推进。省市重点工程综合投资完成率147.85%。签约项目当年开工率85.12%,进入全省第一方阵。全市新入库项目307个。积极争取中央和省均衡性转移支付、专项债券等102亿元。2021年专项债储备项目173个,申请额度占投资比重、项目结构、项目成熟度均排名全省第一。

三、聚焦“六新”发力,产业转型实现新突破

转型发展态势强劲。将新材料、新一代信息技术、节能环保、新能源、文旅康养、现代物流、特色产业等“七大产业板块”作为主攻方向,实施精准培育、精准招商、精准支持。千亿级新材料产业基地初见雏形。山东如意集团与阳泉市和华阳集团开展全面合作,时尚科创产业城系列项目正加快落地,打造“生产原料—功能纤维—纺织—印染—成衣—品牌”全产业链。全市产业项目完成投资增长25.4%,占全部投资比重达54.5%,超出省定目标5.7个百分点。工业投资增速排全省第二。战略性新兴产业增长6.1%。

创新生态加速形成。在全省首创《阳泉市“湿地型”创新生态知识图谱》。阳泉市智创城被命名为山西智创城7号,引进了中关村软件园等国内一流创新团队入驻运营。清研先进制造产业研究院(阳泉)科创中心落户,百度创新中心成功备案国家级众创空间。省级技能大师工作室、省级工程研究中心、国家级专精特新“小巨人”企业、贯标企业四项工作实现零的突破。培育非常规天然气核磁共振联合实验室等5家新型研发机构,建成磁性功能材料等6个中试基地。全市入库科技型中小企业139家,新培育高新技术企业29家。规上工业企业研发活动实现全覆盖。

打造一流人才高地。细化“人才激励20条”,制定完善《柔性引才办法》《人才工作目标责任制考核办法》等配套办法。实施人才安居工程,筹集人才公寓500余套。23位“两院”院士通过柔性引才,到阳泉市开展点对点合作。全市累计引进各类人才862人,其中硕士以上高学历人才490人。

四、深化改革扩大开放,重点领域实现先行突破和提速引领

能源革命扎实推进。先进产能占比达83.36%,华阳集团建成全国首个煤矿井下5G网络,煤层气制金刚石项目实现试生产。清洁电力外送基地建设加快推进,裕光电厂1号机组成功并网,西上庄煤电一体化进展顺利,中能建投、中广核风电项目并网发电。新能源装机容量168.72万千瓦,占比达29.34%。

统筹推进国资国企改革和民企发展。22户僵尸企业宣告破产,16户完成破产终结程序,僵尸企业出清工作进度全省排名第一。组建融盛投资控股集团有限公司。“三供一业”维修改造创出阳泉经验。与华润燃气、阳煤股份公司签署三方合资合作协议。建立“龙头企业+民企+政府基金”投资合作机制,优先向民营企业开放本地市场、数据资源和应用场景,依法平等保护民营企业权益。

开发区“三化三制”改革深入推进。阳泉经开区进一步理顺管理体制机制,新一代信息技术、半导体新材料产业链初步形成,力争三年内建成国家高新技术开发区。平定经开区管运分离成果明显,现代煤化工、新材料等产业基地建设初见成效。设立盂县经开区,加快布局高端新兴产业。

营商环境持续优化。深化“放管服效”改革,审批事项减少20.5%,申报材料减少15.5%,审批事项平均办理时限压缩63.6%。统筹推进“一枚印章管审批”等改革行动。日昌晶蓝宝石项目仅用六个多月就完成了对接洽谈、开工建设、建成投产,刷新了重大项目建设的阳泉速度。

统筹推进其他领域重点改革。对市级事业单位进行整体重塑和功能再造,市级撤并整合事业单位168个,转企改制事业单位29个,机构数精简50%,编制数精简30%。厘清了政事关系、事企关系、管办关系。

开放水平持续提升。阳大铁路阳泉北至阳泉东段顺利开通。引进亿博智慧物流港、天方夜谭等一批外向型企业。陶粒砂、树脂磨具等传统优势出口产品实现较大增长。2020年,全市外贸进出口总额增长46.1%,排全省第一。

五、坚持以人民为中心的发展思想,全力创造高品质生活

民生福祉不断增进。推进“人人持证、技能社会”建设,职业技能培训人次完成任务的144%,合格率、取证率、就业率等多项指标走在全省前列,城镇新增就业完成全年目标任务的104%。建设认定21所普惠性幼儿园,超额完成省定目标任务。积极推进“三特兴医”工程,4个科室达到省级重点专科标准。与华舰体育控股集团签订战略合作框架协议,社会足球场地建设在全省领先。基本医疗保险参保率稳定在98%以上,继续提高城乡居民医疗保险财政补助标准。实施城镇保障性安居工程,城市老旧小区改造工程开工82个,农村危房改造任务全面完成。

城市品质不断提升。启动龙华口调水工程前期工作,谋划风光水储多能互补示范项目,启动万亩中央森林公园等项目建设。成功创建为国家卫生城市。引入百度人工智能技术,建成全省首条自动驾驶车路协同示范路,推动“城市大脑”建设。

平安阳泉迈上新台阶。深入开展“三零”单位创建,实现“三零”的村(社区)、企事业单位分别达到60%、98.84%。连续127个月杜绝了重特大事故。深化“党建引领、三治融合”村(社)治理新体系建设,郊区和平定县岔口乡甘泉井村被确定为全国乡村治理体系建设首批试点。深入推进扫黑除恶专项斗争,打掉黑恶犯罪团伙18个,抓获违法犯罪嫌疑人143名,破获各类案件128起,查封冻结涉案财物1.78亿元。深挖彻查黑恶“保护伞”12人和涉黑涉恶腐败人员23人。

六、坚决打好三大攻坚战,交出决胜全面小康优秀答卷

决战完胜脱贫攻坚战。贫困发生率由建档立卡初期的4.39%下降为0,全市贫困人口人均收入9721元,较建档立卡初期增长3.4倍。全年开发扶贫公益岗位1718个,组织8990名贫困劳动力外出务工。设立消费扶贫专馆、专区、专柜,全面开展“五进九销”。在全省率先实现“3+N”脱贫防贫保险和“孝亲敬老”激励政策全市域覆盖。实施联村党建、联村开发、结对牵手,农业农村发展持续稳定向好。粮食总产量达到2.3亿公斤,肉类、禽蛋、蔬菜等重要农产品稳产保供能力逐步增强。“六品”产业培育初见成效,农产品加工企业销售收入达到39亿元。东林尖等4个贫困村建成省级美丽宜居和改善农村人居环境示范村。

打好污染防治攻坚战。打赢蓝天保卫收官战。坚持降尘、治污、控煤、管车、应对“五管齐下”,压减60万吨焦化产能,治理845座工业窑炉,改造清洁取暖11.48万户,494家耐火企业开展规范提升行动。全市PM2.5平均浓度下降9.8%,绝对值在“2+26”城市排名第4;空气优良天数256天,优良天数比例69.9%,“2+26”城市排名第3。打好碧水保卫战。围绕“控污、增湿、清淤、绿岸、调水”发力,推进“五水同治”,国考断面水质优良比例为100%、劣V类比例为0,是全省唯一国、省考断面全面实现优良水质的地市。统筹开展“两河四山一泉域”保护。稳步推进净土保卫战。完成95个工业固体废物堆场治理,全面控制农业面源污染,推广实施测土配方施肥,保持土壤环境稳定向好。完成城市周边20公里范围内2万余亩废弃露天矿山生态修复,扎实推进矸石山治理。

打好防范化解重大风险攻坚战。加强预研预判,制定应急预案,仅用一天半时间,成功处置商行部分储户集中取款事件,积极推动阳泉商行历史遗留问题解决和改制化险,顺利完成不良资产处置等重点工作,城商行合并重组取得决定性进展。

七、扎实推进宣传思想工作,全力打造城市文化品牌

持续加强理论武装。组织市委理论中心组集体学习30次,举办“漾泉大讲堂”4期,依托市委宣讲团、四级网络宣讲体系、“讲师铸魂”学习平台等,开展宣讲3800余场。

牢牢掌握意识形态工作领导权。严格落实意识形态工作责任制,强化新形势下的网络意识形态和网络安全工作,推进网络综合治理体系建设,重视并加强对新闻舆论、出版、广播影视、宗教、文化等阵地的建设与管理。

培育和践行社会主义核心价值观。深入挖掘和阐释“中共创建第一城”红色IP,启动修缮市委市政府旧址,完成百团大战指挥所修缮工作,整合七亘大捷等红色资源、国防教育资源,擦亮红色文化品牌。依托新时代文明实践中心(所、站)等平台,阳泉革命传统教育学院承接培训班次156期,受众8000余人次。

发展文化事业和文化产业。深化文艺院团改革。实施“文化惠民在山城”工程,举办各类赛事35场、各类文化活动9700余场,惠及群众100万余人次。纪录片《三矿》、电影《铁血阳泉》分别荣获山西省第十二届精神文明建设“五个一工程”优秀作品奖、特殊贡献奖。

推动文旅融合发展。启动“游阳泉·读历史·提服务·促消费”全域旅游品牌塑造活动,娘子关升级为国家4A级旅游景区,藏山5A级景区提升项目有序推进。实施文化旅游资源富矿“活化”工程,成功举办山西珐华·砂器传承与创新展览暨学术研讨会、第四届中国紫砂“南宜兴·北平定”平定紫砂(砂器)药茶融合发展文化节活动,打造紫砂一条街,多措并举推动紫砂药茶一体化发展。

八、坚持和发展社会主义民主政治,推进治理体系和治理能力现代化

推动新时代人大工作高质量发展。出台《贯彻省委〈关于新时代加强和改进人大工作的意见〉的实施意见》,支持市人大常委会围绕“三点三同”工作思路履职行权。审议地方性法规3部,颁布地方性法规3部,修改地方性法规6部。办理代表议案建议178个。探索社会治理和民生领域“小切口”立法,启动公民文明行为领域地方立法。

发挥协商民主重要渠道作用。市委常委会7次听取市政协调研情况汇报。立案办理政协提案343件。支持政协围绕创新驱动、公共卫生等22个议题开展协商议政。

全面推进依法治市。开展法治政府示范创建,建立重大行政决策程序“1+7”和行政规范性文件“1+5”制度体系。开展“七五”普法验收,谋划“八五”普法工作。完成市县两级行政执法主体的审查确认和公布工作。加大宪法、民法典等法律宣传普及工作。实施8个法治惠民实事项目。3个村(社区)荣获全国民主法治示范村(社区)。

九、一以贯之全面从严治党,持续巩固良好政治生态

坚决扛起管党治党主体责任。召开1次市委全会、29次常委会议,对加强党的建设等工作进行部署。查处违反政治纪律、组织纪律案件76件83人。追责问责全面从严治党不力、“两个责任”落实不到位的党组织32个、领导干部177人。

不断夯实基层基础工作。聚焦“人、治、物、效”,实施12个专项行动。开展“市委常委党支部工作联系点集中活动周”,带动各级班子成员建立2107个支部联系点。打造政治生活中心,切实做好政治体检。选派116名机关事业单位干部到村任职,组织469名村干部参加学历提升工程。合并减少行政村340个,超省定指标7.42个百分点。实现基层党建经费“四连升”、社区“两委”主干待遇“三连涨”。制定“四聚焦四提升”作风建设方案。

着力打造高素质专业化干部队伍。坚持新时期好干部标准,调整干部16批次343人次,完成135名市管干部职级晋升。实施“六个一批”行动,选派18名年轻干部到县乡

任职“墩苗”,6名优秀年轻乡镇(街道)党(工)委书记到省市直单位任职,选派48名年轻干部到基层一线锻炼。与省直厅局12名县处级干部实现双向交流任职。改革完善考核评价办法。

持之以恒正风肃纪反腐。全市纪检监察机关立案752件,给予党纪政务处分733人,采取留置措施17人,涉嫌犯罪移送检察机关17人。立查能源领域腐败案件18件61人,立查多起金融领域严重违纪违法案件。查处违反中央八项规定精神、“四风”问题139件368人,通报曝光典型案件33案117人,立查群众身边腐败和作风问题315件624人。实现市委常规巡察、村(社)巡察“双覆盖”。

(马原野)

附:中共阳泉市委书记、副书记、常委名单

书　记: 关建勋(3月离职)　姜四清(3月任职)

副书记: 雷健坤(女)　巩　成(6月离职)
薛明耀(10月任职)

常　委: 吴纪平(11月离职)　任建华
李　明(11月任职)　杨自明(12月离职)
黄海涛　张其光(11月离职)
师旭明(12月任职)　郭卫东
孙季鸿(12月离职)　杨建军(1月任职)
马　杰(12月任职)

中共阳泉市城区区委

区委书记　韩加政

2020年,阳泉市城区区委坚持以习近平新时代中国特色社会主义思想为指导,全面贯彻党的十九大和十九届二中、三中、四中、五中全会精神,深入学习贯彻习近平总书记视察山西重要讲话重要指示和“三篇光辉文献”,增强“四个意识”、坚定“四个自信”、做到“两个维护”,全面落实省委、市委决策部署,牢牢扛起管党治党的主体责任、维护安全稳定的政治责任、推动高质量转型发展的历史责任,坚持稳中求进工作总基调,统筹疫情防控和经济社会发展,扎实做好“六稳”工作,全面落实“六保”任务,强力推动“六新”突破,各项事业取得新进展、新成效。

全区全年,地区生产总值完成208.4亿元,同比增长1%。规模以上工业增加值同比下降12.7%,在占比九成的南庄矿井产能退出后,依然实现位次前移。城镇居民人均可支配收入完成36399元,同比增长4.4%,排名全市第二。在疫情等不利因素影响下,社会消费品零售总额完成110.1亿元,服务业增加值完成177.1亿元,增速排名全市第三。一般公共预算收入完成2.9亿元,增幅排名全市第三。一般公共预算支出12亿元,首次突破10亿元大关,为历史最高。

一、忠实践行领袖嘱托,全面贯彻省委市委部署,坚决扛起转型发展蹚新路的重大政治责任和历史使命

区委始终把学习贯彻落实习近平总书记视察山西重要讲话重要指示作为头等大事和首要政治任务,以“大思维”“大服务”“大作为”理念重新审视发展目标。鲜明提出“四个中心”的路径,坚持“项目为王”理念,结合城区立地条件,聚焦现代服务业首位产业,区域性商贸物流中心、区域性总部经济中心、区域性智慧城市中心和区域性文旅康养中心的驱动效能初步显现。坚定扛起“首善之区”的担当,树立“中心区”首位意识,以最高标准狠抓城市基层党建,以最硬担当落实创卫攻坚任务,以最大力度推进全面深化改革,以最新理念赋予城市智慧内涵,全区政治生态持续改善,资源配置不断优化,首善品牌进一步擦亮。充分展现高位突破的作为,对照省委“八大转型”“八大定位”“十大目标”“十大战略”等重大决策部署,聚焦市委十二届九次全会提出的发展目标,瞄准“七大产业板块”战略布局,主动加压、自抬标杆,谋划丰富了在打造信息技术新产业、构建商贸物流新体系、打响文旅康养新品牌、激活消费新市场、优化创新发展新生态五个方面率先突破,实现环境保护、城乡融合、民生事业三个方面越级提升的发展路径,在全市“重塑竞争新优势,倾力打造晋东区域中心城”的实践中拿出了“城区方案”。

二、坚持“人民至上、生命至上”理念,守住守牢疫情防控城区阵地

一是守住了“战疫”阵地。把疫情防控作为重大政治任务,第一时间成立区疫情防控工作领导小组,密集召开区委常委会议、疫情防控工作领导小组会议,分析形势、指挥调度,压实“四方责任”,掌握了疫情防控主动权。全力克服城市区外来人口多、流动人口多、人员识别任务重等困难,认真落实“双零目标”“三线作战”“四环联动”“五严五防”要求,“土办法”“新举措”统筹联动,“硬防控”“软服务”双向发力,广泛发动党员、志愿者及热心居民参与联防联控,构建了五级立体防控网,遏制了疫情扩散蔓延。

二是巩固了“战疫”成果。进入常态化防控阶段后,坚持“外防输入、内防反弹”,严密抓好秋冬季防控,加强冷链物流监管,加大督导检查力度,全面推进物资筹备、隔离管控、核酸检测、疫苗接种等各项工作,完善防疫预案和多点触发机制。全面提升应急处置能力,谋划包装城区防疫急救中心暨城区医疗集团晋东医养中心项目,组建突发公共卫生事件专家咨询委员会和5支专业卫生应急队伍,完善对重大传染病

和不明原因疾病的监测方案,“发现及时、处置快速、管控精准、救治有效”的常态化防控机制更加健全。

三是凝聚了“战疫”精神。在疫情防控中,广大医务工作者逆行出征,基层工作者默默坚守,公安民警倾力投入,新闻工作者及时发声,人民团体主动担责,各界同胞慷慨解囊,展现了城区大美大爱大担当。1名同志上榜全国抗击新冠肺炎疫情优秀城乡社区工作者名单。

三、统筹“六稳”“六保”“六新”,推动经济稳步复苏、稳中向好

一是全力复工复产。全面落实纾困惠企政策措施,制定下发复工复产预案和入企帮扶实施办法,扎实推进“包片包点”分工,确保疫情防控与复工复产“两不误”。强化“助保贷”和企业应急周转保障资金作用,新增减税降费3280万元,减免租金和商业管理费用600余万元,阶段性减免553户中小微企业社会保险费2696万元,通过“银税互动”为合规企业贷款1.2亿元。

二是积蓄项目后劲。聚焦“项目突破年”活动,深化“12345”项目推进工作机制,狠抓包保责任落实。瀑里采煤沉陷区治理搬迁安置项目、德业居花园西区建设项目等市重点工程、标杆项目开工。聚焦“六新”突破,3D打印及无人机技术、星光文化创意园等20个项目投产竣工,社区智能用电管理项目获得省科技工作者创新创业大赛银奖。聚焦首位产业招商,共签订各类合作协议16项,总投资90.08亿元,完成市下达任务的225.2%。签约总金额、开工率、固定资产投资项目资金到位额等五项指标全部超额完成。

三是加快产业发展。农业发展再添动力。一产项目累计完成投资2222万元,同比增长1342.85%。小河乡村旅游产业园等重点项目开工建设。阳泉市龙飞鸡蛋养殖专业化联合体获评2020年度省级农业产业化示范联合体。工业运行再上规模。2家工业企业顺利实现“小升规”,全区规上工业企业达到12家。民营经济在入选省级“专精特新”企业、省级创业创新基地、省级中小企业服务示范平台和晋兴板挂牌等领域均实现了“零”的突破。消费市场再现繁荣。出台提振餐饮行业信心八条措施,开展“夜经济、假日经济”促消费促就业系列活动,小米新零售、智能生鲜自提柜等消费“新业态”茁壮成长,城区特色产品走俏“阳泉购”直播间,“购、娱、体、展、演”等多元化消费市场初步构建。

四是创优转型环境。加快打造一流创新生态,建立高新技术企业认定储备库,开通高新技术企业申报绿色通道,新增国家级高新技术企业1家,申报阳泉市科技成果转化示范企业2家;培育众创空间、孵化器3家,持续提升大唐阳泉369云工厂孵化器管理水平和创业孵化能力,累计入驻企业或创业团队39家;积极与山西工程技术学院协商签订政校企战略合作协议。

四、勇于先行先试,积极探索符合城区实际、体现城区特色的改革开放之路

一是全面深化改革多向突破。全面推行领导领衔制、部门包抓责任制和重点任务专班负责制。区委主要负责同志带头深入基层、靠前调度指挥、率队督导调研,区级领导、各部门认真谋划改革事项,推动62项改革要点逐项目、逐细节、逐要素建账。能源革命有序推进,南煤集团南庄矿井顺利关停;医疗卫生机构一体化改革持续深化,医疗集团完成重组;教师“区管校聘”管理改革、校长职级制试点改革、教育督导评估改革全部完成目标任务;农村集体产权制度改革各项指标完成率100%,全市综合排名第一。在全市全面深化改革第三方考核中取得优异成绩。

二是“三零”单位创建取得实绩。“三个全”打牢打实创建底子。严格落实区级领导干部接访、约访、包案制度,做到整体突破、全力攻坚;创新服务管理机制,规范划分327个网格,做到不留死角、全域覆盖;健全社区和驻地单位定期联系制度,充分调动市级驻区机关事业单位和各类经营主体,实现人人动手、全员参与。“四个进”占领占稳创建战场。开展创建工作进小区、进楼院、进单元、进家庭活动,实施信息随报、协商调解、司法援助、跟踪回访工作机制,做到防范在先、发现在早、处置在小。“五结合”培厚培优创建效果。结合法治城区建设,筑牢综治中心、矛盾排查调解两大平台;结合社区自治,修订完善村规民约和议事协商机制;结合文明城区建设,营造健康生活氛围;结合扫黑除恶专项斗争,持续加大治安问题管控打击力度;结合城市基层党建,吸纳驻地单位、工商户和社区共同构建“大党委”。

三是“放管服效”改革走在前列。全面推动“相对集中行政许可权改革”,行政许可集中度达86.6%,居全市首位。深化企业投资项目承诺制改革,依托投资项目在线审批监管平台,进一步完善和规范办理工作流程。深入推进“互联网+监管”,检查实施清单完成率99.04%,履职情况效能评估全市第一。全力推进山西政务服务一体化平台建设,实现同一事项基本要素“四级四同”,完成441项实施清单的规范和优化工作。持续加大“五减”改革力度,审批时限压缩50%。

四是开放发展水平再获提升。主动对接京津冀协同发展,深度参与共建“一带一路”,区委主要负责同志带头赴北京、天津、山东、江苏等地招商;与山东肥城市缔结友好合作市区协议。不断深化与雄安新区的交流合作。

五、坚持以人民为中心的发展思想,努力创造高品质生活

一是坚持在基本保障上狠下功夫。高质量完成第七次全国人口普查工作。健全救助对象定期核查机制,进一步提高社会救助兜底保障标准,发放各类困难群众保障金0.36亿元;劳动力建档立卡任务,下岗失业人员和就业困难人员再就业人数,全部超额完成目标任务。

二是坚持在重点民生上狠下功夫。探索养老新模式,阳

坡堖社区"嵌入式"养老项目列入全省社区养老"幸福工程",市养老公益苑二期工程正式审批立项。开展"十乱"专项整治和爱国卫生"六个一"活动,高质量完成9大类456项技评任务。

三是坚持在社会稳定上狠下功夫。坚决扛起维护政治大局和治安大局稳定重要责任。"扫黑除恶"专项斗争成效显著,"三零"单位创建取得实绩,信访形势保持稳定,下站派出所获得全省首批"枫桥式公安派出所"称号。

六、践行"两山"理论,构建宜居宜业宜游的中心城区

一是生态环境持续好转。聚焦治气,积极开展扬尘污染管控、移动污染源管控、工业企业提标改造、散煤治理和冬季清洁取暖改造等工作,环境空气质量综合指数5.16,全市排名第一,蓝天保卫战三年行动计划圆满收官。聚焦治水,严格落实河长制,组织开展五项重点工程,义井河西峪段黑臭水体治理工程项目基本完工,小河断面稳定达到国家地表水Ⅲ类水质标准,区域水环境质量总体稳定、持续改善。聚焦治土,持续推进建成区城市裸地绿化及周边裸露山体绿化,环京津冀废弃露天矿山生态修复工作以及大阳泉、南庄矿矸山生态修复治理试点示范工程全部完成,8座煤矸山完成验收销号。

二是农村人居环境极大改善。扎实推进农村人居环境整治,冬季清洁取暖工程全面完成,农村户厕普及率、村庄清洁行动覆盖率、生活垃圾治理村庄比例保持100%。王家峪村被评为全省首批人居环境改善示范村,小河村被评为全国乡村旅游重点村、全省首批4A级乡村旅游示范村。

三是城市发展格局不断优化。突出基础提升,涉及114个老旧小区的综合改造项目全部开工,既有住宅加装电梯工作全面起步;三供一业"维修改造工程按序时进度扎实开展;义井镇棚户区(城中村)改造建设项目稳步推进,更多的民生愿景成为了幸福实景。突出文旅融合,扎实推进"市委、市政府旧址修缮"工作,持续擦亮"中共创建第一城"品牌,谋划推动"百团大战"遗址公园、人民日报社造纸厂旧址等红色文化资源开发,"阳泉记忆·1947文化园"等项目开工建设,"漾泉文化节""城区文化旅游节"名片不断擦亮。

七、推进宣传思想工作,加快建设文化强区

一是推动新时代党的创新理论落地落实。区委理论学习中心组创新推出"一三四三三"工作法,成为阳泉市第一批"党委(党组)理论学习中心组联系示范点"。建立区、街道(镇)、社区(村)三级宣讲体系,组织73个宣讲团开展"七进"宣讲活动586场,累计受众2万余人。

二是坚持把意识形态工作抓严抓稳。全区意识形态工作稳定向好。立足区情实际,加强对外宣传,全年在中央和省级媒体播发新闻336条,发稿量创历史新高。

三是着力塑造中心城区新风新貌。以省级文明城市创建活动为牵引,义井镇河下村等3个村入选省级文明村,区纪委监委等4个单位入选省级文明单位,下站街道兴隆街社区等4个社区入选省级文明社区,阳泉三中等5所学校入选省级文明校园(先进校园)。开展庆祝建党99周年、抗疫宣传等活动90余场,对疫情防控中涌现的131名星级志愿者、45个优秀志愿服务组织进行了表彰,全区文艺新人涌现、文化力量发展、文明新风蔚然。

八、坚持和发展社会主义民主政治,推进治理体系和治理能力现代化

一是为民履职的人大本色更加鲜明。积极支持人大及其常委会依法行使职权,开展法律监督和工作监督,"三个有"闭环管理的监督方法被《人民代表报》推广。积极支持人大拓展代表履职渠道、打造代表履职平台,人大代表联络站的载体平台作用有效发挥,"增点扩网、增容提质、增规加速、增能增效"的做法在《山西人大》刊发。

二是主动作为的政协担当全面激发。支持政协围绕各项工作开展协商议政,充分发挥政协"外脑""智囊"作用,广泛听取政协委员调研汇报和意见建议,138件立案提案实现百分百答复、百分百办结,形成了"有事多商量、有事好商量、有事会商量"的生动局面。

三是团结联合的统战力量充分显现。加强党对统战工作的集中统一领导,加快构建"亲""清"新型政商关系,持续深化"贴心行动",聚焦创新业态,成功招引山西嵘曜智能科技有限公司、山西速电科技有限公司、北京桃河集团等项目落户我区,民族团结工作走在全省前列,"三级网络两级责任制"取得实效,爱国统一战线不断巩固发展。

四是服务基层的群团效能不断释放。充分发挥群团组织联系群众的桥梁纽带作用,组建了我市首家商圈工会,成功举办青年创新创业大赛,成立了首个社区侨联组织。

九、一以贯之全面从严治党,持续巩固良好政治生态

一是扛起管党治党主体责任。坚守政治方向,对党中央重要会议、重大决策和省委、市委部署要求,做到对上级精神第一时间传达,重要任务第一时间落实,重大问题第一时间协调解决。压实政治责任,持续推动工作延伸到基层,责任落实到基层,通过建立责任清单、层层组织约谈、严肃追责问责等方式,筑牢一级抓一级、层层抓落实的管党治党格局。认真落实省委巡视组立行立改有关要求,刀刃向内全面开展专项整治,深入查找"四风"突出问题。持续保持惩治腐败高压态势,以严明纪律保障各项任务落实,营造了良好政治生态。

二是夯实党建基层基础。持续巩固深化"不忘初心、牢记使命"主题教育成果,探索半脱产长训、专题研学、读书研讨等特色干部教育模式,分层分类抓好党组织书记和党员轮训。城市基层党建示范区创建工作高标推进,"13579"全域党建体系基本形成。开展两个全覆盖"百日攻坚"专项行动,覆盖率95.4%,5个党组织被确定为市级"双强六好"示范党组织。制定从优秀社区"两委"主干中选聘事业编制人员实施意

见,落实"三岗十一级"待遇办法。全市率先成立村企社联合党委和楼宇党支部,首家实现党群服务中心标识标牌、建设规范、服务事项、办事流程、工作制度、考核评估"六统一"。

三是锻造过硬干部队伍。以结果导向选准人,树立大抓基层、支持基层的鲜明导向,突出加强创卫攻坚、招商引资、疫情防控一线和乡镇、街道干部的发现、选用,促进了结构优化,拓宽了来源渠道,盘活了队伍资源。完善考核评价体系,把干部干了多少事、干成多少事作为评价考核依据,相关经验在《中国组织人事报》刊发。以严管厚爱激励人,在全市率先完成省市选派"蹲苗"干部的任职程序,事业单位考核奖励纳入区财政统筹,评选出全区担当作为干部16名并落实奖励政策,激发了干事创业内生动力,让干部放手干、基层放心干、上下放开干成为常态。

(史雅倩)

附:中共阳泉市城区区委书记、副书记、常委名单

书　记: 韩加政

副书记: 樊志红(3月任职)　任时杰

常　委: 胡秀毅　付　民　王　洪　王吉魁　温敏芬(女)　李彦彬　马江江(6月任职)

中共阳泉市矿区区委

区委书记　张志先

2020年,阳泉市矿区区委坚持以习近平新时代中国特色社会主义思想为指导,全面贯彻党的十九大和十九届二中、三中、四中、五中全会精神,认真落实习近平总书记视察山西重要讲话重要指示和"三篇光辉文献",按照省委"四为四高两同步"和市委"重塑竞争新优势,倾力打造晋东区域中心城"总体思路和要求,认真履行把方向、管大局、作决策、保落实职责,团结带领全区党员干部群众攻坚克难、争先进位,全区党的建设和党的事业迈上新台阶。

一、守初心,担使命,始终做到对党绝对忠诚

思想上自觉对标对表。深学笃行习近平新时代中国特色社会主义思想,召开区委常委会会议29次,区委理论中心组集体学习12次,及时传达学习贯彻中央精神,增强"四个意识",坚定"四个自信",做到"两个维护"。组织44名"关键少数"赴右玉提升党性修养。开展《习近平谈治国理政》第三卷、党的十九届五中全会精神等"六进大宣讲"290场,推动党的理论创新成果深入人心。1名同志荣获全省唯一的"全国基层理论宣讲先进个人"。官沟银圆山庄党性教育基地挂牌成立。

政治上保持坚定坚决。发挥党总揽全局、协调各方的领导作用,统筹新冠疫情防控和经济社会发展,扎实做好"六稳"工作,全面落实"六保"任务,强力推进"六新"突破,各项工作落地见效。定期听取人大、政府、政协、法检两院党组工作汇报,有效发挥区委深改委、财经委、审计委等50余个议事协调机构作用。全面掌握意识形态领域主动权。

行动上做到紧跟紧随。树牢"发展是解决一切问题总钥匙"理念,坚持把转型发展作为矿区经济工作和各项事业的"纲",坚决摒弃等靠思想,以先行先试的态度,为转型发展赢得先机。坚持把抓党建与谋转型相结合、抓发展与保安全相统筹,各项工作全面推进。

二、守底线,敢担当,全力以赴完成政治任务

全力以赴做好疫情防控。召开7次专题会议暨区疫情防控工作领导小组会议,精准研判形势,及时调整战略。区级领导躬身入局、率先垂范,华阳集团等驻地单位不讲条件、共克时艰,广大医务工作者、疾控工作人员、公安民警、社区(村)基层工作人员、各部门各单位干部职工闻令而动、恪尽职守,为打赢疫情防控斗争展现了矿区作为、体现了矿区担当。全区累计核查5万余人,精准摸排外地来返矿区人员12476人,应检尽检33989人;疾控中心PCR实验室迅速建成,医药防控物资储备能够满足30天满负荷运转,具备全区核酸检测2日内全覆盖能力。

尽锐出战决胜脱贫攻坚。强化"军令状""交总账"意识,先后召开13次会议解决脱贫攻坚重点难点问题。区级领导"四不两直"深入脱贫巩固村随机暗访,督导推动问题整改全部清零。择优选派11个单位699名党员开展"一对一"结对帮扶,驻村工作队严格落实"五天四夜"工作制度,脱贫攻坚形成了一级抓一级、层层抓落实的工作局面。建立返贫预警机制,严格落实教育、医疗、金融、兜底保障等各项扶贫措施,贫困劳动力就业率达100%。

坚持不懈抓好安全稳定。坚持总体国家安全观,统筹抓好涉军涉稳、涉众涉访、涉恐涉暴、涉黑涉恶等重大领域安全风险的预测预警和联防联控。推进"三零"单位创建,创造性践行新时代"枫桥经验",零上访、零事故、零案件达标率走在全市前列。率先推行信访代理制度,信访量同比下降9.8%。坚决以"四铁"要求抓好防火防汛、食品药品、交通运输、建筑工地、公共卫生等领域安全工作,全年未发生较大及以上安全事故。扫黑除恶坚持"打、防、管、控、挖"一体推进,全区刑事案件、八类案件、侵财案件分别同比下降65.6%、50%、55.4%。

三、转方式,调结构,坚定不移扛起转型使命

加快产业转型增动力。坚持"转型为纲",发展新能源产

业，奇峰飞轮储能项目建成投产，一矿瓦斯发电项目即将投入运营，氢能源重卡项目示范运营；发展新材料产业，煤层气制备金刚石项目进入试生产；发展康养产业，富山康养项目已完成拆迁安置，中源康养项目正进行渣山治理和平台建设；发展新业态，全市首家高端母婴会所建成运营，矿区最大的新农智慧农贸市场试营业。

推进项目建设蓄后劲。坚持“项目兴区”，建立完善政府投资项目预审、招商引资项目评估、技术改造项目帮扶“三个机制”，健全完善领导包保、定期调度、专班跟进等“八项举措”，38个重点项目开复工率100%，12个市级重点工程、标杆项目投资完成率全市第一。第三次列入国家独立工矿区改造提升支持范围，争取各类上级资金增长67%。

全力帮扶企业渡难关。及时出台支持企业发展5项举措、有序复工复产14条措施、促进服务业恢复发展8条措施等一揽子政策，“一对一”入企实现全覆盖，精准解决行政审批、要素保障等关键问题40余个。设立工业、农业、服务业、科技创新等专项资金，帮扶企业130余家；累计新增减税降费3252万元。清理拖欠民营企业欠款率100%。多批次组织“抢券惠民生”“晋情来消费”等促销活动，拉动企业增收3.2亿元，实现了经济稳步复苏、社会稳定发展。

四、破坚冰，趟深水，敢为人先推进改革开放

重点改革实现新突破。坚持“改革为要”，区委深改委定期召开会议审定改革事项、听取进展情况、协调重点问题、推动改革落实。国企国资改革取得实质进展，全面承接28家国有企业、148个小区的物业管理职能和4.2万名国企退休人员社会化管理服务。新时代文明实践中心试点的“236”模式案例在《山西宣传》刊发。第十二中学课改经验被《中国教育报》专题报道。学前教育集团化办学改革、农村集体产权制度改革、企业投资项目承诺制改革、大数据审计改革等走在全市前列。

创新驱动迈出新步伐。坚持“创新为上”，“一谷一中心”创新平台持续发力，“中国纳谷”获批“山西智创城7号”，入驻新技术、新材料等企业36户；院士科创中心吸引首个纳米氧化物增强耐材成果完成转化，推动规上企业创新活动实现全覆盖，培育新增省级工程技术研究中心1家、入库科技型中小企业12家。

对外开放达到新水平。坚持开放发展理念，认真研究市场规则，积极引进亿博智慧物流项目，抢先布局内陆港，已进入开工前期收储阶段。全年签约引进项目20个，当年签约当年开工率达80%，固投项目、非固投项目到位资金额度、到位资金率均排名全市第1。常态化支持晋韩洁、华越机械等外资外贸企业加大出口力度，全年进出口逆势增长350.2%，排名全市第1。

五、解民忧，暖民心，千方百计增进民生福祉

铺设城乡融合“幸福路”。实施了石卜咀村棚户区改造、西河村采煤沉陷区治理、老旧小区改造、“三供一业”维修、既有建筑能效提升等一批基础设施工程。深入开展“两下两进两拆”专项整治，建设停车位3000余个，拆除违建3400余平米。新建3块足球场，区群众文化活动中心项目开工建设。推进农村人居环境整治，农村厕所粪污无害化处理经验评为全省典型。

织密基本民生“保障网”。实施“教育强区”战略，高中教育优质资源整合顺利完成，高考二本达线率较去年提高3.4个百分点，普惠性学前教育学位新增1400余个，学校及师生获得市级以上荣誉440余项。推进“人人持证、技能社会”建设，全年“线上+线下”职业技能培训923人，取得职业资格证书607人，11.24万劳动力全部建档立卡，城镇新增就业岗位2101人。城镇居民参保实现全覆盖，城乡低保、困难人员、残疾人、老年人、军烈属等特殊人群发放各类救助资金4200余万元。保障性安居工程补贴发放282户。实行“三岗十一级”社区干部薪酬制度，社区500平米活动场所面积达标率100%。

守护生态环境“生命线”。坚持习近平生态文明思想，践行“两山”理论。开展“清尘洗城”行动，22台工业锅炉完成超低排放改造，建筑工地严格落实“六个百分百”要求，清洁取暖工程全面完成。全面落实三级河长制责任，建成区消除黑臭水体，国考断面水质全部退出劣V类，小南沟流域生态治理工程启动建设。推进农村污染防治，规模养殖场粪污处理设备配套率100%。实施废弃露天矿山生态修复，2300余亩土地修复完成，二矿狮脑山、三矿大垴梁2座矸山实施治理，国土绿化率提升了1.5%。

六、凝人心，聚合力，全面加强民主法治建设

抓宣传思想提升号召力。坚持思想建党、理论强党，通过常委会带头学习、中心组交流研讨、三级宣讲团送学上门、基层党支部定期夜学、“学习强国”知识竞赛等形式，扎实做好宣传思想工作。牢牢守住新时代网络舆情主阵地，处置负面舆情181件。深入开展文化文艺事业，纪念建区40周年《奋进的矿区》画册制作完成，《矿区的黑牡丹》获中国煤矿文联摄影金奖。全区精神文明创建取得丰硕成果，获批全国文明单位2个，省级文明社区、校园等荣誉15个。

抓民主政治提升凝聚力。支持和保障人大及其常委会依法行使职权，推进人大代表联络站(点)高标准、规范化运行，服务群众880余人次，解决实际问题70余项；赛鱼、蔡洼人工委工作接受全市观摩；建成了一批法治文化广场、法治文化走廊等宣传阵地。落实新时代加强和改进人民政协工作的意见，街道全部建立政协工作联络组，收集意见建议30条、社情民意110余条；区政协探索的“345”提案工作法，在省政协专题会上作了经验交流。人大代表提出的140件意见建议、委员提出的141件政协提案全部高效办结。

抓统一战线提升向心力。支持各民主党派更好参政议政，建成“会员之家”2个。组织开展“缅怀先烈、践行初心”活动，加强党外知识分子和新的社会阶层人士统战工作。引深“贴心行动”，完善异地商会服务家乡发展机制。引导非公经

济人士自觉在疫情防控、招商引资等方面承担社会责任,建成“全国工商联立法协商工作基层联络点”。依法加强宗教管理,实行街道、社区(村)干部宗教工作责任清单和负面清单制度,大院社区少数民族服务站荣获省级民族团结进步共建示范单位。

抓法治建设提升战斗力。全力加强政府依法行政,公布行政执法主体 24 个,通过行政执法考试 108 人;落实规范性文件合法性审查 33 件、公平性审查 100 余件。打通公共法律服务最后一公里,“一社区(村)一法律顾问”落实到位,免费提供法律咨询服务 3058 人(次)。

七、压责任,强监管,全力构建良好政治生态

深化思想政治建设“铸魂”。自觉扛起管党治党主体责任,常委会研究全面从严治党 7 次,开展各党工委(党组)书记抓基层党建述职评议活动。加强对反腐败工作的全过程常态化领导,研究解决查办职务违法犯罪案件中的纪法、法法衔接等重大问题,形成了区委统一领导、纪委监委组织协调、组织审计等部门和政法各机关共同参与的反腐败工作格局。认真落实新修订的《中国共产党问责条例》,全年党内问责党组织 3 个,问责党员领导干部 35 人。

深化干部队伍建设“强体”。贯彻新时代党的组织路线,制定矿区党政领导干部班子建设五年规划。树立“以结果论英雄,凭实绩用干部”的鲜明导向,注重老中青干部梯次配备,分 8 批次调整干部 128 人。坚持党管人才原则,通过公开招录、选调工程等方式引进人才 47 名。选派 1 名优秀干部援疆、3 名年轻干部到招商一线锻炼、1 名副科级干部到街道“蹲苗”历练。落实公务员职务与职级并行制度,率先在全市完成公务员首批职级晋升。推荐省级担当作为表现突出干部 1 名、市级 18 名。出台实施激励关爱抗击疫情一线基层党员干部 3 项制度,引导 300 余名领导干部、4000 多名地企在职党员冲锋在抗疫一线。

深化基层组织建设“夯基”。树立大抓基层的鲜明导向,召开“树典型、强提升、促共建”基层党建工作推进会。“街道大工委、社区大党委、小区(网格)党支部、楼宇党小组、党员中心户”五级架构基本形成。探索打造的“鸿雁”“红枫”等一批党建品牌得到群众认可。率先完成农村“带头人”优化提升行动,全区软弱涣散党组织全部销号清零。

深化党风廉政建设“固本”。增强不敢腐的震慑,全年处置问题线索 148 件,审查调查违纪违法案件 41 件,党纪政务处分 32 人,涉嫌严重职务违法问题移送司法机关 4 人、采取留置措施 2 人、纪律审查和监察调查 1 人。扎实开展廉政警示教育,驰而不息整治“四风”,查处违纪问题 17 件 18 人,给予组织处理 10 人,党纪政务处分 8 人。扎实推进“打伞破网”行动,查处涉黑涉恶腐败案件 12 起。紧扣政治巡察职责定位,本届任期内对全区机关事业单位巡察全覆盖,全力配合省委巡视组做好边巡边改、巡视问题整改等各项工作,全区风清气正的政治生态持续向好。

(魏　菲)

附:中共阳泉市矿区区委书记、副书记、常委名单

书　记:张志先

副书记:樊志红(3月离职)
石光源(3月任职,6月离职)
蔺志鹏(6月任职)　张立强

常　委:杨志强　路晓明　王富明　王拥国
王志全　王　涛(2月离职)
何　勇(2月任职)　张　震(10月离职)
王小军(10月任职)

中共阳泉市郊区区委

区委书记　王晓丽

2020 年,阳泉市郊区区委坚持以习近平新时代中国特色社会主义思想为指导,全面落实党的十九大和十九届二中、三中、四中、五中全会精神,深入学习贯彻习近平总书记视察山西重要讲话重要指示和“三篇光辉文献”精神,坚决贯彻省、市委决策部署,紧紧围绕“争做转型发展表率,打造城乡融合样板”的奋斗目标,统筹推进疫情防控和经济社会发展,抓好“六稳”工作,落实“六保”任务,聚力“六新”发展,决战脱贫攻坚,决胜全面建成小康社会,“十三五”圆满收官,全区经济社会发展各项事业取得新进展、新成效。

一、坚持政治引领、思想筑魂,习近平新时代中国特色社会主义思想深入人心

在学习上求“深”。区委常委会、中心组系统学习党的十九届五中全会精神、《习近平谈治国理政》第三卷、习近平总书记视察山西重要讲话重要指示和“三篇光辉文献”,真正学懂弄通做实习近平新时代中国特色社会主义思想。2020 年,区委集中学习 25 次、举办专题报告会 7 场,首次承办市委理论中心组学习会,邀请国防大学战略研究所教授金一南作专题讲座。在方式上求“新”。充分发挥“学习强国”理论阵地、“随身课堂”的作用,全区注册人数达 3.4 万人。组建三级宣讲网络体系,深入基层开展宣讲 1100 余场次,受众 5 万余人次。拓展钉钉直播、微信群等新媒体渠道,区委理论学习中心组微信学习群推送学习篇目 297 篇(次)。在成效上求“实”。在深入学习领会习近平总书记视察山西重要讲话重要指示和省、市全会精神的基础上,明确了“争做转型发展表率,打

造城乡融合样板”的奋斗目标和转型路径,统一了全区上下的思想,凝聚了干部群众的共识,汇集了转型发展蹚新路的合力。

二、坚持人民至上、生命至上,统筹疫情防控和经济社会发展

闻令而动齐响应。疫情爆发后,区委迅速启动重大突发公共卫生事件一级响应,成立疫情防控领导小组,第一时间进入战“疫”状态。严格落实“五严五防”,建立“五个一”工作机制,疫情防控阻击战取得重大战果,实现了全区无确诊和无疑似病例的“双零”目标。众志成城抗疫情。24 万郊区人民守望相助,1400 余名医护人员坚守一线,1 名 “白衣战士”出征武汉。全区 917 个基层党组织,11589 名共产党员把最危险的任务揽在身上,“让我先上”成为抗疫最强音。精准施策抓复产。选派 268 名干部赴 230 家企业,深入开展“五问五心”入企服务,印制了帮扶政策汇编 500 册,收集到各类问题 67 个并全部解决,办结率 100%。积极组织银企对接,38 家规上企业率先实现全面复工复产。召开了民营企业家座谈会,解决问题 24 个。组织开展了“政府奖励、企业让利”等大型促进消费活动,有力刺激和拉动了区域经济消费。

三、坚持转型为纲、项目为王,县域经济发展蹄疾步稳

转型质效持续提升。制定“分管副区长周调度、区长双周调度、区委书记月调度”的工作机制,通过“定目标、听汇报、看进度、问差距、比成效”的方式,以有力举措推动转型目标落地落实。转型指标持续向好,煤炭增加值占规模以上工业比重由 60.2%降到 56.5%;制造业增加值占规模以上工业比重由 22.2%提高到 26.2%, 战略性新兴产业增加值增长 5.6%,新增规上工业企业 11 家。项目建设扎实推进。12 个重点工程项目指挥部和 14 个工作专班区级领导挂帅, 一线作战,局长领办,马上就办。59 个项目开复工率达 98.3%,16 个“六新”项目全部开工。日加科技、华坤高端煤机等重点项目当年建设当年投产,G239 改线工程苇泊装备制造园至新城大道段实现通车,天方夜谭项目当年签约当年开工,成为全区手续办理最高效、开工最快的项目。招商引资综合指标考评全市第一。在全市一季度考核与第三轮“六晒六比”活动中郊区均排名第一。产业平台加速构建。编制完成转型发展图谱和招商图谱,五大产业板块初具规模。八大园区持续发力,荫营工业园成立了园区指挥部和工作专班, 打造平台 2600 亩,标准化厂房 10 万平米,企业实现“拎包入驻”;白泉工业园创建全市首家工业固废综合利用示范基地, 中科泓源、合力拓、广凯二期等 6 个项目开工建设;千亩坪现代农业园核心区项目奠基开工;文化产业园完成选址设计,进入国家项目库;现代服务园万达商业广场完成场地平整,梅里亚会展中心完成土地招拍挂;双创产业园科创中心完成选址、四个中试基地初见雏形;东古循环产业园已运行;现代物流园有序推进。

四、坚持统筹协调、一体推进,城乡融合水平全面提升

顶层设计规划出炉。高质量完成第七次全国人口普查工作,摸清了家底,为城乡融合布局夯实了基础。聘请国家社科院专家编制完成城乡融合发展规划,明确了构建“一城一核两轴三组团”的城乡融合新格局。城乡融合步伐持续加快。累计投资 3.3 亿元,开展全域创卫,为全市获评“国家卫生城市”作出了郊区贡献。荫营大街整洁有序,镇区面貌焕然一新。老旧小区基础设施提质更新,全市首家老旧小区加装电梯工程正式交付。新成立 11 个城市社区,不断提高城市精细化管理水平。公共服务不断向农村延伸,水务一体化解决 2 万亩农田灌溉用水,北部集中供热管网惠及千家万户。区文体中心完成拆迁扫障,区职业高级中学开工建设。完成清洁取暖改造 13268 户,完成率 101.51%。郊区独立工矿区成功纳入国家发改委资源型地区转型发展中央预算内投资支持范围。乡村振兴稳步推进。阳泉市城郊农业产业融合示范区项目成功申报为省级标杆项目, 争取到产业扶持资金 1000 万元。农林牧渔业增加值增长 3.7%,全市排名第一。“西南舁苹果”成功获得农产品国家地理标志认证。“农业 + 旅游”有新成效,桃林沟入选全国乡村旅游重点村。举办文旅惠民消费季活动,接待游客 100 万人次,收入约 1000 万元。全区农村集体经济产权制度改革基础性任务全面完成,农村集体产权交易中心建成运行。郊区被列为全省十个脱贫攻坚和乡村振兴有效衔接试点县区之一,已打造 7 个试点村。乡村治理新体系不断完善。抓好全国乡村治理体系建设试点工作,打造了 24 个典型示范村和 3 个示范乡镇,初步构建起以“五有五建”为抓手,“党建引领,‘三治’融合”的乡村治理新体系,逐步形成具有郊区特色的可复制、可借鉴的“治理经验”。人居环境整治亮点纷呈。大力实施农村人居环境整治三年行动,扎实推进“1+5”行动。争取到中央预算内投资 2000 万元,人居环境整治工作实现“三个第一”的突破:全市第一家实现垃圾不落地全覆盖县区、第一家试点探索垃圾分类县区、第一家实现秸秆全部回收县区。西南舁乡“北七村”、河底镇“燕龛沟”成为全市乃至全省农村人居环境整治的靓丽品牌。

五、坚持勇往直前、砥砺奋进,改革创新成果丰硕

科技创新驱动力增强。新组建科技局,制定了《科技创新 10 条》。成功举办“四创四融”活动,在全市率先完成规上企业创新生态全覆盖, 为全市获得全省第一作出了重要贡献。建成全省首家区级工业全域数据平台领导驾驶舱。举办“新经济·新发展·新未来”校地融合创新论坛,与山西工程技术学院签署战略合作框架协议,开启校地合作新阶段。全年申报科技项目 17 项,争取科技专项扶持资金 1700 万元。国家重点科技专项实现零突破,区科技项目“低热值煤清洁高效燃烧资源利用与灵活发电关键技术”首次入选国家重点科技专项。人才引育成效明显。完善《人才新政十条》,拿出“真金

白银”,人才集聚“洼地”初步形成。全年共引进急需紧缺人才53人,人才回流17人,“一事一议”引进优秀医师3名。优化服务留住人才,设立人才发展资金500万元,打造拎包入住人才公寓168套,发放奖补资金320万元。营商环境走在全市前列。全面深化“放管服”改革,打造全市“六最”升级版。4500平米的智能政务大厅投入使用。推行“7×24小时”自助服务模式全覆盖,建立“容缺+帮办+代办”机制,在全市率先实现企业开办一日办结。国资国企改革走上快车道。成立区委区属国企工委,出台《国资国企改革行动方案》。聘请第三方对国有企业进行摸底并按照“一企一策”的原则,制定“六定”改革方案。全区17家全民所有制企业率先在全市完成改制任务,完成率100%。

六、坚持以人为本、以民为先,人民群众幸福指数节节攀升

优化支出保民生。通过盘活存量、整合资金,集中财力投入教育、医疗、养老等急需资金支持的民生领域,确保民生支出占比不断提高。全年民生支出14.61亿元,占一般公共预算支出的比重为72.79%。全力推动就业促进创业。大力实施“人人持证、技能社会”,全年培训3104人,合格率、取证率、就业率不断提升。多措并举抓好重点群体就业,城镇新增就业3568人,下岗失业人员再就业1643人,就业困难人员实现就业650人,农村劳动力转移1827人。统筹推进教育均衡发展。深化“县管校聘”改革,全区1600余名中小学教师竞聘上岗,83名校长和教师交流任职。高标准组建巨兴小学和玉泉中学初中寄宿制学校,有效缓解开发区“学位紧张”“入学难”问题。74辆校车保障3100余名农村孩子安全上下学,全区中小学校实现“一键报警”。郊区被确定为全国“家校(园)共育”数字化试验区。织密织牢城乡社会保障网。基本养老保险参保人数达12.7万人。救助各类社会人员1.5万人,发放救助金7800余万元。固庄智慧生态康养社区被列为全省重点打造的15个康养社区之一。医疗改革稳步推进,实现全市医疗保障信息互联互通、数据有序共享。启动3.8亿元的公共卫生应急能力提升项目,河底卫生院成为国家级社区医院,着力破解老百姓家门口“看病难”。

七、坚持居安思危、防患未然,各项底线工作扎实有力

决战完胜脱贫攻坚。高标准完成“两不愁三保障”及饮水安全,累计脱贫24村、4559人,“两类户”79户166人全部解除返贫致贫风险。“十三五”时期全区共投入扶贫资金6600万元,脱贫攻坚成效显著。桃林沟村党委书记被省推荐为全国脱贫攻坚先进个人;虎峪村原第一书记感人事迹专题片《山路弯弯》被列入2020年全国十大脱贫攻坚故事之一。郊区代表全市接受脱贫攻坚省考,获得“好”的等次。持续打好污染防治攻坚战。多项环境指标达近年来最好水平,二级以上优良天数同比增加45天,优良率75.7%,各项指标综合排名全市第二。在全市率先实行重点行业工业企业“白名单”绩效评价差异化管控,2020年秋冬防绩效分级全市排名第一。完成省市下达空气环境质量目标任务。温河辛庄省控断面达V类水体,荫营河白泉断面水质明显好转。被全省评为全市唯一的河长制工作绩效管理奖励县区,入选全国节水型社会建设达标县区。全面推行林长制改革,投资5000余万元,高标准完成荒山绿化、生态修复等项目。积极开展生态修复及研石山综合治理工作,7个矿山修复治理示范项目全部完工。着力防范化解重大风险。扎实开展“三零”单位创建,“零上访”“零事故”“零案件”创建率分别达98.84%、99.92%、95.61%。决战决胜扫黑除恶专项斗争,社会治安持续向好,人民群众获得感幸福感安全感连续两年位居全市前列。聘请阳煤集团专家对重点领域“把脉会诊”,全区煤矿、非煤矿山等领域均未发生死亡事故,地方煤矿百万吨死亡率继续为零,实现了事故起数与死亡人数“双下降”。在全市率先提出“零火情”目标,投入370万元加强应急队伍建设,构建了“人防+技防”的“空天地”立体式巡防巡护新体系。

八、坚持和发展社会主义民主政治,治理能力和治理效能不断提升

推动新时代人大工作高质量发展。出台《关于新时代加强和改进人大工作的实施意见》,从人、财、物各方面保障人大代表充分发挥作用。投资20.8万元,加强全区人大代表联络站点建设。人大预算联网监督平台建设运用等工作受到了省、市领导的充分肯定。发挥协商民主重要渠道作用。区委先后6次听取区政协工作情况汇报,制定《关于新时代加强和改进人民政协工作的实施办法》。立案的166件提案全部答复办理完毕。支持政协围绕城乡融合、乡村治理、“十四五”规划等中心工作开展协商议政,汇聚强大合力。全面推进依法治区。开展法治政府建设示范创建,运用法治思维解决了G239改线工程中遇到的“拆迁难”问题,成为全市运用法治思维推动工作的成功范例。开展“七五”普法宣传,营造了全民守法的浓厚氛围。构建大统战工作格局。加强队伍建设,实现了统战委员配备全覆盖。创新咨政建言机制,组织各民主党派等人士开展调研11次。开展贴心行动,慰问各类人士2000余人次;助力疫情防控,助推脱贫攻坚。民族宗教工作稳定健康发展,党外干部人才库得到充实,统战工作迈上新台阶。

九、坚持刀刃向内、自我革命,全面从严治党深入推进

坚决扛起管党治党主体责任。全年召开25次常委会议,安排部署加强和改进党的建设等工作,印发了《区委常委会及其成员落实全面从严治党责任清单》,推动全面从严治党主体责任落实落细。夯实全面从严治党政治责任,问责“两个责任”不落实党员领导干部46人、党组织4个,以问责倒逼全区党员干部履职担责。九届区委完成对区直单位、乡镇(中心)和村(社区)的巡察全覆盖,打通了全面从严治党“最后一公里”。牢牢掌握意识形态工作领导权。严格落实意识形态工

作主体责任,把握正确政治方向。勇于发声、善于发声,以社会主义核心价值观引领社会新风尚,举办了首届"郊区好人"表彰活动。新时代文明实践全国试点以"1456"战略领航,开创了城郊型新时代文明实践新路径,全区意识形态总体态势健康向上。不断筑牢基层党建根基。以"双争双创"为抓手,大力推进党组织星级化管理、治理能力提升、党员分类积分管理、各领域党建排头兵"四大工程"。建立支部联系点523个,创新李家庄汽车产业党建联盟等党建品牌工作。建成温河灌区纪念馆,温河精神成为干事创业"动力源"。24名机关事业单位干部奔赴农村一线;14个软弱涣散党组织常态化整顿;排查整顿发展党员违纪违规问题专项工作全面完成;农村青年人才党支部覆盖全部乡镇,社区活动场所和基层党建经费全面提标。打造高素质干部队伍。坚持把政治标准放在首位,突出"重实干、重实绩、重担当"的选人用人导向,调整2批次75人次,320名干部晋升职级,优化了干部队伍结构。制定《科级干部平时考核管理办法》,开展科级干部培训1000余人次,选派157名科级干部到基层一线历练。深入开展"五整治五严禁"作风建设专项整治,干部作风持续好转,经验和做法在全市推广。一体推进"三不"机制。紧盯群众身边腐败和作风问题,开展各类专项监督检查25项,全区纪检监察机关立案118件,给予党纪政务处分121人,留置2人,移送司法机关2人。起草《关于推进不能腐制度建设和深化改革的任务分工方案》,探索建立《关于加强纪委监督同级党委(党组)及其成员的实施细则》。

(刘俊杰)

附:中共阳泉市郊区区委书记、副书记、常委名单

书　记:王明厚(1月离职)　王晓丽(女,1月任职)

副书记:宁文鑫　郗文保(7月离职)　李仁照(7月任职)

常　委:孙　儒(6月任职)　张斌武　李丽新(女)　王文玉　李　泽　段拥军　郭方恺　张俊杰(6月任职)　张海斌

中共平定县委

县委书记　李　明

2020年,平定县委坚持以习近平新时代中国特色社会主义思想为指导,深入学习贯彻党的十九大、十九届二中、三中、四中、五中全会精神,贯彻落实习近平总书记视察山西重要讲话重要指示和省委市委各项决策部署,认真履行把方向、管大局、保落实的职责,团结带领全县广大干部群众真抓实干、攻坚克难,统筹推进疫情防控和经济社会发展,扎实做好"六稳"工作,全面落实"六保"任务,推动中央大政方针和省委、市委各项决策部署全面正确有效落实,全县经济社会发展各项工作取得新进展。

一、坚持深入学习贯彻习近平新时代中国特色社会主义思想,牢牢把握正确政治方向

坚持把学深悟透习近平新时代中国特色社会主义思想作为首要政治任务,引导全县广大党员干部强化政治理论武装。深入学习习近平总书记视察山西重要讲话重要指示,党的十九届四中、五中全会精神以及《习近平谈治国理政》第三卷,重温了习近平总书记"三篇光辉文献",及时学习省委和市委会议精神,通过常委会、中心组、基层宣讲、专题培训等方式,深刻领会习近平总书记的新理念新思想新战略,推动学习贯彻工作不断走深走实。制定出台党委(党组)会议"第一议题"制度,常委会带头示范,集体学习13次,举办古州大讲堂1期;组织开展十九届四中全会精神网络专题培训、"领头雁"培训、科级干部轮训等34批次2700余人次,推动学习贯彻工作向基层延伸,在基层扎根。紧密围绕中央和省委、市委决策部署,聚焦平定县"六新"突破、招商引资、乡村振兴、党的建设等重点,不断把学习成果转化为转型创新蹚新路的工作思路和举措,加快融入阳泉"晋东区域中心城"建设,争当全市排头兵。

二、统筹推进疫情防控和经济发展,经济运行稳步向好

县委切实加强对经济工作的领导,努力克服疫情带来的严重冲击,着力推进结构调整,全县经济运行稳步向好。全年地区生产总值完成114.70亿元,同比增长3.7%;规模工业增加值完成31.75亿元,同比增长5.3%;社会消费品零售总额

完成 53.10 亿元，同比增长 1.7%；公共财政预算收入完成 5.10 亿元，同比增长 6.7%；城镇、农村居民人均可支配收入分别增长 4.4%和 7.4%。

疫情防控取得阶段性胜利。认真落实党中央和省委、市委关于疫情防控的部署要求，全党动员、全民参与，做好疫情常态化防控，实现了零输入、零感染的“双零”目标。加强公共卫生防疫和重大传染病防控，全面抓好黑热病防治工作。

复工复产有序有力。制定推动项目和企业开复工 45 条措施，建立开复工名单、时限、问题、包保“四个清单”，严格落实县级领导包保责任制和专班负责制，常态化开展领导干部入企服务，解决资金、用工、用料等实际问题 105 条。通过发放政府电子优惠券、发展电子商务、农村集市和“夜经济”、开展直播带货等方式，活跃消费市场、激发市场活力。全面落实援企稳岗政策，稳就业促增收。

项目建设加速推进。全县确定的 84 个重点项目，82 个开复工。益智透水砖（一期）、新睿磁材（一期）、中能建投 100MW 风电等 40 个项目建成投产。

招商引资多点突破。坚持县、乡、村三级联动，累计签约项目 30 个，超额完成市级下达任务。

深入实施乡村振兴战略。坚持抓特色、抓优势，打造薯类、中草药、干鲜果、蜜蜂养殖 4 个万亩（箱）特色产业基地；以连翘为主的中药材种植（抚育）面积达到 5.5 万亩，药茶加工企业（合作社）8 个；新发展艾草种植 2000 亩，培植了艾之冠、方兴艾业、誉人艾草等艾制品加工企业 3 个。鑫生园、远鹏达到部级标准化养殖示范场。“三品一标”产品认证数量达到 83 个。“桃河谷”黑小米、“九州香”富硒小米、“艾之冠”艾条等 3 个农产品被评为山西功能农产品，“冠山连翘茶”“阳泉蜂蜜”被评为市域公用品牌。投入 8800 万元整治娘子关片 11 个重点村的人居环境。创建农村生活垃圾治理示范村 100 个。完成农村户厕改造 3120 座，完成率 104%。

三、聚焦“六新”抓项目，产业转型迈出坚实步伐

把新材料产业作为首位产业，阳泉时尚科创城落地开工，打造从“一块煤”到“一块布”的新材料链式产业；石墨烯项目签约奠基，实现碳基新材料的进一步延伸；镁铝合金新材料项目开工建设，拓展铝基新材料中下游产业链，提升产品附加值。发挥交通区位优势，现代物流产业加快推进，商贸物流港开工建设，蒙牛物流园标准厂房顺利建成，为打造晋东商贸物流引领区奠定坚实基础。深化能源革命改革，新能源产业加速发展，中能建投 100 兆瓦风电并网发电；风光储能互补工程有序推进。坚持绿色发展理念，固废循环产业日益壮大。三产转型实现新进展，娘子关 4A 景区创建成功；紫砂企业达到 103 家，从业人员达到 800 余人，成功开通“砂都平定”高铁专列，举办了第四届中国紫砂“南宜兴·北平定”平定紫砂（砂器）药茶融合发展文化节，举办“砂都平定”周末砂器陶瓷紫砂“指尖巧匠”文化集市。

四、持续深化改革，转型发展活力进一步增强

开发区改革全面发力。工业投资增速 38.6%，高新技术企业新增 2 个，“四上” 企业新增 4 个。建成标准厂房 18.82 万平方米，打造第四期平台 1100 亩，“标准地”出让实现“零”突破。“管运分离”进一步深化，时尚科创城 6 万吨差别化氨纶纤维与 35 万吨差别化聚酯纤维项目开工建设，山西碳烯科技有限公司单层氧化石墨烯和石墨烯改性尼龙项目顺利签约。

国企国资改革成效明显。26 家县属涉改国企全部完成公司制改革；国企退休人员全面完成移交；“三供一业”完成改造 1.09 万户。

“放管服效”改革扎实推进。近万平米的新政务大厅投入使用。政务服务信息化、“一站式”比率等指标进入全省第一方阵。一次性向开发区赋予项目落地、开办、市场准入等行政审批事项 56 项，工业项目从“审批多处跑”变成“办事不出区”，实现“全承诺、无审批、拿地即可开工”。深化相对集中行政许可权改革，核准类、备案类工建项目审批时限分别比省级部门规定的 98 和 88 个工作日减少了 33、38 个工作日，压减率达三分之一；企业注册时限压缩到 1 天以内，压缩率达 67%；容缺受理 126 件，进一步提高审批效率，激发市场活力，助推经济发展。

助力民营经济快速发展。累计清理拖欠民营企业、中小企业账款 5.76 亿元，为全县 24 家中小微企业融资近 4 亿元。推动 1 家企业在“新三板”挂牌，13 家企业在“晋兴板”挂牌。培育“小升规”企业 14 个，高新技术企业 6 个，新增“双创”基地 4 个。

创新生态逐步形成。全县 68 家规上企业实现创新活动全覆盖。兆丰铝电、贝特瑞新能源等 7 家规上企业建立市级企业技术中心，超额完成年度目标任务。恒跃兴钙业、金泰家电 8 家规上企业自建实验室或研发中心。

五、加强民生保障和社会治理，人民群众的获得感和幸福感不断提升

坚持以人民为中心的发展理念，把保障和改善民生摆在突出位置。在财政紧张的情况下，千方百计向民生领域倾斜，下大力解决群众关心关注的突出问题，全年民生领域一般公共预算支出占比达到 86.5%。强力推进“人人持证、技能社会”行动，全民技能提升工程任务完成率 118%，城镇登记失业率控制在 2.71%。全县城乡低保保障、特困供养标准再提升，待遇全部落实到位。积极改善县医院办医条件，投资 5000 万元的县医院门诊医技大楼投入使用，中医院新建项目、东升分院改扩建工程正式启动。全县人民关注的平定二中新建教学楼建成使用，平定一中、红卫学校新建等工程有序推进。新建改造城市道路 4 条、管网 70.88 公里，新增游园 3 个，拆违面积 6400 平方米。完成 17 栋 12.65 万平米既有建筑能效提升改造。投入棚改资金 8600 万元，完成西关街三期等棚改续建项目。冬季清洁取暖工程完成 4.23 万户，超额完

成市下达任务。全国城乡交通运输一体化建设工程示范县顺利完成验收。“太行山一号”旅游公路平定段，开工155公里，建成89公里。国道307、207线阳泉市绕城改线工程进展顺利。全力做好退役军人服务保障工作。顺利完成第七次人口普查。全县42个建档立卡贫困村13项指标全面达标，5420户11532人贫困户全部脱贫退出。深入开展“三零”单位创建，“三零”创建标准主体达4685个，占比96%；矛盾纠纷、安全隐患和治安问题化解率达98%。深入开展大气、水、土壤污染防治工作，实施重点行业无组织排放改造和工业窑炉污染物排放综合治理，加大建筑施工场地和道路扬尘治理力度。对裸露山体进行生态恢复治理，实施营造林1.7万亩，生态环境质量不断提高。

六、坚定不移落实从严治党，推动党的建设迈上新台阶

坚定不移地落实管党治党的主体责任，推动全面从严治党进一步向基层延伸。2020年，召开县委常委会、理论中心组学习会等44次，研究党建议题72个。定期听取县纪委监委汇报，及时研究部署党风廉政建设和反腐败工作。传导压实管党治党责任，围绕执行政治纪律和政治规矩、落实全面从严治党主体责任和监督责任等五个方面25项内容开展了常态化的监督检查，深入开展疫情防控和复工复产、脱贫攻坚、人防领域、优化营商环境、民生资金等专项治理。传导压实管党治党责任，因主体责任、监督责任、监管责任落实不力，问责58件59人8个党组织。

树牢正确的选人用人导向，全面加强领导班子和干部队伍建设。干部选任严把政治标准，突出实干实绩。加大交流力度，优化干部结构。强化干部实践锻炼，选派10名干部到招商引资一线实践锻炼，筛选180名党员干部到社区助力疫情防控。落实人才工作“一意见四办法”，引进急需紧缺中小学(幼儿)教师70名，引进急需紧缺医疗专业技术人员16名。

落实新时代党的组织建设新要求，基层基础工作进一步夯实。全面完成农村“两委”换届试点工作。突出示范引领，打造了南庄、红育口、七亘等20个党性教育基地。坚持“党建领跑、共享服务”，全力搭建集“四厅四区四馆一课堂”于一体的多功能平定县党群服务中心。坚持“党建引领、三治融合”，村(社)治理新体系全县推开，运行良好。整顿12个软弱涣散基层党组织，完成41名机关事业单位干部到村任职工作。党建经费保障，乡镇运转经费、党员人均党建经费、服务群众专项经费全部落实到位。深化乡镇改革，规范机构设置，厘清县乡权责，推进职能转变，提升乡镇治理水平。

(葛　鑫)

附：中共平定县委书记、副书记、常委名单

书　记： 申　济(11月离职)　李　明(11月任职)

副书记： 王建义　李海民　李康舒(女，6月任职)

常　委： 王卫东　李有义　王玉卿(女)
梁宝元　张文斌(2月任职)
赵文骥(2月离职)　郭满仓(8月离职)
李鸿斌(8月任职)　郭勤琳(7月任职)
史纪元(10月任职)　杨建国(10月离职)

中共盂县县委

县委书记　张其光

2020年，盂县县委深入学习贯彻习近平总书记视察山西重要讲话重要指示，全面贯彻落实省委“四为四高两同步”总体思路和要求、市委“重塑竞争新优势，倾力打造晋东区域中心城”总体要求，统筹推进疫情防控和经济社会发展，全力争先进位，各项工作取得新进展。

一、学深悟透上级精神，转型定力更加坚定

旗帜鲜明讲政治，坚决做到“两个维护”。全年召开29次县委常委会，集中学习党的十九届五中全会和习近平总书记视察山西重要讲话重要指示、《习近平谈治国理政》第三卷及中央省市决策部署等，常学常新，真学真信，贯彻到履职尽责各方面、全过程。

持之以恒强本领，扎实提高能力水平。结合干部教育培训和宣讲活动，县级领导登台讲课50余次，邀请国省知名专家教授围绕创新驱动、生态环保、城市建设、乡村振兴、社会治理等举办专题讲座8次。

集思广益谋转型，不断完善发展思路。落实省委市委全会精神，广泛汇集意见建议，完善“五个五”发展思路，科学编制“十四五”规划建议，研究制定59条要求和139条措施，加快建设宜居宜业宜游区域强县。

二、全县上下闻令而动，疫情防控精准有序

早安排行动快，靠前指挥精细部署。召开31次县委专题会议暨县疫情防控领导组会议，组建县级领导带队的25个分指挥部划片指挥，全面压实六个责任，形成了高效运行的战时机制，确保了各项防控措施有效落实。

关键点重点抓，未雨绸缪齐抓共管。严抓“双返”“双防”，投入3200人设卡718个，划小防区筑牢防线。贯彻四集中原则，扩增病房，建设PCR实验室，改造隔离点，社会面管控齐抓共管，有力有效。

担使命建堡垒，凝聚力量守住防线。建立党员疫情防控

队 759 个,227 名机关干部支援社区农村,115 人在一线提交入党申请书,广大干部群众跟着党旗去战斗,防输入、防反弹、防进京,坚决筑牢了阻击疫情的盂县防线。

三、全力做好六稳六保,经济社会复苏向好

积极稳妥抓"四后",恢复生产生活秩序。出台支持中小企业复工复产 20 条,新增减税降费 1.95 亿元,清欠民企账款 1.2 亿元,"点对点"服务民工返岗 1.2 万人次。协调金融机构办理企业续贷 2.8 亿元。

夯实产业稳基础,助力经济企稳回升。建设 5.65 万亩高标准农田,保障粮食稳产增收超 1.15 亿公斤。抽调 289 名干部联系 37 家规上企业、369 家中小微企业入企服务全覆盖。提升抓服务业的能力和水平,新入统限上企业 19 家,新培电商 3 家。

项目建设加速度,抢抓机遇争取资金。裕光煤电点火运行,国道 239、338 全面开工。航空跑道铺设完成。经开区获批,10 万平米厂房主体完工。申报争取中央投资项目及专项债券项目 43 项。

四、全面深化重点改革,创新生态加快打造

深化放管服效改革,开启一枚印章管审批。1 万余平米的政务服务中心建成投运,首批划转行政许可事项 254 项。深化企业投资项目承诺制改革,涉企立项审批事项压减 200%,在线申报审批 100%。

深化国企国资改革,加快培育创新型主体。16 家竞争类企业推进公司制改革,6 家功能类企业推进分类改革,4 家僵尸企业推进破产处置。聚焦"六新""七大产业板块"谋划 13 类 91 个项目。招引金属增材、华波泵业等新项目,签约 16 项,完成 113.7%。培育"小升规"企业 10 户,企业技改 31 项。新注册商标 26 件,授权专利 6 件。

采取多元化措施,推动各类人才集聚。召开全县科技创新暨人才工作推进会,出台人才激励十二条,实施"盂雁归巢""人才兴学计划",引进各类人才 121 名,其中硕士研究生 41 名。首届评选"四名"人才 34 名。建设人才公寓 105 套。聘用 9 名科技特派员扶持 10 家农产品加工龙头企业,促进科技成果转化。

五、聚焦聚力三大攻坚,底线工作扎紧织牢

强化交总账军令状意识,决胜脱贫攻坚。制定应对疫情十项政策,挂牌督战省市反馈问题 66 个,财政投入 1.29 亿,扶贫产业 441 个,搬迁 98 户 261 人,重点监测"两类户"69 户 155 人,9544 个贫困人口全部脱贫出列,脱贫攻坚成效考核评价排名全市第一。

牢固树立生态文明思想,决战污染防治。推进十大专项行动,压减焦化产能 60 万吨,整治入河排污口 31 个,清洁取暖改造 5.6 万户,露天矿山修复、采煤沉陷治理加快推进。县城优良天同比增加 24 天,位居全市第一,国控、省控地表水断面水质达二类、一类标准。

着力防范化解重大风险,深化"三零"创建。扫黑除恶打掉恶势力团伙 11 个。有效应对城商行集中取款,清收金融不良贷 1.2 亿元。创建全科网格试点县,配备专兼网格员 2200 余人。加强信访、安全生产、护林防火等工作,狠抓重点领域和监管空白,4340 个主体"零上访、零事故、零案件"创建率达 98.9%、99.9%、95.4%。

六、坚持人民至上理念,民生事业保障有力

强化政策落实,社会服务保障实现新提升。"人人持证、技能社会"建设培训 133 期 7970 人,取证率达 96.5%。建成 PCR 实验室,培训核酸采样技术人员 600 人。新建改建县直中小学教学楼,教育医疗水平有效提升。解决农民工欠薪 130 人 256 万元。

提升能级品位,打造宜居宜业宜游大县城。全面改造提升金龙街、秀水街。建成宪法广场、核桃园步道、7 个足球场。棚改回迁 1168 套,改造老旧区 9 个。改造 5G 基站 110 个。拆除违建 40 余处,"随手拍"跟踪整改问题 180 条。

改善乡村面貌,加快打造乡村振兴新样板。投资 216 万元巩固提升了 38 个村安全饮水工程。改造户厕 3273 座,建设农村垃圾转运站 11 座。新创 7 个示范村 50 个提升村 100 个美丽庭院示范户。禅房村、后川村入选全国美丽休闲乡村、"一村一品"示范村。

七、落实党管意识形态,文旅融合加速推进

意识形态掌握主动,舆论宣传强劲有力。落细落实意识形态工作责任制,荣获省"扫黄打非"先进集体称号。县乡党委(党组)专题学习 1935 场,组织宣讲 776 场,"学习强国"注册 6.7 万余人。外宣新闻 1100 余件,国家级播发 102 件,省级播发 141 件。

加强思想道德建设,精神文明创建扎实推进。开展庆祝建党 99 周年、抗战胜利 75 周年、抗美援朝出国作战 70 周年系列活动。16 个文明实践站点注册志愿团体 74 个 6085 人。创建市级文明单位 31 家。县实验三小评为全国文明校园,王炭咀村评为全国文明村,中医院评为省级社会主义核心价值观示范点。

大力繁荣文化事业,文旅融合加快发展。总投资 1.55 亿元,建设旅游项目 10 项。太行 1 号旅游公路加快建设,藏山启动国家 5A 景区创建,大汖古村国家 3A 级景区通过初审。申创省 4A 级乡村旅游示范村 1 个,3A 级乡村旅游示范村 8 个。"群星风采"走进乡村 100 场,送戏下乡 170 场。县文化市场综合行政执法队荣获"全国基层文化市场综合执法队伍先进集体",县文化馆通过"国家一级馆"评审。严格文物保护巡查,启动申报"千年古县"。

八、压紧压实主体责任,从严治党深入推进

以政治建设为统领,狠抓基层党的建设。持续优化队伍结构,调整干部 12 批 126 人次,首次举办年轻干部培训班。出台 16 条意见优化村干部队伍,选派 47 名机关干部到村任职,110 名农村干部晋升学历,回引储备村级人才 910 名。发

展壮大村集体经济，5万元以上村达91%。

坚持共建共治共享，加强民主政治建设。人大工作与时俱进，46个代表联络站规范运行。协商民主常态长效，国省市采纳信息76篇，全市第一。统战工作汇聚力量，非公经济及党外人士和民族宗教人士捐款捐物267万元助力疫情防控。司法责任体现成效，法律便民咨询2696件，法律援助168件。

持续正风肃纪反腐，一体推进“三不”机制。畅通信访举报渠道，张贴信访举报宣传漫画800套，受教育人数近15万人次。处置反映问题线索693件，立案274件，结案273件，党纪政务处分268人。深化日常监督，疫情防控督查170余次，清明护林防火督查发现整改问题50个，国庆值班督查发现整改问题30个，追责问责56人。查处违反中央八项规定精神14件45人，形式主义、官僚主义问题33件162人。对“两个责任”落实不到位的8个党组织、61名领导干部追责问责。

（石晓晨）

附：中共盂县县委书记、副书记、常委名单

书　记： 张其光

副书记： 梁海昌　刘志军

常　委： 王建华（2月离职）　王建源（2月任职）
王　浩　王会平（2月离职）
刘计平（10月离职）　梁　敏（女）　高尚明
张五太　赵红武（2月任职）
靳海龙（10月任职）　张　浩（7月任职）
连　斌（7月任职）

中共长治市委

市委书记　孙大军

2020年，长治市委坚持以习近平新时代中国特色社会主义思想为指导，认真学习贯彻习近平总书记视察山西重要讲话重要指示，深入落实省委“四为四高两同步”总体思路和要求，忠实履行把方向、管大局、作决策、保落实职责，团结带领全市党员干部群众砥砺奋进、锐意进取，确保中央及省委决策部署有效贯彻落实。特别是面对新冠肺炎疫情冲击，市委统筹抓好疫情防控和经济社会发展工作，严格落实疫情防控各项举措，全力恢复正常生产生活秩序，努力完成全年经济社会发展目标。2020年，全市地区生产总值完成1711.6亿元，增长5.1%；一般公共预算收入完成166.35亿元，增长2.7%；高质量发展综合绩效考核年度指标、“十三五”规划主要目标任务、全面建成小康社会指标基本完成。

一、深入学习贯彻习近平新时代中国特色社会主义思想，把牢正确工作方向

坚持把学习习近平新时代中国特色社会主义思想列为市委常委会必设议题，及时跟进学习习近平总书记最新重要讲话，不断增强“四个意识”、坚定“四个自信”、做到“两个维护”。认真学习贯彻习近平总书记视察山西重要讲话重要指示，狠抓省委书记调研长治讲话精神贯彻落实，制定市委《关于贯彻落实习近平总书记视察山西重要讲话重要指示在转型发展上率先蹚出一条新路来的任务清单》《贯彻落实省委书记楼阳生调研长治重要讲话精神任务清单》，跟踪督导落实，确保落地见效。深入学习宣传贯彻党的十九届五中全会精神，分层次分领域开展五中全会精神宣讲，高标准举办读书班、干部培训班，推动党的创新理论到基层、入人心。精心编制“十四五”规划，谋篇布局未来五年发展。

二、聚焦“六新”奋力突破，推动经济高质量转型发展

培育壮大半导体光电、装备制造、医药健康、信创、文化旅游等战略性新兴产业，推进紫外LED产业集群化发展，举办第二届紫外LED长治产业发展峰会，8个紫外LED产业化项目落户长治；依托振东、康宝、太行药业等制药企业打造医药产业集群，生物医药制品产值达到17.3亿元；开工建设智能终端产业园和太行数据湖产业园等项目，潞州区主城区和主要应用场景实现5G全覆盖；推动文化旅游产业提档升级，太行山大峡谷八泉峡成功创建5A级景区。改造提升煤化工等传统产业，潞安单烷烃、潞宝锦纶长纤维等项目先后投产，煤化工产品进一步向绿色化、高端化迈进。推进能源革命综合改革试点，能源革命创新创业产业园建成运行并吸纳10余家企业入驻。狠抓转型项目建设，全市累计实施转型重点项目799个。

三、坚定实施创新驱动和人才强市战略，加快打造一流创新生态

制定出台《长治市创新生态建设30条》，推出6方面30项创新生态建设举措。围绕高端装备制造、半导体光电、医药健康等重点产业，全力支持15大创新平台发展壮大。全市规上工业企业研发活动初步实现全覆盖，高新技术企业突破180家。高标准推进总规模27万平方米的“山西智创城NO.5”建设，已引入高新技术企业56家。加快“双创”平台培育，大数据、唯美诺、左右为你等3家众创空间备案国家级众创空间。成功举办第六届长治青年创新创业大赛和第三届长治技能大赛，长治市在第二届全省技能大赛中取得获奖人数第一、团体总分第一的成绩。

四、持续深化改革开放，增强发展动力和活力

稳步推进市级事业单位改革，事业单位布局结构更加优化。加快国企国资改革步伐，市属38户“僵尸企业”全部出清，58户正常经营企业全面完成公司制改制，“三供一业”改造完成96%。持续优化营商环境，深入推进“一枚印章管审批”改革，推动审批事项从320项减少至236项，80%审批服务事项实现“一网通办”。出台《深入推进开发区改革创新17条》，向省级以上开发区下放646项管理权限，“开发区＋专业管理运营团队”的“大地模式”成效明显。大力发展外向型经济，出台《长治市促进外向型经济发展16条》，全市完成进出口总额8.88亿元，出口同比增长18.8%，增速全省第二。

五、大力推进新型城镇化，加快建设省域副中心城市

坚持规划引领，长治市国土空间总体规划基本完成。大力提升城市品质，漳泽湖国家城市湿地公园向社会免费开放，新建26处街头游园、10处停车场，对太行公园进行改造提升，新建成儿童主题公园和体育公园。深入实施“两下两进两拆一提升”行动，市容市貌全面提升。加快完善城市基础设施，一批城市道路及道路管网改造工程相继完成，城市路网结构进一步优化，城市重点地段内涝隐患全面消除。加快构建内畅外联大通道，太郑高铁建成通车，国道207、208、309环线公路全线通车运行，黎霍高速建设加快推进。我市实现“全国文明城市”荣誉称号“四连冠”，长子县进入“全国文明城市”(县级)行列。

六、决战决胜脱贫攻坚，全面推进乡村振兴

全市脱贫攻坚取得决定性成就，32.2万贫困人口实现稳定脱贫。坚持“特”“优”战略，全市有机旱作农业封闭示范区规模达到10万亩，重点打造药茶、中药材、酿品、肉制品、粮品、果蔬食品、功能保健品七大特色优势农产品精深加工产业集群，储备项目151个。培育药茶生产主体41家，药茶年生产加工能力达5000吨。深入推进农村人居环境整治，全市7.08万座农村户厕改造任务完成，推广微生物降解生态智能厕所3941座，村庄清洁行动取得显著成效。扎实推进农村移风易俗，全市85%以上的行政村制定完善了村规民约。

七、坚决打好污染防治攻坚战，持续加强生态文明建设

坚决打好蓝天、碧水、净土保卫战，钢铁超低排放改造、挥发性有机物治理、燃煤小锅炉淘汰、燃煤锅炉超低排放改造、燃气锅炉低氮改造等任务全面完成，工业窑炉和重点工业企业无组织排放深度治理稳步推进，清洁取暖改造任务超额完成，黑臭水体全面消除。坚持山水林田湖草系统治理，大力实施国土绿化行动，完成营造林任务18.24万亩、土流失治理面积45万亩，沁河、浊漳河重点段河道生态修复治理加快推进，矿山综合管理进一步加强。持续推进城乡生活垃圾分类处理与循环利用，“四区”及襄垣县建成区实现生活垃圾零填埋。

八、全面加强宣传思想文化工作，推进社会主义民主政治建设

牢牢守住意识形态阵地，全市意识形态形势平稳向好。扎实推进融媒体中心建设，12个县区全部通过省级验收。与中央新影集团合作拍摄大型文献纪录片《上党战役》并在央视播出，提高了太行精神的影响力。制作播出MV歌曲《高铁向着家乡跑》，激发了老区人民的爱国爱乡豪情。在全市机关企事业单位推行工间操，成为展示体育长治、健康长治、文明长治形象的亮丽风景。深入贯彻落实省委人大、政协工作会议精神，人大、政协工作得到进一步加强和改进。扎实推进民主党派、民族宗教等各方面工作，广泛凝聚了团结奋进的政治共识。持续加强群团工作，群团组织活力日益增强。我市再次获得“全国双拥模范城”荣誉称号，实现“六连冠”。

九、持续保障和改善民生，加强和创新社会治理

全力做好新冠肺炎疫情防控工作，实现“双零”目标，爱国卫生运动深入推进。大力推进“人人持证、技能社会”建设，组织职业技能提升培训9.16万人，培训后持全省通用技能证书6.5万人。持续深化基础教育改革“十大行动”，教育部在长治市召开全国基础教育综合改革暨教学工作会议。制定出台《长治市深化医药卫生体制改革十大行动》，县域医疗卫生一体化改革扎实推进。深入推进扫黑除恶专项斗争和禁毒攻坚战，扫黑除恶专项斗争战果位居全省第一方阵，毒情指数大幅下降。深入推进“三零”单位创建，全市信访形势呈现出“三下降一好转”趋势，安全事故起数和死亡人数实现双下降。

十、深化全面从严治党，持续构建良好政治生态

坚持把党的政治建设摆在首位，各级党委(党组)严格执行市委建立的每季度集体学习《关于新形势下党内政治生活的若干准则》制度。持续加大正风肃纪反腐力度，召开全市干部警示教育大会，全市纪检监察机关共立案2456件，给予党纪政务处分2339人，组织处理3548人，移送审查起诉43人。把边巡边改要求贯穿到接受十一届省委巡视全过程，全力抓好巡视反馈问题整改。推动市县巡察向村(社区)延伸，顺利完成第八轮巡察，部署展开第九轮巡察。持之以恒纠正“四风”，严肃查处违反中央八项规定精神问题和形式主义、官僚主义问题，切实减轻基层负担。旗帜鲜明树立崇尚实干、人岗相适、培养年轻干部“三个导向”，持续整治“三股歪风”。改革考核评价办法，坚持以结果论英雄，激励干部担当作为。着力健全社区基层组织体系，新建立259个居民小区党支部，一些没有物业管理的老旧小区因为党支部的建立进而引

领居民自治而面貌一新,在“三零”创建、文明城市创建、垃圾分类、疫情防控等工作中彰显了组织优势和先锋力量。

（王　东）

附：中共长治市委书记、副书记、常委名单

书　记：孙大军

副书记：杨勤荣　韩春霖(11月任职)
唐立浩(11月离职)

常　委：尚日红(10月任职)　刘卓良　谷　明
孙刘琳(女)　吴小华　李　敏(1月任职)
姚　逊(1月离职)　王　震(3月离职)
胡　勇　艾志军

中共潞州区委

区委书记　胡　勇

2020年，潞州区委坚持以习近平新时代中国特色社会主义思想为指导，全面贯彻落实党的十九大和十九届二中、三中、四中、五中全会精神，深入学习贯彻习近平总书记视察山西重要讲话重要指示和习近平总书记“三篇光辉文献”，紧紧围绕山西省委“四为四高两同步”总体思路和要求及长治市委“建设省域副中心城市”“建设美丽幸福长治”的工作目标，认真履行把方向、管大局、作决策、保落实的职责，牢牢扛起管党治党主体责任、维护安全稳定政治责任、推动高质量转型发展历史责任，扎实做好“六稳”工作，全面落实“六保”任务，强力推进“六新”突破，高质量发展综合绩效考核年度指标、“十三五”规划的主要目标任务、全面建成小康社会指标基本完成，获得国家、省、市荣誉67项，开创了潞州区各项工作新局面。

一、深入学习贯彻习近平新时代中国特色社会主义思想，牢牢把握正确方向

区委坚持把党的政治建设作为根本性建设，教育引导广大党员干部切实增强“四个意识”、坚定“四个自信”、做到“两个维护”。把深入学习习近平新时代中国特色社会主义思想作为首要政治任务，坚持区委理论学习中心组制度，认真组织学习《习近平谈治国理政》第三卷，深入学习习近平总书记“三篇光辉文献”和习近平总书记视察山西重要讲话重要指示，及时跟进学习习近平总书记最新重要讲话精神和党的十九届五中全会精神，推动学用工作往深里走、往心里走、往实里走。制定《关于贯彻落实习近平总书记视察山西重要讲话重要指示在转型发展上率先蹚出一条新路来的任务清单》，按照“抓班子、带队伍、防疫情、促发展、保稳定”工作要求，转型发展、疫情防控、深化改革、扫黑除恶、禁毒攻坚、安全稳定、民生事业、生态文明建设、“三零”单位创建、文明城市创建和党的建设等各项工作取得新的成绩，确保中央和省委、市委各项决策部署不折不扣贯彻落实。

二、全面贯彻新发展理念，推动经济高质量发展

一是坚持转型为纲，发展动力持续增强。坚持“转型为纲、项目为王”，立足“六新”谋篇布局，聚焦“六新”培育项目。全年招商引资签约项目72个，签约总额498亿元，实施重点项目132个。新增国家备案众创空间2家，省级众创空间1家，省级双创示范基地1家，高新技术企业16家，成功培育“小升规”企业13个、“小巨人”企业3个、“专精特新”企业5个。漳电2×100万、高科集团LED工业电视显示模块等一批重点项目建设顺利推进。中德集团新能源汽车轻量化铝镁合金二期、高测新材料科技新型金刚石线研发及产业化项目实现部分投产。山西沃格20万件人工关节、山西潞益恒自吸式过滤器等一批科技含量高、附加值高的项目填补了省内空白。长治潞州八戒工场、金融商务区、泰舸商贸城、上党中药材智慧物流交易市场投入运营。

二是坚持协调发展，城乡建设有序推进。圆满完成高铁片区和滨湖区朝阳、关村、小常等10个村征收补偿工作和51家企业征迁任务，为郑太高铁开通和滨湖区建设作出了积极贡献。顺利完成天晚集、长丰片区征迁任务，深入推进长北干线道路改扩建、德化门西延、黑臭水体整治等房屋征迁工作，为城市建设提供了有力保障。持续推进城中村改造，湛上、小神、附城等10个村累计征迁房屋3590处，征迁面积118万平方米，征迁率97%。加快村民回迁安置房建设，米家庄、马坊头、史家庄等村完成回迁2361户，安置住房4698套60万余平方米。天晚集片区改造开工建设房屋864套，英华片区等16个老旧小区改造取得实质进展。着力推进“两下两进两拆一提升”，完成4条品质提升道路、4个重要片区、10条城市主要道路和30条支干道的架空线路和杆架专项整治任务。

三是坚持深化改革，发展活力持续释放。医药卫生体制改革、教育体制改革、媒体融合发展改革、机关事务集中统一管理改革、能源革命等重点改革取得突破性进展。国企国资改革顺利推进，三供一业改造、国有企业退休职工社会化管理移交工作全面完成。大力推进相对集中行政许可权改革，加快推进“互联网+政务”，在全市率先完成了省市县乡村政务服务体系建设。拓展“13710”督办制度，完善“一枚印章管审批”制度机制，整合“12345”政府服务热线，政府服务效能明显提升。

四是坚持绿色发展，生态文明建设成效明显。坚决打赢

蓝天保卫战,加快淘汰过剩产能,如期关停南村煤化和晋鑫煤焦4.3米焦炉,顺利完成首钢长钢、长信工业超低排放改造,强力推进卫生防护距离内居民搬迁。淘汰35蒸吨以下燃煤锅炉11台、国三及以下柴油货车2293辆。完成"以电代煤"改造929户,在全市率先实现居民清洁取暖改造全覆盖。持续打好碧水保卫战,完成2个城镇污水处理厂和8家工业企业废水排放提标治理,清理石子河、黑水河、浊漳河南源黑臭水体18.3公里。北寨人工湿地建成投入试运行。扎实推进净土保卫战,12家企业固废堆场整治完成。强化危险废物管控,38家单位全部备案。以154个试点建设为引领,持续推进城乡生活垃圾分类工作。2020年,全区优良天数279天,PM2.5平均浓度为44微克/立方米,集中式饮用水源水质达标率100%,生态环境质量持续好转。

三、切实保障和改善民生,推动社会事业全面进步

一是统筹推进疫情防控和经济社会发展。召开45次专题会议及时分析研判疫情形势,作出全面安排部署,推行"三级两线一查"联防联控机制,坚决守住"双零"目标,疫情防控取得重大战略成果。全力推动复工复产,为5家企业项目争取国家、省级扶持资金4113万元,为全区172家限上企业申请商贸服务业奖励资金135.5万元,争取上级各类科技资金775.6万元,帮助13家"小升规"企业成功争取上级专项资金扶持奖励520万元,减费降息1.5亿余元。向15967人次低收入人群发放价格临时补贴448万余元。区财政"六保"支出16.6亿元,帮助企业减税降费7.5亿元。发放专项扶持奖励资金4434万元,为企业减免社保费9010万元,返还稳岗补贴459万元,医保减半600万元,发放残疾人就业补助125万元,保障了困难群体基本生活和企业复工复产。

二是大力发展民生事业。不断深化基础教育改革十大行动和医药卫生体制改革十大行动,校长职级制改革、教师"区管校聘"改革有序推进,新认定普惠性民办幼儿园6所,潞州中学体育北路学校、东街小学东校区、新华小学教学楼改扩建工程投入使用。长治市人民医院托管潞州区人民医院取得实效,成立潞州区医疗集团,建成区域统一诊断平台。推进"人人持证、技能社会"建设,连续3年蝉联全市技能大赛冠军。在全市首家开通"5G线上培训直播间",新增就业人数8100人,技能培训13500人。持续开展"结亲帮扶""爱心60"活动,更多弱势群体享受到政策红利。坚持"小切口、大民生"理念,完成公共旱厕改造190座,背街小巷整治103条,分配经济适用房612套,建设便民市场3个。

三是纵深推进平安潞州建设。以"三零"单位创建为抓手,深入开展"五项大排查",涌现出东大街派出所、邱村等一批先进典型。开展"扫黑恶、化积案、保稳定"专项行动,扫黑除恶专项斗争中,打掉黑恶势力犯罪组织6个,抓获53人,破获各类案件36起。开展禁毒攻坚行动,破获涉毒刑事案件144起,打掉贩毒团伙20个,抓获66人。常态化开展"查隐患、抓整改、保安全"专项行动,对危化、煤矿、道路交通、建筑工地、消防安全等重点领域开展全面隐患排查治理,排查隐患9320条,整改率97%。打击非法违法行为6起,责令限期整改276家,约谈警示351家,停产整顿10家,罚款107.3万元,营造了安全稳定的发展环境。

四、坚持和发展社会主义民主政治,提高法治潞州建设水平

积极支持区人大及其常委会依法履行职能,依法开展集中视察调研和执法检查25次、进行人事任免21人次。提档升级基层人大代表活动阵地,建设18个代表联络站、45个代表联络点,719名五级代表编组入站开展活动,发挥了代表主体作用。改进新时代人民政协工作,发挥人民政协在基层社会治理体系中的重要作用。认真做好新形势下统战工作,深入开展民族团结进步创建活动,促进了大团结、大联合。持续推进和巩固宗教工作督查整改成效,不断提高新时代宗教工作水平。推进法治潞州建设,开展"七五"普法,建成"三河一渠"法治文化长廊,创建3所"高标准"示范化司法所。支持群团组织深化改革,工青妇等人民团体工作成效显著,党联系群众的桥梁和纽带作用有效发挥。坚决落实党管武装原则,全面推进人民武装工作和国防后备力量建设向纵深发展,国防动员、国防教育、双拥共建、军民融合、人民防空等工作进一步加强。

五、扎实推进宣传思想工作,牢牢掌握意识形态工作主动权

旗帜鲜明坚持党管宣传、党管意识形态,压实意识形态工作责任制。加强理论武装,学习强国平台广泛运用,习近平新时代中国特色社会主义思想深入人心。强化舆论引导,深入推进区级媒体融合改革并取得显著成效。持续培育和践行社会主义核心价值观,深入开展文明城市、文明村镇、文明单位、文明校园、文明家庭创建活动,圆满完成全国文明城市创建任务。提档升级新时代文明实践中心(所、站)建设,涵养了全区向上向善的道德力量。开展"强体育、兴文化、增素质"活动,15个图书馆分馆和5个文化馆分馆全部建成并对外开放,实施"图书全城通借通还"工程,实现了全城图书通借通还。加强文艺作品创作,歌曲《南湖的红船》被推荐为全省庆祝建党100周年群众文艺创作作品。

六、全面加强党的建设,营造风清气正政治生态

出台《潞州区区委常委会及其成员落实全面从严治党责任清单》,坚持边巡边改、立行立改,全力配合省委第十、第十一巡视组圆满完成巡视工作。认真落实区委书记抓党建工作"一单清"各项工作任务,出台基层党建工作要点和任务清单,压实压紧党建主体责任。全面规范组织建设,以实操实训为抓手,构建起"1+3+N"架构体系,全区80个社区建立436个小区党支部,实现了组织设置全覆盖。在农村党组织推行"先锋工程",选派31名机关年轻干部到软弱涣散村任职,选

优配强村党组织书记,提升了农村党组织战斗力。坚持“三个导向”,狠刹“三股歪风”,着力打造忠诚干净担当的高素质干部队伍。选优配强领导班子,扎实开展“墩苗”行动,6名省市干部到潞州区“墩苗”,选拔3名乡镇(街道)党(工)委书记到省市直单位任职,选派5名优秀年轻干部援疆。持续做好平顺、武乡跨县区扶贫帮扶工作,为两县如期脱贫摘帽贡献了潞州力量。聚焦“两个维护”根本任务开展政治监督,对43个单位、133项具体任务开展监督检查。开展区委第三、第四轮巡察,实现一届区委巡察全覆盖。精准把握运用监督执纪“四种形态”,深入开展群众身边腐败和不正之风专项治理,力戒形式主义官僚主义,着力构建“三不”一体推进体制机制,处置问题线索653件1220次,给予党纪政务处分195人,移送检察机关7人,推动党内政治生态风清气正。

(王丽芳)

附:中共潞州区委书记、副书记、常委名单

书　记: 胡　勇

副书记: 崔云峰　任国华

常　委: 王咏刚　李　飞　刘　忠　马验习
蒋　楠　王　辉　牛海江　宋春燕(女)
谢义周(7月任职)　程　璐(女,8月任职)

中共上党区委

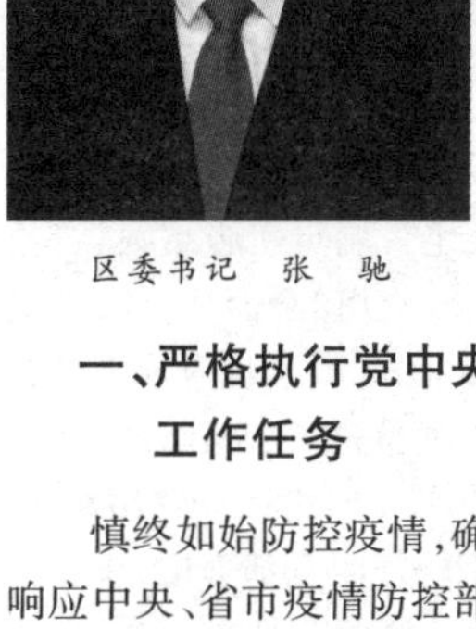

区委书记　张　驰

2020年,上党区委始终增强“四个意识”、坚定“四个自信”、做到“两个维护”,严格按照党中央和省委、市委决策部署,攻坚克难、沉着应对、迎难而上,统筹做好疫情防控和经济社会发展各项工作,保持了全区经济健康发展和社会大局稳定。

一、严格执行党中央决策部署,全力抓好重点工作任务

慎终如始防控疫情,确保全区安全稳定。区委第一时间响应中央、省市疫情防控部署要求,成立防控小组,制定印发《应对新型冠状病毒感染的肺炎疫情应急预案》。充分发挥党员先锋模范作用,在各小区成立党支部150余个,广大党员主动请缨、坚守岗位,投身疫情防控第一线,参与卡口检查,宣传防控知识,充分发挥了党组织的战斗堡垒作用、党员干部的先锋模范作用。全区医护人员放弃节假日,冲锋在前、加班加点,守护了全区平安,全区实现零确诊、零疑似的“双零目标”。坚持疫情防控和企业复工复产“两手抓、两手硬”,科学统筹安排,稳妥推进复工复产复学,出台《上党区企业复工复产和项目开复工工作方案》等措施,有序推动各行各业复工复产。在疫情期间共办理贷款、贴现、增信等各类融资类业务186笔,累计金额5.3亿元,涉及企业73家,用足用活政府债券资金,争取上级置换债券资金2.9亿元,严格落实减税降费政策,本年累计减税降费1.2亿元,全区各行各业复工复产稳步推进、生产生活秩序全面恢复,经济社会稳步复苏、稳定向好态势得到巩固拓展。

奋力推进脱贫攻坚,确保脱贫决战决胜。区委坚持防疫战贫两手抓,帮扶20多家合作社复工复产,带动276名贫困群众实现就近就地就业,防止了因“疫”返贫。加强监督检查,组建5个专项督导组对全区脱贫攻坚进行全方位“体检”,区委3次听取督导组工作汇报,召开10次问题反馈会和2次专题会议进行研究部署。聚焦“十个清零”,制定出台《关于开展问题排查整改“十个清零行动”实施方案》,高标准高质量完成了国家脱贫攻坚普查在上党区的验收工作,全区3861户8501名建档立卡贫困人口全部脱贫,边缘易致贫户88户261人、脱贫不稳定户94户215人风险全部解除。

推进经济社会发展,确保完成年度目标。扎实做好“六稳”工作,全面落实“六保”任务,聚焦“六新”要求,着力构建“两园两地”,全力推进高质量转型,经济社会实现平稳发展。2020年前三季度,全区地区生产总值完成155亿元,社会消费品零售总额完成20.1亿元。全年一般公共预算收入完成15.85亿元;城镇常住居民和农村常住居民人均可支配收入分别增长3.7%和7%。

二、聚焦高质量发展,支柱产业与新兴产业同步加速

持续推进煤炭能源革命。未来一段时期,煤炭依然是全区的支柱产业,坚持走煤炭“安全、绿色、高效”之路,高河新建2座煤矿完成煤矸石填充开采,雄山煤业正在安装调试,辛呈、庄子河等3座煤矿清洁生产有序推进,全区煤炭先进产能占比达到73%。组建10家煤炭销售公司,实现全区煤炭统一销售、统一定价。积极推进清洁能源替代工程,全年煤改气、煤改电改造完成14547户,超进度完成全年任务。积极盘活欣隆低热值煤发电项目。全区光伏发电突破4400万千瓦时。

装备制造产业势头良好。贯彻“项目为王”的理念,引进了以1000T/D光伏玻璃生产线及配套深加工、3D打印设备及建筑构件等为代表的新材料、新装备项目,森联手拉手汽车小镇、碳谷固废综合利用、年产50万平方米幕墙铝孔单板等转型项目进展顺利,雅瑞地毯、华烨注塑、宇华电器、欣德易等传统制造业规模进一步扩大,市场占有率进一步提升,为全区高质量转型提供了强力支撑。

生物医药产业快速发展。依托振东制药的科技优势,新上振东药茶、振东药酒、“朗迪”牌碳酸钙D3片等新产品项目。振东药茶围绕打造“中国第七大茶系”目标,持续加大科研力度,已完成30余种药茶拼配,项目已选址建设,全面投产后年产达500吨;药酒项目已完成药酒配方和工艺研发,获得发明专利11项。朗迪钙产品已投入生产,年产碳酸钙D3片剂30亿片和碳酸钙D3颗粒7.5亿袋,年销售收入11亿元。

文旅休闲产业创新发展。发展智慧旅游,推动文旅产品在山西智慧旅游云平台上线,目前振兴小镇、五凤楼、鑫华生态园等成功入驻平台;振兴小镇5G智慧旅游项目一期完成,建成了智慧停车、云票务、VR党建等7个模块。打造乡村旅游名片,推进东掌小镇创建国家3A级旅游景区,振兴小镇积极申报省级旅游度假区、省4A级乡村旅游示范村,西岭村、十泉岭村积极申报3A级乡村旅游示范村。

三、全力建设“四宜”新上党,民生福祉进一步改善

“宜商”有了新发展。进一步优化营商环境,正式启动“一枚印章管审批”,全区278项行政审批及关联事项集中行使;制定出台《关于鼓励上党经开区创新驱动、转型发展十条优惠政策》《关于支持企业创新发展奖励支持办法》《关于进一步优化上党经开区营商环境的通知》等政策措施,推出增值税留区部分三免三减半、标准化厂房三年免租金等真金白银优惠措施,有效提升了经开区招商引资吸引力;实行项目专员制,为企业提供行政审批全程帮办、代办服务,以最快速度推进项目落地、投产、达效;对“六新”产业项目一事一议,建立绿色通道,简化入园流程,上党经开区已入驻企业62家,“四上企业”16家,高新技术企业3家。面对疫情影响,创新招商方式,由线下向线上转变,从“面对面”交流改为“屏对屏”交流,从上门招商变为“云端互动”,通过网络、电话、微信视频会议等方式,建立高效顺畅的项目对接机制,2020年完成招商引资项目49个,签约额241.9亿元,开工率82.9%,招商引资成效明显。

“宜居”有了新改善。按照市委“一城四区”一体化发展要求,着力推进城乡一体化融合发展。加快城乡建设步伐,郑太高铁通车运行,长治南站投入使用,新建路南延、体育二路拓宽改造等道路工程全面完工。全区“四好农村路”达到280余公里,城区新增停车场8个,新增停车位5400余个,新增绿地8000余平方米;加快城乡一体化公共服务,第一热源厂扩容,新增供热面积220万平方米,村级13个污水处理站即将完工。着力打好污染防治攻坚战,严格落实强制性减排措施,2020年全区二级以上天数同比增加38天,重污染天数减少2天,蓝天保卫战取得一定成效;生活污水处理率达到60%以上,生活垃圾无害化处理率达到70%以上,全区水污染防治取得实效;制定《2020年危险废物规范化管理督查考核工作方案》,开展固废堆场整治,市级任务21个全部完成,土壤污染得到有效控制。切实保障粮食安全,制定《2020年全区稳定粮食生产工作方案》,开展农业保险参保,加强病虫害监测、农资监督,提高农民种粮积极性,增强农业抗风险能力,2020年全区粮食总产1.3亿公斤,超额完成目标任务,完成2500万斤区级储备粮任务,储粮质量良好、储存安全。

“宜学”有了新成效。教育事业不断深化,创新教师招聘机制,新招教师男女比例趋于均衡;积极推进课堂教学改革,参与率达100%,实现了义务教育阶段全覆盖,全国基础教育现场会(长治)期间,教育部领导对此给予高度评价;荫城寄宿制学校跻身全国第一批乡村温馨校园之列,成为长治市唯一获此殊荣的学校。

“宜养”有了新突破。加快健康上党建设,全面落实《长治市深化医药卫生体制改革十大行动》,加快医疗基础设施建设,构建“一核两翼三中心”区域紧密型医联体,区人民医院投入使用,11个乡镇卫生院、181个村级卫生所全部进行了规范化改造;健全公共卫生应急管理体系,完善响应、动员、储备、指挥机制,提高了应对突发重大公共卫生事件的能力。

四、扎实推进宣传思想工作,厚植上党文化软实力

理论学习持续深化。区委中心组开展专题学习25次,及时跟进学习习近平总书记视察山西重要讲话重要指示、党的十九届五中全会、中央经济工作会议和省委十一届十次会议精神。推动政治理论学习不断向广度和深度拓展,教育引导全区广大党员干部增强“四个意识”、坚定“四个自信”、做到“两个维护”。

牢牢把握意识形态工作主动权。健全完善了意识形态工作及研判机制,推动意识形态工作责任制落细落实,确保全区意识形态工作稳定向好。

文化事业蓬勃发展。媒体融合深度推进,创设“上融文创”品牌,依托“上党门”手机客户端,设置10余个公共服务业务,打造“指尖上的政务服务中心”,实施文化惠民工程,全年送戏下乡310场,送图书1万余册,送电影3246场,惠及群众10万余人次;新时代文明实践工作扎实开展,全年新增32个新时代文明实践站试点。

五、坚定不移从严治党,以坚强“阵地”保障全区发展

牢牢扛起管党治党主体责任。认真贯彻落实《党委(党组)落实全面从严治党主体责任规定》,制定实施细则、责任清单、考核办法,全面压实各级党委(党组)全面从严治党主体责任。狠抓干部队伍建设,调整3批次70名优秀干部到重要岗位,为改革发展提供了保障。扎实推进“三基建设”,建立党委(党组)党支部工作联系点330个,创建标杆党组织13个;选派35名机关事业单位干部到村任职支部书记,积极探索社区党建工作新机制,成立居民小区党支部124个,楼栋党小组394个,主城区居民小区党组织实现全覆盖。深入推进作风建设和反腐败斗争,共查处违反政治纪律、政治规矩党员干部10案10人,查处群众身边腐败问题61个,给予党

纪政务处分66人(其中科级干部26人),组织处理34人,移送司法机关3人,通报曝光9案15人。积极配合做好省委巡视工作,自查了31个方面的具体问题,对省委巡视组巡视过程中分两次给本区反馈的14个问题,照单全收、边巡边改,制定印发了《关于省委第十一巡视组巡视自查问题的整改方案》,层层压实相关责任,确保自查和反馈问题件件有落实、事事有回音。

积极支持人大依法行权,坚定职责担当。突出强化党对人大工作的全面领导,多次听取区人大常委会党组工作汇报,及时研究解决人大工作的有关问题。区人大及其常委会先后听取和审议了财政预决算及调整等报告,作出关于全区部分乡镇区划调整等7项事关全区发展的决议决定,听取和审议"一府两院"专项工作报告15项,组织开展视察、执法检查、专题调研等16次,提出视察调研意见和审议意见10项,不断提升监督的针对性、实效性。

突出协商议政,建言资政能力不断提升。积极发挥政协"外脑""智囊"作用,围绕建设"四宜"上党、"六新"产业等集中献计献策,形成《关于促进我区农村人居环境改善的建议》《关于推动我区转型项目建设的建议》等协商成果。

推动统战工作提质增效、创新发展。制定下发了《长治市上党区2020年政党协商计划》,发挥民主党派参政议政功能,组织开展了区政府工作报告专题协商座谈会,组织全区各民主党派成员围绕乡村振兴、产业转型等课题进行专题调研,提交区域经济发展建议提案10余篇,反映社情民意信息30余篇。加强宗教管理,认真落实宗教工作三级网络和两级责任制建设,组织开展"宗教中国化"论坛活动,促进了全区宗教领域和谐稳定。

积极推动"平安上党"建设。防范化解重大风险,制定出台《金融业重大风险应急处置方案》,对农商银行风险资产问题开展专项清欠清收,全区累计清收14682.62万元,完成率100%。积极推进"三零"单位创建,2020年全区实现"三零"目标创建主体3721个,创建达标率达95.9%。积极打好禁毒攻坚战,共破获涉毒刑事案件89起,抓获涉毒犯罪嫌疑人138人,查处吸毒人员427人,强制隔离戒毒54人,社区戒毒85人。打好扫黑除恶收官战,打掉涉黑涉恶犯罪团伙1个,批准逮捕9人,查扣涉案资产300余万元;查处涉黑涉恶腐败和"保护伞"问题6案16人,给予党纪政务处分10人,组织处理6人,群众安全感不断提升。

(李伟峰)

附:中共上党区委书记、副书记、常委名单

书　记: 张　驰

副书记: 段尧刚　张芬芬(女)

常　委: 张东文(6月任职)　张延节　巩志岗　常永峰　樊培元　王　燕(女)　陈　功　石　玉(女,7月任职)　张　勤(女,7月任职)

中共潞城区委

区委书记　秦苏良

2020年,潞城区委坚持以习近平新时代中国特色社会主义思想为指导,深入学习贯彻习近平总书记视察山西重要讲话重要指示,认真落实省委"四为四高两同步"总体思路和要求,团结带领全区党员干部群众锐意进取、攻坚克难,推动经济社会各项事业迈上新台阶。特别是面对新冠肺炎疫情冲击,潞城区委统筹抓好疫情防控和经济社会发展工作,严格落实疫情防控各项举措,全力恢复正常生产生活秩序,努力完成全年经济社会发展目标。年度考核共性指标全部完成,区域经济转型升级指标、"十三五"规划主要目标任务和全面建成小康社会指标基本完成。潞城区荣获全国农村承包地确权登记颁证工作典型地区、省级平安县(市区)等荣誉。

一、大力加强理论武装,政治方向更加坚定

潞城区委坚持把《习近平新时代中国特色社会主义思想学习纲要》《习近平谈治国理政》第三卷列为区委常委会和理论中心组学习必设课题,重温习近平总书记"三篇光辉文献",及时传达学习习近平总书记最新重要讲话,不断增强"四个意识"、坚定"四个自信"、做到"两个维护"。认真学习贯彻习近平总书记视察山西重要讲话重要指示,深入学习宣传贯彻党的十九届五中全会精神,通过"七进"等多种方式,分层次分领域开展五中全会精神宣讲,组织宣讲报告会200余场。高标准举办读书班、干部轮训班等,推动党的创新理论到基层、入人心。全年召开区委常委会30次、区委全会2次、区委理论学习中心组会议18次,加强理论学习,增强战略定力,研究全区经济发展和党的建设重大问题,推动了中央和省、市委决策部署落地落实。

二、狠抓发展第一要务,"六稳""六保"落地落实

抢抓国家政策机遇,积极争取抗疫特别国债、新增地方财政赤字直达基层资金、一次性特殊转移支付等各类资金3.26亿元,为产教融合双创基地等13个项目争取上级各类资金1.87亿元。政府性融资担保机构调降担保费率至1%,疫情期间新发生担保业务免收阶段担保费,为21家企业担保贷款共计1.13亿元,为企业节约担保费用120余万元。组

织举办"潞材潞用"展销推介周暨产销对接推介活动,帮助企业开拓市场,现场签订产品销售合同2.5亿元。34个续建项目、92个新建项目全部复工或开工,现代智慧物流产业园、食品科技园等13个转型项目列入省市重点工程,是全市列入省市重点工程项目最多的县区。重点工程投资完成率、产业投资占比排名长治市第三,固定资产投资总额排名长治市第二。

三、聚焦转型主题主线,十大产业初步形成

新基建方面,开工建设能源化工新材料中试基地、互联智造产业园、产教融合双创基地、5G信息化智能工厂等项目;新技术方面,依托高等院校及科研院所,引进生物发酵技术、制氢技术,氢能科技产业园、航空产业园等项目落地潞城;新材料方面,成功研发高温超导单晶氧化镁项目并投入生产,锦纶长纤维、己二腈、费托合成蜡等碳基新材料项目加快建设;新装备方面,与清华大学机械工程系合作研制精密加工机床等高端装备制造项目,进入设备调试阶段;新产品方面,引进了莱茵衣藻、元延医药中间体、固废综合利用、制氢设备等一批新项目;新业态方面,大力发展智慧物流、康养等产业,长治大健康公共服务基地落地潞城并正式启动。生物医药和化工制药及食品加工、半导体新材料和煤化工碳基新材料、特种钢及特种建材、现代煤化工、新能源、航空航天新材料、高端装备制造、固废综合利用、现代服务业、康养业等十大产业初步形成。

四、加快推进项目建设,发展基础更加夯实

潞城区围绕十大产业集群,依托经开区、互联智造产业园、食品科技园、产教融合基地等平台,对接长三角、珠三角等重点区域产业转移开展招商引资。疫情防控期间,在长治市第一家引进外资项目透云科技莱茵衣藻,一期利用外资3亿元。全年招商引资签约项目投资额排名长治市第三。潞宝7.65米特大绿色智能焦炉等77个项目建成投产,潞安140、互联制造产业园、己二腈、能源化工新材料中试基地、莱茵衣藻、食品科技园、产教融合双创基地等一批具有牵引性的转型项目加快建设。项目建设呈现出总量更大、结构更好、质量更优、后劲更强的良好态势,为潞城经济转型发展注入了强大动能。

五、实施乡村振兴战略,加快推动"三农"发展

潞城区稳定粮食生产,完成高标准农田整治1.09万亩,全区粮食产量达到1.02亿公斤,超额完成目标任务13%。巩固辛安泉万亩绿色有机旱作农业封闭示范区,创建小杂粮、中药材、调味品3个万亩特色产业示范区,加快推进"四季葱"孵化示范、熬脑大葱深加工、大葱冷链仓储及物流配送、艾草康养园等项目建设。将养殖业、规模以上土地流转主体纳入补贴范围,新建改扩建畜牧养殖企业13个。加大培育力度,新增农民合作社15家、家庭农场10家。加快建设美丽乡村,127万平方米村庄绿化、5000座改厕、130公里"四好农村路"建设等任务全面完成,石潞线、省道102至长襄连接线和国道309连接线建成通车。

六、全面深化改革创新,发展动力日益彰显

潞城区出台支持科技创新政策,对研发投入强度排名全省前10名的企业给予100万元科研经费奖励,51家规上企业累计投入2.5亿元,全部成立技术创新中心,实现规上企业研发机构全覆盖。实施"金融兴潞"战略,12家企业在山西股权交易中心挂牌。推行减事项、减时限、减环节、减要件、减证明"五减"行动,审批程序进一步优化;推行"跨省通办"联动机制,政务服务更加高效;两次向经开区赋权77项,实现"园区事、园区办"。深入推进国资监管体制改革,组建国有资本投资运营公司,11家企业整合重组,统一管理经营,盘活公共资源;全力推进僵尸企业出清,7家企业完成资产划转、职工托管。抢抓潞城区被确定为全省行政村撤并后农村集体资产管理和农村集体经济组织运行方式试点机遇,积极探索集体经济组织"三账"分设,全区192个村集体经济组织完成账务移交;农村承包土地经营权流转积极推进,新增流转土地1.5万亩,农村集体资产活力进一步释放。教育系统校长职级制改革、县管校聘改革顺利完成,教育内生动力进一步激发。

七、持之以恒补齐短板,三大攻坚取得成效

潞城区全力打赢防范化解重大风险、精准脱贫、污染防治三大攻坚战。有效应对重大金融风险隐患,积极完善应急预案,强化应急协调、日常监测、资金保障,号召科级以上党员干部积极支持农商行业务,全区金融领域舆情平稳,农商行业务正常有序开展。推进"脱贫攻坚百日会战"十项清零行动,落实《促进贫困户特色产业扶贫项目增收脱贫扶持办法》《推进土地流转发展优质农业促进脱贫增收的意见》等一系列促进脱贫增收的政策措施,2020年剩余的11户24名贫困人口达标退出,全区累计减贫9120人,贫困群众人均可支配收入由2019年的9147元增加到2020年的12428元,增长35.9%,脱贫攻坚减贫任务如期完成。加快建设创蓝生物质气炭联产集中供热项目,建成区清洁取暖率达到100%,农村清洁取暖率达到80%,全年空气质量优良天数243天同比增加27天,综合指数6.15同比下降1.9%;辛安泉集中饮用水源地水质达标率100%,地表水考核亚晋桥断面稳定在四类水质。

八、加强宣传文化工作,民主政治凝心聚力

潞城区委严管严控意识形态,制定落实工作责任清单,定期召开研判分析会,意识形态总体平稳持续向好。构建"电视+广播+报纸+网站+新媒体"的新架构,实现了媒体深度融合。加大文物保护力度,东天贡玉皇庙等4处古建筑、神头战役八路军指挥部申家山村旧址等3处革命文物列入第

六批省级文物保护单位,八路军总部北村旧址入选第三批国家级抗战纪念设施、遗址名录。提档升级8个村级综合文旅服务中心并对外免费开放。进一步强化依法治区,支持人大、政协依法履职,支持审判、检察机关依法独立开展工作。强化“大统战”格局,统筹推进民族宗教、非公组织各方面工作,成立区侨联组织,组建社会主义学校,广泛凝聚思想政治共识。加强党的群团工作,积极发挥群团桥梁纽带作用,持续激发群团活力。严格落实党管武装各项制度,不断提高工作水平,进一步推进军民融合深度发展。

九、统筹各项社会事业,着力增进民生福祉

潞城区10件实事按进度完成,3000余人饮水安全问题得到解决,村级卫生室实现达标改造全覆盖,主城区周边3个村1484户实现集中供热,区乡两级公墓建设启动,主城区停车场建成投用,义务教育阶段非寄宿制学校午休学生“营养点”工程、城乡居民基本养老保险参保人员丧葬补助金和抚恤金制度全面实行,文化惠民、市政路网、“四好农村路”建设全面完成。各项事业统筹推进,大力推进“人人持证、技能社会”建设,全区完成各类培训8452人,持证率98%,城镇新增就业3497人,农村转移劳动力2535人,城镇登记失业率控制在3.02%。新建一中运动场、晋水幼儿园改造、中小学集中改厕等教育民生工程加快推进,普惠性学前教育资源不断扩大,普惠性幼儿园覆盖率达到83%。“三零”创建深入开展,出台举报奖励、责任追究等制度措施。坚持一线解决民生诉求,裕安幸福城、兴业花苑小区等遗留问题和部分集体企业职工待遇问题得到妥善解决。持续开展安全风险排查管控和隐患排查治理专项行动,安全生产形势总体稳定。

十、从严落实主体责任,党的建设全面加强

进一步加强农村党组织建设,选派37名机关事业单位干部到村任职,12个软弱涣散村党组织整顿提升,撤并的57个村及时调整优化党组织设置,以党组织融合促进新村全面融合。积极发挥农村党组织引领作用,村级集体经济收入5万元以上的村达到124个,占比92.5%。在非公和社会组织党组织中开展“评星定级”活动,进一步提升了组织力。在经开区建立党工委、非公企业党委、基层党支部三级党建体系,推动党建优势转化为园区发展优势。加强城市基层党建,建立了“街道党工委—社区党委—小区党支部—楼栋党小组”四级联动基层治理组织体系。实施党旗飘在项目一线、党员冲在项目一线、服务下沉项目一线“三个一线”行动,在项目一线建立74个党组织,支持和保证了项目建设顺利推进。深入开展发展党员违规违纪问题排查整顿,处置出党28人,保留、重新认定党员身份261人,252名责任人受到责任追究,净化了政治生态、纯洁了党员队伍。全年部署开展两轮巡察工作,实现本届区(市)委巡察全覆盖。压实党风廉政建设“两个责任”,逐级约谈675人,问责党组织2个,问责党员领导干部11人。深入开展警示教育,做到以案明纪、警钟长鸣。深入开展民生领域损害群众利益问题集中整治,查处扶贫领域腐败问题案件36件,处理相关责任人47人。对违纪违法行为“零容忍”,全区纪检监察机关立案241件,结案240件,党纪政务处分217人,其中乡科级干部26人,确保了政治生态持久风清气正。

(李　鹏)

附:中共潞城区委书记、副书记、常委名单

书　记:秦苏良

副书记:郭　强　柴　哲

常　委:翟　勇　牛红宇　牛浩刚　曹　枫(女)　冯丽华(12月离职)　李　煜　刘钢孔　冯立功(7月任职)

中共屯留区委

区委书记　马先明

屯留区委下辖基层党组织590个,其中,基层党委20个,党总支部19个,党支部551个;派出工委4个;全区共有党员12722名(女党员2907名),其中:农牧渔民党员7301名,公有制单位党员3416名,非公经济组织和社会组织党员336名,离退休党员1517名,其他党员152名。

2020年,区委以习近平新时代中国特色社会主义思想为指导,深入学习贯彻党的十九届五中全会精神和习近平总书记视察山西重要讲话重要指示,按照省委“四为四高两同步”总体思路要求和市委建设“省域副中心城市”“美丽幸福长治”决策部署,认真履行把方向、管大局、作决策、保落实职责,召开25次常委会和常委扩大会对重点工作进行安排部署,着力在产业转型、乡村振兴、城市提质、民生保障、改革创新等工作上下功夫、求突破,推动全区经济社会各项事业迈上新台阶。特别是面对新冠肺炎疫情冲击,常委会统筹抓好疫情防控和经济社会发展工作,努力完成全年经济社会发展目标。2020年全区地区生产总值完成136.8亿元,同比增长5.1%;一般公共预算收入完成11.8亿元,同比增长7.23%;规模以上工业增加值、社会消费品零售总额、城乡居民人均可支配收入保持稳步增长;高质量发展综合绩效考核年度指标、“十三五”规划的主要目标任务、全面建成小康社会指标基本完成。

一、以习近平新时代中国特色社会主义思想武装头脑、指导实践,推动重大决策部署落地生根

区委坚持把学习习近平总书记视察山西重要讲话重要指示和党的十九届五中全会精神作为首要政治任务,带头增强“四个意识”,坚定“四个自信”,做到“两个维护”。坚持区委理论中心组“一月双学”制度,系统学习《习近平新时代中国特色社会主义思想学习纲要》和《习近平谈治国理政》第三卷,经常重温学习习近平总书记“三篇光辉文献”,跟进学习习近平总书记最新重要讲话重要指示,一年来共组织中心组集中学习16次、举办高端讲座1次、开展研讨交流2次,进行理论测试4次,推动学用工作往深里走、实里走、心里走。深入贯彻习近平总书记视察山西重要讲话重要指示和省委、市委工作部署要求,制定区委《关于贯彻落实习近平总书记视察山西重要讲话重要指示在转型发展上率先蹚出一条新路来的任务清单》,逐项明确落实措施、牵头领导和责任单位,做到了贯彻落实工作项目化、具体化、屯留化。精心编制“十四五”规划《建议》《纲要》和11个专项规划,省委十一届十一次和市委十一届九次全会召开后,区委第一时间组织学习贯彻,提出抓落实的具体措施,为“十四五”高质量发展奠定了坚实基础。

二、贯彻新发展理念,推动经济高质量转型发展

区委切实加强对经济工作的领导,及时研判经济形势,强化经济运行调度,不断提高经济发展质量和效益。着力加快转型项目建设,共谋划实施重点项目100个,其中亿元以上项目51个;在重点项目中有产业转型项目58个,总投资142.97亿元。恒平能源10万千瓦光伏电站、巨鹏生物一期年产2万吨燃料乙醇、长清生物众信嘉华ECO方便器、潞安费托尾气制液化天然气综合利用等项目建成投产;岚山森林康养小镇、高雀煤矸石资源化综合利用、山西住工建筑混凝土板材、山西能投生物质能综合利用等项目开工建设,形成了项目支撑转型的浓厚氛围。大力推动开发区提质增效,配齐配强开发区领导班子,完成开发区多规合一、四至范围确定,启动科技产业园项目建设,出让标准地38.36亩,与山西大地控股产业发展有限公司签订战略合作协议,迈出市场化运作新步伐,7项市考核指标全部完成任务,综合考核名列全省前茅。全力提升招商引资水平,制定《领导干部招商引资工作责任考核办法》,成立固废综合利用、现代煤化工、装备制造及通用航空、新能源新材料、现代农业、文旅康养六个产业领导组,全方位加大招商引资力度。全年完成签约项目42个,协议引资额183.44亿元,达全年任务111.2%,招商引资综合排名位居全市前三。聚力打造一流营商环境,制定出台《推动重点产业转型项目审批服务提速增效五条措施》,认真贯彻《山西省应对疫情支持中小企业共渡难关的若干措施》,组织开展“潞材潞用屯材屯用”产品推介会和政银企洽谈会,为企业争取省技改和新动能专项资金2676万元,减免各类税费9869万元。

三、决战决胜脱贫攻坚,扎实有效推进乡村振兴

区委坚持把“三农”工作作为重中之重,扎实推进脱贫攻坚与乡村振兴有效衔接。把决战决胜脱贫攻坚作为重大政治任务,牢固树立“交总账”意识,五年来财政累计投入扶贫资金2.3亿元,4408户9753贫困人口实现稳定脱贫。突出产业就业增收,采取发展光伏、特色产业、金融扶贫等产业就业叠加措施,全区贫困户2项产业叠加达100%,3项产业叠加达72%。全面落实惠民政策,推行“三保险三救助”“六免”政策,实现健康扶贫双签约服务全覆盖;累计资助建档立卡家庭经济困难学生3983人次,1031人享受到国家“雨露计划”资助;对贫困户中的低保户保障标准由5档、4档全部提高到3档,2020年达到每人4488元。抓好基础设施改善,累计完成474户贫困户危房(危窑)改造,易地搬迁扶贫371户663人;投资500万元新改扩建村卫生室82个,209个村级卫生室全部达标;投资300万元开通42个偏远村公交线路,实现了全区行政村通客车全覆盖。把推进乡村振兴作为巩固脱贫攻坚成果重大举措,加快推进“一园三基地”建设,石泉海田园艺术庄园经申报评审有望成为国家3A景区,尖椒种植达到6.18万亩,比上年增长20.3%,获批国家辣椒种植标准化示范区,特色农作物面积发展到10.5万亩,大广二期、天牧畜禽等规模养殖项目开工建设,12月被省农业农村厅命名为第二批省级农产品质量安全县。全力打造有机旱作品牌,以3个封闭示范区和1乡3村70个示范点创建为引领,新建高标准农田8万亩,粮食产量达到2.8亿公斤,创历史新高;创建农业优势产业集群4个,培育省级现代农业产业园1个,新发展富硒谷子、核桃、“药食”中药材等功能食品3万亩,认证“三品一标”农产品12个,“盘秀山”和“桑之源”药茶入选山西药茶联盟。持续整治农村人居环境,集中打造了丰宜镇石泉村、渔泽镇岗上村、上村镇小南村、张店镇甄湖村等20个美丽宜居示范村;新建可腐烂垃圾沼气化综合处理站9个,总数达到20个;因地制宜确立通风改良式、三格式、水冲式、ECO环保厕所4种模式,改造农村户用厕所1万座,安装ECO环保厕所5000座。先后迎接了全市推进农村人居环境整治和“厕所革命”现场推进会。

四、推进改革开放创新,持续增强发展活力动力

区委始终坚持把改革开放创新作为根本动力,以深化改革激发活力,以扩大开放释放引力,以持续创新迸发潜力。全面深化重点领域改革。稳步推进乡镇机构和事业单位改革,完成行政区划调整,将麟绛镇行政区划调整为麟绛街道,启动了撤并乡镇工作;制定乡镇“5办1站2中心”三定方案,加快推进事业单位改革,确保按照时间节点完成改革任务。加快推进农业生产托管服务创新,探索走出“三套餐”“六服

务”农业生产托管新路子，托管面积达到60万亩，“屯留模式”被农业农村部确定为全国农业社会化服务典型案例在全国推广。纵深推进国企国资改革，积极推进国有企业退休人员社会化管理，深化36家区属国有企业改革，25家企业完成脱钩改革、3家企业完成公司制改革，对2家“僵尸企业”资产进行了处置。深化推进教育体制改革，全面完成中小学教师县管校聘改革，足额落实班主任经费和中小学教师绩效工资，区职业中学与山西机电职业技术学院签订了战略合作协议，迎接了全国基础教育综合改革暨教学工作长治现场会观摩。持续推进医药卫生体制改革，进一步理顺医疗集团管理运行机制，推动医疗集团人才合理流动，区人民医院PCR实验室和区乡两级医疗信息平台建成投用，投资350万元对3家乡镇卫生院进行了基础设施改造。大力推进移风易俗改革，坚持婚事新办、丧事简办、余事不办，209个行政村和6个社区全部完成村规民约、居民公约修订完善，改建红白理事会办事场所21处，建设公益性公墓21处。积极拓展对外开放空间。不断推进外贸企业孵化工作，祥文工艺品、本源生态、三耐铸业等5家企业进入省商务厅外贸主体孵化对象库，全年累计出口4100万元。不断激发创新潜力活力。引进教育和医疗高层次人才25名，招录事业单位工作人员83人，组团参加全市第三届技能大赛并获团体第二名；申报“小升规”企业6家、“专精特新”企业2家、“小巨人”企业2家；40家规上企业研发活动实现全覆盖。

五、坚持保障改善民生，切实增强群众获得感幸福感

区委始终坚持以人民为中心的发展思想，努力解决好人民群众最关心、最直接、最现实的问题，不断提升人民群众的幸福指数。全力抗击新冠肺炎疫情，坚持人民至上、生命至上，持续抓好常态化疫情防控工作，特别是2020年1月23日接到报告1例新冠肺炎疑似病例后，立即与市卫健委、和平医院专家取得联系，迅速进行上转救治，守住了不发生疫情蔓延扩散的底线。加快推进棚户区改造，一期安置房基本建成，二期安置房完成主体工程，棚户区瓶城街、滨河街、盘秀北路道路工程投入使用，白云街道路工程具备通车条件。棚户区幼儿园开工建设，配套建设的社区党群服务中心、瓶城公园、公共卫生间、公交车站点等公共服务设施完成了规划设计。不断提升教育质量水平，吾元中心校、张店中心校教师周转宿舍投入使用，开工建设屯留五中新建综合实验楼项目。高考一本达线201人，二本B类以上达线825人，其中600分以上15人，较2019年增加10人。努力补齐基础设施短板，启动城乡生活供水一体化项目，完成90公里“四好农村路”建设任务，旅游公路全线通车，国道309线、省道黄龙线改造完成，福利服务中心养老楼建成完工，全区人均公共体育面积达到8平方米，位列全省第一。持续加大生态环境保护，“五管齐下”深化大气污染防治，空气环境质量明显改善；加大水污染环境治理，国控省控断面水质达到标准要求；明确划定煤炭禁采区，积极开展采煤沉陷区治理；完成通道绿化60公里，新增城市绿化面积12万平方米。

六、加强创新社会治理，扎实推进民主政治建设

区委牢固树立总体国家安全观，把维护政治安全放在首位，扎实推进平安屯留建设和民主法治建设，确保社会大局安全稳定。扎实推进“三零”单位创建，2020年是扫黑除恶收官决胜之年，三年来累计打掉恶势力犯罪集团（团伙）13个，抓获团伙成员75人；组织开展禁毒攻坚行动，共破获涉毒刑事案件24起，抓获犯罪嫌疑人35人。认真落实“四包六强化”责任制，扎实做好信访积案化解工作，全年信访流量同比下降26.7%；扎实开展安全生产专项整治三年行动，全区无重大安全生产事故发生，迎接了全市应急管理系统“零事故”创建现场会。全区3460个“三零”单位创建主体中，达到“三零”标准的单位3316个，占比95.8%，7月份被省委平安建设领导小组命名为2018、2019年度省级平安县（区）。切实加强民主政治建设，区委充分发挥总揽全局、协调各方作用，支持和保证同级国家机关和其他组织依法依章程履行职能。区人大及其常委会依法履行职责，推动人大各项工作制度化、规范化；区政协认真履行政治协商、民主监督、参政议政职能，围绕中心工作积极建言献策；认真做好统一战线工作，规范管理宗教活动场所；加强党管武装工作，切实维护退役军人的合法权益，迎接了全市基层军人服务中心（站）规范化现场会；持续深化工青妇、红十字、计生协会等群团改革，凝聚形成全面依法治区的强大合力。

七、抓牢意识形态工作，全力推动文化繁荣发展

区委牢牢把握意识形态工作领导权，积极做好宣传思想文化各项工作，为高质量发展提供了强大思想保证。认真落实意识形态责任制，确保意识形态责任制落实抓得紧、抓得实。建好用好守好文化阵地，切实抓好“两中心一平台”建设，深化推进融媒体中心融合发展，构建起“两台一报一网站，两微一端一平台”的新闻媒体矩阵，通过了省级验收；创新开展新时代文明实践“十进”活动，因地制宜开展文明实践志愿服务活动，受到社会各界广泛赞誉；“学习强国”平台参与总人数达到1万余人，实现了党员全覆盖。扎实开展文明城市创建，以创建全国文明城市为契机，整修主城区道路街巷60余条，改造旱厕181个，新增各类停车位1万余个（处），新改扩建农贸市场3个，健全完善包小区共建机制，城乡基础设施得到明显改善。深入开展“清朗、净网”整治行动，积极推进网络综合治理体系工作，加强涉屯网络舆情管控，全年共处置涉屯网络舆情29件，全区未发生政治类有害信息及其他违法不良信息传播事件。大力推动文化事业产业发展，提档升级64个乡镇村综合文化站、服务中心，提高完善抗大一分校旧址、魏拯民故居陈列布展工作，编撰出版《大美屯留系列文化丛书》。

八、深化全面从严治党,持续营造良好政治生态

区委始终把抓好党建作为最大政绩,认真践行新时代党的组织路线,以永远在路上的执着推动全面从严治党向纵深发展。切实加强党的政治建设,坚持把党的政治建设放在首位,建立每季度集中学习《关于新形势下党内政治生活的若干准则》制度,严格执行民主集中制、重大事项请示报告等制度,对涉及全区重大发展问题、重点工作进展及时向市委报告,查处违反政治纪律的党员干部2人。突出抓好基层组织建设,圆满完成全省村(社区)"两委"换届试点任务,大专以上学历达到40%,35周岁以下年轻村主干达到15%;对14个软弱涣散农村党组织进行集中整顿,集体年收入5万元以上村达198个;落实在职党员八小时外到社区报到制度,建立小区党支部47个、党小组202个;投入资金4360万元,落实乡镇事业干部交通补贴、下派书记工作经费、社区等级绩效薪酬以及非公和社会组织党建补助。持续加强干部队伍建设,牢固树立"崇尚实干、人岗相适、培养年轻干部"三个导向,选派35名年轻干部上挂学习、乡镇挂职、信访招商一线锻炼。跟进落实"墩苗"行动,选拔上报1名优秀乡镇党委书记到省直单位任职、2名优秀乡镇书记到市直单位任职、2名优秀年轻干部到乡镇任职乡镇党委书记、副书记。激励干部担当作为,29名干部被评为省市区级担当作为表现突出干部。坚定不移正风肃纪反腐,共查处"四风"问题30案63人、不担当不作为问题18案50人;推动巡察向村(社区)延伸,顺利完成区委第八轮常规巡察,部署开展第九轮巡察,实现了届内巡察全覆盖;全区纪检监察机关共立案211件,党纪政务处分204人,组织处理360人,查处乡科级干部36人,移送司法机关2人。

(韩长江　张海军)

附:中共屯留区委书记、副书记、常委名单

书　记:马先明

副书记:翟卫华(女)　贾振芳

常　委:段联刚　原书玲　贾钢辉
柳建勋(11月离职)　李书红　孙敬明
张鼎盛　郭　廖(女,7月任职)
李　安(7月任职)　李组奎(11月任职)

中共长子县委

县委书记　韩春霖

2020年,长子县委坚持以习近平新时代中国特色社会主义思想为指导,全面贯彻党的十九大和十九届二中、三中、四中、五中全会精神,深入学习贯彻习近平总书记视察山西重要讲话重要指示,按照省委"四为四高两同步"总体思路和要求,认真履行把方向、管大局、作决策、保落实职责,团结带领全县党员干部群众锐意进取、攻坚克难,推动全县经济社会各项事业迈上新台阶。

一、坚持学思用贯通,牢牢把握正确政治方向

始终把学习贯彻习近平新时代中国特色社会主义思想作为重大政治任务,内化于心、外化于行,体现在实际行动中,落实到工作各方面,贯穿于党性锻炼全过程。持续强化理论武装。通过县委常委会、理论中心组集中学习、专题研讨等多种形式,深入学习《习近平新时代中国特色社会主义思想学习纲要》《习近平谈治国理政》第三卷、习近平法治思想等党的最新理论成果,及时跟进学习习近平总书记最新重要讲话,不断增强"四个意识"、坚定"四个自信"、做到"两个维护"。扎实开展"主题宣讲、领题调研"活动,深入基层广泛宣传党的十九届五中全会精神,持续掀起学习热潮,推动学习从"关键少数"向基层组织延伸,向全体党员拓展,向广大群众覆盖。以理论指导解决实际问题。立足县情实际,科学确定30余个针对性调研课题,坚持问题导向,深入调查研究,倾听民声,收集了一批事关群众利益的"急难愁盼"问题,形成了30余个调研报告,切实以理论指导破解实际问题,以解决问题检验理论学习的成效。同时,为"十四五"开好局、起好步奠定了坚实基础。全力抓好贯彻落实。认真学习习近平总书记视察山西重要讲话重要指示和省委十一届十次全会精神,狠抓省委书记调研长治讲话精神贯彻落实,制定县委《关于贯彻落实习近平总书记视察山西重要讲话重要指示在转型发展上率先蹚出一条新路来的任务清单》,确保上级部署在长子落地生根;修订完善《中共长子县委长子议事规则》,着力提升县委决策的科学化、民主化、规范化水平;精心编制我县"十四五"规划《建议》《纲要》和13个专项规划,谋篇布局未来五年发展。

二、坚持新发展理念,推动经济高质量转型发展

牢牢把握稳中求进工作总基调,多点发力,主动作为,县域经济高质量转型发展的氛围进一步形成、基础进一步巩固、后劲进一步增强。项目建设蹄疾步稳。2020 年,全县共确定重点项目 128 个。其中续建项目 43 个,新建项目 74 个,规划项目 11 个。43 个续建项目复工 41 个,复工率 95.34%;74 个新建项目开工 56 个,开工率 75.67%。同时,加大招商引资力度,全年共签约项目 41 个,签约资金 212.4 亿元。文旅兴县再上台阶。完成总长 65 公里的旅游道路及连接线,"风雨情缘"、仙翁庙、龙王庙等沿途景点提档升级,木化石公园彩虹路成为网红打卡地,旅游业态更加丰富;完成发鸠山健身步道、皇明湖环湖步道及羊头山景区二期道路建设,高标准打造木化石山庄、金山小镇、麦王沟民宿、小坪头抗日县政府旧址、岭上村红色教育基地,乡村旅游星火燎原;创作《千年长子》宣传片,举办《长子等你五千年》大型文艺晚会,长子的知名度美誉度进一步提升。乡村振兴如火如荼。新改建农村公路 100 公里,有机旱作农业封闭示范区扩展至 3 万亩,3.97 万亩高标准农田建设项目全面开工,粮食产量达到 2.61 亿公斤,药茶生产加工产量达 6.75 吨。新型经营主体持续培育壮大,被确定为全省示范家庭农场创建县。

三、坚持文化自信,提升县域文化软实力

自觉承担起举旗帜、聚民心、育新人、兴文化、展形象的使命任务,以实际行动讲好长子故事、传播长子声音,县域文化软实力得到显著增强。文明创建一举成功。聚全县之力,扎实开展全国文明城市创建,打造丹朱大街主题宣传街,主要街区公交站台公益广告覆盖率达 50%以上;增设停车位 5000 余个,打造步行一条街,建设绿篱式建筑围挡 60 余处,改造提升背街小巷 76 条,新建公共厕所 26 座;深入开展"七在农家""十星级文明户"等先进典型评选。新时代文明实践特色彰显。整合全县各类服务资源,建成 1 个县实践中心、12 个乡镇实践所、292 个村(社区)实践站,形成贯通县乡村、辐射政社企的文明实践网络;高标准打造志愿服务孵化基地、志愿创客实践营"两大实训基地",吸引 1 万余名志愿者前来参观学习。深入推行"所(站)+ 志愿者 + 群众"实践模式,着力构建"1+6"文明实践工作格局,新时代文明实践工作经验做法在全国交流。文化建设硕果累累。开展文艺战"疫"活动,20 余部精品力作在"学习强国"、中国曲协曲艺融媒等媒体展播,长子鼓书《闹红火》荣获第十一届中国曲艺牡丹奖节目奖。持续推进"五个一批"文化惠民活动,组织筹办全市广场舞大赛、小小讲解员大赛、药茶征文大赛、文旅兴县微视频大赛等赛事活动,开展文艺巡演、免费送戏下乡、技能培训等活动 2200 余场,极大丰富了群众的精神文化生活。

四、坚持人民至上,持续增进民生福祉

自觉践行以人民为中心的发展思想,用心用情用力办好各项民生事业,让广大群众的获得感成色更足、幸福感更可持续、安全感更有保障。脱贫攻坚任务如期完成。聚焦"两不愁三保障",科学部署,综合施策,大力实施产业扶贫、易地搬迁、饮水安全、住房安全、教育扶贫、健康扶贫、生态扶贫、金融扶贫、兜底保障等各项帮扶政策;严格执行"四个不摘"要求,全力构建返贫监测预警和动态帮扶机制。2020 年全面完成 10 户 25 人的减贫任务,全县 3912 户 8689 人全部脱贫。县城建设提质增效。鹿谷大街、东西大街拓宽改造完成;南大街还迁安置全面启动,东大街、气象片区、庆丰片区基本完工;北街幼儿园开学招生;县中医院住院大楼即将投用;文化馆、图书馆、博物馆"三馆"建设有序推进;虎西街坊、天王寺综合体完成主体工程,鑫威名店进展顺利;建成区内剩余 770 户供热改造任务全面完成;89 辆电动公交车全部到位,公交场站建设正在实施。生态环境明显改善。践行"绿水青山就是金山银山"理念,完成 4.7 万户清洁取暖改造和 1.1 万户旱厕改造任务,垃圾分类行政村覆盖达到 80%以上;申村水库周边村庄污水收集处理项目主体完工,开工建设浊漳河南源人工湿地水质净化工程;推进煤炭企业一般工业固废堆存场所"三防"整治和矸石场标准化建设治理工程,切实用铁的手腕守护长子的蓝天碧水净土。社会大局安全稳定。坚持外防输入、内防反弹,切实筑牢疫情防控严密防线;深刻吸取事故教训,全面开展安全生产隐患排查;法治长子、平安长子建设卓有成效,"三零"单位创建有序推进;加强网格化管理,全力化解信访矛盾纠纷;纵深推进扫黑除恶专项斗争。

五、坚持全面从严治党,着力构建良好政治生态

坚决扛起从严治党主体责任,不断强化基层基础,鲜明树立选任导向,深入推进党风廉政建设和反腐败斗争,把严的标准、严的措施贯穿于管党治党全过程和各方面。强化基层基础。制定《长子县基层党建工作任务清单》,明确 11 项 38 条具体任务,实行"清单化管理、督查式推进、述职式考核",推动基层党建责任层层落实;不断深化"三步四循环"工作法,构建"1+14+X"党群服务中心网络,基层党组织凝聚力战斗力显著增强;积极推进乡级行政区划调整工作,常态化整顿软弱涣散党组织 14 个,持续发展壮大村级集体经济,5 万元以上村达到 284 个,占比 99.3%。突出用人导向。严格执行《干部选拔任用工作条例》,落实市委崇尚实干、人岗相适、培养年轻干部"三个导向",推荐 1 名乡镇书记到省直机关任职,5 名省市县直机关干部到县乡任职,选派 56 名机关事业单位干部到 46 个村任职,公开引进高层次人才 41 名、卫计急需紧缺人才 3 名,招聘事业人员 98 名。2020 年以来,共有 117 名作风过硬、实绩突出的优秀干部得到提拔或进一步使用。从严正风肃纪。灵活运用监督执纪四种形态,全年共处置问题线索 597 件,立案 152 件,给予党纪政务处分 113 人,移

送司法机关2案2人;发挥巡察利剑作用,完成第八轮巡察,发现问题198个、问题线索53件,有力推动全面从严治党向基层延伸。接受省委第十一巡视组对县委的巡视。深入开展“纪律作风整顿月”活动,集中整治全县党员干部纪律作风存在的突出问题,为推进各项工作提供坚强作风保障。

(王维宁)

附:中共长子县委书记、副书记、常委名单

书　记: 李国强(3月离职;2021年8月涉嫌严重违纪违法,接受纪律审查和监察调查)
韩春霖(3月任职)

副书记: 赵永进　甄秦峰　石凌雁(7月任职)

常　委: 王育红(4月离职)　李　峰　史宇荣
吴　斌　贾景昌(4月任职)
王志宏(2021年5月涉嫌严重违纪违法,接受纪律审查和监察调查。)
申丽光　宋晓明　余伟元(7月任职)
牛艳丽(9月任职)

中共壶关县委

县委书记　李全心

2020年,面对新冠疫情冲击和经济下行双重压力,县委始终坚持以习近平新时代中国特色社会主义思想为指导,全面贯彻落实省委、市委重大决策部署,深化实施“坚持转型发展,决胜脱贫攻坚,抓好八大提升”工作思路,统筹抓好疫情防控和经济社会发展,全县经济社会发展呈现出良好局面。一年来,壶关县先后荣获国家卫生县城、中国县域旅游发展潜力百强县、全省有机旱作农业示范县、全省产业扶贫示范县、省级农产品质量安全示范县、省级平安县等荣誉称号,县检察院被评为全国先进基层检察院,县扶贫办被表彰为全国搬迁工作担当有为集体,壶化集团荣获全国企业管理最高奖,南平头坞村入选全国文明村镇,牛何松荣获“全国最美退役军人”,程玉珍被表彰为全国劳动模范,壶关的知名度和影响力进一步提升。

一、脱贫攻坚决战决胜

县委坚决扛牢脱贫攻坚政治责任,切实强化“交总账、军令状”意识,严格落实“四个不摘”,县委书记带头遍访全县所有贫困村,带头担任全县条件最差、最偏远的鹅屋乡党委第一书记,县委常委、副县长和人大政协正职分别担任其余12个乡镇党委第一书记,示范带动各级干部严格落实“515”工作法、“四个三”管理办法,推动脱贫攻坚与乡村振兴有机衔接,特色产业奖补、创业就业奖补、孝亲敬老奖补等特惠政策持续激发动力,“四色”产业品牌强农增收富民,消费扶贫达到5000余万元。坚决克服疫情影响,实施未脱贫人口“一户一策”“一户一公益岗位”等“八个一”举措,实行挂牌督战,开展“十个清零”,省委巡视反馈33条问题、巡视回头看反馈5条问题全部高质量完成整改。全县285个建档立卡贫困村全部退出,32238万户78425万人全部如期脱贫,贫困发生率下降为零,顺利通过国家中期督查和脱贫攻坚普查,2020年2月27日被省政府正式批准退出贫困县。

二、疫情防控实现双零

全县上下团结一心、众志成城,实行“宅在家不外出、不串门、不聚会、不聚餐、不熬夜、不传谣、不信谣、不吃未高温烹饪肉食,勤洗手、勤通风,居家隔离、与重点对象隔离,记得多喝水、出门戴口罩,发现症状快诊治”的“822111”疫情防控法,设置1个集中救治医院、2个集中隔离点、400余个道路卡口、60个小区检查亭口,重点对象全部落实“五包一”举措,2个PCR实验室全部投入使用,2名医护人员驰援湖北,一线抗疫。全面落实“六稳六保”要求,扎实推进复工复产,常态化开展疫情防控,有效阻断疫情蔓延,守护人民健康。

三、县域实力显著提升

转型发展亮点频出。大力实施总数量142项的“双百”重点工程,用足用好招商引资黄金15条,签约引进项目22个,签约金额110亿元。“三个一批”成效喜人,20项招商项目签约,20项转型项目开工,40项产业项目投产,60项民生工程竣工。扎实推进开发区改革创新,太行陶瓷建立博士工作站,紫团公司成立菌菇营养与健康研究院,金烨钢铁线材深加工、中节能风电场等一批转型项目推进顺利,特别是壶化集团深交所成功上市,成为长治市10年来唯一的主板上市企业,结束山西省近5年资本市场无主板上市企业的局面,取得科技创新、金融创新、转型发展突破性成果。全县地区生产总值增长5.5%,一般公共预算收入增长20%,财政收入突破5亿元大关,创历史新高。

营商环境不断优化。大力推进“放管服效”改革,扎实抓好“互联网+监管”,实行一个项目、一位领导、一套班子、一套措施、一抓到底的“五个一”工作法,“一枚印章管审批”正式运行,25枚印章全部封存,269项事项集中办理,行政审批事项网办率达到71.1%,营商环境全面创优。

特色农业持续壮大。深入推动农业供给侧结构性改革,粮食产量首次突破1.3亿公斤,达到历史最高水平。大力发展旱地西红柿深加工、食用菌、药茶等十大特色产业,大力建设有机旱作农业示范区,倾力支持紫团、郭氏、大象、辛寨等龙头企业做大做强,店上镇荣获农业农村部“一村一品示范镇”,走出一条多元化特色农业增收新路径。

四、旅游发展势头强劲

深刻践行“两山”理论,着力构建“两谷两园两带两镇两乡”全域旅游发展格局,在太行山大峡谷八泉峡景区成功创建为国家5A级景区、欢乐太行谷成功创建为国家4A级景区基础上,又荣获“国家全域旅游示范区”和“全国旅游标准化示范县”两个国字号殊荣。大河村入选全国乡村旅游重点村和全省首批4A级乡村旅游示范村,常平村、南平头坞村、前脑村、崔家庄村获评“国家森林乡村”,常平小镇、凤凰山庄、七彩村庄等景点游人如织、好评如潮,2020年全县接待游客327.82万人次,旅游社会总收入27.41亿元,旅游产业真正成为强县富民的支柱产业。

五、社会事业全面进步

年初承诺的十件实事有序兑现,壶关一中初中部、县医院住院楼建成投用,207国道、高铁连接线双线贯通,总投资4亿元的八泉峡脱贫攻坚引水解困工程加快推进,大力实施旧城改造、龙丽湖水库清淤等15项城建重点工程,县城建设日新月异,城乡公交方便百姓,交通秩序井然有序,城市夜景华光璀璨,乡村路、高速路、一级路、快速路和铁路建设取得长足发展。连续7年实施“52132”中高考奖励政策,即考入清华北大奖励5万元、考入“985”“211”“双一流”重点院校一本专业奖励2万元、考入其他一本大学奖励1万元、考入二本B类以上院校奖励3000元,中考成绩600分以上的考生一次性奖励2000元。连续4年有壶关学子考入清华北大,2020年高考北大录取3人,创历史新高;持续加大生态保护修复力度,0.54万亩造林任务圆满完成,45个市级绿化示范村提档升级,坚持铁腕治污,空气质量明显好转;严格落实安全生产责任制,全年安全生产零事故;深入开展“三零”单位创建,纵深推进扫黑除恶专项斗争,重拳打击毒品犯罪,查处吸毒人员442人,查获毒资127余万元,社会大局安定有序。

六、全面加强党的建设

(一)加强思想政治建设。始终坚持以习近平新时代中国特色社会主义思想为指引,深入学习贯彻党的十九大和十九届二中、三中、四中、五中全会精神,深学细研《习近平谈治国理政》第三卷等必学书目,扎实推进“两学一做”学习教育常态化制度化,牢牢把握意识形态工作主动权,引导全县上下进一步增强“四个意识”、坚定“四个自信”、做到“两个维护”。

(二)着力建强基层组织。深入实施“三六”工作法,严格落实“四个一”整顿机制,整顿提升23个软弱涣散村,全市首家选派51名机关事业单位党员干部到47个村任职,坚持“一党委一品牌、一支部一特色”,开展全县基层党建品牌创建活动,基层组织全面建强。

(三)扎实抓好选人用人。树牢“以引资上项论英雄、以攻坚克难论能力、以创先争优论高低、以德才兼备论干部”的用人导向,建立一线考察干部机制,认真落实省市干部“蹲苗”行动方案,4名优秀年轻干部下乡镇锻炼、3名优秀乡镇书记被选拔到省市机关任职,大力度引进高层次专业人才50人,为全县发展提供强有力的人才支撑。

(四)持续推进正风肃纪。深化监察体制改革,完成县委八轮巡察,稳步推进第九轮巡察,严惩各种腐败行为,全年共处置问题线索645件,立案205件,处分195人,其中乡科级21人,持续保持反腐高压态势。

(赵裕哲)

附:中共壶关县委书记、副书记、常委名单

书　记:李全心

副书记:崔江华　张月飞(4月离职)

郭红亮(4月任职)　王树勋(挂职)

常　委:郭　伟(4月离职)　陈晋峰(5月任职)

秦元忠　郭太国　毛晨霞(女)

李立堂　李建芳　陈伶浪(挂职)

上官瑞平(7月任职)　李　杰(7月任职)

王　辉(11月离职)　朱隆基(11月任职)

中共平顺县委

县委书记　吴小华

平顺县委下设基层党组织520个,其中党委17个、党总支26个、支部477个,共有党员10711名。

一、深入学习贯彻习近平新时代中国特色社会主义思想,始终把牢正确政治方向

平顺县委坚持把学习贯彻习近平新时代中国特色社会主义思想作为首要政治任务,先后召开56次县委常委会和理论学习中心组会议,深入学习党的十九届四中、五中全会精神,以及《习近平谈治国理政》第三卷等党的最新理论成果,重温习近平总书记“三篇光辉文献”,不断增强“四个意识”、坚定“四个自信”、做到“两个维护”,持续推动党的理论武装走向常态化、规范化。深入贯彻落实习近平总书记视察山西重要讲话重要指示、关于统筹疫情防控和经济社会发展重要论述,全力推动中央、省委、市委各项决策部署在平顺落地生根、见实见效。宣讲团成员深入基层一线和群众当中,广泛宣讲党的十九届四中、五中全会精神,全年共开展主题宣讲活动600余场。平顺县选送的《信仰的

力量》获得理论宣讲大赛全市一等奖、全省三等奖,《从习近平用典感悟总书记的人民情怀》被中宣部评为全省唯一的2020年度"优秀理论宣讲报告"。起草完成平顺县《关于制定国民经济和社会发展第十四个五年规划和二〇三五年远景目标的建议》,擘画了平顺未来发展的新蓝图。

二、牢固树立"交总账"和"军令状"意识,脱贫攻坚取得决定性成就

深入开展"百日攻坚""十个清零"专项行动,持续加大基础设施和公共服务投入力度,始终保持健康扶贫、教育扶贫、消费扶贫、兜底保障等政策稳定,研究出台特色产业奖补、易地搬迁后续产业发展、贫困务工人员返岗补贴、贫困动态监测预警等一系列政策措施,切实降低了疫情影响,解决了贫困群众就业困难、收入下降等一系列问题。2019年末剩余的172户363名贫困人口实现稳定脱贫,"两类户"致贫风险全部消除,"两不愁三保障" 全部达标, 全县241个贫困村、17657户、50725名贫困人口全部脱贫,2020年2月被省政府批准摘帽退出,顺利迎接了国家脱贫攻坚普查和全省脱贫成效市际交叉考核。同兴苑搬迁安置区入选全国"十三五"时期易地扶贫搬迁典型案例。刘林松、赵学良分别获得全省脱贫攻坚创新奖和奋进奖。

三、坚定贯彻新发展理念,经济发展质量稳中向好

项目建设成果丰硕。2020年确定的56个重点项目开复工44个,已经完工24个。其中,金诚铭新型环保设备、晋东南神话新材料、永固办公家具、华益农机制造等4个转型项目入驻新型工业园区,推进速度明显加快,园区的吸引力、承载力不断增强,项目孵化器作用逐步显现;日盛达、骏马、金泓、玻多多4个硅矿项目进展顺利,建成投产后总产值可达7亿元以上。经过多年努力,新型工业占全县国民经济的比重显著提高,新型工业园区建设雏形初具。

文化旅游全域提升。引进北京华控集团,整合杏城镇13个村资源打造国际避暑康养旅游度假区,已开工建设;赤壁悬流景区正式对外营业,虹霓太行水街进展顺利,重点景区建设亮点纷呈;白杨坡村、西赛村等5个村入选省级3A级乡村旅游示范村, 全县省级3A级乡村旅游示范村达到8个,平顺乡村旅游的品牌形象更加深入人心;文物保护工作扎实推进,文物开发利用更加科学规范,文旅融合更加密切,平顺县入列全省第一批文物保护利用示范区创建名单。在疫情导致省外游客大幅减少的不利状况下,2020年全县共接待游客361.38万人次, 其中乡村旅游接待人数169.28万人次,旅游综合收入达到27.34亿元。中药材产业全链增值。聚焦国家现代农业产业园创建标准,编制的《平顺县国家现代农业产业园创建方案》和《中央奖补资金使用方案》得到农业农村部和财政部批复,"一核两镇四区"建设扎实推进,国家现代农业产业园创建起步良好,创建成功后可辐射带动6个乡镇118个行政村3.5万人, 年人均增收1.3万元。抢抓省委、省政府大力发展药茶产业机遇,加快振东集团两条现代化药茶生产线建设步伐,财政支持的中药材产业化联合体项目落户平顺,全县药茶年产量达到50吨,总产值3000万元。潞党参原生境保护项目申报成功,2020年新发展中药材3万余亩,全县中药材种植面积达到64.2万亩,中药材总产值近4亿元。平顺潞党参、平顺花椒入选全国乡村特色产品。新能源产业全速达效。光伏发电技术领跑基地平顺250兆瓦项目、漳泽电力二期20兆瓦光伏发电项目顺利并网发电,全县新能源装机总容量达到502.3兆瓦, 总量位居全市第一、全省前列。新能源产业的支撑作用逐步显现,截至2020年底全县新能源企业已累计上缴税金966万元。电商产业全面发力。全县电商产业销售额达到4.58亿元。在2020年全省电子商务进农村综合示范县绩效评价考核中, 平顺县以94分的优异成绩位列全省第一、全国前列,成功创建全国电子商务进农村综合示范县。

四、不断深化重点领域改革,高质量发展动能持续增强

坚决落实中央、省委、市委关于全面深化改革的部署要求,重点突出、积极创新,45项改革任务全面发力,党政机构改革基本完成,事业单位改革有序推开,乡镇行政区划调整和行政村撤并取得阶段性成果,能源革命、农技推广体系改革、财税体制改革等改革事项圆满完成年度目标任务,改革活力持续释放。营商环境更加优化,出台《贯彻落实〈长治市创优营商环境80条〉实施方案》,深入推进"一枚印章管审批",2020年共减少审批事项34个、审批环节365个、申报材料237个,审批时限压缩73%,"一网通办"运行畅通有序。基础教育改革"十大行动"持续推进,全面启动"县管校聘"改革,成功迎接全国基础教育综合改革(长治)现场会观摩。医疗卫生体制改革"十大行动"落实有力,县域基本医疗服务能力快速提升, 县级医疗机构全部达到二级乙等以上标准,12个乡镇卫生院全部达到一级医疗机构标准,262个村卫生室全部实现标准化建设目标。国资国企改革步伐加快,18家县属国有企业完成公司制改革,3家僵尸企业全部出清,2家生产经营类事业单位完成转企。

五、推进生态文明建设,打赢蓝天碧水净土保卫战

坚决打好污染防治攻坚战和蓝天、碧水、净土三大保卫战,全面开展国家生态文明建设示范县创建工作,有效治理扬尘、臭氧污染,从严开展打击破坏生态环境违法犯罪专项行动,对15家加油站地下油罐进行防渗改造,对18个入河排污口进行全面整治,对32个村开展环境和生活污水治理。扎实开展农村人居环境整治, 清洁取暖改造任务全面完成,改造农村旱厕800座,建成生活垃圾中转站5座,垃圾存放、收运、处理一体化日趋完善。全县二级以上天数达到311天,同比增加33天,环境空气质量综合指数连续10年排名全市第一。统筹推进山水林田湖草系统治理,加大危害林业安全

重点问题整治和打击力度,强化森林防火监管,严格建设项目林地使用审核审批管理,全年完成国家和省级重点造林工程4.1万亩。

六、加大民生保障力度,持续提升社会治理水平

坚持把就业作为第一民生,坚决克服疫情影响,扎实推进复工复产,深入落实稳岗就业、返岗补贴、产业奖补等就业帮扶政策,全年累计新增农村劳动力转移就业21846人,城镇就业2540人。G341国道(平顺段)和太行一号旅游公路(平顺段)顺利推进,全县公路通车总里程达到1403.16公里,路网密度位居全市前茅、全省前列。成功承办全市城乡客运公交一体化推进现场会,顺利通过“全国交通运输服务一体化示范县”验收(验收成绩名列全国第三),在全国100个城乡公共交通一体化范例中位列第一。高考成绩再创历史新高,二本B类以上达线率超过50%,600分以上尖优率在全市各县区位列第二。“双签约”应签尽签,“三保险三救助”“136”等政策全面落实。持续推进“两线合一”,农村低保标准提高至5010元,社会兜底保障水平不断提升,平顺县入选“2020中国社会保障百佳县市”。城建水平明显提升,崇文桥、芙蓉桥建成通车,王庄、崇岩城中村改造主体完工,集中供热改扩建工程顺利实施,供热面积达到160万平方米,主城区实现集中供热全覆盖。生活餐厨垃圾处理厂建设项目和“太行新天地旅游风情小镇”项目快速推进,生活垃圾收集清运实现日产日清,无害化处理实现100%。全年新增绿地面积4.1万平方米,县城建成区绿化面积达到161.64万平方米,覆盖率达到46.18%。

七、扎实做好宣传文化工作,积极推进社会主义民主政治建设

全力打好疫情防控、脱贫攻坚、高质量发展等主题宣传战役,举办脱贫攻坚成果展,编印《榜样的力量》(六、七)和画册《决战贫困》,邀请“走向我们的小康生活”“走村直播看脱贫”等大型采访活动走进平顺,营造了决胜脱贫攻坚、全面建成小康的浓厚氛围。强化舆情研判,加强网络治理,深入开展“扫黄打非”,全县网络空间和文化环境进一步净化。依托县、乡、村三级新时代文明实践中心(所、站),全力推进文明创建、移风易俗、未成年人思想道德建设,全县社会文明程度进一步提高。“全省文明县城”实现“三连冠”,县公路段、西沟乡等6家单位上榜“全国文明单位(乡镇、村)”。深入推进民主政治建设,全力支持和保证人大、政协依法履职,认真办理人大代表建议和政协委员提案,做到了件件有落实、事事有回音;加强党委对武装工作的集中统一领导,党管武装水平持续提升;全面落实退役军人各项政策,退役军人合法权益得到有效保障;扎实推进民主党派、民族宗教和群团工作,团结奋进的干事创业合力进一步凝聚。

八、全面从严从实管党治党,政治生态持续净化

充分发挥党的政治优势和组织优势,组织动员全县各基层党组织和广大党员干部众志成城、共抗疫情,全县1.04万党员干部自愿捐款88万元,2名医务工作者驰援武汉,3人受到全省通报表彰。狠抓基层党组织建设,选派28名优秀年轻干部到村任职,选派56名党员干部担任重点工程“一对一”项目专员,建立领导干部基层党支部工作联系点299个;创新实施“四联五融合”工作法,全县行政村村村联建27个,城乡联建151个,村企联建46个,24家县直单位与城市社区党支部实现共驻共建,树立各领域标杆党支部36个,基层党组织规范化标准化水平全面提升。坚持新时期好干部标准,聚焦脱贫一线选用干部,全年调整干部14批次179名,其中,脱贫一线干部占比达92%以上,25名优秀乡镇事业干部被提拔为乡镇事业副科级领导干部,全县党员干部争先进位的积极性和主动性不断增强。始终保持了反腐败斗争高压态势。完成第八轮、第九轮县委巡察,运用“四种形态”592人次,谈话函询441件次,立案174件,给予党纪政务处分175人,移送司法机关1人,管党治党更加“严、紧、硬”,全县政治生态持续保持健康清朗。

(谷田子)

附:中共平顺县委书记、副书记、常委名单

书　记:吴小华
副书记:秦　军　刘林松
常　委:宋立刚　桑爱斌　申庆斌　刘沁梅(女)
李　刚　陈　超(8月离职)
房　建(8月任职)　赵钦国(8月任职)
牛　佳(9月任职)

中共黎城县委

2020年,黎城县委坚持以习近平新时代中国特色社会主义思想为引领,深入学习贯彻习近平总书记视察山西重要讲话重要指示,紧紧围绕省市委目标要求,党的建设和党领导的各项事业全面进步。

一、坚定不移加强党的政治建设,确保各项工作始终沿着正确方向前进

始终把政治建设放在首位,深入学习贯彻习近平新时代中国特色社会主义思想。第一时间召开常委扩大会议带头学习党的十九届五中全会精神,通过“学习强国”“三晋先锋”“云黎城”以及各类讲座、宣讲,推动五中全会精神和党的创

新理论成果家喻户晓。突出政治引领，制定《县委常委会及其成员落实全面从严治党责任清单》《关于贯彻落实习近平总书记视察山西重要讲话重要指示在转型发展上率先蹚出一条新路来的任务清单》《贯彻落实省委书记楼阳生调研长治重要讲话精神任务清单》，增强“四个意识”，坚定“四个自信”，做到“两个维护”。高度重视和加强县委班子自身建设，严格党内政治生活，严格执行请示报告制度，始终坚持民主集中制，推动中央及省委、市委重大决策部署落地落实，不断增强政治判断力、政治领悟力、政治执行力。

二、坚定不移推进改革创新，充分激发发展活力

始终把抓改革落实作为重大政治任务，确保改革目标如期实现。开发区建设。完成开发区总体规划，积极申报省级经济开发区。投资1500余万元，完成6条供电线路和部分供水管网改造，以及主干道路面铺设；标准化厂房、园区道路纳入亚行实施项目。创新科技全覆盖。全县11家规上企业实现创新科技全覆盖，研发经费投入3000余万元。行政审批制度改革。投入使用新政务服务中心，真正实现“一枚印章管审批”。国企国资改革。3个企业、7个家属区完成“三供一业”分离移交；市场化出清6家企业。国有企业退休人员全部完成社会化管理。农村集体产权制度改革。完成全县254个（股份）经济合作社首届选举和挂牌、赋码证登记和4.9万户确权工作。探索实施了农业生产托管经营模式，为全省农业生产经营起到良好示范。

三、坚定不移推动高质量发展，奋力蹚出转型发展新路

转型发展提档升级。“项目为王”落地见效。2020年谋划重点项目136个；谋划实施“六新”项目52个。签约项目11个，开工10个。传统产业焕发生机。鼓励传统企业装备升级、技术革新；重点推进裕福氢能源工业综合利用项目；通鑫钢渣固废回收利用项目提前建成投产并获全市招商引资项目奖；投资5000万元的太行钢铁竖炉球团脱氧降耗技改项目进展顺利；国磁磁业投资1050万元完成生产线技术改造。焦化产业规划列入市“3+1”产业布局和省级规划，全市钢铁产业布局黎城，新旧动能转换进一步加快。2020年地区生产总值完成33.7亿元；工业增加值完成15.57亿元；一般公共预算收入完成2.48亿元。全县经济发展态势良好。

乡村振兴战略稳步实施。休闲农业稳步推进。黎侯宴酒文化产业园一期工程投入运营。白岩寺禅文化养生区完成菩提广场、白岩禅街等主体，建成水肥一体智能化水果采摘园750亩、牡丹花海200亩。太行丹泉小镇初具雏形。特色农业势头良好。建设绿色有机旱作农业示范区1.2万余亩，道地药材标准化示范基地3500余亩，创建特色水果基地10个，打造药茶、酿品等7个精深加工产业集群，实施百万只旱鸭全产业链、50万头生猪产业一体化两个重点养殖项目。农村人居环境明显改善。创建示范村庄40个，改厕5000座，农村生产生活环境明显改善。

文旅产业蓬勃发展。高起点定位规划，聘请中惠旅团队完成黎侯古城策划运营方案，聘请浙江火石策划石头村落保护开发，古村落保护、石头文化开发全面启动。全地域示范创建，黄崖洞景区5A提升、四方山景区服务配套、壶山矿洞开发等一批旅游重点项目成效明显。洗耳河景区被命名为国家4A级景区。孔家峧、后峧、卜牛等3个村入选省级3A级乡村旅游示范村。壶山温泉“太行人家”正在申报省级旅游度假区。深度推进文旅融合，创编《太行魂》《神游四方》情景剧。成功举办第八届文化旅游节，承接第二届中国攀岩自然岩壁系列赛（长治黎城站）赛事。国家级全域旅游示范区创建通过省级验收。

四、坚定不移打好“三大攻坚战”，夯实全面小康基础

以最大责任推进脱贫攻坚。针对疫情影响，采取“政府定岗、企业设岗、外输内收、规模产业”四种攻坚措施，28户62名未脱贫人口、122户272名脱贫监测户和102户234名边缘易致贫户“三类人群”全部达到脱贫标准。

以底线思维防范重大风险。深入推进扫黑除恶、“三零”创建，纵深推进“飓风一号”禁毒攻坚、“秋风一号”社会治安整治、“畅安一号”交通整治。投资1256万元建成黎城县综治共享平台。规范化建成1个县级、9个乡镇及184个村（社区）公共法律服务网格体系，获评“省级平安县”。

以铁腕手段推进污染治理。累计完成冬季清洁取暖5.55万户，节能改造4万平米；全天侯在线监控26家企业36个无组织排放点；建成投运小东河生态湿地二期工程；投资1800万元对11个村实施污水治理；全县二级以上优良天数258天；刘家庄、路堡桥断面水质连续两年达到或优于国标。投资375万元新建6个垃圾中转站，为4个乡镇配发垃圾收转运车。

五、坚定不移持续保障改善民生，提高群众获得感幸福感

疫情防控统筹推进。坚持“内防输入、外防反弹”，“三环九联”层层筑牢严密群防群控体系。完成疾控中心PCR实验室、县妇幼业务用房，建设县公共卫生应急医疗救治中心。大县城建设扎实推进。棚改腾退地块主体工程部分完成，黎民广场、中阳公园局部开放。“两下两进两拆一提升”攻坚行动成效明显，铺设弱电线路4.98千米，线路入地154.2千米。完成县城9.14公里污水管网建设。教育条件大幅改善。投资1500万元实施义务教育薄弱环节改善和能力提升计划。城乡交通更加便捷。桥北路拓宽改造顺利完工。兴华街铁路下穿进展顺利。新汽车站投入使用。90公里“四好农村路”全部完工。10个重点贫困村通水泥路、通农村客运班车，所有自然村全部通硬化路。就业渠道有效拓宽。招录人员116名，引进人才13名。发放创业担保贷款468万元。“双创”孵化基地入驻50家创业实体。

六、坚定不移筑牢意识形态阵地，凝聚推动发展的强大动力

持之以恒强化理论武装。突出抓好县委理论学习中心组示范带动，组建115人的“黎城县百姓宣讲团”，开展各类宣讲616场。牢牢把握意识形态工作主动权。制定《黎城县意识形态领域突发事件应急处置预案》等文件，定期分析研判意识形态工作，改制成立县融媒体中心。大力弘扬社会主义核心价值观。常态化开展志愿服务活动，大力推荐选树各类模范典型。加快文化事业繁荣发展。2020年送文化下乡20余场，送戏曲、电影下乡2435场，组织开展“文化惠民工程”系列活动1110余场。

七、坚定不移加强民主法治建设，筑牢和谐稳定发展基石

扎实推进民主法治建设。县委定期听取县人大、政府、政协、法检两院党组工作汇报，推动完成“七五”普法任务。做好新形势下统战工作。健全县、乡、村三级宗教工作网络。深化统一战线“百千百”工程和“一月一进企”普法活动，抓实叫响“同心黎城·太行新力量”工作品牌。持续筑牢安全屏障。投资2150万元建设应急指挥中心，聘请专家每月一主题开展“安全会诊”，排查企业578家、建筑物构筑物2.3万余处，消除各类隐患812处。

八、坚定不移全面从严治党，持续净化政治生态

以省委巡视黎城为契机，突出“两个维护”，自觉接受“政治体检”，对照省委巡视反馈意见梳理问题36个，建立“问题清单、整改清单、责任清单”全面整改。加速补齐党建短板。推动建立各级党支部联系点183个，整顿软弱涣散党组织12个，回引本土人才113人，储备后备干部580余名，收入5万元以上的村占比97.1%。下拨120万元支持30名机关干部到村任党组织书记。扎实做好村(社区)“两委”换届前期准备工作。多措并举激励干部担当作为。制定2019—2023年党政领导班子建设规划，选树担当作为干部26名，结合省市“墩苗”行动选拔3名干部到市县交流任职。“以案促改”全市推广。积极推行以案促改“五步六化”工作法，印发《典型案例剖析》读本。开展第八、九轮县级巡察。全年处置问题线索664件，立案198件，给予党纪政务处分183人。

(岳琛琛)

附：中共黎城县委书记、副书记、常委名单

书　记：杨红旗（2021年1月涉嫌严重违纪违法，接受纪律审查和监察调查；7月，被开除党籍、开除公职；将其涉嫌犯罪问题移送检察机关依法审查起诉。）

副书记：牛晨霞(女)　魏振东　常瑞琪(7月任职)

常　委：张晓明　任江鸿　李常宏　岳保国　申晓峰　高新建(11月离职)　杨秀林(11月任职)

中共襄垣县委

县委书记　张晋伟

2020年，襄垣县委按照省委“四为四高两同步”总体思路和要求、市委“建设省域副中心城市和美丽幸福长治”部署，聚焦“建设创新生态示范区、高质转型桥头堡、文明智慧品质城、社会治理首善地、营商环境最优县、持续构建清明政治生态”六大专项任务，统筹疫情防控和经济社会发展，全面建设美丽幸福襄垣，各项工作平稳健康发展。襄垣县地区生产总值完成224.8亿元，一般公共预算收入完成18亿元，社会消费品零售总额完成32.8亿元，城乡居民人均可支配收入分别达到4.0291万元、1.8658万元。

一、坚持强党建、转作风，政治生态呈现新面貌

持续强化理论武装。常态化推进“不忘初心、牢记使命”主题教育；持续深入学习研讨习近平总书记视察山西重要讲话重要指示；坚持每季度学习一次《关于新形势下党内政治生活的若干准则》；每周一开展县委理论学习中心组集体学习；推行“一把手”登台讲课制度。着力夯实基层基础。“一肩挑”比例达到84.3%。常态化整顿软弱涣散基层党组织12个。选派41名优秀干部到村任职。打造“党建精品”，下良镇党委获评全省标杆乡镇党委。持之以恒正风肃纪。全力配合省委第十巡视组开展常规巡视。十三届襄垣县委实现巡察全覆盖。狠刹“三股歪风”，对说情打招呼的坚决缓用甚至不用，对不胜任岗位要求的坚决调整撤换。坚持“赛工程、晒账目、筛标准”推进财政类投资项目建设。驰而不息纠正“四风”。在全县营造“干部提拔重用不送礼不跑要，医院看病不请客不送钱，孩子上学不求人不找人，项目落地、群众办事不吃拿卡要、不推拖躲绕，国有企业管理不跑冒滴漏、不挥霍浪费”本来的应有的政治生态。

二、坚持激活力、增动力，创新生态取得新成效

创新创业要素高度积聚。完善制定“兴襄英才”“梧桐”“富襄人才”计划，引进紧缺人才65名。首批32套人才公寓具备“拎包入住”条件。举办首届创新创业大赛，评选优秀项目37个。深化与山西大学合作，设立了研究生培养创新基地、博士工作站；山西大学(襄垣)固废研发基地大楼建成投用。

重点领域改革成效明显。在国资国企改革上,对兴通、漳江等平台公司进行资产重组。推动襄矿集团公开转让所持部分企业股权。2020年3月率先推行"三定"改革,6月全面推行"六定"改革。在农村综改上,推行"房联社""土地当铺""五+五代两自主"等模式,村集体经济5万元以上村达到93%,被评为山西省实施乡村振兴战略实绩考核优秀单位。在教育改革上,全面落实基础教育改革十大行动,巩固"县管校聘""校长职级制"改革成果,长治市中小学课改现场推进会在襄垣县召开。在医改上,全面落实医药卫生体制改革十大行动,被评为山西省县域医疗卫生一体化改革示范县。在移风易俗上,"婚事新办、丧事简办、余事不办"新风尚深入人心,襄垣秧歌剧《彩礼》广受好评。推进殡葬和祭祀改革,建成襄垣县殡仪馆,建设18处公益性公墓。

三、坚持稳增长、促转型,产业发展实现新突破

在现代农业上,发展了尖椒、米槐、连翘、丹参、有机水果、谷子"六个万亩"产业,开发出系列药茶产品,引进雨润集团50万头种猪项目。在现代煤化工产业上,引进金烨集团205万吨焦化项目;潞安单烷烃分离、烯烃分离项目建成试产;鸿达煤化清洁焦化项目部分设备开始安装。在高新技术产业上,互通新能源电动车成品上市;潞安云数据中心建设完成;大数据小镇开工建设;深圳智航无人机北方基地等项目推进顺利。在固废综合利用产业上,依托固废研发基地,开展科技攻关项目27个,5个项目完成放大试验、3个项目具备产业化条件。宏瑞祥碳基新型建材项目当年签约、当年开工、当年投产,全省开发区2021年第一期"三个一批"活动长治分会场设在宏瑞祥。在文旅产业上,襄垣县成功举办第二届"一带一路"法显文化国际交流高峰论坛,引进西安和景文旅公司托管襄垣仙堂山景区,打造了12个美丽宜居示范村。在现代服务业上,推行"村集体合作社+电商服务站+便民小事服务"模式,整合升级农村电商服务站;扶持打造"襄垣农家乐"餐饮品牌。

四、坚持提品质、创品牌,城乡建设迈出新步伐

在文明城市建设上,推进全域文明创建,荣获"山西省文明县城"称号,襄垣县下良镇、王桥镇洛江沟村荣获"第六届全国文明村镇"。推动"两下两进两拆一提升"和"顺向停车文明出行"行动。在智慧城市建设上,成立全省首家县级智慧城市研究院、东湖大数据公司、度城好物信息技术公司。全面启动"智慧交通"建设,成立车联网数据管理中心。在品质城市建设上,率先开展县城总体城市设计,开展县城四个重点片区详细规划与风貌规划,构建起"3+1"编制体系。郑太高铁襄垣东站通车运营。采用PPP模式推动城际连接线高架桥项目建设。

五、坚持强弱项、补短板,社会治理得到新提升

"三零"创建扎实推进。严格落实"县四套班子领导坐班接访""乡镇、村点名接访"制度,信访流量大幅下降。深入开展安全专项整治三年行动,全年未发生一起重特大安全生产事故。决胜扫黑除恶收官战,社会治安持续好转。坚持"清底、扫底、抄底",持续巩固禁毒成果。着力健全社区治理组织体系,全体党员到居住地社区报到参与基层治理。全县达"三零"单位标准占95.16%。群众安全感和满意度位列全省第二、长治第一。荣获全省"平安县"称号。募集670余万"励才基金"重奖优秀师生。实施"人人持证、技能社会"工程,举办"襄垣工匠"大赛,7人获评长治市第三届技能大赛"太行状元"。新建襄垣县人民医院朝阳院区。生态环境持续向好。扎实开展秋冬季污染防治攻坚战。4个国、省考断面水质均值达标。深化林长制改革,植树造林8500余亩,创建森林村庄50个。落实垃圾分类"四分四定"制度,新建垃圾热气化处理站2座。改造农村厕所13200座。巩固拓展脱贫成果。推动脱贫攻坚与乡村振兴有效衔接。开展三级书记遍访贫困对象和脱贫攻坚"百日会战",实现"十二个清零"目标。有效防范各类风险。落实意识形态责任制。深入推进预算绩效管理,有效提高财政资金使用效率。加强互联网金融、民间借贷等专项整治,有效规避金融风险。

六、坚持优服务、提效率,营商环境取得新进展

精准对接"引进来"。坚持"大招商、招大商,保经费、保人员,分区域、常驻地,优者奖、差者罚",2020年共签约项目53个,总投资408亿元。想方设法"落下来"。突出政策保障,设立政府产业发展投资基金,出台税收减免、房租减免等优惠政策,发挥襄矿增量配电业务试点和潞安180项目在电、热、气方面成本优势,降低项目建设运营成本。突出要素保障,建成标准化厂房、污水处理厂、变电站,完善园区道路,建成科创大楼;合作推动管运分离;有效盘活闲置土地;推动实施"标准地"改革,出让首宗"标准地";实施"万亩土地复垦工程",拓展项目用地腾挪空间。突出环境保障,率先启动"一枚印章管审批",推动实施"双五"工程,深化企业投资项目承诺制改革,实现"全承诺、无审批、拿地即可开工"。全程服务"建起来"。组建10支项目落地服务队,实施个性化、保姆式、全方位无偿服务。建立县领导"包项目、联企业、督工程"工作机制,实行"企业点名、领导上门"服务。坚持"一企一策""一事一议",分析研判、解决难题。

(常　亮　孙　中)

附:中共襄垣县委书记、副书记、常委名单

书　记:张晋伟

副书记:贺思宇　李　瑜

常　委:李智越　王　克　王振力　杜建伟

弓永玲(女)　刘　鹏(12月离职)

王光射(12月任职)　李俊杰(12月离职)

王　威(12月任职)　原伟松(7月任职)

中共武乡县委

县委书记　胡　坚

2020年,武乡县委以习近平新时代中国特色社会主义思想为指导,认真贯彻落实党的十九大和十九届二中、三中、四中、五中全会精神以及习近平总书记视察山西重要讲话重要指示,按照省委"四为四高两同步"总体思路和要求、市委"建设省域副中心城市"部署,统筹推进疫情防控和经济社会发展,攻坚克难、真抓实干,经济运行总体平稳,各项工作扎实推进。

一、提高政治站位,坚定"两个维护",坚持用习近平新时代中国特色社会主义思想武装头脑

县委始终把学习贯彻习近平新时代中国特色社会主义思想作为根本任务,召开37次县委常委会、18次县委理论学习中心组会议,深入学习习近平新时代中国特色社会主义思想、习近平总书记视察山西重要讲话重要指示和习近平总书记"三篇光辉文献"、《习近平谈治国理政》第三卷,举办学习贯彻习近平新时代中国特色社会主义思想读书班、学习党的十九届五中全会研讨会,进一步增强"四个意识"、坚定"四个自信"、做到"两个维护",坚决做到对国之大者心中有数。认真履行意识形态工作主体责任,坚决贯彻习近平总书记视察山西"两个一定要"、视察武乡"四个始终保持"重要指示精神,大力弘扬太行精神、传承红色基因。9月1日,武乡县八路军烈士陵园被列为第三批国家级抗战纪念设施;9月3日,全省纪念中国人民抗日战争暨世界反法西斯战争胜利75周年向抗战烈士敬献花篮仪式在武乡举行;9月19日至21日,全国第三届国防教育竞技大赛总决赛在武乡成功举办。

二、强化"交总账"意识,深入实施"3568"举措,坚决打赢脱贫攻坚决胜战

县委认真贯彻习近平总书记在决战决胜脱贫攻坚座谈会上的重要讲话精神和省委书记在决战完胜脱贫攻坚推进会上的讲话精神,深入实施脱贫攻坚巩固提升"3568"工作举措,进一步提升脱贫质量和成色。一是压紧压实主体责任。严格落实"四个不摘"要求,牢固树立"交总账""军令状"意识,制定出台《武乡县2020年决战完胜脱贫攻坚工作方案》和《任务清单》,细化75项具体推进措施;召开两次全县决战完胜脱贫攻坚千人誓师大会和脱贫攻坚"决战一百天、兑现军令状"千人推进大会,出台《武乡县脱贫攻坚挂牌督战工作方案》《武乡县脱贫攻坚督导工作方案》《武乡县脱贫攻坚反馈问题整改工作方案》《武乡县脱贫攻坚月考核工作方案》,进一步传导压力、压实责任。二是狠抓问题整改清零。坚决扛牢省委脱贫攻坚专项巡视反馈意见整改落实主体责任,定期听取整改情况汇报,强化重点问题跟踪督办,省委巡视组反馈28个问题和"回头看"反馈12个问题全部整改。扎实开展"十个清零"攻坚行动,各级各类巡视巡察、明察暗访、督导审计等反馈问题"回头看"排查759个问题全部整改。三是克服疫情影响保增收。制定出台《克服疫情影响确保贫困群众产业就业增收30条具体措施》,利用村级光伏收益增设就业扶贫专岗7039个;10个扶贫企业(合作社)、75个扶贫车间全部复工复产,优先吸纳因疫情影响无法外出务工的贫困劳动力;开展消费扶贫销售额达到8500万元。四是坚决守牢返贫防线。制定出台《决战完胜脱贫攻坚防止返贫32条具体措施》,针对2020年剩余未脱贫人口47户121人,逐户逐人建立"一户一案""一户一策",全部实现脱贫目标;针对边缘户275户611人、不稳定脱贫户512户1307人,建立动态监测、跟踪回访、分类管理三级预警机制,持续落实结对帮扶、应急救助、防贫保险等举措,全年未发生返贫现象。五是着力化解防范脱贫风险。探索建立扶贫产业、资金资产、金融扶贫、涉贫信访等风险防范化解机制,制定出台《武乡县村集体扶贫产业发展资金风险防控管理办法(试行)》《武乡县扶贫小额信贷风险防控管理办法(试行)》《武乡县扶贫资产管理实施方案》等制度。

三、狠抓项目建设,聚力蹚出新路,全力推动高质量转型发展

县委认真贯彻新发展理念和高质量发展要求,牢固树立"转型为纲""项目为王"理念,制定《武乡县贯彻落实习近平总书记视察山西重要讲话重要指示在转型发展上率先蹚出一条新路来的工作方案》,细化六大方面166项具体措施。特色现代农业方面,认真落实全省打造农产品精深加工"十大产业集群"部署,坚持特色种植、规模养殖、农产品深加工"三轮驱动",引进京东集团合作在全省首家建立了京东农场羊肥小米基地,太行沃土晋皇农业田园综合体、老家农业小米饼干深加工项目投产运行,太行涌泉酒业3000吨酒厂项目具备生产条件;积极发展药茶产业,种植菊花1500亩、连翘2万亩。10月26日,国家有机旱作羊肥小米产业标准化示范区通过国家标准委考核验收;12月10日,"武乡梅杏"地理标志品牌通过国家农业农村部评审。新兴产业发展方面,扎实推进新能源、新材料、通用航空等新兴产业,盛武风力发电、东庄煤业瓦斯发电、泓晨万聚二期砂基透水砖、宏日昇工贸输送机缓冲滑条和滚筒冷硫化包胶面板等项目投入生产;山予钙业纳米碳酸钙、昌靖建材粉煤灰综合利用等项目

扎实推进。文化旅游产业方面,认真落实全省打造“游山西、读历史”品牌部署,深化与山西文旅集团合作,八路军文化园扩园、太行少年军校建设、大型实景剧改版《再回太行》等项目扎实推进;八路军王家峪旧址“1+4”革命文物保护利用片区建设完成总工程量的74%。2020年,全县地区生产总值完成65亿元,同比增长7.7%;规模以上工业增加值完成28.7亿元,增长10.81%;一般公共预算收入完成5.43亿元,增长9.64%;社会消费品零售总额完成17.57亿元,下降4.1%;城镇居民人居可支配收入达到27132元,增长4.4%;农民人居可支配收入达到9064元,增长10.6%,年度各项经济指标和转型升级考核指标均圆满或超额完成市下达任务,“十三五”规划实现圆满收官。

四、坚持人民至上,办好民生实事,不断提升群众获得感、幸福感和安全感

坚持人民至上、生命至上,坚决扛牢新冠肺炎疫情防控的重大政治责任,全民参与、联防联控,全县未发生一例疑似病例和确诊病例。深入实施基础教育改革“十大行动”和深化医药卫生体制改革“十大行动”,全面实行中小学教师“县管校聘”,新招聘和引进教师119名、村医49名。扎实深入开展爱国卫生运动和城市环境专项整治行动,着力构建“大健康”格局。郑太高铁武乡站站前广场及县城连接线、红色旅游公路二期完工,关河水库东干供水工程主线通水运行,“农村四好路”完成77条259.71公里,农村危房改造461户,县城新区道路、红色旅游公路三期、农机粮食南段棚户区改造、和平广场停车场一期等项目扎实推进。制定出台《“人人持证、技能社会”建设2020年武乡行动方案》,举办线上线下各类大型招聘活动3场次,举办武乡县第二届技能大赛,开展家政服务、工程机械、电商等技能培训8383人,持证率达到73%。成立县、乡两级环境保护委员会,建设完成县城餐厨垃圾处理厂和3座乡镇垃圾中转站,实施清洁取暖改造25346户。完成造林绿化1.8万亩、经济林提质增效2.2万亩,新建村庄绿化示范村50个。

五、着力强基固本,开展“三零”单位创建,全面提升社会治理能力和水平

认真贯彻总体国家安全观,扎实开展“三零”单位创建,不断夯实安全稳定根基。一是加强社会治安综合管控。深入开展百日禁毒攻坚战、扫黑除恶专项斗争以及“飓风一号”打击毒品违法犯罪、“秋风一号”社会面治安秩序整治、“畅安一号”交通秩序整治三大行动,破获刑事案件75起,社会治安环境明显改善。二是全力做好信访维稳工作。深入开展矛盾纠纷大排查大化解“百日攻坚”、控新治旧十项行动、“四个重点领域”专项治理、集中治理重复信访化解信访集案专项工作等活动,着力化解国企国资改革、地质灾害治理等信访积案和历史遗留问题,全县赴省进京非接待场所涉访为零,社会大局保持和谐稳定。三是全力确保安全生产。认真落实安全生产专项整治三年行动部署,深入开展重点行业领域安全生产检查、安全风险隐患专项排查、城乡建筑领域安全隐患专项排查整治、旅游景区和人员密集场所专项整治,全县发生生产安全事故4起,均为道路交通事故,与上年同期相比减少3起,下降42.85%;死亡6人,同比减少2人,下降25%,安全生产形势持续稳定。

六、扛牢主责首责,全面从严治党,构建风清气正良好政治生态

一是认真履行主体责任。坚决扛牢全面从严治党主体责任,制定出台《县委常委会及其成员全面从严治党责任清单和具体落实措施》,县委常委会坚持每季度学习1次《关于新形势下党内政治生活若干准则》《党委(党组)落实全面从严治党主体责任规定》,牢牢牵住主体责任这个“牛鼻子”,着力打通全面从严治党责任落实“最后一公里”。二是全力夯实党建基础。持续引深基层党建“四个提升工程”,创新建立实操实训“六个一”标准化体系,落实“1+6”包联机制整顿农村软弱涣散党组织18个,选派48名机关单位干部到村担任党组织书记,269个行政村集体经济收入全部达到5万元以上。三是持续强化正风肃纪。认真落实党风廉政建设“两个责任”,制定出台《武乡县开展政治监督任务分解表》,细化为5大重点任务、23种表现形式、88项具体措施。加强常态化警示教育,2次召开全县党员干部警示教育大会,县委常委会带头召开对照检查剖析会,以案为鉴、以案明纪;深入开展纪律作风整顿,组织开展公职人员大操大办、违规收受礼金红包等专项治理,查处违反中央八项规定精神案件12案21人;持续深化扶贫领域监督执纪问责,查处扶贫领域重点案件64案79人;扎实开展党政领导干部违规入股企业、逾期贷款清欠清收、农村占用耕地建房、招投标领域等专项整治,签订核查《违规入股企业承诺书》788份,协助金融部门超额收回逾期贷款7680.23万元,查实农村违规占地建房1案1人;坚决贯彻“控新、治旧、抓早、铲土”要求,始终保持惩治腐败高压态势,全年共立案186件,结案179件,给予党纪政务处分188人、组织措施271人。

(赵育锋)

附:中共武乡县委书记、副书记、常委名单

书　记:胡　坚

副书记:阎新平　张三忠(挂职)　王书文

常　委:元海波　吕志刚　刘钢平　郑　丹
高怀碧　李颖媛(女)
李金良(10月任职)　高新建(11月任职)

中共沁县县委

县委书记 卢展明

2020年，沁县县委认真学习贯彻习近平新时代中国特色社会主义思想和习近平总书记视察山西重要讲话重要指示精神，紧扣山西省委“四为四高两同步”总体思路和要求，在市委的坚强领导下，认真履行把方向、管大局、作决策、保落实职责，统筹疫情防控和转型发展，决战冲刺脱贫攻坚和全面建成小康社会，较好完成全年目标任务，沁县工作实现了新的发展。

一、坚持党建引领，坚决落实上级决策部署

（一）坚决做到“两个维护”。县委带头把学习贯彻习近平新时代中国特色社会主义思想作为首要政治任务，先后29次进行集体学习贯彻。围绕学习贯彻习近平总书记视察山西重要讲话重要指示，先后五次深入学习领悟，对标六项重大任务，列出163项任务清单，开展跟踪督办79次，持续推动落地落实。

（二）全面加强党的建设。严格落实县委书记“一单清”10项32条任务，推进实施基层党建工作清单11项42条具体工作。聚焦“人、治、物、效”，做实基层党建，在财力十分困难的情况下投入近1000万元支持基层组织建设；出台壮大村级集体经济20条改革举措，全县所有村达到5万元以上，较去年提高26.3个百分点；引深拓展“三步四循环”工作法，创建省市标杆党组织11个。树立正确用人导向，在脱贫攻坚、深化改革一线考察识别干部，提拔和进一步使用干部35名，其中重用和提拔9名优秀干部。选派38名干部到34个村任职。利用“沁州先锋行”公众号打造在职党员社区报到在线服务平台，实现服务零距离、诉求零遗漏、服务行动零延时。沁县“三抓三提”整顿软弱涣散基层党组织、“一讲一议”夜课堂、“5+1”成长导师团等经验做法在市级以上新闻媒体宣传推介。

（三）持之以恒正风肃纪。制定出台《县委常委会及其成员落实全面从严治党责任清单》，以上率下扛起政治责任。梳理“治理漳河水、建设百里湖”的治水功绩，在杨安乡建设具有沁县特色的生态文明党性教育基地，滋养清风正气。始终保持正风肃纪反腐高压态势，“两个责任”监督检查追责问责11案18人，其中给予通报批评7人、诫勉5人、责令检查4人。运用“四种形态”处理375人次，查处违反中央“八项规定”精神案件7件10人、扶贫领域问题案件32件58人、涉黑涉恶腐败及“保护伞”案件1件3人。开展警示教育，引导党员干部严守纪律红线、干净干事创业，保持了风清气正的干事创业生态。编印《巡视巡察政策文件汇编》的做法在全市推广，“五步”工作法提升巡察报告质量的做法在《晋巡参考》交流经验。

（四）全力抓好意识形态工作。建立实行意识形态工作责任制制度，确保了全县意识形态领域和谐稳定。县委理论中心组带头推行研讨式学习明任务、会商式学习提效率、授课式学习拓思路、案例式学习推工作的学习方法，坚持认真学习党中央和省委、市委的各项决策部署。沁县在全省“学习强国”系列主题活动中荣获2020年度模范学习个人1名，学员标兵1名，优秀学员5名。老干局、新店镇分别入选长治首批“理论宣讲联系示范点”“理论学习中心组联系示范点”。克服困难、下大力气推进融媒体中心建设，实现全面升级。沁县被授予“2018-2019年度山西省文明县城”荣誉称号。税务局成功创建全国文明单位，县纪委监委、检察院等5个单位成功创建省级文明单位（乡镇）。杨安乡佛堂岩等8个村被授予“山西省文明村”称号。

二、坚持抓好第一要务，转型发展呈现强劲态势

（一）主要经济指标稳中有进。高质量发展7个方面21项指标全面完成，其中10项超额完成。全县地区生产总值完成32.86亿元，较上年增长5.16%；城镇常住居民人均可支配收入23005元，较上年增长5.5%，增幅排名全市第1；农村常住居民人均可支配收入8260元，较上年增长10.3%，增幅排名全市第四；一般公共预算收入完成1.28亿元，较上年增长13.78%，增幅排名全市第3；其他各项主要经济指标均保持在合理运行区间。

（二）转型项目蓄势迸发。实施重点项目65项，新签约项目18个，签约项目完成率108.63%。山西能投生物质能综合利用项目当年建设、当年投产，是全省第二家、全市第一家生物质能产业开发项目。在坚持不懈持续加力的奋斗下，制约县域发展的交通瓶颈得到有力破解，太郑高铁连接线基本建成、即将全线通车，黎霍高速公路沁县段和连接线项目开工建设、稳步推进。

（三）重点产业争先创优。有机旱作农业方面，创建有机旱作农业特色示范县，绿色有机认证工作在全省一路领先，认证面积占到全县总耕地面积的50.19%。中国绿色食品发展中心批准沁县创建全国绿色食品原料谷子标准化生产基地。沁州黄小米集团斩获“中国百佳粮油企业”、谷之爱小米粉系列产品获得“中国十佳粮油优质特色产品”奖项，沁州黄集团生产的小米、米粉等22款产品入选全国扶贫产品，“沁州黄”小米在第十八届中国国际粮油产品交易会上获得金奖，并成功出口加拿大，出口总额40.32万元。生态康养产业方面，漳河源湿地成功入选山西省首批10处省级重要湿地，是长治市唯一入选县区。沁县南涅水石刻馆被评为国家三级

博物馆。牛寺乡走马岭村进入全市休闲农业和乡村旅游精品线路、全省3A级乡村旅游示范村名单。208国道至南涅水石刻馆旅游公路通车运行,环湖旅游路1.7公里试验段全面建成,铸造了生态康养产业的显著优势。

(四)改革创新实现突破。市考核县的6项重大改革任务高质量完成。乡级行政区划调整和行政村撤并工作圆满完成。"一枚印章管审批"深入推进,新行政审批服务大厅投入运营,实现了民生事项"一站式"全办理,减少审批事项31.3%、减少审批环节30.8%、减少审批时限64.4%。现代农业产业示范区利用5G、物联网、云计算等新技术,推进实施了"智慧园区"建设工程。

三、坚持克难攻坚办大事办实事,民生福祉大幅增进

(一)脱贫攻坚全面完成。累计减贫38467人,贫困村全部退出,贫困户全部脱贫。贫困人口人均纯收入由2014年的1907元增加到2020年的10118元,年均增长32.1%。防止返贫监测和帮扶机制有序建立,农村基础设施建设和公共服务水平全面提升。沁县先后接受国家脱贫攻坚普查及事后质量抽查、市际交叉考核和国家脱贫攻坚成效第三方评估。以"三创八净一行动"为主抓手,持续整治环境卫生,城乡面貌明显改善,郭村镇被命名为省级卫生示范乡镇,定昌镇烟立村等63个村被命名为省卫生示范村。

(二)疫情防控常态推进。从严落实防控措施,构建监测预警、应急队伍、物资储备、核酸检测、集中隔离六大常态化防控体系,圆满实现"双零"目标。2名医务工作者驰援武汉,展现了非常时期的大局担当。建设PCR核酸检测实验室2个,防控能力显著提升。全县卫生院、卫生室达到省级制定的基本医疗有保障标准。8个乡镇卫生院成功创建省级特色中医医疗机构。

(三)民生事业全面进步。育才小学课改模式研究荣获2019年山西省基础教育教学成果二等奖。高考创造了"低进高出、高进优出"的显著业绩。中考成绩最高分位居长治市各县区第一名。冬季清洁取暖改造完成集中供热任务9424户。城镇新增就业1842人,转移农村劳动力2401人,城镇登记失业率控制在1.27%以内,低于市控制目标4.5%。开展"文化惠民、送戏下乡"各类演出150余场。《沁县志(1978–2013)》由中华书局出版发行。段柳乡小东岭八路军总部旧址和南里乡新华日报旧址成功入列山西省第六批省级文物保护单位名录。完成造林绿化2.75万亩,实施水土流失治理4.80万亩,森林覆盖率达到37.39%,县城大气环境质量优良天数同比增长16.6%,启动总投资2424万元的沁县段柳断面生态补偿项目,地表水水质整体达标。

(四)"三零"创建扎实推进。"三零"单位创建各项指标均达到或超过省市下达任务,"四位一体统领""四个一批路径""四个导向指引""四项制度落实""四个一"工作机制得到省市充分肯定。信访积案化解"控新治旧"工作共接待群众来访134件次,办结处理124件,网上投诉191件,办结191件。全县各级调解组织共排查受理各类矛盾纠纷827件,调解826件,调解率99.8%。对辖区内的水、电、油、气等重点目标单位开展安全督导检查60余次,整改隐患15个。扫黑除恶专项斗争圆满收官,办理1个犯罪集团,3个犯罪团伙,抓获犯罪嫌疑人20人,破获刑事案件21起,治安案件3起。扫黑除恶专项斗争开展以来,全县共打击涉黑恶团伙犯罪11个,其中恶势力团伙9个,恶势力集团2个,共打击处理涉恶犯罪嫌疑人73人,破获刑事案件56起,治安案件8起,追缴涉恶资产326万余元。深化打击盗抢骗犯罪专项行动,全县刑事案立案316起,破获85起,治安案件查处417起。禁毒斗争成效显著,在全省第四次污水检测中,沁县毒品成分含量均为全市最低值,大幅低于全省轻度阀值标准。沁县被省委平安建设领导小组命名为"2018、2019年度省级平安县"。

(王建宏)

附:中共沁县县委书记、副书记、常委名单

书　记:卢展明

副书记:张宏伟　郭爱斌

常　委:司慧军　冯　华(女)　田耀德　王慧忠　李　炜　高乐武　李晓东(9月任职)　籍弘光(7月任职)　张　帅(7月任职)

中共沁源县委

县委书记　金所军

2020年,沁源县委坚持以习近平新时代中国特色社会主义思想为指导,深入贯彻党的十九大和十九届二中、三中、四中、五中全会精神,全面贯彻落实习近平总书记视察山西重要讲话重要指示和省委、市委部署要求,认真履行把方向、管大局、作决策、保落实职责,团结带领全县干部群众攻坚克难、奋勇争先,不断开创绿色沁源转型发展新局面。

一、综合实力不断提升

2020年,全县地区生产总值完成134.8亿元,同比增长7%;工业增加值完成82.59亿元,同比增长7.31%;一般公共预算收入完成13.53亿元,同比增长2.97%;城镇居民人均可支配收入完成38598元,同比增长4%;农村居民人均可支配收入完成17693元,同比增长7.6%。全县经济总量进入了全市第一方阵。

二、转型发展步履坚实

坚定走煤炭“减优绿”之路,工业转型以经济技术开发区转型项目为标志,通洲215万吨煤化工、沁新锂离子电池负极材料等项目顺利推进;新认定高新技术企业1个;引进外资企业1个,实际利用外资14万元,实现“零”突破;产出强度215万元/亩,走在了全市前列。全县煤矿先进产能占比达到70%以上,战略性新兴产业增长13.65%,全县转型项目投资占固定资产投资比重85.2%,转型发展迈出了坚实步伐。

三、脱贫任务全面完成

紧盯目标任务落实,强化增收举措,全面解除289户609人“两类户”返贫致贫风险。全县贫困人口人均可支配收入增长到11437.66元,现行标准下农村贫困人口18115人全部脱贫。创新实施“2514”攻坚行动,组建成立特色农业扶贫等25个工作组,持续保持驻村帮扶强劲态势,“两不愁三保障”标准全面达标,异地搬迁、生态扶贫、光伏扶贫、金融扶贫、消费扶贫等各项工作成效显著。每季度组织开展产业扶贫暨重点工作大观摩,共奖励各乡镇、农村、民宿、企业2275万元。出台《沁源县发展特色农业产业奖补办法》,激活市场保民生、消费扶贫保增收,共促销农产品3500余万元。

四、乡村振兴稳步推进

整合涉农资金11671.34万元,有力有效推动脱贫攻坚和乡村振兴有效衔接。以产业振兴为重点,突出道地中药材种植,“沁党参”“绵黄芪”等沁源本草成为地标,“灵空菇”“黑山羊”等农特产品畅销,“英雄沁源”城市品牌和“沁之源品”区域公用品牌成功发布。以乡村振兴为抓手,打造了以五龙川村、水泉村、丹雀小镇等为代表的乡村旅游景点。以文明实践为载体,持续开展新时代文明实践“十个一”工程,麻巷村、聪子峪村、县人民检察院分别被评选为第六届全国文明村镇、文明单位,沁源秧歌入选第五批国家级非遗项目目录,“中国曲艺之乡”创建通过验收。山西省建设新时代文明实践中心试点工作评估业务培训班在沁源县成功召开。

五、生态保护成效显著

依托丰富的红色文化资源和绿色生态资源,深入实施绿色立县发展战略,完成生态修复8.36万亩,造林绿化16.45万亩,森林覆盖率达到52.63%。持续抓好污染防治,空气优良天数达到326天,空气质量综合指数全市排名第二。龙头国控断面水质持续达到Ⅱ类以上标准。荣获“全国生态文明建设示范县”、“绿水青山就是金山银山实践创新基地”荣誉称号。

六、创新生态持续优化

制定出台了《沁源县打造创新生态十大行动》《关于教授(专家、学者)等高层次人才来沁下乡奖补办法》。持续开展“迎老乡、回故乡、建家乡”系列活动,与中国农业大学、中国林科院、太原理工大学等院校机构合作,引进高端人才、高端资源走进沁源,构建科技创新联盟和产业技术联盟,参与智力合作、技术推广、项目建设等,农用酵素“微生物工厂”、麝类驯养繁育科研基地落地沁源。

七、民生保障提质增效

牢固树立以人民为中心的发展思想,牵手北京新学道、新师者两大教育集团合作办学,以咬定青山不放松的决心和韧劲振兴教育。持续推进健康扶贫“心贴心”工程,常态化开展爱国卫生运动。注重提升百姓生活品质,黄土坡隧道全线贯通,黎霍高速全速推进,太岳机场批准建设,新修建了一批农村旅游公路,完成209户危房改造,470户1045人供水工程提档升级。深入贯彻总体国家安全观,定期开展煤矿隐患排查,积极应对洪涝灾害,控新治旧有效化解信访案件,扎实抓好护林防火、道路交通等方面安全,牢牢守住了安全底线。

八、党建工作纵深推进

认真贯彻落实新时代党的组织路线,坚持以政治建设为统领,深入学习贯彻习近平总书记视察山西重要讲话重要指示和“三篇光辉文献”精神,巩固拓展“不忘初心、牢记使命”主题教育成果,推动习近平新时代中国特色社会主义思想入心入脑。率先完成村(社区)“两委”换届省级试点任务,选举产生“两委”主干215人、委员1384人,全部实现“一肩挑”。深入开展“基层党建增效年”活动,制定“保障农村基层组织建设十五条措施”,扎实开展“三联六创”活动,创建59个党建示范点和69个“六好”基层党组织。采取“线上线下”“走出去请进来”相结合的培训形式,对全县104名科级干部、397名股级干部进行专题培训,严明政治纪律和政治规矩,严格落实“两个责任”和中央八项规定精神,推进落实“三不”一体机制,持续保持反腐高压态势,营造了风清气正的政治生态。

(田　丰)

附:中共沁源县委书记、副书记、常委名单

书　记:金所军

副书记:徐计连　张文波

常　委:王宇红　黄贵河　胡亚明　李晓峰
吕光临　王　鸿　高　洵(7月任职)
柴喜杰(9月任职)

中共晋城市委

市委书记　张志川

2020年，晋城市委坚持学习贯彻习近平总书记视察山西重要讲话重要指示，按照省委“四为四高两同步”总体思路和要求，团结带领全市党员干部群众，进一步解放思想、先行先试、狠抓落实，统筹推进疫情防控和经济社会发展，推动新时代美丽晋城高质量转型发展取得新突破。

一、深入学习贯彻习近平总书记视察山西重要讲话重要指示，充分凝聚“在转型发展上率先蹚出一条新路来”的思想共识

认真学习贯彻习近平总书记视察山西重要讲话重要指示，召开市委七届九次全会进行全面部署，召开33次市委常委会(扩大)会议、18次市委中心组会议深入学习研讨，进一步凝聚思想共识。组织各级领导干部深入一线进行宣传宣讲，新时代理论宣讲快车、新时代太行文艺轻骑兵、基层宣讲所开展各类宣传宣讲5000余场。制定《贯彻落实习近平总书记视察山西重要讲话重要指示和省委十一届十次全会精神在转型发展上率先蹚出一条新路来的责任清单》，逐条明确责任，及时跟踪督办。

二、坚决打赢疫情防控“晋城战役”，推动全市经济稳步复苏、企稳向好

在全省率先启动重大突发公共卫生事件一级响应，严守交通卡口、村(社区)、发热门诊“三道防线”，有效阻断疫情传播，成功实现“双零”目标。全力做好常态化疫情防控。面对疫情冲击，明确了“稳一产、保二产、逆周期调节三产”的工作方针，制定出台逆周期调节支持服务业发展双13条黄金政策，促进消费市场回暖，刺激经济复苏。出台支持中小企业13条、金融8条、社保就业20条等政策，全面落实制度性和阶段性减税降费政策，帮助企业渡过难关，规上工业企业开复工率在全省率先达到100%。

狠抓项目“三个一批”。成功举办郑州招商大会，与中交集团签订“1+3”战略合作协议，参加中国国际光博会。全市入库签约项目384个；开工项目636个；竣工投产项目480个。

2020年全市GDP完成1425.7亿元，增长6.1%；第三产业增加值增长4.9%；一般公共预算收入增长5.1%；社会消费品零售总额增长0.3%；规上工业增加值增长7.3%。主要经济指标进入全省第一方阵靠前位置。

三、坚定走好高质量转型发展的“金光大道”，五大千亿级产业集群加速形成

煤炭和煤化工。以煤炭为转型赢得时间和空间，持续推动煤炭“减、优、绿”，年产60万吨以下煤矿全部退出，先进产能占比达65%。南村绿色智能铸造产业园，已有43家企业入驻，3D打印项目落地投产；晋钢智能铸造科技产业园一期投入运营，冷轧薄板项目落地开工。加快“一枢纽三基地一中心”建设。华新燃气集团总部设在晋城，输气管网互联互通规划编制完成。加快增储上产，煤层气产量达37.74亿方。加快推进富士康总投资250亿元的“两中心一基地”建设。太行一号国家风景道主线贯通，0公里标志文化驿站成为网红打卡地。山西太行云顶文化旅游发展有限公司挂牌成立。成功举办全国康养产业发展大会。首批28个重点康养特色村加快推进。

四、加快城市转型步伐，“一体两翼、协同发展”的城市空间布局已经形成

老城东西大街和景忠路、景德路建成通车，景德桥、景忠桥完成河道景观建设，南大街夜市正式开市。持续开展“两下两进两拆”专项整治，累计拆违300多万平方米。实现“路成、水成、树成、形象初成”。加大丹河新城招商引资力度，累计签约项目25个，总投资1237亿元。全省城市工作会议在晋城市召开。郑太高铁通车运营。丹河快线建成通车，晋阳双向八车道高速开工建设，G342、G207改线完工在即。

五、毫不动摇深化改革创新，高质量转型发展换道赛跑的动力持续迸发

全市开发区“三制”改革基本到位，“三化”改革深入推进，出台支持开发区先行先试16条、产业基金13条等政策，推动开发区加速发展。深化国资国企改革，41家企业完成国有产权划转。金融改革不断深化，积极推进农商行改制化险、城商行改革重组，增强防范化解金融风险的能力。

引进7名院士专家，组建晋城市光机电产业研究院暨院士专家工作站和鸿智纳米光机电研究院，首批孵化的日本东京大学超高速视觉等项目进入成果转化轨道；科技研发基地(智创城A区)建成入驻；山西大学晋城光电信息产业研究院、中北大学晋城先进材料与智能装备研究院加速落地。全市343户规上企业，全部开展研发活动。全面推行“一枚印章管审批”加“项目承诺制”，探索推行“一枚章”集中审批向“一件事”集成服务转变，行政许可事项100%实现网上办理。高标准建设市县一体在线政务服务体系，探索部分事项审批权限下放至乡镇一级办理，推动更多事项“全程网办”。

六、举全市之力创建全国文明城市,意识形态和宣传思想文化工作取得新成效

坚持全面动员、全力以赴,严格落实星级评定、联点共建、网格管理等工作机制。持续深化群众性精神文明创建,3人荣登"中国好人榜",1人获评全国"新时代好少年"。成功捧回"全国文明城市"金字招牌。全面推进意识形态工作。制定出台《重点文艺项目扶持奖励办法》。上党梆子《沁岭花开》入选全国舞台艺术重点创作剧目;《太行娘亲》让太行精神唱响全国。成功举办第五届海峡两岸神农炎帝民间拜祖活动、中华文明圣地昆仑丘(析城山)文化年会。

七、全力以赴保障和改善民生,人民群众的获得感、幸福感、安全感不断提升

聚焦"两不愁三保障",紧盯脱贫不稳定户和边缘易致贫户,不断完善预警监测机制,严格落实"四个不摘""四个不减",6.3万贫困人口全部脱贫。全市民生支出占一般公共预算支出的80.5%。东南新区学校投入使用。市人民医院易址扩建工程主体完工。大水源工程和第三水厂建设主体完工。新增城镇就业4.61万人。在全国首家实现市域"1元公交"全覆盖。持续推进环保网格化治理,严格落实工业企业深度治理和精准管控、扬尘综合治理等"十大任务",空气质量优良天数增加59天,是全省唯一6项大气污染物浓度指标均有10%以上改善幅度的城市。坚决打好扫黑除恶收官战,人民群众对专项斗争满意率达95.31%。深入开展"三零"单位创建,重大群体性事件、重大恶性刑事案件"零发生";安全生产事故起数和死亡人数"双下降"。

八、不折不扣落实全面从严治党政治责任,以高质量党建引领高质量发展取得突破

始终把党的政治建设摆在首要位置,全面推行"一个清单"抓落实机制,围绕落实习近平总书记视察山西重要讲话重要指示和中央及省委重大决策部署,累计梳理事项1087项,全程督办,逐项落实,把党的领导贯穿到推进各项事业全过程。

常态化推进"千名干部出太行"。重点推进"人岗相适"和干部"年轻化",非定向推选年轻副处级干部19名,选派25名年轻干部到乡镇"墩苗"。在全省率先开展乡镇"三农"工作专项考核。常态化开展电视问政,向人民汇报,请人民阅卷。

推动财力物力向基层倾斜,乡镇和村级组织运转经费分别达121万元、14万元。加快集体经济"加零增效",5万元以上村达90%以上。选派283名机关事业单位干部到村任职,干部下基层挂职常态化。统筹推进农村本土人才回归工程和村级后备力量建设。实施农村干部学历提升工程,"一村一名农民大学生"实现全覆盖。

全年开展两次警示教育。全市查处违反中央八项规定精神和"四风"问题447件,给予党纪政务处分358人,公开曝光71起。扎实推进扶贫领域、人防系统等专项治理,给予党纪政务处分1426人。

坚决扛起巡视整改责任,推动上轮省委巡视、脱贫攻坚专项巡视及"回头看"反馈问题全部整改到位。高质量配合省委第十二巡视组完成好巡视任务,对巡视组政治监督专项检查反馈问题,即知即改、立行立改。扎实开展市委第十轮、第十一轮巡察,基本实现本届市委巡察全覆盖。

(李　超)

附:中共晋城市委书记、副书记、常委名单

书　记:张志川

副书记:刘　锋(3月离职)　王　震(3月任职)　姚　逊

常　委:孙世新　郝志茂　石云峰　张利锋　辛艾艾(女,11月任职)　荆俊明　范兆森　陈望远(10月任职)　卫明喜(11月离职)

中共晋城市城区区委

区委书记　王文全

2020年,城区区委坚持以习近平新时代中国特色社会主义思想为指导,全面贯彻党的十九大和十九届二中、三中、四中、五中全会精神,深入学习贯彻习近平总书记视察山西重要讲话重要指示,按照省委"四为四高两同步"总体思路和要求、市委"五个三"战略部署,团结带领全区干部群众埋头苦干、攻坚克难,统筹推进疫情防控和经济社会发展,办成了一批事关城区发展全局的大事要事。

一、深入学习贯彻习近平总书记视察山西重要讲话重要指示,推动中央和省委、市委决策部署在城区落地生根

把学习贯彻习近平新时代中国特色社会主义思想作为首要政治任务,学习宣传贯彻习近平总书记视察山西重要讲话重要指示,在学思践悟、融会贯通中坚定理想信念、凝聚思想共识。党的十九届五中全会、省委十一届十次、十一次全会和市委七届九次、十次全会召开之后,区委召开常委会会议、中心组学习会议认真学习领会、深入交流研讨,进一步推动理论武装入脑入心、走深走实。团结引领全区上下进一步增强"四个意识"、坚定"四个自信"、做到"两个维护"。推进"不忘初心、牢记使命"主题教育常态化制度化,引导各级党员干

部不忘初心、牢记使命、砥砺前行。把做到“两个维护”坚决落实到行动上，建立落实习近平总书记重要指示批示办理机制，确保条条落实、件件落地、事事见效。

二、坚持“人民至上、生命至上”，坚决打好疫情防控阻击战

强化疫情防控工作领导小组职责，落实“双组长”制，统筹全区疫情防控工作；区四大班子领导带头深入包联镇（街道）督导检查、解决难题；领导小组各成员单位紧密合作、协同配合；各镇（街道）、村（社区）严格落实属地责任，全力以赴做好防控工作。将区直单位2000余名干部就地就近编入所在村（社区）、小区（居民点）参与防控工作；关停全区所有餐饮、娱乐服务行业、个体诊所、公共文化场所，有效阻断疫情传播，成功实现了“双零”目标。有力有序保障物资。开通“绿色通道”，加强价格管控，确保各零售药店运行平稳，各超市蔬菜、水果和日用品价格稳定，保证社会大局安定有序。

三、积极应对疫情影响，大力推动经济实现恢复性增长

认真落实“稳一产、保二产、逆周期调节三产”要求，区级财政投入2780万元用于刺激消费、扶持企业发展。2020年，全区GDP完成352.5亿元，增长6.1%；规模以上工业增加值增长14.9%；社会消费品零售总额完成283.5亿元，增长0.4%；一般公共预算收入完成9.5亿元，增长0.2%；城镇常住居民人均可支配收入完成38780元，增长4.7%。

抓紧项目建设。加快南村绿色智能铸造创新产业园建设，截至2020年底，共入驻各类企业43家。

四、强力推进城建重点工作，城市品质和形象实现新提升

老城更新与保护进展顺利。19条街巷改造基本完工，5处老院子正在修缮保护，文庙巷精品小吃城已现雏形、同步招商，非遗广场主体完工，南大街夜市开市运营，16栋回迁楼主体封顶。老旧小区改造全面提速。启动实施10个规模最大且亟需改造的老旧小区，3个已基本完成，7个完成阶段性目标。“两拆”专项行动成效显著。共拆除各类违法建筑57.3万平方米，改造新建119万平方米，广告下墙16万平方米，管线下地70公里；拆除违法违规彩钢板建筑40万平方米，城市品质大幅提升。棚户区（城中村）改造稳妥推进。全年棚户区（城中村）改造完成投资24.45亿元，完成拆迁34.36万平方米，完成建筑面积93.73万平方米。城市基础设施更加完善。太印街、建设北路、道西路建成通车，景西南路除与白水西街交叉口外，其余路段具备通车条件。

五、坚定不移全面深化改革，持续增强发展活力和内生动力

持续深化重点领域改革步伐。有序推进第二批行政审批事项划转，审批事项集中度达到88%。医疗卫生一体化改革、国企国资改革、城市管理执法体制改革等重点改革取得新的突破。投资约9000万元，完成了白水河整治、游客中心等工程建设。推动招商引资取得明显成效。与保利达、中铁、中铁建、碧桂园、恒大、新城控股等有知名度、影响力的企业对接洽谈，重点就老城二期、西北片区改造等项目达成合作意向。万达城市广场建设进展顺利，希尔顿酒店、上海亚朵酒店、中国生态疗养吴王山示范区项目成功签约，晋城市汽车自驾游房车营地项目一期开工建设。

六、持续保障和改善民生，不断满足人民群众对美好生活的向往

决战完胜脱贫攻坚。全区49户、106名建档立卡贫困人口全面实现脱贫，圆满完成脱贫攻坚各项任务。坚决打好污染防治攻坚战，扎实推进治企、禁煤、降尘、VOCs治理、餐饮油烟深度治理等污染防治，决战决胜蓝天保卫战。深入开展“爱国卫生季、城市大清洗”活动，城市形象更加干净靓丽。2020年，PM2.5平均浓度为46微克/立方米，同比下降9微克/立方米，圆满完成降幅任务。全力增进民生福祉。2020年，完成全区27.43万城乡居民劳动力的建档立卡工作，完成率100%。着力解决“一老一小”问题，2个养老中心加快建设，东南新区学校、西城小学正式投入使用。市二院增挂“晋城市肿瘤医院”牌子，与北京朝阳医院签订战略合作框架协议，引进北京专家10人，与19名区外优秀医疗人才和60名护理人员签订聘用合同，全区医疗卫生服务水平明显提升。

七、成功打赢创文决胜攻坚战，意识形态和宣传思想文化工作开创新局面

动员一切力量和资源投入创文工作。加强意识形态阵地管理，做强主流舆论。深化网络意识形态工作，营造了网络“清朗”空间。做好创新和融合两篇文章，基本完成国家公共文化服务体系示范区创建任务。开展全区红色资源普查，深入推进“乡村记忆工程”，以“戏曲文化进校园”“非遗手工制作进社区”“老城故事多沙龙会”等内容为载体，开展一系列进基层活动，加强优秀文化保护传承。

八、积极发展社会主义民主政治，汇聚干群同心、团结奋进的磅礴力量

大力支持人大依法履行职能。出台《关于新时代加强和改进人大工作的意见》，支持和鼓励区人大及其常委会依法行使法定职权，不断提升人大工作水平。充分发挥协商民主重要作用。出台《关于新时代加强和改进人民政协工作的实施意见》，修订《政协晋城市城区委员会提案工作条例》，完善提案办理工作机制，拓展提案“直通车”渠道。2020年，区政协共提案132件，办复满意率99.3%。不断扩大爱国统一战线优势。支持引导党外人士发挥自身优势，参与全区中心工作，提出高质量意见建议。宗教工作纳入全区社会治理网格化体系，有效促进民族团结、宗教和谐。积极发挥侨联、工青妇等群团组织的桥梁纽带作用，全面构建起大统战工作格局。

始终坚持党管武装根本原则。深入做好“双拥”工作,再次夺得2020年度“全国双拥模范城”荣誉称号,成功实现“四连冠”。

九、加强和创新社会治理,维护全区大局和谐稳定

扎实开展“三零”单位创建。信访总量较上年下降48%,为近十年来的历史最低。围绕“零事故”,全年共排查发现隐患问题6119个、整改5490个,圆满完成了“零事故”单位创建阶段目标。围绕“零案件”,聚焦突出问题分类施策,刑事案件较去年下降25%,治安行政案件较去年下降37.1%,社会治安形势持续好转,荣获全市平安县(市、区)称号。积极探索社区治理城区模式。出台《关于进一步推进城市社区治理精细化的指导意见(试行)》,有效解决了社区治理无规可依、无据可循问题。落实打好防范化解重大风险攻坚战相关部署,紧盯突出的房地产领域风险隐患,极大减少了信访存量;积极化解违规售房引发的信访问题,为266名购房户返还了1800余万元购房款。不断巩固拓展扫黑除恶战果。打掉1个恶势力犯罪集团、1个恶势力犯罪团伙,抓获犯罪嫌疑人32名,查封、冻结、扣押涉案资产499.54万元。共排查黑恶势力违法犯罪线索337条,已全部核查完毕。深入推进扫黑除恶专项斗争“百日追逃”行动,涉恶的9名逃犯已全部到案。坚决“打伞破网”,全年掌握涉黑涉恶腐败和“保护伞”问题线索98件,查结78件,给予党纪政务处分35人、组织处理44人,挖出10起黑恶案件背后的“保护伞”问题。

十、纵深推进全面从严治党,涵养风清气正的政治生态

认真落实全面从严治党责任。召开区委常委会会议32次、区委党建领导小组会议5次,研究部署党建工作。建立党支部工作联系点制度,共设立支部联系点248个,党员领导干部深入联系点530次,解决问题320个,进一步促进后进支部晋档升级。在城市党建方面,推动建立“1+N”制度体系,以《关于进一步加强和改进城市基层党建工作的实施意见》为总领,配套出台了六项制度,赋予街道“五项权力”,完善“街道吹哨、部门报到”工作机制,加强商圈楼宇党建,组建网格党支部和网格党小组200余个,推动机关党员“双报到”,推进“红色物业”建设,全面提升城市基层党建工作水平。选派机关事业单位干部到村任职,稳步推进农村带头人队伍优化提升,农村“一肩挑”比例达到72.4%。树牢“实干和担当、有为才有位”的导向,全年调整干部7批109人,提拔30人,平级交流56人,免职23人。驰而不息正风肃纪反腐。共查处违反中央八项规定精神和“四风”问题31件,给予党纪政务处分34人,公开通报7起。一体推进不敢腐、不能腐、不想腐,立案140件,给予党纪政务处分121人。坚决打击诬告陷害者,为4名干部和1个党工委班子澄清正名,切实为干部干事创业保驾护航。坚决扛起巡视整改责任。对省委第十二巡视组反馈的问题,做到了即知即改、立行立改。配合市委做好“提级巡察”“交叉巡察”,扎实推进巡察整改工作。扎实开展区委第十、十一轮巡察工作,重点完成对78个村(社区)的巡察覆盖任务,共发现问题1304个、问题线索17件,涉及科级干部2人、村(社区)党员干部24人,给予党纪政务处分2人,完成了本届区委巡察全覆盖。

(李　彤)

附:中共晋城市城区区委书记、副书记、常委名单

书　记:王文全

副书记:李晓峰　范永星

常　委:申军生(1月离职)　赵宏斌　马晋平
郜培法(4月离职)　赵　垠(4月任职)
连陆军　杨鸿飞　李琴琴(女)　吴起亮
栗军利　阎志刚(挂职,1月离职)

中共泽州县委

县委书记　高喜全

2020年,泽州县委坚持以习近平新时代中国特色社会主义思想为指导,全面贯彻党的十九大和十九届二中、三中、四中、五中全会精神,认真落实省委、市委各项决策部署,紧扣“两带两区四同步”高质量发展总纲,精准发力“1161”年度工作重点,铿锵前行、砥砺奋进,为在转型发展上率先蹚出一条新路来奠定了坚实基础。

一、精准识变、有效应变,谋篇布局下好“先手棋”

着眼优化产业布局,创新性提出“两带两区四同步”高质量发展总纲,全力构建区域协调发展新格局。建立健全《疫情防控责任体系》和《公共卫生服务体系》,实施“主攻二产、补齐一产短板、逆周期调节三产”的战略安排,全年一般公共预算收入完成26.5亿元,同比增长12.4%。地区生产总值完成300.5亿元,同比增长6.3%;规模以上工业增加值同比增长7.3%;社会消费品零售总额完成48.7亿元,同比增长0.1%;城镇居民人均可支配收入完成37553元,同比增长4.8%;农村居民人均可支配收入完成17866元,同比增长7.7%,各项指标基本完成或超额完成年初确定的目标任务,实现了“战疫情、促发展”的双胜利。认真贯彻习近平总书记视察山西重要讲话重要指示,召开县委五届十次全会谋划推进“六新”率先突破,凝聚了“换道领跑、转型跨越”的强大合力。立足收官交账,深入开展“主攻三大方阵、巩固十条防线、接受三查检

阅”决战完胜脱贫攻坚行动，全县贫困人口全部稳定脱贫。

二、大胆突破、勇蹚新路，转型发展迈入“快车道”

大力推进改革创新，深化商事制度改革赢得国务院通报表扬，山西资本市场县域工程泽州试点晋兴板挂牌总数县域排名全省第一，被确定为全国农村宅基地制度改革试点县。持续深化对外开放，全年完成签约项目50个，开工项目44个。大力实施创新驱动，建成5G基站130座，新增“专精特新”企业15家，新增“小升规”企业26家，均排全市第一。坚持以环保倒逼产业转型，以晋钢智造科技产业园和兰花“造气岛”为代表的巴公园区提档升级；以晶英纳米钙、和美固废为代表的周村园区蓬勃发展；以海斯制药为代表的北石店园区蓄势崛起；以中国青年城、蓝远快递为代表的城东商贸物流园势头正旺，园区集聚效应逐步凸显，高质量发展迈出重要步伐。

三、胸怀大局、恪守初心，惠及民生赢得“满堂彩”

全力加快丹河新城建设，累计完成赵庄、水东、水西、管院、青山街、府城、水北7个村2574户、7393人、63万平米的征拆任务，刷新了10天测量评估、10天签订协议、10天拆平房屋的“丹河速度”，推动总投资29.9亿元的16个“四成”项目顺利竣工，成功迎接了全省城市工作会议和全国首届康养产业发展大会胜利召开。实施以镇区“五化共建”为“龙头”、以通道“三化”为“血脉”、以农业“三化”为“肌体”的农村人居环境改善工作，乡村振兴的基础不断夯实，“百村百院”工程进展顺利，农业重点龙头企业达到42家，一批现代农业园区创建成功。坚持以人民为中心的发展思想，扎实办好教育、医疗、出行、就业、养老等民生实事，全年民生领域支出达到37.6亿元，占总支出的81.6%，被授予“中国五福文化之乡”称号，成功获得“国家全域旅游示范区”金字招牌，进入全国旅游强县行列，泽州百姓的获得感和幸福感更加充实。郑太高铁的全线贯通，让泽州步入了高铁时代。

四、从严治党、强基固本，党建引领筑牢“压舱石”

认真落实市委党建“四句话”总要求，培树了西土河红色文化教育基地等一批“红色坐标”，拍摄了《车元路》等一系列党史党员教育专题片，打造了北石店镇“七星带七村”、巴公镇“134N”党员志愿服务队等一批党建品牌，发展壮大了一批村级集体经济试点，重用了一批投身疫情防控、脱贫攻坚、项目建设、文明创建一线的干部，全年调整干部18批次，涉及科级干部244名，其中提拔重用84人。认真落实党风廉政建设“两个责任”，严格执行中央八项规定精神，持之以恒纠治“四风”，千方百计为基层减负，全年共处置各类问题线索909件，立案226件，结案234件，给予党纪政务处分203人，其中移送司法机关9人，形成了正风反腐的强大震慑。坚持把党建融入“三零”创建全过程，全周期法治化保障重点工程项目的经验，赢得了全省市域社会治理现代化试点暨“雪亮工程”建设工作推进会与会领导的好评。

（郜润斌　李璐瑶）

附：中共泽州县委书记、副书记、常委名单

书　记：高喜全

副书记：张　军　任小广　张峻豪（6月任职）

常　委：张建中（7月离职）　刘泽宇（7月离职）
张韶华　安旭敏　王宏伟（8月任职）
闫晋中　张　宏（女，7月离职）
马　占　赵韶宇　贾苗丽（女，挂职）
闫晓阳（7月任职）　米　娟（女，6月任职）
张育松（8月任职）

中共高平市委

市委书记　胡晓刚

高平市共辖304个行政村、38个社区，共有1063个基层党组织，其中党委29个，党总支68个，党支部966个。建制村中有党组织350个，占32.93%，其中党总支17个，党支部333个。共有社区党组织64个，其中党总支6个，党支部58个。

截至2020年底，全市共有党员27006名，其中农村党员14839名，占54.95%；全市农村党员中，共有高中及以上学历党员5564名，占37.5%；全市农村党员中，共有女党员2038名，占13.73%。

2020年，高平市委坚持以习近平新时代中国特色社会主义思想为指导，深入学习贯彻习近平总书记视察山西重要讲话重要指示，认真贯彻省委“四为四高两同步”总体思路和要求，全面落实晋城市委“五个三”战略部署，按照“六创赶考、三年答卷”发展思路，团结带领全市党员干部群众攻坚克难、锐意进取，全市发展稳中有进、持续向好，重点工作集中突破、亮点纷呈。

一、牢记嘱托、学深悟透，书写高平践行新时代中国特色社会主义的新篇章

市委牢牢把握学习宣传贯彻习近平新时代中国特色社会主义思想这一首要政治任务，将学习贯彻习近平总书记视察山西重要讲话重要指示与贯彻落实党的十九届四中、五中

全会,省委十一届十次、十一次全会,晋城市委七届九次、十次全会精神等结合起来,持续推动学习往深里走、往心里走、往实里走。召开34次常委会,10次中心组学习会,3次集中学习研讨,推动市委常委和市委中心组成员先学一步、学深一层。扎实做好宣传宣讲工作和干部教育培训,推动党的创新理论家喻户晓、深入人心。认真制定了贯彻落实习近平总书记视察山西重要讲话重要指示的责任清单,挂图作战,打表推进,确保习近平总书记重要讲话重要指示条条落实、件件落地、事事见效。

二、聚焦重点、攻克难点,在大战大考的历练中彰显高平担当

面对新冠肺炎疫情带来的严峻考验,市委常委会保持战略定力,用重点工作和重大活动的出彩成绩,充分彰显践行初心使命的高平担当。一是疫情防控取得重大战略成果。保持零确诊、零感染,仅用48小时恢复了口罩生产线,向全省各地支援口罩1000余万只,做到了不添乱、还添彩,"高平速度"受到央视点赞。二是海峡两岸神农炎帝民间拜祖大典成功举办。在做好常态化疫情防控的前提下,创新"线上+线下""现场+直播"形式,"云拜祖"平台访问量破亿,赢得广泛赞誉,实现了"大典规格不降、影响力不减、传承性不变"。三是脱贫攻坚战取得全面胜利。全市建档立卡贫困户全部脱贫,贫困村全部退出,"两不愁三保障"和饮水安全全面达标,易地扶贫搬迁任务全部完成。

三、抢抓机遇、加压奋进,高平高质量转型发展迈上新台阶

市委坚持稳中求进工作总基调,扎实做好"六稳"工作、全面落实"六保"任务、精准聚焦"六新"突破,顶住了疫情带来的经济下行压力,推动全市经济社会发展取得了新进步。2020年我市GDP增长6.4%,规上工业增加值增长6.4%,社会消费品零售总额增长0.3%,一般公共预算收入增长7.7%,城镇、农村居民人均可支配收入分别增长5.1%、8%,年度目标任务顺利完成。

一是在"一切为了转型、一切服务转型"的战略突破中,以产业创优破题起势。坚定不移抓项目、把握机遇促转型,推动产业结构持续调整优化。改造传统产业。持续推动煤炭"减、优、绿",建成三甲炼焦智能化数据运营中心。培育新兴产业。三大非煤支柱产业蓬勃发展,台湾产业园引进医疗器械、助听器、医药冷链物流等项目;新能源新材料产业引进甲醇制氢燃料电池、生物质热电联产、不锈钢产业园等项目;生猪产业建成100万头屠宰项目,基本形成全产业链。狠抓项目建设。开发区主战场谋划实施项目65项,总投资224.5亿元。2020年全省开发区考核中,高平开发区位列省级开发区第1名。集聚创新要素。建成全省首家县级"智创城",规上工业企业实现研发活动全覆盖。做精特色农业。坚定实施"特""优"战略,打造了生猪(白色)、黄梨(黄色)、富硒甘薯(红色)、食用菌(黑色)、丝绸深加工(彩色)"五彩"农业产业链。深化文旅融合。建成珐华文创产业园,完成长平之战历史文化公园规划初稿,高标准推进康养特色村建设。

二是在"用好改革开放关键一招"的矢志探索中,以改革创先激发活力。积极探索"六个一"集成改革,"一枚印章管审批"、证明事项告知承诺制在全省复制推广,大数据中心试运行,数字政府布局已成。农村承包地确权和集体产权制度改革全面完成,"四块地"改革取得突破,"土地银行"模式受到全国供销社表彰。整合非煤国有企业重组了国投、城投。医卫一体化改革、智慧医疗建设走在全省前列,多次承办全省现场会,并作为唯一县级代表在全省医改大会上进行交流发言。

三是在"建设宜居宜业宜游现代化城市"的合力攻坚中,以城乡创美提升气质。坚持"中心城市+特色小镇+美丽乡村"的城乡融合发展思路,全域一体规划,资源一体配置,功能统筹布局。城市面貌焕然一新。以"一轴一廊三区五镇"为构架的"大县城"格局正在形成,高铁运营通车、新区加快建设。市区形成"七纵九横"道路网,长平广场和火车站广场重塑升级,高平大酒店重启建设,"两下两进两拆"刷新颜值,成功创建省级文明城市。农村人居环境持续改善。深入开展"5+3+N"农村人居环境整治,乡镇垃圾中转站实现全覆盖,218个村完成饮水安全巩固提升,获评全省实施乡村振兴战略优秀单位。

四是在"绿水青山就是金山银山"的科学实践中,以生态创绿擦亮底色。深入贯彻习近平生态文明思想,坚持"治山治水治气治城"一体推进,生态环境质量持续改善。统筹推进转型、治企、减煤、控车、降尘,空气质量综合指数创近年来最好水平。坚持"六河"共治,省考断面、丹河出境断面水质全面达标,水环境质量彻底消除劣五类。农村面源污染治理、太行山绿化工程扎实推进。

五是在"以人民为中心的发展思想"的深入落实中,以民生创赞回应期待。坚持从人民群众最不满意的地方改起,从人民群众最能受益的事情抓起,不断提升人民群众的获得感、幸福感。努力兑现民生实事。针对教育资源分布不均的问题,高标准规划建设"五校五园",新建市委党校、太华幼儿园投入使用。面对"旧账"迎难而上,仅用一年时间建成米北快速路。炎帝大道市区段、建设路、新建路等完成改造提升,太行一号国家风景道(高平段)、"四好农村路"成为乡村振兴的致富路。回应道路拥挤问题,接续建成3座人行天桥和配套停车场。市人民医院改扩建加快推进,神农健康城建成投用,医疗服务水平进一步提升。全力做好社会保障工作。完善城乡社会救助体系,扎实推进"人人持证、技能社会"建设,全面完成劳动力建档立卡。着力提升社会治理能力和水平。"三零"单位创建工作深入推进,安全生产和信访形势总体平稳,扫黑除恶整体战果排晋城第一,连续5年被评为省级平安县。

六是在"把抓好党建作为最大政绩"的接力赶考中,以党建创强夯实基础。坚持贯彻新时代党的建设总要求,按照晋城市委党建"四句话"要求,继续打好"三大硬仗",抓好"两项创建"。坚持以一流标准锻造忠诚干净担当的高素质干部队伍。树牢"三重三看三优先"选人用人导向,大力选拔"心中有

责、眼里有活、手上有招”的好干部,在疫情防控一线提拔2名干部。有序开展农村干部学历提升工程,培训“两委”干部等840人。坚持以“三基建设”为抓手加强基层党建。整顿提升33个软弱涣散村党组织,选派51名干部到村任职,创新建立“乡镇青年人才党支部”,深化街道机构改革,统筹加强城市党建,扎实开展党员党组织“双报到”。坚持以“三不”体制机制建设为重点持续净化政治生态。坚决落实全面从严治党“两个责任”,驰而不息正风肃纪反腐,一体推进“三不”试点工作取得显著成效。建立健全了19个方面37项制度,查处落实“两个责任”不力案件17件30人,查处违反中央八项规定精神和“四风”问题27起33人,完成3轮政治巡察,实现一届任期内巡察全覆盖。

2020年,高平市委充分发挥统揽全局、协调各方的作用,着力加强党对人大、政府、政协、统一战线、群团组织、武装工作的领导,支持各方依法依规开展工作,主动听取意见建议,巩固发展了团结一致的政治局面。同时,市委常委会高度重视自身建设,旗帜鲜明讲政治,努力为全市做好表率。各常委坚决贯彻民主集中制,严格执行请示报告制度,扎实履行分管领域管党治党主体责任,带头深入疫情防控、复工复产、项目建设一线解决问题,带头推进重点工作攻坚、化解信访积案,带头落实中央、省委和晋城市委部署的各项任务,全力推动高平改革发展稳定各项工作取得了新的突破。

(王路云)

附:中共高平市委书记、副书记、常委名单

书　记: 胡晓刚

副书记: 原　健　高俊霞(女)　胥　博(6月任职)

常　委: 霍晋斌　郜红宁　张晋文　张　沁　李晋楚(7月离职)　焦华军(12月离职)　李素仙(女)　王志红　赵　东(8月任职)　原亮亮(6月任职)

中共阳城县委

县委书记　姚　逊

阳城县委辖党组52个,党委42个,工委5个,党总支85个,支部1075个,全县共有党员26509名。

2020年,阳城县委坚持以习近平新时代中国特色社会主义思想为指导,全面贯彻党的十九大和十九届二中、三中、四中、五中全会精神,深入贯彻落实习近平总书记视察山西重要讲话重要指示精神,坚定落实省委“四为四高两同步”总体思路和要求、市委“五个三”战略部署,紧紧围绕“打好‘三大攻坚战’、做好‘四篇大文章’、推进‘五城同建’”发展布局,团结带领全县干部群众,解放思想、对标一流、敢干干成,统筹推进疫情防控和经济社会发展,全县党的建设和县域转型发展开创了新局面。

一、坚持党建引领,提高领导发展能力

(一)突出政治建设。始终把高举旗帜、维护核心作为根本性大事来抓,认真学习贯彻习近平总书记视察山西重要讲话重要指示精神,以及省委十一届十次全会、市委七届九次全会精神,召开县委十三届九次全会并出台《责任清单》引深贯彻落实工作。制定《党委(党组)落实全面从严治党主体责任规定的实施细则》,完善县委工作决策机制,实行县级领导联系经济工作制度,推行四大班子成员包乡镇、包改革事项、包重点项目和联系民营企业“三包一联”责任机制。

(二)强化思想建设。坚持中心组学习制度雷打不动,开展中心组专题学习研讨12次,开办阳城大讲堂10期,组织“新时代讲习快车阳城号”宣讲680余场次,直接受众5万多人次,推动党的创新理论“飞入寻常百姓家”。落实意识形态工作责任制,牢牢把握工作主动权。新时代文明实践中心成为全国试点,荣获省级文明县城称号,启动了全国文明城市创建。

(三)夯实基层基础。开展“每月一站”品牌创建,加强基层党组织规范化建设。建立软弱涣散整顿常态化机制,“一村一策”整顿34个软弱涣散党组织。

(四)加强正风肃纪反腐。查处落实“两个责任”不力69人,问责党组织17个。围绕疫情防控、森林防火、脱贫攻坚等重大决策部署开展常态化监督,开展三轮“机动巡察+日常监督”。纠正“四风”,共查处各类问题64起,处分71人,组织

处理53人。坚持有腐必惩、有贪必肃,一体推进“三不”机制,党纪政务处分184人。

(五)坚定落实巡视巡察整改任务。对2015年省委巡视五组反馈的四方面17个问题、2017年市委巡察三组反馈的三方面15个问题,明确整改事项,制定整改措施,全部整改到位。

二、打好“三大攻坚战”,兜牢民生保障基础

(一)脱贫攻坚圆满收官。紧紧围绕“交总账”的目标,持续实施“八大工程20项行动”,深化“一企包一村”产业扶贫,全面抓好问题整改、建档立卡动态管理、易地搬迁后续帮扶等重点工作,荣获全省脱贫攻坚组织创新奖,15个贫困村全部摘帽,4212户9157人贫困人口全部脱贫,无一人返贫致贫,全面打赢了脱贫攻坚战。

(二)污染防治成效明显。坚持减煤、治污、降尘、管车、控烟“五管齐下”,大力改善空气质量,全年二级以上优良天数306天,创历史新高。启动国家森林城市创建,全县森林覆盖率达到51%。

(三)重大风险总体可控。深刻汲取阳泰集团晶鑫煤业武甲分公司安全事故教训,持续深化煤矿、非煤矿山、旅游、道路运输等重点领域专项整治。统筹抓好政治安全、意识形态、社会稳定等领域风险的防范化解,全县各领域重大风险总体安全。

三、做好“四篇大文章”,激发县域发展活力

(一)工业转型强劲有力。煤炭产业,以竹林山煤业为试点的5G+智能化矿山加快推进,阳泰、皇城等煤企与“优煤易购”合作持续深化,能源革命向纵深发展。电力产业,阳电三期2x100万千瓦机组扩建项目持续跟踪推动,一批光伏项目签约落地。化工产业,台头精细化工园区认定工作加速推进,蛋氨酸项目正在深度洽谈。煤层气产业,亚美大宁、中美能源、兰花集团等煤层气开采改造项目有序推进,与太原理工大学签署合作框架,共建煤层气综合利用研究院,成功举办第三届阳城(国际)陶瓷博览交易会、首届中国晋城(阳城)珐华产业高层学术研讨会,荣获“中国华北建筑陶瓷创新发展示范产区”称号。总投资40亿元的汇子新材料纳米抗菌陶瓷项目落地开工,标志着在新材料建设领域取得了历史性的突破。编制完成《招商地图》《产业图谱》,制定《城市发展清单》《招商引资奖励办法》《企业服务专员制度》等,组建百人团队密集开展招商,阳城作为唯一的明星县参加“2020厦洽会”,苏州智慧产业园、山西蓝莓加工产业园等项目相继签约开工,全年完成招商引资签约项目87个,总投资215.5亿元,开工项目73个,超额完成省市目标任务。

(二)城市建设稳步提升。按照“五凤朝阳”和“公园城市”“精致山城”城市定位,启动了县城整体规划和分区规划;争取被国家发改委列为“全国县城新型城镇化建设示范县”,谋划了215个投资达1000多亿元的项目;老城疏解、新城建设等工程加速推动,凤南区和演礼新城建设稳步推进,残疾人康复中心全面开工,甄阳巷、莯庄、南部片区等城中村改造项目加快建设,濩泽古城城墙实现大部合拢,东西主动脉桑田大道开工建设,环县城路网加快完善拓展,雨污分流改造、地下综合管廊(一期)工程交付使用,安阳污水处理厂完成提标改造。

(三)乡村振兴全面推进。加快农业产业发展,禹珈豪丝业、晋岳文化、相府饮品等多家企业参与构建蚕桑全产业链,潞党参、连翘、山茱萸等中药材种植面积达11.9万亩。分类推进村庄规划,持续开展农村人居环境整治,乡村面貌焕然一新。深化蟒河先行区建设,推广农林文旅康产业融合发展试点经验,推进24个康养特色村总体规划,累计申报农林文旅康产业项目和产业融合项目共93个,被授予“2020年全国森林康养基地试点建设县”。

(四)全域旅游内涵拓展。擦亮首批“国家全域旅游示范区”金字招牌。深度推进历史积淀、文化特色、自然优势兼顾融合,成功举办中华文明圣地昆仑丘(析城山)文化年会、第二届太行古堡文化艺术周、第五届阳城国际徒步大会等活动。皇城相府和蟒河景区实现联合运行,郭峪古城景区晋升为国家4A级景区,全域旅游集散中心投入使用,洛阳“阳城会客厅”正式运营,全域智慧旅游项目加快建设,疫情期间A级景区对全国游客实行免费惠民旅游。全年累计接待旅客总人数达690.2万人次,实现旅游综合收入62.7亿元。

四、抓好“五城同建”,提升群众幸福指数

(一)扎实推进“教育名城”。中高考全市领先,山西文旅产业学院挂牌成立,职教中心建设全力推进。注重以赛促技,以赛促培,率先在全省举办了“皇城相府杯”首届阳城职业技能大赛,“人人持证、技能社会”工作走在全省前列。

(二)积极培育“书香阳城”。“四馆一院”主体完工,通过国家公共文化服务体系示范区验收,组织了“跟着书籍游阳城”等全年不间断的读书系列活动,推出了一批书香机关、书香家庭、书香企业、书香社区,进一步擦亮了“阳城,读书人的家”文化品牌。

(三)奋力建设“健康阳城”。5名白衣勇士驰援武汉,取得抗击疫情的重大胜利。深化县乡医疗一体化体制改革,加快完善重大疫情防控体系,新建改建医院、疾控中心和应急物资储备基地,加大对城乡体育设施场地投入,广泛开展群众性体育活动。

(四)全力打造“便捷阳城”。阳济高速正式运营,晋阳八车道改造稳步推进,阳济高速南互通至县城连接线、客运中心、步行街改造、阳礼互通立交桥、析城大街拓宽改造、富水路改扩建、滨河东路延长线莯庄西段等一批重点工程全部竣工,大数据中心投入使用,5G基站和矿山应用、智慧城市建设加快推进。

(五)巩固提升“平安阳城”。持续深化扫黑除恶专项斗争,铺开了“新时代枫桥经验”试点工作,全县“三零”行政村(社区)达到277个,企事业单位达到5247个。在全省开展的人民群众对社会治安的安全感、满意度调查测评中,阳城县

在117个县区排名第3,居全市第一。"平安阳城"成为发展第一名片。

(张奇兵)

附:中共阳城县委书记、副书记、常委名单

书　记:窦三马(1月离职)　姚　逊(1月任职)

副书记:史小林　朱慧杰

常　委:原天信(1月离职)　牛　琛(1月任职)
白继军　程晋鹏　王学谦　王委彬
张德政　王晓红(1月离职)
陕雄亮(1月任职)　杨　波(挂职,1月离职)
崔　江(挂职,6月任职)
梅　洁(挂职,8月任职)

中共陵川县委

县委书记　侯贵宝

2020年,陵川县委全面贯彻党的十九大和十九届二中、三中、四中、五中全会精神,深入贯彻落实习近平总书记视察山西重要讲话重要指示,团结带领全县广大党员干部群众攻坚克难、勇于担当、锐意进取,保持了经济发展稳步向好、转型态势日趋强劲、发展潜力后劲十足、社会大局总体稳定的良好局面。

一、旗帜鲜明讲政治、学思践悟做表率,推动中央和省委、市委决策部署在陵川落地落实

召开县委十二届九次全会,对贯彻落实习近平总书记视察山西重要讲话重要指示作出全面部署,出台《责任清单》,制定6方面48项落实举措,逐条明确责任,及时跟踪督办,确保条条落实、件件落地、事事见效。坚持从县委班子自身抓起,先后召开县委全会、县委常委会、县委常委(扩大)会、县委中心组会,采取集中学习、专题研讨、基层宣讲、网络学习等形式,认真学习贯彻习近平总书记视察山西重要讲话重要指示,不断增强政治定力。按照省委"四为四高两同步"总体思路和要求、市委"五个三"战略部署,紧紧抓住制约陵川发展的主要矛盾和矛盾的主要方面,科学确定了"交好脱贫总账,抓实三区十园,聚力六地四转,打通五个关键"的目标任务和分级负责抓落实工作机制,真正把省委、市委决策部署转化为谋划工作的正确思路和推动工作的具体举措,确保全县经济社会发展定位准、方向明、道路实。

二、众志成城战疫情、千方百计保发展,疫情防控和经济发展取得好成绩

始终牢记"生命重于泰山"的政治责任,严格落实疫情防控常态化各项举措,扎实做好"六稳"工作,全面落实"六保"任务,全县经济在实现恢复性增长的基础上,经济总量增长发展势头进一步巩固。全年地区生产总值完成48.6亿元,同比增长5.8%;规模以上工业增加值同比增长6%;社会消费品零售总额完成16.7亿元,与2019年持平;一般公共预算收入完成2亿元,同比增长5.6%;城镇居民人均可支配收入完成22087元,增长4.9%;农村居民人均可支配收入完成11389元,增长10.5%。

三、尽锐出战打硬仗、精准发力抓整改,脱贫攻坚取得决定性胜利

出台《关于决战决胜脱贫攻坚,顺利实现交总账目标的实施意见》,进一步压实工作责任。立足于早、落实于细,制定应对疫情支持脱贫攻坚的14条政策措施,出台致贫返贫预警办法和"两不愁三保障"动态监测机制。实现教育医疗"两保障",住房饮水"两提升",产业就业"两增收",资金项目"两起底",易地搬迁、贫困人口"两清零"目标。陵川县在2020年全省考核中进入第一方阵,在全市考核中排名第一。截至2020年底,全县114个贫困村、9310户、25518名贫困人口全部实现稳定脱贫,脱贫攻坚取得决定性胜利。

四、牢固树立新理念、狠抓改革激活力,全面深化改革实现新突破

加快推进示范区改革,"三化三制"改革取得突破性进展,发展水平考核五大指标基本完成。深化"放管服效"改革,全力打造"一门一窗一网一次一章"政务服务模式,出台《陵川县优化营商环境33条》支持民营经济发展,持续优化营商环境。强力推进农村"四块地"改革,积极探索"乡村驿站""康养旅游""现代特色种养""资产受益""指标交易"等模式,有效盘活农村承包地、宅基地、农村集体建设用地及集体林地等土地资源,实现经济效益、生态效益和集体增收、农民增收"多赢"局面。

五、聚焦重点补短板、强化举措抓落实,高质量转型发展进入新阶段

县城品质大幅提升。围绕康养县城建设目标,积极推动县城提质扩容。组建城市建设工作专班,启动老城区改造,做好特色商业街、道路系统贯通等综合开发,古陵北路改造完成。围绕国家卫生县城创建目标,深入开展"两下两进两拆一提升"行动,加强县城精细化管理,县城整体面貌焕然一新。"三农"发展高质高效。完成14.7万亩粮食生产功能区划定任务,顺利通过省级和农业农村部验收。大力发展有机旱作农业,完成谷子有机示范2000亩,蔬菜绿色示范1300亩,新

认证“三品一标”产品33个,“喜禾金”小米通过“圳品”认证,成为全市唯一一家圳品企业。中药产业整体提质。全县中药材产业开发中小企业达到15家,涵盖中药饮片、药食同源产品开发、中药保健品、药用植物提取、药茶开发、中药材初加工、中药材仓储物流、电子商务等多个领域,“陵川连翘”“陵川潞党参”成为国家地理标志产品,中药材产业体系初具雏型。康养产业彰显活力。借势全国康养大会召开契机,加速推进王莽岭景区整治提升,5个项目完工,7个项目加快建设,8个项目具备开工条件,3个项目加快推进前期,累计完成投资6.1亿元。首批29个康养特色村已通过市里评审,先期8个村列入第一批进行精品打造。2020年全县旅游接待游客370.2万人次,旅游总收入达18.6亿元。人居环境有效改善。坚持以“一道十片百村”为示范,以“五大专项行动”为主攻,拆除违章建筑、破旧房屋、残垣断壁37.1万平方米,还绿增绿8.6万平方米,完成厕所改造3500余座,建成8个乡镇垃圾中转站并投入运营,完成13个村污水处理规划、选址,建立县级综合收储站和4个乡镇回收网点。

六、群策群力聚共识,以人为本抓民生,各项事业发展取得新进展

民主政治建设稳步发展。支持和保障人大及其常委会依法履行职能,支持政协依照章程履行职责、开展工作,强化党对宗教工作的领导,大力支持民营经济发展,坚持党管武装,高标准完成民兵军事训练任务,加强国防动员和后备力量建设,推动军民融合发展。宣传文化事业全面繁荣。建立健全党委(党组)意识形态工作责任制考核办法,推动意识形态工作责任制落细落实。持续引深媒体融合,融媒体中心建设通过省级验收,形成台、报、网、微、端立体化媒体工作框架。社会治理水平不断提升。扎实开展“三零”单位创建工作,“三零”村占比达75.74%,“三零”企事业单位占比达99.44%,小召村获得“2020年度省级乡村治理服务示范社区”称号,浙水、附城、松庙3个村获得“2020年度善治示范村”,陵川县连续7年被命名为“省级平安县”。各项民生事业全面进步。在全县中小学全面推行“县管校聘”管理改革。稳步提升社会保障水平,城镇登记失业率2.73%,低于市控目标,转移农村劳动力5524人,城乡居民养老保险参保任务全面完成。纵深推进医疗改革,建成覆盖县乡村三级的“互联网+医疗卫生服务”体系平台。县城新增供热面积12万平方米。生态文明建设成效明显。实施荒山造林4500亩,加快创建国家森林城市,已进入国家正式评审程序。全面推进“河长制”,加强对重点入河口、村庄生活污水治理,水环境质量得到持续改善。坚决打好蓝天保卫战,2020年全县环境空气质量六项指标全部下降,全省排名第15,全市排名第2,二级以上天数286天,较2019年同期增加20天,全县大气环境质量主要指标明显改善。

七、管党治党抓主责,正风肃纪强作风,全面从严治党取得新成效

坚决扛起管党治党主体责任。认真贯彻党委(党组)落实全面从严治党主体责任规定,出台《落实全面从严治党主体责任2020年任务安排》《县委常委会及成员落实全面从严治党责任清单》,推动各级党委(党组)压实主体责任、拧紧螺栓。全面加强基层组织建设。聚焦短板弱项,持续开展软弱涣散基层党组织集中整顿,20个整顿对象全部整顿到位。坚持实绩导向,注重基层历练,提拔重用12名县派第一书记和驻村工作队员,对表现优秀的50名公务员晋升职级。扎实开展农村“带头人”队伍优化提升集中行动,进一步加强农村带头人队伍建设。持续开展村级集体经济增收“三年行动”,集体经济收入5万元以上村达到93.6%。围绕学用习近平新时代中国特色社会主义思想、学习贯彻习近平总书记视察山西重要讲话重要指示、落实“六稳”“六保”任务、省委脱贫攻坚巡视问题整改等方面强化政治监督,严肃问责6个党组织、6名党委(党组)书记,党纪政务处分223人。时刻关注“四风”隐形变异新动向,严肃查处违反中央八项规定精神问题125件158人。通过一体推进不敢腐不能腐不想腐,腐败增量得到有效遏制。

(焦国锋)

附:中共陵川县委书记、副书记、常委名单

书　记:侯贵宝
副书记:杨晓雷　张全胜
常　委:原红芳(5月任职)　毋胜利
郭马军(5月离职)　李广亮
霍　鹏(4月任职)　张勇力
李小斌　刘　涛　龚运林(7月任职)
王　嘉(7月任职)

中共沁水县委

县委书记　原光辉

沁水县委坚持以习近平新时代中国特色社会主义思想为指导,认真贯彻党的十九大和十九届二中、三中、四中、五中全会精神,深入落实习近平总书记视察山西重要讲话重要指示,紧紧围绕省委、市委安排部署,统筹抓好疫情防控和经济社会发展各项工作,团结带领全县干部群众,锐意进取、攻坚克难,全县上下呈现出经济发展、民生改善、干事创业、和谐稳定的良好局面。

一、坚持用习近平新时代中国特色社会主义思想武装头脑，推动学习贯彻向广度和深度拓展

召开县委十三届十次全会，就贯彻落实习近平总书记视察山西重要讲话重要指示进行全面部署，组织开展集中学习24次、专题研讨6次、专家辅导7次。出台《关于深入学习贯彻习近平总书记视察山西重要讲话重要指示和党的十九届四中全会精神 不断提升推动沁水高质量转型发展能力和水平的实施方案》，制定《关于贯彻落实习近平总书记视察山西重要讲话重要指示和省委十一届十次全会、市委七届九次全会精神 在转型发展上率先蹚出一条新路来的责任清单》，逐条明确责任。深入开展"聚焦'六新'蹚新路"主题调研，县处级领导干部人人领题调研。

二、坚持不懈巩固成果扩大战果，在三场大考面前交出满意答卷

一是疫情防控取得重大阶段性胜利。全民动员、精准施策、果断处置，有效遏制了疫情蔓延扩散，取得了确诊病人"零病亡"、医务人员"零感染"、出院患者"零复阳"、确认疑似和隔离医学观察人员"零输出"的成绩。

二是脱贫攻坚成果持续巩固提升。县委常委会召开12次会议专题研究部署扶贫工作，深入开展县、乡、村三级书记遍访贫困对象行动，集中开展"脱贫攻坚动态清零达标、交好大考答卷"决战行动，扎实推进驻村帮扶"十个清零"行动，省委脱贫攻坚专项巡视反馈的4方面20个问题、省交办6类63条问题、省级挂牌督战的5个问题等各类反馈问题全部整改清零。全县28个贫困村、4216户9583名建档立卡贫困户全部脱贫。

三是全国文明城市首创首成。把创建全国文明城市与创建国家卫生县城、国家园林县城统筹协调、同步推进。着力打造"文明创建示范一条街""志愿服务""星级文明户"三大亮点，城乡面貌显著改观，生态环境明显改善，城市管理水平较大提高，居民素质全面提升，"全国文明城市""国家卫生县城""国家园林县城"三项国家级荣誉实至名归。

三、坚定转型发展目标不动摇，发展的质量和效益显著提升

2020年，全县经济稳步复苏、企稳向好。全年地区生产总值完成227.2亿元，增长5%；一般公共预算收入完成16.2亿元；规模以上工业增加值增长3.9%；社会消费品零售总额完成26.8亿元，增长0.3%；城镇居民人均可支配收入完成32325元，增长5%；农村居民人均可支配收入完成14434元，增长10.1%。

一是能源革命综合改革试点破题开局。煤炭产业坚定走"减、优、绿"之路。完成全省煤成气增储上产三年行动大会战下达的年度指标任务。日处理200万方的中央处理厂开工建设，全国内陆地区最大的LNG储气调峰项目完成招标，地下煤制气、低渗煤层煤层气分段压裂水平井增产等先进技术有序对接实施。

二是农林文旅康产业深度融合。成功举办第四届赵树理文化旅游嘉年华，组织开展文化、体育、花节三大系列活动。4个重点康养推荐村建设初现雏形，成功创建3个"全国森林康养基地（试点）"、5个"中国森林康养人家"，入选"全国森林康养基地试点建设县"名单。

三是开发区全力打造转型综改主战场。创建融创经济开发有限公司，开启了"管委会＋公司" 运营模式；设立财政局，在全省率先开展了开发区财政管理体制改革。全年签约项目12个，在全省开发区发展水平考核中连续两年位居第一方阵。

四是乡村振兴战略稳步实施。农村基层治理全面加强，深入开展农村"星级文明户"创评和"零上访零事故零案件"村创建，健全"一约四会"制度，乡村治理水平有效提升。荣获全国村庄清洁行动先进县。长畛村、湘峪村、杏则村荣获"全国文明村镇"，杏则村被评为"中国最美休闲乡村"，侯村村被评为"全国乡村治理示范村"，沁水县被评为全省实施乡村振兴战略实绩考核优秀单位。

四、践行以人民为中心的发展思想，不断增强人民群众获得感幸福感安全感

一是生态环境质量持续提升。牢固树立"绿水青山就是金山银山"的发展理念，在成功创建"国家生态文明建设示范县"的基础上，大力开展沁河流域沁水段生态修复与保护工作，统筹推进河道整治和城镇化发展。沁水示范牧场被国家林草局设为国家草原自然公园试点，《创建国家森林城市总体规划》通过专家组评审。水环境质量全部达标，空气质量达到国家二级标准，是全省唯一GDP突破200亿元、空气质量排名前十的经济、生态"双赢"县。

二是安全稳定局面持续巩固。认真履行安全生产工作责任制，深入开展安全生产专项整治三年行动和"三零"单位创建，安全生产形势持续稳定向好。常态化开展社会稳定风险隐患化解，强化社会面管控。始终保持对黑恶势力的高压态势。

三是民生保障事业持续进步。完成农村户厕改造3218座，清洁取暖改造10166户。新增城镇就业5179人，转移农村劳动力4568人，城乡基本养老保险参保15.8万人，基本医疗保险参保19.1万人。

五、坚持党管宣传、党管意识形态，有效凝聚推动经济社会发展的强大正能量

一是牢牢把握意识形态工作主动权。加强意识形态工作落实落细，"扫黄打非"基层站点规范化、标准化建设达标率100%。

二是深入推进新时代公民道德建设。精心组织道德模范事迹宣讲"五进"等主题宣传，举办清明节网上祭英烈、"我们的节日·端午"主题活动，大张旗鼓地开展"沁水好人""新时

代好少年”“星级文明户”评选活动。

三是全力推动文化事业蓬勃发展。深入推进文化惠民工程,开展送戏送文艺下乡 170 余场,围绕“决战脱贫攻坚、决胜全面小康”“抗击疫情”等主题创作文艺作品 600 余件。

六、坚持和发展社会主义民主政治,稳步推进治理体系和治理能力现代化

一是全力支持人大依法履行职能。出台落实省委、市委关于新时代加强和改进人大工作意见的实施方案,加强党对人大工作的全面领导,支持和保障人大及其常委会依法行使职权。大力推行“民生实事票决制”,决定民生实事项目 120 个。

二是持续加强和改进人民政协工作。推动县政协及其常委会围绕项目建设、营商环境、乡村旅游等重点课题广泛协商议政,围绕危房改造、兜底保障、安全饮水等方面实施民主评议监督,在协调关系、汇聚力量、建言献策、服务大局等方面作出了积极贡献。

三是认真做好新时代统一战线工作。在全市率先批复成立县级社会主义学院。把宗教工作纳入综合治理网格化体系,建立三级工作网络和两级目标责任制,依法加强对宗教事务的管理。

四是加快推进法治沁水建设。充分发挥县委全面依法治县委员会作用,聚焦法治沁水、法治政府、法治社会一体建设,严格落实党政主要负责人履行推进法治建设第一责任人职责,全力推动省级法治政府示范县创建,构建矛盾纠纷化解网络,大力推进法治乡村建设,广泛开展以宪法为核心的法治宣传教育。

五是坚持抓好党管武装。认真履行党管武装政治职责,定期召开县委议军会议,深入创建全国标杆型(示范型)退役军人服务站,成功举办退役士兵“迎回家、荐岗位、促就业”招聘会,“省级双拥模范县”实现“八连冠”。

七、推动全面从严治党向纵深发展,以党建“第一责任”领导和保障发展“第一要务”

一是政治建设更加深入。严格执行《落实习近平总书记重要指示批示办理机制》《贯彻落实习近平总书记重要指示批示常态化“回头看”和报告机制》,增强政治执行力,全力推动党中央大政方针在沁水落地生根。严格遵守党内法规,突出刚性约束,强化制度执行,真正让铁规发力、让禁令生威。

二是基层组织建设更加稳固。全面推进“一梁三柱”农村基层党建、“一个载体、五型创建”机关党建、“五抓五提升”非公经济组织和社会组织党建工作机制,创新实施城市社区“大党委”运行工作机制,扎实开展基层党组织规范化建设“树亮品牌、全面达标”专项行动,乡村两级全部建成党群服务中心,97%的基层党组织达到规范化建设标准。

三是正风肃纪反腐更加坚定。出台《政治生态分析研判工作办法(试行)》,确立“五讲五看”政治生态评价体系。深化运用监督执纪“四种形态”,分别占比 79.4%、17%、1.8%、1.8%。全年共问责党组织 10 个,问责领导干部 130 人,给予党纪政务处分 6 人,组织处理 124 人。组织开展十三届县委第九、第十、第十一轮巡察,实现本届县委巡察全覆盖。查处违反中央八项规定精神问题 81 件,处理 130 人,处分 38 人。

(张星星)

附:中共沁水县委书记、副书记、常委名单

书　记:原光辉

副书记:任彩虹(女)　杨　洋

常　委:王东胜　陈仲会　窦书瑾(1月离职)
张俊威(1月离职)　韩海亮(4月任职)
谢　彬(4月任职)　蔡海涛(12月离职)
王晋亭　赵光义　李　春(6月任职)
张少帅(6月任职)

中共临汾市委

市委书记　董一兵

2020 年,临汾市委坚持以习近平新时代中国特色社会主义思想为指导,全面贯彻党的十九大和十九届二中、三中、四中、五中全会精神,深入学习贯彻习近平总书记视察山西重要讲话重要指示,认真落实省委“四为四高两同步”总体思路和要求,提出并坚持市委“1343”工作思路,推动党的建设和党领导的各项事业全面进步。全市地区生产总值完成 1505.2 亿元,增长 3.7%,“十三五”期间全市地区生产总值年均增长 4.1%,规划纲要确定的目标任务基本完成,经济社会发展迈上新台阶。

一、坚持以习近平新时代中国特色社会主义思想为指导,牢牢把握临汾工作正确方向

一是强化政治引领。市委中心组组织 20 次集体学习,认真学习习近平总书记视察山西重要讲话重要指示、《习近平谈治国理政》第三卷、党的十九届五中全会精神等,深刻把握蕴含其中的真理力量和实践伟力,使之成为全市高质量转型发展的思想指引。

二是完善发展思路。紧扣中央部署和省委“四为四高两同步”总体思路和要求,结合临汾发展阶段性特征,提出市委“1343”工作思路,即以打造“省域副中心城市”为引领,统筹

沿黄、沿汾、沿太岳"三大板块",狠抓开发区建设、能源革命、项目建设、改革创新"四大牵引",力争环保倒逼转型、装备制造业发展、文旅融合发展走在全省前列。

三是狠抓工作落实。全力落实习近平总书记对临汾重要批示精神,按照省委第176次、179次常委会部署要求,扎实做好襄汾"8·29"重大坍塌事故救治伤员和善后处置,高质量完成农村自建房质量管理立法试点。对标中央和省委关于"十四五"规划要求,加快编制全市"十四五"规划《建议》《纲要》和各专项规划。积极配合省委第十三、十四组开展巡视,制定15条整改措施,对巡视指出的问题边巡边改、即整即改。

二、认真落实中央和省委部署要求,统筹推进疫情防控和经济社会发展

一是有条不紊、疏而不漏抓好疫情防控。第一时间成立市疫情防控工作领导小组,44次召开市委专题会议暨市疫情防控工作领导小组会议。市县两级安排防疫资金1.6亿,18天建成市第三人民医院异地新建项目应急工程。临汾2例确诊患者及1名无症状感染者2020年3月17日全部治愈出院,实现了确诊患者零死亡、医务人员零感染、本地人员零感染的"三零"目标。先后组织4批次93名医护人员支援湖北四市,并捐赠300余万元生活防护物资。

二是在疫情防控常态化条件下加快恢复经济社会发展。扎实做好"六稳"工作,落实"六保"任务。有序推进复工复产。推进全市大中小学(幼儿园)全部有序安全复学。积极推进复市,深入开展5000万元消费礼包大派送等促消费活动,回补释放消费潜力。

三、聚焦高质量发展根本要求,奋力在转型发展上蹚出新路

一是横下一条心狠抓开发区建设。2020年新获批省级开发区3个,新增数量全省第一,除新批设立的开发区外,其余开发区全部完成"四至"范围核定。重点开工建设了侯马开发区总投资15亿元的中信机电科研试验生产基地、洪洞开发区总投资8.8亿元的临汾普祐环保循环经济产业园等转型项目。

二是全力以赴抓好项目建设。实行重大项目领导包联制,市四大班子领导和各县市区党政"一把手"每人至少包联2个重大项目。推进实施星河湾城市综合体、汾河吴村段生态修复工程、洪洞龙马物流枢纽节点项目等重点项目129个。

三是持续不断优化营商环境。以"打造全省一流营商环境"为目标,以"最多跑一次"为标准,全面推广临汾通APP,加快电子证照系统、电子印章使用系统和政务标准化平台建设,审批事项由269项减少至203项,压减率24.53%。

四是突出重点推动文旅融合。编制完成《临汾市黄河板块旅游发展总体规划(2020-2030)(纲要)》,高标准推进黄河板块核心景区项目设计。实施沿黄现代农业文化旅游带综合开发等16个重点文旅项目,新建、续建沿黄旅游公路216公里,"0km"标志文化驿站建成启用。积极对接国家文物局,争取对陶寺遗址博物馆和陶寺遗址公园建设的支持,形成了以陶寺遗址为核心,建设"一区一园一圈"保护开发总体思路。

五是持续发力深化改革开放。召开3次市委深改委会议,扎实推进"放管服效"、农业农村、事业单位等重大改革,翼城、吉县农业生产托管模式被列为全国典型案例,能源革命综合改革试点工作扎实开局。特别是按照"根上改、制上破、治上立"原则,扎实推进国资国企改革,处置"僵尸企业"45户,基本完成公司制改革33户。出台《关于构建临汾市人才服务体系的若干措施(试行)》,加速聚集创业创新人才。

四、坚决打赢打好三大攻坚战,不断提升全面建成小康社会的质量和成色

一是脱贫攻坚战实现决战完胜。牢固树立"交总账"和"军令状"意识,狠抓责任、政策、工作"三落实",10个贫困县全部摘帽,662个贫困村全部退出,剩余597户1548名贫困人口全部实现脱贫,4607户11798人"两类户"全部解除返贫致贫风险监测。

二是污染防治攻坚战取得决定性成就。在全省率先成立市县乡三级生态环境保护委员会。狠抓打赢污染防治攻坚战15项重要举措,生态环境质量持续改善,全年市区空气质量综合指数为5.74,稳定退出全国168个重点城市倒5,PM2.5改善幅度排全省第一;汾河流域国考断面全部退出劣V类并稳定达标,国考断面优良水体比例33.3%,改善率全省第一。

三是防范化解风险攻坚战有力有效。制定《临汾市专项债券资金管理暂行办法》,有效控制政府债务余额增速,化解政府债务124亿元。强化金融风险管控,积极稳妥推进农信社改制,清收农信系统不良贷款79亿元,守住了不发生系统性、区域性风险底线。

五、坚持以人民为中心的发展思想,大力保障和改善民生

一是大力发展民生事业。完成公办幼儿园建设6所,认定普惠性民办幼儿园77所,全市普惠性幼儿园在园幼儿占比达86.4%,超额完成省定任务。全市城镇新增就业50376人。建成农村老年人日间照料中心412家。城镇棚户区改造新开工1100套,开工率100%;基本建成3045套,完成率101.5%。

二是全面加快城市建设。坚持以打造省域副中心城市为引领,大力实施靓城提质行动,成效明显的良好态势。全力打造与省域副中心城市相适应的现代综合交通体系,制定完善《临汾市中心城区快速交通体系规划》,力争2年内基本形成"中环"格局。采取"连片改造、整体开发"的办法,有序推进河西片区城中村改造。

三是扎实推进"三零"单位创建。全市"三零"单位创建取得显著成效,"三零"达标率97.57%。全年共接待上访群众

1496批3584次，包处案件480案，化解432案。落实《地方党政领导干部安全生产责任制》，扎实开展安全生产专项整治三年行动，深刻汲取襄汾"8·29"重大事故教训，扎实开展城乡建筑领域等五个专项整治，建立完善安全生产管理"十大体系"。深入学习"枫桥"经验，持续深化"万名民警进万家"，全市刑事案件和治安案件立案数分别下降0.5%和5.3%。

六、加强民主法治建设，为改革发展创造良好环境

一是坚持和完善人民代表大会制度。支持人大及其常委会依法履职。围绕高质量转型发展、脱贫攻坚、生态环境保护、靓城提质行动开展依法监督，对8部法律法规开展执法检查。制定出台《临汾市文明行为促进条例》《临汾市体育设施建设和管理办法》《临汾市农村自建房屋质量管理办法》，地方法律体系不断完善。

二是支持政协在推进协商民主上发挥重要作用。坚持和完善中国共产党领导的多党合作和政治协商制度，支持政协履行职能、建立健全协商议政成果转化机制，利用社情民意和政协提案两个载体，提出针对性的协商建议，有效发挥了建言献策作用。

三是巩固和发展最广泛的爱国统一战线。认真做好新时代统战工作，积极支持民主党派履行参政党职能，组织开展了"知临汾、懂临汾、兴临汾"主题活动。

四是扎实推进法治临汾建设各项工作。制定了《中共临汾市委全面依法治市委员会2020年工作要点》《2020年临汾市委、政府主要负责人履行推进法治建设第一责任人职责清单》，推动市直86家单位建立了法治建设领导小组。制定法治城市创建标准，加快实施"七五"普法规划，持续深化法治文化建设和法治乡村建设。

七、全面从严管党治党，努力营造良好政治生态

一是坚决扛起主体责任。市委常委会研究党的建设议题50余项，研究部署严肃党内政治生活、基层组织建设、作风建设、反腐败等重点工作。召开市县书记抓党建述职评议会，压紧压实主体责任。在全市开展专题警示教育，用身边事教育身边人，进一步净化政治生态。

二是严格落实意识形态工作责任制。积极做好舆论引导，妥善处置了一批网上舆情。

三是大力加强干部队伍建设。选派59名干部到县乡任职"墩苗"，选拔25名乡镇(街道)书记到省、市直单位任职；大力选拔使用在"三大攻坚战"最前沿、转型发展主战场、抗击疫情第一线中敢于负责、勇于担当、善于作为、实绩突出的优秀干部。

四是切实加强基层党组织建设。在全省率先选派713名机关事业单位干部到384个行政村任职，形成了临汾经验，全省推进会在临汾市召开。切实加强社区党的组织建设，出台《关于加强职业化专业化社区工作者队伍职业体系建设的实施意见》和《专职社区工作者薪酬管理办法》，制定《临汾市加强基层党建引领社区治理推进措施》。

五是持续保持反腐高压态势。不断强化政治监督，深化运用监督执纪"四种形态"，对全市1424名市管干部和10627名县管干部作出"画像"。持续开展巡察工作，深入开展群众身边腐败等专项治理。紧盯"关键少数"，加大审查调查力度，全市纪检监察机关立案2969件，结案2934件，党纪政务处分3202人，反腐败斗争压倒性胜利持续巩固。

(陈波轶)

附：中共临汾市委书记、副书记、常委名单

书　记：董一兵
副书记：李云峰　黄　巍(8月任职)
常　委：王振富(7月离职)　袁振旭(11月任职)
李朝旗　陈　纲(11月离职)
郭行杰　刘文华(11月离职)
常　青　王　渊(8月任职)
曹晓亮　郝忠祥　王　彬(7月任职)

中共尧都区委

区委书记　陈　纲

2020年，尧都区委坚持以习近平新时代中国特色社会主义思想为指导，深入贯彻党的十九大和十九届二中、三中、四中、五中全会精神，认真学习贯彻习近平总书记视察山西重要讲话重要指示，认真落实省委"四为四高两同步"总体思路和要求、市委"一三四三"工作思路，统筹推进疫情防控和经济社会发展，努力在率先蹚出高质量转型发展新路上取得新的更大进展。

一、坚持政治引领，"两个维护"更加坚决

一是在提高政治站位上持续用力。坚持以习近平新时代中国特色社会主义思想武装头脑、指导实践、推动工作，深入学习贯彻习近平总书记视察山西重要讲话重要指示、十九届五中全会、省委和市委全会精神，全年共组织召开常委会34次，党政联席会5次，中心组学习13次，及时传达上级精神，并就重点工作、重大问题作出决策和部署。二是在理论宣讲上用情用心。区委书记率先垂范，常委班子成员积极深入到各自包联乡镇、分管部门，以主题党日活动为载体，大力宣讲

十九届五中全会精神。三是在贯彻落实上不打折扣。围绕习近平总书记视察山西时提出的在转型发展上率先蹚出一条新路来的要求，制定出台专项任务分解方案，召开专题会议，推动总书记讲话在尧都落地生根，开花结果，“两个维护”的能力和自觉不断提升。

二、践行初心使命，疫情防控毫不松懈

疫情发生后，第一时间启动应急机制，迅速成立防控工作指挥部，全面落实区委主体责任和党政一把手负总责的疫情防控责任制，在全区四个主要交通运输路口成立4个临时党支部。织密联防联控“一张网”。科学研判防控形势，动态调整防控措施。建立健全区镇村三级网格疫情防控体系，累计排查外来人员31461人，指导密切接触者开展核酸检测6026人。推动防控资源和力量向基层下沉、筑牢基层疫情防控堡垒。加大财政支持力度，通过多种渠道做好防疫物资保障，确保了疫情防控期间物资供应稳定。凝聚常态防控“一条心”。聚焦常态化疫情防控工作，全面加快生产生活秩序恢复。

三、聚焦转型发展，综合实力显著增强

区委坚持把深化综改与供改相结合作为经济工作的主线，以“率先蹚出新路”为目标，扎实做好“六稳”，全面落实“六保”，全年可实现地区生产总值约341亿元，规模以上工业增加值约47.2亿元，社会消费品零售总额约255.7亿元，一般公共预算收入约18.7亿元，城镇居民人均可支配收入达到约39471元，农村居民人均可支配收入达到约17491元。改革开放深入推进。全面推进8大领域53个重点改革项目，建立了《尧都区党政主要负责同志抓改革台帐》，省级“双创”示范县项目进展顺利，尧都云商产业园投入运营，大阳高端装备制造产业园研发中心建成使用，创新活力不断释放。转型升级步伐稳健。深入推进乡村振兴战略，发展市级以上农业产业化龙头企业14家，全年可实现农业增加值8.5亿元。以尧都高新技术开发区建设为牵引，加快推进新旧动能转换，加大传统产业转型升级。文旅融合提质发展。持续推进旅游景区建设，克服疫情影响，持续打造“华夏文明之源·炎黄子孙之根”文化旅游品牌，成功举办2020第三届尧都文化旅游节。

四、情系民生福祉，幸福指数显著提高

紧盯“十三五”收官和脱贫攻坚“交总账”形势任务，严格落实“两不愁三保障”脱贫目标和“2+1”帮扶机制，全区2939户7888贫困人口全部实现脱贫，圆满完成收官交账任务。全面落实《保障民生社会救助办法》，为“四类家庭”等6类人员发放保障米面79万斤，为45名孤儿发放基本生活保障金46万余元，13名待业孤儿择优录取到社区工作；连续成功举办爱心助学大会，上调城乡低保标准50元，累计发放3913.5万元。积极落实保障就业优惠政策，实施全民技能提升工程，开展技能培训6113人次，农村劳动力转移就业6232人，城镇新增就业人数7128人。坚持教育优先发展，滴汾小学、区第四幼儿园投入使用。坚持以生命至上，聚焦疫情防控，累计排查境外和重点地区来临返临人员3万余人次，集中隔离816人，核酸检测6000余人，投入资金2300余万元，未发生一起本地感染，实现“双零”目标。环境治理扎实有效，制定大气污染防治工作运行机制，建立六步工作法，出台“1+6”工作方案，把突出环境问题“清零”进行到底，扫尾完成1800余万平米清洁取暖改造工程，空气质量在全国168个重点城市退出倒三，改善率在全省11个地市排名第一。城市道路建设快速推进，解放东路高架桥、尧贤街南延工程任务过半，枣林路中段即将通车；坚持“以建促拆、以优促拆”，12个棚改项目完成拆迁127万平米，10个城中村改造项目即将启动实施。扎实开展靓城提质行动，打造解放东路、华州路两条示范街，东城管理水平进一步提升。

五、推进法治建设，社会大局安定有序

切实加强对人大工作的领导，支持政协依照章程履行职能。充分发挥统一战线服务发展的独特优势，积极做好民族宗教工作。群团改革深入推进，国防动员和后备力量建设全面加强。“三零”单位创建迈出新步伐。全区15951个创建主体达标15571个，信访人次、批次较去年同期分别下降57.47%和1.56%，事故及死亡人数分别下降63.15%、66.67%。大力推进社会治理模式创新，完成“全科网格”省级试点工作任务，将区综治中心和区社会服务网格化中心机构合并，实行两块牌子一套人马组织架构，形成16大类800余项的全科化职能体系，初步探索形成了网格化管理“一领四化”工作模式，扫黑除恶各项收官工作全面完成。

六、坚持党建引领，持续净化政治生态

一是班子队伍坚强有力。始终坚持党管干部原则，严格落实新时期好干部标准。牢牢把握“有为才能有位，有位更要有为”的选人用人导向，调整配备9批147名科级干部；强化干部能力提升，线上举办6期尧都区领导干部能力提升大讲堂，培训干部600余人，推出41期“学习问答”系列活动、7期“疫情防控心理调适系列讲堂”，培训干部3000余人；从严干部监督管理，持续加强提醒、函询和诫勉工作力度，提醒谈话24人次，函询10人次，诫勉4人次。二是意识形态主动作为。切实增强宣传思想文化工作，深入推进精神文明建设，坚持正面舆论引导，积极开展重大主题宣传，牢牢掌握意识形态工作领导权、管理权、话语权。三是基层组织强基固本。立足新时代新要求，着力推进基层党组织建设，持续提升基层党组织政治功能和组织力。全力做好排查整顿发展党员违规违纪问题工作，全区共确定排查对象共4992人；全面实施基层党组织“星级化”管理，评选出“区级党建示范点”54个，“五星级”党组织25个，“四星级”党组织128个，“三星级”党组织279个；深入开展软弱涣散集中整顿，精准识别出28个软弱涣散农村基层党组织和10个软弱涣散城市社区基层党

组织;精准开展干部到村任职工作,确定71名机关事业单位干部到42个村任职,建立“2+1”包联机制,制定激励保障“十条待遇”、日常管理“十条措施”、扶持发展“十条政策”、驻村工作“十步法”,“四个十”全力支持选派干部干事创业。四是正风肃纪持而不息。全年共立查案件265件,给予党纪政务处分354人,留置5人,移送检察机关4人,持续保持越往后执纪越严的高压态势。

(李　宏)

附:中共尧都区委书记、副书记、常委名单

书　记:陈　纲(11月离职)
樊洪平(11月任职。2022年2月涉嫌严重违纪违法,接受纪律审查和监察调查)

副书记:郭云平(女)

常　委:李青彦　乔永生　郭忠义　薛向阳
晋红峰(12月离职)　丁春明(12月任职)
任丽岗　周勇军　任伟民
贺　婧(7月任职)　卢燕飞(8月任职)
杨　斑(8月任职)

中共侯马市委

市委书记　王煦杰

2020年,侯马市委坚持以习近平新时代中国特色社会主义思想为指导,认真学习领会党的十九大和十九届二中、三中、四中、五中全会精神,坚决落实习近平总书记视察山西重要讲话重要指示精神,全面贯彻省委十一届十次、十一次全会精神和临汾市委四届八次、九次全会精神,切实扛好政治责任、主体责任,着眼做好“六稳”工作、落实“六保”任务、寻求“六新”突破,统筹疫情防控和经济社会发展,交出了合格的时代答卷。2020年,辖区生产总值完成120.8亿元,一般公共预算收入5亿元,社会消费品零售总额累计完成60.71亿元,城镇居民人均可支配收入33154元,农村居民人均可支配收入17480元。

一、坚定政治信仰,把准前进方向

侯马市委始终把学习贯彻习近平新时代中国特色社会主义思想作为政治责任、摆到突出位置、牢牢抓在手上,坚持从自身抓起,引领带动广大党员干部提高站位学、带着使命学、扛起责任学,把学习贯彻引向深入。紧扣学习贯彻习近平新时代中国特色社会主义思想这一重大政治任务,先后14次组织集中学习、2次开展专题研讨,并举办科级干部主体班暨读书班和5期党政“一把手”综合素质能力提升讲座,推动学习贯彻不断往深里走、往心里走、往实里走。召开市委十一届八次全会,围绕“在转型发展上率先蹚出一条新路来”进行安排部署。

侯马市委聚焦习近平总书记视察山西重要讲话重要指示精神贯彻落实,出台《任务分解方案》,明确27项任务,跟踪督办落实。市委常委班子带头宣讲十九届五中全会精神,学习领会《习近平谈治国理政》第三卷。主动接受巡视“体检”,针对指出问题、反馈意见和移交线索,即知即改,坚决做好巡视整改“后半篇文章”。

紧扣省委“四为四高两同步”总体思路要求和临汾市委“一三四三”工作思路,在充分把握侯马发展阶段性特征的基础上,对市、区一体化发展进行优化整合,市、区融合达到新的历史高度,侯马经济开发区转型发展主阵地、主力军、主引擎作用更加显现。

二、保持战略定力,实现高质量转型发展

(一)在综合实力上实现了新提升。全年地区生产总值完成120.8亿元,同比增长4.9%;一般公共预算收入完成5亿元;规模以上工业增加值同比增长22.1%;社会消费品零售总额完成60.7亿元;城乡居民人均可支配收入分别完成33154元、17480元,同比增长6.1%、6.5%。

(二)在产业转型上开辟了新阵地。积极推动装备制造业向产业链高端迈进,引导新型建材业全链条式聚合,鼓励现代物流产业扩大发展格局,推进生化医药产业品牌化发展,培育以中信机电为龙头的智能制造产业快速成长。开发区发展水平位列临汾市第一,保持在全省第一方阵。

(三)在项目建设上取得了新成果。谋划重点项目78个,总投资337亿元,累计完成投资40.5亿元。以“三个一批”为牵引,广和新型铝材、正大制管等一批转型项目达产达效,中信机电一期项目顺利建成投产,紫金山50兆瓦风电项目正式并网发电;汤荣复合一体式制动鼓技改、北铜铜业等“六新”项目实现开工,中合农投、格盟国际危废处理等一批大项目实现签约。

(四)在深化改革上实现了新突破。编制完成《侯马市现代物流发展规划》,通过“十三五”国家服务业综合改革试点评审。抢抓全省特色产业集聚区布局机遇,新争取到省级健康养老集聚区试点。有序推进事业单位分类改革,乡(办)所属事业单位改革任务即将全面完成。

(五)在优化环境上提升了新水平。优化企业投资项目承诺制改革,率先实施“证照分离”改革;推进“五减”改革,各类要件减少11.46%。在临汾市率先实现复工复产,创造了德康元医用防护用品基地50天建成、广和新型铝材项目28天建成投产、海亿康医疗防护用品项目7天投产的“侯马速度”。

三、强化责任担当,坚决打好决胜全面建成小康社会“三大攻坚战”

在大气污染防治方面。一是加大建筑工地扬尘治理力度,全市35个在建工地已全部严格落实“六个百分百”管理措施。二是加大对渣土运输车辆管理力度,淘汰非环保渣土车辆,对全市62辆渣土运输车辆所有渣土运输车辆全部安装定位系统,进行24小时定位监控;三是加大混凝土搅拌企业扬尘治理,强化企业在控制生产扬尘方面的责任,最大限度降低生产现场扬尘;四是强化夜市烧烤管控力度,对城区的烧烤摊点进行集中整治,督促使用天然气等新型环保炉具。在水污染治理方面。一是逐步实施城市道路雨污分流管网改造,提升我市雨污分流管网占比;二是完成污水处理厂提质改造任务,确保主要指标达地表水Ⅴ类标准,并通过环保验收。

扎实做好脱贫攻坚各项工作。聚焦驻村帮扶,切实强化“三支队伍”作用。召开了3次驻村帮扶工作推进会,进行了2次扶贫知识技能培训;开展对贫困户逐户逐人进行摸排工作,逐项核实核准建档立卡线上数据,确保线下工作真实可靠、线上数据全面准确;全力支持扶贫驻村干部开展工作。

出台坚决打好防范化解重大风险攻坚战方案,切实做好重点领域、重点行业的防范化解工作。制定印发了《侯马市建筑领域安全隐患专项排查整治方案》,全年未发生重大安全事故,保持了经济社会大局和谐稳定。

四、厚植为民情怀,办好民生实事

(一)持续改善城乡人居环境。加大农村“六个全覆盖”推进力度,农村的城市自来水、垃圾集中处理、集中供热实现全覆盖,天然气、污水处理、旱厕改造实现预期目标。推进靓城提质“六大行动”,侯张街、北环路、文明路东段改造工程竣工通车,1701工程全面完工。启动实施大西高铁侯马西站扩建、浍河生态修复综合治理等一系列重点建设工程。

(二)不断巩固安全稳定大局。扎实开展“三零”单位创建工作,“零上访”方面,组织开展了信访矛盾化解百日集中攻坚行动,重大时间节点实现“零通报”“零非访”。“零事故”方面,强化安全生产领导责任、监管责任、主体责任落实,坚决守好安全生产底线。持续强化食品药品安全监管,严查冷链食品违规销售行为,扎实开展城乡建筑领域安全隐患专项排查整治,维护了群众的安全利益。“零案件”方面,开展了“民生案件”破案大会战、中小学幼儿园安全隐患排查整治、决战决胜扫黑除恶等专项行动,维护了社会和谐稳定。

(三)大力推动民生事业发展。中考成绩连续两年位居全临汾第一;新人民医院已实现搬迁试运行;成功举办第三届全国飞镖公开赛(侯马站)、侯马盟书发现55周年暨张颔先生诞辰100周年系列学术活动等,成功获得全国第六届“万步有约”健走激励大赛主办城市;新增城镇就业6242人,城镇登记失业率控制在2.34%。

五、突出政治引领,加强民主法治建设

民主政治建设水平不断提高。市人大及其常委会依法履职,使市委的重大决策通过法定程序成为全市人民的共同意志和统一行动;完善了人大代表联络站运行机制,进一步密切了各级人大代表同人民群众的联系。市政协照章履职,聚焦重点工作开展专题协商和视察调研活动12次,为市委、市政府献计献力。统战部门举办“统战系统党员干部及企业管理人才专业能力提升培训班”4期,提升了企业家管理能力和水平。

法治建设力度不断加强。坚持把法治思维和法治方式贯穿到改革发展、维护稳定的实践中。召开了市委全面依法治市委员会会议,制定了年度工作要点,列出了党政主要负责人的职责清单,推动法治建设各项措施落实。

党管武装工作成效不断扩大。定期召开市委议军会议,集中研究解决部队建设发展难题;聚焦备战打仗,持续加强国防后备力量建设;积极开展全民国防教育日和国防教育进机关、进校园、进社区等活动,国防教育深入人心。

群团党史等工作质量不断提升。建立健全了城市困难职工解困脱困工作长效机制、青少年联席会议工作机制,工会、共青团工作呈现新气象。组织开展“你逆行守护大家,我帮你照顾小家”等活动,妇女同志“半边天”作用不断发挥。退役军人三级服务机构实现“全覆盖”,服务能力、保障水平实现“双提升”。深化党史党性教育,制作了《铭记(侯马1937—1949)》党史记录片,编纂完成侯马党史基本著作(一、二卷),完成了八路军北上抗日纪念雕塑的规划设计。

六、扛牢主体责任,从严管党治党

(一)坚决扛起主体责任。全年共研究党的建设议题20项,推动从严治党走实走深。召开书记面对面抓基层党建述职评议会。坚持以案为鉴,严肃开展警示教育,广大党员干部廉洁从政意识持续增强。

(二)切实守好意识形态阵地。严格落实意识形态工作责任制,全面加强对意识形态工作的领导。

(三)持续加强基层组织建设。坚持大抓基层,推动人财物加大向基层倾斜。下派31名机关干部到13个村任职,有效破解软弱涣散党组织整顿难题;投入1200余万元,确保村级运转经费、社区工作经费和服务群众专项经费全部达标;高标准打造县级党群服务中心,进一步强化我市党建主阵地建设。坚持好干部标准,选拔使用干部4批次51人次,树立了鲜明的实干导向。

(四)始终保持正风反腐高压态势。党纪政务处分144人,组织处理146人,留置4人,移送司法机关4人,在全市党员干部中开展警示教育活动,促进全面从严治党向纵深发展。组织开展了第九轮、第十轮巡察和专项检查,完成了十一届市委巡察全覆盖。

(五)持续加强班子自身建设。严格执行《市委常委会工作规则》《市委常委日常工作运行机制》,不断推动常委会各

项工作科学化、规范化、制度化。坚持民主集中制原则,对"三重一大"等重大问题,做到科学、民主、依法决策,强化了相互信任、相互支持、和谐团结的工作氛围。时刻站稳群众立场,保持忠诚干净担当,大兴求真务实之风,市委常委班子的凝聚力、战斗力得到持续增强。

(苏　鑫)

附:中共侯马市委书记、副书记、常委名单

书　记: 王煦杰

副书记: 黄晓君(女)　李俊胜

常　委: 刘俊贤(女)　郝爱民　张清江(2021年3月被免职,4月因严重违纪违法,被给予党内严重警告、政务撤职处分。)
白向阳　卢正中　梁明军(12月任职)
李　锐(4月任职)　安　危(7月任职)
金佳奇(8月任职)

中共霍州市委

市委书记　李　强

2020年,霍州市委坚持以习近平新时代中国特色社会主义思想为指引,全面贯彻党的十九大和四中、五中全会精神,统筹推进干部队伍、基层组织、党风廉政建设,党建水平进一步提升。

一、党的建设不断加强

纵深推进学习教育。全年共组织常委班子集中学习13次,加强对习近平新时代中国特色社会主义思想、习近平总书记视察山西重要讲话重要指示、习近平总书记"三篇光辉文献"、《习近平谈治国理政》第三卷、《民法典》等内容的学习,在举什么旗、走什么路等根本问题上始终清醒坚定、紧跟看齐。举办干部大讲坛7期,培训干部2500余人次,邀请专家学者为全市党员干部进行专题授课,切实增强"四个意识"、坚定"四个自信"、做到"两个维护"。

抓紧抓实意识形态工作。积极开展撤县建市30周年系列主题活动,开设"壮丽30年·奋进新时代"等专栏,完成《中国影像方志——霍州篇》等的拍摄,全面展示霍州30年来取得的巨大成就。成立市融媒体中心,建强主流舆论阵地。构建"一场两园三栏四基地"的主流宣传阵地,打造霍州署、中镇广场等一批特色教育基地,举行"德润霍州 书韵流长"第五届道德模范颁奖晚会,汇聚推动发展的磅礴正能量。坚持依法管理,加强对全市网站、微信公众平台信息内容的监督,共监测处理网络舆情170余件,发布各类网评微博、新闻跟帖评论5000余条。

全面夯实基层组织。高度重视选派机关事业单位干部进村任职工作,召开乡镇层面座谈会、选派干部任前座谈、管理情况汇报会等,加强分析研判,解决突出问题,确保39名选派干部下得去、留得住、干得好。实施农村"带头人"队伍优化提升行动,排查软弱涣散党组织16个,推进完成整顿转化任务。建好管好用好党建阵地,利用色织厂工业遗址,高标准打造市级党群服务中心,构建"1+12+X"(每年进行一次综合分析,每月进行一次月度分析,不定期开展专题分析)的党群服务体系,服务全市党员群众。深化"六化六动"党建大联盟品牌,指导在职党员下沉社区助力联防联控,在防疫一线召开主题党日活动、创新"135"工作法等做法,受到中新网、山西日报、山西卫视等国家、省市媒体的关注报道。

切实加强党风廉政建设。加强对反腐败工作的集中统一领导,深化运用监督执纪"四种形态",实施"3523"监督运行机制,实施"两单四责双联动"工作法,一体推进"三不",形成了反腐肃贪的强大震慑。全市共查处违反中央八项规定精神及"四风"问题案件55件,共处置问题线索470件,立案203件,处分176人,留置12人,移送司法9人,持续释放越往后执纪越严的强烈信号。

二、经济社会全面发展

霍州市委坚决克服新冠肺炎疫情影响,团结带领全市各级党组织、全体党员干部群众,全面推进经济、政治、文化、社会、生态文明等各项事业发展,全市呈现出经济平稳运行、产业优化升级、民生持续改善、社会和谐稳定、生态治理有力的良好局面。

产业升级步伐加快。一产方面,全市蔬菜种植面积达到3万亩,干鲜果种植面积达到5.1万亩,中药材种植面积达到5000亩,规模养殖企业达到61家,农产品加工企业12家,各类农民合作社327个,发展家庭农场128个,"三品一标"企业16家以及24个无公害、绿色和地标产品。鸣梦老粗布被评为中国特色旅游商品大赛金奖。引进东方希望集团投资20亿元建设大型生猪养殖场。实施隆旺佳农副产品深加工等"136"项目,农业发展持续向好。二产方面,霍州经济技术开发区成功挂牌。与省建投园区集团签署战略合作协议,加快10万平米标准化厂房和智创城建设。与中国民营企业制造业500强湖南泰富重装集团合作,投资30亿元打造全省煤机装备制造基地。累计签约总投资125亿元的项目18个,当年工业投资完成4亿元,同比增长203.8%,开发区产出强度为532.48万元/亩,超出目标值332.48万元,成为引领经济转型的主战场、主阵地和主引擎。三产方面,举办"中国·霍州教育产业发展论坛",吸引全国各地200多名专家、学者、企业代表参加,受到新华社、凤凰网、中新社等国家媒体的关注。完成总投资8200万元的七里峪景区旅游公路建设。举办娲皇庙鼓乐艺术节、首届霍州市陶唐峪景区灯光秀等活动,电影《石兰峰》顺利杀青。霍州荣获全国“倍受欢迎的康养旅游目的地”,全域旅游的影响力和知名度再上新台阶。

民生事业全面发展。疫情防控成效显著。成立全市疫情防控工作领导小组,全面落实联防联控机制,构筑群防群控严密防线。坚持“五严五防”,出台防控举措“最严十条”,落实防控力量“五包一责任”,坚持人物同防,严格落实入境人员闭环管理等措施,加强进口冷链食品核酸检测和预防性消毒,坚决遏制疫情传播蔓延,全市无一例确诊和疑似病人。脱贫攻坚战果丰硕。以八大扶贫专项行动为抓手,实行“一户一策”精准扶贫举措,将光伏扶贫收益的80%以上用于贫困人口承担公益岗位工资和参加村级公益事业劳务费用,加大对贫困边缘户监测扶持力度,全部解除脱贫不稳定户、边缘易致贫户风险。通过了国家脱贫攻坚普查验收。保障体系不断健全。连续12年举办爱心助学活动,累计筹集各类款项3200余万元,资助学生近3万名。推行市级领导包联孤儿、五保老人集中供养、“四类”困难家庭学生救助、低收入家庭中重残重病人员生活补助、农村80岁以上高龄人员临时救助等制度,让群众生活有了多重保障。基本医疗保险、企业养老保险、城乡居民养老保险超额完成征缴任务,有效保障了群众的基本生活。社会事业全面进步。全面落实中小学教师县管校聘管理体制改革,促进教师均衡配置。职业中专学校顺利搬迁,市实验小学荣获第二届全国文明校园。大力实施全民技能提升工程,技工学校成功创建临汾市人才工作基地、省级高技能培训基地和省级高水平实训基地,每年培训各类实用技术人才1200余人,就业率保持在98%以上,推进“人人持证、技能社会”建设。全民健身中心正式投入使用。新人民医院建设项目正在有序推进,妇幼保健院和疾控中心项目加快建设。

发展环境持续优化。深入开展安全生产专项行动、安全风险隐患大排查大整治专项行动等一系列安全生产专项整治和安全生产月宣传活动,制定《霍州市房屋安全隐患排查指导意见》和《霍州市建筑领域安全隐患专项排查整治工作方案》,发现安全隐患2745个,并全部彻底整改。持续加强对煤矿、非煤矿山、森林防火、汛期安全、道路交通、疫情防控、人员密集场所等领域开展全市域、全方位的排查整治,确保人民群众生命财产安全和社会稳定。

生态建设成效显著。深入开展工业污染、“散乱污”企业、散煤污染等专项整治,继续实施集中供热、煤改气、煤改电等清洁能源改造,清洁取暖完成2437户。全市空气质量优良天数达226天,同比上升29.3%。严格落实河长制责任,出台河道治理“严十条”;扎实推进汾河流域生态治理项目,完成了跨汾河污水管网应急抢修工程,加快农村污水处理站建设,郭庄和南东村污水处理站建成投用、坡底和北益昌污水处理站基本完工;完成辛置河、阴底河河道综合治理工程,有效解决辛置河流域“脏乱差”问题;建成了朝阳污水处理厂调节池,提标改造了沿汾“9+1”污水处理站,确保污水处理设施正常运行。汾河流域霍州段成功退出劣V类且稳定达标。开展土壤环境调查监测,全面排查疑似污染地块。加快矿山生态修复治理,完成了11座矿山生态保护修复,极大改善了矿山面貌。

(刘军野)

附:中共霍州市委书记、副书记、常委名单

书　记:李　强(1月任职)

副书记:李青雁(女)　高雅铭(10月离职)　晋红峰(11月任职)　王昕光(7月任职)　邢鑫伟(7月任职)

常　委:张可新(10月任职)　郭宏生(12月离职)　吕文博(12月任职)　田晋川　丁春明(11月离职)　郭丽华(女)　李　强　王　强

中共曲沃县委

县委书记　杨保春

2020年,曲沃县委坚持以习近平新时代中国特色社会主义思想为指导,全面贯彻党的十九大和十九届二中、三中、四中、五中全会精神,深入学习贯彻习近平总书记视察山西重要讲话重要指示和“三篇光辉文献”精神,认真落实省委“四为四高两同步”总体思路和要求、市委“1343”工作思路,紧紧围绕“争当新标杆、打造新高地、建设新曲沃”目标,团结带领全县广大党员干部群众,统筹推进疫情防控和经济社会发展,推动党的建设和党的各项事业发展取得了新成效。

截至2020年底,全县共有568个基层党组织,其中,17个党委,55个党总支,496个基层党支部。共有党员12128人,其中,党政机关党员1540名,国有企事业单位党员1831名,农民党员6042名,非公企业党员408名,社会组织党员30名,离退休人员1373名,其他职业904名。

一、深学笃用习近平新时代中国特色社会主义思想

政治上坚定坚决。组织召开县委十四届十七次全会,大力开展“学讲话、赶先进、蹚新路”主题实践活动,动员全县上下进一步增强“四个意识”、坚定“四个自信”、做到“两个维护”。思想上对标对表。先后召开县委常委会议44次、县委中心组学习会议14次、集中研讨交流4次,组织开展“万名党员进党校、学讲评议抓落实”活动,推动党的创新理论“飞入寻常百姓家”。行动上紧跟紧随。大力开展“干在实处、走在前

列,示范带动、蹚出新路”大讨论,制定“锚定十百千,六区作示范,转型出雏型”的“十四五”目标,为实现“转型出雏型”提供科学蓝图指引。

二、坚持“一手抓防控,一手抓发展”

严防严控抗疫情。深入开展“七大行动”,大力推行“2510”系列举措,创新实施“四量”“五必”“一图三表”管控机制,严格执行“面上放开、点上精准,关口内置、闭环管理”工作策略,强化“人物同防、多病共防”举措,防控成果不断巩固。六稳六保促发展。全年共实现开工项目43个、完成投资47.1亿元,完工项目22个、完成投资30.3亿元。全县地区生产总值完成115.77亿元,同比增长6.9%;规模以上工业增加值完成66.56亿元,同比增长20.5%;社会消费品零售总额完成28.35亿元,同比下降2.8%;一般公共预算收入完成41402万元,同比下降3.5%;城镇居民人均可支配收入完成36833元,同比增长4.2%;农村居民人均可支配收入完成17668元,同比增长6.5%。

三、全力构建具有曲沃特色的现代化产业体系

加快推动现代农业转型发展。围绕打造以“三大中心、八大园区”为基础的智慧果蔬示范区,建成省级农业标杆项目2万平米集约化智能温室、农业大数据平台和数字化种植基地等工程。举办晋陕豫黄河金三角(曲沃)国际果蔬博览会暨智慧果蔬创新发展大会,山西农业大学(曲沃)果蔬研究院正式挂牌运营。加快推动工业经济转型发展。着眼拓宽转型发展主战场,完成曲沃经济技术开发区的批复设立工作。聚焦“六新”突破,全力打造以“两大钢企、六大产品”为主导的绿色钢铁集群化发展体系,晋南钢铁、通才工贸再次跻身“中国民营企业500强”“中国民营企业制造业500强”。加快推动文旅产业转型发展。围绕打造以“六大景区、四大园林”为核心的全域旅游,启动实施“春秋驿站”智慧旅游项目,成功举办三馆联展活动、晋国都城遗产的价值与“申遗”研讨会,北京大学考古文博学院山西省考古研究院曲沃考古基地复牌运行。

四、坚定不移推进改革创新

持续深化重点领域改革。研究确定了涉及八个领域的54项重点改革事项,重点领域和关键环节改革呈现新特色。推进相对集中行政许可权改革,首批梳理涉及21个单位、206项审批事项全部划转至县行政审批服务管理局,“一枚印章管审批”正式运行。全力打造一流创新生态。打造全省首家县级“智创城”和“1+N+X”智创体系。组建16个创新平台,建成运营3个域外协同创新基地;大力开展“引才兴沃”计划和“沃才回乡”行动,2名院士和15个博士工作团队、26名博士入驻曲沃,39名高学历曲沃人才回乡发展。

五、坚决打赢“三大攻坚战”

决战完胜脱贫攻坚。持续加大各项政策扶持力度,全县现行标准下1160户3553名贫困人口全部脱贫;紧盯脱贫不稳定和边缘易致贫“两类户”179人,建立防止返贫监测和帮扶机制,守牢了防止返贫致贫的底线。坚决抓好污染防治。率先完成县、乡两级生态环境保护委员会机构设置,全年大气环境综合指数排名全市沿汾县(市、区)第一。大力开展“清河行动”和“清四乱”专项治理行动,汾河、浍河流域曲沃段地表水水质如期退出劣Ⅴ类。深入开展工业企业固废污染防治规范化整治和矿山修复、国土绿化行动。稳妥防范重大风险。扎实推进“三零”单位创建,持续深化安全生产专项整治三年行动,全年事故起数和死亡人数实现“双下降”;累计清收各类不良贷款3亿元以上;纵深推进“扫黑除恶”专项斗争,依法打击各类违法犯罪行为,曲沃县被评为“省级平安县”。

六、加快构建“大城、强镇、美村”新格局

加快打造大县城。大力实施东城新区提质、中心城区改造、西城新区开发,深入开展靓城提质“六大行动”,曲沃县被正式命名为“国家卫生县城”。着力建强特色镇。加快推进4个沿汾建制镇生活污水处理设施建设工程;积极稳妥开展乡级行政区划调整工作,北董乡改镇意见已上报审批。做优做美新农村。有序推进涉及4个村1344户居民的工业园区还迁房搬迁工作,完成47公里的“四好农村路”建制村硬化路、2.37万户旱厕改造以及涉及53个行政村、6万人的农村饮水安全巩固提升工程。

七、高品质保障和改善民生

加快教育复兴步伐。纵深推进“名师名校”工程,高考达线率同比提高2.05个百分点,中考成绩位列全市第一方阵;研究制定10年新建、改扩建21所学校总体规划,加快推进北关小学、西城幼儿园等6个学校项目建设。提升医疗服务水平。大力实施“名医名院”工程,加快建设县人民医院综合楼、中医医院住院楼等项目,扎实推进基本公共卫生服务均等化,县域卫生健康服务水平显著提升。推进“人人持证、技能社会”建设。成功举办晋陕豫黄河金三角地区果蔬产业职工技能比武邀请赛,先后开展职业技能培训5000余人次,立恒技校开启全省“订单式”职业技能培训先河。

八、推进全面从严治党,构建风清气正良好政治生态

坚决扛起管党治党主体责任。健全完善了党统一领导、全面覆盖、权威高效的监督体系,县委常委会议研究全面从严治党工作19次,召开县委反腐败领导小组会议3次,党内问责8人、监察问责5人。牢牢掌握意识形态工作主动权。新时代文明实践站所和理论讲学所实现乡镇、农村、社区全覆盖;大力选树“曲沃榜样”和“道德模范”,举办第五届“好基地讲好故事”活动。不断加强基层组织建设。推进农村基层党建“整乡推进、整县提升”示范创建行动,选派34名机关事业单位干部到20个村任职,完成16个软弱涣散基层党组织整顿转化。全力抓好干部队伍建设。甄选2名优秀年轻乡镇

党委书记“上挂”市直部门担任副县级领导职务,选派9名优秀年轻干部“下沉”乡镇一线长才干,分批次调整干部97人。持续保持反腐高压态势。扎实开展严重违纪违法案件专题警示教育,大力整治形式主义、官僚主义突出问题,积极推进县委第九轮、第十轮政治巡察,全年共处置问题线索279件、立案172件、结案181件,给予党纪政务处分173人。

(杨国峰)

附:中共曲沃县委书记、副书记、常委名单

书　记:杨保春

副书记:吴　滨　石前进

常　委:焦宏文　高剑云(女,4月离职)

李晓龙　孙惠生　王克勤

杜　斌(12月离职)　刘小维(7月任职)

秦康杰(12月任职)　高志欣(11月离职)

郝　贵(11月任职)

中共翼城县委

县委书记　王　渊

2020年,翼城县委坚持以习近平新时代中国特色社会主义思想为指导,全面贯彻党的十九大和十九届二中、三中、四中、五中全会精神,深入学习贯彻习近平总书记视察山西重要讲话重要指示,认真落实省委“四为四高两同步”总体思路和要求、市委“一三四三”工作思路,持续推动党的建设和党领导的各项事业迈出新步伐、取得新进步。

一、坚定不移把牢高质量发展主题,奋力在转型发展上蹚出新路

一是着力保持经济平稳健康发展。扎实做好“六稳”工作,落实“六保”任务,全面落实中央和省市减税降费优惠政策,先后邀请省市建行、工行、光大银行、农信社、太行基金等金融机构到我县对接洽谈,召开4次政银企对接会,为58家企业发放贷款1.88亿元,有力推动了企业有序复工复产。严格执行领导干部定点包联帮扶企业制度,常态化开展干部入企服务,有效帮助企业解决发展中的困难和问题。二是奋力构建“三箭齐发”工业格局。以“一区三园”产业集聚区为主战场,围绕延伸产业链和拓展市场。与华翔集团合作的20万吨新材料科技园项目成功签约落地,高端装备制造园区总规、控规和环评编制完成,舜达公司完成股权整合和财务审计。全县以晋南钢铁收购翼钢资产打造精品钢铁基地、以华翔集团整合翼城铸造企业产能打造绿色高端铸造产业、以整合舜达公司打造高端装备制造“三箭齐发”的工业新格局正逐步形成。三是强力推动重点项目建设。制定出台《翼城县招商引资优惠奖励办法》,全年共精准对接洽谈项目21个,其中签约项目6个,签约资金105.3亿元。四是大力提升深改工作质量水平。扎实推进年度54项重大改革任务,供给侧结构性改革继续深化,化解煤炭产能120万吨;国资国企改革涉及“三供一业”分离移交及剥离办社会职能的6家国企全部实现移交协议签订,农业农村改革成果持续巩固,冬小麦以790.2公斤的优异产量刷新了全省亩产记录,农村“改厕”翼城经验得到国务院督查组充分肯定,全省农村“厕所革命”现场推进会、全省农产品质量安全现场会、全国第三次农作物种质资源普查与收集行动山西阶段成果展示会在翼城县召开。五是倾力打造一流创新生态环境。全面整合翼城苹果、小米、连翘等特优产品,成功举办“翼城优品”区域公用品牌发布会,打造“翼壶好茶”连翘药茶系列品牌,翼城品牌的知名度和含金量得到有力提升。深入推进科技创新战略,与北京清华启迪公司合作实施了全省首家县域经济数字化转型试点和城市算力中心建设项目,年产4万吨高性能碳负极新材料及焦化转型升级项目顺利签约。六是努力营造“六最”营商环境。深入推进“互联网+政务服务”,“领办、代办、专办、一网通办”政务服务平台顺利启动,成为全省首家与省政务服务平台全面对接的县级政务服务系统。大力开展减事项、减时限、减环节、减要件、减证明“五减”专项行动,精简率达62%,有效解决了企业和群众办事难、审批难、跑腿多等突出问题。七是全力推动文化旅游深度融合。狠抓规划设计、项目建设、景区打造等重点工作,与山西林投公司合作的环历山康养项目可研性报告已编制完成,武池乔泽庙—故城遗址旅游公路主体工程已完工,桥上王良纪念馆—西阎四圣宫旅游公路顺利实施,佛爷山、翼城古城2个AAA级景区接待中心投入使用,河上公德山旅游开发项目累计完成投资1.1亿元,西阎泉头珍稀鸟类拍摄基地项目建设完成,闫村、大河、曹公3个村成功入围第二批省3A级乡村旅游示范村。

二、坚定不移打赢打好“三大攻坚战”,不断夯实全面建成小康社会基础

一是脱贫攻坚战交出决战完胜答卷。对所有贫困户脱贫情况、问题整改“清零”情况进行全面“回头看”,切实盯牢41户107人脱贫不稳定户和44户132人边缘易致贫户的后续扶贫跟进、脱贫成效巩固工作,全力提升脱贫质量,确保交好“大考答卷”。全县1900户5508名建档立卡贫困人口全部脱贫,贫困人口人均收入由2016年的3546元增加到10945元,增幅达208.6%;21个贫困村全部退出,村集体经济平均收入由2016年的1.68万元增加到8.37万元,增幅达396.6%。二是污染防治攻坚战交出提标增质答卷。坚持转

型、治企、减煤、控车、降尘"五管齐下",全县累计92家企业完成深度治理并通过验收;县城集中供热面积扩大到550万余平米,基本实现全覆盖;严格实施散煤整治和管控,"煤改气"完成1.2万余户,"煤改电"完成4786户,均超额完成年度目标任务,2020年城区空气质量综合指数为5.07,同比下降10.3%;优良天数达260天,同比增加61天。三是防范化解风险攻坚战交出稳固有效答卷。不断健全金融监管体系,重点抓好农信社改制工作,下大力气清收不良贷款12.6亿元。统筹推进非法集资、政府和企业债务、互联网金融等方面风险隐患防范化解工作,确保全县金融健康运行。

三、坚定不移践行以人民为中心的发展思想,全力提升群众幸福指数

一是毫不放松抓好常态化疫情防控。定期组织召开县委专题会议和疫情防控领导小组会议,对统筹疫情防控和经济社会发展进行安排部署。充分发挥各级党组织战斗堡垒作用,建立县乡村(社区)三级立体防护网格,让党旗飘扬在疫情防控第一线。二是全心全意办好民生实事。与北京大学经济学院签订共建思想政治实践教育基地合作协议,投资4000万元实施26所学校义务教育薄弱环节改善与能力提升工程,建成翼城中学、翼城三中2个标准化考点,投资1145万元新建3所乡村幼儿园,高考成绩再创历史新高,翼城中学被授予"清华大学生源校","县管校聘"改革全面完成,全县教育教学质量稳步提升。持续深化县乡医疗机构一体化改革,投资4.25亿元的县医院迁建项目正在进行内部装修,投资6400万元的中医院住院楼和附属楼建设项目建成投用,县医疗集团与14家乡镇卫生院远程会诊平台实现互联互通。全年城镇新增就业3643人,农村劳动力转移就业3816人。三是全面改善城乡人居环境。扎实开展靓城提质"三大行动",绛源路、解放街、新民路、翔翼东街、潞公西街改造工程顺利完成,背街小巷硬化3万余平米,县城面貌焕然一新。全县共创建1个国家级卫生乡镇,4个省级卫生乡镇,33个省级卫生村。四是深入开展"三零"单位创建。坚持把"三零"单位创建作为提升基层治理能力的重要抓手,全县"三零"达标率为97.66%。严格实行领导干部接访下访和包案制,中央和省市交办的信访积案化解率达92.5%,全县连续15年保持重特大安全事故"零发生"。扎实推进"六清"行动,扫黑除恶专项斗争圆满收官。持续深化"枫桥式公安派出所"创建,投资3633万元的"雪亮工程"投入使用。

四、坚定不移扛牢全面从严治党责任,切实营造风清气正的良好政治生态

一是持续加强党的政治建设。坚持把学习贯彻党的十九届五中全会精神和习近平总书记视察山西重要讲话重要指示作为头等大事,组织召开县委十三届十次全会,制定出台《关于贯彻落实习近平总书记视察山西重要讲话重要指示在转型发展上率先蹚出一条新路来的任务分解方案》。高标准编制"十四五"规划,并多次召开专题会议深入分析研究,确保规划符合中央精神、融入省市大局、切合翼城实际、体现人民期盼。二是不断筑牢基层组织根基。坚持以基层党建"整乡推进、整县提升"示范县乡创建行动为抓手,高标准、严要求选派46名机关事业单位干部到23个村任职。持续开展软弱涣散基层党组织整顿,全年有18个基层党组织完成整顿提升并通过验收,全县79%以上党支部达一流标准,基层党组织实现100%达标。三是全面加强干部队伍建设。严格按照《党政领导干部选拔任用工作条例》,提拔任用24名干部,进一步树立了"凭实干出实绩,凭实绩用干部"的用人导向。从严干部日常监督管理,继续推进《工作日志》制度,定期与乡镇、县直单位领导班子成员开展谈心谈话,认真开展领导干部经济责任审计,有效规范了广大干部的从政行为。四是牢牢把握意识形态领域主动权。组织召开2次县委意识形态领导小组会议和4次意识形态领域形势分析研判会。将意识形态工作作为县委巡察重要内容,对4个乡镇和23个县直单位党组进行了常规巡察,进一步压实了责任。县新时代文明实践中心投入运行,全县10个乡镇和151个行政村实践站所实现全覆盖。五是持续推进正风肃纪反腐。始终以高度的政治自觉全力支持、密切配合省委巡视检阅,以"高度重视、立行立改"的态度,从严从快从实完成省委第十四巡视组边巡边移交的17条具体问题整改工作,县级层面健全完善5项制度,组织全县各乡镇、各部门细化完善了"三重一大"制度,切实扎牢了制度笼子。不断深化巡察监督,巡察乡镇、副科级以上单位党组和农村(社区)覆盖率达到100%。驰而不息整治"四风"问题,组织开展全县纪律作风集中教育整顿,查处形式主义、官僚主义问题28件,给予党纪政务处分28人,组织处理10人,广大党员干部作风持续转变。

(尉海虹)

附:中共翼城县委书记、副书记、常委名单

书　记:杨春权(4月离职)　王　渊(4月任职)

副书记:刘　锋　解　湧　张文青(女,6月任职)

常　委:李放明(4月离职)　李增奎(6月任职)
熊伟星　杨文明(12月任职)
郑　磊(10月离职)　赖兴国　刘生明
杨海林(10月任职)　郭　亮　章守文

中共浮山县委

县委书记　扈新起

2020年，浮山县委坚持以习近平新时代中国特色社会主义思想为指导，全面贯彻党的十九大和十九届二中、三中、四中、五中全会精神，深入学习贯彻习近平总书记视察山西重要讲话重要指示和“三篇光辉文献”，认真落实省委“四为四高两同步”总体思路和要求、市委“一三四三”工作思路，从严从实抓班子带队伍，凝心聚力抓发展促转型，推动党的建设和党领导的各项事业全面进步。

一、坚持以习近平新时代中国特色社会主义思想为指引，牢牢把握正确工作方向

一是强化理论武装。县委中心组先后组织13次集中学习，深入学习党的十九大及十九届二中、三中、四中、五中全会精神、《习近平谈治国理政》第三卷、习近平总书记视察山西重要讲话重要指示等，强化政治引领，坚定政治方向。举办县委党校读书班1期、中青班1期，开展宣传宣讲108场，引导广大党员干部增强“四个意识”、坚定“四个自信”、做到“两个维护”，始终同以习近平同志为核心的党中央保持高度一致。二是统筹谋划部署。认真落实省委十一届十次全会、市委四届八次全会精神，制定出台《任务分解方案》，召开县委十三届八次全会进行具体安排，推动习近平总书记视察山西重要讲话重要指示落地落实。按照省委十一届十一次全会暨经济工作会议、市委四届九次全会暨经济工作会议部署，科学编制“十四五”规划，确定了“办好推进产业集聚区建设、改善县域交通条件、打造厨师劳务品牌‘三件大事’，做好转型发展、城郊经济、惠民富民、深化改革、安全稳定‘五篇文章’，打造省域副中心辐射地、优势产业集聚区、绿色宜居品质城”的总体发展思路，确保中央和省市决策部署在浮山贯彻到底、落实到位。三是狠抓工作落实。充分发挥领导班子和领导干部的带头带领带动作用，县委先后召开47次常委会、61次专题会，研究解决问题104个，有效推动了工作落实落细。

二、坚持创新驱动，全力推动经济转型发展

一方面，大力推进产业集聚区建设。把产业集聚区建设作为经济转型发展的主战场和主阵地来抓，丞相河大桥、引沁入汾浮山供水、臣南河水库等基础设施项目顺利推进；双新产业园区公共服务事项基本完成，纬三路、标准化厂房等开工建设；入驻山西海兰农业科技种衣剂、山西鑫达固废综合利用2家企业，新建山西汉中洋食品饮料项目；积极申报省级开发区，前期工作取得阶段性成果。另一方面，培育壮大现代农业产业。做大做强蔬菜、药材、谷子、干鲜果、养殖等特色产业，2020年全县粮食总产量达到10万吨，蔬菜总产量达到14万吨，杂粮、水果和干鲜果面积分别达到6.5万亩、2.6万亩和7.2万亩。推广使用免耕深松精播技术播种玉米2万余亩，亩均增产200公斤左右，使用有机旱作宽膜覆盖沟穴播栽培技术播种谷子3000亩，亩均增产190公斤左右。通过用活整合资金、壮大集体经济、培育合作社、发展产业、带贫益贫“五位一体”融合发展模式，投入4658.5万元实施产业类项目，带动65个行政村集体经济年收入突破5万元。

三、勇于突破藩篱，持续深化重点领域改革

常委会主动扛起抓改革重大政治责任，召开2次县委深改委会议，扎实推进各类重点改革事项。人口小县机构改革试点工作顺利实施。浮山县被省委确定为全省人口小县机构改革两个试点之一。县委勇挑重担、先行先试，党政机构改革已基本完成，事业单位改革、乡镇机构改革正在全盘谋划，做好前期准备工作。国资国企改革取得实质性进展。按照“根上改、制上破、治上立”原则，科学制定改革行动方案、僵尸企业处置方案、国有企业职工社保补缴和接续办法等相关政策，24家国有企业改革正在有序推进，完成了1098名国有企业退休人员社会化管理移交工作。集中行政许可权改革取得明显成效。全面开启“一枚印章管审批”，积极推行“前台综合受理，后台分类审批，统一窗口出件”新模式，重点项目县级行政审批事项审批时限同比压缩30%左右，其中政府投资项目全流程审批时限压缩至70—90个工作日。

四、靶向发力攻坚，有效提升全面小康质量成色

一是决战完胜脱贫攻坚。认真落实“周例会、月报告、季总结”工作机制，扎实做好问题整改和挂牌督战工作，确保任务见底、问题清零。剩余未脱贫的32户81人全部脱贫，对脱贫不稳定和边缘易致贫“两类户”440户1159人实时动态监测。投入1.6亿元实施31个农村人居环境改善、农村饮水安全巩固提升等系列工程，对7362户贫困户住房进行安全鉴定，有力巩固提升了脱贫成效。二是狠抓生态环境治理。扎实推进生态环境治理“八大工程”，生态环境质量持续改善，2020年空气综合污染指数为4.42，同比下降8.7%。坚持绿化和彩化、财化相结合，全年完成荒山绿化、退耕还林6.34万亩。通过矿山企业自主治理、资源利用式治理、政府投资治理等方式，投资1亿元对99处1200万立方米废弃矿渣进行了全部治理。三是全力化解风险隐患。扎实推进“三零”创建，深入开展安全风险隐患大排查大整治和城乡建筑领域安全隐患专项排查整治，排查整治各类安全隐患1431条。在全县部署开展安全生产风险隐患排查整治“百日行动”，从城乡建

筑、非煤矿山等20个领域进行全方位隐患排查整治。

五、聚焦问题短板,大力保障和改善民生

在常态化疫情防控方面，坚持人民至上、生命至上,44次召开县委专题会议暨县疫情防控领导小组会议研究部署,有条不紊、疏而不漏地抓好疫情防控。未发现疫情传播情况,全县形势总体稳定。在推动就业方面,先后举办“春风行动”“秋季招聘”等4场招聘会,开展3次城乡劳动力就业岗位对接服务,在江苏、浙江等地争取用工岗位5000余个;实行“菜单式”培训,广泛开展果树工、厨师、保健按摩等多工种技能提升培训,先后培训2312人次。在教育事业方面,投资1100余万元完成县第五幼儿园、公共体育场、城关小学塑胶操场等项目建设。实施“县管校聘”改革,新招聘幼儿教师20名。在卫生健康事业方面,引进市人民医院将县医疗集团全方位托管,投资570万元实施血液透析中心、体检中心、胸痛中心建设和乡镇卫生院能力提升工程,公开招聘医护人员15名,整体提升医疗集团服务水平。2020年以来县内就诊率同比增长12个百分点，次均费用同比降低20%。在城市建设方面,投资2708万元的检察院西巷建设项目、清洁取暖既有建筑能效提升工程和市政基础设施提升工程顺利完工,县城新增供热面积13.5万平方米,供热总面积达到190万平方米,实现了“禁燃区”全覆盖。投资7956万元实施县城集中供水改扩建工程,有效解决县城居民生产生活用水难题。

六、紧扣发展大局,全面加强民主法治建设

一是坚持和完善人民代表大会制度。支持县人大及其常委会履行职责,组织四级人大代表对重点项目、国土绿化等重点工作开展专题调研。二是支持政协履行职能。坚持和完善中国共产党领导的多党合作和政治协商制度,支持政协履行政治协商、民主监督、参政议政职能,组织政协委员围绕脱贫攻坚、生态环保、民生改善等工作开展5次调研,形成调研报告5篇,提出了有价值的意见建议28条。三是做好新形势下统战工作。巩固和发展最广泛爱国统一战线,积极支持民主党派履行参政党职能。扎实推进非公经济领域统战工作,引导非公领域经济人士积极参与疫情防控、脱贫攻坚等重点工作。深入推进“法治浮山”建设,认真开展宪法、保密法等法律法规宣传教育活动,不断提高社会治理法治化水平。

七、从严治党管党,努力营造良好政治生态

一是加强党的政治建设。常委会先后研究党的建设议题20余项,研究部署了严肃党内政治生活、基层党组织建设、反腐败等重点工作。全力抓好省委脱贫攻坚专项巡视整改工作,针对反馈的4方面12类问题制定了103条整改措施,现已全部整改到位。组织召开县乡党(工)委书记抓基层党建述职评议会,进一步压实主体责任。二是牢牢把握意识形态主动权。先后召开4次意识形态领域分析研判会,对思想理论、网络舆情、社会舆情等动态进行分析研判。坚持正面引导舆论,深入宣传党的十九届五中全会、习近平总书记视察山西重要讲话重要指示和社会主义核心价值观,组织开展了脱贫攻坚、疫情防控等重大主题宣传。深入推进精神文明建设,举办了“道德讲堂”“好基地讲好故事”等系列活动。三是强化干部队伍建设。坚持适者留、优者提、庸者让、劣者汰原则,先后分10个批次调整干部131人,其中提拔54人、平职交流77人。在人口小县机构改革中,基本配齐县直党政机关、人大政协机关科级领导班子,大学及以上学历占比提高7.6%,40岁以下领导干部占比提高4.1%,干部队伍结构进一步优化。四是强化基层党组织建设。建立实行乡镇党委书记双月例会制度,把农村基层党组织建设、干部队伍建设和经济社会发展融会贯通、一体推进。采取“抓两头、带中间”工作法,提升基层党组织规范化标准化水平。加强农村支部书记队伍建设,选派30名机关事业单位干部赴20个农村任职。五是一体推进不敢腐不能腐不想腐。先后召开2次县委反腐败领导小组会议,巩固发展反腐败斗争压倒性胜利。完成县委第九轮、第十轮巡察,实现了十三届县委任期内巡察全覆盖。驰而不息纠治“四风”,坚决反对形式主义官僚主义。深化运用监督执纪“四种形态”,全年纪检监察机关共立案156件,结案139件,给予党纪政务处分137人、留置2人,持续保持惩治腐败高压态势。

(张海平)

附:中共浮山县委书记、副书记、常委名单

书　记:乔飞鸿(12月离职)　扈新起(12月任职)

副书记:栗俊昌　王　栋

常　委:李学良(4月离职)　王建斌(12月任职)
刘云生　马　波　苏政锦　程　斌
刘又铖(12月任职)

中共襄汾县委

县委书记　乔飞鸿

2020年,襄汾县委坚持以习近平新时代中国特色社会主义思想为指引,认真贯彻省委“四为四高两同步”总体思路和要求、市委“一三四三”工作思路,团结带领全县党员干部群众,努力克服新冠肺炎疫情和安全生产事故不利影响,保持定力、攻坚克难、砥砺前行,奋力推进全县各项事业和党的建设取得新进步。

一、深入学习贯彻习近平总书记视察山西重要讲话重要指示,坚决与党中央保持高度一致

坚持把学习贯彻习近平总书记视察山西重要讲话重要指示,作为首要政治任务。县委中心组集中学习15次,举办主体班、读书班、专题班8次。按照省委十一届十次全会、市委四届八次全会部署要求,召开县委十三届十次全会,研究制定了《中共襄汾县委关于贯彻落实习近平总书记视察山西重要讲话重要指示 在转型发展上率先蹚出一条新路来的任务分解方案》,明确了6方面26项具体要求和75条工作任务,不折不扣地抓好落实,推动习近平总书记视察山西重要讲话重要指示在襄汾落地生根、开花结果。

二、坚决听从号令,牢牢守住疫情防控"襄汾阵地"

第一时间成立县疫情防控工作领导小组,召开疫情防控专题会议92次。探索建立党组织包片、党小组包楼、党员干部包户的"三包"机制,选派82个机关单位、1537名党员干部、成立111个功能党小组,覆盖全县287个小区、900余栋住宅楼、2.9万户居民。组建企业复工复产疫情防控临时党委,下设10个帮助指导临时党支部,抽调74名干部全力服务企业复工复产、指导企业防控疫情,派出4个包联工作组,抽调21名干部为学校开学复课提供指导。组建了由868名党员干部群众组成的疫情防控"预备队",形成了"群防群控、联防联控、严防严控"的强大合力。

三、转型发展蹚新路,经济高质量发展迈出坚实步伐

2020年,全县地区生产总值达到130.5亿元,同比增长4.1%;规上工业增加值达到52.2亿元,同比增长9%;一般公共预算收入完成7.56亿元,同比增长0.9%;社会消费品零售额达到54.7亿元,同比下降0.8%;城镇居民人均可支配收入达到34652元,同比增长5.5%;农村居民人均可支配收入达到15689元,同比增长6.6%,呈现出稳中向好的发展态势。

(一)开发区建设步伐加快。坚持把开发区作为转型发展蹚新路的主战场,全力打造高质量发展示范区,完成"四至"范围核定,实施了5条主干道路工程,完成1070亩标准地储备,在全省率先挂牌出让3宗315亩"标准地",启动建设5G网络全覆盖工程;依托诚荣装备制造,建设占地面积600亩、21万平方米的标准化厂房。聚焦"六新"突破,共签约项目12个,已开工4个。启动建设项目25个,其中14个项目完工投产。

(二)"三农"工作扎实推进。深化农业供给侧结构性改革,探索"农耕文明+现代农业+特色园区+旅游产业"发展模式,打造了沁馨园、荷花小镇、林乡四季、广奇生态园等农业标杆,建成集循环农业、创意农业、农事体验为一体的汾河流域一二三产融合产业集群区,年吸引游客35万人次,综合产值超10亿元。全年粮食总产4.54亿公斤,牢牢守住群众的"粮袋子"。大力发展水果、中药材等特色产业,全县果树面积达到15万亩,总产值达4亿元;中药材面积达到10万亩,总产3.4亿元;扶持奥格姆、万之源等食用菌企业做大做强,日产优质食用菌高峰期达到50吨,着力打造全省最大的食用菌生产大县。

(三)工业转型提质增效。改造升级传统产业,实施创新驱动战略,与上海大学合作共建联合创新中心,建设"富氢低碳冶炼热模拟系统""特种金属材料""能源梯度利用"3个中试基地,推动产学研用结合,提升传统产业竞争力。积极培育新兴产业,诚荣装备制造、九九智能环保、利源中天环保节能材料等项目加快推进。

(四)文化旅游提速发展。按照研学旅行"1+3+X"模式,打造了贾罕中学1个集散地,丁村、陶寺、汾城3个主营地和林乡四季、唐人居、荷花小镇等10个分营地,提高了研学旅行承载力。加快精品景区建设,龙澍峪成功获评国家级4A级景区,丁陶风情街3A级景区创建工作稳步推进;与湖南中惠旅签订了开发汾城古镇战略合作协议,初步完成规划方案。全年共接待游客193万人次,实现旅游综合收入19亿元。

四、决胜污染防治攻坚战,生态环境质量持续改善

截至12月底,全县空气质量综合指数为6.42;优良天数245天,同比增加53天。六项监测指标中SO2、PM2.5、PM10、CO和O3五项浓度值同比分别下降18.2%、12.3%、12%、16.7%、8.9%,空气质量明显改观。

(一)打好蓝天保卫战。深入实施重点行业企业提标升级创A行动计划,打造了大地华基、星原钢铁、中升钢铁等一批标杆企业,推动全县工业企业治理水平迈上新台阶。取缔"散乱污"企业326家,淘汰焦化落后产能270万吨,建成光大、星原、新金山等10家钢铁焦化企业管控治一体化智能平台及监测装置,钢铁、焦化企业全部实现超低排放;累计投资近20亿元,完成农村8万户890万平米和183个农村地区行政事业单位的清洁取暖改造。

(二)打好碧水保卫战。全面推行"河长制",规范整治工业排污口5个,完成县污水处理厂提标改造工程,汾河出境断面化学需氧量、氨氮、总磷三项指标持续改善,全部达到地表水V类标准,全县集中式饮用水源地水质达标率100%。

(三)打好净土保卫战。深入落实"土十条",完成8家重点监管企业的土壤污染隐患排查及土壤自行检测,对11家重点行业企业用地的土壤污染状况初步采样调查。

五、持续保障改善民生,人民群众获得感更加充实

教育方面,普惠性幼儿园比例达到94%,成立了襄汾二中古城、汾城两所农村分校;职教中心综合实训楼、第四小学综合楼、第五小学项目建设顺利推进,教育硬件设施更加完

善；全县二批B类达线2373人，连续五年突破2000人；职业教育对口高考达二本线130人，位列全市第一。医疗卫生方面，中医院门诊住院楼和医技综合楼建成投用，县医院河西新院、赵曲精神病医院改扩建加紧实施；全县建档立卡贫困户1556户3595人全部实行“双签约”，将1082名贫困病人纳入慢性病和“两病”门诊用药保障范围。脱贫攻坚方面，决战完胜脱贫攻坚战，剩余13户29人全部脱贫，63户126人边缘户和25户55人返贫风险监测户全部解除，“两不愁三保障”及人均纯收入全部达标，实现了全面稳定脱贫。城乡建设方面，实施了尧风四街路面工程、县污水处理厂提标改造、垃圾处理厂改造提升等重点项目，完成539套棚户区改造和康宁小区一期经适房建设。累计投入3.48亿元，实施了619公里的“四好农村路”。扎实开展“三拆三下三进”靓城提质专项行动，城乡面貌焕然一新。社保就业方面，全县养老、工伤、失业保险参保38.8万人次；为符合条件的420名退役士兵办结了养老保险缴费；发放城市低保462.5万元，农村低保1721.3万元，临时救助69万。开展职业技能培训117期5502人次，新增城镇就业5971人，创业就业1128人，城镇登记失业率控制在2.98%以内；完成农村劳动力转移5765人。

六、坚持全面从严治党，构建持久风清气正政治生态

（一）从严加强政治建设。县委旗帜鲜明讲政治，带头深入贯彻习近平新时代中国特色社会主义思想、“三篇光辉文献”等，时刻对标对表，坚持同频共振，树牢“四个意识”，坚定“四个自信”，做到“两个维护”。严格执行民主集中制，对涉及全局性的重大课题和事关改革发展稳定的重大事项，严格落实“三重一大”议事规则，切实做到“该过会的一律过会，须决议的集体研究”。

（二）从严加强思想建设。15次召开县委中心组学习会议，学习贯彻党的政治理论，教育引导广大党员干部坚定信念、立心铸魂；组织举办习近平总书记视察山西重要讲话重要指示、《习近平谈治国理政》第三卷和党的十九届五中全会精神宣讲活动，累计宣讲300余场次，覆盖党员干部群众3万余人。认真落实意识形态责任制，成立襄汾县融媒体中心，坚决守好主流意识形态阵地，牢牢把握意识形态领导权、管理权、话语权。实施了主题公园、主题街道、主题广场建设，荣获“山西省文明县城”荣誉称号。

（三）从严加强组织建设。坚持好干部标准，2020年共调整科级干部205名，其中提拔72名，平级交流60名，试用期满任职2名，免职48名；择优选派59名机关事业单位干部到村任职，调动了干部干事创业积极性。深入开展“整乡推进、整县提升”示范创建行动，提升创建2个示范、4个达标乡镇党委，整顿转化软弱涣散基层组织26个，推动晋位升级、全面进步。坚持党管干部原则，开通“绿色通道”，引进紧缺急需人才4名；创建市级人才工作基地2个、县级人才工作示范点4个、专家周末服务站6个；对95名“建功丁陶先锋”进行表彰，为117名县委联系专家和“丁陶牌”六类优秀人才发放工作津贴24.3万元，将4116名高层次人才纳入信息库，营造了良好的人才发展环境。

（四）从严正风肃纪反腐。持之以恒落实中央八项规定精神，驰而不息纠治“四风”，共查处“四风”问题14件17人，党纪政务处分11人、诫勉谈话6人。强化案件查办，紧盯不收敛不收手、侵害群众利益、破坏营商环境等重点，共处置问题线索373件，立案203件，党纪政务处分255人，留置3人，移送审查起诉4人，持续释放反腐高压信号。主动接受省委巡视，自觉接受检查，诚恳接受监督。扎实推进县委巡察工作，推动全面从严治党向基层延伸。

（师京卫）

附：中共襄汾县委书记、副书记、常委名单

书　记： 刘　浩（12月离职）　乔飞鸿（12月任职）
副书记： 白建成（9月离职）　刘春林（11月任职）
岳　磊
常　委： 亢大勇　曹　佩（4月离职）
王润贵（9月任职）　杨建廷
杜许堂（4月离职）　鹿剑英（9月任职）
傅德明　曹丽娟（女）　张振斌

中共洪洞县委

县委书记　黄　巍

2020年，洪洞县委坚持以习近平新时代中国特色社会主义思想为指导，全面贯彻党的十九大和十九届二中、三中、四中、五中全会精神，深入学习贯彻习近平总书记视察山西重要讲话重要指示和“三篇光辉文献”，认真落实省委“四为四高两同步”总体思路和要求、市委“1343”工作思路，统筹疫情防控和经济社会发展，扎实做好“六稳”工作，全面确保“六保”任务，强力推进“六新”突破，用心用情抓好党建、守好底线、树好形象、谋好发展、惠好民生，推动了党的建设和党领导的各项事业全面进步。

一、以习近平新时代中国特色社会主义思想为指引，不断引深思想政治建设

（一）以上率下学懂学深，做到入脑入心。分层次组织学习习近平总书记视察山西重要讲话重要指示、《习近平谈治

国理政》第三卷、党的十九届五中全会精神等,各级党组织书记带头讲党课、作辅导,教育引导广大党员干部进一步统一思想、统一认识、统一步调、统一行动。

(二)把握实质弄通弄透,做到学思践悟。把握省委“四为四高两同步”总体思路和要求、市委“1343”工作思路,逐条逐项学深悟透、融会贯通,并结合洪洞发展特征,提出“抓好党建、守好底线、树好形象、谋好发展、惠好民生”工作思路。

(三)立足实际做实做细,做到知行合一。认真落实省委十一届十次全会、市委四届八次全会精神,召开县委十四届十次全会,高起点高标准启动“十四五”规划编制,同步统筹编制规划建议、规划纲要和各专项规划,描绘高质量转型发展宏伟蓝图。

二、坚持人民至上、生命至上,统筹疫情防控和经济社会发展

第一时间成立县疫情防控工作领导小组,坚持“外防输入、内防反弹”,坚决落实“面上放开、点上精准、关口内置、闭环管理”的工作策略,分析研判疫情形势,加强统一领导指挥,把牢疫情防控主动权,保持输入病例为零、内部感染为零的“双零”目标。同时,及早谋划安排假期后、上班后、复工后、开学后“四后”防控工作,加快恢复经济发展和社会秩序,细化“六稳”“六保”具体措施,所有企业用最短时间恢复正常运行。2020年,全县生产总值完成150亿元,一般公共预算收入完成9.2亿元,规模以上工业增加值完成63.3亿元,社会消费品零售总额完成73亿元,城镇、农村居民人均可支配收入分别达到32237元和13911元。

三、聚焦“六新”突破,奋力推进高质量转型发展

(一)增强发展新动能。农业现代化步伐加快,粮食产量再获丰收;谋划发展特色农业产业,富硒小麦、药茶、玉露香梨、赤焰辣椒等特优产业实现从无到有;积极培育农业龙头企业,规模化紫番茄种植、牧原生猪养殖等项目进展顺利;探索数字乡村发展新模式,被评为“国家数字乡村试点县”。工业转型稳步推进,华翔集团在证交所上市,陆港型国家级物流园开通运营,国耀兆林生物质热电联产项目投产发电,普祐环保危险废弃物综合处置、布农沼气发电项目顺利实施;聚焦“六新”突破,促成河北旭阳集团与山西焦化合作,实施总投资45亿元年产144万吨的高端焦化项目;规划实施工业互联网标识解析县域服务站项目,为企业信息化改造升级搭建良好平台。

(二)培育发展新引擎。把洪洞经济技术开发区作为经济高质量转型发展的主战场,不断深化改革创新,逐步完善基础设施。储备熟地500余亩,建成标准化厂房5万余平方米;与省综改区挂牌合作,共建“新能源、新材料产业园”。

(三)厚植发展新优势。坚持“项目为王”理念,实行县级领导包联项目机制,常态化开展“进工地、到一线、解难题”活动,主动上门为项目送服务、办实事。以开发区为平台,滚动推进“三个一批”活动,全年签约项目9个;开工项目5个;投产项目5个;全省首个“三个一批”活动临汾现场会在洪洞召开。以招商引资为抓手,深入开展全民招商,组建15个招商小分队,打好专业招商、靶向招商、以商招商“组合拳”,先后在京津冀、长三角、大湾区等地举办“项目招商恳谈会”,精准对接项目74个,签约项目13个,投资总额达64.7亿元。

四、决胜三大攻坚战,提升全面建成小康社会质量成色

(一)脱贫攻坚战实现决战完胜。4082户9958名贫困人口全部脱贫,“两类户”返贫致贫风险全部解除,国考省考、脱贫攻坚督导、扶贫审计、专项巡视等反馈问题全部整改完成。积极探索脱贫攻坚与乡村振兴有效衔接,与清华大学合作建立乡村振兴工作站,引进新思路、新理念助力脱贫攻坚、推进乡村振兴。

(二)污染防治攻坚战取得决定性成就。实现海拔600米以下清洁能源改造全覆盖,圆满完成年度5万户改造任务;启动乡镇污水处理站建设,6月底前汾河流域地表水国考断面水质稳定退出劣五类;强化企业污染管控、固废污染防治和农业面源污染治理;大力开展植树造林,完成营造林1万亩,植树110万株。

(三)防范化解风险攻坚战有力有效。聘请国家级专家对煤矿、危险化学品等企业开展全方位体检;开展全领域、全覆盖、全方位安全隐患排查整治,共整治隐患1.8万余条;重拳开展扫黑除恶专项斗争,打掉黑社会性质犯罪集团2个、恶势力集团7个、恶势力团伙13个;高度重视防范化解金融风险,圆满完成农商行不良贷款清收工作;开展“万名民警进万家”活动,建立“四员五老”矛盾纠纷排查调处机制。7945个创建主体实现“三零”目标,创建达标率达98.22%。农村(社区)、企事业单位达标率领先全市、高于全省水平。

五、倾心保障改善民生,千方百计增进群众福祉

(一)全心全意增进民生福祉。中小学县管校聘改革基本完成,招录补充276名教师和55名省级特岗教师,为50家三代教师家庭颁发“教育世家”牌匾;中高考质量稳步提升,中考平均分在全市位次持续前移,高考600分以上优质生达16人,一、二本达线人数、达线率再创新高。强力推进“人人持证、技能社会”建设,创建“老家”劳务品牌,全年培训各类技能人才8000余人,转移农村劳动力16.2万人次。

(二)多措并举提升城市品位。主动融入临汾省域副中心城市建设,启动城区风貌控制及建筑改造规划工作;化解制约棚户区改造项目关键因素,棚户区改造进入拆迁阶段;完成朝阳街改造、涧河南岸道路建设工程;启动玉峰西街、乾峰大桥和新区主干路网建设项目;实施河西完全中学、医养结合医院等基础设施工程;开展靓城提质“三大行动”,完成管线下地7000余米,施划停车泊8000余个、提示标志5万余平方米,城市面貌和城市秩序明显改观。

(三)持之以恒改善乡村环境。以“美丽宜居”为方向,集中开展“治六乱、靓家园、迎小康”村庄清洁专项行动,实施垃圾、污水治理和“厕所革命”,清理垃圾5.5万吨,完成改厕3.7万余座,4个村被确定为省级美丽宜居示范创建村,洪洞被评为“全国村庄清洁行动先进县”。

六、推进全面从严治党,持续巩固风清气正的政治生态

(一)扛牢管党治党主体责任。常委会坚定把主体责任扛在肩上、抓在手上、落到实处,常委班子明晰党风廉政建设“双清单”,认真履行“一岗双责”,加强对党中央重大决策部署和习近平总书记指示批示精神落实情况的监督检查,推动全面从严治党向纵深发展。

(二)不断夯实基层战斗堡垒。以创建省级“基层党建示范县”为契机,深入开展“整村建强、整乡推进、整县提升”三级示范创建行动。选派86名优秀机关事业单位干部到村任职;完成31个软弱涣散村党组织整顿提升;137个行政村实现“两委”主干“一肩挑”;293个村集体经济收入达5万元以上。高标准建设县党群服务中心。

(三)全面加强干部队伍建设。常态化举办“槐乡大讲堂”,举办各类轮训和培训36期,培训党员干部6500余人次。以县委党校为平台,与山西师范大学合作,打造山西省干部教育培训高校教学基地。培养锻炼了一批基层“墩苗”干部,提拔任用了一批“三大攻坚战”最前沿、转型发展主战场、抗击疫情第一线中业绩突出的优秀干部。

(四)持续保持反腐高压态势。全年共立案239件,运用监督执纪“四种形态”处理654人次,查处违反中央八项规定精神问题55起,处理90人。坚持边巡边查边改,全力配合省委巡视组开展政治巡视工作;深入开展县委巡察工作,推动巡察与派驻监督、基层纪检监察工作协同并进,向村居延伸,把监督落到基层,持续巩固风清气正的政治生态。

(段彦如)

附:中共洪洞县委书记、副书记、常委名单

书　记: 郑步电(4月离职)　黄　巍(4月任职)

副书记: 杨建军(11月离职)　李俊平(女,12月任职)　李永升(10月任职)

常　委: 樊如荣(女)　张晓晖　周希斌　程　军　高　涛(女,10月离职)　张宁红(10月任职)　刘春林(10月离职)　王　欣　刘　泳(10月任职)　刘贵平　冯定国(7月任职)　鲍　荣(8月任职)

中共安泽县委

县委书记　廉海平

2020年,安泽县委坚持以习近平新时代中国特色社会主义思想为指引,全面贯彻党的十九大和十九届二中、三中、四中、五中全会精神,深入学习习近平总书记视察山西重要讲话重要指示,全面落实省委“四为四高两同步”和市委“1343”工作部署,稳步实施建设“一区一河”、打造“五个安泽”战略思路,统筹推进疫情防控和经济社会发展,奋力推动党的建设和党领导的各项事业再上新台阶。全县地区生产总值完成64.5亿元,一般公共预算收入完成5.97亿元;全县经济社会始终保持稳定向好的发展态势。

在抗击新冠疫情方面。成立由县委书记和县长为双组长的领导组,各乡镇、社区成立防控领导小组,切实形成联防联控、统一高效的工作机制。多次召开专题会议进行部署,制定《关于进一步强化疫情管控措施的通告》《居家隔离医学观察人员防控措施》等工作方案,严格实行入境登记、落地申报、出境申请等管理制度,确保疫情防控有条不紊、疏而不漏。强化社区防控力度,分别由县级领导包片负责,扎实做好疫情防控工作。加强县乡村三级联防联控,严格实施交通卫生检疫检查。持续提升核酸检测能力,建成核酸检测实验室2座,累计检测9349人次。投资908万元,常态化储备一个月的防疫物资。严格落实“四集中管理”、发热排查、预检分诊和首诊负责制,科学规范进行隔离治疗。开展环境卫生大整治、垃圾大清理和防疫消杀,全县社会各界积极捐款捐物2100余万元,在疫情防控中充分彰显了安泽担当。县四大班子领导分别包联重点企业,全力支持企业复工复产。统筹推进项目建设,集中开工了2批次20个项目;积极开展实用技能培训,9405名贫困劳动力持证上岗,实现疫情防控与经济发展“两手抓、两不误”。

在开发区建设方面。引进高层次人才11名,配齐开发区领导班子、内设机构工作人员,实行全员岗位聘任制和绩效工资制。成立山西荀安投资发展有限责任公司,组建专业化管理运营团队,实行“管运分离”;建立市场化投融资机制,争取上级资金7800万元。县政府向开发区授权58项行政审批服务事项,实现“一窗受理、集成服务”。制定《安泽经济技术开发区招商引资优惠政策》,企业疫情防控期间执行电价九五折和市场化交易优惠,累计优惠800余万元。深入开展“三

个一批”活动。总投资49.45亿元的食品添加剂(丁苯橡胶)、焦油深加工等14个项目成功签约；总投资42.84亿元的年产170万吨焦化、开发区供水等12个项目顺利开工；年产10万吨高性能铝镁合金等7个项目顺利投产。

在改革开放方面。坚持以改革为“第一动力”,全县7家国有企业,全部完成改制任务,历史遗留问题全部解决到位。扎实推进能源革命综合改革试点工作,中石油马壁东4亿方煤层气产能建设国家示范项目落地安泽，建成352口生产井,产能达到2.82亿立方。全力加大招商引资力度,成功签约17个项目;累计储备项目115个。持续深化“放管服”改革,将210项行政审批事项全部划入行政审批服务大厅，行政许可权集中度达到80%以上。

在乡村振兴方面。健全完善“河长制”管理体系,实现沁河流域巡查全覆盖。深入开展靓城提质“三大行动”,北外环公路等项目加速推进,长临高速安泽连接线景观道路工程全面完工,城市面貌持续改善。深入开展农村人居环境整治活动,分步实施沁河流域人居环境整治工程,全面提升农村人居环境水平。全力稳定农业生产。累计发放农业支持保护补贴1190余万元,投资825万元,购买玉米种植险和蔬菜大棚险。有序推进股权量化工作,全县67个行政村,104个集体经济组织全部完成股份合作制改革。完成高标准农田建设6500亩,全县粮食种植面积达到33.6万亩,总产量15.31万吨。大力发展连翘药茶,购买400口炒茶锅,免费进行炒茶培训,设置以奖代补资金100万元,成功举办了首届斗茶文化主题活动和7场斗茶比赛,持续激发群众参与热情。成立安泽连翘产业发展有限公司,全力延伸连翘药茶产业链条。助力安泽药茶走出国门、走向东南亚。全面启用“安泽优品”区域公众品牌,“安泽优品超市”投入运营,将全县176种优质农特产品进行线上线下同步销售,日均销售额达1万余元。深入挖掘红色资源,在杜村、小李村、桑曲村、郭庄村连片打造太岳八路军根据地景点,桑曲村成功入选全国红色美丽村庄。

在脱贫攻坚方面。全县9户21人剩余贫困人口全部脱贫,“两类户”185户360人全部解除返贫致贫风险。坚持“抽硬人、硬抽人”,将340名驻村工作队员和第一书记整合成为102个脱贫攻坚工作专班，进行了为期3天的业务培训，确保帮扶干部掌握政策、熟悉业务。制定《“奋战100天 打赢问题歼灭战”实施方案》,严格实行清单制、销号制、周报制、督查制“四制”工作方法,对各类问题逐项建立整改台账,实行销号管理,实现问题全部清零。成立全民技能提升培训中心,组建7支“职业技能培训轻骑兵”小分队,开展“全覆盖”“订单式”培训,累计培训贫困劳动力5876人。

在“三零”单位创建方面。先后召开相关会议19次,深入学习省市相关会议精神,创新提出“88798”创建举措,全力推动“三零”创建高质量开展。成立了由县委书记、政府县长任双组长的创建工作领导小组,构建“1+3+X”领导体系,严格落实县级领导干部“四访一包”制度。严格执行首办负责制、职能部门责任制、分管领导负责制,打造责任落实的闭环链条;全面筑牢县级领导督办、人大政协监督、“三级三访”等七项保障机制,高质量完成了各项创建任务。

在环境保护方面。加大造林绿化力度,持续开展非法占用林地、乱捕滥猎野生动物等专项整治,严厉打击毁林开荒、盗伐乱砍等各类涉林违法犯罪行为。严格落实2020年打赢蓝天保卫战工作要求,完成13万吨焦化产能压减任务,回收劣质散煤3600余吨,销售清洁煤2.7万吨,全面完成清洁取暖改造年度任务。积极推进县级水源地规范化建设,全县水源地饮用水质稳定达到地下水三类标准。全面强化沁河流域管理,顺利完成2020年度农村生活污水整治任务,沁河出境断面水质全年稳定达到Ⅲ类及以上标准。

在民生事业方面。努力办好人民满意的教育,全面推行“推门听课”制度,各级领导累计听课200余人次。马壁乡中心幼儿园建设完工，和川小学等5所寄宿制学校完成改造,安泽二中等7所学校“薄改”工作有序推进,全县教育基础设施全面改善。全面深化县乡一体化改革,建成远程会诊中心,依托“互联网+”,共享互用医疗资源等各项数据,实现县乡村三级互联互通,方便群众就医就诊。多措并举抓好高校毕业生、农民工、退伍军人等重点群体就业,全年城镇新增就业1108人,农村劳动力转移就业1438人,超额完成年度任务。累计发放各类养老保险3.5亿元、工伤保险1103万元、失业保险132万元,切实保障群众基本生活。开展城乡医疗救助1900余人次，累计发放救助金219.25万元。投资1176万元,完成9.8万平方米的既有建筑能效提升改造工程,提前二十天供暖,确保全县群众温暖过冬。深入学习贯彻《山西省安全生产专项整治三年行动计划》,深入开展安全生产大排查大整治,有效化解风险隐患,人民群众安全感和满意度持续提升。

在党的建设方面。紧扣学习贯彻习近平新时代中国特色社会主义思想这条主线,组织开展县委中心组学习23次,逐字逐句对习近平总书记视察山西重要讲话重要指示等精神进行学习传达。坚持将党的领导贯穿各项工作始终,严格落实民主集中制原则,跟进制定具体落实举措。牢牢把握意识形态主动权。持续强化舆论宣传引导,在中央、省、市主流媒体刊稿740余篇,全面展示安泽美好形象。投资37万元让全县142个自然村293个大喇叭“响起来”。坚持开展“6+N”主题党日活动,严格落实“三会一课”、民主生活会、组织生活会等制度,教育引导党员干部锤炼党性、对党忠诚。建立县委常委党支部工作联系点制度,在各项工作中下沉一线、加强指导,推动基层党支部持续建强。7个乡镇农村基层党建“整乡推进、整县提升”行动全部达标验收,8个软弱涣散基层党组织全面整顿，全县80%以上基层党组织达到一流建设标准。党员进党校等教育培训7500余人次。深入开展“干部职工纪律作风集中整顿活动”和“以作风促作为专项整顿活动”,在党员干部中组织开展4次民主生活会、组织生活会、反思剖析会,从严党内政治生活,用好批评与自我批评武器,各级干部作风持续提升。政治生态全面净化。县委常委会研究全面从严治党工作49次,全面压实了领导责任。始终保持正风反腐高压态势,持续狠刹“四风”问题,从严查处群众身边腐败案件,持续推动整治群众身边腐败问题向纵深发展,在开展第十轮巡察基础上,同步对全县前九轮巡察整改情况进行"回头看",全面抓好巡察整改各项工作,使失责必问、问责必严成为常态,持续保持了安泽政治生态的绿水青山。

(王　斌)

附:中共安泽县委书记、副书记、常委名单

书　记:廉海平

副书记:赵晨伟(11月离职)　郭婷慧(女)
杨玉果(女,11月任职)

常　委:魏书亮(12月离职)　连忠武
张曙光(11月离职)　张朝晖
索海滨　伊　宁(女,8月任职)
李　鹏(8月任职)　王向辉(11月任职)
王秉军(11月任职)　任云智(12月任职)

中共古县县委

县委书记　庞明明

2020年,古县县委坚持以习近平新时代中国特色社会主义思想为指导,深入学习贯彻党的十九大和十九届四中、五中全会精神,认真贯彻落实党中央和省委、市委各项决策部署,统筹推进疫情防控和经济社会发展,扎实做好"六稳"工作,全面落实"六保"任务,强力推动"六新"突破,全县各项事业取得新突破。

一、持续加强政治建设,进一步筑牢思想根基

县委始终把习近平新时代中国特色社会主义思想作为指导推进工作的思想旗帜、科学理论和行动指南,切实用新思想武装头脑、指导实践、推动工作。政治判断力不断提高。坚持把学习习近平新时代中国特色社会主义思想作为常委会第一议题,及时传达学习17次149篇,坚决贯彻落实党中央和省委、市委关于疫情防控、高质量发展、脱贫攻坚和环境保护等重大决策部署,以实际行动树牢"四个意识",坚定"四个自信",做到"两个维护"。政治领悟力不断提高。坚定落实"不忘初心、牢记使命"制度,全年累计开展县委中心组集体学习19次154项,围绕党的十九届五中全会和《习近平谈治国理政》第三卷专题研讨,带动全县各级党组织和党员干部学习贯彻习近平新时代中国特色社会主义思想往深里走、往心里走、往实里走。政治执行力不断提高。制定贯彻落实习近平总书记重要指示批示精神工作机制,制定深入贯彻落实习近平总书记视察山西重要讲话重要指示在转型发展上率先蹚出一条新路来的实施方案及责任分工,明确6个方面28条具体任务。配套建立完善跟踪督办机制和县四套班子领导"五包联"责任制,有力推动各项部署要求落地生根、开花结果。

二、始终坚持发展要务,进一步增强综合实力

县委始终围绕"1234"工作重心,全面落实"六稳""六保"任务,主要经济指标全面回升。擦亮一张名片,奏响文旅融合"新乐章"。持续加大牡丹旅游景区投入力度,成功举办"云赏牡丹·畅游古县"第十三届"天下第一牡丹"文化旅游节线上发布和首届灯光艺术节,"吃住行游购娱"的旅游业态初步形成;紧抓全市"建设国家全域旅游示范区"有利契机,全力打造精品旅游线路,推动文旅深度融合。做强能源产业,跑出转型发展"加速度"。省级经济技术开发区成功设立,熟地储备1854.41亩,标准化厂房建设6624平方米。实施泰达年产192万吨焦化技改项目、引进山西宏源年产216万吨焦化项目、新源盛特种微纤维项目等一批重点项目,国新正泰新能源年产1000万立方制备高纯氢技改项目顺利开工,古县铁路连接线陆港物流园项目前期启动,"煤—焦—气—化—氢能源"为一体的全产业链、循环经济发展模式逐步形成。做强特色农业,迈上产业化发展"新征程"。成功获批省级现代农业产业园,推广"核桃+中药材(小杂粮)+中蜂"的有机旱作、立体间作特色农业发展模式,古树食品有限公司牵头成立临汾市核桃全产业链开发联合会,"古岳古树"商标成为市核桃区域公共品牌,"'龙头企业+合作社+基地+农户'连市场"产业化发展格局逐步形成。高标准建设有机旱作道地中药材、药茶、谷子示范基地,连翘尧羽药茶获得区域品牌授权。推进三城联创,展现城乡面貌"高颜值"。成功创建"全国文明城市",四级网格化管理体系建立完善,靓城提质"三大行动"扎实开展,绿化面积新增5万平方米,集中供暖新增30万平方米,五人制标准足球场新建三个,建成校外未成年人心理健康辅导站和7个乡村学校少年宫,国家卫生县城和国家园林县城成果持续巩固。办好四件大事,提升市群众幸福感。坚持铁腕治污,扎实推进煤焦行业深度减排,持续开展"散乱污"整治,一体推进"环保四治",跨境断面水质稳定达标,全年环境优良天数261天,同比增加73天。交好扶贫答卷,持续巩固脱贫攻坚成果,顺利迎接省委脱贫攻坚专项巡视"回头看"、省委脱贫攻坚专项督导、省脱贫工作成效调查及市际交叉检查。做好兴煤文章,老母坡煤业、东瑞煤业实现智能化绿色开采,煤层气勘探工作推进顺利。力破交通瓶颈,国道341线公路改建工程正式启动,长临高速古县连接线顺利通车,"四好农村路"积极推进,黎霍高速古县段启动建设,长期制约县域经济发展的交通瓶颈被彻底打破。

三、持续深化改革创新，进一步激发发展活力

稳妥推进乡镇机构改革。全县乡镇均设置“5办2中心1站”并挂牌，将财政、劳动保障、卫生监管领域执法站所下放乡镇，组建乡镇综合行政执法队伍，编制乡镇权责清单121项。全面推进开发区“三化三制”改革。制定2020年建设行动计划和绩效薪酬实施办法，引进8名高层次专业人才，领导班子任期制、全员岗位聘任制和绩效工资制同步实施。国新正泰推进氢能源技术设备研发，新源盛能源材料公司组建“博士站”，并与中国石油大学开展研发合作，专业化、市场化、国际化管理运行机制逐步完善。加快推动国资国企改革。制定出台行动方案，成立县委国有企业改革发展党建领导小组，保障改革有序推进。全县43家涉改企业，19家完成公司化改制成为法人企业，破产出清23家，“三供一业”涉及企业及住户全部改造完成。持续深化“放管服效”改革。主动对标杭州和宁波先进做法，深化“一枚印章管审批”，推进“互联网＋政务服务”，努力打造“六最”营商环境。首批53项县级行政管理权完成授权，“一站式服务”、“全过程服务”全面推行。防范化解重大领域风险。将化解政府债务风险作为重中之重，带头过“紧日子”，兜牢“三保”底线。制定农村商业银行金融风险防控方案，积极帮助古县农商银行全面打赢风险资产清收处置反击战，营造良好金融环境。

四、更加注重民生保障，进一步提高生活质量

疫情防控成效显著。认真落实“坚定信心、同舟共济、科学防治、精准施策”总要求，守住了美好家园。统筹推进常态化疫情防控和经济社会发展，争取抗疫债券9400万元，投入各类资金5000余万元，帮助企业复工复产，扎实推动项目建设，有力恢复经济社会发展。社会事业稳步发展。扎实推进“人人持证、技能社会”建设，稳步推进社会保险制度改革，城镇新增就业人数、农村劳动力转移就业人数均完成时序目标；着力办好人民满意教育，持续实施“三优”工程，继续推动与北京师范大学合作打造创新型学校，中高考成绩稳中有升；深化综合医疗卫生改革，投资3225余万元的疾控中心大楼项目开工建设。法治古县不断完善。严格落实党政主要负责人推进法治建设第一责任人职责，积极开展“七五普法”，县司法局荣获“全国人民调解先进集体”、“全国公共法律服务先进集体”等荣誉称号，公共法律服务工作成功入选《法治山西蓝皮书》，央视《新闻联播》16秒向全国展示古县基层治理法治化硕果。“三零”创建扎实推进。连续两年被授予全国信访“三无”县；扎实开展安全风险隐患大排查大整治；坚决打击违法犯罪，全县命案、积案实现清零；积极推进“雪亮工程”，社会治理智能化、专业化水平不断提高；持续开展扫黑除恶，打掉恶势力犯罪集团1个、恶势力团伙1个。

五、全面从严管党治党，进一步净化政治生态

深化意识形态建设聚力。认真落实意识形态工作责任制，县委常委会先后召开6次专题会议，研究推动意识形态工作。持续推进“两中心一平台”建设，融媒体中心挂牌成立，新时代文明实践中心和乡、村两级体系初步建成。深化基层组织建设夯基。选派机关事业单位干部27名到村任职，成立合并村(社区)党总支19个，持续整顿软弱涣散基层党组织，发展壮大村级集体经济，建立农村(社区)后备干部库，实施党员档案规范化管理工程，“人、治、物、效”问题得到切实解决。深化干部队伍建设强体。树立正确选人用人导向，大力选用心中有责、眼里有活、手上有招的干部。全年共调整干部76人次，选拔优秀事业干部4名担任乡镇领导班子成员，选派优秀乡镇党委书记1名到省直部门任职，评选担当作为典型11名。深化党风廉政建设固本。制定贯彻落实全面从严治党主体责任清单，保持正风肃纪反腐高压态势，一体推进不敢腐不能腐不想腐。深入开展能源领域反腐败专项行动，深化漠视侵害群众利益问题专项整治。以“指尖上的形式主义”为重点，持续深化整治形式主义、官僚主义突出问题。完成县委第九轮、第十轮巡察和人防系统专项巡察，切实发挥巡察“利剑”作用。

(王　洁)

附：中共古县县委书记、副书记、常委名单

书　记：庞明明

副书记：刘舒华(10月离职)　赵晨伟(10月任职)
贯晓文

常　委：李荣强　元福明(3月离职)
曹　樯　任　臻　赵贤慧
李　晶(10月任职)　张亚丁(7月任职)
张立洪

中共汾西县委

县委书记　任天顺

2020年，汾西县委坚持以习近平新时代中国特色社会主义思想为指导，全面贯彻党的十九大、十九届二中、三中、四中、五中全会精神和习近平总书记视察山西重要讲话重要指示，认真落实省委“四为四高两同步”总体思路和要求和市委“1343”工作思路，强力推进“1133”发展战略，党的建设和党领导的各项事业全面进步。2020年，全县GDP完成24.43亿元，同比增长5.3%，主要经济指标基本实现年初提出的“正增长指标增幅高于全市平均水平，负增长指标降幅低于

全市平均水平”的目标要求。“十三五”期间全县GDP年均增长4.6%,规划纲要确定的目标任务基本完成。

一、加强思想政治建设,牢牢把握正确工作方向

一是强化政治引领。把学习贯彻党的十九届五中全会精神和习近平总书记视察山西重要讲话重要指示紧密结合,坚持中心组学习一月一次不动摇,县委中心组15次专题学习研讨,数次重温“三篇光辉文献”,深入学习习近平总书记视察山西重要讲话重要指示、党的十九届五中全会精神和《习近平谈治国理政》第三卷。举办科级干部能力提升培训班4期、学习贯彻习近平新时代中国特色社会主义思想读书班1期、农村“领头雁”培训2期、“汾西大讲堂”专题讲座4期;在全县开展“践行领袖嘱托、率先蹚出新路”主题党日活动,县级领导带头到基层讲党课56次,科级干部讲党课400余次。二是把牢政治方向。把党的领导体现到各领域各方面,确保全县上下目标一致、步调一致。支持人大及其常委会依法履职,县人大常委会听取审议“一府两院”等专项报告12项,开展专项调研和检查6次,作出决议决定13项,依法任免人员7人。加强和改进对政协工作的领导,政协委员开展专题调研6次,形成调研报告8篇,提案办理30件。加强与各民主党派和无党派人士合作共事,积极做好对台侨务工作,加强民族宗教工作,支持工青妇等人民团体发挥作用。加强党对武装工作的领导,积极推动人武工作与地方建设相互促进、共同发展,连续52年53次无违纪无退兵。牢牢掌握意识形态工作主动权,积极稳妥做好舆论引导。召开县委常委会34次,研究干部人事事项18次,讨论决定重大事项57项;认真落实省委十一届十次全会、市委四届八次全会精神,召开县委十三届九次全会,制定《任务分解方案》,确定落实措施79项;坚持民主集中制,认真落实《县委常委会工作规则》,严格执行常委会议事规划和决策程序,“三重一大”事项及时向社会公开。

二、统筹推进疫情防控和经济社会发展,奋力蹚出转型发展新路

筑牢抗疫防线。第一时间成立书记、县长为双组长的疫情防控工作领导小组,72次召开县委专题会议暨县疫情防控工作领导小组会议,全面落实联防联控机制,压紧压实各级防控责任,守住村组、社区“最小单元”,牢牢把握疫情防控主动权。全县7家规上企业2020年3月底全部复工复产,上半年规上工业增加值实现正增长。全年规模以上工业增加值完成4.76亿元,同比增长21.3%;城乡居民人均可支配收入分别完成30359元和5980元,同比增长4.6%和20.5%;社会消费品零售总额完成14.7亿元,同比下降2.5%;一般公共预算收入完成1.07亿元,同比增长24.6%。

巩固脱贫成效。完成剩余210户493人的脱贫任务,脱贫攻坚实现决战完胜。县委常委会10次专题研究脱贫攻坚工作,召开县脱贫攻坚周例会47次,持续压实“五个责任”,确保靶心不散、力度不减;落实扶贫资金4.59亿元,强化“3+1”保障巩固提升、问题整改、深度贫困人口精准帮扶三项工作,持续推进产业扶贫、生态扶贫等“十大工程”;落实驻村帮扶经费974万元,深入开展驻村帮扶六大行动和“十个清零”行动;制定《关于建立防止返贫监测和帮扶机制的实施方案》,对“脱贫不稳定户”和“边缘易致贫户”实施精准深度帮扶,460户脱贫不稳定户和249户边缘易致贫户全部解除致贫返贫风险。完成对全县27193名贫困劳动力建档立卡工作,外出务工18201人,同比增长30.1%,“人人持证,技能社会”培训持证率达70.1%;强化产业支撑,“1+X”产业扶贫体系不断完善。省市6次反馈的108条问题全部完成整改,整改率100%。分管扶贫工作的副县长被评为全国脱贫攻坚先进个人。

维护安全稳定。深刻汲取“8·29”事故教训,扎实开展安全生产专项整治三年行动、安全风险隐患大排查大整治和建筑领域安全隐患专项排查整治,整改各类隐患491条,连续四年生产安全“零事故”。引深扫黑除恶专项斗争,核查线索91条,打掉恶势力犯罪团伙、路霸、村霸5个,破获积案命案、电信网络诈骗案件7起。扎实开展“三零”单位创建,“零信访”达标率98.57%,“零事故”达标率99.92%,“零案件”达标率97.22%。坚决打赢污染防治攻坚战,深度治理工业企业、“散乱污”企业2家,淘汰洗煤企业1家;完成清洁取暖改造1.3万平方米;全县环境空气质量综合指数同比下降11%,优良天数同比增加48天。

狠抓项目建设。开展招商活动12次,签约项目7个,总投资24.6亿元;达成意向项目8个,总投资42.1亿元;实施年度重点项目18个,完成投资7.14亿元。产业集聚区规划布局“一区两园六组团”,四至范围已划定,总面积46.4平方公里,完成总体规划和产业发展规划编制;投资2.7亿元,建设2条园区专线公路40公里;投资0.58亿元,建成1.7万平米标准化厂房;落实储备用地1946亩,建成标准地1696亩,两个园区全部实现“五通一平”;入驻企业11家,引进项目12个,其中,新建项目4个;投产项目7个,年产值14亿元,实现利税5800万元,解决就业2600余人。

发展特色产业。新建单批存栏3万只肉鸡养殖大棚12座,全县肉鸡年出栏达到5000万只。新建核桃经济林1200亩,提质增效2.5万亩,全县核桃总面积19.6万亩,挂果8万亩。光伏总装机容量达186.7兆瓦,年收益6300万元。发展玉露香梨5500亩,全县总面积2万余亩,挂果4000亩。发展黄粉虫、食用菌等“一村一品一主体”产业项目92个。

推进文旅融合。编制完成《汾西县全域旅游发展规划》《师家沟景区修建性详细规划》《老爷顶森林公园景区修建性详细规划》。投资6200万元,实施了窑洞文化设施、勍香风景旅游区基础设施、佃坪至姑射山旅游公路建设项目。

三、全面从严管党治党,努力构建良好政治生态

一是履行主体责任。认真贯彻《党委(党组)落实全面从严治党主体责任规定》,制定县委落实全面从严治党主体责

任清单和县委书记落实全面从严治党主体责任清单,分解任务,细化举措,压实责任。建立完善贯彻落实习近平总书记重要指示批示长效机制,扎实开展政治监督、党政班子运行、十八大以来习近平总书记批示指示和中央、省委、市委重大决策部署落实情况自查,形成问题清单,明确任务要求,全面整改落实。积极配合省委第四巡视组脱贫攻坚专项巡视“回头看”、省委第十三巡视组延伸了解及市委巡察办巡察工作专项检查,对巡视巡察指出的问题边巡边改、即知即改。健全完善巡察工作机制,部署开展了县委第九、第十轮巡察,本届县委巡察实现全覆盖。二是抓实基层党建。建立三级书记抓基层党建项目清单,实施党支部星级考评管理办法,全县323个基层党支部全部达到规范化建设标准,整顿提升软弱涣散党支部13个,培树各领域示范党支部20个。选派29名县乡机关事业干部到15个村任职,储备村级后备干部258名;招录公务员51名,招聘事业人员37名、专职社区工作者36名;提拔4名脱贫攻坚一线干部到重要岗位任职,评选10名市级担当作为表现突出干部。三是从严正风反腐。召开3次县委反腐败领导小组会议,廉政审查党员干部643名、部门单位39个。扎实开展党员干部违规入股企业专项整治和专项清欠清收工作,792名党员干部签订《主动纠正违规入股企业情况承诺书》。查处违反中央八项规定精神问题线索84件,处理102人;查处群众身边腐败问题线索143件,处理141人。加大审查调查力度,立案136件,结案154件,党纪政务处分154人,移送司法2人。

(刘伟伟)

附:中共汾西县委书记、副书记、常委名单

书　记: 任天顺

副书记: 张安文　尹明星

常　委: 赵志红　武耀忠　王志刚　李国锋　郭砚宾　曹启仁

中共蒲县县委

县委书记　薛凤奎

2020年,蒲县县委坚持以习近平新时代中国特色社会主义思想为指导,认真学习贯彻党的十九大和十九届二中、三中、四中、五中全会精神,深入贯彻落实习近平总书记视察山西重要讲话重要指示,在省委、市委的正确领导下,围绕县委“四六三”思路目标,团结带领全县干部群众,真抓实干、攻坚克难,经济社会发展和党的建设各项事业均取得了明显成效。

一、坚持政治建设“第一标准”,牢牢把握正确方向

(一)强化政治学习。组织召开17次县委中心组学习会议,2次开展专题研讨,深入学习贯彻习近平新时代中国特色社会主义思想和党的十九届二中、三中、四中、五中全会精神、习近平总书记视察山西重要讲话重要指示,学习《习近平谈治国理政》第三卷、“三篇光辉文献”精神,不断增强“四个意识”,坚定“四个自信”,做到“两个维护”。

(二)深化政治监督。聚焦贯彻落实习近平总书记重要讲话重要指示批示精神及中央、省委、市委重大决策部署,印发2020年度工作手册,明确政治任务清单,精准开展“政治体检”,完成县委第十轮、第十一轮巡察工作任务,确保了政令畅通、落实有力。

(三)担当政治责任。围绕贯彻落实习近平总书记视察山西重要讲话重要指示、党的十九届五中全会、省委十一届十次全会和市委四届八次全会精神、省委“四为四高两同步”总体思路和要求、市委“一三四三”工作思路,先后召开县委常委会会议、县委经济工作会议、县委十三届八次全会,对中央、省委、市委各项重大决策部署进行安排部署、谋划转型新路,统筹推进疫情防控和经济社会发展,确保了各项工作始终沿着正确方向前进。

二、抓好富民强县“第一要务”,奋力推动转型发展

(一)脱贫成果全面巩固。严格落实“四个不摘、四个不减”重大要求,坚持“三包五到”帮扶机制不动摇,县乡村“三级书记”抓脱贫不松懈,“九大战区”协同作战,“五人小组”科学研判,“五个督导组”跟进督战,县委书记、县长带头包联2

个市级督战村、2个县级督战村，全力推动决战完胜。做优产业扶贫。投入持债经营、产业补贴、就业奖补资金7500万元，实现建档立卡户、边缘户产业分红全覆盖。做强就业扶贫。与省燃气职业技校签订千人培训计划，全县有劳动能力贫困人口县内就业5176人、县外就业6047人。做亮消费扶贫。直播带货38场，带动“五进十销”认购3900万元。做好返贫监测。建立返贫预警监测机制，边缘户、脱贫监测户人均收入全部达到5000元以上。做实问题整改。深入开展“十个清零”行动、101条反馈问题高质量整改完成。全年减贫32户97人，贫困人口动态清零。“道德银行”入选“第三届中国优秀扶贫案例”，典型经验全市推广。顺利完成脱贫攻坚成效调查和市际交叉检查。

(二)产业转型步伐加快。坚持转型为纲、项目为王，深入推进能源革命，加快新旧动能转换，不断优化产业结构。打造转型发展“主引擎”。规划建设16.26平方公里“一区两园”产业集聚区，重点发展装备制造、现代物流、新材料和新基建等新兴产业集群。储备熟地3897亩、打造标准地242亩、即将建成10个、5.2万平米的标准厂房，引进10个项目入驻，园区产出强度达261万元/亩、税收强度35万元/亩，园区经济效益有力释放。夯实转型发展“硬支撑”。紧盯国家省市产业政策、“六新”转型方向，实施重点项目69项，总投资78.09亿元，年度投资29.7亿元。成功签约总投资1.2亿元的山西建邦年产铸铁60万吨、铸件13万吨高炉置换改造项目、总投资16.69亿元的中南铁路1000万吨煤炭集运站项目、总投资12亿元的浙江振兴年产10万吨市政工程铸件和5万吨空调压缩机配件项目等9个重点转型项目。其中，总投资0.5亿元的奥鑫博年产2万吨体育健身器材项目铸件产品出口美国，实现外贸出口破零。建好绿色农业“先行区”。坚持农业“特”“优”战略，大力发展种养结合、生态循环农业，全力建设首批国家农业绿色发展先行区，建成6个种养循环“生态方”和5个产业园，打造标准化玉露香梨基地9000亩，连翘药茶加工生产基地建成投用，蒲香红”苹果荣获全国优质苹果大赛金奖。推进文旅产业“快融合”。落实历史文物保护主体责任，发挥蒲县“夏无酷暑、冬无雾霾”、地处临汾近郊优势，编制《蒲县全域旅游总体规划》，与宏源文旅集团签订沿黄旅游开发项目，创建“三星”酒店1家、“黄河人家”2家，开通“一日乐游”精品线路，“心灵圣境·厚德蒲县”文旅品牌更加响亮。

(三)城乡建设稳步推进。紧抓全市建设省域副中心城市契机，定位临汾“后花园”，加快宜居宜业宜游大县城建设。提升城市品质。深入推进靓城提质三大行动，加快城中村、棚户区改造，3个片区276户6.5万平米完成拆迁；启动总投资16亿元的19项城建项目，实施10项市政工程，昌平大街综合管廊及配套设施建设工程完成主体，昌平东街保障性住房工程5栋楼主体完工，新建东关小学、民政路拓宽改造、翠屏阁棚户区改造工程即将竣工。建设美丽乡村。深入开展农村人居环境整治，建成农村生活垃圾收运体系，卫生厕所普及率达50%以上，创建省级卫生乡村33个、人居环境示范村2个。打牢基础支撑。积极推进520国道县城段改线、罗克线2条公路建设，洪大高速公路列入规划，实施农村公路改造工程23.33公里，被评为全国深化农村公路管理养护体制改革试点县。

(四)生态环境明显改善。深入践行“两山”理论，全力抓好大气、水、土壤污染防治。打好蓝天保卫战。一体推进“转型、治企、减煤、控车、降尘”，新增集中供热面积9000平米，城区清洁取暖全覆盖；黑龙关、薛关2个镇区实现集中供暖，2020年优良天数348天、全市第一，空气质量改善率全省前十。打好碧水保卫战。实施昕水河河道生态修复、建成区河道治理、雨污分流管网等7项工程，工矿企业污水排放和污水处理厂出水稳定达到地表水Ⅴ类标准以上，昕水河出境断面地表水达到Ⅱ类标准。打好净土保卫战。大力度治理土壤面源污染，减肥240吨、减地膜18吨；41处历史遗留矿渣全部治理销号；完成营造林任务2.2万亩。荣获第四批“国家生态文明建设示范县”，向“绿水青山就是金山银山”实践创新基地奋力迈进。

(五)民生福祉持续增进。坚持以人民为中心的发展思想，稳步提升教育、医疗、养老等公共事业服务水平。就业方面，推动“人人持证，技能社会”，建成全市领头的公共实训基地，全年开展技能培训2500人次、转移就业1500人次，登记失业率控制在4%以内。教育方面，蒲县高级中学成为临汾一中教育集团成员学校，新招聘60名优秀教师充实到基层队伍，高考二本以上达线人数位居临汾山区县第二。卫体方面，全力构建“防、控、治、研、学、产”公共卫生体系，疫情防控实现零输入、零感染、零病例；与白求恩医院、山西省人民医院等7家省市院校建立合作关系，省市专家定期坐诊，群众“看病难”问题逐步缓解。荣膺全国百强健走示范区。文化方面，深入实施文化惠民工程，自编现代戏《春暖蒲子山》入选全国脱贫攻坚题材舞台优秀剧目展演，蒲县文化馆被评为“第八届全国服务农民、服务基层文化建设先进集体”。社保方面，农村低保、城市低保救助标准分别提高到每人5200元/年、605元/月。养老服务中心荣获“全国敬老文明号”。安全稳定方面，扎实推进“三零”创建，全面推行岗位标准化工程、洗煤行业安全要求、安全检查闭环导则、护林防火“承诺+督导+处罚”制等机制，实现全年零事故、零死亡、零火情。

(六)改革创新不断深化。坚持改革为要、创新为上、开放为先，激活力、解难题，不断为高质量转型发展赋能。出台应对疫情支持中小企业保经营、稳发展12条举措，拨付扶持资金298万元，减税降费5000余万元，偿还拖欠民营企业、中小企业账款，无分歧账款实现“清零”。大力推进“标准地+承诺制”改革，以“最多跑一次”为目标，授权产业集聚区行政审批事项50项，实现办事不出区、一网通办、代办领办。推进规上工业企业创新全覆盖，2家拥有研发机构、5家依托职业院校研发创新；培育“专精特新”企业2户、“小升规”企业6户。全县101个农村集体经济组织全部完成登记赋码工作，15个国有企业集中统一管理，融媒体中心挂牌成立，农商行挂牌运营。

三、扛实管党治党“第一责任”,净化优化政治生态

(一)严格落实主体责任。认真贯彻落实《党委(党组)落实全面从严治党主体责任规定》,县委常委会会议19次研究部署党建工作,专题听取巡察工作汇报,层层传导压力,对履行“两个责任”不力的5名干部进行问责。

(二)守好意识形态阵地。县委常委会会议2次研究意识形态工作,细化各级党委(党组)、党组织书记、分管干部、其他成员、相关职能部门5个责任清单,壮大主流舆论,强化舆情管控,妥善处置舆情17起,牢牢把握了意识形态工作主动权。全市新时代文明实践中心建设工作推进会在蒲县召开。

(三)持续夯实基层基础。扎实开展10个软弱涣散基层党组织专项整治工作,选派25名机关事业单位干部到13个村任职,全县党支部达标率100%,一流标准党支部达标率79.15%。坚持重基层、重实绩选人用人导向,调整交流干部9批146人次,其中提拔第一书记、驻村工作队员、疫情防控一线人员32人。

(四)从严监督执纪问责。2次召开县委反腐败领导小组会议,全力支持县纪委监委履职;深刻汲取违纪违法案件教训,开展“忠诚守纪、担当作为”专题警示教育活动。持续正风肃纪反腐,查处“四风”问题46件86人,处分48人;处置问题线索386件,立案144件,党纪政务处分139人次,全力维护风清气正的政治生态。

(五)深入推进民主政治。支持县人大及其常委会依法履行职责,充分发挥县政协政治协商、民主监督、参政议政职能作用;加强和改进统一战线工作,强化与各民主党派、工商联、无党派人士的团结合作;坚持党管武装原则,军政军民团结氛围更加浓厚。

(六)深化法治蒲县建设。2次召开县委全面依法治县委员会会议,深入学习贯彻习近平总书记全面依法治国新理念新思想新战略,审议通过依法治县委员会2020年8个方面22项工作要点,法治专项攻坚、法治宣传教育、法治乡村建设等工作任务有效落实。山中村、黎掌村、克城村被命名为第一批“省级民主法治示范村”,黎掌村被评为“2020年度山西省善治示范村”,蒲县被命名为“2018—2019年度省级平安县”。

(刘　涛)

附:中共蒲县县委书记、副书记、常委名单

书　记: 薛凤奎

副书记: 杨晓舟　陈东楷　卫　靖(7月任职)

常　委: 李有红(9月涉嫌严重违纪违法,接受纪律审查和监察调查,10月被免职,12月被开除党籍、开除公职;将其涉嫌犯罪问题移送检察机关依法审查起诉。)

邱　波(10月任职)　宋蒲刚(4月离职)

席江红(12月任职)　崔文学(10月离职)

李　峰(10月任职)　张宁红(10月离职)

杨　洋(10月任职)　黄生宁　刘俊绒(女)

中共乡宁县委

县委书记　杨建军

2020年，乡宁县委坚持以习近平新时代中国特色社会主义思想为指导，全面贯彻党的十九大和十九届二中、三中、四中、五中全会精神,在省市委的坚强领导下,聚焦“十三五”收官、脱贫攻坚“交总账”和全面建成小康社会目标，团结带领全县党员干部不忘初心、砥砺奋进，不断拓展了党的建设和党的事业新局面。

一、坚持习近平新时代中国特色社会主义思想的引领,把稳乡宁工作的正确前进方向

坚定不移把习近平新时代中国特色社会主义思想作为根本遵循,持续推动习近平新时代中国特色社会主义思想在乡宁落地落实。一是深化理论学用结合。反复重温习近平总书记视察山西重要讲话重要指示，深入学习党的十九届五中全会精神、中央经济工作会议精神，广泛运用集中培训、下沉宣讲、专题党课、交流研讨等方式方法，教育引导全县党员干部自觉新思想定向领航。二是冲刺收官谋篇开局。聚焦疫情防控、三大攻坚战、“三零”创建等重点关键，全年召开61次县委常委会议分析研判、安排部署。坚持高质量高标准编制“十四五”规划，积极对接融入省市最新精神要求，科学勾勒乡宁“十四五”发展蓝图。三是加快蹚出转型新路。制定印发《关于贯彻落实习近平总书记视察山西重要讲话重要指示在转型发展上率先蹚出一条新路来的行动方案》,全县各级各部门高效推动落实,营造并保持了“加快在转型发展上蹚出一条新路来”的浓厚氛围和强劲态势。

二、坚守“双胜利”原则,统筹推进疫情防控和经济社会发展

坚决贯彻中央和省市委安排部署,统筹推进疫情防控和经济社会发展。2020年，全县地区生产总值完成142.18亿元,增长5.2%;财政总收入50.12亿元,下降13.8%;工业增加值111.6亿元，增长7.9%；城镇居民人均可支配收入34016元,增长4.8%;农村居民人均可支配收入12603元,增长9.5%。一是及时扑灭疫情。坚持早发现、早行动,细筛查、

严监管,首例确诊患者第一时间送诊治愈,密切接触者全面隔离。深入开展"在职党员进社区"活动,动员社会各界广泛捐款捐物,通报表扬35名党员先进典型,5名医护人员支援武汉平安凯旋。二是高效复工复产。发放应急周转金3.5亿元,各类企业及时复工复产。有序推进全县各类学校安全复学,强化重点企业用工调度和农民工返岗服务。财政补贴371.5万元,发放3轮政府消费券,拉动社会消费1700余万元。三是抓好常态防控。持续加强中高风险地区来乡返乡人员排查管控,深入开展"爱国卫生运动季"活动,严格管控物流和冷链行业,组织开展全员核酸采样检测和秋冬季疫情防控应急模拟演练,全面提升应对疫情实战能力。

三、落实高质量要求,全面加快转型发展蹚新路步伐

聚焦新发展格局,贯彻新发展理念,落实高质量发展要求,强力推进县域经济转型发展。一是高效推进示范区建设。第一时间成立县生态文化旅游示范区党工委和管委会,设立5个工作机构,选优配强领导班子,引进10名高层次紧缺急需人才。签约"三个一批"项目6个。二是着力抓好项目建设。50项重点工程项目高效推进。5月举办招商引资云端推介会,签约10个项目。12月在北京举办招商引资招才引智恳谈会,签约7个项目。三是加快发展转型产业。高标承办第二届大河文明旅游论坛,云丘山景区成功创建国家5A。紫砂陶小镇被列为市级重大项目和转型标杆项目。中石化延川南煤层气项目健康发展,中电投风电并网发电,贝林光伏项目加快推进,能源供给结构不断优化。

四、打好三大攻坚战,持续提高全面建成小康社会成色

一是脱贫攻坚圆满收官。实施1075个扶贫项目,贫困人口全部脱贫。完善防贫监测预警机制和兜底保障机制,进一步兜牢防贫返贫底线。实施34.2公里扶贫道路,改造提升480户隐患住房,完成34处水利扶贫提升工程,提质增效2.8万亩特色产业。加大就业扶贫、消费扶贫、社会扶贫力度,高标完成各类问题整改,不断做足脱贫成色。二是环境质量持续好转。统筹抓好城乡环境卫生整治、散煤整治、工业企业治理、垃圾分类处理等重点工作,4家焦化企业全部关停,5家洗煤企业关停淘汰。清洁取暖改造4359户47.9万平米,新增集中供热2154户30万平米。鄂河万宝山断面水质稳定达到地表IV类标准,各类环保督察反馈问题全部整改完成,全年二级以上天数327天。三是风险隐患有效防范。投资4100余万元完成"雪亮工程"二期项目建设,实现县乡村三级视频监控全覆盖。坚决打好扫黑除恶专项斗争收官战,29条涉黑涉恶和"保护伞"问题线索全部办结。聚焦金融风险防范,全面清收农商行不良贷款。狠抓"三零"单位创建,建立健全闭环管理格局,基层治理能力不断增强。

五、牢树宗旨意识,不断满足群众美好生活新期盼

牢固树立以人民为中心的发展思想,不断满足人民日益增长的美好生活需要。强力推进靓城提质"三大行动",成功创建国家卫生县城、9个文明乡镇、81个文明村。加快构建"技能社会",劳动力技能培训3000余人,城镇新增就业2000余人。扎实做好城乡低保、特困人员供养等工作,进一步健全完善临时救助体系。中心敬老院完成事业单位登记,光华镇敬老院正式运营。继续实施十二年免费教育,新城区幼儿园和迎旭小学改扩建、幸福湾幼儿园和小学建设等项目加快推进。启动实施全民健身中心项目,荣获全省基层中医药工作先进单位。县图书馆建成并向公众免费开放,2020年确定的15件惠民实事进展顺利,人民群众获得感、幸福感和安全感持续攀升。

六、加强民主法治建设,广泛汇聚推进改革发展稳定的共识合力

坚持统揽全局、协调各方,定期听取县人大、政府、政协和法院、检察院党组汇报,切实把党的领导体现到各领域各方面各环节。积极支持县人大及其常委会依法履行职权,大力支持县政协开展各类专题协商议政和视察调研活动。认真做好新时代统战工作,有效凝聚党内外人士思想行动共识。坚决贯彻落实习近平法治思想,制定《县委、政府主要负责人履行推进法治建设第一责任人职责清单》,督察反馈的27个问题全部对账销号,法治政府建设实效进一步提升。

七、全面从严管党治党,切实筑牢高质量转型发展的组织保障

始终把落实管党治党政治责任放在事关全局的重要位置,全年研究全面从严管党治党工作19次,全力推动全面从严治党向向纵深发展。一是全面加强党的领导。认真贯彻《党委(党组)落实全面从严治党主体责任规定》,狠抓政治建设,树立结果导向,明确令行禁止,鼓励担当实干。加强四大班子思想政治建设,鲜明提出大力支持政府工作,汇聚起团结奋进的强大共识合力。二是落实意识形态责任。县融媒体中心建成投用,新时代文明实践所(站)实现县乡村三级全覆盖。开展意识形态专项督查,强化对新闻媒体、网络、宗教活动场所等意识形态阵地的管理,牢牢把握意识形态工作主导权。三是优化干部队伍结构。注重在"三大攻坚战场"和疫情防控一线发现选拔使用干部,选派37名机关单位干部走进农村基层。实行村级党组织书记备案管理、源头选培、"上考下评"差异化管理等机制,开展"党员进党校"活动,基层党员干部能力全面提升。四是锻造基层坚强堡垒。坚持以"百村示范、千村提标"为抓手,推行基层党建"书记项目",建立党支部工作联系点160个。实施"五化一创"工程、"三整一提升"行动,统筹抓好各领域党组织建设。招录39名专职社区工作者,持续构建共建共治共享的治理格局。五是巩固良好政治生态。始终保持反腐倡廉高压态势,深入开展廉政警示教育。扎实推进第九

轮、第十轮常规巡察和卫生医疗系统专项巡察,坚决整治形式主义、官僚主义,不断巩固保持风清气正的良好政治生态。

(杜书文)

附:中共乡宁县委书记、副书记、常委名单

书 记:樊洪平(11月离职) 杨建军(11月任职)

副书记:廉海平(1月离职) 王林波(4月任职)
刘建平 张晓丽(女,7月任职)

常 委:周晓文 高国荣 郭玉龙 任国栋
闫 鹏 张曙光(11月任职)
安 娜(女,11月离职) 李军杰
王丽霞(女,7月任职)

中共吉县县委

县委书记 崔绍民

2020年,吉县县委坚持以习近平新时代中国特色社会主义思想为指导,深入学习贯彻党的十九大和十九届二中、三中、四中、五中全会精神,认真落实习近平总书记视察山西重要讲话重要指示,紧紧围绕中央及省委、市委决策部署,提出并坚持"5个3"(打造"3色品牌",实施"3地战略",推进"3大攻坚",补齐"3块短板",锤炼"3有队伍")的工作思路和要求,团结带领全县干部群众,凝心聚力、攻坚克难,推动全县改革发展稳定各项事业全面进步,为建设"美丽吉县、幸福家园"奠定了坚实基础。

一、始终坚持以习近平新时代中国特色社会主义思想为指引,进一步夯实政治理论基础

始终坚持把学好用好习近平新时代中国特色社会主义思想作为头等大事,按照中央"学懂、弄通、做实"的要求,武装头脑、指导实践、推动工作。全年组织县委中心组学习13次;研究制定了《关于贯彻落实习近平总书记视察山西重要讲话重要指示在转型发展上率先蹚出一条新路来的实施方案》,明确了六方面27条落实举措;结合省委和临汾市委各项决策部署,提出了"5个3"的工作思路和要求,在全县凝聚起广泛共识和强大力量。

二、认真落实中央、省委和临汾市委部署要求,统筹推进疫情防控和经济社会发展

面对突如其来的新冠肺炎疫情,坚持人民至上、生命至上,坚决贯彻落实习近平总书记关于疫情防控工作的重要讲话和批示指示精神,认真贯彻落实省委和临汾市委安排部署,从严落实属地管理责任,实现了确诊患者零死亡、医务人员零感染、本地人员零感染的"三零"目标。积极有序推进复工复产,3月中旬,6家规上企业、105家具备条件的规下企业全部复工复产,14个重点项目全部开复工,引进口罩厂1家,从洽谈到投产只用了1个月时间;千方百计稳定群众收入,积极畅通苹果销售渠道,大力开发公益性岗位,5月底,全县9152名建档立卡计划外出务工人员全部实现务工就业。及时启动社会救助和保障标准与物价上涨挂钩联动机制,为困难群众发放临时价格补贴153万元。2020年,城镇居民人均可支配收入为23678元,同比增长4.6%;农村居民人均可支配收入为7615元,同比增长18.5%。

三、坚持以脱贫攻坚统揽经济社会发展全局,进一步巩固脱贫质量成色

始终把落实脱贫攻坚主体责任作为重大政治任务,继续按照"3坚持、4不变、5提升"工作思路,做到摘帽不摘责任、不摘政策、不摘帮扶、不摘监管,在迎接国扶办组织的3次检查中,均得到肯定和认可。完成整自然村搬迁复垦复绿工程36个;实施贫困村提升工程、农村人居环境整治项目等,农村生产生活条件进一步改善;开展脱贫攻坚问题整改"回头看"、"十个清零"等专项行动,历次督导检查反馈的问题全部整改完成,制定出台和完善各项制度34项;进一步健全防止返贫监测和帮扶机制,为建档立卡人口全部购买了脱贫返贫险,490户1184人"两类户"人口致贫返贫风险已全部解除。

四、紧扣高质量发展这条主线,推动全县经济平稳健康发展

2020年,全县一般公共财政预算收入累计完成15350万元,同比增长11%;规模以上工业增加值同比增长8.2%。各项重点工作都跨上新台阶,实现新突破。一是苹果产业基础持续巩固。全年新栽植2440亩,平接换优5000亩,铺设果园园艺地布5425亩,建设简易滴管系统及配套设施2985亩,搭建防雹网5000余亩,新增人工增雨防雹作业点2个,全县苹果总产量和每斤的价格比上年分别增加了15%和30%左右。二是旅游产业发展步伐加快。大力度推进壶口景区的征地拆迁和环境整治,景区基础设施不断完善,壶口景区入选国家5A级景区创建名单。沿黄旅游公路全面开工,已贯通36公里,举办了"春华秋实"文化旅游系列活动,顺利通过创建国家全域旅游示范区省级初审验收。三是生态文明建设不断加强。全年优良天数314天,入河排污口污水全部实现处理后达标排放,采取"公司+农户"的方式和以奖代补的办法,回收利用农业生产废弃物,基本解决了土壤污染问题,实施绿化造林1.4万亩,全县林木覆盖率达到52.9%,荣获"全国绿化模范县"称号。四是产业集聚区建设跑出了"加速度"。建立了机构,配齐了干部,完善了机制,完成了编制,明确了"一区三园"的建设思路。截至12月底,征收核心区域规划标

准地 942.5 亩，完成标准化厂房规划建设 3 个共 9000 平方米，水、电、路等“七通一平”正在完善。全年共签约项目 9 个，开工 8 个。五是营商环境持续优化。全面落实“放管服效”改革措施，324 个行政许可事项全部纳入网上平台运行，申报材料数由 2342 个减少到 1050 个。六是城乡建设成效明显。小府城中村、新华城中村、交通巷改造项目高层主体全部完工，部分商品房已交付使用；城市集中供热项目全面开工；桥南农贸市场交付使用；新城体育场、中医院投入运营；完成农村改厕 8500 座。七是社会事业全面发展。吉县一中与职业中学互换校址，探索实施了合作办学和集团化办学模式，高考二本以上达线 100 人；持续改善乡村医疗卫生设施，全面落实“136”健康扶贫政策；全力推动劳动力建档立卡工作，组织开展各类技能技术培训 3000 余人次。八是全面深化改革扎实推进。多次组织召开县委深改委会议推动落实，年度 53 项重大改革任务顺利推进，4 个共性任务和 2 个个性任务全部按要求完成。九是“平安吉县”“法治吉县”建设成效明显。扎实推进“三零”单位创建，全年无重大安全生产事故、无重大刑事案件，“三零”达标率均超过 99%，吉县被评为全国信访工作“三无”县。

五、牢固树立抓好党建是最大政绩的理念，进一步提高党的建设水平

（一）严格落实“两个责任”。按照“四抓四保障”工作方法，扎实推动“两个责任”贯通协同、一体落实，形成“党委不松手、书记不甩手、班子成员不缩手、纪委监督不放手”的齐抓共管的体制和局面。

（二）一体推进“三不”机制建设。始终坚持从严的基调，持续加强对反腐败工作的全过程领导，着力构建“不敢腐、不能腐、不想腐”的制度机制，反腐败斗争压倒性胜利进一步巩固发展。合理运用“四种形态”，控新治旧，抓早抓小，全年纪检监察机关立案 138 件，给予党纪政务处分 162 人。

（三）不断夯实基层基础。在农村建立“区域化党建联合体”3 个，在社区推行“6 纵 6 队”网格管理模式，进一步完善基层组织体系。组织开展了五星级党支部创建活动，建立了“民呼我应”工作机制，推行全域统一“主题党日 +”模式，整顿软弱涣散基层党组织 10 个，进一步激发基层党组织活力，所有行政村集体经济收入全部达到 10 万元以上。

（四）全力抓好意识形态工作。严格落实意识形态工作责任制，全面推行意识形态“23359”工作流程机制，创建爱国主义教育基地 4 处，吉县被评为市级新时代文明实践工作试点县，全年没有被省、市督办的网络舆情事件。

（五）全面加强干部队伍建设。牢固树立鲜明用人导向，着力锻造“有情怀、有担当、有作为”的干部队伍，推荐 2 名干部为乡镇任职“墩苗”人选，确定 38 名机关事业单位干部到村任职，评选出 10 名担当作为干部，调整任用科级干部 60 人，都努力做到公正、公认，争先创优、干事创业的氛围进一步浓厚。

（刘成龙）

附：中共吉县县委书记、副书记、常委名单

书　记：崔绍民
副书记：赵松强　安　娜（女，10月任职）
　　　　石秋明（挂职）
常　委：王志宏　李桂萍（女）　李勇宏　刘晓军
　　　　刘　炜　庞大懿　陕红欢（7月任职）

中共大宁县委

县委书记　于金龙

2020 年，大宁县委坚持以习近平新时代中国特色社会主义思想为指导，深入学习贯彻习近平总书记视察山西重要讲话重要指示精神，围绕省委“四为四高两同步”总体思路和要求，统筹疫情防控和经济社会发展，共克时艰，砥砺前行，党的建设和党的各项事业取得了新成效。

一、高扬旗帜，维护核心，政治建设得到有效加强

始终坚持用习近平新时代中国特色社会主义思想坚定信仰信念、统揽工作大局、指导决策部署、衡量工作成效。一是把牢政治方向。县委中心组以上率下，深入学习《习近平谈治国理政》第三卷、习近平总书记视察山西重要讲话重要指示、“三篇光辉文献”以及十九届五中全会精神。举办了学习贯彻习近平新时代中国特色社会主义思想读书班、浙江大学乡村振兴专题培训班，开展了“一句誓言、一生作答”理想信念教育，引导党员干部坚定理想信念。二是对标抓好贯彻。在习近平总书记 2020 年 5 月视察山西后，第一时间传达学习，召开县委十二届八次全会部署落实，出台了《关于贯彻落实习近平总书记视察山西重要讲话重要指示在转型发展上率先蹚出一条新路来的实施方案》，以实际行动践行“两个维护”。三是狠抓工作落实。持续强化抓落实的政治责任，突出结果导向，逐级细化责任，层层传导压力，形成合力共为、齐抓共管的工作格局。

二、咬定目标，聚力攻坚，脱贫攻坚实现决战完胜

2020 年 2 月大宁县经省政府批准退出贫困县。县委把脱贫攻坚作为重中之重，全力打好已脱贫人口巩固战、剩余

贫困人口歼灭战,80 个贫困村 6357 户 17298 名贫困人口全部脱贫,大宁脱贫攻坚取得历史性成就。一是“四个不摘”强责任。坚决落实“四个不摘”“四个不减”重大要求,县级领导包乡联村、挂牌督战等制度,始终保持了决战决胜的态势。二是减贫防贫一起抓。一体推进持续攻坚和防止返贫,县财政为贫困户代缴了返贫险,织牢兜底保障网,对标落实教育、医疗、社保、信贷等惠农政策,“两不愁三保障一安全”问题有效解决。三是产业就业齐发力。出台了《2020 年有机旱作农业发展行动计划》,新栽植玉露香梨 1.2 万亩,发展有机苹果、有机杂粮、有机高粱 6 万余亩。落实“人人持证、技能社会”要求,7255 名有就业意愿的贫困劳动力全部就业。利用光伏收益开发公益性岗位、发展小型公益事业,共发放岗位报酬 2381.23 万元。贫困人口人均纯收入由 2016 年初的 2133.71 元增长到 10337 元。

三、脚踏实地,保持定力,深化改革工作开创新局

坚持把改革创新作为推动高质量发展的突破口,形成了“购买式造林破题,深化农村改革开局,黄河采沙改革升级,大宁合作经济联合总社蹚路”改革创新逐步深化的格局。一是“两山”转化途径不断完善。购买式造林、资产化管护、生态效益补偿、林业资产性收益、建立森林市场、林业碳汇扶贫、打造花卉产业集群、推进“全域有机”、赋予股份经济合作社资源开发权、开展“三位一体”综合合作等 10 条“两山”转化的有效实现途径进一步完善。二是农村改革成果有效巩固。出台了《大宁县股份经济合作社项目建设管理办法》,全过程加强对股份经济合作社项目的监管。全县购买式造林、深化农村改革、黄河采沙等改革累计增加村集体、群众收入 1.48 亿元。温铁军、吕程平教授出版《深度贫困地区农村改革探索:大宁实践》专著进行总结,中宣部《学习强国》节选采编。三是“三位一体”合作启动实施。成功举办了大宁县第二届乡村振兴论坛。改组提升大宁县股份经济联合总社为大宁合作经济联合总社,建立起农民群众为主体,股份经济合作社、专业合作社、银行、供销社、工会、工商企业等组织共同参与的县域经济联合体,构筑县域经济微循环。2020 年 10 月大宁县荣获“山西省脱贫攻坚奖组织创新奖”。

四、鼓足干劲,厚植根基,统筹疫情防控经济发展

认真做好疫情防控和经济社会发展各项工作,在逆境中厚植发展根基。一是统筹做好疫情防控。建立了“书记、县长统筹,县级领导包联,工作部门协同、乡村两级联动”责任机制,领导包片区、单位包楼宇、村居设网格,群防群控、精准防控,守住了大宁“净土”。严格落实“四后”措施,有序推进企业复工复产、复学、复市,实现了经济平稳发展。二是抢占先机建设集聚区。组建了产业集聚区发展服务中心,编制了《产业集聚区产业发展规划》。全力申报现代农业产业示范区,编制了《设立山西省大宁现代农业产业示范区可行性研究报告》,通过市级论证上报省商务厅。三是突出项目为王抓招商。新引进了昕宗酒业、众誉鑫肉牛养殖项目,新大象集团新建 3 个种猪场、1 个育肥场和 1 个饲料厂项目,北京硕能公司农业有机废弃物循环利用项目。贯彻落实省委书记视察大宁指示精神,打造花卉产业集群,隆泰花卉投产 4.23 万平米温室,新引进了盛世兰花 10 万平米温室项目。鸿晋塑胶 8 条双模丁腈手套生产线项目全部完工。

五、瞄准期盼,补齐短板,矢志不渝增进民生福祉

始终坚持以人民为中心的发展思想,在发展中补齐民生短板,在实践中提高民生水平。一是大力发展民生事业。实施了城南路幼儿园项目,完成了卫体系统业务用房建设、山大一院大宁分院新医院主体建设,创建了省计划生育优质服务先进县,完成了公共图书馆、文化馆、美术馆建设。二是全面统筹城乡发展。深入开展“靓城提质”三大行动,拆除违章建筑、危旧房屋 2.6 万平米,对沿街门店牌匾进行了统一规范,交通干线、街道的标语广告全部清理,实施了管线下地,对主街道进行了路面改造、人行道铺装。新增燃气管网 36 公里,集中供热面积达 100 万平米。启动了沿黄旅游公路主线和葛口—金疙瘩支线建设。三是努力推动生态文明建设。布局建设国家森林城市、二郎山国家森林公园、昕水河湿地公园。持续开展国土绿化,开展飞播试验。组建了县环境保护委员会,空气质量综合指数全市排名第一,集中式饮用水源地水质达标率 100%,昕水河出境断面水质达到了Ⅱ类水质。

六、固本强基,凝神铸魂,坚定不移推进从严治党

坚定扛起管党治党主体责任,认真贯彻落实新时代党的建设总要求,党的建设取得新成效。一是强化意识形态。配备基层宣传员 250 名,成立了县委宣讲团,组建了大宁县融媒体中心,完成了乡镇讲学所示范点创建,县委中心组被评为全省党委(党组)理论学习中心组学习示范点,道教村被评为全省基层理论宣讲示范点。二是强化基层组织。严格“三会一课”制度,坚持每月主题党日活动,持续整顿提升软弱涣散党组织,选拔 64 名机关事业单位干部到 34 个村任职。完成了 60 个村的换届选举试点,为社区招聘专职工作者 23 名。三是强化队伍作风。旗帜鲜明树立看信念、看纪律、看作为、看效果的用人导向。支持纪委监委强化政治监督、执纪问责,完成了第九轮、第十轮巡察,处置问题线索 321 件,立案 74 件,运用“四种形态”处理 313 人次,党纪政务处分 71 人次。四是强化民主法治。常委会定期听取人大、政府、政协、法院、检察院党组工作汇报。支持县人大依法履职、县政协履行职能。把武装工作纳入议事日程,大幅提升义务兵优待金。牢固树立总体国家安全观,深入推进“七五”普法,坚决防范打击敌对势力渗透破坏。扎实开展“三零”创建,“零上访”“零事故”“零案件”创建率分别达到 99.42%、100%、98.02%,均高于全市

平均水平。

（冯宇琛）

附：中共大宁县委书记、副书记、常委名单

书　记：王金龙

副书记：樊　宇　李永升（11月离职）

马保平（挂职）　李　波（挂职）

常　委：武艳娟（女）　贺晓东　任鹏伟

张振荣　刘开元　许华伟

中共隰县县委

县委书记　李亚丽

2020年，隰县县委坚持以习近平新时代中国特色社会主义思想为指导，全面贯彻党的十九大和十九届二中、三中、四中、五中全会，深入学习贯彻落实习近平总书记视察山西重要讲话重要指示精神，全面落实省委“四为四高两同步”、市委“1343”总体思路要求，团结带领全县干部群众推进实施“1243”工作方略，党的建设和党领导的各项事业全面进步。2020年，全县GDP增长2.3%，规模以上工业增加值增长1.2%，社会消费品零售总额下降2.4%，城镇居民人均可支配收入增长4.1%，农村居民人均可支配收入增长15.3%，一般公共预算收入增长6.02%，主要经济指标全面回升向好、实现预期目标。

一、站稳政治立场，始终保持学用习近平新时代中国特色社会主义思想的自觉性、主动性

围绕《习近平谈治国理政》第三卷、习近平总书记视察山西重要讲话重要指示、党的十九届五中全会等内容，组织县委中心组集中学习18次、交流研讨2次，部署开展各类培训宣讲83场次、1.7万余人次，推动习近平新时代中国特色社会主义思想入脑入心、见言见行。召开县委全会对学习贯彻习近平总书记视察山西重要讲话重要指示精神作出部署，出台《关于贯彻落实〈中共山西省委关于贯彻落实习近平总书记视察山西重要讲话重要指示在转型发展上率先蹚出一条新路来的实施方案〉的任务分解方案》和《贯彻落实楼阳生同志在省委十一届十次全会上的讲话的任务分解方案》，制定细化137项、29项贯彻落实举措，高标准推进各项工作落实落细。自觉对标中央部署和省委“四为四高两同步”、市委“1343”总体思路要求，充实完善“1243”工作方略，谋划编制“十四五”规划《建议》《纲要》和专项规划，召开26次常委会、2次全会对重点工作作出安排部署，推动各项事业始终沿着习近平总书记指引的方向前进。

二、决战完胜脱贫攻坚，奋力书写全面小康“隰县答卷”

全县79个贫困村、7094户、20062名贫困人口全部脱贫。压实主体责任，深化实施“六个结合”攻坚思路，制定出台各类指导性文件72份，县乡村全部建立责任、问题、整改“三个清单”，采取“四不两直”等多种方式督导检查，有力推动各项工作落地见效。持续补短强弱，坚持上级巡视、巡察、督查、评估、审计反馈问题和“十个清零”排查发现问题一体推进、同步整改，建立推行建账、理账、对账、交账、算账“五账”工作法，分类制定问题整改台账，组建问题整改验收销号组逐项对账销号，纪委监委对销号问题跟踪督查，历次反馈发现问题全部整改完成。克服灾情影响，针对2020年疫情和冻灾双重影响，制定8大类20项应对措施，拨付600余万元支持产业发展，落实11万亩的农业保险、理赔3500余万元，“五进九销”活动帮助销售扶贫产品2400余万元，实现受灾不返贫、灾年不减收。巩固脱贫成果，建立“1+N”产业发展支撑体系，探索推广以“善品公社”、内置金融、“龙头企业+合作经济组织+基地+农户”、“村集体经济+合作经济组织+基地+农户”为主的四种带贫益贫模式，贫困户人均收入由2015年的2073元增加到2020年的8500元。统筹整合投入各类财政涉农资金2.7亿元，推进实施中部引黄工程隰县小水网建设，完成农村饮水安全巩固提升、农村主干路升级和农村危房改造任务，教育扶贫惠及贫困生6868人次，兜底保障5554名贫困人口。研究制定《隰县加强防止返贫监测和落实帮扶工作实施方案》，动态监测223户569人“两类户”情况，一户一策精准帮扶。

三、坚持人民至上、生命至上，全面夺取“战疫”重大战略成果

慎终如始抓好疫情防控，成立县疫情防控工作领导组，召开34次专题会议分析研判、部署安排，划分41个区域网格化管理。建立县乡村三级“防、控、诊、疗”联动机制，全县无一例确诊病例，取得疫情防控阶段性胜利。制定支持中小微企业共渡难关14条措施，县委常委带头入企包联，“一企一策”帮助企业复工复产，“一业一策”推动服务业复商复市。全县424家生产经营主体全部复工复产，推动经济稳步复苏、稳中向好。

四、紧抓构建新发展格局机遇，坚定不移推动经济高质量转型发展

与省农科院和山西农大联合建立院县试验站和研究院，实施推进7.5万亩高标准农田和3700亩智慧果园项目，构建气象灾害监测预警和“三防一补救”防灾减灾体系，品牌价

值达到87.43亿元,梨果总面积发展到38万亩,其中玉露香梨23万亩,规模、产量均位居全国第一。招商引资,签约项目10个,落地开工6个、投产2个。2020年,全县现代农业产业示范区考核指标取得满分,进入全省优秀行列。

五、保障改善民生事业,努力实现人民群众对美好生活的向往

民生福祉显著改善。70%以上公共财力用于民生实事,带动教育、医疗、就业、社保等各项社会事业全面进步。生态环境全面改善。持续推进大气、水、土壤污染防治,全年空气质量二级天数达到341天、全市排名第三,地表水断面水质达到Ⅳ类以上标准,编制实施《隰县农村生活污水治理规划(2021–2030)》,累计完成水土流失治理33万亩,水土保持治理度达68%,森林覆盖率达到34.29%。社会环境和谐稳定。实现"三零"标准的村(社区)52个,企事业单位1094个,创建达标率高于全市平均水平。

六、加强民主法治建设,营造改革发展的良好社会环境

加强对人大工作的领导,把人大监督和重大事项决定工作纳入县委决策和落实体系,支持人大及其常委会聚焦产业发展、生态环境、民生改善等领域开展执法检查和监督工作,集中解决了一批突出问题。支持政协在推进协商民主上发挥重要作用。县政协及其常委会围绕疫情防控、园区建设等课题开展协商议政,聚焦脱贫攻坚、宗教文物、文化惠民等开展视察调研,形成高质量调研报告10篇,为促进经济社会发展作出了积极贡献。巩固和发展最广泛的爱国统一战线。牢牢把握"大团结、大联合"主题,加强同各民主党派和无党派人士团结合作,强化党外知识分子、新的社会阶层人士统战工作,积极落实党的民族宗教政策,筹建成立县级侨联组织,充分发挥工会、妇联、团委等群团组织桥梁纽带作用。扎实推动法治隰县建设。从全局高度谋划部署落实法治建设工作,培育创建省级、市级民主法治示范村各2个,打造16个法治文化阵地建设精品,申报国家级民主法治示范村1个,"七五"普法圆满完成,顺利通过市级验收。加强新时代国防动员和后备力量建设。把国防教育纳入全民教育计划,构建了县乡村一体、编训管用规范的应急力量体系,统筹做好服务保障、优抚优待等工作,形成军民融合深度发展、党政军齐抓共管的良好格局。

七、全面从严管党治党,推动实现党内政治生态持久风清气正

全面履行主体责任。召开12次会议研究全面从严治党工作,定期听取人大、政府、政协、法院、检察院党组落实主体责任工作报告,专题听取纪委监委和巡察工作汇报,召开县乡党(工)委书记面对面述职评议考核会,制定完善《落实全面从严治党主体责任清单》,在全县开展专题警示教育,进一步净化政治生态。紧抓意识形态主动权。健全完善汇报通报、述职报告、监督检查及督查考核等工作制度,制定细化意识形态任务清单和责任清单,开展意识形态专项巡察,建成融媒体中心和新时代文明实践中心,扎实开展"清朗"网络专项治理行动,进一步筑牢意识形态安全防线。切实加强基层组织建设。实施推进农村基层党建"整乡推进、整县提升"创建行动,精准整顿软弱涣散党组织11个,推广农村集体经济"145"发展模式,全县行政村集体经济收入全部达到5万元以上;启动开展"党旗领航"行动,投资300万元建成县级党群服务中心。部署开展机关事业单位干部进村任职,切实推动31名选派干部扎实履职、担当作为。开展专题干部培训、集中轮训60余场次、1万余人次。一体推进不敢腐、不能腐、不想腐。探索乡镇连片联组协作办案新模式,建立推行"三联五统四规范"工作机制,实现乡镇纪委办案由各自为战向联合作战转变,全年建账登记"四风"问题线索42件,给予党纪政务处分19人,组织处理44人。不断强化政治监督,开展第九、第十轮巡察工作,运用"四种形态"批评教育帮助和处理452人次,反腐败斗争压倒性胜利持续巩固。

(侯文辉)

附:中共隰县县委书记、副书记、常委名单

书　记:李亚丽(女)
副书记:王晓斌　武小勤(挂职)
　　　　李睿煜　杨景宁(7月任职)
常　委:黄海华(3月离职)　马健民(4月离职)
　　　　马兰明　王志华　杨海林(10月离职)
　　　　秦慧民(12月任职)　刘爱国(3月任职)
　　　　柳　剑(10月任职)　鲁志江

中共永和县委

县委书记　高永贤

2020年,永和县委坚持以习近平新时代中国特色社会主义思想为指引,深入学习贯彻党的十九届四中、五中全会精神和习近平总书记视察山西重要讲话重要指示,坚决落实中央和省市决策部署,凝心聚力,攻坚克难,努力推动全县经济社会实现高质量发展。

一、增强政治定力,自觉践行“两个维护”

(一)强化理论武装。先后15次召开县委常委会、县委中心组学习等专题会议,对习近平总书记视察山西重要讲话重要指示,党的十九届四中、五中全会,省委十一届十次全会和市委四届八次全会精神等进行深入学习;组建县委宣讲团,在全县范围内开展“习近平总书记视察山西重要讲话重要指示”“党的十九届五中全会精神”等专题宣讲活动,进一步树牢“四个意识”,坚定“四个自信”,做到“两个维护”。

(二)明晰发展路径。贯彻落实省委“四位四高两同步”总体思路和要求、市委“一三四三”工作思路,结合永和发展实际,提出了立足当下、着眼长远的“1243”发展思路,着力建设黄河流域生态治理保护“样板县”、有机旱作特色农业“示范县”、全省新型能源工业“领跑县”、文旅产业融合发展“品牌县”。

(三)统筹推动工作。执行《县委工作规则》《县委常委会议事决策规则》相关规定,涉及“三重一大”事项等,严格按照民主集中制原则,集体讨论决定,推进各项决策科学化、民主化;先后召开县委常委会35次、脱贫攻坚周例会47次,谋划重大思路、部署重大改革、推出重大举措,切实为全县经济社会发展把好向、作好策。

二、树牢“交总账”意识,不断提升脱贫成效

(一)全力以赴保群众增收。促就业。有序推进企业复工复产,县域8家“扶贫车间”、天然气企业吸纳劳动力881人(贫困劳动力379人);大力开展就业培训和网络招聘活动,建立返岗复工“点对点”服务协作机制,累计输送外出务工就业贫困劳动力5700余人;全力开展“人人持证、技能社会”建设,完成培训2218人;用好光伏收益分配,开发13类3303个公益性岗位,80%的光伏收益足额用于贫困户,贫困户户均光伏收益达到3057元。拓销路。书记、县长携手“网红”开展“直播带货”10期,网络助销农特产品4.3万单,销售额372.3万元;通过“五进”对接承销等方式累计销售农产品5574.38万元。为疫情影响较大的住宿、餐饮等小微企业发放贷款7591万元,发放复工复产贷款4307万元,投放扶贫小额贷款7318万元。稳保障。投保1732万元(县财政负担约700万元),继续实施“一揽子”综合保险;及时发放低保、特困供养人员生活补助金1274.5万元。

(二)较真碰硬抓问题整改。开展“十个清零”百日攻坚专项行动,全面摸排、分析研判“两不愁三保障”存在的问题,专项交办、专项交账,挂牌督战、提级验收,上级反馈问题整改率100%,问题整改清仓见底。

(三)持续发力抓巩固提升。建立致贫返贫监测、预警和动态帮扶机制,102户未脱贫人口全部达到脱贫标准,136户边缘户、219户脱贫监测户全部解除风险。统筹整合资金2.6亿元,安排用于227个脱贫攻坚巩固提升项目,农村危房、饮水安全问题静态清零、动态保障;加强扶贫资金全过程绩效管理,在全市率先建设扶贫资金资产管理平台,持续规范合作社运营管理,确保扶贫资金安全有效使用。

三、聚焦第一要务,加快推进县域经济转型升级

牢固树立“项目为王”理念,建立四大班子领导包联挂牌推进重点项目建设专班,实行“5+6+3”工作机制。谋划确定重点项目45个,总投资182.67亿元,年度投资25.47亿元,除2个前期项目外,项目开工率达到100%,完工率84%。

(一)纵深推进生态建设。投资5000万元,启动实施六大造林绿化工程;推动“三化”有机结合,全年营林造林6.8万亩;沿黄旅游路通道绿化20公里73万平方米,栽植乔灌草树种1000余万株;沿河植树增绿树种54种1037万株。高压态势推进“封山禁牧”,指导建设标准化圈舍150余户,扶持种植优质牧草7000余亩。1–12月,全县二级天数336天,空气质量优良天数比例92%,空气质量综合指数全市排名第三。

(二)做优特色农业。启动创建有机旱作农业示范区,新建高标准农田2万亩,引进玉米等抗旱节水新品种21个,推广使用抗旱保水剂5800亩;建设清香核桃示范园2360亩、红枣新品种改良及枣疯病研究示范基地410亩,认证无公害产品1个、绿色产品8个,认证GAP”和有机产品19个,新培育国家级示范合作社1个、市级3个、县级4个。高标准完成生产托管10.85万亩,超额完成2019年度试点项目目标工作任务。

(三)做强能源工业。组建县属能源投资开发公司,争取到中石油煤层气公司新增气量1/3的销售权;实施“水电路网气暖”等基础设施建设,调整规划用地2000亩,储备熟地1586亩,标准地91亩,建成标准厂房8015㎡,已入驻企业和项目13个,提供就业岗位600余个;加大招商引资力度,新签约项目7个13.27亿元,实现总产值13.2亿元,工业增加值6.32亿元。

(四)做活文旅产业。深化与宏源集团战略合作,谋划确定“十大文旅工程”。实施“黄河一号”旅游公路(永和段)工程建设88.33公里;黄河一号旅游公路“0km”标志文化驿站于9月23日正式启用;论证注册“永和乾坤湾”“永和梯田”等10个地名,完成“乾坤湾乡”“楼山乡”“望海寺乡”乡镇更名工作;推动楼山风景区、红军东征永和纪念馆申报成为省级文物保护单位。

(五)着力打造特色山城。开工建设高速口至响水湾市政道路、全民健身中心、文化活动中心、城乡供水一体化等一批城市基础设施项目;完成东峪沟村、西峪沟村水环境治理项目建设;谋划确定芝河镇响水湾村和龙吞泉村水环境治理项目、东山生态森林公园一期绿化工程,加快推进新建坡城中村改造,持续推进城乡环境“三容三貌”专项整治,强力开展“靓城提质及打违治乱”专项行动,拆除违规建筑17处、腾空面积5.3万平方米。

四、强化党建引领,夯实基层治理组织保障

(一)把牢意识形态主动权。成立永和县融媒体中心,建设完成融媒体指挥平台,推进媒体整合发展;建设新时代文

明实践中心，举行永和县新时代文明实践志愿服务队授旗仪式；加强网络舆情监测，妥善处置网络舆情事件15起。持续深化“五大创建”活动，完成第二届“永和好人”评选活动。

(二)建强基层战斗堡垒。选派37名优秀机关事业单位干部到15个村委任职，基层党组织引领发展的能力和水平得到进一步提升；建立“433”工作法，对12个软弱涣散党组织存在问题进行全面整顿并完成验收，推动基层党组织建设全面提升；推荐提拔3名乡镇书记任副县级领导干部，在脱贫攻坚、项目建设等全县重点工作一线提拔调整了29名科级干部，有效调动起各级干部的干事激情；持续深化“院县合作”，引进特聘专家1名，科技特派员21名，“三区”人才8名，为各单位招聘事业单位工作人员31名，制定出台《永和县关于加快新时代优秀人才培养引进激励的若干意见》，引进高层次紧缺人才18名。

(三)加强党风廉政建设。先后3次召开县委反腐败领导小组会议，学习贯彻中央、省市精神，安排部署反腐败各项工作；推动第十轮巡察顺利完成，发现并处理问题线索314个。在全县深入开展了警示教育活动，逐级召开警示教育专题民主生活会和组织生活会，切实提高全县党员领导干部廉洁自律意识和拒腐防变能力。

(四)全力打造良好发展环境。先后8次召开工作推进会，对“三零”单位创建工作进行安排部署，950个创建主体达标率为96.5%。狠抓“零案件”创建。把“零案件”创建与扫黑除恶工作、社会治安管控、道路交通秩序整治等相结合，“打防管控服”同步推进，有效净化社会风气，“零案件”达标率为98.6%。制定双领导接访制度和疑难案件领导包案制度，切实解决上访人的问题。“零上访”达标率为97.5%。狠抓“零事故”创建。按照全县安全生产“1434”总体工作思路和要求，从严从实从细抓好各项工作。特别是为深刻吸取事故教训，制定出台《永和县安全风险隐患大排查大整治方案》等4个专项工作方案，累计排查一般安全隐患931条，已整改785条，“零事故”达标率达到了100%。

(五)深入开展“双提升”活动。开展“干部作风建设提升年”活动。全年共处置问题线索377件，处分83人，组织处理147人，进一步释放了从严执纪问责的信号。开展“干部能力素质提升年”活动，组织57名县乡干部赴清华大学参加乡村振兴发展战略专题培训，组织71名县乡两级涉农干部赴浙江省丽水市进行乡村振兴发展战略专题培训，为永和经济社会高质量发展提供坚强人才保证和智力支持。

(王　霞)

附：中共永和县委书记、副书记、常委名单

书　记： 高永贤

副书记： 范洋平　牛永福　梁少杰(7月任职)　马爱丽(女，挂职)　李国强(挂职)

常　委： 王卫成　刘元福　马　健　白永明　张淑明　唐　勇

中共运城市委

市委书记　丁小强

2020年，运城市委坚持以习近平新时代中国特色社会主义思想为指导，深入学习贯彻习近平总书记视察山西重要讲话重要指示，全面贯彻党的十九大和十九届二中、三中、四中、五中全会和省委十一届十次全会精神，坚决贯彻落实省委“四为四高两同步”总体思路和要求，统筹疫情防控和经济社会发展，扎实做好“六稳”工作，全面落实“六保”任务，强力推动“六新”突破，改革发展稳定和党的建设等各项工作取得了一系列新进展新成效。全年地区生产总值增长5.2%(全省第2)，规上工业增加值增长7.5%(全省第3)，限额以上单位消费品零售额增长0.7%(全省第3)，一般公共预算收入增长3.9%(全省第2)，主要经济指标增速均超过全省平均水平、位居第一方阵。

一、聚焦疫情防控，全力筑牢运城“战疫”坚固防线

一是以坚强有力的组织领导牢牢把握疫情防控主动权。召开市委常委会(扩大)会议11次、市委专题会暨市疫情防控工作领导小组会议50次，全面压实属地责任、隶属责任、主管责任和法人责任，形成完备高效的疫情防控指挥体系和运行机制。二是以精准务实的防控举措筑牢运城防线。在全省率先启动重大突发公共卫生事件一级响应机制，以村、社区为基本作战单元，对所有确诊和疑似病例的密切接触者全部集中隔离，并延伸排查、跟踪管控密切接触者的再接触者，确保不漏一人、万无一失。三是以百分之百的努力救治患者。组建一线救治梯队，因人施治，对症下药。结合治愈案例，总结经验规律，对密切接触者中药干预防治。先后派出5批医疗队143名医护人员奔赴湖北仙桃、天门、潜江支援抗疫，为湖北战役决胜贡献了运城力量。四是以权威及时的宣传引导稳定社会预期。召开9次市级新闻发布会，开通线上义诊咨询平台，及时回应群众关切；发布《市民倡议书》，下发《关于严格管理公共场所不文明行为的通告》，杜绝随地吐痰、公共场所吸烟等不良习惯。五是以从严从紧的作风强化责任落实。建立市县乡村四级书记负责制，细化任务、上紧发条。开展9轮专项监督检查，严明军令、严肃战令。六是以统筹兼顾的工作方法恢复经济社会秩序。周密谋划安排假期后、上班

后、复工后、开学后“四后”防控。出台支持中小企业发展15条措施和促进服务业稳定增长14条举措、扩大内需促消费6条措施、金融帮扶19条意见,一企一策推动复工复产,一业一策推动复商复市。

二、聚焦第一要务,奋发有为推进高质量转型发展

一是夯实发展底盘。成立市招商投资促进中心,设立京津冀、长三角、大湾区3个联络部,组建4个产业专班,建立领导领衔招商工作机制,深入开展“运才兴运”专项行动。全年共签约招商引资项目699个,完成省定任务的3倍。着力推动个转企、小升规、规升巨。全市新增市场主体6.7万户、增长20.6%;“小升规”企业150家;规上企业达到611家,比上年增加82家。始终把人才作为第一资源,引进高层次创新创业人才18名、高素质青年人才591名(市直单位引进“双一流”高校优秀毕业生205名)、紧缺急需人才114名;1.2万名大学生在运城就业创业。

二是加快产业转型。工业技改投资同比增长18.6%、全省第3。全年粮食种植面积803.6万亩、总产量28.2亿公斤,超额完成年度目标,小麦最高亩产再创历史新高。聚力“特”“优”,打造品牌果业、品质果业、诚信果业,果品出口到美国、俄罗斯等72个国家和地区。开展“游山西运城、读华夏历史”宣传推介,11家4A级景区完成智慧化标准化建设。

三是强化创新驱动。举办“六新”发展论坛,授牌成立7个产业技术联盟。先后与华为、清创、华中科大、北京理工、中北大学等院校签署战略合作协议,在数字经济、光电技术、新能源、生物医药、固废绿色利用等方面共建研发机构;规模以上工业企业研发活动在全省率先实现全覆盖。谋划实施关键核心技术攻关项目20项。全市有效发明专利拥有量971件,位居全省前列。

三、聚焦改革开放,坚决破除影响发展的体制机制障碍

一是持续深化重点领域改革。开发区改革全面提速,12个省级开发区班子成员全部配齐,“四至”范围全部核定。全省64家工业类开发区主要经济指标考核,运城市有9家被评为优秀等次。国企国资改革加快推进,完成71户企业脱钩改制、78家国企公司制改革和40户“僵尸”企业出清,国企退休人员服务管理职能移交完成100%。事业单位改革蹄疾步稳,市直事业单位由519个精简为220个,编制由18993名精简为15160名。行政审批制度改革不断深化,企业全程电子化登记率95%、名列全省第1。二是持续推进高水平对外开放。韩河侯高速铁路项目完成预可研编制,运三客专项目列入国家“十四五”铁路网规划,浩吉铁路集运体系专用线工程进展顺利。航空口岸开放获得国务院批复。运城机场改扩建工程航站楼主体工程基本竣工。进出口实绩企业达到146家,进出口总额59.5亿元、位列全省第3。

四、聚焦生态文明建设,打造宜居宜业宜游现代化城市

一是全面加强生态修复保护。启动总投资2373亿元、涉及274个项目的黄河流域(运城段)生态保护和高质量发展“双十工程”。7个国考、4个省考断面全部退出劣V类,实现“一泓清水入黄河”。编制盐湖、伍姓湖《生态保护与修复规划》。冻结42个影响山体生态的备案风电项目,修复治理废弃矿山5400余亩。空气优良天数增加44天。二是全面提升城市品质。围绕“花开河东,精美运城”主题,实施“六精”举措,强力推进中心城市“两下两进两拆”专项整治,累计管线下地133.2公里、广告下墙5.8万余平方米,拆除违章建筑5万余平方米、擎天柱广告116座,建成人行天桥6座、交通渠化岛12个,城市颜值显著提升、天际线更加开朗透明。三是加快美丽乡村建设。坚持“清拆改种建”五治并举,扎实开展农村人居环境集中整治百日攻坚、爱国卫生运动季等行动,美丽乡村示范村总数达到1088个,占比50.1%。新改建“四好农村路”2417公里、投资13.24亿元,完成省定任务的118.6%、176.6%。

五、聚焦民生福祉提升,增强群众获得感幸福感安全感

一是决战完胜脱贫攻坚。剩余贫困人口722户、1790人全部脱贫,4117户“两类户”全部解除致贫返贫风险。全市101个集中安置点群众全部入住;20个500人以上的集中安置点全部建立扶贫车间;391个深度贫困村腾退拆除和复垦复绿工作全部完成。二是狠抓就业和社会保障。“人人持证、技能社会”培训人次全省第1,劳动力建档立卡工作全省第1。在全省率先完成县级公办养老机构全覆盖。三是办好人民满意的教育。新(改扩)建21所公办幼儿园,认定71所普惠性幼儿园,高标准完成123所农村义务教育寄宿制学校改造。高考成绩继续位列全省第一方阵。成功入选国家级优秀教学成果推广应用示范区。运城职业技术学院升格为大学。四是构建大健康工作格局。巩固深化县域卫生一体化改革成果,加强乡村卫生室标准化建设,“一村一名大学生村医”覆盖830个行政村。五是深入开展“三零”单位创建。全市上访批次、人次下降61%、59%;安全事故、死亡人数下降8.6%、18.2%;刑事、治安案件下降15.8%、14.8%。扫黑除恶专项斗争稳居全省第一方阵。

六、聚焦文化繁荣发展,广泛凝聚振兴崛起强大正能量

一是强化理论武装。开展15次市委理论中心组专题学习研讨。召开市委四届八次全会,对学习贯彻习近平总书记视察山西重要讲话重要指示以及省委十一届十次全会精神全面部署,提出6个方面、63条、297项具体任务和21项硬核举措。二是严格落实意识形态工作责任制。积极妥善处置舆情事件,筑牢网络意识形态安全防线。三是大力弘扬社会

主义核心价值观。建成新时代文明实践中心 3 个、实践所 39 个、实践站 134 个，服务群众 28 万余人。四是提升公共文化服务供给质量。对习近平总书记视察山西提到的 12 处与运城有关的传说典故、历史人物进行认真梳理，制定工作方案，实施十大工程，加强传承保护。完成 204 个基层综合文化服务中心提档升级，人民群众精神文化生活进一步丰富。

七、聚焦民主法治建设，提升市域社会治理能力和水平

一是推动人大工作与时俱进、完善发展。制定出台《关于新时代加强和改进人大工作的意见》。支持市人大制定实施《运城市文明行为促进条例》《运城市盐池保护条例》，围绕法律法规实施情况开展执法检查，聚焦中心工作开展专题询问。283 项代表建议全部办结。建立代表联络站 150 个、联络点 413 个，全市 1 万多名人大代表全部编入联络站(点)并参加活动。二是推动政协工作开拓创新、提质增效。制定出台《关于新时代加强和改进人民政协工作的实施意见》，支持政协在建言资政和凝聚共识上双向发力，聚焦“十四五”规划编制、项目建设、脱贫攻坚、美丽乡村和农村人居环境整治等，开展协商议政，汇聚治运兴运强运正能量。不断巩固和发展最广泛的爱国统一战线，营造平等议事、和谐共商、严谨活泼的协商民主氛围。强化民族、宗教、对台、外事、侨务等工作，充分发挥工青妇、科协等群团组织作用。三是推动法治建设机制完善、水平提升。加强党对法治工作的领导，深入推进依法行政，加快建设“法治政府、廉洁政府、服务政府、效能政府”，市政府网站跻身全国数字政府 50 强。再次荣膺“全国双拥模范城”称号。

八、聚焦全面从严治党，持续构建风清气正的政治生态

一是压实管党治党责任。坚持和加强党的全面领导，召开 42 次市委常委会会议、20 次议事协调机构工作会议、91 次专题会议，围绕改革发展、民生改善、民主法治、意识形态、统一战线等重大问题，研究议题 301 个，形成 900 多条决定决议。成立市委落实全面从严治党主体责任办公室，督促各级党委(党组)书记责任上肩、任务上手。二是加强干部队伍建设。选拔一批 75 后、80 后、85 后、90 后高素质年轻干部，为高质量转型发展在干部上积蓄后劲。选派 58 名优秀年轻干部到县乡“墩苗”，择优选拔 21 名乡镇党委书记到省市直单位任职。市级文件减少 15%，会议减少 25%，督促检查考核事项精简 25%。制定出台《记功奖励暂行办法》，对 81 名项目建设先进个人进行记功奖励，推荐担当作为方面表现突出干部 411 人。对 34 名干部容错纠错，对 24 名受到不实反映的干部澄清正名，保护党员干部干事创业的积极性。三是全面夯实基层基础。以“6+”模式常态化开展“主题党日”活动，教育引导党员干部把不忘初心、牢记使命作为首修课、必修课、终身课，做到“一句誓言、一生作答”。实施“组织力提升六大工程”，对 18367 名农村“两委”干部“红色体检”。211 个软弱涣散基层党组织全部整改销号。四是一体推进不敢腐不能腐不想腐。把握“严”的主基调，坚持无禁区、全覆盖、零容忍，全市纪检监察机关共立案 4583 件，给予党纪政务处分 3940 人，留置 70 人，移送司法机关 89 人。运用“四种形态”批评教育帮助和处理 9748 人次，第一、二种形态分别占 58.6%、35.4%。坚持定规矩、建制度、重预防，制定《优化营商环境构建“亲”“清”政商关系行为导则》，进一步堵塞制度漏洞、强化制度执行。把落实中央及省委巡视、政治监督反馈问题整改作为严肃的政治纪律，部署开展共性问题整改。实现四届市委巡察全覆盖。

(石军芳)

附：中共运城市委书记、副书记、常委名单

书　记：丁小强

副书记：朱　鹏(3月离职)　储祥好
刘文华(11月任职)

常　委：鞠　振(3月离职)　周跃武　邓雁平
陈　杰　王志峰　李　浓　乔登州
李晓武(8月任职)　金　岩(2月任职)

中共盐湖区委

区委书记　李　哲

2020 年，盐湖区委坚持以习近平新时代中国特色社会主义思想为指导，深入贯彻党的十九大和十九届二中、三中、四中、五中全会精神，认真贯彻落实习近平总书记视察山西重要讲话重要指示，按照山西省委“四为四高两同步”总体思路和要求，围绕运城市委决策部署，践行“五抓一优一促”(抓招商引资、抓市场主体培育、抓发展动能转换、抓项目达产达效、抓人才智力支撑、优化营商环境、促进高质量转型发展)经济工作总抓手，谋篇布局，明晰“3133”发展思路(“3”指三个战略目标：就是打造黄河金三角区域创新实践先导区、中部崛起城乡融合新样板、“古中国”忠孝文化旅游目的地；“一城三带三区”的产业布局：“1”指“一城”，就是发挥中心城市核心优势，大力发展城市经济。“3”指“三带”，就是协同城市发展，完善全域配套产业。一是北部峨嵋岭生态富民产业带。二是中部涑水河城郊农业示范带。三是南部中条山文化旅游产业带。“3”指“三区”，就是依托板块经济，打造产业集群，一是盐湖高新技术产业开发区。二是现代农业示范园区。三是关公

文化旅游产业集聚区），持续推进党建引领下的“三个一”（各部门都要抓出一项改革创新的亮点工作、争取一项政策或资金支持的重大项目、做实一项牵引性带动性的基础工程），团结带领盐湖区70万人民，砥砺奋进，攻坚克难，打赢脱贫攻坚战，决胜全面建成小康社会，开启建设社会主义现代化新征程。

一、坚定政治信念，理论学习取得新实效

深化学习教育。常委会会前集体自学半小时，全年组织完成区委中心组学习19次，乡镇（街道）党委中心组学习1000多次；组织“河东大讲堂”“万人计划”“普通党员进党校”，累计培训2200余人；市区两级廉政警示教育基地揭牌运行，317批11665人次接受教育。

组织理论宣讲。组织基层理论宣讲员持续深入推进习近平新时代中国特色社会主义思想“七进”活动（指进机关、进学校、进企业、进农村、进社区、进家庭、进党校），开展一线宣讲活动1000余场次。“学习强国”注册人数6.78万人。举办十九届五中全会精神基层宣讲网络直播活动，单场收看4.5万人次。盐湖区共举办各级各类宣讲活动3000多场次，受众超过12万人次，真正武装头脑、推动实践。

二、统筹疫情防控和经济社会发展，实现双战双赢

2020年盐湖地区生产总值完成305亿元，增长5.3%；规模以上工业增加值完成14亿元，增长2.6%；社会消费品零售总额完成252.6亿元，下降4.2%；财政总收入完成32.2亿元，增长0.3%；一般公共预算收入完成12.7亿元，增长15.3%；城镇常住居民可支配收入35445元，增长4.8%；农村常住居民可支配收入14721元，增长8.6%。

全力以赴打赢抗疫阻击战。区级领导蹲点包联，区直单位下沉一线，993个老旧小区实行封闭式管理，2900余名在职党员社区报到，联防联控；8660余名党员干部奋勇当先，日夜坚守；10个城市出入口设卡，规范检测，严密筛查。广大干部群众团结协作，盐湖区“零感染”“零确诊”。

多措并举推动复工复产。全力助企纾困，2020年减免税收1.5亿元、退费1.93亿元，协调农商行为11家企业新增授信额度2.93亿元；提供“保姆式”服务，提前对务工人员进行健康检查、全程疫情管控，开设返程专列和包机7次975人；提前开展劳动力转移就业培训，先后组织各类技能培训1.2万余人，农村劳动力转移就业5490人。

加速产业优化升级。引入绿地城际空间站、吾悦广场城市综合体，加快建设红星美凯龙等项目；海底捞入驻国科欢乐港，天猫优品、京东云仓70超市投入运营；对接恒大、新城控股等国内知名企业，加快主城区综合开发建设和业态升级。

乡村振兴探索新途径。实施高标准农田8.6万余亩，新增灌溉面积13万亩；泓芝驿酥梨、王范甜瓜等20个精品示范园初具规模、带动明显。“盐湖酥梨”入选山西省特色农产品优势区；引导银河、恒信、福同惠等企业，开发新产品，该区有市级以上农业龙头企业39家，总产值达到43亿元；引进滴滴农业等社会化服务组织，开展5万亩农业生产托管试点；5个特色小城镇建设打开新局面。

三、着力抓好项目建设，发展后劲明显增强

项目建设支撑发展。强化问题导向，突出靶向施治，争取地方专项债券10.1亿元，盘活闲置土地780亩，调整2000余亩用地规划指标，南光实业、宏明空调等项目顺利落地。盘活河东龙、晋善晋美、九龙电机等6家企业闲置资产，实现腾笼换鸟。2020年新开工项目124项，其中列入省重点两项，“1311”重大工程项目19项；总投资306亿元，完成投资107.3亿元。其中，产业类项目81个，占到65.3%，投资184.2亿元。嘉斯特锂电池、新联盟物流、美西林药业、运研新材料等51个重点项目达产达效，刷新了项目建设的“盐湖速度”。

招商引资初见成效。举办“运才兴运”盐湖专场（上海）招商引资座谈会及（广州）招商引智恳谈会，成立盐湖籍成功人士暨外来投资企业协会，发挥各方力量全员招商。2020年签约项目73个，开工项目68个，开工率93.15%。

营商环境持续优化。培育孵化企业908家，新增“专精特新”企业5家、“专精特新小巨人”1家；推动54家规上企业实现研发活动全覆盖；深化产学研合作，引入中北大学产业研究院；加快国家级孵化基地建设，提档升级网易、清控等13家“双创”基地，孵化214个初创项目；推进专家驿站、人才公寓建设，引进硕士研究生25名，招录各类人才170余人，吸引优秀人才返乡创办企业36个，带动就业近千人。

园区发展主攻转型。聚焦“六新”突破，推动美图秀秀、5G智慧园区等项目签约落地，运研新材料、新源谷地源热泵、国强工业机器人等开工建设，“六新”项目占签约项目77%。完成投资4.5亿元，同比增长79%。加快传统产业改造升级，实施技改项目20个，完成投资4亿元，同比增长62%。国家级高新区申报，国务院批转科技部，取得实质性进展，高新区在全省开发区排名中跻身前十；关公文化旅游产业集聚区，统筹文物保护和开发利用，加快十大重点工程建设与5A级景区创建步伐，智慧景区、南广场改造、五龙峪河道整治、春秋路提升等项目开工，运永线改建、解州污水处理厂等项目有序推进；现代农业示范园，实施基层农技推广体系改革与建设项目，培育科技示范主体84个；大力发展“三品一标”，认证绿色食品基地7个，检测认证产品15个。“盐湖酥梨”入选山西省特色农产品优势区。

四、着力强化民生保障，群众生活更加殷实

认真践行以人民为中心的发展思想，积极打造幸福民生新样板，10件民生实事全部完成，民生保障坚实有力。

增进民生福祉。完成121条小街小巷提升改造、475条小街小巷照明亮化工程；积极推动棚户区、老旧小区改造，高效完成周家坡、西元村等拆迁工作；创建国家级慢性病综合防治示范区，挂牌成立运城市首家中医药传承发展培训基

地,探索"卫生院+养老院"医养结合新模式;新建、改扩建公办幼儿园4所,新增普惠性民办幼儿园28所,提档升级30所梦想中心,面向全国招聘教师125名,完成6所农村小规模学校的布局优化,122名中心校人员下沉转岗教学;送戏下乡100场,惠及群众上万人次;解杨路、运泓路、关铝大道等12条乡村道路建成通车,完成"四好农村路"提质养护177公里,群众出行更便捷、生活更舒心。

建设平安盐湖。探索"三治融合"基层治理新模式,党群服务中心、新时代文明实践中心、矛盾纠纷排查调解中心规范化建设覆盖城乡;以"事要解决"规范信访秩序,集中治理重复访,化解积案83件,信访案件办理时限缩短一半,信访案件处理满意度较往年大幅提升;紧盯重点领域风险防控,实时动态监管,积极稳妥处置,全区社会大局安定和谐。

脱贫攻坚成效显著。13个贫困村全部"摘帽",4610户11633名贫困人口稳定脱贫,190户"两类户"(其中,监测户135户366人,边缘户55户155人)全部解除致贫返贫风险,圆满完成了减贫防贫任务。省市非贫困县脱贫攻坚考核,位居全市第一方阵,在全省排名前列。

五、坚定不移贯彻全面从严治党,履职尽责诠释政治担当

把牢意识形态工作领导权。及时对意识形态工作领导小组进行调整完善,构建意识形态工作新格局;整合各类媒体,构建"两台、一报、一网、两微、一端、多平台"全媒矩阵;崇德向善,持续开展"孝顺媳妇""盐湖好人"等评选活动。2020年盐湖区文明乡镇达到11个,文明村144个,"五星级文明户"突破2万户。

坚决扛牢党建主体责任。坚持和加强党的全面领导,全年召开34次区委常委会会议、20次议事协调机构工作会议、59次专题会议,围绕重大问题,加强学习,研究议题235个,充分发挥总揽全局、协调各方的领导作用。

创新培育基层党建"新品牌"。推行"三个五"城市基层党建新模式(指完善五级组织架构、健全五联工作机制、提升五项基本服务),建立区乡村三级党群服务中心,加强社区物业党建联建,上下贯通、互联互通。2020年乡级党群服务中心实现9大类45项便民事项全科受理、"一门"办理,出台农村20条、社区12条规范化建设标准,新建商圈、楼宇党组织7个,形成紧密型、立体化、开放式的党建共同体。

切实推进全面从严治党。2020年查办案件360件,给予党纪政务处分330人,留置7人,移送司法9案9人;制定完善26项监督制约机制和相关制度;先后4次通报典型案件19件,高标准建设廉政警示教育基地,364批13000余人次接受教育;严肃查处违反中央八项规定精神和"四风"问题37案60人,公开曝光5案5人,持续释放全面从严、一严到底的强烈信号。

加强基层干部队伍建设。先后调整11批次158人,落实基层减负15项举措,用好激励干部改革创新担当作为十条办法,嘉奖293人,记三等功50人,表彰99名担当作为干部;在运城市率先推行干部荣退制度,体现组织关怀;重心下移、力量下沉、保障下倾,选派37名机关干部到村任职,农村(社区)党组织书记全部纳入区级备案管理,344名村干部参加学历提升工程,农村、社区平均运转经费分别达到12.2万、23万元,"两委"主干人均报酬达到37021元。

(杜　梅)

附:中共盐湖区委书记、副书记、常委名单

书　记:李　哲

副书记:薛永琦　尚国桦　张　悦(女,7月任职)

常　委:董稷强　任　刚(4月离职)　张继丰
孟满堂　苏引萍(女)　李俊龙
张　军(12月离职)　齐全中(7月离职)
王　润(4月任职)　李　霖(12月任职)

中共永济市委

市委书记　孙中全

2020年,永济市委坚持以习近平新时代中国特色社会主义思想为指导,深入学习贯彻习近平总书记视察山西重要讲话重要指示,坚决落实省委"四为四高两同步"总体思路和要求,用好"五抓一优一促"经济工作主抓手,紧扣推进黄河流域(永济段)生态保护和高质量发展这条主线,团结带领全市人民攻坚克难、锐意进取,统筹推进常态化疫情防控和经济社会高质量转型发展,全市呈现经济平稳增长、民生持续改善、社会和谐稳定的良好局面。

一、坚持学以致用,突出理论武装

一是在学深悟透上狠下功夫。利用市委中心组、学习强国、三晋先锋、党校等学习平台,认真学习贯彻党的十九届五中全会精神、习近平总书记"三篇光辉文献"、习近平总书记视察山西重要讲话重要指示、《习近平谈治国理政》第三卷等,在全市形成了浓厚的学习宣传氛围。二是在弄通做实上狠下功夫。召开市委六届十次全会,对深入学习贯彻习近平总书记视察山西重要讲话重要指示和省委十一届十次全会、运城市委四届八次全会精神进行全面安排部署,制定《实施方案》,确保中央决策部署和省委、运城市委安排部署在永济落地生根。三是在真信笃行上狠下功夫。通过学习,进一步明确发展定位和工作重点。在工业转型方面,确立了构建

“3+2”工业产业体系(“3+2”:“3”即三大主导产业,机电制造业、新能源汽车及汽车轻量化零配件产业、农副产品加工产业;“2”即两个新兴产业,风电设备制造维修产业、高端印染包装业);在乡村振兴方面,实施农业“特”“优”战略,确立了“3355”发展布局(“3355”:以“三大创建”为统领,围绕北部抓提质增效,南部抓农旅融合,沿黄抓保护利用“三大重点”,通过强龙头、建园区、扩基地、创品牌、拓市场“五大抓手”,打造优质果菜、面粉食品、肉制品、药材药品、饮品酿品五大优势特色产业集群)和“三带三型”美丽乡村发展思路(“三带三型”:沿黄旅游路百里休闲观光带,打造乡村旅游型连片示范片;沿黄高铁引道景观带,打造美丽清洁型连片示范片;沿涑水河产业带,打造产业带动型连片示范片);在文旅融合方面,以打造国家休闲旅游度假区为目标,确立了“1332”发展布局(“1332”:“1”即以创建国家全域旅游示范区为统领;“3”即打造黄河文化、舜帝文化、爱情文化“三大核心品牌”;“3”即全力抓好5A级景区创建、文化旅游体制改革、文化旅游宣传营销“三大重点工作”;“2”即在全市形成西部历史文化和东部山水休闲“两大旅游板块);在城市布局方面,立足运城副中心城市定位,确立了“142”功能布局(“142”:“1”即“高质量发展产城融合区”;“4”即“四大城市功能圈”,西部时尚运动圈、东部医疗康养圈、北部农贸物流圈、中部文化商务圈;“2”即打造中条山绿色生态带和涑水河滨河景观带)。

二、坚持“生命至上”,夺取“抗疫”胜利

市委主要领导亲自挂帅、靠前指挥,准确把握疫情防控和经济形势阶段性变化,因时因势调整工作重点和应对举措,筑牢了疫情防控常态化安全防线。第一时间成立市疫情防控工作领导小组,先后多次召开市委疫情防控专题会议,牢牢把握疫情防控主动权。截止2020年12月31日,全市完成摸排管控湖北返(来)永1705人,省外(除湖北)返(来)永5956人;摸排进口冷链食品2925件、26761.42公斤,涉及经营和储存单位62家,共采集样品4647份,结果全部呈阴性;排查管控全国中高风险区返(来)永364人,境外返永193人。我市无新冠肺炎疑似病例、确诊病例和无症状感染者。

三、坚持担当实干,推动转型发展

面对经济下行的巨大压力和新冠肺炎疫情带来的重大影响,不断强化经济运行调度,每月定期召开专题会议,分析原因、研究措施,全力以赴补短板、抓落实,各项指标逐月回升,逐季趋好。2020年全市地区生产总值128.3亿元,同比增长1.1%;规上工业增加值19.3亿元,同比增长3.2%;社会消费品零售总额51.3亿元;财政总收入81857万元,同比增长2.9%;一般公共预算收入50152万元,同比增长3.4%;城镇居民人居可支配收入33251元,同比增长4.5%;农村居民人均可支配收入15833元,同比增长7.4%。狠抓项目建设,严格落实项目建设“五个一”推进机制,全年共谋划“十四五”项目575个;储备库项目193个;建设库项目121个;达产达效库项目55个。全年新开工项目106个,开工率100%,49个新开工项目建成投产。狠抓招商引资,积极开展招商引资机制改革创新,出台产业扶持政策和招商引资奖励办法,列支500万元招商经费,市场化组建9支专职专业招商队伍,成立22个副县级领导牵头的工作专班。全年共达成投资意向项目70个,签约项目52个,签约资金348.3亿元;落地项目37个,落地率达71%。狠抓营商环境,不断深化“放管服效”改革,项目审批时间为运城市最短;积极推进“标准地”改革,在运城市率先出让了第一块“标准地”;协调9家银行为24家企业授信16.2亿元,到位12.1亿元;灵活运用产业发展基金、企业应急周转保障金等,对穿越光电、光府科技等企业进行了扶持,确保了项目快速推进。同时在安全生产、社会治理、环境卫生等方面综合发力,为企业发展营造了良好环境。强化入企服务,深入开展“千人千企”精准帮扶活动,对全市49家规上企业、395家规下企业,逐一明确包联领导和责任单位,实现包联帮扶“全覆盖”,先后协调解决各类问题150余件,为企业复工复产、恢复产能、发展壮大提供了坚实保障。聚焦重点企业,启动实施了中车永济电机西安大功率模块生产线回迁项目,投产后年可新增产值9亿元;加大与中国茂隆集团合作对接,积极争取省直有关部门支持,全力推动华圣铝业复产。加快“六新”突破,重点实施了光府科技光学镀膜及镀膜超光滑加工、穿越光电OLED有机发光材料、三晋宇航火箭发动机等一批新兴产业项目,为我市未来产业发展积蓄了强劲动能。

四、坚持先行先试,深化改革开放

聚焦经济高质量转型发展,压茬推进改革,13项改革事项走在运城市乃至全省前列。在确保粮食安全的基础上,围绕农业“3355”发展思路,大力实施“特”“优”战略,积极推动农业供给侧结构性改革,农业现代化步伐不断加快。建成农业示范园区60个,建设了北方最大的克伦生葡萄基地,渔业产量占全省三分之一,“三品一标”认证数量达49个,打造了“开张冬枣”“卿头葡萄”“蒲雪面粉”等知名品牌,先后被评为“国家渔业健康养殖示范县”“省级农产品质量安全县”,并成功入围首批全国农村一二三产业融合发展先导区、第三批国家农产品质量安全县(市)创建名单;成功创建国家全域旅游示范区,先后荣获全国无障碍示范城市、全国村庄清洁行动先进县市;创新推进全链条矛盾调解,将矛盾纠纷化解在基层,永济市的先进经验和做法在全省推广;对鹳雀楼旅游集团进行重组,公开选聘了职业经理人;深化开放,与西安港务区合作开通了中欧班列“永西欧”专列,为我市融入国内国际双循环奠定了坚实基础。

五、坚持“人民至上”,增进民生福祉

集中力量做好普惠性、基础性、兜底性民生建设。持续保持脱贫攻坚态势,全面落实扶贫政策,现行标准下贫困人口全部脱贫。落实就业优先战略和积极的就业政策,城镇登记失业率控制在4.5%以内。高考文理两大类达二本线770人,达线率41.9%。加强基层医疗卫生服务体系建设,新建的市中医医院投入运行,城北街道社区卫生服务中心获得全国百

强社区卫生服务中心和社区医院称号。深入推进污染防治“三大攻坚战”,圆满完成“煤改气”“煤改电”年度目标任务;涑水河沿线排查出的18个排污口全部整治到位,张留庄断面水质达到考核标准;积极推进伍姓湖生态保护和修复工作,初步实现生态美、环境美,成为市民的又一个休闲胜地。积极开展国家森林城市创建工作,新增绿化面积22.9万平方米,绿化覆盖面积1085万平方米,绿化覆盖率达42%。扎实开展建筑领域安全大排查大整治专项行动,人民群众的幸福感、获得感、安全感进一步增强。

六、坚持守正创新,做好宣传文化工作

牢牢抓住意识形态工作主动权,市委定期召开全市意识形态工作研判会议,明确党委(党组)抓意识形态工作的主体责任,将意识形态工作纳入巡察工作范围,纳入党建工作考核,督促各党委(党组)落实主体责任,形成市委统一领导、党政齐抓共管、宣传部门组织协调、有关部门分工负责的工作格局。完成市新时代文明实践中心和融媒体中心建设,有力增强了永济市主流媒体的传播力、引导力、影响力和公信力。积极开展文明评选工作,2020年全市共获得国家级文明单位3个,省级文明单位7个,运城文明单位14个。坚持将文化旅游产业作为高质量转型发展的战略性支柱产业来培育,全面加快文旅融合。成功举办鹳雀楼农民丰收歌会、“奔向小康”环伍姓湖长跑比赛等系列活动,并在央视等主流媒体播出,永济市知名度和影响力进一步得到提升,荣获“全国文明城市”提名。

七、坚持党的领导,强化社会治理

一是全力推动法治永济建设。深入开展“减证便民”专项行动,开展免费法律体检服务和法律咨询便民工程,全年共提供法律服务5800人次,满意度99%。二是建设更高水平的平安永济。深入开展“三零”单位创建,按照“六导、六治、六动、六清”思路,打造了20个示范点,建成总面积2860平米的社会治理综合服务中心,让群众“只跑一地、只进一门、只访一次”,实现“案件事了情绪稳”目标。深入开展扫黑除恶专项斗争,严厉打击黄赌毒违法犯罪和禁毒人民战争,社会大局和谐稳定。三是加快推进市域社会治理现代化。投资4300余万元实施“雪亮工程”二期工程。以综治网格为基础,全市划分632个网格,实现“多网合一、一网统筹”;健全完善“4433”社会心理服务机制(“4433”社会心理服务机制:“4”即把好四个关口,源头预防、精准服务、特殊关爱、回归社会;“4”即搭建四大平台,社会心理服务中心平台、基层心理服务平台、重点单位心理服务平台、社会化心理服务平台;“3”即建立三支队伍,具备心理咨询技能网格长服务队伍、专业心理咨询师队伍、心理服务志愿者队伍;“3”即创立三项机制,创建智能化动态筛查机制、规范化心理疏导机制、系统化危机干预机制)。

八、坚持政治统领,保障“第一要务”

严格落实全面从严治党“两个责任”,以“第一责任”领导保障“第一要务”,推动全面从严治党不断向纵深推进。一是加强党的全面领导。坚持党对一切工作的领导,召开37次常委会会议,15次议事协调机构会议,25次专题会和工作推进会,研究重要议题136个,形成350余条决定决议,充分发挥总揽全局、协调各方的作用。定期听取市人大常委会、市政协、法检“两院”工作汇报。出台新时代加强和改进人大工作的实施意见,支持市人大及其常委会依法行使职权。出台新时代加强和改进人民政协工作的实施意见,坚持发扬民主与增进团结相互贯通、建言资政和凝聚共识双向发力。巩固和发展最广泛的爱国统一战线,做好民族宗教工作。支持市总工会、团市委、市妇联等群团组织团结引导全市广大工人、青年、妇女积极投身转型发展生动实践。二是深化全面从严治党。坚持每半年对各镇(街道)、市直各单位落实全面从严治党主体责任情况进行一次全面督查,并严格执行“一案双查”规定,先后对“两个责任”落实不力的8名党员领导干部进行问责。全市各级党委(党组)主要负责同志履行全面从严治党第一责任人职责的意识和本领不断强化。三是狠抓干部担当作为。围绕全市高质量转型发展大局“选贤任能”,大力选拔敢于负责、敢于担当、善于作为、成绩突出的干部。四是全力夯实基层基础。以政治建设为统领,以组织力提升为重点,以“组织力提升六大工程”为抓手,推进基层党建工作全面进步全面过硬。对全市1269名农村“两委”干部进行“红色体检”,择优选派30名机关事业单位干部到村担任党组织书记;建立“五个一”帮扶整顿机制,稳步推进“行政村合并”工作,推动非公经济组织和社会组织覆盖从“有型覆盖”向“有效覆盖”转变。继续深化城市基层党建创新,打通城市基层党建“三级联动”组织体系和党建引领基层治理四级架构,党建引领基层治理走在全省前列。五是不断强化作风建设。着力创优发展环境,严防“四风”问题反弹回潮。先后查处违反中央八项规定精神案件24件,给予党纪处分35人;查处营商环境方面案件76件,给予党纪政务处分21人,组织处理10人。

(张泽苗)

附:中共永济市委书记、副书记、常委名单

书　记:徐志英(1月离职)　孙中全(1月任职)

副书记:孙中全(1月调职)　余　敏(4月离职)
黄亚平(女,4月任职)　马　巍(6月任职)

常　委:王　霞(女)　卫增辉　孙　斌　张千里
赵建红(4月离职)　王文选　李晓军
岳曾永(4月任职)　武　鑫(6月任职)

中共河津市委

市委书记 李晓武

河津市共有基层党组织677个，党员15474名。河津经济以工业为主，一二三产比重为4:61.1:34.9，经过多年发展，基本形成煤电铝材、煤焦钢化两大主导产业集群，是全省六大千万吨级焦化基地之一。

2020年，河津市委团结带领全市干群，按照省委“四为四高两同步”总体思路和要求，以“五抓一优一促”为经济工作主抓手，扎实做好“六稳”工作，全面落实“六保”任务，强力推动“六新”发展，完成地区生产总值259.9亿元，规上工业增加值134.9亿元，社会消费品零售总额70.3亿元，一般公共预算收入14.3亿元，城镇居民人均可支配收入32584元，农村居民人均可支配收入16147元，呈现出稳中有进、稳中向好的良好态势。

一、强化政治建设不动摇，不断增强“两个维护”的自觉性坚定性

强化政治引领。以习近平新时代中国特色社会主义思想为指引，认真学习贯彻“三篇光辉文献”和党的十九届五中全会精神，市委中心组集体学习12次，开展主题宣讲1000余场次，受众24万余人次。认真落实治运兴运强运和蹚出转型发展新路的实施方案，分别制定29方面186项和6方面61条271项具体举措，明确责任人、责任单位和完成时限，确保习近平总书记视察山西重要讲话重要指示在河津落地生根、开花结果。

坚定政治立场。召开2次市委常委会、1次市委常委班子专题民主生活会开展自查自纠，进一步增强“四个意识”，坚定“四个自信”，做到“两个维护”。

把牢政治方向。召开常委会30次，研究重要议题113个，积极支持人大、政协履行职能，巩固和扩大最广泛的爱国统一战线，双拥、民族、宗教、对外等工作取得新成效，工青妇等人民团体桥梁纽带作用进一步发挥，党校、党史、老干部等工作取得新的成绩。

二、坚持转型为纲不偏离，不断夯实高质量发展根基

加快动能转换。做好传统产业转型升级和新兴产业培育壮大两篇文章，出资1亿元设立产业发展引导基金，大力发展装配式建筑、改性甲醇等新动能经济，与紫光公司合作建设工业互联网项目，不断建链、延链、补链、强链。压减焦化产能140万吨，完成杜家沟整体搬迁，强力推进焦化产业淘汰整合、升级入园。协调漳泽电力与12家规上企业签订集体购电协议，平均每年可节约电费2000余万元。积极融入黄河旅游板块，加快推进龙门景区建设，吕氏砖雕入选省首批传统工艺振兴目录，获评“中国灰陶琉璃文化之乡”。

强化项目支撑。落实“三个一批”和“五个一机制”，建成项目调度信息化作战平台，60项重点项目开工45项，开工率75%。对接中科院科技产业化网络联盟充实完善河津“四库”。采取20条“硬核”措施支持中小企业发展，深入开展“千人入千企”帮扶活动，解决企业问题35个，减税降费4.3亿元。

三、全力冲刺收官不放松，不断推动三大攻坚战取得决定性成果

决战决胜脱贫攻坚战。强化“交总账”“军令状”意识，120户320名“两类户”已全部解除风险，剩余48户75名贫困人口实现高质量脱贫。贫困户人均收入达到10650元，超过6000元的标准线77.5%。

打好污染防治攻坚战。扎实推进黄河流域生态保护和高质量发展、汾河流域生态保护修复工作，排查整治入汾河口18个，汾河水质全部退出劣V类，新造林绿化2.3万亩。环境空气质量八项主要指标呈现出“七降一升”向好变化，优良天数228天，增加77天，空气环境质量改善率取得历年来最好成绩。深入开展露天石料开采加工企业整治，成立书记、市长双组长的集中整治专项行动领导组组长，建立问题、任务、责任“三个清单”，明确治理时限、治理标准，对55名相关责任人员严肃追责问责，做到问题不查清不放过，责任人不处理不放过，企业和机关责任主体没有受到教育不放过，矿山治理规范标准不建立不放过，矿山整合工作没有实质性成效不放过。

防范化解重大风险攻坚战。深入开展“三零”单位创建，全市“零上访”村(社区)占79.8%，企业单位达到99.9%；“零事故”创建主体99%达标；“零案件”村(社区)占64%。前瞻性防范和化解金融风险，不良贷款率下降0.26个百分点。深化扫黑除恶专项斗争，打掉涉黑组织3个，查处涉黑涉恶腐败及“保护伞”40人。出台《禁毒工作攻坚战实施方案》，打掉制贩毒窝点7个，对33名禁毒问题责任人严肃问责。出台最严格的安全生产目标责任追究管理办法，对安全生产实行提级处罚，坚决防止重特大安全事故的发生。

四、聚焦改革创新不散光，不断激发高质量发展动力活力

全面系统深化改革。部署实施69项重点改革任务，出台《进一步优化营商环境100条》，284项事项实现100%“一窗受理”，企业开办时间压缩至1个工作日。探索实行建设工程项目“桩基先行”，组织“两代表一委员”、企业家等社会各界评议营商环境，全力打造“耿小二”帮办代办服务品牌，荣获

“营商环境质量十佳县(市、区)”和“中国持续优化营商环境典范城市”。深化开发区“三化三制”改革,产出强度342万元/亩,继续位列全省第一方阵。对城投公司进行市场化改革,与太行产业基金达成合作意向,通过金融工具助力城市建设向城市资产运营转变。

对标一流扩大开放。赴北京、上海、深圳等地考察对接,共签约招商引资项目45个,投资金额339.7亿元;开工项目29个,开工率64.4%;到位资金23亿元。韩河侯客运专线已列入省政府“十四五”规划和国家《新时代中长期铁路网规划(2035年)》。

聚焦“六新”加快发展。依托中科院老专家技术中心成立河津企业家科技创新发展俱乐部,成立津云科技企业孵化器和创新产业生态研究院,在开发区建立企业金融服务平台,发放兑付482万元科技创新券支持企业转型升级,入库科技型中小企业7家,培育高新技术企业5家,进一步守稳基本盘、延伸价值链、拓展生态圈、主动求发展。

五、持续改善民生不松劲,不断提升人民群众获得感、幸福感、安全感

狠抓乡村振兴。实施农业“特”“优”战略,投资3800万元建设万亩现代农业产业园,牧原集团一期投资3亿元的年产35万头生猪养殖一体化项目进展顺利,建设高标准农田3.03万亩,粮食总产1.9亿公斤。新增2家运城市级龙头企业,2家企业入选省级农业产业化示范联合体,完成农产品加工企业销售收入16.8亿元。同时,坚持“清、拆、改、种、建”五治并举,新打造30个美丽乡村示范村。以农村生活污水治理二期工程为牵引,在全省率先统筹解决上下水、改厕、清洁取暖等难点问题,获评全国农村生活污水治理示范县。深入开展“爱国卫生运动季”活动,实施209国道环境综合整治和高速西口改造提升,拆除违规违章建筑300余处,清理各类垃圾1.3万余吨。

保障改善民生。在教育、医疗、养老等民生领域持续发力,实验小学新校区、第四初中、第五小学等教育项目完工投用,积极与清华合作,引入先进的教育资源和模式,拿出470万元重奖教师和教育工作者,高考二本以上达线学生1829名,再创历史新高。市人民医院“三乙”创建进入冲刺阶段。新建5座日间照料中心,23家养老机构实现医养结合全覆盖。结合“人人持证、技能社会”,全力推动产教融合,技能培训7464人,加快把“人口红利”变为“人才红利”。总投资6.8亿元的龙门广场改造提升、馨苑南路东延等8项城建重点工程进展顺利,新增城市绿地面积23.6万平米。

做好疫情防控。坚持“外防输入、内防反弹”,检测卡口累计排查车辆17.2万辆,排查人员16.4万人次;居家观察4422人,集中隔离425人,未发生二代感染病例。

六、全面从严治党不停步,不断净化党内政治生态

锻造过硬队伍。落实新时期好干部标准和“四个一线”用人导向,共调整科级干部13批次90人,其中在乡镇基层一线占提拔总人数的67%。引进19名高层次人才,其中创新创业人才3名。成立对表对标对接“三对”工作领导组,以产业化思维、信息化手段、项目化管理、体系化评价、具象化发力,细化分解落实“四为四高两同步”总体思路、打造“三对”“六最”营商环境的责任对标指标考核体系,对53家单位从共性指标、个性指标、市场主体评价3个维度,制定125个量化赋分考核指标,全面激发想干事、能干事、干成事的内生动力。

落实意识形态责任制。向省市报送网络舆情信息4000余条,约谈违规编发信息的自媒体2家,关停违法网站2家,牢牢守住意识形态主阵地。

夯实基层基础。实施组织力提升六大工程,选派20名机关事业单位干部到农村担任党组织书记,整顿软弱涣散基层党组织14个,新扩建5个社区场所。开展主题党日活动9期,志愿服务5.6万人次,为群众办实事办好事3630件。开展农村集体“三资”管理集中清理整治,村级集体经济收入全部突破5万元。

净化政治生态。制定《纪委监督同级党委及其委员的实施办法(试行)》,纪检监察机关共立案327件,结案281件,给予党纪政务处分269人,查处违反中央八项规定精神9案17人,群众身边腐败问题76案241人。运用“四种形态”处置问题线索532人次,其中前两种形态占93%。认真抓好省委巡视组交办河津立行立改事项,完成市委第八轮、第九轮、第十轮巡察监督,实现六届市委巡察工作全覆盖。

(石　峰)

附:中共河津市委书记、副书记、常委名单

书　记:鞠　振(3月离职)　李晓武(3月任职)

副书记:何　伟　安　奇

常　委:侯鹏程　李希平　武安军

黄永平(9月离职)　尚勤学

吕武荣(11月涉嫌严重违纪违法,接受纪律审查和监察调查;2021年2月,被开除党籍、开除公职;将其涉嫌犯罪问题移送检察机关依法审查起诉。)

杨　赟(女,11月因严重违纪违法,被给予撤销党内职务、政务撤职处分。)

董亚强(11月任职)　陈永峰(7月任职)

中共临猗县委

县委书记　于鹏飞

2020年，临猗县委坚持以习近平新时代中国特色社会主义思想为指导，全面贯彻党的十九大和十九届二中、三中、四中、五中全会精神，深入贯彻落实习近平总书记视察山西重要讲话重要指示和“三篇光辉文献”精神，认真落实省委“四为四高两同步”总体思路和要求、市委“五抓一优一促”经济工作主抓手和“三强市三高地”目标，以“党建立县”和“建设运城峨嵋果品博物院”为总抓手，积极打造“商祖发源地·运城果世界”美誉品牌，深入实施“四四二”发展思路，团结带领全县党员干部群众锐意进取、攻坚克难，全面拓展了临猗党的建设和党的事业新局面。

一、强化思想政治引领，深入学习贯彻落实习近平新时代中国特色社会主义思想

一是学深悟透习近平新时代中国特色社会主义思想。充分履行县委“把方向、管大局、作决策、保落实”职责，先后召开县委中心组学习会议13次，扎实开展习近平总书记视察山西重要讲话重要指示、《习近平谈治国理政》第三卷和党的十九届五中全会精神等集中学习研讨8次，推动新思想融入血脉、融会贯通；全方位开展学用新思想下基层，32名县级领导干部、14名党校讲师、365名基层宣讲员奔赴农村、社区、企业、学校，分级分类、分期分批开展基层宣讲800余场，受众5万余人。二是巩固深化主题教育成果。牵头制定《临猗县“不忘初心、牢记使命”长效机制实施办法》，不断固化主题教育成果。全县各级党组织查摆问题423条，立行立改398条，限期整改25条，完善制度1276项。三是全面贯彻中央、省、市决策部署。审议通过《中共临猗县委关于贯彻落实习近平总书记视察山西重要讲话重要指示、奋力蹚出具有临猗特色的转型发展新路的实施方案》，明确了6方面61条271项工作任务，并就贯彻落实情况在14个乡镇、62家县直单位开展督查。研究制定《关于深入贯彻落实党的十九届四中全会精神、不断提升治临兴临强临能力和水平的实施方案》，印发《关于贯彻落实省委书记楼阳生同志在运调研重要讲话和指示精神的任务分解方案》，梳理7方面21项重要任务。

二、立足县情实际，不断深化和拓展“四四二”发展思路

目标就是“四个临猗”：以开放姿态展示临猗农业大县的本色——绿色，以坚定决心重塑临猗文化大县的底蕴——和谐，以创新驱动重振临猗产业振兴的辉煌——智慧，以人民至上交好临猗全面小康的答卷——美丽。路径就是“四张名片”：通过打造“党建名片”，加强党的建设，引领思想作风转变；通过打造“果品名片”，发展现代果业，推动产业结构调整；通过打造“商祖名片”，弘扬猗顿文化，带动诚实守信社会风气；通过打造“渔药名片”，发扬“无鱼而渔”的创新精神，增添高质量转型发展新动力。保障就是党建引领“双考核双服务”考评机制：通过定目标、定任务、定责任、建机制，实现考核和服务双向促进、双向发力，推动各项工作走在前、站前位。

2020年，全年生产总值157.78亿元，增长5.2%(全市第5)；规模以上工业增加值12.03亿元，增长8.3%(全市第5)；一般公共预算收入2.98亿元，增长13%(全市第5)；社会消费品零售总额66.6亿元，增长5%(全市第1)；城镇居民人均可支配收入32547元，增长5.2%；农村居民人均可支配收入15546元，增长7.9%。全县主要经济指标呈现出稳中有进、稳中向好的良好态势。

三、坚持生命至上理念，打赢打好疫情防控总体战、防控战、阻击战

建立疫情阻击“组织网”。第一时间成立县疫情防控指挥部，先后召开县委常委会(扩大)会议15次、县委专题会暨县疫情防控工作领导小组会议27次，全面压实属地、部门、单位、个人“四方责任”，形成运行高效的疫情防控指挥体系。织密严防死守“防控网”。建立“县级领导、县直单位、农村(社区)、居民小区”四级包联责任制，成立临时党组织209个，党员突击队、先锋队634个，吹响疫情防控“冲锋号”。坚持“人物同防”原则，加强“境外”“省外”“冷链”三个关键点管控，做好全面管控，守好疫情防控“临猗阵地”。构筑疫情防控“保障网”。加强统筹协调，有效整合资源，以最快速度启用山西兵娟实业有限公司医用防护服生产项目。在县医院、疾控中心、中医院建成3个PCR核酸检测实验室，配备配齐人员、设备，达到日检测量6万余人标准。

四、统筹推进三大攻坚战，决胜全面建成小康社会取得决定性成就

防范化解重大风险成效明显。成立防范化解重大风险工作领导小组，出台金融机构考核办法，严厉打击恶意逃废债行为，坚决推进P2P网贷风险专项整治，从源头上防范和化解风险。全县各金融机构不良贷款较年初下降1.35亿元，妥善偿还政府隐性债务8185万余元，圆满完成全年目标任务。脱贫攻坚取得重大胜利。抓好省委脱贫攻坚专项巡视反馈问题整改，紧盯“两不愁三保障”目标，拆除复垦全面清零，易地

搬迁 1087 户 1269 人，入住率 100%;“晋品晋味·助农益农”消费扶贫 4298 单 124 万余元，北辛果业示范园区引领贫困户土地托管、临晋西关村基地 + 仓储 + 电商、庙上胥村林下药用作物紫花地丁和产业基础设施提升等 67 个产业扶贫项目,带动 1200 余户贫困人口稳定增收,剩余 62 户 136 人贫困人口全部达到脱贫标准。污染防治持续向好。加大“散乱污”企业治理,取缔 6 家,推行煤改电 8262 户、煤改气 723 户、集中供热替代 3000 户、可再生能源取暖 4000 户、既有建筑节能改造 929 户、平原农村围护结构改造 1300 户,超额完成市下达目标任务；全县二级以上优良天数达到 220 天,同比增加 56 天;规范 16 个主要排污口,涑水河(临猗段)出境断面水质全面消除劣 V 类；与吕梁山国有林管理局合作完成国土绿化任务 2 万亩,通道绿化 110.5 公里,村庄绿化 30 个,完成率 100%。

五、加快产业转型升级,农业农村现代化迈出坚实步伐

省级现代农业产业示范区雏形初显。初步完成“三化三制”改革,规划占地 30 万亩,覆盖 9 个乡镇 80 个行政村,与深圳三科农商城、伊利出栏生牛养殖等 10 个项目达成合作意向,新签约项目 5 个,基本实现“七通一平”,着力构建“一核一园三基地”的发展格局。农业“三个发展计划”稳步推进。积极培育市场主体,农业产业龙头企业 6 家,授权 5 家企业规范使用“运城苹果”区域公用品牌,扶持 4 家企业建成分级生产线,发展示范合作社 35 个,示范家庭农场 6 个,组建“院士专家工作站”。“临猗果业科技学院”顺利开班,21 名果业技术实用人才成为首批学员。果品品牌建设亮点频现。加快实施省委“南果”战略,“临猗苹果”2020 年果品区域公用品牌价值达 52.4 亿元，跻身全国 5 个苹果全产业链数据建设试点。农业供给侧结构性改革成效显著。推广实施有机肥替代化肥 1 万亩,完成高标准农田建设 12.5 万亩,完成高效节水灌溉 9 万亩;新增出口企业 4 家,直销窗口 4 家,累计出口果品 10 万吨;建设省力省工水果标准化园区 4 个,万亩水果基地 7 个，老旧果园改造及品种改优 1.8 万亩，技术培训 3 万人。耿子镇跻身 2020 年国家农业产业强镇名单。农文旅融合发展走向深入。举办第三届运城峨嵋果品博物院生态旅游文化节和第九届果品文化节,开展“四花四果”生态文化旅游活动 8 场,建成 49.6 公里黄河一号旅游公路,完成傅作义故居景区展陈绿化和忠定苹果观光采摘庄园项目，吸引游客 50 万余人次，惠民演出 2000 余场,免费送戏 166 场,实现从卖水果到卖风景、卖文化的转变。农村人居环境明显改善。累计拆除彩钢棚、广告牌等各类违章建筑 5099 个,面积 12 万余平方米,清洁村庄达标率 100%。完成 209 国道北景段 7.3 公里通道绿化提升工程。

六、大抓工业大抓项目,推动实体经济高质量发展

扎实开展“千人千企”活动。从全县 23 家县直机关、5 个乡镇抽调熟悉经济工作干部 108 名,深入全县 7 个行业领域 109 家企业开展靶向服务，共解决企业困难问题 121 个,累计减税降费 2566 万元。做大做强实体经济。推动鑫得利、东睦华晟申报“两化融合”贯标认证,争取中央预算内投资项目 6 个 3368 万元,地方专项债券项目 6 个 8500 万元,抗疫国债项目 9 个 6500 万元,省补资金 90 万元;建成 5G 基站 30 余个,培育省、市、县级企业技术中心 24 家,新增“小升规”企业 6 个,规上工业增加值增速全市第 5,完成孵化小微企业 295 个。持续推动项目建设。承担的 7 项市“1311”重点项目全部完成年度投资计划,65 项重点项目完工 34 项，正在建设 17 项,项目开工率 78.46%。积极开展招商引资。在上海、天津、深圳等地举办招商引资活动 20 余次,签约 48 个项目,全市排名第 2。

七、全面深化改革、持续扩大开放,提升县域经济发展的质量和效益

财政体制改革成效突出。全面铺开乡镇财政体制改革,加大税收超收返还、招商引资奖励、土地收益分成政策激励力度,14 个乡镇实现收入 2646 万元。签约项目 102 个,落地项目 59 个,固定资产投资达到 3 亿元,乡镇财政体制改革在全省首开先河。县本级预算执行及其他财政收支情况审计项目,获全国优秀审计项目一等奖。国资国企改革稳步推进。研究制定《临猗县县属国资国企改革指导意见》《临猗县国有企业退休人员社会化管理工作实施方案》，逐步开展糖酒副食公司清算注销工作。完成 2 家企业“三供一业”分离移交,完成 911 名国有企业退休人员社会化管理工作,解决历史遗留问题。农村集体产权制度改革不断深化。完成省级改革试点任务,总结推广“薛公经验”,确保 37 个试点村率先做大做强村级集体经济。全县村级集体经济收入 10 万元以上的村达到 225 个,占比 82.7%。开发区改革蹄疾步稳。整合原有 4 个园区，成立临猗现代农业产业示范区和经济技术开发区,推行“标准地”改革,以果畜粮棉加工为重点,持续推动精深加工企业向园区集聚,实现“接二连三、三产融合”。行政审批制度改革扎实有效。全县行政审批网办率达到 98%,排全市第 1;稳慎有序推进“证照分离”改革和乡镇便民服务中心全覆盖。道路交通基础设施不断完善。临猗黄河大桥主体开工建设。G209、G342 国道拓宽改造项目,启动施工图勘察设计及编制工作。撤县设区进程不断加快。主动融入晋南市域中心城市建设,撤县设区资料已报省民政厅审查。积极参与“一带一路”建设。全县年度外贸出口完成 6.5 亿元,出口退税 3100 万元。积极开拓国外市场,组织 10 家企业参加了上海第三届进口博览会,签订进口采购协议 1200 万元。先后引进 2 家物流园、3 家清洁能源项目,主动融入“一带一路”大商圈,果品出口企业达到 17 家,出口 37 个国家和地区。

八、加强社会主义民主政治建设,广泛凝聚发展合力

充分发挥人大职能作用。召开县委人大工作会议,制定

《关于新时代加强和改进人大工作的实施办法》,在全县高标准打造14个代表联络站和20个代表联络点,办理人大代表建议171件。充分激发社会主义协商民主活力。召开县委政协工作会议,出台《关于新时代加强和改进人民政协工作的实施办法》,办理政协提案149件,政协工作的质量和水平不断提升。巩固和发展最广泛的爱国统一战线。团结引领党外知识分子、新的社会阶层人士参与"四个临猗"建设。加强党对宗教工作的领导,依法管理民族宗教事务,有效维护民族宗教领域和睦和顺,广泛凝聚社会各阶层力量。推动新时代国防建设。制定出台《关于进一步加强和改进民兵工作的措施办法》,加强"双拥共建",推进军民融合发展,国防后备力量建设水平稳步提升。扎实做好群团组织工作。深入推进群团组织改革,被省妇联确定为"妇联组织改革破难行动"试点县和省家庭教育创新实践一类基地项目县,作为运城市中学共青团"青源"工程唯一试点县,深入推进五大工作体系,为"青源"工程的推广提供了"临猗经验"。

九、坚持以人民为中心,不断增进民生福祉

就业基本盘保持稳定。2020年城镇新增就业5367人、农村劳动力转移4768人、创业带动就业1033人、失业人员再就业618人,城镇登记失业率3%。社会保障不断优化。深入实施全民参保登记计划,综合参保率达97%,超额完成任务。教育质量不断提升。建成示范小学东城分校、金博雅幼儿园,增加学位1066个,有效解决"入学难"问题;引进22名高层次教育人才,公开招聘69名中小学教师,引入"凤还巢"人才24名,职业教育学生就业率达98%。文化事业亮点纷呈。举办了山西省首届乡村春晚;持续开展"春花秋实"特色乡村游活动,高标准建成5个乡村文化记忆工程展馆,全市乡村文化记忆工程观摩推进现场会在临猗召开。卫健事业快速发展。疫情防控实现"双零"战果,"运城市中心医院临猗分院"在县医院成功挂牌,中医院、足球场等民生工程相继完工,打造县内"半小时"急救圈,强化乡卫生院人才保障和设备配备。社会大局和谐稳定。全县共打掉涉黑涉恶犯罪组织15个。受理各类矛盾纠纷997件,化解991件,化解率99%。群众综合满意度、群众安全感满意度、扫黑除恶专项斗争满意度、执法工作满意度等平安建设四项工作均荣膺全市第一。

十、不断深化党建立县,全面加强党的建设

一是始终坚持党建引领。自觉执行重大事项报告制度,共向市委上报重大事项24件,确保各项工作沿着正确的政治方向发展,提升县委把控全局的能力。二是牢牢掌握意识形态领导权。切实守好意识形态建设主阵地。三是压实管党治党责任。就全面从严治党主体责任落实情况,约谈县处级领导干部19人、乡镇党委书记14人,对4名落实"两个责任"不力的领导干部进行了问责。召开县委常委会议37次、专题会17次,坚持重大事项、重要决策和干部任免等工作集体讨论研究。四是加强干部队伍建设。坚持党管干部原则和"好干部"标准,共调整干部11批240人次。五是基层党组织全面过硬。高标准打造农村党建示范点14个,整顿软弱涣散基层党组织19个,集中开展"双联双帮双带"主题党日活动,有序推进撤并88个行政村,成立村党委1个,村党总支55个。选派56名机关事业单位干部到农村任支部书记,农村"两委"干部学历提升工程首批277名学员顺利毕业。六是持之以恒正风肃纪。查处违反中央八项规定精神和形式主义官僚主义案件19件26人,群众身边腐败和作风问题案件115件129人。积极配合省委第十六巡视组巡视工作,落实市委巡察反馈意见整改,开展县委第九轮巡察,常规巡察15家县直单位和10个乡镇234个村党组织,发现共性问题439个,移交问题线索68件,全面从严治党不断向纵深推进。

(杨晓娟)

附:中共临猗县委书记、副书记、常委名单

书　记: 于鹏飞

副书记: 靳国全　景莉莉(女)

常　委: 裴良豪　贾玉明(7月离职)　高　力　李　立　李　涛　任朝阳　李晓波　惠自强　李　翔(6月任职)　段存乾(8月任职)

中共万荣县委

县委书记　杜中伟

万荣县共有25个党委、4个工委、20个党总支、582个党支部,1.7382万名党员。其中农村党支部207个,党员1.1764万名,占党员总数的67.7%。2020年新发展党员390名,其中农村新发展党员267名。

2020年,万荣县委深入学习贯彻习近平总书记视察山西重要讲话重要指示,扎实落实省委、市委部署,以项目化、工程化、系统化的方式,狠抓工作落实、奋力争先进位,圆满完成"十三五"规划目标任务。成功配合承办"中国农民丰收节"活动,受到农业农村部通报表扬。接受国家和省级现场会观摩5次、市级现场会11次,10个单位获得国家部委和省厅局表彰。"五抓一优一促"("五抓一优一促":抓招商引资、抓市场主体培育、抓发展动能转换、抓项目达产达效、抓人才智力支撑、优化营商环境、促进高质量转型发展)项目考核排名全市中上游。

一、加强党对经济工作的领导,全力推动经济稳步复苏、稳中向好

全县经济在克服困难中前行,走出一季度下降、二季度企稳、三季度回升、四季度冲刺的向好态势。2020年地区生产总值完成82.3亿元,增长3.1%;规模以上工业增加值完成5.73亿元,增长0.7%;财政总收入完成4.08亿元,增长3.5%;城乡居民人均可支配收入分别达到28917元、12012元,增长5%、8.5%。

(一)用好“五抓一优一促”(“五抓一优一促”:抓招商引资、抓市场主体培育、抓发展动能转换、抓项目达产达效、抓人才智力支撑、优化营商环境、促进高质量转型发展)经济工作主抓手。抓项目达产达效。坚持“项目为王”,落实“五个一”项目推进机制,推动年度总投资152.6亿元的80个重点项目达到序时进度。方源果酒‘康瑞建材、海通建材等新建项目达产达效。抓招商引资。举办“运才兴运”万荣专场5次,开展各类招商活动10次,2020年签约项目95个,总投资202.7亿元,完成市定任务的170%。抓市场主体培育。新增小升规企业6家、国家级专精特新“小巨人”企业1家,新孵化中小微企业653家、个体工商户1921户。市场主体总量增长160%。抓发展动能转换。与科研院所共建技术研究中心,全县国家级“两化融合”企业达到2家、省级高新技术企业17家、规上企业研发活动全覆盖。新兴产业企业占到全市20%。抓人才智力支撑。建立“三晋英才”工作站8个,聘请县域发展顾问24名,柔性引进高层次紧缺人才20名,落实项目合作成果转化14件。优化营商环境。推出“法律护航”28条举措,深化“优环境促发展”专项整治,累计为企业解决问题68个、追回欠款1.3亿元。深化“一枚印章管审批”改革,企业设立开办时间压缩至2个工作日、政府投资类工程项目审批压缩至56个工作日,行政审批时效提速77.9%以上。

(二)加快农业农村现代化发展。深入实施乡村振兴“22511”工程(“22511”工程:200个新型经营主体提升、200个美丽乡村创建、50个文明实践中心示范、100个平安法治示范村引领、农民人均纯收入年均增长10%以上),以美丽乡村建设和人居环境整治为抓手,持续推动农村发展进步。财政累计投入6亿元,撬动社会资本3亿元,改建新建美丽乡村200个,基本实现全覆盖,农村面貌发生显著变化,成为“全省人居环境整治整县推进试点县”。市委、市政府拍摄专题片,宣传介绍万荣做法。以创建“国家现代农业产业园”为牵引,持续推动农业产业升级。“国家现代农业产业园”10大工程60个项目高效实施,通过农业农村部实地核验。农业开发区5项主要经济指标处于全省农业类开发区第一方阵。2020年完成高标准农田建设13.8万亩。发展果树新品种6.7万株,完成果树间伐20万株。果品出口创汇6400万元,被认定为省级外贸转型升级基地。农副产品加工年产值突破10亿元。获得全国农业创新创业典型县等6个“国字号”品牌。

(三)促进农文旅融合发展。在严守文物安全的前提下,高标准改建黄河农耕文明博览园,成为传承黄河文化、展示农耕文明的靓丽窗口。完成秋风楼周边环境整治,新建汾河湿地公园、五色坛等标志性工程。黄河一号旅游公路万荣段建成54.6公里。“畅游后土·果海笑城”14项乡村游活动品牌更亮。全省3A级乡村旅游示范村达到3个。中秋、国庆“双节”期间累计接待游客52万人次,同比增长180%;旅游综合收入1.1亿元,同比增长430%。

二、坚持以人民为中心的发展思想,持之以恒打好三大攻坚战,决胜全面建成小康万荣

(一)奋力夺取万荣“战疫”重大成果。第一时间成立县疫情防控工作领导小组,启动一级响应、建立战时机制,救治转运确诊患者1例。选派2批次10名医护人员驰援湖北省天门市,实现“医疗护理零差错、治愈出院零反复、医务人员零感染”。开展新冠肺炎“无疫县”创建,持续守牢万荣阵地。荣获省抗击新冠肺炎疫情“三等功”奖章1人、省“嘉奖”奖章9人、“运城抗疫英雄”称号1人。

(二)巩固拓展脱贫攻坚成果。统筹战疫战贫,坚持“四个不摘”,投入扶贫资金1.2亿元,实施“七大行动24项任务”,剩余77户180名贫困群众全部脱贫,410户“两类户”全部解除致贫返贫风险。持续抓好“四长四短”致富产业(“四长四短”致富产业:四长”——苹果、干果、乡村旅游、防水建材;“四短”——香菇、蔬菜、中药材、畜禽养殖),新发展苹果1930亩、干果经济林1000亩、香菇300万棒。健全移民小区党组织,成立一站式便民服务中心,在移民小区周边发展扶贫车间7个、香菇大棚141个,促进搬得出、稳得住、逐步能致富。依托龙头企业推动县内就业;“一对一”“点对点”服务促进外出务工,累计就业11123人。顺利通过成效调查和市际交叉考核,成为“全省脱贫攻坚与乡村振兴有效衔接试点县”。

(三)坚决打好污染防治攻坚战。落实市委“控污、增湿、清淤、绿岸、调水”部署,启动实施汾河入黄口生态修复及产业融合示范区项目,国考断面水质稳定达到V类标准。大力创建“国家森林城市”,森林覆盖率30.5%。完成1067亩非煤矿山生态修复。2020年优良空气质量天数达到227天,比上年增长35天。全面完成环境保护督察反馈问题整改。

(四)坚决防范化解重大风险。扎实推进“三零”单位创建,建成县乡村三级矛盾纠纷调处化解中心,信访总量下降14%;每月实施3项安全生产专项整治,安全生产形势持续稳定;深化扫黑除恶专项斗争,刑事、治安案件下降21%、7.3%;严厉打击恶意逃废金融企业债务行为,不良贷款率下降1.88个百分点。全县“零上访”村(社区)82.1%、单位99.9%;“零事故”村(社区)96.7%、单位100%;“零案件”村(社区)53.8%、单位99.8%。

(五)持之以恒保障和改善民生。建设宜居县城,“农邦”新城、民康文化城建设扎实推进,县委新党校环境优美,城东生态公园主体完成,文化体育广场建成开放。认定普惠性幼儿园126所,完成农村义务教育寄宿制学校改造44所。高考文理两大类达线突破千人。县域综合医改受到国务院通报表彰,被确定为2020年“大督查”免检县。县医院进入国家三级

医院创建名单,乡镇卫生院中医馆全覆盖,农村卫生室全部实现“四室分开”。城镇登记失业率控制在3%以内。城乡居民养老保险和医疗保险参保率分别达到99.9%、99%以上。

三、坚持“严”的主基调,推动全面从严治党向纵深发展

(一)扛牢管党治党主体责任。坚持和加强党的全面领导,研究全面从严治党议题32次。制定《2020年县委党建工作要点》《县委常委会及其成员落实全面从严治党主体责任清单》,听取县人大、县政府、县政协、县法检“两院”党组工作汇报两次,开展基层党建工作述职,层层压实责任。所有常委同志全部建立党支部工作联系点并进行调研指导,推动解决问题100余个。

(二)持续夯实基层基础。推进红色组织覆盖,健全“乡镇党委—207个村党支部—805个党小组—3016个党员中心户”四级组织架构。建立流动党员管理“1234”工作机制,基本实现在外党组织省会城市全覆盖。推进红色熔炉锻造,制度化开展“6+”主题党日活动,党员走访贫困户3670户,化解矛盾320个,技术服务18632人次。推进红色堡垒强基,对1503名农村“两委”干部进行“红色体检”;整顿软弱涣散党组织12个,集体经济5万元以上村达到95%以上。开展农村基层党建冬季提升行动,打牢党的执政根基。推进红色雁阵选育,选派35名机关事业单位干部担任农村党支部书记。推进红色平台保障,农村党群服务中心全部达到“五务四场”标准。社区办公及活动场所达到500平米以上。推进红色引领强化,在65个贫困村培养入党积极分子370余名、党员纳新77名,夯实脱贫攻坚与乡村振兴有效衔接的组织保障。

(三)加强干部队伍建设。认真落实“墩苗”计划,承接省市选派干部6名,推荐2名乡镇主干到市直部门任职。坚持“四个一线”正确选人用人导向,在急难险重一线选拔使用干部63人次。出台《万荣县公务员奖励实施细则(试行)》,综合运用颁发奖牌、记功奖励、会议交流等方式,表彰奖励先进单位和个人500余人次,形成干事创业强大正能量。

(四)巩固发展反腐败斗争压倒性胜利。坚持“严”的主基调,推动全面从严治党向纵深发展、向基层延伸。2020年县纪委监委共处置问题线索727件,立案审查347件,结案328件,给予党纪政务处分292人。深化乡镇纪检监察协作区改革,省纪委监委推广万荣经验。开展第八轮和第九轮巡察,实现十三届县委巡察全覆盖。精准开展污染防治、脱贫攻坚、文物保护等专项巡察,发现和解决问题43个。

(黄黎阳)

附:中共万荣县委书记、副书记、常委名单

书　记: 杜中伟

副书记: 李永辉　樊波平

常　委: 李鹏凯　尉艳梅(女)　杜国强　李　健　杨　谦　家敏杰　李　哲(6月任职)　张　阳(6月任职)　李　翔(8月任职)

中共稷山县委

县委书记　廉广锋

2020年,稷山县委坚持以习近平新时代中国特色社会主义思想为指导,全面贯彻落实党的十九大和十九届二中、三中、四中、五中全会精神,紧紧围绕习近平总书记视察山西重要讲话重要指示、省委“四为四高两同步”总体思路和要求以及市委“五抓一优一促”安排部署,牢牢扛起全面从严治党主体责任、维护安全稳定政治责任、推动高质量转型发展历史责任,团结带领全县人民踏实苦干、砥砺前行,各项事业取得新进展、新成效。

2020年全县地区生产总值完成92.2亿元,增长4.8%,增速全市第六;财政总收入完成6.9亿元,增长8.2%,增速全市第四;一般公共预算收入完成3.19亿元,增长10.9%,增速全市第六;规模以上工业增加值完成22.7亿元,增长11.3%,增速全市第二;社会消费品零售总额完成22.6亿元,下降5.5%,增速全市第十二;外贸进出口总额预计完成11.47亿元,下降22.8%;城镇居民人均可支配收入完成30598元,增长5.4%,增速全市第三;农村居民人均可支配收入完成13228元,增长7.4%,增速全市第十。

一、旗帜鲜明讲政治,做到“两个维护”坚定自觉

坚定不移贯彻落实习近平总书记视察山西重要讲话重要指示,县委常委会两次专题研究,县委中心组三次专题学习,专门召开县委十三届八次全会,对贯彻落实习近平总书记视察山西重要讲话重要指示进行全面安排部署,制定出台《行动方案》,项目化、清单式推进贯彻落实。坚定不移贯彻落实党的十九届五中全会精神,采取多种形式组织全县党员干部深入学习,对照五中全会精神精心谋划“十四五”工作举措。277名宣讲员深入基层开展宣讲400余场次,五中全会精神在稷山深入人心。坚定不移贯彻落实党中央和省委市委重大决策部署,深入贯彻落实新发展理念,引领全县上下按照省委市委部署,奋力蹚出稷山转型发展新路。及时对加强党的领导、全面从严治党进行研究部署。在关键时间节点,狠抓疫情防控、“三大攻坚战”、“三零”单位创建等重点工作,确保了全县大局稳定、社会稳定、全面发展。

二、踏实苦干抓转型,县域经济支撑得到新加强

招商引资突出一个“抢”字。全年签约项目29个,到位资金18亿元,在全市名列前茅;抢抓机遇,争取到地方专项债券5个,到位资金1.8亿元,特别国债项目9个,到位资金6600万元,有效解决了重大项目资金难题。市场主体培育突出一个“扶”字。全县新增各类市场主体3065户,同比增长26.7%,小升规企业完成8家,骨干企业进一步做大做强,2020年全省民企100强稷山占到三家。发展动能转换突出一个“新”字。以永祥干熄焦为代表的新技术、以超高功率石墨电极项目和超硬材料双创基地为代表的新材料、以5G基站为代表的新基建等“六新”项目全面铺开、加快建设。项目建设突出一个“实”字。县级领导带头帮扶,要素部门强力支撑,协调建设用地1700亩,减税降费2646万元,配网新增变压器175台。全年分5批次组织重点项目集中开工,新开工项目108个,总投资97.32亿元,年度投资47.46亿元。人才智力支撑突出一个“引”字。为相关单位招聘了硕士研究生26名,规上企业研发机构实现全覆盖。优化营商环境突出一个“严”字。严格推行“一枚印章管审批”,审批时限减少76.8%;严格落实开发区改革事项,授予经开区行政职权695项,建立派出机构5个;严肃处理破坏营商环境违纪违法行为,查处吃拿卡要等违纪行为为17案40人,对6起干扰项目建设和企业正常生产的行为严厉打击,稳妥办理涉企案件53件,营造了公平公正的市场环境。通过“五抓一优一促”深入落实,一个个大项目、好项目相继落地实施。永祥干熄焦及余热发电项目即将投产,梅山湖超高功率石墨电极项目一期即将竣工,铭福钢铁投资8.5亿元的烧结项目投入使用、运行良好。永东针状焦项目全力推进,与石墨电极项目配套,延伸了产业链条,等等。稷山工业转型升级全面加快,“含金量”“含新量”“含绿量”不断提升,县域经济支撑更加坚强有力。

三、多管齐下促振兴,农业农村发展呈现新气象

农业生产基础条件进一步夯实。深入实施国家绿色循环优质高效特色农业促进项目,“鸡－肥－枣”绿色生态循环模式基本形成。大力推进农田水利设施建设,建设高标准农田3.4万亩,全县水浇地面积占到84%。持续提升农业机械化水平,机收率达到98%,稷山县被评为全国第五批率先基本实现主要农作物生产全程机械化示范县、省级有机旱作节水示范县和省级秸秆综合利用示范县。全年粮食总产达到2.89亿公斤,增长9%。特色富民产业发展水平进一步提升。国家板枣公园、省级现代农业板枣产业园等加快建设。全县蛋鸡存栏达1450万只,稳居全省首位。晋龙集团被评为“第六届中国畜牧行业品牌建设先进企业”。大力发展板枣、蛋鸡、鲜桃、葡萄、中药材等富民产业,各乡镇新建产业园7个,投入资金1000万元,完成调产8000余亩。农村人居环境进一步改善。建设农村“四好”公路37公里,完成改厕2331座,清理农村生活垃圾25.3万吨,拆除修整各类违建2000余处,新建园林村20个,打造美丽乡村集中连片区3个。农业农村改革力度进一步加大。农业生产托管试点县工作深入开展,农村集体产权制度改革完成市级验收,1506家家庭农场录入全国系统。

四、文旅融合谋突破,后稷农耕文化展现新风采

精心举办了2020年中国农民丰收节稷山庆丰收活动暨第十届板枣文化节。吸引各地客商300余人,游客25万余人次,网上参与活动人数2400余万人次,线上线下销售特色农产品470余万元。全力打造了富有稷山特色的精品景区、精品工艺、精品文艺。投资30亿元的圣王山景区开发项目顺利启动,大佛文化园项目有序推进,稷山塔、观景楼主体完工,市政配套工程加快建设。香港铜锣湾集团投资57.36亿元的大佛文化园文化旅游城市综合体和滨水新城城市综合体两个项目成功签约。

五、建管结合强推进,生态文明建设取得新成效

“国”字号生态公园建设成效初显。国家板枣公园生态管理水平不断提升,举办枣农科技培训1500场次,发放有机肥8000余吨。汾河国家湿地公园初步建成,汾河断面水质全面退出劣Ⅴ类,1200亩水面、500亩荷塘、万亩湿地,南北两个堤坝景观大道,成为群众观光休闲运动健身的好去处。污染治理能力不断提升。2.5万亩造林绿化任务提前完成。督促20余家企业完成27台窑炉提标改造,整治散乱污企业28家,处理环境违法行为40余起;煤改气、煤改电工作全面推进;全年二级以上良好天气230天,同比增加95天,重污染天数同比减少13天,环境空气质量综合指数全省倒数的被动局面得到扭转,改善幅度全省排名第四。

六、不遗余力办实事,民生保障获得了新改善

县财政用于民生领域的支出达到15.8亿元,同比增长7%。疫情防控取得阶段性成效。以人为本、精准施策,组织动员全县上下众志成城、共克时艰,用较短的时间取得抗击疫情重大胜利,并迅速组织复工复产。脱贫攻坚任务全面完成。投入扶贫资金2237万元,实施扶贫项目42个,新栽经济林1900亩,新发展中药材2000亩,帮扶贫困群众县内外就业2900人,“两不愁三保障”全面落实,8516名建档立卡贫困人口全部脱贫,建档立卡贫困人口年均收入达到10290元。基础设施建设水平全面提升。县城各入城口改造提升工程全面竣工。稷王庙广场拆建、火车站站前广场、足球场、雨污分流等重点项目有序推进。城区新增绿化面积5.7万平米,覆盖率达到39.31%。老旧小区改造、建筑节能减排、加装电梯等任务全面完成。就业、教育、医疗等各项民生事业发展持续推进。深入实施“人人持证、技能社会”工程,完成劳动力转移4840人,全县在外务工创业人员达到3.7万人以上。“县管校

聘”全面实施,2020年高考二本B类达线人数一举突破千人大关,达到1061人。县人民医院医疗综合服务能力基本标准和推荐标准均排名全省第一,稷山县被确定为全省县域医疗卫生一体化改革示范县,投资5.7亿元的新建县医院项目进展顺利。

七、坚持党的领导,民主法制建设得到新巩固

大力支持人大及其常委会依法行使职权,紧紧围绕县委中心工作,县人大组织执法检查、专题调研和专项视察23次,听取和审议专项工作报告16项;建立四级人大代表联络站(点)29个;完成了财政预算监督网络平台建设任务,实现了预算联网监督;扎实开展了“学习申纪兰——代表在行动”主题实践活动,人大代表的作用充分发挥。大力支持政协和统战部门履行职能,紧紧围绕加快转型发展重点工作,组织政协委员对新建县医院、妇幼院综合楼、疫情防控、基层人民调解等重点工作进行视察,积极献言献策。切实加强党对法治稷山建设的领导,扫黑除恶专项斗争向纵深拓展,“三零”单位创建全面铺开,全县安全生产形势稳定向好。2020年稷山县被评为省级平安县。大力支持和推进群团工作,充分发挥工青妇等组织的桥梁纽带作用。加强“双拥共建”,国防后备力量建设水平稳步提升,退役军人服务保障工作得到加强。

八、守牢意识形态主阵地,宣传思想文化工作实现新拓展

深化理论武装,县委中心组集中学习18次,在全省中心组学习经验交流会上稷山县作交流发言,全县“学习强国”注册人数突破4万人,活跃度全市领先。弘扬新风正气,建成新时代文明实践中心1个、实践所7个、实践站8个,第三批评选星级文明户1660户,总户数达9200余户。深化宣传领域改革,县融媒体中心挂牌成立,全新的人事薪酬制度,有力调动干部职工工作积极性。狠抓爱国卫生运动季活动,涌现出马家巷、西段村、翟东村等一批爱国卫生运动示范标杆村,稷山县在全市爱国卫生运动季活动推进会上作典型发言。大力繁荣文化事业,民俗鼓舞剧《稼穑风》在全国农民丰收节期间精彩亮相,稷山县选送的舞蹈节目《庆丰》荣获全市“我有拿手戏”群众文艺展演金奖,“墨韵遗风”明清匾联拓片展入选“全国美术馆馆藏精品展出季”活动、县级仅此一家,音乐作品《使命——致敬抗击疫情一线的勇士们》在人民日报客户端刊登。

九、严抓严管不松懈,推进全面从严治党向纵深拓展

突出政治引领,高频次、多形式深入学习习近平总书记视察山西重要讲话重要指示、《习近平谈治国理政》第三卷等重点内容,引领全县党员干部增强“四个意识”、坚定“四个自信”、做到“两个维护”。压实责任体系,县委常委会专题研究全面从严治党相关议题18次,主要领导与7名落实“两个责任”不力的单位负责人进行了约谈,对37名落实“两个责任”不力的党员干部进行了问责。加强基层党建,全力实施“组织力提升六大工程”,精心选派25名机关干部到村任职,整顿软弱涣散基层党组织12个,高标准建设农村党群服务中心,全县村集体经济收入5万元以上的村实现全覆盖。翟店镇被评为全省标杆乡镇党委。一体推进不敢腐、不能腐、不想腐,全县立查案件371件,处分309人,查处形式主义官僚主义问题18案26人,选取32个典型案件开展警示教育,发出助廉倡议书450份,完善制度30余项。突出严管厚爱,提拔重用有为者,批评调整懈怠者,保护澄清受到诬陷者,全年调整干部95名,对15名担当作为典型大力表彰,对99件反映失实问题线索了结澄清,营造了担当作为浓厚氛围。

(段杨慧)

附:中共稷山县委书记、副书记、常委名单

书　记:廉广锋

副书记:吴　宣　白根虎(11月离职)

常　委:王纪峰　姜存师(8月离职)　王德谋

张寒梅(女)　代本忠　南选智　廉国锋

中共新绛县委

县委书记　李玉林

新绛县共有37个基层党委、12个基层党总支、495个基层党支部、13481名党员。

2020年,新绛县委认真学习贯彻习近平新时代中国特色社会主义思想和习近平总书记视察山西重要讲话重要指示,坚决贯彻落实党的十九大和十九届二中、三中、四中、五中全会精神,深入贯彻省委“四为四高两同步”总体思路和要求,聚焦市委打造“三个强市”、构建“三个高地”的目标定位,用好“五抓一优一促”经济工作主抓手,团结带领全县各级党组织和广大党员干部群众,坚持以党的建设为统领,加快建设人文新绛、绿色新绛、和谐新绛“三个新绛”,扎实做好农业产业化提质、新型工业化提速、文化旅游业提位、商贸物流业提档、城镇化水平提升“五篇文章”,夺取了常态化疫情防控和经济社会发展“双胜利”。

一、始终把学习宣传贯彻习近平新时代中国特色社会主义思想作为首要政治任务

县委共召开17次县委常委会会议、13次县委理论学习中心组会议,及时跟进学习习近平总书记最新重要讲话和指

示精神;围绕习近平总书记“三篇光辉文献”、十九届四中全会精神,开展专题研讨;持续举办学习贯彻习近平新时代中国特色社会主义思想读书班,4次邀请专家教授授课,开展理论宣讲3000余场。习近平总书记视察山西以后,召开县委十三届九次全会作出系统部署,出台《关于贯彻落实习近平总书记视察山西重要讲话重要指示奋力蹚出新绛转型发展新路的实施方案》。党的十九届五中全会召开以后,迅速召开县委常委会会议进行传达学习,县党政主要领导带头宣讲,播出电视专栏28期,组织全县所有党支部统一开展主题党日活动,切实在全县上下掀起学习宣传贯彻热潮。

二、坚持用好“五抓一优一促”经济工作主抓手,不断推动新绛高质量转型发展

面对新冠肺炎疫情冲击和经济下行压力,县委始终以扎实的工作应对各类不确定性因素。经过艰苦努力,全县地区生产总值完成122.95亿元,同比增长7.5%,排名全市第2。各项主要经济指标好于预期,保持在全市第一方阵。

一是坚定不移抓招商引资。2020年共签约项目54个,完成年度任务的160%。二是千方百计抓市场主体培育。2020年,新增减税退税4840万元、稳岗补贴1249万元;召开政银企对接会,为企业协调发放贷款10亿元;利用企业应急周转保障资金,为11户企业提供16笔9402万元过桥资金。全县新增市场主体4165户,同比增长12%;新培育“小升规”企业8家、“专精特新”企业4家,高义钢铁年销售收入达160亿元,入榜2020中国制造业民企500强。三是着眼长远抓发展动能转换。现代农业上,坚持“特”“优”战略,实施农业项目23个,总投资5.52亿元。新绛被评为全省有机旱作农业示范县,成功举办山西省第七届蔬菜产业大会。新型工业上,开发区完成工业总产值258.67亿元,实现税收8.03亿元。在全省64个工业类开发区发展水平考核中,新绛经济技术开发区位列第一方阵。现代服务业上,编制完成《新绛县全域旅游发展总体规划》,成功举办山西鼓乐大赛,将绛州澄泥砚与绛笔、绛墨、绛纸、绛印、绛帖等打包注册“绛州文斋”品牌。2020年全县社会消费品零售总额完成48.11亿元,同比增长3.3%,排名全市第3。四是全力以赴抓项目达产达效。持续用好“四库”管理模式(谋划库、储备库、建设库、达产达效库),严格落实“五个一”项目推进机制(一季一签约、一季一开工、一季一观摩、一季一考核、一季一通报),总投资127亿元的67个重点项目有20个全面完工。2020年争取专项债和抗疫特别国债项目15个,到位资金超2亿元。五是多措并举抓人才智力支撑。出台《新绛县引进优秀人才推进人才强县战略暂行办法》,设立300万元人才发展基金,引进高素质人才72名,“绛才回归”29人。六是持之以恒优化营商环境。持续深化“一枚印章管审批”、企业投资项目承诺制等改革,行政审批时限在法定时限基础上减少76.9%,网办率达到94%。不断强化要素保障,建设标准化厂房6.2万平米,出让66亩标准地。深入开展营商环境专项整治,查处37人,20家单位“一把手”被集体约谈,营商环境明显向好。

三、持续深化改革开放创新,不断激发发展活力

着力深化改革攻坚。谋划实施75项重大改革事项,县党政主要领导亲自抓20项重点改革,分管领导领衔推进16项改革,开发区“三化三制”改革、教育体制改革等一批改革事项走在全省、全市前列。

持续推进创新发展。出台《新绛县支持科技创新若干政策》,安排科技研发资金860万元,28家规上企业研发活动实现全覆盖,新增高新技术企业5家、市县两级企业技术中心15家,2020年技术合同交易额完成8135万元。

坚持扩大对外开放。组织企业参加进口博览会等活动,新增外资企业1家,引入以色列创新国度公司外资30万美元。2020年外贸进出口总额完成7400万元,同比增长99.25%。

四、咬定目标、集中力量,坚决打好“三大攻坚战”

脱贫攻坚决战完胜。树牢“军令状”和“交总账”意识,5个省定贫困村全部退出,4280户14507名建档立卡贫困人口全部脱贫。生态环境持续改善。成立县镇两级生态环境保护委员会,全力打好“三大保卫战”。2020年新绛县优良及以上天数达到253天,空气质量改善率排名全省第三。古堆泉保护及地下水超采区综合治理工程、汾河新绛段干流堤防治理工程顺利完工,汾河城区段综合治理PPP项目初见雏型,汾河、浍河出口水质达到地表水Ⅴ类标准。落实“绿满运城”行动,完成造林绿化2.28万亩。防范化解风险扎实有效。加强政府债务管理,2020年省财政厅将新绛县债务风险等级评定为绿。开展地方银行逾期贷款清欠清收百日行动,共收回逾期贷款1.41亿元,排名全市第二。

五、持续保障改善民生,全面提升群众福祉

2020年民生领域支出达16.8亿元,占财政总支出的84.7%。就业形势保持稳定。“人人持证、技能社会”培训132期6022人次,城镇登记失业率为3.29%。教育事业再创佳绩。全县高考达线3118人,达线率为64.7%,荣获运城市“2020年高中教育教学质量先进县”“2020年初中教育教学质量先进县”。医疗健康事业加快推进。探索开展城乡居民医保打包付费改革试点,新绛被评为“全国健走示范城市”。社会保障不断巩固。建成日间照料中心14家,四大社会保险参保面持续扩大。社会治理持续改善。扎实开展“三零”单位创建,打好“扫黑除恶”专项斗争收官战,2020年来信来访分别下降36.6%、32.4%,刑事治安案件分别下降10.8%、22.2%,未发生一起较大以上安全事故。人居环境稳步提升。深入开展“五城同创”和农村人居环境“清拆改种建”行动,打造了2个美丽乡村集中连片示范区。坚决打赢疫情防控人民战争总体战阻击战。县委41次召开专题会议研判形势、作出安排。2020年2月3日以后,新绛无新增确诊病例和疑似病例。2月15日,5名确诊病例全部治愈出院。4月底规上工业企业全部复工复产。

六、坚持凝心聚力,建设民主法治社会

坚定支持人大、政协依法依章程履行职责。出台《关于新时代加强和改进人大工作的意见》《关于新时代加强和改进人民政协工作的实施意见》,实施人大代表联络站(点)建设规范化提升工程,启动"有事好商量"基层协商民主试点工作,充分发挥人大代表、政协委员作用。

广泛凝聚新时代奋进力量。认真做好新形势下统战工作,成立新绛县归国华侨联合会。圆满完成工会换届,工青妇等群团组织政治性、先进性、群众性明显增强。加强党管武装工作,县人武部被省委、省政府、省军区评为"先进人武部"。

持续深化法治新绛建设。制定《党政主要负责人履行推进法治建设第一责任人职责规定》,持续开展普法宣传,公共法律服务实体平台、"一村一法律顾问" 实现全覆盖,9个镇全部建立综合行政执法队伍,全社会法治氛围更加浓厚。

七、坚持党管意识形态不动摇,不断凝聚转型发展正能量

坚持正能量是总要求。融媒体"两平台一中心"建成运行,2020年在各类媒体网站播发新闻2000余条, 中央广播电视总台大型纪录片《记住乡愁》栏目组在新绛县取景拍摄专题片。舆情形势总体平稳可控。坚持用得好是真本事。县文化馆免费开放,成功举办新绛县首届群众文化活动周系列活动。

八、坚持从严管党治党,全面提升党的建设质量

始终坚持和加强党的全面领导。召开县委议事协调机构会议18次、县委专题会议44次,切实把党的领导贯穿到各领域全过程。坚决扛起管党治党主体责任,制定《新绛县履行全面从严治党主体责任清单》等15个文件,因履行"两个责任"不力问责6案8人,推动党建工作落地见效。坚持把党的政治建设放在首位。制定《关于建立"不忘初心、牢记使命"制度的实施方案》,每月定期开展"6+"主题党日活动。落实巡视整改政治责任,省委第十五巡视组巡视期间移交的66个信访件、36个转办件,办结90个。着力打造高素质干部队伍。2020年共调整科级干部94人,组织开展"普通党员进党校"等各类培训4400余人次。全面加强基层基础建设。对所有村干部进行"红色体检",选派23名机关事业单位干部到农村担任党组织书记。排查整治软弱涣散基层党组织12个,打造33个标杆村党群服务中心。持续开展村党组织书记"五诺五评",1245件承诺事项全部完成。持之以恒推进党风廉政建设和反腐败斗争。2020年共立案311件,结案288件,处分281人。查处违反中央八项规定精神10案13人;查处黑恶势力"保护伞"、人防系统腐败等问题41人。部署开展"以案为鉴、以案促改"专题警示教育活动,实现县委一届任期内巡察全覆盖。

(贺伏鹏)

附:中共新绛县委书记、副书记、常委名单

书　记: 李玉林

副书记: 解　芳(女)　陈小光　狄　良(6月任职)

常　委: 仪天亮　姚文生(4月离职)

王军胜(5月涉嫌严重违纪违法,接受纪律审查和监察调查,8月被开除党籍、开除公职;将其涉嫌犯罪问题移送检察机关依法审查起诉。)

闫世杰(4月离职)　孙　飞(8月离职)

许朝庆　李守民　贾文伟(10月任职)

杨小召(4月任职)　杨　虹(女,4月任职)

中共闻喜县委

县委书记　段慧刚

闻喜县共有基层党组织876个(党委18个,总支38个,支部820个),党员19225名。

2020年,闻喜县委坚持以习近平新时代中国特色社会主义思想为指导,认真学习党的十九大和十九届二中、三中、四中、五中全会精神,深入贯彻落实习近平总书记视察山西重要讲话重要指示精神,围绕省委"四为四高两同步"总体思路和要求,紧扣市委"五抓一优一促"经济工作主抓手,深入实施县委"1146"发展战略,统筹推进疫情防控和经济社会发展,经济社会发展保持了良好的发展态势。全县地区生产总值完成151.5亿元,增长7.9%,增速全市第1。规模以上工业增加值完成59.9亿元,社会消费品零售总额完成32.3亿元,一般公共预算收入完成5.8亿元,城镇居民人均可支配收入完成33679元,农村居民人均可支配收入完成12455元。

一、坚持学习先行、深学笃用,坚定不移用习近平总书记视察山西重要讲话重要指示精神指导工作, 深入贯彻中央和省委、市委决策部署

一是深刻领会习近平总书记视察山西重要讲话重要指示精神,召开县委十四届十次全会,制定《实施方案》,明确需要着力抓好的6方面56条252项重点工作,不断把学习贯彻引向深入。二是常委班子以上率下学懂学深,先后召开常委会议31次、中心组学习会18次,就学习贯彻习近平总书记视察山西重要讲话重要指示、"三篇光辉文献"和党的十九届四中、五中全会精神作出安排部署,围绕高质量发展等专

题互动交流、座谈讨论,把学习成果转换为做好各项工作的具体思路和重要举措。三是多维度开展理论宣讲,分层次组织学习培训,深入基层广泛开展十九届五中全会宣讲活动,班子成员带头宣讲,推动党的十九届五中全会精神家喻户晓、深入人心。

二、着眼转型发展,聚力项目建设,全力以赴开创经济社会全面转型的新局面

一是打造产业集群,与山西建龙签订“千亿级钢铁深加工产业集群”项目合作协议,敲定总投资134.6亿元的16个钢铁深加工项目,8个年度重点工程项目竣工投产,前三季度山西建龙完成销售收入380.6亿元;申报国家级镁铝合金创新中心,瑞格2万件新型金属材料精密加工、振鑫1万吨高性能镁合金和煅烧车间技术改造等项目正有序推进;筹划建设传统工艺玻璃展示生产基地,正在开展规划、用地等前期工作;孵化创办“五小企业”307家,完成“小升规”企业7家,重点培育专精特新企业5家。二是加快项目建设,先后举行5次重点项目集中开工仪式,全市第5次项目集中开工仪式在闻喜县举行,累计新开工76个,复工续建25个,开工率152%;开发区6万平米标准化厂房开工建设,6家企业签订入驻意向,荣获全省2019年度工业类优秀开发区;签约300MW光伏等38个项目、总投资328.35亿元,年产130万吨棒材等24个项目开工建设,开工率63.15%。三是推动乡村振兴,粮食总产预计达到3.2亿公斤,中药材种植面积突破20万亩,药茶企业12家,荣获全国粮食和物资储备系统先进集体;无公害农产品认证9个,绿色食品认证7个,“北垣秋柿”通过农业农村部农产品地理标志评审,建立有机旱作农业核心示范区面积3.09万亩;新增灌溉面积3.97万亩,建成高标准农田3.01万亩。四是提升城市品质,撤县设市工作未达标的16项指标正在强化工作措施,加快推进落实;实施城市道路、供水等市政建设工程41个,城乡垃圾治理体系、三线入地、北区一路等17个项目已竣工,县城主要十字路口拓宽改造等16个项目稳步推进,集中供暖面积达到270余万平米,城市安全供水、稳定供热得到有效保障;“城西新区”初具雏形,牧原饲料等企业已经入驻,政务中心建成投用,创新大道等8个项目正在加紧实施,已经显现出蓝图的雏形。

三、抓住重点领域和关键环节,形成以全面深化改革推动全局工作的新态势

深化招商引资体制机制改革,制定全县招商引资行动方案,成立招商引资领导组,组建招商引资“小分队”,出台《闻喜县招商引资工作考核办法》。深入开展“三零”单位创建,县、乡镇、村级矛盾纠纷调处化解中心全部成立,4439个创建主体中“零上访”比例达到98.6%,扫黑除恶专项斗争成果不断巩固,治安、刑事案件同比下降26.7%、23.7%,群众安全感不断提升。健全决战完胜脱贫攻坚制度机制,全县未脱贫人口已逐一“清零”销号。建立健全完善返贫监测预警和动态帮扶机制,利用420人的返贫监测预警队伍,重点对67户边缘户和262户脱贫监测户进行动态监测,建立台账、专册管理,精准发力。相对集中行政许可权改革稳步推进。新建政务中心建成运行,进驻行政审批单位14个,窗口67个,行政审批事项1122个,共办理近3万件事项;认真落实“四个一”工作机制,开展“投资项目办理月”和“五减一优”专项行动,完成审批事项9231件,184个行政村、15个社区全部建成高标准便民服务场所。农村集体产权制度改革顺利开展。开展农村集体资产清产核资和集体经济组织成员确认“回头看”,对发现的问题及时整改到位;开展全县农村集体经济组织登记赋码和证书发放工作,全县775个集体经济组织完成资产清查工作。

四、加强民主政治建设,巩固发展安定团结的政治局面

人大工作获得新提高。推进人大代表联络站建设,评选表彰闻喜县优秀人大代表,充分发挥人大代表主体作用;坚持党管干部和人大依法任免有机统一。政协工作取得新成效。制定《关于新时代加强和改进人民政协工作的意见》的实施意见,在中山大学举办为期5天的“委员履职能力提升培训班”。在全县13个乡镇统一设立了政协联络组,由党委副书记兼任组长,进一步健全了委员联络专门工作机构,推动政协工作提质增效。统战工作实现新突破。组织统一战线各界代表人士和统战干部参加“携手走进武乡、重温红色记忆”主题教育培训和第三期统战业务素质能力提升培训班;召开全县经济社会发展情况党外代表人士通报会,收集意见建议13条;创新探索出的“1234”工作法在《中国宗教》刊载报道;在广州、石家庄开展了“运才兴运”专项行动,签约2个项目,签约资金达13.5亿元。依法治县取得新进展。大力推进“三零”单位创建,提升基层治理能力;持续开展法治为民办实事活动,不断提升广大群众的法治信仰;配齐配强法律顾问,拓宽法律援助和司法救助渠道;创新发扬新时代枫桥经验,打造基层社会治理新体系,共审结民商事案件1989件,结案率86.07%。

五、驰而不息抓好意识形态工作,不断提升闻喜文化的影响力和知名度

一是增强意识形态凝聚力引领力。牢牢把握意识形态工作领导权;充分利用中心组学习、县委党校、桐乡大讲堂、基层理论宣讲四类理论阵地,积极推广“学习强国”、好干部在线等网络平台,组织中心组学习16次,开展各类宣讲2130余场。二是提升社会文明程度。推进国家、省级、市级精神文明先进集体创建工作,获得省精神文明创建文明县城,通过凝聚新乡贤力量、创评五星级文明户、繁荣乡村文化等工作,扎实推进乡风文明建设,助力乡村振兴战略稳步实施;打造五四一医院、山西建龙2个省级示范点和涑水河公园等14个培育社会主义核心价值观和弘扬优秀传统文化市级示范点。三是繁荣社会文化事业。举办“新时代 新闻喜”青年歌手大赛、“践行领袖嘱托、率先蹚出新路”硬笔书法作品展等

系列文化活动；深入挖掘裴氏文化内涵，联合北大耕读社推出三集云端讲座“裴氏文化”，编印《裴氏研究》第九期第十期，出版《裴氏世谱》《闻喜红色家风故事》《闻喜家风家教百篇故事集》；以陶瓷、玻璃、煮饼、花馍、本命年、文创产品等为重点，加大产品研发力度，壮大文化产业规模。

六、加强民生保障和社会治理，确保人民安居乐业、社会安定有序

一是脱贫攻坚战实现决战完胜。截至年底，全县31281名绝对贫困人口全部达到了脱贫标准。二是社会事业持久战取得了节节胜利。全县中考平均分全市第5，合格率全市第4，高考两大类达线659人，达线率35.1%，“县管校聘”管理改革全面推进；扎实开展“春雨行动”，实现大学生就业520人，深入实施“人人持证、技能社会”全民技能提升工程，完成培训7268人，城镇新增就业4603人。医疗集团“六统一”管理不断强化，落实省级“两癌”筛查等四项民生实事，已基本完成全年任务；全县参加基本养老保险的总人数达到29万余人，基本养老覆盖率达到98.94%以上。三是生态保卫战守住了绿水青山。完成生态治理2万亩，其中新一轮退耕还林完成1.164万亩，杜仲示范基地道路绿化工程、东镇—裴柏绿化提档升级工程已经完工，涑水河治理及修复工程、森林公园提升工程稳步推进；开展工业窑炉和工业用锅炉综合整治、燃煤企业CO专项治理等行动；对“散乱污”企业综合整治进行“回头看”，发现问题7起，均查处到位；完成“煤改气”540户、“煤改电”12955户；开展全县涑水河流域入河排污口专项整治工作，对64个排污口分类实施整治，完成39处，礼元污水处理站已建成投运；对10个尾矿库进行环境风险隐患排查，对34家产生危险废物的企事业单位进行规范考核。四是全力打好扫黑除恶专项斗争收官战。建立乡、村两级矛调中心，受理调解案件486件，调解成功率达95%；协协调县法院开展依法清收涉农商行不良贷款百日行动，清收案款1200余万元；严格落实安全生产党政同责，深入开展安全生产大检查、食品安全大整治等专项活动，全县安全生产形势保持总体稳定。

七、坚定不移扛起全面从严治党责任，全面构建良好政治生态

一是坚持夯基铸魂，筑牢干事创业的思想基础。开展“政治理论强化季”活动，落实“一册双学一考”学习举措；高标准举办乡科级干部学习习近平新时代中国特色社会主义思想读书班暨主体班、秋季学期中青年干部培训班等培训班；建立乡科级干部培训电子档案库，选派县处级领导干部6人、正科级干部6人、副科级干部4人参加市委党校春季、秋季学期主体班次调训。二是坚持选优配强，打造忠诚干净担当的干部队伍。全年调整干部9批215人。落实省委、市委“墩苗”行动和干部上选任职要求，5名省市县年轻干部到乡镇任职，2名乡镇党委书记、1名县直单位负责人上选至市直单位任职。为事业单位引进“双一流”本硕生跟普通硕士生69人，为交通局、司法局柔性引进2名创新创业人才，为县域企业引进博士、“双一流”硕士等高层次人才4名。公开招聘50名年龄在40岁以下、全日制大专以上学历的第一书记。三是坚持从严治党，营造风清气正的政治环境。处置反应问题线索800件，同比增长25%，谈话函询265件次，了结389件次，同比增长21.9%，立案314件，同比增长4%，结案318件；运用监督执纪“四种形态”处理632人次，同比增长9.5%，其中，第一种形态342人次，占比54.1%；第二种形态242人次，占比38.3%；第三种形态22人次，占比3.5%；第四种形态26人次，占比4.1%。四是动真碰硬，确保巡视反馈问题整改到位。2019年10月14日至12月2日，省委第四巡视组对闻喜县开展了脱贫攻坚专项巡视，对反馈的5个方面18个问题，逐一制定整改措施、建立整改台账，全部整改到位。2020年6月15日至6月30日，省委第四巡视组对闻喜县开展了脱贫攻坚专项巡视“回头看”，对反馈的5方面12个问题，明确责任单位、整改时限，全部整改完成。

（孟令燕）

附：中共闻喜县委书记、副书记、常委名单

书　记：段慧刚

副书记：黄亚平（女，4月离职）　史玉江（4月任职）
秦志洲（1月免职；2021年3月涉嫌严重违纪违法，接受纪律审查和监察调查；9月，被开除党籍、开除公职；将其涉嫌犯罪问题移送检察机关依法审查起诉。）
荆富功　王　瑞（6月任职）

常　委：王学智（4月离职）　韩小青
吴引群（11月因涉嫌严重违纪违法，被给予开除党籍、政务撤职处分）
张文豪　文　斌（7月任职）　李雪琴（女）

中共绛县县委

县委书记　王宏伟

2020年，绛县县委坚持以习近平新时代中国特色社会主义思想为指导，深入贯彻习近平总书记视察山西重要讲话重要指示精神，全面落实省委“四为四高两同步”总体思路和要求，以“五抓一优一促”为经济工作主抓手，在市委“三个强市”“三个高地”发展目标中找准绛县定位，团结带领全县上下努力开拓高质量转型发展新局面。

一是全面从严治党。坚定不移抓好政治建设,全县各级中心组持续深入学习习近平总书记视察山西重要讲话重要指示以及省委、市委各项决策部署,严格按规定开展"三会一课"、党日活动等党内政治生活,引导全县党员干部进一步树牢"四个意识"、增强"四个自信"、践行"两个维护"。比学赶超落实全会精神,在市委安排部署贯彻十九届五中全会"五个动作"的基础上,确立了"开展一次基层宣讲、组织一次演讲比赛、进行一次闭卷考试"的三项增设内容,以八个动作掀起了贯彻全会精神热潮。紧紧围绕省委书记来运调研指示精神,制定了贯彻落实方案,确定出7方面31项具体任务,确保全会精神落地生根、开花结果。不遗余力强化基层党建,开展了"党建引领提升、创新管理规范、强基固本锻造、能力提升强化、稳步覆盖保障"基层党建五大行动。建设了覆盖10个乡镇的党群服务中心。全面完成了农村集体"三资"管理集中清理整治工作,全县133个村核实农村集体总资产74329万元,增加集体资产55063万元,通过合同清整挽回集体经济损失216.5万元。下大力气正风肃纪反腐,在全县干部中开展了高密度、全方位的正反两方面廉政教育。正在开展第10轮巡察。2020年全年,共处置问题线索734件,同比下降5.41%;立案336件,同比增长0.29%,处分309人,同比增长9.57%。深入抓好巡视巡察整改,先后开展了2轮巡视巡察整改"回头看"工作,不断引深问题整改实效。2020年9月至11月,省委第16巡视组对绛县开展巡视,巡视期间,县委扛起政治责任,坚持立行立改,确保了各项任务不折不扣的整改到位、落实到位。

二是坚持转型为纲。大力推进机械制造转型智能制造,先后实施了亚新科机加新生产线、东龟智能工业机器人、中科晶电二期等先进制造项目,带动华晋铸造、红山机械厂、山西冲压厂、中信车桥、龙舟机械、星源科技等优势企业高质量转型发展。大力推进传统电力转型新型能源,推进总投资30.3亿元的山西晋煤大唐2×350MW热电联产项目,实施了25MW江河生物质能发电改造、20MW国宏光伏一期、99.5MW横水九鼎风电、30MW冷口天润风电三期等新能源发电项目。大力推进中药饮片转型生物制药,实施了总投资5亿元的中焱恒中药材加工项目,引进了总投资2.1亿元的神农药茶。

三是紧盯项目为王。加快招商引资,2020年,共签约项目68个,签约资金166.49亿元。东方希望养殖项目已经开工建设。精心谋划项目,结合"十四五"规划,共谋划46个"六新"项目。充分发挥经济开发区主战场作用,建设了"泰鑫源民营工业园"和"中泰科创城双创孵化基地"2个"区中园"。全年引领带动建鼎新型建材、鲲鹏饲料、天润风电三期、东龟智能装备等39个项目竣工投产。

四是发展特色种植。调结构,规模化发展,布局打造了中条山农旅融合特色养殖经济带、呼北线现代特色高效农业经济带、紫金山有机旱作农业中药材种植经济带和大樱桃、大山楂等十大农业集聚区的"三带十区",引领全县山楂种植面积发展到10万亩、大樱桃发展到5万亩、苗木发展到5万亩、干果经济林及中药材发展到14万亩。建园区,标准化生产,建设了西灌底樱桃、郑柴山楂、横岭关蓝莓等50个现代农业示范园区。育主体,市场化经营,积极探索推进"村社一体化"新型集体经济改革。全县市级以上龙头企业发展到14家,专业合作社达到1023个,家庭农场发展到488家。打造出维之王山楂制品、隆立康鹿产品、康园泰功能食品等一批农业龙头企业。强素质,品牌化销售,创建了绛县山楂、绛县樱桃、绛县黄芩、绛县连翘、绛县柴胡等地理标志品牌。

五是挖掘资源禀赋。按照"一名人一展馆""一典故一展馆"要求,全力打造了尧文化展馆、晋文公展馆及晋都文化公园。连续多年举办樱桃文化节、紫家峪红叶节、美丽乡村百花节、音乐啤酒节、东华山庙会、青年联谊会"四节两会"。打造出了"春观花、夏漂流、秋红叶、冬滑雪"具有绛县特色的晋南地区休闲避暑胜地、文化旅游胜地和户外运动胜地。

六是践行"两山理论"。坚持硬手腕治山、大力度治河,对境内非煤矿山进行了关停整合。对汾河流域、涑水河流域进行了全面整治。坚持"清拆改种建"五治并举,全面推进美丽乡村建设。在各村建设了小游园、小公园100余个。投资2000万元规划实施了3个农村人居环境整治连片示范村。在全县打造出"源头四季流水、河道清淤疏浚、山体植被覆盖、平川四季见绿"的全新生态格局。

七是坚持民生优先。优先发展教育,实施了新建绛县中学二期、东城幼儿园二期。高考达线人数实现"五年连升",2020年第3次荣获"全市高中教育进步县"称号。抓好医疗卫生,启动了总投资4.34亿元的县医院增容扩建工程。完成了5所乡镇卫生院提标改造。2020年11月,通过了中医药先进县的全部指标评审。抓实社会保障,对中信机电驻绛6个分厂9034户的"三供一业"进行了提标改造,接收了企业职工医院。建成覆盖全县的9所养老机构、59所农村老年人日间照料中心。推进社会治理,以"三零"单位创建为主要抓手,确定了各类创建主体3912个。全面推行"全科网格",大力推进县乡村三级矛盾纠纷调解中心建设,确保了社会和谐稳定。获批2018—2019年度平安绛县称号。积极推进"创卫"。打通断头路,畅通微循环,全面提升城市品质,2020年8月,绛县获批国家卫生县城荣誉称号。决战脱贫攻坚,全县共投资2248.33万元,实施88个到村产业扶贫发展项目,确保了全县人民群众同步达到小康。

(张会玺)

附:中共绛县县委书记、副书记、常委名单

书　记:王宏伟

副书记:薛玉马　丁　格(女)

常　委:荣　亿(7月任职)　解伟龙　葛　凯

孙　飞(8月任职)　董宏运

薛俊辉(8月离职)　程海龙　薛云涛

李延红(4月离职)　孙国强(4月任职)

中共垣曲县委

县委书记 杨彦康

2020年，垣曲县委坚持以习近平新时代中国特色社会主义思想为指导，深入学习贯彻习近平总书记视察山西重要讲话重要指示，坚决贯彻落实省委“四为四高两同步”总体思路和要求，坚持以运城市委“五抓一优一促”为经济工作主抓手，凝心聚力，攻坚克难，各项工作取得一系列新进展新成效。全年地区生产总值完成67.8亿元，增长4%；社会消费品零售总额完成30.4亿元，增长4%，全市第2；财政总收入完成8.8亿元，增长19.2%，全市第1；一般公共预算收入完成3.9亿元，增长23.7%，全市第1；全体居民人均可支配收入完成19295元，增长7.9%，全市第1；城镇居民人均可支配收入完成30297元，增长5.7%，全市第1；农村居民人均可支配收入完成9401元，增长10.5%，全市第2。

一、坚持抓牢疫情防控，垣曲“战疫”防线坚强有力

一是全力打赢疫情防控阻击战。组建疫情防控领导小组和指挥部，选派3名医护人员驰援武汉，全县1人获得省级三等功表彰，3人荣获省级嘉奖，实现了零疑似、零确诊、医务人员零感染的“三零”目标。

二是着力恢复经济社会秩序。统筹推进疫情防控和经济社会发展，扎实推进“千人千企”精准帮扶活动。召开政银企对接会，发放支小贷款1.7亿元。开展“春风行动”，举办线上招聘80余次，提供就业岗位2.4万个，达成就业意向7500余人。

三是扎实做好常态化疫情防控。按照“外防输入、内防反弹”的要求，加大对中高风险区及境外入境返垣人员的排查，全面做好冷链食品和从业人员的采检工作。建立了流调、核酸采样、核酸检测三支队伍，达到5—7天内可完成全员核酸检测的目标。

二、坚持发展第一要务，转型发展呈现强劲态势

一是项目建设热火朝天。全年共实施项目89个，总投资331.7亿元，完成投资43.1亿元。先后举办四次集中开工仪式，在全市项目建设综合考核中，垣曲县一季度位居第二，二三季度名列第三，四季度排名第一。

二是招商引资取得实效。全年开展自主招商推介19次，对接重点招商项目60余个，对接企业70余家，邀请来垣考察客商106批次2400余人。完成招商引资签约项目27个，开工项目21个；新开工固定资产投资目标任务完成111.68亿元，固定资产投资项目资金到位10.17亿元。

三是营商环境全面优化。推进开发区“九通一平”建设，争取中央债券、专项补助等各类资金1亿余元。探索实行“六个一”审批服务新机制，压缩审批时限达75%；深化“放管服效”改革，承接下放行政职权461项。

四是工业转型步伐加快。五龙镁业3万立方米煤气柜技改项目顺利完成；投资17亿元的东鹏智能家居产业园项目二期标准化厂房正在建设；投资79.6亿元的抽水蓄能电站加快建设；年处理30万吨铜冶炼弃渣及工业固废综合利用、建筑垃圾清运处置及资源化利用项目落地开建，工业转型迈上新台阶。

五是现代农业稳步推进。粮食生产稳定向好，总产达9017万公斤。4.8万亩高标准农田基本完工，1万亩花椒、6万亩核桃提质增效。“三园两区”加快实施，加快农产品精深加工十大产业集群发展，荣获“山西产业扶贫示范县”“运城市实施乡村振兴战略绩效考核优秀单位”。

三、坚持全面深化改革，社会发展活力充分激发

一是对改革工作的领导切实加强。改革任务数从2019年的251项精简到2020年的71项，制定出台《垣曲县县级领导干部领衔推进重大改革项目暂行办法》，所有改革事项均由县级领导担任第一责任人，确保了有效对接、协同推进、落地见效。

二是重点领域改革持续推进。建成垣曲首个众创空间，获评“全国农村承包地确权登记颁证工作典型地区”，牵头抓好“1311”重大工程，获得中央财政专项扶贫奖励资金，深化事业单位改革实施方案已经市委编委会议审批通过，在全市率先完成行政村撤并工作。

三是各领域改革亮点有效挖掘。在社会基层治理改革中，基层党组织建设、“三零”创建工作、乡镇纪检监察工作协作区建设、项目建设体制机制创新等各项改革，多次登上省级主要党报党刊，得到上级的肯定和支持。

四、坚持生态优先发展，生态红利得到全面释放

一是环境质量持续改善。坚持“治企、减煤、控车、降尘”多措并举，秋冬季大气污染治理取得明显成效；加强农村生活污水治理，三座农村生活污水处理站建成投用；开展工业固废整治，强化危废规范化管理。2020年，垣曲县空气质量优良以上天数303天，全市排名第一；PM2.5平均浓度全市排名第一；河流断面水质达标率100%。

二是美丽乡村加快建设。坚持“清拆改种建”五治并举，

投资1.19亿元重点打造亳清河沿线、历山—古城、华峰三个连片人居环境提升示范区,实施完成3个省级美丽宜居示范村建设。

三是文化旅游深度融合。历山A级景区标准化建设,望仙4A级景区创建基础设施不断完善,申报3家省级3A级乡村旅游示范村和4家"黄河人家"。北白鹅城隍庙、西型马纯阳观、同善同心会馆和北垛十八兵站成功申报为省级文保单位。"垣曲县文化中心"和"黄河世纪曙猿文化主题园"两个项目被列入全省"十四五"文化旅游发展改革规划。2020年,全县旅游接待人数18万人次,旅游综合收入760余万元,带动相关产业收入4000余万元。

五、坚持以人民为中心,民生福祉持续改善

一是坚决打赢打好脱贫攻坚战。持续发挥好一线带富、孝善扶贫等创新举措,全县易地搬迁13个集中安置点配套设施全部到位,全县脱贫成果位居全省第一方阵,被评为"山西省扶贫系统先进集体"。

二是县城品质全面提升。垣曲县城九纵十横的城市道路框架基本形成,人均住房面积37平方米,集中供热面积400万平方米,绿地率、绿化率、人均公园面积分别达到34%、40%和11平方米,成功创建"国家级园林县城"。

三是民生事业不断发展。深化"县管校聘"改革,垣曲中学获得国家级教学成果奖,卫生健康服务网络逐步健全,获得"山西省食品安全示范县"称号。城乡低保保障标准每人每月分别提高50元,特困人员基本生活标准每人每月提高75元。

六、坚持文化繁荣发展,精神力量实现广泛凝聚

一是理论武装持续强化。召开县委十四届十一次全会,确保习近平总书记视察山西重要讲话精神在垣曲落地见效。县乡两级中心组成员开展主题党课活动150余场,97名基层理论宣讲员队伍开展主题宣讲1300余场,举办乡科级干部主体班2期共培训100人,开展干部理论教育讲座5期,培训4000余人次。

二是意识形态责任制严格落实。全县意识形态总体形势稳中向好。

三是精神文明建设不断加强。省级文明县城获得省文明委表彰,县融媒体中心正式投入使用,两个文明实践所和两个文明实践站试点挂牌投用。"星级文明户"管星用星成效显著,孝善扶贫工作经验做法被列为全市学习推广典型。

四是公共文化服务明显提升。文化馆、图书馆、博物馆、乡镇文化站"三馆一站"免费开放,先后举办"防疫情、创三零"戏曲演唱会、"文化三晋乐万家"等群众文化活动54场次。完成了303场的"送戏下乡"任务;县电影公司完成2094场农村公益电影放映和158场寄宿制学校电影放映任务。

七、坚持推进民主法治,社会治理水平明显提升

一是人大工作扎实开展。全力推动全县经济社会高质量转型发展和民主法治建设进程,围绕"十四五"规划编制强化监督,深入开展专题调研,促使规划符合上级政策,符合垣曲实际。

二是政协职能充分发挥。聚焦"十四五"规划、支村"两委"换届、脱贫攻坚、乡村振兴等普遍关切的事项,多次进行调研视察。编著《账本里的中国故事》,被运城市委宣传部推荐参评"五个一工程"。

三是统战工作成绩显著。垣曲县委统战部荣获中央统战部"宣传先进集体"和山西省"民族团结进步创建集体"荣誉称号,民盟运城市垣曲县总支部委员会荣获民盟中央"民盟思想政治建设和宣传工作先进集体"荣誉称号,垣曲工商联荣获全国工商联"民企劳动关系监测调查工作先进单位"荣誉称号。

四是法治建设全面推进。将法治建设纳入地区发展总体规划和县委年度工作计划,2020年共出台规范性文件14件,全年开展法治宣传活动40余次,累计拍摄普法短剧150部,"七五"普法、"民主法治示范村"顺利通过市级验收,运城市社会矛盾纠纷调处化解中心暨司法所精品工程建设现场推进会在垣曲县成功召开,新城镇"老兵调解室"、华峰乡"老王调解室"受到司法部表彰。

八、坚持全面从严治党,政治生态始终风清气正

一是"两个责任"切实扛牢。深入推进廉政文化全覆盖和日常谈话全覆盖,2020年,共受理信访举报80件,立案290件,结案244件,给予党纪政务处分237人,挽回经济损失20.6万元。

二是反腐保持高压态势。一年来,共运用"四种形态"处置628人次,同比增长12.7%。其中第一种形态386人次,占比61.5%;第二种形态211人次,占比33.6%。

三是巡视巡察全面整改。认真对照省委第四巡视组脱贫攻坚专项巡视反馈的5类10项问题,以及"回头看"反馈的四方面问题,市委巡察发现共性问题整改推进会上反馈的6个方面共性问题12个具体表现,均出台整改落实方案,各巡视巡察反馈问题全部整改完成。

四是基层基础不断夯实。连续6年提高村干部岗位报酬,农村"两委"主干平均年收入达2.16万元。成立社区网格党支部102个。大力弘扬"实、快、敢、公、韧"的工作作风,10个软弱涣散基层党组织全面转化升级,4600余名党员干部接受了熔炉锻造。

五是村"两委"换届圆满完成。垣曲县71个行政村11个社区全面完成村党组织换届选举工作,村(社区)"两委"委员职数精简50%,平均年龄较换届前降低了8.2岁,高中及以上学历人数较换届前增长28.5%,党组织书记和村(社区)主

任全部实现"一肩挑"。

(张馨月)

附:中共垣曲县委书记、副书记、常委名单

书　记: 杨彦康

副书记: 麻军泽　柴照明　张红杰(挂职)

常　委: 李　鹏　马海强　杨可隆　程岩勤　杨春霞(女)　卫　鹏　毛小明(8月任职)　李　强(6月任职)　张　帆(6月任职)　梁　鹏(8月任职)

中共夏县县委

县委书记　张宏志

2020年,夏县县委坚持以习近平新时代中国特色社会主义思想为指导,深入贯彻落实习近平总书记视察山西重要讲话重要指示,扎实推进全县经济社会发展各项事业实现稳中有进、稳步提升。全年地区生产总值完成63.2亿元,增长3.2%,规模以上工业增加值完成6.1亿元,增长3.3%。社会消费品零售总额完成29.5亿元,城镇居民人均可支配收入完成29374元,增长4.7%,农村居民人均可支配收入完成10029元,增长10.4%,全体居民人均可支配收入完成15279元,增长7.3%,财政总收入完成3.2亿元,一般公共预算收入完成1.9亿元。

一、聚焦"两个维护",坚决扛牢贯彻落实习近平新时代中国特色社会主义思想的重大政治责任

坚持把学用习近平新时代中国特色社会主义思想作为首要政治任务,深入学习贯彻党的十九大和十九届二中、三中、四中、五中全会精神,全面学习贯彻习近平总书记视察山西重要讲话重要指示和"三篇光辉文献"精神,深入开展治国理政、党的十九届五中全会精神等集中宣讲和研讨。紧紧围绕中央最新部署和精神谋划工作,全年共出台落实中央、省、市工作部署方案、意见23个,举办干部大学堂4期、各类培训班21期,培训研讨5300余人次,引导广大党员干部学理论、明方向、定思路、见成效,切实用习近平新时代中国特色社会主义思想武装头脑、指导实践、推动工作。

二、坚持人民至上,众志成城守好疫情防控夏县阵地

(一)牢牢掌握疫情防控主动权。提出"让党徽戴起来、党旗飘起来、党员动起来、党组织强起来",动员全县各级党组织和党员干部迅速进入疫情防控状态,成立临时党支部83个,临时党小组768个,组建党员先锋突击队103个,党员志愿服务队318个。全县679个基层党组织闻令而动、听令而行,1.5万余名党员投入"战斗"岗位,广大公安干警、医务人员、基层工作者积极投身疫情防控一线,为维护全县人民群众生命安全和身体健康提供重要支持。

(二)精准打好疫情防控阻击战。坚持思想认识到位、人员管控到位、队伍培训到位、核酸检测到位、宣传引导到位、物资储备到位、发热预检管理到位、集中隔离到位"八个到位",靶向施策、人物同防,毫不松懈抓好"外防输入、内防反弹"各项工作。投资661.54万元完成两处核酸检测实验室建设,派出3名医务人员赴湖北支援抗疫,为打赢打好湖北保卫战作出了夏县贡献。

(三)统筹兼顾恢复经济社会发展秩序。提出"一产做贡献、二产守底线、三产挖内潜"的工作思路,县四大班子领导带头深入企业开展帮扶工作。立足重点项目开工、企业做大做强、农业提档升级、旅游提质增效"四个发力点",扎实开展抓投资稳增长集中攻坚行动,有力促进了主要经济指标稳中有进、稳中向好。1例确诊病例治愈出院后,全县未再出现确诊病例和疑似病例报告,规上企业全部复工复产,中小学全部正常复课,经济全面复苏,社会秩序稳定,为发挥"首都护城河"作用做出了夏县贡献。

三、扭住第一要务,奋力蹚出转型发展新路

(一)现代农业提质增效。大力实施农业"特""优"战略,培育打造西瓜、茶叶、花椒等五大产业集群。司马光葡萄产业园成功创建省级现代农业产业园,"夏鲜"蔬菜产业园获评省级标杆项目,"夏县西瓜"入选全国名特优新农产品名录,"夏县花椒"地标品牌通过农业农村部评审,先后3次被央视媒体宣传报道,"夏县葡萄""夏县板栗"申报认证地理标志和全国名特优新农产品,夏县农产品品牌的知名度和影响力持续扩大。

(二)文化旅游焕发新机。坚持打好"黄河、夏禹、嫘祖、卫夫人、介子推、司马光、康养、美丽乡村"八张牌,全面构建全域游、全景游、全季游发展新格局。吉林大学田野考古实践教学基地落户夏县,在师村遗址挖掘出土了6000年历史石雕蚕蛹,为探寻中华文明起源、弘扬根祖文化提供了重大机遇,入选全市2020年十大新闻。实施卫夫人文化创新发展项目,"一名人一馆"、"一典故一馆"夏县模式得到省委书记高度评价,成为全省示范样板。

(三)新兴产业蹄疾步稳。围绕传统产业改造升级,加快推动运力化工、陈朝阳玻璃、安瑞风机等13个技改项目,完成投资1亿元,制造业增加值占比扭转历年负增长局面,实现首次正增长。围绕新经济增长点培育,实施景氏综合建材、

瑶台生物科技、鑫点智能穿戴等项目,推动天嘟生物一二期项目、天润风电四期项目等新兴产业项目完工投产。围绕新兴产业发展,加快5G网络覆盖,推动电子商务发展,全县物流快递体系更加完善,数字经济效益初步显现,全年网销额达1.5亿元,同比增长30%。围绕"六新"产业突破,规划建设投资260亿元占地1.8万亩的"六新"集聚区,投资3.2亿元的畅达科技交通设备制造项目在首开区落地。

(四)生态文明厚植优势。深入贯彻习近平生态文明思想,大力践行"两山"理论,按照"生态产业化、产业生态化、生态产业一体化"的工作思路,不断推进生态保护和绿色发展,持续擦亮"金名片"。坚决打赢打好蓝天碧水净土保卫战,开展"百日攻坚"行动,全年优良天数达到262天,同比增加55天,优良率71.8%;编制完成覆盖22万人的《夏县农村生活污水治理专项规划(2020—2030)》,完成5万亩水土流失治理任务,土壤生态环境整治取得初步成效;大力创建国家森林城市,开展"绿满夏县"行动,完成人工造林、荒山绿化、退耕还林等工程2.73万亩,绿色资源更加丰富。推进白沙河城区段生态蓄水与环境修复,实现生态文化交相辉映、人与自然和谐共生。庙前镇西村被评选为"国家森林乡村"。

(五)民生福祉大幅改善。在脱贫攻坚上,建立健全"书记县长打头阵、县委常委齐上阵、政府班子当先锋、人大政协做后盾"的工作机制,整合涉农财政资金1.4亿元,集中用于贫困村基础设施提升等218个扶贫项目,带贫益贫效果明显。精准落实各项扶贫政策,完成了剩余14户32人的脱贫任务。在教育事业上,顺利通过了国家义务教育均衡验收,实施"三名工程",共培育县级名师24名、名校长1名、特色名校1所。全县学前教育毛入园率99.89%;义务教育入学率保持100%、巩固率保持在99.3%以上;高中阶段毛入学率提高到96.2%;高等教育毛入学率由35%提高到54%。在医疗卫生事业上,荣获全市健康扶贫工作先进县、省级卫生城市、全国中医药工作先进单位等称号。全县12个乡镇卫生院标准化建设完成;全县171个行政村和8个移民安置点卫生室全部达标;县域一体化医改扎实推进,90%以上居民疾病在县域内解决。在加大就业保障上,扎实推进"人人持证、技能社会"建设,依托县职业中学等11个培训学校,开展多工种职业技能培训81期,培训人员4000余人次。城镇新增就业3708人,农村劳动力转移就业4902人,建档立卡贫困劳动力转移就业900人。城乡低保、特困人员实现应助尽助,社会保险参保基本实现全覆盖。在安全生产上,以建设平安夏县为目标,坚决守住安全生产红线、底线、生命线,全年未发生一起生产安全死亡事故和森林火灾,实现安全生产"双零"目标。在社会综合治理上,以建设法治夏县为目标,排查突出社会矛盾1264起,化解1249起,化解率98%。打掉涉黑涉恶犯罪团伙11个,破获各类刑事案件204起,同比下降12.1%,治安案件198起同比下降31.3%,社会治安形势明显好转,人民群众的安全感和满意度显著提升。

四、坚持党的领导,全面加强党的建设

(一)坚决扛起政治责任。始终坚持和加强党的全面领导,把党对一切工作的领导贯穿到各领域、各方面、各环节,推动全面从严治党向纵深发展、向基层延伸,切实维护了全县良好政治生态。全年处置党员干部问题线索726件,谈话函询160件,立案346件,给予党纪政务处分300人。

(二)倡树鲜明选人用人导向。坚持好干部标准,先后分12次研究调整干部184名,优化了班子结构,激发了干事活力。强化正向激励,在疫情防控、复工复产和项目建设一线识别掌握优秀干部143人,表彰奖励担当作为干部15名,有效引导党员干部投身高质量转型发展实践。

(三)抓紧抓实基层党组织建设。创新实施"组织力提升工程",引深"整村达标、整乡推进、整县提升"行动,选树标杆党组织100个、先进典型100人;做实做细"重温一次入党誓词、进行一次谈心谈话、赠送一份生日贺卡、讲述一段初心故事、开展一次志愿服务""五个一"党员"政治生日"活动,提升党员干事创业精气神。

(四)积极抓好党管武装。坚决扛起扛牢党管武装政治责任,落实双向兼职、双重领导、党委议军等制度,深入开展国防教育"进学校,进景区,进社区,进场馆"和"国防教育一条街"活动,形成了全民热爱、关心支持国防工作的浓厚氛围。持续开展双拥共建活动,不断开拓军政军民团结新局面。完成12个军兵种方向征集任务,民兵工作被军分区表彰为"民兵工作先进单位",退伍军人事务局被评为"山西国防建设先进单位"。

(五)持续加强和改进群团工作。加强党委对群团工作的组织领导,推动群团组织团结动员群众围绕中心任务建功立业。疫情期间,各级工会、妇联组织、青年志愿者等人民团体积极行动、广泛参与到疫情防控工作中,切实筑牢群防群治防线。在全市率先完成第四期中国妇女社会地位调查工作,受到省督导组的肯定。

(郭志超)

附:中共夏县县委书记、副书记、常委名单

书　记:张宏志

副书记:王　云　李　雷　王　斌(6月任职)

袁卫廷(挂职,9月离职)

常　委:张高学(1月离职)　王　敏　贺学敏

秦晓军　闫小娟(女)　薛伟科

卫永锋(4月离职)　袁军平(4月任职)

中共平陆县委

县委书记　郭　宏

平陆县共有10个乡镇党委,2个工委,3个系统党委,38个党组,70个党总支,565个党支部,14549名党员,其中2020年度新发展党员349名。

2020年,平陆县委坚持以习近平新时代中国特色社会主义思想为指导,深入贯彻中央、省、市决策部署,团结带领全县党员干部群众,锐意进取,攻坚克难,全县经济社会保持平稳健康发展的良好局面。全县地区生产总值完成533505万元,增长5.5%;规模以上工业增加值增长5.6%;社会消费品零售总额完成273299万元;财政总收入完成56569万元;一般公共预算收入完成33941万元,增长18.9%;城镇居民人均可支配收入27498元,增长4.9%;农村居民人均可支配收入9650元,增长10.7%。

一、始终坚持以习近平新时代中国特色社会主义思想为指导,强化理论学习,提升政治站位,不断提高执政能力和领导水平

平陆县委始终把高举旗帜、维护核心作为根本性大事来抓,县委中心组24次集中学习习近平新时代中国特色社会主义思想,3次集中学习习近平总书记视察山西重要讲话重要指示。党的十九届五中全会召开后,县委中心组进行了专题学习,并专门邀请专家为全县领导干部现场进行宣讲。分5期对全县公务员和科级干部进行为期5天的十九届五中全会精神培训。组建287人的理论宣讲员队伍深入基层宣讲619场次,受众人群达18000余人。经过深入学习,全县广大党员干部政治素养显著提升,树牢“四个意识”,坚定“四个自信”,坚决做到“两个维护”。

二、持续抓好常态化新冠肺炎疫情防控,严格有序管控,科学规范诊治,坚决维护人民群众生命安全和身体健康

深入细致摸排,在各乡镇、社区设置举报电话12部,接受群众举报。全年共摸排境外返平人员143人。严格规范救治,在圣人大街设立隔离病区和发热门诊。全县确诊病例4例,2020年3月底医好出院。发热门诊累计接诊8429人,检测19299人。冷链食品累计检测11批次,1674份,结果全部为阴性。强化物资保障,各级财政下拨891.48万元用于防护物资采购、设施改造、医疗救治、能力建设。全面加强市场监管,严厉打击哄抬物价等行为,保障群众生产生活所需供应。提升检测水平,在县医院核酸检测实验室基础上,又投资570余万元建设县人民医院、中医医院、疾控中心3个方舱实验室,建成后日检测能力可达3312人次。助推复工复产,扎实做好“四后”“双返”等工作,支持县内企业复工复产,帮助群众销售农副产品。

三、坚决扛起巩固脱贫成效的政治责任,坚持精准施策,狠抓问题整改,顺利通过国家脱贫攻坚成效普查和第三方评估

高质量通过了国家脱贫攻坚成效普查和第三方评估。全县剩余的61户139人已全部脱贫,贫困发生率降至0。在全省产业扶贫“十百”典型选树选评活动中,平陆县被授予产业扶贫示范县称号。注重产业就业。先后发展玉露香梨6.6万亩,干果经济林6.4万亩,发展蔬菜拱棚2000个5000余亩。“古虞电建工”被注册为省级劳务品牌。全年培训各类技能人才4825人,其中贫困劳动力1481人。有组织输送农村劳动力4828人。加快易地搬迁。9个安置点全部完工,入住、拆旧、复垦任务按期完成。接受了省级易地扶贫搬迁全面评估核查,各项指标均符合评估要求。严格落实政策。贫困村标准化卫生室覆盖率提升到100%。在全县建立日间照料中心168个,解决了5000余名70岁以上孤寡老人和贫困老人的生活问题和精神需求。农村低保标准由2015年的每人每年2664元提高到5244元,贫困户兜底保障实现了应兜尽兜。实施扶贫项目。共整合各类扶贫资金8.84亿元,实施特色产业、基础设施、农产品加工等项目842个。凝聚帮扶力量。出台《平陆县加强干部驻村帮扶工作实施意见》等制度,强化培训管理。国机集团、恒天集团定点帮扶平陆,累计投入帮扶资金2191万元,开展扶贫项目116项,销售平陆农产品3839.84万元。

四、深入贯彻新发展理念,坚持创新驱动,精准开展招商,全面加快高质量转型发展步伐

推进产业转型升级。复晟铝业被国家工信部评定为第五批“绿色制造”企业和第一批“铝行业规范企业”,被国家生态环境部评定为环保“A级企业”,是全国氧化铝行业唯一通过此项评定的企业,也是山西省首家环保“A级企业”。狠抓项目建设。有序推进50个重点项目,谋化实施其他项目315个。精准开展招商引资。全县共签约项目50个,签约资金222.5亿,协议总投资20.9亿元,超额完成全年目标任务。加大环境治理力度。“煤改电”“煤改气”完成9586户,二级以上优良天数达到279天,入黄断面水质COD、氨氮监测数据均达到考核指标要求。

五、坚决把“三农”工作作为重中之重,落实惠农政策,推进产业发展,深入实施乡村振兴战略

惠农政策全面落实,落实耕地地力保护补贴面积41.85

万亩,发放资金2804万元,受益农户47431户。小麦承保面积15.19万亩,玉米承保面积7.85万亩,油料承保面积5562亩。粮食生产稳步增长,粮食种植面积39.69万亩,预计总产1.29亿公斤;蔬菜种植面积2.7万亩,总产量预计7.65万吨;农产品加工企业销售收入预计完成9.395亿元。农业转型升级加快,完成粮食生产功能区划定34.6万亩,实施广通农业有机旱作小麦封闭示范片1200亩,有机小麦旱作节水农业示范片创建1.6万亩。投资7415万元的4.9万亩高标准农田建设任务,已完成工程量的95%,12月底可全部完成。农村环境不断改善,10个乡镇垃圾中转站投入运行,交通沿线、主巷道违章建筑基本拆除,完成改厕4000座,村容村貌明显改善。创建省级美丽乡村9个,市级美丽乡村18个。

六、持续推进改革开放,深入解放思想,优化政务服务,切实增强经济发展的动力活力

出台《中共平陆县委全面深化改革委员会重大改革项目及责任分工实施方案》,部署实施62项重大改革任务。加快推进平陆—三门峡一体化进程,企业开办时间压缩至1个工作日。首推新生儿"四证联办"(出生证、预防接种证、户口本、社保卡)跨省集成服务。平陆县被确定为全省县域医疗卫生一体化改革示范县。山西省首届野生动物保护宣传月暨2020年冬季"护鸟飞"启动仪式在张村镇三湾举行,标志着平陆县野生动物保护工作走在全省的前列。

七、始终把人民对美好生活的向往作为奋斗目标,全力保障民生,维护社会稳定,不断提升人民群众的获得感、幸福感、安全感和满意度

不断提升民生福祉,高考文理两大类二本B以上达线率为46.3%,排名全市第四,被授予"运城市高中教育教学质量先进县"荣誉称号。养老、失业、工伤三项社会保险参保人数21.52万人次,社会保障卡发放24.58万张。医保参保率达到99%以上,住院综合保障水平达到90%以上。投资6545万元的平陆县养老服务中心开工建设。集中供热覆盖面积225万平方米,基本实现城区供热全覆盖。深入开展扫黑除恶,共计打掉黑社会性质犯罪集团1个、恶势力犯罪团伙10个、恶霸1个,抓获涉恶各类违法犯罪人员97人,破获各类案件138起。发现"保护伞"及失职失责问题线索10件,问责19人。不断创新社会治理,深入开展"三零"单位创建,全县"三零"村比例为65.41%,"三零"企事业单位比例为99.42%。打造了21个"枫桥经验"示范村,县乡村三级综治中心和矛盾纠纷调处化解中心实现全覆盖。拆除违法建筑2处,排查各类隐患279起,已全部整改。全县无生产安全亡人事故发生,安全生产形势稳定向好。

八、积极发展民主政治,巩固统一战线,加快法治建设,努力形成生动活泼、安定团结的政治局面

始终坚持党对一切工作的领导,支持人大、政协围绕重点中心工作进行监督调研视察,积极建言献策。支持各民主党派开展活动,构建"大统战"格局。成立了平陆县归国华侨联合会,建立民主党派成员之家。支持工、青、妇、科协等群团组织开展工作,党联系群众的桥梁纽带作用有效发挥。坚持依法治县,制定了全面依法治县委员会工作要点,实施"七五"普法和《民法典》宣传活动。张店镇张店村、张村镇窑头村被评为省级法治示范村;杜马乡杜村等4个行政村被评为市级法治示范村。坚持党管武装,支持驻平部队参与地方建设、救灾维稳等工作,兵员征集工作圆满完成。

九、牢牢把握意识形态工作领导权,强化兴文育人,推进文旅发展,广泛凝聚共建新平陆的强大力量

不断寻求内宣外宣突破,在"学习强国"山西平台刊发稿件64篇,在人民日报、新华社等省级以上媒体刊发新闻368条。统筹协调文物及非遗保护,投资74万元对现有158处文保单位安装保护标志碑,启动馆藏金属文物131件、馆藏书画文物110件修复项目。抓获文物犯罪嫌疑人7人,成功打掉涉嫌盗掘古墓葬团伙,抓获犯罪嫌疑人6人,破获文物盗掘12起。深入推进文旅融合发展,积极推动A级景区创建工作,周仓文化园被评定为国家AAA景区。以2020年美丽乡村百花节活动为契机,制作电视宣传短片《三千沟壑百花鲜》,平陆的知名度和影响力进一步扩大。

十、矢志不渝从严管党治党,坚持正风肃纪,建设高效队伍,始终保持党内政治生态风清气正

始终把党的政治建设放在首位。自觉遵守政治纪律和政治规矩,严肃党内政治生活;严格落实民主集中制,"三重一大"事项常委会集体研究讨论。坚决落实全面从严治党政治责任。县委常委会21次研究全面从严治党重点工作,全年立案查处313案234人,移送司法机关5人。完成县委九轮巡察,共巡察76个单位,发现问题1615条,线索447条。12个软弱涣散农村基层党组织全部转化提升,133个行政村集体经济全部突破5万元。努力建设高素质干部队伍。共调整干部9批次,涉及111人次;对141名年轻干部和科级干部进行专题培训。15名干部被市委考核领导组评为"运城市担当作为表现突出干部"。

(田红娟)

附:中共平陆县委书记、副书记、常委名单

书　记:郭　宏

副书记:李　旸　翟纪亭　高建忠(挂职)

常　委:段毅平　李怀并　关　红(女)
孟　力　裴向红　吴宏伟　樊旭红

中共芮城县委

县委书记 张建军

2020年，芮城县委始终坚持以习近平新时代中国特色社会主义思想为指导，深入贯彻习近平总书记视察山西重要讲话重要指示，全面贯彻省委“四为四高两同步”总体思路和要求，市委“五抓一优一促”经济工作主抓手，纵深推进县委“1285”发展战略和“两园四区”总体布局，坚持“生态固本、业态增效”发展思路，团结带领全县党员干部群众，攻坚克难、勇毅前行。在全市二、三季度项目建设综合考核中，连续两次蝉联全市第一。全县地区生产总值完成97亿元，可比增长5.5%；财政总收入8.38亿元，同比增长8.2%；一般公共预算收入完成3.77亿元，同比增长3.2%；规模以上工业增加值可比增长6.0%；社会消费品零售总额28.19亿元，同比增长2.2%；城镇居民、农村居民人均可支配收入分别实现33358元、13338元，同比增长6.6%、7.8%；各项约束性指标圆满完成目标任务。

一、把准政治方向，忠实践行习近平新时代中国特色社会主义思想

坚定政治立场、强化政治引领、把牢政治方向。以习近平新时代中国特色社会主义思想为指引，认真学习贯彻“三篇光辉文献”和党的十九届五中全会精神，召开16次理论中心组学习，举行5次学习研讨。严格落实重大事项请示报告制度，先后向市委请示报告重大事项42次，县直单位和乡镇先后向县委请示报告重大事项100余次，进一步提高了请示报告工作的制度化、规范化、科学化水平。健全完善“三重一大”事项决策机制，先后召开36次常委会、一次全委会，对重点工作作出安排部署，研究党建、经济、民生和社会治理等重要议题166个，形成300余条决定和决议，全面履行“把方向、管大局、作决策、保落实”的职责。

二、突出创新转型，主动出击推进高质量发展

躬身入局抓招商、上项目。创新成立招商投资中心，组建招商专班和各乡镇招商突击队，实施点对点、面对面精准招商，全年共签约项目47个。成立重点项目建设“五个一”推进指挥部，建立健全“日报告、周调度、旬预警、月通报、季考核”推进机制，全年开工新建重点项目127个，开工率161%。聚精会神抓创新、强动能。利用疫情期间招工招录“停摆”时机，开辟“绿色通道”，一次性引进35名芮城籍高学历人才，为全县高质量发展提供了坚实的人才智力支撑。在规上企业全面推行“六有”模式，37家规上企业在全省率先实现研发活动全覆盖。持之以恒抓环境、激活力。“一枚印章管审批”改革纵深推进，企业开办时间由7个工作日压缩至1个工作日内；一般性工业项目由45个工作日压缩到20个工作日办结。全面推行“三式”服务助推项目签约落地，孵化创办小微企业387户，完成年度目标170%；新培育“小升规”企业7家，国家级、省级专精特新“小巨人”企业5家，入库股份制改制试点企业11家，晋兴版挂牌上市企业2家，形成了大中小企业齐头并进、百家争鸣、千帆奋进的大好局面。

三、聚力乡村振兴，综合发力加快农业农村现代化

坚决扛稳粮食安全主责主业。水地小麦实收测产亩产734.1公斤，刷新了全省水地小麦亩产纪录，芮城成为全省唯一的“小麦高质量发展标杆项目县”。制定下发《芮城县打造“一区五园”现代农业产业集群实施意见》，全面打造现代农业产业园。全面提升农业生产力水平。推进农业托管提质扩面，形成了农业托管服务的芮城经验，全县土地托管面积达到23万亩。大力推广新技术、新机具，新建2000亩小麦连作生产全程机械化示范区、50亩高效设施农业机械化示范基地。农民合作社和家庭农场不断发展壮大，拥有农业合作社1093个、家庭农场1428个，成为全省“农民合作社质量提升整县推进试点县”。

四、着力盘活资源，保持定力推动文旅融合发展

扎实推进文化惠民工程。全年开展“幸福芮城欢乐行”“我有拿手戏”“戏曲惠民·欢乐百姓”等主题文艺活动799场。组建导游服务中心，培育一批高素质、专业化讲解员，先后接待国内外大型旅游团队100余次。稳步推进文物保护利用。编制完成永乐宫周边环境整治方案、古魏城遗址保护规划、省级文物保护利用示范区建设方案。深化永乐宫文物管理权和经营权“两权分离”改革，逐步盘活优秀“原生态”文物资源。成功举办系列重大活动。全国生态旅游论坛、山西(芮城)永乐宫第十届书画艺术节举办成功，创建国家全域旅游示范县通过省级验收，西侯度圣火采集点被国际权威杂志《THE PLAN》评为景观类别大奖，进一步提升了芮城的吸引力、影响力和美誉度。

五、深化改革开放，全面激活转型发展内生动力

持续深化内外体制机制改革。全面推进行政审批制度改革，政务服务事项“一网通办”比例大幅提升，592项政务服务事项，465项实现“一窗受理”；行政审批事项在法定时限的基础上，平均压缩70%以上，走在全市前列。坚实推进对

外开放改革,累计成立外埠商会15个,积极对接国际项目合作。能源革命领跑前行。抢抓"清洁能源+直流配电"新机遇,积极与清华大学江亿院士团队对接,率先在陌南庄上村试点推行低压直流配电模式,打造"全国零碳第一村"。建设新能源装备制造产业园,逐步延伸发展"装备制造—新能源发电—配售电—储能—智慧能源"全产业链;积极推广分布式光伏,探索"农村包围城市"能源革命新模式。

六、坚持生态固本,持续擦亮叫响生态芮城品牌

持续创优大气环境、水环境。聚焦"转型、治企、减煤、控车、降尘"五大领域,针对锅炉、煤场等重点场所和领域开展定点专项整治,出台了《芮城县2020建成区黑臭水体排查整治年水污染防治攻坚行动方案》,加强饮用水源地、入河排污口排查,全县大气环境、水环境质量进一步提升。全面改善城乡环境。全县林地保有量、森林蓄积量、湿地保有量分别达到5.13万公顷、16.55立方米和1.26万公顷,城市绿化覆盖率、绿地率和人均公园绿地面积分别达到43.8%、39.96%和12.12平方米。农村"厕所革命"完成改厕4000余座,创建省级美丽乡村示范村8个,农村环境更加宜居;创卫工作取得重大突破,被评为"国家卫生县城"。

七、推进依法执政,不断发展社会主义民主政治

全力支持和保证县人大、政协依法履职。全面支持县人大及其常委会正确行使重大事项决定权、监督权和人事任免权,全年开展执法检查7次,作出决议决定8项,依法任免国家机关工作人员20人;听取审议县"一府两院"专项工作报告13项。大力加强人民政协协商民主建设,全年共报送社情民意信息50余篇,围绕县委、县政府中心任务和民生问题,提案92件,立案83件,重点提案督办10件,形成全县参与、民主监督的良好氛围。扎实推进法治芮城建设。深入推进公正司法,全面落实行政执法三项制度、加强规范性文件合法性审查、加强人民调解及基层司法所建设,县乡村三级矛调中心建设实现全覆盖。全省首个法治融屏在芮城亮屏,"七五"普法成效显著,全县"民主法治示范村"达到56个。

八、持续守正创新,全面加强宣传思想文化建设

坚持以党的创新理论武装头脑指导实践。坚持"一季一主题宣讲",262名基层理论宣讲员围绕习近平总书记视察山西重要讲话重要指示、"三篇光辉文献"和十九届五中全会等开展主题宣讲2150余场,受众13.1万余人次,推动理论武装全覆盖。全面加强和改进意识形态和文明创建工作。严格落实《党委(党组)意识形态工作责任制实施细则》,重点项目建设宣传3000余条,完成上级交办网评任务7万余条,排名全市第一。全年播发《芮城新闻》330余期,《芮城信息》安全出报154期;中央、省、市台发稿199条。全面完成融媒体改革,融媒体中心建成运营;10个乡镇文明实践所实现全覆盖,151个行政村文明实践站达到70%以上。

九、坚守人民情怀,持续提升群众获得感幸福感安全感

竭力解决突出问题,脱贫攻坚决战完胜。全年累计资助困难学生8786人,发放资助金736万元;为1800名贫困户办理了慢性病卡,累计报销444万元;实施危房改造38户,饮水工程实现了全覆盖。全县剩余43户132人全部脱贫。持续改善人民生活。"十大民生工程"有序推进,全年铺设供水管网5公里、天然气管网10公里,完成"煤改气"2783户,"煤改电"2655户;医疗卫生条件全面改善,城乡居民养老保险基本实现全覆盖,城镇登记失业率控制在2.89%以内。社会治理更加有效。全力开展扫黑除恶专项斗争,累计打掉黑社会性质组织、恶势力犯罪集团6个,犯罪团伙7个,村霸1名;不断深化"平安芮城"建设,建成平安村98个,被命名为"省级平安县"。

十、持续正风肃纪,一以贯之推进全面从严治党

重拳惩治腐败更加坚决有力。坚持重拳惩腐"零容忍",全年共立案310件,结案325件,给予党纪政务处分281人。紧盯重要时间节点,查处违反中央八项规定精神案件5案6人,给予党纪政务处分6人;查处"保护伞"问题18人,失职失责问题23人,扶贫领域案件38案78人,给予党纪政务处分46人,形式主义、官僚主义案件8案29人,为全县高质量转型发展提供了坚强纪律保障。巡视巡察整改更加有效有力。高标准启动县委第九轮巡察工作,共发现"三个聚焦"方面问题213个,问题线索24件,边巡边改问题31个,提出意见建议63条。对第八轮巡察整改情况进行"回头看",共发现整改不到位问题16个,倒逼整改责任落实。选人用人导向更加科学有力。鲜明树立"重实干、重实绩"的用人导向,共调整干部11批次149人;全面开展储苗、选苗、育苗、炼苗、护苗"五苗行动",选派43名机关事业单位干部到29个村任职,为乡村振兴提供了人才支撑,为全县转型发展、高质量发展注入了新的活力。

(王　钊)

附:中共芮城县委书记、副书记、常委名单

书　记:张建军

副书记:尚玉良　张　琼(女,1月任职)

常　委:仇红学　张应征　宁华文　李跃刚
杨建庭(4月离职)　贠林安(4月离职)
卢　静(女)　板海静(4月任职)
陈军田(8月任职)　王柱兵(8月任职)

人事变动

省　　委

3月12日　免去张瑞鹏省委常务副秘书长职务
3月12日　关建勋任省委主持日常工作的副秘书长(正厅长级)
3月12日　免去王利波省委副秘书长职务
3月12日　宋伟任省委副秘书长(兼)
10月16日　免去廉毅敏省委常委、委员、省委秘书长,省直工委书记和省委督查委员会主任职务
11月3日　李凤岐任省委常委
11月9日　李凤岐任省委秘书长

省人大常委会

1月15日　骆惠宁辞去省人大常委会主任职务
1月18日　楼阳生当选省人大常委会主任

省人大专门委员会、工作机构

1月9日　李凤岐任省人大常委会代表资格审查委员会副主任委员
1月9日　免去陈跃钢省人大常委会代表资格审查委员会副主任委员职务
1月9日　刘志宏任省人大常委会农村工作委员会副主任
1月9日　张葆任省人大常委会民族宗教侨务外事工作委员会副主任
1月9日　翟振新任省人大常委会预算工作委员会副主任
3月31日　乔建军任省人大常委会预算工作委员会副主任
5月15日　免去杨增武省人大常委会监察和司法委员会副主任委员职务
5月15日　免去张钧省人大常委会法制工作委员会副主任职务
5月15日　免去李高山省人大常委会人事代表工作委员会副主任职务
5月15日　免去吕明省人大常委会民族宗教侨务外事工作委员会副主任职务
7月31日　王宏任省人大常委会监察和司法委员会副主任委员
7月31日　门世宾任省人大常委会法制工作委员会副主任
7月31日　张汉琦任省人大常委会教育科学文化卫生工作委员会副主任
7月31日　免去王进喜省人大常委会教育科学文化卫生工作委员会副主任职务
9月30日　张文栋任省人大常委会教育科学文化卫生工作委员会副主任
10月16日　冯睿任省人大常委会教育科学文化卫生工作委员会一级巡视员
11月9日　免去李凤岐省人大常委会代表资格审查委员会副主任委员职务
11月27日　免去冯睿省人大常委会教育科学文化卫生工作委员会副主任职务
12月24日　免去张世文省人大常委会机关党组成员职务

省政府

1月3日　免去翟振新省政府副秘书长职务
1月3日　韩春霖任省政府副秘书长（正厅长级）
1月18日　林武当选省政府省长
5月7日　卢东亮任省政府党组成员
5月15日　卢东亮任省政府副省长
8月31日　向弟海任省政府副秘书长（正厅长级）
8月31日　免去张文栋省政府副秘书长职务
10月21日　李晋平任省政府副秘书长（正厅长级）
10月21日　免去张金旺省政府副秘书长职务

11 月20日 免去韩春霖省政府副秘书长职务

省政协专门委员会、工作机构

1 月6日 免去阎贵林省政协提案委员会一级巡视员职级
1 月6日 免去任平龙省政协办公厅二级巡视员职级
3 月12日 免去马伟省政协机关党组成员职务
10 月16日 潘云任省政协经济委一级巡视员
12 月24日 免去李江龙省政协机关党组成员职务
12 月24日 王淑敏任省政协机关党组成员

省纪委监委

1 月6日 免去张柏波省纪委监委副厅长级干部职务
1 月6日 免去李吉山省纪委监委一级巡视员职级
1 月6日 免去董京晖省纪委监委二级巡视员职级
1 月6日 免去程文俊省纪委监委二级巡视员职级
1 月18日 王拥军当选省监察委员会主任
3 月30日 穆晓彤任省纪委监委副厅长级干部
3 月30日 免去师旭明省纪委监委副厅长级干部职务
4 月9日 陈云鹏任省纪委监委副厅长级干部(试用期一年)
4 月9日 任增强任省纪委监委副厅长级干部(试用期一年)
5 月7日 王帅红任省纪委副书记
7 月31日 王帅红任省监察委员会副主任
8 月20日 张晓丽任省纪委监委副厅长级干部(试用期一年)
8 月20日 王增昂任省纪委监委副厅长级干部(试用期一年)
10 月16日 李广禄任省纪委监委一级巡视员
10 月16日 吴照曲任省纪委监委一级巡视员
10 月16日 卫爱平任省纪委监委一级巡视员
12 月24日 郜云强任省纪委监委副厅长级干部(试用期一年)
12 月24日 免去董军民省纪委监委副厅长级干部职务
12 月24日 免去万勇省纪委监委副厅长级干部职务

省纪委监委派驻机构

3 月30日 师旭明任省纪委监委驻省发展改革委纪检监察组组长
3 月30日 免去穆晓彤省纪委监委驻省农业农村厅纪检监察组组长职务
8 月19日 免去李亮军省纪委监委驻省农信社纪检监察组组长职务
8 月19日 李有志任省纪委监委驻省农信社纪检监察组组长
10 月16日 免去李广禄省纪委监委驻省人社厅纪检监察组组长职务
10 月16日 免去吴照曲省纪委监委驻省委宣传部纪检监察组组长职务
10 月16日 免去卫爱平省纪委监委驻省教育厅纪检监察组组长职务
11 月21日 免去袁振旭省纪委监委驻省委组织部纪检监察组组长职务
12 月24日 董军民任省纪委监委驻省委组织部纪检监察组组长
12 月24日 万勇任省纪委监委驻省委宣传部纪检监察组组长
12 月24日 李江龙任省纪委监委驻省发展改革委纪检监察组组长,免去其省纪委监委驻省政协机关纪检监察组组长职务
12 月24日 胡志国任省纪委监委驻省工信厅纪检监察组组长,免去其省纪委监委驻省财政厅纪检监察组组长职务
12 月24日 相里岩任省纪委监委驻省财政厅纪检监察组组长,免去其省纪委监委驻省委统战部纪检监察组组长职务
12 月24日 李政任省纪委监委驻省住建厅纪检监察组组长,免去其省纪委监委驻省工信厅纪检监察组组长职务
12 月24日 王淑敏任省纪委监委驻省政协机关纪检监察组组长,免去其省纪委监委驻省住建厅纪检监察组组长职务
12 月24日 免去师旭明省纪委监委驻省发展改革委纪检监察组组长职务

省高级人民法院

1 月9日 杨宏任省高级人民法院副院长、审判委员会委员、审判员
1 月9日 免去许文海太原铁路运输中级法院院长职务

省人民检察院

1 月6日 免去宿永旺省人民检察院二级巡视员职级
3 月31日 赵雅清任省人民检察院副检察长、检察委员会委员
3 月31日 王小燕任省人民检察院检察员
3 月31日 免去苏春华省人民检察院检察委员会委员、检察员职务
4 月9日 邢益民任省人民检察院党组成员、政治部主任(试用期一年)
4 月9日 郭普任省人民检察院一级巡视员,免去其省人民检察院党组成员、政治部主任职务
5 月15日 李彦、宋晋民任省人民检察院检委会专职委员
5 月15日 苏春华任朔州市人民检察院检察长

省委工作部门

1月5日　齐海斌任省委非公和社会组织工委书记(兼)
1月5日　琚李梅(女)任省委非公和社会组织工委副书记(兼)
1月5日　王国强任省委非公和社会组织工委副书记(兼)
1月5日　邢利民任省委非公和社会组织工委副书记(兼)
1月6日　免去薛德富省委办公厅二级巡视员职级
1月6日　免去张忠华省委办公厅二级巡视员职级
1月6日　免去景广学省委办公厅一级巡视员职级、省委机要局局长职务
1月6日　免去罗民省委巡视机构正厅长级巡视专员职务
1月6日　免去杨建军省委宣传部二级巡视员职级
1月6日　免去秦广胜省委宣传部二级巡视员职级
1月6日　姜波任省直属机关事务管理局副局长(试用期一年)
1月6日　免去闫宝明省直属机关事务管理局二级巡视员职级
1月6日　免去郭英杰省委巡视机构正厅长级巡视专员职务
3月12日　免去王利波省委财经办主任职务
3月12日　宋伟任省委财经办主任
3月12日　刘锋任省委财经办第一副主任
3月12日　刘锋任省发展改革委党组书记
3月12日　免去宋伟省委政研室主任、省委改革办常务副主任、省综改办副主任职务
3月12日　马伟任省委政研室主任、省委改革办常务副主任、省综改办副主任
3月12日　免去曹荣湘省委台办主任职务
3月12日　王亦兵任省委军民融合办(省国防科工局)常务副主任(局长)(副厅长级)、一级巡视员
3月30日　免去宋文斌省委巡视机构副厅长级巡视专员职务
3月30日　史晨鸣任省档案局局长
4月9日　马炜宏任省委政研室(省委改革办、省综改办)副主任
4月9日　免去员鸿琛省委办公厅二级巡视员职级
5月7日　免去赵雁峰省委统战部副部长职务
5月15日　省委办公厅解文秀试用期满考核合格,正式任职
6月11日　免去王国强省委非公经济组织和社会组织工委副书记职务
6月24日　免去张晓永省委组织部副部长职务
6月24日　刘鹏任省委组织部部务委员(试用期一年)
6月24日　张敏任省委组织部部务委员(试用期一年)
6月24日　黄杰任省委统战部副部长(试用期一年)
6月24日　郭江坪任省委网信办(省网信办)副主任(试用期一年)
7月16日　符惠明任省直工委主持日常工作的副书记(正厅长级)
7月16日　免去王宏省直工委常务副书记职务
8月19日　薛向锋任省委军民融合办(省国防科工局)副主任(副局长)
9月4日　徐宁任省委网信办(省网信办)副主任(兼)
9月26日　宋海兵、王五一任省委非公和社会组织工委副书记(兼)
9月26日　免去琚李梅省委非公和社会组织工委副书记职务
10月16日　邓彩彪任省委政法委一级巡视员,免去其省委政法委副书记职务
10月16日　魏爱军任省直工委一级巡视员,免去其省直工委副书记职务
11月9日　李凤岐任省委改革办(省综改办)主任,省委国安办主任,省直工委书记(兼),免去其省委组织部主持日常工作的副部长职务
11月9日　卢建明任省委组织部主持日常工作的副部长(正厅长级)
11月5日　免去辛艾艾省委组织部副部长、省考核办专职副主任、省公务员局局长职务
11月5日　免去邢利民省委非公和社会组织工委副书记职务
11月21日　吴纪平任省委组织部副部长
11月21日　张志刚任省委组织部副部长
11月21日　张立刚任省委政法委副书记
11月21日　马俊任省委政法委政治部主任(副厅长级)、省委政法委委员
11月21日　李遊任省委编办副主任(试用期一年)
11月21日　龚景华任省委政法委副书记,免去其省委政法委政治部主任职务
12月24日　高金喜任省委巡视组正厅长级巡视专员
12月24日　免去王炤坤省委政研室(省委改革办、省综改办)副主任职务
12月24日　宋燕卫任省直工委副书记,免去其省委督查专员职务

省委工作机关管理的机关

3月29日　免去周峰省文明办副主任职务
4月9日　免去景广学省委机要局(省国家密码管理局)局长职务
4月9日　员鸿琛任省委机要局(省国家密码管理局)局长(试用期一年)
5月15日　杨勇、樊志强任省文明办副主任

省政府组成部门

1月6日　免去句轶旺省司法厅一级巡视员职级
1月6日　免去李淑芬省民政厅二级巡视员职级
1月6日　董宪军任省科技厅党组成员

1月6日 免去李荣钢省文旅厅一级巡视员职级
1月9日 张新伟任省科技厅厅长
1月9日 王宏晋任省商务厅厅长
1月9日 免去谢红省科技厅厅长职务
1月9日 免去韩春霖省商务厅厅长职务
1月20日 董宪军任省科技厅副厅长(试用期一年)
1月20日 免去李敏省科技厅副厅长职务
2月20日 免去李晋平省工信厅党组书记职务
2月20日 免去李东洪省工信厅党组成员职务
2月20日 刘勇任省工信厅党组成员、副厅长
2月20日 薛江沼任省工信厅党组成员
2月28日 张晓清任省卫健委党组副书记,明确为正厅长级
2月28日 免去陈耳东省水利厅党组书记职务
3月6日 免去李卫东省工信厅二级巡视员职级,退休
3月12日 吴玉程任省委教育工委主持日常工作的副书记(正厅长级)、省教育厅党组成员
3月12日 朱鹏任省工信厅党组书记
3月12日 常建忠任省水利厅党组书记
3月12日 张志仁任省文旅厅党组成员(正厅长级)
3月12日 免去乔建军省委农办主任、省农业农村厅党组书记职务
3月12日 免去张敬平省委教育工委主持日常工作的副书记(正厅长级)职务
3月12日 薛军正任省应急管理厅党委书记
3月12日 彭建宏、王天庆、杨振中、曹天胜、邓维元、张震海任省应急管理厅党委委员
3月18日 张志仁任省文旅厅副厅长(正厅长级)
3月19日 免去姜四清省发改委党组书记,省委财经委员会办公室第一副主任职务
3月19日 鞠振任省委农办主任,省农业农村厅党组书记
3月19日 张健任省文旅厅党组书记
3月19日 免去范裕民省退役军人事务厅二级巡视员职级
3月19日 免去盛佃清省文旅厅党组书记职务
3月27日 范裕民任省退役军人事务厅副厅长(试用期一年)
3月27日 免去张健省文旅厅副厅长职务
3月30日 师旭明任省发改委党组成员
3月30日 免去穆晓彤省农业农村厅党组成员职务
3月30日 郭惠勇任省农业农村厅党组成员
3月30日 免去张震海省应急管理厅党委委员职务
3月30日 免去王士桦省审计厅一级巡视员职级
3月31日 刘锋任省发展和改革委员会主任
3月31日 朱鹏任省工信厅厅长
3月31日 常建忠任省水利厅厅长
3月31日 鞠振任省农业农村厅厅长
3月31日 王爱琴任省文旅厅厅长
3月31日 免去姜四清省发改委主任职务
3月31日 免去李晋平省工业和信息化厅厅长职务
3月31日 免去陈耳东省水利厅厅长职务
3月31日 免去乔建军省农业农村厅厅长职务
3月31日 免去盛佃清省文旅厅厅长职务
4月9日 黄庙任省财政厅一级巡视员,免去其省财政厅党组成员职务
4月9日 张和平任省农业农村厅一级巡视员,免去其省农业农村厅党组成员职务
4月9日 冯立忠任省卫健委一级巡视员
4月18日 免去黄庙省财政厅副厅长职务
4月18日 免去张和平省农业农村厅副厅长职务
5月7日 姚继广任省农业农村厅党组成员
5月7日 孙翔任省审计厅党组成员
5月15日 杨雨公任省生态环境厅一级巡视员
5月15日 郑中夏任省文旅厅一级巡视员,免去其省文旅厅党组成员职务
5月15日 姚安政任省审计厅一级巡视员,免去其省审计厅党组成员职务
5月19日 姚继广任省农业农村厅副厅长
6月3日 免去常国华省财政厅党组成员职务
6月3日 免去陈向阳省财政厅党组成员职务
6月3日 免去王亚省委审计委员会办公室主任,省审计厅党组书记职务
6月3日 孙翔任省审计厅副厅长(试用期一年)
6月3日 免去杨雨公省生态环境厅生态环境保护监察专员职务
6月3日 免去郑中夏省文旅厅副厅长职务
6月3日 免去姚安政省审计厅副厅长职务
6月3日 免去常国华、陈向阳省财政厅副厅长职务
6月11日 任凯任省发展改革委党组成员,免去其省委政研室(省委改革办、省转型综改办)副主任职务
6月11日 免去王琳省文化和旅游厅党组成员
6月19日 任凯任省发改委副主任
6月19日 免去王琳省文旅厅副厅长职务
6月24日 陈磊任省委审计委员会办公室主任、省审计厅党组书记
6月24日 魏志华任省财政厅党组成员(试用期一年)
6月24日 段萃任省财政厅党组成员(试用期一年)
7月8日 魏志华、段萃任省财政厅副厅长(试用期一年)
7月15日 省住建厅程永平试用期满考核合格,正式任职
7月15日 省农业农村厅赵文志试用期满考核合格,正式任职
7月16日 葛波蔚任省公安厅党委委员
7月28日 马润生任省公安厅副厅长
7月28日 免去李喜春省公安厅副厅长职务
7月28日 免去葛波蔚省公安厅网络安全保卫总队总队长职务
7月31日 陈磊任省审计厅厅长
7月31日 免去王亚省审计厅厅长职务
8月19日 王斌权任省公安厅一级警务专员
8月20日 免去张文栋省政府办公厅党组副书记职务

8月20日　向弟海任省政府办公厅党组成员
9月4日　郭丙福任省交通厅党组成员，免去其省公安厅党委委员，省交管局（交警总队）党委书记职务
9月15日　成文碧任省公安厅副厅长级总队长
9月15日　郭丙福任省交通运输厅副厅长
9月17日　尚建军任省公安厅党委委员、一级巡视员
9月25日　尚建军任省公安厅副厅长
9月26日　李安林任省公安厅一级警务专员
9月27日　姚青林任省自然资源厅党组书记
9月27日　免去周建春省自然资源厅党组书记职务
10月16日　免去张金旺省政府办公厅党组成员职务
10月16日　李晋平任省政府办公厅党组成员
10月16日　免去卫爱平省委教育工委委员职务
10月16日　王启瑞任省应急管理厅党委书记
10月16日　免去薛军正省应急管理厅党委书记职务
10月16日　任月忠任省教育厅一级巡视员，免去其省委教育工委委员、省教育厅党组成员职务
10月16日　贾明建任省财政厅一级巡视员
10月16日　贺德孝任省人社厅一级巡视员，免去其省人社厅党组成员职务
10月16日　李贵顺任省交通厅一级巡视员，免去其省交通厅党组成员职务
10月16日　白小丹任省水利厅一级巡视员
10月23日　免去张新伟省科技厅党组书记职务
10月31日　免去任月忠省教育厅副厅长职务
10月31日　免去贺德孝省人社厅副厅长职务
10月31日　免去李贵顺省交通厅副厅长职务
11月5日　免去韩春霖省政府办公厅党组副书记职务
11月5日　邢利民任省商务厅党组成员
11月5日　焦育峰任省商务厅党组成员
11月5日　免去王怀荣省工信厅一级巡视员职级
11月5日　免去韩春霖省政府办公厅党组副书记职务
11月9日　免去卢建明省人社厅党组书记职务
11月10日　邢利民、焦育峰任省商务厅副厅长
11月10日　免去王岫省商务厅副厅长职务
11月21日　卫英慧任省科技厅党组书记
11月21日　张其光任省科技厅党组成员
11月21日　邵社教任省自然资源厅党组成员（试用期一年）
11月21日　王进仁任省农业农村厅党组成员
11月27日　卫英慧任省科技厅厅长
11月27日　姚青林任省自然资源厅厅长
11月27日　王启瑞任省应急管理厅厅长
11月27日　免去张新伟省科技厅厅长职务
11月27日　免去周建春省自然资源厅厅长职务
11月27日　免去薛军正省应急管理厅厅长职务
12月3日　免去吴玉程省委教育工委主持日常工作的副书记、省教育厅党组成员
12月3日　闫中立任省发改委项目推进中心党委书记
12月4日　张其光任省科技厅副厅长
12月4日　王进仁任省农业农村厅副厅长
12月4日　免去张立刚省公安厅副厅长职务
12月11日　闫中立任省发改委项目推进中心主任（试用期）
12月24日　薛荣任省政府办公厅党组成员
12月24日　李江龙任省发展改革委党组成员
12月24日　胡志国任省工信厅党组成员
12月24日　相里岩任省财政厅党组成员
12月24日　李政任省住建厅党组成员，免去其省工信厅党组成员职务
12月24日　免去王淑敏省住建厅党组成员职务
12月24日　赵曙光任省文旅厅党组成员
12月31日　邵社教任省自然资源厅副厅长（试用期一年）
12月31日　赵曙光任省文旅厅副厅长

省政府直属特设机构

1月3日　免去郭保民省政府国有资产监督管理委员会主任职务
1月20日　冯志君任省政府国有资产监督管理委员会主任
2月20日　刘峰任省政府国有资产监督管理委员会副主任
2月20日　免去贠钊、高春毅省政府国有资产监督管理委员会副主任职务
2月20日　刘峰任省国资委党委委员
2月20日　免去贠钊、高春毅省国资委党委委员职务
2月28日　免去韩珍堂省国资委党委副书记职务

省直其他有关单位

1月3日　郭保民任省国有资本运营有限公司董事、董事长
2月20日　免去刘峰省国有资本运营有限公司党委专职副书记职务
2月20日　郭保民任省国有资本运营有限公司党委书记，原职务随企业更名自然免除
2月20日　王振宇任省国有资本运营有限公司党委副书记，原职务随企业更名自然免除
2月20日　石德轩任省国有资本运营有限公司党委委员、纪委书记，原职务随企业更名自然免除
2月20日　贠钊、高春毅任省国有资本运营有限公司党委委员
4月20日　免去王振宇省国有资本运营有限公司党委副书记、委员职务
4月30日　免去王振宇省国有资本运营有限公司副董事长、董事职务
6月23日　洪强任省国有资本运营有限公司党委副书记
7月8日　洪强任省国有资本运营有限公司副董事长

省政府直属机构

1月3日　免去王炤坤省政府研究室副主任职务
1月6日　免去刘正辉省文物局一级巡视员职级
1月6日　免去安洋省广播电视局一级巡视员职级
1月20日　免去张有喜省政府参事职务
2月5日　省信访局周方志试用期满考核合格,正式任职
2月5日　免去赵琪堂省市场监管局二级巡视员职级,退休
2月5日　省能源局侯秉让试用期满考核合格,正式任职
2月5日　省医保局康中南试用期满考核合格,正式任职
3月12日　免去王亦兵省市场监督管理局党组成员职务、一级巡视员职级
3月12日　免去王晓千省地方金融监督管理局(省政府金融工作办公室)党组成员职务
3月18日　免去王晓千省地方金融监督管理局(省政府金融工作办公室)副局长(副主任)职务
3月27日　免去王亦兵省市场监督管理局副局长职务
3月30日　李和林任省审批服务管理局党组成员,免去其省广播电视局党组成员职务
3月30日　马爱锋任省金融办党组成员,免去其省审批服务管理局党组成员职务
3月30日　李明任省审批服务管理局党组成员
3月30日　免去赵晓春省体育局党组书记职务
4月9日　免去马炜宏省政府研究室党组成员职务
4月9日　王茂盛任省能源局党组成员(正厅长级)
4月9日　张王杰任省政府研究室党组成员
4月9日　卫国锋任省政府研究室党组成员
4月9日　省政府研究室马炜宏试用期满考核合格,正式任职
4月13日　马爱锋任省地方金融监督管理局(省政府金融工作办公室)副局长(副主任)
4月13日　李和林、李明任省行政审批服务管理局副局长
4月13日　免去赵晓春省体育局局长职务
4月13日　免去李和林省广播电视局副局长职务
4月13日　免去焦斌龙、马炜宏省政府研究室副主任职务
4月13日　免去马爱锋省行政审批服务管理局副局长职务
4月18日　王茂盛任省能源局副局长(正厅长级)
4月18日　张王杰、卫国锋任省政府研究室副主任(试用期一年)
4月20日　免去王福省体育局党组成员职务
4月30日　免去王福省体育局副局长职务
5月7日　赵雁峰任省体育局党组书记
5月19日　赵雁峰任省体育局局长
5月19日　温运峰、王静波任省能源发展中心副主任
6月3日　常国华任省地方金融监管局(省金融办)党组副书记
6月3日　常国华任省地方金融监督管理局(省政府金融工作办公室)副局长(副主任)(主持工作)
6月3日　邵国荣任省能源发展中心主任(试用期一年)
6月11日　巩成任省市场监管局党组成员、一级巡视员
6月19日　巩成任省市场监督管理局副局长
6月24日　张效堂任省广电局党组成员
7月8日　张效堂任省广播电视局副局长(试用期一年)
7月28日　常国华任省地方金融监督管理局(省政府金融工作办公室)局长(主任)
10月16日　免去王启瑞省能源局党组书记职务
10月16日　薛军正任省人防办党组书记
10月16日　王德才任省统计局一级巡视员,免去其省统计局党组成员职务
10月17日　免去霍红义省人防办党组书记职务
10月21日　张金旺任省政府参事
10月21日　免去王启瑞省能源局局长职务
10月21日　免去温运峰的省能源发展中心副主任职务
10月31日　免去王德才省统计局副局长职务
11月5日　免去李明省行政审批服务管理局党组成员职务
11月10日　薛军正任省人民防空办公室主任
11月10日　免去李明省行政审批服务管理局副局长职务
11月10日　免去霍红义省人民防空办公室主任职务
11月21日　秦建华任省统计局党组成员
12月4日　秦建华任省统计局副局长
12月4日　于振龙任省文物局副局长(试用期一年)
12月24日　免去薛荣省政府研究室党组书记职务
12月24日　王炤坤任省政府研究室党组书记
12月24日　免去赵曙光省文物局党组成员职务
12月31日　免去赵曙光的省文物局副局长职务

省政府部门管理机构

2月5日　免去尹福建省林草局一级巡视员职级,退休
2月20日　免去李东洪省小企业发展促进局党组书记职务、一级巡视员职级
2月20日　薛江炤任省小企业发展促进局党组书记、局长
2月20日　免去李东洪省小企业发展促进局局长职务
4月9日　崔恩平任省监狱管理局党委副书记、政委(试用期一年)
4月30日　免去崔恩平省监狱管理局副局长职务
9月15日　免去郭丙福省公安厅交通管理局(交通警察总队)局长(总队长)职务
12月4日　免去宋林根省粮食和物资储备局副局长职务
12月23日　李领国、商运祥任省监狱管理局党委委员

省政府派出机构

1月3日　免去仝清雷山西转型综改示范区管委会副主任

职务
2月20日 李晋平任山西转型综改示范区管委会主任(任期3年)
2月20日 李东洪、艾凌宇、段燕翔任山西转型综改示范区管委会副主任(任期3年)
2月20日 李晋平任山西转型综改示范区党工委副书记
2月20日 李东洪任山西转型综改示范区党工委副书记
2月20日 免去张金旺山西转型综改示范区管委会主任职务
2月20日 免去薛江炤、刘勇山西转型综改示范区管委会副主任职务
2月29日 陈曦任山西转型综改示范区党工委委员
3月9日 陈曦任山西转型综改示范区管委会副主任(任期3年)
10月16日 李晋平任山西转型综改示范区党工委书记
10月16日 免去张金旺山西转型综改示范区党工委书记职务
11月5日 陈永利任山西转型综改示范区党工委委员
11月20日 陈永利任山西转型综改示范区管委会副主任

省直属事业单位

1月6日 免去刘明星山西社会主义学院一级巡视员职级
1月6日 免去侯黎晓省委党校(山西行政学院)二级巡视员职级
1月10日 免去冯爱民山西日报报业集团党委委员、副社长职务,退休
2月5日 免去李新海省地勘局二级巡视员职级,退休
2月5日 省城联社张涛试用期满考核合格,正式任职
2月6日 免去王振海省煤炭基本建设局党组书记职务
2月20日 免去艾凌宇省投资促进局党组书记职务
2月20日 免去艾凌宇省投资促进局局长职务
2月20日 免去王振海省煤炭基本建设局局长职务,退休
2月28日 王双虎任省招生考试管理中心二级巡视员,免去其省招生考试管理中心党委委员职务
3月9日 免去王双虎省招生考试管理中心副主任职务
3月12日 免去张志仁省委党史研究院(省地方志研究院)院长职务
3月12日 曹荣湘任省委党史研究院(省地方志研究院)院长
3月12日 孔凡春任省委党史研究院(省地方志研究院)副院长,免去其省档案馆副馆长职务
3月12日 巨文辉任省档案馆副馆长,免去其省委党史研究院(省地方志研究院)副院长职务
3月19日 杨春权任省投资促进局党组书记
3月27日 杨春权任省投资促进局局长(试用期一年)
3月29日 杨军任省就业局二级巡视员
3月29日 靳海云任省社保局二级巡视员
3月29日 刘云胜任省社保局二级巡视员
3月30日 免去王渊中国(太原)煤炭交易中心党组成员职务
3月30日 宋文斌任省供销社党组成员
4月7日 免去赵新利省投资规划院党组书记职务,退休
4月13日 免去王渊中国(太原)煤炭交易中心副主任职务
4月13日 免去赵新利省投资咨询和发展规划院院长职务
4月13日 免去靳海云省社会保险局副局长职务
5月7日 免去邢书良山西广播电视台党委委员职务,退休
5月7日 免去王凤鸿省社科院(省政府发展研究中心)党组成员职务,退休
5月7日 省公路局惠高峰退休
5月15日 邵国荣任省能源发展中心党委委员、书记
5月15日 苏晓文任省能源发展中心党委委员、副书记
5月15日 温运峰、王静波任省能源发展中心党委委员,免去其省煤炭基本建设局党组成员职务
5月19日 免去邢书良山西广播电视台副总编辑职务
5月19日 免去王凤鸿省社会科学院(政府发展研究中心)副院长职务
6月24日 郭天恩任省水利发展中心党委委员、书记
7月8日 郭天恩任省水利发展中心主任(试用期一年)
7月8日 免去王晋省投资规划院党组成员职务,退休
7月17日 免去王晋省投资咨询和发展规划院副院长职务
8月6日 免去杨润梅省城镇集体工业联合社党组成员职务
8月17日 免去杨润梅省城镇集体工业联合社副主任职务
8月17日 免去曹居月省交通运输执法局局长职务
8月19日 免去张宁省禹门口水利工程管理局党委副书记、委员职务
8月20日 高之岩任中国(太原)煤炭交易中心党组成员
8月20日 免去常建忠省禹门口水利工程管理局党委书记、委员职务
8月24日 高之岩任中国(太原)煤炭交易中心副主任
8月24日 免去常建忠省禹门口水利工程管理局局长职务
10月11日 免去温运峰省能源发展中心党委委员职务,退休
10月16日 王浩学任省委党校(山西行政学院)一级巡视员,免去其省委党校(山西行政学院)副校长(副院长)、校委委员职务
10月16日 刘益龄任省委党史研究院(省地方志研究院)一级巡视员,免去其省委党史研究院(省地方志研究院)副院长职务
11月20日 王联辉、田忠宝、薛勇民、王建军、史洁、郭生智任省委党校(山西行政学院)校(院)委委员
11月20日 杨建民任省招生考试管理中心二级巡视员,免去其省招生考试管理中心党委委员职务
11月20日 免去王进仁省农业机械发展中心党委书记、委员职务
11月20日 免去韩海峰省煤炭基金稽查总队(省财政厅煤炭基金稽查局)总队长(局长)职务
11月21日 史洁任省委党校(山西行政学院)副校长(副院长)(试用期一年)、校(院)委委员
11月21日 郭生智任省委党校(山西行政学院)副校长(副院

长)(试用期一年)、校(院)委委员

11月21日　郭秀翔任省委党史研究院(省地方志研究院)副院长(试用期一年)

11月21日　免去王进仁省农业机械发展中心党委书记职务

12月3日　刘英魁任山西广播电视台党组书记,其山西广播电视台党委书记职务自然免除

12月3日　李占鳌任山西广播电视台党组副书记,其山西广播电视台党委副书记职务自然免除

12月3日　王树勋、罗庆东、王雷、郭海任山西广播电视台党组成员,其山西广播电视台党委委员职务自然免除

12月3日　王五一任省检验检测中心(省标准计量技术研究院)党委书记

12月3日　刘清平任省高速公路综合行政执法总队(省交通运输综合行政执法局)党委书记

12月4日　王五一任省检验检测中心(省标准计量技术研究院)主任(院长)

12月4日　免去王进仁省农业机械发展中心主任职务

12月4日　免去杨建民省招生考试管理中心副主任职务

12月11日　刘清平任省高速公路综合行政执法总队（省交通运输综合行政执法局)总队长(局长)(试用期一年)

12月11日　郭海任山西广播电视台副台长(试用期一年)

12月24日　崔志明任省直机关后勤保障中心党委书记

12月24日　免去李兴武省煤炭地质局党委副书记职务

群团组织

3月12日　张敬平任省科协党组书记

4月9日　张钧任团省委书记

4月9日　任晋阳任省妇联一级巡视员,免去其省妇联党组成员职务

4月9日　苏涛、赵静、周鹏、吴兴、丁国栋的团省委党组成员职务随党组撤销自然免除

4月9日　免去秦亮团省委兼职副书记职务

5月7日　免去苏涛团省委副书记职务

5月7日　吕惠兰任省政府妇儿工委主任

7月17日　免去靳云艳省对外友好协会专职副会长职务

8月20日　免去张永莉省妇联党组成员职务

10月16日　免去张敬平省科协党组书记职务

10月16日　刘晔任省残联一级巡视员

10月16日　吴波任省残联一级巡视员,免去其省残联党组成员职务

10月16日　李朝亮任省台联一级巡视员,免去其省台联党组书记职务

11月5日　卫明喜任省工商联党组成员

11月5日　免去邢利民省工商联党组成员职务

11月5日　免去焦育峰省贸促会党组成员职务

11月20日　免去吴波省残疾人联合会副理事长职务

11月21日　免去马俊省法学会党组成员职务

11月21日　温建生任省残联党组成员

11月21日　梁艳萍任省台联党组书记(副厅长级,试用期一年)

11月21日　秦勤任省法学会党组成员(副厅长级,试用期一年)

12月11日　温建生任省残疾人联合会副理事长(试用期一年)

12月24日　樊清华任省妇联党组成员(挂职)

12月24日　吴兴任团省委副书记(试用期一年)

省管国有企业

1月3日　免去高建光省文化旅游投资控股集团有限公司副董事长、董事职务

2月28日　韩珍堂任太重集团党委书记

2月28日　陈耳东任水控集团党委书记

2月28日　范世平任水控集团党委专职副书记,原职务随企业重组自然免除

2月28日　王晋斌任水控集团党委委员、纪委书记,原职务随企业重组自然免除

2月28日　李俊刚任水控集团党委委员,原职务随企业重组自然免除

2月28日　兰康杰任水控集团党委委员,原职务随企业重组自然免除

2月28日　曹池任水控集团党委委员,原职务随企业重组自然免除

2月28日　呼运平任水控集团党委委员,原职务随企业重组自然免除

2月28日　蔡开东任水控集团党委委员,原职务随企业重组自然免除

2月28日　贾伟智的水控集团党委副书记职务随企业重组自然免除,保留正职待遇

3月2日　陈耳东任万家寨水务控股集团有限公司董事、董事长

3月2日　范世平任万家寨水务控股集团有限公司董事、副董事长

3月9日　韩珍堂任太重集团董事长

3月12日　武强任华远陆港集团党委委员、书记

3月18日　武强任华远国际陆港集团有限公司董事长

3月18日　阳军任山西云时代技术有限公司党委委员、副书记,原职务随企业列入省管重要骨干企业自然免除

3月19日　盛佃清任山西云时代技术有限公司党委委员、书记

3月27日　盛佃清任山西云时代技术有限公司董事长

3月27日　阳军任山西云时代技术有限公司副董事长

3月29日　武强的山西能源交通投资有限公司党委书记职务随企业更名重组自然免除

3月29日　谷建春任华远陆港集团有限公司党委委员、副书记,原职务随企业更名重组自然免除

3月29日　于喜东的山西能源交通投资有限公司党委副书记职务随企业更名重组自然免除

3月29日　高建光任华远陆港集团党委委员、专职副书记，原职务随企业更名重组自然免除

3月29日　张秀山任华远陆港集团党委委员、纪委书记，原职务随企业更名重组自然免除

3月29日　何向荣的山西能源交通投资有限公司党委委员职务随企业更名重组自然免除

3月29日　张广明的山西能源交通投资有限公司党委专职副书记职务随企业更名重组自然免除

3月29日　李东刚的山西能源交通投资有限公司党委委员职务随企业更名重组自然免除

3月29日　薛烨的山西能源交通投资有限公司党委委员职务随企业更名重组自然免除

3月29日　肖志强的山西能源交通投资有限公司党委委员职务随企业更名重组自然免除

3月29日　朱景学任煤炭工业太原设计研究院集团有限公司党委委员，免去其山西大地环境投资控股有限公司党委副书记、委员职务

3月29日　免去尉峻山西大地环境投资控股有限公司党委委员职务

3月29日　免去王国卿山西大地环境投资控股有限公司党委委员职务

3月29日　赵庆斌任出版传媒集团党委委员，免去其航产集团党委委员职务

3月30日　赵晓春任体育产业集团党委书记

3月30日　免去黄巍焦煤集团党委副书记、委员职务

4月7日　免去赵新利省投资咨询和发展规划院党组书记职务

4月9日　免去王茂盛焦煤集团党委书记、常委职务

4月9日　赵建泽任焦煤集团党委常委、书记

4月9日　陈旭忠任焦煤集团党委常委、副书记，免去其晋能集团党委副书记、常委职务

4月13日　谷建春任华远国际陆港集团有限公司副董事长

4月13日　免去黄巍山西焦煤集团有限责任公司副董事长、董事职务

4月13日　高建光任华远国际陆港集团有限公司副董事长（正职待遇）

4月13日　免去朱景学山西大地环境投资控股有限公司副董事长、董事职务

4月18日　赵建泽任山西焦煤集团有限责任公司董事长

4月18日　陈旭忠任山西焦煤集团有限责任公司副董事长

4月18日　免去王茂盛山西焦煤集团有限责任公司董事长、董事职务

4月20日　赵晓春任华舰体育集团党委委员、书记

4月20日　王振宇任华舰体育集团党委委员、副书记

4月20日　王福任华舰体育集团党委委员

4月23日　李东刚任华远陆港集团党委委员

4月23日　薛烨任华远陆港集团党委委员

4月23日　温全贵任华远陆港集团党委委员

4月30日　赵晓春任华舰体育控股集团有限公司董事长

4月30日　王振宇任华舰体育控股集团有限公司副董事长

5月7日　陶家晋任太重集团党委常委

5月7日　苏涛任山西云时代技术有限公司党委委员

5月7日　王文逾任山西云时代技术有限公司党委委员

5月9日　马步才任焦煤集团党委常委、专职副书记

5月9日　王敏任焦煤集团党委常委、纪委书记，原职务随企业合并重组自然免除

5月9日　张继宏任焦煤集团党委常委

5月9日　王为民任焦煤集团党委常委，原职务随企业合并重组自然免除

5月9日　李堂锁焦煤集团党委常委职务随企业合并重组自然免除

5月9日　胡文强焦煤集团党委常委职务随企业合并重组自然免除

5月9日　杨清民焦煤集团党委常委职务随企业合并重组自然免除

5月9日　张军山煤集团党委专职副书记职务随企业合并重组自然免除

5月9日　程长生山煤集团党委委员职务随企业合并重组自然免除

5月9日　王雁琳山煤集团党委委员职务随企业合并重组自然免除

5月9日　李苏龙山煤集团党委委员职务随企业合并重组自然免除

5月9日　任全祥山煤集团党委委员、纪委书记职务随企业合并重组自然免除

5月9日　陈凯山煤集团党委委员职务随企业合并重组自然免除

5月9日　马凌云的山煤集团党委委员职务随企业合并重组自然免除

5月9日　张新伟任山西大地环境投资控股有限公司党委委员、专职副书记，原职务随企业列入省管重要骨干企业自然免除

5月9日　刘勇杰的山西大地环境投资控股有限公司党委委员、纪委书记职务随企业列入省管重要骨干企业自然免除

5月9日　李航平的山西大地环境投资控股有限公司党委委员职务随企业列入省管重要骨干企业自然免除

5月15日　屈忠让任山西大地环境投资控股有限公司党委委员、书记，原职务随企业列入省管重要骨干企业自然免除

5月15日　李卫平任山西大地环境投资控股有限公司党委委员、副书记，免去其建投集团党委副书记、委员职务

5月15日　王廉敏任晋通企业资产管理有限公司党委委员、书记，原职务随企业合并重组自然免除

5月15日　免去杨小勇金控集团党委专职副书记、委员职务,不再保留省管干部身份
5月19日　免去李卫平山西建设投资集团有限公司副董事长、董事职务
5月19日　王廉敏任山西晋通企业资产管理有限公司董事长
5月19日　马步才任山西焦煤集团有限责任公司副董事长,原职务随企业合并重组自然免除
5月19日　陶家晋任太原重型机械集团有限公司董事
5月19日　李卫平任山西大地环境投资控股有限公司副董事长
5月19日　张新伟任山西大地环境投资控股有限公司副董事长
5月19日　免去杨小勇山西金融投资控股集团有限公司副董事长、董事职务
5月19日　随企业改组调整,免去李堂锁山西焦煤集团有限责任公司副总经理职务
5月19日　随企业改组调整,免去胡文强山西焦煤集团有限责任公司副总经理职务
5月19日　随企业改组调整,免去杨清民山西焦煤集团有限责任公司副总经理职务
5月19日　随企业改组调整,免去王克军山西焦煤集团有限责任公司副总经理职务
5月19日　随企业改组调整,自然免除侯水云山西焦煤集团有限责任公司总工程师职务
6月3日　屈忠让任山西大地环境投资控股有限公司董事长
6月3日　王亚任省农信社党委委员、书记
6月3日　陈向阳任省农信社党委委员、副书记
6月10日　王琳任文旅集团党委常委、副书记
6月11日　免去王师民省国有资产投资控股集团有限公司党委书记、委员职务
6月19日　免去王师民省国有资产投资控股集团有限公司董事长、董事职务
6月19日　王琳任省文化旅游投资控股集团有限公司副董事长
6月23日　免去洪强潞安集团党委常委职务
6月23日　乔记刚任建投集团党委委员、纪委书记,原职务随企业合并重组自然免除
6月23日　吴辰先的建投集团党委委员、纪委书记职务随企业合并重组自然免除
6月23日　温刚的建投集团党委委员职务随企业合并重组自然免除
6月23日　乔建峰的建投集团党委委员职务随企业合并重组自然免除
6月23日　李宇敏的建投集团党委委员职务随企业合并重组自然免除
6月23日　田文俊的山西省建设科技集团有限公司(筹)党委专职副书记职务随企业合并重组自然免除
6月23日　耿建平的煤炭工业太原设计研究院集团有限公司党委委员职务随企业合并重组自然免除
6月23日　刘晓勇的煤炭工业太原设计研究院集团有限公司党委委员职务随企业合并重组自然免除
6月23日　赵民的煤炭工业太原设计研究院集团有限公司党委委员职务随企业合并重组自然免除
6月23日　朱景学的煤炭工业太原设计研究院集团有限公司党委委员职务随企业合并重组自然免除
6月23日　郭贞红任潞安化工集团党委委员、专职副书记,免去其潞安集团党委专职副书记、常委职务
6月23日　姚志胜任潞安化工集团党委委员、纪委书记,免去其潞安集团党委常委、纪委书记职务
6月23日　侯巍任金控集团党委委员
6月24日　韩瑞林的山西省建设科技集团有限公司(筹)党委书记职务随企业合并重组自然免除
6月24日　孙波任建投集团党委委员、书记,原职务随企业合并重组自然免除
6月24日　徐忠和任建投集团党委委员、副书记,原职务随企业合并重组自然免除
6月24日　王志清任潞安化工集团党委委员、书记,免去其山西晋城无烟煤矿业集团有限责任公司党委副书记、委员职务
6月24日　刘俊义任潞安化工集团党委委员、副书记,免去其潞安集团党委副书记、委员职务
7月8日　太钢集团王新平退休
7月8日　太钢集团谢力退休
7月8日　万家寨水控集团贾伟智退休
7月8日　免去王保玉山西晋城无烟煤矿业集团有限责任公司党委常委职务,退休
7月8日　孙波任山西建设投资集团有限公司董事长
7月8日　徐忠和任山西建设投资集团有限公司副董事长
7月8日　王志清任潞安化工集团有限公司董事长
7月8日　刘俊义任潞安化工集团有限公司副董事长
7月8日　免去刘俊义潞安矿业(集团)有限责任公司副董事长、董事职务
7月8日　郭贞红任潞安化工集团有限公司副董事长
7月8日　免去郭贞红潞安矿业(集团)有限责任公司副董事长、董事职务
7月15日　原山煤集团戎爱国退休
7月15日　中条山集团何小青退休
8月5日　免去王建明文旅集团党委常委、纪委书记职务,不再保留省管干部身份
8月6日　华远陆港集团于喜东退休
8月6日　原能交投公司刘波退休
8月10日　温刚任建投集团党委委员
8月10日　乔建峰任建投集团党委委员
8月10日　耿鹏鹏任建投集团党委委员
8月17日　陈阳任山西航空产业集团有限公司副董事长
8月19日　侯利强任国际能源集团党委副书记

8月19日　李颖耀任省农信社党委委员
8月19日　免去李亮军省农信社党委委员、纪检监察组组长职务
8月19日　李有志任省农信社党委委员、纪检监察组组长
8月19日　免去阎保安省信息产业技术研究院公司党委专职副书记、委员职务,不再保留省管干部身份
8月19日　免去高之岩省农信社党委委员职务
8月19日　李涛任晋通资产公司党委委员,免去其国控集团党委副书记职务
8月19日　常建忠任万家寨水控集团党委委员
8月20日　免去王文逾省信息产业技术研究院有限公司党委书记、委员职务
8月24日　李涛任山西晋通企业资产管理有限公司副董事长
8月24日　免去李涛省国有资产投资控股集团有限公司副董事长、董事职务
8月24日　免去王文逾省信息产业技术研究院有限公司董事长、董事职务
8月24日　免去阎保安省信息技术产业研究院有限公司副董事长、董事职务
8月31日　侯利强任山西国际能源集团有限公司副董事长
9月3日　免去郝玉柱交控集团党委副书记职务
9月3日　李建国任神农科技集团党委委员、副书记
9月3日　冀俊强任神农科技集团党委委员
9月3日　免去李晓军晋煤集团党委常委职务
9月3日　凌人枫任华新燃气集团党委委员、专职副书记,原职务随企业重组自然免除
9月3日　张文元任华新燃气集团党委委员,免去其国际能源集团党委委员职务
9月3日　王振彪任华新燃气集团党委委员
9月3日　翟慧兵任华新燃气集团党委委员
9月3日　王建华的国新能源集团专职党委副书记职务随企业重组自然免除,不再保留省管干部身份
9月3日　丁友建的国新能源集团党委委员职务随企业重组自然免除,不再保留省管干部身份
9月3日　陈勇明的国新能源集团党委委员职务随企业重组自然免除,不再保留省管干部身份
9月3日　陈钢的国新能源集团党委委员职务随企业重组自然免除,不再保留省管干部身份
9月3日　李补龙的国新能源集团党委委员、纪委书记职务随企业重组自然免除,不再保留省管干部身份
9月4日　免去游浩潞安矿业(集团)有限责任公司党委书记、常委职务
9月4日　郝玉柱任神农科技集团党委委员、书记
9月4日　刘军任华新燃气集团党委委员、书记,原职务随企业重组自然免除
9月15日　郝玉柱任神农科技集团有限公司董事长
9月15日　李建国任神农科技集团有限公司副董事长
9月15日　刘军任华新燃气集团有限公司董事长职务
9月15日　免去游浩潞安矿业(集团)有限责任公司董事长、董事职务
9月15日　免去郝玉柱山西交通控股集团有限公司副董事长、董事职务
9月15日　凌人枫任华新燃气集团有限公司副董事长
9月16日　王付云任华阳新材料科技集团党委常委、专职副书记,原职务随企业重组自然免除
9月16日　周刚任华阳新材料科技集团党委常委、纪委书记,原职务随企业重组自然免除
9月16日　张建起任华阳新材料科技集团党委常委,原职务随企业重组自然免除
9月16日　杨乃时任华阳新材料科技集团党委常委,原职务随企业重组自然免除
9月17日　翟红任华阳新材料科技集团党委常委、书记,原职务随企业重组自然免除
9月17日　王永革任华阳新材料科技集团党委常委、副书记,原职务随企业重组自然免除
9月26日　刘敬任晋能控股集团党委常委、专职副书记
9月26日　吴跃平任晋能控股集团党委常委、纪委书记
9月26日　刘文彦任晋能控股集团党委常委
9月26日　蒋煜任晋能控股集团党委常委
9月26日　免去赵学斌晋煤集团党委常委职务
9月26日　肖亚宁任潞安化工集团党委委员,免去其潞安矿业(集团)有限责任公司党委常委职务
9月26日　免去王强潞安矿业(集团)有限责任公司党委常委职务
9月26日　李国彪任晋能控股集团党委常委、副书记
9月26日　李鸿双任晋能控股集团党委常委、副书记
9月26日　崔建军任晋能控股集团党委常委、副书记
9月27日　郭金刚任晋能控股集团党委常委、书记
9月27日　丁永平任明确为省管重要骨干企业正职
9月30日　郭金刚任晋能控股集团有限公司董事长
9月30日　李国彪任晋能控股集团有限公司副董事长
9月30日　李鸿双、崔建军任晋能控股集团有限公司副董事长(正职待遇)
9月30日　刘敬任晋能控股集团有限公司副董事长
10月15日　王宇魁任晋能控股集团党委副书记
10月15日　武艺任交控集团党委副书记
10月15日　高志武任汾酒集团党委委员、纪委书记,原职务随企业列入省管重要骨干企业自然免除
10月15日　杨波任汾酒集团党委委员,原职务随企业列入省管重要骨干企业自然免除
10月15日　杨建峰的汾酒集团党委委员职务随企业列入省管重要骨干企业自然免除
10月15日　常建伟的汾酒集团党委委员职务随企业列入省管重要骨干企业自然免除
10月15日　李明强的汾酒集团党委委员职务随企业列入省管重要骨干企业自然免除

10月15日　刘卫华的汾酒集团专职党委副书记职务随企业列入省管重要骨干企业自然免除，不再保留省管干部身份
10月15日　高明的汾酒集团党委委员职务随企业列入省管重要骨干企业自然免除，不再保留省管干部身份
10月15日　谭忠豹任汾酒集团党委委员、副书记，原职务随企业列入省管重要骨干企业自然免除
10月16日　李秋喜任汾酒集团党委委员、书记，原职务随企业列入省管重要骨干企业自然免除
10月21日　王宇魁任晋能控股集团有限公司副董事长（正职待遇）
10月31日　武艺任交控集团副董事长
10月31日　李秋喜任山西杏花村汾酒集团有限责任公司董事长
10月31日　谭忠豹任山西杏花村汾酒集团有限责任公司副董事长（正职待遇），主持经理层工作
10月31日　杨波任山西杏花村汾酒集团有限责任公司董事
11月4日　免去容常青晋商银行党委委员职务
11月5日　原煤炭工业太原设计院集团耿建平退休
11月5日　免去王培明晋商银行党委副书记职务，退休
11月5日　免去杨培成晋能集团党委常委、纪委书记职务，退休
11月10日　免去刘广耀中条山有色金属集团有限公司董事长、董事职务
12月2日　李堂锁任文旅集团党委常委、专职副书记
12月2日　员佩刚任航产集团党委委员
12月2日　韩良会任金控集团党委专职副书记
12月2日　免去唐一平晋商银行党委副书记、委员职务
12月3日　免去荆作栋、吕建新出版传媒集团党委委员职务，退休
12月3日　免去王廉敏晋通资产公司党委书记、委员职务
12月4日　免去王廉敏晋通企业资产管理有限公司董事长、董事职务
12月4日　王廉敏任晋能控股集团有限公司专职外部董事
12月4日　李堂锁任省文化旅游投资控股集团有限公司副董事长
12月4日　张文元任华新燃气集团有限公司董事
12月4日　免去荆作栋、吕建新山西出版传媒集团有限责任公司董事职务
12月23日　方卫任会务集团党委委员、副书记
12月23日　张轶任晋勤集团党委委员、专职副书记
12月23日　陈超民任晋勤集团党委委员、纪委书记
12月23日　张旭峰任晋勤集团党委委员
12月23日　徐小宁任会务集团党委委员、专职副书记
12月23日　董文涛任会务集团党委委员
12月23日　徐家权任会务集团党委委员、纪委书记
12月23日　侯益铭任国际能源集团党委委员
12月23日　吴厚斌任神农科技集团党委委员
12月23日　解立鹰任晋商银行党委专职副书记
12月24日　杨文治任晋勤集团党委委员、书记
12月24日　范丁忠任会务集团党委委员、书记

驻外办事处

3月29日　杨晓珍任省政府驻广州办事处二级巡视员
6月3日　唐建辉任省政府驻天津办事处副主任（试用期一年）
6月3日　白瑞宏任省政府驻上海办事处副主任（试用期一年）
9月17日　平宇光任省政府驻北京办事处党组成员
9月25日　平宇光任省政府驻北京办事处副主任（试用期一年）

高等院校

1月6日　韦阳任山西管理职业学院党委委员、书记
1月8日　山西旅游职业学院郑子全退休
1月10日　免去柴跃生太原科技大学党委常委、委员职务，退休
1月20日　免去柴跃生太原科技大学副校长职务
2月5日　免去王瑞芬中北大学党委常委、委员、纪委书记职务，退休
2月28日　马兆兴任山西艺术职业学院党委委员、书记
2月28日　单红龙任山西艺术职业学院党委委员、副书记，其山西艺术职业学院党委副书记职务随机构合并自然免除
2月28日　谢玉辉山西戏剧职业学院党委副书记职务随机构合并自然免除
2月28日　王艳芳山西艺术职业学院党委书记职务随机构合并自然免除
2月28日　杨小平山西戏剧职业学院党委书记职务随机构合并自然免除
2月28日　燕楠任山西艺术职业学院党委委员、副书记，其山西艺术职业学院党委副书记职务随机构合并自然免除
2月28日　白惠林任山西艺术职业学院党委委员、副书记，其山西戏剧职业学院党委副书记职务随机构合并自然免除
2月28日　马山堂任山西艺术职业学院党委委员、纪委书记，其山西艺术职业学院党委委员、纪委书记职务随机构合并自然免除
2月28日　王菁华任山西艺术职业学院党委委员，其山西艺术职业学院党委委员职务随机构合并自然免除
2月28日　温江鸿任山西艺术职业学院党委委员，其山西戏剧职业学院党委委员职务随机构合并自然免除
2月28日　武绍宏任山西艺术职业学院党委委员，其山西艺术职业学院党委委员职务随机构合并自然免除
2月28日　康凤任山西艺术职业学院党委委员，其山西艺术职业学院党委委员职务随机构合并自然免除

2月28日　吴宾任山西艺术职业学院党委委员，其山西戏剧职业学院党委委员、纪委书记职务随机构合并自然免除
2月28日　苗洁任山西艺术职业学院党委委员，其山西戏剧职业学院党委委员职务随机构合并自然免除
2月28日　张弛任山西艺术职业学院党委委员，其山西戏剧职业学院党委委员职务随机构合并自然免除
3月2日　单红龙任山西艺术职业学院院长
3月2日　谢玉辉任太原旅游职业学院院长
3月2日　免去马兆兴太原旅游职业学院院长职务
3月2日　王菁华、武绍宏、康凤、吴宾任山西艺术职业学院副院长，温江鸿、苗洁、张弛任山西艺术职业学院副院长（试用期至2020年5月）
3月6日　原山西警官高等专科学校梁家瑞退休
3月9日　免去张汉语运城幼儿师范高等专科学校校长职务
3月12日　免去罗小兰忻州师范学院党委常委、委员职务
3月12日　免去吴玉程太原理工大学党委书记、常委、委员职务
3月12日　免去常建忠山西能源学院党委副书记、委员职务
3月18日　免去郭政山西医科大学正校级调研员职务
3月18日　免去罗小兰忻州师范学院副院长职务
3月18日　免去常建忠山西能源学院院长职务
3月30日　免去李明太原理工大学党委常委、委员职务
4月7日　免去谭恩惠山西警官职业学院党委书记、委员、政委职务
4月7日　免去郝先伟晋中职业技术学院党委书记职务
4月9日　郑强任太原理工大学党委委员、常委、书记
4月9日　徐建和任长治医学院党委委员、常委和纪委书记
4月9日　免去杨波长治医学院党委常委、纪委书记职务
4月9日　李志钢任山西警官职业学院党委委员、书记和政委（政委试用期一年）
4月9日　免去李军山西水利职业技术学院党委委员、纪委书记职务，不再列为省管干部
4月13日　免去李明太原理工大学副校长职务
5月7日　免去李宏达山西能源学院党委委员职务，退休
5月7日　免去孟庆祥山西警察学院党委副书记、委员职务，退休
5月7日　免去刘春爱山西广播电视大学党委委员、纪委书记职务，退休
5月7日　免去马骥山西经济管理干部学院党委委员职务，退休
5月19日　免去李宏达山西能源学院副院长职务
5月19日　免去马骥、景滨杰山西经济管理干部学院副院长职务
6月3日　免去张正书太原学院党委委员、纪委书记职务，退休
6月3日　山西大学王李金退休
6月24日　张晓永任山西师范大学党委委员、常委、书记
6月24日　免去卫建国山西师范大学党委书记、常委、委员职务
6月24日　李国臣任晋中学院党委委员、常委、副书记，免去其太原工业学院党委副书记、常委、委员职务
6月24日　免去孙西欢晋中学院党委副书记、常委、委员职务
6月24日　梁卫国任山西能源学院党委委员、副书记，免去其太原理工大学党委常委、委员职务
6月24日　韩保清任太原学院党委委员、书记，免去其山西工程技术学院党委书记、委员职务
6月24日　郭丕斌任太原学院党委委员、副书记，免去其太原师范学院党委常委、委员职务
6月24日　免去李大公太原学院党委书记、委员职务
6月24日　免去张瑞君太原学院党委副书记、委员职务
6月24日　贾维河任中北大学党委委员、常委、纪委书记
6月24日　杨红梅任山西广播电视大学党委委员、纪委书记
7月8日　李国臣任晋中学院院长（试用期一年）
7月8日　梁卫国任山西能源学院院长（试用期一年）
7月8日　郭丕斌任太原学院院长（试用期一年）
7月8日　免去孙西欢晋中学院院长职务
7月8日　免去张瑞君太原学院院长职务
7月8日　免去梁卫国太原理工大学副校长职务
7月8日　免去郭丕斌太原师范学院副院长职务
7月8日　免去白宝林忻州师范学院党委副书记、常委、委员职务
7月8日　免去周巧红省财政税务专科学校党委委员职务、退休
7月16日　王仰麟任山西大学党委委员、常委、书记
7月16日　免去符惠明山西大学党委书记、常委、委员职务
8月6日　山西财经大学赵国浩退休
8月19日　刘兴华任山西交通职业技术学院党委委员、副书记
8月19日　免去毕晋锋山西交通职业技术学院党委副书记、委员职务，不再列为省管干部
8月20日　沈兴全任中北大学党委书记
8月20日　免去李忠人中北大学党委书记、常委、委员职务
8月20日　雷锋斌任中北大学党委副书记
8月20日　刘俊任中北大学党委常委
8月20日　殷杰任吕梁学院党委委员、常委、副书记，免去其山西大学党委常委、委员职务
8月20日　彭月兰任山西经济管理干部学院党委委员、副书记
8月24日　熊继军任中北大学校长
8月24日　免去沈兴全中北大学校长职务
8月24日　免去熊继军吕梁学院院长职务
8月24日　免去雷锋斌中北大学副校长职务
8月24日　雷晓锋任山西通用航空职业技术学院院长（正处级，由大同市政府聘任）
8月31日　殷杰任吕梁学院院长（试用期一年）
8月31日　刘俊任中北大学副校长（试用期一年）
8月31日　免去殷杰山西大学副校长职务

9月4日　王淑彦长治市教育学院党委书记职务随学校合并自然免除
9月15日　免去徐秋琴太原学院副院长职务
9月15日　郭广远任长治幼儿师范高等专科学校校长（正处级）
9月15日　免去杨武德山西农业大学(省农科院)副校长(副院长)职务
9月17日　王贵平任晋城职业技术学院党委书记
10月11日　免去张勇太原城市职业技术学院党委书记职务，退休
10月11日　山西大学鲍善冰退休
10月11日　太原工业学院王书东退休
10月15日　李晓谦任太原学院党委委员、纪委书记
10月16日　张献明任太原理工大学党委委员、常委，免去其山西师范大学党委常委、委员职务
10月16日　冯国瑞任太原理工大学党委委员、常委
10月16日　孙宏斌任太原理工大学党委委员、常委(挂职)
10月16日　李晓谦任太原学院党委委员、纪委书记
10月16日　柴达任太原学院党委委员，免去其晋中师范高等专科学校党委书记职务
10月16日　免去周小计山西大学党委常委、委员职务
10月21日　张献明任太原理工大学副校长
10月21日　孙宏斌任太原理工大学副校长(挂职，期限三年)
10月21日　柴达任太原学院副院长
10月21日　免去周小计山西大学副校长职务
10月21日　免去张献明山西师范大学副校长职务
10月31日　冯国瑞任太原理工大学副校长(试用期一年)
11月20日　免去王宝荷省政法管理干部学院党委委员职务，退休
11月20日　免去卫英慧太原科技大学党委副书记、常委、委员职务
11月21日　吴文胜任晋中职业技术学院党委书记
12月3日　免去张宇敏运城学院党委常委、委员、纪委书记职务，退休
12月3日　张天才任山西大学党委副书记
12月3日　孙岩、马杰任山西大学党委委员、常委
12月3日　免去王仙芝山西药科职业学院党委委员职务
12月4日　免去卫英慧太原科技大学校长职务
12月4日　免去王宝荷省政法管理干部学院副院长职务
12月11日　孙岩、马杰任山西大学副校长(试用期一年)
12月31日　免去王仙芝山西药科职业学院副院长职务

各　市

太原市

1月6日　李慧任太原市迎泽区委书记
1月6日　李永强任太原市晋源区委书记
1月6日　王剑峰任清徐县委书记
2月5日　太原高新技术产业开发区赵伟东退休
2月5日　太原市委李吉山退休
6月3日　免去杨万生太原市纪委副书记职务、二级巡视员职级，退休
7月8日　免去陈远新太原市政协一级巡视员职级，退休
8月6日　免去郭建发太原市人大常委会一级巡视员职级，退休
10月15日　刘振华任太原市小店区委二级巡视员
10月15日　李永强任太原市晋源区委二级巡视员
10月15日　王剑峰任清徐县委二级巡视员
10月16日　张齐山任太原市政府一级巡视员
10月16日　免去翟永清古交市委书记职务
10月23日　免去李晓波太原市委副书记、常委、委员职务
10月23日　张新伟任太原市委委员、常委、副书记
12月3日　李卫平任古交市委书记
12月3日　免去刘斌太原市人大常委会一级巡视员职级，退休
12月3日　太原市政协王建堂退休

大同市

7月8日　大同市人大常委会冯境城退休
7月8日　免去张翠萍大同市人大常委会一级巡视员职级，退休
7月16日　免去穆国新大同市委常委、委员职务
7月16日　刘孟斌任大同市委委员、常委
8月5日　尹海斌任左云县委二级巡视员
9月27日　张强任大同市委常委、副书记
10月11日　大同市政协李春平退休
10月16日　宋涛任大同市委一级巡视员，免去其大同市委常委、组织部部长职务
10月16日　崔巍任大同市委委员、常委、组织部部长
10月16日　任希杰任大同市委常委，免去其大同经济技术开发区党工委书记、管委会主任职务
10月16日　免去薛明耀大同市委常委、委员职务

朔州市

2月28日　黄杰任朔州市纪委副书记
3月30日　免去吴秀玲右玉县委书记职务
3月30日　张震海任朔州市委委员、常委，右玉县委书记
4月2日　朔州市政府张天茂退休
4月2日　朔州市人大常委会郭海鸿退休
6月11日　免去李旭清山阴县委书记职务
6月11日　王世杰任山阴县委书记
8月5日　刘旋任朔州市平鲁区委二级巡视员
8月5日　苏斌如任怀仁市委二级巡视员
9月4日　朔州市政协解志强退休

10月16日 免去崔巍朔州市委常委、委员、组织部部长职务
12月3日 免去刘旋朔州市平鲁区委书记职务、二级巡视员职级
12月3日 免去刘义清朔州市委常委、委员职务
12月3日 张培军任朔州市委委员、常委
12月24日 免去张立新朔州市委副书记、常委职务
12月24日 免去苏斌如怀仁市委二级巡视员职级
12月24日 免去吴晓斌朔州市朔城区委书记职务
12月24日 孟维君任朔州市朔城区委书记

忻州市

3月19日 免去李俊明忻州市委书记、常委、委员职务
3月19日 郑连生任忻州市委书记
6月11日 张宇光任五寨县委书记
7月8日 忻州市政协刘钢柱退休
9月4日 免去李德新静乐县委书记职务
9月4日 王昕任静乐县委书记
10月15日 李贵增任原平市委二级巡视员
10月16日 郭奔胜任忻州市委委员、常委、副书记(正厅长级)
11月5日 忻州市政协边升阳退休
11月21日 王黎明任忻州市委一级巡视员
11月21日 武宪堂任忻州市政府一级巡视员
11月21日 王月娥任忻州市人大常委会一级巡视员

吕梁市

1月5日 梁宝明任文水县委二级巡视员
1月6日 高奇英任岚县县委二级巡视员
2月19日 胡俊斐任吕梁市纪委副书记
2月19日 免去孙志文吕梁市纪委副书记
3月30日 免去乔晓峰中阳县委书记职务
3月30日 赵沂旸任中阳县委书记
6月10日 免去张锴吕梁市纪委副书记职务
7月8日 吕梁市人大常委会郝月生退休
9月3日 张振明任交城县委二级巡视员
9月3日 油晓峰任石楼县委二级巡视员
9月3日 李振华任吕梁市纪委监委二级巡视员
9月4日 免去李建国吕梁市委常委、委员职务
9月26日 李智勇任吕梁市纪委副书记
11月4日 吕梁市政府李润林退休
11月21日 田安平任吕梁市委常委
11月21日 免去王锦锋方山县委书记职务
11月21日 周小云任方山县委书记
11月21日 李俊平任吕梁市人大常委会一级巡视员
12月3日 免去张振明交城县委书记职务、二级巡视员职级
12月3日 刘旋任交城县委书记、二级巡视员
12月3日 免去霍慧文交口县委书记职务
12月3日 刘惠民任交口县委书记

晋中市

2月20日 段燕翔任晋中经济技术开发区党工委书记、管委会主任,免去其灵石县委书记职务
3月12日 刘伟任晋中市太谷区委书记
4月2日 晋中市人大常委会张耀明退休
7月8日 晋中市人大常委会荣贵退休
8月5日 刘伟任晋中市太谷区委二级巡视员
8月5日 张鹏任介休市委二级巡视员
8月5日 孙永胜任和顺县委二级巡视员
8月20日 韩军任灵石县委书记
9月3日 武晓花任平遥县委二级巡视员
9月26日 免去任金龙晋中市纪委副书记职务
11月5日 辛琰任晋中市政协一级巡视员
11月21日 免去吴文胜祁县县委书记职务
11月21日 免去张志刚晋中市委常委、委员、组织部部长职务

阳泉市

1月6日 杨建军任阳泉市委委员、常委
1月6日 王晓丽任阳泉市郊区区委书记
1月8日 阳泉市政协李天祥退休
2月5日 免去孙金明阳泉市人大常委会一级巡视员职级,退休
3月19日 免去关建勋阳泉市委书记、常委、委员职务
3月19日 姜四清任阳泉市委委员、常委、书记
4月2日 阳泉市政府郭少敏退休
4月2日 阳泉市政协赵永红退休
6月11日 免去巩成阳泉市委副书记、常委、委员职务、一级巡视员职级
9月26日 张华林任阳泉市纪委副书记
9月26日 免去赵彦阳泉市纪委副书记职务
10月16日 薛明耀任阳泉市委委员、常委、副书记
11月5日 免去申济平定县委书记职务
11月5日 李明任阳泉市委委员、常委,平定县委书记
11月21日 免去吴纪平阳泉市委常委、委员和市纪委书记职务
11月21日 免去张其光阳泉市委常委、盂县县委书记职务
12月3日 免去孙季鸿阳泉市委常委、委员职务
12月3日 马杰任阳泉市委委员、常委
12月3日 免去杨自明阳泉市委常委、委员职务,退休
12月3日 阳泉市政协杨全生退休
12月24日 师旭明任阳泉市委委员、常委和市纪委书记

长治市

2月5日 长治市政协桂元平退休

3月30日 免去王震长治市委常委、委员职务

7月15日 张宏伟任长治市纪委副书记

7月15日 免去赵晋峰长治市纪委副书记职务

10月16日 尚日红任长治市委常委

11月5日 韩春霖任长治市委委员、常委、副书记(正厅长级),长子县委书记

11月5日 唐立浩任长治市委一级巡视员,免去其长治市委副书记、常委职务

晋城市

2月5日 高喜全任泽州县委二级巡视员

2月5日 胡晓刚任高平市委二级巡视员

2月5日 原光辉任沁水县委二级巡视员

3月6日 晋城市人大常委会尹红岩退休

3月19日 免去刘锋晋城市委副书记、常委、委员职务

3月30日 王震任晋城市委委员、常委、副书记

8月5日 王文全任晋城市城区区委二级巡视员

8月5日 侯贵宝任陵川县委二级巡视员

9月16日 免去王贵平晋城市纪委副书记职务

10月11日 晋城市政协常国荣退休

10月16日 陈望远任晋城市委委员、常委

11月5日 辛艾艾任晋城市委委员、常委、组织部部长

11月5日 免去卫明喜晋城市委常委、委员、组织部部长职务

临汾市

1月6日 免去崔山原霍州市委书记职务

1月6日 李强任霍州市委书记,免去其安泽县委书记职务

1月6日 廉海平任安泽县委书记

1月6日 孙中全任永济市委书记

2月5日 王煦杰任侯马市委二级巡视员

2月5日 李强任霍州市委二级巡视员

2月5日 郑步电任洪洞县委二级巡视员

2月5日 杨春权任翼城县委二级巡视员

2月5日 薛凤奎任蒲县县委二级巡视员

2月5日 王金龙任大宁县委二级巡视员

3月6日 免去杨益民临汾市政协一级巡视员职级,退休

3月19日 免去杨春权翼城县委书记职务、二级巡视员职级

3月19日 杨治平任临汾市人大常委会一级巡视员

3月19日 免去郑步电洪洞县委书记职务、二级巡视员职级

3月30日 黄巍任洪洞县委书记(正厅长级)

3月30日 王渊任翼城县委书记(副厅长级)

7月16日 免去王振富临汾市委常委、委员职务

7月16日 王彬任临汾市委委员、常委

8月5日 杨保春任曲沃县委二级巡视员

8月5日 崔绍民任吉县县委二级巡视员

8月20日 黄巍任临汾市委委员、常委、副书记

8月20日 王渊任临汾市委委员、常委

9月4日 临汾市政协刘小才退休

11月5日 杨建军任乡宁县委书记

11月5日 陈纲任临汾市委一级巡视员,免去其临汾市委常委、尧都区委书记职务

11月21日 免去刘文华临汾市委常委、委员、组织部部长职务

11月21日 袁振旭任临汾市委委员、常委、组织部部长

12月2日 宁引才任临汾市纪委副书记

12月3日 免去刘浩襄汾县委书记职务

12月3日 乔飞鸿任襄汾县委书记,免去其浮山县委书记职务

12月3日 扈新起任浮山县委书记

运城市

2月28日 金岩任运城市委委员、常委

2月28日 免去范维山运城市委常委、委员

3月6日 运城市政协张学会退休

3月19日 免去朱鹏运城市委副书记、常委、委员职务

3月19日 免去鞠振运城市委常委、委员和河津市委书记职务

3月30日 李晓武任河津市委书记(副厅长级)

4月2日 运城市人大常委会张守相退休

8月5日 杜中伟任万荣县委二级巡视员

8月5日 李玉林任新绛县委二级巡视员

8月5日 王宏伟任绛县县委二级巡视员

8月5日 杨彦康任垣曲县委二级巡视员

8月5日 张宏志任夏县县委二级巡视员

8月5日 贾海林任运城市纪委二级巡视员

8月5日 秦跟安任运城市纪委二级巡视员

8月6日 运城市政府何吉祥退休

8月20日 李晓武任运城市委委员、常委

10月16日 范安龙任运城市政协一级巡视员

11月5日 陈竹琴任运城市政协一级巡视员

11月5日 运城市政协赵玉明退休

11月21日 刘文华任运城市委委员、常委、副书记

12月2日 韩治民任运城市纪委副书记

12月2日 免去秦跟安运城市纪委副书记职务

医疗机构

7月15日 山西医科大学第二医院赵斌试用期满考核合格,正式任职

7月15日 山西医科大学第一医院徐勇试用期满考核合格,正式任职

7月15日 山西白求恩医院(山西医学科学院)张瑞平试用期满考核合格,正式任职

8月19日 免去张秀卿山西医科大学第二医院纪委书记职务

8月19日 王瑛任山西医科大学第二医院党委委员、纪委书

记，免去其山西白求恩医院（山西医学科学院）党委委员、纪委书记职务

8月19日　李拥军任山西白求恩医院（山西医学科学院）党委委员、纪委书记，免去其山西医科大学第一医院党委委员、纪委书记职务

8月19日　武瑞明任山西医科大学第一医院党委委员、纪委书记，免去其省人民医院党委委员、纪委书记职务

8月19日　王秀虹任省人民医院党委委员、纪委书记

9月3日　汪华彪任省人民医院党委委员、副书记，免去其山西医科大学第一医院党委副书记、委员职务

9月3日　免去周芸省人民医院党委副书记职务

9月3日　免去杨辉山西医科大学第一医院党委委员职务

9月3日　免去张桓虎山西医科大学第二医院党委委员职务

9月4日　免去桂增玉山西医科大学第二医院党委委员职务，退休

9月15日　周芸任省人民医院副院长

9月15日　免去杨辉山西医科大学第一医院副院长职务

9月15日　免去桂增玉、张桓虎山西医科大学第二医院副院长职务

9月16日　田首元任山西医科大学第一医院党委委员

9月16日　董红霖、原大江任山西医科大学第二医院党委委员

9月25日　田首元任山西医科大学第一医院副院长（试用期一年）

9月25日　董红霖、原大江任山西医科大学第二医院副院长（试用期一年）

10月15日　刘先胜任山西白求恩医院（山西医学科学院）党委委员

10月31日　刘先胜任山西白求恩医院（山西医学科学院）副院长（试用期一年）

11月20日　免去黄博省人民医院党委委员职务

12月3日　山西医科大学第二医院刘越泽退休

12月3日　山西白求恩医院（山西医学科学院）吴华试用期满考核合格，正式任职

12月4日　免去黄博省人民医院副院长职务

其　他

2月20日　冯立忠任省支援湖北抗击疫情前方指挥部党委书记

2月20日　陈利民任省支援湖北抗击疫情前方指挥部党委副书记

2月20日　李耀平、杨辉、李学文、安健任省支援湖北抗击疫情前方指挥部党委委员

3月30日　免去冯立忠山西省支援湖北抗击疫情前方指挥部党委书记

（本栏目内容由省委组织部、省人大常委会办公厅、省人社厅提供）

大事记

2020 年中共山西大事记

1 月

1日 省委副书记、代省长林武到省城农副产品市场、龙头企业和省政府总值班室，调研节日市场保障和应急值守等工作。

2日 省委书记楼阳生在忻州市调研开发区改革发展、招商引资和项目建设工作。楼阳生强调，各级党委、政府要认真贯彻落实中央及省委经济工作会议精神，全面落实“四为四高两同步”总体思路和要求，牢牢把开发区抓在手上，深化改革创新，优化营商环境，使开发区真正成为转型发展的主战场主引擎。

6日 省委常委会召开会议，传达全国宣传部长会议、全国离退休干部先进集体和先进个人表彰大会、全国老干部局长会议、全国扫黑除恶专项斗争视频会议精神，研究贯彻落实意见，听取省人大常委会、省政府、省政协、省法院、省检察院党组2019年度工作汇报，讨论省政府拟提请省十三届人大三次会议审议的《政府工作报告》。会议审议通过《关于加强和改进乡村治理的实施意见》。

7日 中国科学院大学太原能源材料学院奠基活动在太原举行。中国科学院大学太原能源材料学院由中国科学院大学、太原市人民政府、中国科学院山西煤炭化学研究所和中北大学联合共建，是中科院第一所有地方高校参与的四方共建学院。奠基活动前，省委书记楼阳生与中国科学院党组书记、院长白春礼一行举行工作会谈，就加强省院合作深入交流。楼阳生指出，山西转型发展最紧缺的是人才，最需要的是创新。共建国科大太原能源材料学院，必将对山西能源革命和新材料产业培育、搭建研究平台、促进人才集聚产生重大而深远的影响。希望中科院发挥优势，在发展战略性新兴产业、打造创新生态、农大（农科院）改革发展、建立省院全面合作关系等方面给予山西大力支持，推动双方合作结出丰硕成果。

同日 省委农村工作暨脱贫攻坚工作会议在太原召开。会议分析全省“三农”及脱贫攻坚工作面临的形势和任务，总结交流2019年工作，研究部署2020年工作。会议强调，2020年要确保剩余贫困人口如期脱贫，确保不发生大的返贫致贫问题。一要坚持开发式扶贫与保障式扶贫并重。二要落实“四个不摘”。三要在配合做好国家普查36个国定贫困县的同时，对22个省定贫困县开展普查。四要压紧压实党委政府主体责任。会议讨论了《中共山西省委山西省人民政府关于抓好“三农”领域重点工作确保如期实现全面小康的实施意见（讨论稿）》《中共山西省委山西省人民政府关于加快发展农产品精深加工十大产业集群的推进意见（讨论稿）》。

9—10日 省军区党委十一届五次全体（扩大）会议暨全省党管武装工作述职电视电话会议在太原召开。会议总结2019年工作，部署2020年任务，进行军分区（警备区）党委第一书记、市国动委主任党管武装工作述职。省委书记、省军区党委第一书记楼阳生参加会议，对进一步推进国防动员和后备力量建设提出要求。会议宣读了省军区年度奖励通令和表彰通报，对先进集体和先进个人进行了表彰。

10日 全省“不忘初心、牢记使命”主题教育总结大会在太原召开。省委书记、省委“不忘初心、牢记使命”主题教育领导小组组长楼阳生出席会议并作讲话。中央“不忘初心、牢记使命”主题教育第8巡回督导组副组长周福启出席会议并讲话。楼阳生就“不忘初心、牢记使命”提出六个方面要求。一是坚定理想信念，真正学好党的创新理论。二是做到“两个维护”，始终保持忠诚本色。三是勇于担当作为，自觉履行历史使命。四是牢记为民宗旨，坚决反对形式主义和官僚主义。五是强化自我革命，持续净化政治生态。六是发扬斗争精神，有效应对风险挑战。周福启在讲话中指出，主题教育开展以来，山西省委深入学习贯彻习近平新时代中国特色社会主义思想，认真落实习近平总书记关于山西工作的重要讲话、重要指示批示精神和党中央部署要求，切实履行主体责任，全省各级党组织真抓实抓，广大党员干部积极投入，主题教育达到预期目的、取得丰硕成果。

同日 省委常委会召开会议，学习贯彻中央政治局“不忘初心、牢记使命”专题民主生活会精神特别是习近平总书记重要讲话精神。省委书记楼阳生主持会议，就深入学习贯彻提出要求。

12—17日 省政协十二届三次会议在太原召开。省政协主席李佳作省政协常委会工作报告。会议通过了政协第十二届山西省委员会第三次会议关于常务委员会工作报告的决议，政协第十二届山西省委员会提案委员会关于省政协十二届三次会议提案审查情况的报告，政协第十二届山西省委员会第三次会议政治决议。

会议期间，省领导与委员们共商转型综改、高质量发展大计。广大政协委员认真学习贯彻中央大政方针、省委决策部署，以强烈的政治责任感和历史使命感，深入讨论政府工作报告、法检两院报告及其他报告，认真审议省政协常委会工作报告、提案工作情况报告等重要文件，围绕统筹推进“五位一体”总体布局、协调推进“四个全面”战略布局，紧扣全面建成小康社会目标任务，聚焦“四为四高两同步”，深入协商，踊跃建言，取得积极成果。

13—18日 省十三届人大三次会议在太原召开。代省长林武代表省人民政府向大会作政府工作报告。会议表决通过了关于接受骆惠宁辞去山西省人大常委会主任职务请求的决定，表决通过了选举办法。会议选举楼阳生为山西省人大常委会主任，选举林武为山西省人民政府省长。会议表决通过了关于省人民政府工作报告的决议、关于山西省2019年国民经济和社会发展计划执行情况与2020年国民经济和社会发展计划的决议、关于山西省2019年全省和省本级预算执行情况与2020年全省和省本级预算的决议、关于省人大常委会工作报告的决议、关于省高级人民法院工作报告的决议、关于省人民检察院工作报告的决议。会议还表决通过了《山西省优化营商环境条例》。

16日 中共山西省委印发《贯彻落实〈中国共产党政法工作条例〉实施细则》。

18日 省委、省政府召开全省项目建设暨招商引资动员大会。会议指出，转型为纲、项目为王、改革为要、创新为上既是理念也是方法，“四高”既是任务也是路径，“两同步”是我们的奋斗目标，也是全省人民的期盼。会议指出，要坚持准入标准、问题导向、精准方略，努力提高项目建设和招商引资的质量成色。一要坚持准入标准，提升项目整体质量。二要坚持问题导向，打通项目建设痛点堵点。三要坚持精准方略，提高招商引资成效。会议对2020年项目建设和招商引资工作作了具体部署。

19日 省委常委会召开会议，传达学习习近平总书记在十九届中央纪委四次全会上的重要讲话精神和十九届中央纪委四次全会精神，研究贯彻落实意见，传达贯彻全国统战部长会议精神，讨论通过《省委常委会2020年工作要点》，审定《省委全面深化改革委员会2020年重大改革项目及责任分工》《山西省统筹推进自然资源资产产权制度改革的实施意见》，研究文物工作。会议听取山西省复制推广深圳前海蛇口自贸片区制度创新经验（第二批）情况汇报。

21日 省纪委十一届六次全会在太原召开，省委书记、省人大常委会主任楼阳生出席会议并作重要讲话。省委常委、省纪委书记、省监委主任王拥军主持会议。楼阳生强调，要深入贯彻习近平总书记在中央纪委四次全会上的重要讲话及全会精神，坚持一体推进不敢腐、不能腐、不想腐这一新时代全面从严治党的重要方略，零容忍的决心丝毫不能动摇、打击腐败的力度丝毫不能减弱、净化政治生态的努力丝毫不能懈怠，把“严”的主基调长期坚持下去，为决胜全面建成小康社会、决战脱贫攻坚，为治晋兴晋强晋，为推动高质量转型发展提供坚强保障。2020年是全面建成小康社会和“十三五”规划收官之年。各级各部门要一体推进不敢腐不能腐不想腐，以“第一责任”领导保障“第一要务”，以风清气正的政治生态推动形成活力迸发的创新生态，以全面从严治党新成效推进治理体系和治理能力现代化。

22日 国家卫健委确认山西首例新型冠状病毒感染的肺炎确诊病例。湖北武汉疫情发生后，山西省委、省政府迅速启动联防联控工作机制，全省卫生健康部门和医疗卫生机构严格落实24小时值班值守制度，启动日报和零报工作，客观发布疫情动态，引导舆情，回应社会关切，落实好各项防控措施，确保人民群众生命安全和身体健康。按党中央、国务院决策部署，省委、省政府迅速成立以省委书记楼阳生为组长的省新型冠状病毒感染的肺炎疫情防控工作领导小组，从1月23日—2021年1月22日，先后召开四十七次专题会议暨省疫情防控工作领导小组会议，牢牢把握疫情防控主动权，坚决打好打赢抗疫山西战役、支援湖北战役和拱卫首都战役。经过艰苦努力，用36天时间消除本土新发病例，用52天时间实现本土病例清零，取得了确诊病人“零病亡”、医务人员“零感染”、出院患者“零复阳”、确诊疑似和隔离医学观察人员“零输出”的成绩，群众生活秩序全面步入正常轨道。

26日—2月22日 山西省先后派出13支医疗队、1516人赶赴湖北，与湖北当地医护人员和群众一起，共同抗击新型冠状病毒感染的肺炎疫情。截至3月16日，山西省对口支援湖北医疗队在三市共援助医院6所，诊治患者1159例，其中重症患者109例，危重症患者56例，总体治愈率在90%以上。3月19日，省委书记、省人大常委会主任楼阳生就支援湖北医疗队工作作出批示，指出：山西省支援湖北医疗队坚决贯彻习近平总书记重要指示，响应党的号召，舍小家、顾大家，不惧风险、英勇逆行、冲锋在前，以实际行动诠释了医者仁心、大爱无疆的崇高精神，传递了晋鄂人民守望相助、共克时艰的深情厚谊，为打赢湖北保卫战、武汉保卫战作出重要贡献。3月31日，支援湖北医疗队最后一批队员凯旋而归，楼阳生前往机场迎接。楼阳生指出：面对突如其来的新冠肺炎这场疫情，广大医务工作者闻令而动，主动请缨，主动参战，无愧于“白衣天使”的称谓，是新时代最可爱的人、最可敬的人、最值得人们赞颂的人。

2 月

5日 省委副书记、省长、省新型冠状病毒感染的肺炎疫情防控工作领导小组组长林武深入重点医药企业，调研检查我省医疗防护物资储备供应工作。林武强调，要坚决贯彻落实习近平总书记关于疫情防控的重要指示精神，按照省委、省政府决策部署，千方百计做好重点医疗防护物资筹集、生产、储备、供应，全力保障疫情防控一线需要，为打赢疫情防控阻击战提供坚实保障。

6日 省委常委会召开会议，传达中央政法工作会议、全国组织部长会议、第三十三次全国“扫黄打非”工作会议精神，研究贯彻落实意见，听取全省安全生产工作情况汇报，审议《关于应对疫情支持中小企业共渡难关的若干措施》《政协山西省委员会2020年度协商计划》《关于深入开展“零上访零事故零案件”村(社区)、企业、单位创建工作的实施方案》，研究“三农”工作、构建创新生态、山西农业大学(省农科院)改革等工作。会议审议通过《关于抓好“三农”领域重点工作确保如期实现全面小康的实施意见》《关于加快推进农产品精深加工十大产业集群发展的意见》《关于加快构建山西省创新生态的指导意见》《关于实施“111”创新工程支撑引领高质量转型发展的意见》《山西省企业技术创新全覆盖工作推进方案》，审定《山西农业大学与山西省农业科学院合署改革实施方案》。

7日 省委书记、省委审计委员会主任楼阳生主持召开省委审计委员会第三次会议，传达学习习近平总书记对审计工作的重要指示和全国审计工作会议精神，研究贯彻落实意见。会议听取了2019年审计工作情况汇报，审议通过《关于深入推进审计全覆盖的实施意见》《省委审计委员会2020年工作要点》《关于2020年度全省统一组织审计项目计划》，要求进一步修改完善后，按程序报批实施。会议听取了地方金融及类金融机构审计调查发现问题整改情况汇报，要求压实主体责任，盯住问题抓整改，堵塞制度漏洞抓整改，实现穿透式监管抓整改，促进金融机构规范健康发展。

11日 中共山西省委办公厅、山西省人民政府办公厅印发《关于加强和改进乡村治理的实施意见》。

12日 省委书记楼阳生主持召开省委财经委员会第六次会议，学习贯彻习近平总书记在中央财经委员会第六次会议上的重要讲话精神和中央财经委员会第六次会议精神，研究贯彻落实意见，审议《山西省煤成气增储上产三年行动计划(2020–2022年)》，研究深化国资国企改革重大事项。

20日 省委常委会召开会议，听取省纪委关于围绕深化政治监督开展全省性专项监督检查情况汇报，审议《省人大常委会2020年立法计划》《山西省国资监管体制及国有资本投资、运营公司改革试点实施方案》《山西省脱贫攻坚领导小组2020年工作要点》《关于开展脱贫攻坚挂牌督战的实施方案》《关于建设中医药强省的实施方案》，研究金融工作，决定追授张志民、杨双宝同志“山西省优秀共产党员”称号。会议听取中国人民银行工作会议暨全国外汇管理工作会议精神汇报和全省农村信用社重点工作情况汇报。会议审议通过《全省信访问题控新治旧2020年十项行动方案》。

28日 省委常委会召开会议，审议生态环境保护有关情况报告和《汾河流域生态景观规划》，听取省政协党组创新生态专题调研、全省干部队伍建设、宗教工作及事业单位改革试点推进情况汇报，决定成立中共山西省委督查委员会。

同日 “三个一批”活动在山西综改示范区举行。“三个一批”是指项目投产一批、开工一批、签约一批。省委书记、省人大常委会主任楼阳生出席活动并讲话。楼阳生强调，要按照党中央决策部署和习近平总书记重要指示精神，一手丝毫不松抓疫情防控，一手时不我待抓经济社会发展。抓好转型发展，必须紧紧扭住项目建设这一有力支撑，以“三个一批”活动为标志，进一步在全省上下掀起抓项目的热潮。

3 月

3日 全省脱贫攻坚问题排查整改暨挂牌督战工作部署会召开。会议传达了省委书记楼阳生在153次省委常委会上关于脱贫攻坚工作的重要讲话精神。会前，省委副书记、省长林武就积极应对新冠肺炎疫情决战脱贫攻坚作出批示。楼阳生强调，2020年是全省脱贫攻坚决战完胜、全面收官之年，要进一步强化“交总账”和“军令状”意识，认真落实2020年工作要点和挂牌督战实施方案，坚决克服疫情对脱贫攻坚的影响，确保高质量完成脱贫攻坚任务，向党中央、向全省人民交出优秀答卷。

6日 全省决战完胜脱贫攻坚推进会在太原召开，就贯彻落实决战决胜脱贫攻坚座谈会精神特别是习近平总书记重要讲话精神作出安排部署。省委书记、省人大常委会主任楼阳生主持会议并讲话，楼阳生强调，要把思想和行动统一到习近平总书记重要讲话精神上来，进一步增强交总账意识、军令状意识，坚决克服疫情影响，高质量完成脱贫攻坚硬任务，确保决战完胜、圆满收官。

12日 省委常委会召开会议，审议《关于深入贯彻落实党的十九届四中全会精神推进山西治理现代化的实施方案》，审定《中共山西省委党建工作领导小组2020年工作要点》《山西省2020年政党协商计划》《年度目标责任考核改革方案》《山西省开发区考核办法》《山西省贯彻落实〈新时代爱国主义教育实施纲要〉若干措施》，听取国资监管体制改革推进情况汇报。

16日 全省组织部长会议在太原召开。省委书记、省人大常委会主任楼阳生出席会议并讲话。省委常委、组织部长曲孝丽主持会议并作具体安排。楼阳生就加强党的建设和组织工作提出六个方面要求。一是建立健全不忘初心、牢记使命制度，强化一句誓言、一生作答的行动自觉。二是强化大抓基层的鲜明导向，着力推动基层党组织全面进步。三是树牢鲜明的干部选用标准，下大力气打造忠诚干净担当有作为的干部队伍。四是围绕打造一流创新生态，大力实施创新驱动、科教兴省、人才强省战略。五是改革考核评价办法，营造以结果论英雄的浓厚氛围。六是加强组织部门政治建设，持续优化风清气正的政治生态。曲孝丽就组织工作任务作了具体安排。

17日 全省宣传部长会议在太原召开，省委书记、省人大常委会主任楼阳生出席会议并讲话。省委常委、宣传部长吕岩松主持会议并作具体安排。楼阳生对全省宣传思想工作提出五个方面要求。一是坚持马克思主义在意识形态领域指导地位，深入推进习近平新时代中国特色社会主义思想学习宣传贯彻。二是大力培育和践行社会主义核心价值观，不断凝聚起转型综改的正能量。三是加快建立网络综合治理体系，营造清朗网络空间。四是持续深化文化体制改革，繁荣文化事业，壮大文化产业。五是坚持和加强党对宣传思想工作的全面领导，进一步增强做好宣传思想工作的素质本领。吕岩松在讲话中强调，要深入学习贯彻习近平总书记关于宣传思想工作的重要论述，落细落实全国宣传部长会议精神，按照楼阳生书记提出的各项要求，以更高标准做好极端重要的宣传思想工作。

19日 省委常委会召开会议，传达学习《关于2019年中央政治局贯彻执行中央八项规定情况的报告》《关于解决形式主义突出问题为基层减负工作情况的报告》精神，研究贯彻落实意见，听取2019年底全省建档立卡未脱贫老年户、推进社区居家养老服务发展、山西农谷和晋中国家农高区建设情况汇报，审定《关于新时代加强和改进人民政协工作的实施意见》，研究政府隐性债务防范化解工作。

同日 省委书记、省委全面依法治省委员会主任楼阳生主持召开省委全面依法治省委员会第三次会议，学习贯彻习近平总书记在中央全面依法治国委员会第三次会议上的重要讲话精神，总结2019年工作，部署2020年任务。会议听取2019年省委全面依法治省委员会工作情况汇报、2019年法治政府建设情况汇报，审议通过《中共山西省委全面依法治省委员会2020年工作要点》《2020年省委党内法规制定计划》《2020年省政府规章项目计划》《关于将党政主要负责人履行推进法治建设第一责任人职责情况列入年终述职内容的试点实施方案》。

20日 山西药茶发布会在太原举行。省委书记、省人大常委会主任楼阳生出席并讲话。省委副书记、省长林武出席并授牌。副省长王成主持并作主题发布。楼阳生在讲话中结合对中国茶历史、茶文化的所感所悟，深度阐述山西药茶的灵魂、精髓和价值，表达了发展山西药茶的强烈自信和深切期许。发布会上，播放了《山西药茶宣传片》，林武向山西药茶产业联盟授予牌匾，王成发布山西药茶发展情况，省农业农村厅、山西文旅集团、山西振东集团分别就山西药茶省级区域公用品牌、祁县茶城（昭馀古城）建设情况、山西药茶产业联盟和品牌运营情况作专项发布。

24日 中共山西省委、山西省人民政府印发《关于建设中医药强省的实施方案》。

25日 省委书记、省人大常委会主任楼阳生到晋中市太谷区，就晋中国家农高区（山西农谷）建设进行调研，并主持召开座谈会。楼阳生强调，要深入学习贯彻习近平总书记视察山西重要讲话精神，紧紧抓住获批晋中国家农高区的重大机遇，高举农业科技创新和深化农村改革"两面旗帜"，聚焦"十个突破"，加快建设山西现代农业创新高地、产业高地、人才高地、开放高地和农村改革先行区。

27日 全省科学技术大会在太原召开。会议强调，要在全面落实省委省政府关于打造创新生态各项决策部署的基础上，精准聚焦关键环节，着力抓好八个方面重点工作。一是做优做强实验室，切实增强应用基础研究和自主创新能力。二是加强中试基地建设，有力推动科研成果向现实生产力转化。三是突出抓好规上企业创新全覆盖，加快推动产学研紧密结合、深度融合。四是率先打造若干重点产业创新生态子系统，推动战略性新兴产业集聚集群集约发展。五是完善以智创城为载体的双创体系，充分激发全社会创新的潜力和动能。六是加力补上人才短板，以人才洼地助推创新高地建设。七是推动科技与金融深度融合，为筑造一流创新生态提供坚强支撑。八是深化科技体制机制改革，不断激发科技创新主体的积极性创造性。会上，副省长王一新代表省政府宣读了《关于授予陈宏、李晋闽、杨立友山西省科技创新特殊贡献奖的决定》和《关于2018年度山西省科学技术奖励的决定》。

30日 省委常委会召开会议，传达学习习近平总书记重要批示精神，研究部署耕地保护工作，审议通过关于全省2019年度目标责任考核等次评定及2020年度考核指标体系、《山西省煤层气勘查开采管理办法（草案）》《山西省转型项目建设2020年行动方案》《山西日报报业集团改革方案》《山西广播电视台改革方案》。

31日 经国务院批准，撤销太谷县，设立晋中市太谷区，以原太谷县的行政区域为太谷区的行政区域。

4　月

1—3日 省委书记、省人大常委会主任楼阳生在长治市就贯彻习近平总书记关于统筹推进疫情防控和经济社会发展工作重要指示精神，推进省域副中心城市建设进行调研。调研期间，楼阳生到平顺县西沟村，看望共和国勋章获得者申纪兰。

2—3日 省委副书记、省长林武到运城、临汾，就春季农业生产工作进行调研。林武强调，要坚决贯彻习近平总书记重要讲话精神，认真落实党中央、国务院决策部署和省委、省政府工作要求，统筹疫情防控和农业生产，全面做好春耕春播春管工作，稳面积、稳产量、稳政策，加快推动特色现代农业高质量发展，切实发挥"三农"压舱石作用。

8日 省委书记、省委财经委员会主任楼阳生主持召开省委财经委员会第七次会议。楼阳生强调，发展是第一要务。要认真学习贯彻习近平总书记"三篇光辉文献"，进一步加强省委对经济工作的领导，强化省委财经委职能作用，按照省委"四为四高两同步"总体思路和要求，做好全省经济领域重大工作的顶层设计、总体布局、统筹协调、整体推进、督促落实。会议研究了磁浮项目推进、煤炭产业健康可持续发展、太原能源低碳发展论坛机制改革、农村信用社联合社改革、国企专业化重组等事项，审议“腾笼换鸟”专项行动方案、山西体育产业控股集团有限公司筹组方案、山西云时代技术有限公司资产重组方案，听取省国资运营公司、万家寨水务控股集团等工作汇报。

同日 华远国际陆港集团有限公司揭牌仪式在太原举行。华远国际陆港集团有限公司由山西能源交通投资有限公司整体改组设立，是省委推进国资国企布局优化、战略重组的重要举措。

9日 省委中心组举行专题学习会，学习贯彻中办印发的《党委(党组)落实全面从严治党主体责任规定》。省委书记、省人大常委会主任楼阳生主持会议并讲话。楼阳生指出，推进制度治党、依规治党，是全面从严治党的长远之策、根本举措。要深刻认识《规定》出台的重大意义，切实增强贯彻落实的政治自觉。要准确把握《规定》内涵要求，切实增强落实主体责任的针对性实效性。要扎实抓好《规定》贯彻执行，推动全面从严治党向纵深发展。

同日 省委常委会召开会议，传达贯彻全国脱贫攻坚成效考核和专项巡视“回头看”发现问题整改工作电视电话会议精神，听取2019年脱贫攻坚成效考核结果汇报。会议指出，要深入学习贯彻习近平总书记在决战决胜脱贫攻坚座谈会上的重要讲话精神，树牢军令状、交总账意识，确保决战决胜脱贫攻坚。一要狠抓整改，做足成色。二要“四个不摘”，步步为营。三要产业带动，技能就业。四要教育治根，兜底保障。五要完善政策，创新机制。六要压实责任，赏罚分明。

13日 全省“三零”单位创建工作动员部署大会在太原召开，省委书记、省人大常委会主任楼阳生主持会议并讲话。省委常委、政法委书记商黎光对全省开展“三零”(零上访、零事故、零案件)单位创建作出具体安排，副省长吴伟对常态化疫情防控工作提出具体要求。楼阳生强调，“三零”单位创建必须把党的群众路线贯穿始终。人民群众是“三零”单位创建的主体力量，要坚持一切为了群众、一切依靠群众，实现创建过程让群众参与、成果让群众获得、成效让群众评判。商黎光在具体安排时要求，准确把握“三零”单位创建目标任务，充分发挥基层主体作用，全面摸清问题，积极整改隐患，规范内部管理，健全服务体系，构筑维护基层平安稳定坚固防线。

16日 万家寨水务控股集团有限公司揭牌仪式在太原举行。省委书记楼阳生出席并讲话，他强调，要牢固树立市场化、法治化改革取向，全面推动水源、水权、水利、水工、水务“五水综改”，加快打造全产业链综合水务投资运营商和具有行业领军力的一流水务旗舰劲旅。揭牌仪式上，万家寨水务控股集团负责同志介绍了集团合并重组情况，省市场监管局向万家寨水务控股集团颁发了营业执照。

17日 全省国资国企改革发展工作会议在太原召开。会议以习近平新时代中国特色社会主义思想为指导，就进一步深入推进全省国资国企改革和高质量发展作出安排部署。会议突出强调了当前国资国企改革的八个方面的重点工作。一是准确把握改革的战略意图、重大要求，有效提升国有资本专业化市场化法治化运营水平。二是优化国资布局，深化战略重组。三是健全公司法人治理，树立鲜明的效益导向。四是深入实施创新驱动、人才强企战略，不断提升企业的核心竞争力。五是坚持政企分开、事企分开，全面推进省级行政部门所属事业单位所办企业清理规范。六是咬定目标持续攻坚，分类推动市县国企改革。七是探索开展企业“六定”改革，促进企业治理现代化。八是积极稳妥推动省属文化和金融企业改革，为高质量转型发展助力加力。

20日 省委常委会召开会议，听取一季度全省经济、安全生产、社会稳定、意识形态领域形势分析汇报，研究部署当前工作，审议通过《关于落实〈中央依法治国办关于对山西省开展法治政府建设实地督察的反馈意见〉整改方案》《选派年轻干部到乡镇(街道)任职“墩苗”行动实施方案》。会议指出，全省上下要把思想和行动统一到中央对当前疫情防控和经济形势的分析判断上来，统一到中央及省委各项决策部署上来，在疫情防控常态化前提下，全力做好“六稳”“六保”工作，确保完成决战决胜脱贫攻坚目标任务，全面建成小康社会。

同日 省委书记、省委外事工作委员会主任楼阳生主持召开省委外事工作委员会第三次会议。楼阳生强调，要坚持以习近平外交思想为指导，切实加强党对外事工作的集中统一领导，不断拓展和深化对外交往合作，以高政治站位服务国家总体外交，以高水平开放促进山西转型发展。会议传达学习2019年全国地方外办主任会议精神，研究贯彻落实意见，审议通过《中共山西省委外事工作委员会2020年工作要点》和《中共山西省委外事工作委员会工作规则(修订稿)》。会议强调，地方外事工作是党和国家对外工作的重要组成部分，在促进对外开放、服务改革发展、维护涉外安全等方面具有重要作用。一是发挥地方优势，自觉服务国家总体外交大局。二是加强公务出访活动管理，切实提高出访工作效果。三是讲好“山西故事”，全面提升对外宣传工作水平。四是围绕利用外资外智，全面深化对外合作。五是着眼常态化疫情防控，认真做好新冠肺炎疫情防控涉外工作。

27日 省委人大工作会议在太原召开。省委书记、省人大常委会主任楼阳生出席会议并讲话。楼阳生强调，全省各级人大及其常委会要坚持党的领导、人民当家作主、依法治国有机统一，认真做好立法、监督、决定、代表等工作，全面担负起宪法法律赋予的各项职责。一是强化政治机关属性，坚持用习近平新时代中国特色社会主义思想统领新时代人大工作。二是提高立法质量和效率，以良法保善治、促发展、强创新、扬正气、惠民生。三是增强监督实效，推动中央及省委决策部署贯彻落实和法律法规有效实施。四是用好重大事项决定权，把各方面智慧和力量凝聚到省委确定的目标任务上来。五是尊重代表主体地位，积极支持和保障代表依法履职。

28日 华舰体育控股集团有限公司揭牌仪式在太原举行，省委书记、省人大常委会主任楼阳生出席并讲话，楼阳生强调，要深入学习贯彻习近平总书记关于体育事业的重要论述，贯彻落实全省国资国企改革发展工作会议精神，立足山西，面向全国，打造体育界业内旗舰劲旅。华舰体育控股集团的成立，是省委优化国资布局、深化战略重组，打造承载转型使命国企旗舰劲旅的又一重要成果。

5　月

6日　省委工作会议在太原召开。会议坚持以习近平新时代中国特色社会主义思想为指导，深入学习贯彻落实党的十九届四中全会精神，紧密联系"四为四高两同步"总体思路和要求，对不断提升治晋兴晋强晋能力和水平，切实把制度优势更好转化为治理效能作出部署。省委书记、省人大常委会主任楼阳生出席会议并讲话。省委常委、秘书长廉毅敏就《中共山西省委关于深入贯彻落实党的十九届四中全会精神不断提升治晋兴晋强晋能力和水平的实施方案（征求意见稿）》作了说明。

同日　省委书记、省"十四五"规划领导组组长楼阳生主持召开山西省"十四五"规划领导组会议，听取山西省"十四五"规划编制有关情况汇报，对全面推进规划编制进行动员部署。楼阳生强调，要以习近平新时代中国特色社会主义思想为指引，深入学习贯彻"三篇光辉文献"，贯彻落实"四为四高两同步"总体思路和要求，胸怀大局，把握机遇，围绕"转型出雏型"，努力编制一个高质量规划，为谱写中国特色社会主义现代化建设山西篇章描绘蓝图、凝聚力量。会上，省发展改革委汇报了山西省"十四五"规划基本思路和编制工作情况，提出下一步工作建议。楼阳生就加强对"十四五"规划编制工作的领导，加强与国家"十四五"规划的衔接对接、争取更多政策项目支持等提出要求。省"十四五"规划领导组成员单位负责同志参加会议。

7日　省委常委会召开会议，传达《国家发展改革委关于印发2020年国家综合配套改革试验区重点任务的通知》精神，研究贯彻落实意见。会议强调，各地各部门要切实承担主体责任，蹄疾步稳推进重大改革，加强系统集成，以改革促转型、促发展。要健全工作机制，细化工作方案，强化项目化、清单化管理，强化国家部委对接，强化经验总结推广，完善改革激励约束和考核机制，确保高质量、高标准完成各项改革任务。要编制好转型综改试验区"十四五"专项规划。

11—12日　中共中央总书记、国家主席、中央军委主席习近平来山西，先后到大同、太原等地的农业产业基地、移民新村、文物保护单位、改革示范区和企业等，就统筹推进常态化疫情防控和经济社会发展工作、巩固脱贫攻坚成果调研。习近平听取省委和省政府工作汇报，对山西各项工作予以肯定。习近平强调，要全面贯彻党的十九大和十九届二中、三中、四中全会精神，坚持稳中求进工作总基调，坚持新发展理念，坚持以供给侧结构性改革为主线，扎实做好"六稳"工作，全面落实"六保"任务，努力克服新冠肺炎疫情带来的不利影响，在高质量转型发展上迈出更大步伐，确保完成决战决胜脱贫攻坚目标任务，全面建成小康社会，乘势而上书写山西践行新时代中国特色社会主义的新篇章。考察期间，习近平在听取山西转型综合改革示范区建设和运营情况介绍后，强调建设转型综合改革示范区是党中央赋予山西的一项重大任务，也是实现山西转型发展的关键一招。山西要有紧迫感，更要有长远战略谋划，正确的就要坚持下去，久久为功，不要反复，不要折腾，争取早日蹚出一条转型发展的新路子。

13日　省委常委会召开扩大会议，传达学习习近平总书记视察山西重要讲话重要指示，对全省兴起学习宣传热潮、抓好贯彻落实进行研究部署。会议对抓好学习宣传贯彻提出七点要求。一是学深悟透，进一步增强书写山西践行新时代中国特色社会主义新篇章的历史使命感和政治责任感。二是坚定转型，进一步在培育新动能、实现高质量发展上久久为功。三是系统治理，进一步推进"两山七河一流域"生态修复。四是做特做优，进一步推进农业供给侧结构性改革。五是增进福祉，进一步做好保障和改善民生工作。六是常存敬畏，进一步保护好历史文物，切实加强文化建设。七是立党为公，进一步以政治建设为统领，营造良好政治生态。会议号召，全省各级党组织和广大党员干部群众要更加紧密地团结在以习近平同志为核心的党中央周围，深入学习贯彻习近平总书记视察山西重要讲话重要指示，在省委坚强领导下，乘势而上、蹄疾步稳，只争朝夕、久久为功，将转型综改进行到底，交出一份让习近平总书记和党中央满意，让全省人民满意的优秀答卷，书写山西践行新时代中国特色社会主义的新篇章。

15日　省委常委会召开会议，传达全国巡视工作会议暨十九届中央第五轮巡视动员部署会精神，传达学习《中共中央办公厅关于持续解决困扰基层的形式主义问题为决胜全面建成小康社会提供坚强作风保证的通知》精神，研究贯彻落实意见，听取制定《落实中央八项规定精神正面清单、负面清单》、抗击疫情阶段性工作、省级事业单位办企业调查摸底和市县国有企业改革专题调研情况、深化市县事业单位改革情况的汇报，研究部署科技体制机制重塑性改革、艺术职业学院改革、乡镇（街道）机构深化改革等工作。会议审议通过《山西省科技体制机制重塑性改革方案》《山西艺术职业学院改革方案》《关于深化乡镇（街道）机构改革推进基层整合审批服务执法力量的实施意见》。会议听取推荐评选2020年全国劳动模范和先进工作者情况汇报，会议指出，要在全社会营造学习劳模、尊重劳模，争当劳模、崇尚劳动，崇尚创新、鼓励创业的浓厚氛围，为转型综改凝聚强大正能量。

17日　省委书记、省人大常委会主任楼阳生与中国农科院（深圳）农业基因组研究所所长黄三文一行举行工作会谈，就加强农业科研合作深入交流，并共同出席山西农谷、山西农业大学（省农科院）、大同市政府与基因组所合作协议签约仪式。根据协议，双方将以深圳国际食品谷、山西农谷为基本支撑，在人才建设、科学技术、产业培育等领域开展合作，加强科技农业、智慧农业、生态农业、农产品深加工等方面的合作交流。中国农科院（深圳）农业基因组研究所与山西农业大学（省农科院），中国农科院（深圳）农业基因组研究所、湖南农业大学、山西农业大学（省农科院）与大同市政府分别签署合作框架协议。

18日 省委书记、省委财经委员会主任楼阳生主持召开省委财经委员会第九次会议。楼阳生强调,要坚持市场化法治化改革取向,着力从根上改、制上破、治上立,做优做强国有企业,为在转型发展上率先蹚出一条新路来提供强劲支撑。会议听取国资国企改革事项进展、"五大中心"建设等情况汇报,审议通过《关于加快省属国有企业"腾笼换鸟"促进国有资本优化布局的实施意见》。

19日 省委书记、省委全面深化改革委员会主任楼阳生主持召开省委深改委(省综改委)第十九次会议。会议听取了《关于改革完善重大疫情防控体制机制健全公共卫生应急管理体系的意见》起草情况、现代医院管理制度试点推进情况的汇报,审议并通过《山西白求恩医院区域医疗中心建设发展规划(2020-2024)》《山西省关于进一步深化县域医疗卫生一体化改革的实施意见》《关于我省深化医疗保障制度改革的实施意见》《关于深化拓展支持民营经济发展的若干措施》《山西省推进新时代基础教育改革发展行动计划》《晋中市人民政府关于在城市管理领域开展相对集中行政处罚权工作方案》和《晋中市城市管理相对集中行政处罚权清单》。

22日 十三届全国人大三次会议山西代表团举行全体会议,审议李克强总理所作的政府工作报告。山西团代表、中共中央政治局委员、国务院副总理刘鹤和代表们一起审议。代表团团长楼阳生主持并发言,代表团副团长林武发言。副团长郭迎光、王拥军、卫小春、王成参加审议。

刘鹤在参加审议时说,完全赞成李克强总理所作的政府工作报告。报告体现了习近平新时代中国特色社会主义思想的要求,体现了全面建成小康社会的战略目标。我国新冠肺炎疫情防控取得重大战略成果,充分证明以习近平同志为核心的党中央坚强有力,英明果断,敢于担当,有预见性,有战略定力,也再次彰显了中国特色社会主义制度的显著优势。希望山西认真贯彻落实好习近平总书记在山西考察时的重要讲话精神,抓住转型发展的大好机遇,扎实推动经济转型升级,实现从产业结构单一到多元化,从要素驱动到创新驱动,从资源优势到制造和服务优势的战略性转变,走出转型发展的新路子。

29日 山西省召开传达贯彻全国"两会"精神会议,传达贯彻习近平总书记在全国"两会"期间重要讲话精神、全国"两会"精神、刘鹤副总理参加山西代表团审议时的讲话精神。会议强调,要聚焦"六新",深化改革开放,把"进"的成效体现在"六新"布新局、开新篇上,推动高质量转型发展迈出更大步伐。围绕"六新"抓项目、抓改革、优环境、促开放,以14个战略性新兴产业为重点,加快打造一流创新生态,培育竞争新优势。要持续在重点改革领域攻坚克难,深化能源革命综合改革试点,全面推动国资国企、开发区、金融等重点领域改革,激发内生新动力,增强发展新动能。会议要求,要坚持全面从严治党,进一步树牢结果导向,推动中央及省委各项决策部署落实落地。

6 月

1日 省委召开务虚会暨中心组学习会,围绕深入贯彻习近平总书记视察山西重要讲话重要指示,在转型发展上率先蹚出一条新路来进行学习交流研讨,明确落实举措。省委书记、省人大常委会主任楼阳生主持会议并讲话,楼阳生强调,要进一步用习近平总书记视察山西重要讲话重要指示统一认识、武装思想,强化坚定扛起在转型发展上率先蹚出一条新路来的使命担当,勇于改革、勇于创新,敢为人先、先行先试,真正实现全面、系统、彻底的转型,为山西发展赢得未来。会上,省委常委,省人大常委会、省政府、省政协有关负责同志作了交流发言,结合学习贯彻习近平总书记视察山西重要讲话重要指示谈认识、谈体会,深入思考分析,畅言观点思路,提出意见建议。通过广泛深入讨论,进一步统一了思想认识,强化了理论武装,凝聚了奋进共识。楼阳生还就编制好"十四五"规划,以及近期要抓的重点工作,提出明确具体要求。

同日 中共中央机关刊《求是》杂志6月1日刊登中共山西省委书记楼阳生的署名文章:《在转型发展上率先蹚出一条新路来》。文章阐述了学习习近平总书记视察山西重要讲话重要指示的体会,以及对山西坚定不移沿着资源型地区经济转型发展金光大道奋勇前行、坚决扛起"在转型发展上率先蹚出一条新路来"的历史使命、坚持以党建"第一责任"领导和保障发展"第一要务"的思考。

6日 山西综改示范区举行第二期项目签约一批、开工一批、投产一批"三个一批"活动,省委书记、省人大常委会主任楼阳生出席活动并讲话。省委副书记、省长林武主持并提出落实要求。山西综改示范区与11个代表项目举行了现场签约。楼阳生重点围绕深入贯彻落实习近平总书记视察山西重要讲话重要指示,聚焦"六新",蹚出一条新路来,提出四点要求。一要围绕"六新"转观念。二要围绕"六新"抓项目。三要围绕"六新"建生态。四要围绕"六新"优环境。签约仪式结束后,楼阳生等省领导来到即将投产的某新一代信息技术研发产业基地进行现场观摩,察看新产品新成果展示,与相关合作企业负责人深入交流。

10日 省委书记、省人大常委会主任楼阳生在太原市调研大数据产业发展并主持召开座谈会。省工信厅就全省大数据产业发展情况作了汇报。楼阳生提出具体要求。一要加速新基建进度。二要加大新一代信息技术应用步伐。三要加强研发力度。四要加长产业链条。五要加力形成集聚效应。六要加快大数据立法工作。

11日 省委书记、省委全面深化改革委员会主任楼阳生主持召开省委深改委(省综改委)第二十次会议。会议审议通过《关于促进劳动力和人才社会性流动体制机制改革的实施意见》《关于贯彻国家实施重要农产品保障战略的意见》《关于改革完善体制机制切实加强粮食储备安全管理的若干措施》《山西省12345政务服务热线整合建设实施方案》《关于推进省属企业"六定"改革的指导意见》,听取了全省农村集体产权制度改革情况的汇报。

同日 省委常委会召开会议,听取脱贫攻坚约谈整改落实、省领导"四不两直"调研脱贫攻坚、省委脱贫攻坚督导组督导工作情况汇报,研究全省稳就业工作,审议通过《中共山西省委关于建立城乡居民补充养老保险制度的决定》《山西省贯彻落实国家统计局统计督察反馈意见整改方案》《关于促进中小企业健康发展的实施意见》。会议听取关于山西建立城乡居民补充养老保险制度、赡养老人立法情况汇报。

16日 省委书记、省委财经委员会主任楼阳生主持召开省委财经委员会第十次会议。会议听取省国资委、省国资运营公司有关国资国企改革情况的汇报,审议通过《省级事业单位办企业脱钩改革实施方案》《推进市县国企改革实施意见》《企业领导人员任职和公务回避管理办法(试行)》《山西省省属国有企业违规经营投资与重大决策终身责任追究实施办法》《加强和改进省属国有企业投资决策的若干意见》。会议听取尧城(太原)国际通用航空飞行大会办会机制方案、2020尧城(太原)国际通用航空飞行大会策划方案的汇报。

18日 省委召开金融改革工作会议,认真学习贯彻习近平总书记关于金融改革发展的重要论述重要指示,对全省深化金融改革重点工作进行具体部署。省委书记、省人大常委会主任楼阳生出席会议并讲话。楼阳生强调,要坚持以习近平新时代中国特色社会主义思想为指引,贯彻落实习近平总书记视察山西重要讲话重要指示,按照"四为四高两同步"总体思路和要求,统一思想、坚定信心,直面问题、敢于担当,深化金融领域改革,着力防范化解风险,打造一流农商行城商行,为在转型发展上率先蹚出一条新路来提供有力金融支持。

19日 中共山西省委、山西省人民政府印发《关于深化医疗保障制度改革的实施意见》。

22日 中共山西省委、山西省人民政府印发《关于深化拓展支持民营经济发展的若干举措》。

同日 省委书记、省人大常委会主任楼阳生分别与深圳正威国际集团董事局主席王文银、北京建龙重工集团董事长张志祥举行工作会谈,就深化合作深入交流,并共同出席山西省"正威新材料产业园"、"千亿级钢铁深加工产业集群"项目合作协议签约仪式。运城市政府分别与深圳正威国际集团、北京建龙重工集团签署"正威新材料产业园"项目、"千亿级钢铁深加工产业集群项目"合作协议,预计投资逾300亿元。

23日 省委副书记、省长林武到太原地铁2号线一期工程小店南车辆段、太原唐久超市有限公司、太原中海国际中心就项目建设、稳就业保就业、促进服务业恢复稳定增长等工作进行调研。林武强调,要深入贯彻习近平总书记视察山西重要讲话重要指示,认真落实全国"两会"精神,按照省委"四为四高两同步"总体思路和要求,强化政策支持,加大工作力度,全力促进经济持续回升向好,在推进"六稳""六保""六新"中担当省会责任、展现省会作为。

24日 省委常委会举行集体学习会,学习习近平总书记在中央政治局第二十次集体学习时的重要讲话精神,研究贯彻落实意见,推动民法典在山西全面有效实施。会议指出,习近平总书记在中央政治局第二十次集体学习时的重要讲话,深刻阐述了颁布实施民法典的重大意义,对推动实施民法典提出了明确要求,进一步丰富和发展了中国特色社会主义法治理论和法治实践,具有很强的思想性、指导性、实践性,为我们全面有效实施好民法典提供了根本遵循。要把深入学习领会习近平总书记在中央政治局第二十次集体学习时的重要讲话,与贯彻落实习近平总书记视察山西重要讲话重要指示紧密结合起来,增强政治责任感和历史使命感,以全面实施民法典的实际成效,推动法治山西建设、推进国家治理体系和治理能力现代化,不断将制度优势转化为治理效能和发展动能,不断开创治晋兴晋强晋新局面。会议强调,各级党委要把深入学习贯彻习近平总书记重要讲话精神、贯彻实施民法典作为全面依法治省的一项重要工作,认真研究贯彻实施措施,及时解决实施中的重大问题,为全面有效实施民法典提供坚强领导。

同日 省委常委会召开会议,听取山西省"十四五"规划编制工作进展情况、全面从严治党有关工作情况的汇报,审议通过《贯彻落实〈党委(党组)落实全面从严治党主体责任规定〉实施细则》《山西省贯彻落实〈中国共产党农村工作条例〉实施办法》《山西省禁毒工作规划(2020-2022年)》,研究地方金融监管信息系统工作,决定成立省委公共卫生健康委员会,讨论拟提请省委十一届十次全会审议的文件。会议听取省纪委监委关于加强不能腐制度建设调研情况的汇报,审议通过《省委常委会及其成员落实全面从严治党责任清单》《中共山西省委落实全面从严治党主体责任2020年任务安排》《关于加强落实全面从严治党主体责任考核的具体举措》《山西省全面从严治党宣传教育工作方案》。会议审议通过《建设地方金融监管监测信息系统健全金融监管信息共享工作机制实施方案》。会议决定,中共山西省委十一届十次全会于6月28日至29日在太原召开,对深入学习贯彻习近平总书记视察山西重要讲话重要指示精神进行全面部署。会议讨论了《关于贯彻落实习近平总书记视察山西重要讲话重要指示在转型发展上率先蹚出一条新路来的实施方案(送审稿)》,决定提请省委十一届十次全会审议。

同日 省委书记、省生态环境保护委员会主任楼阳生主持召开省生态环境保护委员会第一次会议。会议听取全省生态环境保护工作情况汇报,审议通过《山西省加快构建现代环境治理体系实施方案》《山西省生态环境保护督察工作细则》和《山西省生态环境保护责任清单》。

28日 全国劳动模范、全国优秀共产党员、"共和国勋章"获得者、山西省平顺县西沟村党总支副书记申纪兰同志,因病于2020年6月28日在长治市逝世,享年91岁。

28—29日 中国共产党山西省第十一届委员会第十次全体会议在太原举行。省委书记、省人大常委会主任楼阳生代表省委常委会作重要讲话。全会以习近平新时代中国特色社会主义思想为指导,对深入学习贯彻习近平总书记视察山西重要讲话重要指示进行全面部署。全会审议通过了《中共山西省委关于贯彻落实习近平总书记视察山西重要讲话重要指示 在转型发展上率先蹚出一条新路来的实施方案》。全会强调,面向转型发展新征程新使命,全省上下要认真学习贯彻落实习近平总书记视察山西重要讲话重要指示,深刻领悟博大内涵,坚定扛起重大使命,持续推动习近平总书记重要讲话重要指示在三晋大地落地生根、开花结果。全会号召,全省上下要更加紧密地团结在以习近平同志为核心的党中央周围,在省委坚强领导下,广泛凝聚3700多万人民的智慧和力量,不畏艰险、勇攀高峰,敢于胜利、乘势而上,奋力书写山西践行新时代中国特色社会主义新篇章,交出一份让总书记和党中央满意、让全省人民满意的优秀历史答卷。全会提出,此次全会的任务是,坚持以习近平新时代中国特色社会主义思想为指导,对深入学习贯彻习近平总书记视察山西重要讲话重要指示进行全面部署,动员全省上下进一步强化思想武装、凝聚共识合力,保持战略定力、坚定必胜信念,为决胜全面建成小康社会、决战脱贫攻坚,在转型发展上率先蹚出一条新路来,乘势而上书写山西践行新时代中国特色社会主义的新篇章而努力奋斗。全会要求,全省上下要牢记领袖嘱托,胸怀"两个大局",深刻领会"在转型发展上率先蹚出一条新路来"的时代内涵,坚定扛起党中央赋予的重大历史使命。

7 月

1日 省委书记、省人大常委会主任楼阳生在晋中市寿阳县进行调研,看望慰问基层党员。楼阳生强调,要认真学习习近平总书记在中央政治局第二十一次集体学习时重要讲话精神,深入贯彻习近平总书记视察山西重要讲话重要指示,贯彻落实省委十一届十次全会精神,加强党的组织建设,把基层党组织建成坚强战斗堡垒,充分发挥广大党员的先锋模范作用,为高质量转型发展提供坚强保证。

2日 省委副书记、省长林武到临汾市霍州、蒲县、隰县,宣讲省委十一届十次全会精神,调研产业转型、项目建设、脱贫攻坚等工作。林武强调,要以习近平新时代中国特色社会主义思想为指导,深入贯彻习近平总书记视察山西重要讲话重要指示,全面落实省委十一届十次全会部署,高水平谋划实施一批重大项目,奋力决胜脱贫攻坚、蹚出转型发展新路。

2—3日 全省巩固脱贫成果现场推进会在临汾召开。会议深入贯彻落实习近平总书记在决战决胜脱贫攻坚座谈会上的重要讲话精神和视察山西重要讲话重要指示,认真落实省委十一届十次全会部署,对如期完成攻坚任务、巩固拓展脱贫成果进行再动员再部署。省委书记、省人大常委会主任楼阳生批示指出,2020年是脱贫攻坚决战完胜、全面收官之年。各级各部门要进一步强化交总账意识、军令状意识,提高站位扛牢攻坚责任,慎终如始抓好工作落实,确保剩余贫困人口全部脱贫,确保脱贫不稳和边缘易致贫"两类户"不返贫致贫,确保各类问题整改到位,坚决不能松劲懈怠,坚决反对弄虚作假,坚决向习近平总书记和党中央兑现"军令状",向全省人民兑现承诺。楼阳生强调,脱贫摘帽不是终点,而是新生活、新奋斗的起点。会上,大同市、吕梁市、忻州市、临汾市和省委宣传部、省教育厅、省人社厅、省农业农村厅、省扶贫办负责人发言。

9日 中共山西省委办公厅、山西省人民政府办公厅印发《关于促进中小企业健康发展的实施意见》的通知。

同日 省委常委会召开会议,传达习近平总书记重要指示精神、全国禁毒工作先进集体和先进个人表彰会议精神,研究贯彻落实意见,听取全省文物保护工作情况、晋中国家农高区规划建设情况汇报。会议审议通过《关于贯彻落实习近平总书记视察云冈石窟重要指示设立云冈学和加强云冈文物保护的实施意见》《关于云冈文物保护、考古研究与展示利用专项工作实施方案》《山西省"十四五"院士后备人选培养计划》《支持晋中国家农业高新技术产业示范区建设的若干意见》《推动"谷城院"深度融合实施意见》《山西省人大常委会生态文明建设领域立法计划(2020–2022年)》《山西省人大常委会强化公共卫生法治保障立法计划(2020–2022年)》。

10日 省委书记、省人大常委会主任楼阳生在太原市中北高新技术产业开发区,出席山西长城计算机系统有限公司"智能云"工厂网信产品下线仪式。中国电子信息产业集团党组书记、董事长芮晓武出席签约仪式。根据协议内容,双方将以新基建为抓手,以网信工程和数字政府一体化建设为牵引,共同打造合作平台和产业园区,大力发展网信产业、大数据产业和智能制造,助力我省政府治理现代化、产业高质量转型发展,实现共赢发展。

16日 省委常委会召开会议,听取上半年全省森林草原防火情况、省委巡视反映的产业扶贫和国有企业投资决策有关问题汇报,研究部署下一步工作。

17日 中共山西省委印发《山西省贯彻落实〈中国共产党农村工作条例〉实施办法》。

同日 省委召开推进不能腐制度建设部署会,省委书记楼阳生出席并讲话。省委常委、省纪委书记王拥军主持会议并宣读《推进不能腐制度建设和深化改革的任务分工方案》。

20日 省委常委会召开会议,听取上半年全省经济、安全生产、社会稳定、意识形态领域形势分析汇报,研究部署下一步工作,听取教育改革发展重点事项进展情况汇报,审议通过《山西省深化新时代学校思想政治理论课改革创新的若干措施》《2020年山西省教育系统党建工作重点任务》。省委书记楼阳生主持会议。会议强调,要在观大势、看趋势的过程中不断深化认识,做好下半年经济工作。一要着力夯实农业农村基础。二要全力稳定工业增长。三要推动服务业转型升级。

同日 省委书记、省委全面深化改革委员会主任楼阳生主持召开省委深改委(省综改委)第二十二次会议。会议审议通过《山西省贯彻落实〈关于加强文物保护利用改革的若干意见〉行动方案》《山西省绿色生活创建行动实施方案》《关于全面推行林长制的意见》《山西省建立以国家公园为主体的自然保护地体系实施方案》《山西省关于强化知识产权保护的实施意见》。

23日 中共山西省委办公厅、山西省人民政府办公厅印发《关于促进劳动力和人才社会性流动体制机制改革的实施意见》。

29日 省委书记、省人大常委会主任楼阳生与华为公司轮值董事长徐直军举行工作会谈，共同出席省政府与华为技术有限公司深化数字经济合作战略协议签约仪式，并为山西鲲鹏生态创新中心揭牌。根据合作协议，双方将在鲲鹏生态、能源革命、人才培养、信息技术应用创新、数字山西、智能煤矿、智慧城市、智慧园区等领域开展深度合作。

30日 省委召开议军会议。省委书记、省军区党委第一书记、省国防动员委员会第一主任楼阳生主持会议并讲话。楼阳生强调，要深入学习贯彻习近平强军思想，进一步统一思想，凝聚力量，强化责任，不断推动国防动员和后备力量建设迈上新台阶。省委副书记、省长、省国防动员委员会主任林武出席，省委常委、省军区司令员韩强汇报省军区工作情况。省委常委，省政府、省军区有关负责同志出席会议，省国防动员委员会组成人员参加会议。

8 月

6日 中共山西省委办公厅、山西省人民政府办公厅印发《山西省加强文物保护利用改革工作方案》。

同日 省委常委会召开会议，传达学习中央政治局会议精神，传达贯彻《习近平谈治国理政》第三卷出版座谈会、张军同志在晋调研时讲话精神，听取武警山西总队工作、全省开发区常态化督导情况、省委巡视情况的汇报，审定第八轮巡视方案，审议通过《山西省污染防治攻坚战成效考核实施方案》《2019年度山西省污染防治攻坚战成效考核指标评分细则》。会议指出，全省上下要切实把思想和行动统一到党中央科学判断和决策部署上来，深入学习贯彻习近平总书记视察山西重要讲话重要指示，全面贯彻落实省委十一届十次全会部署，保持战略定力，坚定必胜信念，努力完成全年经济社会发展目标任务，确保“十三五”收好官、“十四五”开好局。一要学深悟透。二要立足山西。三要对标对表。

8日 全省开发区项目签约一批、开工一批、投产一批“三个一批”活动在全省各地同步举行，省委书记、省人大常委会主任楼阳生出席省主会场活动并讲话。楼阳生强调，一要在抓项目、促转型上见真章。二要在大招商、招好商上比硬功。三要在优环境、强服务上出实招。四要在抓落实、提效率上使狠劲。五要在交好账、硬考核上见成效。签约仪式结束后，楼阳生等省领导实地观摩了山西中科华孚公司高能量NCA锂电池、山西德志时代新能源汽车产业园氢燃料电池及汽车等投产项目，与企业负责人、院士专家深入交流。随后，楼阳生等出席了中安创新半导体及电子设备制造项目奠基仪式。

11日 全国扶贫职业技能大赛开幕式在大同市举行。大赛由人社部、国务院扶贫办联合主办，省人社厅、省扶贫办、大同市人民政府承办，于8月11日至13日在大同市举行，是我国第一次围绕扶贫主题专门举办的职业技能赛事，也是进入疫情防控常态化阶段后，举办的第一个全国性职业技能竞赛活动。大赛旨在发挥职业技能大赛在推进技能扶贫工作中的引领示范作用，推动贫困地区劳动者学习技能、掌握技能，实现以技能促就业、助脱贫。大赛共设电子商务师、餐厅服务员、家政服务员、西式面点师、砌筑工、钢筋工、电工、钳工8个比赛项目。来自全国30个省(区、市)各地建档立卡贫困家庭的341名选手参赛。

同日 “游山西·读历史”活动启动仪式在大同云冈石窟景区举行。省委书记、省人大常委会主任楼阳生讲话并宣布活动启动。楼阳生强调，要深入贯彻习近平总书记视察山西重要讲话重要指示，以强烈的历史责任感，打造一流旅游产品，提供优质旅游服务，加快建设国际知名旅游目的地，打响“游山西·读历史”品牌，推动山西文旅走向全国、走向世界。林武出席并向研学首发团代表授旗。省领导吕岩松、张复明为“游山西·读历史”推广联盟成员颁发证书。中国历史研究院副院长钟君致辞，省文旅厅介绍“游山西·读历史”活动开展情况。“游山西·读历史”活动，是山西深入贯彻落实习近平总书记重要讲话重要指示，做好文旅融合大文章，提升山西旅游吸引力、影响力和竞争力，建设国际知名旅游目的地的创新载体。

14日 省委书记、省人大常委会主任楼阳生主持召开专题会议，听取省水利厅和太原、晋中、长治、运城四市关于晋阳湖、云竹湖、漳泽湖、盐湖、伍姓湖“五湖”生态保护与修复规划情况汇报。楼阳生对“五湖”生态保护与修复规划提出要求。一要坚持以习近平生态文明思想为指导，坚持生态优先、保护优先原则，敬畏自然、崇尚自然、道法自然，促进人与自然和谐共生。二要坚持以规划为引领，把污染治理、生态修复、环境保护作为首要任务。三要坚持科学有限开发利用。四要坚持政府主导，运用市场化方式。五要加快地方立法工作。

17—18日 省委书记、省人大常委会主任楼阳生在吕梁市调研。楼阳生先后到汾阳市、离石区、临县和兴县，就文化遗存保护、文旅融合发展、生态环境建设、新兴产业培育壮大等进行调研。楼阳生强调，要深入学习贯彻习近平总书记视察山西重要讲话重要指示，贯彻落实省委十一届十次全会部署，瞄准目标定位，抢抓发展机遇，发挥产业优势，持续推动产业结构调整优化，不断开拓高质量转型发展新局面。

18日 “数谷吕梁·智赢未来”第四届吕梁大数据产业发展大会在吕梁市举行。省委书记、省人大常委会主任楼阳生出席开幕式并讲话。中国科协党组书记、常务副主席怀进鹏，北京航空航天大学党委书记曹淑敏，北京理工大学校长张军分别作主旨演讲。中国科协党组成员、书记处书记宋军出席，省政协副主席、吕梁市委书记李正印致辞。怀进鹏作了题为《大数据与数字经济：创新与变革》的主旨演讲。大会开幕前，楼阳生会见了出席第四届吕梁大数据产业发展大会的怀进鹏等14位院士、专家，双方就发展大数据产业进行了深入交流。本届大会有9名两院院士、46名专家教授和全国各地80户数字信息领域企业参加，将举办7场院士专家讲座、15场大数据应用成果交流和案例推介，共有涉及“大数据+政务、煤化工、城建、旅游、交通、物流、养老”等领域的12个项目签约。

同日 省委副书记、省长林武在大地控股公司、国新能源集团、华远国际陆港集团等省属国有企业调研。林武强调，要深入贯彻习近平总书记视察山西重要讲话重要指示，认真落实省委“四为四高两同步”总体思路和要求，深化改革、聚焦主业、创新赋能，在实施国家重大发展战略、落实省委省政府重大决策部署、做好“六稳”“六保”“六新”工作中勇于担当作为，为我省率先蹚出转型发展新路发挥引领作用。

19日 全省“两山七河一流域”生态保护与修复工作推进会在太原召开，省委书记、省人大常委会主任楼阳生出席会议并讲话。副省长贺天才作工作情况汇报。在听取全省总体情况和各市情况汇报后，楼阳生指出，一要忠实践行“两山理论”。二要编制好专项规划。三要开展环境突出问题专项治理。四要用市场化方式实施工程项目。五要强化生态自然修复功能。六要把水制约变成水保障水支撑。七要以制度创新推进生态保护修复治理。八要做强环保科研和环保产业。九要统筹提高城镇化率与生态脆弱地区人口萎缩化管理。十要加强组织领导。

20日 省委常委会召开会议，听取“十四五”规划《建议》《纲要》及省级专项规划编制工作、能源革命综合改革试点进展、全省税收工作、山西农业大学与省农业科学院合署改革进展情况的汇报，研究部署国家重点实验室大科学装置建设、信息产业发展、5G建设和应用、区域医疗中心建设等工作。

同日 省委中心组举行专题学习会，邀请中国科学院半导体研究所研究员李晋闽作题为《“六新”指引下的半导体产业机遇和挑战》的报告。省委书记楼阳生主持会议并讲话。楼阳生强调，要准确把握国际国内科技革命和产业变革趋势，抢抓机遇，积极作为，把半导体产业打造成转型发展的标志性引领性产业。全省上下要进一步提高发展半导体等战略性新兴产业的紧迫感、责任感、使命感，把创新作为转型发展的逻辑起点，敢于起步，久久为功，加快推动全省产业结构实现从“一煤独大”到“八柱擎天”，在转型发展上率先蹚出一条新路来。

21日 全省审计工作会议在太原召开。省委书记、省人大常委会主任楼阳生出席会议并讲话。楼阳生要求，要在一体推进不敢腐、不能腐、不想腐中统筹谋划审计工作，坚持标本兼治、综合施策，不断把审计监督的制度优势转化为治理效能。一要健全完善权力配置和运行制约机制。二要建立审计监督与党内监督的贯通协作机制。三要健全完善审计整改工作机制。四要建立健全审计成果运用机制，推动全面从严治党向纵深发展。

27日 贯彻落实省委十一届十次全会精神汇报会在晋城召开，省委书记、省人大常委会主任楼阳生主持会议并讲话。会上，各市市委书记、省发改委负责同志分别汇报贯彻落实省委十一届十次全会精神情况。楼阳生就进一步深入抓好贯彻落实全会精神提出七点要求。一要进一步增强转型发展蹚新路的紧迫感和政治担当。二要进一步聚焦“六新”，着力打造战略性新兴产业。三要进一步加大招商引资招才引智力度。四要进一步加快创新生态建设进度。五要进一步强化争先进位意识。六要进一步抓实“人人持证、技能社会”建设。七要进一步细化举措压实责任。楼阳生还对毫不松懈抓好常态化疫情防控、深化“三零”单位创建、做好安全稳定等工作作出安排部署。

28日 省委书记、省委全面深化改革委员会主任楼阳生主持召开省委深改委(省综改委)第二十三次会议。楼阳生强调，保持中高速增长、迈上中高端水平、推动高质量发展，是转型发展蹚新路的内在要求和实现路径，要坚定转型综改信心决心，一心一意谋发展、聚精会神抓落实，真正把先行先试转化为发展先机，努力实现全年经济社会发展目标。会议审议通过《山西省数字政府建设规划(2020-2022年)》《关于构建更加完善的要素市场化配置体制机制的实施意见》《关于进一步扩大高校和科研院所科研相关自主权的实施意见》《关于推进对外贸易高质量发展的实施意见》《关于推进开发区国际合作园区建设的指导意见》《省直机关后勤机构改革实施方案》《省直培训疗养机构改革的框架意见》《省直检验检测机构改革的框架意见》《关于深化消防执法改革的实施意见》，听取关于对晋中市“五地一产”入市改革工作的评价报告。

9　月

2日 省委常委会召开扩大会议，传达学习中央第七次西藏工作座谈会精神，研究贯彻落实意见。省委书记楼阳生主持会议并讲话。楼阳生强调，要深入学习贯彻习近平总书记在中央第七次西藏工作座谈会上的重要讲话精神，坚决把思想和行动统一到党中央关于西藏工作的战略部署上来，增强“四个意识”、坚定“四个自信”、做到“两个维护”，贯彻落实新时代党的治藏方略，全力以赴抓好涉藏工作各项任务落实，为推动新时代西藏长治久安和高质量发展作出积极贡献。

4日 省委常委会召开会议，传达学习习近平总书记在中国人民警察警旗授旗仪式上的训词精神，审议通过《山西省关于贯彻落实〈中国共产党宣传工作条例〉的若干措施》《关于贯彻落实〈交通强国建设纲要〉的实施意见》《中共山西省人大常委会党组关于贯彻实施全国人大常委会推进合宪性审查工作有关规定的若干措施》《山西省贯彻落实〈新时代公民道德建设实施纲要〉若干措施》，听取2020年中国农民丰收节主场活动筹备情况汇报。

同日 省委书记、省委反腐败领导小组组长楼阳生主持召开省委反腐败领导小组会议，传达中央反腐败协调小组会议精神，研究贯彻落实意见，听取全省追逃追赃工作情况汇报，审议通过《关于开展“一人多证”专项清理整治的工作方案》。

10日 山西省第六次旅游发展大会在忻州市召开。楼阳生出席“走进雁门关”仪式，并在工作部署会上讲话，指出，一要精心做好“游山西就是读历史”全域旅游形象推广。二要全力打造“黄河、长城、太行”三大板块文旅品牌。三要不断推进高等级旅游景区品质提升。四要加快构建贯通城乡景区的全域旅游公路网。五要突出抓好乡村旅游和“三个人家”民宿建设。六要着力打造全链条文创产业。七要切实做好“康养山西、夏养山西”大文章。八要加速推进智慧旅游和业态创新。本次旅发大会的主题是“‘华夏古文明，山西好风光’——长城博览在山西”。

同日 省委书记、省人大常委会主任楼阳生在忻州市神池县、五寨县进行调研。楼阳生强调，要深入学习贯彻习近平总书记视察山西重要讲话重要指示，贯彻落实省委十一届十次全会部署，实施“特”“优”战略，依靠科技创新发展现代农业，大力培育龙头加工企业，努力把农产品精深加工业打造成转型发展支柱产业，带动更多农民增收致富。

14日 省委书记、省人大常委会主任楼阳生主持召开省属煤炭企业工作汇报会，专题听取省属煤炭企业生产经营、安全生产和改革发展等情况汇报，研究部署下一步工作。焦煤集团、同煤集团、阳煤集团、潞安集团、晋煤集团、晋能集团负责同志分别汇报工作情况。会上，楼阳生就企业工作逐一点评，并就下一步重点工作作出部署。一要切实担负起支撑山西经济大厦的重大使命。二要以深化改革使能源企业优势真优、优势更优、优势长优。三要持续优化国有资本布局，加快推进专业化战略重组。四要以效益为中心，强化科学管理目标管理精细管理。

17日 省委常委会举行集体学习会，学习贯彻习近平总书记在纪念中国人民抗日战争暨世界反法西斯战争胜利75周年座谈会、全国抗击新冠肺炎疫情表彰大会、科学家座谈会上的重要讲话精神。

同日 省委常委会召开会议，传达政法领域全面深化改革推进会和全国深化农村集体产权制度改革工作会议精神，研究我省贯彻落实意见，听取全省中长期人口与经济社会发展前瞻性研究情况汇报，审议通过《山西省进一步推进电力市场建设工作方案》《山西省高质量发展综合绩效评价与考核办法(试行)》。

20—23日 省委副书记、省长林武在临汾、运城市调研。林武强调，要深入贯彻习近平总书记视察山西重要讲话重要指示，认真落实省委“四为四高两同步”总体思路和要求，紧抓国家重大战略机遇，着力强化产业带动，加快推进文旅融合，持续打牢绿色基石，在实施黄河流域生态保护和高质量发展中勇担使命、开拓新局。

21日 2020中国·山西(晋城)康养产业发展大会在晋城市召开。全国政协副主席、民革中央常务副主席郑建邦讲话并宣布大会开幕，省委书记、省人大常委会主任楼阳生发表《康养山西夏养山西》主旨演讲。国家体育总局副局长李建明致辞。在康养产业高峰论坛上，楼阳生从地理环境适宜、气候宜人宜居、交通便捷高效、住宿品质升级、药食同源多样、文化底蕴深厚六个方面，重点推介了山西康养的资源禀赋、独特优势和巨大潜力。在高峰论坛上，冰岛前总统奥拉维尔·拉格纳·格里姆松通过视频作主旨发言。全国政协社法委副主任徐敬业，中国工程院院士、航空医学工程创始人俞梦孙，国家中医药管理局副局长孙达，攀枝花市委副书记彭映梅等分别发言。论坛结束后，举行了大会集中签约仪式。本次大会是山西首次举办的全国性康养大会，由民革中央和中共山西省委、山西省政府、山西省政协共同主办，省文旅厅和晋城市委、市政府、市政协具体承办。大会还将举办康养产业项目路演洽谈及康养产业博览会、晋城康养旅游体验季等系列主题活动。

22日 国务院副总理、中央农村工作领导小组组长胡春华在山西省出席2020年中国农民丰收节活动。胡春华强调，要深入贯彻习近平总书记重要指示精神，认真落实党中央、国务院决策部署，切实形成全社会关注农业、关心农村、关爱农民的浓厚氛围，为促进乡村全面振兴汇聚更多力量。胡春华先后到临汾市洪洞县、曲沃县和运城市万荣县、芮城县，实地考察秋粮生产、农业科技、农村人居环境整治等工作。在运城市万荣县黄河农耕文明博览园，胡春华为2020年度“全国十佳农民”和第二届“最美农技员”颁发证书。

27日 省委常委会召开会议，传达第三次中央新疆工作座谈会精神，研究贯彻落实意见，听取全省脱贫攻坚有关工作情况汇报，审议通过《关于开展省级政策性小麦、玉米完全成本保险、产量保险、收入保险和未转移就业收入损失保险试点实施方案》。

28日 晋阳湖·首届集成电路和软件业峰会在太原举办。省委书记、省人大常委会主任楼阳生在开幕式上致辞，出席主旨论坛及集成电路产业高质量发展论坛。省委副书记、省长林武出席主旨论坛及软件产业高质量发展论坛。在峰会开幕式及主旨论坛上，工信部党组成员、总工程师田玉龙，中国半导体行业协会常务副理事长、中国电子信息产业发展研究院院长张立，中国软件行业协会副秘书长付晓宇，国家工业信息安全发展研究中心主任尹丽波分别致辞。中国工程院院士倪光南、沈昌祥，中国科学院院士陆建华作主旨演讲，中国电子科技集团、中国移动集团、华为公司、东软集团等行业领军企业有关负责人先后作主题发言。峰会开幕前，楼阳生等省领导与参会嘉宾一同参观了集成电路、信创、软件创新成果展。峰会期间，举行了重大合作项目签约仪式。林武与尹丽波为太原中北软件产业园、集成电路知识产权联盟山西分联盟、山西省信息技术应用创新中心、机械总院集团山西机电设计研究院有限公司、山西省半导体产业研究院、中北大学半导体学院、山西云科人工智能研究院集体揭牌。本届峰会由中国软件行业协会、中国半导体行业协会、国家工业信息安全发展研究中心以及晋阳湖·集成电路和软件业峰会理事会联合主办，以“新机遇、新动能、新格局、新活力”为主题，旨在集聚业内科研机构、领军企业，共同在山西打造集成电路产业和软件产业发展高地。楼阳生分别与出席晋阳湖·首届集成电路和软件业峰会的部分企业代表举行工作会谈，就深化合作进行深入务实交流。

29日 2020尧城(太原)国际通用航空飞行大会在清徐尧城机场开幕。省委书记、省人大常委会主任楼阳生宣布开幕，省委副书记、省长林武致辞。楼阳生为“尧城(太原)国际通用航空飞行大会理事会”揭牌。国家体育总局副局长杨宁，中国航空工业集团有限公司副总经理陈元先致辞。本届飞行大会以“建通航示范强省，拓转型发展新空”为主题，按照创新、协调、开放、共享的发展理念，以“打造一流通用航空展会品牌、市场化运作、创新高效务实办展”为原则，设置静态展示版块、飞行表演版块、航空论坛版块、通航赛事版块、公益互动版块、山西特色版块等六大版块，13项主题活动，汇聚全中国30多家的飞机制造厂商，展出各类航空器共约80余架。

10 月

9日 省委书记、省人大常委会主任楼阳生与中国纺织工业联合会、东华大学、山东如意集团、北方国际大学联盟等负责人举行工作会谈，就合作发展纤维新材料产业进行深入交流，并出席战略合作协议签约仪式。会谈前，楼阳生等省领导参观了山东如意集团投资项目展。会谈结束后，举行了《支持山西省纤维新材料全产业链高质量发展战略合作协议》《中国阳泉时尚科创产业城战略合作协议》《北方时尚学院战略合作协议》签约仪式。根据协议，合作各方将发挥生产要素配套、产品、技术、品牌等优势，共同打造中国阳泉时尚科创产业城，通过实施纤维新材料、绿色印染、产业技术研究院等合作项目，吸引纺织上下游面料、服装、设计等企业聚集，构建煤炭原料到纺织终端产品全产业链，走出一条“生产原料—功能纤维—纺织—印染—成衣—品牌”的产业生态路线，培育山西碳基新材料产业发展新优势。

10日 全省开发区2020年第二期项目集中签约一批、开工一批、投产一批“三个一批”活动在全省各市同步举行，省委书记、省人大常委会主任楼阳生出席省主会场活动并讲话。省委副书记、省长林武主持并提出落实要求。本次全省开发区“三个一批”活动签约项目421个、总投资2108.4亿元，开工项目334个、总投资1659.9亿元，投产项目246个、总投资585.3亿元、预计年产值1059.6亿元。项目涵盖合成生物、数字经济、智能制造等产业，具有投资大、产业新、产学研相结合等特点，进一步形成了抓项目、促转型的强劲态势。签约仪式结束后，楼阳生等省领导来到“投产一批”项目代表山西美锦氢能科技有限公司氢燃料电池动力系统及氢燃料商用车零部件生产项目现场观摩。

16日 省委常委会召开会议，会议学习习近平总书记在中央政治局第二十三次集体学习时的重要讲话精神，研究贯彻落实意见，听取襄汾县聚仙饭店“8·29”重大坍塌事故、太原市迎泽区台骀山景区“10·1”重大火灾事故调查处理情况，全省抗击新冠肺炎疫情表彰奖励工作情况的汇报。

20日 省委书记、省人大常委会主任楼阳生率山西省党政代表团在清华大学学习考察，举行工作会谈和项目签约仪式。座谈会上，清华大学微纳电子系主任吴华强作了集成电路科研成果项目汇报，副省长王一新介绍了山西省科技创新和项目合作情况。随后举行的项目签约仪式上，清华大学与中北大学签署科技合作协议，清华大学电机系、校友总会、电子系、热能系、化工系分别与我省大同市政府、太原理工大学、国网山西公司、山西综改示范区、清控科创控股公司、山西交控集团、华阳新材料科技集团签署了6项合作协议。工作会谈前，代表团一行考察了清华大学化学工程系应用化学研究所、电力系统及大型发电设备安全控制和仿真国家重点实验室和宇航技术研究中心的科研成果，听取了可再生资源的综合利用与深度开发、能源互联网和综合能源系统、智慧天网星地系统情况介绍，大家对清华大学攻克核心关键技术、自主创新丰硕成果感到自豪。考察期间，山西省还举办了人才引进暨选调生政策宣介活动，介绍山西经济社会发展情况，宣传推介人才政策，诚邀有志于山西转型发展的清华优秀学子来晋安家立业、施展才华。

21日 2020年全省脱贫攻坚表彰大会在太原召开。省委书记、省人大常委会主任楼阳生出席会议并讲话。会议颁发2020年山西省脱贫攻坚奖，表彰2020年度山西省扶贫开发先进集体和个人。全省获得脱贫攻坚奋进奖、贡献奖、奉献奖、创新奖的80名个人和组织创新奖的30个单位受到表彰。

23日 省委常委会召开会议，学习贯彻《中国共产党中央委员会工作条例》，听取前三季度全省经济、安全生产、社会稳定、意识形态领域形势分析汇报，研究部署下一步工作，审议通过《中共山西省委关于加强政治监督的实施意见》《关于在全省开展党政领导干部违规入股企业问题专项清理的工作方案》。

同日 全省抗击新冠肺炎疫情表彰大会在太原召开。省委书记、省人大常委会主任楼阳生在会议上强调，要深入学习贯彻习近平总书记在全国抗击新冠肺炎疫情表彰大会上的重要讲话，把伟大抗疫精神、宝贵抗疫经验转化为强大动力，团结一致、奋勇向前，在转型发展上率先蹚出一条新路来，乘势而上书写山西践行新时代中国特色社会主义新篇章。省委常委、组织部部长曲孝丽宣读《中共山西省委山西省人民政府关于表彰奖励全省抗击新冠肺炎疫情先进个人和先进集体的决定》《中共山西省委关于表彰全省优秀共产党员和全省先进基层党组织的决定》。楼阳生、林武、李佳等省领导为受表彰的山西抗击新冠肺炎疫情先进个人、先进集体代表和全省优秀共产党员、先进基层党组织代表颁发奖章、奖牌、证书。会上，太原市第四人民医院肿瘤科护士长赵君，山西省对口支援湖北天门市医疗队队长董红霖，山西省第二、第五批支援湖北医疗队临时党支部书记张朝华作了发言。

30日 省委召开常委会扩大会议暨中心组学习会，传达习近平总书记在党的十九届五中全会上的重要讲话和关于中央政治局工作的报告，传达《中共中央关于制定国民经济和社会发展第十四个五年规划和二〇三五年远景目标的建议》和习近平总书记关于《建议（讨论稿）》的说明，对抓好学习宣传贯彻作出安排部署。省委书记楼阳生主持会议并讲话。会议强调，要把学习宣传贯彻党的十九届五中全会精神作为当前和今后一个时期的重要政治任务，深入学习领会习近平总书记重要讲话精神，自觉把思想和行动统一到党中央决策部署上来，不断增强“四个意识”、坚定“四个自信”、做到“两个维护”。会议指出，要在新发展阶段中全力把握新发展格局机遇。要加强经济运行的监测和调度，采取针对性精准措施，切实帮助企业和基层解决具体困难和问题。编写好山西省“十四五”规划《建议》、规划《纲要》及专项规划，要拿出更多变革性、牵引性、标志性举措。要以共同富裕为目标，让人民群众共享改革发展成果。要坚决守住守牢安全稳定底线红线。

同日 晋能控股集团有限公司揭牌仪式在大同举行，省委书记、省人大常委会主任楼阳生出席并讲话。楼阳生为晋能控股集团有限公司揭牌，并对晋能控股集团提出六点希望。一要把创新驱动作为转型升级的逻辑起点。二要坚定担负起能源革命排头兵的光荣使命。三要努力为实施非均衡发展战略和优势转换战略作出更大贡献。四要目标一流、深化改革、加强管理，加快打造国内领军、国际先进的现代能源企业。五要严明纪律、落实责任，牢牢守住安全、稳定、廉洁底线。六要把加强党的领导贯穿改革发展全过程。

31日 2020中国（太原）人工智能大会在中国（太原）煤炭交易中心开幕。省委书记、省人大常委会主任楼阳生巡馆并讲话。楼阳生强调，要认真学习贯彻党的十九届五中全会精神，深入贯彻落实习近平总书记重要讲话重要指示，顺应大势、抢抓机遇，敞开开放怀抱，构建创新生态，加快建设人工智能研发制造的重要基地。开幕式前，楼阳生等省领导与参会嘉宾一同巡馆，参观人工智能主题展览。在大会开幕式上，工信部科技司有关负责同志致辞。中国工程院院士吴曼青、王国法，中国科学院院士梅宏，中国电子信息产业集团、中国煤炭科工集团、中科院自动化研究所、南方科技大学、新松机器人、科大讯飞、华为、阿里巴巴、洪泰基金等业内知名企业家和专家围绕人工智能及信创产业发展发表演讲。本次大会由中国人工智能学会、中国自动化学会、中科院软件研究所、太原市委、太原市政府、省科技厅、省工信厅主办。活动包括人工智能大会、人工智能主题展览、全国高校人工智能学院院长（系主任）论坛、“5G+工业互联网”论坛等，并举行一系列项目签约，搭建人工智能合作研究、开发应用、技术交流和招商引资的高端平台。

11 月

3日 山西省2020年森林草原火灾应急演练暨森林灭火装备产品展活动在太原市阳曲县举行，省委书记、省人大常委会主任楼阳生出席并讲话。楼阳生强调，全省各级党委政府和各部门要深入落实党中央决策部署，层层抓好落实，切实担负起“促一方发展，保一方平安”的政治责任。一要发挥演练综合效应。二要提高防御应急能力。三要深化防灾宣传教育。四要全面加强组织领导。

5日 省委常委会召开会议，审议通过《党的十九届五中全会精神宣传工作实施方案》，传达全国民营经济统战工作会议精神、全国供销总社“七代会”精神，研究贯彻落实意见，听取全省建立和完善农村自建房相关制度标准及临汾市有关立法情况的汇报，审议通过《党的十八届三中全会以来山西全面深化改革落实情况总结评估报告》《关于加强云冈文化遗产保护和创建云冈学的实施意见》《关于支持中北大学创建“双一流”大学的若干意见》《山西省农村自建房规划许可管理办法（试行）》《山西省农村宅基地审批管理办法（试行）》《山西省农村集体建设用地房屋建筑设计施工监理管理服务办法（试行）》《山西省农村自建房用作经营管理办法（试行）》《农村宅基地自建住房技术指南（标准）》。

10日 按照中央统一部署，学习贯彻党的十九届五中全会精神中央宣讲团报告会在太原举行，中央宣讲团成员、中央农办主任、农业农村部部长韩长赋作宣讲报告，并与农民群众、高校师生进行了面对面、互动式的座谈宣讲。省委书记、省人大常委会主任楼阳生主持报告会并讲话。报告会上，韩长赋围绕习近平总书记在党的十九届五中全会上的重要讲话和全会通过的规划《建议》，从全会的历史地位和重大意义、“十四五”时期我国经济社会发展的指导方针和主要目标、《建议》的核心要义、推进高质量发展的重要任务、加快农业农村现代化、坚持党对经济社会发展全面领导等六个方面，对党的十九届五中全会精神进行了系统阐释和深入解读。9日下午，韩长赋到大同市云州区坊城新村，实地查看了产业扶贫、乡村建设情况，就学习贯彻十九届五中全会精神与村民代表、老党员和村干部进行了座谈互动。10日下午，韩长赋在山西大学宣讲五中全会精神，就青年学生、教师关心的推动高质量发展、脱贫攻坚同乡村振兴有效衔接、大学生就业等问题进行了讲解。

10—12日 省委书记、省人大常委会主任楼阳生就学习贯彻党的十九届五中全会精神，推进高质量转型发展在运城市绛县、垣曲县、平陆县、夏县调研。楼阳生强调，要把学习宣传贯彻党的十九届五中全会精神作为当前和今后一个时期的首要政治任务，切实把全会精神融化在血液里、体现在规划中、落实在举措上，勠力同心蹚出转型发展新路，在开启全面建设社会主义现代化新征程中书写新的篇章。三天时间里，楼阳生到开发区、企业、农村，考察产业转型、项目建设、技术创新、农业农村现代化、黄河流域生态保护和文旅发展，与基层党员干部群众深入交流，用党的十九届五中全会精神凝聚思想共识，指导发展实践。12日下午，楼阳生主持召开学习贯彻党的十九届五中全会精神座谈会，听取运城市工作汇报及基层同志发言。楼阳生结合实际，对五中全会精神进行了全面深入阐释，对贯彻落实工作提出要求。楼阳生指出，一要深刻认识五中全会的历史地位和重要意义。二要深刻认识发展环境面临的复杂变化。三要深刻认识新的发展目标。四要深刻认识以创新塑造发展新优势的重要性紧迫性战略性。五要深刻认识全面深化改革这一关键一招的作用。六要深刻认识富国和强军相统一的内在逻辑。七要深刻认识加强党的全面领导是确保远景目标实现的根本保障。

16—18日 中共中央政治局常委、全国人大常委会委员长栗战书16日至18日在山西调研。调研期间,栗战书到运城、长治、晋中、太原等地人大代表联络站点、基层立法联系点和人大机关考察,召开人大代表、基层法治工作者、专家学者座谈会,了解人大工作,听取各方面意见建议;来到企业、城镇社区、转型综合改革示范区政务服务中心、汾河晋阳桥段,实地查看山西转型发展、科技创新、环境治理、古城保护情况;瞻仰八路军太行纪念馆,缅怀革命先烈;听取有关工作汇报,就学习贯彻习近平法治思想和习近平总书记对山西工作的重要指示精神、做好新时代人大工作进行座谈交流。栗战书强调,要紧紧围绕贯彻落实习近平总书记对山西工作的重要指示要求,在转型发展上率先蹚出一条新路来。

19日 中共中央政治局常委、全国人大常委会委员长栗战书在山西太原出席第二十六次全国地方立法工作座谈会并讲话。他强调,要认真学习贯彻习近平法治思想和中央全面依法治国工作会议精神,坚持党的领导、人民当家作主、依法治国有机统一,坚持科学立法、民主立法、依法立法,为全面建设社会主义现代化国家提供法律保障。全国人大常委会秘书长杨振武出席会议,省委书记、省人大常委会主任楼阳生致辞。

23日 省委常委会召开会议,传达中央全面依法治国工作会议精神、栗战书委员长在山西调研时讲话精神和第二十六次全国地方立法工作座谈会精神、全国村(社区)"两委"换届工作电视电话会议精神,研究贯彻落实意见,听取省属国有企业改革重组情况汇报,审议通过《山西省进一步推进服务业改革开放发展的实施意见》《中共山西省委关于一体推进不敢腐不能腐不想腐的实施意见》。

同日 省委中心组(扩大)举行专题学习会,邀请山西大学副校长、量子光学与光量子器件国家重点实验室教授张天才作题为《迎接量子科技的新时代》的辅导报告。张天才在报告中围绕量子科技重大理论和实际问题,解读量子信息技术原理、重大意义与颠覆性技术,分析当前国内外量子科技研究现状和国际竞争态势,介绍了山西大学在量子科技方面取得的主要成果,对我省量子科技发展提出意见建议。报告深入浅出、内容丰富,是对量子科技基础知识和前沿动态的一次科普,为山西省紧跟国际科技发展前沿,奋力在量子科技和量子产业上占据主动、把握先机提供了思路借鉴。

27日 山西省五一劳动奖表彰大会在太原召开。省人社厅、省总工会授予孙晓普等265名同志省五一劳动奖章;授予太原市第四人民医院等65个单位省五一劳动奖状;授予大同新成新材料股份有限公司武建军科创研发技术中心等100个集体省工人先锋号。省领导为受表彰的先进集体和个人代表颁奖,获奖代表作表态发言,出席表彰大会的全体代表向全省各行各业劳动者发出倡议书。

28日 省委常委会召开学习贯彻党的十九届五中全会精神研讨会。省委书记楼阳生主持会议,就进一步深化学习、贯彻落实提出要求。一要在学深悟透、思想武装上下功夫,不断提高转型发展的领导能力、战略定力、斗争精神和专业化水平。二要在谋篇布局、夯基垒台上下功夫,不断厚植转型发展新动能。三要在科学识变、紧抓机遇上下功夫,不断锻造转型发展新优势。四要在目标一流、创新驱动上下功夫,不断培育转型发展的核心竞争力。五要在强化治理、标本兼治上下功夫,不断创造转型发展的社会环境。六要在共建共享、共同富裕上下功夫,不断提高人民群众的获得感幸福感安全感。

12 月

1日 中央人才工作协调小组专家咨询服务活动山西行启动仪式在太原举行。省委书记、省人大常委会主任楼阳生讲话并宣布活动启动。省委副书记、省长林武致辞并为院士专家代表颁发"山西省人民政府特聘专家"证书。楼阳生在讲话中重点介绍了山西致力创新驱动、加快转型发展有关情况。启动仪式上,中组部有关负责同志对活动提出希望和要求,中国工程院院士,中国疾病预防控制中心传染病预防控制国家重点实验室主任、研究员,南开大学公共卫生和健康研究院院长徐建国表态发言。本次专家咨询服务活动以"优化创新生态、助推转型发展"为主题,重点聚焦山西"战略性新兴产业发展""重大创新平台建设"和"创新型人才培养"三个方面,邀请院士专家通过专题论证会、专题报告会、咨询服务指导、高层次人才举荐等活动,开展创新生态评估、创新平台共建对接、"双一流"高校学科建设和重点临床医学专科建设咨询、特色农业技术指导,并探索通过"双聘"、直接引进等方式,建立与院士专家及其团队的长期合作关系,为山西转型发展蹚新路提供人才和智力支持。

3日 省委常委会召开会议,传达全国精神文明建设表彰大会精神、平安中国建设工作会议精神,研究贯彻落实意见,审议通过《关于进一步推动全省中小微工业企业上规升级的指导意见》,听取我省参与蓝色经济促进转型发展调研情况汇报。

4—6日 中共中央政治局委员、中宣部部长黄坤明在山西调研。调研期间,黄坤明在太原、大同云冈、朔州右玉和应县等地的企业、社区、村镇及宣传文化单位,了解五中全会精神学习宣传、历史文化遗产保护和基层思想政治工作情况,听取干部群众意见建议。黄坤明强调,宣传思想文化战线要深入学习宣传贯彻党的十九届五中全会精神,紧扣建成社会主义文化强国新目标,聚焦人民群众新期待,强化使命担当、锐意创新创造,以扎实的宣传思想工作为开启社会主义现代化新征程提供强大精神动力。

6日 中国共产党的优秀党员,久经考验的忠诚的共产主义战士,山西省委原书记,原山西省顾问委员会主任,第八届全国人民代表大会常务委员会委员李立功同志,因病医治无效,于2020年12月6日9时59分在太原逝世,享年96岁。

8日 2021年度全国煤炭交易会暨中国太原煤炭交易大会在太原举行。省委副书记、省长林武出席并讲话。中国煤炭工业协会会长梁嘉琨讲话。2021年度全国煤炭交易会暨中国太原煤炭交易大会以"巩固、深化、创新、提高"为主题，旨在搭建煤炭产运需企业交流合作平台，巩固煤炭供给侧结构性改革成果，创新现代化煤炭市场交易体系，推动煤炭行业高质量发展，保障国家能源安全稳定供应。开幕式上，国家煤矿安全监察局、国家发改委经济运行调节局、国家能源局煤炭司、国家铁路集团有限公司货运部负责人讲话，晋能控股集团有限公司负责人致辞。中国煤炭市场网发布了主产地(晋陕蒙)标志煤种价格指数。煤炭上下游相关企业分别签署了中长期合同、战略合作协议。

9日 省委书记、省人大常委会主任楼阳生在晋中国家农高区(山西农谷)调研，并出席神农科技集团揭牌仪式。调研期间，楼阳生主持召开座谈会，听取晋中国家农高区(山西农谷)建设情况汇报，研究了农高区和神农科技集团改革发展等工作。在神农科技集团揭牌仪式上，楼阳生揭牌并讲话。楼阳生指出，成立神农科技集团，是省委和省政府立足全省特色农业优势，深化农业供给侧结构性改革，着力构建现代农业产业体系，打造高质量发展新支柱的重大举措。神农科技集团要充分发挥市场主体作用，在引领农业农村现代化中开创事业发展新天地。一要打造一流农高区。二要推动谷城院融合发展。三要贯通产学研。四要深化农业农村改革。五要增强辐射力带动力。六要实施好"特""优"战略。

10日 省委常委会召开会议。会议学习习近平总书记在中央政治局第二十五次集体学习时发表的重要讲话精神，研究贯彻落实意见。传达中央政治局委员、中宣部部长黄坤明同志在晋调研讲话精神，听取全省"六新"产品培育、全省事业单位重塑性改革、省级事业单位办企业脱钩改革工作进展情况汇报。

11日 省委书记、省人大常委会主任楼阳生主持召开专题会议，听取临汾市黄河板块核心景区建设规划汇报。会上，临汾市负责同志，中国建筑设计研究院、中科院建筑设计研究院专家分别汇报了黄河板块文旅开发工作进展情况和黄河壶口景区、乾坤湾景区规划设计方案。楼阳生指出，一要牢牢确立大保护意识。二要精准把握规划设计的科学理念。三要充分彰显黄河文明的核心要义。四要精心打造核心景区品质品位。五要有效带动乡村振兴和农民增收致富。

12日 郑太高铁开通活动在太原、晋中、长治、晋城四地同步举行。省委书记、省人大常委会主任楼阳生讲话并宣布郑太高铁开通。中国国家铁路集团党组成员、副总经理郭竹学出席并讲话。开通活动仪式上，省人大常委会副主任高卫东宣读了《关于对郑太高铁山西段作出突出贡献的建设者表彰奖励的决定》，中铁太原局集团公司负责同志汇报了郑太高铁建设及开通情况。郑太高铁是我国"八纵八横"高速铁路主通道之一"呼南通道"的重要组成部分，也是太原与河南等中东部地区客运交流的快捷通道。此次新通车的太原至焦作段全长362千米，在山西境内326千米，2016年6月开工建设。郑太高铁开通运营后，郑州至太原间最快旅行时间由近4小时缩短至两个半小时。

14日 全省重点工作部署会在太原召开。省委书记、省人大常委会主任楼阳生出席会议并讲话。他强调，要深入学习贯彻党的十九届五中全会精神，贯彻落实习近平总书记视察山西重要讲话重要指示，扎实抓好重点工作，只争朝夕，真抓实干，确保"十四五"转型出雏型开好局、起好步。省委副书记、省长林武主持会议。会议以电视电话会议形式开到县一级。省政府有关副省长分别对一二三产业和建筑业、外贸外资、文化旅游产业等分管领域重点工作进行了安排部署。

同日 省委书记、省人大常委会主任楼阳生主持召开省属国有企业负责人座谈会，专题听取省属国有企业工作情况汇报，研究部署下一步工作。会上，太钢集团、山西焦煤、晋能控股等19家省属国有企业主要负责人分别汇报了各企业2020年指标完成情况，"十四五"战略目标和明年工作指标、主要措施。楼阳生认真听取发言，逐一进行点评，就重点问题深入讨论交流，并提出指导意见。楼阳生指出，一要抓好"关键少数"。二要健全完善体制机制。三要增强科技创新能力。四要加强企业治理和管理。五要大力拓展市场。六要加强党的领导。

19日 省委常委会召开扩大会议，传达学习中央经济工作会议精神，研究贯彻落实意见。省委书记、省人大常委会主任楼阳生主持会议并讲话，强调，要把学习贯彻中央经济工作会议精神作为当前和今后一个时期的重要政治任务，把思想和行动统一到党中央对经济形势的分析判断和明年经济工作的决策部署上来，只争朝夕，真抓实干，确保"十四五"转型出雏型开好局、起好步。

21日 省委书记、省委财经委员会主任楼阳生主持召开省委财经委员会第十五次会议。楼阳生强调，要深入贯彻党的十九届五中全会和中央经济工作会议精神，贯彻落实习近平总书记视察山西重要讲话重要指示，切实加强省委对经济工作的领导，准确把握宏观经济形势，科学谋划明年工作，在转型发展的强劲态势中开启转型出雏型新征程，完成好在转型发展上率先蹚出一条新路来的历史使命。会议听取了"十四五"转型出雏型预期指标及2021年经济社会发展主要预期指标情况，2020年财政预算执行情况与2021年财政收支计划建议的汇报。

22日 省委书记、省委全面深化改革委员会主任楼阳生主持召开省委深改委(省综改委)第二十七次会议。会议审议通过《省委全面深化改革委员会2021年标志性牵引性重大改革和重点改革任务》《关于深化新时代教育督导体制机制改革的实施意见》《关于推动高等教育"1331工程"提质增效的实施意见》《山西省农村宅基地制度改革试点实施方案》《山西省区域性股权市场监督管理实施细则(试行)》。

24日 省委常委会召开会议，听取"十三五"规划指标完成情况和全面建成小康社会实现情况、"十四五"转型出雏型预期指标和2021年经济社会发展主要预期指标的汇报，讨论拟提请省委十一届十一次全会暨省委经济工作会议审议的文件,研究制定国民经济和社会发展第十四个五年规划和二〇三五年远景目标重大问题。审议通过《山西省加快推进第一产业高质量发展实施方案》《山西省国企改革三年行动实施方案(2020-2022年)》《山西省贯彻落实〈中国共产党党内关怀帮扶办法〉实施细则》《关于完善党内政治文化建设的具体措施》。

同日 省委中心组举行专题学习会,学习习近平同志《论坚持全面依法治国》。省委书记、省人大常委会主任楼阳生主持会议并讲话,强调,习近平法治思想是全面依法治国的根本遵循和行动指南。要把学习宣传贯彻习近平法治思想作为当前和今后一个时期的重要政治任务,贯彻落实习近平总书记视察山西重要讲话重要指示,强化转型发展蹚新路的使命担当,扎实推进更高水平法治山西建设。会议还学习了中宣部编印的《党委中心组学习参考》有关内容。

25日 中共山西省委办公厅、山西省人民政府办公厅印发《关于进一步推动我省中小微工业企业上规升级的指导意见》。

同日 省委书记、省人大常委会主任楼阳生在山西转型综改示范区出席国家先进计算产业创新中心山西产业基地开工奠基仪式,并调研先进计算产业发展情况。楼阳生强调,要深入贯彻落实党的十九届五中全会和中央经济工作会议精神,把科技创新摆在转型发展的核心位置,深化院地合作,服务国家战略,加快推进国家先进计算中心建设,为转型发展蹚新路提供强力支撑。在开工仪式现场,楼阳生等领导同志共同为项目培土奠基。仪式结束后,楼阳生等到中科曙光国科晋云公司展厅,结合视频展板,听取中科曙光公司先进计算产业发展战略及在晋项目合作落地情况介绍,了解企业研发生产、产品性能等情况,楼阳生要求企业做好宣传推广,加强商业化运营,不断提高产品的市场影响力和占有率。

同日 中共山西省委召开党外人士座谈会,就中共山西省委关于制定国民经济和社会发展第十四个五年规划和二〇三五年远景目标的建议、2020年经济形势和2021年经济工作听取各民主党派省委会、省工商联负责人和无党派人士代表的意见建议。省委副书记、省长林武受中共山西省委委托通报了2020年经济工作有关情况,介绍了关于明年工作的有关考虑。省委常委、统战部部长,省政协党组副书记徐广国汇报了2020年调研协商情况。省委常委、秘书长李凤岐介绍了中共山西省委关于制定国民经济和社会发展第十四个五年规划和二〇三五年远景目标的建议的考虑和文件起草有关情况。

27—28日 省委举行学习《习近平谈治国理政》第三卷读书会。27日下午,举行集体学习,邀请中共中央党史和文献研究院学术和编审委员会主任陈理作辅导报告。省委书记楼阳生主持并讲话。楼阳生在讲话中指出,一是学习领会重在融会贯通。二是改进思维重在掌握方法。三是深入思考重在联系实际。四是完善思路重在务实管用。28日上午,与会人员自学了《习近平谈治国理政》第三卷。

28—30日 中国共产党山西省第十一届委员会第十一次全体会议暨省委经济工作会议在太原召开。省委书记、省人大常委会主任楼阳生作了重要讲话。会议以习近平新时代中国特色社会主义思想为指导,全面贯彻党的十九大和十九届二中、三中、四中、五中全会精神,认真学习贯彻中央经济工作会议精神,贯彻落实习近平总书记视察山西重要讲话重要指示,听取和讨论了楼阳生受省委常委会委托作的工作报告,审议通过了《中共山西省委关于制定国民经济和社会发展第十四个五年规划和二〇三五年远景目标的建议》,表决通过了中国共产党山西省第十一届委员会第十一次全体会议决议。楼阳生就《建议(讨论稿)》向全会作了说明,关于明年经济工作作了全面部署。省委副书记、省长林武对明年经济工作作出具体部署。会议强调,2021年经济工作重点抓好八个方面工作。一是着力抓好创新生态建设。二是大力培育市场主体和产业生态。三是牢牢把握扩大内需这个战略基点。四是坚定不移深化重点领域改革。五是推动脱贫成果巩固拓展同乡村振兴有效衔接。六是加快构建绿色生产绿色生活方式。七是围绕全生命周期抓好普惠性民生。八是深化“三零”创建和依法治理。会议指出,要把思想和行动统一到中央及省委的决策部署上来,抓好落实。抓落实的关键是要有解决方案。一要提高站位,胸怀大局,二要调查研究,掌握实情,三要厉行法治,出好实招,四要系统推进,重点突破,五要敏锐洞察,果敢果断,六要控新治旧,结果导向,七要躬身入局,担当作为。会议号召,全省人民要更加紧密地团结在以习近平同志为核心的党中央周围,始终牢记习近平总书记的教诲和嘱托,在省委坚强领导下,坚定转型信念,保持战略定力,齐心协力、奋发有为,攻坚克难、敢于胜利,乘势而上奋力书写山西践行新时代中国特色社会主义新篇章。

31日 省委召开市委书记、省直工(党)委书记抓基层党建工作述职评议会。省委书记、省人大常委会主任楼阳生主持会议并作点评讲话。会上,各市委书记、省直各工(党)委书记进行了述职。中央组织部组织二局有关同志到会指导,指出了需要研究解决的共性问题,并就进一步落实基层党建工作责任制提出了指导意见。与会人员对述职情况进行了测评。

同日 省委召开市委书记抓脱贫攻坚工作述职评议会。会上,各市委书记聚焦抓脱贫攻坚目标任务完成、主体责任落实等情况进行述职。省委副书记、省长林武对各市委书记述职情况逐一进行点评,肯定成绩亮点的同时指出差距不足,并提出具体工作要求。

(成晓明)

附　录

2020年山西省国民经济和社会发展情况

2020年，在省委、省政府的坚强领导下，全省上下高举习近平新时代中国特色社会主义思想伟大旗帜，全面贯彻落实党的十九大和十九届二中、三中、四中、五中全会精神，深入学习贯彻习近平总书记视察山西重要讲话重要指示和“三篇光辉文献”，坚持稳中求进工作总基调，坚持“四为四高两同步”总体思路和要求，统筹疫情防控和经济社会发展，扎实做好“六稳”工作，全面落实“六保”任务，强力推动“六新”突破，全省经济运行克服疫情影响实现稳定增长，转型发展态势强劲，民生福祉不断增进，社会事业全面进步，交出夺取山西“战疫”重大战略成果、实现转型发展入轨并呈现强劲态势和全力决战脱贫攻坚、决胜全面建成小康社会“三份优秀答卷”。

一、综　合

全省居民消费价格比上年上涨2.9%。工业生产者出厂价格下降3.3%。工业生产者购进价格上涨2.8%。农业生产资料价格上涨8.1%。

全年全省城镇新增就业48.8万人。转移农村劳动力37.7万人。年末城镇登记失业率3.1%。

经济新动能加快增长。全省规模以上工业中，装备制造业增加值比上年增长5.7%，其中，通信设备制造业增长11.5%；高技术制造业增长9.6%，其中，电子及通信设备制造业增长13.4%；新一代信息技术产业增长12.8%，节能环保产业增长8.5%。新产品中，光伏电池增长35.8%，环境污染防治专用设备增长22.8%，移动通信手持机增长21.4%，电子计算机整机从无到有，达到13.1万台。全省规模以上服务业中，互联网和相关服务业营业收入增长68.8%，快递业营业收入增长33.8%。全年网上零售额684.1亿元，增长28.1%。

脱贫攻坚实现决战决胜。截至2020年末，58个贫困县全部摘帽，7993个贫困村全部退出，329万贫困人口全部达到脱贫标准。全年贫困地区农村居民人均可支配收入10352元，比上年增长10.4%，扣除价格因素，实际增长6.8%。

二、农　业

全年全省农作物种植面积3541.5千公顷，比上年增加17.1千公顷。其中，粮食种植面积3130.0千公顷，增加3.9千公顷；油料种植面积88.3千公顷，减少11.4千公顷；中草药材种植面积77.5千公顷，增加16.4千公顷；蔬菜种植面积189.0千公顷，增加8.6千公顷。在粮食种植面积中，玉米种植面积1742.2千公顷，增加27.2千公顷；小麦种植面积535.9千公顷，减少10.9千公顷。果园面积381.1千公顷，增加6.2千公顷。

全年全省粮食产量1424.3万吨，比上年增产62.5万吨，增长4.6%。其中，夏粮236.8万吨，增长4.0%；秋粮1187.5万吨，增长4.7%。

全年全省完成造林面积272.1千公顷，下降21.7%。

全年全省猪牛羊禽肉总产量101.6万吨，增长12.7%。其中，猪肉产量62.8万吨，增长10.6%；牛肉产量7.4万吨，增长11.5%；羊肉产量8.6万吨，增长6.9%；禽肉产量22.9万吨，增长22.1%。禽蛋产量108.8万吨，下降2.4%。牛奶产量117.0万吨，增长27.4%。水产品产量4.7万吨，增长1.0%。年末生猪存栏569.4万头，增长26.1%；生猪出栏797.6万头，增长7.8%。

三、工业和建筑业

全年全省规模以上工业增加值增长5.7%。其中，采矿业增长8.0%，制造业增长4.2%，电力、热力、燃气及水生产和供应业下降1.0%。

规模以上工业企业每百元营业收入中的成本为81.97元，营业收入利润率为4.66%；年末资产负债率为71.7%，比上年末下降 0.3 个百分点。

全年全省建筑业增加值 952.53 亿元，按不变价格计算，比上年增长 6.6%。年末资质以上建筑业企业 3662 家，比上年末增加 370 家；完成总产值 5113.6 亿元，增长 9.9%，共签订合同额 12031.0 亿元，增长 15.1%。

四、能　源

全年全省规模以上原煤产量 106306.8 万吨，增长 8.2%；焦炭产量 10493.7 万吨，增长 5.6%；发电量 3366.9 亿千瓦小时，增长 2.1%；非常规天然气产量 85.2 亿立方米。

全年全省一次能源生产折标准煤 7.5 亿吨，增长 8.3%；二次能源生产折标准煤 6.4 亿吨，增长 19.6%。

年末全省发电装机容量 10383.1 万千瓦，比上年末增长 12.3%。其中，火电装机容量 6877.6 万千瓦，增长 2.8%；并网风电装机容量 1974.0 万千瓦，增长 57.7%；并网太阳能发电装机容量 1308.7 万千瓦，增长 20.3%；水电装机容量 222.8 万千瓦，与上年末持平。

全年全省全社会发电量 3395.4 亿千瓦小时，增长 4.4%。向省外输送电力 1053.6 亿千瓦小时，增长 6.3%。全社会用电总量 2341.7 亿千瓦小时，其中，第一产业用电 18.5 亿千瓦小时，占全社会用电量的比重 0.8%；第二产业用电 1804.3 亿千瓦小时，占全社会用电量的比重 77.1%，其中，工业用电 1780.6 亿千瓦小时；第三产业用电 288.4 亿千瓦小时，占全社会用电量的比重 12.3%；城乡居民生活用电 230.4 亿千瓦小时，占全社会用电量的比重 9.8%。

五、服务业

全年全省服务业增加值 9029.81 亿元，按不变价格计算，比上年增长 2.1%。其中，批发和零售业增加值 1333.17 亿元，下降 1.8%；交通运输、仓储和邮政业增加值 1068.18 亿元，增长 2.3%；住宿和餐饮业增加值 187.49 亿元，下降 11.5%；金融业增加值 1207.68 亿元，增长 6.8%；房地产业增加值 1183.77 亿元，增长 5.7%；信息传输、软件和信息技术服务业增加值 462.38 亿元，增长 22.6%；租赁和商务服务业增加值 268.91 亿元，下降 4.4%。全年规模以上服务业企业营业收入比上年下降 5.1%。

全年旅客运输量 13757.3 万人次，比上年下降 38.3%。旅客运输周转量 226.3 亿人公里，下降 42.8%。货物运输量 19.0 亿吨，下降 1.0%。货物运输周转量 5711.8 亿吨公里，增长 4.5%。民航旅客吞吐量 1298.6 万人次，下降 36.3%。年末全省公路通车里程 14.4 万公里，其中，高速公路 5744.6 公里。民用航空航线 260 条。

年末全省民用汽车保有量 768.4 万辆（包括三轮汽车和低速货车 3.7 万辆），比上年末增长 7.6%，其中，私人汽车 691.2 万辆，增长 7.3%。本年新注册汽车 62.9 万辆，下降 2.6%。年末轿车保有量 472.1 万辆，增长 6.7%，其中，私人轿车 451 万辆，增长 7.0%。

全年全省完成邮政行业业务总量 150.7 亿元，增长 29.5%；电信业务总量 3091.3 亿元，增长 30.2%。年末移动电话用户 4022.8 万户，其中，4G 移动电话用户 3318 万户。全省宽带接入用户 1252.1 万户，增长 11.2%。

六、国内贸易

全年全省限额以上单位消费品零售额 2129.6 亿元，下降 2.7%。

全年新登记市场主体 49.7 万户，日均新登记企业 1357.7 户，年末市场主体总数达 283.5 万户。

七、对外开放

全年全省进出口总额 1505.8 亿元，比上年增长 4.0%。其中，进口额 628.8 亿元，下降 1.9%；出口额 877.0 亿元，增长 8.7%。

全年出口煤炭（煤及褐煤）18.6 万吨，增长 1.6 倍；出口焦炭（焦炭及半焦炭）8.9 万吨，下降 50.4%；出口镁及其制品 7.4 万吨，增长 26.0%；出口钢材 82.8 万吨，下降 26.3%。出口机电产品 688.1 亿元，增长 17.1%；出口高新技术产品 607.8 亿元，增长 18.5%。

全年进口铁矿砂（铁矿砂及其精矿）861.0 万吨，下降 7.7%，进口金额 60.2 亿元，下降 1.7%；进口机电产品 383.3 亿元，增长 7.3%。

全年全省新设立外商直接投资企业 114 家；按全口径统计实际使用外商直接投资金额 16.9 亿美元，增长 24.4%。

全年全省对外承包工程新签合同额 28.5 亿美元，增长 1 倍，完成营业额 12.8 亿美元，增长 19.0%。

八、财政金融

全年全省一般公共预算收入完成 2296.5 亿元，比上年下降 2.2%。税收收入完成 1625.9 亿元，下降 8.8%，其中，国内增值税、企业所得税、个人所得税、资源税和城市维护建设税共计完成税收 1327.7 亿元，下降 10.8%。

全年全省一般公共预算支出 5110.9 亿元，增长 8.4%。其中，教育、卫生健康、社会保障和就业、住房保障、交通运输、节能环保、城乡社区等民生支出 3169.7 亿元，增长 8.2%。

年末金融机构本外币各项存款余额 42497.1 亿元，比年初增加 4115.6 亿元。各项贷款余额 30640.9 亿元，增加 2521.5 亿元。

年末全省农村金融合作机构（农村信用社、农村合作银行、农村商业银行）人民币存款余额 9379.6 亿元，比年初增加 1020.7 亿元；人民币贷款余额 5888.7 亿元，增加 572.8 亿元。

年末全省共有上市公司 39 家。全省辖区证券市场各类证券成交额 79099.9 亿元，增长 35.9%。其中，股票成交额 30043.9 亿元，增长 63.5%；基金成交额 1081.1 亿元，增长 50.2%；债券成交额 47925.3 亿元，增长 22.6%。年末投资者证券账户开户数 508.6 万户，增长 13.8%。

全年全省保费收入 932.8 亿元，增长 5.6%。其中，寿险业务保费收入 517.0 亿元，增长 5.1%；健康险业务保费收入 156.9 亿元，增长 7.7%；意外险业务保费收入 21.0 亿元，增长 13.3%；财产险业务保费收入 237.9 亿元，增长 4.6%。全年支付各类赔款及给付 311.3 亿元，增长 11.7%。

九、教育和科学技术

年末全省共有幼儿园 7165 所，小学 5153 所，普通初中 1709 所，普通高中 518 所，中等职业教育学校 427 所，普通高等学校 85 所，成人高等学校 9 所。全省学前教育毛入园率 90.80%，小学学龄儿童净入学率 99.97%，高中阶段毛入学率 95.20%。

全省专利授权量 27296 件，增长 64.5%。其中，发明专利授权量 2987 件，增长 29.9%。国家级企业技术中心 31 家，省级企业技术中心 372 家。

年末全省共有省、市、县产品质量监督检验和计量检定技术机构 147 个，国家检测中心 9 个。全年监督抽查了 6678 家企业 8 类 231 种 12311 批次的产品和商品。全年完成强制检定计量器具 80 万台件。

年末全省有气象台站 109 个，开展电话天气自动答询的台站 11 个。全省气象系统开展人工影响天气业务的单位 118 个，防雹、增雨累计受益面积为全省域内，增雨量 30 亿立方米。

年末全省有专业综合地震台站 10 个，省级地震台网中心 1 个，省级数字测震地震台网 1 个。全年全省发生 M3.0 级以上地震 1 次，震级为 M3.7 级。

十、文化旅游、卫生健康和体育

年末全省共有文化馆 130 个，文化站 1410 个(其中，乡镇综合文化站 1196 个)。公共图书馆 128 个。出版报纸 60 种(不含高校校报)、18.6 亿份，各类期刊 201 种、2088 万册，各类图书 3229 种、10955 万册。广播电视台 119 座，中短波转播发射台 18 座，调频转播发射台 203 座，一百瓦以上电视转播发射台 169 座。

全年全省商业住宿设施接待入境过夜游客 1.7 万人次，接待国内旅游者 3.3 亿人次，分别下降 97.8%和 60.1%；旅游外汇收入 605.1 万美元，下降 98.5%；国内旅游收入 2919.7 亿元，下降 63.5%；旅游总收入 2920.1 亿元，下降 63.6%。

年末全省共有卫生机构(含诊所、村卫生室) 4.2 万个，床位 22.4 万张。专业公共卫生机构 440 个，妇幼保健院(所、站)129 个。全省卫生机构共有卫生技术人员 26.8 万人。卫生院卫生技术人员 2.3 万人，其中，农村乡镇卫生院卫生技术人员 2.1 万人。社区卫生服务中心(站)卫生技术人员 1.2 万人，专业公共卫生机构技术人员 1.7 万人，妇幼保健(所、站)卫生技术人员 0.8 万人。截至年末，全省累计报告新型冠状病毒肺炎确诊病例 134 例，累计治愈出院病例 134 例，累计死亡 0 人。全省共有 353 家医疗卫生机构提供新型冠状病毒核酸检测服务，总检测能力达到 95 万份 / 天。

年末全省有体育场地面积 8036.8 万平方米；体育场地 108776 个，基础大项场地数量为 5670 个，球类运动场地 58481 个，冰雪运动场地 64 个，体育健身场地 40226 个，大型体育场馆 56 个。全年我省运动员在国内外重大比赛中获金、银、铜牌分别为 53 枚、53 枚和 80 枚(包括非奥运项目比赛)。全年全省经常参加体育锻炼人数 1365 万人，开展全民健身项目 100 项。全年全省销售中国体育彩票 24.4 亿元，下降 21.5%。

十一、居民收入消费和社会保障

年末全省参加城镇职工基本养老保险 944.2 万人，比上年末增加 72.9 万人；参加城乡居民基本养老保险 1638 万人，增加 10.2 万人；参加城镇职工基本医疗保险 716.4 万人，增加 14.2 万人；参加城乡居民基本医疗保险 2528.7 万人，减少 35.6 万人；参加失业保险 469.4 万人，增加 25.5 万人；参加工伤保险 629.5 万人，增加 5.4 万人；参加生育保险 476.7 万人，减少 12.9 万人。

全年得到城市最低生活保障救济人数 26.1 万人，全年共发放城市最低保障资金 15.3 亿元。年末全省农村五保供养 13.3 万人。

年末全省城镇有各种社区服务设施 8552 个，其中，综合性社区服务中心 475 个。各类收养性单位床位数 101384 张，收养人数 37074 人。国家抚恤、补助各类优抚对象 20.1 万人。全年销售福利彩票 28.7 亿元，筹集社会福利资金 8.99 亿元，接受社会捐赠款 0.43 亿元。

十二、资源、环境和安全生产

年末全省大型水库蓄水量 8.1 亿立方米。

年末全省森林面积 363.4 万公顷，森林覆盖率 23.2%。

按《环境空气质量指数（AQI）技术规定（试行）(HJ633-2012)》评价，11 个地级城市环境空气达标天数范围在 224~315 天之间。全年 PM2.5 平均浓度 44μg/m^2，优良天数比例达到 71.9%。

黄河、海河流域山西段共监测 58 个断面，全部退出劣Ⅴ类水质标准，达到Ⅲ类以上(包括Ⅰ、Ⅱ、Ⅲ类)水质标准的断面占 70.7%，达到Ⅳ类水质标准的断面占 24.1%，达到Ⅴ类水质标准的断面占 5.2%。

全年全省各类自然灾害造成直接经济损失 93.8 亿元，较上年减少 22.4%；农作物受灾面积 103.4 万公顷，减少 27.3%，其中，绝收面积 18.3 万公顷，减少 36.7%。

全年全省共发生各类生产安全亡人事故 518 起，下降 19.2%；死亡 655 人，下降 14.2%。全年全省煤炭百万吨死亡率为 0.023。

2020年太原市国民经济和社会发展情况

2020年,市委、市政府坚持以习近平新时代中国特色社会主义思想为指导,全面贯彻党的十九大和十九届二中、三中、四中、五中全会精神,深入贯彻习近平总书记视察山西重要讲话重要指示,按照省委"四为四高两同步"总体思路和要求,围绕谱写文明开放富裕美丽太原新篇章,紧扣全面建成小康社会目标任务,坚持稳中求进工作总基调,积极作为、奋力拼搏,统筹疫情防控和经济社会发展取得良好成绩,实现经济稳步向好、转型态势强劲、社会和谐稳定。

一、综　合

经济增长:初步核算,全市实现地区生产总值(GDP)4153.25亿元,比上年增长2.6%。其中:第一产业增加值32.24亿元,增长3.7%;第二产业增加值1504.19亿元,增长3.0%;第三产业增加值2616.82亿元,增长2.3%。

产业结构:三次产业比重为0.8%、36.2%、63.0%,分别拉动经济增长0.03、1.15和1.42个百分点。

物价:居民消费价格比上年上涨2.6%。其中:食品烟酒价格上涨7.6%,医疗保健价格上涨7.4%,教育文化和娱乐价格上涨2.1%,衣着价格上涨1.1%,其他用品和服务价格上涨0.5%,生活用品及服务价格上涨0.5%,居住价格下降0.4%,交通和通信价格下降4.2%。

就业:城镇新增就业8.35万人。4.15万名城镇失业人员实现再就业,其中就业困难人员再就业0.61万人。年末城镇登记失业率3.17%。

经济新动能:规模以上工业中,战略性新兴产业增加值增长4.7%,占全市规模以上工业增加值的比重为22.1%,其中:新一代信息技术产业增长10.8%,新能源产业增长9.9%,生物产业增长6.0%。高技术制造业增加值增长15.3%,占比为15.1%。规模以上服务业中,互联网和相关服务业营业收入增长20.6%,快递服务业营业收入增长33.3%。限额以上批发零售业企业通过互联网实现商品零售额85.52亿元,增长80.4%。

脱贫攻坚:截至年末,阳曲县、娄烦县高质量摘帽,160个贫困村全部退出,55992名贫困人口全部达到脱贫标准,易地扶贫搬迁集中安置入住率、产业就业保障率、旧村腾退拆除率、土地复垦复绿率均达到100%。

二、农　业

种植面积:全年农作物种植面积82.26千公顷。粮食种植面积63.50千公顷。其中:夏粮种植面积0.07千公顷,秋粮种植面积63.43千公顷。蔬菜种植面积12.27千公顷。药材种植面积1.18千公顷。

畜禽及水产品产量:年末生猪存栏13.02万头,生猪出栏18.06万头。猪牛羊禽肉产量2.49万吨,禽蛋产量3.09万吨,牛奶产量6.45万吨。水产品养殖面积1.16千公顷,水产品产量2805吨。

农机及化肥施用:年末全市农业机械总动力51.1万千瓦。全年农用化肥施用量(折纯)22396吨。

三、工业和建筑业

工业:规模以上工业增加值比上年增长3.2%。其中:采矿业增加值增长3.7%,占全市规模以上工业增加值的比重为18.6%;制造业增加值增长3.0%,占比为71.3%;电力、热力、燃气及水的生产和供应业增加值增长3.9%,占比为10.1%。

非传统产业增加值增长6.0%,占全市规模以上工业增加值的比重为50.6%,其中:装备制造业增加值增长8.0%,占比为27.7%。传统产业增加值增长0.5%,占比为49.4%。

规模以上工业企业实现营业收入3568.70亿元,下降1.6%。利税总额214.35亿元,增长5.4%。利润总额99.93亿元,增长17.0%。

建筑业:具有建筑业资质等级的总承包和专业承包建筑业企业总产值3411.93亿元,增长7.8%。建筑业企业房屋建筑施工面积12783.41万平方米,竣工面积3159.55万平方米。

四、能　源

能源生产:全年规模以上工业企业一次能源生产折标准煤2963.28万吨,比上年增长16.0%,其中:原煤产量4133.44万吨,增长12.1%。二次能源生产折标准煤4220.32万吨,增长2.7%,其中:洗煤产量2934.50万吨,增长5.7%;焦炭产量1039.35万吨,下降7.5%;发电量324.06亿千瓦小时,增长0.7%。

用电:全年全社会用电量294.02亿千瓦时,增长2.1%。其中:农林牧渔业用电量2.06亿千瓦时,下降11.3%;工业用电量(含电厂自用电)177.91亿千瓦时,增长1.7%,其中:占工业用电量69.4%的煤炭、炼焦、化工、建材、冶金、电力等高耗能行业用电量123.47亿千瓦时,增长2.0%;建筑业用电量6.01亿千瓦时,下降3.5%;第三产业用电量57.26亿千瓦时,下降1.7%;城乡居民生活用电量46.39亿千瓦时,增长6.2%。

五、服务业

产业结构:全年非营利性服务业增加值874.63亿元,占全市服务业增加值的比重为33.4%,比上年增长4.8%;金融业增加值461.98亿元,占比为17.7%,增长2.6%;批发零售和住宿餐饮业增加值450.03亿元,占比为17.2%,下降2.1%;营利性服务业增加值346.75亿元,占比为13.3%,增长2.1%;房地产业增加值288.31亿元,占比为11.0%,增长4.2%;交通运输、仓储和邮政业增加值193.16亿元,占比为7.4%,增长

1.1%。规模以上服务业企业营业收入 817.13 亿元,下降 3.9%。

交通运输：年末全市公路线路里程累计达到 7243 公里,其中高速公路 293 公里。公路密度 103.6 公里/百平方公里。太原地区铁路客运量 1822.31 万人次,下降 41.1%;铁路货运量 4125.93 万吨,增长 6.2%。航空客运量 901.32 万人次,下降 35.6%;航空货运量 5.08 万吨,下降 11.9%。

年末全市民用汽车保有量 179.44 万辆，比上年末增长 6.6%,其中:私人汽车 158.53 万辆,增长 6.4%。年末轿车保有量 108.45 万辆,增长 5.4%,其中:私人轿车 100.15 万辆,增长 5.5%。本年新注册汽车 14.16 万辆,下降 3.3%,其中:新注册轿车 6.90 万辆,下降 9.0%。

邮政电信:全年邮政行业业务总量 57.20 亿元,比上年增长 34.6%，其中：快递服务企业业务量 22621.27 万件，增长 58.7%;电信业务总量 594.89 亿元,增长 27.2%。年末市话到达 51.35 万户。农话到达 1.04 万户。移动电话用户 911.71 万户，其中:4G 移动电话用户为 618.11 万户,5G 移动电话用户为 180.12 万户。计算机互联网宽带用户 241.78 万户。

六、国内贸易

消费品零售:全年社会消费品零售总额 1655.11 亿元,比上年下降 6.4%。其中：城镇社会消费品零售总额 1574.51 亿元,下降 6.4 %;乡村社会消费品零售总额 80.60 亿元,下降 7.1%。

限额以上消费品零售额 849.81 亿元，比上年下降 5.9%，占全市社会消费品零售总额的比重为 51.3%；限额以下消费品零售额 805.30 亿元,下降 7.7%,占比为 48.7%。

全年新登记市场主体 91533 户,日均新登记企业 369 户,年末市场主体总数达 51.98 万户。

七、对外经济

进出口贸易:全年外贸进出口总额 1211.47 亿元,比上年增长 8.1%。其中:出口额 724.71 亿元,增长 11.2%;进口额 486.76 亿元,增长 3.8%。

出口商品中，不锈钢材、机电产品分别为 60.64 亿元、633.27 亿元,占出口额的 95.8%。煤炭、焦炭、金属镁分别为 1.64 亿元、0.97 亿元、4.41 亿元,占出口额的 1.0%。

八、财政金融

财政:一般公共预算收入 378.44 亿元,比上年下降 2.1%,其中:税收收入 285.25 亿元,下降 5.5%;非税收入 93.18 亿元,增长 9.8%。

全年一般公共预算支出 647.35 亿元，比上年增长 6.0%。其中教育、卫生健康、社会保障和就业、住房保障、交通运输、节能环保、城乡社区等民生支出 508.87 亿元,增长 4.6%。

金融：年末全市金融机构本外币各项存款余额 14587.57 亿元，比年初增长 11.2%；本外币各项贷款余额 15079.90 亿元，增长 7.2%。人民币各项存款余额 14212.47 亿元，增长 12.2%,其中:住户存款余额 5896.93 亿元,增长 12.3%;人民币各项贷款余额 14823.04 亿元,增长 8.1%。人民币贷款中,中长期贷款余额 10741.84 亿元,增长 8.3%;短期贷款余额 3047.92 亿元,增长 5.8%。

年末上市公司 18 家,其中:主板 15 家,中小板 2 家,创业板 1 家。"新三板"挂牌企业 48 家。

保险:全年原保险保费收入 264.06 亿元,增长 6.7%。其中:寿险业务保费收入 144.68 亿元,增长 5.4%;健康险业务保费收入 39.19 亿元，增长 16.1%；意外伤害险业务保费收入 7.70 亿元,增长 10.9%;财产险业务保费收入 72.50 亿元,增长 4.4%。

支付各类赔款及给付 86.31 亿元,增长 24.5%。其中:寿险业务给付 33.18 亿元，增长 36.1%；健康险业务赔款及给付 10.57 亿元,增长 14.3%;意外伤害险业务赔款 2.08 亿元,增长 14.6%;财产险业务赔款 40.48 亿元,增长 19.4%。

九、城市建设

基础设施建设:完成解放路改造、龙城大街东延、东峰路南延等 23 项主次干道建设及钟楼片区、府城文道等 44 条小街巷改造;开工建设汾河四期水利工程、滨河自行车专道;地铁 2 号线一期工程实现通车试运行,1 号线一期工程启动实施。全年改造老旧小区(片区)333 个,建筑面积 950.7 万平方米,新增公共停车泊位 1.7 万余个。城中村改造拆除旧村建筑面积 68.14 万平方米，开工安置房 8580 套。新增绿色建筑 387.65 万平方米，新建应用可再生能源的建筑 206.67 万平米,完成装配式建筑 309.46 万平方米。村镇建设完成危房改造 63 户,实现农村危房"静态清零"。完成 7 个院落保护性修缮、4 个中国传统村落挂牌、2 个传统村落数字博物馆建设、4 个传统村落规划编制，启动晋源区程家峪村传统村落保护项目建设。

年末全市燃气供应量 12.28 亿立方米。集中供热面积扩网 866 万平方米。城市公交运营车辆保有量 4142 辆。公交运营线路长度 4750 公里,年客运量 2.19 亿人次。公共自行车服务点 1285 个,累计投放自行车 4.1 万辆。

城市绿化:太原植物园、摄乐公园、迎新公园、狄仁杰文化公园、汾河晚渡建成开放,双塔公园、五一广场改造、龙城公园正在建设。实施九院沙河西延、虎峪河西延、东中环北延配套绿化和百街小巷绿化工程。高品质恢复地铁 2 号线沿线绿化。全市共有综合性公园 53 个,专类公园 12 个,带状公园 7 个,街头游园 309 个,社区游园 58 个,街旁绿地 260 块。建成区绿化覆盖面积达到 15840 公顷,园林绿地 14004 公顷,公园绿地面积 4716 公顷,建成区绿化覆盖率 44.0%,绿地率 38.9%。

十、教育和科学技术

教育：年末共有普通高等院校 45 所（其中高职院校 22 所),成人高等学校 7 所,中等职业教育学校 48 所,普通高中 90 所,普通初中 131 所,小学 445 所,幼儿园 776 所。

全市学前三年毛入园率97.7%;小学、初中巩固率均达到国家标准;高中阶段毛入学率98.0%。2020年高考一本、二本达线率和录取率在全省稳居前列。

科学技术:全年技术市场共登记技术合同2519项,成交金额157.7亿元。拥有国家级技术中心17家,省级技术中心117家。截至年末,累计建成省级及以上重点实验室80个、省级工程技术研究中心78个、省级及以上科技企业孵化器30个、省级及以上众创空间135家,拥有院士工作站74个。年末累计认定高新技术企业2137家。获批国家知识产权运营服务体系建设重点城市。荣获国家、省科学技术奖170项。2020年度冶金科学技术奖太钢6个项目上榜,其中:3个项目获一等奖,3个项目获三等奖。全年发明专利授权量2258件,有效发明专利拥有量11163件。

十一、文化旅游、卫生健康和体育

文化:年末全市共有各类专业院团及具备规模的民营艺术表演团体21个。群艺文化馆12个,博物馆19个。公共图书馆12个,馆藏图书659.09万册。广播人口覆盖率100%,电视人口覆盖率100%。新创排演晋剧《迎新街》,创作脱贫攻坚现代戏《圪梁梁上》、影视作品《蝙蝠的忏悔》等各类题材剧本共计12部,创作歌曲、摄影、美术等作品21部。完成中国首批地方戏像音像工程晋剧《烂柯山下》的录制工作。组织编纂图书《太原秧歌》《太原民间故事——旅游景区系列专辑》。组织开展抗疫文艺作品的征集、评选、整理并编纂成册。晋剧《傅山进京》获文旅部"庆祝中国共产党成立100周年舞台艺术精品创作工程"——"百年百部"传统精品复排计划重点扶持作品。年末列入国家级非物质文化遗产保护项目17项、省级保护项目83项、市级保护项目195项。

旅游:全市接待海内外游客3594.04万人次,比上年下降62.8%。其中:国内游客3593.50万人次,下降62.7%;海外游客0.54万人次,下降97.9%。海外游客中:外国游客0.38万人次,香港同胞0.08万人次,澳门同胞0.02万人次,台湾同胞0.06万人次。全年旅游总收入354.69亿元,下降69.7%。其中:国内旅游收入354.61亿元,下降69.5%;旅游外汇收入106.84万美元,下降99.1%。

卫生:年末共有卫生机构3100个(不含村卫生室),医疗床位43166张。各类卫生技术人员66539人,其中:执业(包括执业助理)医师25498人,注册护士32142人。获批实施"信用+综合监管"和"3岁以下婴幼儿照护服务"两个国家级试点城市,基本公共卫生服务项目绩效评价全国第七并蝉联全省第一。疫情防控期间,8个集体、263人受到全国、全省表彰,市第四人民医院被评为"全国抗击新冠肺炎疫情先进集体"和"全国先进基层党组织",市防控办被评为"山西省抗击新冠肺炎疫情先进集体"。

体育:全年太原市运动员在全国大赛中,获得23枚金牌、9枚银牌、18枚铜牌,51个第四至第八名。成功举办2020年环太原国际公路自行车赛,成为疫情后国内首场大型公路自行车专业赛事;成功举办太原马拉松赛,成为疫情后首场"双金"马拉松赛事;圆满完成山西省冠军赛、锦标赛参赛办赛任务。全年销售中国体育彩票7.17亿元,居全省第一。

十二、人民生活和社会保障

人民生活:全年居民人均可支配收入35473元,比上年增长5.7%。按常住地分,城镇居民人均可支配收入38329元,增长5.4%,城镇居民人均消费支出20559元,下降3.5%;农村居民人均可支配收入19655元,增长7.0%,农村居民人均消费支出13969元,增长5.6%。城乡居民收入比为1.95∶1,比上年缩小0.03个百分点。

社会保障:全市企业职工参加养老保险(不含离退休人员)113.38万人,参加基本医疗保险378.52万人,参加失业保险109.75万人,参加工伤保险131.92万人,参加生育保险116.46万人。年末城市低保覆盖人口2.06万人,农村低保覆盖人口3.69万人,3722人纳入农村五保供养,全年发放最低保障资金4.00亿元。年内新建城乡日间照料中心14个,社区养老服务中心7个。

十三、环境保护和安全生产

环境质量:市区全年空气质量二级以上天数224天,全年PM2.5达标290天,空气质量综合指数5.91。集中式饮用水水源地水质达标率保持100%,地表水国家和省考核断面水质优良比例55.6%。市区区域环境噪声年均值53.0分贝、交通噪声年均值66.8分贝。

气温降水:全年平均气温10.3℃,降水量511.6mm。全社会用水量8.14亿立方米,其中:生活用水3.13亿立方米,农业灌溉用水1.53亿立方米,工业生产用水2.68亿立方米,生态用水0.80亿立方米。

安全生产:全年共发生各类生产安全亡人事故起数比上年下降23.7%。

2020年大同市国民经济和社会发展情况

2020年,面对复杂多变的国内外形势,特别是新冠肺炎疫情的严重冲击,市委市政府带领全市人民坚持以习近平新时代中国特色社会主义思想为指导,全面贯彻党的十九大和十九届二中、三中、四中、五中全会精神,认真落实习近平总书记视察山西重要讲话重要指示,按照省委"四为四高两同步"总体思路和要求,科学统筹疫情防控和经济社会发展,奋力推进"136发展战略",扎实做好"六稳"工作,全面落实"六保"任务,加速推动"六新"突破,全市经济运行稳步回升向好,转型升级迈出新步伐,民生福祉持续提升,各项社会事业繁荣发展，社会大局和谐稳定，“十三五”规划胜利收官。

一、综　合

初步核算，全年全市地区生产总值实现 1369.9 亿元，按不变价格计算，比上年增长 4.3%。其中，第一产业增加值 70.4 亿元，增长 1.4%，占地区生产总值的比重为 5.1%；第二产业增加值 506.7 亿元，增长 7.0%，占地区生产总值的比重为 37.0%；第三产业增加值 792.7 亿元，增长 2.8%，占地区生产总值的比重为 57.9%。

全年全市一般公共预算收入 135.0 亿元，比上年增长 3.8%。其中，税收收入 99.9 亿元，下降 3.3%。一般公共预算支出 389.1 亿元，比上年增长 6.9%。其中，用于民生的支出 316.1 亿元，比上年增长 6.0%，占一般预算支出的比重为 81.2%。在民生支出中，教育支出增长 1.9%；社会保障与就业支出增长 37.6%；科技支出增长 6.5%；卫生健康支出增长 22.4%；住房保障支出增长 12.7%。

全年全市居民消费价格比上年上涨 2.7%。其中，食品烟酒类价格上涨 7.5%；衣着类上涨 2.3%；居住类下降 0.1%；教育文化及娱乐类下降 0.8%；医疗保健类上涨 6.2%；生活用品及服务类下降 1.1%；交通通信类下降 3.1%；其他用品及服务类上涨 1.6%。全年全市商品零售价格比上年上涨 0.7%。

全年全市城镇新增就业 4.7 万人。转移农村劳动力 2.5 万人。年末城镇登记失业率 2.9%。

二、农　业

全年全市农作物种植面积 319.5 千公顷，比上年减少 10.6 千公顷。其中，粮食种植面积 278.4 千公顷，比上年减少 5.1 千公顷。在粮食种植面积中，秋粮种植面积 278.4 千公顷，减少 5.1 千公顷。全市油料作物种植面积 13.2 千公顷，比上年减少 3.0 千公顷；蔬菜面积 19.6 千公顷，比上年减少 0.02 千公顷；饲草作物种植面积 4.3 千公顷，比上年减少 2.1 千公顷。

全年全市粮食总产量 123.7 万吨，比上年增加 0.5 万吨。

全年全市共完成造林面积 33.6 万亩。其中，人工造林完成 30.9 万亩。

全年全市肉类总产量 9.2 万吨。其中，猪牛羊肉产量 8.4 万吨，牛奶产量 28.4 万吨，禽蛋产量 6.2 万吨。

全年全市机械耕地面积 271.8 千公顷，机械播种面积 217.0 千公顷，机械收获面积 132.5 千公顷。全年全市农业机械总动力（不包括农用运输车动力）115.3 万千瓦。

三、工业、建筑业

初步统计，全年全市规模以上工业增加值比上年增长 7.7%。其中，非煤工业增加值增长 7.6%。

在规模以上工业中，分经济类型看，国有控股企业增加值增长 8.5%，股份制企业增长 8.2%，外商及港澳台企业下降 0.2%，私营企业增长 9.4%。分门类看，采矿业增长 8.9%，制造业增长 9.2%，电力、热力、燃气及水生产和供应业增长 1.7%。

在规模以上工业中，煤炭工业增加值增长 7.9%，电力工业增长 1.1%，钢铁工业增长 45.0%，化学工业增长 9.8%，医药工业增长 3.0%，汽车制造业增长 87.9%，新能源产业增长 2.7%，新材料产业增长 66.9%。

全年全市规模以上工业企业实现营业收入 1064.2 亿元，比上年增长 4.6%；实现利润总额 3.7 亿元，下降 69.6%；实现利税总额 68.5 亿元，下降 14.5%。规模以上工业企业每百元营业收入中的成本为 73.6 元，营业收入利润率为 0.4%。

全年全市建筑业增加值 73.0 亿元，比上年增长 4.8%。全市资质以上建筑业企业完成总产值 235.1 亿元，比上年增长 11.5%。房屋建筑施工面积 1084.5 万平方米，增长 20.4%；房屋竣工面积 343.0 万平方米，增长 7.7%。

四、能　源

全年全市一次能源生产折标准煤 0.7 亿吨，比上年增长 7.9%；二次能源生产折标准煤 0.7 亿吨，增长 27.3%。

全年外输电力 318.6 亿千瓦时，比上年增长 4.4%，外输电量占发电量比重为 65.0%。全社会用电量 171.8 亿千瓦时，比上年增长 4.4%。其中，第一产业用电量 1.5 亿千瓦时，增长 19.5%；第二产业用电量 124.8 亿千瓦时，增长 2.5%；第三产业用电量 26.4 亿千瓦时，增长 13.2%；居民生活用电量 19.0 亿千瓦时，增长 4.4%。

五、国内贸易

全年全市社会消费品零售总额 655.4 亿元，比上年下降 4.7%。按经营地统计，城镇消费品零售额 503.6 亿元，下降 4.9%；乡村消费品零售额 151.8 亿元，下降 4.1%。按消费形态统计，商品零售额 604.3 亿元，下降 4.6%；餐饮收入额 51.1 亿元，下降 6.7%。

全年全市限额以上单位消费品零售额 136.6 亿元，比上年下降 3.8%。在限额以上批发零售业中，粮油食品类增长 27.1%；日用品类增长 22.4%；烟酒类增长 7.7%；汽车类增长 0.6%；服装、鞋帽、针纺织品类下降 25.6%；石油及制品类下降 23.1%；中西药品类下降 0.4%。

六、对外经济

全年全市海关进出口总额 43.3 亿元，比上年下降 16.1%。其中，出口额 36.4 亿元，增长 4.8%；进口额 7.0 亿元，下降 58.9%。

全年全市新设立外商投资企业 9 家。实际利用外资 4926.2 万美元，比上年下降 29.7%。

七、交通、邮电和旅游

全年全市公路通车里程 12749 公里。其中，高速公路 589 公里。全市公路密度 90.4 公里 / 百平方公里。全市民航客运量74.5万人次,比上年下降43.0%;货邮量1635.6吨,下降15.0%。民用航空航线28条,通航城市31个。

年末全市民用车辆保有量81.5万辆,比上年增长3.8%。其中,新注册汽车5.8万辆,增长3.6%;个人汽车69.0万辆,增长5.7%。年末载客汽车保有量64.6万辆,比上年增长6.8%。其中,个人载客汽车61.5万辆,增长6.6%。年末轿车保有量43.1万辆,比上年增长5.9%。其中,个人轿车41.7万辆,增长5.8%。

全年全市完成邮电业务总量301.5亿元,比上年增长35.1%。其中,电信业务总量288.9亿元,邮政业务总量12.6亿元。年末全市固定及移动电话用户341.2万户。其中,固定电话用户15.7万户;移动电话用户325.5万户。在移动电话用户中,4G用户达到291.2万户,5G用户达到63.8万户。全市互联网宽带接入用户91.9万户,比上年增长7.0%。全市邮政局所147个,邮路总长度6893公里。订销报纸4441.8万份,订销杂志141万份,国内函件21.4万件。快递业务量完成4493.1万件,同比增长55.6%。

全年全市旅游总收入290.9亿元,比上年下降61.8%。其中,国内旅游收入290.8亿元,下降61.7%;旅游外汇收入65.4万美元,下降98.8%。全年全市接待国内游客3328.8万人次,比上年下降60.3%;接待入境旅游者0.15万人次,比上年下降98.4%。

八、金融和保险

年末全市金融机构本外币各项存款余额3500.1亿元,比年初增加319.1亿元,比年初增长10.0%。年末全市金融机构本外币各项贷款余额1832.7亿元,比年初增加272.5亿元,比年初增长17.5%。

年末全市共有注册保险机构43家。全年全市保费收入79.7亿元,比上年增长0.2%。其中,寿险业务保费收入56.4亿元,下降0.7%;健康险和意外伤害险业务保费收入10.0亿元,增长12.8%;财产险业务保费收入23.3亿元,增长2.4%。全年全市累计支付各类保险赔款及给付23.6亿元,增长21.0%。其中,寿险业务给付8.0亿元,增长22.5%;健康险和意外伤害险业务赔款及给付2.2亿元,增长18.0%;财产险业务赔款13.5亿元,增长18.7%。

九、科学技术和教育

全年全市申请专利量2720件。其中,发明专利559件。全年授予专利权1735件。其中,发明专利191件。全年全市技术合同登记成交158项,技术合同交易额7.2亿元。省级以上重点实验室3家,工程技术研究中心8家。高新技术企业总数达到75家。

全市普通高等学校3所,中等职业教育学校33所,普通高中50所,普通初中145所,普通小学342所,特殊教育6所,学前教育572所。

全市有气象台(站)8个。开展人工影响天气业务的单位8个。人工增雨累计收益面积1.6万平方公里,增雨量0.6亿立方米。全年全市降水量430.5毫米,年平均气温7.5摄氏度,无霜期151天。

十、文化、卫生和体育

全年全市共有文化艺术馆11个,公共图书馆11个。博物馆17个,档案馆11个。全市共有广播电视台10个,中波发射台1座,微波站11座,有线电视网10个。广播人口覆盖率99.0%,电视人口覆盖率达99.5%,有线电视用户31.3万户。

全年全市共有卫生机构(含诊所、村卫生室)3148个,床位23084张。其中,医院132个;卫生院143个;社区卫生服务中心(站)130个;疾病预防控制中心12个;妇幼保健院11个。年末,全市卫生机构共有卫生技术人员24189人。其中,执业医师和执业助理医师10243人;注册护士10175人。

全年全市共有大中型体育场馆23个。在10个省级赛事中全市运动员共获得27枚金牌。全年全市承办了山西省跳水冠军赛、山西省青少年体操冠军赛等赛事。成功组织了中国大同冰雪节、大同古长城公路自行车公开赛、大同市全民健身运动会等活动。

十一、环境保护和安全生产

全年全市耕地保有量364.7千公顷。水库蓄水量0.8亿立方米。全年全市二级以上良好天数315天,全省排名第一。空气质量综合指数4.83。

全年全市集中供热率98.5%;天然气气化率98.7%;城市供水普及率99%,水质合格率100%;市本级污水处理率97%;中水回用率25%;市区城市生活垃圾无害化处理率100%。

全年全市建成区新增绿化面积137.7万平方米。城市建成区绿化覆盖率、绿地率、人均公园绿地分别达到44.1%、40.0%和16.6平方米/人。

全年全市发生各类生产安全事故和死亡人数比上年同期分别下降30.4%和34.6%。

十二、人民生活和社会保障

全年全市全体常住居民人均可支配收入24988元,比上年增长6.2%。按常住地分,城镇常住居民人均可支配收入33945元,增长5.2%,人均消费支出15740元,增长4.5%;农村常住居民人均可支配收入11610元,增长8.2%,人均消费支出8926元,增长6.5%。

年末全市基本养老保险参保人数198.9万人。其中,职工基本养老保险参保人数83.5万人;城乡居民基本养老保险参保人数115.4万人。基本医疗保险参保人数280.2万人。其中,职工基本医疗保险参保人数83.9万人;城乡居民基本医疗保险参保人数196.3万人。失业保险参保人数47.1万人;工伤保险参保人数43.9万人;生育保险参保人数46.7万人。

年末提供住宿的社会服务机构83个,床位10770张,收养救助5383人。全市建立各种社区服务设施1620个。其中,综合性社区服务中心150个。全年销售社会福利彩票3.0亿元,筹集社会福利资金 2564.2 万元。

2020年朔州市国民经济和社会发展情况

2020年,在市委市政府的坚强领导下,全市上下深入学习贯彻习近平总书记视察山西重要讲话重要指示、“三篇光辉文献”和对“右玉精神”的重要指示精神,认真落实省委省政府和市委市政府的决策部署,统筹疫情防控和经济社会发展,扎实做好“六稳”工作,全面落实“六保”任务,全市经济保持了稳中有进、进中向好、好中提质的发展态势,高质量转型发展迈出新步伐,为全面建成小康社会和“十三五”规划圆满收官奠定了坚实基础。

一、综　合

综合实力持续增强。初步核算,全年全市完成地区生产总值1100.5亿元,按可比价格计算,同比增长4.1%,其中,第一产业增加值64.1亿元,增长4.2%,占地区生产总值的比重为5.8%;第二产业增加值440.4亿元,增长7.6%,占地区生产总值的比重为40.0%;第三产业增加值596.0亿元,增长1.5%,占地区生产总值的比重为54.2%。

就业形势积极向好。全年城镇新增就业20000人,城镇登记失业率为3.07%。

物价水平总体稳定。全年居民消费价格总水平比上年上涨3.0%,其中,食品烟酒类价格上涨6.2%,衣着类上涨3.9%,居住类上涨0.9%,生活用品及服务类价格上涨0.5%,医疗保健类价格上涨9.9%,其他用品和服务类价格上涨1.6%,教育文化和娱乐类价格下降1.2%,交通和通信类下降2.9%。全年商品零售价格上涨1.7%。工业生产者出厂价格下降3.3%。工业生产者购进价格下降2.8%。

供给侧改革不断深化。年末商品房待售面积54.2万平方米,比上年末减少12.3万平方米,其中商品住宅待售面积34.3万平方米,减少2.7万平方米。年末规模以上工业企业资产负债率为66.6%,比上年末下降0.9个百分点。全年教育、生态保护和环境治理业固定资产投资(不含农户)分别比上年增长57.7%和12%。“放管服”改革持续深化,微观主体活力不断增强。全年新登记市场主体18951户,年末市场主体总数达127929户。

新兴动能发展较快。全年规模以上工业中,高技术产业增加值同比增长19.6%,占全市规模以上工业增加值的比重为0.5%;装备制造业增加值增长23.6%,占全市规模以上工业增加值的比重为2.8%。全年高技术制造业投资同比增长50.7%。

脱贫攻坚成效明显。年末全市3个贫困县全部摘帽,256个贫困村全部退出,58778名贫困人口全部达到脱贫标准。

二、农　业

农业生产能力增强。全年全市农作物种植面积334.1千公顷,比上年减少7.1千公顷,其中,粮食种植面积272.9千公顷,比上年减少6.1千公顷;蔬菜及食用菌种植面积13.2千公顷,比上年增加0.8千公顷;油料种植面积22.3千公顷,比上年减少7.1千公顷。在粮食种植面积中,玉米种植面积157千公顷,比上年减少3.5千公顷。

粮食产量略有下降。全年粮食产量124.3万吨,比上年减少1.7万吨,减产1.4%,其中,秋粮124.3万吨,减产0.2%。

肉类产量平稳增长。初步统计全年全市肉类总产量5.19万吨,增长9.7%。其中,猪肉产量2.08万吨,增长1.4%;羊肉产量2.22万吨,增长13.7%。牛奶产量50.59万吨,增长52.4%;禽蛋产量2.86万吨,增长17.8%。

畜牧养殖总体稳定。初步统计,全年生猪出栏24.14万头,存栏26.79万头;牛出栏4.57万头,存栏23.05万头;羊出栏141.01万只,存栏151.12万只。

机械动力不断提升。初步统计,年末全市农业机械总动力148.58万千瓦,比上年末增长7.1%;机械耕地面积28.62万公顷,机械播种面积27.95万公顷,机械收获面积19.19万公顷,分别比上年增长3.28%、9.2%和3.34%。

三、工业和建筑业

工业生产运行平稳。全年全市规模以上工业增加值同比增长7.8%,其中,煤炭行业增加值同比增长7.0%,非煤行业增加值同比增长11.1%。分经济类型看,国有企业增长2.7%,股份制企业增长8.1%。

非煤工业快速增长。全年全市规模以上工业中,农副食品加工业增加值同比增长30.1%,纺织业下降63.3%,化学原料和化学制品制造业增长6.6%,非金属矿物制品业增长3.9%,黑色金属冶炼和压延加工业下降18.5%,通用设备制造业增长33.6%,专用设备制造业增长11.0%,汽车制造业增长10.7%,电力、热力、燃气及水生产和供应业增长13.2%。

发电容量稳步扩大。年末全市发电装机容量1512.62万千瓦,同比增长22.5%,其中,火电装机容量925万千瓦,增长16.65%;并网风电装机容量496.32万千瓦,增长36.8%;并网太阳能发电装机容量85.9万千瓦。

全年全市规模以上工业企业实现营业务收入1037.5亿元,同比下降1.7%,其中,煤炭行业实现营业务收入760.0亿元,下降4.9%;电力、热力、燃气及水生产和供应业实现141.87亿元,增长10.9%。

全年全市规模以上工业企业实现利税158.3亿元,同比下降18.1%。

建筑行业快速发展。全年全市资质以上建筑企业完成总产值75.1亿元,同比增长14.5%,共签订合同额97.5亿元,增长12.5%。房屋建筑施工面积115.2万平方米,下降21.3%,竣工面积48.3万平方米,下降30.5%。资质以上建筑企业共149家,其中一级企业1家。

四、服务业

第三产业稳步发展。全年全市第三产业完成增加值596.0亿元,同比增长1.5%,其中,批发和零售业完成增加值98.6亿元,同比增长3.0%;交通运输、仓储和邮政业增加值91.6亿元,增长3.4%;住宿和餐饮业增加值8.7亿元,下降9.7%;金融业增加值43.4亿元,增长7.1%;房地产业增加值81.7亿元,增长3.8%。

交通运输持续壮大。年末全市公路通车里程达到10254.7公里,其中,高速公路453公里,普通干线公路815.3公里,农村公路8986.3公里。

年末全市民用汽车保有量317317辆(包括三轮汽车和低速货车),比上年末增长9.88%,其中,汽车284704辆,增长9.88%。

邮政电信快速发展。全年全市完成邮电业务总量15.8亿元,比上年增长17.9%,其中,邮政业务总量3.8亿元,同比增长33.2%;电信业务总量12.0亿元,同比增长13.7%。年末移动电话用户170万户,比上年减少5.2万户。全市宽带接入用户44.3万户,比上年增加4.3万户。

五、能　源

原煤产量稳定增长。全年全市全社会原煤产量18501万吨,同比增长2.0%。全市一次能源生产折标准煤13299万吨(原煤折标系数采用0.7143),增长2%;二次能源生产折标准煤10804 万吨,增长10.8%。

社会用电平稳运行。全年全市全社会用电总量126.02亿千瓦时,同比增长7.8%,其中,第一产业用电1.36亿千瓦时,同比增长11.1%,占全社会用电量的1.08%;第二产业用电102.29亿千瓦时,增长9.8%,占81.2%,其中工业用电101.7亿千瓦时;第三产业用电12.44亿千瓦时,增长4.3%,占全社会用电量的9.9%;城乡居民生活用电5.43亿千瓦时,增长7.3%,占全社会用电量4.3%。

六、贸易外经

消费市场持续回升。全年全市实现社会消费品零售总额298.5亿元,同比下降2.8%。按经营地统计,城镇消费品零售额210.9亿元,同比下降3.2%;乡村消费品零售总额87.6亿元,同比下降1.7%。按消费形态统计,商品零售额259.6亿元,同比下降2.6%;餐饮收入额38.9亿元,同比下降4.2%。在限额以上单位商品零售额中,粮油、食品类同比增长17.5%,饮料类同比下降2.9%,烟酒类同比下降0.8%,服装、鞋帽、针纺织品类同比增长11.1%,化妆品类增长11.7%,金银珠宝类下降21.1%,汽车类下降0.7%,石油及制品类下降13.3%,家用电器和音像器材类增长9.2%,体育、娱乐用品类增长13.8%。

对外经济基本稳定。全年全市海关进出口总额78345万元,同比下降3.3%,其中,进口额44621万元,增长0.4%;出口额33725 万元,下降7.7%。

七、财政金融保险

财政收入略有下降。全年全市一般公共预算收入89.53亿元,同比下降2.99%,其中,税收收入66.72亿元,同比增长-12.85%(其中,增值税、企业所得税、个人所得税、资源税和城建税共计完成税收49.2亿元,同比下降15.52%)。

财政支出持续改善。全年全市一般公共预算支出198.28亿元,同比增长2.78%,其中教育、卫生健康、社会保障和就业、住房保障、交通运输、节能环保、城乡社区等13类民生支出160.29亿元,增长2.95%。

金融信贷规模扩大。年末全市金融机构本外币各项存款余额1867.4亿元,比年初增加183.9亿元,同比增长10.9%。各项贷款余额1015.6亿元,比年初增加154.1亿元,同比增长17.9%。

农村金融快速增长。年末全市农村金融合作机构(农村信用社、农村合作银行、农村商业银行)人民币存款余额468.38亿元,比年初增加54.3亿元,增长13.1%;人民币贷款余额332.6亿元,比年初增加44.9亿元,增长15.6%。

保险事业繁荣稳定。全年全市原保费收入27.5亿元,同比增长6.7%。其中,人身险公司16.5亿元,增长7.4%;财产险公司11.0亿元,增长5.6%。全年保险业赔付支出10.5亿元,增长17.0%。其中,人身险公司3.6亿元,增长26.2%;财产险公司6.9亿元,增长12.6%。

八、科技、教育和气象

教育事业全面发展。全年全市中等职业教育学校共招生0.76万人,在校学生达到2.04万人;普通高中共招生1.49万人,在校学生达到4.35万人;初中共招生2.5万人,在校学生达到7.81万人。

科技创新能力增强。全年全市技术市场共签订技术合同101 份,成交金额86442.2万元。

全年全市共受理各项专利申请103件,增长119.2%。实用新型专利受理682件,增长67.2%;外观设计专利受理78件,增长13.0%。

气象事业日趋完善。年末全市有国家级气象观察站6个,区域气象指导站86个,全市气象系统开展人工影响天气业务的单位7个。

九、文化旅游、卫生健康和体育

文化服务大力提升。年末全市共有国有艺术表演团体7个,文化馆7个。广播电视台6座。有线电视实际用户7.74万户。广播人口覆盖率100%,电视人口覆盖率100%。全市共有公共图书馆7个,馆藏图书86.4万册。

旅游事业方兴未艾。全年全市接待国内旅游者2038.7万人次,同比下降42.38%。国内旅游收入138.6亿元,下降56.2%。

卫生事业稳步推进。年末全市共有卫生机构(含乡村诊所)2134 个,其中妇幼保健院(所、站)7个。全市卫生机构共有床位10016张，卫生技术人员8996人，社区卫生服务体系覆盖人口43.5万人。

体育事业蓬勃发展。年末全市拥有群众健身辅导中心、站点1020个，体育指导员4200人，全年举办体育比赛活动100次。全年全市销售中国体育彩票10745万元。

十、居民收入消费和社会保障

居民收支稳定增长。全年全市居民人均可支配收入26576元，同比增长5.3%。按常住地分，城镇居民人均可支配收入36487元，同比增长4.0%；农村居民人均可支配收入15812元，增长7.4%。全年全体居民人均消费支出13485元，同比增长1.9%。按常住地分，城镇居民人均消费支出18645元，同比增长0.7%；农村居民人均消费支出9654元，同比增长5.9%。

社会保障更加完善。年末参加城镇职工基本养老保险人数达32.79万人，比上年增加2.36万人；参加城乡居民基本养老保险92.52万人，增加0.79万人；参加失业保险19.87万人，增加1.15万人；参加工伤保险19.74万人，比上年增加0.17万人；参加城镇居民基本医疗保险118.0万人，减少0.4万人；参加城镇职工基本医疗保险（生育保险）21.2万人，增加0.3万人。

全年全市纳入城市最低生活保障的居民3.1万人，比上年减少0.2万人，发放城市低保资金1.46亿元，发放资金比上年减少0.24亿元；纳入农村最低生活保障的居民7.8万人，比上年减少0.1万人，发放农村低保资金3.36亿元，发放资金比上年增加0.36亿元。

十一、资源、环境和应急管理

土地供应总体平稳。全年全市国有建设用地供应总量1172.9公顷，同比增长18.9%。其中，工矿仓储用地395.9公顷，增长53.7%；房地产用地(包括商服用地和住宅用地)153公顷，下降3.8%；其他用地(包括公共服务用地、交通运输用地、特殊用地等)624公顷，增长9.6%。

水利事业健康发展。全年总用水量48082万立方米，同比下降1.91%，其中，工业用水增长7.4%，农业用水下降3.8%，生活用水下降3.5%。万元地区生产总值用水量46.26立方米，同比下降5.79%。万元工业增加值用水量16.72立方米，同比下降2.8%。

林业建设稳步推进。全年完成造林面积21447公顷，其中，人工造林面积18247公顷，占全部造林面积的85%。森林抚育面积733.3公顷。

污染防控力度加大。年末细颗粒物（PM2.5）年平均浓度37微克/立方米，比上年下降5.1%，环境空气二级以上天数285天，比上年增加22天，大气综合污染指数为4.78，比上年下降9.5%。

城市环境日趋改善。全年市区城市生活垃圾无害化处理率达到100%；集中供热面积3345.86万平方米。

地震应急不断加强。年末共有专业综合地震台站4个，全年小震活动15次，最大震级2.4级。

安全生产成效显著。全年共发生各类生产经营性安全生产事故33起，比上年减少10起，下降23.3%；死亡40人，比上年减少9人，下降18.37%，其中，交通运输业发生亡人事故28起，比上年减少12起，下降30%；死亡29人，减少13人，下降30.95%。

2020年忻州市国民经济和社会发展情况

2020年，面对突如其来的新冠肺炎疫情和严峻复杂的国内外环境，市委、市政府领导全市上下高举习近平新时代中国特色社会主义思想伟大旗帜，全面贯彻落实党的十九大和十九届二中、三中、四中、五中全会精神，深入学习贯彻习近平总书记视察山西重要讲话重要指示精神和“三篇光辉文献”，牢记“在转型发展上率先蹚出一条新路来”的嘱托，坚持稳中求进工作总基调，认真落实省委“四为四高两同步”总体思路和要求，推动市委“336”战略布局落实落细，统筹疫情防控和经济社会发展，扎实做好“六稳”工作，全面落实“六保”任务，强力推动“六新”突破，群策群力，攻坚克难，巩固和发展奋发进取的良好态势。全市经济运行克服疫情影响实现稳定增长，转型发展态势强劲，社会事业全面进步，发展质效明显提升。

一、综　合

初步核算，全年全市实现生产总值1034.6亿元，按不变价格计算，比上年增长4.0%。其中，第一产业增加值84.2亿元，增长3.6%，占生产总值的比重8.1%；第二产业增加值448.5亿元，增长6.4%，占生产总值的比重43.4%；第三产业增加值501.9亿元，增长2.3%，占生产总值的比重48.5%。

全市居民消费价格比上年上涨2.8%。其中，食品烟酒价格上涨5.7%。

全年全市城镇新增就业3.6万人。转移农村劳动力3.7万人。年末城镇登记失业率3.0%。

经济新动能加快增长。全市规模以上工业中，装备制造业增加值比上年增长11.2%；高技术产业增长28.8%，其中，电子及通信设备制造业增长156.3%；战略性新兴产业增长0.2%，其中，节能环保产业增长2.9%。新产品中，光伏电池产量实现4461千瓦。

全市规模以上服务业中，交通运输仓储和邮政业营业收入增长5.6%，其他营利性服务业营业收入增长6.2%。全年电子商务销售额59.0亿元，增长5.8%。

脱贫攻坚实现决战决胜。截至2020年末，全市11个贫困县全部摘帽，2222个贫困村全部退出，45.7万贫困人口全部达到脱贫标准，贫困发生率由建档立卡初期的23.6%降为现在的0。全市建档立卡贫困人口人均纯收入从2015年的2636元增加到2020年的10230元，年均增长31.2%，贫困群众稳定增收途径持续拓宽，自主脱贫能力稳步提高。

二、农　业

全年全市农作物种植面积470.8千公顷，比上年增加3.6千公顷。其中，粮食种植面积428.3千公顷，增加2.7千公顷；油料种植面积11.8千公顷，减少1.7千公顷；中草药材种植面积5.1千公顷，增加0.8千公顷；蔬菜种植面积19.2千公顷，增加1.8千公顷。在粮食种植面积中，玉米种植面积207.6千公顷，减少13.6千公顷。果园面积16.0千公顷，减少0.7千公顷。

全年全市粮食产量194.8万吨，比上年增产2万吨，增长1.1%。其中，秋粮194.7万吨，增长1.0%。

全年全市完成造林面积47.6千公顷，下降11.0%。

全年全市猪牛羊禽肉总产量8.1万吨，增长6.9%。其中，猪肉产量4.8万吨，增长3.8%；牛肉产量0.9万吨，增长10.3%；羊肉产量1.9万吨，增长6.7%；禽肉产量1.2万吨，增长33.2%。禽蛋产量7.6万吨，下降10.2%。牛奶产量5.3万吨，增长4.9%。水产品产量0.3万吨，增长5.0%。年末生猪存栏43.3万头，增长25.6%；生猪出栏59.9万头，增长7.8%。

三、工业和建筑业

全年全市全部工业增加值416.2亿元，按不变价格计算，比上年增长6.9%。

全年全市规模以上工业增加值增长7.4%。其中，煤炭工业增加值增长8.8%，非煤工业增加值增长6.3%。其中，采矿业增长6.6%，制造业增长21.0%，电力、热力、燃气及水生产和供应业下降6.0%。

全年全市规模以上工业企业实现营业收入854.8亿元，比上年增长6.5%。分门类看，采矿业367.0亿元，增长4.6%；制造业358.1亿元，增长14.3%；电力、热力、燃气及水生产和供应业129.7亿元，下降6.5%。

全年全市规模以上工业企业实现利税总额144.8亿元，比上年增长4.7%；实现利润总额86.1亿元，增长7.4%，其中，国有控股企业实现利润总额47.3亿元，下降2.6%。规模以上工业企业每百元营业收入中的成本为76.1元，规模以上工业企业营业收入利润率为10.1%。

全年全市建筑业增加值32.3亿元，按不变价格计算，比上年增长0.9%。年末资质以上建筑业企业148家，比上年末增加12家；完成总产值107.6亿元，增长5.7%，共签订合同额157.7亿元，增长34.3%。

四、能　源

全年全市规模以上原煤产量8038万吨，增长17.5%；焦炭产量282万吨，增长22.1%；发电量387亿千瓦小时，下降2.6%；非常规天然气产量5.3亿立方米，下降0.5%。

全年全市一次能源生产折标准煤6139.7万吨，增长18.9%；二次能源生产折标准煤2083.9万吨，增长1.9%。

年末全市发电装机容量1491.9万千瓦，比上年末增长29.3%。其中，火电装机容量632万千瓦，增长11.7%；并网风电装机容量484.2万千瓦，增长103.4%；并网太阳能发电装机容量141.9万千瓦，增长16.0%；水电装机容量206.8万千瓦，与上年持平。

全年全市全社会发电量403.5亿千瓦小时，增长0.3%。全社会用电总量144.2亿千瓦小时，其中，第一产业用电1.4亿千瓦小时，占全社会用电量的比重1.0%；第二产业用电96.0亿千瓦小时，占全社会用电量的比重66.6%，其中，工业用电93.8亿千瓦小时；第三产业用电31.9亿千瓦小时，占全社会用电量的比重22.1%；城乡居民生活用电14.9亿千瓦小时，占全社会用电量的比重10.3%。

五、服务业

全年全市服务业增加值501.9亿元，按不变价格计算，比上年增长2.3%。其中，批发和零售业增加值50.2亿元，增长2.8%；交通运输、仓储和邮政业增加值61.3亿元，增长2.9%；住宿和餐饮业增加值12.1亿元，下降15.6%；金融业增加值69.5亿元，增长3.7%；房地产业增加值63.9亿元，增长4.9%。

全年规模以上服务业企业营业收入比上年增长5.2%。

年末全市公路通车里程1.7万公里，其中，高速公路890.7公里。

年末全市有机场1个，开通民用航空航线21条。全年旅客运输量27.4万人次，比上年减少43.8%。货物运输量126.0吨，增长6.8%。

年末全市民用汽车保有量43.5万辆(包括三轮汽车和低速货车0.1万辆)，比上年末增长7.7%，其中，私人汽车38.5万辆，增长7.3%。本年新注册汽车4.1万辆，下降4.7%。年末轿车保有量24.7万辆，增长7.0%，其中，私人轿车23.8万辆，增长6.7%。

全年全市完成邮政行业业务总量7.7亿元，增长16.9%；电信业务总量17.0亿元，增长5.0%。年末移动电话用户304.8万户，其中，3G以上移动电话用户241.8万户。全市宽带接入用户82.1万户，增长18.5%。

六、国内贸易

全年全市社会消费品零售总额381.6亿元，比上年下降6.0%。按经营地统计，城镇消费品零售额262.2亿元，下降6.6%；乡村消费品零售额119.4亿元，下降4.8%。按消费类型统计，商品零售额358.1亿元，下降5.3%；餐饮收入23.5亿元，下降16.5%。

全年全市限额以上单位消费品零售额81.7亿元，下降5.2%。

年末全市实有市场主体(不含外资)总数203245户，增长8.0%。全年全市新登记市场主体31133户，增长1.2%。

七、对外开放

全年全市进出口总额18.9亿元，增长7.1%。其中，进口额

7.3亿元，增长148.8%；出口额11.6亿元，下降21.2%。

全年出口镁及其制品1218吨，增长85.0%；出口钢材65917吨，下降19.3%；出口机电产品1.9亿元，下降14.2%；出口高新技术产品0.2亿元，增长33.8%。

全年进口机电产品0.7亿元，增长187倍。

全年全市新设立外商直接投资企业1家；按全口径统计实际使用外商直接投资金额5943.5万美元，增长98%。

年末全市纳入统计的省级及以上开发区8个（5个工业类，3个农业类），5个工业类开发区“四上”企业主营业务收入515.4亿元，比上年增长46.7%。

八、财政金融

全年全市一般公共预算收入完成94.4亿元，比上年增长3.8%。税收收入完成61.9亿元，增长3.1%，其中，国内增值税、企业所得税、个人所得税、资源税和城市维护建设税共计完成税收48.9亿元，下降2.3%。

全年全市一般公共预算支出404.8亿元，增长9.1%。其中，教育、卫生健康、社会保障和就业、住房保障、交通运输、节能环保、城乡社区等民生支出244.0亿元，增长16.0%。

年末全市金融机构本外币各项存款余额2595.7亿元，比年初增加237.7亿元，比年初增长10.1%。各项贷款余额1139.9亿元，比年初增加90.1亿元，增长8.6%。

年末全市农村金融合作机构（农村信用社、农村合作银行、农村商业银行）人民币存款余额810.4亿元，比年初增加102.2亿元，比年初增长14.4%；人民币贷款余额521.6亿元，比年初增加55.0亿元，增长11.8%。

全年全市保费收入46.7亿元，增长5.2%。其中，寿险业务保费收入24.8亿元，增长3.9%；健康险业务保费收入8.1亿元，增长8.8%；意外险业务保费收入1.1亿元，增长21.3%；财产险业务保费收入12.7亿元，增长4.5%。全年支付各类赔款及给付17.9亿元，增长25.8%。

九、教育和科学技术

年末全市共有幼儿园472所，小学405所，普通初中188所，普通高中37所，中等职业教育学校33所，普通高等学校3所，成人高等学校2所。全市学前教育毛入园率95%，小学学龄儿童净入学率99.9%，高中阶段毛入学率95%。

全市专利授权量753件，增长35.6%。其中，发明专利授权量43件，增长22.9%。

年末全市共有省、市、县产品质量监督检验和计量检定技术机构80个，国家检测中心1个。全年监督抽查了238家企业4类5种318批次的产品和商品。全年完成强制检定计量器具5万台件。

年末全市有气象台站16个，全市气象系统开展人工影响天气业务的单位15个，防雹、增雨累计受益面积为全市域内，增雨量1.5亿立方米。

年末全市有专业综合地震台站7个，市级地震台网中心1个。全年全市未发生M3.0级以上地震。

十、文化旅游、卫生健康和体育

年末全市共有文化馆15个，文化站191个（其中，乡镇综合文化站185个），公共图书馆14个。出版报纸1种（不含高校校报）、1116万份，出版杂志1种、2.9万册。有广播电视台14座。

全年全市商业住宿设施接待入境过夜游客1127人次，接待国内旅游者3226.7万人次，分别下降98.3%和48.6%；旅游外汇收入50.0万美元，下降97.8%；国内旅游收入281.0亿元，下降54.1%；旅游总收入281.0亿元，下降54.2%。

年末全市共有卫生机构（含诊所、村卫生室）0.4万个，床位1.4万张。专业公共卫生机构52个，妇幼保健院（所、站）15个。全市卫生机构共有卫生技术人员1.6万人，卫生院卫生技术人员0.2万人（其中，农村乡镇卫生院卫生技术人员0.2万人）；社区卫生服务中心（站）卫生技术人员297人；专业公共卫生机构技术人员0.2万人；妇幼保健（所、站）卫生技术人员766人。截至年末，全市累计报告新型冠状病毒肺炎确诊病例7例，累计治愈出院病例7例，无死亡病例。全市共有40家医疗卫生机构提供新型冠状病毒核酸检测服务，检测设备日最大检测量为6.5万份/天。

年末全市有体育场地面积664.2万平方米；体育场地11993个，基础大项场地数量为330个，球类运动场地5683个，冰雪运动场地1个，体育健身场地4389个，大型体育场馆4个。全年我市运动员在国内外重大比赛中获金、银、铜牌分别为1枚、6枚和1枚（包括非奥运项目比赛）。全年全市经常参加体育锻炼人数113.8万人，开展全民健身项目10项。全年全市销售中国体育彩票1.5亿元，下降6.1%。

十一、居民收入消费和社会保障

全年全市居民人均可支配收入19637元，比上年增长6.4%，居民人均消费支出12093元，比上年增长6.9%；城镇居民人均可支配收入31920元，增长5.1%，城镇居民人均消费支出17290元，增长6.8%；农村居民人均可支配收入9926元，增长8.1%，农村居民人均消费支出8390元，增长7.0%。按全市居民五等份收入分组，城镇低收入组人均可支配收入11989元，增长6.5%；农村低收入组人均可支配收入3292元，增长10.7%。

年末全市参加城镇职工基本养老保险49.4万人，比上年末增加3.8万人；参加城乡居民基本养老保险169.7万人，增加0.8万人；参加城镇职工基本医疗保险42.0万人，增加0.3万人；参加城乡居民基本医疗保险229.2万人，增加1.4万人；参加失业保险22.6万人，增加0.7万人；参加工伤保险25.7万人，增加0.8万人；参加生育保险24.0万人，减少3.3万人。

全年得到城市最低生活保障救济人数4.3万人，全年共发放城市最低保障资金2.2亿元。2.4万人纳入农村五保供养。

年末全市城镇有各种社区服务设施426个，其中，综合性社区服务中心151个。各类收养性单位床位数18423张，收养人数2684人。全年销售福利彩票1.3亿元，筹集社会福利资金

0.4亿元，接受社会捐赠款0.05亿元。

十二、资源、环境和安全生产

年末全市中型水库蓄水量0.2亿立方米。

年末全市森林面积47.4万公顷，森林覆盖率14.8%。

按《环境空气质量指数（AQI）技术规定（试行）（HJ633-2012）》评价，全市14个县环境空气达标天数263天。全年PM2.5平均浓度44μg/m³，优良天数比例达到71.9%。

黄河、海河流域忻州段共监测14个断面，达到Ⅲ类以上（包括Ⅰ、Ⅱ、Ⅲ类）水质标准的断面占85.7%，达到Ⅳ类水质标准的断面占14.3%，无Ⅴ类水质和劣Ⅴ类水质标准的断面。

全年全市各类自然灾害造成直接经济损失18.62亿元，较上年上升61.0%；农作物受灾面积22.8万公顷，增加35.7%，其中，绝收面积2.1万公顷，增加90.9%。

全年全市共发生各类事故159起，下降4.2%；死亡57人，下降6.6%。全年全市煤炭百万吨死亡率为0。

2020年吕梁市国民经济和社会发展情况

2020年，在吕梁市委、市政府的坚强领导下，全市上下高举习近平新时代中国特色社会主义思想伟大旗帜，全面贯彻落实党的十九大和十九届二中、三中、四中、五中全会精神，深入学习贯彻习近平总书记视察山西重要讲话重要指示和“三篇光辉文献”，坚持稳中求进工作总基调，坚持省委“四为四高两同步”总体思路和要求，统筹疫情防控和经济社会发展，扎实做好“六稳”工作，全面落实“六保”任务，强力推动“六新”突破，全市经济运行逐月恢复、逐季向好，民生福祉不断增进，社会事业全面进步，脱贫攻坚战完美收官，决胜全面建成小康社会取得辉煌成就，交出了一份人民满意的答卷。

一、综　合

初步核算，全年实现地区生产总值1538.04亿元，按不变价格计算，比上年增长2.7%。其中，第一产业增加值74.85亿元，增长3.7%，占地区生产总值的比重为4.9%；第二产业增加值916.17亿元，增长4.7%，占地区生产总值的比重为59.5%；第三产业增加值547.02亿元，增长0.1%，占地区生产总值的比重为35.6%。

全市居民消费价格比上年上涨2.8%，商品零售价格上涨0.7%，工业生产者出厂价格下降3.3%，工业生产者购进价格下降2.8%，农业生产资料价格上涨8.1%。

全年全市规模以上工业中，战略性新兴产业增加值比上年下降11.2%，其中，节能环保产业增长9%，新材料产业下降12.8%；高技术制造业增加值增长12.6%，占规模以上工业增加值的比重为0.3%；装备制造业增加值下降15.2%，占规模以上工业增加值的比重为0.8%。

二、农　业

全年全市农作物种植面积350.4千公顷，比上年减少0.4千公顷。其中，粮食种植面积330.1千公顷，减少0.3千公顷；油料种植面积5.9千公顷，减少1.63千公顷；蔬菜种植面积0.9千公顷，减少0.01千公顷。在粮食种植面积中，玉米种植面积169.2千公顷，增加7.9千公顷；小麦种植面积1.9千公顷，减少0.09千公顷。果园面积5千公顷，减少0.1千公顷。

全年全市粮食产量101.2万吨，增加5.6万吨，增长5.8%。其中，夏粮0.7万吨，增长113.2%；秋粮100.5万吨，增长5.4%。

全年全市完成造林面积91.4千公顷，下降10.3%。

全年全市猪牛羊畜禽肉总产量12.6万吨，增长7.7%。其中，猪肉产量5.9万吨，增长6.2%；牛肉产量1.7万吨，增长27.2%；羊肉产量0.5万吨，增长0.9%；禽肉产量4.5万吨，下降5.6%。禽蛋产量12万吨，增长39.2%。牛奶产量3万吨，增长25.2%。水产品产量0.1万吨，下降7.2%。年末生猪存栏53.9万头，增长22.5%；生猪出栏75.4万头，增长5.2%。

三、工业和建筑业

全年全市规模以上工业增加值比上年增长4.8%。其中，煤炭工业增加值增长10.4%，非煤工业增加值下降3.1%。全年规模以上工业中，煤炭开采和洗选业增长10.4%，煤炭和其他燃料加工业下降1.7%，化学原料和化学制品制造业增长2.6%，金属制品业增长9.7%，酒、饮料制造业增长0.4%，黑色金属冶炼和压延加工业下降0.6%，有色金属冶炼和压延加工业下降10.8%，电力、热力生产和供应业增长7.1%。

全年全市规模以上工业企业原煤产量14134.4万吨，增长15.3%；焦炭产量2673.5万吨，下降0.7%；白酒产量14.9万千升，下降8.3%；钢材产量347.2万吨，下降0.1%；氧化铝产量1006.4万吨，下降15.8%；发电量272.2亿千瓦小时，下降7%。

全年全市规模以上工业企业营业收入2374.83亿元，下降8.3%。分门类看，采矿业1084.28亿元，下降1.9%；制造业1200.24亿元，下降13.8%；电力、热力、燃气及水生产和供应业90.31亿元，下降1.5%。

全年全市规模以上工业企业利税总额379.36亿元，比上年下降12.5%；利润总额189.64亿元，下降18.3%，其中，国有控股企业利润总额73.82亿元，下降21.5%。年末规模以上工业企业资产负债率为70.1%，比上年末减少2.9个百分点。

全年全市建筑业增加值29.6亿元，按不变价计算，比上年增长3.4%。资质以上建筑业企业完成总产值106.8亿元，增长13%，共签订合同额164.1亿元，增长33.4%。房屋建筑施工面积256.2万平方米，下降17.2%，竣工面积177.5万平方米，增长27.6%。资质以上建筑业企业共132家，增加13家，其中，一级企业9家。

四、能　源

全年全市一次能源生产折标准煤9899.17万吨，增长11%；二次能源生产折标准煤4224.88万吨，增长17.4%。

全年全市全社会用电总量233.72亿千瓦小时，其中，第一产业用电1.91亿千瓦小时，占全社会用电量的比重0.8%；第二产业用电187.28亿千瓦小时，占全社会用电量的比重80.1%，第二产业中，工业用电184.47亿千瓦小时；第三产业用电23.85亿千瓦小时，占全社会用电量的比重10.2%；城乡居民生活用电20.68亿千瓦小时，占全社会用电量的比重8.9%。

五、服务业

全年全市服务业增加值547亿元，按不变价格计算，比上年增长0.1%。其中，批发和零售业增加值79.32亿元，下降1.6%；交通运输、仓储和邮政业增加值73.21亿元，增长1.5%；住宿和餐饮业增加值13.23亿元，下降12.3%；金融业增加值76.70亿元，增长3.1%；房地产业增加值67.86亿元，增长4.5%。

六、国内贸易

全年全市社会消费品零售总额456.57亿元，下降2.8%。按经营地统计，城镇消费品零售额353.51亿元，下降2.5%；乡村消费品零售额103.06亿元，下降4%。按消费形态统计，商品零售额418.48亿元，下降2.1%；餐饮收入额38.09亿元，下降10.2%。

全年全市限额以上单位消费品零售额79.06亿元，下降3.3%。其中，限额以上单位网上零售额1.39亿元，增长20.2%。

七、对外开放及开发区

全年全市进出口总额38.4亿元，下降15%。其中，进口额18.4亿元，下降21.7%；出口额20亿元，下降7.8%。

全年出口镁及其制品23吨，下降29.3%；出口钢材0.11万吨，增长405.6%；出口机电产品5.64亿元，下降35.6%；出口高新技术产品5.97亿元，下降32.7%。

全年进口铁矿砂（铁矿砂及其精矿）205万吨，下降31.5%，进口金额14.7亿元，下降24.6%；进口机电产品0.43亿元，增长202.6%。

全年全市新设立外商直接投资企业8家；按全口径统计实际使用外商直接投资金额20.16亿元，增长117.6%。

年末全市纳入统计的市级及以上开发区9个，全年区内税收收入121.85亿元，比上年增长6.9%；“四上”企业主营业务收入1285.67亿元，比上年下降1.8%。

八、交通和邮电

年末全市公路线路里程17561.6公里，其中，高速公路534.4公里，与上年持平。

民用航空航线21条。全年吕梁机场累计完成客运量32.7万人次，完成货运量222吨。

年末全市民用汽车保有量（不包括摩托车、拖拉机及挂车等）50.8万辆，比上年末增长10.4%，其中，私人汽车44.7万辆，增长9.8%。本年新注册汽车4.7万辆，下降6.5%。年末轿车保有量31.5万辆，增长9.5%，其中，私人轿车30.1万辆，增长9.9%。

全年全市完成邮政业务总量3.2亿元，增长2.8%；电信业务总量288.6亿元，增长31.3%。年末移动电话用户313.7万户。全市宽带接入用户100.3万户，增长10.5%。

全市快递服务企业业务量累计完成3724.44万件，同比增长62.2%；业务收入累计完成4.38亿元，同比增长57.8%。其中，同城业务量累计完成220.41万件，同比增长17.2%；异地业务量累计完成3503.12万件，同比增长66.2%；国际/港澳台业务量累计完成0.91万件，同比增长3.4%。

九、财政、金融和保险

全年全市一般公共预算收入完成187.26亿元，比上年下降2.8%。其中，税收收入完成137.79亿元，下降5.7%；非税收入49.46亿元，增长6.3%。分税种看，主体税种增值税59.5亿元，下降9.8%；企业所得税21.74亿元，下降11.3%；资源税25.35亿元，下降3.7%。

全年全市一般公共预算支出461.16亿元，增长6.9%。其中，一般公共服务支出44.6亿元，增长7.5%；教育支出70.67亿元，下降3.2%；卫生健康支出44.74亿元，增长8%；社会保障和就业支出52.81亿元，增长11%；住房保障支出11.05亿元，增长0.4%；节能环保支出29.48亿元，增长13.7%；城乡社区等民生支出45.09亿元，增长6.1%。

年末全市金融机构本外币各项存款余额2786.86亿元，比年初增加250.81亿元，比年初增长9.9%。各项贷款余额1269.89亿元，比年初增加70.48亿元，比年初增长5.9%。

全年全市保费收入61.24亿元，增长5.9%。其中，寿险业务保费收入33.71亿元，增长6.2%；健康险业务保费收入11.31亿元，增长5%；意外险业务保费收入1.37亿元，增长29.5%；财产险业务保费收入14.86亿元，增长4.2%。

十、教育和科学技术

年末全市共有幼儿园801所，小学550所，普通初中272所，普通高中51所，中等职业教育学校9所，普通高等学校1所。

年末全市有气象台站14个，开展电话天气自动答询的台站1个。全市气象系统开展人工影响天气业务的单位13个。

年末全市有专业综合地震台站2个，市级地震台网中心

1个。全年全市发生M3.7级以上地震1次。

十一、文化、旅游、卫生和体育

年末全市共有文化馆14个,文化站162个(其中,乡镇综合文化站148个);专业艺术表演团体8个;公共图书馆14个;出版报纸1种(不含高校校报)3万份;广播电视台14座,广播人口覆盖率96.9%,电视人口覆盖率99.2%,有线电视用户28.46万户。

全年接待入境旅游者330人次;海外创汇13.14万美元。接待国内旅游者2638.77万人次,下降62%;实现国内旅游收入232.84亿元,下降61%;旅游总收入232.84亿元,下降61%。

年末全市共有卫生机构(含诊所、村卫生室)0.46万个,床位1.59万张。专业公共卫生机构46个,妇幼保健院(所、站)14个。全市卫生机构共有卫生技术人员2.57万人。卫生院卫生技术人员0.38万人,其中,农村乡镇卫生院卫生技术人员0.36万人。社区卫生服务中心(站)卫生技术人员0.1万人,专业公共卫生机构技术人员0.18万人,妇幼保健(所、站)卫生技术人员0.01万人。

年末全市有体育场8个,体育馆3个。全年全市运动员在国内外重大比赛中获金、银、铜牌分别为17枚、23枚和24枚(包括非奥运项目比赛)。全年全市经常参加体育锻炼人数125万人,开展全民健身项目30项。全年全市销售中国体育彩票1.34亿元,下降29.39%。

十二、居民收入消费和社会保障

全年全市城镇居民人均可支配收入30382元,增长4.1%,城镇居民人均消费支出17054元,下降3.4%;农村居民人均可支配收入10656元,增长7%,农村居民人均消费支出8006元,增长6%。

年末全市参加城镇职工基本养老保险49.72万人,比上年末增加3.37万人;参加城乡居民基本养老保险214.48万人,增加1.53万人;参加城镇职工基本医疗保险39.28万人,增加3.87万人;参加失业保险36.78万人,增加6.17万人;参加工伤保险41.06万人,增加3万人;参加生育保险39.28万人,增加6.82万人。

全年得到城市最低生活保障救济人数2.64万人,全年共发放城市最低保障资金1.46亿元。1.71万人纳入农村五保供养。

年末全市城镇有各种社区服务设施400个,其中,综合性社区服务中心287个。各类收养性单位床位数277张,收养人数174人。国家抚恤、补助各类优抚对象19792人。全年销售福利彩票2.18亿元,筹集社会福利资金0.67亿元,接受社会捐赠款159万元。

十三、资源、环境和安全生产

年末全市大型水库蓄水量0.4亿立方米。

年末全市森林面积60.44万公顷,森林覆盖率28.6%。

全年全市各类自然灾害造成直接经济损失19.4亿元,比上年增长13.8%;农作物受灾面积22.55万公顷,下降12.8%,其中,绝收面积7.8万公顷,增长100%。

2020年晋中市国民经济和社会发展情况

2020年,全市上下在市委市政府的坚强领导下,科学统筹疫情防控和经济社会发展,扎实做好"六稳"工作,全面落实"六保"任务,加快寻求"六新"突破,全市主要指标回升明显,经济持续平稳恢复,社会事业全面进步,民生福祉保障有力。

一、综　合

初步核算,全年全市地区生产总值1468.8亿元,比上年增长1.5%。其中,第一产业增加值110.9亿元,增长4.3%,占生产总值的比重7.6%;第二产业增加值668.0亿元,增长5.7%,占生产总值的比重45.4%;第三产业增加值689.8亿元,下降2.2%,占生产总值的比重47.0%。

全年全市一般公共预算收入168.7亿元,增长3.5%。税收收入99.7亿元,下降12.6%,其中国内增值税、企业所得税、个人所得税、资源税、城市维护建设税和房产税共计完成税收74.9亿元,下降16.4%。

全年全市一般公共预算支出400.0亿元,增长7.8%。其中,用于民生的支出329.3亿元,增长9.0%,占一般公共预算支出的82.3%。在民生支出中,教育支出增长9.2%、文化旅游体育与传媒支出增长50.1%、社会保障和就业支出增长20.5%、卫生健康支出增长20.9%、节能环保支出增长47.8%、农林水支出增长7.7%。

全年市区居民消费价格上涨2.6%,其中,食品类价格上涨7.0%,非食品类价格上涨1.0%;八大类商品及服务中食品烟酒类价格上涨6.6%。市区商品零售价格上涨0.6%。

全年全市城镇新增就业40692人。年末城镇登记失业率3.32%。

截至2020年末,全市4个贫困县全部摘帽,673个贫困村全部退出,26.76万贫困人口全部脱贫。

二、农　业

全年全市农林牧渔业总产值202.7亿元,比上年增长4.2%。其中,农业106.8亿元,增长4.0%;林业11.1亿元,增长6.4%;牧业73.3亿元,增长4.8%;渔业0.5亿元,增长3.4%;农林牧渔业专业及辅助性活动11.0亿元,增长1.5%。

蔬菜种植面积26.2千公顷,增加0.8千公顷;蔬菜产量183.5万吨,增长5.8%。油料种植面积3.3千公顷,增加1.6

千公顷;油料产量6497吨,减少5.8%。棉花种植面积4.3公顷,增加0.6公顷;棉花产量4.6吨,减少3.5%。果园面积26.0千公顷,增加0.1千公顷;园林水果产量42.2万吨,增长8.6%,其中苹果产量16.7万吨,增长1.9%。红枣产量2.3万吨,增长0.3%。食用坚果产量3.0万吨,减少27.9%,其中核桃产量2.9万吨,减少27.5%。

全年全市完成造林面积8.2千公顷,下降38.7%。

三、工业和建筑业

年末全市规模以上工业法人企业719家。全年规模以上工业增加值比上年增长5.4%,其中,采矿业增长12.3%,制造业下降7.0%,电力、热力、燃气及水生产和供应业增长5.3%。

全年全市规模以上工业企业实现营业收入2053.6亿元,下降3.8%。其中,煤炭行业实现营业收入924.0亿元,下降4.3%;焦炭行业实现营业收入254.9亿元,下降12.5%;机械行业实现营业收入199.4亿元,下降24.5%;冶金行业实现营业收入266.9亿元,增长42.4%;化工行业实现营业收入83.4亿元,下降9.8%;非金属矿制品业实现营业收入83.0亿元,下降12.8%;食品行业实现营业收入106.9亿元,增长11.3%;电力行业实现营业收入77.4亿元,增长0.3%;医药行业实现营业收入26.4亿元,下降9.0%。

全年全市规模以上工业实现利税89.7亿元,下降33.1%。实现利润-3.6亿元,比上年减少36.4亿元,其中,国有控股企业实现利润-10.1亿元,减少9.0亿元。规模以上工业企业每百元营业收入中的成本87.4元,增加1.2元。

全年全市建筑业增加值71.4亿元,增长9.1%。资质以上建筑企业总产值343.4亿元,增长17.9%,共签订合同额984.8亿元,增长25.8%。房屋建筑施工面积1007.1万平方米,增长25.2%;竣工面积143.1万平方米,下降21.7%。资质以上建筑企业共235家,其中,一级企业12家。

四、能　源

全年全市原煤产量9204.7万吨,比上年增长8.6%;焦炭产量1329.7万吨,增长11.9%。

全年全市发电量245.8亿千瓦小时,下降2.2%。全社会用电总量215.56亿千瓦小时。其中,第一产业用电2.42亿千瓦小时,占全社会用电量的比重1.1%;第二产业用电165.89亿千瓦小时,占全社会用电量的比重77.0%,其中工业用电163.3亿千瓦小时;第三产业用电25.23亿千瓦小时,占全社会用电量的比重11.7%;城乡居民生活用电22.02亿千瓦小时,占全社会用电量的比重10.2%。

五、国内贸易

全年全市社会消费品零售总额593.4亿元,比上年下降1.7%。按经营地统计,城镇消费品零售额460.6亿元,下降3.2%;乡村消费品零售额132.8亿元,增长3.9%。按消费形态统计,商品零售额556.1亿元,下降0.9%;餐饮收入额37.3亿元,下降11.9%。

全年全市限额以上单位消费品零售额215.6亿元,增长2.7%。其中,限额以上单位网上零售额4.2亿元,增长22.6%,占限额以上零售额比重1.9%。

全年全市新登记市场主体44797户,增长0.2%。其中,新登记企业数12841户,增长24.2%。

六、对外经济

全年全市海关进出口总额200152万元,比上年下降3.3%。其中,出口额169231万元,下降1.3%;进口额30921万元,下降13.1%。对"一带一路"沿线国家进出口总额72982万元,增长8.4%。其中,出口65386万元,增长11.0%;进口7595万元,下降10.1%。

全年出口焦炭及半焦炭3.4万吨,增长4.1%,出口金额4871万元,下降11.4%;出口玻璃器皿6619吨,增长5.2%,出口金额17876万元,下降0.1%;玛钢管件出口额13485万元,增长91.2%;钉丝出口额17910万元,增长11.5%;碳素出口额43223万元,下降26.1%;汽车配件出口额27738万元,增长85.5%;农产品出口额8449万元,增长1.7%;高新技术产品出口额6109万元,下降31.7%。

全年新签项目(合同)9个;合同利用外资项目投资总额6218.3万美元,下降37.8%;当年实际利用外资金额24397.4万美元,增长17.1%。

七、交通、邮电

年末全市公路通车里程16141公里,比上年增加53.7公里,增长0.3%;其中高速公路652.6公里,增加27.6公里。年末全市民用汽车保有量71.6万辆,增长5.4%,其中私人汽车64.0万辆,增长4.7%。本年新注册汽车5.3万辆,下降8.6%。年末轿车保有量43.9万辆,增长5.0%,其中私人轿车42.6万辆,增长5.2%。

全年全市完成邮政行业业务总量9.89亿元,增长28.2%;电信业务总量238.3亿元,增长33.9%。

全年完成邮政函件业务33.2万件,包裹业务0.52万件,报纸业务5785.6万份,杂志业务188.9万份。快递服务企业业务量完成3505.9万件,增长37.2%;快递业务收入完成4.8亿元,增长34.0%。全市固定电话用户年末达到23.9万户;移动电话用户389.8万户,其中,4G移动电话用户316.1万户。全市宽带接入用户119.1万户,手机互联网上网人数322.5万人。

八、金　融

年末全市金融机构本外币各项存款余额3305.4亿元,比年初增加329.3亿元,增长11.1%。各项贷款余额2143.4亿元,比年初增加101.4亿元,增长5.0%。

全年全市保费收入81.3亿元,增长5.9%。其中,财产险业务保费收入20.5亿元,增长4.5%;寿险业务保费收入60.9亿元,增长6.4%。全年支付各类赔款及给付27.5亿元,增长4.8%。

九、教育和科学技术

年末全市普通高等学校18所，普通中学237所，小学634所,幼儿园598所。

全年全市专利申请受理量为3668件，其中发明专利申请受理量为565件。全年全市专利授权量为2449件,有效发明专利拥有量708件。按照国家高新技术企业认定办法,年末累计认定高新技术企业245家,比上年增加56家,高新技术企业销售额达469.2亿元。全市省级以上重点实验室和工程(技术)研究中心25家,省级众创空间21家,省级及以上科技企业孵化器5家。

十、文化旅游、卫生健康和体育

年末全市共有群众艺术馆、文化馆12个,文化系统艺术表演团体100个,公共图书馆12个。年末全市公共图书馆图书总藏量达2486.2千册。文物保护单位1058个,剧场、影院44个。出版报纸3种,2436.9万份。年末全市共有电视台14座,广播电台节目12套。有线电视用户67.7万户。广播节目综合人口覆盖率99.11%，电视节目综合人口覆盖率99.80%。

全年全市接待入境旅游者0.48万人次,下降98.3%。其中,外国人0.3万人次,下降98.3%,港澳台0.2万人次,下降98.2%;接待国内旅游者4472.7万人次,下降61.4%。旅游外汇收入233.0万美元，下降98.5%，国内旅游收入407.7亿元,下降65.4%,旅游总收入407.9亿元,下降65.7%。

年末全市共有卫生机构（含诊所和村卫生室)3810个。其中,医院101个,妇幼保健院(所、站)12个,疾病预防控制中心12个。全市卫生机构共有床位17660张,其中,医院床位13537张,卫生院床位3235张。全市卫生机构共有卫生技术人员20782人,其中,执业(助理)医师8070人,注册护士9172人。

年末全市拥有各级体育机关12个,体育运动学校1所,体育场198个,体育馆127个。全市共有二级运动员132人,二级裁判员43人。全市体育电脑彩票销售点199个,全年销售中国体育彩票15000万元。

十一、居民收入消费和社会保障

全年居民人均可支配收入26187元,比上年增长5.4%。按常住地分,城镇常住居民人均可支配收入36578元,增长4.0%;农村常住居民人均可支配收入15767元,增长7.1%。按全市居民五等份收入分组,城镇低收入组人均可支配收入15147元，增长5.6%；农村低收入组人均可支配收入5219元，增长10.1%。全年居民人均消费支出13100元，下降0.2%。按常住地分,城镇居民人均消费支出17171元,下降2.4%;农村居民人均消费支出10481元,增长6.6%。城镇居民家庭恩格尔系数(即居民家庭食品消费支出占家庭消费支出的比重)28.0%,农村居民家庭恩格尔系数30.5%。

年末参加城镇职工基本养老保险75.4万人，增加14.2万人；参加城乡居民社会养老保险157.6万人，增加0.1万人。参加城镇职工医疗保险61.2万人,增加1.5万人;参加城乡居民基本医疗保险248.9万人,减少1.5万人。参加失业保险36.2万人,增加3.1万人。参加工伤保险40.8万人,增加0.2万人。参加生育保险39.6万人,增加0.9万人。

全年全市纳入城市最低生活保障的居民8621人；纳入农村最低生活保障的居民73090人；纳入农村五保供养16825人。全年共发放城乡最低保障资金32311万元。

年末全市共有提供住宿的各类社会服务机构84个,增加19个;床位数8421张,增加1626张。其中,养老服务业机构75个，床位数7907张。全年全市共有福利彩票销售点266个,福利彩票销售收入23152.4万元。

十二、资源、环境和安全生产

2019年全市森林面积305.2千公顷，比上年增加10.6千公顷,森林覆盖率18.6%。2020年,全市自然保护区总数5个,自然保护区面积97.8千公顷,占全市国土面积的6.0%。按照《环境空气质量标准》(GB3095-2012)中规定的六项污染物评价,2020年全市各县(区、市)环境空气优良天数范围在212～312天之间,其中市城区267天;环境空气综合污染指数范围在4.28-7.55之间,其中市城区为5.0。

全年全市河流监测的11个断面中,达到Ⅲ类以上(包括Ⅰ、Ⅱ、Ⅲ类）水质标准的断面8个，占监测断面总数的72.7%；Ⅳ类水质标准的断面2个；Ⅴ类水质标准的断面1个;劣Ⅴ类水质标准的断面0个。

全年全市农作物受灾面积48.2千公顷，减少71.3%,其中,绝收面积18.8千公顷,减少55.0%。

全年全市共发生各类生产安全亡人事故45起，下降15.1%;生产安全事故死亡66人,下降9.6%。全市亿元GDP生产安全事故死亡率0.045,下降10.0%;煤炭生产百万吨死亡率0.076,下降72.9%。

2020年阳泉市国民经济和社会发展情况

2020年,面对新冠肺炎疫情的严重冲击,全市上下坚持以习近平新时代中国特色社会主义思想为指导，深入学习贯彻习近平总书记视察山西重要讲话重要指示,按照省委“四为四高两同步”总体思路和要求,坚持“项目为王”理念,深入开展“六晒六比”活动,统筹疫情防控和经济社会发展,扎实做好“六稳”工作,全面落实“六保”任务,强力推动“六新”突破。全市经济运行克服疫情影响实现稳定增长,转型发展加快推进,人民福祉水平不断提高,社会事业全面进步。

一、综　合

初步核算，全市全年实现地区生产总值742.2亿元，按可比价计算，增长3.6%。其中，第一产业完成增加值10.5亿元，增长3.5%；第二产业完成增加值334.4亿元，增长5.7%；第三产业完成增加值397.3亿元，增长1.7%；三次产业构成由2019年1.5∶45.5∶53.0调整为1.4∶45.1∶53.5。

全年居民消费价格同比上涨3.0%，其中食品烟酒价格上涨5.3%。商品零售价格上涨0.6%。

全年全市城镇新增就业21842人。转移农村劳动力8347人。年末城镇登记失业率3.11%。

二、农　业

全年农作物种植面积5.7万公顷，比上年增长2.9%。其中粮食种植面积5.5万公顷，增长2.9%；油料种植面积137.0公顷，下降7.9%；中草药种植面积577.4公顷，增长18.3%；蔬菜及食用菌种植面积0.1万公顷，下降1.0%。在粮食种植面积中，玉米种植面积4.6万公顷，增长3.4%。

全年粮食总产量23.1万吨，增长11.2%。其中，夏粮0.09万吨；秋粮23.0万吨，增长10.7%。

全年肉类总产量1.5万吨，增长23.5%。其中，猪肉产量1.1万吨，增长17.1%；牛肉产量0.04万吨，增长51.7%；羊肉产量0.05万吨，增长9.0%；禽肉产量0.3万吨，增长56.2%。牛奶产量0.3万吨，增长0.2%。禽蛋产量3.6万吨，下降20.0%。水产品产量531.0吨，下降25.1%。

全年完成造林面积3.1千公顷，下降38.1%；其中，人工造林面积3.0千公顷，下降34.1%。

年末全市农业机械总动力36.4万千瓦，比上年增长4.0%。机械耕地面积4.5万公顷，下降0.4%；机械播种面积4.6万公顷，下降1.7%；机械收获面积1.9万公顷，增长10.9%。

三、工业和建筑业

全市规模以上工业企业达到187个，全年规模以上工业增加值增长6.1%。其中，煤炭行业增加值增长11.2%，非煤工业增加值下降3.2%。规模以上工业中，战略性新兴产业增加值增长6.1%，占全市工业增加值比重7.3%。

全年全市规模以上工业企业原煤产量5657.3万吨，增长15.3%；洗煤产量1636.7万吨，增长6.8%；发电量160.2亿千瓦时，下降1.2%；煤层气产量13.5亿立方米，下降1.7%。

全年规模以上工业企业实现营业收入541.4亿元，下降7%；实现利税35.3亿元，下降50.9%；其中，实现利润总额-8.3亿元，同比减少34.6亿元。亏损企业63家，亏损面为33.7%；亏损额46.1亿元，增长50.2%。

全年全市建筑业实现增加值45.7亿元，增长4.3%。资质以上建筑业企业共136家，同比增加23家，其中，一级企业9家，同比减少1家；二级企业37家，同比增加3家。资质以上建筑企业实现总产值119.7亿元，增长10.7%；签订合同额193.4亿元，增长4.0%。房屋建筑施工面积291.7万平方米，下降10.3%；竣工面积52.1万平方米，增长218.4%。

四、能　源

全年全市一次能源生产折标准煤4210.7万吨，增长14.6%，二次能源生产折标准煤323.59万吨，增长1.3%。

主要耗能工业企业单位产品能源消耗有：吨原煤生产综合能耗5.75千克标准煤/吨，下降7.3%；炼焦工序单位能耗139.20千克标准煤/吨，下降1.8%；电厂火力发电标准煤耗317.23克标准煤/千瓦时，上升0.9%；单位电解铝综合能耗1684.48千克标准煤/吨，增长0.5%；吨水泥综合能耗77.44千克标准煤/吨，下降7.8%。

全年全市全社会用电总量81.9亿千瓦时，下降1.1%。其中，第一产业用电0.4亿千瓦时，下降2.6%；第二产业用电60.8亿千瓦时，下降2.7%，其中工业用电59.8亿千瓦时，下降3.2%；第三产业用电12.8亿千瓦时，增长0.5%；城乡居民生活用电7.9亿千瓦时，增长10.5%。一、二、三产及城乡居民生活用电占全社会用电量比重分别为0.5%、74.2%、15.6%、9.7%。

五、服务业

全年全市服务业增加值397.3亿元，按可比价格计算，比上年增长1.7%。其中，批发和零售业增加值59.4亿元，下降4.4%；交通运输、仓储和邮政业增加值39.1亿元，增长2.1%；住宿和餐饮业增加值13.4亿元，下降12.2%；金融业增加值53.9亿元，增长4.1%；房地产业增加值61.0亿元，增长5.3%；营利性服务业增加值53.6亿元，增长5.1%；非营利性服务业增加值116.6亿元，增长2.6%。全年规模以上服务业企业营业收入比上年增长2.5%。

年末公路线路里程5716.8公里，比上年末增加21公里。全年铁路货运量4238.2万吨，下降1.9%，铁路客运量98.4万人，下降48.9%。

全市民用汽车保有量达到27万辆(包括三轮汽车和低速货车)，增长6.2%，其中私人汽车24.1万辆，增长6.7%。轿车保有量16.6万辆，增长5.8%，其中私人轿车15.8万辆，增长6.4%。

全年完成邮电业务总量90.4亿元，增长23.0%。其中，邮政业务总量4.0亿元，增长14.9%；电信业务总量86.4亿元，增长23.4%。移动电话用户达到164.5万户，其中4G移动电话用户年末达119.6万户。全市互联网接入用户达到51.6万户。

六、国内贸易

全年社会消费品零售总额完成290.4亿元，比上年下降6.3%。其中，城镇消费品零售额245.9亿元，下降7.7%；乡村消费品零售额44.5亿元，增长2.1%。

七、对外经济

全年海关进出口总额21702万美元，比上年增长45.8%，其中，出口额8531万美元，增长12.2%；进口额13171万美元，增长80.8%。

全年全市新设立外商企业3家；实际利用外资金额4782.2万美元，比上年增长147.0%。

八、财政、金融和保险

一般公共预算收入完成56.9亿元，比上年下降0.8%。其中，税收收入34.3亿元，下降13.2%，国内增值税、企业所得税、个人所得税、资源税、城市维护建设税和契税共计完成税收28.2亿元，分别较上年下降10.1%、下降41.5%、增长3.5%、下降15.9%、下降9.7%和增长38.6%。

一般公共预算支出154.2亿元，比上年增长16.6%。其中，一般公共服务支出增长13.6%，公共安全支出增长5.7%，教育支出增长0.5%，科学技术支出增长18.4%，社会保障和就业支出增长1.1%，卫生健康支出增长8.3%，节能环保支出增长40.9%，城乡社区支出增长27.6%。

年末全市金融机构本外币各项存款余额1877.6亿元，比年初增加141.0亿元。各项贷款余额1174.8亿元，比年初增加40.1亿元。

全年保费收入35.1亿元，同比下降1.7%。其中，寿险业务保费收入20.7亿元，下降3.6%；健康险和意外伤害险业务保费收入6.4亿元，增长1.9%；财产险业务保费收入8.0亿元，同比增长0.6%。支付各类赔款及给付16.9亿元，同比增长50.8%。其中，寿险业务给付7.2亿元，增长255.0%；健康险和意外伤害险业务赔款及给付3.4亿元，增长9.3%；财产险业务赔款6.3亿元，增长4.6%。

九、教育和科学技术

年末全市普通高等学校3所，全年农民实用技术培训3.8万人次。

全年全市专利申请量为893件，增长11.9%，其中发明专利申请量为197件，下降18.3%；全市专利授权量为665件，增长75%，其中发明专利授权量为35件，增长16.7%。万人有效发明专利量1.7件/万人。

全年共签订各类技术合同202项，技术合同成交总额5.9亿元，下降28.5%。获得省级科学技术奖10项。国家认定企业技术中心1家，省级企业技术中心12家，市级企业技术中心34家。高新技术企业数达到96家。

十、文化旅游、卫生和体育

全市共有群众艺术馆、文化馆6个、艺术表演团体6个、公共图书馆6个。年末有线电视用户12.7万户。全年共发行《阳泉日报》582万份。

旅游统计口径显示，全年全市商业住宿设施共接待入境游客47人次，同比下降99.3%；旅游总收入120.3亿元，同比下降71.3%。

星级宾馆9个，其中五星级1个，四星级3个。旅行社35个，其中经营出境旅游业务的2个。A级景区15个，其中4A级5个。

年末全市共有卫生机构(含诊所、村卫生室)1539个，编制床位7443张。妇幼保健院(所、站)7个。全市卫生机构共有卫生技术人员11059人。

我市运动员在国内外重大比赛中获金、银、铜牌分别为13枚、7枚和7枚(包括非奥运项目比赛)。全市销售体育彩票1.03亿元，比上年减少0.27亿元。

十一、人民生活和社会保障

全市城镇常住居民人均可支配收入35018元，增长4.3%，城镇常住居民人均消费支出为21919元，增长2.9%；农村常住居民人均可支配收入16510元，增长7.3%，农村常住居民人均消费支出为13154元，增长9.3%。

城镇占调查总户数20%的低收入户人均可支配收入12576元，增长6.2%；农村占调查总户数20%的低收入户收入7884元，增长10.0%。

年末参加城镇职工基本养老保险37.43万人，比上年增加1.68万人；参加城乡居民养老保险46.80万人，比上年增加0.26万人；城镇职工基本医疗保险参保38.57万人，与上年减少0.51万人；城乡居民基本医疗保险参保82.74万人，与上年增加0.05万人；参加工伤保险27.68万人，比上年增加0.76万人；参加失业保险26.80万人，与上年增加0.43万人；参加生育保险24.87万人，比上年减少0.51万人。

全市三区两县的最低工资标准：城区、矿区、郊区为1700元，平定县、盂县为1500元。

全年全市共有城市最低生活保障对象2.48万人，比上年减少1907人，农村最低生活保障对象3.42万人，比上年增加348人，城市特困供养人员150人，农村特困供养人员5823人，全年共发放最低保障资金3.5亿元，比上年增加0.05亿元。

年末全市共有救助站3个。共有各类提供住宿的社会服务机构28个，养老服务机构床位数3050张，各类福利院床位数350张，收养102人。城镇各种社区服务设施807个，其中综合性社区服务中心18个。全年销售福利彩票1.09亿元，筹集社会福利资金6163.1万元。

十二、资源、环境和安全生产

年末有林地面积达13.6万公顷，全市森林覆盖率达22.01%。

2020年，市区大气环境质量达标天数256天，达标天数比例69.9%；PM2.5平均浓度46微克/立方米，同比下降9.8%；PM10平均浓度78微克/立方米，同比下降11.4%；空气质量综合指数5.32，同比下降8.4%。全市二氧化硫、氮氧化物、化学需氧量、氨氮排放量分别同比下降6.6%、1.5%、0.8%、2.8%。

全年各类自然灾害造成直接经济损失15281万元；农作物受灾面积15109公顷，其中，绝收757.15公顷。

全年共发生各类生产安全事故11起，事故起数与上年持平；死亡13人，减少1人，同比下降7.14%。全年全市煤炭百万吨死亡率为0。

2020 年长治市国民经济和社会发展情况

2020 年，面对新冠肺炎疫情和复杂宏观环境的双重压力，全市上下在市委市政府的正确领导下，坚持以习近平新时代中国特色社会主义思想为指导，全面贯彻党的十九大和十九届二中、三中、四中、五中全会精神，认真落实省委“四为四高两同步”总体思路和要求，沉着冷静应对风险挑战，统筹推进疫情防控和经济社会发展，全市经济运行逐季好转、稳步恢复，各项主要经济指标完成好于预期，全面建成小康社会取得决定性成就。

一、综　合

初步核算，全年全市地区生产总值 1711.6 亿元，比上年增长 5.1%。其中，第一产业增加值 61.7 亿元，增长 6.1%，占生产总值的比重为 3.6%；第二产业增加值 898.5 亿元，增长 6.1%，占生产总值的比重为 52.5%；第三产业增加值 751.5 亿元，增长 3.9%，占生产总值的比重为 43.9%。

全年全市一般公共预算收入 166.4 亿元，增长 2.7%。税收收入 117.5 亿元，下降 5.8%，其中国内增值税、企业所得税、个人所得税、资源税和城建税共计完成税收 94.5 亿元，下降 9.4%。一般公共预算支出 395.9 亿元，增长 11.6%。其中科学技术支出增长 39.9%，社会保障和就业支出增长 15.8%，卫生健康支出增长 17.7%，文化旅游体育与传媒支出增长 10.4%，节能环保支出增长 3.9%。

居民消费价格比上年上涨 3.0%，其中，食品烟酒价格上涨 5.9%。商品零售价格上涨 0.6%。

全年全市城镇新增就业 4.6 万人。转移农村劳动力 4.1 万人。年末城镇登记失业率 3.01%。

二、农　业

全年全市粮食种植面积 254.5 千公顷；油料种植面积 3.3 千公顷；棉花种植面积 0.02 千公顷。在粮食种植面积中，玉米种植面积 214.7 千公顷；小麦种植面积 4.1 千公顷。

全年粮食产量 121.2 万吨。其中，夏粮 1.8 万吨；秋粮 119.4 万吨。

全年全市农业机械总动力 129.5 万千瓦；机械耕地面积 253.9 千公顷；机械播种面积 237.8 千公顷；机械收获面积 140.2 千公顷。

三、工业和建筑业

年末全市规模以上工业企业 439 家。全年全市规模以上工业增加值增长 6.1%。

规模以上工业企业原煤产量 13921.4 万吨，增长 6.7%；发电量 317.4 亿千瓦时，下降 0.5%；焦炭产量 1751.2 万吨，增长 12.3%；钢材产量 632.2 万吨，增长 19.7%。

规模以上工业企业实现营业收入 2257.1 亿元，下降 5.0%。其中，煤炭工业实现营业收入 1114.5 亿元，下降 14.7%；炼焦工业实现 284.4 亿元，增长 6.9%；钢铁工业实现 319.3 亿元，增长 28.4%；电力工业实现 86.1 亿元，下降 6.1%；化学工业实现 128.0 亿元，下降 15.3%；建材工业实现 57.4 亿元，增长 5.3%；装备制造业实现 128.8 亿元，增长 24.6%；医药工业实现 28.9 亿元，下降 2.0%；食品工业实现 48.9 亿元，下降 3.7%。

规模以上工业实现利税 275.7 亿元，下降 19.3%；实现利润 132.2 亿元，下降 29.1%。

全年全市建筑业实现增加值 51.2 亿元，比上年增长 7.9%。

四、国内贸易

全年全市社会消费品零售总额 579.0 亿元，下降 4.0%。其中，城镇消费品零售额 469.6 亿元，下降 4.1%；乡村消费品零售额 109.4 亿元，下降 3.9%。

五、对外经济

全年全市进出口总额 12859 万美元。其中，进口额 3447 万美元；出口额 9412 万美元。

全年全市新批三资企业项目 10 个；实际利用外资 41262.4 万美元。

六、交通、邮电和旅游

年末全市公路线路里程 12169.4 公里，其中高速公路 382.2 公里。

年末全市民用汽车保有量 61.9 万辆，其中私人汽车 58.3 万辆，本年新注册汽车 6.0 万辆。

全年全市完成邮电业务总量 260.9 亿元。其中，邮政业务总量 8.5 亿元；电信业务总量 252.4 亿元。年末移动电话用户达到 402.0 万户，其中，4G 移动电话用户达到 301.8 万户，5G 移动电话用户达到 51.5 万户。全市互联网接入用户 107.1 万户，其中，新增互联网用户 17.1 万户。

全年全市商业住宿设施接待入境过夜游客 0.3 万人次，接待国内旅游者 3290.7 万人次，分别下降 90.7%和 51.6%；旅游外汇收入 55.67 万美元，国内旅游收入 271.18 亿元，旅游总收入 271.22 亿元，分别下降 96.9%、60.6%和 60.7%。

七、金　融

年末全市金融机构本外币各项存款余额 3318 亿元，比年初增加 353 亿元，比年初增长 11.9%。各项贷款余额 2012 亿元，比年初增加 269 亿元，比年初增长 15.4%。

全年全市保费收入 73.4 亿元，增长 3.6%。其中，寿险业务保费收入 42.6 亿元，增长 3.7%；健康和意外险业务保费收入 13.4 亿元，增长 9.6%；财产险业务保费收入 4.0 亿元，增长 0.1%；车险业务保费收入 13.3 亿元，下降 1.0%。全年支付各类赔款及给付 23.2 亿元,增长 9.7%。其中,寿险业务保费赔付 8.0 亿元,增长 5.3%;健康和意外险业务保费赔付 4.6 亿元,增长 14.9%;财产险业务保费赔付 3.1 亿元,增长 17.6%;车险业务保费赔付 7.4 亿元,增长 8.4%。

八、教育和科学技术

年末全市普通高等学校 6 所;中等职业学校 38 所;普通高中 51 所;初中 155 所,小学 493 所。

全年专利申请量与授权量分别为 3613 件和 2291 件。全年全市共签订各类技术合同 464 项,技术合同成交总额 21 亿元。

年末全市共有产品质量检验机构 1 个。全年对 55 户企业实施了产品认证。全市共有法定计量技术机构 21 个,全年完成强制检定计量器具 14.2 万台件。

九、文化、卫生和体育

年末全市共有各类艺术表演团体 128 个,文化馆 13 个,博物馆 18 个,公共图书馆 13 个,公共图书馆藏书量 230.0 万册。

年末全市共有医疗卫生机构 4411 个,其中医院、卫生院 259 个,妇幼保健机构 13 个,疾病预防控制中心 13 个,卫生监督机构 13 个。病床位 19610 张,其中医院、卫生院 18586 张。卫生技术人员 23610 人,其中医生 9753 人,注册护士 10088 人,药剂人员 970 人。乡镇卫生院 140 个,床位 3279 张,乡村医生和卫生技术人员 5513 人。

全年全市运动员在各类体育比赛中获得全国冠军 2 个,全省冠军 61 个。

十、人民生活和社会保障

全年城镇常住居民人均可支配收入 36010 元,比上年增长 4.6%;农村常住居民人均可支配收入 16327 元,比上年增长 7.8%。城镇居民家庭恩格尔系数(即居民家庭食品消费支出占家庭消费支出的比重)25.62%,农村居民家庭恩格尔系数 35.38%。

年末参加基本养老保险 225.5 万人,其中企业职工 56.0 万人,城乡居民 155.5 万人;参加失业保险 47.0 万人;参加工伤保险 59.6 万人,其中农民工 26.4 万人。

全年全市纳入城市最低生活保障的居民 1.9 万人,发放城市低保资金 1.1 亿元;纳入农村最低生活保障的居民 8.3 万人,发放农村低保资金 4.0 亿元。

十一、城市建设、资源

年末城市交通运营车辆 1564 辆,其中市区公共汽车 874 辆。出租汽车 3292 辆,其中市区出租车 2048 辆。市区有公园 4 座,总面积 127 公顷。全年市区供水总量 7077 万吨。全年天然气供应量 12285 万立方米。燃气普及率 100%。市区集中供热面积 5500 万平方米。市区污水处理能力 27.5 万吨 / 日,全年污水处理量 7752 万吨。

按新口径统计年末全市森林面积 367.8 千公顷。本年度检查验收合格造林面积 12.1 千公顷。全市有自然保护区 2 个,面积 46.9 千公顷,占全市总面积的 3.4%。

年末全市大中型水库蓄水总量 2.29 亿立方米。

2020 年晋城市国民经济和社会发展情况

2020年,面对错综复杂的国内外环境和新冠肺炎疫情的严重冲击,在市委、市政府坚强领导下,全市上下认真学习贯彻习近平总书记视察山西重要讲话重要指示精神,全面贯彻落实中央、省、市重大决策部署,科学统筹疫情防控和经济社会发展各项工作,扎实做好"六稳"工作、全面落实"六保"任务,众志成城、克难奋进,全市经济"半年转正、三季加快、全年向好"。2020年,三大产业协同发力,内需循环高度畅通,质量效益不断改善,晋城经济呈现快速复苏、进中向好态势。

一、综　合

初步核算,全年全市生产总值1425.7亿元,按可比价格计算,比上年增长6.1%。其中,第一产业增加值56.5亿元,增长6.2%,占生产总值的比重为4.0%;第二产业增加值762.9亿元,增长7.1%,占生产总值的比重为53.5%;第三产业增加值606.3亿元,增长4.9%,占生产总值的比重为42.5%。

全年全市城镇新增就业4.61万人。年末城镇登记失业率2.96%。

居民消费价格比上年上涨2.9%。工业生产者出厂价格下降3.3%。

新兴产业动力更强。全年规模以上工业中,战略性新兴产业增加值增长11.9%,占规模以上工业增加值的比重为20.1%;高技术制造业增加值增长15.9%,占规模以上工业增加值的比重为8.1%;装备制造业增加值增长17.3%,占规模以上工业增加值的比重为10.3%。全年工业技术改造投资增长10.1%,高技术制造业投资增长32.3%。全年新登记市场主体27444户,日均新登记企业75户,年末市场主体总数达167057 户。

二、农　业

全年全市农作物种植面积175.9千公顷,增加3.4千公顷。其中,粮食种植面积160.4千公顷,增加2.3千公顷;油料种植面积3.8千公顷,增加0.2千公顷;棉花种植面积76.9公顷,增加18.4公顷。在粮食种植面积中,玉米种植面积84.5千公顷,减少9.3千公顷;小麦种植面积41.8千公顷,减少0.7千公顷;谷子种植面积11.8千公顷,增加1.5千公顷;豆类种植面积16.1千公顷,增加8.7千公顷;薯类种植面积5.5千公顷,增加1.9千公顷。

全年粮食产量66.4万吨，增加4.2万吨，增长6.8%。其中，夏粮16.7万吨，增长4.0%；秋粮49.7万吨，增长7.8%。

全年完成造林面积1.3千公顷，下降42.9%。其中，经济林面积8公顷，下降11.1%。全年木材产量20601立方米，下降10.9%。

全年全市肉类总产量11.5万吨，增长23.8%。全年猪牛羊肉总产量8.9万吨，增长19.2%。其中，猪肉产量8.6万吨，增长19.3%；牛肉产量0.1万吨，增长57.1%；羊肉产量0.2万吨，增长6.6%。年末生猪存栏76.8万头，增长31.2%；生猪出栏110.0万头，增长15.6%。牛奶产量0.03万吨，增长84.2%；禽蛋产量8.7万吨，下降2.0%；水产品产量0.2万吨，下降1.1%。

全年全市设施蔬菜产量8.0万吨，下降6.4%；食用菌1.1万吨，增长34.4%；蚕茧0.2万吨，下降4.0%；蜂蜜0.3万吨，增长13.7%；药材3.0万吨，增长8.0%。

年末全市农业机械总动力63.5万千瓦，增长3.5%。机械耕地面积135.2千公顷，增长1.4%；机械播种面积127.3千公顷，增长3.9%；机械收获面积97.9千公顷，增长6.5%。

三、工业和建筑业

全年全部工业增加值715.8亿元，比上年增长7.2%。规模以上工业增加值比上年增长7.3%。年末规模以上工业企业354家。

全年全社会原煤产量12048万吨，增长7.0%；规模以上工业发电262亿千瓦时，增长0.8%；水泥332万吨，下降1.8%；农用化肥（折纯）237万吨，增长5.1%；焦炭116万吨，下降1.0%；钢材514万吨，增长11.5%；生铁514万吨，增长6.6%。

全年规模以上工业企业实现营业收入1793.2亿元，下降0.9%。其中，煤炭、煤层气、装备制造、冶铸、化工和电力六大行业分别实现营业收入841.3亿元、105.2亿元、225.3亿元、216.7亿元、177.8亿元和91.3亿元，增速分别为-7.4%、-9.1%、16.2%、5.8%、-3.1%和0.6%；非金属矿物制品业、金属制品业、废弃资源综合利用业分别实现营业收入44.4亿元、19.2亿元、44.9亿元，同比分别增长22.9%、23.7%、75.6%。

规模以上工业实现利税261.2亿元，下降17.1%；实现利润150.7亿元，下降19.8%。

年末全市具有资质等级的总承包和专业承包建筑业企业178家，完成总产值101.3亿元，增长13.3%；房屋施工面积564.2万平方米，增长44.7%；签订合同额为207.9亿元，增长19.9%。

四、服务业

全年批发和零售业增加值77.7亿元，增长2.4%；交通运输、仓储和邮政业增加值87.3亿元，增长2.0%；住宿和餐饮业增加值15.4亿元，增长0.5%；金融业增加值73.9亿元，增长6.2%；营利性服务业增加值94.8亿元，增长8.4%。

年末全市公路线路里程9652公里。其中，高速公路429公里。

年末全市民用汽车保有量50.2万辆(包括专项作业车、三轮汽车和低速货车0.32万辆)，比上年末增长7.5%。其中，私人汽车46.2万辆，增长7.1%。本年新注册汽车3.6万辆，下降0.7%。年末轿车保有量33.5万辆，增长6.1%。其中，私人轿车32.4万辆，增长6.3%。

全年全市完成邮政业务总量3.68亿元，比上年增长18.6%。电信业务总量180.13亿元，增长34.0%。年末移动电话用户255.4万户，比上年末增加6.4万户，其中，5G电话用户40.5万户，全市(固定)互联网宽带接入用户69.9万户。

五、国内贸易

全年全市社会消费品零售总额468.9亿元，增长0.3%。按经营地统计，城镇消费品零售额400.2亿元，下降0.3%；乡村消费品零售额68.7亿元，增长3.6%。按消费类型统计，商品零售额403.9亿元，增长1.0%；餐饮收入额65.0亿元，下降3.9%。

六、对外经济

全年全市海关进出口总额64.3亿元，下降11.8%。其中，进口额54.5亿元，下降12.9%；出口额9.8亿元，下降5.3%。

全年出口煤炭187万元，增长3.3%；出口钢材1.5亿元，下降18.9%；出口机电产品7.3亿元，下降4.7%；出口高新技术产品2.9亿元，增长2.0%；出口电器及电子产品4.2亿元，下降7.1%；出口计算机及通信技术产品1.1亿元，下降8.1%。

全年进口铁矿砂25.8亿元，增长8.6%；进口机电产品27.9亿元，下降25%；进口集成电路19.8亿元，下降27.4%；进口电子技术产品21.8亿元，下降27.0%；进口计算机集成制造技术产品3566万元，下降67.5%。

全年全市按全口径统计实际使用外商直接投资金额3.2亿美元，增长1.5%。

七、财政金融

全年全市财政总收入268.3亿元，下降4.6%。其中，增值税95.2亿元，下降14.5%；企业所得税43.6亿元，下降17.0%；个人所得税4.4亿元，下降3.1%；资源税40.2亿元，下降7.8%。一般公共预算收入145.3亿元，增长5.1%。其中，税收收入84.6亿元，下降8.5%。一般公共预算支出284.0亿元，增长12.5%。其中，科学技术支出增长22.3%，教育支出增长5.5%，农林水支出增长2.4%，社会保障和就业支出增长10.8%，文化旅游体育与传媒支出下降4.4%，卫生健康支出增长13.2%，节能保护支出增长22.0%。

年末全市金融机构本外币各项存款余额2759.5亿元，比年初增加128.2亿元，增长4.9%。各项贷款余额1711.8亿元，比年初增加164.7亿元，增长10.6%。

全年全市保费收入56.3亿元，增长2.8%。其中，寿险业务保费收入40.3亿元，增长3.6%；财产险业务保费收入16.1亿元，增长1.1%。

八、居民收入消费和社会保障

全年居民人均可支配收入27475元，增长6.1%。按常住地分,城镇居民人均可支配收入36332元,增长4.9%,城镇居民人均消费支出22527元,增长3.1%;农村居民人均可支配收入16054元,增长8.4%,农村居民人均消费支出11529元,增长6.4%。按全市居民五等份收入分组,城镇低收入组人均可支配收入15073元,增长5.8%;农村低收入组人均可支配收入7625元,增长9.8%。城镇居民家庭恩格尔系数(即居民家庭食品消费支出占家庭消费支出的比重)21.13%,农村居民家庭恩格尔系数22.41%。

年末全市参加基本养老保险167.9万人,比上年末增加5.5万人,其中,参加职工基本养老保险56万人,增加5.5万人;参加城乡居民基本养老保险111.9万人。参加基本医疗保险213.1万人,增加1.39万人,其中,参加职工基本医疗保险49.55万人,增加2.71万人;参加城乡居民基本医疗保险163.55万人,减少1.32万人。参加失业保险33.6万人,增加1.5万人。参加工伤保险49.4万人,增加0.8万人,其中,农民工24.4万人,增加2万人。全年资助基本医疗保险12.37万人,医疗救助10.67万人次。

年末城市低保人数8190人,减少407人;农村低保人数39893人,增加3933人。享受国家定期抚恤补助的优抚对象17820人。全年共发放最低保障资金2.7亿元。全市共有住养型养老机构67所,床位数7504张,其中,公办34所,床位数2806张;民办33所,床位数4698张。全市社区养老机构和设施991个。福利彩票发行单位1个。

九、科学技术和教育

2020年全市组织实施省级科技项目8项。其中,列入重点研发项目(高新技术领域)1项,重大专项6项,山西省"中央引导地方科技发展资金项目"1项。全年全市技术合同交易181项,交易额53.35亿元;新认定国家高新技术企业18家,新认定省级众创空间3个,新认定省民营科技企业12家。截止2020年末,全市拥有高新技术企业80家,国家级星创天地2个,国家级众创空间2个,国家级重点实验室1个,省级众创空间7个,省级重点实验室和省级工程技术研究中心4个,省级科技企业孵化器3家,省级民营科技企业51家,省级科普基地11个。

年末全市普通高等学校1所,独立设置的成人高等学校1所。高中阶段毛入学率97.2%。

十、文化旅游、卫生健康和体育

年末全市共有艺术表演团体10个,演出场次2026场,演出收入1090万元;全市共有艺术表演场馆4个,文化馆7个,美术馆2个,公共图书馆7个,总藏量152.3万册。

年末全市共有A级景区27个。其中,5A级景区1个,4A级景区10个,3A级景区15个,2A级景区1个。共有星级饭店17家。其中,五星级2家、四星级9家、三星级5家、二星级1家。全年全市接待海外旅游者284人次,接待国内旅游者3264.88万人次,分别下降98.37%和55.44%;旅游外汇收入10.35万美元,国内旅游收入293.45亿元,旅游总收入293.45亿元,分别下降98.84%、56.08%和56.12%。

年末全市共有各级医疗卫生机构3163个,其中妇幼保健院(所、站)7个。医院和卫生院床位13.7千张,卫生专业技术人员1.58万人。村卫生室覆盖率100%、县乡村三级医疗机构达标率均为100%。全年各县(市、区)的儿童"五苗"全程接种率以乡镇为单位均达到了90%以上。碘盐覆盖率达到99.39%,合格碘盐食用率达到96.61%,各种地方病得到了有效控制。全市乡镇卫生监督站覆盖率达到100%。

年末全市拥有各级各类体育场馆9088个,中小学体育锻炼标准达标人数达19.78万人。全年我市运动员在省级以上重大比赛中获金、银、铜牌分别为21枚、27枚和32枚(包括非奥运项目比赛)。全市销售中国体育彩票1.58亿元,下降27%。

十一、资源、环境和应急管理

全市有自然保护区5个,自然保护区面积达到14.6万公顷。

全年全市一次能源生产折标准煤9221.5万吨,增长7.3%;二次能源生产折标准煤6769.3万吨,增长43.0%。

全年全市向省外运输煤炭8010.6万吨,下降12.9%,外运煤炭占原煤产量66.5%。向省外输送电力165.5亿千瓦小时,下降0.8%,外输电量占发电量的60.2%。

全年全市全社会用电总量212.8亿千瓦小时。其中,第一产业用电1.3亿千瓦小时,占全社会用电量的0.6%;第二产业用电186.6亿千瓦小时,占全社会用电量的87.7%,其中,工业用电185.6亿千瓦小时;第三产业用电14.2亿千瓦小时,占全社会用电量的6.7%;城乡居民生活用电10.7亿千瓦小时,占全社会用电量的5.0%。

全年市区环境空气质量二级以上天数达到243天。其中,一级天数24天。空气综合污染指数为5.30,较上年下降15.34%。

城市污水处理率达到100%;城市生活垃圾无害化处理率达到100%。

全市共发生各类生产安全事故49起,事故死亡55人。亿元GDP生产安全事故死亡率0.039,煤矿百万吨死亡率0.034。

2020年临汾市国民经济和社会发展情况

2020年,面对突如其来的新冠肺炎疫情和严峻复杂的国内外环境,全市上下始终坚持以习近平新时代中国特色社会主义思想为指导,深入学习贯彻习近平总书记视察山西重要讲话重要指示和"三篇光辉文献",坚持稳中求进工作总基调,认真落实省委"四为四高两同步"总体思路和要求,按照市委"1343"工作思路,扎实做好"六稳"工作,全面落实"六保"任务,强力推动"六新"突破,统筹疫情防控和经济社会发展取得新胜利,高质量转型发展迈出坚实步伐,城乡建设谱写崭新篇章，改革开放释放强大活力，民生福祉得到全面提升。

一、综　合

初步核算，全年全市地区生产总值1505.2亿元，按不变价格计算，比上年增长3.7%。其中，第一产业增加值113.4亿元，增长4.0%，占生产总值的比重为7.5%；第二产业增加值645.6亿元，增长6.2%，占生产总值的比重为42.9%；第三产业增加值746.2亿元，增长1.7%，占生产总值的比重为49.6%。

全市居民消费价格比上年上涨2.4%，其中，食品烟酒类价格上涨6.0%。

全年全市城镇新增就业5.04万人。转移农村劳动力5.12万人。年末城镇登记失业率3.07%，控制在4.5%的目标范围之内。

脱贫攻坚实现决战决胜。10个贫困县全部摘帽，剩余1548名贫困人口全部脱贫，脱贫不稳定和边缘易致贫“两类户”11798人全部消除返贫致贫风险，90%以上的贫困群众实现持续稳定增收。

二、农　业

全年全市农作物种植面积537.51千公顷，比上年增加5.30千公顷，增长0.99%。其中，粮食种植面积500.11千公顷，增加1.43千公顷；油料种植面积7.44千公顷，增加1.10千公顷；蔬菜种植面积17.46千公顷，增加0.77千公顷。在粮食种植面积中，玉米种植面积251.40千公顷，增加8.42千公顷；小麦种植面积200.65千公顷，减少3.39千公顷。果园种植面积61.00千公顷，增加2.47千公顷。

全年全市粮食产量212.68万吨，比上年增产6.00%。其中，夏粮82.07万吨，增产4.36%；秋粮130.61万吨，增产7.05%。

全年全市完成造林26.69千公顷。其中，经济林面积5.80千公顷。全年木材产量28762立方米，增长15.32%。

全年全市猪牛羊肉总产量8.66万吨，比上年增长12.52%。其中，猪肉产量7.72万吨，增长12.83%；牛肉产量0.56万吨，增长14.31%；羊肉产量0.39万吨，增长4.36%。年末生猪存栏71.92万头，生猪出栏98.02万头。牛奶产量3.92万吨，增长26.77%。禽蛋产量11.18万吨，下降6.38%。水产品产量0.63万吨，增长12.04%。

年末全市农业机械总动力225.16万千瓦，比上年增长3.83%。机械耕地面积358.38千公顷，增长0.04%，机械播种面积427.12千公顷，增长1.26%，机械收获面积354.67千公顷，增长1.97%。全市农机化经营总收入达到9.53亿元，增长0.89%。

三、工业和建筑业

年末全市规模以上工业企业439家。全年全市规模以上工业增加值比上年增长6.8%。其中，采矿业增长5.8%，制造业增长10.4%，电力、热力、燃气及水生产和供应业下降2.5%。

全年全市规模以上工业企业实现营业收入2014.7亿元，比上年增长5.5%。分门类看，采矿业648.0亿元，下降2.3%；制造业1261.8亿元，增长10.8%；电力、热力、燃气及水生产和供应业104.9亿元，下降2.9%。规模以上工业企业实现利润总额135.9亿元，下降2.7%。

规模以上工业企业每百元营业收入中的成本为82.7元，营业收入利润率为6.8%；年末资产负债率为71.6%，比上年末下降1.3个百分点。

全年全市建筑业实现增加值52.8亿元，比上年增长4.2%。资质以上建筑业企业完成总产值132.5亿元，增长10.6%，共签订合同额223.3亿元，增长32.3%。房屋建筑施工面积304.7万平方米，增长36.5%。资质以上建筑业企业共242家，增加47家，其中，一级资质企业10家，二级资质企业66家，三级资质企业164家。

四、能　源

全年全市规模以上原煤产量6723.4万吨，增长5.2%；焦炭产量1819.3万吨，增长7.8%；发电量243.0亿千瓦小时，下降0.6%；非常规天然气产量7.4亿立方米。

全年全市一次能源生产折标准煤5088.6万吨，增长10.6%，二次能源生产折标准煤6506.3万吨，增长21.5%。全年全市向省外运输煤炭1312.4万吨，增长22.1%，外运煤炭占煤炭产量的11.4%。

全年全市全社会发电量为251.5亿千瓦小时，同比增长0.7%。全年全市全社会用电总量228.9亿千瓦小时。其中，第一产业用电1.9亿千瓦小时，占全部用电量的0.8%；第二产业用电167.8亿千瓦小时，占全部用电量的73.4%，其中，工业用电165.9亿千瓦小时；第三产业用电32.1亿千瓦小时，占全部用电量的14.0%；城乡居民用电27.1亿千瓦小时，占全部用电量的11.8%。

五、服务业

全年全市服务业增加值746.2亿元，按不变价格计算，比上年增长1.7%。其中，批发和零售业增加值109.4亿元，增长1.7%；交通运输、仓储和邮政业增加值88.9亿元，增长2.4%；住宿和餐饮业增加值14.5亿元，下降13.4%；金融业增加值79.7亿元，增长3.6%；房地产业增加值110.2亿元，增长3.3%；全年规模以上服务业企业营业收入比上年下降3.0%。

年末全市公路通车里程19326.1公里，其中，高速公路663.1公里，与上年同期持平。

年末全市民用汽车保有量79.8万辆，比上年末增长8.9%，其中，私人汽车72.2万辆，增长8.2%。本年新注册汽车6.6万辆，下降2.9%。年末轿车保有量51.2万辆，比上年末增长8.2%，其中，私人轿车49.6万辆，增长8.5%。

全年全市完成邮电业务总量312.4亿元，增长32.0%。其中，邮政业务总量4.8亿元，增长9.1%；电信业务总量307.5

亿元,增长32.4%。年末全市固定电话20.4万部,减少4.5万部,下降18.1%;移动电话年末达到440.5万户,其中:4G移动电话用户达到375.0万户,下降2.6%,5G移动电话用户达到64.9万户。移动电话普及率97.7部/百人。年末全市宽带接入用户122.9万户,增长11.0%。

六、国内贸易

全年全市社会消费品零售总额656.6亿元,下降3.6%。按经营地统计,城镇消费品零售额544.1亿元,下降4.1%;乡村消费品零售额112.4亿元,下降1.3%。按消费形态统计,商品零售额601.1亿元,下降3.4%;餐饮收入额55.5亿元,下降6.2%。

全年全市限额以上单位消费品零售额125.3亿元,下降2.2%。

全年新登记市场主体48879户,日均新登记企业195户,年末市场主体总数达269831户。

七、对外经济

全年全市海关进出口总额18.15亿元,增长19.9%。其中,进口额0.88亿元,下降3.8%;出口额17.27亿元,增长21.4%。

全年全市进口铁矿砂6746.79万元,下降22.2%;出口机电产品83573万元,下降13.9%,出口PVC塑胶手套7.67亿元,增长310.9%。

全年全市新设立外商直接投资企业10家;实际使用外商直接投资金额1077万美元,比上年增长17%。

八、财政金融

全年全市一般公共预算收入135.3亿元,比上年下降2.0%。其中,税收收入92.2亿元,下降7.9%,占一般公共预算收入的比重68.1%。

全年全市一般公共预算支出439.7亿元,增长6.9%。其中,交通运输支出增长29.0%,卫生健康支出增长17.1%,社会保障就业支出增长15.5%,科学技术支出增长11.8%。

年末全市金融机构本外币各项存款余额3051.5亿元,比年初增加342.8亿元,比年初增长12.7%。各项贷款余额1811.3亿元,比年初增加161.9亿元,比年初增长9.8%。

年末住户存款2216.1亿元,比年初增长13.8%。

年末全市农村合作金融机构(农村信用社、农村合作银行、农村商业银行)人民币贷款余额1192.3亿元,比年初增加91.0亿元,比年初增长8.3%;人民币存款余额881.9亿元,比年初增加86.9亿元,比年初增长10.9%。

全年全市保费收入96.86亿元,增长1.6%。其中,寿险业务保费收入73.75亿元,增长3.3%;财产险业务保费收入23.11亿元,下降3.5%。健康险业务保费收入15.36亿元;意外险业务保费收入12.10亿元。

九、教育和科学技术

年末全市高等院校5所。新建公办幼儿园11所,认定普惠性民办幼儿园77所,学前教育毛入园率达到97.3%。

全年全市发明专利申请量达276件。

配合省级完成监督抽查12种产品980个批次,市级监督抽查了8种产品905个批次。全市共有法定(授权)计量技术机构17个,全年完成强制检定计量器具3.18万台(件)。

全市有气象台(站)17个。气象系统开展人工影响天气业务的单位17个,防雹、增雨受益覆盖面积2万平方公里。

全市有专业综合地震台站1个,市级地震台网中心1个,数字测震地震台网1个,数字测震子台7个,前兆台站23个。

十、文化旅游、卫生健康和体育

年末全市共有文化馆18个,博物馆16个,艺术表演团体17个。广播电视台17座。广播人口覆盖率99.29%,电视人口覆盖率99.66%。全市共有公共图书馆18个,档案馆18个。目前有11个县级图书馆和12个文化馆达到国家三级标准以上。

全年全市接待海外旅游者256人次,接待国内旅游者3399.5万人次,分别下降99.4%和60.0%;旅游外汇收入12.7万美元,下降99.3%;国内旅游收入301.2亿元,下降60.0%。旅游总收入301.2亿元,下降60.0%。

完善公共文化服务,丰富群众文化生活。隰县图书馆少儿阅读推广品牌"甜甜姐姐讲故事"团队采用直播+现场组合的方式,举办活动84场,其中直播参与活动1200余人次,线下巡讲活动已走进全省24个市县,服务线下读者2300余人次,入选2020年山西省群众文化惠民工程品牌活动。全市整合各县(市、区)剧团演出资源,共完成"免费送戏下乡"演出1839场,提前超额完成演出任务,较好地满足了广大群众的精神文化需求。

年末全市共有卫生机构(含诊所、村卫生室)4777家,其中,妇幼保健院(所、站)18家。全市卫生机构共有床位2.45万张,其中,医院床位2万张,卫生院床位3706张。卫生技术人员2.98万人。

2020年我市运动员在国内各类比赛中共获33金42银71铜,其中国家级比赛4金5银7铜,省级比赛29金37银64铜。全年销售体育彩票2.41亿元,比上年减少31.92%。

十一、人民生活和社会保障

全年全市居民人均可支配收入23439元,比上年增长6.0%。其中,城镇常住居民人均可支配收入34408元,增长4.6%;农村常住居民人均可支配收入13782元,增长7.6%。居民人均消费性支出12544元,比上年下降0.2%。其中,城镇居民人均消费性支出16632元,下降1.4%;农村居民人均生活消费支出10104元,增长6.0%。按全市居民五等份收入分组,城镇低收入组人均可支配收入16288元,增长6.3%;

农村低收入组人均可支配收入5662元，增长10.4%。

年末全市参加基本养老保险的人数为280.96万人，比上年末增加9.37万人；参加城乡居民基本养老保险的人数为209.10万人，增加0.94万人；参加基本医疗保险的人数为388.74万人；参加失业保险的人数为38.13万人，增加1.42万人；参加工伤保险的人数为55.19万人，增加0.77万人，其中，农民工21.03万人，减少0.43万人。

全年全市纳入城市最低生活保障的居民2.45万人，发放城市低保资金16929.7万元，比上年减少762.9万元；纳入农村最低生活保障的居民6.11万人，发放农村低保资金33355.3万元，比上年增加4583.4万元。

年末全市各类收养性单位床位数7531张，收养人数3067人。城镇建立各种社区服务机构538个。全年销售社会福利彩票3.09亿元，截至12月底直接接收社会捐赠款91.40万元。

年末市区建成区新增绿化面积124.71万平方米，绿化覆盖率达到41.72%，人均公共绿地面积11.98平方米。全市建成区新增绿化面积411.7万平方米，绿化覆盖率达到40.35%，人均公共绿地面积10.7平方米。人均道路面积达到14.27平方米。

十二、资源、环境和安全生产

年末耕地保有量506.87千公顷。年末全市8座中型水库，蓄水总量5121.5万立方米。全市年平均降水量602.4毫米，较上年增加165.1毫米。

年末全市森林面积776.48万亩，森林覆盖率25.9%；全市已建成自然保护区3个，自然保护区面积53.51万亩，占全市国土面积的1.8%。

全年市区空气质量好于二级以上天数225天，比上年增加51天。地表水达到Ⅲ类水体的比例为33.3%，劣Ⅴ类水体的比例为0，均完成省定目标。市区PM2.5浓度均值为52微克/立方米，比上年下降16.1%。

年末全市城市污水处理率98%，比上年提高了1个百分点；市区城市生活垃圾无害化处理率连续10年达到100%；全市集中供热普及率95.06%，提高了3.37个百分点。

全年森林火灾受害率控制在0.45‰以内，达到了国家和省要求的标准。林业有害生物成灾率0.86‰，严格控制在省要求的3.5‰以下。

全年共发生生产经营性安全事故55起，下降12.7%；死亡92人，增长22.7%。亿元GDP生产安全事故死亡率为0.059人/亿元，比省下达年度控制指标0.049人/亿元高0.01人/亿元。全市地方监管煤矿百万吨死亡率为0.02人/百万吨。

2020年运城市国民经济和社会发展情况

2020年，面对新冠肺炎疫情冲击和错综复杂的国内外环境，市委、市政府带领全市人民以习近平新时代中国特色社会主义思想为指导，积极贯彻新发展理念、融入新发展格局，全面落实省委“四为四高两同步”总体思路和要求，以“五抓一优一促”为工作主抓手，逆势突围、勇毅前行，实施了疫情防控和统筹经济社会发展一揽子硬核举措，全市经济持续恢复、稳定回升，民生保障有力有效，社会事业全面进步，高质量发展扎实推进，“十三五”实现圆满收官，为“十四五”转型出雏型、打造“三个强市”、构建“三个高地”奠定了坚实的基础。

一、综　合

经济增长：初步核算，全年全市地区生产总值1643.6亿元，按可比价格计算，比上年增长5.2%。其中：第一产业增加值267.9亿元，增长4.1%；第二产业增加值561亿元，增长7.5%；第三产业增加值814.7亿元，增长4.1%。三次产业构成由上年的15.3：34.7：50.0，调整为16.3：34.1：49.6。

就业：全年全市城镇新增就业人员52379人，转移农村劳动力71833人，城镇失业人员再就业12522人，就业困难人员实现就业3745人。年末城镇登记失业率3.13%。

价格：全年中心城市居民消费价格比上年上涨3.6%。其中，食品烟酒价格上涨8.1%，生活用品及服务价格上涨0.7%。商品零售价格比上年上涨1.7%。

新动能加快发展。全年规模以上工业中，战略性新兴产业增加值增长4.7%，占规模以上工业增加值比重9.4%；装备制造业增加值增长11.8%，占规模以上工业增加值比重11.6%。全年限额以上单位网络商品零售额6.8亿元，比上年增长79.2%。

脱贫攻坚实现决战决胜。截至2020年末，全市34.1万农村贫困人口全部达到脱贫标准。

二、农　业

农业产值：全年全市农林牧渔业总产值完成532.5亿元，按可比价格计算，比上年增长4.1%。其中，农业405.4亿元，增长4.6%；林业7.3亿元，增长0.6%；牧业81.6亿元，增长1.9%；渔业2.9亿元，增长4.2%；农林牧渔专业及辅助性活动35.7亿元，增长3.7%。全年全市农林牧渔业增加值完成286.5亿元，增长4.1%。

农作物种植面积：全年农作物种植面积636.7千公顷，比上年增长1.3%。粮食种植面积535.7千公顷，增长0.6%。其中，夏粮280.5千公顷，下降2.2%；秋粮255.2千公顷，增长3.8%

(玉米232.6千公顷,增长10.1%);棉花种植面积1.0千公顷,下降54.6%;油料种植面积16.4千公顷,与去年同期持平;蔬菜及食用菌种植面积46.3千公顷,增长2.7%;果园面积198.6千公顷,增长2.0%,其中,苹果园面积88.1千公顷,下降2.8%。

农产品产量:全年粮食总产量28.2亿公斤,比上年增加1.7亿公斤,增长6.3%。其中,小麦13.3亿公斤,增加0.6亿公斤,增长4.6%;秋粮14.9亿公斤,增加1.1亿公斤,增长7.8%;水果685.1万吨,增长5.7%。

农业机械:年末全市农业机械总动力316.6万千瓦,比上年增长3.4%。机械耕地面积40.2万公顷,机械播种面积48.1万公顷,机械收获面积46.4万公顷。

三、工业和建筑业

工业:全年全部工业增加值468.4亿元,比上年增长7.1%。全市规模以上工业增加值比上年增长7.5%。规模以上工业中,战略性新兴产业增加值增长4.7%。其中,高端装备制造业增加值增长21.3%,新能源产业下降5.4%,新材料产业增长14.3%,节能环保产业下降7.3%,生物产业下降0.4%。全年规模以上工业产品销售率为97.4%。

全市规模以上工业中,传统行业增加值比上年增长8.4%,非传统行业增加值增长5.5%。分三大门类看,全年全市采矿业增加值比上年增长9.2%,占规上工业增加值比重18.7%;制造业增加值增长7.7%,占规上工业增加值比重75.7%;电力、热力、燃气及水生产和供应业增加值增长0.3%,占规上工业增加值比重5.6%。分经济类型看,国有企业增加值比上年下降39.3%,集体企业下降97.2%,股份制企业增长9.4%,外商及港澳台商投资企业下降4.6%。分企业规模看,大型企业工业增加值增长0.7%,中型企业增长8.1%,小型企业增长5.2%,微型企业增长103.2%。

全年全市规模以上工业企业实现营业收入2037.2亿元,比上年下降0.3%;实现利税总额133.2亿元,下降12.9%;实现利润总额87.6亿元,下降17.2%。分门类看,采矿业实现利润总额11.8亿元,下降6.8%;制造业73.4亿元,下降18.7%;电力热力燃气及水生产和供应业2.4亿元,下降18.0%。分行业看,黑色金属冶炼和压延加工业实现利润31.1亿元,下降35.5%;石油煤炭及其他燃料加工业28.9亿元,增长69.2%;煤炭开采和洗选业10.6亿元,下降15.1%;化学原料和化学制品制造业0.6亿元,下降41.7%。

建筑业:全年全市建筑业实现增加值92.5亿元,比上年增长9.7%。资质以上建筑企业总产值208.8亿元,增长22.5%,共签订合同额309.8亿元,增长13.8%。资质以上建筑企业共260 家,其中,一级企业14家。

四、能　源

初步核算,全年全市规模以上工业能源消费2517.15万吨标准煤,比上年增长8.4%。原煤消费增长15.8%,洗精煤消费增长17.6%,焦炭消费增长9.9%,电力消费下降5.0%。规模以上工业增加值能耗增长1.0%。

全年全社会用电总量295.29亿千瓦时。其中,第一产业用电4.01亿千瓦时,占全部用电量1.36%;第二产业用电219.90亿千瓦时,占全部用电量74.47%,其中,工业用电217.82亿千瓦时;第三产业用电35.26亿千瓦时,占全部用电量11.94%;城乡居民用电36.11亿千瓦时,占全部用电量12.23%。

五、服务业

全年全市服务业增加值814.7亿元,增长4.1%。其中,批发和零售业增加值138亿元,比上年增长10.5%;交通运输、仓储和邮政业100.9亿元,增长3.2%;住宿和餐饮业增加值13.5亿元,下降4.6%;金融业101.8亿元,增长6.5%;房地产业79.6亿元,增长7.6%;其他服务业362.4亿元,增长1.1%。全年规模以上服务业企业营业收入比上年增长1.0%,利润总额增长16.4%。

年末全市公路通车里程16096公里,其中,国道1236公里,省道708公里,县道2721公里,乡、村道及专用道11432公里;高速公路603公里。全市公路密度113.5公里/百平方公里。全年公路客运量468.5万人,比上年下降72.5%;公路货运量13595.2万吨,比上年下降38.8%。公路旅客运输周转量4.4亿人公里,比上年下降61.1%;公路货物运输周转量421.4亿吨公里,比上年下降15.4%。

截至年末运城机场共开通了运城—北京、广州、成都、杭州、乌鲁木齐、重庆、沈阳、贵阳、深圳、哈尔滨、三亚、南宁、南昌、无锡、南京、珠海、长沙、泉州、武汉、丽江、上海、宁波、济南、青岛、昆明、福州、合肥、厦门、天津、海口、大连、长春、温州、呼和浩特等34个城市,共30条航线。全年民航旅客运输量163.8万人,比上年下降34%;货运量0.5万吨,比上年下降17%。全年飞机起降总架次为26094架次,下降31%;有航线架次为18338架次,下降20%。

年末全市民用车辆拥有量120.7万辆,比上年末下降0.6%。民用汽车保有量达到98.5万辆(包括三轮汽车和低速货车382辆),比上年末增长7.8%。其中,私人汽车89.6万辆,增长7.6%。本年新注册汽车10.1万辆,比上年增长23.2%。年末摩托车保有量19.1万辆,比上年末下降2.1%。

邮电:全年全市邮电业务总量351.1亿元,比上年增长33.2%。其中,邮政行业业务总量22.1亿元,增长20.2%;电信业务总量329亿元,增长34.2%。邮政业全年完成邮政函件业务30.3万件,包裹业务1.4万件,快递业务量8071.1万件。年末固定及移动电话用户总数达到482.3万户。其中,固定电话18.7万户,移动电话463.5万户。全市宽带接入用户达到158.5万户,增长6.1%。

六、国内贸易

全年全市社会消费品零售总额710.8亿元,比上年下降2.0%。按规模统计,限额以上单位消费品零售额232.4亿元,增长0.7%;限额以下单位消费品零售额478.4亿元,下降4.0%。按经营地统计,城镇消费品零售额544.1亿元,下降

1.8%；乡村消费品零售额166.7亿元，下降2.6%。

在限额以上单位消费品零售额中，粮油、食品类零售额比上年增长25.7%，烟酒类下降14.0%，服装、鞋帽、针纺织品类增长1.5%，化妆品类增长13.6%，金银珠宝类下降1.4%，日用品类增长71.8%，家用电器和音像器材类下降3.8%，中西药品类增长12.7%，家具类下降25.5%，建筑及装潢材料类增长24.0%，石油及制品类增长2.2%，汽车类增长3.7%。

七、对外经济

进出口贸易：全年全市进出口总额59.5亿元，比上年下降19.2%（以美元计价为8.6亿美元，下降19%）。其中，进口35亿元，下降23.4%（以美元计价为5.1亿美元，下降23%）；出口24.5亿元，下降12.2%（以美元计价为3.6亿美元，下降12.3%）。

全年进口锰矿砂10.2亿元，下降3.6%；进口铜矿砂20亿元，下降27.5%；进口铬矿砂2.9亿元，增长16.1%。全年出口镁及镁制品6.0亿元，增长0.7%；出口机电产品5.3亿元，下降11.6%；出口果蔬汁1.3亿元，增长11.8%；出口纺织物3.8亿元，下降19.7%。

利用外资：全年全市合同利用外资总额5469万美元，实际利用外资3390.6万美元。当年新设立外商直接投资企业10家。

八、财政金融

财政收入稳定增长。全年全市财政总收入完成168.7亿元，比上年下降3.5%。一般公共预算收入完成90亿元，增长3.9%。其中，税收收入完成64.3亿元，下降0.3%。全年一般公共预算支出417.7亿元，增长11.6%。全年减税降费54.4亿元，其中，落实新增减税降费政策共减免税费11亿元。

金融：年末全部金融机构本外币各项存款余额2847.1亿元，比年初增长14.4%，其中人民币各项存款余额2842亿元，比年初增长14.4%。全部金融机构本外币各项贷款余额1450.7亿元，比年初增长14.1%，其中人民币各项贷款余额1450.1亿元，比年初增长14.2%。

年末农村金融机构（农商银行、村镇银行）人民币各项贷款余额645.1亿元，比年初增长20.6%。

保险：年末全市共有保险公司44家，全年保费收入119.8亿元，比上年增长5.6%。其中，财产险保费收入26.8亿元，增长7.8%；人身险保费收入93亿元，增长5%。全年支付各类赔款及给付金额36亿元，增长4.5%。

九、教育和科学技术

教育：全年全市普通高等院校招生23414人，在校生62681人，毕业生17154人。各类中等职业学校招生15324人，在校生44338人，毕业生14083人。普通高中招生30100人，在校生90194人，毕业生32048人。初中招生41417人，在校生143123人，毕业生49960人。普通小学招生59807人，在校生324994人，毕业生40071人。特殊教育招生303人，在校生1479人，毕业生123人。在园幼儿数171748人。

科学技术：全年全市受理专利申请3676件，比上年增长16.1%。其中，受理发明专利申请674件，比上年增长5.5%。全市授予专利权2555件，增长81.1%。其中，授予发明专利权121件。全年有7个项目列入国家、省各类科技计划，获得项目研究资金1560万元。

年末全市共有综合检验检测中心1个，省授权行业建立检测所1个。全年共监督抽查了755家企业12类、29种、1175批次的产品和商品。完成强制检定计量器具56197台件。

全市有国家基本气象观测站3个，国家一般气象观测站10个。全市气象系统开展人工影响天气业务单位13个，防雹、增雨受益覆盖面积0.7万平方公里，增雨量2.55亿立方米。全市有卫星云图接收设备1个。全年全市平均气温14.1℃，平均年降水量559.1毫米，平均总日照时数2264.4小时。

全市有专业综合地震台（站）1个，市级地震台网中心1个，数字测震台网1个，数字测震子台4个，县级地震监测台（站）13个。全年全市最大震级2级。

十、文化旅游、卫生健康和体育

文化：年末全市共有艺术表演团体100个，群众艺术馆1个，文化馆13个。公共图书馆13个，馆藏图书167.4万册。博物馆24个，国家综合类档案馆14个，城市建设档案馆1个。市级以上重点文物保护单位272处，其中国家级102处，省级67处，市级103处。拥有广播电视台13座，有线电视用户44.4万户。广播人口覆盖率99%，电视人口覆盖率99.4%。全年送戏下乡演出2580场。先后承办了山西省乡村春晚和第九届农民工歌手大赛，举办了“我有拿手戏”群文风采大展赛等群众文化活动；成功承办2020年中国农民丰收节开幕式文艺演出和黄河流域乡村艺术作品及非遗产品展，承办了历年来规格最高的第31届关公文化旅游节，举办美丽乡村百花节、“莘莘学子游运城”等活动。

旅游：全年接待国内游客2634.3万人次，下降73.3%。接待入境游客1942人次，下降94.8%。其中，外国人570人次，下降94.7%；香港同胞503人次，下降94.8%；澳门同胞326人次，下降94.9%；台湾同胞543人次，下降94.9%。全年旅游总收入231.8亿元，下降72.1%。其中，国内旅游收入231.8亿元，下降72.1%；旅游外汇收入48.7万美元，下降95.6%。

卫生：年末全市共有医疗卫生机构5610个。其中医院275个，卫生院187个，社区卫生服务中心（站）98个，诊所（卫生所、医务室）1412个，村卫生室3543个，疾病预防控制中心14个，卫生监督所（中心）14个。卫生技术人员33282人，其中执业医师和执业助理医师13594人，注册护士13862人。医疗卫生机构床位33246张，其中医院24106张，卫生院7543张。

体育：全年全市运动员在省级重大比赛项目中获得金牌5枚、银牌4枚、铜牌12枚。全年销售中国体育彩票3.1亿元，比上年下降30.5%。

十一、居民收入消费和社会保障

人民生活:全年全市居民人均可支配收入21680元,比上年增长6.2%。居民人均消费支出12573元,比上年增长1.7%。按常住地分,城镇居民人均可支配收入32728元,增长4.8%;城镇居民人均消费支出15859元,增长0.3%。农村居民人均可支配收入12947元,增长7.9%;农村居民人均消费支出10076元,增长2.3%。城镇占调查总户数20%的低收入家庭人均可支配收入11188元,增长6.4%;农村占调查总户数20%的低收入家庭人均可支配收入4482元,增长10.3%。

社会保障:年末全市参加城镇职工基本养老保险74.5万人,参加城乡居民社会养老保险286万人,参加城镇职工基本医疗保险49.7万人,参加城乡居民基本医疗保险410.6万人,参加失业保险36.8万人,参加工伤保险69.5万人,参加生育保险32.5万人。

社会服务:年末全市共有各类提供住宿的社会服务机构179个,床位17310张。其中,老年人服务机构176个,床位17094张。年末共有社区服务中心120个,社区服务站95个,社区服务设施和机构1187个。年末共有1.3万人纳入城市居民最低生活保障,发放城市低保资金8738万元;7.8万人纳入农村居民最低生活保障,发放农村低保资金3.5亿元。9259人享受农村特困人员救助供养。全年销售社会福利彩票2.9亿元。

十二、资源、环境和安全生产

资源:全年全市国有建设用地供应总量1263.7公顷。其中,工矿仓储用地537.4公顷,房地产用地239.5公顷,商业服务用地61.7公顷,基础设施等其他用地425.2公顷。

全年总用水量16.2亿立方米,比上年增长0.6%,其中,农业用水12.8亿立方米,工业用水1.2亿立方米,生活用水2.3亿立方米。

林业:全市当年造林面积21400公顷,其中,荒山荒地造林面积7120公顷。

全市拥有省级自然保护区1个,自然保护区面积达8.7万公顷。

环境:黄河、汾河流域运城段共监测11个断面。其中,达到Ⅲ类以上水质标准的断面6个。

全年中心城市空气质量二级以上(含二级)天数为242天。

年末全市中心城市公园面积491.3公顷;绿地面积2570.6公顷,比上年增长9.6%。城市建成区绿化覆盖率达43%。

安全生产:全年全市共发生各类生产安全事故32起,比上年下降8.6%;死亡36人,比上年下降18.2%。其中,生产运营性道路交通事故21起,死亡22人。

(省统计局)

《中共山西年鉴》编辑委员会